U0455260

试 卷 一

试 题

一、单项选择题。每题所设选项中只有一个正确答案，多选、错选或不选均不得分。本部分含 1−50 题，每题 1 分，共 50 分。

1. 关于累犯，下列哪一选项是正确的？

A. 对累犯和犯罪集团的积极参加者，不适用缓刑

B. 对累犯，如假释后对所居住的社区无不良影响的，法院可决定假释

C. 对被判处无期徒刑的累犯，根据犯罪情节等情况，法院可同时决定对其限制减刑

D. 犯恐怖活动犯罪被判处有期徒刑 4 年，刑罚执行完毕后的第 12 年又犯黑社会性质的组织犯罪的，成立累犯

2. 关于走私犯罪，下列哪一选项是正确的？

A. 甲误将淫秽光盘当作普通光盘走私入境。虽不构成走私淫秽物品罪，但如按照普通光盘计算，其偷逃应缴税额较大时，应认定为走私普通货物、物品罪

B. 乙走私大量弹头、弹壳。由于弹头、弹壳不等于弹药，故乙不成立走私弹药罪

C. 丙走私枪支入境后非法出卖。此情形属于吸收犯，按重罪吸收轻罪的原则论处

D. 丁走私武器时以暴力抗拒缉私。此情形属于牵连犯，从一重罪论处

3. 赵某因涉嫌走私国家禁止出口的文物被立案侦查，在此期间逃往 A 国并一直滞留在该国。对此，下列哪一说法是正确的？

A. 该案涉及法对人的效力和空间效力问题

B. 根据我国法律的相关原则，赵某不在中国，故不能适用中国法律

C. 该案的处理与法的溯及力相关

D. 如果赵某长期滞留在 A 国，应当适用时效免责

4. 关于宋代法律和法制，下列哪一选项是错误的？

A.《宋刑统》为我国历史上第一部刊印颁行的法典

B. 宋代法律因袭唐制，对借与贷作了区分

C. 宋仁宗朝敕、例地位提高，"凡律所不载者，一断于敕、例"

D. 宋建隆四年颁行"折杖法"

5. 齐某在 A 市 B 区利用网络捏造和散布虚假事实，宣称刘某系当地黑社会性质组织"大哥"，A 市中级法院院长王某为其"保护伞"。刘某以齐某诽谤为由，向 B 区法院提起自诉。关于本案处理，下列哪一选项是正确的？

A. B 区法院可以该案涉及王某为由裁定不予受理

B. B 区法院受理该案后应请求上级法院指定管辖

C. B 区法院受理该案后，王某应自行回避

D. 齐某可申请 A 市中级法院及其下辖的所有基层法院法官整体回避

6. 甲涉嫌盗窃室友乙存放在储物柜中的笔记本电脑一台并转卖他人，但甲辩称该电脑系本人所有，只是暂存于乙处。下列哪一选项既属于原始证据，又属于直接证据？

A. 侦查人员在乙储物柜的把手上提取的甲的一枚指纹

B. 侦查人员在室友丙手机中直接提取的视频，内容为丙偶然拍下的甲打开储物柜走走电脑的过程

C. 室友丁的证言，内容是曾看到甲将一台相同的笔记本电脑交给乙保管

D. 甲转卖电脑时出具的现金收条

7. 下列哪一行为属于行政处罚？

A. 公安交管局暂扣违章驾车张某的驾驶执照六个月

B. 工商局对一企业有效期届满未申请延续的营业执照予以注销

C. 卫生局对流行性传染病患者强制隔离

D. 食品药品监督局责令某食品生产者召回其已上市销售的不符合食品安全标准的食品

8. 甲法官处理一起伤害赔偿案件，耐心向被告乙解释计算赔偿数额的法律依据，并将最高法院公报发布的已生效同类判决提供乙参考。乙接受甲法官

建议,在民事调解书上签字赔偿了原告损失。关于本案,下列哪一判断是正确的?

A. 法院已生效同类判决具有普遍约束力

B. 甲法官在该案调解时适用了判例法

C. 甲法官提供的指导性案例具有说服力

D. 民事调解书经乙签署后即具有行政强制执行力

9. 关于《宪法》对人身自由的规定,下列哪一选项是不正确的?

A. 禁止用任何方法对公民进行侮辱、诽谤和诬告陷害

B. 生命权是《宪法》明确规定的公民基本权利,属于广义的人身自由权

C. 禁止非法搜查公民身体

D. 禁止非法搜查或非法侵入公民住宅

10. 甲系外贸公司总经理,在公司会议上拍板:为物尽其用,将公司以来料加工方式申报进口的原材料剩料在境内销售。该行为未经海关许可,应缴税款90万元,公司亦未补缴。关于本案,下列哪一选项是正确的?

A. 虽未经海关许可,但外贸公司擅自销售原材料剩料的行为发生在我国境内,不属于走私行为

B. 外贸公司的销售行为有利于物尽其用,从利益衡量出发,应认定存在超法规的犯罪排除事由

C. 外贸公司采取隐瞒手段不进行纳税申报,逃避缴纳税款数额较大且占应纳税额的10%以上,构成逃税罪

D. 如海关下达补缴通知后,外贸公司补缴应纳税款,缴纳滞纳金,接受行政处罚,则不再追究外贸公司的刑事责任

11. 甲国有公司派遣的管理人员吴某、乙建筑公司的王某和监理公司的刘某共谋,王某以虚构水泥的方式使甲公司多付款200万元给乙公司,吴某和刘某确认签字,然后王某从中取出60万元,三人各分20万元,其余140万元用于乙公司运营。关于吴某、王某和刘某三人的行为,下列哪一说法是正确的?

A. 即使王某不是国家工作人员,仍然构成贪污罪,金额为200万元

B. 刘某构成受贿罪,金额为20万元

C. 吴某构成行贿罪,金额为40万元

D. 吴某虽然不是乙公司工作人员,仍构成职务侵占罪

12. 关于行政复议第三人,下列哪一选项是错误的?

A. 第三人可以委托一至二名代理人参加复议

B. 第三人不参加行政复议,不影响复议案件的审理

C. 复议机关应为第三人查阅有关材料提供必要条件

D. 第三人与申请人逾期不起诉又不履行复议决定的强制执行制度不同

13. 甲和乙因故意杀人被中级法院分别判处死刑立即执行和无期徒刑。甲、乙上诉后,高级法院裁定维持原判。关于本案,下列哪一选项是正确的?

A. 高级法院裁定维持原判后,对乙的判决即已生效

B. 高级法院应先复核再报请最高法院核准

C. 最高法院如认为原判决对乙的犯罪事实未查清,可查清后对乙改判并核准甲的死刑

D. 最高法院如认为甲的犯罪事实不清、证据不足,不予核准死刑的,只能使用裁定

14. 下列哪一行为应以妨害公务罪论处?

A. 甲与傅某相互斗殴,警察处理完毕后让各自回家。傅某当即离开,甲认为警察的处理不公平,朝警察小腿踢一脚后逃走

B. 乙夜间入户盗窃时,发现户主戴某是警察,窃得财物后正要离开时被戴某发现。为摆脱抓捕,乙对戴某使用暴力致其轻微伤

C. 丙为使其弟逃跑,将前来实施行政拘留的警察打倒在地,其弟顺利逃走

D. 丁在组织他人偷越国(边)境的过程中,以暴力方法抗拒警察检查

15. 根据中央司法体制改革要求及有关检察制度规定,人民监督员制度得到进一步完善和加强。关于深化人民监督员制度,下列哪一表述是错误的?

A. 是为确保职务犯罪侦查、起诉权的正确行使,根据有关法律结合实际确定的一种社会民主监督制度

B. 重点监督检察机关查办职务犯罪的立案、羁押、扣押冻结财物、起诉等环节的执法活动

C. 人民监督员由司法行政机关负责选任管理

D. 参与具体案件监督的人民监督员,由选任机关从已建立的人民监督员信息库中随机挑选

16. 关于生产、销售伪劣商品罪,下列哪一选项是正确的?

A. 甲未经批准进口一批药品销售给医院。虽该药品质量合格,甲的行为仍构成销售假药罪

B. 甲大量使用禁用农药种植大豆。甲的行为属于"在生产的食品中掺入有毒、有害的非食品原料",构成生产有毒、有害食品罪

C. 甲将纯净水掺入到工业酒精中,冒充白酒销售。甲的行为不属于"在生产、销售的食品中掺入有毒、有害的非食品原料",不成立生产、销售有毒、有害食品罪

D.甲利用"地沟油"大量生产"食用油"后销售。因不能查明"地沟油"的具体毒害成分,对甲的行为不能以生产、销售有毒、有害食品罪论处

17. 关于证据的关联性,下列哪一选项是正确的?

A.关联性仅指证据事实与案件事实之间具有因果关系

B.具有关联性的证据即具有可采性

C.证据与待证事实的关联度决定证据证明力的大小

D.类似行为一般具有关联性

18. 孙某的狗曾咬伤过邻居钱某的小孙子,钱某为此一直耿耿于怀。一天,钱某趁孙某不备,将孙某的狗毒死。孙某掌握了钱某投毒的证据之后,起诉到法院,法院判决钱某赔偿孙某600元钱。对此,下列哪一选项是正确的?

A.孙某因对其狗享有所有权而形成的法律关系属于保护性法律关系

B.由于孙某起诉而形成的诉讼法律关系属于第二性的法律关系

C.因钱某毒死孙某的狗而形成的损害赔偿关系属于纵向的法律关系

D.因钱某毒死孙某的狗而形成的损害赔偿关系中,孙某不得放弃自己的权利

19. 根据《宪法》和法律的规定,关于基层群众自治,下列哪一选项是正确的?

A.村民委员会的设立、撤销,由乡镇政府提出,经村民会议讨论同意,报县级政府批准

B.有关征地补偿费用的使用和分配方案,经村民会议讨论通过后,报乡镇政府批准

C.居民公约由居民会议讨论通过后,报不设区的市、市辖区或者它的派出机关批准

D.居民委员会的设立、撤销,由不设区的市、市辖区政府提出,报市政府批准

20. 鸦片战争后,清朝统治者迫于内外压力,对原有的法律制度进行了不同程度的修改与变革。关于清末法律制度的变革,下列哪一选项是正确的?

A.《大清现行刑律》废除了一些残酷的刑罚手段,如凌迟

B.《大清新刑律》打破了旧律维护专制制度和封建伦理的传统

C.改刑部为法部,职权未变

D.改四级四审制为四级两审制

21. 韩某和苏某共同殴打他人,致被害人李某死亡、吴某轻伤,韩某还抢走吴某的手机。后韩某被抓获,苏某在逃。关于本案的附带民事诉讼,下列哪一选项是正确的?

A.李某的父母和祖父母都有权提起附带民事诉讼

B.韩某和苏某应一并列为附带民事诉讼的被告人

C.吴某可通过附带民事诉讼要求韩某赔偿手机

D.吴某在侦查阶段与韩某就民事赔偿达成调解协议并全部履行后又提起附带民事诉讼,法院不予受理

22. 1996年11月,某市发生一起故意杀人案。2017年3月,当地公安机关根据案发时现场物证中提取的DNA抓获犯罪嫌疑人陆某。2017年7月,最高检察院对陆某涉嫌故意杀人案核准追诉。在最高检察院核准前,关于本案处理,下列哪一选项是正确的?

A.不得侦查本案

B.可对陆某先行拘留

C.不得对陆某批准逮捕

D.可对陆某提起公诉

23. 根据行政法规规定,县级以上地方各级政府机构编制管理机关应当评估行政机构和编制的执行情况。关于此评估,下列哪一说法是正确的?

A.评估应当定期进行

B.评估具体办法由国务院制定

C.评估结果是调整机构编制的直接依据

D.评估同样适用于国务院行政机构和编制的调整

24. 甲、乙两村分别位于某市两县境内,因土地权属纠纷向市政府申请解决,市政府裁决争议土地属于甲村所有。乙村不服,向省政府申请复议,复议机关确认争议的土地属于乙村所有。甲村不服行政复议决定,提起行政诉讼。下列哪个法院对本案有管辖权?

A.争议土地所在地的基层人民法院

B.争议土地所在地的中级人民法院

C.市政府所在地的基层人民法院

D.省政府所在地的中级人民法

25. 甲国在其宣布的专属经济区水域某暗礁上修建了一座人工岛屿。乙国拟铺设一条通过甲国专属经济区的海底电缆。根据《联合国海洋法公约》,下列哪一选项是正确的?

A.甲国不能在该暗礁上修建人工岛屿

B.甲国对建造和使用该人工岛屿拥有管辖权

C.甲国对该人工岛屿拥有领土主权

D.乙国不可在甲国专属经济区内铺设海底电缆

26. 关于侵犯公民人身权利的犯罪,下列哪一选

项是正确的？

A. 甲对家庭成员负有扶养义务而拒绝扶养,故意造成家庭成员死亡。甲不构成遗弃罪,成立不作为的故意杀人罪

B. 乙闯入银行营业厅挟持客户王某,以杀害王某相要挟,迫使银行职员交给自己 20 万元。乙不构成抢劫罪,仅成立绑架罪

C. 丙为报复周某,花 5000 元路费将周某 12 岁的孩子带至外地,以 2000 元的价格卖给他人。丙虽无获利目的,也构成拐卖儿童罪

D. 丁明知工厂主熊某强迫工人劳动,仍招募苏某等人前往熊某工厂做工。丁未亲自强迫苏某等人劳动,不构成强迫劳动罪

27. 下列哪一行为成立侵占罪?

A. 张某欲向县长钱某行贿,委托甲代为将 5 万元贿赂款转交钱某。甲假意答应,拿到钱后据为己有

B. 乙将自己的房屋出售给赵某,虽收取房款却未进行所有权转移登记,后又将房屋出售给李某

C. 丙发现洪灾灾区的居民已全部转移,遂进入居民屋内,取走居民来不及带走的贵重财物

D. 丁分期付款购买汽车,约定车款付清前汽车由丁使用,所有权归卖方。丁在车款付清前将车另售他人

28. 区城乡建设局批复同意某银行住宅楼选址,并向其颁发许可证。拟建的住宅楼与张某等 120 户居民居住的住宅楼间距为 9.45 米。张某等 20 人认为该批准行为违反了国家有关规定,向法院提起了行政诉讼。对此,下列哪一选项是错误的?

A. 因该批准行为涉及张某等人相邻权,故张某等人有权提起行政诉讼

B. 张某等 20 户居民应当推选 2 至 5 名诉讼代表人参加诉讼

C. 法院可以通知未起诉的 100 户居民作为第三人参加诉讼

D. 张某等 20 户居民应当提供符合法定起诉条件的证据材料

29. 有法谚云:"法律的最佳解释是法律本身。"关于这句话,下列哪一说法是正确的?

A. 立法的过程也是法律解释的过程

B. 法律之外无解释

C. 有法律就有最佳解释

D. 可以对法律进行客观目的的解释

30. 根据《宪法》和《地方组织法》规定,下列哪一选项是正确的?

A. 县级以上的地方各级人民代表大会常务委员会由主任、副主任若干人,秘书长、委员若干人组成

B. 县级以上的地方各级人民代表大会常务委员会根据需要,可以设法制(政法)委员会等专门委员会

C. 县级以上的地方各级人民代表大会可以组织关于特定问题的调查委员会

D. 县级以上的地方各级人民代表大会会议由本级人民代表大会常务委员会召集并主持

31. 国家机关工作人员李某多次利用职务之便向境外间谍机构提供涉及国家机密的情报,同事赵某发现其行迹后决定写信揭发李某。关于赵某行为的性质,下列哪一选项是正确的?

A. 控告 　　　　 B. 告诉
C. 举报 　　　　 D. 报案

32. 叶某涉嫌飞车抢夺行人财物被立案侦查。移送审查起诉后,检察院认为实施该抢夺行为的另有其人。关于本案处理,下列哪一选项是正确的?

A. 检察院可将案卷材料退回公安机关并建议公安机关撤销案件

B. 在两次退回公安机关补充侦查后,检察院应作出证据不足不起诉的决定

C. 检察院作出不起诉决定后,被害人不服向法院提起自诉,法院受理后,不起诉决定视为自动撤销

D. 如最高检察院认为对叶某的不起诉决定确有错误的,可直接撤销不起诉决定

33. 经传唤调查,某区公安分局以散布谣言,谎报险情为由,决定对孙某处以 15 日行政拘留,并处 500 元罚款。下列哪一选项是正确的?

A. 传唤孙某时,某区公安分局应当将传唤的原因和依据告知孙某

B. 传唤后对孙某的询问查证时间不得超过 48 小时

C. 孙某对处罚决定不服申请行政复议,应向市公安局申请

D. 如孙某对处罚决定不服直接起诉的,应暂缓执行行政拘留的处罚决定

34. 法律解释是法律适用中的必经环节。关于法律解释及其方法,下列哪一说法是错误的?

A. "欲寻词句义,应观上下文",描述的是体系解释方法

B. 文义解释是首先考虑的解释方法,相对于其他解释方法具有优先性

C. 历史解释的对象主要是法律问题中的历史事实,与特定解决方案中的法律后果无关

D. 客观目的解释中,一些法伦理性的原则可以作为解释的根据

35. 根据《法官法》及《人民法院工作人员处分条例》对法官奖惩的有关规定,下列哪一选项不能成立?

A. 高法官在审判中既严格程序,又为群众行使

权利提供便利;既秉公执法,又考虑情理,案结事了成绩显著。法院给予其嘉奖奖励

B. 黄法官就民间借贷提出司法建议被采纳,对当地政府完善金融管理、改善服务秩序发挥了显著作用。法院给予其记功奖励

C. 许法官违反规定会见案件当事人及代理人,此事被对方当事人上网披露,造成不良影响。法院给予其撤职处分

D. 孙法官顺带某同学(律师)参与本院法官聚会,半年后该同学为承揽案件向聚会时认识的某法官行贿。法院领导严告孙法官今后注意

36. 关于诬告陷害罪的认定,下列哪一选项是正确的(不考虑情节)?

A. 意图使他人受刑事追究,向司法机关诬告他人介绍卖淫的,不仅触犯诬告陷害罪,而且触犯侮辱罪

B. 法官明知被告人系被诬告,仍判决被告人有罪的,法官不仅触犯徇私枉法罪,而且触犯诬告陷害罪

C. 诬告陷害罪虽是侵犯公民人身权利的犯罪,但诬告企业犯逃税罪的,也能追究其诬告陷害罪的刑事责任

D. 15周岁的人不对盗窃负刑事责任,故诬告15周岁的人犯盗窃罪的,不能追究行为人诬告陷害罪的刑事责任

37. 甲骑摩托车载着乙,遇到一段路比较崎岖。甲下车推车,乙提出自己骑车过去,在前方等甲。甲答应,看着乙骑车前去。乙竟然骑车扬长而去。乙的行为构成何罪?

A. 诈骗罪　　　　　B. 抢夺罪
C. 盗窃罪　　　　　D. 侵占罪

38. 罗某作为人民陪审员参与D市中级法院的案件审理工作。关于罗某的下列哪一说法是正确的?

A. 担任人民陪审员,必须经D市人大常委会任命

B. 同法官享有同等权利,也能担任合议庭审判长

C. 可参与中级法院二审案件审理,并对事实认定、法律适用独立行使表决权

D. 可要求合议庭将案件提请院长决定是否提交审委会讨论决定

39. 关于自诉案件的程序,下列哪一选项是正确的?

A. 不论被告人是否羁押,自诉案件与普通公诉案件的审理期限都相同

B. 不论在第一审程序还是第二审程序中,在宣告判决前,当事人都可和解

C. 不论当事人在第一审还是第二审审理中提出

反诉的,法院都应当受理

D. 在第二审程序中调解结案的,应当裁定撤销第一审判决

40. 县环保局以一企业逾期未完成限期治理任务为由,决定对其加收超标准排污费并处以罚款1万元。该企业认为决定违法诉至法院,提出赔偿请求。一审法院经审理维持县环保局的决定。该企业提出上诉。下列哪一说法是正确的?

A. 加收超标准排污费和罚款均为行政处罚

B. 一审法院开庭审理时,如该企业未经法庭许可中途退庭,法院应予训诫

C. 二审法院认为需要改变一审判决的,应同时对县环保局的决定作出判决

D. 一审法院如遗漏了该企业的赔偿请求,二审法院应裁定撤销一审判决,发回重审

41. 甲公司开发了某款网络游戏,其中的卡通人物涉嫌使用了著名影星乙在某部电影中的经典形象。乙遂向法院起诉,要求甲公司停止侵权并赔偿损失。法官经审理认为,《著作权法》并未对网络游戏使用视听作品中的形象作出规定,但网络游戏情节设计与改编视听作品在性质上相似,因此可以认定为《著作权法》第52条所规定的"以改编、翻译、注释等方式使用作品",遂判决甲公司构成侵犯著作权。对此,下列哪一说法是正确的?

A.《著作权法》所存在的法律漏洞为隐藏漏洞

B. 法官进行了目的论的扩张

C. 法官运用了类比推理

D. 法官创设了新的权利类型

42. 某县人大闭会期间,赵某和钱某因工作变动,分别辞去县法院院长和检察院检察长职务。法院副院长孙某任代理院长,检察院副检察长李某任代理检察长。对此,根据《宪法》和法律,下列哪一说法是正确的?

A. 赵某的辞职请求向县人大常委会提出,由县人大常委会决定接受辞职

B. 钱某的辞职请求由上一级检察院检察长向该级人大常委会提出

C. 孙某出任代理院长由县人大常委会决定,报县人大批准

D. 李某出任代理检察长由县人大常委会决定,报上一级检察院和人大常委会批准

43. 唐永徽年间,甲由祖父乙抚养成人。甲好赌欠债,多次索要乙一祖传玉坠未果,起意杀乙。某日,甲趁乙熟睡,以木棒狠击乙头部,以为致死(后被救活),遂夺玉坠逃走。唐律规定,谋杀尊亲处斩,但无致伤如何处理的规定。对甲应当实行下列哪一处罚?

A. 按"诸断罪而无正条,其应入罪者,则举轻以

明重",应处斩刑

B. 按"诸断罪而无正条,其应出罪者,则举重以明轻",应处绞刑

C. 致伤未死,应处流三千里

D. 属于"十恶"犯罪中的"不孝"行为,应处极刑

44. 关于国际法院,依《国际法院规约》,下列哪一选项是正确的?

A. 安理会常任理事国对法官选举拥有一票否决权

B. 国际法院是联合国的司法机关,有诉讼管辖和咨询管辖两项职权

C. 联合国秘书长可就执行其职务中的任何法律问题请求国际法院发表咨询意见

D. 国际法院做出判决后,如当事国不服,可向联合国大会上诉

45. 下列哪一法律职业人员的行为不违背相应职业纪律要求?

A. 金法官向自己审理案件中受尽屈辱的原告推荐社会知名律师为其代理诉讼

B. 闻律师在办理无偿的法律援助案件后,收取受援人交通费

C. 公证员黄某在派发的名片上印有"法学硕士、法学副教授"的头衔

D. 曾律师发起举办了"金融危机下律师业的挑战"研讨会并邀请一些教授、法官、检察官、公证员朋友出席

46. 关于非法持有毒品罪,下列哪一选项是正确的?

A. 非法持有毒品的,无论数量多少都应当追究刑事责任

B. 持有毒品不限于本人持有,包括通过他人持有

C. 持有毒品者而非所有者时,必须知道谁是所有者

D. 因贩卖而持有毒品的,应当实行数罪并罚

47. 甲恳求国有公司财务主管乙,从单位挪用10万元供他炒股,并将一块名表送给乙。乙做假账将10万元交与甲,甲表示尽快归还。20日后,乙用个人财产归还单位10万元。关于本案,下列哪一选项是错误的?

A. 甲、乙勾结私自动用公款,构成挪用公款罪的共犯

B. 乙虽20日后主动归还10万元,甲、乙仍属于挪用公款罪既遂

C. 乙非法收受名表,构成受贿罪

D. 对乙不能以挪用公款罪与受贿罪进行数罪并罚

48. 某市安监局向甲公司发放《烟花爆竹生产企业安全生产许可证》后,发现甲公司所提交的申请材料系伪造。对于该许可证的处理,下列哪一选项是正确的?

A. 吊销   B. 撤销

C. 撤回   D. 注销

49. 在受贿人收下银行卡后,关于受贿罪既遂、未遂的判断,下列哪一说法是正确的?

A. 如银行卡里无资金,也构成既遂

B. 如银行卡里资金是定期存款,非活期存款,构成未遂

C. 收下银行卡后就构成既遂

D. 如银行卡里有资金且可支配使用,构成既遂

50. 根据我国《律师法》的规定,下列哪一选项是正确的?

A. 律师事务所变更名称、负责人、章程、合伙协议的,应当报原审核部门备案

B. 律师服务机构一般采用公司形式,但在经济社会发展欠发达地区仍可保留少数合作制律师事务所

C. 个人律师事务所实行无限责任,因此在成立条件上比合伙律师事务所要宽松

D. 律师事务所采用特殊的普通合伙形式的,当个别合伙人因故意或重大过失造成对外债务时,其他合伙人不承担对外责任

二、多项选择题。 每题所设选项中至少有两个正确答案,多选、少选、错选或不选均不得分。本部分含 **51-85题**,每题2分,共70分。

51.《中华人民共和国刑法》第8条规定:"外国人在中华人民共和国领域外对中华人民共和国国家或者公民犯罪,而按本法规定的最低刑为三年以上有期徒刑的,可以适用本法,但是按照犯罪地的法律不受处罚的除外。"关于该条文,下列哪些判断是正确的?

A. 规定的是法的溯及力

B. 规定的是法对人的效力

C. 体现的是保护主义原则

D. 体现的是属人主义原则

52. 甲乙丙三国均为南极地区相关条约缔约国。甲国在加入条约前,曾对南极地区的某区域提出过领土要求。乙国在成为条约缔约国后,在南极建立了常年考察站。丙国利用自己靠近南极的地理优势,准备在南极大规模开发旅游。根据《南极条约》和相关制度,下列哪些判断是正确的?

A. 甲国加入条约意味着其放弃或否定了对南极的领土要求

B. 甲国成为条约缔约国,表明其他缔约国对甲国主张南极领土权利的确认

C. 乙国上述在南极地区的活动,并不构成对南极地区提出领土主张的支持和证据

D. 丙国旅游开发不得对南极环境系统造成破坏

53. 甲、乙两人聚众斗殴均被提起公诉,需要值班律师提供法律帮助。以下关于值班律师的说法哪些是正确的?

A. 审查起诉阶段,甲认罪认罚需要值班律师提供法律咨询,值班律师要求阅卷的,检察院应当准许

B. 甲在值班律师在场时签署了认罪认罚具结书,然后自行聘请了辩护人,值班律师在场签订的认罪认罚具结书自动失效

C. 审查起诉阶段,犯罪嫌疑人认罪认罚的,人民检察院应当听取值班律师意见

D. 一名值班律师能同时为甲、乙两名犯罪嫌疑人提供法律咨询

54. 被告人徐某为未成年人,法院书记员到其住处送达起诉书副本,徐某及其父母拒绝签收。关于该书记员处理这一问题的做法,下列哪些选项是正确的?

A. 邀请见证人到场

B. 在起诉书副本上注明拒收的事由和日期,该书记员和见证人签名或盖章

C. 采取拍照、录像等方式记录送达过程

D. 将起诉书副本留在徐某住处

55. 下列哪些地方性法规的规定违反《行政许可法》?

A. 申请餐饮服务许可证,须到当地餐饮行业协会办理认证手续

B. 申请娱乐场所表演许可证,文化主管部门收取的费用由财政部门按一定比例返还

C. 外地人员到本地经营网吧,应当到本地电信管理部门注册并缴纳特别管理费

D. 申请建设工程规划许可证,需安装建设主管部门指定的节能设施

56. 对下列哪些拟作出的决定,行政机关应告知当事人有权要求听证?

A. 税务局扣押不缴纳税款的某企业价值 200 万元的商品

B. 交通局吊销某运输公司的道路运输经营许可证

C. 规划局发放的建设用地规划许可证,直接涉及申请人与附近居民之间的重大利益关系

D. 公安局处以张某行政拘留 10 天的处罚

57. 法律职业人员应自觉遵守回避制度,确保司法公正。关于法官、检察官、律师和公证员等四类法律职业人员的回避规定,下列哪些判断是正确的?

A. 与当事人(委托人)有近亲属关系,是法律职业人员共同的回避事由

B. 法律职业人员的回避,在其《职业道德基本准则》中均有明文规定

C. 法官和检察官均有任职回避的规定,公证员则无此要求

D. 不同于其他法律职业,律师回避要受到委托人意思的影响

58. 甲、乙共同对丙实施严重伤害行为时,甲误打中乙致乙重伤,丙乘机逃走。关于本案,下列哪些选项是正确的?

A. 甲的行为属打击错误,按照具体符合说,成立故意伤害罪既遂

B. 甲的行为属对象错误,按照法定符合说,成立故意伤害罪既遂

C. 甲误打中乙属偶然防卫,但对丙成立故意伤害罪未遂

D. 不管甲是打击错误、对象错误还是偶然防卫,乙都不可能成立故意伤害罪既遂

59. 《刑法》第 246 条规定:"以暴力或者其他方法公然侮辱他人或者捏造事实诽谤他人,情节严重的,处三年以下有期徒刑、拘役、管制或者剥夺政治权利。"关于本条的理解,下列哪些选项是正确的?

A. "以暴力或者其他方法"属于客观的构成要件要素

B. "他人"属于记述的构成要件要素

C. "侮辱"、"诽谤"属于规范的构成要件要素

D. "三年以下有期徒刑、拘役、管制或者剥夺政治权利"属于相对确定的法定刑

60. 甲市乙县人民代表大会在选举本县的市人大代表时,乙县多名人大代表接受甲市人大代表候选人的贿赂。对此,下列哪些说法是正确的?

A. 乙县选民有权罢免受贿的该县人大代表

B. 乙县受贿的人大代表应向其所在选区的选民提出辞职

C. 甲市人大代表候选人行贿行为属于破坏选举的行为,应承担法律责任

D. 在选举过程中,如乙县人大主席团发现有贿选行为应及时依法调查处理

61. 关于减刑、假释的适用,下列哪些选项是错误的?

A. 对所有未被判处死刑的犯罪分子,如认真遵守监规,接受教育改造,确有悔改表现,或者有立功表现的,均可减刑

B. 无期徒刑减为有期徒刑的刑期,从裁定被执

行之日起计算

C. 被宣告缓刑的犯罪分子，不符合"认真遵守监规，接受教育改造"的减刑要件，不能减刑

D. 在假释考验期限内犯新罪，假释考验期满后才发现的，不得撤销假释

62．关于生产、销售伪劣商品罪，下列哪些选项是正确的？

A. 甲既生产、销售劣药，对人体健康造成严重危害，同时又生产、销售假药的，应实行数罪并罚

B. 乙为提高猪肉的瘦肉率，在饲料中添加"瘦肉精"。由于生猪本身不是食品，故乙不构成生产有毒、有害食品罪

C. 丙销售不符合安全标准的饼干，足以造成严重食物中毒事故，但销售金额仅有 500 元。对丙应以销售不符合安全标准的食品罪论处

D. 丁明知香肠不符合安全标准，足以造成严重食源性疾患，但误以为没有毒害而销售，事实上香肠中掺有有毒的非食品原料。对丁应以销售不符合安全标准的食品罪论处

63．下列哪些行为构成侵犯公民个人信息罪（不考虑情节）？

A. 甲长期用高倍望远镜偷窥邻居的日常生活

B. 乙将单位数据库中病人的姓名、血型、DNA 等资料，卖给某生物制药公司

C. 丙将捡到的几本通讯簿在网上卖给他人，通讯簿被他人用于电信诈骗犯罪

D. 丁将收藏的多封 50 年代的信封（上有收件人姓名、单位或住址等信息）高价转让他人

64．胡某在与白某交往期间，以投资为由从白某处骗得 5 万元，后因涉嫌诈骗被立案侦查。在审查起诉阶段，胡某认罪认罚，积极退还部分款项并取得白某谅解。在法院适用速裁程序审理此案时，胡某辩称欺骗白某感情为真，但 5 万元系借款，会积极退赔剩余款项。对此，下列哪些说法是正确的？

A. 检察院可提出加重犯罪嫌疑人刑罚的量刑建议

B. 胡某的表态不影响对"认罪"的认定

C. 法院可将速裁程序转为简易程序继续审理

D. 法院仍可按照积极退赔从宽量刑

65．甲、乙殴打丙，致丙长期昏迷，乙在案发后潜逃，检察院以故意伤害罪对甲提起公诉。关于本案，下列哪些选项是正确的？

A. 丙的妻子、儿子和弟弟都可成为附带民事诉讼原告人

B. 甲、乙可作为附带民事诉讼共同被告人，对故意伤害丙造成的物质损失承担连带赔偿责任

C. 丙因昏迷无法继续履行与某公司签订的合同

造成的财产损失不属于附带民事诉讼的赔偿范围

D. 如甲的朋友愿意代为赔偿，法院应准许并可作为酌定量刑情节考虑

66．检察机关对未成年人童某涉嫌犯罪的案件进行审查后决定附条件不起诉。在考验期间，下列哪些情况下可以对童某撤销不起诉的决定、提起公诉？

A. 根据新的证据确认童某更改过年龄，在实施涉嫌犯罪行为时已满十八周岁的

B. 发现决定附条件不起诉以前还有其他犯罪需要追诉的

C. 违反考察机关有关附条件不起诉的监管规定，情节严重的

D. 违反治安管理规定，情节严重的

67．某工商分局接举报称肖某超范围经营，经现场调查取证初步认定举报属实，遂扣押与其经营相关物品，制作扣押财物决定及财物清单。关于扣押程序，下列哪些说法是正确的？

A. 扣押时应当通知肖某到场

B. 扣押清单一式二份，由肖某和该工商分局分别保存

C. 对扣押物品发生的合理保管费用，由肖某承担

D. 该工商分局应当妥善保管扣押的物品

68．关于中国法律制度发展和演进，下列哪些表述是正确的？

A. 商鞅"改法为律"扩充了法律内容，强调了法律规范的普遍性

B. 汉武帝顺应历史发展废除肉刑进行刑制改革，为建立封建刑罚制度奠定了重要基础

C. 三国两晋南北朝时期更广泛、更直接地把儒家的伦理规范上升为法律规范，使礼、法更大程度上实现融合

D. 清末变法修律基本上是仿效外国资本主义的法律形式，固守中国的封建法制传统

69．根据《宪法》和法律规定，下列哪些选项是正确的？

A. 中华人民共和国主席对全国人大及其常委会负责

B. 国务院对全国人大负责并报告工作，在全国人大闭会期间对全国人大常委会负责并报告工作

C. 最高人民法院、最高人民检察院对全国人大及其常委会负责

D. 中央军事委员会对全国人大负责并报告工作，在全国人大闭会期间对全国人大常委会负责并报告工作

70．关于禁止令，下列哪些选项是错误的？

A. 甲因盗掘古墓葬罪被判刑 7 年,在执行 5 年后被假释,法院裁定假释时,可对甲宣告禁止令

B. 乙犯合同诈骗罪被判处缓刑,因附带民事赔偿义务尚未履行,法院可在禁止令中禁止其进入高档饭店消费

C. 丙因在公共厕所猥亵儿童被判处缓刑,法院可同时宣告禁止其进入公共厕所

D. 丁被判处管制,同时被禁止接触同案犯,禁止令的期限应从管制执行完毕之日起计算

71. 1980 年初,张某强奸某妇女并将其杀害。1996 年末,张某因酒后驾车致人重伤。两案在 2007 年初被发现。关于张某的犯罪行为,下列哪些选项是错误的?

A. 应当以强奸罪、故意杀人罪和交通肇事罪追究其刑事责任,数罪并罚

B. 应当以强奸罪追究其刑事责任

C. 应当以故意杀人罪追究其刑事责任

D. 不应当追究任何刑事责任

72. 关于我国刑事起诉制度,下列哪些选项是正确的?

A. 实行公诉为主、自诉为辅的犯罪追诉机制

B. 公诉为主表明公诉机关可主动干预自诉

C. 实行的起诉原则为起诉法定主义为主,兼采起诉便宜主义

D. 起诉法定为主要求凡构成犯罪的必须起诉

73. 2007 年 10 月 28 日第十届全国人民代表大会常务委员会第三十次会议对《律师法》进行了修订。根据修订后的《律师法》,下列哪些选项是错误的?

A. 受委托的律师自案件审查起诉之日起,有权查阅、摘抄和复制与案件有关的所有材料

B. 犯罪嫌疑人被侦查机关第一次讯问或者采取强制措施之日起,受委托的律师凭律师执业证书、律师事务所证明和委托书或者法律援助公函,有权会见犯罪嫌疑人、被告人并了解有关案件情况。律师会见犯罪嫌疑人、被告人,不被监听

C. 律师在法庭上发表的代理、辩护意见不受法律追究。但是,发表危害国家安全、恶意诽谤他人、严重扰乱法庭秩序、泄露商业秘密的言论除外

D. 律师是维护当事人合法权益、维护法律正确实施、维护社会公平和正义的国家法律工作人员

74. 甲市政府批复同意本市乙区政府征用乙区某村丙小组非耕地 63 亩,并将其中 48 亩使用权出让给某公司用于建设商城。该村丙小组袁某等村民认为,征地中有袁某等 32 户村民的责任田 32 亩,区政府虽以耕地标准进行补偿但以非耕地报批的做法违法,遂向法院提起行政诉讼。下列哪些选项是正确的?

A. 袁某等 32 户村民可以以某村丙小组的名义起诉

B. 袁某等 32 户村民可以以自己名义起诉

C. 应当以乙区人民政府为被告

D. 法院经审理如果发现征地批复违法,应当判决撤销

75. 1997 年沈某取得一房屋的房产证。2001 年 5 月其儿媳李某以委托代理人身份到某市房管局办理换证事宜,在申请书一栏中填写"房屋为沈某、沈某某(沈某的儿子)共有",但沈某后领取的房产证中在共有人一栏空白。2005 年沈某将此房屋卖给赵某,并到某市房管局办理了房屋转移登记手续,赵某领取了房产证。沈某某以他是该房屋的共有人为由向某市人民政府申请复议,某市人民政府以房屋转移登记事实不清撤销了房屋登记。赵某和沈某不服,向法院提起行政诉讼。下列哪些说法是正确的?

A. 沈某某和李某为本案的第三人

B. 某市房管局办理此房屋转移登记行为是否合法不属本案的审查对象

C. 某市房管局为沈某办理换证行为是否合法不属本案的审查对象

D. 李某是否有委托代理权是法院审理本案的核心

76. 关于法律、行政法规、地方性法规、自治条例和单行条例、规章的适用,下列哪些选项符合《立法法》规定?

A. 同一机关制定的特别规定与一般规定不一致时,适用特别规定

B. 法律、行政法规、地方性法规原则上不溯及既往

C. 地方性法规与部门规章之间对同一事项的规定不一致不能确定如何适用时,由国务院裁决

D. 根据授权制定的法规与法律规定不一致不能确定如何适用时,由全国人大常委会裁决

77. 关于全国人大职权,下列哪些说法是正确的?

A. 选举国家主席、副主席

B. 选举国务院总理、副总理

C. 选举最高人民法院院长、最高人民检察院检察长

D. 决定特别行政区的设立与建置

78. 关于组织、领导、参加黑社会性质组织罪,下列哪些说法是正确的?

A. 黑社会性质组织实施的犯罪中,组织者的刑事责任必然大于实际实行者

B. 在组织、领导、参加黑社会性质组织罪中,行为人积极配合司法机关,对于侦破案件有重大作用

的,可以认定为立功

C. 在组织、领导、参加黑社会性质组织罪中,行为人知道该黑社会性质组织的规模,也知道该组织在实施违法犯罪活动,但其不认为该组织是黑社会性质组织,因此其不构成组织、领导、参加黑社会性质组织罪

D. 在组织、领导、参加黑社会性质组织罪中,组织者退出黑社会性质组织,其只对组织期间的犯罪活动负刑事责任

79. 关于毒品犯罪的论述,下列哪些选项是错误的?

A. 非法买卖制毒物品的,无论数量多少,都应追究刑事责任

B. 缉毒警察掩护、包庇走私毒品的犯罪分子的,构成放纵走私罪

C. 强行给他人注射毒品,使人形成毒瘾的,应以故意伤害罪论处

D. 窝藏毒品犯罪所得的财物的,属于窝藏毒赃罪与掩饰、隐瞒犯罪所得罪的法条竞合,应以窝藏毒赃罪定罪处刑

80. 某县法院在对杨某绑架案进行庭前审查中,发现下列哪些情形时,应当将案件退回检察机关?

A. 杨某在绑架的过程中杀害了人质

B. 杨某在审查起诉期间从看守所逃脱

C. 检察机关移送起诉材料未附证据目录

D. 检察机关移送起诉材料欠缺已经委托辩护人的住址、通讯处

81. 法院在审理胡某持有毒品案时发现,胡某不仅持有毒品数量较大,而且向他人出售毒品,构成贩卖毒品罪。关于本案,下列哪些选项是错误的?

A. 如胡某承认出售毒品,法院可直接改判

B. 法院可在听取控辩双方意见基础上直接改判

C. 法院可建议检察院补充或者变更起诉

D. 法院可建议检察院退回补充侦查

82. 审理一起团伙犯罪案时,因涉及多个罪名和多名被告人、被害人,审判长为保障庭审秩序,提高效率,在法庭调查前告知控辩双方注意事项。下列哪些做法是错误的?

A. 公诉人和被告人仅就刑事部分进行辩论,被害人和被告人仅就附带民事部分进行辩论

B. 控辩双方仅在法庭辩论环节就证据的合法性、相关性问题进行辩论

C. 控辩双方可就证据问题、事实问题、程序问题以及法律适用问题进行辩论

D. 为保证控方和每名辩护人都有发言时间,控方和辩方发表辩论意见时间不超过30分钟

83. 市城管执法局委托镇政府负责对一风景区域进行城管执法。镇政府接到举报并经现场勘验,认定刘某擅自建房并组织强制拆除。刘某父亲和嫂子称房屋系二人共建,拆除行为侵犯合法权益,向法院起诉,法院予以受理。关于此案,下列哪些说法是正确的?

A. 此案的被告是镇政府

B. 刘某父亲和嫂子应当提供证据证明房屋为二人共建或与拆除行为有利害关系

C. 如法院对拆除房屋进行现场勘验,应当邀请当地基层组织或当事人所在单位派人参加

D. 被告应当提供证据和依据证明有拆除房屋的决定权和强制执行的权力

84. 某森林公安局以某公司违规铲除植被为由,责令其恢复植被,并罚款3万元。该公司缴纳罚款后,森林公安局即办理了结案手续。森林检察院发现这一情况后,向森林公安局发出责令该公司恢复植被的检察建议,森林公安局未予理睬。森林检察院遂向法院提起诉讼。关于本案,下列哪些说法是正确的?

A. 本案是行政公益诉讼

B. 检察院提出检察建议是公益诉讼的前置程序

C. 只有民间公益诉讼组织不提起诉讼,检察院才能提起诉讼

D. 检察院的起诉期限是3个月

85. 某日,公孙龙骑马进城。守城士兵说:"王法规定,马过城门应当纳税。"公孙龙说:"马过城门应当纳税,但我骑的是白马,白马非马,不应当纳税。"士兵说:"白马当然是马,你应当纳税。"公孙龙反问道:"如果白马是马,那么,黑马也是马了?"守城士兵说:"那是当然。"公孙龙继续说道:"按照你的逻辑,白马是马,黑马也是马,那么,白马和黑马就没有差别了。因此,白马非马。"守城士兵被公孙龙说得不知如何应对,但依然不为所动。最终,公孙龙为了进城,只得为马纳税。关于本案,下列哪些说法是正确的?

A. 守城士兵执法的强制性来源于国家强制力

B. "马过城门应当纳税",其中的"马"属于来自日常生活中的法律概念,不需要解释即可适用

C. 就本案而言,"白马究竟是不是马"是一个事实问题,而不是一个法律问题

D. 守城士兵进行的是演绎推理,而公孙龙进行的则是反向推理

三、不定项选择题。每题所设选项中至少有一个正确答案,多选、少选、错选或不选均不得分。本部分含86~100题,每题2分,共30分。

86. 齐某不服市政府对其作出的罚款决定,向省政府申请行政复议,请求撤销罚款决定。市政府在法定期限内提交了答辩,但没有提交有关证据、依据。

开庭时市政府提交了作出行政行为的法律和事实依据，并说明由于市政府办公场所调整，所以延迟提交证据。下列选项正确的是：

A. 省政府应接受市政府延期提交的证据材料

B. 省政府应中止案件的审理

C. 省政府应撤销市政府的具体行政行为

D. 省政府应维持市政府的罚款决定

87．关于特别行政区制度，下列说法不正确的是：

A. 香港特别行政区行政长官任职须年满四十五周岁

B. 香港特别行政区司法机关由其法院和检察院组成

C. 香港和澳门特别行政区的各级法院都有权解释本特别行政区基本法

D. 国务院有权对香港和澳门特别行政区的部分地区宣布进入紧急状态

88．关于罪刑法定原则与刑法解释，下列选项正确的是：

A. 对甲法条中的"暴力"作扩大解释时，就不可能同时再作限制解释，但这并不意味着对乙法条中的"暴力"也须作扩大解释

B.《刑法》第237条规定的强制猥亵、侮辱罪中的"侮辱"，与《刑法》第246条规定的侮辱罪中的"侮辱"，客观内容相同、主观内容不同

C. 当然解释是使刑法条文之间保持协调的解释方法，只要符合当然解释的原理，其解释结论就不会违反罪刑法定原则

D. 对刑法分则条文的解释，必须同时符合两个要求：一是不能超出刑法用语可能具有的含义，二是必须符合分则条文的目的

89．关于贿赂犯罪的认定，下列选项正确的是：

A. 甲是公立高校普通任课教师，在学校委派到招生时，利用职务便利收受考生家长10万元。甲成立受贿罪

B. 乙是国有医院副院长，收受医药代表10万元，承诺为病人开处方时多开相关药品。乙成立非国家工作人员受贿罪

C. 丙是村委会主任，在村集体企业招投标过程中，利用职务收受他人财物10万元，为其谋利。丙成立非国家工作人员受贿罪

D. 丁为国有公司临时工，与本公司办理采购业务的副总经理相勾结，收受10万元回扣归二人所有。丁构成受贿罪

90．张某因犯故意杀人罪和爆炸罪，一审均被判处死刑立即执行，张某未上诉，检察机关也未抗诉。最高法院经复核后认为，爆炸罪的死刑判决事实不清、证据不足，但故意杀人罪死刑判决认定事实和适用法律正确、量刑适当。关于此案的处理，下列选项错误的是：

A. 对全案裁定核准死刑

B. 裁定核准故意杀人罪死刑判决，并对爆炸罪死刑判决予以改判

C. 裁定核准故意杀人罪死刑判决，并撤销爆炸罪的死刑判决，发回重审

D. 对全案裁定不予核准，并撤销原判，发回重审

91．对刑法关于组织、强迫、引诱、容留、介绍卖淫罪的规定，下列解释正确的是：

A. 引诱、容留、介绍卖淫罪，包括引诱、容留、介绍男性向同性卖淫

B. 引诱成年人甲卖淫、容留成年人乙卖淫的，成立引诱、容留卖淫罪，不实行并罚

C. 引诱幼女甲卖淫，容留幼女乙卖淫的，成立引诱幼女卖淫罪与容留卖淫罪，实行并罚

D. 引诱幼女向他人卖淫后又嫖宿该幼女的，以引诱幼女卖淫罪论处，从重处罚

92．一起共同抢劫案件，被告人张某被判处有期徒刑5年，被告人王某被判处有期徒刑1年。在一审宣判后，张某当即表示上诉，王某则表示不上诉，人民检察院没有抗诉。关于本案被告人的上诉问题，下列哪些说法是正确的？

A. 因王某已表示不上诉，因此在第一审判决书送达后，人民法院即可将其交付执行

B. 在上诉期限内，被告人王某仍然可以提起上诉

C. 在上诉期限内，被告人张某有权撤回上诉

D. 在上诉期满后，被告人张某便无权撤回其上诉

93．赵某因涉嫌犯罪被立案侦查，后经县检察院批准逮捕，县法院一审认定赵某犯甲罪，判处有期徒刑1年，缓刑2年；犯乙罪，判处有期徒刑2年，缓刑2年；合并执行2年，缓刑2年半。判决当日赵某被释放。后赵某上诉，市中级法院判决维持原判。赵某申请省高院再审。省高院判决撤销甲罪，对乙罪判处有期徒刑2年，缓刑2年。关于本案，下列说法正确的是：

A. 如果赔偿赵某的话，赔偿义务机关是市中级法院

B. 对于赵某所犯甲罪，国家应予赔偿

C. 对于赵某所犯乙罪，国家不予赔偿

D. 赵某雇请律师的费用不属于赔偿范围

94．甲乙两国就海洋的划界一直存在争端，甲国在签署《联合国海洋法公约》时以书面声明选择了海洋法法庭的管辖权，乙国在加入公约时没有此项选择管辖的声明，但希望争端通过多种途径解决。根据相

关国际法规则,下列选项正确的是:

A. 海洋法法庭的设立不排除国际法院对海洋活动争端的管辖

B. 海洋法法庭因甲国单方选择管辖的声明而对该争端具有管辖权

C. 如甲乙两国选择以协商解决争端,除特别约定,两国一般没有达成有拘束力的协议的义务

D. 如丙国成为双方争端的调停国,则应对调停的失败承担法律后果

95. 根据《宪法》和法律的规定,关于国家机关组织和职权,下列选项正确的是:

A. 全国人民代表大会修改宪法、解释宪法、监督宪法的实施

B. 国务院依照法律规定决定省、自治区、直辖市的范围内部分地区进入紧急状态

C. 省、自治区、直辖市政府在必要的时候,经国务院批准,可以设立若干派出机构

D. 地方各级检察院对产生它的国家权力机关和上级检察院负责

96. 周某半夜驾车出游时发生交通事故致行人鲁某重伤残疾,检察院以交通肇事罪起诉周某。法院开庭,公诉人和辩护人就案件事实和证据进行质证,就法的适用展开辩论。法庭经过庭审查实,交通事故致鲁某重伤残疾并非因周某行为引起,宣判其无罪释放。依据法学原理,下列判断正确的是:

A. 法院审理案件目的在于获得正确的法律判决,该判决应当在形式上符合法律规定,具有可预测性,还应当在内容上符合法律的精神和价值,具有正当性

B. 在本案中,检察院使用了归纳推理的方法

C. 法院在庭审中认定交通事故致鲁某重伤残疾并非因周某行为引起,这主要解决的是事实问题

D. 法庭主持的调查和法庭辩论活动,从法律推理的角度讲,是在为演绎推理确定大小前提

97. 关于拐卖妇女罪,下列说法正确的是:

A. 甲欲拐卖妇女,将妇女控制后没有找到买家。甲构成拐卖妇女罪的未遂

B. 乙欲拐卖妇女,将妇女控制后没有找到买家,便与妇女以夫妻名义共同生活。乙构成拐卖妇女罪

C. 丙收买被拐卖的妇女后,将其关押,后又将其卖掉。对丙仅以拐卖妇女罪论处

D. 丁欲收买一女为妻。陈某为被拐卖的妇女,愿意卖身脱离险地,丁遂向其支付 30 万元将其带回家。丁构成收买被拐卖的妇女罪

98. 李某、阮某持某外国护照,涉嫌贩卖毒品罪被检察机关起诉至某市中级法院。关于李某、阮某的诉讼权利及本案诉讼程序,下列说法正确的是:

A. 即使李某、阮某能够使用中文交流,也应当允许其使用本国语言进行诉讼

B. 向李某、阮某送达中文本诉讼文书时,可以附有李某、阮某通晓的外文译本

C. 李某、阮某只能委托具有中华人民共和国律师资格并依法取得执业证书的律师作为辩护人

D. 如我国缔结或参加的国际条约中有关于刑事诉讼程序具体规定的,审理该案均适用该条约的规定

99. 李某因为走私被甲区公安分局抓获,甲区公安分局对李某拘留 5 日。李某不服提起复议,甲区政府作出拘留 15 日的决定。在拘留期间,李某被牢头向某殴打,拘留所看管人员不予制止,致使李某被打成轻微伤。李某决定申请国家赔偿。对此,下列说法不正确的是:

A. 如李某对拘留 15 日提起行政诉讼,甲区公安分局与甲区政府都是被告

B. 如李某对拘留 15 日提起行政赔偿诉讼,甲区公安分局与甲区政府承担连带赔偿责任

C. 李某在拘留所中被向某殴打,属于民事侵权行为,拘留所不承担国家赔偿责任

D. 李某在被拘留期间被殴打,应当由赔偿义务机关证明其行为与损害结果之间是否存在因果关系

100. 关于我国立法和法的渊源的表述,下列选项不正确的是:

A. 从法的正式渊源上看,"法律"仅指全国人大及其常委会制定的规范性文件

B. 公布后的所有法律、法规均以在《国务院公报》上刊登的文本为标准文本

C. 行政法规和地方性法规均可采取"条例"、"规定"、"办法"等名称

D. 所有法律议案(法律案)都须交由全国人大常委会审议、表决和通过

试 卷 二

试 题

一、单项选择题。每题所设选项中只有一个正确答案,多选、错选或不选均不得分。本部分含 1-50 题,每题 1 分,共 50 分。

1. 霍某在靓顺公司购得一辆汽车,使用半年后前去靓顺公司维护保养。工作人员告诉霍某该车气囊电脑存在故障,需要更换。霍某认为此为产品质量问题,要求靓顺公司免费更换,靓顺公司认为是霍某使用不当所致,要求其承担更换费用。经查,该车气囊电脑不符合产品说明所述质量。对此,下列哪一说法是正确的?

A. 霍某有权请求靓顺公司承担违约责任

B. 霍某只能请求该车生产商承担免费更换责任

C. 霍某有权请求靓顺公司承担产品侵权责任

D. 靓顺公司和该车生产商应当连带承担产品侵权责任

2. 由于某化工厂长期排污,该厂周边方圆一公里内的庄稼蔬菜生长不良、有害物质含量超标,河塘鱼类无法繁衍,该地域内三个村庄几年来多人患有罕见的严重疾病。根据《环境保护法》的规定,下列哪一选项是错误的?

A. 受害的三个村的村委会和受害村民有权对该厂提起民事诉讼

B. 因环境污染引起的民事诉讼的时效为 3 年

C. 环境污染民事责任的归责原则实行公平责任原则

D. 环境污染致害的因果关系证明,受害方不负举证责任

3. 甲公司向乙公司采购一批商品,为了支付货款,向乙公司签发一张由甲公司出票、乙公司收款、城市银行付款的银行承兑汇票,金额 100 万元,城市银行对汇票进行了承兑。2018 年 2 月,乙公司将此票据背书转让给丙公司。2018 年 3 月,丙公司办公楼失火,票据被烧毁,仅有留档的复印件,甲公司、乙公司均在此复印件上加盖印章以说明彼此的交易情况。下列哪一项说法是正确的?

A. 丙公司凭票据复印件向城市银行提示付款,城市银行应无条件承担付款责任

B. 丙公司可持票据复印件向乙公司主张付款责任

C. 丙公司可持票据复印件向甲公司主张付款责任

D. 城市银行无需承担票据责任

4. 张某因孙某欠款不还向法院起诉。在案件审理中,孙某因盗窃被刑事拘留。关于本案,下列哪一选项是正确的?

A. 法院应当裁定中止诉讼,待对孙某的刑事审判结束后再恢复诉讼程序

B. 法院应当裁定终结诉讼,并告知张某提起刑事附带民事诉讼

C. 法院应当继续审理此案

D. 法院应当将此案与孙某盗窃案合并审理

5. 关于法院制作的调解书,下列哪一说法是正确的?

A. 经法院调解,老李和小李维持收养关系,可不制作调解书

B. 某夫妻解除婚姻关系的调解书生效后,一方以违反自愿为由可申请再审

C. 检察院对调解书的监督方式只能是提出检察建议

D. 执行过程中,达成和解协议的,法院可根据当事人的要求制作成调解书

6. 甲将某物出售于乙,乙转售于丙,甲应乙的要求,将该物直接交付于丙。下列哪一说法是错误的?

A. 如仅甲、乙间买卖合同无效,则甲有权向乙主张不当得利返还请求权

B. 如仅乙、丙间买卖合同无效,则乙有权向丙主张不当得利返还请求权

C. 如甲、乙间以及乙、丙间买卖合同均无效,甲无权向丙主张不当得利返还请求权

D. 如甲、乙间以及乙、丙间买卖合同均无效,甲有权向乙、乙有权向丙主张不当得利返还请求权

7. 张某因出售公民个人信息被判刑,孙某的姓名、身份证号码、家庭住址等信息也在其中,买方是某公司。下列哪一选项是正确的?

A. 张某侵害了孙某的身份权

B. 张某侵害了孙某的名誉权

C. 张某侵害了孙某对其个人信息享有的民事权益

D. 某公司无须对孙某承担民事责任

8. 甲(男,29岁)和乙(女,31岁)再婚。甲与前妻育有一子3岁、一女5岁,乙与前夫育有一女5岁、一女7岁。经甲的前妻和乙的前夫同意,甲、乙决定收养所有子女,组成6人家庭。下列哪一说法是正确的?

A. 即使甲的前妻或乙的前夫有能力抚养子女,甲、乙也能收养全部子女

B. 甲只能收养乙的女儿中的一个

C. 乙已有两个女儿,不能收养甲的子女

D. 甲未满30岁,不能收养乙的女儿

9. 关于民事诉讼基本原则的表述,下列哪一选项是正确的?

A. 外国人在我国进行民事诉讼时,与中国人享有同等的诉讼权利义务,体现了当事人诉讼权利平等原则

B. 法院未根据当事人的自认进行事实认定,违背了处分原则

C. 当事人主张的法律关系与法院根据案件事实作出的认定不一致时,根据处分原则,当事人可以变更诉讼请求

D. 环保组织向法院提起公益诉讼,体现了支持起诉原则

10. 刘某与曹某签订房屋租赁合同,后刘某向法院起诉,要求曹某依约支付租金。曹某向法院提出的下列哪一主张可能构成反诉?

A. 刘某的支付租金请求权已经超过诉讼时效

B. 租赁合同无效

C. 自己无支付能力

D. 自己已经支付了租金

11. 甲乙丙三人合伙开办电脑修理店,店名为"一通电脑行",依法登记。甲负责对外执行合伙事务。顾客丁进店送修电脑时,被该店修理人员戊的工具碰伤。丁拟向法院起诉。关于本案被告的确定,下列哪一选项是正确的?

A. "一通电脑行"为被告

B. 甲为被告

C. 甲乙丙三人为共同被告,并注明"一通电脑行"字号

D. 甲乙丙戊四人为共同被告

12. 华昌有限公司有8个股东,麻某为董事长。2013年5月,公司经股东会决议,决定变更为股份公司,由公司全体股东作为发起人,发起设立华昌股份公司。下列哪一选项是正确的?

A. 该股东会决议应由全体股东一致同意

B. 发起人所认购的股份,应在股份公司成立后两年内缴足

C. 变更后股份公司的董事长,当然由麻某担任

D. 变更后的股份公司在其企业名称中,可继续使用"华昌"字号

13. 甲企业是由自然人安琚与乙企业(个人独资)各出资50%设立的普通合伙企业,欠丙企业货款50万元,由于经营不善,甲企业全部资产仅剩20万元。现所欠货款到期,相关各方因货款清偿发生纠纷。对此,下列哪一表述是正确的?

A. 丙企业只能要求安琚与乙企业各自承担15万元的清偿责任

B. 丙企业只能要求甲企业承担清偿责任

C. 欠款应先以甲企业的财产偿还,不足部分由安琚与乙企业承担无限连带责任

D. 就乙企业对丙企业的应偿债务,乙企业投资人不承担责任

14. 我国《企业所得税法》不适用于下列哪一种企业?

A. 内资企业　　　　B. 外国企业

C. 合伙企业　　　　D. 外商投资企业

15. 下列哪一情形下,乙的请求依法应得到支持?

A. 甲应允乙同看演出,但迟到半小时。乙要求甲赔偿损失

B. 甲听说某公司股票可能大涨,便告诉乙,乙信以为真大量购进,事后该股票大跌。乙要求甲赔偿损失

C. 甲与其妻乙约定,如因甲出轨导致离婚,甲应补偿乙50万元,后二人果然因此离婚。乙要求甲依约赔偿

D. 甲对乙承诺,如乙比赛夺冠,乙出国旅游时甲将陪同,后乙果然夺冠,甲失约。乙要求甲承担赔偿责任

16. 根据我国法律规定,关于法人,下列哪一表述是正确的?

A. 成立社团法人均须登记

B. 银行均是企业法人

C. 法人之间可形成合伙型联营

D. 一人公司均不是法人

17. 甲公司员工唐某受公司委托从乙公司订购一批空气净化机,甲公司对净化机单价未作明确限定。唐某与乙公司私下商定将净化机单价比正常售价提高200元,乙公司给唐某每台100元的回扣。商定后,唐某以甲公司名义与乙公司签订了买卖合同。对此,下列哪一选项是正确的?

A. 该买卖合同以合法形式掩盖非法目的,因而无效

B. 唐某的行为属无权代理,买卖合同效力待定

C. 乙公司行为构成对甲公司的欺诈,买卖合同属可变更、可撤销合同

D. 唐某与乙公司恶意串通损害甲公司的利益,应对甲公司承担连带责任

18．张某驾车与李某发生碰撞,交警赶到现场后用数码相机拍摄了碰撞情况,后李某提起诉讼,要求张某赔偿损失,并向法院提交了一张光盘,内附交警拍摄的照片。该照片属于下列哪一种证据?

A. 书证　　　　B. 鉴定意见

C. 勘验笔录　　D. 电子数据

19．李某因债务人刘某下落不明申请宣告刘某失踪。法院经审理宣告刘某为失踪人,并指定刘妻为其财产代管人。判决生效后,刘父认为由刘妻代管财产会损害儿子的利益,要求变更刘某的财产代管人。关于本案程序,下列哪一说法是正确的?

A. 李某无权申请刘某失踪

B. 刘父应提起诉讼变更财产代管人,法院适用普通程序审理

C. 刘父应向法院申请变更刘妻的财产代管权,法院适用特别程序审理

D. 刘父应向法院申请再审变更财产代管权,法院适用再审程序审理

20．香根餐饮有限公司有股东甲、乙、丙三人,分别持股51%、14%与35%,经营数年后,公司又开设一家分店,由丙任其负责人。后因公司业绩不佳,甲召集股东会,决议将公司的分店转让。对该决议,丙不同意。下列哪一表述是正确的?

A. 丙可以该决议程序违法为由,主张撤销

B. 丙可以该决议损害其利益为由,提起解散公司之诉

C. 丙可以要求公司按照合理的价格收购其股权

D. 公司可以丙不履行股东义务为由,以股东会决议解除其股东资格

21．关于冲突规范和准据法,下列哪一判断是错误的?

A. 冲突规范与实体规范相似

B. 当事人的属人法包括当事人的本国法和住所地法

C. 当事人的本国法指的是当事人国籍所属国的法律

D. 准据法是经冲突规范指引、能够具体确定国际民事法律关系当事人权利义务的实体法

22．中国人潘某在泰国旅游期间生病晕倒,在泰国出差的德国人马克将潘某送入医院并垫付了医药费,潘某伤好出院后回国。马克向上海某法院起诉潘

某,要求其偿还医药费。已知潘某和马克都定居上海,且双方没有选择法律,法院解决本案争端应适用哪国法?

A. 中国法　　　　B. 日本法

C. 泰国法　　　　D. 最密切联系地法

23．中国某公司进口了一批仪器,采取海运方式并投保了水渍险,提单上的收货人一栏写明"凭指示"的字样。途中因船方过失致货轮与他船相撞,部分仪器受损。依《海牙规则》及相关保险条款,下列哪一选项是正确的?

A. 该提单交付即可转让

B. 因船舶碰撞是由船方过失导致,故承运人应对仪器受损承担赔偿责任

C. 保险人应向货主赔偿部分仪器受损的损失

D. 承运人的责任期间是从其接收货物时起至交付货物时止

24．2011年4月6日,张某在广交会上展示了其新发明的产品,4月15日,张某在中国就其产品申请发明专利(后获得批准)。6月8日,张某在向《巴黎公约》成员国甲国申请专利时,得知甲国公民已在6月6日向甲国就同样产品申请专利。下列哪一说法是正确的?

A. 如张某提出优先权申请并加以证明,其在甲国的申请日至少可以提前至2011年4月15日

B. 2011年4月6日这一时间点对张某在甲国以及《巴黎公约》其他成员国申请专利没有任何影响

C. 张某在中国申请专利已获得批准,甲国也应当批准他的专利申请

D. 甲国不得要求张某必须委派甲国本地代理人代为申请专利

25．甲、乙合作创作了一部小说,后甲希望出版小说,乙无故拒绝。甲把小说上传至自己博客并保留了乙的署名。丙未经甲、乙许可,在自己博客中设置链接,用户点击链接可进入甲的博客阅读小说。丁未经甲、乙许可,在自己博客中转载了小说。戊出版社只经过甲的许可就出版了小说。下列哪一选项是正确的?

A. 甲侵害了乙的发表权和信息网络传播权

B. 丙侵害了甲、乙的信息网络传播权

C. 丁向甲、乙寄送了高额报酬,但其行为仍然构成侵权

D. 戊出版社侵害了乙的复制权和发行权

26．2018年1月,郭某入职某科技有限公司,担任总经理。公司一直未与其签订书面劳动合同。为方便开展业务,公司为郭某配置了一辆小轿车。2019年10月,郭某离职并要求公司支付双倍工资,遭到拒绝后郭某将汽车留置,公司要求其返还。对此,郭某的下列哪一做法是正确的?

A. 留置该汽车

B. 主张其与公司之间已订立无固定期限劳动合同

C. 主张2018年2月至离职之日的双倍工资

D. 直接向法院主张要求公司支付双倍工资

27. 下列哪一选项属于所有权的继受取得？

A. 甲通过遗嘱继承其兄房屋一间

B. 乙的3万元存款得利息1000元

C. 丙购来木材后制成椅子一把

D. 丁拾得他人搬家时丢弃的旧电扇一台

28. 甲、乙、丙、丁共有1套房屋，各占1/4，对共有房屋的管理没有进行约定。甲、乙、丙未经丁同意，以全体共有人的名义将该房屋出租给戊。关于甲、乙、丙上述行为对丁的效力的依据，下列哪一表述是正确的？

A. 有效，出租属于对共有物的管理，各共有人都有管理的权利

B. 有效，对共有物的处分应当经占共有份额2/3以上的共有人的同意，出租行为较处分为轻，当然可以为之

C. 无效，对共有物的出租属于处分，应当经全体共有人的同意

D. 有效，出租是以利用的方法增加物的收益，可以视为改良行为，经占共有份额2/3以上的共有人的同意即可

29. 甲与乙在餐厅就餐，闲聊时甲提出想把自己的车以8万元的价格卖了换成新能源车。在临近餐桌就餐的丙听到后对甲说"愿以8万元的价格买你的车"，甲说考虑一下。几分钟后，丙让甲赶紧签合同，甲说不卖了，与乙一起离开餐厅。对此，下列哪一说法是正确的？

A. 甲作出了要约　　B. 甲作出了承诺

C. 丙作出了要约　　D. 丙作出了承诺

30. 2010年8月1日，某公司申请破产。8月10日，法院受理并指定了管理人。该公司出现的下列哪一行为属于《破产法》中的欺诈破产行为，管理人有权请求法院予以撤销？

A. 2009年7月5日，将市场价格100万元的仓库以30万元出售给母公司

B. 2009年10月15日，将公司一辆价值30万元的汽车赠与甲

C. 2010年5月5日，向乙银行偿还欠款50万元及利息4万元

D. 2010年6月10日，以协议方式与债务人丙相互抵销20万元债务

31. 丙公司因法院对甲公司诉乙公司工程施工合同案的一审判决（未提起上诉）损害其合法权益，向A市B县法院提起撤销诉讼。案件审理中，检察院提起抗诉，A市中级法院对该案进行再审，B县法院裁定将撤销诉讼并入再审程序。关于中级法院对丙公司提出的撤销诉讼请求的处理，下列哪一表述是正确的？

A. 将丙公司提出的诉讼请求一并审理，作出判决

B. 根据自愿原则进行调解，调解不成的，告知丙公司另行起诉

C. 根据自愿原则进行调解，调解不成的，裁定撤销原判发回重审

D. 根据自愿原则进行调解，调解不成的，恢复第三人撤销诉讼程序

32. 甲诉乙返还10万元借款。胜诉后进入执行程序，乙表示自己没有现金，只有一枚祖传玉石可抵债。法院经过调解，说服甲接受玉石抵债，双方达成和解协议并当即交付了玉石。后甲发现此玉石为赝品，价值不足千元，遂申请法院恢复执行。关于执行和解，下列哪一项说法是正确的？

A. 法院不应在执行中劝说甲接受玉石抵债

B. 由于和解协议已经即时履行，法院无须再将和解协议记入笔录

C. 由于和解协议已经即时履行，法院可裁定执行中止

D. 法院应恢复执行

33. 关于破产重整的申请与重整期间，下列哪一表述是正确的？

A. 只有在破产清算申请受理后，债务人才能向法院提出重整申请

B. 重整期间为法院裁定债务人重整之日起至重整计划执行完毕时

C. 在重整期间，经债务人申请并经法院批准，债务人可在管理人监督下自行管理财产和营业事务

D. 在重整期间，就债务人所承租的房屋，即使租期已届至，出租人也不得请求返还

34. 李某是个人独资企业的业主。该企业因资金周转困难，到期不能缴纳税款。经申请，税务局批准其延期三个月缴纳。在此期间，税务局得知李某申请出国探亲，办理了签证并预订了机票。对此，税务局应采取下列哪一种处理方式？

A. 责令李某在出境前提供担保

B. 李某是在延期期间出境，无须采取任何措施

C. 告知李某：欠税人在延期期间一律不得出境

D. 直接通知出境管理机关阻止其出境

35. 甲公司拥有一项汽车仪表盘的发明专利，其权利要求记载的必要技术特征可以分解为a+b+c+d

共四项。乙公司制造四种仪表盘,其必要技术特征可以作四种分解,甲公司与乙公司的必要技术特征所代表的字母相同,表明其相应的必要技术特征相同或等同。乙公司的哪项技术侵犯了甲公司的专利?

A. b+c+d
B. a+b+c
C. a+b+d+e
D. a+b+c+d+e

36. 塞纳具有甲国国籍,住所在乙国,于1988年死亡。塞纳的亲属要求继承其遗留在丙国的不动产并诉至丙国法院。丙国法院依照本国的冲突规范应适用塞纳的本国法即甲国法;但依甲国冲突规范规定又应适用塞纳的住所地法即乙国法;而乙国冲突规范规定应适用不动产所在地法律即丙国法律。此时,丙国法院适用自己本国法律的行为属于下列哪一选项?

A. 直接反致
B. 间接反致
C. 转致
D. 双重反致

37. 国内某产品生产商向我国商务部申请对从甲国进口的该产品进行反倾销调查。该产品的国内生产商共有100多家。根据我国相关法律规定,下列哪一选项是正确的?

A. 任何一家该产品的国内生产商均可启动反倾销调查
B. 商务部可强迫甲国出口商作出价格承诺
C. 如终裁决定确定的反倾销税高于临时反倾销税,甲国出口商应当补足
D. 反倾销税税额不应超过终裁决定确定的倾销幅度

38. 曾某将自己的名牌包卖给罗某并交付,双方约定:罗某向曾某支付10万元,3个月后曾某向罗某返还本金10万元及利息,否则该名牌包归罗某所有。后曾某到期未偿还本息。关于罗某享有的权利,下列哪一说法是正确的?

A. 对名牌包享有质权
B. 取得名牌包所有权
C. 有权就该名牌包优先受偿
D. 对名牌包享有抵押权

39. 甲公司与乙公司签订并购协议:"甲公司以1亿元收购乙公司在丙公司中51%的股权。若股权过户后,甲公司未支付收购款,则乙公司有权解除并购协议。"后乙公司依约履行,甲公司却分文未付。乙公司向甲公司发送一份经过公证的《通知》:"鉴于你公司严重违约,建议双方终止协议,贵方向我方支付违约金;或者由贵方提出解决方案。"3日后,乙公司又向甲公司发送《通报》:"鉴于你公司严重违约,我方现终止协议,要求你方依约支付违约金。"下列哪一选项是正确的?

A.《通知》送达后,并购协议解除
B.《通报》送达后,并购协议解除

C. 甲公司对乙公司解除并购协议的权利不得提出异议
D. 乙公司不能既要求终止协议,又要求甲公司支付违约金

40. 孙某与李某签订房屋租赁合同,李某承租后与陈某签订了转租合同,孙某表示同意。但是,孙某在与李某签订租赁合同之前,已经把该房屋租给了王某并已交付。李某、陈某、王某均要求继续租赁该房屋。下列哪一表述是正确的?

A. 李某有权要求王某搬离房屋
B. 陈某有权要求王某搬离房屋
C. 李某有权解除合同,要求孙某承担赔偿责任
D. 陈某有权解除合同,要求孙某承担赔偿责任

41. 下列哪一情形可以产生自认的法律后果?

A. 被告在答辩状中对原告主张的事实予以承认
B. 被告在诉讼调解过程中对原告主张的事实予以承认,但该调解最终未能成功
C. 被告认可其与原告存在收养关系
D. 被告承认原告主张的事实,但该事实与法院查明的事实不符

42. 某省规定不超过3000万元的财产纠纷由基层法院管辖。龙玉公司在该省甲市乙区法院起诉丰和公司支付工程款2500万元。法庭辩论终结后,合议庭评议一致决定支持龙玉公司的诉讼请求。准备写判决书时,龙玉公司变更诉讼请求要求丰和公司支付工程款3500万元。对此,法院的下列哪一做法是正确的?

A. 直接移送甲市中级法院审理
B. 直接就2500万元诉讼请求作出判决
C. 重新进行法庭调查
D. 丰和公司提出管辖权异议后移送管辖

43. 赢鑫投资公司业绩骄人。公司拟开展非公开募集基金业务,首期募集1000万元。李某等老客户知悉后纷纷表示支持,愿意将自己的资金继续交其运作。关于此事,下列哪一选项是正确的?

A. 李某等合格投资者的人数可以超过200人
B. 赢鑫公司可在全国性报纸上推介其业绩及拟募集的基金
C. 赢鑫公司可用所募集的基金购买其他的基金份额
D. 赢鑫公司就其非公开募集基金业务应向中国证监会备案

44. 营盘市某商标代理机构,发现本市甲公司长期制造销售"实耐"牌汽车轮胎,但一直未注册商标,该机构建议甲公司进行商标注册,甲公司负责人鄂某未置可否。后鄂某辞职新创立了乙公司,鄂某委托该

商标代理机构为乙公司进行轮胎类产品的商标注册。关于该商标代理机构的行为，下列哪一选项是正确的？

A. 乙公司委托注册"实耐"商标，该商标代理机构不得接受委托

B. 乙公司委托注册"营盘轮胎"商标，该商标代理机构不得接受委托

C. 乙公司委托注册普通的汽车轮胎图形作为商标，该商标代理机构不得接受委托

D. 该商标代理机构自行注册"捷驰"商标，用于转让给经营汽车轮胎的企业

45． 中国与甲国均为《关于从国外调取民事或商事证据的公约》的缔约国，现甲国法院因审理一民商事案件，需向中国请求调取证据。根据该公约及我国相关规定，下列哪一说法是正确的？

A. 甲国法院可将请求书交中国司法部，请求代为取证

B. 中国不能以该请求书不属于司法机关职权范围为由拒绝执行

C. 甲国驻中国领事代表可在其执行职务范围内，向中国公民取证，必要时可采取强制措施

D. 甲国当事人可直接在中国向有关证人获取证人证言

46． 为了促进本国汽车产业，甲国出台规定，如生产的汽车使用了30%国产零部件，即可享受税收减免的优惠。依世界贸易组织的相关规则，关于该规定，下列哪一选项是正确的？

A. 违反了国民待遇原则，属于禁止使用的与贸易有关的投资措施

B. 因含有国内销售的要求，是扭曲贸易的措施

C. 有贸易平衡的要求，属于禁止的数量限制措施

D. 有外汇平衡的要求，属于禁止的投资措施

47． 甲与乙银行签订了《银行保险柜协议》，期限为10年，保险柜的钥匙由甲自己保管。合同签订后甲在该保险柜中放入若干金条。关于《银行保险柜协议》的合同性质，下列哪一说法是正确的？

A. 租赁合同　　　　B. 保管合同

C. 仓储合同　　　　D. 委托合同

48． 某洗浴中心大堂处有醒目提示语："到店洗浴客人的贵重物品，请放前台保管"。甲在更衣时因地滑摔成重伤，并摔碎了手上价值20万元的定情信物玉镯。经查明：因该中心雇用的清洁工乙清洁不彻底，地面湿滑导致甲摔倒。下列哪一选项是正确的？

A. 甲应自行承担玉镯损失

B. 洗浴中心应承担玉镯的全部损失

C. 甲有权请求洗浴中心赔偿精神损害

D. 洗浴中心和乙对甲的损害承担连带责任

49． 在民事执行中，被执行人朱某申请暂缓执行，提出由吴某以自有房屋为其提供担保，申请执行人刘某同意。法院作出暂缓执行裁定，期限为六个月。对于暂缓执行期限届满后朱某仍不履行义务的情形，下列哪一选项是正确的？

A. 刘某应起诉吴某，取得执行依据可申请执行吴某的担保房产

B. 朱某财产不能清偿全部债务时刘某方能起诉吴某，取得执行依据可申请执行吴某的担保房产

C. 朱某财产不能清偿刘某债权时法院方能执行吴某的担保房产

D. 法院可以直接裁定执行吴某的担保房产

50． 甲公司与乙公司签订一份专利实施许可合同，约定乙公司在专利有效期限内独占实施甲公司的专利技术，并特别约定乙公司不得擅自改进该专利技术。后乙公司根据消费者的反馈意见，在未经甲公司许可的情形下对专利技术做了改进，并对改进技术采取了保密措施。下列哪一说法是正确的？

A. 甲公司有权自己实施该专利技术

B. 甲公司无权要求分享改进技术

C. 乙公司改进技术侵犯了甲公司的专利权

D. 乙公司改进技术属于违约行为

二、多项选择题。每题所设选项中至少有两个正确答案，多选、少选、错选或不选均不得分。本部分含51-85题，每题2分，共70分。

51． 关于民事权利，下列哪些选项是正确的？

A. 甲公司与乙银行签订借款合同，乙对甲享有的要求其还款的权利不具有排他性

B. 丙公司与丁公司协议，丙不在丁建筑的某楼前建造高于该楼的建筑，丁对丙享有的此项权利具有支配性

C. 债权人要求保证人履行，保证人以债权人未对主债务人提起诉讼或申请仲裁为由拒绝履行，保证人的此项权利是抗辩权

D. 债权人撤销债务人与第三人的赠与合同的权利不受诉讼时效的限制

52． 某公司因合同纠纷的诉讼时效问题咨询律师。关于律师的答复，下列哪些选项是正确的？

A. 当事人不得违反法律规定，约定延长或者缩短诉讼时效期间、预先放弃诉讼时效利益

B. 当事人约定同一债务分期履行的，诉讼时效期间从最后一期履行期限届满之日起计算

C. 当事人在一审期间未提出诉讼时效抗辩的，二审期间不能提出该抗辩

D. 诉讼时效届满，当事人一方向对方当事人作

出同意履行义务意思表示的,不得再以时效届满为由进行抗辩

53. 更生公司租用了百灵公司所有的临街商铺,并经百灵公司同意将该商铺临街的墙面改造为落地玻璃墙。某日,霍某醉酒驾车在街上横冲直撞,导致店铺的落地玻璃墙被撞坏。对此,下列说法正确的是:

A. 更生公司为玻璃墙所有权人

B. 百灵公司为玻璃墙所有权人

C. 更生公司可向霍某主张损害赔偿

D. 百灵公司可向霍某主张损害赔偿

54. 根据我国《民事诉讼法》和相关司法解释的规定,下列关于审判组织的哪些表述是正确的?

A. 再审程序中只能由审判员组成合议庭

B. 二审法院裁定发回重审的案件,原审法院应当组成合议庭进行审理

C. 法院适用特别程序审理案件,陪审员不参加案件的合议庭

D. 中级法院作为一审法院时,合议庭可以由审判员与陪审员共同组成,作为二审法院时,合议庭则一律由审判员组成

55. 根据证据理论和《民事诉讼法》以及相关司法解释,关于证人证言,下列哪些选项是正确的?

A. 限制行为能力的未成年人可以附条件地作为证人

B. 证人因出庭作证而支出的合理费用,由提供证人的一方当事人承担

C. 证人在法院组织双方当事人交换证据时出席陈述证言的,可视为出庭作证

D. "未成年人所作的与其年龄和智力状况不相当的证言不能单独作为认定案件事实的依据",是关于证人证言证明力的规定

56. 荣吉有限公司是一家商贸公司,刘壮任董事长,马姝任公司总经理。关于马姝所担任的总经理职位,下列哪些选项是不正确的?

A. 担任公司总经理须经刘壮的聘任

B. 享有以公司名义对外签订合同的法定代理权

C. 有权制定公司的劳动纪律制度

D. 有权聘任公司的财务经理

57. 顺昌有限公司等五家公司作为发起人,拟以募集方式设立一家股份有限公司。关于公开募集程序,下列哪些表述是正确的?

A. 发起人应与依法设立的证券公司签订承销协议,由其承销公开募集的股份

B. 证券公司应与银行签订协议,由该银行代收所发行股份的股款

C. 发行股份的股款缴足后,须经依法设立的验资机构验资并出具证明

D. 由发起人主持召开公司成立大会,选举董事会成员、监事会成员与公司总经理

58. 甲公司拥有"飞鸿"注册商标,核定使用的商品为酱油等食用调料。乙公司成立在后,特意将"飞鸿"登记为企业字号,并在广告、企业厂牌、商品上突出使用。乙公司使用违法添加剂生产酱油被媒体曝光后,甲公司的市场声誉和产品销量受到严重影响。关于本案,下列哪些说法是正确的?

A. 乙公司侵犯了甲公司的注册商标专用权

B. 乙公司将"飞鸿"登记为企业字号并突出使用的行为构成不正当竞争行为

C. 甲公司因调查乙公司不正当竞争行为所支付的合理费用应由乙公司赔偿

D. 甲公司应允许乙公司在不变更企业名称的情况下以其他商标生产销售合格的酱油

59. 纳税义务人具有下列哪些情形的,应当按规定办理个人所得税纳税申报?

A. 个人所得超过国务院规定数额的

B. 在两处以上取得工资、薪金所得的

C. 从中国境外取得所得的

D. 取得应纳税所得没有扣缴义务人的

60. 张某在鱼塘养殖鱼苗,附近绿叶公司排放的污水导致鱼苗大量死亡。绿叶公司已依法取得排污许可证,且经当地环境主管部门多次检测,其排放的污水均符合有关标准。对此,下列哪些说法是正确的?

A. 张某应在3年内向绿叶公司提起侵权之诉

B. 绿叶公司应当承担赔偿责任

C. 可以从绿叶公司缴纳的排污费中划转相应款项赔付给张某

D. 当地环境主管部门可对绿叶公司采取行政强制措施

61. 某公司与公司工会经平等协商签订了一份集体合同。关于该集体合同,下列哪些说法是正确的?

A. 集体合同约定劳动者每个月加班2天,年休假多放5天

B. 集体合同经双方代表签字后,还需由公司与工会签订专门协议才能生效

C. 如因履行集体合同发生争议,经双方协商不成,公司工会可申请仲裁

D. 集体合同报送劳动行政部门后,劳动行政部门15日内未提出异议就生效

62. 胡某是某科技公司的技术骨干,正在主持公司重大科研项目,因为出国留学欲辞职。公司声称,

胡某辞职将使公司项目受挫,给公司造成重大损失,所以拒绝胡某辞职。法律援助机构的刘某协助胡某成功离职,但是公司拒不支付胡某最后一个月工资,胡某欲申请劳动仲裁。下列哪些说法是正确的?

A. 胡某辞职的理由不合理,不能辞职

B. 在律所执业满 1 年的马律师可以做仲裁员

C. 胡某可以委托刘某作为代理人参加仲裁

D. 仲裁裁决作出后,公司认为仲裁违反法定程序的,可向法院申请撤销仲裁裁决

63. 居住在 A 国的我国公民甲创作一部英文小说,乙经许可将该小说翻译成中文小说,丙经许可将该翻译的中文小说改编成电影文学剧本,并向丁杂志社投稿。下列哪些说法是错误的?

A. 甲的小说必须在我国或 A 国发表才能受我国著作权法保护

B. 乙翻译的小说和丙改编的电影文学剧本均属于演绎作品

C. 丙只需征得乙的同意并向其支付报酬

D. 丁杂志社如要使用丙的作品还应当分别征得甲、乙的同意,但只需向丙支付报酬

64. 新加坡公民王颖与顺捷国际信托公司在北京签订协议,将其在中国的财产交由该公司管理,并指定受益人为其幼子李力。在管理信托财产的过程中,王颖与顺捷公司发生纠纷,并诉至某人民法院。关于该信托纠纷的法律适用,下列哪些选项是正确的?

A. 双方可协议选择适用瑞士法

B. 双方可协议选择适用新加坡法

C. 如双方未选择法律,法院应适用中国法

D. 如双方未选择法律,法院应在中国法与新加坡法中选择适用有利于保护李力利益的法律

65. 甲公司与长期向其供货的乙公司订立书面协议,约定甲公司以其价值 3000 万元的厂房作为协议生效后 3 年内甲公司对乙公司所负债务的抵押物,设立最高额抵押权,担保债权最高金额为 2500 万元。下列哪些说法是正确的?

A. 如乙公司对甲公司的厂房实现抵押权时其债权余额为 3500 万元,则乙公司只能就 2500 万元债权优先受偿

B. 该最高额抵押权设立前成立的乙公司对甲公司的债权,不得纳入最高额抵押担保的债权范围

C. 3 年期限届满前,甲公司可与乙公司通过协议将抵押担保债权最高金额变为 3000 万元

D. 在债权确定前,经当事人约定,乙公司转让其部分债权时,最高额抵押权可随之转让

66. 甲房产开发公司在交给购房人张某的某小区平面图和项目说明书中都标明有一个健身馆。张某看中小区健身方便,决定购买一套商品房并与甲公司签订了购房合同。张某收房时发现小区没有健身馆。下列哪些表述是正确的?

A. 甲公司不守诚信,构成根本违约,张某有权退房

B. 甲公司构成欺诈,张某有权请求甲公司承担缔约过失责任

C. 甲公司恶意误导,张某有权请求甲公司双倍返还购房款

D. 张某不能滥用权利,在退房和要求甲公司承担违约责任之间只能选择一种

67. 关于民事诉讼中的法院调解与诉讼和解的区别,下列哪些选项是正确的?

A. 法院调解是法院行使审判权的一种方式,诉讼和解是当事人对自己的实体权利和诉讼权利进行处分的一种方式

B. 法院调解的主体包括双方当事人和审理该案件的审判人员,诉讼和解的主体只有双方当事人

C. 法院调解以《民事诉讼法》为依据,具有程序上的要求,诉讼和解没有严格的程序要求

D. 经过法院调解达成的调解协议生效后如有给付内容则具有强制执行力,经过诉讼和解达成的和解协议即使有给付内容也不具有强制执行力

68. 甲有限公司系张某出资设立的一人有限公司。几年后,甲有限公司与乙有限公司共同出资设立了丙有限公司。随后张某将其持有的甲有限公司的全部股权转让给了陈某并办理了变更登记。2020年,甲有限公司为陈某向金某的借款提供担保,与金某签订了担保协议,陈某代表甲有限公司在担保协议上签字并加盖公章。2021 年借款到期后,陈某无力偿还借款。对此,下列哪些说法是正确的?

A. 甲有限公司应对借款承担担保责任

B. 该担保协议因未经股东会决议,故担保无效

C. 陈某如无法证明甲有限公司财产独立,则须就公司其他债务承担连带责任

D. 丙有限公司可就张某和陈某的股权转让主张优先购买权

69. 关于我国《外商投资法》对外商投资企业的投资保护措施,下列说法错误的有哪些?

A. 为保障在外商投资过程中开展技术合作,行政机关及其工作人员可以利用行政手段强制转让技术

B. 地方政府制定涉及外商投资的规范性文件,可根据当地经济和社会发展需要设置市场准入和退出条件

C. 地方政府及其有关部门可依权限和程序改变向外国投资者作出的政策承诺

D. 在任何情况下,国家对外国投资者的投资均

不实行征收

70. 刘男按当地习俗向戴女支付了结婚彩礼现金 10 万元及金银首饰数件，婚后不久刘男即主张离婚并要求返还彩礼。关于该彩礼的返还，下列哪些选项是正确的？

A. 因双方已办理结婚登记，故不能主张返还

B. 刘男主张彩礼返还，不以双方离婚为条件

C. 已办理结婚登记，未共同生活的，可主张返还

D. 已办理结婚登记，并已共同生活的，仍可主张返还

71. 居民甲将房屋出租给乙，乙经甲同意对承租房进行了装修并转租给丙。丙擅自更改房屋承重结构，导致房屋受损。对此，下列哪些选项是正确的？

A. 无论有无约定，乙均有权于租赁期满时请求甲补偿装修费用

B. 甲可请求丙承担违约责任

C. 甲可请求丙承担侵权责任

D. 甲可请求乙承担违约责任

72. 根据国际商会《跟单信用证统一惯例》（UCP600）的规定，如果受益人按照信用证的要求完成对指定银行的交单义务，出现下列哪些情形时，开证行应予承付？

A. 信用证规定指定银行议付但其未议付

B. 信用证规定指定银行延期付款但其未承诺延期付款

C. 信用证规定指定银行承兑，指定行承兑但到期不付款

D. 信用证规定指定银行即期付款但其未付款

73. 大陆甲公司与台湾地区乙公司签订了出口家具合同，双方在合同履行中产生纠纷，乙公司拒绝向甲公司付款。甲公司在大陆将争议诉诸法院。关于向台湾当事人送达文书，下列哪些选项是正确的？

A. 可向乙公司在大陆的任何业务代办人送达

B. 如乙公司的相关当事人在台湾下落不明的，可采用公告送达

C. 邮寄送达的，如乙公司未在送达回证上签收而只是在邮件回执上签收，可视为送达

D. 邮寄送达未能收到送达与否证明文件的，满三个月即可视为已送达

74. 下列哪些出租行为构成对知识产权的侵犯？

A. 甲购买正版畅销图书用于出租

B. 乙购买正版杀毒软件用于出租

C. 丙购买正版唱片用于出租

D. 丁购买正宗专利产品用于出租

75. 关于破产清算、重整与和解的表述，下列哪些选项是正确的？

A. 债务人一旦被宣告破产，则不可能再进入重整或者和解程序

B. 破产案件受理后，只有债务人才能提出和解申请

C. 即使债务人未出现现实的资不抵债情形，也可申请重整程序

D. 重整是破产案件的必经程序

76. 南岳公司委托江北造船公司建造船舶一艘。船舶交付使用时南岳公司尚欠江北公司费用 200 万元。南岳公司以该船舶抵押向银行贷款 500 万元。后该船舶不慎触礁，需修理费 50 万元，有多名船员受伤，需医药费等 40 万元。如以该船舶的价值清偿上述债务，下列哪些表述是正确的？

A. 修船厂的留置权优先于银行的抵押权

B. 船员的赔偿请求权优先于修船厂的留置权

C. 造船公司的造船费用请求权优先于银行的抵押权

D. 银行的抵押权优先于修船厂的留置权

77. 大界公司就其遗失的一张汇票向法院申请公示催告，法院经审查受理案件并发布公告。在公告期间，盘堂公司持被公示催告的汇票向法院申报权利。对于盘堂公司的权利申报，法院实施的下列哪些行为是正确的？

A. 应当通知大界公司到法院查看盘堂公司提交的汇票

B. 若盘堂公司出具的汇票与大界公司申请公示的汇票一致，则应当开庭审理

C. 若盘堂公司出具的汇票与大界公司申请公示的汇票不一致，则应当驳回盘堂公司的申请

D. 应当责令盘堂公司提供证明其对出示的汇票享有所有权的证据

78. 2008 年 7 月，家住 A 省的陈大因赡养费纠纷，将家住 B 省甲县的儿子陈小诉至甲县法院，该法院受理了此案。2008 年 8 月，经政府正式批准，陈小居住的甲县所属区域划归乙县管辖。甲县法院以管辖区域变化对该案不再具有管辖权为由，将该案移送至乙县法院。乙县法院则根据管辖恒定原则，将案件送还至甲县法院。下列哪些说法是正确的？

A. 乙县法院对该案没有管辖权

B. 甲县法院的移送管辖是错误的

C. 乙县法院不得将该案送还甲县法院

D. 甲县法院对该案没有管辖权

79. 甲、乙、丙、丁四人签订合伙合同，但未登记为合伙企业。甲、乙、丙推选丁作为合伙事务的执行人，丁在执行合伙事务的过程中，与戊发生口角，并将戊打伤，现在戊欲追究甲、乙、丙、丁及合伙的责任。根据《民法典》，下列哪些说法是正确的？

A. 甲、乙、丙不应与丁承担连带责任

B. 应由丁自己承担责任

C. 应由合伙承担用人单位责任

D. 应由合伙与丁承担连带责任

80． 甲公司员工魏某在公司年会抽奖活动中中奖，依据活动规则，公司资助中奖员工子女次年的教育费用，如员工离职，则资助失效。下列哪些表述是正确的？

A. 甲公司与魏某成立附条件赠与

B. 甲公司与魏某成立附义务赠与

C. 如魏某次年离职，甲公司无给付义务

D. 如魏某次年未离职，甲公司在给付前可撤销资助

81． 甲酒厂为扩大销量，精心摹仿乙酒厂知名白酒的包装、装潢。关于甲厂摹仿行为，下列哪些判断是错误的？

A. 如果乙厂的包装、装潢未获得外观设计专利，则甲厂摹仿行为合法

B. 如果甲厂在包装、装潢上标明了自己的厂名、厂址、商标，则不构成混淆行为

C. 如果甲厂白酒的包装、装潢不足以使消费者误认为是乙厂白酒，则不构成混淆行为

D. 如果乙厂白酒的长期消费者留意之下能够辨别出二者差异，则不构成混淆行为

82． 某教师在税务师培训班上就我国财税法制有下列说法，其中哪些是不正确的？

A. 当税法有漏洞时，依据税收法定原则，不允许以类推适用方法来弥补税法漏洞

B. 增值税的纳税人分为一般纳税人和小规模纳税人，小规模纳税人的销售额达到起征点的，应全额计算缴纳增值税

C. 消费税的征税对象为应税消费品，包括一次性竹制筷子和复合地板等

D. 车船税纳税义务发生时间为取得车船使用权或管理权的当年，并按年申报缴纳

83． 河川县盛产荔枝，远近闻名。该县成立了河川县荔枝协会，申请注册了"河川"商标，核定使用在荔枝商品上，许可本协会成员使用。加入该荔枝协会的农户将有"河川"商标包装的荔枝批发给盛联超市销售。超市在销售该批荔枝时，在荔枝包装上还加贴了自己的注册商标"盛联"。下列哪些说法是正确的？

A. "河川"商标是集体商标

B. "河川"商标是证明商标

C. "河川"商标使用了县级以上行政区划名称，应被宣告无效

D. 盛联超市的行为没有侵犯商标权

84． 中国人李某（女）与甲国人金某（男）2011年在乙国依照乙国法律登记结婚，婚后二人定居在北京。依《涉外民事关系法律适用法》，关于其夫妻关系的法律适用，下列哪些表述是正确的？

A. 婚后李某是否应改从其丈夫姓氏的问题，适用甲国法

B. 双方是否应当同居的问题，适用中国法

C. 婚姻对他们婚前财产的效力问题，适用乙国法

D. 婚姻存续期间双方取得的财产的处分问题，双方可选择适用甲国法

85． 甲、乙、丙三国均为世界贸易组织成员，甲国对进口的某类药品征收8%的国内税，而同类国产药品的国内税为6%。针对甲国的规定，乙、丙两国向世界贸易组织提出申诉，经裁决甲国败诉，但其拒不执行。依世界贸易组织的相关规则，下列哪些选项是正确的？

A. 甲国的行为违反了国民待遇原则

B. 乙、丙两国可向上诉机构申请强制执行

C. 乙、丙两国经授权可以对甲国采取中止减让的报复措施

D. 乙、丙两国的报复措施只限于在同种产品上使用

三、不定项选择题。 每题所设选项中至少有一个正确答案，多选、少选、错选或不选均不得分。本部分含86-100题，每题2分，共30分。

86． 甲向乙借款1000万元，丙在借款合同中的保证栏签字，但没有约定保证方式，丁以自有的房屋对甲的借款向乙进行了抵押。下列说法正确的是：

A. 丙承担责任后可以向甲追偿

B. 丙以一般保证承担保证责任

C. 丁承担责任后可以向甲追偿

D. 丁承担责任后可以向丙追偿

87． 李某诉谭某返还借款一案，M市N区法院按照小额诉讼案件进行审理，判决谭某返还借款。判决生效后，谭某认为借款数额远高于法律规定的小额案件的数额，不应按小额案件审理，遂向法院申请再审。法院经审查，裁定予以再审。关于该案再审程序适用，下列选项正确的是：

A. 谭某应当向M市中级法院申请再审

B. 法院应当组成合议庭审理

C. 对作出的再审判决当事人可以上诉

D. 作出的再审判决仍实行一审终审

88． 王某将自己居住的房屋向某保险公司投保家庭财产保险。保险合同有效期内，该房屋因邻居家的小孩玩火而被部分毁损，损失10万元。下列选项错误的是：

A. 王某应当先向邻居索赔,在邻居无力赔偿的前提下才能向保险公司索赔

B. 王某可以放弃对邻居的赔偿请求权,单独向保险公司索赔

C. 若王某已从邻居处得到 10 万元的赔偿,其仍可向保险公司索赔

D. 若王某从保险公司得到的赔偿不足 10 万元,其仍可向邻居索赔

89. 国家实行审计监督制度。为加强国家的审计监督,全国人大常委会于 1994 年通过了《审计法》,并于 2006 年和 2021 年进行了修正。关于审计监督制度,下列理解正确的是:

A.《审计法》的制定与执行是在实施宪法的相关规定

B. 地方各级审计机关对本级人大常委会和上一级审计机关负责

C. 国务院各部门和地方各级政府的财政收支应当依法接受审计监督

D. 国有的金融机构和企业事业组织的财务收支应当依法接受审计监督

90. 村民王某创办的乡镇企业打算在村庄规划区内建设一间农产品加工厂,就有关审批手续向镇政府咨询。关于镇政府的答复,下列选项符合《城乡规划法》规定的是:

A. "你应当向镇政府提出申请,由镇政府报县政府城乡规划局核发乡村建设规划许可证。"

B. "你的加工厂使用的土地不能是农地。如确实需要占用农地,必须依照土地管理法的有关规定办理农地转用审批手续。"

C. "你必须先办理用地审批手续,然后才能办理乡村建设规划许可证。"

D. "你必须在规划批准后,严格按照规划条件进行建设,绝对不允许作任何变更。"

91. 关于民事审判程序与民事执行程序的关系,下列说法错误的是:

A. 民事审判程序是确认民事权利义务的程序,民事执行程序是实现民事权利义务关系的程序

B. 法院对案件裁定进行再审时,应当裁定终结执行

C. 民事审判程序是民事执行程序的前提

D. 民事执行程序是民事审判程序的继续

92. 外卖小哥甲在送外卖路上看见乙跳河自杀,于是将自己的手机等财物交给路人丙保管,从十米高的桥上跳下去救人,导致背部受伤。救助过程中,乙因不断挣扎致手臂脱臼。路人丙由于专注于现场,不慎将甲的手机摔坏。对此,下列说法正确的是:

A. 甲有权请求丙赔偿手机的损失

B. 甲有权请求乙赔偿手机的损失

C. 甲可以请求乙适当补偿其人身损害

D. 甲应赔偿乙的人身损害

93. 执行法院对下列财产不得采取执行措施的是:

A. 被执行人未发表的著作

B. 被执行人及其所扶养家属完成义务教育所必需的物品

C. 金融机构交存在中国人民银行的存款准备金和备付金

D. 金融机构的营业场所

94. 紫霞股份有限公司是一家从事游戏开发的非上市公司,注册资本 5000 万元,已发行股份总额为 1000 万股。公司保持良好的发展势头。为进一步激励员工,公司于 8 月决定收购本公司的部分股份,用于职工奖励。关于此问题,下列选项正确的是:

A. 公司此次可收购的本公司股份的上限为 100 万股

B. 公司可动用任意公积金作为此次股份收购的资金

C. 收购本公司股份后,公司可在两年内完成实施对职工的股份奖励

D. 如在 2017 年底公司仍持有所收购的股份,则在利润分配时不得对该股份进行利润分配

95. 2012 年 12 月,某公司对县税务局确定的企业所得税的应纳税所得额、应纳税额及在 12 月 30 日前缴清税款的要求极为不满,决定撤离该县,且不缴纳税款。县税务局得知后,责令该公司在 12 月 15 日前纳税。当该公司有转移生产设备的明显迹象时,县税务局责成其提供纳税担保。就该公司与税务局的纳税争议,下列说法正确的是:

A. 如该公司不提供纳税担保,经批准,税务局有权书面通知该公司开户银行从其存款中扣缴税款

B. 如该公司不提供纳税担保,经批准,税务局有权扣押、查封该公司价值相当于应纳税款的产品

C. 如该公司对应纳税额发生争议,应先依税务局的纳税决定缴纳税款,然后可申请行政复议,对复议决定不服的,可向法院起诉

D. 如该公司对税务局的税收保全措施不服,可申请行政复议,也可直接向法院起诉

96. 甲公司向丙公司借款 2000 万元,期限 5 年。对于这笔借款,乙公司向丙公司出具了担保函,约定到期后若甲公司不能清偿债务,则由乙公司承担清偿责任。后甲公司被法院裁定破产,丙公司向管理人申报了全部债权。此后不久,乙公司也被法院裁定破产。对此,下列说法正确的是:

A. 若丙公司向乙公司追偿,乙公司有权主张先

诉抗辩权

B. 乙公司有权以将来求偿权向甲公司管理人申报债权

C. 丙公司有权向甲公司和乙公司分别申报全部债权

D. 针对甲公司和乙公司的债权和担保债权均停止计息

甲市 L 区居民叶某购买了住所在乙市 M 区的大亿公司开发的位于丙市 N 区的商品房一套,合同中约定双方因履行合同发生争议可以向位于丙市的仲裁委员会(丙市仅有一家仲裁机构)申请仲裁。因大亿公司迟迟未按合同约定交付房屋,叶某向仲裁委员会申请仲裁。大亿公司以仲裁机构约定不明,向仲裁委员会申请确认仲裁协议无效。经审查,仲裁委员会作出了仲裁协议有效的决定。在第一次仲裁开庭时,大亿公司声称其又向丙市中级法院请求确认仲裁协议无效,申请仲裁庭中止案件审理。在仲裁过程中仲裁庭组织调解,双方达成了调解协议,仲裁庭根据协议内容制作了裁决书。后因大亿公司不按调解协议履行义务,叶某向法院申请强制执行,而大亿公司则以调解协议内容超出仲裁请求为由,向法院申请不予执行仲裁裁决。请据此回答 97—99 题。

97. 大亿公司向丙市中级法院请求确认仲裁协议无效,对此,正确的做法是:

A. 丙市中级法院应予受理并进行审查

B. 丙市中级法院不予受理

C. 仲裁庭在法院就仲裁协议效力作出裁定之前,应当中止仲裁程序

D. 仲裁庭应继续开庭审理

98. 双方当事人在仲裁过程中达成调解协议,仲裁庭正确的结案方式是:

A. 根据调解协议制作调解书

B. 应当依据调解协议制作裁决书

C. 将调解协议内容记入笔录,由双方当事人签字后即发生法律效力

D. 根据调解协议的结果制作裁决书

99. 大亿公司以调解协议超出仲裁请求范围请求法院不予执行仲裁裁决,法院正确的做法是:

A. 不支持,继续执行

B. 应支持,并裁定不予执行

C. 应告知当事人申请撤销仲裁裁决,并裁定中止执行

D. 应支持,必要时可通知仲裁庭重新仲裁

100. 李某有一清代瓷盘,急欲出售。刘某得知魏某想要以 5 万元求购该瓷盘,遂抢先找到李某购买,双方以 1 万元成交,约定 3 日后交付,刘某向李某支付了 5000 元定金。其后,刘某与魏某达成协议,刘某将瓷盘以 5 万元出售给魏某,魏某先行支付了 1 万元定金。3 日后,在交付瓷盘时,李某失手把瓷盘摔坏了。下列选项说法正确的是:

A. 刘某应向魏某就 1 万的定金双倍返还

B. 李某应向刘某就 5000 元的定金双倍返还

C. 李某不需要就刘某支付的定金承担双倍返还的责任

D. 刘某可以请求法院减少双倍赔偿金额

试 卷 一

解 析

一、单项选择题

1. 累犯；假释[D]

[解析]《刑法》第74条规定，对于累犯与犯罪集团的首要分子，不适用缓刑。其中的"首要分子"不同于"积极参加者"。故A项错误。

《刑法》第81条第2款规定，对于累犯，不得假释。因此，即使假释后对所居住的社区无不良影响的，只要是累犯，也不得假释。故B项错误。

《刑法》第50条第2款规定，对于被判处死刑缓期执行的累犯，以及因故意杀人、强奸、抢劫、绑架、放火、爆炸、投放危险物质或者有组织的暴力性犯罪被判处死刑缓期执行的犯罪分子，人民法院根据犯罪情节等情况可以同时决定对其限制减刑。故C项错误。

《刑法》第66条规定，危害国家安全犯罪、恐怖活动犯罪、黑社会性质的组织犯罪的犯罪分子，在刑罚执行完毕或者赦免以后，在任何时候再犯上述任一类罪的，都以累犯（特殊累犯）论处。只要行为人前后罪是这三种类型犯罪，无论前后时间间隔多久，都可能成立累犯。故D项正确。

2. 走私犯罪的认定[A]

[解析] 刑法在"走私罪"一节中除了规定走私普通货物、物品罪之外，还规定了其他走私"特殊"物品的犯罪：(1)走私武器、弹药罪；(2)走私假币罪；(3)走私文物罪；(4)走私贵重金属罪，(5)走私国家禁止进出口的货物、物品罪；(6)走私淫秽物品罪。对于走私特定物品的，要注意走私不同的对象成立不同的罪名，同时构成要件也不同。其中，走私淫秽物品罪要求以牟利或者传播为目的。甲误将淫秽光盘当作普通光盘走私入境，不具有牟利或者传播目的，因此，不能定走私淫秽物品罪，而是要根据偷逃应缴税额确定是否构成走私普通货物、物品罪，若偷逃应缴税额较大，达到10万元以上的，应当定走私普通货物、物品罪。故A项正确。

《关于办理走私刑事案件适用法律若干问题的解释》第4条规定，走私各种弹药的弹头、弹壳，构成犯罪的，依照刑法第151条第1款规定，以走私弹药罪定罪处罚（将"弹药"扩大解释为包括弹头、弹壳）。故B项错误。

吸收犯是指前行为是后行为的必然经过，或者后行为是前行为的当然结果，走私枪支入境与之后非法出卖的行为在社会生活中没有必然的关系，不属于吸收犯。当然，如果行为人在境外购买枪支后再走私进境的，则属于吸收犯，因为二者之间存在必然经过与必然结果的关系。故C项错误。

按照《刑法》第157条第2款的规定，以暴力、威胁方法抗拒缉私的，以相应的走私犯罪与妨害公务罪并罚。如果暴力行为导致缉私人员重伤或者死亡的，则以相应的走私犯罪与故意伤害罪（重伤或者致死）并罚。故D项错误。

3. 法的效力；法律责任的免责条件[A]

[解析] 法对人的效力，指什么人适用我国的法律的问题。而法的空间效力则指我国法律在什么空间生效的问题。本案中，赵某属于中国公民，适用中国法律，属于法对人的效力的问题。而赵某逃往A国，涉及我国的法律生效范围的问题，属于法的空间效力问题。故A项正确。

我国《刑法》第6条规定，凡在中国领域内犯罪的，除特别规定外，都适用本法。凡在中国船舶或航空器内犯罪的，也适用本法。犯罪的行为或结果有一项发生在中国领域内的，就认为是在中国领域内犯罪。赵某系中国公民，犯罪行为发生在中国领域内，并不因为赵某潜逃至国外而不再适用中国法律。故B项错误。

法的溯及力，是指法对其生效以前的事件和行为是否适用。如果适用，就具有溯及力；如果不适用，就没有溯及力。本案并未涉及溯及力问题。故C项错误。

时效免责不是绝对的，依据《刑法》第88条第1款规定："在人民检察院、公安机关、国家安全机关立案侦查或者在人民法院受理案件以后，逃避侦查或者审判的，不受追诉期限的限制。"而本案公安机关已经立案侦查，故不适用于追诉时效的免责。故D项错误。

4. 宋代法律和相关制度[C]

[解析]《宋刑统》于宋太祖建隆四年开始修订，同年7月完成，由宋太祖诏"付大理寺刻板摹印，颁行天下"，成为中国历史上第一部刊印颁行的法典。故A项正确。

宋代法律因袭唐制,对借与贷作了区分。借指使用借贷,而贷则指消费借贷。当时把不付息的使用借贷称为负债,把付息的消费借贷称为出举。故 B 项正确。

敕的本意是尊长对卑幼的一种训诫,南北朝以后成为皇帝诏令的一种。宋代的敕是指皇帝对特定的人或事所做的命令。宋仁宗前基本上是"敕律并行",宋神宗朝敕地位提高,"凡律所不载者,一断于敕",敕已到足以破律、代律的地步。故 C 项错误。

宋建隆四年颁行"折杖法",意在笼络人心,改变五代以来刑罚严苛的弊端。折杖法除死刑不折外,笞杖徒流皆可折为杖刑,流刑杖后就地配役一年,加役流配三年。故 D 项正确。

5．指定管辖；回避[B]

[解析]《刑诉解释》第 316 条规定:"人民法院受理自诉案件必须符合下列条件:(一)符合刑事诉讼法第二百一十条、本解释第一条的规定;(二)属于本院管辖;(三)被害人告诉;(四)有明确的被告人、具体的诉讼请求和证明被告人犯罪事实的证据。"《刑事诉讼法》第 25 条规定:"刑事案件由犯罪地的人民法院管辖。如果由被告人居住地的人民法院审判更为适宜的,可以由被告人居住地的人民法院管辖。"本题中,犯罪地为 B 区,因此 B 区法院对本案有管辖权,应当受理。故 A 项错误。

《刑诉解释》第 18 条规定:"有管辖权的人民法院因案件涉及本院院长需要回避或者其他原因,不宜行使管辖权的,可以请求移送上一级人民法院管辖。上一级人民法院可以管辖,也可以指定与提出请求的人民法院同级的其他人民法院管辖。"本题中,王某与本案有利害关系,所以,B 区法院受理该案后应请求上级法院指定管辖。故 B 项正确。

《刑事诉讼法》第 29 条规定,审判人员、检察人员、侦查人员有下列情形之一的,应当自行回避,当事人及其法定代理人也有权要求他们回避:(1)是本案的当事人或者是当事人的近亲属的;(2)本人或者他的近亲属和本案有利害关系的;(3)担任过本案的证人、鉴定人、辩护人、诉讼代理人的;(4)与本案当事人有其他关系,可能影响公正处理案件的。本案中,B 区法院受理此案后,王某是上一级法院 A 市中级法院院长,并非此案审理法院的审判人员,所以无须自行回避。故 C 项错误。

我国没有整体回避的制度规定,因此,齐某无权申请 A 市中级法院及其下辖的所有基层法院法官整体回避。故 D 项错误。

6．证据的理论分类[C]

[解析]根据证据材料的来源不同,证据可以分为原始证据和传来证据。凡是直接来源于案件事实的证据材料,是原始证据;从间接的非第一来源获得

的证据材料,称为传来证据。

根据证据与案件主要事实证明关系的不同,可以将证据划分为直接证据与间接证据。直接证据是能够单独、直接证明案件主要事实的证据。也就是说,某一项证据的内容,无需经过推理过程,即可以直观地说明犯罪行为是否为犯罪嫌疑人、被告人所实施。间接证据是不能单独、直接证明刑事案件主要事实,需要与其他证据相结合,形成一个证据体系,才能共同证明案件的主要事实。

A 项中的指纹是直接来源于案件事实,属于原始证据,可是该指纹并不能单独证明案件主要事实,属于间接证据。故 A 项不当选。

B 项中侦查人员在室友丙手机中直接提取的视频,经过了复制,属于传来证据。该内容可以单独证明案件主要事实,属于直接证据。故 B 项不当选。

C 项中室友丁的证言,内容是曾看到甲将一台相同的笔记本电脑交给乙保管,属于第一手材料,直接来源于案件事实,属于原始证据。同时该证据能够直接证明案件主要事实,无需经过推理过程。故 C 项当选。

D 项中甲转卖电脑时出具的现金收条属于第一手的原始证据,但是并不能单独证明案件主要事实,属于间接证据。故 D 项不当选。

7．行政处罚[A]

[解析]行政处罚,是国家行政机关对构成行政违法行为的公民、法人或者其他组织实施的行政法上的制裁。行政处罚是行政违法行为引起的法律后果,其目的在于对行政违法的相对人进行惩罚。一般可以根据两个条件认定行政处罚:第一,行为人的行为违反行政管理秩序;第二,对此种违法行为需要给予法定的行政处罚。《行政处罚法》第 9 条规定:"行政处罚的种类:(一)警告、通报批评;(二)罚款、没收违法所得、没收非法财物;(三)暂扣许可证件、降低资质等级、吊销许可证件;(四)限制开展生产经营活动、责令停产停业、责令关闭、限制从业;(五)行政拘留;(六)法律、行政法规规定的其他行政处罚。"

A 项中,张某违章驾车属于行政违法行为,而被暂扣驾驶执照是违法行为造成的法律后果,是公安交管局对其的一种惩罚,属于行政处罚。故 A 项当选。

B 项中的注销营业执照,是消灭行政许可法律关系的一种法定程序,并不以相对人的行政违法行为为前提,不具有惩罚性,不属于行政处罚。故 B 项不当选。

卫生局对流行性传染病患者强制隔离,是出于公共安全的考虑,为了控制病源的扩散,依法对公民的人身自由实施的暂时性限制,属于行政强制措施而非行政处罚。故 C 项不当选。

责令召回本身只是让生产者自我纠错,防止发生

危害,其行为性质属于行政强制措施,核心在于恢复正常状态,性质更偏于教育和纠正功能,而没有惩罚的惩戒性,因此不是行政处罚。故 D 项错误。【特别提醒】命题人认为责令召回、责令改正、责令产品下架之类的行为属于行政强制措施。对此,《行政处罚法》第 28 条第 1 款规定:"行政机关实施行政处罚时,应当责令当事人改正或者限期改正违法行为。"从法条中我们也可以看出,责令改正本身并不是一种行政处罚。

8.非正式法律渊源的种类及其效力;判例在我国现有法律体系中地位和效力[C]

[解析] 法的效力可以分为规范性法律文件的效力和非规范性法律文件的效力。规范性法律文件的效力,也叫狭义的法的效力,指法律的生效范围或适用范围。非规范性法律文件的效力,指判决书、裁定书、逮捕证、许可证、合同等的法的效力。这些文件在经过法定程序之后也具有约束力,任何人不得违反。但是,非规范性法律文件是适用法律的结果而不是法律本身,因此不具有普遍约束力。本题中,法院已生效同类判决属于非规范性法律文件,它的效力仅及于该案,不具有普遍的约束力。故 A 项错误。

判例法,指基于法院的判决而形成的具有法律效力的判定,这种判定对以后的判决具有法律规范效力,能够作为法院判案的法律依据。判例法是英美法系国家的主要法律渊源。判例法的来源不是专门的立法机构,而是法官对案件的审理结果,它不是立法者创造的,而是司法者创造的,因此,判例法又称为法官法或普通法。我国是成文法国家,立法权由立法机关行使,法官没有立法权,在法律体系中不存在判例法。故 B 项错误。

判例属于我国的非正式的法的渊源。在我国,最高人民法院的裁判文书,由于具有最高的司法效力,因而对各级人民法院的审判工作具有重要的指导作用,同时还可以为法律、法规的制定和修改提供参考,也是法律专家和学者开展法律教学和研究的宝贵素材。故 C 项正确。

根据《民事诉讼法》第 100 条第 3 款规定,民事调解书须经双方当事人签收后才生效,D 项所言民事调解书经乙签署后即生效是错误的。另外,即使民事调解书生效后也不会具有行政强制执行力。所谓行政强制执行力是指由行政机关所作出的行政行为所具有的强制执行力,它是针对行政行为而言的。而民事调解书的作出主体是法院,是一种司法行为,它生效后当事人只能向法院申请强制执行,具有的是司法强制执行力,而非行政强制执行力。故 D 项错误。

9.公民基本权利;人身自由[B]

[解析] 人格尊严是绝对权,《宪法》第 38 条规定,中华人民共和国公民的人格尊严不受侵犯。禁止

用任何方法对公民进行侮辱、诽谤和诬告陷害。故 A 项正确。

生命权的含义,一般认为包括:防御权、享受生命权、保护请求权。生命权是公民最基本的权利,是一切其他权利的存在基础。故生命权属于公民的基本权利,是应有之义。但是,我国宪法并未明确规定生命权。故 B 项错误。

《宪法》第 37 条规定,中华人民共和国公民的人身自由不受侵犯。任何公民,非经人民检察院批准或者决定或者人民法院决定,并由公安机关执行,不受逮捕。禁止非法拘禁和以其他方法非法剥夺或者限制公民的人身自由,禁止非法搜查公民的身体。故 C 项正确。

《宪法》第 39 条规定,中华人民共和国公民的住宅不受侵犯。禁止非法搜查或者非法侵入公民的住宅。故 D 项正确。

10.走私普通货物、物品罪;逃税罪[C]

[解析]《刑法》第 154 条规定,未经海关许可并且未补缴应缴税额,擅自将批准进口的来料加工、来件装配、补偿贸易的原材料、零件、成品、设备等保税货物,在境内销售牟利的,应以走私普通货物、物品罪追究刑事责任。故 A 项错误。

外贸公司的销售行为有利于物尽其用,但这不构成超法规的犯罪排除事由,因为外贸公司的行为并没有保全更为重要的法益,不能经过法益衡量后被正当化。故 B 项错误。

根据《刑法》第 201 条的规定,纳税人采取欺骗、隐瞒手段进行虚假纳税申报或者不申报,逃避缴纳税款数额较大并且占应纳税额 10% 以上的,构成逃税罪。有逃税行为,经税务机关依法下达追缴通知后,补缴应纳税款,缴纳滞纳金,已受行政处罚的,不予追究刑事责任;但是,5 年内因逃避缴纳税款受过刑事处罚或者被税务机关给予 2 次以上行政处罚的除外。D 项错在"接受行政处罚",应为"已受行政处罚"。故 C 项正确,D 项错误。

11.贪污罪;受贿罪;职务侵占罪[A]

[解析] 吴某、刘某、王某三人就王某以虚构交易的方式造成甲国有公司 200 万元的损失具有意思联络。吴某作为国有企业从事管理的人员,属于国家工作人员,且利用了自己管理的职务,属于利用职务之便。刘某和王某虽然没有国家工作人员身份,但与吴某共谋,虚构交易,使得国有资产遭受损失的行为,构成贪污罪的共同犯罪,其中吴某是贪污罪的正犯,刘某和王某是帮助犯,三人贪污金额都为 200 万元。故 A 项正确。

如上分析,三人共谋以虚构交易的方式造成国有资产损失,构成贪污罪,不存在受贿和行贿行为。故 B、C 项错误。

职务侵占罪的主体要件是非国家工作人员。吴某具有国家工作人员的身份，且利用管理职权造成国有资产损失，符合贪污罪的构成要件。故 D 项错误。

12．行政复议第三人［D］

［解析］《行政复议法》第 17 条第 1 款规定："申请人、第三人可以委托一至二名律师、基层法律服务工作者或者其他代理人代为参加行政复议。"故 A 项正确。【特别提醒】只有申请人和第三人可以委托代理人参加行政复议，被申请人无权委托。

《行政复议法》第 16 条第 2 款规定："第三人不参加行政复议，不影响行政复议案件的审理。"故 B 项正确。

《行政复议法实施条例》第 35 条规定："行政复议机关应当为申请人、第三人查阅有关材料提供必要条件。"故 C 项正确。

《行政复议法》第 78 条规定："申请人、第三人逾期不起诉又不履行行政复议决定书、调解书的，或者不履行最终裁决的行政复议决定的，按照下列规定分别处理……"可知第三人与申请人逾期不起诉又不履行复议决定的强制执行制度相同，均适用《行政复议法》第 78 条的规定。故 D 项错误。

13．死刑复核程序［D］

［解析］对于无期徒刑的案件，高级法院裁定维持原判，并非意味着判决生效。对乙的判决自宣告之日起发生法律效力。故 A 项错误。

《刑诉解释》第 423 条第 1 款第 2 项规定，中级人民法院判处死刑的第一审案件，被告人上诉或者人民检察院抗诉，高级人民法院裁定维持的，应当在作出裁定后 10 日以内报请最高人民法院核准。因此，高级法院在维持一审判决后应当直接报请最高人民法院核准，而无需先行复核。故 B 项错误。

《刑诉解释》第 429 条第 3 项规定，最高人民法院复核死刑案件，认为原判事实不清、证据不足的，应当裁定不予核准，并撤销原判，发回重新审判。故 C 项错误，D 项正确。

14．妨害公务罪［C］

［解析］妨害公务罪应发生在执行公务的过程中。警察已经处理完毕，说明公务已经执行完毕，此时，甲再朝警察小腿踢一脚的行为并没有妨害公务活动的进行，不成立妨害公务罪。故 A 项错误。

戴某的行为并非执行公务行为，乙为抗拒抓捕伤害戴某的行为构成转化型抢劫罪。故 B 项错误。

丙为使其弟逃跑，对正在执行公务的警察实施暴力，构成典型的妨害公务罪。故 C 项正确。

根据《刑法》第 318 条的规定，组织他人偷越国（边）境时以暴力方法抗拒检查的，构成组织他人偷越国（边）境罪的法定刑升格条件，对丁的行为不再单独以妨害公务罪论处。故 D 项错误。

15．深化人民监督员制度［D］

［解析］人民监督员制度是人民检察院主动接受社会监督的一种外部监督制度，它可以确保检察机关职务犯罪侦查、起诉权的正确行使。故 A 项正确。

《中共中央关于全面推进依法治国若干重大问题的决定》指出："完善人民监督员制度，重点监督检察机关查办职务犯罪的立案、羁押、扣押冻结财物、起诉等环节的执法活动。"故 B 项正确。

《人民监督员选任管理办法》第 4 条第 1 款规定，人民监督员由省级和设区的市级司法行政机关负责选任管理。故 C 项正确。

《人民监督员选任管理办法》第 20 条第 1 款规定，司法行政机关从人民监督员信息库中随机抽选，联络确定参加监督活动的人民监督员，并通报人民检察院。由此可知，人民监督员的选择方式是随机抽选而不是随机挑选。故 D 项错误。

16．生产、销售伪劣商品罪［B］

［解析］生产、销售、提供假药罪中"假药"的认定，原《药品管理法》规定，必须批准而未经批准进口的药品和必须取得批号而未取得批号的药品，视为假药。但 2019 年《药品管理法》第 98 条删除了这两项规定，也即这两种药品不能被当然视为假药。假药，应具有伤害人体健康或延误诊治的危险性。本题中，甲未经批准进口一批药品，该药品质量合格，因此不属于假药，甲不成立销售假药罪。故 A 项错误。

《关于办理危害食品安全刑事案件适用法律若干问题的解释》第 11 条第 1 款的规定，在食品生产、销售、运输、贮存等过程中，掺入有毒、有害的非食品原料，或者使用有毒、有害的非食品原料生产食品的，依照《刑法》第 144 条的规定以生产、销售有毒、有害食品罪定罪处罚。在食用农产品种植、养殖、销售、运输、贮存等过程中，使用禁用农药、兽药等禁用物质或者其他有毒、有害物质的，适用前款的规定定罪处罚。据此，B 项中甲的行为属于"在生产的食品中掺入有毒、有害的非食品原料"，构成生产有毒、有害食品罪，C 项中甲的行为属于"在生产、销售的食品中掺入有毒、有害的非食品原料"，成立生产、销售有毒、有害食品罪。故 B 项正确，C 项错误。

《关于依法严惩"地沟油"犯罪活动的通知》指出，对于利用"地沟油"生产"食用油"的，依照《刑法》第 144 条生产有毒、有害食品罪的规定追究刑事责任。只要能确定属于有毒、有害食品，其具体毒害成分不要求能准确查明。故 D 项错误。

17．证据的关联性［C］

［解析］证据的关联性，是指证据必须与案件事实有客观联系，对证明刑事案件事实具有某种实际意义；反之，与本案无关的事实或者材料，都不能成为刑

事证据。故 A 项错误。

关联性仅是证据的一个基本属性,证据具有关联性仅表示证据与待证事实之间存在关联,但证据是否具有可采性,还应当考虑证据是否具有其他两个基本属性——合法性与客观性。故 B 项错误。

证据的关联性是证据证明力的原因。所谓证明力,即证据对证明案件事实的证明作用,也就是证据对证明案件事实的价值。证据对案件事实有无证明力以及证明力的大小,取决于证据本身与案件事实有无联系以及联系的紧密、强弱程度。一般来说,如果证据与案件事实之间的联系紧密,则该证据的证明力较强,在诉讼中所起的作用也较大。故 C 项正确。

一般而言,英美证据法认为下列几种证据不具有关联性,不得作为认定案件事实的依据:(1)品格证据;(2)类似行为;(3)特定的诉讼行为;(4)特定的事实行为;(5)被害人过去的行为。故 D 项错误。

18．法律关系的种类[B]

[解析] 保护性法律关系是由于违法行为而产生的、旨在恢复被破坏的权利和秩序的法律关系,一方主体是国家,另一方主体是违法行为人。本题中,孙某对狗的所有权而形成的法律关系属于调整性法律关系,而非保护性法律关系。故 A 项错误。

第一性法律关系(主法律关系),是人们之间依法建立的不依赖其他法律关系而独立存在的或在多向法律关系中居于支配地位的法律关系,由此而产生的、居于从属地位的法律关系,就是第二性法律关系或从法律关系。本题中,孙某对狗享有所有权而形成所有权民事法律关系属于第一性法律关系。孙某的起诉权依附于孙某的所有权,属于第二性法律关系。故 B 项正确。

纵向法律关系的关键是法律关系的主体地位不平等,彼此之间存在隶属关系,如行政法律关系、刑事法律关系等。横向法律关系是指平权法律主体之间的权利义务关系。本题中,侵权法律关系属于民事法律关系,主体平等,应为横向法律关系。故 C 项错误。

因钱某毒死孙某的狗而形成的损害赔偿关系属于横向(平权)的法律关系,权利和义务的内容具有一定程度的任意性。因此,孙某是有权放弃自己享有的权利的。故 D 项错误。

19．基层群众自治[A]

[解析]《村民委员会组织法》第 3 条第 2 款规定:"村民委员会的设立、撤销、范围调整,由乡、民族乡、镇的人民政府提出,经村民会议讨论同意,报县级人民政府批准。"故 A 项正确。

《村民委员会组织法》第 24 条规定:"涉及村民利益的下列事项,经村民会议讨论决定方可办理:……(七)征地补偿费的使用、分配方案;……"由此可见,征地补偿费用的使用和分配方案属于村民自治

范围内的事项,村民会议讨论决定即可办理,不必报乡政府批准。故 B 项错误。

《城市居民委员会组织法》第 15 条第 1 款规定:"居民公约由居民会议讨论制定,报不设区的市、市辖区的人民政府或者它的派出机关备案,由居民委员会监督执行。居民应当遵守居民会议的决议和居民公约。"居民公约属于居委会的自治事项,仅需向基层政府备案即可,而不需要批准。故 C 项错误。

《城市居民委员会组织法》第 6 条第 2 款规定:"居民委员会的设立、撤销、规模调整,由不设区的市、市辖区的人民政府决定。"由此可见,不设区的市、市辖区政府可以直接决定居委会的设置和变更。故 D 项错误。

20．清末主要修律内容(《大清现行刑律》;《大清新刑律》);清末司法体制的变化(法部;四级三审制)[A]

[解析]《大清现行刑律》只是在形式上对《大清律例》稍加修改,主要变化包括:对纯属民事性质的条款不再科刑;废除了一些残酷的刑罚手段,如凌迟;增加了一些新罪名,如妨害国交罪等。故 A 项正确。

《大清新刑律》是中国历史上第一部近代意义上的专门刑法典,但仍保持着旧律维护专制制度和封建伦理的传统。故 B 项错误。

清末司法机关的变化有:改刑部为法部,掌管全国司法行政事务;改大理寺为大理院,为全国最高审判机关;实行审检合署。同时,清末实行四级三审。故 C、D 项错误。

21．附带民事诉讼当事人;附带民事诉讼的提起[D]

[解析]《刑事诉讼法》第 101 条第 1 款规定,被害人由于被告人的犯罪行为而遭受物质损失的,在刑事诉讼过程中,有权提起附带民事诉讼。被害人死亡或者丧失行为能力的,被害人的法定代理人、近亲属有权提起附带民事诉讼。《刑事诉讼法》第 108 条第 6 项规定,"近亲属"是指夫、妻、父、母、子、女、同胞兄弟姊妹。被害人李某的父母作为李某的近亲属有权提起附带民事诉讼,但李某的祖父母不是李某的近亲属,不能提起附带民事诉讼。故 A 项错误。

《刑诉解释》第 183 条规定,共同犯罪案件,同案犯在逃的,不应列为附带民事诉讼被告人。逃跑的同案犯到案后,被害人或者其法定代理人、近亲属可以对其提起附带民事诉讼,但已经从其他共同犯罪人处获得足额赔偿的除外。本案中,苏某在逃,不应把苏某列为附带民事诉讼被告人。故 B 项错误。

《刑诉解释》第 176 条规定,被告人非法占有、处置被害人财产的,应当依法予以追缴或者责令退赔。被害人提起附带民事诉讼的,人民法院不予受理。追缴、退赔的情况,可以作为量刑情节考虑。故 C 项错误。

《刑诉解释》第 185 条规定，侦查、审查起诉期间，有权提起附带民事诉讼的人提出赔偿要求，经公安机关、人民检察院调解，当事人双方已经达成协议并全部履行，被害人或者其法定代理人、近亲属又提起附带民事诉讼的，人民法院不予受理，但有证据证明调解违反自愿、合法原则的除外。故 D 项正确。

22．核准追诉[B]

[解析]《刑法》第 87 条规定的核准追诉制度，是指法定最高刑为无期徒刑、死刑的犯罪，超过 20 年追诉期限后，认为必须追诉的，须报请最高人民检察院核准。

依据《高检规则》第 321 条第 2 款规定，公安机关报请核准追诉并提请逮捕犯罪嫌疑人，人民检察院经审查认为必须追诉而且符合法定逮捕条件的，可以依法批准逮捕，同时要求公安机关在报请核准追诉期间不得停止对案件的侦查。故 A、C 项错误。

依据《高检规则》第 321 条第 1 款规定，须报请最高人民检察院核准追诉的案件，公安机关在核准之前可以依法对犯罪嫌疑人采取强制措施。因此，公安机关在最高人民检察院核准前可以对犯罪嫌疑人采取包括先行拘留在内的强制措施。故 B 项正确。

依据《高检规则》第 321 条第 3 款的规定，未经最高人民检察院核准，不得对案件提起公诉。故在最高人民检察院核准前，不得对陆某提起公诉。故 D 项错误。

23．地方各级人民政府机构设置和编制执行情况的评估[A]

[解析]《地方各级人民政府机构设置和编制管理条例》第 24 条规定："县级以上各级人民政府机构编制管理机关应当定期评估机构和编制的执行情况，并将评估结果作为调整机构编制的参考依据。评估的具体办法，由国务院机构编制管理机关制定。"据此，评估应当定期进行。故 A 项正确。评估的具体办法由国务院机构编制管理机关制定而非由国务院制定。故 B 项错误。评估结果是调整机构编制的参考依据而非直接依据。故 C 项错误。国务院行政机构和编制执行情况的监督检查才适用《国务院行政机构设置和编制管理条例》，中央与地方的要求有所不同。故 D 项错误。

24．级别管辖；特殊地域管辖[B]

[解析] 本题正确的做题顺序是：

第一步，先确定本案的被告：由于属于复议改变，所以被告为省政府。接着确定管辖法院。先级别，后地域。

第二步，级别管辖：由于被告为省政府，所以管辖法院为中院。

第三步，地域管辖：由于是不动产案件，所以应由不动产所在地法院管辖。

综上，本案应该由不动产所在地的中级法院管辖，B 项正确。

25．专属经济区的法律地位；沿海国对专属经济区的权利义务[B]

[解析] 沿海国对专属经济区的权利：（1）勘探、开发、养护和管理海床和底土及其上覆水域自然资源为目的的主权权利，以及关于在该区域内从事经济性开发和勘探的主权权利。（2）建造和使用人工岛屿和设施、海洋科学研究、海洋环境保护事项的管辖权。（3）制定符合国际公约的专属经济区法规以及必要的辅助执行手段，包括登临、检查、逮捕和司法程序。故 A 项错误，B 项正确。

专属经济区并非国家领土，因此在专属经济区上的任何行为都不会产生沿海国领土的添附，对于在其专属经济区上修建的人工岛屿，沿海国可主张管辖权，但不能主张主权。故 C 项错误。

沿海国对专属经济区的义务：（1）允许其他国家在此区域内的航行和飞越权、铺设海底电缆和管道及其他合法活动。（2）对外国船舶违法行为采取措施时需遵循一定的规则。故 D 项错误。

26．遗弃罪与不作为的故意杀人罪；抢劫罪；绑架罪；拐卖儿童罪；强迫劳动罪[C]

[解析]《刑法》第 261 条规定："对于年老、年幼、患病或者其他没有独立生活能力的人，负有扶养义务而拒绝扶养，情节恶劣的，处 5 年以下有期徒刑、拘役或者管制。"本题中，甲不履行扶养义务，故意造成家庭成员死亡，构成不作为的故意杀人罪。但是行为人构成不作为的故意杀人罪并不意味着不构成遗弃罪，两罪的区分不是对立排斥关系，而是程度之分，即被害人对行为人的依赖程度。例如，将婴儿遗弃在荒山野岭，既构成不作为的故意杀人罪，也构成遗弃罪，最终以故意杀人罪论处。因此，甲也构成遗弃罪，只是最终以不作为故意杀人罪论处。故 A 项错误。

《关于审理抢劫、抢夺刑事案件适用法律若干问题的意见》第 9 条第 3 款明确了抢劫罪与绑架罪的界限，绑架罪是侵害他人人身自由权利的犯罪，其与抢劫罪的区别在于：（1）主观方面不尽相同。抢劫罪中，行为人一般出于非法占有他人财物的故意实施抢劫行为；绑架罪中，行为人既可能为勒索他人财物而实施绑架，也可能出于其他非经济目的实施绑架行为；（2）行为手段不尽相同。抢劫罪表现为行为人劫取财物一般应在同一时间、同一地点，具有"当场性"；绑架罪表现为行为人以杀害、伤害等方式向被绑架人的亲属或其他人或单位发出威胁，索取赎金或提出其他非法要求，劫取财物一般不具有"当场性"。本题中，乙劫取财物具有"当场性"，应认定为抢劫罪。故 B 项错误。

《刑法》第 240 条第 2 款规定："拐卖妇女、儿童是指以出卖为目的,有拐骗、绑架、收买、贩卖、接送、中转妇女、儿童的行为之一的。"由此可知,拐卖儿童罪只要求具有出卖的目的,不要求有牟利目的,丙构成拐卖儿童罪。故 C 项正确。

《刑法》第 244 条第 1、2 款规定,以暴力、威胁或者限制人身自由的方法强迫他人劳动的,或者明知他人实施前款行为,为其招募、运送人员或者有其他协助强迫他人劳动行为的,构成强迫劳动罪。本题中,丁的行为属于协助强迫劳动的情形,构成强迫劳动罪。故 D 项错误。

27．侵占罪;盗窃罪[D]

[解析] 基于不法原因给付的财产,不能成立侵占罪。张某委托甲代为保管的行贿账款,张某没有返还请求权,该财物已经不属于张某,因此,甲没有侵占张某的财物。故 A 项错误。

乙将自己的房屋出售给赵某,未进行所有权转移登记,乙仍为房屋所有权人,之后又将房屋出售给李某属于有权处分。乙对赵某构成民法上的违约责任,不构成侵占罪。若乙一开始与赵某交易时具有非法占有目的,则乙构成诈骗罪。故 B 项错误。

侵占罪的对象主要包含委托物、占有脱离物等。灾民来不及带走的贵重财物虽然与灾民保持一定距离,但房屋中的财物仍然由灾民占有。丙取走财物的行为不构成侵占罪,构成盗窃罪。故 C 项错误。

分期付款买卖约定车款付清前,卖方为所有权人。丁将他人所有、自己占有的财物出售给他人,属于对委托物的侵占,是典型的"以占有为所有",成立侵占罪。故 D 项正确。

28．行政诉讼原告、诉讼代表人、第三人;原告的举证责任[C]

[解析] 具体行政行为涉及相邻权的,公民、法人或者其他组织可以依法提起行政诉讼。故 A 项正确。

根据《行政诉讼法解释》第 29 条第 3 款规定,同案原告为 10 人以上,应当推选 2 至 5 名诉讼代表人参加诉讼。故 B 项正确。

《行政诉讼法解释》第 30 条第 1 款规定:"行政机关的同一行政行为涉及两个以上利害关系人,其中一部分利害关系人对行政行为不服提起诉讼,人民法院应当通知没有起诉的其他利害关系人作为第三人参加诉讼。"据此,本案中,张某等 20 人对区城乡建设局的行政行为不服提起诉讼,法院"应当"通知未起诉的 100 户居民作为第三人参加诉讼,而非"可以"通知。故 C 项错误。

原则上,被告对作出的行政行为负有举证责任,应当提供作出该行政行为的证据和所依据的规范性文件。例外时,原告只在特定的情况下对特定事项承担举证责任。行政诉讼中原告提供的证据仅限于下列情形:第一、公民、法人或其他组织向法院起诉的,应当提供其符合起诉条件的相应证据材料;第二、在起诉被告不履行法定职责的案件中,原告应当提供其在行政程序中曾经向被告提出申请的证据材料;第三、在行政赔偿、补偿诉讼中,原告应当对被诉行政行为造成损害的事实提供证据。D 项属于第一种情况,正确。

29．法律解释[D]

[解析] "法律的最佳解释是法律本身"所强调的是,法律被制定出来之后,其包含的规范就具有了独立的生命和意义,承载法律规范的条文本身并不能完全由制定这些条文的立法者和条文出现的历史与社会背景所决定,而是具备了独立的客观目的。客观目的的解释是对法律背后的"理性的目的"所作出的解释。这种理性的目的,展现的正是法律自身所具有的客观价值和目的。因此,这句话明显地体现出客观目的的解释的意义。故 D 项正确。

法律解释是对法律的解释,即解释的对象是法律,只有法律被制定出来成为确定生效的规范之后才能启动法律解释。因此,可以说,法律解释存在于法律适用过程中,而非立法过程中。故 A 项错误。【**特别提醒**】立法是通过严格的程序将法律制定出来的过程,尽管在立法草案撰写、征求意见和表决的过程中都可能伴随着对草案条文含义的释明,但这种阐释的目的是展现某一条文应当如此规定的必要性,而非对这个未生效的条文进行解释。只有在法律正式生效后,解释者针对立法者的动机和意图作出进一步的阐释,才构成法律解释。

对法律进行解释应当围绕法律自身的文本展开,但这并不意味着完全不能脱离法律文本对法律进行解释。如对立法者的主观目的的解释需要参照立法者的立法材料,对法律进行历史解释需要对历史事实进行分析。因此,法律解释主要围绕法律自身展开,但仍然需要借助于法律之外的其他因素。故 B 项错误。

法律解释的方法有多种,各种法律解释方法具有不同的功能,这是因为它们在法律解释中考虑的因素不同或提出问题的视角不同。这就意味着,在具体的情景下按照不同的解释方法对同一个法律文本进行解释可能会得出完全不同的解释结果,甚至得出的结果可能相互冲突,这就需要在个案中结合案件情况进行法律解释方法位阶的判断。而在不同的个案中,可能会得出不同的位阶判断。C 项"有法律就有最佳解释"所表达出来的意思是每一个法律都有最佳解释,这种说法显然是错误的。故 C 项错误。

30．各级人大的组织及设置;各级人大会议的召开[C]

[解析]《地方组织法》第 47 条第 1、2 款规定:"省、自治区、直辖市、自治州、设区的市的人民代表

大会常务委员会由本级人民代表大会在代表中选举主任、副主任若干人、秘书长、委员若干人组成。县、自治县、不设区的市、市辖区的人民代表大会常务委员会由本级人民代表大会在代表中选举主任、副主任若干人和委员若干人组成。"可知，县级人大常委会没有秘书长这一职务。故 A 项错误。

《地方组织法》第 33 条第 1 款规定："省、自治区、直辖市、自治州、设区的市的人民代表大会根据需要，可以设法制委员会、财政经济委员会、教育科学文化卫生委员会、环境与资源保护委员会、社会建设委员会和其他需要设立的专门委员会；县、自治县、不设区的市、市辖区的人民代表大会根据需要，可以设法制委员会、财经委员会等专门委员会。"可见，县级以上人大可以设立法制委员会、财经委员会等专门委员会，但人大常委会无权设立专门委员会。故 B 项错误。

《地方组织法》第 36 条第 1 款规定："县级以上的地方各级人民代表大会可以组织关于特定问题的调查委员会。"故 C 项正确。

《地方组织法》第 15 条规定："县级以上的地方各级人民代表大会会议由本级人民代表大会常务委员会召集。"第 17 条第 3 款规定："县级以上的地方各级人民代表大会举行会议的时候，由主席团主持会议。"注意，是常委会召集会议，但是由主席团主持会议。故 D 项错误。

31．举报的含义 [C]

[解析] 报案、举报、控告这三种方式，既相互联系又有所区别。首先，报案与举报的区别是：报案一般是针对犯罪事实的发生，报案材料提供的案件事实、证据材料较为简单笼统，往往不能明确指出犯罪嫌疑人；而举报内容则不仅有犯罪事实的发生，通常还具体地指明了犯罪嫌疑人，提供的犯罪事实和证据材料相对具体和详细。其次，控告与举报就内容而言基本是一样的，都是向公安机关、人民检察院或者人民法院揭发、报告犯罪事实及犯罪嫌疑人。二者的区别在于主体不同，即控告是由遭受犯罪行为直接侵害的被害人提出，而举报则一般是由与案件无直接利害关系的单位或个人提出。

《刑事诉讼法》第 110 条第 1、2 款规定："任何单位和个人发现有犯罪事实或者犯罪嫌疑人，有权利也有义务向公安机关、人民检察院或者人民法院报案或者举报。被害人对侵犯其人身、财产权利的犯罪事实或者犯罪嫌疑人，有权向公安机关、人民检察院或者人民法院报案或者控告。"

本题中，赵某发现李某多次利用职务之便向境外间谍机构提供涉及国家机密的行迹，于是决定写信揭发李某，从主体上说，赵某系除被害人以外的人；从内容上说，赵某明确指出犯罪嫌疑人，因此赵某的行为

属于举报，不属于控告和报案。故 C 项正确，A、D 项错误。B 项"告诉"针对的是自诉案件，而本题不属于自诉案件。故 B 项错误。

32．法定不起诉 [D]

[解析]《高检规则》第 365 条第 2 款规定："对于犯罪事实并非犯罪嫌疑人所为，需要重新调查或者侦查的，应当在作出不起诉决定后书面说明理由，将案卷材料退回监察机关或者公安机关并建议重新调查或者侦查。"因此，检察院应当建议公安机关"重新侦查"，而非"撤销案件"。故 A 项错误。

《高检规则》第 367 条第 1 款规定："人民检察院对于二次退回补充调查或者补充侦查的案件，仍然认为证据不足，不符合起诉条件的，经检察长批准，依法作出不起诉决定。"据此，对于二次退回公安机关补充侦查的案件，检察院仍然认为证据不足的，应当依法作出不起诉决定。乍一看，B 项是正确的。但是，本案检察院认为实施该抢夺行为的另有其人，即已经认定叶某没有犯罪事实，此时不需要补充侦查，而应直接作出不起诉决定。故 B 项错误。【陷阱点拨】对于经过二次补侦，证据不足的，检察院确实应当不起诉。但是本案对叶某不适用《高检规则》第 367 条的"存疑不起诉"，因为检察院已经认定不是叶某所为，不需要退回公安机关补充侦查，而应直接适用《高检规则》第 365 条第 2 款"法定不起诉"的规定。

检察院作出不起诉决定后，被害人不服确实有权向法院提起自诉。但是，法院对自诉案件的受理不影响检察院的不起诉决定，该决定依然生效，不会自动撤销。故 C 项错误。

《高检规则》第 389 条规定："最高人民检察院对地方各级人民检察院的起诉、不起诉决定，上级人民检察院对下级人民检察院的起诉、不起诉决定，发现确有错误的，应当予以撤销或者指令下级人民检察院纠正。"我国上下级检察院之间是领导与被领导的关系，上级检察院有权直接撤销下级检察院的不起诉决定，故 D 项正确。

33．治安管理处罚与行政复议机关的确定 [A]

[解析]《治安管理处罚法》第 82 条第 2 款规定："公安机关应当将传唤的原因和依据告知被传唤人。"据此，传唤孙某时，某区公安分局应当将传唤的原因和依据告知孙某，故 A 项正确。

《治安管理处罚法》第 83 条第 1 款规定："对违反治安管理行为人，公安机关传唤后应当及时询问查证，询问查证的时间不得超过 8 小时；情况复杂，依照本法规定可能适用行政拘留处罚的，询问查证的时间不得超过 24 小时。"据此，传唤后对孙某的询问查证时间不得超过 24 小时，故 B 项错误。

根据《行政复议法》第 24 条第 1 款规定："县级以上地方各级人民政府管辖下列行政复议案件：

（一）对本级人民政府工作部门作出的行政行为不服的；……"本题中，区公安分局属于区政府的工作部门，若孙某对区公安分局的处罚决定不服申请行政复议，应当向区政府申请，故 C 项错误。【特别提醒】根据新《行政复议法》，政府工作部门（海关、金融、税务、国安、外汇管理、司法行政部门除外）不能作为复议机关。

根据《治安管理处罚法》第 107 条规定，暂缓拘留需要同时满足以下条件：（1）当事人已申请行政复议或提起行政诉讼；（2）当事人主动申请；（3）公安机关认为暂缓执行不致发生社会危险；（4）被处罚人或其近亲属提出符合条件的担保人，或按每日拘留 200 元的标准交纳保证金。D 选项只满足第（1）个条件，不应暂缓，故 D 项错误。

34．法律解释的分类；文义解释、历史解释、目的解释的具体含义[C]

[解析] 体系解释，也称逻辑解释、系统解释。这是指将被解释的法律条文放在整个法律中乃至整个法律关系中，联系此法条与其他法条的相互关系来解释法律。故 A 项正确。

尽管法律解释各种方法的位阶不是固定的，但是现今大部分法学家都认可下列位阶：（1）文义解释；（2）体系解释；（3）立法者意图或目的解释；（4）历史解释；（5）比较解释；（6）客观目的解释。据此可知，文义解释在适用顺序上，相对于其他解释方法具有优先性。故 B 项正确。

历史解释是依据正在讨论的法律问题的历史事实对某个法律规定进行解释，具体内容是：第一，正在讨论的法律问题的特定解决方案在过去曾被实施过；第二，该方案导致了一个后果 F；第三，F 是不合乎社会道德标准的；第四，过去与现在的情形的不同不能充分排除 F 在目前的情形下不会出现；第五，该解决方案在目前也许不被称赞。可见，历史解释与特定解决方案中的法律后果有关。故 C 项错误。

客观目的解释，是指根据"理性的目的"或"在有效的法秩序的框架中客观上所指示的目的"即法的客观目的，对某个法律规定进行解释，其基本途径有三：其一，理性的目的，即从道德、公序良俗的角度解释法律。其二，立法者也不能改变的法的客观目的。从社会物质生活条件的角度解释法律。其三，一些法伦理原则，就是从所谓同类事情同类对待的平等性原则的角度解释法律。故 D 项正确。

35．法官职业道德；处分[C]

[解析]《法官法》第 45 条规定："法官有下列表现之一的，应当给予奖励：（一）公正司法，成绩显著的；（二）总结审判实践经验成果突出，对审判工作有指导作用的；（三）在办理重大案件、处理突发事件和承担专项重要工作中，做出显著成绩和贡献的；（四）

对审判工作提出改革建议被采纳，效果显著的；（五）提出司法建议被采纳或者开展法治宣传、指导调解组织调解各类纠纷，效果显著的；（六）有其他功绩的。法官的奖励按照有关规定办理。"A 项中，高法官在审判中既严格程序，又为群众行使权利提供便利，既秉公执法，又考虑情理，案结事了成绩显著，法院给予其嘉奖奖励的做法符合有关规定。B 项中，黄法官就民间借贷提出司法建议被采纳，对当地政府完善金融管理、改善服务秩序发挥了显著作用，法院给予其记功奖励的做法符合规定。故 A、B 项正确。

《人民法院工作人员处分条例》第 31 条规定："违反规定会见案件当事人及其辩护人、代理人、请托人的，给予警告处分；造成不良后果的，给予记过或者记大过处分。"许法官违反规定会见案件当事人及代理人，此事被对方当事人上网披露，造成不良影响，法院给予其撤职处分不符合有关规定。另外从常识判断，法官违规会见当事人及其代理人并非收受贿赂、徇私枉法等严重行为，不至于受到撤职处分。故 C 项错误。

《人民法院工作人员处分条例》第 65 条规定："有其他违反廉政纪律行为的，给予警告、记过或者记大过处分；情节较重的，给予降级或者撤职处分；情节严重的，给予开除处分。"孙法官顺带某同学（律师）参与本院法官聚会，导致半年后该同学为承揽案件向聚会时认识的某法官行贿的行为属于其他违反廉政纪律的行为，法院领导严告孙法官今后注意符合相关规定。故 D 项正确。

36．诬告陷害罪[C]

[解析] 意图使他人受刑事追究，向司法机关诬告他人介绍卖淫的，该行为首先构成诬告陷害罪。由于该行为系捏造具体的事实损害他人名誉，该行为还构成诽谤罪。侮辱罪要求侮辱行为必须公然进行。诬告他人介绍卖淫的，并非公然侮辱他人的行为，不成立侮辱罪。故 A 项错误。

徇私枉法罪，是指司法工作人员对明知是无罪的人而使他受追究、对明知是有罪的人而故意包庇不使他受追诉，或者在刑事审判活动中故意违背事实和法律作枉法裁判的行为。B 项法官明显构成徇私枉法罪。诬告陷害罪必须是主动向司法机关告发。法官根本就没有实施向司法机关告发的行为，不成立诬告陷害罪。故 B 项错误。

诬告陷害罪是指捏造事实诬告陷害他人，意图使他人受刑事追究，情节严重的行为。诬告陷害罪的对象是他人，仅指自然人，但诬告单位足以使司法机关怀疑确定某个自然人的，成立诬告陷害罪。故 C 项正确。

诬告没有刑事责任能力的人，也成立诬告陷害罪。因为对这些人进行诬告，虽然司法机关查明真相后不会对被害人科处刑罚,但将他人作为侦查的对象,使他人卷入刑事诉讼,就侵犯了其人身权利。故D项错误。

37．盗窃罪与抢夺罪、诈骗罪、侵占罪的区分［C］

［解析］诈骗罪与盗窃罪的区分:被害人是否基于认识错误处分财物。盗窃罪缺少诈骗罪的第三步"基于认识错误而处分财物"。该步包括两个要件:一是客观上有处分行为,二是主观上有处分意识,二者缺一不可。客观处分行为,是指处分占有,也即被害人将自己占有的财物处分给对方占有。诈骗罪与盗窃罪都是转移占有的财产犯罪。诈骗罪,由被害人实施转移占有,也即将自己的财物转移给行为人占有;盗窃罪,由行为人实施转移占有,也即将被害人的财物转移为自己占有。本题中,甲虽然将车交给乙,但是并没有处分占有。甲仍然占有车,乙只是占有的辅助者。甲既没有处分行为,也没有处分意识。所以,乙不构成诈骗罪。故A项错误。

抢夺罪要求对物暴力,对主人人身要有危险。乙并没有对物暴力,对甲的人身也没有危险。所以,乙不构成抢夺罪。故B项错误。

侵占罪是指将他人所有、自己占有的财物变成自己所有。行为对象是行为人事先占有的财物。而甲将车交给乙时,乙并没有占有车,只是占有的辅助者。所以,乙不构成侵占罪。故D项错误。

盗窃罪是指,将他人占有的财物,通过平和手段转移为自己占有。乙属于公开盗窃。故C项正确。

【特别提醒】盗窃罪是否必须具有秘密性?法考命题人观点是,盗窃罪不要求秘密性,即承认公开盗窃,属于多数说。考题若考观点展示,选任何一种观点都给分;若考唯一答案,则按照法考界的多数说作答。

38．人民陪审员制度;审判组织［D］

［解析］《人民陪审员法》第10条规定:"司法行政机关会同基层人民法院,从通过资格审查的人民陪审员候选人名单中随机抽选确定人民陪审员人选,由基层人民法院院长提请同级人民代表大会常务委员会任命。"可见,陪审员由基层人大常委会任命,不是市人大常委会任命。故A项错误。

《人民陪审员法》第2条第2款规定:"人民陪审员依照本法产生,依法参加人民法院的审判活动,除法律另有规定外,同法官有同等权利。"第14条规定:"人民陪审员和法官组成合议庭审判案件,由法官担任审判长,可以组成三人合议庭,也可以由法官三人与人民陪审员四人组成七人合议庭。"人民陪审员与法官组成合议庭审判案件,由法官担任审判长。故B项错误。

《刑事诉讼法》第183条第4款规定,人民法院审判上诉和抗诉案件,由审判员3人或者5人组成合议庭进行。可知,人民陪审员不能参与二审案件的审

理。故C项错误。

《人民陪审员法》第23条第2款规定:"合议庭组成人员意见有重大分歧的,人民陪审员或者法官可以要求合议庭将案件提请院长决定是否提交审判委员会讨论决定。"故D项正确。

39．自诉案件审理程序［B］

［解析］《刑事诉讼法》第212条第2款规定,人民法院审理自诉案件的期限,被告人被羁押的,适用本法第208条第1款、第2款的规定(即公诉案件的审理期限);未被羁押的,应当在受理后6个月以内宣判。故A项错误。

《刑事诉讼法》第212条第1款规定,人民法院对自诉案件,可以进行调解;自诉人在宣告判决前,可以同被告人自行和解或者撤回自诉。本法第210条第3项规定的案件不适用调解。《刑诉解释》第411条规定,对第二审自诉案件,必要时可以调解,当事人也可以自行和解。调解结案的,应当制作调解书,第一审判决、裁定视为自动撤销。当事人自行和解的,依照本解释第329条的规定处理;裁定准许撤回自诉的,应当撤销第一审判决、裁定。故B项正确,D项错误。

《刑诉解释》第412条规定,第二审期间,自诉案件的当事人提出反诉的,应当告知其另行起诉。故C项错误。

40．行政诉讼二审判决［C］

［解析］本案中的罚款属于行政处罚,而加收超标准排污费不是行政处罚,属于我国《环境保护法》排污收费制度中的行政征收行为。因为达标排放是当事人本就应当遵守的义务,当事人超标准排污,国家为了治理环境作出巨大投资,征收超标准排污费没有给其增加新的义务,因为是当事人自己本来就该做的,故而不符合行政处罚"惩戒性"的要求。故A项错误。

《行政诉讼法》第58条规定:"经人民法院传票传唤,原告无正当理由拒不到庭,或者未经法庭许可中途退庭的,可以按照撤诉处理;被告无正当理由拒不到庭,或者未经法庭许可中途退庭的,可以缺席判决。"本题中该企业未经法庭许可中途退庭,可以按撤诉处理。故B项错误。

《行政诉讼法》第89条第3款规定:"人民法院审理上诉案件,需要改变原审判决的,应当同时对被诉行政行为作出判决。"所以,本案中,二审法院认为需要改变一审判决的,应同时对县环保局的原决定作出判决。故C项正确。

《行政诉讼法解释》第109条第4、5款规定:"原审判决遗漏行政赔偿请求,第二审人民法院经审查认为依法不应当予以赔偿的,应当判决驳回行政赔偿请求。原审判决遗漏行政赔偿请求,第二审人民法院经审理认为依法应当予以赔偿的,在确认被诉行政行为

违法的同时,可以就行政赔偿问题进行调解;调解不成的,应当就行政赔偿部分发回重审。"据此,二审法院对于一审法院遗漏赔偿请求的情形,应分情况处理:(1)应予赔偿的,二审法院可以调解,调解不成,仅就赔偿部分发回重审;(2)不应赔偿的,直接驳回赔偿请求。D 项中"裁定撤销一审判决,发回重审"是没有法律依据的。故 D 项错误。

41.法律漏洞的填补;类比推理;法律权利[B]

[解析] 根据漏洞的表现形态,可将法律漏洞分为明显漏洞与隐藏漏洞。明显漏洞,是指法律应该作出规定而未作出规定(应规定却未规定);隐藏漏洞,是指法律虽已作出规定,但对应设例外之处却未设例外(已规定却不完善)。在本案中,《著作权法》并未对网络游戏使用电视剧形象的做法作出明确规定,鉴于互联网的迅速发展,这是应当规定而未规定的事项,因此是明显漏洞,而非隐藏漏洞。故 A 项错误。

《著作权法》第 52 条所规定的内容仅指在创作视听作品时未经许可而以改编、翻译、注释等方式使用他人的视听作品构成侵权,而网络游戏在情节设计和人物形象上与视听作品具有较强的可类比性,因此法官将第 52 条的目的扩展到网络游戏这种原本未被规范涵盖的情形之中,从而对著作权人形成更有力的保护。这种做法属于典型的目的论扩张,借此来弥补《著作权法》所存在的法律漏洞。故 B 项正确。

类比推理,是指通过两个案例的相似性而将一个案例的判决结果应用于待决案件之上。只有在两个类似案例之间进行类比才是类比推理。本案中,法官将网络游戏对照于视听作品,并不是在网络游戏案件和视听作品案件之间进行类比,而是将改编视听作品这一规定的目的扩展到网络游戏这一案例之中,这属于目的论扩张,而非类比推理。故 C 项错误。

本案法官通过法律填补漏洞的方式对乙的著作权实施保护,只能说是对著作权的权利内涵加以丰富,而非创设了新的法律权利。故 D 项错误。

42.人民法院的组织体系;人民检察院的组织体系[A]

[解析]《地方组织法》第 32 条第 1 款规定:"县级以上的地方各级人民代表大会常务委员会组成人员、专门委员会组成人员和人民政府领导人员,监察委员会主任,人民法院院长,人民检察院检察长,可以向本级人民代表大会提出辞职,由大会决定是否接受辞职;大会闭会期间,可以向本级人民代表大会常务委员会提出辞职,由常务委员会决定是否接受辞职。常务委员会决定接受辞职后,报本级人民代表大会备案。人民检察院检察长的辞职,须报经上一级人民检察院检察长提请该级人民代表大会常务委员会批准。"赵某、钱某都可向县人大常委会提出辞职,但钱某的辞职须报市检察长提请市人大常委会批准。故

A 项正确,B 项错误。

根据《地方组织法》第 50 条第 1 款第 13 项规定,县级以上的地方各级人民代表大会常务委员会在本级人民代表大会闭会期间,决定副省长、自治区副主席、副市长、副州长、副县长、副区长的个别任免;在省长、自治区主席、市长、州长、县长、区长和监察委员会主任、人民法院院长、人民检察院检察长因故不能担任职务的时候,根据主任会议的提名,从本级人民政府、监察委员会、人民法院、人民检察院副职领导人员中决定代理的人选;决定代理检察长,须报上一级人民检察院和人民代表大会常务委员会备案。可见,县人大常委会有权决定代理法院院长、代理检察院检察长的人选。孙某出任代理院长不须报县人大批准,李某出任代理检察长仅报上一级检察院和人大常委会备案,无需批准。故 C、D 项错误。

43.类推;十恶[A]

[解析]《唐律·名例律》规定:"诸断罪而无正条,其应出罪者,则举重以明轻;其应入罪者,则举轻以明重。"即对律文无明文规定的同类案件,凡应减轻处罚的,则列举重罪处罚规定,比照以解决轻案;凡应加重处罚的罪案,则列举轻罪处罚规定,比照以解决重案。唐律规定,谋杀(即预谋杀害,"谋而未行"以及"行而未伤")尊亲处斩,但无已伤已杀(即既遂,出现伤害、死亡的客观结果)重罪的条文,在处理已杀已伤尊亲的案件时,通过类推就可以知道更应处以斩刑。故 A 项正确,B、C 项错误。

谋杀尊亲属于"十恶"犯罪中的"不睦"行为。"不孝"是指未经祖父母、父母同意而私立门户、分异财产,对祖父母、父母供养有缺,为父母尊长服丧不如礼等行为。故 D 项错误。

44.国际法院[B]

[解析] 国际法院法官的候选人应交联合国大会和安理会分别选举,候选人只有在联合国大会和安理会同时获得绝对多数赞成票才能当选。安理会投票时,常任理事国不享有一票否决权。故 A 项错误。

国际法院具有诉讼管辖和咨询管辖两种职权,其中诉讼管辖是最主要的职权。故 B 项正确。

可以请求国际法院咨询管辖的主体是联合国大会和安理会等,以及获得联合国大会授权的联合国其他机关或专门机构。国家、个人和联合国秘书长无权请求国际法院就任何法律问题进行咨询。故 C 项错误。

国际法院的判决是终局性的。判决一经作出,即对本案当事国产生拘束力,当事国必须履行。故 D 项错误。

45.法律职业人员职业道德、职业纪律[D]

[解析]《最高人民法院、司法部关于规范法官和律师相互关系维护司法公正的若干规定》第 6 条第 1 款规定:"法官不得为当事人推荐、介绍律师作为其

代理人、辩护人，或者暗示更换承办律师，或者为律师介绍代理、辩护等法律服务业务，并且不得违反规定向当事人及其委托的律师提供咨询意见或者法律意见。"金法官的行为明显违背了法官职业纪律要求。故 A 项错误。

《法律援助法》第 20 条规定，法律援助人员应当恪守职业道德和执业纪律，不得向受援人收取任何财物。闻律师收取交通费的行为已经违反了纪律。故 B 项错误。

《公证员职业道德基本准则》第 25 条规定："公证员不得从事以下不正当竞争行为：（一）利用媒体或其他手段炫耀自己，贬损他人，排斥同行，为自己招揽业务；……"黄某名片上"法学硕士、法学副教授"的头衔的展示是违反职业纪律要求的。故 C 项错误。

曾律师发起举办了"金融危机下律师业的挑战"研讨会并邀请一些教授、法官、检察官、公证员朋友出席。这是提高职业能力的活动，是法律职业人员社会责任心的表现，不违反有关规定。故 D 项正确。

46．非法持有毒品罪[B]

[解析] 非法持有毒品罪的构成要求数量较大，起刑点为鸦片 200 克、海洛因、冰毒 10 克以上。走私、贩卖、运输、制造毒品罪，无论毒品的数量多少，都可以构成犯罪。故 A 项错误。

非法持有毒品罪，不以本人实际占有为必要，也不以本人"所有"为必要。本人拥有而交他人保管或为他人保管，都属于非法持有。故 B 项正确。

非法持有是一种事实状态，在通过他人持有的情况下，不必要求知道毒品的所有者。故 C 项错误。

因实施其他毒品犯罪而持有毒品的，按所实施的毒品犯罪定罪处罚。行为人因为贩卖毒品而持有的，仅需以一个贩卖毒品罪处罚。故 D 项错误。

47．挪用公款罪、受贿罪的成立条件以及两罪的关联[D]

[解析]《关于审理挪用公款案件具体应用法律若干问题的解释》第 8 条规定："挪用公款给他人使用，使用人与挪用人共谋，指使或者参与策划取得挪用款的，以挪用公款罪的共犯定罪处罚。"乙是国有公司财务主管，利用自己职务上主管财物之便，挪用公款归个人使用，进行营利活动，成立挪用公款罪；甲虽然不是国家工作人员，但甲指使乙挪用公款，成立挪用公款罪的教唆犯，因为在真正的身份犯中，没有身份的人完全可以成为教唆犯、帮助犯。故 A 项正确，不当选。

《关于审理挪用公款案件具体应用法律若干问题的解释》第 2 条规定，挪用公款数额较大，归个人进行营利活动的，构成挪用公款罪，不受挪用时间和是否归还的限制。在案发前部分或者全部归还本息的，可以从轻处罚；情节轻微的，可以免除处罚。挪用公款进行营利活动，即使归还，也不影响定罪，只影响量刑。乙挪用公款归个人使用，进行营利活动，没有时间要求，故乙挪用公款的行为已经既遂。虽然 20 日后，乙用个人财产归还了挪用的公款 10 万元，但该行为不影响犯罪既遂的认定。故 B 项正确，不当选。

受贿罪是指国家工作人员利用职务上的便利，索取他人财物，或者非法收受他人财物，为他人谋取利益的行为。乙利用职务之便，收受甲给付的名表，承诺为甲谋取利益，其行为成立受贿罪。故 C 项正确，不当选。

《关于审理挪用公款案件具体应用法律若干问题的解释》第 7 条规定："因挪用公款索取、收受贿赂构成犯罪的，依照数罪并罚的规定处罚。挪用公款进行非法活动构成其他犯罪的，依照数罪并罚的规定处罚。"综合全案，乙成立挪用公款罪与受贿罪，应当数罪并罚。因为受贿罪中为他人谋取利益的规定是指承诺为他人谋利益，故收受贿赂之后为他人谋取利益的行为成立其他犯罪的，超出了受贿罪成立条件的范围，应当数罪并罚。故 D 项错误，当选。

48．行政许可的撤销、撤回、吊销、注销[B]

[解析]《行政许可法》第 69 条第 2 款规定："被许可人以欺骗、贿赂等不正当手段取得行政许可的，应当予以撤销。"本题中，某市安监局向甲公司发放《烟花爆竹生产企业安全生产许可证》后，发现甲公司所提交的申请材料系伪造，甲公司属于违法取得行政许可，因此应当对该许可证予以撤销。故 B 项正确。

49．受贿罪[D]

[解析] 构成受贿既遂的关键在于对财物与财产性利益是否实际占有和控制。在收下银行卡但卡里没有资金的情况下，由于行为人并未对资金形成实际支配、控制的状态，因此不构成受贿既遂。故 A 项错误。

银行虽然占有卡内的资金，但仅是辅助管理人，卡内资金仍然为持卡人占有。在受贿罪的既遂标准中，受贿人只要掌握银行卡、获取密码就能实际控制银行卡账户、支配银行卡卡内的资金，构成受贿罪的既遂，与活期或者定期无关。故 B 项错误。

收下银行卡并不意味着受贿罪就既遂了，还需要判断卡内有无资金、金额多少以及受贿人主观上是否有管领、控制银行卡的受贿故意。故 C 项错误。

收下银行卡并对银行卡的资金具有实际控制的管理权限，应当认定为受贿罪的既遂。故 D 项正确。

50．律师事务所相关法条[D]

[解析]《律师法》第 21 条第 1 款规定："律师事务所变更名称、负责人、章程、合伙协议的，应当报原审核部门批准。"可知，应该是"批准"，而非"备案"。故 A 项错误。

《律师事务所管理办法》第 7 条规定："律师事务

所可以由律师合伙设立、律师个人设立或者由国家出资设立。合伙律师事务所可以采用普通合伙或者特殊的普通合伙形式设立。"可知，律师事务所包括合伙律师事务所、个人律师事务所和国资所，并不能采用公司形式设立。故 B 项错误。

《律师法》第 16 条规定："设立个人律师事务所，除应当符合本法第十四条规定的条件外，设立人还应当是具有五年以上执业经历的律师。设立人对律师事务所的债务承担无限责任。"第 15 条第 1 款规定："设立合伙律师事务所，除应当符合本法第十四条规定的条件外，还应当有三名以上合伙人，设立人应当是具有三年以上执业经历的律师。"可知，个人律师事务所的成立条件并不比合伙律师事务所宽松，而是更严格。故 C 项错误。

《律师事务所管理办法》第 53 条第 2 款规定："普通合伙律师事务所的合伙人对律师事务所的债务承担无限连带责任。特殊的普通合伙律师事务所一个合伙人或者数个合伙人在执业活动中因故意或者重大过失造成律师事务所债务的，应当承担无限责任或无限连带责任，其他合伙人以其在律师事务所中的财产份额为限承担责任；合伙人在执业活动中非因故意或者重大过失造成的律师事务所债务，由全体合伙人承担无限连带责任。个人律师事务所的设立人对律师事务所的债务承担无限责任。国家出资设立的律师事务所以其全部资产对其债务承担责任。"可知，特殊的普通合伙律师事务所，个别合伙人因故意或重大过失造成对外债务时，其他合伙人仅以其在律师事务所中的财产份额为限承担责任，并不承担对外责任。故 D 项正确。

二、多项选择题

51．法的溯及力；法的效力的适用原则[BC]

[解析] 所谓法的溯及力是指新法是否可以适用于其生效之前的行为，现代社会强调法律不溯及既往，除非适用新法对当事人有利。法的溯及力属于法的时间效力的范畴。题干中的法条规定并不涉及法律时间效力的问题，故 A 项错误。

法对人的效力，是指法律对谁有效力，适用于哪些人。在世界各国的法律实践中先后采用过四种对人的效力的原则：（1）属人主义，即法律只适用于本国公民，不论其本身在国内还是在国外；非本国公民即便身在该国领域内也不适用。属人主义意味着法律只适用于本国公民，而《刑法》第 8 条规定的是"在中华人民共和国领域外"的外国人。故 D 项错误。（2）属地主义，法律适用于该国管辖地区内的所有人，不论是否为本国公民，都受法律约束和法律保护；本国公民不在本国，则不受本国法律的约束和保护。（3）保护主义，即以维护本国利益作为是否适用本国法律

的依据；任何侵害了本国利益的人，不论其国籍和所在地域，都要受该国法律的追究。本题《刑法》第 8 条规定体现的是保护主义原则，因此 B、C 项正确。（4）以属地主义为主，与属人主义、保护主义相结合。

52．《南极条约》关于南极地区法律制度[CD]

[解析]《南极条约》规定了各国冻结南极领土主权的要求，这是南极法律制度的核心，其含义为：（1）不得解释为放弃原来主张；（2）不得创设任何主权权利；（3）不得提出新的要求或扩大现有要求。故 A、B 项错误，C 项正确。

《关于环境保护的南极条约议定书》规定，严格禁止"侵犯南极自然环境"，严格"控制"其他大陆的来访者，严格禁止向南极倾倒废物，以免造成对该水域的污染。禁止在南极地区开发石油资源和矿产资源。因此，丙国旅游开发不得对南极环境系统造成破坏。故 D 项正确。

53．值班律师制度[ACD]

[解析]《高检规则》第 269 条第 1、2 款规定："犯罪嫌疑人认罪认罚的，人民检察院应当告知其享有的诉讼权利和认罪认罚的法律规定，听取犯罪嫌疑人、辩护人或者值班律师、被害人及其诉讼代理人对下列事项的意见，并记录在案：……依照前款规定听取值班律师意见的，应当提前为值班律师了解案件有关情况提供必要的便利。自人民检察院对案件审查起诉之日起，值班律师可以查阅案卷材料，了解案情。人民检察院应当为值班律师查阅案卷材料提供便利。"据此，A 项正确。

《刑事诉讼法》第 174 条第 1 款规定："犯罪嫌疑人自愿认罪，同意量刑建议和程序适用的，应当在辩护人或者值班律师在场的情况下签署认罪认罚具结书。"据此，签署认罪认罚具结书只需要辩护人或者值班律师在场即可，因此值班律师在场的情况下签署的认罪认罚具结书是有效的。故 B 项错误。

《刑事诉讼法》第 173 条第 2、3 款规定："犯罪嫌疑人认罪认罚的，人民检察院应当告知其享有的诉讼权利和认罪认罚的法律规定，听取犯罪嫌疑人、辩护人或者值班律师、被害人及其诉讼代理人对下列事项的意见，并记录在案：（一）涉嫌的犯罪事实、罪名及适用的法律规定；（二）从轻、减轻或者免除处罚等从宽处罚的建议；（三）认罪认罚后案件审理适用的程序；（四）其他需要听取意见的事项。人民检察院依照前两款规定听取值班律师意见的，应当提前为值班律师了解案件有关情况提供必要的便利。"上述《高检规则》第 269 条也有同样规定。据此，C 项正确。

根据《刑事诉讼法》第 36 条第 1 款规定："法律援助机构可以在人民法院、看守所等场所派驻值班律师。犯罪嫌疑人、被告人没有委托辩护人，法律援助机构没有指派律师为其提供辩护的，由值班律师为犯

罪嫌疑人、被告人提供法律咨询、程序选择建议、申请变更强制措施、对案件处理提出意见等法律帮助。"因此,本案如果甲、乙均没有委托辩护人,二人都能获得值班律师的帮助。至于一名值班律师能否同时为甲、乙两名犯罪嫌疑人提供法律咨询,法律并未禁止。根据《刑诉解释》第 43 条的规定:"一名被告人可以委托一至二人作为辩护人。一名辩护人不得为两名以上的同案被告人,或者未系同案处理但犯罪事实存在关联的被告人辩护。"该条文仅限制辩护人,并未限制值班律师。因此,D 项正确。

54．留置送达的程序[ACD]

[解析]《刑诉解释》第 204 条规定:"送达诉讼文书,应当由收件人签收。收件人不在的,可以由其成年家属或者所在单位负责收件的人员代收。收件人或者代收人在送达回证上签收的日期为送达日期。收件人或者代收人拒绝签收的,送达人可以邀请见证人到场,说明情况,在送达回证上注明拒收的事由和日期,由送达人、见证人签名或者盖章,将诉讼文书留在收件人、代收人的住处或者单位;也可以把诉讼文书留在受送达人的住处,并采用拍照、录像等方式记录送达过程,即视为送达。"B 项错误,不是在"起诉书副本",而是在"送达回证"上注明拒收的事由和日期,该书记员和见证人签名或盖章。A、C、D 项正确,根据上述规定,被告人及其法定代理人拒绝签收起诉书副本,书记员可以留置送达。

55．行政许可的设定、费用与实施[ABCD]

[解析]《行政许可法》第 16 条第 4 款规定:"法规、规章对实施上位法设定的行政许可作出的具体规定,不得增设行政许可;对行政许可条件作出的具体规定,不得增设违反上位法的其他条件。"到餐饮行业协会办理认证手续并不是办理餐饮服务许可证的必要程序,地方性法规将其规定为必经手续,明显属于增设违反上位法的其他条件的情形(违法设置前置性许可)。故 A 项违反了《行政许可法》,当选。

《行政许可法》第 59 条规定:"行政机关实施行政许可,依照法律、行政法规收取费用的,应当按照公布的法定项目和标准收费;所收取的费用必须全部上缴国库,任何机关或者个人不得以任何形式截留、挪用、私分或者变相私分。财政部门不得以任何形式向行政机关返还或者变相返还实施行政许可所收取的费用。"可知,行政许可收取的费用,财政部门不得以任何形式返还给行政机关。故 B 项违反了《行政许可法》,当选。

《行政许可法》第 58 条第 1 款规定:"行政机关实施行政许可和对行政许可事项进行监督检查,不得收取任何费用。但是,法律、行政法规另有规定的,依照其规定。"可见,一般情况下行政许可不得收取任何费用,即使要收费也只能由法律、行政法规规定,地

方性法规无权规定。故 C 项违反了《行政许可法》,当选。

《行政许可法》第 27 条第 1 款规定:"行政机关实施行政许可,不得向申请人提出购买指定商品、接受有偿服务等不正当要求。"故 D 项建设主管部门要求安装其指定的节能设施违反了《行政许可法》,当选。

56．听证的范围[BC]

[解析]税务局扣押不缴纳税款的某企业价值 200 万元的商品,虽然涉案金额特别巨大,但是因为扣押属于行政强制措施,而不是行政处罚,基于行政强制措施的紧迫性,《行政强制法》并未规定听证制度。故扣押不需要也不可能告知当事人有权要求听证。所以 A 项不当选。

根据《行政处罚法》第 63 条第 1 款规定,行政机关拟作出下列行政处罚决定,应当告知当事人有要求听证的权利,当事人要求听证的,行政机关应当组织听证:(1)较大数额罚款;(2)没收较大数额违法所得、没收较大价值非法财物;(3)降低资质等级、吊销许可证件;(4)责令停产停业、责令关闭、限制从业;(5)其他较重的行政处罚;(6)法律、法规、规章规定的其他情形。交通局吊销某运输公司的道路运输经营许可证属于上述第(3)项应告知听证的情形。所以 B 项应选。

《行政许可法》第 47 条第 1 款规定,行政许可直接涉及申请人与他人之间重大利益关系的,行政机关在作出行政许可决定前,应当告知申请人、利害关系人享有要求听证的权利;申请人、利害关系人在被告知听证权利之日起 5 日内提出听证申请的,行政机关应当在 20 日内组织听证。所以 C 项应选。

《治安管理处罚法》第 98 条规定:"公安机关作出吊销许可证以及处 2000 元以上罚款的治安管理处罚决定前,应当告知违反治安管理行为人有权要求举行听证;违反治安管理行为人要求听证的,公安机关应当及时依法举行听证。"可见,治安管理处罚中应当听证的情形包括吊销许可证和 2000 元以上的罚款,但不包括行政拘留。所以 D 项不当选。

57．法律职业人员回避制度[CD]

[解析]为确保司法公正,我国《刑事诉讼法》第 29 条、《民事诉讼法》第 47 条、《公证员职业道德基本准则》第 4 条明确规定,法官、检察官、公证员与案件当事人存在近亲属关系时,应当自行回避,当事人也有权申请回避。律师不得代理与本人或者近亲属有利益冲突的法律事务,这是指律师代理的案件不得与律师或其近亲属有利害关系,并非禁止律师代理其近亲属的案件。故 A 项错误。

《法官职业道德基本准则》第 13 条、《公证员职业道德基本准则》第 4 条均明确规定了法官、公证员

的回避要求,但《检察官职业道德基本准则》《律师职业道德基本准则》中并无回避的规定。故 B 项错误。

由于亲情具有一定的非理性和高度人身依附性等特点,这与公务活动的依法、公正、严肃等基本要求存在本质冲突,因此,除诉讼法规定的诉讼回避外,《法官法》第 24 条和《检察官法》第 25 条都明确规定了法官、检察官任职回避制度。公证员不是国家公务员,并无任职回避的必要,《公证法》也没有任职回避的规定。故 C 项正确。

法官、检察官遇有法律规定的回避情形应当主动回避或者被申请回避,而律师不同,《律师执业行为规范(试行)》第 52 条明确规定了律师回避的情形,律师应当告知委托人并主动提出回避,但如果委托人同意其代理或者继续承办案件,律师则不受回避规定的限制,因此律师回避会受到委托人意思的影响。故 D 项正确。

58.事实认识错误;偶然防卫[CD]

[解析] 打击错误和对象错误的区别在于:打击错误属于客观结果错误,行为人对行为所指向的对象并无主观认识错误,错误的结果是由行为方法等客观因素造成的;而对象错误属于主观认识错误,行为人对行为所指向的对象存在主观认识错误。本案中,甲的行为属于打击错误而非对象错误。根据具体符合说甲的行为成立故意伤害罪未遂和过失致人重伤罪。故 A、B 项错误。

偶然防卫是指在客观上加害人正在或即将对被害人或他人的人身进行不法侵害,但被害人主观上没有认识到这一点,出于非法侵害的目的而对加害人使用了武力,客观上起到了人身防卫的效果。据此,甲误打中乙属于偶然防卫。甲意图伤害丙,客观上有伤害丙的高度危险,因误打中乙而致使丙趁机逃走。因此,甲对丙成立故意伤害罪未遂。故 C 项正确。

乙虽然与甲共同实施犯罪行为,但由于最终未能伤害丙,反而伤害了自己,使本人的身体受伤,不能构成故意伤害罪。故 D 项正确。

59.构成要件要素[ABCD]

[解析] 说明行为外部的、客观方面的要素为客观的构成要件要素,如行为、结果、行为对象等。"以暴力或者其他方法"属于客观的构成要件要素。故 A 项正确。

按照刑法理论,在解释构成要件要素和认定是否存在符合构成要件要素的事实时,如果只需法官的认识活动即可确定,该构成要件要素便是记述的构成要件要素。"他人"属于只需要法官的认识活动即可确定的构成要件要素,即记述的构成要件要素。故 B 项正确。

如果需要法官规范的、评价性的价值判断才能认定,这种构成要件要素就是规范的构成要件要素。

"侮辱""诽谤"需要法官规范的、评价性的价值判断后才能够认定,故"侮辱""诽谤"属于规范的构成要件要素。故 C 项正确。

依据法定刑的刑种、刑度是否确定,将法定刑分为绝对确定的法定刑、相对确定的法定刑、浮动法定刑。绝对确定的法定刑是指条文中仅规定单一刑种和固定的刑度;相对确定的法定刑是指在条文中规定一定的刑种和刑度,并明确规定最高刑与最低刑;浮动法定刑是指法定刑的具体期限和具体数量并非确定,而是处于一种相对不确定的游移状态。"3 年以下有期徒刑、拘役、管制或者剥夺政治权利"属于相对确定的法定刑。故 D 项正确。

60.选举制度[ACD]

[解析]《选举法》第 49、53 条规定,县人大代表由直接选举产生,乙县选民有权罢免之(须经原选区过半数的选民通过)。故 A 项正确。

《选举法》第 55 条规定,县级的人民代表大会代表可以向本级人民代表大会常务委员会书面提出辞职。故 B 项错误。

《选举法》第 58 条第 1 款第 1 项规定,"以金钱或者其他财物贿赂选民或者代表,妨害选民和代表自由行使选举权和被选举权的"属于破坏选举的行为,应当承担相应的法律责任。故 C 项正确。

《选举法》第 39 条规定,县级以上的地方各级人民代表大会在选举上一级人民代表大会代表时,由各该级人民代表大会主席团主持。可知本题主持选举的机构是乙县人大主席团。《选举法》第 59 条规定,主持选举的机构发现有破坏选举的行为或者收到对破坏选举行为的举报,应当及时依法调查处理;需要追究法律责任的,及时移送有关机关予以处理。故 D 项正确。

61.减刑和假释的适用[ABCD]

[解析] 根据《刑法》第 78 条的规定,被判处管制、拘役、有期徒刑、无期徒刑的犯罪分子,在执行期间,如果认真遵守监规、接受教育改造、确有悔改表现或有立功表现的,可以减刑,而非必须减刑。减刑适用对象是被判处管制、拘役、有期徒刑和无期徒刑的犯罪分子,但被判处拘役或者 3 年以下有期徒刑而被宣告缓刑的犯罪分子,一般不适用减刑,除非在缓刑期间有重大立功表现。同时,如果只判处附加刑的,不存在减刑的问题。故 A 项错误。

根据《刑法》第 80 条的规定,无期徒刑减为有期徒刑的刑期,从裁定减刑之日起计算,而不是从裁定被执行之日起计算。故 B 项错误。

被宣告缓刑的犯罪分子不在监所执行,不能以"认真遵守监规,接受教育改造"作为减刑要件,但满足特殊条件时也可以减刑。故 C 项错误。

在假释考验期内犯新罪,假释考验期满后才发现的,只要没有超过追诉时效,就应当撤销假释,并依法实行数罪并罚。故 D 项错误。

62．生产、销售、提供假药罪;生产、销售、提供劣药罪;生产、销售不符合安全标准的食品罪;生产、销售有毒、有害食品罪［ACD］

［解析］甲既生产、销售劣药,对人体健康造成严重危害,触犯了生产、销售劣药罪,又生产、销售假药,触犯生产、销售假药罪。甲实施了两个行为,触犯了两个罪,应当数罪并罚。故 A 项正确。

《关于办理非法生产、销售、使用禁止在饲料和动物饮用水中使用的药品等刑事案件具体应用法律若干问题的解释》第 3 条规定,使用盐酸克仑特罗等禁止在饲料和动物饮用水中使用的药品或者含有该类药品的饲料养殖供人食用的动物的,依照《刑法》第 144 条的规定,以生产有毒、有害食品罪追究刑事责任。乙在饲料中添加瘦肉精,构成生产有毒、有害食品罪。故 B 项错误。

丙的销售金额仅有 500 元(不足 5 万元),不成立销售伪劣产品罪,但构成销售不符合安全标准的食品罪。故 C 项正确。

丁对于香肠中掺有有毒的非食品原料并不知情,主观上没有销售有毒、有害食品罪的犯罪故意,但丁明知香肠不符合安全标准,足以造成严重食源性疾患。按法定符合说,有毒、有害食品也属于不符合安全标准的食品,所以在不符合安全标准食品的范围内具有主客观的一致性。因此,对丁应以销售不符合安全标准的食品罪论处。故 D 项正确。

63．侵犯公民个人信息罪［BC］

［解析］甲长期用高倍望远镜偷窥邻居的日常生活属于侵犯他人隐私权的行为,不构成侵犯公民个人信息罪。故 A 项不当选。

《关于办理侵犯公民个人信息刑事案件适用法律若干问题的解释》第 1 条规定,《刑法》第 253 条之一规定的"公民个人信息",是指以电子或者其他方式记录的能够单独或者与其他信息结合识别特定自然人身份或者反映特定自然人活动情况的各种信息,包括姓名、身份证件号码、通信通讯联系方式、住址、账号密码、财产状况、行踪轨迹等。《刑法》第 253 条之一规定,侵犯公民个人信息罪包含:违反国家有关规定,向他人出售或者提供公民个人信息,情节严重的情形;违反国家有关规定,将在履行职责或者提供服务过程中获得的公民个人信息等,出售或者提供给他人的情形等。故 B、C 项当选。

由于 50 年代的信封上公民的身份信息已经不具有保护价值,将信封出卖给他人的行为不构成侵犯公民个人信息罪。故 D 项不当选。

64．认罪认罚从宽制度［AD］

［解析］认罪,是指犯罪嫌疑人、被告人自愿如实供述自己的罪行,对指控的犯罪事实没有异议。本题中,胡某在审查起诉阶段认罪认罚,但在审判环节,辩称自己是借款而非骗钱,即否认了自己构成诈骗,因而属于认罪后又反悔。《人民检察院办理认罪认罚案件开展量刑建议工作的指导意见》第 30 条规定,除发现犯罪嫌疑人认罪悔罪不真实、认罪认罚后又反悔或者不履行具结书中需要履行的赔偿损失、退赃退赔等情形外,人民检察院不得提出加重犯罪嫌疑人刑罚的量刑建议。据此,检察院可以提出加重胡某刑罚的量刑建议。故 A 项正确,B 项错误。

根据《刑事诉讼法》第 222 条规定,认罪认罚案件可以适用速裁程序。因为胡某在认罪后又反悔,不再属于认罪认罚案件,本案不能再适用速裁程序。根据《刑事诉讼法》第 214 条规定,被告人承认自己所犯罪行,对指控的犯罪事实没有异议的,可以适用简易程序。由于胡某不认罪,所以不能适用简易程序,只能转为普通程序审理。故 C 项错误。

虽然对胡某不适用"认罪认罚从宽",但积极退赔仍属于量刑情节中从宽处罚的情节之一。故 D 项正确。

65．附带民事诉讼当事人及程序［ACD］

［解析］《刑事诉讼法》第 101 条第 1 款规定:"被害人由于被告人的犯罪行为而遭受物质损失的,在刑事诉讼过程中,有权提起附带民事诉讼。被害人死亡或者丧失行为能力的,被害人的法定代理人、近亲属有权提起附带民事诉讼。"本题中,被害人丙昏迷后,丙的妻子、儿子和弟弟均为丙的近亲属,可以提起附带民事诉讼,成为附带民事诉讼原告人。故 A 项正确。

《刑诉解释》第 183 条规定:"共同犯罪案件,同案犯在逃的,不应列为附带民事诉讼被告人。逃跑的同案犯到案后,被害人或者其法定代理人、近亲属可以对其提起附带民事诉讼,但已经从其他共同犯罪人处获得足额赔偿的除外。"可见,乙在逃,不能被列为附带民事诉讼共同被告人。故 B 项错误。

在附带民事诉讼中,被害人的物质损失必须是被告人的犯罪行为造成的,被害人遭受的物质损失与被告人的犯罪行为之间必须存在因果关系,而且被害人遭受的物质损失是指已经遭受的实际损失和必然造成的物质损失。C 项属于可得利益,不能提起附带民事诉讼。故 C 项正确。

《刑诉解释》第 180 条第 2 款规定:"附带民事诉讼被告人的亲友自愿代为赔偿的,可以准许。"第 194 条规定:"审理刑事附带民事诉讼案件,人民法院应当结合被告人赔偿被害人物质损失的情况认定其悔罪表现,并在量刑时予以考虑。"故 D 项正确。

66．附条件不起诉［ABCD］

［解析］《刑事诉讼法》第 284 条规定:"被附条

件不起诉的未成年犯罪嫌疑人,在考验期内有下列情形之一的,人民检察院应当撤销附条件不起诉的决定,提起公诉:(一)实施新的犯罪或者发现决定附条件不起诉以前还有其他犯罪需要追诉的;(二)违反治安管理规定或者考察机关有关附条件不起诉的监督管理规定,情节严重的。被附条件不起诉的未成年犯罪嫌疑人,在考验期内没有上述情形,考验期满的,人民检察院应当作出不起诉的决定。"直接适用此法条,可知 B、C、D 三项属于"对童某撤销不起诉的决定、提起公诉"的情形,故当选。

《刑事诉讼法》第 282 条第 1 款规定,对于未成年人涉嫌刑法分则第四章、第五章、第六章规定的犯罪,可能判处 1 年有期徒刑以下刑罚,符合起诉条件,但有悔罪表现的,人民检察院可以作出附条件不起诉的决定。由此可见,附条件不起诉只适用于未成年人案件,对于成年人案件则不适用附条件不起诉。故 A 项当选。

67. 扣押程序[ABD]

[解析]《行政强制法》第 18 条规定,行政机关实施行政强制措施,应当通知当事人到场。因扣押属于行政强制措施,所以某工商分局在扣押时应当通知肖某到场。故 A 项正确。

《行政强制法》第 24 条规定,行政机关决定实施查封、扣押的,查封、扣押清单一式二份,由当事人和行政机关分别保存。故 B 项扣押清单一式二份,由肖某和该工商分局分别保存的说法正确。

《行政强制法》第 26 条规定,对查封、扣押的场所、设施或者财物,行政机关应当妥善保管,不得使用或者损毁。因查封、扣押发生的保管费用由行政机关承担。因此,该工商分局应当妥善保管扣押的物品,并承担因扣押物品发生的合理保管费用。故 D 项正确,C 项错误。

68. 中国法律制度的发展演进历程与重要事件[ACD]

[解析] 商鞅的"改法为律"强调法律规范的普遍性,具有"范天下不一而归于一"的功能。"改法为律",是在法律观念上的又一进步。故 A 项正确。

汉代废肉刑缘于汉文帝十三年的"缇萦上书",景帝时对肉刑作了进一步改变。文帝、景帝时期的刑制改革,顺应了历史发展,为结束奴隶制肉刑制度,建立封建刑罚制度奠定了重要基础。因此,不是汉武帝,是汉文帝。故 B 项错误。

三国两晋南北朝为中国封建社会承上启下之时代,上接秦汉,下续隋唐,其法律制度也体现为承先启后之特色,为最终唐朝达到封建法律制度的高峰奠定了基础。三国两晋南北朝时期法律内容的变化主要表现在礼法结合的进一步发展。也就是说,在汉代中期以后的法律儒家化的基础上,更广泛、更直接地把儒家的伦理规范上升为法律规范,使礼、法更大程度上实现融合。故 C 项正确。

清末变法修律的宗旨是"中学为体、西学为用",即仿效外国资本主义的法律形式,固守中国的封建法制传统。故 D 项正确。

69. 国家机关负责机制[BC]

[解析]《宪法》第 79 条第 1 款规定:"中华人民共和国主席、副主席由全国人民代表大会选举。"虽然国家主席由全国人大选举产生,但是我国宪法中并未规定国家主席对全国人大及其常委会负责。故 A 项错误。

《宪法》第 92 条规定:"国务院对全国人民代表大会负责并报告工作;在全国人民代表大会闭会期间,对全国人民代表大会常务委员会负责并报告工作。"故 B 项正确。

《宪法》第 133 条规定:"最高人民法院对全国人民代表大会和全国人民代表大会常务委员会负责……"同时,第 138 条规定:"最高人民检察院对全国人民代表大会和全国人民代表大会常务委员会负责……"故 C 项正确。

《宪法》第 94 条规定:"中央军事委员会主席对全国人民代表大会和全国人民代表大会常务委员会负责。"可知,是中央军委主席对全国人大及其常委会负责,而不是中央军委对全国人大及其常委会负责;并且,中央军委主席只对全国人大及其常委会负责,但不报告工作。故 D 项错误。

70. 禁止令[ACD]

[解析] 对于被判处假释的犯罪分子,在假释考验期间,刑法并未规定对其可以适用禁止令的规定。所以法院裁定假释时,对甲可以宣告禁止令的说法错误。故 A 项错误,当选。

禁止令的内容是禁止犯罪分子在执行刑罚期间从事特定活动,进入特定区域、场所,接触特定的人。当然,应该根据案件的特殊情况,以特殊预防的需要为根据,从而决定禁止令的具体内容。故针对合同诈骗的犯罪分子,其附带民事赔偿义务尚未履行的,完全可以禁止其进入高档饭店或者奢侈品消费点消费等。故 B 项正确,不当选。

禁止令的内容不能限制犯罪人的正常生活。丙虽然在公共厕所猥亵儿童,但不能因此而禁止其进入公共厕所。故 C 项错误,当选。

根据《刑法》第 38 条第 2 款的规定,判处管制,可以根据犯罪情况,同时禁止犯罪分子在执行期间从事特定活动,进入特定区域、场所,接触特定的人。故判处管制同时宣告禁止令的,应当从管制执行之日起计算禁止令的时间,而非从管制执行完毕之日起计算。故 D 项错误,当选。

71．追诉时效的中断；强奸罪和故意杀人罪、交通肇事罪的追诉期限［ABD］

　　[解析]《刑法》第87条规定："犯罪经过下列期限不再追诉：（一）法定最高刑为不满5年有期徒刑的，经过5年；（二）法定最高刑为5年以上不满10年有期徒刑的，经过10年；（三）法定最高刑为10年以上有期徒刑的，经过15年；（四）法定最高刑为无期徒刑、死刑的，经过20年。如果20年以后认为必须追诉的，须报请最高人民检察院核准。"

　　张某强奸某妇女的行为构成强奸罪（本题中没有加重情节，追诉时效为15年）；后又将妇女杀害的行为，构成故意杀人罪（追诉时效为20年），与强奸罪实行并罚。1996年，张某酒后驾车致人重伤，构成交通肇事罪（本题中有加重情节，法定刑最高为7年，追诉时效为10年）。

　　本题中两案均在2007年发现，《刑法》第89条规定："追诉期限从犯罪之日起计算；犯罪行为有连续或者继续状态的，从犯罪行为终了之日起计算。在追诉期限以内又犯罪的，前罪追诉的期限从犯后罪之日起计算。"故张某的故意杀人罪应当在20年内追诉（即1980年至2000年之间），而其1996年又犯交通肇事罪，致其故意杀人罪的追诉期限从1996年起计算，故2007年发现本案，仍应以故意杀人罪追究其刑事责任。综上，C项正确。其他两罪均已过追诉时效，A、B、D项错误。

72．刑事起诉制度［AC］

　　[解析]通说认为，我国刑事诉讼实行以公诉为主、自诉为辅的犯罪追诉机制，即在对刑事犯罪实行国家追诉的同时，兼采被害人追诉主义。故A项正确。

　　我国采取公诉为主、自诉为辅的犯罪追诉机制，是指绝大多数刑事案件由人民检察院代表国家向人民法院提起公诉，只有部分刑事案件由被害人及其法定代理人、近亲属直接向人民法院提起自诉。公诉为主不代表公诉机关可以主动干预自诉，自诉人对其起诉的案件享有处分权，有权撤诉、和解，公诉机关不得随意干涉。故B项错误。

　　在起诉原则上，我国采用以起诉法定主义为主，兼采起诉便宜主义，检察院的起诉裁量权受到严格限制。即在一般情况下，只要被告人的行为符合法定条件，公诉机关即不享有自由裁量权而必须起诉，但在例外情形下，可以根据被告人的具体行为等因素自由裁量，决定是否起诉。我国存在酌定不起诉制度，即兼采起诉便宜主义的例子。故C项正确。

　　检察院也有一定的裁量权，起诉法定为主只是要求绝大多数情形下，只要符合法定条件就必须起诉，排斥检察院的自由裁量权，但并不意味着凡是构成犯罪就必须追诉，对于犯罪情节轻微，依照《刑法》规定不需要判处刑罚或免除刑罚的，可以作出不起诉决定。故D项错误。

73．律师的权利与义务［ACD］

　　[解析]《律师法》第34条规定："律师担任辩护人的，自人民检察院对案件审查起诉之日起，有权查阅、摘抄、复制本案的案卷材料。"需要注意的是，这里的"案卷材料"是指包括诉讼文书和证据材料在内的案卷中的所有材料，但合议庭、审判委员会的讨论记录以及其他依法不公开的材料不得查阅、摘抄、复制。据此，A项所言"与案件有关的所有材料"不符合法律规定。故A项错误。

　　根据《律师法》第33条和《刑事诉讼法》第34条规定，犯罪嫌疑人被侦查机关第一次讯问或者采取强制措施之日起，受委托的律师凭律师执业证书、律师事务所证明和委托书或者法律援助公函，有权会见犯罪嫌疑人、被告人并了解有关案件情况。律师会见犯罪嫌疑人、被告人，不被监听。故B项正确。

　　《律师法》第37条第2款规定："律师在法庭上发表的代理、辩护意见不受法律追究。但是，发表危害国家安全、恶意诽谤他人、严重扰乱法庭秩序的言论除外。"可知，泄露商业秘密并不属于上述的除外情形。故C项错误。

　　《律师法》第2条规定，律师是指为当事人提供法律服务的执业人员，不是国家法律工作人员。故D项错误。

74．行政诉讼参加人［BD］

　　[解析]除了法律和司法解释明确规定的特殊情形外，当事人提起行政诉讼的，应当以自己的名义。本案中，乙区政府征用耕地的行为，侵害了32户村民的土地承包权利，作为物权关系人，32户村民有权以自己的名义提起诉讼。从另一个角度而言，本次一共征用丙小组的63亩土地，但32户村民只有32亩土地，说明他们只是被征地的一部分村民，无权代表整个村民小组，自然不能以丙小组的名义起诉，只能以自己的名义起诉。因此，A项错误，B项正确。

　　本案属于经批准的行为，根据《行政诉讼法解释》第19条："当事人不服经上级行政机关批准的行政行为，向人民法院提起诉讼的，以在对外发生法律效力的文书上署名的机关为被告。"乙区政府征用土地经过甲市政府批准，但是在对外发生法律效力的文书上署名的机关是哪个机关，题干并未透露，所以无法判断本案的被告。因此，C项错误。

　　根据《行政诉讼法》第70条规定，行政行为违法，人民法院判决撤销或者部分撤销，并可以判决被告重新作出行政行为。因此，如果法院经审理发现征地批复违法，应当判决撤销，D项正确。【特别提醒】撤销有部分撤销，也有全部撤销。具体到本案中，甲市政府批复同意本市乙区政府征用乙区某村丙小组非耕地63亩,其中的32亩为耕地,部分违法,法院可以适用部分撤销。

75．行政诉讼审理对象;第三人[BC]

[解析] 本案中,李某的身份是沈某的委托代理人,不是房屋的所有权人,与被诉行政行为之间不具有法律上利害关系,不能作为本案的第三人,故A项错误。

行政诉讼的审理对象为被诉行政行为的合法性,题干中指明"某市人民政府以房屋转移登记事实不清撤销了房屋登记,赵某和沈某不服,向法院提起行政诉讼",可见,当事人的诉讼对象为市政府撤销房屋登记的复议决定,根据"诉什么、审什么、判什么"的一般逻辑,某市房管局办理此房屋转移登记行为和为沈某办理换证行为虽与本案有一定关系,但不是审查对象,故B、C项正确。

本案中,审查的对象是市政府的复议决定,核心是市政府复议决定的合法性,李某是否有委托代理权并不是本案重点审查内容,故D项错误。

76．法的正式渊源;冲突解决原则[ABD]

[解析]《立法法》第103条规定:"同一机关制定的法律、行政法规、地方性法规、自治条例和单行条例、规章,特别规定与一般规定不一致的,适用特别规定;新的规定与旧的规定不一致的,适用新的规定。"故A项正确。

《立法法》第104条规定:"法律、行政法规、地方性法规、自治条例和单行条例、规章不溯及既往,但为了更好地保护公民、法人和其他组织的权利和利益而作的特别规定除外。"故B项正确。

《立法法》第106条第1款规定:"地方性法规、规章之间不一致时,由有关机关依照下列规定的权限作出裁决:……(二)地方性法规与部门规章之间对同一事项的规定不一致,不能确定如何适用时,由国务院提出意见,国务院认为应当适用地方性法规的,应当决定在该地方适用地方性法规的规定;认为应当适用部门规章的,应当提请全国人民代表大会常务委员会裁决;……"故C项错误。

《立法法》第106条第2款规定:"根据授权制定的法规与法律规定不一致,不能确定如何适用时,由全国人民代表大会常务委员会裁决。"故D项正确。

77．全国人大的职权;全国人大选举与决定人员的区分[AC]

[解析]《宪法》第62条规定:"全国人民代表大会行使下列职权:(一)修改宪法;(二)监督宪法的实施;(三)制定和修改刑事、民事、国家机构的和其他的基本法律;(四)选举中华人民共和国主席、副主席;(五)根据中华人民共和国主席的提名,决定国务院总理的人选;根据国务院总理的提名,决定国务院副总理、国务委员、各部部长、各委员会主任、审计长、秘书长的人选;(六)选举中央军事委员会主席;根据中央军事委员会主席的提名,决定中央军事委员会其他组成人员的人选;(七)选举国家监察委员会主任;(八)选举最高人民法院院长;(九)选举最高人民检察院检察长;(十)审查和批准国民经济和社会发展计划和计划执行情况的报告;(十一)审查和批准国家的预算和预算执行情况的报告;(十二)改变或者撤销全国人民代表大会常务委员会不适当的决定;(十三)批准省、自治区和直辖市的建置;(十四)决定特别行政区的设立及其制度;(十五)决定战争和和平的问题;(十六)应当由最高国家权力机关行使的其他职权。"根据第(4)(8)(9)项,A、C项正确。根据第(5)项,国务院总理由国家主席提名,国务院副总理由国务院总理提名,全国人大是"决定"而非"选举"产生上述两个职位。故B项错误。根据第(14)项,对于特别行政区,全国人大的权限是"决定特别行政区的设立及其制度",D项中的"建置"则包括设立、撤销、更名多方面。故D项错误。

78．组织、领导、参加黑社会性质组织罪[BD]

[解析] 需要注意区分组织、领导、参加黑社会性质组织罪与黑社会性质组织实施的犯罪。就前者而言,组织者、领导者的刑事责任大于积极参加者,积极参加者的刑事责任大于其他参加者。就后者而言,组织者、领导者的刑事责任并不必然大于实际实行者。虽然组织者、领导者要对黑社会性质组织所犯的全部罪行负刑事责任,但是在该组织实施的具体犯罪中,组织者、领导者的刑事责任并不必然大于实际实行者。对此,需要根据各行为人在共同犯罪中的作用大小来确定刑事责任。故A项错误。

根据《刑法》第68条的规定,犯罪分子有揭发他人犯罪行为,查证属实的,或者提供重要线索,从而得以侦破其他案件的,可认定为立功。故B项正确。

组织、领导、参加黑社会性质组织罪是故意犯罪,因此必须遵守主客观相一致原则,要求行为人明知该组织是黑社会性质组织。由于黑社会性质组织不可能对外自称是黑社会性质组织,因此,不要求行为人主观上认为自己组织、参加的是"黑社会性质组织",只要其知道该组织具有一定规模,且实施违法犯罪活动,便满足了明知要件。如果行为人主张,自己知道该组织的规模,并以实施违法犯罪为主要活动,但不知道该组织是黑社会性质组织,则这种认识错误属于涵摄的错误。涵摄错误是指行为人错误理解了法律规定的含义。这种认识错误不影响故意的成立,也不影响责任的成立。一个犯罪组织是否属于黑社会性质组织,是由法官加以认定,是法律判断问题。行为人对此有理解错误,不影响故意的成立。故C项错误。

组织者只需对其组织期间的犯罪负责,对于退出后该组织实施的犯罪,原组织者不用负责。故 D 项正确。

79．毒品犯罪;法条竞合[ABC]

[解析] 根据《刑法》第 350 条和《最高人民法院、最高人民检察院、公安部关于办理制毒物品犯罪案件适用法律若干问题的意见》第 3 条的规定,在所有毒品犯罪中,成立犯罪不要求数量的是走私、贩卖、运输、制造毒品罪,其他犯罪实际上都要求达到一定数量(无论法条是否规定数量较大,都要求达到数量较大,毕竟成立犯罪要求严重危害社会)。故 A 项错误,当选。

放纵走私罪,是指海关工作人员徇私舞弊,放纵走私,情节严重的行为。包庇毒品犯罪分子罪,是指包庇走私、贩卖、运输、制造毒品的犯罪分子的行为,本罪是一种特殊的包庇罪。缉毒警察掩护、包庇走私毒品的犯罪分子构成的是包庇毒品犯罪分子罪,而不是放纵走私罪。故 B 项错误,当选。

强迫他人吸毒罪,是指用暴力、威胁等生理强制或心理强制方法,迫使他人吸食、注射毒品的行为。强行给他人注射毒品,使人形成毒瘾的,构成强迫他人吸毒罪,不构成故意伤害罪。故 C 项错误,当选。

窝藏毒品犯罪所得的财物的,成立窝藏毒赃罪,与掩饰、隐瞒犯罪所得罪之间存在法条竞合关系,前罪属于特别法条,按照法条竞合时特别法条优于普通法条的处理原则,应以窝藏毒赃罪定罪处罚。故 D 项正确,不当选。

80．公诉案件的庭前审查[AB]

[解析]《刑诉解释》第 219 条第 1 款规定:"人民法院对提起公诉的案件审查后,应当按照下列情形分别处理:(一)不属于本院管辖的,应当退回人民检察院;(二)属于刑事诉讼法第十六条第二项至第六项规定情形的,应当退回人民检察院;属于告诉才处理的案件,应当同时告知被害人有权提起自诉;(三)被告人不在案的,应当退回人民检察院;但是,对人民检察院按照缺席审判程序提起公诉的,应当依照本解释第二十四章的规定作出处理;(四)不符合前条第二项至第九项规定之一,需要补充材料的,应当通知人民检察院在三日以内补送;(五)依照刑事诉讼法第二百条第三项规定宣告被告人无罪后,人民检察院根据新的事实、证据重新起诉的,应当依法受理;(六)依照本解释第二百九十六条规定裁定准许撤诉的案件,没有新的影响定罪量刑的事实、证据,重新起诉的,应当退回人民检察院;(七)被告人真实身份不明,但符合刑事诉讼法第一百六十条第二款规定的,应当依法受理。"

本题中,A 项中法院发现了杨某在绑架的过程中杀害了人质的事实,可能判处死刑,应由中级人民法院管辖,属于《刑诉解释》第 219 条第 1 款第 1 项规定

的不属于本院管辖的情形,应退回检察院。故 A 项正确。

B 项中,杨某在审查起诉期间从看守所逃脱,符合《刑诉解释》第 219 条第 1 款第 3 项关于被告人不在案之规定。故 B 项正确。

C 项属于《刑诉解释》第 219 条第 1 款第 4 项规定的情形,应当通知检察院在 3 日内补送。故 C 项错误。

D 项属于《刑诉解释》第 219 条第 1 款第 5 项规定的情形,应当依法受理,故 D 项错误。

81．变更起诉[ABCD]

[解析] 根据《刑诉解释》第 297 条的规定:"审判期间,人民法院发现新的事实,可能影响定罪量刑的,或者需要补查补证的,应当通知人民检察院,由其决定是否补充、变更、追加起诉或者补充侦查。人民检察院不同意或者在指定时间内未回复书面意见的,人民法院应当就起诉指控的事实,依照本解释第二百九十五条的规定作出判决、裁定。"

法院是消极中立的裁判者,遵循不告不理原则,即使胡某承认出售毒品,法院也不可直接改判,必须以检察院补充或者变更起诉为前提。选项 A、B 错误。

根据《刑诉解释》第 297 条的规定可知,法院发现新的事实,可能影响定罪量刑的,或者需要补查补正的,只是应当"通知"而非"建议"人民检察院(修订前的条文规定的是"建议"),由其决定是否补充、变更、追加起诉或者补充侦查,故根据新法选项 C 不再正确。

根据《刑诉解释》第 277 条的规定:"审判期间,合议庭发现被告人可能有自首、坦白、立功等法定量刑情节,而人民检察院移送的案卷中没有相关证据材料的,应当通知人民检察院在指定时间内移送。审判期间,被告人提出新的立功线索的,人民法院可以建议人民检察院补充侦查。"本案并不符合建议检察院退回补充侦查的条件。选项 D 错误。

82．法庭辩论[ABD]

[解析] 因为法庭辩论不仅包括公诉人和被告人之间的辩论,也包括被害人和被告人之间的辩论,被害人作为刑事犯罪的直接受害者,当然可以针对刑事部分与被告人进行辩论,而附带民事诉讼的原告人只能针对附带民事部分和被告人进行辩论。故 A 项错误,当选。

辩论不仅集中在法庭辩论阶段,在法庭调查阶段,控辩双方也可以就案件事实是否清楚,证据是否确实、充分等问题进行辩论。而且,在法庭审理过程中的非法证据排除程序中,也会涉及对证据的合法性等问题的辩论。因此,对证据的合法性、相关性等问题的辩论并不局限于法庭辩论阶段。故 B 项错误,当选。

《刑诉解释》第 280 条规定："合议庭认为案件事实已经调查清楚的，应当由审判长宣布法庭调查结束，开始就定罪、量刑、涉案财物处理的事实、证据、适用法律等问题进行法庭辩论。"故 C 项正确，不当选。

《刑事诉讼法》及其司法解释未对法庭辩论的时间加以限制。故 D 项错误，当选。

83．行政诉讼被告的确定；举证责任；证据
［BCD］

［解析］《行政诉讼法》第 26 条第 5 款规定："行政机关委托的组织所作的行政行为，委托的行政机关是被告。"本案中，镇政府受市城管执法局委托实施行政行为，因此应以委托机关即市城管执法局为被告。故 A 项错误。

《行政诉讼证据规定》第 4 条第 1 款规定："公民、法人或者其他组织向人民法院起诉时，应当提供其符合起诉条件的相应的证据材料。"因此，刘某父亲和嫂子要作为原告起诉，必须证明自己是被诉行政行为的行政相对人或行政相关人，即应当提供证据证明房屋为二人共建或与拆除行为有利害关系。故 B 项正确。

《行政诉讼证据规定》第 33 条第 2 款规定："勘验现场时，勘验人必须出示人民法院的证件，并邀请当地基层组织或者当事人所在单位派人参加。当事人或其成年家属应当到场，拒不到场的，不影响勘验的进行，但应当在勘验笔录中说明情况。"据此，如法院对拆除房屋进行现场勘验，应当邀请当地基层组织或当事人所在单位派人参加。故 C 项正确。

《行政诉讼法》第 34 条第 1 款规定："被告对作出的行政行为负有举证责任，应当提供作出该行政行为的证据和所依据的规范性文件。"行政诉讼实行举证责任倒置原则，被告应当证明其作出行政行为的合法性，因此被告应当提供证据和依据证明有拆除房屋的决定权和强制执行的权力。故 D 项正确。

84．检察公益诉讼［AB］

［解析］《行政诉讼法》第 25 条第 4 款规定："人民检察院在履行职责中发现生态环境和资源保护、食品药品安全、国有财产保护、国有土地使用权出让等领域负有监督管理职责的行政机关违法行使职权或者不作为，致使国家利益或者社会公共利益受到侵害的，应当向行政机关提出检察建议，督促其依法履行职责。行政机关不依法履行职责的，人民检察院依法向人民法院提起诉讼。"根据上述规定，检察机关被赋予了提起检察公益诉讼的法定职责，同时立法也明确了检察机关提起检察公益诉讼的前置程序，即先向作出行政违法行为的行政机关提出检察建议，督促其纠正违法行为或依法履责，在不奏效的情况下，再向人民法院提起诉讼，故 A、B 项正确。由上述规定可知，检察院是有权提起行政公益诉讼的唯一主体，故

C 项错误。【陷阱提示】C 项混淆了行政公益诉讼和民事公益诉讼，注意二者的区别：行政公益诉讼，只能由检察院提起，民间公益诉讼组织无此权利；民事公益诉讼，只有在"法律规定的机关和有关组织"（含民间公益诉讼组织）没有提起的情形下，检察院才可以提起（《民事诉讼法》第 58 条）。

检察院提起行政公益诉讼的起诉期限适用行政诉讼法起诉期限的规定，即 6 个月。故 D 项错误。

85．法律概念；法律解释；法律事实；法律推理；法的特征［AD］

［解析］国家以国家的强制力作为保证法实施的力量，因此法具有国家强制力，A 项正确。

法律概念指任何具有法律意义的概念，包括两类：一是法律中所特有的概念，如"法人""债权"等。这类概念由法律本身的原理所产生，在法律之外没有意义或者即使有意义也已经失去本意。二是来自日常生活但具有法律意义的概念，如"故意""自然人"等。这类概念的特点是在日常生活中本就有其特定内涵。本案中的"马"属于来自日常生活中的法律概念。但是要注意，法律解释在法律适用中是必然存在的，法律适用的过程就是一个法律解释的过程。语言具有模糊性，在一个具体语境或具体交往行动中有不同的意义，这就需要法律解释来明确其具体的法律含义。故 B 项错误。

事实问题，即不需要从法律上进行评价的客观事实。法律问题，一方面指从法律的角度对该客观事实进行的评价，另一方面指对法律规范本身的理解。事实问题不需要法律适用人员的主观评价，而法律问题则需要法律适用人员的主观评价。就本案而言，对"白马究竟是不是马"这一问题的判断将直接关涉"马过城门应当纳税"这一法律规定是否对其适用，也就是说，这一判断回答了这里的"马"属不属于"马过城门应当纳税"中的"马"，公孙龙是否应当为他的白马纳税。这是一个法律问题，而非事实问题。故 C 项错误。

本案中，守城士兵认为白马必须纳税，采用的是演绎推理：大前提是"马过城门应当纳税"，小前提是"白马是马"，结论是"白马过城门应当纳税"。反向推理即所谓"明示其一，即否定其余"的推理方式，其要点是，法律只能适用于其明确规定的情形，而不能适用于其未规定的情形。本案中法律明确规定"马过城门应当纳税"，其反面即"不是马则不需要纳税"。公孙龙认为自己的白马不是马，所以不应当纳税，他进行的正是反向推理。故 D 项正确。

三、不定项选择题
86．逾期举证的后果；复议决定［ABCD］

［解析］根据《行政复议法》第 48 条、第 54 条规

定,被申请人应当自收到行政复议申请书副本或者行政复议申请笔录复印件后的法定期限内,提出书面答复,并提交作出行政行为的证据、依据。《行政复议法》第70条规定:"被申请人不按照本法第四十八条、第五十四条的规定提出书面答复、提交作出行政行为的证据、依据和其他有关材料的,视为该行政行为没有证据、依据,行政复议机关决定撤销、部分撤销该行政行为,确认该行政行为违法、无效或者决定被申请人在一定期限内履行,但是行政行为涉及第三人合法权益,第三人提供证据的除外。"据此,市政府在法定期限内提交了书面答复,但没有提交有关证据、依据,应当视为罚款决定没有证据、依据,行政复议机关应当撤销该决定,故C项正确,A、B、D项错误。

87．特别行政区制度;宣布进入紧急状态[ABD]

[解析]《香港特别行政区基本法》第44条规定:"香港特别行政区行政长官由年满四十周岁,在香港通常居住连续满二十年并在外国无居留权的香港特别行政区永久性居民中的中国公民担任。"故A项错误,当选。

《香港特别行政区基本法》第80条规定:"香港特别行政区各级法院是香港特别行政区的司法机关,行使香港特别行政区的审判权。"第63条规定:"香港特别行政区律政司主管刑事检察工作,不受任何干涉。"据此,香港的司法机关只限于法院。香港不设检察院,由律政司主管刑事检察工作,隶属行政机关。故B项错误,当选。

《香港特别行政区基本法》第158条第1、2款规定:"本法的解释权属于全国人民代表大会常务委员会。全国人民代表大会常务委员会授权香港特别行政区法院在审理案件时对本法关于香港特别行政区自治范围内的条款自行解释。"《澳门特别行政区基本法》第143条也有相同规定。可见,特别行政区基本法的最高解释权属于全国人大常委会,但对于特别行政区自治范围内的条款,各级法院均可行使解释权。故C项正确,不当选。

《香港特别行政区基本法》第18条第4款规定:"全国人民代表大会常务委员会决定宣布战争状态或因香港特别行政区内发生香港特别行政区政府不能控制的危及国家统一或安全的动乱而决定香港特别行政区进入紧急状态,中央人民政府可发布命令将有关全国性法律在香港特别行政区实施。"《澳门特别行政区基本法》第18条也有相同规定。可见,宣布香港和澳门特别行政区(或其部分地区)进入紧急状态的权利属于全国人大常委会。故D项错误,当选。

88．罪刑法定原则;刑法解释[AD]

[解析]刑法中的"暴力"这一概念有多重含义,根据刑法解释理论,在不同语境下应当对"暴力"作出不同的解释,有的条文中需要进行扩大解释,有的

条文中则需要进行限制解释,这并不违反罪刑法定原则。扩大解释与限制解释是两种方向相反的解释方法,从立法目的出发,对同一法条中的"暴力",如有扩大解释的必要,就不可能再进行限制解释,反之亦然。故A项正确。

《刑法》第237条强制猥亵、侮辱罪中的"猥亵""侮辱",是指针对他人实施的,具有性的意义,侵害他人性的决定权的行为;而《刑法》第246条侮辱罪中的侮辱行为只需具有损毁他人名誉的性质即可。二者在客观方面并不相同。故B项错误。

当然解释是体系解释的要求,以通过类比的方法追求合理的结论,但也需受罪刑法定原则的限制,即便符合当然解释的原理,当然解释的结论也完全可能因超出法条文字可能文义的射程而违反罪刑法定原则。故C项错误。

刑法解释的技巧和理由是多种多样的,但选择何种解释技巧、理由,必然要受到特定的约束。对刑法分则的解释不仅要实现条文的立法目的,达成实质上的合理性,而且在形式上不能突破文字的边缘含义,这是罪刑法定原则的要求。故D项正确。

89．受贿罪;非国家工作人员受贿罪[ABCD]

[解析]公立高校普通任课老师不属于国家工作人员,但其受学校委派开展招生工作属于公务活动,甲的行为成立受贿罪。故A项正确。

乙虽是国有医院副院长,但其利用"开处方"之便,收受药品销售方的财物的行为,不应认定为国家工作人员的职务行为,即此种职务行为与国家工作人员身份无关,仅成立非国家工作人员受贿罪。故B项正确。

村委会主任不属于国家工作人员,其在村集体企业招投标过程中收受贿赂的行为构成非国家工作人员受贿罪。故C项正确。

丁虽然没有国家工作人员的正式编制,但实际上行使了国家工作人员职务,在从事公务活动中收受回扣,虽然不能构成受贿罪的正犯,但可以构成受贿罪的共犯,对此应以受贿罪论处。故D项正确。

90．死刑立即执行案件的复核程序[ABC]

[解析]《刑诉解释》第429条规定:"最高人民法院复核死刑案件,应当按照下列情形分别处理:(一)原判认定事实和适用法律正确、量刑适当、诉讼程序合法的,应当裁定核准;(二)原判认定的某一具体事实或者引用的法律条款等存在瑕疵,但判处被告人死刑并无不当的,可以在纠正后作出核准的判决、裁定;(三)原判事实不清、证据不足的,应当裁定不予核准,并撤销原判,发回重新审判;(四)复核期间出现新的影响定罪量刑的事实、证据的,应当裁定不予核准,并撤销原判,发回重新审判;(五)原判认定事实正确、证据充分,但依法不应当判处死刑的,应当

裁定不予核准,并撤销原判,发回重新审判;根据案件情况,必要时,也可以依法改判;(六)原审违反法定诉讼程序,可能影响公正审判的,应当裁定不予核准,并撤销原判,发回重新审判。"

本题中,张某爆炸罪的死刑判决事实不清、证据不足即其中部分犯罪的死刑判决、裁定事实不清、证据不足,法院应当对全案裁定不予核准,并撤销原判,发回重审。故 D 项正确,A、B、C 项错误。

91．引诱、容留、介绍卖淫罪;引诱幼女卖淫罪
[ABC]

[解析] 根据《刑法》第 359 条第 1 款的规定,引诱、容留、介绍他人卖淫的,构成引诱、容留、介绍卖淫罪。此处的"他人",应当既包括女性,也包括男性。因此,A 项认为"引诱、容留、介绍卖淫罪,包括引诱、容留、介绍男性向同性卖淫"是正确的。故 A 项正确。**【特别提醒】**由于该条第 2 款明确规定,引诱不满 14 周岁的幼女卖淫的,构成引诱幼女卖淫罪。因此,在引诱他人卖淫罪中的"他人"不应当包括"幼女"。

由于引诱、容留、介绍卖淫罪是典型的选择性罪名,而且 B 项中的表述是引诱、容留成年人卖淫,因此,虽然有引诱和容留两个行为,但实质上其仅成立"引诱、容留卖淫罪",无须数罪并罚。故 B 项正确。

根据《刑法》第 359 条第 2 款的规定,引诱不满 14 周岁的幼女卖淫的,构成引诱幼女卖淫罪。此为一个独立的罪名,并且只有对幼女实施引诱行为,方才构成本罪。至于其他对幼女卖淫予以容留或介绍的,仍然应当定容留、介绍卖淫罪,而非"容留、介绍幼女卖淫罪"。由于引诱幼女甲卖淫和容留幼女乙卖淫,为数个独立的行为,触犯数个独立的罪名,因此,应当对其予以数罪并罚。故 C 项正确。

对幼女既有引诱其卖淫的行为,又有对其进行嫖宿的行为的,属于并无牵连关系的数个行为对数个法益的侵犯,即其同时构成引诱幼女卖淫罪和强奸罪,需数罪并罚,而非"以引诱幼女卖淫罪论处,从重处罚"。故 D 项错误。**【特别提醒】**《刑法修正案(九)》已经废除了嫖宿幼女罪,应认定为强奸罪。

92．上诉的提起与撤回;判决的生效与执行
[BC]

[解析]《刑诉解释》第 380 条第 1 款规定:"上诉、抗诉必须在法定期限内提出。不服判决的上诉、抗诉的期限为十日;不服裁定的上诉、抗诉的期限为五日。上诉、抗诉的期限,从接到判决书、裁定书的第二日起计算。"据此,上诉期限从接到裁判文书的次日才开始起算。虽然王某表示不上诉,但只要上诉期没有过,判决就没有生效,法院就不能将案件交付执行。故 A 项错误。

《刑诉解释》第 378 条第 2 款规定:"被告人、自诉人、附带民事诉讼当事人及其法定代理人是否提出上诉,以其在上诉期满前最后一次的意思表示为准。"据此,是否上诉,以上诉期满之前最后一次意思表示为准,王某仍可在上诉期内上诉。故 B 项正确。

《刑诉解释》第 383 条第 1 款规定:"上诉人在上诉期限内要求撤回上诉的,人民法院应当准许。"故 C 项正确。

《刑诉解释》第 383 条第 2 款规定:"上诉人在上诉期满后要求撤回上诉的,第二审人民法院经审查,认为原判认定事实和适用法律正确,量刑适当的,应当裁定准许;认为原判确有错误的,应当不予准许,继续按照上诉案件审理。"据此,上诉期满后要求撤回上诉,二审法院应当对一审的事实、法律、量刑进行审查,如果没有问题,应当裁定准许撤回上诉。故 D 项错误。

93．刑事司法赔偿义务机关;刑事司法赔偿范围
[CD]

[解析] 根据《国家赔偿法》第 21 条规定,刑事赔偿义务机关的确定遵循"后置原则",即由最后一个作出错误的法律文书的机关作为赔偿义务机关。再审改判无罪的,作出原生效判决的法院是最后一个作出错误的法律文书的机关,应为赔偿义务机关。本题中,对于赵某的甲罪,省高院再审改判无罪,作出有罪判决的是作为二审法院的市中院,依前述规定应当由其作为赔偿义务机关。故 A 项正确。

《最高人民法院关于人民法院执行〈中华人民共和国国家赔偿法〉几个问题的解释》第 4 条规定,人民法院判处管制、有期徒刑缓刑、剥夺政治权利等刑罚的人被依法改判无罪的,国家不承担赔偿责任,但是,赔偿请求人在判决生效前被羁押的,依法有权取得赔偿。本题中,方某的甲罪为有期徒刑缓刑,不属于国家赔偿范围;乙罪未被撤销,国家也不予赔偿;此外,因为乙罪未被撤销,不属于上述规定的"改判无罪",仍属于有罪判决,所以对于判决生效前被羁押(逮捕)的期间国家也不予赔偿。故 B 项错误,C 项正确。

《国家赔偿法》第 33 条规定:"侵犯公民人身自由的,每日赔偿金按照国家上年度职工日平均工资计算。"本题中,如果赵某被违法羁押,属于人身自由受到侵害,赔偿方式为给付赔偿金,律师费用不在赔偿范围之内。故 D 项正确。

94．国际海洋法法庭的管辖权;国际争端的解决;调停[AC]

[解析] 国际海洋法法庭是根据《联合国海洋法公约》设立的,它是海洋活动领域的全球性国际司法机构。海洋法法庭的设立,不排除国际法院对海洋活动争端的管辖,争端当事国可以自愿选择将海洋争端交由哪个机构来审理。故 A 项正确。

关于法庭管辖权的任择强制管辖性质,《联合国海洋法公约》规定,一国在签署、批准或加入本公约时,或在其后任何时间,可以自由用书面声明方式选择海洋法法庭的管辖。只有争端各方都选择了法庭程序,法庭才有管辖权。所以,海洋法法庭不能因甲国单方选择管辖的声明而对该争端具有管辖权。故B项错误。

根据《联合国海洋法公约》第280条规定:"用争端各方选择的任何和平方法解决争端。本公约的任何规定均不损害任何缔约国于任何时候协议用自行选择的任何和平方法解决它们之间有关本公约的解释或适用的争端的权利。"除非特别约定,一般地,谈判或协商的当事国没有达成有拘束力的协议的义务。故C项正确。

调停是指第三方以调停人的身份,就争端的解决提出方案,并直接参加或主持谈判,以协助争端解决。调停国提出的方案本身没有拘束力,调停国对于进行调停或调停成败也不承担任何法律义务或后果。故D项错误。

95．宪法的解释与保障;紧急状态;派出机构
[BD]

[解析]《宪法》第67条第1项规定,全国人民代表大会常务委员会行使解释宪法,监督宪法实施的职权。据此可知,解释宪法的职权归全国人大常委会。故A项错误。

《宪法》第89条第16项规定,国务院有权依照法律规定决定省、自治区、直辖市的范围内部分地区进入紧急状态。故B项正确。

《地方组织法》第85条规定,省、自治区的人民政府在必要的时候,经国务院批准,可以设立若干派出机关。县、自治县的人民政府在必要的时候,经省、自治区、直辖市的人民政府批准,可以设立若干区公所,作为它的派出机关。市辖区、不设区的市的人民政府,经上一级人民政府批准,可以设立若干街道办事处,作为它的派出机关。据此可知,省、自治区政府在必要的时候,经国务院批准,可以设立若干派出机关(而非派出机构);另外,直辖市无设立派出机关的权限。故C项错误。

《宪法》第138条规定:"最高人民检察院对全国人民代表大会和全国人民代表大会常务委员会负责。地方各级人民检察院对产生它的国家权力机关和上级人民检察院负责。"故D项正确。

96．法律适用;法律推理[AD]

[解析]法律人适用法律的目标就是要获得一个合理的法律决定。所谓合理的法律决定就是指法律决定具有可预测性和正当性。法律决定的可预测性是形式法治的要求,它的正当性是实质法治的要求。故A项正确。

演绎推理是从一般到个别的推论,其经典方法为三段论,由大前提、小前提和结论三部分组成。关键步骤有:识别一个权威性的大前提;明确表述一个真实的小前提;判断重要程度并得出结论。当代中国是以制定法为法律渊源主体的国家,制定法中各种具体规定,是人们进行法律推理的大前提。本案中,检察院即是运用了演绎推理的方法:法律规范的具体规定是其进行推理的大前提,而案件的事实则是推理的小前提,检察院以此认定周某为交通肇事罪的犯罪嫌疑人。归纳推理过程与演绎推理相反,是从个别到一般的推论,检察院显然没有使用归纳推理。故B项错误。

法院在庭审中认定交通事故致鲁某重伤残疾并非因周某行为引起,这里的探讨涉及因果关系,因果关系不仅仅是一个事实问题,更是一个重要的法律问题。法官找到客观存在的因果关系后,还要将之在法律上进行衡量,即涉及法律评价的问题。法律适用的各个步骤之间并非截然分开,而是彼此之间紧密联系的适用过程。这个过程是一个在事实和规范之间来回循环考察的过程,即"目光在事实与规范之间往回流转"的过程。故C项错误。

法院开庭,公诉人和辩护人就案件事实和证据进行质证,就法的适用展开辩论。就案件事实和证据进行质证,就是要查明案件事实(演绎推理的小前提);就法的适用展开辩论,就是要确定适用于本案的法律规范(演绎推理的大前提)。故D项正确。

97．拐卖妇女罪;收买被拐卖的妇女罪[BC]

[解析]拐卖妇女罪是以控制、绑架等强制方式实施的,以"实现控制"为既遂标准(拐到手)。本题中甲、乙已将妇女控制,因此均成立拐卖妇女罪的既遂,既遂之后的情形不影响既遂结论的成立。故A项错误,B项正确。

C项注意一罪吸收另一罪的问题:如果新罪能够被吸收,只成立一罪;如果新罪不能被吸收,则应数罪并罚。本项中,丙收买被拐卖的妇女是以出卖为目的,然后卖掉了,此时收买行为被拐卖行为所吸收,不单独成立收买被拐卖的妇女罪,而是整体上成立拐卖妇女罪一罪(收买罪+拐卖罪=拐卖罪);拐卖妇女后,将妇女非法拘禁,非法拘禁罪被拐卖妇女罪吸收,整体上成立拐卖妇女罪一罪。丙收买被拐卖的妇女后,将其非法拘禁,然后又卖掉,整体上只成立一罪,即拐卖妇女罪。故C项正确。【特别提醒】如果拐卖妇女后,对其故意伤害(重伤),则应定拐卖妇女罪和故意伤害罪,数罪并罚。此时不能定拐卖妇女罪(致人重伤),因为拐卖妇女罪的致人重伤是指拐卖的实行行为本身致人重伤。

拐卖妇女罪的保护法益是妇女的人身自由,成年妇女如果同意放弃该法益,则行为人不构成拐卖妇女罪,相应的,收买者也不构成收买被拐卖的妇女罪。本题中,陈某同意出卖自己,因此丁不构成收买被拐卖的妇女罪。故 D 项错误。

98．涉外刑事诉讼程序[A]

[解析]《刑诉解释》第 484 条规定:"人民法院审判涉外刑事案件,使用中华人民共和国通用的语言、文字,应当为外国籍当事人提供翻译。翻译人员应当在翻译文件上签名。人民法院的诉讼文书为中文本。外国籍当事人不通晓中文的,应当附有外文译本,译本不加盖人民法院印章,以中文本为准。外国籍当事人通晓中国语言、文字,拒绝他人翻译,或者不需要诉讼文书外文译本的,应当由其本人出具书面声明。拒绝出具书面声明的,应当记录在案;必要时,应当录音录像。"可知,不能以使用中国通用的语言文字进行诉讼为理由,强迫外国籍当事人尤其是懂中国通用的语言文字的外国籍当事人使用中国通用的语言文字来回答司法人员的讯问、询问和书写诉讼文书、发表辩护意见等;应当允许他们使用国籍国通用的或他们通晓的语言文字。故 A 项正确。B 项错误在于,应该是"应当附有",而不是"可以附有"。故 B 项错误。

《刑诉解释》第 485 条第 1、3 款规定:"外国籍被告人委托律师辩护,或者外国籍附带民事诉讼原告人、自诉人委托律师代理诉讼的,应当委托具有中华人民共和国律师资格并依法取得执业证书的律师。外国籍当事人委托其监护人、近亲属担任辩护人、诉讼代理人的,被委托人应当提供与当事人关系的有效证明。经审查,符合刑事诉讼法、有关司法解释规定的,人民法院应当准许。"据此,被告人也可以委托非律师作为辩护人。故 C 项错误。

在刑事案件中,审判时是否可以直接援引我国缔结或参加的国际条约没有规定。此外,我国对于缔结或参加的国际条约中存在的保留条款,也不能直接援引。D 项表达过于绝对,错误。

99．行政复议案件被告的确定;国家赔偿的归责原则[ABCD]

[解析]《行政诉讼法》第 26 条规定,复议机关改变原行政行为的,复议机关为被告。另根据《行政诉讼法解释》第 22 条规定,本题甲区政府改变甲区公安局的处理结果,属于复议改变,因此甲区政府为被告。故 A 项说法错误,当选。

《国家赔偿法》第 8 条规定:"经复议机关复议的,最初造成侵权行为的行政机关为赔偿义务机关,但复议机关的复议决定加重损害的,复议机关对加重的部分履行赔偿义务。"本题中,5 日拘留部分由原机关赔偿,增加的 10 日拘留部分由复议机关赔偿,两个机关共同作为赔偿义务机关,彼此之间承担按份责任。故 B 项说法错误,当选。

在限制公民人身自由期间,因为监管机关监管不力,出现唆使或放纵的现象,应当由负责监管的行政机关承担行政赔偿责任。故 C 项说法错误,当选。

《国家赔偿法》第 15 条规定,在举证责任的分配上原则上采取"谁主张,谁举证",但在限制人身自由期间,发生公民死亡或丧失行为能力的后果时,实行举证责任倒置,应当由赔偿义务机关就因果关系的问题进行举证。李某只是被打成轻微伤,不符合举证责任倒置的情形,应由赔偿请求权人李某承担举证责任。故 D 项说法错误,当选。

100．法律渊源;我国立法程序[BD]

[解析]法律有广义、狭义两种理解。从广义上讲,法律泛指一切规范性文件;从狭义上讲,仅指全国人大及其常委会制定的规范性文件。从法的正式渊源上看,"法律"仅指全国人大及其常委会制定的规范性文件。故 A 项正确。

法律、法规的标准文本是制定机关公报刊登的文本,如法律的标准文本刊登于全国人大常委会公报,行政法规刊登于国务院公报,地方性法规刊登于本级常委会公报。故 B 项错误。

《行政法规制定程序条例》第 5 条规定,行政法规的名称一般称"条例",也可以称"规定""办法"等。国务院根据全国人民代表大会及其常务委员会的授权决定制定的行政法规,称"暂行条例"或者"暂行规定"。国务院各部门和地方人民政府制定的规章不得称"条例"。此外,大部分地方性法规以"条例"命名,也可采用"规定""办法""决定"等命名。故 C 项正确。

《立法法》第 10 条规定,全国人民代表大会制定和修改刑事、民事、国家机构的和其他的基本法律。全国人民代表大会常务委员会制定和修改除应当由全国人民代表大会制定的法律以外的其他法律;在全国人民代表大会闭会期间,对全国人民代表大会制定的法律进行部分补充和修改,但是不得同该法律的基本原则相抵触。因此,宪法修改草案和基本法律不能交给全国人大常委会通过。故 D 项错误。

试卷二

解析

一、单项选择题

1. 产品质量责任 [A]

[解析]《产品质量法》第26条规定:"生产者应当对其生产的产品质量负责。产品质量应当符合下列要求:……(三)符合在产品或者其包装上注明采用的产品标准,符合以产品说明、实物样品等方式表明的质量状况。"第40条第1款规定:"售出的产品有下列情形之一的,销售者应当负责修理、更换、退货;给购买产品的消费者造成损失的,销售者应当赔偿损失:……(三)不符合以产品说明、实物样品等方式表明的质量状况的。"本题中该车气囊电脑不符合产品说明所述质量,靓顺公司应承担合同责任,即修理、更换、退货、赔偿损失,汽车生产者承担相应的产品质量责任,故A项正确、B项错误。

根据《产品质量法》第43条规定,因产品存在缺陷造成人身、他人财产损害的,受害人可以向产品的生产者要求赔偿,也可以向产品的销售者要求赔偿。可见,构成产品侵权要求对他人人身、财产造成损害,本题中,霍某并没有因此遭受损害,因此不存在产品侵权责任。故C、D项错误。

2. 环境民事责任的诉讼时效;归责原则;举证责任;因果关系推定 [C]

[解析] 本题中,土地受害,河塘被污染,作为土地所有人的村集体权益受到损害,村委会当然有权起诉,受害村民同样有权起诉。故A项正确,不当选。

《环境保护法》第66条规定:"提起环境损害赔偿诉讼的时效期间为3年,从当事人知道或者应当知道其受到损害时起计算。"故B项正确,不当选。

环境民事责任实行无过错责任,而不是公平责任。故C项错误,当选。

《民法典》第1230条规定:"因污染环境、破坏生态发生纠纷,行为人应当就法律规定的不承担责任或者减轻责任的情形及其行为与损害之间不存在因果关系承担举证责任。"故D项正确,不当选。

3. 票据灭失及救济 [D]

[解析] 根据《票据法》第4条规定:"票据出票人制作票据,应当按照法定条件在票据上签章。并按照所记载的事项承担票据责任。持票人行使票据权利,应当按照法定程序在票据上签章,并出示票据。其他票据债务人在票据上签章的,按照票据所记载的

事项承担票据责任。本法所称票据权利,是指持票人向票据债务人请求支付票据金额的权利,包括付款请求权和追索权。本法所称票据责任,是指票据债务人向持票人支付票据金额的义务。"票据是设权和要式证券。票据权利人行使票据权利应当出示合法有效的票据,票据灭失后,应当经过挂失止付、公示催告和除权判决或者普通的民事诉讼实现权利的救济。票据复印件没有票据效力,因此丙公司无权持复印件主张票据权利。故A、B、C项错误,D项正确。

4. 中止诉讼;终结诉讼 [C]

[解析]《民事诉讼法》第153条规定:"有下列情形之一的,中止诉讼:……(五)本案必须以另一案的审理结果为依据,而另一案尚未审结的;……"在本题中,本案是张某与孙某的借贷纠纷,在案件审理过程中出现的另一案是孙某的盗窃案,依上述条文可知,法院是否需要对本案作出诉讼中止的裁定,关键是判断张某与孙某借贷纠纷的审理是否需要以孙某的盗窃案为依据。经过分析可知,孙某盗窃罪成立与否都不会对借贷纠纷的成立产生任何影响,两个案件之间没有任何关系,所以法官既不能裁定中止审理本案,也不能合并审理两个案件。故C项正确。

《民事诉讼法》第154条规定:"有下列情形之一的,终结诉讼:(一)原告死亡,没有继承人,或者继承人放弃诉讼权利的;(二)被告死亡,没有遗产,也没有应当承担义务的人;(三)离婚案件一方当事人死亡的;(四)追索赡养费、抚养费、抚养费以及解除收养关系案件的一方当事人死亡的。"在本案的审理过程中并没有出现法定的诉讼终结的情形。故B项错误。

5. 无需制作调解书的法定情形;当事人申请再审的范围;人民检察院对调解书的监督方式;执行和解协议的效力 [A]

[解析]《民事诉讼法》第101条规定,调解维持收养关系的案件,人民法院可以不制作调解书。因此,A项是正确的。

《民事诉讼法》第213条规定:"当事人对已经发生法律效力的解除婚姻关系的判决、调解书,不得申请再审。"因此,B项是不正确的。

《民事诉讼法》第219条第1、2款规定,最高人民检察院或者上级人民检察院发现调解书损害国家利

益、社会公共利益,应当提出抗诉;如果是地方各级人民检察院发现同级人民法院的调解书损害国家利益、社会公共利益的,可以向同级人民法院提出检察建议,并报上级人民法院备案,也可以提请上级人民检察院向同级人民法院提出抗诉。因此,C项是不正确的。

《民事诉讼法》第241条第1款规定:"在执行中,双方当事人自行和解达成协议的,执行员应当将协议内容记入笔录,由双方当事人签名或者盖章。"因此,D项是不正确的。

6.不当得利[C]

[解析]《民法典》第122条规定:"因他人没有法律根据,取得不当利益,受损失的人有权请求其返还不当利益。"甲应乙的要求,将该物直接交付于丙,其所有权不是由甲直接移转给丙,而是由甲移转给乙,再由乙移转给丙。换言之,乙从甲处取得所有权(甲向乙给付),丙从乙处取得所有权(乙向丙给付)。甲与丙之间并无给付关系。若甲、乙间买卖合同无效,甲可对乙主张不当得利返还。若乙、丙间买卖合同无效,乙可对丙主张不当得利返还,如果甲乙之间、乙丙之间的合同均无效,则甲有权向乙,乙有权向丙主张不当得利返还。故A、B、D项说法正确。

甲、丙之间无给付关系,若从给付型不当得利的角度,难以解释;但是,通说认为不当得利属于事件,即只要一方得利、一方受损、损益之间有因果关系并且得利没有正当理由,即符合不当得利的构成要件,得利者就应当将所得利益返还给受损人。据此,如果甲应乙的要求将标的物交给了丙,此时,丙未向乙支付价款,乙也没有向甲支付价款,甲受损、丙得利,因果关系明显且丙得利没有正当理由,故丙构成不当得利,甲可向丙主张不当得利返还。故C选项表述错误,当选。

7.个人信息保护[C]

[解析]《民法典》第111条规定:"自然人的个人信息受法律保护。任何组织或者个人需要获取他人个人信息的,应当依法取得并确保信息安全,不得非法收集、使用、加工、传输他人个人信息,不得非法买卖、提供或者公开他人个人信息。"据此,非法收集、使用、买卖、提供他人个人信息的,均属于侵权行为,侵权人应当承担相应的法律责任。本题中,张某将公民个人信息出卖于某公司,张某(卖方)和某公司(买方)均侵害了孙某对其个人信息享有的民事权益。故C项正确,D项错误。身份权,是指基于婚姻、家庭等关系而产生的人身权利,包括配偶权、亲权和亲属权。本题不涉及上述权利的侵犯,故A项错误。名誉权的侵犯,是指捏造虚假的信息,进而导致他人外在社会评价降低的情形。本题不具备此种法律事实,不侵犯名誉权,故B项错误。

8.收养的条件及例外[A]

[解析]《民法典》第1103条规定:"继父或者继母经继子女的生父母同意,可以收养继子女,并可以不受本法第一千零九十三条第三项、第一千零九十四条第三项、第一千零九十八条和第一千一百条第一款规定的限制。"据此,继父或继母收养继子女的,不受送养人是否无力抚养子女,自身是否有子女、是否年满30周岁,收养子女的数量等条件的限制,可以收养全部继子女。故A项正确,B、C、D项错误。

9.民事诉讼基本原则[C]

[解析]《民事诉讼法》第5条规定:"外国人、无国籍人、外国企业和组织在人民法院起诉、应诉,同中华人民共和国公民、法人和其他组织有同等的诉讼权利义务。外国法院对中华人民共和国公民、法人和其他组织的民事诉讼权利加以限制的,中华人民共和国人民法院对该国公民、企业和组织的民事诉讼权利,实行对等原则。"外国人在我国进行民事诉讼时,与中国人享有同等的诉讼权利义务,体现的是同等原则。故A项错误。

法院未根据当事人的自认进行事实认定,违反辩论原则,因为辩论原则针对事实问题,而处分原则针对诉讼标的、诉讼请求,并非所有的事项均可适用自认。《民诉解释》第92条规定:"一方当事人在法庭审理中,或者在起诉状、答辩状、代理词等书面材料中,对于己不利的事实明确表示承认的,另一方当事人无需举证证明。对于涉及身份关系、国家利益、社会公共利益等应当由人民法院依职权调查的事实,不适用前款自认的规定。自认的事实与查明的事实不符的,人民法院不予确认。"因此,当事人处分权的行使,法院可以进行必要的干预。如果当事人对涉及身份关系的事实进行自认,法院可以不根据当事人的自认进行事实认定,这并不违反处分原则。故B项错误。

《民诉证据规定》第53条规定:"诉讼过程中,当事人主张的法律关系性质或者民事行为效力与人民法院根据案件事实作出的认定不一致的,人民法院应当将法律关系性质或者民事行为效力作为焦点问题进行审理。但法律关系性质对裁判理由及结果没有影响,或者有关问题已经当事人充分辩论的除外。存在前款情形,当事人根据法庭审理情况变更诉讼请求的,人民法院应当准许并可以根据案件的具体情况重新指定举证期限。"据此,当事人主张的法律关系与法院根据案件事实作出的认定不一致时,当事人可以变更诉讼请求,故C项正确。

《民事诉讼法》第15条规定:"机关、社会团体、企业事业单位对损害国家、集体或者个人民事权益的行为,可以支持受损害的单位或者个人向人民法院起诉。"因此,支持起诉是向受损害的单位或者个人提供帮助,而不是代替他们直接去起诉。故 D 项错误。

10．反诉[B]

[解析] 本题考查反诉与反驳的区分。反诉是一个独立的诉,可以不依赖本诉而存在,而反驳不是。可用如下方法区分反诉和反驳:

第一步,找到被告对原告的主张。

第二步,假设没有原告起诉被告,被告能否就自己的主张单独直接向法院起诉:①能够单独起诉,则是独立的诉,为反诉;②不能单独起诉,则不是独立的诉,为反驳。

B 项中,即便没有原告起诉被告支付租金,被告也可以直接请求法院确认租赁合同无效,所以该主张是一个独立的诉,是反诉,B 项当选。而 A、C、D 项显然必须依赖于原告请求被告支付租金的请求而提出主张,并非独立的诉,不是反诉。【特别提醒】反诉和反驳都有可能产生抵销或者折抵的法律效果,因此不能以法律效果对二者判断区分。

11．合伙中诉讼当事人的确定[C]

[解析]《民诉解释》第 56 条规定:"法人或者其他组织的工作人员执行工作任务造成他人损害的,该法人或者其他组织为当事人。"戊是雇员,雇员责任由雇主承担,不能作为被告,故首先排除 D 项。

本题中,"一通电脑行"只是依法登记,并未领取营业执照,应当视为个人合伙。《民诉解释》第 60 条规定:"在诉讼中,未依法登记领取营业执照的个人合伙的全体合伙人为共同诉讼人。个人合伙有依法核准登记的字号的,应在法律文书中注明登记的字号。全体合伙人可以推选代表人;被推选的代表人,应由全体合伙人出具推选书。"据此,个人合伙应以全体合伙人为共同被告,而不能以个人合伙为被告。故本题应以甲乙丙三人为共同被告,并注明"一通电脑行"字号,C 项正确,A、B 项错误。【总结提示】依法登记并领取营业执照的合伙组织,有诉讼权利能力,能作为原告或者被告。个人合伙未领取营业执照,无诉讼权利能力,只能以全体合伙人为被告。

12．有限公司变更的决议;发起人的出资;股份公司董事长的产生方式[D]

[解析]《公司法》第 66 条第 3 款规定:"股东会作出修改公司章程、增加或者减少注册资本的决议,以及公司合并、分立、解散或者变更公司形式的决议,应当经代表三分之二以上表决权的股东通过。"可见,变更公司形式的决议,需要经代表 2/3 以上表决权的股东通过,不需要全体股东一致同意。故 A 项错误。

《公司法》第 98 条第 1 款规定:"发起人应当在公司成立前按照其认购的股份全额缴纳股款。"股份公司的出资为实缴,故 B 项中两年内缴足的说法错误。

《公司法》第 122 条第 1 款规定:"董事会设董事长一人,可以设副董事长。董事长和副董事长由董事会以全体董事的过半数选举产生。"股份有限责任公司的董事长、副董事长由全体董事过半数选举产生,麻某并不当然成为股份有限责任公司的董事长。故 C 项错误。

公司名称的承继没有法定限制。故 D 项正确。

13．个人独资企业;普通合伙[C]

[解析]《合伙企业法》第 38 条规定:"合伙企业对其债务,应先以其全部财产进行清偿。"第 39 条规定:"合伙企业不能清偿到期债务的,合伙人承担无限连带责任。"也就是说,合伙企业清偿企业的对外债务,先以合伙企业的全部财产承担清偿责任,不足部分由各普通合伙人不分份额地承担连带责任。普通合伙企业甲对丙负担的 50 万元债务,先用甲企业的 20 万元财产清偿,剩余的 30 万元,由合伙人安琚与乙企业承担连带责任。故 A、B 项错误,C 项正确。

《个人独资企业法》第 31 条规定:"个人独资企业财产不足以清偿债务的,投资人应以其个人的其他财产予以清偿。"由此可知,个人独资企业投资人应对企业债务承担连带责任。故 D 项错误。

14．企业所得税的纳税主体[C]

[解析]《企业所得税法》第 1 条规定:"在中华人民共和国境内,企业和其他取得收入的组织(以下统称企业)为企业所得税的纳税人,依照本法的规定缴纳企业所得税。个人独资企业、合伙企业不适用本法。"故 C 项正确,A、B、D 项错误。

15．民事法律关系[C]

[解析] A 项,甲应允乙同看演出,甲、乙间成立好意施惠关系(情谊关系)。根据民法理论,好意施惠不成立合同关系,乙不得对甲的爽约行为主张违约损害赔偿。好意施惠关系本身虽不排除侵权责任的成立,但须有独立的侵权事实发生,否则,仅一方当事人违反好意施惠中的约定或者承诺,不构成侵权。除爽约外,甲未实施其他侵权行为,因此甲的爽约不构成侵权,乙不得对甲主张侵权损害赔偿。故 A 项错误。同理,D 项也是好意施惠关系。故 D 项错误。

B 项,乙遭受的损失,并非甲侵害乙人身权和财产权给乙造成的"附随经济损失"(如医疗费、修理费),只是甲虽未侵害乙人身权和财产权,但因错误陈述给乙造成的纯粹金钱上的损失,学理上称为"纯粹经济损失"。在我国,对于纯粹经济损失,受害人能否请求加害人承担赔偿责任,分以下两种情况处理:(1)合同关系。若甲、乙间存在合同关系,甲违反合同约定给乙造成纯粹经济损失,则乙可对甲主张违约损害赔偿;此外,若合同一方当事人违反先合同义务(构成缔约过失)或者违反后合同义务给对方造成纯粹经济损失的,受害人也可就遭受的纯粹经济损失获得部分赔偿。(2)侵权关系。原则上,对加害人给受害人造成的纯粹经济损失,受害人不得对加害人主张侵权损害赔偿。但有两个例外:第一,法律明文规定。例如,证券欺诈;又如,甲过失造成乙死亡,导致乙赡养的丙丧失赡养费。丙的赡养费收入损失属于纯粹经济损失,但因法律明文规定可以依照侵权损害赔偿予以救济,故丙可就赡养费收入损失对甲提起侵权损害赔偿(包含于死亡赔偿金之内主张)。第二,加害人故意给受害人造成的纯粹经济损失。例如,甲意欲使乙亏本,故意告知乙虚假的信息,乙依照该信息购买股票遭受重大损失。乙可就遭受的纯粹经济损失对甲主张侵权损失赔偿。本题中,甲、乙间并无合同关系,乙就遭受的纯粹经济损失不能对甲主张违约损害赔偿;同时,甲属于过失虚假陈述,非为故意,且无法律的明确规定,故乙不能就遭受的经济损失对甲主张侵权损害赔偿。故 B 项错误。

C 项涉及"忠诚协议"的效力。夫妻互享配偶权,一方违反忠实义务(出轨)构成对对方配偶权的侵害。一方面,我国《民法典》第 1091 条将离婚损害赔偿请求权的适用范围限制得比较窄,据此,一方仅实施了"一夜情"或者其他"拈花惹草"的行为,但尚未达到重婚或者与他人同居的程度,则在离婚时无过错方无权对对方主张离婚损害赔偿。另一方面,违反忠实义务的行为又是对对方配偶权的侵害,如果夫妻双方约定若一方出轨导致离婚的,另一方应补偿金钱若干(这个约定就是忠诚协议),原则上应认定该约定有效。也即,无约定的,只能按法定;有约定的,一般予以认可。故 C 项正确。【特别提醒】以上仅是就"忠诚协议"的效力而言。通说认为,对于夫妻在感情破裂前预先订立的离婚协议,因违背公序良俗而无效,"忠诚协议"是个例外。

16．法人[C]

[解析] 根据成立的依据,法人分为公法人与私法人;根据成立的基础,私法人分为社团法人与财团法人。财团法人,是指以一笔独立的目的财产为基础成立的法人(在我国仅指基金会法人);社团法人,是指以人的结合为基础成立的法人。在我国,社团法人大致包括:(1)企业法人;(2)(不履行行政职能的)事业单位法人;(3)部分社会团体法人(如法学会)。这三种社团法人的成立要件各不相同,仅就是否需要登记来说,企业法人均需登记方能成立;而事业单位法人和社会团体法人的成立有的依法须经登记程序,有的则无须经过登记程序(仅须批准程序),其法律依据是:《民法典》第 88 条规定:"具备法人条件,为适应经济社会发展需要,提供公益服务设立的事业单位,经依法登记成立,取得事业单位法人资格;依法不需要办理法人登记的,从成立之日起,具有事业单位法人资格。"《民法典》第 90 条规定:"具备法人条件,

基于会员共同意愿,为公益目的或者会员共同利益等非营利目的设立的社会团体,经依法登记成立,取得社会团体法人资格;依法不需要办理法人登记的,从成立之日起,具有社会团体法人资格。"故 A 项错误。

在我国,银行分为商业银行和中央银行。商业银行属于企业法人(社团法人、营利法人、私法人),而中央银行(中国人民银行)属于公法人(机关法人),不是企业法人。故 B 项错误。

《民法典》第 967 条规定:"合伙合同是两个以上合伙人为了共同的事业目的,订立的共享利益、共担风险的协议。"这里的合伙人既包括自然人,也包括法人和其他组织。据此,法人之间也可以通过签订合伙合同组成合伙性质的联营。故 C 项正确。

公司属于社团法人,为人合组织。一人公司虽然不太符合人合组织的特征,但作为例外,《公司法》承认一人公司为公司法人,仅在一人公司与出资人发生人格混同时才刺破公司面纱,否认一人公司的独立法律人格。故 D 项错误。

17．代理;民事法律行为[D]

[解析] 合法形式掩盖非法目的,是以表面上虚假的意思表示掩盖自己真实意图的情形,根据《民法典》第 146 条的规定,通谋虚伪的法律行为无效。但要符合此种无效之构成,需要以形式上的合法行为(虚伪的表示)掩盖实质上的非法目的(真实意思)。本题中,买卖净化机的合同本身是合法的,不需要另外一种形式来掩盖,至于约定价格提高 200 元并个人收取回扣的行为,只是作为买卖合同一部分内容存在,不能导致买卖净化机的合同无效。故 A 项错误。【特别提醒】《民法典》实施后,《合同法》被废止,《合同法》的规定不再适用。原《合同法》第 52 条第 3 项规定:"有下列情形之一的,合同无效:……(三)以合法形式掩盖非法目的……"《民法典》无此规定。《民法典》实施以后,在事实上属于"以合法形式掩盖非法目的的合同"的,适用《民法典》第 146 条关于"通谋虚伪"的规定予以规范。

题干交代"唐某受公司委托",且"甲公司对净化机单价未作明确限定",即唐某的行为有甲公司授权,系有权代理,只是没有限定购买的单价。故 B 项错误。

唐某作为甲公司的代理人,其行为后果直接由甲公司承担,甲公司是否遭受欺诈,应当以代理人唐某订立合同时的状况判断,即只有当订立合同时唐某受到欺诈,才产生被代理人甲公司被欺诈的后果。由于提高价格是唐某为自己获得不当利益而与乙公司约定的,唐某未陷入错误认识,不符合欺诈的构成要件。故 C 项错误。

《民法典》第 154 条规定:"行为人与相对人恶意串通,损害他人合法权益的民事法律行为无效。"第

164条第2款规定:"代理人与相对人恶意串通,损害被代理人合法权益的,代理人和相对人应当承担连带责任。"据此,唐某与乙公司恶意串通订立的损害甲公司(被代理人)合法权益的买卖合同无效,甲公司因此遭受的损害,唐某与乙公司应承担连带赔偿责任。故D项正确。

18.证据的种类[D]

[解析] 书证和电子数据均是通过其记载的内容证明案件事实,但是关键区别在于载体不同。书证一般是通过原始的记录方式,如书写、刻画、印刷等,其内容很直观;而电子数据则是现代计算机科学技术发展的产物,其是通过电子信号等方式储存在计算机等电子设备之中,其形成、储存和读取均需要借助电子设备。而题目中反复强调数码相机、光盘等信息,可见该照片的读取需要借助电子设备,其为电子数据,并非书证。故D项正确。

另外需注意:(1)勘验笔录的制作主体一定是司法工作人员,交警不是民事诉讼中的司法工作人员,只有法院的法官、勘验人员等去现场勘验所制作的笔录、现场绘图、现场照片等才是勘验笔录。因此本题照片不是勘验笔录。(2)对于照片、录音、录像等,如果是通过胶片、录音带、录像带的方式储存的,是视听资料;如果是产生或者储存于数码相机、数码摄像机、U盘等电子介质中的,则为电子数据。因此本题照片不是视听资料。

19.宣告失踪;变更财产代管人[B]

[解析]《民事诉讼法》第190条第1款规定:"公民下落不明满二年,利害关系人申请宣告其失踪的,向下落不明人住所地基层人民法院提出。"本案中,李某是刘某的债权人,属于利害关系人,有权申请宣告刘某失踪。故A项错误。

《民诉解释》第342条规定:"失踪人的财产代管人经人民法院指定后,代管人申请变更代管的,比照民事诉讼法特别程序的有关规定进行审理。申请理由成立的,裁定撤销申请人的代管人身份,同时另行指定财产代管人;申请理由不成立的,裁定驳回申请。失踪人的其他利害关系人申请变更代管的,人民法院应当告知其以原指定的代管人为被告起诉,并按普通程序进行审理。"本案中,刘某的妻子为财产代管人,刘父作为其他利害关系人申请变更财产代管人,应当以刘某的妻子为被告起诉,适用普通程序审理。故B项正确,C、D项错误。

20.有限公司股东的权利[C]

[解析] 根据《公司法》第26条第1款规定,公司股东会、董事会的会议召集程序、表决方式违反法律、行政法规或者公司章程,或者决议内容违反公司章程的,股东自决议作出之日起60日内,可以请求人民法院撤销。本题中,根据《公司法》第66条规定,

转让分店即转让公司财产,属于一般决议事项,不属于应当经代表2/3以上表决权的股东通过的事项,只需过半数表决权的股东通过即可。甲、乙合计持股65%,不足2/3,但已过半数,因此决议程序合法,不存在可撤销情形。故A项错误。

根据《公司法》第231条规定,股东提起司法强制解散诉讼的前提是公司陷入经营管理的僵局,即公司经营管理发生严重困难,继续存续会使股东利益受到重大损失,通过其他途径不能解决,而本题中仅是公司业绩不佳,不存在上述情形,因而丙不可提起解散公司之诉。故B项错误。

《公司法》第89条第1款规定:"下列情形之一的,对股东会该项决议投反对票的股东可以请求公司按照合理的价格收购其股权:……(二)公司合并、分立、转让主要财产的;……"本题中的转让公司分店属于上述转让主要财产的情形,且丙属于异议股东,符合上述异议股东回购请求权的要件,可以要求公司按照合理的价格收购其股权。故C项正确。

《公司法解释(三)》第17条第1款规定:"有限责任公司的股东未履行出资义务或者抽逃全部出资,经公司催告缴纳或者返还,其在合理期间内仍未缴纳或者返还出资,公司以股东会决议解除该股东的股东资格,该股东请求确认该解除行为无效的,人民法院不予支持。"可见,撤销公司股东资格必须基于股东未履行出资义务或者抽逃全部出资,本题中的丙不存在此种情形。丙在股东会中投反对票,是正当行使股东权利,公司不能因此解除其股东资格。故D项错误。

21.冲突规范;准据法[A]

[解析] 冲突规范,是一种法律适用规范或法律选择规范,其功能在于指明某种国际民商事法律关系应适用何种法律的规范。冲突规范不同于实体规范,实体规范是明确规定当事人权利义务的规范。故A项错误。

属人法,是冲突规范的系属公式之一,是以当事人的国籍、住所或惯常居所作为连结点的系属,包括本国法和住所地法。故B、C项正确。

准据法,是指经冲突规范援引具体确定民商事法律关系当事人权利与义务的特定的实体法律。故D项正确。

22.无因管理的法律适用[A]

[解析]《涉外民事关系法律适用法》第47条规定:"不当得利、无因管理,适用当事人协议选择适用的法律。当事人没有选择的,适用当事人共同经常居所地法律;没有共同经常居所地的,适用不当得利、无因管理发生地法律。"本案中,德国人马克将潘某送入医院并垫付医药费的行为属于无因管理,因此本案属于无因管理之诉。由于双方当事人没有选择法律,

但共同经常居所地在上海,所以应适用中国法。故 A 项正确,B、C、D 项错误。

23．提单的种类;水渍险;承运人免责[C]

[解析] 按收货人抬头一栏的不同,提单分为记名提单、不记名提单和指示提单。收货人一栏写明"凭指示"的字样的提单为指示提单,此类提单交付且背书的方可转让。故 A 项错误。

《海牙规则》规定的承运人免责事由,承运人对于驾驶船舶和管理船舶中的过失所造成的损失不承担责任。所以即使由于过失造成了碰撞,承运人仍旧可以免责。故 B 项错误。

水渍险承保海上风险造成的全部和部分损失。途中因船方过失致货轮与他船相撞,部分仪器受损,属于水渍险的保险范围。故 C 项正确。

《海牙规则》规定,承运人的责任期间是从货物装运上船时起至卸下船时止。故 D 项错误。

24．国际知识产权保护中《巴黎公约》的优先权原则、临时保护原则、商标专利独立性保护原则、国民待遇原则的例外[A]

[解析]《巴黎公约》的"优先权原则"规定,以某一申请人在一成员国为一项工业产权提出的正式申请为基础,在一定期限内同一申请人可以在其他全体成员国申请对该工业产权的保护,这些在后的申请被认为是与第一次申请同一天提出的。主张优先权的前提是已在一个成员国内提出正式申请。发明专利的优先权申请期限为 12 个月。本案张某向《巴黎公约》成员国甲国提出专利申请的时间为 6 月 8 日,未超过 12 个月,因此张某在甲国的申请日至少可以提前至 2011 年 4 月 15 日。故 A 项正确。

根据《保护工业产权巴黎公约》所确立的临时保护制度,成员国应依照其本国法律,对在任何一个成员国举办的官方或经官方承认的国际展览会展出的商品中可以取得专利的发明、实用新型、外观设计和可以注册的商标,给予临时保护。如果张某在后续申请中提出 2011 年 4 月 6 日这一时间点的优先权申请,则对张某后续申请有一定影响。故 B 项错误。

独立性原则是指关于外国人的专利申请或商标注册,应由各成员国依本国法决定,而不受属国或其他任何国家就该申请作出的决定的影响。虽然张某在中国申请专利已获批准,但甲国是否批准他的专利申请,应由甲国依据甲国法决定。故 C 项错误。

国民待遇原则允许存在例外。各成员国在关于司法和行政程序、管辖以及选定送达地址或指定代理人的法律规定等方面,凡工业产权法有所要求的,可以明确地予以保留。甲国可以就"外国人申请专利必须委派甲国本地代理人代为申请"作出规定。故 D 项错误。

25．合作作品著作权的行使;信息网络传播权[C]

[解析] 对于不可分割的合作作品著作权的行使,《著作权法》第 14 条第 2 款规定:"合作作品的著作权由合作作者通过协商一致行使;不能协商一致,又无正当理由的,任何一方不得阻止他方行使除转让、许可他人专有使用、出质以外的其他权利,但是所得收益应当合理分配给所有合作作者。"本题中,该作品(小说)为不可分割使用的合作作品。甲希望出版小说,但乙拒绝却无正当理由,所以甲可以独自对该小说行使权利,包括发表(上传至微博)、许可戊出版社出版,故 A 项错误。戊出版社得到了著作权人甲的合法许可授权,所以戊出版社没有侵害乙的复制权和发行权,故 D 项错误。

《最高人民法院关于审理侵害信息网络传播权民事纠纷案件适用法律若干问题的规定》第 4 条规定:"有证据证明网络服务提供者与他人以分工合作等方式共同提供作品、表演、录音录像制品,构成共同侵权行为的,人民法院应当判令其承担连带责任。网络服务提供者能够证明其仅提供自动接入、自动传输、信息存储空间、搜索、链接、文件分享技术等网络服务,主张其不构成共同侵权行为的,人民法院应予支持。"题目中,丙仅在自己的博客中设置了链接,能使其他网络用户能够通过链接进入甲的博客阅读,并没有"上传"作品的具体内容,不属于侵犯信息网络传播权的行为,所以丙的行为不构成侵权。故 B 项错误。

丁未经允许,擅自将该小说在自己博客中转载,侵犯甲、乙著作权中的信息网络传播权,虽向甲、乙寄送了高额报酬,也不能改变侵权的性质。故 C 项正确。【特别提醒】依据我国《著作权法》的规定,网站在转载时不享有"法定许可"的权利。我国只赋予"报刊转载"的法定许可,即报刊转载时可以不经原作者许可,但是要付费,《著作权法》第 35 条第 2 款的规定:"作品刊登后,除著作权人声明不得转载、摘编的外,其他报刊可以转载或者作为文摘、资料刊登,但应当按照规定向著作权人支付报酬。"

26．留置权的取得、劳动合同的订立、仲裁[B]

[解析]《民法典》第 448 条规定:"债权人留置的动产,应当与债权属于同一法律关系,但企业之间留置的除外。"劳动关系双方在履行劳动合同过程中处于管理与被管理的不平等关系,不适用民法中留置权的规定。并且,劳动者以用人单位拖欠劳动报酬为由,主张对用人单位供其使用的工具、物品等动产行使留置权,由于此类动产不是劳动合同关系的标的物,与劳动债权不属于同一法律关系,劳动者无权主张留置。故 A 项错误。

《劳动合同法》第 82 条第 1 款规定:"用人单位

自用工之日起超过一个月不满一年未与劳动者订立书面劳动合同的,应当向劳动者每月支付二倍的工资。"同时,《劳动合同法》第14条第3款规定:"用人单位自用工之日起满一年不与劳动者订立书面劳动合同的,视为用人单位与劳动者已订立无固定期限劳动合同。"本题中,郭某2018年1月入职,至其2019年10月离职,时间已经超过一年,因此应视为自用工之日起满一年的当日,公司已与郭某订立无固定期限劳动合同,故B项正确。同时,郭某有权向公司主张自用工之日起超过一个月不满一年即2018年2月至2019年1月期间内的双倍工资,而非C项所说2018年2月至离职之日,故C项错误。

《劳动争议调解仲裁法》第5条规定:"发生劳动争议,当事人不愿协商、协商不成或者达成和解协议后不履行的,可以向调解组织申请调解;不愿调解、调解不成或者达成调解协议后不履行的,可以向劳动争议仲裁委员会申请仲裁;对仲裁裁决不服的,除本法另有规定的外,可以向人民法院提起诉讼。"因此,除一裁终局案件外,劳动争议案件起诉前均应仲裁前置,即只有对劳动仲裁不服的才可向法院起诉。故D项错误。

27.原始取得与继受取得[A]

[解析] 物权的原始取得,指非依他人既存的权利而取得物权。主要包括:(1)添附(加工、附合、混合);(2)先占;(3)善意取得;(4)收取孳息(天然孳息与法定孳息);(5)合法建造房屋;(6)生产;(7)没收、征收。物权的继受取得,是指基于他人既存的权利而取得物权。继受取得分两类:(1)移转的继受取得,指就他人的物权依移转而取得。如通过买卖或赠与受让物权;通过继承或受遗赠取得物权;通过企业合并取得物权。(2)创设的继受取得,是指在他人的物上设立用益物权或者担保物权。如在土地所有权上设立土地承包经营权、建设用地使用权、地役权;在动产上设立质权或者抵押权。

本题中,A项属于移转的继受取得,故A项当选。B项为取得法定孳息,属于原始取得,故B项不当选。C项为加工,属于原始取得,故C项不当选。D项为先占,属于原始取得,故D项不当选。

28.共有物的管理;法律解释(举重明轻)[B]

[解析]《民法典》第300条规定:"共有人按照约定管理共有的不动产或者动产;没有约定或者约定不明确的,各共有人都有管理的权利和义务。"据此,在对共有物的管理没有约定时,每个共有人均享有管理的权利。但是,此处所谓"各共有人都有管理的权利和义务",指各共有人依照法定规则享有"管理"的权利,而非各共有人均享有独立使用、处置共有物的权利。A项中,甲、乙、丙"出租房屋"的行为已超出了管理的范畴,属于使用收益的行为,因此并非各共

有人均可单独决定。故A项错误。

《民法典》第301条规定:"处分共有的不动产或者动产以及对共有的不动产或者动产作重大修缮、变更性质或者用途的,应当经占份额三分之二以上的按份共有人或者全体共同共有人同意,但是共有人之间另有约定的除外。"甲、乙、丙、丁对房屋系按份共有,其份额均为1/4。《民法典》第301条规定的"处分"包括法律上的处分与事实上的处分。前者指直接导致权利变动的法律行为(如出卖、抵押、抛弃所有权);后者指导致其物质形态变化的事实行为(如重大修缮、改建、消费、毁损)。依据我国民法规定,出租属于负担行为,不属于处分行为。此外,根据"举重以明轻"的解释方法对《民法典》第301条进行解释,既然在按份共有中,(在对共有物的处分无约定时)占份额2/3以上的按份共有人对共有物实施的处分行为有效,而出租行为不会引起物权变动,较出卖、赠与、抵押、质押、出资、互易等处分行为程度为轻,那么,2/3以上的按份共有人对共有物实施的出租行为便更有理由也更应当对全体共有人发生效力。故B项正确,C项错误。

所谓"改良行为",是指在不改变共有物性质的前提下,对共有物进行加工、修理,以增加共有物的效用或价值的行为。改良行为只需要拥有共有份额一半以上的共有人同意即可进行。但本题中,出租属于使用受益的利用行为,而非改良行为。故D项错误。

29.要约与承诺[C]

[解析] (1)要约须有明确的缔约意图。甲在与乙聊天时提出想把自己的车以8万元的价格卖了换成新能源车,并不存在缔约意图,不构成要约。(2)丙对甲说愿以8万元的价格购买甲的车,这是向甲发出了缔约的意思表示,构成要约,且是口头要约。根据《民法典》第481条规定,要约以对话方式作出的,应当即时作出承诺,否则要约失效。(3)甲说考虑一下,并未对乙的要约作出同意或拒绝的意思表示,不是承诺。(4)几分钟后,丙让甲赶紧签合同,这是催促甲作出承诺,不构成新的要约,也不是承诺。(5)甲说不卖了,属于对丙的要约的拒绝,不是承诺。综上,甲既未作出要约,也未作出承诺;丙只作出了要约,未作出承诺。故C项正确。

30.破产撤销权[B]

[解析]《企业破产法》第31条规定:"人民法院受理破产申请前1年内,涉及债务人财产的下列行为,管理人有权请求人民法院予以撤销:(一)无偿转让财产的;(二)以明显不合理的价格进行交易的;(三)对没有财产担保的债务提供财产担保的;(四)对未到期的债务提前清偿的;(五)放弃债权的。"某公司2009年7月5日将市场价格100万元的仓库以30万元出售给母公司,发生在人民法院受理破产

申请1年之前,管理人没有撤销权。故A项不当选。该公司将一辆价值30万元的汽车赠与甲的行为发生在人民法院受理该公司破产申请前1年内,属于无偿转让财产,是欺诈破产行为,管理人有权请求人民法院予以撤销。故B项当选。

《企业破产法》第32条规定:"人民法院受理破产申请前6个月内,债务人有本法第2条第1款规定的情形,仍对个别债权人进行清偿的,管理人有权请求人民法院予以撤销。但是,个别清偿使债务人财产受益的除外。"《企业破产法》第2条第1款规定:"企业法人不能清偿到期债务,并且资产不足以清偿全部债务或者明显缺乏清偿能力的,依照本法规定清理债务。"也就是说,此种情况下的撤销权需要在公司具备破产原因(第2条第1款情形)时才可行使,但根据题干无法确定2010年5月5日之时债务人是否存在破产原因,故C项不当选。

《企业破产法》第40条规定:"债权人在破产申请受理前对债务人负有债务的,可以向管理人主张抵销。但是,有下列情形之一的,不得抵销:(一)债务人的债务人在破产申请受理后取得他人对债务人的债权的;(二)债权人已知债务人有不能清偿到期债务或者破产申请的事实,对债务人负担债务的;但是,债权人因为法律规定或者有破产申请1年前所发生的原因而负担债务的除外;(三)债务人的债务人已知债务人有不能清偿到期债务或者破产申请的事实,对债务人取得债权的;但是,债务人的债务人因为法律规定或者有破产申请1年前所发生的原因而取得债权的除外。"D项是破产抵销行为,属于对破产受理之前所负债务的抵销,且不属于任何一种不得抵销的情形。故D项不当选。

31.第三人撤销之诉与再审的竞合［C］

[解析]《民事诉讼法》第41条第4款规定:"审理再审案件,原来是第一审的,按照第一审程序另行组成合议庭;原来是第二审的或者是上级人民法院提审的,按照第二审程序另行组成合议庭。"《民诉解释》第300条规定,第三人诉讼请求并入再审程序审理,按照第二审程序审理,人民法院可以调解,调解达不成协议,应当裁定撤销原判决、裁定、调解书,发回一审法院重审,重审时应当列明第三人。本案中,第三人撤销之诉与再审发生竞合。在丙公司提起第三人撤销之诉的审理过程中,中级法院因检察院抗诉而启动再审,属于提审情形,应适用二审程序审理。所以,法院可以调解,调解不成的,裁定撤销原判,发回重审。故C项正确,A、B、D项错误。

【思路分析】本案中,生效判决是由一审法院B县法院作出的,检察院提起抗诉,显然只能由其上级检察院即A市人民检察院向A市中院提出抗诉。题目表述由A市中院重新审理本案,而原终审判决是基

层法院作出的,则A市中院应当提审,适用二审程序审理。

32.执行和解［A］

[解析]根据民事诉讼理论,法院调解是法院行使审判权解决纠纷的一种方式,调解只适用于诉讼程序。执行不适用法院调解,在执行中只能由当事人自行进行和解。故A项正确。

《民事诉讼法》第241条第1款规定:"在执行中,双方当事人自行和解达成协议的,执行员应当将协议内容记入笔录,由双方当事人签名或者盖章。"故B项错误。

《执行和解规定》第8条规定:"执行和解协议履行完毕的,人民法院作执行结案处理。"和解协议已经即时履行后,法院应当裁定执行终结而不是中止。故C项错误。

本案中,双方达成和解协议并当即交付了玉石,因此执行和解协议已经履行完毕,人民法院应当作执行结案处理。而后,甲发现此玉石为赝品,乙属于瑕疵履行。根据《执行和解规定》第15条规定:"执行和解协议履行完毕,申请执行人因被执行人迟延履行、瑕疵履行遭受损害的,可以向执行法院另行提起诉讼。"因此,甲可以另行起诉要求赔偿。故D项错误。【疑难辨析】有些考生认为玉石为赝品,乙的行为构成欺诈,根据《民事诉讼法》第241条第2款的规定:"申请执行人因受欺诈、胁迫与被执行人达成和解协议,或者当事人不履行和解协议的,人民法院可以根据当事人的申请,恢复对原生效法律文书的执行。"因此D项正确。但是题目中并未说明乙事先知道该玉石为赝品,根据答题原则,题目没有说明的即为不存在,因此应当认为乙事先不知道玉石为赝品,乙并不存在欺诈行为。【总结提示】关于执行和解:(1)如果是因受欺诈、胁迫与被执行人达成和解协议,权利人可以申请法院恢复对原生效法律文书的执行(《民事诉讼法》第241条)。(2)如果义务人拒不履行和解协议,权利人可以选择申请法院恢复对原生效法律文书的执行,也可以就和解协议的履行向执行法院提起诉讼(《执行和解规定》第9条)。(3)如果和解协议履行完毕的,法院应作执行结案处理(终结执行),但由于迟延履行、瑕疵履行造成损失的,申请执行人可以向执行法院另行起诉(《执行和解规定》第15条)。

33.破产重整［C］

[解析]《企业破产法》第70条规定:"债务人或者债权人可以依照本法规定,直接向人民法院申请对债务人进行重整。债权人申请对债务人进行破产清算的,在人民法院受理破产申请后、宣告债务人破产前,债务人或者出资额占债务人注册资本1/10以上的出资人,可以向人民法院申请重整。"据此,债务人

或者债权人可以不经过申请破产程序而直接申请破产重整，故 A 项错误。

《企业破产法》第 72 条规定："自人民法院裁定债务人重整之日起至重整程序终止，为重整期间。"重整计划可能被执行，也可能不被执行，如果重整计划不被执行，重整程序也要终止。所以，破产重整期间的终点为重整程序终止之时而非重整计划执行完毕之时，故 B 项错误。

《企业破产法》第 73 条第 1 款规定："在重整期间，经债务人申请，人民法院批准，债务人可以在管理人的监督下自行管理财产和营业事务。"故 C 项正确。

《企业破产法解释（二）》第 2 条第 1 项的规定，债务人基于租赁合同占有、使用的财产不属于债务人财产，从而在重整期间内该租赁合同已届期时，依《企业破产法》第 76 条的规定，出租人自己可以根据房屋租赁合同的约定，要求返还所出租的房屋，故 D 项错误。

34．征纳期限制度；纳税担保制度；离境清税制度［A］

［解析］《税收征收管理法》第 31 条第 2 款规定："纳税人因有特殊困难，不能按期缴纳税款的，经省、自治区、直辖市国家税务局、地方税务局批准，可以延期缴纳税款，但是最长不得超过 3 个月。"《税收征收管理法》第 44 条规定："欠缴税款的纳税人或者他的法定代表人需要出境的，应当在出境前向税务机关结清应纳税款、滞纳金或者提供担保。未结清税款、滞纳金，又不提供担保的，税务机关可以通知出境管理机关阻止其出境。"

李某属于欠缴税款的纳税人，即使在延期期间出境，也应当在出境前"结清应纳税款、滞纳金或提供担保"。故 A 项当选。

李某未按期缴纳而申请延期缴纳，依然属于欠缴税款。B 项"无须采取任何措施"表述错误。故 B 项不当选。

只有在"未结清税款、滞纳金，又不提供担保"时，"税务机关可以通知出境管理机关阻止其出境"。C 项"一律不得出境"和 D 项"直接通知"表述错误。故 C、D 项不当选。

35．全面覆盖原则；等同原则［D］

［解析］《专利法》第 64 条规定："发明或者实用新型专利权的保护范围以其权利要求的内容为准，说明书及附图可以用于解释权利要求的内容。外观设计专利权的保护范围以表示在图片或者照片中的该产品的外观设计为准，简要说明可以用于解释图片或者照片所表示的该产品的外观设计。"《关于审理专利纠纷案件适用法律问题的若干规定》第 13 条规定，《专利法》第 59 条（现为第 64 条）第 1 款所称的"发

明或者实用新型专利权的保护范围以其权利要求的内容为准，说明书及附图可以用于解释权利要求的内容"，是指专利权的保护范围应当以权利要求书中明确记载的全部技术特征所确定的范围为准，也包括与该全部技术特征相等同的特征所确定的范围。等同特征是指与所记载的技术特征以基本相同的手段，实现基本相同的功能，达到基本相同的效果，并且本领域的普通技术人员无需经过创造性劳动就能够联想到的特征。前述法条确定了判断发明和实用新型专利侵权的标准：全面覆盖原则（又称字面侵权）和等同原则。"全面覆盖原则"是指专利权利要求书中的全部技术特征一个都不少地出现在被控侵权物之中；"等同原则"是指与专利权利要求书中的全部技术特征相同或者等同的技术特征一个都不少地出现在被控侵权物中。

本题中，甲公司的发明专利包括 a+b+c+d 四个技术特征，只有这四个技术特征（或者与其等同的技术特征）一个都不少地出现在被控侵权物中，才能认定专利侵权成立；否则，若被控侵权物的技术特征缺少权利要求书中的任何一个技术特征或者与其等同的技术特征（"变劣发明"除外），就不能认定侵权成立。

A 项中，被控侵权物只包含 b+c+d 三个技术特征，缺少技术特征 a，因此不构成侵权。故 A 项错误。同理，B 项中缺少技术特征 d，C 项中缺少技术特征 c，均不符合"全面覆盖原则"，不构成侵权。故 B、C 项错误。而在 D 项中，被控侵权物包含 a+b+c+d+e 五个技术特征，专利权利要求书中的全部技术特征 a+b+c+d 一个都不少地出现在被控侵权物之中，符合"全面覆盖原则"，因此构成侵权，虽然此时被控侵权物中多出了一个技术特征 e，但这不影响专利侵权的成立。故 D 项正确。

36．反致的类型［B］

［解析］对于反致，主要应掌握以下几种结构：（1）直接反致：甲国法律→乙国法律→甲国法律。（2）转致：甲国法律→乙国法律→丙国法律。（3）间接反致：甲国法律→乙国法律→丙国法律→甲国法律。（4）包含直接反致的转致：甲国法律→乙国法律→丙国法律→乙国法律。本案丙国法院先后适用过丙国、甲国、乙国冲突规范，最终确定适用丙国准据法判案，属于典型的间接反致。故 B 项正确，A、C、D 项错误。

37．反倾销调查发起主体；价格承诺；反倾销税［D］

［解析］《反倾销条例》第 13 条规定："国内产业或者代表国内产业的自然人、法人或者有关组织（以下统称申请人），可以依照本条例的规定向商务部提出反倾销调查的书面申请。"故 A 项错误。

《反倾销条例》第 31 条第 2、3 款规定，商务部可

以建议但不得强迫出口经营者作出价格承诺。故 B 项错误。

《反倾销条例》第 43 条第 3 款规定,终裁决定确定的反倾销税,高于已付或应付临时反倾销税或担保目的而估计的金额的,差额部分不予征收;低于已付或应付临时反倾销税或担保目的而估计的金额的,差额部分应当根据具体情况予以退还或者重新计算税额。终裁确定征收反倾销税并对实施临时反倾销税的期间追溯征收的,采取多退少不补的原则。故 C 项错误。

《反倾销条例》第 42 条规定:"反倾销税税额不应超过终裁决定确定的倾销幅度。"故 D 项正确。

38.让与担保[C]

[解析]《民法典担保制度解释》第 68 条第 3 款规定:"债务人与债权人约定将财产转移至债权人名下,在一定期间后再由债务人或者其指定的第三人以交易本金加上溢价款回购,债务人到期不履行回购义务,财产归债权人所有的,人民法院应当参照第二款规定处理……"该解释第 68 条第 2 款规定:"债务人或者第三人与债权人约定将财产形式上转移至债权人名下,债务人不履行到期债务,财产归债权人所有的,人民法院应当认定该约定无效,但是不影响当事人有关提供担保的意思表示的效力。当事人已经完成财产权利变动的公示,债务人不履行到期债务,债权人请求对该财产享有所有权的,人民法院不予支持;债权人请求参照民法典关于担保物权的规定对财产折价或者以拍卖、变卖该财产所得的价款优先受偿的,人民法院应予支持;债务人履行债务后请求返还财产,或者请求对财产折价或者以拍卖、变卖所得的价款清偿债务的,人民法院应予支持。"本题中,曾某将自己的名牌包卖给罗某,罗某向曾某支付 10 万元,曾某应于 3 个月后向罗某返还本金 10 万元及利息,否则该名牌包归罗某所有。这一事实表明,曾某与罗某之间关于名牌包的买卖不是简单的买卖,而是为了借款本息而担保,此种"转让+溢价回购"的交易结构是典型的让与担保。根据上述规定,此种情况下,债权人可就该担保财产(名牌包)主张优先受偿权;约定债务人不履行到期债务,财产归债权人所有的,该约定无效。因此,关于名牌包归罗某所有的约定无效,罗某不能直接取得名牌包的所有权,故 B 项错误。但是,曾某已经交付该名牌包,完成了财产权利变动的公示,债权人罗某有权就该名牌包优先受偿,故 C 项正确。

罗某对该名牌包享有的是让与担保权,属于非典型担保,既非抵押权,也非质权。故 A、D 项错误。

39.约定解除权;解除权的行使;合同解除与违约金责任的承担[B]

[解析]合同的解除分为协议解除、约定解除和

法定解除。《民法典》第 562 条第 2 款规定:"当事人可以约定一方解除合同的事由。解除合同的事由发生时,解除权人可以解除合同。"这是关于约定解除权的规定。约定解除,指合同当事人约定一方或者双方享有解除权的条件,条件成就时,一方或者双方享有解除权。本题中,按照甲公司、乙公司的约定,约定解除权的条件已经成就,乙公司享有约定解除权。《民法典》第 565 条第 1 款规定:"当事人一方依法主张解除合同的,应当通知对方。合同自通知到达对方时解除;通知载明债务人在一定期限内不履行债务则合同自动解除,债务人在该期限内未履行债务的,合同自通知载明的期限届满时解除。对方对解除合同有异议的,任何一方当事人均可以请求人民法院或者仲裁机构确认解除行为的效力。"据此,法定解除权或者约定解除权成立后,合同并不当然解除。解除权人尚须作出解除的行为(发出解除通知),自解除通知到达对方当事人时,合同才被解除。本题中,《通知》不包含解除合同的意思,并非解除合同的行为,《通报》才是解除合同的行为,合同自《通报》到达甲公司时才解除。故 A 项错误,B 项正确。

根据上述《民法典》第 565 条第 1 款的规定,对方对解除合同有异议的,任何一方当事人均可以请求人民法院或者仲裁机构确认解除行为的效力。故 C 项错误。

《民法典》第 567 条规定:"合同的权利义务关系终止,不影响合同中结算和清理条款的效力。"同时,根据《买卖合同解释》第 20 条与《全国法院民商事审判工作会议纪要》第 49 条的规定,合同中的"定金""违约金"和"约定损害赔偿的计算方法"等违约责任条款,属于《民法典》第 567 条规定的"结算和清理条款",不因合同解除而终止。因此,若甲公司、乙公司合同约定了违约金,乙公司因甲违约解除合同时,有权请求甲公司支付约定的违约金。故 D 项错误。

40.一房数租的履行顺序;合同的解除条件[C]

[解析]《城镇房屋租赁合同解释》第 5 条规定:"出租人就同一房屋订立数份租赁合同,在合同均有效的情况下,承租人均主张履行合同的,人民法院按照下列顺序确定履行合同的承租人:(一)已经合法占有租赁房屋的;(二)已经办理登记备案手续的;(三)合同成立在先的。不能取得租赁房屋的承租人请求解除合同、赔偿损失的,依照民法典的有关规定处理。"

本题中,一房三租,孙某与李某的房屋租赁合同、李某与陈某的房屋转租合同、孙某与王某的房屋租赁合同均属有效。因王某已经合法占有租赁房屋,因此王某享有的租赁权优先。故 A、B 项错误。

孙某对李某构成根本违约,李某享有法定解除

权,并有权在解除合同后要求孙某承担违约损害赔偿责任。故 C 项正确。

在李某与陈某的房屋转租合同中,李某对陈某构成根本违约,陈某有权解除与李某的房屋租赁合同,并请求李某承担违约损害赔偿责任。但根据合同的相对性,因陈某与孙某间无合同关系,陈某无权请求孙某承担违约损害赔偿责任。故 D 项错误。

41．诉讼自认及其效力[A]

[解析]《民诉解释》第 92 条规定,一方当事人在答辩状中,对于己不利的事实明确表示承认的,另一方当事人无需举证证明。因此,A 项当选。

《民诉解释》第 107 条规定,在诉讼中,当事人为达成调解协议作出妥协而认可的事实,不得在后续的诉讼中作为对其不利的根据,但法律另有规定或者当事人均同意的除外。因此,B 项不当选。

《民诉解释》第 92 条第 2 款规定,对于涉及身份关系的事实,不适用自认的规定。因此,C 项不当选。

《民诉解释》第 92 条第 3 款规定:"自认的事实与查明的事实不符的,人民法院不予确认。"因此,D 项不当选。

42．开庭审理;增加诉讼请求[B]

[解析] 本题中,龙玉公司诉请丰和公司支付工程款由 2500 万元变更为 3500 万元,增加了诉讼标的额,属于增加诉讼请求。根据《民诉解释》第 232 条的规定:"在案件受理后,法庭辩论结束前,原告增加诉讼请求,被告提出反诉,第三人提出与本案有关的诉讼请求,可以合并审理的,人民法院应当合并审理。"据此,原告增加诉讼请求应当在法庭辩论结束前提出,本案中,龙玉公司增加诉讼请求是在法庭辩论终结后,已经超过了法定期限,一审法院不应处理,应直接就原诉讼请求作出判决。因此 B 项正确。

43．非公开募集基金的合格投资者;托管及其管理人[C]

[解析]《证券投资基金法》第 87 条第 1 款规定:"非公开募集基金应当向合格投资者募集,合格投资者累计不得超过 200 人。"故 A 项错误。

《证券投资基金法》第 91 条规定:"非公开募集基金,不得向合格投资者之外的单位和个人募集资金,不得通过报刊、电台、电视台、互联网等公众传播媒体或者讲座、报告会、分析会等方式向不特定对象宣传推介。"故 B 项错误。

《证券投资基金法》第 94 条第 2 款规定:"非公开募集基金财产的证券投资,包括买卖公开发行的股份有限公司股票、债券、基金份额,以及国务院证券监督管理机构规定的其他证券及其衍生品种。"故 C 项正确。

《证券投资基金法》第 94 条第 1 款规定:"非公开募集基金募集完毕,基金管理人应当向基金业协

会备案。对募集的资金总额或者基金份额持有人的人数达到规定标准的基金,基金行业协会应当向国务院证券监督管理机构报告。"据此,非公开募集基金应当向基金业协会备案。故 D 项错误。

44．商标代理机构[A]

[解析]《商标法》第 15 条第 2 款规定:"就同一种商品或者类似商品申请注册的商标与他人在先使用的未注册商标相同或者近似,申请人与该他人具有前款规定以外的合同、业务往来关系或者其他关系而明知该他人商标存在,该他人提出异议的,不予注册。"《商标法》第 19 条第 3 款规定,商标代理机构知道或者应当知道委托人申请注册的商标属于《商标法》第 4 条、第 15 条和第 32 条规定的情形的,不得接受其委托。本题中委托人申请注册"实耐"商标,属于《商标法》第 15 条规定的情形,相关利害关系人不得抢注,商标代理机构也不应接受委托。故 A 项正确。

《商标法》第 10 条第 2 款规定,县级以上行政区划的地名不得作为商标;根据《商标法》第 11 条第 1 款第 1 项的规定,仅有本商品的通用名称、图形、型号的标志不得作为商标注册。《商标法》第 19 条第 2 款规定:"委托人申请注册的商标可能存在本法规定不得注册情形的,商标代理机构应当明确告知委托人。"据此,B 项中"营盘轮胎"因采用营盘市的地名,不得作为商标;C 项中"普通的汽车轮胎图形"属于使用轮胎的通用名称、图形,也不得作为商标注册。这时商标代理机构只需要明确告知即可,并非必须拒绝接受委托。故 B、C 项错误。

《商标法》第 19 条第 4 款规定:"商标代理机构除对其代理服务申请商标注册外,不得申请注册其他商标。"故 D 项错误。

45．国际司法协助[A]

[解析]《关于从国外调取民事或商事证据的公约》和《全国人大常委会关于我国加入〈关于从国外调取民事或商事证据的公约〉的决定》规定,指定中华人民共和国司法部为负责接收来自另一缔约国司法机关的请求书,并将其转交给执行请求的主管机关的中央机关。故 A 项正确。

该公约第 12 条规定:"只有在下列情况下,才能拒绝执行请求书:(一)在执行国,该请求书的执行不属于司法机关的职权范围;或(二)被请求国认为,请求书的执行将会损害其主权和安全。执行国不能仅因其国内法已对该项诉讼标的规定专属管辖权或不承认对该事项提起诉讼的权利为理由,拒绝执行请求。"因此,中国可以以该请求书不属于司法机关职权范围为由拒绝执行。故 B 项错误。

根据该公约第 15、16 条及我国《民事诉讼法》第 294 条规定,通过本国驻他国领事或外交人员在驻在国直接调查取证,一般是向本国国民取证,不得违反

当地的法律,不得采取强制措施。故 C 项错误。

对于当事人自行取证,我国《民事诉讼法》第 294 条第 3 款规定:"除前款规定的情况外,未经中华人民共和国主管机关准许,任何外国机关或者个人不得在中华人民共和国领域内送达文书、调查取证。"可见,外国当事人或其诉讼代理人都不得在中国境内自行取证。故 D 项错误。

46.《与贸易有关的投资措施协议》[A]

[解析] 甲国"如生产的汽车使用了 30%国产零部件,即可享受税收减免的优惠"的规定,会促使本国的汽车制造商为了获得税收优惠扩大国产零部件的使用比例,最终的结果是使国产零部件的待遇高于进口同类零部件,属于《与贸易有关的知识产权协议》所称的"当地成分要求",明显地违反了国民待遇原则,故 A 项正确。

"国内销售要求"是要求企业的产品必须有一部分在国内销售,与本题题意不符,故 B 项错误。

"贸易平衡要求"是将企业购买或使用的进口产品限制在与其出口的当地产品的数量或价值相关的水平,与本题题意不符,故 C 项错误。

"外汇平衡要求"是将企业进行生产所需的进口被限制在属于该企业流入的外汇的一定数量内,与本题题意不符,故 D 项错误。

47.合同性质的判定[B]

[解析]《民法典》第 888 条第 1 款规定,保管合同是保管人保管寄存人交付的保管物,并返还该物的合同。甲与乙银行签订《银行保险柜协议》的目的在于存放贵重物品,乙银行负有保护甲存放于保险柜中的物品安全的义务,乙负有按时支付保管费的义务,因此该协议的性质是保管合同,B 项正确。【特别提醒】仓储合同是一种特殊的保管合同,保管人须为专门从事仓储保管业务的人,存货人交付仓储物的,保管人应当出具仓单、入库单等凭证。本题不符合仓储合同的特征。

48.违反安全保障义务的侵权责任[C]

[解析]《民法典》第 1198 条第 1 款规定:"宾馆、商场、银行、车站、机场、体育场馆、娱乐场所等经营场所、公共场所的经营者、管理者或者群众性活动的组织者,未尽到安全保障义务,造成他人损害的,应当承担侵权责任。"本题中,洗浴中心未尽到安全保障义务,直接致甲财产损害(以及人格利益损害),成立过错侵权,洗浴中心应对甲承担赔偿责任。此外,由于洗浴中心明确提醒"到店洗浴客人的贵重物品,请放前台保管",甲没有将贵重物品交前台保管,对于玉镯的损害也具有一定过错,也应当自行承担一定责任。故 A、B 项错误。

《民法典》第 1183 条规定:"侵害自然人人身权益造成严重精神损害的,被侵权人有权请求精神损害赔偿。因故意或者重大过失侵害自然人具有人身意义的特定物造成严重精神损害的,被侵权人有权请求精神损害赔偿。"甲遭遇人身伤害的同时,作为定情信物的玉镯被摔碎,具有人格象征意义,因此,无论是基于人身伤害,还是玉镯的损毁,均可主张精神损害赔偿,故 C 项正确。

清洁工乙因执行工作任务致甲损害,根据《民法典》第 1191 条规定,应由用人单位洗浴中心承担无过错的替代责任,有过错的乙不对外承担责任。故 D 项错误。

49.执行担保[D]

[解析]《执行担保规定》第 11 条第 1 款规定:"暂缓执行期限届满后被执行人仍不履行义务,或者暂缓执行期间担保人有转移、隐藏、变卖、毁损担保财产等行为的,人民法院可以依申请执行人的申请恢复执行,并直接裁定执行担保财产或者保证人的财产,不得将担保人变更、追加为被执行人。"本题中,暂缓执行期限届满后朱某仍不履行义务的,刘某应当通过执行而不是起诉来维护自己的权益。故 A、B 项错误。被执行人的财产是否能清偿债权人的财产不是执行担保人财产的前提,只要暂缓执行期间届满没有履行,即可恢复执行。故 C 项错误,D 项正确。

50.专利的独占实施许可;专利技术改进[B]

[解析] 专利的独占实施许可,是指专利权人在约定的期间、地域和以约定的方式,将该专利权仅许可一个被许可人使用,专利权人依约定不得实施该专利。本题中,专利权人甲公司已将专利权独占许可给乙公司,故甲公司无权再实施该专利技术。故 A 项错误。

《民法典》第 875 条规定:"当事人可以按照互利的原则,在合同中约定实施专利、使用技术秘密后续改进的技术成果的分享办法;没有约定或者约定不明确,依据本法第五百一十条的规定仍不能确定的,一方后续改进的技术成果,其他各方无权分享。"在甲、乙公司的技术许可合同中,双方未约定乙公司改进的后续技术成果的权益归属,该后续技术成果归属乙公司,甲公司无权分享。故 B 项正确。

由于改进技术不属于非法垄断技术、妨碍技术进步的情形,法律对此不加以禁止,因此乙的行为既不构成侵犯专利权的行为,也不构成违约行为。故 C 项错误。

《民法典》第 850 条规定:"非法垄断技术或者侵害他人技术成果的技术合同无效。"《技术合同解释》第 10 条规定:"下列情形,属于民法典第八百五十条所称的'非法垄断技术':(一)限制当事人一方在合同标的技术基础上进行新的研究开发或者限制其使用所改进的技术,或者双方交换改进技术的条件不对等,包括要求一方将其自行改进的技术无偿提供给对方、非互惠性转让给对方、无偿独占或者共享该改进技术的知识产权;……"可知,许可合同中约定的"乙公司不得擅自改进该专利技术"条款属于非法垄断技术的约定,该约定无效,乙公司有权对该技术进行改进。故D项错误。

二、多项选择题

51.民事权利[ABCD]

[解析] 债权的内容是特定人请求特定人为一定行为或不为一定行为;这与支配权的内容"权利人直接支配一定的利益并排斥他人干涉"不同。所以,支配权具有排他性,同一标的上不能并存两个以上同一内容的支配权;相反债权具有平等性,无排他性,同一标的上可以并存两个以上同一内容的债权请求权,乙请求甲还款的权利为债权。故A项正确。

丁公司在丙公司的土地上设立的是眺望地役权,地役权属于用益物权,是物权、支配权、对世权。故B项正确。须注意:虽然未经登记的地役权不得对抗善意第三人,但未经登记的地役权仍属支配权。对抗与支配不是一回事。

抗辩权,指依照法律的规定,阻碍请求权行使的权利。抗辩权包括两类6种:(1)永久抗辩权(在我国仅指诉讼时效期间经过的抗辩权);(2)一时抗辩权在我国包括:同时履行抗辩权;顺序履行抗辩权;不安抗辩权;一般保证中保证人的先诉抗辩权;混合担保中(债务人以自己财产设立抵押、质押时)提供担保的第三人的先诉抗辩权。根据《民法典》第687条第2款规定,一般保证的,在债权人未对债务人强制执行无效之前,债权人请求保证人承担保证责任的,保证人享有先诉抗辩权。故C项正确。

《民法典》第541条规定:"撤销权自债权人知道或者应当知道撤销事由之日起一年内行使。自债务人的行为发生之日起五年内没有行使撤销权的,该撤销权消灭。"这里的1年和5年均为除斥期间,不是诉讼时效期间。故D项正确。

52.诉讼时效[ABD]

[解析]《民法典》第197条规定:"诉讼时效的期间、计算方法以及中止、中断的事由由法律规定,当事人约定无效。当事人对诉讼时效利益的预先放弃无效。"因此,当事人不得违反法律规定,约定延长或者缩短诉讼时效期间、预先放弃诉讼时效利益。故A项正确。【特别提醒】诉讼时效制度属于强制性规范,除前述规定外,当事人还不得约定排除诉讼时效制度的适用,也不得约定起诉期间,这样的约定均属无效。

《民法典》第189条规定:"当事人约定同一债务分期履行的,诉讼时效期间自最后一期履行期限届满之日起计算。"故B项正确。【特别提醒】仅同一债务

约定分期履行的,才适用这一规定。若是分期履行不同的债务,应分别计算诉讼时效期间。

《诉讼时效规定》第3条第1款规定:"当事人在一审期间未提出诉讼时效抗辩,在二审期间提出的,人民法院不予支持,但其基于新的证据能够证明对方当事人的请求权已过诉讼时效期间的情形除外。"可见,当事人在二审期间可以基于新的证据提出诉讼时效期间届满抗辩。故C项错误。

《民法典》第192条第2款规定:"诉讼时效期间届满后,义务人同意履行的,不得以诉讼时效期间届满为由抗辩;义务人已经自愿履行的,不得请求返还。"诉讼时效届满后,债务人同意履行义务的,属明示抛弃时效利益;债务人自愿履行义务(无论债务人是否知悉诉讼时效期间届满)的,则为默示抛弃时效利益,债务人均不得反悔。故D项正确。

53.添附;侵权损害赔偿责任[BCD]

[解析] 本题中,经出租人百灵公司同意,承租人将租赁商铺的临街面改造为落地玻璃墙。符合动产与不动产附合的要件,玻璃的所有权消灭,不动产所有权人百灵公司成为附合后不动产的所有权人,因此玻璃墙归百灵公司所有。故A选项错误,B选项正确。

承租人更生公司虽非玻璃墙的所有权人,但在房屋租赁期间,更生公司系房屋的有权占有人,霍某因过错侵害更生公司对玻璃墙的有权占有,并给更生公司造成损害,成立过错侵权,更生公司有权请求霍某承担侵权损害赔偿责任。故C选项正确。

出租人百灵公司系玻璃墙的所有权人,霍某因过错损坏玻璃墙,侵害了百灵公司的所有权,百灵公司亦有权请求霍某承担侵权损害赔偿责任。故D选项正确。

54.审判组织[BCD]

[解析]《民事诉讼法》第41条第4款规定:"审理再审案件,原来是第一审的,按照第一审程序另行组成合议庭;原来是第二审的或者是上级人民法院提审的,按照第二审程序另行组成合议庭。"再审程序也可能是一审程序,而一审合议庭可由审判员与人民陪审员共同组成合议庭。故A项错误。

《民事诉讼法》第41条第3款规定:"发回重审的案件,原审人民法院应当按照第一审程序另行组成合议庭。"故B项正确。

《民事诉讼法》第185条规定:"依照本章程序审理的案件,实行一审终审。选民资格案件或者重大、疑难的案件,由审判员组成合议庭审理;其他案件由审判员一人独任审理。"特别程序不是诉讼程序,所以不能有人民陪审员参加。故C项正确。

《民事诉讼法》第40条第1款规定:"人民法院审理第一审民事案件,由审判员、人民陪审员共同组

成合议庭或者由审判员组成合议庭……"第41条第1款规定:"人民法院审理第二审民事案件,由审判员组成合议庭……"故D项正确。

55.证人[ACD]

[解析]《民诉证据规定》第67条规定:"不能正确表达意思的人,不能作为证人。待证事实与其年龄、智力状况或者精神健康状况相适应的无民事行为能力人和限制民事行为能力人,可以作为证人。"也就是说,限制民事行为能力的未成年人作证人,是有条件的:待证事实与其年龄、智力状况或者精神健康状况相适应。故A项正确。

《民事诉讼法》第77条规定:"证人因履行出庭作证义务而支出的交通、住宿、就餐等必要费用以及误工损失,由败诉一方当事人负担。当事人申请证人作证的,由该当事人先行垫付;当事人没有申请,人民法院通知证人作证的,由人民法院先行垫付。"证人因出庭作证而支出的合理费用,提供证人的一方当事人只是先行支付,最终由败诉一方承担。故B项错误。

《民诉证据规定》第68条第1款规定:"人民法院应当要求证人出庭作证,接受审判人员和当事人的询问。证人在审理前的准备阶段或者人民法院调查、询问等双方当事人在场时陈述证言的,视为出庭作证。"法院组织双方当事人交换证据属于审理前的准备阶段,此时证人出席陈述证言的,视为出庭作证。故C项正确。

《民诉证据规定》第90条规定:"下列证据不能单独作为认定案件事实的根据:……(二)无民事行为能力人或者限制民事行为能力人所作的与其年龄、智力状况或者精神健康状况不相当的证言;……"可见D项是关于证人证明力问题的规定,具体来说是关于证明力强弱的问题,而不属于证明力有无的问题。故D项正确。**【总结提示】**(1)无民事行为能力人、限制民事行为能力人能否作为证人,需看其能否正确表达意思(属于证人资格问题,见《民诉证据规定》第67条)。(2)无民事行为能力人、限制民事行为能力人所作证言能否单独作为认定案件事实的依据,需看所作证言与其年龄、智力、精神健康状况是否相当(属于证明力问题,见《民诉证据规定》第90条)。

56.有限责任公司的经理[ABCD]

[解析]《公司法》第74条第1款规定,有限责任公司可以设经理,由董事会决定聘任或者解聘。据此,是董事会而非董事长有权聘任公司经理,故A项错误。

对于公司而言,享有代表公司对外签订合同的法定代理权的主体只能是公司的法定代表人。关于法定代表人,《公司法》第10条第1款规定:"公司的法定代表人按照公司章程的规定,由代表公司执行公司事务的董事或者经理担任。"据此,公司法定代表人由公司章程确定,不一定是经理。公司经理若未被公司章程确定为公司法定代表人,则不享有对公司的法定代理权,故B项错误。

《公司法》第74条第2款规定:"经理对董事会负责,根据公司章程的规定或者董事会的授权行使职权。经理列席董事会会议。"据此,公司经理的职权实行公司自治,由公司章程规定或者董事会授权。故C项错误。

《公司法》第67条第2款规定:"董事会行使下列职权:……(八)决定聘任或者解聘公司经理及其报酬事项,并根据经理的提名决定聘任或者解聘公司副经理、财务负责人及其报酬事项;……"据此,聘任公司财务负责人是公司董事会的权限,公司经理只是有权提请董事会聘任而已,故D项错误。

57.股票承销;股款代收;验资;创立大会的职权[AC]

[解析]《公司法》第155条规定,公司向社会公开募集股份,应当由依法设立的证券公司承销,签订承销协议。故A项正确。

《公司法》第156条第1款规定,公司向社会公开募集股份,应当同银行签订代收股款协议。据此,应当由公司而不是证券公司与银行签订股款代收协议,故B项错误。

《公司法》第101条规定:"向社会公开募集股份的股款缴足后,应当经依法设立的验资机构验资并出具证明。"故C项正确。

《公司法》第104条第1款规定:"公司成立大会行使下列职权:……(三)选举董事、监事;……"据此,公司成立大会可以选举董事会成员与监事会成员,而公司总经理并非由选举产生。《公司法》第126条第1款规定,股份有限公司设经理,由董事会决定聘任或者解聘。故D项错误。

58.不正当竞争行为[ABC]

[解析]《商标法》第57条规定:"有下列行为之一的,均属侵犯注册商标专用权:……(七)给他人的注册商标专用权造成其他损害的。"《关于审理商标民事纠纷案件适用法律若干问题的解释》第1条规定:"下列行为属于商标法第57条第(七)项规定的给他人注册商标专用权造成其他损害的行为:(一)将与他人注册商标相同或者相近似的文字作为企业的字号在相同或者类似商品上突出使用,容易使相关公众产生误认的;……"本题乙公司和商标权人甲公司为同行,乙公司在自己生产的酱油商品上突出使用"飞鸿"字样,并且已经造成甲公司的市场声誉和产品销量受到严重影响的后果,充分说明已经导致混淆,所以乙公司构成侵犯商标权。故A项正确。

《反不正当竞争法》第6条规定,擅自使用与他人有一定影响的商品名称、包装、装潢等相同或者近似的标识是不正当竞争行为。《商标法》第58条规定,将他人注册商标、未注册的驰名商标作为企业名称中的字号使用,误导公众,构成不正当竞争行为的,依照《反不正当竞争法》处理。本题中乙公司将"飞鸿"登记为企业字号并突出使用的行为属于典型的欺骗性交易行为,构成不正当竞争,故B项正确;也正基于此,如果乙公司对"飞鸿"进行突出宣传,只是更换相应的商标,依然构成不正当竞争行为,故D项错误。

根据《反不正当竞争法》第17条第3款规定,因不正当竞争行为受到损害的经营者的赔偿数额,还应当包括经营者为制止侵权行为所支付的合理开支。故C项正确。

59.个人所得税纳税申报[CD]

[解析]《个人所得税法》第10条规定:"有下列情形之一的,纳税人应当依法办理纳税申报:(一)取得综合所得需要办理汇算清缴;(二)取得应税所得没有扣缴义务人;(三)取得应税所得,扣缴义务人未扣缴税款;(四)取得境外所得;(五)因移居境外注销中国户籍;(六)非居民个人在中国境内从两处以上取得工资、薪金所得;(七)国务院规定的其他情形。扣缴义务人应当按照国家规定办理全员全额扣缴申报,并向纳税人提供其个人所得和已扣缴税款等信息。"根据第2、4项,C、D符合题意,当选。

60.环境侵权[AB]

[解析]《环境保护法》第66条规定:"提起环境损害赔偿诉讼的时效期间为三年,从当事人知道或者应当知道其受到损害时起计算。"故A项正确。

根据《民法典》第1129条规定,环境侵权实行无过错责任,即使排放的污水符合标准,也应当承担侵权责任。故B项正确。

根据《环境保护法》第43条第1款规定,排污费应当全部专项用于环境污染防治,任何单位和个人不得截留、挤占或者挪作他用。故C项错误。

根据《环境保护法》第60条规定:"企业事业单位和其他生产经营者超过污染物排放标准或者超过重点污染物排放总量控制指标排放污染物的,县级以上人民政府环境保护主管部门可以责令其采取限制生产、停产整治等措施……"可知,行政责任的追究以存在违法行为作为要件,绿叶公司已依法取得排污许可证,且排放的污水符合标准,不存在违法排污问题,因此不应承担行政责任。故D项错误。

61.集体合同[CD]

[解析]《劳动法》第41条规定:"用人单位由于生产经营需要,经与工会和劳动者协商后可以延长工作时间,一般每日不得超过一小时;因特殊原因需要延长工作时间的,在保障劳动者身体健康的条件下延

长工作时间每日不得超过三小时,但是每月不得超过三十六小时。"让劳动者每个月加班2天超过了36小时,约定违法,故A项错误。

《劳动合同法》第51条第2款规定:"集体合同由工会代表企业职工一方与用人单位订立;尚未建立工会的用人单位,由上级工会指导劳动者推举的代表与用人单位订立。"第54条第1款规定:"集体合同订立后,应当报送劳动行政部门;劳动行政部门自收到集体合同文本之日起十五日内未提出异议的,集体合同即行生效。"故B项错误,D项正确。

根据《劳动合同法》第56条规定,因履行集体合同发生争议,经协商解决不成的,工会可以依法申请仲裁、提起诉讼。故C项正确。

62.劳动合同的解除;劳动仲裁[CD]

[解析]《劳动合同法》第37条规定:"劳动者提前30日以书面形式通知用人单位,可以解除劳动合同。劳动者在试用期内提前3日通知用人单位,可以解除劳动合同。"据此,劳动者提前30日以书面形式通知用人单位即可辞职,不需要理由,故A项错误。

《劳动争议调解仲裁法》第20条规定:"劳动争议仲裁委员会应当设仲裁员名册。仲裁员应当公道正派并符合下列条件之一:(一)曾任审判员的;(二)从事法律研究、教学工作并具有中级以上职称的;(三)具有法律知识、从事人力资源管理或者工会等专业工作满五年的;(四)律师执业满3年的。"马律师执业刚满1年,不满足上述要求,故B项错误。

《劳动争议调解仲裁法》第24条规定:"当事人可以委托代理人参加仲裁活动。委托他人参加仲裁活动,应当向劳动争议仲裁委员会提交有委托人签名或者盖章的委托书,委托书应当载明委托事项和权限。"当事人有权委托代理人参加仲裁活动,故C项正确。

《劳动争议调解仲裁法》第49条第1款规定:"用人单位有证据证明本法第47条规定的仲裁裁决有下列情形之一,可以自收到仲裁裁决书之日起30日内向劳动争议仲裁委员会所在地的中级人民法院申请撤销裁决:(一)适用法律、法规确有错误的;(二)劳动争议仲裁委员会无管辖权的;(三)违反法定程序的;(四)裁决所根据的证据是伪造的;(五)对方当事人隐瞒了足以影响公正裁决的证据的;(六)仲裁员在仲裁该案时有索贿受贿、徇私舞弊、枉法裁决行为的。"故D项正确。

63.自动保护原则;演绎作品[ACD]

[解析]《著作权法》第2条第1款规定:"中国公民、法人或者非法人组织的作品,不论是否发表,依照本法享有著作权。"据此,中国人创作的作品,自创作完成之日起自动获得保护,无论是否发表或在何处发表,均受我国著作权法保护,此为"自动保护原

则"。甲虽然居住在 A 国，但仍然是"我国公民"，其著作权自作品创作完成时自动保护，无需发表，故 A 项错误，当选。

演绎作品，又称派生作品，是指在已有作品的基础上，经过改编、翻译、注释、整理等创造性劳动而产生的作品。对此，《著作权法》第 13 条规定："改编、翻译、注释、整理已有作品而产生的作品，其著作权由改编、翻译、注释、整理人享有，但行使著作权时不得侵犯原作品的著作权。"据此：(1)改编、翻译、注释、整理均属于对原作品的演绎，乙翻译的小说和丙改编的电影文学剧本均属于演绎作品。故 B 项正确，不当选。(2)在一部演绎作品中存在"双重著作权"，即演绎作品的著作权和原作品的著作权。因此，对演绎作品的使用，需要双许可、双付费。所以丙欲将该中文小说改编为电影文学剧本，应当经过演绎作品的著作权人乙的同意，还须经过原作品的著作权人甲的同意，并向甲和乙支付报酬。故 C 项错误，当选。同理，丙改编的电影文学剧本也是演绎作品，丁杂志社如要使用该作品，应取得甲、乙、丙的同意，并应向甲、乙、丙支付报酬。对此，《著作权法》第 16 条也明确规定："使用改编、翻译、注释、整理、汇编已有作品而产生的作品进行出版、演出和制作录音录像制品，应当取得该作品的著作权人和原作品的著作权人许可，并支付报酬。"故 D 项错误，当选。

64．信托的法律适用；意思自治原则［ABC］

［解析］《涉外民事关系法律适用法》第 17 条规定："当事人可以协议选择信托适用的法律。当事人没有选择的，适用信托财产所在地法律或者信托关系发生地法律。"《涉外民事关系法律适用法解释(一)》第 5 条规定："一方当事人以双方协议选择的法律与系争的涉外民事关系没有实际联系为由主张选择无效的，人民法院不予支持。"信托的法律适用是协议选择优先，且除非法条本身有限制，否则意思自治可以突破实际联系原则的限制；中国为信托财产所在地和信托关系发生地，未选择的适用中国法。故 A、B、C 项正确。

《涉外民事关系法律适用法》第 25 条规定："父母子女人身、财产关系，适用共同经常居所地法律；没有共同经常居所地的，适用一方当事人经常居所地法律或者国籍国法律中有利于保护弱者权益的法律。"第 29 条规定："扶养，适用一方当事人经常居所地法律、国籍国法律或者主要财产所在地法律中有利于保护被扶养人权益的法律。"第 30 条规定："监护，适用一方当事人经常居所地法律或者国籍国法律中有利于保护被监护人权益的法律。"本题不属于上述任何一种情形。故 D 项错误。

65．最高额抵押［ACD］

［解析］最高额抵押，是指为担保债务的履行，债务人或者第三人对一定期间内将要连续发生的债权提供担保财产，债务人不履行到期债务或者发生当事人约定的实现抵押权的情形，抵押权人有权在最高债权额限度内就该担保财产优先受偿的抵押担保制度。此种担保制度的特点在于，先设定抵押且在抵押合同中预定最高额，当债权确定之时，在预定最高额的限度内债权人可就抵押物的价值优先受偿。如果实际发生的债权余额低于预定最高额，以实际发生的债权余额为限优先受偿；如果实际发生的债权余额高于预定最高额，则以预定最高额为限优先受偿。据此，A 项正确。

《民法典》第 420 条第 2 款规定："最高额抵押权设立前已经存在的债权，经当事人同意，可以转入最高额抵押担保的债权范围。"据此，如果当事人同意，可以将最高额抵押设定之前的债务转入最高额抵押担保的范围，这种行为的实质是，债权人用自己未来的担保额度换取了对过去债权的担保，B 项错误。

《民法典》第 422 条规定："最高额抵押担保的债权确定前，抵押权人与抵押人可以通过协议变更债权确定的期间、债权范围以及最高债权额。但是，变更的内容不得对其他抵押权人产生不利影响。"据此，只要没有给利害关系人带来不利影响，在抵押物价值范围内，可以变更预定最高额，C 项正确。

《民法典》第 421 条规定："最高额抵押担保的债权确定前，部分债权转让的，最高额抵押权不得转让，但是当事人另有约定的除外。"据此，在债权确定前，原则上，债权部分转让的，最高额抵押不随之转让，但是，如果当事人另有约定，可依照约定转让，据此，D 项正确。

66．合同解除的条件及其效力；缔约过失责任［AB］

［解析］根据《商品房买卖合同解释》第 3 条的规定，房地产开发企业甲公司对房屋设施的说明和允诺内容具体确定，且对购房人张某决定签订商品房买卖合同具有重大影响，该说明和允诺构成要约，即使该说明和允诺未载入商品房买卖合同，亦应当作为合同内容，当事人违反的，应当承担违约责任。现张某购买的房屋没有健身馆，张某订立商品房买卖合同的目的不能实现，甲公司对张某构成根本违约。《民法典》第 563 条规定："有下列情形之一的，当事人可以解除合同：……(四)当事人一方迟延履行债务或者有其他违约行为致使不能实现合同目的；……"因此，张某享有法定解除权，有权通知甲公司解除房屋买卖合同。故 A 项正确。

甲公司在宣传资料中虚假声称有健身馆，张某因此陷入错误认识，并因错误认识作出不真实的意思表示，因此甲公司构成欺诈，张某在撤销合同之后，可以向甲公司主张缔约过失责任。故 B 项正确。

2020年修正的《商品房买卖合同解释》全面删除了双倍返还购房款的规定。删除的原因在于,《民法典》第179条第2款规定:"法律规定惩罚性赔偿的,依照其规定。"据此,惩罚性赔偿应当由法律规定,司法解释不应规定惩罚性赔偿。张某请求甲公司双倍返还购房款没有法律依据。故C项错误。

《民法典》第566条第1、2款规定:"合同解除后,尚未履行的,终止履行;已经履行的,根据履行情况和合同性质,当事人可以请求恢复原状或者采取其他补救措施,并有权请求赔偿损失。合同因违约解除的,解除权人可以请求违约方承担违约责任,但是当事人另有约定的除外。"据此,买卖合同因一方的根本违约行为被解除的,对方当事人可同时主张解除合同,并请求违约方承担赔偿损失等违约责任。故D项错误。

67．法院调解与诉讼和解的区别[ABCD]

[解析] 法院调解,又称诉讼中调解,是指在民事诉讼中,双方当事人在法院审判人员的主持和协调下,就案件争议的问题进行协商,从而解决纠纷所进行的活动,等同于法院判决。诉讼和解是指当事人在诉讼过程中通过自行协商,就案件争议问题达成协议,并共同向法院陈述协议的内容,要求结束诉讼从而终结诉讼的制度。法院调解与诉讼和解相比较,有以下几点区别:(1)性质不同。前者含有人民法院行使审判权的性质,后者则是当事人在诉讼中对自己诉讼权利和实体权利的处分。(2)参加的主体不同。前者有人民法院和双方当事人共同参加,后者只有双方当事人自己参加。(3)效力不同。根据法院调解达成协议制作的调解书生效后,诉讼归于终结,有给付内容的调解书具有执行力;当事人在诉讼中和解的,则应由原告申请撤诉,经法院裁定准许后结束诉讼,和解协议不具有执行力。此外,调解有法定的程序要求,而和解没有严格的程序要求。故A、B、C、D项正确。

68．一人公司;公司担保[AC]

[解析] 《民法典担保制度解释》第10条规定:"一人有限责任公司为其股东提供担保,公司以违反公司法关于公司对外担保决议程序的规定为由主张不承担担保责任的,人民法院不予支持。公司因承担担保责任导致无法清偿其他债务,提供担保时的股东不能证明公司财产独立于自己的财产,其他债权人请求该股东承担连带责任的,人民法院应予支持。"据此,一人公司可以为其唯一的股东提供担保。此外,一人公司不设股东会,个人股东的同意即代表了公司的意思。本题中,陈某是甲公司的唯一股东,其在担保协议上签字并加盖公章的行为即代表甲公司的行为,该担保合同成立并生效。故A、C项正确,B项错误。

丙公司并非公司股东,不享有优先购买权,故D项错误。

69．外商投资保护措施[ABCD]

[解析] 《外商投资法》第22条第2款规定:"国家鼓励在外商投资过程中基于自愿原则和商业规则开展技术合作。技术合作的条件由投资各方遵循公平原则平等协商确定。行政机关及其工作人员不得利用行政手段强制转让技术。"故A项错误。

《外商投资法》第24条的规定:"各级人民政府及其有关部门制定涉及外商投资的规范性文件,应当符合法律法规的规定;没有法律、行政法规依据的,不得减损外商投资企业的合法权益或者增加其义务,不得设置市场准入和退出条件,不得干预外商投资企业的正常生产经营活动。"故B项错误。

《外商投资法》第25条的规定:"地方各级人民政府及其有关部门应当履行向外国投资者、外商投资企业依法作出的政策承诺以及依法订立的各类合同。因国家利益、社会公共利益需要改变政策承诺、合同约定的,应当依照法定权限和程序进行,并依法对外国投资者、外商投资企业因此受到的损失予以补偿。"据此,改变政策承诺的前提条件是"因国家利益、社会公共利益需要",故C项错误。

《外商投资法》第20条规定"国家对外国投资者的投资不实行征收。在特殊情况下,国家为了公共利益的需要,可以依照法律规定对外国投资者的投资实行征收或者征用。征收、征用应当依照法定程序进行,并及时给予公平、合理的补偿。"故D项错误。

70．彩礼的返还[CD]

[解析] 《民法典婚姻家庭编解释(一)》第5条规定:"当事人请求返还按照习俗给付的彩礼的,如果查明属于以下情形,人民法院应当予以支持:(一)双方未办理结婚登记手续;(二)双方办理结婚登记手续但确未共同生活;(三)婚前给付并导致给付人生活困难。适用前款第二项、第三项的规定,应当以双方离婚为条件。"据此,A项明显错误。根据上述第2项,C项正确。双方已经结婚,主张返还彩礼应当以离婚为条件,故B项错误。

此外,2024年《最高人民法院关于审理涉彩礼纠纷案件适用法律若干问题的规定》对彩礼返还作出了进一步规定,其第5条第1款规定:"双方已办理结婚登记且共同生活,离婚时一方请求返还按照习俗给付的彩礼的,人民法院一般不予支持。但是,如果共同生活时间较短且彩礼数额过高的,人民法院可以根据彩礼实际使用及嫁妆情况,综合考虑彩礼数额、共同生活及孕育情况、双方过错等事实,结合当地习俗,确定是否返还以及返还的具体比例。"据此,如果结婚后双方共同生活,离婚时一般不予返还彩礼,但是共同生活时间较短且彩礼数额过高的,人民法院可综合判断是否返还彩礼。本题中明确了双方共同生活时间较短,因此依然有返还彩礼的可能,当事人可以主张返还,需要法院根据彩礼数额是否过高以及其他情况作出综合判断。故 D 项正确。

71．租赁合同;合同相对性[CD]

[解析]《城镇房屋租赁合同解释》第 10 条规定:"承租人经出租人同意装饰装修,租赁期间届满时,承租人请求出租人补偿附合装饰装修费用的,不予支持。但当事人另有约定的除外。"据此,除非特别约定,承租人对于租赁房屋进行装修装潢产生的费用由承租人承担,故 A 项错误。

《民法典》第 716 条第 1 款规定:"承租人经出租人同意,可以将租赁物转租给第三人。承租人转租的,承租人与出租人之间的租赁合同继续有效;第三人造成租赁物损失的,承租人应当赔偿损失。"甲、乙和乙、丙之间均存在合同关系,甲与丙之间不存在合同关系,根据合同相对性,甲不能请求丙承担违约责任,但是可以请求乙承担违约责任。故 B 项错误,D 项正确。

丙擅自更改承重结构,造成房屋损失的行为构成故意侵权,作为所有权人的甲可主张丙承担侵权责任。故 C 项正确。

72．跟单信用证中的开证行责任[ABCD]

[解析]《跟单信用证统一惯例》第 7 条 a 款规定,只要规定的单据提交给指定银行或开证行,并且构成相符交单,则开证行必须承付,具体有以下几种情形:(1)信用证规定由开证行即期付款,延期付款或承兑;(2)信用证规定由指定银行即期付款但其未付款(D 项符合);(3)信用证规定由指定银行延期付款但其未承诺延期付款,或虽已承诺延期付款,但未在到期日付款(B 项符合);(4)信用证规定由指定银行承兑,但其未承兑以其为付款人的汇票,或虽然承兑了汇票,但未在到期日付款(C 项符合);(5)信用证规定由指定银行议付但其未付款(A 项符合)。故A、B、C、D 项都正确。

73．区际司法协助[BC]

[解析]《关于涉台民事诉讼文书送达的若干规定》第 3 条规定:"人民法院向住所地在台湾地区的当事人送达民事诉讼文书,可以采用下列方式:……(四)受送达人在大陆有代表机构、分支机构、业务代办人的,向其代表机构或者经受送达人明确授权接受送达的分支机构、业务代办人送达;(五)受送达人在台湾地区的地址明确的,可以邮寄送达;……(七)按照两岸认可的其他途径送达。采用上述方式不能送达或者台湾地区的当事人下落不明的,公告送达。"据此,向业务代办人送达须有受送达人的明确授权,故不可直接向乙公司在大陆的任何业务代办人送达,

故 A 项错误。台湾地区当事人下落不明的可以公告送达。故 B 项正确。

该《规定》第 5 条规定:"采用本规定第三条第一款第(五)项方式送达的,应当附有送达回证。受送达人未在送达回证上签收但在邮件回执上签收的,视为送达,签收日期为送达日期。自邮寄之日起满三个月,如果未能收到送达与否的证明文件,且根据各种情况不足以认定已经送达的,视为未送达。"故 C 项正确,D 项错误。

74．出租权[BC]

[解析]根据《著作权法》第 10 条第 1 款规定,出租权,即有偿许可他人临时使用视听作品、计算机软件的原件或者复制件的权利,计算机软件不是出租的主要标的的除外。据此,出租权的客体只包括视听作品、计算机软件。本题中,图书作品的著作权人不享有出租权,甲购买正版畅销图书用于出租的行为不属于侵犯出租权的行为,故 A 项不当选。B 项的正版杀毒软件属于计算机软件,C 项的正版唱片属于视听作品,其著作权人均享有出租权,故乙、丙的行为构成侵权,B、C 项当选。【总结提示】享有出租权的主体包括:(1)视听作品、计算机软件的著作权人。(2)表演者。《著作权法》第 39 条规定:"表演者对其表演享有下列权利:……(五)许可他人复制、发行、出租录有其表演的录音录像制品,并获得报酬;……"(3)录音录像制作者。《著作权法》第 44 条规定:"录音录像制作者对其制作的录音录像制品,享有许可他人复制、发行、出租、通过信息网络向公众传播并获得报酬的权利;……"其中,表演者的出租权是 2020 年《著作权法》修改后新增的内容。

《专利法》第 11 条规定:"发明和实用新型专利权被授予后,除本法另有规定的以外,任何单位或个人未经专利权人许可,都不得实施其专利,即不得为生产经营目的制造、使用、许诺销售、销售、进口其专利产品,或者使用其专利方法以及使用、许诺销售、销售、进口依照该专利方法直接获得的产品。外观设计专利权被授予后,任何单位或者个人未经专利权人许可,都不得实施其专利,即不得为生产经营目的的制造、许诺销售、销售、进口其外观设计专利产品。"据此,专利权人并没有对专利产品出租行为进行控制的权利,丁购买的专利产品属于其私人财产,可以自由处分,故丁有权将购买的专利产品出租。D 项不当选。

75．破产清算;重整;和解制度[ABC]

[解析]和解、重整都发生于破产宣告之前,债务人一旦被宣告破产,只能走破产清算的程序,不能再进入重整及和解的程序。故 A 项正确。

《企业破产法》第 7 条第 1、2 款规定:"债务人有本法第 2 条规定的情形,可以向人民法院提出重整、

和解或者破产清算申请。债务人不能清偿到期债务，债权人可以向人民法院提出对债务人进行重整或者破产清算的申请。"可见，破产案件受理后，只有债务人才能提出和解申请；重整并非破产案件的必经程序。故 B 项正确，D 项错误。

《企业破产法》第 2 条规定："企业法人不能清偿到期债务，并且资产不足以清偿全部债务或者明显缺乏清偿能力的，依照本法规定清理债务。企业法人有前款规定情形，或者有明显丧失清偿能力可能的，可以依照本法规定进行重整。"企业法人有明显丧失清偿能力可能的，即使未出现现实的资不抵债情形，也可申请重整程序。故 C 项正确。

76．海商法中各项权利的受偿程序〔AB〕

〔解析〕《海商法》第 22 条第 1 款规定："下列各项海事请求具有船舶优先权：（一）船长、船员和在船上工作的其他在编人员根据劳动法律、行政法规或者劳动合同所产生的工资、其他劳动报酬、船员遣返费用和社会保险费用的给付请求；（二）在船舶营运中发生的人身伤亡的赔偿请求；（三）船舶吨税、引航费、港务费和其他港口规费的缴付请求；（四）海难救助的救助款项的给付请求；（五）船舶在营运中因侵权行为产生的财产赔偿请求。"《海商法》第 25 条第 1 款规定："船舶优先权先于船舶留置权受偿，船舶抵押权后于船舶留置权受偿。"可见，优先权＞留置权＞抵押权，船员损害赔偿属于优先权范畴，故 A、B 项正确，D 项错误。造船公司的造船费用请求权并不属于船舶优先权的范围，故 C 项错误。

77．公示催告案件的审理〔AC〕

〔解析〕《民诉解释》第 449 条规定，利害关系人申报权利，法院应当通知公示催告申请人查看票据；利害关系人出示的票据与公示催告票据不一致的，应当裁定驳回利害关系人的申报。故 A、C 项正确。

《民事诉讼法》第 232 条第 2 款规定，利害关系人申报权利后，法院应当裁定终结公示催告程序，并非开庭审理。故 B 项错误。

公示催告程序区别于审判程序，属于非讼程序，其是根据失票人的申请以公告的方式催促不明的利害关系人申报权利，在有利害关系人申报权利时通知其查验并进行形式审查，但并不对失票的权属进行认定，也不解决票据纠纷的程序。故无需当事人提供享有所有权的相应证据，D 项错误。

78．移送管辖；管辖恒定原则〔ABC〕

〔解析〕本案中，起诉时被告住所地为甲县，甲县法院对案件有管辖权，在诉讼中虽然行政区划发生了变化，但是这种变化并不影响管辖权的确定，即地域管辖恒定。所以本案仍由甲县法院管辖，乙县法院没有管辖权，故 A 项正确，D 项错误。进而甲县法院

将案件从有管辖权的法院移送给没有管辖权的乙县法院是错误的，因为移送管辖只能是将案件从没有管辖权的法院移送给有管辖权的法院，故 B 项正确。同时，移送管辖只能移送一次，受移送的乙县法院就算认为自己没有管辖权，也不能将案件再行移送或退回，只能报请自己的上级法院指定管辖，故 C 项正确。

79．合伙合同〔AB〕

〔解析〕根据《民法典》第 967 条，合伙合同是两个以上合伙人为了共同的事业目的，订立的共享利益、共担风险的协议。甲、乙、丙、丁四人签订合伙合同，但未办理为合伙企业。据此可知，不存在相对独立于四个合伙人以外的独立商事主体合伙企业。因此，不存在用人单位问题，更不存在合伙与合伙人承担连带责任问题。故 C、D 项错误。

《民法典》第 970 条第 2 款规定："合伙事务由全体合伙人共同执行。按照合伙合同的约定或者全体合伙人的决定，可以委托一个或者数个合伙人执行合伙事务；其他合伙人不再执行合伙事务，但是有权监督执行情况。"本题中，甲、乙、丙推选丁为合伙事务执行人，在丁执行职务的范围内代表全体合伙人，全体合伙人均须承担无限连带责任。但是，对于非职务行为，其他合伙人则无需承担赔偿责任。丁与戊发生口角，将戊打伤的行为系丁的个人行为，非职务行为，侵权的法律后果依法应由丁自己承担，甲、乙、丙无须承担连带责任。故 A、B 项正确。

80．附条件赠与与附义务赠与的区别〔AC〕

〔解析〕附条件的赠与，是指赠与合同的生效或者失效取决于所附条件的成就或确定不成就的赠与合同。附义务的赠与，指受赠人负有一定给付义务的赠与合同。两者的主要区别在于：附条件的赠与，所附条件影响合同的效力（生效或者失效），如果是附延缓条件，成立暂时不生效；如果附解除条件，则条件一旦成就，合同就失效。而附义务的赠与，所附义务并不直接影响合同的效力。若受赠人违反义务，不会直接导致合同无效，只是导致赠与人享有法定撤销权，若赠与人不撤销合同，合同效力不受任何影响。本题中根据活动规则，资助子女次年教育经费，是公司对于子女的赠与，若员工离职，则资助失效即解除合同（附解除条件），这显然不是对于合同主体义务性的要求，属于附条件的赠与。如果是附义务的赠与，应该表述为："公司资助中奖员工子女次年的教育费用，但员工不得离职。"故 A 项正确，B 项错误。

由题意可见，这是一个附解除条件的赠与，员工离职，则所附解除条件生效，甲公司的给付义务也就解除了。故 C 项正确。

《民法典》第 658 条规定："赠与人在赠与财产的权利转移之前可以撤销赠与。经过公证的赠与合同

或者依法不得撤销的具有救灾、扶贫、助残等公益、道德义务性质的赠与合同,不适用前款规定。"本题中资助教育费用属于公益性质的赠与,赠与人甲公司不享有任意撤销权。故 D 项错误。

81．混淆行为[ABD]

[解析] 混淆行为只要有"擅自使用知名商品特有的名称、包装、装潢,或者使用与知名商品近似的名称、包装、装潢,造成和他人的知名商品相混淆,使购买者误认为是该知名商品"的,即可构成不正当竞争,并不需要乙厂白酒获得外观设计专利这一附加条件。故 A 项表述错误。

题干中告知甲厂"精心摹仿"乙厂知名白酒的包装装潢,说明二者包装装潢很近似,即使甲厂标明了自己的厂名厂址商标等信息,也只能判断出甲厂不构成"虚假宣传",但甲厂仍构成"混淆"。故 B 项表述错误。

因为已经告知"不足以使消费者误认为",既然没有达到"误认"的程度,则不构成混淆。故 C 项表述正确。

"长期消费者"+"留意",这种措辞说明甲厂白酒和乙厂白酒近似度极高,已经达到"使购买者误认"的程度,所以构成混淆行为。故 D 项表述错误。

82．税收法定原则;增值税;消费税;车船税[CD]

[解析] 税收法定原则是指由立法者决定全部税收问题的税法基本原则,即如果没有相应法律作前提,政府则不能征税,公民也没有纳税的义务。其具体内容包括三个部分:税种法定、税收要素法定、程序法定。这就意味着,类推适用方法不适用于税法。故 A 项正确。

《增值税法》第 23 条第 1 款规定:"小规模纳税人发生应税交易,销售额未达到起征点的,免征增值税;达到起征点的,依照本法规定全额计算缴纳增值税。"故 B 项正确。

《消费税暂行条例》规定,木制一次性筷子的税率为 5%,实木地板的税率为 5%。因此,竹制筷子和复合地板并不属于消费税应税对象。故 C 项错误。

《车船税法》第 8 条规定:"车船税纳税义务发生时间为取得车船所有权或者管理权的当月。"应为"当月"而非"当年",故 D 项错误。

83．集体商标;证明商标;商标注册的条件;商标侵权[AD]

[解析]《商标法》第 3 条第 2 款规定:"本法所称集体商标,是指以团体、协会或者其他组织名义注册,供该组织成员在商事活动中使用,以表明使用者在该组织中的成员资格的标志。"故 A 项正确。

《商标法》第 3 条第 3 款规定:"本法所称证明商标,是指由对某种商品或者服务具有监督能力的组织

所控制,而由该组织以外的单位或者个人使用于其商品或者服务,用以证明该商品或者服务的原产地、原料、制造方法、质量或者其他特定品质的标志。"故 B 项错误。

《商标法》第 10 条第 2 款规定:"县级以上行政区划的地名或者公众知晓的外国地名,不得作为商标。但是,地名具有其他含义或者作为集体商标、证明商标组成部分的除外;已经注册的使用地名的商标继续有效。"故 C 项错误。

盛联超市虽在销售的荔枝上添加自己的"盛联"商标,但并未去除原商标权人的"河川"商标,不属于侵犯商标权的"反向假冒"行为。同时,盛联超市虽在销售的荔枝上保留"河川"注册商标,但适用"商标权用尽规则",已不属于对"河川"注册商标权的侵犯。故 D 项正确。

84．涉外夫妻人身关系、财产关系的法律适用[BD]

[解析]《涉外民事关系法律适用法》第 23 条规定:"夫妻人身关系,适用共同经常居所地法律;没有共同经常居所地的,适用共同国籍国法律。"姓氏、同居问题属于人身权,应适用共同经常居所地法律,李某与金某的共同经常居所地为北京,应适用中国法。故 A 项错误,B 项正确。

《涉外民事关系法律适用法》第 24 条规定:"夫妻财产关系,当事人可以协议选择适用一方当事人经常居所地法律、国籍国法律或者主要财产所在地法律。当事人没有选择的,适用共同经常居所地法律;没有共同经常居所地的,适用共同国籍国法律。"本题中,对于二人婚姻存续期间双方取得的财产的处分问题,双方可选择适用一方的国籍国甲国法。没有作出选择,应当适用共同经常居住地中国的法律。故 C 项错误,D 项正确。

85．WTO 关于争端解决的规则与程序的谅解[AC]

[解析] 国民待遇,是指所在国应给予外国人与本国公民同等的民事权利地位。"甲国对进口的某类药品征收 8% 的国内税,而同类国产药品的国内税为 6%",该行为明显违反了国民待遇原则。故 A 项正确。

世界贸易组织争端解决机制没有执行机构。故 B 项错误。

根据世贸规定,如甲国不执行,乙、丙两国可向争端解决机构申请授权报复,对被诉方(甲国)中止减让或终止其他义务。中止减让的报复措施首先应当在受损的相同部门实施;如不可行或无效时,可以对同一协议下的其他部门实施;如仍然不可行或无效时,可寻求中止另一协议项下的减让或其他义务。故 C 项正确,D 项错误。

三、不定项选择题

86．保证方式判断、共同担保[ABC]

[解析]《民法典》第686条规定："保证的方式包括一般保证和连带责任保证。当事人在保证合同中对保证方式没有约定或者约定不明确的，按照一般保证承担保证责任。"第700条规定："保证人承担保证责任后，除当事人另有约定外，有权在其承担保证责任的范围内向债务人追偿，享有债权人对债务人的权利，但是不得损害债权人的利益。"据此，本题中，由于丙签字未约定保证方式，应认定为一般保证，保证人承担责任后，可向债务人甲追偿，故A、B项正确。

第三人提供抵押的，抵押人承担责任后，也可以向债务人追偿，故C项正确。

《民法典担保制度解释》第13条规定："同一债务有两个以上第三人提供担保，担保人之间约定相互追偿及分担份额，承担了担保责任的担保人请求其他担保人按照约定分担份额的，人民法院应予支持；担保人之间约定承担连带共同担保，或者约定相互追偿但是未约定分担份额的，各担保人按照比例分担债务人不能追偿的部分。同一债务有两个以上第三人提供担保，担保人之间未对相互追偿作出约定且未约定承担连带共同担保，但是各担保人在同一份合同书上签字、盖章或者按指印，承担了担保责任的担保人请求其他担保人按照比例分担向债务人不能追偿部分的，人民法院应予支持。除前两款规定的情形外，承担了担保责任的担保人请求其他担保人分担向债务人不能追偿部分的，人民法院不予支持。"据此，两个第三人担保的，一个担保人承担责任后，在三种情况下方可能向其他担保人追偿：（1）约定相互追偿及分担份额的；（2）约定连带共同担保或约定追偿但未约定份额的；（3）没有前述两项约定，但各担保人在同一份合同书上签字、盖章或者按指印的。本题中，不存在可追偿的情形，故D项错误。

87．适用小额诉讼的再审[BC]

[解析]《民诉解释》第424条第1款规定，对适用小额案件审理程序错误的，应当向原审法院申请再审。故A项错误。

根据法律的规定，独任制适用于简易程序及非讼程序，再审程序只能适用合议制；《民诉解释》第424条第1款规定，当事人因法院适用小额案件审理程序申请再审，法院应当组成合议庭审理。故B项正确。

当事人若认为法院适用小额案件审理作出的判决、裁定有符合《民事诉讼法》第211条规定之再审事由的，则应当根据《民诉解释》第424条第1款的特别规定，再审裁判实行一审终审，不得提起上诉；而如果是针对法院适用小额诉讼案件审理程序错误，则应当根据《民诉解释》第424条第2款的特别规定，实行

两审终审，作出的判决、裁定，当事人可以上诉。故C项正确，D项错误。

88．财产保险的代位求偿权[ABC]

[解析]《保险法》第60条规定："因第三者对保险标的的损害而造成保险事故的，保险人自向被保险人赔偿保险金之日起，在赔偿金额范围内代位行使被保险人对第三者请求赔偿的权利。前款规定的保险事故发生后，被保险人已经从第三者取得损害赔偿的，保险人赔偿保险金时，可以相应扣减被保险人从第三者已取得的赔偿金额。保险人依照第1款行使代位请求赔偿的权利，不影响被保险人就未取得赔偿的部分向第三者请求赔偿的权利。"当第三人的行为引起保险事故时，被保险人一方面因保险事故的发生而取得对保险人的保险赔偿请求权，另一方面又作为第三人行为的受害者而取得对第三人的损害赔偿请求权。本题中王某既可以先向保险公司行使保险赔偿请求权，也可以先向第三人——邻居行使损害赔偿请求权。故A项错误。同时被保险人从保险公司未得到赔偿的部分可向第三人请求赔偿。故D项正确。财产保险中被保险人获得足额赔偿后不能再向保险人求偿。故C项错误。

《保险法》第61条规定："保险事故发生后，保险人未赔偿保险金之前，被保险人放弃对第三者请求赔偿的权利的，保险人不承担赔偿保险金的责任。保险人向被保险人赔偿保险金后，被保险人未经保险人同意放弃对第三者请求赔偿的权利的，该行为无效。被保险人故意或者因重大过失致使保险人不能行使代位请求赔偿的权利的，保险人可以扣减或者要求返还相应的保险金。"保险事故发生后，在保险人未赔偿保险金之前，保险人不得放弃对第三人的赔偿请求权，否则保险人不承担赔偿保险金的责任。故B项错误。

89．审计机关；宪法实施的含义[ACD]

[解析]《宪法》第91条第1款规定："国务院设立审计机关，对国务院各部门和地方各级政府的财政收支，对国家的财政金融机构和企业事业组织的财务收支，进行审计监督。"宪法规定是宏观、原则性的规定，需要具体法律进行细化和实施。故A项正确。

《宪法》第109条规定："县级以上的地方各级人民政府设立审计机关。地方各级审计机关依照法律规定独立行使审计监督权，对本级人民政府和上一级审计机关负责。"可见，并非对"本级人大常委会"负责。故B项错误。

《审计法》第2条第3款规定："国务院各部门和地方各级人民政府及其各部门的财政收支，国有的金融机构和企业事业组织的财务收支，以及其他依照本法规定应当接受审计的财政收支、财务收支，依照本法规定接受审计监督。"故C、D项正确。

90．城乡规划的实施[AB]

[解析]《城乡规划法》第41条第1款规定："在乡、村庄规划区内进行乡镇企业、乡村公共设施和公益事业建设的，建设单位或者个人应当向乡、镇人民政府提出申请，由乡、镇人民政府报城市、县人民政府城乡规划主管部门核发乡村建设规划许可证。"故A项正确。

《城乡规划法》第41条第3款规定："在乡、村庄规划区内进行乡镇企业、乡村公共设施和公益事业建设以及农村村民住宅建设，不得占用农用地；确需占用农用地的，应当依照《中华人民共和国土地管理法》有关规定办理农用地转用审批手续后，由城市、县人民政府城乡规划主管部门核发乡村建设规划许可证。"故B项正确。

《城乡规划法》第41条第4款规定："建设单位或者个人在取得乡村建设规划许可证后，方可办理用地审批手续。"可知，C项将二者顺序颠倒了。故C项错误。

《城乡规划法》第43条第1款规定，建设单位应当按照规划条件进行建设；确需变更的，必须向城市、县人民政府城乡规划主管部门提出申请。可知，D项"绝对不允许作任何变更"的说法过于绝对，不符合法律规定。故D项错误。

91．审判与执行的关系[BCD]

[解析] 民事审判程序是确认民事权利义务的程序，民事执行程序是实现民事权利义务关系的程序。执行程序与审判程序既有联系又有区别，两者的联系表现为：依审判程序作出的具有给付内容并需予以执行的法律文书适用执行程序予以执行。两者的区别表现为：审判程序是确认民事权利义务关系的程序，执行程序是实现民事权利义务关系的程序，执行程序是保证审判程序的任务得以实现的有力手段。故A项正确。

《民诉解释》第394条规定："人民法院对已经发生法律效力的判决、裁定、调解书依法决定再审，依照民事诉讼法第二百一十三条①规定，需要中止执行的，应当在再审裁定中同时写明中止原判决、裁定、调解书的执行；……"再审程序启动后，原判决的执行程序中止，而不是终结，只有在经过重新审理作出新判决撤销了原判决后才裁定执行终结（此时终结执行的原因是作为执行依据的法律文书被撤销）。故B项错误。

执行程序具有相对的独立性：首先，经审判程序处理的民事案件并不必然经过执行程序。因为有些案件的判决并不具有可执行的内容，如维持婚姻关系的判决书；另外，有些案件的判决虽有可供执行的内容，但义务人自觉履行债务或者权利人放弃权利后也不需要进入执行程序，所以执行并不一定是审判的继续。其次，执行程序所适用的案件不只限于审判程序处理的案件范围。例如，公证机关制作的赋予强制执行效力的债权文书，仲裁机构作出的生效裁决书，需要执行的，也由人民法院适用执行程序进行执行。因此，执行程序既不绝对地依赖于审判程序而存在，也不必然地是审判程序的继续。故C、D项错误。

92．保管合同；见义勇为的损害赔偿[C]

[解析]《民法典》第897条规定："保管期内，因保管人保管不善造成保管物毁损、灭失的，保管人应当承担赔偿责任。但是，无偿保管人证明自己没有故意或者重大过失的，不承担赔偿责任。"本题中，丙是无偿保管人，仅在自己有故意或重大过失时承担赔偿责任，其不慎掉落手机并不构成重大过失，因此无需赔偿，故A项错误。甲的手机是因丙的行为而受损，与受助人乙无关，故B项错误。

《民法典》第183条规定："因保护他人民事权益使自己受到损害的，由侵权人承担民事责任，受益人可以给予适当补偿。没有侵权人、侵权人逃逸或者无力承担民事责任，受害人请求补偿的，受益人应当给予适当补偿。"据此，见义勇为造成损害，没有侵权人的，可以请求受益人给予适当补偿，故C项正确。

《民法典》第184条规定："因自愿实施紧急救助行为造成受助人损害的，救助人不承担民事责任。"故甲对在救助过程中造成的乙的损伤免责，D项错误。

93．被执行财产范围的法律规定[ABCD]

[解析]《最高人民法院关于人民法院民事执行中查封、扣押、冻结财产的规定》第3条规定："人民法院对被执行人下列的财产不得查封、扣押、冻结：……（三）被执行人及其所扶养家属完成义务教育所必需的物品；（四）未公开的发明或者未发表的著作；……"故A、B项正确。

《最高人民法院关于人民法院执行工作若干问题的规定（试行）》第34条规定："被执行人为金融机构的，对其交存在人民银行的存款准备金和备付金不得冻结和扣划，但对其在本机构、其他金融机构的存款，及其在人民银行的其他存款可以冻结、划拨，并可对被执行人的其他财产采取执行措施，但不得查封其营业场所。"故C、D项正确。

94．股份回购[ABCD]

[解析]《公司法》第162条规定："公司不得收购本公司股份。但是，有下列情形之一的除外：……(三)将股份用于员工持股计划或者股权激励；……属于第三项、第五项、第六项情形的，公司合计持有的本公司股份数不得超过本公司已发行股份总数的百分之十，并应当在三年内转让或者注销。……"股份

---

① 现为第217条，编者注。

回购的上限是不超过本公司已发行股份总额的10%,紫霞公司目前的股份总额是1000万股,能够回购的数额不得超过100万股,故A项正确。所回购的股份应当在3年内转让,所以在2年内完成对职工的股份奖励是符合规定的,故C项正确。

任意公积金是从税后利润中提取的,公司用于股份回购的资金不限于税后利润,也不禁止使用任意公积金,故B项正确。

《公司法》第210条第5款规定,公司持有的本公司股份不得分配利润。故D项正确。

95．纳税担保;税收保全;税收争议[BCD]

[解析]《税收征收管理法》第38条第1款规定:"……如果纳税人不能提供纳税担保,经县以上税务局(分局)局长批准,税务机关可以采取下列税收保全措施:(一)书面通知纳税人开户银行或者其他金融机构冻结纳税人的金额相当于应纳税款的存款;(二)扣押、查封纳税人的价值相当于应纳税款的商品、货物或者其他财产。"A项应是"冻结"相当于应纳税款的存款,而非"直接从其存款中扣缴",故A项错误。B项完全符合上述规定,故B项正确。

《税收征收管理法》第88条第1款规定,纳税人、扣缴义务人、纳税担保人同税务机关在纳税上发生争议时,必须先依照税务机关的纳税决定缴纳或者解缴税款及滞纳金或者提供相应的担保,然后可以依法申请行政复议;对行政复议决定不服的,可以依法向人民法院起诉。据此,纳税争议实行复议前置。故C项正确。

《税收征收管理法》第88条第2款规定:"当事人对税务机关的处罚决定、强制执行措施或者税收保全措施不服的,可以依法申请行政复议,也可以依法向人民法院起诉。"税务机关作出的行政处罚、行政强制执行、税收保全措施(属于行政强制措施),不属于纳税争议,不适用复议前置,故D项正确。

96．债权申报[CD]

[解析]《企业破产法解释(三)》第4条第1、2款规定:"保证人被裁定进入破产程序的,债权人有权申报其对保证人的保证债权。主债务未到期的,保证债权在保证人破产申请受理时视为到期。一般保证的保证人主张行使先诉抗辩权的,人民法院不予支持,但债权人在一般保证人破产程序中的分配额应予提存,待一般保证人应承担的保证责任确定后再按照破产清偿比例予以分配。"本题中,根据担保函的约定,乙公司是一般保证人,其保证债权在保证人破产申请受理时视为到期,丧失先诉抗辩权。故A项错误。

《企业破产法》第51条第2款规定:"债务人的保证人或者其他连带债务人尚未代替债务人清偿债务的,以其对债务人的将来求偿权申报债权。但是,

债权人已经向管理人申报全部债权的除外。"本题中债权人丙公司已经向管理人申报了全部债权,故B项错误。

《企业破产法解释(三)》第5条第1款规定:"债务人、保证人均被裁定进入破产程序的,债权人有权向债务人、保证人分别申报债权。"故C项正确。

《企业破产法》第46条第2款规定:"附利息的债权自破产申请受理时起停止计息。"故D项正确。

97．仲裁协议[BD]

[解析]《仲裁法》第20条规定:"当事人对仲裁协议的效力有异议的,可以请求仲裁委员会作出决定或者请求人民法院作出决定。一方请求仲裁委员会作出决定,另一方请求人民法院裁定的,由人民法院裁定。当事人对仲裁协议的效力有异议,应当在仲裁庭首次开庭前提出。"《仲裁法解释》第13条第2款规定:"仲裁机构对仲裁协议的效力作出决定后,当事人向人民法院申请确认仲裁协议效力或者申请撤销仲裁机构的决定的,人民法院不予受理。"根据上述规定,无论当事人申请法院认定或者申请仲裁委员会认定仲裁协议效力,一旦法院或者仲裁委员会作出确认裁定,当事人均不能再次申请认定仲裁协议效力。故A、C项错误,B、D项正确。

98．仲裁调解[AD]

[解析]《仲裁法》第51条规定:"仲裁庭在作出裁决前,可以先行调解。当事人自愿调解的,仲裁庭应当调解。调解不成的,应当及时作出裁决。调解达成协议的,仲裁庭应当制作调解书或者根据协议的结果制作裁决书。调解书与裁决书具有同等法律效力。"故A、D项正确。仲裁庭的处理方式有两种,不是只有依据调解协议制作裁决书这一种,故B项错误。仲裁庭不能以调解协议的方式结案。故C项错误。

99．裁定不予执行仲裁裁决[A]

[解析]《民事诉讼法》第248条规定:"对依法设立的仲裁机构的裁决,一方当事人不履行的,对方当事人可以向有管辖权的人民法院申请执行。受申请的人民法院应当执行。被申请人提出证据证明仲裁裁决有下列情形之一的,经人民法院组成合议庭审查核实,裁定不予执行:(一)当事人在合同中没有订有仲裁条款或者事后没有达成书面仲裁协议的;(二)裁决的事项不属于仲裁协议的范围或者仲裁机构无权仲裁的;(三)仲裁庭的组成或者仲裁的程序违反法定程序的;(四)裁决所根据的证据是伪造的;(五)对方当事人向仲裁机构隐瞒了足以影响公正裁决的证据的;(六)仲裁员在仲裁该案时有贪污受贿,徇私舞弊,枉法裁决行为的。人民法院认定执行该裁决违背社会公共利益的,裁定不予执行。裁定书应当送达双方当事人和仲裁机构。仲裁裁决被人民法院

裁定不予执行的,当事人可以根据双方达成的书面仲裁协议重新申请仲裁,也可以向人民法院起诉。"《仲裁法解释》第28条规定:"当事人请求不予执行仲裁调解书或者根据当事人之间的和解协议作出的仲裁裁决书的,人民法院不予支持。"故A项正确,B、C、D项错误。

100. 定金责任[A]

[解析]《民法典》第586条规定:"当事人可以约定一方向对方给付定金作为债权的担保。定金合同自实际交付定金时成立。定金的数额由当事人约定;但是,不得超过主合同标的额的百分之二十,超过部分不产生定金的效力。实际交付的定金数额多于或者少于约定数额的,视为变更约定的定金数额。"

据此,定金数额超过合同标的额20%的部分不产生定金的效力。本题中,刘某、李某之间的合同标的额为1万元,刘某支付的定金为5000元,达到了合同标的额的50%,因此只有合同标的额20%的部分即2000元具有定金效力。根据定金罚则,收受定金的一方不履行债务或者履行债务不符合约定,致使不能实现合同目的的,应当双倍返还定金。李某失手把瓷盘摔坏无法履行债务,则应当就2000元的定金承担双倍返还责任。故B、C项均错误。而刘某、魏某之间的合同约定的标的额为5万元,魏某支付了1万元的定金,刚好为标的额的20%,故此1万元均可产生定金的效力,刘某应就1万元的定金向魏某承担双倍返还责任。故A项正确,D项错误。

试 卷 一

试 题

一、单项选择题。每题所设选项中只有一个正确答案，多选、错选或不选均不得分。本部分含 1~50 题，每题 1 分，共 50 分。

1. 关于法的概念与本质，下列哪一说法是正确的？

A. 是否承认法律是最低限度的道德，是区分实证主义与非实证主义的主要标准

B. 是否承认社会实效是法的构成要素，是区分分析法学派与社会法学派的主要标准

C. 每一条法律的存在和内容完全是由社会渊源决定的，是排他性法律实证主义的观点

D. 按照马克思主义法学的观点，法律是社会共同体意志的体现

2. 关于不作为犯罪，下列哪一选项是正确的？

A. "法无明文规定不为罪"的原则当然适用于不作为犯罪，不真正不作为犯的作为义务必须源于法律的明文规定

B. 在特殊情况下，不真正不作为犯的成立不需要行为人具有作为可能性

C. 不真正不作为犯属于行为犯，危害结果并非不真正不作为犯的构成要件要素

D. 危害公共安全罪、侵犯公民人身权利罪、侵犯财产罪中均存在不作为犯

3. 甲欠乙 10 万元久拖不还，乙向法院起诉并胜诉后，甲在履行期限内仍不归还。于是，乙向法院申请强制执行。当法院的执行人员持强制执行裁定书到甲家执行时，甲率领家人手持棍棒在门口守候，并将试图进入室内的执行人员打成重伤。甲的行为构成何罪？

A. 拒不执行判决、裁定罪

B. 聚众扰乱社会秩序罪

C. 妨害公务罪

D. 故意伤害罪

4. 郭某涉嫌招摇撞骗罪。在检察机关审查起诉时，郭某希望委托辩护人。下列哪一人员可以被委托担任郭某的辩护人？

A. 郭某的爷爷，美籍华人

B. 郭某的儿子，16 岁

C. 郭某的朋友甲，曾为郭某招摇撞骗伪造国家机关证件

D. 郭某的朋友乙，司法行政部门负责人

5. 关于公务员的下列说法，哪一选项是错误的？

A. 国家公务员实行职务和职级并行

B. 公务员的领导职务、职级与级别是确定公务员工资以及其他待遇的依据

C. 公务员职级可以采用委任制和聘任制

D. 只能在县处级以下设立职级

6. 卡尔·马克思说："在民主的国家里，法律就是国王；在专制的国家里，国王就是法律。"关于马克思这段话的理解，下列哪一选项是错误的？

A. 从性质上看，有民主的法律，也有专制的法律

B. 在实行民主的国家，君主或者国王不可以参与立法

C. 在实行专制的国家，国王的意志可以上升为法律

D. 实行民主的国家，也是实行法律至上原则的国家

7. 宪法效力是指宪法作为法律规范所具有的约束力与强制性。关于我国宪法效力，下列哪一选项是不正确的？

A. 侨居国外的华侨受中国宪法保护

B. 宪法的效力及于中华人民共和国的所有领域

C. 宪法的最高法律效力首先源于宪法的正当性

D. 宪法对法院的审判活动没有约束力

8. 关于罪数的处理，下列哪一项说法是正确的？

A. "二人以上轮奸"只是强奸罪的法定刑升格条件，与强奸罪的关系不是特别法条与一般法条的关系

B. 甲发现自己盗窃到的是一件仿真品（价值 4000 元），冒充真品以 2 万元卖给他人。甲的变卖行为是不可罚的事后行为

C. 钱某分别实施了两次入户抢劫，一次持枪抢劫。钱某分别触犯了抢劫罪的加重犯，应数罪并罚

D. 周某抢劫了陈某的财物后，担心暴露，杀害了陈某。周某构成抢劫罪致人死亡和故意杀人罪的想象竞合

9. 关于因果关系，下列哪一项是正确的？

A. 甲驾车经过十字路口右拐时，被行人乙扔出的烟头击中面部，导致车辆失控撞死丙。只要肯定甲的行为与丙的死亡之间有因果关系，甲就应当承担交通肇事罪的刑事责任

B. 甲强奸乙后，威胁不得报警，否则杀害乙。乙报警后担心被甲杀害，便自杀身亡。如无甲的威胁乙就不会自杀，故甲的威胁行为与乙的死亡之间有因果关系

C. 甲夜晚驾车经过无照明路段时，不小心撞倒丙后继续前行，随后的乙未注意，驾车从丙身上轧过。即使不能证明是甲直接轧死丙，也必须肯定甲的行为与丙的死亡之间有因果关系

D. 甲、乙等人因琐事与丙发生争执，进而在电梯口相互厮打，电梯门受外力挤压变形开启，致丙掉入电梯通道内摔死。因为介入了电梯门非正常开启这一因素，不能肯定甲、乙等人的行为与丙的死亡之间有因果关系

10. 甲涉嫌黑社会性质组织犯罪，10月5日上午10时被刑事拘留。下列哪一处置是违法的？

A. 甲于当月6日上午10时前被送至看守所羁押

B. 甲涉嫌黑社会性质组织犯罪，因考虑通知家属有碍进一步侦查，决定暂不通知

C. 甲在当月6日被送至看守所之前，公安机关对其进行了讯问

D. 讯问后，发现甲依法需要逮捕，当月8日提请检察院审批

11. 赵某因绑架罪被甲省A市中级法院判处死刑缓期两年执行，后交付甲省B市监狱执行。死刑缓期执行期间，赵某脱逃至乙省C市实施抢劫被抓获，C市中级法院一审以抢劫罪判处无期徒刑。赵某不服判决，向乙省高级法院上诉。乙省高级法院二审维持一审判决。此案最终经最高法院核准死刑立即执行。关于执行赵某死刑的法院，下列哪一选项是正确的？

A. A市中级法院　　B. B市中级法院
C. C市中级法院　　D. 乙省高级法院

12. 区规划局向某电信公司作出了规划许可和建设许可，许可电信公司修建职工宿舍，但电信公司在修建时，超出规划范围，多修筑了1000平方米的地下室，并在地面搭建了500平方米的工棚供职工居住。对此，区规划局应当采取以下哪一做法？

A. 立即组织人员予以强制拆除

B. 要求某电信公司申请补发地下室规划许可证

C. 责令某电信公司限期拆除，并可对其予以罚款

D. 要求某电信公司申请补发临时建筑规划许可证

13. 关于宪法与文化制度的关系，下列哪一选项是不正确的？

A. 宪法规定的文化制度是基本文化制度

B.《魏玛宪法》第一次比较全面系统规定了文化制度

C. 宪法规定的公民文化教育权利是文化制度的重要内容

D. 保护知识产权是我国宪法规定的基本文化权利

14. 甲设立A公司，注册资本为1000万元，因有事相求于乙，甲提出将10%股权送给国家工作人员乙，乙同意并办理了注册登记。之后乙持有的股票的价格涨到了200万元。甲又以600万元的价格回购该部分股权。乙的受贿金额是多少？

A. 200万元　　　　B. 600万元
C. 500万元　　　　D. 400万元

15. 国家工作人员甲听到有人敲门，开门后有人扔进一个包就跑。甲发现包内有20万元现金，推测是有求于自己职务行为的乙送的。甲打电话问乙时被告知"不要问是谁送的，收下就是了"（事实上是乙安排丙送的），并重复了前几天的请托事项。甲虽不能确定是乙送的，但还是允诺为乙谋取利益。关于本案，下列哪一选项是正确的？

A. 甲没有主动索取、收受财物，不构成受贿罪

B. 甲没有受贿的直接故意，间接故意不可能构成受贿罪，故甲不构成受贿罪

C. 甲允诺为乙谋取利益与收受20万元现金之间无因果关系，故不构成受贿罪

D. 即使认为甲不构成受贿罪，乙与丙也构成行贿罪

16. 关于刑事裁判涉财产部分执行，下列哪一说法是正确的？

A. 对侦查机关查封、冻结、扣押的财产，法院执行时可直接裁定处置，无需侦查机关出具解除手续

B. 法院续行查封、冻结、扣押的顺位无需与侦查机关的顺位相同

C. 刑事裁判涉财产部分的裁判内容应明确具体，涉案财产和被害人均应在判决书主文中详细列明

D. 刑事裁判涉财产部分，应由与一审法院同级的财产所在地的法院执行

17. 马某购买了某市幸福小区的一套商品房，并获得了房屋所有权证。后来，因修建高铁，该小区被拆迁，市政府依法及时向马某支付了补偿金。这体现了下面哪项行政法原则？

A. 高效便民　　　　B. 程序正当
C. 诚实守信　　　　D. 权责一致

18. 国家能源局为国务院组成部门管理的国家局。关于国家能源局，下列哪一说法是正确的？

A. 有权制定规章

B. 主管国务院的某项专门业务,具有独立的行政管理职能

C. 该局的设立由国务院编制管理机关提出方案,报国务院决定

D. 该局增设司级内设机构,由国务院编制管理机关审核批准

19. 近年来,生成式人工智能的发展给法律带来挑战。对此,国家网信办联合其他部门通过了《生成式人工智能服务管理暂行办法》。该《办法》规定,国家坚持发展和安全并重、促进创新和依法治理相结合的原则,采取有效措施鼓励生成式人工智能创新发展,对生成式人工智能服务实行包容审慎和分类分级监管。对此,下列哪一说法是正确的?

A. 法律必然滞后于科技发展

B. 对人工智能的法律监管,表明科技并非价值中立

C. 《办法》中所规定的原则是公理性原则

D. 促进创新原则是以个案平衡的原则适用于实践

20. 依法治国是社会主义法治理念的核心内容,也是宪法确定的治国方略。关于实施依法治国的要求,下列哪一选项是不正确的?

A. 在具体的社会治理实践中将法治与德治紧密结合,共同发挥其规范社会成员思想和行为的作用

B. 坚持以宪法和法律为社会关系调控手段,限制并约束各种社会组织的规章制度、民规、民约的调节功能

C. 尊重宪法和法律的权威,保证司法机关依法独立行使审判权和检察权,尊重和服从司法机关作出的生效判决

D. 构建"以权力制约权力"的监督体系,科学配置权力,合理界定权限,形成既相互制约与监督,又顺畅有效运行的权力格局

21. 《汉书·陈宠传》就西周礼刑关系描述说:"礼之所去,刑之所取,失礼则入刑,相为表里。"关于西周礼刑的理解,下列哪一选项是正确的?

A. 周礼分为五礼,核心在于"亲亲""尊尊",规定了政治关系的等级

B. 西周时期五刑,即墨、劓、剕(刖)、宫、大辟,适用于庶民而不适用于贵族

C. "礼"不具备法的性质,缺乏国家强制性,需要"刑"作为补充

D. 违礼即违法,在维护统治的手段上"礼""刑"二者缺一不可

22. 司法活动的公开性是体现司法公正的重要方面,要求司法程序的每一阶段和步骤都应以当事人和社会公众看得见的方式进行。据此,按照有关文件和规定精神,下列哪一说法是正确的?

A. 除依法不在互联网公布的裁判文书外,法院的生效裁判文书均应在互联网公布

B. 检察院应通过互联网、电话、邮件、检察窗口等方式向社会提供案件程序性信息查询服务

C. 监狱狱务因特殊需要不属于司法公开的范围

D. 律师作为诉讼活动的重要参与者,其制作的代理词、辩护词等法律文书应向社会公开

23. 关于刑法的解释,下列哪一项说法是正确的?

A. 按照体系解释,传播淫秽物品罪与传播性病罪的"传播"含义一致

B. 依据论理解释,倒卖文物罪中的"倒卖"是指以牟利为目的,出售或为出售而购买国家禁止经营的文物

C. 招摇撞骗罪是指冒充国家机关工作人员招摇撞骗。将副乡长冒充市长招摇撞骗解释为"冒充"国家机关工作人员招摇撞骗,不符合文理解释

D. 将虐待罪的对象"家庭成员"解释为包括保姆在内,符合类推解释

24. 甲冒充家电维修人员,想把陈某家的冰箱骗到手。某日,甲来到陈某家,开门的却是陈某家保姆,甲误把保姆当成陈某,谎称商家搞活动,正在以旧换新。保姆以为甲事前跟陈某商量好了,就把冰箱给了甲。下列哪一项说法是正确的?

A. 甲构成狭义的因果关系错误

B. 甲构成打击错误

C. 由于甲未认识到被骗对象是保姆,构成诈骗罪未遂

D. 甲构成诈骗罪既遂

25. 关于我国刑事诉讼构造,下列哪一选项是正确的?

A. 自诉案件审理程序适用当事人主义诉讼构造

B. 被告人认罪案件审理程序中不存在控辩对抗

C. 侦查程序已形成控辩审三方构造

D. 审查起诉程序中只存在控辩关系

26. 张某因故意杀人罪被甲市检察院提起公诉,甲市中级法院以证据不足,判决张某无罪。一年后,甲市检察院发现新的证据,能证明张某构成故意杀人罪,应如何处理?

A. 甲市检察院建议甲市中级法院撤销原无罪判决后,再提起公诉

B. 甲市检察院直接提起公诉

C. 甲市检察院抗诉提起再审

D. 甲市检察院建议甲市中级法院主动再审

27．李某和钱某参加省教委①组织的"省中小学教师自学考试"，后省教委以"通报"形式，对李某、钱某等4名作弊考生进行了处理，并通知当次考试各科成绩作废，3年之内不准报考。李某、钱某等均得知该通报内容。李某向省政府递交了行政复议申请书，省政府未予答复。李某诉至法院。下列哪一选项是错误的？

A．法院应当受理李某对通报不服提起的诉讼

B．李某对省教委提起诉讼后，法院可以通知钱某作为第三人参加诉讼

C．法院应当受理李某对省政府不予答复行为提起的诉讼

D．钱某在诉讼程序中提供的、被告在行政程序中未作为处理依据的证据可以作为认定被诉处理决定合法的依据

28．甲公司与乙公司发生纠纷向工商局申请公开乙公司的工商登记信息。该局公开了乙公司的名称、注册号、住所、法定代表人等基本信息，但对经营范围、从业人数、注册资本等信息拒绝公开。甲公司向法院起诉，法院受理。关于此事，下列哪一说法是正确的？

A．甲公司应先向工商局的上一级工商局申请复议，对复议决定不服再向法院起诉

B．工商局应当对拒绝公开的依据以及履行法定告知和说明理由义务的情况举证

C．本案审理不适用简易程序

D．因相关信息不属政府信息，拒绝公开合法

29．关于法律解释和法律推理，下列哪一说法可以成立？

A．作为一种法律思维活动，法律推理的根本目的在于发现绝对事实和真相

B．法律解释和法律推理属于完全不同的两种思维活动，法律推理完全独立于法律解释

C．法官在进行法律推理时，既要遵守和服从法律规则又要在不同利益冲突间进行价值平衡和选择

D．法律推理是严格的形式推理，不受人的价值观影响

30．关于改变或者撤销法律、法规、自治条例和单行条例、规章的权限，下列哪一选项符合《立法法》的规定？

A．全国人民代表大会有权改变或者撤销全国人民代表大会常务委员会批准的违背《宪法》和《立法法》相关规定的自治条例和单行条例

B．省、自治区、直辖市的人民代表大会有权改变或者撤销其常务委员会制定的和批准的不适当的地方性法规

C．地方人民代表大会常务委员会有权改变或者撤销本级人民政府制定的不适当的规章

D．授权机关有权改变被授权机关制定的超越授权范围或者违背授权目的的法规

31．中国法制近代化经历了曲折的渐进过程，贯穿着西方法律精神与中国法律传统的交汇与碰撞。关于中国法制近代化在修律中的特点，下列哪一选项是不正确的？

A．1910年《大清民律草案》完成后，修律大臣俞廉三上陈"奏进民律前三编草案折"，认为民律修订仍然没有超出"中学为体、西学为用"的思想格局

B．1911年《大清新刑律》作为中国第一部近代意义的专门刑法典，在吸纳近代资产阶级罪刑法定等原则的同时，仍然保留了部分不必科刑的民事条款

C．1910年颁行的《法院编制法》规定，国家司法审判实行四级三审制

D．1947年颁行的《中华民国宪法》，所列各项民主自由权利比以往任何宪法性文件都充分

32．甲国人张某侵吞中国某国企驻甲国办事处的大量财产。根据中国和甲国的法律，张某的行为均认定为犯罪。中国与甲国没有司法协助协定。根据国际法相关规则，下列哪一选项是正确的？

A．张某进入中国境内时，中国有关机关可依法将其拘捕

B．中国对张某侵吞财产案没有管辖权

C．张某乘甲国商船逃至公海时，中国有权派员在公海将其缉拿

D．甲国有义务将张某引渡给中国

33．关于法官任免和法官行为，下列哪一说法是正确的？

A．唐某系某省高院副院长，其子系省某县法院院长。对唐某父子应适用任职回避规定

B．楼法官以交通肇事罪被判处有期徒刑一年、缓刑一年。对其无须免除法官职务

C．白法官将多年办案体会整理为《典型案件法庭审理要点》，被所在中级法院推广到基层法院，收效显著。对其应予以奖励

D．陆法官在判决书送达后，发现误将上诉期15日写成了15月，立即将判决收回，做出新判决书次日即交给当事人。其行为不违反法官职业规范规定

34．关于追诉期限的表述，下列哪一选项是正确的？

A．追诉期限为15年的共同犯罪案件，有的犯罪人被追究刑事责任，未被立案侦查的共犯人，在追诉期满后可以立案追究其刑事责任

①　本书题目中的个别国家机构和法规名称沿用当时的旧称，不影响对试题的理解与作答——编者注。

B. 在共同犯罪案件中，在追诉期限内又犯新罪的共犯人，其前罪的追诉期限从犯后罪之日起重新计算，其他未犯新罪的共犯人的追诉期限也应一并中断

C. 国家工作人员在工作中严重失职，玩忽职守，多年后才发生致使国家利益遭受重大损失的危害结果，其追诉期限应当自重大损失的结果发生之日起计算

D. 法定最高刑为10年以上有期徒刑的故意犯罪，经过15年后，司法机关认为犯罪分子罪行严重，具有极大社会危险性的，应当立案追究其刑事责任

35. 甲系海关工作人员，被派往某国考察。甲担心自己放纵走私被查处，拒不归国。为获得庇护，甲向某国难民署提供我国从未对外公布且影响我国经济安全的海关数据。关于本案，下列哪一选项是错误的？

A. 甲构成叛逃罪

B. 甲构成为境外非法提供国家秘密、情报罪

C. 对甲不应数罪并罚

D. 即使《刑法》分则对叛逃罪未规定剥夺政治权利，也应对甲附加剥夺1年以上5年以下政治权利

36. 在罗某放火案中，钱某、孙某和吴某3家房屋均被烧毁。一审时，钱某和孙某提起要求罗某赔偿损失的附带民事诉讼，吴某未主张。一审判决宣告后，吴某欲让罗某赔偿财产损失。下列哪一说法是正确的？

A. 吴某可另行提起附带民事诉讼

B. 吴某不得再提起附带民事诉讼，可在刑事判决生效后另行提起民事诉讼

C. 吴某可提出上诉，请求法院在二审程序中判令罗某予以赔偿

D. 吴某既可另行提起附带民事诉讼，也可单独提起民事诉讼

37. 下列哪一选项不属于行政诉讼的受案范围？

A. 因某企业排污影响李某的鱼塘，李某要求某环保局履行监督职责，遭拒绝后向法院起诉

B. 某市政府发出通知，要求非本地生产乳制品须经本市技术监督部门检验合格方可在本地销售，违者予以处罚。某外地乳制品企业对通知提起诉讼

C. 刘某与某公司签订房屋预售合同，某区房管局对此进行预售预购登记。后刘某了解到某公司向其销售的房屋系超出规划面积和预售面积房屋，遂以某区房管局违法办理登记为由提起诉讼

D.《公司登记管理条例》规定，设立公司应当先向工商登记管理机关申请名称预先核准。张某对名称预先核准决定不服提起诉讼

38."当法律人在选择法律规范时，他必须以该国的整个法律体系为基础，也就是说，他必须对该国的法律有一个整体的理解和掌握，更为重要的是他要选择一个与他确定的案件事实相切合的法律规范，他不仅

要理解和掌握法律的字面含义，还要了解和掌握法律背后的意义。"关于该表述，下列哪一理解是错误的？

A. 适用法律必须面对规范与事实问题

B. 当法律的字面含义不清晰时，可透过法律体系理解其含义

C. 法律体系由一国现行法和历史上曾经有效的法构成

D. 法律的字面含义有时与法律背后的意义不一致

39. 清乾隆律学家、名幕王又槐对谋杀和故杀的有关论述：①"谋杀者，蓄念于未杀之先；故杀者，起意于殴杀之时。"②"谋杀则定计而行，死者猝不及防、势不能敌，或以金刃，或以毒药，或以他物，或驱赴水火，或伺于隐蔽处所，即时致死，并无争斗情形，方为谋杀。"③"故杀乃因斗殴、谋殴而起，或因忆及夙嫌，或因畏其报复，或虑其控官难制，或恶其无耻滋事，或恐其遗祸受害。在兄弟，或利其赀财肥己；在夫妻，或恨其妒悍不逊。临时起意，故打重伤、多伤，伤多及致死处所而死者是也。"据此，下列最可能被认定为谋杀者的是哪一选项？

A. 张某将浦某拖倒在地，骑于身将其打伤。浦某胞弟见状，情急之下用木杷击中张某顶心，张某立时毙命

B. 洪某因父为赵某所杀，立志复仇。后，洪某趁赵某独自上山之机，将其杀死

C. 卢某欲拉林某入伙盗窃，林某不允并声称将其送官。卢某恐其败露欲杀之，当即将林某推倒在地，搭伤其咽喉并用腰带套其脖颈，林某窒息而死

D. 雇主李朱氏责骂刘某干活不勤，刘某愧忿不甘，拿起菜刀将李朱氏砍倒。刘某逃跑之际，被李朱氏4岁的外孙韩某拉住衣服并大声呼救，刘某将其推倒在地并连砍数刀，致其立时毙命

40. 下列乙的行为中，哪一项与甲构成共同犯罪？

A. 甲实施盗窃，乙在外面帮忙望风，甲盗得财物后离开，甲对乙的望风并不知情，且望风期间未发生任何事情

B. 甲为中转自己拐卖的妇女，向乙交代实情并请其收留自己和妇女两天，乙同意并提供住处

C. 乙明知甲在境外实施电信诈骗，仍为其烧香祈福

D. 甲正在实施寻衅滋事犯罪，乙用摄像机拍摄进行网络直播

41. 张某、李某共同抢劫被抓获。张某下列哪一陈述属于证人证言？

A. 我确实参加了抢劫银行

B. 李某逼我去抢的

C. 李某策划了整个抢劫，抢的钱他拿走了一大半

D. 李某在这次抢劫前还杀了赵某

42. 甲公司因乙公司拖欠其工程款申请仲裁,委托某律师事务所的王律师担任诉讼代理人。后因无法挽回全部工程款,甲公司将律师事务所诉至法院,认为王律师在仲裁期间存在执业过错导致其遭受损失。对此,王律师的下列哪一行为可支持甲公司的主张?

A. 3年前曾担任外地某检察院的检察官

B. 将其代理仲裁期间与甲公司的相关合同提交法院

C. 代理仲裁期间违规会见仲裁员被处以停止执业1年的行政处罚

D. 仲裁中未主张甲公司对工程款优先受偿,未告知甲公司任何风险

43. 关于刑事责任能力的认定,下列哪一选项是正确的?

A. 甲先天双目失明,在大学读书期间因琐事致室友重伤。甲具有限定刑事责任能力

B. 乙是聋哑人,长期组织数名聋哑人在公共场所扒窃。乙属于相对有刑事责任能力

C. 丙服用安眠药陷入熟睡,致同床的婴儿被压迫窒息死亡。丙不具有刑事责任能力

D. 丁大醉后步行回家,嫌他人小汽车挡路,将车砸坏,事后毫无记忆。丁具有完全刑事责任能力

44.《摩奴法典》是古印度的法典,《法典》第五卷第一百五十八条规定:"妇女要终生耐心、忍让、热心善业、贞操,淡泊如学生,遵守关于妇女从一而终的卓越规定。"第一百六十四条规定:"不忠于丈夫的妇女生前遭诟辱,死后投生在豺狼腹内,或为象皮病和肺痨所害。"第八卷第四百一十七条规定:"婆罗门贫困时,可完全问心无愧地将其奴隶首陀罗的财产据为己有,而国王不应加以处罚。"第十一卷第八十一条规定:"坚持苦行,纯洁如学生,凝神静思,凡十二年,可以偿赎杀害一个婆罗门的罪恶。"结合材料,判断下列哪一说法是错误的?

A.《摩奴法典》的规定表明,人类早期的法律和道德、宗教等其他规范是浑然一体的

B.《摩奴法典》规定苦修可以免于处罚,说明《法典》缺乏强制性

C.《摩奴法典》公开维护人和人之间的不平等

D.《摩奴法典》带有浓厚的神秘色彩,与现代法律精神不相符合

45. 甲、乙两国发生武装冲突。地区大国丙提出停火方案,并邀请甲、乙两国代表到丙国首都和谈。丙国参与和谈,三国随后以联合声明的方式发布停火协议。后因甲、乙两国对停火协议理解不同,再次发生武装冲突。以下哪一选项符合国际法的规定?

A. 甲、乙两国宣战后,甲国可以没收乙国驻甲国大使馆的财产

B. 停火协议系经丙国调停

C. 甲、乙两国宣战后,甲国A公司与乙国B公司已经签订的商业合同自动废止

D. 丙国应对停火协议产生的争议承担法律责任

46. 下列关于其他法律职业人员道德的表述,哪一项是正确的?

A. 法律顾问应当维护本单位的合法权益,因此无需保持独立

B. 对于从事行政处罚决定审核的公务人员,除涉及国家秘密、职业秘密或个人隐私外,其执法内容应一律向行政相对人和社会公开

C. 执法具有单方性,从事行政复议的公务人员无需听取行政相对人的辩解

D. 负责行政裁决的人员张某告知行政相对人,行政裁决属于终局裁决,不得提起行政复议

47. 关于构成要件要素,下列哪一选项是错误的?

A. 传播淫秽物品罪中的"淫秽物品"是规范的构成要件要素、客观的构成要件要素

B. 签订、履行合同失职被骗罪中的"签订、履行"是记述的构成要件要素、积极的构成要件要素

C. "被害人基于认识错误处分财产"是诈骗罪中的客观的构成要件要素、不成文的构成要件要素

D. "国家工作人员"是受贿罪的主体要素、规范的构成要件要素、主观的构成要件要素

48. 张某涉嫌贩卖毒品罪在A省B市被立案侦查,侦查中聘请该市著名律师陈某为辩护人,下列哪一项说法是正确的?

A. 辩护人陈某在B市甲区帮助张某隐瞒证据毁灭罪证,可以由B市公安机关立案侦查

B. 辩护人陈某在B市乙区犯盗窃罪,可以由B市下属的乙区公安局立案侦查

C. 辩护人陈某涉嫌向张某案件的侦查人员行贿,可以由与B市同级的C市公安局立案侦查

D. 辩护人陈某在B市丙区涉嫌强奸罪,应当由B市以外的侦查机关立案侦查

49. 朱某失业后向区民政局申请最低生活保障金,区民政局认为朱某不符合申请资格予以拒绝,朱某提起行政诉讼。在诉讼过程中,朱某申请先予执行。下列哪一说法是正确的?

A. 朱某申请先予执行应当提供担保

B. 如果法院作出先予执行裁定,区民政局不服可以申请复议

C. 朱某应先申请行政复议后,才能在诉讼中提出先予执行申请

D. 本案应适用确认违法判决

50．甲乙丙三人共同实施故意杀人，一审法院判处甲死刑立即执行、乙无期徒刑、丙有期徒刑10年。丙以量刑过重为由上诉，甲和乙未上诉，检察院未抗诉。关于本案的第二审程序，下列哪一选项是正确的?

A. 可不开庭审理

B. 认为没有必要的，甲可不再到庭

C. 由于乙没有上诉，其不得另行委托辩护人为其辩护

D. 审理后认为原判事实不清且对丙的量刑过轻，发回一审法院重审，一审法院重审后可加重丙的刑罚

二、多项选择题。每题所设选项中至少有两个正确答案，多选、少选、错选或不选均不得分。本部分含51-85题，每题2分，共70分。

51．关于刑法解释，下列哪些说法是正确的?

A. 大炮的危险性比枪支严重，因此将非法制造大炮解释为非法制造枪支罪，属于扩大解释，不违反罪刑法定原则

B. 根据当然解释，生产、销售假药罪中的假药是指完全没有疗效的药，因此有疗效的药不是假药

C. 为境外非法提供国家秘密、情报罪中的"情报"应该缩小解释为"关系国家安全和利益、尚未公开或者依照有关规定不应公开的事项"

D. 将假冒他人未注册的商标解释为假冒注册商标罪，违反罪刑法定原则

52．《刑法》第二百三十八条第一款与第二款分别规定："非法拘禁他人或者以其他方法非法剥夺他人人身自由的，处三年以下有期徒刑、拘役、管制或者剥夺政治权利。具有殴打、侮辱情节的，从重处罚。""犯前款罪，致人重伤的，处三年以上十年以下有期徒刑；致人死亡的，处十年以上有期徒刑。使用暴力致人伤残、死亡的，依照本法第二百三十四条、第二百三十二条的规定定罪处罚。"关于该条款的理解，下列哪些选项是正确的?

A. 第一款所称"殴打、侮辱"属于法定量刑情节

B. 第二款所称"犯前款罪，致人重伤"属于结果加重犯

C. 非法拘禁致人重伤并具有侮辱情节的，适用第二款的规定，侮辱情节不再是法定的从重处罚情节

D. 第二款规定的"使用暴力致人伤残、死亡"，是指非法拘禁行为之外的暴力致人伤残、死亡

53．下列有关"国法"的理解，哪些是不正确的?

A."国法"是国家法的另一种说法

B."国法"仅指国家立法机关创制的法律

C. 只有"国法"才有强制性

D. 无论自然法学派，还是实证主义法学派，都可能把"国法"看作实在法

54．根据《宪法》和法律的规定，关于自治和自治权，下列哪些选项是正确的?

A. 特别行政区依照法律规定实行高度自治，享有行政管理权、立法权、独立的司法权和终审权

B. 民族区域自治地方的法院依法行使自治权

C. 民族乡依法享有一定的自治权

D. 村民委员会是基层群众性自治组织

55．二审法院发现一审法院的审理违反《刑事诉讼法》关于公开审判、回避等规定的，应当裁定撤销原判、发回原审法院重新审判。关于该规定，下列哪些说法是正确的?

A. 体现了分工负责、互相配合、互相制约的原则

B. 体现了严格遵守法定程序原则的要求

C. 表明违反法定程序严重的，应当承担相应法律后果

D. 表明程序公正具有独立的价值

56．方某涉嫌在公众场合侮辱高某和任某，高某向法院提起自诉。关于本案的审理，下列哪些选项是正确的?

A. 如果任某担心影响不好不愿起诉，任某的父亲可代为起诉

B. 法院通知任某参加诉讼并告知其不参加的法律后果，任某仍未到庭，视为放弃告诉，该案宣判后，任某不得再行自诉

C. 方某的弟弟系该案关键目击证人，经法院通知其无正当理由不出庭作证的，法院可强制其到庭

D. 本案应当适用简易程序审理

57．对下列哪些情形，行政机关应当办理行政许可的注销手续?

A. 张某取得律师执业证书后，发生交通事故成为植物人

B. 田某违法经营的网吧被吊销许可证

C. 李某依法向国土资源管理部门申请延续采矿许可，国土资源管理部门在规定期限内未予答复

D. 刘某通过行贿取得行政许可证后，被行政机关发现并撤销其许可

58．关于司法公正及实体公正、程序公正问题的理解，下列哪些表述是正确的?

A. 司法公正是法治的组成部分和基本内容，是民众对法制的必然要求，司法公正包括实体公正和程序公正两个方面

B. 追求实体公正，是我国司法制度和法律职业道德的基本准则，主要指努力发现案件事实真相和正确适用实体法律

C. 程序公正包括当事人平等地参与、严格遵循法定程序及法官的居中裁判等,保证当事人受到公平对待

D. 根据形势及效率需要,可在有关司法过程中将"类推"和"自由心证"作为司法公正的补充手段

59. 关于不作为犯罪,下列哪些说法是正确的?

A. 甲的同事张某见到甲饲养的金毛犬甚是喜爱,伸手抚摸,不料却遭金毛犬撕咬。甲在一旁不制止,导致张某被咬成重伤。由于张某自己制造了危险,故甲不构成不作为犯罪

B. 乙事后发现自己销售的一批药品不合格,但并未召回,致一名患者死亡。由于销售劣药罪的行为只能是作为,且必须具有故意,故乙不构成犯罪

C. 丙夜间在办公室用电热炉煮面条,不慎将公司的一份重要文件引燃。丙本可将火扑灭,却因担心被人发现文件被毁会受到公司处罚,便逃离现场,最后酿成重大火灾。丙构成不作为的放火罪

D. 猎人丁在荒山发现一名弃婴,将弃婴抱回家,过几天后打算长期抚养。由于妻子强烈反对,丁次日将弃婴放至某菜市场门口,被他人抱走,不知去向。丁构成遗弃罪

60. 关于犯罪嫌疑人、被告人有权获得辩护原则,下列哪些说法是正确的?

A. 在任何情况下,对任何犯罪嫌疑人、被告人都不得以任何理由限制或者剥夺其辩护权

B. 辩护权是犯罪嫌疑人、被告人最基本的诉讼权利,有关机关应当为每个犯罪嫌疑人、被告人免费提供律师帮助

C. 为保障辩护权,任何机关都有为犯罪嫌疑人、被告人提供辩护帮助的义务

D. 辩护不应当仅是形式上的,而且应当是实质意义上的

61. 合法行政是行政法的重要原则。下列哪些做法违反了合法行政要求?

A. 某规章规定行政机关对行政许可事项进行监督时,不得妨碍被许可人正常的生产经营活动

B. 行政机关要求行政处罚听证申请人承担组织听证的费用

C. 行政机关将行政强制措施权委托给另一行政机关行使

D. 行政机关对行政许可事项进行监督时发现直接关系公共安全、人身健康的重要设备存在安全隐患,责令停止使用和立即改正

62. 下列对政府信息公开行为提起的哪些诉讼,法院不予受理?

A. 黄某要求市政府提供公开发行的 2010 年市政府公报,遭拒绝后向法院起诉

B. 某公司认为工商局向李某公开的政府信息侵犯其商业秘密向法院起诉

C. 村民申请乡政府公开财政收支信息,因乡政府拒绝公开向法院起诉

D. 甲市居民高某向乙市政府申请公开该市副市长的兼职情况,乙市政府以其不具有申请人资格为由拒绝公开,高某向法院起诉

63. 国际人道法中的区分对象原则(区分军事与非军事目标,区分战斗员与平民)是一项已经确立的国际习惯法原则,也体现在《1977 年日内瓦四公约第一附加议定书》中。甲乙丙三国中,甲国是该议定书的缔约国,乙国不是,丙国曾是该议定书的缔约国,后退出该议定书。根据国际法的有关原理和规则,下列哪些选项是错误的?

A. 该原则对甲国具有法律拘束力,但对乙国没有法律拘束力

B. 丙国退出该议定书后,该议定书对丙国不再具有法律拘束力

C. 丙国退出该议定书后,该原则对丙国不再具有法律拘束力

D. 该原则对于甲乙丙三国都具有法律拘束力

64. 甲电器公司与其子公司乙物流公司涉嫌共同非法吸收公众存款 5 亿元。关于单位犯罪,下列哪些说法是正确的?

A. 如果甲电器公司能成立单位犯罪,那么乙物流公司实施违法行为且获得违法所得,就可认为乙物流公司构成单位犯罪

B. 如果甲电器公司能构成单位犯罪,但无法认定乙物流公司构成单位犯罪,那么可以将乙物流公司中按照甲电器公司的要求实施犯罪行为的人员作为其他直接责任人员,追究其自然人的刑事责任

C. 如果乙物流公司构成单位犯罪,但无法认定甲电器公司构成单位犯罪,那么可以追究甲电器公司中直接责任人员的自然人犯罪,并且该直接责任人员与乙物流公司可以构成共同犯罪

D. 如果因证据问题不能认定乙物流公司、甲电器公司构成单位犯罪,那么可以追究两公司的直接责任人员的刑事责任

65. 关于强奸罪及相关犯罪的判断,下列哪些选项是正确的?

A. 甲欲强奸某妇女遭到激烈反抗,一怒之下卡住该妇女喉咙,致其死亡后实施奸淫行为。甲的行为构成强奸罪的结果加重犯

B. 乙为迫使妇女王某卖淫而将王某强奸,对乙的行为应以强奸罪与强迫卖淫罪实行数罪并罚 C. 丙在组织他人偷越国(边)境过程中,强奸了被组织的妇女李某。丙的行为虽然触犯了组织他人偷越国

(边)境罪与强奸罪,但只能以组织他人偷越国(边)境罪定罪量刑

D. 丁在拐卖妇女的过程中,强行奸淫了该妇女。丁的行为虽然触犯了拐卖妇女罪与强奸罪,但根据刑法规定,只能以拐卖妇女罪定罪量刑

66. 刑事诉讼法的独立价值之一是具有影响刑事实体法实现的功能。下列哪些选项体现了这一功能?

A. 被告人与被害人达成刑事和解而被法院量刑时从轻处理

B. 因排除犯罪嫌疑人的口供,检察院作出证据不足不起诉的决定

C. 侦查机关对于已超过追诉期限的案件不予立案

D. 只有被告人一方上诉的案件,二审法院判决时不得对被告人判处重于原判的刑罚

67. 某市发现一名流浪汉,因不知道其姓名,也找不到任何家属,救助人员将其送往该市救助中心。在救助中心,该流浪汉将另一流浪汉杀死。法院在审理本案过程中,发现该流浪汉患有精神病。关于本案,下列哪些说法是正确的?

A. 法院有权对其采取临时保护性羁押措施

B. 当地民政局可以派代表担任流浪汉的法定代理人出庭

C. 法院决定采取强制医疗措施应一并确认强制医疗期限

D. 法院可以临时邀请精神病专家作为人民陪审员

68. 某区环保局因某新建水电站未报批环境影响评价文件,且已投入生产使用,给予其罚款 10 万元的处罚。水电站不服,申请复议,复议机关作出维持处罚的复议决定书。下列哪些说法是正确的?

A. 复议机关应当为某区政府

B. 如复议期间案件涉及法律适用问题,需要有权机关作出解释,行政复议终止

C. 复议决定书一经送达,即发生法律效力

D. 水电站对复议决定不服向法院起诉,应由复议机关所在地的法院管辖

69. 法律格言云:"不确定性在法律中受到非难,但极度的确定性反而有损确定性。"对此,下列哪些说法是正确的?

A. 在法律中允许有内容本身不确定,而是可以援引其他相关内容规定的规范

B. 借助法律推理和法律解释,可提高法律的确定性

C. 通过法律原则、概括条款,可增强法律的适应性

D. 凡规定义务的,即属于极度确定的;凡规定权利的,即属于不确定的

70. 关于缓刑的适用,下列哪些选项是错误的?

A. 甲犯抢劫罪,所适用的是"三年以上十年以下有期徒刑"的法定刑,缓刑只适用于被判处拘役或者 3 年以下有期徒刑的罪犯,故对甲不得判处缓刑

B. 乙犯故意伤害罪与代替考试罪,分别被判处 6 个月拘役与 1 年管制。由于管制不适用缓刑,对乙所判处的拘役也不得适用缓刑

C. 丙犯为境外非法提供情报罪,被单处剥夺政治权利,执行完毕后又犯帮助恐怖活动罪,被判处拘役 6 个月。对丙不得宣告缓刑

D. 丁 17 周岁时犯抢劫罪被判处有期徒刑 5 年,刑满释放后的第 4 年又犯盗窃罪,应当判处有期徒刑 2 年。对丁不得适用缓刑

71. 陕甘宁边区曾发生一起抢亲案。封捧儿与张柏两情相悦,定有婚约,封捧儿父亲封某为了更多的彩礼将封捧儿许配另一人,张柏父亲许人闯入封家抢走封捧儿成亲。马锡五接办该案后,下乡走进田间,在群众中实地走访调研,广泛征求意见,在案发地进行巡回审理,判决婚姻有效,分别判处张某和封某短期徒刑和劳役。判决一出,群众无不交口称赞。上述案情体现了马锡五审判方式的哪些特点?

A. 调解优先   B. 广泛调研

C. 方便诉讼   D. 不拘形式

72. 国家工作人员甲与民办小学教师乙是夫妻。甲、乙支出明显超过合法收入,差额达 300 万元。甲、乙拒绝说明财产来源。一审中,甲交代 300 万元系受贿所得,经查证属实。关于本案,下列哪些选项是正确的?

A. 甲构成受贿罪

B. 甲不构成巨额财产来源不明罪

C. 乙不构成巨额财产来源不明罪

D. 乙构成掩饰、隐瞒犯罪所得罪

73. 下列哪些选项体现了集中审理原则的要求?

A. 案件一旦开始审理即不得更换法官

B. 法庭审理应不中断地进行

C. 更换法官或者庭审中断时间较长的,应当重新进行审理

D. 法庭审理应当公开进行

74. 某区公安分局以蔡某殴打孙某为由对蔡某拘留十日并处罚款 500 元。蔡某向法院起诉,要求撤销处罚决定和赔偿损失。一审法院经审理认定处罚决定违法。下列哪些选项是正确的?

A. 蔡某所在地的法院对本案无管辖权

B. 一审法院应判决撤销拘留决定,返还罚款 500

元、按照国家上年度职工日平均工资赔偿拘留十日的损失和一定的精神抚慰金

C. 如一审法院的判决遗漏了蔡某的赔偿请求,二审法院应当裁定撤销一审判决,发回重审

D. 如蔡某在二审期间提出赔偿请求,二审法院可以进行调解,调解不成的,应告知蔡某另行起诉

75.《中共中央关于全面深化改革若干重大问题的决定》提出,应当改革司法管理体制,推动省以下地方检察院人财物统一管理,探索建立与行政区划适当分离的司法管辖制度。关于上述改革措施,下列哪些理解是正确的?

A. 有助于检察权独立行使

B. 有助于检察权统一行使

C. 有助于检务公开

D. 有助于强化检察机关的法律监督作用

76. 甲男喝醉酒后,女友乙要求甲开车送其回家。甲男表示自己醉酒了,不能开车,但是拗不过乙的坚持,只好同意。甲男驾车有十公里时,由于醉酒原因,不慎撞伤行人丙,致其重伤。下列哪些说法是正确的?

A. 甲构成危险驾驶罪

B. 乙构成危险驾驶罪(教唆犯)

C. 甲构成交通肇事罪

D. 乙构成交通肇事罪(教唆犯)

77. 下列哪些行为应以职务侵占罪论处?

A. 甲系某村民小组的组长,利用职务上的便利,将村民小组集体财产非法据为己有,数额达到 5 万元

B. 乙为村委会主任,利用协助乡政府管理和发放救灾款物之机,将 5 万元救灾款非法据为己有

C. 丙是某国有控股公司部门经理,利用职务上的便利,将本单位的 5 万元公款非法据为己有

D. 丁与某私营企业的部门经理李某内外勾结,利用李某职务上的便利,共同将该单位的 5 万元资金非法据为己有

78. 甲、乙涉嫌非法拘禁罪被取保候审。本案提起公诉后,法院认为对甲可继续适用取保候审,乙因有伪造证据的行为而应予逮捕。对于法院适用强制措施,下列哪些选项是正确的?

A. 对甲可变更为保证人保证

B. 决定逮捕之前可先行拘留乙

C. 逮捕乙后应在 24 小时内讯问

D. 逮捕乙后,同级检察院可主动启动对乙的羁押必要性审查

79. 甲盗掘国家重点保护的古墓葬,窃取大量珍贵文物,并将部分文物偷偷运往境外出售牟利。司法机关发现后,甲为毁灭罪证将剩余珍贵文物损毁。关于本案,下列哪些选项是错误的?

A. 运往境外出售与损毁文物,属于不可罚的事后行为,对甲应以盗掘古墓葬罪、盗窃罪论处

B. 损毁文物是为自己毁灭证据的行为,不成立犯罪,对甲应以盗掘古墓葬罪、盗窃罪、走私文物罪论处

C. 盗窃文物是盗掘古墓葬罪的法定刑升格条件,对甲应以盗掘古墓葬罪、走私文物罪、故意损毁文物罪论处

D. 盗掘古墓葬罪的成立不以盗窃文物为前提,对甲应以盗掘古墓葬罪、盗窃罪、走私文物罪、故意损毁文物罪论处

80. 规划局认定一公司所建房屋违反规划,向该公司发出《拆除所建房屋通知》,要求公司在 15 日内拆除房屋。到期后,该公司未拆除所建房屋,该局发出《关于限期拆除所建房屋的通知》,要求公司在 10 日内自动拆除,否则将依法强制执行。下列哪些说法是正确的?

A.《拆除所建房屋通知》与《关于限期拆除所建房屋的通知》性质不同

B.《关于限期拆除所建房屋的通知》系行政处罚

C. 公司可以对《拆除所建房屋通知》提起行政诉讼

D. 在作出《拆除所建房屋通知》时,规划局可以适用简易程序

81. 梁某酒后将邻居张某家的门、窗等物品砸坏。县公安局接警后,对现场进行拍照、制作现场笔录,并请县价格认证中心作价格鉴定意见,对梁某作出行政拘留 8 日处罚。梁某向法院起诉,县公安局向法院提交照片、现场笔录和鉴定意见。下列哪些说法是正确的?

A. 照片为书证

B. 县公安局提交的现场笔录无当事人签名的,不具有法律效力

C. 县公安局提交的鉴定意见应有县价格认证中心的盖章和鉴定人的签名

D. 梁某对现场笔录的合法性有异议的,可要求县公安局的相关执法人员作为证人出庭作证

82. 关于《反垄断法》,下列说法哪些可以成立?

A.《反垄断法》的制定是以我国当前的市场经济为基础的,没有市场经济,就不会出现市场垄断,也就不需要《反垄断法》,因此可以说,社会是法律的母体,法律是社会的产物

B. 法对经济有积极的反作用,《反垄断法》的出台及实施将会对我国市场经济发展产生重要影响

C. 我国市场经济的发展客观上需要《反垄断法》的出台,这个事实说明,唯有经济才是法律产生和发

展的决定性因素,除经济之外法律不受其他社会因素的影响

D. 为了有效地管理社会,法律还需要和其他社会规范(道德、政策等)积极配合,《反垄断法》在管理市场经济时也是如此

83. 关于国家监察机关,下列哪些说法是错误的?

A. 国家监察委员会是最高国家监察机关,负责全国监察工作

B. 国家监察委员会对全国人大及其常委会负责并报告工作

C. 监察委员会依照法律规定独立行使监察权,不受任何机关的干涉

D. 监察机关办理职务违法和职务犯罪案件,应当与审判机关、检察机关、执法部门互相配合,互相制约

84. 甲和女友乙在网吧上网时,捡到一张背后写有密码的银行卡。甲持卡去 ATM 机取款,前两次取出 5000 元。在准备再次取款时,乙走过来说:"注意,别出事",甲答:"马上就好。"甲又分两次取出 6000元,并将该 6000 元递给乙。乙接过钱后站了一会儿说:"我走了,小心点。"甲接着又取出 7000 元。关于本案,下列哪些选项是正确的?

A. 甲拾得他人银行卡并在 ATM 机上使用,根据司法解释,成立信用卡诈骗罪

B. 对甲前两次取出 5000 元的行为,乙不负刑事责任

C. 乙接过甲取出的 6000 元,构成掩饰、隐瞒犯罪所得罪

D. 乙虽未持银行卡取款,也构成犯罪,犯罪数额是 1.3 万元

85. 某地发生命案,侦查人员在勘验现场时邀请当地村委会主任刘某作为见证人。对此,下列哪些选项是正确的?

A. 刘某如请求公安机关予以安全保护,公安机关应采取保护措施

B. 刘某应在勘验笔录上签字或者盖章

C. 刘某属于本案的诉讼参与人

D. 勘验笔录的真实性有争议时,法庭可通知刘某出庭

三、不定项选择题。 每题所设选项中至少有一个正确答案,多选、少选、错选或不选均不得分。本部分含86-100题,每题 2 分,共 30 分。

86. 《刑事诉讼法》规定,下级法院接到最高法院执行死刑的命令后,发现有关情形时,应当停止执行,并且立即报告最高法院,由最高法院作出裁定。下列情形应当适用该规定的是:

A. 发现关键定罪证据可能是刑讯逼供所得

B. 判决书认定的年龄错误,实际年龄未满 18 周岁

C. 提供一重大银行抢劫案线索,经查证属实

D. 罪犯正在怀孕

87. 《全国人民代表大会常务委员会关于实行宪法宣誓制度的决定》于 2016 年 1 月 1 日起实施。关于宪法宣誓制度的表述,下列选项正确的是:

A. 该制度的建立有助于树立宪法的权威

B. 宣誓场所应当悬挂中华人民共和国国旗或者国徽

C. 宣誓主体限于各级政府、法院和检察院任命的国家工作人员

D. 最高法院副院长、审判委员会委员进行宣誓的仪式由最高法院组织

88. 律师邹某受法律援助机构指派,担任未成年人陈某的辩护人。关于邹某的权利,下列说法正确的是:

A. 可调查陈某的成长经历、犯罪原因、监护教育等情况,并提交给法院

B. 可反对法院对该案适用简易程序,法院因此只能采用普通程序审理

C. 可在陈某最后陈述后进行补充陈述

D. 可在有罪判决宣告后,受法庭邀请参与对陈某的法庭教育

89. 丁某以其房屋作抵押向孙某借款,双方到房管局办理手续,提交了房产证原件及载明房屋面积100 平方米、借款 50 万元的房产抵押合同,该局以此出具房屋他项权证。丁某未还款,法院拍卖房屋,但因房屋面积只有 70 平方米,孙某遂以该局办理手续时未尽核实义务造成其 15 万元债权无法实现为由,起诉要求认定该局行为违法并赔偿损失。对此案,下列说法不正确的是:

A. 法院可根据孙某申请裁定先予执行

B. 孙某应对房管局的行为造成其损失提供证据

C. 孙某对房屋抵押存在过错的,应当减轻房管局的赔偿责任

D. 孙某的请求不属国家赔偿范围

90. 甲驾车不慎将行人乙撞成重伤,甲想逃离。行人丙看到这一情景,要求甲将乙送往医院,甲拒绝并欲逃离。丙便将甲打成轻伤,威胁并强迫甲将乙送往医院。甲害怕被丙继续殴打,便答应将乙送往医院。丙的行为构成:

A. 正当防卫　　　　B. 紧急避险

C. 故意伤害罪　　　D. 防卫过当

91. 关于我国刑事诉讼中证明责任的分担,下列说法正确的是:

A. 犯罪嫌疑人应当如实回答侦查人员的提问，承担证明自己无罪的责任

B. 自诉人对其控诉承担提供证据予以证明的责任

C. 律师进行无罪辩护时必须承担提供证据证明其主张成立的责任

D. 在巨额财产来源不明案中，检察机关应当证明国家工作人员的财产明显超过合法收入且差额巨大这一事实的存在

92. 甲省乙市政府发布通知，对直接介绍外地企业到本市投资的单位和个人按照投资项目实际到位资金金额的千分之一进行奖励。经张某引荐，某外地企业到该市投资，但市政府拒绝支付5万元的奖励金。张某提起行政诉讼，法院建议市政府负责人唐某出庭应诉。下列说法正确的是：

A. 唐某出庭应诉，可以另行委托两名诉讼代理人

B. 若唐某因公不能出庭，可委托律师代其出庭应诉

C. 若唐某不出庭，也不委托代理人出庭，法院可以传唤其出庭

D. 法院应当适用简易程序进行审理

93. 菲德罗河是一条依次流经甲乙丙丁四国的多国河流。1966年，甲乙丙丁四国就该河流的航行事项缔结条约，规定缔约国船舶可以在四国境内的该河流中通航。2005年底，甲国新当选的政府宣布：因乙国政府未能按照条约的规定按时维修其境内航道标志，所以甲国不再受上述条约的拘束，任何外国船舶进入甲国境内的菲德罗河段，均须得到甲国政府的专门批准。自2006年起，甲国开始拦截和驱逐未经其批准而驶入甲国河段的乙丙丁船舶，并发生多起扣船事件。对此，根据国际法的有关规则，下列表述正确的是：

A. 由于乙国未能履行条约义务，因此，甲国有权终止该条约

B. 若乙丙丁三国一致同意，可以终止该三国与甲国间的该条约关系

C. 若乙丙丁三国一致同意，可以终止该条约

D. 甲乙两国应分别就其上述未履行义务的行为，承担同等的国家责任

94. 根据《宪法》和《组织法》的规定，下列选项正确的是：

A. 地方各级人大代表非经本级人大主席团许可，在大会闭会期间非经本级人大常委会许可，不受逮捕或刑事审判

B. 乡、民族乡、镇的人大主席、副主席不得担任国家行政机关的职务

C. 审计机关依照法律独立行使审计权，不受行政机关、社会团体和个人的干涉

D. 中华人民共和国主席根据全国人大常委会的决定，进行国事活动

吴先生与秦女士自由恋爱后结婚，育有一子吴勇，后二人因感情不和协议离婚，考虑到吴勇年幼，双方在协议中约定，吴勇由秦女士抚养，但倘若秦女士再婚，不得生育。后秦女士再婚并怀孕，吴先生诉至法院，以秦女士违反协议为由，要求获得吴勇的抚养权。法院认定协议因侵犯秦女士的生育权而无效，判决驳回吴先生的诉讼请求。吴勇上小学后，因名字谐音，被同学起了绰号"没用"。吴勇内心感觉屈辱，请求母亲为自己改名。秦女士遂以公安机关将"吴勇"改为"秦勇"。后吴先生听说此事，诉至法院，以吴勇为自己亲生儿子，按照中国人的传统习惯，理应跟自己姓为由，要求法院判决将"秦勇"更名为"吴勇"。法院根据《婚姻法》第22条，"子女可以随父姓，可以随母姓"，判决驳回吴先生的诉讼请求。请根据此案回答95~97题：

95. 下列说法错误的是：

A.《婚姻法》第22条属于允许句

B.《婚姻法》第22条属于法律原则的规定，在缺少法律规则的情形下，可以在审判中适用

C.《婚姻法》第22条规定了法律规则的假定条件

D.《婚姻法》第22表达了授权性规则、任意性规则、准用性规则

96. 上述协议违反了以下何种原则？

A. 公序良俗原则

B. 平等原则

C. 自愿原则

D. 公平原则

97. 关于此案，下列说法正确的是：

A. 公民享有姓名权，但姓名权的行使不得违背社会的公序良俗

B. 姓名权属于相对权

C. 如果法院判决孩子随母姓，体现了法的评价作用

D. 吴先生主张的中国传统习惯属于非正式的法的渊源，不得在审判中适用

98. 甲购买乙公司一批工程车辆，双方约定分期付款，乙公司先行交付车辆，等到甲付完尾款后车辆所有权归甲所有。乙公司的这些工程车辆均内置了定位监控系统，方便追踪定位车辆位置。甲找到丙，丙通过技术手段破坏了这批车辆的定位监控系统，然后将车辆变卖。下列说法正确的是：

A. 丙构成破坏计算机信息系统罪

B. 丙构成非法侵入计算机信息系统罪

C. 丙构成非法控制计算机信息系统罪

D. 甲构成侵占罪

99．甲、乙（户籍地均为 M 省 A 市）共同运营一条登记注册于 A 市的远洋渔船。某次在公海捕鱼时，甲乙二人共谋杀害了与他们素有嫌隙的水手丙。该船回国后首泊于 M 省 B 市港口以作休整，然后再航行至 A 市。从 B 市起航后，在途经 M 省 C 市航行至 A 市过程中，甲因害怕乙投案自首一直将乙捆绑拘禁于船舱。该船于 A 市靠岸后案发。关于本案管辖，下列选项正确的是：

A. 故意杀人案和非法拘禁案应分别由中级法院

和基层法院审理

B. A 市和 C 市对非法拘禁案有管辖权

C. B 市中级法院对故意杀人案有管辖权

D. A 市中级法院对故意杀人案有管辖权

100．廖某在监狱服刑，因监狱管理人员放纵被同室服刑人员殴打，致一条腿伤残。廖某经 6 个月治疗，部分丧失劳动能力，申请国家赔偿。下列属于国家赔偿范围的是：

A. 医疗费

B. 残疾生活辅助具费

C. 残疾赔偿金

D. 廖某扶养的无劳动能力人的生活费

试 卷 二

试 题

一、单项选择题。每题所设选项中只有一个正确答案,多选、错选或不选均不得分。本部分含 1-50 题,每题 1 分,共 50 分。

1. 甲十七岁,以个人积蓄 1000 元在慈善拍卖会拍得明星乙表演用过的道具,市价约 100 元。事后,甲觉得道具价值与其价格很不相称,颇为后悔。关于这一买卖,下列哪一说法是正确的?

A. 买卖显失公平,甲有权要求撤销

B. 买卖存在重大误解,甲有权要求撤销

C. 买卖无效,甲为限制行为能力人

D. 买卖有效

2. 张某遗失的名表被李某拾得。1 年后,李某将该表卖给了王某。再过 1 年,王某将该表卖给了郑某。郑某将该表交给不知情的朱某维修,因郑某不付维修费与朱某发生争执,张某方知原委。下列哪一表述是正确的?

A. 张某可请求李某返还手表

B. 张某可请求王某返还手表

C. 张某可请求郑某返还手表

D. 张某可请求朱某返还手表

3. 甲公司与没有建筑施工资质的某施工队签订合作施工协议,由甲公司投标乙公司的办公楼建筑工程,施工队承建并向甲公司交纳管理费。中标后,甲公司与乙公司签订建筑施工合同。工程由施工队负责施工。办公楼竣工验收合格交付给乙公司。乙公司尚有部分剩余工程款未支付。下列哪一选项是正确的?

A. 合作施工协议有效

B. 建筑施工合同属于效力待定

C. 施工队有权向甲公司主张工程款

D. 甲公司有权拒绝支付剩余工程款

4. 关于诉的分类的表述,下列哪一选项是正确的?

A. 孙某向法院申请确认其妻无民事行为能力,属于确认之诉

B. 周某向法院申请宣告自己与吴某的婚姻无效,属于变更之诉

C. 张某在与王某协议离婚后,又向法院起诉,主张离婚损害赔偿,属于给付之诉

D. 赵某代理女儿向法院诉请前妻将抚养费从每月 1000 元增加为 2000 元,属于给付之诉

5. 甲诉乙人身损害赔偿一案,一审法院根据甲的申请,冻结了乙的银行账户,并由李法官独任审理。后甲胜诉,乙提出上诉。二审法院认为一审事实不清,裁定撤销原判,发回重审。关于重审,下列哪一表述是正确的?

A. 由于原判已被撤销,一审中的审判行为无效,保全措施也应解除

B. 由于原判已被撤销,一审中的诉讼行为无效,法院必须重新指定举证时限

C. 重审时不能再适用简易程序,应组成合议庭,李法官可作为合议庭成员参加重审

D. 若重审法院判决甲胜诉,乙再次上诉,二审法院认为重审认定的事实依然错误,则只能在查清事实后改判

6. 2017 年,张某向甲公司投保重大疾病险,投保时隐瞒了患有乙肝的事实。保险合同订立前,甲公司要求张某到乙医院体检,并提交体检报告。因医院的医生工作失误,未能诊断出张某的乙肝病情。2018 年 2 月,张某因患乙肝入院治疗,花去医疗费等 6 万余元。2018 年 7 月,甲公司得知张某隐瞒病情投保的事实。下列哪一项说法是正确的?

A. 甲公司有权不解除保险合同,但不予赔偿

B. 如果甲公司解除保险合同,应当向张某退还保费

C. 若张某投保时,提交体检报告明确显示其患有乙肝,甲公司不能拒绝赔偿

D. 张某到甲公司指定的医院体检,免除了其如实告知的义务

7. 甲无国籍,经常居住地为乙国,甲创作的小说《黑客》在丙国首次出版。我国公民丁在丙国购买了该小说,未经甲同意将其翻译并在我国境内某网站传播。《黑客》要受我国著作权法保护,应当具备下列哪一条件?

A.《黑客》不应当属于我国禁止出版或传播的作品

B. 甲对丁翻译《黑客》并在我国境内网站传播的行为予以追认

C. 乙和丙国均加入了《保护文学艺术作品伯尔尼公约》

D. 乙或丙国加入了《保护文学艺术作品伯尔尼公约》

8. 一对夫妇,夫为泰国人,妻为英国人。丈夫在中国逝世后,妻子要求中国法院判决丈夫在中国的遗产归其所有。判断妻子对其夫财产的权利是基于夫妻财产关系的权利还是妻子对丈夫的继承权利的问题在国际私法上被称为什么?

A. 二级识别　　　　B. 识别

C. 法律适用　　　　D. 先决问题

9. 甲公司依运输合同承运一批从某国进口中国的食品,当正本提单持有人乙公司持正本提单提货时,发现货物已由丙公司以副本提单加保函提走。依我国相关法律规定,下列哪一选项是正确的?

A. 无正本提单交付货物的民事责任应适用交货地法律

B. 乙公司可以要求甲公司承担违约责任或侵权责任

C. 甲公司对因无正本提单交货造成的损失按货物的成本赔偿

D. 丙公司提走了货物,不能要求甲公司承担责任

10. 甲、乙两公司约定:甲公司委托乙公司制造一个特定的冶炼炉,高 20 米,宽 30 米,甲公司提供明确的参数,乙公司准备材料,利用乙公司的技术设计制造完成,并负责安装和后期的维修、保养。该合同属于:

A. 提供劳务合同　　B. 建设工程合同

C. 技术服务合同　　D. 买卖合同

11. 甲与保姆乙约定:甲生前由乙照料,死后遗产全部归乙。乙一直细心照料甲。后甲女儿丙回国,与乙一起照料甲,半年后甲去世。丙认为自己是第一顺序继承人,且尽了义务,主张甲、乙约定无效。下列哪一表述是正确的?

A. 遗赠扶养协议有效

B. 协议部分无效,丙可以继承甲的一半遗产

C. 协议无效,应按法定继承处理

D. 协议有效,应按遗嘱继承处理

12. 社会主义法治的价值追求是公平正义,因此必须坚持法律面前人人平等原则。下列哪一民事诉讼基本原则最能体现法律面前人人平等原则的内涵?

A. 检察监督原则

B. 诚实信用原则

C. 当事人诉讼权利平等原则

D. 同等原则和对等原则

13. 姚某在使用甲网站的搜索引擎时,在搜索结果页面出现前总会弹出宣传页面,严重遮挡搜索结果页面。经查,乙网络技术公司为甲网站提供技术支持,其插入宣传页面的行为未经甲网站允许。关于乙公司的行为,下列哪一说法是正确的?

A. 属于合理利用网络资源

B. 构成虚假广告宣传行为

C. 构成不正当竞争行为

D. 无需经甲网站同意

14. 经常居所地同在上海的越南公民阮某与中国公民李某结伴乘新加坡籍客轮从新加坡到印度游玩。客轮在公海遇风暴沉没,两人失踪。现两人亲属在上海某法院起诉,请求宣告两人失踪。依中国法律规定,下列哪一选项是正确的?

A. 宣告两人失踪,均应适用中国法

B. 宣告阮某失踪,可适用中国法或越南法

C. 宣告李某失踪,可适用中国法或新加坡法

D. 宣告阮某与李某失踪,应分别适用越南法与中国法

15. 甲的儿子乙(8 岁)因遗嘱继承了祖父遗产 10 万元。某日,乙玩耍时将另一小朋友丙的眼睛划伤。丙的监护人要求甲承担赔偿责任 2 万元。后法院查明,甲已尽到监护职责。下列哪一说法是正确的?

A. 因乙的财产足以赔偿丙,故不需用甲的财产赔偿

B. 甲已尽到监护职责,无需承担侵权责任

C. 用乙的财产向丙赔偿,乙赔偿后可在甲应承担的份额内向甲追偿

D. 应由甲直接赔偿,否则会损害被监护人乙的利益

16. 张小飞邀请关小羽来家中做客,关小羽进入张小飞所住小区后,突然从小区的高楼内抛出一块砚台,将关小羽砸伤。关于砸伤关小羽的责任承担,下列哪一选项是正确的?

A. 张小飞违反安全保障义务,应承担侵权责任

B. 顶层业主通过证明当日家中无人,可以免责

C. 小区物业违反安全保障义务,应承担侵权责任

D. 如查明砚台系从 10 层抛出,10 层以上业主仍应承担补充责任

17. 某普通合伙企业为内部管理与拓展市场的需要,决定聘请陈东为企业经营管理人。对此,下列哪一表述是正确的?

A. 陈东可以同时具有合伙人身份

B. 对陈东的聘任须经全体合伙人的一致同意

C. 陈东作为经营管理人，有权以合伙企业的名义对外签订合同

D. 合伙企业对陈东对外代表合伙企业权利的限制，不得对抗第三人

18．某镇拟编制并实施镇总体规划，根据《城乡规划法》的规定，下列哪一说法是正确的？

A. 防灾减灾系镇总体规划的强制性内容之一

B. 在镇总体规划确定的建设用地范围以外，可设立经济开发区

C. 镇政府编制的镇总体规划，报上一级政府审批后，再经镇人大审议

D. 建设单位报批公共垃圾填埋场项目，应向国土部门申请核发选址意见书

19．甲去购买彩票，其友乙给甲 10 元钱让其顺便代购彩票，同时告知购买号码，并一再嘱咐甲不要改变。甲预测乙提供的号码不能中奖，便擅自更换号码为乙购买了彩票并替乙保管。开奖时，甲为乙购买的彩票中了奖，二人为奖项归属发生纠纷。下列哪一分析是正确的？

A. 甲应获得该奖项，因按乙的号码无法中奖，甲、乙之间应类推适用借贷关系，由甲偿还乙 10 元

B. 甲、乙应平分该奖项，因乙出了钱，而甲更换了号码

C. 甲的贡献大，应获得该奖项之大部，同时按比例承担彩票购买款

D. 乙应获得该奖项，因乙是委托人

20．张某拾得王某的一只小羊拒不归还，李某将小羊从张某羊圈中抱走交给王某。下列哪一表述是正确的？

A. 张某拾得小羊后因占有而取得所有权

B. 张某有权要求王某返还占有

C. 张某有权要求李某返还占有

D. 李某侵犯了张某的占有

21．关于增值税的说法，下列哪一选项是错误的？

A. 增值税的税基是销售货物、服务、无形资产、不动产以及进口货物的增值额

B. 增值税起征点的范围只限于个人

C. 医疗机构提供的医疗服务，免征增值税

D. 销售不动产的，适用 9% 的增值税率

22．某采石场扩建项目的环境影响报告书获批后，采用的爆破技术发生重大变动，其所生粉尘将导致周边居民的农作物受损。关于此事，下列哪一说法是正确的？

A. 建设单位应重新报批该采石场的环境影响报告书

B. 建设单位应组织环境影响的后评价，并报原审批部门批准

C. 该采石场的环境影响评价，应当与规划的环境影响评价完全相同

D. 居民将来主张该采石场承担停止侵害的侵权责任，受 3 年诉讼时效的限制

23．甲欠丙 100 吨钢材，为偿还该债务，甲与乙订立了 100 吨钢材的买卖合同，约定由乙向丙直接交付钢材，丙也可以直接向乙请求履行，丙对此知情，也未拒绝。以下说法哪一项是正确的？

A. 如乙不交付，丙可请求其履行且要求承担违约责任

B. 甲对乙已经没有任何义务

C. 乙不能向丙主张其对甲的抗辩

D. 因合同相对性，丙不能直接向乙请求交付义务

24．乙在甲提存机构办好提存手续并通知债权人丙后，将 2 台专业相机、2 台天文望远镜交甲提存。后乙另行向丙履行了提存之债，要求取回提存物。但甲机构工作人员在检修自来水管道时因操作不当引起大水，致乙交存的物品严重毁损。下列哪一选项是错误的？

A. 甲机构构成违约行为

B. 甲机构应承担赔偿责任

C. 乙有权主张赔偿财产损失

D. 丙有权主张赔偿财产损失

25．玮平公司是一家从事家具贸易的有限责任公司，注册地在北京，股东为张某、刘某、姜某、方某四人。公司成立两年后，拟设立分公司或子公司以开拓市场。对此，下列哪一表述是正确的？

A. 在北京市设立分公司，不必申领分公司营业执照

B. 在北京市以外设立分公司，须经登记并领取营业执照，且须独立承担民事责任

C. 在北京市以外设立分公司，其负责人只能由张某、刘某、姜某、方某中的一人担任

D. 在北京市以外设立子公司，即使是全资子公司，亦须独立承担民事责任

26．刘月购买甲公司的化肥，使用后农作物生长异常。刘月向法院起诉，要求甲公司退款并赔偿损失。诉讼中甲公司否认刘月的损失是因其出售的化肥质量问题造成的，刘月向法院提供了本村吴某起诉甲公司损害赔偿案件的判决书，以证明甲公司出售的化肥有质量问题且与其所受损害有因果关系。关于本案刘月所受损害与使用甲公司化肥因果关系的证

明责任分配,下列哪一选项是正确的?

A. 应由刘月负担有因果关系的证明责任

B. 应由甲公司负担无因果关系的证明责任

C. 应由法院依职权裁量分配证明责任

D. 应由双方当事人协商分担证明责任

27．甲公司诉乙公司买卖合同纠纷一案,法院判决乙公司败诉并承担违约责任,乙公司不服提起上诉。在二审中,甲公司与乙公司达成和解协议,并约定双方均将提起之诉予以撤回。关于两个公司的撤诉申请,下列哪一说法是正确的?

A. 应当裁定准许双方当事人的撤诉申请,并裁定撤销一审判决

B. 应当裁定准许乙公司撤回上诉,不准许甲公司撤回起诉

C. 不应准许双方撤诉,应依双方和解协议制作调解书

D. 不应准许双方撤诉,应依双方和解协议制作判决书

28．绿都公司是由阳光公司和张某、李某共同出资设立的有限公司,阳光公司派甲和乙担任绿都公司的董事。在绿都公司运营期间,甲以乙在绿都公司决策时总不为阳光公司的利益着想为由,向阳光公司报告。阳光公司未经绿都公司其他董事同意,将乙召回,派驻丙作为绿都公司的董事。下列哪一项说法是正确的?

A. 乙一经召回就丧失了绿都公司的董事身份

B. 丙取得了绿都公司的董事身份

C. 甲和乙应对阳光公司尽忠实、勤勉义务

D. 甲和乙应对绿都公司尽忠实、勤勉义务

29．退伍军人郭某应聘在某公司工作,公司未参加社会保险。某日工作时,郭某因工作原因导致在部队时的旧伤复发,该旧伤因战所致,且郭某已取得伤残军人证。关于郭某的伤残待遇,下列哪一选项是正确的?

A. 可以享受公司的工伤待遇和退役军人保险待遇

B. 由于公司未参加社会保险,只能申请退役军人保险待遇

C. 如郭某为六级伤残,可以每个月从公司领取伤残津贴

D. 如公司参加了工伤保险,郭某为六级伤残,可以每个月从工伤保险基金领取伤残津贴

30．某杂志社出版的《天下事》是国内知名的时事类期刊,每期内容均精心挑选编排,入选率仅为10%。甲网站未许可转载了该期刊每期所有的文章,并且未标明出处和不得转载。后大量网民从甲网站下载了《天下事》里收录的文章。下列哪一项说法

是正确的?

A. 甲网站侵犯了杂志社和作者的著作权

B. 甲网站只侵犯了作者的著作权

C. 如果甲网站给作者付费就不侵犯其著作权

D. 如果杂志社收录的文章未经作者同意,则甲网站不侵犯杂志社的著作权

31．中国甲公司向加拿大乙公司出口一批农产品,CFR 价格条件。货装船后,乙公司因始终未收到甲公司的通知,未办理保险。部分货物在途中因海上风暴毁损。根据相关规则,下列哪一选项是正确的?

A. 甲公司在装船后未给乙公司以充分的通知,造成乙公司漏保,因此损失应由甲公司承担

B. 该批农产品的风险在装港船舷转移给乙公司

C. 乙公司有办理保险的义务,因此损失应由乙公司承担

D. 海上风暴属不可抗力,乙公司只能自行承担损失

32．甲乙双方拟订的借款合同约定:甲向乙借款11 万元,借款期限为1 年。乙在签字之前,要求甲为借款合同提供担保。丙应甲要求同意担保,并在借款合同保证人一栏签字,保证期间为1 年。甲将有担保签字的借款合同交给乙。乙要求从 11 万元中预先扣除 1 万元利息,同时将借款期限和保证期间均延长为2 年。甲应允,双方签字,乙依约将 10 万元交付给甲。下列哪一表述是正确的?

A. 丙的保证期间为 1 年

B. 丙无须承担保证责任

C. 丙应承担连带保证责任

D. 丙应对 10 万元本息承担保证责任

33．刘某承包西瓜园,收获季节突然病故。好友刁某因联系不上刘某家人,便主动为刘某办理后事和照看西瓜园,并将西瓜卖出,获益 5 万元。其中,办理后事花费 1 万元、摘卖西瓜雇工费以及其他必要费用共 5000 元。刁某认为自己应得劳务费 5000 元。关于刁某的行为,下列哪一说法是正确的?

A. 5 万元属于不当得利

B. 应向刘某家人给付 3 万元

C. 应向刘某家人给付 4 万元

D. 应向刘某家人给付 3.5 万元

34．三合公司诉两江公司合同纠纷一案,经法院审理后判决两江公司败诉。此后,两江公司与海大公司合并成立了大江公司。在对两江公司财务进行审核时,发现了一份对前述案件事实认定极为重要的证据。关于该案的再审,下列哪一说法是正确的?

A. 应当由两江公司申请再审并参加诉讼

B. 应当由海大公司申请再审并参加诉讼

C. 应当由大江公司申请再审并参加诉讼

D. 应当由两江公司申请再审,但必须由大江公司参加诉讼

35. 李某与温某之间债权债务纠纷经甲市 M 区法院审理作出一审判决,要求温某在判决生效后 15 日内偿还对李某的欠款。双方均未提起上诉。判决履行期内,李某发现温某正在转移财产,温某位于甲市 N 区有可供执行的房屋一套,故欲申请法院对该房屋采取保全措施。关于本案,下列哪一选项是正确的?

A. 此时案件已经审理结束且未进入执行阶段,李某不能申请法院采取保全措施

B. 李某只能向作出判决的甲市 M 区法院申请保全

C. 李某可向甲市 M 区法院或甲市 N 区法院申请保全

D. 李某申请保全后,其在生效判决书指定的履行期间届满后 15 日内不申请执行的,法院应当解除保全措施

36. 韦某开设了"韦老四"煎饼店,在当地颇有名气。经营汽车配件的个体户肖某从外地路过,吃过后赞不绝口。当发现韦某尚未注册商标时,肖某就餐饮服务注册了"韦老四"商标。关于上述行为,下列哪一说法是正确的?

A. 韦某在外地开设新店时,可以使用"韦老四"标识

B. 如肖某注册"韦老四"商标后立即起诉韦某侵权,韦某并不需要承担赔偿责任

C. 肖某的商标注册恶意侵犯韦某的在先权利,韦某可随时请求宣告该注册商标无效

D. 肖某注册商标核定使用的服务类别超出了肖某的经营范围,韦某可以此为由请求宣告该注册商标无效

37. 张某居住在深圳,2008 年 3 月被深圳某公司劳务派遣到马来西亚工作,2010 年 6 月回深圳,转而受雇于香港某公司,其间每周一到周五在香港上班,周五晚上回深圳与家人团聚。2012 年 1 月,张某离职到北京治病,2013 年 6 月回深圳,现居该地。依《涉外民事关系法律适用法》(不考虑该法生效日期的因素)和司法解释,关于张某经常居所地的认定,下列哪一表述是正确的?

A. 2010 年 5 月,在马来西亚

B. 2011 年 12 月,在香港

C. 2013 年 4 月,在北京

D. 2008 年 3 月至今,一直在深圳

38. 战某打电话向牟某借款 5 万元,并发短信提供账号,牟某当日即转款。之后,因战某拒不还款,牟某起诉要求战某偿还借款。在诉讼中,战某否认向牟某借款的事实,主张牟某转的款是为偿还之前向自己借的款,并向法院提交了证据;牟某也向法院提供了一些证据,以证明战某向其借款 5 万元的事实。关于这些证据的种类和类别的确定,下列哪一选项是正确的?

A. 牟某提供的银行转账凭证属于书证,该证据对借款事实而言是直接证据

B. 牟某提供的记载战某表示要向其借款 5 万元的手机短信属于电子数据,该证据对借款事实而言是间接证据

C. 牟某提供的记载战某表示要向其借款 5 万元的手机通话录音属于电子数据,该证据对借款事实而言是直接证据

D. 战某提供一份牟某书写的向其借款 10 万元的借条复印件,该证据对牟某主张战某借款的事实而言属于反证

39. 甲公司诉乙公司货款纠纷一案,A 市 B 区法院在审理中查明甲公司的权利主张已超过诉讼时效(乙公司并未提出时效抗辩),遂判决驳回甲公司的诉讼请求。判决作出后上诉期间届满之前,B 区法院发现其依职权适用诉讼时效规则是错误的。关于本案的处理,下列哪一说法是正确的?

A. 因判决尚未发生效力,B 区法院可以将判决书予以收回,重新作出新的判决

B. B 区法院可以将判决书予以收回,恢复庭审并向当事人释明时效问题,视具体情况重新作出判决

C. B 区法院可以作出裁定,纠正原判决中的错误

D. 如上诉期间届满当事人未上诉的,B 区法院可以决定再审,纠正原判决中的错误

40. 关于合伙企业与个人独资企业的表述,下列哪一选项是正确的?

A. 二者的投资人都只能是自然人

B. 二者的投资人都一律承担无限责任

C. 个人独资企业可申请变更登记为普通合伙企业

D. 合伙企业不能申请变更登记为个人独资企业

41. 甲、乙、丙三国生产卷钢的企业以低于正常价值的价格向中国出口其产品,代表中国同类产业的 8 家企业拟向商务部申请反倾销调查。依我国《反倾销条例》,下列哪一选项是正确的?

A. 如支持申请的国内生产者的产量不足国内同类产品总产量 25% 的,不得启动反倾销调查

B. 如甲、乙、丙三国的出口经营者不接受商务部建议的价格承诺,则会妨碍反倾销案件的调查和确定

C. 反倾销税的履行期限是 5 年,不得延长

D. 终裁决定确定的反倾销税高于已付的临时反倾销税的,差额部分应予补交

42．依据我国《海商法》和《民法典》的相关规定，关于船舶物权的表述，下列哪一选项是正确的？

A．甲的船舶撞坏乙的船舶，则乙就其损害赔偿对甲的船舶享有留置权

B．甲以其船舶为乙设定抵押担保，则一经签订抵押合同，乙即享有抵押权

C．以建造中的船舶设定抵押权的，抵押权仅在办理登记后才能产生效力

D．同一船舶上设立数个抵押权时，其顺序以抵押合同签订的先后为准

43．李某向 A 公司追索劳动报酬。诉讼中，李某向法院申请先予执行部分劳动报酬，法院经查驳回李某申请。李某不服，申请复议。法院审查后再次驳回李某申请。李某对复议结果仍不服，遂向上一级法院申请再审。关于上一级法院对该再审申请的处理，下列哪一选项是正确的？

A．裁定再审 　　　　B．决定再审

C．裁定不予受理 　　D．裁定驳回申请

44．黄某向法院申请支付令，督促陈某返还借款。送达支付令时，陈某拒绝签收，法官遂进行留置送达。12 天后，陈某以已经归还借款为由向法院提起书面异议。黄某表示希望法院彻底解决自己与陈某的借款问题。下列哪一说法是正确的？

A．支付令不能留置送达，法官的送达无效

B．提出支付令异议的期间是 10 天，陈某的异议不发生效力

C．陈某的异议并未否认二人之间存在借贷法律关系，因而不影响支付令的效力

D．法院应将本案转为诉讼程序审理

45．中国公民李某在柏林签发一张转账支票给德国甲公司用于支付货款，付款人为中国乙银行北京分行；甲公司在柏林将支票背书转让给中国丙公司，丙公司在北京向乙银行请求付款时被拒。关于该支票的法律适用，依中国法律规定，下列哪一选项是正确的？

A．如李某依中国法为限制民事行为能力人，依德国法为完全民事行为能力人，应适用德国法

B．甲公司对该支票的背书行为，应适用中国法

C．丙公司向甲公司行使票据追索权的期限，应适用中国法

D．如丙公司不慎将该支票丢失，其请求保全票据权利的程序，应适用德国法

46．甲国人李某长期居住在乙国，并在乙国经营一家公司，在甲国则只有房屋出租。在确定纳税居民的身份上，甲国以国籍为标准，乙国以住所和居留时间为标准。根据相关规则，下列哪一选项是正确的？

A．甲国只能对李某在甲国的房租收入行使征税权，而不能对其在乙国的收入行使征税权

B．甲乙两国可通过双边税收协定协调居民税收管辖权的冲突

C．如甲国和乙国对李某在乙国的收入同时征税，属于国际重叠征税

D．甲国对李某在乙国经营公司的收入行使的是所得来源地税收管辖权

47．甲有限责任公司成立于 2014 年 4 月，注册资本为 1000 万元，文某是股东之一，持有 40% 的股权。文某已实缴其出资的 30%，剩余出资按公司章程规定，应在 2017 年 5 月缴足。2015 年 12 月，文某以其所持甲公司股权的 60% 作为出资，评估作价为 200 万元，与唐某共同设立乙公司。对此，下列哪一选项是正确的？

A．因实际出资尚未缴纳完毕，故文某对乙公司的股权出资存在权利瑕疵

B．如甲公司经营不善，使得文某用来出资的股权在 1 年后仅值 100 万元，则文某应补足差额

C．如至 2017 年 5 月文某不缴纳其对甲公司的剩余出资，则甲公司有权要求其履行

D．如至 2017 年 5 月文某不缴纳其对甲公司的剩余出资，则乙公司有权要求其履行

48．某仲裁委员会在开庭审理甲公司与乙公司合同纠纷一案时，乙公司对仲裁庭中的一名仲裁员提出了回避申请。经审查后，该仲裁员依法应予回避，仲裁委员会重新确定了仲裁员。关于仲裁程序如何进行，下列哪一选项是正确的？

A．已进行的仲裁程序应当重新进行

B．已进行的仲裁程序有效，仲裁程序应当继续进行

C．当事人请求已进行的仲裁程序重新进行的，仲裁程序应当重新进行

D．已进行的仲裁程序是否重新进行，仲裁庭有权决定

49．某日，甲得知前不久某路桥工程公司在朱楼村公墓附近修路时，不慎挖到了其舅舅的墓地，将其舅舅的骨灰盒碰裂。甲恼羞成怒，向公司索赔，主张精神损害赔偿 100 万元。公司认为，修路是为公共利益，确有碰裂事实，但及时修复，不应支付高额赔偿费用。甲于是向法院起诉。对此，下列说法正确的是：

A．支持甲的全部请求

B．驳回甲的诉讼请求

C．不予受理

D．支持甲的部分诉讼请求

50．方某将一行李遗忘在出租车上，立即发布寻物启事，言明愿以 2000 元现金酬谢返还行李者。出租车司机李某发现该行李及获悉寻物启事后即与方

某联系。现方某拒绝支付2000元给李某。下列哪一表述是正确的？

A. 方某享有所有物返还请求权，李某有义务返还该行李，故方某可不支付2000元酬金

B. 如果方某不支付2000元酬金，李某可行使留置权拒绝返还该行李

C. 如果方某未曾发布寻物启事，则其可不支付任何报酬或费用

D. 既然方某发布了寻物启事，则其必须支付酬金

二、多项选择题。每题所设选项中至少有两个正确答案，多选、少选、错选或不选均不得分。本部分含51—85题，每题2分，共70分。

51．甲隐瞒了其所购别墅内曾发生恶性刑事案件的事实，以明显低于市场价的价格将其转卖给乙；乙在不知情的情况下，放弃他人以市场价出售的别墅，购买了甲的别墅。几个月后乙获悉实情，向法院申请撤销合同。关于本案，下列哪些说法是正确的？

A. 乙须在得知实情后一年内申请法院撤销合同

B. 如合同被撤销，甲须赔偿乙在订立及履行合同过程当中支付的各种必要费用

C. 如合同被撤销，乙有权要求甲赔偿主张撤销时别墅价格与此前订立合同时别墅价格的差价损失

D. 合同撤销后乙须向甲支付合同撤销前别墅的使用费

52．王某在李某的手机店内购买一部新手机，使用一个月后出现故障，遂去张某的维修店维修，发现该手机在购买前有使用记录，属于翻新机。对此，王某的下列哪些做法是正确的？

A. 请求李某返还部分手机款

B. 解除手机买卖合同

C. 基于显失公平撤销手机买卖合同

D. 基于欺诈撤销手机买卖合同

53．甲公司取得了热播电视剧《明天会更好》的独家网络直播权，赵某嫌该剧片头广告时间过长，开发出屏蔽该片头广告的软件，并在其社交主页上提供了专门的下载通道，受到网民追捧。随后赵某用此软件招商，播放乙公司的产品广告，收益颇丰。下列哪些说法是正确的？

A. 赵某的行为有利于消费者，不应被禁止

B. 赵某的行为构成不正当竞争行为

C. 赵某并非经营者，所以其不是不正当竞争行为的适格主体

D. 甲公司的实际损失难以计算的，可按赵某向乙公司收取的报酬确定赔偿金额

54．根据《环境保护法》规定，下列哪些选项属于农业环境保护的措施？

A. 防治土地沙化、盐渍化、贫瘠化、沼泽化

B. 防治植被破坏、水土流失、水源枯竭

C. 推广植物病虫害的综合防治

D. 合理使用化肥、农药及植物生长激素

55．甲公司是乙公司的股东，根据公司章程，乙公司应每月向股东按时报告销售分析、人事支出等财务资料，但乙公司没有按章程报告。甲公司向法院起诉要求乙公司履行义务，乙公司主张这是财务账簿数据，根据公司章程规定，需要总经理审批才能向甲公司报告，但因为甲公司的阻挠，乙公司还没有总经理。下列有关说法哪些是正确的？

A. 因相关事项未经总经理审批，乙公司有权拒绝向甲公司报告相关财务数据

B. 甲公司应先向乙公司书面申请查阅相关财务账簿数据，被拒绝后，才能向法院起诉

C. 甲公司应先推动乙公司聘任总经理，经其审批后方能查阅相关财务资料

D. 未经总经理审批，乙公司也应向甲公司报告相关财务资料

56．关于再审程序的说法，下列哪些选项是正确的？

A. 在再审中，当事人提出新的诉讼请求的，原则上法院应根据自愿原则进行调解，调解不成的告知另行起诉

B. 在再审中，当事人增加诉讼请求的，原则上法院应根据自愿原则进行调解，调解不成的裁定发回重审

C. 按照第一审程序再审案件时，经法院许可原审原告可撤回起诉

D. 在一定条件下，案外人可申请再审

57．甲乙丙三人合作开发一项技术，合同中未约定权利归属。该项技术开发完成后，甲、丙想要申请专利，而乙主张通过商业秘密来保护。对此，下列哪些选项是错误的？

A. 甲、丙不得申请专利

B. 甲、丙可申请专利，申请批准后专利权归甲、乙、丙共有

C. 甲、丙可申请专利，申请批准后专利权归甲、丙所有，乙有免费实施的权利

D. 甲、丙不得申请专利，但乙应向甲、丙支付补偿费

58．甲电器销售公司的安装工人李某在为消费者黄某安装空调的过程中，不慎从高处掉落安装工具，将路人王某砸成重伤。李某是乙公司的劳务派遣人员，此前曾多次发生类似小事故，甲公司曾要求乙公司另派他人，但乙公司未予换人。下列哪些选项是错误的？

A. 对王某的赔偿责任应由李某承担,黄某承担补充责任

B. 对王某的赔偿责任应由甲公司承担,乙公司承担补充责任

C. 甲公司与乙公司应对王某承担连带赔偿责任

D. 对王某的赔偿责任承担应采用过错责任原则

59．关于辩论原则的表述,下列哪些选项是正确的?

A. 当事人辩论权的行使仅局限于一审程序中开庭审理的法庭调查和法庭辩论阶段

B. 当事人向法院提出起诉状和答辩状是其行使辩论权的一种表现

C. 证人出庭陈述证言是证人行使辩论权的一种表现

D. 督促程序不适用辩论原则

60．榴风公司章程规定:股东夏某应于2016年6月1日前缴清货币出资100万元。夏某认为公司刚成立,业务尚未展开,不需要这么多现金,便在出资后通过银行的熟人马某将这笔钱转入其妻的理财账户,用于购买基金。对此,下列哪些说法是正确的?

A. 榴风公司可要求夏某补足出资

B. 榴风公司可要求马某承担连带责任

C. 榴风公司的其他股东可要求夏某补足出资

D. 榴风公司的债权人得知此事后可要求夏某补足出资

61．友田劳务派遣公司(住所地为甲区)将李某派遣至金科公司(住所地为乙区)工作。在金科公司按劳务派遣协议向友田公司支付所有费用后,友田公司从李某的首月工资中扣减了500元,李某提出异议。对此争议,下列哪些说法是正确的?

A. 友田公司作出扣减工资的决定,应就其行为的合法性负举证责任

B. 如此案提交劳动争议仲裁,当事人一方对仲裁裁决不服的,有权向法院起诉

C. 李某既可向甲区也可向乙区的劳动争议仲裁机构申请仲裁

D. 对于友田公司给李某造成的损害,友田公司和金科公司应承担连带责任

62．牛博朗研习书法绘画30年,研究出汉字的独特写法牛氏"润金体"。"润金体"借鉴了"瘦金体",但在布局、线条、勾画、落笔以及比例上自成体系,多出三分圆润,审美价值很高。牛博朗将其成果在网络上发布,并注明"版权所有,未经许可,不得使用"。羊阳洋公司从该网站下载了九个"润金体"字,组成广告词"小绵羊、照太阳、过海洋",为其从国外进口的羔羊肉做广告。关于"润金体"及羊阳洋公司的行为,下列哪些选项是正确的?

A. 字体不属于著作权保护的范围,故羊阳洋公司不构成侵权

B. "润金体"具有一定的独创性,可认定为美术作品而受著作权法保护

C. 羊阳洋公司只是选取了有限的数个汉字,不构成对"润金体"整体著作权的侵犯

D. 羊阳洋公司未经牛博朗同意,擅自使用"润金体"汉字,构成对牛博朗著作权的侵犯

63．张志军与邻居王昌因琐事发生争吵并相互殴打,之后,张志军诉至法院要求王昌赔偿医药费等损失共计3000元。在举证期限届满前,张志军向法院申请事发时在场的方强(26岁)、路芳(30岁)、蒋勇(13岁)出庭作证,法院准其请求。开庭时,法院要求上列证人签署保证书,方强签署了保证书,路芳拒签保证书,蒋勇未签署保证书。法院因此允许方强、蒋勇出庭作证,未允许路芳出庭作证。张志军在开庭时向法院提供了路芳的书面证言,法院对该证言不同意组织质证。关于本案,法院的下列哪些做法是合法的?

A. 批准张志军要求事发时在场人员出庭作证的申请

B. 允许蒋勇出庭作证

C. 不允许路芳出庭作证

D. 对路芳的证言不同意组织质证

64．包大姐把房屋出租给小张,屋内家具为小张购买,电器为包大姐所有。租期届满前两个月,小张提议把屋内家具以2000元的价格出卖给包大姐,包大姐当即表示同意。租期届满后,包大姐认为小张的家具不值2000元,遂仅向小张支付了1000元。对此,下列表述哪些是正确的?

A. 若包大姐不支付剩余的1000元,小张有权留置屋内包大姐所有的电器

B. 若包大姐不支付剩余的1000元,小张有权行使同时履行抗辩权拒绝交付租赁房屋和屋内电器

C. 包大姐、小张关于家具的买卖合同已经生效

D. 包大姐已经取得了屋内家具的所有权

65．债的法定移转指依法使债权债务由原债权债务人转移给新的债权债务人。下列哪些选项属于债的法定移转的情形?

A. 保险人对第三人的代位求偿权

B. 企业发生合并或者分立时对原债权债务的承担

C. 继承人在继承遗产范围内对被继承人生前债务的清偿

D. 根据买卖不破租赁规则,租赁物的受让人对原租赁合同的承受

66．周某向钱某转让其持有的某有限责任公司

的全部股权,并签署了股权转让协议。关于该股权转让和股东的认定问题,下列哪些选项是正确的?

A. 在公司登记机关办理股权变更登记前股东仍然是周某

B. 在出资证明书移交给钱某后,钱某即成为公司股东

C. 在公司变更股东名册后,钱某即成为公司股东

D. 在公司登记机关办理股权登记后该股权转让取得对抗效力

67. 韩国公民金某在新加坡注册成立一家公司,主营业地设在香港地区。依中国法律规定,下列哪些选项是正确的?

A. 该公司为新加坡籍

B. 该公司拥有韩国与新加坡双重国籍

C. 该公司的股东权利义务适用中国内地法

D. 该公司的民事权利能力与行为能力可适用香港地区法或新加坡法

68. 中国甲公司与某国乙公司签订茶叶出口合同,并投保水渍险,议定由丙公司"天然"号货轮承运。下列哪些选项属于保险公司应赔偿范围?

A. 运输中因茶叶串味等外来原因造成货损

B. 运输中因"天然"号过失与另一轮船相撞造成货损

C. 运输延迟造成货损

D. 运输中因遭遇台风造成部分货损

69. 张某从某网店购买一套汽车坐垫。货到拆封后,张某因不喜欢其花色款式,多次与网店交涉要求退货。网店的下列哪些回答是违法的?

A. 客户下单时网店曾提示"一经拆封,概不退货",故对已拆封商品不予退货

B. 该商品无质量问题,花色款式也是客户自选,故退货理由不成立,不予退货

C. 如网店同意退货,客户应承担退货的运费

D. 如网店同意退货,货款只能在一个月后退还

70. 关于税收优惠制度,根据我国税法,下列哪些说法是正确的?

A. 个人进口大量化妆品,免征消费税

B. 武警部队专用的巡逻车,免征车船税

C. 企业从事渔业项目的所得,可免征、减征企业所得税

D. 农民张某网上销售从其他农户处收购的山核桃,免征增值税

71. 齐某作为委托人与甲信托公司签订了《单一信托合同》,合同中未约定向甲公司支付报酬。甲公司在齐某的指示下分三笔向乙公司发放了信托贷款。后齐某与甲公司因为报酬问题产生争议。下列哪些说法是正确的?

A. 虽然未约定报酬,但甲公司有权请求支付报酬

B. 因双方未约定报酬,故甲公司无权请求支付报酬

C. 甲公司应对齐某承担信托义务

D. 未约定报酬不影响信托合同的成立

72. 住所在北京市 C 区的甲公司与住所在北京市 H 区的乙公司在天津市 J 区签订了一份买卖合同,约定合同履行发生争议,由北京仲裁委员会仲裁或者向 H 区法院提起诉讼。合同履行过程中,双方发生争议,甲公司到北京仲裁委员会申请仲裁,仲裁委员会受理并向乙公司送达了甲公司的申请书副本。在仲裁庭主持首次开庭的答辩阶段,乙公司对仲裁协议的效力提出异议。仲裁庭对此作出了相关的意思表示。此后,乙公司又向法院提出对仲裁协议的效力予以认定的申请。下列哪些选项是正确的?

A. 双方当事人约定的仲裁协议原则有效

B. 仲裁庭对案件管辖权作出决定应有仲裁委员会的授权

C. 仲裁庭对乙公司的申请应予以驳回,继续审理案件

D. 乙公司应向天津市中级法院申请认定仲裁协议的效力

73. 2013 年 2 月,A 地块使用权人甲公司与 B 地块使用权人乙公司约定,由甲公司在 B 地块上修路。同年 4 月,甲公司将 A 地块过户给丙公司,6 月,乙公司将 B 地块过户给不知上述情形的丁公司。下列哪些表述是正确的?

A. 2013 年 2 月,甲公司对乙公司的 B 地块享有地役权

B. 2013 年 4 月,丙公司对乙公司的 B 地块享有地役权

C. 2013 年 6 月,甲公司对丁公司的 B 地块享有地役权

D. 2013 年 6 月,丙公司对丁公司的 B 地块享有地役权

74. 甲公司与乙公司签订 10 万元建材买卖合同后,乙交付建材,甲公司未付建材款。甲公司将该建材用于丙公司办公楼装修,丙公司需向甲公司支付 15 万元装修款,其中 5 万元已经支付完毕。丙公司给乙公司出具《担保函》:"本公司同意以欠甲公司的 10 万元装修款担保甲公司欠乙公司的 10 万元建材款。"乙公司对此并无异议。后,甲公司对乙公司的债务、丙公司对甲公司的债务均届期未偿,且甲公司怠于向丙公司主张债权。下列哪些表述是正确的?

A. 乙公司对丙公司享有应收账款质权

B. 丙公司应对乙公司承担保证责任

C. 乙公司可以对丙公司提起代位权诉讼

D. 乙公司可以要求并存债务承担人丙公司清偿债务

75. 关于对当事人及其法定代理人的缺席判决，下列哪些选项是正确的？

A. 原告经法院传票传唤，无正当理由拒不到庭的，或者未经法庭许可中途退庭的，可以按撤诉处理；被告反诉的，法院可以缺席判决

B. 无民事行为能力人离婚案件，当事人的法定代理人应当到庭，法定代理人不能到庭的，法院应当在查清事实的基础上，依法作出缺席判决

C. 有独立请求权第三人经法院传票传唤，无正当理由拒不到庭的，或者未经法庭许可中途退庭的，法院可以缺席判决

D. 无独立请求权第三人经法院传票传唤，无正当理由拒不到庭的，或者未经法庭许可中途退庭的，法院可以缺席判决

76. 艺术家甲欲将自己的传奇人生记录下来，遂由甲口述并聘请作家乙执笔，乙以甲的人生经历为素材完成了20万字的小说《我的一生》，二人未约定著作权的归属。后甲和乙均在一次旅游途中因车祸去世，乙的儿子丙在整理遗物时发现了原著手稿。丙欲将其出版，甲的儿子丁反对。下列哪些表述是正确的？

A. 丙有权向丁主张支付报酬

B. 因手稿在丙手中，该小说的著作权归丙享有

C. 原著手稿的所有权归丙所有

D. 丁主张其享有小说出版著作权，能够得到法院支持

77. 中国A公司与甲国B公司签订货物买卖合同，约定合同争议提交中国C仲裁委员会仲裁，仲裁地在中国，但对仲裁条款应适用的法律未作约定。后因货物质量问题双方发生纠纷，中国A公司依仲裁条款向C仲裁委提起仲裁，但B公司主张仲裁条款无效。根据我国相关法律规定，关于本案仲裁条款的效力审查问题，下列哪些判断是正确的？

A. 对本案仲裁条款的效力，C仲裁委无权认定，只有中国法院有权审查

B. 对本案仲裁条款的效力，如A公司请求C仲裁委作出决定，B公司请求中国法院作出裁定的，由中国法院裁定

C. 对本案仲裁条款效力的审查，应适用中国法

D. 对本案仲裁条款效力的审查，应适用甲国法

78. 某商业银行在贷款发放和管理中存在严重违反审慎经营规则的行为，未遵守资产负债比例要求，导致该银行的资金链受到重创，严重影响了存款人的利益，国务院银行业监督管理机构决定对其接管，接管期1年。下列有关说法哪些是正确的？

A. 该商业银行被接管期间，储户的存款利息不变

B. 接管组可以委托建设银行托管该商业银行的业务

C. 如果接管期限届满前该商业银行被宣告破产，接管应终止

D. 尽管接管期限届满前该商业银行恢复运营能力，接管措施也应该维持至接管期限届满

79. 某小区徐某未获得规划许可证和施工许可证便在自住房前扩建一个门面房，挤占小区人行通道。小区其他业主多次要求徐某拆除未果后，将该门面房强行拆除，毁坏了徐某自住房屋的墙砖。关于拆除行为，下列哪些表述是正确的？

A. 侵犯了徐某门面房的所有权

B. 侵犯了徐某的占有

C. 其他业主应恢复原状

D. 其他业主应赔偿徐某自住房屋墙砖毁坏的损失

80. 甲、乙签订租房合同，甲将一套房屋租给乙。租赁期限内，甲将房屋卖给丙，办理了过户登记。下列哪些说法是正确的？

A. 租赁期限内，乙有权继续承租该房屋

B. 乙可以优先购买权被侵害为由向甲主张赔偿

C. 乙可以优先购买权被侵害为由向丙主张赔偿

D. 租赁期满后，若丙要继续出租房屋，乙在同等条件下享有优先承租权

81. 下列哪些情况下，法院不应受理当事人的上诉请求？

A. 宋某和卢某借款纠纷一案，卢某终审败诉，宋某向区法院申请执行，卢某提出执行管辖异议，区法院裁定驳回卢某异议。卢某提起上诉

B. 曹某向市中院诉刘某侵犯其专利权，要求赔偿损失1元钱，中院驳回其请求。曹某提起上诉

C. 孙某将朱某打伤，经当地人民调解委员会调解达成协议，并申请法院进行了司法确认。后朱某反悔提起上诉

D. 尹某诉与林某离婚，法院审查中发现二人系禁婚的近亲属，遂判决二人婚姻无效。尹某提起上诉

82. 舜泰公司因资产不足以清偿全部到期债务，法院裁定其重整。管理人为维持公司运行，向齐某借款20万元支付水电费和保安费，约定如1年内还清就不计利息。1年后舜泰公司未还款，还因不能执行重整计划被法院宣告破产。关于齐某的债权，下列哪些选项是正确的？

A. 与舜泰公司的其他债权同等受偿

B. 应从舜泰公司的财产中随时清偿

C. 齐某只能主张返还借款本金 20 万元

D. 齐某可主张返还本金 20 万元和逾期还款的利息

83. 昌昌公司委托拍卖行将其房产拍卖后，按成交价向税务部门缴纳了相关税款，并取得了完税凭证。3 年后，县地税局稽查局检查税费缴纳情况时，认为该公司房产拍卖成交价过低，不及市场价的一半。遂作出税务处理决定：重新核定房产交易价，追缴相关税款，加收滞纳金。经查，该公司所涉拍卖行为合法有效，也不存在逃税、骗税等行为。关于此事，下列哪些说法是正确的？

A. 该局具有独立执法主体资格

B. 该公司申报的房产拍卖价明显偏低时，该局就可核定其应纳税额

C. 该局向该公司加收滞纳金的行为违法

D. 该公司对税务处理决定不服，可申请行政复议，对复议决定不服，才可提起诉讼

84. 关于基本养老保险的个人账户，下列哪些选项是正确的？

A. 职工个人缴纳的基本养老保险费全部记入个人账户

B. 用人单位缴纳的基本养老保险费按规定比例记入个人账户

C. 个人死亡的，个人账户余额可以继承

D. 个人账户不得提前支取

85. 范某的下列有关骨科病预防与治疗方面研究成果中，哪些可在我国申请专利？

A. 发现了导致骨癌的特殊遗传基因

B. 发明了一套帮助骨折病人尽快康复的理疗器械

C. 发明了如何精确诊断股骨头坏死的方法

D. 发明了一种高效治疗软骨病的中药制品

三、不定项选择题。每题所设选项中至少有一个正确答案，多选、少选、错选或不选均不得分。本部分含 86—100 题，每题 2 分，共 30 分。

86. 秦某与洪某在台北因合同纠纷涉诉，被告洪某败诉。现秦某向洪某财产所在地的大陆某中级人民法院申请认可该台湾地区的民事判决。关于该判决的认可，下列选项正确的是：

A. 人民法院受理秦某申请后，应当在 6 个月内审结

B. 受理秦某的认可申请后，作出裁定前，秦某要求撤回申请的，人民法院应当准许

C. 如人民法院裁定不予认可该判决，秦某可以在裁定作出 1 年后再次提出申请

D. 人民法院受理申请后，如对该判决是否生效不能确定，应告知秦某提交作出判决的法院出具的证明文件

87. 为了完成会计师事务所交办的涉及中国某项目的财务会计报告，永居甲国的甲国人里德来到中国工作半年多，圆满完成报告并获得了相应的报酬。依相关法律规则，下列选项正确的是：

A. 里德是甲国人，中国不能对其征税

B. 因里德在中国停留超过了 183 天，中国对其可从源征税

C. 如中国已对里德征税，则甲国在任何情况下均不得对里德征税

D. 如里德被甲国认定为纳税居民，则应对甲国承担无限纳税义务

88. 关于不动产登记程序，下列判断符合《不动产登记暂行条例》规定的是：

A. 因买卖、设定抵押权等申请不动产登记的，应当由当事人双方共同申请

B. 继承、接受遗赠取得不动产权利的，可以由当事人单方申请

C. 若不动产申请存在尚未解决的权属争议的，不动产登记机构应当不予登记

D. 对在建建筑物办理抵押权登记的，不动产登记机构可以对申请登记的不动产进行实地查看

89. 甲公司为清偿对乙公司的欠款，开出一张收款人是乙公司财务部长李某的汇票。李某不慎将汇票丢失，王某拾得后在汇票上伪造了李某的签章，并将汇票背书转让给外地的丙公司，用来支付购买丙公司电缆的货款，王某收到电缆后转卖得款，之后不知所踪。关于本案，下列说法正确的是：

A. 甲公司应当承担票据责任

B. 李某不承担票据责任

C. 王某应当承担票据责任

D. 丙公司应当享有票据权利

90. 甲公司、乙公司签订的《合作开发协议》约定，合作开发的 A 区房屋归甲公司、B 区房屋归乙公司。乙公司与丙公司签订《委托书》，委托丙公司对外销售房屋。《委托书》中委托人签字盖章处有乙公司盖章和法定代表人王某签字，王某同时也是甲公司法定代表人。张某查看《合作开发协议》和《委托书》后，与丙公司签订《房屋预订合同》，约定："张某向丙公司预付房款 30 万元，购买 A 区房屋一套。待取得房屋预售许可证后，双方签订正式合同。"丙公司将房款用于项目投资，全部亏损。后王某向张某出具《承诺函》：如张某不闹事，将协调甲公司卖房给张某。但甲公司取得房屋预售许可后，将 A 区房屋全部卖与他人。张某要求甲公司、乙公司和丙公司退回房款。张某与李某签订《债权转让协议》，将该债权转让给李某，通知了甲、乙、丙三公司。因李某未按时

支付债权转让款,张某又将债权转让给方某,也通知了甲、乙、丙三公司。关于《委托书》和《承诺函》,下列说法正确的是:

A. 乙公司是委托人

B. 乙公司和王某是共同委托人

C. 甲公司、乙公司和王某是共同委托人

D.《承诺函》不产生法律行为上的效果

（一）

主要办事机构在 A 县的五环公司与主要办事机构在 B 县的四海公司于 C 县签订购货合同,约定:货物交付地在 D 县;若合同的履行发生争议,由原告所在地或者合同签订地的基层法院管辖。现五环公司起诉要求四海公司支付货款。四海公司辩称已将货款交给五环公司业务员付某。五环公司承认付某是本公司业务员,但认为其无权代理本公司收取货款,且付某也没有将四海公司声称的货款交给本公司。四海公司向法庭出示了盖有五环公司印章的授权委托书,证明付某有权代理五环公司收取货款,但五环公司对该授权书的真实性不予认可。根据案情,法院依当事人的申请通知付某参加(参与)了诉讼。请回答 91、92 题:

91．对本案享有管辖权的法院包括:

A. A 县法院　　　　B. B 县法院

C. C 县法院　　　　D. D 县法院

92．本案需要由四海公司承担证明责任的事实包括:

A. 四海公司已经将货款交付给了五环公司业务员付某

B. 付某是五环公司业务员

C. 五环公司授权付某代理收取货款

D. 付某将收取的货款交到五环公司

（二）

张、王、李、赵各出资四分之一,设立通程酒吧(普通合伙企业)。合伙协议未约定合伙期限。现围绕合伙份额转让、酒吧管理等事项,请回答 93、94 题。

93．酒吧开业 1 年后,经营环境急剧变化,全体合伙人开会,协商对策。按照《合伙企业法》规定,下列事项的表决属于有效表决的是:

A. 张某认为"通程"二字没有吸引力,提议改为"同升酒吧"。王某、赵某同意,但李某反对

B. 鉴于生意清淡,王某提议暂停业 1 个月,装修整顿。张某、赵某同意,但李某反对

C. 鉴于酒吧之急需,赵某提议将其一批咖啡机卖给酒吧。张某、王某同意,但李某反对

D. 鉴于 4 人缺乏酒吧经营之道,李某提议聘任其友汪某为合伙经营管理人。张某、王某同意,但赵某反对

94．经全体合伙人同意,林某被聘任为酒吧经营管理人,在其受聘期间自主决定采取的下列管理措施符合《合伙企业法》规定的是:

A. 为改变经营结构扩大影响力,将经营范围扩展至法国红酒代理销售业务

B. 为改变资金流量不足情况,以酒吧不动产为抵押,向某银行借款 50 万元

C. 为营造气氛,以酒吧名义与某音乐师签约,约定音乐师每晚在酒吧表演 2 小时

D. 为整顿员工工作纪律,开除 2 名经常被顾客投诉的员工,招聘 3 名新员工

（三）

紫霞股份有限公司是一家从事游戏开发的非上市公司,注册资本 5000 万元,已发行股份总额为 1000 万股。公司成立后经营状况一直不佳,至 2015 年底公司账面亏损 3000 万元。2016 年初,公司开发出一款游戏,备受玩家追捧,市场异常火爆,年底即扭亏为盈,税后利润达 7000 万元。请回答 95、96 题。

95．2016 年底,为回馈股东多年的付出,紫霞公司决定分配利润。此时公司的法定公积金余额仅为 5 万元。就此次利润分配行为,下列选项正确的是:

A. 公司应提取的法定公积金数额为 400 万元

B. 公司可提取法定公积金的上限为税后利润的一半,即 3500 万元

C. 经股东会决议,公司可提取任意公积金 1000 万元

D. 公司向股东可分配利润的上限为 3605 万元

96．如紫霞公司在 2016 年底的分配利润中,最后所提取的各项公积金数额总计为 2800 万元,关于该公积金的用途,下列选项正确的是:

A. 可用于弥补公司 2016 年度的实际亏损

B. 可将其中的 1500 万元用于新款游戏软件的研发

C. 可将其中 1000 万元的任意公积金全部用于公司资本的增加

D. 可将其中 1000 万元的法定公积金用于公司资本的增加

97．某市混凝土公司新建临时搅拌站,在试运行期间通过暗管将污水直接排放到周边,严重破坏当地环境。公司经理还指派员工潜入当地环境监测站内,用棉纱堵塞空气采集器,造成自动监测数据多次出现异常。有关部门对其处罚后,公司生产经营发生严重困难,拟裁员 20 人以上。关于该临时搅拌站建设,下列说法正确的是:

A. 如在该市规划区内进行建设的,应经市城管执法部门批准

B. 如该搅拌站影响该市近期建设规划的实施,有关部门不得批准

C. 如该搅拌站系未经批准进行临时建设的,由市政府责令限期拆除

D. 如该搅拌站超过批准时限不拆除的,由市城乡规划部门采取强制拆除措施

98. 关于意思表示法律效力的判断,下列选项正确的是:

A. 甲在商场购买了一台液晶电视机,回家后发现其妻乙已在另一商场以更低折扣订了一台液晶电视机。甲认为其构成重大误解,有权撤销买卖

B. 甲向乙承诺,以其外籍华人身份在婚后为乙办外国绿卡。婚后,乙发现甲是在逃通缉犯。乙有权以甲欺诈为由撤销婚姻

C. 甲向乙银行借款,乙银行要求甲提供担保。丙为帮助甲借款,以举报丁偷税漏税相要挟,迫使其为甲借款提供保证,乙银行对此不知情。丁有权以其受到胁迫为由撤销保证

D. 甲患癌症,其妻乙和医院均对甲隐瞒其病情。经与乙协商,甲投保人身保险,指定身故受益人为乙。保险公司有权以乙欺诈为由撤销合同

99. 甲、乙、丙均是爱狗人士,三人分别出资2000元合买了一条纯种金毛犬,约定轮流饲养。轮到甲饲养时,因为要出国留学,便将其份额转让给了乙。待轮到丙饲养时,丙才知道甲向乙转让了份额。下列说法正确的是:

A. 甲有权转让其份额

B. 乙有优先购买权

C. 丙有优先购买权

D. 甲构成无权处分

100. 洪县的李某和成县的辛某因买卖合同发生纠纷,双方约定由成县仲裁委仲裁解决该买卖合同纠纷。后李某向成县法院起诉,法院受理了该案件。首次开庭前,辛某主张双方存在仲裁协议,李某当庭将辛某打伤。双方当事人就医药费赔偿问题达成仲裁协议,由C仲裁委或者D仲裁委仲裁。辛某向C仲裁委申请仲裁,首次开庭,双方当事人对仲裁协议没有异议。在仲裁委的调解下,双方当事人达成调解协议,仲裁委依据调解协议制作了调解书。关于本案,说法正确的是:

A. 当事人可以仲裁协议无效为由申请撤销仲裁调解书

B. 当事人约定由C仲裁委或D仲裁委仲裁的仲裁协议并非当然无效

C. C仲裁委受理案件是错误的

D. 成县法院应裁定驳回起诉

试 卷 一

解 析

一、单项选择题

1. 法的概念的争议;法的本质[C]

[解析] 是否承认法与道德之间存在本质的、必然的联系,是区分实证主义与非实证主义的主要标准。所有实证主义都认为法与道德是分离的;相反,非实证主义认为法与道德是相互联系的。故 A 项错误。

分析法学派与社会法学派都是实证主义法学派,社会法学派以社会实效作为法的首要构成要素,而分析法学派以权威性制定作为法的首要构成要素。"首要"意味着一类法的概念的构成要素并不绝对地排除另一类法的概念的构成要素,更多的法实证主义者是以社会实效和权威性制定这两个要素的相互结合来定义法的概念的。B 项漏掉了"首要"二字,正确表述为:是否承认社会实效是法的"首要"构成要素,是区分分析法学派与社会法学派的主要标准。故 B 项错误。

经过德沃金对哈特承认规则理论的批评和解构,分析法实证主义分裂为包容性法律实证主义与排他性法律实证主义。前者接受德沃金对法律实证主义的批评,认为一个特定的法律体系有可能依据承认规则使道德标准成为该体系的效力的必要或充分条件。后者不接受德沃金的批评,认为道德标准对一个规范的法律身份而言既不是充分条件也不是必要条件,法律是什么、不是什么,是社会事实问题;这种观点的主要代表是拉兹,他认为每一条法律的存在和内容完全是由社会渊源决定的。故 C 项正确。

按照马克思主义法学的观点,法律是统治阶级意志的体现而非社会共同体意志的体现。故 D 项错误。

2. 不作为犯罪[D]

[解析] 对于不真正不作为犯而言,作为义务的来源多样化,所有的作为义务不可能都有法律的明文规定,先行行为属于作为义务的来源之一,但法律并没有明文规定。故 A 项错误。

不作为危害行为的成立,既要求行为人有防止危险现实化的义务,还要求有作为的可能性。法律不能强人所难,成立不作为,必须以行为人具有作为可能性为前提。故 B 项错误。

不真正不作为犯不都是行为犯。如以犯罪既遂是否需要结果的发生来区分行为犯与结果犯,则故意杀人罪属于结果犯,行为人以不作为的方式触犯故意杀人罪时,该不真正不作为犯就属于结果犯。如以结果是否属于构成要件要素来区分行为犯与结果犯,则玩忽职守罪属于结果犯,行为人以不作为的方式触犯玩忽职守罪时,该不真正不作为犯就属于结果犯,危害结果属于该不真正不作为犯的构成要件要素。故 C 项错误。

危害公共安全罪、侵犯公民人身权利罪和侵犯财产罪中均存在不作为犯。如在危害公共安全罪中,有不报、谎报安全事故罪以及不作为的放火罪、爆炸罪等不作为犯;在侵犯公民人身权利罪中,有遗弃罪、不作为的故意杀人罪等不作为犯;在侵犯财产罪中,有拒不支付劳动报酬罪、不作为的诈骗罪等不作为犯。故 D 项正确。

3. 拒不执行判决、裁定罪与妨害公务罪的区别;想象竞合犯[D]

[解析] 拒不执行判决、裁定罪是指对人民法院已经发生法律效力的判决、裁定有能力执行而拒不执行,情节严重的行为。本罪的犯罪主体是特殊主体,即对法院的裁决负有履行义务的人或单位。行为表现为:行为人有能力执行而拒不执行法院已生效的判决、裁定,情节严重。若行为人以暴力方式拒不执行法院生效的判决、裁定,致人轻伤的,仍应按本罪论处;如造成执行人员重伤、死亡的,按照想象竞合犯择一重罪即应以故意伤害罪、故意杀人罪论处。本题中,甲在法院的执行人员持强制执行裁定书到家中执行时,率领家人持棍棒在门口守候并将执行人员打成重伤,构成故意伤害罪。故 A 项错误,D 项正确。

妨害公务罪是指以暴力、威胁方法阻碍国家机关工作人员、人大代表、红十字会工作人员依法执行职务或履行职责;或者故意阻碍国家安全机关、公安机关依法执行国家安全工作任务,虽未使用暴力、威胁方法,但造成严重后果的行为。本罪的主体是一般主体。《刑法》第290条第1款规定的聚众扰乱社会秩序罪,要求造成工作、生产、营业和教学、科研、医疗无法进行且损失严重。故 B、C 项错误。

4. 刑事诉讼辩护人的资格[D]

[解析]《刑事诉讼法》第 33 条第 1、2 款规定:

"犯罪嫌疑人、被告人除自己行使辩护权以外,还可以委托一至二人作为辩护人。下列的人可以被委托为辩护人:(一)律师;(二)人民团体或者犯罪嫌疑人、被告人所在单位推荐的人;(三)犯罪嫌疑人、被告人的监护人、亲友。正在被执行刑罚或者依法被剥夺、限制人身自由的人,不得担任辩护人。"《刑诉解释》第40条规定:"人民法院审判案件,应当充分保障被告人依法享有的辩护权利。被告人除自己行使辩护权以外,还可以委托辩护人辩护。下列人员不得担任辩护人:(一)正在被执行刑罚或者处于缓刑、假释考验期间的人;(二)依法被剥夺、限制人身自由的人;(三)被开除公职或者被吊销律师、公证员执业证书的人;(四)人民法院、人民检察院、监察机关、公安机关、国家安全机关、监狱的现职人员;(五)人民陪审员;(六)与本案审理结果有利害关系的人;(七)外国人或者无国籍人;(八)无行为能力或者限制行为能力的人。前款第三项至第七项规定的人员,如果是被告人的监护人、近亲属,由被告人委托担任辩护人的,可以准许。"

近亲属是指夫、妻、父、母、子、女,同胞兄弟姊妹,所以郭某的爷爷不属于近亲属,且其已经加入了美国国籍,符合《刑诉解释》第40条规定中的第7项,故其不能担任辩护人,A项错误。

B项郭某的儿子16岁,属于限制行为能力的人,依据《刑诉解释》第40条规定中的第3项,不能担任辩护人,B项错误。

C项郭某的朋友甲为郭某招摇撞骗伪造国家机关证件,其与本案审理结果有利害关系,依据《刑诉解释》第40条规定中的第6项,不能担任辩护人,C项错误。

D项郭某的朋友乙是司法行政部门负责人,而不是人民法院、人民检察院、公安机关、国家安全机关、监狱的现职人员,且其符合《刑事诉讼法》第33条第1款第3项规定,因此乙可以担任辩护人,D项正确。

5.公务员职级[D]

[解析]《公务员法》第17条规定:"国家实行公务员职务与职级并行制度,根据公务员职位类别和职责设置公务员领导职务、职级序列。"故A项正确。

《公务员法》第21条第4款规定:"公务员的领导职务、职级与级别是确定公务员工资以及其他待遇的依据。"故B项正确。

《公务员法》第40条第1款规定:"公务员领导职务实行选任制、委任制和聘任制。公务员职级实行委任制和聘任制。"故C项正确。

《公务员法》第19条第1款规定:"公务员职级在厅局级以下设置。"故D项错误。

6.民主、专制与法治的概念及关系辨析[B]

[解析]民主意味着多数人自我统治,专制意味着

少数人统治多数人。古代法律大多属于专制型的,近现代法律大多属于民主型,从性质上看,有民主的法律,也有专制的法律这一判断是正确的。故A项正确。

现代民主国家包括共和制国家与君主立宪制国家。在实行民主的国家里,并非君主或者国王不可以参与立法。只要法律维护的是人民的利益,君主或者国王也可以参与立法,只不过君主或国王在民主国家里没有至高无上的权威。故B项错误。

在实行专制的国家,国家权力高度集中,君主或者国王将自身的意志规定到法律中,从而把自己专制的意志上升为法律。故C项正确。

民主和法治基本如影随形,因为多数人自我统治的最好方式就是大家普遍遵守代表公共理性与体现公共利益的法律,故民主的国家里法律有高于一切的权威。故D项正确。

7.宪法的属人效力、属地效力、效力来源;宪法的适用性[D]

[解析]《宪法》规定,中华人民共和国保护华侨的正当权益,保护归侨和侨眷的合法权益。侨居国外的华侨仍具有我国国籍,身份上是我国公民,受到我国宪法的保护。故A项正确,不当选。

任何一个主权国家的宪法的空间效力都及于国土的所有领域,这是主权的唯一性和不可分割性决定的,也是宪法的根本法地位决定的。因此,我国宪法的效力及于中华人民共和国的所有领域。故B项正确,不当选。

《宪法》序言明确了宪法效力的最高性。宪法之所以具有最高法律效力首先是宪法具有正当性基础,即宪法是社会共同体基本规则,是社会多数人共同意志的最高体现。其基础在于:(1)宪法制定权来源的正当性;(2)宪法规定内容的合理性;(3)宪法程序的正当性。故C项正确,不当选。

一切国家机关和武装力量、各政党和各社会团体、各企业事业组织都必须遵守宪法和法律,法院的审判活动也必须遵守宪法与法律。在现实生活中,法院在作出裁判时,一般不能直接根据宪法来裁判,并不意味着宪法对法院审判活动没有约束力。法院的任何审判活动都不能违宪,在这个意义上,宪法对法院的审判活动具有约束力。故D项错误,当选。

8.法条竞合;不可罚的事后行为;加重犯;想象竞合[C]

[解析]"二人以上轮奸"是强奸罪的法定刑升格条件,也是强奸罪的情节加重犯。强奸罪是基本犯,"轮奸"是情节加重犯,二者也是法条竞合关系,基本犯(强奸罪)是一般法条,情节加重犯(轮奸)是特别法条。触犯"轮奸"必然触犯强奸罪。故A项错误。虽然甲的盗窃罪在对象认识错误,但是由于盗窃到了价值4000元的财物,因此构成盗窃罪既

遂。实施财产犯罪后又销售赃物的,分两种情形:第一,拿到赃物销售渠道销售,买家知道是赃物。对这种销售行为不具有期待可能性,属于不可罚的事后行为,不再定掩饰、隐瞒犯罪所得罪。第二,伪装成是自己的财物,拿到正常渠道销售,欺骗买家,买家不知情,用正常价购买了。主流观点认为,这种销售行为欺骗买家,让买家遭受财产损失,因此,行为人对买家构成诈骗罪。由于这种销售行为侵犯新的法益,构成诈骗罪,因此要与前面的财产犯罪数罪并罚。甲将仿真品(价值4000元)冒充真品以2万元卖给他人,构成诈骗罪,侵犯了新的法益,因此不属于不可罚的事后行为,需要与前面的盗窃罪并罚。故B项错误。

"入户抢劫""持枪抢劫"都是法条规定的抢劫罪的法定刑升格条件,都是情节加重犯。钱某分别实施了两次入户抢劫,一次持枪抢劫,都是独立的犯罪行为,应当数罪并罚。故C项正确。

周某抢劫了陈某的财物后,担心暴露,杀害了陈某。该杀害行为带着杀人的故意,是故意杀人罪的实行行为,没有带着非法占有陈某财物的目的,因此不是抢劫罪的实行行为,故不构成抢劫罪致人死亡,而构成单独的故意杀人罪。周某构成抢劫罪和故意杀人罪,数罪并罚。故D项错误。

9．因果关系[C]

[解析] 刑法中的因果关系,研究的是犯罪嫌疑人的行为与法益被侵害的状态之间是否有因果关系,而不是是否犯罪。因为即使存在一定的行为,并且该行为引起了相应的结果,也不一定是犯罪。

丙的死亡与甲的驾车行为虽有因果关系,但是,甲因面部被烟头击中,仓促之间会产生一些本能反应,以致车辆失控撞死丙,既难以认定甲违反了交通运输管理法规,又难以认定甲对丙的死亡存在过失。据此,甲对丙的死亡不应承担刑事责任。此外,根据《关于审理交通肇事刑事案件具体应用法律若干问题的解释》的规定,只有甲负事故主要责任时,才能以交通肇事罪追究甲的刑事责任,而在本案中,应当认定乱扔烟头的行人乙对本起事故负主要责任,甲不负主要责任。据此,同样可以得出甲不对丙的死亡承担刑事责任的结论。故A项错误。

乙报警后因担心被杀而选择自杀,此并非甲的强奸行为所导致,且甲的威胁行为并没有现实的危险性,因此不存在因果关系。故B项错误。

甲将丙撞倒,致使丙处于危险境地(夜晚而且没有照明的路段),容易被后面车辆轧死。随后经过的乙未注意,驾车将丙轧死,属于正常的介入因素导致丙死亡,不会中断甲的行为与丙死亡之间的因果关系。因此,无论是甲将丙撞死,还是随后的乙将丙轧死,都要肯定甲的行为与丙的死亡之间的因果关

系。故C项正确。

甲、乙等人因琐事与丙发生争执,选择在电梯口相互厮打的行为具有一定的危险性,虽然介入了电梯门非正常开启的因素,然而这一因素并不异常,根据相当因果关系理论,应当认定甲、乙等人的行为与丙的死亡之间有因果关系。故D项错误。

10．拘留;报请批捕;讯问犯罪嫌疑人[B]

[解析] 《刑事诉讼法》第85条第2款规定:"拘留后,应当立即将被拘留人送看守所羁押,至迟不得超过二十四小时。除无法通知或者涉嫌危害国家安全犯罪、恐怖活动犯罪通知可能有碍侦查的情形以外,应当在拘留后二十四小时以内,通知被拘留人的家属。有碍侦查的情形消失以后,应当立即通知被拘留人的家属。"因此,对甲刑事拘留后应当在24小时内,也即10月6日上午10点前送往看守所羁押。故A项正确。

根据上述法条可知,拘留后可以不通知被拘留人家属的情形只有两种:一是无法通知的情形;二是被拘留人涉嫌危害国家安全犯罪、恐怖活动犯罪通知可能有碍侦查的情形。B项中甲涉嫌黑社会性质组织犯罪,并不属于上述两种情形之一,所以应当通知甲的家属。故B项错误。

《刑事诉讼法》第86条规定:"公安机关对被拘留的人,应当在拘留后的二十四小时以内进行讯问。在发现不应当拘留的时候,必须立即释放,发给释放证明。"据此,甲在当月6日被送到看守所之前,公安机关对其进行了讯问符合法律规定。故C项正确。

《刑事诉讼法》第91条第1、2款规定,公安机关对被拘留的人,认为需要逮捕的,应当在拘留后的3日以内,提请人民检察院审查批准。在特殊情况下,提请审查批准的时间可以延长1日至4日。对于流窜作案、多次作案、结伙作案的重大嫌疑分子,提请审查批准的时间可以延长至30日。据此,公安机关如认为被拘留人应当被逮捕,应当自拘留后3日内提请检察院审查批准。根据《刑事诉讼法》第105条第2款规定,期间开始的时和日不算在期间以内。所以,10月5日对甲进行拘留,应当在3日以内,也即10月8日之前提请检察机关审批。故D项正确。

11．死刑立即执行的执行主体;审判管辖[B]

[解析] 一般而言,死刑的执行是"第一审人民法院执行",但是《刑诉解释》第499条第2款规定:"在死刑缓期执行期间故意犯罪,最高人民法院核准执行死刑的,由罪犯服刑地的中级人民法院执行。"可知,赵某死缓期间又故意犯罪,最高人民法院核准执行死刑,应由赵某服刑地B市中级法院负责赵某死刑的执行。故B项正确,A、C、D项错误。

12．强制拆除;行政处罚[C]

[解析] 根据《行政强制法》第44条规定:"对

违法的建筑物、构筑物、设施等需要强制拆除的,应当由行政机关予以公告,限期当事人自行拆除。当事人在法定期限内不申请行政复议或者提起行政诉讼,又不拆除的,行政机关可以依法强制拆除。"可见,应当先责令当事人限期拆除,只有在当事人在法定期限内不申请行政复议或者提起行政诉讼,又不拆除的,行政机关才可以实施强制拆除。故 A 项错误。至于罚款处罚,可以根据电信公司的违法程度并处罚款,以示惩戒,故 C 项正确。对此,《城乡规划法》第 66 条具体规定:"建设单位或者个人有下列行为之一的,由所在地城市、县人民政府城乡规划主管部门责令限期拆除,可以并处临时建设工程造价一倍以下的罚款:(一)未经批准进行临时建设的;(二)未按照批准内容进行临时建设的;(三)临时建筑物、构筑物超过批准期限不拆除的。"

B、D 项明显错误,对违法行为应予处罚,而不是提供条件使"违法"变"合法"。

13．基本文化权利;宪法对文化制度的原则、内容的规定[D]

[解析] 文化制度是指一国通过宪法和法律调整以社会意识形态为核心的各种基本关系的规则、原则和政策的综合。基于宪法作为国家基本法的性质和地位,宪法规定的文化制度是基本文化制度而非具体的制度。故 A 项正确。

1919 年德国《魏玛宪法》不仅详尽地规定了公民的文化权利,而且还明确地规定了国家的基本文化政策。这部宪法第一次比较全面系统地规定了文化制度,后为许多资本主义国家宪法所效仿。故 B 项正确。

我国的文化制度主要包括国家发展教育事业、国家发展科学事业、国家发展医疗卫生体育事业和国家发展文学艺术及其他文化事业,根据我国《宪法》第 19 条规定,公民文化教育权利是我国文化制度的重要内容。故 C 项正确。

文化教育权利是公民根据《宪法》的规定,在教育和文化领域享有的权利和自由,包括受教育的权利,进行科学研究、文学艺术创作和其他文化活动的自由。知识产权属于民商事领域的具体权利,不是由宪法予以规定的,不属于基本文化权利。故 D 项错误。

14．受贿罪的既遂数额[C]

[解析] 犯罪故意仅仅存在于行为当时,故收受贿赂时的数额标准,应认定为受贿、行贿的犯罪数额。本题中,乙受贿可以分为两个阶段:第一阶段,收受 10%的股权。根据《关于办理受贿刑事案件适用法律若干问题的意见》的规定,国家工作人员利用职务上的便利为请托人谋取利益,收受请托人提供的干股的,以受贿论处。进行了股权转让登记,或

者相关证据证明股份发生了实际转让的,受贿数额按转让行为时股份价值计算,所分红利按受贿孳息处理。股份未实际转让,以股份分红名义获取利益的,实际获利数额应当认定为受贿数额。乙收受 10%的股权价值 100 万元,并且将该股权办理了注册登记,登记在自己名下,此时受贿已经完成,受贿金额为 100 万元。之后股价增值上涨为 200 万元,其中多出的 100 万元属于受贿孳息。第二阶段,甲以 600 万元的价格从乙处回购该部分股权。根据《关于办理受贿刑事案件适用法律若干问题的意见》的规定,国家工作人员以明显高于市场的价格向请托人出售房屋、汽车等物品的,受贿数额按照交易时当地市场价格与实际支付价格的差额计算。乙名下的 10%的股票实际价值为 200 万元,甲用 600 万元(明显高于股票的实际价值)从乙处回购,显然不符合常理,乙构成受贿罪,受贿金额为 400 万元。综上所述,乙的受贿金额总共为 500 万元。故 C 项正确。

15．受贿罪;行贿罪[D]

[解析] 主动索取他人财物只是受贿罪的一种表现形式,被动的收受也可以成立受贿罪。故 A 项错误。

刑法分则规定的故意犯罪中,只要没有特别说明,均存在间接故意的可能性,间接故意同样可以构成受贿罪。故 B 项错误。

按照司法解释,只要国家工作人员明知他人有具体的请托事项的,就可以认定为"利用职务上的便利"。甲因此收受财物的,成立受贿罪。故 C 项错误。

尽管在认定甲行为性质时存在疑难,但乙、丙为谋取不正当利益,给予国家工作人员以财物,其行为成立行贿罪。需要注意的是,行贿罪和受贿罪并非一一对应的关系。构成行贿罪并不必然要求对方成立受贿罪,反之亦然。故 D 项正确。

16．刑事裁判涉财产部分的执行[A]

[解析]《最高人民法院关于刑事裁判涉财产部分执行的若干规定》第 5 条规定,刑事审判或者执行中,对于侦查机关已经采取的查封、扣押、冻结,人民法院应当在期限届满前及时续行查封、扣押、冻结。人民法院续行查封、扣押、冻结的顺位与侦查机关查封、扣押、冻结的顺位相同。对侦查机关查封、扣押、冻结的财产,人民法院执行中可以直接裁定处置,无需侦查机关出具解除手续,但裁定中应当指明侦查机关查封、扣押、冻结的事实。故 A 项正确,B 项错误。

《最高人民法院关于刑事裁判涉财产部分执行的若干规定》第 6 条第 1 款规定,刑事裁判涉财产部分的裁判内容,应当明确、具体。涉案财物或者被害人人数较多,不宜在判决主文中详细列明的,可以概括叙明并另附清单。可见,对于涉案财物或者被害人

人数较多的情形,可以不必在判决主文中详细列明。故 C 项错误。

《最高人民法院关于刑事裁判涉财产部分执行的若干规定》第 2 条规定,刑事裁判涉财产部分,由第一审人民法院执行。第一审人民法院可以委托财产所在地的同级人民法院执行。因此,刑事裁判涉及财产的部分的执行主体仍是第一审人民法院,而不是与一审法院同级的财产所在地法院。故 D 项错误。

17．行政法基本原则[C]

[解析] 诚实守信原则中的信赖利益保护原则要求,非因法定事由并经法定程序,行政机关不得撤销、变更已经生效的行政决定;因国家利益、公共利益或者其他法定事由需要撤回或者变更行政决定的,应当依照法定权限和程序进行,并对行政管理相对人因此而受到的财产损失依法予以补偿。本题中,市政府颁发房屋所有权证后,又因公共利益(修建高铁)需要将房屋所有权证撤回,对小区实施拆迁,马某的利益因此受到损失,市政府及时对马某予以补偿,这体现的是信赖利益保护原则,故 C 项最符合题意,当选。

程序正当原则强调的是作出行政决定要遵守法定程序,市政府进行拆迁补偿必须要遵守法定程序,但本题中没有突出强调程序相关内容,所以 B 项不符合题意。本题题干虽然表明市政府"及时"支付了补偿金,但这一点并非本题所强调的核心意思,故 A 项不符合题意。权责一致原则要求行政机关违法或者不当行使职权时,应当依法承担法律责任,实现权力和责任的统一。本题中,因修建高铁而对小区拆迁是合法行为而非违法行为,所以体现的并不是权责一致原则,故 D 项不符合题意。

18．行政机构设置与编制[C]

[解析]《立法》第 91 条第 1 款规定:"国务院各部、委员会、中国人民银行、审计署和具有行政管理职能的直属机构以及法律规定的机构,可以根据法律和国务院的行政法规、决定、命令,在本部门的权限范围内,制定规章。"因此,国务院组成部门管理的国家能源局并没有规章的制定权。故 A 项错误。

根据《国务院行政机构设置和编制管理条例》第 6 条第 4、6 款规定,国务院直属机构主管国务院的某项"专门业务",具有"独立的"行政管理职能。而国务院组成部门管理的国家行政机构由国务院组成部门管理,主管"特定业务",行使行政管理职能。因此,国家能源局的职权是主管特定业务,行使行政管理职能。故 B 项错误。

《国务院行政机构设置和编制管理条例》第 8 条规定:"国务院直属机构、国务院办事机构和国务院组成部门管理的国家行政机构的设立、撤销或者合并由国务院机构编制管理机关提出方案,报国务院决定。"因此,国家能源局作为国务院组成部门管理的

国家行政机构,其设立应由国务院编制管理机关提出方案,报国务院决定。故 C 项正确。

《国务院行政机构设置和编制管理条例》第 14 条第 1 款规定:"国务院行政机构的司级内设机构的增设、撤销或者合并,经国务院机构编制管理机关审核方案,报国务院批准。"故 D 项错误。

19．法与科技;法律原则[B]

[解析] 法律并不一定滞后于科技,在一些情况下,法律也可以作出超前规定,预先对科技活动进行规制。故 A 项错误。

科技并未完全与价值无关,从先前克隆技术引发的伦理争议,到近年人工智能对人的主体性造成的冲击,都表明科技并非价值中立的,因此必须对科技进行监管,从而防范科技引发的价值危机。故 B 项正确。

公理性原则,是具有较大的普适性的原则,如法律平等原则、诚实信用原则、无罪推定原则、罪刑法定原则等。政策性原则,是出于一定的政策考量针对具体事务而制定的原则,具有针对性、民族性和时代性。《办法》中规定的"发展和安全并重、促进创新和依法治理相结合的原则"是针对生成式人工智能所采取的,是针对当前阶段该技术的发展所制定的原则,具有一定的时代性,属于政策性原则。故 C 项错误。

题干中提到了三个原则:发展和安全并重原则、促进创新原则和依法治理原则,根据该《办法》的立法目的,三者之间显然不是并列关系,而是发展和安全并重原则优先,然后才是促进创新原则。生成式人工智能作为一种新兴技术,其对人类社会带来的风险是显著的,因此要把发展和安全并重放在首位,优先保障人类安全。因此,这是一种价值位阶原则,而非个案平衡原则。故 D 项错误。

20．依法治国[B]

[解析] 在建设法治国家进程中,要坚持依法治国与以德治国的有机统一。社会主义法律与社会主义道德同属于上层建筑,共同体现我国社会主义国家的根本性质,共同反映着广大人民的社会理想与社会要求,共同体现社会主义核心价值;法治和德治相辅相成,互为补充,共同发挥着维护社会秩序,规范社会成员的思想和行为的作用。故 A 项表述是正确的。

在我国社会的规范体系中,除了宪法和法律等规范性法律文件外,还有党的方针政策、党规党纪、社会主义道德准则、各种社会组织合法的规章制度,以及为人民群众所广泛认同的民规、民俗、民约等等。所有这些规范,都对我国社会关系具有调整作用,都对社会成员的行为具有约束或导向功能。《宪法》第 24 条第 1 款规定:"国家通过普及理想教育、道德教育、文化教育、纪律和法制教育,通过在城乡不同范围的群众中制定和执行各种守则、公约,加强社会主义精

神文明的建设。"由此可见,依法治国要求全面发挥各种社会规范的调整作用,综合协调地运用多元化的手段和方式来实现对国家的治理和管理。故 B 项表述是错误的。

依法治国也要求树立司法权威,司法机关和司法人员要切实做到公正、高效、廉洁司法,提高司法的公信力;全社会要依照宪法的规定,尊重司法机关依法独立行使审判权和检察权,尊重司法机关作出的生效裁决。故 C 项表述是正确的。

依法治国需要强化监督制约,构建权力制约监督体系与机制。要从法律上构建起"以权力制约权力、以权利制约权力、以道德制约权力"的权力制约监督体系与机制,以保证执政党的权力和立法、执法、司法等各种权力的设置和行使始终不偏离我国民主政治的正确轨道。故 D 项表述是正确的。

21. 出礼入刑;五刑[D]

[解析] 周礼,在具体的礼仪形式上分为五礼,即:吉礼(祭祀之礼)、凶礼(丧葬之礼)、军礼(行兵仗之礼)、宾礼(迎宾待客之礼)、嘉礼(冠婚之礼)。周礼的核心是"亲亲""尊尊",但未规定政治关系的等级。故 A 项错误。

西周时期五刑适用于庶民,也适用于贵族。故 B 项错误。

西周之"礼"具备法的性质,具有规范性、国家意志性和强制性。故 C 项错误。违礼即违法,"礼"与"刑"的关系是出礼入刑,二者缺一不可。故 D 项正确。

22. 司法公正[A]

[解析]《最高人民法院关于人民法院在互联网公布裁判文书的规定》第 1 条规定,人民法院应当在互联网公布裁判文书。第 4 条规定:"人民法院作出的裁判文书有下列情形之一的,不在互联网公布:(一)涉及国家秘密的;(二)未成年人犯罪的;(三)以调解方式结案或者确认人民调解协议效力的,但为保护国家利益、社会公共利益、他人合法权益确有必要公开的除外;(四)离婚诉讼或者涉及未成年子女抚养、监护的;(五)人民法院认为不宜在互联网公布的其他情形。"故 A 项正确。

《人民检察院案件信息公开工作规定(试行)》第 3 条第 1 款规定:"人民检察院应当通过互联网、电话、邮件、检察服务窗口等方式,向相关人员提供案件程序性信息查询服务,向社会公开重要案件信息和法律文书,以及办理其他案件信息公开工作。"故 B 项错误。

《中共中央关于全面推进依法治国若干重大问题的决定》明确规定:构建开放、动态、透明、便民的阳光司法机制,推进审判公开、检务公开、警务公开、狱务公开,依法及时公开执法司法依据、程序、流程、结果和生效法律文书,杜绝暗箱操作。加强法律文书释法说理,建立生效法律文书统一上网和公开查询制度。可见,狱务也要公开。故 C 项错误。

律师制作的法律文书不属于司法公开的范围。故 D 项错误。

23. 体系解释;文理解释;论理解释[B]

[解析] 体系解释,是指根据体系逻辑来论证解释后的含义在刑法体系中是否协调合理。体系解释并不意味着同一用语在不同条文中需要保持同一含义。相反,基于体系的协调合理要求,同一用语在不同条文中可以保持不同含义。这便是"同一用语的含义相对化"(一词多义)。A 项考查的就是一词多义。传播淫秽物品罪的"传播"是指让不特定人知晓淫秽物品的内容。传播性病罪中的"传播"是指通过性器官接触传染性病。二者含义不同。故 A 项错误。倒卖文物罪的"倒卖",并不需要严格限定为"买进后卖出",包括单纯的买入或者卖出。此外,刑法分则规定的"买卖",应统一理解为买进或卖出的行为。司法解释也肯定了这种解释结论。根据"两高"《关于办理妨害文物管理等刑事案件适用法律若干问题的解释》的规定,倒卖是指以牟利为目的,出售或者为出售而收购、运输、储存的行为。可见,倒卖不要求"买进并卖出",而是"买进或卖出"的行为。从论理解释的角度而言,论理解释是一个笼统的概念,涵盖广泛,它既包含解释的理由(如当然解释、体系解释等),也包含解释的技巧(如扩大解释、缩小解释等),将倒卖解释为"买进或卖出",是一种扩大解释。故 B 项正确。

冒充国家机关工作人员的情形包括:第一,非国家机关工作人员冒充国家机关工作人员(包括离职的国家机关工作人员冒充在职的国家机关工作人员);第二,此种国家机关工作人员冒充彼种国家机关工作人员,如行政机关工作人员冒充司法工作人员;第三,职务低的国家机关工作人员冒充职务高的国家机关工作人员(或者相反)。C 项即符合上述第二、三种情形。这些冒充行为由于均侵害了特定国家机关工作人员的公众信赖感,因此均属于招摇撞骗罪中的"冒充"。这种解释符合文理解释。故 C 项错误。

D 项属于扩大解释,而非类推解释。只要共同生活的成员,事实上在同一个家庭生活,均可以解释为"家庭成员",成为虐待罪的对象,不限于基于血缘关系的家庭成员。这种解释并没有超出"家庭成员"这一概念的含义范围。故 D 项错误。

24. 因果关系错误;对象错误;打击错误;三角诈骗[D]

[解析] 狭义的因果关系错误,是指行为人预想的因果历程样态与实际发生的因果历程样态不一

致。诈骗罪的因果历程分五步:实施欺骗行为→使对方产生认识错误→对方基于认识错误而处分财物→行为人因此取得财物→被害人遭受财产损失。甲预想的诈骗的因果历程是这五步,实际上也是这五步,因此甲不存在狭义的因果关系认识错误。故 A 项错误。

对象错误的特点是,行为人对实害对象(实害结果)持直接故意心理,并且对实害对象的身份存在认识错误。打击错误的特点是,行为人对实害对象(实害结果)持失心理或意外事件,并且对实害对象的身份不存在认识错误。本题中,首先,甲欲实施诈骗罪,对实害对象及实害结果存在直接故意,因此不属于打击错误。其次,甲对被骗对象的身份存在认识错误,误将保姆当作陈某,因此属于对象错误。故 B 项错误。

甲实施诈骗行为,主观上欲欺骗主人陈某,实际欺骗了保姆。甲构成同一犯罪构成内的对象错误,无论根据具体符合说还是法定符合说,均认为甲构成诈骗罪既遂。从诈骗的种类来说,甲的诈骗行为构成三角诈骗。三角诈骗的结构是:行为人→受骗人(处分人)→受害人。也即,受骗人与受害人不是同一人,行为人通过受骗人处分了被害人的财物。本题中,甲主观上想实施两者间诈骗,实际实施了三角诈骗。也即,主观上想欺骗财物的主人(实际的被害人),却欺骗了保姆。但是,这种认识错误不重要,因为只要欺骗的对象是合格的处分人即可。至于合格的处分人是不是最终的被害人(财物的主人),并不重要,不影响诈骗罪的成立和既遂,只影响诈骗罪的种类(两者间诈骗或三角诈骗)。因此,甲构成诈骗罪既遂。故 C 项错误,D 项正确。【特别提醒】注意三角诈骗与盗窃罪的间接正犯的区分。区分标准:看是否具备诈骗罪的第三步,也即受骗人有无"处分行为"。受骗人的行为要能评价为"处分行为",就要求受骗人具有处分被害人财物的权利或地位,也即具有处分人的资格地位。如果受骗人有权(资格)处分受害人的财产,则构成三角诈骗[符合"行为人→受骗人(处分人)→受害人"的三角诈骗结构];如果受骗人无权(资格)处分受害人的财产,则构成盗窃罪的间接正犯。本题中,命题人认为保姆的处分权限较大,具有处分主人电器的权利地位,是合格的处分人,则甲构成三角诈骗。

25.刑事诉讼构造[D]

[解析] 刑事诉讼构造是指刑事诉讼法所确立的进行刑事诉讼的基本方式以及专门机关、诉讼参与人在刑事诉讼中形成的法律关系的基本格局,它集中体现为控诉、辩护、审判三方在刑事诉讼中的地位及其相互间的法律关系。

当事人主义诉讼将开始和推动诉讼的主动权委

于当事人,控诉、辩护双方当事人在诉讼中居于主导地位。英美法系国家主要采用当事人主义诉讼模式,而我国不论公诉案件还是自诉案件都是采用在职权主义基础上吸收当事人主义的诉讼构造。我国的自诉案件不适用当事人主义诉讼构造,主要是由被害人向法院控告,由法官主导诉讼进程。故 A 项错误。

《刑诉解释》第 278 条第 1 款规定:"对被告人认罪的案件,在确认被告人了解起诉书指控的犯罪事实和罪名,自愿认罪且知悉认罪的法律后果后,法庭调查可以主要围绕量刑和其他有争议的问题进行。"即被告人认罪案件审理中,控辩双方仍然可以对量刑和其他有争议的问题进行抗辩。故 B 项错误。

综合我国刑事诉讼的总体情况,我国侦查程序目前仍然缺乏审判主体居中介入,尚未形成控辩审三方构造。故 C 项错误。同样,在我国的审前程序中,除了侦查程序以外,审查起诉程序同样没有审判主体的介入,仍然只存在控方和辩方双重主体,只存在控辩关系。故 D 项正确。

26.法院遇到特殊情形的处理方式[B]

[解析]《刑诉解释》第 219 条规定:"人民法院对提起公诉的案件审查后,应当按照下列情形分别处理:……(五)依照刑事诉讼法第二百条第三项规定宣告被告人无罪后,人民检察院根据新的事实、证据重新起诉的,应当依法受理……"本题中,甲市检察院应当直接向甲市中级法院提起公诉,而不是建议甲市中级法院撤销原无罪判决后,再提起公诉。故 A 项错误,B 项正确。

《刑诉解释》第 298 条规定:"对依照本解释第二百一十九条第一款第五项规定受理的案件,人民法院应当在判决中写明被告人曾被人民检察院提起公诉,因证据不足,指控的犯罪不能成立,被人民法院依法判决宣告无罪的情况;前案依照刑事诉讼法第二百条第三项规定作出的判决不予撤销。"因为再审针对的是生效的错误裁判,甲市中级法院原作出的证据不足的无罪判决在作出时是没有错误的,所以,本题不得适用再审程序进行纠正。故 C、D 项错误。本题的正确答为 B。

27.行政诉讼受案范围;行政诉讼的受理;诉讼第三人;证据的审核认定[D]

[解析] 本案中"通报"的内容是:对李某、钱某等 4 名作弊考生进行了处理,并通知当次考试各科成绩作废,3 年之内不准报考。可见,通报是针对具体对象的一次性行为,直接影响当事人权利义务,其性质是具体行政行为,属于行政诉讼受案范围。同时,在复议机关复议不作为的情况下,李某可以对原行为(通报决定)提起诉讼,也可以对复议机关省政

府不予答复的不作为提起诉讼,选项 A、C 项正确。

《行政诉讼法解释》第 30 条第 1 款规定:"行政机关的同一行政行为涉及两个以上利害关系人,其中一部分利害关系人对行政行为不服提起诉讼,人民法院应当通知没有起诉的其他利害关系人作为第三人参加诉讼。"这里适用"应当"通知的前提是"同一行政行为",也即只有在同一个具体行政行为影响到若干人的利益的情况下,法院才"应当"通知未起诉的人作为第三人。而对于同一类具体行政行为影响到若干人的利益,法院是"可以"通知未起诉的人作为第三人。本题中,省教委对李某和钱某作出的处罚各自独立,属于两个独立的具体行政行为。钱某作为另外一个行政行为的相对人,与李某提起的诉讼有一定的利害关系,可以作为第三人,但通知方式应为"可以"通知。故 B 项正确。

《行政诉讼证据规定》第 60 条规定:"下列证据不能作为认定被诉具体行政行为合法的依据:……(三)原告或者第三人在诉讼程序中提供的、被告在行政程序中未作为具体行政行为依据的证据。"行政诉讼法律制度不允许被告用事后的证据证明当时行为的合法性,不管事后证据是以何种方式获得的,是原告、第三人提交的,还是被告自己提交的。故 D 项错误。

28.政府信息公开诉讼[B]

[解析] 根据《行政复议法》第 23 条,申请政府信息公开,行政机关不予公开的,适用复议前置。本题中,工商局显然已经公开了乙公司的工商登记信息,虽然公开内容不完整,但不属于"不予公开"的问题,而属于"公开的内容是否适当"的问题,因此不适用复议前置。对此,《政府信息公开规定》第 1 条也规定,公民、法人或者其他组织认为行政机关提供的政府信息不符合其在申请中要求的内容或者法律、法规规定的适当形式,依法提起行政诉讼的,人民法院应当受理。关于本题的复议机关,根据《行政复议法》第 24 条规定,对地方政府工作部门作出的行政行为不服的,向本级人民政府申请复议,因此甲公司应当向工商局的本级人民政府申请复议,而非上一级工商局,A 项中的复议机关表述错误。综上,A 项错误。

《政府信息公开案件解释》第 5 条第 1 款规定:"被告对其作出的政府信息公开、不予公开等行为的合法性承担举证责任。"故 B 项正确。

《行政诉讼法》第 82 条第 1 款规定:"人民法院审理下列第一审行政案件,认为事实清楚、权利义务关系明确、争议不大的,可以适用简易程序:(一)被诉行政行为是依法当场作出的;(二)案件涉及款额 2000 元以下的;(三)属于政府信息公开案件的。"本案属于政府信息公开案件,可以适用简易程序。故

C 项错误。

《政府信息公开条例》第 2 条规定:"本条例所称政府信息,是指行政机关在履行行政管理职能过程中制作或者获取的,以一定形式记录、保存的信息。"本题中,公司的经营范围、从业人数、注册资本属于工商登记信息,属于行政机关行使行政权所获得的、与行政权有关的信息,属于政府信息的范畴,且不属于涉及商业秘密、个人隐私的信息,故拒绝公开不合法。故 D 项错误。

29.法律解释和法律推理[C]

[解析] 法律推理是一种寻求正当性证明的推理,而不是为了发现真理和绝对的真相,这一点与科学研究不同。同时,法律推理中依据的"事实"只能是证据证明的事实,又称法律事实,而不是"绝对事实"。故 A 项错误。

法律解释和法律推理既有联系又有区别,二者在很多情况下是不可分割的。在进行法律解释时,必然要运用法律推理;而在法律推理过程中,经常需要对法律规范进行解释后才能运用于具体案件事实。故 B 项错误。

法官在进行法律推理时,要受到现行法律的约束,但同时法官也在进行价值判断,其综合考虑价值、利益、历史、目的诸因素认定案件事实的过程为法律适用过程的组成部分。由于立法不可能穷尽社会生活中的一切形态,在个案中更可能因为特殊情形的存在而使得价值冲突难以避免,因而法官在认定案件事实的过程中需要运用价值引导的思考方式。故 C 项正确。

法律推理不仅包括形式推理(演绎推理、归纳推理),还包括辩证推理、设证推理等,它作为人的一种逻辑思维活动,其主观能动性决定推理过程必然受到个人价值观等主观要素的影响。故 D 项错误。

30.规范性法律文件的审查与撤销[B]

[解析]《立法法》第 108 条规定:"改变或者撤销法律、行政法规、地方性法规、自治条例和单行条例、规章的权限是:(一)全国人民代表大会有权改变或者撤销它的常务委员会制定的不适当的法律,有权撤销全国人民代表大会常务委员会批准的违背宪法和本法第八十五条第二款规定的自治条例和单行条例;(二)全国人民代表大会常务委员会有权撤销同宪法和法律相抵触的行政法规,有权撤销同宪法、法律和行政法规相抵触的地方性法规,有权撤销省、自治区、直辖市的人民代表大会常务委员会批准的违背宪法和本法第八十五条第二款规定的自治条例和单行条例;(三)国务院有权改变或者撤销不适当的部门规章和地方政府规章;(四)省、自治区、直辖市的人民代表大会有权改变或者撤销它的常务委员会制定的和批准的不适当的地方性法规;(五)地方人民

代表大会常务委员会有权撤销本级人民政府制定的不适当的规章;(六)省、自治区的人民政府有权改变或者撤销下一级人民政府制定的不适当的规章;(七)授权机关有权撤销被授权机关制定的超越授权范围或者违背授权目的的法规,必要时可以撤销授权。"

综上,本题中A项同法条第1项规定不符,B项则符合第4项规定,C项同第5项规定不符,D项同第7项规定不符。故A、C、D项错误,B项正确。

31．中国近代法制的发展历程;清末修律活动 [B]

[解析]《大清民律草案》完成后,修订法律大臣俞廉三上陈"奏进民律前三编草案折"中表示:"此次编辑之旨,约分四端:(1)注重世界最普遍之法则。(2)原本后出最精确之法理。(3)求最适于中国民情之法则。(4)期于改进上最有利益之法则。"很显然,其基本思路并未超出"中学为体,西学为用"的思想格局。故A项正确。

《大清新刑律》是我国第一部近代意义上的刑法典,以罪名和刑罚等专属刑罚范畴的条文作为法典的唯一内容,不包括民事条款。保留"不必科刑的民事条款"的清末法典是《大清现行刑律》。故B项错误。

1910年颁行的《法院编制法》规定司法审判实行四级三审制,同时还规定了审判公开原则。故C项正确。

1947年《中华民国宪法》的主要特点是表面上的"民有、民治、民享"和实际上的个人独裁。它罗列人民各项民主自由权利,比以往任何宪法性文件都充分,但在实践中却没有得到很好的实行。故D项正确。

32．国家管辖权中的保护性管辖和引渡 [A]

[解析] 保护性管辖的条件有三:(1)外国人;(2)犯罪行为在域外;(3)侵犯了我国的重大利益。张某侵吞中国国企驻甲国办事处的财产符合保护性管辖权的三个条件,据此,中国可以对张某的行为实行管辖。故B项错误。这种管辖通过两种途径实现,一是在张某进入中国境内时对其进行拘捕,故A项正确;二是通过引渡,在没有双边引渡条约的情况下,引渡是国家的权利而非义务,"有义务"的说法错误,故D项错误。

《联合国海洋法公约》规定,除国际条约或本公约明文规定的例外情况,在公海上的船舶受其船旗国的专属管辖。保护性管辖不能在公海行使,因此张某乘甲国商船逃至公海时,中国无权派员在公海将其缉拿。故C项错误。

33．法官的任免;法官的奖惩 [C]

[解析]《法官法》第23条规定:"法官之间有夫妻关系、直系血亲关系、三代以内旁系血亲以及近姻亲关系的,不得同时担任下列职务:(一)同一人民法院的院长、副院长、审判委员会委员、庭长、副庭长;(二)同一人民法院的院长、副院长和审判员;(三)同一审判庭的庭长、副庭长、审判员;(四)上下相邻两级人民法院的院长、副院长。"A项中,唐某系某省高院副院长,其子系该省某县法院院长,省高院副院长与该省某县法院院长非为上下相邻两级人民法院的院长、副院长,两人不符合任职回避规定。故A项错误。

《法官法》第20条第8项规定,因违纪违法不宜继续任职的,应当依法提请免除其法官职务。《法官法》第13条规定:"下列人员不得担任法官:(一)因犯罪受过刑事处罚的;……"本条的犯罪既包括故意犯罪,也包括过失犯罪。据此,B项中,楼法官以交通肇事罪被判处有期徒刑1年、缓刑1年,不宜继续任职,对其必须根据法律规定免除法官职务。故B项错误。

《法官法》第45条规定:"法官有下列表现之一的,应当给予奖励:(一)公正司法,成绩显著的;(二)总结审判实践经验成果突出,对审判工作有指导作用的……"C项符合上述第2项规定。故C项正确。

《法官行为规范》第54条规定:"裁判文书宣告或者送达后发现文字差错:(一)对一般文字差错或者病句,能立即收回的,当场及时收回并重新制作;无法立即收回的,应当制作裁定予以补正;(二)对重要文字差错或者病句,能立即收回的,当场及时收回并重新制作;无法立即收回的,应当制作裁定予以补正。"D项中将上诉期间"15日"写成"15月"属于一般文字差错。陆法官应当说明情况后将判决书收回,以校对章补正或者重新制作裁判文书。故D项错误。

34．追诉时效的认定 [C]

[解析] 共同犯罪中,对各共犯人分别计算各自的追诉时效。一人超过追诉时效,另一人没有超过,则只能对后者追诉。例如,甲、乙共同杀人,甲是主犯,乙是从犯,甲被判无期徒刑,乙被判10年。经过15年后,只能追诉甲,不能追诉乙。故A项错误。

追诉时效的中断,也称为追诉时效的更新,是指在追诉时效进行期间,因发生了法律规定的事由,而使以前所经过的时效期间归于无效,法律规定的事由终了之时,追诉时效重新开始计算。《刑法》第89条第2款规定:"在追诉期限以内又犯罪的,前罪追诉的期限从犯后罪之日起计算。"共同犯罪中,各共犯人的追诉时效的中断,互不影响。例如,甲、乙共同犯罪,在追诉期限内,甲又犯罪,则甲的前罪的追诉期限重新计算,乙的追诉期限照旧。故B项错误。

关于追诉期限的起算日,《刑法》第89条第1款规定,追诉期限从犯罪之日起计算。犯罪之日,一般是指犯罪成立之日。但是,实害犯也即将实害结果作为构成要件的犯罪(如玩忽职守罪),实害结果发生之日才是犯罪之日。故C项正确。【特别提醒】(1)不要将犯罪成立之日与犯罪既遂之日相混淆。(2)追诉期限的特殊情形:第一,实害犯,也即将实害结果作为构成要件的犯罪,实害结果发生之日才是犯罪之日。危险犯,也即不将实害结果作为构成要件的犯罪(如放火罪、爆炸罪),实施行为之日就是犯罪之日。第二,连续犯、继续犯,也即犯罪行为有连续或者继续状态的,从犯罪行为终了之日起计算。

法定最高刑是10年以上有期徒刑的故意犯罪,追诉期限是15年,过了15年,就不能追诉。故D项错误。【特别提醒】法定最高刑为无期徒刑、死刑的,追诉期限为20年。如果20年以后认为必须追诉的,可以报请最高人民检察院核准后追诉。

35.叛逃罪;罪数形态[C]

[解析] 叛逃罪,是指国家机关工作人员以及掌握着国家秘密的其他国家工作人员,在履行公务期间,擅离岗位,叛逃境外或者在境外叛逃的行为。甲系海关工作人员,属于国家工作人员,擅自不归国,构成叛逃罪。故A项正确。

为境外窃取、刺探、收买、非法提供国家秘密、情报罪,是指为境外的机构、组织、人员窃取、刺探、收买、非法提供国家秘密或情报的行为。甲把自己掌握的影响我国经济安全的海关数据提供给外国机构,构成为境外非法提供国家秘密、情报罪。故B项正确。

甲的行为同时侵犯了两个客体,二者之间不存在牵连犯或者吸收犯等关系,构成两个罪,应该数罪并罚。故C项错误。

《刑法》第56条规定,犯叛逃罪、为境外非法提供国家秘密、情报罪的,应当附加剥夺政治权利。根据《刑法》第55条第1款的规定,剥夺政治权利的期限为1年以上5年以下。故D项正确。

36.附带民事诉讼的提起期间[B]

[解析] 《刑诉解释》第181条规定:"被害人或者其法定代理人、近亲属仅对部分共同侵害人提起附带民事诉讼的,人民法院应当告知其可以对其他共同侵害人,包括没有被追究刑事责任的共同侵害人,一并提起附带民事诉讼,但共同犯罪案件中同案犯在逃的除外。被害人或者其法定代理人、近亲属放弃对其他共同侵害人的诉讼权利的,人民法院应当告知其相应法律后果,并在裁判文书中说明其放弃诉讼请求的情况。"在刑事诉讼中,吴某有权对罗某提起附带民事诉讼,也有权放弃对罗某提起附带民事诉讼;一旦放弃对罗某主张权利,一审判决宣告后,吴某即便反悔,也不能再对罗某提起附带民事诉讼了,只能另行提起民事诉讼。因此,B项正确,A、D项错误。

《刑诉解释》第198条规定:"第一审期间未提起

附带民事诉讼,在第二审期间提起的,第二审人民法院可以依法进行调解;调解不成的,告知当事人可以在刑事判决、裁定生效后另行提起民事诉讼。"据此,吴某在二审中请求法院判令罗某予以赔偿是不会得到法院支持的,二审法院可以依法进行调解,调解不成的,告知吴某另行提起民事诉讼。故C项错误。

37.行政诉讼受案范围[B]

[解析] A项中环保局拒绝履行监督职责,属于行政不作为,属于行政诉讼受案范围。故A项不当选。

B项,关键在于对"通知"性质的判断,即其属于具体行政行为还是抽象行政行为。根据选项提供的信息,"某市政府发出通知,要求非本地生产乳制品须经本市技术监督部门检验合格方可在本地销售,违者予以处罚",从中我们可以发现:首先,市政府的通知针对的对象是非本地的乳制品企业,这是一个集合性概念,不能确定究竟是哪一家或哪些乳制品企业,因此具有不特定性;其次,该通知不是一次性的,而是具有反复适用性;最后,该通知具有规范性,不能直接作用于相对人,需要行政机关具体实施才能实现其目标和作用。因此,该通知属于行政机关制定的具有普遍约束力的能够反复适用的命令,是一种抽象行政行为,不属于行政诉讼的受案范围。故B项当选。

C项,依据《城市房地产管理法》第45条第2款规定:"商品房预售人应当按照国家有关规定将预售合同报县级以上人民政府房产管理部门和土地管理部门登记备案。"可知,房屋预售合同应当办理预售预购登记。房管局对商品房的预售合同进行预售预购登记,属于行政确认行为,其确认的对象是买卖双方的预售合同法律关系。所以,登记对买卖双方的权利义务关系进行了行政确认,属于房管局行使行政管理职权的行为。可见,房管局对预售合同进行备案登记的行为具有可诉性。故C项不当选。

D项中,张某是对"名称预先核准决定"不服提起诉讼,解题的关键在于判断"名称预先核准"的性质。根据选项提供的信息:"《公司登记管理条例》规定,设立公司应当先向工商登记管理机关申请名称预先核准",很容易判断出名称预先核准是设立公司的一种前置性许可事项,属于行政许可,当然可诉。故D项不当选。

38.法律适用;法律体系[C]

[解析] 法律适用包括三个步骤:寻找案件事实、根据已经确定的案件事实确定相应的法律规范、从整体上考虑并推导出法律决定。因此适用法律必须面对规范与事实问题的说法正确。故A项正确。

法律解释的方法包含文义解释、体系解释、目的解释、历史解释以及比较解释等。当字面含义有争议时,无法直接使用文义解释,就需要借助其他解释方法,因此,"可透过法律体系理解其含义",即可以运用体系解释的方法。故 B 项正确。

法律体系是一国现行法构成的体系,反映一国法律的现实状况,它不包括历史上废止的已经不再有效的法律,一般也不包括尚待制定、还没有生效的法律。故 C 项错误。

一切法律必须依靠语言表达,而语言不具有精确性,且人的理性是有限度的。立法者在立法的过程中不可能完全做到将法律背后的意义与法律字面的含义完全一致。从法律解释的角度来看,法律解释不单单用文义解释,还可能使用比较、历史、目的、体系等多种方法,解释的结果当然不限于"一般的""字面的"含义。故 D 项正确。

39. 谋杀和故杀的理解与区分[B]

[解析] 区分谋杀与故杀的根本标准在于有无事先预谋。事先预谋杀人属于谋杀,突然起意的杀人属于故杀。

A 项,浦某胞弟是见其兄被打伤,突然起意杀人,属于故杀。故 A 项不当选。

B 项,"立志复仇""趁赵某独自上山之机"等用语可以看出洪某蓄谋已久,最可能被认定为谋杀者。故 B 项当选。

C 项,卢某"恐其败露欲杀之",是突然起意杀人,系"起意于殴杀之时",属于故杀。故 C 项不当选。

D 项,刘某没有预谋杀害李朱氏和其外孙,而是临时起意杀人,属于故杀。故 D 项不当选。

40. 共同犯罪的认定[B]

[解析] 成立帮助犯的前提是帮助犯的帮助行为对正犯的实行行为提供了物理性或者心理性作用(贡献)。甲对乙的望风并不知情,不存在心理上的因果性,而望风期间没有任何事情发生,因此也不能认为存在物理性的因果作用。因此,乙不成立(片面)帮助犯。故 A 项不当选。

拐卖妇女、儿童罪,是指以出卖为目的,拐骗、绑架、收买、贩卖、接送、中转妇女、儿童的行为。其中,中转妇女系为拐卖妇女的罪犯提供中途场所或机会的行为,属于拐卖实行行为之一。乙知情后收留甲和被拐卖妇女,属于中转行为,与甲成立拐卖妇女罪的共犯。故 B 项当选。

烧香祈福并不能给甲实施电信诈骗提供任何物理性或心理性作用,因此不能成立共同犯罪。故 C 项不当选。

乙用摄像机拍摄甲寻衅滋事的过程并进行网络直播,对甲的寻衅滋事无法产生直接的物理性或心理性作用,不成立共同犯罪。故 D 项不当选。

41. 证人证言与犯罪嫌疑人、被告人的供述和辩解的区别[D]

[解析] 证人证言是指当事人以外了解有关案件情况的第三人,向公安、司法机关所作的与案件有关的事实情况的陈述。犯罪嫌疑人、被告人的供述是犯罪嫌疑人、被告人就有关案件的情况向侦查、检察和审判人员所作的陈述。

本题中,A 项是张某所作的有罪供述,属于犯罪嫌疑人、被告人的供述;B 项和 C 项都是张某对同案犯李某的共同犯罪的情况所作的检举,与本人罪责有关,属于犯罪嫌疑人、被告人的辩解,不是证人证言。而 D 项是张某就抢劫案之外的另一起案件,向办案人员所作的有关案件事实真相的陈述,由于张某与此案没有切身利益关系且知道这一案情,所以张某的陈述属于证人证言。A、B、C 项不属于证人证言,不当选;D 项属于证人证言,当选。

42. 律师职业道德;律师执业法律责任[D]

[解析] 本题首先需要明确律师执业的责任承担主体,《律师法》第 54 条规定:"律师违法执业或者因过错给当事人造成损失的,由其所在的律师事务所承担赔偿责任。律师事务所赔偿后,可以向有故意或者重大过失行为的律师追偿。"据此,律师因过错给当事人造成损失的,最终需要承担赔偿责任。

《检察官法》第 37 条第 1 款规定:"检察官从人民检察院离任后两年内,不得以律师身份担任诉讼代理人或者辩护人。"据此,王律师担任检察官是在 3 年前,并不违反法律规定。故 A 项错误。

王律师将其代理仲裁期间与甲公司的相关合同提交法院,属于举证行为,并不违法。故 B 项错误。

王律师代理仲裁期间违规会见仲裁员虽然属于违法执业行为,也受到了行政处罚,但其违法行为与当事人损失之间并无直接因果关系。故 C 项错误。

根据《民法典》第 807 条规定,承包人对建设工程款依法享有优先受偿权,但王律师在仲裁中并未予以主张,也未向甲公司告知潜在的风险,可能导致甲公司的工程款无法全部收回,给甲公司带来损失。故 D 项正确。

43. 刑事责任能力的认定[D]

[解析]《刑法》第 19 条规定:"又聋又哑的人或者盲人犯罪,可以从轻、减轻或者免除处罚。"又聋又哑的人或者盲人不是无刑事责任能力的人,他们犯了罪,理应负刑事责任。例如,体弱的人、残疾人,其实施犯罪行为的能力会下降,但是其辨认、控制自己行为的能力(刑事责任能力)以及理解犯罪行为的能力、辨别是非的能力并不会下降,属于有完全刑事责任能力的人。故 A、B 项错误。【知识拓展】(1)根据刑事责任的有无,可将刑事责任能力分为完全有刑事责任能力、完全无刑事责任能力、相对有刑事责任能力。(2)相对有刑事责任能力人原则上是指《刑法》第 17 条第 2 款所规定的 14 至 16 周岁的人,仅对 8 种犯罪行为承担刑事责任。《刑法修正案(十一)》增

加规定已满12周岁不满14周岁的人,犯故意杀人、故意伤害罪,致人死亡或者以特别残忍手段致人重伤造成严重残疾,情节恶劣,经最高人民检察院核准追诉的,应当负刑事责任。(3)在具有刑事责任能力的基础上,刑事责任能力是否减弱会影响量刑的轻重,如尚未完全丧失辨认或者控制自己行为能力的精神病人的刑事责任能力低于通常人,这一情形称为减轻刑事责任能力(限定刑事责任能力)。限定刑事责任能力人主要是指:又聋又哑的人;盲人;尚未完全丧失辨认或控制自己行为能力的精神病人。但是,上述人员并非一定是限定刑事责任能力人,如果因为其双目失明或者聋哑等生理特征,使得其在特定的案件中辨认和控制自己行为的能力减弱,可以认为是限定刑事责任能力人,对其犯罪行为可以从轻、减轻或者免除处罚,如果其生理特征并未影响其辨认和控制能力,仍属于具有完全刑事责任能力的人。

熟睡的人并没有丧失刑事责任能力。故 C 项错误。

醉酒的人分为病理性醉酒和生理性醉酒。前者是指因酒精中毒导致幻觉、妄想等精神病症状,是精神病的一种,属于完全无刑事责任能力。后者是指日常生活的醉酒,属于有完全刑事责任能力。丁属于生理性醉酒,具有完全刑事责任能力。故 D 项正确。

44.法的特征[B]

[解析] 法的起源是从法与宗教规范、道德规范的浑然一体到法与宗教规范、道德规范的分化,法的相对独立的发展过程。题干中,《摩奴法典》是古代的法典,从其具体表述上,如“妇女要终生耐心、忍让、热心善业、贞操,淡泊如学生”、“不忠于丈夫的妇女生前遭诟辱,死后投生在豺狼腹内,或为象皮病和肺痨所苦”等可知,早期的法律和道德、宗教等其他规范是浑然一体的。故 A 项正确。

《摩奴法典》规定苦修可以免于处罚,这属于法律责任的免除情形。虽然免除了法律责任,但不等于该法典没有强制力。《摩奴法典》属于法律,同样具有国家强制性的特征。故 B 项错误。

古印度实行种姓制度,婆罗门为最高阶层即统治阶级,首陀罗为社会底层即被剥削阶级。《摩奴法典》作为统治阶级的法公开维护这种不平等的社会关系,材料中“婆罗门贫困时,可完全问心无愧地将其奴隶首陀罗的财产据为己有,而国王不应加以处罚”便是明证。故 C 项正确。

《摩奴法典》属于奴隶制法,且宗教色彩浓厚,如“死后投生豺狼腹内”等规定具有迷信和神秘主义色彩,不符合现代法律理性与科学的价值追求。故 D 项正确。

45.战争开始的法律后果;斡旋与调停[B]

[解析] 两国宣战后,一国可以没收敌国位于本国境内的财产,但使馆的财产和档案除外。故 A 项错误。

B 项考查斡旋和调停的区别:斡旋是第三方不参与谈判;调停是第三方要参与谈判。本题中丙国参与了谈判,显然是调停。故 B 项正确。

两国宣战后,虽然交战国之间的经贸(包括民间)往来禁止,但是已经履行的契约或者已经结算的债务并不废除。因此,甲国 A 公司与乙国 B 公司已经签订的商业合同仍然有效。故 C 项错误。

调停中,第三方对调停的最终结果不承担法律责任。故 D 项错误。【思路拓展】简单理解,调停是做好事,当然不能让做好事的一方承担不利后果。

46.其他法律职业人员道德[B]

[解析] 法律顾问作为一种相对独立的力量介入党政机关、人民团体、国有企事业单位的活动中,其根本价值在于推动党政机关、人民团体、国有企事业单位依法行事。因此,这客观上要求法律顾问在提供法律服务过程中不受他人意志的干扰,仅依照法律的规定或依照法律的精神对事实作出合乎价值的判断。A 项错误。

“公开透明”是指行政机关中从事行政处罚决定审核、行政复议、行政裁决的公务员在执法过程中,除涉及国家秘密、职业秘密或个人隐私外,执法内容应一律向行政相对人和社会公开。B 项正确。

执法行为可能对行政相对人的权益造成不利影响,除法律规定的特别情形外,应当给予行政相对人陈述、申辩的机会。C 项错误。

《行政复议法》第 2 条规定:“公民、法人或者其他组织认为行政机关的行政行为侵犯其合法权益,向行政复议机关提出行政复议申请,行政复议机关办理行政复议案件,适用本法。”行政裁决属于典型的个体行政行为,属于行政复议受案范围。D 项错误。

47.构成要件要素的分类[D]

[解析] 传播淫秽物品罪中的“淫秽物品”属于行为对象,是客观的构成要件要素;其判断需要根据社会价值观念等才能确定,是规范的构成要件要素。故 A 项正确。

签订、履行合同失职被骗罪中的“签订、履行”是从正面、肯定的角度对该罪犯罪行为要素的规定,是积极的构成要件要素;其判断仅需法官的一般、自然、客观的认识即可,是记述的构成要件要素。故 B 项正确。

《刑法》第 266 条仅规定“诈骗公私财物,数额较大的”成立诈骗罪,虽然没有规定“被害人基于认识错误处分财产”,但成立诈骗罪必须具备该要素(为了区别盗窃罪中“违背对方意志取得他人占有的财物”),是不成文的构成要件要素。故 C 项正确。

受贿罪中的“国家工作人员”是对主体身份的要

求,是主体要素,是客观的构成要件要素(定罪身份属于客观的违法要素);国家工作人员是指依法从事公务的人,而是否属于从事公务需要结合法律、法规等进行判断,故属于规范的构成要件要素。故 D 项错误。

48．立案管辖[B]

[解析]《刑事诉讼法》第19条规定:"刑事案件的侦查由公安机关进行,法律另有规定的除外。人民检察院在对诉讼活动实行法律监督中发现的司法工作人员利用职权实施的非法拘禁、刑讯逼供、非法搜查等侵犯公民权利、损害司法公正的犯罪,可以由人民检察院立案侦查。对于公安机关管辖的国家机关工作人员利用职权实施的重大犯罪案件,需要由人民检察院直接受理的时候,经省级以上人民检察院决定,可以由人民检察院立案侦查。自诉案件,由人民法院直接受理。"

根据上述规定,选项 A 中辩护人陈某帮助张某隐瞒证据毁灭罪证,应由公安机关立案侦查。《刑事诉讼法》第44条规定:"辩护人或者其他任何人,不得帮助犯罪嫌疑人、被告人隐匿、毁灭、伪造证据或者串供,不得威胁、引诱证人作伪证以及进行其他干扰司法机关诉讼活动的行为。违反前款规定的,应当依法追究法律责任,辩护人涉嫌犯罪的,应当由办理辩护人所承办案件的侦查机关以外的侦查机关办理。辩护人是律师的,应当及时通知其所在的律师事务所或者所属的律师协会。"据此,A 项中,辩护人陈某在 B 市甲区帮助张某隐瞒证据毁灭罪证,应当由办理辩护人陈某所承办案件的 B 市侦查机关以外的侦查机关办理,故 A 项错误。D 项中,辩护人陈某涉嫌的强奸罪与张某的贩卖毒品罪并无关,陈某并未帮助张某实施《刑事诉讼法》第44条规定的违法行为,所以不需要 B 市以外的侦查机关立案侦查,故 D 项错误。

选项 B 中陈某涉嫌的盗窃罪,依据《刑事诉讼法》第19条的规定,也属于公安机关立案侦查的案件。《公安部规定》第15条第1款规定:"刑事案件由犯罪地的公安机关管辖。如果由犯罪嫌疑人居住地的公安机关管辖更为适宜的,可以由犯罪嫌疑人居住地的公安机关管辖。"本案中,乙区就是犯罪地,故可由乙区公安局立案侦查,B 项正确。

《监察法》第11条规定:"监察委员会依照本法和有关法律规定履行监督、调查、处置职责:……(二)对涉嫌贪污贿赂、滥用职权、玩忽职守、权力寻租、利益输送、徇私舞弊以及浪费国家资财等职务违法和职务犯罪进行调查;……"据此,陈某涉嫌的行贿罪应当由监察机关立案调查。故 C 项错误。

49．行政诉讼先予执行[B]

[解析]《行政诉讼法》第57条规定:"人民法院对起诉行政机关没有依法支付抚恤金、最低生活保障

金和工伤、医疗社会保险金的案件,权利义务关系明确、不先予执行将严重影响原告生活的,可以根据原告的申请,裁定先予执行。当事人对先予执行裁定不服的,可以申请复议一次。复议期间不停止裁定的执行。"据此,申请先予执行的当事人一般是因为生活困难,所以法律没有要求申请人提供担保,故 A 项错误。当事人对先予执行裁定不服的,可以申请复议一次。这里的复议不是行政复议,而是司法复议,当事人既包括原告也包括被告,故 B 项正确。

根据《行政复议法》第23条,对行政不作为(不履行法定职责)不服的,适用复议前置。本题中,朱某向区民政局申请最低生活保障金,区民政局认为朱某不符合申请资格予以拒绝,可见,区民政局已经受理案件并对案件作出了处理,不属于行政不作为,因此不适用复议前置。故 C 项错误。

本题中没有交代拒绝给付最低生活保障金的行为是否违法。如果区民政局拒绝行为合法,应当驳回原告诉讼请求;如果拒绝行为违法,应当作出给付判决,只有在判决给付没有意义的情况下(如诉讼中朱某死亡),才需要判决确认违法。对此,《行政诉讼法》第73条规定:"人民法院经过审理,查明被告依法负有给付义务的,判决被告履行给付义务。"故 D 项错误。

50．第二审的审理程序;上诉不加刑[B]

[解析]《刑诉解释》第393条第2款规定,被判处死刑的被告人没有上诉,同案的其他被告人上诉的案件,第二审人民法院应当开庭审理。在本案中,甲被判处死刑立即执行,虽然甲未上诉,但同案犯丙上诉,所以全案的第二审程序应开庭审理。故 A 项错误。

《刑诉解释》第399条第1款第3项规定,对同案审理案件中未上诉的被告人,未被申请出庭或者人民法院认为没有必要到庭的,可以不再传唤到庭。故 B 项正确。

《刑诉解释》第392条第2款规定,共同犯罪案件,只有部分被告人提出上诉,或者自诉人只对部分被告人的判决提出上诉,或者人民检察院只对部分被告人的判决提出抗诉的,其他同案被告也可以委托辩护人辩护。故 C 项错误。

根据上诉不加刑原则,《刑诉解释》第401条第1款第1项规定,同案审理的案件,只有部分被告人上诉的,既不得加重上诉人的刑罚,也不得加重其他同案被告人的刑罚。另外,《刑诉解释》第403条第1款规定,被告人或者其法定代理人、辩护人、近亲属提出上诉,人民检察院未提出抗诉的案件,第二审人民法院发回重新审判后,除有新的犯罪事实且人民检察院补充起诉的以外,原审人民法院不得加重被告人的刑罚。根据上述两条规定,由于检察机关未抗诉,所以即使将案件发回一审法院重审,除非检察机关补充起

诉,也不得加重对丙的刑罚。故 D 项错误。

二、多项选择题

51．扩大解释；类推解释；反对解释；缩小解释

[ACD]

[解析] 根据相关司法解释,对于非法制造、买卖、运输、储存以火药为动力发射弹药的大口径武器的行为,应当依照《刑法》第 125 条第 1 款的规定,以非法制造、买卖、运输、储存枪支罪追究刑事责任。据此,大炮属于以火药为动力发射弹药的大口径武器,可认定为枪支。这是一种扩大解释。故 A 项正确。

反对解释,是指根据用语的正面表述,推导出其反面含义,也即从"A"推导出"非 A"。B 项即是从假药无疗效,反向推导出有疗效的药不是假药,因此属于反对解释。当然解释,是指根据形式逻辑来论证解释后的含义是否符合当然道理,在论证出罪时"举重以明轻"(重的行为都无罪,轻的行为更应无罪),在论证入罪时"举轻以明重"(轻的行为都是犯罪,重的行为更应是犯罪)。当然解释所比较的两个行为应属于性质相同、程度不同的两个行为;如果性质不同,不能进行当然解释。假药与真药性质不同,不适用于当然解释;若根据完全没有疗效的药是假药,推导出有毒、有害的药是假药,则是当然解释。故 B 项错误。

情报有好多种,如涉及经济、政治、文化、社会等各方面的情报。由于本罪属于危害国家安全犯罪,所以这里的"情报"只能缩小解释为涉及国家安全的情报。故 C 项正确。

假冒注册商标罪要求假冒的必须是"注册商标"。将"未注册的商标"解释为"注册商标",属于类推解释,违反了罪刑法定原则。故 D 项正确。

52．非法拘禁罪的认定 [ABD]

[解析] 法定量刑情节是指刑法明文规定在量刑时应当予以考虑的情节。"殴打、侮辱"的从重处罚情节是在刑法中明文规定的,属于法定量刑情节。故 A 项正确。

非法拘禁罪属于行为犯,即只要行为人实施的拘禁行为达到了剥夺他人行动自由的程度,就是犯罪的既遂。《刑法》第 238 条第 1 款规定,具有殴打情节的,从重处罚。这里所说的殴打,应当以故意致人轻伤为限。如果行为人的非法拘禁行为过失造成被害人重伤、死亡的,就属于非法拘禁罪的结果加重犯。故 B 项正确。

非法拘禁行为如果符合结果加重犯的构成要件,影响的是定罪,同时具有法定从重处罚的量刑情节,影响的是量刑,侮辱情节不因为构成结果加重犯而失去作为从重处罚情节的意义。故 C 项错误。

非法拘禁行为范围内的致人伤残、死亡是指拘禁的方式方法不当过失致人伤亡,属于结果加重

犯,罪名依然是非法拘禁罪。第 2 款规定的"使用暴力致人伤残、死亡",是指非法拘禁行为之外的暴力致人伤残、死亡,属于"转化罪",以故意伤害罪、故意杀人罪定罪处罚。故 D 项正确。

53．法的概念；法与道德 [ABC]

[解析] 国家法在大陆法系,一般指国家制定或者认可而形成的法,包括制定法与习惯法(不成文法);而在英美法系,则还包括判例法。"国法"不等于国家法,"国法"包括国家法,还包括其他执行着国法职能的法,如教会法。故 A 项错误。

国法,是指特定国家现行有效的法,关键在于强调法与国家的关系,以区别于其他法的概念。其外延包括:成文法、判例法、习惯法(不成文法)、其他执行国法职能的法(如教会法)。国家立法机关创制的仅指国家制定法,故 B 项错误。

任何规范都具有强制力,法律、道德与宗教都具有强制性,只有法律具有国家强制性,故 C 项错误。

自然法学派认为符合道德的法才是法律,因此,如果国法符合道德,可以被自然法认为是实在法。实证主义法学派强调恶法亦法,即法律必须是国家制定出来的,因此,只要是国家制定而成的国法即可以被实证主义法学派认为是实在法,故 D 项正确。

54．自治和自治权 [AD]

[解析]《香港特别行政区基本法》第 2 条规定,全国人民代表大会授权香港特别行政区依照本法的规定实行高度自治,享有行政管理权、立法权、独立的司法权和终审权。故 A 项正确。

《民族区域自治法》第 15 条第 1 款规定,民族自治地方的自治机关是自治区、自治州、自治县的人民代表大会和人民政府。故 B 项错误。

《民族区域自治法》第 2 条第 2 款规定,民族自治地方分为自治区、自治州、自治县。故 C 项错误。

《宪法》第 111 条第 1 款规定,城市和农村按居民居住地区设立的居民委员会或者村民委员会是基层群众性自治组织。居民委员会、村民委员会的主任、副主任和委员由居民选举。居民委员会、村民委员会同基层政权的相互关系由法律规定。故 D 项正确。

55．刑事诉讼的基本原则；刑事诉讼程序的独立价值 [BCD]

[解析]《刑事诉讼法》第 3 条第 2 款规定,人民法院、人民检察院和公安机关进行刑事诉讼,必须严格遵守本法和其他法律的有关规定。《刑事诉讼法》第 238 条规定:"第二审人民法院发现第一审人民法院的审理有下列违反法律规定的诉讼程序的情形之一的,应当裁定撤销原判,发回原审人民法院重新审判:(一)违反本法有关公开审判的规定的;(二)违反回避制度的;(三)剥夺或者限制了当事人的法定诉讼权利,可能影响公正审判的;(四)审判组织的组成

不合法的;(五)其他违反法律规定的诉讼程序,可能影响公正审判的。"《刑事诉讼法》第238条关于程序违法能够带来法律后果的规定,体现了严格遵守法定程序原则的要求,同时也表明了程序公正具有独立价值。故本题B、C、D项均正确。A项为公检法三机关的关系,不符合题意。

56. 自诉案件;证人出庭作证;简易程序[BC]

[解析]《刑事诉讼法》第114条规定,对于自诉案件,被害人有权向人民法院直接起诉。被害人死亡或者丧失行为能力的,被害人的法定代理人、近亲属有权向人民法院起诉。即被害人的法定代理人、近亲属只有在被害人死亡的情况下才能作为原告起诉,"担心影响不好"不能成为由近亲属代为起诉的理由。故A项错误。

《刑诉解释》第323条第2款规定,共同被害人中只有部分人告诉的,人民法院应当通知其他被害人参加诉讼,并告知其不参加诉讼的法律后果。被通知人接到通知后表示不参加诉讼或者不出庭的,视为放弃告诉。第一审宣判后,被通知人就同一事实又提起自诉的,人民法院不予受理。但是,当事人另行提起民事诉讼的,不受本解释限制。故B项正确。

《刑事诉讼法》第193条第1款规定,经人民法院通知,证人没有正当理由不出庭作证的,人民法院可以强制其到庭,但是被告人的配偶、父母、子女除外。此款只是规定不能强制被告人的配偶、父母、子女到庭作证,但是,可以强制方某的弟弟到庭作证。故C项正确。

《刑诉解释》第327条规定,自诉案件符合简易程序适用条件的,可以适用简易程序审理。不适用简易程序审理的自诉案件,参照适用公诉案件第一审普通程序的有关规定。可知自诉案件并不都是适用简易程序,还需要符合简易程序的条件才行。故D项错误。

57. 行政许可的注销[ABD]

[解析]《行政许可法》第70条规定:"有下列情形之一的,行政机关应当依法办理有关行政许可的注销手续:(一)行政许可有效期届满未延续的;(二)赋予公民特定资格的行政许可,该公民死亡或者丧失行为能力的;(三)法人或者其他组织依法终止的;(四)行政许可依法被撤销、撤回,或者行政许可证件依法被吊销的;(五)因不可抗力导致行政许可事项无法实施的;(六)法律、法规规定的应当注销行政许可的其他情形。"可知,A项中张某取得律师执业证书后,发生交通事故成为植物人,其已丧失行为能力,符合上述第2项的规定,因此司法行政主管部门应当依法注销其律师执业资格。故A项正确,当选。B项中田某因违法经营网吧被吊销许可证的,符合上述第4项规定。故B项正确,当选。D项中刘某的行政许可证

被依法撤销的,符合上述第4项规定,行政机关应当办理注销手续。故D项正确,当选。

《行政许可法》第50条第2款规定:"行政机关应当根据被许可人的申请,在该行政许可有效期届满前作出是否准予延续的决定;逾期未作决定的,视为准予延续。"C项中李某依法向国土资源管理部门申请延续采矿许可,而国土资源管理部门在规定期限内未予答复,因此视为对李某的行政许可准予延缓,不应注销。故C项错误,不选。

58. 司法公正;实体公正与程序公正[ABC]

[解析]公正是法治的灵魂和核心,是法治精神的内在要求,是法治的组成部分和基本内容,是民众对法制的必然要求。其中,司法公正包括实体公正和程序公正。故A项正确。

司法公正包括实体公正和程序公正。实体公正,主要是指案件事实真相的发现和对实体法的正确适用,其中发现案件事实真相是正确适用实体法的前提,这就要求首先必须正确地认定案件事实。程序公正主要是指司法程序具有正当性和合理性,当事人在司法过程中受到公平的对待。故B、C项正确。

类推制度,从法律角度看,是指法律没有明确规定的一定行为,但其足以造成一定的社会危害时,将具有相似性质的行为适用的法律扩充适用或者援用同它有类似性质事项的法律进行定罪量刑。类推制度是一种具有一定程序性的法的创制。对当事人不利的类推一般为各国法律所禁止,只有"无罪推定"原则才被作为司法公正的补充。自由心证原则的主要内涵是,法律不预先设定机械的规则来指示或约束法官,而由法官针对具体案情,根据经验法则、逻辑规则和自己的理性良心来自由判断证据和认定事实。各国法律普遍将自由心证认定为程序公正的必然要求,遂可以作为司法公正的补充。故D项错误。

59. 不作为犯的认定[CD]

[解析]A项,某个危险物制造了危险,若行为人对危险物负有监管义务,则行为人负有消除危险的作为义务。本题中甲对自己的金毛犬负有监管义务,金毛犬撕咬张某,甲却故意不制止,构成不作为的故意伤害罪。故A项错误。【特别提醒】张某的行为不符合被害人自陷风险。被害人自陷风险要求被害人已经认识到现实风险却仍自陷风险。张某认为抚摸该金毛犬不会有危险,未预料到会遭到金毛犬撕咬的危险。另外,可能有考生认为,抚摸陌生的宠物犬会存在被咬的风险这是常识,张某应当认识到这种危险。但是要注意,应当认识到可能的危险不等于已经认识到现实的危险。被害人自陷风险要求被害人已经认识到现实风险仍自陷风险。如果张某故意殴打金毛犬,被金毛犬咬伤,则属于张某已经认识到现实危险(打狗会被咬),属于自陷风险,应风险自担。

B项与A项类似,乙对售出的不合格药品负有召回义务,乙故意不履行该义务,导致一名患者死亡的结果,构成不作为犯罪(销售劣药罪)。故B项错误。

C项,自己的先行行为对法益创设了危险,则行为人附有消除危险的作为义务。本题中,丙的先行行为(过失行为)对法益创设了危险,则其负有消除危险的义务;丙故意不消除,酿成火灾,构成不作为的放火罪。故C项正确。

D项,基于自愿救助的行为,可以产生的保护义务。这是指某项法益处于危险境地时,行为人自愿救助,使法益的保护依赖于行为人时(形成依赖关系),行为人就有继续保护的义务。本题中,丁对弃婴实施了自愿救助行为,弃婴对丁产生了依赖关系,因此丁负有继续救助弃婴的义务。丁不履行该义务,则构成不作为犯罪(遗弃罪)。注意遗弃罪的行为主体不限于家庭成员,其他负有救助义务的人也可以构成遗弃罪。故D项正确。【特别提醒】有些考生认为,菜市场门口人多,丁将婴儿放置于此是出于让好心人将婴儿抱走,并没有制造风险。这种认识是错误的,菜市场虽然人多,能够避免婴儿因无人发现而发生危险,但是捡走婴儿的人的身份、动机也是不确定的,可能是善良的人,也可能是不法分子,因此对婴儿是有危险的,丁的行为实际上将婴儿置于危险境地。因此,丁构成遗弃罪。【总结】产生作为义务的条件:(1)实施了自愿救助行为;(2)法益对象对该行为产生了依赖关系。

60．犯罪嫌疑人、被告人有权获得辩护原则 [AD]

[解析]《刑事诉讼法》第11条规定:"人民法院审判案件,除本法另有规定的以外,一律公开进行。被告人有权获得辩护,人民法院有义务保证被告人获得辩护。"我国法律赋予犯罪嫌疑人、被告人辩护权,并在制度和程序上充分保障犯罪嫌疑人、被告人行使辩护权。在任何情况下,对任何犯罪嫌疑人、被告人都不得以任何理由限制或者剥夺其辩护权。故A项正确。

在刑事诉讼中,为保障犯罪嫌疑人、被告人的辩护权,公检法机关负有以下义务:(1)告知义务。即应该及时告知犯罪嫌疑人、被告人享有辩护权以及法律赋予的其他诉讼权利。(2)为犯罪嫌疑人、被告人提供进行辩护的条件,如为符合法定情形的被告人指定承担法律援助义务的律师。B项前半句"辩护权是犯罪嫌疑人、被告人最基本的诉讼权利"是正确的,但是并不是有关机关在任何情况下都为每个犯罪嫌疑人、被告人免费提供律师帮助的义务。故B项错误。

辩护权是犯罪嫌疑人、被告人应该得到的保障,但是,并不是任何机关都有为犯罪嫌疑人、被告人提供辩护帮助的义务,承担该义务的主体仅限于公安机关、人民检察院和人民法院。故C项错误。

辩护权是具有实质意义的诉讼权利,在控辩审三方构造的现代刑事诉讼模式下,只有辩护权得到充分行使,才能有效对抗控方指控,从而实现案件客观真实的查明和法律的正确适用,以保证诉讼法治和现代民主价值的实现。故D项正确。

61．合法行政原则;行政许可的监督检查;许可听证费用的承担;强制措施权的委托 [BC]

[解析]合法行政原则是指行政机关行使行政职权、管理公共事务,必须有法律的授权,并依据法律的规定进行,不得与法律相抵触。

《行政许可法》第16条第3款规定,规章可以在上位法设定的行政许可事项范围内,对实施该行政许可作出具体规定。《行政许可法》第63条规定:"行政机关实施监督检查,不得妨碍被许可人正常的生产经营活动,不得索取或者收受被许可人的财物,不得谋取其他利益。"因此,A项中某规章规定行政机关对行政许可事项进行监督时,不得妨碍被许可人正常的生产经营活动,符合合法行政要求。

《行政处罚法》第63条第2款规定,当事人不承担行政机关组织听证的费用。因此,B项中行政机关要求行政处罚听证申请人承担组织听证的费用,不符合合法行政要求,为应选项。

《行政强制法》第17条第1款规定:"行政强制措施由法律、法规规定的行政机关在法定职权范围内实施。行政强制措施权不得委托。"因此,C项中行政机关将行政强制措施权委托给另一行政机关行使的内容违反了这一规定,不符合合法行政要求,为应选项。

《行政许可法》第68条第2款规定:"行政机关在监督检查时,发现直接关系公共安全、人身健康、生命财产安全的重要设备、设施存在安全隐患的,应当责令停止建造、安装和使用,并责令设计、建造、安装和使用单位立即改正。"因此,D项的内容与此相符,符合合法行政要求。

62．政府信息公开案件的受案范围 [ACD]

[解析]《政府信息公开案件解释》第11条第2款规定:"有下列情形之一的,人民法院裁定不予立案;已经立案的,裁定驳回起诉:……(八)要求行政机关提供政府公报、报刊、书籍等公开出版物的;……"故黄某要求提供政府公报,应不予立案受理,A项当选。

《政府信息公开案件解释》第1条规定:"公民、法人或者其他组织认为下列涉政府信息公开行为侵犯其合法权益,依法提起行政诉讼的,人民法院应当受理:……(四)认为行政机关主动公开或者依他人申请公开政府信息侵犯其商业秘密、个人隐私等合法权益的;……"B项属于侵犯商业秘密的情形,应当受理,故 B 项不当选。

根据《行政复议法》第 23 条规定,申请政府信息公开,行政机关不予公开的,属于复议前置情形,应当先申请行政复议。故 C、D 项法院不予受理,当选。

63.国际习惯[AC]

[解析] 国际法渊源包括国际习惯法和国际条约。二者的区别是国际习惯法约束所有国家,而国际条约只约束其缔约国。

本题中,区分对象原则是国际习惯法,所以甲乙丙三国都受该原则的拘束。条约仅对缔结国有拘束力,丙国在退出协定书之后,就不再受该协定书的拘束,但是依然受区分对象原则的拘束。所以 A、C 项表述错误,B、D 项表述正确。

64.单位犯罪[ABCD]

[解析] 无论是母公司(甲电器公司),还是子公司(乙物流公司),均具有独立的主体地位,均可以构成单位犯罪的主体。本案中,如果认为甲电器公司构成单位犯罪,那么乙物流公司与其共同实施违法犯罪行为,乙物流公司当然也可以构成单位犯罪。故 A 项正确。

如果子公司(乙物流公司)无法认定为单位犯罪,那么可以追究其具体实施犯罪行为的自然人的刑事责任。当然,如果该自然人是按照母公司(甲电器公司)要求实施犯罪行为的人,则可以作为甲电器公司单位犯罪中的直接责任人员。亦即,直接责任人员未必要求必须是本单位的"在编人员",只要是在该单位犯罪中受犯罪单位直接指挥、控制,并起重要作用的人员,均可以作为单位犯罪中的直接责任人员。故 B 项正确。

如果仅能认定子公司(乙物流公司)构成单位犯罪,而无法认定母公司(甲电器公司)构成单位犯罪,那么在承认子公司(乙物流公司)构成单位犯罪的基础上,可以认为母公司的责任人员是不受子公司(乙物流公司)直接操控的。母公司的责任人员有其自身的独立性,与子公司(乙物流公司)构成共同犯罪,即母公司的责任人员不宜认定为子公司的成员,而是独立于子公司之外的。自然人主体(母公司决策人员)与单位主体(子公司)这两个主体之间,成立共同犯罪。故 C 项正确。

如果无法认定单位犯罪,可以追究自然人(直接责任人员)的刑事责任。《全国人民代表大会常务委员会关于〈中华人民共和国刑法〉第三十条的解释》规定,公司、企业、事业单位、机关、团体等单位实施刑法规定的危害社会的行为,刑法分则和其他法律未规定追究单位的刑事责任的,对组织、策划、实施该危害社会行为的人依法追究刑事责任。故 D 项正确。

65.强奸罪的罪数问题;结果加重犯;结合犯[BD]

[解析] 成立结果加重犯,要求基本犯的实行行为与加重结果之间需具有因果关系。注意"因"的判断:加重结果必须是基本犯的实行行为导致的,而不能是其他犯罪行为导致的。A 项中,甲一怒之下卡住该妇女喉咙,致其死亡,表明甲是出于泄愤、报复目的而杀害妇女,该杀人行为不是强奸罪的实行行为,不构成强奸罪(故意)致人死亡,而构成故意杀人罪,与强奸罪并罚。故 A 项错误。**【特别提醒】**虽然甲杀死妇女后实施了奸尸行为,也不能认为甲的杀人行为属于强奸罪的实行行为,因为强奸罪的实行行为的对象是活着的妇女。

根据《刑法》第 358 条的规定,组织、强迫他人卖淫,并有杀害、伤害、强奸、绑架等犯罪行为的,依照数罪并罚的规定处罚。故 B 项正确。

根据《刑法》第 318 条的规定,组织他人偷越国(边)境,并对被组织人有杀害、伤害、强奸、拐卖等犯罪行为,或者对检查人员有杀害、伤害等犯罪行为的,依照数罪并罚的规定处罚。据此,《刑法》并没有规定"组织他人偷越国(边)境罪+强奸罪=组织他人偷越国(边)境罪"这种结合犯。因此,按照正常原理,丙实施了两个行为,构成两个罪,就应当数罪并罚。故 C 项错误。**【特别提醒】**行为人实施了两个行为,构成两个罪,按照结合犯处理,必须有法律明确规定,也即结合犯是法律规定的特殊产物。按照正常原理,应当数罪并罚,也即数罪并罚是原则性做法。

根据《刑法》第 240 条的规定,拐卖妇女,并奸淫被拐卖的妇女的,属于拐卖妇女罪的法定加重情节,即《刑法》对此规定了结合犯:"拐卖妇女罪+强奸罪=拐卖妇女罪(加重处罚)"。故 D 项正确。

66.刑事诉讼法与刑法的关系;刑事诉讼法的独立价值[ABD]

[解析] 依据刑事诉讼法定和正当程序的理念,刑事实体法需要通过法律程序来实施。然而,刑事诉讼法并非实施刑事实体法的被动的"服务器",而是在启动或终结实施刑事实体法活动方面扮演着十分积极的角色。比如,依照不告不理原则,如果没有控诉机关或人员起诉,就不能对现实中的犯罪行为适用刑事实体法;当出现了某些法定情形时,就要结束适用刑事实体法的程序,而不能适用刑事实体法;对同一案件,如果选择不同的刑事程序,适用刑事实体法的结果可能会不同。

A 项中"被告人与被害人达成刑事和解而被法院量刑时从轻处理"与 D 项"只有被告人一方上诉的案件,二审法院判决时不得对被告人判处重于原判的刑罚"体现了对同一案件,如果选择不同的刑事程序,适用刑事实体法的结果可能会不同。B 项"因排除犯罪嫌疑人的口供,检察院作出证据不足不起诉的决定"体现了当出现了某些法定情形时,就要结束适用刑事实体法的程序,而不能适用刑事实体法。C 项超过追诉期限，是根据刑事实体法的要求而不再追究刑事责任的，因此刑事诉讼法作出相应的不立案处理，并没有体现出刑事诉讼法影响、制约刑事实体法的独立价值。故 A、B、D 项正确，C 项错误。

67．依法不负刑事责任的精神病人的强制医疗程序［BD］

［解析］《刑事诉讼法》第 303 条第 3 款规定："对实施暴力行为的精神病人，在人民法院决定强制医疗前，公安机关可以采取临时的保护性约束措施。"据此，只有公安机关有权采取临时保护性约束措施，法院无权作出，故 A 项错误。

根据《刑事诉讼法》第 108 条第 3 项规定，"法定代理人"是指被代理人的父母、养父母、监护人和负有保护责任的机关、团体的代表。本案中，民政局应属于对流浪汉负有保护责任的机关，可以派代表担任流浪汉的法定代理人出庭。故 B 项正确。

《刑事诉讼法》第 306 条第 1 款规定："强制医疗机构应当定期对被强制医疗的人进行诊断评估。对于已不具有人身危险性，不需要继续强制医疗的，应当及时提出解除意见，报决定强制医疗的人民法院批准。"据此，强制医疗措施不明确具体期限，直至被强制医疗对象已不具有人身危险性，不需要继续强制医疗的，法院才会批准解除。故 C 项错误。

《人民陪审员法解释》第 3 条第 3 款规定："因案件类型需要具有相应专业知识的人民陪审员参加合议庭审判的，可以根据具体案情，在符合专业需求的人民陪审员名单中随机抽取确定。"故 D 项正确。

68．行政复议；行政诉讼的地域管辖［AC］

［解析］根据《行政复议法》第 24 条规定，对县级以上人民政府工作部门作出的行政行为不服的，向本级人民政府申请复议。本题中，水电站对某区环保局的罚款决定不服申请复议，应当向某区环保局的本级人民政府即区政府申请复议，故 A 项正确。

《行政复议法》第 39 条规定："行政复议期间有下列情形之一的，行政复议中止：……（七）行政复议案件涉及的法律适用问题需要有权机关作出解释或者确认；……"据此，复议期间案件涉及法律适用问题，需要有权机关作出解释时，行政复议应当中止而非终止。故 B 项错误。

《行政复议法》第 75 条第 2 款规定："行政复议决定书一经送达，即发生法律效力。"故 C 项正确。

《行政诉讼法》第 18 条第 1 款规定："行政案件由最初作出行政行为的行政机关所在地人民法院管辖。经复议的案件，也可以由复议机关所在地人民法院管辖。"本题中，复议机关作出维持处罚的决定，水电站对复议决定不服向法院起诉，既可以由原机关所在地法院管辖，也可以由复议机关所在地法院管辖。故 D 项错误。

69．法律规则；法律原则；法的确定性［ABC］

［解析］本题法律格言的含义是"法律需要确定性，但是无法实现绝对的确定性"。之所以需要确定性，是因为法律是人们的行为规范，要给人们行为提供明确指引，追求可预测性；之所以无法实现绝对的确定性，是因为法律要给人们的自由裁量留出空间，从而实现可接受性；并且语言具有一定的模糊性，从而导致法律也存在一定的模糊性，需要用"法律解释、法律推理、法律论证"等方法来降低这种模糊性。根据法律规则内容的确定性程度不同，法律规则可分为确定性规则、准用性规则、委任性规则。所谓准用性规则，是指内容本身没有规定人们具体的行为模式，而是可以援引或参照其他相应内容规定的规则。故 A 项正确。

一切法律都依靠语言表达，而语言具有不确定性，因此，法律的不确定性是必然的。而法律适用中，借助法律推理、法律解释等方法，可以提高法律的确定性。故 B 项正确。

法律原则、概括条款的要求比较笼统、模糊，它只对行为或裁判设定一些概括性的要求或标准（即使是有关权利和义务的规定，也是不具体的），但并不直接告诉应当如何去实现或满足这些要求或标准，故在适用时具有较大的余地供法官选择和灵活应用。故 C 项正确。

由于语言的局限性，即使规定义务的规则，其内容也可能是极度不确定的，如公民在行使权利时，不得破坏社会的公序良俗。而公序良俗本身就充满着不确定性。同样，规定权利的规则，也可能是不确定的，如我国宪法规定，法律面前人人平等，但平等这个概念本身就充满着不确定性。故 D 项错误。

70．缓刑；累犯［ABD］

［解析］《刑法》第 72 条规定，缓刑的适用对象包含被判处拘役、3 年以下有期徒刑的犯罪分子。第 99 条规定："本法所称以上、以下、以内，包括本数。"甲所适用的是"3 年以上 10 年以下有期徒刑"的法定刑，可以适用缓刑。故 A 项错误，当选。

拘役和管制的并罚采取分别执行原则，若故意伤害罪符合缓刑的适用条件，应当适用缓刑。故 B 项错误，当选。

《刑法》第 74 条规定："对于累犯和犯罪集团的首要分子，不适用缓刑。"丙前罪是危害国家安全犯罪，后罪是帮助恐怖活动罪，符合《刑法》第 66 条的规定，成立特别累犯。故 C 项正确，不当选。

《刑法》第 65 条第 1 款规定："被判处有期徒刑以上刑罚的犯罪分子，刑罚执行完毕或者赦免以后，在 5 年以内再犯应当判处有期徒刑以上刑罚之罪的，是累犯，应当从重处罚，但是过失犯罪和不满 18 周岁的人犯罪的除外。"丁实施抢劫罪时未满 18 周岁，刑满释放后的第4年又犯盗窃罪不构成累犯,可以适用缓刑。故D项错误,当选。

71．马锡五审判方式[BCD]

[解析] 马锡五审判方式的主要特点包括:(1)深入农村调查研究,实事求是了解案情。(2)依靠群众,教育群众,尊重群众意见。(3)方便群众诉讼;手续简便、不拘形式。由题干信息可知,在审理本案时,马锡五没有停留在纸面材料中,而是广泛调研,深入了解,而且诉讼过程充分考虑群众的便利,没有拘泥于严肃的诉讼程序,故B、C、D项当选。本题案情中并未体现出调解的运用,故A项不当选。

72．受贿罪;巨额财产来源不明[ABC]

[解析] 受贿罪,是指国家工作人员,利用职务上的便利,索取他人财物,或者非法收受他人财物,为他人谋取利益的行为。本案中,甲是国家工作人员,并且交代了自己的300万元是受贿所得。故A项正确。

巨额财产来源不明罪,是指国家工作人员的财产、支出明显超过合法收入,差额巨大,不能说明来源的行为。甲在一审中即交代300万元为受贿所得,经查证属实,故不再以巨额财产来源不明罪论处。故B项正确。

乙是民办小学教师,不属于国家工作人员,故不能构成巨额财产来源不明罪。故C项正确。

乙拒绝说明财产来源的行为也不符合掩饰、隐瞒犯罪所得、犯罪所得收益罪的行为条件,不构成掩饰、隐瞒犯罪所得罪。故D项错误。

73．集中审理原则[ABC]

[解析] 集中审理原则,又称不中断审理原则,是指"法院开庭审理案件,应在不更换审判人员的条件下连续进行,不得中断审理的诉讼原则"。该原则要求法庭对每个刑事案件的审理除了必要的休息时间之外,原则上应当是不中断地连续进行。换言之,法庭审理案件从开庭到判决应当尽可能地一气呵成,不应中断。其主要内容包括:(1)一个案件组成一个审判庭进行审理,每起案件自始至终亦应由同一法庭进行审判,而且在案件审理已经开始尚未结束以前不允许法庭再审理任何其他案件;(2)法庭成员不可更换;(3)集中证据调查与法庭辩论;(4)庭审不中断并迅速作出裁判。故A、B项正确。

根据集中审理原则,庭审应不中断地进行,法庭因故延期审理较长时间者,应重新进行以前的庭审。故C项正确。

集中审理原则与直接言词原则、公开原则等密切相关,但集中审理原则并不要求法庭审理应当公开进行。故D项错误。

74．行政诉讼管辖;国家赔偿计算标准;行政诉讼裁判[AD]

[解析]《行政诉讼法》第19条规定:"对限制人身自由的行政强制措施不服提起的诉讼,由被告所在地或者原告所在地人民法院管辖。"《行政诉讼法解释》第8条第2款规定:"对行政机关基于同一事实,既采取限制公民人身自由的行政强制措施,又采取其他行政强制措施或者行政处罚不服的,由被告所在地或者原告所在地的人民法院管辖。"根据上述规定,限制人身自由案件的特殊地域管辖规则较旧法有所调整,应符合下列要求:第一,当事人必须针对限制人身自由的行政强制措施(不管是单纯的限制人身自由的强制措施,还是限制人身自由的强制措施再加上其他行为)提起诉讼,才可以由原告所在地或被告所在地法院管辖;拘留类的行政处罚行为(不管是单纯的拘留,还是拘留加罚款、扣押等财产类行为)只能由被告所在地法院管辖。第二,原告必须是被限制人身自由人,受害人做原告只能由被告所在地法院管辖。第三,原告所在地包括原告的户籍所在地、经常居住地和被限制人身自由地。本题行政机关作出的是拘留10日并处罚款500元的行政处罚决定,缺乏限制人身自由的行政强制措施的要素,所以,只能由被告区公安分局所在地法院管辖,原告蔡某所在地法院没有管辖权。故A项正确。

《国家赔偿法》第33条规定:"侵犯公民人身自由的,每日的赔偿金按照国家上年度职工日平均工资计算。"第36条规定:"侵犯公民、法人和其他组织的财产权造成损害的,按照下列方式处理:……(七)返还执行的罚款或者罚金、追缴或者没收的金钱,解除冻结的存款或者汇款的,应当支付银行同期存款利息;……"据此,"判决撤销拘留决定""按照国家上年度职工日平均工资赔偿拘留十日的损失"是正确的;"返还罚款500元"的同时,还应当支付银行同期存款利息,此处存在错误。对于精神损害抚慰金,《国家赔偿法》第35条规定:"有本法第三条或者第十七条规定情形之一,致人精神损害……造成严重后果的,应当支付相应的精神损害抚慰金。"《最高人民法院关于审理国家赔偿案件确定精神损害赔偿责任适用法律若干问题的解释》第7条第1款规定:"有下列情形之一的,可以认定为国家赔偿法第三十五条规定的'造成严重后果':(一)无罪或者终止追究刑事责任的人被羁押六个月以上;……"据此,只有被羁押6个月以上的,才能请求支付精神损害抚慰金,本题中蔡某被拘留10日,不属于"造成严重后果"的情形,不应向其支付精神损害抚慰金。综上,B项错误。

《行政诉讼法解释》第109条第4、5款规定:"原审判决遗漏行政赔偿请求,第二审人民法院经审查认为依法不应予以赔偿的,应当判决驳回行政赔偿请求。原审判决遗漏行政赔偿请求,第二审人民法院经审理认为依法应当予以赔偿的,在确认被诉行政行为违法的同时,可以就行政赔偿问题进行调解;调解不成的,应当就行政赔偿部分发回重审。"可知,原审判决遗漏行政赔偿请求的,二审法院应区分情况分别处理。故 C 项错误。

《行政诉讼法解释》第 109 条第 6 款规定:"当事人在第二审期间提出行政赔偿请求的,第二审人民法院可以进行调解;调解不成的,应当告知当事人另行起诉。"故 D 项正确。

75．检察制度[ABD]

[解析] 推动省以下地方检察院人财物统一管理,探索建立与行政区划适当分离的司法管辖制度,有利于检察院、检察官摆脱地方政府的不良影响,独立行使职权,同时有利于检察院系统统一行使职权,且将有助于强化检察机关的法律监督作用。故 A、B、D 项正确。

检务公开是指检察机关依法向社会和诉讼参与人公开与检察职权相关的不涉及国家秘密和个人隐私等有关的活动和事项。是否建立省以下地方检察院人财物的统一管理制度,并不会直接影响检察院的检务公开活动。故 C 项错误。

76．教唆犯的主观要件;过失犯的认定[ABC]

[解析] 本题中,甲醉酒驾车 10 公里,构成危险驾驶罪。危险驾驶罪是故意犯罪,乙教唆甲实施故意犯罪,乙构成教唆犯。故 A、B 项正确。

甲醉酒驾车,导致一个重伤结果,根据司法解释,甲构成交通肇事罪。司法解释规定,造成以下实害结果之一,可成立本罪:死亡 1 人;重伤 3 人;重伤 1 人,并有严重情节(酒驾、吸毒驾驶、无照驾驶、严重超载、肇事后逃逸)。关于与危险驾驶罪的罪数问题,由于前后违章行为都是醉驾,根据吸收犯原理,重罪吸收轻罪,应定交通肇事罪。故 C 项正确。

既然甲构成交通肇事罪,是过失犯罪,而帮助犯、教唆犯、间接正犯都是故意犯罪,不是过失犯罪,那么只能说乙构成交通肇事罪。故 D 项错误。

77．职务侵占罪与贪污罪的区别;国家工作人员的范围;共同犯罪与身份犯[ACD]

[解析] 职务侵占罪是指公司、企业或其他单位的工作人员,利用职务上的便利,将本单位财物非法占为己有,数额较大的行为。

根据《关于村民小组组长利用职务便利非法占有公共财物行为如何定性问题的批复》的规定,甲利用职务便利非法将集体财产据为己有的行为,构成职务侵占罪。故 A 项正确。

《关于〈中华人民共和国刑法〉第九十三条第二款的解释》规定,村民委员会等村基层组织人员,协助人民政府从事救灾、抢险、防洪等救济款物的管理和发放时,利用职务上的便利,非法占有公共财物的,构成贪污罪。故 B 项错误。

根据司法解释规定,在国有资本控股、参股的股份有限公司中从事管理工作的人员,除受国家机关、国有公司、企业、事业单位委派从事公务的以外,不属于国家工作人员。对其利用职务上的便利,将本单位财物非法占为己有,数额较大的,应当以职务侵占罪定罪处罚。丙将 5 万元公款非法占为己有,构成职务侵占罪。故 C 项正确。

《关于审理贪污、职务侵占案件如何认定共同犯罪的几个问题的解释》第 2 条规定,行为人与公司、企业或者其他单位的人员勾结,利用公司、企业或者其他单位人员的职务便利,共同将该单位财物非法占为己有,数额较大的,以职务侵占罪共犯论处。丁与某私营企业的部门经理李某勾结共同非法占有单位 5 万元资金,丁构成职务侵占罪的共犯。故 D 项正确。

78．取保候审;逮捕;羁押必要性审查[ACD]

[解析] 取保候审的担保方式有保证人保证和保证金担保两种,根据《刑诉解释》第 162 条的规定,在法院对甲继续采取取保候审的情况下,决定取保的法院有权变更取保的担保方式,即对甲可变更为保证人保证。故 A 项正确。

《刑事诉讼法》第 71 条第 4 款规定:"对违反取保候审规定,需要予以逮捕的,可以对犯罪嫌疑人、被告人先行拘留。"据此,对违反取保候审规定,需要予以逮捕的,可以先行拘留。本案中,适用强制措施的是法院,根据《刑事诉讼法》的相关规定,有权决定拘留的只有公安机关和检察院,法院没有刑事拘留的决定权、执行权。本案中应由公安机关对乙先行拘留,故 B 项错误。【要点总结】强制措施的决定与执行机关:(1)拘传:公检法都能决定,都能执行;(2)取保候审、监视居住:公检法都能决定,只能公安机关执行;(3)刑事拘留:公检可决定,只能公安机关执行;(4)逮捕:检法可决定,只能公安机关执行。

《刑事诉讼法》第 94 条规定,法院、检察院对于各自决定逮捕的人,公安机关对于经检察院批准逮捕的人,都必须在逮捕后的 24 小时以内进行讯问。故 C 项正确。

《高检规则》第 574 条第 1 款规定:"人民检察院在办案过程中可以依职权主动进行羁押必要性审查。"故 D 项正确。

79．盗掘古墓葬罪;盗窃罪;走私文物罪;故意损毁文物罪;牵连犯[ABD]

[解析] 盗掘古墓葬后将其中文物据为己有的,只成立盗掘古墓葬罪一罪,不另外成立盗窃罪。盗掘古墓葬罪已经包含了对盗窃文物行为的评价,故只成立盗掘古墓葬罪,但运往境外出售和损毁文物行为侵犯了新的法益,并不是不可罚的事后行为。故 A 项错误,当选。

行为人盗掘古墓葬之后将其中文物据为己有,仍成立盗掘古墓葬罪一罪,损毁文物行为虽是自己毁灭证据,不成立帮助毁灭证据罪,但由于侵犯了新的法益,应成立故意损毁文物罪。故 B 项错误,当选。

盗掘古墓葬罪的法定刑升格条件包括:(1)盗掘确定为全国重点文物保护单位和省级文物保护单位的古墓葬的;(2)盗掘古墓葬集团的首要分子;(3)多次盗掘古墓葬的;(4)盗掘古墓葬,并盗窃珍贵文物或者造成珍贵文物严重破坏的。盗窃文物属于法定刑升格条件。故 C 项正确,不当选。

盗掘古墓葬罪的成立虽然不以盗窃文物为前提,但包含了对盗窃文物行为的评价,故不成立盗窃罪。故 D 项错误,当选。

80.行政处罚与行政强制执行催告通知[AC]

[解析] 本案中,政府有两项行为,发出《拆除所建房屋通知》和《关于限期拆除所建房屋的通知》。第一,《拆除所建房屋通知》的内容是要求公司在 15 日内拆除房屋,属于责令限期拆除。按照命题人的观点,责令限期拆除,属于行政处罚。第二,《关于限期拆除所建房屋的通知》的内容为"要求公司在 10 日内自动拆除,否则将依法强制执行",说明它是在强制执行前,为催促当事人自行履行义务的催告行为,属于行政强制执行中的过程性行为。故 A 项正确,B 项错误。既然《拆除所建房屋通知》属于行政处罚,是典型的具体行政行为,当事人当然可以对其提起行政诉讼。故 C 项正确。【特别提醒】责令限期拆除的性质,在客观题中按照行政处罚处理;在主观题中按照行政处罚、行政命令回答均可,只要言之成理。

《行政处罚法》第 51 条对简易程序作出了规定:"违法事实确凿并有法定依据,对公民处以 200 元以下、对法人或者其他组织处以 3000 元以下罚款或者警告的行政处罚的,可以当场作出行政处罚决定。……"本案的行政处罚不是罚款或警告,不适用简易程序。故 D 项错误。

81.行政诉讼证据制度[AC]

[解析] 照片是公安机关对现场进行拍照形成的,是以文字、符号、图形所记载或表示的内容、含义来证明案件事实的证据,符合书证的特点,应为书证。故 A 项正确。

《行政诉讼证据规定》第 15 条规定,被告向人民法院提供的现场笔录,应当载明时间、地点和事件等内容,并由执法人员和当事人签名。当事人拒绝签名或者不能签名的,应当注明原因。有其他人在现场的,可由其他人签名。法律、法规和规章对现场笔录的制作形式另有规定的,从其规定。由上述规定可知,现场笔录没有当事人签名,但注明原因或第三人签名佐证的,具有证据效力。B 项说法太绝对,故错误。

《行政诉讼证据规定》第 14 条规定,被告向人民法院提供的在行政程序中采用的鉴定意见,应当载明委托人和委托鉴定的事项、向鉴定部门提交的相关材料、鉴定的依据和使用的科学技术手段、鉴定部门和鉴定人鉴定资格的说明,并应有鉴定人的签名和鉴定部门的盖章。故 C 项正确。

《行政诉讼法解释》第 41 条规定:"有下列情形之一,原告或者第三人要求相关行政执法人员出庭说明的,人民法院可以准许:(一)对现场笔录的合法性或者真实性有异议的;……"可见对现场笔录的合法性或真实性有异议的,原告或者第三人可以要求相关行政执法人员出庭说明,而非"作为证人出庭作证"。故 D 项错误。

82.法与经济的关系[ABD]

[解析] 法作为上层建筑的一部分,是由经济基础决定的。有什么样的经济基础,就有什么样的法律。法必须适应经济基础的要求而作相应的变化,否则就不能达到为自己经济基础服务的目的。故 A 项正确。

法律反映社会,这种反映是积极的反作用,表现为对社会发展的促进或者延缓。故 B 项正确。

法的起源、本质、作用和发展变化,都要受到社会经济基础的制约。但是,不能因此就认为法律不受其他因素的影响,或与其他社会现象无关。除经济之外,法律还要受到政治、道德、宗教等社会因素的影响。故 C 项错误。

徒法不足以自行,法的作用的实现,受到道德、政策等多方面的影响。法律需要与其他社会规范积极配合,才能更好地发挥对社会的管理作用。故 D 项正确。

83.监察委员会的职权[BC]

[解析]《监察法》第 7 条规定:"中华人民共和国国家监察委员会是最高监察机关。省、自治区、直辖市、自治州、县、自治县、市、市辖区设立监察委员会。"第 8 条规定:"国家监察委员会由全国人民代表大会产生,负责全国监察工作。……国家监察委员会对全国人民代表大会及其常务委员会负责,并接受其监督。"故 A 项正确;国家监察委员会对全国人大及其常委会负责,但不报告工作,故 B 项错误。

《监察法》第 4 条第 1、2 款规定:"监察委员会依照法律规定独立行使监察权,不受行政机关、社会团体和个人的干涉。监察机关办理职务违法和职务犯罪案件,应当与审判机关、检察机关、执法部门互相配合,互相制约。"据此,监察委员会行使监察权并非不受任何机关的干涉,比如还需要接受人大及其常委会的监督,故 C 项错误。监察机关与审判机关、检察机关、执法部门是互相配合、互相制约的关系,故 D 项正确。

84.信用卡诈骗罪;掩饰、隐瞒犯罪所得罪[ABD]

[解析]《关于拾得他人信用卡并在自动柜员机(ATM 机)上使用的行为如何定性问题的批复》规定,拾得他人信用卡并在自动柜员机(ATM 机)上使用的

行为,属于《刑法》第196条第1款第3项规定的"冒用他人信用卡"的情形,即构成信用卡诈骗罪。甲拾到的银行卡具有存取现金等功能,属于信用卡的范畴,因此构成信用卡诈骗罪。故A项正确。对于前两次取出5000元的行为,乙与甲并无意思联络,因此不承担责任。故B项正确。乙最初在主观上没有与甲共同犯罪的故意,但是甲再次取款并将钱款交给乙时,乙予以接受,此时乙的主观方面发生了变化,与甲形成了共同的意思联络,成立共同犯罪,乙对自己参与取得的6000元,不再成立掩饰、隐瞒犯罪所得罪。乙应对形成共同意思联络后甲支取的1.3万元承担刑事责任。故C项错误,D项正确。

85．勘验[BD]

[解析] 根据《刑事诉讼法》第63条、第64条规定,人民法院、人民检察院和公安机关应当保障证人及其近亲属的安全。对于危害国家安全犯罪、恐怖活动犯罪、黑社会性质的组织犯罪、毒品犯罪等案件,证人、鉴定人、被害人因在诉讼中作证,本人或者其近亲属的人身安全面临危险的,公安司法机关应当采取保护措施。由此可见,刑事诉讼中被保护的对象是证人、鉴定人和被害人,见证人的人身安全一般不会面临现实危险。故A项错误。

《刑事诉讼法》第133条规定:"勘验、检查的情况应当写成笔录,由参加勘验、检查的人和见证人签名或者盖章。"故B项正确。

根据《刑事诉讼法》第108条规定,"诉讼参与人"是指当事人、法定代理人、诉讼代理人、辩护人、证人、鉴定人和翻译人员。故C项错误。

《刑诉解释》第249条第2款规定:"控辩双方对侦破经过、证据来源、证据真实性或者合法性等有异议,申请调查人员、侦查人员或者有关人员出庭,人民法院认为有必要的,应当通知调查人员、侦查人员或者有关人员出庭。"第251条规定:"为查明案件事实、调查核实证据,人民法院可以依职权通知证人、鉴定人、有专门知识的人、调查人员、侦查人员或者其他人员出庭。"在勘验活动中,见证人的作用是对勘验活动的全过程进行见证,当勘验笔录的真实性、合法性受到质疑时,见证人在某种程度上可发挥程序性或辅助性的证明作用。因此,可将见证人作为上述"其他人员",法院在有查明事实之需时,可依职权通知见证人出庭。故D项正确。

三、不定项选择题

86．死刑的停止执行[ABCD]

[解析]《刑事诉讼法》第262条规定:"下级人民法院接到最高人民法院执行死刑的命令后,应当在七日以内交付执行。但是发现有下列情形之一的,应当停止执行,并且立即报告最高人民法院,由最高人民法院作出裁定:(一)在执行前发现判决可能有错误的;(二)在执行前罪犯揭发重大犯罪事实或者有其他重大立功表现,可能需要改判的;(三)罪犯正在怀孕。前款第一项、第二项停止执行的原因消失后,必须报请最高人民法院院长再签发执行死刑的命令才能执行;由于前款第三项原因停止执行的,应当报请最高人民法院依法改判。"

本题中,A项关键定罪证据可能是刑讯逼供所得,因此属于上述法条第1项"判决可能有错误"的情形;B项未满18周岁属于不能判处死刑的情形,也属于"判决可能有错误"的情形;C项提供重大银行抢劫案线索,属于上述第2项规定的情形;D项属于第3项情形。所以,A、B、C、D项均正确。

87．执法;宪法宣誓制度[ABD]

[解析] 宪法在执法过程中的作用表现为对国家工作人员宪法意识的培养和对其宪法思维的养成,而宪法宣誓制度的建立,则有利于树立宪法的权威。故A项正确。

《全国人大常委会关于实行宪法宣誓制度的决定》第8条规定,宣誓场所应当庄重、严肃,悬挂中华人民共和国国旗或者国徽。故B项正确。

《全国人大常委会关于实行宪法宣誓制度的决定》第1条规定:"各级人民代表大会及县级以上各级人民代表大会常务委员会选举或者决定任命的国家工作人员,以及各级人民政府、监察委员会、人民法院、人民检察院任命的国家工作人员,在就职时应当公开进行宪法宣誓。"故C项错误。

《全国人大常委会关于实行宪法宣誓制度的决定》第6条规定,全国人民代表大会常务委员会任命或者决定任命的最高人民法院副院长、审判委员会委员等进行宪法宣誓的仪式,由最高人民法院组织。故D项正确。

88．辩护人对未成年人刑事案件的参与;未成年人刑事案件的社会调查;简易程序的适用;被告人的最后陈述权;对未成年人的法庭教育[ABD]

[解析]《刑诉解释》第568条第1款规定:"对人民检察院移送的关于未成年被告人性格特点、家庭情况、社会交往、成长经历、犯罪原因、犯罪前后的表现、监护教育等情况的调查报告,以及辩护人提交的反映未成年被告人上述情况的书面材料,法庭应当接受。"因此邹某可以调查上述情况并提交给法院。故A项正确。

《刑诉解释》第566条规定:"对未成年人刑事案件,人民法院决定适用简易程序审理的,应当征求未成年被告人及其法定代理人、辩护人的意见。上述人员提出异议的,不适用简易程序。"故B项正确。

《刑事诉讼法》第281条第4款规定:"审判未成年人刑事案件,未成年被告人最后陈述后,其法定代理人可以进行补充陈述。"可见，补充陈述是法定代理人的权利，而非辩护人的权利。故 C 项错误。

《刑诉解释》第 576 条第 1、2 款规定："法庭辩论结束后，法庭可以根据未成年人的生理、心理特点和案件情况，对未成年被告人进行法治教育；判决未成年被告人有罪的，宣判后，应当对未成年被告人进行法治教育。对未成年被告人进行教育，其法定代理人以外的成年亲属或者教师、辅导员等参与有利于感化、挽救未成年人的，人民法院应当邀请其参加有关活动。"邹某作为陈某的辩护人，若其参与有利于感化、挽救未成年人的，可受法庭邀请参与对陈某的法庭教育。故 D 项正确。

89．行政诉讼先予执行；举证责任；裁判；国家赔偿范围[AD]

[解析]《行政诉讼法》第 57 条第 1 款规定："人民法院对起诉行政机关没有依法支付抚恤金、最低生活保障金和工伤、医疗社会保险金的案件，权利义务关系明确、不先予执行将严重影响原告生活的，可以根据原告的申请，裁定先予执行。"本案不属于先予执行的情形。故 A 项错误。

《行政诉讼法》第 38 条第 2 款规定："在行政赔偿、补偿的案件中，原告应当对行政行为造成的损害提供证据。因被告的原因导致原告无法举证的，由被告承担举证责任。"故 B 项正确。

《行政诉讼法解释》第 97 条规定："原告或者第三人的损失系由其自身过错和行政机关的违法行政行为共同造成的，人民法院应当依据各方行为与损害结果之间有无因果关系以及在损害发生和结果中作用力的大小，确定行政机关相应的赔偿责任。"故 C 项正确。房管局未履行充分核实义务，其行政行为导致当事人遭受财产损害，依法应当属于国家赔偿的范围。故 D 项错误。

90．正当防卫中不作为的不法侵害；防卫过当[A]

[解析] 正当防卫是在制止不法侵害。不法侵害既包括作为的不法侵害，也包括不作为的不法侵害。本题中，甲驾车导致乙受到重伤，甲的这种先行行为产生了作为义务，也即救助乙的义务。甲不履行该义务就是一种不作为的不法侵害。

正当防卫的防卫人不限于被害人本人，还可以是无关的第三人。本题中，行人丙作为第三人实施了防卫行为。面对甲的不作为的不法侵害，丙迫使其履行作为义务，属于制止甲的不作为的不法侵害，成立正当防卫。另外，丙的防卫行为不构成防卫过当。甲将乙撞成重伤，甲的不作为导致乙的生命受到严重威胁，这是对乙的生命的严重不法侵害。丙的防卫行为只是导致甲轻伤，不属于"超过必要限度造成重大损害"，符合必要性和相当性条件，因此并不过当。故本题 A 项当选。

91．证明责任的分担[BD]

[解析]《刑事诉讼法》第 12 条规定："未经人民法院依法判决，对任何人都不得确定有罪。"虽然在理论上我国并没有确定完整的无罪推定原则，但对其合理精神是承认和接受的，一般情况下，被告人既不承担证明自己有罪的责任，也不承担证明自己无罪的责任。故 A 项错误。

自诉人相当于原告，根据"谁主张、谁举证"的原则，应承担举证责任。故 B 项正确。

律师进行无罪辩护时无需承担证明其主张成立的证明责任，律师无法承担证明责任时，不必然导致被告人被定罪或者重判。故 C 项错误。

在非法持有型犯罪中，由被告人承担一定程度的提供证据的责任，但是不能理解为由被告人承担全部的证明责任。例如，在巨额财产来源不明案中，检察机关应当证明国家工作人员的财产明显超过合法收入且差额巨大这一事实的存在，被告人只需要说明差额部分的来源是合法的即可。故 D 项正确。

92．行政机关负责人出庭应诉；简易程序[A]

[解析]《行政诉讼法解释》第 128 条第 2 款规定："行政机关负责人出庭应诉的，可以另行委托一至二名诉讼代理人。行政机关负责人不能出庭的，应当委托行政机关相应的工作人员出庭，不得仅委托律师出庭。"据此，A 项正确，B 项错误。

《行政诉讼法解释》第 132 条规定："行政机关负责人和行政机关相应的工作人员均不出庭，仅委托律师出庭的或者人民法院书面建议行政机关负责人出庭应诉，行政机关负责人不出庭应诉的，人民法院应当记录在案和在裁判文书中载明，并可以建议有关机关依法作出处理。"据此，法院不可以传唤唐某出庭，故 C 项错误。

《行政诉讼法》第 82 条规定："人民法院审理下列第一审行政案件，认为事实清楚、权利义务关系明确、争议不大的，可以适用简易程序：（一）被诉行政行为是依法当场作出的；（二）案件涉及款额二千元以下的；（三）属于政府信息公开案件。除前款规定以外的第一审行政案件，当事人各方同意适用简易程序的，可以适用简易程序。发回重审、按照审判监督程序再审的案件不适用简易程序。"本题既不满足法定简易程序条件，也不满足约定简易程序条件，不应当适用简易程序进行审理。故 D 项错误。

93．条约的终止[BC]

[解析]《维也纳条约法公约》第 60 条规定，因一方违约，缔约他方有权一致同意，在这些当事方与违约方的关系上，或在全体条约当事国之间，全部或部分停止实行或终止该约。但条约当事国一方的违约必须是重大的违约。本题中，乙国未按时维修航道标志的行为不属于重大违约，所以甲国不能终止条

约。故 A 项错误。而甲国的行为属于重大违约行为，所以乙丙丁三国可以一致同意终止该条约或终止甲国与三国间的条约关系。故 B、C 项正确。甲、乙两国都有违约行为，但程度不同，甲国是根本违约，乙国是一般违约行为，因此，承担的国家责任是不同等的。故 D 项错误。

94．人大代表的权利和任职要求；审计监督权的独立行使；国家主席的职能[B]

[解析]《地方组织法》第 40 条规定："县级以上的地方各级人民代表大会代表，非经本级人民代表大会主席团许可，在大会闭会期间，非经本级人民代表大会常务委员会许可，不受逮捕或者刑事审判。如果因为是现行犯被拘留，执行拘留的公安机关应当立即向该级人民代表大会主席团或者常务委员会报告。"可知，县级以上的人大代表的逮捕和刑事审判须经过有关部门的许可，乡镇人大代表的逮捕或者刑事审判，不需要许可，只需要通知即可。故 A 项错误。

《地方组织法》第 18 条第 2 款规定："乡、民族乡、镇的人民代表大会主席、副主席不得担任国家行政机关的职务；如果担任国家行政机关的职务，必须向本级人民代表大会辞去主席、副主席的职务。"故 B 项正确。

《宪法》第 91 条第 2 款规定："审计机关在国务院总理领导下，依照法律规定独立行使审计监督权，不受其他行政机关、社会团体和个人的干涉。"《地方组织法》第 79 条第 2 款规定："县级以上的地方各级人民政府设立审计机关。地方各级审计机关依照法律规定独立行使审计监督权，对本级人民政府和上一级审计机关负责。"可见，审计机关不受"其他"行政机关干涉，但并不意味着"不受行政机关"干涉，审计机关要受本级政府和上一级审计机关领导。故 C 项错误。

《宪法》第 81 条规定："中华人民共和国主席代表中华人民共和国，进行国事活动，接受外国使节；根据全国人民代表大会常务委员会的决定，派遣和召回驻外全权代表，批准和废除同外国缔结的条约和重要协定。"可见，国家主席进行国事活动无须根据全国人大常委会的决定。故 D 项错误。

95．法律规则的逻辑结构和分类；法律语句；法律原则[BCD]

[解析]表达法律规则的特定语句往往是一种规范语句。规范语句可以分为命令句和允许句。命令句是指使用了"必须""应该"或"禁止"等道义助词的语句。允许句是指使用了"可以"这类道义助词的语句。《婚姻法》第 22 条规定的行为模式是"可为模式"。故该条文属于允许句，A 项正确。

在性质上，法律规则是一种"应该做"的规范，它直接要求规范主体"做"或"实施"某行为或活动；法律原则是一种"应该是"的规范，它不直接要求规范主体做或实施某行为或活动。法律规则的规定是明确具体的，而法律原则的要求比较笼统、模糊，它只对行为或裁判设定一些概括性的要求或标准。《婚姻法》第 22 条规定的内容非常明确具体，指导人们应当怎么"做"，故本条规定属于法律规则，B 项错误。

本条规定的是行为模式中的可为模式，不是假定条件。假定条件包含两个方面：一是法律规则的适用条件，即适用的时间、地点、对象等，二是行为主体的行为条件，在我国的法律条文中一般表现为"……的"。如"当事人一方不履行合同义务或者履行合同义务不符合约定的，应当承担继续履行、采取补救措施或者赔偿损失等违约责任"，前半句就是假定条件。故 C 项错误。

授权性规则属于"可为模式"；义务性规则属于应为模式（应当、必须）或勿为模式（禁止、不得）。《婚姻法》第 22 条明显属于可为模式，因此属于授权性规则。强行性规则属于法律的强制性规定，人们没有选择余地；任意性规则允许人们有一定的选择权，可以这样也可以不这样。本条规定的"可以"意味着行为有一定的选择权，因此属于任意性规则。确定性规则内容明确具体，可以直接适用；准用性规则内容不确定，需要援引其他法律规范的内容适用；委任性规则内容也不确定，需要国家机关制定实施细则。本条规定内容明确具体，可以直接适用，因此属于确定性规则。故 D 项错误。

96．法律原则[A]

[解析]公序良俗原则禁止人们的行为违背社会的公共秩序和善良风俗。所谓善良风俗，即社会中不违背法律基本原则的公共道德，如不能违反婚姻和家庭伦理。本案中双方协议秦女士再婚不得生育，显然违背了婚姻伦理。故 A 选项正确。

该协议由双方平等协商，并不违背平等原则。故 B 选项不当选。

该协议是双方当事人自愿约定的，是双方意思表示一致的结果，体现了当事人的意思自治，并未违反自愿原则，C 选项不当选。

根据双方的协议，秦女士取得了孩子抚养权，而吴先生丧失了孩子的抚养权，但秦女士付出的代价是不得再婚生育，这是双方根据自身情况协商的结果，从结果上看也很难说对哪一方是不公平的。故 D 选项不当选。

97．法律原则；权利的分类；法的作用；法的渊源[AC]

[解析]《民法典》第 1012 条规定："自然人享有姓名权，有权依法决定、使用、变更或者许可他人使用自己的姓名，但是不得违背公序良俗。"故 A 选项正确。

姓名权属于人格权，《民法典》第 991 条规定：

"民事主体的人格权受法律保护,任何组织或者个人不得侵害。"可见,公民的姓名权属于绝对权,任何人不得侵犯公民的姓名权。故 B 选项错误。

法的作用包括:(1)指引作用:指引自己的行为;(2)评价作用:评价他人行为的合法性;(3)预测作用:预测人们相互之间的行为,通过预测对方的行为安排自己的行为;(4)强制作用:国家机关制裁违法者的行为;(5)教育作用:教育一般人的行为。本案法院以《婚姻法》第 22 条为标准,认定孩子可以随母姓,这代表着法院对秦女士为孩子改姓行为的评价,体现了法的评价作用。故 C 选项正确,

在当今的中国,法的非正式渊源主要包括习惯、判例和政策,中国传统习惯属于我国非正式的法的渊源。在没有正式的法的渊源、正式的法的渊源有歧义或者适用正式的法的渊源将导致的结果极端不公正时,就可以在裁判中适用非正式的法的渊源。故 D 选项错误。

98.计算机犯罪的认定;侵占罪[AD]

[解析] 根据《关于办理危害计算机信息系统安全刑事案件应用法律若干问题的解释》第 11 条第 1 款的规定,计算机信息系统,是指具备自动处理数据功能的系统,包括计算机、网络设备、通信设备、自动化控制设备等。

根据《刑法》第 286 条第 1 款的规定,破坏计算机信息系统罪,是指违反国家规定,对计算机信息系统功能进行删除、修改、增加、干扰,造成计算机信息系统不能正常运行,后果严重的行为。企业的机械远程监控系统属于计算机信息系统;违反国家规定,对企业的机械远程监控系统功能进行破坏,造成计算机信息系统不能正常运行,构成破坏计算机信息系统罪(参见最高人民法院指导案例 103 号"徐强破坏计算机信息系统案")。因此,丙的行为构成破坏计算机信息系统罪。故 A 项当选。

根据《刑法》第 285 条第 1 款的规定,非法侵入计算机信息系统罪,是指违反国家规定,侵入国家事务、国防建设、尖端科学技术领域的计算机信息系统的行为。本罪的计算机信息系统,仅包括国家事务、国防建设、尖端科学技术领域的计算机信息系统,不包括一般的计算机信息系统,因此丙不成立本罪。故 B 项不当选。

根据《刑法》第 285 条第 2 款的规定,非法控制计算机信息系统罪,是指对第 1 款规定以外的计算机信息系统实施非法控制,情节严重的行为。本罪的计算机信息

系统,是指国家事务、国防建设、尖端科学技术领域的计算机信息系统以外的一般的计算机信息系统。本题中,丙实施的是破坏行为,而非控制行为,因此不构成非法控制计算机信息系统罪。故 C 项不当选。

甲尚未付清尾款,因此对这批车辆没有所有权,车辆所有权仍归乙所有。甲擅自变卖车辆,属于将乙公司所有的、自己占有的财物变成自己所有,构成侵占罪。故 D 项当选。

99.地域管辖;级别管辖;特殊情况的管辖[BC]

[解析] 《刑诉解释》第 15 条规定:"一人犯数罪、共同犯罪或者其他需要并案审理的案件,其中一人或者一罪属于上级人民法院管辖的,全案由上级人民法院管辖。"由于故意杀人案件由中院管辖,故 A 项中故意杀人案和非法拘禁案均由中级法院审理。故 A 项错误。

《刑事诉讼法》第 25 条规定:"刑事案件由犯罪地的人民法院管辖。如果由被告人居住地的人民法院审判更为适宜的,可以由被告人居住地的人民法院管辖。"《刑诉解释》第 2 条第 1 款规定:"犯罪地包括犯罪行为地和犯罪结果地。"非法拘禁行为是一个持续性的行为,其犯罪地包括实施整个非法拘禁行为的所有地点。在本案中,非法拘禁行为从 C 市持续到 A 市,因此 A 市和 C 市均对非法拘禁案具有管辖权。故 B 项正确。

《刑诉解释》第 7 条规定:"在中华人民共和国领域外的中国船舶内的犯罪,由该船舶最初停泊的中国口岸所在地或者被告人登陆地、入境地的人民法院管辖。"故 C 项正确,D 项错误。

100.国家赔偿的范围与方式[ABC]

[解析] 《国家赔偿法》第 34 条规定:"侵犯公民生命健康权的,赔偿金按照下列规定计算:……(二)造成部分或者全部丧失劳动能力的,应当支付医疗费、护理费、残疾生活辅助具费、康复费等因残疾而增加的必要支出和继续治疗所必需的费用,以及残疾赔偿金。残疾赔偿金根据丧失劳动能力的程度,按照国家规定的伤残等级确定,最高不超过国家上年度职工年平均工资的 20 倍。造成全部丧失劳动能力的,对其扶养的无劳动能力的人,还应当支付生活费;……"本案中,廖某部分丧失劳动能力,因此国家赔偿的范围包括医疗费、残疾生活辅助具费、残疾赔偿金,并不包括廖某扶养的无劳动能力人的生活费。只有造成全部丧失劳动能力的,才需要对其扶养的无劳动能力人支付生活费。故 A、B、C 项正确,D 项错误。

试 卷 二

解 析

一、单项选择题

1. 自然人的民事行为能力;显失公平;重大误解[D]

[解析]《民法典》第 150 条规定:"一方或者第三人以胁迫手段,使对方在违背真实意思的情况下实施的民事法律行为,受胁迫方有权请求人民法院或者仲裁机构予以撤销。"显失公平仅适用于有偿合同,其构成要件有三:(1)双务合同双方当事人的权利义务明显不对等;(2)显失公平发生于合同成立之时;(3)显失公平的原因系一方利用自己的优势或者利用对方急迫、轻率、无经验等不利境地。这一买卖不构成显失公平,理由有二:第一,判断利益是否严重失衡须从主客观两个方面考虑,一方面要考虑支付的价格与市价是否大体相当,另一方面必须考虑当事人主观上是否愿意接受,即使价格上存在重大差距,但当事人出于真实意愿接受,也不能认为构成显失公平。甲虽然事后颇为后悔,但订约当时是志在必得,因此,不能认定利益严重失衡。换言之,等价包括客观等价与主观等价,主观等价也是等价。第二,不存在一方利用优势或者利用对方急迫、轻率、无经验的主观要件。故 A 项错误。

《民法典》第 147 条规定:"基于重大误解实施的民事法律行为,行为人有权请求人民法院或者仲裁机构予以撤销。"成立重大误解的要件有二:(1)当事人实施法律行为时对法律行为的内容发生具有交易上重要性的认识错误或者表示错误;(2)当事人因错误无意作出与内心真意不一致的意思表示。本题中,甲订立买卖合同时,并未对买卖合同的内容发生具有交易上重要性的认识错误与表示错误(花大价钱买的到底是什么,甲一清二楚),不成立重大误解。故 B 项错误。

《民法典》第 19 条规定:"八周岁以上的未成年人为限制民事行为能力人,实施民事法律行为由其法定代理人代理或者经其法定代理人同意、追认;但是,可以独立实施纯获利益的民事法律行为或者与其年龄、智力相适应的民事法律行为。"在本题中,17 岁的甲是限制民事行为能力人,但是其懂得并且能够独立参加拍卖会,该拍卖行为应当认定为是与其年龄、智力状况相适应的行为,买卖合同有效。故 C 项错误,

D 项正确。

2. 拾得遗失物返还请求权;善意取得[C]

[解析] 根据《民法典》第 312 条的规定,因手表系遗失物,李某出卖给王某,王某即使系善意受让人,仍不能善意取得对手表的所有权。并且"占有脱离物恒为占有脱离物",王某又将手表出卖给郑某,郑某即使系善意受让人,亦不能善意取得对手表的所有权。因此,手表仍归张某所有。

《民法典》第 235 条规定:"无权占有不动产或者动产的,权利人可以请求返还原物。"据此,返还原物请求权的构成要件有二:第一,请求人系物权人,且其物权须包含占有权能;第二,被请求人系现时的无权占有人(包括无权占有的直接占有人和无权的间接占有人)。本题中,曾经的无权占有人李某已将手表出卖给王某并完成现实交付,李某已终局地放弃占有地位,既不是手表的直接占有人,也不是手表的间接占有人,所以,张某对李某不享有返还原物请求权。故 A 项错误。同理,曾经的无权占有人王某已将手表出卖给郑某并完成现实交付,王某既不是手表的直接占有人,也不是手表的间接占有人,张某对王某不享有返还原物请求权。故 B 项错误。

本题中,手表虽为遗失物,但通说认为,遗失物可善意取得留置权,只要朱某受让手表交付之时"不知手表系遗失物",朱某即可善意取得对手表的留置权。相对于所有权人张某,朱某在留置权存续期间系有权占有人,张某对朱某不享有返还原物请求权。故 D 项错误。相对于所有权人张某,郑某系无权的间接占有人,张某对郑某享有返还原物请求权。故 C 项正确。**【特别提醒】**留置权的善意取得与其他物权的善意取得不同,留置权的善意取得无须以无权处分为前提;此外,留置权取得的适用范围可以覆盖到委托物和脱离物。

3. 建筑施工合同的效力[C]

[解析]《民法典》第 791 条规定:"……承包人不得将其承包的全部建设工程转包给第三人或者将其承包的全部建设工程支解以后以分包的名义分别转包给第三人。禁止承包人将工程分包给不具备相应资质条件的单位。禁止分包单位将其承包的工程再分包。建设工程主体结构的施工必须由承包人自

行完成。"甲公司将工程全部转包给施工队，而且施工队没有相应的资质，因此，甲公司与施工队之间的合作施工协议无效。故 A 项错误。

甲公司通过投标，与乙公司之间签订的建筑施工合同，内容合法，程序正当，达成协议之后即为有效。故 B 项错误。

《民法典》第 793 条第 1 款规定："建设工程施工合同无效，但是建设工程经验收合格的，可以参照合同关于工程价款的约定折价补偿承包人。"虽然合作施工协议无效，但施工队承建的工程经竣工验收合格，施工队有权请求甲公司参照合同约定支付工程款。故 C 项正确。

《建设工程施工合同解释（一）》第 43 条规定："实际施工人以转包人、违法分包人为被告起诉的，人民法院应当依法受理。实际施工人以发包人为被告主张权利的，人民法院应当追加转包人或者违法分包人为本案第三人，在查明发包人欠付转包人或者违法分包人建设工程价款的数额后，判决发包人在欠付建设工程价款范围内对实际施工人承担责任。"据此，施工队施工合格后，如果拿不到工程款，可以直接起诉转包人甲公司，也可以起诉发包人乙公司，但发包人乙公司只在欠付工程款的范围内负责，其余欠款仍应由甲公司支付。故 D 项错误。

4．诉的分类[C]

[解析] 确认之诉，是指原告请求法院确认其与被告之间是否存在某种民事法律关系的诉。作为确认之诉的对象，只能是法律关系。A 项中，认定某公民为无民事行为能力人案件，是法院审理的民事非诉案件，不是解决当事人之间的民事争议，而是确认公民是否享有某种资格，不构成民事诉讼法上的诉。故 A 项错误。B 项中，周某向法院申请宣告自己与吴某的婚姻无效，是请求法院确认其与被告之间是否存在某种民事法律关系的诉，属于消极确认之诉而非变更之诉。故 B 项错误。

给付之诉，是指原告请求法院判令被告向其履行某种特定给付义务的诉。《民法典婚姻家庭编解释（一）》第 89 条规定："当事人在婚姻登记机关办理离婚登记手续后，以民法典第一千零九十一条规定为由向人民法院提出损害赔偿请求的，人民法院应当受理。但当事人在协议离婚时已经明确表示放弃该项请求的，人民法院不予支持。"C 项中，张某在与王某协议离婚后，又向法院起诉，主张离婚损害赔偿，法院应当受理，其诉讼请求构成金钱给付之诉。故 C 项正确。

变更之诉，又称形成之诉，是指原告请求法院以判决改变或消灭既存的某种民事法律关系的诉。D 项中，从表面上看，原告女儿起诉要求给付抚养费，实际上原告女儿是希望通过诉讼变更与母亲之间抚

养关系的内容，因此属于变更之诉。故 D 项错误。

5．发回重审对原判的影响以及合议庭的组成；发回重审的适用[D]

[解析] 二审法院发回重审的适用情形有二：（1）二审法院认为一审程序错误，此时只能发回重审。（2）一审认定基本事实不清，此时可以发回重审，也可以依法改判。撤销原判、发回重审是将一审判决撤销之后，由一审法院适用一审程序对案件重新进行审理。采取保全措施后，其效力应当持续于整个诉讼过程，虽然一审判决被撤销，但案件仍处于诉讼过程中，保全措施并不当然解除。故 A 项错误。

《举证时限规定的通知》第 9 条规定："关于发回重审案件举证时限问题。发回重审的案件，第一审人民法院在重新审理时，可以结合案件的具体情况和发回重审的原因等情况，酌情确定举证时限。如果案件是因违反法定程序被发回重审的，人民法院在征求当事人的意见后，可以不再指定举证期限或者酌情指定举证期限。但案件因遗漏当事人被发回重审的，按照本通知第五条处理。如果案件是因认定事实不清、证据不足发回重审的，人民法院可以要求当事人协商确定举证期限，或者酌情指定举证期限。上述举证期限不受'不得少于三十日'的限制。"按照这一规定，二审法院认为一审事实不清，裁定撤销原判，发回重审后，一审法院可以要求当事人协商确定举证期限，或者酌情指定举证期限。故 B 项中"法院必须重新指定举证时限"的说法错误。

《民事诉讼法》第 41 条第 3 款规定："发回重审的案件，原审人民法院应当按照第一审程序另行组成合议庭。"发回重审的案件必须适用普通程序，而不能适用简易程序，但重审时应另行组成合议庭，李法官作为原独任审判员，不得再次参加重审。故 C 项错误。

《民事诉讼法》第 177 条第 2 款规定："原审人民法院对发回重审的案件作出判决后，当事人提起上诉的，第二审人民法院不得再次发回重审。"故 D 项正确。

6．最大诚信原则；保险合同的解除[C]

[解析] 根据《保险法解释（二）》第 8 条规定："保险人未行使合同解除权，直接以存在保险法第十六条第四款、第五款规定的情形为由拒绝赔偿的，人民法院不予支持。但当事人就拒绝赔偿事宜及保险合同存续另行达成一致的情况除外。"当投保人存在未如实告知的情形时，保险公司只有在法定条件下明确解除保险合同，对发生的保险事故才能拒绝赔偿；如果不解除保险合同，则保险合同是有效的，对在保险合同有效期内发生的保险事故应当作出赔偿。所以甲公司不能既不解除合同又不赔偿，A 项错误。

《保险法》第 16 条第 4 款规定："投保人故意不

履行如实告知义务的,保险人对于合同解除前发生的保险事故,不承担赔偿或者给付保险金的责任,并不退还保险费。"本案中,甲隐瞒乙肝病史,属于"故意"不告知,甲公司有权解除保险合同,不退不赔,B项错误。

《保险法解释(三)》第5条规定:"保险合同订立时,被保险人根据保险人的要求在指定医疗服务机构进行体检,当事人主张投保人如实告知义务免除的,人民法院不予支持。保险人知道被保险人的体检结果,仍以投保人未就相关情况履行如实告知义务为由要求解除合同的,人民法院不予支持。"投保人张某到甲公司指定的医院进行体检,并不因此免除其如实告知的义务,体检与告知是平行的两条线,不能彼此替代,D项错误。

订立保险合同时,若保险公司明知张某患有乙肝,仍然承保并订立合同,等同于其放弃了解除权,事后不能再以张某未如实告知而主张解除合同不予赔偿,C项正确。

7.著作权的客体;著作权的国际保护[D]

[解析]《著作权法》第4条规定:"著作权人和与著作权有关的权利人行使权利,不得违反宪法和法律,不得损害公共利益。国家对作品的出版、传播依法进行监督管理。"据此,违禁品也能认定为作品,即使《黑客》属于我国禁止出版或传播的作品,一定程度上也可以受到著作权法的保护,只是国家有权限制其出版、传播。故A项错误。

《伯尔尼公约》和我国《著作权法》均采用自动保护原则,即外国人(无国籍人)的作品以中国或者成员国为起源国的,自创作完成之日起,不需要履行任何手续,就可以在我国获得保护。本题中,甲的作品《黑客》在中国获得保护,无须经甲对丁的行为予以追认作为前提条件。故B项错误。

《著作权法》第2条规定:"中国公民、法人或者非法人组织的作品,不论是否发表,依照本法享有著作权。外国人、无国籍人的作品根据其作者所属国或者经常居住地国同中国签订的协议或者共同参加的国际条约享有的著作权,受本法保护。外国人、无国籍人的作品首先在中国境内出版的,依照本法享有著作权。未与中国签订协议或者共同参加国际条约的国家的作者以及无国籍人的作品首次在中国参加的国际条约的成员国出版的,或者在成员国和非成员国同时出版的,受本法保护。"据此,外国人和无国籍人创作的作品,具备以下两种情形之一的,均受到中国著作权法的保护:(1)属于成员国的国民或者在成员国具有经常居住地;(2)在中国境内或者在成员国首次出版。本题中,甲属于无国籍人,其经常居住地为乙国,《黑客》首次在丙国出版,因此,只要乙国和丙国中的一个国家属于《伯尔尼公约》的成员国,《黑

客》就可以受到我国著作权法的保护。故C项错误,D项正确。

8.定性(识别)[B]

[解析]判断妻子对其丈夫财产的权利是基于夫妻财产关系的权利还是妻子对丈夫的继承权利,属于对案件性质问题的认定过程,而对案件性质的认定称为识别。故B项正确,A、C、D项错误。

9.无正本提单交付货物[B]

[解析]《关于审理无本正提单交付货物案件适用法律若干问题的规定》第3条规定:"承运人因无正本提单交付货物造成正本提单持有人损失的,正本提单持有人可以要求承运人承担违约责任,或者承担侵权责任。正本提单持有人要求承运人承担无正本提单交付货物民事责任的,适用海商法规定;海商法没有规定的,适用其他法律规定。"故A项错误,应优先适用海商法规定。B项正确。

该《规定》第6条规定:"承运人因无正本提单交付货物造成正本提单持有人损失的赔偿额,按照货物装船时的价值加运费和保险费计算。"故C项错误。

该《规定》第11条规定:"正本提单持有人可以要求无正本提单交付货物的承运人与无正本提单提取货物的人承担连带赔偿责任。"故甲公司与丙公司应对乙公司承担连带赔偿责任。故D项错误。

10.技术服务合同[C]

[解析]《民法典》第878条第2款规定:"技术服务合同是当事人一方以技术知识为对方解决特定技术问题所订立的合同,不包括承揽合同和建设工程合同。"第882条规定:"技术服务合同的委托人应当按照约定提供工作条件,完成配合事项,接受工作成果并支付报酬。"第883条规定:"技术服务合同的受托人应当按照约定完成服务项目,解决技术问题,保证工作质量,并传授解决技术问题的知识。"据此,技术服务合同是以技术知识解决对方技术问题的合同,本题中乙公司提供的正是这种技术服务,故C项正确。

买卖合同以转移所有权为目的,前提是卖方拥有财产所有权。本题中,冶炼炉是乙公司利用其技术优势,按照甲公司的要求专门为甲公司制造的,乙公司提供的是技术服务,显然不是仅以转移所有权为目的的买卖合同,故D项错误。

本合同不属于工程的勘察、设计与施工,也不是单纯提供劳务的合同,故A、B项错误。

11.遗赠扶养协议[A]

[解析]《民法典》第1158条规定:"自然人可以与继承人以外的组织或者个人签订遗赠扶养协议。按照协议,该组织或者个人承担该自然人生养死葬的义务,享有受遗赠的权利。"据此,遗赠扶养协议中,扶养人不能属于对被扶养人具有法定扶养义务的人,

只能是继承人以外的组织或者个人，否则遗赠扶养协议无效。本题中甲与保姆乙约定了遗赠扶养协议，且乙已经按照与甲之间的约定履行了义务，甲、乙间的遗赠扶养协议有效。另据《民法典》第1123条规定："继承开始后，按照法定继承办理；有遗嘱的，按照遗嘱继承或者遗赠办理；有遗赠扶养协议的，按照协议办理。"可知，遗赠扶养协议效力最优先，乙可按照协议取得甲的遗产。故A项正确，B、C、D项错误。

12．当事人诉讼权利平等原则［C］

［解析］《民事诉讼法》第8条规定："民事诉讼当事人有平等的诉讼权利。人民法院审理民事案件，应当保障和便利当事人行使诉讼权利，对当事人在适用法律上一律平等。"可见，诉讼权利平等原则是法律面前人人平等原则在民事诉讼中的具体体现。故C项当选。

A项的检察监督原则，强调的主体是检察院，而不是所有平等主体，故A项错误。B项的诚实信用原则，要求当事人和其他诉讼主体在诉讼中诚实守信，主要是对每个诉讼主体行为的规范，而不涉及互相之间权利义务的平等关系。D项的同等原则和对等原则主要处理外国人在华的诉讼地位问题，虽然同等原则说明我国民事诉讼法给予外国人国民待遇，但并不能全面反映法律面前人人平等的内涵。唯有C项的诉讼权利平等原则，其内涵即是"人民法院审理民事案件，应当保障和便利当事人行使诉讼权利，对当事人在适用法律上一律平等"。可见，法律面前人人平等原则是民事诉讼法的平等原则的基础，当事人诉讼权利平等体现了法律面前人人平等原则。

13．互联网不正当竞争［C］

［解析］《反不正当竞争法》第12条规定："经营者利用网络从事生产经营活动，应当遵守本法的各项规定。经营者不得利用技术手段，通过影响用户选择或者其他方式，实施下列妨碍、破坏其他经营者合法提供的网络产品或者服务正常运行的行为：（一）未经其他经营者同意，在其合法提供的网络产品或者服务中，插入链接、强制进行目标跳转；……"本案中，乙公司未经甲网站同意，擅自在其提供的搜索引擎服务中强行插入广告，构成了互联网不正当竞争行为，违反了上述第1项规定，故A、D项错误，C项正确。

《反不正当竞争法》第8条第1款规定："经营者不得对其商品的性能、功能、质量、销售状况、用户评价、曾获荣誉等作虚假或者引人误解的商业宣传，欺骗、误导消费者。"本题中，乙公司的宣传内容并未体现出虚假或误导的情形，故不构成虚假宣传，B项错误。

14．宣告自然人失踪的法律适用［A］

［解析］《涉外民事关系法律适用法》第13条规定："宣告失踪或者宣告死亡，适用自然人经常居所地法律。"题中，阮某和李某的经常居所地为上海，所以宣告失踪均应适用中国法。故A项正确，B、C、D项错误。

15．监护人责任［A］

［解析］《民法典》第1188条规定："无民事行为能力人、限制民事行为能力人造成他人损害的，由监护人承担侵权责任。监护人尽到监护职责的，可以减轻其侵权责任。有财产的无民事行为能力人、限制民事行为能力人造成他人损害的，从本人财产中支付赔偿费用；不足部分，由监护人赔偿。"据此，当被监护人有自己的财产时，应当用被监护人的财产优先支付，不足部分由监护人承担。乙的财产足以赔偿，监护人甲无须对丙承担赔偿责任，故A项正确，C、D项错误。甲已尽监护职责，可以适当减轻其责任，而非无须承担侵权责任，故B项错误。

16．不明高空抛物的补偿责任承担［B］

［解析］《民法典》第1198条规定："宾馆、商场、银行、车站、机场、体育场馆、娱乐场所等经营场所、公共场所的经营者、管理者或者群众性活动的组织者，未尽到安全保障义务，造成他人损害的，应当承担侵权责任。因第三人的行为造成他人损害的，由第三人承担侵权责任；经营者、管理者或者组织者未尽到安全保障义务的，承担相应的补充责任。经营者、管理者或者组织者承担补充责任后，可以向第三人追偿。"据此，仅两类人负担安全保障义务：一是宾馆、商场、银行、机场、体育场馆、娱乐场所等经营场所、公共场所的管理人（场所责任）；二是群众性活动的组织者（组织责任）。本题中，张小飞对来家做客的关小羽无安全保障义务，不承担违反安全保障义务的侵权责任。故A项错误。

《民法典》第1254条第1款规定："禁止从建筑物中抛掷物品。从建筑物中抛掷物品或者从建筑物上坠落的物品造成他人损害的，由侵权人依法承担侵权责任；经调查难以确定具体侵权人的，除能够证明自己不是侵权人的外，由可能加害的建筑物使用人给予补偿。可能加害的建筑物使用人补偿后，有权向侵权人追偿。"本题中，"顶层业主通过证明当日家中无人"，证实自己不是侵权人，不承担补偿责任。故B项正确。

《民法典》第1254条第2款规定："物业服务企业等建筑物管理人应当采取必要的安全保障措施防止前款规定情形的发生；未采取必要的安全保障措施的，应当依法承担未履行安全保障义务的侵权责任。"据此，物业服务公司（作为公共场所的管理者）负有防范"高空抛物"致人损害的安全保障义务。若物业公司违反安全保障义务，应当承担与其过错相应的补充责任。根据题意，物业公司无违反安全保障义务的行为。故C项错误。

如查明砚台系从10层抛出,虽尚未确定具体侵权人,但可确定仅10层的住户属于可能加害的建筑物使用人,则仅由10层住户承担公平责任,对关小羽适当补偿。是"适当补偿",而非"承担补充责任"。故D项错误。【特别提醒】注意"补偿"与"补充责任"的不同。补偿的意思是,由可能的人一起分担损失;而补充责任在民法上意味着是第二位的责任,在第一位的责任主体找不到或者没有能力全部承担时才需要承担补充责任。

17．合伙企业的经营管理人员[B]

[解析]《合伙企业法》第31条规定:"除合伙协议另有约定外,合伙企业的下列事项应当经全体合伙人一致同意:……(六)聘任合伙人以外的人担任合伙企业的经营管理人员。"可见,经营管理人员须由第三人担任,因为合伙人可以通过"执行合伙事务"来完成对企业的管理。如果陈东也是合伙人,则不会用到"聘请为经营管理人员"的概念。因此,A项错误。聘请经营管理人员,需经全体合伙人一致同意。因此,B项正确。

《合伙企业法》第35条第1款规定:"被聘任的合伙企业的经营管理人员应当在合伙企业授权范围内履行职务。"因此,C项错误,陈东并不当然具有以合伙企业的名义对外签订合同的权利,必须经过合伙企业的授权。

《合伙企业法》第37条规定,合伙企业内部对合伙执行人权限的限制不得对抗善意第三人,同理可得,合伙企业对第三人作为经营管理人权利的限制也不应对抗善意第三人,故D项忽略了第三人的善意问题;再者,由上述C项的分析也可推知,合伙企业经营管理人员所能享有的代理权,只是一种普通的意定代理权,从而对该种代理权之限制,只需以合法且合适方式告知第三人,即可对第三人产生效力。因此,D项错误。

18．镇总体规划编制与实施规则[A]

[解析]《城乡规划法》第17条第2款规定:"规划区范围、规划区内建设用地规模、基础设施和公共服务设施用地、水源地和水系、基本农田和绿化用地、环境保护、自然与历史文化遗产保护以及防灾减灾等内容,应当作为城市总体规划、镇总体规划的强制性内容。"防灾减灾属于镇总体规划的强制性内容。故A项正确。

《城乡规划法》第30条第2款规定:"在城市总体规划、镇总体规划确定的建设用地范围以外,不得设立各类开发区和城市新区。"故B项错误。

根据《城乡规划法》第15、16条规定,县政府编制县政府所在地镇的总体规划,先经县人大常委会审议,再报上一级政府审批,而其他镇的总体规划由镇人民政府组织编制,先经镇人民代表大会审议,再报

上一级政府审批。故C项错误。

《城乡规划法》第36条规定:"按照国家规定需要有关部门批准或者核准的建设项目,以划拨方式提供国有土地使用权的,建设单位在报送有关部门批准或者核准前,应当向城乡规划主管部门申请核发选址意见书。前款规定以外的建设项目不需要申请选址意见书。"故D项错误。

19．无权代理的认定及效力[D]

[解析]代理制度系一种归属规范,即在代理权范围内,代理人以被代理人名义或者以自己名义独立实施的法律行为,其法律效果直接或者间接归属于被代理人。本题中,甲、乙之间的关系为委托代理关系而不是借贷关系,甲是代理人,乙是被代理人。甲作为乙的代理人应当按照乙的授权指示办事。题中,乙的核心指示是让甲为其购买彩票。由于彩票中奖属于不确定性明显的行为,甲更改乙的彩票号码行为也是为了乙的利益,故该行为并未超过乙的授权范围。因此,乙作为委托人应当享有彩票利益。故D项正确,A、B、C项错误。【思路拓展】即使认定甲更换乙指定的号码后,为乙购买彩票的行为属于无权代理,彩票买卖合同效力待定,但乙事后予以追认,彩票买卖合同溯及成立之日起自始有效,法律效果仍应归属于被代理人乙承受,中奖奖金应由乙取得。

20．拾得遗失物;占有的保护[D]

[解析]《民法典》第314条规定,拾得遗失物,应当返还权利人。拾得人应当及时通知权利人领取,或者送交公安等有关部门。张某拾得小羊后不能因占有而取得所有权,故A项错误。

《民法典》第462条规定:"占有的不动产或者动产被侵占的,占有人有权请求返还原物;对妨害占有的行为,占有人有权请求排除妨害或者消除危险;因侵占或者妨害造成损害的,占有人有权依法请求损害赔偿。占有人返还原物的请求权,自侵占发生之日起一年内未行使的,该请求权消灭。"此处的占有既包括有权占有,也包括无权占有。占有作为一种事实,只要受到不正当的侵害,均构成对占有的侵犯,可以请求返还。此外,无权占有人也负有向权利人返还原物的义务。本题中,王某是小羊的所有权人(权利人),张某是无权占有人,李某从张某的羊圈中抱走小羊的行为构成对于张某占有的侵犯,故D项正确。然而,李某侵犯张某占有的目的是返还给原来的权利人王某,并且已经返还给王某;王某是权利人,不是无权占有人,因此张某不能向王某主张返还,故B项错误。无论是占有返还原物请求权还是物权返还原物请求权,均需要向现实的无权占有人主张返还。因为李某已经将小羊交付给权利人王某,李某已经不是现实的占有人,所以张某也不能向李某主张返还,故C项错误。

21．增值税[B]

[解析]《增值税法》第3条第1款规定："在中华人民共和国境内(以下简称境内)销售货物、服务、无形资产、不动产(以下称应税交易),以及进口货物的单位和个人(包括个体工商户),为增值税的纳税人,应当依照本法规定缴纳增值税。"故A项正确。

《增值税法》第23条第1款规定："小规模纳税人发生应税交易,销售额未达到起征点的,免征增值税;达到起征点的,依照本法规定全额计算缴纳增值税。"小额纳税人也包含单位,故B项错误。

根据《增值税法》第24条第1款第2项规定,医疗机构提供的医疗服务,免征增值税。故C项正确。

《增值税法》第10条第2项规定,纳税人销售交通运输、邮政、基础电信、建筑、不动产租赁服务,销售不动产,转让土地使用权,销售或者进口下列货物,除本条第四项、第五项规定外,税率为百分之九。故D项正确。

22．环评文件的重新审批;环境民事责任[A]

[解析]《环境影响评价法》第24条第1款规定："建设项目的环境影响评价文件经批准后,建设项目的性质、规模、地点、采用的生产工艺或者防治污染、防止生态破坏的措施发生重大变动的,建设单位应当重新报批建设项目的环境影响评价文件。"爆破技术发生重大变动,建设单位应重新报批环境影响报告书。故A项正确。

《环境影响评价法》第27条规定,在项目建设、运行过程中产生不符合环评文件情形的,建设单位应组织环境影响的后评价,采取改进措施,并报原环境影响评价文件审批部门和建设项目审批部门备案。即使组织环评后评价,也不存在报批,只有"备案"。故B项错误。

《环境影响评价法》第18条第1款规定："建设项目的环境影响评价,应当避免与规划的环境影响评价相重复。"故C项错误。

环境损害赔偿适用的诉讼时效期间为3年。但对被侵权人提起诉讼,请求污染者停止侵害、排除妨碍、消除危险的,不受诉讼时效3年限制。故D项错误。

23．合同的相对性;向第三人履行[A]

[解析] 向第三人履行的合同,又称第三人利益合同,是指合同双方当事人为第三人设定了合同权利,由第三人取得利益的合同。第三人利益合同系涉他合同,涉他合同是合同相对性原理的例外。《民法典》第522条规定："当事人约定由债务人向第三人履行债务,债务人未向第三人履行债务或者履行债务不符合约定的,应当向债权人承担违约责任。法律规定或者当事人约定第三人可以直接请求债务人向其履行债务,第三人未在合理期限内明确拒绝,债务人未向第三人履行债务或者履行债务不符合约定的,第三人可以请求债务人承担违约责任;债务人对债权人的抗辩,可以向第三人主张。"

本题中,甲(买方)与乙(卖方)签订钢材买卖合同,约定丙(第三人)可以直接请求乙(债务人)向其履行,丙对此知情且未拒绝。因此,丙基于甲、乙之间的约定取得了独立的请求权,即丙可以请求乙向其履行100吨钢材,如乙不交付,丙可以直接追究乙的违约责任。当然,基于买卖合同,乙对甲的抗辩可以向丙主张。故A项正确,C、D项错误。

虽然丙取得独立的请求权,但并不会导致合同直接当事人甲和乙的法律关系消灭,如乙交付钢材给丙,则甲有义务向乙给付价款。故B项错误。

24．提存[D]

[解析] 作为合同消灭事由之一的提存,是指由于债权人的原因而无法向其交付债的标的物时,债务人将该标的物交给提存部门而消灭债务的制度。《提存公证规则》第2条规定："提存公证是公证处依照法定条件和程序,对债务人或担保人为债权人的利益而交付的债之标的物或担保物(含担保物的替代物)进行寄托、保管,并在条件成就时交付债权人的活动。为履行清偿义务或担保义务而向公证处申请提存的人为提存人。提存之债的债权人为提存受领人。"据此,提存人向公证机关完成提存后,将成立保管合同之债,一方当事人为提存机关,另一当事人为提存受领人。《民法典》第897条规定："保管期间,因保管人保管不善造成保管物毁损、灭失的,保管人应当承担赔偿责任。但是,无偿保管人证明自己没有故意或者重大过失的,不承担赔偿责任。"《提存公证规则》第27条第2款规定:"提存期间,提存物毁损灭失的风险责任由提存受领人负担;但因公证处过错造成毁损、灭失的,公证处负有赔偿责任。"本题中,甲机构作为提存人,没有妥善保管提存标的物,既构成违约,又构成侵权,应承担赔偿责任。因此,A、B项表述正确,不当选。

提存后,提存人乙又另行清偿了对债权人丙所负的债务,依据民法通说,此时丙的债权因真实履行而消灭,丙不能再领取提存物;乙享有取回权,仍然享有提存物的所有权,故乙有权主张财产损失的赔偿。因此,C项表述正确,不当选;D项表述错误,当选。

25．分公司与子公司[D]

[解析]《公司法》第38条规定:"公司设立分公司,应当向公司登记机关申请登记,领取营业执照。"据此,无论是在北京还是在外地设立分公司,都必须进行公司登记,领取营业执照,故A项错误。分公司不具备法人资格,不能独立承担民事责任,故B项错误。

关于分公司的负责人,现行法律并无特别规定。

公司投资者(股东)与公司经营层可以分开,股东之外的人担任公司经理并非罕见,股东之外的人担任公司分支机构负责人也是常态。所以,无论在北京还是在外地设立分公司,其负责人均可以是股东之外的人,故 C 项错误。

《公司法》第 13 条第 1 款规定:"公司可以设立子公司。子公司具有法人资格,依法独立承担民事责任。"无论在北京还是在外地,无论是否全资子公司,子公司均具备独立法人资格,独立承担责任,故 D 项正确。

26．证明责任[B]

[解析]《民诉解释》第 93 条第 1 款规定:"下列事实,当事人无需举证证明:(一)自然规律以及定理、定律;(二)众所周知的事实;(三)根据法律规定推定的事实;(四)根据已知的事实和日常生活经验法则推定出的另一事实;(五)已为人民法院发生法律效力的裁判所确认的事实;(六)已为仲裁机构生效裁决所确认的事实;(七)已为有效公证文书所证明的事实。"本题中,"刘月向法院提供了本村吴某起诉甲公司损害赔偿案件的判决书,以证明甲公司出售的化肥有质量问题且与其所受损害有因果关系",这表明,关于化肥质量与损害结果之间的因果关系,已为生效的法律文书确认,因此刘月无需对此事承担举证责任。故 A 项错误。

《民诉解释》第 93 条第 2 款规定:"前款第二项至第四项规定的事实,当事人有相反证据足以反驳的除外;第五项至第七项规定的事实,当事人有相反证据足以推翻的除外。"本题中,甲公司要否认生效裁判文书确认的因果关系的事实,必须提供证据证明,即要对不存在因果关系承担举证责任。故 B 项正确。

《民诉解释》第 90 条规定,当事人对自己提出的诉讼请求所依据的事实或者反驳对方诉讼请求所依据的事实,应当提供证据加以证明,但法律另有规定的除外;在作出判决前,当事人未能提供证据或者证据不足以证明其事实主张的,由负有举证证明责任的当事人承担不利的后果。此谓证明责任分配的一般原则。根据此规定,证明责任的分配应当由法律或者司法解释明确加以分配,具有法定性。故 C、D 项错误。

27．二审中的撤诉[A]

[解析]《民诉解释》第 336 条第 1 款规定:"在第二审程序中,原审原告申请撤回起诉,经其他当事人同意,且不损害国家利益、社会公共利益、他人合法权益的,人民法院可以准许。准许撤诉的,应当一并裁定撤销一审裁判。"由此可知,人民法院同意撤回起诉的,将产生三个方面的法律后果:一是应当一并裁定撤销一审裁判;二是诉讼程序终结;三是原审原告撤回起诉后重复起诉的,人民法院不予受理。本案

中,甲公司撤回起诉、乙公司撤回上诉均符合法定条件。故 A 项正确,B、C、D 项错误。需要提醒的是,撤回上诉时,如果对方不履行和解协议,此时一审裁判仍然存在,可以去申请执行一审裁判。

28．董事、高管的选任及职责[D]

[解析]根据《公司法》第 59 条:"股东会行使下列职权:(一)选举和更换董事、监事,决定有关董事、监事的报酬事项;……"乙出任的是绿都公司的董事,其选举或更换应该由绿都公司的股东会作出决议,未经法定流程乙的董事身份不会因阳光公司召回而丧失;同样,丙也不能因阳光公司的单方意思表示而取得绿都公司董事身份,故 A、B 项错误。

甲、乙虽然受阳光公司指派出任绿都公司的董事,但作为绿都公司的董事,自然应该对绿都公司尽到忠实和勤勉义务。故 C 项错误,D 项正确。

29．军人保险待遇;工伤保险[C]

[解析]《社会保险法》第 41 条第 1 款规定,职工所在用人单位未依法缴纳工伤保险费,发生工伤事故的,由用人单位支付工伤保险待遇。因此,工伤职工有权要求用人单位支付工伤保险待遇。《军人保险法》第 11 条规定:"已经评定残疾等级的因战、因公致残的军人退出现役参加工作后旧伤复发的,依法享受相应的工伤待遇。"因此,退役军人不得再享受军人伤亡保险。故 A、B 项错误。

《社会保险法》第 39 条规定:"因工伤发生的下列费用,按照国家规定由用人单位支付:(一)治疗工伤期间的工资福利;(二)五级、六级伤残职工按月领取的伤残津贴;(三)终止或者解除劳动合同时,应当享受的一次性伤残就业补助金。"因此,无论用人单位是否参加工伤保险,五级、六级伤残职工的伤残津贴均由用人单位支付。故 C 项正确,D 项错误。

30．汇编作品;法定许可[A]

[解析]《著作权法》第 15 条规定:"汇编若干作品、作品的片段或者不构成作品的数据或者其他材料,对其内容的选择或者编排体现独创性的作品,为汇编作品,其著作权由汇编人享有,但行使著作权时,不得侵犯原作品的著作权。"杂志社经过筛选、编排将相关文章结集成册形成汇编作品,为汇编人,对于汇编作品享有著作权。

《著作权法》第 16 条规定:"使用改编、翻译、注释、整理、汇编已有作品而产生的作品进行出版、演出和制作录音录像制品,应当取得该作品的著作权人和原作品的著作权人许可,并支付报酬。"第三方使用汇编作品应该经过原作者和汇编人双重授权。所以网站未经许可转载期刊中所有文章,既侵犯了杂志社的著作权,又侵犯了原作者的著作权。故 A 项正确,B 项错误。

《著作权法》第 35 条第 2 款规定:"作品刊登后,

除著作权人声明不得转载、摘编的外,其他报刊可以转载或者作为文摘、资料刊登,但应当按照规定向著作权人支付报酬。"只有报纸、期刊之间转载、摘编才能适用法定许可制度,只需向著作权人付费,无需著作权人许可,但本案中甲网站并非报纸、期刊,不能适用法定许可,其未经许可将汇编作品《天下事》上传至网络并供网民下载,侵犯了原作者和汇编人杂志社的著作权。故 C 项错误。

杂志社汇编文章时,需要取得原作者的许可并付费,否则对原作者构成侵权,但此侵权认定并不影响汇编人对汇编作品享有著作权,甲网站的行为依然构成对杂志社的侵权。故 D 项错误。

31．CFR 贸易术语;国际货物运输保险[A]

[解析] CFR 意为"成本加运费(指定目的港)",卖方在装船后应当给买方以充分的通知;否则,因此而造成买方漏保引起的货物损失应由卖方承担。甲公司在装船后未给乙公司以充分的通知,造成乙公司漏保,因此损失应由甲公司承担。故 A 项正确,D 项错误。

对于 CFR 术语,依《2000 年通则》,货物风险自越过船舷时转移;但依《2010 年通则》的规定,货物的风险是在货物装上船时转移,《2020 年通则》规定与此相同。由于本题中双方当事人没有约定适用的版本,所以无法确定具体的风险转移时间。故 B 项错误。

CFR 术语下,无论卖方还是买方均没有强制买保险的义务。一般来说,买方为了自己的利益,避免损失,应当投保。另结合 A 项解析,乙公司作为买方漏保,是因为甲公司未尽到通知义务,过错在甲公司。故 C 项错误。

32．保证合同的成立;承诺规则[B]

[解析] 基于合同的相对性,保证合同是保证人与债权人之间的合同。成立保证的方式有多种,主合同中虽然没有保证条款,但是保证人在主合同上以保证人的身份签字或者盖章的,保证合同可以成立。本题中,保证人丙虽然在第一份主合同中以保证人的身份签字,但是该签字是在债权人乙签字之前进行的,过后债权人乙并没有在此份合同书上签字或盖章,该份主合同及保证合同最终没有成立。后甲、乙经过协商改变了原来约定的主合同内容,同时将借款期限和保证期间作了延长,但没有再次让丙在主合同上以保证人的身份签字或盖章,这相当于债权人乙对于保证人丙原来的要约作出了实质性变更,丙的要约失效了,因此,对于新约定的内容,丙不承担保证责任,丙的保证责任根本就没有成立。故 B 项正确。**【陷阱点拨】**本题的难度在于,出题人设置一个陷阱,把考生的注意力引到别处去了。《民法典》第 695 条规定:"债权人和债务人未经保证人书面同意,协商变

更主债权债务合同内容,减轻债务的,保证人仍对变更后的债务承担保证责任;加重债务的,保证人对加重的部分不承担保证责任。债权人和债务人变更主债权债务合同的履行期限,未经保证人书面同意的,保证期间不受影响。"但是,该条的适用有一个前提:即保证合同已经成立。而本题中这样的前提不存在。故 A、C、D 项错误。

33．无因管理[D]

[解析]《民法典》第 121 条规定:"没有法定的或者约定的义务,为避免他人利益受损失而进行管理的人,有权请求受益人偿还由此支出的必要费用。"据此,无因管理为一种法定之债,是在无法定或者约定义务的前提下,为他人管理事务时可能产生的一种债。刁某给刘某办理丧事以及出售刘某西瓜的行为均符合无因管理的要求,且事务的管理客观上利于本人(刘某的家人),不违反本人明示或者可得推知的意思,成立无因管理。通常而言,无因管理具有阻却不当得利的效力,本题中,刁某实施无因管理给本人(刘某的家人)带来 5 万元的利益,既然成立无因管理之债,这 5 万元在权益归属上就属于本人(刘某的家人),无因管理之债就是本人取得这 5 万元利益的法律原因,故 A 项错误。

民法中,通常认为管理人或者服务人可以要求受益人偿付的必要费用,包括在管理或者服务活动中直接支出的费用,以及在该活动中受到的实际损失。所以,基于无因管理之债,管理人刁某享有的权利是请求本人偿付自己因无因管理支出的必要费用、负担的必要债务以及因此遭受的财产和人身损失。本题中,刁某有权请求刘某的家人偿付丧葬费 1 万元,其他必要费用 5000 元,但刁某不享有请求本人支付劳务费 5000 元的权利;刁某负有向刘某家人支付 5 万元的义务。刁某可以主张法定抵销,抵销后,刁某应向刘某家人给付 3.5 万元。故 B、C 项错误,D 项正确。

34．当事人申请再审[C]

[解析]《民诉解释》第 63 条规定:"企业法人合并的,因合并前的民事活动发生的纠纷,以合并后的企业为当事人;企业法人分立的,因分立前的民事活动发生的纠纷,以分立后的企业为共同诉讼人。"在本题中,两江公司与海大公司合并成立了大江公司,就应当由大江公司向法院申请再审。故 C 项正确,A、B、D 项错误。

35．财产保全[C]

[解析]《民诉解释》第 163 条规定,法律文书生效后,进入执行程序前,债权人因对方当事人转移财产等紧急情况申请财产保全的,可以向执行法院申请采取保全措施。故 A 项错误。

《民事诉讼法》第 235 条第 1 款规定,发生法律效力的民事判决、裁定,由第一审人民法院或者与第一

审人民法院同级的被执行财产所在地人民法院执行。本案第一审法院为甲市 M 区法院,可供执行的财产位于甲市 N 区。因此,本案执行法院应当为 M 区法院或 N 区法院。故 B 项错误,C 项正确。

履行期间届满后,不申请执行的,应于履行期间届满后 5 日内解除保全措施。故 D 项错误。

36．商标专有权的无效;商标先用权抗辩[B]

[解析]《商标法》第 59 条第 3 款规定:"商标注册人申请商标注册前,他人已经在同一种商品或者类似商品上先于商标注册人使用与注册商标相同或者近似并有一定影响的商标的,注册商标专用权人无权禁止该使用人在原使用范围内继续使用该商标,但可以要求其附加适当区别标识。"本题中,因肖某就餐饮服务注册了"韦老四"商标,韦某虽在该商标注册前已经使用在先,但仅能在原范围内继续使用该商标,其在外地开设新店时,无权再使用"韦老四"标识,否则对肖某注册商标专有权构成侵犯。故 A 项错误。

《商标法》第 64 条第 1 款规定:"注册商标专用权人请求赔偿,被控侵权人以注册商标专用权人未使用注册商标提出抗辩的,人民法院可以要求注册商标专用权人提供此前 3 年内实际使用该注册商标的证据。注册商标专用权人不能证明此前 3 年内实际使用过该注册商标,也不能证明因侵权行为受到其他损失的,被控侵权人不承担赔偿责任。"本题中,如果肖某注册"韦老四"商标后立即起诉韦某侵权,无法证明 3 年内实际使用商标或者实际损失,无权主张损害赔偿责任。故 B 项正确。

《商标法》第 32 条规定:"申请商标注册不得损害他人现有的在先权利,也不得以不正当手段抢先注册他人已经使用并有一定影响的商标。"该法第 45 条规定,已经注册的商标,违反《商标法》第 32 条规定的,自商标注册之日起 5 年内,在先权利人或者利害关系人可以请求商标评审委员会宣告该注册商标无效。对恶意注册的,驰名商标所有人不受 5 年的时间限制。本题中,肖某恶意侵犯韦某的在先权利,韦某可请求宣告该注册商标无效,但受 5 年的时效期间限制。故 C 项错误。若肖某注册商标核定使用的服务类别超出其经营范围,并未侵害韦某的合法权益,韦某与此事项无法律上的利害关系,不能以此为由请求宣告注册商标无效。故 D 项错误。

37．自然人经常居所地的认定[D]

[解析]《涉外民事关系法律适用法解释(一)》第 13 条规定:"自然人在涉外民事关系产生或者变更、终止时已经连续居住一年以上且作为其生活中心的地方,人民法院可以认定为涉外民事关系法律适用法规定的自然人的经常居所地,但就医、劳务派遣、公务等情形除外。"本题中,张某居住在深圳,2008 年 3

月被深圳某公司劳务派遣到马来西亚工作,在马来西亚系劳务派遣;2010 年 6 月受雇于香港某公司,每周一到周五在香港上班,在香港系公务;2012 年 1 月张某离职到北京治病,在北京系就医,均属于经常居住地变更的除外情形。故张某的经常居住地自 2008 年 3 月以来从未变更过,一直在深圳。故 D 项正确,A、B、C 项错误。

38．证据种类[B]

[解析]以对案件事实的证明效力分类,可以将证据分为直接证据和间接证据。直接证据,是指可以对案件事实直接进行证明的证据;间接证据,是指不能直接用于证明案件事实而需要与其他间接证据结合起来形成证据链来证明案件事实的证据。

牟某提供的银行转款凭证,是以其内容来证明案件事实,属于书证。但其只能证明牟某向战某转了款项,并不能证明这笔转款是借给战某的款项,还是用于偿还战某的款项,属于间接证据。故 A 项错误。

《民诉解释》第 116 条第 2 款规定,电子数据是指通过电子邮件、电子数据交换、网上聊天记录、博客、手机短信、电子签名等形成或者存储在电子介质中的信息。牟某提供的手机短信属于电子数据。但是手机短信只是说明"战某表示要向其借款",并没有直接说明借款事实是否真的发生,该手机短信相对于借款事实而言只是间接证据。故 B 项正确。

视听资料,是指录音、录像等,既包括传统上的录音带、录像带等储存介质,也包括电子介质储存的音频文件、视频文件等,本题中的手机通话录音属于视听资料。同时,该通话录音只是说明"战某表示要向其借款",并没有直接说明借款事实是否真的发生,该录音相对于借款事实而言只是间接证据。故 C 项错误。

从证明责任负担标准分类,可以将证据分为本证与反证。本证是负担证明责任一方提供的用于证明其主张的事实为真实的证据,反证则是对该事实不负证明责任的相对方提供的用于证明该事实不存在的证据。首先,本案待证事实是"牟某主张战某借款的事实",即战某是否向牟某借款。而战某提供的"牟某书写的向其借款 10 万元的借条"只能证明牟某是否向战某借款,该事实并非本案待证事实,故该借条与本案待证事实无关,不是本案的证据。因此,其既不是本案的本证,也不是本案的反证,故 D 项错误。

【总结提示】区分本、反证的分析步骤:首先,确定证据的待证事实;其次,分析该证明对象由谁承担证明责任;最后,分析该证据是否为承担证明责任的当事人提出。如果由承担证明责任的当事人提出,则为本案的本证。D 项中战某提供的借条的待证事实是牟某曾向战某借款 10 万元,而该待证事实并非本案(牟某起诉战某归还借款)的证明对象,故无需再讨论证明责任问题,因为其不属于本案的本证或反证。【思路拓展】假设战某起诉牟某归还借款,战某提供了"牟某书写的向其借款 10 万元的借条",按上述步骤分析:首先,该借条的待证事实是"战某主张牟某借款的事实";其次,对于该借款关系是否存在这一事实,应当由主张借款关系存在的战某承担证明责任;最后,该证据应该承担证明责任的战某提供。因此,该借条应为战某起诉牟某归还借款案的本证。

39．法院裁判错误的纠纷[D]

[解析] 法院裁判的错误,可以分为笔误和实体错误两类:(1)判决书、裁定书和调解书中的笔误(包括法律文字误写、误算,诉讼费用漏写、误算和其他笔误)。笔误可以通过裁定书补正。(2)判决的实质错误。《民诉解释》第 242 条规定:"一审宣判后,原审人民法院发现判决有错误,当事人在上诉期内提出上诉的,原审人民法院可以提出原判决有错误的意见,报送第二审人民法院,由第二审人民法院按照第二审程序进行审理;当事人不上诉的,按照审判监督程序处理。"显然,本案中法院错误适用诉讼时效规则(对时效问题,不能主动适用、不能主动释明),属于实体错误而非笔误,应通过上诉或者再审才能救济。故 C 项错误,D 项正确。

一旦法律文书作出后,就具有确定的效力,不能随意撤销,更不存在收回的问题。故 A、B 项错误。

40．合伙企业;个人独资企业[C]

[解析]《合伙企业法》第 2 条第 1 款规定:"本法所称合伙企业,是指自然人、法人和其他组织依照本法在中国境内设立的普通合伙企业和有限合伙企业。"《个人独资企业法》第 2 条规定:"本法所称个人独资企业,是指依照本法在中国境内设立,由一个自然人投资,财产为投资人个人所有,投资人以其个人财产对企业债务承担无限责任的经营实体。"合伙企业的投资人既可以是自然人也可以是法人及其他组织,而个人独资企业的投资人只能是自然人个人。故 A 项错误。

根据《合伙企业法》第 2 条和《个人独资企业法》第 2 条的规定,合伙企业的投资人因合伙人责任承担的不同分为普通合伙人和有限合伙人,普通合伙人对合伙企业债务承担无限连带责任,而有限合伙人以其认缴的出资额为限对合伙企业债务承担有限责任。个人独资企业投资人承担的是无限责任。故 B 项错误。

企业采取何种组织形式经营是由投资人自己决定的,不管个人独资企业变更为普通合伙企业,还是普通合伙企业变更为个人独资企业,只要符合法律规定的条件即可申请变更。故 C 项正确,D 项错误。

41．反倾销[A]

[解析]《反倾销条例》第 17 条规定:"在表示支持申请或者反对申请的国内产业中,支持者的产量占支持者和反对者的总产量的 50% 以上的,应当认定申请是由国内产业或者代表国内产业提出,可以启动反倾销调查;但是,表示支持申请的国内生产者的产量不足国内同类产品总产量的 25% 的,不得启动反倾销调查。"故 A 项正确。

《反倾销条例》第 32 条规定:"出口经营者不作出价格承诺或者不接受价格承诺的建议,不妨碍对反倾销案件的调查和确定。出口经营者继续倾销进口产品的,商务部有权确定损害威胁更有可能出现。"故 B 项错误。

《反倾销条例》第 48 条规定:"反倾销税的征收期限和价格承诺的履行期限不超过 5 年;但是,经复审确定终止征收反倾销税有可能导致倾销和损害的继续或者再度发生的,反倾销税的征收期限可以适当延长。"反倾销税和价格承诺的履行期一般为 5 年,例外情形可以延长。故 C 项错误。

《反倾销条例》第 43 条第 3 款规定:"终裁决定确定的反倾销税,高于已付或者应付的临时反倾销税或者为担保目的而估计的金额的,差额部分不予收取;低于已付或者应付的临时反倾销税或者为担保目的而估计的金额的,差额部分应当根据具体情况予以退还或者重新计算税额。"终裁决定确定的反倾销税高于已付的临时反倾销税的,采取多退少不补原则。故 D 项错误。

42．船舶留置权;船舶抵押权;抵押顺位[B]

[解析]《海商法》第 25 条第 2 款规定:"前款所称船舶留置权,是指造船人、修船人在合同另一方未履行合同时,可以留置所占有的船舶,以保证造船费用或者修船费用得以偿还的权利。船舶留置权在造船人、修船人不再占有所造或者所修的船舶时消灭。"可见,只有造船人、修船人才享有船舶留置权。故 A 项错误。

《海商法》第 12 条第 2 款规定:"船舶抵押权的设定,应当签订书面合同。"第 13 条第 1 款规定:"设定船舶抵押权,由抵押权人和抵押人共同向船舶登记机关办理抵押权登记;未经登记的,不得对抗第三人。"船舶抵押担保采取登记对抗主义,抵押合同生效时抵押权产生,未经登记的,只是不能对抗善意第三人。故 B 项正确。

《民法典》第 403 条规定:"以动产抵押的,抵押权自抵押合同生效时设立;未经登记,不得对抗善意第三人。"据此,动产抵押采取登记对抗制,不登记不影响抵押权生效,但不得对抗善意第三人。船舶作为动产,也适用上述规定。故 C 项错误。

《海商法》第 19 条规定:"同一船舶可以设定两个以上抵押权,其顺序以登记的先后为准。同一船舶设定两个以上抵押权的,抵押权人按照抵押权登记的先后顺序，从船舶拍卖所得价款中依次受偿。同日登记的抵押权，按照同一顺序受偿。"因此，同一船舶有数个抵押权的，受偿时按照登记顺序为准，不是按照合同签订时间为准。故 D 项错误。

43．先予执行；再审申请[D]

[解析]《民事诉讼法》第 111 条规定："当事人对保全或者先予执行的裁定不服的，可以申请复议一次。复议期间不停止裁定的执行。"《民诉解释》第 171 条规定："当事人对保全或者先予执行裁定不服的，可以自收到裁定书之日起五日内向作出裁定的人民法院申请复议。人民法院应当在收到复议申请后十日内审查。裁定正确的，驳回当事人的申请；裁定不当的，变更或者撤销原裁定。"可见，对先予执行裁定不服的救济途径是申请复议。本案中，李某申请复议，法院审查后裁定驳回了李某的申请，符合法定程序要求。因此，本题不存在申请再审的法定事由，根据《民事诉讼法》第 215 条第 1 款的规定，人民法院对再审申请书进行审查，符合本法规定的，裁定再审；不符合本法规定的，裁定驳回申请。故法院应该裁定驳回李某的再审申请，D 项正确。

44．支付令的送达；支付令异议及其法律后果[D]

[解析]《民诉解释》第 429 条规定："向债务人本人送达支付令，债务人拒绝接收的，人民法院可以留置送达。"故 A 项是不正确的。

《民事诉讼法》第 227 条第 2 款规定："债务人应当自收到支付令之日起十五日内清偿债务，或者向人民法院提出书面异议。"故 B 项是不正确的。

《民诉解释》第 436 条规定，债务人对债务本身没有异议，只是提出缺乏清偿能力的，不影响支付令的效力。而本题中，陈某提出已经归还借款，足以表明其对债权债务关系有异议，法院经审查认为异议成立，应当裁定终结督促程序，支付令失效。故 C 项是不正确的。

《民事诉讼法》第 228 条规定："人民法院收到债务人提出的书面异议后，经审查，异议成立的，应当裁定终结督促程序，支付令自行失效。支付令失效的，转入诉讼程序，但申请支付令的一方当事人不同意提起诉讼的除外。"黄某表示希望法院彻底解决自己与陈某的借款问题，可见其并不反对案件转入诉讼程序。故 D 项是正确的。

45．票据的法律适用[A]

[解析]《票据法》第 96 条规定："票据债务人的民事行为能力，适用其本国法律。票据债务人的民事行为能力，依照其本国法律为无民事行为能力或者为限制民事行为能力而依照行为地法律为完全民事行为能力的，适用行为地法律。"《涉外民事关系法律适用法》第 12 条规定："自然人的民事行为能力，适用

经常居所地法律。自然人从事民事活动，依照经常居所地法律为无民事行为能力，依照行为地法律为有民事行为能力的，适用行为地法律，但涉及婚姻家庭、继承的除外。"李某依中国法为限制民事行为能力人，依票据签发地法德国法为完全民事行为能力人的，应适用德国法。故 A 项正确。

《票据法》第 98 条规定："票据的背书、承兑、付款和保证行为，适用行为地法律。"票据背书地为德国柏林，应适用德国法。故 B 项错误。

《票据法》第 99 条规定："票据追索权的行使期限，适用出票地法律。"支票的出票地在德国，应适用德国法。故 C 项错误。

《票据法》第 101 条规定："票据丧失时，失票人请求保全票据权利的程序，适用付款地法律。"付款地为中国乙银行，应适用中国法。故 D 项错误。

46．居民税收管辖权和所得来源地税收管辖权；居民税收管辖权冲突的解决；国际重叠征税[B]

[解析]由于甲国以国籍为纳税标准，因此，只要具有该国国籍，无论是否在该国居住，均为该国的纳税居民。李某为甲国人，所以甲国既可对李某在甲国的房租收入行使征税权，也可对其在乙国的收入行使征税权。故 A 项错误。

由于各国在确定居民身份上采取了不同的标准，因此，各国在解决彼此间居民税收管辖权冲突问题时，一般采取在双边协定中确定某种所能共同接受的冲突规范。故 B 项正确。

国际重叠征税，指两个或两个以上国家对同一笔所得具有某种经济联系的不同纳税人手中各征一次税的现象。国际重复征税，指两个或两个以上国家各自依据自己的税收管辖权，按同一税种对同一纳税人的同一征税对象在同一征税期限内同时征税。本题中，甲国和乙国对李某在乙国的收入同时征税，显然属于国际重复征税。故 C 项错误。

所得来源地税收管辖权，是征税国基于有关收益或所得来源于其境内的法律事实，针对非居民行使的征税权，是按照属地原则确立的税收管辖权。李某在乙国的收入并非来自甲国，因此，甲国对李某在乙国经营公司的收入行使的不是所得来源地税收管辖权，而是依据其国籍行使的居民税收管辖权。故 D 项错误。

47．股东出资义务；股权出资[C]

[解析]《公司法解释（三）》第 11 条第 1 款规定："出资人以其他公司股权出资，符合下列条件的，人民法院应当认定出资人已履行出资义务：（一）出资的股权由出资人合法持有并依法可以转让；（二）出资的股权无权利瑕疵或者权利负担；（三）出资人已履行关于股权转让的法定手续；（四）出资的股权已依法进行了价值评估。"本题中，文某以所持甲公

司股权向乙公司出资。文某对甲公司的出资义务尚未实际缴纳完毕,但按甲公司章程规定于2017年5月缴足即符合规定,因此文某对乙公司的股权出资并无权利瑕疵。故A项错误。

《公司法解释(三)》第15条规定:"出资人以符合法定条件的非货币财产出资后,因市场变化或者其他客观因素导致出资财产贬值,公司、其他股东或者公司债权人请求该出资人承担补足出资责任的,人民法院不予支持。但是,当事人另有约定的除外。"本题中,公司经营不善属于客观因素,由此导致文某用来出资的股权贬值,文某并无补足义务。故B项错误。

《公司法解释(三)》第13条第1、2款规定:"股东未履行或者未全面履行出资义务,公司或者其他股东请求其向公司依法全面履行出资义务的,人民法院应予支持。公司债权人请求未履行或者未全面履行出资义务的股东在未出资本息范围内对公司债务不能清偿的部分承担补充赔偿责任的,人民法院应予支持;未履行或者未全面履行出资义务的股东已经承担上述责任,其他债权人提出相同请求的,人民法院不予支持。"本题中,若文某不缴纳其对甲公司的剩余出资义务,甲公司有权要求其履行,故C项正确;乙公司不是甲公司的股东,也不是甲公司的债权人,无权要求其履行,故D项错误。

48．仲裁员回避[D]

[解析]《仲裁法》第37条规定:"仲裁员因回避或者其他原因不能履行职责的,应当依照本法规定重新选定或者指定仲裁员。因回避而重新选定或者指定仲裁员后,当事人可以请求已进行的仲裁程序重新进行,是否准许,由仲裁庭决定;仲裁庭也可以自行决定已进行的仲裁程序是否重新进行。"因此,因回避而更换仲裁员的,仲裁程序是可以而不是必须重新进行。故D项正确,A、B、C项错误。

49．死者人格利益保护[C]

[解析]本题考查的知识点具有一定综合性,除了考查民法典中关于死者人格利益保护的规定外,还需要民诉法的常识。《民法典》第994条规定:"死者的姓名、肖像、名誉、荣誉、隐私、遗体等受到侵害的,其配偶、子女、父母有权依法请求行为人承担民事责任;死者没有配偶、子女且父母已经死亡的,其他近亲属有权依法请求行为人承担民事责任。"据此,当死者相关利益受到侵害时,只有其近亲属范围内的主体才是具有利害关系的人,才可以向法院起诉。本题中,甲与其舅舅之间,并非《民法典》中规定的近亲属关系,故甲不具备法律上的利害关系,不能作为原告起诉。对于甲的起诉,法院应不予受理,已经受理的应当驳回起诉。故C项正确,A、B、D项错误。

50．拾得遗失物;悬赏广告;留置权[D]

[解析]《民法典》第317条第1、2款规定:"权

利人领取遗失物时,应当向拾得人或者有关部门支付保管遗失物等支出的必要费用。权利人悬赏寻找遗失物的,领取遗失物时应当按照承诺履行义务。"本题中,方某与李某间成立了两个债:一是拾得遗失物之债,李某拾得遗失物(且无侵占行为),李某有权请求方某支付自己因此支出的必要费用。二是悬赏广告之债,方某发布悬赏广告,李某完成了悬赏广告指定的行为,李某有权请求方某按照悬赏广告的承诺支付报酬2000元。故A项错误,D项正确。若方某未曾发布悬赏广告,则方某与李某间仍可成立拾得遗失物之债,李某有权请求方某支付自己因此支出的必要费用。故C项错误。

《民法典》第447第1款规定:"债务人不履行到期债务,债权人可以留置已经合法占有的债务人的动产,并有权就该动产优先受偿。"据此,要构成留置权,必须是合法占有债务人财产。拾得人拾得遗失物,占有为无权占有,没有正当理由,因此不是合法占有,不能行使留置权。故B项错误。

二、多项选择题

51．撤销权;缔约过失责任[ABCD]

[解析]《民法典》第148条规定:"一方以欺诈手段,使对方在违背真实意思的情况下实施的民事法律行为,受欺诈方有权请求人民法院或者仲裁机构予以撤销。"本题中,甲隐瞒别墅内曾发生恶性刑事案件这一正常人都非常重视的信息,构成欺诈,因此甲、乙之间订立的合同属于可撤销合同。根据《民法典》第152条第1款的规定,受欺诈人乙有权自知道或者应当知道撤销事由之日起1年内请求法院撤销甲、乙间的别墅买卖合同。故A项正确。

在订立该买卖合同过程中,甲故意违反基于诚实信用的忠实义务、告知义务,并因此给乙造成合理信赖利益的损失,根据《民法典》第500条的规定,成立缔约过失,乙有权请求甲承担缔约过失损害赔偿责任。根据通说,缔约过失损害赔偿的范围包括"合理信赖利益损失"和"固有利益损失"。合理信赖利益损失,既包括因订立合同实际支出的成本费用,也包括因丧失交易机会遭受的损失(机会成本)。固有利益损失,指受害人因对方违反合同义务而遭受的人身和合同标的物之外的其他财产损失。B项乙在订立及履行合同过程当中支付的各种必要费用属于为缔约所支出的费用,C项撤销合同时别墅市场价格与订立合同时别墅市场价格间的差价属于因丧失交易机会遭受的损失,均属于合理信赖利益损失,均在缔约过失损害赔偿责任的范围之内。故B、C项正确。

根据《民法典》第157条的规定,民事法律行为无效、被撤销或者确定不发生效力后,行为人因该行为取得的财产,应当予以返还;不能返还或者没有必

要返还的,应当折价补偿。本题中,如合同被撤销,买卖合同自始无效,此前乙对房屋的占有、使用与收益欠缺法律上的原因,成立不当得利,甲有权就此请求乙返还不当得利。首先,房屋和已经支付的价款应当相互返还;其次,对于乙在返还房屋之前居住甲房屋的利益也应当返还,即乙须向甲支付合同撤销前别墅的使用费。故 D 项正确。

52.违约责任的形式;合同解除;可撤销的民事法律行为[ABD]

[解析]《民法典》第 582 条规定:"履行不符合约定的,应当按照当事人的约定承担违约责任。对违约责任没有约定或者约定不明确,依据本法第五百一十条的规定仍不能确定的,受损害方根据标的的性质以及损失的大小,可以合理选择请求对方承担修理、重作、更换、退货、减少价款或者报酬等违约责任。"本题中,王某要购买的是新手机,但李某交付的却是翻新机,构成违约,王某可要求李某承担违约责任,主张减少手机价款,由于王某已经支付了全部的手机款,因此其有权请求李某返还部分手机款。故 A 项正确。

《民法典》第 563 条第 1 款第 4 项规定,当事人一方迟延履行债务或者有其他违约行为致使不能实现合同目的,当事人可以解除合同。本题中,李某将一部翻新机当作新手机交付给王某,从而导致王某买卖合同的目的(购买新手机)无法实现,因此王某享有合同法定解除权。故 B 项正确。

本题中,李某作为手机店主,对于其售卖的手机属于翻新机应知情,但仍将该手机当作新手机卖给王某,存在欺诈行为,故 D 项正确。显失公平要求利用对方处于危困状态、缺乏判断能力等情形,本题不存在相关情形,故 C 项错误。

53.互联网不正当竞争[BD]

[解析]《反不正当竞争法》第 2 条第 1 款规定:"经营者在生产经营活动中,应当遵循自愿、平等、公平、诚信的原则,遵守法律和商业道德。"据此,"公平、诚信、法律和商业道德"是区分不正当竞争和正当经营的关键。本题中,赵某的行为损害了甲公司产品的正常运营,且获取了经济利益,不能以"有利于消费者"来掩盖这一不公平、不道德的行为,所以赵某的行为已经构成了不正当竞争,而非合法行为。故 A 项错误,B 项正确。

《反不正当竞争法》第 2 条第 3 款规定:"本法所称的经营者,是指从事商品生产、经营或者提供服务(以下所称商品包括服务)的自然人、法人和非法人组织。"本题中,赵某利用其软件播放公司广告获取收益,属于经营者,故 C 项错误。

《反不正当竞争法》第 17 条第 3 款规定:"因不正当竞争行为受到损害的经营者的赔偿数额,按照其因被侵权所受到的实际损失确定;实际损失难以计算

的,按照侵权人因侵权所获得的利益确定。经营者恶意实施侵犯商业秘密行为,情节严重的,可以在按照上述方法确定数额的 1 倍以上 5 倍以下确定赔偿数额。赔偿数额还应当包括经营者为制止侵权行为所支付的合理开支。"据此,不正当竞争行为的民事赔偿数额确定的依据是:首先按照被害者的实际损失确定;实际损失难以计算的,按照侵权人因侵权所获得的利益确定。所以当甲公司的实际损失难以计算的时候,可按照赵某的侵权所得,即其向乙公司收取的报酬确定赔偿金额,故 D 项正确。

54.农业环境保护[ABCD]

[解析]《环境保护法》第 33 条规定:"各级人民政府应当加强对农业环境的保护,促进农业环境保护新技术的使用,加强对农业污染源的监测预警,统筹有关部门采取措施,防治土壤污染和土地沙化、盐渍化、贫瘠化、石漠化、地面沉降以及防治植被破坏、水土流失、水体富营养化、水源枯竭、种源灭绝等生态失调现象,推广植物病虫害的综合防治。县级、乡级人民政府应当提高农村环境保护公共服务水平,推动农村环境综合整治。"第 49 条第 1 款规定:"各级人民政府及其农业等有关部门和机构应当指导农业生产经营者科学种植和养殖,科学合理施用农药、化肥等农业投入品,科学处置农用薄膜、农作物秸秆等农业废弃物,防止农业面源污染。"故 A、B、C、D 项正确。

55.股东知情权[BD]

[解析]根据《公司法解释(四)》第 9 条规定,公司章程、股东之间的协议等实质性剥夺股东依据公司法规定查阅或者复制公司文件材料的权利,公司以此为由拒绝股东查阅或者复制的,人民法院不予支持。可知,知情查账权是股东的固有权利,公司不可以通过章程或股东会决议等实质剥夺股东的此项权利。本案中,章程规定,股东查账需经总经理审批,如果总经理不审批或没有总经理,股东的此项权利将无从保障。因此,此项规定应属于实质剥夺股东的查账权的内容,是无效的。故 A、C 项错误,D 项正确。

《公司法》第 57 条第 2 款规定:"股东可以要求查阅公司会计账簿、会计凭证。股东要求查阅公司会计账簿、会计凭证的,应当向公司提出书面请求,说明目的……公司拒绝提供查阅的,股东可以向人民法院提起诉讼。"据此,股东要求查阅公司会计账簿的,应当向公司提出书面请求,被拒绝后,才能起诉,故 B 项正确。

56.再审程序[CD]

[解析]《民诉解释》第 403 条规定:"人民法院审理再审案件应当围绕再审请求进行。当事人的再审请求超出原审诉讼请求的,不予审理;符合另案诉讼条件的,告知当事人可以另行起诉。被申请人及原审其他当事人在庭审辩论结束前提出的再审请求,符

合民事诉讼法第二百一十二条①规定的,人民法院应当一并审理。人民法院经再审,发现已经发生法律效力的判决、裁定损害国家利益、社会公共利益、他人合法权益的,应当一并审理。"这一法条包含三层意思:(1)审理范围不超过再审申请或者抗诉范围;(2)超范围的不审理;(3)但有例外。因此,在再审中,当事人提出新的诉讼请求的,通常情况下都不属于再审范围,法院不得进行调解。故 A、B 项错误。

《民诉解释》第 408 条规定:"一审原告在再审审理程序中申请撤回起诉,经其他当事人同意,且不损害国家利益、社会公共利益、他人合法权益的,人民法院可以准许。裁定准许撤诉的,应当一并撤销原判决。一审原告在再审审理程序中撤回起诉后重复起诉的,人民法院不予受理。"因此,按照第一审程序审理再审案件时,允许原告撤回起诉,但应当同时裁定撤销原判决、裁定、调解书。故 C 项正确。

《民事诉讼法》第 238 条规定:"执行过程中,案外人对执行标的提出书面异议的,人民法院应当自收到书面异议之日起十五日内审查,理由成立的,裁定中止对该标的的执行;理由不成立的,裁定驳回。案外人、当事人对裁定不服,认为原判决、裁定错误的,依照审判监督程序办理;与原判决、裁定无关的,可以自裁定送达之日起十五日内向人民法院提起诉讼。"可见,在执行中,案外人提出对执行标的的异议,法院裁定驳回案外人异议后,案外人不服,如果与原生效裁判无关,案外人可以向法院提起案外人异议之诉;但是如果认为原判决、裁定错误的,应依照审判监督程序处理。即在案外人对执行标的的异议程序中,案外人有可能申请再审。故 D 项正确。

57．合作开发的发明创造的权益归属[BCD]

[解析]《民法典》第 860 条规定:"合作开发完成的发明创造,申请专利的权利属于合作开发的当事人共有;当事人一方转让其共有的专利申请权的,其他各方享有以同等条件优先受让的权利。但是,当事人另有约定的除外。合作开发的当事人一方声明放弃其共有的专利申请权的,除当事人另有约定外,可以由另一方单独申请或者由其他各方共同申请。申请人取得专利权的,放弃专利申请权的一方可以免费实施该专利。合作开发的当事人一方不同意申请专利的,另一方或者其他各方不得申请专利。"据此,合作开发的当事人一方不同意申请专利的,另一方或者其他各方不得申请专利。本题中,合作开发人乙不同意申请专利,则甲、丙不得申请专利。故 A 项正确,B、C 项错误。D 项的支付补偿费没有法律依据,故 D 项错误。

58．用人单位的工作人员致人损害的侵权责任[ABCD]

[解析]《民法典》第 1191 条规定:"用人单位的工作人员因执行工作任务造成他人损害的,由用人单位承担侵权责任。用人单位承担侵权责任后,可以向有故意或者重大过失的工作人员追偿。劳务派遣期间,被派遣的工作人员因执行工作任务造成他人损害的,由接受劳务派遣的用工单位承担侵权责任;劳务派遣单位有过错的,承担相应的责任。"据此,李某因劳务派遣致王某遭受损害,用工单位甲公司承担无过错的替代责任;派遣单位乙公司有过错,承担与其过错相应的责任(甲、乙公司承担按份责任);李某不对外承担责任,甲、乙公司对外承担责任后,有权向有故意或者重大过失的李某追偿。故 A、B、C、D 项错误。

【特别提醒】注意,A 项中的黄某不需要承担责任。《民法典》第 1193 条规定:"承揽人在完成工作过程中造成第三人损害或者自己损害的,定作人不承担侵权责任。但是,定作人对定作、指示或者选任有过错的,应当承担相应的责任。"据此,就安装空调,甲公司与黄某间成立加工承揽关系。承揽人甲公司因承揽致王某人身损害,承揽人甲公司应承担责任,定作人黄某(无定作、指示或选任上的过错)不承担责任。

59．辩论原则[BD]

[解析]辩论原则是指在人民法院主持下,当事人有权就案件事实和争议问题,各自陈述自己的主张和根据,互相进行反驳和答辩,以维护自己的合法权益。

《民事诉讼法》第 12 条规定:"人民法院审理民事案件时,当事人有权进行辩论。"辩论的适用贯穿整个民事诉讼审判程序的始终,除执行程序、特别程序、督促程序与公示催告程序外,在一审程序、二审程序和审判监督程序中,都应当贯彻辩论原则,允许当事人行使辩论权。故 A 项错误。

辩论的形式包括言辞辩论和书面辩论。言辞辩论是主要的辩论形式,主要集中在法庭审理阶段。书面辩论,主要在其他场合进行。当事人向法院提出起诉状和答辩状是以书面方式辩论。故 B 项正确。

辩论权的行使主体是诉讼当事人,不包括证人。故 C 项错误。

督促程序是一种非讼程序,在整个程序过程中,只有一方当事人,没有对方当事人,无法辩论,不适用辩论原则。故 D 项正确。

60．抽逃出资[ABC]

[解析]《公司法解释(三)》第 12 条规定:"公司成立后,公司、股东或者公司债权人以相关股东的行为符合下列情形之一且损害公司权益为由,请求认定该股东抽逃出资,人民法院应予支持:(一)制作虚假财务会计报表虚增利润进行分配;(二)通过虚构债权债务关系将其出资转出;(三)利用关联交易将

---

① 现为第 216 条,编者注。

出资转出;(四)其他未经法定程序将出资抽回的行为。"第13条第1款规定:"股东未履行或者未全面履行出资义务,公司或者其他股东请求其向公司依法全面履行出资义务的,人民法院应予支持。"本题中,夏某的行为属于利用关联交易将出资转出,榴风公司和其他股东可要求夏某补足出资。故A、C项正确。

《公司法解释(三)》第14条第1款规定:"股东抽逃出资,公司或者其他股东请求其向公司返还出资本息、协助抽逃出资的其他股东、董事、高级管理人员或者实际控制人对此承担连带责任的,人民法院应予支持。"马某并非公司股东、实际控制人或者高管。但《民法典》第1169条第1款规定:"教唆、帮助他人实施侵权行为的,应当与行为人承担连带责任。"本题中,马某帮助夏某抽逃出资,侵害了公司的财产权等合法权益,公司可要求马某承担连带责任。故B项正确。

《公司法解释(三)》第14条第2款规定:"公司债权人请求抽逃出资的股东在抽逃出资本息范围内对公司债务不能清偿的部分承担补充赔偿责任、协助抽逃出资的其他股东、董事、高级管理人员或者实际控制人对此承担连带责任的,人民法院应予支持;……"债权人主张抽逃出资的股东承担责任的前提是公司无力承担债务,且只能主张在抽逃出资本息范围内对公司债务不能清偿的部分承担补充赔偿责任。《公司法》第54条规定的债权人要求未届出资期限的股东提前缴纳出资也有相应前提。本题中未说明榴风公司无力承担债务,故D项错误。

61. 劳动争议处理程序[AC]

[解析]《劳动争议调解仲裁法》第6条规定:"发生劳动争议,当事人对自己提出的主张,有责任提供证据。与争议事项有关的证据属于用人单位掌握管理的,用人单位应当提供;用人单位不提供的,应当承担不利后果。"故A项正确。

《劳动争议调解仲裁法》第47条规定:"下列劳动争议,除本法另有规定的外,仲裁裁决为终局裁决,裁决书自作出之日起发生法律效力:(一)追索劳动报酬、工伤医疗费、经济补偿或者赔偿金,不超过当地月最低工资标准12个月金额的争议;(二)因执行国家的劳动标准在工作时间、休息休假、社会保险等方面发生的争议。"第48条规定:"劳动者对本法第47条规定的仲裁裁决不服的,可以自收到仲裁裁决书之日起15日内向人民法院提起诉讼。"本案是追索劳动报酬的情形,故仲裁裁决为终局裁决,只有劳动者对该裁决不服的才能提起诉讼。故B项错误。

《劳动争议调解仲裁法》第21条第2款规定,劳动争议由劳动合同履行地或者用人单位所在地的劳动争议仲裁委员会管辖。另根据《劳动合同法》第58条,劳务派遣单位是本法所称用人单位,应当履行用

人单位对劳动者的义务。本题中的劳动合同履行地为乙区,而用人单位所在地为甲区。故C项正确。

《劳动合同法》第92条第2款规定,用工单位给被派遣劳动者造成损害的,劳务派遣单位与用工单位承担连带赔偿责任。由于题述案例给被派遣劳动者造成损害的是劳务派遣单位,不是用工单位,所以不存在连带责任的情形。故D项错误。

62. 著作权的客体[BD]

[解析] 根据《著作权法实施条例》第4条第8项规定,美术作品,是指绘画、书法、雕塑等以线条、色彩或者其他方式构成的有审美意义的平面或者立体的造型艺术作品。"独特写法""自成体系""审美价值很高",题干中这些词语表明牛氏"润金体"符合美术作品的界定。此外,不能以使用数量的多寡作为认定是否侵权的依据。羊阳洋公司未经作者同意,擅自使用"润金体",即构成侵犯著作权,和选取字体的个数没有关系。故A、C项错误,B、D项正确。

63. 证人证言及证人出庭作证[ABCD]

[解析]《民诉解释》第117条第1款规定:"当事人申请证人出庭作证的,应当在举证期限届满前提出。"因此,A项的做法合法。

《民诉解释》第119条第1款规定:"人民法院在证人出庭作证前应当告知其如实作证的义务以及作伪证的法律后果,并责令其签署保证书,但无民事行为能力人和限制民事行为能力人除外。"因此,B项的做法合法。

《民诉解释》第120条规定,证人拒绝签署保证书的,不得作证。因此,C项的做法合法。同时,《民诉证据规定》第68条第3款规定:"无正当理由未出庭的证人以书面等方式提供的证言,不得作为认定案件事实的根据。"据此,D项中法院对路芳的证言不同意组织质证的做法合法。

64. 物权变动;占有改定;留置权;同时履行抗辩权[CD]

[解析] 包大姐、小张就买卖家具的主要条款(标的、数量、价格)达成合意,且无效力瑕疵,买卖合同已经成立并生效。故C项正确。

《民法典》第224条规定:"动产物权的设立和转让,自交付时发生效力,但是法律另有规定的除外。"就交付而言,小张可向包大姐以现实交付、简易交付、指示交付或者占有改定的方式完成交付。本题中,小张已经以占有改定之方式完成出售家具的交付,包大姐自此时取得家具所有权。故D项正确。

《民法典》第448条规定:"债权人留置的动产,应当与债权属于同一法律关系,但是企业之间留置的除外。"小张对包大姐就剩余1000元价款支付请求权是基于包大姐、小张间的家具买卖合同而生,而小张占有包大姐所有的电器是基于包大姐、小张间的房屋

租赁关系,二者不属于同一法律关系,所以小张对占有的包大姐所有的电器不成立留置权。故 A 项错误。

《民法典》第 525 条规定:"当事人互负债务,没有先后履行顺序的,应当同时履行。一方在对方履行之前有权拒绝其履行请求。一方在对方履行债务不符合约定时,有权拒绝其相应的履行请求。"据此,成立同时履行抗辩权的要件之一是双方当事人基于同一双务合同互负对待给付义务。本题中,小张基于家具买卖合同对包大姐享有 1000 元价款支付请求权,包大姐基于房屋租赁合同对小张享有请求返还房屋和电器的请求权,二者并非基于同一个双务合同所生,不成立同时履行抗辩权。故 B 项错误。

65.债的法定移转[ABCD]

[解析] "债的移转",是指债权债务不失其同一性,而变更主体。"债的法定移转",指直接基于法律规定,变更债权债务的主体。

《保险法》第 60 条规定:"因第三者对保险标的的损害而造成保险事故的,保险人自向被保险人赔偿保险金之日起,在赔偿金额范围内代位行使被保险人对第三者请求赔偿的权利。前款规定的保险事故发生后,被保险人已经从第三者取得损害赔偿的,保险人赔偿保险金时,可以相应扣减被保险人从第三者已取得的赔偿金额。保险人依照本条第一款规定行使代位请求赔偿的权利,不影响被保险人就未取得赔偿的部分向第三者请求赔偿的权利。"由此可知,保险人自向被保险人赔偿保险金之日起,被保险人对第三人的请求权法定移转给保险人,保险人在赔偿金额范围内可以代位行使被保险人对第三人请求赔偿的权利。故 A 项正确。

《民法典》第 67 条规定:"法人合并的,其权利和义务由合并后的法人享有和承担。法人分立的,其权利和义务由分立后的法人享有连带债权,承担连带债务,但是债权人和债务人另有约定的除外。"企业发生合并或者分立时,合并或分立之前的债权债务转移给合并或分立后的企业,属于法定债权债务转移的情形。故 B 项正确。

《民法典》第 1161 条规定:"继承人以所得遗产实际价值为限清偿被继承人依法应当缴纳的税款和债务。超过遗产实际价值部分,继承人自愿偿还的不在此限。继承人放弃继承的,对被继承人依法应当缴纳的税款和债务可以不负清偿责任。"因此,继承人必须在遗产范围内清偿被继承人生前的债务后才享有遗产的继承权。换句话说,被继承人生前的债务在遗产范围内法定移转给了继承人。故 C 项正确。

《民法典》第 725 条规定:"租赁物在承租人按照租赁合同占有期限内发生所有权变动的,不影响租赁合同的效力。"这是关于买卖不破租赁的规定,租赁物的受让人承担了原出租人对承租人的债权和债务,属于债权债务法定移转的情形。故 D 项正确。

66.受让股东资格的认定[CD]

[解析] 根据《公司法》第 87 条规定,依照本法转让股权后,公司应当及时注销原股东的出资证明书,向新股东签发出资证明书,并相应修改公司章程和股东名册中有关股东及其出资额的记载。因此,股权转让后,公司应注销原股东出资证明书,向新股东签发出资证明书,而不是"移交"。故 B 项错误。

股东名册是确认股东资格的依据,新股东自变更股东名册后即成为公司股东,但只有经登记机关办理变更登记后才能对抗善意第三人。故 A 项错误,C、D 项正确。

67.中国关于法人国籍的确定;法人权利能力和行为能力法律适用的规定[AD]

[解析] 我国以公司的注册登记地确定公司的国籍。本题中,公司在新加坡注册登记,则其国籍为新加坡。故 A 项正确,B 项错误。

《涉外民事关系法律适用法》第 14 条规定:"法人及其分支机构的民事权利能力、民事行为能力、组织机构、股东权利义务等事项,适用登记地法律。法人的主营业地与登记地不一致的,可以适用主营业地法律。法人的经常居所地,为其主营业地。"本题中,公司注册地在新加坡,主营业地在香港地区,该公司的股东权利义务、民事权利能力与行为能力,适用新加坡法或者香港地区法。故 C 项错误,D 项正确。

68.国际运输保险中的水渍险的承保范围[BD]

[解析] 平安险承保海上风险造成的全部和部分损失,但是单纯由于自然灾害造成的单独海损不保。水渍险:承保海上风险造成的全部和部分损失。水渍险的责任范围除平安险各项责任外,还负责被保险货物由于恶劣气候、雷电、海啸、洪水等自然灾害所造成的部分损失。

运输中因串味而导致的损失,属于一切险的承保范围,不属于水渍险承保范围。故 A 项错误。

运输中因"天然"号过失与另一轮船相撞造成的货损,属于意外事故致损,包含于水渍险承保范围。故 B 项正确。

运输延迟造成的货损属于海洋货物运输保险的除外责任,保险公司可以免责。故 C 项错误。

运输中遭遇台风造成部分货损,属于恶劣气候等自然灾害所造成的损失,属于水渍险承保范围。故 D 项正确。

69.7 日内无理由退货[ABD]

[解析] 根据本题的案例描述,可以确认张某从某网店购买的汽车坐垫并不存在质量问题,因而不适用《消费者权益保护法》第 24 条有关质量问题引起的退换货的规定。《消费者权益保护法》第 25 条规

定:"经营者采用网络、电视、电话、邮购等方式销售商品,消费者有权自收到商品之日起7日内退货,且无需说明理由,但下列商品除外:(一)消费者定作的;(二)鲜活易腐的;(三)在线下载或者消费者拆封的音像制品、计算机软件等数字化商品;(四)交付的报纸、期刊。除前款所列商品外,其他根据商品性质并经消费者在购买时确认不宜退货的商品,不适用无理由退货。消费者退货的商品应当完好。经营者应当自收到退回商品之日起7日内返还消费者支付的商品价款。退回商品的运费由消费者承担;经营者和消费者另有约定的,按照约定。"据此,网店7日内退货不需要理由,故 A、B 项说法错误。如网店同意退货,客户应承担退货的运费,故 C 项说法正确。经营者应当自收到退回商品之日起7日内返还消费者支付的商品价款,故 D 项说法错误。

70．税收优惠制度[BC]

[解析]《消费税暂行条例》中的《消费税税目税率表》明确了化妆品为应纳税商品,可见进口化妆品应当缴纳消费税。故 A 项错误。

《车船税法》第3条第2项规定,对军队、武装警察部队专用的车船,免征车船税。故 B 项正确。

《企业所得税法》第27条第1项规定,企业从事农、林、牧、渔业项目的所得,可以免征、减征企业所得税。故 C 项正确。

根据《增值税法》第24条第1款第1项规定,农业生产者销售的自产农产品免征增值税。农民张某销售的是从其他农户收购的农产品,不是自产农产品,不属于免征增值税的范畴。故 D 项错误。

71．信托的设立;受托人的报酬[BCD]

[解析]《信托法》第35条第1款规定:"受托人有权依照信托文件的约定取得报酬。信托文件未作事先约定的,经信托当事人协商同意,可以作出补充约定;未作事先约定和补充约定的,不得收取报酬。"本题中双方未约定报酬,其后也未作出补充约定,因此受托人甲公司无权请求齐某支付报酬。故 A 项错误,B 项正确。

《信托法》第8条第3款规定:"采取信托合同形式设立信托的,信托合同签订时,信托成立。采取其他书面形式设立信托的,受托人承诺信托时,信托成立。"据此,齐某与甲公司签订信托合同后,信托即成立,甲公司要依约承担信托义务,故 C 项正确。此外,根据《信托法》第9条规定,信托期限、信托财产的管理方法、受托人的报酬、新受托人的选任方式、信托终止事由等事项并非信托必备事项,而是可以选择载明的事项,因此未约定受托人的报酬不会影响信托的设立,故 D 项正确。

72．仲裁协议的效力[BC]

[解析]《仲裁法解释》第7条规定:"当事人约

定争议可以向仲裁机构申请仲裁也可以向人民法院起诉的,仲裁协议无效。但一方向仲裁机构申请仲裁,另一方未在仲裁法第二十条第二款规定期间内提出异议的除外。"本案中,双方当事人约定合同履行发生争议由仲裁委员会仲裁或向法院起诉的条款无效。故 A 项错误。

《仲裁法》第20条第1款规定:"当事人对仲裁协议的效力有异议的,可以请求仲裁委员会作出决定或者请求人民法院作出决定。一方请求仲裁委员会作出决定,另一方请求人民法院作出裁定的,由人民法院裁定。"因此,有权认定仲裁协议效力的主体为仲裁委员会或法院,未经仲裁委员会授权,仲裁庭无权对案件的管辖权作出决定。故 B 项正确。

《仲裁法》第20条第2款规定:"当事人对仲裁协议的效力有异议,应当在仲裁庭首次开庭前提出。"本案中,乙公司在仲裁庭主持首次开庭的答辩阶段才对仲裁协议的效力提出异议,已经超过法定期限,仲裁庭应当驳回申请,继续审理案件。故 C 项正确。

《仲裁法解释》第13条第2款规定:"仲裁机构对仲裁协议的效力作出决定后,当事人向人民法院申请确认仲裁协议效力或者申请撤销仲裁机构的决定的,人民法院不予受理。"本案仲裁庭已对仲裁协议的效力作了相关意思表示,之后乙公司又向法院提出对仲裁协议的效力予以认定的申请,此时法院应不予受理。故 D 项错误。

73．地役权的设立;地役权的从属性[AB]

[解析]《民法典》第374条:"地役权自地役权合同生效时设立。当事人要求登记的,可以向登记机构申请地役权登记;未经登记,不得对抗善意第三人。"可见,地役权自地役权合同生效时设立。2013年2月,甲公司、乙公司约定甲公司在乙公司的 B 地块设立通行地役权,自甲公司、乙公司设立地役权的合同生效时,甲公司对乙公司的 B 地块享有地役权(无须登记)。故 A 项正确。

在2013年4月,甲公司将 A 地块过户给丙公司,依据《民法典》第380条的规定:"地役权不得单独转让。土地承包经营权、建设用地使用权等转让的,地役权一并转让,但是合同另有约定的除外。"据此,地役权在权利性质上为从权利。2013年4月,甲公司将 A 地块过户给丙公司时,丙公司在受让 A 地块不动产权利的同时,基于地役权所具有的"移转上的从属性",丙公司取得对乙公司的 B 地块的地役权。故 B 项正确。2013年6月,因此前甲公司已将 A 地块过户给丙公司,甲公司不再对需役地享有不动产权利。故 C 项错误。

根据上述《民法典》第374条的规定,甲的地役权设立后没有办理设立登记,不能对抗受让供役地

（即 B 地块）权利的善意第三人。2013 年 6 月，丁公司善意受让了 B 地块，因此丙公司不能对善意的受让人丁公司主张地役权。故 D 项错误。

74．保证合同的成立；代位权[BC]

[解析] 应收账款质权，是指出质人以自己对他人享有的应收账款债权为客体设立的质权。《民法典》第 445 条第 1 款规定：“以应收账款出质的，质权自办理出质登记时设立。”据此，应收账款质权自办理出质登记时设立。出质人只能以自己享有的债权设立质权，而不能以自己负担的债务设立质权。本题中，丙公司并未将自己对他人的应收账款债权为乙公司设立质权，故乙公司对丙公司不享有应收账款质权。同时，丙公司系以保证人身份担保甲公司对乙公司的付款义务，但约定了保证范围（丙的保证责任以 10 万元为限），这与应收账款质权显有不同，系属二事。故 A 项错误。

《民法典》第 685 条第 2 款规定，第三人单方以书面形式向债权人作出保证，债权人接收且未提出异议的，保证合同成立。本题中，丙公司单方面向乙公司出具担保函，乙公司接收且未提出异议，应认定丙、乙间的保证合同成立。故 B 项正确。

根据《民法典》第 535 条，代位权的成立要件有四：(1) 债权人对债务人的债权合法、有效（未过诉讼时效）、到期；(2) 债务人对次债务人的金钱债权合法、有效、到期；(3) 债务人怠于行使对次债务人的金钱债权，并因此损害债权人的债权；(4) 债务人对次债务人的债权不具有专属性。本题中，除了丙是乙的保证人（保证范围为 10 万元）这一关系以外，乙公司为债权人，甲公司为债务人，丙公司为次债务人（债务人甲公司的债务人），且三者之间的法律关系符合代位权的构成要件，故乙公司可对丙公司提起代位权之诉。故 C 项正确。

所谓并存的债务承担，指债务人以外的第三人加入债的关系，与债务人就债务的清偿承担连带责任，原债务人并不退出债务关系。本题中，不存在丙公司加入甲、乙间的债务关系，甲对乙的债务与甲承担连带清偿责任的约定，不能成立并存的债务承担。故 D 项错误。

75．缺席判决[ABD]

[解析]《民事诉讼法》第 146 条规定：“原告经传票传唤，无正当理由拒不到庭的，或者未经法庭许可中途退庭的，可以按撤诉处理；被告反诉的，可以缺席判决。”故 A 项正确。

《民诉解释》第 234 条规定：“无民事行为能力人的离婚诉讼，当事人的法定代理人应当到庭；法定代理人不能到庭的，人民法院应当在查清事实的基础上，依法作出判决。”故 B 项正确。【特别提醒】一般案件中，无民事行为能力人的法定代理人，经传票传

唤无正当理由拒不到庭的，应区分原告方与被告方：若是原告方法定代理人，应当按照撤诉处理，若是被告方法定代理人不到庭，应当缺席判决。但在无民事行为能力人的离婚案件中，不论是原告还是被告的法定代理人不到庭，均缺席判决。

《民诉解释》第 236 条规定：“有独立请求权的第三人经人民法院传票传唤，无正当理由拒不到庭的，或者未经法庭许可中途退庭的，比照民事诉讼法第一百四十六条的规定，按撤诉处理。”故 C 项错误。

《民诉解释》第 240 条规定：“无独立请求权的第三人经人民法院传票传唤，无正当理由拒不到庭的，或者未经法庭许可中途退庭的，不影响案件的审理。”故 D 项正确。

76．著作权的归属[ACD]

[解析] 本题首先要明确《我的一生》的作品属性为“自传体作品”。《最高人民法院关于审理著作权民事纠纷案件适用法律若干问题的解释》第 14 条规定：“当事人合意以特定人物经历为题材完成的自传体作品，当事人对著作权权属有约定的，依其约定；没有约定的，著作权归该特定人物享有，执笔人或整理人对作品完成付出劳动的，著作权人可以向其支付适当的报酬。”据此，由于甲、乙二人对著作权归属并无约定，因此该小说的著作权为“特定人物”甲；在甲死亡后，该小说上的著作财产权作为甲的合法遗产由其继承人丁继承。故 B 项错误，D 项正确。乙作为执笔人有权请求支付适当的报酬，该请求权由其儿子丙继承，因此甲、乙二人死亡后，丙有权请求丁支付适当的报酬，故 A 项正确。

原著手稿是动产，由乙创作并收藏，所有权归乙，在乙死亡后，由丙合法继承。故 C 项正确。

77．仲裁条款的法律适用[BC]

[解析]《仲裁法》第 20 条第 1 款规定：“当事人对仲裁协议的效力有异议的，可以请求仲裁委员会作出决定或者请求人民法院作出裁定。一方请求仲裁委员会作出决定，另一方请求法院作出裁定的，由人民法院裁定。”故 A 项错误。

由上述条款可知，如果既向仲裁机构提出申请，又向法院提出申请的，由法院裁定，因此，对本案仲裁条款的效力，如 A 公司请求 C 仲裁委作出决定，B 公司请求中国法院作出裁定的，由中国法院裁定。故 B 项正确。

《涉外民事关系法律适用法》第 18 条规定：“当事人可以协议选择仲裁协议适用的法律。当事人没有选择的，适用仲裁机构所在地法律或者仲裁地法律。”故 C 项正确，D 项错误。

78．商业银行的接管、托管[ABC]

[解析]《商业银行法》第 64 条规定：“商业银行已经或者可能发生信用危机，严重影响存款人的利益

时,国务院银行业监督管理机构可以对该银行实行接管。接管的目的是对被接管的商业银行采取必要措施,以保护存款人的利益,恢复商业银行的正常经营能力。被接管的商业银行的债权债务关系不因接管而变化。商业银行被接管,只是由接管组接管其经营管理权,商业银行的主体资格不丧失,债权债务关系也不发生变化,所以储户的存款利息不变,故 A 项正确。

根据相关法律规定和行业规定,接管组为了实现更好的接管效果,帮助商业银行恢复经营能力,可以将其业务托管给其他商业银行,故 B 项正确。

《商业银行法》第 68 条规定:"有下列情形之一的,接管终止:(一)接管决定规定的期限届满或者国务院银行业监督管理机构决定的接管延期届满;(二)接管期限届满前,该商业银行已恢复正常经营能力;(三)接管期限届满前,该商业银行被合并或者被依法宣告破产。"据此,接管期限届满前,商业银行被宣告破产,接管的目的已经无法实现,拖延无益,接管终止而无需等到接管期限届满,故 C 项正确。如果接管期限内商业银行恢复运营能力,说明接管的目的已经提前达成,可以终止接管而无需等到接管期限届满,故 D 项错误。

79．物权的保护;占有的保护[BD]

[解析] 徐某扩建的门面房未经审批,且挤占业主共有的人行通道,属于违章建筑。对于违章建筑,徐某不能取得所有权。故 A 项错误。

徐某对门面房不享有所有权,但可成立占有,徐某属于门面房的占有人(因缺乏占有的本权,故属于无权占有)。《民法典》第 462 条第 1 款规定:"占有的不动产或者动产被侵占的,占有人有权请求返还原物;对妨害占有的行为,占有人有权请求排除妨害或者消除危险;因侵占或者妨害造成损害的,占有人有权依法请求损害赔偿。"据此,无权占有亦保护。徐某系门面房的无权占有人,业主对门面房强行拆除,属于以法律禁止的私人力量侵害徐某的占有,构成对徐某占有的侵害。故 B 项正确。

无权占有亦受侵权法保护。若业主强行拆除门面房给徐某造成损失,徐某有权主张侵权损害赔偿请求权,要求业主赔偿自己因此遭受的直接损失(但不能主张间接损失的赔偿,因徐某为无权占有人)。《民法典》第 237 条规定:"造成不动产或者动产毁损的,权利人可以依法请求修理、重作、更换或者恢复原状。"该条是对物权保护的规则。因为徐某对门面房不享有物权,故徐某不得请求对门面房恢复原状。故 C 项错误。

徐某自住房的墙砖被毁坏,《民法典》第 238 条规定:"侵害物权,造成权利人损害的,权利人可以依法请求损害赔偿,也可以依法请求承担其他民事责

任。"据此,徐某可以请求其他业主赔偿损失。故 D 项正确。

80．买卖不破租赁;房屋承租人的优先购买权;承租权的继承[ABD]

[解析] 根据买卖不破租赁的规定,在租赁期间内甲将房屋卖给丙,不影响乙的租赁权,故 A 项正确。

《民法典》第 728 条规定:"出租人未通知承租人或者有其他妨害承租人行使优先购买权情形的,承租人可以请求出租人承担赔偿责任。但是,出租人与第三人订立的房屋买卖合同的效力不受影响。"据此,承租人乙可向出租人甲主张损害赔偿。买受人丙不是租赁合同当事人,且没有过错,不承担赔偿责任。故 B 项正确,C 项错误。

《民法典》第 734 条第 2 款规定:"租赁期限届满,房屋承租人享有以同等条件优先承租的权利。"故 D 项正确。

81．上诉[ACD]

[解析]《执行程序解释》第 3 条第 1、2 款规定:"人民法院受理执行申请后,当事人对管辖权有异议的,应当自收到执行通知书之日起十日内提出。人民法院对当事人提出的异议,应当审查。异议成立的,应当撤销执行案件,并告知当事人向有管辖权的人民法院申请执行;异议不成立的,裁定驳回。当事人对裁定不服的,可以向上一级人民法院申请复议。"因此,对执行管辖异议不能上诉,只能向上一级人民法院申请复议。故 A 项当选。

《民事诉讼法》第 171 条第 1 款规定:"当事人不服地方人民法院第一审判决的,有权在判决书送达之日起十五日内向上一级人民法院提起上诉。"故 B 项不当选。

对调解协议进行司法确认的案件适用特别程序审理,适用特别程序审理的案件实行一审终审,当事人不服的,不能提起上诉。故 C 项当选。

有关婚姻效力的判决一审终审,不能上诉;对其上诉,法院不应受理。故 D 项当选。

82．共益债务[BC]

[解析]《企业破产法》第 42 条第 4 项规定,人民法院受理破产申请后,为债务人继续营业而应支付的劳动报酬和社会保险费用以及由此而产生的其他债务为共益债务。该法第 43 条第 1 款规定:"破产费用和共益债务由债务人财产随时清偿。"向齐某借款 20 万元性质上属于共益债务,从债务人财产中随时清偿。故 A 项错误,B 项正确。

《企业破产法》第 46 条规定:"未到期的债权,在破产申请受理时视为到期。附利息的债权自破产申请受理时起停止计息。"据此,对于共益债务的计息,有息负债自破产申请受理时应停止计息。本题中,双

方约定1年内还款不计息,1年后舜泰公司破产,应停止计息,因此本题齐某不可主张利息。故C项正确,D项错误。

83．税收征收管理法[ACD]

[解析]《税收征收管理法》第14条规定:"本法所称税务机关是指各级税务局、税务分局、税务所和按照国务院规定设立的并向社会公告的税务机构。"《税收征收管理法实施细则》第9条第1款规定:"税收征管法第14条所称按照国务院规定设立的并向社会公告的税务机构,是指省以下税务局的稽查局。稽查局专司偷税、逃避追缴欠税、骗税、抗税案件的查处。"由此可知,稽查局是法定的税务机关,具有独立的执法主体资格。故A项正确。

《税收征收管理法》第35条第1款第6项规定,纳税人申报的计税依据明显偏低,又无正当理由的,税务机关有权核定其应纳税额。本题中,昌昌公司所涉拍卖行为合法有效,也不存在逃税、骗税等行为,税务机关无权核定其应纳税额,也无权加收滞纳金。故B项错误,C项正确。

《税收征收管理法》第88条第1款规定:"纳税人、扣缴义务人、纳税担保人同税务机关在纳税上发生争议时,必须先依照税务机关的纳税决定缴纳或者解缴税款及滞纳金或者提供相应的担保,然后可以依法申请行政复议;对行政复议决定不服的,可以依法向人民法院起诉。"本题中属于纳税上的争议,实行复议前置制度。故D项正确。

84．基本养老保险的个人账户[ACD]

[解析]《社会保险法》第12条规定:"用人单位应当按照国家规定的本单位职工工资总额的比例缴纳基本养老保险费,记入基本养老保险统筹基金。职工应当按照国家规定的本人工资的比例缴纳基本养老保险费,记入个人账户……"故A项正确。用人单位缴纳的养老保险费应记入基本养老保险统筹基金,而不是"记入个人账户"。故B项错误。

《社会保险法》第14条规定:"个人账户不得提前支取,记账利率不得低于银行定期存款利率,免征利息税。个人死亡的,个人账户余额可以继承。"故C、D项正确。

85．不授予专利权的情形[BD]

[解析]《专利法》第25条规定:"对下列各项,不授予专利权:(一)科学发现;(二)智力活动的规则和方法;(三)疾病的诊断和治疗方法;(四)动物和植物品种;(五)原子核变换方法以及用原子核变换方法获得的物质;(六)对平面印刷品的图案、色彩或者二者的结合作出的主要起标识作用的设计。对前款第(四)项所列产品的生产方法,可以依照本法规定授予专利权。"可知,A项中"发现了导致骨癌的特殊遗传基因"属于上述第1项"科学发现",因此不能在

我国申请专利。故A项不选。C项中"发明了如何精确诊断股骨头坏死的方法"属于上述第3项规定的"疾病的诊断和治疗方法",也不能在我国申请专利。故C项不选。B项中"发明了一套帮助骨折病人尽快康复的理疗器械"以及D项中"发明了一种高效治疗软骨病的中药制品"都不属于上述规定的范围,可在我国申请专利。故B、D项当选。

三、不定项选择题

86．申请认可台湾地区民事判决[AD]

[解析]《关于认可和执行台湾地区法院民事判决的规定》第15条第1款规定:"人民法院受理认可台湾地区法院民事判决的申请后,应当在立案之日起6个月内审结。有特殊情况需要延长的,报请上一级人民法院批准。"故A项正确。

该《规定》第14条规定:"人民法院受理认可台湾地区法院民事判决的申请后,作出裁定前,申请人请求撤回申请的,可以裁定准许。"本题中"应当准许"说法不准确。故B项错误。

该《规定》第22条第2款规定:"台湾地区法院民事判决已经被人民法院裁定不予认可或者部分不予认可的,申请人对不予认可部分再次申请认可的,裁定不予受理;已经受理的,裁定驳回申请。但申请人可以对不予认可部分向人民法院起诉。"故C项错误。

该《规定》第11条第1款规定:"申请人申请认可台湾地区法院民事判决,应当提供相关证明文件,以证明该判决真实并且已经生效。台湾地区法院民事判决为缺席判决的,申请人应当同时提交台湾地区法院已经合法传唤当事人的证明文件,但判决已经对此予以明确说明的除外。"故D项正确。

87．国际税收[BD]

[解析]国际税收管辖权分为两个基本类型:来源地税收管辖权和居民税收管辖权。中国属于里德的收入来源地,可以按照税收来源地管辖权进行征税。另外,题目中里德的劳务所得属于个人独立从事独立性的专业活动所得的收入,因其在中国停留超过了183天,183天的免税期源于中国与其他国家或地区签订的避免双重征税和防止偷漏税的协定或安排,超过了183天,中国有权对其从源征税。我国《个人所得税法》第1条也明确规定:"在中国境内有住所,或者无住所而一个纳税年度内在中国境内居住累计满一百八十三天的个人,为居民个人。居民个人从中国境内和境外取得的所得,依照本法规定缴纳个人所得税。在中国境内无住所又不居住,或者无住所而一个纳税年度内在中国境内居住累计不满一百八十三天的个人,为非居民个人。非居民个人从中国境内取得的所得,依照本法规定缴纳个人所得税。纳税年度,自公历一月一日起至十二月三十一日止。"故A

项错误,B 项正确。

国际税收管辖权之间既存在冲突也存在共存。在本案中中国对里德征税,行使的是来源地税收管辖权。如果里德被甲国认定为纳税居民,甲国仍旧可以对里德行使居民税收管辖权。这两种管辖权可以同时存在。故 C 项错误。

居民税收管辖权的行使,是以纳税人与征税国之间存在税收居所的法律事实为前提的,如里德被甲国认定为纳税居民,则他应对甲国承担的是无限的纳税义务,即里德就其来源于全球范围内的所得或财产对甲国负有纳税义务。故 D 项正确。

88．不动产登记申请程序[ABCD]

[解析]《不动产登记暂行条例》第 14 条规定:"因买卖、设定抵押权等申请不动产登记的,应当由当事人双方共同申请。属于下列情形之一的,可以由当事人单方申请:……(二)继承、接受遗赠取得不动产权利的;……"据此,我国不动产登记以双方共同申请为原则,在继承、接受遗赠等特殊情况下,可由当事人单方申请。故 A、B 项正确。

《不动产登记暂行条例》第 22 条规定:"登记申请有下列情形之一的,不动产登记机构应当不予登记,并书面告知申请人:(一)违反法律、行政法规规定的;(二)存在尚未解决的权属争议的;(三)申请登记的不动产权利超过规定期限的;(四)法律、行政法规规定不予登记的其他情形。"根据上述第 2 项,C 项正确。

《不动产登记暂行条例》第 19 条第 1 款规定:"属于下列情形之一的,不动产登记机构可以对申请登记的不动产进行实地查看:(一)房屋等建筑物、构筑物所有权首次登记;(二)在建建筑物抵押权登记;(三)因不动产灭失导致的注销登记;(四)不动产登记机构认为需要实地查看的其他情形。"根据上述第 2 项,D 项正确。

89．票据的权利与责任[ABD]

[解析]根据《票据法》第 4 条第 1~3 款规定:"票据出票人制作票据,应当按照法定条件在票据上签章,并按照所记载的事项承担票据责任。持票人行使票据权利,应当按照法定程序在票据上签章,并出示票据。其他票据债务人在票据上签章的,按照票据所记载的事项承担票据责任。"所以在票据上签章,是成为票据当事人承担票据责任的前提,题目中的被伪造人李某及伪造人王某均没有真实签章,均不承担票据责任,故 B 项正确,C 项错误。

《票据法》第 14 条第 2 款规定:"票据上有伪造、变造签章的,不影响票据上其他真实签章的效力。"甲公司和丙公司都是真实的签章主体,按照签章内容承担票据责任,享有票据权利,不受票据伪造的影响,故 A、D 项正确。

90．委托合同主体的认定;法定代表人行为的效力;债务移转的法律效力[AD]

[解析]法定代表人系法人机关的一种。法人机关有一个重要特点,即法人机关以法人名义实施行为(包括法律行为)时,法人机关无独立人格,法人机关的人格被法人吸收,法人机关的行为即为法人的行为。乙公司与丙公司签订《委托书》时,乙公司的法定代表人王某虽在委托合同上签名,但王某的行为即为乙公司的行为,委托人是乙公司,王某不是委托人。故 A 项正确,B 项错误。

甲公司与乙公司的法定代表人均为王某,但王某是以乙公司的名义,而不是以甲公司的名义在《委托书》上签字,甲公司不是委托人。故 C 项错误。

法律行为,是当事人通过意思表示设定的,旨在发生一定私法上效果的行为。本题中,王某向张某出具《承诺函》载明,"如张某不闹事,将协调甲公司卖房给张某"。就其常规意义而言,"协调"的意思是王某将在甲公司、乙公司、丙公司之间做一些沟通、劝说工作,以促成甲公司将 A 区的房屋卖一套给张某,对此,王某不受民事义务性质的拘束,亦不享有民事权利性质的利益。也就是说,王某向张某出具的《承诺函》,没有具体权利与义务的设定,不属于意思表示,不能产生法律行为上的效果。故 D 项正确。

91．协议管辖[AC]

[解析]本案中,当事人双方签订购货合同,约定若合同的履行发生争议,由原告所在地或者合同签订地的基层法院管辖,是有效的约定。《民事诉讼法》第 35 条规定:"合同或者其他财产权益纠纷的当事人可以书面协议选择被告住所地、合同履行地、合同签订地、原告住所地、标的物所在地等与争议有实际联系的地点的人民法院管辖,但不得违反本法对级别管辖和专属管辖的规定。"此外,《民诉解释》第 30 条第 2 款规定:"管辖协议约定两个以上与争议有实际联系的地点的人民法院管辖,原告可以向其中一个人民法院起诉。"因此,A 县法院作为原告住所地法院有管辖权,C 县法院作为合同签订地法院有管辖权,故 A、C 项正确,B、D 项错误。

92．证明责任的分担[AC]

[解析]《民诉解释》第 91 条规定,人民法院应当依照下列原则确定举证证明责任的承担,但法律另有规定的除外:(1)主张法律关系存在的当事人,应当对产生该法律关系的基本事实承担举证证明责任;(2)主张法律关系变更、消灭或者权利受到妨害的当事人,应当对该法律关系变更、消灭或者权利受到妨害的基本事实承担举证证明责任。在本案中,被告四海公司应当就消灭原告的权利,即自己已经履行付款义务承担举证证明责任,因此,A、B、C 项的事实构成被告四海公司合理履行付款义务的事实。但是,在本案诉

讼中,五环公司承认付某是其业务员,《民诉解释》第92条第1款规定:"一方当事人在法庭审理中,或者在起诉状、答辩状、代理词等书面材料中,对于己不利的事实明确表示承认的,另一方当事人无需举证证明。"四海公司就该事实无需承担举证责任,因此,选项A、C的事实应当由被告四海公司承担证明责任。故A、C项正确,B、D项错误。【思路拓展】关于证明的解题步骤可以分三步:首先确定证明对象(哪些事实需要证据证明),其次在证明对象的基础上确定证明责任(该证明对象应当由谁提供证据证明),最后在证明责任的基础上确定证明标准(承担证明责任的人应当将该事实证明到何种标准)。故讨论证明责任应当以确定证明对象为前提,而B项所述事实为自认事实,属于免证事实,不是本案证明对象,无需证据证明,故不存在证明责任问题;D项所述事实属于与案件无关的事实,也不是本案证明对象,无需证据证明,故也不存在证明责任问题。

93．普通合伙事务的表决[B]

[解析]《合伙企业法》第31条规定:"除合伙协议另有约定外,合伙企业的下列事项应当经全体合伙人一致同意:(一)改变合伙企业的名称;(二)改变合伙企业的经营范围、主要经营场所的地点;(三)处分合伙企业的不动产;(四)转让或者处分合伙企业的知识产权和其他财产权利;(五)以合伙企业名义为他人提供担保;(六)聘任合伙人以外的人担任合伙企业的经营管理人员。"A项是改变合伙企业的名称,C项是处分合伙企业的财产,D项是聘任合伙人以外的人担任合伙企业的经营管理人员,都属于应当征得全体合伙人一致同意的情形,但在表决该事项时都存在反对情形,属无效表决。故A、C、D项错误。停业整顿不属于需要全体合伙人一致同意的。故B项正确。

94．普通合伙事务的执行[CD]

[解析]《合伙企业法》第31条规定:"除合伙协议另有约定外,合伙企业的下列事项应当经全体合伙人一致同意:……(二)改变合伙企业的经营范围、主要经营场所的地点;……"将经营范围扩展至法国红酒代理销售业务属于改变合伙企业经营范围的事项,应由全体合伙人一致同意。故A项错误。

以酒吧不动产为抵押,向某银行借款50万元属于处分合伙企业不动产的事项,此种情形应由全体合伙人一致同意的情况下进行,经营管理人员无权自主决定。故B项错误。

《合伙企业法》第35条规定:"被聘任的合伙企业的经营管理人员应当在合伙企业授权范围内履行职务。被聘任的合伙企业的经营管理人员,超越合伙企业授权范围履行职务,或者在履行职务过程中因故意或者重大过失给合伙企业造成损失的,依法承担赔偿责任。"与某音乐师签约,约定音乐师每晚在酒吧

表演;整顿员工工作纪律,开除2名经常被顾客投诉的员工,招聘3名新员工,都属于正常的经营管理事项,不需要全体合伙人一致同意,可由林某自主决定。故C、D项正确。

95．法定公积金[ACD]

[解析]根据《公司法》第210条第1款和第2款规定,公司分配当年税后利润时,应当提取利润的10%列入公司法定公积金。公司法定公积金累计额为公司注册资本的50%以上的,可以不再提取。公司的法定公积金不足以弥补以前年度亏损的,在依照前款规定提取法定公积金之前,应当先用当年利润弥补亏损。紫霞公司盈利后,首先应弥补亏损,剩余利润4000万元,再提取法定公积金,4000万×10%为400万元法定公积金。故A项正确,B项错误。

《公司法》第210条第3款规定:"公司从税后利润中提取法定公积金后,经股东会决议,还可以从税后利润中提取任意公积金。"公司对任意公积金的数额没有限制,公司可以通过决议提取1000万元作为任意公积金。故C项正确。

根据《公司法》第210条第4款规定,公司弥补亏损和提取公积金后所余税后利润,股份有限公司按照股东所持有的股份比例分配利润,公司章程另有规定的除外。本题中,公司利润7000万元,弥补往年亏损3000万元后,剩余利润为4000万元;提取法定公积金400万元,剩余3600万元;此前公司的法定公积金余额为5万元,公司可用于向股东分配的剩余利润最大上限为3605万元。故D项正确。

96．公积金用途[BC]

[解析]《公司法》第214条第1款规定:"公司的公积金用于弥补公司的亏损、扩大公司生产经营或者转为增加公司注册资本。"当年提取的公积金是用于弥补公司日后的亏损,不可能用于弥补公司当年的亏损;且2016年提取2800万元的公积金,说明该公司于2016年度盈利,无需弥补亏损,故A项错误。用于新款游戏软件的研发属于扩大公司生产经营,故B项正确。

《公司法》第214条第3款规定,法定公积金转为增加注册资本时,所留存的该项公积金不得少于转增前公司注册资本的25%。本题中,转增资本前公司注册资本为5000万,则公司转增资本后其法定公积金留存不得少于1250万元(5000万元×25%)。因为2016年公司的法定公积金为405万元(见上题解析,400万元+5万元),即使为1000万元,也少于转增前注册资本的25%,所以不能用于转增资本,故D项错误。但是任意公积金转增资本不受限制,1000万元的任意公积金都可以转增资本,故C项正确。

97．临时建筑物的批准主体及执行主体[B]

[解析]《城乡规划法》第44条第1款规定:"在

城市、镇规划区内进行临时建设的,应当经城市、县人民政府城乡规划主管部门批准。临时建设影响近期建设规划或者控制性详细规划的实施以及交通、市容、安全等的,不得批准。"在规划区内建设临时建筑物,无需城管执法部门批准,故 A 项错误。B 项表述是正确的。

《城乡规划法》第 66 条规定:"建设单位或者个人有下列行为之一的,由所在地城市、县人民政府城乡规划主管部门责令限期拆除,可以并处临时建设工程造价 1 倍以下的罚款:(一)未经批准进行临时建设的;(二)未按照批准内容进行临时建设的;(三)临时建筑物、构筑物超过批准期限不拆除的。"未经批准进行临时建设,除责令限期拆除外,还可以进行罚款。除此之外,有权责令的主体是市城乡规划行政主管部门。故 C 项错误。

《城乡规划法》第 68 条规定:"城乡规划主管部门作出责令停止建设或者限期拆除的决定后,当事人不停止建设或者逾期不拆除的,建设工程所在地县级以上地方人民政府可以责成有关部门采取查封施工现场、强制拆除等措施。"采取强制拆除措施的主体是县级以上人民政府,非市城乡规划部门。故 D 项错误。

98．重大误解;胁迫;欺诈;可撤销的婚姻[CD]

[解析]《民法典》第 147 条规定:"基于重大误解实施的民事法律行为,行为人有权请求人民法院或者仲裁机构予以撤销。"《民法典总则编解释》第 19 条第 1 款规定,行为人对行为的性质、对方当事人或者标的物的品种、质量、规格、价格、数量等产生错误认识,按照通常理解如果不发生该错误认识行为人就不会作出相应意思表示的,构成重大误解。据此,重大误解中的误解,均为表意人对于合同要素(行为性质、当事人、标的物等)的误解,若表意人的错误与合同要素无关,仅对作出意思表示的内心起因发生错误,则属于"狭义的动机错误",狭义的动机错误不属于重大误解。甲购买液晶电视机时,不知家中已不需要再购买电视机了,甲的错误与买卖合同的要素无关,属于狭义的动机错误,不构成重大误解,甲不享有撤销该买卖合同的权利。故 A 项错误。

根据《民法典》第 1052、1053 条的规定,可撤销婚姻有两种情形:一是胁迫;二是婚前隐瞒重大疾病的欺诈。B 项的欺诈不属于上述情形,不可以此为由撤销婚姻。故 B 项错误。

《民法典》第 150 条规定:"一方或者第三人以胁迫手段,使对方在违背真实意思的情况下实施的民事法律行为,受胁迫方有权请求人民法院或者仲裁机构予以撤销。"据此,无论胁迫来自相对人还是第三人,受胁迫者均可撤销,不论受胁迫者的合同相对人对此是否知情。保证合同的当事人系保证人丁和债权人乙,第三人丙对丁的行为构成胁迫。虽然相对人乙在合同成立时不知道丙实施了胁迫行为,受胁迫的丁仍享有撤销权。故 C 项正确。

《民法典》第 149 条规定:"第三人实施欺诈行为,使一方在违背真实意思的情况下实施的民事法律行为,对方知道或者应当知道该欺诈行为的,受欺诈方有权请求人民法院或者仲裁机构予以撤销。"据此,如果是第三人欺诈,通常要求受欺诈一方的对方当事人知情时方可撤销。但是存在例外:尽管合同是因第三人欺诈而订立,但是合同履行后,直接的受益人就是第三人时,受欺诈一方的对方当事人是否知情则在所不问,均可撤销。D 选项中,甲作为投保人,具有告知义务,但乙故意隐瞒真实情况让甲投保,保险公司属于受欺诈而订立合同。甲虽然对此不知情,但是合同一旦得以履行,乙是直接的受益人。此时,甲不过是乙获得利益的手段罢了,保险公司当然享有撤销保险合同的权利。故 D 项正确。

99．按份共有人权利;优先购买权[A]

[解析] 三人共同出资购买金毛犬,属于按份共有。《民法典》第 305 条规定:"按份共有人可以转让其享有的共有的不动产或者动产份额。其他共有人在同等条件下享有优先购买的权利。"据此,甲有权转让自己的份额,故 A 项正确,D 项错误。

《民法典物权编解释(一)》第 13 条规定:"按份共有人之间转让共有份额,其他按份共有人主张依据民法典第三百零五条规定优先购买的,不予支持,但按份共有人之间另有约定的除外。"据此,在无特别约定的情形下,共有人之间转让时,其他共有人不能主张优先购买权,故 B、C 项错误。

100．仲裁法的基本原则[C]

[解析] 仲裁调解书无撤销一说,若当事人达成调解协议后反悔的,可以拒绝签收调解书,此时仲裁庭应审理并作出裁决。故 A 项错误。

约定两个仲裁委员会的仲裁协议并非当然无效。本案属于人身侵权纠纷,不属于仲裁的范围,所以仲裁协议是当然无效的。故 B 项错误,C 项正确。

若双方当事人之间存在有效的仲裁协议,当事人在首次开庭前向法院提交仲裁协议的,法院确实应当驳回起诉。但是本案中,成县仲裁委员会根本就不存在。因为地级市以上才可以设立仲裁委员会。所以,法院应继续审理。故 D 项错误。

试 卷 一

试 题

一、单项选择题。每题所设选项中只有一个正确答案，多选、错选或不选均不得分。本部分含 1~50 题，每题 1 分，共 50 分。

1. 甲市乙区公安分局以孙某涉嫌诈骗罪为由将其刑事拘留，并经乙区检察院批准逮捕。后因案情特殊由丙区检察院提起公诉。2006 年，丙区法院判处孙某有期徒刑 3 年，孙某不服上诉，甲市中级法院裁定发回丙区法院重新审理。重审期间，丙区检察院经准许撤回起诉，并最终作出不起诉决定。孙某申请国家赔偿。关于赔偿义务机关，下列哪一选项是正确的？

A. 乙区公安分局、乙区检察院和丙区法院
B. 丙区检察院和丙区法院
C. 乙区检察院和丙区法院
D. 丙区法院

2. 下列哪一选项属于刑事诉讼中适用中止审理的情形？

A. 由于申请回避而不能进行审判的
B. 需要重新鉴定的
C. 被告人患有严重疾病，长时间无法出庭的
D. 检察人员发现提起公诉的案件需要补充侦查，提出建议的

3. 某国有银行涉嫌违法发放贷款造成重大损失，该行行长因系直接负责的主管人员也被追究刑事责任，信贷科科长齐某因较为熟悉银行贷款业务被确定为单位的诉讼代表人。关于本案审理程序，下列哪一选项是正确的？

A. 如该案在开庭审理前召开庭前会议，应通知齐某参加
B. 齐某无正当理由拒不出庭的，可拘传其到庭
C. 齐某可当庭拒绝银行委托的辩护律师为该行辩护
D. 齐某没有最后陈述的权利

4. 医生甲退休后，擅自为人看病 2 年多。某日，甲为乙治疗，需注射青霉素。乙自述以前曾注射过青霉素，甲便未做皮试就给乙注射青霉素，乙因青霉素过敏而死亡。关于本案，下列哪一选项是正确的？

A. 以非法行医罪的结果加重犯论处

B. 以非法行医罪的基本犯论处
C. 以过失致人死亡罪论处
D. 以医疗事故罪论处

5. 孙某制作、复制大量的淫秽光盘，除出卖外，还多次将淫秽光盘借给许多人观看。对其行为应如何处理？

A. 以制作、复制、贩卖、传播淫秽物品牟利罪处罚
B. 以组织播放淫秽音像制品罪从重处罚
C. 以制作、复制、贩卖淫秽物品牟利罪和传播淫秽物品罪数罪并罚
D. 以传播淫秽物品罪从重处罚

6. 张法官与所承办案件当事人的代理律师系某业务培训班同学，偶有来往，为此张法官向院长申请回避，经综合考虑院长未予批准。张法官办案中与该律师依法沟通，该回避事项虽被对方代理人质疑，但审判过程和结果受到一致肯定。对照《法官职业道德基本准则》，张法官的行为直接体现了下列哪一要求？

A. 严格遵守审限　　B. 约束业外活动
C. 坚持司法便民　　D. 保持中立地位

7. 甲、乙两国均为《维也纳外交关系公约》缔约国，甲国拟向乙国派驻大使馆工作人员。其中，杰克是武官，约翰是二秘，玛丽是甲国籍会计且非乙国永久居留者。依该公约，下列哪一选项是正确的？

A. 甲国派遣杰克前，无须先征得乙国同意
B. 约翰在履职期间参与贩毒活动，乙国司法机关不得对其进行刑事审判与处罚
C. 玛丽不享有外交人员的特权与豁免
D. 如杰克因参加斗殴意外死亡，其家属的特权与豁免自其死亡时终止

8. 关于刑事司法解释的时间效力，下列哪一选项是正确的？

A. 司法解释也是刑法的渊源，故其时间效力与《刑法》完全一样，适用从旧兼从轻原则
B. 行为时无相关司法解释，新司法解释实施时正在审理的案件，应当依新司法解释办理

C. 行为时有相关司法解释,新司法解释实施时正在审理的案件,仍须按旧司法解释办理

D. 依行为时司法解释已审结的案件,若适用新司法解释有利于被告人的,应依新司法解释改判

9．关于监狱在刑事诉讼中的职权,下列哪一选项是正确的?

A. 监狱监管人员指使被监管人体罚虐待其他被监管人的犯罪,由监狱进行侦查

B. 罪犯在监狱内犯罪并被发现判决时没有发现的罪行,应由监狱一并侦查

C. 被判处有期徒刑罪犯的暂予监外执行均应当由监狱提出书面意见,报省级以上监狱管理部门批准

D. 被判处有期徒刑罪犯的减刑应当由监狱提出建议书,并报法院审核裁定

10．某区卫计局以董某擅自开展诊疗活动为由作出没收其违法诊疗工具并处 5 万元罚款的处罚。董某向区政府申请复议,区政府维持了原处罚决定。董某向法院起诉。下列哪一说法是正确的?

A. 如董某只起诉区卫计局,法院应追加区政府为第三人

B. 本案应以区政府确定案件的级别管辖

C. 本案可由区卫计局所在地的法院管辖

D. 法院应对原处罚决定和复议决定进行合法性审查,但不对复议决定作出判决

11．关于国家机关公务员处分的做法或说法,下列哪一选项是正确的?

A. 张某受记过处分期间,因表现突出被晋升一档工资

B. 孙某撤职处分被解除后,虽不能恢复原职但应恢复原级别

C. 童某受到记大过处分,处分期间为 24 个月

D. 田某主动交代违纪行为,主动采取措施有效避免损失,可以减轻处分

12．秦某以虚构言论、合成图片的手段在网上传播多条"警察打人"的信息,造成恶劣影响,县公安局对其处以行政拘留 8 日的处罚。秦某认为自己是在行使言论自由权,遂诉至法院。法院认为,原告捏造、散布虚假事实的行为不属于言论自由,为法律所明文禁止,应承担法律责任。对此,下列哪一说法是正确的?

A. 相对于自由价值,秩序价值处于法的价值的顶端

B. 法官在该案中运用了个案平衡原则解决法的价值冲突

C. "原告捏造、散布虚假事实的行为不属于言论自由"仅是对案件客观事实的陈述

D. 言论自由作为人权,既是道德权利又是法律权利

13．关于我国《宪法》的修改,下列一选项是正确的?

A. 1954 年《宪法》明确规定了宪法修改的提案主体

B. 1982 年《宪法》是对 1954 年《宪法》的全面修改

C. 我国现行宪法共进行了四次修改,通过了 31 条宪法修正案

D. "国家尊重和保障人权"是 2004 年《宪法修正案》规定的内容

14．关于事实认识错误,下列一选项是正确的?

A. 甲本欲电话诈骗乙,但拨错了号码,对接听电话的丙实施了诈骗,骗取丙大量财物。甲的行为属于对象错误,成立诈骗既遂

B. 甲本欲枪杀乙,但由于未能瞄准,将乙身旁的丙杀死。无论根据什么学说,甲的行为都成立故意杀人既遂

C. 事前的故意属于抽象的事实认识错误,按照法定符合说,应按犯罪既遂处理

D. 甲将吴某的照片交给乙,让乙杀吴,但乙误将王某当成吴某予以杀害。乙是对象错误,按照教唆犯从属于实行犯的原理,甲也是对象错误

15．郭某涉嫌参加恐怖组织罪被逮捕,随后委托律师姜某担任辩护人。关于姜某履行辩护职责,下列哪一选项是正确的?

A. 姜某到看守所会见郭某时,可带 1 至 2 名律师助理协助会见

B. 看守所可对姜某与郭某的往来信件进行必要的检查,但不得截留、复制

C. 姜某申请法院收集、调取证据而法院不同意的,法院应书面说明不同意的理由

D. 法庭审理中姜某作无罪辩护的,也可当庭对郭某从轻量刑的问题发表辩护意见

16．关于司法和司法制度,下列哪一选项是错误的?

A. 现代社会,司法构成社会纠纷解决体系中最具普适性的方式,法院已成为最主要的纠纷解决主体

B. 法官自由裁量应力求达到合法与合理高度统一,尽可能地减少法律适用过程中的不确定性,防止司法擅断与专横

C. 通过对不同的案件采用不同的诉讼费用分担机制,能够影响诉讼各方的行为方式,实现诉讼费用的"配置效率"

D. 司法机关特别是最高法院参与公共政策的制定,表现出司法权在国家权力配置与运作中的越位

17．关于公平正义理念与罪刑相适应原则的关

系,下列哪一选项是错误的?

A. 公平正义是人类社会的共同理想,罪刑相适应原则与公平正义相吻合

B. 公平正义与罪刑相适应原则都要求在法律实施中坚持以事实为根据、以法律为准绳

C. 根据案件特殊情况,为做到罪刑相适应,促进公平正义,可由最高法院授权下级法院,在法定刑以下判处刑罚

D. 公平正义的实现需要正确处理法理与情理的关系,罪刑相适应原则要求做到罪刑均衡与刑罚个别化,二者并不矛盾

18．甲急需20万元从事养殖,向农村信用社贷款时被信用社主任乙告知,一个身份证只能贷款5万元,再借几个身份证可多贷。甲用自己的名义贷款5万元,另借用4个身份证贷款20万元,但由于经营不善,不能归还本息。关于本案,下列哪一选项是正确的?

A. 甲构成贷款诈骗罪,乙不构成犯罪

B. 甲构成骗取贷款罪,乙不构成犯罪

C. 甲构成骗取贷款罪,乙构成违法发放贷款罪

D. 甲不构成骗取贷款罪,乙构成违法发放贷款罪

19．甲乙二人涉嫌猥亵儿童,甲被批准逮捕,乙被取保候审。案件起诉到法院后,乙被法院决定逮捕。关于本案羁押必要性审查,下列哪一选项是正确的?

A. 在审查起诉阶段对甲进行审查,由检察院公诉部门办理

B. 对甲可进行公开审查并听取被害儿童法定代理人的意见

C. 检察院可依职权对乙进行审查

D. 经审查发现乙系从犯、具有悔罪表现且可能宣告缓刑,不予羁押不致发生社会危险性的,检察院应要求法院变更强制措施

20．根据我国涉外刑事案件审理程序规定,下列哪一选项是正确的?

A. 国籍不明又无法查清的,以中国国籍对待,不适用涉外刑事案件审理程序

B. 法院审判涉外刑事案件,不公开审理

C. 对居住在国外的中国籍当事人,可以委托我国使、领馆代为送达

D. 外国法院通过外交途径请求我国法院向外国驻华使、领馆商务参赞送达法律文书的,应由我国有关高级法院送达

21．某派出所以扰乱公共秩序为由扣押了高某的拖拉机。高某不服,以派出所为被告提起行政诉讼。诉讼中,法院认为被告应是县公安局,要求变更

被告,高某不同意。法院下列哪种做法是正确的?

A. 以派出所为被告继续审理本案

B. 以县公安局为被告审理本案

C. 裁定驳回起诉

D. 裁定终结诉讼

22．郑子产有疾。谓子大叔曰:"我死,子必为政。唯有德者能以宽服民,其次莫如猛。夫火烈,民望而畏之,故鲜死焉。水懦弱,民狎而玩之,则多死焉,故宽难。"疾数月而卒。关于执法,下列哪一项理解是正确的?

A. 法律就是法律,执法必须严格,不能搞人文情怀

B. 执法应做到宽严相济

C. 执法必须严厉,不能"宽容",否则易纵容犯罪

D. 为上者有德,就可以做到以宽服民,不需要法律的治理

23．中华人民共和国中央军事委员会领导全国武装力量。关于中央军事委员会,下列哪一表述是错误的?

A. 实行主席负责制

B. 每届任期与全国人大相同

C. 对全国人大及其常委会负责

D. 副主席由全国人大选举产生

24．关于《中华民国临时约法》,下列哪一选项是正确的?

A.《临时约法》是辛亥革命后正式颁行的宪法

B.《临时约法》设立临时大总统,采行总统制

C.《临时约法》是中国历史上唯一一部具有资产阶级共和国性质的宪法性文件

D.《临时约法》确立了五权分离的原则

25．关于侵犯财产罪的既遂和未遂,下列哪一项说法是正确的?

A. 甲盗窃电瓶车,看守人朱某在监控室发现了甲的行为,故意等甲骑走车后几分钟才追赶,并抓到甲。甲成立盗窃罪未遂

B. 乙敲诈勒索秦某,要求秦某将20万元现金放入指定的垃圾桶内,以便自己取走。秦某将20万元放入指定垃圾桶后,被清洁工捡走。秦某以为乙取走了20万元。乙成立敲诈勒索罪未遂

C. 丙在网上销售假酒,程某不知情而购买,并向支付平台支付了货款,待程某确认收货后货款会自动转入丙的账户。程某收到货后发现是假酒,便向支付平台申请退款,支付平台予以办理。丙构成诈骗罪既遂

D. 丁进入曹某家盗窃,将财物装入口袋,被两个邻居发现。两个邻居报警,并守在曹某家门口,丁无法出门。几分钟后,警察赶到,在丁的口袋里发现盗

窃的财物。丁构成盗窃罪既遂

26．甲男(15周岁)与乙女(16周岁)因缺钱,共同绑架富商之子丙,成功索得50万元赎金。甲担心丙将来可能认出他们,提议杀丙,乙同意。乙给甲一根绳子,甲用绳子勒死丙。关于本案的分析,下列哪一选项是错误的?

A. 甲、乙均触犯故意杀人罪,因而对故意杀人罪成立共同犯罪

B. 甲、乙均触犯故意杀人罪,对甲以故意杀人罪论处,但对乙应以绑架罪论处

C. 丙系死于甲之手,乙未杀害丙,故对乙虽以绑架罪定罪,但对乙不能适用"杀害被绑架人"的规定

D. 对甲以故意杀人罪论处,对乙以绑架罪论处,与二人成立故意杀人罪的共同犯罪并不矛盾

27．在法庭审判中,被告人翻供,否认犯罪,并当庭拒绝律师为其进行有罪辩护。合议庭对此问题的处理,下列哪一选项是正确的?

A. 被告人有权拒绝辩护人辩护,合议庭应当准许

B. 辩护律师独立辩护,不受当事人意思表示的约束,合议庭不应当准许拒绝辩护

C. 属于应当提供法律援助的情形的,合议庭不应当准许拒绝辩护

D. 有多名被告人的案件,部分被告人拒绝辩护人辩护的,合议庭不应当准许

28．甲、乙国发生战争,丙国发表声明表示恪守战时中立义务。对此,下列哪一做法不符合战争法?

A. 甲、乙战争开始后,除条约另有规定外,二国间商务条约停止效力

B. 甲、乙不得对其境内敌国人民的私产予以没收

C. 甲、乙交战期间,丙可与其任一方保持正常外交和商务关系

D. 甲、乙交战期间,丙同意甲通过自己的领土过境运输军用装备

29．关于检察官的行为,下列哪一选项是正确的?

A. 甲检察官业余时间担任某中学法制辅导员,在推辞无效的情况下收下学校付给的每年1000元的酬金

B. 乙检察官办理余某涉嫌贪污案时,针对余某所在单位财务管理方面的问题以个人名义向该单位领导提出了改进建议

C. 丙检察官下班后未及换下检察官制服即赶往饭店宴请来访的外地检察院同学

D. 丁检察官办理一起交通肇事案件时,对不配合调查的目击证人周某实施了拘传

30．《刑法》第64条前段规定:"犯罪分子违法所得的一切财物,应当予以追缴或者责令退赔"。关于该规定的适用,下列哪一选项是正确的?

A. 甲以赌博为业,但手气欠佳输掉200万元。输掉的200万元属于赌资,应责令甲全额退赔

B. 乙挪用公款炒股获利500万元用于购买房产(案发时贬值为300万元),应责令乙退赔500万元

C. 丙向国家工作人员李某行贿100万元。除向李某追缴100万元外,还应责令丙退赔100万元

D. 丁与王某共同窃取他人财物30万元。因二人均应对30万元负责,故应向二人各追缴30万元

31．在符合"执行期间,认真遵守监规,接受教育改造"的前提下,关于减刑、假释的分析,下列哪一选项是正确的?

A. 甲因爆炸罪被判处有期徒刑12年,已服刑10年,确有悔改表现,无再犯危险。对甲可以假释

B. 乙因行贿罪被判处有期徒刑9年,已服刑5年,确有悔改表现,无再犯危险。对乙可优先适用假释

C. 丙犯贪污罪被判处无期徒刑,拒不交代贪污款去向,一直未退赔。丙已服刑20年,确有悔改表现,无再犯危险。对丙可假释

D. 丁因盗窃罪被判处有期徒刑5年,已服刑3年,一直未退赔。丁虽在服刑中有重大技术革新,成绩突出,对其也不得减刑

32．关于刑事诉讼价值的理解,下列哪一选项是错误的?

A. 公正在刑事诉讼价值中居于核心的地位

B. 通过刑事程序规范国家刑事司法权的行使,是秩序价值的重要内容

C. 效益价值属刑事诉讼法的工具价值,而不属刑事诉讼法的独立价值

D. 适用强制措施遵循比例原则是公正价值的应有之义

33．关于规章,下列哪一说法是正确的?

A. 较大的市的人民政府制定的规章可以在上位法设定的行政许可事项范围内,对实施该行政许可作出具体规定

B. 行政机关实施许可不得收取任何费用,但规章另有规定的,依照其规定

C. 规章可以授权具有管理公共事务职能的组织实施行政处罚

D. 违法行为在二年内未被发现的,不再给予行政处罚,但规章另有规定的除外

34．某区交通局依据市交通局制发的《客运经营管理办法》认定张某违法从事客运经营,对其罚款2000元。张某诉至法院请求撤销该处罚决定,并审

查《客运经营管理办法》的合法性。法院审理认定《客运经营管理办法》与上位法规定不一致，判决撤销了罚款决定。双方当事人均未提出上诉。对此，下列哪一说法是正确的？

A. 本案的被告是区交通局和市交通局

B. 张某最迟应在法院判决前提出对《客运经营管理办法》的审查申请

C. 法院可直接向市交通局提出修改《客运经营管理办法》的司法建议

D. 法院应在裁判生效后 3 个月内就《客运经营管理办法》存在的问题向上一级法院备案

35．甲、乙分别为某有限责任公司的自然人股东，后甲在乙知情但不同意的情况下，为帮助妹妹获取贷款，将自有股份质押给银行，乙以甲侵犯其股东权利为由向法院提起诉讼。关于本案，下列哪一判断是正确的？

A. 担保关系是债权关系的保护性法律关系

B. 债权关系是质押关系的第一性法律关系

C. 诉讼关系是股权关系的隶属性法律关系

D. 债权关系是质押关系的调整性法律关系

36．据史书载，以下均为秦朝刑事罪名。下列哪一选项最不具有秦朝法律文化的专制特色？

A. "偶语诗书"　　　B. "以古非今"

C. "非所宜言"　　　D. "失刑"

37．科研人员甲持有某上市公司股票，与该公司经理赵某因爱生恨。甲发现该公司出售的保健品没有任何保健功效（事实的确如此），为避免个人损失，将持有的 60 万元股票出售，后在互联网上公布该保健品无效的信息，并公布该公司经理为赵某，由此导致该股价大跌。该公司迫于压力，将赵某开除。下列哪一选项是正确的？

A. 甲公布赵某个人信息的行为，构成侵犯公民个人信息罪

B. 甲公布保健品无功效，不构成损害商品声誉罪

C. 甲在公布信息之前卖掉股票，构成内幕交易罪

D. 由于股价下跌，甲构成破坏生产经营罪

38．刘某向卫生局申请在小区设立个体诊所，卫生局受理申请。小区居民陈某等人提出，诊所的医疗废物会造成环境污染，要求卫生局不予批准。对此，下列哪一选项符合《行政许可法》规定？

A. 刘某既可以书面也可以口头申请设立个体诊所

B. 卫生局受理刘某申请后，应当向其出具加盖本机关专用印章和注明日期的书面凭证

C. 如陈某等人提出听证要求，卫生局同意并听

证的，组织听证的费用应由陈某承担

D. 如卫生局拒绝刘某申请，原则上应作出书面决定，必要时口头告知即可

39．只要有足够证据证明犯罪嫌疑人构成犯罪，检察机关就必须提起公诉。关于这一制度的法理基础，下列哪一选项是正确的？

A. 起诉便宜主义

B. 起诉法定主义

C. 公诉垄断主义

D. 私人诉追主义

40．某商场促销活动时宣称："凡购买 100 元商品均送 80 元购物券。对因促销活动产生的纠纷，本商场有最终解释权。"刘女士在该商场购买了 1000 元商品，返回 800 元购物券。刘女士持券买鞋时，被告知鞋类商品 2 天前已退出促销活动，必须现金购买。刘女士遂找商场理论，协商未果便将商场告上法庭。关于本案，下列哪一认识是正确的？

A. 从法律的角度看，"本商场有最终解释权"是一种学理解释权的宣称

B. 本案的争议表明，需要以公平正义去解释合同填补漏洞

C. 当事人对合同进行解释，等同于对合同享有法定的解释权

D. 商场的做法符合"权利和义务相一致"的原则

41．下列哪一个法律文件是中国近现代历史上第一部宪法性文件？

A.《重大信条十九条》

B.《钦定宪法大纲》

C.《中华民国约法》

D.《中华苏维埃共和国宪法大纲》

42．郭某涉嫌报复陷害申诉人蒋某，侦查机关因郭某可能毁灭证据将其拘留。在拘留期限即将届满时，因逮捕郭某的证据尚不充足，侦查机关责令其交纳 2 万元保证金取保候审。关于本案处理，下列哪一选项是正确的？

A. 取保候审由本案侦查机关执行

B. 如郭某表示无力全额交纳保证金，可降低保证金数额，同时责令其提出保证人

C. 可要求郭某在取保候审期间不得进入蒋某居住的小区

D. 应要求郭某在取保候审期间不得变更住址

43．《劳动争议调解仲裁法》第五条规定："发生劳动争议，当事人不愿协商、协商不成或者达成和解协议后不履行的，可以向调解组织申请调解；不愿调解、调解不成或者达成调解协议后不履行的，可以向劳动争议仲裁委员会申请仲裁；对仲裁裁决不服的，

除本法另有规定的外,可以向人民法院提起诉讼。"关于这一规定,下列哪一说法是错误的?

A. 从法的要素角度看,该规定属于任意性规则

B. 从法的适用角度看,该规定在适用时不需要法官进行推理

C. 从法的特征角度看,该规定体现了法的可诉性特点

D. 从法的作用角度看,该规定为行为人提供了不确定的指引

44. 某法律援助机构实施法律援助的下列做法,哪一项是正确的?

A. 经审查后指派律师担任甲的代理人,并根据甲的经济情况免除其80%的律师服务费

B. 指派律师担任乙的辩护人以后,乙自行另外委托辩护人,故决定终止对乙的法律援助

C. 为未成年人丙指派熟悉未成年人身心特点但无律师执业证的本机构工作人员担任辩护人

D. 经审查后认为丁的经济状况较好,不符合法律援助的经济条件,故拒绝向其提供法律咨询

45. 甲预谋拍摄乙与卖淫女的裸照,迫使乙交付财物。一日,甲请乙吃饭,叫卖淫女丙相陪。饭后,甲将乙、丙送上车。乙、丙刚到乙宅,乙便被老板电话叫走,丙亦离开。半小时后,甲持相机闯入乙宅发现无人,遂拿走了乙的3万元现金。关于甲的行为性质,下列哪一选项是正确的?

A. 抢劫未遂与盗窃既遂

B. 抢劫既遂与盗窃既遂的想象竞合

C. 敲诈勒索预备与盗窃既遂

D. 敲诈勒索未遂与盗窃既遂的想象竞合

46. 乙的孙子丙因涉嫌抢劫被刑拘。乙托甲设法使丙脱罪,并承诺事成后付其10万元。甲与公安局副局长丁早年认识,但多年未见面。甲托丁对丙作无罪处理,丁不同意,甲便以揭发隐私要挟,丁被迫按甲的要求处理案件。后甲收到乙10万元现金。关于本案,下列哪一选项是错误的?

A. 对于"关系密切"应根据利用影响力受贿罪的实质进行解释,不能仅从形式上限定为亲朋好友

B. 根据A选项的观点,"关系密切"包括具有制约关系的情形,甲构成利用影响力受贿罪

C. 丁构成徇私枉法罪,甲构成徇私枉法罪的教唆犯

D. 甲的行为同时触犯利用影响力受贿罪与徇私枉法罪,应从一重罪论处

47. 某区政府与甲签订《棚户区改造征收补偿协议》,约定协议履行争议可以申请仲裁。后甲以其签署协议受到胁迫为由,诉请法院判决解除该补偿协议。关于本案,下列哪一说法是正确的?

A. 因存在仲裁条款,法院应裁定不予受理

B. 甲承担解除协议的举证责任

C. 本案不适用调解

D. 因存在仲裁条款,该协议无效

48. 关于实证主义法学和非实证主义法学,下列说法不正确的是:

A. 实证主义法学认为,在"实际上是怎样的法"与"应该是怎样的法"之间不存在概念上的必然联系

B. 非实证主义法学在定义法的概念时并不必然排除社会实效性要素和权威性制定要素

C. 所有的非实证主义法学都可以被看作是古典自然法学

D. 仅根据社会实效性要素,并不能将实证主义法学派、非实证主义法学派和其他法学派(比如社会法学派)在法定义上的观点区别开来

49. 根据我国民族区域自治制度,关于民族自治县,下列哪一选项是错误的?

A. 自治机关保障本地方各民族都有保持或改革自己风俗习惯的自由

B. 经国务院批准,可开辟对外贸易口岸

C. 县人大常委会中应有实行区域自治的民族的公民担任主任或者副主任

D. 县人大可自行变通或者停止执行上级国家机关的决议、决定、命令和指示

50. 关于中外法律制度的发展演变,下列哪一表述是错误的?

A. 西周"七出""三不去""六礼"等婚姻法律的原则和制度,多为后世法律所继承和采用

B. 汉代"秋冬行刑"的死刑执行制度,对唐、明、清的法律制度有着深远影响

C. 清末规定的法官和检察官考试任用制度、监狱及狱政管理的改良制度,是清末司法体制上的重大变化

D. 法国国民会议于1787年8月26日通过《独立宣言》,这一划时代的历史性文件第一次明确而系统地提出了资产阶级民主和法制的基本原则

二、多项选择题。每题所设选项中至少有两个正确答案,多选、少选、错选或不选均不得分。本部分含51-85题,每题2分,共70分。

51. 我国宪法第六至十八条对经济制度作了专门规定。关于《宪法修正案》就我国经济制度规定所作的修改,下列哪些选项是正确的?

A. 中华人民共和国实行依法治国,建设社会主义法治国家

B. 国家实行社会主义市场经济

C. 除第九、十二、十八条外,其他各条都进行过修改

D. 农村中的生产、供销、信用、消费等各种形式的合作经济,是社会主义劳动群众集体所有制经济

52. 甲杀害乙,乙被迫防卫。路过的丙看到了,以为乙在侵害甲,想起甲是自己的仇人,就过去帮乙一起伤害甲。乙以为丙是见义勇为,过来协助自己。两人共同把甲打成了重伤。下列哪些说法是正确的?

A. 乙有正当防卫的意图,虽然将甲打成重伤,亦成立正当防卫

B. 如果认为正当防卫不需要有防卫意图,丙的行为亦成立正当防卫

C. 乙、丙二人的主观认识内容不同,因此无论根据何种学说,都不能用丙的行为定义乙的行为的性质

D. 乙、丙二人的主观认识内容不同,因此无论根据何种学说,乙、丙都不构成共同犯罪

53. 关于共同犯罪,下列哪些选项是正确的?

A. 乙因妻丙外遇而决意杀之。甲对此不知晓,出于其他原因怂恿乙杀丙。后乙杀害丙。甲不构成故意杀人罪的教唆犯

B. 乙基于敲诈勒索的故意恐吓丙,在丙交付财物时,知情的甲中途加入帮乙取得财物。甲构成敲诈勒索罪的共犯

C. 乙、丙在五金店门前互殴,店员甲旁观。乙边打边掏钱向甲买一羊角锤。甲递锤时对乙说"你打伤人可与我无关"。乙用该锤将丙打成重伤。卖羊角锤是甲的正常经营行为,甲不构成故意伤害罪的共犯

D. 甲极力劝说丈夫乙(国家工作人员)接受丙的贿赂,乙坚决反对,甲自作主张接受该笔贿赂。甲构成受贿罪的间接正犯

54. 国务院法制机构在审查起草部门报送的行政法规送审稿时认为,该送审稿规定的主要制度存在较大争议,且未与有关部门协商。对此,可以采取下列哪些处理措施?

A. 缓办

B. 移交其他部门起草

C. 退回起草部门

D. 向社会公布,公开征求意见

55. 法院审理行政案件,对下列哪些事项,《行政诉讼法》没有规定的,适用《民事诉讼法》的相关规定?

A. 受案范围、管辖

B. 期间、送达、财产保全

C. 开庭审理、调解、中止诉讼

D. 检察院对受理、审理、裁判、执行的监督

56. 关于公检法机关的组织体系及其在刑事诉讼中的职权,下列哪些选项是正确的?

A. 公安机关统一领导、分级管理,对超出自己管辖的地区发布通缉令,应报有权的上级公安机关发布

B. 基于检察一体化,检察院独立行使职权是指检察系统整体独立行使职权

C. 检察院上下级之间是领导关系,上级检察院认为下级检察院二审抗诉不当的,可直接向同级法院撤回抗诉

D. 法院上下级之间是监督指导关系,上级法院如认为下级法院审理更适宜,可将自己管辖的案件交由下级法院审理

57. 在下列哪些情形下,经公诉人建议法庭延期审理的时间一次不得超过一个月?

A. 发现事实不清、证据不足的

B. 发现遗漏罪行、遗漏同案犯罪嫌疑人,需要补充侦查或者补充提供证据的

C. 发现遗漏罪行或者遗漏同案犯罪嫌疑人,虽不需要补充侦查和补充提供证据,但需要补充、追加起诉的

D. 申请人民法院通知证人、鉴定人出庭作证的

58. 林某与所就职的鹏翔航空公司发生劳动争议,解决争议中曾言语威胁将来乘坐鹏翔公司航班时采取报复措施。林某离职后在选乘鹏翔公司航班时被拒载,遂诉至法院。法院认为,航空公司依《合同法》负有强制缔约义务,依《民用航空法》有保障飞行安全义务。尽管相关国际条约和我国法律对此类拒载无明确规定,但依航空业惯例航空公司有权基于飞行安全事由拒载乘客。关于该案,下列哪些说法是正确的?

A. 反映了法的自由价值和秩序价值之间的冲突

B. 若法无明文规定,则法官自由裁量不受任何限制

C. 我国缔结或参加的国际条约是正式的法的渊源

D. 不违反法律的行业惯例可作为裁判依据

59. 根据《立法法》,关于规范性文件的备案审查制度,下列哪些选项是正确的?

A. 全国人大有关的专门委员会可对报送备案的规范性文件进行主动审查

B. 自治县人大制定的自治条例与单行条例应按程序报全国人大常委会和国务院备案

C. 设区的市的市政府制定的规章应报本级人大常委会、市所在的省级人大常委会和政府、国务院备案

D. 全国人大宪法和法律委员会经审查认为地方性法规同宪法相抵触而制定机关不予修改的,应向委员长会议提出予以撤销的议案或者建议

60. 中国古代关于德与刑的关系理论,经历了一个长期的演变和发展过程。下列哪些说法是正确的?

A. 西周时期确立了"以德配天,明德慎罚"的思想,以此为指导,道德教化与刑罚处罚结合,形成了当时"礼"、"刑"结合的宏观法制特色

B. 秦朝推行法家主张,但不排斥礼,也强调"德主刑辅,礼刑并用"

C. 唐律"一准乎礼,而得古今之平",实现了礼与律的有机统一,成为了中华法系的代表

D. 宋朝以后,理学强调礼和律对治理国家具有同等重要的地位,二者"不可偏废"

61. 关于故意与违法性的认识,下列哪些选项是正确的?

A. 甲误以为买卖黄金的行为构成非法经营罪,仍买卖黄金,但事实上该行为不违反《刑法》。甲有犯罪故意,成立犯罪未遂

B. 甲误以为自己盗窃枪支的行为仅成立盗窃罪。甲对《刑法》规定存在认识错误,因而无盗窃枪支罪的犯罪故意,对甲的量刑不能重于盗窃罪

C. 甲拘禁吸毒的陈某数日。甲认识到其行为剥夺了陈某的自由,但误以为《刑法》不禁止普通公民实施强制戒毒行为。甲有犯罪故意,应以非法拘禁罪追究刑事责任

D. 甲知道自己的行为有害,但不知是否违反《刑法》,遂请教中学语文教师乙,被告知不违法后,甲实施了该行为。但事实上《刑法》禁止该行为。乙的回答不影响甲成立故意犯罪

62. 关于没收财产,下列哪些选项是不正确的?

A. 甲抢劫数额巨大,对其可以判处罚金一万元并处没收财产

B. 乙犯诈骗罪被判处没收全部财产时,法院对乙未满18周岁的子女应当保留必需的生活费用,对乙的成年家属不必考虑

C. 丙盗窃珍贵文物情节严重,即便其没有可供执行的财产,亦应当判处没收财产

D. 丁为治病向李某借款五万元,一年后丁因犯罪被判处没收财产。无论李某是否提出请求,一旦法院发现该债务存在,就应当判决以没收的财产偿还

63. 甲驾车将昏迷的乙送往医院,并垫付了医疗费用。随后赶来的乙的家属报警称甲驾车撞倒乙。急救中,乙曾短暂清醒并告诉医生自己系被车辆撞倒。医生将此话告知警察,并称从甲送乙入院时的神态看,甲应该就是肇事者。关于本案证据,下列哪些选项是正确的?

A. 甲垫付医疗费的行为与交通肇事不具有关联性

B. 乙告知医生"自己系被车辆撞倒"属于直接证据

C. 医生基于之前乙的陈述,告知警察乙系车辆撞倒,属于传来证据

D. 医生认为甲是肇事者的证词属于符合一般生活经验的推断性证言,可作为定案依据

64. 根据《宪法》和《立法法》规定,关于法律案的审议,下列哪些选项是正确的?

A. 列入全国人大会议议程的法律案,由宪法和法律委员会根据各代表团和有关专门委员会的审议意见,对法律案进行统一审议,向主席团提出审议结果报告和法律草案修改稿

B. 列入全国人大会议议程的法律案,在交付表决前,提案人要求撤回的,应说明理由,经主席团同意并向大会报告,对法律案的审议即行终止

C. 列入全国人大常委会会议议程的法律案,因调整事项较为单一,各方面意见比较一致的,也可经一次常委会会议审议即交付表决

D. 列入全国人大常委会会议议程的法律案,因暂不付表决经过两年没有再次列入常委会会议议程审议的,委员长会议可以决定终止审议,并向常委会报告

65. 甲乙二国建有外交及领事关系,均为《维也纳外交关系公约》和《维也纳领事关系公约》缔约国。乙国为举办世界杯足球赛进行城市改建,将甲国使馆区域、大使官邸、领馆区域均纳入征用规划范围。对此,乙国作出了保障外国使馆、领馆执行职务的合理安排,并对搬迁使领馆给予及时、有效、充分的补偿。根据国际法相关规则,下列哪些判断是正确的?

A. 如甲国使馆拒不搬迁,乙国可采取强制的征用搬迁措施

B. 即使大使官邸不在使馆办公区域内,乙国也不可采取强制征用搬迁措施

C. 在作出上述安排和补偿的情况下,乙国可征用甲国总领馆办公区域

D. 甲国总领馆馆舍在任何情况下均应免受任何方式的征用

66. 甲是某汽车修理店老板,为了让司机们前来补胎,在高速公路路口撒许多铁钉,致使许多车辆爆胎,险些发生重大事故。有些司机来到甲的修理店补胎,但不知道是甲撒的铁钉。下列哪些说法是正确的?

A. 甲构成破坏交通设施罪

B. 甲构成破坏交通工具罪

C. 甲构成故意毁坏财物罪

D. 甲欺骗司机来补胎,构成诈骗罪

67. 警察甲为讨好妻弟乙,将公务用枪私自送乙把玩,丙乘乙在人前炫耀枪支时,偷取枪支送交派出

所,揭发乙持枪的犯罪事实。关于本案,下列哪些选项是正确的?

A. 甲私自出借枪支,构成非法出借枪支罪

B. 乙非法持有枪支,构成非法持有枪支罪

C. 丙构成盗窃枪支罪

D. 丙揭发乙持枪的犯罪事实,构成刑法上的立功

68. 关于"宪法是静态的刑事诉讼法、刑事诉讼法是动态的宪法",下列哪些选项是正确的?

A. 有关刑事诉讼的程序性条款,构成各国宪法中关于人权保障条款的核心

B. 刑事诉讼法关于强制措施的适用权限、条件、程序与辩护等规定,都直接体现了宪法关于公民人身、住宅、财产不受非法逮捕、搜查、扣押以及被告人有权获得辩护等规定的精神

C. 刑事诉讼法规范和限制了国家权力,保障了公民享有宪法规定的基本人权和自由

D. 宪法关于人权保障的条款,都要通过刑事诉讼法保证刑法的实施来实现

69. 下列哪些情形,法院应当变更或解除强制措施?

A. 甲涉嫌绑架被逮捕,案件起诉至法院时发现怀有身孕

B. 乙涉嫌非法拘禁被逮捕,被法院判处有期徒刑 2 年,缓期 2 年执行,判决尚未发生法律效力

C. 丙涉嫌妨害公务被逮捕,在审理过程中突发严重疾病

D. 丁涉嫌故意伤害被逮捕,因对被害人伤情有异议而多次进行鉴定,致使该案无法在法律规定的一审期限内审结

70. 程序正当是当代行政法的基本原则,遵守程序是行政行为合法的要求之一。下列哪些做法违背了这一要求?

A. 某环保局对当事人的处罚听证,由本案的调查人员担任听证主持人

B. 某县政府自行决定征收基本农田 35 公顷

C. 某公安局拟给予甲拘留 10 日的治安处罚,告知其可以申请听证

D. 乙违反治安管理的事实清楚,某公安派出所当场对其作出罚款 500 元的处罚决定

71. 为严格本地生猪屠宰市场管理,某县政府以文件形式规定,凡本县所有猪类屠宰单位和个人,须在规定期限内到生猪管理办公室申请办理生猪屠宰证,违者予以警告或罚款。个体户张某未按文件规定申请办理生猪屠宰证,生猪管理办公室予以罚款 200 元。下列哪些说法是错误的?

A. 若张某在对罚款不服申请复议时一并对县政府文件提出审查申请,复议机关应当转送有权机关依法处理

B. 某县政府的文件属违法设定许可和处罚,有权机关应依据《行政处罚法》和《行政许可法》对相关责任人给予行政处分

C. 生猪管理办公室若以自己名义作出罚款决定,张某申请复议应以其为被申请人

D. 若张某直接向法院起诉,应以某县政府为被告

72. 2016 年 10 月 20 日,《检察人员纪律处分条例》修订通过。关于规范检察人员的行为,下列哪些说法是正确的?

A. 领导干部违反有关规定组织、参加自发成立的老乡会、校友会、战友会等,属于违反组织纪律行为

B. 擅自处置案件线索,随意初查或者在初查中对被调查对象采取限制人身自由强制措施的,属于违反办案纪律行为

C. 在分配、购买住房中侵犯国家、集体利益的,属于违反廉洁纪律行为

D. 对群众合法诉求消极应付、推诿扯皮,损害检察机关形象的,属于违反群众纪律行为

73. 张三以刻划方式损坏博物馆里的文物,区公安分局决定对其作出拘留 15 日的处罚。张三对此不服,提起诉讼。下列哪些说法是正确的?

A. 张三的行为属于妨害公共安全的行为

B. 公安分局应当告知张三有申请听证的权利

C. 若张三申请行政复议,应当向区政府提出

D. 张三可以申请暂缓执行行政拘留

74. 段某拥有两块山场的山林权证。林改期间,王某认为该山场是自家的土改山,要求段某返还。经村委会协调,段某同意把部分山场给与王某,并签订了协议。事后,段某反悔,对协议提出异议。王某请镇政府调处,镇政府依王某提交的协议书复印件,向王某发放了山林权证。段某不服,向县政府申请复议,在县政府作出维持决定后向法院起诉。下列哪些选项是正确的?

A. 对镇政府的行为,段某不能直接向法院提起行政诉讼

B. 县政府为本案第三人

C. 如当事人未能提供协议书原件,法院不能以协议书复印件单独作为定案依据

D. 如段某与王某在诉讼中达成新的协议,可视为本案被诉具体行政行为发生改变

75. 关于补充侦查,下列哪些选项是正确的?

A. 审查批捕阶段,只有不批准逮捕的,才能通知公安机关补充侦查

B. 审查起诉阶段的补充侦查以两次为限

C. 审判阶段检察院应自行侦查，不得退回公安机关补充侦查

D. 审判阶段法院不得建议检察院补充侦查

76. 某基层法院就郭某敲诈勒索案一审适用简易程序，判处郭某有期徒刑4年。对于一审中的下列哪些情形，二审法院应以程序违法为由，撤销原判发回重审？

A. 未在开庭10日前向郭某送达起诉书副本

B. 由一名审判员独任审理

C. 公诉人没有对被告人进行发问

D. 应公开审理但未公开审理

77. 法律在社会中负有分配社会资源、维持社会秩序、解决社会冲突、实现社会正义的功能，这就要求法律职业人员具有更高的法律职业道德水准。据此，关于提高法律职业道德水准，下列哪些表述是正确的？

A. 法律职业道德主要是法律职业本行业在职业活动中的内部行为规范，不是本行业对社会所负的道德责任和义务

B. 通过长期有效的职业道德教育，使法律职业人员形成正确的职业道德认识、信念、意志和习惯，促进道德内化

C. 以法律、法规、规范性文件等形式赋予法律职业道德以更强的约束力和强制力，并加强道德监督，形成他律机制

D. 法律职业人员违反法律职业道德和纪律的，应当依照有关规定予以惩处，通过惩处教育本人及其他人员

78. 甲欲绑架女大学生乙卖往外地，乙强烈反抗，甲将乙打成重伤，并多次对乙实施强制猥亵行为。甲尚未将乙卖出便被公安人员抓获。关于甲行为的定性和处罚，下列哪些判断是错误的？

A. 构成绑架罪、故意伤害罪与强制猥亵、侮辱罪，实行并罚

B. 构成拐卖妇女罪、故意伤害罪、强制猥亵、侮辱罪，实行并罚

C. 构成拐卖妇女罪、强制猥亵、侮辱罪，实行并罚

D. 构成拐卖妇女罪、强制猥亵、侮辱罪，实行并罚，但由于尚未出卖，对拐卖妇女罪应适用未遂犯的规定

79. 国家公职人员苏某让私有企业经理万某利用职务便利报销其旅游费5万元，万某考虑到以后还需要苏某审批企业补助款的发放，便以业务费用的名目为苏某报销了旅游费。关于苏某的行为，下列哪些说法是正确的？

A. 构成贪污罪

B. 构成职务侵占罪

C. 构成受贿罪

D. 不构成犯罪

80. 法系是法学上的一个重要概念。关于法系，下列哪些选项是正确的？

A. 法系是一个比较法学上的概念，是根据法的历史传统和外部特征的不同对法所作的分类

B. 历史上曾经存在很多个法系，但大多都已经消亡，目前世界上仅存的法系只有民法法系和普通法系

C. 民法法系有编纂成文法典的传统，因此，有成文法典的国家都属于民法法系

D. 法律移植是一国对外国法的借鉴、吸收和摄取，因此，法律移植是法系形成和发展的重要途径

81. 甲潜入他人房间欲盗窃，忽见床上坐起一老妪，哀求其不要拿她的东西。甲不理睬而继续翻找，拿走一条银项链（价值400元）。关于本案的分析，下列哪些选项是正确的？

A. 甲并未采取足以压制老妪反抗的方法取得财物，不构成抢劫罪

B. 如认为区分盗窃罪与抢夺罪的关键在于是秘密取得财物还是公然取得财物，则甲的行为属于抢夺行为；如甲作案时携带了凶器，则对甲应以抢劫罪论处

C. 如采取B选项的观点，因甲作案时未携带凶器，也未秘密窃取财物，又不符合抢夺罪"数额较大"的要件，无法以侵犯财产罪追究甲的刑事责任

D. 如认为盗窃行为并不限于秘密窃取，则甲的行为属于入户盗窃，可按盗窃罪追究甲的刑事责任

82. 甲的下列哪些行为成立帮助毁灭证据罪（不考虑情节）？

A. 甲、乙共同盗窃了丙的财物。为防止公安人员提取指纹，甲在丙报案前擦掉了两人留在现场的指纹

B. 甲、乙是好友。乙的重大贪污罪行被丙发现。甲是丙的上司，为防止丙作证，将丙派往境外工作

C. 甲得知乙放火致人死亡后未清理现场痕迹，便劝说乙回到现场毁灭证据

D. 甲经过犯罪嫌疑人乙的同意，毁灭了对乙有利的无罪证据

83. 关于我国刑事诉讼的证明主体，下列哪些选项是正确的？

A. 故意毁坏财物案中的附带民事诉讼原告人是证明主体

B. 侵占案中提起反诉的被告人是证明主体

C. 妨害公务案中就执行职务时目击的犯罪情况出庭作证的警察是证明主体

D. 证明主体都是刑事诉讼主体

84． 关于速裁程序，下列哪些说法是不正确的？

A. 法院适用速裁程序审理案件，应当在 10 日内审结

B. 适用速裁程序应当当庭宣判

C. 适用速裁程序审理案件，不应当进行法庭调查、法庭辩论，但在判决宣告前应当听取辩护人的意见

D. 对被告人适用速裁程序审理后发现可能判处的有期徒刑超过 1 年的，应当组成合议庭重新审理

85． 公民基本权利也称宪法权利。关于公民基本权利，下列哪些选项是正确的？

A. 人权是基本权利的来源，基本权利是人权宪法化的具体表现

B. 基本权利的主体主要是公民，在我国法人也可以作为基本权利的主体

C. 我国公民在行使自由和权利的时候，不得损害国家的、社会的、集体的利益和其他公民的合法的自由和利益

D. 权利和义务的平等性是我国公民基本权利和义务的重要特点

三、不定项选择题。每题所设选项中至少有一个正确答案，多选、少选、错选或不选均不得分。本部分含 86-100 题，每题 2 分，共 30 分。

86． 《执业医师法》规定，执业医师需依法取得卫生行政主管部门发放的执业医师资格，并经注册后方能执业。关于执业医师资格，下列说法正确的是：

A. 该资格属于直接关系人身健康，需按照技术规范通过检验、检测确定申请人条件的许可

B. 对《执业医师法》规定的取得资格的条件和要求，部门规章不得作出具体规定

C. 卫生行政主管部门组织执业医师资格考试，应公开举行

D. 卫生行政主管部门组织执业医师资格考试，不得组织强制性考前培训

87． 县烟草专卖局发现刘某销售某品牌外国香烟，执法人员表明了自己的身份，并制作了现场笔录。因刘某拒绝签名，随行电视台记者张某作为见证人在笔录上签名，该局当场制作《行政处罚决定书》，没收 15 条外国香烟。刘某不服该决定，提起行政诉讼。诉讼中，县烟草专卖局向法院提交了现场笔录、县电视台拍摄的现场录像、张某的证词。下列选项正确的是：

A. 现场录像应当提供原始载体

B. 张某的证词有张某的签字后，即可作为证人证言使用

C. 现场笔录必须有执法人员和刘某的签名

D. 法院收到县烟草专卖局提供的证据应当出具收据，由经办人员签名或盖章

88． 根据我国《宪法》和法律的规定，下列人员是国务院组成人员的是：

A. 外交部副部长

B. 国家发展和改革委员会主任

C. 国有资产监督管理委员会主任

D. 审计署审计长

89． 我国宪法规定了"一切权力属于人民"的原则。关于这一规定的理解，下列选项正确的是：

A. 国家的一切权力来自并且属于人民

B. "一切权力属于人民"仅体现在直接选举制度之中

C. 我国的人民代表大会制度以"一切权力属于人民"为前提

D. "一切权力属于人民"贯穿于我国国家和社会生活的各领域

90． A 公司和 B 公司于 2011 年 5 月 20 日签订合同，由 A 公司将一批平板电脑售卖给 B 公司。A 公司和 B 公司营业地分别位于甲国和乙国，两国均为《联合国国际货物销售合同公约》缔约国。合同项下的货物由丙国 C 公司的"潇湘"号商船承运，装运港是甲国某港口，目的港是乙国某港口。在运输途中，B 公司与中国 D 公司就货物转卖达成协议。"潇湘"号运送该批平板电脑的航行路线要经过丁国的毗连区。根据《联合国海洋法公约》，下列选项正确的是：

A. "潇湘"号在丁国毗连区通过时的权利和义务与在丁国领海的无害通过相同

B. 丁国可在"潇湘"号通过时对毗连区上空进行管制

C. 丁国可根据其毗连区领土主权对"潇湘"号等船舶规定分道航行

D. "潇湘"号应遵守丁国在海关、财政、移民和卫生等方面的法律规定

（一）

甲女与乙男在某社交软件互加好友，手机网络聊天过程中，甲女多次向乙男发送暧昧言语和色情图片，表示可以提供有偿性服务。二人于酒店内见面后因价钱谈不拢而争吵，乙男强行将甲女留在房间内，并采用胁迫手段与其发生性关系。后甲女向公安机关报案，乙男则辩称双方系自愿发生性关系。根据上述事实，请回答 91、92 题。

91． 乙男提供了二人之前的网络聊天记录。关于这一网络聊天记录，下列选项正确的是：

A. 属电子数据的一种

B. 必须随原始的聊天时使用的手机移送才能作

为定案的依据

C. 只有经甲女核实认可后才能作为定案的依据

D. 因不具有关联性而不得作为本案定罪量刑的依据

92. 甲女与乙男在某社交软件互加好友,手机网络聊天过程中,甲女多次向乙男发送暧昧言语和色情图片,表示可以提供有偿性服务。二人于酒店内见面后因价钱谈不拢而争吵,乙男强行将甲女留在房间内,并采用胁迫手段与其发生性关系。后甲女向公安机关报案,乙男则辩称双方系自愿发生性关系。本案后起诉至法院,关于本案审理程序,下列选项正确的是:

A. 应当不公开审理

B. 甲女因出庭作证而支出的交通、住宿的费用,法院应给予补助

C. 甲女可向法院提起附带民事诉讼要求乙男赔偿因受侵害而支出的医疗费

D. 公诉人讯问乙男后,甲女可就强奸的犯罪事实向乙男发问

(二)

某地政府为村民发放扶贫补贴,由各村村委会主任审核本村申请材料并分发补贴款。某村村委会主任王某、会计刘某以及村民陈某合谋伪造申请材料,企图每人套取5万元补贴款。王某任期届满,周某继任村委会主任后,政府才将补贴款拨到村委会。周某在分发补贴款时,发现了王某、刘某和陈某的企图,便只发给三人各3万元,将剩余6万元据为己有。三人心知肚明,但不敢声张。(事实一)

后周某又想私自非法获取土地征收款,欲找县国土局局长张某帮忙,遂送给县工商局局长李某10万元,托其找张某说情。李某与张某不熟,送5万元给县财政局局长胡某,让胡某找张某。胡某找到张某后,张某碍于情面,违心答应,但未付诸行动。(事实二)

周某为感谢胡某,从村委会账户取款20万元购买玉器,并指使会计刘某将账做平。周某将玉器送给胡某时,被胡某拒绝。周某只好将玉器退还商家,将退款20万元返还至村委会账户,并让刘某再次平账。(事实三)

根据上述事实,请回答93~95题。

93. 关于事实一的分析,下列选项正确的是:

A. 王某拿到补贴款时已经离任,不能认定其构成贪污罪

B. 刘某参与伪造申请材料,构成贪污罪,贪污数额为3万元

C. 陈某虽为普通村民,但参与他人贪污行为,构成贪污罪

D. 周某擅自侵吞补贴款,构成贪污罪,贪污数额为6万元

94. 关于事实二的分析,下列选项正确的是:

A. 周某为达非法目的,向国家工作人员行贿,构成行贿罪

B. 李某请托胡某帮忙,并送给胡某5万元,构成行贿罪

C. 李某未利用自身职务行为为周某谋利,但构成受贿罪既遂

D. 胡某收受李某财物进行斡旋,但未成功,构成受贿罪未遂

95. 关于事实三的分析,下列选项正确的是:

A. 周某挪用村委会20万元购买玉器行贿,属挪用公款进行非法活动,构成挪用公款罪

B. 周某使用村委会20万元购买玉器,属贪污行为,但后又将20万元还回,构成犯罪中止

C. 刘某第一次帮周某将账面做平,属于帮周某成功实施犯罪行为,与周某构成共同犯罪

D. 刘某第二次帮周某将账面做平,属于作假证明掩护周某的犯罪行为,构成包庇罪

96. "法律只是在自由的无意识的自然规律变成有意识的国家法律时,才成为真正的法律。哪里法律成为实际的法律,即成为自由的存在,哪里法律就成为人的实际的自由存在。"关于该段话,下列说法正确的是:

A. 从自由与必然的关系上讲,规律是自由的,但却是无意识的,法律永远是不自由的,但却是有意识的

B. 法律是"人的实际的自由存在"的条件

C. 国家法律须尊重自然规律

D. 自由是评价法律进步与否的标准

97. 甲去某电信营业厅办理手机入网,被某电信公司收取了定价为50元的SIM卡卡费,甲认为将手机SIM卡定价为50元/张属于违法收费,要求市场监督管理局对该公司进行查处,退还自己被违法收取的50元卡费。市场监督管理局进行调查后答复:"省通管局和省发改委联合下发的《关于电信全业务套餐资费优化方案的批复》规定:SIM卡收费上限标准:入网50元/张。我局非常感谢您对物价工作的支持和帮助。"下列选项正确的是:

A. 甲的行为属于信访行为

B. 市场监督管理局的行为属于对信访问题的复查

C. 若甲对市场监督管理局的答复不服,可以提起行政诉讼

D. 甲可就《关于电信全业务套餐资费优化方案的批复》提起行政诉讼

98. "现今的很多法律格言都是在古罗马时期形

成的,'法律仅仅适用于将来'就是一例。这一思想后来被古典自然法学派所推崇,并体现在法国人权宣言和美国宪法之中,形成了法不溯及既往原则"。根据此引文以及相关法学知识,下列正确的表述是:

A. 古罗马时期的法律是用法律格言的形式表现的

B. "法律仅仅适用于将来"已经成为现代社会的法律效力原则

C. 只有古典自然法学派强调法不溯及既往的原则

D. 法不溯及既往仅仅是人权宣言和宪法通行的效力原则

99. 李某(女)家住甲市,系该市某国有公司会计,涉嫌贪污公款 500 余万元,被甲市检察院立案侦查后提起公诉,甲市中级法院受理该案后,李某脱逃,下落不明。关于李某脱逃后的诉讼程序,下列选项正确的是:

A. 李某脱逃后,法院可中止审理

B. 在通缉李某一年不到案后,甲市检察院可向甲市中级法院提出没收李某违法所得的申请

C. 李某的近亲属只能在 6 个月的公告期内申请参加诉讼

D. 在审理没收违法所得的案件过程中,李某被抓捕归案的,法院应裁定终止审理

100. 某县公安局以涉嫌诈骗为由将张某刑事拘留,并经县检察院批准逮捕,后县公安局以证据不足为由撤销案件,张某遂申请国家赔偿。下列说法正确的是:

A. 赔偿义务机关为县公安局和县检察院

B. 张某的赔偿请求不属国家赔偿范围

C. 张某当面递交赔偿申请书,赔偿义务机关应当场出具加盖本机关专用印章并注明收讫日期的书面凭证

D. 如赔偿义务机关拒绝赔偿,张某可向法院提起赔偿诉讼

试 卷 二

试 题

一、单项选择题。每题所设选项中只有一个正确答案，多选、错选或不选均不得分。本部分含 1-50 题，每题 1 分，共 50 分。

1．甲、乙均为世界贸易组织成员国。乙称甲关于影像制品的进口管制违反国民待遇原则，为此向世界贸易组织提出申诉，并经专家组和上诉机构审理。对此，下列哪一选项是正确的？

A. 甲、乙磋商阶段达成的谅解协议，可被用于后续争端解决审理

B. 专家组可对未在申请书中指明的诉求予以审查

C. 上诉机构可将案件发回专家组重审

D. 上诉案件由上诉机构 7 名成员中 3 人组成上诉庭审理

2．甲国人格里为中国境内某中外合资企业的控股股东。2009 年因金融危机该企业出现财务困难，格里于 6 月回国后再未返回，尚欠企业员工工资及厂房租金和其他债务数万元。中国与甲国均为《海牙取证公约》缔约国，依我国相关法律规定，下列哪一选项是正确的？

A. 因格里已离开中国，上述债务只应由合资企业的中方承担清偿责任

B. 中国有关主管部门在立案后可向甲国提出引渡格里的请求

C. 中方当事人可在中国有管辖权的法院对格里申请立案

D. 中方当事人的诉讼代理人可请求甲国主管机关代为调取有关格里的证据

3．甲公司为其生产的啤酒申请注册了"冬雨之恋"商标，但在使用商标时没有在商标标识上加注"注册商标"字样或注册标记。下列哪一行为未侵犯甲公司的商标权？

A. 乙公司误认为该商标属于未注册商标，故在自己生产的啤酒产品上也使用"冬雨之恋"商标

B. 丙公司不知某公司假冒"冬雨之恋"啤酒而予以运输

C. 丁饭店将购买的甲公司"冬雨之恋"啤酒倒入自制啤酒桶，自制"侠客"牌散装啤酒出售

D. 戊公司明知某企业生产假冒"冬雨之恋"啤酒而向其出租仓库

4．甲单独邀请朋友乙到家中吃饭，乙爽快答应并表示一定赴约。甲为此精心准备，还因炒菜被热油烫伤。但当日乙因其他应酬而未赴约，也未及时告知甲，致使甲准备的饭菜浪费。关于乙对甲的责任，下列哪一说法是正确的？

A. 无须承担法律责任

B. 应承担违约责任

C. 应承担侵权责任

D. 应承担缔约过失责任

5．甲公司在城市公园旁开发预售期房，乙、丙等近百人一次性支付了购房款，总额近 8000 万元。但甲公司迟迟未开工，按期交房无望。乙、丙等购房人多次集体去甲公司交涉无果，险些引发群体性事件。面对疯涨房价，乙、丙等购房人为另行购房，无奈与甲公司签订《退款协议书》，承诺放弃数额巨大利息、违约金的支付要求，领回原购房款。经咨询，乙、丙等购房人起诉甲公司。下列哪一说法准确体现了公平正义的有关要求？

A.《退款协议书》虽是当事人真实意思表示，但为兼顾情理，法院应当依据购房人的要求变更该协议，由甲公司支付利息和违约金

B.《退款协议书》是甲公司胁迫乙、丙等人订立的，为确保合法合理，法院应当依据购房人的要求宣告该协议无效，由甲公司支付利息和违约金

C.《退款协议书》的订立显失公平，为保护购房人的利益，法院应当依据购房人的要求撤销该协议，由甲公司支付利息和违约金

D.《退款协议书》损害社会公共利益，为确保利益均衡，法院应当依据购房人的要求撤销该协议，由甲公司支付利息和违约金

6．下列哪一情形下权利人可以行使留置权？

A. 张某为王某送货，约定货物送到后一周内支付运费。张某在货物运到后立刻要求王某支付运费被拒绝，张某可留置部分货物

B. 刘某把房屋租给方某，方某退租搬离时尚有部分租金未付，刘某可留置方某部分家具

C. 何某将丁某的行李存放在火车站小件寄存处,后丁某取行李时认为寄存费过高而拒绝支付,寄存处可留置该行李

D. 甲公司加工乙公司的机器零件,约定先付费后加工。付费和加工均已完成,但乙公司尚欠甲公司借款,甲公司可留置机器零件

7. 周立诉孙华人身损害赔偿案,一审法院适用简易程序审理,电话通知双方当事人开庭,孙华无故未到庭,法院缺席判决孙华承担赔偿周立医疗费。判决书生效后,周立申请强制执行,执行程序开始,孙华向一审法院提出再审申请。法院裁定再审,未裁定中止原判决的执行。关于本案,下列哪一说法是正确的?

A. 法院电话通知当事人开庭是错误的

B. 孙华以法院未传票通知其开庭即缺席判决为由,提出再审申请是符合法律规定的

C. 孙华应向二审法院提出再审申请,而不可向原一审法院申请再审

D. 法院裁定再审,未裁定中止原判决的执行是错误的

8. 关于涉外民事诉讼管辖的表述,下列哪一选项是正确的?

A. 凡是涉外诉讼与我国法院所在地存在一定实际联系的,我国法院都有管辖权,体现了诉讼与法院所在地实际联系原则

B. 当事人在不违反级别管辖和专属管辖的前提下,可以约定各类涉外民事案件的管辖法院,体现了尊重当事人原则

C. 中外合资经营企业与其他民事主体的合同纠纷,专属我国法院管辖,体现了维护国家主权原则

D. 重大的涉外案件由中级以上级别的法院管辖,体现了便于当事人诉讼原则

9. 张某与潘某欲共同设立一家有限责任公司。关于公司的设立,下列哪一说法是错误的?

A. 张某、潘某签订公司设立书面协议可代替制定公司章程

B. 公司的注册资本可约定为 50 元人民币

C. 公司可以张某姓名作为公司名称

D. 张某、潘某二人可约定以潘某住所作为公司住所

10. 甲从乙处购置一批家具,给乙签发一张金额为 40 万元的汇票。乙将该汇票背书转让给丙。丙请丁在该汇票上为"保证"记载并签章,随后又将其背书转让给戊。戊请求银行承兑时,被银行拒绝。对此,下列哪一选项是正确的?

A. 丁可以采取附条件保证方式

B. 若丁在其保证中未记载保证日期,则以出票

日期为保证日期

C. 戊只有在向丙行使追索权遭拒绝后,才能向丁请求付款

D. 在丁对戊付款后,丁只能向丙行使追索权

11. 关于扣缴义务人,下列哪一说法是错误的?

A. 是依法负有代扣代缴、代收代缴税款义务的单位和个人

B. 应当按时向税务机关报送代扣代缴、代收代缴税款报告表和其他有关资料

C. 可以向税务机关申请延期报送代扣代缴、代收代缴税款报告表和其他有关资料

D. 应当直接到税务机关报送代扣代缴、代收代缴税款报告表和其他有关资料

12. 庄某到甲超市购买了乙公司生产的面包,发现面包有异味,遂起诉甲超市退款并赔偿,法院判决庄某胜诉。该判决生效后,乙公司认为面包不存在质量问题,向法院对该判决提起第三人撤销之诉,甲超市认可乙公司的主张。关于本案,下列哪一说法是正确的?

A. 甲超市应作为第三人撤销之诉的共同原告

B. 甲超市应作为第三人撤销之诉的被告

C. 甲超市应作为第三人撤销之诉的第三人

D. 法院应裁定驳回乙公司的起诉

13. 德凯公司拟为新三板上市造势,在无真实交易意图的情况下,短期内以业务合作为由邀请多家公司来其主要办公地点洽谈。其中,真诚公司安排授权代表往返十余次,每次都准备了详尽可操作的合作方案,德凯公司佯装感兴趣并屡次表达将签署合同的意愿,但均在最后一刻推脱拒签。其间,德凯公司还将知悉的真诚公司的部分商业秘密不当泄露。对此,下列哪一说法是正确的?

A. 未缔结合同,则德凯公司就磋商事宜无需承担责任

B. 虽未缔结合同,但德凯公司构成恶意磋商,应赔偿损失

C. 未缔结合同,则商业秘密属于真诚公司自愿披露,不应禁止外泄

D. 德凯公司也付出了大量的工作成本,如被对方主张赔偿,则据此可主张抵销

14. 甲为出售一台挖掘机分别与乙、丙、丁、戊签订买卖合同,具体情形如下:2016 年 3 月 1 日,甲胁迫乙订立合同,约定货到付款;4 月 1 日,甲与丙签订合同,丙支付 20% 的货款;5 月 1 日,甲与丁签订合同,丁支付全部货款;6 月 1 日,甲与戊签订合同,甲将挖掘机交付给戊。上述买受人均要求实际履行合同,就履行顺序产生争议。关于履行顺序,下列哪一选项是正确的?

A. 戊、丙、丁、乙

B. 戊、丁、丙、乙

C. 乙、丁、丙、戊

D. 丁、戊、乙、丙

15．甲、乙、丙三家公司生产三种不同的化工产品，生产场地的排污口相邻。某年，当地大旱导致河水水位大幅下降，三家公司排放的污水混合发生化学反应，产生有毒物质致使河流下游丁养殖场的鱼类大量死亡。经查明，三家公司排放的污水均分别经过处理且符合国家排放标准。后丁养殖场向三家公司索赔。下列哪一选项是正确的？

A. 三家公司均无过错，不承担赔偿责任

B. 三家公司对丁养殖场的损害承担连带责任

C. 本案的诉讼时效是 2 年

D. 三家公司应按照污染物的种类、排放量等因素承担责任

16．某学校为更新校园园林景观，需要采伐校园现有树木，栽种新的树木，向当地林业局申请采伐许可证。许可证上注明采伐树木 10 棵，而该学校采伐树木 20 棵。针对该学校的行为，下列哪一说法是正确的？

A. 该学校可以要求林业局补种 10 棵相同树木，学校承担相应费用

B. 林业局可以要求该学校补种 10 棵相同树木，并且处罚该学校额外补种 50 棵相同树木

C. 林业局可以对该学校罚款 1 万，并责令次年内补种 10 棵相同树木

D. 该学校申请采伐许可证，需要同时提交有关采伐的地点、林种、树种、面积、蓄积、方式、更新措施和林木权属等内容的材料

17．陈某于 2020 年 3 月 10 日入职某公司，该公司多次书面通知陈某签订书面劳动合同，但陈某认为合同约定的违约金太高，迟迟不签合同，公司也没有终止劳动关系。陈某工作到 2022 年 2 月 1 日提出辞职。关于陈某的主张，下列哪一选项是正确的？

A. 该公司需支付 3 倍工资及经济补偿

B. 该公司需支付 2 倍工资及经济补偿

C. 该公司无需支付 2 倍工资及经济补偿

D. 该公司无需支付 2 倍工资，但需支付经济补偿

18．甲因乙久拖房租不付，向法院起诉，要求乙支付半年房租 6000 元。在案件开庭审理前，甲提出书面材料，表示时间已过 1 个月，乙应将房租增至 7000 元。关于法院对甲增加房租的要求的处理，下列哪一选项是正确的？

A. 作为新的诉讼受理，合并审理

B. 作为诉讼标的变更，另案审理

C. 作为诉讼请求增加，继续审理

D. 不予受理，告知甲可以另行起诉

19．某企业使用霉变面粉加工馒头，潜在受害人不可确定。甲、乙、丙、丁等 20 多名受害者提起损害赔偿诉讼，但未能推选出诉讼代表人。法院建议由甲、乙作为诉讼代表人，但丙、丁等人反对。关于本案，下列哪一选项是正确的？

A. 丙、丁等人作为诉讼代表人参加诉讼

B. 丙、丁等人推选代表人参加诉讼

C. 诉讼代表人由法院指定

D. 在丙、丁等人不认可诉讼代表人情况下，本案裁判对丙、丁等人没有约束力

20．甲、乙、丙诉丁遗产继承纠纷一案，甲不服法院作出的一审判决，认为分配给丙和丁的遗产份额过多，提起上诉。关于本案二审当事人诉讼地位的确定，下列哪一选项是正确的？

A. 甲是上诉人，乙、丙、丁是被上诉人

B. 甲、乙是上诉人，丙、丁是被上诉人

C. 甲、乙、丙是上诉人，丁为被上诉人

D. 甲是上诉人，乙为原审原告，丙、丁为被上诉人

21．甲与乙结婚，女儿丙三岁时，甲因医疗事故死亡，获得 60 万元赔款。甲生前留有遗书，载明其死亡后的全部财产由其母丁继承。经查，甲与乙婚后除共同购买了一套住房外，另有 20 万元存款。下列哪一说法是正确的？

A. 60 万元赔款属于遗产

B. 甲的遗嘱未保留丙的遗产份额，遗嘱全部无效

C. 住房和存款的各一半属于遗产

D. 乙有权继承甲的遗产

22．某小学组织春游，队伍行进中某班班主任张某和其他教师闲谈，未跟进照顾本班学生。该班学生李某私自离队购买食物，与小贩刘某发生争执被打伤。对李某的人身损害，下列哪一说法是正确的？

A. 刘某应承担赔偿责任

B. 某小学应承担赔偿责任

C. 某小学应与刘某承担连带赔偿责任

D. 刘某应承担赔偿责任，某小学应承担相应的补充赔偿责任

23．零盛公司的两个股东是甲公司和乙公司。甲公司持股 70% 并派员担任董事长，乙公司持股 30%。后甲公司将零盛公司的资产全部用于甲公司的一个大型投资项目，待债权人丙公司要求零盛公司偿还货款时，发现零盛公司的资产不足以清偿。关于本案，下列哪一选项是正确的？

A. 甲公司对丙公司应承担清偿责任

B. 甲公司和乙公司按出资比例对丙公司承担清偿责任

C. 甲公司和乙公司对丙公司承担连带清偿责任

D. 丙公司只能通过零盛公司的破产程序来受偿

24. 某经营高档餐饮的有限责任公司,成立于2004年。最近四年来,因受市场影响,公司业绩逐年下滑,各董事间又长期不和,公司经营管理几近瘫痪。股东张某提起解散公司诉讼。对此,下列哪一表述是正确的?

A. 可同时提起清算公司的诉讼

B. 可向法院申请财产保全

C. 可将其他股东列为共同被告

D. 如法院就解散公司诉讼作出判决,仅对公司具有法律拘束力

25. 某美容店向王某推荐一种"雅兰牌"护肤产品。王某对该品牌产品如此便宜表示疑惑,店家解释为店庆优惠。王某买回使用后,面部出现红肿、瘙痒,苦不堪言。质检部门认定系假冒劣质产品。王某遂向美容店索赔。对此,下列哪一选项是正确的?

A. 美容店不知道该产品为假名牌,不应承担责任

B. 美容店不是假名牌的生产者,不应承担责任

C. 王某对该产品有怀疑仍接受了服务,应承担部分责任

D. 美容店违反了保证商品和服务安全的义务,应当承担全部责任

26. 潘某与刘某相约出游,潘某在长江边拾得一块奇石,爱不释手,拟带回家。刘某说,《民法典》规定河流属于国家所有,这一行为可能属于侵占国家财产。关于潘某能否取得奇石的所有权,下列哪一说法是正确的?

A. 不能,因为石头是河流的成分,长江属于国家所有,石头从河流中分离后仍然属于国家财产

B. 可以,因为即使长江属于国家所有,但石头是独立物,经有关部门许可即可以取得其所有权

C. 不能,因为即使石头是独立物,但长江属于国家所有,石头也属于国家财产

D. 可以,因为即使长江属于国家所有,但石头是独立物、无主物,依先占的习惯可以取得其所有权

27. 甲公司对乙公司享有10万元债权,乙公司对丙公司享有20万元债权。甲公司将其债权转让给丁公司并通知了乙公司,丙公司未经乙公司同意,将其债务转移给戊公司。如丁公司对戊公司提起代位权诉讼,戊公司下列哪一抗辩理由能够成立?

A. 甲公司转让债权未获乙公司同意

B. 丙公司转移债务未经乙公司同意

C. 乙公司已经要求戊公司偿还债务

D. 乙公司、丙公司之间的债务纠纷有仲裁条款约束

28. 高甲患有精神病,其父高乙为监护人。2009年高甲与陈小美经人介绍认识,同年12月陈小美以其双胞胎妹妹陈小丽的名义与高甲登记结婚,2011年生育一子高小甲。2012年高乙得知儿媳的真实姓名为陈小美,遂向法院起诉。诉讼期间,陈小美将一直由其抚养的高小甲户口迁往自己原籍,并将高小甲改名为陈龙,高乙对此提出异议。下列哪一选项是正确的?

A. 高甲与陈小美的婚姻属无效婚姻

B. 高甲与陈小美的婚姻属可撤销婚姻

C. 陈小美为高小甲改名的行为侵害了高小甲的合法权益

D. 陈小美为高小甲改名的行为未侵害高甲的合法权益

29. 住所在 A 市 B 区的甲公司与住所在 A 市 C 区的乙公司签订了一份买卖合同,约定履行地为 D 县。合同签订后尚未履行,因货款支付方式发生争议,乙公司诉至 D 县法院。甲公司就争议的付款方式提交了答辩状。经审理,法院判决甲公司败诉。甲公司不服,以一审法院无管辖权为由提起上诉,要求二审法院撤销一审判决,驳回起诉。关于本案,下列哪一表述是正确的?

A. D 县法院有管辖权,因 D 县是双方约定的合同履行地

B. 二审法院对上诉人提出的管辖权异议不予审查,裁定驳回异议

C. 二审法院应裁定撤销一审判决,发回一审法院重审

D. 二审法院应裁定撤销一审判决,裁定将案件移送有管辖权的法院审理

30. 村民甲、乙因相邻关系发生纠纷,甲诉至法院,要求判决乙准许其从乙承包的土地上通过。审理中,法院主动了解和分析甲通过乙土地的合理性,听取其他村民的意见,并请村委会主任做双方工作,最终促成双方同意调解。调解时邀请了村中有声望的老人及当事人的共同朋友参加,双方互相让步达成协议,恢复和睦关系。关于法院的做法,下列哪一说法是正确的?

A. 法院突破审判程序,违反了依法裁判原则

B. 他人参与调解,影响当事人意思表达,违反了辩论原则

C. 双方让步放弃诉求和权益,违反了处分原则

D. 体现了司法运用法律手段,发挥调解功能,能动履职的要求

31．普通合伙企业合伙人李某因车祸遇难，生前遗嘱指定 16 岁的儿子李明为其全部财产继承人。下列哪一表述是错误的？

A. 李明有权继承其父在合伙企业中的财产份额

B. 如其他合伙人均同意，李明可以取得有限合伙人资格

C. 如合伙协议约定合伙人必须是完全行为能力人，则李明不能成为合伙人

D. 应当待李明成年后由其本人作出其是否愿意成为合伙人的意思表示

32．下列哪一选项不属于国务院银行业监督管理机构职责范围？

A. 审查批准银行业金融机构的设立、变更、终止以及业务范围

B. 受理银行业金融机构设立申请或者资本变更申请时，审查其股东的资金来源、财务状况、诚信状况等

C. 审查批准或者备案银行业金融机构业务范围内的业务品种

D. 接收商业银行交存的存款准备金和存款保险金

33．甲电视台经过主办方的专有授权，对篮球俱乐部联赛进行了现场直播，包括在比赛休息时舞蹈演员跳舞助兴的场面。乙电视台未经许可截取电视信号进行同步转播。关于乙电视台的行为，下列哪一表述是正确的？

A. 侵犯了主办方对篮球比赛的著作权

B. 侵犯了篮球运动员的表演者权

C. 侵犯了舞蹈演员的表演者权

D. 侵犯了主办方的广播组织权

34．某国甲公司向中国乙公司出售一批设备，约定贸易术语为"FOB（Incoterms 2020）"，后设备运至中国。依《国际贸易术语解释通则》和《联合国国际货物销售合同公约》，下列哪一选项是正确的？

A. 甲公司负责签订货物运输合同并支付运费

B. 甲、乙公司的风险承担以货物在装运港越过船舷为界

C. 如该批设备因未按照同类货物通用方式包装造成损失，应由甲公司承担责任

D. 如该批设备侵犯了第三方在中国的专利权，甲公司对乙公司不承担责任

35．甲国公民琼斯的经常居住地在乙国，其在中国居留期间，因合同纠纷在中国法院参与民事诉讼。关于琼斯的民事能力的法律适用，下列哪一选项是正确的？

A. 民事权利能力适用甲国法

B. 民事权利能力适用中国法

C. 民事行为能力应重叠适用甲国法和中国法

D. 依照乙国法琼斯为无民事行为能力，依照中国法为有民事行为能力的，其民事行为能力适用中国法

36．甲公司出资 20 万元、乙公司出资 10 万元共同设立丙有限责任公司。丁公司系甲公司的子公司。在丙公司经营过程中，甲公司多次利用其股东地位通过公司决议让丙公司以高于市场同等水平的价格从丁公司进货，致使丙公司产品因成本过高而严重滞销，造成公司亏损。下列哪一选项是正确的？

A. 丁公司应当对丙公司承担赔偿责任

B. 甲公司应当对乙公司承担赔偿责任

C. 甲公司应当对丙公司承担赔偿责任

D. 丁公司、甲公司共同对丙公司承担赔偿责任

37．郭某诉张某财产损害一案，法院进行了庭前调解，张某承认对郭某财产造成损害，但在赔偿数额上双方无法达成协议。关于本案，下列哪一选项是正确的？

A. 张某承认对郭某财产造成损害，已构成自认

B. 张某承认对郭某财产造成损害，可作为对张某不利的证据使用

C. 郭某仍需对张某造成财产损害的事实举证证明

D. 法院无需开庭审理，本案事实清楚可直接作出判决

38．齐远、张红是夫妻，因感情破裂诉至法院离婚，提出解除婚姻关系、子女抚养、住房分割等诉讼请求。一审判决准予离婚并对子女抚养问题作出判决。齐远不同意离婚提出上诉。二审中，张红增加诉讼请求，要求分割诉讼期间齐远继承其父的遗产。下列哪一说法是正确的？

A. 一审漏判的住房分割诉讼请求，二审可调解，调解不成，发回重审

B. 二审增加的遗产分割诉讼请求，二审可调解，调解不成，发回重审

C. 住房和遗产分割的两个诉讼请求，二审可合并调解，也可一并发回重审

D. 住房和遗产分割的两个诉讼请求，经当事人同意，二审法院可一并裁判

39．《涉外民事关系法律适用法》规定：结婚条件，适用当事人共同经常居所地法律；没有共同经常居所地的，适用共同国籍国法律；没有共同国籍，在一方当事人经常居所地或者国籍国缔结婚姻的，适用婚姻缔结地法律。该规定属于下列哪一种冲突规范？

A. 单边冲突规范

B. 重叠适用的冲突规范

C. 无条件选择适用的冲突规范

D. 有条件选择适用的冲突规范

40. 关于仲裁裁决的撤销,根据我国现行法律,下列哪一选项是正确的?

A. 我国法院可根据我国法律撤销一项外国仲裁裁决

B. 我国法院撤销涉外仲裁裁决的法定理由之一是裁决事项超出仲裁协议范围

C. 撤销涉外仲裁裁决的法定理由和撤销国内仲裁裁决的法定理由相同

D. 对法院作出的不予执行仲裁裁决的裁定,当事人无权上诉

41. 中国甲公司与法国乙公司订立了服装进口合同,信用证付款,丙银行保兑。货物由"铂丽"号承运,投保了平安险。甲公司知悉货物途中遇台风全损后,即通知开证行停止付款。依《海牙规则》、UCP600号及相关规则,下列哪一选项是正确的?

A. 承运人应承担赔偿甲公司货损的责任

B. 开证行可拒付,因货已全损

C. 保险公司应赔偿甲公司货物的损失

D. 丙银行可因开证行拒付而撤销其保兑

42.《服务贸易总协定》规定了服务贸易的方式,下列哪一选项不属于协定规定的服务贸易?

A. 中国某运动员应聘到美国担任体育教练

B. 中国某旅行公司组团到泰国旅游

C. 加拿大某银行在中国设立分支机构

D. 中国政府援助非洲某国一笔资金

43. 甲与乙为一有限责任公司股东,甲为董事长。2014年4月,一次出差途中遭遇车祸,甲与乙同时遇难。关于甲、乙股东资格的继承,下列哪一表述是错误的?

A. 在公司章程未特别规定时,甲、乙的继承人均可主张股东资格继承

B. 在公司章程未特别规定时,甲的继承人可以主张继承股东资格与董事长职位

C. 公司章程可以规定甲、乙的继承人继承股东资格的条件

D. 公司章程可以规定甲、乙的继承人不得继承股东资格

44. 张某与李某产生邻里纠纷,张某将李某打伤。为解决赔偿问题,双方同意由人民调解委员会进行调解。经调解员黄某调解,双方达成赔偿协议。关于该纠纷的处理,下列哪一说法是正确的?

A. 张某如反悔不履行协议,李某可就协议向法院提起诉讼

B. 张某如反悔不履行协议,李某可向法院提起人身损害赔偿诉讼

C. 张某如反悔不履行协议,李某可向法院申请强制执行调解协议

D. 张某可以调解委员会未组成合议庭调解为由,向法院申请撤销调解协议

45. 钟某性情暴躁,常殴打妻子柳某,柳某经常找同村未婚男青年杜某诉苦排遣,日久生情。现柳某起诉离婚,关于钟、柳二人的离婚财产处理事宜,下列哪一选项是正确的?

A. 针对钟某家庭暴力,柳某不能向其主张损害赔偿

B. 针对钟某家庭暴力,柳某不能向其主张精神损害赔偿

C. 如柳某婚内与杜某同居,则柳某不能向钟某主张损害赔偿

D. 如柳某婚内与杜某同居,则钟某可以向柳某主张损害赔偿

46. 北林公司是某小区业主选聘的物业服务企业。关于业主与北林公司的权利义务,下列哪一选项是正确的?

A. 北林公司公开作出的服务承诺及制定的服务细则,不是物业服务合同的组成部分

B. 业主甲将房屋租给他人使用,约定由承租人交纳物业费,北林公司有权请求业主甲对该物业费的交纳承担责任

C. 业主乙拖欠半年物业服务费,北林公司要求业主委员会支付欠款,业主委员会无权拒绝

D. 业主丙出国进修两年返家,北林公司要求其补交两年的物业管理费,丙有权以两年未接受物业服务为由予以拒绝

47. 张丽因与王旭感情不和,长期分居,向法院起诉要求离婚。法院向王旭送达应诉通知书,发现王旭已于张丽起诉前因意外事故死亡。关于本案,法院应作出下列哪一裁判?

A. 诉讼终结的裁定

B. 驳回起诉的裁定

C. 不予受理的裁定

D. 驳回诉讼请求的判决

48. 田某突发重病神志不清,田父将其送至医院,医院使用进口医疗器械实施手术,手术失败,田某死亡。田父认为医院在诊疗过程中存在一系列违规操作,应对田某的死亡承担赔偿责任。关于本案,下列哪一选项是正确的?

A. 医疗损害适用过错责任原则,由患方承担举证责任

B. 医院实施该手术,无法取得田某的同意,可自主决定

C. 如因医疗器械缺陷致损,患方只能向生产者

主张赔偿

D. 医院有权拒绝提供相关病历,且不会因此承担不利后果

49. 甲、乙、丙、丁四人合作创作一部小说,甲、乙欲将该小说许可给某网站在网络上刊载,同时许可某电影制片厂改编后拍成电影。丙无故拒绝,丁则不置可否。对此,下列哪一选项是正确的?

A. 如果丙坚持反对,甲、乙不能将作品许可他人使用

B. 甲、乙有权不顾丙的反对,将作品许可他人使用

C. 如果丁同意,则甲、乙可以不顾丙的反对将作品许可他人使用

D. 如果丁也表示反对,则甲、乙不能将作品许可他人使用

50. 甲乙协议以 500 万元转让房屋,为避税签署了两份房屋的转让合同,第一份约定为 500 万元,交易价格以该份合同为准;第二份合同为网络备案合同,约定为 300 万元。以下说法正确的是:

A. 两份合同都无效

B. 第一份合同有效,第二份合同部分无效

C. 第一份合同部分无效,第二份合同有效

D. 两份合同都有效

二、多项选择题。每题所设选项中至少有两个正确答案,多选、少选、错选或不选均不得分。本部分含51-85 题,每题 2 分,共 70 分。

51. 根据《中华人民共和国反补贴条例》,下列哪些选项属于补贴?

A. 出口国政府出资兴建通向口岸的高速公路

B. 出口国政府给予企业的免税优惠

C. 出口国政府提供的贷款

D. 出口国政府通过向筹资机构付款,转而向企业提供资金

52. 韩国甲公司为其产品在中韩两国注册了商标。中国乙公司擅自使用该商标生产了大量仿冒产品并销售至中韩两国。现甲公司将乙公司诉至中国某法院,要求其承担商标侵权责任。关于乙公司在中韩两国侵权责任的法律适用,依中国法律规定,下列哪些选项是正确的?

A. 双方可协议选择适用中国法

B. 均应适用中国法

C. 双方可协议选择适用韩国法

D. 如双方无法达成一致,则应分别适用中国法与韩国法

53. 甲公司生产"美多"牌薰衣草保健枕,"美多"为注册商标,薰衣草为该枕头的主要原料之一。

其产品广告和包装上均突出宣传"薰衣草",致使"薰衣草"保健枕被消费者熟知,其他厂商也推出"薰衣草"保健枕。后"薰衣草"被法院认定为驰名商标。下列哪些表述是正确的?

A. 甲公司可在一种商品上同时使用两件商标

B. 甲公司对"美多"享有商标专用权,对"薰衣草"不享有商标专用权

C. 法院对驰名商标的认定可写入判决主文

D. "薰衣草"叙述了该商品的主要原料,不能申请注册

54. 某厂工人田某体检时被初诊为脑瘤,万念俱灰,既不复检也未经请假就外出旅游。该厂以田某连续旷工超过 15 天,严重违反规章制度为由解除劳动合同。对于由此引起的劳动争议,下列哪些说法是正确的?

A. 该厂单方解除劳动合同,应事先将理由通知工会

B. 因田某严重违反规章制度,无论是否在规定的医疗期内该厂均有权解除劳动合同

C. 如该厂解除劳动合同的理由成立,无需向田某支付经济补偿金

D. 如该厂解除劳动合同的理由违法,田某有权要求继续履行劳动合同并主张经济补偿金 2 倍的赔偿金

55. 浩东公司通过招标取得了甲县山区的铁矿资源勘探权。对此,下列哪些说法是正确的?

A. 浩东公司应与甲县自然资源主管部门签订矿业权出让合同

B. 浩东公司取得的探矿权应依法登记,否则不能发生效力

C. 浩东公司在对铁矿资源勘探完毕后,可申请将其探矿权转为采矿权

D. 浩东公司可以其铁矿资源勘探权,向乙矿业公司出资

56. 陈某在担任某信托公司总经理期间,该公司未按照金融企业会计制度和公司财务规则严格管理和审核资金使用,违法开展信托业务,造成公司重大损失。对此,陈某负有直接管理责任。关于此事,下列哪些说法是正确的?

A. 该公司严重违反审慎经营规则

B. 国家金融监督管理总局可责令该公司停业整顿

C. 国家市场监督管理总局可吊销该公司的金融许可证

D. 国家金融监督管理总局可取消陈某一定期限直至终身的任职资格

57. 甲公司因不能清偿到期债务且明显缺乏清

偿能力,遂于2014年3月申请破产,且法院已受理。经查,在此前半年内,甲公司针对若干债务进行了个别清偿。关于管理人的撤销权,下列哪些表述是正确的?

A. 甲公司清偿对乙银行所负的且以自有房产设定抵押担保的贷款债务的,管理人可以主张撤销

B. 甲公司清偿对丙公司所负的且经法院判决所确定的货款债务的,管理人可以主张撤销

C. 甲公司清偿对丁公司所负的为维系基本生产所需的水电费债务的,管理人不得主张撤销

D. 甲公司清偿对戊所负的劳动报酬债务的,管理人不得主张撤销

58. 二审法院审理继承纠纷上诉案时,发现一审判决遗漏另一继承人甲。关于本案,下列哪些说法是正确的?

A. 为避免诉讼拖延,二审法院可依职权直接改判

B. 二审法院可根据自愿原则进行调解,调解不成的裁定撤销原判决发回重审

C. 甲应列为本案的有独立请求权第三人

D. 甲应是本案的共同原告

59. 李某死后留下一套房屋和数十万存款,生前未立遗嘱。李某有三个女儿,并收养了一子。大女儿中年病故,留下一子。养子收入丰厚,却拒绝赡养李某。在两个女儿办理丧事期间,小女儿因交通事故意外身亡,留下一女。下列哪些选项是正确的?

A. 二女儿和小女儿之女均是第一顺序继承人

B. 大女儿之子对李某遗产的继承属于代位继承

C. 小女儿之女属于转继承人

D. 分配遗产时,养子应当不分或少分

60. 甲发现去年丢失的电动自行车被路人乙推行,便上前询问,乙称从朋友丙处购买,并出示了丙出具的付款收条。如甲想追回该自行车,可以提出下列哪些理由支持请求?

A. 甲丢失该自行车被丙拾得

B. 丙从甲处偷了该自行车

C. 乙明知道该自行车是丙从甲处偷来的仍然购买

D. 乙向丙支付的价格远远低于市场价

61. 枫蓝股份公司经营良好,但近几年没有给股东分配利润,持有公司2%股份的股东张某非常不满。现查明:枫蓝公司董事长郭某与和悦公司董事长黄某是夫妻,枫蓝公司与和悦公司存在巨额的业务往来,对和悦公司存在利益输送。张某要求监事会维护公司权益,监事会不置可否。关于张某的维权事宜,下列哪些说法是正确的?

A. 张某的维权诉讼,枫蓝公司应为第三人

B. 张某的维权诉讼,应以郭某和监事会为共同被告

C. 张某的维权诉讼,应以公司为被告

D. 张某的维权诉讼中,公司其他股东以相同诉讼请求申请参加诉讼的,应列为共同原告

62. 雀凰投资是有限合伙企业,从事私募股权投资活动。2017年3月,三江有限公司决定入伙雀凰投资,成为其有限合伙人。对此,下列哪些选项是错误的?

A. 如合伙协议无特别约定,则须经全体普通合伙人一致同意,三江公司才可成为新的有限合伙人

B. 对入伙前雀凰投资的对外负债,三江公司仅以实缴出资额为限承担责任

C. 三江公司入伙后,有权查阅雀凰投资的财务会计账簿

D. 如合伙协议无特别约定,则三江公司入伙后,原则上不得自营与雀凰投资相竞争的业务

63. 某汽车销售公司和4S店签订协议,以下哪些不属于垄断协议?

A. 4S店不得销售其他汽车公司全部类型的汽车

B. 4S店向消费者提供修车服务,固定价格为200元

C. 4S店代卖轮胎,价格不低于200元

D. 4S店提供升级服务,每项服务价格不高于200元

64. 汤某设宴为母祝寿,向成某借了一尊清代玉瓶装饰房间。毛某来祝寿时,看上了玉瓶,提出购买。汤某以30万元将玉瓶卖给了毛某,并要先付钱,寿典后15日内交付玉瓶。毛某依约履行,汤某以种种理由拒绝交付。毛某诉至甲县法院,要求汤某交付玉瓶,得到判决支持。汤某未上诉,判决生效。在该判决执行时,成某知晓了上述情况。对此,成某依法可采取哪些救济措施?

A. 以案外人身份向甲县法院直接申请再审

B. 向甲县法院提出执行异议

C. 向甲县法院提出第三人撤销之诉

D. 向甲县法院申诉,要求甲县法院依职权对案件启动再审

65. 关于商事登记,下列哪些说法是正确的?

A. 公司的分支机构应办理营业登记

B. 被吊销营业执照的企业即丧失主体资格

C. 企业改变经营范围应办理变更登记

D. 企业未经清算不能办理注销登记

66. 周某以6000元的价格向吴某出售一台电脑,双方约定五个月内付清货款,每月支付1200元,

在全部价款付清前电脑所有权不转移。合同生效后，周某将电脑交给吴某使用。其间，电脑出现故障，吴某将电脑交周某修理，但周某修好后以 6200 元的价格将该电脑出售并交付给不知情的王某。对此，下列哪些说法是正确的？

A. 王某可以取得该电脑所有权

B. 在吴某无力支付最后一个月的价款时，经催告后合理期限内不履行的，周某可行使取回权

C. 如吴某未支付到期货款达 1800 元，经催告后合理期限内不履行的，周某可要求其一次性支付剩余货款

D. 如吴某未支付到期货款达 1800 元，经催告后合理期限内不履行的，周某可要求解除合同，并要求吴某支付一定的电脑使用费

67. 甲参加乙旅行社组织的旅游活动。未经甲和其他旅游者同意，乙旅行社将本次业务转让给当地的丙旅行社。丙旅行社聘请丁公司提供大巴运输服务。途中，由于丁公司司机黄某酒后驾驶与迎面违章变道的个体运输户刘某货车相撞，造成甲受伤。甲的下列哪些请求能够获得法院的支持？

A. 请求丁公司和黄某承担连带赔偿责任

B. 请求黄某与刘某承担连带赔偿责任

C. 请求乙旅行社和丙旅行社承担连带赔偿责任

D. 请求刘某承担赔偿责任

68. A 市东区居民朱某（男）与 A 市西县刘某结婚，婚后双方住 A 市东区。一年后，公司安排刘某赴 A 市南县分公司工作。三年之后，因感情不和朱某向 A 市东区法院起诉离婚。东区法院受理后，发现刘某经常居住地在南县，其对该案无管辖权，遂裁定将案件移送南县法院。南县法院收到案件后，认为无管辖权，将案件移送刘某户籍所在地西县法院。西县法院收到案件后也认为无管辖权。关于本案的管辖问题，下列哪些说法是正确的？

A. 东区法院有管辖权

B. 南县法院有管辖权

C. 西县法院有管辖权

D. 西县法院认为自己没有管辖权，应当裁定移送有管辖权的法院

69. 关于法院与仲裁庭在审理案件有关权限的比较，下列哪些选项是正确的？

A. 在一定情况下，法院可以依职权收集证据，仲裁庭也可以自行收集证据

B. 对专门性问题需要鉴定的，法院可以指定鉴定部门鉴定，仲裁庭也可以指定鉴定部门鉴定

C. 当事人在诉讼中或仲裁中达成和解协议的，法院可以根据当事人的申请制作判决书，仲裁庭也可以根据当事人的申请制作裁决书

D. 当事人协议不愿写明争议事实和判（裁）决理由的，法院可以在判决书中不予写明，仲裁庭也可以在裁决书中不予写明

70. 关于有限责任公司股东名册制度，下列哪些表述是正确的？

A. 公司负有置备股东名册的法定义务

B. 股东名册须提交于公司登记机关

C. 股东可依据股东名册的记载，向公司主张行使股东权利

D. 就股东事项，股东名册记载与公司登记之间不一致时，以公司登记为准

71. 甲厂与工程师江某签订了保密协议。江某在劳动合同终止后应聘至同行业的乙厂，并帮助乙厂生产出与甲厂相同技术的发动机。甲厂认为保密义务理应包括竞业限制义务，江某不得到乙厂工作，乙厂和江某共同侵犯其商业秘密。关于此案，下列哪些选项是正确的？

A. 如保密协议只约定保密义务，未约定支付保密费，则保密义务无约束力

B. 如双方未明确约定江某负有竞业限制义务，则江某有权到乙厂工作

C. 如江某违反保密协议的要求，向乙厂披露甲厂的保密技术，则构成侵犯商业秘密

D. 如乙厂能证明其未利诱江某披露甲厂的保密技术，则不构成侵犯商业秘密

72. 下列哪些机构属于房地产中介服务机构？

A. 房地产咨询机构

B. 房地产经纪机构

C. 房地产职业培训机构

D. 房地产价格评估机构

73. 李某因追索工资与所在公司发生争议，遂向律师咨询。该律师提供的下列哪些意见是合法的？

A. 解决该争议既可与公司协商，也可申请调解，还可直接申请仲裁

B. 应向劳动者工资关系所在地的劳动争议仲裁委提出仲裁请求

C. 如追索工资的金额未超过当地月最低工资标准 12 个月金额，则仲裁裁决为终局裁决，用人单位不得再起诉

D. 即使追索工资的金额未超过当地月最低工资标准 12 个月金额，只要李某对仲裁裁决不服，仍可向法院起诉

74. 甲、乙两公司各自独立发明了相同的节水型洗衣机。甲公司于 2013 年 6 月申请发明专利权，专利局于 2014 年 12 月公布其申请文件，并于 2015 年 12 月授予发明专利权。乙公司于 2013 年 5 月开始销

售该种洗衣机。另查,本领域技术人员通过拆解分析该洗衣机,即可了解其节水的全部技术特征。丙公司于2014年12月看到甲公司的申请文件后,立即开始制造并销售相同的洗衣机。2016年1月,甲公司起诉乙、丙两公司侵犯其发明专利权。关于甲公司的诉请,下列哪些说法是正确的?

A. 如甲公司的专利有效,则丙公司于2014年12月至2015年11月使用甲公司的发明构成侵权

B. 如乙公司在答辩期内请求专利复审委员会宣告甲公司的专利权无效,则法院应中止诉讼

C. 乙公司如能证明自己在甲公司的专利申请日之前就已制造相同的洗衣机、且仅在原有制造能力范围内继续制造,则不构成侵权

D. 丙公司如能证明自己制造销售的洗衣机在技术上与乙公司于2013年5月开始销售的洗衣机完全相同,法院应认定丙公司的行为不侵权

75. 甲乙婚后育有一子小甲,小甲10岁时,甲乙离婚,小甲由乙抚养。后乙经常殴打小甲,并将小甲祖父赠与小甲的一只价值5万元的玉佩在赌博中输掉。对此,下列说法正确的是:

A. 甲可向法院申请撤销乙的监护资格

B. 乙应当对小甲进行赔偿

C. 小甲向乙主张损害赔偿的诉讼时效自年满18周岁时起算

D. 小甲主张抚养费的权利不受诉讼时效限制

76. 甲向乙借款,欲以轿车作担保。关于担保,下列哪些选项是正确的?

A. 甲可就该轿车设立质权

B. 甲可就该轿车设立抵押权

C. 就该轿车的质权自登记时设立

D. 就该轿车的抵押权自登记时设立

77. 李某花2000元购得某省M公司生产的苦茶一批,发现其备案标准并非苦茶的标准,且保质期仅为9个月,但产品包装上显示为18个月,遂要求该公司支付2万元的赔偿金。对此,下列哪些说法是正确的?

A. 李某的索赔请求于法有据

B. 茶叶的食品安全国家标准由国家卫健委制定、公布并提供标准编号

C. 没有苦茶的食品安全国家标准时,该省卫健委可制定地方标准,待国家标准制定后,酌情存废

D. 国家鼓励该公司就苦茶制定严于食品安全国家标准或地方标准的企业标准,在该公司适用,并报该省卫健委备案

78. 甲国公民A与乙国公民B的经常居住地均在中国,双方就在丙国境内发生的侵权纠纷在中国法院提起诉讼。关于该案的法律适用,下列哪些选项是正确的?

A. 如侵权行为发生后双方达成口头协议,就纠纷的法律适用做出了选择,应适用协议选择的法律

B. 如侵权行为发生后双方达成书面协议,就纠纷的法律适用做出了选择,应适用协议选择的法律

C. 如侵权行为发生后双方未选择纠纷适用的法律,应适用丙国法

D. 如侵权行为发生后双方未选择纠纷适用的法律,应适用中国法

79. 中国M公司向甲国T公司出售一批货物,双方约定采用DPU(国际贸易术语通则2020)规范当事人之间的合同。该批货物属于我国《出口管制法》中需要管制的货物。中国和甲国都是《联合国国际货物销售合同公约》的缔约国。根据相关国际法规则,下列哪些说法是正确的?

A. M公司有购买保险的义务

B. M公司应在运输终端交货

C. M公司应该确保所交付的货物没有第三人的权利

D. T公司在收到货物后不可以自行转卖给第三人

80. 李立与陈山就财产权属发生争议提起确权诉讼。案外人王强得知此事,提起诉讼主张该财产的部分产权,法院同意王强参加诉讼。诉讼中,李立经法院同意撤回起诉。关于该案,下列哪些选项是正确的?

A. 王强是有独立请求权的第三人

B. 王强是必要的共同诉讼人

C. 李立撤回起诉后,法院应裁定终结诉讼

D. 李立撤回起诉后,法院应以王强为原告、李立和陈山为被告另案处理,诉讼继续进行

81. 高某诉张某合同纠纷案,终审高某败诉。高某向检察院反映,其在一审中提交了偷录双方谈判过程的录音带,其中有张某承认货物存在严重质量问题的陈述,足以推翻原判,但法院从未组织质证。对此,检察院提起抗诉。关于再审程序中证据的表述,下列哪些选项是正确的?

A. 再审质证应当由高某、张某和检察院共同进行

B. 该录音带属于电子数据,高某应当提交证据原件进行质证

C. 虽然该录音带系高某偷录,但仍可作为质证对象

D. 如再审法院认定该录音带涉及商业秘密,应当依职权决定不公开质证

82. 王某向丁某借款100万元,后无力清偿,遂提出以自己所有的一幅古画抵债,双方约定第二天交付。对此,下列哪些说法是正确的?

A. 双方约定以古画抵债,等同于签订了另一份买卖合同,原借款合同失效,王某只能以交付古画履行债务

B. 双方交付古画的行为属于履行借款合同义务

C. 王某有权在交付古画前反悔,提出继续以现金偿付借款本息方式履行债务

D. 古画交付后,如果被鉴定为赝品,则王某应承担瑕疵担保责任

83． 乙女与甲男婚后多年未生育,后甲男发现乙女因不愿生育曾数次擅自中止妊娠,为此甲男多次殴打乙女。乙女在被打住院后诉至法院要求离婚并请求损害赔偿,甲男以生育权受侵害为由提起反诉,请求乙女赔偿其精神损害。法院经调解无效,拟判决双方离婚。下列哪些选项是正确的?

A. 法院应支持乙女的赔偿请求

B. 乙女侵害了甲男的生育权

C. 乙女侵害了甲男的人格尊严

D. 法院不应支持甲男的赔偿请求

84． 星煌公司是一家上市公司。现董事长吴某就星煌公司向坤诚公司的投资之事准备召开董事会。因公司资金比较紧张,且其中一名董事梁某的妻子又在坤诚公司任副董事长,有部分董事对此投资事宜表示异议。关于本案,下列哪些选项是正确的?

A. 梁某不应参加董事会表决

B. 吴某可代梁某在董事会上表决

C. 若参加董事会人数不足,则应提交股东会审议

D. 星煌公司不能投资于坤诚公司

85． 关于纳税人享有的权利,下列哪些选项是正确的?

A. 向税务机关了解税收法律规定和纳税程序

B. 申请减税、免税、退税

C. 对税务机关的决定不服时,提出申辩,申请行政复议

D. 合法权益因税务机关违法行政而受侵害时,请求国家赔偿

三、不定项选择题。每题所设选项中至少有一个正确答案,多选、少选、错选或不选均不得分。本部分含86-100题,每题2分,共30分。

86． 王琪琪在某网站中注册了昵称为"小玉儿"的博客账户,长期以"小玉儿"名义发博文。其中,署名"小玉儿"的《法内情》短文被该网站以写作水平不高为由删除;署名"小玉儿"的《法外情》短文被该网站添加了"作者:王琪琪"字样。关于该网站的行为,下列表述正确的是:

A. 删除《法内情》的行为没有侵犯王琪琪的发表权

B. 删除《法内情》的行为没有侵犯王琪琪的信息网络传播权

C. 添加字样的行为侵犯了王琪琪的署名权

D. 添加字样的行为侵犯了王琪琪的保护作品完整权

87． 甲国某航空公司在中国设有代表处,其一架飞机从中国境内出发,经停甲国后前往乙国,在乙国发生空难。关于乘客向航空公司索赔的诉讼管辖和法律适用,根据中国相关法律,下列表述正确的是:

A. 中国法院对该纠纷具有管辖权

B. 中国法律并不限制乙国法院对该纠纷行使管辖

C. 即使甲国法院受理了该纠纷,中国法院仍有权就同一诉讼行使管辖权

D. 如中国法院受理该纠纷,应适用受害人本国法确定损害赔偿数额

88． 杜某拖欠谢某100万元。谢某请求杜某以登记在其名下的房屋抵债时,杜某称其已把房屋作价90万元卖给赖某,房屋钥匙已交,但产权尚未过户。该房屋市值为120万元。关于谢某权利的保护,下列表述错误的是:

A. 谢某可请求法院撤销杜某、赖某的买卖合同

B. 因房屋尚未过户,杜某、赖某买卖合同无效

C. 如谢某能举证杜某、赖某构成恶意串通,则杜某、赖某买卖合同无效

D. 因房屋尚未过户,房屋仍属杜某所有,谢某有权直接取得房屋的所有权以实现其债权

89． 赵某从商店购买了一台甲公司生产的家用洗衣机,洗涤衣物时,该洗衣机因技术缺陷发生爆裂,叶轮飞出造成赵某严重人身损害并毁坏衣物。赵某的下列诉求正确的是:

A. 商店应承担更换洗衣机或退货、赔偿衣物损失和赔偿人身损害的违约责任

B. 商店应按违约责任更换洗衣机或者退货,也可请求甲公司按侵权责任赔偿衣物损失和人身损害

C. 商店或者甲公司应赔偿因洗衣机缺陷造成的损害

D. 商店或者甲公司应赔偿物质损害和精神损害

90． 某上市公司招股说明书中列明的募集资金用途是环保新技术研发。现公司董事会决议将募集资金用于购置办公大楼。对此,下列选项正确的是:

A. 未经股东大会决议批准,公司董事会不得实施此项购置计划

B. 如果股东大会决议不批准,公司董事会坚持此项购置计划,证券监督管理机构有权责令该公司改正

C. 证券监督管理机构有权对擅自改变募集资金

用途的该公司责任人员处以罚款

D. 在未经股东大会批准而实施了此项购置计划的情况下，该公司可以通过发行新股来解决环保新技术研发的资金需求

91. 甲是鼎泰公司股东，经公司过半数股东同意后于2018年3月和乙签署了股权转让合同，约定自2018年1月1日开始计算乙的股东收益。但是，鼎泰公司的股东名册及相关文件至2018年5月才变更完成。2018年4月，公司召开股东会决议向股东分红，但未分配给乙。下列说法正确的是：

A. 乙有权申请法院确认公司分红决议无效

B. 2018年4月决议作出后，鼎泰公司有权依据章程向甲分配利润

C. 2018年4月决议作出后，乙可以向鼎泰公司主张分红

D. 乙于2018年5月鼎泰公司办完变更手续后取得股权

92. 2012年12月，某公司对县税务局确定的企业所得税的应纳税所得额、应纳税额及在12月30日前缴清税款的要求极为不满，决定撤离该县，且不缴纳税款。县税务局得知后，责令该公司在12月15日前纳税。当该公司有转移生产设备的明显迹象时，县税务局责成其提供纳税担保。该公司取得的下列收入中，属于《企业所得税法》规定的应纳税收入的是：

A. 财政拨款　　　B. 销售产品收入

C. 专利转让收入　　D. 国债利息收入

93. 位于某省青山县的甲公司和该省白水县的乙公司订立水果买卖合同，甲公司付款后，乙公司迟迟不发货，甲公司担心乙公司的发货能力，于是向水果仓库所在地丰源县法院申请保全，法院采取相应保全措施后，甲公司向白水县法院提起诉讼。下列选项正确的是：

A. 甲公司应当提供担保

B. 丰源县法院应当冻结这批水果

C. 白水县法院受理案件后，丰源县法院应当将保全的财产一并移送白水县法院

D. 白水县法院受理案件后，应当将案件移送丰源县法院

（一）

B市的京发公司与T市的蓟门公司签订了一份海鲜买卖合同，约定交货地在T市，并同时约定"涉及本合同的争议，提交S仲裁委员会仲裁。"京发公司收货后，认为海鲜等级未达到合同约定，遂向S仲裁委员会提起解除合同的仲裁申请，仲裁委员会受理了该案。在仲裁规则确定的期限内，京发公司选定仲裁员李某作为本案仲裁庭的仲裁员，蓟门公司未选定仲

裁员，双方当事人也未共同选定第三名仲裁员，S仲裁委主任指定张某为本案仲裁庭仲裁员、刘某为本案首席仲裁员，李某、张某、刘某共同组成本案的仲裁庭，仲裁委向双方当事人送达了开庭通知。

开庭当日，蓟门公司未到庭，也未向仲裁庭说明未到庭的理由。仲裁庭对案件进行了审理并作出缺席裁决。在评议裁决结果时，李某和张某均认为蓟门公司存在严重违约行为，合同应解除，而刘某认为合同不应解除，拒绝在裁决书上签名。最终，裁决书上只有李某和张某的签名。

S仲裁委员会将裁决书向双方当事人进行送达时，蓟门公司拒绝签收，后蓟门公司向法院提出撤销仲裁裁决的申请。

根据上述事实，请回答94~96题。

94. 关于本案中仲裁庭组成，下列说法正确的是：

A. 京发公司有权选定李某为本案仲裁员

B. 仲裁委主任有权指定张某为本案仲裁员

C. 仲裁委主任有权指定刘某为首席仲裁员

D. 本案仲裁庭的组成合法

95. 关于本案的裁决书，下列表述正确的是：

A. 裁决书应根据仲裁庭中的多数意见，支持京发公司的请求

B. 裁决书应根据首席仲裁员的意见，驳回京发公司的请求

C. 裁决书可支持京发公司的请求，但必须有首席仲裁员的签名

D. 无论蓟门公司是否签收，裁决书自作出之日起生效

96. 关于蓟门公司撤销仲裁裁决的申请，下列表述正确的是：

A. 蓟门公司应向S仲裁委所在地中院提出申请

B. 法院应适用普通程序审理该撤销申请

C. 法院可以适用法律错误为由撤销S仲裁委的裁决

D. 法院应以缺席裁决违反法定程序为由撤销S仲裁委的裁决

97. 高崎、田一、丁福三人共同出资200万元，于2011年4月设立"高田丁科技投资中心（普通合伙）"，从事软件科技的开发与投资。其中高崎出资160万元，田、丁分别出资20万元，由高崎担任合伙事务执行人。2012年6月，丁福为向钟冉借钱，作为担保方式，而将自己的合伙财产份额出质给钟冉。下列说法正确的是：

A. 就该出质行为，高、田二人均享有一票否决权

B. 该合伙财产份额质权，须经合伙协议记载与工商登记才能生效

C. 在丁福伪称已获高、田二人同意，而钟冉又是

善意时,钟冉善意取得该质权

D. 在丁福未履行还款义务,如钟冉享有质权并主张以拍卖方式实现时,高、田二人享有优先购买权

(二)

甲有一块价值一万元的玉石。甲与乙订立了买卖该玉石的合同,约定价金 11000 元。由于乙没有带钱,甲未将该玉石交付与乙,约定三日后乙到甲的住处付钱取玉石。随后甲又向乙提出,再借用玉石把玩几天,乙表示同意。隔天,知情的丙找到甲,提出愿以 12000 元购买该玉石,甲同意并当场将玉石交给丙。丙在回家路上遇到债主丁,向丙催要 9000 元欠款甚急,丙无奈,将玉石交付与丁抵偿债务。后丁将玉石丢失被戊拾得,戊将其转卖给己。根据上述事实,请回答 98~100 题。

98. 关于乙对该玉石所有权的取得和交付的表述,下列选项正确的是:

A. 甲、乙的买卖合同生效时,乙直接取得该玉石的所有权

B. 甲、乙的借用约定生效时,乙取得该玉石的所有权

C. 由于甲未将玉石交付给乙,所以乙一直未取

得该玉石的所有权

D. 甲通过占有改定的方式将玉石交付给了乙

99. 关于丙、丁对该玉石所有权的取得问题,下列说法正确的是:

A. 甲将玉石交付给丙时,丙取得该玉石的所有权

B. 甲、丙的买卖合同成立时,丙取得该玉石的所有权

C. 丙将玉石交给丁时,丁取得该玉石的所有权

D. 丁不能取得该玉石的所有权

100. 关于该玉石的返还问题,下列说法正确的是:

A. 戊已取得了该玉石的所有权,原所有权人无权请求返还该玉石

B. 该玉石的真正所有权人请求己返还该玉石不受时间限制

C. 该玉石的真正所有权人可以在戊与己的转让行为生效之日起两年内请求己返还该玉石

D. 该玉石的真正所有权人可以在知道或者应当知道该玉石的受让人己之日起两年内请求己返还该玉石

试 卷 一

解 析

一、单项选择题

1. 司法赔偿义务机关[D]

[解析]《国家赔偿法》第21条第4款规定："再审改判无罪的，作出原生效判决的人民法院为赔偿义务机关。二审改判无罪，以及二审发回重审后作无罪处理的，作出一审有罪判决的人民法院为赔偿义务机关。"司法赔偿义务机关的确定采取后置原则，故本题的赔偿义务机关为法院。注意，这里的"二审发回重审后作无罪处理的"情形包括：（1）一审法院重审后改判无罪；（2）二审发回重审，重审期间检察院撤回起诉，并作出不起诉决定或撤销案件。本案中，甲市中级法院裁定将案件发回丙区法院重新审理，重审期间丙区检察院撤回起诉并作出不起诉决定，符合上述法条规定，应以丙区法院为赔偿义务机关。故D项正确。

2. 中止审理；延期审理[C]

[解析]《刑事诉讼法》第206条第1款规定："在审判过程中，有下列情形之一，致使案件在较长时间内无法继续审理的，可以中止审理：（一）被告人患有严重疾病，无法出庭的……"故C项属于中止审理的情形，当选。

《刑事诉讼法》第204条规定："在法庭审判过程中，遇有下列情形之一，影响审判进行的，可以延期审理：（一）需要通知新的证人到庭，调取新的物证，重新鉴定或者勘验的；（二）检察人员发现提起公诉的案件需要补充侦查，提出建议的；（三）由于申请回避而不能进行审判的。"故A、B、D项都属于延期审理的情形，不当选。

3. 单位犯罪案件诉讼程序；庭前会议；拒绝辩护；被告人的最后陈述权[C]

[解析]《刑诉解释》第338条规定，被告单位的诉讼代表人享有刑事诉讼法规定的有关被告人的诉讼权利。《刑诉解释》第230条第2、3款规定："召开庭前会议应当通知公诉人、辩护人到场。庭前会议准备就非法证据排除了解情况、听取意见，或者准备询问控辩双方对证据材料的意见的，应当通知被告人到场。有多名被告人的案件，可以根据情况确定参加庭前会议的被告人。"故A项错误。

《刑诉解释》第337条规定："开庭审理单位犯罪案件，应当通知被告单位的诉讼代表人出庭；诉讼代表人不符合前条规定的，应当要求人民检察院另行确定。被告单位的诉讼代表人不出庭的，应当按照下列情形分别处理：（一）诉讼代表人系被告单位的法定代表人、实际控制人或者主要负责人，无正当理由拒不出庭的，可以拘传其到庭；因客观原因无法出庭，或者下落不明的，应当要求人民检察院另行确定诉讼代表人；（二）诉讼代表人系其他人员的，应当要求人民检察院另行确定诉讼代表人。"本题中，齐某不是银行的法定代表人或者主要负责人，而是其他人员，故对其不得拘传到庭。故B项错误。

《刑诉解释》第311条第2款规定，被告人当庭拒绝辩护人辩护，要求另行委托辩护人或者指派律师的，合议庭应当准许。被告人拒绝辩护人辩护后，没有辩护人的，应当宣布休庭；仍有辩护人的，庭审可以继续进行。故C项正确。

《刑事诉讼法》第198条第3款规定，审判长在宣布辩论终结后，被告人有最后陈述的权利。《刑诉解释》第338条规定，被告单位的诉讼代表人享有刑事诉讼法规定的有关被告人的诉讼权利。故D项错误。

4. 非法行医罪与相关犯罪的界限[A]

[解析]非法行医罪的主体是"未取得医生执业资格的人"，既包括未取得执业医师资格的人，也包括取得了执业医生资格但没有取得医师执业证书的人。本案中，医生甲退休后便失去医师执业证书，其擅自为他人看病的行为成立非法行医罪。《关于审理非法行医刑事案件具体应用法律若干问题的解释》第4条第1款规定，非法行医行为系造成就诊人死亡的直接、主要原因的，应认定为《刑法》第336条第1款规定的"造成就诊人死亡"。非法行医行为本身过失导致就诊人死亡的，属于非法行医罪的结果加重犯。故A项正确，B、C、D项错误。

5. 制作、复制、贩卖、传播淫秽物品牟利罪；传播淫秽物品罪[C]

[解析]制作、复制、贩卖、传播淫秽物品牟利罪要求主观上具有牟利目的。孙某的制作、复制、贩卖行为有牟利目的，构成制作、复制、贩卖淫秽物品牟利罪。孙某的传播行为是将淫秽光盘借给许多人观看，

没有牟利目的,因此不构成传播淫秽物品牟利罪,但是构成传播淫秽物品罪,该罪不要求牟利目的。故 C 项当选。**【总结提示】**(1)走私淫秽物品罪(《刑法》第 152 条第 1 款),要求具有牟利或者传播的目的(间接目的)。(2)传播淫秽物品牟利罪(《刑法》第 363 条第 1 款),要求有传播目的(直接目的);同时,要求有牟利目的(间接目的)。(3)传播淫秽物品罪(《刑法》第 364 条第 1 款),要求有传播目的(直接目的);不要求有牟利目的。

6．法官职业道德;司法中立[D]

[解析]《法官职业道德基本准则》第 13 条规定:"自觉遵守司法回避制度,审理案件保持中立公正的立场,平等对待当事人和其他诉讼参与人,不偏袒或歧视任何一方当事人,不私自单独会见当事人及其代理人、辩护人。"张法官与所承办案件当事人的代理律师系某业务培训班同学,属于法律规定的回避的情形,张法官的行为符合司法公正的具体要求。故 A、B、C 项不当选,D 项当选。

7．外交人员的特权和豁免[B]

[解析]《维也纳外交关系公约》规定,使(领)馆馆长、武官、特别使团、不具有派遣国国籍的人员须经接受国同意方能派遣。故 A 项错误。

外交人员享有完全刑事豁免权,接受国不得对其进行刑事审判和处罚。外交人员包括馆长、武官、参赞、外交秘书和随员,约翰是二秘,属于外交人员,享有完全刑事豁免权。故 B 项正确。

使馆人员包括外交人员、行政技术人员和服务人员。行政技术人员包括译员、工程师、行政主管、会计等。玛丽属于行政技术人员,不是接受国国民且不属于接受国永久居留者,享有外交人员的一般特权与豁免,但有一些限制。故 C 项错误。

若外交人员死亡,其家属继续享有相关特权与豁免,直至其离境或给予离境的合理期间结束时为止。故 D 项错误。

8．司法解释的时间效力[B]

[解析]《关于适用刑事司法解释时间效力问题的规定》规定:(1)司法解释是最高人民法院和最高人民检察院对具体应用法律问题所作的具有法律效力的解释,效力适用于法律的施行期间。(2)对于司法解释实施前发生的行为,行为时没有相关司法解释,司法解释施行后尚未处理或者正在处理的案件,依照司法解释的规定办理。(3)对于新的司法解释实施前发生的行为,行为时已有相关司法解释,依照行为时的司法解释办理,但适用新的司法解释对犯罪嫌疑人、被告人有利的,适用新的司法解释。(4)对于在司法解释施行前已办结的案件,按照当时的法律和司法解释,认定事实和适用法律没有错误的,不再变动。

由此可知,司法解释只是对刑法条文的说明,其时间效力也与刑法不完全一样,并不是必须适用从旧兼从轻原则。故 A 项错误。根据上述(2)可知,B 项正确。根据上述(3)可知,此时应适用从旧兼从轻原则。故 C 项错误。就时间效力问题的案件,都是对未审结的案件而言的。故 D 项错误。

9．监狱在刑事诉讼中的职权;暂予监外执行的程序;减刑的程序[D]

[解析]《监察法》第 11 条第 2 项规定,监察委员会依法对涉嫌贪污贿赂、滥用职权、玩忽职守、权力寻租、利益输送、徇私舞弊以及浪费国家资财等职务违法和职务犯罪进行调查。A 项中,监狱监管人员指使被监管人体罚虐待其他被监管人的犯罪属于国家机关工作人员的职务犯罪,应由监察委员会立案调查,监狱无管辖权。故 A 项错误。

对罪犯在监狱内犯罪的案件,由监狱进行侦查。罪犯被发现判决时所没有发现的罪行,则由有管辖权的机关侦查。故 B 项错误。

《刑事诉讼法》第 265 条第 5 款规定:"在交付执行前,暂予监外执行由交付执行的人民法院决定;在交付执行后,暂予监外执行由监狱或者看守所提出书面意见,报省级以上监狱管理机关或者设区的市一级以上公安机关批准。"因此,一般而言,被判处有期徒刑罪犯的暂予监外执行由监狱提出书面意见,报省级以上监狱管理部门批准,亦可能由法院决定。但是,如果有期徒刑余刑在 3 个月以下,刑罚由看守所代为执行,此时,暂予监外执行则应由看守所提出书面意见,报设区的市一级以上的公安机关批准。故 C 项错误。

《刑事诉讼法》第 273 条第 2 款规定:"被判处管制、拘役、有期徒刑或者无期徒刑的罪犯,在执行期间确有悔改或者立功表现,应当依法予以减刑、假释的时候,由执行机关提出建议书,报请人民法院审核裁定,并将建议书副本抄送人民检察院。人民检察院可以向人民法院提出书面意见。"故 D 项正确。

10．行政诉讼的当事人、管辖和审理裁判对象[C]

[解析]《行政诉讼法解释》第 134 条第 1 款规定:"复议机关决定维持原行政行为的,作出原行政行为的行政机关和复议机关是共同被告。原告只起诉作出原行政行为的行政机关或者复议机关的,人民法院应当告知原告追加被告。原告不同意追加的,人民法院应当将另一机关列为共同被告。"本题属于复议机关区政府维持原处罚决定的情况,区政府和区卫计局应为共同被告。如董某只起诉区卫计局,法院应告知董某追加区政府为共同被告。故 A 项错误。

《行政诉讼法解释》第 134 条第 3 款规定:"复议机关作共同被告的案件,以作出原行政行为的行政机关确定案件的级别管辖。"因此,本案应以区卫计局确定案件的级别管辖。故 B 项错误。

《行政诉讼法》第 18 条第 1 款规定:"行政案件由最初作出行政行为的行政机关所在地人民法院管辖。经复议的案件,也可以由复议机关所在地人民法院管辖。"区卫计局所在地的法院是最初作出行政行为的行政机关所在地人民法院,该地法院具有管辖权。故 C 项正确。

《行政诉讼法解释》第 135 条第 1 款规定:"复议机关决定维持原行政行为的,人民法院应当在审查原行政行为合法性的同时,一并审查复议决定的合法性。"该解释第 136 条第 1 款规定:"人民法院对原行政行为作出判决的同时,应当对复议决定一并作出相应判决。"法院既要对复议决定进行合法性审查,同时也要作出裁判。故 D 项错误。

11. 公务员的处分[D]

[解析]《公务员法》第 64 条规定:"公务员在受处分期间不得晋升职务、职级和级别,其中受记过、记大过、降级、撤职处分的,不得晋升工资档次。受处分的期间为:警告,6 个月;记过,12 个月;记大过,18 个月;降级、撤职,24 个月。受撤职处分的,按照规定降低级别。"由此可见,A 项中张某受记过处分,不得晋升工资档次,故 A 项错误。C 项中童某受记大过处分,处分期间应为 18 个月,故 C 项错误。

《公务员法》第 65 条规定:"公务员受开除以外的处分,在受处分期间有悔改表现,并且没有再发生违纪违法行为的,处分期满后自动解除。解除处分后,晋升工资档次、级别和职务、职级不再受原处分的影响。但是,解除降级、撤职处分的,不视为恢复原级别、原职务、原职级。"据此,B 项中孙某被解除撤职处分后,不视为恢复原级别、原职务、原职级,故 B 项错误。

根据《公职人员政务处分法》第 11 条规定,公职人员有下列情形之一的,可以从轻或者减轻给予政务处分:(1)主动交代本人应当受到政务处分的违法行为的;(2)配合调查,如实说明本人违法事实的;(3)检举他人违纪违法行为,经查证属实的;(4)主动采取措施,有效避免、挽回损失或者消除不良影响的;(5)在共同违法行为中起次要或者辅助作用的;(6)主动上交或者退赔违法所得的;(7)法律、法规规定的其他从轻或者减轻情节。故 D 项正确。

12. 法的价值冲突[D]

[解析] A 项涉及自由与秩序的关系:(1)秩序是法律的基础价值,是其他价值的基础;(2)自由是法律的最高价值,位于顶端。故 A 项错误。

B 项涉及法的价值冲突的解决原则。新大纲中取消了个案平衡原则,价值冲突的解决原则只有两个:(1)价值位阶原则。这个原则是指:在不考虑具体案件的情境下,法的各个价值之间的优先性关系。该原则的判断技巧是按照法律规定处理。具体在本案中,秦某的"自由"行为扰乱了社会"秩序",是"为法律所明文禁止"的,法院依法认为他应承担法律责任。因此,法院运用的是价值位阶原则。故 B 项错误。(2)个案中的比例原则。这个原则是指:与其他法的价值相比较,哪一个法的价值在具体案件的情境下更具有优先性或分量。该原则的判断技巧是,在具体案件中,对法律所保护的价值进行调整,选择伤害最小的方案,以便实现个案正义。本案并没有在法律之外进行价值比较、权衡,不属于"个案中的比例原则"。

C 项涉及小前提(事实判断)与大前提(法律判断)的分类。小前提和大前提只能作出"相对"区分,二者并不是截然分开的。也就是说,没有绝对的"事实"判断,也没有绝对的"法律"判断,二者是糅合在一起的。故 C 项错误。

人权指人作为人应当享有的权利,属于一种道德权利。为了让人们更好地享有人权,人权应当法律化。言论自由明确规定于我国宪法中,也属于法律权利的一种。故 D 项正确。

13. 宪法的修改;宪法的历史发展[D]

[解析] 1954 年宪法对我国宪法修改制度从两个方面作了规定:(1)规定了宪法修改的机关是全国人民代表大会;(2)规定了宪法修改的通过程序,明确规定了宪法的修改由全国人民代表大会全体代表的 2/3 的多数通过。宪法修改的提案主体在 1982 年宪法中才明确规定,1954 年宪法没有规定。故 A 项错误。

1982 年宪法是对 1978 年宪法的全面修改。我国宪法共经过了三次全面修改:第一次全面修改是对 1954 年宪法的修改,通过并颁布了 1975 年宪法;第二次全面修改是对 1975 年宪法的修改,通过了 1978 年宪法;第三次全面修改是对 1978 年宪法的修改,通过了 1982 年宪法。故 B 项错误。

我国现行宪法总共进行了 1988 年、1993 年、1999 年、2004 年和 2018 年五次修改,通过了共 52 条宪法修正案。故 C 项错误。

2004 年《宪法修正案》第 24 条规定:"宪法第三十三条增加一款,作为第三款:'国家尊重和保障人权。'第三款相应地改为第四款。"故 D 项正确。

14. 事实认识错误[A]

[解析] 甲为诈骗而拨打电话的行为属于预备行为,针对接电话的丙实施的欺骗行为才是实行行为,此时甲误将丙当作乙进行欺骗,属于具体事实认识错误中的对象错误,无论按照法定符合说还是具体符合说,都成立诈骗罪既遂。故 A 项正确。

甲意图杀乙,但由于行为偏差,将旁边的丙杀死,属于具体事实认识错误中的方法错误（打击错误）：按照法定符合说，对乙成立故意杀人罪未遂，对丙成立故意杀人罪既遂；按照具体符合说，对乙成立故意杀人罪未遂，对丙成立过失致人死亡罪。故 B 项错误。

事前的故意属于因果关系错误中的一种情形，而因果关系错误的前提是实行行为与实害结果之间具有因果关系。由于因果发展进程不属于故意的认识内容，故因果关系的认识错误不影响故意犯罪的判断，按照故意犯罪既遂处理。因此，抽象的事实认识错误中不存在因果关系错误的判断。故 C 项错误。

甲教唆乙杀吴某，但乙误将王某当作吴某杀害，乙属于具体事实认识错误中的对象错误；但对于甲而言，甲没有对象的认识错误，而是由于乙的行为导致了最后侵犯的结果与甲期望的结果不一样，属于方法错误。故 D 项错误。

15．辩护人的权利［D］

［解析］《最高人民法院、最高人民检察院、公安部、国家安全部、司法部关于依法保障律师执业权利的规定》第 7 条第 4 款规定，辩护律师可以带 1 名律师助理协助会见。故 A 项错误。

《最高人民法院、最高人民检察院、公安部、国家安全部、司法部关于依法保障律师执业权利的规定》第 13 条规定："看守所应当及时传递辩护律师同犯罪嫌疑人、被告人的往来信件。看守所可以对信件进行必要的检查，但不得截留、复制、删改信件，不得向办案机关提供信件内容，但信件内容涉及危害国家安全、公共安全、严重危害他人人身安全以及涉嫌串供、毁灭证据等情形的除外。"B 项的表述有例外情形，故B 项错误。

《最高人民法院、最高人民检察院、公安部、国家安全部、司法部关于依法保障律师执业权利的规定》第 18 条规定："辩护律师申请人民检察院、人民法院收集、调取证据的，人民检察院、人民法院应当在三日以内作出是否同意的决定，并通知辩护律师。辩护律师书面提出有关申请时，办案机关不同意的，应当书面说明理由；辩护律师口头提出申请的，办案机关可以口头答复。"因此，只有律师书面提出申请的，办案机关才应当书面说明不同意的理由。故 C 项错误。

《最高人民法院、最高人民检察院、公安部、国家安全部、司法部关于依法保障律师执业权利的规定》第 35 条规定："辩护律师作无罪辩护的，可以当庭就量刑问题发表辩护意见，也可以庭后提交量刑辩护意见。"故 D 项正确。

16．司法与司法制度基本理论［D］

［解析］司法具有普遍性特征，可以解决其他机关所不能解决的一切纠纷，司法管辖的范围是包括外国人在内的所有人，是管辖范围最广泛的审判机关，

任何人都有发动资格向法院申请对某一纠纷作出决定，判予法律所规定的权利。因此，在现代社会，司法构成社会纠纷解决体系中最普通的方式，法院已成为最主要的纠纷解决主体。故 A 项正确，不当选。

法律相对于它所调整的社会关系具有滞后性，法官在司法过程中不应机械性地适用法律，而应根据社会生活的变化，对法律进行阐释。法官在裁判中对解释法律与行使自由裁量权的合理、准确，无疑也是消减不确定性的主要途径。因此，法官自由裁量应力求达到合法与合理高度统一才可能减少法律适用过程中的不确定性，防止司法擅断与专横。故 B 项正确，不当选。

诉讼费用有助于提高司法的效率，防止滥诉现象的出现。诉讼费用的合理分担，同样有助于提高司法的效率。如在民事诉讼和行政诉讼中，应当实行"败诉方承担为主，受益方承担为辅"的收费原则就是考虑到诉讼的发起是在原告，一定的费用有助于原告深思熟虑后再发起诉讼，有助于节约司法成本，提高司法效率。故 C 项正确，不当选。

现代法治社会，司法机关特别是最高人民法院参与公共政策的制定，表现了司法权在国家权力配置与运作中的角色与定位。我国人民法院公共政策形成的司法功能，主要表现在司法对法律与政策没有规范的问题的妥善处理，符合法律与政策精神，符合社会公众的一般愿望，促进裁判结果发动相关法律、政策的逐步形成。这是司法功能的体现，并非权力越位。故 D 项错误，当选。

17．罪刑相适应原则［C］

［解析］罪刑相适应原则是刑法基本原则之一。其具体要求是，刑罚既要与犯罪性质相适应，又要与犯罪情节相适应，还要与犯罪人的人身危险性相适应。罪刑相适应原则是公平正义理念在刑法领域的具体体现，二者都要求在法律实施中坚持以事实为根据、以法律为准绳。公平正义需要兼顾法理与情理，罪刑相适应原则同样需要兼顾罪刑均衡与刑罚个别化，二者相互吻合，并不矛盾。故 A、B、D 项正确，均不当选。

《刑法》第 63 条第 2 款规定，没有法定减轻处罚情节，但根据案情需要减轻处罚的，必须报请最高人民法院核准，才能减刑。最高人民法院授权下级人民法院随意适用减轻处罚规定的做法，背离法律精神、违背公平正义与罪刑相适应原则。故 C 项错误，当选。

18．骗取贷款罪；违法发放贷款罪［D］

［解析］贷款诈骗罪要求具有非法占有的目的，在本案中，甲贷款时并没有非法占有的目的，只是因为经营不善而不能归还本息。因此，甲不构成贷款诈骗罪。故 A 项错误。虽然甲使用他人身份证冒名贷

款，但其是受信用社主任乙指使而为，并无欺骗乙的行为与故意。而乙也了解真实情况，故甲不属于以欺骗手段取得信用社的贷款，不构成骗取贷款罪。违法发放贷款罪是指银行或者其他金融机构的工作人员违反国家规定发放贷款，数额巨大或者造成重大损失的行为。乙告知甲多借几个身份证可以多贷，并最终导致信用社遭受严重损失，构成违法发放贷款罪。故B、C项错误，D项正确。

19. 羁押必要性审查[C]

[解析]《高检规则》第575条规定，无论侦查、审查起诉还是审判阶段，羁押必要性审查均由检察院负责捕诉的部门负责办理。故A项错误。

《高检规则》第577条规定："人民检察院可以采取以下方式进行羁押必要性审查：（一）审查犯罪嫌疑人、被告人不需要继续羁押的理由和证明材料；（二）听取犯罪嫌疑人、被告人及其法定代理人、辩护人的意见；（三）听取被害人及其法定代理人、诉讼代理人的意见，了解是否达成和解协议；（四）听取办案机关的意见；（五）调查核实犯罪嫌疑人、被告人的身体健康状况；（六）需要采取的其他方式。必要时，可以依照有关规定进行公开审查。"据此，人民检察院进行羁押必要性审查原则上不公开进行，只有在必要时可以才可以进行公开审查，并且本题案件涉嫌猥亵儿童，关乎个人隐私，所以不应公开审查。故B项错误。

《高检规则》第574条第1款规定："人民检察院在办案过程中可以依职权主动进行羁押必要性审查。"故C项正确。

《高检规则》第580条规定："人民检察院发现犯罪嫌疑人、被告人具有下列情形之一，且具有悔罪表现，不予羁押不致发生社会危险性的，可以向办案机关提出释放或者变更强制措施的建议：……（十二）可能被判处一年以下有期徒刑或者宣告缓刑的；……"据此，检察院只能"建议"而不能"要求"法院变更强制措施。故D项错误。

20. 涉外刑事案件程序[C]

[解析]《刑诉解释》第477条规定，外国人的国籍，根据其入境时持用的有效证件确认；国籍不明的，根据公安机关或者有关国家驻华使领馆出具的证明确认。国籍无法查明的，以无国籍人对待，适用本章有关规定，在裁判文书中写明"国籍不明"。所以，外国人和无国籍人均适用涉外刑事案件审理程序。故A项错误。

《刑诉解释》第483条第1款规定："人民法院审理涉外刑事案件，应当公开进行，但依法不应公开审理的除外。"由此可知，涉外刑事案件的审判也是以公开审理为原则，不公开审理为例外。故B项错误。

《刑诉解释》第495条规定："人民法院向在中华人民共和国领域外居住的当事人送达刑事诉讼文书，可以采用下列方式：（一）根据受送达人所在国与中华人民共和国缔结或者共同参加的国际条约规定的方式送达；（二）通过外交途径送达；（三）对中国籍当事人，所在国法律允许或者经所在国同意的，可以委托我国驻受送达人所在国的使领馆代为送达；（四）当事人是自诉案件的自诉人或者附带民事诉讼原告人的，可以向有权代其接受送达的诉讼代理人送达；（五）当事人是外国单位的，可以向其在中华人民共和国领域内设立的代表机构或者有权接受送达的分支机构、业务代办人送达；（六）受送达人所在国法律允许的，可以邮寄送达；自邮寄之日起满三个月，送达回证未退回，但根据各种情况足以认定已经送达的，视为送达；（七）受送达人所在国法律允许的，可以采用传真、电子邮件等能够确认受送达人收悉的方式送达。"故C项正确。

《刑诉解释》第496条第2款规定："外国法院通过外交途径请求人民法院送达刑事诉讼文书的，由该国驻华使馆将法律文书交我国外交部主管部门转最高人民法院。最高人民法院审核后认为属于人民法院职权范围，且可以代为送达的，应当转有关人民法院办理。"故D项错误。

21. 被告错误的处理[C]

[解析]依据《行政强制法》第22条规定："查封、扣押应当由法律、法规规定的行政机关实施，其他任何行政机关或者组织不得实施。"而法律并未授予派出所查封的权力，因此派出所扣押高某的拖拉机属于越权行为。《行政诉讼法解释》第20条第2、3款规定："法律、法规或者规章授权行使行政职权的行政机关内设机构、派出机构或者其他组织，超出法定授权范围实施行政行为，当事人不服提起诉讼的，应当以实施该行为的机构或者组织为被告。没有法律、法规或者规章规定，行政机关授权其内设机构、派出机构或者其他组织行使行政职权的，属于行政诉讼法第二十六条规定的委托。当事人不服提起诉讼的，应当以该行政机关为被告。"据此，对派出机构幅度越权的，以派出机构为被告；派出机构种类越权的，以所属行政机关为被告。本题中，派出所没有扣押权，其实施扣押权的行为属于种类越权，当事人不服提起诉讼的，应当以该派出所所属行政机关即县公安局为被告。因此，高某以派出所为被告提起诉讼，属于被告不适格。

《行政诉讼法解释》第26条第1款规定："原告所起诉的被告不适格，人民法院应当告知原告变更被告；原告不同意变更的，裁定驳回起诉。"据此，若高某不同意变更被告的，法院应裁定驳回起诉。故本题C项正确。

22. 执法的含义；法与道德[B]

[解析]本段文字引自春秋时期左丘明的《子产

论政宽猛》,其中子产所述的大意是:我死以后,您必定主政。只有道德高尚的人能够用宽厚的政策使民众服从,其次的政策没有比刚猛更有效的了。比如烈火,民众望见就害怕它,所以很少有死在其中的。水柔弱,民众轻视而忽视它,就会有很多死在其中的。所以宽厚的政策更难实施。对此,需要结合中国特色社会主义法治理论分析理解。

执法必须严格是正确的,但是严格并不代表不能搞人文情怀。恰恰相反,执法可以根据具体情况采取具体对策,体现人文情怀。故 A 选项错误。

执法应当做到宽严相济,在法律范围内,当严则严,当宽则宽,做到宽与严的有机统一。我国当前的刑事政策正是宽严相济。故 B 选项正确,C 选项错误。

建设法治国家需要坚持依法治国和以德治国相结合。当代社会,最重要的调控手段就是法律,但法律不是万能的,还需要道德等其他调控手段的治理。同样,仅仅依靠道德治理,也是绝对不可以的。故 D 选项错误。

23.中央军事委员会[D]

[解析]《宪法》第 93、94 条规定,中央军事委员会实行主席负责制。中央军事委员会每届任期同全国人民代表大会每届任期相同。中央军事委员会主席对全国人民代表大会和全国人民代表大会常务委员会负责。故 A、B、C 项正确。

《宪法》第 62、67 条规定,中央军委副主席由全国人大根据中央军委主席的提名,决定产生;在全国人大闭会期间,由全国人大常委会根据中央军委主席的提名,决定产生。故 D 项错误。

24.《中华民国临时约法》的特征、内容、地位[C]

[解析] 辛亥革命胜利后,中华民国南京临时政府于 1912 年 3 月由孙中山颁布了《中华民国临时约法》,它是中国历史上唯一的一部具有资产阶级共和国性质的宪法性文件,但不属于正式颁布的宪法。辛亥革命后第一部正式颁布的宪法是 1923 年 10 月 10 日由北洋政府公布的《中华民国宪法》。故 A 项错误,C 项正确。

在政治体制和组织原则上,《临时约法》采用的是责任内阁制,规定了临时大总统、副总统和国务院行使行政权力,参议院是立法机关,法院是司法机关。故 B 项错误。

《临时约法》肯定了资产阶级民主共和国的政治体制和组织原则,确立了行政、立法和司法三种权力分立的原则,并非五权分离。故 D 项错误。

25.取得型财产犯罪的既遂标准[B]

[解析] 所有取得型财产犯罪(盗窃罪、敲诈勒索罪、诈骗罪等),都要求具有非法占有目的,其既遂标准为:取得控制财物,也即建立了对财物的占有。

盗窃机动车,行为人只要发动车辆驶离原地,就视为其已经取得控制了车辆,构成既遂。盗窃行为是否被他人监视,不直接影响盗窃罪的既遂、未遂的认定,因为监视只是看到,不等于物理控制,因此甲构成盗窃罪既遂。故 A 项错误。

乙敲诈勒索秦某,虽然秦某按照要求将现金放入指定地点,但最终乙没有取得财物,故不构成犯罪既遂,只能是犯罪未遂。故 B 项正确。【特别提醒】秦某的财产损失与乙的敲诈勒索行为有因果关系,但这并不意味着乙构成犯罪既遂。

丙在网上销售假酒,程某购买并向支付平台支付了货款,但该货款并未打入丙的账户,也即丙并未实际取得该笔货款,因此不构成诈骗罪既遂,而是未遂。故 C 项错误。

入户盗窃的既遂标准是拿走财物离开住宅。这样,行为人才能真正取得控制财物,建立对财物的占有。本题中,丁拿着财物未能出曹某的家门,只能构成犯罪未遂。故 D 项错误。【关联对比】(1)在街道、火车、商场等公共场所扒窃,将财物装进口袋就构成既遂(原因:普通公民无搜身权,装入口袋即视为取得控制财物)。(2)保姆、客人在主人家里盗窃,将财物装进口袋就构成既遂(原因:主人不能对保姆、客人搜身)。

26.共同犯罪;故意杀人罪;绑架罪;刑事责任年龄[C]

[解析]《刑法》第 17 条第 1、2 款规定:"已满 16 周岁的人犯罪,应当负刑事责任。已满 14 周岁不满 16 周岁的人,犯故意杀人、故意伤害致人重伤或者死亡、强奸、抢劫、贩卖毒品、放火、爆炸、投放危险物质罪的,应当负刑事责任。"甲和乙基于共同的犯罪故意相互配合,共同实施了绑架并杀害丙的犯罪行为,构成共同犯罪。其中乙已满 16 周岁,其绑架并杀害丙的行为应以绑架罪论处。甲已满 14 周岁未满 16 周岁,其绑架并杀害丙的行为不能以绑架罪论处,而只能认定为故意杀人罪。甲和乙在故意杀人罪的范围内成立共同犯罪。乙虽未直接实施杀害丙的行为,但根据共同犯罪的理论,部分行为全部责任,乙应当对共犯甲的共同犯罪行为负责,应当对其适用"杀害被绑架人"的规定。故 C 项错误,当选;A、B、D 三项均正确,不当选。

27.拒绝辩护的处理[A]

[解析]《刑诉解释》第 311 条规定,被告人在一个审判程序中更换辩护人一般不得超过两次。被告人当庭拒绝辩护人辩护,要求另行委托辩护人或者指派律师的,合议庭应当准许。被告人拒绝辩护人辩护后,没有辩护人的,应当宣布休庭;仍有辩护人的,庭审可以继续进行。有多名被告人的案件,部分被告

拒绝辩护人辩护后,没有辩护人的,根据案件情况,可以对该部分被告人另案处理,对其他被告人的庭审继续进行。重新开庭后,被告人再次当庭拒绝辩护人辩护的,可以准许,但被告人不得再次另行委托辩护人或者要求另行指派律师,由其自行辩护。被告人属于应当提供法律援助的情形,重新开庭后再次当庭拒绝辩护人辩护的,不予准许。

由此可知,A 项表述正确。B 项的错误在于,辩护人尽管依据事实和法律辩护,具有独立的诉讼地位,但是,被告人有委托和拒绝辩护人辩护的权利。C 项的错误在于,应当提供法律援助的被告人可以拒绝辩护一次,被告人属于应当提供法律援助的情形,重新开庭后再次当庭拒绝辩护人辩护的,合议庭不予准许。D 项的错误在于,有多名被告人的案件,部分被告人拒绝辩护人辩护的,合议庭也是应当准许。

28．战争开始后的条约关系;战争对交战国财产的影响以及战时中立国的义务[D]

[解析] 根据战争法规则,战争一旦开始,除非另有约定,交战国之间一般政治和经济条约停止效力(亦可称为暂停执行),选项 A 符合国际法,不当选。

一旦战争开始,交战国对于其境内的敌国人民的财产可予以限制,但不得没收,选项 B 符合国际法,不当选。

战时中立的基本义务是不作为、防止和容忍,选项 C 属于中立国的权利,符合国际法,不当选。

战时中立的基本义务是不作为、防止和容忍,"不作为"要求中立国不得直接或间接参与战争,包括为交战国提供资金或武器支持等,选项 D 违反了中立国的不作为和防止义务,不符合国际法,当选。

29．检察官职业基本道德[B]

[解析]《检察官法》第 23 条规定:"检察官不得兼任人民代表大会常务委员会的组成人员,不得兼任行政机关、监察机关、审判机关的职务,不得兼任企业或者其他营利性组织、事业单位的职务,不得兼任律师、仲裁员和公证员。"A 项中甲检察官兼职取酬的行为不符合规定。故 A 项错误。

检察官可以以个人名义向相关单位提出改进建议,乙检察官的行为是正当行为。故 B 项正确。

《检察官职业道德基本准则》第 5 条规定:"为坚持廉洁操守,自觉接受监督。"检察官穿着正装宴请同学不符合廉洁操守的要求,有损廉洁形象。故 C 项错误。

根据《刑事诉讼法》规定,拘传的对象是犯罪嫌疑人、被告人,对证人不能进行拘传,即丁的行为属于非法采取强制措施的行为。故 D 项错误。

30．违法所得的追缴和责令退赔[B]

[解析] 甲在赌场输掉 200 万元,没有违法所得,故不应追缴或者责令退赔。但如果赌博赢钱,即使赢的钱已经挥霍掉,也应当责令退赔。故 A 项错误。

乙挪用公款炒股获利 500 万元,属于违法所得,无论乙是用于购买房产还是用于其他消费方式,均应予以追缴,但作为违法所得的 500 万元本身已经不复存在时,对该违法所得不能追缴,只能责令其退赔,退赔数额为违法所得的 500 万元。故 B 项正确。

丙向国家工作人员李某行贿 100 万元,这 100 万元属于不法原因给付他人的财物,需直接没收。行贿人丙没有违法所得,故不能责令丙退赔 100 万元。故 C 项错误。

丁与王某共同窃取 30 万元,两人违法所得总共 30 万元,虽然丁与王某均对 30 万元承担刑事责任,但向两人追缴的总额只能以违法所得数额为限。若向二人各追缴 30 万元,意味着对两人超过违法所得的合法部分进行了追缴,显然是不正确的。故 D 项错误。

31．减刑;假释[B]

[解析]《刑法》第 81 条第 1、2 款规定:"被判处有期徒刑的犯罪分子,执行原判刑期 1/2 以上,被判处无期徒刑的犯罪分子,实际执行 13 年以上,如果认真遵守监规,接受教育改造,确有悔改表现,没有再犯罪的危险的,可以假释。如果有特殊情况,经最高人民法院核准,可以不受上述执行刑期的限制。对累犯以及因故意杀人、强奸、抢劫、绑架、放火、爆炸、投放危险物质或者有组织的暴力性犯罪被判处 10 年以上有期徒刑、无期徒刑的犯罪分子,不得假释。"故 A 项错误。乙因为行贿罪被判 9 年有期徒刑,已执行原判刑期 1/2 以上,不属于禁止假释的行为。同时,乙"确有悔改表现,无再犯危险",可优先假释。故 B 项正确。

《关于办理减刑、假释案件具体应用法律的规定》第 3 条第 2 款规定,对职务犯罪、破坏金融管理秩序和金融诈骗犯罪,组织(领导、参加、包庇、纵容)黑社会性质组织犯罪等罪犯,不积极退赃、协助追缴赃款赃物、赔偿损失,或者服刑期间利用个人影响力和社会关系等不正当手段意图获得减刑、假释的,不认定其"确有悔改表现"。丙的贪污罪被判无期徒刑,并不属于禁止假释之列的行为。但是,因为其"拒不交代贪污款去向,一直未退赃",不能认定其"确有悔改表现",不得假释。故 C 项错误。

未退赃影响减刑、假释仅限于职务犯罪、破坏金融管理秩序和金融诈骗犯罪、组织(领导、参加、包庇、纵容)黑社会性质组织犯罪等罪犯,因此对丁可以减刑。故 D 项错误。

32．刑事诉讼价值[C]

[解析] 公正在刑事诉讼价值中居于核心的地位。刑事诉讼公正价值包括实体公正和程序公正两方面。程序公正是指程序本身符合特定的公正标准,

如强制措施的适用应当适度等。故 A、D 项正确，不当选。

刑事诉讼秩序价值包括两方面含义：一是通过惩治犯罪，维护社会秩序，即恢复被犯罪破坏的社会秩序及预防社会秩序被犯罪所破坏；二是使追究犯罪的活动是有序的。国家刑事司法权的行使，必须受到刑事程序的规范。故 B 项正确，不当选。

刑事诉讼秩序、公正、效益价值是通过刑事诉讼法的制定和实施来实现的。一方面，刑事诉讼法保证刑法的正确实施，实现秩序、公正、效益价值，这是刑事诉讼法的工具价值；另一方面，刑事诉讼法的制定和适用本身也在实现着秩序、公正、效益价值，这是刑事诉讼法的独立价值。故 C 项错误，当选。

33．规章的权限[A]
[解析]《立法法》规定了设区的市的人民政府有权制定规章。较大的市均属于设区的市，有权制定规章。《行政许可法》第 16 条第 3 款规定："规章可以在上位法设定的行政许可事项范围内，对实施该行政许可作出具体规定。"故 A 项正确。

《行政许可法》第 58 条第 1 款规定："行政机关实施行政许可和对行政许可事项进行监督检查，不得收取任何费用。但是，法律、行政法规另有规定的，依照其规定。"可见，行政机关实施行政许可原则上不收费，例外情况只能由法律、行政法规规定，规章不能对此加以规定。故 B 项错误。

《行政处罚法》第 19 条规定："法律、法规授权的具有管理公共事务职能的组织可以在法定授权范围内实施行政处罚。"据此，只有法律、法规可以授权具有管理公共事务职能的组织实施行政处罚，规章无权作出规定。故 C 项错误。

《行政处罚法》第 36 条第 1 款规定："违法行为在 2 年内未被发现的，不再给予行政处罚；涉及公民生命健康安全、金融安全且有危害后果的，上述期限延长至 5 年。法律另有规定的除外。"因此，只有法律才能对处罚时效作出例外规定，规章无此权限。故 D 项错误。

34．规范性文件的一并审查；行政诉讼被告[C]
[解析] 本案的罚款决定由区交通局作出，应由区交通局为被告，市交通局与本案无关。故 A 项错误。

根据《行政诉讼法解释》第 146 条规定，对规范性文件一并提出审查要求，应当在第一审开庭审理前提出；有正当理由的，也可以在法庭调查中提出。故 B 项错误。

《行政诉讼法解释》第 149 条第 2 款规定："规范性文件不合法的，人民法院可以在裁判生效之日起三个月内，向规范性文件制定机关提出修改或者废止该规范性文件的司法建议。"故 C 项正确。

《行政诉讼法解释》第 150 条规定："人民法院认为规范性文件不合法的，应当在裁判生效后报送上一级人民法院进行备案。涉及国务院部门、省级行政机关制定的规范性文件，司法建议还应当分别层报最高人民法院、高级人民法院备案。"可知，对备案期限无要求，故 D 项错误。【陷阱点拨】提出司法建议应在裁判生效后 3 个月内，备案则无此要求。

35．法律关系的分类[B]
[解析] 法律关系是在法律规范调整社会关系的过程中所形成的人们之间的权利和义务关系。根据不同的标准和认识角度，可以对法律关系作不同的分类：

（1）按照法律关系产生的依据、执行的职能和实现规范的内容不同，分为：①调整性法律关系，是基于人们的合法行为而产生的、执行法的调整职能的法律关系，所实现的是法律规范的行为规则的内容。调整性法律关系不需要适用法律制裁，法律主体之间即能够依法行使权利、履行义务。②保护性法律关系，是由于违法行为而产生的，旨在恢复被破坏的权利和秩序的法律关系，它执行着法的保护职能，所实现的是法律规范的保护规则的内容。主要表现在国家适用法律制裁，违法者必须接受制裁。

（2）按照法律主体在法律关系中的地位不同，分为：①纵向（隶属）的法律关系，是指不平等的法律主体之间所建立的权力服从关系，其特点为，法律主体处于不平等地位；法律主体之间的权利与义务具有强制性，既不能随意转让，也不能随意放弃。②横向（平权）法律关系，是指平等法律主体的权利义务关系，其特点是法律主体地位平等，权利和义务的内容具有一定程度的任意性。

（3）按照相关的法律关系作用和地位的不同，分为：①第一性法律关系（主法律关系），是人们之间依法建立的不依赖于其他法律关系而独立存在的或在多向法律关系中处于支配地位的法律关系。②第二性法律关系（从法律关系），是依赖于主法律关系而产生，处于从属地位的法律关系。一般而言，调整性法律关系是第一性法律关系，保护性法律关系是第二性法律关系。

本题中，债权关系属于调整性法律关系、横向（平权）的法律关系、第一性法律关系（主法律关系）；担保关系（质押关系）属于调整性法律关系、横向（平权）的法律关系、相对于债权关系的第二性法律关系（从法律关系）；诉讼关系属于保护性法律关系、横向法律关系、第二性法律关系（从法律关系）。因此，A、C 项错误，B 项正确。D 项中的债权关系是一种调整性法律关系，但并非相对于质押关系而言。注意：在上述法律关系的分类中，只有第一性法律关系（主法律关系）与第二性法律关系（从法律关系）是具有相互依赖性和相对性而言,其他类型都是独立存在的。

36．秦朝刑事罪名;秦朝刑事罪名特色[D]

[解析] 秦禁书令规定,"有敢偶语《诗》《书》者,弃市。以古非今者,族。"秦始皇为了加强思想统治,维护皇权,接受李斯的建议,下令焚烧《秦记》以外的列国史记,对不属于博士馆的私藏《诗》《书》等也限期交出烧毁;有敢谈论《诗》《书》的处死,以古非今的灭族;禁止私学,想学法令的人要以官吏为师。很显然是一种带有专制性的法律措施。故A、B项不当选。

"非所宜言",属于秦危害皇权罪的一种,即说了不应说的话。至于什么是不应该说的话,秦律无明文规定,封建统治者可以随便解释,加罪于人,这是典型的封建专制主义法律。故C项不当选。

"失刑"罪,是指官吏因过失而量刑不当而应承担的一种渎职罪,是对执法者在执法过程中不公、不慎、不明造成冤假错案的惩罚原则,以后各封建朝代都对此行为作了规定,对于规范官吏合法合理执法起到了一定的警示作用,属于渎职罪。故D项当选。

37．损害商品声誉罪;侵犯公民个人信息罪;破坏生产经营罪;内幕交易罪[B]

[解析] 公民个人信息,是指以电子或者其他方式记录的能够单独或者与其他信息结合识别特定自然人身份或者反映特定自然人活动情况的各种信息,包括姓名、身份证件号码、通信通讯联系方式、住址、账号密码、财产状况、行踪轨迹等。公民的任职情况也属于公民个人信息。但是,成立侵犯公民个人信息罪,要求情节严重。甲仅公布了赵某一个人的个人信息,尚不构成情节严重,故不构成侵犯公民个人信息罪。故A项错误。

根据《刑法》第221条的规定,捏造并散布虚伪事实,损害他人的商业信誉、商品声誉,给他人造成重大损失或者有其他严重情节的,构成损害商品声誉罪。成立本罪,要求捏造散布的是虚假事实,如果是真实的事实,不构成本罪。题中保健品没有功效不是虚假事实,因此甲不构成损害商品声誉罪。故B项正确。

根据《刑法》第180条的规定,内幕交易罪,是指证券交易内幕信息的知情人员在涉及股票、证券的发行、交易或者其他对股票、证券的价格有重大影响的信息尚未公开前,买入或者卖出该股票、证券,或者泄露该信息,情节严重的行为。成立本罪,要求行为人是"知情人员"。知情人员也称内幕人员,是指由于持有发行人的证券,或者在发行人或者与发行人有密切联系的公司中担任董事、监事、高级管理人员,或者由于其会员地位、管理地位、监督地位和职业地位,或者作为雇员、专业顾问履行职务,能够接触或者获得内幕信息的人员。本题中,甲只是持有该上市公司股票的股民,不属于内幕信息知情人员。此外,该公

的保健品没有功效,不属于内幕信息。因此,甲不构成内幕交易罪。故C项错误。

破坏生产经营罪,是指由于泄愤报复或者其他个人目的,毁坏机器设备、残害耕畜或者以其他方法破坏生产经营的行为。甲公布揭发该上市公司的保健品没有功效是公民的权利,不属于破坏生产经营罪。故D项错误。

38．申请行政许可的形式;行政许可的受理;听证的费用承担;行政许可决定[B]

[解析] 根据《行政许可法》第29条规定:"公民、法人或者其他组织从事特定活动,依法需要取得行政许可的,应当向行政机关提出申请。申请书需要采用格式文本的,行政机关应当向申请人提供行政许可申请书格式文本……行政许可申请可以通过信函、电报、电传、传真、电子数据交换和电子邮件等方式提出。"可知,行政许可需要提交书面申请,不能以口头形式提出。故A项错误。

《行政许可法》第38条规定:"申请人的申请符合法定条件、标准的,行政机关应当依法作出准予行政许可的书面决定。行政机关依法作出不予行政许可的书面决定的,应当说明理由,并告知申请人享有依法申请行政复议或者提起行政诉讼的权利。"可见,无论是否准予行政许可都应作出书面决定,不能口头告知。故D项错误。【特别提醒】关于A、D项注意:《行政许可法》中无口头方式,在申请和决定环节中,均需要以书面的方式进行。

《行政许可法》第32条第2款规定:"行政机关受理或者不予受理行政许可申请,应当出具加盖本行政机关专用印章和注明日期的书面凭证。"据此,卫生局受理刘某申请后,应当向其出具加盖本机关专用印章和注明日期的书面凭证。故B项正确。

《行政许可法》第47条第2款规定:"申请人、利害关系人不承担行政机关组织听证的费用。"据此,陈某不应承担听证费用。故C项错误。

39．刑事起诉制度[B]

[解析] 对于符合起诉条件的刑事公诉案件是否必须向审判机关起诉的问题,存在两种不同的原则:一是起诉便宜主义,二是起诉法定主义。

起诉便宜主义,又称起诉合理主义、起诉裁量主义,是指检察官对于存有足够的犯罪嫌疑,并具备起诉条件的案件,可以斟酌决定是否起诉的原则。根据此原则,公诉方可以依据法律的授权,基于刑事惩戒的目的和权衡各种利益,对其所审查起诉的刑事案件,选择是否作出控诉以继续或停止刑事程序。起诉便宜主义是与起诉法定主义相对应的范畴。

起诉法定主义,是指凡是认为有足够的证据证明确有犯罪事实,且具备起诉条件,公诉机关必须起诉。本题中,只要有足够证据证明犯罪嫌疑人构成犯

罪,检察机关就必须提起公诉。这一制度体现的是起诉法定主义。故 B 项当选,A 项不当选。此外,题干中表述无关刑事起诉权的行使主体,而是关于符合条件的刑事案件是否必须向审判机关起诉的问题,C、D 项的内容与本题无关。故 C、D 项不当选。

40．法律解释的含义及分类;法律原则和法律规则;法律规则的优先适用[B]

[解析] 学理解释,一般是指由学者或其他个人及组织对法律规定所作的不具有法律约束力的解释。本题中,商场的本意是宣称有"正式解释权",从而对他人产生约束力,而不是宣称仅仅有"学理解释权"。只不过商场的这种宣称是无效的。故 A 项错误。C 项中,当事人对合同进行的解释,属于非正式解释,不属于法定解释(正式解释)。该合同作为"非规范性法律文件",一旦对合同产生争议而诉诸法院,则应由法院对合同进行法定解释。故 C 项错误。

公平正义是法律的基石,是法的基本价值。任何法律都必须符合公平正义的内涵,法律解释也是如此。同时,在法律规则和法律原则的适用关系中,当法律规则导致的结果不公正时,应当适用法律原则,以弥补法律规则的僵硬性缺陷和法律漏洞。本题中,当事人对合同内容产生争议,如果没有具体的法律规则规定如何解决此种争议,出现了法律漏洞,可以借助公平正义原则来解释合同,作为处理案件的依据。故 B 项正确。

商场的做法夸大了自己的权利而减轻了自己的义务,并且忽视了顾客的权利,并不符合"权利义务相一致"原则。故 D 项错误。

41．我国近代宪法的历史发展[B]

[解析] 1911 年辛亥革命爆发后,慑于革命的压力,清政府又于 11 月 3 日颁布《重大信条十九条》,并宣布立即执行,但旋即被革命的浪潮所淹没,这是清政府的最后一部宪法性文件。故 A 项错误。

1905 年清政府派五大臣出洋考察各国宪法,后于 1908 年颁布以"君上大权"为核心的《钦定宪法大纲》,这是中国历史上第一部宪法性文件。故 B 项正确。

《中华民国约法》是 1914 年袁世凯炮制的一部宪法性文件,从根本上动摇了临时约法确立的资产阶级民主共和制度,确立了大总统集权制,是中国近代史上一部十分反动的宪法性文件。故 C 项错误。

《中华苏维埃共和国宪法大纲》是在中国共产党领导下以马克思列宁主义的国家观、法律观为指导而制定的第一部人民民主政权的宪法性文件。故 D 项错误。

42．立案管辖;取保候审的保证方式;被取保候审人的法定义务和酌定义务[C]

[解析] 报复陷害罪属于国家机关工作人员职务犯罪,应当由监察委员会立案调查或者由检察院(若由司法人员实施)立案侦查。题干中显示的是"侦查机关",因此可以将本案中的报复陷害罪推定为属于检察院立案侦查。在我国,取保候审只能由公安机关执行。A 项说由本案侦查机关,即由检察院执行,错误。

保证人与保证金只能择一,不可以同时适用。故 B 项错误。

根据《刑事诉讼法》第 71 条第 2 款,人民法院、人民检察院和公安机关可以根据案件情况,责令被取保候审的犯罪嫌疑人、被告人遵守以下一项或者多项规定:(1)不得进入特定的场所;(2)不得与特定的人员会见或者通信;(3)不得从事特定的活动;(4)将护照等出入境证件、驾驶证件交执行机关保存。"可要求郭某在取保候审期间不得进入蒋某居住的小区"属于"不得进入特定的场所"。故 C 项正确。【特别提醒】根据《关于取保候审若干问题的规定》,这里的"特定的场所"是指:(1)可能导致其再次实施犯罪的场所;(2)可能导致其实施妨害社会秩序、干扰他人正常活动行为的场所;(3)与其所涉嫌犯罪活动有关联的场所;(4)可能导致其实施毁灭证据、干扰证人作证等妨害诉讼活动的场所;(5)其他可能妨害取保候审执行的特定场所。

根据《刑事诉讼法》第 71 条第 1 款规定,被取保候审的犯罪嫌疑人、被告人应当遵守以下规定:(1)未经执行机关批准,不得离开所居住的市、县;(2)住址、工作单位和联系方式发生变动的,在 24 小时以内向执行机关报告;(3)在传讯的时候及时到案;(4)不得以任何形式干扰证人作证;(5)不得毁灭、伪造证据或者串供。可见,法律只是规定"住址、工作单位和联系方式发生变动的,在 24 小时以内向执行机关报告",但没有规定应要求郭某在取保候审期间不得变更住址。故 D 项错误。

43．法律规则的分类;法适用的一般原理;法的特征;法的作用[B]

[解析] 按照规则对人们行为规定和限定的范围或程度不同,可以把法律规则分为:(1)强行性规则,是指内容规定具有强制性质,不允许人们随便加以改变的法律规则。(2)任意性规则,是指规定在一定范围内,允许人们自行选择或协商确定为与不为、为的方式以及法律关系中的权利义务内容的法律规则。本条中规定当事人可以申请调解,也可以申请仲裁。属于典型的任意性规则。故 A 项正确。

法律人适用有效的法律规范解决具体个案纠纷的过程在形式上是逻辑中的三段论推理过程。故 B 项错误。

法的可诉性是指法律具有被任何人在法律规定的机构中通过争议解决程序加以运用以维护自身权

利的可能性。《劳动争议调解仲裁法》本身就是对诉讼程序的规定，"对仲裁裁决不服的，除本法另有规定的外，可以向人民法院提起诉讼"，明显体现出法的可诉性。故 C 项正确。

法律对人的行为的指引通常采用两种方式：一种是确定的指引，即通过设置法律义务，要求人们作出或抑制一定行为，使社会成员明确自己必须从事或不得从事的行为界限。另一种是不确定的指引，又称选择的指引，是指通过宣告法律权利，给人们一定的选择范围。该规定为行为人提供了不确定的指引。故 D 项正确。

44．法律援助制度[B]

[解析]《法律援助法》第 2 条规定，法律援助属于无偿法律服务，不能收取任何费用，故 A 项说法错误。

《法律援助法》第 48 条第 6 项规定，受援人自行委托律师或者其他代理人，法律援助机构应当作出终止法律援助的决定。故 B 项说法正确。

《刑事诉讼法》第 278 条规定，未成年犯罪嫌疑人、被告人没有委托辩护人的，人民法院、人民检察院、公安机关应当通知法律援助机构指派律师为其提供辩护，故 C 项说法错误。

开展简易的法律咨询往往是法律援助机构接受援助申请的渠道之一，不需要审查经济条件，故 D 项说法错误。

45．抢劫罪；盗窃罪；敲诈勒索罪；犯罪形态；罪数[C]

[解析] 本案中，甲预谋以乙与卖淫女裸照相威胁，迫使乙交付财物，其采取的胁迫手段不足以压制被害人反抗，因此，不成立抢劫罪。但甲以损害名誉方式迫使被害人交出财物的行为，成立敲诈勒索罪。因乙临时有事出走，甲最终未能拍摄乙与卖淫女的裸照，即甲由于意志以外的原因没有"着手"实施胁迫行为，故其敲诈勒索行为还处于预备行为阶段，成立敲诈勒索预备。甲以拍摄裸照动机入乙室，发现无人后，另起犯意拿走了乙的 3 万元现金，构成盗窃罪既遂。甲先后实施了两个行为（敲诈勒索预备行为与盗窃行为），不属于想象竞合犯。若处罚敲诈勒索罪的预备犯，则应当数罪并罚。综上，甲的行为构成敲诈勒索预备与盗窃既遂。故 C 项正确。

46．利用影响力受贿罪；徇私枉法罪[D]

[解析] 利用影响力受贿罪中"有密切关系的人"不能特别限定，凡是客观上能够通过国家工作人员职务上的行为，或者利用国家工作人员职权或者地位形成的便利条件，通过其他国家工作人员职务上的行为，为请托人谋取不正当利益的人，基本上都属于与国家工作人员有密切关系的人。故 A、B 项正确，不当选。

本案中，甲以揭发隐私相要挟，使得司法工作人员丁产生犯意进而实施了相应的徇私枉法行为，丁成立徇私枉法罪，甲虽然不具有司法工作人员的身份，但真正的身份犯中对身份的要求仅限于实行犯，对教唆犯或者帮助犯没有这一要求，因而甲构成徇私枉法罪的教唆犯。故 C 项正确，不当选。

甲利用对国家工作人员丁的影响，为了替乙谋取不正当利益，收取乙 10 万元现金，甲的行为成立利用影响力受贿罪。本案中，甲成立利用影响力受贿罪与徇私枉法罪（教唆犯），应当数罪并罚。对甲不能适用《刑法》第 399 条第 4 款的规定（司法工作人员收受贿赂，徇私枉法的，以受贿罪与徇私枉法罪择一重罪处罚），因为该规定是针对司法工作人员成立受贿罪和徇私枉法罪这一情形的，而甲并不属于司法工作人员，不成立受贿罪。故 D 项错误，当选。

47．行政协议案件的审理[B]

[解析]《行政协议案件规定》第 26 条规定："行政协议约定仲裁条款的，人民法院应当确认该条款无效，但法律、行政法规或者我国缔结、参加的国际条约另有规定的除外。"据此可知，行政协议中约定有仲裁条款的，仲裁条款无效；仲裁条款无效，并不导致行政协议无效，当事人可以就行政协议纠纷向法院提起诉讼。故 A、D 项错误。【思路拓展】仲裁机制主要用于解决平等主体之间发生的合同纠纷和其他财产权益纠纷，因此不能适用于行政协议纠纷。

《行政协议案件规定》第 10 条规定："被告对于自己具有法定职权、履行法定程序、履行相应法定职责以及订立、履行、变更、解除行政协议等行为的合法性承担举证责任。原告主张撤销、解除行政协议的，对撤销、解除行政协议的事由承担举证责任。对行政协议是否履行发生争议的，由负有履行义务的当事人承担举证责任。"据此，甲请求解除涉案协议，其应当对解除协议的事由承担举证责任。故 B 项正确。【总结提示】在行政协议案件中，涉及行政权力的合法性运用，由行政机关承担举证责任。除此之外的事实，一般遵循"谁主张，谁举证"的规则。

《行政协议案件规定》第 23 条第 1 款规定："人民法院审理行政协议案件，可以依法进行调解。"据此，C 项错误。【总结提示】四类可以适用调解的行政案件：(1)行政赔偿案件；(2)行政补偿案件；(3)行政协议案件；(4)行政机关行使法律、法规规定的自由裁量权的案件。

48．法的概念；实证主义法学；非实证主义法学[C]

[解析] 实证主义认为，在法与道德之间，在法律命令什么与正义要求什么之间，即实然法（实际上是怎样的法）和应然法（应该是怎样的法）之间，不存在概念上的必然联系。故 A 项正确。

非实证主义法学包括自然法学派和第三条道路，两者均要求法律必须符合道德，即都必须要求内容的正确性。对于自然法学派而言，只要法律符合道德即可，有没有权威性制定与社会实效性这两个要素均可。而第三条道路则三个要素都必须包括在内。故 B 项正确。

如前所述，非实证主义法学包括自然法学派与第三条道路。第三条道路三个定义要素都必须包括在内。而自然法学只要求必须有内容正确性这一个要素。古典自然法学派当然不能包括第三条道路。故 C 项错误。

非实证主义定义法的概念时，除了权威制定和社会实效两个要素外，必须要以内容正确性作为定义要素。而实证主义定义法的概念时，仅必须要求权威性制定和社会实效这两个要素。因此，区分关键是内容的正确性，而非社会实效。故 D 项正确。

49．民族区域自治制度[D]

[解析]《民族区域自治法》第 10 条规定："民族自治地方的自治机关保障本地方各民族都有使用和发展自己的语言文字的自由，都有保持或者改革自己的风俗习惯的自由。"故 A 项正确。

《民族区域自治法》第 31 条第 1 款规定："民族自治地方依照国家规定，可以开展对外经济贸易活动，经国务院批准，可以开辟对外贸易口岸。"故 B 项正确。

《民族区域自治法》第 16 条第 3 款规定："民族自治地方的人民代表大会常务委员会中应当有实行区域自治的民族的公民担任主任或者副主任。"故 C 项正确。

《民族区域自治法》第 20 条规定："上级国家机关的决议、决定、命令和指示，如有不适合民族自治地方实际情况的，自治机关可以报经该上级国家机关批准，变通执行或者停止执行；该上级国家机关应当在收到报告之日起六十日内给予答复。"县人大不可自行变通或停止执行，应先报上级国家机关批准。故 D 项错误。

50．中外法律制度演变[D]

[解析] 西周"七出""三不去""六礼"等婚姻立法的原则和制度，多为后世法律所继承和采用，成为中国传统法律的重要组成部分。故 A 项正确，不当选。

汉代根据"天人感应"理论，规定春、夏不得执行死刑，实行"秋冬行刑"制度。除谋反大逆等"决不待时"者外，一般死刑犯须在秋天霜降以后、冬至以前执行。秋冬行刑制度对后世有着深远影响，唐律规定"立春后不决死刑"，明清律中的"秋审"制度亦溯源于此。故 B 项正确，不当选。

清末修律的时候，清政府对旧的诉讼体制和审判制度进行了一系列改革：（1）司法机关的变化：改刑部为法部；改大理寺为大理院；实行审检合署。（2）实行四级三审制。（3）初步规定了法官及检察官考试任用制度。（4）建立并改良监狱及狱政管理的制度。故 C 项正确，不当选。

法国国民会议于 1789 年 8 月 26 日通过《人权与公民权利宣言》（简称《人权宣言》），这一划时代的历史性文件第一次明确而系统地提出了资产阶级民主和法制的基本原则，是建立资产阶级统治的纲领性文件。而《独立宣言》是 1776 年北美十三个英属殖民地宣告独立时发布的文件。故 D 项错误，当选。

二、多项选择题

51．宪法关于经济制度的规定；宪法修正案的内容；宪法修正情况[BCD]

[解析] 1999 年《宪法修正案》第 13 条规定："宪法第五条增加一款，作为第一款，规定：'中华人民共和国实行依法治国，建设社会主义法治国家。'"但该项修正案是对社会主义法制的规定，而不是对经济制度的规定。故 A 项错误。

1993 年《宪法修正案》第 7 条将宪法第 15 条修改为："国家实行社会主义市场经济。""国家加强经济立法，完善宏观调控。""国家依法禁止任何组织或者个人扰乱社会经济秩序。"故 B 项正确。

现行宪法第 6 至 18 条关于经济制度的规定，仅第 9、12、18 条没有被修改过。故 C 项正确。

1993 年《宪法修正案》第 6 条将宪法第 8 条第 1 款修改为："农村中的家庭联产承包为主的责任制和生产、供销、信用、消费等各种形式的合作经济，是社会主义劳动群众集体所有制经济。参加农村集体经济组织的劳动者，有权在法律规定的范围内经营自留地、自留山、家庭副业和饲养自留畜。"故 D 项正确。

52．偶然防卫；防卫认识学说；防卫过当；共同犯罪的成立条件[ABCD]

[解析] 根据《刑法》第 20 条第 3 款的规定，对正在进行行凶、杀人、抢劫、强奸、绑架以及其他严重危及人身安全的暴力犯罪，采取防卫行为，造成不法侵害人伤亡的，不属于防卫过当，不负刑事责任。本题中，甲在杀害乙，乙的防卫行为造成甲重伤，不属于防卫过当，属于正当防卫。故 A 项正确。

B 项，丙的行为在客观上制止了甲的不法侵害，但丙主观上并没有防卫意图，这属于偶然防卫。理论上对于这种情况的处理存在两种观点：（1）防卫认识必要说。该说认为正当防卫需要主观上的防卫意图，如此则丙的行为不成立正当防卫；丙具有伤害的故意，可能涉嫌故意伤害罪。（2）防卫认识不要说。该说认为正当防卫不需要主观上的防卫意图，如此则丙的行为成立正当防卫。故 B 项正确。

不能用丙的行为定义乙的行为的性质，是指乙的行为的性质具有正当性还是违法性不取决于丙的行为的性质，而是由乙的行为本身所决定的。本案中，乙有防卫认识，丙没有防卫认识，只有犯罪故意。(1)根据防卫认识不要说，丙的行为具有正当性，但不会基于此认为乙的行为具有正当性，也即乙的行为的正当性不取决于丙的行为的正当性。(2)根据防卫认识必要说，丙的行为具有违法性，但不会基于此认为乙的行为具有违法性，也即乙的行为是否违法不取决于丙的行为的违法性。故 C 项正确。

乙和丙的主观认识内容不同，乙有防卫认识，丙没有防卫认识，只有犯罪故意，二人没有共同的犯罪故意。(1)根据防卫认识不要说，丙是正当防卫，乙也是正当防卫，不会认为乙和丙是共同犯罪。(2)根据防卫认识必要说，丙是故意伤害罪，乙是正当防卫，也不会认为乙和丙是共同犯罪。故 D 项正确。

53．共同犯罪［AB］

［解析］A 项中，乙已有杀人故意，甲便不可能构成教唆犯。故 A 项正确。

甲属于帮助犯，帮助犯存在于实行犯已经着手实行但未实行终了以前的阶段，按照敲诈勒索罪承继的共同犯罪论处。故 B 项正确。

乙、丙在互殴时，乙向甲购买羊角锤，甲应当预见到乙购买羊角锤的目的在于对丙实施伤害，本应阻止或拒绝卖给乙羊角锤，但却依然放任乙的行为，应当构成故意伤害罪的帮助犯。故 C 项错误。

一般认为间接正犯的形态主要有以下几种：(1)利用无责任能力人犯罪。例如，甲教唆 15 岁的乙盗窃，因为乙未达刑事责任年龄，与甲不构成共犯，甲属于实行犯，即正犯。(2)利用他人过失或不知情的行为犯罪。例如，甲医生欲杀害病人丙，将毒针交给不知情的护士乙。乙给丙注射后，致丙死亡。甲医生为间接实行犯，乙被视为不知情的工具。本案中甲是自己擅自接受该笔贿赂且甲本身不符合受贿罪的身份要件，故不构成受贿罪的间接正犯。故 D 项错误。

54．行政法规送审稿存在问题的处理［AC］

［解析］《行政法规制定程序条例》第 19 条规定："行政法规送审稿有下列情形之一的，国务院法制机构可以缓办或者退回起草部门：……(二)有关部门对送审稿规定的主要制度存在较大争议，起草部门未征得机构编制、财政、税务等相关部门同意的；……"故 A、C 项正确。

55．行政诉讼中对民事诉讼规则的适用［BCD］

［解析］《行政诉讼法》第 101 条规定，人民法院审理行政案件，关于期间、送达、财产保全、开庭审理、调解、中止诉讼、终结诉讼、简易程序、执行等，以及人民检察院对行政案件受理、审理、裁判、执行的监督，本法没有规定的，适用《民事诉讼法》的相关规定。

故 B、C、D 项当选。受案范围和管辖是行政诉讼自身完全独立的特点，难以准用民事诉讼的制度。故 A 项不当选。

56．通缉；二审中检察院撤回抗诉；级别管辖的流转［AB］

［解析］《刑事诉讼法》第 155 条第 2 款规定："各级公安机关在自己管辖的地区以内，可以直接发布通缉令；超出自己管辖的地区，应当报请有权决定的上级机关发布。"故 A 项正确。

检察机关上下级之间是领导关系，奉行"检察一体，上命下从"的体制，整体独立于外部的行政机关、社会团体、个人。故 B 项正确。

《高检规则》第 589 条第 2 款规定，上一级人民检察院认为抗诉不当的，应当听取下级人民检察院的意见。C 项错误在于缺少了"听取下级检察院的意见"这一程序。

《刑诉解释》第 17 条第 1 款规定："基层人民法院对可能判处无期徒刑、死刑的第一审刑事案件，应当移送中级人民法院审判。"由此可见，下级人民法院不能审理应当由上级法院管辖的案件，故 D 项错误。

57．延期审理［ABCD］

［解析］《高检规则》第 420 条第 1 款规定："在法庭审判过程中，遇有下列情形之一的，公诉人可以建议法庭延期审理：(一)发现事实不清、证据不足，或者遗漏罪行、遗漏同案犯罪嫌疑人，需要补充侦查或者补充提供证据的；(二)被告人揭发他人犯罪行为或者提供重要线索，需要补充侦查进行查证的；(三)发现遗漏罪行或者遗漏同案犯罪嫌疑人，虽不需要补充侦查和补充提供证据，但需要补充、追加起诉的；(四)申请人民法院通知证人、鉴定人出庭作证或者有专门知识的人出庭提出意见的；(五)需要调取新的证据，重新鉴定或者勘验的；(六)公诉人出示、宣读开庭前移送人民法院的证据以外的证据，或者补充、追加、变更起诉，需要给予被告人、辩护人必要时间进行辩护准备的；(七)被告人、辩护人向法庭出示公诉人不掌握的与定罪量刑有关的证据，需要调查核实的；(八)公诉人对证据收集的合法性进行证明，需要调查核实的。"《高检规则》第 421 条规定："法庭宣布延期审理后，人民检察院应当在补充侦查期限内提请人民法院恢复法庭审理或者撤回起诉。公诉人在法庭审理过程中建议延期审理的次数不得超过两次，每次不得超过一个月。"

根据上述规定可直接得知，本题中，A、B 项属于第 420 条第 1 款中的第 1 项情形，C 项属于第 3 项情形，D 项属于第 4 项情形，所以 A、B、C、D 四项均可由公诉人建议法庭延期审理，建议延期审理的次数不得超过 2 次，每次不得超过 1 个月。故 A、B、C、D 项均当选。

58．法的价值冲突及其解决；正式的法的渊源与非正式的法的渊源[ACD]

[解析] 本题中，《合同法》规定的强制缔约义务是为了保障消费者的自由，而《民用航空法》是为了保障秩序价值，林某被拒载反映了自由和秩序两种价值之间的冲突。故 A 项正确。

法无明文规定，则法官拥有较大自由裁量权，但并非不受任何限制，如本案中航空业惯例就是对法官自由裁量权的一个限制。故 B 项错误。

当代中国法的渊源主要为以宪法为核心的各种制定法，包括宪法、法律、行政法规、地方性法规、自治条例和单行条例、规章、国际条约、国际惯例等。故 C 项正确。

行业惯例是法的非正式渊源，当法律决定不能从正式渊源中找到确定的大前提时，就需要诉诸非正式渊源。故 D 项正确。

59．我国规范性文件的备案审查制度[ABCD]

[解析]《立法法》第 111 条第 1 款规定："全国人民代表大会专门委员会、常务委员会工作机构可以对报送备案的行政法规、地方性法规、自治条例和单行条例等进行主动审查，并可以根据需要进行专项审查。"故 A 项正确。

《立法法》第 109 条第 3 项规定："自治州、自治县的人民代表大会制定的自治条例和单行条例，由省、自治区、直辖市的人民代表大会常务委员会报全国人民代表大会常务委员会和国务院备案；自治条例、单行条例报送备案时，应当说明对法律、行政法规、地方性法规作出变通的情况。"故 B 项正确。

《立法法》第 109 条第 4 项规定："部门规章和地方政府规章报国务院备案；地方政府规章应当同时报本级人民代表大会常务委员会备案；设区的市、自治州的人民政府制定的规章应当同时报省、自治区的人民代表大会常务委员会和人民政府备案。"故 C 项正确。

《立法法》第 112 条第 3 款规定："全国人民代表大会宪法和法律委员会、有关的专门委员会、常务委员会工作机构经审查认为行政法规、地方性法规、自治条例和单行条例同宪法或者法律相抵触，或者存在合宪性、合法性问题需要修改或者废止，而制定机关不予修改或者废止的，应当向委员长会议提出予以撤销的议案、建议，由委员长会议决定提请常务委员会会议审议决定。"故 D 项正确。

60．西周法制思想（以德配天、明德慎罚、德主刑辅）；永徽律疏与中华法系；明刑弼教[ACD]

[解析] 西周立法思想"以德配天，明德慎罚"，强调教化为主，刑罚为辅。道德教化主要依靠礼，处罚主要依靠刑，所谓出礼入刑，形成了当时"礼""刑"结合的宏观法制特色。故 A 项正确。

秦朝自商鞅变法后，推行法家主张，强调"以法治国""明法重刑"，诸事一断于法。"德主刑辅，礼刑并用"是汉代的立法思想。汉朝统治者正是吸取秦代只重法家立法思想导致王朝短命的教训，采取了"德主刑辅，礼刑并用"的立法思想。故 B 项错误。

唐律强调"礼律合一"，法律制度"一准乎礼"，真正实现了礼与律的统一，使得中国古代法律制度达到了顶峰，是中华法系的代表，包括日本的《大宝律令》、越南的《刑书》、朝鲜的《高丽律》几乎都照抄唐律。故 C 项正确。

宋代著名理学家朱熹首先对"明刑弼教"作了新的阐释，他有意提高了礼刑关系中刑的地位，认为礼律二者对治国同等重要，强调刑与教的实施可"或先或后"，"或缓或急"。自此，可以"先刑后教"行事。故 D 项正确。

61．故意；违法性[CD]

[解析] 买卖黄金的行为不违反刑法，不构成犯罪，因此即使行为人存在违法性认识错误，也不构成犯罪，更不构成犯罪未遂。故 A 项错误。

甲对法律规定是否有准确认识，并不影响对于甲行为的定性。如果甲主观上认识到盗窃的对象是枪支，有盗窃枪支的故意，客观上实施了盗窃枪支的行为，就可以以盗窃枪支罪追究甲的刑事责任。故 B 项错误。

甲主观上有拘禁他人的故意，客观上实施了非法拘禁的行为，其犯罪动机及对于行为违法性的认识并不影响其行为成立非法拘禁罪。故 C 项正确。

甲已认识到行为是有害的，只是对行为是否违反刑法产生了错误认识，某中学语文教师乙的告知，只是一般性的个人解释。乙的答复造成甲的认识错误是完全可以避免的。因此，这并不影响依照刑法追究甲的刑事责任。故 D 项正确。

62．没收财产[ABCD]

[解析]《刑法》第 59 条规定："没收财产是没收犯罪分子个人所有财产的一部或者全部。没收全部财产的，应当对犯罪分子个人及其扶养的家属保留必需的生活费用。在判处没收财产的时候，不得没收属于犯罪分子家属所有或者应有的财产。"没收财产只能适用于刑法分则明文规定可以判处没收财产的犯罪。刑法规定"并处"没收财产的，在判处主刑的同时，必须依法判处没收财产；规定"可以并处"的，则应当根据案件具体情况及犯罪分子的财产状况，决定是否适用没收财产。

根据《刑法》第 263 条的规定，对于抢劫数额巨大的，处 10 年以上有期徒刑、无期徒刑或者死刑，并处罚金"或者"没收财产，而 A 项说法为"并处"没收财产。故 A 项错误。

没收全部财产的，应当对犯罪分子个人及其扶养的家属保留必需的生活费用,并非"对成年家属不必考虑"。故 B 项错误。

《刑法》第264条规定,盗窃公私财物,数额巨大或有其他严重情节的,处3年以上10年以下有期徒刑,并处罚金;数额特别巨大或者有其他特别严重情节的……并处罚金或者没收财产。故 C 项错误。

《刑法》第60条规定:"没收财产以前犯罪分子所负的正当债务,需要以没收的财产偿还的,经债权人请求,应当偿还。"必须经债权人请求,才能以没收的财产偿还。故 D 项错误。

63.刑事证据的分类;关联性规则;意见证据规则[AC]

[解析] 关联性也称为相关性,是指证据必须与案件事实有客观联系,对证明刑事案件事实具有某种实际意义。关联性是证据的一种客观属性,不是办案人员的主观想象或者强加的联系,而是根源于证据事实同案件事实之间的客观联系。本案中,甲垫付医疗费的行为与撞人肇事的行为之间不具有关联性,不能证明甲是否实施了交通肇事行为。故 A 项正确。

直接证据是能够单独、直接证明案件主要事实的证据。也就是说,某一项证据的内容,无需经过推理过程,即可直观地说明犯罪行为是否由犯罪嫌疑人、被告人所实施。乙只说自己被车撞倒,但没有交代清楚是何人所撞,该陈述属于间接证据。故 B 项错误。

凡是来自原始出处,即直接来源于案件事实的证据材料,是原始证据。凡是不直接来源于案件事实,而是从间接的非第一来源获得的证据材料,称为传来证据。医生转告警察,乙系被车辆撞倒的证言并非其亲眼所见,不是直接来源于案件事实,因此属于传来证据。故 C 项正确。

《刑诉解释》第88条第2款规定:"证人的猜测性、评论性、推断性的证言,不得作为证据使用,但根据一般生活经验判断符合事实的除外。"医生称从甲送乙入院时的神态来看,甲应该就是肇事者的证词属于意见证据,且不属于一般生活经验的推断性证言,不能作为定案依据。故 D 项错误。

64.全国人大的会议制度与工作程序;全国人大常委会的会议制度与工作程序[ABCD]

[解析]《立法法》第23条规定:"列入全国人民代表大会会议议程的法律案,由宪法和法律委员会根据各代表团和有关的专门委员会的审议意见,对法律案进行统一审议,向主席团提出审议结果报告和法律草案修改稿,对涉及的合宪性问题以及重要的不同意见应当在审议结果报告中予以说明,经主席团会议审议通过后,印发会议。"故 A 项正确。

《立法法》第25条规定:"列入全国人民代表大会会议议程的法律案,在交付表决前,提案人要求撤

回的,应当说明理由,经主席团同意,并向大会报告,对该法律案的审议即行终止。"故 B 项正确。

《立法法》第33条规定:"列入常务委员会会议议程的法律案,各方面的意见比较一致的,可以经两次常务委员会会议审议后交付表决;调整事项较为单一或者部分修改的法律案,各方面的意见比较一致,或者遇有紧急情形的,也可以经一次常务委员会会议审议即交付表决。"故 C 项正确。

《立法法》第45条规定:"列入常务委员会会议审议的法律案,因各方面对制定该法律的必要性、可行性等重大问题存在较大意见分歧搁置审议满两年的,或者因暂不付表决经过两年没有再次列入常务委员会会议议程审议的,委员长会议可以决定终止审议,并向常务委员会报告;必要时,委员长会议也可以决定延期审议。"故 D 项正确。

65.使馆馆舍享有的特权与豁免;领馆馆舍享有的特权与豁免[BC]

[解析]《维也纳外交关系公约》规定,使馆馆舍绝对不得侵犯,具体包括:(1)接受国官员非经使馆馆长许可,不得进入使馆馆舍;(2)接受国负有特殊责任,采取一切适当步骤保护使馆馆舍免受入侵或损害,并防止一切扰乱使馆安宁或有损尊严之事情;(3)使馆馆舍及设备,以及馆舍内其他财产与使馆交通工具免受搜查、征用、扣押或强制执行。使馆馆舍包括使馆的公务区、休息区以及馆长的私人官邸。因此,使馆和大使馆官邸都不得采取强制搬迁措施。故 A 项错误,B 项正确。

根据《维也纳领事关系条约》规定,领馆馆舍的不得侵犯在一定限度内,具体包括:(1)接受国官员未经同意不得进入领馆馆舍专供领馆工作之用的部分,领馆如果遇火灾或其他灾害须迅速采取保护行动时,才推定领馆馆长已表示同意;(2)接受国负有特殊责任,采取一切适当步骤保护领馆馆舍免受侵入或损害;(3)领馆馆舍、设备以及领馆的财产或交通工具应免受为国防或公用目的而实施的任何方式的征用。如确有必要时,应采取一切可能的步骤以免妨碍领馆执行职务,并应向派遣国作出迅速充分及有效的补偿。可知,领馆馆舍与使馆馆舍有区别,在确有必要时,可以征用,但应保证领馆执行职务,并作出有效补偿。故 D 项错误,C 项正确。

66.破坏交通设施罪;破坏交通工具罪;故意毁坏财物罪;诈骗罪[ABCD]

[解析] 破坏交通设施罪,是指毁坏交通设施本身(物理性毁损)或使其丧失应有功能(功能性破坏),以此危害公共安全。因此,这里的"破坏"应当作扩大解释,不限于物理性毁损。例如,在铁轨上放置路障或涂抹机油,在公路上设置路障、陷阱。本题中,甲在高速公路路口撒铁钉,会使公路丧失应有的

通行功能,这种破坏行为虽不是物理性毁损,但属于功能性破坏。基于此,甲的行为构成破坏交通设施罪。故 A 项正确。

破坏交通工具罪,是指毁坏交通工具的整体或重要零部件,或者使其丧失应有功能,以此危害公共安全。本题中,甲的行为虽然没有直接作用于汽车,但这种行为必然导致车辆压到铁钉上,损毁轮胎,甚至发生爆胎等危险,由此危害公共安全,因此构成破坏交通工具罪。这表明,不要求犯罪行为直接作用于犯罪对象,也可以是间接作用关系。故 B 项正确。

甲的行为本身虽然对交通设施(道路路面)没有造成毁坏,但是对汽车造成毁坏,因此构成故意毁坏财物罪。甲的一个行为同时构成破坏交通设施罪、破坏交通工具罪、故意毁坏财物罪,想象竞合,择一重罪论处。故 C 项正确。

甲在路上撒铁钉,不属于诈骗罪中的欺骗行为。诈骗罪中的欺骗行为不仅仅是使对方陷入认识错误,而且要求使对方陷入处分财物的认识错误。如果行为人实施了某种"欺骗行为",但其内容不是使对方作出财产处分行为,便不属于诈骗罪的欺骗行为。即使是使对方陷入认识错误的行为,但如果不是使对方基于认识错误实施处分财物行为,就不能说该行为是诈骗罪的欺骗行为。本题中,甲在路上撒铁钉,貌似是个欺骗行为,导致司机陷入认识错误,但是撒铁钉的行为不会导致司机要处分财物(向甲支付修车费),因此不是诈骗罪的欺骗行为。但是,当有司机来到甲的修理店补胎时,甲有义务告知真相,也即轮胎是我撒的铁钉扎的,由此应免费给补胎。甲隐瞒真相,使司机支付了修车费,甲构成不作为的诈骗罪。故 D 项正确。

67．非法出借枪支罪;立功的认定[AB]

[解析] 非法出租、出借枪支罪,是指依法配备公务用枪的人员与单位,非法出租、出借枪支的,或者依法配置枪支的人员与单位,非法出租、出借枪支,造成严重后果的行为。警察甲将公务用枪私自送乙把玩,这一行为符合非法出借枪支罪的构成要件,甲构成非法出借枪支罪。故 A 项正确,当选。

非法持有、私藏枪支、弹药罪,是指违反枪支、弹药管理规定,非法持有、私藏枪支、弹药的行为。非法持有,是指没有合法根据地实际占有或者控制枪支、弹药;非法替他人保管枪支、弹药的行为,也属于非法持有;非法私藏实际上是非法持有的一种表现形式。乙的行为符合非法持有枪支罪的构成。故 B 项正确,当选。

丙偷取枪支送交派出所,揭发乙持枪的犯罪事实这一行为没有社会危害性且属于公民积极守法,不构成盗窃枪支罪。故 C 项错误,不当选。

立功,是指犯罪分子揭发他人的犯罪行为,查证属实的,或者提供重要线索,从而得以侦破其他案件等的行为。丙揭发乙持枪的犯罪事实中,丙并不是犯罪分子,不符合立功的主体。故 D 项错误,不当选。

68．宪法与刑事诉讼法的关系[ABC]

[解析] 有关刑事诉讼的程序性条款在宪法条文中具有重要地位。这些体现法治理念的有关刑事诉讼的程序性条款,构成了各国宪法或者宪法性文件中关于人权保障条款的核心。故 A 项正确。

各国刑事诉讼法律规范中有关强制措施的适用权限、条件、程序、羁押期限、辩护、侦查、审判的原则和程序等规定,都直接体现了宪法或者宪法性文件关于公民人身、住宅、财产不受非法搜查、逮捕、扣押以及犯罪嫌疑人、被告人有权获得辩护等规定的精神。故 B 项正确。

由于刑事诉讼法规范和限制了国家权力,因而成为保障公民基本人权和自由的基石。故 C 项正确。

宪法的许多规定,一方面要通过刑事诉讼法保证刑法的实施来实现;另一方面要通过刑事诉讼法本身的实施来实现。故 D 项错误。

69．逮捕的变更、撤销或解除[BD]

[解析]《刑诉解释》第 169 条规定:"被逮捕的被告人具有下列情形之一的,人民法院可以变更强制措施:(一)患有严重疾病、生活不能自理的;(二)怀孕或者正在哺乳自己婴儿的;(三)系生活不能自理的人的唯一扶养人。"A 项和 C 项属于法院可以变更强制措施的情形。故 A、C 项错误。

《刑诉解释》第 170 条规定:"被逮捕的被告人具有下列情形之一的,人民法院应当立即释放;必要时,可以依法变更强制措施:(一)第一审人民法院判决被告人无罪、不负刑事责任或者免予刑事处罚的;(二)第一审人民法院判处管制、宣告缓刑、单独适用附加刑,判决尚未发生法律效力的;(三)被告人被羁押的时间已到第一审人民法院对其判处的刑期期限的;(四)案件不能在法律规定的期限内审结的。"B 项属于宣告缓刑,判决尚未发生法律效力;D 项属于案件不能在法律规定的期限内审结的,均属于应当变更或解除强制措施的情形。故 B、D 项正确。

70．程序正当原则[AD]

[解析] 程序正当原则是指行政主体作出的行政行为应当遵守法律规定的程序要求,包括事前告知相对人及事后提供救济等内容。具体而言包括三个方面:(1)行政公开原则,即除涉及国家秘密和依法受到保护的商业秘密、个人隐私的外,行政机关实施行政管理应当公开;(2)公众参与原则,即行政机关作出重要的规定或决定时,应听取公众意见,尤其应当听取直接相对人与其他利害关系人的陈述或申辩;(3)回避原则,即行政机关的工作人员履行职责时,如与相对人存在利害关系的应当回避。

《行政处罚法》第 64 条对听证程序的回避制度已作了明确规定,听证程序的主持人不得为本案调查人员。因而由本案调查人员担任听证主持人的行为违反了程序正当原则中的回避要求。故 A 项当选。

《土地管理法》第 46 条规定,征收永久基本农田应由国务院批准,即国务院享有最终决定权。B 项中,县政府自行决定征收基本农田(2019 年《土地管理法》修订后称"永久基本农田")35 公顷的行为属于越权行为,违反了行政法的实体性基本原则,而非作为程序性基本原则之一的程序正当原则。故 B 项不当选。

《治安管理处罚法》第 98 条规定,公安机关作出吊销许可证以及处 2000 元以上罚款的治安管理处罚决定前,应当告知违反治安管理行为人有权要求举行听证。可见,行政拘留并非属于必须告知听证的事项。但因为听证对被处罚人有利,公安机关自愿告知被处罚人举行听证的,并不违法。故 C 项不当选。

《治安管理处罚法》第 91 条规定,公安派出所有权作出 500 元以下罚款的处罚决定。该法第 100 条规定,违反治安管理行为事实清楚,证据确凿,处警告或者 200 元以下罚款的,可以当场作出治安管理处罚决定。据此,当场作出处罚决定属于治安管理处罚的简易程序,而 D 项中公安派出所虽然有权作出罚款 500 元的处罚决定,但是由于高于 200 元的限额,因此不能适用简易程序,而应当遵循普通程序,其行为违反了程序正当原则。故 D 项当选。

71.行政复议中一并提出对抽象行政行为审查的处理;行政复议被申请人;行政诉讼被告[ABC]

[解析] 行政许可和行政处罚权,只有法律、法规才可以授权。县政府的文件并非法律、法规,所以不能合法授权生猪办使其成为行政主体,获得被告、复议被申请人资格。此时,被告和复议被申请人应当是设立它的机关,即县政府。故 C 项错误,当选;D 项正确,不选。

对于行政复议中抽象行政行为的附带审查,根据《行政复议法》第 56 条规定,行政复议机关对该行政规定有权处理的,30 日内依法处理;无权处理的,应当在 7 日内按照法定程序转送有权处理的行政机关依法处理。本题中,既然复议被申请人是县政府,则行政复议机关为市政府,市政府有权处理其下级机关县政府的行政规定,无须转送。故 A 项错误,当选。

本题中,某县政府以文件形式规定"凡本县所有猪类屠宰单位和个人,须在规定期限内到生猪管理办公室申请办理生猪屠宰证",属于对生猪屠宰设定行政许可;又规定"违者予以警告或罚款",属于设定行政处罚。根据《行政许可法》和《行政处罚法》,只有规章以上的规范性文件才有权设定行政许可和行政处罚,县政府的文件属于其他规范性文件,无权设定

行政许可和行政处罚,因此,属于 B 项所说"违法设定许可和处罚"。但是,《行政处罚法》和《行政许可法》并没有明确规定在违法设定许可和处罚的情形下,对相关责任人给予行政处分,对公职人员给予行政处分的依据应当是《公务员法》和《公职人员政务处分法》。故 B 项错误,当选。

72.检察人员组织纪律、办案纪律、廉洁纪律、群众纪律[ABCD]

[解析]《检察人员纪律处分条例》第 66 条规定:"领导干部违反有关规定组织、参加自发成立的老乡会、校友会、战友会等,情节严重的,给予警告、记过、记大过或者降级处分。"领导干部参加老乡会、校友会、战友会违反组织纪律。故 A 项正确。

《检察人员纪律处分条例》第 78 条规定:"擅自处置案件线索、随意初查或者在初查中对被调查对象采取限制人身自由强制性措施的,给予记过或者记大过处分;情节较重的,给予降级或者撤职处分;情节严重的,给予开除处分。"擅自处理办案线索违反办案纪律。故 B 项正确。

《检察人员纪律处分条例》第 113 条规定:"在分配、购买住房中侵犯国家、集体利益,情节较轻的,给予警告、记过或者记大过处分;情节较重的,给予降级或者撤职处分;情节严重的,给予开除处分。"分配住房中侵犯国家利益违反廉洁纪律。故 C 项正确。

《检察人员纪律处分条例》第 127 条规定:"对群众合法诉求消极应付、推诿扯皮,损害检察机关形象,情节较重的,给予警告、记过或者记大过处分;情节严重的,给予降级或者撤职处分。"消极应付群众合法诉求违反群众纪律。故 D 项正确。

73.治安管理处罚的听证;行政拘留的暂缓执行;复议机关[CD]

[解析] 损坏国家保护的文物,并不会对公共安全产生影响,故 A 项错误。

《治安管理处罚法》第 98 条规定:"公安机关作出吊销许可证以及处 2000 元以上罚款的治安管理处罚决定前,应当告知违反治安管理行为人有权要求举行听证;违反治安管理行为人要求听证的,公安机关应当及时依法举行听证。"本题中的行政拘留并不在此范围之内,不是应当告知的法定听证范围,故 B 项错误。

根据《行政复议法》第 24 条第 1 款规定:"县级以上地方各级人民政府管辖下列行政复议案件:(一)对本级人民政府工作部门作出的行政行为不服的;……"本题中,区公安分局属于区政府的工作部门,若张三对区公安分局的处罚决定不服申请行政复议,应当向区政府申请,故 C 项正确。

《治安管理处罚法》第 107 条规定:"被处罚人不服行政拘留处罚决定,申请行政复议、提起行政诉讼

的,可以向公安机关提出暂缓执行行政拘留的申请。公安机关认为暂缓执行行政拘留不致发生社会危险的,由被处罚人或者其近亲属提出符合本法第108条规定条件的担保人,或者按每日行政拘留200元的标准交纳保证金,行政拘留的处罚决定暂缓执行。"本题中,张三已经提起了行政诉讼,符合提出暂缓执行行政拘留的要求,故D项正确。

74.行政复议前置;行政诉讼第三人;证据规则;被诉具体行政行为改变[AC]

[解析] 根据《行政复议法》第23条,侵犯当事人已经依法取得的自然资源的所有权或者使用权的案件,适用复议前置。本题中,段某拥有两块山场的权属证明,镇政府向王某发放山林权证,侵犯了段某已经依法取得的自然资源所有权,本案属于行政复议前置的典型案件,段某对镇政府的行为不能直接提起行政诉讼,必须先申请行政复议。故A项正确,当选。

《行政诉讼法》第26条第2款规定:"经复议的案件,复议机关决定维持原行政行为的,作出原行政行为的行政机关和复议机关是共同被告;复议机关改变原行政行为的,复议机关是被告。"本案中,县政府作为复议机关维持了镇政府的决定,被告应为镇政府和县政府,被诉行为既包括镇政府向王某发放山林权证的行为,也包括县政府的维持决定。故B项错误,不选。

《行政诉讼证据规定》第71条规定:"下列证据不能单独作为定案依据:……(五)无法与原件、原物核对的复制件或者复制品;……"据此,如果当事人未能提供协议书原件,法院不能以协议书复印件单独作为定案依据。故C项正确,当选。

《行政诉讼撤诉规定》第4条规定:"有下列情形之一的,可以视为'被告改变其所作的具体行政行为':……(三)在行政裁决案件中,书面认可原告与第三人达成的和解。"本题中,段某与王某在诉讼中达成新协议,未经镇政府书面认可的,不属于被诉具体行政行为发生改变。故D项错误,不选。

75.补充侦查[ABC]

[解析] 《刑事诉讼法》第90条规定,人民检察院对于公安机关提请批准逮捕的案件进行审查后,应当根据情况分别作出批准逮捕或者不批准逮捕的决定。对于批准逮捕的决定,公安机关应当立即执行,并且将执行情况及时通知人民检察院。对于不批准逮捕的,人民检察院应当说明理由,需要补充侦查的,应当同时通知公安机关。故A项正确。

《刑事诉讼法》第175条第3款规定,对于补充侦查的案件,应当在1个月以内补充侦查完毕。补充侦查以2次为限。补充侦查完毕移送人民检察院后,人民检察院重新计算审查起诉期限。故B项正确。

【总结提示】审查起诉阶段和审判阶段的补充侦查,都以2次为限。

《高检规则》第422条第1款规定,在审判过程中,对于需要补充提供法庭审判所必需的证据或者补充侦查的,人民检察院应当自行收集证据和进行侦查,必要时可以要求监察机关或者公安机关提供协助;也可以书面要求监察机关或者公安机关补充提供证据。据此,审判阶段检察院应自行侦查,不得退回公安机关补充侦查,故C项正确。

《刑诉解释》第277条第2款规定,审判期间,被告人提出新的立功线索的,人民法院可以建议人民检察院补充侦查。故D项错误。

76.简易程序;有关程序违法的规定[BD]

[解析] 《刑事诉讼法》第187条第1款规定:"人民法院决定开庭审判后,应当确定合议庭的组成人员,将人民检察院的起诉书副本至迟在开庭十日以前送达被告人及其辩护人。"《刑事诉讼法》第219条规定:"适用简易程序审理案件,不受本章第一节关于送达期限、讯问被告人、询问证人、鉴定人、出示证据、法庭辩论程序规定的限制。但在判决宣告前应当听取被告人的最后陈述意见。"本案采用简易程序进行审理,可以不受送达期限、讯问被告人的限制。故A、C项错误。

《刑事诉讼法》第238条规定:"第二审人民法院发现第一审人民法院的审理有下列违反法律规定的诉讼程序的情形之一的,应当裁定撤销原判,发回原审人民法院重新审判:(一)违反本法有关公开审判的规定的;(二)违反回避制度的;(三)剥夺或者限制了当事人的法定诉讼权利,可能影响公正审判的;(四)审判组织的组成不合法的;(五)其他违反法律规定的诉讼程序,可能影响公正审判的。"D项中应公开审理而未公开审理,属于上述第1项规定。故D项正确。《刑事诉讼法》第216条第1款规定,适用简易程序审理案件,对可能判处3年有期徒刑以下刑罚的,可以组成合议庭进行审判,也可以由审判员1人独任审判;对可能判处的有期徒刑超过3年的,应当组成合议庭进行审判。本案中一审法院应当组成合议庭进行审判,B项独任审理属于审判组织的组成不合法,符合《刑事诉讼法》第238条第4项的规定。故B项正确。

77.法律职业道德的概念、特征和基本原则[BCD]

[解析] 法律职业道德不仅是法律职业本行业在职业活动中的内部行为规范,而且是本行业对社会所负的道德责任和义务。故A项错误。

职业道德是人们在职业实践活动中形式的规范,体现职业活动的客观要求。通过长期有效的职业道德教育,促进道德内化。故B项正确。

法律职业道德的表现形式较为正式,除一般的职业道德的规章制度、工作守则、服务公约、行为须知等表现形式外,还通过法律、法规、规范性文件等形式表现出来。故 C 项正确。

法律职业道德的实现,既需要自律机制,又离不开他律机制。依照有关规定惩处违反法律职业道德和纪律的人员,通过惩处教育本人及其他人员,有助于提高法律职业道德水准。故 D 项正确。

78.拐卖妇女罪[ABD]

[解析] 拐卖妇女罪属于行为犯,只要以出卖为目的,实施了拐骗、绑架、收买、贩卖、接送、中转妇女的行为之一的,就成立该罪的既遂,是否卖出被拐卖的妇女在所不论。根据《刑法》第 240 条,拐卖妇女罪的法定加重情节包括:(1)拐卖妇女、儿童集团的首要分子;(2)拐卖妇女、儿童三人以上的;(3)奸淫被拐卖的妇女的;(4)诱骗、强迫被拐卖的妇女卖淫或者将被拐卖的妇女卖给他人迫使其卖淫的;(5)以出卖为目的,使用暴力、胁迫或者麻醉方法绑架妇女、儿童的;(6)以出卖为目的,偷盗婴幼儿的;(7)造成被拐卖的妇女、儿童或者其亲属重伤、死亡或者其他严重后果的;(8)将妇女、儿童卖往境外的。据此,造成被拐卖的妇女重伤,属于拐卖妇女罪的加重情节,不单独成立故意伤害罪。另外,甲多次对乙实施强制猥亵行为,该行为并不包含在拐卖妇女罪的法定加重情节里面,另成立强制猥亵、侮辱罪,应与拐卖妇女罪数罪并罚。故 A、B、D 项错误,C 项正确。

79.贪污罪;职务侵占罪;受贿罪[BC]

[解析] 苏某所获得的 5 万元源于私企,因此不能成立贪污罪。故 A 项错误。

职务侵占罪,是指公司、企业或者其他单位的工作人员,利用职务上的便利,将本单位财物非法占为己有,数额较大的行为。其中,"己有"既包括让自己占有,也包括让第三人占有。苏某利用万某担任私企经理的职务便利,与万某共谋占有私企财物,构成职务侵占罪的共犯。故 B 项正确。

苏某让万某报销 5 万元旅游费的行为具有索贿性质,即该费用与其审批企业补助款的权限相关,具有对价关系,万某也是基于"需要苏某审批企业补助款的发放"才为苏某报销旅游费。因此,苏某成立索贿型的受贿罪。故 C 项正确。

综上,苏某成立职务侵占罪和受贿罪的想象竞合犯。故 D 项错误。

80.法系;法律移植[AD]

[解析] 法系是比较法学上的基本概念,是根据法的历史传统和外部特征的不同,对法所做的分类。在历史上,世界各主要地区曾经存在过许多法系,诸如印度法系、中华法系、伊斯兰法系、民法法系和普通法系等,随着历史的发展,有些法系已经消失或衰落。

当今世界上较有影响的是民法法系和普通法系,但除此之外也还存在其他法系,如伊斯兰法系。故 A 项正确,B 项错误。

民法法系,是指以古罗马法,特别是以 19 世纪初《法国民法典》为传统产生和发展起来的法律的总称,又称大陆法系、罗马—德意志法系、法典法系。普通法系是指以英国中世纪的法律,特别是以普通法为基础和传统产生与发展起来的法律的总称,被称为普通法系、英国法系、判例法系、英美法系。民法法系的主要发展阶段都有代表性的法典,普通法系国家在总体上不倾向于进行系统的法典编纂,但也有制定法。可见,并不是有成文法典的国家都属于民法法系。故 C 项错误。

法律移植的对象是国际条约、外国法等,对于后进国家而言,这是法律现代化的一种必要途径,同时是法系形成和发展的重要途径。故 D 项正确。

81.盗窃罪、抢夺罪的界限[ABCD]

[解析] 抢劫罪的行为结构表现为行为人实施足以压制对方反抗的手段行为,进而强行取得财物。甲没有实施足以压制对方反抗的手段行为,故不可能成立抢劫罪。故 A 项正确。

有观点认为,盗窃罪的成立要求行为人秘密窃取他人财物,故公然取得财物的,成立抢夺罪。按照该观点,甲当着被害人之面取得被害人财物,成立抢夺罪;如果甲携带凶器实施该行为,则属于"携带凶器抢夺",成立抢劫罪。故 B 项正确。

按照 B 选项的理解,甲未携带凶器,不属于"携带凶器抢夺"的情形,不成立抢劫罪;甲公然取得财物的行为属于抢夺,但没有达到"数额较大"的程度,不成立抢夺罪;甲的行为也不属于秘密窃取他人财物,不成立盗窃罪。据此,甲的行为无法评价为财产犯罪。故 C 项正确。

如果认为盗窃罪并不要求秘密窃取,只要采取平和方式转移财物占有就属于盗窃,则甲的行为属于入户盗窃他人财物的情形,不要求数额较大,即可认定为犯罪。故 D 项正确。

82.帮助毁灭证据罪[CD]

[解析] 帮助当事人毁灭、伪造证据,情节严重的,构成帮助毁灭、伪造证据罪。下列行为均属于帮助毁灭证据:第一,行为人单独为当事人毁灭证据;第二,行为人与当事人共同毁灭证据,这种情况下行为人与当事人并不成立共犯;第三,行为人为当事人毁灭证据提供各种便利条件,这种情况下行为人不是帮助犯而是正犯;第四,行为人唆使当事人毁灭证据,这种情况下行为人不是教唆犯而是正犯。

甲本人属于当事人,其毁灭证据的行为不构成帮助毁灭证据罪。故 A 项不当选。甲实施的是阻止证人作证的行为,构成妨害作证罪而非帮助毁灭证据罪。故 B 项不当选。C 项，甲劝说乙毁灭证据，构成帮助毁灭证据罪。故 C 项当选。帮助毁灭证据罪侵害的法益是国家的刑事诉讼秩序，当事人对此并无处分权限，乙的同意并不影响甲毁灭无罪证据的定性，其行为仍构成帮助毁灭证据罪。故 D 项当选。

83．刑事诉讼的证明主体［ABD］

［解析］《刑事诉讼法》第 51 条规定："公诉案件中被告人有罪的举证责任由人民检察院承担，自诉案件中被告人有罪的举证责任由自诉人承担。"证明主体要提供证据来证明其诉讼主张，在证明不能时，要承担诉讼主张不能成立的后果。简言之，证明主体要提出诉讼主张。在公诉案件中，公诉人、被告人是证明主体；在自诉案件中，自诉人是证明主体；如果被告人提出了反诉，被告人也是证明主体；在附带民事诉讼中，附带民事诉讼原告人是证明主体。故 A、B 项正确。刑事诉讼主体包括公安司法机关和诉讼参与人，作为证明主体的公诉人、被告人、自诉人、附带民事诉讼原告人都属于刑事诉讼主体。故 D 项正确。

妨害公务案中就执行职务时目击的犯罪情况出庭作证的警察属于证人，证人对案件并无诉讼主张，不属于证明主体。故 C 项错误。

84．速裁程序［ACD］

［解析］《刑事诉讼法》第 225 条规定："适用速裁程序审理案件，人民法院应当在受理后十日以内审结；对可能判处的有期徒刑超过一年的，可以延长至十五日。"据此，适用速裁程序一般在 10 日内审结，但存在特例，故 A 项错误。

《刑事诉讼法》第 224 条第 2 款规定："适用速裁程序审理案件，应当当庭宣判。"故 B 项正确。

《刑事诉讼法》第 224 条第 1 款规定："适用速裁程序审理案件，不受本章第一节规定的送达期限的限制，一般不进行法庭调查、法庭辩论，但在判决宣告前应当听取辩护人的意见和被告人的最后陈述意见。"据此，适用速裁程序审理案件，一般不进行法庭调查、法庭辩论，而非一律不进行法庭调查、法庭辩论。故 C 项错误。

《刑事诉讼法》第 222 条第 1 款规定："基层人民法院管辖的可能判处三年有期徒刑以下刑罚的案件，案件事实清楚，证据确实、充分，被告人认罪认罚并同意适用速裁程序的，可以适用速裁程序，由审判员一人独任审判。"据此，速裁程序均为独任审理，不能出现合议庭审理。故 D 项错误。

85．公民基本权利与人权；公民基本权利主体、限制与特点［ACD］

［解析］人权，是指人作为人应当享有的权利，属于应然权利。当人权进入宪法和法律的保障范围后，人权就由一种应然权利转变为一种法定权利。而公民基本权利，是指经由一国宪法确认公民享有的必不可少的权利。因此，人权是基本权利的来源，基本权利是人权宪法化的具体表现。故 A 项正确。

基本权利的主体主要是公民，外国人只能是在一定的条件下成为某些基本权利而不是完全的基本权利的主体，在我国，法人不可成为基本权利的主体，我国《宪法》第二章并未规定法人可作为基本权利的主体。在享有基本权利的范围内，宪法效力适用于外国人和法人的活动。故 B 项错误。

《宪法》第 51 条规定："中华人民共和国公民在行使自由和权利的时候，不得损害国家的、社会的、集体的利益和其他公民的合法的自由和权利。"在我国，公民合法地行使基本权利的基本前提是不损害社会、国家与集体利益，不损害他人的利益。故 C 项正确。

我国宪法对公民基本权利义务的规定，体现出广泛性、平等性、现实性以及权利和义务的一致性四大特点。公民权利和义务的平等性主要表现在两个方面：(1)公民在享有权利和履行义务方面一律平等；(2)司法机关在适用法律上一律平等。故 D 项正确。

三、不定项选择题

86．行政许可［CD］

［解析］《行政许可法》第 12 条规定："下列事项可以设定行政许可：……(三)提供公众服务并且直接关系公共利益的职业、行业，需要确定具备特殊信誉、特殊条件或者特殊技能等资格、资质的事项；(四)直接关系公共安全、人身健康、生命财产安全的重要设备、设施、产品、物品，需要按照技术标准、技术规范，通过检验、检测、检疫等方式进行审定的事项；……"第 3 项规定的是认可，是对职业、行业资质、资格的规定，执业医师资格属于此种类别。而第 4 项规定的是核准，适用于"设备、设施、产品、物品"，执业医师资格显然无法归入此类。故 A 项错误。

《行政许可法》第 16 条第 3 款规定："规章可以在上位法设定的行政许可事项范围内，对实施该行政许可作出具体规定。"故 B 项错误。

《行政许可法》第 54 条规定："实施本法第 12 条第(三)项所列事项的行政许可，赋予公民特定资格，依法应当举行国家考试的，行政机关根据考试成绩和其他法定条件作出行政许可决定；赋予法人或者其他组织特定的资格、资质的，行政机关根据申请人的专业人员构成、技术条件、经营业绩和管理水平等的考核结果作出行政许可决定。但是，法律、行政法规另有规定的，依照其规定。公民特定资格的考试依法由行政机关或者行业组织实施，公开举行。行政机关或者行业组织应当事先公布资格考试的报名条件、报考办法、考试科目以及考试大纲。但是，不得组织强制性的资格考试的考前培训，不得指定教材或者其他助考材料。"故 C、D 项正确。

87．提供证据的要求[AD]

[解析] 根据《行政诉讼证据规定》第 12 条第 1 项规定，当事人向人民法院提供计算机数据或者录音、录像等视听资料的，应当提供有关资料的原始载体；提供原始载体确有困难的，可以提供与原物核对无误的复制件。故 A 项正确。

《行政诉讼证据规定》第 13 条规定："根据行政诉讼法第三十一条第一款第（四）项的规定，当事人向人民法院提供证人证言的，应当符合下列要求：（一）写明证人的姓名、年龄、性别、职业、住址等基本情况；（二）有证人的签名，不能签名的，应当以盖章等方式证明；（三）注明出具日期；（四）附有居民身份证复印件等证明证人身份的文件。"据此，仅有张某的签字，不能满足证人证言的证据要求。故 B 项错误。【思路拓展】B 项从常识判断也能解答。同名同姓的情况在实践中屡见不鲜，证词仅有张某的签字，不足以证明是"谁"说的，只有加上身份证复印件等信息才能证明是"谁"提供的证言。

《行政诉讼证据规定》第 15 条规定："根据行政诉讼法第三十一条第一款第（七）项的规定，被告向人民法院提供的现场笔录，应当载明时间、地点和事件等内容，并由执法人员和当事人签名。当事人拒绝签名或者不能签名的，应当注明原因。有其他人在现场的，可由其他人签名。法律、法规和规章对现场笔录的制作形式另有规定的，从其规定。"据此，当事人拒绝签名或者不能签名的，应当注明原因，即当事人的签名并非必须。故 C 项错误。

《行政诉讼证据规定》第 20 条规定："人民法院收到当事人提交的证据材料，应当出具收据，注明证据的名称、份数、页数、件数、种类等以及收到的时间，由经办人员签名或者盖章。"故 D 项正确。

88．国务院的组成人员[BD]

[解析]《宪法》第 86 条规定："国务院由下列人员组成：总理，副总理若干人，国务委员若干人，各部部长，各委员会主任，审计长，秘书长。国务院实行总理负责制。各部、各委员会实行部长、主任负责制。国务院的组织由法律规定。"故 A 项错误，B、D 项正确。

国有资产监督管理委员会是国务院直属特设机构，并非国务院组成部分，其主任不属于国务院组成人员。故 C 项错误。

89．人民主权原则；人民代表大会制度的概念与特点[ACD]

[解析]《宪法》第 2 条第 1 款规定："中华人民共和国的一切权力属于人民。"这一规定表明国家一切权力来自人民，一切权力属于人民。故 A 项正确。

《宪法》第 2 条第 3 款规定："人民依照法律规

定，通过各种途径和形式，管理国家事务，管理经济和文化事业，管理社会事务。"这充分说明"一切权力属于人民"体现在国家和社会生活的各个领域、各个层次和各个方面，而不是仅体现在直接选举制度之中，在间接选举和其他制度中也都有体现。故 B 项错误，D 项正确。

人民主权原则是人民代表大会制度的前提，人民行使国家权力的机关是全国人大和地方各级人大。故 C 项正确。

90．毗连区；领海[D]

[解析] 无害通过权是外国船舶在沿海国领海上享有的一种权利，而船舶通过毗连区的权利性质取决于所依附的领海，或为专属经济区或公海。毗连区不构成国家领土的组成部分，不适用无害通过制度。故 A 项错误。

毗连区不是国家领土，国家对毗连区不享有主权，而且国家对于毗连区的管制不包括其上空。故 B 项错误。

分道通航是航海国为了航行安全，对外国船舶通过领海或用于国际航行的海峡所设定的航行管理制度，不适用于毗连区。外国船舶在沿海国的毗连区可以自由航行，不能采用分道航行。故 C 项错误。

国家可以在毗连区内行使为下列事项所必要的管制：一是防止在其领土或领海内违反其海关、财政、移民和卫生等方面的法律或规章；二是惩处在其领土或领海内违反上述法规的行为。故 D 项正确。

91．视听资料；电子数据的概念与特点；关联性规则[A]

[解析]《关于办理刑事案件收集提取和审查判断电子数据若干问题的规定》第 1 条规定："电子数据是案件发生过程中形成的，以数字化形式存储、处理、传输的，能够证明案件事实的数据。电子数据包括但不限于下列信息、电子文件：（一）网页、博客、微博客、朋友圈、贴吧、网盘等网络平台发布的信息；（二）手机短信、电子邮件、即时通信、通讯群组等网络应用服务的通信信息；（三）用户注册信息、身份认证信息、电子交易记录、通信记录、登录日志等信息；（四）文档、图片、音视频、数字证书、计算机程序等电子文件。以数字化形式记载的证人证言、被害人陈述以及犯罪嫌疑人、被告人供述和辩解等证据，不属于电子数据。确有必要的，对相关证据的收集、提取、移送、审查，可以参照适用本规定。"因此，本案中的网络聊天记录属于电子数据。故 A 项正确。

《关于办理刑事案件收集提取和审查判断电子数据若干问题的规定》第 9 条第 1、2 款规定："具有下列情形之一，无法扣押原始存储介质的，可以提取电子数据，但应当在笔录中注明不能扣押原始存储介质的原因、原始存储介质的存放地点或者电子数据的来源等情况,并计算电子数据的完整性校验值:(一)原始存储介质不便封存的;(二)提取计算机内存数据、网络传输数据等不是存储在存储介质上的电子数据的;(三)原始存储介质位于境外的;(四)其他无法扣押原始存储介质的情形。对于原始存储介质位于境外或者远程计算机信息系统上的电子数据,可以通过网络在线提取。"在本题中,手机为网络聊天记录的原始存储介质,但不一定必须随案移送。故 B 项错误。

《刑事诉讼法》第 50 条第 3 款规定:"证据必须经过查证属实,才能作为定案的根据。"但是,查证属实有很多种方法,不一定必须经过被害人核实。故 C 项错误。

网络聊天记录可以证明犯罪行为发生的起因,与犯罪具有关联性。故 D 项错误。

92.证人证言;审判公开原则;附带民事诉讼的成立条件;法庭调查的程序[ACD]

[解析]《刑事诉讼法》第 188 条第 1 款规定:"人民法院审判第一审案件应当公开进行。但是有关国家秘密或者个人隐私的案件,不公开审理;涉及商业秘密的案件,当事人申请不公开审理的,可以不公开审理。"本题所涉强奸案属于个人隐私案件,应当不公开审理。故 A 项正确。

《刑事诉讼法》第 65 条规定,证人因履行作证义务而支出的交通、住宿、就餐等费用,应当给予补助。该条适用于证人,不适用于被害人。故 B 项错误。

《刑事诉讼法》第 101 条第 1 款规定:"被害人由于被告人的犯罪行为而遭受物质损失的,在刑事诉讼过程中,有权提起附带民事诉讼。被害人死亡或者丧失行为能力的,被害人的法定代理人、近亲属有权提起附带民事诉讼。"甲女被乙男侵害所支出的医疗费属于物质损失,可以提起附带民事诉讼。故 C 项正确。

《刑诉解释》第 242 条第 2 款规定:"经审判长准许,被害人及其法定代理人、诉讼代理人可以就公诉人讯问的犯罪事实补充发问;附带民事诉讼原告及其法定代理人、诉讼代理人可以就附带民事部分的事实向被告人发问;被告人的法定代理人、辩护人、附带民事诉讼被告人及其法定代理人、诉讼代理人可以在控诉方、附带民事诉讼原告方就某一问题讯问、发问完毕后向被告人发问。"因此,甲女在公诉人讯问后可以向乙男发问。故 D 项正确。

93.贪污罪[C]

[解析]《关于〈中华人民共和国刑法〉第九十三条第二款的解释》规定,村民委员会等村基层组织人员协助人民政府从事救灾、抢险、防汛、优抚、扶贫、移民、救济款物的管理,利用职务上的便利,非法占有公共财物、挪用公款、索取他人财物或者非法收受他人

财物,构成犯罪的,适用贪污罪、挪用公款罪、受贿罪的规定。本案中,村委会主任王某、会计刘某以及村民陈某合谋伪造申请材料骗取扶贫补贴的行为,构成贪污罪的共同犯罪。王某拿到补贴款时虽然已经离任,但依然构成贪污罪。故 A 项错误。贪污的数额应当是 15 万元。故 B 项错误。陈某不具有国家工作人员身份,但参与王某和刘某的贪污犯罪,构成贪污罪的帮助犯。故 C 项正确。补贴款发放到村委会后,王某、刘某和陈某的共同贪污既遂,15 万元为贪污罪的犯罪所得,周某的行为构成掩饰、隐瞒犯罪所得、犯罪所得收益罪。故 D 项错误。

94.行贿罪;受贿罪[ABC]

[解析]《刑法》第 389 条第 1 款规定:"为谋取不正当利益,给予国家工作人员以财物的,是行贿罪。"周某为谋取非法利益,送给李某 10 万元意图请李某联系张某帮助其获得土地征收款的行为,构成行贿罪。故 A 项正确。为谋取不正当利益,既包括为自己谋取不正当利益,也包括为第三人谋取不正当利益。李某为周某谋取不正当利益,给予国家工作人员以财物,构成行贿罪。故 B 项正确。

《刑法》第 388 条规定:"国家工作人员利用本人职权或者地位形成的便利条件,通过其他国家工作人员职务上的行为,为请托人谋取不正当利益,索取请托人财物或者收受请托人财物的,以受贿论处。"李某利用本人职务和地位形成的便利条件,通过其他国家工作人员职务上的行为,为周某谋取不正当利益收受财物,构成斡旋受贿型的受贿罪既遂。故 C 项正确。斡旋受贿不要求其他国家工作人员许诺、答应行为人的请求,也不要求其他国家工作人员为请托人谋取不正当利益。因此,胡某收受李某财物后,受贿罪既遂。故 D 项错误。

95.挪用公款罪;包庇罪;贪污罪[C]

[解析]《全国法院审理经济犯罪案件工作座谈会纪要》规定,挪用公款罪与贪污罪的主要区别在于行为人主观上是否具有非法占有公款的目的,具有以下情形之一的可以认定行为人具有非法占有公款的目的:(1)携带挪用的公款潜逃的,对其携带挪用的公款部分,以贪污罪定罪处罚。(2)行为人挪用公款后采取虚假发票平账、销毁有关账目等手段,使所挪用的公款已难以在单位财务账目上反映出来,且没有归还行为的,应当以贪污罪定罪处罚。(3)行为人截取单位收入不入账,非法占有,使所占有的公款难以在单位财务账目上反映出来,且没有归还行为的,应当以贪污罪定罪处罚。(4)有证据证明行为人有能力归还所挪用的公款而拒不归还,并隐瞒挪用的公款去向的,应当以贪污罪定罪处罚。周某从村委会账户取款 20 万元购买玉器,并指使会计刘某将账做平,表明其有非法占有目的,构成贪污罪。故 A 项错误。

周某将公款从村委会账户挪出后,即构成贪污罪的既遂,事后归还属于悔过行为,仅影响量刑,不影响定罪。故 B 项错误。

周某出于非法占有的目的,挪用村委会 20 万元,构成贪污罪,刘某第一次帮助周某平账的行为,属于帮助周某贪污,构成贪污罪的帮助犯。故 C 项正确。

《刑法》第 310 条第 1 款规定,包庇罪是明知是犯罪的人而为其作假证明包庇的行为。其行为是向公安司法机关提供虚假证明,刘某第二次平账的行为,不属于该情形,不构成包庇罪,而构成帮助毁灭、伪造证据罪。故 D 项错误。

96．法的价值[BCD]

[解析] 根据马克思的这段话,法律是人的意识的产物,只有反映自由的自然规律的法律才是真正的法律,即自由的存在。也就是说,自由是衡量国家法律是否是真正的法律的评价标准,未能反映自由的无意识的自然规律的法律不是真正的法律,而真正的法律是人的实际自由存在的条件。故 A 项错误。

题干说"哪里法律成为实际的法律,即成为自由的存在,哪里法律就成为人的实际的自由存在,"这一论断的逻辑是,实际的法律→自由的存在→人的实际的自由存在。由此可见,法律实质上就是"人的实际的自由存在"的条件。故 B 项正确。

根据客观需要反映客观规律的要求,要以理性的态度对待立法工作,注意总结立法现象背后的普遍联系,揭示立法的内在规律,避免主观武断、感情用事。因此,国家法律必须遵循客观规律。故 C 项正确。

自由是人的本性,也可以成为一种评价标准,衡量国家的法律是否是"真正的法律"。故 D 项正确。

97．行政诉讼受案范围;抽象行政行为的附带审查[C]

[解析] 本题中甲的行为属于请求市场监督管理局履行市场监管职责,维护自身合法权益的行为,不是信访行为。根据《信访工作条例》的规定,信访工作是各级机关、单位及其领导干部、工作人员接受群众监督、改进工作作风的重要途径。公民、法人或者其他组织可以采用信息网络、书信、电话、传真、走访等形式,向各级机关、单位反映情况,提出建议、意见或者投诉请求。而本题中电信公司的行为属于公司作出的市场化行为,并不属于信访事项。市场监督管理局的行为也不属于对信访问题的处理,而是对甲的请求作出的行政处理决定。故 A、B 项错误。

市场监督管理局作出的行政答复直接认定了SIM 卡定价 50 元/张是合法的,电信公司的行为不属于违法收费,这就意味着甲对电信公司进行查处并退换卡费的请求不能得到支持,因此该行政行为对甲的权利义务产生了实质影响,属于具体行政行为,甲不服可以对其提起行政诉讼。故 C 项正确。

《行政诉讼法》第 53 条规定:"公民、法人或者其他组织认为行政行为所依据的国务院部门和地方人民政府及其部门制定的规范性文件不合法,在对行政行为提起诉讼时,可以一并请求对该规范性文件进行审查。前款规定的规范性文件不含规章。"据此,对于规章以下的抽象行政行为,只能附带审查,不能对其直接提起行政诉讼。《关于电信全业务套餐资费优化方案的批复》明显属于规章以下的其他规范性文件,可以在对市场监督管理局的行为提起行政诉讼的同时一并请求对该批复进行审查,但不可直接对其提起行政诉讼。故 D 项错误。

98．法不溯及既往原则[B]

[解析] 古罗马以格言的形式表达法律,但这并不意味着古罗马的法律都是用格言表达的。罗马法的渊源有:(1)习惯法;(2)议会制定的法律;(3)元老院决议;(4)长官的告示;(5)皇帝敕令;(6)具有法律解答权的法学家的解答与著述。故 A 项错误。

"法律仅仅适用于将来"即法不溯及既往,该原则是现代法治社会普遍遵循的原则。故 B 项正确。

法不溯及既往作为基本的法律效力原则,为现代社会所普遍接受,不仅仅被古典自然法学派所尊崇,多数的法学流派包括实证法学派都强调法不溯及既往原则。故 C 项错误。

法不溯及既往原则不仅仅是宪法、人权宣言的效力原则,更是现代法律通行的原则,在侵权、违约、刑事等法律中都适用。故 D 项错误。

99．中止审理;违法所得没收程序[ABD]

[解析]《刑事诉讼法》第 206 条第 1 款规定,在审判过程中,有下列情形之一,致使案件在较长时间内无法继续审理的,可以中止审理:(1)被告人患有严重疾病,无法出庭的;(2)被告人脱逃的;(3)自诉人患有严重疾病,无法出庭,未委托诉讼代理人出庭的;(4)由于不能抗拒的原因。A 项符合上述第 2 种规定。故 A 项正确。

《刑事诉讼法》第 298 条第 1 款规定,对于贪污贿赂犯罪、恐怖活动犯罪等重大犯罪案件,犯罪嫌疑人、被告人逃匿,在通缉 1 年后不能到案,或者犯罪嫌疑人、被告人死亡,依照《刑法》规定应当追缴其违法所得及其他涉案财产的,人民检察院可以向人民法院提出没收违法所得的申请。故 B 项正确。

《刑诉解释》第 617 条第 3 款规定:"利害关系人在公告期满后申请参加诉讼,能够合理说明理由的,人民法院应当准许。"故 C 项错误。

《刑诉解释》第 625 条规定,在审理申请没收违法所得的案件过程中,在逃的犯罪嫌疑人、被告人到案的,人民法院应当裁定终止审理。人民检察院向原受理申请的人民法院提起公诉的,可以由同一审判组织审理。故 D 项正确。

100．赔偿义务机关；国家赔偿范围；赔偿程序
[C]

[解析] 司法赔偿义务机关的确定采"后置原则"。根据《国家赔偿法》第21条第1～3款规定，行使侦查、检察、审判职权的机关以及看守所、监狱管理机关及其工作人员在行使职权时侵犯公民、法人和其他组织的合法权益造成损害的，该机关为赔偿义务机关。对公民采取拘留措施，依照本法的规定应当给予国家赔偿的，作出拘留决定的机关为赔偿义务机关。对公民采取逮捕措施后决定撤销案件、不起诉或者判决宣告无罪的，作出逮捕决定的机关为赔偿义务机关。据此，赔偿义务机关为县检察院。故A项错误。

《国家赔偿法》第17条规定："行使侦查、检察、审判职权的机关以及看守所、监狱管理机关及其工作人员在行使职权时有下列侵犯人身权情形之一的，受害人有取得赔偿的权利：……（二）对公民采取逮捕措施后，决定撤销案件、不起诉或者判决宣告无罪终止追究刑事责任的；……"故B项错误。

《国家赔偿法》第12条第4款规定，赔偿请求人当面递交申请书的，赔偿义务机关应当当场出具加盖本行政机关专用印章并注明收讫日期的书面凭证。申请材料不齐全的，赔偿义务机关应当当场或者在5日内一次性告知赔偿请求人需要补正的全部内容。故C项正确。

《国家赔偿法》第24条规定："赔偿义务机关在规定期限内未作出是否赔偿的决定，赔偿请求人可以自期限届满之日起30日内向赔偿义务机关的上一级机关申请复议。赔偿请求人对赔偿的方式、项目、数额有异议的，或者赔偿义务机关作出不予赔偿决定的，赔偿请求人可以自赔偿义务机关作出赔偿或者不予赔偿决定之日起30日内，向赔偿义务机关的上一级机关申请复议。赔偿义务机关是人民法院的，赔偿请求人可以依照本法规定向其上一级人民法院赔偿委员会申请作出赔偿决定。"可见，除法院外，复议程序是必经程序。本案赔偿义务机关为检察院，必须经过复议后，才可以向法院赔偿委员会申请作出赔偿决定。另外，司法赔偿为非诉讼救济，只能是向法院赔偿委员会申请司法赔偿，而不可被称为提起赔偿诉讼。故D项错误。

试 卷 二

解 析

一、单项选择题

1. WTO 争端解决机制的基本程序;上诉机构的成员组成[D]

[解析] 磋商若达成谅解协议,双方承担保密的义务,这种保密也针对后续的专家小组和上诉机构,不能作为后续争端审查的对象。故 A 项错误。

根据 WTO 争端解决中坚持的司法经济原则,对争端方没有提出的主张,专家组不能作出裁定,即使相关专家提出了这样的主张。专家组审查的范围仅仅局限于争端方申请内容,未申请的部分,专家组不能作出审查。故 B 项错误。

上诉机构可以推翻、修改或撤销专家组的调查结果和结论,但没有将案件发回专家组重新审理的权力。故 C 项错误。

上诉机构有 7 名成员,任期 4 年,对某一案件由其中的 3 名进行审议。故 D 项正确。

2. 外资非正常撤离问题;域外取证[C]

[解析]《外资非正常撤离中国相关利益方跨国追究与诉讼工作指引》(以下简称《工作指引》)第 3 条规定:"不履行正常清算义务给债权人造成损失的,根据最高法院《关于适用〈中华人民共和国公司法〉若干问题的规定(二)》的最新规定,作为有限责任公司的股东、股份有限公司的控股股东和董事以及公司实际控制人的外国企业或个人仍应承担相应民事责任,对公司债务承担连带清偿责任。"故 A 项错误。

引渡是针对刑事犯罪嫌疑人或罪犯适用的制度,在民商事领域不能适用。故 B 项错误。

《工作指引》第 2 条规定:"外资非正常撤离事件发生后,中方当事人要及时向有关司法主管部门(法院或侦查机关)申请民商事或刑事案件立案。根据案件具体情况,各主管部门可根据各自系统内工作程序及我国和相应国家签订的《民商事司法协助条约》或《刑事司法协助条约》,通过条约规定的中央机关在本国向外方提出司法协助请求。外方根据所缔约条约有义务向中方提供司法协助(例如向位于该国的诉讼当事人送达传票、起诉书等司法文书,调取相关证据,协助调查涉案人员和资金的下落,搜查扣押相关物品等)。"本案中甲里里回国后未返回,中

方当事人可向国内有管辖权的法院立案。故 C 项正确。

我国的域外取证方式有代为取证和领事取证,而不能由当事人自行向外国主管机关申请。故 D 项错误。

3. 注册商标的保护;商标侵权行为[B]

[解析] 首先,《商标法》第 57 条第 1 项规定,未经商标注册人许可,在同一种商品上使用与其注册商标相同的商标的,是侵犯注册商标专用权的行为。此外,侵犯注册商标专用权并不要求侵权人主观上具有过错。A 项中,乙公司未经商标注册人许可擅自使用他人注册商标的行为构成商标侵权,至于乙公司主观上是否误认"冬雨之恋"属于未注册商标在所不问。故 A 项不当选。

其次,《商标法》第 57 条第 5 项规定,未经商标注册人同意,更换其注册商标并将该更换商标的商品又投入市场的,是侵犯注册商标专用权的行为。C 项中,丁饭店将购买的甲公司"冬雨之恋"啤酒倒入自制啤酒桶,自制"侠客"牌散装啤酒出售,相当于更换了"冬雨之恋"的注册商标,构成商标反向假冒行为,侵犯了甲公司的商标权,故 C 项不当选。

最后,《商标法》第 57 条第 6 项规定,故意为侵犯他人商标专用权行为提供便利条件,帮助他人实施侵犯商标专用权行为的,是侵犯注册商标专用权的行为。同时,《商标法实施条例》第 75 条也规定,故意为侵犯他人注册商标专用权行为提供仓储、运输、邮寄、隐匿等便利条件的,属于侵犯商标权的行为。B 项中,丙公司不知某公司假冒"冬雨之恋"啤酒而予以运输,由于丙公司不具有帮助侵权的故意,丙公司不构成侵权。故 B 项当选。D 项中,戊公司明知某企业生产假冒"冬雨之恋"啤酒而向其出租仓库,因戊公司具有帮助侵权的故意,戊公司的行为侵犯了甲公司的商标权。故 D 项不当选。

4. 好意施惠关系[A]

[解析] 甲单独邀请朋友乙到家中吃饭属于好意施惠,类似的还有邀请同看演出、搭便车、火车过站叫醒、顺便帮邻居清扫积雪、代投信件等。本题甲邀请朋友乙到家中吃饭属于好意施惠项下的请客吃饭,不存在发生法律效果的意图,不构成民法中的意思表

示,不产生民事法律关系。故 A 项正确,B、C、D 项错误。【特别提醒】尽管好意施惠的行为不构成意思表示,不能产生法律关系;但是,如果再出现新的法律事实,则有可能构成其他的法律关系。比如,请人喝酒不请或被请者不赴约,均没有违约责任,但是如果赴约了,在饮酒过程中一方强行劝酒造成另一方的伤害的,则产生侵权法律关系。对于本题而言,甲被烫伤的损害后果,与乙爽约无因果关系,乙主观上亦无过错,故不承担侵权责任;甲遭受饭菜浪费的损失,虽与乙爽约有因果关系,但损害类型为纯粹经济损失,乙主观上可能有过失,但无故意,所以不承担侵权责任。

5. 合同的效力;胁迫;显失公平[C]

[解析] 根据题目交代,《退款协议书》属于订立合同时显失公平的合同,并非购房人的真实意思表示。《民法典》第 151 条规定:"一方利用对方处于危困状态、缺乏判断能力等情形,致使民事法律行为成立时显失公平的,受损害方有权请求人民法院或者仲裁机构予以撤销。"在显失公平情形中,受害人作出的不真实的意思表示,享有撤销权,可诉至法院请求撤销该合同。故 A 项错误,C 项正确。

甲公司的行为并不符合胁迫行为的定义。根据《民法典总则编解释》第 22 条的规定,胁迫是指以给自然人及其近亲属等的人身权利、财产权利以及其他合法权益造成损害或者以给法人、非法人组织的名誉、荣誉、财产权益等造成损害为要挟,迫使其基于恐惧心理作出意思表示的行为。胁迫与显失公平的核心区别之一在于:在胁迫中,妨碍表意人自由判断之外部环境由胁迫人造就——制造恐惧气氛;在显失公平中,仅仅是对该状态加以恶意利用而已。故 B 项错误。

根据《民法典》第 153 条第 2 款的规定,损害社会公共利益属于违背公序良俗,合同应为无效。所谓"公共利益",是指不特定多数人的利益,学理上一般予以类型化,包括损害公共秩序与善良风俗两项。《退款协议书》虽侵害了乙、丙等近百人的利益,且险些引发群体性事件,但仅侵害了特定多数人的利益,尚不构成对公共利益的侵害。故 D 项错误。

6. 留置权的构成[C]

[解析]《民法典》第 447 条规定,债务人不履行到期债务,债权人可以留置已经合法占有的债务人的动产,并有权就该动产优先受偿。本题 A 选项中的债务未到期,因此张某不得留置。故 A 项错误。

《民法典》第 448 条规定:"债权人留置的动产,应当与债权属于同一法律关系,但是企业之间留置的除外。"B 项中,刘某的债权与方某的家具不属于同一法律关系,刘某无权对家具行使留置权。故 B 项错误。

C 项中,寄存处与丁某之间是保管合同关系,当丁某不支付保管费时,寄存处可以留置该行李。故 C 项正确。

根据《民法典》第 448 条的规定,商事留置权的成立不要求留置的动产与被担保的债权属于同一法律关系。但是需注意,《民法典担保制度解释》第 62 条第 2 款规定:"企业之间留置的动产与债权并非同一法律关系,债务人以该债权不属于企业持续经营中发生的债权为由请求债权人返还留置财产的,人民法院应予支持。"本条款对不属于同一法律关系的商事留置作出了限制,即:如果留置的动产与债权不属于同一法律关系,只有对于企业持续经营中发生的债权,债权人才可以行使留置权。D 项表述的关系中,甲公司的借款不属于企业持续经营中发生的债权,因此甲公司不可以行使留置权。故 D 项错误。

7. 简易程序的传唤方式;申请再审的法定事由;申请再审的管辖;裁定再审的效力[B]

[解析]《民诉解释》第 261 条第 1 款规定:"适用简易程序审理案件,人民法院可以依照民事诉讼法第九十条、第一百六十二条的规定采取捎口信、电话、短信、传真、电子邮件等简便方式传唤双方当事人、通知证人和送达诉讼文书。"据此,本案一审法院适用简易程序审理案件,可以电话通知当事人开庭。因此,A 项不正确。

《民事诉讼法》第 211 条第 10 项规定,未经传票传唤,缺席判决的,当事人可以申请再审。因此,B 项正确。

根据《民事诉讼法》第 210 条的规定,当事人一方人数众多或者当事人双方为公民的案件,可以向上一级人民法院申请再审,也可以向原审人民法院申请再审。因此,C 项不正确。

《民事诉讼法》第 217 条规定:"按照审判监督程序决定再审的案件,裁定中止原判决、裁定、调解书的执行,但追索赡养费、扶养费、抚养费、抚恤金、医疗费用、劳动报酬等案件,可以不中止执行。"因此,D 项不正确。

8. 涉外民事诉讼的管辖[A]

[解析]《民事诉讼法》第 276 条规定:"因涉外民事纠纷,对在中华人民共和国领域内没有住所的被告提起除身份关系以外的诉讼,如果合同签订地、合同履行地、诉讼标的物所在地、可供扣押财产所在地、侵权行为地、代表机构住所地位于中华人民共和国领域内的,可以由合同签订地、合同履行地、诉讼标的物所在地、可供扣押财产所在地、侵权行为地、代表机构住所地人民法院管辖。除前款规定外,涉外民事纠纷与中华人民共和国存在其他适当联系的,可以由人民法院管辖。"因此,凡是涉外诉讼与我国法院所在地存在一定实际联系的,我国法院都有管辖权,体现了实际联系原则。故 A 项正确。

《民事诉讼法》第35条规定："合同或者其他财产权益纠纷的当事人可以书面协议选择被告住所地、合同履行地、合同签订地、原告住所地、标的物所在地等与争议有实际联系的地点的人民法院管辖，但不得违反本法对级别管辖和专属管辖的规定。"由此可知，当事人在不违反级别管辖和专属管辖的前提下，可以选择与争议有实际联系地点的法院管辖，体现了尊重当事人原则，但协议管辖只针对合同纠纷或者其他财产权益纠纷，并非各类涉外民事案件均可由当事人约定管辖。故B项错误。

《民事诉讼法》第279条规定："下列民事案件，由人民法院专属管辖：……（三）因在中华人民共和国领域内履行中外合资经营企业合同、中外合作经营企业合同、中外合作勘探开发自然资源合同发生纠纷提起的诉讼。"据此，只有针对履行中外合资经营企业合同的纠纷，且发生在我国领域内的，才适用专属管辖，中外合资经营企业与其他民事主体的合同纠纷不符合上述情形，故C项错误。

级别管辖确定的标准是案件性质、繁简程度和案件影响的大小，不是为了便于当事人诉讼原则。因此，法律规定中级以上级别的法院管辖重大的涉外案件，主要是从保障公正审理的角度考虑。故D项错误。

9．公司的设立［A］

［解析］公司章程是公司设立的必备条件，非公司股东投资协议所能替代，故A项错误。

《公司法》对设立一般公司没有最低注册资本限额要求，张某和潘某可以将公司注册资本数额约定为50元人民币，故B项正确。

关于公司名称，《公司法》并无特别要求。《企业名称登记管理规定》也未禁止使用个人姓名作为公司名称。同时，使用张某的姓名也不存在违反法律、法规的强制性规定或者公序良俗的情形，故C项正确。

D项情形法律未作禁止，是正确的。

10．汇票保证［B］

［解析］《票据法》第48条规定："保证不得附有条件；附有条件的，不影响对汇票的保证责任。"因此，A项错误，保证不得附条件。

《票据法》第47条第2款规定，保证人在汇票或者粘单上未记载前条第4项（保证日期）的，出票日期为保证日期。因此，B项正确。

《票据法》第50条规定："被保证的汇票，保证人应当与被保证人对持票人承担连带责任。汇票到期后得不到付款的，持票人有权向保证人请求付款，保证人应当足额付款。"因此，C项错误，保证人与被保证人对持票人承担连带责任。

《票据法》第52条规定："保证人清偿汇票债务

后，可以行使持票人对被保证人及其前手的追索权。"因此，D项错误，被追索人清偿债务后，与持票人享有同一权利，本题中，丁对戊付款后，可以向丙行使追索权，也可以向乙行使追索权。

11．扣缴义务人［D］

［解析］《税收征收管理法》第4条第2款规定："法律、行政法规规定负有代扣代缴、代收代缴税款义务的单位和个人为扣缴义务人。"故A项正确，不当选。

《税收征收管理法》第25条第2款规定："扣缴义务人必须依照法律、行政法规规定或者税务机关依照法律、行政法规的规定确定的申报期限、申报内容如实报送代扣代缴、代收代缴税款报告表以及税务机关根据实际需要要求扣缴义务人报送的其他有关资料。"故B项正确，不当选。

《税收征收管理法》第27条第1款规定："纳税人、扣缴义务人不能按期办理纳税申报或者报送代扣代缴、代收代缴税款报告表的，经税务机关核准，可以延期申报。"故C项正确，不当选。

《税收征收管理法》第26条规定："纳税人、扣缴义务人可以直接到税务机关办理纳税申报或者报送代扣代缴、代收代缴税款报告表，也可以按照规定采取邮寄、数据电文或者其他方式办理上述申报、报送事项。"本条规定的纳税人、扣缴义务人可以采用多种形式报税，不必直接到税务机关报税。故D项错误，当选。

12．第三人撤销之诉的程序设置［B］

［解析］《民诉解释》第296条规定："第三人提起撤销之诉，人民法院应当将该第三人列为原告，生效判决、裁定、调解书的当事人列为被告，但生效判决、裁定、调解书中没有承担责任的无独立请求权的第三人列为第三人。"据此，乙公司提起撤销之诉，应列为原告；甲超市作为生效判决的当事人，应列为被告，即使甲超市认可乙公司的主张，也不能作为共同原告。故B项正确，A、C项错误。

乙公司与本案的处理结果有法律上的利害关系，认为判决存在错误，可以提起第三人撤销之诉，故D项错误。

13．缔约过失责任［B］

［解析］《民法典》第500条规定："当事人在订立合同过程中有下列情形之一，造成对方损失的，应当承担赔偿责任：（一）假借订立合同，恶意进行磋商；……"本题中，德凯公司假借订立合同，恶意与真诚公司进行协商，造成真诚公司损失，应当承担缔约过失责任，赔偿真诚公司因此而受到的损失。故A项错误，B项正确。

《民法典》第501条规定："当事人在订立合同过程中知悉的商业秘密或者其他应当保密的信息，无论合同是否成立,不得泄露或者不正当地使用;泄露、不正当地使用该商业秘密或者信息,造成对方损失的,应当承担赔偿责任。"本题中,德凯公司与真诚公司虽然未订立合同,凯德公司也负有保守在缔约过程中知悉的真诚公司的商业秘密的义务,不得泄露或不正当地使用。故 C 项错误。

德凯公司在缔约过程中付出大量成本属于自愿行为,且相对人真诚公司对该成本损失没有过错,因此不承担相应的责任,德凯公司不能主张抵销其赔偿。故 D 项错误。

14．一物多卖[A]

[解析]《买卖合同解释》第 6 条规定:"出卖人就同一普通动产订立多重买卖合同,在买卖合同均有效的情况下,买受人均要求实际履行合同的,应当按照以下情形分别处理:(一)先行受领交付的买受人请求确认所有权已经转移的,人民法院应予支持;(二)均未受领交付,先行支付价款的买受人请求出卖人履行交付标的物等合同义务的,人民法院应予支持;(三)均未受领交付,也未支付价款,依法成立在先合同的买受人请求出卖人履行交付标的物等合同义务的,人民法院应予支持。"由此可知,在普通动产一物多卖的情况下,履行顺序为:先行受领交付>先行支付价款>合同成立在先。【特别提醒】挖掘机不是机动车,不属于特殊动产,而是一般动产。根据《道路交通安全法》第 119 条规定,机动车是指以动力装置驱动或者牵引,上道路行驶的,供人员乘用或者用于运送物品以及进行工程专项作业的轮式车辆。通常而言,挖掘机不是上道路行驶的轮式车辆,而是装载在其他车辆上运送至施工地点进行施工的机器。因此,挖掘机不应当界定为机动车。本题的命题人也是将挖掘机当作一般动产来进行命题的。

本题中,丙、丁为先行支付价款的,其中丙支付时间早于丁,故丙、丁履行顺序为丙>丁;乙为合同成立在先的,戊为先行受领支付的,故履行顺序为戊、丙、丁、乙。故 A 项正确,B、C、D 项错误。【特别提醒】甲、乙间的挖掘机买卖合同系因甲胁迫乙而订立,属可撤销的买卖合同,但在乙行使撤销权之前,该买卖合同成立并有效。基于有效合同,乙有权请求甲履行。

15．环境侵权致人损害责任[D]

[解析]《民法典》第 1229 条规定:"因污染环境、破坏生态造成他人损害的,侵权人应当承担侵权责任。"环境侵权系无过错责任,故 A 项错误。

环境侵权的诉讼时效为 3 年,故 C 项错误。

《民法典》第 1172 条规定:"二人以上分别实施侵权行为造成同一损害,能够确定责任大小的,各自承担相应的责任;难以确定责任大小的,平均承担责任。"本题中,甲、乙、丙三家公司无共同过错,分别排

污相结合造成同一损害,每一个排污行为单独不足以造成全部损害,成立《民法典》第 1172 条规定的"共同因果关系分别侵权",甲、乙、丙三家公司承担按份责任,故 B 项错误。

《民法典》第 1231 条规定:"两个以上侵权人污染环境、破坏生态的,承担责任的大小,根据污染物的种类、浓度、排放量,破坏生态的方式、范围、程度,以及行为对损害后果所起的作用等因素确定。"故 D 项正确。

16．滥伐林木的法律责任[D]

[解析]盗伐,是指行为人违反森林法和其他保护森林的法规,未取得林木采伐许可证,擅自砍伐国家、集体或他人所有的森林和林木或本人承包经营的国家或集体的森林和林木的行为。滥伐,是指行为人违反森林法和其他保护森林的法规,未经县级以上人民政府林业主管部门及其法律规定的部门的批准并核发林木采伐许可证,或虽持有林木采伐许可证但违反许可证规定的范围采伐本单位所有或管理的及本人自留山的森林和林木的行为。本题中,某学校已经取得了采伐许可证,只是超出了许可证的范围多砍伐了 10 棵树,因此属于滥伐行为。

《森林法》第 76 条第 2 款规定:"滥伐林木的,由县级以上人民政府林业主管部门责令限期在原地或者异地补种滥伐株数 1 倍以上 3 倍以下的树木,可以处滥伐林木价值 3 倍以上 5 倍以下的罚款。"据此,滥伐林木的处罚措施是责令补种树木,并可处以罚款。本题中,该学校多采伐了 10 棵树,林业主管部门可责令其补种 1~3 倍的树木,即 10~30 棵树木,同时可以处以该 10 棵林木价值 3~5 倍的罚款。故 B、C 项错误。另《森林法》第 81 条第 1 款规定:"违反本法规定,有下列情形之一的,由县级以上人民政府林业主管部门依法组织代为履行,代为履行所需费用由违法者承担:……(二)拒不补种树木,或者补种不符合国家有关规定。"据此,当学校拒不补种树木或补种不符合国家规定时,林业主管部门才会组织代为补种,并由违法者承担补种费用,故 A 项错误。

《森林法》第 58 条规定:"申请采伐许可证,应当提交有关采伐的地点、林种、树种、面积、蓄积、方式、更新措施和林木权属等内容的材料。超过省级以上人民政府林业主管部门规定面积或者蓄积量的,还应当提交伐区调查设计材料。"故 D 项正确。

17．劳动合同的订立[C]

[解析]根据《劳动合同法》第 14 条、第 82 条的规定,因用人单位不与劳动者签订书面劳动合同的,才有 2 倍工资、视为无固定期限劳动合同等法律责任,而本题中是陈某不签订劳动合同,所以不符合 2 倍工资的适用情形。故 A、B 项错误。

根据《劳动合同法实施条例》第 6 条规定,劳

者不与用人单位订立书面劳动合同的,用人单位应当书面通知劳动者终止劳动关系,并依照《劳动合同法》第47条的规定支付经济补偿。本条规定中需支付经济补偿的前提是"用人单位书面通知劳动者终止劳动关系",而本题中却是劳动者主动辞职。《劳动合同法》第46条详细规定了用人单位应当向劳动者支付经济补偿的情形,只有在用人单位主动解除劳动合同或用人单位有过错导致劳动者解除劳动合同的情况下,才须向劳动者支付经济补偿。本题中,公司多次书面通知陈某签订劳动合同,而陈某因个人原因未签订劳动合同,其主动提出辞职,公司对此没有过错,因此无需向陈某支付经济补偿。故C项正确,D项错误。

18.诉讼标的与诉讼请求[C]

[解析] 诉讼标的是指当事人之间发生争执并要求法院作出裁判的民事权利义务关系。本案的诉讼标的是房屋租赁法律关系,没有发生变更,因此不能作为诉讼标的的变更另案审理。在诉讼过程中,诉讼标的不允许任意变更。因为变更诉讼标的实际上是要求法院对一个新的民事法律关系进行裁判。但在不变更诉讼标的的前提下可以增加诉讼标的的金额。

本案中,诉讼标的是房屋租赁法律关系,甲基于房屋租赁法律关系要求法院作出乙支付半年房租6000元的判决。后因情势变更,甲基于房屋租赁法律关系要求法院作出要求乙增加房租至7000元的判决。诉讼标的未曾改变,仅诉讼请求增加,法院应当继续审理案件。故C项正确,A、B、D项错误。

19.代表人诉讼[C]

[解析]《民事诉讼法》第57条规定:"诉讼标的是同一种类、当事人一方人数众多在起诉时人数尚未确定的,人民法院可以发出公告,说明案件情况和诉讼请求,通知权利人在一定期间向人民法院登记。向人民法院登记的权利人可以推选代表人进行诉讼;推选不出代表人的,人民法院可以与参加登记的权利人商定代表人。代表人的诉讼行为对其所代表的当事人发生效力,但代表人变更、放弃诉讼请求或者承认对方当事人的诉讼请求,进行和解,必须经被代表的当事人同意。人民法院作出的判决、裁定,对参加登记的全体权利人发生效力。未参加登记的权利人在诉讼时效期间提起诉讼的,适用该判决、裁定。"《民诉解释》第77条规定:"根据民事诉讼法第五十七条规定,当事人一方人数众多在起诉时不确定的,由当事人推选代表人。当事人推选不出的,可以由人民法院提出人选与当事人协商;协商不成的,也可以由人民法院在起诉的当事人中指定代表人。"

本题中,"潜在受害人不可确定"意味着本案是人数不确定的代表人诉讼。注意,在人数不确定的代表人诉讼中代表人的产生分为三个步骤:推选;协商;

指定。题目中,"未能推选出诉讼代表人"意味着已经经过了推选。"法院建议由甲、乙作为诉讼代表人,但丙、丁等人反对"表明法院已经与当事人协商过,只是没有协商成功。此时,只能由法院指定诉讼代表人。故C项正确,A、B、D项错误。

20.二审程序当事人地位的确定[D]

[解析]《民诉解释》第317条规定:"必要共同诉讼人的一人或者部分人提起上诉的,按下列情形分别处理:(一)上诉仅对与对方当事人之间权利义务分担有意见,不涉及其他共同诉讼人利益的,对方当事人为被上诉人,未上诉的同一方当事人依原审诉讼地位列明;(二)上诉仅对共同诉讼人之间权利义务分担有意见,不涉及对方当事人利益的,未上诉的同一方当事人为被上诉人,对方当事人依原审诉讼地位列明;(三)上诉对双方当事人之间以及共同诉讼人之间权利义务承担有意见的,未提起上诉的其他当事人均为被上诉人。"

本题中,甲认为分配给丙和丁的遗产份额过多,即对与丙、丁之间的权利义务分担有意见,因此应将丙和丁作为被上诉人,甲为上诉人。而对于乙的权利义务的承担,甲在上诉中并没有涉及,故乙应当按照原审诉讼地位列明,将其列为原审原告。故A、B、C项错误,D项正确。

21.遗产的范围;遗嘱继承;遗嘱的效力[C]

[解析]《民法典》第1122条第1款规定:"遗产是自然人死亡时遗留的个人合法财产。"本题中,60万元的赔款是在甲因被侵权死亡后,由甲的近亲属所获得的死亡赔偿金,不属于甲的生前财产,因此不属于遗产的范围。故A项错误。

《民法典》第1141条规定:"遗嘱应当为缺乏劳动能力又没有生活来源的继承人保留必要的遗产份额。"这是关于"特留份"的规定。此条的适用具有强制性,为缺乏劳动能力又没有生活来源的继承人留下必要的遗产后,剩余的部分,才能参照遗嘱确定的分配原则处理。丙是甲的第一顺序法定继承人,甲的遗嘱没有给丙分配遗产,但甲死亡时,缺乏劳动能力的丙由乙承担抚养义务,丙有其他生活来源,因此甲的遗嘱全部有效。如果甲死亡时,乙也没有抚养丙的能力,则甲的遗嘱部分无效。总之,不可能因此导致甲的遗嘱全部无效。故B项错误。

《民法典》第1153条第1款规定:"夫妻共同所有的财产,除有约定的外,遗产分割时,应当先将共同所有的财产的一半分出为配偶所有,其余的为被继承人的遗产。"本题中,甲与乙婚后购买的住房和20万元存款,属甲、乙共同共有财产,一半属于乙,另一半属于甲。故C项正确。

《民法典》第1123条规定:"继承开始后,按照法定继承办理;有遗嘱的,按照遗嘱继承或者遗赠办理;

有遗赠扶养协议的,按照协议办理。"乙虽为甲的第一顺序法定继承人,但甲所立遗嘱排除了乙的继承份额。所以,乙无权继承甲的遗产。故 D 项错误。

22．教育机构的侵权补充责任[D]

[解析]《民法典》第 1201 条规定:"无民事行为能力人或者限制民事行为能力人在幼儿园、学校或者其他教育机构学习、生活期间,受到幼儿园、学校或者其他教育机构以外的第三人人身损害的,由第三人承担侵权责任;幼儿园、学校或者其他教育机构未尽到管理职责的,承担相应的补充责任。幼儿园、学校或者其他教育机构承担补充责任后,可以向第三人追偿。"本题中,小学生李某参与学校组织的春游,应当认定为"在教育机构学习生活期间",该小学以外的第三人刘某因过错致李某人身损害,成立过错侵权,刘某应对李某遭受的全部损害承担责任。同时,某小学未尽教育、管理和保护的义务,某小学应当承担与其过错相应的补充责任。故 D 项正确,A、B、C 项错误。

23．公司法人人格否认[A]

[解析]《公司法》第 23 条第 1 款规定:"公司股东滥用公司法人独立地位和股东有限责任,逃避债务,严重损害公司债权人利益的,应当对公司债务承担连带责任。"零盛公司控股股东甲公司将零盛公司的资产全部用于甲公司的其他项目,严重影响了零盛公司的偿债能力,因此,甲公司应当对零盛公司的债务承担连带责任。故 A 项正确。

乙公司未实施滥用公司法人独立地位和股东有限责任的行为,所以乙公司不应承担对丙公司的连带责任,也不承担按份责任。故 B、C 项错误。

丙公司作为债权人可以依《公司法》第 23 条起诉滥用公司法人人格的股东,未必只能通过破产程序受偿。故 D 项错误。

24．公司的司法解散[B]

[解析] 根据《公司法解释(二)》第 2 条规定,股东提起解散公司诉讼,同时又申请人民法院对公司进行清算的,人民法院对其提出的清算申请不予受理。故 A 项错误。

《公司法解释(二)》第 3 条规定:"股东提起解散公司诉讼时,向人民法院申请财产保全或者证据保全的,在股东提供担保且不影响公司正常经营的情形下,人民法院可予以保全。"故 B 项正确。

《公司法解释(二)》第 4 条第 1 款和第 2 款规定:"股东提起解散公司诉讼应当以公司为被告。原告以其他股东为被告一并提起诉讼的,人民法院应当告知原告将其他股东变更为第三人;原告坚持不予变更的,人民法院应当驳回原告对其他股东的起诉。"故 C 项错误,司法解散的被告是公司,只能将其他股东变更为第三人,不能列为共同被告。

《公司法解释(二)》第 6 条第 1 款规定:"人民法院关于解散公司诉讼作出的判决,对公司全体股东具有法律约束力。"故 D 项错误。

25．产品缺陷造成损害的责任[D]

[解析]《消费者权益保护法》第 11 条规定:"消费者因购买、使用商品或者接受服务受到人身、财产损害的,享有依法获得赔偿的权利。"第 18 条第 1 款规定:"经营者应当保证其提供的商品或者服务符合保障人身、财产安全的要求。对可能危及人身、财产安全的商品和服务,应当向消费者作出真实的说明和明确的警示,并说明和标明正确使用商品或者接受服务的方法以及防止危害发生的方法。"本题中,美容店向王某提供的护肤品系假冒伪劣产品,不符合保障人身安全的要求,应当承担全部责任。故 D 项正确,A、B 项错误。C 项中,王某的怀疑并不构成明知,不能减轻美容店的责任。故 C 项错误。

26．先占[D]

[解析] 先占,是指以所有的意思,先于他人占有无主的动产,从而取得其所有权的法律事实。我国在立法上没有规定先占制度,但是不能一概排斥先占原则。从我国现有的法律规定看,埋藏的文物、受国家法律保护的野生动物、渔业资源等重要财产依法都属于国家财产,埋藏物、遗失物、无人继承的遗产有特殊的法律规定,要依照特殊规定来处理。对于特殊规定之外的无主财产,从我国现实生活来讲,实际上是存在着先占的习惯的。本题中提到石头虽然是在长江中发现的,但是并不属于长江整体的一部分,且不属于法律特殊规定中属于国家所有的财产,而是独立物、无主物,因此,依先占的习惯,潘某可以取得其所有权。故 D 项正确;A、B、C 项错误。【特别提醒】民法典中所谓水流属于国家所有,只是一种观念中的所有权,国家是一个抽象的主体,其不可能像个人一样,对于其所有的财产进行占有、使用、收益、处分,这种所有的正当性,恰恰在于更好地满足不同个体的需求。

27．债权转让;债务承担;代位权[B]

[解析]《民法典》第 546 条第 1 款规定:"债权人转让债权,未通知债务人的,该转让对债务人不发生效力。"据此,甲公司将其债权转让给丁公司通知乙公司即可,无须得到乙公司的同意。故 A 项错误。

《民法典》第 551 条第 1 款规定:"债务人将债务的全部或者部分转移给第三人的,应当经债权人同意。"据此,债务人丙公司将自己对乙公司的全部债务转让给戊公司需要得到乙公司的同意,否则该转让无效。因此,丁公司不能直接向戊公司行使代位权。故 B 项正确。

债务人怠于行使其到期债权,对债权人造成损害的,是指债务人不履行其对债权人的到期债务,又不以诉讼方式或者仲裁方式向其债务人主张其享有的具有金钱给付内容的到期债权，致使债权人的到期债权未能实现。乙公司虽在诉讼之外请求戊公司偿还债务，但未以起诉或者申请仲裁方式对戊公司主张到期的金钱债权，仍属于"怠于"行使对戊公司的金钱债权，并因此损害丁公司的债权。戊公司不得据此对丁公司提出有效的抗辩。故 C 项错误。**【特别提醒】**根据 B 项分析，丙公司、戊公司间的债务转让合同，在没有经过债权人同意或追认之前，属于效力待定合同。根据 C 项提供的信息，若乙公司要求戊公司偿还债务，则属于以推定的方式对债务转让予以追认，此时债务转让有效，戊公司有效承担了丙公司的债务。此为解答 C 项的前提。

仲裁条款确有排除诉讼的效力，但仲裁条款亦具相对性，只能约束仲裁协议的双方。对此，《民法典合同编通则解释》第 36 条规定："债权人提起代位权诉讼后，债务人或者相对人以双方之间的债权债务关系订有仲裁协议为由对法院主管提出异议的，人民法院不予支持。但是，债务人或者相对人在首次开庭前就债务人与相对人之间的债权债务关系申请仲裁的，人民法院可以依法中止代位权诉讼。"据此，债务人乙公司与次债务人丙公司之间的仲裁协议，不能排除协议之外的第三人丁公司以起诉的方式行使代位权。故 D 项错误。

28．婚姻的效力；姓名权[D]

[解析]《民法典》第 1051 条规定："有下列情形之一的，婚姻无效：(一)重婚；(二)有禁止结婚的亲属关系；(三)未到法定婚龄。"《民法典婚姻家庭编解释(一)》第 17 条规定："当事人以民法典第一千零五十一条规定的三种无效婚姻以外的情形请求确认婚姻无效的，人民法院应当判决驳回当事人的诉讼请求。当事人以结婚登记程序存在瑕疵为由提起民事诉讼，主张撤销结婚登记的，告知其可以依法申请行政复议或者提起行政诉讼。"本题中，陈小美以其双胞胎妹妹陈小丽的名义与高甲登记结婚，存在姓名欺诈，但不属于婚姻无效事由，当事人无权主张婚姻无效。登记程序存在瑕疵的，当事人可以申请行政复议或行政诉讼。故 A 项错误。

《民法典》第 1052 条规定："因胁迫结婚的，受胁迫的一方可以向人民法院请求撤销婚姻。请求撤销婚姻的，应当自胁迫行为终止之日起一年内提出。被非法限制人身自由的当事人请求撤销婚姻的，应当自恢复人身自由之日起一年内提出。"第 1053 条规定："一方患有重大疾病的，应当在结婚登记前如实告知另一方；不如实告知的，另一方可以向人民法院请求撤销婚姻。请求撤销婚姻的，应当自知道或者应当知道撤销事由之日起一年内提出。"据此，可撤销婚姻的原因只有胁迫和隐瞒重大疾病的欺诈两种情形，本

题不属于上述情形。故 B 项错误。

《民法典》第 27 条第 1 款规定："父母是未成年子女的监护人。"第 1012 条规定："自然人享有姓名权，有权依法决定、使用、变更或者许可他人使用自己的姓名，但是不得违背公序良俗。"高小甲是无民事行为能力人，由其法定代理人代理实施民事法律行为。其姓名权由其法定监护人行使。因为高甲患精神病期间，缺乏监护能力，高甲不是高小甲的监护人，仅陈小美为高小甲的监护人，因此，陈小美决定将高小甲的姓名变更为陈龙，既未侵害高小甲的姓名权，亦未侵害高甲的权益。故 C 项错误，D 项正确。

29．管辖权异议；应诉管辖[B]

[解析]《民诉解释》第 18 条第 1、3 款规定："合同约定履行地点的，以约定的履行地点为合同履行地。合同没有实际履行，当事人双方住所地都不在合同约定的履行地的，由被告住所地人民法院管辖。"本题中，甲公司和乙公司约定了履行地，但合同并未实际履行，且双方住所地都不在约定的履行地，则本案的管辖法院只有被告住所地 A 市 B 区法院。故 A 项错误。

《民事诉讼法》第 130 条规定："人民法院受理案件后，当事人对管辖权有异议的，应当在提交答辩状期间提出。人民法院对当事人提出的异议，应当审查。异议成立的，裁定将案件移送有管辖权的人民法院；异议不成立的，裁定驳回。当事人未提出管辖异议，并应诉答辩或者提出反诉的，视为受诉人民法院有管辖权，但违反级别管辖和专属管辖规定的除外。"本案中，D 区法院原本无管辖权，但被告甲公司在提交答辩状期间未提出异议且提交了答辩状，未违反级别管辖和专属管辖，则 D 区法院基于应诉管辖取得管辖权。因此二审法院对上诉人提出的管辖权异议不予审查，裁定驳回其异议。故 B 项正确，C、D 项错误。

30．依法裁判原则；调解制度[D]

[解析]《民事诉讼法》第 136 条规定："人民法院对受理的案件，分别情形，予以处理：……(二)开庭前可以调解的，采取调解方式及时解决纠纷；……"因此，法院在审理中进行调解是正确的。故 A 项说法错误，不当选。

《调解规定》第 1 条第 1 款规定，根据《民事诉讼法》第 95 条(现为第 98 条)的规定，人民法院可以邀请与当事人有特定关系或者与案件有一定联系的企业事业单位、社会团体或者其他组织，和具有专门知识、特定社会经验、与当事人有特定关系并有利于促成调解的个人协助调解工作。因此，邀请其他人参与调解，并不影响当事人行使辩论权。故 B 项说法错误，不当选。

处分原则表明当事人可以自由处分自己的实体

权利和程序权利,"双方让步放弃诉求和权益"正好体现了处分原则。故 C 项说法错误,不当选。

"邀请了村中有声望的老人及当事人的共同朋友参加"是在运用法律手段,积极主动履职。能动司法要求法院依法裁判,并充分运用调解手段,化解社会矛盾,做到"能调则调、当判则判、调判结合、案结事了",充分实现司法工作的政治效果、社会效果和法律效果的结合。故 D 项说法正确,当选。

31.合伙财产继承[D]

[解析]《合伙企业法》第 50 条规定:"合伙人死亡或者被依法宣告死亡的,对该合伙人在合伙企业中的财产份额享有合法继承权的继承人,按照合伙协议的约定或者经全体合伙人一致同意,从继承开始之日起,取得该合伙企业的合伙人资格。有下列情形之一的,合伙企业应当向合伙人的继承人退还被继承合伙人的财产份额:(一)继承人不愿意成为合伙人;(二)法律规定或者合伙协议约定合伙人必须具有相关资格,而该继承人未取得该资格;(三)合伙协议约定不能成为合伙人的其他情形。合伙人的继承人为无民事行为能力人或者限制民事行为能力人的,经全体合伙人一致同意,可以依法成为有限合伙人,普通合伙企业依法转为有限合伙企业。全体合伙人未能一致同意的,合伙企业应当将被继承合伙人的财产份额退还该继承人。"可见,李明有权继承其父在合伙企业中的财产份额,故 A 项正确。李明为限制民事行为能力人,在取得其他合伙人同意后,李明可依法成为有限合伙人,故 B 项正确。合伙协议可以对合伙人的资格作出限制,若合伙协议约定合伙人必须具有完全行为能力,则李明不能成为合伙人,故 C 项正确。李明能够成为合伙人,完全是基于合伙协议或者全体合伙人的意愿,不能仅是李明的个人意思表示,故 D 项错误。

32.银行业监督管理机构的职责范围[D]

[解析]《银行业监督管理法》第 16 条规定:"国务院银行业监督管理机构依照法律、行政法规规定的条件和程序,审查批准银行业金融机构的设立、变更、终止以及业务范围。"故 A 项属于其职责范围,不当选。

《银行业监督管理法》第 17 条规定:"申请设立银行业金融机构,或者银行业金融机构变更持有资本总额或者股份总额达到规定比例以上的股东的,国务院银行业监督管理机构应当对股东的资金来源、财务状况、资本补充能力和诚信状况进行审查。"故 B 项属于其职责范围,不当选。

《银行业监督管理法》第 18 条规定:"银行业金融机构业务范围内的业务品种,应当按照规定经国务院银行业监督管理机构审查批准或者备案。需要审查批准或者备案的业务品种,由国务院银行业监督管理机构依照法律、行政法规作出规定并公布。"故 C

项属于其职责范围,不当选。

《中国人民银行法》第 23 条第 1 款第 1 项规定:"中国人民银行为执行货币政策,可以运用下列货币政策工具:(一)要求银行业金融机构按照规定的比例交存存款准备金;……"故 D 项不属于其职责范围,当选。

33.著作权的客体;表演者权;广播组织权[C]

[解析]作品,是指文学、艺术和科学领域内具有独创性并能以一定形式表现的智力成果。其构成要件为:其一,属于文学、艺术和自然科学、社会科学、工程技术等科学领域中的智力成果;其二,具有独创性;其三,具有可复制性,即可以通过某种有形形式复制,从而被他人所感知。体育赛事并不具备独创性,而且一场体育赛事是难以复制的,所以不能认定为作品。因此,篮球比赛不属于作品,赛事的主办方不享有篮球比赛的著作权,故 A 项错误。【特别提醒】虽然体育赛事不属于作品,但体育赛事由广播电台、电视台直播或转播,广播电台、电视台形成的"播放者权"受《著作权法》保护。

《著作权法》第 38 条规定:"使用他人作品演出,表演者应当取得著作权人许可,并支付报酬。演出组织者组织演出,由该组织者取得著作权人许可,并支付报酬。"由此可见,表演应该是表演者以自己的表演活动将他人的作品再现的过程。篮球比赛并没有事先编好的剧本,也不是将事先编好的作品进行再现,因此篮球比赛的运动员不是著作权法中规定的"表演者",不享有"表演者权",故 B 项错误。【特别提醒】表演者,包括演员、演出单位或者其他表演文学、艺术作品的人。篮球运动员并不是按照既定剧本进行比赛,因此不属于表演者,而 C 项中的舞蹈演员属于"表演者"。

《著作权法》第 39 条规定:"表演者对其表演享有下列权利:……(三)许可他人从现场直播和公开传送其现场表演,并获得报酬;……"据此,表演者有许可他人从现场直播和公开传送其现场表演,并获得报酬的权利。舞蹈演员属于表演者,因此"乙电视台未经许可截取电视信号进行同步转播"的行为侵犯了舞蹈演员的表演者权,故 C 项正确。

广播电台、电视台享有播放者权。《著作权法》第 47 条第 1 款规定:"广播电台、电视台有权禁止未经其许可的下列行为:(一)将其播放的广播、电视以有线或者无线方式转播;……"据此,"乙电视台未经许可截取电视信号进行同步转播"的行为侵犯了甲电视台的播放者权,而非体育赛事主办方的权利,体育赛事主办方不享有播放者权。故 D 项错误。

34.国际货物买卖贸易术语中"FOB"术语的主要特征;国际货物销售合同的权利担保[C]

[解析] 根据《2020 通则》,FOB 术语下,卖方并

无签订货物运输合同并支付运费的义务,应由买方负责。故 A 项错误。

2010 年版和 2020 年版贸易术语风险转移不再设定"船舷"界限,只强调卖方承担货物装上船为止的一切风险,FOB 中风险自货物在装运港口被装上船时转移。据此,甲、乙公司的风险承担以货物在装运港被装上船为界。故 B 项错误。

FOB 中卖方必须自付费用包装货物,依据《联合国国际货物销售合同公约》规定,货物应当按照同类货物通用的方式装箱或包装,如果没有此种通用方式,则按照足以保全和保护货物的方式装箱或包装。故 C 项正确。

卖方所交付的货物,必须是第三方不能依买方营业地或合同预期的货物销售或使用地的知识产权主张任何权利或要求的货物。中国是买方营业地,如该批设备侵犯了第三方在中国的专利权,甲公司应当承担责任。故 D 项错误。

35. 自然人民事权利能力和民事行为能力的法律适用[D]

[解析]《涉外民事关系法律适用法》第 11 条规定:"自然人的民事权利能力,适用经常居所地法律。"琼斯的经常居住地在乙国,其民事权利能力适用乙国法。故 A、B 项错误。

《涉外民事关系法律适用法》第 12 条规定:"自然人的民事行为能力,适用经常居所地法律。自然人从事民事活动,依照经常居所地法律为无民事行为能力,依照行为地法律为有民事行为能力的,适用行为地法律,但涉及婚姻家庭、继承的除外。"民事行为能力适用哪国法,首先看经常居住地法,如果经常居住地法认为自然人无民事行为能力,则依行为地法。因此依照乙国法琼斯为无民事行为能力,依照中国法为有民事行为能力的,其民事行为能力适用中国法。故 C 项错误,D 项正确。

36. 股东的义务[C]

[解析]《公司法》第 21 条规定:"公司股东应当遵守法律、行政法规和公司章程,依法行使股东权利,不得滥用股东权利损害公司或者其他股东的利益。公司股东滥用股东权利给公司或者其他股东造成损失的,应当承担赔偿责任。"本题中,甲公司作为丙公司的股东,滥用股东权利损害了丙公司的利益,应当对丙公司承担赔偿责任,故 C 项正确。题中并未提及甲公司的行为给公司股东乙公司造成损失,无需对乙公司承担赔偿责任,故 B 项错误。丁公司和丙公司是业务关系,无需对丙公司承担赔偿责任,故 A、D 项错误。

37. 自认[C]

[解析]《民诉解释》第 92 条规定:"一方当事人在法庭审理中,或者在起诉状、答辩状、代理词等书面

材料中,对于己不利的事实明确表示承认的,另一方当事人无需举证证明。对于涉及身份关系、国家利益、社会公共利益等应当由人民法院依职权调查的事实,不适用前款自认的规定。自认的事实与查明的事实不符的,人民法院不予确认。"《民诉解释》第 107 条规定:"在诉讼中,当事人为达成调解协议或者和解协议作出妥协而认可的事实,不得在后续的诉讼中作为对其不利的根据,但法律另有规定或者当事人均同意的除外。"本题中,在庭前调解中,张某承认对郭某财产造成损害,并不构成自认,因此不能作为对张某不利的证据使用。故 C 项正确,A、B 项错误。

法院审理的第一审民事诉讼案件,应当开庭审理,不得未经开庭直接作出判决。故 D 项错误。

38. 二审中的特殊调解[A]

[解析]本题中,一审时原告提出的住房分割诉讼请求,原审人民法院未作审理、判决的,按照《民诉解释》第 324 条规定:"对当事人在第一审程序中已经提出的诉讼请求,原审人民法院未作审理、判决的,第二审人民法院可以根据当事人自愿的原则进行调解;调解不成的,发回重审。"故 A 项正确。但是一审时原告提出的住房分割诉讼请求,二审中即便当事人同意,二审法院也不能一并裁判。故 D 项错误。

二审中,张红增加诉讼请求,要求分割诉讼期间齐远继承其父的遗产。《民诉解释》第 326 条规定:"在第二审程序中,原审原告增加独立的诉讼请求或者原审被告提出反诉的,第二审人民法院可以根据当事人自愿的原则就新增加的诉讼请求或者反诉进行调解;调解不成的,告知当事人另行起诉。双方当事人同意由第二审人民法院一并审理的,第二审人民法院可以一并裁判。"也就是说,这个新的诉讼请求,是不能发回重审的。故 B、C 项错误。【总结提示】(1)一审法院存在错误的(如遗漏当事人诉讼请求、遗漏必须参加诉讼的当事人、一审判决不准离婚但二审认为应当离婚的),二审法院调解不成,发回重审;一审法院不存在错误的(如原告新增独立诉讼请求或者被告提出反诉的),二审法院调解不成,告知另行起诉。(2)经过当事人同意后,二审法院可以一并审理并作出判决的情形:第一,一审判决不准离婚,二审认为应当判决离婚的,对于财产分割和子女抚养问题;第二,一审原告新增独立诉讼请求或者被告提出反诉的。

39. 冲突规范的类型[D]

[解析]根据冲突规范对应适用的法律的规定的不同,可将冲突规范划分为不同类型。(1)单边冲突规范,是指直接规定某些涉外民事关系只适用内国法或只适用外国法的冲突规范。(2)双边冲突规范,是指必须将系属中连结点和案情结合才能确定准据法的冲突规范。(3)重叠适用的冲突规范,是指系属具有两个或者两个以上,并且同时适用于某种民商事

法律关系的冲突规范。（4）选择适用的冲突规范，是指有两个或两个以上系属但只需选择其中之一适用即能确定准据法的冲突规范。又进一步分为：①无条件选择适用的冲突规范，是指在这个规范中，各系属所提供的可供选择的法律具有同等价值，并无主次轻重之分。②有条件选择适用的冲突规范，要求法院在处理争议时，在准据法的选择上有优先顺序。

本题中冲突规范有两个以上的连结点并且要求选择适用，属于选择适用的冲突规范。故 A、B 项错误。多个连结点要求按照顺序选择，属于有条件选择适用的冲突规范。故 C 项错误，D 项正确。

40．涉外仲裁裁决的撤销[B]

[解析] 我国法院只能撤销本国的仲裁裁决，不能撤销外国的仲裁裁决，对外国的仲裁裁决只能作出不予承认和执行的裁定。故 A 项错误。

根据《仲裁法》第 70 条规定，当事人提出证据证明涉外仲裁裁决有民事诉讼法第 258 条第 1 款（现为第 284 条第 1 款）规定的情形之一的，经人民法院组成合议庭审查核实，裁定撤销。《仲裁法解释》第 19 条规定："当事人以仲裁裁决事项超出仲裁协议范围为由申请撤销仲裁裁决，经审查属实的，人民法院应当撤销仲裁裁决中的超裁部分。但超裁部分与其他裁决事项不可分的，人民法院应当撤销仲裁裁决。"可见，我国法院撤销涉外仲裁裁决的法定理由之一是裁决事项超出仲裁协议范围。故 B 项正确。

撤销涉外仲裁裁决的依据是《仲裁法》第 70 条，可撤销理由有 4 项；撤销国内仲裁裁决的依据是《仲裁法》第 58 条，可撤销理由有 6 项。根据条文内容可知，撤销涉外仲裁裁决和撤销国内仲裁裁决的法定理由不同。故 C 项错误。

《民事诉讼法》中规定可以上诉的裁定只有不予受理、驳回起诉、管辖权异议三种，不包括不予执行裁定，因此单纯看 D 项本身的表述是正确的。但是，结合本题题干"关于仲裁裁决的撤销……"D 项则是不正确的，对于当事人提起撤销仲裁裁决的请求，法院只能作出撤销仲裁裁决或驳回当事人申请两种裁定，不应作出不予执行仲裁裁决的裁定。故 D 项结合题意不严谨，不当选。

41．国际货物运输与保险；信用证[C]

[解析]《海牙规则》第 4 条第 2 款规定，对由于天灾原因引发或造成的货物灭失或损害，承运人不负责任。题中"货物途中遇台风全损"，属于天灾的情况，承运人免责。故 A 项错误。

原则上银行只受"单证相符""单单相符"的约束，即只要单据和信用证表面相符，开证行应付款。故 B 项错误。

本题投保了平安险，平安险承保的范围包括被保险货物在运输途中由于自然灾害造成的整批货物的

全部损失或推定全损。本题中货物因台风全损属于平安险承保范围，保险公司应该赔偿甲公司货物的损失。故 C 项正确。

丙银行作为保兑行，自对信用证加具保兑起即不可撤销地承担承付或议付的责任。故 D 项错误。

42．《服务贸易总协定》中的服务贸易的方式 [D]

[解析] 服务贸易有四种提供方式：

（1）自然人存在：指一成员方的服务提供者以自然人的身份进入另一成员方的领土内提供服务的方式，如某外国律师作为外国律师事务所的驻华代表到中国境内为消费者提供服务。A 项中国某运动员应聘到美国担任体育教练属于自然人存在。故 A 项不当选。

（2）境外消费：指服务提供者在一成员方的领土内，向来自另一成员方的消费者提供服务的方式，如中国公民在其他国家短期居留期间，享受国外的医疗服务。B 项中国某旅行公司组团到泰国旅游属于境外消费。故 B 项不当选。

（3）商业存在：指在一成员方的服务提供者在另一成员方领土内设立商业机构，在后者领土内为消费者提供服务的方式，如外国服务类企业在中国设立公司为中国企业或个人提供服务。C 项加拿大某银行在中国设立分支机构属于商业存在。故 C 项不当选。

（4）跨境交付：指在一国境内向其他国境内提供服务的方式。D 项中国政府援助非洲某国一笔资金属于一国政府对另一国政府的资金援助，不属于服务贸易的范畴。故 D 项当选。

43．股东资格的继承[B]

[解析]《公司法》第 90 条规定："自然人股东死亡后，其合法继承人可以继承股东资格；但是，公司章程另有规定的除外。"据此，自然人股东的继承人可以继承股东资格，但公司章程可以对股东资格的继承作出特别规定，可以规定继承股东资格的条件，也可以规定对股东资格不得继承。故 A、C、D 项正确。

B 项错误，甲股东死亡后，其继承人可以继承的是股东资格，而不能继承董事长职位。

44．人民调解协议的效力[A]

[解析] 人民调解与法院调解是不一样的。法院调解，是法院行使审判权的一种方式，是民事纠纷进入诉讼后的一种调解。而人民调解则是人民调解员主持下的调解，是一种民间的纠纷解决机制。本题就属于人民调解，它是人民调解委员会进行调解的，而不是法院主持下的调解。

人民调解协议具有合同性质。对此，《人民调解法》第 31 条第 1 款规定："经人民调解委员会调解达成的调解协议，具有法律约束力，当事人应当按照约定履行。"这就好比人民调解协议是一个新的合同，

有了人民调解协议,当事人不得再争议原来的纠纷,即使要争议,也只能围绕人民调解协议发生争议。《人民调解法》第32条规定:"经人民调解委员会调解达成调解协议后,当事人之间就调解协议的履行或者调解协议的内容发生争议的,一方当事人可以向人民法院提起诉讼。"本题中,张某如反悔不履行协议,李某可就调解协议向法院提起诉讼,不得再对原来的侵权纠纷起诉。故A项正确,B项错误。张某如反悔不履行协议,李某可先向法院请求确认调解协议有效,在法院确认调解协议有效后,才能向法院申请强制执行调解协议。故C项错误。

人民调解不是法院调解,没有合议庭与独任庭的问题,因此张某不能以调解委员会未组成合议庭调解为由,而向法院申请撤销调解协议。故D项错误。

【总结提示】关于人民调解委员会主持制作的调解协议的效力,注意:(1)有法律约束力。其效力类似于合同,约束双方当事人。(2)没有既判力。既判力指禁止再诉的效力,即一个有既判力的法律文书将禁止当事人就该纠纷再次向人民法院起诉。而当事人达成调解协议后可以就该调解协议向法院起诉,所以调解协议没有既判力。(3)没有强制执行力。如果需要赋予调解协议强制执行力,当事人可以在调解协议生效后30日内共同向调解组织所在地基层法院申请确认调解协议效力,法院适用特别程序审理。

45.离婚过错损害赔偿[C]

[解析]《民法典》第1091条规定:"有下列情形之一,导致离婚的,无过错方有权请求损害赔偿:(一)重婚;(二)与他人同居;(三)实施家庭暴力;(四)虐待、遗弃家庭成员;(五)有其他重大过错。"根据《民法典婚姻家庭编解释(一)》第86条的规定,这里的"损害赔偿",包括物质损害赔偿和精神损害赔偿。由此可知,针对钟某家庭暴力,柳某可以主张物质损害赔偿和精神损害赔偿。故A、B项错误。

《民法典婚姻家庭编解释(一)》第90条规定:"夫妻双方均有民法典第一千零九十一条规定的过错情形,一方或者双方向对方提出离婚损害赔偿请求的,人民法院不予支持。"如果柳某婚内与杜某同居,也具有过错,在双方都有过错的情形下,不能请求对方赔偿。故C项正确,D项错误。

46.物业服务合同[B]

[解析]《民法典》第938条第2款规定:"物业服务人公开作出的有利于业主的服务承诺,为物业服务合同的组成部分。"因此,北林公司公开作出的服务承诺及制定的服务细则中有利于业主的部分,是物业服务合同的组成部分。故A项错误。

《民法典》第937条第1款规定:"物业服务合同是物业服务人在物业服务区域内,为业主提供建筑物及其附属设施的维修养护、环境卫生和相关秩序的管理维护等物业服务,业主支付物业费的合同。"据此,物业服务合同的双方当事人是物业服务人及业主,业主作为合同的相对方,具有支付物业费的义务。故B项正确。C项错误,业主委员会没有代业主缴纳物业费的义务。

《民法典》第944条第1款规定:"业主应当按照约定向物业服务人支付物业费。物业服务人已经按照约定和有关规定提供服务的,业主不得以未接受或者无需接受相关物业服务为由拒绝支付物业费。"据此,业主丙不能以2年未接受物业服务为由拒绝补交物业费。故D项错误。

47.裁定驳回起诉的适用[B]

[解析]根据《民事诉讼法》第122条的规定,原告起诉的条件之一是有明确的被告,该案王旭已于张丽起诉前死亡,因此,张丽起诉离婚不符合《民事诉讼法》规定的条件,法院在受理案件后发现此事实,应裁定驳回原告的起诉。因此,B项是本题的答案,其余选项均错误。

48.医疗损害责任的构成要件;医疗损害责任的免责事由[A]

[解析]《民法典》第1218条规定:"患者在诊疗活动中受到损害,医疗机构或者其医务人员有过错的,由医疗机构承担赔偿责任。"由此可见,医疗侵权原则上是一般过错责任,由患者举证证明医疗机构有过错。故A项正确。

《民法典》第1219条规定:"医务人员在诊疗活动中应当向患者说明病情和医疗措施。需要实施手术、特殊检查、特殊治疗的,医务人员应当及时向患者具体说明医疗风险、替代医疗方案等情况,并取得其明确同意;不能或者不宜向患者说明的,应当向患者的近亲属说明,并取得其明确同意。医务人员未尽到前款义务,造成患者损害的,医疗机构应当承担赔偿责任。"第1220条规定:"因抢救生命垂危的患者等紧急情况,不能取得患者或者其近亲属意见的,经医疗机构负责人或者授权的负责人批准,可以立即实施相应的医疗措施。"据此,医院在为患者实施手术前,应当对患者或者其近亲属履行特殊告知义务,并经其明确同意。本题中,父亲将田某送到医院,不能取得田某同意之时,还可以取得田某之父的同意,不能直接自主决定。故B项错误。

《民法典》第1223条规定:"因药品、消毒产品、医疗器械的缺陷,或者输入不合格的血液造成患者损害的,患者可以向药品上市许可持有人、生产者、血液提供机构请求赔偿,也可以向医疗机构请求赔偿。患者向医疗机构请求赔偿的,医疗机构赔偿后,有权向负有责任的药品上市许可持有人、生产者、血液提供机构追偿。"该条规定了"医疗产品责任"。据此,患者在诊断、治疗过程中因医疗产品的缺陷遭受损害的,医疗产品的提供者和医疗机构应当承担无过错责任、不真正连带责任。故 C 项错误。

《民法典》第 1222 条规定:"患者在诊疗活动中受到损害,有下列情形之一的,推定医疗机构有过错:(一)违反法律、行政法规、规章以及其他有关诊疗规范的规定;(二)隐匿或者拒绝提供与纠纷有关的病历资料;(三)遗失、伪造、篡改或者违法销毁病历资料。"由此可知,医院拒绝提供相关病历的,推定其存在过错,应当承担赔偿责任。故 D 项错误。

49．合作作品著作权的归属及行使[B]

[解析]《著作权法》第 14 条第 1、2 款规定:"两人以上合作创作的作品,著作权由合作作者共同享有。没有参加创作的人,不能成为合作作者。合作作品的著作权由合作作者通过协商一致行使;不能协商一致,又无正当理由的,任何一方不得阻止他方行使除转让、许可他人专有使用、出质以外的其他权利,但是所得收益应当合理分配给所有合作作者。"

本题中,甲、乙、丙、丁四人合作创作的小说属于不可分割使用的作品,其著作权由各合作作者共同享有。若甲、乙、丙、丁四人对著作权的行使不能达成一致,又无正当理由,则每一个合作作者均有权独立实施除转让、许可他人专有使用、出质以外的其他权利。题干中的"甲、乙欲将该小说许可给某网站在网络上刊载,同时许可某电影制片厂改编后拍成电影",说明甲、乙主张的许可非专有许可,丙无故拒绝,则甲、乙可以自行行使相关权利,其他人不得阻止。故 B 项正确,A、C 项错误。D 项中,丁要反对需要有正当理由,如果无正当理由,不能阻止甲、乙行使权利,故 D 项错误。

50．法律行为效力瑕疵[B]

[解析]《民法典》第 146 条规定:"行为人与相对人以虚假的意思表示实施的民事法律行为无效。以虚假的意思表示隐藏的民事法律行为的效力,依照有关法律规定处理。"本题中,第一份 500 万元的合同是当事人的真实意思,有效。300 万元的合同是当事人虚假的意思表示,而且双方对此均为知情,构成通谋虚伪,无效。故 B 项正确,ACD 项错误。

二、多项选择题

51．补贴的形式[BCD]

[解析]《反补贴条例》第 3 条规定:"补贴,是指出口国(地区)政府或者其任何公共机构提供的并为接受者带来利益的财政资助以及任何形式的收入或者价格支持。出口国(地区)政府或者其任何公共机构,以下统称出口国(地区)政府。本条第一款所称财政资助,包括:(一)出口国(地区)政府以拨款、贷款、资本注入等形式直接提供资金,或者以贷款担保等形式潜在地直接转让资金或者债务;(二)出口国

(地区)政府放弃或者不收缴应收收入;(三)出口国(地区)政府提供除一般基础设施以外的货物、服务,或者由出口国(地区)政府购买货物;(四)出口国(地区)政府通过向筹资机构付款,或者委托、指令私营机构履行上述职能。"B、C、D 项分别符合上述第(二)、(一)、(四)项的规定。故 B、C、D 项正确,A 项错误。

52．知识产权侵权的法律适用[AD]

[解析]《涉外民事关系法律适用法》第 50 条规定:"知识产权的侵权责任,适用被请求保护地法律,当事人也可以在侵权行为发生后协议选择适用法院地法律。"本案属于商标权纠纷,双方当事人可以协议选择适用法院地法,即中国法。故 A 项正确,C 项错误。若双方不能达成一致的,应适用被请求保护地法律。本案中,原告请求中国法院保护的是其在中国和韩国注册的两项商标,知识产权的被请求保护地分别为中国和韩国。故 B 项错误,D 项正确。

53．注册商标专用权;可获注册的商标;驰名商标保护[AB]

[解析]《商标法》规定商标权人对注册商标享有专用权,商标权人有选择如何使用商标的权利,《商标法》没有规定不得在一种商品上同时使用两件商标。故 A 项正确。

只有对注册商标才享有商标专用权。甲公司只对"美多"申请了注册商标,并未申请"薰衣草"注册商标,因此对"薰衣草"不享有商标专用权。故 B 项正确。

《关于审理涉及驰名商标保护的民事纠纷案件应用法律若干问题的解释》第 13 条规定:"在涉及驰名商标保护的民事纠纷案件中,人民法院对于商标驰名的认定,仅作为案件事实和判决理由,不写入判决主文;以调解方式审结的,在调解书中对商标驰名的事实不予认定。"故 C 项错误。

《商标法》第 11 条规定:"下列标志不得作为商标注册:(一)仅有本商品的通用名称、图形、型号的;(二)仅直接表示商品的质量、主要原料、功能、用途、重量、数量及其他特点的;(三)其他缺乏显著特征的。前款所列标志经过使用取得显著特征,并便于识别的,可以作为商标注册。""薰衣草"虽然仅直接表示了商品的主要原料,但经过使用已经取得显著特征,并便于识别,因此可申请注册为商标。故 D 项错误。

54．劳动合同的解除[ABC]

[解析]《劳动合同法》第 43 条规定,用人单位单方解除劳动合同,应当事先将理由通知工会。故 A 项正确。

《劳动合同法》第 39 条规定:"劳动者有下列情形之一的,用人单位可以解除劳动合同:……(二)严

重违反用人单位的规章制度的……"田某未请假就连续旷工属于严重违反规章制度,无论是否在规定的医疗期内某厂均有权解除劳动合同。故 B 项正确。

用人单位依照《劳动合同法》第 39 条规定解除劳动合同的,无需支付经济补偿金。即劳动者有过错时,如田某连续旷工严重违规,用人单位可以随时单方解除劳动合同,并且无需支付经济补偿金。故 C 项正确。

《劳动合同法》第 48 条规定:"用人单位违反本法规定解除或者终止劳动合同,劳动者要求继续履行劳动合同的,用人单位应当继续履行;劳动者不要求继续履行劳动合同或者劳动合同已经不能继续履行的,用人单位应当依照本法第八十七条规定支付赔偿金。"可见,继续履行与支付赔偿金不能并行。故 D 项错误。

55.矿业权[ABCD]

[解析] 根据《矿产资源法》第 17 条第 2 款规定,县级以上人民政府自然资源主管部门按照规定权限组织矿业权出让。同法第 20 条第 1 款规定:"出让矿业权的,矿业权出让部门应当与依法确定的受让人以书面形式签订矿业权出让合同。"本题中的矿业权出让部门应为甲县自然资源主管部门,浩东公司应与其签订矿业权出让合同,故 A 项正确。

根据《矿产资源法》第 22 条第 3 款规定:"矿业权的设立、变更、转让、抵押和消灭,经依法登记,发生效力;未经登记,不发生效力,法律另有规定的除外。"故 B 项正确。

《矿产资源法》第 25 条第 1 款规定:"探矿权人探明可供开采的矿产资源后可以在探矿权期限内申请将其探矿权转为采矿权;法律、行政法规另有规定的除外。原矿业权出让部门应当与该探矿权人签订采矿权出让合同,设立采矿权。"故 C 项正确。

《矿产资源法》第 27 条第 1 款规定:"矿业权可以依法转让或者出资、抵押等,国家另有规定或者矿业权出让合同另有约定的除外。"故 D 项正确。

56.银行业监督管理机构的监督管理措施[ABD]

[解析]《银行业监督管理法》第 2 条第 3 款规定,信托投资公司应当适用《银行业监督管理法》对银行业金融机构监督管理的规定。

《银行业监督管理法》第 21 条规定:"银行业金融机构的审慎经营规则,由法律、行政法规规定,也可以由国务院银行业监督管理机构依照法律、行政法规制定。前款规定的审慎经营规则,包括风险管理、内部控制、资本充足率、资产质量、损失准备金、风险集中、关联交易、资产流动性等内容。银行业金融机构应当严格遵守审慎经营规则。"信托公司适用银行业金融机构监督管理的规定,应当严格遵守审慎经营规

则。故 A 项正确。

《银行业监督管理法》第 46 条第 5 项规定,银行业金融机构严重违反审慎经营规则的,由国务院银行业监督管理机构责令改正,并处 20 万元以上 50 万元以下罚款;情节特别严重或者逾期不改正的,可以责令停业整顿或者吊销其经营许可证;构成犯罪的,依法追究刑事责任。据此,应由国务院银行业监管机构(国家金融监督管理总局)吊销其经营许可证,而非国家市场监督管理总局,故 C 项错误。依上述规定,B 项是正确的。

《银行业监督管理法》第 48 条第 3 项规定,银行业金融机构违反法律、行政法规以及国家有关银行业监督管理规定的,银行业监督管理机构除依照本法第 44 条至第 47 条规定处罚外,还可以区别不同情形,采取取消直接负责的董事、高级管理人员一定期限直至终身的任职资格,禁止直接负责的董事、高级管理人员和其他直接责任人员一定期限直至终身从事银行业工作的措施。故 D 项正确。

57.管理人的撤销权[CD]

[解析]《企业破产法解释(二)》第 14 条规定:"债务人对以自有财产设定担保物权的债权进行的个别清偿,管理人依据企业破产法第 32 条的规定请求撤销的,人民法院不予支持。但是,债务清偿时担保财产的价值低于债权额的除外。"据此,管理人无权撤销债务人对以自有财产设定担保物权的债权进行的个别清偿,故 A 项错误。

《企业破产法解释(二)》第 15 条规定:"债务人经诉讼、仲裁、执行程序对债权人进行的个别清偿,管理人依据企业破产法第 32 条的规定请求撤销的,人民法院不予支持。但是,债务人与债权人恶意串通损害其他债权人利益的除外。"据此,管理人不得撤销债务人个别清偿的经法院判决所确定的债务,故 B 项错误。

《企业破产法解释(二)》第 16 条规定:"债务人对债权人进行的以下个别清偿,管理人依据企业破产法第 32 条的规定请求撤销的,人民法院不予支持:(一)债务人为维系基本生产而支付水费、电费等的;(二)债务人支付劳动报酬、人身损害赔偿金的;(三)使债务人财产受益的其他个别清偿。"据此,债务人清偿为维系基本生产所需的水电费和劳动报酬债务,管理人不得撤销,故 C、D 两项正确。

58.二审中对一审遗漏必须参加诉讼的当事人的处理[BD]

[解析]《民诉解释》第 325 条规定:"必须参加诉讼的当事人或者有独立请求权的第三人,在第一审程序中未参加诉讼,第二审人民法院可以根据当事人自愿的原则予以调解;调解不成的,发回重审。"二审法院发现该情况后必须先调解,调解不成才能发回一

审法院重审。故 B 项正确。由于继承人甲没有参加过一审,直接改判将剥夺其上诉机会,违反两审终审制度的要求。故 A 项错误。

《民诉解释》第 70 条规定:"在继承遗产的诉讼中,部分继承人起诉的,人民法院应通知其他继承人作为共同原告参加诉讼;被通知的继承人不愿意参加诉讼又未明确表示放弃实体权利的,人民法院仍应将其列为共同原告。"本案中,二审法院审理继承纠纷上诉案时,发现一审判决遗漏另一继承人甲。继承人甲原来就应当作为一审必要共同原告。因此,本案属于遗漏了必须参加诉讼的当事人的情形。故 C 项错误,D 项正确。

59. 代位继承;转继承;法定继承人对遗产的分配[BCD]

[解析] 二女儿和小女儿均为李某的亲生子女,小女儿之女系李某的外孙女,根据《民法典》第 1127 条的规定,李某死亡时,二女儿和小女儿均为第一顺序法定继承人,小女儿之女不是李某的法定继承人。《民法典》第 1152 条规定:"继承开始后,继承人于遗产分割前死亡,并没有放弃继承的,该继承人应当继承的遗产转给其继承人,但是遗嘱另有安排的除外。"这是关于转继承的规定。据此,李某死亡后,分割遗产前,小女儿死亡,小女儿作为李某第一顺序法定继承人应当继承的份额,作为小女儿的遗产,由小女儿的继承人(包括小女儿之女)继承。故 A 项错误,C 项正确。

《民法典》第 1128 条规定:"被继承人的子女先于被继承人死亡的,由被继承人的子女的直系晚辈血亲代位继承。被继承人的兄弟姐妹先于被继承人死亡的,由被继承人的兄弟姐妹的子女代位继承。代位继承人一般只能继承被代位继承人有权继承的遗产份额。"这是关于代位继承的规定。据此,大女儿先于李某死亡,李某死亡时,大女儿之子可代位继承,作为第一顺序法定继承人分配李某的遗产。故 B 项正确。

《民法典》第 1130 条第 4 款规定:"有扶养能力和有扶养条件的继承人,不尽扶养义务的,分配遗产时,应当不分或者少分。"故 D 项正确。【特别提醒】根据《民法典继承编解释(一)》第 23 条规定,有扶养能力和扶养条件的继承人虽然与被继承人共同生活,但对需要扶养的被继承人不尽扶养义务,分配遗产时,可以少分或者不分。

60. 物权的追及效力;善意取得[ABCD]

[解析] 物权具有追及效力,即物权的标的物不管辗转流入什么人的手中,物权人都可以依法向物的不法占有人索求,请求返还原物。但是,在善意取得的情况下,为了保护交易安全,物权的追及效力将被切断,物权人丧失了返还原物请求权。

BC 两选项涉及盗赃物的买卖,盗赃不适用善意取得,原所有权人甲享有返还请求权。故 B、C 项当选。

《民法典》第 312 条规定:"所有权人或者其他权利人有权追回遗失物。该遗失物通过转让被他人占有的,权利人有权向无处分权人请求损害赔偿,或者自知道或者应当知道受让人之日起二年内向受让人请求返还原物;但是,受让人通过拍卖或者向具有经营资格的经营者购得该遗失物的,权利人请求返还原物时应当支付受让人所付的费用。权利人向受让人支付所付费用后,有权向无处分权人追偿。"据此,遗失物不适用善意取得,由于电动车是遗失物,故甲可以请求返还。故 A 项当选。

若乙向丙购买时,未以合理的价格受让,则不发生善意取得,甲有权请求乙返还。故 D 项当选。

61. 股东代表诉讼[AD]

[解析] 根据《公司法》第 189 条规定,董事、高级管理人员执行职务违反法律、行政法规或者公司章程的规定,给公司造成损失的,股份有限公司连续 180 以上单独或者合计持有公司 1% 以上股份的股东,可以书面请求监事会向人民法院提起诉讼(注意,若是监事违法,则由董事会提起诉讼)。监事会收到股东书面请求后拒绝提起诉讼,或者自收到请求之日起 30 日内未提起诉讼,或者情况紧急、不立即提起诉讼将会使公司利益受到难以弥补的损害的,股东有权为公司利益以自己的名义直接向人民法院提起诉讼。本题中,张某持股 2%,符合提起股东代表诉讼的主体要求。在董事长郭某存在关联交易,损害枫蓝公司利益,而监事会又怠于起诉的情况下,张某有权以自己的名义直接向法院提起股东代表诉讼。另根据《公司法解释(四)》第 24 条规定,股东代表诉讼中,应当列公司为第三人参加诉讼。一审法庭辩论终结前,其他股东以相同的诉讼请求申请参加诉讼的,应当列为共同原告。因此,在股东代表诉讼中,原告为股东(张某),被告为侵权人(郭某),枫蓝公司为第三人,有相同请求的其他股东列为共同原告。综上,本题 A、D 项正确,B、C 项错误。

62. 有限合伙人的权利与义务[ABCD]

[解析] 《合伙企业法》第 43 条第 1 款规定:"新合伙人入伙,除合伙协议另有约定外,应当经全体合伙人一致同意,并依法订立书面入伙协议。"第 60 条规定:"有限合伙企业及其合伙人适用本章规定;本章未作规定的,适用本法第二章第一节至第五节关于普通合伙企业及其合伙人的规定。"本题中,雀凰投资作为有限合伙企业,如合伙协议无特别约定,则须经全体合伙人(普通合伙人+有限合伙人)一致同意,三江公司才可成为新的有限合伙人。故 A 项错误。

《合伙企业法》第 77 条规定:"新入伙的有限合

伙人对入伙前有限合伙企业的债务,以其认缴的出资额为限承担责任。"由此可知,三江公司应当以其认缴的出资额而不是实缴的出资额为限承担责任。故B项错误。

《合伙企业法》第68条第2款第5项规定,有限合伙人对涉及自身利益的情况,查阅有限合伙企业财务会计账簿等财务资料的行为,不视为执行合伙事务。三江公司入伙后,只有在具有涉及自身利益的情况这一前提下,才有权查阅雀凰投资的财务会计账簿。故C项错误。

《合伙企业法》第71条规定:"有限合伙人可以自营或者同他人合作经营与本有限合伙企业相竞争的业务;但是,合伙协议另有约定的除外。"除非合伙协议有特别约定,有限合伙人不受同业禁止的限制。故D项错误。

63．垄断行为(垄断协议)[ABD]

[解析]《反垄断法》第18条第1款规定,禁止经营者与交易相对人达成下列垄断协议:(1)固定向第三人转售商品的价格;(2)限定向第三人转售商品的最低价格;(3)国务院反垄断执法机构认定的其他垄断协议。

A项,某汽车销售公司禁止4S店销售其他汽车公司生产的汽车,不属于纵向垄断协议的价格垄断条件,纵向垄断协议禁止的是交易相对方对产品价格的限定或固定,而非禁售产品;但是若某汽车具有市场支配地位,则可能构成滥用市场支配者地位,故A选项不构成垄断协议。

B项、D项是就提供汽车保养服务固定或限定最高价格。某汽车销售公司的主要产品为汽车,其与4S店之间的交易标的物也是汽车,而非汽车服务,二者并未对汽车这一商品的价格做出固定或者限定,不满足上述规定中"转售商品"这一条件,故不构成垄断协议。

C项,某汽车销售公司要求4S店代卖轮胎,双方的交易标的物为轮胎,限定这一商品的最低价格为200元,符合上述规定第2项纵向垄断协议类型的构成要件,故C项构成垄断协议。

【知识拓展】垄断行为中与价格有关且不涉及行政垄断的,只有垄断协议和滥用市场支配地位这两类行为。滥用市场支配地位和垄断协议有一定的相似性,但从构成要件上还是容易作出区分。前者的主体可为一个或多个,但须具有市场支配地位,并且其垄断行为表现为垄断价格、亏本销售、拒绝交易等《反垄断法》第22条所规定的特定行为;后者主体为多个,其垄断行为是通谋或协同一致,具体行为规定于《反垄断法》第17条、第18条。经营者只要实施了达成垄断协议的行为,即构成违法,无须考虑结果要件。垄断协议是否实施会影响行政处罚力度,但不影响垄

断行为的认定,即"实施"不是垄断行为的构成要件。

64．第三人撤销之诉;执行异议;案外人申请再审[BCD]

[解析]《民事诉讼法》第238条规定:"执行过程中,案外人对执行标的提出书面异议的,人民法院应当自收到书面异议之日起十五日内审查,理由成立的,裁定中止对该标的的执行;理由不成立的,裁定驳回。案外人、当事人对裁定不服,认为原判决、裁定错误的,依照审判监督程序办理;与原判决、裁定无关的,可以自裁定送达之日起十五日内向人民法院提起诉讼。"由此可知,案外人成某作为所有权人在执行过程中可以提出执行异议,法院裁定驳回后方可申请再审,而不可直接向法院申请再审。故A项错误,B项正确。但成某可以向法院申诉,为法院提供线索,从而促使法院依职权启动再审,故D项正确。【特别提醒】(1)案外人不能直接申请再审,应当以提出对执行标的的异议为前提。(2)对于错误生效裁判,法院可依职权启动再审,此时不论是当事人还是案外人均可以向法院提供原生效裁判确有错误的材料来源。

《民诉解释》第290条规定,第三人对已经发生法律效力的判决、裁定、调解书,应当自知道或者应当知道其民事权益受到损害之日起6个月内,向作出生效判决、裁定、调解书的人民法院提起撤销之诉。本题中,成某对玉瓶的所有权受到侵害,在执行程序中,有权提起第三人撤销之诉,以成某为原告,汤某和毛某为共同被告。故C项正确。

65．商事登记[ACD]

[解析]《公司法》第38条规定:"公司设立分公司,应当向公司登记机关申请登记,领取营业执照。"故A项正确。

《公司法》第239条规定:"公司清算结束后,清算组应当制作清算报告,报股东会或者人民法院确认,并报送公司登记机关,申请注销公司登记。"企业被吊销营业执照后,并没有立即丧失主体资格,而要先进行清算。只有经清算并办理注销登记之后才丧失主体资格。故B项错误,D项正确。

公司营业范围属于《公司法》第32条规定的公司登记事项,根据《公司法》第34条第1款规定:"公司登记事项发生变更的,应当依法办理变更登记。"故C项正确。

66．买卖合同[ACD]

[解析]《民法典》第641条第1款规定:"当事人可以在买卖合同中约定买受人未履行支付价款或者其他义务的,标的物的所有权属于出卖人。"本题中,依据双方约定,在吴某支付全部价款前,电脑的所有权属于周某,周某将电脑出售给王某属于有权处分,王某可以取得电脑的所有权。故A项正确。【特别提醒】题中尽管明确是卖给不知情的王某,但由于

周某是有权处分,王某不可能构成善意取得。

《民法典》第 642 条第 1 款规定:"当事人约定出卖人保留合同标的物的所有权,在标的物所有权转移前,买受人有下列情形之一,造成出卖人损害的,除当事人另有约定外,出卖人有权取回标的物:(一)未按照约定支付价款,经催告后在合理期限内仍未支付;(二)未按照约定完成特定条件;(三)将标的物出卖、出质或者作出其他不当处分。"《买卖合同解释》第 26 条第 1 款规定:"买受人已经支付标的物总价款的百分之七十五以上,出卖人主张取回标的物的,人民法院不予支持。"本题中,总价款 6000 元,如果只有最后一期即 1200 元没有支付时,由于已经支付了 80%,出卖人周某不可主张取回标的物。故 B 项错误。

《民法典》第 634 条规定:"分期付款的买受人未支付到期价款的数额达到全部价款的五分之一,经催告后在合理期限内仍未支付到期价款的,出卖人可以请求买受人支付全部价款或者解除合同。出卖人解除合同的,可以向买受人请求支付该标的物的使用费。"本题中,除所有权保留的约定外,周、吴之间还是分期付款的买卖。如果吴某未支付到期价款达到 1800 元,则相对于总价款而言达到了 30%,超过了 1/5,此时,经催告后在合理期限内不履行的,周某可以要求吴某一次性支付剩余的全部价款,也可以选择解除买卖合同并请求吴某支付使用费。故 C、D 项正确。

67．客运合同当事人的权利与义务;用人单位的工作人员致人损害的侵权责任;旅游合同[CD]

[解析]《最高人民法院关于审理旅游纠纷案件适用法律若干问题的规定》第 10 条第 2 款规定:"旅游经营者擅自将其旅游业务转让给其他旅游经营者,旅游者在旅游过程中遭受损害,请求与其签订旅游合同的旅游经营者和实际提供旅游服务的旅游经营者承担连带责任的,人民法院应予支持。"乙旅行社将本次业务转让给丙旅行社,此时,受害人可以请求乙旅行社、丙旅行社承担连带责任,故 C 项正确。

《民法典》第 1191 条第 1 款规定:"用人单位的工作人员因执行工作任务造成他人损害的,由用人单位承担侵权责任。用人单位承担侵权责任后,可以向有故意或者重大过失的工作人员追偿。"甲伤害的发生是由于丁公司司机黄某酒驾和违章变道的刘某货车相撞所致,同时,黄某的行为是职务行为,应由用人单位承担责任,所以应当由丁公司和刘某承担责任。故 A、B 项错误,D 项正确。

68．管辖[AB]

[解析] 首先,认清题意,朱某住所地为 A 市东区,婚后一直居住在 A 市东区。刘某住所地为 A 市西县,婚后离开住所地住 A 市东区,后又因工作去南县,起诉前其经常居住地为南县。

其次,考生应当对一般地域管辖的原则有正确的理解。根据《民事诉讼法》第 22 条第 1 款的规定,对公民提起的诉讼由被告住所地法院管辖,被告住所地与经常居住地不一致的,由经常居住地法院管辖。对于被告人刘某而言,住所地为其户籍所在地,在本案中被告住所地为西县,但起诉时被告经常居住地为南县。因此,西县法院对该案没有管辖权。故 C 项错误。南县是被告的经常居住地,因而南县法院对该案有管辖权。故 B 项正确。

再次,应当准确把握一般地域管辖的例外情形,《民诉解释》第 12 条第 1 款规定:"夫妻一方离开住所地超过一年,另一方起诉离婚的案件,可以由原告住所地法院管辖。"因此,东区法院对该案也有管辖权。故 A 项正确。

最后,还应当正确理解裁定移送管辖的效力。根据《民事诉讼法》第 37 条的规定,法院受理案件后发现案件不属于本院管辖的,应当移送有管辖权的法院,受移送的法院应当受理;受移送的法院认为对受移送的案件也无管辖权,应当报请上级法院指定管辖,不得再行移送。因此,西县法院为受移送的人民法院,认为受移送的案件不属于本院管辖的,应当报请上级人民法院指定管辖,不得再自行移送。故 D 项错误。

69．民事诉讼与仲裁制度[AB]

[解析]《民事诉讼法》第 67 条第 2 款规定:"当事人及其诉讼代理人因客观原因不能自行收集的证据,或者人民法院认为审理案件需要的证据,人民法院应当调查收集。"《仲裁法》第 43 条第 2 款规定:"仲裁庭认为有必要收集的证据,可以自行收集。"故 A 项正确。

《民事诉讼法》第 79 条第 1 款规定:"当事人可以就查明事实的专门性问题向人民法院申请鉴定。当事人申请鉴定的,由双方当事人协商确定具备资格的鉴定人;协商不成的,由人民法院指定。"《仲裁法》第 44 条第 1 款规定:"仲裁庭对专门性问题认为需要鉴定的,可以交由当事人约定的鉴定部门鉴定,也可以由仲裁庭指定的鉴定部门鉴定。"故 B 项正确。

《民诉解释》第 148 条第 1 款规定:"当事人自行和解或者调解达成协议后,请求人民法院按照和解协议或者调解协议的内容作出判决书的,人民法院不予准许。"《仲裁法》第 49 条规定:"当事人申请仲裁后,可以自行和解。达成和解协议的,可以请求仲裁庭根据和解协议作出裁决书,也可以撤回仲裁申请。"因此,诉讼中,当事人不能请求制作判决书。但仲裁中,当事人可以请求制作裁决书。故 C 项错误。

虽然《仲裁法》第 54 条规定,当事人协议不愿写明争议事实和裁决理由的,可以不写;但是,《民事诉讼法》第 155 条规定,判决书应当写明案由,诉讼请求、争议的事实和理由。即使根据《民诉解释》第270条规定，当事人对简化裁判文书达成一致时，也只是简化事实认定和判决理由部分，并非不予写明。故D项错误。

70．股东名册[AC]

[解析]《公司法》第56条第1款规定，有限责任公司应当置备股东名册。可知，置备股东名册是有限公司的法定义务，故A项正确。

《公司法》第56条第2款规定："记载于股东名册的股东，可以依股东名册主张行使股东权利。"股东名册是股东行使权利的依据，故C项正确。

《公司法》第34条第2款规定："公司登记事项未经登记或者未经变更登记，不得对抗善意相对人。"但是，《公司法》仅规定有限责任公司股东的姓名或者名称属于公司登记事项，未规定将股东名册提交于登记机关的义务，故B项错误。股东名册是确定股东资格的依据，股东名册与公司登记不一致的，以股东名册为准，而不是以登记为准，故D项错误。

【特别提醒】需要指出的是，虽然股东资格以股东名册为准，但是股权未登记或未办理变更登记的，不具有对抗善意第三人的效力。

71．劳动合同中的保密协议；竞业禁止义务[BC]

[解析]《劳动合同法》第23条规定："用人单位与劳动者可以在劳动合同中约定保守用人单位的商业秘密和与知识产权相关的保密事项。对负有保密义务的劳动者，用人单位可以在劳动合同或者保密协议中与劳动者约定竞业限制条款，并约定在解除或者终止劳动合同后，在竞业限制期限内按月给予劳动者经济补偿。劳动者违反竞业限制约定的，应当按照约定向用人单位支付违约金。"企业在与员工签订保密协议时可以要求员工无条件承担保密义务，也可以约定以支付保密费作为承担保密义务的条件，但后者在企业未支付保密费的情况下，无权要求员工按保密协议承担保密义务。也就是说，保密协议并非未约定支付保密费就无法律约束力，故A项错误。如果双方未明确约定江某负有竞业限制义务，则江某有权到乙厂工作，故B项正确。

《劳动合同法》第23条第1款规定："用人单位与劳动者可以在劳动合同中约定保守用人单位的商业秘密和与知识产权相关的保密事项。"如果江某违反保密协议的要求，向乙厂泄露甲厂的商业秘密，则构成侵犯商业秘密，需要承担民事或刑事责任。故C项正确。

《反不正当竞争法》第9条第1~3款规定："经营者不得实施下列侵犯商业秘密的行为：……（三）违反保密义务或者违反权利人有关保守商业秘密的要求，披露、使用或者允许他人使用其所掌握的商业秘

密；……第三人明知或者应知商业秘密权利人的员工、前员工或者其他单位、个人实施本条第1款所列违法行为，仍获取、披露、使用或者允许他人使用该商业秘密的，视为侵犯商业秘密。"D项中，若乙厂明知或应知江某泄露他人商业秘密，仍然违法使用，构成侵犯商业秘密。故D项错误。

72．房地产中介服务机构[ABD]

[解析]《城市房地产管理法》第57条规定，房地产中介服务机构包括房地产咨询机构、房地产价格评估机构、房地产经纪机构等。故A、B、D项正确。房地产职业培训机构，于法无据，不是房地产中介机构。故C项错误。

73．劳动争议的解决方式；劳动争议仲裁的管辖地；终局裁决[ACD]

[解析]《劳动争议调解仲裁法》第5条规定："发生劳动争议，当事人不愿协商、协商不成或者达成和解协议后不履行的，可以向调解组织申请调解；不愿调解、调解不成或者达成调解协议后不履行的，可以向劳动争议仲裁委员会申请仲裁；对仲裁裁决不服的，除本法另有规定的外，可以向人民法院提起诉讼。"据此可知，劳动者与用人单位的纠纷，既可以协商，又可以调解，还可以仲裁。故A项正确。

《劳动争议调解仲裁法》第21条第2款规定："劳动争议由劳动合同履行地或者用人单位所在地的劳动争议仲裁委员会管辖……"所以劳动者不应向工资关系所在地的劳动争议仲裁委员会提出请求。故B项错误。

《劳动争议调解仲裁法》第47条规定："下列劳动争议，除本法另有规定的外，仲裁裁决为终局裁决，裁决书自作出之日起发生法律效力：（一）追索劳动报酬、工伤医疗费、经济补偿或者赔偿金，不超过当地月最低工资标准12个月金额的争议；（二）因执行国家的劳动标准在工作时间、休息休假、社会保险等方面发生的争议。"故C项正确。

《劳动争议调解仲裁法》第48条规定："劳动者对本法第47条规定的仲裁裁决不服的，可以自收到仲裁裁决书之日起15日内向人民法院提起诉讼。"故D项正确。

74．专利权的取得；先用权抗辩[CD]

[解析]《专利法》第13条规定："发明专利申请公布后，申请人可以要求实施其发明的单位或者个人支付适当的费用。"本题中，甲公司于2015年12月取得发明专利权，丙公司于2014年12月至2015年11月使用甲公司的发明并不构成侵权，但应当支付适当的费用。故A项错误。

《关于审理专利纠纷案件适用法律问题的若干规定》第7条规定："人民法院受理的侵犯发明专利权纠纷案件或者经国务院专利行政部门审查维持专

利权的侵犯实用新型、外观设计专利权纠纷案件,被告在答辩期间内请求宣告该项专利权无效的,人民法院可以不中止诉讼。"故 B 项错误。

《专利法》第 75 条第 2 项规定,在专利申请日前已经制造相同产品、使用相同方法或者已经作好制造、使用的必要准备,并且仅在原有范围内继续制造、使用的不视为侵犯专利权。据此,乙公司可主张先用权抗辩。故 C 项正确。

《专利法》第 67 条规定:"在专利侵权纠纷中,被控侵权人有证据证明其实施的技术或者设计属于现有技术或者现有设计的,不构成侵犯专利权。"丙公司如能证明该技术属于现有技术,则丙公司不构成侵犯专利权。故 D 项正确。

75．监护人撤销、时效[ABD]

[解析]《民法典》第 36 条第 1、2 款规定:"监护人有下列情形之一的,人民法院根据有关个人或者组织的申请,撤销其监护人资格,安排必要的临时监护措施,并按照最有利于被监护人的原则依法指定监护人:(一)实施严重损害被监护人身心健康的行为;(二)怠于履行监护职责,或者无法履行监护职责且拒绝将监护职责部分或者全部委托给他人,导致被监护人处于困危状态;(三)实施严重侵害被监护人合法权益的其他行为。本条规定的有关个人、组织包括:其他依法具有监护资格的人、居民委员会、村民委员会、学校、医疗机构、妇女联合会、残疾人联合会、未成年人保护组织、依法设立的老年人组织、民政部门等。"据此,当履行监护职责的人严重侵害被监护人利益时,其他具有监护资格的人或有关组织可以申请撤销其监护资格。本题中,由于履行监护资格的乙经常殴打小甲,属于严重损害被监护人健康的行为,甲作为利害关系人可向法院申请撤销乙的监护资格,故 A 项正确。

《民法典》第 34 条第 3 款规定:"监护人不履行监护职责或者侵害被监护人合法权益的,应当承担法律责任。"第 35 条第 1 款规定:"监护人应当按照最有利于被监护人的原则履行监护职责。监护人除为维护被监护人利益外,不得处分被监护人的财产。"据此规定,监护人不履行监护职责,侵害监护人利益的,应当承担赔偿责任。本案中,乙将小甲的玉佩输掉,侵害了小甲的财产权,应承担赔偿责任,故 B 项正确。

《民法典》第 190 条规定:"无民事行为能力人或者限制民事行为能力人对其法定代理人的请求权的诉讼时效期间,自该法定代理终止之日起计算。"据此,法定代理人侵害被监护人利益的,时效从法定代理终止之日起算。一般而言,诉讼时效是自小甲成年时起算,但本题存在乙的监护资格被撤销的可能。若甲申请法院撤销了乙的监护资格,则甲作为监护人即可代被监护人向乙主张赔偿。故 C 项错误。**【特别**

提醒】根据《民法典总则解释》第 37 条规定,若新的法定代理人开始不知道被监护人权利被侵害,则诉讼时效期间从该法定代理人知道或应当知道损害事实及义务人之时起算。

《民法典》第 196 条规定:"下列请求权不适用诉讼时效的规定:(一)请求停止侵害、排除妨碍、消除危险;(二)不动产物权和登记的动产物权的权利人请求返还财产;(三)请求支付抚养费、赡养费或者扶养费;(四)依法不适用诉讼时效的其他请求权。"据此,抚养费、赡养费、扶养费请求权属于身份权请求权,不受时效限制,故 D 项正确。

76．动产质权;动产抵押权;物权变动[AB]

[解析]根据《民法典》第 425 条第 1 款,为担保债务的履行,债务人或者第三人将其动产出质给债权人占有的,债务人不履行到期债务或者发生当事人约定的实现质权的情形,债权人有权就该动产优先受偿。因此,轿车作为动产,可依法设立动产质权。故 A 项正确。《民法典》第 429 条规定:"质权自出质人交付质押财产时设立。"因此,动产质权的设立以交付为生效要件。故 C 项错误。

根据《民法典》第 395 条的规定,交通运输工具可以设立动产抵押权。因而轿车作为动产可以设立抵押权,故 B 项正确。《民法典》第 403 条规定:"以动产抵押的,抵押权自抵押合同生效时设立;未经登记,不得对抗善意第三人。"动产抵押权的设立无须公示,登记只是动产抵押权的对抗要件而非生效要件。故 D 项错误。

77．食品安全标准;惩罚性赔偿[AD]

[解析]《食品安全法》第 148 条第 2 款规定:"生产不符合食品安全标准的食品或者经营明知是不符合食品安全标准的食品,消费者除要求赔偿损失外,还可以向生产者或者经营者要求支付价款 10 倍或者损失 3 倍的赔偿金;增加赔偿的金额不足 1000 元的,为 1000 元。但是,食品的标签、说明书存在不影响食品安全且不会对消费者造成误导的瑕疵的除外。"苦茶不符合食品安全标准,李某有权主张 10 倍价款的赔偿。故 A 项正确。

《食品安全法》第 27 条第 1 款规定:"食品安全国家标准由国务院卫生行政部门会同国务院食品安全监督管理部门制定、公布,国务院标准化行政部门提供国家标准编号。"食品安全国家标准并非由国家卫健委独立制定、公布,且编号由国务院标准化行政部门提供。故 B 项错误。

《食品安全法》第 29 条规定:"对地方特色食品,没有食品安全国家标准的,省、自治区、直辖市人民政府卫生行政部门可以制定并公布食品安全地方标准,报国务院卫生行政部门备案。食品安全国家标准制定后,该地方标准即行废止。"应该是即行废止而非酌情废止。故 C 项错误。

《食品安全法》第 30 条规定:"国家鼓励食品生产企业制定严于食品安全国家标准或者地方标准的企业标准,在本企业适用,并报省、自治区、直辖市人民政府卫生行政部门备案。"故 D 项正确。

78.侵权行为的法律适用[ABD]

[解析] 《涉外民事关系法律适用法》第 44 条规定:"侵权责任,适用侵权行为地法律,但当事人有共同经常居所地的,适用共同经常居所地法律。侵权行为发生后,当事人协议选择适用法律的,按照其协议。"侵权纠纷,第一步,先看当事人有没有协议,不管是口头协议还是书面协议,也不管协议发生在侵权行为之前还是之后,都适用协议约定;第二步,再看当事人有没有共同的经常居所地,如有共同经常居所地,则适用共同经常居所地法律;第三步,没有上述情形,则适用侵权行为地法。故 A、B 项正确。

双方当事人未约定适用法律的,适用侵权行为地法,但当事人有共同经常居所地的,则适用二者共同的经常居所地法。本案中,甲国公民 A 与乙国公民 B 的经常居所地均在中国,应当适用共同经常居所地法,即中国法。故 D 项正确,C 项错误。

79.国际贸易术语;出口管制法[CD]

[解析] DPU 术语意为"目的地卸货后交货(指定目的地)",卖方必须在指定的目的地交货。这里的目的地可以是任何地点,不限于"运输终端",卖方只须确保是能够卸货的地点即可,故 B 项错误。DPU 术语中,买卖双方都没有订立保险合同的义务,但为了防范风险,卖方一般为了自己的利益办理保险,故 A 项错误。

按照《联合国国际货物销售合同公约》,卖方对所售货物有权利担保的义务,不能存在权利瑕疵。故 C 项正确。

《出口管制法》第 16 条第 1 款规定:"管制物项的最终用户应当承诺,未经国家出口管制管理部门允许,不得擅自改变相关管制物项的最终用途或者向任何第三方转让。"故 D 项正确。

80.有独立请求权第三人;第三人参加之诉与本诉的关系[AD]

[解析] 《民事诉讼法》第 59 条第 1 款规定:"对当事人双方的诉讼标的,第三人认为有独立请求权的,有权提起诉讼。"案外人王强主张该财产的部分权利,可以作为有独立请求权第三人提起诉讼。故 A 项正确。

必要共同诉讼是指当事人一方或者双方为两人以上,诉讼标的同一,法院必须合并审理并且在裁判中对诉讼标的合一确定。王强既非共同原告,也非共同被告,而是反对李立和陈山两个人,所以不是必要共同诉讼人。故 B 项错误。

《民诉解释》第 237 条规定:"有独立请求权的第三人参加诉讼后,原告申请撤诉,人民法院在准许原告撤诉后,有独立请求权的第三人作为另案原告,原案原告、被告作为另案被告,诉讼继续进行。"李立撤回起诉不影响王强的参加之诉继续进行,法院应当以有独立请求权的王强为原告,以本诉的原告和被告作为共同被告,诉讼继续进行。故 C 项错误,D 项正确。

81.再审质证;证据制度[CD]

[解析] 质证是指当事人、诉讼代理人及第三人在法庭的主持下,对当事人及第三人提出的证据,就其真实性、合法性、关联性以及证明力的有无、大小予以说明和质辩的活动或过程。根据《审判监督解释》第 29 条规定,民事再审案件的当事人应为原审案件的当事人。因此,质证的主体范围包括当事人、诉讼代理人和第三人,检察院不是再审当事人,不能参与质证。故 A 项错误。

录音带属于视听资料,而不是电子数据。二者区分的关键点在于资料是储存于传统的载体中(胶片、语音带、录像带等),还是"电子介质"(数码相机、U盘等)中,录像带显然属于前者。视听资料,是指以声音、图像及其他视听信息来证明案件待证事实的录像带、录音带等信息材料。电子数据,是指随着计算机及互联网络的发展,在计算机或计算机系统运行过程中因电子化数据交换等产生的证明案件事实的信息。故 B 项错误。

《民诉解释》第 106 条规定:"对以严重侵害他人合法权益、违反法律禁止性规定或者严重违背公序良俗的方法形成或者获取的证据,不得作为认定案件事实的根据。"对于偷录的录音带,其取证手段并不违法,仍可采纳,可作为质证对象。故 C 项正确。【**特别提醒**】偷拍、偷录指未经他人许可而进行的录音、录像,不是违法方式,该证据是可以使用的;而窃听、窃录是指使用法律禁止的专门的窃听、窃录设备进行的,是以违反法律规定的方式取证,不能作为认定案件事实的证据。

《民诉解释》第 103 条规定:"证据应当在法庭上出示,由当事人互相质证。未经当事人质证的证据,不得作为认定案件事实的根据。当事人在审理前的准备阶段认可的证据,经审判人员在庭审中说明后,视为质证过的证据。涉及国家秘密、商业秘密、个人隐私或者法律规定应当保密的证据,不得公开质证。"故 D 项正确。

82.债的履行[BCD]

[解析] 在借款合同到期后,双方约定以古画抵债,这种行为构成代物清偿。根据《民法典合同编通则解释》第 27 条第 2 款规定,此种以物抵债协议,自当事人意思表示一致时即生效。在履行之前,新债与旧债并存;新债履行完毕后,原债务消灭,若新债不履

行,原债务不消灭。因此,在双方约定以古画抵债之后,新债与旧债并存,使得原来的简单之债(金钱标的)变成了选择之债,原借款合同约定的清偿本金利息义务仍然有效,在实际交付古画之前,王某仍然可以选择通过交付本金、利息方式清偿借款合同(可以选择履行新债,也可以选择履行旧债)。故 A 项错误,C 项正确。既然认定交付古画为代物清偿,交付古画也是在履行借款合同。故 B 项正确。【特别提醒】《民法典合同编通则解释》第 27 条第 2 款规定:"债务人或者第三人履行以物抵债协议后,人民法院应当认定相应的原债务同时消灭;债务人或者第三人未按照约定履行以物抵债协议,经催告后在合理期限内仍不履行,债权人选择请求履行原债务或者以物抵债协议的,人民法院应予支持,但是法律另有规定或者当事人另有约定的除外。"据此,若债务人不按照约定履行,且经催告后仍然不履行的,则债权人可行使选择权。

《民法典》第 615 条规定:"出卖人应当按照约定的质量要求交付标的物。出卖人提供有关标的物质量说明的,交付的标的物应当符合该说明的质量要求。"第 617 条规定:"出卖人交付的标的物不符合质量要求的,买受人可以依据本法第五百八十二条至第五百八十四条的规定请求承担违约责任。"这意味着卖方应当对交付的标的物的质量负瑕疵担保责任,如果不合格则构成违约。本题中,王某以古画抵债,要求该古画价值与所借款项价值相当,此与单独的古画买卖风险不同,王某需承担标的物的瑕疵担保责任。故 D 项正确。

83.生育权;诉讼离婚[AD]

[解析] 甲男多次殴打乙女导致其住院治疗,属于实施家庭暴力的情形。《民法典》第 1091 条规定:"有下列情形之一,导致离婚的,无过错方有权请求损害赔偿:……(三)实施家庭暴力;……"乙女有权据此请求离婚损害赔偿。故 A 项正确。

《民法典婚姻家庭编解释(一)》第 23 条规定:"夫以妻擅自中止妊娠侵犯其生育权为由请求损害赔偿的,人民法院不予支持;夫妻双方因是否生育发生纠纷,致使感情确已破裂,一方请求离婚的,人民法院经调解无效,应依照民法典第一千零七十九条第三款第五项的规定处理。"据此,任何一方不得以生育权为由主张另一方进行赔偿,此视为《民法典》第 1079 条第 3 款第 5 项规定的"其他感情破裂的情况",法院可判决离婚。任何一方不得为了满足自己的生育利益而要求另一方牺牲同样利益,因此乙女中止妊娠的行为,没有侵害甲的人格尊严。故 B、C 项错误,D 项正确。

84.上市公司有关联关系董事的表决[AC]

[解析] 根据《公司法》第 139 条规定,上市公司董事与董事会会议决议事项所涉及的企业或者个人有关联关系的,该董事应当及时向董事会书面报告。有关联关系的董事不得对该项决议行使表决权,也不得代理其他董事行使表决权。该董事会会议由过半数的无关联关系董事出席即可举行,董事会会议所作决议须经无关联关系董事过半数通过。出席董事会会议的无关联关系董事人数不足 3 人的,应当将该事项提交上市公司股东会审议。本题中,董事梁某的妻子在坤诚公司任副董事长,应当认为梁某与坤诚公司之间存在关联关系,在表决时应回避,并且不得行使表决权,故 A 项正确。对此,其他人也不能代梁某行使表决权,故 B 项错误。董事会的召开需要过半数无关联关系的董事参加,若人数不足,则应提交股东会审议,故 C 项正确。

投资是公司的权利能力之一,只要经过合法程序就可以对外投资,并不因关联关系存在而一律被禁止(如上述《公司法》第 139 条规定)。故 D 项错误。

85.纳税人的权利[ABCD]

[解析]《税收征收管理法》第 8 条第 1 款规定:"纳税人、扣缴义务人有权向税务机关了解国家税收法律、行政法规的规定以及与纳税程序有关的情况。"A 项是纳税人的知情权。故 A 项正确。

该条第 3 款规定:"纳税人依法享有申请减税、免税、退税的权利。"B 项是纳税人申请减免退税的权利。故 B 项正确。

该条第 4 款规定:"纳税人、扣缴义务人对税务机关所作出的决定,享有陈述权、申辩权;依法享有申请行政复议、提起行政诉讼、请求国家赔偿等权利。"C 项属于申辩权、复议权。D 项属于申请国家赔偿权。故 C、D 项正确。

三、不定项选择题

86.发表权;信息网络传播权;署名权;保护作品完整权[ABC]

[解析] 发表权,即决定作品是否公之于众的权利。侵犯发表权的行为,特指未经著作权人允许,将其作品公之于众。发表权是一次性的权利,若著作权人自行或授权他人将作品公之于众,则其发表权因行使而消灭(权利一次用尽)。本题中,《法内情》的文章已经在其博客发表,发表权已经消灭,网站删除《法内情》的行为不会侵犯王琪琪的发表权。故 A 项正确。

信息网络传播权,即以有线或者无线方式向公众提供,使公众可以在其选定的时间和地点获得作品的权利。也就是说,网站传播作品时要经过作者许可,未经许可的传播构成侵权。但网站是否愿意接受作者的作品是网站的权利,"删帖"即表明该网站不愿意传播该作品,因此不构成侵犯著作权。故 B 项正确。

署名权，即表明作者身份，在作品上署名的权利。具体包括：决定是否在作品上署名；决定署名的方式，如署真名、笔名；决定署名的顺序；禁止未参加创作的人在作品上署名；禁止他人假冒署名。本案中，作者有权决定以笔名"小玉儿"署名而不署真名，而网站擅自添加作者真名，侵犯了作者的署名权。故 C 项正确。

保护作品完整权，即保护作品不受歪曲、篡改的权利。网站仅仅添加了作者真名，并不会导致对作品内容的歪曲、篡改，所以没有侵犯保护作品完整权。故 D 项错误。

87．国际民事诉讼中特别地域管辖原则；平行管辖原则；空难损害赔偿的法律适用［ABC］

［解析］《民事诉讼法》第 276 条规定："因涉外民事纠纷，对在中华人民共和国领域内没有住所的被告提起除身份关系以外的诉讼，如果合同签订地、合同履行地、诉讼标的物所在地、可供扣押财产所在地、侵权行为地、代表机构住所地位于中华人民共和国领域内的，可以由合同签订地、合同履行地、诉讼标的物所在地、可供扣押财产所在地、侵权行为地、代表机构住所地人民法院管辖。除前款规定外，涉外民事纠纷与中华人民共和国存在其他适当联系的，可以由人民法院管辖。"本案中，乘客和航空公司的纠纷属于合同纠纷，甲国某航空公司在中国设有代表处，中国法院对该案有管辖权。故 A 项正确。

《民诉解释》第 531 条规定，中华人民共和国法院和外国法院都有管辖权的案件，一方当事人向外国法院起诉，而另一方当事人向中华人民共和国法院起诉的，人民法院可予受理。中国法律并不限制乙国法院根据该国法律对该纠纷行使管辖权。故 B 项正确。

人民法院已确定不予认可民事判决的，申请人不得再提出认可申请，但可以就同一案件事实向人民法院起诉。甲国法院受理该纠纷并不影响中国法院对此诉讼行使管辖权。故 C 项正确。

若我国法院受理此案，合同纠纷的法律适用应首先尊重当事人的意思自治，没有意思自治适用最密切联系原则确定准据法。故 D 项错误。

88．债权撤销权；合同的无效［ABD］

［解析］《民法典》第 538 条规定："债务人以放弃其债权、放弃债权担保、无偿转让财产等方式无偿处分财产权益，或者恶意延长其到期债权的履行期限，影响债权人的债权实现的，债权人可以请求人民法院撤销债务人的行为。"第 539 条规定："债务人以明显不合理的低价转让财产、以明显不合理的高价受让他人财产或者为他人的债务提供担保，影响债权人的债权实现，债务人的相对人知道或者应当知道该情形的，债权人可以请求人民法院撤销债务人的行为。"这两条规定了债权人撤销权。据此，债务人以

明显不合理的低价转让财产，对债权人造成损害，并且受让人知道该情形的，债权人也可以请求法院撤销债务人的行为。对于《民法典》第 539 条规定的明显不合理的低价，人民法院应当以交易当地一般经营者的判断，并参考交易当时交易地的物价部门指导价或者市场交易价，结合其他相关因素综合考虑予以确认。转让价格达不到交易时交易地的指导价或者市场交易价 70% 的，一般可以视为明显不合理的低价；对转让价格高于当地指导价或者市场交易价 30% 的，一般可以视为明显不合理的高价。本题中，杜某转让房屋的价格为市值的 75%，尚不构成明显不合理的低价。此外，即便符合了不合理低价的要求，也应当在受让人知情的情况下债权人才能撤销，本案中并没有交代受让人是否知情，不能直接认为知情。综上，谢某不能请求法院撤销债务人杜某的买卖合同。故 A 项表述错误，当选。

《民法典》第 215 条规定，当事人之间订立有关设立、变更、转让和消灭不动产物权的合同，除法律另有规定或者合同另有约定外，自合同成立时生效；未办理物权登记的，不影响合同效力。据此，买卖房屋的合同达成之后，只要没有违法的情形，是否办理过户均不影响合同的效力。故 B 项表述错误，当选。

《民法典》第 154 条规定："行为人与相对人恶意串通，损害他人合法权益的民事法律行为无效。"故 C 项表述正确，不当选。

债权的核心是请求权，其行使尚需债务人的配合，因此不能像物权等支配权那样行使。谢某只能通过请求杜某向自己交付房屋并办理过户登记的途径才能取得房屋的所有权。故 D 项表述错误，当选。

89．产品责任［ABCD］

［解析］《民法典》第 577 条规定："当事人一方不履行合同义务或者履行合同义务不符合约定的，应当承担继续履行、采取补救措施或者赔偿损失等违约责任。"赵某与商店的洗衣机买卖合同生效后，商店交付的洗衣机不符合约定品质，属于瑕疵履行，成立违约，且为根本违约，并因此给赵某造成财产损害与人身损害，赵某有权解除买卖合同并请求商店承担违约损害赔偿责任。A 项正确。

《民法典》第 186 条规定："因当事人一方的违约行为，损害对方人身权益、财产权益的，受损害方有权选择请求其承担违约责任或者侵权责任。"本题中，赵某购买的洗衣机不仅质量不合格，而且还对赵某的人身造成了损害，构成加害给付。故赵某可请求商店按违约责任更换洗衣机或者退货，也可请求甲公司按侵权责任赔偿衣物损失和人身损害，违约责任和侵权责任只能择一主张。B 项正确。

《民法典》第 1203 条规定："因产品存在缺陷造成他人损害的，被侵权人可以向产品的生产者请求赔

偿,也可以向产品的销售者请求赔偿。产品缺陷由生产者造成的,销售者赔偿后,有权向生产者追偿。因销售者的过错使产品存在缺陷的,生产者赔偿后,有权向销售者追偿。"据此,赵某可以请求商店或者甲公司赔偿因洗衣机缺陷造成的损害,C项正确。

《民法典》第1183条第1款规定:"侵害自然人人身权益造成严重精神损害的,被侵权人有权请求精神损害赔偿。"本题中,叶轮飞出造成赵某严重人身损害,故赵某可以向商店或者甲公司请求赔偿物质损害的同时请求精神损害赔偿,D项正确。【特别提醒】《民法典》第996条规定:"因当事人一方的违约行为,损害对方人格权并造成严重精神损害,受损害方选择请求其承担违约责任的,不影响受损害方请求精神损害赔偿。"据此,无论受害人通过向销售者或生产者主张侵权责任还是违约责任,均可主张精神损害赔偿。该条规定彻底改变了以往只能通过侵权责任主张精神损害赔偿的做法。

90.公开发行股票所募集资金的使用;擅自改变募集资金用途的责任[ABC]

[解析]《证券法》第14条规定:"公司对公开发行股票所募集资金,必须按照招股说明书或者其他公开发行募集文件所列资金用途使用;改变资金用途,必须经股东大会作出决议。擅自改变用途,未作纠正的,或者未经股东大会认可的,不得公开发行新股。"据此,改变资金用途,必须经股东大会作出决议,故A项正确;擅自改变用途,未经股东大会认可的,不得公开发行新股,故D项错误。

《证券法》第185条第1款规定:"发行人违反本法第14条、第15条的规定擅自改变公开发行证券所募集资金的用途的,责令改正,处50万元以上500万元以下的罚款;对直接负责的主管人员和其他直接责任人员给予警告,并处10万元以上100万元以下的罚款。"据此,本题中发行人(某上市公司)擅自改变公开发行证券所募集资金的用途,证券监督管理机构有权责令其改正,并有权对相关责任人员处以罚款,故B、C项正确。

91.股权转让;股东资格的取得[BD]

[解析]《公司法》第56条第2款规定:"记载于股东名册的股东,可以依股东名册主张行使股东权利。"股权转让时,受让人取得股东资格,与公司建立法律关系的证明应该是股东名册的变更。所以2018年5月公司股东名册及文件变更完成时,乙取得股东资格,D项正确。

2018年4月,甲还是鼎泰公司的股东,鼎泰公司有权依据章程向甲分配利润,故B项正确。甲、乙直接的约定有效,乙可以根据和甲的约定向甲追讨相关权益,但此时因乙尚未成为股东,不能直接向鼎泰公司主张分红,故C项错误。

《公司法》第25条规定:"公司股东会、董事会的决议内容违反法律、行政法规的无效。"本案中,鼎泰公司股东会决议依法分红,并没有违法违规之处,不存在决议无效的理由,故A项错误。

92.企业所得税应纳税收入范围;免税收入;不征税收入[BC]

[解析]《企业所得税法》第7条规定:"收入总额中的下列收入为不征税收入:(一)财政拨款;(二)依法收取并纳入财政管理的行政事业性收费、政府性基金;(三)国务院规定的其他不征税收入。"由此可见,财政拨款属于不征税收入的范围。故A项错误。

《企业所得税法》第6条规定:"企业以货币形式和非货币形式从各种来源取得的收入,为收入总额。包括:(一)销售货物收入;……(七)特许权使用费收入;……"由此可见,B项销售产品收入属于上述第1项,C项专利转让收入属于第7项,都属于应纳税收入。故B、C项正确。

《企业所得税法》第26条规定:"企业的下列收入为免税收入:(一)国债利息收入;(二)符合条件的居民企业之间的股息、红利等权益性投资收益;(三)在中国境内设立机构、场所的非居民企业从居民企业取得与该机构、场所有实际联系的股息、红利等权益性投资收益;(四)符合条件的非营利组织的收入。"由此可知,国债和国家发行的金融债券利息,属于免纳企业所得税情形,不属于企业所得税征税范围。故D项错误。

93.诉前财产保全[AC]

[解析]《民事诉讼法》第104条第1款规定:"利害关系人因情况紧急,不立即申请保全将会使其合法权益受到难以弥补的损害的,可以在提起诉讼或者申请仲裁前向被保全财产所在地、被申请人住所地或者对案件有管辖权的人民法院申请采取保全措施。申请人应当提供担保,不提供担保的,裁定驳回申请。"据此,在诉前保全中担保是必需的,故A项正确。

《民诉解释》第153条规定:"人民法院对季节性商品、鲜活、易腐烂变质以及其他不宜长期保存的物品采取保全措施时,可以责令当事人及时处理,由人民法院保存价款;必要时,人民法院可予以变卖,保存价款。"本案被保全的财产是水果,属于鲜活、易腐烂变质物品,不能直接予以查封、扣押、冻结,应当对其进行变价处理后保存其价款,故B项错误。

《民诉解释》第160条规定:"当事人向采取诉前保全措施以外的其他有管辖权的人民法院起诉的,采取诉前保全措施的人民法院应当将保全手续移送受理案件的人民法院。诉前保全的裁定视为受移送人民法院作出的裁定。"故C项正确,D项错误。

94．仲裁庭的组成［ABCD］

［解析］本案完全可以由 3 名仲裁员组成仲裁庭。《仲裁法》第 30 条规定："仲裁庭可以由三名仲裁员或者一名仲裁员组成。由三名仲裁员组成的,设首席仲裁员。"

京发公司选定仲裁员李某作为本案仲裁庭的仲裁员,是完全合法的。《仲裁法》第 31 条规定:"当事人约定由三名仲裁员组成仲裁庭的,应当各自选定或者各自委托仲裁委员会主任指定一名仲裁员,第三名仲裁员当事人共同选定或者共同委托仲裁委员会主任指定。第三名仲裁员是首席仲裁员。当事人约定由一名仲裁员成立仲裁庭的,应当由当事人共同选定或者共同委托仲裁委员会主任指定仲裁员。"故 A 项正确。

蓟门公司未选定仲裁员,双方当事人也未共同选定第 3 名仲裁员时,应当由仲裁委员会主任指定产生这 2 名仲裁员。《仲裁法》第 32 条规定:"当事人没有在仲裁规则规定的期限内约定仲裁庭的组成方式或者选定仲裁员的,由仲裁委员会主任指定。"故 B、C 项正确。

本案仲裁庭的组成合法,故 D 项正确。

95．仲裁裁决的作出及效力［AD］

［解析］《仲裁法》第 53 条规定:"裁决应当按照多数仲裁员的意见作出,少数仲裁员的不同意见可以记入笔录。仲裁庭不能形成多数意见时,裁决应当按照首席仲裁员的意见作出。"本案中,仲裁员李某和张某均认为蓟门公司存在严重违约行为,合同应解除,因此,裁决书应根据仲裁庭中的多数意见作出,即支持京发公司的请求。故 A 项是正确的,B 项是不正确的。

《仲裁法》第 54 条规定,裁决书应当由仲裁员签名,加盖仲裁委员会印章。对裁决持不同意见的仲裁员,可以签名,也可以不签名。故 C 项是不正确的。

《仲裁法》第 57 条规定:"裁决书自作出之日起发生法律效力。"故 D 项是正确的。

96．仲裁裁决的撤销［A］

［解析］《仲裁法》第 58 条第 1 款规定:"当事人提出证据证明裁决有下列情形之一的,可以向仲裁委员会所在地的中级人民法院申请撤销裁决:(一)没有仲裁协议的;(二)裁决的事项不属于仲裁协议的范围或者仲裁委员会无权仲裁的;(三)仲裁庭的组成或者仲裁的程序违反法定程序的;(四)裁决所根据的证据是伪造的;(五)对方当事人隐瞒了足以影响公正裁决的证据的;(六)仲裁员在仲裁该案时有索贿受贿,徇私舞弊,枉法裁决行为的。"因此,蓟门公司应向 S 仲裁委所在地中院提出申请,A 项是正确的。C 项法律适用错误不属于第 58 条第 1 款规定的申请撤销仲裁裁决的法定情形,故 C 项是不正确的。

《仲裁法》第 61 条规定,人民法院受理撤销裁决的申请后,应适用撤销程序审查,而非普通程序。除了第 61 条明确规定适用撤销程序之外,《仲裁法》第 60 条的规定"人民法院应当在受理撤销裁决申请之日起两个月内作出撤销裁决或者驳回申请的裁定"也可佐证。如果是普通程序,适用的是 6 个月的审理期限,而非 2 个月。因此,申请撤销仲裁裁决适用的是独立的撤销程序,而非诉讼上的简易或普通程序,故 B 项是不正确的。

《仲裁法》第 42 条第 2 款规定,被申请人经仲裁庭书面通知后,无正当理由不到庭或者未经仲裁庭许可中途退庭的,仲裁庭可以缺席裁决。因此,本题中的缺席裁决并未违反《仲裁法》的规定,故 D 项是不正确的。

97．合伙财产的出质［AD］

［解析］《合伙企业法》第 25 条规定:"合伙人以其在合伙企业中的财产份额出质的,须经其他合伙人一致同意;未经其他合伙人一致同意,其行为无效,由此给善意第三人造成损失的,由行为人依法承担赔偿责任。"合伙人以其合伙财产份额出质的,必须经其他合伙人一致同意,未经同意的,出质绝对无效,善意第三人也不能主张善意取得。故 A 项正确,C 项错误。

合伙人以合伙财产出质的,只要经全体合伙人同意,出质自合同签订之日起生效,而不是经工商登记时。故 B 项错误。

《合伙企业法》第 23 条规定:"合伙人向合伙人以外的人转让其在合伙企业中的财产份额的,在同等条件下,其他合伙人有优先购买权;但是,合伙协议另有约定的除外。"如果法院拍卖丁福的合伙企业财产份额,高、田二人享有优先购买权。故 D 项正确。

98．基于法律行为的动产物权变动;交付［BD］

［解析］《民法典》第 224 条规定:"动产物权的设立和转让,自交付时发生效力,但法律另有规定的除外。"据此,基于法律行为的动产物权变动,除非法律另有规定,若未完成交付,则不发生动产物权变动。交付是动产物权变动的生效要件。交付有四种方式:现实交付、简易交付、指示交付、占有改定,在买卖合同中采取任何一种交付方式都可以导致动产所有权的移转。本题中,甲、乙间的买卖合同生效之时,甲尚未以任何一种方式向乙完成玉石的交付,乙未于买卖合同生效之时取得玉石所有权。故 A 项错误。

《民法典》第 228 条规定:"动产物权转让时,当事人又约定由出让人继续占有该动产的,物权自该约定生效时发生效力。"这是关于占有改定的规定。占有改定包含两个约定:(1)第一个约定,动产所有权移转的约定;(2)第二个约定,出让人与受让人之间成立委托、保管、租赁、承揽、借用等占有媒介关系,受让人基于该占有媒介关系取得动产的间接占有，以代替现实交付。本题中，甲与乙先签订了买卖合同，随后又签订了借用合同，约定由出卖人甲继续占有该玉石，此时双方已经以占有改定的方式完成了交付，乙自此时取得玉石所有权。故 B、D 项正确，C 项错误。

99．善意取得[C]

[解析] 根据《民法典》第 311 条的规定，动产所有权善意取得的构成要件有五：(1)标的物须为占有委托物(盗赃、遗失物、漂流物、埋藏物、失散的动物为占有脱离物，原则上不能善意取得)；(2)动产占有人实施无权处分；(3)受让人主观上为善意；(4)约定以合理的价格受让(不要求实际支付)；(5)已经完成了动产的交付(但以占有改定方式完成交付的，不发生善意取得的效果)。

本题中，甲通过占有改定方式将玉石所有权移转给了乙，乙已经取得了玉石的所有权，甲再将玉石出卖给丙构成无权处分，但丙知情，是恶意受让人，因此丙不能善意取得该玉石的所有权。故 A、B 项错误。

既然丙没有取得该玉石的所有权，那么，丙将玉石交付与丁的抵债行为也属于无权处分行为。在这一无权处分行为中，相对人丁是善意的，交易价格为 9000 元，与甲、乙之间约定的 11000 元价金相仿，可以认定为合理的价格，丙也完成了玉石的交付，因此，符合动产所有权善意取得的构成要件。故 C 项正确，D 项错误。

100．遗失物的返还请求权[D]

[解析]《民法典》第 312 条规定："所有权人或者其他权利人有权追回遗失物。该遗失物通过转让被他人占有的，权利人有权向无处分权人请求损害赔偿，或者知道或者应当知道受让人之日起二年内向受让人请求返还原物；但是，受让人通过拍卖或者向具有经营资格的经营者购得该遗失物的，权利人请求返还原物时应当支付受让人所付的费用。权利人向受让人支付所付费用后，有权向无处分权人追偿。"据此，拾得人不能取得遗失物的所有权，转让遗失物的行为构成无权处分，权利人有两个选择：一是选择向无权处分人请求损害赔偿；二是选择向受让人请求返还原物，但必须自知道或者应当知道受让人之日起 2 年内行使。

本题中，丁基于善意取得已经取得了该玉石的所有权，原所有权人乙则丧失了所有权，因此，丁是该玉石真正的所有权人。现丁将玉石丢失被戊拾得，戊是该玉石的拾得人。因玉石是遗失物，戊不能基于拾得玉石而取得其所有权，丁有权要求其返还该玉石。故 A 项错误。后戊将玉石转卖给己。因玉石为遗失物，不发生善意取得，丁有权自知道或者应当知道受让人己之日起 2 年内请求己返还。故 D 项正确，B、C 项错误。【特别提醒】2 年的起算点不是遗失或被盗之日起，而是自知道或者应当知道受让人之日起。

试 卷 一

试 题

一、单项选择题。每题所设选项中只有一个正确答案,多选、错选或不选均不得分。本部分含 1-50 题,每题 1 分,共 50 分。

1. 关于我国宪法修改,下列哪一选项是正确的?

A. 我国修宪实践中既有对宪法的部分修改,也有对宪法的全面修改

B. 经十分之一以上的全国人大代表提议,可以启动宪法修改程序

C. 全国人大常委会是法定的修宪主体

D. 宪法修正案是我国宪法规定的宪法修改方式

2. 关于危害结果,下列哪一选项是正确的?

A. 危害结果是所有具体犯罪的构成要件要素

B. 抽象危险是具体犯罪构成要件的危害结果

C. 以杀死被害人的方法当场劫取财物的,构成抢劫罪的结果加重犯

D. 骗取他人财物致使被害人自杀身亡的,成立诈骗罪的结果加重犯

3. 下列哪一情形构成以危险方法危害公共安全罪?

A. 甲在公交车上因为玩手机错过了下车时间,与司机发生争吵,抢夺司机方向盘

B. 乙从住宅区楼上向下投掷正在燃烧的蜂窝煤

C. 丙为了杀戊,改装了戊的摩托车,戊骑上摩托车撞死了人

D. 丁在公交车上与司机争吵打斗,导致与其他车辆相撞

4. 关于法的规范作用,下列哪一说法是正确的?

A. 陈法官依据诉讼法规定主动申请回避,体现了法的教育作用

B. 法院判决王某行为构成盗窃罪,体现了法的指引作用

C. 林某参加法律培训后开始重视所经营企业的法律风险防控,反映了法的保护自由价值的作用

D. 王某因散布谣言被罚款 300 元,体现了法的强制作用

5. 关于被害人承诺,下列哪一选项是正确的?

A. 儿童赵某生活在贫困家庭,甲征得赵某父母的同意,将赵某卖至富贵人家。甲的行为得到了赵某父母的有效承诺,并有利于儿童的成长,故不构成拐卖儿童罪

B. 在钱某家发生火灾之际,乙独自闯入钱某的住宅搬出贵重物品。由于乙的行为事后并未得到钱某的认可,故应当成立非法侵入住宅罪

C. 孙某为戒掉网瘾,让其妻子丙将其反锁在没有电脑的房间一星期。孙某对放弃自己人身自由的承诺是无效的,丙的行为依然成立非法拘禁罪

D. 李某同意丁砍掉自己的一个小手指,而丁却砍掉了李某的大拇指。丁的行为成立故意伤害罪

6. 关于正当防卫的论述,下列哪一选项是正确的?

A. 甲将罪犯顾某扭送派出所途中,在汽车后座上死死摁住激烈反抗的顾某头部,到派出所时发现其已窒息死亡。甲成立正当防卫

B. 乙发现齐某驾驶摩托车抢劫财物即驾车追赶,2 车并行时摩托车撞到护栏,弹回与乙车碰撞后侧翻,齐某死亡。乙不成立正当防卫

C. 丙发现邻居刘某(女)正在家中卖淫,即将刘家价值 6000 元的防盗门砸坏,阻止其卖淫。丙成立正当防卫

D. 丁开枪将正在偷越国(边)境的何某打成重伤。丁成立正当防卫

7. 在张某故意毁坏李某汽车案中,张某聘请赵律师为辩护人,李某聘请孙律师为诉讼代理人。关于该案辩护人和诉讼代理人,下列哪一选项是正确的?

A. 赵律师、孙律师均自案件移送审查起诉之日起方可接受委托担任辩护人、诉讼代理人

B. 赵律师、孙律师均有权申请该案的审判人员和公诉人员回避

C. 赵律师可在审判中向张某发问,孙律师无权向张某发问

D. 赵律师应以张某的意见作为辩护意见,孙律师应以李某的意见为代理意见

8. 法院就被告人"钱某"盗窃案作出一审判决,判决生效后检察院发现"钱某"并不姓钱,于是在确认其真实身份后向法院提出其冒用他人身份,但该案

认定事实和适用法律正确。关于法院对此案的处理，下列哪一选项是正确的？

A. 可以建议检察院提出抗诉，通过审判监督程序加以改判

B. 可以自行启动审判监督程序加以改判

C. 可以撤销原判并建议检察机关重新起诉

D. 可以用裁定对判决书加以更正

9．法官、检察官、律师等法律职业主管机关就3个职业在诉讼活动中的相互关系，出台了一系列规定。下列哪一说法是正确的？

A. 这些规定的目的是加强职业纪律约束，促进维护司法公正

B. 这些规定具有弥补履行职责上地位不平等，利于发挥各自作用的意义

C. 这些规定允许必要时适度突破职权限制、提高司法效率

D. 这些规定主要强调配合，不涉及互相制约关系的内容

10．关于行为主体，下列哪一项说法是正确的？

A. 单位分支机构或内设机构不是独立法人单位，不能成为单位犯罪的主体

B. 犯罪集团和聚众犯罪的首要分子是一种特殊的身份犯

C. 已满14周岁不满16周岁的未成年人在绑架过程中杀害被绑架人的，对杀人行为承担刑事责任，对绑架行为不承担刑事责任

D. 单位犯罪本质上是单位主管人员与其他直接责任人员构成的特殊的共同犯罪

11．某市质监局发现一公司生产劣质产品，查封了公司的生产厂房和设备，之后决定没收全部劣质产品、罚款10万元。该公司逾期不缴纳罚款。下列哪一选项是错误的？

A. 实施查封时应制作现场笔录

B. 对公司的处罚不能适用简易程序

C. 对公司逾期缴纳罚款，质监局可以每日按罚款数额的3%加处罚款

D. 质监局可以通知该公司的开户银行划拨其存款

12．黄某在与陈某的冲突中被陈某推倒后摔成轻微伤，甲县公安局以此对陈某作出行政拘留15日的决定。陈某不服申请复议，甲县政府经调查并补充了王某亲眼看到黄某摔伤的证言后维持了原处罚决定。陈某向法院提起诉讼。庭审中，陈某提出该处罚未经负责人集体讨论，一审法院遂要求被告补充提供该处罚由负责人集体讨论决定的记录。下列哪一种说法是正确的？

A. 本案被告是甲县政府

B. 王某的证言只能作为证明甲县政府的复议决定合法的证据

C. 法院要求被告补充记录的做法不符合法律规定

D. 法院对被告提供的记录形成时间所作的审查不属于对证据的关联性审查

13．王某是定居美国的中国公民，2013年10月回国为父母购房。根据我国相关法律规定，下列哪一选项是正确的？

A. 王某应向中国驻美签证机关申请办理赴中国的签证

B. 王某办理所购房产登记需提供身份证明的，可凭其护照证明其身份

C. 因王某是中国公民，故需持身份证办理房产登记

D. 王某回中国后，只要其有未了结的民事案件，就不准出境

14．关于西周法制的表述，下列哪一选项是正确的？

A. 周初统治者为修补以往神权政治学说的缺陷，提出了"德主刑辅，明德慎罚"的政治法律主张

B.《汉书·陈宠传》称西周时期的礼刑关系为"礼之所去，刑之所取，失礼则入刑，相为表里"

C. 西周的借贷契约称为"书约"，法律规定重要的借贷行为都须订立书面契约

D. 西周时期在宗法制度下已形成子女平均继承制

15．在刑事诉讼中，法官消极中立，通过当事人举证、辩论发现事实真相，并由当事人推动诉讼进程。这种诉讼构造属于下列哪一种类型？

A. 职权主义　　　　B. 当事人主义

C. 纠问主义　　　　D. 混合主义

16．甲乙二人在餐厅吃饭时言语不合进而互相推搡，乙突然倒地死亡，县公安局以甲涉嫌过失致人死亡立案侦查。经鉴定乙系特殊体质，其死亡属意外事件，县公安局随即撤销案件。关于乙的近亲属的诉讼权利，下列哪一选项是正确的？

A. 就撤销案件向县公安局申请复议

B. 就撤销案件向县公安局的上一级公安局申请复核

C. 向检察院侦查监督部门申请立案监督

D. 直接向法院对甲提起刑事附带民事诉讼

17．下列哪一选项是关于具体行政行为拘束力的正确理解？

①具体行政行为具有不再争议性，相对人不得改变具体行政行为

②行政主体非经法定程序不得任意改变或撤销具体行政行为

③相对人必须遵守和实际履行具体行政行为规定的义务

④具体行政行为在行政复议或行政诉讼期间不停止执行

A. ①②　　　　　　　B. ①②④

C. ②③　　　　　　　D. ③④

18． 范某参加单位委托某拓展训练中心组织的拔河赛时,由于比赛用绳断裂导致范某骨折致残。范某起诉该中心,认为事故主要是该中心未尽到注意义务引起,要求赔偿 10 万余元。法院认定,拔河人数过多导致事故的发生,范某本人也有过错,判决该中心按 40% 的比例承担责任,赔偿 4 万元。关于该案,下列哪一说法是正确的?

A. 范某对案件仅做了事实描述,未进行法律判断

B. "拔河人数过多导致了事故的发生"这一语句所表达的是一种裁判事实,可作为演绎推理的大前提

C. "该中心按 40% 的比例承担责任,赔偿 4 万元"是从逻辑前提中推导而来的

D. 法院主要根据法律责任的效益原则作出判决

19． 关于自首,下列哪一选项是正确的?

A. 甲绑架他人作为人质并与警察对峙,经警察劝说放弃了犯罪。甲是在"犯罪过程中"而不是"犯罪以后"自动投案,不符合自首条件

B. 乙交通肇事后留在现场救助伤员,并报告交管部门发生了事故。交警到达现场询问时,乙否认了自己的行为。乙不成立自首

C. 丙故意杀人后如实交代了自己的客观罪行,司法机关根据其交代认定其主观罪过为故意,丙辩称其为过失。丙不成立自首

D. 丁犯罪后,仅因形迹可疑而被盘问、教育,便交代了自己所犯罪行,但拒不交代真实身份。丁不属于如实供述,不成立自首

20． 关于侮辱罪与诽谤罪的论述,下列哪一选项是正确的?

A. 为寻求刺激在车站扒光妇女衣服,引起他人围观的,触犯强制猥亵、侮辱罪,未触犯侮辱罪

B. 为报复妇女,在大街上边打妇女边骂"狐狸精",情节严重的,应以侮辱罪论处,不以诽谤罪论处

C. 捏造他人强奸妇女的犯罪事实,向公安局和媒体告发,意图使他人受刑事追究,情节严重的,触犯诬告陷害罪,未触犯诽谤罪

D. 侮辱罪、诽谤罪属于亲告罪,未经当事人告诉,一律不得追究被告人的刑事责任

21． 根据《公务员法》规定,聘任制公务员按照国家规定实行协议工资制,关于协议工资制的具体办法,由哪一部门制定?

A. 中央公务员主管部门

B. 省级以上人力资源和社会保障主管部门

C. 省级以上公务员主管部门

D. 国务院人力资源和社会保障主管部门

22． 甲、乙、丙三国对某海域的划界存在争端,三国均为《联合国海洋法公约》缔约国。甲国在批准公约时书面声明海洋划界的争端不接受公约的强制争端解决程序,乙国在签署公约时口头声明选择国际海洋法法庭的管辖,丙国在加入公约时书面声明选择国际海洋法法庭的管辖。依相关国际法规则,下列哪一选项是正确的?

A. 甲国无权通过书面声明排除公约强制程序的适用

B. 国际海洋法法庭对该争端没有管辖权

C. 无论三国选择与否,国际法院均对该争端有管辖权

D. 国际海洋法法庭的设立排除了国际法院对海洋争端的管辖权

23． 关于缓刑的适用,下列哪一选项是错误的?

A. 被宣告缓刑的犯罪分子,在考验期内再犯罪的,应当数罪并罚,且不得再次宣告缓刑

B. 对于被宣告缓刑的犯罪分子,可以同时禁止其从事特定活动,进入特定区域、场所,接触特定的人

C. 对于黑社会性质组织的首要分子,不得适用缓刑

D. 被宣告缓刑的犯罪分子,在考验期内由公安机关考察,所在单位或者基层组织予以配合

24． 大学生甲为获得公务员面试高分,送给面试官乙(某机关领导)2 瓶高档白酒,乙拒绝。次日,甲再次到乙家,偷偷将一块价值 1 万元的金币放在茶几上离开。乙不知情。保姆以为乙知道此事,将金币放入乙的柜子。对于本案,下列哪一选项是错误的?

A. 甲的行为成立行贿罪

B. 乙的行为不构成受贿罪

C. 认定甲构成行贿罪与乙不构成受贿罪不矛盾

D. 保姆的行为成立利用影响力受贿罪

25． 根据清朝的会审制度,案件经过秋审或朝审程序之后,分四种情况予以处理:情实、缓决、可矜、留养承嗣。对此,下列哪一说法是正确的?

A. 情实指案情属实、罪名恰当者,奏请执行绞监候或斩监候

B. 缓决指案情虽属实,但危害性不能确定者,可继续调查,待危害性确定后进行判决

C. 可矜指案情属实,但有可矜或可疑之处,免于死刑,一般减为徒、流刑罚

D. 留养承嗣指案情属实、罪名恰当,但被害人有

亲老丁单情形,奏请皇帝裁决

26. 《民法典》第三百二十一条规定:"天然孳息,由所有权人取得;既有所有权人又有用益物权人的,由用益物权人取得。当事人另有约定的,按照其约定。法定孳息,当事人有约定的,按照约定取得;没有约定或者约定不明确的,按照交易习惯取得。"关于这一规定,下列哪一说法是错误的?

A. 该规定属于法律要素中的确定性法律规则

B. 该规定对于具有物权孳息关系的当事人可以起到很明确的指引作用和预测作用

C. 该规定事实上允许法官可以在一定条件下以习惯作为司法审判的依据

D. 对"天然孳息"和"法定孳息"重要法律概念含义的解释应该首先采用客观目的解释的方法

27. 甲市乙区政府决定征收某村集体土地 100 亩。该村 50 户村民不服,申请行政复议。下列哪一说法是错误的?

A. 申请复议的期限为 30 日

B. 村民应推选 1 至 5 名代表参加复议

C. 甲市政府为复议机关

D. 如要求申请人补正申请材料,应在收到复议申请之日起 5 日内书面通知申请人

28. 区工商局以涉嫌虚假宣传为由扣押了王某财产,王某不服诉至法院。在此案的审理过程中,法院发现王某涉嫌受贿犯罪需追究刑事责任。法院的下列哪种做法是正确的?

A. 终止案件审理,将有关材料移送有管辖权的司法机关处理

B. 继续审理,待案件审理终结后,将有关材料移送有管辖权的司法机关处理

C. 中止案件审理,将有关材料移送有管辖权的司法机关处理,待刑事诉讼程序终结后,恢复案件审理

D. 继续审理,将有关材料移送有管辖权的司法机关处理

29. 检察院立案侦查甲刑讯逼供案。被害人父亲要求甲赔偿丧葬费等经济损失。侦查中,甲因病猝死。对于此案,检察院下列哪一做法是正确的?

A. 移送法院以便审理附带民事诉讼部分

B. 撤销案件

C. 决定不起诉

D. 决定不起诉并对民事部分一并作出处理

30. 根据《刑法》规定,国家工作人员利用本人职权或者(1)形成的便利条件,通过其他(2)职务上的行为,为请托人谋取(3),索取请托人财物或者收受请托人财物的,以(4)论处。这在刑法理论上称为

(5)。将下列哪一选项内容填充到以上相应位置是正确的?

A. (1)地位(2)国家机关工作人员(3)利益(4)利用影响力受贿罪(5)间接受贿

B. (1)职务(2)国家工作人员(3)利益(4)受贿罪(5)斡旋受贿

C. (1)职务(2)国家机关工作人员(3)不正当利益(4)利用影响力受贿罪(5)间接受贿

D. (1)地位(2)国家工作人员(3)不正当利益(4)受贿罪(5)斡旋受贿

31. 关于检察官的行为,下列哪一观点是正确的?

A. 房检察官在同乡聚会时向许法官打听其在办案件审理情况,并让其估计判处结果。根据我国国情,房检察官的行为可以被理解

B. 关检察长以暂停工作要挟江检察官放弃个人意见,按照陈科长的判断处理某案。关检察长的行为与依法独立行使检察权的要求相一致

C. 容检察官在本地香蕉滞销,蕉农面临重大损失时,多方奔走将 10 万斤香蕉销往外地,为蕉农挽回了损失,本人获辛苦费 5000 元。容检察官没有违反有关经商办企业、违法违规营利活动的规定

D. 成检察官从检察院离任 5 年后,以律师身份担任各类案件的诉讼代理人或者辩护人,受到当事人及其家属的一致肯定。成检察官的行为符合《检察官法》的有关规定

32. 1903 年 5 月 1 日,在上海英租界发行的《苏报》刊载邹容的《革命军》自序和章炳麟的《客帝篇》,公开倡导革命,排斥满人。5 月 14 日,《苏报》又指出:《革命军》宗旨专在驱除满族,光复中国。清廷谕令两江总督照会租界当局严加查办,于 6 月底逮捕章炳麟,不久,邹容自动投案。由谳员孙建臣、上海知县汪瑶庭、英国副领事三人组成的审判庭对邹容等人进行审理,最后判处章炳麟徒刑三年,邹容徒刑两年。对这一案件的说法,下列哪一选项是正确的?

A. 这表明清廷实行公开审判原则

B. 这表明外国人在租界内对中国司法裁判权的直接干涉

C. 这表明外国人在租界内的领事裁判权受到了限制

D. 这表明清廷变法修律得到了国际社会的承认

33. 根据《宪法》和法律法规的规定,关于我国行政区划变更的法律程序,下列哪一选项是正确的?

A. 甲县欲更名,须报该县所属的省级政府审批

B. 乙省行政区域界线的变更,应由全国人大审议决定

C. 丙镇与邻近的一个镇合并,须报两镇所属的

县级政府审批

D. 丁市部分行政区域界线的变更,由国务院授权丁市所属的省级政府审批

34. 甲乙两家曾因宅基地纠纷诉至法院,尽管有法院生效裁判,但甲乙两家关于宅基地的争议未得到根本解决。一日,甲、乙因各自车辆谁先过桥引发争执继而扭打,甲拿起车上的柴刀砍中乙颈部,乙当场死亡。对此,下列哪一选项是不需要用证据证明的免证事实?

A. 甲的身份状况

B. 甲用柴刀砍乙颈部的时间、地点、手段、后果

C. 甲用柴刀砍乙颈部时精神失常

D. 法院就甲乙两家宅基地纠纷所作出的裁判事项

35. 关于行政法规制定程序的说法,下列哪一选项是正确的?

A. 行政法规的制定程序包括起草、审查、决定和公布,立项不属于行政法规制定程序

B. 几个部门共同起草的行政法规送审稿报送国务院,应当由牵头部门主要负责人签署

C. 对重要的行政法规送审稿,国务院法制机构经国务院同意后向社会公布

D. 行政法规应当在公布后 30 日内由国务院办公厅报全国人大常委会备案

36. 某公司向区教委申请《办学许可证》,遭拒后向法院提起诉讼,法院判决区教委在判决生效后 30 日内对该公司申请进行重新处理。判决生效后,区教委逾期拒不履行,某公司申请强制执行。关于法院可采取的执行措施,下列哪一项是正确的?

A. 对区教委按日处 100 元的罚款

B. 对区教委的主要负责人处以罚款

C. 经法院院长批准,对区教委直接责任人予以司法拘留

D. 责令由市教委对该公司的申请予以处理

37. 律师潘某认为《母婴保健法》与《婚姻登记条例》关于婚前检查的规定存在冲突,遂向全国人大常委会书面提出了进行审查的建议。对此,下列哪一说法是错误的?

A.《母婴保健法》的法律效力高于《婚姻登记条例》

B. 如全国人大常委会审查后认定存在冲突,则有权改变或撤销《婚姻登记条例》

C. 全国人大相关专门委员会和常务委员会工作机构需向潘某反馈审查研究情况

D. 潘某提出审查建议的行为属于社会监督

38. 宪法结构指宪法内容的组织和排列形式。关于我国宪法结构,下列哪一选项是不正确的?

A. 宪法序言规定了宪法的根本法地位和最高法律效力

B. 现行宪法正文的排列顺序是:总纲、公民的基本权利和义务、国家机构以及国旗、国歌、国徽、首都

C. 宪法附则没有法律效力

D. 宪法没有附则

39.《刑法》第29条第1款规定:"教唆他人犯罪的,应当按照他在共同犯罪中所起的作用处罚。教唆不满十八周岁的人犯罪的,应当从重处罚。"对于本规定的理解,下列哪一选项是错误的?

A. 无论是被教唆人接受教唆实施了犯罪,还是二人以上共同故意教唆他人犯罪,都能适用该款前段的规定

B. 该款规定意味着教唆犯也可能是从犯

C. 唆使不满 14 周岁的人犯罪因而属于间接正犯的情形时,也应适用该款后段的规定

D. 该款中的"犯罪"并无限定,既包括一般犯罪,也包括特殊身份的犯罪,既包括故意犯罪,也包括过失犯罪

40. 关于犯罪嫌疑人的审前羁押,下列哪一选项是错误的?

A. 基于强制措施适用的必要性原则,应当尽量减少审前羁押

B. 审前羁押是临时性的状态,可根据案件进展和犯罪嫌疑人的个人情况予以变更

C. 经羁押必要性审查认为不需要继续羁押的,检察院应及时释放或变更为其他非羁押强制措施

D. 案件不能在法定办案期限内办结的,应当解除羁押

41. 关于法定代理人对法院一审判决、裁定的上诉权,下列哪一说法是错误的?

A. 自诉人高某的法定代理人有独立上诉权

B. 被告人李某的法定代理人有独立上诉权

C. 被害人方某的法定代理人有独立上诉权

D. 附带民事诉讼当事人吴某的法定代理人对附带民事部分有独立上诉权

42. 李某在某餐馆就餐时,被邻桌互殴的陌生人误伤。李某认为,依据《消费者权益保护法》第 7 条第 1 款中"消费者在购买、使用商品和接受服务时享有人身、财产安全不受损害的权利"的规定,餐馆应负赔偿责任,据此起诉。法官结合该法第 7 条第 2 款中"消费者有权要求经营者提供的商品和服务,符合保障人身、财产安全的要求"的规定来解释第 7 条第 1 款,认为餐馆对商品和服务之外的因素导致伤害不应承担责任,遂判决李某败诉。对此,下列哪一说法是不正确的?

A. 李某的解释为非正式解释

B. 李某运用的是文义解释方法

C. 法官运用的是体系解释方法

D. 就不同解释方法之间的优先性而言,存在固定的位阶关系

43. 关于诈骗犯罪的论述,下列哪一选项是正确的(不考虑数额)?

A. 与银行工作人员相勾结,使用伪造的银行存单,骗取银行巨额存款的,只能构成票据诈骗罪,不构成金融凭证诈骗罪

B. 单位以非法占有目的骗取银行贷款的,不能以贷款诈骗罪追究单位的刑事责任,但可以该罪追究策划人员的刑事责任

C. 购买意外伤害保险,制造自己意外受重伤假象,骗取保险公司巨额保险金的,仅构成保险诈骗罪,不构成合同诈骗罪

D. 签订合同时并无非法占有目的,履行合同过程中才产生非法占有目的,后收受被害人货款逃匿的,不构成合同诈骗罪

44. 关于两审终审制度,下列哪一选项是正确的?

A. 一个案件只有经过两级法院审理裁判才能生效

B. 经过两级法院审判所作的裁判都是生效裁判

C. 一个案件经过两级法院审判后对所作的裁判不能上诉

D. 一个案件经过两级法院审判后当事人就不能对判决、裁定提出异议

45. 王甲经法定程序将名字改为与知名作家相同的"王乙",并在其创作的小说上署名"王乙"以增加销量。作家王乙将王甲诉至法院。法院认为,公民虽享有姓名权,但被告署名的方式误导了读者,侵害了原告的合法权益,违背诚实信用原则。关于该案,下列哪一选项是正确的?

A. 姓名权属于应然权利,而非法定权利

B. 诚实信用原则可以填补规则漏洞

C. 姓名权是相对权

D. 若法院判决王甲承担赔偿责任,则体现了确定法与道德界限的"冒犯原则"

46. 澳门特别行政区依照《澳门特别行政区基本法》的规定实行高度自治,享有行政管理权、立法权、独立的司法权和终审权。关于中央和澳门特别行政区的关系,下列哪一选项是正确的?

A. 全国性法律一般情况下是澳门特别行政区的法律渊源

B. 澳门特别行政区终审法院法官的任命和免职须报全国人大常委会备案

C. 澳门特别行政区立法机关制定的法律须报全国人大常委会批准后生效

D.《澳门特别行政区基本法》在澳门特别行政区的法律体系中处于最高地位,反映的是澳门特别行政区同胞的意志

47. 加强人权司法保障是司法机关的重要职责,也是保证公正司法的必然要求。下列哪一做法符合上述要求?

A. 某公安机关第一次讯问犯罪嫌疑人时告知其有权委托辩护人,但未同时告知其如有经济困难可申请法律援助

B. 某省法院修订进入法庭的安检流程,明确"禁止对律师进行歧视性安检"

C. 某法官在一伤害案判决书中,对被告人及律师"构成正当防卫"的证据和意见不采信而未做回应和说明

D. 某法庭对辩护律师在辩论阶段即将结束时提出的"被告人庭前供述系非法取得"的意见及线索,未予调查

48. 关于办案期限重新计算的说法,下列哪一选项是正确的?

A. 甲盗窃汽车案,在侦查过程中发现其还涉嫌盗窃1辆普通自行车,重新计算侦查羁押期限

B. 乙受贿案,检察院审查起诉时发现一笔受贿款项证据不足,退回补充侦查后再次移送审查起诉时,重新计算审查起诉期限

C. 丙聚众斗殴案,在处理完丙提出的有关检察院书记员应当回避的申请后,重新计算一审审理期限

D. 丁贩卖毒品案,二审法院决定开庭审理并通知同级检察院阅卷,检察院阅卷结束后,重新计算二审审理期限

49. 国有甲公司领导王某与私企乙公司签订采购合同,以10万元的价格向乙公司采购一批设备。后王某发现,丙公司销售的相同设备仅为6万元。王某虽有权取消合同,但却与乙公司老总刘某商议,由王某花6万元从丙公司购置设备交给乙公司,再由乙公司以10万元的价格卖给甲公司。经王某签字批准,甲公司将10万元货款支付给乙公司后,刘某再将10万元返给王某。刘某为方便以后参与甲公司采购业务,完全照办。关于本案的分析,下列哪一选项是正确的?

A. 王某利用职务上的便利套取公款,构成贪污罪,贪污数额为10万元

B. 王某利用与乙公司签订合同的机会谋取私利,应以职务侵占罪论处

C. 刘某为谋取不正当利益,事后将货款交给王某,刘某行为构成贪污罪

D. 刘某协助王某骗取公款,但因其并非国家工作人员,故构成诈骗罪

50. 关于公证制度和业务,下列哪一选项是正确的?

A. 依据统筹规划、合理布局设立的公证处,其名称中的字号不得与国内其他公证处的字号相同或者相近

B. 省级司法行政机关有权任命公证员并颁发公证员执业证书,变更执业公证处

C. 黄某委托其子代为办理房屋买卖手续,其住所地公证处可受理其委托公证的申请

D. 王某认为公证处为其父亲办理的放弃继承公证书错误,向该公证处提出复议的申请

二、多项选择题。每题所设选项中至少有两个正确答案,多选、少选、错选或不选均不得分。本部分含51—85题,每题2分,共70分。

51. 某县地税局将个体户沈某的纳税由定额缴税变更为自行申报,并在认定沈某申报税额低于过去纳税额后,要求沈某缴纳相应税款、滞纳金,并处以罚款。沈某不服,对税务机关下列哪些行为可以直接向法院提起行政诉讼?

A. 由定额缴税变更为自行申报的决定

B. 要求缴纳税款的决定

C. 要求缴纳滞纳金的决定

D. 罚款决定

52. 余某拟大修房屋,向县规划局提出申请,该局作出不予批准答复。余某向县政府申请复议,在后者作出维持决定后,向法院起诉。县规划局向法院提交县政府批准和保存的余某房屋所在中心村规划布局图的复印件一张,余某提交了其房屋现状的录像,证明其房屋已破旧不堪。下列哪些说法是正确的?

A. 县规划局提交的该复印件,应加盖县政府的印章

B. 余某提交的录像应注明制作方法和制作时间

C. 如法院认定余某的请求不成立,可以判决驳回余某的诉讼请求

D. 如法院认定余某的请求成立,在对县规划局的行为作出裁判的同时,应对县政府的复议决定作出裁判

53. 李某因琐事将邻居王某打成轻伤。案发后,李家积极赔偿,赔礼道歉,得到王家谅解。如检察院根据双方和解对李某作出不起诉决定,需要同时具备下列哪些条件?

A. 双方和解具有自愿性、合法性

B. 李某实施伤害的犯罪情节轻微,不需要判处刑罚

C. 李某五年以内未曾故意犯罪

D. 公安机关向检察院提出从宽处理的建议

54. 关于审判组织,下列哪些说法是正确的?

A. 最高人民法院审理一审案件可以由1个审判员和2个人民陪审员组成合议庭

B. 某国企高管张某贪污1亿元,社会影响重大,市检察院公诉到中级人民法院,本案应当由人民陪审员和法官组成七人合议庭审理

C. 某区法院审理精神病人的强制医疗程序应当由3名审判员组成合议庭审理

D. 某县法院适用简易程序审理刘某侵占案,则应当由审判员1人独任审理

55. 关于渎职罪,下列哪些选项是正确的?

A. 省渔政总队验船师郑某,明知有8艘渔船存在套用船号等问题,按规定应注销,却为船主办理船检证书,船主领取国家柴油补贴640万元。郑某构成滥用职权罪

B. 刑警曾某办理冯某抢劫案,明知冯某被取保候审后未定期到派出所报到,曾某也未依法传唤冯某或将案件移送起诉或变更强制措施。期间,冯某再次犯罪。曾某构成徇私枉法罪

C. 律师于某担任被告人马某的辩护人,从法院复印马某贪污案的案卷材料,允许马某亲属朱某查阅。朱某随后游说证人,使数名证人向于某出具了虚假证明材料。于某构成故意泄露国家秘密罪

D. 公安局协警闫某,在协助抓捕行动中,向领导黑社会性质组织的李某通风报信,导致李某等主要犯罪分子潜逃。闫某构成帮助犯罪分子逃避处罚罪

56. 关于罪数,下列哪些选项是正确的(不考虑数额或情节)?

A. 甲使用变造的货币购买商品,触犯使用假币罪与诈骗罪,构成想象竞合犯

B. 乙走私毒品,又走私假币构成犯罪的,以走私毒品罪和走私假币罪实行数罪并罚

C. 丙先后三次侵入军人家中盗窃军人制服,后身穿军人制服招摇撞骗。对丙应按牵连犯从一重罪处罚

D. 丁明知黄某在网上开设赌场,仍为其提供互联网接入服务。丁触犯开设赌场罪与帮助信息网络犯罪活动罪,构成想象竞合犯

57. 法学院同学就我国法律职业道德规范进行讨论。

甲认为:①法律职业道德一般包括职业道德意识、职业道德行为和职业道德规范3个层次;②法官职业道德的核心是公正、廉洁、为民。乙认为:①如果缺乏无私奉献、敬业献身的精神,法律职业人员很容易进行"权力寻租";②加强公证员职业道德建设是

维护和增强公证公信力的保障。丙认为：①法律职业人员的社会义务和道德要求不应高于一般社会成员；②直接影响律师职业形象的执业外行为受到律师职业道德的约束。对此，下列哪些选项是不能成立的？

A. 甲①和乙②的说法均正确

B. 甲②和丙②的说法均错误

C. 甲①、乙①和丙①的说法均正确

D. 甲②、乙①和丙①的说法均错误

58. 甲国发生内战，乙国拟派民航包机将其侨民接回，飞机需要飞越丙国领空。根据国际法相关规则，下列哪些选项是正确的？

A. 乙国飞机因接其侨民，得自行飞越丙国领空

B. 乙国飞机未经甲国许可，不得飞入甲国领空

C. 乙国飞机未经允许飞越丙国领空，丙国有权要求其在指定地点降落

D. 丙国军机有权在警告后将未经许可飞越丙国领空的乙国飞机击落

59. 关于犯罪故意、过失与认识错误的认定，下列哪些选项是错误的？

A. 甲、乙是马戏团演员，甲表演飞刀精准，从未出错。某日甲表演时，乙突然移动身体位置，飞刀掷进乙胸部致其死亡。甲的行为属于意外事件

B. 甲、乙在路边争执，甲推乙一掌，致其被路过车辆轧死。甲的行为构成故意伤害（致死）罪

C. 甲见楼下没人，将家中一块木板扔下，不料砸死躲在楼下玩耍的小孩乙。甲的行为属于意外事件

D. 甲本欲用斧子砍死乙，事实上却杀了铁锤砸死乙。甲的错误属于方法错误，根据法定符合说，应认定为故意杀人既遂

60. 关于洗钱罪，下列哪些说法是正确的？

A. 甲欲向张某行贿，张某让甲直接将贿赂款汇到其境外的账户，甲照办。甲构成行贿罪与洗钱罪的想象竞合犯

B. 乙协助贩毒分子将贩毒所得赃款汇到境外，成立洗钱罪与转移毒赃罪的想象竞合犯

C. 贩毒分子丙将自己贩毒所得赃款汇到境外，成立洗钱罪与转移毒赃罪的想象竞合犯

D. 犯受贿罪的国家工作人员丁将受贿款汇到境外的，应以受贿罪与洗钱罪实行数罪并罚

61. 贾律师在一起未成年人盗窃案件辩护意见中写到："首先，被告人刘某只是为了满足其上网玩耍的欲望，实施了秘密窃取少量财物的行为，主观恶性不大；其次，本省盗窃罪的追诉限额为 800 元，而被告所窃财产评估价值仅为 1,050 元，社会危害性较小；再次，被告人刘某仅从这次盗窃中分得 200 元，收益较少。故被告人刘某的犯罪情节轻微，社会危害性不大，主观恶性小，依法应当减轻或免除处罚。"关于

该意见，下列哪些选项是不正确的？

A. 辩护意见既运用了价值判断，也运用了事实判断

B. "被告人刘某的犯罪情节轻微，社会危害性不大，主观恶性小，依法应当减轻或免除处罚"，属于事实判断

C. "本省盗窃罪的追诉限额为 800 元，而被告人所窃取财产评估价值仅为 1,050 元"，属于价值判断

D. 辩护意见中的"只是"、"仅为"、"仅从"这类词汇，属于法律概念

62. 我国《宪法》第三十八条明确规定："中华人民共和国公民的人格尊严不受侵犯。"关于该条文所表现的宪法规范，下列哪些选项是正确的？

A. 在性质上属于组织性规范

B. 通过《民法典》中有关姓名权的规定得到了间接实施

C. 法院在涉及公民名誉权的案件中可以直接据此作出判决

D. 与法律中的有关规定相结合构成一个有关人格尊严的规范体系

63. 下列哪些选项不违反罪刑法定原则？

A. 将明知是痴呆女而与之发生性关系导致被害人怀孕的情形，认定为强奸"造成其他严重后果"

B. 将卡拉 OK 厅未经著作权人许可大量播放其音像制品的行为，认定为侵犯著作权罪中的"发行"

C. 将重度醉酒后在高速公路超速驾驶机动车的行为，认定为以危险方法危害公共安全罪

D.《刑法》规定了盗窃武装部队印章罪，未规定毁灭武装部队印章罪。为弥补处罚漏洞，将毁灭武装部队印章的行为认定为毁灭"国家机关"印章

64. 下列哪些选项中的双方行为人构成共同犯罪？

A. 甲见卖淫秽影碟的小贩可怜，给小贩 1000 元，买下 200 张淫秽影碟

B. 乙明知赵某已结婚，仍与其领取结婚证

C. 丙送给国家工作人员 10 万元钱，托其将儿子录用为公务员

D. 丁帮助组织卖淫的王某招募、运送卖淫女

65. 关于刑事诉讼基本原则，下列哪些说法是正确的？

A. 体现刑事诉讼基本规律，有着深厚的法律理论基础和丰富的思想内涵

B. 既可由法律条文明确表述，也可体现于刑事诉讼法的指导思想、目的、任务、具体制度和程序之中

C. 既包括一般性原则，也包括独有原则

D. 与规定具体制度、程序的规范不同，基本原则不具有法律约束力，只具有倡导性、指引性

66. 张三系某县财政局局长,因涉嫌贪污被某县监察委员会立案调查,调查终结后,某县监察委员会将案件移送某县检察院审查起诉。下列表述哪些是错误的?

A. 某县检察院经过审查认为需要补充核实证据,应当对案件自行补充侦查

B. 某县检察院经过审查认为需要补充核实证据,可以直接作出不起诉决定

C. 某县检察院经过审查认为证据不足,经过二次退回某县监察委员会补充调查后仍然认为证据不足,可以直接作出不起诉决定

D. 某县检察院作出不起诉决定后,某县监察委员会不服,有权向某县检察院提请复议

67. 陈某是某市公安局二级主任科员。关于其职级,下列哪些说法是正确的?

A. 二级主任科员是陈某的职级

B. 若陈某符合任职资历要求,可晋升一级主任科员

C. 若陈某认为自己应晋升一级主任科员而未获得晋升,可以依法提出申诉

D. 对陈某应采用定期考核,以年度考核的方式进行

68. 某超市售卖过期变质的酸奶,区市监局对其作出没收酸奶和罚款1万元的处罚决定,但超市逾期不缴纳罚款。对此,下列哪些说法是正确的?

A. 区市监局可以按日加处3%的罚款

B. 区市监局可以拍卖酸奶抵扣罚款

C. 区市监局可以和超市签订执行协议,约定分期缴纳罚款

D. 区市监局作出处罚决定时可以告知超市有申请听证的权利

69. 关于清末变法修律,下列哪些选项是正确的?

A. 在指导思想上,清末修律自始至终贯穿着"仿效外国资本主义法律形式,固守中国封建法制传统"的原则

B. 在立法内容上,清末修律一方面坚持君主专制体制和封建伦理纲常"不可率行改变",一方面标榜"吸引世界大同各国之良规,兼采近世最新之学说"

C. 在编纂形式上,清末修律改变了传统的"诸法合体"形式,明确了实体法之间、实体法与程序法之间的差别,形成了近代法律体系的雏形

D. 在法系承袭上,清末修律标志着延续几千年的中华法系开始解体,为中国法律的近代化奠定了初步基础

70. 某县破获一抢劫团伙,涉嫌多次入户抢劫,该县法院审理后认为,该团伙中只有主犯赵某可能被判处无期徒刑。关于该案的移送管辖,下列哪些选项是正确的?

A. 应当将赵某移送中级法院审理,其余被告人继续在县法院审理

B. 团伙中的未成年被告人应当一并移送中级法院审理

C. 中级法院审查后认为赵某不可能被判处无期徒刑,可不同意移送

D. 中级法院同意移送的,应当书面通知其同级检察院

71. 高某从某市甲区邮寄毒品给乙区的许某,许某在乙区与宋某交易时被当场抓获。关于本案的诉讼程序,下列哪些说法是正确的?

A. 乙区公安机关拘留许某2天后通知了许某的家属

B. 乙区公安机关通知甲区公安机关协助抓捕甲区的高某

C. 经宋某同意并带领,公安机关没有搜查证对其住处进行搜查

D. 公安机关查封宋某的唯一住所后,可以对其指定居所监视居住

72. 2019年2月,国务院发布了《关于在市场监管领域全面推行部门联合"双随机、一公开"监管的意见》(国发〔2019〕5号)。对此,下列哪些说法是正确的?

A. 该意见为行政法规

B. 该意见可以作为法官裁判的依据

C. 该意见可以作为制定部门规章的依据

D. 对该意见不能进行附带性审查

73. 王某恋爱期间承担了男友刘某的开销计20万元。后刘某提出分手,王某要求刘某返还开销费用。经过协商,刘某自愿将该费用转为借款并出具了借条,不久刘某反悔,以不存在真实有效借款关系为由拒绝还款,王某诉至法院。法院认为,"刘某出具该借条系本人自愿,且并未违反法律强制性规定",遂判决刘某还款。对此,下列哪些说法是正确的?

A. "刘某出具该借条系本人自愿,且并未违反法律强制性规定"是对案件事实的认定

B. 出具借条是导致王某与刘某产生借款合同法律关系的法律事实之一

C. 因王某起诉产生的民事诉讼法律关系是第二性法律关系

D. 本案的裁判是以法律事件的发生为根据作出的

74. 根据《宪法》的规定,关于公民纳税义务,下列哪些选项是正确的?

A. 国家在确定公民纳税义务时,要保证税制科

学合理和税收负担公平

B. 要坚持税收法定原则,税收基本制度实行法律保留

C. 纳税义务直接涉及公民个人财产权,宪法纳税义务具有防止国家权力侵犯其财产权的属性

D. 履行纳税义务是公民享有其他权利的前提条件

75．关于证人与鉴定人的共同特征,下列哪些选项是正确的?

A. 是当事人以外的人

B. 与案件或案件当事人没有利害关系

C. 具有不可替代性

D. 有义务出席法庭接受控辩双方询问

76．公安机关获知有多年吸毒史的王某近期可能从事毒品制售活动,遂对其展开初步调查工作。关于这一阶段公安机关可以采取的措施,下列哪些选项是正确的?

A. 监听

B. 查询王某的银行存款

C. 询问王某

D. 通缉

77．某造纸厂超标排污,影响当地居民饮水安全。甲向区生态环境局申请公开造纸厂的环评文件,区生态环境局征求造纸厂意见,造纸厂认为文件中存在大量商业秘密,不同意公开,区生态环境局即以涉及商业秘密为由拒绝公开。下列哪些选项是正确的?

A. 区生态环境局征求造纸厂意见,若造纸厂逾期未答复,则视为同意公开

B. 区生态环境局拒绝公开违法

C. 对于拒绝决定,甲应当先申请行政复议后才可以再提起行政诉讼

D. 甲申请信息公开时应当提供身份证明

78．甲为区城管局工作人员,在执法过程中与商贩乙发生肢体冲突,将乙打成轻微伤。区公安局对甲作出拘留 5 天、罚款 500 元的处罚决定。甲向区政府申请复议,区政府认为甲打伤乙属于职务行为,遂撤销了区公安局的处罚决定。乙不服,提起诉讼。下列哪些选项是正确的?

A. 本案争议焦点是甲的行为是否属于职务行为

B. 被告可就打人一事提起反诉

C. 本案被告是区政府

D. 甲可以成为本案第三人

79．关于数罪并罚,下列哪些选项是正确的?

A. 甲犯某罪被判处有期徒刑 2 年,犯另一罪被判处拘役 6 个月。对甲只需执行有期徒刑

B. 乙犯某罪被判处有期徒刑 2 年,犯另一罪被判处管制 1 年。对乙应在有期徒刑执行完毕后,继续执行管制

C. 丙犯某罪被判处有期徒刑 6 年,执行 4 年后发现应被判处拘役的漏罪。数罪并罚后,对丙只需再执行尚未执行的 2 年有期徒刑

D. 丁犯某罪被判处有期徒刑 6 年,执行 4 年后被假释,在假释考验期内犯应被判处 1 年管制的新罪。对丁再执行 2 年有期徒刑后,执行 1 年管制

80．关于侵犯公民人身权利罪的认定,下列哪些选项是正确的?

A. 甲征得 17 周岁的夏某同意,摘其一个肾脏后卖给他人,所获 3 万元全部交给夏某。甲的行为构成故意伤害罪

B. 乙将自己 1 岁的女儿出卖,获利 6 万元用于赌博。对乙出卖女儿的行为,应以遗弃罪追究刑事责任

C. 丙为索债将吴某绑于地下室。吴某挣脱后,驾车离开途中发生交通事故死亡。丙的行为不属于非法拘禁致人死亡

D. 丁和朋友为寻求刺激,在大街上追逐、拦截两位女生。丁的行为构成强制侮辱罪

81．下列哪些选项属于法律意识的范畴?

A. 法国大革命后制定的《法国民法典》

B. 西周提出的"以德配天,明德慎罚"

C. 中国传统的"和为贵"、"少讼"、"厌讼"

D. 社会主义法治理念

82．张某对当地镇政府干部王某的工作提出激烈批评,引起群众热议,被公安机关以诽谤他人为由行政拘留 5 日。张某的精神因此受到严重打击,事后相继申请行政复议和提起行政诉讼,法院依法撤销了公安机关《行政处罚决定书》。随后,张某申请国家赔偿。根据《宪法》和法律的规定,关于本案的分析,下列哪些选项是正确的?

A. 王某因工作受到批评,人格尊严受到侵犯

B. 张某的人身自由受到侵犯

C. 张某的监督权受到侵犯

D. 张某有权获得精神损害抚慰金

83．关于《刑法》分则条文的理解,下列哪些选项是错误的?

A. 即使没有《刑法》第二百六十九条的规定,对于犯盗窃罪,为毁灭罪证而当场使用暴力的行为,也要认定为抢劫罪

B. 即使没有《刑法》第二百六十七条第二款的规定,对于携带凶器抢夺的行为也应认定为抢劫罪

C. 即使没有《刑法》第一百九十六条第三款的规定,对于盗窃信用卡并在 ATM 取款的行为,也能认定为盗窃罪

D. 即使没有《刑法》第一百九十八条第四款的规定，对于保险事故的鉴定人故意提供虚假的证明文件为他人实施保险诈骗提供条件的，也应当认定为保险诈骗罪的共犯

84． 甲公司将共享单车投放在街边。下列哪些行为构成盗窃？

A. 乙将共享单车的锁拆掉，放在自家楼下，专供自己免费使用

B. 乙正常使用完共享单车后，将车停在自家楼下，方便自己下次扫码使用

C. 乙将市区的共享单车偷偷搬到偏远农村，供村民扫码使用

D. 乙将市区的共享单车偷偷搬到偏远农村，供村民免费使用

85． 某非法吸收公众存款刑事案件，因涉及人数众多，影响面广，当地领导私下曾有"必须重判"的说法。①主审李法官听此说法即向院长汇报。②开庭时，李法官对律师提出的非法证据排除的请求不予理睬。③李法官对刘检察官当庭反驳律师无罪辩护意见，严斥该律师立场有问题的做法不予制止。④李法官几次打断律师用方言发言，让其慢速并重复。⑤律师对法庭上述做法提出异议，遭拒后当即退庭抗议。⑥刘检察官大声对律师说："你太不成熟，本地没你的饭吃了。"⑦律师担心报复，向当事人提出解除委托关系。⑧李法官、刘检察官应邀参加该律师所在律所的十周年所庆，该律师向李、刘赠送礼品。关于法律职业人员的不当行为，下列哪些选项是正确的？

A. ①④⑤   B. ②③④

C. ②⑥⑦   D. ③⑦⑧

三、不定项选择题。 每题所设选项中至少有一个正确答案，多选、少选、错选或不选均不得分。本部分含86-100题，每题2分，共30分。

86．《全国人民代表大会常务委员会关于〈中华人民共和国民法通则〉第九十九条第一款、〈中华人民共和国婚姻法〉第二十二条的解释》规定："公民依法享有姓名权。公民行使姓名权，还应当尊重社会公德，不得损害社会公共利益。"关于该解释，下列选项正确的是：

A. 我国宪法明确规定了姓名权，故该解释属于宪法解释

B. 与《民法通则》和《婚姻法》具有同等效力

C. 由全国人大常委会发布公告予以公布

D. 法院可在具体审判过程中针对个案对该解释进行解释

87． 关于诈骗罪的理解和认定，下列选项错误的是：

A. 甲曾借给好友乙1万元。乙还款时未要回借条。一年后，甲故意拿借条要乙还款。乙明知但碍于情面，又给甲1万元。甲虽获得1万元，但不能认定为诈骗既遂

B. 甲发现乙出国后其房屋无人居住，便伪造房产证，将该房租给丙住了一年，收取租金2万元。甲的行为构成诈骗罪

C. 甲请客（餐费1万元）后，发现未带钱，便向餐厅经理谎称送走客人后再付款。经理信以为真，甲趁机逃走。不管怎样理解处分意识，对甲的行为都应以诈骗罪论处

D. 乙花2万元向甲购买假币，后发现是一堆白纸。由于购买假币的行为是违法的，乙不是诈骗罪的受害人，甲不成立诈骗罪

88． 下列选项不违反上诉不加刑原则的是：

A. 一审法院认定马某犯伤害罪判处有期徒刑三年，马某上诉，检察院没有抗诉，二审法院认为一审判决认定事实不清，发回原审法院重新审判

B. 一审法院认定赵某犯抢夺罪判处有期徒刑五年，赵某上诉，检察院没有抗诉，二审法院在没有改变刑期的情况下将罪名改判为抢劫罪

C. 一审法院以盗窃罪判处金某有期徒刑二年、王某有期徒刑一年，金某、王某以没有实施犯罪为由提起上诉，检察院认为对金某量刑畸轻提出抗诉，二审法院经审理认为一审对金某、王某量刑均偏轻，但仅对金某改判为五年

D. 一审法院认定石某犯杀人罪判处死刑立即执行，犯抢劫罪判处无期徒刑，数罪并罚决定执行死刑立即执行。石某上诉后，二审法院认为石某在抢劫现场杀人只构成抢劫罪一个罪，遂撤销一审对杀人罪的认定，以抢劫罪判处死刑立即执行

89． 某市政建设管理部门依法授予甲公司城市管道燃气独占专营权。在甲公司经营权与营业权存续期间，该市政建设管理部门确定了城市管道燃气项目招标方案，并举行招标，乙公司中标。对招标行为，甲公司向法院提起诉讼。下列说法正确的是：

A. 授予甲公司城市管道燃气独占专营权的行为属于民事行为

B. 授予甲公司城市管道燃气独占专营权的行为属于行政许可

C. 如果法院受理此案，乙公司为第三人

D. 市政建设管理部门的行为，违背了信赖利益保护原则

90． 某药厂以本厂过期药品作为主原料，更改生产日期和批号生产出售。甲市乙县药监局以该厂违反《药品管理法》第49条第1款关于违法生产药品规定，决定没收药品并处罚款20万元。药厂不服向县

政府申请复议,县政府依《药品管理法》第49条第3款关于生产劣药行为的规定,决定维持处罚决定。药厂起诉。关于本案的举证与审理裁判,下列说法正确的是:

A. 法院应对被诉行政行为和药厂的行为是否合法一并审理和裁判

B. 药厂提供的证明被诉行政行为违法的证据不成立的,不能免除被告对被诉行政行为合法性的举证责任

C. 如在本案庭审过程中,药厂要求证人出庭作证的,法院不予准许

D. 法院对本案的裁判,应当以证据证明的案件事实为依据

甲、乙(户籍地均为M省A市)共同运营一条登记注册于A市的远洋渔船。某次在公海捕鱼时,甲乙二人共谋杀害了与他们素有嫌隙的水手丙。该船回国后首泊于M省B市港口以作休整,然后再航行至A市。从B市起航后,在途经M省C市航行至A市过程中,甲因害怕乙投案自首一直将乙捆绑拘禁于船舱。该船于A市靠岸后案发。请据此回答91~93题。

91. 关于本案管辖,下列选项正确的是:

A. 故意杀人案和非法拘禁案应分别由中级法院和基层法院审理

B. A市和C市对非法拘禁案有管辖权

C. B市中级法院对故意杀人案有管辖权

D. A市中级法院对故意杀人案有管辖权

92. 关于本案强制措施的适用,下列选项正确的是:

A. 拘留甲后,应在送看守所羁押后24小时以内通知甲的家属

B. 如有证据证明甲参与了故意杀害丙,应逮捕甲

C. 拘留乙后,应在24小时内进行讯问

D. 如乙因捆绑拘禁时间过长致身体极度虚弱而生活无法自理,可在拘留后转为监视居住

93. 本案公安机关开展侦查。关于侦查措施,下列选项正确的是:

A. 讯问甲的过程应当同步录音或录像

B. 可在讯问乙的过程中一并收集乙作为非法拘禁案的被害人的陈述

C. 在该船只上进行犯罪现场勘查时,应邀请见证人在场

D. 可查封该船只进一步收集证据

94. 关于受贿罪,下列哪些选项是正确的?

A. 国家工作人员明知其近亲属利用自己的职务行为受贿的,构成受贿罪

B. 国家工作人员虚假承诺利用职务之便为他人谋利,收取他人财物的,构成受贿罪

C. 国家机关工作人员实施渎职犯罪并收受贿赂,同时构成渎职罪和受贿罪的,除《刑法》有特别规定外,以渎职罪和受贿罪数罪并罚

D. 国家工作人员明知他人有请托事项而收受其财物,视为具备"为他人谋取利益"的构成要件,是否已实际为他人谋取利益,不影响受贿的认定

95. 甲国公民库克被甲国刑事追诉,现在中国居留,甲国向中国请求引渡库克,中国和甲国间无引渡条约。关于引渡事项,下列选项正确的是:

A. 甲国引渡请求所指的行为依照中国法律和甲国法律均构成犯罪,是中国准予引渡的条件之一

B. 由于库克健康原因,根据人道主义原则不宜引渡,中国可以拒绝引渡

C. 根据中国法律,引渡请求所指的犯罪纯属军事犯罪的,中国应当拒绝引渡

D. 根据甲国法律,引渡请求所指的犯罪纯属军事犯罪的,中国应当拒绝引渡

96. 我国宪法序言规定:"中国共产党领导的多党合作和政治协商制度将长期存在和发展。"关于中国人民政治协商会议,下列选项正确的是:

A. 由党派团体和界别代表组成,政协委员由选举产生

B. 全国政协委员列席全国人大的各种会议

C. 是中国共产党领导的多党合作和政治协商制度的重要机构

D. 中国人民政治协商会议全国委员会和各地方委员会是国家权力机关

97. 关于适用法律过程中的内部证成,下列选项正确的是:

A. 内部证成是给一个法律决定提供充足理由的活动

B. 内部证成是按照一定的推理规则从相关前提中逻辑地推导出法律决定的过程

C. 内部证成是对法律决定所依赖的前提的证成

D. 内部证成和外部证成相互关联

98. 甲公司拥有某项独家技术,每年为公司带来100万元利润,故对该技术严加保密。乙公司经理丙为获得该技术,带人将甲公司技术员丁在其回家路上强行拦截并推入丙的汽车,对丁说如果他提供该技术资料就给他2万元,如果不提供就将他嫖娼之事公之于众。丁同意配合。次日丁向丙提供了该技术资料,并获得2万元报酬。丙的行为构成:

A. 强迫交易罪　　　　B. 敲诈勒索罪

C. 绑架罪　　　　　　D. 侵犯商业秘密罪

99. 张某因其妻王某私自堕胎,遂以侵犯生育权为由诉至法院请求损害赔偿,但未获支持。张某又请求离婚,法官调解无效后依照《婚姻法》中"其他导致夫妻感情破裂的情形"的规定判决准予离婚。对此,下列选项中正确的是:

A. 王某与张某婚姻关系的消灭是由法律事件引起的

B. 张某主张的生育权属于相对权

C. 法院未支持张某的损害赔偿诉求,违反了"有侵害则有救济"的法律原则

D. "其他导致夫妻感情破裂的情形"属于概括性立法,有利于提高法律的适应性

100. 某县公安局以沈某涉嫌销售伪劣商品罪为由将其刑事拘留,并经县检察院批准逮捕。后检察院决定不起诉。沈某申请国家赔偿,赔偿义务机关拒绝。下列说法正确的是:

A. 县公安局为赔偿义务机关

B. 赔偿义务机关拒绝赔偿,应当书面通知沈某

C. 国家应当给予沈某赔偿

D. 对拒绝赔偿,沈某可以向县检察院的上一级检察院申请复议

试 卷 二

试 题

一、单项选择题。每题所设选项中只有一个正确答案,多选、错选或不选均不得分。本部分含 1—50 题,每题 1 分,共 50 分。

1. 关于民事诉讼法基本原则在民事诉讼中的具体体现,下列哪一说法是正确的?

A. 当事人有权决定是否委托代理人代为进行诉讼,是诉讼权利平等原则的体现

B. 当事人均有权委托代理人代为进行诉讼,是处分原则的体现

C. 原告与被告在诉讼中有一些不同但相对等的权利,是同等原则的体现

D. 当事人达成调解协议不仅要自愿,内容也不得违法,是法院调解自愿和合法原则的体现

2. 大皮公司因买卖纠纷起诉小华公司,双方商定了 25 天的举证时限,法院认可。时限届满后,小华公司提出还有一份发货单没有提供,申请延长举证时限,被法院驳回。庭审时小华公司向法庭提交该发货单。尽管大皮公司反对,但法院在对小华公司予以罚款后仍对该证据进行质证。下列哪一诉讼行为不符合举证时限的相关规定?

A. 双方当事人协议确定举证时限

B. 双方确定了 25 天的举证时限

C. 小华公司在举证时限届满后申请延长举证时限

D. 法院不顾大皮公司反对,依然组织质证

3. 白阳有限公司分立为阳春有限公司与白雪有限公司时,在对原债权人甲的关系上,下列哪一说法是错误的?

A. 白阳公司应在作出分立决议之日起 10 日内通知甲

B. 甲在接到分立通知书后 30 日内,可要求白阳公司清偿债务或提供相应的担保

C. 甲可向分立后的阳春公司与白雪公司主张连带清偿责任

D. 白阳公司在分立前可与甲就债务偿还问题签订书面协议

4. 甲公司严重资不抵债,因不能清偿到期债务向法院申请破产。下列哪一财产属于债务人财产?

A. 甲公司购买的一批在途货物,但尚未支付货款

B. 甲公司从乙公司租用的一台设备

C. 属于甲公司但已抵押给银行的一处厂房

D. 甲公司根据代管协议合法占有的委托人丙公司的两处房产

5. 12 岁的甲是某中学学生,常去学校篮球场打篮球。一天,甲去篮球场打球路上买了一瓶可乐,打完篮球后,喝了一半,将剩有一半可乐的瓶子放在了篮球架边离去。后拾荒者乙捡走了可乐瓶。对此,下列说法正确的是:

A. 甲与乙之间成立赠与合同关系

B. 甲的行为是单方抛弃

C. 甲的行为不需要意思表示

D. 可乐瓶属于遗失物

6. 甲与乙公司订立美容服务协议,约定服务期为半年,服务费预收后逐次计扣,乙公司提供的协议格式条款中载明"如甲单方放弃服务,余款不退"(并注明该条款不得更改)。协议订立后,甲依约支付 5 万元服务费。在接受服务 1 个月并发生费用 8000 元后,甲感觉美容效果不明显,单方放弃服务并要求退款,乙公司不同意。甲起诉乙公司要求返还余款。下列哪一选项是正确的?

A. 美容服务协议无效

B. "如甲单方放弃服务,余款不退"的条款无效

C. 甲单方放弃服务无须承担违约责任

D. 甲单方放弃服务应承担继续履行的违约责任

7. 甲(男)、乙(女)结婚后,甲承诺,在子女出生后,将其婚前所有的一间门面房,变更登记为夫妻共同财产。后女儿丙出生,但甲不愿兑现承诺,导致夫妻感情破裂离婚,女儿丙随乙一起生活。后甲又与丁(女)结婚。未成年的丙因生重病住院急需医疗费 20 万元,甲与丁签订借款协议从夫妻共同财产中支取该 20 万元。下列哪一表述是错误的?

A. 甲与乙离婚时,乙无权请求将门面房作为夫妻共同财产分割

B. 甲与丁的协议应视为双方约定处分共同财产

C. 如甲、丁离婚,有关医疗费按借款协议约定处理

D．如丁不同意甲支付医疗费，甲无权要求分割共有财产

8．关于《民事诉讼法》规定的期间制度，下列哪一选项是正确的？

A．法定期间都属于绝对不可变期间

B．涉外案件的审理不受案件审结期限的限制

C．当事人从外地到法院参加诉讼的在途期间不包括在期间内

D．当事人有正当理由耽误了期间，法院应当依职权为其延展期间

9．甲以自己为被保险人向某保险公司投保健康险，指定其子乙为受益人，保险公司承保并出具保单。两个月后，甲突发心脏病死亡。保险公司经调查发现，甲两年前曾做过心脏搭桥手术，但在填写投保单以及回答保险公司相关询问时，甲均未如实告知。对此，下列哪一表述是正确的？

A．因甲违反如实告知义务，故保险公司对甲可主张违约责任

B．保险公司有权解除保险合同

C．保险公司即使不解除保险合同，仍有权拒绝乙的保险金请求

D．保险公司虽可不必支付保险金，但须退还保险费

10．根据《个人所得税法》，关于个人所得税的征缴，下列哪一说法是正确的？

A．自然人买彩票多倍投注，所获一次性奖金特别高的，可实行加成征收

B．扣缴义务人履行代扣代缴义务的，税务机关按照所扣缴的税款付给2%的手续费

C．在中国境内无住所又不居住的个人，在境内取得的商业保险赔款，应缴纳个人所得税

D．夫妻双方每月取得的工资薪金所得可合并计算，减除费用7000元后的余额，为应纳税所得额

11．某省天洋市滨海区一石油企业位于海边的油库爆炸，泄漏的石油严重污染了近海生态环境。下列哪一主体有权提起公益诉讼（其中所列组织均专门从事环境保护公益活动连续5年以上且无违法记录）？

A．受损海产养殖户推选的代表赵某

B．依法在滨海区民政局登记的"海蓝志愿者"组织

C．依法在邻省的省民政厅登记的环境保护基金会

D．在国外设立但未在我国民政部门登记的"海洋之友"团体

12．达圣公司因扩大生产规模，需要销售人员，遂委托顺利劳务派遣公司派遣5名员工。此后，顺利劳务派遣公司将郭某等5人派遣至达圣公司。对此，下列哪一说法是正确的？

A．郭某与达圣公司形成劳动关系

B．达圣公司应当为郭某缴纳工伤保险

C．顺利公司应当为郭某缴纳工伤保险

D．郭某在工作中造成他人受伤，应当由达圣公司和顺利公司承担连带责任

13．W研究所设计了一种高性能发动机，在我国和《巴黎公约》成员国L国均获得了发明专利权，并分别给予甲公司在我国、乙公司在L国的独占实施许可。下列哪一行为在我国构成对该专利的侵权？

A．在L国购买由乙公司制造销售的该发动机，进口至我国销售

B．在我国购买由甲公司制造销售的该发动机，将发动机改进性能后销售

C．在我国未经甲公司许可制造该发动机，用于各种新型汽车的碰撞实验，以测试车身的防撞性能

D．在L国未经乙公司许可制造该发动机，安装在L国客运公司汽车上，该客车曾临时通过我国境内

14．中国籍人李某2008年随父母定居甲国，甲国法律规定自然人具有完全民事行为能力的年龄为21周岁。2009年7月李某19周岁，在其回国期间与国内某电脑软件公司签订了购买电脑软件的合同，合同分批履行。李某在部分履行合同后，以不符合甲国有关完全民事行为能力年龄法律规定为由，主张合同无效，某电脑软件公司即向我国法院起诉。依我国相关法律规定，下列哪一说法是正确的？

A．应适用甲国法律认定李某不具有完全行为能力

B．应适用中国法律认定李某在中国的行为具有完全行为能力

C．李某已在甲国定居，在中国所为行为应适用定居国法律

D．李某在甲国履行该合同的行为应适用甲国法律

15．依最高人民法院《关于审理信用证纠纷案件若干问题的规定》，出现下列哪一情况时，不能再通过司法手段干预信用证项下的付款行为？

A．开证行的授权人已对信用证项下票据善意地作出了承兑

B．受益人交付的货物无价值

C．受益人和开证申请人串通提交假单据

D．受益人提交记载内容虚假的单据

16．红星超市发现其经营的"荷叶牌"速冻水饺不符合食品安全标准，拟采取的下列哪一措施是错误的？

A．立即停止经营该品牌水饺

B. 通知该品牌水饺生产商和消费者

C. 召回已销售的该品牌水饺

D. 记录停止经营和通知情况

17. 唐宁是沃运股份有限公司的发起人和董事之一,持有公司 15% 的股份。因公司未能上市,唐宁对沃运公司的发展前景担忧,欲将所持股份转让。关于此事,下列哪一说法是正确的?

A. 唐宁可要求沃运公司收购其股权

B. 唐宁可以不经其他股东同意对外转让其股份

C. 若章程禁止发起人转让股份,则唐宁的股份不得转让

D. 若唐宁出让其股份,其他发起人可依法主张优先购买权

18. 某"二人转"明星请某摄影爱好者为其拍摄个人写真,摄影爱好者未经该明星同意将其照片卖给崇拜该明星的广告商,广告商未经该明星、摄影爱好者同意将该明星照片刊印在广告单上。对此,下列哪一选项是正确的?

A. 照片的著作权属于该明星,但由摄影爱好者行使

B. 广告商侵犯了该明星的肖像权

C. 广告商侵犯了该明星的名誉权

D. 摄影爱好者卖照片给广告商,不构成侵权

19. 老夫妇王冬与张霞有一子王希、一女王楠,王希婚后育有一子王小力。王冬和张霞曾约定,自家的门面房和住房属于王冬所有。2012 年 8 月 9 日,王冬办理了公证遗嘱,确定门面房由张霞和王希共同继承。2013 年 7 月 10 日,王冬将门面房卖给他人并办理了过户手续。2013 年 12 月,王冬去世,不久王希也去世。关于住房和出售门面房价款的继承,下列哪一说法是错误的?

A. 张霞有部分继承权

B. 王楠有部分继承权

C. 王小力有部分继承权

D. 王小力对住房有部分继承权、对出售门面房的价款有全部继承权

20. 李某用 100 元从甲商场购买一只电热壶,使用时因漏电致李某手臂灼伤,花去医药费 500 元。经查该电热壶是乙厂生产的。下列哪一表述是正确的?

A. 李某可直接起诉乙厂要求其赔偿 500 元损失

B. 根据合同相对性原理,李某只能要求甲商场赔偿 500 元损失

C. 如李某起诉甲商场,则甲商场的赔偿范围以 100 元为限

D. 李某只能要求甲商场更换电热壶,500 元损失则只能要求乙厂承担

21. 关于民事案件的级别管辖,下列哪一选项是正确的?

A. 第一审民事案件原则上由基层法院管辖

B. 涉外案件的管辖权全部属于中级法院

C. 高级法院管辖的一审民事案件包括在本辖区内有重大影响的民事案件和它认为应当由自己审理的案件

D. 最高法院仅管辖在全国有重大影响的民事案件

22. 甲县吴某与乙县宝丰公司在丙县签订了甜橙的买卖合同,货到后发现甜橙开始腐烂,未达到合同约定的质量标准。吴某退货无果,拟向法院起诉,为了证明甜橙的损坏状况,向法院申请诉前证据保全。关于诉前保全,下列哪一表述是正确的?

A. 吴某可以向甲、乙、丙县法院申请诉前证据保全

B. 法院应当在收到申请 15 日内裁定是否保全

C. 法院在保全证据时,可以主动采取行为保全措施,减少吴某的损失

D. 如果法院采取了证据保全措施,可以免除吴某对甜橙损坏状况提供证据的责任

23. 甲乙丙三人拟成立一家小规模商贸有限责任公司,注册资本为八万元,甲以一辆面包车出资,乙以货币出资,丙以实用新型专利出资。对此,下列哪一表述是正确的?

A. 甲出资的面包车无需移转所有权,但须交公司管理和使用

B. 乙的货币出资不能少于二万元

C. 丙的专利出资作价可达到四万元

D. 公司首期出资不得低于注册资本的 30%

24. 中国某法院受理一涉外民事案件后,依案情确定应当适用甲国法。但在查找甲国法时发现甲国不同州实施不同的法律。关于本案,法院应当采取下列哪一做法?

A. 根据意思自治原则,由当事人协议决定适用甲国哪个州的法律

B. 直接适用甲国与该涉外民事关系最密切联系的州法律

C. 首先适用甲国区际冲突法确定准据法,如甲国没有区际冲突法,适用中国法律

D. 首先适用甲国区际冲突法确定准据法,如甲国没有区际冲突法,适用与案件有最密切联系的州法律

25. 根据《中华人民共和国保障措施条例》,下列哪一说法是不正确的?

A. 保障措施中"国内产业受到损害",是指某种进口产品数量增加,并对生产同类产品或直接竞争产

品的国内产业造成严重损害或严重损害威胁

B. 进口产品数量增加指进口数量的绝对增加或与国内生产相比的相对增加

C. 终裁决定确定不采取保障措施的,已征收的临时关税应当予以退还

D. 保障措施只应针对终裁决定作出后进口的产品实施

26. 甲创作并出版的经典童话《大灰狼》超过著作财产权保护期后,乙将"大灰狼"文字及图形申请注册在"书籍"等商品类别上并获准注册。丙出版社随后未经甲和乙同意出版了甲的《大灰狼》童话,并使用了"大灰狼"文字及图形,但署名为另一著名歌星丁,丁对此并不知情。关于丙出版社的行为,下列哪一说法是错误的?

A. 侵犯了甲的复制权

B. 侵犯了甲的署名权

C. 侵犯了丁的姓名权

D. 侵犯了乙的商标权

27. 甲、乙婚后育有一女小花。小花 3 岁时,甲、乙协议离婚,甲、乙在离婚协议中约定:"离婚后小花由乙抚养。为保护小花的利益,若乙再婚,再婚后乙不得生育子女。"该约定违背了下列哪一民法原则?

A. 自愿原则　　　　B. 公平原则

C. 诚信原则　　　　D. 公序良俗原则

28. 甲委托乙销售一批首饰并交付,乙经甲同意转委托给丙。丙以其名义与丁签订买卖合同,约定将这批首饰以高于市场价 10% 的价格卖给丁,并赠其一批箱包。丙因此与戊签订箱包买卖合同。丙依约向丁交付首饰,但因戊不能向丙交付箱包,导致丙无法向丁交付箱包。丁拒绝向丙支付首饰款。下列哪一表述是正确的?

A. 乙的转委托行为无效

B. 丙与丁签订的买卖合同直接约束甲和丁

C. 丙应向甲披露丁,甲可以行使丙对丁的权利

D. 丙应向丁披露戊,丁可以行使丙对戊的权利

29. 甲对乙享有 10 万元的债权,甲将该债权向丙出质,借款 5 万元。下列哪一表述是错误的?

A. 将债权出质的事实通知乙不是权利质权生效的要件

B. 如未将债权出质的事实通知乙,丙即不得向乙主张权利

C. 如将债权出质的事实通知了乙,即使乙向甲履行了债务,乙不得对丙主张债已消灭

D. 乙在得到债权出质的通知后,向甲还款 3 万元,因还有 7 万元的债权额作为担保,乙的部分履行行为对丙有效

30. 丁一诉弟弟丁二继承纠纷一案,在一审中,妹妹丁爽向法院递交诉状,主张应由自己继承系争的遗产,并向法院提供了父亲生前所立的其过世后遗产全部由丁爽继承的遗嘱。法院予以合并审理,开庭审理前,丁一表示撤回起诉,丁二认为该遗嘱是伪造的,要求继续进行诉讼。法院裁定准予丁一撤诉后,在程序上,下列哪一选项是正确的?

A. 丁爽为另案原告,丁二为另案被告,诉讼继续进行

B. 丁爽为另案原告,丁一、丁二为另案被告,诉讼继续进行

C. 丁一、丁爽为另案原告,丁二为另案被告,诉讼继续进行

D. 丁爽、丁二为另案原告,丁一为另案被告,诉讼继续进行

31. 甲县法院受理居住在乙县的成某诉居住在甲县的罗某借款纠纷案。诉讼过程中,成某出差归途所乘航班失踪,经全力寻找仍无成某生存的任何信息,主管方宣布机上乘客不可能生还,成妻遂向乙县法院申请宣告成某死亡。对此,下列哪一说法是正确的?

A. 乙县法院应当将宣告死亡案移送至甲县法院审理

B. 借款纠纷案与宣告死亡案应当合并审理

C. 甲县法院应当裁定中止诉讼

D. 甲县法院应当裁定终结诉讼

32. 执行程序的参与分配制度对适用条件作了规定。下列哪一选项不属于参与分配适用的条件?

A. 被执行人的财产无法清偿所有的债权

B. 被执行人为法人或其他组织而非自然人

C. 有多个申请人对同一被申请人享有债权

D. 参与分配的债权只限于金钱债权

33. 甲公司(卖方)与乙公司于 2007 年 10 月签订了两份同一种农产品的国际贸易合同,约定交货期分别为 2008 年 1 月底和 3 月中旬,采用付款交单方式。甲公司依约将第一份合同项下的货物发运后,乙公司以资金周转困难为由,要求变更付款方式为货到后 30 天付款。甲公司无奈同意该变更。乙公司未依约付款,并以资金紧张为由再次要求延期付款。甲公司未再发运第二个合同项下的货物并提起仲裁。根据《联合国国际货物销售合同公约》,下列哪一选项是正确的?

A. 乙公司应以付款交单的方式支付货款

B. 甲公司不发运第二份合同项下货物的行为构成违约

C. 甲公司可以停止发运第二份合同项下的货物,但应及时通知乙公司

D. 如乙公司提供了付款的充分保证,甲公司仍可拒绝发货

34．甲国人柯里在甲国出版的小说流传到乙国后出现了利用其作品的情形,柯里认为侵犯了其版权,并诉诸乙国法院。尽管甲乙两国均为《伯尔尼公约》的缔约国,但依甲国法,此种利用作品不构成侵权,另外,甲国法要求作品要履行一定的手续才能获得保护。根据相关规则,下列哪一选项是正确的?

A. 柯里须履行甲国法要求的手续才能在乙国得到版权保护

B. 乙国法院可不受理该案,因作品来源国的法律不认为该行为是侵权

C. 如该小说在甲国因宗教原因被封杀,乙国仍可予以保护

D. 依国民待遇原则,乙国只能给予该作品与甲国相同水平的版权保护

35．李军退休后于2014年3月,以20万元加入某有限合伙企业,成为有限合伙人。后该企业的另一名有限合伙人退出,李军便成为唯一的有限合伙人。2014年6月,李军不幸发生车祸,虽经抢救保住性命,但已成为植物人。对此,下列哪一表述是正确的?

A. 就李军入伙前该合伙企业的债务,李军仅需以20万元为限承担责任

B. 如李军因负债累累而丧失偿债能力,该合伙企业有权要求其退伙

C. 因李军已成为植物人,故该合伙企业有权要求其退伙

D. 因唯一的有限合伙人已成为植物人,故该有限合伙企业应转为普通合伙企业

36．甲公司与乙公司因合同纠纷向A市B区法院起诉,乙公司应诉。经开庭审理,法院判决甲公司胜诉。乙公司不服B区法院的一审判决,以双方签订了仲裁协议为由向A市中级法院提起上诉,要求据此撤销一审判决,驳回甲公司的起诉。A市中级法院应当如何处理?

A. 裁定撤销一审判决,驳回甲公司的起诉

B. 应当首先审查仲裁协议是否有效,如果有效,则裁定撤销一审判决,驳回甲公司的起诉

C. 应当裁定撤销一审判决,发回原审法院重审

D. 应当裁定驳回乙公司的上诉,维持原判决

37．甲、乙两公司签订协议,约定甲公司向乙公司采购面包券。双方交割完毕,面包券上载明"不记名、不挂失,凭券提货"。甲公司将面包券转让给张某,后张某因未付款等原因被判处合同诈骗罪。面包券全部流入市场。关于协议和面包券的法律性质,下列哪一表述是正确的?

A. 面包券是一种物权凭证

B. 甲公司有权解除与乙公司的协议

C. 如甲公司通知乙公司停止兑付面包券,乙公司应停止兑付

D. 如某顾客以合理价格从张某处受让面包券,该顾客有权请求乙公司兑付

38．59岁的甲男与25岁的乙女约定,若乙好好照顾甲,婚后甲就将自己名下的唯一一套住房赠与乙,乙表示同意。婚后甲如约将房屋过户给了乙,乙对甲冷漠至极,并将甲赶出家门。对此,下列说法正确的是:

A. 甲可向法院主张撤销该婚姻

B. 甲可主张与乙之间的婚姻无效

C. 甲可撤销对于乙的赠与

D. 赠与是真实意思,甲不能撤销

39．王东、李南、张西约定共同开办一家餐馆,王东出资20万元并负责日常经营,李南出资10万元,张西提供家传菜肴配方,但李南和张西均只参与盈余分配而不参与经营劳动。开业两年后,餐馆亏损严重,李南撤回了出资,并要求王东和张西出具了"餐馆经营亏损与李南无关"的字据。下列哪一选项是正确的?

A. 王东、李南为合伙人,张西不是合伙人

B. 王东、张西为合伙人,李南不是合伙人

C. 王东、李南、张西均为合伙人

D. 王东和张西所出具的字据无效

40．甲起诉与乙离婚,一审法院判决不予准许。甲不服一审判决提起上诉,在甲将上诉状递交原审法院后第三天,乙遇车祸死亡。此时,原审法院尚未将上诉状转交给二审法院。关于本案的处理,下列哪一选项是正确的?

A. 终结诉讼　　　　B. 驳回上诉

C. 不予受理上诉　　D. 中止诉讼

41．易某依法院对王某支付其5万元损害赔偿金之判决申请执行。执行中,法院扣押了王某的某项财产。案外人谢某提出异议,称该财产是其借予王某使用的,该财产为自己所有。法院经审查,认为谢某异议理由成立,遂裁定中止对该财产的执行。关于本案的表述,下列哪一选项是正确的?

A. 易某不服该裁定提起异议之诉的,由易某承担对谢某不享有该财产所有权的证明责任

B. 易某不服该裁定提起异议之诉的,由谢某承担对其享有该财产所有权的证明责任

C. 王某不服该裁定提起异议之诉的,由王某承担对谢某不享有该财产所有权的证明责任

D. 王某不服该裁定提起异议之诉的,由王某承担对其享有该财产所有权的证明责任

42. 某市房地产主管部门领导王大伟退休后,与其友张三、李四共同出资设立一家房地产中介公司。王大伟不想让自己的名字出现在公司股东名册上,在未告知其弟王小伟的情况下,直接持王小伟的身份证等证件,将王小伟登记为公司股东。下列哪一表述是正确的?

A. 公司股东应是王大伟

B. 公司股东应是王小伟

C. 王大伟和王小伟均为公司股东

D. 公司债权人有权请求王小伟对公司债务承担相应的责任

43. 为大力发展交通,某市出资设立了某高速公路投资公司。该市审计局欲对其实施年度审计监督。关于审计事宜,下列哪一说法是正确的?

A. 该公司既非政府机关也非事业单位,审计局无权审计

B. 审计局应在实施审计 3 日前,向该公司送达审计通知书

C. 审计局欲查询该公司在金融机构的账户,应经局长批准并委托该市法院查询

D. 审计局欲检查该公司与财政收支有关的资料和资产,应委托该市税务局检查

44. 下列哪一行为构成对知识产权的侵犯?

A. 刘某明知是盗版书籍而购买并阅读

B. 李某明知是盗版软件而购买并安装使用

C. 五湖公司明知是假冒注册商标的商品而购买并经营性使用

D. 四海公司明知是侵犯外观设计专利权的商品而购买并经营性使用

45. 中国某法院审理一起涉外民事纠纷,需要向作为被告的外国某公司进行送达。根据《关于向国外送达民事或商事司法文书和司法外文书公约》(海牙《送达公约》)、中国法律和司法解释,关于该案件的涉外送达,法院的下列哪一做法是正确的?

A. 应首先按照海牙《送达公约》规定的方式进行送达

B. 不得对被告采用邮寄送达方式

C. 可通过中国驻被告所在国使领馆向被告进行送达

D. 可通过电子邮件方式向被告送达

46. 王某诉赵某借款纠纷一案,法院一审判决赵某偿还王某债务,赵某不服,提出上诉。二审期间,案外人李某表示,愿以自己的轿车为赵某偿还债务提供担保。三人就此达成书面和解协议后,赵某撤回上诉,法院准许。一个月后,赵某反悔并不履行和解协议。关于王某实现债权,下列哪一选项是正确的?

A. 依和解协议对赵某向法院申请强制执行

B. 依和解协议对赵某、李某向法院申请强制执行

C. 依一审判决对赵某向法院申请强制执行

D. 依一审判决与和解协议对赵某、李某向法院申请强制执行

47. 甲将一套房屋转让给乙,乙再转让给丙,相继办理了房屋过户登记。丙翻建房屋时在地下挖出一瓷瓶,经查为甲的祖父埋藏,甲是其祖父唯一继承人。丙将该瓷瓶以市价卖给不知情的丁,双方钱物交割完毕。现甲、乙均向丙和丁主张权利。下列哪一选项是正确的?

A. 甲有权向丙请求损害赔偿

B. 乙有权向丙请求损害赔偿

C. 甲、乙有权主张丙、丁买卖无效

D. 丁善意取得瓷瓶的所有权

48. 甲、乙订立一份价款为十万元的图书买卖合同,约定甲先支付书款,乙两个月后交付图书。甲由于资金周转困难只交付五万元,答应余款尽快支付,但乙不同意。两个月后甲要求乙交付图书,遭乙拒绝。对此,下列哪一表述是正确的?

A. 乙对甲享有同时履行抗辩权

B. 乙对甲享有不安抗辩权

C. 乙有权拒绝交付全部图书

D. 乙有权拒绝交付与五万元书款价值相当的部分图书

49. 甲聘请乙负责照看小孩,丙聘请丁做家务。甲和丙为邻居,乙和丁为好友。一日,甲突生急病昏迷不醒,乙联系不上甲的亲属,急将甲送往医院,并将甲的小孩委托给丁临时照看。丁疏于照看,致甲的小孩在玩耍中受伤。下列哪一说法是正确的?

A. 乙将甲送往医院的行为属于无因管理

B. 丁照看小孩的行为属于无因管理,不构成侵权行为

C. 丙应当承担甲小孩的医疗费

D. 乙和丁对甲小孩的医疗费承担连带责任

50. 甲国公民大卫被乙国某公司雇佣,该公司主营业地在丙国,大卫工作内容为巡回于东亚地区进行产品售后服务,后双方因劳动合同纠纷诉诸中国某法院。关于该纠纷应适用的法律,下列哪一选项是正确的?

A. 中国法　　　　B. 甲国法

C. 乙国法　　　　D. 丙国法

二、多项选择题。 每题所设选项中至少有两个正确答案,多选、少选、错选或不选均不得分。本部分含 **51–85 题,每题 2 分,共 70 分。**

51. 甲乙双方合同纠纷,经仲裁裁决,乙须偿付甲货款 100 万元,利息 5 万元,分 5 期偿还。乙未履

行该裁决。甲据此向法院申请执行,在执行过程中,双方达成和解协议,约定乙一次性支付货款100万元,甲放弃利息5万元并撤回执行申请。和解协议生效后,乙反悔,未履行和解协议。关于本案,下列哪些说法是正确的?

A. 对甲撤回执行的申请,法院裁定中止执行

B. 甲可向法院申请执行和解协议

C. 甲可以乙违反和解协议为由提起诉讼

D. 甲可向法院申请执行原仲裁裁决,法院恢复执行

52. 关于股东或合伙人知情权的表述,下列哪些选项是正确的?

A. 有限公司股东有权查阅并复制公司会计账簿

B. 股份公司股东有权查阅并复制董事会会议记录

C. 有限公司股东可以知情权受到侵害为由提起解散公司之诉

D. 普通合伙人有权查阅合伙企业会计账簿等财务资料

53. 甲公司与小区业主吴某订立了供热合同。因吴某要出国进修半年,向甲公司申请暂停供热未果,遂拒交上一期供热费。下列哪些表述是正确的?

A. 甲公司可以直接解除供热合同

B. 经催告吴某在合理期限内未交费,甲公司可以解除供热合同

C. 经催告吴某在合理期限内未交费,甲公司可以中止供热

D. 甲公司可以要求吴某承担违约责任

54. 董楠(男)和申蓓(女)是美术学院同学,共同创作一幅油画作品《爱你一千年》。毕业后二人结婚育有一女。董楠染上吸毒恶习,未经申蓓同意变卖了《爱你一千年》,所得款项用于吸毒。因董楠恶习不改,申蓓在女儿不满1周岁时提起离婚诉讼。下列哪些说法是正确的?

A. 申蓓虽在分娩后1年内提出离婚,法院应予受理

B. 如调解无效,应准予离婚

C. 董楠出售《爱你一千年》侵犯了申蓓的物权和著作权

D. 对董楠吸毒恶习,申蓓有权请求离婚损害赔偿

55. 根据民事诉讼理论和相关法律法规,关于当事人的表述,下列哪些选项是正确的?

A. 依法解散、依法被撤销的法人可以自己的名义作为当事人进行诉讼

B. 被宣告为无行为能力的成年人可以自己的名义作为当事人进行诉讼

C. 不是民事主体的非法人组织依法可以自己的名义作为当事人进行诉讼

D. 中国消费者协会可以自己的名义作为当事人,对侵害众多消费者权益的企业提起公益诉讼

56. 甲、乙、丙于2019年开了一家川菜馆(普通合伙),合伙协议约定经营期限为10年。后因市场不景气,该企业一直经营不佳。2021年3月,因资金短缺,甲等三位合伙人邀请丁入伙。出于对甲等三人的信任,丁未对该合伙企业调查,即签订了入伙协议,并登记成为合伙人。丁入伙后得知了企业的真实经营状况,后悔不已,遂要求撤销入伙协议,但遭到甲等三人的反对。丁见撤销协议无望,于是转而要求退伙。2021年6月1日,甲等三人同意,合伙企业于2021年6月10日为丁办理了退伙的变更登记。下列哪些说法是正确的?

A. 丁签订入伙协议后即应对入伙前合伙企业的债务承担无限连带责任

B. 丁有权主张因为重大误解撤销入伙协议

C. 丁的退伙应当于2021年6月1日起生效

D. 对于2021年6月10日后该企业对外所负债务,丁也应承担无限连带责任

57. 根据《商业银行法》,关于商业银行的设立和变更,下列哪些说法是正确的?

A. 国务院银行业监督管理机构可以根据审慎监管的要求,在法定标准的基础上提高商业银行设立的注册资本最低限额

B. 商业银行的组织形式、组织机构适用《公司法》

C. 商业银行的分立、合并不适用《公司法》

D. 任何单位和个人购买商业银行股份总额5%以上的,应事先经国务院银行业监督管理机构批准

58. 中国甲公司与英国乙公司签订一份商事合同,约定合同纠纷适用英国法。合同纠纷发生4年后,乙公司将甲公司诉至某人民法院。英国关于合同纠纷的诉讼时效为6年。关于本案的法律适用,下列哪些选项是正确的?

A. 本案的诉讼时效适用中国法

B. 本案的实体问题应适用英国法

C. 本案的诉讼时效与实体问题均应适用英国法

D. 本案的诉讼时效应适用中国法,实体问题应适用英国法

59. 甲公司研发出一种新型培育方法并获得发明专利,依据该方法可以培育出C型对虾。乙公司未获得授权,私自采用该方法培育C型对虾,并将C型对虾卖给丙公司生产虾酱,丁超市向丙公司批发大量虾酱用于销售。戊科学研究所运用甲公司的培育方法培育对虾后,发现对虾质量不高,所以改良和创新

了培育方法,培育出了高质量的 C 型对虾。对此,下列哪些主体侵犯了甲公司的专利权?

A. 乙公司

B. 丙公司

C. 丁超市

D. 戊科学研究所

60. 关于民事诉讼程序中的裁判,下列哪些表述是正确的?

A. 判决解决民事实体问题,而裁定主要处理案件的程序问题,少数涉及实体问题

B. 判决都必须以书面形式作出,某些裁定可以口头方式作出

C. 一审判决都允许上诉,一审裁定有的允许上诉,有的不能上诉

D. 财产案件的生效判决都有执行力,大多数裁定都没有执行力

61. 周某因合同纠纷起诉,甲省乙市的两级法院均驳回其诉讼请求。周某申请再审,但被驳回。周某又向检察院申请抗诉,检察院以原审主要证据系伪造为由提出抗诉,法院裁定再审。关于启动再审的表述,下列哪些说法是不正确的?

A. 周某只应向甲省高院申请再审

B. 检察院抗诉后,应当由接受抗诉的法院审查后,作出是否再审的裁定

C. 法院应当在裁定再审的同时,裁定撤销原判

D. 法院应当在裁定再审的同时,裁定中止执行

62. 甲出境经商下落不明,2015 年 9 月经其妻乙请求被 K 县法院宣告死亡,其后乙未再婚,乙是甲唯一的继承人。2016 年 3 月,乙将家里的一辆轿车赠送给了弟弟丙,交付并办理了过户登记。2016 年 10 月,经商失败的甲返回 K 县,为还债将登记于自己名下的一套夫妻共有住房私自卖给知情的丁;同年 12 月,甲的死亡宣告被撤销。下列哪些选项是正确的?

A. 甲、乙的婚姻关系自撤销死亡宣告之日起自行恢复

B. 乙有权赠与该轿车

C. 丙可不返还该轿车

D. 甲出卖房屋的行为无效

63. 2016 年 3 月 3 日,甲向乙借款 10 万元,约定还款日期为 2017 年 3 月 3 日。借款当日,甲将自己饲养的市值 5 万元的名贵宠物鹦鹉质押交付给乙,作为债务到期不履行的担保;另外,第三人丙提供了连带责任保证。关于乙的质权,下列哪些说法是正确的?

A. 2016 年 5 月 5 日,鹦鹉产蛋一枚,市值 2000 元,应交由甲处置

B. 因乙照管不善,2016 年 10 月 1 日鹦鹉死亡,乙需承担赔偿责任

C. 2017 年 4 月 4 日,甲未偿还借款,乙未实现质权,则甲可请求乙及时行使质权

D. 乙可放弃该质权,丙可在乙丧失质权的范围内免除相应的保证责任

64. 关于市场支配地位,下列哪些说法是正确的?

A. 有市场支配地位而无滥用该地位的行为者,不为《反垄断法》所禁止

B. 市场支配地位的认定,只考虑经营者在相关市场的市场份额

C. 其他经营者进入相关市场的难易程度,不影响市场支配地位的认定

D. 一个经营者在相关市场的市场份额达到二分之一的,推定为有市场支配地位

65. 甲女委托乙公司为其拍摄一套艺术照。不久,甲女发现丙网站有其多张半裸照片,受到众人嘲讽和指责。经查,乙公司未经甲女同意将其照片上传到公司网站做宣传,丁男下载后将甲女头部移植至他人半裸照片,上传到丙网站。下列哪些说法是正确的?

A. 乙公司侵犯了甲女的肖像权

B. 丁男侵犯了乙公司的著作权

C. 丁男侵犯了甲女的名誉权

D. 甲女有权主张精神损害赔偿

66. 甲乙二人在某游泳馆玩耍时,决定测试下游泳馆的救援能力。于是二人在距离救生员最远处的泳池一角假装溺水求救。正巧路过泳池去更衣室的丙见状,立即跳进水中救援。后发现甲乙二人并未溺水,但丙却因未来得及换衣服,导致裤兜里的手机泡水损坏。关于丙的行为及损失,下列哪些选项是正确的?

A. 丙属于自甘风险,不能向任何人主张任何权利

B. 游泳馆违反安全保障义务,应对丙予以赔偿

C. 丙因保护他人权益受损,可请求甲乙给予适当补偿

D. 丙构成无因管理,可请求甲乙给予适当补偿

67. 某化工厂排放的污水会影响鱼类生长,但其串通某环境影响评价机构获得虚假环评文件从而得以建设。该厂后来又串通某污水处理设施维护机构,使其污水处理设施虚假显示从而逃避监管。该厂长期排污致使周边水域的养殖鱼类大量死亡。面对养殖户的投诉,当地环境保护主管部门一直未采取任何查处措施。对于养殖户的赔偿请求,下列哪些单位应承担连带责任?

A. 化工厂

B. 环境影响评价机构

C. 污水处理设施维护机构

D. 当地环境保护主管部门

68．下列哪些说法违反劳动法的规定？

A. 我国公民未满十六岁的，用人单位一律不得招用

B. 双方当事人不可以约定周六加班

C. 劳动合同期限约定为二年的，试用期应在半年以上

D. 双方当事人可就全部合同条款作出违约金约定

69．关于公司的财务行为，下列哪些选项是正确的？

A. 在会计年度终了时，公司须编制财务会计报告，并自行审计

B. 公司的法定公积金不足以弥补以前年度亏损时，则在提取本年度法定公积金之前，应先用当年利润弥补亏损

C. 公司可用其资本公积金来弥补公司的亏损

D. 公司可将法定公积金转为公司资本，但所留存的该项公积金不得少于转增前公司注册资本的百分之二十五

70．甲公司以一地块的建设用地使用权作抵押向乙银行借款3000万元，办理了抵押登记。其后，甲公司在该地块上开发建设住宅楼，由丙公司承建。甲公司在取得预售许可后与丁订立了商品房买卖合同，丁交付了80%的购房款。现住宅楼已竣工验收，但甲公司未能按期偿还乙银行借款，并欠付丙公司工程款1500万元，乙银行和丙公司同时主张权利，法院拍卖了该住宅楼。下列哪些选项是正确的？

A. 乙银行对建设用地使用权拍卖所得价款享有优先受偿权

B. 乙银行对该住宅楼拍卖所得价款享有优先受偿权

C. 丙公司对该住宅楼及其建设用地使用权的优先受偿权优先于乙银行的抵押权

D. 丙公司对该住宅楼及其建设用地使用权的优先受偿权不得对抗丁对其所购商品房的权利

71．甲公司生产的"晴天牌"空气清新器销量占据市场第一，乙公司见状，将自己生产的同类型产品注册成"清天牌"，并全面仿照甲公司产品，使消费者难以区分。为此，甲公司欲起诉乙公司侵权，同时拟申请诉前禁令，禁止乙公司销售该产品。关于诉前保全，下列哪些选项是正确的？

A. 甲公司可向有管辖权的法院申请采取保全措施，并应当提供担保

B. 甲公司可向被申请人住所地法院申请采取保全措施，法院受理后，须在48小时内作出裁定

C. 甲公司可向有管辖权的法院申请采取保全措施，并应当在30天内起诉

D. 甲公司如未在规定期限内起诉，保全措施自动解除

72．甲、乙共同经营一家普通合伙企业，共同决定聘请丙担任合伙企业的经营管理人员。后因经营管理不善该合伙企业面临破产，甲、乙授权丙负责组织清算。在清算过程中，丙收受丁的好处若干，擅自免除了丁对合伙企业的100万元债务，并虚构了合伙企业对戊的一笔20万元债务。下列哪些说法是正确的？

A. 丙不能担任合伙企业的清算人

B. 丙应对合伙企业的债权人承担赔偿责任

C. 丙应对该合伙企业承担赔偿责任

D. 合伙企业注销后，甲和乙对合伙企业债务仍应承担无限连带责任

73．孙某从某超市买回的跑步机在使用中出现故障并致其受伤。经查询得知，该型号跑步机数年前已被认定为不合格产品，超市从总经销商煌煌商贸公司依正规渠道进货。下列哪些选项是正确的？

A. 孙某有权向该跑步机生产商索赔

B. 孙某有权向煌煌商贸公司、超市索赔

C. 超市向孙某赔偿后，有权向该跑步机生产商索赔

D. 超市向孙某赔偿后，有权向煌煌商贸公司索赔

74．李某和张某到华美购物中心采购结婚物品。张某因购物中心打蜡地板太滑而摔倒，致使左臂骨折，住院治疗花费了大量医疗费，婚期也因而推迟。当时，购物中心负责地板打蜡的郑某目睹事情的发生经过。受害人认为购物中心存在过错，于是，起诉要求其赔偿经济损失以及精神损害赔偿。关于本案诉讼参与人，下列哪些选项是正确的？

A. 李某、张某应为本案的共同原告

B. 李某、郑某可以作为本案的证人

C. 华美购物中心为本案的被告

D. 华美购物中心与郑某为本案共同被告

75．甲公司与乙公司签订商品房包销合同，约定甲公司将其开发的10套房屋交由乙公司包销。甲公司将其中1套房屋卖给丙，丙向甲公司支付了首付款20万元。后因国家出台房地产调控政策，丙不具备购房资格，甲公司与丙之间的房屋买卖合同不能继续履行。下列哪些表述是正确的？

A. 甲公司将房屋出卖给丙的行为属于无权处分

B. 乙公司有权请求甲公司承担违约责任

C. 丙有权请求解除合同

D. 甲公司只需将20万元本金返还给丙

76. 绿波公司是某小区业主选聘的物业公司。未经许可,绿波公司分别将物业专用房和绿化地租用给外人。下列哪些说法是正确的?

A. 租用物业专用房的行为侵害了业主的建筑物区分所有权

B. 租用绿化地的行为侵害了业主的建筑物区分所有权

C. 除去合理成本,剩余租金应归全体业主共有

D. 业主若找了新物业公司签订物业服务合同,则该小区业主与绿波公司的合同终止

77. 新余有限公司共有股东4人,未设董事会,股东刘某为公司唯一董事。在公司章程无特别规定的情形下,刘某可以行使下列哪些职权?

A. 决定公司的投资方案

B. 否决其他股东对外转让股权行为的效力

C. 决定聘任公司经理

D. 决定公司的利润分配方案

78. 2011年9月1日,某法院受理了湘江服装公司的破产申请并指定了管理人,管理人开始受理债权申报。下列哪些请求权属于可以申报的债权?

A. 甲公司的设备余款给付请求权,但根据约定该余款的支付时间为2011年10月30日

B. 乙公司请求湘江公司加工一批服装的合同履行请求权

C. 丙银行的借款偿还请求权,但该借款已经设定财产抵押担保

D. 当地税务机关对湘江公司作出的8万元行政处罚决定

79. 甲在乙公司办理了手机通讯服务,业务单约定:如甲方(甲)预付费使用完毕而未及时补交款项,乙方(乙公司)有权暂停甲方的通讯服务,由此造成损失,乙方概不担责。甲预付了费用,1年后发现所用手机被停机,经查询方得知公司有"话费有效期满暂停服务"的规定,此时账户尚有余额,遂诉之。关于此事,下列哪些说法是正确的?

A. 乙公司侵犯了甲的知情权

B. 乙公司提供格式条款时应提醒甲注意暂停服务的情形

C. 甲有权要求乙公司退还全部预付费

D. 法院应支持甲要求乙公司承担惩罚性赔偿的请求

80. 根据税收征收管理法规,关于从事生产、经营的纳税人账簿,下列哪些说法是正确的?

A. 纳税人生产、经营规模小又确无建账能力的,

可聘请经税务机关认可的财会人员代为建账和办理账务

B. 纳税人使用计算机记账的,应在使用前将会计电算化系统的会计核算软件、使用说明书及有关资料报送主管税务机关备案

C. 纳税人会计制度健全,能够通过计算机正确、完整计算其收入和所得情况的,其计算机输出的完整的书面会计记录,可视同会计账簿

D. 纳税人的账簿、记账凭证、报表、完税凭证、发票、出口凭证以及其他有关涉税资料,除另有规定外,应当保存10年

81. 某公司从事出口加工,有职工500人。因国际金融危机影响,订单锐减陷入困境,拟裁减职工25人。公司决定公布后,职工提出异议。下列哪些说法缺乏法律依据?

A. 职工甲:公司裁减决定没有经过职工代表大会批准,无效

B. 职工乙:公司没有进入破产程序,不能裁员

C. 职工丙:我一家4口,有70岁老母10岁女儿,全家就我有工作,公司不能裁减我

D. 职工丁:我在公司销售部门曾连续3年评为优秀,对公司贡献大,公司不能裁减我

82. 甲作曲、乙填词,合作创作了歌曲《春风来》。甲拟将该歌曲授权歌星丙演唱,乙坚决反对。甲不顾反对,重新填词并改名为《秋风起》,仍与丙签订许可使用合同,并获报酬10万元。对此,下列哪些选项是正确的?

A. 《春风来》的著作权由甲、乙共同享有

B. 甲侵害了《春风来》歌曲的整体著作权

C. 甲、丙签订的许可使用合同有效

D. 甲获得的10万元报酬应合理分配给乙

83. 内地某中级法院审理一起涉及澳门特别行政区企业的商事案件,需委托澳门特别行政区法院进行司法协助。关于该司法协助事项,下列哪些表述是正确的?

A. 该案件司法文书送达的委托,应通过该中级法院所属高级法院转交澳门特别行政区终审法院

B. 澳门特别行政区终审法院有权要求该中级法院就其中文委托书提供葡萄牙语译本

C. 该中级法院可以请求澳门特别行政区法院协助调取与该案件有关的证据

D. 在受委托方法院执行委托调取证据时,该中级法院司法人员经过受委托方允许可以出席并直接向证人提问

84. 甲公司聘请乙专职从事汽车发动机节油技术开发。因开发进度没有达到甲公司的要求,甲公司减少了给乙的开发经费。乙于2007年3月辞职到丙

公司,获得了更高的薪酬和更多的开发经费。2008年1月,乙成功开发了一种新型汽车节油装置技术。关于该技术专利申请权的归属,下列哪些选项是错误的?

A. 甲公司

B. 乙

C. 丙公司

D. 甲公司和丙公司共有

85. 中国甲公司从国外购货,取得了代表货物的单据,其中提单上记载"凭指示"字样,交货地点为某国远东港,承运人为中国乙公司。当甲公司凭正本提单到远东港提货时,被乙公司告知货物已不在其手中。后甲公司在中国法院对乙公司提起索赔诉讼。乙公司在下列哪些情形下可免除交货责任?

A. 在甲公司提货前,货物已被同样持有正本提单的某公司提走

B. 乙公司按照提单托运人的要求返还了货物

C. 根据某国法律要求,货物交给了远东港管理当局

D. 货物超过法定期限无人向某国海关申报,被海关提取并变卖

三、不定项选择题。每题所设选项中至少有一个正确答案,多选、少选、错选或不选均不得分。本部分含86-100题,每题2分,共30分。

86. 甲公司借用乙公司的一套设备,在使用过程中不慎损坏一关键部件,于是甲公司提出买下该套设备,乙公司同意出售。双方还口头约定在甲公司支付价款前,乙公司保留该套设备的所有权。不料在支付价款前,甲公司生产车间失火,造成包括该套设备在内的车间所有财物被烧毁。对此,下列选项正确的是:

A. 乙公司已经履行了交付义务,风险责任应由甲公司负担

B. 在设备被烧毁时,所有权属于乙公司,风险责任应由乙公司承担

C. 设备虽然已经被烧毁,但甲公司仍然需要支付原定价款

D. 双方关于该套设备所有权保留的约定应采用书面形式

87. 甲在证券市场上陆续买入力扬股份公司的股票,持股达6%时才公告,被证券监督管理机构以信息披露违法为由处罚。之后甲欲继续购入力扬公司股票,力扬公司的股东乙、丙反对,持股4%的股东丁同意。对此,下列说法正确的是:

A. 甲的行为已违法,故无权再买入力扬公司股票

B. 乙可邀请其他公司对力扬公司展开要约收购

C. 丙可主张甲已违法,故应撤销其先前购买股票的行为

D. 丁可与甲签订股权转让协议,将自己所持全部股份卖给甲

88. A基金在我国境外某群岛注册并设置总部,该群岛系低税率地区。香港B公司和浙江C公司在浙江签约设立杭州D公司,其中B公司占95%的股权,后D公司获杭州公路收费权。F公司在该群岛注册成立,持有B公司100%的股权。随后,A基金通过认购新股方式获得了F公司26%的股权,多年后又将该股权转让给境外M上市公司。M公司对外披露其实际收购标的为D公司股权。经查,A基金、F公司和M公司均不从事实质性经营活动,F公司股权的转让价主要取决于D公司的估值。对此,根据我国税法,下列说法正确的是:

A. A基金系非居民企业

B. D公司系居民企业

C. A基金应就股权转让所得向我国税务机关进行纳税申报

D. 如A基金进行纳税申报,我国税务机关有权按照合理方法调整其应纳税收入

89. 某企业在旅游点投放了某品牌的共享充电宝供用户租用。用户需要先扫描二维码,同意租用协议后才能看到收费标准。其计费单价相较该区域附近同一品牌的共享充电宝高出不少。该企业还利用二维码中隐藏的软件,向拒绝提供个人信息的消费者自动推送广告。该企业侵害了消费者的什么权益?

A. 自主选择权

B. 公平交易权

C. 知情权

D. 个人信息权

90. 甲、乙为某公司股东,各自认缴出资100万元。2020年1月1日,法院受理了某公司的破产申请。此时,股东甲认缴出资期限已经届满,但仍未向公司缴纳出资。根据公司章程规定,股东乙的出资期限为2020年10月1日。对此,下列说法正确的是:

A. 管理人有权要求甲向公司缴纳出资

B. 管理人有权要求乙向公司缴纳出资

C. 公司欠甲100万元货款,甲可主张以其出资债务与公司对其负债抵销

D. 公司欠乙100万元货款,乙可主张以其出资债务与公司对其负债抵销

（一）

2011年7月11日,A市升湖区法院受理了黎明丽(女)诉张成功(男)离婚案。7月13日,升湖区法院向张成功送达了起诉状副本。7月18日,张成功

向升湖区法院提交了答辩状，未对案件的管辖权提出异议。8月2日，张成功向升湖区法院提出管辖权异议申请，称其与黎明丽已分居2年，分别居住于A市安平区各自父母家中。A市升湖区法院以申请管辖权异议超过申请期限为由，裁定驳回张成功管辖权异议申请。后，升湖区法院查明情况，遂裁定将案件移送安平区法院。安平区法院接受移送，确定适用简易程序审理此案。

安平区法院在案件开庭审理时组织调解。

黎明丽声称：2005年12月，其与张成功结婚，后因张成功有第三者陈佳，感情已破裂，现要求离婚。黎明丽提出，离婚后儿子张好帅由其行使监护权，张成功每月支付抚养费1500元。现双方存款36万元（存折在张成功手中），由2人平分，生活用品归各自所有，不存在其他共有财产分割争议。

张成功承认：2005年12月，其与黎明丽结婚，自己现在有了第三者，36万元存款在自己手中，同意离婚，同意生活用品归各自所有，同意不存在其他共有财产分割争议。不同意支付张好帅抚养费，因其是黎明丽与前男友所生。

黎明丽承认：张好帅是其与前男友所生，但在户籍登记上，张成功与张好帅为父子关系，多年来父子相称，形成事实上的父子关系，故要求张成功支付抚养费。

调解未能达成协议。在随后的庭审中，黎明丽坚持提出的请求；张成功对调解中承认的多数事实和同意的请求予以认可，但否认了有第三者一事，仍不同意支付张好帅抚养费。黎明丽要求法院通知第三者陈佳以无独立请求权的第三人身份参加诉讼。

安平区法院作出判决：解除黎明丽、张成功婚姻关系；张好帅由黎明丽行使监护权，张成功每月支付抚养费700元；存款双方平分，生活用品归个人所有，不存在其他共有财产分割争议。法院根据调解中被告承认自己有第三者的事实，认定双方感情破裂，张成功存在过失。请回答91~96题。

91. 关于本案管辖，下列选项正确的是：

A. 张成功行使管辖异议权符合法律的规定

B. 张成功主张管辖异议的理由符合法律规定

C. 升湖区法院驳回张成功的管辖异议符合法律规定

D. 升湖区法院对案件进行移送符合法律规定

92. 关于本案调解，下列选项正确的是：

A. 法院在开庭审理时先行调解的做法符合法律或司法解释规定

B. 法院在开庭审理时如不先行组织调解，将违反法律或司法解释规定

C. 当事人未达成调解协议，法院在当事人同意情况下可以再次组织调解

D. 当事人未达成调解协议，法院未再次组织调解违法

93. 对黎明丽要求陈佳以无独立请求权第三人参加诉讼的请求，下列选项正确的是：

A. 法院可以根据黎明丽的请求，裁定追加陈佳为无独立请求权第三人

B. 如张成功同意，法院可通知陈佳以无独立请求权第三人名义参加诉讼

C. 无论张成功是否同意，法院通知陈佳以无独立请求权第三人名义参加诉讼都是错误的

D. 如陈佳同意，法院可通知陈佳以无独立请求权第三人名义参加诉讼

94. 下列双方当事人的承认，不构成证据制度中自认的是：

A. 张成功承认与黎明丽存在婚姻关系

B. 张成功承认家中存款36万元在自己手中

C. 张成功同意生活用品归各自所有

D. 黎明丽承认张成功不是张好帅的亲生父亲

95. 下列可以作为法院判决根据的选项是：

A. 张成功承认与黎明丽没有其他财产分割争议

B. 张成功承认家中36万元存款在自己手中

C. 黎明丽提出张成功每月应当支付张好帅抚养费1500元的主张

D. 张成功在调解中承认自己有第三者

96. 关于法院宣判时应当向双方当事人告知的内容，下列选项正确的是：

A. 上诉权利

B. 上诉期限

C. 上诉法院

D. 判决生效前不得另行结婚

（二）

甲服装公司与乙银行订立合同，约定甲公司向乙银行借款300万元，用于购买进口面料。同时，双方订立抵押合同，约定甲公司以其现有的以及将有的生产设备、原材料、产品为前述借款设立抵押。借款合同和抵押合同订立后，乙银行向甲公司发放了贷款，但未办理抵押登记。之后，根据乙银行要求，丙为此项贷款提供连带责任保证，丁以一台大型挖掘机作质押并交付。请回答97、98题。

97. 如甲公司违反合同约定将借款用于购买办公用房，则乙银行享有的权利是：

A. 提前收回借款

B. 解除借款合同

C. 请求甲公司按合同约定支付违约金

D. 对甲公司所购办公用房享有优先受偿权

98. 如甲公司未按期还款，乙银行欲行使担保权利，当事人未约定行使担保权利顺序，下列选项正确的是：

A. 乙银行应先就甲公司的抵押实现债权

B. 乙银行应先就丁的质押实现债权

C. 乙银行可选择就甲公司的抵押或丙的保证实现债权

D. 乙银行可选择就甲公司的抵押或丁的质押实现债权

99. 某有限责任公司董事会共有甲、乙、丙三人。乙书面通知公司辞任董事,被股东会拒绝。丙因管理不力,给公司造成重大损失,股东会通过决议解任了其董事职务,并委派丁担任董事。对此,下面说法正确的是:

A. 乙的辞任行为有效,股东会不能拒绝

B. 乙有权不再履行董事职务

C. 股东会解任丙的决议作出后即生效

D. 该公司仍要支付丙任期内剩余年限的薪酬

100. 林某诉张某房屋纠纷案,经某中级法院一审判决后,林某没有上诉,而是于收到判决书 20 日后,向省高级法院申请再审。其间,张某向中级法院申请执行判决。省高级法院经审查,认为一审判决确有错误,遂指令作出判决的中级法院再审。下列说法正确的是:

A. 高级法院指令再审的同时,应作出撤销原判决的裁定

B. 中级法院再审时应作出撤销原判决的裁定

C. 中级法院应裁定中止原裁判的执行

D. 中级法院应适用一审程序再审该案

试 卷 一

解 析

一、单项选择题

1．宪法修改[A]

[解析] 宪法修改分为两种，其一是部分修改，对宪法个别条款的增加、修改、删除，既能保证宪法的稳定性，又能保证宪法的灵活性。如我国1982年《宪法》经过了1988年、1993年、1999年、2004年、2018年五次部分修改，形成五次修正案。其二是全面修改，将上一部宪法的全文全部进行修改。我国1954年《宪法》全面修改为1975年《宪法》，1975年《宪法》全面修改为1978年《宪法》，1978年《宪法》全面修改为1982年《宪法》。故A项正确。

根据我国宪法规定，全国人大常委会或者1/5以上全国人大代表有权启动宪法修改程序。故B项错误。

《宪法》第62条规定，修宪主体只能是全国人民代表大会，其他任何主体都不具有修改宪法的权力。全国人民代表大会常务委员会仅具有解释宪法与监督宪法实施的权力。故C项错误。

我国宪法并未明确规定宪法的修改方式，直至1982年，宪法修改均是采用"直接修改"的方式，在1988年后宪法修改开始采用"宪法修正案"的方式，并且"宪法修正案"的方式由于有利于保持宪法的稳定性和权威性而延续下来，并被认为是中国重要的宪法惯例。故D项错误。

2．危害结果；抽象危险犯；结果加重犯[C]

[解析] 法益侵害事实包含：危害结果与危险。危害结果，也称侵害结果、实害结果，是指行为对法益造成的现实侵害事实。危险，是指行为对法益造成的现实危险状态。其中危险又包括抽象危险与具体危险：(1)抽象危险，指对法益的威胁仅达到抽象缓和程度的危险。(2)具体危险，指对法益的威胁达到具体现实程度的危险。

危害结果并不是所有具体犯罪的构成要件要素，即不是所有具体犯罪的成立条件。例如，故意杀人罪的成立并不都要求有危害结果，只是故意杀人罪的既遂要求有危害结果。但所有的过失犯罪的成立都要求有危害结果。故A项错误。

抽象危险与危害结果是两种不同的法益侵害事实。故B项错误。

结果加重犯强调必须是为了实施基本犯罪行为而造成了加重结果，基本犯罪与加重结果之间具有较为直接的因果关系。C项中，行为人是为了"抢劫"（获取财物）而将被害人杀害，基本犯罪行为与加重结果之间存在直接的因果关系，并且《刑法》第263条对该加重结果规定了加重刑，当然成立结果加重犯。故C项正确。

诈骗行为与财产损失有直接因果关系，但与被害人的自杀身亡没有直接因果关系，被害人"自杀"而死亡的后果应归责于被害人本人。并且，刑法条文也没有将"致使被害人死亡"作为诈骗罪的法定刑升格条件。故D项错误。

3．以危险方法危害公共安全罪；放火罪；妨害安全驾驶罪；高空抛物罪[D]

[解析] 妨害安全驾驶罪，是指对行驶中的公共交通工具的驾驶人员使用暴力或者抢控驾驶操纵装置，干扰公共交通工具正常行驶，危及公共安全的行为。对该罪，处1年以下有期徒刑、拘役或者管制，并处或者单处罚金。而以危险方法危害公共安全罪中的危险方法要与放火、决水、爆炸以及投放危险物质行为的危害性相当，其基本犯的法定刑是3年以上10年以下有期徒刑。A项中甲的行为属于典型的妨害安全驾驶的行为，还达不到以危险方法危害公共安全罪的程度，不能成立以危险方法危害公共安全罪。故A项不当选。

乙从住宅区楼上向下投掷正在燃烧的蜂窝煤的行为，造成人员伤亡或财产损失的范围较小，不具有造成不特定多数人伤亡或者重大财产损失的危险，不构成以危险方法危害公共安全罪，而应构成高空抛物罪。高空抛物罪所保护的法益并非公共安全，而是社会管理秩序。故B项不当选。

丙改装戊摩托车的行为，主观上是想杀死戊，而客观上摩托车无法造成不特定或多数人的生命、健康、财产损失，因此，丙的行为并不构成以危险方法危害公共安全罪。故C项不当选。

丁在公交车上与司机争吵打斗，并且发生了严重的交通事故，不仅构成妨害安全驾驶罪，也达到了以危险方法危害公共安全罪的危害性程度，属于想象竞合，应当按照从一重的原则论处，即以以危险方法危害公害公共安全罪定罪处罚。对此,《刑法》第133条之二"妨害安全驾驶罪"第3款也规定:"有前两款行为,同时构成其他犯罪的,依照处罚较重的规定定罪处罚。"故D项当选。

4.法的作用(规范作用)[D]

[解析] 法的规范作用。

种类	作用对象	具体内容	
指引	本人的行为	个别性指引:由非规范性法律文件产生,如判决书、合同、协议等	规范性指引:由规范性法律文件产生,如法条、法典、判例法的判例等
		确定的指引:通过设置义务产生	选择的指引:通过宣告权利产生
评价	他人的行为	合法与否	
教育	一般人的行为	具体表现为示警作用和示范作用	
预测	人与人之间的行为	行为的预期是社会得以存在的主要原因及其秩序的基础	
强制	违法犯罪行为	强制人们遵守法律	

要注意区分"本人"和"一般人"。"本人"是指特定的人,如"咱们班的人";"一般人"是指不特定的人,如"街上往来的人"。

陈法官依据诉讼法规定主动申请回避,体现法的指引作用。故A项错误。

法院判决王某行为构成盗窃罪,针对王某而言,体现了法的强制作用。针对法官而言,体现的是评价作用。故B项错误。

法的作用包括指引作用、评价作用、教育作用、预测作用、强制作用,共5种,并不包括所谓保护自由价值的作用。故C项错误。

法的强制作用针对的是违法者的行为,一般由国家机关针对违法者而作出处罚。故D项正确。

5.被害人承诺[D]

[解析] 被害人的承诺符合一定条件便可以排除损害被害人法益的行为的违法性。经被害人承诺的行为符合下列条件时,才排除犯罪的成立:(1)承诺者对被侵害的法益具有处分权限。(2)承诺者必须对所承诺的事项的意义、范围具有理解能力。(3)承诺必须出于被害人的真实意志,戏言性的承诺、基于强制或者威压作出的承诺,不排除犯罪的成立。(4)必须存在现实的承诺。(5)承诺至迟必须存在于结果发生时,被害人在结果发生前变更承诺的,则原

来的承诺无效。事后承诺不影响行为成立犯罪。(6)经承诺所实施的行为不得超过承诺的范围。

甲虽得到儿童父母的有效承诺,但承诺者对被侵害的法益没有处分权限,不影响拐卖儿童罪的成立,故甲将儿童赵某卖至富贵人家的行为仍构成拐卖儿童罪。故A项错误。

乙在钱某家发生火灾之际,独自闯入其住宅搬出贵重物品,无论事前或事后是否得到钱某的认可,仍属于基于推定的承诺的行为,即为了避免烧毁被害人的贵重财产。被害人知道事实真相后当然会承诺,即使钱某事后对此不予认可,原则上不影响推定承诺有效的判断。因此排除了乙非法侵入住宅罪的成立。故B项错误。

孙某为戒掉网瘾,让其妻子丙将其反锁一星期,此承诺是孙某自身意志的体现且对其有利,孙某放弃自己人身自由的承诺有效,妻子丙的行为不成立非法拘禁罪。故C项错误。

李某同意丁砍掉自己的一个小手指,丁却砍掉其大拇指,虽然被害人承诺侵害自己的法益时可排除犯罪的成立,但超出承诺的范围的,承诺无效。砍掉大拇指属于重伤害,而重伤不能承诺,依据《刑法》第234条的规定,丁构成故意伤害罪。故D项正确。

6.正当防卫[B]

[解析] 甲在扭送罪犯顾某时,顾某已经被制服,并没有处于正在进行不法侵害过程中,甲却死死摁住顾某的头导致其窒息死亡,明显限度过当,甲不成立正当防卫。故A项错误。

乙的行为不成立正当防卫,因为齐某的死亡并非乙的行为导致,乙的行为从形式上不符合任何犯罪的客观违法要件,对其行为也就没必要认定为正当防卫。故B项正确。

丙的行为不成立正当防卫,应认定为故意毁坏财物罪。因为防卫行为的对象只能是不法侵害人本人。只有当不法侵害人将其财产作为不法侵害的手段或者工具时,通过毁损其财物可以制止不法侵害、保护法益,才能认定为正当防卫。故C项错误。

丁的行为不成立正当防卫,应认定为故意伤害罪。正当防卫的本质在于通过防卫行为减少或者避免不法侵害,所以,作为正当防卫前提条件的不法侵害行为并非任何违法行为,而是那些具有进攻性、紧迫性、破坏性并且通过防卫行为能够减少、避免不法侵害的违法行为;否则,应根据具体情形认定为相应犯罪。针对何某偷越国(边)境的行为,不能进行正当防卫。故D项错误。

7.辩护人和诉讼代理人接受委托的时间、在诉讼中的权利及地位[B]

[解析]《刑事诉讼法》第34条第1款规定:"犯罪嫌疑人自被侦查机关第一次讯问或者采取强制措

施之日起,有权委托辩护人;在侦查期间,只能委托律师作为辩护人。被告人有权随时委托辩护人。"《刑事诉讼法》第46条第1款规定:"公诉案件的被害人及其法定代理人或者近亲属,附带民事诉讼的当事人及其法定代理人,自案件移送审查起诉之日起,有权委托诉讼代理人。自诉案件的自诉人及其法定代理人,附带民事诉讼的当事人及其法定代理人,有权随时委托诉讼代理人。"可见,辩护人、诉讼代理人介入诉讼的时间因案件类型不同而不同。本案是公诉案件,自被侦查机关第一次讯问后或者采取强制措施之日起,赵律师可以接受委托担任辩护人,但是自案件移送审查起诉之日起,孙律师才可以接受委托担任诉讼代理人。故 A 项错误。

《刑事诉讼法》第32条第2款规定:"辩护人、诉讼代理人可以依照本章的规定要求回避、申请复议。"据此,赵律师、孙律师分别作为辩护人和诉讼代理人,有权申请该案的审判人员和公诉人员回避。故 B 项正确。

《刑事诉讼法》第191条第2款规定:"被害人、附带民事诉讼的原告人和辩护人、诉讼代理人,经审判长许可,可以向被告人发问。"据此,赵律师和孙律师分别作为辩护人、诉讼代理人,均可经审判长许可,向被告人张某发问。故 C 项错误。

辩护人在刑事诉讼中具有独立的诉讼地位,其根据对事实的掌握和对法律的理解,依自己的意志独立进行辩护,依法履行职责,不受犯罪嫌疑人、被告人意思表示的约束。而诉讼代理人必须在被代理人的授权范围内进行诉讼,超过授权范围进行诉讼活动所产生的结果,除非得到被代理人的承认,否则被代理人不予承担。故 D 项错误。

8.判决书的更正[D]

[解析]《刑诉解释》第473条规定:"原判决、裁定认定被告人姓名等身份信息有误,但认定事实和适用法律正确、量刑适当的,作出生效判决、裁定的人民法院可以通过裁定对有关信息予以更正。"故 D 项正确。

审判监督程序是为了纠正错误判决而设置的,对于确有错误或可能有错误的案件才需要启动审判监督程序。故 A、B 项错误。

对一个生效的判决,任何机关、团体和个人都无权随意撤销,而仅能通过审判监督程序进行,这是为了保障裁判的确定性和权威性。故 C 项错误。

9.法律职业共同体;法官、检察官、律师在诉讼中的相互关系[A]

[解析]法官、检察官、律师等法律职业主管机关就三个职业在诉讼活动中的相互关系出台的一系列规定,目的是加强职业纪律约束,促进维护司法公正。故 A 项正确。

在刑事诉讼领域,法官、检察官、律师各自担负着不同的职责,但法律职业人员在人格和依法履行职责上是平等的,三者各司其职,各自发挥各自的作用。因此,这些规定并非用来弥补履行职责上的地位不平等,而是加强相互配合、相互尊重、相互制约,以促进法律的实施。故 B 项错误。

法官、检察官和律师的职责范围均是由宪法和法律规定的,司法机关依法独立行使职权,不受其他行政机关、社会团体和个人的干涉,同时,司法机关行使职权必须严格遵守法律,不得越权干涉其他部门的法定职权,因此,这些规定不会允许司法机关适度突破职权限制。故 C 项错误。

我国《宪法》第140条规定:"人民法院、人民检察院和公安机关办理刑事案件,应当分工负责,互相配合,互相制约,以保证准确有效地执行法律。"注意,在我国任何法律规定都不得违反《宪法》。故 D 项错误。

10.单位犯罪;身份犯;责任年龄[C]

[解析]根据《全国法院审理金融犯罪案件工作座谈会纪要》的规定,以单位的分支机构或者内设机构、部门的名义实施犯罪,违法所得亦归分支机构或者内设机构、部门所有的,应认定为单位犯罪。不能因为单位的分支机构或者内设机构、部门没有可供执行罚金的财产,就不将其认定为单位犯罪,而按照个人犯罪处理。可见,单位分支机构或内设机构虽然不是独立法人单位,但也能成为单位犯罪的主体。故 A 项错误。【特别提醒】判断构成单位犯罪需要满足两个条件:(1)以单位名义实施犯罪;(2)违法所得归单位所有。

身份犯中的身份必须在开始犯罪时就具有,如果是在犯罪过程中形成的身份,则不属于身份犯中的身份。犯罪集团和聚众犯罪的首要分子均属于在犯罪过程中形成的身份,不属于身份犯中的身份。故 B 项错误。

根据《刑法》第17条第2款的规定,已满14周岁不满16周岁的人,犯故意杀人、故意伤害致人重伤或者死亡、强奸、抢劫、贩卖毒品、放火、爆炸、投放危险物质罪的,应当负刑事责任。因此,已满14周岁不满16周岁的未成年人在绑架过程中杀害被绑架人的,对杀人行为承担刑事责任,对绑架行为不承担刑事责任。故 C 项正确。

单位犯罪是单位本身的犯罪,不是单位主管人员与其他直接责任人员构成的特殊的共同犯罪,也不是单位与成员个人之间的共同犯罪。故 D 项错误。

11.行政强制;行政处罚[D]

[解析]《行政强制法》第18条规定:"行政机关实施行政强制措施应当遵守下列规定:……(七)制作现场笔录;……"可见,制作现场笔录是行政机关

实施查封、扣押等行政强制措施时应当遵循的程序要求，故 A 项正确。

《行政处罚法》第 51 条规定，违法事实确凿并有法定依据，对公民处以 200 元以下、对法人或者其他组织处以 3000 元以下罚款或者警告的行政处罚的，可以当场作出行政处罚决定。本案中罚款数额为 10 万元，不符合简易程序的适用条件，故 B 项正确。

《行政处罚法》第 72 条规定："当事人逾期不履行行政处罚决定的，作出行政处罚决定的行政机关可以采取下列措施：（一）到期不缴纳罚款的，每日按罚款数额的 3% 加处罚款，加处罚款的数额不得超出罚款的数额；……"本案中，当事人逾期不缴纳罚款，质监局可以每日按罚款数额的 3% 加处罚款，故 C 项正确。

《行政强制法》第 13 条规定："行政强制执行由法律设定。法律没有规定行政机关强制执行的，作出行政决定的行政机关应当申请人民法院强制执行。"对于直接强制执行，必须法律明确授权的机关才可以实施。考生需要明确记住法律授权有直接强制执行权的机关只有 5 个：公安、国安、税务、海关和县以上政府。本案中质监局并没有法律的明确授权，不能自行强制执行，只能申请法院执行，故 D 项错误。

12．举证责任；证据的审核认定；诉讼管辖〔D〕

〔解析〕在本案中，复议机关补充了相关证据后维持了原处罚决定，仍然属于复议维持。复议维持案件，以原机关和复议机关为共同被告。故 A 项错误。

由于属于复议维持，原机关和复议机关为共同被告，因此，对于原行政行为行政拘留 15 日的举证责任由原机关县公安局和复议机关甲县政府共同承担。对此，《行政诉讼法解释》第 135 条第 2、3 款规定："作出原行政行为的行政机关和复议机关对原行政行为合法性共同承担举证责任，可以由其中一个机关实施举证行为。复议机关对复议决定的合法性承担举证责任。复议机关作共同被告的案件，复议机关在复议程序中依法收集和补充的证据，可以作为人民法院认定复议决定和原行政行为合法的依据。"故 B 项错误。

《行政诉讼证据规定》第 2 条规定，原告或者第三人提出其在行政程序中没有提出的反驳理由或者证据的，经人民法院准许，被告可以在第一审程序中补充相应的证据。在本案中，庭审中陈某提出该处罚未经过负责人集体讨论，这是其在行政程序中没有提出的反驳理由，因此法院可以要求被告补充记录，故 C 项错误。

法院对被告提供的记录形成时间的审查，是判断记录究竟形成于处罚决定程序之中，还是之后伪造补充的，是对证据真实性的审查，而非对证据关联性的审查，故 D 项正确。

13．出境入境的手续；身份证明；不准出境的情形〔B〕

〔解析〕《出境入境管理法》第 11 条第 1 款规定："中国公民出境入境，应当向出入境边防检查机关交验本人的护照或者其他旅行证件等出境入境证件，履行规定的手续，经查验准许，方可出境入境。"王某是定居美国的中国公民，由于王某还是中国公民，所以回国是回到自己的国家，不需要签证。因此其出境入境无需办理签证。故 A 项错误。

《出境入境管理法》第 14 条规定："定居国外的中国公民在中国境内办理金融、教育、医疗、交通、电信、社会保险、财产登记等事务需要提供身份证明的，可以凭本人的护照证明其身份。"因此，王某办理房屋登记可凭其护照证明其身份。故 B 项正确，C 项错误。

《出境入境管理法》第 12 条规定："中国公民有下列情形之一的，不准出境：……（三）有未了结的民事案件，人民法院决定不准出境的；……"因此，当其有未了结的民事案件时，只有当法院决定不准出境时，王某才不能出境。故 D 项错误。

14．西周法制；西周政治法律主张；西周继承制；西周借贷制度〔B〕

〔解析〕"德主刑辅，礼刑并用"是汉代的立法思想。"以德配天，明德慎罚"是西周的立法思想。以德配天属于神学立法思想，是对夏商神学立法思想的改造，认为有德之人方可享有天下。此理论改造解决了周作为臣子何以伐作为天子的商纣的问题。故 A 项错误。

西周时期的礼已具备了法的性质，礼与刑的关系主要表现为：（1）出礼入刑，"礼"正面、积极规范人们的言行，而"刑"则对一切违背礼的行为进行处罚；（2）刑不上大夫（贵族士大夫适用刑罚有特权），礼不下庶人（礼有等差，不可逾越）。故 B 项正确。

西周的买卖契约为质（买卖奴隶、牛马所使用的较长的契券）剂（买卖兵器、珍异之物所使用的较短的契券），借贷契约为傅（把债的标的和双方的权利义务等写在契券上）别（在简札中间写字，然后一分为二，双方各执一半，札上的字为半文）。C 项中的"书约"并非西周时期的借贷契约，故 C 项错误。

西周时期继承制度为嫡长子继承制，所谓"立嫡以长不以贤，立子以贵不以长"。由于实行一妻多妾制，王位的继承必须是妻所生长子，无论其贤与否；如妻无子，则立贵妾之子，不管其年龄如何。这种继承主要是王、贵族政治身份的继承，土地、财产的继承是其次。故 D 项错误。

15．刑事诉讼构造〔B〕

〔解析〕刑事诉讼构造是指刑事诉讼法所确立的进行刑事诉讼活动的基本方式以及专门机关、诉讼参与人在刑事诉讼形成的法律关系的基本格局,其实质和核心问题是如何配置控诉、辩护、审判三方在刑事诉讼中的法律地位及其相互关系。

职权主义审判模式,又称纠问式审判模式,是指法官居于主导和控制地位,限制控辩双方积极性的审判模式。职权主义审判模式有以下三个特征:(1)法官居于中心地位,主导法庭审理的进行。法官不仅仅是一个裁判者,而且是一个积极的事实调查者。(2)控辩双方的积极性受到抑制,处于消极被动的地位。(3)法官掌握程序控制权。控辩双方要服从法官的安排和指挥。庭审通常按法官事先制定的计划进行,而法官如果认为有必要,则可临时改变事先确定的案件事实和证据的调查范围。

当事人主义审判模式,又称对抗制审判模式、抗辩式审判模式,是指法官(陪审团)居于中立且被动的裁判者地位,法庭审判的进行由控方的举证和辩方的反驳共同推动和控制的一种审判模式。当事人主义审判模式有三个基本特征:(1)法官消极中立。法官对于案件事实的调查持消极态度,即不主动查明案件事实。(2)控辩双方积极主动和平等对抗。(3)控辩双方共同控制法庭审理的进程。

混合主义审判模式,融合了当事人主义审判模式和职权主义审判模式的长处,既重视法官的审判指挥和裁决功能,又重视控辩双方的积极对抗。

本题中,"法官消极中立,通过当事人举证、辩论发现事实真相,并由当事人推动诉讼进程"应当属于当事人主义的特点。故 B 项正确。

16.立案监督;对被害人、被不起诉人权利的救济[D]

[解析]《公安部规定》第 179 条第 1、2 款规定:"控告人对不予立案决定不服的,可以在收到不予立案通知书后七日以内向作出决定的公安机关申请复议;公安机关应当在收到复议申请后三十日以内作出决定,并将决定书送达控告人。控告人对不予立案的复议决定不服的,可以在收到复议决定书后七日以内向上一级公安机关申请复核;上一级公安机关应当在收到复核申请后三十日以内作出决定。对上级公安机关撤销不予立案决定的,下级公安机关应当执行。"可见,对于不立案决定不服的,控告人可以先复议再复核。但本题中,该事件已经立案,随后又撤销案件,因此无法再通过复议或者复核的方式救济。故A、B 项错误。

《刑事诉讼法》第 113 条规定:"人民检察院认为公安机关对应当立案侦查的案件而不立案侦查的,或者被害人认为公安机关对应当立案侦查的案件而不立案侦查,向人民检察院提出的,人民检察院应当要求公安机关说明不立案的理由。人民检察院认为公安机关不立案理由不能成立的,应当通知公安机关立

案,公安机关接到通知后应当立案。"据此,公安机关不立案的,被害人可以申请检察院进行立案监督。但本案中,侦查机关已经立案,只是随后撤销案件,因此,对撤销案件的决定不能通过立案监督的方式得到救济。故 C 项错误。

《刑事诉讼法》第 210 条规定:"自诉案件包括下列案件:(一)告诉才处理的案件;(二)被害人有证据证明的轻微刑事案件;(三)被害人有证据证明对被告人侵犯自己人身、财产权利的行为应当依法追究刑事责任,而公安机关或者人民检察院不予追究被告人刑事责任的案件。"本题所述情形属于上述第三种自诉案件,乙死亡后,乙的近亲属可以直接向人民法院提起自诉。《刑事诉讼法》第 101 条第 1 款规定:"被害人由于被告人的犯罪行为而遭受物质损失的,在刑事诉讼过程中,有权提起附带民事诉讼。被害人死亡或者丧失行为能力的,被害人的法定代理人、近亲属有权提起附带民事诉讼。"本案中,公安局撤销案件属于不予追究刑事责任的处理方式,被害人的近亲属可以向法院提起自诉同时提起附带民事诉讼。故 D 项正确。

【陷阱点拨】本题很具迷惑性。被害人对不立案决定不服的,有三种救济途径:(1)向作出决定的公安申请复议,不服的向上一级公安申请复核;(2)向检察院申请立案监督;(3)直接向法院提起自诉。似乎四项都符合。但是,仔细审题后发现,本案已经立案,是在侦查阶段又撤销案件,因此,被害人一方如果不服,不能采用不立案的救济方式来救济,而只能向人民法院提起自诉。

17.具体行政行为的效力[C]

[解析]拘束力是指具体行政行为一经生效,行政机关和对方当事人都必须遵守,其他国家机关和社会成员必须予以尊重的效力。它包括对当事人、对行政机关自己和对其他国家机关三个方面的拘束力,具体包括:第一,对于已经生效的具体行政行为,当事人应当接受并履行义务。第二,作出具体行政行为的行政机关不得随意更改,此乃信赖利益保护原则的根源。第三,其他国家机关也不得以相同的事实和理由再次受理和处理该同一案件,其他社会成员也不得对同一案件进行随意的干预。行政机关之间彼此有各自事项上的管辖范围,应该各司其职、各守其位。因此,②、③属于具体行政行为拘束力。①属于确定力的含义,在争议期限过后,行政行为被确定下来,不可更改;④属于具体行政行为执行力的表现。综上,本题 C 项当选。**【特别提醒】**不要误认为"②行政主体非经法定程序不得任意改变或撤销具体行政行为"属于确定力的内容。②的不可更改,和确定力的不可更改义务主体不同,发生阶段不同。②的不可更改讲的是行政机关自己不能随便朝令夕改,自己要受到自

己行为的拘束;而确定力的不可更改指的是当行政行为过了救济期限,行为就确定下来,当事人不可再通过诉讼、复议等争讼的救济途径,申请法院或复议机关将行政行为予以更改、撤销。

18．法律适用;法律推理;法律责任的归责原则
[C]

[解析] 从逻辑上,法律适用的步骤是:事实判断(小前提)+法律判断(大前提)→结论。但在实际的法律适用过程中,以上三个步骤并不能截然分开:(1)事实判断并不是纯粹地描述与归结事实,而是在法律与事实之间"来回穿梭",即借助"法律(大前提)"来挑选哪些"事实"属于"法律事实";(2)法律判断也并不是纯粹地解释法律词汇,同样需要在法律与事实之间"来回穿梭",即法律人在选择法律时,必须选择与案件事实相契合的法律。这表明,在法律适用中,不存在"纯粹的事实描述和归纳",也不存在"纯粹的法律选择和解释",存在的是"事实与法律的结合与融合"(但有侧重)。题干中"范某认为事故主要是该中心未尽到注意义务引起,要求赔偿10万余元",这两句表述都不属于纯粹的事实描述,前半句确定的是"法律上的因果关系",后半句确定的是"法律上的赔偿标准"。因此,范某在事实描述过程中融入了法律判断。故A项错误。

演绎推理以法律规范为大前提,以案件事实为小前提,"拔河人数过多导致了事故的发生"这一语句所表达的是一种裁判事实,也就是所谓案件事实,应当作为演绎推理的小前提。故B项错误。

法律决定是以法律规范作为大前提,以案件事实作为小前提推理出来的。"该中心按40%的比例承担责任,赔偿4万元"是依据"拔河人数过多导致事故的发生,范某本人也有过错"等前提推导出来的。故C项正确。

在我国,法律责任的归责原则主要有:责任法定、公正原则、效益原则和合理性原则。责任公正原则的要素是:违法必究+不枉不纵+责罚均衡+合理差别+遵守程序。责任效益原则的要素是:较小的成本获得较大的收益。本题在责任承担的问题上,是根据"拓展中心与范某的过错程度"来确定的,体现了"责罚相称",因此属于"公正原则",而不属于"效益原则"。故D项错误。

19．自首的成立条件[B]

[解析]《刑法》第67条第1款规定,犯罪以后自动投案,如实供述自己罪行的,是自首。本案中,甲不具有"自动性",是在警方已经到场而"投案",换言之,无路可逃,而不是"能逃而不逃"。"能逃而不逃"才符合"自动"投案的特征,本案更像是"被动(被迫)"归案,即甲不成立自首的原因不是因为在"犯罪过程中",而是因为没有"自动"投案。注意:"犯罪以

后"不应理解为"犯罪完成以后",而应理解为"犯罪实施以后"。故A项错误。

《关于处理自首和立功若干具体问题的意见》规定,交通肇事后保护现场、抢救伤者,并向公安机关报告的,应认定为自动投案。但乙"自动投案"之后,交警到达现场询问时,乙否认了自己的行为,不符合如实供述的条件,故不能认定为自首。故B项正确。

行为人如实供述了案件事实,但对案件事实的定性存在不同理解、有不同看法、进行辩解,仍属于如实供述。例如,认为自己不是杀人,而是正当防卫、紧急避险或者意外事件的,不影响如实供述的成立,即只要求就"事实判断"如实供述,至于"价值评价"上不作要求。丙属于对事实作评价性质的辩解,不影响如实供述,能够成立自首。故C项错误。

《关于处理自首和立功若干具体问题的意见》规定,如实供述自己的罪行,除供述自己的主要犯罪事实外,还应包括姓名、年龄、职业、住址、前科等情况。犯罪嫌疑人供述的身份等情况与真实情况虽有差别,但不影响定罪量刑的,应认定为如实供述自己的罪行。犯罪嫌疑人自动投案后隐瞒自己的真实身份等情况,影响对其定罪量刑的,不能认定为如实供述自己的罪行。D项没有特别交代表明身份不影响定罪量刑,故不影响自首的成立。故D项错误。

20．侮辱罪;强制猥亵、侮辱罪;诽谤罪;诬告陷害罪[B]

[解析] 强制猥亵、侮辱罪与侮辱罪之间不是对立关系,事实上,强制猥亵、侮辱妇女的行为也是一种侮辱他人的行为,只是刑法将侵犯妇女性羞耻心的侮辱行为另规定为强制猥亵、侮辱罪。因此,这两罪之间是一种法条竞合关系。故为寻求刺激在车站扒光妇女衣服,引起他人围观的,是对妇女性羞耻心的侵犯,也是对妇女名誉的侵犯,既触犯了强制猥亵、侮辱罪,也触犯了侮辱罪。因强制猥亵、侮辱罪处罚比侮辱罪更严厉,故直接按照强制猥亵、侮辱罪论处。故A项错误。

诽谤罪必须有捏造并散布有损他人名誉的虚假事实的行为;而侮辱罪既可以不用具体事实,也可以用真实事实,更关键的在于诽谤罪使用的方法不包含暴力。因此,在大街上边打妇女边骂"狐狸精"的行为,并不属于捏造事实的行为,而是公然贬低人格、破坏他人名誉的行为,不成立诽谤罪,只成立侮辱罪。故B项正确。

捏造他人强奸妇女的犯罪事实,向公安局告发,意图使他人受刑事追究,情节严重的,触犯诬告陷害罪;但同时又向媒体告发,散布捏造的事实,侵害了他人的名誉权,触犯了诽谤罪。故C项错误。

侮辱罪属于亲告罪,诽谤罪一般也是不告不理,但如果严重危害社会秩序和国家利益的,则不适用不告不

理原则,且如果被害人受到强制、威吓进而无法告诉的,人民检察院或者被害人的近亲属可以代为告诉。所以,对于侮辱罪、诽谤罪,"未经当事人告诉,一律不得追究被告人的刑事责任"这一说法错误。故 D 项错误。

21．职位聘任[A]

[解析]《公务员法》第 103 条第 3 款规定:"聘任制公务员实行协议工资制,具体办法由中央公务员主管部门规定。"故 A 项当选。【易混易错】根据《公务员法》第 100 条第 1 款规定,对专业性较强的职位和辅助性职位实行聘任制,需经省级以上公务员主管部门批准。

22．国际海洋法法庭的管辖权[B]

[解析]《联合国海洋法公约》规定,对于海洋划界、领土争端、军事活动、涉及历史性海湾所有权的争端以及安理会正在行使管辖权的争端,缔约国可以通过书面声明排除强制程序的适用。故 A 项错误。

《联合国海洋法公约》规定,一国在签署、批准或加入本公约时,或在其后任何时间,可以自由以书面声明方式选择海洋法法庭的管辖。只有争议各方都选择海洋法法庭程序,法庭才有管辖权。本题中,仅丙国在加入公约时书面声明选择国际海洋法法庭的管辖,乙国采用口头形式不符合规定,甲国声明排除,则国际海洋法法庭对该争端没有管辖权。故 B 项正确,C 项错误。

国际海洋法法庭的设立不排除国际法院对海洋争端的管辖,争端当事国可以自愿选择将争端交由哪个机构审理。故 D 项错误。

23．缓刑的认定与适用[D]

[解析]被宣告缓刑的犯罪分子,在缓刑考验期限内犯新罪或者发现判决宣告以前还有其他罪没有判决的,应当撤销缓刑,对新犯的罪或者新发现的罪作出判决,把前罪和后罪所判处的刑罚,依照《刑法》第 69 条的规定数罪并罚,决定执行的刑罚。值得注意的是,如果一人犯数罪,实行数罪并罚后,决定执行的刑罚为 3 年以下有期徒刑或者拘役的,也可以适用缓刑。但是,如果在缓刑考验期内再犯罪应当数罪并罚的,说明其没有悔罪表现,对其所犯新罪已经不符合适用缓刑的条件了,因此不得再次宣告缓刑。故 A 项正确,不当选。

《刑法》第 72 条第 2 款规定:"宣告缓刑,可以根据犯罪情况,同时禁止犯罪分子在缓刑考验期限内从事特定活动,进入特定区域、场所,接触特定的人。"此外,禁止令的适用可以适用于被判处管制的犯罪分子。故 B 项正确,不当选。

《刑法》第 74 条规定:"对于累犯和犯罪集团的首要分子,不适用缓刑。"故 C 项正确,不当选。

《刑法》第 76 条规定:"对宣告缓刑的犯罪分子,在缓刑考验期内,依法实行社区矫正,如果没有本

法第 77 条规定的情形,缓刑考验期满,原判的刑罚就不再执行,并公开予以宣告。"故 D 项错误,当选。

24．行贿罪;受贿罪;利用影响力受贿罪[D]

[解析]为谋取不正当利益,给予国家工作人员以财物的,是行贿罪。行贿罪要求具有谋取不正当利益的目的。甲为了获得公务员面试高分,对面试官实施贿赂,至于谋求的利益是否实际谋到不影响犯罪的成立。故 A 项正确,不当选。

受贿罪的构成,在索取财物的场合,不需要以"为他人谋利"为要件;而在收受主动送来的财物的场合,需要"为他人谋利"的条件。乙对于甲的行贿行为明确拒绝,可见其并没有收受他人财物,更没有采取为他人谋利的行为。保姆因误解收受金币的行为,乙并不知情,可见其并不构成受贿罪。故 B 项正确,不当选。

一个案件中的行贿罪和受贿罪的成立并不是一一对应的,行贿人构成行贿罪,行贿对象不一定就构成受贿罪。故 C 项正确,不当选。

利用影响力受贿罪的主体为特殊主体,包括国家工作人员的近亲属或者其他与该国家工作人员关系密切的人。保姆对于乙并不具有影响力,并不符合利用影响力犯罪的主体构成要件,并且本案中保姆并没有为甲谋取利益的主观目的,也没有收取甲的贿赂。故 D 项错误,当选。

25．清朝会审[C]

[解析]清代的秋审和朝审后案犯处理情况分为:(1)情实:情况属实,死刑立即执行。(2)缓决:情况属实,危害不大,减为军流。(3)可矜:可疑之罪,减为徒流。(4)留养承嗣:亲老丁单时,奏请皇帝申请留养承嗣,可免予处罚。

情实是死刑立即执行,而非斩监候。故 A 项错误。

缓决指情况属实,危害不大,减为军流。秋审和朝审已经是终审判决。故 B 项错误。

可矜指案情属实,但有可矜或可疑之处,可免于死刑,一般减为徒、流刑罚。故 C 项正确。

留养承嗣指案情属实、罪名恰当,但有亲老丁单情形,合乎申请留养条件者,按留养奏请皇帝裁决,留养承嗣针对的是犯罪人而不是被害人有亲老丁单情形。故 D 项错误。

26．法律规则的特征和分类;法的作用;当代中国法的正式渊源;法律解释方法的位阶[D]

[解析]按照规则内容的确定性程度不同,可以把法律规则分为:(1)确定性规则,是指内容本已明确肯定,可以直接适用,无须援引或参照其他规则来确定其内容的法律规则。在法律条文中规定的绝大多数法律规则属于此种规则。(2)委任性规则,是指内容尚未确定,而只规定某种概括性指示,由相应国

家机关通过相应途径或程序加以确定的法律规则。（3）准用性规则，是指内容本身没有规定人们具体的行为模式，而是可以援引或参照其他法律规定的法律规则。该规定内容明确，可以直接适用，属于确定性法律规则。故 A 项正确。

法的预测作用指凭借法律的存在，可以预先估计到人们相互之间会如何行为。法的指引作用是指法对人本身的行为具有引导作用。根据该法条，物权孳息当事人能够对自己的行为和自己与合同相对方的行为得到明确的预测和指引。故 B 项正确。

在法无明文规定或不适合用法的正式渊源时，习惯作为中国法的非正式渊源，可以作为司法审判的依据，以弥补成文立法的不足。题目中《民法典》第 321 条规定"没有约定或者约定不明确的，按照交易习惯取得"，事实上允许法官可以在一定条件下以习惯作为司法审判的依据。故 C 项正确。

尽管法律解释各种方法的位阶不是固定的，但是现今大部分法学家都认可下列位阶：（1）文义解释；（2）体系解释；（3）立法者意图或目的的解释；（4）历史解释；（5）比较解释；（6）客观目的解释。当然这只是一般情况下应当遵循的解释位阶，特定情况下会有所区别，但如果要调整解释位阶，要提供更强理由。因此客观目的的解释相对于文义解释和体系解释没有优先性。故 D 项错误。

27．行政复议［A］

［解析］ 行政复议申请期限为 60 日，而非 30 日，A 项错误。

《行政复议法实施条例》第 8 条规定："同一行政复议案件申请人超过 5 人的，推选 1 至 5 名代表参加行政复议。"本案中，50 户村民应推选 1 至 5 名代表参加复议。故 B 项正确。

对地方各级人民政府的行政行为不服的，向上一级地方人民政府申请行政复议。据此，对甲市乙区政府的征收决定不服而申请行政复议，复议机关是其上一级甲市政府。故 C 项正确。

根据《行政复议法》第 31 条第 1 款规定，行政复议申请材料不齐全或者表述不清楚的，行政复议机构可以自收到该行政复议申请之日起 5 日内书面通知申请人补正。故 D 项正确。

28．行政诉讼与刑事诉讼的关系［D］

［解析］ 法院在行政诉讼过程中，认为受行政行为处理的原告或第三人的行为已构成犯罪，应将有关犯罪材料移送公安、检察机关按刑事诉讼程序处理。法院对于原行政案件有两种处理方式：（1）犯罪行为与行政机关之前认定的行政违法行为具有相关性，那么法院应中止行政诉讼，等刑事案件审结确认是否犯罪后，再恢复行政诉讼程序。（2）犯罪行为与行政机关之前认定的行政违法行为没有相关性，是两项独立

的行政行为，法院应当继续审理原来的行政诉讼，而无需等待刑事案件的审判结果。对于本案，虚假宣传与受贿犯罪是两种独立的违法行为，刑事责任与行政审判没有关系，法院应当将涉嫌受贿犯罪的有关材料移送有管辖权的司法机关处理，对基于涉嫌虚假宣传而扣押的合法性继续审理。故 D 项当选。

29．具有法定情形不予追究刑事责任原则［B］

［解析］《刑事诉讼法》第 16 条规定："有下列情形之一的，不追究刑事责任，已经追究的，应当撤销案件，或者不起诉，或者终止审理，或者宣告无罪：……（五）犯罪嫌疑人、被告人死亡的；……"《高检规则》第 242 条第 1 款规定："人民检察院在侦查过程中或者侦查终结后，发现具有下列情形之一的，负责侦查的部门应当制作拟撤销案件意见书，报请检察长决定：（一）具有刑事诉讼法第十六条规定情形之一的；……"根据前述法条，本题中，犯罪嫌疑人甲在侦查阶段死亡，应由检察院作出撤销案件决定。故 B 项正确，C 项错误。

在刑事诉讼中，民事部分对于刑事诉讼而言具有附带性，犯罪嫌疑人死亡意味着刑事诉讼的终结，因此刑事诉讼的终结意味着民事部分不可能再经由刑事诉讼的专门机关处理。《刑事诉讼法》和《高检规则》均未规定在犯罪嫌疑人死亡情形下对附带民事部分的处理方式。依据法律和相关法规，本题情形下的民事部分只能由被害人根据《民事诉讼法》的有关规定向人民法院提起民事诉讼。故 A、D 项错误。

30．斡旋受贿［D］

［解析］《刑法》第 388 条规定，国家工作人员利用本人职权或者地位形成的便利条件，通过其他国家工作人员职务上的行为，为请托人谋取不正当利益，索取请托人财物或者收受请托人财物的，以受贿论处。这种行为在刑法理论上被称为斡旋受贿。在我国刑事法律上斡旋受贿并不是一个独立的罪名，它是受贿犯罪行为的一种特殊类型。不同于普通的受贿行为，斡旋受贿行为要求行为人利用了本人职权或地位形成的便利条件，这是成立斡旋受贿的前提。行为人是通过其他国家工作人员职务上的行为，而不是直接利用自己职务范围内的权力。另外，斡旋受贿要求行为人为请托人谋取的是不正当利益。综合上述内容，D 项正确，A、B、C 项错误。

31．检察官职业道德;检察官的执业限制［D］

［解析］ 检察官应当严格遵守检察纪律，不违反规定过问、干预其他检察官、其他人民检察院或者其他司法机关正在办理的案件，不私自探询其他检察官、其他人民检察院或者其他司法机关正在办理的案件情况和有关信息，不泄露案件的办理情况及案件承办人的有关信息，不违反规定会见案件当事人、诉讼代理人、辩护人及其他与案件有利害关系的人员。房

检察官的行为是私自探询其他司法机关正在办理案件的情况,属于不符合职业纪律和道德的行为。故 A 项错误。关检察长的行为干涉了江检察官独立行使检察权,违反了检察权独立行使原则,故 B 项错误。

检察官不应利用职务便利或者检察官的身份、声誉及影响,为自己、家人或者他人谋取不正当利益;不从事、参与经商办企业、违法违规营利活动,以及其他可能有损检察官廉洁形象的商业、经营活动;不参加营利性或者可能借检察官影响力营利的社团组织。容检察官从事营利性商业活动,违反了规定,故 C 项错误。

《检察官法》第 37 条规定:"检察官从人民检察院离任后两年内,不得以律师身份担任诉讼代理人或者辩护人。检察官从人民检察院离任后,不得担任原任职检察院办理案件的诉讼代理人或者辩护人,但是作为当事人的监护人或者近亲属代理诉讼或者进行辩护的除外。检察官被开除后,不得担任诉讼代理人或者辩护人,但是作为当事人的监护人或者近亲属代理诉讼或者进行辩护的除外。"成检察官离任 5 年后是可以律师身份担任各类案件的诉讼代理人或辩护人的,故 D 项正确。

32.清末司法体制;外国在华领事裁判权及其扩大[B]

[解析] 随着鸦片战争的开始,外国侵略者在华领事判决不断扩充。1864 年,清廷与英美法三国驻上海领事在租界内设立了一种特殊的审判机构,即会审公廨。凡涉及外国人的案件,必须有领事官员参加会审;凡中国人与外国人之间诉讼案,由本国领事裁判或陪审,甚至租界内纯属中国人之间的诉讼也由外国领事观审并操纵判决。本题正是通过历史上著名的"苏报案"来考查考生对领事裁判权和会审公廨的认识与理解。该案由谳员、上海知县、英国副领事三人组成的审判庭对中国人进行审理,而非由清廷独立审理,表明了外国人在租界内对中国司法裁判权的直接干涉。故 B 项正确。

A、D 项均与题目无关,C 项不是外国人受限制,而是领事裁判权对中国司法主权的限制。故 A、C、D 项错误。

33.我国的行政区域划分[D]

[解析] 我国行政区域变更的法律程序包括:第一,全国人大决议:(1)省、自治区、直辖市的设立、撤销、更名;(2)特别行政区的成立。第二,国务院审批:(1)省、自治区、直辖市的区域界线的变更;(2)自治州、县、自治县、市、市辖区的设立、撤销、更名及隶属关系的变更;(3)自治州、自治县行政界线的变更;(4)县、市、市辖区行政区域界线的重大变更。第三,省级人民政府审批:(1)根据国务院授权,决定县、市、市辖区行政区域界线的局部变更;(2)乡、民族

乡、镇的设立、撤销、更名及区域界线的变更。

本题中,甲县更名须经国务院审批,故 A 项错误。乙省行政区域界线的变更须国务院审批,故 B 项错误。丙镇与邻镇合并由两镇所属的省级政府审批,故 C 项错误。丁市部分行政区域界线的变更由国务院授权省级政府审批,故 D 项正确。注意,根据 2018 年《行政区划管理条例》的规定,D 项还须报国务院备案。

34.刑事诉讼证明对象范围中的免证事实[D]

[解析]《刑诉解释》第 72 条第 1 款规定:"应当运用证据证明的案件事实包括:(一)被告人、被害人的身份;(二)被指控的犯罪是否存在;(三)被指控的犯罪是否为被告人所实施;(四)被告人有无刑事责任能力,有无罪过,实施犯罪的动机、目的;(五)实施犯罪的时间、地点、手段、后果以及案件起因等;(六)是否系共同犯罪或者犯罪事实存在关联,以及被告人在犯罪中的地位、作用;(七)被告人有无从重、从轻、减轻、免除处罚情节;(八)有关涉案财物处理的事实;(九)有关附带民事诉讼的事实;(十)有关管辖、回避、延期审理等的程序事实;(十一)与定罪量刑有关的其他事实。"据此,A、B、C 项分别符合第 1、5、4 项内容,属于需要用证据证明的案件事实。故 A、B、C 项均不当选。

《高检规则》第 401 条规定:"在法庭审理中,下列事实不必提出证据进行证明:(一)为一般人共同知晓的常识性事实;(二)人民法院生效裁判所确认的并且未依审判监督程序重新审理的事实;(三)法律、法规的内容以及适用等属于审判人员履行职务所应当知晓的事实;(四)在法庭审理中不存在异议的程序事实;(五)法律规定的推定事实;(六)自然规律或者定律。"本题中,法院就甲乙两家宅基地纠纷所作出的裁判事项已经生效,属于该条第 2 项不需要证明之事项。故 D 项当选。

35.行政法规制定程序[D]

[解析]《行政法规制定程序条例》第 2 条规定:"行政法规的立项、起草、审查、决定、公布、解释,适用本条例。"可知,行政法规制定程序中包括立项,解决的是国务院是否应当就特定行政管理事务制定行政法规的问题,是行政法规制定程序的第一个环节。故 A 项错误。

《行政法规制定程序条例》第 16 条第 2 款规定:"起草行政法规,涉及几个部门共同职责需要共同起草的,应当共同起草,达成一致意见后联合报送行政法规送审稿。几个部门共同起草的行政法规送审稿,应当由该几个部门主要负责人共同签署。"可知,并不是由牵头部门主要负责人签署,而是应当由几个部门主要负责人共同签署。故 B 项错误。

《行政法规制定程序条例》第 20 条第 2 款规定:

"国务院法制机构可以将行政法规送审稿或者修改稿及其说明等向社会公布,征求意见。向社会公布征求意见的期限一般不少于30日。"报送国务院的行政法规送审稿,由国务院法制机构负责审查。根据新法规定,在审查中,国务院法制机构有权自主将行政法规送审稿或者修改稿及其说明等向社会公布,征求意见,无须再报经国务院同意。故C项错误。

《行政法规制定程序条例》第30条规定:"行政法规在公布后的30日内由国务院办公厅全国人民代表大会常务委员会备案。"故D项正确。【易错易混】报送备案是由国务院办公厅负责,而不是国务院法制机构。

36.行政判决的执行[B]

[解析]《行政诉讼法》第96条规定:"行政机关拒绝履行判决、裁定、调解书的,第一审人民法院可以采取下列措施:(一)对应当归还的罚款或者应当给付的款额,通知银行从该行政机关的账户内划拨;(二)在规定期限内不履行的,从期满之日起,对该行政机关负责人按日处50元至100元的罚款;(三)将行政机关拒绝履行的情况予以公告;(四)向监察机关或者该行政机关的上一级行政机关提出司法建议。接受司法建议的机关,根据有关规定进行处理,并将处理情况告知人民法院;(五)拒不履行判决、裁定、调解书,社会影响恶劣的,可以对该行政机关直接负责的主管人员和其他直接责任人员予以拘留;情节严重,构成犯罪的,依法追究刑事责任。"

可知,法院可以对区教委负责人而不能对区教委处以罚款,A项错误,B项正确。同时,根据上述规定,法院可以向市教委提出司法建议,由市教委按照有关规定处理,法院无权"责令"市教委进行处理。"责令"是命令的意思,而在我国的国家机构中,法院作为司法机关只能向行政机关提出建议,无权命令行政机关,D项错误。只有拒不履行裁判书、调解书社会影响恶劣的,法院才可对区教委的主要负责人处以拘留,而不是在任何情况下都可以,C项错误。

37.正式的法的渊源的效力原则;法律监督体系[B]

[解析]《母婴保健法》是法律,《婚姻登记条例》是行政法规,法律的效力高于行政法规。故A项正确。

全国人大常委会有权撤销同宪法和法律相抵触的行政法规,但无权改变。《立法法》第108条规定:"改变或者撤销法律、行政法规、地方性法规、自治条例和单行条例、规章的权限是:……(二)全国人民代表大会常务委员会有权撤销同宪法和法律相抵触的行政法规,有权撤销同宪法、法律和行政法规相抵触的地方性法规,有权撤销省、自治区、直辖市的人民代表大会常务委员会批准的违背宪法和本法第八十五

条第二款规定的自治条例和单行条例;……"故B项错误。

《立法法》第113条规定:"全国人民代表大会有关的专门委员会、常务委员会工作机构应当按照规定要求,将审查情况向提出审查建议的国家机关、社会团体、企业事业组织以及公民反馈,并可以向社会公开。"故C项正确。

社会监督即非国家机关的监督,是指由各政党、各社会组织和公民依照宪法和有关法律,对各种法律活动的合法性所进行的监督。易知,潘某作为公民提出审查建议的行为属于社会监督。故D项正确。

38.对我国宪法结构的理解[C]

[解析]宪法序言,指写在宪法正文前面的陈述性的表述,是宪法精神与内容的高度概括。我国宪法规定,宪法以法律的形式确认了中国各族人民奋斗的成果,规定了国家的根本制度和根本任务,是国家的根本法,具有最高的法律效力。故A项正确,不当选。

宪法正文是宪法典的主要部分,具体规定宪法基本制度和权力体系的安排。我国现行宪法正文的排列顺序是:总纲,公民的基本权利与义务,国家机构以及国旗、国歌、国徽、首都。故B项正确,不当选。

宪法的附则是指宪法对于特定事项需要特殊规定而作出的附加条款。由于附则是宪法的一部分,因而其法律效力当然应该与一般条文相同。但有特定性、临时性的特点。另外我国宪法没有附则。故C项错误,当选;D项正确,不当选。

39.教唆犯的刑事责任[D]

[解析]教唆犯属于共犯的一种情形,只要能认定为共犯,无论是被教唆人接受教唆实施了犯罪,还是二人以上共同故意教唆他人犯罪,都可以适用《刑法》第29条第1款前段的规定。故A项正确。

对于教唆犯,刑法并没有规定独立的处罚原则,而是根据其在共同犯罪中所起的作用处罚:如果是起主要作用的,则属于主犯;如果是起次要作用的,则属于从犯。故B项正确。

教唆犯与间接正犯并不是对立关系。一方面,(故意)唆使不满14周岁的人犯罪因而属于间接正犯的,也符合"(故意)教唆他人实施违法行为"的条件,完全可以认定为"教唆不满18周岁的人犯罪"的情形。另一方面,教唆已满14周岁不满18周岁的人犯罪,应当适用该款规定,那么,教唆不满14周岁的人犯罪的,更应该适用该款的规定。故C项正确。

《刑法》第29条是关于教唆犯的处罚规定,而按照当前我国刑法规定以及主流的刑法理论,共同犯罪是指二人以上共同故意犯罪。因此,教唆犯的成立必须要求教唆他人实施故意犯罪,而不包括教唆他人实施过失犯罪。故D项错误。

40．审前羁押;羁押必要性审查;强制措施的变更和解除[C]

[解析] 审前羁押是通过拘留或者逮捕的方式将犯罪嫌疑人关押于看守所,从而保证人身危险性较高的犯罪嫌疑人不致再危害社会,并保证后续诉讼程序的顺利进行。所以,对于人身危险性高的犯罪嫌疑人应当进行审前羁押,而对于人身危险性较小的犯罪嫌疑人,可以采取取保候审等非羁押措施,减少审前羁押的适用。这充分体现了"具体问题具体分析"的必要性原则的要求。故 A 项正确。

审前羁押的另一重要原则为变更性原则,即任何强制措施,随着诉讼的进展和案情的变化要及时进行变更或者解除。如果犯罪嫌疑人的人身危险性增大,可以从非羁押措施变更为羁押措施;反之,如果犯罪嫌疑人的人身危险性降低,可以从羁押措施变更为非羁押措施。故 B 项正确。

《刑事诉讼法》第 95 条规定,犯罪嫌疑人、被告人被逮捕后,人民检察院仍应当对羁押的必要性进行审查。对不需要继续羁押的,应当建议予以释放或者变更强制措施。有关机关应当在 10 日以内将处理情况通知人民检察院。因此,C 项错误在于,检察院经羁押必要性审查认为不需要继续羁押的,无权直接决定释放或变更为其他非羁押强制措施,而应当建议予以释放或者变更强制措施。故 C 项错误。

《刑事诉讼法》第 98 条规定:"犯罪嫌疑人、被告人被羁押的案件,不能在本法规定的侦查羁押、审查起诉、一审、二审期限内办结的,对犯罪嫌疑人、被告人应当予以释放;需要继续查证、审理的,对犯罪嫌疑人、被告人可以取保候审或者监视居住。"据此,D 项正确。

41．上诉的主体[C]

[解析]《刑事诉讼法》第 227 条第 1 款规定,被告人、自诉人和他们的法定代理人,不服地方各级人民法院第一审的判决、裁定,有权用书状或者口头向上一级人民法院上诉。被告人的辩护人和近亲属,经被告人同意,可以提出上诉。可见被告人、自诉人和他们的法定代理人有独立上诉权。故 A、B 项正确,不当选。

《刑事诉讼法》第 227 条第 2 款规定,附带民事诉讼的当事人和他们的法定代理人,可以对地方各级人民法院第一审的判决、裁定中的附带民事诉讼部分,提出上诉。可见附带民事诉讼当事人的法定代理人对附带民事部分有独立上诉权。故 D 项正确,不当选。

《刑事诉讼法》第 229 条规定,被害人及其法定代理人不服地方各级人民法院第一审的判决的,自收到判决书后 5 日以内,有权请求人民检察院提出抗诉。人民检察院自收到被害人及其法定代理人的请求后 5 日以内,应当作出是否抗诉的决定并且答复请求人。可见,被害人及其法定代理人没有独立的上诉权,只有请求检察院抗诉权,并且这种抗诉权只能针对判决。故 C 项错误,当选。

42．法律解释的分类;法律解释的运用;法律解释的位阶[D]

[解析] 法律解释根据法律解释主体和解释效力的不同分为正式解释与非正式解释。正式解释是指由特定的国家机关、官员或其他有解释权的人对法律作出的具有法律约束力的解释。非正式解释通常也称为学理解释,一般指由学者或其他个人或组织对法律规定所做的不具有法律约束力的解释。本题中李某作为个人对法律进行解释并不具有普遍约束力,属于非正式解释。故 A 项正确。

文义解释是指按照日常的、一般的或法律的语言使用方式描述制定法的某个条款的内容。其特点是将解释的焦点集中在语言上,而不顾及解释的公正性与合理性。文义解释就是我们平常所说的"抠字眼",李某采取的正是文义解释方法。故 B 项正确。

体系解释,也称逻辑解释、系统解释,是指将被解释的法律条文放在整部法律中乃至整个法律体系中,联系此法条与其他法条的相互关系,利用逻辑中的矛盾来支持或反对某个解释结果的解释方法。其关键点在于"联系此法条与其他法条的相互关系"。法官结合《消费者权益保护法》第 7 条第 2 款中"消费者有权要求经营者提供的商品和服务,符合保障人身、财产安全的要求"的规定来解释第 7 条第 1 款,认为餐馆对商品和服务之外的因素导致伤害不应承担责任,符合体系解释。故 C 项正确。

法律解释有 6 种解释方法,现今大部分法学家都认可下列位阶:文义解释→体系解释→立法者的目的解释→历史解释→比较解释→客观目的解释。但上述位阶关系是相对的,不是绝对的,在具体案件中可能会有不同。究竟哪一种解释方法占优,往往取决于结果本身的重要性。故 D 项错误。

43．票据诈骗罪;金融凭证诈骗罪;保险诈骗罪;合同诈骗罪[B]

[解析] 对于票据诈骗罪的情形,《刑法》第 194 条第 1 款规定:"……(一)明知是伪造、变造的汇票、本票、支票而使用的;(二)明知是作废的汇票、本票、支票而使用的;(三)冒用他人的汇票、本票、支票的;(四)签发空头支票或者与其预留印鉴不符的支票,骗取财物的;(五)汇票、本票的出票人签发无资金保证的汇票、本票或者在出票时作虚假记载,骗取财物的。"因此,票据诈骗罪使用的是汇票、本票、支票对于金融凭证诈骗罪,该条第 2 款规定:"使用伪造、变造的委托收款凭证、汇款凭证、银行存单等其他银行结算凭证的,依照前款的规定处罚。"因此,金融凭证

诈骗罪使用的是委托收款凭证、汇款凭证、银行存单等其他银行结算凭证。A 项中，银行存单是金融凭证，行为人应构成金融凭证诈骗罪。故 A 项错误。

《关于〈中华人民共和国刑法〉第三十条的解释》规定，公司、企业、事业单位、机关、团体等单位实施刑法规定的危害社会的行为，刑法分则和其他法律未规定追究单位的刑事责任的，对组织、策划、实施该危害社会行为的人依法追究刑事责任。据此，虽然刑法规定贷款诈骗罪的主体是自然人，但单位实施贷款诈骗的，仍然可以追究单位中的直接责任人员、主要负责人贷款诈骗罪的刑事责任。故 B 项正确。

保险诈骗罪和合同诈骗罪不是对立的关系，二者之间存在竞合。实施保险诈骗需要与保险公司订立保险合同，行为人构成保险诈骗罪的同时也构成合同诈骗罪，可能构成想象竞合犯。故 C 项错误。

《刑法》第 224 条规定，以非法占有为目的，在签订、履行合同过程中，收受对方当事人给付的货物、货款、预付款或者担保财产后逃匿的，构成合同诈骗罪。由此可知，合同诈骗罪以非法占有为目的，只要是产生非法占有目的后的行为就属于诈骗行为。故 D 项错误。

44．两审终审制[C]

[解析] 最高人民法院审理的第一审案件为一审终审，其裁判一经作出即生效，不存在提起二审的问题；对于其他法院作出的一审裁判没有上诉或抗诉的，上诉期满后其裁判也将发生法律效力，故 A 项错误。

判处死刑的案件，必须依法经过死刑复核程序核准后，该裁判才能发生法律效力；地方各级法院依法在法定刑以下判处刑罚的案件，必须经过最高人民法院的核准，其裁判才能发生法律效力，故 B 项错误。

上诉只能针对第一审裁判提出，故一个案件经过两级法院审判后对所作的裁判不能上诉，这是两审终审制度的要求，故 C 项正确。

《刑事诉讼法》第 252 条规定，当事人及其法定代理人、近亲属，对已经发生法律效力的判决、裁定，可以向人民法院或者人民检察院提出申诉，但是不能停止判决、裁定的执行。可见，当事人可以通过申诉对经过两级法院审判后的判决、裁定提出异议，故 D 项错误。

45．法律原则和法律规则的关系；姓名权[B]

[解析]《民法典》第 110 条第 1 款规定："自然人享有生命权、身体权、健康权、姓名权、肖像权、名誉权、荣誉权、隐私权、婚姻自主权等权利。"姓名权是应然权利，也是法定权利。故 A 项错误。

法律规则因其明确的假定条件、行为模式和法律后果，具有确定性和可预测性，但却不一定能够满足法律的正当性和可接受性。法律原则是为法律规则提供某种基础或本源的综合性、指导性的价值准则

或规范，法官在适用法律原则时具有较大的自由裁量权，可以根据案件具体情况决定适用某一法律原则，以满足法律的正当性和可接受性。因此，法律适用中，法律规则导致个案结果出现极端不公正时，可以考虑适用法律原则弥补法律规则的漏洞。故 B 项正确。

公民享有姓名权，有权决定、使用和依照规定改变自己的姓名，禁止他人干涉、盗用、假冒。姓名权是绝对权，不是相对权。故 C 项错误。

冒犯原则是指任何人的自由都不能伤害社会的基本公共道德。伤害原则是指任何人的自由均不能伤害其他人的合法权利和利益。王甲侵害王乙的姓名权，法院判决王甲承担赔偿责任，体现的是伤害原则，非冒犯原则。故 D 项错误。

46．中央与特别行政区的关系；特别行政区的法律制度[B]

[解析]《澳门特别行政区基本法》第 18 条第 2 款规定，全国性法律除列于本法附件三者外，不在澳门特别行政区实施。因此，只有在特别行政区实施的全国性法律才是特别行政区的法律渊源之一。故 A 项错误。

《澳门特别行政区基本法》第 87 条第 4 款规定："终审法院法官的任命和免职须报全国人民代表大会常务委员会备案。"故 B 项正确。

《澳门特别行政区基本法》第 17 条第 2 款规定，澳门特别行政区立法机关制定的法律须报全国人大常委会备案，备案不影响该法律的生效。特别行政区立法会制定的法律须由行政长官签署、公布方有法律效力，并报全国人大常委会备案，备案不影响该法律的生效。故 C 项错误。

《澳门特别行政区基本法》反映的是包括澳门同胞在内的全国人民的意志和利益。故 D 项错误。

47．司法公正；律师的权利[B]

[解析]《法律援助法实施工作办法》第 9 条第 1 项规定，公安机关、人民检察院在第一次讯问犯罪嫌疑人或者对犯罪嫌疑人采取强制措施的时候，应当告知犯罪嫌疑人有权委托辩护人，并告知其如果符合法律援助条件，本人及其近亲属可以向法律援助机构申请法律援助。据此，公安机关有法律援助的告知义务。A 项做法不符合要求，不当选。

B 项是对律师加强人权司法保障的表现，符合要求。故 B 项当选。

司法公正要求冲突的解决应当听取双方的辩论和证据，律师在法庭上的辩护意见以及提供的各种线索和意见，法官必须充分重视。故 C、D 项做法不符合要求，不当选。

48．办案期限的重新计算[B]

[解析]《刑事诉讼法》第 160 条第 1 款规定，在

侦查期间,发现犯罪嫌疑人另有重要罪行的,自发现之日起重新计算侦查羁押期限。"另有重要罪行"是指:(1)与逮捕时的罪行不同种的重大犯罪;(2)同种的影响罪名认定、量刑档次的重大犯罪。在侦查过程中发现甲还涉嫌盗窃1辆普通自行车,这不属于另有重要罪行的情形,无需重新计算侦查羁押期限。故A项错误。

《监察法》第11条第2项规定,监察委员会依法对涉嫌贪污贿赂、滥用职权等职务违法和职务犯罪进行调查。受贿罪属于职务犯罪,应当由监察委员会立案调查。根据该法第54条规定,对监察机关移送的案件,人民检察院经审查,认为需要补充核实的,应当退回监察机关补充调查,必要时可以自行补充侦查。《刑事诉讼法》第175条第3款规定,补充侦查完毕移送人民检察院后,人民检察院重新计算审查起诉期限。故B项正确。

《刑事诉讼法》第204条第3项规定,在法庭审判过程中,由于申请回避而不能进行审判,影响审判进行的,可以延期审理。C项中"处理完丙提出的有关检察院书记员应当回避的申请",可以延期审理,而非重新计算一审审理期限。故C项错误。

《刑事诉讼法》第235条规定,第二审人民法院应当在决定开庭审理后及时通知人民检察院查阅案卷。人民检察院应当在1个月以内查阅完毕。人民检察院查阅案卷的时间不计入审理期限。D项中检察院阅卷的时间不计入二审审理期限,而非"重新计算"。故D项错误。

49.贪污罪;职务侵占罪[C]

[解析] 职务侵占罪是指公司、企业或者其他单位的工作人员,利用职务上的便利,将本单位财物非法占为己有,数额较大的行为。其实施犯罪的主体为公司、企业或者其他单位的工作人员。王某为国有公司的领导,属于国有公司中从事公务的人员,其通过签订虚假合同骗取公款的行为构成贪污罪,不构成职务侵占罪。设备的实际数额为6万元,所以贪污的数额应认定为4万元。故A、B项错误。

《刑法》第382条规定:"国家工作人员利用职务上的便利,侵吞、窃取、骗取或者以其他手段非法占有公共财物的,是贪污罪。……与前两款所列人员勾结,伙同贪污的,以共犯论处。"非国家工作人员刘某为王某的贪污提供协助,构成贪污罪的共犯。故C项正确。

刘某仍在继续履行采购合同,且其没有非法占有目的,故刘某不构成诈骗罪。故D项错误。

50.公证制度与公证员职业道德[C]

[解析]《公证法》第7条规定,公证机构按照统筹规划、合理布局的原则,可以在县、不设区的市、设区的市、直辖市或者市辖区设立。A项说法前半句正确。《公证机构执业管理办法》第19条第2款规定:

"公证机构名称中的字号,应当由二个以上文字组成,并不得与所在省、自治区、直辖市内设立的其他公证机构的名称中的字号相同或者近似。"A项说法后半句错在"国内"。故A项错误。

《公证法》第21条规定:"担任公证员,应当由符合公证员条件的人员提出申请,经公证机构推荐,由所在地的司法行政部门报省、自治区、直辖市人民政府司法行政部门审核同意后,报请国务院司法行政部门任命,并由省、自治区、直辖市人民政府司法行政部门颁发公证员执业证书。"因此,公证员由司法部任命,但是可由省级司法行政部门颁发执业证书和变更执业机构。故B项错误。

《公证法》第25条第2款规定:"申请办理涉及不动产的公证,应当向不动产所在地的公证机构提出;申请办理涉及不动产的委托、声明、赠与、遗嘱的公证,可以适用前款规定。"《公证法》第26条规定:"自然人、法人或者其他组织可以委托他人办理公证,但遗嘱、生存、收养关系等应当由本人办理公证的除外。"房屋买卖手续公证不在禁止委托代理的范围内,其子向房屋所在地公证处申请公证,符合规定。故C项正确。

《公证法》第39条规定:"当事人、公证事项的利害关系人认为公证书有错误的,可以向出具该公证书的公证机构提出复查。公证书的内容违法或者与事实不符的,公证机构应当撤销该公证书并予以公告,该公证书自始无效;公证书有其他错误的,公证机构应当予以更正。"据此,王某只能提出"复查",而不是"复议"。故D项错误。

二、多项选择题

51.行政复议与行政诉讼关系[CD]

[解析] 涉税案件一般需要复议前置,但当事人对税务机关的处罚决定、强制执行措施或税收保全措施不服的除外。本题中,要求缴纳滞纳金的决定属于行政强制执行,不适用复议前置,故C项当选;对于罚款决定,除当场作出的罚款决定适用复议前置外,其余情形均可直接提起行政诉讼,本题情形不属于当场作出决定,故D项符合题意,当选。A项由定额缴税变更为自行申报的决定、B项要求缴纳税款的决定都属于纳税问题本身的争议(纳税争议),均应当复议前置,故A、B项不选。

52.行政诉讼证据与判决[ABCD]

[解析]《行政诉讼证据规定》第10条规定,当事人向人民法院提供由有关部门保管的书证原件的复制件、影印件或者抄录件的,应当注明出处,经该部门核对无异后加盖其印章。本案中,余某房屋所在中心村规划布局图是由县政府保管的,因此县规划局提交其复印件,应加盖县政府的印章。故A项正确。

《行政诉讼证据规定》第12条规定,当事人向人民法院提供计算机数据或者录音、录像等视听资料的,应当注明制作方法、制作时间、制作人和证明对象等。因此,余某提交的录像应注明制作方法和制作时间。故B项正确。

《行政诉讼法》第69条规定:"行政行为证据确凿,适用法律、法规正确,符合法定程序的,或者原告申请被告履行法定职责或者给付义务理由不成立的,人民法院判决驳回原告的诉讼请求。"从原告余某的角度看,县规划局对其大修房屋的申请不予批准的行为属于不作为,如法院认定余某的请求不成立,则可以适用本条规定判决驳回余某的诉讼请求。故C项正确。

《行政诉讼法》第26条第2款规定:"经复议的案件,复议机关决定维持原行政行为的,作出原行政行为的行政机关和复议机关是共同被告;复议机关改变原行政行为的,复议机关是被告。"《行政诉讼法解释》第136条第1款规定:"人民法院对原行政行为作出判决的同时,应当对复议决定一并作出相应判决。"本案属于复议维持的案件,故本案的被告是原机关县规划局和复议机关县政府,法院经过审理,应当对县规划局不予批准答复的合法性和县政府的复议决定一并作出裁判。故D项正确。

53．当事人和解的公诉案件不起诉决定的适用条件[ABC]

[解析]《刑事诉讼法》第289条规定,双方当事人和解的,公安机关、人民检察院、人民法院应当听取当事人和其他有关人员的意见,对和解的自愿性、合法性进行审查,并主持制作和解协议书。故A项正确。

《刑事诉讼法》第290条规定,对于达成和解协议的案件,公安机关可以向人民检察院提出从宽处理的建议。人民检察院可以向人民法院提出从宽处罚的建议;对于犯罪情节轻微,不需要判处刑罚的,可以作出不起诉的决定。人民法院可以依法对被告人从宽处罚。故B项正确。D项的错误在于,是否向人民检察院提出从宽处理的建议是公安机关的自由裁量行为,并不是检察院作出不起诉决定需要具备的条件之一。

《刑事诉讼法》第288条第2款规定,犯罪嫌疑人、被告人在5年以内曾经故意犯罪的,不适用本章规定的程序。故C项正确。

54．审判组织;人民陪审员制度[ACD]

[解析]《刑事诉讼法》第183条第3款规定:"最高人民法院审判第一审案件,应当由审判员三人至七人组成合议庭进行。"据此,最高人民法院审理案件无人民陪审员参加。故A项错误。

根据《人民陪审员法》第16条第1项规定,对于

可能判处10年以上有期徒刑、无期徒刑、死刑,社会影响重大的刑事案件,由人民陪审员和法官组成七人合议庭进行审判。张某贪污1亿元,社会影响重大,符合上述规定,应当组成七人合议庭审理,故B项正确。

《刑事诉讼法》第183条第1款规定:"基层人民法院、中级人民法院审判第一审案件,应当由审判员三人或者由审判员和人民陪审员共三人或者七人组成合议庭进行,但是基层人民法院适用简易程序、速裁程序的案件可以由审判员一人独任审判。"本条适用于普通程序和特别程序。C项说法以偏概全,故错误。

《刑事诉讼法》第216条第1款规定:"适用简易程序审理案件,对可能判处三年有期徒刑以下刑罚的,可以组成合议庭进行审判,也可以由审判员一人独任审判;对可能判处的有期徒刑超过三年的,应当组成合议庭进行审判。"据此,本案如果可能判处3年有期徒刑以下刑罚,可以由合议庭审理,也可以由审判员一人独任审理;如果可能判处的有期徒刑超过3年,则应当由合议庭审理。故D项错误。

55．渎职罪[AD]

[解析]滥用职权罪是指国家机关工作人员故意逾越职权,违反法律规定,处理其无权决定、处理的事项,或者违反规定处理公务,致使公共财产、国家和人民利益遭受重大损失的行为。省渔政总队验船师郑某的行为违反国家规定,造成公共财产、国家和人民利益重大损失,构成滥用职权罪。故A项正确。

徇私枉法罪是指司法工作人员徇私枉法、徇情枉法,对明知是无罪的人而使他受追诉、对明知是有罪的人而故意包庇不使他受追诉,或者在刑事审判活动中故意违背事实和法律作枉法裁判的行为。曾某是司法工作人员,明知被取保候审的犯罪嫌疑人违反规定,未依法传唤或将案件移送起诉或变更强制措施,使犯罪嫌疑人未及时受到追诉,但未达到致使犯罪嫌疑人、被告人实际脱离司法机关的侦查控制的效果,曾某尚不构成徇私枉法罪。故B项错误。

根据《保守国家秘密法》第13条第1款第6项规定,维护国家安全活动和追查刑事犯罪中的秘密事项属于国家秘密。本案已经进入审判阶段,此时案卷材料不属于国家秘密。律师于某是马某的辩护人,将通过合法手续获取的案卷材料让当事人亲属查阅,不构成故意泄露国家秘密罪。故C项错误。

《刑法》第417条规定,帮助犯罪分子逃避处罚罪是指有查禁犯罪活动职责的国家机关工作人员,向犯罪分子通风报信、提供便利,帮助犯罪分子逃避处罚的行为。协警由于履行公务,从职能上被法律认定为国家机关工作人员,所以协警闫某的行为符合帮助犯罪分子逃避处罚罪的条件。故D项正确。

56．罪数[BD]

[解析]《刑法》第172条规定,使用假币罪的对象是伪造的货币,不包括变造的货币。因此,甲使用变造的货币购买商品,不触犯使用假币罪,可能构成诈骗罪。故A项错误。

走私毒品,又走私其他物品构成犯罪的,以走私毒品罪和其所犯的其他走私罪分别定罪,依法数罪并罚。因此,走私毒品,又走私假币构成犯罪的,构成走私毒品罪和走私假币罪两罪,实行数罪并罚。故B项正确。

牵连犯要求行为人实施了两个行为,且二者之间存在手段与目的的牵连关系。丙盗窃军人制服的行为与身穿军人制服招摇撞骗的行为并不具备刑法上的牵连关系,应当数罪并罚。故C项错误。

丁明知黄某在网上开设赌场而为其提供互联网接入服务,一个行为触犯了两个罪名,构成想象竞合犯。如果只评价开设赌场罪的帮助犯,就没有评价立法者对这种行为独立的规定,即帮助信息网络犯罪活动罪,反之亦然。故D项正确。

57．法律职业道德;律师职业道德;公证职业道德[BCD]

[解析]关于甲的说法:

职业道德是人们在职业实践中形成的行为规范,职业道德一般包括职业道德意识、职业道德行为和职业道德规范3个层次。故甲①说法正确。《法官职业道德基本准则》第2条规定,法官职业道德的核心是公正、廉洁、为民。故甲②说法正确。

关于乙的说法:

公证行为的公信力需要特别强调对公证员职业道德的要求,公证员良好的职业道德对于维护法制尊严和权威,提高公民的法律意识具有重要作用,公证人员高尚的职业道德是为社会提供优质法律服务和赢得公众信赖的根本保障。如果缺乏无私奉献、敬业献身的精神,法律职业人员很容易进行"权力寻租"。故乙①说法正确。而加强公证员职业道德建设确实是维护和增强公证公信力的保障。故乙②说法正确。

关于丙的说法:

法律在人们心目中象征着公平和正义,是规范社会、惩恶扬善的最后手段,也是国家予以保障的最强有力的手段,所以法律的实施者、执行者、裁判者等专业法律人员所应具有的道德品行必要高于其他职业的道德要求,法律职业道德也具有更强的约束性,违反职业道德的法律职业人员要承担更大范围的责任和义务,这是由法律职业的特殊性、法律职业在社会生活中的特殊地位和作用所决定的。故丙①说法错误。

律师职业道德规范的对象主要是律师的执业行为,即从事律师业务、为法律提供法律服务的行为。

但由于律师的一些非执业活动在一定程度上也影响律师的职业形象,因此一些与律师的职业形象直接相关的执业以外的活动,也应受到律师职业道德的约束。故丙②说法正确。

综上所述,甲①甲②、乙①乙②和丙②说法正确,丙①说法错误。结合选项可得知,本题B、C、D项正确,当选。

58．《芝加哥公约》的领空主权原则[BC]

[解析]国家对于其领土上空的空气空间享有绝对主权。没有得到地面国家许可,外国航空器不得飞经或飞入。故A项错误,B项正确。

对于非法入境的外国航空器,国家有权采取措施。采取符合国际法有关规则的任何适当手段,包括要求其终止此类侵犯立即离境或要求其在指定地点降落等,但不得危及航空器内人员的生命和航空器的安全,避免使用武器。故C项正确,D项错误。

59．犯罪故意、过失;认识错误[BCD]

[解析]意外事件,是指行为人在客观上虽然造成了损害结果,但不是由于故意或者过失,而是由于不能预见的原因引起伤害后果。不能预见,是指根据当时各方面的情况,行为人不可能预见、不应当预见自己的行为会发生损害结果。

甲表演飞刀精准,从未出错,而发生乙死亡结果的原因在于乙的突然移身,甲是不可能预见到乙会移动身体的,事发偶然,行为人无法预见,因此按照意外事件处理比较合适。故A项正确,不当选。

甲只是推了乙一掌,并没有故意伤害乙的意思,甲不构成故意伤害罪。因为是在"路边"一推,一般公众可以预见死伤可能性。行为人应当预见而没有预见,对死亡结果具有过失,应成立过失致人死亡罪。故B项错误,当选。

疏忽大意的过失与意外事件的区分点在于:疏忽大意的过失是应当预见而没有预见,意外事件是因无法预见而没有预见。判断的核心点在于是否具有结果预见可能性。"没有预见"不等于"没有预见可能性"。本项中,甲没有预见到危害结果,但是具有预见可能性,属于疏忽大意的过失。故C项错误,当选。

【知识拓展】如何理解"有预见可能性"?主要是看行为人是否违反了基本的生活规则、业务规则、行业规则等。本案中,行为人违反了基本的生活规则(不得随便从高处抛物,这样做是有风险的),因此属于应当预见而未预见。

甲不管是使用斧子还是锤子对于定罪都无影响,无论甲用哪种工具杀死乙,其杀死的仍然是自己原本想杀死的人。所以这不是方法错误(也称打击错误),也不是对象错误。这两种错误都要求行为人杀死的对象与原本想杀死的对象不一致。故D项错误,当选。

60．洗钱罪[ABD]

[解析] 根据《刑法》第 191 条的规定,洗钱罪的上游犯罪包括:毒品犯罪、黑社会性质的组织犯罪、恐怖活动犯罪、走私犯罪、贪污贿赂犯罪、破坏金融管理秩序犯罪、金融诈骗犯罪。行为方式主要包括:(1)提供资金账户;(2)将财产转换为现金、金融票据、有价证券;(3)通过转账或者其他支付结算方式转移资金;(4)跨境转移资产。

A 项,贪污贿赂犯罪是洗钱罪的上游犯罪。甲向张某的账户汇入贿赂款,构成行贿罪;甲直接将贿赂款汇入张某的境外账户,又构成洗钱罪。因此,甲的一个行为同时触犯两个罪,属于想象竞合,择一重罪论处。故 A 项正确。

B 项,毒品犯罪是洗钱罪的上游犯罪,因此乙的行为构成洗钱罪。根据《刑法》第 349 条第 1 款的规定,转移毒赃罪是指为犯罪分子转移毒品犯罪所得的财物,属于事后的赃物犯罪。乙协助贩毒分子将贩毒所得赃款汇到境外,构成转移毒赃罪。因此,乙的一个行为同时触犯两个罪,属于想象竞合,择一重罪论处。故 B 项正确。

C 项,贩毒分子丙将自己贩毒所得赃款汇到境外,构成洗钱罪。根据《刑法》第 349 条第 1 款的规定,转移毒赃罪的主体是他人,犯罪分子自己转移毒赃不能成立本罪。故 C 项错误。【思路拓展】转移毒赃罪属于事后的赃物犯罪,应遵循期待可能性原理,即贩毒分子给自己转移毒赃,不构成转移毒赃罪,因为不具有期待可能性;同理,也不构成掩饰、隐瞒犯罪所得罪。

D 项,丁将受贿款汇到境外,构成洗钱罪。丁之前还构成受贿罪,前后两个行为构成两个罪,应数罪并罚。故 D 项正确。【特别提醒】自己为自己洗钱,也可构成洗钱罪。在此不能根据期待可能性原理,认为洗钱罪属于不可罚的事后行为,这属于法律的特别规定。

61．价值判断与事实判断[BCD]

[解析] 价值判断,即关于价值的判断,是指某一特定的客体对特定的主体有无价值、有什么价值、有多大价值的判断。事实判断,在法学上是用来指对客观存在的法律原则、规则、制度等所进行的客观分析与判断。

本案中既有事实判断,如"被告人刘某仅从这次盗窃中分得 200 元",也有价值判断,如"被告人刘某只是为了满足其上网玩耍的欲望,实施了秘密窃取少量财物的行为,主观恶性不大"。故 A 项正确。

"被告人刘某的犯罪情节轻微,社会危害性不大,主观恶性小,依法应当减轻或免除处罚"中的"轻微""不大""恶性小"都属于"怎么样"的判断,属于价值判断,这是律师站在被告人的立场所做的价值判断。故 B 项正确。

断。故 B 项错误。

"本省盗窃罪的追诉限额为 800 元,而被告人所窃取财产评估价值仅为 1050 元",属于事实判断,这是包括被告人、律师、公诉人、法官大家都没有异议的事实描述。故 C 项错误。

法律概念是对各种法律现象或者法律事实加以描述、概括的概念,如民法中的合同之定义,诉讼法中关于期间的定义等。辩护意见中的"只是""仅为""仅从"这类词汇属于副词,并不属于法律概念。故 D 项错误。

62．宪法规范[BD]

[解析] 本题是关于公民人格尊严的规定,它属于权利性规范,并没有涉及国家机构部分,不是"组织性规范"。故 A 项错误。

《民法典》中对姓名权的规定,就实施宪法中的人格尊严条款而言,在性质上属于间接实施。故 B 项正确。但是,按照我国目前的宪法实施状况和法院实践,我国法院不能直接适用宪法,即不能直接根据宪法条文作出判决。故 C 项错误。

需要明确的是,这并不意味着"宪法对司法没有约束力"。法院虽然不能直接适用宪法判案,但仍要遵守宪法规定,如法院的判决不能违宪。

宪法规范具有原则性,主要通过具体法律规范予以间接实施。所以,宪法中的有关人格尊严的规范与法律中的相关规定结合在一起,共同构成有关人格尊严的规范体系。故 D 项正确。

63．罪刑法定原则[ACD]

[解析] 罪刑法定原则的经典表述是:"法无明文规定不为罪,法无明文规定不处罚"。我国《刑法》第 3 条明文规定了这一原则。罪刑法定原则的具体要求是:(1)禁止溯及既往;(2)排斥习惯法;(3)禁止类推解释;(4)刑罚法规的适当,包括刑罚明确性、禁止不确定刑和禁止处罚不当罚的行为。在刑事司法中贯彻罪刑法定原则,最为关键的问题是对刑法的解释要合理。不利于被告人的类推解释在方法上就与罪刑法定原则相抵触,故属禁止之列。采取其他解释方法时,其解释结论也必须符合罪刑法定主义,符合刑法目的。

"明知是痴呆女而与之发生性关系导致被害人怀孕"的情形与强奸致使被害人重伤、死亡后果的严重性相当,可以认定为强奸"造成其他严重后果"。A 项不违反罪刑法定原则,当选。

根据《刑法》第 217 条和《关于办理侵犯知识产权刑事案件适用法律若干问题的意见》第 12 条规定,"发行",包括总发行、批发、零售以及出租、展销等活动。未经著作权人许可,在卡拉 OK 厅大量播放其音像制品的行为并不能包含在"发行"之内。B 项违反了罪刑法定原则,不当选。

"重度醉酒后在高速公路超速驾驶机动车"的行为,同时包含"重度醉酒""高速公路"和"超速驾驶"三个危险要素,其严重性与放火、爆炸、投放危险物质等行为相当,已经对不特定多数人的生命财产安全造成现实威胁,应当认定为以危险方法危害公共安全罪。C项不违反罪刑法定原则,当选。

武装部队属于国家军事机关,是国家机关的组成部分。所以将毁灭武装部队印章的行为认定为毁灭"国家机关"印章并无不妥,未超出"国家机关"的字面含义。D项不违反罪刑法定原则,当选。

64．必要的共同犯罪[BCD]

[解析]《刑法》第25条第1款规定,共同犯罪是指二人以上共同故意犯罪。共同犯罪要求各共犯人均有相同的犯罪故意和各共犯人之间具有意思联络。对向犯,是指以存在二人以上相互对向的行为为要件的犯罪。对向犯分三种情况:(1)双方的罪名与法定刑相同,如重婚罪。B项中,乙明知赵某已经结婚,仍与其领取结婚证,二人均具有重婚罪的犯罪故意,故乙与赵某构成重婚罪的共犯。故B项当选。(2)双方的罪名与法定刑都不同,如贿赂罪中的行贿罪与受贿罪。C项中,丙构成行贿罪,国家工作人员构成受贿罪,属于双方罪名与法定刑都不同的对向犯。故C项当选。(3)只处罚一方的行为,如贩卖淫秽物品牟利罪,只处罚贩卖者,不处罚购买者。A项中,甲出于可怜小贩的意思买下淫秽影碟,与小贩并无意思联络,故不构成共同犯罪。故A项不当选。

丁帮助组织卖淫的王某招募、运送卖淫女,构成协助组织卖淫罪,其原本是组织卖淫罪的帮助犯,在刑法分则将其拟制为正犯后(法律拟制),其和组织卖淫者之间的共同犯罪关系仍然存在,只是对其不能再引用刑法总则第27条关于"对于从犯,应当从轻、减轻或者免除处罚"的规定,从而可以认为协助组织卖淫者和组织卖淫者成立共同正犯。故D项当选。

65．刑事诉讼的基本原则的特点[ABC]

[解析] 刑事诉讼的基本原则体现刑事诉讼活动的基本规律,这些基本法律准则有着深厚的法律理论基础和丰富的思想内涵。故A项正确。

刑事诉讼原则既可由法律明文表述,包括宪法或者宪法性文件、刑事诉讼法及其他法律、联合国文件、某些区域性组织的文件等,也可体现于刑事诉讼法的指导思想、目的、任务、具体制度和程序之中。故B项正确。

刑事诉讼法规定的基本原则包括两大类:一类是一般原则,即刑事诉讼和其他性质的诉讼必须共同遵守的原则,如"以事实为根据、以法律为准绳"原则、公民在法律面前一律平等原则、各民族公民有权使用本民族语言文字进行诉讼原则、审判公开原则、保障诉讼参与人的诉讼权利原则等;另一类是刑事诉讼所独有

的基本原则,如侦查权、检察权、审判权由专门机关依法行使原则,人民法院、人民检察院依法独立行使职权原则,分工负责、互相配合、互相制约原则,犯罪嫌疑人、被告人有权获得辩护原则等。故C项正确。

刑事诉讼基本原则一般贯穿于刑事诉讼全过程或主要诉讼阶段,具有较普遍的指导意义。同时,刑事诉讼基本原则也具有法律约束力。在具体诉讼制度没有作出详细规定的时候,可以直接适用刑事诉讼法规定的刑事诉讼基本原则,即刑事诉讼基本原则具有弥补法律规定不足和填补法律漏洞的功能。故D项错误。

66．不起诉的适用;监察委员会调查终结移送检察院审查起诉的衔接[ABCD]

[解析]《刑事诉讼法》第170条第1款规定:"人民检察院对于监察机关移送起诉的案件,依照本法和监察法的有关规定进行审查。人民检察院经审查,认为需要补充核实的,应当退回监察机关补充调查,必要时可以自行补充侦查。"据此,此种情况下,应当优先退回监察委员会补充调查,必要时再自行补充侦查。因此,A项检察院应当自行补充侦查,B项可以直接作出不起诉决定,说法都是错误的。故A、B项错误。

《监察法》第54条第3款和第4款规定:"人民检察院经审查,认为需要补充核实的,应当退回监察机关补充调查,必要时可以自行补充侦查。对于补充调查的案件,应当在一个月内补充调查完毕。补充调查以二次为限。人民检察院对于有《中华人民共和国刑事诉讼法》规定的不起诉的情形的,经上一级人民检察院批准,依法作出不起诉的决定。监察机关认为不起诉的决定有错误的,可以向上一级人民检察院提请复议。"据此,C项中县检察院经过二次补充侦查,不应当直接作出不起诉决定,还需要经过上一级检察院批准,故C项错误。D项中某县监察委员会不服某县检察院的不起诉决定,可以向上一级人民检察院即市检察院提请复议,而非向某县检察院提请复议,故D项错误。

67．公务员管理制度[AD]

[解析] 根据《公务员法》第19条规定,公务员职级在厅局级以下设置。综合管理类公务员职级序列分为:一级巡视员、二级巡视员、一级调研员、二级调研员、三级调研员、四级调研员、一级主任科员、二级主任科员、三级主任科员、四级主任科员、一级科员、二级科员。故A项正确。

《公务员法》第49条规定:"公务员职级应当逐级晋升,根据个人德才表现、工作实绩和任职资历,参考民主推荐或者民主测评结果确定人选,经公示后,按照管理权限审批。"据此,任职资历仅是公务员晋升的考察指标之一,故B项错误。

根据《公务员法》第95条规定,公务员的申诉事项包括:(1)处分;(2)辞退或者取消录用;(3)降职;(4)定期考核定为不称职;(5)免职;(6)申请辞职、提前退休未予批准;(7)不按照规定确定或者扣减工资、福利、保险待遇;(8)法律、法规规定可以申诉的其他情形。可知,提出申诉的事项都是直接侵犯公务员个人权益的事项,是否应当晋升职务并非公务员当然享有的权利,陈某无权因为未晋升而提出申诉。故C项错误。

根据《公务员法》第37条规定,非领导成员公务员的定期考核采取年度考核的方式。可知,年度考核是定期考核的一种方式,故D项正确。

68.行政处罚的听证与执行;行政强制执行程序
[AC]

[解析]《行政处罚法》第72条规定:"当事人逾期不履行行政处罚决定的,作出行政处罚决定的行政机关可以采取下列措施:(一)到期不缴纳罚款的,每日按罚款数额的3%加处罚款,加处罚款的数额不得超出罚款的数额;……"所以A项正确。

《行政强制法》第46条第3款规定:"没有行政强制执行权的行政机关应当申请人民法院强制执行。但是,当事人在法定期限内不申请行政复议或者提起行政诉讼,经催告仍不履行的,在实施行政管理过程中已经采取查封、扣押措施的行政机关,可以将查封、扣押的财物依法拍卖抵缴罚款。"可见,拍卖扣押财物抵缴罚款是有前提条件的,而本题中没有交代该超市"不申请行政复议或者提起行政诉讼,经催告仍不履行",并不满足拍卖的构成要件,所以B项错误。

《行政强制法》第42条第1款规定:"实施行政强制执行,行政机关可以在不损害公共利益和他人合法权益的情况下,与当事人达成执行协议。执行协议可以约定分阶段履行;当事人采取补救措施的,可以减免加处的罚款或者滞纳金。"所以C项正确。

根据《行政处罚法》第63条第1款,行政机关拟作出下列行政处罚决定,应当告知当事人有要求听证的权利,当事人要求听证的,行政机关应当组织听证:(1)较大数额罚款;(2)没收较大数额违法所得、没收较大价值非法财物;(3)降低资质等级、吊销许可证件;(4)责令停产停业、责令关闭、限制从业;(5)其他较重的行政处罚;(6)法律、法规、规章规定的其他情形。D项错在,一是应在作出处罚决定前通知,而非作出决定时通知;二是罚款1万元属于较大数额的罚款,是应当告知当事人听证权利,而非可以告知。所以D项错误。

69.清末变法修律的指导思想、立法内容、形式
[ABCD]

[解析]清末修律在立法指导思想上采取中体西用之原则,即"仿效外国资本主义法律形式,固守

中国封建法制传统"的方针。因此,借用西方近现代法律制度的形式,坚持中国固有的封建制度内容,即成为统治者变法修律的基本宗旨。故A项正确。

在内容上,清末修订的法律表现出封建专制主义传统与西方资本主义法学最新成果的奇怪混合。一方面,君主专制体制及封建伦理纲常"不可率行改变",在新修订的法律中继续保持肯定和维护专制统治的传统;另一方面,又标榜"吸引世界大同各国之良规、兼采近世最新之学说",大量引用西方法律理论、原则、制度和法律术语,使得保守落后的封建法律内容与先进的近现代法律形式同时显现在这些新的法律法规之中。故B项正确。

在法典编纂形式上,清末修律改变了传统的"诸法合体"形式,明确了实体法之间、实体法与程序法之间的差别,分别制定、颁行或起草了宪法、刑法、民法、商法、诉讼法、法院组织等方面的法典或法规,形成了近代法律体系的雏形。故C项正确。

清末修律标志着延续几千年的中华法系开始解体,不仅传统的"诸法合体"形式被抛弃,而且中华法系"依伦理而轻重其刑"的特点也受到极大的冲击。清末变法修律为中国法律的近代化奠定了初步基础。通过清末大规模的立法,参照西方资产阶级法律体系和法律原则建立起来的一整套法律制度和司法体制,为其后民国时期法律制度的形成与发展提供了条件。故D项正确。

70.移送管辖;级别管辖;分案审理[CD]

[解析]《刑诉解释》第17条第1款规定,基层人民法院对可能判处无期徒刑、死刑的第一审刑事案件,应当移送中级人民法院审判。《刑诉解释》第15条规定,一人犯数罪、共同犯罪或者其他需要并案审理的案件,其中一人或者一罪属于上级人民法院管辖的,全案由上级人民法院管辖。但是,本题题干是未成年人和成年人共同犯罪。依据《刑诉解释》第551条第1款规定,对分案起诉至同一人民法院的未成年人与成年人共同犯罪案件,可以由同一个审判组织审理;不宜由同一个审判组织审理的,可以分别审理。所以,可以将赵某移送中级法院审理,其余被告人继续在县法院审理,也可以将全案一并移送中级法院审理。故A项错误。B项的错误在于,不是"应当",而是"可以"。故B项错误。

《刑诉解释》第17条第3款规定,需要将案件移送中级人民法院审判的,应当在报请院长决定后,至迟于案件审理期限届满15日以前书面请求移送。中级人民法院应当在接到申请后10日以内作出决定。不同意移送的,应当下达不同意移送决定书,由请求移送的人民法院依法审判;同意移送的,应当下达同意移送决定书,并书面通知同级人民检察院。故C、D项正确。

71．拘留；逮捕；搜查；监视居住[BD]

[解析]《刑事诉讼法》第85条规定："公安机关拘留人的时候，必须出示拘留证。拘留后，应当立即将被拘留人送看守所羁押，至迟不得超过二十四小时。除无法通知或者涉嫌危害国家安全犯罪、恐怖活动犯罪通知可能有碍侦查的情形以外，应当在拘留后二十四小时以内，通知被拘留人的家属。有碍侦查的情形消失以后，应当立即通知被拘留人的家属。"本案属于毒品犯罪，不属于涉嫌危害国家安全犯罪、恐怖活动犯罪，也不存在有碍侦查的情形，因此公安机关应当在拘留许某后24小时以内通知其家属，故 A 项错误。

《刑事诉讼法》第83条规定："公安机关在异地执行拘留、逮捕的时候，应当通知被拘留、逮捕人所在地的公安机关，被拘留、逮捕人所在地的公安机关应当予以配合。"故 B 项正确。

《刑事诉讼法》第138条规定："进行搜查，必须向被搜查人出示搜查证。在执行逮捕、拘留的时候，遇有紧急情况，不另用搜查证也可以进行搜查。"本案不存在紧急情况，故对宋某住处进行搜查应当出示搜查证，C 项错误。

《刑事诉讼法》第75条第1款规定："监视居住应当在犯罪嫌疑人、被告人的住处执行；无固定住处的，可以在指定的居所执行。对于涉嫌危害国家安全犯罪、恐怖活动犯罪，在住处执行可能有碍侦查的，经上一级公安机关批准，也可以在指定的居所执行。但是，不得在羁押场所、专门的办案场所执行。"本案中，由于宋某的唯一住所被侦查机关查封，因此宋某无固定住处，可以在指定的居所执行监视居住，故 D 项正确。

72．行政诉讼的法律适用；抽象行政行为的性质及附带审查[CD]

[解析] 本题的解题关键在于准确判断《关于在市场监管领域全面推行部门联合"双随机、一公开"监管的意见》（以下简称为《意见》）的法律性质。从名称上看，《意见》明显不属于行政法规，行政法规的名称一般称"条例"，也可以称"规定""办法"等；另外，行政法规以国务院令公布，而《意见》的发文字号是"国发[2019]5 号"。由此可知，《意见》不是行政法规，而是国务院制定的其他规范性文件（行政决定、行政命令）。故 A 项错误。

根据《行政诉讼法》第63条规定，人民法院审理行政案件，以法律和行政法规、地方性法规为依据。既然《意见》的性质为其他规范性文件，则不能作为法官裁判的依据。故 B 项错误。【总结提示】行政案件审理中，法律和法规是依据，规章是参照，其他规范性文件是参考。

《规章制定程序条例》第3条第2款规定："没有法律或者国务院的行政法规、决定、命令的依据，部门规章不得设定减损公民、法人和其他组织权利或者增加其义务的规范，不得增加本部门的权力或者减少本部门的法定职责。没有法律、行政法规、地方性法规的依据，地方政府规章不得设定减损公民、法人和其他组织权利或者增加其义务的规范。"据此，部门规章制定的依据为"法律或者国务院的行政法规、决定、命令"，其中国务院的决定和命令即为国务院制定的其他规范性文件。故 C 项正确。

根据《行政诉讼法》第53条规定，抽象行政行为的附带审查范围是规章以下的规范性文件，即国务院部门和地方政府及其部门制定的除规章之外的规范性文件，不包含国务院制定的行政规章及其他规范性文件。故 D 项正确。

73．法律关系；法律事实、法律事件与法律行为；法律适用的步骤[ABC]

[解析] 法律适用包括三个步骤，首先是寻找小前提，即查明案件事实；其次是根据查明的案件事实寻找相应的法律规范，即寻找大前提；最后是以整个法律体系为基础，推导出法律决定。"刘某出具该借条系本人自愿，且并未违反法律强制性规定"属于法律推理的小前提，即案件事实的部分。故 A 项正确。

法律事实，是法律规范所规定的、能够引起法律关系产生、变更和消灭的客观情况或现象。法律事实包括法律事件与法律行为。本题中刘某自愿出具欠条的行为直接导致了借款合同法律关系的产生，属于法律行为，是法律事实的一种。故 B 项正确。

按照相关的法律关系作用和地位的不同，法律关系可以分为第一性法律关系（主法律关系）和第二性法律关系（从法律关系）。第一性法律关系（主法律关系），是人们之间依法建立的不依赖其他法律关系而独立存在的或在多向法律关系中居于支配地位的法律关系。依据第一性法律关系而产生的、居于从属地位的法律关系，就是第二性法律关系或从法律关系。本题中的诉讼法律关系作为程序性法律关系，依赖于借款合同这个实体性法律关系产生，属于第二性法律关系。故 C 项正确。

法律事实依据是否以当事人的意志为转移，分为法律事件和法律行为。法律事件是法律规范规定的、不以当事人的意志为转移而引起法律关系形成、变更或消灭的客观事实。法律事件又分成社会事件和自然事件两种。法律行为则以当事人的意志为转移，又分为合法行为与违法行为。本题中，法官裁判的事实依据是"刘某出具该借条系本人自愿，且并未违反法律强制性规定"，刘某出具借条的行为基于其个人意愿，属于法律行为的一种。故 D 项错误。

74．我国宪法中规定的公民纳税义务[ABC]

[解析]《宪法》第56条规定："中华人民共和国

公民有依照法律纳税的义务。"但是,纳税义务首先要贯彻纳税平等与公平原则。个人所得税以个人所得为征税对象,要真实地体现个人的纳税能力。要按照公民实际纳税能力来确定具体纳税的数额。国家在确定公民纳税义务时,要保证税制的科学合理和税收负担的公平;既要保证国家财政需要,又要考虑纳税人实际的承受能力。故 A 项正确。

税收因为具有无偿性,对公民财产权有重要影响,只能由法律来规定。这样通过法律的形式来明确规定,可以限制国家的权力,使税收严格按照法律程序来征收,所以税收具有法定性。故 B 项正确。

纳税义务具有双重性:一方面纳税是国家财政的重要来源,具有形成国家财力的属性;另一方面纳税义务具有防止国家权力侵犯其财产权的属性。由于纳税直接涉及公民个人财产权的保护问题,因此依法纳税是保护公民财产权的重要保证。故 C 项正确。

从整体意义上说,纳税义务的履行是纳税者享有诸多权利的"基础与条件"。但这绝不意味着履行纳税义务是公民享有所有权利的"前提"条件。比如刚出生的婴儿难以履行纳税义务,但不能据此剥夺其生命权和继承权。从另一角度而言,我国是社会主义国家,强调权利本位,义务的存在只是为了让公民更好地享有权利,而非公民享有权利的前提条件。故 D 项错误。

75.证人与鉴定人[AD]

[解析] 刑事诉讼中的证人是指在诉讼外了解案件情况的当事人以外的人。而鉴定人是指接受公安司法机关的指派或者聘请,运用自己的专门知识或者技能对刑事案件中专门问题进行分析判断并提出书面鉴定意见的人。两者的共同之处有:二者都是刑事诉讼中除了公安司法人员及当事人以外,参与诉讼活动并在诉讼中享有一定的诉讼权利、承担一定的诉讼义务的人;有义务出席法庭接受控辩双方询问。故 A、D 项正确。

只要是了解案件情况的人,依法都有作证的义务,都可以充当证人,证人不存在回避的问题。鉴定人则不同,如果与本案或本案当事人有利害关系或其他法定情况,便应当回避,不能接受指派或聘请作鉴定人。故 B 项错误。

证人是由案件本身决定的,因此具有不可选择性和不可替代性。鉴定人则是在案件发生后由公安司法机关根据需要指派或聘请的,既可以选择,也可以更换和替代,必要时还可以组织重新鉴定或补充鉴定。故 C 项错误。

76.立案前的初查阶段可以采取的措施[BC]

[解析]《公安部规定》第 174 条规定:"对接受的案件,或者发现的犯罪线索,公安机关应当迅速进行审查。发现案件事实或者线索不明的,必要时,经

办案部门负责人批准,可以进行调查核实。调查核实过程中,公安机关可以依照有关法律和规定采取询问、查询、勘验、鉴定和调取证据材料等不限制被调查对象人身、财产权利的措施。但是,不得对被调查对象采取强制措施,不得查封、扣押、冻结被调查对象的财产,不得采取技术侦查措施。"据此,B、C 项正确。A 项的监听属于技术侦查措施,具有强制性,调查核实时不得适用;D 项的通缉也属于强制性措施,调查核实时也不得适用。故 A、D 项错误。【特别提醒】"初步调查"(初查)的名称有改变,新法修改为"调查核实"。调查核实与侦查的区别主要在于:调查核实发生于立案前,侦查发生于立案后。调查核实只能采取任意性措施,侦查既可以采取任意性措施,也可以采取强制性措施。

77.政府信息公开[BCD]

[解析]《政府信息公开条例》第 32 条规定:"依申请公开的政府信息公开会损害第三方合法权益的,行政机关应当书面征求第三方的意见。第三方应当自收到征求意见书之日起 15 个工作日内提出意见。第三方逾期未提出意见的,由行政机关依照本条例的规定决定是否公开。第三方不同意公开且有合理理由的,行政机关不予公开。行政机关认为不公开可能对公共利益造成重大影响的,可以决定予以公开,并将决定公开的政府信息内容和理由书面告知第三方。"据此,若第三方逾期未提出意见的,不视为同意,而应由行政机关依法决定是否公开,故 A 项错误。

《政府信息公开条例》第 15 条规定:"涉及商业秘密、个人隐私等公开会对第三方合法权益造成损害的政府信息,行政机关不得公开。但是,第三方同意公开或者行政机关认为不公开会对公共利益造成重大影响的,予以公开。"据此,涉及商业秘密的信息并非绝对不能公开,若涉及公共利益,即便第三方不同意公开,行政机关也可以决定公开。本题中,造纸厂超标排污影响当地居民饮水安全,行政机关并未判断是否存在涉及公共利益的情况,只根据造纸厂的意思表示即拒绝公开,不符合法律规定。故 B 项正确。

根据《行政复议法》第 23 条规定,申请政府信息公开而行政机关不予公开的案件适用复议前置,本题符合此种情形,故 C 项正确。

根据《政府信息公开条例》第 29 条第 2 款规定,政府信息公开申请应当包括申请人的姓名或者名称、身份证明、联系方式。故 D 项正确。

78.行政诉讼审理对象;被告;第三人[ACD]

[解析] 本题中,区政府撤销了区公安局的行政处罚决定,改变了处罚结果,属于复议改变,被告应为复议机关区政府,故 C 项正确。既然复议机关作为被告,那么法院的审理对象应是复议决定的合法性,即

"区政府撤销区公安局处罚决定"的合法性。而区政府撤销处罚决定的理由为甲的行为属于职务行为,是代表区城管局履行职务,应由区城管局承担责任;对于甲,应由区城管局作出内部行政处分。此时,对甲打人行为究竟属于职务行为还是个人行为的定性,会直接影响对撤销决定是否合法的判断,所以甲的行为是否属于职务行为自然会成为本案的争议焦点。故A项正确。

行政诉讼是"民告官"的制度,原告只能是行政相对人,被告只能是行政机关,所以在行政诉讼制度中被告不能反诉,故B项错误。

甲属于本案的受害人,与行政处罚之间具有法律上的利害关系,有资格成为本案第三人。故D项正确。

79．数罪并罚[ABCD]

[解析]《刑法》第69条第2款规定:"数罪中有判处有期徒刑和拘役的,执行有期徒刑。数罪中有判处有期徒刑和管制,或者拘役和管制的,有期徒刑、拘役执行完毕后,管制仍须执行。"故A、B项正确。

《刑法》第70条规定:"判决宣告以后,刑罚执行完毕以前,发现被判刑的犯罪分子在判决宣告以前还有其他罪没有判决的,应当对新发现的罪作出判决,把前后两个判决所判处的刑罚,依照本法第69条的规定,决定执行的刑罚。已经执行的刑期,应当计算在新判决决定的刑期以内。"发现漏罪的,先并后减。有期徒刑吸收拘役,仍为有期徒刑6年,减去已执行的4年,尚未执行的为2年有期徒刑。故C项正确。

《刑法》第71条规定:"判决宣告以后,刑罚执行完毕以前,被判刑的犯罪分子又犯罪的,应当对新犯的罪作出判决,把前罪没有执行的刑罚和后罪所判处的刑罚,依照本法第69条的规定,决定执行的刑罚。"发现新罪的,先减后并。有期徒刑和新罪管制是分别执行的关系,执行2年有期徒刑,还需执行1年管制。故D项正确。

80．故意伤害罪;拐卖儿童罪;非法拘禁罪;强制猥亵、侮辱罪[AC]

[解析]《刑法》第234条之一第2款规定,摘取不满18周岁的人的器官的,依照故意伤害罪的规定定罪处罚。夏某作为未成年人,其对于摘除肾脏的同意不能构成刑法上的正当化事由,甲虽征得夏某同意并将全部款项交给夏某,对其应以故意伤害罪论处。故A项正确。

《关于依法惩治拐卖妇女儿童犯罪的意见》规定,以非法获利为目的,出卖亲生子女的,应当以拐卖儿童罪论处。本案中,乙出卖亲生女儿用于赌博,其行为显然已构成拐卖儿童罪。故B项错误。

根据《刑法》第238条第3款,丙为索债将吴某捆绑于地下室,成立非法拘禁罪。但吴某挣脱驾车离开途中发生交通事故死亡,该死亡结果不是非法拘禁行为本身危险的现实化,不应认定为非法拘禁罪的结果加重犯,即不属于非法拘禁致人死亡。故C项正确。

强制猥亵罪的客观行为主要是对妇女实施猥亵行为以外的、损害妇女人格尊严的淫秽下流的、伤风败俗的行为。因此,丁和朋友为寻求刺激,在大街上追逐、拦截两位女生,不具有性犯罪的色彩。该行为即便构成犯罪,也不构成强制侮辱罪。故D项错误。

81．法律意识概念;法律意识同法律规范、制度的区分[BCD]

[解析]法律意识是指人们关于法律现象的思想、观念、知识和心理的总称,是社会意识的一种特殊形式。法律意识与法律规范、法律制度、法律行为等法律现象之间,既有有机联系,又相对独立。《法国民法典》属于法律规范,不属于法律意识的范畴。故A项错误。

法律意识本身在结构上可以分为两个层次:(1)法律心理是人们对法律现象表面的、直观的感性认识和情绪,是法律意识的初级形式和阶段,C项的"和为贵""少讼""厌讼"即是人民对法律的一种表面感知和态度,属于法律心理范畴。故C项正确。(2)法律思想体系是法律意识的高级阶段,它以理性化、理论化、知识化和体系化为特征,是人们对法律现象进行理性认识的产物,也是人们对法律现象的自觉的反映形式。西周的"以德配天,明德慎罚"思想和当代中国的社会主义法治理念,都属于法律思想体系的范畴。故B、D项正确。

82．监督权和获得赔偿权;人身自由、人格尊严不受侵犯[BCD]

[解析]张某批评的是王某的工作,是在行使监督权,虽然"激烈",但并不构成对王某人格尊严的侵犯。故A项错误。

《宪法》第37条规定,中华人民共和国公民的人身自由不受侵犯。非经法定程序不得限制公民的人身自由。题干中法院依法撤销了公安机关的《行政处罚决定书》,那么该行政拘留是违法的行政行为,构成对当事人张某人身自由的侵犯。故B项正确。

《宪法》第41条规定,公民对于任何国家机关和国家工作人员,有提出批评和建议的权利。题干中张某批评王某的工作,但公安机关却违法压制张某的批评行为,显然构成对其监督权的侵犯。故C项正确。

《国家赔偿法》第35条规定,使受害人的精神受到严重损害的,应当支付相应的精神损害抚慰金。张某的精神受到严重打击,符合精神损害抚慰金的条件。故D项正确。

83．注意规定与法律拟制[AB]

[解析]转化犯即行为人实施某一较轻的犯罪

行为时,因具有特定情形而使其行为性质发生了变化,转化为较重之罪,而不以原行为性质定罪也不实行数罪并罚。这里存在法律拟制的情况,即必须有法律的明确规定才可以按照转化后的犯罪定罪处罚。A、B项都是刑法明文规定的转化型抢劫罪。对于盗窃犯罪的,转化型抢劫是取财在前、暴力在后;直接抢劫是暴力在前、取财在后,可见二者并不是一种犯罪构成,而是鉴于盗窃后为毁灭罪证而当场使用暴力的行为社会危害性大,需要严厉打击,才用法律(《刑法》第269条)规定为按照较重的抢劫罪定罪处罚。抢夺罪的构成不需要实施暴力,但是携带凶器抢夺的,抢夺人的人身危险性明显增大,因而法律(《刑法》第267条)也明确规定将其按照较重的抢劫罪定罪处罚。可见,如果没有刑法分则条文的强制性规定,以上两种行为是不能都按照抢劫罪定罪处罚的。故A、B项错误,当选。

盗窃信用卡并在ATM机取款的行为与冒用信用卡是两种性质不同的行为,盗窃信用卡并在ATM机取款的行为是盗窃后对赃物的使用处分行为。法律对盗窃罪的处罚已经考虑或包含了罪犯本人对赃物的使用处分行为,因此,若没有刑法分则条文的相关规定,从整个刑法分则的法律体系分析也应该认定为盗窃罪。故C项正确,不当选。

保险事故的鉴定人故意提供虚假的证明文件为他人实施保险诈骗提供条件的,明显已经具有帮助骗取保险金的共同犯罪故意,应当构成保险诈骗罪,即使没有刑法条文的规定,根据刑法理论,也应当认定为保险诈骗罪的共犯。故D项正确,不当选。

84．盗窃罪与侵占罪的区分;占有的判断[AD]

[解析] 盗窃罪是指,将他人占有的财物,通过平和手段转移为自己占有。侵占罪是指,将他人所有、自己占有的财物变成自己所有。关键区分:谁在占有财物。如果是主人在占有,行为人破坏主人的占有就是盗窃;如果行为人事先在占有,行为人就是侵占。

本题中,甲公司将共享单车投放在街边,该单车在无人使用时,属于甲公司占有,即使车锁坏了或没有上锁,也属于甲公司占有。锁是用来防小偷的,不是主人占有自己财物的必要条件。

乙将该单车的锁拆掉,将单车放在自家楼下,属于将甲公司占有的财物转移为自己占有,成立盗窃。或者,乙将没有上锁的单车放到自己楼下,专供自己免费使用,也属于将甲公司占有的财物转移为自己占有,成立盗窃。故A项正确。

乙正常使用完共享单车后,将车停在自家楼下,方便自己下次使用,这表明,该车有时也可以被其他乘客提前使用。乙属于正常使用该单车,不成立盗窃。故B项错误。

乙将市区的共享单车偷偷搬到偏远农村,供村民扫码使用,也是正常有偿使用。这表明,乙没有将该车转移为自己占有,不成立盗窃。乙只是改变了该车的服务领域。故C项错误。

盗窃罪是取得型财产犯罪,要求具有非法占有目的。非法占有目的,既包括为行为人本人占有的目的,也包括为第三人占有的目的。当为第三人非法占有时,行为结构是,将他人占有的财物,通过平和手段转移为第三人占有。基于此,乙将市区的共享单车偷偷搬到偏远农村,供村民免费使用,属于带着为第三人非法占有的目的,将甲公司占有的财物转移为第三人占有,构成盗窃罪。故D项正确。

85．法官、检察官和律师的职业道德规范[CD]

[解析] 《法官职业道德基本准则》第8条规定:"坚持和维护人民法院依法独立行使审判权的原则,客观公正审理案件,在审判活动中独立思考、自主判断,敢于坚持原则,不受任何行政机关、社会团体和个人的干涉,不受权势、人情等因素的影响。"故李法官就有关领导私下说法向院长汇报的做法属于不当行为。故行为①错误。

《法官职业道德基本准则》第9条规定:"坚持以事实为根据,以法律为准绳,努力查明案件事实,准确把握法律精神,正确适用法律,合理行使裁量权,避免主观臆断、超越职权、滥用职权,确保案件裁判结果公平公正。"故李法官对律师提出的非法证据排除的请求不予理睬属于不当行为。故行为②错误。

《法官职业道德基本准则》第22条规定:"尊重当事人和其他诉讼参与人的人格尊严,避免盛气凌人、'冷硬横推'等不良作风;尊重律师,依法保障律师参与诉讼活动的权利。"故对于刘检察官的做法,李法官应当予以制止。故行为③错误。

《法官行为规范》第32条规定,当事人使用方言或者少数民族语言,诉讼一方只能讲方言的,应当准许;他方表示不通晓的,可以由懂方言的人用普通话进行复述,复述应当准确无误。李法官几次打断律师用方言发言,让其慢速并重复,说明该律师可以说普通话。故李法官行为并无不当。故行为④正确。

我国没有直接关于律师退庭的规定。但据《律师执业行为规范(试行)》第41条:"律师接受委托后,应当在委托人委托的权限内开展执业活动,不得超越委托权限。"因一般律师退庭抗议之类的约定不会出现在委托代理协议中,故可以认定律师无权退庭抗议。故其行为不当。故行为⑤错误。

检察官应当尊重律师的职业尊严,支持律师履行法定职责,依法保障和维护律师参与诉讼活动的权利。故刘检察官的做法属于不当行为。故行为⑥错误。

《律师法》第32条第2款规定："律师接受委托后，无正当理由的，不得拒绝辩护或者代理。但是，委托事项违法、委托人利用律师提供的服务从事违法活动或者委托人故意隐瞒与案件有关的重要事实的，律师有权拒绝辩护或者代理。"故律师因担心报复，而向当事人提出解除委托关系的，属于不当行为。故行为⑦错误。

《法官职业道德基本准则》第16条规定："严格遵守廉洁司法规定，不接受案件当事人及相关人员的请客送礼，不利用职务便利或者法官身份谋取不正当利益，不违反规定与当事人或者其他诉讼参与人进行不正当交往，不在执法办案中徇私舞弊。"检察官职业道德要求检察官坚持廉洁操守，自觉接受监督。故李法官、刘检察官的做法属于不当行为。故行为⑧错误。

综上①②③⑤⑥⑦⑧行为是错误的，④行为是正确的。故本题选C、D。

三、不定项选择题

86.全国人大常委会的职权；法律解释[BCD]

[解析] 我国宪法仅规定了禁止以任何方式损害公民的人格尊严，并未明确规定姓名、肖像、名誉、荣誉、隐私权等具体权利。该解释是对《民法通则》和《婚姻法》相关规定的解释，属于立法解释，不属于宪法解释。故A项错误。

《立法法》第53条规定："全国人民代表大会常务委员会的法律解释同法律具有同等效力。"故B项正确。

《立法法》第52条规定："法律解释草案表决稿由常务委员会全体组成人员的过半数通过，由常务委员会发布公告予以公布。"故C项正确。

法院适用法律的过程，也是一个法律证成的过程，必然包含对法律的理解和解释。故D项正确。

87.诈骗罪的认定及其犯罪形态[BCD]

[解析] 甲欺骗乙，要求乙还钱，乙虽然已经识破骗局、知道真相，但碍于情面，仍然给予了甲1万元。显然，甲通过其欺骗行为没有骗到钱，欺骗行为与取得财物之间没有因果关系，故甲只成立诈骗罪未遂，不成立既遂。故A项正确。

甲伪造房产证，谎称乙的房屋属于自己而出租给丙。虽然甲的行为具有欺骗性质，但丙不可能存在财产损失，因为丙实际上获取了相应的利益。甲的行为不成立诈骗罪。故B项错误。

甲用餐后才产生非法占有目的，故对食物本身不成立诈骗罪。之后虽然欺骗餐厅经理，但其欺骗内容并非使对方陷入错误认识而处分财产，而是为逃债创造机会，故甲的行为不成立诈骗罪。当然，如果认为处分意识不要求是明确的意识，那么本案中被害人就

具有处分意识，构成诈骗罪。因此，诈骗罪中对被骗人处分意识的理解不同，成立诈骗罪的范围也会不同。故C项错误。

甲以白纸冒充假币欺骗乙，骗取乙2万元，甲的行为成立诈骗罪。至于乙购买假币的行为是否违法，并不影响对甲诈骗行为的认定。故D项错误。

88.上诉不加刑原则[ABCD]

[解析]《刑事诉讼法》第236条第1款规定："第二审人民法院对不服第一审判决的上诉、抗诉案件，经过审理后，应当按照下列情形分别处理：……(三)原判决事实不清楚或者证据不足的，可以在查清事实后改判；也可以裁定撤销原判，发回原审人民法院重新审判。"根据法条可直接得知，A项中，二审法院有权发回原审法院重新审判，并不违反上诉不加刑原则。故A项当选。

《刑诉解释》第401条规定："审理被告人或者其法定代理人、辩护人、近亲属提出上诉的案件，不得对被告人的刑罚作出实质不利的改判，并应当执行下列规定：(一)同案审理的案件，只有部分被告人上诉的，既不得加重上诉人的刑罚，也不得加重其他同案被告人的刑罚；(二)原判认定的罪名不当的，可以改变罪名，但不得加重刑罚或者对刑罚执行产生不利影响；(三)原判认定的罪数不当的，可以改变罪数，并调整刑罚，但不得加重决定执行的刑罚或者对刑罚执行产生不利影响；(四)原判对被告人宣告缓刑的，不得撤销缓刑或者延长缓刑考验期；(五)原判没有宣告职业禁止、禁止令的，不得增加宣告；原判宣告职业禁止、禁止令的，不得增加内容、延长期限；(六)原判对被告人判处死刑缓期执行没有限制减刑、决定终身监禁的，不得限制减刑、决定终身监禁；(七)原判判处的刑罚不当，应当适用附加刑而没有适用的，不得直接加重刑罚、适用附加刑。原判判处的刑罚畸轻，必须依法改判的，应当在第二审判决、裁定生效后，依照审判监督程序重新审判。人民检察院抗诉或者自诉人上诉的案件，不受前款规定的限制。"

根据上述第1款第2项，B项中第二审法院在没有改变刑期的情况下将罪名改判为抢劫罪的做法，符合上诉不加刑原则的要求，故B项当选。根据上述第2款"人民检察院抗诉或者自诉人上诉的案件，不受前款规定的限制"的规定，C项中对金某的改判，因检察院已对金某提出抗诉，故对金某不适用上诉不加刑原则，当然也就不存在违反该原则的问题，C项做法是合法的。故C项当选。根据上述第1款第3项，D项中，法院在只有石某上诉而检察院没有抗诉的情形下，以抢劫罪判处石某死刑立即执行，加重了数罪中一罪(抢劫罪)的刑罚，但并未加重决定执行的刑罚和对刑罚执行产生不利影响，未违背上诉不加刑原则。故D项当选。

89．行政许可行为的判定；诉讼第三人；信赖利益保护［BCD］

[解析]《行政许可法》第12条规定："下列事项可以设定行政许可：……（二）有限自然资源开发利用、公共资源配置以及直接关系公共利益的特定行业的市场准入等，需要赋予特定权利的事项；……"市政建设管理部门授予甲公司城市管道燃气独占专营权是行政机关为公共利益行使管理权的表现，属于行政许可，并不是民事行为。故 A 项错误，B 项正确。

本题中，某市政建设管理部门先授予了甲公司城市管道燃气独占专营权，后又经过招标授予乙公司城市管道燃气项目，明显侵犯了甲公司的独占经营权，甲公司有权提起诉讼。乙公司与本案有直接利害关系，可以作为本案的第三人。故 C 项正确。

根据信赖利益保护原则，非因法定事由并经法定程序，行政机关不得撤销、变更已经生效的行政决定。市政建设管理部门先授予甲公司独占专营权，后又作出改变，属于朝令夕改，违反了信赖利益保护原则。故 D 项正确。

90．行政诉讼的证据制度和审理裁判［BD］

[解析]《行政诉讼法》第6条规定："人民法院审理行政案件，对行政行为是否合法进行审查。"可见，行政诉讼中法院的审查对象是被诉行政行为，即本案中药监局没收药品并罚款20万元的行政处罚决定，而药厂的行为并不是行政诉讼的审查对象。故 A 项错误。

《行政诉讼证据规定》第6条规定："原告可以提供证明被诉具体行政行为违法的证据。原告提供的证据不成立的，不免除被告对被诉具体行政行为合法性的举证责任。"因此，药厂提供的证明被诉行政行为违法的证据不成立，不能免除被告对被诉行政行为合法性的举证责任。故 B 项正确。

《行政诉讼证据规定》第43条第1款规定："当事人申请证人出庭作证的，应当在举证期限届满前提出，并经人民法院许可。……当事人在庭审过程中要求证人出庭作证的，法庭可以根据审理案件的具体情况，决定是否准许以及是否延期审理。"可见，申请证人出庭，原则上应当在举证期限届满前提出，但有例外：因正当事由申请延期提供证据的，经人民法院准许，可以在法庭调查中提供。可见，C 选项的表述过于绝对化，故而错误。

《行政诉讼证据规定》第53条规定："人民法院裁判行政案件，应当以证据证明的案件事实为依据。"故 D 项正确。

91．地域管辖；级别管辖；特殊情况的管辖［BC］

[解析]《刑诉解释》第15条规定："一人犯数罪、共同犯罪或者其他需要并案审理的案件，其中一人或者一罪属于上级人民法院管辖的，全案由上级人

民法院管辖。"由于故意杀人案件由中院管辖，故 A 项中故意杀人案和非法拘禁案均由中级法院审理。故 A 项错误。

《刑事诉讼法》第25条规定："刑事案件由犯罪地的人民法院管辖。如果由被告人居住地的人民法院审判更为适宜的，可以由被告人居住地的人民法院管辖。"《刑诉解释》第2条第1款规定："犯罪地包括犯罪行为地和犯罪结果地。"非法拘禁行为是一个持续性的行为，其犯罪地包括实施整个非法拘禁行为的所有地点。在本案中，非法拘禁行为从 C 市持续到 A 市，因此 A 市和 C 市均对非法拘禁案具有管辖权。故 B 项正确。

《刑诉解释》第7条规定："在中华人民共和国领域外的中国船舶内的犯罪，由该船舶最初停泊的中国口岸所在地或者被告人登陆地、入境地的人民法院管辖。"故 C 项正确，D 项错误。

92．拘留；逮捕；监视居住［BCD］

[解析]《刑事诉讼法》第85条规定，公安机关拘留人的时候，必须出示拘留证。拘留后，应当立即将被拘留人送看守所羁押，至迟不得超过24小时。除无法通知或者涉嫌危害国家安全犯罪、恐怖活动犯罪通知可能有碍侦查的情形以外，应当在拘留后24小时以内，通知被拘留人的家属。有碍侦查的情形消失以后，应当立即通知被拘留人的家属。第86条规定，公安机关对被拘留的人，应当在拘留后的24小时以内进行讯问。在发现不应当拘留的时候，必须立即释放，发给释放证明。故 A 项错误，C 项正确。

《刑事诉讼法》第81条第3款规定："对有证据证明有犯罪事实，可能判处十年有期徒刑以上刑罚的，或者有证据证明有犯罪事实，可能判处徒刑以上刑罚，曾经故意犯罪或者身份不明的，应当予以逮捕。"甲因涉嫌故意杀人可能判处10年以上有期徒刑，如果有证据证明有犯罪事实，就应当逮捕。故 B 项正确。

《刑事诉讼法》第74条第1款规定："人民法院、人民检察院和公安机关对符合逮捕条件，有下列情形之一的犯罪嫌疑人、被告人，可以监视居住：（一）患有严重疾病、生活不能自理的……"乙身体虚弱生活无法自理的，可以适用监视居住。故 D 项正确。

93．讯问、勘验、检查、查封、扣押［ACD］

[解析]《刑事诉讼法》第123条规定："侦查人员在讯问犯罪嫌疑人的时候，可以对讯问过程进行录音或者录像；对于可能判处无期徒刑、死刑的案件或者其他重大犯罪案件，应当对讯问过程进行录音或者录像。录音或者录像应当全程进行，保持完整性。"本题中，甲涉嫌故意杀人，可能判处无期徒刑或死刑，应当全程同步录音或录像。故 A 项正确。

因为讯问犯罪嫌疑人和询问被害人的程序有差

异。本案中乙身份特殊,在故意杀人案件中是犯罪嫌疑人,在非法拘禁案件中是被害人,侦查人员虽然可以对两个案件并案侦查,但在具体办案过程中,应当逐案办理。所以,不得在讯问乙的过程中一并收集乙作为非法拘禁的被害人的陈述。故 B 项错误。

《刑事诉讼法》第 133 条规定:"勘验、检查的情况应当写成笔录,由参加勘验、检查的人和见证人签名或者盖章。"《公安部规定》第 215 条规定:"公安机关对案件现场进行勘查,侦查人员不得少于二人。"基于上述规定,本案船只系犯罪现场,对其进行现场勘查时应邀请见证人到场。故 C 项正确。

《刑事诉讼法》第 141 条第 1 款规定:"在侦查活动中发现的可用以证明犯罪嫌疑人有罪或者无罪的各种财物、文件,应当查封、扣押。与案件无关的财物、文件,不得查封、扣押。"本案中的船只属于重要物证,可以查封,故 D 项正确。

94.受贿罪[ABCD]

[解析]《刑法》第 388 条之一规定,利用影响力受贿罪是指国家工作人员的近亲属或者其他与该国家工作人员关系密切的人,通过该国家工作人员职务上的行为,或者利用该国家工作人员职权或者地位形成的便利条件,通过其他国家工作人员职务上的行为,为请托人谋取不正当利益,索取请托人财物或者收受请托人财物的行为。主体是国家工作人员的近亲属或关系密切的人,行为方式是通过该国家工作人员职务上的行为,为请托人谋取不正当利益。若国家工作人员对行为人的行为知情,并承诺为请托人谋取不正当利益的,则国家工作人员构成受贿罪。故 A 项正确。

国家工作人员具有为他人谋取利益的职权或职务条件,在他人有求于自己的职务行为时,并不打算为他人谋取利益但收受财物后作虚假承诺,导致财物与职务行为形成对价关系,构成受贿罪。故 B 项正确。

国家工作人员实施受贿罪又实施渎职犯罪,原则上应当以渎职罪和受贿罪数罪并罚,但存在特殊规定,即《刑法》第 399 条第 4 款规定,司法工作人员收受贿赂,构成徇私枉法罪,民事、行政枉法裁判罪,执行判决、裁定失职罪,执行判决、裁定滥用职权罪,同时又构成受贿罪的,依照处罚较重的规定定罪处罚。故 C 项正确。

《关于办理贪污贿赂刑事案件适用法律若干问题的解释》第 13 条第 1 款规定:"具有下列情形之一的,应当认定为'为他人谋取利益',构成犯罪的,应当依照刑法关于受贿犯罪的规定定罪处罚:(一)实际或者承诺为他人谋取利益的;(二)明知他人有具体请托事项的;(三)履职时未被请托,但事后基于该履职事由收受他人财物的。"故 D 项正确。

95.引渡的条件;可以拒绝引渡的情形和应当拒绝引渡的情形[ABCD]

[解析]《引渡法》第 7 条规定:"外国向中华人民共和国提出的引渡请求必须同时符合下列条件,才能准予引渡:(一)引渡请求所指的行为,依照中华人民共和国法律和请求国法律均构成犯罪;……"引渡必须符合"双重犯罪原则",甲国引渡请求所指的行为依照中国法律和甲国法律均构成犯罪,是中国准予引渡的条件之一。故 A 项正确。

《引渡法》第 9 条第 2 项规定,由于被请求引渡人的年龄、健康等原因根据人道主义原则不宜引渡的,可以拒绝引渡。由于库克健康原因,根据人道主义原则不宜引渡,中国可以拒绝引渡。故 B 项正确。

《引渡法》第 8 条第 5 项规定,外国向中华人民共和国提出的引渡请求,根据中华人民共和国或者请求国法律,引渡请求所指的犯罪纯属军事犯罪的,中国应当拒绝引渡,C、D 两项与法条表述一致。故 C、D 项正确。

96.政协制度[C]

[解析]政协委员不是选举产生,而是以协商推荐的方式产生。每届全国政协委员名额和人选经上届全国委员会主席会议审议同意后,由常务委员会协商决定。政协委员的产生步骤:第一步,提名推荐。第二步,协商确定建议名单。第三步,政协常务委员会会议通过。第四步,公布。故 A 项错误。

全国政协委员列席全国人大的全体会议,而非各种会议。故 B 项错误。

中国人民政治协商会议是中国人民爱国统一战线的组织,是中国共产党领导的多党合作和政治协商制度的重要机构,并非国家机关。故 C 项正确、D 项错误。

97.内部证成;外部证成[ABD]

[解析]法律决定的合理性在于两个因素,其一,法律决定是按照一定的推理规则从前提中推导出来;其二,推导法律决定所依赖的前提是真实的。前者归属于内部证成,后者归属于外部证成。内部证成与外部证成共同保证法律决定的合理性。故内部证成当然是给法律决定提供充足理由的过程。故 A 项正确。

内部证成是一个推导出法律决定的三段论推理过程,是按照一定的推理规则从相关前提中逻辑地推导出法律决定的过程。故 B 项正确。

内部证成是推导法律决定的三段论推理过程,外部证成是对内部证成的前提的真实有效性的证明过程。外部证成才是对法律决定所依赖的前提的证成。故 C 项错误。

外部证成是对内部证成的前提的真实有效性的证明过程,但是,外部证成也是采取内部证成的三段论推理过程,即外部证成中实际上包含着内部证成。故 D 项正确。

98．侵犯商业秘密罪[D]

[解析] 根据《刑法》第 219 条的规定,以盗窃、欺诈、贿赂、胁迫、电子侵入或者其他不正当手段获取权利人的商业秘密,情节严重的,构成侵犯商业秘密罪。本案中,丙为了获取甲公司的商业秘密,采取了胁迫、利诱手段,这些都属于不正当手段,故丙构成侵犯商业秘密罪。故 D 项当选。【特别提示】以盗窃、诈骗、敲诈等手段获取商业秘密,不定盗窃罪、诈骗罪、敲诈勒索罪,而定侵犯商业秘密罪,这是因为商业秘密虽然具有经济价值,但从存在样态上无法评价为财物。例如,本案中,丙采取了胁迫手段,但不能认定为构成敲诈勒索罪。

99．法律关系的产生、变更与消灭;权利与义务[BD]

[解析] 法律事实是法律规定的,能够引起法律关系产生、变更、消灭的客观情况。依是否以人们的意志为转移,法律事实大体上分为两类,即法律事件和法律行为。法律事件是法律规范规定的、不以当事人的意志为转移而引起法律关系形成、变更或消灭的客观事实。法律行为是可以作为法律事实而存在,引起法律关系产生、变更、消灭的行为。本案中,王某与张某婚姻关系的消灭,是基于张某的起诉行为与法官的判决而引起的。在这一法律关系里,张某的起诉属于法律行为(以当事人意志为转移),法官的判决属于法律事件(不以张某的意志为转移)。需要注意的是,并非法官判决都属于法律事件,在不同的法律关系中其性质也不一样,如在诉讼关系中,法官判决属于法律行为。故 A 项错误。

绝对权,对应的是不特定的义务人。相对权,对应的是特定的义务人。本案中,张某的生育权对应的是其妻子王某,因此属于相对权。故 B 项正确。

《最高人民法院关于适用〈中华人民共和国民法典〉婚姻家庭编的解释(一)》第 23 条规定:"夫以妻擅自中止妊娠侵犯其生育权为由请求损害赔偿的,人民法院不予支持;夫妻双方因是否生育发生纠纷,致使感情确已破裂,一方请求离婚的,人民法院经调解无效,应依照民法典第一千零七十九条第三款第五项的规定处理。"可见,法院是严格依据法律规则作出的裁判。该法律规则充分考虑了生育权这一权利的

特殊性,在夫妻双方因生育权发生权利冲突时,不支持"损害赔偿"的直接救济方式,而是把"生育权受损"作为导致离婚的法律事实,从而提供间接救济,达到化解社会矛盾、维护公平正义的目的。因此,法院的判决没有违反"有侵害则有救济"的法律原则。故 C 项错误。

"其他导致夫妻感情破裂的情形"将导致夫妻感情破裂的情形以"其他"的方式概括表达,而非逐个列举,属于概括性立法。概括性立法是指立法时对某些内容进行总结或概括,从而适度扩大法律适用范围,赋予人们较大自由裁量权的立法方法,有利于提高法律的适应性。常见的概括性立法包括:法律原则、法律规则中的概括规定(如"情节严重")。故 D 项正确。

100．刑事赔偿义务机关的确定;赔偿程序及范围;赔偿复议[BCD]

[解析]《国家赔偿法》第 21 条第 3 款规定:"对公民采取逮捕措施后决定撤销案件、不起诉或者判决宣告无罪的,作出逮捕决定的机关为赔偿义务机关。"据此,赔偿义务机关应为县检察院,而非县公安局。故 A 项错误。

《国家赔偿法》第 23 条第 3 款规定:"赔偿义务机关决定不予赔偿的,应当自作出决定之日起 10 日内书面通知赔偿请求人,并说明不予赔偿的理由。"据此,赔偿义务机关拒绝赔偿时,应当书面通知沈某。故 B 项正确。

《国家赔偿法》第 17 条规定,行使侦查、检察、审判职权的机关以及看守所、监狱管理机关及其工作人员对公民采取逮捕措施后,决定撤销案件、不起诉或者判决宣告无罪终止追究刑事责任的,受害人有取得赔偿的权利。本题中,沈某被采取了逮捕措施,而后检察院又决定不起诉,则沈某有权申请国家赔偿,国家也应当给予沈某赔偿。故 C 项正确。

《国家赔偿法》第 24 条第 2 款规定,赔偿请求人对赔偿的方式、项目、数额有异议的,或者赔偿义务机关作出不予赔偿决定的,赔偿请求人可以自赔偿义务机关作出赔偿或者不予赔偿决定之日起 30 日内,向赔偿义务机关的上一级机关申请复议。据此,县检察院为赔偿义务机关,当县检察院作出不予赔偿决定时,沈某应向县检察院的上一级检察院申请复议。故 D 项正确。

试 卷 二

解 析

一、单项选择题

1．民事诉讼法的基本原则［D］

［解析］处分原则是指民事诉讼当事人在法律规定的范围内，自由支配自己依法享有的民事权利和诉讼权利的准则。处分原则的核心在于强调当事人行使诉讼权利的自治性，因此，当事人决定是否委托代理人代为进行诉讼是处分原则的体现。故 A 项错误。

当事人的诉讼权利平等在民事诉讼中表现为双方当事人享有相同的诉讼权利和对等的诉讼权利。因此，当事人均有权委托代理人代为进行诉讼是平等原则的体现。故 B 项错误。

平等原则与同等原则适用的区别在于平等原则侧重于解决原告与被告行使诉讼权利的平等性；而同等原则则侧重于给外国当事人以国民的待遇。因此，原告与被告在诉讼中有一些不同但相对等的权利应为平等原则的体现。故 C 项错误。

法院调解应当遵循自愿合法的原则。因此，当事人达成调解协议不仅要自愿，内容也不得违法，是法院调解自愿和合法原则的体现。故 D 项正确。

2．举证期限［C］

［解析］当事人可以协商确定举证期限。《民诉解释》第 99 条规定："人民法院应当在审理前的准备阶段确定当事人的举证期限。举证期限可以由当事人协商，并经人民法院准许。人民法院确定举证期限，第一审普通程序案件不得少于十五日，当事人提供新的证据的第二审案件不得少于十日。举证期限届满后，当事人对已经提供的证据，申请提供反驳证据或者对证据来源、形式等方面的瑕疵进行补正的，人民法院可以酌情再次确定举证期限，该期限不受前款规定的限制。"根据上述规定，双方当事人可以协商确定举证期限。故 A 项正确，不当选。双方当事人约定 25 日的举证期限，符合"不得少于 15 日"的规定。故 B 项正确，不当选。

申请延长举证时限，必须在举证期限内提出。《民诉解释》第 100 条规定："当事人申请延长举证期限的，应当在举证期限届满前向人民法院提出书面申请。申请理由成立的，人民法院应当准许，适当延长举证期限，并通知其他当事人。延长的举证期限适用

于其他当事人。申请理由不成立的，人民法院不予准许，并通知申请人。"故 C 项错误，当选。

逾期提供的证据，有可能被采纳。《民事诉讼法》第 68 条规定："当事人对自己提出的主张应当及时提供证据。人民法院根据当事人的主张和案件审理情况，确定当事人应当提供的证据及其期限。当事人在该期限内提供证据确有困难的，可以向人民法院申请延长期限，人民法院根据当事人的申请适当延长。当事人逾期提供证据的，人民法院应当责令其说明理由；拒不说明理由或者理由不成立的，人民法院根据不同情形可以不予采纳该证据，或者采纳该证据但予以训诫、罚款。"因此，对于逾期提供的证据是否采纳，由法院根据不同情况决定。D 项正确，不当选。

3．公司分立［B］

［解析］《公司法》第 222 条第 2 款规定："公司分立，应当编制资产负债表及财产清单。公司应当自作出分立决议之日起十日内通知债权人，并于三十日内在报纸上或者国家企业信用信息公示系统公告。"由该条可知，白阳公司应在作出分立决议之日起 10 日内通知债权人甲。故 A 项正确，不当选。

根据《公司法》第 220 条规定，公司在合并的情况下，债权人可以在接到合并通知之日起 30 日内，未接到通知的自公告之日起 45 日内，要求公司清偿债务或者提供相应的担保。可见，公司合并才有对债权人的特殊救济规定。分立后的公司对债权人承担连带责任，债权人的权益不受影响，无需额外救济。故 B 项错误，当选。

《公司法》第 223 条规定："公司分立前的债务由分立后的公司承担连带责任。但是，公司在分立前与债权人就债务清偿达成的书面协议另有约定的除外。"可见，甲有权向分立后的阳春公司与白雪公司主张连带清偿责任，同时，白阳公司在分立前可与债权人甲就债务偿还签订书面协议。故 C、D 项正确，不当选。

4．债务人财产［C］

［解析］《企业破产法》第 39 条规定："人民法院受理破产申请时，出卖人已将买卖标的物向作为买受人的债务人发送，债务人尚未收到且未付清全部价款的，出卖人可以取回在运途中的标的物。但是，管理

· 53 ·

人可以支付全部价款,请求出卖人交付标的物。"若出卖人取回在途货物,则不能成为债务人财产。故 A 项错误。

《企业破产法》第 38 条规定:"人民法院受理破产申请后,债务人占有的不属于债务人的财产,该财产的权利人可以通过管理人取回。但是,本法另有规定的除外。"破产财产必须是债务人的财产,债务人基于仓储、保管、加工承揽、委托交易、代销、借用、寄存、租赁等法律关系占有、使用的他人财产不属于破产财产。故 B、D 项错误。

《企业破产法》第 30 条规定:"破产申请受理时属于债务人的全部财产,以及破产申请受理后至破产程序终结前债务人取得的财产,为债务人财产。"债务人未设定担保的财产和已设定担保的财产都属于债务人的财产。故 C 项正确。

5.法律行为与事实行为的区分[B]

[解析]《民法典》第 657 条规定:"赠与合同是赠与人将自己的财产无偿给予受赠人,受赠人表示接受赠与的合同。"本题中,甲不具备赠与的意思,与乙之间也没有达成赠与合意,故 A 项错误。

甲将可乐瓶置于操场的行为,具有抛弃的意思,是单方抛弃行为,基于甲单方的意思表示而发生效力,其后果为甲的所有权消灭,可乐瓶在抛弃后变成无主物,而不是遗失物。故 B 项正确,C、D 项错误。

6.格式条款[B]

[解析]《民法典》第 497 条规定:"有下列情形之一的,该格式条款无效:(一)具有本法第一编第六章第三节和本法第五百零六条规定的无效情形;(二)提供格式条款一方不合理地免除或者减轻其责任、加重对方责任、限制对方主要权利;(三)提供格式条款一方排除对方主要权利。"本题中,乙公司提供的协议格式条款中载明"如甲单方放弃服务,余款不退",该"余款不退"的约定排除了甲的主要权利,应当认定无效。故 B 项正确。

《民法典》第 156 条规定:"民事法律行为部分无效,不影响其他部分效力的,其他部分仍然有效。"格式条款被认定无效的,不影响美容服务协议其他部分的效力。故 A 项错误。

甲单方面放弃美容服务,实际上是甲单方面解除美容协议,甲在没有法定或者约定的解除权的情形下,单方面解除该协议,构成违约。故 C 项错误。

《民法典》第 580 条第 1 款规定:"当事人一方不履行非金钱债务或者履行非金钱债务不符合约定的,对方可以请求履行,但是有下列情形之一的除外:(一)法律上或者事实上不能履行;(二)债务的标的不适于强制履行或者履行费用过高;(三)债权人在合理期限内未请求履行。"据此,非金钱债务并不是均可以请求继续履行的。甲接受的服务具有劳务的

性质,劳务之债属于标的不适于强制履行的情况。故 D 项错误。

7.夫妻共有财产;共同共有财产的分割[D]

[解析]《民法典婚姻家庭编解释(二)》第 5 条第 1 款规定:"婚前或者婚姻关系存续期间,当事人约定将一方所有的房屋转移登记至另一方或者双方名下,离婚诉讼时房屋所有权尚未转移登记,双方对房屋归属或者分割有争议且协商不成的,人民法院可以根据当事人诉讼请求,结合给予目的,综合考虑婚姻关系存续时间、共同生活及孕育共同子女情况、离婚过错、对家庭的贡献大小以及离婚时房屋市场价格等因素,判决房屋归其中一方所有,并确定是否由获得房屋一方对另一方予以补偿以及补偿的具体数额。"据此,乙无权主张直接将门面房作为夫妻共同财产进行分割,而是应由法院综合具体情况对房屋归属作出判断。故 A 项表述正确,不当选。

《民法典婚姻家庭编解释(一)》第 82 条规定:"夫妻之间订立借款协议,以夫妻共同财产出借给一方从事个人经营活动或者用于其他个人事务的,应视为双方约定处分夫妻共同财产的行为,离婚时可以按照借款协议的约定处理。"据此,故 B、C 项表述正确,不当选。

《民法典》第 1066 条规定:"婚姻关系存续期间,有下列情形之一的,夫妻一方可以向人民法院请求分割共同财产:(一)一方有隐藏、转移、变卖、毁损、挥霍夫妻共同财产或者伪造夫妻共同债务等严重损害夫妻共同财产利益的行为;(二)一方负有法定扶养义务的人患重大疾病需要医治,另一方不同意支付相关医疗费用。"据此,甲对未成年人丙负有法定抚养义务,若丁不同意支付相关医疗费用,甲有权请求分割夫妻共同财产。故 D 项表述错误,当选。

8.诉讼期间[B]

[解析] 法定期间,即由法律明文规定的期间。法定期间又包括:(1)绝对不可变期间,是指该期间经法律确定,任何机构和人员都不得改变,如上诉期间等。(2)相对不可变期间,是指该期间经法律确定后,在通常情况下不可改变,但遇到有关法定事由,法院可对其依法予以变更,如一审的案件审理期间等。法定期间并不都属于绝对不可变期间。故 A 项错误。

《民事诉讼法》第 287 条规定:"人民法院审理涉外民事案件的期间,不受本法第一百五十二条、第一百八十三条规定的限制。"因此,涉外案件的审理不受案件审结期限的限制。故 B 项正确。

《民事诉讼法》第 85 条第 4 款规定:"期间不包括在途时间,诉讼文书在期满前交邮的,不算过期。"因此,"在途时间"仅指邮寄在途时间,当事人从外地到法院参加诉讼的时间不属于在途期间。故 C 项错误。

《民事诉讼法》第 86 条规定："当事人因不可抗拒的事由或者其他正当理由耽误期限的,在障碍消除后的十日内,可以申请顺延期限,是否准许,由人民法院决定。"因此,顺延期限必须由当事人申请,法院不可依职权顺延。故 D 项错误。

9．投保人的告知义务[B]

[解析]《保险法》第 16 条第 1 款规定："订立保险合同,保险人就保险标的或者被保险人的有关情况提出询问的,投保人应当如实告知。"本题中,甲在填写投保单以及回答保险公司相关询问时,未如实说明自己两年前曾做过心脏搭桥手术,违反了投保人的告知义务。在投保人违反告知义务时,《保险法》给予保险人的救济措施是保险人可以解除保险合同或者不承担赔偿责任之类,并不涉及追究投保人违约责任的问题,故 A 项错误。

《保险法》第 16 条第 2 款规定："投保人故意或者因重大过失未履行前款规定的如实告知义务,足以影响保险人决定是否同意承保或者提高保险费率的,保险人有权解除合同。"本题中,投保人甲故意或者因重大过失而未履行告知义务,保险公司可以解除保险合同,故 B 项正确。

《保险法解释(二)》第 8 条规定,在投保人故意未履行如实告知义务的情况下,保险人未行使合同解除权的,不能直接以保险法第 16 条第 4、5 款的规定为由拒绝承担给付保险金的责任,故 C 项错误。

《保险法》第 16 条第 5 款规定,只有在投保人因为重大过失而未履行告知义务时,保险公司才需要退还保险费。本题中,难以确定投保人甲属于因重大过失而未履行告知义务,更多的可能反而是故意违反告知义务,故 D 项错误。

10．个人所得税的征缴规则[B]

[解析]《个人所得税法》第 3 条第 3 项规定,利息、股息、红利所得,财产租赁所得,财产转让所得和偶然所得,适用比例税率,税率为 20%。彩票收入属于偶然所得,应适用比例税率,税率为 20%。故 A 项错误。

《个人所得税法》第 17 条规定,对扣缴义务人按照所扣缴的税款,付给 2% 的手续费。故 B 项正确。

《个人所得税法》第 4 条第 1 款第 5 项规定,保险赔款免征个人所得税。故 C 项错误。

个人所得税是针对个人工资薪金所得征税,每个纳税人应当单独计算工资薪金收入及其起征点。故 D 项错误。

11．环境法律责任[C]

[解析] 我国尚不承认自然人可以提起公益诉讼,A 项赵某作为受损养殖户,可以提起私益诉讼,但不能提起公益诉讼。故 A 项错误。

《环境保护法》第 58 条第 1 款规定,提起公益诉

讼的社会组织应具备下列条件:(1)依法在设区的市级以上人民政府民政部门登记;(2)专门从事环境保护公益活动连续 5 年以上且无违法记录。据此可知,B 项"滨海区民政局"是国家机关,不是社会组织,无权提起环境公益诉讼;C 项"在省民政厅登记"完全正确;D 项"未在我国民政部门登记"不符合环境公益诉讼主体要求。故 B、D 项错误,C 项正确。

12．劳务派遣;特殊主体的侵权责任[C]

[解析]《劳动合同法》第 58 条第 1 款规定："劳务派遣单位是本法所称用人单位,应当履行用人单位对劳动者的义务。……"故 A、B 项错误,C 项正确。

《民法典》第 1191 条第 2 款规定："劳务派遣期间,被派遣的工作人员因执行工作任务造成他人损害的,由接受劳务派遣的用工单位承担侵权责任;劳务派遣单位有过错的,承担相应的责任。"据此,应由达圣公司承担侵权责任,故 D 项错误。

13．专利侵权行为的表现形式;不视为侵犯专利权的行为[C]

[解析]《专利法》第 75 条规定:"有下列情形之一的,不视为侵犯专利权:(一)专利产品或者依照专利方法直接获得的产品,由专利权人或者经其许可的单位、个人售出后,使用、许诺销售、销售、进口该产品的;(二)在专利申请日前已经制造相同产品、使用相同方法或者已经作好制造、使用的必要准备,并且仅在原有范围内继续制造、使用的;(三)临时通过中国领陆、领水、领空的外国运输工具,依照其所属国同中国签订的协议或者共同参加的国际条约,或者依照互惠原则,为运输工具自身需要而在其装置和设备中使用有关专利的;(四)专为科学研究和实验而使用有关专利的;(五)为提供行政审批所需的信息,制造、使用、进口专利药品或者专利医疗器械的,以及专门为其制造、进口专利药品或者专利医疗器械的。"

根据第 1 项规定,A 项"在 L 国购买由乙公司制造销售的该发动机,进口至我国销售"以及 B 项"在我国购买由甲公司制造销售的该发动机,将发动机改进性能后销售"均属于因"专利权用尽"而不构成侵犯专利权的情形。故 A、B 项错误。

根据第 4 项规定,制造该发动机用于碰撞实验虽然属于进行科学研究和实验,但只有为科学研究和实验"使用"有关专利才不构成侵犯专利权,"制造"发动机构成侵犯专利权。故 C 项正确。

根据第 3 项规定,该发动机属于在临时通过中国领陆的外国运输工具中,为运输自身需要而使用,不构成侵犯专利权。故 D 项错误。

14．自然人行为能力的法律适用[B]

[解析]《涉外民事关系法律适用法》第 12 条规定,自然人的民事行为能力,原则上适用经常居所地法律。但自然人从事民事活动,依照经常居所地法律

为无民事行为能力,依照行为地法律为有民事行为能力的,适用行为地法律。本题中,李某具有中国籍,定居甲国,甲国应为其经常居住地。李某购买电脑软件的行为发生在中国,中国为行为地。依据甲国法律,李某无民事行为能力。而依据中国法律,年满18周岁即具有完全民事行为能力,所以应当适用中国法律,认定李某有完全民事行为能力。故B项正确,A、C、D项错误。

15．《关于审理信用证纠纷案件若干问题的规定》[A]

[解析]《关于审理信用证纠纷案件若干问题的规定》第10条规定:"人民法院认定存在信用证欺诈的,应当裁定中止支付或者判决终止支付信用证项下款项,但有下列情形之一的除外:(一)开证行的指定人、授权人已按照开证行的指令善意地进行了付款;(二)开证行或者其指定人、授权人已对信用证项下票据善意地作出了承兑;(三)保兑行善意地履行了付款义务;(四)议付行善意地进行了议付。"故A项正确,B、C、D项错误。

16．食品召回制度[C]

[解析]《食品安全法》第63条第2款规定,食品经营者发现其经营的食品不符合食品安全标准或者有证据证明可能危害人体健康的,应当立即停止经营,通知相关生产经营者和消费者,并记录停止经营和通知情况。食品生产者认为应当召回的,应当立即召回。由于食品经营者原因造成其经营的食品有前款规定的情形,食品经营者应当召回。本题中,红星超市属于食品经营者,具有立即停止经营、通知生产商和消费者及记录停止经营和通知情况的义务。此外,题目中并未涉及水饺不符合安全标准是红星超市造成的,故其没有召回的义务。故C项错误,当选,A、B、D项正确,不当选。

17．股份公司股份转让与股份回购[B]

[解析]根据《公司法》第162条第1款规定,本题情形不属于公司回购的六种情形,所以唐宁不能要求沃运公司收购其股权。故A项错误。

无论是有限公司,还是股份公司,股东转让股权无需经其他股东同意,故B项正确。**【特别提醒】**与有限公司股东对外转让股权负有通知义务不同,股份公司股东对外转让股权无需通知其他股东(《公司法》第157条)。

股份公司强调资合性,具有股份自由流转的本质,公司章程不得作出禁止性规定,即便有类似规定,股东也可以主张相应内容无效,以确保自己的股份得以流转,故C项错误。

股东的优先购买权只存在于有限责任公司,而股份公司不强调人合性,所以股东可自由向外转让股份,其他股东或发起人没有优先购买权,故D项错误。

18．委托作品的著作权归属;肖像权、名誉权;共同侵权[B]

[解析]《著作权法》第19条规定:"受委托创作的作品,著作权的归属由委托人和受托人通过合同约定。合同未作明确约定或者没有订立合同的,著作权属于受托人。"该明星的个人写真属于委托作品,未约定著作权的归属,故照片的著作权属于受托人(某摄影爱好者)。故A项错误。

《民法典》第1018条第1款规定:"自然人享有肖像权,有权依法制作、使用、公开或者许可他人使用自己的肖像。"肖像权的主要内容包括肖像制作权、肖像使用权和肖像利益的维护权。本题中,广告商的行为属于未经允许,使用他人的肖像做广告,侵犯了肖像权。故B项正确。

《民法典》第1024条规定:"民事主体享有名誉权。任何组织或者个人不得以侮辱、诽谤等方式侵害他人的名誉权。名誉是对民事主体的品德、声望、才能、信用等的社会评价。"可见,侵犯名誉权行为是指用侮辱、诽谤等方式造成他人社会评价降低。本题中,广告商没有实施侮辱或者诽谤行为,不可能造成该明星的社会评价降低,不构成名誉权的侵权。故C项错误。

摄影爱好者卖照片给广告商的行为属于帮助侵权,构成共同侵权,应当依照《民法典》第1169条第1款的规定,与广告商承担连带责任。故D项错误。

19．继承人和顺位的确定;遗嘱的撤回[D]

[解析]本题中,对于住房,由于没有订立遗嘱,按照王冬与张霞的约定,归王冬所有,所以在王冬去世以后,作为第一顺位法定继承人的张霞、王希、王楠均可继承一部分。王希在王冬去世后不久也死亡,对于王希继承的部分由其子王小力继承。因此,对于住房,张霞、王小力、王楠均可部分继承。

对于门面房,尽管王冬立了遗嘱,并且办理了公证,但是,王冬又将门面房进行了处分,卖给了第三人。《民法典》第1142条规定:"遗嘱人可以撤回、变更自己所立的遗嘱。立遗嘱后,遗嘱人实施与遗嘱内容相反的民事法律行为的,视为对遗嘱相关内容的撤回。立有数份遗嘱,内容相抵触的,以最后的遗嘱为准。"据此,王冬卖门面房的行为,视为对于遗嘱的撤回。卖房后所获得的价款,应当按照法定继承来进行。既然按照法定继承,就和上述分析的住房一样,作为第一顺位继承人的张霞、王希、王楠均可部分继承;王希死后,王希所继承的部分,再由其子王小力继承。

综上,本题只有D项错误,当选。

20．产品责任;加害给付[A]

[解析]《民法典》第1203条规定:"因产品存在缺陷造成他人损害的,被侵权人可以向产品的生产者

请求赔偿,也可以向产品的销售者请求赔偿。产品缺陷由生产者造成的,销售者赔偿后,有权向生产者追偿。因销售者的过错使产品存在缺陷的,生产者赔偿后,有权向销售者追偿。"据此,产品侵权致人损害的,李某有权请求销售者甲商场和生产者乙厂承担不真正连带责任。故 A 项正确,D 项错误。

《民法典》第 186 条规定:"因当事人一方的违约行为,损害对方人身权益、财产权益的,受损害方有权选择请求其承担违约责任或者侵权责任。"该条规定了"加害给付"制度。出卖人甲商场交付的电热壶具有瑕疵(不符合约定的质量),给买受人李某造成履行利益损害,成立违约;同时,电热壶作为产品具有缺陷,并因缺陷给李某造成固有利益的损害,成立产品侵权,构成"加害给付"。李某有权择一主张违约责任或产品侵权责任。若李某欲主张违约责任,根据合同相对性原理,李某只能对甲商场主张违约责任;而若李某欲主张产品侵权责任,则不受合同相对性限制,除了请求甲商场承担责任,也可请求乙厂承担责任(不真正连带责任)。故 B 项错误。

《民法典》第 1179 条规定,侵害他人造成人身损害的,应当赔偿医疗费、护理费、交通费、营养费、住院伙食补助费等为治疗和康复支出的合理费用,以及因误工减少的收入。一般而言,侵权损害赔偿的范围包括受害人因侵权遭受的直接损失和间接损失,并不以电壶购置成本为限。故 C 项错误。

21．级别管辖[A]

[解析]《民事诉讼法》第 18 条规定:"基层人民法院管辖第一审民事案件,但本法另有规定的除外。"这实际上是将大多数民事案件划归基层法院管辖。故 A 项正确。

《民事诉讼法》第 19 条规定:"中级人民法院管辖下列第一审民事案件:(一)重大涉外案件;(二)在本辖区有重大影响的案件;(三)最高人民法院确定由中级人民法院管辖的案件。"虽然中级人民法院有权管辖重大涉外案件,但这并不能说明涉外案件的管辖权全部属于中级人民法院。涉外而不重大的案件,基层人民法院也有管辖权。故 B 项错误。

《民事诉讼法》第 20 条规定:"高级人民法院管辖在本辖区有重大影响的第一审民事案件。"据此,高级人民法院不能管辖其认为应当由自己审理的案件。故 C 项错误。

《民事诉讼法》第 21 条规定:"最高人民法院管辖下列第一审民事案件:(一)在全国有重大影响的案件;(二)认为应当由本院审理的案件。"因此,D 项中"最高法院仅管辖在全国有重大影响的民事案件"的表述错误。故 D 项错误。

22．诉前证据保全[D]

[解析]《民事诉讼法》第 104 条规定:"利害关系人因情况紧急,不立即申请保全将会使其合法权益受到难以弥补的损害的,可以在提起诉讼或者申请仲裁前向被保全财产所在地、被申请人住所地或者对案件有管辖权的人民法院申请采取保全措施。申请人应当提供担保,不提供担保的,裁定驳回申请。人民法院接受申请后,必须在四十八小时内作出裁定;裁定采取保全措施的,应当立即开始执行。申请人在人民法院采取保全措施后三十日内不依法提起诉讼或者申请仲裁的,人民法院应当解除保全。"

依据上述规定,诉前证据保全可以向证据所在地、被申请人住所地或者对案件有管辖权的法院申请。本题中,从"货到后"三字可以看出甲县是证据所在地,乙县是被申请人宝丰公司的住所地,而丙县是合同签订地,不是证据所在地,也不是被申请人住所地,当然合同签订地法院对案件也没有管辖权,所以吴某可以向甲县和乙县法院申请诉前证据保全,但不能向丙县法院申请,故 A 项错误。

诉前证据保全,法院应当在 48 小时内作出裁定,而非 15 日,故 B 项错误。

诉前保全措施只能依申请,不能依职权作出,故 C 项错误。

证据保全后,该证据视为已经向法院提出,吴某对该事实提供证据的责任已经免除,故 D 项正确。

23．出资方式[C]

[解析]《公司法》第 49 条第 2 款规定:"股东以货币出资的,应当将货币出资足额存入有限责任公司在银行开设的账户;以非货币财产出资的,应当依法办理其财产权的转移手续。"本题中,甲以面包车出资,应把面包车的所有权转移给商贸公司。故 A 项错误。

《公司法》对公司股东货币的出资额以及公司首期出资比例未设定法定最低限额,公司章程可以自行约定。故 B、D 项错误,C 项正确。

24．涉外民事关系的法律适用[B]

[解析]《涉外民事关系法律适用法》第 6 条规定:"涉外民事关系适用外国法律,该国不同区域实施不同法律的,适用与该涉外民事关系有最密切联系区域的法律。"故 B 项正确,A、C、D 项错误。

25．对外贸易管理制度的保障制度中损害的定义、认定标准、实施结果和实施对象[D]

[解析]《保障措施条例》第 2 条规定:"进口产品数量增加,并对生产同类产品或者直接竞争产品的国内产业造成严重损害或者严重损害威胁(以下除特别指明外,统称损害)的,依照本条例的规定进行调查,采取保障措施。"故 A 项正确,不当选。

《保障措施条例》第 7 条规定:"进口产品数量增加,是指进口产品数量的绝对增加或者与国内生产相比的相对增加。"故 B 项正确,不当选。

《保障措施条例》第 25 条规定:"终裁决定确定不采取保障措施的,已征收的临时关税应当予以退还。"故 C 项正确,不当选。

《保障措施条例》第 16 条第 1 款规定:"有明确证据表明进口产品数量增加,在不采取临时保障措施将对国内产业造成难以补救的损害的紧急情况下,可以作出初裁决定,并采取临时保障措施。"第 22 条规定:"保障措施应当针对正在进口的产品实施,不区分产品来源国(地区)。"因此,保障措施不仅仅针对终裁决定作出后进口的产品实施,在终裁决定作出之前商务部可以对正在进口的产品采取临时保障措施。故 D 项错误,当选。

26.署名权;姓名权;注册商标权[A]

[解析] 甲创作的童话《大灰狼》已过保护期,甲对该作品著作财产权消灭。丙出版社未经甲的同意出版甲的《大灰狼》童话,不侵犯甲的复制权和发表权。故 A 项错误。

《著作权法》第 22 条规定:"作者的署名权、修改权、保护作品完整权的保护期不受限制。"据此,署名权没有保护期的限制。《著作权法》第 10 条规定,署名权即表明作者身份,在作品上署名的权利。丙出版社出版甲创作的《大灰狼》时,未署甲的姓名,署名为另一著名歌星丁,侵害甲的署名权。故 B 项正确。

《民法典》第 1012 条规定:"自然人享有姓名权,有权依法决定、使用、变更或者许可他人使用自己的姓名,但是不得违背公序良俗。"第 1014 条规定:"任何组织或者个人不得以干涉、盗用、假冒等方式侵害他人的姓名权或者名称权。"丙出版社出版甲的《大灰狼》童话时,未经丁的同意,擅自将作者署名为丁,侵犯了丁的姓名权。故 C 项正确。

《商标法》第 57 条第 1 项规定,未经商标注册人的许可,在同一种商品上使用与其注册商标相同的商标的,属于侵犯注册商标专用权的行为。故 D 项正确。

27.民法基本原则[D]

[解析]《民法典》第 5 条规定了自愿原则:"民事主体从事民事活动,应当遵循自愿原则,按照自己的意思设立、变更、终止民事法律关系。"本题中,甲、乙间的协议之订立出于双方的自愿,不违反自愿原则。故 A 项不当选。

《民法典》第 6 条规定了公平原则:"民事主体从事民事活动,应当遵循公平原则,合理确定各方的权利和义务。"本题中,甲、乙关于限制"纯粹身份利益"的协议,不适用等价有偿规则,无违反公平原则的问题。故 B 项不当选。

《民法典》第 7 条规定了诚信原则:"民事主体从事民事活动,应当遵循诚信原则,秉持诚实,恪守承诺。"本题中,甲、乙订立协议的行为重在"创设"民事

权利义务,而非"行使"权利与"履行"义务,不涉及诚信原则。故 C 项不当选。

《民法典》第 8 条了公序良俗原则:"民事主体从事民事活动,不得违反法律,不得违背公序良俗。"本题中,甲、乙订立的协议,不合理地限制了乙的婚姻自由和生育自由,违反婚姻伦理与家庭伦理,违反善良风俗。故 D 项当选。

28.复代理;间接代理[C]

[解析]《民法典》第 169 条规定:"代理人需要转委托第三人代理的,应当取得被代理人的同意或者追认。转委托代理经被代理人同意或者追认的,被代理人可以就代理事务直接指示转委托的第三人,代理人仅就第三人的选任以及对第三人的指示承担责任。转委托代理未经被代理人同意或者追认的,代理人应当对转委托的第三人的行为承担责任;但是,在紧急情况下代理人为了维护被代理人的利益需要转委托第三人代理的除外。"据此,在委托代理中,代理人在三种情况下享有复任权,有权以自己的名义选任第三人作为被代理人的委托代理人:第一,取得被代理人同意;第二,被代理人事后追认;第三,紧急复任权。因代理人乙事先已经取得被代理人甲的同意,故乙的转委托有效,丙为甲的代理人(复代理人)。故 A 项错误。

丙为了甲的利益,以自己的名义与丁订立的首饰买卖合同构成间接代理。基于合同的相对性和间接代理的规则,丙、丁间的首饰买卖合同原则上只能约束丙与丁,仅在甲行使介入权或者丁行使选择权选择甲作为合同相对人时,该首饰买卖合同才能直接约束甲和丁。此外,丙的间接代理中一部分属于无权代理,丙赠与丁一批箱包的约定超出了甲的授权,属于无权代理,即使丁行使选择权选定甲作为合同的相对人,若甲对丙赠与丁一批箱包的约定不予追认,则丁亦不得要求甲向自己履行赠与箱包的义务。故 B 项错误。

《民法典》第 926 条第 1 款规定:"受托人以自己的名义与第三人订立合同时,第三人不知道受托人与委托人之间的代理关系的,受托人因第三人的原因对委托人不履行义务,受托人应当向委托人披露第三人,委托人因此可以行使受托人对第三人的权利。但是,第三人与受托人订立合同时如果知道该委托人就不会订立合同的除外。"这是关于间接代理中被代理人介入权的规定。在此情况下,间接代理人丙应向被代理人甲披露第三人丁,甲可以行使介入权,行使丙对丁的权利。故 C 项正确。在丙、戊间的箱包买卖合同中,丙不是丁的间接代理人,丁不具备行使介入权的条件。故 D 项错误。

29.债权质权[D]

[解析] 本题涉及债权质权的设立及设立后的

效力,对于设立后的效力问题,我国现行法尚无明文规定。根据通说观点,设立债权质权,法无明文规定的情形,准用关于债权转让的规定。《民法典》第546条第1款规定:"债权人转让债权,未通知债务人,该转让对债务人不发生效力。"据此,以债权为标的设立权利质权时,出质人或者质权人应通知债务人,该通知的效力在于:(1)通知债务人并非权利质权的设立要件,未通知债务人的,不影响质权的设立。故A项正确,不当选。(2)未通知债务人的,该权利质权不具有对抗债务人的效力,质权人不得直接向债务人主张权利;债务人向债权人清偿的,将发生清偿的法律效果。故B项正确,不当选。(3)通知了债务人的,债务人即不应当再向债权人履行。根据民法理论,债权权利质权设立并通知债务人后,该权利质权的效力之一是:债权人受领债务人清偿的权限即被冻结,债务人对债权人履行债务(包括部分履行)的,不发生清偿的法律效果。故C项正确,不当选;D项错误,当选。【思路拓展】对于D项,为何债权一旦出质,要全部冻结呢?此处的法理基础在于,与一般具有确定价值的动产不同,这10万元的债权,到底能否实现其实是不确定的,因此,全部冻结可以更好地保障质权人的利益。换个角度来看,担保物权具有"不可分性",担保物的每一部分都担保着债权的全部。即"甲对乙10万元债权的每一部分"都担保着"丙的5万元债权的全部"。因此,丙的债权质权设立并通知乙后,不仅乙对甲的"全部履行行为被冻结",乙对甲的"部分履行行为亦被冻结"。

30.有独立请求权第三人[B]

[解析] 案件的原告、被告为丁一、丁二,法律关系(诉讼标的)为法定继承。丁爽参加诉讼,是基于遗嘱继承法律关系主张权利,而并非基于法定继承关系主张权利,不是本案诉讼标的(法定继承)一方当事人,故不是本案共同原告;其基于独立法律关系(遗嘱继承)主张权利,应为有独立请求权第三人。有独立请求权第三人参加诉讼后,存在两个独立的诉,丁一、丁二基于法定继承关系进行的是本诉;基于遗嘱继承法律关系进行的是有独三之诉,以丁爽为原告,丁一、丁二为共同被告。有独三之诉和本诉相互独立,根据《民诉解释》第237条的规定,有独立请求权第三人参加诉讼后,法院在准许本诉原告撤诉后,有独立请求权第三人作为另案原告,原案原告、被告作为另案被告,继续进行诉讼。本题中,丁一撤诉被法院裁定准许后,对于丁爽的第三人参加之诉,应当以丁爽为原告,原案的原告丁一、被告丁二为被告继续审理。故B项正确,A、C、D项错误。

31.诉讼中止的法定情形[C]

[解析] 移送管辖是指法院在受理民事案件后,发现自己对案件并无管辖权,依法将案件移送到有管辖权的法院审理。移送的前提是受理法院对本案没有管辖权。乙县法院为被宣告死亡人的住所地,享有管辖权。A项错误。

诉的合并的条件是彼此独立的几个诉在主体或客体上具有关联性,诉讼合并的意义在于提高诉讼效率,防止在相互关联的问题上作出相互矛盾的裁判。本题中,两个案件程序不一,借款纠纷应适用普通程序审理,而宣告死亡案件适用特别程序,不能合并审理。B项错误。

《民事诉讼法》第153条关于诉讼中止的法定情形的规定包括"本案必须要以另一案的审理结果为依据,而另一案尚未审结的";此外还包括"一方当事人死亡,需要等待继承人表明是否参加诉讼的"。本案诉讼的进行需要以两个事实为基础:一是乙县法院是否宣告成某死亡;二是如果乙县法院判决宣告成某死亡,还需要等待成某的继承人表示是否参加诉讼。所以法院应裁定诉讼中止,C项正确,D项错误。

32.参与分配[B]

[解析]《民诉解释》第506条规定:"被执行人为公民或者其他组织,在执行程序开始后,被执行人的其他已经取得执行依据的债权人发现被执行人的财产不能清偿所有债权的,可以向人民法院申请参与分配。对人民法院查封、扣押、冻结的财产有优先权、担保物权的债权人,可以直接申请参与分配,主张优先受偿权。"因此,"被执行人的财产无法清偿所有的债权"与"有多个申请人对同一被申请人享有债权"是参与分配的条件,故A、C项不当选。参与分配的被执行人为公民或者其他组织,对法人不能参与分配,因为对法人适用破产制度,故B项当选。

参与分配的债权只能是金钱债权,故D项不当选。

33.国际货物买卖合同的要约与承诺;预期违约[C]

[解析]《联合国国际货物销售合同公约》第19条规定,有关货物价格、付款、货物质量和数量、交货地点和时间、一方当事人对另一方当事人的赔偿责任范围或解决争端等的添加或不同条件,均视为在实质上变更发价的条件。故乙公司变更付款方式为实质性的变更合同,甲公司同意了该变更,因此,乙公司应以货到后30天付款的方式支付货款。故A项错误。

《联合国国际货物销售合同公约》第71条第1款规定:"如果订立合同后,另一方当事人由于下列原因显然将不履行其大部分重要义务,一方当事人可以中止履行义务:(a)他履行义务的能力或他的信用有严重缺陷;或(b)他在准备履行合同或履行合同中的行为。"这是对预期违约的规定。依据该条款,甲方应履行第二份合同时,已得知乙方资金紧张,且对第一份合同已构成违约,可以此推断乙方不能继续履行第二份合同的义务,故甲方可以中止履行发货的义务,此不构成违约。故 B 项错误。

《联合国国际货物销售合同公约》第 71 条第 3 款规定:"中止履行义务的一方当事人不论是在货物发运前还是发运后,都必须立即通知另一方当事人,如经另一方当事人对履行义务提供充分保证,则他必须继续履行义务。"依据该条款,甲方停止发货应通知乙方。故 C 项正确。如果乙方提供了付款保证,甲方必须发货。故 D 项错误。

34．《保护文学艺术作品伯尔尼公约》;有关知识产权国际保护的原则 [C]

[解析]《伯尔尼公约》的基本原则之一是自动保护原则,依公约第 5 条第 2 款的规定,该原则要求享有及行使依国民待遇所提供的有关权利时,不需要履行任何手续,也不论作品在起源国是否受到保护,即应自动予以保护。依该原则,成员国国民及在成员国有惯常居所的其他人,在作品创作完成时即自动享有著作权。故 C 项正确,A、B 项错误。

根据该公约的版权独立性基本原则,依公约第 5 条第 2 款的规定,享有国民待遇的人在公约任何成员国所得到的著作权保护,不依赖于其作品在来源国受到的保护。在保护水平上,不能因为作品来源国的保护水平低,其他成员国就降低对有关作品的保护水平。故 D 项错误。

35．有限合伙人 [A]

[解析]《合伙企业法》第 77 条规定:"新入伙的有限合伙人对入伙前有限合伙企业的债务,以其认缴的出资额为限承担责任。"李军作为有限合伙人以 20 万元加入某有限合伙企业,仅以 20 万元为限承担有限责任,故 A 项正确。

《合伙企业法》第 78 条规定:"有限合伙人有本法第 48 条第 1 款第(一)项、第(三)项至第(五)项所列情形之一的,当然退伙。"《合伙企业法》第 48 条第 1 款规定:"合伙人有下列情形之一的,当然退伙:(一)作为合伙人的自然人死亡或者被依法宣告死亡;(二)个人丧失偿债能力;(三)作为合伙人的法人或者其他组织依法被吊销营业执照、责令关闭、撤销,或者被宣告破产;(四)法律规定或者合伙协议约定合伙人必须具有相关资格而丧失该资格;(五)合伙人在合伙企业中的全部财产份额被人民法院强制执行。"由此可见,丧失偿债能力并非有限合伙人的退伙原因。因为有限合伙人仅以出资为限承担有限责任,在李军履行其对某合伙企业的出资义务 20 万元之后,李军仅在此 20 万元的范围内承担责任,其后李军丧失偿债能力并不会影响李军在 20 万元的范围内承担责任。所以,李军丧失偿债能力不影响其有限合伙人资格,故 B 项错误。

《合伙企业法》第 79 条规定:"作为有限合伙人

的自然人在有限合伙企业存续期间丧失民事行为能力的,其他合伙人不得因此要求其退伙。"有限合伙人并不参与合伙企业经营,不需要具有行为能力,不能因为李军成为植物人而要求其退伙,故 C 项错误。

《合伙企业法》第 75 条规定:"有限合伙企业仅剩有限合伙人的,应当解散;有限合伙企业仅剩普通合伙人的,转为普通合伙企业。"因为李军丧失行为能力并未影响其有限合伙人资格,不会影响有限合伙企业的存续,故 D 项错误。

36．仲裁协议对法院管辖权的排除 [D]

[解析]《仲裁法》第 26 条规定:"当事人达成仲裁协议,一方向人民法院起诉未声明有仲裁协议,人民法院受理后,另一方在首次开庭前提交仲裁协议的,人民法院应当驳回起诉,但仲裁协议无效的除外;另一方在首次开庭前未对人民法院受理该案提出异议的,视为放弃仲裁协议,人民法院应当继续审理。"本题中,甲公司与乙公司在一审审理中,都未声明存在仲裁协议,且一审法院已经作出了判决,因此,即使甲、乙公司间存在有效仲裁协议,也因为乙公司在首次开庭前未提出异议而视为放弃仲裁协议,法院对该案的审理是合法的。一审判决后,当事人以存在仲裁协议为由提出上诉,明显属于上诉请求不成立。根据《民事诉讼法》第 177 条第 1 款第 1 项的规定,即原判决、裁定认定事实清楚,适用法律正确的,以判决、裁定方式驳回上诉,维持原判决、裁定。故 D 项正确。

37．债权转让的效力 [D]

[解析] 有价证券,是设定并证明持券人有权行使一定财产权利,并能够流通的一种书面凭证。物权凭证和债权凭证均属有价证券。物权凭证(如提单),是证明持券人享有物权的有价证券;债权凭证(如电影票),是证明持券人享有债权的有价证券。

本题中的"面包券",是设定并证明持券人有权请求义务人(乙公司)交付一定数额面包并移转面包所有权之债权的有价证券,系债权凭证,而非物权凭证。故 A 项错误。

因遭受诈骗,甲公司将面包券转让给张某后,张某未支付对价,甲公司只能请求张某承担违约责任,或者主张因遭受欺诈而撤销与张某的转让合同。但甲公司无权以此为由主张解除与乙公司的面包券购买协议(原因有二:第一,"双方交割完毕"表明该协议已经履行完毕;第二,不存在法定或者约定解除事由)。故 B 项错误。

如同金钱,"无记名有价证券"适用"占有即所有"规则,即无记名有价证券的持券人有权行使证券证明的权利,义务人无权拒绝。题中的面包券"不记名",表明其属无记名有价证券;"不挂失"表明证券证明的权利不能被发行人废止。因此,即使甲通知乙停止兑付,面对持券人的兑付请求,义务人乙公司亦无权停止兑付。故 C 项错误。

无记名债权凭证证明之权利的转让，以交付为生效要件。若某顾客从张某处受让面包券，并完成面包券的交付，则该面包券上标示的债权即让与给该顾客享有。故 D 项正确。

38．赠与合同的法定撤销；婚姻效力瑕疵[C]

[解析]《民法典》第 1052 条规定："因胁迫结婚的，受胁迫的一方可以向人民法院请求撤销婚姻。请求撤销婚姻的，应当自胁迫行为终止之日起一年内提出。被非法限制人身自由的当事人请求撤销婚姻的，应当自恢复人身自由之日起一年内提出。"第 1053 条规定："一方患有重大疾病的，应当在结婚登记前如实告知另一方；不如实告知的，另一方可以向人民法院请求撤销婚姻。请求撤销婚姻的，应当自知道或者应当知道撤销事由之日起一年内提出。"据此，婚姻缔结中，存在胁迫或隐瞒重大疾病的欺诈才是撤销的事由，本题中不存在，故 A 项错误。

《民法典》第 1051 条规定："有下列情形之一的，婚姻无效：（一）重婚；（二）有禁止结婚的亲属关系；（三）未到法定婚龄。"据此，本题中无婚姻无效的事由，故 B 项错误。

《民法典》第 663 条规定："受赠人有下列情形之一的，赠与人可以撤销赠与：（一）严重侵害赠与人或者赠与人近亲属的合法权益；（二）对赠与人有扶养义务而不履行；（三）不履行赠与合同约定的义务。赠与人的撤销权，自知道或者应当知道撤销事由之日起一年内行使。"本题中，乙婚后拒绝照顾甲，构成对于赠与合同中约定义务的违反，属于赠与人法定撤销权情形之一，甲可撤销对乙的赠与。故 C 项正确，D 项错误。

39．个人合伙[C]

[解析] 对于合伙人之间的关系，可适用民法典关于合伙合同的规定。《民法典》第 967 条规定："合伙合同是两个以上合伙人为了共同的事业目的，订立的共享利益、共担风险的协议。"第 970 条规定："合伙人就合伙事务作出决定的，除合伙合同另有约定外，应当经全体合伙人一致同意。合伙事务由全体合伙人共同执行。按照合伙合同的约定或者全体合伙人的决定，可以委托一个或者数个合伙人执行合伙事务；其他合伙人不再执行合伙事务，但是有权监督执行情况。合伙人分别执行合伙事务的，执行事务合伙人可以对其他合伙人执行的事务提出异议；提出异议后，其他合伙人应当暂停该事务的执行。"据此，无论是否参与事务的执行，只要为共同事业目的，签订合伙协议的均可为合伙人。故 A、B 项错误，C 项正确。

《民法典》第 973 条规定："合伙人对合伙债务承担连带责任。清偿合伙债务超过自己应当承担份额的合伙人，有权向其他合伙人追偿。"据此，合伙人合

伙期间欠下的债务为连带债务。连带债务的内部份额可以约定。王东和张西出具的"餐馆经营亏损与李南无关"的字据属于合伙人之间的内部约定，该约定是有效的，但是仅在其内部有效，对外不产生约束力。故 D 项错误。

40．终结诉讼[A]

[解析]《民事诉讼法》第 154 条第 3 项规定，离婚案件一方当事人死亡的，终结诉讼。据此，对于离婚案件，不论是处于一审还是二审中，只要出现了一方当事人死亡的情况，即应裁定终结诉讼，而不能作其他处理。本题中，乙是在甲提交上诉状后第三天死亡，只要判决书尚未生效，即可认为是在诉讼过程中，按照法律规定应当裁定终结诉讼。故 A 项正确。

41．执行异议之诉中的证明责任[B]

[解析]《民诉解释》第 309 条规定："案外人或者申请执行人提起执行异议之诉的，案外人应当就其对执行标的享有足以排除强制执行的民事权益承担举证证明责任。"本案中，易某为申请执行人，谢某为案外人，执行过程中，谢某提出案外人执行异议之诉，法院裁定中止执行，易某不服该裁定提起申请人异议之诉，应由案外人谢某对执行标的享有足以排除强制执行的民事权益承担举证证明责任。故 A 项错误，B 项正确。能够提起执行异议之诉的主体是案外人或申请执行人，被执行人无权提起执行异议之诉。故 C、D 项错误。

42．冒名股东[A]

[解析]《公司法解释（三）》第 28 条规定："冒用他人名义出资并将该他人作为股东在公司登记机关登记的，冒名登记行为人应当承担相应责任；公司、其他股东或者公司债权人以未履行出资义务为由，请求被冒名登记为股东的承担补足出资责任或者对公司债务不能清偿部分的赔偿责任的，人民法院不予支持。"王大伟在未告知其弟王小伟的情况下，直接持王小伟的身份证等证件将王小伟登记为公司股东，属于冒名登记行为，王大伟对房地产中介公司实际出资并享有股东权利，被冒名者王小伟对于登记事项不知情，也无出资，不享有股东权利。因此，应认定王大伟为公司的股东，王小伟并非公司股东，公司债权人无权请求王小伟对公司债务承担相应的责任。故 A 项正确，B、C、D 项错误。

43．审计机关的职责和权限[B]

[解析]《审计法》第 23 条规定："审计机关对政府投资和以政府投资为主的建设项目的预算执行情况和决算，对其他关系国家利益和公共利益的重大公共工程项目的资金管理使用和建设运营情况，进行审计监督。"本题符合"政府投资的建设项目"范围，审计机关可以对其进行审计监督。故 A 项错误。

《审计法》第 42 条第 1 款规定："审计机关根据

经批准的审计项目计划确定的审计事项组成审计组，并应当在实施审计三日前，向被审计单位送达审计通知书；遇有特殊情况，经县级以上人民政府审计机关负责人批准，可以直接持审计通知书实施审计。"故 B 项正确。

《审计法》第 37 条第 2 款规定："审计机关经县级以上人民政府审计机关负责人批准，有权查询被审计单位在金融机构的账户。"因此审计局无需委托人民法院查询。故 C 项错误。

《审计法》第 36 条规定："审计机关进行审计时，有权检查被审计单位的财务、会计资料以及与财政收支、财务收支有关的业务、管理等资料和资产，有权检查被审计单位信息系统的安全性、可靠性、经济性，被审计单位不得拒绝。"由此可见，审计局可以要求该公司直接提供财政收支有关的资料和资产，不需要委托税务局检查。故 D 项错误。

44．知识产权的侵权行为[B]

[解析] 著作权法的一个原理是：根据受控行为界定权利范围。《著作权法》第 10 条规定了著作权人享有的权利，包括 4 种著作人身权（发表权、署名权、修改权、保护作品完整权）和 12 种著作财产权（复制权、发行权、出租权、展览权、表演权、放映权、广播权、信息网络传播权、摄制权、改编权、翻译权、汇编权）。看一种行为是否侵犯著作权，关键要看这种行为是否落入著作权权利控制的范围。购买盗版书并阅读，并没有侵害上述著作权的任何一种权利，故不构成侵权。从理论角度而言，著作权法只规范对作品的使用行为（如发行、出租、改编等），而对作品的接触行为（如购买）和欣赏行为（如阅读、观看）并不侵犯著作权，不受著作权的控制。对于盗版图书而言，如果是制作盗版书则侵害了作者的复制权，如果是出卖盗版书则侵害了作者的发行权，但购买盗版图书或阅读盗版图书，则并不侵犯作者的著作权。故 A 项不当选。

《计算机软件保护条例》第 30 条规定："软件的复制品持有人不知道也没有合理理由应当知道该软件是侵权复制品的，不承担赔偿责任；但是，应当停止使用、销毁该侵权复制品。如果停止使用并销毁该侵权复制品将给复制品使用人造成重大损失的，复制品使用人可以在向软件著作权人支付合理费用后继续使用。"可知，盗版软件（侵权复制品）的善意持有人无权继续使用盗版软件，应当立即停止使用、销毁该侵权复制品，否则构成侵权；若是恶意持有人，即明知是盗版软件还继续购买并安装使用的，本身构成侵权，既要停止使用、销毁该侵权复制品，也要承担赔偿责任。李某明知是盗版软件而购买并安装使用，其行为属于侵犯著作权的行为。故 B 项当选。

《商标法》第 57 条规定："有下列行为之一的，均

属侵犯注册商标专用权：（一）未经商标注册人的许可，在同一种商品上使用与其注册商标相同的商标的；（二）未经商标注册人的许可，在同一种商品上使用与其注册商标近似的商标，或者在类似商品上使用与其注册商标相同或者近似的商标，容易导致混淆的；（三）销售侵犯注册商标专用权的商品的；（四）伪造、擅自制造他人注册商标标识或者销售伪造、擅自制造的注册商标标识的；（五）未经商标注册人同意，更换其注册商标并将该更换商标的商品又投入市场的；（六）故意为侵犯他人商标专用权行为提供便利条件，帮助他人实施侵犯商标专用权行为的；（七）给他人的注册商标专用权造成其他损害的。"可知，侵犯注册商标专用权的行为限于假冒、制造、销售行为，不包括购买和使用行为，因此即使明知是假冒注册商标的商品而购买并经营性使用的，也不构成侵权。故 C 项不当选。

《专利法》第 11 条第 2 款规定："外观设计专利权被授予后，任何单位或者个人未经专利权人许可，都不得实施其专利，即不得为生产经营目的的制造、许诺销售、销售、进口其外观设计专利产品。"可知，对于外观设计专利产品，未经许可，为生产经营目的的制造、许诺销售、销售、进口其外观设计产品，构成侵权行为。但外观设计专利权不能控制使用行为，四海公司经营性使用外观设计专利产品不构成侵权。故 D 项不当选。

45．国际司法协助中域外司法文书的送达方式[D]

[解析] 根据《民事诉讼法》第 283 条，除公告送达为兜底性条款外，在我国立法司法实践中，一直以来都对其他送达文书方式无明确适用顺序要求，而是根据便捷、高效原则确定。故 A 项错误。

受送达人所在国的法律允许邮寄送达的，可以邮寄送达。故 B 项错误。

对具有中华人民共和国国籍的受送达人，可以委托中华人民共和国驻受送达人所在国的使领馆代为送达。受送达人并非中国公民，不能采用驻外使领馆的送达途径。故 C 项错误。

可以采用能够确认受送达人收悉的电子方式送达，但是受送达人所在国法律禁止的除外。故 D 项正确。

46．执行依据[C]

[解析]《民诉解释》第 337 条规定："当事人在第二审程序中达成和解协议的，人民法院可以根据当事人的请求，对双方达成的和解协议进行审查并制调解书送达当事人；因和解而申请撤诉，经审查符合撤诉条件的，人民法院应予准许。"因此，在二审审理中，当事人申请撤回上诉，法院审查准许后，二审诉讼即告终结，一审裁判发生法律效力。因此，可以申请

执行生效的一审判决。同时,和解协议没有强制执行力,不能向法院申请强制执行。故 C 项正确,A、B、D 项错误。

47．埋藏物的归属；动产善意取得的构成 [A]

[解析] 本题中的瓷瓶为埋藏物,由甲的祖父埋藏,甲经由继承取得对瓷瓶的所有权。《民法典》第312条规定:"所有权人或者其他权利人有权追回遗失物。该遗失物通过转让被他人占有的,权利人有权向无处分权人请求损害赔偿,或者自知道或者应当知道受让人之日起二年内向受让人请求返还原物;……"第319条规定:"拾得漂流物、发现埋藏物或者隐藏物的,参照适用拾得遗失物的有关规定。法律另有规定的,依照其规定。"据此,发现埋藏物,参照适用拾得遗失物的有关规定,不能善意取得。埋藏物的权利人有权向受让人主张追回埋藏物,也可以不主张追回,而向无权处分人主张损害赔偿。本题中,甲是瓷瓶的所有权人,丙出卖给丁属于无权处分,因瓷瓶系埋藏物,即使丁受让时为善意,丁亦不能善意取得瓷瓶的所有权。权利人甲既可以选择对实施无权处分的丙主张损害赔偿请求权,也可以选择自知道或者应当知道占有的善意受让人丁之日起 2 年内对丁行使返还原物请求权。故 A 项正确,D 项错误。

【思路拓展】 占有他人的委托物进行无权处分的,第三人善意并支付合理对价的情况下,才能构成善意取得。丙占有的是埋藏物,参照适用遗失物的规则,不是占有他人的委托物,因此不适用善意取得。

乙并不是埋藏物的所有权人,无权向丙请求损害赔偿。故 B 项错误。

《民法典》第 597 条第 1 款规定:"因出卖人未取得处分权致使标的物所有权不能转移的,买受人可以解除合同并请求出卖人承担违约责任。"丙以自己的名义将该瓷瓶出卖给丁属于无权处分,无权处分的事实不影响买卖合同的效力,丙、丁的瓷瓶买卖合同有效。故 C 项错误。

48．双务合同履行中的抗辩权 [D]

[解析]《民法典》第 525 条规定:"当事人互负债务,没有先后履行顺序的,应当同时履行。一方在对方履行之前有权拒绝其履行请求。一方在对方履行债务不符合约定时,有权拒绝其相应的履行请求。"据此可知,同时履行抗辩权的构成要件之一是双务合同当事人的债务履行顺序无先后之分。本题中,买卖合同约定甲应先支付书款,乙两个月后交付图书,其履行义务的顺序有先后之分,不符合同时履行抗辩权的构成要件。故 A 项错误。

《民法典》第 527 条规定,仅应当先履行的一方在符合条件时可以行使不安抗辩权。本题中,乙作为应当后履行的一方是不可能行使不安抗辩权的。故 B 项错误。

《民法典》第 526 条规定:"当事人互负债务,有先后履行顺序,应当先履行债务一方未履行的,后履行一方有权拒绝其履行请求。先履行一方履行债务不符合约定的,后履行一方有权拒绝其相应的履行请求。"据此,乙可以行使顺序履行抗辩权,但只能拒绝与甲未支付价款部分相应的履行请求。故 C 项错误,D 项正确。

49．无因管理；个人劳务关系中的侵权责任 [A]

[解析] 只有正当的无因管理才能自动在当事人之间发生无因管理之债。正当无因管理的构成要件有四:(1)管理人管理他人事务;(2)管理人具有管理意思。所谓具有管理意思,指管理人知道管理的系他人事务,并愿意将管理所取得的利益归属于他人;(3)就事务的管理而言,管理人无管理的法定义务或约定义务;(4)事务的管理,客观上有利于本人,且不违反本人明示或者可得推知的意思。本题中,甲聘请乙负责照看小孩,甲昏迷时,乙并无送甲前往医院的约定义务或者法定义务,因此,乙将甲送往医院的行为构成正当无因管理。故 A 项正确。

《民法典》第 169 条规定:"代理人需要转委托第三人代理的,应当取得被代理人的同意或者追认。转委托代理经被代理人同意或者追认的,被代理人可以就代理事务直接指示转委托的第三人,代理人仅就第三人的选任以及对第三人的指示承担责任。转委托代理未经被代理人同意或者追认的,代理人应当对转委托的第三人的行为承担责任;但是,在紧急情况下代理人为了维护被代理人的利益需要转委托第三人代理的除外。"《民法典总则编解释》第 26 条规定:"由于急病、通讯联络中断、疫情防控等特殊原因,委托代理人自己不能办理代理事项,又不能与被代理人及时取得联系,如不及时转委托第三人代理,会给被代理人的利益造成损失或者扩大损失的,人民法院应当认定为民法典第一百六十九条规定的紧急情况。"本题中,乙于情况紧急下的转委托对本人发生效力,即在甲、丁之间产生了委托关系,由甲对转委托后果负责,乙不承担责任,故 D 项错误。此外,丁系基于委托合同照看小孩,丁对小孩的照看系基于约定义务,因此不构成无因管理。同时,丁疏于照看小孩,致使甲的小孩在玩耍中受伤,丁的行为构成过错侵权,应承担过错侵权责任。换言之,丁基于与乙的委托合同负有照看甲的小孩的义务,丁疏于照看致使甲的小孩因此遭受损害,构成不作为侵权(过错侵权)。故 B 项错误。

甲与乙、丙与丁之间的法律关系均属于个人之间的劳务关系。《民法典》第 1192 条第 1 款规定:"个人之间形成劳务关系,提供劳务一方因劳务造成他人损害的,由接受劳务一方承担侵权责任。接受劳务一方承担侵权责任后,可以向有故意或者重大过失的提供劳务一方追偿。提供劳务一方因劳务受到损害的,根据双方各自的过错承担相应的责任。"据此,在个人之间的劳务关系中,若提供劳务一方因劳务致人损害的,接受劳务一方须承担无过错的替代责任。不过,丁替乙照看甲的小孩,超出了丙、丁间的个人劳务关系范围(题目交代:丙聘请丁做家务),不属于因劳务致人损害,故接受劳务的一方丙无须承担责任。故 C 项错误。

50．劳动合同的法律适用[D]

[解析]《涉外民事关系法律适用法》第 43 条规定:"劳动合同,适用劳动者工作地法律;难以确定劳动者工作地的,适用用人单位主营业地法律。劳务派遣,可以适用劳务派出地法律。"本题中,大卫在东亚地区巡回进行售后服务,其工作地难以确定,所以要适用用人单位主营业地法,即丙国法。故 D 项正确,A、B、C 项错误。

二、多项选择题

51．执行终结;执行和解协议的效力[CD]

[解析]《民诉解释》第 464 条规定:"申请执行人与被执行人达成和解协议后请求中止执行或者撤回执行申请的,人民法院可以裁定中止执行或者终结执行。"可知,请求中止执行的,法院可以裁定中止执行;撤回执行申请的,法院可以裁定终结执行,即法院需要根据当事人的具体申请作出相应的裁定。故 A 项错误。

《民事诉讼法》第 241 条规定:"在执行中,双方当事人自行和解达成协议的,执行员应当将协议内容记入笔录,由双方当事人签名或者盖章。申请执行人因受欺诈、胁迫与被执行人达成和解协议,或者当事人不履行和解协议的,人民法院可以根据当事人的申请,恢复对原生效法律文书的执行。"可知,执行和解协议是双方行使处分权达成的民事协议,并不具备法定的强制执行力,也不能变更原生效法律文书的执行力,执行和解协议不能作为执行根据。故 B 项错误。

《执行和解规定》第 9 条规定:"被执行人一方不履行执行和解协议的,申请执行人可以申请恢复执行原生效法律文书,也可以就履行执行和解协议向执行法院提起诉讼。"该条明确赋予了申请执行人选择权,即在被执行人不履行执行和解协议时,申请执行人既可以申请恢复执行,也可以就履行执行和解协议提起诉讼。故 C 项正确。

《民诉解释》第 465 条规定:"一方当事人不履行或者不完全履行在执行中双方自愿达成的和解协议,对方当事人申请执行原生效法律文书的,人民法院应当恢复执行,但和解协议已履行的部分应当扣除。和解协议已经履行完毕的,人民法院不予恢复执行。"故 D 项正确。

52．股东、合伙人知情权[BD]

[解析]根据《公司法》第 57 条规定,有限公司股东对公司会计账簿可以申请查阅,但不能复制,且查阅必须经过书面申请。故 A 项错误。

对于股份公司股东的知情权,《公司法》第 110 条第 1 款规定:"股东有权查阅、复制公司章程、股东名册、股东会会议记录、董事会会议决议、监事会会议决议、财务会计报告,对公司的经营提出建议或者质询。"故 B 项正确。

对于股东提起解散公司之诉,《公司法》第 231 条规定:"公司经营管理发生严重困难,继续存续会使股东利益受到重大损失,通过其他途径不能解决的,持有公司百分之十以上表决权的股东,可以请求人民法院解散公司。"《公司法解释(二)》第 1 条第 1 款规定:"股东以知情权、利润分配请求权等权益受到损害,或者公司亏损、财产不足以偿还全部债务,以及公司被吊销企业法人营业执照未进行清算等为由,提起解散公司诉讼的,人民法院不予受理。"由此可知,股东不能以知情权受到侵害为由而提起公司解散之诉。故 C 项错误。

《合伙企业法》第 28 条第 2 款规定:"合伙人为了解合伙企业的经营状况和财务状况,有权查阅合伙企业会计账簿等财务资料。"故 D 项正确。

53．供用热力合同及其违约责任[CD]

[解析]《民法典》第 654 条规定:"用电人应当按照国家有关规定和当事人的约定及时支付电费。用电人逾期不支付电费的,应当按照约定支付违约金。经催告用电人在合理期限内仍不支付电费和违约金的,供电人可以按照国家规定的程序中止供电。供电人依据前款规定中止供电的,应当事先通知用电人。"《民法典》第 656 条规定:"供用水、供用气、供用热力合同,参照适用供用电合同的有关规定。"综上,吴某到期不支付供热费,经催告后在合理期限内仍不支付的,甲公司有权中止供热;但甲公司不享有法定解除权,无权解除供热合同。故 A、B 项错误,C 项正确。吴某无正当理由不支付到期供热费构成违约,甲公司有权请求吴某承担实际履行、支付违约金等违约责任。故 D 项正确。【思路拓展】因为供电、供热、供水等对于用户来说是生活必需,而且提供主体是垄断的、特定的,不存在选择其他交易主体的可能,因此,只能暂时中止,不存在解除合同的问题。

54．离婚时对于怀孕妇女的特别保护;诉讼离婚的程序;著作权侵权;离婚损害赔偿[ABC]

[解析]《民法典》第 1082 条规定:"女方在怀孕期间、分娩后一年内或者终止妊娠后六个月内,男方不得提出离婚;但是,女方提出离婚或者人民法院认为确有必要受理男方离婚请求的除外。"故 A 项正确。

《民法典》第1079条第2、3款规定："人民法院审理离婚案件，应当进行调解；如果感情确已破裂，调解无效的，应当准予离婚。有下列情形之一，调解无效的，应当准予离婚：……（三）有赌博、吸毒等恶习屡教不改；……"董楠有吸毒恶习，调解无效，应准予离婚，故B项正确。

《爱你一千年》属于夫妻二人共同创作的油画作品，属于合作作品，双方共同享有该油画的著作权和所有权。董楠未经申蓓同意变卖《爱你一千年》，不仅侵犯了申蓓对于油画的物权，而且侵犯了申蓓对油画的著作权。故C项正确。

《民法典》第1091条规定："有下列情形之一，导致离婚的，无过错方有权请求损害赔偿：（一）重婚；（二）与他人同居；（三）实施家庭暴力；（四）虐待、遗弃家庭成员；（五）有其他重大过错。"由此可知，对董楠吸毒恶习，申蓓无权请求离婚损害赔偿。故D项错误。【特别提醒】本选项的问题在于，董楠吸毒且屡教不改，是否属于"有其他重大过错"的情形，对此存在争议，我们认为倾向于不属于。因为《民法典》第1091条前四项情形的共同特点在于，过错方配偶的行为侵害了无过错方配偶的人格利益或身份利益，因此，这里的"有其他重大过错"应解释为侵害无过错方配偶"人格利益或者身份利益"的其他重大过错，而董楠吸毒并不构成对申蓓人格利益或身份利益的侵害。

55．当事人资格；当事人的诉讼权利能力［BCD］

［解析］《民诉解释》第64条规定："企业法人解散的，依法清算并注销前，以该企业法人为当事人；未依法清算即被注销的，以该企业法人的股东、发起人或者出资人为当事人。"如果法人还在，法人能作当事人。如果法人不在，法人不能作当事人，而法人被依法解散、依法撤销后，该法人已经不存在，是不能作当事人的。故A项错误。【特别提醒】本选项表述存在不严谨之处，并未说明是否已经注销。法人终止的标志为注销，如果表述为"依法解散、依法被撤销并注销"就不存在歧义了。

公民的诉讼权利能力始于出生，终于死亡。被宣告为无民事行为能力的成年人不具有诉讼行为能力，但仍具有诉讼权利能力，可以自己的名义作为当事人进行诉讼。故B项正确。

《民事诉讼法》第51条第1款规定："公民、法人和其他组织可以作为民事诉讼的当事人。"故C项正确。

《消费者权益保护法》第47条规定："对侵害众多消费者合法权益的行为，中国消费者协会以及在省、自治区、直辖市设立的消费者协会，可以向人民法院提起诉讼。"同时结合《民事诉讼法》第58条规定，故D项正确。

56．普通合伙的入伙、退伙［ABC］

［解析］根据《合伙企业法》第44条第2款规定，新合伙人对入伙前合伙企业的债务承担无限连带责任。故A项正确。

根据《合伙企业法》第43条第2款规定，订立入伙协议时，原合伙人应当向新合伙人如实告知原合伙企业的经营状况和财务状况。该条为原合伙人设定了如实告知义务。《民法典》第147条规定："基于重大误解实施的民事法律行为，行为人有权请求人民法院或者仲裁机构予以撤销。"在本题事实中，甲、乙、丙未如实告知丁合伙企业的经营状况和财务状况，属于对事实的隐瞒，导致丁在违背真实意思的情况下签订了入伙协议，因此入伙协议属于可撤销的协议。故B项正确。

《合伙企业法》第45条规定："合伙协议约定合伙期限的，在合伙企业存续期间，有下列情形之一的，合伙人可以退伙：……（二）经全体合伙人一致同意；……"在本题中，丁主张退伙，且经全体合伙人于2021年6月1日一致表述同意，丁的退伙应从该日生效。故C项正确。

根据《合伙企业法》第53条规定，退伙人只对基于退伙前的原因发生的合伙企业债务承担无限连带责任。故D项错误。

57．商业银行的设立、变更、组织形式；银行业监督管理机构审批事项［ABD］

［解析］《商业银行法》第13条第2款："国务院银行业监督管理机构根据审慎监管的要求可以调整注册资本最低限额，但不得少于前款规定的限额。"由此可知，《商业银行法》只是对注册资本调低作出了限制性规定，没有对调高作出限制规定。故A项正确。

《商业银行法》第17条第1款规定："商业银行的组织形式、组织机构适用《中华人民共和国公司法》的规定。"故B项正确。

《商业银行法》第25条第1款规定："商业银行的分立、合并，适用《中华人民共和国公司法》的规定。"故C项错误。

《商业银行法》第28条规定："任何单位和个人购买商业银行股份总额5%以上的，应当事先经国务院银行业监督管理机构批准。"故D项正确。

58．合同的法律适用；时效的法律适用；意思自治原则［BC］

［解析］《涉外民事关系法律适用法》第41条规定："当事人可以协议选择合同适用的法律。当事人没有选择的，适用履行义务最能体现该合同特征的一方当事人经常居所地法律或者其他与该合同有最密切联系的法律。"第7条规定："诉讼时效，适用相关涉外民事关系应当适用的法律。"据此，诉讼时效应

该适用案件基础法律关系。本案的基础法律关系是合同法律关系，而合同首先应该适用双方当事人选择的法律，本案中双方当事人约定合同纠纷适用英国法，所以本案的实体问题应当适用英国法，从而本案的诉讼时效也应当适用英国法。故 B、C 项正确，A、D 项错误。

59．方法专利侵权［AB］

[解析] 发明分为产品发明和方法发明，本题是对"方法发明"专利保护的考查。《专利法》第 11 条第 1 款规定："发明和实用新型专利权被授予后，除本法另有规定的以外，任何单位或者个人未经专利权人许可，都不得实施其专利，即不得为生产经营目的制造、使用、许诺销售、销售、进口其专利产品，或者使用其专利方法以及使用、许诺销售、销售、进口依照该专利方法直接获得的产品。"《最高人民法院关于审理侵犯专利权纠纷案件应用法律若干问题的解释》第 13 条规定："对于使用专利方法获得的原始产品，人民法院应当认定为专利法第十一条规定的依照专利方法直接获得的产品。对于将上述原始产品进一步加工、处理而获得后续产品的行为，人民法院应当认定属于专利法第十一条规定的使用依照该专利方法直接获得的产品。"据此，以下行为构成对方法专利的侵权：（1）未经许可"使用专利方法"。本题中，乙公司未获得授权，私自采用该方法培育 C 型对虾，构成侵权。（2）未经许可，使用、许诺销售、销售、进口"直接产品"（指依照该专利方法直接获得的产品，即原始产品）。根据上述司法解释，使用原始产品加工处理获得后续产品的行为属于对直接产品的使用范围。本题中，乙公司将 C 型对虾卖给丙公司（销售原始产品），以及丙公司用 C 型对虾生产虾酱（使用原始产品加工成后续产品），都构成侵权。故 A、B 项当选。丁超市向丙公司批发大量虾酱用于销售，这属于对后续产品的销售行为，不构成侵犯专利权。故 C 项不当选。【特别提醒】方法专利一般仅控制直接产品，不控制后续产品。

《专利法》第 75 条规定："有下列情形之一的，不视为侵犯专利权：……（四）专为科学研究和实验而使用有关专利的；……"戊科学研究所使用甲公司的方法专利是为了提升该专利方法，属于专为科学研究和实验而使用有关专利的情形，不视为专利侵权。故 D 项不当选。【特别提醒】构成专利侵权需要以"生产经营"为目的。

60．判决与裁定的区别；允许上诉与具有执行力的裁判文书［AB］

[解析] 根据民事诉讼理论，判决是人民法院行使审判权，依照法律对审理终结的诉讼案件或者非诉讼案件，就当事人民事实体权利义务的争议，或者就确认具有法律意义的事实作出的决定。而裁定是人民法院审理民事案件或者在民事案件执行的过程中，为保证审判工作的顺利进行，就发生的诉讼程序问题作出的决定。但少数裁定，如先予执行的裁定则涉及实体义务的履行。故 A 项是正确的。

判决应当采用书面判决书的形式作出，而裁定既可以采取书面形式，也可以采取口头形式。故 B 项是正确的。

根据《民事诉讼法》第 21 条和第 171 条的规定，最高人民法院可以管辖第一审民事案件，其作出的判决不得上诉。此外，根据《民事诉讼法》第 157 条的规定，只有部分裁定可以上诉。故 C 项是不正确的。

根据民事诉讼理论，具有给付内容的生效判决具有执行力，而财产案件的生效判决不一定都具有给付内容；而裁定只有少数涉及给付内容的才具有执行力。故 D 项是不正确的。

61．检察院抗诉；再审［ABC］

[解析]《民事诉讼法》第 210 条规定："当事人对已经发生法律效力的判决、裁定，认为有错误的，可以向上一级人民法院申请再审；当事人一方人数众多或者当事人双方为公民的案件，也可以向原审人民法院申请再审。当事人申请再审的，不停止判决、裁定的执行。"因此，当事人申请再审，原则上应当向原审法院的上一级法院申请再审，但如果当事人一方人数众多或者当事人双方为公民的案件，当事人也可以向原审法院申请再审。周某只应向甲省高院申请再审的说法不对。故 A 项错误，当选。

《民事诉讼法》第 222 条规定，人民检察院提出抗诉的案件，接受抗诉的人民法院应当自收到抗诉书之日起 30 日内作出再审的裁定；有本法第 211 条第 1 项至第 5 项规定情形之一的，可以交下一级人民法院再审，但经该下一级人民法院再审的除外。因此，检察院抗诉的案件，法院必须再审，不能拒绝。故 B 项错误，当选。

《民事诉讼法》第 217 条规定："按照审判监督程序决定再审的案件，裁定中止原判决、裁定、调解书的执行，但追索赡养费、扶养费、抚养费、抚恤金、医疗费用、劳动报酬等案件，可以不中止执行。"因此，法院应当在裁定再审的同时，裁定中止执行，而不是撤销原判。故 C 项错误，当选；D 项正确，不当选。

62．宣告死亡及撤销后的法律效果［ABC］

[解析]《民法典》第 51 条规定："被宣告死亡的人的婚姻关系，自死亡宣告之日起消除。死亡宣告被撤销的，婚姻关系自撤销死亡宣告之日起自行恢复。但是，其配偶再婚或者向婚姻登记机关书面声明不愿意恢复的除外。"本题中，甲的死亡宣告被撤销后，因双方均未再婚也未书面声明不愿恢复，所以甲、乙之间的婚姻关系自行恢复。故 A 项正确。

宣告死亡具有与生理死亡相同的法律效果，即发生继承,乙作为唯一继承人因继承取得轿车所有权,因此乙有权处分轿车。故 B 项正确。

《民法典》第 53 条第 1 款规定:"被撤销死亡宣告的人有权请求依照本法第六编取得其财产的民事主体返还财产;无法返还的,应当给予适当补偿。"所谓的无法返还,是指继承财产已经消耗掉或已经转让给第三人的情形,只要第三人取得财产有正当理由,就没有返还的义务。本题中,甲被宣告死亡之后,乙作为唯一继承人,通过继承获得轿车的全部权利,是有权处分,丙可因此而合法获得轿车的所有权,没有返还的义务,而应当由继承该财产的乙对甲适当补偿。故 C 项正确。

《民法典》第 597 条第 1 款规定:"因出卖人未取得处分权致使标的物所有权不能转移的,买受人可以解除合同并请求出卖人承担违约责任。"本题中,在未撤销死亡宣告前,甲处分登记于自己名下的一套夫妻共有住房,构成无权处分,但无权处分不影响买卖合同的效力。同时,《民法典》第 49 条规定:"自然人被宣告死亡但是并未死亡的,不影响该自然人在被宣告死亡期间实施的民事法律行为的效力。"据此,甲、丁间的房屋买卖合同效力也不受甲被宣告死亡的影响。故 D 项错误。

63.动产质权;质权的放弃[BCD]

[解析]《民法典》第 430 条规定:"质权人有权收取质押财产的孳息,但是合同另有约定的除外。前款规定的孳息应当先充抵收取孳息的费用。"据此,在质权存续期间,质权人有权收取孳息,在充抵收取孳息的费用后,可占有孳息,并在债务人不按期清偿债务时请求将孳息与原物一并拍卖以获得的价款优先受偿。本题中,甲将鹦鹉质押交付乙作为债务到期不履行的担保,双方无约定时,乙作为质权人有权收取质押物产生的孳息,即鹦鹉蛋。故 A 项错误。

《民法典》第 432 条第 1 款规定:"质权人负有妥善保管质押财产的义务;因保管不善致使质押财产毁损、灭失的,应当承担赔偿责任。"据此,质权人乙负有妥善保管质押财产的义务,因乙照管不善导致鹦鹉死亡,乙须承担赔偿责任。故 B 项正确。

《民法典》第 437 条第 1 款规定:"出质人可以请求质权人在债务履行期届满后及时行使质权;质权人不行使的,出质人可以请求人民法院拍卖、变卖质押财产。"故 C 项正确。

甲对乙的 10 万元债务,由乙对甲鹦鹉的质权和丙提供的连带责任保证共同担保,构成《民法典》第 392 条规定的"混合担保"。《民法典》第 435 条规定:"质权人可以放弃质权。债务人以自己的财产出质,质权人放弃该质权的,其他担保人在质权人丧失优先受偿权益的范围内免除担保责任,但其他担保人承诺仍然提供担保的除外。"本题中,甲以自己的财产出质

设定的质权和第三人丙提供的保证并存,如果债权人乙放弃该质权的,保证人丙作为第三担保人,可以在乙放弃质权的范围内免除担保责任。故 D 项正确。

64.滥用市场支配地位[AD]

[解析]《反垄断法》只打击"滥用"市场支配地位的行为,企业有支配地位但不滥用该地位的,《反垄断法》并不禁止。故 A 项正确。

《反垄断法》第 23 条规定,认定经营者具有市场支配地位,应当依据下列因素:(1)该经营者在相关市场的市场份额,以及相关市场的竞争状况;(2)该经营者控制销售市场或者原材料采购市场的能力;(3)该经营者的财力和技术条件;(4)其他经营者对该经营者在交易上的依赖程度;(5)其他经营者进入相关市场的难易程度;(6)与认定该经营者市场支配地位有关的其他因素。根据该条可知,市场支配地位的认定,除了考虑经营者在相关市场的市场份额外,相关因素也很多,包括其他经营者进入相关市场的难易程度。故 B、C 项错误。

根据《反垄断法》第 24 条第 1 款第 1 项规定,一个经营者在相关市场的市场份额达到 1/2 的,可以推定经营者具有市场支配地位。故 D 项正确。

65.肖像权;名誉权;委托作品著作权的归属;精神损害赔偿[ABCD]

[解析]《民法典》第 1018 条第 1 款规定:"自然人享有肖像权,有权依法制作、使用、公开或者许可他人使用自己的肖像。"乙公司未经允许,擅自使用甲女的肖像做广告,侵犯了其肖像权。故 A 项正确。

该照片属于委托作品。《著作权法》第 19 条规定:"受委托创作的作品,著作权的归属由委托人和受托人通过合同约定。合同未作明确约定或者没有订立合同的,著作权属于受托人。"据此,该照片的著作权属于乙公司。同时,根据《著作权法》第 10 条的规定,丁男将照片中甲女头部移植至他人半裸照片的行为,属于对照片的歪曲和篡改,侵犯了乙公司的保护作品完整权。当然,丁男的行为也构成对乙公司著作权中复制权、信息网络传播权的侵犯。故 B 项正确。

《民法典》第 1024 条规定:"民事主体享有名誉权。任何组织或者个人不得以侮辱、诽谤等方式侵害他人的名誉权。名誉是对民事主体的品德、声望、才能、信用等的社会评价。"丁男的行为符合侵犯甲女名誉权的构成要件:(1)丁男将甲女头部移植至他人半裸照片属于侮辱行为;(2)该侮辱行为指向特定的人;(3)该侮辱行为已经向第三人公开;(4)该侮辱行为导致甲女的社会评价降低,名誉遭受损害。故 C 项正确。

《民法典》第 1183 条第 1 款规定:"侵害自然人人身权益造成严重精神损害的,被侵权人有权请求精

神损害赔偿。"乙公司侵害了甲女的肖像权,丁男侵害了甲女的名誉权和肖像权,且均造成甲女严重精神损害,甲女有权请求乙公司和丁男承担精神损害赔偿责任。故 D 项正确。

66．自甘风险;安保义务人责任;见义勇为;无因管理[CD]

[解析] 自甘风险,又称自担风险或自甘冒险,是指自愿参加具有一定风险的文体活动,因其他参加者的行为受到损害的,受害人不得请求其他参加者承担侵权责任;但是,其他参加者对损害的发生有故意或者重大过失的除外(《民法典》第 1176 条)。本题中,丙以为甲、乙二人溺水而救援的行为系见义勇为(一种特殊的无因管理),并非自甘风险。故 A 项错误。

B 项中的关键词为"安全保障义务"。游泳馆作为经营者、管理者系安全保障义务人,对于游泳者负有安全保障义务。但是,安保义务人责任系过错责任,即只有存在过错时方需承担侵权责任。本题中,游泳馆并不存在过错。因此,无需对丙予以赔偿。故 B 项错误。

见义勇为,是指在没有法定或约定义务的前提下,为保护他人的人身、财产权益,制止各种侵权行为、意外事件的救助行为。《民法典》第 183 条规定:"因保护他人民事权益使自己受到损害的,由侵权人承担民事责任,受益人可以给予适当补偿。没有侵权人、侵权人逃逸或者无力承担民事责任,受害人请求补偿的,受益人应当给予适当补偿。"本题中,丙救助假装溺水的甲、乙二人系见义勇为,造成自己财产手机损坏,受益人甲、乙依法应当予以适当补偿。故 C 项正确。

《民法典》第 979 条第 1 款规定:"管理人没有法定的或者约定的义务,为避免他人利益受损失而管理他人事务的,可以请求受益人偿还因管理事务而支出的必要费用;管理人因管理事务受到损失的,可以请求受益人给予适当补偿。"见义勇为是一种特殊的无因管理,符合无因管理的构成要件,丙因实施无因管理遭受损失,可以请求受益人甲、乙予以适当补偿。故 D 项正确。

67．环境法律责任[ABC]

[解析]《环境保护法》第 65 条规定:"环境影响评价机构、环境监测机构以及从事环境监测设备和防治污染设施维护、运营的机构,在有关环境服务活动中弄虚作假,对造成的环境污染和生态破坏负有责任的,除依照有关法律法规规定予以处罚外,还应当与造成环境污染和生态破坏的其他责任者承担连带责任。"故 A、B、C 项正确。

《环境保护法》第 68 条规定:"地方各级人民政府、县级以上人民政府环境保护主管部门和其他负有环境保护监督管理职责的部门有下列行为之一的,对直接负责的主管人员和其他直接责任人员给予记过、记大过或者降级处分;造成严重后果的,给予撤职或者开除处分,其主要负责人应当引咎辞职:……(二)对环境违法行为进行包庇的;……(四)对超标排放污染物、采用逃避监管的方式排放污染物、造成环境事故以及不落实生态保护措施造成生态破坏等行为,发现或者接到举报未及时查处的;……"本题中,环保部门虽未采取措施,但其属于行政主管部门,并非造成该次污染事故的主体,虽需要承担相应的行政责任,但无需承担民事赔偿连带责任。故 D 项错误。

68．招用童工;工作时间;试用期;违约金[AB-CD]

[解析]《劳动法》第 15 条规定:"禁止用人单位招用未满 16 周岁的未成年人。文艺、体育和特种工艺单位招用未满 16 周岁的未成年人,必须遵守国家有关规定,并保障其接受义务教育的权利。"可见,用人单位原则上不得招用未满 16 周岁的未成年人,但有三个例外。A 项说法过于绝对,违反劳动法的规定。故 A 项错误,当选。

《劳动法》第 38 条规定:"用人单位应当保证劳动者每周至少休息 1 日。"可知,用人单位与劳动者可以约定周六加班,只要保证每周至少休息 1 日即可。故 B 项错误,当选。

《劳动合同法》第 19 条第 1 款规定:"劳动合同期限 3 个月以上不满 1 年的,试用期不得超过 1 个月;劳动合同期限 1 年以上不满 3 年的,试用期不得超过 2 个月;3 年以上固定期限和无固定期限的劳动合同,试用期不得超过 6 个月。"可见,劳动合同期限约定为 2 年的,试用期不得超过 2 个月。故 C 项错误,当选。

《劳动合同法》第 25 条规定:"除本法第 22 条和第 23 条规定的情形外,用人单位不得与劳动者约定由劳动者承担违约金。"其中,《劳动合同法》第 22 条规定了服务期条款,第 23 条规定了保密义务和竞业限制条款。可知,该法对违约金条款进行限制,除了劳动者违反服务期约定和竞业限制约定,均不得约定由劳动者承担违约金。故 D 项错误,当选。

69．公司财务会计报告;公积金[BCD]

[解析]《公司法》第 208 条第 1 款规定,公司应当在每一会计年度终了时编制财务会计报告,并依法经会计师事务所审计。据此,公司对自身的年度财务会计报告不能自行审计而必须聘请会计师事务所进行外审,以保证审计的客观、真实,故 A 项错误。

《公司法》第 210 条第 2 款规定:"公司的法定公积金不足以弥补以前年度亏损的,在依照前款规定提取法定公积金之前,应当先用当年利润弥补亏损。"

公司资本维持是公司资本制度的核心要求，只有弥补亏损之后，才能提取法定公积金；只有提取法定公积金之后，才能向股东分配利润。故 B 项正确。

《公司法》第 214 条第 1 款和第 2 款规定："公司的公积金用于弥补公司的亏损、扩大公司生产经营或者转为增加公司注册资本。公积金弥补公司亏损，应当先使用任意公积金和法定公积金；仍不能弥补的，可以按照规定使用资本公积金。"故 C 项正确。

《公司法》第 214 条第 3 款规定，法定公积金转为增加注册资本时，所留存的该项公积金不得少于转增前公司注册资本的 25%。故 D 项正确。

70. 房地一体；工程款的法定优先权[ACD]

[解析]《民法典》第 417 条规定："建设用地使用权抵押后，该土地上新增的建筑物不属于抵押财产。该建设用地使用权实现抵押权时，应当将该土地上新增的建筑物与建设用地使用权一并处分。但是，新增建筑物所得的价款，抵押权人无权优先受偿。"本题中，甲公司以建设用地使用权向乙银行设定抵押，该住宅楼是抵押权设立后建设的，并非抵押财产，由此可知，乙银行仅对建设用地使用权拍卖所得价款享有优先受偿权。故 A 项正确，B 项错误。

承包人对建设工程价款有优先受偿权。《民法典》第 807 条规定："发包人未按照约定支付价款的，承包人可以催告发包人在合理期限内支付价款。发包人逾期不支付的，除根据建设工程的性质不宜折价、拍卖外，承包人可以与发包人协议将该工程折价，也可以请求人民法院将该工程依法拍卖。建设工程的价款就该工程折价或者拍卖的价款优先受偿。"据此，如果发包人不向承包人支付工程款，则承包人可对于完成工程拍卖、变价获得的价款优先受偿。《建设工程施工合同解释（一）》第 36 条规定："承包人根据民法典第八百零七条规定享有的建设工程价款优先受偿权优于抵押权和其他债权。"据此，本题中承包人丙公司对该住宅楼及其建设用地使用权的优先受偿权优于乙银行的抵押权。故 C 项正确。**【思路拓展】**工程款优先权优于抵押权的原理是，法定担保物权优先。

消费者交付购买商品房的全部或者大部分款项后，承包人就该商品房享有的工程价款优先受偿权不得对抗买受人。丁交付了 80% 的购房款，即交付了"大部分购房款项"，丙公司的建设工程价款优先受偿权不得对抗丁对其所购商品房的权利，这是为了优先保护购房人的利益，即生存利益优先。故 D 项正确。

71. 诉前保全[ABC]

[解析]《民事诉讼法》第 104 条规定："利害关系人因情况紧急，不立即申请保全将会使其合法权益受到难以弥补的损害的，可以在提起诉讼或者申请仲裁前向被保全财产所在地、被申请人住所地或者对案件有管辖权的人民法院申请采取保全措施。申请人应当提供担保，不提供担保的，裁定驳回申请。人民法院接受申请后，必须在四十八小时内作出裁定；裁定采取保全措施的，应当立即开始执行。申请人在人民法院采取保全措施后三十日内不依法提起诉讼或者申请仲裁的，人民法院应当解除保全。"因此，A、B、C 项是正确的，而 D 项是不正确的。

72. 合伙企业清算[BCD]

[解析]《合伙企业法》第 86 条第 1、2 款规定："合伙企业解散，应当由清算人进行清算。清算人由全体合伙人担任；经全体合伙人过半数同意，可以自合伙企业解散事由出现后 15 日内指定 1 个或者数个合伙人，或者委托第三人，担任清算人。"据此，合伙企业清算人可以是合伙人过半数同意委托的第三人，本案中丙作为经营管理人员经合伙人甲和乙的同意担任清算人是合法的，故 A 项错误。

《合伙企业法》第 101 条规定："清算人执行清算事务，牟取非法收入或者侵占合伙企业财产的，应当将该收入和侵占的财产退还合伙企业；给合伙企业或者其他合伙人造成损失的，依法承担赔偿责任。"丙担任合伙企业的清算人，收取了丁的好处，牟取了非法收益，应对合伙企业承担赔偿责任，故 C 项正确。

《合伙企业法》第 102 条规定："清算人违反本法规定，隐匿、转移合伙企业财产，对资产负债表或者财产清单作虚假记载，或者在未清偿债务前分配财产，损害债权人利益的，依法承担赔偿责任。"丙擅自豁免债务，虚构债权损害债权人利益，应对债权人承担赔偿责任，故 B 项正确。

《合伙企业法》第 91 条规定："合伙企业注销后，原普通合伙人对合伙企业存续期间的债务仍应承担无限连带责任。"据此，合伙企业作为非法人组织，企业注销后，普通合伙人依旧需要对企业债务承担无限连带责任，故 D 项正确。

73. 产品缺陷（侵权）责任[ABCD]

[解析]《产品质量法》第 43 条规定："因产品存在缺陷造成人身、他人财产损害的，受害人可以向产品的生产者要求赔偿，也可以向产品的销售者要求赔偿。属于产品的生产者的责任，产品的销售者赔偿的，产品的销售者有权向产品的生产者追偿。属于产品的销售者的责任，产品的生产者赔偿的，产品的生产者有权向产品的销售者追偿。"

本题中孙某从某超市买回的跑步机在使用中出现故障并致其受伤，其性质是因产品缺陷造成消费者人身损害，孙某可以向销售者超市、煌煌商贸公司要求赔偿，也可以向生产者跑步机生产商要求赔偿。故 A、B 项正确。

该型号跑步机既然已被认定为不合格产品，即存在缺陷,生产厂家和总经销商还生产和经营该产品,说明二者存在过错。超市从总经销商煌煌商贸公司依正规渠道进货,说明超市无过错,该产品的侵权责任与超市无关,超市向孙某赔偿后,有权向该跑步机生产商索赔,也有权向煌煌商贸公司索赔。故 C、D 项正确。

74.诉讼参与人[BC]

[解析] 本题中,受害人是张某,张某是原告。《民事诉讼法》第 75 条规定,凡是知道案件情况的单位和个人,都有义务出庭作证。李某和郑某都了解案件的经过,可以作为本案的证人。故 A 项错误,B 项正确。

《民法典》第 1191 条第 1 款规定:"用人单位的工作人员因执行工作任务造成他人损害的,由用人单位承担侵权责任。用人单位承担侵权责任后,可以向有故意或者重大过失的工作人员追偿。"据此,郑某因执行工作任务造成他人损害的,应由用人单位承担侵权责任。因此,华美购物中心是被告,购物中心负责地板打蜡的郑某不是被告。故 C 项正确,D 项错误。

75.商品房买卖合同;情势变更[BC]

[解析]《商品房买卖合同解释》第 16 条规定:"出卖人与包销人订立商品房包销合同,约定出卖人将其开发建设的房屋交由包销人以出卖人的名义销售,包销期满未销售的房屋,由包销人按照合同约定的包销价格购买,但当事人另有约定的除外。"甲、乙公司虽然签订了商品房包销合同,甲公司仍为其开发商品房的所有权人,并且包销合同并不构成对甲公司房屋所有权处分权能的限制。甲公司将由乙公司包销的一套房屋出卖给丙的行为不属于无权处分。故 A 项错误。

《商品房买卖合同解释》第 17 条规定:"出卖人自行销售已经约定由包销人包销的房屋,包销人请求出卖人赔偿损失的,应予支持,但当事人另有约定的除外。"因此,乙公司有权请求甲公司承担违约责任。故 B 项正确。

《民法典》第 533 条规定:"合同成立后,合同的基础条件发生了当事人在订立合同时无法预见的、不属于商业风险的重大变化,继续履行合同对于当事人一方明显不公平的,受不利影响的当事人可以与对方重新协商;在合理期限内协商不成的,当事人可以请求人民法院或者仲裁机构变更或者解除合同。人民法院或者仲裁机构应当结合案件的实际情况,根据公平原则变更或者解除合同。"甲公司与丙的买卖合同签订后,因国家出台调控政策,丙不具备购房资格,构成情势变更,且导致合同目的不能实现,丙有权起诉请求法院判决解除合同。故 C 项正确。【特别提醒】(1)情势变更情形下,若要解除合同,只能通过诉讼或仲裁途径。(2)也有观点认为国家出台房地产调

控政策构成不可抗力,致使不能实现合同目的的,当事人可以解除购房合同。此种思路得出的结果与情势变更一致,不影响本题作答。

法院依照情势变更判决解除合同,由于情势变更不可归责于任一方当事人,因此当事人均不构成违约,无须承担损害赔偿的问题。尽管如此,如果甲公司与丙之间的合同因情势变更被撤销,甲公司除应返还丙本金 20 万元之外,还须返还同期的利息,故 D 项错误。

76.建筑物区分所有权;物业服务合同[ABC]

[解析]《民法典》第 271 条规定:"业主对建筑物内的住宅、经营性用房等专有部分享有所有权,对专有部分以外的共有部分享有共有和共同管理的权利。"据此,除了业主专有部分之外的部分,均属于业主共有,基于该部分获得的收益,也应当归业主共有。物业用房和绿化用地明显属于业主共有部分,物业公司擅自出租的行为,侵害了业主建筑物区分所有权中的共有权,故 A、B、C 项正确。

《民法典》第 940 条规定:"建设单位依法与物业服务人订立的前期物业服务合同约定的服务期限届满前,业主委员会或者业主与新物业服务人订立的物业服务合同生效的,前期物业服务合同终止。"据此,只有在建设单位选聘的物业公司服务期限届满前,业主与新物业公司签订合同的,原物业服务合同自动终止。本题中,绿波公司是业主选聘的物业公司,不适用上述规定,故 D 项错误。

77.执行董事的职权[AC]

[解析] 根据《公司法》第 75 条,股东人数较少的有限公司可不设董事会,设一名董事,行使董事会的职权。

《公司法》第 67 条第 2 款规定:"董事会行使下列职权:……(三)决定公司的经营计划和投资方案;……"故 A 项当选。

《公司法》第 84 条第 2 款规定:"股东向股东以外的人转让股权的,应当将股权转让的数量、价格、支付方式和期限等事项书面通知其他股东,其他股东在同等条件下有优先购买权。……"可知,股东对外转让股权,仅对其他股东有通知义务,无需取得其他股东同意,也不受董事会限制。故 B 项不当选。

《公司法》第 74 条第 1 款规定:"有限责任公司可以设经理,由董事会决定聘任或者解聘。"故 C 项当选。

《公司法》第 59 条第 1 款规定:"股东会行使下列职权:……(四)审议批准公司的利润分配方案和弥补亏损方案;……"据此,D 项属于股东会的职权,故不当选。

78.破产债权申报[AC]

[解析]《企业破产法》第 46 条第 1 款规定:"未

到期的债权,在破产申请时视为已到期。"据此,该余款的支付时间为 2011 年 10 月 30 日,虽然未到期,但是在湘江服装公司的破产申请受理时视为到期,可以申报。故 A 项正确。

《企业破产法》第 18 条规定:"人民法院受理破产申请后,管理人对破产申请受理前成立而债务人和对方当事人均未履行完毕的合同有权决定解除或者继续履行,并通知对方当事人。管理人自破产申请受理之日起 2 个月内未通知对方当事人,或者自收到对方当事人催告之日起 30 日内未答复的,视为解除合同。管理人决定继续履行合同的,对方当事人应当履行;但是,对方当事人有权要求管理人提供担保。管理人不提供担保的,视为解除合同。"法院在受理湘江服装公司的破产申请后,管理人对破产申请前与乙公司成立但并未履行完毕的服装加工合同,有权决定解除或继续履行。乙公司无权单方面请求湘江公司继续履行,因而该请求不能成立,且可申报债权是须以债务人财产为基础的请求权,不是以要求履行劳务为基础的请求权。故 B 项错误。

《企业破产法》第 49 条规定:"债权人申报债权时,应当书面说明债权的数额和有无财产担保,并提交有关证据。申报的债权是连带债权的,应当说明。"可见,无论财产有无担保都可以进行债权申报,只是清偿顺序有所不同。故 C 项正确。

《最高人民法院关于审理企业破产案件若干问题的规定》第 61 条第 1 款规定:"下列债权不属于破产债权:(一)行政、司法机关对破产企业的罚款、罚金以及其他有关费用;……"因此,税务机关的行政处罚决定不属于破产债权范畴,不得申报。债权必须是平等主体之间的请求权。故 D 项错误。

79．消费者的权利;民事责任[AB]

[解析]《消费者权益保护法》第 8 条第 1 款规定:"消费者享有知悉其购买、使用的商品或者接受的服务的真实情况的权利。"乙公司在甲办理手机通讯服务时未能全面说明商品的真实情况,导致甲未能获知与服务有关的重要规定,属于侵犯消费者知情权的情形。故 A 项正确。

《消费者权益保护法》第 26 条第 1 款规定:"经营者在经营活动中使用格式条款的,应当以显著方式提请消费者注意商品或者服务的数量和质量、价款或者费用、履行期限和方式、安全注意事项和风险警示、售后服务、民事责任等与消费者有重大利害关系的内容,并按照消费者的要求予以说明。"乙公司理应在甲办理业务时说明有关暂停服务等情形的特别规定。故 B 项正确。

根据《消费者权益保护法》第 48、53 条和《民法典》第 577、580 条,乙公司单方暂停手机服务构成违约,甲有权要求乙公司承担违约责任,甲可要求取消

话费有效期限制、继续履行合同或退还余款,而不能要求退还全部预付费。故 C 项错误。

乙公司在交易过程中侵犯的是消费者的知情权,并没有欺诈行为,不适用惩罚性赔偿的规定。故 D 项错误。

80．账簿、凭证管理[BCD]

[解析]《税收征收管理法实施细则》第 23 条规定:"生产、经营规模小又确无建账能力的纳税人,可以聘请经批准从事会计代理记账业务的专业机构或者财会人员代为建账和办理账务。"据此,应是"经批准从事会计代理记账业务的"而非"经税务机关认可的"财会人员,故 A 项错误。

《税收征收管理法实施细则》第 24 条第 2 款规定:"纳税人使用计算机记账的,应当在使用前将会计电算化系统的会计核算软件、使用说明书及有关资料报送主管税务机关备案。"故 B 项正确。

《税收征收管理法实施细则》第 26 条第 1 款规定:"纳税人、扣缴义务人会计制度健全,能够通过计算机正确、完整计算其收入和所得或者代扣代缴、代收代缴税款情况的,其计算机输出的完整的书面会计记录,可视同会计账簿。"故 C 项正确。

《税收征收管理法实施细则》第 29 条第 2 款规定:"账簿、记账凭证、报表、完税凭证、发票、出口凭证以及其他有关涉税资料应当保存 10 年;但是,法律、行政法规另有规定的除外。"故 D 项正确。

81．经济性裁员[ABD]

[解析]《劳动合同法》第 41 条第 1 款规定:"有下列情形之一,需要裁减人员 20 人以上或者裁减不足 20 人但占企业职工总数 10% 以上的,用人单位提前 30 日向工会或者全体职工说明情况,听取工会或者职工的意见后,裁减人员方案经向劳动行政部门报告,可以裁减人员:(一)依照企业破产法规定进行重整的;(二)生产经营发生严重困难的;(三)企业转产、重大技术革新或者经营方式调整,经变更劳动合同后,仍需裁减人员的;(四)其他因劳动合同订立时所依据的客观经济情况发生重大变化,致使劳动合同无法履行的。"据此可知,《劳动合同法》只是要求向工会或全体职工说明情况,听取工会或职工意见,没有规定必须经过职工代表大会批准。A 项说法缺乏法律依据,当选。该规定也并未要求用人单位只有进入破产程序才能进行经济性裁员,B 项说法也缺乏法律依据,当选。

《劳动合同法》第 41 条第 2 款规定:"裁减人员时,应当优先留用下列人员:(一)与本单位订立较长期限的固定期限劳动合同的;(二)与本单位订立无固定期限劳动合同的;(三)家庭无其他就业人员,有需要扶养的老人或者未成年人的。"C 项有法律依据,不当选。D 项说法缺乏法律依据,当选。

82．合作作品著作权的归属及行使[AC]

[解析]《著作权法》第14条第1款规定："两人以上合作创作的作品，著作权由合作作者共同享有。没有参加创作的人，不能成为合作作者。"本题中，《春风来》由甲作曲、乙填词，属于两人合作创作的作品，由两人共同享有著作权。故A项正确。

《著作权法》第14条第3款规定："合作作品可以分割使用的，作者对各自创作的部分可以单独享有著作权，但行使著作权时不得侵犯合作作品整体的著作权。"本题中的歌词与曲子部分，属于可分割作品，因此应当按照可分割的合作作品权利归属规则进行处理。据此，甲对《春风来》的曲子独立享有著作权，甲以此曲再填词，可构成另一单独作品《秋风起》。新歌《秋风起》的歌词并没有抄袭《春风来》的歌词，所以没有侵犯原合作作品《春风来》整体的著作权，故B项错误。既然甲对《秋风起》享有独立的著作权，其有权授权丙演唱该歌曲，甲、丙的合同有效，故C项正确。《秋风起》与乙无关，甲所获10万元报酬无需分配给乙，故D项错误。

83．内地与澳门的司法协助中司法文书的送达；证据的调取[CD]

[解析]2020年修正的《关于内地与澳门特别行政区法院就民商事案件相互委托送达司法文书和调取证据的安排》第2条规定："双方相互委托送达司法文书和调取证据，通过各高级人民法院和澳门特别行政区终审法院进行。最高人民法院与澳门特别行政区终审法院可以直接相互委托送达和调取证据。经与澳门特别行政区终审法院协商，最高人民法院可以授权部分中级人民法院、基层人民法院与澳门特别行政区终审法院相互委托送达和调取证据。"据此，双方相互委托送达司法文书和调取证据，一般通过各高级人民法院和澳门特别行政区终审法院进行；但是，最高人民法院可以授权部分中级人民法院、基层人民法院与澳门特别行政区终审法院相互委托送达和调取证据。因此，A项中"应通过该中级法院所属高级法院转交澳门特别行政区终审法院"的说法不准确，故A项错误。

该《安排》第5条规定："委托书应当以中文文本提出。所附司法文书及其他相关文件没有中文文本的，应当提供中文译本。"中文属于官方语言，澳门终审法院不能要求提供葡萄牙译本。故B项错误。

根据该《安排》，内地法院可以请求澳门特别行政区法院协助调取与案件有关的证据。该《安排》第3条第1款规定："双方相互委托送达司法文书和调取证据，通过内地与澳门司法协助网络平台以电子方式转递；不能通过司法协助网络平台以电子方式转递的，采用邮寄方式。"第16条规定："委托方法院请求调取的证据只能是用于与诉讼有关的证据。"故C项正确。

该《安排》第20条规定："受委托方法院在执行委托调取证据时，根据委托方法院的请求，可以允许委托方法院派司法人员出席。必要时，经受委托方允许，委托方法院的司法人员可以向证人、鉴定人等发问。"因此，在受委托方法院执行委托调取证据时，该中级法院司法人员经过受托方允许可以出席并直接向证人提问。故D项正确。

84．职务发明创造的权益归属[BCD]

[解析]《专利法》第6条第1款规定："执行本单位的任务或者主要是利用本单位的物质技术条件所完成的发明创造为职务发明创造。职务发明创造申请专利的权利属于该单位，申请被批准后，该单位为专利权人。该单位可以依法处置其职务发明创造申请专利的权利和专利权，促进相关发明创造的实施和运用。"《专利法实施细则》第13条规定："专利法第6条所称执行本单位的任务所完成的职务发明创造，是指：(一)在本职工作中作出的发明创造；(二)履行本单位交付的本职工作之外的任务所作出的发明创造；(三)退休、调离原单位后或者劳动、人事关系终止后1年内作出的，与其在原单位承担的本职工作或者原单位分配的任务有关的发明创造。专利法第6条所称本单位，包括临时工作单位；专利法第6条所称本单位的物质技术条件，是指本单位的资金、设备、零部件、原材料或者不对外公开的技术资料等。"本题中，乙于2007年3月辞职到丙公司，2008年1月开发出新型汽车节油装置技术，此时并没有超过1年，因此乙开发出的新型汽车节油装置技术仍然属于职务发明创造，申请专利的权利属于甲公司，申请被批准后，甲公司为专利权人。故A项正确，B、C、D项错误。

85．信用证机制中的提单；承运人的义务及其免责[ACD]

[解析]《关于审理无正本提单交付货物案件适用法律若干问题的规定》第10条规定："承运人签发一式数份正本提单，向最先提交正本提单的人交付货物后，其他持有相同正本提单的人要求承运人承担无正本提单交付货物民事责任的，人民法院不予支持。"故A项正确。

该《规定》第9条规定："承运人按照记名提单托运人的要求中止运输、返还货物、变更到达地或者将货物交给其他收货人，持有记名提单的收货人要求承运人承担无正本提单交付货物民事责任的，人民法院不予支持。"据此，本条的免责仅限于记名提单，而本题已经明确是指示提单，不适用免责的规定。故B项错误。

该《规定》第7条规定："承运人依照提单载明的卸货港所在地法律规定，必须将承运到港的货物交付给当地海关或者港口当局的，不承担无正本提单交付货物的民事责任。"故 C 项正确。

该《规定》第 8 条规定:"承运到港的货物超过法律规定期限无人向海关申报,被海关提取并依法变卖处理,或者法院依法裁定拍卖承运人留置的货物,承运人主张免除交付货物责任的,人民法院应予支持。"故 D 项正确。

三、不定项选择题

86. 风险负担[AC]

[解析]《民法典》第 604 条规定:"标的物毁损、灭失的风险,在标的物交付之前由出卖人承担,交付之后由买受人承担,但是法律另有规定或者当事人另有约定的除外。"据此,在买卖合同中,一旦交付,风险即转移给买受人。《民法典》第 226 条规定:"动产物权设立和转让前,权利人已经占有该动产的,物权自民事法律行为生效时发生效力。"据此,在买卖合同达成之时,交付已经完成的,风险也随之转移给买方。由此可知,在简易交付的情况下,买卖合同生效时即视为交付,风险也转移给了买方。本题中,甲公司事先基于借用合同已经直接占有乙公司的设备,甲公司提出买下该套设备,乙公司同意出售,此时发生简易交付,设备视为已经交付甲公司,此后发生的风险由甲公司承担,如设备被烧毁,甲公司仍然需要支付原定价款。但由于约定了所有权保留,在付清价款之前,所有权并不转移。故 A、C 项正确,B 项错误。

【特别提醒】所有权保留的约定与风险负担的转移无关,即使买卖标的物的所有权尚未移转给买受人,风险仍在出卖人向买受人完成买卖标的物交付时,移转给买受人承担。本题中,因甲公司、乙公司约定保留所有权,乙公司以简易交付的方式向甲公司完成出卖设备的交付后,所有权虽未移转给甲公司,但风险已经移转给甲公司承担。

《民法典》第 641 条第 1 款规定:"当事人可以在买卖合同中约定买受人未履行支付价款或者其他义务的,标的物的所有权属于出卖人。"据此,所有权保留买卖,法律并无书面形式之要求,书面形式、口头形式和其他形式均可。故 D 项错误。

87. 上市公司收购[BD]

[解析]《证券法》第 63 条第 1 款规定:"通过证券交易所的证券交易,投资者持有或者通过协议、其他安排与他人共同持有一个上市公司已发行的有表决权股份达到百分之五时,应当在该事实发生之日起 3 日内,向国务院证券监督管理机构、证券交易所作出书面报告,通知该上市公司,并予公告,在上述期限内不得再行买卖该上市公司的股票,但国务院证券监督管理机构规定的情形除外。"第 4 款规定:"违反第 1 款、第 2 款规定买入上市公司有表决权的股份的,在买入后的 36 个月内,对该超过规定比例部分的股

份不得行使表决权。"本题中,甲在证券市场上陆续买入力扬股份公司的股票,持股达 6% 时才公告,违反了上述信息披露义务,甲应承担的违法责任是:在买入后的 36 个月内,对该超过规定比例部分的股份不得行使表决权。A、C 项均不符合法律规定,故错误。

《证券法》第 62 条规定:"投资者可以采取要约收购、协议收购及其他合法方式收购上市公司。"据此,乙可邀请其他公司对力扬公司展开要约收购。注意一种特殊情形,《证券法》第 65 条第 1 款规定:"通过证券交易所的证券交易,投资者持有或者通过协议、其他安排与他人共同持有一个上市公司已发行的有表决权股份达到 30% 时,继续进行收购的,应当依法向该上市公司所有股东发出收购上市公司全部或者部分股份的要约。"据此,持股达到 30% 的股东有强制要约收购的义务。乙的持股份额题中未予说明,依题意应理解为不构成 30% 份额的强制收购,因此 B 项中"可"邀请其他公司展开要约收购的表述是合理的。故 B 项正确。

《证券法》第 71 条第 1 款规定:"采取协议收购方式的,收购人可以依照法律、行政法规的规定同被收购公司的股东以协议方式进行股份转让。"丁作为股份公司的股东,其股份可以自由转让。丁与甲之间的股权转让方式属于协议收购。故 D 项正确。

88. 居民企业;非居民企业[ABCD]

[解析]《企业所得税法》第 2 条规定:"企业分为居民企业和非居民企业。本法所称居民企业,是指依法在中国境内成立,或者依照外国(地区)法律成立但实际管理机构在中国境内的企业。本法所称非居民企业,是指依照外国(地区)法律成立且实际管理机构不在中国境内,但在中国境内设立机构、场所的,或者在中国境内未设立机构、场所,但有来源于中国境内所得的企业。"A 基金注册在境外某群岛并在当地设置总部,实际管理机构不在中国境内,为非居民企业。D 公司注册在中国境内,为居民企业。故 A、B 项正确。

《企业所得税法》第 3 条第 3 款规定:"非居民企业在中国境内未设立机构、场所的,或者虽设立机构、场所但取得的所得与其所设机构、场所没有实际联系的,应当就其来源于中国境内的所得缴纳企业所得税。"A 基金所转让的标的实际为 D 公司股权,属于来源于我国境内的所得,应作为非居民纳税人向我国进行纳税申报。故 C 项正确。

《企业所得税法》第 47 条规定:"企业实施其他不具有合理商业目的的安排而减少其应纳税收入或者所得额的,税务机关有权按照合理方法调整。"第 19 条规定:"非居民企业取得本法第 3 条第 3 款规定的所得,按照下列方法计算其应纳税所得额:……

(二)转让财产所得,以收入全额减除财产净值后的余额为应纳税所得额……"故 D 项正确。

89.消费者的权利与经营者的义务[BCD]

[解析]《消费者权益保护法》第 9 条规定,消费者享有自主选择商品或者服务的权利。消费者有权自主选择提供商品或者服务的经营者,自主选择商品品种或者服务方式,自主决定购买或者不购买任何一种商品、接受或者不接受任何一项服务。消费者在自主选择商品或者服务时,有权进行比较、鉴别和挑选。本题中并无强买强卖等侵犯消费者自主选择权的行为,故 A 项错误。

《消费者权益保护法》第 10 条规定,消费者享有公平交易的权利。消费者在购买商品或者接受服务时,有权获得质量保障、价格合理、计量正确等公平交易条件,有权拒绝经营者的强制交易行为。该企业的充电宝在租用之后才显示收费标准,且收费较高,侵害了消费者的公平交易权,故 B 选项正确。

《消费者权益保护法》第 8 条规定,消费者享有知悉其购买、使用的商品或者接受的服务的真实情况的权利。消费者有权根据商品或者服务的不同情况,要求经营者提供商品的价格、产地、生产者、用途、性能、规格、等级、主要成份、生产日期、有效期限、检验合格证明、使用方法说明书、售后服务,或者服务的内容、规格、费用等有关情况。该企业的充电宝需在同意租用之后才显示收费标准,侵害了消费者的知情权,故 C 项正确。

《消费者权益保护法》第 14 条规定,消费者在购买、使用商品和接受服务时,享有人格尊严、民族风俗习惯得到尊重的权利,享有个人信息依法得到保护的权利。该企业向拒绝提供个人信息的消费者自动推送广告,侵害了消费者的个人信息权,故 D 项正确。

90.出资加速到期;出资的禁止抵销[AB]

[解析]《企业破产法》第 35 条规定:"人民法院受理破产申请后,债务人的出资人尚未完全履行出资义务的,管理人应当要求该出资人缴纳所认缴的出资,而不受出资期限的限制。"本题中,某公司的破产申请被受理,管理人有权利要求股东履行出资义务,此义务不受诉讼时效或出资期限的影响。乙的出资义务虽尚未到期,但也应"加速到期"。因此,管理人有权要求甲和乙履行出资义务,故 A、B 项正确。【关联规定】《企业破产法解释(二)》第 20 条:"管理人代表债务人提起诉讼,主张出资人向债务人依法缴付未履行的出资或者返还抽逃的出资本息,出资人以认缴出资尚未届至公司章程规定的缴纳期限或者违反出资义务已经超过诉讼时效为由抗辩的,人民法院不予支持。管理人依据公司法的相关规定代表债务人提起诉讼,主张公司的发起人和负有监督股东履行出资义务的董事、高级管理人员,或者协助抽逃出资的其

他股东、董事、高级管理人员、实际控制人等,对股东违反出资义务或者抽逃出资承担相应责任,并将财产归入债务人财产的,人民法院应予支持。"

股东的出资义务是股东的身份责任,所以公司被受理破产时应及时足额补缴,补缴的出资将作为债务人财产供债权人平等受偿。因此,股东的出资义务与其对公司享有的债权不能抵销。对此,《企业破产法解释(二)》第 46 条规定:"债务人的股东主张以下列债权与债务人对其负有的债务抵销,债务人管理人提出异议的,人民法院应予支持:(一)债务人股东因欠缴债务人的出资或者抽逃出资对债务人所负的债务;(二)债务人股东滥用股东权利或者关联关系损害公司利益对债务人所负的债务。"故 C、D 项错误。

91.管辖权异议[BC]

[解析]根据《民事诉讼法》第 130 条的规定,人民法院受理案件后,当事人对管辖权有异议的,应当在提交答辩状期间提出。《民事诉讼法》第 128 条规定,人民法院应当在立案之日起 5 日内将起诉状副本发送被告,被告应当在收到之日起 15 日内提出答辩状。在本题中,"7 月 13 日,升湖区法院向张成功送达了起诉状副本。7 月 18 日,张成功向升湖区法院提交了答辩状,未对案件的管辖权提出异议。8 月 2 日,张成功向升湖区法院提出管辖权异议申请",此时被告张成功提管辖权异议,已经过了 15 日的答辩期间。故 A 项错误,C 项正确。

《民事诉讼法》第 22 条第 1 款规定:"对公民提起的民事诉讼,由被告住所地人民法院管辖;被告住所地与经常居住地不一致的,由经常居住地人民法院管辖。"在本题中,"张成功向升湖区法院提出管辖权异议申请,称其与黎明丽已分居 2 年,分别居住于 A 市安平区各自父母家中"。这表明,该离婚诉讼应当由经常居住地安平区法院管辖,而不应当由升湖区法院管辖。故 B 项正确。

《民诉解释》第 35 条规定,当事人在答辩期间届满后未应诉答辩,人民法院在一审开庭前,发现案件不属于本院管辖的,应当裁定移送有管辖权的人民法院。本案中已经应诉答辩了,不能再依职权移送。故 D 项错误。

92.法院调解[ABC]

[解析]《简易程序规定》第 14 条规定:"下列民事案件,人民法院在开庭审理时应当先行调解:(一)家庭婚姻纠纷和继承纠纷;……"本题安平区法院在开庭审理时如不先行组织调解,将违反法律或司法解释规定。故 A、B 项正确。

在答辩期届满前,人民法院对案件进行调解,适用普通程序的案件在当事人同意调解之日起 15 天内,适用简易程序的案件在当事人同意调解之日起 7 天内未达成调解协议的,经各方当事人同意,可以继

续调解。延长的调解期间不计入审限。据此,当事人未达成调解协议,法院在当事人同意的情况下可以再次组织调解,而非必须再次进行调解,法院未再次进行调解的,也不违法。故 C 项正确,D 项错误。

93．无独立请求权第三人[C]

[解析]《民事诉讼法》第 59 条第 2 款规定:"对当事人双方的诉讼标的,第三人虽然没有独立请求权,但案件处理结果同他有法律上的利害关系的,可以申请参加诉讼,或者由人民法院通知他参加诉讼。人民法院判决承担民事责任的第三人,有当事人的诉讼权利义务。"在本题中,陈佳与张成功和黎明丽没有任何法律关系,与案件的处理结果也没有法律上的利害关系,因此不能作为无独立请求权第三人参加诉讼。故 C 项正确,A、B、D 项错误。

94．自认[ACD]

[解析]《民诉解释》第 92 条规定:"一方当事人在法庭审理中,或者在起诉状、答辩状、代理词等书面材料中,对于己不利的事实明确表示承认的,另一方当事人无需举证证明。对于涉及身份关系、国家利益、社会公共利益等应当由人民法院依职权调查的事实,不适用前款自认的规定。自认的事实与查明的事实不符的,人民法院不予确认。"自认是指一方当事人对另一方当事人主张的案件事实予以承认。自认制度的适用范围有限,涉及身份关系、国家利益、社会公共利益等应当由法院依职权调查的事实,不适用自认。在有关身份关系的案件中,如涉及收养、婚姻关系等案件,涉及身份关系的事实主张不能因为对方当事人的承认而免除其证明责任。因为身份关系的案件涉及人身权利,这是当事人自己不能任意处分的。本题中,A、D 项提及的事实是与身份关系相联系的事实,不能适用自认制度。B 项中关于存款的状态,适用自认。C 项中张成功同意生活用品归各自所有是对对方诉讼请求的承认,是认诺,不是自认。本题 A、C、D 项当选。

95．免证事实[AB]

[解析] 本题中,"张成功承认与黎明丽没有其他财产分割争议",与"张成功承认家中 36 万元存款在自己手中",均能构成自认,作为法院判决的根据。故 A、B 项正确。自认只能承认案件事实,而不能承认诉讼请求。"黎明丽提出张成功每月应当支付张好帅抚养费 1500 元的主张"是诉讼请求,不构成自认,不能作为法院判决的根据。故 C 项错误。

《民诉解释》第 107 条规定:"在诉讼中,当事人为达成调解协议或者和解协议作出妥协而认可的事实,不得在后续的诉讼中作为对其不利的根据,但法律另有规定或者当事人均同意的除外。"张成功在调解中承认自己有第三者,不可以在其后的诉讼中作为对其不利的证据。故 D 项错误。

96．一审判决的内容[ABCD]

[解析]《民事诉讼法》第 151 条规定:"人民法院对公开审理或者不公开审理的案件,一律公开宣告判决。当庭宣判的,应当在十日内发送判决书;定期宣判的,宣判后立即发给判决书。宣告判决时,必须告知当事人上诉权利、上诉期限和上诉的法院。宣告离婚判决,必须告知当事人在判决发生法律效力前不得另行结婚。"故 A、B、C、D 项正确。

97．借款合同[ABC]

[解析]《民法典》第 673 条规定:"借款人未按照约定的借款用途使用借款的,贷款人可以停止发放借款、提前收回借款或者解除合同。"如甲公司违反合同约定将借款用于购买办公用房,乙银行有权提前收回借款或解除合同。故 A、B 项正确。甲公司的行为违反了借款合同约定,若是双方约定违约金的,乙银行有权请求支付违约金。故 C 项正确。

甲、乙之间设定的是动产浮动抵押,乙银行享有担保权的范围仅及于甲公司现有或将有的生产设备、原材料、产品,乙银行对甲公司所购房屋并未设定担保物权,不享有优先受偿权。故 D 项错误。

98．混合担保[A]

[解析]《民法典》第 392 条规定:"被担保的债权既有物的担保又有人的担保的,债务人不履行到期债务或者发生当事人约定的实现担保物权的情形,债权人应当按照约定实现债权;没有约定或者约定不明确,债务人自己提供物的担保的,债权人应当先就该物的担保实现债权;第三人提供物的担保的,债权人可以就物的担保实现债权,也可以请求保证人承担保证责任。提供担保的第三人承担担保责任后,有权向债务人追偿。"本题中,乙银行的债权存在债务人甲公司的抵押权、丙公司提供的保证、丁提供的动产质权,属于混合担保。在未约定债权实现顺序的情形下,应先就债务人甲公司的抵押权实现债权,不足部分才能选择丁的质押或丙的保证实现债权。对于丙的保证与丁的质权没有顺序限制,债权人乙银行可以自由选择。故 A 项正确,B、C、D 项错误。

99．董事的辞任与解任[AC]

[解析]《公司法》第 70 条第 3 款规定:"董事辞任的,应当以书面形式通知公司,公司收到通知之日辞任生效,但存在前款规定情形的,董事应当继续履行职务。"董事辞任无需股东会批准,故 A 项正确。有限公司董事会人数不得低于 3 人,乙的辞任会导致董事会低于法定人数,因此乙在新董事就任前仍需履行董事职务,故 B 项错误。

《公司法》第 71 条第 1 款规定:"股东会可以决议解任董事,决议作出之日解任生效。"故 C 项正确。

《公司法》第 71 条第 2 款规定:"无正当理由,在任期届满前解任董事,该董事可以要求公司予以赔偿。"既然已经被解任,不再担任董事职务,公司当然不用再支付相应的薪酬;只有无正当理由解任的,才可以要求公司赔偿,但赔偿方式也非支付剩余薪酬。故 D 项错误。

100．审判监督程序［CD］

［解析］ A、B 项,高院指令再审和中院再审此案是因为原判决符合再审条件,从而启动再审程序,对案件进行重新审理。在重新审理的过程中,原生效裁判的效力处于中止状态,只有在再审经过重新审理后,作出新的判决才能明确原判决是撤销还是维持,所以在决定再审时,应当中止原判决、裁定的执行,而不能直接撤销原判决、裁定。据此,《民事诉讼法》第217 条规定:"按照审判监督程序决定再审的案件,裁定中止原判决、裁定、调解书的执行……"《民诉解释》第 405 条规定:"人民法院经再审审理认为……

原判决、裁定认定事实、适用法律错误,导致裁判结果错误的,应当依法改判、撤销或者变更。"故应为中止执行,而非撤销,故 A、B 项错误,C 项正确。

《民事诉讼法》第 218 条第 1 款规定:"人民法院按照审判监督程序再审的案件,发生法律效力的判决、裁定是由第一审法院作出的,按照第一审程序审理,所作的判决、裁定,当事人可以上诉;发生法律效力的判决、裁定是由第二审法院作出的,按照第二审程序审理,所作的判决、裁定,是发生法律效力的判决、裁定;上级人民法院按照审判监督程序提审的,按照第二审程序审理,所作的判决、裁定是发生法律效力的判决、裁定。"可见,本案原生效判决是由中院一审作出的,因此中院再审此案不存在提审问题,应适用一审程序再审。故 D 项正确。

试 卷 一

试 题

一、单项选择题。每题所设选项中只有一个正确答案，多选、错选或不选均不得分。本部分含 1－50 题，每题 1 分，共 50 分。

1.《治安管理处罚法》第 115 条规定："公安机关依法实施罚款处罚，应当依照有关法律、行政法规的规定，实行罚款决定与罚款收缴分离；收缴的罚款应当全部上缴国库。"关于该条文，下列哪一说法是正确的？

A. 表达的是禁止性规则

B. 表达的是强行性规则

C. 表达的是程序性原则

D. 表达了法律规则中的法律后果

2. 张老太介绍其孙与马先生之女相识，经张老太之手曾给付女方"认大小"钱 10100 元，后双方分手。张老太作为媒人，去马家商量退还"认大小"钱时发生争执。因张老太犯病，马先生将其送医，并垫付医疗费 1251.43 元。后张老太以马家未返还"认大小"钱为由，拒绝偿付医药费。马先生以不当得利为由诉至法院。法院考虑此次纠纷起因及张老太疾病的诱因，判决张老太返还马先生医疗费 1000 元。关于本案，下列哪一理解是正确的？

A. 我国男女双方订婚前由男方付"认大小"钱是通行的习惯法

B. 张老太犯病直接构成与马先生之医药费返还法律关系的法律事实

C. 法院判决时将保护当事人的自由和效益原则作为主要的判断标准

D. 本案的争议焦点不在于事实确认而在于法律认定

3. 根据《宪法》的规定，关于宪法文本的内容，下列哪一选项是正确的？

A.《宪法》明确规定了宪法与国际条约的关系

B.《宪法》明确规定了宪法的制定、修改制度

C. 作为《宪法》的《附则》，《宪法修正案》是我国宪法的组成部分

D.《宪法》规定了居民委员会、村民委员会的性质和产生，两者同基层政权的相互关系由法律规定

4. 甲、乙共谋行抢。甲在偏僻巷道的出口望风，乙将路人丙的书包（内有现金一万元）一把夺下转身奔逃，丙随后追赶，欲夺回书包。甲在丙跑过巷道口时突然伸腿将丙绊倒，丙倒地后摔成轻伤，甲、乙乘机逃脱。甲、乙的行为构成何罪？

A. 甲、乙均构成抢夺罪

B. 甲、乙均构成抢劫罪

C. 甲构成抢劫罪，乙构成抢夺罪

D. 甲构成故意伤害罪，乙构成抢夺罪

5. 甲本无意竞拍土地，但在得知报名参加竞拍会有人收购其竞拍资格后，就让自己的公司报名参加某市自然资源局组织的土地竞拍。甲的公司连续报名参加两次竞拍，果然有人收购其竞拍资格，获利 600 万元。第三次因无公司参与竞拍，甲自己退出了竞拍。甲的行为构成何罪？

A. 串通投标罪

B. 强迫交易罪

C. 非法经营罪

D. 非国家工作人员受贿罪

6. 美国人杰克与香港居民赵某在内地私藏枪支、弹药，公安人员查缉枪支、弹药时，赵某以暴力方法阻碍公安人员依法执行职务。下列哪一说法是正确的？

A. 全案由犯罪地的基层法院审判，因为私藏枪支、弹药罪和妨碍公务罪都不属于可能判处无期徒刑以上刑罚的案件

B. 杰克由犯罪地中级法院审判，赵某由犯罪地的基层法院审判

C. 杰克由犯罪地中级法院审判，赵某由中级法院根据具体案件情况而决定是否交由基层法院审判

D. 全案由犯罪地的中级法院审判

7. 王某系聋哑人，因涉嫌盗窃罪被提起公诉。关于本案，下列哪一选项是正确的？

A. 讯问王某时，如有必要可通知通晓聋哑手势的人参加

B. 王某没有委托辩护人，应通知法律援助机构指派律师为其提供辩护

C. 辩护人经通知未到庭，经王某同意，法院决定开庭审理

D. 因事实清楚且王某认罪，实行独任审判

8．某区城管局以甲摆摊卖"麻辣烫"影响环境为由，将其从事经营的小推车等物品扣押。在实施扣押过程中，城管执法人员李某将甲打伤。对此，下列哪一说法是正确的？

A. 扣押甲物品的行为，属于行政强制执行措施

B. 李某殴打甲的行为，属于事实行为

C. 因甲被打伤，扣押甲物品的行为违法

D. 甲被打伤的损失，应由李某个人赔偿

9．某县政府与甲开发公司签订《某地区改造项目协议书》，对某地区旧城改造范围、拆迁补偿费及支付方式和期限等事宜加以约定。乙公司持有经某市政府批准取得的国有土地使用证的第15号地块，位于某地区改造范围。甲开发公司获得改造范围内新建的房屋预售许可证，并向社会公开预售。乙公司认为某县政府以协议形式规划、管理和利用项目改造的行为违法，向法院起诉，法院受理。下列哪一选项是正确的？

A. 某县政府与甲开发公司签订的《某地区改造项目协议书》属内部协议

B. 某县政府应当依职权先行收回乙公司持有的第15号地块国有土地使用证

C. 因乙公司不是《某地区改造项目协议书》的当事人，法院应驳回起诉

D. 若法院经审理查明，某县政府以协议形式规划、管理和利用项目改造的行为违法，应当判决确认某县政府的行为违法，并责令采取补救措施

10．下列哪一选项属于违反律师或公证有关制度及执业规范规定的情形？

A. 刘律师受当事人甲委托为其追索1万元欠款，因该事项与另一委托事项时间冲突，经甲同意后另交本所律师办理，但未告其支出增加

B. 李律师承办当事人乙的继承纠纷案，表示乙依法可以继承2间房屋，并作为代理意见提交法庭，未被采纳，乙仅分得万元存款

C. 林公证员对丙以贵重金饰用于抵押的事项，办理了抵押登记

D. 王公证员对丁代理他人申办合同和公司章程公证的事项，出具了公证书

11．《民法典》第186条规定："因当事人一方的违约行为，损害对方人身权益、财产权益的，受损害方有权选择请求其承担违约责任或者侵权责任。"该条款规定了下列哪一类法律现象的处理原则？

A. 法律位阶的冲突

B. 法律责任的免除

C. 法律价值的冲突

D. 法律责任的竞合

12．根据《选举法》和相关法律的规定，关于选举的主持机构，下列哪一选项是正确的？

A. 乡镇选举委员会的组成人员由不设区的市、市辖区、县、自治县的人大常委会任命

B. 县级人大常委会主持本级人大代表的选举

C. 省人大在选举全国人大代表时，由省人大常委会主持

D. 选举委员会的组成人员为代表候选人的，应当向选民说明情况

13．甲因走私武器被判处15年有期徒刑，剥夺政治权利5年；因组织他人偷越国境被判处14年有期徒刑，并处没收财产5万元，剥夺政治权利3年；因骗取出口退税被判处10年有期徒刑，并处罚金20万元。关于数罪并罚，下列哪一选项符合《刑法》规定？

A. 决定判处甲有期徒刑35年，没收财产25万元，剥夺政治权利8年

B. 决定判处甲有期徒刑20年，罚金25万元，剥夺政治权利8年

C. 决定判处甲有期徒刑25年，没收财产5万元，罚金20万元，剥夺政治权利6年

D. 决定判处甲有期徒刑23年，没收财产5万元，罚金20万元，剥夺政治权利8年

14．关于鉴定人与鉴定意见，下列哪一选项是正确的？

A. 经法院通知，鉴定人无正当理由拒不出庭的，可由院长签发强制令强制其出庭

B. 鉴定人有正当理由无法出庭的，法院可中止审理，另行聘请鉴定人重新鉴定

C. 经辩护人申请而出庭的具有专门知识的人，可向鉴定人发问

D. 对鉴定意见的审查和认定，受到意见证据规则的规制

15．甲因犯抢劫罪被市检察院提起公诉，经一审法院审理，判处死刑缓期二年执行。甲上诉，省高级法院核准死缓判决。根据审判监督程序规定，下列哪一做法是错误的？

A. 最高法院自行对该案重新审理，依法改判

B. 最高法院指令省高级法院再审

C. 最高检察院对该案向最高法院提出抗诉

D. 省检察院对该案向省高院提出抗诉

16．李某长期吸毒，多次自费戒毒均未成功。某公安局在一次检查中发现后，将李某送至强制隔离戒毒所进行强制隔离戒毒。强制隔离戒毒属于下列哪一性质的行为？

A. 行政处罚　　　　　B. 行政强制措施

C. 行政强制执行　　　D. 行政许可

17.《中共中央关于全面深化改革若干重大问题的决定》提出"让审理者裁判、由裁判者负责"。结合刑事诉讼基本原理,关于这一表述的理解,下列哪一选项是正确的?

A. 体现了我国刑事诉讼职能的进一步细化与完善

B. 体现了刑事诉讼直接原则的要求

C. 体现了刑事审判的程序性特征

D. 体现了刑事审判控辩式庭审方式改革的方向

18. 下列哪一情形不属于"挪用公款归个人使用"?

A. 国家工作人员甲,将公款借给其弟炒股

B. 国家机关工作人员甲,以个人名义将公款借给原工作过的国有企业使用

C. 某县工商局长甲,以单位名义将公款借给某公司使用

D. 某国有公司总经理甲,擅自决定以本公司名义将公款借给某国有事业单位使用,以安排其子在该单位就业

19. 甲乙两国边界附近爆发部落武装冲突,致两国界标被毁,甲国一些边民趁乱偷渡至乙国境内。依相关国际法规则,下列哪一选项是正确的?

A. 甲国发现界标被毁后应尽速修复或重建,无需通知乙国

B. 只有甲国边境管理部门才能处理偷渡到乙国的甲国公民

C. 偷渡到乙国的甲国公民,仅能由乙国边境管理部门处理

D. 甲乙两国对界标的维护负有共同责任

20. 公证制度是司法制度重要组成部分,设立公证机构、担任公证员具有严格的条件及程序。关于公证机构和公证员,下列哪一选项是正确的?

A. 公证机构可接受易某申请为其保管遗嘱及遗产并出具相应公证书

B. 设立公证机构应由省级司法行政机关报司法部依规批准后,颁发公证机构执业证书

C. 贾教授在高校讲授法学 11 年,离职并经考核合格,可以担任公证员

D. 甄某交通肇事受过刑事处罚,因此不具备申请担任公证员的条件

21. 对下列哪一行为不能认定为强奸罪?

A. 拐卖妇女的犯罪分子奸淫被拐卖的妇女的

B. 甲利用职权、从属关系,以胁迫手段奸淫现役军人的妻子的

C. 利用迷信奸淫妇女的

D. 组织卖淫的犯罪分子强奸妇女后迫使其卖淫的

22. 袁某身穿林业工作人员的衣服,假扮林业工作人员采伐林木,引起路人围观,但路人均认为他是工作人员,故未制止。后袁某将林木运走卖掉。关于袁某的行为性质,下列哪一选项是正确的?

A. 盗窃罪　　　　B. 盗伐林木罪

C. 滥伐林木罪　　D. 诈骗罪

23. 公安机关发现一具被焚烧过的尸体,因地处偏僻且天气恶劣,无法找到见证人,于是对勘验过程进行了全程录像,并在笔录中注明原因。法庭审理时,辩护人以勘验时没有见证人在场为由,申请排除勘验现场收集的物证。关于本案证据,下列哪一选项是正确的?

A. 因违反取证程序的一般规定,应当排除

B. 应予以补正或者作出合理解释,否则予以排除

C. 不仅物证应当排除,对物证的鉴定意见等衍生证据也应排除

D. 有勘验过程全程录像并在笔录中已注明理由,不予排除

24.《全国人民代表大会常务委员会关于〈中华人民共和国刑法〉第一百五十八条、第一百五十九条的解释》中规定:"刑法第一百五十八条、第一百五十九条的规定,只适用于依法实行注册资本实缴登记制的公司。"关于该解释,下列哪一说法是正确的?

A. 效力低于《刑法》

B. 全国人大常委会只能就《刑法》作法律解释

C. 对法律条文进行了限制解释

D. 是学理解释

25. 根据《宪法》和法律规定,关于人民代表大会制度,下列哪一选项是不正确的?

A. 人民代表大会制度体现了一切权力属于人民的原则

B. 地方各级人民代表大会是地方各级国家权力机关

C. 全国人民代表大会是最高国家权力机关

D. 地方各级国家权力机关对最高国家权力机关负责,并接受其监督

26. 秦律明确规定了司法官渎职犯罪的内容。关于秦朝司法官渎职的说法,下列哪一选项是不正确的?

A. 故意使罪犯未受到惩罚,属于"纵囚"

B. 对已经发生的犯罪,由于过失未能揭发、检举,属于"见知不举"

C. 对犯罪行为由于过失而轻判者,属于"失刑"

D. 对犯罪行为故意重判者,属于"不直"

27. 赵某多次临摹某著名国画大师的一幅名画,然后署上该国画大师姓名并加盖伪造印鉴,谎称真迹

售得收入六万元。对赵某的行为如何定罪处罚？

  A. 按诈骗罪和侵犯著作权罪，数罪并罚

  B. 按侵犯著作权罪处罚

  C. 按生产、销售伪劣产品罪处罚

  D. 按非法经营罪处罚

28.《刑法》第 310 条第 1 款规定了窝藏、包庇罪，第 2 款规定："犯前款罪，事前通谋的，以共同犯罪论处。"《刑法》第 312 条规定了掩饰、隐瞒犯罪所得罪，但没有规定"事前通谋的，以共同犯罪论处。"关于上述规定，下列哪一说法是正确的？

  A. 若事前通谋之罪的法定刑低于窝藏、包庇罪的法定刑，即使事前通谋的，也应以窝藏、包庇罪论处

  B. 即使《刑法》第 310 条没有第 2 款的规定，对于事前通谋事后窝藏、包庇的，也应以共同犯罪论处

  C. 因缺乏明文规定，事前通谋事后掩饰、隐瞒犯罪所得的，不能以共同犯罪论处

  D. 事前通谋事后掩饰、隐瞒犯罪所得的，属于想象竞合，应从一重罪处罚

29. 郭某（16 岁）与罗某发生争执，被打成轻伤，遂向法院提起自诉。法庭审理中，罗某提出，审判员李某曾在开庭前违反规定与自诉人父亲及姐姐会见，要求李某回避，但郭某父亲及姐姐均否认此事。法院院长经过审查作出李某回避的决定。下列何人有权要求对回避决定进行复议？

  A. 郭某   B. 郭某父亲

  C. 李某   D. 均无权复议

30. 某区食品药品监管局以某公司生产经营超过保质期的食品违反《食品安全法》为由，作出处罚决定。公司不服，申请行政复议。关于此案，下列哪一说法是正确的？

  A. 申请复议期限为 60 日

  B. 公司不得以电子邮件形式提出复议申请

  C. 行政复议机关不能进行调解

  D. 公司如在复议决定作出前撤回申请，行政复议中止

31. 2009 年 3 月 15 日，严某向某市房管局递交出让方为郭某（严某之母）、受让方为严某的房产交易申请表以及相关材料。4 月 20 日，该局向严某核发房屋所有权证。后因家庭纠纷郭某想出售该房产时发现房产已不在名下，于 2013 年 12 月 5 日以该局为被告提起诉讼，要求撤销向严某核发的房屋所有权证，并给自己核发新证。一审法院判决维持被诉行为，郭某提出上诉。下列哪一项说法是正确的？

  A. 本案的起诉期限为 2 年

  B. 本案的起诉期限从 2009 年 4 月 20 日起算

  C. 如诉讼中郭某解除对诉讼代理人的委托，在其书面报告法院后，法院应当通知其他当事人

  D. 第二审法院应对一审法院的裁判和被诉具体行政行为是否合法进行全面审查

32. 有学者这样解释法的产生：最初的纠纷解决方式可能是双方找到一位共同信赖的长者，向他讲述事情的原委并由他作出裁决；但是当纠纷多到需要占用一百位长者的全部时间时，一种制度化的纠纷解决机制就成为必要了，这就是最初的法律。对此，下列哪一说法是正确的？

  A. 反映了社会调整从个别调整到规范性调整的规律

  B. 说明法律始终是社会调整的首要工具

  C. 看到了经济因素和政治因素在法产生过程中的作用

  D. 强调了法律与其他社会规范的区别

33. 根据《各级人民代表大会常务委员会监督法》的规定，各级人大常务委员会对属于其职权范围内的事项，需要作出决议、决定，但对有关重大事实不清的，可以组织特定问题的调查委员会。关于特定问题的调查委员会，下列哪一选项是正确的？

  A. 经五分之一以上常务委员会组成人员书面联名提议或有关专门委员会提议，可以组织关于特定问题的调查委员会

  B. 经调查委员会聘请，有关专家可以作为调查委员会的委员参加调查工作

  C. 调查委员会在调查过程中，可以不公布调查的情况和材料

  D. 调查委员会应当向有关专门委员会提出调查报告

34. 关于因果关系的判断，下列哪一项说法是正确的？

  A. 甲从 6 楼向下扔垃圾，不慎砸中楼下路过的彭某，致其死亡。虽然高空抛物造成伤害的概率很低，但甲的行为与彭某的死亡具有因果关系

  B. 女服务员小丽下夜班后乘坐乙驾驶的出租车回家，要求乙按照手机导航路线行驶。途中乙选择了一条新的行驶路线，小丽以为乙要加害自己，跳车导致重伤。实际上乙没有加害意图。乙偏离原定路线的行为与小丽的重伤有因果关系

  C. 丙对陆某家放火，陆某观察火势不大，便入户抢救贵重物品，不料火势突然变大，陆某被烧死。丙的放火行为与陆某的死亡没有因果关系

  D. 丁盗窃郑某用于治病的资金，郑某陷入绝望，自杀身亡。丁的盗窃行为与郑某的死亡有因果关系

35. 下列哪一情形下律师不得与当事人建立或维持委托关系？

  A. 律师与委托当事人系多年好友

  B. 接受民事诉讼一方当事人委托，同一律师事

务所其他律师系该案件对方当事人的近亲属,但委托人知悉且同意

C. 同一律师事务所不同律师同时担任同一民事案件争议双方当事人代理人

D. 委托关系停止后二年,律师就同一法律业务接受与原委托人有利害关系的对方当事人委托

36. 黄某住甲市 A 区,因涉嫌诈骗罪被甲市检察院批准逮捕。由于案情复杂,期限届满侦查不能终结,侦查机关报请有关检察机关批准延长一个月。其后,由于该案重大复杂,涉及面广,取证困难,侦查机关报请有关检察机关批准后,又延长了二个月。但是,延长二个月后,仍不能侦查终结,且根据已查明的犯罪事实,对黄某可能判处无期徒刑,侦查机关第三次报请检察院批准再延长二个月。在报请延长手续问题上,下列哪一选项是错误的?

A. 第一次延长,须经甲市检察院批准

B. 第二次延长,须经甲市检察院的上一级检察院批准

C. 第二次延长,须经甲市所属的省检察院批准

D. 第三次延长,须经甲市所属的省检察院批准

37. 某市工商局发现,某中外合资游戏软件开发公司生产的一种软件带有暴力和色情内容,决定没收该软件,并对该公司处以三万元罚款。中方投资者接受处罚,但外方投资者认为处罚决定既损害公司的利益也侵害自己的权益,向法院提起行政诉讼。下列哪一选项是正确的?

A. 外方投资者只能以合资公司的名义起诉

B. 外方投资者可以自己的名义起诉

C. 法院受理外方投资者起诉后,应追加未起诉的中方投资者为共同原告

D. 外方投资者只能以保护自己的权益为由提起诉讼

38. 中国拟与甲国就有关贸易条约进行谈判。根据我国相关法律规定,下列哪一选项是正确的?

A. 除另有约定,中国驻甲国大使参加该条约谈判,无须出具全权证书

B. 中国驻甲国大使必须有外交部长签署的全权证书方可参与谈判

C. 该条约在任何条件下均只能以中国和甲国两国的官方文字作准

D. 该条约在缔结后应由中国驻甲国大使向联合国秘书处登记

39. 甲、乙二人对丙素有仇怨,伺机报复。某日二人得知丙去了歌舞厅,于是也跟随前往。甲和乙商议由甲进去寻找丙,由乙在后门口蹲守。甲进去数分钟后,丙从后门出来,在乙没有看到丙的时候,丙掏出随身携带的铁棍击打乙,乙随即掏出随身携带的小刀

回击,最后二人均负轻伤。关于甲、乙、丙三人的行为认定,下列哪一说法是正确的?

A. 若乙成立正当防卫,甲也成立正当防卫

B. 乙不因为一开始有伤害意图而影响正当防卫的构成

C. 乙有过错,所以成立防卫过当

D. 无论按照何种刑法学说,丙都不构成正当防卫

40. 李某乘正在遛狗的老妇人王某不备,抢下王某装有 4000 元现金的手包就跑。王某让名贵的宠物狗追咬李某。李某见状在距王某 50 米处转身将狗踢死后逃离。王某眼见一切,因激愤致心脏病发作而亡。关于本案,下列哪一选项是正确的?

A. 李某将狗踢死,属事后抢劫中的暴力行为

B. 李某将狗踢死,属对王某以暴力相威胁

C. 李某的行为满足事后抢劫的当场性要件

D. 对李某的行为应整体上评价为抢劫罪

41. 王某被姜某打伤致残,在开庭审判前向法院提起附带民事诉讼,并提出财产保全的申请。法院对于该申请的处理,下列哪一选项是正确的?

A. 不予受理

B. 可以采取查封、扣押或者冻结被告人财产的措施

C. 只有在王某提供担保后,法院才予以财产保全

D. 移送财产所在地的法院采取保全措施

42. 关于行政诉讼中的证据保全申请,下列哪一选项是正确的?

A. 应当在第一次开庭前以书面形式提出

B. 应当在举证期限届满前以书面形式提出

C. 应当在举证期限届满前以口头形式提出

D. 应当在第一次开庭前以口头形式提出

43. 某法院在网络、微信等平台上公布失信被执行人名单以督促其履行义务,不少失信被执行人迫于"面子"和舆论压力主动找到法院配合执行。对此,下列哪一理解是正确的?

A. 道德问题的有效解决总是必须依赖法律的强制手段

B. 公布失信被执行人名单有助于形成守法光荣、违法可耻的社会氛围

C. 法律的有效实施总是必须诉诸道德谴责和舆论压力

D. 法律与道德具有概念上的必然关系,法律其实就是道德

44.《折狱龟鉴》载一案例:张泳尚书镇蜀日,因出过委巷,闻人哭,惧而不哀,遂使讯之。云:"夫暴

卒。"乃付吏穷治。吏往熟视,略不见其要害。而妻教吏搜顶发,当有验。乃往视之,果有大钉陷其脑中。吏喜,辄矜妻能,悉以告泳。泳使呼出,厚加赏方,问所知之由,并令鞫其事,盖尝害夫,亦用此谋。发棺视尸,其钉尚在,遂与妻奴俱刑于市。关于本案,张泳运用了下列哪一断案方法?

    A.《春秋》决狱
    B."听讼"、"断狱"
    C."据状断之"
    D.九卿会审

45．王某多次吸毒,某日下午在市区超市门口与同居女友沈某发生争吵。沈某欲离开,王某将其按倒在地,用菜刀砍死。后查明:王某案发时因吸毒出现精神病性障碍,导致辨认控制能力减弱。关于本案的刑罚裁量,下列哪一选项是错误的?

    A.王某是偶犯,可酌情从轻处罚
    B.王某刑事责任能力降低,可从轻处罚
    C.王某在公众场合持刀行凶,社会影响恶劣,可从重处罚
    D.王某与被害人存在特殊身份关系,可酌情从轻处罚

46．下列关于值班律师的哪一项表述是正确的?

    A.值班律师依法享有会见权、阅卷权以及提出建议权
    B.值班律师为犯罪嫌疑人、被告人提供法律咨询是辩护权的体现
    C.值班律师可以出庭为被告人发表对案件的看法
    D.犯罪嫌疑人、被告人拒绝认罪认罚的案件不适用值班律师制度

47．田某为在校大学生,以从事研究为由向某工商局提出申请,要求公开该局2012年度作出的所有行政处罚决定书,该局拒绝公开。下列哪一项说法是正确的?

    A.因田某不具有申请人资格,拒绝公开合法
    B.因行政处罚决定为重点公开的政府信息,拒绝公开违法
    C.田某应先申请复议再向法院起诉
    D.田某的起诉期限为6个月

48．唐代诉讼制度不断完善,并具有承前启后的特点。下列哪一选项体现了唐律据证定罪的原则?

    A.唐律规定,审判时"必先以情,审察辞理,反复参验,犹未能决,事须拷问者,立案同判,然后拷讯,违者杖六十"
    B.《断狱律》说:"若赃状露验,理不可疑,虽不成引,即据状断之"
    C.唐律规定,对应议、请、减和老幼残疾之人"不合拷讯"
    D.《断狱律》说:"(断狱)皆须具引律、令、格、式正文,违者笞三十"

49．王某和李某斗殴,李某与其子李二将王某打伤。李某在王某提起刑事自诉后聘请省会城市某律师事务所赵律师担任辩护人。关于本案,下列哪一做法符合相关规定?

    A.赵律师同时担任李某和李二的辩护人,该所钱律师担任本案王某代理人
    B.该所与李某商定辩护事务按诉讼结果收取律师费
    C.该所要求李某另外预交办案费
    D.该所指派实习律师代赵律师出庭辩护

50．农民甲醉酒在道路上驾驶拖拉机,其认为拖拉机不属于《刑法》第133条之一规定的机动车。关于本案的分析,下列哪一选项是正确的?

    A.甲未能正确评价自身的行为,存在事实认识错误
    B.甲欠缺违法性认识的可能性,其行为不构成犯罪
    C.甲对危险驾驶事实有认识,具有危险驾驶的故意
    D.甲受认识水平所限,不能要求其对自身行为负责

二、多项选择题。每题所设选项中至少有两个正确答案,多选、少选、错或不选均不得分。本部分含51-85题,每题2分,共70分。

51．关于国家文化制度,下列哪些表述是正确的?

    A.我国宪法所规定的文化制度包含了爱国统一战线的内容
    B.国家鼓励自学成才,鼓励社会力量依照法律规定举办各种教育事业
    C.是否较为系统地规定文化制度,是社会主义宪法区别于资本主义宪法的重要标志之一
    D.公民道德教育的目的在于培养有理想、有道德、有文化、有纪律的社会主义公民

52．关于刑事管辖权,下列哪些选项是正确的?

    A.甲在国外教唆陈某到中国境内实施绑架行为,中国司法机关对甲的教唆犯罪有刑事管辖权
    B.隶属于中国某边境城市旅游公司的长途汽车在从中国进入E国境内之后,因争抢座位,F国的汤姆一怒之下杀死了G国的杰瑞。对汤姆的杀人行为不适用中国刑法
    C.中国法院适用普遍管辖原则对劫持航空器的丙行使管辖权时,定罪量刑的依据是中国缔结或者参加的国际条约
    D.外国人丁在中国领域外对中国公民犯罪的,

即使按照中国刑法的规定,该罪的最低刑为 3 年以上有期徒刑,也可能不适用中国刑法

53．国有 A 公司总经理甲发现 A 公司将从 B 公司购进的货物转手卖给某公司时,A 公司即可赚取 300 万元。甲便让其妻乙注册成立 C 公司,并利用其特殊身份,让 B 公司与 A 公司解除合同后,再将货物卖给 C 公司。C 公司由此获得 300 万元利润。关于甲的行为定性,下列哪些选项是正确的?

A．贪污罪

B．为亲友非法牟利罪

C．诈骗罪

D．非法经营同类营业罪

54．根据有关司法解释,关于利用互联网实施的犯罪行为,下列哪些说法是正确的?

A．在网络上建立赌博网站的,属于开设赌场

B．通过网络传播淫秽视频的,属于传播淫秽物品

C．在网络上传播电子盗版书的,属于复制发行他人文字作品

D．盗用他人网络账号、密码上网,造成他人电信资费损失的,属于盗窃他人财物

55．新郎经过紧张筹备准备迎娶新娘。婚礼当天迎亲车队到达时,新娘却已飞往国外,由其家人转告将另嫁他人,离婚手续随后办理。此事对新郎造成严重伤害。法院认为,新娘违背诚实信用和公序良俗原则,侮辱了新郎人格尊严,判决新娘赔偿新郎财产损失和精神抚慰金。关于本案,下列哪些说法可以成立?

A．由于缺乏可供适用的法律规则,法官可依民法基本原则裁判案件

B．本案法官运用了演绎推理

C．确认案件事实是法官进行推理的前提条件

D．只有依据法律原则裁判的情形,法官才需提供裁判理由

56．根据《宪法》和《村民委员会组织法》的规定,下列哪些选项是正确的?

A．村民会议由本村 18 周岁以上,没有被剥夺政治权利的村民组成

B．乡、民族乡、镇的人民政府不得干预依法属于村民自治范围内的事项

C．罢免村民委员会成员,须经参加投票的村民过半数通过

D．村民委员会成员实行任期和离任经济责任审计

57．关于骗取出口退税罪和虚开增值税发票罪的说法,下列哪些选项是正确的?

A．甲公司具有进出口经营权,明知他人意欲骗取国家出口退税款,仍违反国家规定允许他人自带客户、自带货源、自带汇票并自行报关,骗取国家出口退税款。对甲公司应以骗取出口退税罪论处

B．乙公司虚开用于骗取出口退税的发票,并利用该虚开的发票骗取数额巨大的出口退税,其行为构成虚开用于骗取出口退税发票罪与骗取出口退税罪,实行数罪并罚

C．丙公司缴纳 200 万元税款后,以假报出口的手段,一次性骗取国家出口退税款 400 万元,丙公司的行为分别构成逃税罪与骗取出口退税罪,实行数罪并罚

D．丁公司虚开增值税专用发票并骗取国家税款,数额特别巨大,情节特别严重,给国家利益造成特别重大损失。对丁公司应当以虚开增值税专用发票罪论处

58．某日,甲醉酒驾车将行人乙撞死,急忙将尸体运到 X 地掩埋。10 天后,甲得知某单位要在 X 地施工,因担心乙的尸体被人发现,便将乙的尸体从 X 地转移至 Y 地。在转移尸体时,甲无意中发现了乙的身份证和信用卡。此后,甲持乙的身份证和信用卡,从银行柜台将乙的信用卡中的 5 万元转入自己的信用卡,并以乙的身份证办理入网手续并使用移动电话,造成电信资费损失 8000 余元。甲的行为构成何罪?

A．交通肇事罪　　　　B．侵占罪

C．信用卡诈骗罪　　　D．诈骗罪

59．张某和李某结婚,婚后育一子张小某。8 年后,张某和李某离婚,张小某随父亲张某一同生活,次年,张某与陈某再婚。在生活中,继母陈某长期虐待张小某,下列哪些表述是正确的?

A．陈某虐待张小某,李某可以向法院提起自诉

B．陈某虐待张小某,邻居王某可以向法院提起自诉

C．陈某虐待张小某,张小某没有能力告诉,公安机关可以对陈某立案侦查

D．陈某虐待张小某,只有张某可以向法院提起自诉

60．关于被法院决定取保候审的被告人在取保候审期间应当遵守的法定义务,下列哪些选项是正确的?

A．未经法院批准不得离开所居住的市、县

B．未经公安机关批准不得会见他人

C．在传讯的时候及时到案

D．不得以任何形式干扰证人作证

61．关于庭前会议,下列哪些选项是正确的?

A．被告人有参加庭前会议的权利

B. 被害人提起附带民事诉讼的,审判人员可在庭前会议中进行调解

C. 辩护人申请排除非法证据的,可在庭前会议中就是否排除作出决定

D. 控辩双方可在庭前会议中就出庭作证的证人名单进行讨论

62. 孙某为某行政机关的聘任制公务员,双方签订聘任合同。下列哪些说法是正确的?

A. 对孙某的聘任须按照公务员考试录用程序进行公开招聘

B. 该机关应按照《公务员法》和聘任合同对孙某进行管理

C. 对孙某的工资可以按照国家规定实行协议工资

D. 如孙某与该机关因履行聘任合同发生争议,可以向人事争议仲裁委员会申请仲裁

63. 黄某与张某之妻发生口角,被张某打成轻微伤。某区公安分局决定对张某拘留五日。黄某认为处罚过轻遂向法院起诉,法院予以受理。下列哪些选项是正确的?

A. 某区公安分局在给予张某拘留处罚后,应及时通知其家属

B. 张某之妻为本案的第三人

C. 本案既可以由某区公安分局所在地的法院管辖,也可以由黄某所在地的法院管辖

D. 张某不符合申请暂缓执行拘留的条件

64. 孙某和钱某系夫妻,下列哪些说法是错误的?

A. 孙某担任民一庭庭长,则钱某不得担任同一法院民二庭的审判员

B. 孙某担任甲市中级人民法院院长,则钱某不得担任甲市乙县人民法院的审判员

C. 孙某在钱某任职法官的人民法院辖区内的律师事务所担任合伙人,则钱某应当实行任职回避

D. 孙某在钱某任职法官的人民法院辖区内担任诉讼代理人,则钱某应当实行任职回避

65. 关于自首中的"如实供述",下列哪些选项是错误的?

A. 甲自动投案后,如实交代自己的杀人行为,但拒绝说明凶器藏匿地点的,不成立自首

B. 乙犯有故意伤害罪、抢夺罪,自动投案后,仅如实供述抢夺行为,对伤害行为一直主张自己是正当防卫,仍然可以成立自首

C. 丙虽未自动投案,但办案机关所掌握线索针对的贪污事实不成立,在此范围外丙交代贪污罪行的,应当成立自首

D. 丁自动投案并如实供述自己的罪行后又翻供,但在二审判决前又如实供述的,应当认定为自首

66. 关于抢劫罪的认定,下列哪些选项是正确的?

A. 甲欲进王某家盗窃,正撬门时,路人李某经过。甲误以为李某是王某,会阻止自己盗窃,将李某打昏,再从王某家窃走财物。甲不构成抢劫既遂

B. 乙潜入周某家盗窃,正欲离开时,周某回家,进屋将乙堵在卧室内。乙掏出凶器对周某进行恐吓,迫使周某让其携带财物离开。乙构成入户抢劫

C. 丙窃取刘某汽车时被发现,驾刘某的汽车逃跑,刘某乘出租车追赶。途遇路人陈某过马路,丙也未减速,将陈某撞成重伤。丙构成抢劫致人重伤

D. 丁抢夺张某财物后逃跑,为阻止张某追赶,出于杀害故意向张某开枪射击。子弹未击中张某,但击中路人汪某,致其死亡。丁构成抢劫致人死亡

67. 下列哪些行为属于非法取证,应当依法予以排除?

A. 甲侦查人员询问女证人,以公开其隐私相威胁,证人因担心隐私被公开造成家庭矛盾被迫提供证言

B. 乙侦查人员首次讯问犯罪嫌疑人时通过暴力方式获取了供述,第二次讯问时没有采用暴力方式,犯罪嫌疑人作出了同样的供述

C. 丙侦查人员对犯罪嫌疑人连续讯问25小时,但期间保持其正常饮食

D. 丁侦查人员威胁犯罪嫌疑人不如实供述就让他正在准备高考的儿子作为证人接受询问,犯罪嫌疑人担心影响其儿子考试作出的供述

68. 下列哪些段时间应计入一审案件审理期限?

A. 需要延长审理期限的案件,办理报请高级法院批准手续的时间

B. 当事人申请重新鉴定,经法院同意延期审理的时间

C. 检察院补充侦查完毕后重新移送法院的案件,法院收到案件之日以前补充侦查的时间

D. 法院改变管辖的案件,自改变管辖决定作出至改变后的法院收到案件之日的时间

69. 王某因间谍罪被甲省乙市中级法院一审判处死刑,缓期2年执行。王某没有上诉,检察院没有抗诉。判决生效后,发现有新的证据证明原判决认定的事实确有错误。下列哪些机关有权对本案提起审判监督程序?

A. 乙市中级法院　　　B. 甲省高级法院
C. 甲省检察院　　　　D. 最高检察院

70. 下列关于具体行政行为的说法哪些是正确的?

A. 确定力是指具体行政行为一经生效,行政机关和相对人必须遵守

B. 2014 年修改的《行政诉讼法》中并未出现具体行政行为这一用语

C. 具体行政行为是指对特定人或者特定事项的一次性处理

D. 授益性行政行为与裁量性行政行为是相对应的

71. 交警大队以方某闯红灯为由当场处以 50 元罚款,方某不服起诉。法院适用简易程序审理。关于简易程序,下列哪些说法是正确的?

A. 由审判员一人独任审理

B. 法院应在立案之日起 30 日内审结,有特殊情况需延长的经批准可延长

C. 法院在审理过程中发现不宜适用简易程序的,裁定转为普通程序

D. 对适用简易程序作出的判决,当事人不得提出上诉

72. 根据司法制度的有关规定,下列哪些选项是正确的?

A. 沈律师从 2003 年至今专职从事律师业务,未受过停止执业处罚,可成为律师事务所的设立人

B. 孙检察官工作勤奋,业务水平高,是检察院公认的业务骨干,虽然曾经为办案而违反有关警车、警械、警具管理规定,年终考核仍可得到优秀的考核结果

C. 郭法官认真总结审判经验,成果突出,对审判工作有指导作用,根据《法官法》的规定,他应受到奖励

D. 曾某为刑事被告人,四十六岁且有身孕,因经济困难未聘请辩护律师,可通过申请获得法律援助

73. 关于刑法上的因果关系,下列哪些说法是正确的?

A. 甲因生产经营急需资金,申请贷款时提供了伪造的材料,骗取了贷款,后因经营失败未能归还,给银行造成重大损失。伪造材料行为与银行重大损失之间没有因果关系

B. 溺水者乙抓住一个可以救命的漂浮物,该漂浮物属于甲所有,甲见状立即拿走漂浮物,导致乙溺水身亡。甲的行为与乙的死亡之间具有因果关系

C. 甲、乙在没有意思联络的情况下,均向丙开了一枪,且均打中非要害部位,丙因为两处受伤,失血过多而死亡。甲、乙的行为与丙的死亡之间具有因果关系

D. 甲、乙没有意思联络,均有杀害丙的故意。乙到达现场时暗中发现甲向丙的水杯中已经投了毒,乙便没有投毒,后丙喝水死亡。乙的行为与丙的死亡结果之间没有因果关系

74. 马萨是一名来华留学的甲国公民,依中国法律规定,下列哪些选项是正确的?

A. 马萨入境中国时,如出入境边防检查机关不准其入境,可以不说明理由

B. 如马萨留学期间发现就业机会,即可兼职工作

C. 马萨留学期间在同学家中短期借住,应按规定向居住地的公安机关办理登记

D. 如马萨涉诉,则不得出境

75. 法院审理郑某涉嫌滥用职权犯罪案件,在宣告判决前,检察院发现郑某和张某接受秦某巨款,涉嫌贿赂犯罪,事实清楚,证据确实、充分。对于新发现犯罪嫌疑人和遗漏罪行的处理,下列哪些做法是正确的?

A. 法院可以主动将张某、秦某追加为被告人一并审理

B. 检察院可以补充起诉郑某、张某和秦某的贿赂犯罪

C. 检察院可以将张某、秦某追加为被告人,要求法院一并审理

D. 检察院应当撤回起诉,将三名犯罪嫌疑人以两个罪名重新起诉

76. 下列哪些选项属于法院应当终止审理的情形?

A. 张某涉销售赃物一案,经审理认为情节显著轻微危害不大的

B. 赵某涉嫌抢劫一案,赵某在第一审开庭审理前发病猝死的

C. 李某以遭受遗弃为由提起自诉,法院审查后不予立案的

D. 王某以遭受虐待为由提起自诉,后又撤一回自诉的

77. 董仲舒解说"春秋决狱":"春秋之听狱也,必本其事而原其志;志邪者不待成,首恶者罪特重,本直者其论轻。"关于该解说之要旨和倡导,下列哪些表述是正确的?

A. 断案必须根据事实,要追究犯罪人的动机,动机邪恶者即使犯罪未遂也不免刑责

B. 在着重考察动机的同时,还要依据事实,分别首犯、从犯和已遂、未遂

C. 如犯罪人主观动机符合儒家"忠"、"孝"精神,即使行为构成社会危害,也不给予刑事处罚

D. 以《春秋》经义决狱为司法原则,对当时传统司法审判有积极意义,但某种程度上为司法擅断提供了依据

78．下列哪些行政行为不属于行政处罚？

A．质监局对甲企业涉嫌冒用他人商品识别代码的产品予以先行登记保存

B．食品药品监管局责令乙企业召回已上市销售的不符合药品安全标准的药品

C．环保局对排污超标的丙企业作出责令停产6个月的决定

D．工商局责令销售不合格产品的丁企业支付消费者3倍赔偿金

79．甲、乙两村因土地使用权发生争议，县政府裁决使用权归甲村。乙村不服向法院起诉撤销县政府的裁决，并请求法院判定使用权归乙村。关于乙村提出的土地使用权归属请求，下列哪些说法是正确的？

A．除非有正当理由的，乙村应于第一审开庭审理前提出

B．法院作出不予准许决定的，乙村可申请复议一次

C．法院应单独立案

D．法院应另行组成合议庭审理

80．甲、乙共谋入户抢劫一户人家。乙在进入这户人家前感到害怕，告知甲想放弃，但没有劝甲放弃便离去。甲独自入户后，发现这户人家很穷，心生可怜，便放弃抢劫。下列哪些说法是正确的？

A．甲构成犯罪中止　　B．乙构成犯罪中止

C．甲构成犯罪未遂　　D．乙构成犯罪未遂

81．甲于2012年借给乙90万元。一年后乙通过银行转账将90万元转给甲。因为有银行转账记录，乙未向甲要回欠条。甲将欠条涂改为2018年借给乙90万元，并向法院起诉，要求乙还款（本息100万元）。乙以银行转账记录为证据，主张自己已经还款。法官经过调查，最终作出乙败诉的判决，判决乙应向甲还款100万元。关于本案，下列哪些说法是正确的？

A．甲的行为构成虚假诉讼罪与诈骗罪，两罪在一审判决作出时既遂

B．甲的行为构成诉讼诈骗，法官是受骗人，乙是受害人

C．甲的行为构成虚假诉讼罪和诈骗罪的想象竞合

D．法官构成民事枉法裁判罪

82．根据《宪法》，关于中国人民政治协商会议，下列哪些选项是正确的？

A．中国人民政治协商会议是具有广泛代表性的统一战线组织

B．中国人民政治协商会议是重要的国家机关

C．中国共产党领导的多党合作和政治协商制度将长期存在和发展

D．中国共产党领导的爱国统一战线将继续巩固和发展

83．关于刑事诉讼当事人中的被害人的诉讼权利，下列哪些选项是正确的？

A．撤回起诉、申请回避

B．委托诉讼代理人、提起自诉

C．申请复议、提起上诉

D．申请抗诉、提出申诉

84．某企业认为，甲省政府所在地的市政府制定的规章同某一行政法规相抵触，可以向下列哪些机关书面提出审查建议？

A．国务院

B．国务院法制机构

C．甲省政府

D．全国人大常委会

85．县政府与甲公司签订了征地补偿协议后，迟迟未支付征地补偿金。甲公司向法院提起诉讼，请求法院判令县政府支付补偿金和约定的违约金。对此，下列哪些说法是正确的？

A．诉讼时效依照《民法典》处理

B．可以参照《民法典》对民事合同的规定处理本案

C．甲公司应就被告是否履行支付补偿金义务进行举证

D．法院不能支持给付违约金的主张

三、不定项选择题。每题所设选项中至少有一个正确答案，多选、少选、错选或不选均不得分。本部分含86—100题，每题2分，共30分。

86．根据《宪法》和法律的规定，关于全国人大代表的权利，下列选项正确的是：

A．享有绝对的言论自由

B．有权参加决定国务院各部部长、各委员会主任的人选

C．非经全国人大主席团或者全国人大常委会许可，一律不受逮捕或者行政拘留

D．有五分之一以上的全国人大代表提议，可以临时召集全国人民代表大会会议

87．关于受贿相关犯罪的认定，下列选项正确的是：

A．甲知道城建局长张某吸毒，以提供海洛因为条件请其关照工程招标，张某同意。甲中标后，送给张某50克海洛因。张某构成受贿罪

B．乙系人社局副局长，乙父让乙将不符合社保条件的几名亲戚纳入社保范围后，收受亲戚送来的3万元。乙父构成利用影响力受贿罪

C．国企退休厂长王某（正处级）利用其影响，让

现任厂长帮忙,在本厂推销保险产品后,王某收受保险公司 3 万元。王某不构成受贿罪

D. 法院院长告知某企业经理赵某"如给法院捐赠 500 万元办公经费,你们那个案件可以胜诉"。该企业胜诉后,给法院单位账户打入 500 万元。应认定法院构成单位受贿罪

88. 下列情况属于或可以视为行政诉讼中被告改变被诉具体行政行为的是:

A. 被诉公安局把拘留三日的处罚决定改为罚款 500 元

B. 被诉土地局更正被诉处罚决定中不影响决定性质和内容的文字错误

C. 被诉工商局未在法定期限答复原告的请求,在二审期间作出书面答复

D. 县政府针对甲乙两村土地使用权争议作出的处理决定被诉后,甲乙两村达成和解,县政府书面予以认可

（一）

2011 年 7 月 5 日,某公司高经理与员工在饭店喝酒聚餐后表示:别开车了,"酒驾"已入刑,咱把车推回去。随后,高经理在车内掌控方向盘,其他人推车缓行。记者从交警部门了解到,如机动车未发动,只操纵方向盘,由人力或其他车辆牵引,不属于酒后驾车。但交警部门指出,路上推车既会造成后方车辆行驶障碍,也会构成对推车人的安全威胁,建议酒后将车置于安全地点,或找人代驾。鉴于我国对"酒后代驾"缺乏明确规定,高经理起草了一份《酒后代驾服务规则》,包括总则、代驾人、被代驾人、权利与义务、代为驾驶服务合同、法律责任等共 6 章 21 条邮寄给国家立法机关。请回答 89~91 题。

89. 关于高经理和公司员工拒绝"酒驾"所体现的法的作用,下列说法正确的是?

A. 法的指引作用　　B. 法的评价作用
C. 法的预测作用　　D. 法的强制作用

90. 关于交警部门的推车前行不属于"酒驾"的解释,下列判断不正确的是:

A. 属于司法解释

B. 属于行政解释

C. 直接运用了类比推理

D. 运用了演绎推理

91. 关于高经理起草的《酒后代驾服务规则》,下列说法不正确的是:

A. 属于民法商法规则　　B. 是立法议案

C. 是法的正式渊源　　D. 是规范性法律文件

92. 宪法修改是指有权机关依照一定的程序变更宪法内容的行为。关于宪法的修改,下列选项正确的是:

A. 凡宪法规范与社会生活发生冲突时,必须进行宪法修改

B. 我国宪法的修改可由五分之一以上的全国人大代表提议

C. 宪法修正案由全国人民代表大会公告公布施行

D. 我国 1988 年《宪法修正案》规定,土地的使用权可依照法律法规的规定转让

93. 甲国 A 公司向乙国 B 公司出口一批货物,双方约定适用 2020 年《国际贸易术语解释通则》中 CIF 术语。该批货物由丙国 C 公司"乐安"号商船承运,运输途中船舶搁浅,为起浮抛弃了部分货物。船舶起浮后继续航行中又因恶劣天气,部分货物被海浪打入海中。到目的港后发现还有部分货物因固有缺陷而损失。"乐安"号运送该货物的航行路线要经过丁国的领海和毗连区。根据《联合国海洋法公约》,下列选项正确的是:

A. "乐安"号可不经批准穿行丁国领海,并在其间停泊转运货物

B. "乐安"号在丁国毗连区走私货物,丁国海上执法船可行使紧追权

C. "乐安"号在丁国毗连区走私货物,丁国海上执法机关可出动飞机行使紧追权

D. 丁国海上执法机关对"乐安"号的紧追权在其进入公海时立即终止

94. 丙实施抢劫犯罪后,分管公安工作的副县长甲滥用职权,让侦办此案的警察乙想办法使丙无罪。乙明知丙有罪,但为徇私情,采取毁灭证据的手段使丙未受追诉。关于本案的分析,下列哪些选项是正确的?

A. 因甲是国家机关工作人员,故甲是滥用职权罪的实行犯

B. 因甲居于领导地位,故甲是徇私枉法罪的间接正犯

C. 因甲实施了两个实行行为,故应实行数罪并罚

D. 乙的行为同时触犯徇私枉法罪与帮助毁灭证据罪、滥用职权罪,但因只有一个行为,应以徇私枉法罪论处

（二）

甲、乙二人系药材公司仓库保管员,涉嫌 5 次共同盗窃其保管的名贵药材,涉案金额 40 余万元。一审开庭审理时,药材公司法定代表人丙参加庭审。经审理,法院认定了其中 4 起盗窃事实,另 1 起因证据不足未予认定,甲和乙以职务侵占罪分别被判处有期徒刑 3 年和 1 年。请回答 95~97 题。

95. 关于本案证据,下列选项正确的是:

A. 侦查机关制作的失窃药材清单是书证

B. 为查实销赃情况而从通信公司调取的通话记

录清单是书证

C. 甲将部分销赃所得 10 万元存入某银行的存折是物证

D. 因部分失窃药材不宜保存而在法庭上出示的药材照片是物证

96．关于丙参与法庭审理,下列选项正确的是:

A. 丙可委托诉讼代理人参加法庭审理

B. 公诉人讯问甲和乙后,丙可就犯罪事实向甲、乙发问

C. 丙可代表药材公司在附带民事诉讼中要求甲和乙赔偿被窃的药材损失

D. 丙反对适用简易程序的,应转为普通程序审理

97．一审判决作出后,乙以量刑过重为由提出上诉,甲未上诉,检察院未抗诉。关于本案二审程序,下列选项正确的是:

A. 二审法院受理案件后应通知同级检察院查阅案卷

B. 二审法院可审理并认定一审法院未予认定的 1 起盗窃事实

C. 二审法院审理后认为乙符合适用缓刑的条件,将乙改判为有期徒刑 2 年,缓刑 2 年

D. 二审期间,甲可另行委托辩护人为其辩护

98．某公司提起行政诉讼,要求撤销区教育局作出的《关于不同意申办花蕾幼儿园的批复》,并要求法院判令该局在 20 日内向花蕾幼儿园颁发独立的《办学许可证》。一审法院经审理后作出确认区教育局批复违法的判决,但未就颁发《办学许可证》的诉讼请求作出判决。该公司不服一审判决,提起上诉。下列说法正确的是:

A. 二审法院应当裁定撤销一审判决

B. 二审法院应当维持一审判决

C. 二审法院可以裁定发回一审法院重审

D. 二审法院应当裁定发回一审法院重审,一审法院应当另行组成合议庭进行审理

99．某国跨国甲公司发现中国乙公司申请注册的域名侵犯了甲公司的商标权,遂起诉要求乙公司撤销该域名注册。乙公司称,商标和域名是两个领域的完全不同的概念,网络域名的注册和使用均不属中国《商标法》的调整范围。法院认为,两国均为《巴黎公约》成员国,应当根据中国法律和该公约处理注册纠纷。法院同时认为,对驰名商标的权利保障应当扩展到网络空间,故乙公司的行为侵犯了甲公司的商标专用权。据此,下列表述正确的是:

A. 法律应该以社会为基础,随着社会的发展而变化

B. 科技的发展影响法律的调整范围,而法律可以保障科技的发展

C. 国际条约可以作为我国法的渊源

D. 乙公司的辩称和法院的判断表明:法律决定的可预测性与可接受性之间存在着一定的紧张关系

100．构成诈骗罪,要求处分财物具有处分行为和处分意识。下列选项中,存在处分意识的是:

A. 甲伪造车辆凭证,以汽车作抵押向王某借款 20 万元,随后逃走,该汽车实际上为赵某所有

B. 乙请客吃饭,吃完后对服务员表示送朋友到门口再回来买单。服务员同意。乙到门口后趁机逃走

C. 丙用技术手段将其工厂电表上的用电量大幅调低,查表员上门查表收费时,以丙修改后的度数为标准收取了电费

D. 丁在超市购物,从一箱饮料中取出一瓶饮料,将一瓶茅台酒放入其中封存好,然后拿到收银台结账。收银员以一箱饮料的价格收取了费用

试 卷 二

试 题

一、单项选择题。每题所设选项中只有一个正确答案,多选、错选或不选均不得分。本部分含 1~50 题,每题 1 分,共 50 分。

1．张某和李某达成收养协议,约定由李某收养张某 6 岁的孩子小张;任何一方违反约定,应承担违约责任。双方办理了登记手续,张某依约向李某支付了 10 万元。李某收养小张 1 年后,因小张殴打他人赔偿了 1 万元,李某要求解除收养协议并要求张某赔偿该 1 万元。张某同意解除但要求李某返还 10 万元。下列哪一表述是正确的?

A. 李某、张某不得解除收养关系

B. 李某应对张某承担违约责任

C. 张某应赔偿李某 1 万元

D. 李某应返还不当得利

2．关于诉讼时效中断的表述,下列哪一选项是正确的?

A. 甲欠乙 10 万元到期未还,乙要求甲先清偿 8 万元。乙的行为,仅导致 8 万元债务诉讼时效中断

B. 甲和乙对丙因共同侵权而需承担连带赔偿责任计 10 万元,丙要求甲承担 8 万元。丙的行为,导致甲和乙对丙负担的连带债务诉讼时效均中断

C. 乙欠甲 8 万元,丙欠乙 10 万元,甲对丙提起代位权诉讼。甲的行为,不会导致丙对乙的债务诉讼时效中断

D. 乙欠甲 10 万元,甲将该债权转让给丙。自甲与丙签订债权转让协议之日起,乙的 10 万元债务诉讼时效中断

3．周某从迅达汽车贸易公司购买了 1 辆车,约定周某试用 10 天,试用期满后 3 天内办理登记过户手续。试用期间,周某违反交通规则将李某撞成重伤。现周某困难,无力赔偿。关于李某受到的损害,下列哪一表述是正确的?

A. 因在试用期间该车未交付,李某有权请求迅达公司赔偿

B. 因该汽车未过户,不知该汽车已经出卖,李某有权请求迅达公司赔偿

C. 李某有权请求周某赔偿,因周某是该汽车的使用人

D. 李某有权请求周某和迅达公司承担连带赔偿责任,因周某和迅达公司是共同侵权人

4．某燃气公司在办理燃气入户前,要求用户缴纳一笔"预付气费款",否则不予供气。待不再用气时,用户可申请返还该款项。经查,该款项在用户日常购气中不能冲抵燃气费。根据《反垄断法》的规定,下列哪一说法是正确的?

A. 反垄断机构执法时应界定该公司所涉相关市场

B. 只要该公司在当地独家经营,就能认定其具有市场支配地位

C. 如该公司的上游气源企业向其收取预付款,该公司就可向客户收取"预付气费款"

D. 县政府规定了"一个地域只能有一家燃气供应企业",故该公司行为不构成垄断

5．经常居住在天津的德国公民托马斯家中名画失窃,该画后被中国公民李伟在韩国艺术品市场购得。托马斯得知李伟将画带回中国并委托拍卖公司在天津拍卖,欲通过诉讼要回该画作。根据我国《涉外民事关系法律适用法》,关于本案下列哪一说法是正确的?

A. 托马斯的诉讼行为能力应适用德国法来判断

B. 关于该画作的物权问题,当事双方应当在与案件有实际联系的德国法、中国法以及韩国法中进行选择

C. 关于该画作的物权问题,当事双方不能就准据法的选择达成一致时,应适用韩国法

D. 关于该画作的物权问题,当事双方不能就准据法的选择达成一致时,应适用法院地法即中国法

6．当事人欲将某外国法院作出的民事判决申请中国法院承认和执行。根据中国法律,下列哪一选项是错误的?

A. 该判决应向中国有管辖权的法院申请承认和执行

B. 该判决应是外国法院作出的发生法律效力的判决

C. 承认和执行该判决的请求须由该外国法院向中国法院提出,不能由当事人向中国法院提出

D. 如该判决违反中国的公共利益,中国法院不予承认和执行

7. 关于中国在世贸组织中的权利义务,下列哪一表述是正确的?

A. 承诺入世后所有中国企业都有权进行货物进出口,包括国家专营商品

B. 对中国产品的出口,进口成员在进行反倾销调查时选择替代国价格的做法,在《中国加入世界贸易组织议定书》生效 15 年后终止

C. 非专向补贴不受世界贸易组织多边贸易体制的约束,包括中国对所有国有企业的补贴

D. 针对中国产品的过渡性保障措施,在实施条件上与保障措施的要求基本相同,在实施程序上相对简便

8. 某省 A 市和 B 市分别位于同一河流的上下游。A 市欲建农药厂。在环境影响评价书报批时,B 市环境保护行政主管部门认为该厂对本市影响很大,对该环境影响评价结论提出异议。在此情况下,该环境影响评价书应当由下列哪一部门审批?

A. 省政府发改委

B. 省人大常委会

C. 省农药生产行政监管部门

D. 省环境保护行政主管部门

9. 某商业银行通过同业拆借获得一笔资金。关于该拆入资金的用途,下列哪一选项是违法的?

A. 弥补票据结算的不足

B. 弥补联行汇差头寸的不足

C. 发放有担保的短期固定资产贷款

D. 解决临时性周转资金的需要

10. 甲将 300 册藏书送给乙,并约定乙不得转让给第三人,否则甲有权收回藏书。其后甲向乙交付了 300 册藏书。下列哪一说法是正确的?

A. 甲与乙的赠与合同无效,乙不能取得藏书的所有权

B. 甲与乙的赠与合同无效,乙取得了藏书的所有权

C. 甲与乙的赠与合同为附条件的合同,乙不能取得藏书的所有权

D. 甲与乙的赠与合同有效,乙取得了藏书的所有权

11. 甲向乙借款,以自己的房屋设定了抵押权。后又向丙借款,又以该房屋设定了抵押权。两次抵押均办理了抵押登记。后来甲乙之间签订了关于该房屋的买卖合同,并办理了过户登记。对此,下列说法正确的是:

A. 乙的抵押权消灭

B. 丙的抵押权消灭

C. 乙丙的抵押权均未消灭

D. 甲乙之间的房屋买卖合同无效

12. 甲公司以其机器设备为乙公司设立了质权。10 日后,丙公司向银行贷款 100 万元,甲公司将机器设备又抵押给银行,担保其中 40 万元贷款,但未办理抵押登记。同时,丙公司将自有房产抵押给银行,担保其余 60 万元贷款,办理了抵押登记。20 日后,甲将机器设备再抵押给丁公司,办理了抵押登记。丙公司届期不能清偿银行贷款。下列哪一表述是正确的?

A. 如银行主张全部债权,应先拍卖房产实现抵押权

B. 如银行主张全部债权,可选择拍卖房产或者机器设备实现抵押权

C. 乙公司的质权优先于银行对机器设备的抵押权

D. 丁公司对机器设备的抵押权优先于乙公司的质权

13. 甲、乙两公司发生合同纠纷,某区人民法院判决甲公司胜诉,双方均未上诉。判决生效后,乙公司拒不履行生效判决,甲公司向区人民法院申请执行。在执行中,甲、乙公司达成和解协议,并且当即履行完毕,区人民法院裁定执行终结。后乙公司发现新证据,据此向市中级人民法院申请再审,法院应当如何处理?

A. 执行回转

B. 裁定驳回再审申请

C. 可对执行和解协议合法性审查

D. 可裁定终结对再审申请的审查

14. 钱某在甲、乙、丙三人合伙开设的饭店就餐时被砸伤,遂以营业执照上登记的字号"好安逸"饭店为被告提起诉讼,要求赔偿医疗费等费用 25 万元。法院经审理,判决被告赔偿钱某 19 万元。执行过程中,"好安逸"饭店支付了 8 万元后便再无财产可赔。对此,法院应采取下列哪一处理措施?

A. 裁定终结执行

B. 裁定终结本次执行

C. 裁定中止执行,告知当事人另行起诉合伙人承担责任

D. 裁定追加甲、乙、丙为被执行人,执行其财产

15. 甲有限公司成立于 2018 年 5 月,陈某持有公司 80% 的股权,并担任公司董事长,秦某持有公司 7% 的股权。公司章程规定,公司召开股东会,应该提前 7 天以书面形式通知全体股东。为了扩大公司规模,陈某认为甲公司应当与乙公司合并,并提议召开股东会,但因准备匆忙,在会议召开前 7 天以电话形式通知秦某。甲公司股东会以代表 90% 表决权的股东同意,代表 3% 表决权的股东反对,秦某拒绝在决议

上签字的情况下,通过了与乙公司合并的决议。下列哪一项说法是正确的?

A. 该次股东会会议的召集程序违反法律规定,秦某可以主张该决议无效

B. 该次股东会会议的召集程序违反法律规定,秦某可以要求撤销该决议

C. 秦某有权要求公司以合理的价格回购其所持有的甲公司的股权

D. 若秦某针对股东决议效力提起相关诉讼,应当以公司为被告,其他股东列为第三人

16. 甲起诉要求与妻子乙离婚,法院经审理判决不予准许。书记员两次到甲住所送达判决书,甲均拒绝签收。书记员的下列哪一做法是正确的?

A. 将判决书交给甲的妻子乙转交

B. 将判决书交给甲住所地居委会转交

C. 请甲住所地居委会主任到场见证并将判决书留在甲住所

D. 将判决书交给甲住所地派出所转交

17. 关于承包经营集体土地可以从事的生产活动,下列哪一选项符合《土地管理法》规定?

A. 种植业、林业

B. 种植业、林业、畜牧业

C. 种植业、林业、畜牧业、渔业

D. 种植业、林业、畜牧业、渔业、农产品加工业

18. 营业地在广州的中国甲公司与 T 国乙公司签订了出口某种两用物项的货物合同,合同约定适用 CFR 术语。双方约定货物运输前存放在甲公司位于广州的某仓库,乙公司为该批货物最终用户。对此,下列哪一说法是正确的?

A. 广州某仓库为该批货物的交货地点

B. 甲公司应为该批货物的出口申请许可

C. 乙公司应为该批货物投保平安险

D. 乙公司收到货物后可向第三方转卖

19. 甲国 T 公司与乙国政府签约在乙国建设自来水厂,并向多边投资担保机构投保。依相关规则,下列哪一选项是正确的?

A. 乙国货币大幅贬值造成 T 公司损失,属货币汇兑险的范畴

B. 工人罢工影响了自来水厂的正常营运,属战争内乱险的范畴

C. 乙国新所得税法致 T 公司所得税增加,属征收和类似措施险的范畴

D. 乙国政府不履行与 T 公司签订的合同,乙国法院又拒绝受理相关诉讼,属政府违约险的范畴

20. 甲的画作《梦》于 1960 年发表。1961 年 3 月 4 日甲去世。甲的唯一继承人乙于 2009 年 10 月发现丙网站长期传播作品《梦》,且未署甲名。2012 年 9 月 1 日,乙向法院起诉。下列哪一表述是正确的?

A.《梦》的创作和发表均产生于我国《著作权法》生效之前,不受该法保护

B. 乙的起诉已超过诉讼时效,其胜诉权不受保护

C. 乙无权要求丙网站停止实施侵害甲署名权的行为

D. 乙无权要求丙网站停止实施侵害甲对该作品的信息网络传播权的行为

21. 甲公司开发了一种汽车节能环保技术,并依法获得了实用新型专利证书。乙公司拟与甲公司签订独占实施许可合同引进该技术,但在与甲公司协商谈判过程中,发现该技术在专利申请日前已经属于现有技术。乙公司的下列哪一做法不合法?

A. 在该专利技术基础上继续开发新技术

B. 诉请法院判决该专利无效

C. 请求专利复审委员会宣告该专利无效

D. 无偿使用该技术

22. 某企业新增开采矿产业务,因工资较高,钱某及妻子决定去做开矿工作。该企业的下列哪一做法是不合法的?

A. 在矿山井下安装瓦斯探测设备

B. 对从事矿山井下的所有员工定期进行健康检查

C. 安排钱某夫妻在矿山井下一起工作

D. 向钱某夫妻免费发放防毒面具

23. 甲公司被法院裁定破产,管理人接管财产后,通知甲公司门店的出租方乙公司解除租赁协议。乙公司拒绝,表示该协议约定租期为 10 年,目前尚有 3 年租期,且按照租赁协议的约定,任何一方无权提前解除协议,对协议履行存在争议的应提交北京仲裁委仲裁。下列哪一说法是正确的?

A. 协议应由管理人向北京仲裁委提交仲裁申请时解除

B. 协议自管理人通知乙公司解除决定时即自然解除

C. 如仲裁委裁定解除,应自裁定书送达债权人时解除

D. 协议应继续履行,除非双方一致合意解除

24. 关于《银行业监督管理法》的适用范围,下列哪一说法是正确的?

A. 信托投资公司适用本法

B. 金融租赁公司不适用本法

C. 金融资产管理公司不适用本法

D. 财务公司不适用本法

25. 甲向乙房地产公司购买了一套商品房,双方在《商品房买卖合同》中约定:若房屋实际面积不足140平方米,甲可选择退款。甲办理交房与房屋所有权转移登记后发现,不动产登记机构颁发的不动产权属证书中记载的房屋面积为130平方米。后经法定的鉴定机构鉴定,确认该商品房的面积为140平方米。对此,下列哪一说法是正确的?

A. 甲有权单独申请更正登记

B. 甲和乙公司应共同申请更正登记

C. 甲有权不申请更正登记并请求乙公司退款

D. 甲有权以不动产权属证书记载的面积不足为由请求乙公司退款

26. 甲公司向银行贷款1000万元,乙公司和丙公司向银行分别出具担保函:"在甲公司不按时偿还1000万元本息时,本公司承担保证责任。"关于乙公司和丙公司对银行的保证债务,下列哪一表述是正确的?

A. 属于选择之债

B. 属于连带之债

C. 属于按份之债

D. 属于简单之债

27. 甲公司与乙公司签订一份技术开发合同,未约定技术秘密成果的归属。甲公司按约支付了研究开发经费和报酬后,乙公司交付了全部技术成果资料。后甲公司在未告知乙公司的情况下,以普通使用许可的方式许可丙公司使用该技术,乙公司在未告知甲公司的情况下,以独占使用许可的方式许可丁公司使用该技术。下列哪一说法是正确的?

A. 该技术成果的使用权仅属于甲公司

B. 该技术成果的转让权仅属于乙公司

C. 甲公司与丙公司签订的许可使用合同无效

D. 乙公司与丁公司签订的许可使用合同无效

28. 某区法院审理原告许某与被告某饭店食物中毒纠纷一案。审前,法院书面告知许某合议庭由审判员甲、乙和人民陪审员丙组成时,许某未提出回避申请。开庭后,许某始知人民陪审员丙与被告法定代表人是亲兄弟,遂提出回避申请。关于本案的回避,下列哪一说法是正确的?

A. 许某可在知道丙与被告法定代表人是亲兄弟时提出回避申请

B. 法院对回避申请作出决定前,丙不停止参与本案审理

C. 应由审判长决定丙是否应回避

D. 法院作出回避决定后,许某可对此提出上诉

29. 关于当事人适格的表述,下列哪一选项是错误的?

A. 当事人诉讼权利能力是作为抽象的诉讼当事人的资格,它与具体的诉讼没有直接的联系;当事人适格是作为具体的诉讼当事人资格,是针对具体的诉讼而言的

B. 一般来讲,应当以当事人是否是所争议的民事法律关系的主体,作为判断当事人适格标准,但在某些例外情况下,非民事法律关系或民事权利主体,也可以作为适格当事人

C. 清算组织、遗产管理人、遗嘱执行人是适格的当事人,原因在于根据权利主体意思或法律规定对他人的民事法律关系享有管理权

D. 检察院就生效民事判决提起抗诉,抗诉的检察院是适格的当事人

30. 甲向乙借款,但未签订书面协议,甲长期不归还借款。乙约谈甲并私自录音,在约谈中甲承认向乙借款10万元,利息为5000元,并请求乙减免。乙随后将该录音剪辑后作为主要证据向法院提起诉讼。下列说法正确的是:

A. 该录音符合法律规定,具有证据能力

B. 该录音经过剪辑后存有疑点,不具有证据能力

C. 该录音是为达成和解而作出的妥协,不具有证据能力

D. 该录音是乙私自录制的,未经甲同意,不具有证据能力

31. 经常居住于英国的法国籍夫妇甲和乙,想来华共同收养某儿童。对此,下列哪一说法是正确的?

A. 甲、乙必须共同来华办理收养手续

B. 甲、乙应与送养人订立书面收养协议

C. 收养的条件应重叠适用中国法和法国法

D. 若发生收养效力纠纷,应适用中国法

32. 甲国公司(卖方)与乙国公司订立了国际货物买卖合同,FOB价格条件,采用海上运输方式。甲乙两国均为《联合国国际货物销售合同公约》(简称《公约》)缔约国,下列哪一选项是正确的?

A. 货物的风险应自货物交第一承运人时转移

B. 因当事人已选择了贸易术语,《公约》整体不再适用该合同

C. 甲国公司应在装运港于约定日期或期限内将货物交至船上

D. 甲国公司在订立运输合同并装船后应及时通知乙国公司办理保险

33. 甲、乙、丙、丁打算设立一家普通合伙企业。对此,下列哪一表述是正确的?

A. 各合伙人不得以劳务作为出资

B. 如乙仅以其房屋使用权作为出资,则不必办理房屋产权过户登记

C. 该合伙企业名称中不得以任何一个合伙人的

名字作为商号或字号

D. 合伙协议经全体合伙人签名、盖章并经登记后生效

34. 在某公司破产案件中,债权人会议经出席会议的有表决权的债权人过半数通过,并且其所代表的债权额占无财产担保债权总额的60%,就若干事项形成决议。该决议所涉下列哪一事项不符合《破产法》的规定?

A. 选举8名债权人代表与1名职工代表组成债权人委员会

B. 通过债务人财产的管理方案

C. 申请法院更换管理人

D. 通过和解协议

35. 某造纸厂因环保设备不达标,排放的污水对环境造成破坏,极大地影响了周边居民的生活。某市环保协会对该厂提起诉讼。张某因该厂的污染行为受到损害,也想参与本案的诉讼。关于法院的做法,下列哪一选项是正确的?

A. 将张某列为有独立请求权的第三人

B. 将张某列为无独立请求权的第三人

C. 通知张某另行起诉

D. 将张某列为共同原告

36. 住所在A市B区的两江公司与住所在M市N区的百向公司,在两江公司的分公司所在地H市J县签订了一份产品购销合同,并约定如发生合同纠纷可向设在W市的仲裁委员会申请仲裁(W市有两个仲裁委员会)。因履行合同发生争议,两江公司向W市的一个仲裁委员会申请仲裁。仲裁委员会受理后,百向公司拟向法院申请认定仲裁协议无效。百向公司应向下列哪一法院提出申请?

A. 可向W市中级法院申请

B. 只能向M市中级法院申请

C. 只能向A市中级法院申请

D. 可向H市中级法院申请

37. 张某从银行贷得80万元用于购买房屋,并以该房屋设定了抵押。在借款期间房屋被洪水冲毁。张某尽管生活艰难,仍想方设法还清了银行贷款。对此,周围多有议论。根据社会主义法治理念和民法有关规定,下列哪一观点可以成立?

A. 甲认为,房屋被洪水冲毁属于不可抗力,张某无须履行还贷义务。坚持还贷是多此一举

B. 乙认为,张某已不具备还贷能力,无须履行还款义务。坚持还贷是为难自己

C. 丙认为,张某对房屋的毁损没有过错,且此情况不止一家,银行应将贷款作坏账处理。坚持还贷是一厢情愿

D. 丁认为,张某与银行的贷款合同并未因房屋

被冲毁而消灭。坚持还贷是严守合约、诚实信用

38. 2013年甲购买乙公司开发的商品房一套,合同约定面积为135平米。2015年交房时,住建部门的测绘报告显示,该房的实际面积为150平米。对此,下列哪一说法是正确的?

A. 房屋买卖合同存在重大误解,乙公司有权请求予以撤销

B. 甲如在法定期限内起诉请求解除房屋买卖合同,法院应予支持

C. 如双方同意房屋买卖合同继续履行,甲应按实际面积支付房款

D. 如双方同意房屋买卖合同继续履行,甲仍按约定面积支付房款

39. 黄某与唐某自愿达成离婚协议并约定财产平均分配,婚姻关系存续期间的债务全部由唐某偿还。经查,黄某以个人名义在婚姻存续期间向刘某借款10万元用于购买婚房。下列哪一表述是正确的?

A. 刘某只能要求唐某偿还10万元

B. 刘某只能要求黄某偿还10万元

C. 如黄某偿还了10万元,则有权向唐某追偿10万元

D. 如唐某偿还了10万元,则有权向黄某追偿5万元

40. 小桐是由菲特公司派遣到苏拉公司工作的人员,在一次完成苏拉公司分配的工作任务时,失误造成路人周某受伤,因赔偿问题周某起诉至法院。关于本案被告的确定,下列哪一选项是正确的?

A. 起诉苏拉公司时,应追加菲特公司为共同被告

B. 起诉苏拉公司时,应追加菲特公司为无独立请求权第三人

C. 起诉菲特公司时,应追加苏拉公司为共同被告

D. 起诉菲特公司时,应追加苏拉公司为无独立请求权第三人

41. 奔马公司就其生产的一款高档轿车造型和颜色组合获得了外观设计专利权,又将其设计的"飞天神马"造型注册为汽车的立体商标,并将该造型安装在车头。某车行应车主陶某请求,将陶某低价位的旧车改装成该高档轿车的造型和颜色,并从报废的轿车上拆下"飞天神马"标志安装在改装车上。陶某使用该改装车提供专车服务,收费高于普通轿车。关于上述行为,下列哪一说法是错误的?

A. 陶某的行为侵犯了奔马公司的专利权

B. 车行的行为侵犯了奔马公司的专利权

C. 陶某的行为侵犯了奔马公司的商标权

D. 车行的行为侵犯了奔马公司的商标权

42．2015 年 3 月,甲国公民杰夫欲向中国法院申请承认并执行一项在甲国境内作出的仲裁裁决。中国与甲国均为《承认与执行外国仲裁裁决公约》成员国。关于该裁决的承认和执行,下列哪一选项是正确的?

A. 杰夫应通过甲国法院向被执行人住所地或其财产所在地的中级人民法院申请

B. 如该裁决系临时仲裁庭作出的裁决,人民法院不应承认与执行

C. 如承认和执行申请被裁定驳回,杰夫可向人民法院起诉

D. 如杰夫仅申请承认而未同时申请执行该裁决,人民法院可以对是否执行一并作出裁定

43．甲公司与乙公司达成还款计划书,约定在 2012 年 7 月 30 日归还 100 万元,8 月 30 日归还 200 万元,9 月 30 日归还 300 万元。丙公司对三笔还款提供连带责任保证,但未约定保证期间。后甲公司同意乙公司将三笔还款均顺延 3 个月,丙公司对此不知情。乙公司一直未还款,甲公司仅于 2013 年 3 月 15 日起诉要求丙公司承担保证责任。关于丙公司保证责任,下列哪一表述是正确的?

A. 丙公司保证担保的主债权为 300 万元

B. 丙公司保证担保的主债权为 500 万元

C. 丙公司保证担保的主债权为 600 万元

D. 因延长还款期限未经保证人同意,丙公司不再承担保证责任

44．大林与小林是双胞胎。大林与小芳打算在情人节当天结婚登记,但是,大林前两天意外遭遇车祸,为不耽搁情人节当天领证,让弟弟小林顶替自己去民政局领取了结婚证。后大林在住院期间与一护士产生情愫,大林遂以非本人登记结婚为由申请法院判决宣告其与小芳的婚姻无效。对此,下列说法正确的是:

A. 法院应判决大林与小芳的婚姻无效

B. 法院应判决撤销大林与小芳的婚姻

C. 法院应准予大林与小芳离婚

D. 法院应判决驳回大林的申请

45．姚某旅游途中,前往某玉石市场参观,在唐某经营的摊位上拿起一只翡翠手镯,经唐某同意后试戴,并问价。唐某报价 18 万元(实际进货价 8 万元,市价 9 万元),姚某感觉价格太高,急忙取下,不慎将手镯摔断。关于姚某的赔偿责任,下列哪一选项是正确的?

A. 应承担违约责任

B. 应赔偿唐某 8 万元损失

C. 应赔偿唐某 9 万元损失

D. 应赔偿唐某 18 万元损失

46．关于简易程序的简便性,下列哪一表述是不正确的?

A. 受理程序简便,可以当即受理,当即审理

B. 审判程序简便,可以不按法庭调查、法庭辩论的顺序进行

C. 庭审笔录简便,可以不记录诉讼权利义务的告知、原被告的诉辩意见等通常性程序内容

D. 裁判文书简便,可以简化裁判文书的事实认定或判决理由部分

47．甲、乙互殴,甲被乙打伤,向法院起诉乙向其支付赔偿金,法院判决甲胜诉。乙不服提起上诉,二审期间,甲、乙达成和解协议,向法院申请撤回起诉,法院经审查发现和解协议内容与原判决认定的事实不一致。法院应当如何处理?

A. 准许撤回起诉,一审判决生效

B. 不准许撤回起诉,根据审理结果作出判决

C. 不准许撤回起诉,应当撤销原判,发回重审

D. 准予撤回起诉,一并裁定撤销原判

48．李某和王某正在磋商物流公司的设立之事。通大公司出卖一批大货车,李某认为物流公司需要,便以自己的名义与通大公司签订了购买合同,通大公司交付了货车,但尚有 150 万元车款未收到。后物流公司未能设立。关于本案,下列哪一说法是正确的?

A. 通大公司可以向王某提出付款请求

B. 通大公司只能请求李某支付车款

C. 李某、王某对通大公司的请求各承担 50% 的责任

D. 李某、王某按拟定的出资比例向通大公司承担责任

49．甲公司代理人谢某代投保人何某签字,签订了保险合同,何某也依约交纳了保险费。在保险期间内发生保险事故,何某要求甲公司承担保险责任。下列哪一表述是正确的?

A. 谢某代签字,应由谢某承担保险责任

B. 甲公司承保错误,无须承担保险责任

C. 何某已经交纳了保险费,应由甲公司承担保险责任

D. 何某默认谢某代签字有过错,应由何某和甲公司按过错比例承担责任

50．甲公司向乙公司购买了 5 万元的苹果,甲公司以乙公司提供的苹果不符合约定为由拒绝付款。为此,乙公司向法院申请支付令,要求甲公司支付货款。在支付令异议期间,甲公司既不提出异议又不履行义务,而是向另一法院提起诉讼,要求退货。下列说法中哪一项是正确的?

A. 甲公司的起诉行为使支付令失去效力

B. 甲公司的起诉行为不能阻止支付令的效力

C. 甲公司的起诉行为产生债务人异议的法律后果

D. 甲公司起诉后,受理支付令申请的法院应裁定终结督促程序

二、多项选择题。每题所设选项中至少有两个正确答案,多选、少选、错选或不选均不得分。本部分含51-85 题,每题 2 分,共 70 分。

51．某县政府规定:施工现场不得搅拌混凝土,只能使用预拌的商品混凝土。2012 年,县建材协会组织协调县内 6 家生产企业达成协议,各自按划分的区域销售商品混凝土。因货少价高,一些施工单位要求县工商局处理这些企业的垄断行为。根据《反垄断法》,下列哪些选项是错误的?

A. 县政府的规定属于行政垄断行为

B. 县建材协会的行为违反了《反垄断法》

C. 县工商局有权对 6 家企业涉嫌垄断的行为进行调查和处理

D. 被调查企业承诺在反垄断执法机构认可的期限内采取具体措施消除该行为后果的,该机构可决定终止调查

52．2007 年 7 月,陈某为其母投保人身保险时,为不超过保险公司规定的承保年龄,在申报被保险人年龄时故意少报了二岁。2009 年 9 月保险公司发现了此情形。对此,下列哪些选项是正确的?

A. 保险公司有权解除保险合同,但需退还投保人已交的保险费

B. 保险公司无权解除保险合同

C. 如此时发生保险事故,保险公司不承担给付保险金的责任

D. 保险人有权要求投保人补交少交的保险费,但不能免除其保险责任

53．当事人可对某些诉讼事项进行约定,法院应尊重合法有效的约定。关于当事人的约定及其效力,下列哪些表述是错误的?

A. 当事人约定"合同是否履行无法证明时,应以甲方主张的事实为准",法院应根据该约定分配证明责任

B. 当事人在诉讼和解中约定"原告撤诉后不得以相同的事由再次提起诉讼",法院根据该约定不能再受理原告的起诉

C. 当事人约定"如果起诉,只能适用普通程序",法院根据该约定不能适用简易程序审理

D. 当事人约定"双方必须亲自参加开庭审理,不得无故缺席",如果被告委托了代理人参加开庭,自己不参加开庭,法院应根据该约定在对被告两次传唤后对其拘传

54．丁某将其所有的房屋出租给方某,方某将该房屋转租给唐某。下列哪些表述是正确的?

A. 丁某在租期内基于房屋所有权可以对方某主张返还请求权,方某可以基于其与丁某的合法的租赁关系主张抗辩权

B. 方某未经丁某同意将房屋转租,并已实际交付给唐某租用,则丁某无权请求唐某返还房屋

C. 如丁某与方某的租赁合同约定,方某未经丁某同意将房屋转租,丁某有权解除租赁合同,则在合同解除后,其有权请求唐某返还房屋

D. 如丁某与方某的租赁合同约定,方某未经丁某同意将房屋转租,丁某有权解除租赁合同,则在合同解除后,在丁某向唐某请求返还房屋时,唐某可以基于与方某的租赁关系进行有效的抗辩

55．甲(男)与乙(女)结婚,其子小明 20 周岁时,甲与乙离婚。后甲与丙(女)再婚,丙子小亮 8 周岁,随甲、丙共同生活。小亮成年成家后,甲与丙甚感孤寂,收养孤儿小光为养子,视同己出,未办理收养手续。丙去世,其遗产的第一顺序继承人有哪些?

A. 小明   B. 小亮

C. 甲   D. 小光

56．李某从超市购得橄榄调和油,发现该油标签上有"橄榄"二字,侧面标示"配料:大豆油,橄榄油",吊牌上写明:"添加了特等初榨橄榄油",遂诉之。经查,李某事前曾多次在该超市"知假买假"。关于此案,下列哪些说法是正确的?

A. 该油的质量安全管理,应遵守《农产品质量安全法》的规定

B. 该油未标明橄榄油添加量,不符合食品安全标准要求

C. 如李某只向该超市索赔,该超市应先行赔付

D. 超市以李某"知假买假"为由进行抗辩的,法院不予支持

57．我国对建设项目的环境影响评价实行分类管理制度。根据《环境影响评价法》的规定,下列哪些说法是正确的?

A. 可能造成重大环境影响的建设项目,应当编制环境影响报告书,对产生的环境影响进行全面评价

B. 可能造成轻度环境影响的建设项目,应当编制环境影响报告表,对产生的环境影响进行分析或者专项评价

C. 环境影响很小的建设项目,不需要进行环境影响评价,无需填报环境影响评价文件

D. 环境影响报告书和环境影响报告表,应当由具有相应资质的机构编制

58．2009 年 2 月,下列人员向所在单位提出订立无固定期限劳动合同,哪些人具备法定条件?

A. 赵女士于 1995 年 1 月到某公司工作,1999 年 2 月辞职,2002 年 1 月回到该公司工作

B. 钱先生于 1985 年进入某国有企业工作。2006 年 3 月,该企业改制成为私人控股的有限责任公司,年满 50 岁的钱先生与公司签定了三年期的劳动合同

C. 孙女士于 2000 年 2 月进入某公司担任技术开发工作,签定了为期三年、到期自动续期三年且续期次数不限的劳动合同。2009 年 1 月,公司将孙女士提升为技术部副经理

D. 李先生原为甲公司的资深业务员,于 2008 年 2 月被乙公司聘请担任市场开发经理,约定:先签定一年期合同,如果李先生于期满时提出请求,可以与公司签定无固定期限劳动合同

59. 甲公司通过签订商标普通许可使用合同许可乙公司使用其注册商标"童声",核定使用的商品为儿童服装。合同约定发现侵权行为后乙公司可以其名义起诉。后乙公司发现个体户萧某销售假冒"童声"商标的儿童服装,萧某不能举证证明该批服装的合法来源。下列哪些说法是正确的?

A. 乙公司必须在"童声"儿童服装上标明乙公司的名称和产地

B. 该商标使用许可合同自备案后生效

C. 乙公司不能以其名义起诉,因为诉权不得约定转移

D. 萧某应当承担停止销售和赔偿损失的法律责任

60. 经常居所在上海的瑞士公民怀特未留遗嘱死亡,怀特在上海银行存有 100 万元人民币,在苏黎世银行存有 10 万欧元,且在上海与巴黎各有一套房产。现其继承人因遗产分割纠纷诉至上海某法院。依中国法律规定,下列哪些选项是正确的?

A. 100 万元人民币存款应适用中国法

B. 10 万欧元存款应适用中国法

C. 上海的房产应适用中国法

D. 巴黎的房产应适用法国法

61. 彦某将一套住房分别委托甲、乙两家中介公司出售。钱某通过甲公司看中该房,但觉得房价太高。双方在看房前所签协议中约定了防"跳单"条款:钱某对甲公司的房源信息负保密义务,不得利用其信息撇开甲公司直接与房主签约,否则支付违约金。事后钱某又在乙公司发现同一房源,而房价比甲公司低得多。钱某通过乙公司买得该房,甲公司得知后提出异议。关于本案,下列哪些判断是错误的?

A. 防"跳单"条款限制了消费者的自主选择权

B. 甲公司抬高房价侵害了消费者的公平交易权

C. 乙公司的行为属于不正当竞争行为

D. 钱某侵犯了甲公司的商业秘密

62. 住所位于我国 A 市 B 区的甲公司与美国乙公司在我国 M 市 N 区签订了一份买卖合同,美国乙公司在我国 C 市 D 区设有代表处。甲公司因乙公司提供的产品质量问题诉至法院。关于本案,下列哪些选项是正确的?

A. M 市 N 区法院对本案有管辖权

B. C 市 D 区法院对本案有管辖权

C. 法院向乙公司送达时,可向乙公司设在 C 市 D 区的代表处送达

D. 如甲公司不服一审判决,应当在一审判决书送达之日起十五日内提起上诉

63. 甲家中有一块祖传玉佩,某大学教授乙颇为喜爱,几次欲向甲购买均被甲拒绝。2016 年 3 月 1 日,丙因为自己孩子上大学之事有求于乙,故暗中找到甲,称如果不将玉佩卖给乙,就将甲正上高一的儿子的腿打断一条。甲心生恐惧,遂主动找到乙,将玉佩以 8 万元的价格卖给了不知情的乙。2018 年 3 月 1 日,甲的儿子顺利去英国留学,不再因丙的威胁而感到恐惧,故向法院起诉,欲撤销买卖合同。3 月 10 日,法院经查,甲祖传的玉佩为赝品,市价仅为 800 元,甲出卖时对此不知情,乙此时方获悉自己购买的玉佩为赝品。对此,下列哪些说法是错误的?

A. 因为乙对于胁迫不知情,故甲不能撤销与乙之间的买卖合同

B. 乙可以欺诈为由撤销买卖合同

C. 甲以受到胁迫为由撤销合同的权利因为超过了 1 年的除斥期间而消灭

D. 乙以重大误解撤销合同的权利应在 2018 年 6 月 10 日前行使

64. 甲将 10 吨大米委托乙商行出售。双方只约定,乙商行以自己名义对外销售,每公斤售价两元,乙商行的报酬为价款的 5%。下列哪些说法是正确的?

A. 甲与乙商行之间成立行纪合同关系

B. 乙商行为销售大米支出的费用应由自己负担

C. 如乙商行以每公斤 2.5 元的价格将大米售出,双方对多出价款的分配无法达成协议,则应平均分配

D. 如乙商行与丙食品厂订立买卖大米的合同,则乙商行对该合同直接享有权利、承担义务

65. 甲、乙、丙、丁四人合谋共同将戊打伤,戊花费医药费 1 万元。甲取得了戊的谅解,戊表示不会起诉甲也不会追究甲的责任。后戊向法院起诉了乙、丙、丁。乙表示不论法院判决自己赔偿多少,都愿意先行赔付戊所有损失,再向其他人追偿。对此,下列哪些说法是正确的?

A. 甲、乙、丙、丁成立共同侵权,应承担连带责任

B. 乙赔偿戊所有损失后,可以向丙、丁分别追偿2500元

C. 戊若免除甲的责任,法院应在判决书中注明

D. 法院应将甲追加为共同被告

66. 关于管辖制度的表述,下列哪些选项是不正确的?

A. 对下落不明或者宣告失踪的人提起的民事诉讼,均应由原告住所地法院管辖

B. 因共同海损或者其他海损事故请求损害赔偿提起的诉讼,被告住所地法院享有管辖权

C. 甲区法院受理某技术转让合同纠纷案后,发现自己没有级别管辖权,将案件移送至甲市中院审理,这属于管辖权的转移

D. 当事人可以书面约定纠纷的管辖法院,这属于选择管辖

67. 张某为避免合作矛盾与问题,不想与人合伙或合股办企业,欲自己单干。朋友对此提出以下建议,其中哪些建议是错误的?

A. "可选择开办独资企业,也可选择开办一人有限公司"

B. "如选择开办一人公司,那么注册资本不能少于10万元"

C. "如选择开办独资企业,则必须自己进行经营管理"

D. "可同时设立一家一人公司和一家独资企业"

68. 某市政府在土地管理中的下列哪些行为违反了《土地管理法》的规定?

A. 甲公司在市郊申请使用一片国有土地修建经营性墓地,市政府批准其以划拨方式取得土地使用权

B. 乙公司投标取得一块商品房开发用地的出让土地使用权,市政府同意其在房屋建成销售后缴纳土地出让金

C. 丙公司以出让方式在本市规划区取得一块工业用地,市国土局在未征得市规划局同意的情况下,将该土地的用途变更为住宅建设用地

D. 丁公司在城市规划区取得一块临时用地,使用已达6年,并在该处修建了永久性建筑,市政府未收回土地,还为该建筑发放了房屋产权证

69. 甲公司与乙公司签订合同,由乙公司为其招聘劳务人员,乙公司将陈某派遣至甲公司工作。乙公司为陈某投保了人身意外险,后陈某在工作中意外死亡。以下哪些说法是不正确的?

A. 甲公司应为陈某缴纳工伤保险费

B. 乙公司应为陈某缴纳工伤保险费

C. 乙公司已为陈某投保人身意外险,无需再缴纳工伤保险费

D. 只有陈某自行缴纳了工伤保险费,其父母才能领取相应的工伤保险待遇

70. 甲公司欠乙公司和丙公司的债务均无法全部偿还。经查,甲公司名下有一辆汽车和一套房屋。乙公司派公关人员到甲公司,找到甲公司负责人,说干脆就将房屋与汽车都抵押给乙公司,正好还乙公司的债务,不然也是要被丙公司拿去。甲公司同意,并与乙公司签订了抵押合同。后来,甲公司无法清偿债务,乙公司主张实现抵押权。对此,下列哪些说法是正确的?

A. 甲、乙公司之间的抵押合同因未办理登记而不生效

B. 甲、乙公司之间的抵押合同无效

C. 丙公司可撤销甲、乙公司之间的行为

D. 汽车和房屋的所有权依然属于甲公司

71. 周某与某书店因十几本工具书损毁发生纠纷,书店向法院起诉,并向法院提交了被损毁图书以证明遭受的损失。关于本案被损毁图书,属于下列哪些类型的证据?

A. 直接证据　　　　B. 间接证据

C. 书证　　　　　　D. 物证

72. 君平昌成律师事务所是一家采取特殊普通合伙形式设立的律师事务所,曾君、郭昌是其中的两名合伙人。在一次由曾君主办、郭昌辅办的诉讼代理业务中,因二人的重大过失而泄露客户商业秘密,导致该所对客户应承担巨额赔偿责任。关于该客户的求偿,下列哪些说法是正确的?

A. 向该所主张全部赔偿责任

B. 向曾君主张无限连带赔偿责任

C. 向郭昌主张补充赔偿责任

D. 向该所其他合伙人主张连带赔偿责任

73. 潇湘公司为支付货款向楚天公司开具一张金额为20万元的银行承兑汇票,付款银行为甲银行。潇湘公司收到楚天公司货物后发现有质量问题,立即通知甲银行停止付款。另外,楚天公司尚欠甲银行贷款30万元未清偿。下列哪些说法是错误的?

A. 该汇票须经甲银行承兑后才发生付款效力

B. 根据票据的无因性原理,甲银行不得以楚天公司尚欠其贷款未还为由拒绝付款

C. 如甲银行在接到潇湘公司通知后仍向楚天公司付款,由此造成的损失甲银行应承担责任

D. 潇湘公司有权以货物质量瑕疵为由请求甲银行停止付款

74. 中国人陈某和德凌公司均从事某种商品的出口贸易,该种商品在国外颇受欢迎,销量可观。后该种商品被列入我国出口管制清单。根据我国《对外贸易法》和《出口管制法》相关规定,下列哪些表述

是正确的?

A. 陈某作为个人不能从事对外贸易活动

B. 德凌公司只有经有关部门审批方能从事对外贸易活动

C. 该种商品出口应申领出口许可证

D. 外国进口商不能擅自改变该种进口商品的最终用途

75． 甲公司申请注册了"云裳"商标用于其加工的蛋糕的包装。后甲公司委托乙公司代为生产蛋糕 1 万盒。乙公司隐瞒甲公司多生产了 1 万盒，卖给了知情的丙，丙又转卖给知情的丁。不知情的戊超市向丁购买该批蛋糕并售卖。对此，下列哪些主体侵犯了甲公司的商标权?

A. 乙公司　　　　B. 丙
C. 丁　　　　　　D. 戊超市

76． 湘星公司成立于 2012 年，甲、乙、丙三人是其股东，出资比例为 7:2:1，公司经营状况良好。2017 年初，为拓展业务，甲提议公司注册资本增资 1000 万元。关于该增资程序的有效完成，下列哪些说法是正确的?

A. 三位股东不必按原出资比例增资

B. 三位股东不必实际缴足增资

C. 公司不必修改公司章程

D. 公司不必办理变更登记

77． 叶某将自有房屋卖给沈某，在交房和过户之前，沈某擅自撬门装修，施工导致邻居赵某经常失眠。下列哪些表述是正确的?

A. 赵某有权要求叶某排除妨碍

B. 赵某有权要求沈某排除妨碍

C. 赵某请求排除妨碍不受诉讼时效的限制

D. 赵某可主张精神损害赔偿

78． 季大与季小兄弟二人，成年后各自立户，季大一直未婚。季大从所在村集体经济组织承包耕地若干。关于季大的土地承包经营权，下列哪些表述是正确的?

A. 自土地承包经营权合同生效时设立

B. 如季大转让其土地承包经营权，则未经变更登记不发生转让的效力

C. 如季大死亡，则季小可以继承该土地承包经营权

D. 如季大死亡，则季小可以继承该耕地上未收割的农作物

79． 张某毕业要去外地工作，将自己贴身生活用品、私密照片及平板电脑等装箱交给甲快递公司运送。张某在箱外贴了"私人物品，严禁打开"的字条。张某到外地收到快递后察觉有异，经查实，甲公司工作人员李某曾翻看箱内物品，并损坏了平板电脑。下列哪些选项是正确的?

A. 甲公司侵犯了张某的隐私权

B. 张某可请求甲公司承担精神损害赔偿责任

C. 张某可请求甲公司赔偿平板电脑的损失

D. 张某可请求甲公司和李某承担连带赔偿责任

80． 关于起诉与受理的表述，下列哪些选项是正确的?

A. 法院裁定驳回起诉的，原告再次起诉符合条件的，法院应当受理

B. 法院按撤诉处理后，当事人以同一诉讼请求再次起诉的，法院应当受理

C. 判决不准离婚的案件，当事人没有新事实和新理由再次起诉的，法院一律不予受理

D. 当事人超过诉讼时效起诉的，法院应当受理

81． 东霖公司向忠谐公司购买一个元器件，应付价款 960 元。东霖公司为付款开出一张支票，因金额较小，财务人员不小心将票据金额仅填写了数码的"￥960 元"，没有记载票据金额的中文大写。忠谐公司业务员也没细看，拿到支票后就放入文件袋。关于该支票，下列哪些选项是正确的?

A. 该支票出票行为无效

B. 忠谐公司不享有票据权利

C. 东霖公司应承担票据责任

D. 该支票在使用前应补记票据金额的中文大写

82． 某电力公司将收取的居民电费存在员工陆某名下，后陆某挪用了居民电费并篡改了公司的会计账簿，导致众多居民利益受损。审计机关在对该公司进行审计时，有权采取哪些措施?

A. 冻结该公司的银行账户

B. 查询该公司的银行账户

C. 查询员工陆某的银行账户

D. 封存该公司的会计账簿

83． 甲乙丙三人合作开发一项技术，合同中未约定权利归属。该项技术开发完成后，甲、丙想要申请专利，而乙主张通过商业秘密来保护。对此，下列哪些选项是错误的?

A. 甲、丙不得申请专利

B. 甲、丙可申请专利，申请批准后专利权归甲、乙、丙共有

C. 甲、丙可申请专利，申请批准后专利权归甲、丙所有，乙有免费实施的权利

D. 甲、丙不得申请专利，但乙应向甲、丙支付补偿费

84． 根据我国相关法律规定，关于合同法律适用问题上的法律规避，下列哪些选项是正确的?

A. 当事人规避中国法律强制性规定的,应当驳回起诉

B. 当事人规避中国法律强制性规定的,不发生适用外国法律的效力

C. 如果当事人采用明示约定的方式,则其规避中国法律强制性规定的行为将为法院所认可

D. 当事人在合同关系中规避中国法律强制性规定的行为无效,该合同应适用中国法

85. 甲国公司承担乙国某工程,与其签订工程建设合同。丙银行为该工程出具见索即付的保函。后乙国发生内战,工程无法如期完工。对此,下列哪些选项是正确的?

A. 丙银行对该合同因战乱而违约的事实进行实质审查后,方履行保函义务

B. 因该合同违约原因是乙国内战,丙银行可以此为由不履行保函义务

C. 丙银行出具的见索即付保函独立于该合同,只要违约事实出现即须履行保函义务

D. 保函被担保人无须对甲国公司采取各种救济方法,便可直接要求丙银行履行保函义务

三、不定项选择题。 每题所设选项中至少有一个正确答案,多选、少选、错选或不选均不得分。本部分含86-100题,每题2分,共30分。

86. 根据《民事诉讼法》以及相关司法解释,关于离婚诉讼,下列选项正确的是:

A. 被告下落不明的,案件由原告住所地法院管辖

B. 一方当事人死亡的,诉讼终结

C. 判决生效后,不允许当事人申请再审

D. 原则上不公开审理,因其属于法定不公开审理案件范围

87. 甲致乙重伤残疾,向乙支付了赔偿金。不久,乙立自书遗嘱,房屋、存款均由女儿丙继承,儿子丁不继承。丁以杀害丙相威胁,虽未遂,但乙还是更改了遗嘱,将所有财产均由丁继承。后乙病重送到医院抢救未成功,死前由两名护士见证,口头设立遗嘱:房屋归丙,存款丙、丁一人一半。下列选项正确的是:

A. 赔偿金由丙继承

B. 丁可以继承全部赔偿金

C. 房屋由丙继承

D. 存款由丙、丁按一人一半继承

88. 甲、乙、丙、丁计划设立一家从事技术开发的天际有限责任公司,按照公司设立协议,甲以其持有的君则房地产开发有限公司20%的股权作为其出资。下列情形会导致甲无法全面履行其出资义务的是:

A. 君则公司章程中对该公司股权是否可用作对其他公司的出资形式没有明确规定

B. 甲对君则公司尚未履行完毕其出资义务

C. 甲已将其股权出质给其债权人戊

D. 甲以其股权作为出资转让给天际公司时,君则公司的另一股东已主张行使优先购买权

89. 甲企业将其厂房及所占划拨土地一并转让给乙企业,乙企业依法签订了出让合同,土地用途为工业用地。5年后,乙企业将其转让给丙企业,丙企业欲将用途改为商业开发。关于该不动产权利的转让,下列说法正确的是:

A. 甲向乙转让时应报经有批准权的政府审批

B. 乙向丙转让时,应已支付全部土地使用权出让金,并取得国有土地使用权证书

C. 丙受让时改变土地用途,须取得有关国土部门和规划部门的同意

D. 丙取得该土地及房屋时,其土地使用年限应重新计算

90. 澳门甲公司与内地乙公司的合同争议由内地一仲裁机构审理,甲公司最终胜诉。乙公司在广东、上海和澳门均有财产。基于这些事实,下列选项正确的是:

A. 甲公司可分别向广东和上海有管辖权的法院申请执行

B. 只有国务院港澳办提供的名单内的仲裁机构作出的裁决才能被澳门法院认可与执行

C. 甲公司分别向内地和澳门法院申请执行的,内地法院应先行执行清偿

D. 两地法院执行财产总额不得超过依裁决和法律规定所确定的数额

（一）

甲公司、乙公司签订的《合作开发协议》约定,合作开发的A区房屋归甲公司,B区房屋归乙公司。乙公司与丙公司签订《委托书》,委托丙公司对外销售房屋。《委托书》中委托人签字盖章处有乙公司盖章和法定代表人王某签字,王某同时也是甲公司法定代表人。张某查看《合作开发协议》和《委托书》后,与丙公司签订《房屋预订合同》,约定:"张某向丙公司预付房款30万元,购买A区房屋一套。待取得房屋预售许可证后,双方签订正式合同。"丙公司将房款用于项目投资,全部亏损。后王某向张某出具《承诺函》:如张某不闹事,将协调甲公司卖房给张某。但甲公司取得房屋预售许可后,将A区房屋全部卖与他人。张某要求甲公司、乙公司和丙公司退回房款。张某与李某签订《债权转让协议》,将该债权转让给李某,通知了甲、乙、丙三公司。因李某未按时支付债权转让款,张某又将债权转让给方某,也通知了甲、乙、丙三公司。请回答91~93题。

91. 关于《委托书》和《承诺函》，下列说法正确的是：

A. 乙公司是委托人

B. 乙公司和王某是共同委托人

C. 甲公司、乙公司和王某是共同委托人

D.《承诺函》不产生法律行为上的效果

92. 关于《房屋预订合同》，下列说法正确的是：

A. 无效

B. 对于甲公司而言，丙公司构成无权处分

C. 对于乙公司而言，丙公司构成有效代理

D. 对于张某而言，丙公司构成表见代理

93. 关于 30 万元预付房款，下列表述正确的是：

A. 由丙公司退给李某

B. 由乙公司和丙公司退给李某

C. 由丙公司退给方某

D. 由乙公司和丙公司退给方某

94. 甲、乙、丙、丁为红英有限公司的股东。甲和第三人戊签订股权转让协议，乙反对并要求对其中 60%的股权行使优先购买权，但被甲拒绝。在戊支付完股权转让款后，公司高管李某因为疏忽未给戊办理股权变更登记手续。后甲将该股权质押给丁。关于本案，下列说法正确的是：

A. 甲拒绝乙的优先购买权请求是合法的

B. 对于给戊造成的损失，甲和李某应承担连带责任

C. 戊因未办理股权变更登记手续而不能取得该股权

D. 丁符合善意取得要件，可以取得该股权质权

95. 甲公司为了宣传其新开发的某保健品，擅自篡改食品安全监管部门审批的批准文号。甲公司委托乙广告公司设计了该保健品的广告，聘请大腕明星张三做代言人。现查明张三从未服用过该保健品，只是碍于情面为其推荐。现甲公司在报纸和电视上高频率地发布该广告。部分消费者服用后引起心律不齐，经鉴定该保健品中含有不得添加的药物。根据相关法律，下列判断正确的是：

A. 当地食品安全监督管理部门需要对消费者承担连带责任

B. 乙广告公司只有在明知该保健品功效虚假的情况下才承担法律责任

C. 明星张三须承担连带责任

D. 发布该广告的报纸和电视台无需对消费者承担连带责任

（二）

常年居住在 Y 省 A 县的王某早年丧妻，独自一人将两个儿子和一个女儿养大成人。大儿子王甲居住在 Y 省 B 县，二儿子王乙居住在 Y 省 C 县，女儿王丙居住在 W 省 D 县。2000 年以来，王某的日常生活费用主要来自大儿子王甲每月给的 800 元生活费。2003 年 12 月，由于物价上涨，王某要求二儿子王乙每月也给一些生活费，但王乙以自己没有固定的工作、收入不稳定为由拒绝。于是，王某将王乙告到法院，要求王乙每月支付给自己赡养费 500 元。请回答 96~99 题。

96. 关于本案当事人的确定，下列选项正确的是：

A. 王某是本案的唯一原告

B. 王乙是本案的唯一被告

C. 王乙与王丙应当是本案的被告，王甲不是本案的被告

D. 王乙、王丙和王甲应当是本案的被告

97. 关于对本案享有管辖权的法院，下列选项正确的是：

A. Y 省 A 县法院　　B. Y 省 B 县法院

C. Y 省 C 县法院　　D. W 省 D 县法院

98. 诉讼过程中，Y 省适逢十年不遇的冰雪天气，王某急需生煤炉取暖，但已无钱买煤。王某听说王乙准备把自己存折上 3,000 多元钱转到一个朋友的账户上。对此，王某可以向法院申请采取的措施是：

A. 对妨害民事诉讼的强制措施

B. 诉讼保全措施

C. 证据保全措施

D. 先予执行措施

99. 本案于 2004 年 6 月调解结案，王某生活费有了增加。但 2008 年 3 月后，由于王某经常要看病，原调解书确定王乙所给的赡养费用及王甲所给费用已经不足以维持王某的日常开支，王某欲增加赡养费。对此，王某可以采取的法律措施是：

A. 增加诉讼请求，要求法院对原来的案件继续审理

B. 申请对原来的案件进行再审

C. 另行提起诉讼

D. 根据一事不再理的原则，王某不可以要求继续审理或申请再审，也不可以另行起诉，只可以协商解决

100. 甲公司给乙公司出票，银行已经承兑。乙公司到银行提示付款时，银行工作人员查询后发现甲公司余额不足，遂口头告知拒付。这时乙公司的债权人丙公司致电乙公司要求还款，乙公司答复说用汇票支付，遂将汇票从银行处要回并背书给丙公司。丙公司又提示银行付款，也被银行口头拒绝。下列选项正确的是：

A. 乙公司对丙公司的债务因交付票据而消灭

B. 银行口头拒付，应承担民事责任

C. 乙公司不得将此票据背书转让给丙公司

D. 甲公司应对丙公司承担票据责任

试 卷 一

解 析

一、单项选择题

1．法律规则的分类和逻辑结构；法律原则的含义和分类[B]

[解析] 按规则的内容规定不同，法律规则可分为授权性规则和义务性规则。所谓义务性规则，是指在内容上规定人们的法律义务，它可以分为两种：(1)禁止性规则，是指禁止人们作出一定行为的规则。一般使用"禁止""不得"等词语；(2)命令性规则，是指规定人们的积极义务，即人们必须或应当作出某种行为的规则。一般使用"应当""必须"等词语。题干中使用的是"应当"，属于命令性规则。故 A 项错误。

按照规则对人们行为限定的范围或程度的不同，可以把法律规则分为强行性规则和任意性规则。强行性规则，是指内容规定具有强制性质，不允许人们随便加以更改的法律规则。任意性规则，是指规定在一定范围内，允许人们自行选择或协商确定为与不为、为的方式以及法律关系中的权利义务内容的法律规则。题干规定的是公安机关实施处罚时必须遵守的义务，不得任意变更，属于强行性规则。故 B 项正确。

法律规则的规定是明确具体的，与此相比，法律原则的要求比较笼统、模糊，它不预先设定明确的、具体的假定条件，更没有设定明确的法律后果。题干所列法条的规定明确而具体——其假定条件是"实施罚款处罚的公安机关"，其行为模式是"应当罚缴分离""应当全部上缴国库"。因此，该条文是法律规则而非法律原则。程序性原则是法律原则的一种，因而该条文表达的不是程序性原则。故 C 项错误。

任何法律规则均由假定条件、行为模式和法律后果三个部分构成。假定条件，是指法律规则在什么时间、空间、对什么人适用以及在什么情境下对人的行为有约束力的问题。行为模式，是指法律规则中规定人们如何行为的方式或范型的部分。法律后果，是指法律规则中规定人们在作出符合或不符合行为模式要求时应承担的相应结果的部分。本题中，公安机关依法实施罚款处罚是假定条件；应当依照有关法律、行政法规的规定，实行罚款决定与罚款收缴分离，收缴的罚款应当全部上缴国库，则为行为模式。故 D

项错误。

2．法律渊源；法的价值；法律事实的认定[D]

[解析] 习惯法与习惯是两个不同的概念，习惯法专指国家机关认可的某些习惯，属于正式渊源；习惯则属于非正式渊源，而且并不是任何习惯都属于法的非正式渊源。本案中男女双方订婚前由男方付"认大小"钱的通行习惯，只是一种社会习俗，有关国家机关并未将之认定为习惯法。故 A 项错误。

法律事实是能够引起法律关系产生、变更或者消灭的客观事实。法律事实分法律事件与法律行为。本案中，张老太作为媒人，去马家商量退还"认大小"钱时发生争执。因张老太犯病，马先生将其送医，并垫付医疗费 1251.43 元。可见，"医药费返还"的法律关系是由"不当得利"这种法律事实引起的，而非"张老太犯病"。张老太犯病只是在确定赔偿数额时法官考虑的因素，而非直接引起"不当得利返还的法律关系"。故 B 项错误。

法律判决以事实为根据，以法律为准绳，以公平正义和保护当事人的合法利益作为主要的判断标准。自由是指人们能够依赖自己的意志作出决定与行为选择。效益是指用最小的成本获得最大的收益。题干中法官在确定需要返还的数额时，结合了纠纷的起因以及张老太疾病的诱因，酌情扣除了部分费用，维护了公平正义，这主要实现的是法律的正义，而不是自由和效益价值。故 C 项错误。

本案中的事实问题，男方给女方的"认大小"钱，双方均予以认可。双方产生争议的是该"认大小"钱的法律性质，该钱定性不同，则法律适用便不相同。也就是说，对于法律推理的小前提即事实问题没有争议，争议集中在大前提即"在法律上是否应当返还"的问题上，故本案的争议焦点主要是法律认定而非事实确认。故 D 项正确。

3．宪法文本内容的辨析[D]

[解析] 关于宪法和条约的关系，宪法中一般有三种规定方式，即宪法高于条约，或条约高于宪法，或不作规定。《宪法》没有明确规定宪法与条约的关系，而是以和平共处五项基本原则为基础判定。故 A 项错误。

我国宪法没有规定宪法的制定制度，《宪法》只

· 25 ·

是在第三章"国家机构"部分的第一节"全国人民代表大会"中的第64条第1款规定了宪法修改问题,具体为:"宪法的修改,由全国人民代表大会常务委员会或者五分之一以上的全国人民代表大会代表提议,并由全国人民代表大会以全体代表的三分之二以上的多数通过。"故B项错误。

《宪法修正案》是我国宪法的组成部分,与宪法同样具有最高法律效力,但是《宪法修正案》并非我国宪法的附则。我国现行宪法没有附则。故C项错误。

《宪法》第111条第1款规定:"城市和农村按居民居住地区设立的居民委员会或者村民委员会是基层群众性自治组织。居民委员会、村民委员会的主任、副主任和委员由居民选举。居民委员会、村民委员会同基层政权的相互关系由法律规定。"故D项正确。

4．承继的共犯;转化型抢劫[C]

[解析]《刑法》第25条第1款规定:"共同犯罪是指二人以上共同故意犯罪。"共同犯罪必须是"共同故意"的犯罪,即包括两个内容:一是各共犯人均有相同的犯罪故意;二是各共犯人之间具有意思联络。对于超出共同故意之外的犯罪(即实行过限),不成立共犯。《刑法》第269条规定:"犯盗窃、诈骗、抢夺罪,为窝藏赃物、抗拒抓捕或者毁灭罪证而当场使用暴力或者以暴力相威胁的,依照本法第263条的规定定罪处罚。"甲在丙追赶抓捕过程中当场使用暴力致其轻伤,符合转化型抢劫罪,故甲构成抢劫罪;而乙只在两人共同抢夺故意中成立抢夺罪。故C项正确,A、B、D项错误。

5．串通投标罪;非国家工作人员受贿罪[D]

[解析] 投标与拍卖是性质不同的事项。若将拍卖解释为投标,属于类推解释。本案是对土地的竞拍,是拍卖活动,对串通拍卖不能定串通投标罪。故A项错误。

根据司法解释的规定,如果强迫他人退出投标、拍卖活动,可定强迫交易罪。但是本题中,甲和收购者之间不存在强迫,而是自愿买卖,因此双方均不构成强迫交易罪。故B项错误。

串通拍卖不属于非法经营,不能对串通拍卖行为定非法经营罪。故C项错误。

根据《刑法》第163条的规定,非国家工作人员受贿罪是指公司、企业或者其他单位的工作人员,利用职务上的便利,索取他人财物或者非法收受他人财物,为他人谋取利益,数额较大的行为。"为他人谋取利益",既包括正当利益,也包括不正当利益;只要求许诺为他人谋取利益,不要求实际上为他人谋取了利益。这一点与受贿罪相同。本题中,甲收受费用,出售竞拍资格,使得收购人增加竞拍成功概率,其行

为符合非国家工作人员受贿罪的构成要件。故D项正确。

6．级别管辖[A]

[解析]《刑事诉讼法》第21条规定:"中级人民法院管辖下列第一审刑事案件:(一)危害国家安全、恐怖活动案件;(二)可能判处无期徒刑、死刑的案件。"因此,本案中被告人之一虽然是外国人,属于外国人犯罪的刑事案件,但是按照《刑事诉讼法》的规定,只要不符合上述情形,则不应当由中级人民法院管辖。而且,私藏枪支、弹药罪的最高刑为7年,妨害公务罪的最高刑为3年,两者都不属于可能判处无期徒刑以上刑罚的案件,本案犯罪人所犯的罪行不属于中级人民法院管辖范围,故A项正确,B、C、D项均错误。

7．法律援助制度;简易程序;特殊主体的诉讼权利[B]

[解析]《刑事诉讼法》第121条规定:"讯问聋、哑的犯罪嫌疑人,应当有通晓聋、哑手势的人参加,并且将这种情况记明笔录。"故A项错误。

《刑事诉讼法》第35条第2款规定:"犯罪嫌疑人、被告人是盲、聋、哑人,或者是尚未完全丧失辨认或者控制自己行为能力的精神病人,没有委托辩护人的,人民法院、人民检察院和公安机关应当通知法律援助机构指派律师为其提供辩护。"故B项正确。

《刑诉解释》第225条第2款规定:"辩护人经通知未到庭,被告人同意的,人民法院可以开庭审理,但被告人属于应当提供法律援助情形的除外。"本案的被告人是聋哑人,系应当提供法律援助的对象。故C项错误。

《刑诉解释》第360条规定:"具有下列情形之一的,不适用简易程序:(一)被告人是盲、聋、哑人的;(二)被告人是尚未完全丧失辨认或者控制自己行为能力的精神病人的;(三)案件有重大社会影响的;(四)共同犯罪案件中部分被告人不认罪或者对适用简易程序有异议的;(五)辩护人作无罪辩护的;(六)被告人认罪但经审查认为可能不构成犯罪的;(七)不宜适用简易程序审理的其他情形。"本案王某属于聋哑人,不能适用简易程序。而独任审判只有在简易程序中才可能适用。故D项错误。

8．具体行政行为与行政事实行为[B]

[解析] 行政强制执行与行政强制措施的最显著区别在于前者必须有行政法上的前置性义务,且当事人逾期没有履行该义务。扣押之前,行政机关并没有作出基础决定,所以扣押是为了调取证据而采取的调查性的行政强制措施,而不属于强制执行。故A项错误。

国家机关工作人员实施的与职务相关的个人恣意行为属于行政事实行为。这种行为由行政机关工

作人员在执行职务时作出,属于职务行为,如果给相对人造成损害,应当由行政机关来承担赔偿责任。故 D 项错误。但这种行为与行政机关实施行政行为的主观目的不一致,是工作人员的个人意志,而非行政机关的整体意志,欠缺了行政法律行为的主观性,因此该行为只能被归类为事实行为。故 B 项正确。

对于违法违规经营的小摊贩,城管局在法律法规规定范围内对相关物品进行扣押,属于合法行为。扣押物品行为和打人的行为是两个不同的行为,前者属于行政强制措施,后者是事实行为。因此,打人违法并不能推导出扣押行为违法。故 C 项错误。

9．行政合同;行政许可撤回;行政诉讼参加人;确认判决[D]

[解析] 内部协议是指行政机关之间,或行政机关与其公务员之间的协议,属于内部行政行为,本题中,县政府与甲开发公司并不存在内部的隶属关系,所以,该协议不可能是内部行为,更不可能是内部行为中的内部协议。从性质上看,该协议属于行政合同。故 A 项错误。

《土地管理法》第 58 条规定,由有关人民政府自然资源主管部门报经原批准用地的人民政府或者有批准权的人民政府批准,可以收回国有土地使用权。据此,有权决定收回国有土地使用权的政府为原批准用地的人民政府或者有批准权的人民政府,且程序上应由人民政府自然资源主管部门报批。本题中,乙公司持有的第 15 号地块国有土地使用证由某市政府批准取得,根据行政机关下级服从上级的一般逻辑,不可能由下级机关县政府撤回上级机关市政府发放的许可证。故 B 项错误。

《行政诉讼法》第 25 条第 1 款规定:"行政行为的相对人以及其他与行政行为有利害关系的公民、法人或者其他组织,有权提起诉讼。"本题中,乙公司持有的第 15 号地块正好位于《某地区改造项目协议书》约定的改造范围之内,该协议影响到了乙公司对15 号地块享有的使用权,因此乙公司与该协议存在法律上利害关系,可以依法提起行政诉讼。故 C 项错误。

《行政诉讼法》第 74 条规定:"行政行为有下列情形之一的,人民法院判决确认违法,但不撤销行政行为:(一)行政行为依法应当撤销,但撤销会给国家利益、社会公共利益造成重大损害的;……"旧城改造属于涉及公共利益的事项,而且甲公司的房屋已经向社会公开预售,如果撤销会让房屋买卖法律关系处于不确定的状态,对社会公共利益造成重大影响。因此,法院不能撤销,而应当作出确认被诉行政行为违法的判决,并责令被告采取补救措施;给原告造成损失的,依法判决被告承担赔偿责任。故 D 项正确。

10．律师及公证有关制度及其执业规范[A]

[解析]《律师执业行为规范(试行)》第 56 条规定:"未经委托人同意,律师事务所不得将委托人委托的法律事务转委托其他律师事务所办理。但在紧急情况下,为维护委托人的利益可以转委托,但应当及时告知委托人。"第 58 条规定:"非经委托人的同意,不能因转委托而增加委托人的费用支出。"A 项中刘律师受当事人甲委托为其追索 1 万元欠款,因该事项与另一委托事项时间冲突,经甲同意后另交本所律师办理,这是没有问题的,但是应告知甲支出增加,此时甲同意后才可以转委托。故 A 项不符合法律规定,当选。

《律师执业行为规范(试行)》第 44 条规定:"律师根据委托人提供的事实和证据,依据法律规定进行分析,向委托人提出分析性意见。"第 45 条规定:"律师的辩护、代理意见未被采纳,不属于虚假承诺。"B 项中李律师的意见主张没有被主审法官采纳,不存在违法违规问题。故 B 项符合法律规定,不当选。

《公证法》第 12 条规定:"根据自然人、法人或者其他组织的申请,公证机构可以办理下列事务:(一)法律、行政法规规定由公证机构登记的事务;(二)提存;(三)保管遗嘱、遗产或者其他与公证事项有关的财产、物品、文书;(四)代写与公证事项有关的法律事务文书;(五)提供公证法律咨询。"《公证机构办理抵押登记办法》第 3 条规定,当事人以个人所有的家具、家用电器、金银珠宝及其制品等生活资料抵押的,抵押人所在地的公证机构为登记部门。C 项中,林公证员办理抵押登记的行为是符合法律规定的。C 项不当选。

《公证法》第 11 条第 1 款规定:"根据自然人、法人或者其他组织的申请,公证机构办理下列公证事项:(一)合同;……(八)公司章程;……"据此,合同和公司章程都属于公证事项。《公证法》第 26 条规定:"自然人、法人或者其他组织可以委托他人办理公证,但遗嘱、生存、收养关系等应当由本人办理公证的除外。"可见,申办合同和公司章程公证可以代理。故 D 项符合法律规定,不当选。

11．法律位阶;法律价值;法律责任的免除;法律责任的竞合[D]

[解析] 法律位阶,是根据制定主体和效力的不同对法律进行的划分,自上而下为:宪法、法律、行政法规、地方性法规和自治条例与单行条例。下位阶的法律必须服从上位阶的法律,所有的法律必须服从最高位阶的法。法律位阶的冲突指不同位阶的法之间产生冲突,通常按照上位法优于下位法的原则来处理。本题没有提及不同位阶的法的冲突。故 A 项错误。

法律责任的免除,也称免责,是指法律责任由于出现法定条件被部分或全部地免除,主要包括时效免责、不诉及协议免责、自首、立功免责和履行不能免责等。本题描述了法律责任的竞合,并没有提及免责的情况。故 B 项错误。

本题只提及法律责任的竞合,没有体现法的价值问题。故 C 项错误。

法律责任竞合是由于某种法律事实的出现,导致两种或两种以上的法律责任产生,而这些责任之间相互冲突的现象。从本题中的法律规定可知,行为主体的一个行为(违约行为)符合两个法律责任(违约责任和侵权责任)的构成要件,且这两个法律责任不能兼容,当事人只能选择其一来追究行为主体的责任,因此,这是典型的法律责任竞合。故 D 项正确。

12.选举机构;选举程序[A]

[解析]《选举法》第 10 条第 1 款规定,乡、民族乡、镇的选举委员会的组成人员由不设区的市、市辖区、县、自治县的人民代表大会常务委员会任命。故 A 项正确。

《选举法》第 9 条第 2 款规定,不设区的市、市辖区、县、自治县、乡、民族乡、镇设立选举委员会,主持本级人民代表大会的选举。故 B 项错误。

《选举法》第 39 条规定,县级以上地方各级人大在选举上一级人大代表时,由各该级人大主席团主持。故 C 项错误。

《选举法》第 10 条第 2 款规定:"选举委员会的组成人员为代表候选人的,应当辞去选举委员会的职务。"故 D 项错误。

13.数罪并罚[D]

[解析]我国刑法对有期徒刑的并罚采取了限制加重的原则,即在数刑中最高刑期以上总和刑期以下判处刑罚,如果总和刑期不满 35 年,上限不超过 20 年;如果总和刑期 35 年以上,则上限不超过 25 年。甲犯三罪,分别判处 15 年、14 年、10 年有期徒刑,根据上述并罚原则,则应该在 15 年(数刑中的最高刑)以上 25 年(总和刑期 39 年,上限不超过 25 年)以下判处刑罚。因此,A 项中判处 35 年的说法错误。故 A 项错误。

对于附加刑,种类相同的,合并执行,种类不同的,分别执行。甲因两罪分别判处没收财产 5 万元与罚金 20 万元,数罪并罚应当分别执行,既要执行没收财产 5 万元,也要执行罚金 20 万元。故 B 项错误。

甲有两罪分别被判处剥夺政治权利 5 年、3 年,数罪并罚应当判决剥夺政治权利 8 年。故 C 项错误。

综上,判处甲有期徒刑 23 年,没收财产 5 万元,罚金 20 万元,剥夺政治权利 8 年。故 D 项正确。

14.鉴定人与鉴定意见;专家辅助人;审理程序的中断;意见证据规则[C]

[解析]《刑事诉讼法》第 192 条第 3 款规定,公

诉人、当事人或者辩护人、诉讼代理人对鉴定意见有异议,人民法院认为鉴定人有必要出庭的,鉴定人应当出庭作证。经人民法院通知,鉴定人拒不出庭作证的,鉴定意见不得作为定案的根据。《刑事诉讼法》第 193 条第 1 款规定,经人民法院通知,证人没有正当理由不出庭作证的,人民法院可以强制其到庭,但是被告人的配偶、父母、子女除外。由此可知,不能强制鉴定人出庭,只能强制证人出庭作证。故 A 项错误。

《刑诉解释》第 99 条规定,经人民法院通知,鉴定人拒不出庭作证的,鉴定意见不得作为定案的根据。鉴定人由于不能抗拒的原因或者有其他正当理由无法出庭的,人民法院可以根据情况决定延期审理或者重新鉴定。鉴定人无正当理由拒不出庭作证的,人民法院应当通报司法行政机关或者有关部门。故 B 项的错误在于,不是"中止审理",而是"延期审理"。

《刑事诉讼法》第 197 条第 2 款规定,公诉人、当事人和辩护人、诉讼代理人可以申请法庭通知有专门知识的人出庭,就鉴定人作出的鉴定意见提出意见。可见,有专门知识的人出庭的目的就是向鉴定人发问。故 C 项正确。

意见证据规则,是指证人只能陈述自己亲自感受和经历的事实,而不得陈述对该事实的意见或者结论。意见证据规则只规制证人作证,对鉴定意见的审查和认定不受其规制。故 D 项错误。

15.提起审判监督程序的主体[D]

[解析]《刑事诉讼法》第 254 条规定:"各级人民法院院长对本院已经发生法律效力的判决和裁定,如果发现在认定事实上或者在适用法律上确有错误,必须提交审判委员会处理。最高人民法院对各级人民法院已经发生法律效力的判决和裁定,上级人民法院对下级人民法院已经发生法律效力的判决和裁定,如果发现确有错误,有权提审或者指令下级人民法院再审。最高人民检察院对各级人民法院已经发生法律效力的判决和裁定,上级人民检察院对下级人民法院已经发生法律效力的判决和裁定,如果发现确有错误,有权按照审判监督程序向同级人民法院提出抗诉。人民检察院抗诉的案件,接受抗诉的人民法院应当组成合议庭重新审理,对于原判决事实不清楚或者证据不足的,可以指令下级人民法院再审。"

据此,有权提起审判监督程序的主体包括:(1)各级人民法院院长和审判委员会;(2)最高人民法院和上级人民法院;(3)最高人民检察院和上级人民检察院。本题中,生效裁判由省高级人民法院作出,因此,最高人民法院如果发现该判决确有错误,可以自行提审,亦可指令省高级法院再审。最高人民检察院也有权按照审判监督程序向最高人民法院提出

抗诉。故 A、B、C 项正确。同理,判决由省高院作出的,依法应由上级检察院即最高检察院对其抗诉,省检察院无权对省高院的生效判决抗诉。故 D 项错误。

16．行政强制措施[B]

[解析]《行政强制法》第 2 条第 2 款规定:"行政强制措施,是指行政机关在行政管理过程中,为制止违法行为、防止证据损毁、避免危害发生、控制危险扩大等情形,依法对公民的人身自由实施暂时性限制,或者对公民、法人或者其他组织的财物实施暂时性控制的行为。"第 9 条规定:"行政强制措施的种类:(一)限制公民人身自由;(二)查封场所、设施或者财物;(三)扣押财物;(四)冻结存款、汇款;(五)其他行政强制措施。"本题中,公安局将李某送至强制隔离戒毒所进行强制隔离戒毒,并非出于惩戒目的,而是为了制止违法行为,控制危险扩大而依法对公民的人身自由实施暂时性限制的行为,属于行政强制措施。故 B 项当选。

17．刑事诉讼职能;直接原则;刑事审判的特征;我国刑事审判模式[B]

[解析]"让审理者裁判、由裁判者负责"包括两个方面内容:一是要求真正审理案件、在法庭审理中直接听取控辩双方质证和意见的法官作出最终的裁决,实现庭审实质化,使裁判结果建立在法庭审理的基础之上;二是在审理者裁判的基础上,作出最终裁判的法官需要对案件的结果承担相应的责任,体现了司法责任制。

我国的刑事诉讼职能包括控诉、辩护、审判,即控辩审。刑事诉讼职能强调控辩审三方之间的关系,而题干中主要强调法官的作用,没有涉及刑事诉讼职能方面。故 A 项错误。

直接原则又可分为直接审理原则和直接采证原则。本题题干表述体现了刑事诉讼直接审理原则的要求。故 B 项正确。

刑事审判的程序性是指审判活动应当严格遵循法定的程序,在题干中,并没有直接体现出严格依照程序办事的意思。故 C 项错误。

控辩式庭审方式的改革是我国刑事诉讼审判模式的发展方向,重在强调控辩双方在法庭审理中的主导作用,与题干中突出法官的作用不相符合。故 D 项错误。

18．挪用公款归个人使用的认定[C]

[解析]"挪用公款归个人使用"的含义几经变化,最后立法解释将其含义加以确定。立法解释的精神是将单位向单位借钱的情形排除出去,即单位向单位借钱的,不成立犯罪。以下凡是不属于单位向单位借钱,而将单位公款挪用的,都属于"挪用公款归个人使用":(1)挪用公款归个人使用;(2)以个人名义

挪用公款;(3)个人决定以单位名义挪用公款,谋取个人利益的(在本质上这种情形不属于单位向单位借钱)。

A 项国家工作人员甲,将公款借给其弟炒股,属于将公款挪用给自然人使用的情形。B 项国家机关工作人员甲,以个人名义将公款借给原工作过的国有企业使用,属于以个人名义将公款供其他单位使用的情形。C 项某县工商局(现为市场监督管理部门)局长甲,以单位名义将公款借给某公司使用,属于单位向单位借钱的情形(行为人没有谋取个人利益)。D 项某国有公司总经理甲,擅自决定以本公司名义将公款借给某国有事业单位使用,以安排其子在该单位就业,属于个人决定以单位名义将公款供其他单位使用,谋取个人利益的情形。故 A、B、D 项的情形均属于"挪用公款归个人使用",不当选;C 项不属于,当选。

19．边境制度[D]

[解析]依据国际法,关于边界的维护,双方都应采取必要的措施防止界标被移动、损坏和灭失。若一方发现界标被损坏,应尽快通知另一方,在双方代表在场的情况下修复或重建。在本题中,甲国发现界标被毁后应尽快通知另一方,不能单独修复或重建。故 A 项错误。

关于甲国一些公民趁机偷渡到另一国的处理,两国对之都有管辖权,应由两国共同处理,B 项与 C 项均强调只能由一国的边界管理部门处理。故 B、C 项错误。

甲、乙两国对界标的维护负有共同责任。故 D 项正确。

20．公证机构的设立;公证员的任职条件[C]

[解析]《公证法》第 12 条第 3 项规定,保管遗嘱、遗产或者其他与公证事项有关的财产、物品、文书,根据自然人、法人或者其他组织的申请,公证机构可以办理该事项。公证机构保管不需要出具公证书,而是出具保管证书,故 A 项错误。

《公证法》第 9 条规定:"设立公证机构,由所在地的司法行政部门报省、自治区、直辖市人民政府司法行政部门按照规定程序批准后,颁发公证机构执业证书。"颁发公证机构执业证书,不需要司法部批准,故 B 项错误。

《公证员执业管理办法》第 8 条规定:"符合本办法第七条第(一)项、第(二)项、第(三)项规定,并具备下列条件之一,已经离开原工作岗位的,经考核合格,可以担任公证员:(一)从事法学教学、研究工作,具有高级职称的人员;(二)具有本科以上学历,从事审判、检察、法制工作、法律服务满十年的公务员、律师。"贾教授从事法学教学工作,且具有教授的高级职称,故 C 项正确。

《公证法》第20条规定:"有下列情形之一的,不得担任公证员:……(二)因故意犯罪或者职务过失犯罪受过刑事处罚的;……"交通肇事罪属于一般过失犯罪,甄某具备申请公证员的条件。故D项错误。

21.强奸罪的罪数问题[A]

[解析] 根据《刑法》第240条的规定,拐卖妇女,并奸淫被拐卖的妇女的,属于拐卖妇女罪的法定加重情节,即《刑法》对此规定了结合犯:"拐卖妇女罪+强奸罪=拐卖妇女罪(加重处罚)",不再认定为强奸罪。故A项当选。

《刑法》第259条(破坏军婚罪)第2款规定:"利用职权、从属关系,以胁迫手段奸淫现役军人的妻子的,依照本法第236条的规定定罪处罚。"该款是注意规定。也即只有当行为完全符合强奸罪的构成要件时,才能以强奸罪论处。因此,该款中的"胁迫手段"是指强奸罪中的胁迫手段。B项"以胁迫手段奸淫"符合强奸罪的构成要件,因此构成强奸罪,B项不当选。【特别提醒】不能认为,只要行为人利用了职权、从属关系,就构成强奸罪。如果没有胁迫,而仅是权色交易,则不构成强奸罪。

《刑法》第300条(组织、利用会道门、邪教组织、利用迷信破坏法律实施罪)第3款规定:"犯第一款罪又有奸淫妇女、诈骗财物等犯罪行为的,依照数罪并罚的规定处罚。"据此,构成组织、利用会道门、邪教组织、利用迷信破坏法律实施罪,又有奸淫妇女行为的,定强奸罪,与前罪数罪并罚。故C项应认定为强奸罪,不当选。【特别提醒】《刑法》第300条第3款是注意规定,也即只有当行为完全符合强奸罪的构成要件时,才能以强奸罪论处。不能认为,只要利用迷信,就构成强奸罪。例如,甲男伪装成"大师",欺骗乙女,只要跟自己发生性行为,乙的病就会好。乙相信,与甲发生了性行为。由于乙在事实环节没有受骗,也即知道跟甲发生性行为,因此乙的承诺是有效的,甲不构成强奸罪。

根据《刑法》第358条的规定,组织、强迫他人卖淫,并有杀害、伤害、强奸、绑架等犯罪行为的,依照数罪并罚的规定处罚。故D项中"强奸妇女"的行为应当单独认定为强奸罪,D项不当选。

22.盗伐林木罪[B]

[解析] 根据司法解释的规定,盗伐林木罪,是指具有非法占有目的,盗伐他人所有的林木的行为。本题中,袁某具有非法占有林木的目的,且违反林业和草原局的意志擅自采伐并非自己所有的林木,构成盗伐林木罪。故B项正确。

盗伐林木罪与盗窃罪属于特别法条和一般法条的关系,袁某的行为系法条竞合犯,应适用特别法条。故A项错误。

滥伐林木罪包括两种行为类型,一是未经核发采伐许可证而擅自采伐林木;二是虽有采伐许可证,但违反规定采伐林木。袁某的行为不符合上述情形。故C项错误。

袁某虽假装自己是林业工作者,引起路人的误解,但路人并非林木的有权处分人,未制止袁某的砍伐不具有刑法意义,因此不成立诈骗罪。故D项错误。

23.勘验检查;非法证据的排除[D]

[解析]《刑诉解释》第80条规定:"下列人员不得担任见证人:(一)生理上、精神上有缺陷或者年幼,不具有相应辨别能力或者不能正确表达的人;(二)与案件有利害关系,可能影响案件公正处理的人;(三)行使勘验、检查、搜查、扣押、组织辨认等监察调查、刑事诉讼职权的监察、公安、司法机关的工作人员或者其聘用的人员。对见证人是否属于前款规定的人员,人民法院可以通过相关笔录载明的见证人的姓名、身份证件种类及号码、联系方式以及常住人口信息登记表等材料进行审查。由于客观原因无法由符合条件的人员担任见证人的,应当在笔录材料中注明情况,并对相关活动进行全程录音录像。"本题中,因地处偏僻且天气恶劣,无法找到见证人,这一情形属于"由于客观原因无法由符合条件的人员担任见证人的"情形,公安机关对勘验过程全程录像并在笔录中已注明理由,未违反法律程序,收集的物证不予排除。故A、B项错误,D项正确。

本题中勘验的过程没有违法,所收集的物证不予排除,对物证的鉴定意见等衍生证据也不需要排除。故C项错误。

24.当代中国的法律解释体制;法律解释的种类[C]

[解析]《立法法》第53条规定:"全国人民代表大会常务委员会的法律解释同法律具有同等效力。"故A项错误。

《立法法》第48条规定:"法律解释权属于全国人民代表大会常务委员会。法律有以下情况之一的,由全国人民代表大会常务委员会解释:(一)法律的规定需要进一步明确具体含义的;(二)法律制定后出现新的情况,需要明确适用法律依据的。"因此,全国人大常委会并不仅限于对《刑法》作法律解释。故B项错误。

题干中的解释将《刑法》第158条、第159条规定的适用范围限于依法实行注册资本实缴登记制的公司,而不适用于认缴登记制的公司,比条文中公司的字面含义要窄,属于限制解释。故C项正确。

法律解释可以分为正式解释(也称法定解释或有权解释)和非正式解释(也称学理解释)。学理解释,一般是指由学者或其他个人及组织对法律规定所作的不具有法律约束力的解释。本题中的解释是全国人大常委会的解释,属于法定解释、正式解释,而不是学理解释。故 D 项错误。

25．人民代表大会制度；全国人大和地方人大的关系[D]

[解析] 我国《宪法》第 2 条第 1、2 款规定:"中华人民共和国的一切权力属于人民。人民行使国家权力的机关是全国人民代表大会和地方各级人民代表大会。"人民代表大会制度以主权在民为逻辑起点,人民主权构成了人民代表大会制度的核心原则。可见,人民代表大会制度体现了一切权力属于人民的原则。故 A 项正确,不当选。

《宪法》第 96 条规定:"地方各级人民代表大会是地方国家权力机关。县级以上的地方各级人民代表大会设立常务委员会。"故 B 项正确,不当选。

《宪法》第 57 条规定:"中华人民共和国全国人民代表大会是最高国家权力机关。它的常设机关是全国人民代表大会常务委员会。"故 C 项正确,不当选。

全国人大与地方各级人大之间以及地方各级人大之间没有隶属关系,上级人大有权依照宪法和法律监督下级人大的工作。地方各级国家权力机关应当对人民负责,并接受人民监督。故 D 项错误,当选。

26．秦律的渎职罪[B]

[解析] "纵囚"指应当论罪而故意不论罪,以及设法减轻案情,故意使案犯达不到定罪标准,从而判其无罪,故 A 项正确。

"见知不举"指官吏发现犯罪而不揭发、举报,该罪的适用以官吏发现或知道犯罪为前提,而不以过失为要件,故 B 项错误。

"失刑"指因过失而量刑不当(若系故意,则构成"不直"罪),故 C 项正确。

"不直"指的是罪重而故意轻判,应轻而故意重判,故 D 项正确。

27．侵犯著作权罪[B]

[解析]《刑法》第 217 条规定:"以营利为目的,有下列侵犯著作权或者与著作权有关的权利的情形之一,违法所得数额较大或者有其他严重情节的,处 3 年以下有期徒刑,并处或者单处罚金;违法所得数额巨大或者有其他特别严重情节的,处 3 年以上 10 年以下有期徒刑,并处罚金:(一)未经著作权人许可,复制发行、通过信息网络向公众传播其文字作品、音乐、美术、视听作品、计算机软件及法律、行政法规规定的其他作品的;(二)出版他人享有专有出版权的图书的;(三)未经录音录像制作者许可,复制发行、通过信息网络向公众传播其制作的录音录像的;(四)未经表演者许可,复制发行录有其表演的录音录像制品,或者通过信息网络向公众传播其表演的;(五)制作、出售假冒他人署名的美术作品的;(六)未

经著作权人或者与著作权有关的权利人许可,故意避开或者破坏权利人为其作品、录音录像制品等采取的保护著作权或者与著作权有关的权利的技术措施的。"

赵某临摹著名国画大师的名画、署上该大师姓名并加盖伪造印鉴,符合上述第 5 项的规定,构成侵犯著作权罪。《关于审理非法出版物刑事案件具体应用法律若干问题的解释》第 5 条规定,实施侵犯著作权行为,又销售该侵权复制品,违法所得数额巨大的,只定侵犯著作权罪。赵某将此幅作品出售获得 6 万元收入,不再另定罪,对赵某只以侵犯著作权罪处罚。故 B 项正确。

28．注意规定；掩饰、隐瞒犯罪所得罪；窝藏、包庇罪[B]

[解析] 行为人事前与犯罪人通谋,约定待犯罪人实施犯罪后由行为人予以窝藏、包庇的,行为人与犯罪人构成通谋之罪的共同犯罪,不构成窝藏、包庇罪。故 A 项错误。

注意规定是指刑法已作基本规定的前提下,提醒司法人员注意的规定,即不设置该规定,遇到此类情形也应按照基本规定处理。《刑法》第 310 条第 1 款规定了窝藏、包庇罪,第 2 款规定:"犯前款罪,事前通谋的,以共同犯罪论处。"第 2 款属于注意规定,即使没有该款,也应以共同犯罪论处。故 B 项正确,C 项错误。事前通谋的成立共同犯罪,事后再掩饰、隐瞒犯罪所得的属于事后不可罚行为,不能再作为犯罪论处。故 D 项错误。

29．回避决定的复议主体[D]

[解析]《刑诉解释》第 35 条规定:"对当事人及其法定代理人提出的回避申请,人民法院可以口头或者书面作出决定,并将决定告知申请人。当事人及其法定代理人申请回避被驳回的,可以在接到决定时申请复议一次。不属于刑事诉讼法第二十九条、第三十条规定情形的回避申请,由法庭当庭驳回,并不得申请复议。"据此,当事人及其法定代理人申请回避被驳回(申请回避失败),有权申请复议;若法院作出回避决定(申请回避成功),被决定回避的人(公、检、法等人员)对回避决定不服,无权申请复议。本题中,法院作出了李某回避的决定,罗某申请回避成功,且郭某其父亲并非申请复议的当事人,故其不能对回避决定申请复议,故 A、B 项错误。李某是被决定回避的人,对回避决定无权申请复议,故 C 项错误。综上,本题 D 项当选。**【思路拓展】**当事人、法定代理人、辩护人、诉讼代理人申请回避,均适用上述复议规则。

30．行政复议申请期限、申请方式、审理和撤回[A]

[解析] 行政复议的申请期限为 60 日,但是法律规定的申请期限超过 60 日的除外。《食品安全法》

未对申请行政复议的期限作出特别规定,故申请复议期限为60日,A项正确。

根据《行政复议法》第22条第2款规定,书面申请行政复议的,可以通过邮寄或者行政复议机关指定的互联网渠道等方式提交行政复议申请书,也可以当面提交行政复议申请书。故B项错误。

《行政复议法》第5条规定:"行政复议机关办理行政复议案件,可以进行调解。调解应当遵循合法、自愿的原则,不得损害国家利益、社会公共利益和他人合法权益,不得违反法律、法规的强制性规定。"故C项错误。

《行政复议法》第41条规定:"行政复议期间有下列情形之一的,行政复议机关决定终止行政复议:(一)申请人撤回行政复议申请,行政复议机构准予撤回;……"行政复议撤回产生的法律后果是行政复议终止,而非中止。故D项错误。

31．行政诉讼的起诉期限;行政诉讼代理人;二审全面审查原则[D]

[解析] 当事人对于行政处罚、行政强制和行政登记等作为类的行政行为直接起诉,起诉期限分为以下三种情况:

(1)全知道。行政机关已将行政行为向当事人送达,并告知起诉期限的,其起诉期限为当事人知道行政行为之日起6个月内。《行政诉讼法》第46条规定:"公民、法人或者其他组织直接向人民法院提起诉讼的,应当自知道或者应当知道作出行政行为之日起6个月内提出。法律另有规定的除外。因不动产提起诉讼的案件自行政行为作出之日起超过20年,其他案件自行政行为作出之日起超过5年提起诉讼的,人民法院不予受理。"

(2)知一半。行政机关向当事人送达的行政决定书,只告知了当事人行政行为的内容,但并未告知其起诉期限的,当事人起诉,需要同时满足以下两个条件:①起诉期:知期限起6个月内;②最长保护期限:知内容起1年。《行政诉讼法解释》第64条第1款规定:"行政机关作出行政行为时,未告知公民、法人或者其他组织起诉期限的,起诉期限从公民、法人或者其他组织知道或者应当知道起诉期限之日计算,但从知道或者应当知道行政行为内容之日起最长不得超过1年。"

(3)全不知。行政机关根本没有告知当事人行政行为的内容,当事人起诉,需要同时满足以下两个条件:①起诉期:知内容起6个月内;②最长保护期限:行为作出之日起5年(不动产案件20年)内。《行政诉讼法解释》第65条规定:"公民、法人或者其他组织不知道行政机关作出的行政行为内容的,其起诉期限从知道或者应当知道该行政行为内容之日计算,但最长不得超过行政诉讼法第46条第2款规

定的起诉期限。"

本案中,郭某事先并不知道房管局向严某核发房屋所有权证的行为,应当适用第三种情形"全不知",起诉期限为6个月,从郭某知道行政行为内容之日开始起算,而不是从具体行政行为作出之日即4月20日起算。故A、B项错误。

《行政诉讼法解释》第31条规定:"……当事人解除或者变更委托的,应当书面报告人民法院。"2018年的新司法解释删除了旧解释中书面报告法院后再由人民法院通知其他当事人的条款,意味着法院不再具有通知的义务。故C项错误。

《行政诉讼法》第6条规定:"人民法院审理行政案件,对行政行为是否合法进行审查。"第87条规定:"人民法院审理上诉案件,应当对原审人民法院的判决、裁定和被诉行政行为进行全面审查。"故D项正确。

32．法的产生;法产生的一般规律[A]

[解析] 法产生的一般规律有三个:(1)法的产生经历了从个别调整到规范性调整、一般规范性调整到法的调整的发展过程;(2)法的产生经历了从习惯到习惯法、再由习惯法到制定法的发展过程;(3)法的产生经历了法与宗教、道德浑然一体到法与宗教、道德的相对独立的发展过程。该学者的解释属于第(1)种情形。故A项正确。

按照马克思的观点,法律是商品经济发展到一定阶段的产物。这表明:(1)原始社会没有"法律",更谈不上法律是调整工具;(2)阶级社会出现了法律,但不一定占首要地位;(3)在法治社会,法律才真正成了首要工具。故B项错误。

该学者的解释并没有揭示经济政治因素在法产生中的作用。此外,法律与其他社会规范的区别在于法律由国家制定、认可并由国家强制力保证实施,该学者的解释,也没有提及法和其他社会规范的区别。故C、D项错误。

33．各级人大的职权;调查委员会[C]

[解析]《监督法》第56条规定:"委员长会议或者主任会议可以向本级人民代表大会常务委员会提议组织关于特定问题的调查委员会,提请常务委员会审议。五分之一以上常务委员会组成人员书面联名,可以向本级人民代表大会常务委员会提议组织关于特定问题的调查委员会,由委员长会议或者主任会议决定提请常务委员会审议,或者先交有关的专门委员会审议、提出报告,再决定提请常务委员会审议。"据此,可以向本级人大常委提议组织特定问题调查委员会的主体有两个:(1)1/5以上的常委会组成人员;(2)委员长会议或者主任会议。专门委员会没有组织关于特定问题的调查委员会的提议权。故A项错误。

《监督法》第 57 条第 1 款规定:"调查委员会由主任委员、副主任委员和委员组成,由委员长会议或者主任会议在本级人民代表大会常务委员会组成人员和本级人民代表大会代表中提名,提请常务委员会审议通过。调查委员会可以聘请有关专家参加调查工作。"所以,B 项中的专家并不具有委员身份,委员是在本级人大常委会组成人员或者本级人大代表中提名产生的。故 B 项错误。

《监督法》第 58 条第 3 款规定:"调查委员会在调查过程中,可以不公布调查的情况和材料。"故 C 项正确。

《监督法》第 59 条规定:"调查委员会应当向产生它的常委会提出调查报告……"也即,调查委员会并非应当向有关专门委员会提出调查报告。故 D 项错误。

34．因果关系[A]

[解析] 甲高空抛物,对楼下路过的彭某制造了危险,该危险现实化为死亡结果,因此甲的行为与彭某的死亡有因果关系。故 A 项正确。【特别提醒】实害结果发生的概率大小,讨论的是一种假设的、可能的情形。因果关系讨论的结果是指现实发生的结果,而非假设的结果,只要危险现实化为死亡结果,就应认定因果关系,这种结果发生的概率大小不影响因果关系的认定。

刑法上因果关系的"因"必须是危害行为,要求行为对法益制造了现实危险。本题中,乙单纯实施了偏离原定路线的行为,该行为不是刑法上的危害行为,不会给乘客的人身造成危险,因此,乙偏离原定路线的行为与小丽的重伤没有因果关系。故 B 项错误。

【思路拓展】从安全保障义务的角度来分析:本题中乙偏离原定路线,小丽误以为乙要实施加害行为,为躲避而跳车。乙身为司机,负有保障乘客乘车安全的义务,当小丽做出这一系列行为时,乙应当采取消除危险的措施,如语言阻止、减速、安全停靠等。乙如果不采取这些消除危险的措施,则属于不作为。但最终是否构成不作为犯罪,还需要进一步考察客观要件(作为可能性、结果避免可能性、等价性)和主观要件(是故意、过失,还是无法预见的意外事件)。

C 项的难点在于被害人自陷风险的判断。陆某是自行进入火场被烧死,所以陆某属于自陷风险;但是,虽然陆某对危险有认识能力,但对贵重物品缺乏自由的控制能力、避险能力,因为对于贵重物品,法律不能期待人们坐视不管、不予抢救以遭受火灾危险。因此,陆某的死亡应归因于丙的放火行为。故 C 项错误。【总结提示】解答"甲对乙家放火,救援者被烧死(伤)"一类的题型,不看救援者的身份,只看被救对象的性质:救人或抢救贵重物品,放火者责任;抢救普通物品,救援者自己责任(自陷风险)。原因:对于生命、贵重物品等法益,法律不能期待人们坐视不管。

【思路拓展】本题用介入因素理论也能作答:陆某为抢救自己的贵重物品而进入火场,可以认为不异常,因此该介入因素导致的结果应归因于放火行为。但是,如果是第三人进入火场抢救他人贵重物品,则难以判断其行为属于异常还是不异常,应该用上述"总结提示"中的结论分析作答。

D 项应从以下两个方面进行分析:(1)盗窃行为只对郑某的财物制造危险,没有对郑某的生命制造危险,郑某的死亡不是丁的盗窃行为的危险实现的。(2)盗窃罪只能保护财产法益,不能保护生命法益。郑某的死亡结果不是盗窃罪保护范围内的法益。因此,丁的盗窃行为与郑某的死亡没有因果关系。故 D 项错误。【特别提醒】有人认为,没有丁的盗窃行为,则郑某不会自杀身亡,因此郑某的死亡与丁的盗窃行为有因果关系。这种推理根据是条件说,即"无 A 则无 B,那么 A 即 B 因"。条件说用必要条件来认定因果关系,不当扩大了因果关系的认定范围,不能成为刑法上的因果关系的认定依据。

35．律师与当事人代理关系中的禁止事项[C]

[解析] A 项可以建立或维持委托关系。

《律师执业行为规范(试行)》第 52 条规定:"有下列情形之一的,律师应当告知委托人并主动提出回避,但委托人同意其代理或者继续承办的除外:(一)接受民事诉讼、仲裁案件一方当事人的委托,而同所的其他律师是该案件中对方当事人的近亲属的……(五)在委托关系终止后一年内,律师又就同一法律事务接受与原委托人有利害关系的对方当事人的委托的……"故 B、D 项可以建立或维持委托关系。

《律师执业行为规范(试行)》第 51 条规定:"有下列情形之一的,律师及律师事务所不得与当事人建立或维持委托关系:……(五)在民事诉讼、行政诉讼、仲裁案件中,同一律师事务所的不同律师同时担任争议双方当事人的代理人,或者本所或其工作人员为一方当事人,本所其他律师担任对方当事人的代理人的……"故 C 项不能建立或维持委托关系。

36．侦查期限的延长[A]

[解析]《高检规则》第 305 条规定:"人民检察院办理直接受理侦查的案件,对犯罪嫌疑人逮捕后的侦查羁押期限不得超过二个月。案情复杂、期限届满不能终结的案件,可以经上一级人民检察院批准延长一个月。"第 306 条规定:"设区的市级人民检察院和基层人民检察院办理直接受理侦查的案件,符合刑事诉讼法第一百五十八条规定,在本规则第三百零五条规定的期限届满前不能侦查终结的,经省级人民检察院批准,可以延长二个月。省级人民检察院直接受理侦查的案件,有前款情形的,可以直接决定延长二个月。"第 307 条规定:"设区的市级人民检察院和基层

人民检察院办理直接受理侦查的案件,对犯罪嫌疑人可能判处十年有期徒刑以上刑罚,依照本规则第三百零六条的规定依法延长羁押期限届满,仍不能侦查终结的,经省级人民检察院批准,可以再延长二个月。省级人民检察院办理直接受理侦查的案件,有前款情形的,可以直接决定再延长二个月。"

据此,侦查羁押期限的延长规则是:侦查羁押期限一般情况下为2个月。(1)第一次延长:2个月不能终结,报上一级检察院批准,延长1个月。(2)第二次延长:3个月不能终结,对于符合《刑事诉讼法》第158条规定的案件("交集流广、重大复杂"的案件:①交通十分不便的边远地区的重大复杂案件;②重大的犯罪集团案件;③流窜作案的重大复杂案件;④犯罪涉及面广,取证困难的重大复杂案件),报省级检察院批准,可再延长2个月。(3)第三次延长:5个月不能终结,对于可能判10年以上的案件,报省级检察院批准,可再延长2个月。侦查羁押期限总共可以达到7个月。本题中,甲市检察院批捕,第一次延长应当报上一级检察院即省级检察院批准。第二次、第三次延长都需要报省级检察院批准。也就是说,本案中,第一、二、三次延长,都需要省级检察院批准。故A项错误,B、C、D项正确。

37.行政诉讼原告资格的认定[B]

[解析]《行政诉讼法解释》第16条第2款规定:"联营企业、中外合资或者合作企业的联营、合资、合作各方,认为联营、合资、合作企业权益或者自己一方合法权益受行政行为侵害的,可以自己的名义提起诉讼。"本条规定了联营、合资、合作各方的单独起诉权,其既可以保护自己的权益为由提起诉讼,也可以保护企业的权益为由提起诉讼,并且其可以自己的名义,而非必须以企业的名义提起诉讼。本题中,中外合资企业外方投资者认为工商局的处罚决定既损害了公司的利益也侵害自己的权益,可以自己的名义或者以合资公司的名义提起行政诉讼。故A、D项错误,B项正确。

《行政诉讼法解释》第30条第1款规定:"行政机关的同一行政行为涉及两个以上利害关系人,其中一部分利害关系人对行政行为不服提起诉讼,人民法院应当通知没有起诉的其他利害关系人作为第三人参加诉讼。"可知,法院应通知未起诉的中方投资者作为第三人参加诉讼,而不是共同原告。故C项错误。

38.全权证书;条约的作准文字以及条约的登记[A]

[解析]《缔结条约程序法》第6条第2款规定:"下列人员谈判、签署条约、协定,无须出具全权证书:……(二)谈判、签署与驻在国缔结条约、协定的中华人民共和国驻该国使馆馆长,但是各方另有约定

的除外……"使馆馆长具体包括大使、公使和代办。故A项正确,B项错误。

《缔结条约程序法》第13条第1款规定,中国同外国缔结的双边条约、协定,以中文和缔约另一方的官方文字写成,两种文本同等作准;必要时,可以使用第三国文字文本作为作准文本或参考文本。故C项错误。

《缔结条约程序法》第17条第1款规定:"中华人民共和国缔结的条约和协定由外交部按照联合国宪章的有关规定向联合国秘书处登记。"故D项错误。

39.正当防卫的认定[B]

[解析]正当防卫并非犯罪形态,其效力只及于实施正当防卫者一方,因此若乙成立正当防卫,不能认为甲也成立正当防卫。故A项错误。

丙从后门出来时,乙并未看到丙,此时,乙的蹲守行为不会对丙的人身形成紧迫的危险,丙先掏出随身携带的铁棍击打乙,对乙造成了客观的、现实的不法侵害,因此乙的反击行为可以被认定为正当防卫。故B项正确。

是否成立防卫过当与乙是否有过错无关,如果乙的防卫行为明显超过必要限度造成重大损害,则成立防卫过当。本题中,丙用铁棍击打乙,乙用小刀回击,只造成了丙轻伤的结果,而自己也负轻伤,可见乙的防卫行为并未超过必要限度造成重大损害,不属于防卫过当。故C项错误。

如果认为甲、乙的不法侵害在去歌舞厅后就已经形成现实、紧迫的危险,则丙的行为可以成立正当防卫。故D项错误。

40.抢劫罪;事后抢劫[C]

[解析]李某抢夺王某手包后,将追赶自己的狗踢死,不属于事后抢劫中的暴力行为,因为事后抢劫中的暴力行为只能针对人实施。故A项错误。

李某抢夺财物后为了逃跑,将追赶自己的狗踢死,并非对王某以实施暴力相威胁的行为。故B项错误。

李某抢夺财物后虽然逃跑,但王某指示其狗追赶李某,仍属于事后抢劫中的"当场",即实施犯罪的现场及其随后追赶的整个过程之中。故C项正确。

李某虽然实施了抢夺行为,也在被追赶的现场,但并未对人实施足以压制其反抗的暴力、胁迫行为,故其行为不符合事后抢劫的条件,不成立抢劫罪。故D项错误。

41.附带民事诉讼的财产保全[B]

[解析]《刑事诉讼法》第101条规定:"被害人由于被告人的犯罪行为而遭受物质损失的,在刑事诉讼过程中,有权提起附带民事诉讼。被害人死亡或者丧失行为能力的,被害人的法定代理人、近亲属有权

提起附带民事诉讼。如果是国家财产、集体财产遭受损失的,人民检察院在提起公诉的时候,可以提起附带民事诉讼。"《刑诉解释》第186条规定:"被害人或者其法定代理人、近亲属提起附带民事诉讼的,人民法院应当在七日以内决定是否受理。符合刑事诉讼法第一百零一条以及本解释有关规定的,应当受理;不符合的,裁定不予受理。"本题中,王某被姜某打伤,在开庭审判前向法院提起诉讼,属于在刑事诉讼过程中,符合上述规定,法院应当受理。故A项错误。

《刑事诉讼法》第102条规定:"人民法院在必要的时候,可以采取保全措施,查封、扣押或者冻结被告人的财产。附带民事诉讼原告人或者人民检察院可以申请人民法院采取保全措施。人民法院采取保全措施,适用民事诉讼法的有关规定。"故B项正确。

《刑诉解释》第189条规定:"人民法院对可能因被告人的行为或者其他原因,使附带民事判决难以执行的案件,根据附带民事诉讼原告人的申请,可以裁定采取保全措施,查封、扣押或者冻结被告人的财产;附带民事诉讼原告人未提出申请的,必要时,人民法院也可以采取保全措施。有权提起附带民事诉讼的人因情况紧急,不立即申请保全将会使其合法权益受到难以弥补的损害的,可以在提起附带民事诉讼前,向被保全财产所在地、被申请人居住地或者对案件有管辖权的人民法院申请采取保全措施。申请人在人民法院受理刑事案件后十五日以内未提起附带民事诉讼的,人民法院应当解除保全措施。人民法院采取保全措施,适用民事诉讼法第一百条(现为第一百零三条)①至一百零五条(现为第一百零八条)的有关规定,但民事诉讼法第一百零一条(现为第一百零四条)第三款的规定除外。"申请财产保全并非必须提供担保。故C项错误。被保全财产所在地、被申请人居住地和对案件有管辖权的法院均有权采取保全措施,并非需要移交财产所在地法院采取。故D项错误。

42.行政诉讼证据保全[B]

[解析]《行政诉讼证据规定》第27条规定,当事人根据行政诉讼法第36条的规定向人民法院申请保全证据的,应当在举证期限届满前以书面形式提出,并说明证据的名称和地点、保全的内容和范围、申请保全的理由等事项。当事人申请保全证据的,人民法院可以要求其提供相应的担保。法律、司法解释规定诉前保全证据的,依照其规定办理。据此,A、C、D三项错误;B项正确。

43.法与道德[B]

[解析]法律是道德的底线和保障,道德问题的解决并非都必须依赖法律,道德问题也并非都可以依赖法律的强制手段解决。故A项错误。道德具有教

化作用,能为法律的实施创造良好的人文环境,但法律的有效实施并非总是必须诉诸道德和舆论。故C项错误。

公布失信被执行人名单,通过社会舆论对其形成压力,有助于形成守法光荣、违法可耻的社会氛围。故B项正确。

通说认为,法律与道德具有最低限度的一致性,但法律不等于道德;二者在概念上具有必然关系也仅是非实证主义的观点。法的作用主要是止恶,而道德的作用不仅是止恶,还要求扬善;违反法律的行为未必违反道德,违反道德的行为也未必违反法律;法的调整范围要远小于道德的调整范围。故D项错误。

44.审判制度的发展;西周的狱讼制度;汉代的春秋决狱制度;唐代的证据定罪制度;明代的九卿会审制度[C]

[解析]《春秋》决狱制度强调论心定罪,重视嫌疑人的犯罪动机,所谓"志善而违于法者免,志恶而合于法者诛",本案并未涉及。故A项错误。

"听讼""断狱"为西周司法制度,听讼为审理民事案件,断狱为审理刑事案件,同题意不符。故B项错误。

"据状断之"是指对于那些人赃俱获,却没有拷讯获得口供,或者拷讯后仍拒不认罪的,根据证据定罪,本案正是证据确凿而定案的例证。故C项正确。

九卿会审为明代会审制度,由六部尚书及通政使司的通政使、都察院左都御史、大理寺卿组成联合法庭,审判皇帝交付的案件或已判决但因犯仍翻供不服之案。本案并没有使用"九卿会审"。故D项错误。

45.吸毒的责任能力问题;故意杀人罪的量刑情节[B]

[解析]刑法中的量刑情节可以分为法定量刑情节与酌定量刑情节。法定量刑情节,是指刑法(不包括司法解释)明文规定在量刑时必须予以考虑的情节。它既包括刑法总则规定的对各种犯罪共同适用的情节,也包括刑法分则对特定犯罪适用的情节。酌定量刑情节是指,虽然不是刑法明文规定的情节,但对量刑仍然起着重要影响作用。主要种类有:犯罪的手段、犯罪的时空及环境条件、犯罪的对象、犯罪行为造成的危害结果、犯罪的动机、犯罪后的态度、犯罪人的一贯表现等。

我国刑法并没有将吸毒状态认定为丧失或减轻责任能力的情形,因此吸毒状态仍然被认为具有刑事责任能力,不是责任阻却事由,也不是责任减轻事由。因此,不能将吸毒状态认定为免除处罚或从宽处罚情节。故B项错误,当选。鉴于王某是初次犯罪(偶犯),且与被害人之间存在特殊身份关系(男女朋

---

① 编者注,下同。

友),可酌情从轻处罚。故 A、D 项正确,不当选。当然,考虑到王某在公众场合行持刀行凶,社会影响恶劣,这一酌定情节也可以从重处罚。故 C 项正确,不当选。

46．值班律师制度[A]

[解析] 值班律师,是指法律援助机构在看守所、人民检察院、人民法院等场所设立法律援助工作站,通过派驻或安排的方式,为没有辩护人的犯罪嫌疑人、被告人提供法律帮助的律师。

《法律援助值班律师工作办法》第 6 条规定:"值班律师依法提供以下法律帮助:(一)提供法律咨询;(二)提供程序选择建议;(三)帮助犯罪嫌疑人、被告人申请变更强制措施;(四)对案件处理提出意见;(五)帮助犯罪嫌疑人、被告人及其近亲属申请法律援助;(六)法律法规规定的其他事项。……值班律师办理案件时,可以应犯罪嫌疑人、被告人的约见进行会见,也可以经办案机关允许主动会见;自人民检察院对案件审查起诉之日起可以查阅案卷材料、了解案情。"故 A 项正确。根据上述第 1 款第 1 项,值班律师提供法律咨询属于提供法律帮助,不是辩护权的体现,故 B 项错误。【思路点拨】辩护权归属于犯罪嫌疑人、被告人及其辩护人。值班律师是在犯罪嫌疑人没有委托辩护、法律援助机构没有指派律师提供辩护时才会出现的提供基本法律帮助的人,值班律师不是辩护人,虽然可以行使辩护人的部分职责,但其并非辩护权的主体。

值班律师不是辩护人,只能提供基本的法律帮助,无权出庭发表意见,也无权调查取证,故 C 项错误。【知识拓展】值班律师为犯罪嫌疑人、被告人提供法律帮助,不妨碍犯罪嫌疑人、被告人继续委托辩护人或者获得法律援助辩护。犯罪嫌疑人、被告人委托辩护人或者获得法律援助辩护后,值班律师退出,但之前提供的法律帮助继续有效。

值班律师可以参与各类型案件,提供法律帮助,与犯罪嫌疑人、被告人是否认罪认罚无关,故 D 项错误。

47．政府信息公开[C]

[解析] 2019 年修订后的《政府信息公开条例》取消了申请公开政府信息需"根据自身生产、生活、科研等特殊需要"的限制,进一步放宽了申请权利。因此,在本案中田某具有申请人资格,工商局以其"不具有申请人资格而拒绝公开"并不合法,故 A 项错误。

《政府信息公开条例》第 20 条规定:"行政机关应当依照本条例第 19 条的规定,主动公开本行政机关的下列政府信息:……(六)实施行政处罚、行政强制的依据、条件、程序以及本行政机关认为具有一定社会影响的行政处罚决定;……"根据该条第 6 项的规定,具有一定社会影响的行政处罚决定才属于应当主动公开的政府信息,田某要求公开 2012 年度所有的行政处罚决定书,这些决定书并非都属于主动公开的范围,且要考虑涉密等因素,故 B 项理由不成立,B 项错误。

申请政府信息公开,行政机关不予公开的,应当复议前置。故 C 项正确。

本案应先复议再起诉,因此起诉期限为 15 日。故 D 项错误。

48．司法制度(刑讯与仇嫌回避原则)[B]

[解析] A 项是对刑讯条件的规定,即在拷讯前,必须先审核口供的真实性,然后反复查验证据。证据确凿,仍狡辩否认的,经过主审官与参审官共同决定,可以使用刑讯;未经法定程序拷讯的,承审官要负刑事责任。故 A 项不当选。

B 项是关于据证定罪的规定,即对那些人赃俱获,经拷讯仍不认罪的,也可"据状断之"。故 B 项当选。

C 项是关于禁止使用刑讯的规定。故 C 项不当选。

D 项是关于依法断狱的规定。故 D 项不当选。

49．律师执业行为规范[C]

[解析] 同一所的不同律师不得在同一案件中,既代理原告,又代理被告,除非在该县区域内只有一家律师事务所,且事先征得当事人的同意。但是,本案已明确发生在省会城市,不可能只有一家律所。故 A 项错误。

《律师服务收费管理办法》第 12 条规定:"禁止刑事诉讼案件、行政诉讼案件、国家赔偿案件以及群体性诉讼案件实行风险代理收费。"我国刑事案件不允许风险代理,即根据结果收费。故 B 项错误。

《律师服务收费管理办法》第 19 条规定:"律师事务所在提供法律服务过程中代委托人支付的诉讼费、仲裁费、鉴定费、公证费和查档费,不属于律师服务费,由委托人另行支付。"办案费主要指诉讼费、仲裁费、鉴定费等,不属于律师服务费,律师事务所可以要求当事人预交,但是律师事务所必须提供相应的票据。故 C 项正确。

实习律师没有获得律师执业证,不符合律师执业的前提条件。故 D 项错误。

50．事实认识错误;违法性认识错误;犯罪故意[C]

[解析] 甲认为"拖拉机不属于《刑法》第 133 条之一规定的机动车",这属于对刑法(法律)的认识错误,更具体地说,是对法律概念"机动车"范围、外延的认识错误。对事实本身,甲并不存在认识错误,甲对于行为事实(醉酒驾驶,自己驾驶的是拖拉机)本身并不存在认识错误。故 A 项错误。

行为人具有违法性认识错误时,根据通说,如果其具有避免该违法性认识错误的可能性,则该错误不影响犯罪故意的成立。甲虽是农民,但搞清楚拖拉机是否属于机动车,这不是什么特别困难的事情,其具有违法性认识的可能性。故 B 项错误。

在主观上甲对醉酒在道路上驾驶拖拉机会危害道路交通安全存在认识,并放任该结果的发生,且甲有可能认识到该行为属于《刑法》第 133 条之一所禁止的行为,故应认定甲具有危险驾驶罪的犯罪故意,应追究甲危险驾驶罪的刑事责任。故 C 项正确,D 项错误。

二、多项选择题

51. 国家的基本文化制度[BD]

[解析] 我国的基本文化制度包括教育、科学、文学艺术及其他文化事业、公民道德教育等方面。爱国统一战线是我国人民民主专政制度中的主要特色之一。故 A 项错误。

《宪法》第 19 条第 4 款规定:"国家鼓励集体经济组织、国家企业事业组织和其他社会力量依照法律规定举办各种教育事业。"故 B 项正确。

自德国《魏玛宪法》首次全面系统地规定了国家的文化制度后,为许多资本主义国家宪法效仿。现代宪法,无论是资本主义性质,还是社会主义性质,一般都对国家的基本文化制度作出规定。故 C 项错误。

我国《宪法》第 24 条规定,国家通过普及理想教育、道德教育、文化教育、纪律和法制教育,通过在城乡不同范围的群众中制定和执行各种守则、公约,加强社会主义精神文明的建设。故 D 项正确。

52. 属地管辖;属人管辖;保护管辖;普遍管辖[ABD]

[解析] 犯罪行为,从共同犯罪上分为实行行为、教唆行为和帮助行为。上述行为中,只要有一项发生在国内,全部犯罪行为均能适用中国刑法。A 项中,甲在国外教唆陈某到中国境内实施绑架行为,虽然教唆行为在国外,但实行行为在国内,我国刑法有管辖权。故 A 项正确。

属地管辖中的"地",包括悬挂我国国旗的航空器与船舶,但不包括国际列车、国际长途汽车。B 项中,犯罪发生地在外国,行为人和被害人也都是外国人,所以不属于我国管辖。故 B 项正确。

《刑法》第 9 条规定:"对于中华人民共和国缔结或者参加的国际条约所规定的罪行,中华人民共和国在所承担条约义务的范围内行使刑事管辖权的,适用本法。"该条规定了普遍管辖原则。根据普遍管辖,适用我国刑法的条件是:(1)必须是危害人类共同利益的犯罪,如劫持航空器、跨国贩毒、跨国拐卖人口、海盗、种族灭绝、洗钱、恐怖活动等;(2)我国缔结或

参加了公约;(3)我国刑法将这种行为也规定为犯罪;(4)犯罪人出现在我国领域内。C 项中,丙实施的是劫持航空器的行为,可以适用普遍管辖,但对其定罪量刑的依据应当是我国刑法,而非我国缔结或者参加的国际条约。故 C 项错误。**【特别提醒】**根据普遍管辖原则审理的案件,具体适用法律时,适用的是我国刑法,而非已缔结或参加的国际条约。

《刑法》第 8 条规定:"外国人在中华人民共和国领域外对中华人民共和国国家或者公民犯罪,而按本法规定的最低刑为三年以上有期徒刑的,可以适用本法,但是按照犯罪地的法律不受处罚的除外。"该条规定了保护管辖原则。根据保护管辖,适用我国刑法的条件是:(1)针对我国国家或公民犯罪;(2)行为触犯的是重罪(最低刑在 3 年以上);(3)双重犯罪原则(犯罪地的法律也认为是犯罪)。D 项中,外国人丁在中国领域外对中国公民犯罪,且该罪的最低刑为 3 年以上有期徒刑,符合上述条件(1)和(2),但是没有交代是否符合双重犯罪原则。如果不符合双重犯罪原则,也不能适用中国刑法。故 D 项正确。

53. 贪污罪;为亲友非法牟利罪;诈骗罪;非法经营同类营业罪[BD]

[解析] 本案中,原来的业务往来是:B 公司→A 公司→某公司,后来,A 公司被踢出去,变成:B 公司→C 公司→某公司。

A 项考查贪污罪,首先,基于行为与行为对象必须同时存在原则,当行为人实施贪污行为时,贪污罪的对象不管是公共财物还是财产性利益,必须是国有单位现实拥有的、已然存在的财物或财产性利益(债权)。其次,贪污罪的行为方式,除了侵吞外,窃取、骗取等行为都要求转移占有,也即将公家占有的财物或财产性利益转移为自己占有,该过程应具有直接性。本案中,A 公司从 B 公司低价买进,向某公司高价卖出。后来 A 公司被踢出去,该盈利业务被 C 公司拿去。但是,这不等于 C 公司和甲将 A 公司现实拥有的、已然存在的财产性利益转移为自己占有。A 公司只有向某公司高价卖出,才会赚得一笔钱(300 万元),如果没有向某公司卖出,便不会赚得这笔钱。也即,这笔钱对于 A 公司而言,不是其现实拥有的、已然存在的钱款或财产性利益,而是一种预期的、需要进一步行为才能获取的利益。如果认为这种利益属于贪污罪的对象,那么,随着 C 公司持续与 B 公司和某公司做生意,赚得超出 300 万元的更多的利润,也会认为这些后续赚得的更多的利润也属于贪污罪的对象。这显然是不合适的。经济生活中,经常有甲公司抢了乙公司的客户丙公司,或抢了乙公司的某个盈利项目,但这并不等于抢了乙公司已有的财产(财产性利益)。故甲不构成贪污罪,A 项错误。

根据《刑法》第166条第1款的规定,国有公司、企业、事业单位的工作人员,利用职务便利,有下列情形之一,致使国家利益遭受重大损失的,构成为亲友非法牟利罪:(1)将本单位的盈利业务交由自己的亲友进行经营;(2)以明显高于市场的价格从自己的亲友经营管理的单位采购商品、接受服务或者以明显低于市场的价格向自己的亲友经营管理的单位销售商品、接受服务的;(3)从自己的亲友经营管理的单位采购、接受不合格商品、服务的。本案中,甲的行为明显属于第(1)种情形,即将本单位的盈利业务交由自己的亲友进行经营,因此甲构成为亲友非法牟利罪。故B项正确。

成立诈骗罪,要求欺骗某人,使其产生认识错误并基于认识错误而处分财物。本案中不存在这些要件,因此不构成诈骗罪。故C项错误。

根据《刑法》第165条第1款的规定,国有公司、企业的董事、经理、高级管理人员利用职务便利,自己经营或者为他人经营与其所任职公司、企业同类的营业,获取非法利益,数额巨大的,构成非法经营同类营业罪。A公司与某公司有买卖业务,甲让妻子成立C公司,让C公司与某公司从事该买卖业务,属于经营同类营业,甲构成非法经营同类营业罪。故D项正确。【思路拓展】在罪数上,甲的一个行为同时触犯为亲友非法牟利罪和非法经营同类营业罪,想象竞合,应择一重罪论处。

54.开设赌场罪;传播淫秽物品罪;侵犯著作权罪;盗窃罪[ABD]

[解析]《关于办理赌博刑事案件具体应用法律若干问题的解释》第2条规定:"以营利为目的,在计算机网络上建立赌博网站,或者为赌博网站担任代理,接受投注的,属于刑法第303条规定的'开设赌场'。"故A项正确。

《关于办理利用互联网、移动通讯终端、声讯台制作、复制、出版、贩卖、传播淫秽电子信息刑事案件具体应用法律若干问题的解释》第3条规定:"不以牟利为目的,利用互联网或者转移通讯终端传播淫秽电子信息,具有下列情形之一的,依照刑法第364条第1款的规定,以传播淫秽物品罪定罪处罚……"故B项正确。

根据《刑法》第217条的规定,未经著作权人许可,复制发行,通过信息网络向公众传播其文字作品、音乐、美术、视听作品、计算机软件及法律、行政法规规定的其他作品的,构成侵犯著作权罪。在网络上传播电子盗版书,属于通过信息网络向公众传播文字作品,其不属于复制发行行为,而是与复制发行并列的侵犯著作权的行为方式。故C项错误。

《关于审理扰乱电信市场管理秩序案件具体应用法律若干问题的解释》第8条规定:"盗用他人公

共信息网络上网账号、密码上网,造成他人电信资费损失数额较大的,依照刑法第264条的规定,以盗窃罪定罪处罚。"故D项正确。【总结提示】关于盗打电话、盗用网络问题:(1)以牟利为目的,盗接他人通信线路、复制他人电话号码或者明知是盗接、复制的电话设备、设施而使用的,定盗窃罪(《刑法》第265条)。(2)将电话卡非法充值后使用,造成电信资费损失数额较大的,定盗窃罪。(3)明知是非法制作的电话卡而使用或者购买而使用,造成资费损失数额较大的,定盗窃罪。(4)盗用他人网络账号、密码上网,造成他人资费损失数额较大的,定盗窃罪。(以上四项盗窃罪情形,给他人造成的资费损失数额就是盗窃数额)(5)以虚假、冒用的身份证件,欺骗电信公司工作人员,办理入网手续并使用电话或网络,造成资费损失数额较大的,定诈骗罪。给电信公司造成的资费损失数额就是诈骗数额。故D项正确。

55.法律规则与法律原则的适用;法律推理;法适用的一般原理[ABC]

[解析] A项考查法律原则的适用。基本内容是:(1)为了实现法律的确定性和可预测性,一般情况下优先适用法律规则;(2)为了实现个案正义,或者出现了法律规则缺位的情况,在民商事领域,可以直接适用法律原则裁判,本案即属于此种情况。故A项正确。

B项考查法律推理的分类。基本种类是:(1)演绎推理:即依照法律规定作出裁判。(2)类比推理:即通过比较两个对象的异同点来作出裁判。(3)归纳推理:即通过归纳几个案件的共性从而得出一般规律。(4)设证推理:即先假设若干个结论再逐个排除。(5)反向推理:即明确其一则排除其他。(6)当然推理:即举重以明轻和举轻以明重。本案中,法官直接依据法律规定中的法律原则作出裁判,属于演绎推理。故B项正确。

C项考查法律推理的结构。法律推理的结构是:小前提(案件事实)+大前提(法律规定)→结论,因此案件事实与法律规定均是法律推理的前提条件,其中案件事实是小前提,法律规定是大前提。故C项正确。

D项考查法律推理的特征:(1)依据法律渊源进行推理;(2)是一种正当性的推理。即法律推理的目标并不局限于"探求案件事实",而是对结论的"正当性"进行说明,此时,无论依据何种法律渊源进行裁判均需说明理由。只不过在使用法律原则进行裁判时,要求更高程度的论证。故D项错误。

56.村民委员会的组织、所辖事项、相关程序[BD]

[解析]《村民委员会组织法》第21条第1款规定,村民会议由本村18周岁以上的村民组成。该条

规定并没有排除被剥夺政治权利的人参加村民会议的资格，因此，被剥夺政治权利的村民也可以参加村民会议。故 A 项错误。

《村民委员会组织法》第 5 条第 1 款规定，乡、民族乡、镇的人民政府对村民委员会的工作给予指导、支持和帮助，但是不得干预依法属于村民自治范围内的事项。故 B 项正确。

《村民委员会组织法》第 16 条第 2 款规定，罢免村民委员会成员，须有登记参加选举的村民过半数投票，并须经投票的村民过半数通过。注意，有效罢免的前提是，登记参加选举的村民过半数投票。这个条件不能忘。故 C 项错误。

《村民委员会组织法》第 35 条第 2 款规定，村民委员会成员的任期和离任经济责任审计，由县级人民政府农业部门、财政部门或者乡、民族乡、镇的人民政府负责组织，审计结果应当公布，其中离任经济责任审计结果应当在下一届村民委员会选举之前公布。故 D 项正确。

57．骗取出口退税罪；虚开增值税专用发票、用于骗取出口退税、抵扣税款发票罪[ACD]

[解析] 甲公司构成骗取出口退税罪的共犯，成立骗取出口退税罪。故 A 项正确。

实施骗取出口退税犯罪，同时构成虚开增值税专用发票罪等其他犯罪的，依处罚较重的定罪。故 B 项错误。

《刑法》第 204 条第 2 款规定："纳税人缴纳税款后，采取前款规定的欺骗方法，骗取所缴纳的税款的，依照本法第 201 条的规定定罪处罚；骗取税款超过所缴纳的税款部分，依照前款的规定处罚。"故 C 项正确。

根据《刑法》第 205 条第 2 款的规定，丁公司的行为属于虚开增值税专用发票罪的加重情形，不另成立其他犯罪。故 D 项正确。

58．交通肇事罪；侵占罪与诈骗罪、信用卡诈骗罪的区别[ACD]

[解析]《刑法》第 133 条规定，违反交通运输管理法规，因而发生重大事故，致人重伤、死亡或者使公私财产遭受重大损失的，处 3 年以下有期徒刑或者拘役；交通运输肇事后逃逸或者有其他特别恶劣情节的，处 3 年以上 7 年以下有期徒刑；因逃逸致人死亡的，处 7 年以上有期徒刑。本题中甲醉酒驾车，将行人乙撞死，构成交通肇事罪。故 A 项正确。

在甲将尸体从 X 地转移至 Y 地的过程中，发现乙的信用卡与身份证并拿走，将信用卡中 5 万元转入自己卡中的行为，属于《刑法》第 196 条规定的信用卡诈骗罪的第三种行为手段：冒用他人信用卡，构成信用卡诈骗罪。故 C 项正确。

甲用乙的身份证办理入网手续并使用移动电话，造成电信资费损失 8000 余元，依据《关于审理扰乱电信市场管理秩序案件具体应用法律若干问题的解释》第 9 条的规定，构成诈骗罪，不构成侵占罪。故 B 项错误，D 项正确。

59．立案管辖[AC]

[解析]《刑诉解释》第 1 条第 1 项规定："人民法院直接受理的自诉案件包括：（一）告诉才处理的案件：1. 侮辱、诽谤案（刑法第二百四十六条规定的，但严重危害社会秩序和国家利益的除外）；2. 暴力干涉婚姻自由案（刑法第二百五十七条第一款规定的）；3. 虐待案（刑法第二百六十条第一款规定的，但被害人没有能力告诉或者因受到强制、威吓无法告诉的除外）；4. 侵占案（刑法第二百七十条规定的）。"

张小某的继母陈某长期虐待张小某，张小某本人没有能力直接告诉的，其法定代理人、近亲属可以代为向法院起诉。在本题中，张小某的法定代理人、近亲属包括张某（生父）、李某（生母）和陈某（继母）。因此，A 项中，生母李某既是张小某的监护人（法定代理人），又属于近亲属，可以代为起诉，A 项正确。

D 项说只有张小某的生父张某可以向法院提起自诉过于片面，错误。

B 项，邻居王某不是张小某的法定代理人或者近亲属，无权代为提起自诉，B 项错误。

C 项，若张小某没有能力告诉，为了最大限度保障被害人合法权益，无需等待张小某的法定代理人、近亲属告诉，公安机关可以对陈某立案侦查，将案件作为公诉案件办理。C 项正确。

故本题答案为 AC。

60．被取保候审人的义务[CD]

[解析]《刑事诉讼法》第 71 条第 1 款规定："被取保候审的犯罪嫌疑人、被告人应当遵守以下规定：（一）未经执行机关批准不得离开所居住的市、县；（二）住址、工作单位和联系方式发生变动的，在二十四小时以内向执行机关报告；（三）在传讯的时候及时到案；（四）不得以任何形式干扰证人作证；（五）不得毁灭、伪造证据或者串供。"根据上述第 3、4 项，C、D 项正确。

《刑事诉讼法》第 67 条第 2 款规定，取保候审由公安机关执行。可知，取保候审的执行机关为公安机关，上述《刑事诉讼法》第 71 条第 1 款第 1 项所说未经执行机关批准不得离开所居住的市、县，也就是指未经公安机关批准不得离开所居住的市、县。故 A 项错误。

《刑事诉讼法》第 77 条第 1 款第 2 项规定，被监视居住的犯罪嫌疑人、被告人应当遵守"未经执行机关批准不得会见他人或者通信"的规定。可知，未经执行机关批准不得会见他人是被监视居住的犯罪嫌疑人、被告人应当遵守的义务，而不是取保候审的犯罪嫌疑人、被告人应当遵守的义务。即使根据《刑事诉讼法》第71条第2款,人民法院、人民检察院和公安机关可以根据案件情况,责令被取保候审的犯罪嫌疑人、被告人遵守"不得与特定的人员会见或者通信"的义务,也只是强调不得会见"特定的人员",而非"他人"。故B项错误。

61．庭前会议[BD]

[解析]《刑诉解释》第230条第2、3款规定:"召开庭前会议应当通知公诉人、辩护人到场。庭前会议准备就非法证据排除了解情况、听取意见,或者准备询问控辩双方对证据材料的意见的,应当通知被告人到场。有多名被告人的案件,可以根据情况确定参加庭前会议的被告人。"故A项错误。

对于B、C、D项,庭前会议只处理程序性事项,不能处理事实和证据问题,事实和证据需要在后续的庭审中进行审查判断。B项,调解属于程序性事项,对此《刑诉解释》第228条第2款规定:"庭前会议中,人民法院可以开展附带民事调解。"故B项正确。D项,讨论证人名单也属于程序性事项,对此《刑诉解释》第228条第1款规定:"庭前会议可以就下列事项向控辩双方了解情况,听取意见:……(八)是否申请证人、鉴定人、有专门知识的人、调查人员、侦查人员或者其他人员出庭,是否对出庭人员名单有异议;……"故D项正确。C项,庭前会议可以申请排除非法证据,但不能对证据进行调查并作出是否排除的决定,故C错误。

62．聘任制公务员的管理[BCD]

[解析]《公务员法》第101条第1款规定:"机关聘任公务员可以参照公务员考试录用的程序进行公开招聘,也可以从符合条件的人员中直接选聘。"据此,本案中对孙某的聘任是可以按照公务员考试录用程序进行公开招聘,而非必须。故A项错误。

《公务员法》第104条规定:"机关依据本法和聘任合同对所聘公务员进行管理。"因此,该机关应按照《公务员法》和聘任合同对孙某进行管理。故B项正确。

《公务员法》第103条第3款规定,聘任制公务员按照国家规定实行协议工资制,具体办法由中央公务员主管部门规定。因此,对孙某的工资可以按照国家规定实行协议工资。故C项正确。

《公务员法》第105条第1款规定,聘任制公务员与所在机关之间因履行聘任合同发生争议的,可以自争议发生之日起60日内申请仲裁。据此,如果孙某与该机关因履行聘任合同发生争议,可以向人事争议仲裁委员会申请仲裁。D项正确。

63．治安管理处罚的程序;行政诉讼第三人以及地域管辖;行政拘留暂缓执行的条件[AD]

[解析]《治安管理处罚法》第97条规定:"公安机关应当向被处罚人宣告治安管理处罚决定书,并当

场交付被处罚人;无法当场向被处罚人宣告的,应当在2日内送达被处罚人。决定给予行政拘留处罚的,应当及时通知被处罚人的家属。有被侵害人的,公安机关应当将决定书副本抄送被侵害人。"可知,某区公安分局在给予张某拘留处罚后,应及时通知其家属。故A项正确。

《行政诉讼法》第29条规定,要成为行政诉讼中的第三人,必须满足"与被诉的行政行为有利害关系或者同案件处理结果有利害关系"这一条件。本案是受害人黄某不服公安机关对加害人张某所作的行政处罚而提起的行政诉讼,加害人张某可以作为本案的第三人,而张某之妻与被诉具体行政行为没有法律上的利害关系,不是本案的第三人。故B项错误。

《行政诉讼法》第19条规定:"对限制人身自由的行政强制措施不服提起的诉讼,由被告所在地或者原告所在地人民法院管辖。"注意本条适用的两个前提:(1)提起诉讼的原告是被限制人身自由人。本案中,黄某作为受害人,并非被限制人身自由人,所以原告所在地法院没有管辖权,只能由被告所在地法院管辖。(2)必须针对限制人身自由的行政强制措施提出。本题当事人的诉讼请求为拘留5日,缺乏限制人身自由的行政强制措施的要素,所以只能由被告所在地法院管辖。故C项错误。

《治安管理处罚法》第107条规定:"被处罚人不服行政拘留处罚决定,申请行政复议、提起行政诉讼的,可以向公安机关提出暂缓执行行政拘留的申请。公安机关认为暂缓执行行政拘留不致发生社会危险的,由被处罚人或者其近亲属提出符合本法第108条规定条件的担保人,或者按照每日行政拘留200元的标准交纳保证金,行政拘留的处罚决定暂缓执行。"由此可见,申请暂缓执行行政拘留必须同时满足以下两个条件:(1)被处罚人本人不服拘留决定而申请行政复议或提起行政诉讼;(2)由被处罚人本人向公安机关提出申请。本题中是受害人黄某向人民法院提起的行政诉讼,而不是被处罚人张某提起的诉讼,因此不符合申请暂缓执行行政拘留的条件。故D项正确。

64．法官回避[ABD]

[解析]《法官法》第23条规定:"法官之间有夫妻关系、直系血亲关系、三代以内旁系血亲以及近姻亲关系的,不得同时担任下列职务:(一)同一人民法院的院长、副院长、审判委员会委员、庭长、副庭长;(二)同一人民法院的院长、副院长和审判员;(三)同一审判庭的庭长、副庭长、审判员;(四)上下相邻两级人民法院的院长、副院长。"A项中孙某担任民一庭庭长,钱某担任民二庭审判员,二者不在同一审判庭,无须回避,故A项错误。B项中孙某担任甲市中级人民法院院长,钱某担任甲市乙县人民法院的审判员,

二人不在同一法院,也无需回避,故 B 项错误。

《法官法》第 24 条规定:"法官的配偶、父母、子女有下列情形之一的,法官应当实行任职回避:(一)担任该法官所任职人民法院辖区内律师事务所的合伙人或者设立人的;(二)在该法官所任职人民法院辖区内以律师身份担任诉讼代理人、辩护人,或者为诉讼案件当事人提供其他有偿法律服务的。"C 项符合上述第 1 项,应当实行任职回避,故 C 项正确。D 项中孙某只有以律师身份担任诉讼代理人、辩护人,才须任职回避,故 D 项错误。

65．自首中"如实供述"的认定[AD]

[解析]"如实"的实质是既不缩小也不扩大自己的罪行,侧重于客观犯罪事实。甲如实交代了自己的杀人行为已构成自首,即使拒绝说明凶器藏匿地点,也不影响自首的成立。故 A 项错误,当选。

乙只如实供述自己的抢夺行为,对其故意伤害行为主张为正当防卫,其仍然成立自首。这种辩解并不影响"如实供述",因其并不属于"行为人隐瞒了表明其真实内心的重要客观事实"。故 B 项正确,不当选。

《关于办理职务犯罪案件认定自首、立功等量刑情节若干问题的意见》第 1 条规定,没有自动报案,但办案机关所掌握线索针对的犯罪事实不成立,在此范围外犯罪分子交代同种罪行的,仍以自首论。故 C 项正确,不当选。

《关于处理自首和立功具体应用法律若干问题的解释》第 1 条第 2 项规定,犯罪嫌疑人自动投案并如实供述自己的罪行后又翻供的,不能认定为自首;但在一审判决前又能如实供述的,应当认定为自首。丁在"一审"判决前又如实供述的,才认定为自首。故 D 项错误,当选。

66．事后转化抢劫;入户抢劫;抢劫致人死亡[ABD]

[解析]甲以为李某是主人王某,将其打晕,然后取走财物,表明甲主观上认为自己在实施抢劫暴力行为,但客观上并未对王某实施暴力行为,其客观行为属于盗窃王某财物,所以不成立抢劫罪。若是甲以为李某是王某,将其打晕,并拿走李某的财物,则构成抢劫罪既遂。因此对象认识错误不影响犯罪既遂的认定。故 A 项正确。

入户实施盗窃被发现后,行为人为窝藏赃物、抗拒抓捕或毁灭证据而当场使用暴力,暴力发生在户内的,可认定为入户抢劫。乙实施盗窃但未将财物带到户外,属于盗劫未遂,此时暴力抗拒的行为属于临时起意将盗窃升级为抢劫,同时该行为发生在周某家中,构成入户抢劫。故 B 项正确。

事后转化抢劫要求了窝藏赃物、抗拒抓捕或毁灭罪证,当场使用暴力或以暴力相威胁。路人陈某对

丙没有实施阻拦行为,所以丙对陈某的暴力行为不构成事后转化抢劫,而是故意伤害罪。因此丙构成盗窃罪与故意伤害罪,应数罪并罚。故 C 项错误。

丁抢夺张某财物后逃跑,为阻止张某追赶,出于杀人的故意向张某开枪的行为构成事后抢劫,在事后抢劫中使用暴力导致他人死亡,应认定为抢劫致人死亡。故 D 项正确。

67．非法证据排除[ABC]

[解析]《刑诉解释》第 125 条规定:"采用暴力、威胁以及非法限制人身自由等非法方法收集的证人证言、被害人陈述,应当予以排除。"甲侦查人员通过威胁证人的方式获取证言,属于非法取证行为,应当予以排除,故 A 项当选。

《刑诉解释》第 124 条规定:"采用刑讯逼供方法使被告人作出供述,之后被告人受该刑讯逼供行为影响而作出的与该供述相同的重复性供述,应当一并排除,但下列情形除外:(一)调查、侦查期间,监察机关、侦查机关根据控告、举报或者自己发现等,确认或者不能排除以非法方法收集证据而更换调查、侦查人员,其他调查、侦查人员再次讯问时告知有关权利和认罪的法律后果,被告人自愿供述的;(二)审查逮捕、审查起诉和审判期间,检察人员、审判人员讯问时告知诉讼权利和认罪的法律后果,被告人自愿供述的。"B 项中不存在除外情形,属于非法取证行为,应当予以排除,故 B 项当选。

《刑诉解释》第 123 条规定:"采用下列非法方法收集的被告人供述,应当予以排除:(一)采用殴打、违法使用戒具等暴力方法或者变相肉刑的恶劣手段,使被告人遭受难以忍受的痛苦而违背意愿作出的供述;(二)采用以暴力或者严重损害本人及其近亲属合法权益等相威胁的方法,使被告人遭受难以忍受的痛苦而违背意愿作出的供述;(三)采用非法拘禁等非法限制人身自由的方法收集的被告人供述。"原则上连续审讯犯罪嫌疑人不得超过 12 小时,丙侦查人员对犯罪嫌疑人连续讯问 25 小时,采用了疲劳审讯、变相肉刑的取证手段,属于非法取证行为,应当予以排除,故 C 项当选。D 项中,丁侦查人员并非采用了"暴力或者严重损害"犯罪嫌疑人近亲属合法权益的方式,因为证人有作证的义务,侦查人员通知证人作证属于合法侦查行为,故 D 项不当选。【总结提示】被告人供述的非法证据排除:(1)暴力+遭受痛苦;(2)威胁+遭受痛苦;(3)非法拘禁(不考虑是否遭受痛苦);(4)重复供述(换人或换阶段后依法讯问自愿供述的除外)。

68．一审案件审理期限的计算[AB]

[解析]《关于严格执行案件审理期限制度的若干规定》第 11 条规定,刑事公诉案件、被告人被羁押的自诉案件,需要延长审理期限的,应当在审理期限

届满7日以前,向高级人民法院提出申请;被告人未被羁押的刑事自诉案件,需要延长审理期限的,应当在审理期限届满10日前向本院院长提出申请。可见,对于需要延长审理期限的案件,报经高级人民法院批准的时间应计入在审理期限中。故A项正确。

《刑诉解释》第273条规定:"法庭审理过程中,控辩双方申请通知新的证人到庭,调取新的证据,申请重新鉴定或者勘验的,应当提供证人的基本信息、证据的存放地点,说明拟证明的事项,申请重新鉴定或者勘验的理由。法庭认为有必要的,应当同意,并宣布休庭;根据案件情况,可以决定延期审理。人民法院决定重新鉴定的,应当及时委托鉴定,并将鉴定意见告知人民检察院、当事人及其辩护人、诉讼代理人。"据此,因申请重新鉴定而延期审理的,应当计入审限。故B项正确。

《刑事诉讼法》第208条第3款规定:"人民检察院补充侦查的案件,补充侦查完毕移送人民法院后,人民法院重新计算审理期限。"检察院补充侦查完毕后重新移送法院的案件,法院收到案件之日以前补充侦查的时间,不计入审理期限。故C项错误。

《刑事诉讼法》第208条第2款规定:"人民法院改变管辖的案件,从改变后的人民法院收到案件之日起计算审理期限。"故自改变管辖决定作出至改变后的法院收到案件之日的时间不计入审理期限。故D项错误。

69.审判监督程序[BD]

[解析]《刑事诉讼法》第254条第1、2款规定:"各级人民法院院长对本院已经发生法律效力的判决和裁定,如果发现在认定事实上或者在适用法律上确有错误,必须提交审判委员会处理。最高人民法院对各级人民法院已经发生法律效力的判决和裁定,上级人民法院对下级人民法院已经发生法律效力的判决和裁定,如果发现确有错误,有权提审或者指令下级人民法院再审。"本题中,乙市中级法院一审判处死缓后,被告人王某没有上诉,检察院没有抗诉,因该死缓的判决要经甲省高级法院核准后生效,所以作出生效裁判的法院是甲省高级法院。因此,甲省高级法院和最高法院有权提起审判监督程序。故A项错误,B项正确。

《刑事诉讼法》第254条第3款规定:"最高人民检察院对各级人民法院已经发生法律效力的判决和裁定,上级人民检察院对下级人民法院已经发生法律效力的判决和裁定,如果发现确有错误,有权按照审判监督程序向同级人民法院提出抗诉。"本题中,甲省检察院是甲省高级法院的同级检察院,无权对甲省高级法院的生效裁判提起审判监督程序,最高检察院有权提起审判监督程序。故C项错误,D项正确。

70.具体行政行为的特征、分类与效力[BC]

[解析]确定力指具体行政行为在形式上最终被确定下来,从而不再更改的效力。确定力所限制的对象主要是法院或复议机关等救济主体。而具体行政行为一经生效,行政机关和相对人必须遵守是拘束力的表现。故A项错误。

2014年《行政诉讼法》修改之后,具体行政行为的概念在法条中不再出现,故B项正确。【特别提醒】之所以法条中取消了具体行政行为的表述,是因为2014年修正后的《行政诉讼法》扩大了行政诉讼的受案范围,把"行政行为"作为行政诉讼受案的基本范围,除了具体行政行为之外,行政合同(行政协议)也可以受案,还有部分抽象行政行为也可以附带性地受案,所以在法条中再使用具体行政行为的概念会使法条表述显得不够精确。这一变化在一定程度上弱化了具体行政行为与抽象行政行为区分的意义,不过具体行政行为在行政法学理论和制度上仍具有重要意义,因具体行政行为引起的行政案件仍是行政诉讼受案范围中的主要案件类别。

个别性是具体行政行为区别于抽象行政行为的主要标志。具体行政行为的对象特定,且只具有一次性效力,不可反复适用。相比较而言,抽象行政行为是针对不特定人和不特定事项的可以反复适用的普遍性规则。故C项正确。

根据立法对行政行为约束的严格程度,行政行为可以被划分为羁束行政行为和裁量行政行为,"羁束"与"裁量"是相对应的。根据行政行为与当事人之间的权益关系,行政行为可以被划分为授益行政行为和负担行政行为,"授益"和"负担"是相对应的。故D项错误。

71.行政诉讼审理程序[AC]

[解析]《行政诉讼法》第83条规定:"适用简易程序审理的行政案件,由审判员一人独任审理,并应当在立案之日起45日内审结。"故A项正确,B项错误。

《行政诉讼法》第84条规定:"人民法院在审理过程中,发现案件不宜适用简易程序的,裁定转为普通程序。"故C项正确。

《行政诉讼法》第85条规定:"当事人不服人民法院第一审判决的,有权在判决书送达之日起15日内向上一级人民法院提起上诉。当事人不服人民法院第一审裁定的,有权在裁定书送达之日起10日内向上一级人民法院提起上诉。逾期不提起上诉的,人民法院的第一审判决或者裁定发生法律效力。"基于简易程序作出的一审判决允许上诉。故D项错误。

72.律师事务所设立条件;检察官的考核制度;法官的奖励制度;法律援助的申请条件[ACD]

[解析]《律师法》第14条规定:"律师事务所是

律师的执业机构。设立律师事务所应当具备下列条件：……（三）设立人应当具有一定的执业经历，且三年内未受过停止执业处罚的律师；……"沈律师从2003年至今专职从事律师业务，未受过停止执业处罚，故可成为律师事务所的设立人。故 A 项正确。

《检察官法》第 42 条规定："对检察官的考核内容包括：检察工作实绩、职业道德、专业水平、工作能力、工作作风。重点考核检察工作实绩。"《检察人员纪律处分条例》第 145 条规定："违反有关规定使用、管理警械、警具的，给予警告、记过或者记大过处分；造成严重后果或者恶劣影响的，给予降级或者开除处分。"《检察人员纪律处分条例》第 146 条第 1 款规定："违反有关规定使用、管理警车的，给予警告、记过或者记大过处分；造成严重后果或者恶劣影响的，给予降级、撤职或者开除处分。"因为有处分，所以年终考核不能得到优秀的考核结果。故 B 项错误。

《法官法》第 45 条规定："法官有下列表现之一的，应当给予奖励：……（二）总结审判实践经验成果突出，对审判工作有指导作用的；……"故 C 项正确。

《法律援助法》第 24 条规定："刑事案件的犯罪嫌疑人、被告人因经济困难或者其他原因没有委托辩护人的，本人及其近亲属可以向法律援助机构申请法律援助。"故 D 项正确。

73. 因果关系；客观归责[ABCD]

[解析] 骗取贷款罪，是指没有非法占有目的（具有归还意思），采取欺骗手段获取贷款，因为客观原因没有归还（非主观不愿归还），给银行造成重大损失的行为。甲虽然伪造材料骗取了贷款，但是主观上并非不愿归还，而是因为客观原因即经营失败才未能归还，因此甲构成骗取贷款罪。给银行造成重大损失的原因是甲经营失败，二者之间具有因果关系，而伪造材料行为与银行重大损失之间没有因果关系。故 A 项正确。

乙正在自我救助，甲阻断乙的救助行为，给乙创设了新的溺亡危险，该危险现实化为死亡结果，因此该死亡结果能够归因于甲的阻断行为，二者具有刑法上的因果关系。故 B 项正确。

甲、乙两人互不知情，各自行为单独都不能导致危害结果的发生，但均会起到重要作用，叠加在一起，同时发挥作用，共同导致结果发生，两个行为都与结果有因果关系，属于二因一果。故 C 项正确。

丙的死亡系甲的投毒行为所致，乙虽然发现甲投了毒，并且也希望丙喝了毒水而死亡，但是乙自始至终没有实施刑法所禁止的实害行为，也不具有阻止丙喝下毒水的作为义务，丙的死亡与乙没有因果关系。故 D 项正确。【特别提醒】因果关系的考察只能基于现实，而不能基于假设。不能想当然地认为如果没有甲的行为，乙就会投毒，从而导致丙死亡。

74. 外国人出入境；外国人的居留[AC]

[解析]《出境入境管理法》第 25 条第 2 款规定："对不准入境的，出入境边防检查机关可以不说明理由。"故 A 项正确。

《外国人入境出境管理条例》第 22 条规定："持学习类居留证件的外国人需要在校外勤工助学或者实习的，应当经所在学校同意后，向公安机关出入境管理机构申请居留证件加注勤工助学或者实习地点、期限等信息。持学习类居留证件的外国人所持居留证件未加注前款规定信息的，不得在校外勤工助学或者实习。"须经学校同意，且向出入境管理机构申请加注信息。故 B 项错误。

《出境入境管理法》第 39 条第 2 款规定："外国人在旅馆以外的其他住所居住或者住宿的，应当在入住后 24 小时内由本人或者留宿人，向居住地的公安机关办理登记。"故 C 项正确。

《出境入境管理法》第 28 条规定："外国人有下列情形之一的，不准出境：（一）被判处刑罚尚未执行完毕或者属于刑事案件被告人、犯罪嫌疑人的，但是按照中国与外国签订的有关协议，移管被判刑人的除外；（二）有未了结的民事案件，人民法院决定不准出境的；（三）拖欠劳动者的劳动报酬，经国务院有关部门或者省、自治区、直辖市人民政府决定不准出境的；（四）法律、行政法规规定不准出境的其他情形。"故 D 项错误。

75. 检察院撤回、补充、追加起诉[BC]

[解析]《刑诉解释》第 297 条规定："审判期间，人民法院发现新的事实，可能影响定罪量刑的，或者需要补查补证的，应当通知人民检察院，由其决定是否补充、变更、追加起诉或者补充侦查。人民检察院不同意或者在指定时间内未回复书面意见的，人民法院应当就起诉指控的事实，依照本解释第二百九十五条的规定作出判决、裁定。"故法院只能通知检察院追加起诉，不得主动追加被告人。故 A 项错误。

《高检规则》第 423 条规定："人民法院宣告判决前，人民检察院发现被告人的真实身份或者犯罪事实与起诉书中叙述的身份或者指控犯罪事实不符的，或者事实、证据没有变化，但罪名、适用法律与起诉书不一致的，可以变更起诉。发现遗漏同案犯罪嫌疑人或者罪行的，应当要求公安机关补充移送起诉或者补充侦查；对于犯罪事实清楚，证据确实、充分的，可以直接追加、补充起诉。"本题中，在宣告判决前，检察院发现郑某和张某接受秦某巨款，张某和郑某涉嫌受贿罪，秦某涉嫌行贿罪，属于可以与郑某涉嫌滥用职权罪一并起诉和审理的罪行，且事实清楚，证据确实、充分，故检察院可以补充起诉郑某、张某和秦某的贿赂犯罪，将张某、秦某追加为被告人，要求法院一并审

76．终止审理[BD]

[解析] 根据《刑事诉讼法》第16条规定："有下列情形之一的，不追究刑事责任，已经追究的，应当撤销案件，或者不起诉，或者终止审理，或者宣告无罪：（一）情节显著轻微、危害不大，不认为是犯罪的；（二）犯罪已过追诉时效期限的；（三）经特赦令免除刑罚的；（四）依照刑法告诉才处理的犯罪，没有告诉或者撤回告诉的；（五）犯罪嫌疑人、被告人死亡的；（六）其他法律规定免予追究刑事责任的。"

本题中，A项属于上述第1项情形，即情节显著轻微、危害不大，不认为是犯罪的，所以应由人民法院判决宣告被告人无罪，而不是裁定终止审理，故A项错误。

B项属于上述第5项情形，赵某在开庭审理前发病猝死，该案还未审理，所以不可能查清楚赵某是否有罪，因此人民法院应当裁定终止审理，故B项正确。

C项中的遗弃罪不属于告诉才处理的犯罪，而且在立案阶段就由人民法院以不立案的方式终止了诉讼，尚未进入审判阶段，故谈不上终止审理，C项错误。

D项虐待案属于告诉才处理的犯罪，王某以遭受虐待为由提起自诉，后又撤回自诉，符合上述第4项情形，法院应当终止审理，所以D项正确。

77．"春秋决狱"的内容、特征[ABD]

[解析] 题干文言文之要旨为：必须根据案情事实，追究行为人的动机；动机邪恶者即使犯罪未遂也不免刑责；首恶者从重惩治，主观上无恶念者从轻处理。这里强调审断时应重视行为人在案情中的主观动机；在着重考察动机的同时，还要依据事实分别首犯、从犯和已遂、未遂。如犯罪人主观动机符合儒家"忠""孝"精神，即使其行为构成社会危害，也可以减免刑事处罚。相反，犯罪人主观动机严重违背儒家倡导的精神，即使没有造成严重危害后果，也要认定犯罪给予严惩。但春秋决狱，论心定罪，因为过于强调动机，往往会成为司法官吏主观臆断和陷害无辜的口实，在某种程度上为司法擅断提供了依据。故A、B、D项正确。

但是，《春秋》决狱实行"论心定罪"原则，如犯罪人主观动机符合儒家"忠""孝"精神，即使其行为构成社会危害，也可以减免刑事处罚，而不是不给予刑事处罚。故C项错误。

78．行政处罚[ABD]

[解析] A选项中的先行登记保存是在证据可能灭失或以后难以取得的情况下，由行政机关作出的保全类行政强制措施，无惩戒性，A项当选。

责令类行政行为中，命题人观点认为责令停产停业、责令关闭、责令外国人限期离境、责令限期拆除属

于行政处罚，其他类型的责令，如责令下架、责令改正等一般属于行政强制措施。判断的一般规律是：属于处罚的行为会给当事人增加新的负担，具有惩戒性，而非处罚类行政行为更多强调复原当事人对于社会秩序的侵害，没有增加新的负担。B选项不符合药品安全标准本就不具备在市场中销售的资格，行政机关责令其召回，并未给其增加新的负担，所以属于行政强制措施，不是行政处罚，B项当选。C项中责令停产停业是《行政处罚法》第9条明确规定的行政处罚类型，当事人本来具有正常的合法生产、经营资格，因为其违法行为，行政机关剥夺了其本具有的生产营业能力，因此具有惩戒性。故C项不当选。【特别提醒】对于责令改正、责令限期拆除的性质，不同观点间存在争议。责令改正，有属于行政强制措施和行政命令两种观点，命题人观点为行政强制措施；责令限期拆除，有属于行政处罚和行政命令两种观点，命题人观点为行政处罚。在客观题中本书均按照命题人观点作答，在主观题中两种观点均可，只要言之成理。

工商局针对企业和消费者之间的消费纠纷作出的是行政裁决，而不是工商局对丁企业的惩罚，因此不是行政处罚。故D项当选。

79．行政附带民事诉讼[AB]

[解析]《行政诉讼法解释》第137条规定："公民、法人或者其他组织请求一并审理行政诉讼法第61条规定的相关民事争议，应当在第一审开庭审理前提出；有正当理由的，也可以在法庭调查中提出。"故A项正确。

《行政诉讼法解释》第139条规定："有下列情形之一的，人民法院应当作出不予准许一并审理民事争议的决定，并告知当事人可以依法通过其他渠道主张权利：（一）法律规定应当由行政机关先行处理的；（二）违反民事诉讼法专属管辖规定或者协议管辖约定的；（三）约定仲裁或者已经提起民事诉讼的；（四）其他不宜一并审理民事争议的情形。对不予准许的决定可以申请复议一次。"故B项正确。

《行政诉讼法解释》第140条规定："人民法院在行政诉讼中一并审理相关民事争议的，民事争议应当单独立案，由同一审判组织审理。人民法院审理行政机关对民事争议所作裁决的案件，一并审理民事争议的，不另行立案。"根据该规定，法院审理民事争议，由同一审判组织审理，故D项错误。同时，本案属于行政裁决解决民事争议引发的行政诉讼案件，一并审理的民事争议不另行立案，故C项错误。

80．犯罪中止；犯罪未遂；共犯关系的脱离[AB]

[解析] 在共同犯罪过程中，有人中途退出成立犯罪中止的条件为脱离共犯关系，即消除自己的贡献，包括物理性、心理性的贡献。本题中，甲、乙作为共同正犯，在入户前乙提出要放弃作业，此时犯罪处

于预备阶段,尚未着手实行。因为乙此时尚未提供物理性贡献(如提供作案工具等),所以不存在消除物理性贡献的问题;乙告知甲自己想放弃,也就消除了心理性贡献(甲知道自己只能单干了),因此乙构成预备阶段的犯罪中止。故 B 项正确,D 项错误。【特别提醒】在犯罪预备阶段,乙成立犯罪中止,并不要求乙阻止甲的犯罪。如果进入实行阶段,乙要成立犯罪中止就需要阻止甲的犯罪。

甲独自入户后,发现这户人家很穷,心生可怜,便放弃抢劫,属于在实行阶段自动放弃犯罪,成立实行阶段的犯罪中止。故 A 项正确,C 项错误。

81．虚假诉讼罪;诈骗罪;民事枉法裁判罪[BC]

[解析] 根据《刑法》第 307 条之一的规定,虚假诉讼罪是指以捏造的事实提起民事诉讼,妨害司法秩序或者严重侵害他人合法权益的行为。根据司法解释,本罪的既遂标准有:第一,致使人民法院基于捏造的事实采取财产保全或者行为保全措施;第二,致使人民法院开庭审理,干扰正常司法活动。本题中,甲以捏造的证据提起民事诉讼,导致人民法院开庭审理,便妨害了司法秩序,此时甲即构成虚假诉讼罪既遂,而非在一审判决作出时既遂。同时,甲的行为构成诈骗罪,法官是受骗人,乙是受害人,属于三角诈骗。这种三角诈骗发生在诉讼领域,又称为诉讼诈骗。甲的诈骗罪的既遂标准是骗取到财物时,也非一审判决作出时。故 A 项错误,B 项正确。

根据《刑法》第 307 条之一的规定,构成虚假诉讼罪的同时,非法占有他人财产或者逃避合法债务,又构成诈骗罪的,属于想象竞合,择一重罪论处。故 C 项正确。

根据《刑法》第 399 条第 2 款的规定,民事枉法裁判罪,是指司法工作人员在民事审判活动中故意违背事实和法律作枉法裁判,情节严重的行为。该罪是故意犯罪。本题中,法官不是故意枉法裁判,而是受骗,因此不构成民事枉法裁判罪。故 D 项错误。

82．中国人民政治协商会议的性质、地位[ACD]

[解析] 我国《宪法》序言规定,社会主义的建设事业必须依靠工人、农民和知识分子,团结一切可以团结的力量。在长期的革命、建设、改革过程中,已经结成由中国共产党领导的,有各民主党派和各人民团体参加的,包括全体社会主义劳动者、社会主义事业的建设者、拥护社会主义的爱国者、拥护祖国统一和致力于中华民族伟大复兴的爱国者的广泛的爱国统一战线,这个统一战线将继续巩固和发展。中国人民政治协商会议是有广泛代表性的统一战线组织,过去发挥了重要的历史作用,今后在国家政治生活、社会生活和对外友好活动中,在进行社会主义现代化建设、维护国家的统一和团结的斗争中,将进一步发挥它的重要作用。中国共产党领导的多党合作和政治

协商制度将长期存在和发展。故 A、C、D 项均正确。

中国人民政治协商会议是政治性人民团体,不属于国家机关。故 B 项错误。

83．公诉案件中的被害人的诉讼权利[BD]

[解析] 作为当事人之一的被害人,也享有当事人一样的权利(如申请回避权)。但是公诉案件中的被害人无权撤回起诉,因为公诉案件只有检察院才享有撤回起诉的权利。故 A 项错误。

被害人自刑事案件移送审查起诉之日起,有权委托诉讼代理人。如有证据证明公安机关、人民检察院对于侵犯其人身权利、财产权利的行为应当追究刑事责任而不予追究的,有权直接向人民法院起诉。故 B 项正确。

对侵犯其合法权利的犯罪嫌疑人、被告人,被害人有权向公安机关、人民检察院或者人民法院报案或者控告,要求公安司法机关依法追究、惩罚犯罪,保护其合法权利。控告人对公安机关不立案的决定不服的,可以申请复议。但是,公诉案件被害人不服地方各级人民法院的第一审判决的,有权请求人民检察院抗诉,无权提起上诉。故 C 项错误。

公诉案件被害人不服地方各级人民法院的第一审判决的,有权请求人民检察院抗诉。被害人的申诉包括三种情况:(1)对公安机关不立案的申诉;(2)对检察机关不起诉决定的申诉;(3)对生效裁判的申诉。故 D 项正确。

84．规章审查[AC]

[解析]《规章制定程序条例》第 35 条规定:"国家机关、社会团体、企业事业组织、公民认为规章同法律、行政法规相抵触的,可以向国务院书面提出审查的建议,由国务院法制机构研究并提出处理意见,按照规定程序处理。国家机关、社会团体、企业事业组织、公民认为设区的市、自治州的人民政府规章同法律、行政法规相抵触或者违反其他上位法的规定的,也可以向本省、自治区人民政府书面提出审查的建议,由省、自治区人民政府法制机构研究并提出处理意见,按照规定程序处理。"甲省政府所在地的市属于设区的市,该企业可以向国务院和甲省政府提出书面审查建议。故 A、C 项正确,B、D 项错误。

85．行政协议诉讼[AB]

[解析]《行政协议案件规定》第 25 条规定:"公民、法人或者其他组织对行政机关不依法履行、未按照约定履行行政协议提起诉讼的,诉讼时效参照民事法律规范确定;对行政机关变更、解除行政协议等行政行为提起诉讼的,起诉期限依照行政诉讼法及其司法解释确定。"本题中,县政府不履行行政协议,诉讼时效应参照民事法律规范确定。故 A 项正确。

《行政协议案件规定》第 27 条第 2 款规定:"人民法院审理行政协议案件,可以参照适用民事法律规

范关于民事合同的相关规定。"故 B 项正确。

《行政协议案件规定》第 10 条第 3 款规定:"对行政协议是否履行发生争议的,由负有履行义务的当事人承担举证责任。"本题属于行政协议履行争议,应当由负有履行义务的县政府承担举证责任。故 C 项错误。

行政协议案件适用违约金制度。根据《行政协议案件规定》第 19 条第 2 款规定:"原告要求按照约定的违约金条款或者定金条款予以赔偿的,人民法院应予支持。"故 D 项错误。

三、不定项选择题

86. 全国人大代表的权利;全国人大的职权;全国人大的会议制度和工作程序[BD]

[解析]《宪法》第 75 条规定:"全国人民代表大会代表在全国人民代表大会各种会议上的发言和表决,不受法律追究。"全国人大代表的言论免责权只是相对权利。故 A 项错误。

全国人大代表享有参与人事任免权。《宪法》第 62 条第 5 项规定,全国人民代表大会根据中华人民共和国主席的提名,决定国务院总理的人选;根据国务院总理的提名,决定国务院副总理、国务委员、各部部长、各委员会主任、审计长、秘书长的人选。故 B 项正确。

《全国人民代表大会和地方各级人民代表大会代表法》第 39 条规定,县级以上的各级人大代表,如果因为是现行犯被拘留,执行拘留的机关应当立即向该级人民代表大会主席团或者人民代表大会常务委员会报告。如果某代表"是现行犯被拘留",显然就不是事先经许可的问题,而是事后报告的问题。故 C 项错误。

《宪法》第 61 条第 1 款规定:"全国人民代表大会会议每年举行一次,由全国人民代表大会常务委员会召集。如果全国人民代表大会常务委员会认为必要,或者有五分之一以上的全国人民代表大会代表提议,可以临时召集全国人民代表大会会议。"故 D 项正确。

87. 受贿相关犯罪[ABCD]

[解析] 受贿罪的法益是职务行为的不可收买性或者公众对职务行为不可收买性的信赖。因此,即使行贿者给予国家工作人员以违禁品,只要国家工作人员收受并承诺为其谋利益,就成立受贿罪。此外,国家工作人员先为他人谋取利益,然后收受职务行为的报酬,也表明职务行为的交易,同样成立受贿罪(事后受贿)。故 A 项正确。

国家工作人员乙的父亲为了替请托人谋取不正当利益,利用乙的职务形成的影响和便利,收受请托人财物,成立利用影响力受贿罪。当然,如果乙与其父勾结,为其亲戚谋利,收受其财物的,则成立受贿罪

的共犯。故 B 项正确。

离职的国家工作人员王某为了替请托人谋取不正当利益,利用自己先前国家工作人员身份、地位的影响,找现任厂长为其办事,其行为成立利用影响力受贿罪,不成立受贿罪。故 C 项正确。

单位受贿罪是指国家机关、国有公司、企业、事业单位、人民团体索取、非法收受他人财物,为他人谋取利益,情节严重的行为。作为单位负责人,法院院长为了法院的利益,向赵某索取贿赂的,属于单位犯罪,成立单位受贿罪。故 D 项正确。

88. 行政诉讼中被告改变被诉具体行政行为的情形[ACD]

[解析]《行政诉讼撤诉规定》第 3 条规定:"有下列情形之一的,属于行政诉讼法第 51 条(现为第 62 条)规定的'被告改变其所作的具体行政行为':(一)改变被诉具体行政行为所认定的主要事实和证据;(二)改变被诉具体行政行为所适用的规范依据且对定性产生影响;(三)撤销、部分撤销或者变更被诉具体行政行为处理结果。"可知,A 项中被诉公安局把拘留 3 日的处罚决定改为罚款 500 元,属于变更被诉具体行政行为的处理结果,符合上述第 3 项规定。故 A 项正确。B 项中被诉土地局更正被诉处罚决定中不影响决定性质和内容的文字错误,不构成被诉具体行政行为的实质改变。故 B 项错误。

《行政诉讼撤诉规定》第 4 条规定:"有下列情形之一的,可以视为'被告改变其所作的具体行政行为':(一)根据原告的请求依法履行法定职责;(二)采取相应的补救、补偿等措施;(三)在行政裁决案件中,书面认可原告与第三人达成的和解。"C 项中被诉工商局未在法定期限答复原告的请求,在二审期间作出书面答复符合第 1 项规定,D 项中县政府针对甲乙两村土地使用权争议作出的处理决定被诉后,甲乙两村达成和解,县政府书面予以认可符合第 3 项规定,C、D 两项属于被告改变其所作的具体行政行为的情形。故 C、D 项正确。

89. 法的作用的含义及辨析[A]

[解析] 法的作用分为指引作用、评价作用、预测作用、强制作用和教育作用。本题主要涉及前四个作用。

法的指引作用的对象是本人的行为。法的指引作用是指法律作为一种行为规范,能够为人们提供某种行为模式,指引人们可以这样行为、必须这样行为或不得这样行为,使人们知晓哪些行为是可以做的,哪些行为不可以做。题目中高经理知悉了酒驾入刑的法律规定,决定不再酒驾,准备将车推回去。这里体现了法的指引作用。故 A 项正确。

法的评价作用的对象是其他人的行为。法的评

价作用是指法律对人们的行为是否合法或违法及其程度，具有判断、衡量的作用，也就是说，法的评价作用涉及的是法的律他作用，即对他人的行为的评价。高经理和公司员工拒绝"酒驾"并没有对他人的行为作出评价。故 B 项错误。

法的预测作用的对象是相互有关联的人们之间的行为。人们可以根据法律规范的规定事先估计到当事人双方将如何行为及行为的法律后果。注意预测作用的"预测"：第一，预测对象必须是和自己有关联的行为；第二，预测本身不是目的，"预测"了对方的行为，关键在于以对方的行为为基础安排好自己的行为。本题中，高经理和公司员工拒绝"酒驾"是基于法律的指引而作出的行为，而不是对自己或他人应如何行为及行为的后果的预测，因此没有体现出法的预测作用。故 C 项错误。

强制作用，即法可以通过制裁违法犯罪行为来强制人们遵守法律，对象是违法者的行为。本题中，高经理和公司员工拒绝"酒驾"，没有违法犯罪行为，也就没有体现出法的强制作用。故 D 项错误。

90．法律解释；法律推理；司法解释；行政解释；类比推理；演绎推理［ABC］

［解析］司法解释，是指最高司法机关（最高法、最高检）对法律的具体应用问题所作的解释。交警部门不是司法机关，所作的解释不是司法解释。故 A 项错误，当选。

行政解释，是由国务院及其主管部门对于不属于审判和检察工作中的其他法律的具体应用问题以及自己依法制定的法规进行的解释。交警部门不属于行政解释的主体。故 B 项错误，当选。

类比推理是从个别到个别的推论，是根据两个或两类事物在某些属性上的相似性，从而推导出它们在另一个或另一些属性上也是相似的。题中交警部门作出解释并非基于两类事物的对比，没有类比参照物。故 C 项错误，当选。

演绎推理，是从大前提和小前提中必然地推导出结论或结论必然地蕴含在前提之中的推理，即从一般到个别的推论，其经典方法是三段论。交警部门对推车前行不属于"酒驾"的解释是否属于演绎推理，我们来看一看是否可以通过三段论的方式予以推理。本题中，"酒后驾驶机动车辆"是大前提，"机动车未发动，只操纵方向盘，由人力或其他车辆牵引不是驾驶机动车的行为"是小前提，故"推车前行不属于'酒驾'"是推导出来的结论。符合演绎推理的规则。故 D 项正确，不当选。

91．法的正式渊源；规范性法律文件的含义；法律规则的性质［ABCD］

［解析］民商法规则属于法律规范，具有法律效力，必须由有关的国家机关依照法定程序制定。《酒后代驾服务规则》由高经理个人起草，故不属于民商法规则。故 A 项错误，当选。

立法议案是由具有法定提案权的国家机关、会议常设或临时设立的机构和组织，以及一定数量的个人，向权力机构提出的关于制定、修改、废止某项法律的正式提案。提出立法议案的主体必须是有权国家机关、组织或一定数量的人员，如全国人大常委会、国务院、全国人大代表团、一定数量的全国人大代表等，普通公民是没有立法提案权的。《酒后代驾服务规则》是由高经理个人起草的，其作为普通公民是没有权利向国家立法机关提出立法议案的。故 B 项错误，当选。

法的正式渊源，是指具有明文规定的法的效力并且直接作为法律人的法律决定的大前提的规范来源的那些资料，如宪法、法律、法规等，主要为制定法，即不同国家机关根据具体职权和程序制定的各种规范性文件。当代中国法的正式渊源主要为以宪法为核心的各种制定法。《酒后代驾服务规则》不属于制定法，因而不是法的正式渊源，甚至不属于法的非正式渊源。故 C 项错误，当选。

规范性法律文件是以规范化的成文形式表现出来的各种法的形式的总称，是有权制定法律规范的国家机关（国家权力机关、国家行政机关、国家司法机关）制定、发布的，具有普遍约束力的法律文件。它是法律规范的表现形式。规范性法律文件具有对象的不特定性，可以反复适用、多次适用。据此，《酒后代驾服务规则》显然不属于规范性法律文件。故 D 项错误，当选。

92．我国宪法的修改程序［BC］

［解析］宪法规范与社会生活之间冲突时宪法修改是一种解决方式，但不是唯一方式，宪法解释也是解决方式之一。故 A 项错误。

宪法修改由全国人大常委会或者 1/5 以上的全国人大代表提议，并由全国人大以全体代表的 2/3 以上的多数通过。故 B 项正确。

在我国，现行宪法并没有明确规定宪法修正案的公布机关，但实践中已形成惯例，均由全国人大公告公布施行，具体公布组织机构是全国人大主席团。故 C 项正确。

1988 年《宪法修正案》第 2 条规定，宪法第 10 条第 4 款"任何组织或者个人不得侵占、买卖、出租或者以其他形式非法转让土地。"修改为："任何组织或个人不得侵占、买卖或者以其他形式非法转让土地。土地的使用权可以依照法律的规定转让。"并未规定"依照法规的规定转让。"D 项错误。

93．领海的无害通过权；紧追权的行使条件［BC］

［解析］依据国际习惯法规则，外国船舶在领海内享有无害通过权，即外国船舶在不损害沿海国和平

安宁和正常秩序的条件下,拥有无须事先通知或征得沿海国许可而连续不断地通过其领海的航行权利。"乐安"号可不经批准穿行丁国领海,但其间不能进行停泊转运货物,否则超越了无害通过权的范围。故A项错误。

《联合国海洋法公约》规定沿海国可在毗连区行使下列管制:(1)防止在其领土或领海内违反其海关、财政、移民或卫生法律和规章;(2)惩治在其领土或领海内违反上述法律和规章的行为。因此,"乐安"号在丁国毗连区走私货物,丁国海上执法船可行使紧追权,丁国海上执法机关也可出动飞机行使紧追权。故B、C项正确。

实施紧追权时,当被追逐的船舶进入其本国或第三国领海时,紧追才应终止。因此,丁国海上执法机关对"乐安"号的紧追权在其进入公海时立即终止这一说法错误。故D项错误。

94. 徇私枉法罪;滥用职权罪;帮助毁灭证据罪;想象竞合犯[AD]

[解析] 滥用职权罪是指国家机关工作人员不法行使职务上的权限,致使公共财产、国家和人民利益遭受重大损失的行为。甲和乙的行为均构成滥用职权罪,均为滥用职权罪的实行犯。徇私枉法罪是指司法工作人员徇私枉法、徇情枉法,对明知是无罪的人而使他受追诉,对明知是有罪的人而故意包庇不使他受追诉,或者在刑事审判活动中故意违背事实和法律作枉法裁判的行为。甲是副县长,不具有司法工作人员身份,故不能构成徇私枉法罪的间接正犯,应成立徇私枉法罪的教唆犯。甲只实施了一个行为,该行为同时触犯滥用职权罪与徇私枉法罪,属于想象竞合犯,应当从一重罪论处,不应数罪并罚。乙的行为除构成滥用职权罪外,同时还满足了帮助毁灭证据罪、徇私枉法罪的构成要件,属于一行为触犯数罪名的想象竞合犯,应当从一重罪即徇私枉法罪论处。故A、D项正确,B、C项错误。

95. 证据的种类[BD]

[解析] 物证是指证明案件真实情况的一切物品和痕迹。物证是以其外部特征、物质属性、存在状况等来发挥证明作用的。书证是指以记载的内容和反映的思想来证明案件真实情况的书面材料或其他物质材料。书证的表现形式和制作方法多种多样,不限于"书写的文字材料",凡是以记载的内容和表达的思想来证明案件事实的一切物品,都属于书证。

A项中的失窃药材清单,属于勘验、检查、辨认、侦查实验等笔录中的笔录类证据,而不是书证。故A项错误。B项和C项均是以记载的内容和反映的思想来证明案件真实情况的书面材料,属于书证,故B项正确、C项错误。D项,对某些难以移动或易于消失的物品、痕迹,进行复制的模型或拍摄的照片,是对

物证的固定和保全。法官在认定时,作为物证发挥作用的不是这些照片和模型本身,而是被拍摄的照片、复制的模型所反映的原物和痕迹。因此,因部分失窃药材不宜保存而在法庭上出示的药材照片应当属于物证。D项正确。【特别提醒】侦查机关在勘查现场时所制作的图表、拍摄的照片属于勘验、检查笔录。本案中,侦查机关若是在侦查过程中提取到失窃药材,当场拍照并注明种类、尺寸、重量等信息,附于案卷中,也可以属于勘验笔录。但公诉人向法庭举证时,为了证明盗窃的药材而专门出示的药材照片,属于物证。因此,本案中该药材的照片若是侦查机关在勘查现场时所拍摄,既可以是物证,也可以是勘验笔录。

96. 单位被害人;讯问被告人;简易程序;附带民事诉讼赔偿范围[AB]

[解析] 单位被害人参与刑事诉讼时,应由其法定代表人作为代表参加刑事诉讼。法定代表人也可以委托诉讼代理人参加刑事诉讼。本题中,丙是被害单位药材公司的法定代表人,因此其可以委托诉讼代理人。故A项正确。

《刑诉解释》第242条规定:"在审判长主持下,公诉人可以就起诉书指控的犯罪事实讯问被告人。经审判长准许,被害人及其法定代理人、诉讼代理人可以就公诉人讯问的犯罪事实补充发问;附带民事诉讼原告人及其法定代理人、诉讼代理人可以就附带民事部分的事实向被告人发问;被告人的法定代理人、辩护人,附带民事诉讼被告人及其法定代理人、诉讼代理人可以在控诉方、附带民事诉讼原告方就某一问题讯问、发问完毕后向被告人发问……"由此可知,丙作为被害单位药材公司的法定代表人,可在公诉人讯问甲和乙后,就犯罪事实向甲、乙发问。故B项正确。

《刑诉解释》第176条规定:"被告人非法占有、处置被害人财产的,应当依法予以追缴或者责令退赔。被害人提起附带民事诉讼的,人民法院不予受理。追缴、退赔的情况,可以作为量刑情节考虑。"本案属于被告人非法占有被害人财产的犯罪,被害人不可以提起附带民事诉讼。故C项错误。

《刑事诉讼法》第214条规定:"基层人民法院管辖的案件,符合下列条件的,可以适用简易程序审判:(一)案件事实清楚、证据充分的;(二)被告人承认自己所犯罪行,对指控的犯罪事实没有异议的;(三)被告人对适用简易程序没有异议的。人民检察院在提起公诉的时候,可以建议人民法院适用简易程序。"由此可见,适用简易程序无须得到被害人同意。同时《刑诉解释》第368条第1款规定:"适用简易程序审理案件,在法庭审理过程中,具有下列情形之一的,应当转为普通程序审理:(一)被告人的行为可能不构

成犯罪的;(二)被告人可能不负刑事责任的;(三)被告人当庭对起诉指控的犯罪事实予以否认的;(四)案件事实不清、证据不足的;(五)不应当或者不宜适用简易程序的其他情形。"D项不属于简易程序转为普通程序的情形。故D项错误。

97.二审的审理程序;上诉不加刑原则[D]

[解析]《刑诉解释》第396条规定,开庭审理第二审公诉案件,应当在决定开庭审理后及时通知人民检察院查阅案卷。自通知后的第2日起,人民检察院查阅案卷的时间不计入审理期限。由此可知,"决定开庭审理"的第二审公诉案件,才应当通知同级检察院查阅案卷;此外,即便要通知同级检察院阅卷,二审法院也是在"决定开庭审理后"通知,而非在"受理案件后"通知。故A项错误。

《刑诉解释》第388条规定,第二审人民法院审理上诉、抗诉案件,应当就第一审判决、裁定认定的事实和适用法律进行全面审查,不受上诉、抗诉范围的限制。可知,二审法院既要审查上诉或者抗诉的部分,又要审查没有上诉或者抗诉的部分。但是二审法院只能全面审查,不能全面认定,根据"二审终审原则",二审期间不能认定一审法院未予认定的事实,如果认定就侵犯了对方的上诉权。另外,从上诉不加刑原则来看,如果二审法院认定了一审法院未予认定的盗窃事实,将会对被告人不利,会违背上诉不加刑原则。因此,对于一审法院未予认定的1起盗窃事实,二审法院"可审理",但"不可认定"。故B项错误。

《刑诉解释》第401条第1款第7项规定:"原判判处的刑罚不当、应当适用附加刑而没有适用的,不得直接加重刑罚、适用附加刑。原判判处的刑罚畸轻,必须依法改判的,应当在第二审判决、裁定生效后,依照审判监督程序重新审判。"必须依法改判的,应当在第二审判决、裁定生效后,依照审判监督程序重新审判。可知,本题中C项属于直接加重刑罚、适用附加刑,违背"上诉不加刑"原则。故C项错误。

《刑诉解释》第392条第1款规定:"第二审期间,被告人除自行辩护外,还可以继续委托第一审辩护人或者另行委托辩护人辩护。"由此可知,二审期间,甲可另行委托辩护人为其辩护。故D项正确。

98.行政诉讼二审判决[AD]

[解析]《行政诉讼法解释》第109条第3款规定:"原审判决遗漏了必须参加诉讼的当事人或者诉讼请求的,第二审人民法院应当裁定撤销原审判决,发回重审。"同时,该条第2款规定:"第二审人民法院裁定发回原审人民法院重新审理的行政案件,原审人民法院应当另行组成合议庭进行审理。"因此,A、D两项正确,B、C两项错误。

99.法与社会的关系[ABCD]

[解析]社会是法的基础,法律的性质与功能决定于社会,法律变迁与社会发展的进程基本一致,随着社会的发展而变化。故A项正确。

科技发展对一些传统法律领域提出了新问题,要求各个法律部门的发展要不断深化,另外,法促进和保障科技的发展。总之,科学技术的发展拓宽了法律的调整范围,但是,法律也可以鼓励科学技术的发展。故B项正确。

当代中国正式的法的渊源主要是以宪法为核心的各种制定法,包括宪法、法律、行政法规、地方性法规、经济特区的规范性文件、特别行政区的法律法规、规章、国际条约、国际惯例等。故C项正确。

合理的法律决定兼顾可预测性与可接受性,但是,二者之间存在紧张关系。本题所涉及的案例中,虽然依照《巴黎公约》对该域名侵权进行了裁判,实现了法律决定的实质正义,但由于网络域名的注册和使用均超出了中国《商标法》的调整范围,使得当事人对法律决定的可预测性程度降低,这就体现了法律决定的可预测性与可接受性之间存在着一定的紧张关系。故D项正确。

100.诈骗罪的处分意识[AC]

[解析]处分意识,是指行为人意识到自己将自己占有的财物转移给他人占有。判断是否具有处分意识,关键在于行为人是否意识到财物的现实存在。盗窃罪缺少诈骗罪中的"基于认识错误而处分财物",二者的关键区分点也在于被害人是否基于认识错误处分财物。

A项,王某在处分20万元借款时,意识到自己将20万元处分给甲,因此存在处分意识,甲构成诈骗罪。A项当选。

B项,服务员只是同意乙去送朋友,并非同意乙不付餐费,其既没有处分餐费的行为,也没有处分餐费的意识,因此乙的逃单行为不属于诈骗,而属于盗窃财产性利益。B项不当选。

C项,查表员以丙修改后的度数为标准收取了电费,是基于错误的认识对电费(债权)作出了处分行为,因此丙构成诈骗罪。C项当选。

D项,收银员以一箱饮料的价格收费,表明其没有意识到高档白酒的存在,没有处分高档白酒的意识。因此,丁对高档白酒构成盗窃罪,而非诈骗罪。D项不当选。【总结提示】对种类有认识错误的,定盗窃罪:被害人误以为是A种类财物,实际是B种类财物,表明没有意识到B种类财物的现实存在,没有处分B种类财物的意识,因此对B种类财物,犯罪人构成盗窃罪。

试 卷 二

解 析

一、单项选择题

1. 收养的解除;不当得利[D]

[解析]《民法典》第1114条第1款规定:"收养人在被收养人成年以前,不得解除收养关系,但是收养人、送养人双方协议解除的除外。养子女八周岁以上的,应当征得本人同意。"现送养人张某与收养人李某协议解除收养关系,被收养人小张未满8周岁,协议解除收养无须征得小张同意,因此可以解除收养。故A项错误。

《民法典》第464条第2款规定:"婚姻、收养、监护等有关身份关系的协议,适用有关该身份关系的法律规定;没有规定的,可以根据其性质参照适用本编规定。"据此,收养关系属于身份关系,不适用合同编的规定,不存在违约责任。故B项错误。

《民法典》第1105条第1款规定:"收养应当向县级以上人民政府民政部门登记。收养关系自登记之日起成立。"第1111条规定:"自收养关系成立之日起,养父母与养子女间的权利义务关系,适用本法关于父母子女关系的规定;养子女与养父母的近亲属间的权利义务关系,适用本法关于子女与父母的近亲属关系的规定。养子女与生父母以及其他近亲属间的权利义务关系,因收养关系的成立而消除。"因此,在收养关系存续期间,李某是被收养人小张的法定监护人,因此对于小张侵权的责任应当由李某承担。根据《民法典》第1188条的规定,被监护人小张致人损害构成侵权的,由监护人李某承担无过错的替代责任。故C项错误。

收养协议被解除后,李某依据该收养协议收取的10万元即构成不当得利,扣除用于扶养小张的部分,应返还给张某。故D项正确。

2. 诉讼时效的中断[B]

[解析]《诉讼时效规定》第9条规定:"权利人对同一债权中的部分债权主张权利,诉讼时效中断的效力及于剩余债权,但权利人明确表示放弃剩余债权的情形除外。"乙未放弃2万元的债权,则乙的行为导致甲公司10万元债权诉讼时效中断。故A项错误。

《诉讼时效规定》第15条规定:"对于连带债权人中的一人发生诉讼时效中断效力的事由,应当认定对其他连带债权人也发生诉讼时效中断的效力。对于连带债务人中的一人发生诉讼时效中断效力的事由,应当认定对其他连带债务人也发生诉讼时效中断的效力。"丙要求连带债务人甲承担责任,这一事由导致甲和乙对丙负担的连带债务诉讼时效均中断。故B项正确。【特别提醒】该条仅适用于真正的连带债务(如因共同侵权产生的连带债务),对于不真正连带债务(如债务人与连带责任保证人的债务)不适用。

《诉讼时效规定》第16条规定:"债权人提起代位权诉讼的,应当认定对债权人的债权和债务人的债权均发生诉讼时效中断的效力。"甲对丙提起代位权诉讼,则甲的行为会导致丙公司对乙的债务诉讼时效中断。故C项错误。

《诉讼时效规定》第17条规定:"债权转让的,应当认定诉讼时效从债权转让通知到达债务人之日起中断。债务承担情形下,构成原债务人对债务承认的,应当认定诉讼时效从债务承担意思表示到达债权人之日起中断。"故D项错误。

3. 机动车道路交通事故侵权责任[C]

[解析]《民法典》第1210条规定:"当事人之间已经以买卖或者其他方式转让并交付机动车但是未办理登记,发生交通事故造成损害,属于该机动车一方责任的,由受让人承担赔偿责任。"根据该条,在机动车买卖、分期付款保留所有权买卖、试用买卖、赠与、融资租赁等合同中,交付机动车后,办理过户登记手续之前,若该机动车发生道路交通事故,且根据《道路交通安全法》第76条该机动车应当承担责任的,不论该机动车的所有权是否已经移转,均由已经受让机动车占有的一方(享有机动车运行利益的一方)承担侵权责任,另一方不承担侵权责任。本题中,周某与迅达公司签订汽车试用买卖合同,试用买卖合同的特点是买卖合同虽已成立,但属于附条件的买卖,在买受人认可之前,买卖合同尚未生效。因此,虽然迅达公司已经向周某交付了汽车,但因周某尚未认可,买卖合同尚未生效,故周某尚未取得汽车所有权,汽车的所有权仍归迅达公司。尽管如此,因周某已经现实占有汽车,对汽车享有运行利益,应由周某承担侵权责任。故C项正确,A、B、D项错误。

4. 滥用市场支配地位[A]

[解析]认定经营者具有市场支配地位要考虑

该经营者在相关市场的市场份额，以及相关市场的竞争状况，因此反垄断机构执法时应界定该公司所涉相关市场。故 A 项正确。

根据《反垄断法》第 24 条第 3 款："被推定具有市场支配地位的经营者，有证据证明不具有市场支配地位的，不应当认定其具有市场支配地位。"该公司可以举证证明自己没有市场支配地位。故 B 项错误。

本题涉及两个法律关系：(1)该公司和其上游气源企业之间的关系；(2)该公司和消费者(客户)之间的关系，这两个法律关系并无关联性。故 C 项错误。

"不缴纳预付气费款，不予供气"属于《反垄断法》第 22 条第 1 款第 5 项"没有正当理由搭售商品，或者在交易时附加其他不合理的交易条件"的情形，是依法被禁止的滥用市场支配地位的行为。故 D 项错误。

5．自然人行为能力的法律适用；动产物权的法律适用[C]

[解析]《涉外民事关系法律适用法》第 12 条第 1 款规定："自然人的民事行为能力，适用经常居所地法律。"托马斯经常居所地在中国天津，其诉讼行为能力应适用中国法，故 A 项错误。

《涉外民事关系法律适用法》第 37 条规定："当事人可以协议选择动产物权适用的法律。当事人没有选择的，适用法律事实发生时动产所在地法律。"该条款没有对当事人意思自治的范围进行限制，当事人可以协议选择任意国家的法律，故 B 项错误。对于本案画作的物权纠纷，当事双方没有达成法律选择的意思自治，应当适用李伟购得该画作的所在地(物权变动地)韩国法，故 C 项正确，D 项错误。

6．外国法院判决的承认与执行[C]

[解析]《民事诉讼法》第 298 条规定："外国法院作出的发生法律效力的判决、裁定，需要人民法院承认和执行的，可以由当事人直接向有管辖权的中级人民法院申请承认和执行，也可以由外国法院依照该国与中华人民共和国缔结或者参加的国际条约的规定，或者按照互惠原则，请求人民法院承认和执行。"故 A 项正确。申请承认与执行的判决应是外国法院作出的发生法律效力的判决。故 B 项正确。外国法院的判决、裁定申请中国法院承认和执行的，可以由当事人申请，也可以由外国法院请求执行。故 C 项错误。

《民事诉讼法》第 300 条规定："对申请或者请求承认和执行的外国法院作出的发生法律效力的判决、裁定，人民法院经审查，有下列情形之一的，裁定不予承认和执行：……(五)违反中华人民共和国法律的基本原则或者损害国家主权、安全、社会公共利益的。"故 D 项正确。

7．世界贸易组织法律制度[B]

[解析]《中国加入世贸组织协定书》规定：中国承诺逐步放开贸易经营权，在中国正式加入世界贸易组织后 3 年内，除国家专营商品外，所有中国企业都有权进行货物进出口。可见，外贸经营权的开放不包括国家专营商品。故 A 项错误。

对中国产品的出口，进口成员在据反倾销规范比较价格时，可以采取两种方法中的任何一种：使用中国受调查产业的价格或成本；使用替代国价格或成本。上述选择方法的规定在《中国加入世贸组织协定书》生效后 15 年后终止。故 B 项正确。

非专向补贴不受世贸组织多边贸易体制的约束。但如果中国政府提供的补贴的主要接受者是中国国有企业，或者接受了补贴中不成比例的大量数额，该补贴视为专向补贴。故 C 项错误。

《中国加入世贸组织协定书》中，特别规定了针对中国产品的特定产品的过渡性保障机制。这一机制，专对中国产品实施，实施条件低于保障措施的要求。故 D 项错误。

8．环境影响评价文件的审批部门[D]

[解析]《环境影响评价法》第 23 条第 3 款规定："建设项目可能造成跨行政区域的不良环境影响，有关生态环境主管部门对该项目的环境影响评价结论有争议的，其环境影响评价文件由共同的上一级生态环境主管部门审批。"在本题中，A 市和 B 市处于同一河流的上下游，使得农药厂可能存在跨区域的环境影响问题，而 B 市生态环境主管部门对 A 市建农药厂的环境影响评价结论有异议，则该项目环境影响评价文件应当由 A 市、B 市共同的上一级生态环境主管部门审批，即由省生态环境主管部门审批。故本题的正确答案为 D 项。

9．贷款法律制度[C]

[解析]《商业银行法》第 46 条规定："同业拆借，应当遵守中国人民银行的规定。禁止利用拆入资金发放固定资产贷款或者用于投资。拆出资金限于交足存款准备金、留足备付金和归还中国人民银行到期贷款之后的闲置资金。拆入资金用于弥补票据结算、联行汇差头寸的不足和解决临时性周转资金的需要。"本题中 C 项发放有担保的短期固定资产贷款是违法的，故当选。

10．附义务的赠与；动产所有权的转移[D]

[解析] 甲、乙之间的赠与合同属于附义务的赠与合同，而非附条件的赠与合同(附生效条件或解除条件)。如果是附条件的赠与合同，在附生效条件时，合同成立，但暂时不生效；在附解除条件时，合同成立即生效，条件成就时则合同解除。如果是附义务的赠与合同，合同自成立时生效，如果受赠人违反了义务的，赠与人可以撤销赠与。从本题提供的信息看，该赠与合同中，要求受赠人乙不得将图书转让给第三人，旨在给受赠人设定义务，而不是为合同的效

力设定未来不确定的条件,因此属于附义务的赠与。《民法典》第661条规定:"赠与可以附义务。赠与附义务的,受赠人应当按照约定履行义务。"第663条规定:"受赠人有下列情形之一的,赠与人可以撤销赠与:……(三)不履行赠与合同约定的义务。……"据此,如果受赠人乙违背义务将图书转让给第三人,则赠与人甲的目的不能实现,此时,赠与人甲有权行使法定撤销权撤销赠与。法定撤销权一旦行使,已经履行的应当返还,即甲有权收回藏书。综上分析,该赠与合同自签订之日起生效,标的物自交付时起转移所有权,乙取得了藏书的所有权。故A、B、C项错误,D项正确。

11.抵押权的顺位;抵押物的处分[C]

[解析]《民法典》第406条规定:"抵押期间,抵押人可以转让抵押财产。当事人另有约定的,按照其约定。抵押财产转让的,抵押权不受影响。抵押人转让抵押财产的,应当及时通知抵押权人。抵押权人能够证明抵押财产转让可能损害抵押权的,可以请求抵押人将转让所得的价款向抵押权人提前清偿债务或者提存。转让的价款超过债权数额的部分归抵押人所有,不足部分由债务人清偿。"据此,设定抵押期间,抵押人可以转让抵押财产,但不影响抵押权的实现。因此,本题中,设定抵押后,转让抵押财产,是有权处分,订立合同为当事人的真实意思,故合同有效,且在无当事人约定不能转让时,不影响物权变动。故D项错误。

同一财产上设立两个以上抵押权且均办理了登记的,按照登记的先后顺序优先受偿。如果只有一个抵押权人,当抵押权人变为抵押财产的所有人时,根据混同的原理,此时,抵押权消灭,但是,当有两个以上的抵押权人时,顺位在前的抵押权人成为抵押财产的所有人的,抵押权不消灭,因为要保留顺位在前的抵押权人的抵押权对抗顺位在后的抵押权。本题中,顺位在前的抵押权人乙变成了抵押财产的所有人,故乙的抵押权不消灭,丙的抵押权顺位在后,也不会消灭。故A、B项错误,C项正确。

12.按份共同抵押;动产担保物权的竞合[C]

[解析] 当债务人提供的物保与第三人的物保并存时,如果没有约定责任的承担方式,应当先执行债务人自己的物保。本题中,债务人丙公司将自有房产抵押给银行,因此应当先拍卖丙公司房产实现抵押权。但是,由于两个抵押合同约定了担保数额(丙公司的房产担保其中的60万元,甲公司的机器设备担保其中的40万元),属于按份共同物保,因此,若丙公司届期不能清偿银行贷款,银行主张全部债权,应基于上述6:4的比例行权(有约从约),无论单独选择其中哪一个均实现不了全部债权。故A、B项错误。

甲公司的机器设备上同时并存三个担保物权,即乙公司的质权、银行的(未登记)抵押权、丁公司的(已登记)抵押权,构成动产担保物权的竞合。根据《民法典》第414条规定的抵押权顺位规则,丁公司的登记动产抵押权优先于银行的未登记动产抵押权。同时,《民法典》第415条规定:"同一财产既设立抵押权又设立质权的,拍卖、变卖该财产所得的价款按照登记、交付的时间先后确定清偿顺序。"据此,同一动产上并存抵押权与质权时,无论成立的先后,公示在先的动产物权优先于公示在后的动产物权(动产质权以交付为公示手段;动产抵押权以登记为公示手段)。因此,乙公司的质权优先于丁公司的登记动产抵押权。故C项正确,D项错误。

13.再审终结审查[D]

[解析] 根据《民诉解释》第400条第1款规定,再审申请审查期间,有下列情形之一的,裁定终结审查:(1)再审申请人死亡或者终止,无权利义务承继者或者权利义务承继者声明放弃再审申请的;(2)在给付之诉中,负有给付义务的被申请人死亡或者终止,无可供执行的财产,也没有应当承担义务的人的;(3)当事人达成和解协议且已履行完毕的,但当事人在和解协议中声明不放弃申请再审权利的除外;(4)他人未经授权以当事人名义申请再审的;(5)原审或者上一级人民法院已经裁定再审的;(6)有本解释第381条第1款规定情形的。本题中,判决生效后,在执行中甲、乙公司达成和解协议并且已经履行完毕,即当事人已经通过和解的方式处分了权利,了结了原纠纷,符合上述(3)项规定,故对其再审申请法院应当终结审查。故A、B、C项错误,D项正确。

14.追加被执行人[D]

[解析]《最高人民法院关于民事执行中变更、追加当事人若干问题的规定》第14条规定:"作为被执行人的合伙企业,不能清偿生效法律文书确定的债务,申请执行人申请变更、追加普通合伙人为被执行人的,人民法院应予支持。作为被执行人的有限合伙企业,财产不足以清偿生效法律文书确定的债务,申请执行人申请变更、追加未按期足额缴纳出资的有限合伙人为被执行人,在未足额缴纳出资的范围内承担责任的,人民法院应予支持。"由此可知,"好安逸"饭店作为被执行人无力履行生效法律文书确定的义务的,法院可追加该合伙组织的合伙人为被执行人,即法院应当裁定追加合伙人甲、乙、丙为被执行人,执行其财产。故D项正确,A、B、C项错误。

15.决议瑕疵[D]

[解析]《公司法》第25条规定:"公司股东会、董事会的决议内容违反法律、行政法规的无效。"《公司法》第64条第1款规定:"召开股东会会议,应当于会议召开十五日前通知全体股东;但是,公司

章程另有规定或者全体股东另有约定的除外。"据此，召开股东会会议的通知时间属于公司自治范围，甲公司章程规定的提前7天以书面形式通知全体股东的内容并无违法违规之处，应属合法有效。故A项错误。

《公司法》第26条第1款规定："公司股东会、董事会的会议召集程序、表决方式违反法律、行政法规或者公司章程，或者决议内容违反公司章程的，股东自决议作出之日起六十日内，可以请求人民法院撤销。但是，股东会、董事会的会议召集程序或者表决方式仅有轻微瑕疵，对决议未产生实质影响的除外。"本题中，甲公司章程规定，股东会应提前7天以书面形式通知全体股东，而甲公司的股东会提前7天以电话形式通知了秦某，召集程序确实存在瑕疵。但是，并非存在任何瑕疵都会带来撤销的后果，对于轻微瑕疵没有实质影响的，可忽略不计，不认定为撤销的适用情形。本案中，秦某代表的表决权仅为7%，虽然应该书面通知，实际是口头通知的，但秦某参加了会议，也参与了表决，且其所代表的表决权也不足以对决议产生实质影响，故应认定为轻微瑕疵，秦某不可就此要求撤销此决议，故B项错误。

《公司法》第89条第1款规定："有下列情形之一的，对股东会该项决议投反对票的股东可以请求公司按照合理的价格收购其股权：(一)公司连续五年不向股东分配利润，而公司该五年连续盈利，并且符合本法规定的分配利润条件；(二)公司合并、分立、转让主要财产；(三)公司章程规定的营业期限届满或者章程规定的其他解散事由出现，股东会通过决议修改章程使公司存续。"据此，股东要求公司回购的情形严格限定在法定范围内，即只有股东会决议涉及"连续5年不分红、合并分立转财产、届满续命改章程"三种情形的，对此投反对票的股东才有权利提起回购请求。本案中虽然股东会决议涉及公司合并事宜，但秦某对此决议投了弃权票而非反对票，故不符合请求回购的主体资格，C项错误。

《公司法解释(四)》第3条规定："原告请求确认股东会或者股东大会、董事会决议不成立、无效或者撤销决议的案件，应当列公司为被告。对决议涉及的其他利害关系人，可以依法列为第三人。"据此，如果秦某提起决议瑕疵的诉讼，秦某为原告，公司为被告，其他股东与此有利害关系，应列为第三人，故D项正确。

16．转交送达；留置送达［C］

［解析］《民事诉讼法》第92条规定："受送达人是军人的，通过其所在部队团以上单位的政治机关转交。"《民事诉讼法》第93条规定："受送达人被监禁的，通过其所在监所转交。受送达人被采取强制性教育措施的，通过其所在强制性教育机构转交。"所以，

转交送达的对象只能是军人、被监禁的人和被采取强制性教育措施的人。故A、B、D项错误。

《民事诉讼法》第89条规定："受送达人或者他的同住成年家属拒绝接收诉讼文书的，送达人可以邀请有关基层组织或者所在单位的代表到场，说明情况，在送达回证上记明拒收事由和日期，由送达人、见证人签名或者盖章，把诉讼文书留在受送达人的住所；也可以把诉讼文书留在受送达人的住所，并采用拍照、录像等方式记录送达过程，即视为送达。"另外，《民诉解释》第133条规定："调解书应当直接送达当事人本人，不适用留置送达。当事人本人因故不能签收的，可由其指定的代收人签收。"据此，判决书能够留置送达。故C项正确。

17．集体土地的承包经营［C］

［解析］《土地管理法》第13条第1款规定："农民集体所有和国家所有依法由农民集体使用的耕地、林地、草地，以及其他依法用于农业的土地，采取农村集体经济组织内部的家庭承包方式承包，不宜采取家庭承包方式的荒山、荒沟、荒丘、荒滩等，可以采取招标、拍卖、公开协商等方式承包，从事种植业、林业、畜牧业、渔业生产。家庭承包的耕地的承包期为30年，草地的承包期为30年至50年，林地的承包期为30年至70年；耕地承包期届满后再延长30年，草地、林地承包期届满后依法相应延长。"故C项正确。

18．《出口管制法》；CFR贸易术语［B］

［解析］CFR术语的交货地点为装运港，卖方应将货物在装运港装上船从而完成交货，风险也在货物交到船上时发生转移。广州某仓库是货物运输前的存放地，并非交货地点，故A项错误。CFR术语中，卖方负责支付将货物运至指定的目的港的运费，而保险则由买方自行购买，买方可自行选择投保的险种，但购买保险不是买方的义务，买方也可不购买保险。故C项错误。

根据《出口管制法》第2条规定，两用物项属于管制物项，受到出口管制。《出口管制法》第12条第2款规定："出口管制清单所列管制物项或者临时管制物项，出口经营者应当向国家出口管制管理部门申请许可。"甲公司作为出口经营者，应为该批货物的出口申请许可。故B项正确。

《出口管制法》第16条第1款规定："管制物项的最终用户应当承诺，未经国家出口管制管理部门允许，不得擅自改变相关管制物项的最终用途或者向任何第三方转让。"故D项错误。

19．海外投资保险［D］

［解析］《多边投资担保机构公约》规定，多边投资担保机构主要承保四项政治风险：货币汇兑险、战争和内乱险、政府违约险、征收和类似措施险。

货币汇兑险承保由于东道国的责任而采取的任

何措施,使投资人无法自由将其投资所得、相关投资企业破产的清算收入及其他收益兑换成可自由使用的货币,或依东道国的法律,无法将相关收益汇出东道国的风险。乙国货币贬值属于典型的商业风险,不在货币汇兑险的承保范围内。故 A 项错误。

战争内乱险承保影响投资项目的战争或内乱而导致的风险。工人罢工不属于战争内乱险范围。故 B 项错误。

征收和类似措施险承保东道国政府采取立法或行政措施,或懈怠行为,实际上剥夺了被保险人对其投资的所有权或控制权,或其应从该投资中得到的大量收益。乙国采取的增加所得税措施是为了管理其境内的经济活动而普遍适用的措施,不属于该险别范畴。故 C 项错误。

政府违约险承保东道国对担保权人的违约,且担保权人无法求助于司法或仲裁部门对违约的索赔作出裁决,或司法或仲裁部门未能在合理期限内作出裁决,或有这样的裁决而不能实施。故 D 项正确。

20.《著作权法》的溯及力;著作权的保护期限及诉讼时效[D]

[解析]《著作权法》第66条第1款规定:"本法规定的著作权人和出版者、表演者、录音录像制作者、广播电台、电视台的权利,在本法施行之日尚未超过本法规定的保护期的,依照本法予以保护。"可知,《著作权法》具有溯及力,只要在《著作权法》生效日期即1991年6月1日尚未超过著作权法保护期限的,即受《著作权法》保护。故 A 项错误。

《最高人民法院关于审理著作权民事纠纷案件适用法律若干问题的解释》第27条规定:"侵害著作权的诉讼时效为3年,自著作权人知道或者应当知道权利受到损害以及义务人之日起计算。权利人超过3年起诉的,如果侵权行为在起诉时仍在持续,在该著作权保护期内,人民法院应当判决被告停止侵权行为;侵权损害赔偿数额应当自权利人向人民法院起诉之日起向前推算3年计算。"据此,乙于2009年10月发现侵权,2012年9月1日起诉,并未超过诉讼时效。此外,即使乙起诉时已经超过3年,但若侵权行为在继续,在著作权的保护期内,仍可起诉要求停止侵权行为。故 B 项错误。

《著作权法》第22条规定:"作者的署名权、修改权、保护作品完整权的保护期不受限制。"据此,甲对画作《梦》享有的署名权的保护期限不受限制,乙有权要求丙网站停止实施侵害甲署名权的行为。故 C 项错误。

根据《著作权法》第23条第1款规定,自然人的作品,其信息网络传播权的保护期为作者终生及其死亡后50年,截止于作者死亡后第50年的12月31日。本题中,甲于1961年3月4日去世,而甲对《梦》享有的信息网络传播权的保护期截止于其死亡后第50年的12月31日,即2011年12月31日。乙于2012年9月起诉时,已过保护期限,故乙无权要求丙网站停止对该作品的信息网络传播。故 D 项正确。

21.现有技术抗辩;专利无效宣告[B]

[解析]《专利法》第45条规定:"自国务院专利行政部门公告授予专利权之日起,任何单位或者个人认为该专利权的授予不符合本法有关规定的,可以请求国务院专利行政部门宣告该专利权无效。"第46条第2款规定:"对国务院专利行政部门宣告专利权无效或者维持专利权的决定不服的,可以自收到通知之日起3个月内向人民法院起诉。人民法院应当通知无效宣告请求程序的对方当事人作为第三人参加诉讼。"据此,专利无效宣告的流程实行行政程序前置,应当先向国务院专利行政部门提出宣告无效的请求,对国务院专利行政部门的决定不服的,才能向法院起诉。故 B 项不合法,当选;C 项合法,不当选。

《专利法》第67条规定:"在专利侵权纠纷中,被控侵权人有证据证明其实施的技术或者设计属于现有技术或者现有设计的,不构成侵犯专利权。"可知,本题中,乙公司发现该技术在专利申请日前已经属于现有技术,乙公司可无偿使用,不构成侵犯专利权。故 D 项合法,不当选。既然属于现有技术,可以实施该技术,那么便意味着可以在该技术基础上开发新技术,故 A 项合法,不当选。【思路拓展】A 项,也可以从另一个角度考虑。《专利法》中约束的专利侵权行为是未经专利权人许可的"实施"专利的行为。"实施"包括:为生产经营目的的制造、使用、许诺销售、销售、进口其专利产品,"继续开发"并不属于"实施"行为。另外,国家鼓励技术开发,根据《民法典》第850条规定:"非法垄断技术或者侵害他人技术成果的技术合同无效。"不允许继续开发新技术即属于非法垄断技术,有类似规定的技术合同是无效的。

22.劳动安全卫生;对女职工的特殊保护[C]

[解析]《劳动法》第53条规定:"劳动安全卫生设施必须符合国家规定的标准。新建、改建、扩建工程的劳动安全卫生设施必须与主体工程同时设计、同时施工、同时投入生产和使用。"瓦斯探测设备属于劳动安全设施,必须与主体工程同时设计、同时施工、同时投入生产和使用("三同时"制度),故 A 项做法合法,不当选。

《劳动法》第54条规定:"用人单位必须为劳动者提供符合国家规定的劳动安全卫生条件和必要的劳动防护用品,对从事有职业危害作业的劳动者应当定期进行健康检查。"无论该井下作业是否属于有职业危害的作业,对劳动者定期进行健康检查有利于劳动者身体健康,符合法律要求,故 B 项做法合法,不当选。发放劳动防护用品是用人单位的义务,故 D 项做法合法，不当选。

《劳动法》第59条规定："禁止安排女职工从事矿山井下、国家规定的第四级体力劳动强度的劳动和其他禁忌从事的劳动。"据此，钱某妻子不得从事矿山井下作业，故C项做法不合法，当选。

23．破产受理的法律效果［B］

［解析］《企业破产法》第18条规定："人民法院受理破产申请后，管理人对破产申请受理前成立而债务人和对方当事人均未履行完毕的合同有权决定解除或者继续履行，并通知对方当事人。管理人自破产申请受理之日起2个月内未通知对方当事人，或者自收到对方当事人催告之日起30日内未答复的，视为解除合同。管理人决定继续履行合同的，对方当事人应当履行；但是，对方当事人有权要求管理人提供担保。管理人不提供担保的，视为解除合同。"本题中，甲公司和乙公司的租赁协议是破产申请前签订的，双方当事人均未履行完毕，因此管理人有权自行决定解除合同或者继续履行。故本题B项正确。

24．《银行业监督管理法》的适用范围［A］

［解析］《银行业监督管理法》第2条第3款规定："对在中华人民共和国境内设立的金融资产管理公司、信托投资公司、财务公司、金融租赁公司以及经国务院银行业监督管理机构批准设立的其他金融机构的监督管理，适用本法对银行业金融机构监督管理的规定。"因此，本题中信托投资公司、金融资产管理公司、财务公司和金融租赁公司都属于非银行金融机构，均适用《银行业监督管理法》的规定。故A项正确，B、C、D项错误。

25．登记及其法律效果；合同解除［A］

［解析］《民法典》第220条第1款规定："权利人、利害关系人认为不动产登记簿记载的事项错误的，可以申请更正登记。不动产登记簿记载的权利人书面同意更正或者有证据证明登记确有错误的，登记机构应当予以更正。"据此，更正登记的申请人可以为权利人，也可以为利害关系人，二者在符合条件的基础上均可单独申请。故A项正确，B项错误。

本题中，双方在《商品房买卖合同》中约定：若房屋实际面积不足140平方米，甲可选择退款。这属于约定解除合同的事由；解除合同的事由发生时，甲可以解除合同，并要求退款。根据题中信息，经法定的鉴定机构鉴定，确认该商品房的面积为140平方米，这表明房屋的实际面积已达到140平方米，约定解除权的事由并未发生，因此甲无权解除合同。至于不动产登记簿存在登记错误，甲可以申请更正登记，无权直接根据不动产权属证书的错误记载信息主张解除合同。故C、D项错误。

26．债的分类［D］

［解析］按照债之标的是否具有选择可能性，债分为简单之债与选择之债。简单之债，指仅有一个标的(客体)的债。选择之债，指债的标的有数个，债务人可以择一履行或者债权人可以择一请求履行的债，选择之债一经确定其给付，转化为简单之债。本题中，乙公司与银行、丙公司与银行均成立保证之债，这两个保证之债均只有一个标的，并无选择的可能性，是简单之债，而非选择之债。故A项错误。

关于BC项，首先要确定本题中乙、丙公司分别出具担保函的行为成立的是一般保证还是连带保证。根据《民法典》第686、687、688条规定，当事人在保证合同中约定，债务人不能履行债务时，由保证人承担保证责任的，为一般保证。当事人在保证合同中约定保证人和债务人对债务承担连带责任的，为连带责任保证。当事人在保证合同中对保证方式没有约定或者约定不明确的，按照一般保证承担保证责任。但根据《民法典担保制度解释》第25条第2款规定："当事人在保证合同中约定了保证人在债务人不履行债务或者未偿还债务时即承担保证责任、无条件承担保证责任等类似内容，不具有债务人应当先承担责任的意思表示的，人民法院应当将其认定为连带责任保证。"据此，虽然没有明确为连带保证的通常认定为一般保证，但是在认定是否构成连带保证时，应采用实质解释，即使没有出现"连带保证"的字样，但是具有无条件承担责任的意思时，也应当认定为连带责任保证。本题中，乙、丙公司出具担保函时，明确"甲公司不按时偿还"时就承担责任，而非"不能履行时"承担责任，应认定为连带责任保证。由于本题中存在乙公司、丙公司两个保证人，《民法典》第699条规定："同一债务有两个以上保证人的，保证人应当按照保证合同约定的保证份额，承担保证责任；没有约定保证份额的，债权人可以请求任何一个保证人在其保证范围内承担保证责任。"保证人乙公司、丙公司均未与债权人银行约定各自承担保证责任的份额，乙公司、丙公司均有义务向债权人清偿全部债务，债权人可向任何一个保证人主张全部清偿责任，故乙、丙两公司对于银行承担的不是按份之债，故C项错误。但是，乙公司、丙公司两个保证人之间是否属于连带关系，需要根据《民法典》关于连带责任产生原因的规定来认定。《民法典》第518条第2款规定："连带债权或者连带债务，由法律规定或者当事人约定。"据此，当没有法律规定时，要产生两个主体之间的连带之债需要明确约定。本题中，没有明确约定乙、丙两公司为连带关系，故乙、丙两公司与银行之间的债务非连带之债，故B项错误。【特别提醒】构成连带责任保证，并不意味着两个保证人之间构成连带责任。

同一个债，若其债权人与债务人均为一人，为单一之债；同一个债，若其债权人或者债务人为2人或2人以上，则为多数人之债。本题中，乙公司与银行成立了一个保证之债，丙公司与银行成立了另一个保证之债，由于不是基于同一个合同承担债务，就不是多数人之债，而是成立两个简单之债。故 D 项正确。

27．委托开发技术秘密成果的权益归属；技术许可合同［D］

［解析］《民法典》第 861 条规定："委托开发或者合作开发完成的技术秘密成果的使用权、转让权以及收益的分配办法，由当事人约定；没有约定或者约定不明确，依照本法第五百一十条的规定仍不能确定的，在没有相同技术方案被授予专利权前，当事人均有使用和转让的权利。但是，委托开发的研究开发人不得在向委托人交付研究开发成果之前，将研究开发成果转让给第三人。"据此，委托开发的技术秘密成果，当事人对其权益归属没有约定时，委托人和受托人均有使用权和转让权。故 A、B 项错误。

《技术合同解释》第 20 条规定："民法典第八百六十一条所称'当事人均有使用和转让的权利'，包括当事人均有不经对方同意而自己使用或者以普通使用许可的方式许可他人使用技术秘密，并独占由此所获利益的权利。当事人一方将技术秘密成果的转让权让与他人，或者以独占或者排他使用许可的方式许可他人使用技术秘密，未经对方当事人同意或者追认的，应当认定该让与或者许可行为无效。"据此，甲公司以普通使用许可的方式许可丙公司使用该技术，该合同有效，故 C 项错误。乙公司以独占使用许可的方式许可丁公司使用该技术，该合同无效，故 D 项正确。

28．回避的适用情形；决定权以及当事人对回避决定的救济权利［A］

［解析］《民诉解释》第 43 条规定，审判人员是本案当事人近亲属的，当事人有权申请其回避；此外，根据《民事诉讼法》第 48 条第 1 款的规定，回避事由在案件开始审理后知道的，也可以在法庭辩论终结前提出。故 A 项正确。

《民事诉讼法》第 48 条第 2 款规定："被申请回避的人员在人民法院作出是否回避的决定前，应当暂停参与本案的工作，但案件需要采取紧急措施的除外。"故 B 项错误。

根据《民事诉讼法》第 49 条的规定，审判人员的回避，由院长决定。故 C 项错误。

根据《民事诉讼法》第 50 条的规定，申请人对回避决定不服的，可以在接到决定时申请复议一次。故 D 项错误。

29．当事人适格［D］

［解析］当事人诉讼权利能力，是指成为民事诉讼当事人，享有民事诉讼权利和承担民事诉讼义务所必需的诉讼法上的资格，与具体的诉讼没有直接的联系。适格当事人也就是正当当事人，是作为具体的诉讼当事人的资格，是针对具体的诉讼而言的。故 A 项正确。

根据民法理论，通常情况下，判断当事人是否适格的标准是当事人是否是所争议民事法律关系的主体，但在特殊情况下，非民事法律关系主体基于当事人的意思或者法律的规定，也可以作为适格的当事人。故 B 项正确。

非民事法律关系或民事权利的主体也可以作为适格的当事人的情形主要是，根据当事人的意思或法律的规定，依法对他人的民事法律关系或民事权利享有管理权的人或组织，如破产程序中的管理人、遗产管理、遗嘱执行人等。当受其管理的民事法律关系或民事权利发生争议后，这些人或组织可以自己的名义起诉或应诉。故 C 项正确。

对生效民事裁判提起抗诉是检察院法律监督职能的重要体现，根据《民事诉讼法》第 224 条可知，检察院在再审程序中为履行法律监督者的职权出席庭审，而非当事人。故 D 项错误。

30．证据能力［A］

［解析］录音属于视听资料，结合题目该视听资料主要存在两个方面问题：一是未经对方准许私录，二是经过剪辑。首先，关于私自录音、录像的证据能否作为证据使用，《民诉解释》第 106 条对非法证据作出了规定："对以严重侵害他人合法权益、违反法律禁止性规定或者严重违背公序良俗的方法形成或者获取的证据，不得作为认定案件事实的根据。"据此，未经对方准许私自录音、录像并不属于非法证据，是可以作为定案根据的，具有证明力。同时，关于经过剪辑的录音、录像，《民诉证据规定》第 90 条规定，"存有疑点的视听资料、电子数据不得单独作为定案根据"，可见存在疑点的视听资料可以作为定案根据（具有证据能力的），只是因为证明力较小，不能单独定案，需要其他证据补强其证明力才能定案。因此，该视听资料虽然未经对方同意，且经过剪辑后存在疑点，但依然是具有证据能力的，故 A 项正确，B、D 项错误。

《民诉解释》第 107 条规定："在诉讼中，当事人为达成调解协议或者和解协议作出妥协而认可的事实，不得在后续的诉讼中作为对其不利的根据，但法律另有规定或者当事人均同意的除外。"本案中，甲的承认并不是在诉讼中的调解、和解中所作出，故 C 项表述错误。

31．收养的法律适用［B］

［解析］《外国人在中华人民共和国收养子女登记办法》第 8 条规定："外国人来华收养子女，应当亲自来华办理登记手续。夫妻共同收养的，应当共同来华办理收养手续；一方因故不能来华的，应当书面委托另一方。委托书应当经所在国公证和认证……"

因此,甲乙双方不是必须共同来华办理收养手续。故A项错误。

《外国人在中华人民共和国收养子女登记办法》第9条第1款规定:"外国人来华收养子女,应当与送养人订立书面收养协议。协议一式三份,收养人、送养人各执一份,办理收养登记手续时收养登记机关收存一份。"故B项正确。

《涉外民事关系法律适用法》第28条规定:"收养的条件和手续,适用收养人和被收养人经常居所地法律。收养的效力,适用收养时收养人经常居所地法律。收养关系的解除,适用收养时被收养人经常居所地法律或者法院地法律。"本题中,甲和乙的经常居所地在英国,被收养人的经常居所地在中国,所以收养的条件应重叠适用中国法和英国法。故C项错误。收养时收养人经常居所地在英国,收养的效力应适用英国法律。故D项错误。

32.FOB术语;《1980年公约》的适用[C]

[解析] 根据《2020年通则》,FOB术语下,买卖双方的风险转移以货物在装运港口装上船时为界。故A项错误。

贸易术语的选择并不排除《联合国国际货物销售合同公约》的整体适用,只是在发生冲突时当事人选用的贸易术语优先适用。故B项错误。

FOB术语中卖方的义务有:(1)提供符合合同规定的货物及单证;(2)办理出口手续;(3)在装运港将货物装上买方指定的船舶并通知买方;(4)承担货物在装运港船上交货前的风险和费用。买方的义务有:(1)支付货款并接受卖方提供的单证;(2)办理进口手续;(3)租船或订舱并将船名和装货地点及时间给予卖方充分通知;(4)承担货物在装运港交货后的风险和费用。C项中货物装船为卖方甲公司义务。故C项正确。D项中订立运输合同为买方乙公司义务。故D项错误。

33.普通合伙出资;合伙名称;合伙协议[B]

[解析]《合伙企业法》第16条第1款规定:"合伙人可以用货币、实物、知识产权、土地使用权或者其他财产权利出资,也可以用劳务出资。"据此,普通合伙企业可以用劳务出资。注意,有限合伙企业中,有限合伙人不得以劳务出资。本题设立的是普通合伙企业,合伙人可以以劳务出资。故A项错误。乙仅以其房屋使用权作为出资,当然不需要进行房屋产权的过户登记。故B项正确。

《合伙企业法》第15条规定:"合伙企业名称中应当标明'普通合伙'字样。"《企业名称登记管理规定实施办法》第10条第3款规定:"自然人投资人的姓名可以作为字号。"故C项错误。

《合伙企业法》第19条规定:"合伙协议经全体合伙人签名、盖章后生效。合伙人按照合伙协议享有权利,履行义务。"据此合伙协议的生效不以登记为要件。故D项错误。

34.债权人会议[D]

[解析]《企业破产法》第67条第1款规定:"债权人会议可以决定设立债权人委员会。债权人委员会由债权人会议选任的债权人代表和1名债务人的职工代表或者工会代表组成。债权人委员会成员不得超过9人。"8名债权人和1名职工代表并没有超过9人,故A项正确。

《企业破产法》第61条第1款规定:"债权人会议行使下列职权:……(二)申请人民法院更换管理人,审查管理人的费用和报酬……(八)通过债务人财产的管理方案……"《企业破产法》第64条第1款规定:"债权人会议的决议,由出席会议的有表决权的债权人过半数通过,并且其所代表的债权额占无财产担保债权总额的1/2以上。但是,本法另有规定的除外。"本题中债权人会议出席会议的有表决权的债权人过半数,且所代表的债权额占无财产担保债权总额的60%,符合"双过半"的要求,所以债务人财产的管理方案、申请更换管理人的决议有效,故B、C项正确。

《企业破产法》第97条规定:"债权人会议通过和解协议的决议,由出席会议的有表决权的债权人过半数同意,并且其所代表的债权额占无财产担保债权总额的2/3以上。"虽然债权人会议出席会议的有表决权的债权人过半数,但是其所代表的债权额占无财产担保债权的总额只有60%,未到2/3,故D项错误。

35.公益诉讼[C]

[解析]《民诉解释》第286条规定:"人民法院受理公益诉讼案件,不影响同一侵权行为的受害人根据民事诉讼法第一百二十二条规定提起诉讼。"据此,公益诉讼的受理与裁判不影响同一侵权行为的受害人另行提起民事诉讼。因此张某参与本案的诉讼,法院应当不予受理,告知其另行起诉。故C项正确。

36.仲裁协议[D]

[解析]《仲裁法解释》第6条规定,仲裁协议约定由某地的仲裁机构仲裁,但该地有两个以上仲裁机构的,当事人可以协议选择其中的一个仲裁机构申请仲裁,当事人不能就仲裁机构选择达成一致的,仲裁协议无效。该法第12条第1款规定:"当事人向人民法院申请确认仲裁协议效力的案件,由仲裁协议约定的仲裁机构所在地的中级人民法院管辖;仲裁协议约定的仲裁机构不明确的,由仲裁协议签订地或者被申请人住所地的中级人民法院管辖。"本案中,当事人约定的W市有两个仲裁机构,双方并未就仲裁机构达成合意,属于仲裁协议约定的仲裁机构不明确的情形。在两江公司向其中一个仲裁委员会申请仲裁并被受理后,百向公司向法院申请确认仲裁协议效力,

可以由仲裁协议签订地H市中院或被申请人住所地A市中院管辖。故A、B、C项错误,D项正确。

37．履行不能;不可抗力;迟延履行[D]

[解析]《民法典》第579条规定:"当事人一方未支付价款、报酬、租金、利息,或者不履行其他金钱债务的,对方可以请求其支付。"此条文的规范内容是:金钱债务不发生履行不能。债务人对债权人负有支付金钱债务的义务,除非债务人死亡没有遗产(或者债务人破产)或者金钱债务的诉讼时效期间经过,债权人均有权要求债务人履行支付金钱债务的义务(换言之,可请求债务人承担实际履行的违约责任)。

《民法典》第590条规定:"当事人一方因不可抗力不能履行合同的,根据不可抗力的影响,部分或者全部免除责任,但是法律另有规定的除外。因不可抗力不能履行合同的,应当及时通知对方,以减轻可能给对方造成的损失,并应当在合理期限内提供证明。当事人迟延履行后发生不可抗力的,不免除其违约责任。"能够冲毁商品房的洪水应认定为不可抗力,该不可抗力对房屋买卖合同的法律效果会产生一定影响,但是对张某与银行间的借款合同不产生影响。因为借款合同中双方负担的义务均为金钱给付,金钱债务不发生履行不能,张某不履行还款义务的,银行有权请求张某承担"实际履行"的违约责任。

综上所述,张某对银行负有支付金钱的债务,张某虽生活困难,但金钱债务不发生履行不能,张某应继续向银行履行支付金钱的债务。故A、B、C项错误,D项正确。

38．商品房买卖合同[B]

[解析]民法上所谓的重大误解,主要包括两个方面:一是表意人无过失的表示与意思不符;二是相对人对于意思表示内容之理解错误。通常认为,行为人因对行为的性质、对方当事人、标的物的品种、质量、规格和数量等的错误认识,使行为的后果与自己的意思相悖,意思表示不真实的,认定为重大误解。本题中,甲与乙公司在订立房屋买卖合同之时,双方的内在意思与外在表示都是一致的,即都是以135平米的房子作为自己意思表示的内容,因此,就买卖135平米的房子的买卖合同而言,买卖双方不存在重大误解。后来履行合同,即交房之时才发现房屋的实际面积为150平米,此种情形属于商品房买卖合同中的面积误差问题,属于合同履行过程中出现的与合同订立时约定内容不符的情形,不构成重大误解。故A项错误。

本题中,合同约定面积为135平米,交房时该房的实际面积为150平米,房屋面积相差15平方米,与约定不符,属于严重违约行为,买方可解除合同,故B项正确。

2020年修正的《商品房买卖合同解释》删除了关于面积误差比超出3%的处理规则,C、D两项的主张均没有根据,故错误。

39．夫妻共同债务[C]

[解析]《民法典》第1064条第2款规定:"夫妻一方在婚姻关系存续期间以个人名义超出家庭日常生活需要所负的债务,不属于夫妻共同债务;但是,债权人能够证明该债务用于夫妻共同生活、共同生产经营或者基于夫妻双方共同意思表示的除外。"本题中,黄某以个人名义在婚姻存续期间向刘某借款10万元是用于购买婚房,用于夫妻日常生活,因此属于夫妻共同债务。《民法典》第1089条规定:"离婚时,夫妻共同债务应当共同偿还。共同财产不足清偿或者财产归各自所有的,由双方协议清偿;协议不成的,由人民法院判决。"据此,黄某与唐某应对夫妻共同债务承担连带清偿责任。故A、B项错误。

黄某与唐某在离婚协议中对夫妻共同债务承担的约定(婚姻关系存续期间的债务全部由唐某偿还)不能对抗债权人,双方仍须对债权人承担连带责任;但是,该约定在黄某与唐某间可发生效力。如黄某偿还了10万元,则有权向唐某追偿10万元。故C项正确,D项错误。

40．共同诉讼人[C]

[解析]《民诉解释》第58条规定:"在劳务派遣期间,被派遣的工作人员因执行工作任务造成他人损害的,以接受劳务派遣的用工单位为当事人。当事人主张劳务派遣单位承担责任的,该劳务派遣单位为共同被告。"可见,在劳务派遣致人损害的案件中,权利人存在两种起诉方式:一是仅起诉接受派遣的用工单位,二是将用工单位和派遣单位作为共同被告,也就意味着不能仅仅将派遣单位作为被告起诉。故受害人可以单独起诉用工单位,法院不必追加派遣单位为共同被告,A项错误;而受害人不能单独起诉派遣单位,故在受害人起诉派遣单位时,法院应当追加用工单位为共同被告,C项正确。本题并不存在无独三的问题,故B、D项错误。【特别提醒】本题考查劳务派遣致人损害的当事人问题。根据《民法典》第1191条的规定,劳务派遣致人损害的,由接受派遣的用工单位承担责任,如果派遣单位有过错的,承担相应的责任。首先,承担责任的是用工单位,在诉讼法中首先应当将用工单位列为被告。其次,派遣单位有过错时,承担相应的责任。但派遣单位是否存在过错、是否承担责任属于实体判断的范畴,而在诉讼法中,仅仅解决当事人的主体资格问题,故只要当事人主张派遣单位承担责任的,就应当将其列为共同被告;至于其是否具有过错,是否应当承担责任,则属于实体判断,应当在诉讼中经过实体审理再作判断,起诉时在所不问。

41．侵犯专利权；商标侵权行为[A]

[解析]《专利法》第 11 条第 2 款规定："外观设计专利权被授予后，任何单位或者个人未经专利权人许可，都不得实施其专利，即不得为生产经营目的的制造、许诺销售、销售、进口其外观设计专利产品。"由此可知，外观设计专利权的内容不包括使用权。本题中，车行的行为属于为生产经营目的而制造，陶某的行为则属于使用，所以陶某的行为未侵犯奔马公司的专利权，而车行的行为则侵犯了奔马公司的专利权。故 A 项错误，B 项正确。

《商标法》第 57 条规定："有下列行为之一的，均属侵犯注册商标专用权：(一)未经商标注册人的许可，在同一种商品上使用与其注册商标相同的商标的；……"车行擅自在相同的商品(汽车)上，使用与奔马公司注册商标标识相同的商标("飞天神马")，相关公众容易发生混淆，构成对奔马公司注册商标专用权的侵犯，故 D 项正确。陶某在专车服务中，擅自使用与奔马公司的注册商标相同的商标，容易导致相关公众混淆，构成对奔马公司注册商标专用权的侵犯，故 C 项正确。

42．仲裁裁决的承认和执行[C]

[解析] 我国《民事诉讼法》第 304 条规定，在中华人民共和国领域外作出的发生法律效力的仲裁裁决，需要人民法院承认和执行的，当事人可以直接向被执行人住所地或者其财产所在地的中级人民法院申请。故 A 项错误。

《民诉解释》第 543 条规定，对临时仲裁庭在中华人民共和国领域外作出的仲裁裁决，一方当事人向人民法院申请承认和执行的，人民法院应当依照《民事诉讼法》第 304 条规定处理。故 B 项错误。

根据《民诉解释》第 542 条的规定，申请承认和执行外国法院作出的发生法律效力的判决、裁定被裁定驳回的，当事人可以向人民法院起诉。故 C 项正确。

《民诉解释》第 544 条第 2 款规定，当事人仅申请承认而未同时申请执行的，人民法院仅对应否承认进行审查并作出裁定。故 D 项错误。

43．保证期间[A]

[解析] 本案中，丙公司对三笔还款承担的是连带责任保证，但未约定保证期间。《民法典》第 692 条第 2 款规定："债权人与保证人可以约定保证期间，但是约定的保证期间早于主债务履行期限或者与主债务履行期限同时届满的，视为没有约定；没有约定或者约定不明确的，保证期间为主债务履行期限届满之日起六个月。"据此，三笔保证的保证期间均为自主债务履行期限届满之日起 6 个月。即三个保证之保证期间届满分别为 2013 年 1 月 30 日、2013 年 2 月 28 日、2013 年 3 月 30 日。

《民法典》第 695 条第 2 款规定："债权人和债务人变更主债权债务合同的履行期限，未经保证人书面同意的，保证期间不受影响。"乙公司与甲公司约定将三笔还款均顺延 3 个月，但未经保证人丙公司书面同意，因此，三个保证的保证期间不受影响，仍为前述保证期间。《民法典》第 693 条第 1 款规定："一般保证的债权人在保证期间内对债务人提起诉讼或者申请仲裁的，保证人不再承担保证责任。"在 100 万元和 200 万元债务的保证期间内，债权人甲公司既未起诉亦未申请仲裁，保证期间经过，保证人丙公司对这两笔债务的保证责任消灭。最后一笔 300 万元的债务依然在保证期间之内，债权人甲公司诉请债务履行，保证人丙公司应对该 300 万元债务承担保证责任。故 A 项正确，B、C、D 项错误。

44．无效婚姻[D]

[解析]《民法典》第 1051 条规定："有下列情形之一的，婚姻无效：(一)重婚；(二)有禁止结婚的亲属关系；(三)未到法定婚龄。"《民法典婚姻家庭编解释(一)》第 17 条第 1 款规定："当事人以民法典第一千零五十一条规定的三种无效婚姻以外的情形请求确认婚姻无效的，人民法院应当判决驳回当事人的诉讼请求。"据此，婚姻无效的原因仅限于第 1051 条规定的三种情形，本题中，不符合其中的任何一种，因此应驳回大林的申请。故 A 项错误，D 项正确。

《民法典》第 1052 条规定："因胁迫结婚的，受胁迫的一方可以向人民法院请求撤销婚姻。请求撤销婚姻的，应当自胁迫行为终止之日起一年内提出。被非法限制人身自由的当事人请求撤销婚姻的，应当自恢复人身自由之日起一年内提出。"第 1053 条规定："一方患有重大疾病的，应当在结婚登记前如实告知另一方；不如实告知的，另一方可以向人民法院请求撤销婚姻。请求撤销婚姻的，应当自知道或者应当知道撤销事由之日起一年内提出。"据此，在胁迫和隐瞒重大疾病欺诈的情形下，方可提起撤销婚姻之诉，本题中大林在请求中也没有提出此种请求，故 B 项错误。

离婚的前提是存在有效的婚姻。要求结婚的男女双方必须亲自到婚姻登记机关进行结婚登记。本题中，大林没有亲自去登记，故大林与小芳之间不存在有效的婚姻关系，故 C 项错误。

45．过错侵权；侵权损害赔偿[C]

[解析] 违约责任发生在合同法律关系中。本题中，姚某只是试戴翡翠手镯，双方并未订立合同，不存在违约责任。故 A 项错误。

《民法典》第 1184 条规定："侵害他人财产的，财产损失按照损失发生时的市场价格或者其他合理方式计算。"本题中，姚某不慎将手镯摔碎，构成侵权，应按照损失发生时的市场价格 9 万元赔偿唐某的损失。故 C 项正确,B、D 项错误。【陷阱点拨】注意侵权损害赔偿一般按照市价赔偿,而不是按进货成本价格赔偿。因为计算赔偿数额的范围时,理论上包括直接损失和间接损失,进货成本损失为直接损失,市价与成本价之间的差额,是明确可以取得的间接损失。

46.简易程序的特点[C]

[解析]《民事诉讼法》第 161 条第 2 款规定:"当事人双方可以同时到基层人民法院或者它派出的法庭,请求解决纠纷。基层人民法院或者它派出的法庭可以当即审理,也可以另定日期审理。"故 A 项正确,不当选。

《民事诉讼法》第 163 条规定:"简单的民事案件由审判员一人独任审理,并不受本法第一百三十九条、第一百四十一条、第一百四十四条规定的限制。"其中第 141 条规定了法庭调查的顺序,第 144 条规定了法庭辩论的顺序。因此,审判程序可以不按法庭调查、法庭辩论的顺序进行。故 B 项正确,不当选。

《简易程序规定》第 24 条规定:"书记员应当将适用简易程序审理民事案件的全部活动记入笔录。对于下列事项,应当详细记载:(一)审判人员关于当事人诉讼权利义务的告知、争议焦点的概括、证据的认定和裁判的宣告等重大事项;(二)当事人申请回避、自认、撤诉、和解等重大事项;(三)当事人当庭陈述的与其诉讼权利直接相关的其他事项。"因此,诉讼权利义务的告知、原被告的诉辩意见等通常性程序内容必须详细记录。故 C 项错误,当选。

《民诉解释》第 270 条规定:"适用简易程序审理的案件,有下列情形之一的,人民法院在制作判决书、裁定书、调解书时,对认定事实或者裁判理由部分可以适当简化:(一)当事人达成调解协议并需要制作民事调解书的;(二)一方当事人明确表示承认对方全部或者部分诉讼请求的;(三)涉及商业秘密、个人隐私的案件,当事人一方要求简化裁判文书中的相关内容,人民法院认为理由正当的;(四)当事人双方同意简化的。"故 D 项正确,不当选。

47.二审中的撤回起诉[D]

[解析]《民诉解释》第 336 条第 1 款规定:"在第二审程序中,原审原告申请撤回起诉,经其他当事人同意,且不损害国家利益、社会公共利益、他人合法权益的,人民法院可以准许。准许撤诉的,应当一并裁定撤销一审裁判。"本题中,虽然和解协议内容与原判决认定的事实不一致,但并不存在损害国家利益、社会公共利益、他人合法权益的情形,且双方当事人均同意撤诉,法院应当准予撤诉,一并裁定撤销原判。故 D 项当选。

48.发起人职责[A]

[解析]《公司法》第 44 条第 2 款规定:"公司未成立的,其法律后果由公司设立时的股东承受;设立

时的股东为二人以上的,享有连带债权,承担连带债务。"本题中,物流公司未能设立,则全体发起人为合伙性质,设立过程中的所有责任应由全体发起人对外负连带责任。故 B、C、D 项错误,A 项正确。【思路拓展】有关发起人责任问题的分析思路:首先看公司是否成立。第一,如果未成立,由全体发起人对外承担连带责任,之后内部追偿。第二,如果公司成立了,再看题目中涉及的具体情形是合同责任还是侵权责任。(1)涉及合同责任。按照合同相对性,如果是发起人个人名义签章的,由对方选择签章的发起人或成立后的公司承担合同责任(非连带责任)。如果是以设立中公司的名义签章的,由公司承担责任。例外:若公司能证明发起人是为自己的利益对外签订的合同,且相对人非善意,由发起人承担责任。(2)涉及侵权责任。类比职务行为,由公司对外承担责任,对内向有过错的发起人追偿。

49.保险合同的成立[C]

[解析]《保险法解释(二)》第 3 条第 1 款规定,投保人或者投保人的代理人订立保险合同时没有亲自签字或者盖章,而由保险人或者保险人的代理人代为签字或者盖章的,对投保人不生效;但投保人已经交纳保险费的,视为其对代签字或者盖章行为的追认。本题中,甲公司代理人谢某代替投保人何某签字,一开始对投保人不生效;但投保人何某交纳了保险费,说明其认可保险合同,故保险合同成立并且生效。《保险法》第 14 条规定:"保险合同成立后,投保人按照约定交付保险费,保险人按照约定的时间开始承担保险责任。"据此,保险事故发生后,应当由甲公司承担责任,C 项正确。本题中,保险合同有效成立,谢某及甲公司都无缔约过失,不存在缔约过失责任问题,故 A、B、D 项均错误。

50.支付令异议[B]

[解析]《民诉解释》第 431 条规定:"债务人在收到支付令后,未在法定期间提出书面异议,而向其他人民法院起诉的,不影响支付令的效力。债务人超过法定期间提出异议的,视为未提出异议。"故 A 项错误,B 项正确。裁定终结督促程序的前提是债务人提出有效的书面异议,向发出支付令以外的其他法院起诉不构成这里的有效异议。受理支付令申请的法院并不能裁定终结督促程序。故 C、D 项错误。

二、多项选择题

51.行政垄断行为;反垄断执法机构及其职权[ACD]

[解析]某县政府仅仅是规定现场施工不得搅拌混凝土,只能使用预拌的商品混凝土,并未含有排除、限制竞争内容,即并未限定或者变相限定施工单位购买、使用其指定的经营者提供的商品,所以不构

成行政垄断行为,故 A 项错误,当选。

《反垄断法》第 17 条规定:"禁止具有竞争关系的经营者达成下列垄断协议:……(三)分割销售市场或者原材料采购市场;……"第 21 条规定:"行业协会不得组织本行业的经营者从事本章禁止的垄断行为。"本题中,县建材协会组织的协调行为促使企业间达成了分割销售市场的横向垄断协议,妨碍了商品在地区之间的自由流通,违反了《反垄断法》的法律规定。故 B 项正确,不当选。

《反垄断法》第 13 条规定:"国务院反垄断执法机构负责反垄断统一执法工作。国务院反垄断执法机构根据工作需要,可以授权省、自治区、直辖市人民政府相应的机构,依照本法规定负责有关反垄断执法工作。"据此,反垄断执法机构的级别最低为"省级",C 项的"县工商局"(现为市场监督管理局)无权执法。故 C 项错误,当选。

《反垄断法》第 53 条规定,对反垄断执法机构调查的涉嫌垄断行为,被调查的经营者承诺在反垄断执法机构认可的期限内采取具体措施消除该行为后果的,反垄断执法机构可以决定中止调查。因此,反垄断执法机构可以"中止调查"而不是"终止调查",故 D 项错误,当选。

52.虚报被保险人年龄的法律后果[BD]

[解析]《保险法》第 16 条第 3 款规定,投保人因违反如实告知义务致保险人享有的合同解除权,自保险人知道有解除事由之日起,超过 30 日不行使而消灭。自合同成立之日起超过 2 年的,保险人不得解除合同;发生保险事故的,保险人应当承担赔偿或者给付保险金的责任。保险人在合同订立时已经知道投保人未如实告知的情况的,保险人不得解除合同;发生保险事故的,保险人应当承担赔偿或者给付保险金的责任。本题中,合同成立已超过 2 年,保险人不得解除合同。故 A 项错误,B 项正确。发生保险事故的,保险人应当承担赔偿或者给付保险金的责任。故 C 项错误。

《保险法》第 32 条第 2 款规定:"投保人申报的被保险人年龄不真实,致使投保人支付的保险费少于应付保险费的,保险人有权更正并要求投保人补交保险费,或者在给付保险金时按照实付保险费与应付保险费的比例支付。"故 D 项正确。

53.处分原则;当事人的程序选择权[ABCD]

[解析]证明责任,是指当事人对自己提出的事实主张,有提出证据并加以证明的责任,如果当事人未能尽到上述责任,则有可能承担对其主张不利的法律后果。证明责任由哪一方当事人承担是由法律、法规或司法解释预先确定的,因此,当事人约定"合同是否履行无法证明时,应以甲方主张的事实为准"是无效的。故 A 项不符合法律规定。

诉讼和解是指当事人在诉讼过程中通过自行协商,就案件争议问题达成协议,并共同向法院陈述协议的内容,要求结束诉讼从而终结诉讼的制度。诉讼和解对"原告撤诉后不得以相同的事由再次提起诉讼"进行约定,没有法律约束力。因为《民诉解释》第 214 条规定:"原告撤诉或者人民法院按撤诉处理后,原告以同一诉讼请求再次起诉的,人民法院应予受理。原告撤诉或者按撤诉处理的离婚案件,没有新情况、新理由,六个月内又起诉的,比照民事诉讼法第一百二十七条第(七)项的规定不予受理。"当事人不能通过诉讼和解来排除该规定的适用。故 B 项不符合法律规定。

《民事诉讼法》第 160 条规定:"基层人民法院和它派出的法庭审理事实清楚、权利义务关系明确、争议不大的简单的民事案件,适用本章规定。基层人民法院和它派出的法庭审理前款规定以外的民事案件,当事人双方也可以约定适用简易程序。"按照这一规定,简单的民事案件必须适用简易程序。即使当事人约定适用普通程序,该规定也是违法的。故 C 项不符合法律规定。

拘传是对于必须到庭的被告,经法院传票传唤,无正当理由拒绝出庭的,法院派出司法警察,强制被传唤人到庭参加诉讼活动的一种措施。拘传的对象是法律规定或法院认为必须到庭的被告,即使当事人约定"双方必须亲自参加开庭审理,不得无故缺席",对于这类案件的被告,也不得适用拘传。故 D 项不符合法律规定。

54.转租;返还原物请求权[AC]

[解析]《民法典》第 235 条规定:"无权占有不动产或者动产的,权利人可以请求返还原物。"此条规定了返还原物请求权,其构成要件有二:(1)请求人为物权人;(2)被请求人为现时的无权占有人。丁某为房屋的所有权人,但在租赁期限内,承租人方某基于承租权占有该房屋,属于有权占有,故丁某对方某不享有返还原物请求权。故 A 项正确。【特别提醒】A 项表述存在瑕疵,因为丁某对方某不享有返还原物请求权,所以题干中"可以对方某主张返还权"的表述是错误的。鉴于本题是多选题,应将本项修改为"若丁某在租期内基于房屋所有权对方某主张返还请求权,方某可以基于其与丁某的合法的租赁关系主张抗辩"。

《民法典》第 718 条规定:"出租人知道或者应当知道承租人转租,但是在六个月内未提出异议的,视为出租人同意转租。"据此,方某未经出租人丁某同意将该房屋转租给唐某,出租人丁某知道或应当知道后,如果在 6 个月内提出异议,有权解除合同,请求唐某返还房屋。故 B 项错误。【特别提醒】若方某非法转租后,丁某自知道或者应当知道后未在 6 个月内

· 61 ·

表示异议,则推定丁某同意转租,此时,唐某相对于丁某为基于占有连续的有权占有,唐某虽与丁某无直接的合同关系,但唐某相对于丁某也是有权占有人,丁某在租赁期间内就不能对唐某行使返还原物请求权。

《民法典》第716条第2款规定:"承租人未经出租人同意转租的,出租人可以解除合同。"据此,方某非法转租,丁某享有法定解除权。当然,法定解除权的存在并不妨碍双方约定若方某非法转租,丁某享有约定解除权。丁某一旦解除租赁合同,唐某基于转租合同获得的占有本权不得对抗丁某,丁某可以对唐某行使返还原物请求权。故C项正确,D项错误。

55．法定继承的范围与顺序[BC]

[解析]《民法典》第1127条规定:"遗产按照下列顺序继承:(一)第一顺序:配偶、子女、父母;(二)第二顺序:兄弟姐妹、祖父母、外祖父母。继承开始后,由第一顺序继承人继承,第二顺序继承人不继承;没有第一顺序继承人继承的,由第二顺序继承人继承。本编所称子女,包括婚生子女、非婚生子女、养子女和有扶养关系的继子女。本编所称父母,包括生父母、养父母和有扶养关系的继父母。本编所称兄弟姐妹,包括同父母的兄弟姐妹、同父异母或者同母异父的兄弟姐妹、养兄弟姐妹、有扶养关系的继兄弟姐妹。"本题中,由于甲与丙结婚时,小明已经成年,没有和丙之间形成扶养关系,因此,不能继承丙之遗产,故A项不当选。小亮是丙的亲生子女,甲是丙的配偶,是第一顺位继承人,故B、C项当选。

《民法典》第1105条第1款规定:"收养应当向县级以上人民政府民政部门登记。收养关系自登记之日起成立。"丙拟收养小光,但未办理收养登记,收养不成立,小光与丙未成立养父母子女关系,因此小光不是丙的第一顺序法定继承人。D项不当选。【关联记忆】《民法典》第1131条规定:"对继承人以外的依靠被继承人扶养的人,或者继承人以外的对被继承人扶养较多的人,可以分给适当的遗产。"据此,丙死亡时,若小光缺乏劳动能力又无生活来源,小光属于"依靠被继承人扶养的人",可作为继承人以外的人,适当分得丙的遗产。

56．食品安全标准;民事赔偿[BCD]

[解析]《农产品质量安全法》第2条规定,农产品是指来源于农业的初级产品,食用油不属于初级产品。故A项错误。

《食品安全法》第26条第4项规定,食品安全标准应当包括对与卫生、营养等食品安全要求有关的标签、标志、说明书的要求。该法第67条第1款规定:"预包装食品的包装上应当有标签。标签应当标明下列事项:(一)名称、规格、净含量、生产日期;(二)成分或者配料表;……"吊牌上写明"添加了特等初榨橄榄油",未标明橄榄油添加量,不符合食品安全

标准要求。故B项正确。

《食品安全法》第148条第1款规定:"消费者因不符合食品安全标准的食品受到损害的,可以向经营者要求赔偿损失,也可以向生产者要求赔偿损失。接到消费者赔偿要求的生产经营者,应当实行首负责任制,先行赔付,不得推诿;属于生产者责任的,经营者赔偿后有权向生产者追偿;属于经营者责任的,生产者赔偿后有权向经营者追偿。"食品安全赔偿责任实行"首负责任制",如李某只向该超市索赔,该超市应先行赔付。故C项正确。

《最高人民法院关于审理食品药品纠纷案件适用法律若干问题的规定》第3条规定:"因食品、药品质量问题发生纠纷,购买者向生产者、销售者主张权利,生产者、销售者以购买者明知食品、药品存在质量问题而仍然购买为由进行抗辩的,人民法院不予支持。"故D项正确。

57．环境影响评价制度[AB]

[解析]《环境影响评价法》第16条规定:"国家根据建设项目对环境的影响程度,对建设项目的环境影响评价实行分类管理。建设单位应当按照下列规定组织编制环境影响报告书、环境影响报告表或者填报环境影响登记表(以下统称环境影响评价文件):(一)可能造成重大环境影响的,应当编制环境影响报告书,对产生的环境影响进行全面评价;(二)可能造成轻度环境影响的,应当编制环境影响报告表,对产生的环境影响进行分析或者专项评价;(三)对环境影响很小、不需要进行环境影响评价的,应当填报环境影响登记表。建设项目的环境影响评价分类管理名录,由国务院生态环境主管部门制定并公布。"故A、B项均正确。C项"无需填报环境影响评价文件"错误,应当"填报环境影响登记表"。故C项错误。

《环境影响评价法》第20条第1款规定:"建设单位应当对建设项目环境影响报告书、环境影响报告表的内容和结论负责,接受委托编制建设项目环境影响报告书、环境影响报告表的技术单位对其编制的建设项目环境影响报告书、环境影响报告表承担相应责任。"修改后的《环境影响评价法》已无关于资质的规定。故D项错误。

58．无固定期限劳动合同的订立[BD]

[解析]《劳动合同法》第14条第2款规定:"用人单位与劳动者协商一致,可以订立无固定期限劳动合同。有下列情形之一,劳动者提出或者同意续订、订立劳动合同的,除劳动者提出订立固定期限劳动合同外,应当订立无固定期限劳动合同:(一)劳动者在该用人单位连续工作满10年的;(二)用人单位初次实行劳动合同制度或者国有企业改制重新订立劳动合同时,劳动者在该用人单位连续工作满10年且距

法定退休年龄不足10年的;(三)连续订立2次固定期限劳动合同,且劳动者没有本法第39条和第40条第1项、第2项规定的情形,续订劳动合同的。"

A项,赵女士曾经离职,连续工作时间应当从2002年1月开始计算,到2009年2月不足10年,不符合第14条第2款第1项"连续"工作满10年的条件。故A项错误。

B项,钱先生到改制时已经在该企业连续工作超过10年,且年满50周岁,离退休不足10年,符合第14条第2款第2项之情形。故B项正确。

D项,属于用人单位与劳动者协商一致,订立无固定期限劳动合同情形。故D项正确。

C项,表面上似乎属于第14条第2款第3项之情形,但根据《劳动合同法》第97条规定:"本法施行前已依法订立且在本法施行之日存续的劳动合同,继续履行;本法第14条第2款第3项规定连续订立固定期限劳动合同的次数,自本法施行后续订固定期限劳动合同时开始计算。……"《劳动合同法》自2008年1月1日起实施,所以C项由于未考虑法的溯及力问题,不应选。

59.注册商标的许可使用;商标使用许可合同的备案;商标侵权的诉讼主体及免责情形[AD]

[解析]《商标法》第43条第2款的规定:"经许可使用他人注册商标的,必须在使用该注册商标的商品上标明被许可人的名称和商品产地。"可知,本题中,乙公司经许可使用甲公司的注册商标时,必须在其生产的"童声"儿童服装上标明乙公司的名称和产地。故A项正确。

《商标法》第43条第3款规定:"许可他人使用其注册商标的,许可人应当将其商标使用许可报商标局备案,由商标局公告。商标使用许可未经备案不得对抗善意第三人。"因此,商标使用许可合同的备案只是合同的对抗要件,而非生效要件,商标使用许可合同在依法成立时即已生效。故B项错误。

《关于审理商标民事纠纷案件适用法律若干问题的解释》第4条第2款的规定:"在发生注册商标专用权被侵害时,独占使用许可合同的被许可人可以向人民法院提起诉讼;排他使用许可合同的被许可人可以和商标注册人共同起诉,也可以在商标注册人不起诉的情况下,自行提起诉讼;普通使用许可合同的被许可人经商标注册人明确授权,可以提起诉讼。"可知,乙公司作为普通实施许可合同的被许可人,若有甲公司的明确授权,可以自己的名义作为原告起诉。故C项错误。

《商标法》第57条第3项规定,销售侵犯注册商标专用权的商品的行为属于侵犯注册商标专用权的行为。同时,《商标法》第64条第2款规定:"销售不知道是侵犯注册商标专用权的商品,能证明该商品是

自己合法取得并说明提供者的,不承担赔偿责任。"本题中,个体户萧某销售假冒"童声"商标的儿童服装,且不能举证证明该批服装的合法来源,因此萧某应当承担停止销售和赔偿损失的侵权责任。故D项正确。

60.中国关于法定继承法律适用的规定[ABCD]

[解析]《涉外民事关系法律适用法》第31条规定:"法定继承,适用被继承人死亡时经常居所地法律,但不动产法定继承,适用不动产所在地法律。"该条将遗产区分为动产和不动产,分别确认继承的准据法。

怀特的经常居所在中国上海,其两笔银行存款属于动产,均应适用被继承人死亡时经常居所地法律,即中国法。故A、B项正确。在上海和巴黎的房产属于不动产,应适用不动产所在地法律,即分别适用中国法与法国法。故C、D项正确。

61.消费者的权益;侵犯商业秘密的行为[ABCD]

[解析]防"跳单"条款,是钱某不得利用甲公司的信息直接与房主签约,是维护本公司经营利益的做法,同时也并非直接干涉消费者的自主选择权,所以未限制《消费者权益保护法》第9条规定的消费者的自主选择权,故A项说法错误,当选。

甲公司的定价属于市场行为,是合理性的商业竞争,并非损害消费者的经济利益,也没有强迫消费者交易,因此没有侵害《消费者权益保护法》第10条规定的消费者的公平交易权,故B项说法错误,当选。

乙公司的定价同样属于市场竞争行为,并未采用混淆行为、商业贿赂行为、虚假宣传行为、侵犯商业秘密行为、不正当的有奖销售行为、诋毁商誉行为等不正当竞争行为,所以不能得出其是不正当竞争行为,故C项说法错误,当选。

钱某并未以盗窃、利诱、胁迫等手段获得甲公司商业秘密,也未利用甲公司的商业秘密进行非法的活动,因而不构成《反不正当竞争法》第9条规定的侵犯商业秘密的行为,故D项说法错误,当选。

62.涉外管辖;涉外送达;涉外案件期间[ABCD]

[解析]《民事诉讼法》第276条第1款规定:"因涉外民事纠纷,对在中华人民共和国领域内没有住所的被告提起身份关系以外的诉讼,如果合同签订地、合同履行地、诉讼标的物所在地、可供扣押财产所在地、侵权行为地、代表机构住所地位于中华人民共和国领域内的,可以由合同签订地、合同履行地、诉讼标的物所在地、可供扣押财产所在地、侵权行为地、代表机构住所地人民法院管辖。"本题考查的是因密切联系使原本没有管辖权的地域获得管辖权的规定,M市N区属于合同签订地,C市D区属于代表机构所在地,两地法院均有管辖权。故A、B项正确。有不少考生对此有异议,认为这是涉外案件,基层法院没有管辖权。这部分考生没有注意到只有重大涉外

案件才由中级以上法院一审,对于一般的涉外案件,基层法院有管辖权。

《民事诉讼法》第283条规定:"人民法院对在中华人民共和国领域内没有住所的当事人送达诉讼文书,可以采用下列方式:……(五)向受送达人在中华人民共和国领域内设立的独资企业、代表机构、分支机构或者有权接受送达的业务代办人送达;……"因此,法院向乙公司送达时,可向乙公司设在C市D区的代表处送达。故C项正确。

《民事诉讼法》第286条规定:"在中华人民共和国领域内没有住所的当事人,不服第一审人民法院判决、裁定的,有权在判决书、裁定书送达之日起三十日内提起上诉……"一方面,涉外案件期间有特殊规定;另一方面,虽然涉外期间与国内期间不同,但适用的主体也不同。区分的标准不是看当事人的国籍,而是看当事人在不在我国。题目给定的条件是甲公司住所位于我国A市B区,因此对一审判决的上诉期只有15日。故D项正确。

63. 可撤销法律行为[ABCD]

[解析]《民法典》第150条规定:"一方或者第三人以胁迫手段,使对方在违背真实意思的情况下实施的民事法律行为,受胁迫方有权请求人民法院或者仲裁机构予以撤销。"据此,法律行为中出现胁迫的,不论来自相对人还是第三人,均可撤销,故A错误。

甲卖给乙玉佩时,不存在欺诈行为,故B错误。

《民法典》第152条规定:"有下列情形之一的,撤销权消灭:(一)当事人自知道或者应当知道撤销事由之日起一年内、重大误解的当事人自知道或者应当知道撤销事由之日起九十日内没有行使撤销权;(二)当事人受胁迫,自胁迫行为终止之日起一年内没有行使撤销权;(三)当事人知道撤销事由后明确表示或者以自己的行为表明放弃撤销权。当事人自民事法律行为发生之日起五年内没有行使撤销权的,撤销权消灭。"据此,胁迫撤销的除斥期间为1年,但是从胁迫行为终止之日起计算。本题中,应从2018年3月1日开始计算1年的期间,故尚未超过1年期间,C错误。

构成重大误解的,撤销权的期间是当事人自知道或者应当知道撤销事由之日起90日。本题中,乙在购买玉佩时存在重大误解,自2018年3月10日知情,90日届满应该是6月8日,故应该在6月8日前行使权利,D错误。【特别提醒】在《民法典》颁布之前,法律规定的重大误解撤销权的期间为3个月,计算月时,每月通常按30日计算,照此本题中D项表述为6月10日前正确;但是,《民法典》将3个月改为90日,计算日期时应考虑不同月份的天数,方可准确计算。

64. 行纪合同[ABD]

[解析]《民法典》第951条规定:"行纪合同是行纪人以自己的名义为委托人从事贸易活动,委托人支付报酬的合同。"本题中,乙商行是受托人,且是以自己的名义从事贸易活动的,而非是以委托人甲的名义从事贸易活动的,故甲、乙之间属于行纪合同关系,A项正确。

《民法典》第952条规定:"行纪人处理委托事务支出的费用,由行纪人负担,但是当事人另有约定的除外。"报酬与费用是不同的概念。在行纪合同中,行纪人有权请求委托人支付报酬,但行纪费用一般由行纪人自己承担。本题中,甲、乙对处理委托事务支出的费用没有另外约定,应由乙商行自己承担。故B项正确。

《民法典》第955条第2款规定:"行纪人高于委托人指定的价格卖出或者低于委托人指定的价格买入的,可以按照约定增加报酬;没有约定或者约定不明确,依据本法第五百一十条的规定仍不能确定的,该利益属于委托人。"因此,如乙商行以每公斤2.5元的价格将大米售出,双方对多出价款的分配无法达成协议,则该价款应归委托人甲。故C项错误。

《民法典》第958条规定:"行纪人与第三人订立合同的,行纪人对该合同直接享有权利、承担义务。第三人不履行义务致使委托人受到损害的,行纪人应当承担赔偿责任,但是行纪人与委托人另有约定的除外。"因此,如乙商行与丙食品厂订立买卖大米的合同,则乙商行对该合同直接享有权利、承担义务。故D项正确。

65. 共同侵权;普通共同诉讼[AB]

[解析]本题中的甲、乙、丙、丁构成共同侵权。《民法典》第1168条规定:"二人以上共同实施侵权行为,造成他人损害的,应当承担连带责任。"故A项正确。

《民法典》第519条第1款规定:"连带债务人之间的份额难以确定的,视为份额相同。"本题中并无情节表明四人的份额可以确定,应视为份额相同,即每人2500元。《民法典》第520条第2款规定:"部分连带债务人的债务被债权人免除的,在该连带债务人应当承担的份额范围内,其他债务人对债权人的债务消灭。"本题中,戊表示不会追究甲的责任,即戊对甲作出了债务免除的意思表示,因此在甲应当承担的份额范围内(2500元),乙、丙、丁三人的债务消灭,但乙、丙、丁仍应对剩余的7500元承担连带责任,每人份额仍是2500元,乙赔偿戊所有损失后,有权向丙、丁分别追偿2500元。故B项正确。

对于连带责任,权利人有权请求部分或者全部连带责任人承担责任。因此,因承担连带责任被起诉并不属于必要共同诉讼,且戊已表示不追究甲的责任,不必追加甲为共同被告。既然甲不属于诉讼当事人，法院也不必在判决书中对戊免除甲的责任予以注明。故 C、D 项错误。

66．管辖 [ABCD]

[解析]《民事诉讼法》第 23 条规定："下列民事诉讼，由原告住所地人民法院管辖；原告住所地与经常居住地不一致的，由原告经常居住地人民法院管辖；……（二）对下落不明或者宣告失踪的人提起的有关身份关系的诉讼；……"按照该条规定，由原告住所地法院管辖的诉讼，只能是有关身份关系的诉讼。因此，对下落不明或者宣告失踪的人提起的民事诉讼，只有有关身份关系的诉讼才由原告住所地法院管辖。故 A 项错误，当选。

《民事诉讼法》第 33 条规定："因共同海损提起的诉讼，由船舶最先到达地、共同海损理算地或者航程终止地的人民法院管辖。"因此，对于共同海损诉讼，被告住所地法院没有管辖权。故 B 项错误，当选。

管辖权的转移，是指依据上级法院的决定或同意，将案件的管辖权从原来有管辖权的法院转移至无管辖权的法院，使无管辖权的法院因此而取得管辖权。《民事诉讼法》第 39 条规定："上级人民法院有权审理下级人民法院管辖的第一审民事案件；确有必要将本院管辖的第一审民事案件交下级人民法院审理的，应当报请其上级人民法院批准。下级人民法院对它所管辖的第一审民事案件，认为需要由上级人民法院审理的，可以报请上级人民法院审理。"管辖权的转移只发生在上下级法院之间。C 项事实上属于移送管辖。移送管辖，是指法院在受理民事案件后，发现自己对案件并无管辖权，依法将案件移送到有管辖权的法院审理。根据《民事诉讼法》第 37 条的规定，人民法院发现受理的案件不属于本院管辖的，应当移送有管辖权的人民法院，受移送的人民法院应当受理。故 C 项错误，当选。

选择管辖当两个以上的法院对诉讼都有管辖权时，当事人可以选择其中一个法院提起诉讼。《民事诉讼法》第 36 条规定："两个以上人民法院都有管辖权的诉讼，原告可以向其中一个人民法院起诉；原告向两个以上有管辖权的人民法院起诉的，由最先立案的人民法院管辖。"D 项不涉及选择管辖的问题，而属于协议管辖。《民事诉讼法》第 35 条规定："合同或者其他财产权益纠纷的当事人可以书面协议选择被告住所地、合同履行地、合同签订地、原告住所地、标的物所在地等与争议有实际联系的地点的人民法院管辖，但不得违反本法对级别管辖和专属管辖的规定。"协议管辖，又称合意管辖或约定管辖，是指双方当事人在民事纠纷发生之前或之后，以书面方式约定特定案件的管辖法院。故 D 项错误，当选。

67．一人公司；个人独资企业 [BC]

[解析] 我国法律并没有禁止一个自然人同时设立一人有限责任公司和个人独资企业。故 A、D 项正确。

《个人独资企业法》第 19 条第 1 款规定："个人独资企业投资人可以自行管理企业事务，也可以委托或者聘用其他具有民事行为能力的人负责企业的事务管理。"可见，开办独资企业，并不是必须自己进行经营管理。故 C 项错误。

现行《公司法》对一般公司无注册资本最低限额的要求。故 B 项错误。

68．划拨取得建设用地的情形；土地用途变更；临时用地；土地出让金缴纳 [ABCD]

[解析]《土地管理法》第 54 条规定："建设单位使用国有土地，应当以出让等有偿使用方式取得，但是，下列建设用地，经县级以上人民政府依法批准，可以以划拨方式取得：（一）国家机关用地和军事用地；（二）城市基础设施用地和公益事业用地；（三）国家重点扶持的能源、交通、水利等基础设施用地；（四）法律、行政法规规定的其他用地。"据此可知，经营性墓地不属于划拨土地范围。故 A 项违反规定，当选。

《土地管理法》第 55 条第 1 款规定："以出让等有偿使用方式取得国有土地使用权的建设单位，按照国务院规定的标准和办法，缴纳土地使用权出让金等土地有偿使用费和其他费用后，方可使用土地。"据此可知，有偿取得建设用地使用权的受让人，须在缴纳使用费和其他费用后，方可使用土地。故 B 项违反规定，当选。

《土地管理法》第 56 条规定："建设单位使用国有土地的，应当按照土地使用权出让等有偿使用合同的约定或者土地使用权划拨批准文件的规定使用土地；确需改变该幅土地建设用途的，应当经有关人民政府自然资源主管部门同意，报原批准用地的人民政府批准。其中，在城市规划区内改变土地用途的，在报批前，应当先经有关城市规划行政主管部门同意。"据此可知，改变土地用途，须经城市规划行政主管部门同意。故 C 项违反规定，当选。

《土地管理法》第 57 条第 2、3 款规定："临时使用土地的使用者应当按照临时使用土地合同约定的用途使用土地，并不得修建永久性建筑物。临时使用土地期限一般不超过 2 年。"D 项中丁公司使用临时用地已达到 6 年，并修建永久性建筑。故 D 项违反规定，当选。

69．工伤保险 [ACD]

[解析]《社会保险法》第 33 条规定："职工应当参加工伤保险，由用人单位缴纳工伤保险费，职工不缴纳工伤保险费。"本案中的法律关系应属于劳务派遣关系。乙公司作为派遣公司与陈某建立劳动合同

关系,之后将其派遣至甲公司工作。因此,乙公司作为陈某的用人单位,应参加工伤保险,由乙公司支付工伤保险费,陈某个人无需缴纳。故 A 项错误,B 项正确。

参加工伤保险等社会保险是用人单位和职工的法定义务,与商业保险并不冲突,即使乙公司已经为陈某购买了人身意外保险,仍需参加工伤保险,缴纳工伤保险费。故 C 项错误。

《社会保险法》第 41 条规定:"职工所在用人单位未依法缴纳工伤保险费,发生工伤事故的,由用人单位支付工伤保险待遇。用人单位不支付的,从工伤保险基金中先行支付。从工伤保险基金中先行支付的工伤保险待遇应当由用人单位偿还。用人单位不偿还的,社会保险经办机构可以依照本法第六十三条的规定追偿。"首先,工伤保险由用人单位缴纳保险费,员工个人无需缴费;其次,即使用人单位未参加工伤保险,没有缴纳工伤保险费,员工发生工伤后也可以享受工伤保险待遇,由工伤保险基金先行支付。故 D 项错误。

70.债权人撤销权、恶意串通无效[BCD]

[解析] 无论是动产还是不动产,签订的抵押合同不存在不登记导致合同不生效的情形,抵押合同只要达成协议即可成立生效,故 A 项错误。

《民法典》第 154 条规定:"行为人与相对人恶意串通,损害他人合法权益的民事法律行为无效。"本题中,乙公司与甲公司签订抵押合同的行为,属于恶意串通损害丙公司利益的行为,因恶意串通而无效,故 B 项正确。

《民法典》第 539 条规定:"债务人以明显不合理的低价转让财产、以明显不合理的高价受让他人财产或者为他人的债务提供担保,影响债权人的债权实现,债务人的相对人知道或者应当知道该情形的,债权人可以请求人民法院撤销债务人的行为。"本题中,甲、乙公司事后签订抵押合同的行为,损害了债权人丙公司的利益,故丙公司可行使债权人撤销权,撤销甲、乙公司之间的行为,故 C 项正确。

虽然签订了抵押合同,但是并没有发生所有权的变动,汽车和房屋的所有权依然属于甲公司,故 D 项正确。

71.证据的分类[AD]

[解析] 关于证据的法定种类。书证是指以文字、符号、图形等形式所记载的内容或表达的思想来证明案件事实的证据。物证则是利用物体外观等自然属性证明案件事实的证据。证据的分类一定要结合题目来判断。在本案中,书店提交被损毁图书是为了证明自己遭受的损失,而图书被损毁这一事实,只需要法官查看被损毁的图书外观就能够明白,而无需通过内容来证明。因此被损毁图书属于物证,而不属

于书证。故 D 项正确,C 项错误。

关于证据的理论分类。本题涉及的是直接证据与间接证据的区分。直接证据与间接证据的区分,关键是看该证据是否能够单独证明需要证明的案件事实。也就是说,一个证据就能单独反映题目中需要证明的事实,就是直接证据。一个证据无法单独反映题目中需要证明的事实,就是间接证据。结合题目来看,本题中,需要证明的事实是书店遭受的损失,本案被损毁图书就能够单独反映这一情况。故 A 项正确,B 项错误。

72.特殊的普通合伙企业[AB]

[解析]《合伙企业法》第 58 条规定:"合伙人执业活动中因故意或者重大过失造成的合伙企业债务,以合伙企业财产对外承担责任后,该合伙人应当按照合伙协议的约定对给合伙企业造成的损失承担赔偿责任。"就君平昌成律师事务所而言,其应当以律所的全部财产对合伙人给客户造成的损失承担责任,所以客户可以要求该所承担全部赔偿责任。故 A 项正确。

《合伙企业法》第 57 条第 1 款规定:"一个合伙人或者数个合伙人在执业活动中因故意或者重大过失造成合伙企业债务的,应当承担无限责任或者无限连带责任,其他合伙人以其在合伙企业中的财产份额为限承担责任。"本题中,对于特殊的普通合伙,因曾君、郭昌的重大过失致人损害,应当由曾君、郭昌对客户的损失承担无限连带责任,而其他合伙人仅以其在合伙企业中的财产份额为限承担责任。故 B 项正确,C、D 两项错误。

73.票据抗辩;票据的无因性[BCD]

[解析] 银行承兑汇票,是由在承兑银行开立存款账户的存款人出票,向开户银行申请并经银行审查同意承兑的,保证在指定日期无条件支付确定的金额给收款人或持票人的票据。所以银行承兑汇票经承兑后才能产生付款的效力。故 A 项正确,不当选。

《票据法》第 13 条规定:"票据债务人不得以自己与出票人或者与持票人的前手之间的抗辩事由,对抗持票人。但是,持票人明知存在抗辩事由而取得票据的除外。票据债务人可以对不履行约定义务的与自己有直接债权债务关系的持票人,进行抗辩。本法所称抗辩,是指票据债务人根据本法规定对票据债权人拒绝履行义务的行为。"因为甲银行与楚天公司存在直接的债权债务关系,甲银行可以楚天公司尚欠其贷款未还为由拒绝付款。故 B 项错误,当选。

根据票据的无因性,债务人甲银行不得以出票人潇湘公司与持票人楚天公司间的原因关系对抗楚天公司的付款请求权。虽然根据 B 项分析,因为甲银行与楚天公司存在直接债权债务关系,甲银行可据此抗辩,拒绝对楚天公司履行付款义务;但是,甲银行也可

放弃这种抗辩,履行自己的付款义务。由于甲银行是履行正当的票据义务,由此给潇湘公司造成的损失,甲银行不承担责任。故 C 项错误,当选。

楚天公司交付的货物有质量问题,属于票据的基础关系存在瑕疵,根据票据的无因性,甲银行的付款义务不受货物质量问题的影响,甲银行不能以此为由拒绝付款,且甲银行付款后可以依据票据关系向出票人潇湘公司主张追索权。故 D 项错误,当选。

74．对外贸易经营者的资格;出口管制措施[CD]

[解析] 根据《对外贸易法》第 8 条规定,本法所称对外贸易经营者,是指依法办理工商登记或者其他执业手续,依照本法和其他有关法律、行政法规的规定从事对外贸易经营活动的法人、其他组织或者个人。据此,外贸经营者包括自然人。故 A 项错误。

2022 年修改的《对外贸易法》取消了对外贸易经营者的备案登记制,对外贸易经营者可以自动取得对外贸易经营资格,B 项表述需要经过审批,不符合法律规定,故 B 项错误。

根据《出口管制法》第 12 条规定,国家对管制物项的出口实行许可制度。出口管制清单所列管制物项或者临时管制物项,出口经营者应当向国家出口管制管理部门申请许可。故 C 项正确。

根据《出口管制法》第 16 条第 1 款规定,管制物项的最终用户应当承诺,未经国家出口管制管理部门允许,不得擅自改变相关管制物项的最终用途或者向任何第三方转让。故 D 项正确。

75．商标侵权[ABCD]

[解析]《商标法》第 57 条规定:"有下列行为之一的,均属侵犯注册商标专用权:(一)未经商标注册人的许可,在同一种商品上使用与其注册商标相同的商标的;……(三)销售侵犯注册商标专用权的商品的;(四)伪造、擅自制造他人注册商标标识或者销售伪造、擅自制造的注册商标标识的;……"本题中乙公司、丙、丁、戊超市的行为明显都属于侵犯注册商标专用权的行为。需要进一步分析以下两个问题:

丙、丁、戊超市是否有权援引商标权用尽原则进行抗辩?商标权用尽原则是指对于经商标权人许可或以其他合法方式投放市场的商品,他人在购买后无须经过商标权人许可,即可将带有该商标的商品再次投入流通,而不构成对商标权的侵害。可知,商标权用尽原则要求带有该商标的商品以合法的方式进入市场。本题中,乙公司擅自生产 1 万盒蛋糕显然属于违法行为,对该商品不适用商标权用尽原则。

戊超市是否有权援引合法来源进行抗辩?《商标法》第 64 条第 2 款规定:"销售不知道是侵犯注册商标专用权的商品,能证明该商品是自己合法取得并说明提供者的,不承担赔偿责任。"可知,合法来源抗辩只能免除赔偿责任,不能免除其他侵权责任,如停止侵害等,因此戊超市仍构成商标权侵权。

综上,本题 A、B、C、D 项均当选。

76．公司增资[AB]

[解析]《公司法》第 227 条第 1 款规定:"有限责任公司增加注册资本时,股东在同等条件下有权优先按照实缴的出资比例认缴出资。但是,全体股东约定不按照出资比例优先认缴出资的除外。"可知,股东可以约定不按出资比例增资。故 A 项正确。

《公司法》第 228 条第 1 款规定:"有限责任公司增加注册资本时,股东认缴新增资本的出资,依照本法设立有限责任公司缴纳出资的有关规定执行。"《公司法》第 47 条第 1 款规定:"有限责任公司的注册资本为在公司登记机关登记的全体股东认缴的出资额。全体股东认缴的出资额由股东按照公司章程的规定自公司成立之日起五年内缴足。"据此,有限责任公司注册资本采取认缴制度,甲、乙、丙认缴后在 5 年内缴足即可,故 B 项正确。

《公司法》第 46 条第 1 款规定:"有限责任公司章程应当载明下列事项:……(三)公司注册资本;……"注册资本属于章程应当载明事项,增加注册资本应当修改章程。故 C 项错误。

《公司法》第 34 条第 1 款规定:"公司登记事项发生变更的,应当依法办理变更登记。"公司增资导致登记事项发生变更,应当依法办理变更登记。故 D 项错误。

77．排除妨害请求权[ABC]

[解析]《民法典》第 236 条规定:"妨害物权或者可能妨害物权的,权利人可以请求排除妨害或者消除危险。"本题中,由于赵某的邻居叶某房屋的施工给赵某的生活带来重大妨碍,因此赵某可以请求排除妨碍。首先,因房屋尚未过户给沈某,故所有权人依然是叶某,赵某可以请求所有权人叶某排除妨碍;如果叶某不履行,由于直接造成的妨碍是沈某擅自直接施工所致,沈某是直接的妨害人,因此赵某也可直接请求沈某排除妨碍。故 A、B 项正确。

《民法典》第 196 条规定:"下列请求权不适用诉讼时效的规定:(一)请求停止侵害、排除妨碍、消除危险;……"排除妨碍属于物权请求权,不受诉讼时效的限制。故 C 项正确。

《民法典》第 1183 条第 1 款规定:"侵害自然人人身权益造成严重精神损害的,被侵权人有权请求精神损害赔偿。"据此,受害人唯有构成了严重精神损害的,才享有精神损害赔偿请求权,而本题题干交代的情节赵某经常失眠,无法满足严重精神损害这一结果要件。故 D 项错误。

78．土地承包经营权的取得与流转[AD]

[解析]《民法典》第 333 条第 1 款规定,土地承包经营权自土地承包经营权合同生效时设立。设立

登记并非土地承包经营权设立的要件。故 A 项正确。

《民法典》第 335 条规定，土地承包经营权互换、转让的，当事人可以向登记机构申请登记；未经登记，不得对抗善意第三人。土地承包经营权的让与，过户登记仅为对抗要件，而非生效要件。故 B 项错误。

【特别提醒】 再次提醒注意，《民法典》第 333、335 条所规定的制度不同，第 333 条规定的是设立，即承包人与集体组织签订合同；第 335 条规定的是转让，即承包人之间签订合同为转让。只有在承包人之间互换和转让时，才存在登记对抗的问题。

《农村土地承包法》第 16 条第 1 款规定："家庭承包的承包方是本集体经济组织的农户。"季大和季小已经分别立户，因此，都是独立的承包经营权人。《农村土地承包法》第 32 条第 1 款规定："承包人应得的承包收益，依照继承法的规定继承。"据此，土地承包经营权不发生继承，但继承人可继承承包的收益。因为季大没有其他继承人，所以季小作为兄弟姐妹可以作为法定继承人继承未收割的农作物。故 C 项错误，D 项正确。**【知识拓展】** 原则上，土地承包经营权不属于遗产，不能继承。但有两个例外：（1）林地承包的承包人死亡，其继承人可以在承包期内继续承包（《农村土地承包法》第 32 条第 2 款）；（2）通过招标、拍卖、公开协商等方式取得土地经营权的，该承包人死亡，其应得的承包收益，依照《民法典》继承编的规定继承；在承包期内，其继承人可以继续承包（《农村土地承包法》第 54 条）。

79．隐私权侵害；精神损害赔偿；法人责任 [AC]

[解析] 隐私权，是指自然人享有的对其与社会公共利益无关的个人信息、私人活动和私有领域进行支配的一种人格权。本题中，甲公司工作人员李某未经许可翻看张某箱内物品，构成对张某隐私权的侵犯，故 A 项正确。

《民法典》第 1183 条规定："侵害自然人人身权益造成严重精神损害的，被侵权人有权请求精神损害赔偿。因故意或者重大过失侵害自然人具有人身意义的特定物造成严重精神损害的，被侵权人有权请求精神损害赔偿。"本题中，翻看物品的行为，尽管侵犯了隐私权，但是，题目并未有明确信息造成严重精神损害，故应认定不足以造成严重精神损害。故 B 项错误。

甲公司工作人员李某翻看箱内物品致平板电脑损害，侵犯了张某的财产权，张某有权要求赔偿损失，故 C 项正确。

《民法典》第 1191 条第 1 款规定："用人单位的工作人员因执行工作任务造成他人损害的，由用人单位承担侵权责任。用人单位承担侵权责任后，可以向有故意或者重大过失的工作人员追偿。"李某作为甲

公司工作人员，在工作过程中致害，甲公司应当承担责任。故 D 项错误。

80．起诉与受理 [ABD]

[解析] 《民诉解释》第 212 条规定："裁定不予受理、驳回起诉的案件，原告再次起诉，符合起诉条件且不属于民事诉讼法第一百二十七条规定情形的，人民法院应予受理。"故 A 项正确。

《民诉解释》第 214 条规定："原告撤诉或者人民法院按撤诉处理后，原告以同一诉讼请求再次起诉的，人民法院应予受理。原告撤诉或者按撤诉处理的离婚案件，没有新情况、新理由，六个月内又起诉的，比照民事诉讼法第一百二十七条第（七）项的规定不予受理。"题里没有提到例外情况，就不考虑例外情况。故 B 项正确。**【总结提示】** 一审中撤回起诉后可以再次起诉；二审、再审中撤回起诉后不能再次起诉。

《民事诉讼法》第 127 条规定："人民法院对下列起诉，分别情形，予以处理：……（七）判决不准离婚和调解和好的离婚案件，判决、调解维持收养关系的案件，没有新情况、新理由，原告在六个月内又起诉的，不予受理。"原告过了 6 个月，即使没有新事实和新理由，也能起诉；被告随时可以起诉，没有时间和新事实、新理由的要求。故 C 项错误。

《民诉解释》第 219 条规定："当事人超过诉讼时效期间起诉的，人民法院应予受理。受理后对方当事人提出诉讼时效抗辩，人民法院经审理认为抗辩事由成立的，判决驳回原告的诉讼请求。"故 D 项正确。

81．支票的记载事项 [CD]

[解析] 《票据法》第 84 条规定："支票必须记载下列事项：（一）表明'支票'的字样；（二）无条件支付的委托；（三）确定的金额；（四）付款人名称；（五）出票日期；（六）出票人签章。支票上未记载前款规定事项之一的，支票无效。"没有记载票据金额的中文大写不属于上述任何一种情形，该支票出票行为有效，忠谊公司享有票据权利，东霖公司应承担票据责任。故 A、B 项错误，C 项正确。

《票据法》第 85 条规定："支票上的金额可以由出票人授权补记，未补记前的支票，不得使用。"故 D 项正确。

82．审计机关的职权 [BCD]

[解析] 冻结银行账户属于《行政强制法》中的行政强制措施，根据《行政强制法》第 29 条规定，冻结存款、汇款应当由法律规定的行政机关实施。《审计法》中未授予审计机关冻结银行账户的权利，根据《审计法》38 条第 2 款规定，需要冻结被审计单位银行存款的，审计机关应当向人民法院提出申请。故 A 项错误。

《审计法》第 37 条第 2、3 款规定："审计机关经县级以上人民政府审计机关负责人批准，有权查询被

审计单位在金融机构的账户。审计机关有证据证明被审计单位违反国家规定将公款转入其他单位、个人在金融机构账户的，经县级以上人民政府审计机关主要负责人批准，有权查询有关单位、个人在金融机构与审计事项相关的存款。"本题中电力公司将收取的居民电费存在员工陆某名下，因此审计机构有权对该公司及陆某的银行账户进行查询。故 B、C 项正确。

根据《审计法》第 38 条规定，审计机关进行审计时，被审计单位不得转移、隐匿、篡改、毁弃财务、会计资料以及与财政收支、财务收支有关的业务、管理等资料，不得转移、隐匿、故意毁损所持有的违反国家规定取得的资产。审计机关对被审计单位违反前述规定的行为，有权予以制止；必要时，经县级以上人民政府审计机关负责人批准，有权封存有关资料和违反国家规定取得的资产。故 D 项正确。

83．技术合同；合作开发的发明创造的权益归属[BCD]

[解析]《民法典》第 860 条规定："合作开发完成的发明创造，申请专利的权利属于合作开发的当事人共有；当事人一方转让其共有的专利申请权的，其他各方享有以同等条件优先受让的权利。但是，当事人另有约定的除外。合作开发的当事人一方声明放弃其共有的专利申请权的，除当事人另有约定外，可以由另一方单独申请或者由其他各方共同申请。申请人取得专利权的，放弃专利申请权的一方可以免费实施该专利。合作开发的当事人一方不同意申请专利的，另一方或者其他各方不得申请专利。"据此，合作开发完成的发明创造，申请专利的权利属于合作开发当事人共有，一方不同意申请专利的，其他各方不得申请专利。本题中，合作开发人乙不同意申请专利，则甲、丙不得申请专利。故 A 项正确，B、C 项错误。D 项中支付补偿费没有法律依据，故错误。

84．我国法律关于合同法律适用问题上的法律规避的规定[BD]

[解析]《涉外民事关系法律适用法解释（一）》第 9 条规定："一方当事人故意制造涉外民事关系的连结点，规避中华人民共和国法律、行政法规的强制性规定的，人民法院应认定为不发生适用外国法律的效力。"规避中国法律强制性规定的效力：诉讼继续进行，但应适用中国法律，排除当事人选择的法律。故 A、C 项错误，B、D 项正确。

85．国际融资担保中的见索即付保证[CD]

[解析]在见索即付保证中，只要债权人提出付款要求，保证人就应当立即履行支付义务，不得以申请人根据基础合同所产生的任何抗辩权对抗债权人，也不得关心对客观事实的调查，如委托人在履行基础合同中的违约事实，或受益人由此而遭受的实际损失等。本题中丙银行为保证人，不得以合同违约原因及

乙国内战而不履行保函义务，也不需要实质审查后方履行保函义务。故 A、B 项错误。

见票即付的保函属于独立保证，保证人承担的是第一顺位的、独立的还款义务。故 C 项正确。

见票即付的保函属于连带保证，保证人不能行使先诉抗辩权。保函被担保人（乙国工程所有人）事先无须对借款人采取各种救济方法，便可直接要求保证人（丙银行）承担还款责任。故 D 项正确。

三、不定项选择题

86．离婚诉讼的特点[AB]

[解析]《民事诉讼法》第 23 条规定："下列民事诉讼，由原告住所地人民法院管辖；原告住所地与经常居住地不一致的，由原告经常居住地人民法院管辖：（一）对不在中华人民共和国领域内居住的人提起的有关身份关系的诉讼；（二）对下落不明或者宣告失踪的人提起的有关身份关系的诉讼；（三）对被采取强制性教育措施的人提起的诉讼；（四）对被监禁的人提起的诉讼。"离婚诉讼属于有关身份关系的诉讼，被告下落不明的，应当由原告住所地法院管辖。故 A 项正确。

《民事诉讼法》第 154 条规定："有下列情形之一的，终结诉讼：（一）原告死亡，没有继承人，或者继承人放弃诉讼权利的；（二）被告死亡，没有遗产，也没有应当承担义务的人的；（三）离婚案件一方当事人死亡的；（四）追索赡养费、扶养费、抚养费以及解除收养关系案件的一方当事人死亡的。"因此，一方当事人死亡的，诉讼终结。故 B 项正确。

《民事诉讼法》第 213 条规定："当事人对已经发生法律效力的解除婚姻关系的判决、调解书，不得申请再审。"《民诉解释》第 380 条规定："当事人就离婚案件中的财产分割问题申请再审，如涉及判决中已分割的财产，人民法院应当依照民事诉讼法第二百条①的规定进行审查，符合再审条件的，应当裁定再审；如涉及判决中未作处理的夫妻共同财产，应当告知当事人另行起诉。"离婚案件的婚姻关系部分不能申请再审，财产分割部分，满足条件时，允许申请再审。故 C 项错误。

《民事诉讼法》第 137 条规定："人民法院审理民事案件，除涉及国家秘密、个人隐私或者法律另有规定的以外，应当公开进行。离婚案件，涉及商业秘密的案件，当事人申请不公开审理的，可以不公开审理。"离婚案件原则上是公开的。故 D 项错误。

87．继承权的丧失；遗嘱继承[AC]

[解析]《民法典》第 1138 条规定："遗嘱人在危急情况下，可以立口头遗嘱。口头遗嘱应当有两个以

---

① 现为第 204 条，编者注。

上见证人在场见证。危急情况消除后，遗嘱人能够以书面或者录音录像形式立遗嘱的，所立的口头遗嘱无效。"本案中，乙立口头遗嘱的情况，符合上述规定，因此有效。根据《民法典》第1142条的规定，立有数份遗嘱，内容相抵触的，以最后的遗嘱为准。因此，应以乙最后所立口头遗嘱为准。根据口头遗嘱，房屋归丙，故C项正确。

根据《民法典》第1125条第1款第2项的规定，"为争夺遗产而杀害其他继承人"的，丧失继承权。《民法典继承编解释（一）》第8条规定："继承人有民法典第一千一百二十五条第一款第一项或者第二项所列之行为，而被继承人以遗嘱将遗产指定由该继承人继承的，可以确认遗嘱无效，并确认该继承人丧失继承权。"据此，丁为继承遗产欲杀害丙（无论既遂还是未遂），因此丧失继承权，乙所立口头遗嘱中由丁继承一半存款的部分无效，故D项错误。

张某获得的赔偿金属于个人财产，继承人可以继承。由于丁丧失了继承权，全部赔偿金应由丙继承。故A项正确，B项错误。

88．股东以股权出资的规定[BCD]

[解析]《公司法解释（三）》第11条第1款规定："出资人以其他公司股权出资，符合下列条件的，人民法院应当认定出资人已履行出资义务：（一）出资的股权由出资人合法持有并依法可以转让；（二）出资的股权无权利瑕疵或者权利负担；（三）出资人已履行关于股权转让的法定手续；（四）出资的股权已依法进行了价值评估。"

君则公司章程中对该公司股权是否可用作对其他公司的出资没有明确规定，且属于甲合法持有并依法可以转让的股权，出资人甲可以该股权出资。故A项不当选。

甲对君则公司尚未履行完毕其出资义务，说明甲的股权存在瑕疵，股权受限，以该股权出资会导致甲不能完全履行出资义务。故B项应选。

根据《公司法解释（三）》第11条第1款第2项可知，若甲已将其股权出质给其债权人戊，则该股权存在权利负担，不能作为对天际公司的出资。故C项应选。

甲以其股权作为出资转让给天际公司时，君则公司的另一股东已主张行使优先购买权，这会导致该股权不能转让给新设立的天际有限责任公司，从而导致甲无法全面履行其出资义务。故D项应选。

89．房地产转让[ABC]

[解析]甲向乙转让，此时为划拨取得土地使用权后转让房地产。《城市房地产管理法》第40条第1款规定："以划拨方式取得土地使用权的，转让房地产时，应当按照国务院规定，报有批准权的人民政府审批。有批准权的人民政府准予转让的，应当由受让

方办理土地使用权出让手续，并依照国家有关规定缴纳土地使用权出让金。"故A项正确。

乙与甲签订了土地出让合同，5年后，乙又向丙转让，此时为以出让方式取得土地使用权后转让房地产。《城市房地产管理法》第39条规定："以出让方式取得土地使用权的，转让房地产时，应当符合下列条件：（一）按照出让合同约定已经支付全部土地使用权出让金，并取得土地使用权证书；（二）按照出让合同约定进行投资开发，属于房屋建设工程的，完成开发投资总额的25%以上，属于成片开发土地的，形成工业用地或者其他建设用地条件。转让房地产时房屋已经建成的，还应当持有房屋所有权证书。"故B项正确。

《城市房地产管理法》第44条规定："以出让方式取得土地使用权的，转让房地产后，受让人改变原土地使用权出让合同约定的土地用途的，必须取得原出让方和市、县人民政府城市规划行政主管部门的同意，签订土地使用权出让合同变更协议或者重新签订土地使用权出让合同，相应调整土地使用权出让金。"故C项正确。

《城市房地产管理法》第43条规定："以出让方式取得土地使用权的，转让房地产后，其土地使用权的使用年限为原土地使用权出让合同约定的使用年限减去原土地使用者已经使用年限后的剩余年限。"D项错在"重新计算"，正确的应为"剩余年限"。故D项错误。

90．涉澳仲裁裁决的认可和执行[CD]

[解析]《关于内地与澳门特别行政区相互认可和执行仲裁裁决的安排》第2条第2款规定："内地有权受理认可和执行仲裁裁决申请的法院为中级人民法院。两个或者两个以上中级人民法院均有管辖权的，当事人应当选择向其中一个中级人民法院提出申请。"因此，尽管乙公司在广东、上海和澳门均有财产，也只能选择一个法院提出申请。故A项错误。

该《安排》第1条规定："内地人民法院认可和执行澳门特别行政区仲裁机构及仲裁员按照澳门特别行政区仲裁法在澳门作出的民商事仲裁裁决，澳门特别行政区法院认可和执行内地仲裁机构依据《中华人民共和国仲裁法》在内地作出的民商事仲裁裁决，适用本安排。本安排没有规定的，适用认可和执行地的程序法律规定。"因此，只要是内地法院依法作出的民商事仲裁裁决，均有机会获得澳门法院的承认和执行，不限于国务院港澳办提供的名单内的仲裁机构。故B项错误。

该《安排》第3条规定："被申请人的住所地、经常居住地或者财产所在地分别在内地和澳门特别行政区的，申请人可以向一地法院提出认可和申请执

行,也可以分别向两地法院提出申请。当事人分别向两地法院提出申请的,两地法院都应当依法进行审查。予以认可的,采取查封、扣押或者冻结被执行人财产等执行措施。仲裁地法院应当先进行执行清偿;另一地法院在收到仲裁地法院关于经执行债权未获清偿情况的证明后,可以对申请人未获清偿的部分进行执行清偿。两地法院执行财产的总额,不得超过依据裁决和法律规定所确定的数额。"本题中仲裁地是内地,广东、上海和澳门为被申请人财产所在地,因此,甲公司分别向两地法院申请的,仲裁地法院即内地法院应当先执行清偿,澳门法院可就未获清偿部分执行清偿,两地执行的总额,不超过依裁决和法律规定所确定的数额。故 C、D 项正确。

91.委托合同主体的认定;法定代表人行为的效力;债务移转的法律效力[AD]

[解析] 法定代表人系法人机关的一种。法人机关有一个重要特点,即法人机关以法人名义实施行为(包括法律行为)时,法人机关无独立人格,法人机关的人格被法人吸收,法人机关的行为即为法人的行为。乙公司与丙公司签订《委托书》时,乙公司的法定代表人王某虽在委托合同上签名,但王某的行为即为乙公司的行为,委托人是乙公司,王某不是委托人。故 A 项正确,B 项错误。

甲公司与乙公司的法定代表人均为王某,但王某是以乙公司的名义,而不是以甲公司的名义在《委托书》上签字,甲公司不是委托人。故 C 项错误。

法律行为,是当事人通过意思表示设定的,旨在发生一定私法上效果的行为。本题中,王某向张某出具《承诺函》载明,"如张某不闹事,将协调甲公司卖房给张某"。就其常规意义而言,"协调"的意思是王某将在甲公司、乙公司、丙公司之间做一些沟通、劝说工作,以促成甲公司将 A 区的房屋卖一套给张某,对此,王某不受民事义务性质的拘束,亦不享有民事权利性质的利益。也就是说,王某向张某出具的《承诺函》,没有具体权利与义务的设定,不属于意思表示,不能产生法律行为上的效果。故 D 项正确。

92.无权处分;表见代理[B]

[解析] 本题中,A 区房屋归甲公司所有,B 区房屋归乙公司所有,丙接受了乙公司的委托只能出售 B 区的房屋。因此,丙公司擅自以自己的名义,将甲公司享有所有权的 A 区房屋出售给张某的行为,构成无权处分。故 B 项正确。

《商品房买卖合同解释》第 2 条规定:"出卖人未取得商品房预售许可证明,与买受人订立的商品房预售合同,应当认定无效,但是在起诉前取得商品房预售许可证明的,可以认定有效。"丙公司与张某订立《房屋预订合同》时,尚未取得预售许可证,但在起诉前取得,该商品房预售合同有效。此外,《民法典》第

597 条规定:"因出卖人未取得处分权致使标的物所有权不能转移的,买受人可以解除合同并请求出卖人承担违约责任。"据此,因无权处分订立的买卖合同,无权处分不影响合同的效力。故《房屋预订合同》有效,A 项错误。

丙接受了乙的委托,以自己名义订立合同,属于间接代理。但是,丙只能销售属于乙的 B 区房屋,预定合同中丙却销售了甲的 A 区房屋,因此属于超越代理权的行为,是狭义的无权代理,不是有效代理。故 C 项错误。

在签订合同前,张某查看了《合作开发协议》与《委托书》,这两个文件里对 A 区和 B 区房屋的归属以及乙公司与丙公司的委托代理关系有明确约定,A 区房屋归甲公司所有以及丙公司只能销售 B 区房屋是一个明知的事实。因此,张某不能主张自己有合理的理由相信丙公司有销售 A 区房屋的权利,不能构成表见代理。故 D 项错误。

93.债权多重让与的法律效力;不当得利[A]

[解析]《房屋预订合同》是张某和丙公司签订的,并且丙公司接受乙公司的委托,独立对外订立销售合同,张某与丙公司签订了合同,并且向丙公司支付了 30 万元价款,因此,当丙公司不能履行合同时,应当向张某退还 30 万元。张某与李某签订《债权转让协议》,将该债权转让给李某,并通知了甲、乙、丙三公司。根据《民法典》第 546 条第 1 款规定:"债权人转让债权,未通知债务人的,该转让对债务人不发生效力。"据此,债权转让通知债务人后,即对债务人发生效力,债务人丙公司应当向新的债权人李某返还 30 万元预付房款。

在将债权成功转让给李某后,张某又将该债权转让给方某并通知债务人丙公司。《民法典合同编通则解释》第 50 条第 1 款规定,让与人将同一债权转让给两个以上受让人,债务人以已经向最先通知的受让人履行为由主张其不再履行债务的,人民法院应予支持。债务人明知接受履行的受让人不是最先通知的受让人,最先通知的受让人请求债务人继续履行债务或者依据债权转让协议请求让与人承担违约责任的,人民法院应予支持;最先通知的受让人请求接受履行的受让人返还其接受的财产的,人民法院不予支持,但是接受履行的受让人明知该债权在其受让前已经转让给其他受让人的除外。据此,对于债权多重让与的,债务人应当向最先通知的受让人履行。本案中,债权首先转让给了李某,且已经通知了债务人丙公司,因此丙公司应当向李某履行。故 A 项正确,B、C、D 项错误。

94.股权转让规则;股权的善意取得[A]

[解析] 股权对外转让时,其他股东在同等条件下享有优先购买权。此处"同等条件"应当考虑转

股权的数量、价格、支付方式及期限等因素。本题中，乙仅提出对其中60%的股权行使优先购买权，而非全部股权，不符合"同等条件"的要求，因此不具有优先购买权，甲可以拒绝乙的请求，故 A 项正确。

《公司法解释（三）》第 27 条第 2 款规定："原股东处分股权造成受让股东损失，受让股东请求原股东承担赔偿责任、对于未及时办理变更登记有过错的董事、高级管理人员或者实际控制人承担相应责任的，人民法院应予支持；受让股东对于未及时办理变更登记也有过错的，可以适当减轻上述董事、高级管理人员或者实际控制人的责任。"据此，原股东处分股权造成受让股东损失的，对未及时办理变更登记有过错的董事、高管应承担与过错相应的责任，而非与原股东一起承担连带责任，故 B 项错误。

股东名册是证明股东资格的法定文件，记载于股东名册的股东即取得股东资格，可以行使股东权利。公司登记仅具有对抗效力，即不登记不得对抗善意第三人。故 C 项错误。

丁也是红英公司股东，根据《公司法》第 84 条，甲转让股权，应当书面通知其他股东，可知丁对甲转让股权给戊知情，因此不能善意取得，故 D 项错误。

95. 食品虚假广告的法律责任 [C]

[解析] 本题中，甲公司"擅自篡改食品安全监管部门审批的批准文号"，由此导致其发布的广告为"虚假广告"，并且已经导致消费者的合法权益受到损害。

《食品安全法》第 140 条第 2 款规定："广告经营者、发布者设计、制作、发布虚假食品广告，使消费者的合法权益受到损害的，应当与食品生产经营者承担连带责任。"广告经营者（乙广告公司）未审查保健品相关批准文号，可知其主观过错明显，因此应当承担法律责任，而"功效"并非广告经营者的审查范围，故 B 项错误。报纸、电视台属于广告发布者，需承担连带责任，故 D 项错误。

《食品安全法》第 140 条第 3 款规定："社会团体或者其他组织、个人在虚假广告或者其他虚假宣传中向消费者推荐食品，使消费者的合法权益受到损害的，应当与食品生产经营者承担连带责任。"故 C 项正确。

《食品安全法》第 140 条第 4 款规定："违反本法规定，食品安全监督管理等部门、食品检验机构、食品行业协会以广告或者其他形式向消费者推荐食品，消费者组织以收取费用或者其他牟取利益的方式向消费者推荐食品的，由有关主管部门没收违法所得，依法对直接负责的主管人员和其他直接责任人员给予记大过、降级或者撤职处分；情节严重的，给予开除处分。"食品安全监督管理部门是行政监管机构，应当承担行政责任，而非民事赔偿责任，故 A 项错误。

96. 赡养费诉讼中的原告和被告 [AD]

[解析] 原告，是指为维护自己或自己所管理的他人的民事权益，而以自己的名义向法院起诉，从而引起民事诉讼程序的人，故王某争取赡养费而提起诉讼，其是唯一适格原告。故 A 项正确。而对于本案被告的确定问题，《民法典》第 1067 条第 2 款规定："成年子女不履行赡养义务的，缺乏劳动能力或者生活困难的父母，有要求成年子女给付赡养费的权利。"在子女为多人的情况下，这种赡养义务是共同义务。因此，本题中王甲、王乙、王丙是王某赡养义务的共同承担者，是本案共同被告。故 D 项正确，B、C 项错误。

97. 地域管辖 [ABCD]

[解析] 《民诉解释》第 9 条规定："追索赡养费、扶养费、抚养费案件的几个被告住所地不在同一辖区的，可以由原告住所地人民法院管辖。"本题三个被告的住所地不一致，原告住所地法院有权管辖。《民事诉讼法》第 22 条规定："对公民提起的民事诉讼，由被告住所地人民法院管辖；被告住所地与经常居住地不一致的，由经常居住地人民法院管辖。对法人或者其他组织提起的民事诉讼，由被告住所地人民法院管辖。同一诉讼的几个被告住所地、经常居住地在两个以上人民法院辖区的，各该人民法院都有管辖权。"可知三个被告的住所地法院也有权管辖。故 A、B、C、D 项正确。

98. 财产保全；先予执行 [BD]

[解析] 本题诉讼过程中，当事人未实施妨害民事诉讼的行为，因此，不能实行强制措施。故 A 项错误。

《民事诉讼法》第 103 条规定："人民法院对于可能因当事人一方的行为或者其他原因，使判决难以执行或者造成当事人其他损害的案件，根据对方当事人的申请，可以裁定对其财产进行保全、责令其作出一定行为或者禁止其作出一定行为；……"由此可知，诉讼中保全是为了保证人民法院的判决能顺利实施。本案王乙的存款转移，表明将来判决生效后，王乙可能无钱供执行，因此适用诉讼保全措施。故 B 项正确。

《民事诉讼法》第 84 条第 1 款规定："在证据可能灭失或者以后难以取得的情况下，当事人可以在诉讼过程中向人民法院申请保全证据，人民法院也可以主动采取保全措施。"该题不涉及证据可能灭失或者以后难以取得的情形。故 C 项错误。

《民事诉讼法》第 109 条规定："人民法院对下列案件，根据当事人的申请，可以裁定先予执行：（一）追索赡养费、扶养费、抚养费、抚恤金、医疗费用的；……"由此可知，本案符合先予执行措施。故 D 项正确。

99．一事不再理原则[C]

[**解析**]《民事诉讼法》第 212 条规定："当事人对已经发生法律效力的调解书，提出证据证明调解违反自愿原则或者调解协议的内容违反法律的，可以申请再审。经人民法院审查属实的，应当再审。"该题是因为王某经常看病，要求增加赡养费，不属于再审的事由，况且当事人申请再审也超过了法定期限。故 B 项错误。原案已以调解结案，因此不可增加诉讼请求。故 A 项错误。

《民诉解释》第 218 条规定："赡养费、扶养费、抚养费案件，裁判发生法律效力后，因新情况、新理由，一方当事人再行起诉要求增加或者减少费用的，人民法院应作为新案受理。"故 C 项正确。

一事不再理，是指一个实体法律关系争议，法院正在或者已经实体审理后，原告不得另行起诉，起诉法院不受理。一事不再理只是一般原则，存在可以另行起诉的例外，包括两种情况：其一，判决不准离婚和调解和好的离婚案件，判决、调解维持收养关系的案件，符合一定条件的。其二，增加或者减少赡养费、扶养费、抚育费案件，裁判发生法律效力后，因新情况、新理由，一方当事人再行起诉要求增加或减少费用的，人民法院应作为新案受理。本题属于后一种情况。故 D 项错误。

100．期后背书；汇票追索权[BC]

[**解析**]《票据法》第 36 条规定："汇票被拒绝承兑、被拒绝付款或者超过付款提示期限的，不得背书转让；背书转让的，背书人应当承担汇票责任。"据此，乙公司被拒绝付款后，不得将该汇票背书转让给丙公司，故 C 项正确。若背书转让的，称为期后背书，不能发生《票据法》上的效力，乙公司需对丙公司承担汇票责任，但不能因交付票据终结乙公司和丙公司之间的债务。故 A 项错误。

《票据法》第 62 条规定："持票人行使追索权时，应当提供被拒绝承兑或者被拒绝付款的有关证明。持票人提示承兑或者提示付款被拒绝的，承兑人或者付款人必须出具拒绝证明，或者出具退票理由书。未出具拒绝证明或者退票理由书的，应当承担由此产生的民事责任。"据此，银行拒绝付款，必须出具拒绝证明，或者出具退票理由书，以方便持票人行使追索权。银行口头拒付，若导致乙公司无法行使追索权，银行应对乙公司承担民事责任。故 B 项正确。

《票据法》第 65 条规定："持票人不能出示拒绝证明、退票理由书或者未按照规定期限提供其他合法证明的，丧失对其前手的追索权。但是，承兑人或者付款人仍应当对持票人承担责任。"但是，本题中，乙公司对丙公司的背书是期后背书，不适用《票据法》规定，丙公司只可向乙公司主张票据责任，而甲公司和银行对丙公司不承担票据责任。故 D 项错误。

试 卷 一

试 题

一、单项选择题。每题所设选项中只有一个正确答案。多选、错选或不选均不得分。本部分含1-50题,每题1分,共50分。

1. 关于建设中国特色社会主义法治体系,下列哪一项说法是正确的?

A. 建设中国特色社会主义法治体系,建设社会主义法治国家是推进全面依法治国的首要任务

B. 建设中国特色社会主义法律体系应以法律实践为依据,不需要随着时代变化和理论创新发展完善

C. 必须健全完善权力运行制约和监督机制,规范立法、执法、司法机关权力行使,建设严密的法治监督体系

D. 建设中国特色社会主义法治体系,并不包括建设完善的党内法规体系

2. 关于货币犯罪,下列哪一选项是错误的?

A. 伪造货币罪中的"货币",包括在国内流通的人民币、在国内可兑换的境外货币,以及正在流通的境外货币

B. 根据《刑法》规定,伪造货币并出售或者运输伪造的货币的,依照伪造货币罪从重处罚。据此,行为人伪造美元,并运输他人伪造的欧元的,应按伪造货币罪从重处罚

C. 将低额美元的纸币加工成高额英镑的纸币的,属于伪造货币

D. 对人民币真币加工处理,使100元面额变为50元面额的,属于变造货币

3. 甲冒充房主王某与乙签订商品房买卖合同,约定将王某的住房以220万元卖给乙,乙首付100万元给甲,待过户后再支付剩余的120万元。办理过户手续时,房管局工作人员识破甲的骗局并报警。根据司法解释,关于甲的刑事责任的认定,下列哪一选项是正确的?

A. 以合同诈骗罪220万元未遂论处,酌情从重处罚

B. 以合同诈骗罪100万元既遂论处,合同诈骗120万元作为未遂情节加以考虑

C. 以合同诈骗罪120万元未遂论处,合同诈骗100万元既遂的情节不再单独处罚

D. 以合同诈骗罪100万元既遂与合同诈骗120万元未遂并罚

4. 检察一体原则是指各级检察机关、检察官依法构成统一的整体,下级检察机关、下级检察官应当根据上级检察机关、上级检察官的批示和命令开展工作。据此,下列哪一表述是正确的?

A. 各级检察院实行检察委员会领导下的检察长负责制

B. 上级检察院可建议而不可直接变更、撤销下级检察院的决定

C. 在执行检察职能时,相关检察院有协助办案检察院的义务

D. 检察官之间在职务关系上可相互承继而不可相互移转和代理

5. 检察院以涉嫌盗窃罪对赵某提起公诉。经审理,法院认为证明指控事实的证据间存在矛盾且无法排除,同时查明赵某年龄认定有误,该案发生时赵某未满16周岁。关于本案,法院应当采取下列哪一做法?

A. 将案件退回检察院

B. 终止审理

C. 作证据不足、指控的犯罪不能成立的无罪判决

D. 判决宣告赵某不负刑事责任

6. 张某伪造、变造国家机关公文、证件、印章案的下列哪一证据既属于言词证据,又属于间接证据?

A. 用于伪造、变造国家机关公文、证件、印章的设备、工具

B. 伪造、变造的国家机关公文、证件、印章

C. 张某关于实施伪造、变造行为的供述

D. 判别国家机关公文、证件、印章真伪的鉴定意见

7. 老张和小张是父子关系,老张是户主。小张以老张的名义与区政府签订了房屋征收补偿协议。后老张以不知情为由向法院提起诉讼,请求确认该协议无效。对此,下列哪一说法是错误的?

A. 若协议约定发生争议后案件由区法院管辖,

则该约定内容无效

B. 若协议无效事由在一审法庭辩论终结前消除,法院可驳回原告起诉

C. 法院应当审查区政府签订协议行为的合法性

D. 法院不能通过民事诉讼程序确认协议无效

8. 习近平总书记指出,国家之权乃是"神器",是个神圣的东西。公权力姓公,也必须为公。关于公权力,下列哪一项说法是正确的?

A. 公权力是神圣的,超越政治的

B. 公职人员在公职外不可以有个人利益

C. 公权力必须得到制约和监督

D. 公权力行使的界限仅限于"国法"

9. 李女士在美国留学并工作多年,其间交往多位男友,但因各种原因分手。后李女士受公司派遣,至中国担任公司高管,工作期间认识法学博士冯某,二人坠入爱河,迅速组建家庭。一日,冯某收拾家中物品,发现李女士在美国治疗性病的病历,勃然大怒。追问之下,李女士告知,在美国留学期间被男友传染,因此愤而与男友分手。冯某仍对此耿耿于怀,以《婚姻法》规定"夫妻应当互相忠实"为由,认为李女士违背忠实义务而起诉离婚。李女士引用《民法总则》公民享有隐私权的规定,认为这是自己的隐私权,拒绝离婚。后法院调解无效,认定双方感情破裂,判决双方离婚。对于本案,下列哪一说法是正确的?

A. 根据《婚姻法》的规定,李女士有义务将自己婚前得过性病的经历告知冯某

B. 隐私权属于相对权

C. 《婚姻法》与《民法总则》均为基本法律,但是在婚姻案件中,《婚姻法》的有关规定应当优先于《民法总则》的有关规定

D. 我国宪法明确规定,公民的隐私权不受侵犯

10. 根据我国宪法和港、澳基本法规定,关于港、澳基本法的修改,下列哪一选项是不正确的?

A. 在不同港、澳基本法基本原则相抵触的前提下,全国人大常委会在全国人大闭会期间有权修改港、澳基本法

B. 港、澳基本法的修改提案权属于全国人大常委会、国务院和港、澳特别行政区

C. 港、澳特别行政区对基本法的修改议案,由港、澳特别行政区出席全国人大会议的代表团向全国人大会议提出

D. 港、澳基本法的任何修改,不得同我国对港、澳既定的基本方针政策相抵触

11. 甲欠乙十万元久不归还,乙反复催讨。某日,甲持凶器闯入乙家,殴打乙致其重伤,迫乙交出十万元欠条并在已备好的还款收条上签字。关于甲的行为性质,下列哪一选项是正确的?

A. 故意伤害罪

B. 抢劫罪

C. 非法侵入住宅罪

D. 抢夺罪

12. 甲任邮政中心信函分拣组长期间,先后三次将各地退回信函数万封(约 500 公斤),以每公斤 0.4 元的价格卖给废品收购站,所得款项占为己有。关于本案,下列哪一选项是正确的?

A. 退回的信函不属于信件,甲的行为不成立侵犯通信自由罪

B. 退回的信函虽属于信件,但甲没有实施隐匿、毁弃与开拆行为,故不成立侵犯通信自由罪

C. 退回的信函处于邮政中心的管理过程中,属于公共财物,甲的行为成立贪污罪

D. 退回的信函被当作废品出卖也属于毁弃邮件,甲的行为成立私自毁弃邮件罪

13. 甲对乙使用暴力,欲将其打残。乙慌忙掏出手机准备报警,甲一把夺过手机装进裤袋并将乙打成重伤。甲在离开现场五公里后,把乙价值 7000 元的手机扔进水沟。甲的行为构成何罪?

A. 故意伤害罪、盗窃罪

B. 故意伤害罪、抢劫罪

C. 故意伤害罪、抢夺罪

D. 故意伤害罪、故意毁坏财物罪

14. 关于诉讼代理人参加刑事诉讼,下列哪一说法是正确的?

A. 诉讼代理人的权限依据法律规定而设定

B. 除非法律有明文规定,诉讼代理人也享有被代理人享有的诉讼权利

C. 诉讼代理人应当承担被代理人依法负有的义务

D. 诉讼代理人的职责是帮助被代理人行使诉讼权利

15. 甲系某地交通运输管理所工作人员,在巡查执法时致一辆出租车发生重大交通事故,司机乙重伤,乘客丙当场死亡,出租车严重受损。甲以滥用职权罪被提起公诉。关于本案处理,下列哪一选项是正确的?

A. 乙可成为附带民事诉讼原告人

B. 交通运输管理所可成为附带民事诉讼被告人

C. 丙的妻子提起附带民事诉讼的,法院应裁定不予受理

D. 乙和丙的近亲属可与甲达成刑事和解

16. 根据《宪法》规定,关于全国人大的专门委员会,下列哪一选项是正确的?

A. 各专门委员会在其职权范围内所作决议,具

有全国人大及其常委会所作决定的效力

B. 各专门委员会的主任委员、副主任委员由全国人大及其常委会任命

C. 关于特定问题的调查委员会的任期与全国人大及其常委会的任期相同

D. 全国人大及其常委会领导专门委员会的工作

17．乙全家外出数月，邻居甲主动帮乙照看房屋。某日，甲谎称乙家门口的一对石狮为自家所有，将石狮卖给外地人，得款1万元据为己有。关于甲的行为定性，下列哪一选项是错误的？

A. 甲同时触犯侵占罪与诈骗罪

B. 如认为购买者无财产损失，则甲仅触犯盗窃罪

C. 如认为购买者有财产损失，则甲同时触犯盗窃罪与诈骗罪

D. 不管购买者是否存在财产损失，甲都触犯盗窃罪

18．甲、乙共同实施抢劫，该案经两次退回补充侦查后，检察院发现甲在两年前曾实施诈骗犯罪。关于本案，下列哪一选项是正确的？

A. 应将全案退回公安机关依法处理

B. 对新发现的犯罪自行侦查，查清犯罪事实后一并提起公诉

C. 将新发现的犯罪移送公安机关侦查，待公安机关查明事实移送审查起诉后一并提起公诉

D. 将新发现的犯罪移送公安机关立案侦查，对已查清的犯罪事实提起公诉

19．下列哪一选项属于两审终审制的例外？

A. 自诉案件的刑事调解书经双方当事人签收后，即具有法律效力，不得上诉

B. 地方各级法院的第一审判决，法定期限内没有上诉、抗诉，期满即发生法律效力

C. 在法定刑以下判处刑罚的判决，报请最高法院核准后生效

D. 法院可通过再审，撤销或者改变已生效的二审判决

20．国务院某部对一企业作出罚款50万元的处罚。该企业不服，向该部申请行政复议。下列一说法是正确的？

A. 在行政复议中，不应对罚款决定的适当性进行审查

B. 企业委托代理人参加行政复议的，可以口头委托

C. 如在复议过程中企业撤回复议的，即不得再以同一事实和理由提出复议申请

D. 如企业对复议决定不服向国务院申请裁决，企业对国务院的裁决不服向法院起诉的，法院不予受理

21．下列哪一选项属于法院行政诉讼的受案范围？

A. 张某对劳动争议仲裁裁决不服向法院起诉的

B. 某外国人对出入境边检机关实施遣送出境措施不服申请行政复议，对复议决定不服向法院起诉的

C. 财政局工作人员李某对定期考核为不称职不服向法院起诉的

D. 某企业对县政府解除与其签订的政府特许经营协议不服向法院起诉的

22．关于党内法规和法律的关系，下列哪一项说法是不正确的？

A. 党内法规是党的中央组织以及中央纪律检查委员会制定的党内规章制度的总称

B. 党的纪律是党内规矩，党规党纪严于国家法律

C. 党内法规是管党治党的重要依据，也是建设社会主义法治国家的有力保障

D. 党章是最根本的党内法规，对所有党员都平等适用

23．甲纠集他人多次在市中心寻衅滋事，造成路人乙轻伤、丙的临街商铺严重受损。甲被起诉到法院后，乙和丙提起附带民事诉讼。法院判处甲有期徒刑6年，罚金1万元，赔偿乙医疗费1万元，赔偿丙财产损失4万元。判决生效交付执行后，查明甲除1辆汽车外无其他财产，且甲曾以该汽车抵押获取小额贷款，尚欠银行贷款2.5万元，银行主张优先受偿。法院以8万元的价格拍卖了甲的汽车。关于此8万元的执行顺序，下列哪一选项是正确的？

A. 医疗费→银行贷款→财产损失→罚金

B. 医疗费→财产损失→银行贷款→罚金

C. 银行贷款→医疗费→财产损失→罚金

D. 医疗费→财产损失→罚金→银行贷款

24．张某居住在甲市A区，曾任甲市B区某局局长，因受贿罪被B区法院判处有期徒刑5年，执行期间突发严重疾病而被决定暂予监外执行。张某在监外执行期间违反规定，被决定收监执行。关于本案，下列哪一选项是正确的？

A. 暂予监外执行由A区法院决定

B. 暂予监外执行由B区法院决定

C. 暂予监外执行期间由A区司法行政机关实行社区矫正

D. 收监执行由B区法院决定

25．甲因涉嫌盗窃罪和诈骗罪被提起公诉，一审法院判处甲盗窃罪有期徒刑5年、诈骗罪有期徒刑5年，两罪合并执行8年。甲不服判决提起上诉，检察院未抗诉。二审法院认为事实不清、证据不足，发回重审。重审后，一审法院判处甲盗窃罪有期徒刑6

年,诈骗罪不予追究刑事责任,检察院对该判决提起抗诉。下列哪一说法是正确的?

A. 发回重审后一审法院改判盗窃罪 6 年有期徒刑违反了上诉不加刑原则

B. 检察院抗诉后,二审法院对盗窃罪的判罚不能超过有期徒刑 6 年

C. 检察院抗诉后,二审法院对两罪的判罚合并执行不得超过有期徒刑 6 年

D. 检察院抗诉后,二审法院对两罪的判罚合并执行不得超过有期徒刑 8 年

26. 王某为某普通高校应届毕业生,23 岁,尚未就业。根据《宪法》和法律的规定,关于王某的权利义务,下列哪一选项是正确的?

A. 无需承担纳税义务

B. 不得被征集服现役

C. 有选举权和被选举权

D. 有休息的权利

27. 元代人在《唐律疏议序》中说:"乘之(指唐律)则过,除之则不及,过与不及,其失均矣。"表达了对唐律的敬畏之心。下列关于唐律的哪一表述是错误的?

A. 促使法律统治"一准乎礼",实现了礼律统一

B. 科条简要、宽简适中、立法技术高超,结构严谨

C. 是我国传统法典的楷模与中华法系形成的标志

D. 对古代亚洲及欧洲诸国产生了重大影响,成为其立法渊源

28. 下列哪一行为不应以故意伤害罪论处?

A. 监狱监管人员吊打被监管人,致其骨折

B. 非法拘禁被害人,大力反扭被害人胳膊,致其胳膊折断

C. 经本人同意,摘取 17 周岁少年的肾脏 1 只,支付少年 5 万元补偿费

D. 黑社会成员因违反帮规,在其同意之下,被截断 1 截小指头

29. 甲公司涉嫌走私普通货物物品罪,公司的法定代表人曹某也被追责,乙律师事务所的律师程某担任甲公司的诉讼代表人。关于本案的诉讼代表人和辩护人,下列哪一项说法是正确的?

A. 程某担任诉讼代表人既可由甲公司委托,也可由检察机关指派

B. 曹某不可委托乙律师事务所的其他律师担任其辩护人

C. 程某在本案中行使辩护职能

D. 程某可以一并担任甲公司的辩护人

30. 在一审法院审理中出现下列哪一特殊情形时,应以判决的形式作出裁判?

A. 经审理发现犯罪已过追诉时效且不是必须追诉的

B. 自诉人未经法庭准许中途退庭的

C. 经审理发现被告人系精神病人,在不能控制自己行为时造成危害结果的

D. 被告人在审理过程中死亡,根据已查明的案件事实和认定的证据,尚不能确认其无罪的

31. 黄某倒卖文物案于 2014 年 5 月 28 日一审终结。6 月 9 日(星期一),法庭宣判黄某犯倒卖文物罪,判处有期徒刑 4 年并立即送达了判决书,黄某当即提起上诉,但于 6 月 13 日经法院准许撤回上诉;检察院以量刑畸轻为由于 6 月 12 日提起抗诉,上级检察院认为抗诉不当,于 6 月 17 日向同级法院撤回了抗诉。关于一审判决生效的时间,下列哪一选项是正确的?

A. 6 月 9 日　　　　B. 6 月 17 日

C. 6 月 19 日　　　　D. 6 月 20 日

32. 国务院扶贫开发领导小组是国务院的议事协调机构。为了建立防止返贫的长效机制,保证脱贫成效持续稳定发展。2021 年 2 月,在国务院扶贫开发领导小组办公室的基础上组建国务院的直属机构国家乡村振兴局。下列哪一选项是正确的?

A. 国务院扶贫开发领导小组有独立的人员编制

B. 国务院扶贫开发领导小组主管特定业务,行使行政管理职能

C. 国家乡村振兴局的设立由国务院决定

D. 国家乡村振兴局无权制定规章

33. 原告与被告系亲兄弟,父母退休后与被告共同居住并由其赡养。父亲去世时被告独自料理后事,未通知原告参加。原告以被告侵犯其悼念权为由诉至法院。法院认为,按照我国民间习惯,原告有权对死者进行悼念,但现行法律对此没有规定,该诉讼请求于法无据,判决原告败诉。关于此案,下列哪一说法是错误的?

A. 本案中的被告侵犯了原告的经济、社会、文化权利

B. 习惯在我国是一种非正式的法的渊源

C. 法院之所以未支持原告诉讼请求,理由在于被告侵犯的权利并非法定权利

D. 在本案中法官对判决进行了法律证成

34. 根据《国家勋章和国家荣誉称号法》规定,下列哪一选项是正确的?

A. 共和国勋章由全国人大常委会提出授予议案,由全国人大决定授予

B. 国家荣誉称号为其获得者终身享有

C. 国家主席进行国事活动,可直接授予外国政要、国际友人等人士"友谊勋章"

D. 国家功勋簿是记载国家勋章和国家荣誉称号获得者的名录

35. 鱼塘边工厂仓库着火,甲用水泵从乙的鱼塘抽水救火,致鱼塘中价值2万元的鱼苗死亡。仓库中价值2万元的商品因灭火及时未被烧毁。甲承认仓库边还有其他几家鱼塘,为报复才从乙的鱼塘抽水。关于本案,下列哪一选项是正确的?

A. 甲出于报复动机损害乙的财产,缺乏避险意图

B. 甲从乙的鱼塘抽水,是不得已采取的避险行为

C. 甲未能保全更大的权益,不符合避险限度要件

D. 对2万元鱼苗的死亡,甲成立故意毁坏财物罪

36. 乙基于强奸故意正在对妇女实施暴力,甲出于义愤对乙进行攻击,客观上阻止了乙的强奸行为。

观点:

①正当防卫不需要有防卫认识

②正当防卫只需要防卫认识,即只要求防卫人认识到不法侵害正在进行

③正当防卫只需要防卫意志,即只要求防卫人具有保护合法权益的意图

④正当防卫既需要有防卫认识,也需要有防卫意志

结论:

a. 甲成立正当防卫

b. 甲不成立正当防卫

就上述案情,观点与结论对应正确的是哪一选项?

A. 观点①观点②与a结论对应;观点③观点④与b结论对应

B. 观点①观点③与a结论对应;观点②观点④与b结论对应

C. 观点②观点③与a结论对应;观点①观点④与b结论对应

D. 观点①观点④与a结论对应;观点②观点③与b结论对应

37. 根据《全国人大组织法》规定,下列关于全国人大代表团的哪一说法是正确的?

A. 代表团团长、副团长由各代表团全体成员选举产生

B. 两个代表团以上可以向全国人大提出属于全国人大职权范围内的议案

C. 三个以上的代表团可以提出对于全国人大常委会的组成人员、国家主席、副主席、国务院和中央军事委员会的组成人员,最高人民法院院长和最高人民检察院检察长的罢免案

D. 一个代表团和三十名以上的代表可以联合提出对国务院及其各部、各委员会的质询案

38. 杜甫有诗云:"朝回日日典春衣,每日江头尽醉归。酒债寻常行处有,人生七十古来稀。"对诗歌涉及的典当制度,下列哪一选项可以成立?

A. 唐代的典当形成了明确的债权债务关系

B. 唐代的典当契约称为"质剂"

C. 唐代的典当称为"活卖"

D. 唐代法律规定开典当行者构成"坐赃"

39. 关于危害公共安全罪的认定,下列哪一选项是正确的?

A. 猎户甲合法持有猎枪,猎枪被盗后没有及时报告,造成严重后果。甲构成丢失枪支不报罪

B. 乙故意破坏旅游景点的缆车的关键设备,致数名游客从空中摔下。乙构成破坏交通设施罪

C. 丙吸毒后驾车将行人撞成重伤(负主要责任),但毫无觉察,驾车离去。丙构成交通肇事罪

D. 丁被空姐告知"不得打开安全门",仍拧开安全门,致飞机不能正点起飞。丁构成破坏交通工具罪

40. 甲路过偏僻路段,看到其友乙强奸丙的犯罪事实。甲的下列哪一行为构成包庇罪?

A. 用手机向乙通报公安机关抓捕乙的消息

B. 对侦查人员的询问沉默不语

C. 对侦查人员声称乙、丙系恋人,因乙另有新欢遭丙报案诬陷

D. 经法院通知,无正当理由,拒绝出庭作证

41. 甲县政府认为某广告公司在高速公路设置的广告牌妨碍视线,责令其限期拆除,广告公司逾期未拆除,甲县乙镇政府自行组织人员拆除了广告牌。广告公司将甲县政府诉至法院,要求确认强制拆除行为违法。对此,下列哪一项说法是正确的?

A. 法院应当通知乙镇政府作为第三人参加诉讼

B. 法院应当通知广告公司变更乙镇政府作为被告

C. 法院应当将乙镇政府追加为共同被告

D. 若拆除行为违法,广告公司提出赔偿请求的,法院应当进行调解,调解不成的,告知就赔偿事项另行起诉

42. 甲公司向某区法院起诉要求乙公司返还货款15万元,并请求依法保全乙公司价值10万元的汽车。在甲公司提供担保后,法院准予采取保全措施。二审法院最终维持某区法院要求乙公司返还货款10万元的判决。甲公司在申请强制执行时,发现诉讼期间某区法院在乙公司没有提供担保的情况下已解除

保全措施,乙公司已变卖汽车、转移货款,致判决无法执行。甲公司要求某区法院赔偿损失。下列哪一项说法是正确的?

A.《国家赔偿法》未明确规定法院在民事诉讼过程中违法解除保全措施应承担赔偿责任,故甲公司的请求不成立

B. 违法采取保全措施应包括依法不应当解除而解除保全措施

C. 就某区法院的措施是否属国家赔偿范围问题,受理赔偿诉讼的法院可以进行调解

D. 甲公司应当先申请确认某区法院解除保全措施的行为违法

43． 甲公司竖立的广告牌被路边树枝遮挡,甲公司在未取得采伐许可的情况下,将遮挡广告牌的部分树枝砍掉,所砍树枝共计 6 立方米。关于本案,下列哪一选项是正确的?

A. 盗伐林木包括砍伐树枝,甲公司的行为成立盗伐林木罪

B. 盗伐林木罪是行为犯,不以破坏林木资源为要件,甲公司的行为成立盗伐林木罪

C. 甲公司不以非法占有为目的,只成立滥伐林木罪

D. 不能以盗伐林木罪判处甲公司罚金

44． 某国有公司出纳甲意图非法占有本人保管的公共财物,但不使用自己手中的钥匙和所知道的密码,而是使用铁棍将自己保管的保险柜打开并取走现金 3 万元。之后,甲伪造作案现场,声称失窃。关于本案,下列哪一选项是正确的?

A. 甲虽然是国家工作人员,但没有利用职务上的便利,故应认定为盗窃罪

B. 甲虽然没有利用职务上的便利,但也不属于将他人占有的财物转移为自己占有,故应认定为侵占罪

C. 甲将自己基于职务保管的财物据为己有,应成立贪污罪

D. 甲实际上是通过欺骗手段获得财物的,应认定为诈骗罪

45． 经王某请求,国家专利复审机构宣告授予李某的专利权无效,并于 2011 年 5 月 20 日向李某送达决定书。6 月 10 日李某因交通意外死亡。李某妻子不服决定,向法院提起行政诉讼。下列哪一说法是正确的?

A. 李某妻子应以李某代理人身份起诉

B. 法院应当通知王某作为第三人参加诉讼

C. 本案原告的起诉期限为 60 日

D. 本案原告应先申请行政复议再起诉

46． 在必要的时候,下列哪一机构有权决定全国人民代表大会会议秘密举行?

A. 十个以上代表团联名

B. 全国人大常委会委员长会议

C. 全国人大主席团会议

D. 全国人大常委会和全国人大主席团

47． 1903 年,清廷发布上谕:"通商惠工,为古今经国之要政,急应加意讲求,著派载振、袁世凯、伍廷芳,先定商律,作为则例。"下列哪一说法是正确的?

A.《钦定大清商律》为清朝第一部商律,由《商人通例》、《公司律》和《破产律》构成

B. 清廷制定商律,表明随着中国近代工商业发展,其传统工商政策从"重农抑商"转为"重商抑农"

C. 商事立法分为两阶段,先由新设立商部负责,后主要商事法典改由修订法律馆主持起草

D.《大清律例》、《大清新刑律》、《大清民律草案》与《大清商律草案》同属清末修律成果

48． 根据《联合国海洋法公约》以及我国相关法律规定,下列哪一说法是正确的?

A. 甲国军舰可以无须事先征得许可而在我国领海无害通过

B. 我国军舰可以从毗连区开始实施紧追权,到公海时紧追应终止

C. 乙国有权在我国大陆架铺设电缆,但铺设线路计划需要取得我国同意

D. 丙国商务飞机可以在我国领海上空无害通过

49． 根据《维也纳外交关系公约》和《维也纳领事关系公约》,下列哪一选项是正确的?

A. 甲国驻乙国使馆有权在使馆内庇护涉嫌在乙国犯罪的丙国公民

B. 乙国有足够证据怀疑甲国驻乙国某领馆的邮袋内有爆炸物,若甲国领馆拒绝开拆,乙国可将该邮袋退回

C. 甲国有权声明乙国某外交人员为不受欢迎的人,但必须说明理由

D. 乙国驻甲国某领馆办公楼发生火灾,因为情况紧急,在乙国领馆馆长反对的情况下,甲国消防人员也可进入领馆

50． 关于法律从业人员的行为,下列哪一选项符合相关法律规定?

A. 在一起民事诉讼中,由于本所另一律师是该案件中对方当事人的近亲属,律师甲立即解除了与王某的委托代理关系

B. 乙未取得律师执业证书即以律师身份提供法律咨询服务,应由其所在县司法局予以警告处罚

C. 某县检察官丙被遴选为市检察院检察官,应参加统一职前培训

D. 经所在高校批准,丁教授可申请担任兼职律师

51．全面依法治国,必须坚持以人民为中心,坚持人民主体地位。对此,下列说法正确的有哪些?

A．法律既是保障人民自身权利的有力武器,也是人民必须遵守的行为规范

B．人民依法享有广泛的权利和自由,同时也承担应尽的义务

C．人民通过各种途径直接行使立法、执法和司法的权力

D．人民根本权益是法治建设的出发点和落脚点,法律要为人民所掌握、遵守和运用

52．下列哪些情形属于吸收犯?

A．制造枪支、弹药后又持有、私藏所制造的枪支、弹药的

B．盗窃他人汽车后,谎称所盗汽车为自己的汽车出卖他人的

C．套取金融机构信贷资金后又高利转贷他人的

D．制造毒品后又持有该毒品的

53．秦某下班路上驾驶摩托车侧翻倒地死亡,交警大队多次调查未查明事故原因。因为交通事故原因客观上无法查清,交警大队出具了《道路交通事故证明》,记载了人员、受伤时间、经过等情况。秦某所供职的玉竹公司向社会保障局申请工伤认定,该局以《道路交通事故证明》未查明原因为由不予认定工伤,出具了《工伤认定中止书》。秦某妻子对《工伤认定中止书》不服提起诉讼,下列哪些说法是正确的?

A．《道路交通事故证明》为行政裁决

B．《工伤认定中止书》属于行政诉讼受案范围

C．秦某妻子起诉时应当附身份证明

D．玉竹公司可作为本案第三人

54．党的十九大报告指出,中国特色社会主义进入新时代,我国社会主要矛盾已经转化为人民日益增长的美好生活需要和不平衡不充分的发展之间的矛盾。关于社会主要矛盾变化对法治建设提出的新要求,下列哪些选项是正确的?

A．人民美好生活需要日益广泛,不仅对物质文化生活提出了更高要求,而且在民主、法治、公平、正义、安全、环境等方面的要求日益增长

B．发展不平衡不充分问题已经成为满足人民日益增长的美好生活需要的主要制约因素

C．依法维护国家安全,防范和化解风险,严厉打击严重侵害人民群众生命财产安全的违法犯罪行为,不断增强人民群众的幸福感、安全感

D．社会矛盾和问题交织叠加,全面依法治国任务依然繁重,国家治理体系和治理能力仍有待加强

55．明太祖朱元璋在洪武十八年(公元1385年)至洪武二十年(公元1387年)间,手订四编《大诰》,共236条。关于明《大诰》,下列哪些说法是正确的?

A．《大明律》中原有的罪名,《大诰》一般都加重了刑罚

B．《大诰》的内容也列入科举考试中

C．"重典治吏"是《大诰》的特点之一

D．朱元璋死后《大诰》被明文废除

56．关于共犯理论,下列哪些说法是正确的?

A．虽然自杀不构成犯罪,但教唆精神病患者自杀应构成故意杀人罪的间接正犯

B．在共同犯罪中,可能存在部分共犯人成立既遂,部分共犯人成立中止的情形

C．共犯人中有人产生同一犯罪构成内的认识错误,可能会影响其他共犯人的犯罪形态

D．犯罪集团中的组织者、领导者,其他共同犯罪中的组织者、指挥者,均需对全部罪行负责

57．下列关于强制措施性质的表述哪些是正确的?

A．对证据不足的犯罪嫌疑人不予逮捕,体现了强制措施的法定性原则

B．对在住处监视居住的犯罪嫌疑人,发现可能妨碍侦查而采取指定居所监视居住,体现了比例原则

C．侦查阶段认为被逮捕的犯罪嫌疑人社会危险性降低,决定释放犯罪嫌疑人,体现了变更性原则

D．检察院为了更方便讯问犯罪嫌疑人而批准逮捕,体现了必要性原则

58．根据《宪法》和法律的规定,关于民族区域自治制度,下列哪些选项是正确的?

A．民族自治地方法院的审判工作,受最高法院和上级法院监督

B．民族自治地方的政府首长由实行区域自治的民族的公民担任,实行首长负责制

C．民族自治区的自治条例和单行条例报全国人大批准后生效

D．民族自治地方自主决定本地区人口政策,不实行计划生育

59．县公安局发现陈某吸毒,决定对陈某施行强制隔离戒毒。陈某不服,在强制隔离戒毒期间提起行政诉讼。下列哪些说法是正确的?

A．强制隔离戒毒是行政强制执行

B．强制隔离戒毒只能由法律设定

C．陈某可以口头委托其近亲属以陈某名义提起行政诉讼

D．陈某经常居住地法院对本案有管辖权

60. 下列哪些选项属于刑事诉讼中的证明对象?

A. 行贿案中,被告人知晓其谋取的系不正当利益的事实

B. 盗窃案中,被告人的亲友代为退赃的事实

C. 强奸案中,用于鉴定的体液检材是否被污染的事实

D. 侵占案中,自诉人申请期间恢复而提出的其突遭车祸的事实,且被告人和法官均无异议

61. 关于建设高效的法治实施体系,深入推进严格执法、公正司法、全民守法,下列哪些说法是正确的?

A. 构建职责明确、依法行政的政府治理体系

B. 建设公正高效权威的中国特色社会主义司法制度

C. 审判在维护社会公平正义中扮演着关键角色,要引导纠纷主要通过法院审理解决

D. 引导全体人民做社会主义法治的忠实崇尚者、自觉遵守者、坚定捍卫者

62. 关于醉酒驾驶,下列哪些说法是正确的?

A. 乙向甲说明自己要参加酒会,向甲借车,甲予以出借。乙在酒会上喝醉酒,仍然驾车回家。甲成立危险驾驶罪的帮助犯

B. 因为天冷,甲酒后发动汽车取暖,等待妻子来开车回家。甲不构成危险驾驶罪

C. 甲和妻子乙一起喝酒,乙突发心脏病,旁边无人会开车,救护车也无法及时赶到,甲遂醉酒开车送乙去医院。甲不构成危险驾驶罪

D. 甲和同事乙一起吃饭,乙喝了酒,甲未喝酒。饭后甲开车送乙回家,途中乙执意要开车,于是甲便停车,双方交换位置后由乙开车。甲不构成危险驾驶罪

63. 我国某省居民姜某乘船从甲市出发前往乙市,在船途经丙市水域时,姜某在船上厕所拍摄淫秽视频。后船到达乙市后,姜某又乘车前往丁市,在丁市网上传播淫秽视频。该船均在我国水域航行。下列哪些法院具有管辖权?

A. 甲市人民法院

B. 乙市人民法院

C. 丙市人民法院

D. 丁市人民法院

64. 甲公司派员工伪装成客户,设法取得乙公司盗版销售其所开发软件的证据并诉至法院。审理中,被告认为原告的"陷阱取证"方式违法。法院认为,虽然非法取得的证据不能采信,但法律未对非法取证行为穷尽式列举,特殊情形仍需依据法律原则具体判断。原告取证目的并无不当,也未损害社会公共利益和他人合法权益,且该取证方式有利于遏制侵权行为,应认定合法。对此,下列哪些说法是正确的?

A. 采用穷尽式列举有助于提高法的可预测性

B. 法官判断原告取证是否违法时作了利益衡量

C. 违法取得的证据不得采信,这说明法官认定的裁判事实可能同客观事实不一致

D. 与法律规则相比,法律原则应优先适用

65. 下列哪些做法不属于公务员交流制度?

A. 沈某系某高校副校长,调入国务院某部任副司长

B. 刘某系某高校行政人员,被聘为某区法院书记员

C. 吴某系某国有企业经理,调入市国有资产管理委员会任处长

D. 郑某系某部人事司副处长,到某市挂职担任市委组织部副部长

66. 某法院判决赵某犯诈骗罪处有期徒刑四年,犯盗窃罪处有期徒刑九年,合并执行有期徒刑十一年。赵某提出上诉。中级法院经审理认为,判处刑罚不当,犯诈骗罪应处有期徒刑五年,犯盗窃罪应处有期徒刑八年。根据上诉不加刑原则,下列哪些做法是正确的?

A. 以事实不清、证据不足为由发回原审法院重新审理

B. 直接改判两罪刑罚,分别为五年和八年,合并执行十二年

C. 直接改判两罪刑罚,分别为五年和八年,合并执行仍为十一年

D. 维持一审判决

67. 关于不作为犯罪,下列哪些选项是正确的?

A. 儿童在公共游泳池溺水时,其父甲、救生员乙均故意不救助。甲、乙均成立不作为犯罪

B. 在离婚诉讼期间,丈夫误认为自己无义务救助落水的妻子,致妻子溺水身亡的,成立过失的不作为犯罪

C. 甲在火灾之际,能救出母亲,但为救出女友而未救出母亲。如无排除犯罪的事由,甲构成不作为犯罪

D. 甲向乙的咖啡投毒,看到乙喝了几口后将咖啡递给丙,因担心罪行败露,甲未阻止丙喝咖啡,导致乙、丙均死亡。甲对乙是作为犯罪,对丙是不作为犯罪

68. 辩护律师在庭审中对控方证据提出异议,主张这些证据不得作为定案依据。对下列哪些证据的异议,法院应当予以支持?

A. 因证人拒不到庭而无法当庭询问的证人证言

B. 被告人提供了有关刑讯逼供的线索及材料,但公诉人不能证明讯问合法的被告人庭前供述

C. 工商行政管理部门关于查处被告人非法交易行为时的询问笔录

D. 侦查人员在办案场所以外的地点询问被害人所获得的被害人陈述

69. 乙成立恐怖组织并开展培训活动,甲为其提供资助。受培训的丙、丁为实施恐怖活动准备凶器。因案件被及时侦破,乙、丙、丁未能实施恐怖活动。关于本案,下列哪些选项是正确的?

A. 甲构成帮助恐怖活动罪,不再适用《刑法》总则关于从犯的规定

B. 乙构成组织、领导恐怖组织罪

C. 丙、丁构成准备实施恐怖活动罪

D. 对丙、丁定罪量刑时,不再适用《刑法》总则关于预备犯的规定

70. 关于合议庭,下列哪些说法是错误的?

A. 对于疑难、复杂、重大的案件,合议庭认为难以作出决定的,由合议庭直接提交审判委员会讨论决定

B. 合议庭进行评议的时候,如果意见分歧,应当按审判长的意见作出决定

C. 人民法院审判上诉案件,应当由审判员三人至七人组成合议庭进行

D. 合议庭的成员人数应当是单数

71. 某地法院为方便"老、残"等行动不便人员参加诉讼,专门设置了特殊情况人员专门受理、接纳通道。以下哪些说法是正确的?

A. 法院的做法体现了司法为民、司法便民的要求

B. 保障弱势群体的权益是实现司法公正的必然要求

C. 法院的做法违背了法律面前人人平等原则,不利于实现司法公正

D. 司法公正对社会公正具有关键的引领作用,司法不公对社会公正具有致命的破坏作用

72. 张三明知某商店出售的白酒系酒精勾兑,分批多次购买后向商店索赔,在商店拒不赔付后将商店起诉至法院。法院审理后认为,根据生活经验,消费者系为生活生产需要而购买物品者,张三为获利而购买物品,因此不是消费者,故驳回其请求。对此,下列哪些说法是正确的?

A. 消费这个概念包含着价值判断

B. 法官进行了设证推理

C. 法官对消费者的界定是内部证成

D. 法官对消费者的解释是限缩解释

73. 耿某醉酒驾驶电动自行车与行人宋某发生碰撞,造成宋某轻微伤。后检察院对耿某作出存疑不起诉决定。对此,检察院的下列哪些理由不成立?

A. 交通事故责任认定书确认耿某负主要责任,宋某负次要责任

B. 耿某辩称知道醉酒不能驾驶轿车,但不知道不能驾驶电动自行车

C. 鉴定机构承认耿某的血液样本被污染

D. 耿某驾驶的车符合法律规定的非机动车的标准

74. 某省会城市的市政府拟制定限制电动自行车通行的规章。关于此规章的制定,下列哪些说法是正确的?

A. 应先列入市政府年度规章制定工作计划中,未列入不得制定

B. 起草该规章应广泛听取有关机关、组织和公民的意见

C. 此规章送审稿的说明应对制定规章的必要性、规定的主要措施和有关方面的意见等情况作出说明

D. 市政府法制机构认为制定此规章基本条件尚不成熟,可将规章送审稿退回起草单位

75. 某公司私自占有公共土地,破坏了森林资源,县林草局对该公司作出罚款10万元的决定,并责令其恢复原状。事后,县林草局收缴了该公司的罚款,但没有及时督促该公司恢复原状。县检察院以县林草局没有及时履行要求该公司恢复原状的法定职责向法院起诉。对此,下列哪些说法是正确的?

A. 县检察院起诉前要先向县林草局发出检察建议

B. 检察院的起诉期限是6个月

C. 县林草局可以代该公司恢复原状

D. 责令恢复原状是行政处罚

76. 关于走私的认定,下列哪些选项是正确的?

A. 甲以传播为目的,在家中登录境外网站,下载淫秽影片,发给几位朋友观看,甲构成走私淫秽物品罪

B. 乙向境外网站购买枪支,邮寄到境内家中,乙构成走私武器罪

C. 丙不知道法律是否允许公民携带黄金出境,将贴身佩戴的小金佛吊坠放在行李里带出国,构成走私贵重金属罪

D. 丁携带假币前往公海出售,没有卖掉,又带回境内,构成走私假币罪

77. 关于因果关系,下列哪些说法是正确的?

A. 甲驾车不慎撞倒乙,乙躺在路中央不动,甲逃逸。五分钟后,丙刹车不及从乙身上轧过去。后发现乙死亡,但无法查明是甲轧死的,还是乙轧死的。甲与乙的死亡有因果关系

B. 甲给乙的饮料里放了毒药,乙喝后四肢乏力。仇人丙看到乙,要杀死乙,乙因为无力反抗被丙用刀杀死。甲与乙的死亡有因果关系

C. 甲冒充房东,给几位承租人群发短信,要求他们交房租到特定账户。承租人乙信以为真,将短信转发给合租人丙。丙没注意到甲的短信,但注意到乙的短信,便将款打到甲的指定账户。甲与丙的财产损失有因果关系

D. 医生甲想杀死病人乙,在针剂里放了毒药,给乙注射,乙死亡。事后查明,乙有特殊体质,注射正常针剂,不加毒药,乙也会死。甲与乙的死亡无因果关系

78. 中国公民王某与甲国公民彼得于2013年结婚后定居甲国并在该国产下一子,取名彼得森。关于彼得森的国籍,下列哪些选项是正确的?

A. 具有中国国籍,除非其出生时即具有甲国国籍

B. 可以同时拥有中国国籍与甲国国籍

C. 出生时是否具有甲国国籍,应由甲国法确定

D. 如出生时即具有甲国国籍,其将终生无法获得中国国籍

79. 在某县人大闭会期间,监察委主任张某辞职,副主任韩某接任代理主任。根据相关法律规定,下列哪些说法是正确的?

A. 张某应当向县人大常委会提出辞职

B. 张某辞职应当由县人大常委会全体组成人员的过半数通过

C. 韩某应当由县人大常委会任命

D. 韩某被任命后,应当报市监察委备案

80. 某区规划局以一公司未经批准擅自搭建地面工棚为由,限期自行拆除。该公司逾期未拆除。根据规划局的请求,区政府组织人员将违法建筑拆除,并将拆下的钢板作为建筑垃圾运走。如该公司申请国家赔偿,下列哪些说法是正确的?

A. 可以向区规划局提出赔偿请求

B. 区政府为赔偿义务机关

C. 申请国家赔偿之前应先申请确认运走钢板的行为违法

D. 应当对自己的主张提供证据

81. 程某殴打罗某,鉴定机关鉴定罗某构成二级轻伤。2021年11月12日,县公安局以程某构成故意伤害罪为由决定立案侦查,11月30日将程某刑事拘留,后县检察院作出逮捕决定。2022年5月3日,鉴定机关经过重新鉴定,罗某构成轻微伤。县公安局决定撤销案件,程某同日被释放。程某遂申请国家赔偿。对此,下列哪些说法是不正确的?

A. 赔偿义务机关是县检察院

B. 鉴定机关鉴定错误,应当承担赔偿责任

C. 赔偿期间是2021年11月12日到2022年5月3日

D. 赔偿义务机关如拒绝赔偿,程某可直接向法院赔偿委员会申请作出赔偿决定

82. 闵某是七人合议庭中的人民陪审员,关于闵某的权利,下列哪些说法是正确的?

A. 合议庭评议,可以就法律问题发表意见

B. 开庭前可以查阅案卷

C. 庭审中经审判长同意可以询问证人

D. 判决书副本应当送交给闵某

83. 下列哪些案件不构成过失犯罪?

A. 老师因学生不守课堂纪律,将其赶出教室,学生跳楼自杀

B. 汽车修理工恶作剧,将高压气泵塞入同事肛门充气,致其肠道、内脏严重破损

C. 路人见义勇为追赶小偷,小偷跳河游往对岸,路人见状离去,小偷突然抽筋溺毙

D. 邻居看见6楼儿童马上要从阳台摔下,遂伸手去接,因未能接牢,儿童摔成重伤

84. 我国《宪法》第13条规定:"公民的合法的私有财产不受侵犯。国家依照法律规定保护公民的私有财产权和继承权。"关于这一规定,下列哪些说法是正确的?

A. 国家不得侵犯公民的合法的私有财产权

B. 国家应当保护公民的合法的私有财产权不受他人侵犯

C. 对公民私有财产权和继承权的保护和限制属于法律保留的事项

D. 国家保护公民的合法的私有财产权,是我国基本经济制度的重要内容之一

85. 法律职业人员在业内、业外均应注重清正廉洁,严守职业道德和纪律规定。下列哪些行为违反了相关职业道德和纪律规定?

A. 赵法官参加学术研讨时无意透露了未审结案件的内部讨论意见

B. 钱检察官相貌堂堂,免费出任当地旅游局对外宣传的"形象大使"

C. 孙律师在执业中了解到委托人公司存在严重的涉嫌偷税犯罪行为,未向税务机关举报

D. 李公证员代其同学在自己工作的公证处申办学历公证

三、不定项选择题。 每题所设选项中至少有一个正确答案,多选、少选、错选或不选均不得分。本部分含86-100题,每题2分,共30分。

86. 关于习近平法治思想形成发展的历史进程,下列说法不正确的是:

A．党的十九大出台了《中共中央关于全面推进依法治国若干重大问题的决定》

B．党的十八届四中全会提出，到 2035 年基本建成法治国家、法治政府、法治社会

C．党的十九届三中全会决定成立中央全面依法治国委员会，加强党对全面依法治国的集中统一领导

D．党的二十大明确提出在法治轨道上全面建设社会主义现代化国家，全面推进国家各方面工作法治化

87． 小刚在和小丽结婚时，向小丽的母亲殷某支付了彩礼。后二人离婚，小刚要求殷某返还彩礼，殷某主张彩礼属于无偿赠与不予返还，小刚起诉至法院。法官经调查发现当地确实有无偿赠送彩礼的风俗，但是小刚、小丽二人办理结婚登记手续后并未共同生活，根据《最高人民法院关于适用〈中华人民共和国民法典〉婚姻家庭编的解释（一）》，这属于应当支持返还彩礼的情形，故判决殷某返还彩礼。对此，下列说法正确的是：

A．法官运用了涵摄的方法

B．法官运用了反向推理

C．当地风俗是法官推理的大前提

D．法官对民俗的查证是法的发现

88． 迅辉制药股份公司主要生产健骨消痛丸，公司法定代表人陆某指令保管员韩某采用不登记入库、销售人员打白条领取产品的方法销售，逃避缴税 65 万元。迅辉公司及陆某以逃税罪被起诉到法院。如迅辉公司在案件审理期间发生下列变故，法院的做法正确的是：

A．公司被撤销，不能免除单位和单位主管人员的刑事责任

B．公司被注销，对单位不再追诉，对主管人员继续审理

C．公司被合并，仍应将迅辉公司列为被告单位，并以其在新单位的财产范围承担责任

D．公司被分立，应将分立后的单位列为被告单位，并以迅辉公司在新单位的财产范围承担责任

89． 甲公司在生产经营中存在用非食品原料生产食品的违法行为，某县市场监督管理局对其作出没收用于违法生产经营的非食品原料和违法所得，并罚款 10 万元的行政处罚。甲公司不服向县政府申请复议，县政府将罚款改为 8 万元后，维持了其他处罚。甲公司不服提起诉讼。下列说法错误的是：

A．本案被告是县市场监督管理局

B．本案可以由县市场监督管理局所在地的中级法院管辖

C．没收违法生产经营的非食品原料是行为罚

D．如果甲公司以县政府为被告提起诉讼且拒绝追加被告，法院应当追加县市场监督管理局为共同被告

90． 某药厂以本厂过期药品作为主原料，更改生产日期和批号生产出售。甲市乙县药监局以该厂违反《药品管理法》第 49 条第 1 款关于违法生产药品规定，决定没收药品并处罚款 20 万元。药厂不服向县政府申请复议，县政府依《药品管理法》第 49 条第 3 款关于生产劣药行为的规定，决定维持处罚决定。药厂起诉。关于本案的被告和管辖，下列说法正确的是：

A．被告为乙县药监局和乙县政府，由乙县法院管辖

B．被告为乙县药监局和乙县政府，甲市中级法院对此案有管辖权

C．被告为乙县政府，乙县法院对此案有管辖权

D．被告为乙县政府，由甲市中级法院管辖

91． 来某县打工的农民黄某欲通过法律援助帮其讨回单位欠薪。根据《法律援助法》等规定，有关部门下列做法正确的是：

A．县法律援助中心以黄某户籍不在本县为由拒绝受理其口头申请，黄某提出异议

B．县司法局受理黄某异议后函令县法律援助中心向其提供法律援助

C．县律师所拒绝接受县法律援助中心指派，县司法局对该所给予警告的行政处罚

D．县法院驳回了黄某以"未能指派合格律师、造成损失应予赔偿"为由对县法律援助中心的起诉

92． 鲁某与关某涉嫌贩卖冰毒 500 余克，B 省 A 市中级法院开庭审理后，以鲁某犯贩卖毒品罪，判处死刑立即执行，关某犯贩卖毒品罪，判处死刑缓期二年执行。一审宣判后，关某以量刑过重为由向 B 省高级法院提起上诉，鲁某未上诉，检察院也未提起抗诉。如 B 省高级法院审理后认为，一审判决认定事实和适用法律正确、量刑适当，裁定驳回关某的上诉，维持原判，则对本案进行死刑复核的正确程序是：

A．对关某的死刑缓期二年执行判决，B 省高级法院不再另行复核

B．最高法院复核鲁某的死刑立即执行判决，应由审判员三人组成合议庭进行

C．如鲁某在死刑复核阶段委托律师担任辩护人的，死刑复核合议庭应在办公场所当面听取律师意见

D．最高法院裁定不予核准鲁某死刑的，可发回 A 市中级法院或 B 省高级法院重新审理

93． 郑某因某厂欠缴其社会养老保险费，向区社保局投诉。2004 年 9 月 22 日，该局向该厂送达《决定书》，要求为郑某缴纳养老保险费 1 万元。同月 30 日，该局向郑某送达告知书，称其举报一事属实，并要求他缴纳养老保险费（个人缴纳部分）2000 元。郑某

不服区社保局的《决定书》向法院起诉,法院的生效判决未支持郑某的请求。2005 年 4 月 19 日,郑某不服告知书向区政府申请复议,后者作出不予受理决定,郑某不服提起诉讼。下列选项正确的是:

A. 郑某向区政府提出的复议申请已超过申请期限

B. 区政府所在地的法院对本案有管辖权

C. 郑某的起诉属重复起诉

D. 如郑某对告知书不服直接向法院起诉,法院可以被诉行为系重复处理行为为由不受理郑某的起诉

94. 关于法的发展、法的传统与法的现代化,下列说法正确的是:

A. 中国的法的现代化是自发的、自下而上的、渐进变革的过程

B. 法律意识是一国法律传统中相对比较稳定的部分

C. 外源型法的现代化进程带有明显的工具色彩,一般被要求服务于政治、经济变革

D. 清末修律标志着中国法的现代化在制度层面上的正式启动

95. 在一起共同犯罪案件中,主犯王某被判处有期徒刑 15 年,剥夺政治权利 3 年,并处没收个人财产;主犯朱某被判处有期徒刑 10 年,剥夺政治权利 2 年,罚金 2 万元人民币;从犯李某被判处有期徒刑 8 个月;从犯周某被判处管制 1 年,剥夺政治权利 1 年。在本案中,由监狱执行刑罚的罪犯是:

A. 王某　　　　B. 朱某

C. 李某　　　　D. 周某

96. 某乡属企业多年未归还方某借给的资金,双方发生纠纷。方某得知乡政府曾发过 5 号文件和 210 号文件处分了该企业的资产,遂向乡政府递交申请,要求公开两份文件。乡政府不予公开,理由是 5 号文件涉及第三方,且已口头征询其意见,其答复是该文件涉及商业秘密,不同意公开,而 210 号文件不存在。经复议维持后,方某向法院起诉。下列哪些说法是正确的?

A. 方某申请时应当出示有效身份证明或者证明文件

B. 对所申请的政府信息,方某不具有申请人资格

C. 乡政府不公开 5 号文件合法

D. 方某能够提供 210 号文件由乡政府制作的相关线索的,可以申请法院调取证据

甲送给国有收费站站长吴某 3 万元,与其约定:甲在高速公路另开出口帮货车司机逃费,吴某想办法让人对此予以不予查处,所得由二人分成。后甲组织数十人,锯断高速公路一侧隔离栏、填平隔离沟(恢复原状需 3 万元),形成一条出口。路过的很多货车司机知道经过收费站要收 300 元,而给甲 100 元即可绕过收费站继续前行。甲以此方式共得款 30 万元,但骗吴某仅得 20 万元,并按此数额分成。请回答 97~99 题。

97. 关于甲锯断高速公路隔离栏的定性,下列分析正确的是:

A. 任意损毁公私财物,情节严重,应以寻衅滋事罪论处

B. 聚众锯断高速公路隔离栏,成立聚众扰乱交通秩序罪

C. 锯断隔离栏的行为,即使得到吴某的同意,也构成故意毁坏财物罪

D. 锯断隔离栏属破坏交通设施,在危及交通安全时,还触犯破坏交通设施罪

98. 关于甲非法获利的定性,下列分析正确的是:

A. 擅自经营收费站收费业务,数额巨大,构成非法经营罪

B. 即使收钱时冒充国有收费站工作人员,也不构成招摇撞骗罪

C. 未使收费站工作人员基于认识错误免收司机过路费,不构成诈骗罪

D. 骗吴某仅得 20 万元的行为,构成隐瞒犯罪所得罪

99. 围绕吴某的行为,下列论述正确的是:

A. 利用职务上的便利侵吞本应由收费站收取的费用,成立贪污罪

B. 贪污数额为 30 万元

C. 收取甲 3 万元,利用职务便利为甲谋利益,成立受贿罪

D. 贪污罪与受贿罪成立牵连犯,应从一重罪处断

100. 根据《宪法》规定,关于行政建置和行政区划,下列选项正确的是:

A. 全国人大批准省、自治区、直辖市的建置

B. 全国人大常委会批准省、自治区、直辖市的区域划分

C. 国务院批准自治州、自治县的建置和区域划分

D. 省、直辖市、地级市的人民政府决定乡、民族乡、镇的建置和区域划分

试 卷 二

试 题

一、单项选择题。每题所设选项中只有一个正确答案，多选、错选或不选均不得分。本部分含 1—50 题，每题 1 分，共 50 分。

1. 关于宣告死亡，下列哪一选项是正确的？

A. 宣告死亡的申请人有顺序先后的限制

B. 有民事行为能力人在被宣告死亡期间实施的民事法律行为有效

C. 被宣告死亡的人与其配偶的婚姻关系因死亡宣告的撤销而自行恢复

D. 被撤销死亡宣告的人有权请求依《民法典》取得其财产者返还原物或给予适当补偿

2. 朴某系知名美容专家。某医院未经朴某同意，将其作为医院美容专家在医院网站上使用了朴某照片和简介，且将朴某名字和简介错误地安在了其他专家的照片旁。下列哪一说法是正确的？

A. 医院未侵犯朴某的姓名权

B. 医院未侵犯朴某的肖像权

C. 医院侵犯了朴某的肖像权和姓名权

D. 医院侵犯了朴某的荣誉权

3. 关于管辖，下列哪一表述是正确的？

A. 军人与非军人之间的民事诉讼，都应由军事法院管辖，体现了专门管辖的原则

B. 中外合资企业与外国公司之间的合同纠纷，应由中国法院管辖，体现了维护司法主权的原则

C. 最高法院通过司法解释授予部分基层法院专利纠纷案件初审管辖权，体现了平衡法院案件负担的原则

D. 不动产纠纷由不动产所在地法院管辖，体现了管辖恒定的原则

4. 石山公司起诉建安公司请求返还 86 万元借款及支付 5 万元利息，一审判决石山公司胜诉，建安公司不服提起上诉。二审中，双方达成和解协议：石山公司放弃 5 万元利息主张，建安公司在撤回上诉后 15 日内一次性付清 86 万元本金。建安公司向二审法院申请撤回上诉后，并未履行还款义务。关于石山公司的做法，下列哪一表述是正确的？

A. 可依和解协议申请强制执行

B. 可依一审判决申请强制执行

C. 可依和解协议另行起诉

D. 可依和解协议申请司法确认

5. 郑贺为甲有限公司的经理，利用职务之便为其妻吴悠经营的乙公司谋取本来属于甲公司的商业机会，致甲公司损失 50 万元。甲公司小股东付冰欲通过诉讼维护公司利益。关于付冰的做法，下列哪一选项是正确的？

A. 必须先书面请求甲公司董事会对郑贺提起诉讼

B. 必须先书面请求甲公司监事会对郑贺提起诉讼

C. 只有在董事会拒绝起诉情况下，才能请求监事会对郑贺提起诉讼

D. 只有在其股权达到 1% 时，才能请求甲公司有关部门对郑贺提起诉讼

6. 甲国一马戏团带着动物明星小狗皮皮来中国演出，因管理人员看管不力，小狗皮皮逃脱被中国公民王某抓获，王某在中国将小狗皮皮卖给甲国公民莉莉。现甲国马戏团在中国某法院起诉，要求莉莉归还小狗皮皮。根据我国《涉外民事关系法律适用法》，我国法院应如何认定本案动产物权的法律适用？

A. 若当事双方协议选择乙国法，法院应不予适用

B. 应当适用双方共同国籍国的甲国法

C. 应当适用中国法或甲国法

D. 应当适用中国法

7. 关于下列成果可否获得专利权的判断，哪一选项是正确的？

A. 甲设计的新交通规则，能缓解道路拥堵，可获得方法发明专利权

B. 乙设计的新型医用心脏起搏器，能迅速使心脏重新跳动，该起搏器不能被授予专利权

C. 丙通过转基因方法合成一种新细菌，可过滤汽油的杂质，该细菌属动物新品种，不能被授予专利权

D. 丁设计的儿童水杯，其新颖而独特的造型既富美感，又能防止杯子滑落，该水杯既可申请实用新型专利权，也可申请外观设计专利权

8．张某外出，台风将至。邻居李某担心张某年久失修的房子被风刮倒，祸及自家，就雇人用几根木料支撑住张某的房子，但张某的房子仍然不敌台风，倒塌之际压死了李某养的数只鸡。下列哪一说法是正确的？

A. 李某初衷是为自己，故不构成无因管理

B. 房屋最终倒塌，未达管理效果，故无因管理不成立

C. 李某的行为构成无因管理

D. 张某不需支付李某固房费用，但应赔偿房屋倒塌给李某造成的损失

9．甲遭到恶狗追咬，路人乙上前相救，情急之下，拿了路人丙的雨伞与恶狗搏斗，乙被狗咬伤，造成医疗费若干，雨伞也被打坏。经查，狗为丁所有，无赔偿能力。下列哪一选项是正确的？

A. 乙有权请求甲予以适当补偿

B. 乙有权请求甲赔偿损失

C. 丙有权请求乙给予适当补偿

D. 丙有权请求甲给予适当补偿

10．2014 年 6 月经法院受理，甲公司进入破产程序。现查明，甲公司所占有的一台精密仪器，实为乙公司委托甲公司承运而交付给甲公司的。关于乙公司的取回权，下列哪一表述是错误的？

A. 取回权的行使，应在破产财产变价方案或和解协议、重整计划草案提交债权人会议表决之前

B. 乙公司未在规定期限内行使取回权，则其取回权即归于消灭

C. 管理人否认乙公司的取回权时，乙公司可以诉讼方式主张其权利

D. 乙公司未支付相关运输、保管等费用时，保管人可拒绝其取回该仪器

11．甲向法院申请执行郭某的财产，乙、丙和丁向法院申请参与分配，法院根据郭某财产以及各执行申请人债权状况制定了财产分配方案。甲和乙认为分配方案不合理，向法院提出了异议，法院根据甲和乙的意见，对分配方案进行修正后，丙和丁均反对。关于本案，下列哪一表述是正确的？

A. 丙、丁应向执行法院的上一级法院申请复议

B. 甲、乙应向执行法院的上一级法院申请复议

C. 丙、丁应以甲和乙为被告向执行法院提起诉讼

D. 甲、乙应以丙和丁为被告向执行法院提起诉讼

12．甲妻病故，膝下无子女，养子乙成年后常年在外地工作。甲与村委会签订遗赠扶养协议，约定甲的生养死葬由村委会负责，死后遗产归村委会所有。后甲又自书一份遗嘱，将其全部财产赠与侄子丙。甲

死后，乙就甲的遗产与村委会以及丙发生争议。对此，下列哪一选项是正确的？

A. 甲的遗产应归村委会所有

B. 甲所立遗嘱应予撤销

C. 村委会、乙和丙共同分割遗产，村委会可适当多分

D. 村委会和丙平分遗产，乙无权分得任何遗产

13．某商业银行董事长张某授意该银行隐瞒亏损并提供虚假财务报告，导致该商业银行被吊销经营许可证，后被撤销清算。在此之前，该商业银行曾因未遵守关于资产负债的比例违规发放贷款被国务院银行业监督管理机构处以罚款，该罚款尚未缴纳。该商业银行被撤销清算期间，发现未缴纳上一年度税款，还有一笔税款因商业银行计算错误而未缴纳。下列相关说法哪一项是正确的？

A. 在清算时，清算组应优先清偿包含企业所得税在内的欠缴税款

B. 在清算期间，该银行应先向国务院银行业监督管理机构缴纳罚款

C. 在该商业银行被清算期间，经国务院银行业监督管理机构负责人批准，可申请司法机关禁止张某出售其自有房屋

D. 因计算错误未缴的税款，税务机关可要求该商业银行补缴但不能收取滞纳金

14．王某以个人名义向张某独资设立的飞跃百货有限公司借款 10 万元，借期 1 年。不久，王某与李某登记结婚，将上述借款全部用于婚房的装修。婚后半年，王某与李某协议离婚，未对债务的偿还作出约定。下列哪一选项是正确的？

A. 由张某向王某请求偿还

B. 由张某向王某和李某请求偿还

C. 飞跃公司只能向王某请求偿还

D. 由飞跃公司向王某和李某请求偿还

15．甲县乙乡某村民打算将自己承包的集体林地里的枣树砍掉，改种樱桃树。关于其申请林木采伐许可证，下列哪一说法是正确的？

A. 无需申请林木采伐许可证

B. 甲县林业局可委托乙乡政府颁发采伐许可证

C. 如甲县今年采伐限额已满，则明年自动取得采伐许可证

D. 如同村其他村民有采伐许可证，该村民可以租用

16．小刘从小就显示出很高的文学天赋，九岁时写了小说《隐形翅膀》，并将该小说的网络传播权转让给某网站。小刘的父母反对该转让行为。下列哪一说法是正确的？

A. 小刘父母享有该小说的著作权，因为小刘是

无民事行为能力人

B. 小刘及其父母均不享有著作权,因为该小说未发表

C. 小刘对该小说享有著作权,但网络传播权转让合同无效

D. 小刘对该小说享有著作权,网络传播权转让合同有效

17. 进口中国的某类化工产品 2015 年占中国的市场份额比 2014 年有较大增加,经查,两年进口总量虽持平,但仍给生产同类产品的中国产业造成了严重损害。依我国相关法律,下列哪一选项是正确的?

A. 受损害的中国国内产业可向商务部申请反倾销调查

B. 受损害的中国国内产业可向商务部提出采取保障措施的书面申请

C. 因为该类化工产品的进口数量并没有绝对增加,故不能采取保障措施

D. 该类化工产品的出口商可通过价格承诺避免保障措施的实施

18. 甲用伪造的乙公司公章,以乙公司名义与不知情的丙公司签订食用油买卖合同,以次充好,将劣质食用油卖给丙公司。合同没有约定仲裁条款。关于该合同,下列哪一表述是正确的?

A. 如乙公司追认,则丙公司有权通知乙公司撤销

B. 如乙公司追认,则丙公司有权请求法院撤销

C. 无论乙公司是否追认,丙公司均有权通知乙公司撤销

D. 无论乙公司是否追认,丙公司均有权要求乙公司履行

19. 辽东公司欠辽西公司货款 200 万元,辽西公司与辽中公司签订了一份价款为 150 万元的电脑买卖合同,合同签订后,辽中公司指示辽西公司将该合同项下的电脑交付给辽东公司。因辽东公司届期未清偿所欠货款,故辽西公司将该批电脑扣留。关于辽西公司的行为,下列哪一选项是正确的?

A. 属于行使抵押权

B. 属于行使动产质权

C. 属于行使留置权

D. 属于自助行为

20. 张某有一套房屋,张某死后,其子张甲和张乙因遗产继承产生纠纷,张甲将张乙诉至法院。诉讼中,邻县张某的女儿张丙向法院主张继承遗产,下列表述哪一项是正确的?

A. 张甲是原告,张乙是被告

B. 张甲、张丙是原告,张乙是被告

C. 张丙是原告,张甲、张乙是被告

D. 张甲是原告,张乙是被告,张丙是有独立请求权的第三人

21. 高某因合同纠纷起诉冯某,法院工作人员到冯某家中送达起诉状副本时,发现家中无人,通过冯某的邻居了解到冯某在外地务工,已一年多未回来居住。对此,法院可采取下列哪种方式完成送达?

A. 电子送达　　　　B. 留置送达

C. 邮寄送达　　　　D. 公告送达

22. 甲公司申请重整,管理人引进重整投资人乙公司。现要提交重整计划,计划要求持股 5% 以上的股东无偿转让股权至乙公司,确保最终乙公司持股比例达到 67%;对公司持股不足 5% 的股东的股权暂不调整,但需无条件接受重整计划。李某为持有 3% 股权的股东。对此重整计划草案的表决,下列哪一项说法是正确的?

A. 应经持股 5% 以上的所有股东同意

B. 李某应当参加重整计划表决

C. 需经过甲公司全体股东同意

D. 若乙公司和其他债权人同意,无需甲公司股东再作表决

23. 张三向保险公司投保了汽车损失险。某日,张三的汽车被李四撞坏,花去修理费 5000 元。张三向李四索赔,双方达成如下书面协议:张三免除李四修理费 1000 元,李四将为张三提供 3 次免费咨询服务,剩余的 4000 元由张三向保险公司索赔。后张三请求保险公司按保险合同支付保险金 5000 元。下列哪一说法是正确的?

A. 保险公司应当按保险合同全额支付保险金 5000 元,且不得向李四求偿

B. 保险公司仅应当承担 4000 元保险金的赔付责任,且有权向李四求偿

C. 因张三免除了李四 1000 元的债务,保险公司不再承担保险金给付责任

D. 保险公司应当全额支付 5000 元保险金,再向李四求偿

24. 根据税收征收管理法规,关于税务登记,下列哪一说法是错误的?

A. 从事生产、经营的纳税人,应在领取营业执照后,在规定时间内办理税务登记,领取税务登记证件

B. 从事生产、经营的纳税人在银行开立账户,应出具税务登记证件,其账号应当向税务机关报告

C. 纳税人税务登记内容发生变化,不需到工商行政管理机关或其他机关办理变更登记的,可不向原税务登记机关申报办理变更税务登记

D. 从事生产、经营的纳税人外出经营,在同一地累计超过 180 天的,应在营业地办理税务登记手续

25. 甲、乙同为儿童玩具生产商。六一节前夕，丙与甲商谈进货事宜。乙知道后向丙提出更优惠条件，并指使丁假借订货与甲接洽，报价高于丙以阻止甲与丙签约。丙经比较与乙签约，丁随即终止与甲的谈判，甲因此遭受损失。对此，下列哪一说法是正确的？

　　A. 乙应对甲承担缔约过失责任

　　B. 丙应对甲承担缔约过失责任

　　C. 丁应对甲承担缔约过失责任

　　D. 乙、丙、丁无须对甲承担缔约过失责任

26. 秦某因为合同纠纷起诉甲公司，在诉讼中秦某突发脑梗，经抢救后，秦某仍然丧失民事行为能力。秦某的父亲希望撤回起诉，以专心为秦某治疗；秦某的妻子表示希望继续诉讼。本案法院应当如何处理？

　　A. 追加秦某的妻子为共同原告

　　B. 变更秦某的妻子为原告诉讼继续进行

　　C. 追加秦某的妻子为法定代理人，诉讼继续进行

　　D. 根据秦某父亲的请求，裁定准予撤回起诉

27. 2022 年 6 月 20 日，甲向乙出具了一张汇票。7 月 1 日，乙将该张汇票背书给了丙，并注明"7 月 30 日前不得转让给他人"。7 月 15 日，丙将该张汇票背书给了丁。丁为了偿还对 A 公司的债务，于 7 月 28 日直接将该张汇票交给了 A 公司的财务负责人王某。据此，下列哪一项说法是正确的？

　　A. 因王某是 A 公司财务负责人，A 公司享有票据权利

　　B. 王某是持票人，享有票据权利

　　C. 丙将该票据转让给丁是无效背书，丁不享有票据权利

　　D. 丁向乙追索时，乙有权拒绝承担票据责任

28. 甲公司和乙公司共同设立丙公司，达到国务院规定的经营者集中申报标准，但未向国家市场监管部门进行申报。丙公司成立后一年内没有实施排除、限制竞争的行为。关于市场监管部门的行政处罚，下列哪一选项是正确的？

　　A. 都不处罚

　　B. 处罚甲公司和乙公司

　　C. 处罚甲、乙、丙三家公司

　　D. 处罚丙公司

29. 甲将自己收藏的一幅名画卖给乙，乙当场付款，约定 5 天后取画。丙听说后，表示愿出比乙高的价格购买此画，甲当即决定卖给丙，约定第二天交货。乙得知此事，诱使甲 8 岁的儿子从家中取出此画给自己。该画在由乙占有期间，被丁盗走。此时该名画的所有权属于下列哪个人？

　　A. 甲　　　　　　　　B. 乙

　　C. 丙　　　　　　　　D. 丁

30. 关于合同解除的表述，下列哪一选项是正确的？

　　A. 赠与合同的赠与人享有任意解除权

　　B. 承揽合同的承揽人享有任意解除权

　　C. 没有约定保管期间保管合同的保管人享有任意解除权

　　D. 中介合同的中介人享有任意解除权

31. 李某起诉王某要求返还 10 万元借款并支付利息 5000 元，并向法院提交了王某亲笔书写的借条。王某辩称，已还 2 万元，李某还出具了收条，但王某并未在法院要求的时间内提交证据。法院一审判决王某返还李某 10 万元并支付 5000 元利息，王某不服提起上诉，并称一审期间未找到收条，现找到了并提交法院。关于王某迟延提交收条的法律后果，下列哪一选项是正确的？

　　A. 因不属于新证据，法院不予采纳

　　B. 法院应采纳该证据，并对王某进行训诫

　　C. 如果李某同意，法院可以采纳该证据

　　D. 法院应当责令王某说明理由，视情况决定是否采纳该证据

32. "李老汉私房菜"是李甲投资开设的个人独资企业。关于该企业遇到的法律问题，下列哪一选项是正确的？

　　A. 如李甲在申请企业设立登记时，明确表示以其家庭共有财产作为出资，则该企业是以家庭成员为全体合伙人的普通合伙企业

　　B. 如李甲一直让其子李乙负责企业的事务管理，则应认定为以家庭共有财产作为企业的出资

　　C. 如李甲决定解散企业，则在解散后 5 年内，李甲对企业存续期间的债务，仍应承担偿还责任

　　D. 如李甲死后该企业由其子李乙与其女李丙共同继承，则该企业必须分立为两家个人独资企业

33. 我国作家程某创作完成小说《天有多高》，出版后大卖，程某因此获得 50 万元稿酬，用该笔稿酬购买了一辆新能源电动汽车。后该小说在国外获奖，由某国际组织发放奖金 60 万元，并被外国某电影公司购买了改编权，获得该公司支付的特许权使用费 150 万元。关于程某纳税的税款，下列哪一说法是正确的？

　　A. 程某获得的稿酬应按比例缴纳个人所得税

　　B. 程某获得的奖金不应缴纳个人所得税

　　C. 购买新能源电动汽车应该免纳车船税

　　D. 程某在国外获得的特许权使用费不应缴纳个人所得税

34. 张某退伍前因一次救灾活动导致八级伤残，退伍后到大明公司工作，担任司机。某日，张某按照公司要求到机场接机，途中遭遇车祸造成五级伤残，

并且导致在部队的旧伤复发。大明公司没有给张某缴纳工伤保险费,下列哪一说法是正确的?

A.张某可以同时领取工伤保险和军人伤亡保险金

B.应当从军人保险基金中拨付工伤保险待遇支付给张某

C.张某可以申请退伍费的补偿

D.张某可以每月向公司领取伤残津贴

35. 甲创作的一篇杂文,发表后引起较大轰动。该杂文被多家报刊、网站无偿转载。乙将该杂文译成法文,丙将之译成维文,均在国内出版,未征得甲的同意,也未支付报酬。下列哪一观点是正确的?

A. 报刊和网站转载该杂文的行为不构成侵权

B. 乙和丙的行为均不构成侵权

C. 乙的行为不构成侵权,丙的行为构成侵权

D. 乙的行为构成侵权,丙的行为不构成侵权

36. 某国甲公司与中国乙公司订立买卖合同,概括性地约定有关争议由"中国贸仲"仲裁,也可以向法院起诉。后双方因违约责任产生争议。关于该争议的解决,依我国相关法律规定,下列哪一选项是正确的?

A. 违约责任不属于可仲裁的范围

B. 应认定合同已确定了仲裁机构

C. 仲裁协议因约定不明而在任何情况下无效

D. 如某国甲公司不服仲裁机构对仲裁协议效力作出的决定,向我国法院申请确认协议效力,我国法院可以受理

37. 关于世界贸易组织争端解决机制的表述,下列哪一选项是不正确的?

A. 磋商是争端双方解决争议的必经程序

B. 上诉机构为世界贸易组织争端解决机制中的常设机构

C. 如败诉方不遵守争端解决机构的裁决,申诉方可自行采取中止减让或中止其他义务的措施

D. 申诉方在实施报复时,中止减让或中止其他义务的程度和范围应与其所受到损害相等

38. 德胜公司注册地在萨摩国并在该国设有总部和分支机构,但主要营业机构位于中国深圳,是一家由我国台湾地区凯旋集团公司全资设立的法人企业。由于决策失误,德胜公司在中国欠下 700 万元债务。对此,下列哪一选项是正确的?

A. 该债务应以深圳主营机构的全部财产清偿

B. 该债务应以深圳主营机构和萨摩国总部及分支机构的全部财产清偿

C. 无论德胜公司的全部财产能否清偿,凯旋公司都应承担连带责任

D. 当德胜公司的全部财产不足清偿时,由凯旋公司承担补充责任

39. 薛某雇杨某料理家务。一天,杨某乘电梯去楼下扔掉厨房垃圾时,袋中的碎玻璃严重划伤电梯中的邻居乔某。乔某诉至法院,要求赔偿其各项损失 3 万元。关于本案,下列哪一说法是正确的?

A. 乔某应起诉杨某,并承担杨某主观有过错的证明责任

B. 乔某应起诉杨某,由杨某承担其主观无过错的证明责任

C. 乔某应起诉薛某,由薛某承担其主观无过错的证明责任

D. 乔某应起诉薛某,薛某主观是否有过错不是本案的证明对象

40. 某公司经营不善,现进行破产清算。关于本案的诉讼费用,下列哪一说法是错误的?

A. 在破产申请人未预先交纳诉讼费用时,法院应裁定不予受理破产申请

B. 该诉讼费用可由债务人财产随时清偿

C. 债务人财产不足时,诉讼费用应先于共益费用受清偿

D. 债务人财产不足以清偿诉讼费用等破产费用的,破产管理人应提请法院终结破产程序

41. 久居上海的德国籍夫妇洛克和玛丽去年在贵州收养了中国女孩小丽。小丽的亲生父母就收养关系的解除向上海某法院起诉,下列关于法律适用的判断哪一项是正确的?

A. 收养条件应适用德国法

B. 收养手续应适用中国法或德国法

C. 收养解除应适用中国法

D. 收养效力应适用德国法

42. 甲国人迈克在甲国出版著作《希望之路》后 25 天内,又在乙国出版了该作品,乙国是《保护文学和艺术作品伯尔尼公约》缔约国,甲国不是。依该公约,下列哪一选项是正确的?

A. 因《希望之路》首先在非缔约国出版,不能在缔约国享受国民待遇

B. 迈克在甲国出版《希望之路》后 25 天内在乙国出版,仍然具有缔约国的作品国籍

C. 乙国依国民待遇为该作品提供的保护需要迈克履行相应的手续

D. 乙国对该作品的保护有赖于其在甲国是否受保护

43. 方某为送汤某生日礼物,特向余某定做一件玉器。订货单上,方某指示余某将玉器交给汤某,并将订货情况告知汤某。玉器制好后,余某委托朱某将玉器交给汤某,朱某不慎将玉器碰坏。下列哪一表述

是正确的？

    A. 汤某有权要求余某承担违约责任

    B. 汤某有权要求朱某承担侵权责任

    C. 方某有权要求朱某承担侵权责任

    D. 方某有权要求余某承担违约责任

44．下列哪一情形构成对生命权的侵犯？

    A. 甲女视其长发如生命，被情敌乙尽数剪去

    B. 丙应丁要求，协助丁完成自杀行为

    C. 戊为报复欲置己于死地，结果将己打成重伤

    D. 庚医师因误诊致辛出生即残疾，辛认为庚应对自己的错误出生负责

45．甲国人朴某与中国人杨某在甲国诉讼离婚，朴某向杨某住所地的中国某法院申请承认和执行甲国法院的判决。中国和甲国之间没有关于法院判决承认和执行的双边协议，也没有相应的互惠关系，根据我国相关法律法规，下列哪一判断是正确的？

    A. 法院应依两国既无双边协议也无互惠关系，拒绝承认和执行甲国离婚判决

    B. 若甲国离婚判决是在杨某缺席且未得到合法传唤情况下作出的，法院应拒绝承认

    C. 若法院已经受理了朴某的申请，杨某向同一法院起诉离婚的，法院应当受理

    D. 若法院已经受理了朴某的申请，朴某不得撤回其申请

46．甲国A公司在乙国投资设立B公司，并就该投资项目向多边投资担保机构投保货币汇兑险。A公司的某项产品发明在甲国首次申请专利后，又在乙国提出同一主题的专利申请，同时要求获得优先权保护。甲、乙两国都是《多边投资担保机构公约》和《保护工业产权巴黎公约》的缔约国，下列哪一项说法是错误的？

    A. 乙国应为发展中国家

    B. 若乙国进行外汇管制，该风险不属于货币汇兑险的承保范围

    C. 乙国有权要求A公司委派乙国境内的本地专利代理机构申请专利

    D. 即使A公司在甲国的专利申请被驳回，也不影响其在乙国申请的优先权

47．张兄与张弟因遗产纠纷诉至法院，一审判决张兄胜诉。张弟不服，却在赴法院提交上诉状的路上被撞昏迷，待其经抢救苏醒时已超过上诉期限一天。对此，下列哪一说法是正确的？

    A. 法律上没有途径可对张弟上诉权予以补救

    B. 因意外事故耽误上诉期限，法院应依职权决定顺延期限

    C. 张弟可在清醒后10日内，申请顺延期限，是否准许，由法院决定

    D. 上诉期限为法定期间，张弟提出顺延期限，法院不应准许

48．甲起诉乙，要求乙返还借款10万元。一审法院判决乙败诉，当事人均未上诉。判决生效后，乙向法院申请再审。在再审过程中，法院发现甲和乙已经达成了和解协议，并且乙已经向甲支付完毕。法院应如何处理？

    A. 继续再审

    B. 驳回再审请求

    C. 判决执行一审判决

    D. 裁定终结再审程序

49．烽源有限公司的章程规定，金额超过10万元的合同由董事会批准。蔡某是烽源公司的总经理。因公司业务需要车辆，蔡某便将自己的轿车租给烽源公司，并约定年租金15万元。后蔡某要求公司支付租金，股东们获知此事，一致认为租金太高，不同意支付。关于本案，下列哪一选项是正确的？

    A. 该租赁合同无效

    B. 股东会可以解聘蔡某

    C. 该章程规定对蔡某没有约束力

    D. 烽源公司有权拒绝支付租金

50．某仲裁委员会对甲公司与乙公司之间的买卖合同一案作出裁决后，发现该裁决存在超裁情形，甲公司与乙公司均对裁决持有异议。关于此仲裁裁决，下列哪一选项是正确的？

    A. 该仲裁委员会可以直接变更已生效的裁决，重新作出新的裁决

    B. 甲公司或乙公司可以请求该仲裁委员会重新作出仲裁裁决

    C. 该仲裁委员会申请法院撤销此仲裁裁决

    D. 甲公司或乙公司可以请求法院撤销此仲裁裁决

    二、多项选择题。每题所设选项中至少有两个正确答案，多选、少选、错选或不选均不得分。本部分含51~85题，每题2分，共70分。

51．中国天明公司从甲国科隆公司进口一批电子设备，合同中约定了设备规格，并选用了2020年《国际贸易术语解释通则》中的DPU术语。科隆公司制作好样品后，将样品邮寄至天明公司，请求确认并按照样品履行。天明公司收到样品后确认收到并回复："请依合同履行。"设备到货后与样品相符，但与合同不符，中国天明公司要求科隆公司承担违约责任。中国和甲国都是《1980年联合国国际货物销售合同公约》的缔约国，下列哪些选项是正确的？

    A. 科隆公司应承担违约责任，因其交付的设备不符合合同约定规格

B. 科隆公司不应承担违约责任,因其交付的设备与其提供的样品相符

C. 本案货物风险自货交第一承运人时转移

D. 科隆公司应在指定装运地的约定地点交货

52. 中国甲公司与外国乙公司在合同中约定,合同争议提交中国国际经济贸易仲裁委员会仲裁,仲裁地在北京。双方未约定仲裁规则及仲裁协议适用的法律。对此,下列哪些选项是正确的?

A. 如当事人对仲裁协议效力有争议,提请所选仲裁机构解决的,应在首次开庭前书面提出

B. 如当事人将仲裁协议效力的争议诉至中国法院,应适用中国法

C. 如仲裁协议有效,应适用中国国际经济贸易仲裁委员会的仲裁规则仲裁

D. 如仲裁协议有效,仲裁中申请人可申请更改仲裁请求,仲裁庭不能拒绝

53. "佳嘉"咖啡店经营状况良好,在各地开设多家分店,并曾在某一侵权之诉中被法院认定为驰名商标,但没有将"佳嘉"商标注册。该店员工吴某离职后开了一家餐饮店,名为"佳嘉",并且使用该商标制作了工作服。后"佳嘉"咖啡店有意开设餐饮店,发现该商标已被吴某使用并注册。关于"佳嘉"咖啡店的权利,下列哪些说法是正确的?

A. 有权申请商标评审委员会宣告吴某使用的"佳嘉"商标无效

B. 无权请求吴某承担损害赔偿责任

C. 有权将"佳嘉"注册为驰名商标

D. 有权在其售卖的咖啡上标注驰名商标

54. 甲以 23 万元的价格将一辆机动车卖给乙。该车因里程表故障显示行驶里程为 4 万公里,但实际行驶了 8 万公里,市值为 16 万元。甲明知有误,却未向乙说明,乙误以为真。乙的下列哪些请求是错误的?

A. 以甲欺诈为由请求法院变更合同,在此情况下法院不得判令撤销合同

B. 请求甲减少价款至 16 万元

C. 以重大误解为由,致函甲请求撤销合同,合同自该函到达时即被撤销

D. 请求甲承担缔约过失责任

55. 甲向乙借款,丙与乙约定以自有房屋担保该笔借款。丙仅将房本交给乙,未按约定办理抵押登记。借款到期后甲无力清偿,丙的房屋被法院另行查封。下列哪些表述是正确的?

A. 乙有权要求丙继续履行担保合同,办理房屋抵押登记

B. 乙有权要求丙以自身全部财产承担担保义务

C. 乙有权要求丙以房屋价值为限承担担保义务

D. 乙有权要求丙承担损害赔偿责任

56. 科鼎有限公司设立时,股东们围绕公司章程的制订进行讨论,并按公司的实际需求拟定条款规则。关于该章程条款,下列哪些说法是正确的?

A. 股东会会议召开 7 日前通知全体股东

B. 公司解散需全体股东同意

C. 董事表决权按所代表股东的出资比例行使

D. 全体监事均由不担任董事的股东出任

57. 陈某在点餐网外卖平台订餐,在"纯真拉面"餐厅点了一份牛肉拉面,价款 50 元。11 点 10 分,短信提示外卖已送出。11 点 29 分,短信告知订单因配送问题被取消,且 50 元餐费被退回。陈某向点餐网质询,对方反馈:该订单是因配送问题被系统自动取消,此种情形在点餐网偶有发生。陈某起诉点餐网欺诈消费者,主张 500 元的赔偿。法院查明该订单配送服务方为点餐网平台,取消订单确系因配送问题。以下选项哪些是正确的?

A. 点餐网应向陈某退回 50 元餐费

B. 点餐网应向陈某赔偿 500 元

C. 点餐网应向陈某赔偿 150 元

D. 纯真拉面餐厅应向陈某赔偿 500 元

58. 王某有一栋两层楼房,在楼顶上设置了一个商业广告牌。后王某将该楼房的第二层出售给了张某。下列哪些选项是正确的?

A. 张某无权要求王某拆除广告牌

B. 张某与王某间形成了建筑物区分所有权关系

C. 张某对楼顶享有共有和共同管理的权利

D. 张某有权要求与王某分享其购房后的广告收益

59. 某热电厂从某煤矿购煤 200 吨,约定交货期限为 2007 年 9 月 30 日,付款期限为 2007 年 10 月 31 日。9 月底,煤矿交付 200 吨煤,热电厂经检验发现煤的含硫量远远超过约定标准,根据政府规定不能在该厂区燃烧。基于上述情况,热电厂的哪些主张有法律依据?

A. 行使顺序履行抗辩权

B. 要求煤矿承担违约责任

C. 行使不安抗辩权

D. 解除合同

60. 甲与乙签订了借款合同,丙系该合同的连带保证人。借款期限届满后,甲一直未还钱,且甲涉嫌诈骗。乙向公安局举报甲存在诈骗行为,然向法院起诉丙要求其还钱。关于本案的处理方式,下列选项中哪些说法是正确的?

A. 法院应裁定中止民事诉讼,等待刑事案件审理完毕后再恢复民事诉讼程序

B. 法院应当追加甲为共同被告

C. 本案的民事诉讼程序与刑事诉讼程序互不影响,各自进行

D. 就甲存在欺诈这一事实,本案民事诉讼和刑事诉讼程序的证明标准相同

61. 2012 年 1 月,中国甲市公民李虹(女)与美国留学生琼斯(男)在中国甲市登记结婚,婚后两人一直居住在甲市 B 区。2014 年 2 月,李虹提起离婚诉讼,甲市 B 区法院受理了该案件,适用普通程序审理。关于本案,下列哪些表述是正确的?

A. 本案的一审审理期限为 6 个月

B. 法院送达诉讼文书时,对李虹与琼斯可采取同样的方式

C. 不服一审判决,李虹的上诉期为 15 天,琼斯的上诉期为 30 天

D. 美国驻华使馆法律参赞可以个人名义作为琼斯的诉讼代理人参加诉讼

62. 通城公司在甲省承包一条高速公路的修建工程,该高速公路横跨甲、乙两省,环境影响评价文件已经审批。在准备开工时,通城公司发现该公路需要延长到丙省。关于该公司的环评文件报批的相关事宜,下列哪些说法是正确的?

A. 该公路的环境影响评价文件应由丙省的生态环境主管部门审批

B. 在原环境影响评价文件上作相应补充,由丙省的生态环境主管部门审批

C. 未经生态环境主管部门审批环评文件,该公路不得开工建设

D. 应对此公路项目重新进行环境影响评价

63. 某省发现有大米被镉污染的情况,立即部署各地成立联合执法组,彻查市场中的大米及米制品。对此,下列哪些说法是正确的?

A. 大米、米制品的质量安全管理须以《食品安全法》为依据

B. 应依照《食品安全法》有关规定公布大米、米制品安全有关信息

C. 县有关部门进入某米粉加工厂检查时,该厂不得以商业秘密为由予以拒绝

D. 虽已构成重大食品安全事故,但影响仅限于该省,可由省食品安全监督管理部门公布有关食品安全信息

64. 甲是某产品的专利权人,乙于 2008 年 3 月 1 日开始制造和销售该专利产品。甲于 2009 年 3 月 1 日对乙提起侵权之诉。经查,甲和乙销售每件专利产品分别获利为二万元和一万元,甲因乙的侵权行为少销售 100 台,乙共销售侵权产品 300 台。关于乙应对甲赔偿的额度,下列哪些选项是正确的?

A. 200 万元 　　　B. 250 万元

C. 300 万元 　　　D. 500 万元

65. 关于财产保全和先予执行,下列哪些选项是正确的?

A. 二者的裁定都可以根据当事人的申请或法院依职权作出

B. 二者适用的案件范围相同

C. 当事人提出财产保全或先予执行的申请时,法院可以责令其提供担保,当事人拒绝提供担保的,驳回申请

D. 对财产保全和先予执行的裁定,当事人不可以上诉,但可以申请复议一次

66. 甲公司欠乙公司货款,丙公司提供抵押担保。因到期甲公司未支付货款,乙公司向法院申请对甲公司发出支付令。支付令发出后,乙公司将丙公司起诉至法院,要求其履行担保责任。以下哪些选项是正确的?

A. 该支付令对甲公司有拘束力,对丙公司没有拘束力

B. 该支付令对甲公司和丙公司均有拘束力

C. 乙公司对丙公司提起诉讼,不影响支付令效力

D. 乙公司对丙公司提起诉讼,支付令失效

67. 一日清晨,甲发现一头牛趴在自家门前,便将其拴在自家院内,打探失主未果。时值春耕,甲用该牛耕种自家田地。其间该牛因劳累过度得病,甲花费 300 元将其治好。两年后,牛的主人乙寻牛来到甲处,要求甲返还,甲拒绝返还。下列哪一说法是正确的?

A. 甲应返还牛,但有权要求乙支付 300 元

B. 甲应返还牛,但无权要求乙支付 300 元

C. 甲不应返还牛,但乙有权要求甲赔偿损失

D. 甲不应返还牛,无权要求乙支付 300 元

68. 天禄公司由甲、乙、丙、丁四人出资设立,甲持股 25%,公司章程规定公司的经营期限为 10 年。到期后,因公司运营不好,甲主张按章程规定解散公司,但其他股东均不同意解散。公司召开股东会讨论此事,在甲反对、其他股东均同意的情况下作出股东会决议,决定修改公司章程,延长公司的经营期限至 2035 年。下列有关甲的维权措施,哪些是正确的?

A. 甲可向法院起诉确认该股东会决议无效

B. 甲可向公司主张以合理的价格收购其股权

C. 甲可与乙协商转让其股权

D. 甲可向法院起诉请求强制解散天禄公司

69. 杨某、段某、郭某、黄某、周某是某有限合伙企业的合伙人,其中杨某是普通合伙人,其余四人是

有限合伙人。合伙协议对合伙份额的转让、质押等处分行为未作约定。下列哪些说法是正确的？

A. 杨某死亡后，其合法继承人有权继承杨某在该合伙企业中的份额

B. 段某的债权人申请法院执行段某的合伙份额偿还债务，其他合伙人不能主张优先购买权

C. 郭某对外转让其合伙份额时，其他合伙人无权主张优先购买权

D. 黄某可随时转让其合伙份额给周某

70． 某商业银行的流动性比率低于20%，银行业监督管理机构责令其限期改正。某商业银行认为其流动性并不影响正常经营，逾期未进行改正。对此，银行业监管机构有权对该商业银行采取哪些措施？

A. 暂停其部分业务

B. 限制其新设分支机构

C. 限制其董事和高管人员的权利

D. 限制其对外转让资产

71． 甲公司欠乙公司货款500万元，乙公司起诉甲公司还款，法院判决支持了乙公司的诉讼请求。后乙公司发现甲公司对丙公司享有300万元债权，且怠于行使，于是提起诉讼，要求丙公司直接向其清偿300万元。下列哪些说法是正确的？

A. 乙公司的行为构成重复起诉

B. 乙公司的行为不构成重复起诉

C. 乙公司可以提起代位权诉讼

D. 法院应不予受理，受理的应当裁定驳回起诉

72． 甲、乙、丙、丁按份共有一艘货船，份额分别为10%、20%、30%、40%。甲欲将其共有份额转让，戊愿意以50万元的价格购买，价款一次付清。关于甲的共有份额转让，下列哪些选项是错误的？

A. 甲向戊转让其共有份额，须经乙、丙、丁同意

B. 如乙、丙、丁均以同等条件主张优先购买权，则丁的主张应得到支持

C. 如丙在法定期限内以50万元分期付款的方式要求购买该共有份额，应予支持

D. 如甲改由向乙转让其共有份额，丙、丁在同等条件下享有优先购买权

73． 九华公司在未接到任何事先通知的情况下突然被断电，遭受重大经济损失。下列哪些情况下供电公司应承担赔偿责任？

A. 因供电设施检修中断供电

B. 为保证居民生活用电而拉闸限电

C. 因九华公司违法用电而中断供电

D. 因电线被超高车辆挂断而断电

74． 郑飞诉万雷侵权纠纷一案，虽不属于事实清楚、权利义务关系明确、争议不大的案件，但双方当事人约定适用简易程序进行审理，法院同意并以电子邮件的方式向双方当事人通知了开庭时间（双方当事人均未回复）。开庭时被告万雷无正当理由不到庭，法院作出了缺席判决。送达判决书时法院通过各种方式均未联系上万雷，遂采取了公告送达方式送达了判决书。对此，法院下列的哪些行为是违法的？

A. 同意双方当事人的约定，适用简易程序对案件进行审理

B. 以电子邮件的方式向双方当事人通知开庭时间

C. 作出缺席判决

D. 采取公告方式送达判决书

75． 甲公司给乙公司开了一张汇票，付款人为工商银行。乙公司向工商银行确认此票据有效，到期付款。乙公司随后将此票据背书转让给张某。张某遗失此汇票被刘某捡到，刘某仿造张某的签章，把汇票背书转让给丙公司履行其与丙公司的货款给付义务，丙公司按照约定向刘某交货，刘某收到货后将之转卖，携款潜逃。丙公司请求工商银行付款时被告知，经张某申请，法院已经对此票据进行了除权判决。下列哪些说法是正确的？

A. 工商银行不应对丙公司承担付款责任

B. 甲公司应对丙公司承担票据付款责任

C. 乙公司不应对丙公司承担票据付款责任

D. 刘某应对丙公司承担付款责任

76． 甲持有硕昌有限公司69%的股权，任该公司董事长；乙、丙为公司另外两个股东。因打算移居海外，甲拟出让其全部股权。对此，下列哪些说法是错误的？

A. 不必征得乙、丙的同意，甲即可对外转让自己的股权

B. 若公司章程限制甲转让其股权，则甲可直接修改章程中的限制性规定，以使其股权转让行为合法

C. 甲可将其股权分割为两部分，分别转让给乙、丙

D. 甲对外转让其全部股权时，乙或丙均可就甲所转让股权的一部分主张优先购买权

77． 关于纯电动乘用车所涉税法，下列哪些说法是错误的？

A. 获赠该类汽车的合伙企业应缴纳企业所得税

B. 对购买该类汽车的自然人免征车船税

C. 抽奖获得该类汽车的外国人应缴纳噪声类环境保护税

D. 进口该类汽车的贸易公司应缴纳增值税和消费税

78． 某舞蹈团计划举行联欢晚会，委托常某设计了一支舞蹈。晚会上由舞蹈团的郭某领舞表演了该舞蹈。钱某在晚会现场录制了郭某的舞蹈表演，并上

传到短视频平台供用户观看。对此,钱某侵犯了下列哪些权利?

A. 舞蹈团的表演者权

B. 郭某的表演者权

C. 常某的著作权

D. 郭某的著作权

79. 中国甲公司的一项发明在中国和A国均获得了专利权。中国的乙公司与甲公司签订了中国地域内的专利独占实施合同。A国的丙公司与甲公司签订了在A国地域内的专利普通实施合同并制造专利产品,A国的丁公司与乙公司签订了在A国地域内的专利普通实施合同并制造专利产品。中国的戊公司、庚公司分别从丙公司和丁公司进口这些产品到中国使用。下列哪些说法是正确的?

A. 甲公司应向乙公司承担违约责任

B. 乙公司应向甲公司承担违约责任

C. 戊公司的行为侵犯了乙公司的专利独占实施权

D. 庚公司的行为侵犯了甲公司的专利权

80. 甲是雕刻家,乙是奇石古玩收藏家。某日,甲借用乙收藏的一块价值3万元的太湖石和一块价值1万元的汉白玉把玩。后来,甲在装修自家房屋时,将太湖石镶嵌在客厅摆放电视的背景墙中。装修完成两日后,突发创作欲望,将汉白玉雕刻成了精美的"老子骑牛"雕像(估价5万元)。对此,下列说法正确的是:

A. 太湖石已经与墙壁发生附合,应归甲所有

B. 甲应当就太湖石向乙进行补偿

C. 雕像应当归甲所有

D. 甲应当向乙补偿汉白玉的价值

81. 甲男与乙女通过网聊恋爱,后乙提出分手遭甲威胁,乙无奈遂与甲办理了结婚登记。婚后乙得知,甲婚前就患有医学上不应当结婚的疾病且久治不愈,乙向法院起诉离婚。下列哪些说法是正确的?

A. 若乙请求撤销婚姻,法院应判决撤销该婚姻

B. 法院应判决宣告该婚姻无效

C. 法院判决离婚的,乙可以请求甲赔偿损失

D. 当事人可以对法院的处理结果依法提起上诉

82. 张某手头有一笔闲钱欲炒股,因对炒股不熟便购买了某证券投资基金。关于张某作为基金份额持有人所享有的权利,下列哪些表述是正确的?

A. 按份额享有基金财产收益

B. 参与分配清算后的剩余基金财产

C. 可回赎但不能转让所持有的基金份额

D. 可通过基金份额持有人大会来更换基金管理人

83. 乙是国内大型视频网站,购买了一批热播电视剧的独家网络播放权。用户可以免费收看乙网站的热播电视剧,但不可避免需要同时收看片头片尾广告,乙网站以收取广告费盈利。甲开发出广告屏蔽软件,可屏蔽乙网站加载的广告,并招商播放第三方的广告。对此,下列说法正确的有哪些?

A. 甲的行为构成不正当竞争

B. 甲开发的屏蔽广告软件仅为一项技术手段,基于"技术无罪"不构成违法

C. 如不能确定乙网站损失金额,按照甲收取的广告费用计算

D. 乙网站调查甲行为所支付的所有费用应由甲赔偿

84. 某律师事务所指派吴律师担任某案件的一、二审委托代理人。第一次开庭后,吴律师感觉案件复杂,本人和该事务所均难以胜任,建议不再继续代理。但该事务所坚持代理。一审判决委托人败诉。下列哪些表述是正确的?

A. 律师事务所有权单方解除委托合同,但须承担赔偿责任

B. 律师事务所在委托人一审败诉后不能单方解除合同

C. 即使一审胜诉,委托人也可解除委托合同,但须承担赔偿责任

D. 只有存在故意或者重大过失时,该律师事务所才对败诉承担赔偿责任

85. 甲参加乙旅行社组织的沙漠一日游,乙旅行社为此向红星保险公司购买了旅行社责任保险。丙客运公司受乙旅行社之托,将甲运送至沙漠,丙公司为此向白云保险公司购买了承运人责任保险。丙公司在运送过程中发生交通事故,致甲死亡,丙公司负事故全责。甲的继承人为丁。在通常情形下,下列哪些表述是正确的?

A. 乙旅行社有权要求红星保险公司直接对丁支付保险金

B. 丙公司有权要求白云保险公司直接对丁支付保险金

C. 丁有权直接要求红星保险公司支付保险金

D. 丁有权直接要求白云保险公司支付保险金

三、不定项选择题。每题所设选项中至少有一个正确答案,多选、少选、错选或不选均不得分。本部分含86-100题,每题2分,共30分。

86. 中国甲公司(卖方)与某国乙公司签订了国际货物买卖合同,规定采用信用证方式付款,由设在中国境内的丙银行通知并保兑。信用证开立之后,甲公司在货物已经装运,并准备将有关单据交银行议付

时,接到丙银行通知,称开证行已宣告破产,丙银行将不承担对该信用证的议付或付款责任。据此,下列选项正确的是:

A. 乙公司应为信用证项下汇票上的付款人

B. 丙银行的保兑义务并不因开证行的破产而免除

C. 因开证行已破产,甲公司应直接向乙公司收取货款

D. 虽然开证行破产,甲公司仍可依信用证向丙银行交单并要求付款

87. 甲国摩登公司和乙国森德公司签订合同出口一批瓷器,双方约定采用CIF2020术语规范双方之间的合同。该批瓷器运到乙国时恰逢该国内乱,导致部分瓷器受损。甲国和乙国均是《1980年联合国国际货物销售合同公约》的缔约国。下列说法不正确的是:

A. 森德公司无需支付该批损毁瓷器的货款

B. 鉴于乙国的环境,摩登公司有义务投保一切险和战争险

C. 在没有特别约定的情况下,摩登公司只需投保平安险

D. 森德公司在没有机会验货的情况下,可以不付款

88. 甲公司欠乙公司1亿元货款即将到期,由于担心公司的重要财产被执行,遂和丙公司合谋,将价值9000万元的公司资产以4000万元的价格转让给丙公司。关于乙公司的救济,下列说法正确的是:

A. 乙公司有权请求法院撤销甲公司与丙公司之间的买卖合同

B. 乙公司有权请求确认甲公司与丙公司之间的买卖合同无效

C. 如果乙公司起诉撤销甲公司与丙公司之间的买卖合同,应当自撤销事由发生之日起的1年内起诉

D. 如果乙公司请求确认甲公司与丙公司之间的买卖合同无效,则不受3年诉讼时效的限制

89. 甲县的葛某和乙县的许某分别拥有位于丙县的云峰公司50%的股份。后由于二人经营理念不合,已连续四年未召开股东会,无法形成股东会决议。许某遂向法院请求解散公司,并在法院受理后申请保全公司的主要资产(位于丁县的一块土地的使用权)。关于许某的财产保全申请,下列说法正确的是:

A. 本案是给付之诉,法院可作出保全裁定

B. 本案是变更之诉,法院不可作出保全裁定

C. 许某在申请保全时应提供担保

D. 如果法院认为采取保全措施将影响云峰公司的正常经营,应驳回保全申请

90. 根据《民事诉讼法》和相关司法解释规定,

关于执行程序中的当事人,对下列哪些事项可享有异议权?

A. 法院对某案件的执行管辖权

B. 执行法院的执行行为的合法性

C. 执行标的的所有权归属

D. 执行法院作出的执行中止的裁定

91. 甲、乙、丙共同出资设立一家玩具店(普通合伙企业)。甲用一套商住房屋的使用权和现金30万元出资。房屋交付玩具店作为经营店面,但是没有过户登记。现金按合伙协议约定应于2025年12月底前缴纳。后因经营不佳,玩具店欠丁公司货款到期无力清偿。下列说法正确的是:

A. 丁公司可要求甲对玩具店提前缴纳出资

B. 丁公司可要求甲对玩具店未清偿的债务承担无限连带责任

C. 甲应将房屋过户给玩具店并办理登记手续

D. 甲可以未到出资期限抗辩丁公司的偿债请求

（一）

某商场使用了由东方电梯厂生产、亚林公司销售的自动扶梯。某日营业时间,自动扶梯突然逆向运行,造成顾客王某、栗某和商场职工薛某受伤,其中栗某受重伤,经治疗半身瘫痪,数次自杀未遂。现查明,该型号自动扶梯在全国已多次发生相同问题,但电梯厂均通过更换零部件、维修进行处理,并未停止生产和销售。请回答92、93题。

92. 关于赔偿主体及赔偿责任,下列选项正确的是:

A. 顾客王某、栗某有权请求商场承担赔偿责任

B. 受害人有权请求电梯厂和亚林公司承担赔偿责任

C. 电梯厂和亚林公司承担连带赔偿责任

D. 商场和电梯厂承担按份赔偿责任

93. 关于顾客王某与栗某可主张的赔偿费用,下列选项正确的是:

A. 均可主张为治疗支出的合理费用

B. 均可主张因误工减少的收入

C. 栗某可主张精神损害赔偿

D. 栗某可主张所受损失2倍以下的惩罚性赔偿

94. 通程公司设立了两家分公司甲分公司和乙分公司。在经营过程中,甲分公司为业务伙伴丙公司向丁公司提供担保,未经通程公司同意,自行以自己的名义签订了担保协议。在签订担保协议之前,甲分公司如实向丁公司说明了情况,丁公司未提出异议。乙分公司以自己的名义与戊公司签订了货物买卖协议。对此,下列说法正确的是:

A. 甲分公司以自己的名义签订的担保协议无效

B. 丙公司无法偿债时,丁公司可要求通程公司

承担担保责任

C. 乙分公司签订的买卖协议对通程公司具有法律效力

D. 戊公司须先向乙分公司主张合同责任才可向通程公司主张责任

（二）

李某原在甲公司就职，适用不定时工作制。2012年1月，因甲公司被乙公司兼并，李某成为乙公司职工，继续适用不定时工作制。2012年12月，由于李某在年度绩效考核中得分最低，乙公司根据公司绩效考核制度中"末位淘汰"的规定，决定终止与李某的劳动关系。李某于2013年11月提出劳动争议仲裁申请，主张：原劳动合同于2012年3月到期后，乙公司一直未与本人签订新的书面劳动合同，应从4月起每月支付二倍的工资；公司终止合同违法，应恢复本人的工作。请回答95~97题。

95． 关于乙公司兼并甲公司时李某的劳动合同及工作年限，下列选项正确的是：

A. 甲公司与李某的原劳动合同继续有效，由乙公司继续履行

B. 如原劳动合同继续履行，在甲公司的工作年限合并计算为乙公司的工作年限

C. 甲公司还可与李某经协商一致解除其劳动合同，由乙公司新签劳动合同替代原劳动合同

D. 如解除原劳动合同时甲公司已支付经济补偿，乙公司在依法解除或终止劳动合同计算支付经济补偿金的工作年限时，不再计算在甲公司的工作年限

96． 关于恢复用工的仲裁请求，下列选项正确的是：

A. 李某是不定时工作制的劳动者，该公司有权对其随时终止用工

B. 李某不是非全日制用工的劳动者，该公司无权对其随时终止用工

C. 根据该公司末位淘汰的规定，劳动合同应当终止

D. 该公司末位淘汰的规定违法，劳动合同终止违法

97． 如李某放弃请求恢复工作而要求其他补救，下列选项正确的是：

A. 李某可主张公司违法终止劳动合同，要求支付赔偿金

B. 李某可主张公司规章制度违法损害劳动者权益，要求即时辞职及支付经济补偿金

C. 李某可同时获得违法终止劳动合同的赔偿金和即时辞职的经济补偿金

D. 违法终止劳动合同的赔偿金的数额多于即时辞职的经济补偿金

98． 某校研究生陈某下课后发现电梯人多拥挤便选择走楼梯，在下楼过程中由于陈某专注玩手机而失足摔倒，造成擦伤和中度脑震荡。关于陈某的损害，下列说法正确的是：

A. 电梯设置不合理，学校负全部责任

B. 学校未尽到安全保障义务，应负全部责任

C. 陈某与学校均有过错，各自承担与其过错相应的责任

D. 陈某因玩手机而失足摔倒，应责任自负

（三）

2015年4月，居住在B市（直辖市）东城区的林剑与居住在B市西城区的钟阳（二人系位于B市北城区正和钢铁厂的同事）签订了一份借款合同，约定钟阳向林剑借款20万元，月息1%，2017年1月20日前连本带息一并返还。合同还约定，如因合同履行发生争议，可向B市东城区仲裁委员会仲裁。至2017年2月，钟阳未能按时履约。2017年3月，二人到正和钢铁厂人民调解委员会（下称调解委员会）请求调解。调解委员会委派了三位调解员主持该纠纷的调解。请回答99、100题。

99． 如调解成功，林剑与钟阳在调解委员会的主持下达成如下协议：2017年5月15日之前，钟阳向林剑返还借款20万元，支付借款利息2万元。该协议有林剑、钟阳的签字，盖有调解委员会的印章和三位调解员的签名。钟阳未按时履行该调解协议，林剑拟提起诉讼。在此情况下，下列说法正确的是：

A. 应以调解委员会为被告

B. 应以钟阳为被告

C. 应以调解委员会和钟阳为共同被告

D. 应以钟阳为被告，调解委员会为无独立请求权的第三人

100． 如调解成功，林剑与钟阳在调解委员会的主持下达成了调解协议，相关人员希望该调解协议被司法确认，下列说法正确的是：

A. 应由林剑或钟阳向有管辖权的法院申请

B. 应由林剑、钟阳共同向有管辖权的法院申请

C. 应在调解协议生效之日起30日内提出申请，申请可以是书面方式，也可以是口头方式

D. 对申请的案件有管辖权的法院包括：B市西城区法院、B市东城区法院和B市北城区法院

试 卷 一

解 析

一、单项选择题

1. 坚持建设中国特色社会主义法治体系[C]

[解析] 建设中国特色社会主义法治体系，建设社会主义法治国家是推进全面依法治国的总目标，A项错误。法律体系必须随着时代变化、理论创新和实践不断发展、不断完善，B项错误。全面推进依法治国，必须健全完善权力运行制约和监督机制，C项正确。党内法规既是管党治党的重要依据，也是建设社会主义法治国家的有力保障，D项错误。

2. 货币犯罪的认定[B]

[解析] 伪造货币罪中的"货币"必须是实际上存在的货币，包括人民币以及可以在我国国内市场流通或兑换的境外货币。故A项正确，不当选。

伪造货币并出售或运输伪造的货币的，以伪造货币罪从重处罚，但这里仅限于行为人出售、运输自己伪造的假币的情形。如果行为人不仅伪造货币，而且出售或运输他人伪造的货币，即伪造的假币与出售、运输的假币不具有同一性质时，应当按照数罪并罚处理。故B项错误，当选。

变造货币与伪造货币的区别：(1)变造货币是在货币的基础上进行加工处理，以增加原货币的面值；伪造货币则是将非货币的一些物质经过加工后伪造成货币，有的伪造货币的行为要利用货币，如采用彩色复印机伪造货币。(2)变造的货币在某种程度上有原货币的成分，如原货币的纸张、金属防伪线等；伪造货币则不具有原货币的成分，如将真实的金属货币熔化之后铸成新币。(3)变造货币的犯罪受到其行为方式的限制，变造的数额远远小于伪造的货币的数额，而且变造货币的犯罪是在真实货币的基础上进行加工处理，行为人为此必须先行投入一部分货币才能进行变造货币的犯罪，其牟取的非法利益往往小于伪造货币的非法所得利益；而伪造货币的犯罪有的是成批、大量地"生产货币"，社会危害性相对变造货币而言要大得多。因此，将低额美元的纸币加工成高额英镑的纸币的，属于伪造货币；对人民币真币加工处理，使100元面额变为50元面额的，属于变造货币。故C、D项正确，不当选。

3. 数额在财产犯罪中的地位[B]

[解析] 《刑法》第224条规定："有下列情形之一，以非法占有为目的，在签订、履行合同过程中，骗取对方当事人财物，数额较大的，处3年以下有期徒刑或者拘役，并处或者单处罚金；数额巨大或者有其他严重情节的，处3年以上10年以下有期徒刑，并处罚金；数额特别巨大或者有其他特别严重情节的，处10年以上有期徒刑或者无期徒刑，并处罚金或者没收财产……"本案中，合同诈骗100万元显然属于数额特别巨大的既遂，而另外120万元属于未遂。

《关于办理诈骗刑事案件具体应用法律若干问题的解释》第6条规定："诈骗既有既遂，又有未遂，分别达到不同量刑幅度的，依照处罚较重的规定处罚；达到同一量刑幅度的，以诈骗罪既遂处罚。"根据这一规定，本案中，100万元(既遂)、120万元(未遂)均属于"数额特别巨大"这一量刑幅度，根据该解释规定，应以合同诈骗100万元既遂论处，当然，另外的120万元(未遂)作为情节加以考虑。故B项正确，A、C、D项错误。

4. 检察制度的基本原则[C]

[解析] 《人民检察院组织法》第29条规定："检察官在检察长领导下开展工作，重大办案事项由检察长决定。检察长可以将部分职权委托检察官行使，可以授权检察官签发法律文书。"第32条第2款规定："检察委员会会议由检察长或者检察长委托的副检察长主持。检察委员会实行民主集中制。"第33条第1款规定："检察官可以就重大案件和其他重大问题，提请检察长决定。检察长可以根据案件情况，提交检察委员会讨论决定。"可知，我国实行的是检察长负责制和检察委员会民主集中制相结合的检察院负责制。故A项错误。

《人民检察院组织法》第21条规定："人民检察院行使本法第二十条规定的法律监督职权，可以进行调查核实，并依法提出抗诉、纠正意见、检察建议。有关单位应当予以配合，并及时将采纳纠正意见、检察建议的情况书面回复人民检察院。抗诉、纠正意见、检察建议的适用范围及其程序，依照法律有关规定。"第24条规定："上级人民检察院对下级人民检察院行使下列职权：(一)认为下级人民检察院的决定错误的，指令下级人民检察院纠正，或者依法撤销、变更；(二)可以对下级人民检察院管辖的案件指定管辖；(三)可以办理下级人民检察院管辖的案件；

(四)可以统一调用辖区的检察人员办理案件。上级人民检察院的决定,应当以书面形式作出。"可知,上级人民检察院对下级人民检察院有检察建议、依法撤销和变更的职权。故 B 项错误。

各地各级检察机关之间具有职能协助的义务。故 C 项正确。

检察官之间和检察院之间在职务上可以发生相互承继、转移、代理关系。故 D 项错误。

5．审判后的裁判[C]

[解析]《刑诉解释》第 295 条第 1 款规定:"对第一审公诉案件,人民法院审理后,应当按照下列情形分别作出判决、裁定:……(四)证据不足,不能认定被告人有罪的,应当以证据不足、指控的犯罪不能成立,判决宣告被告人无罪;(五)案件部分事实清楚,证据确实、充分的,应当作出有罪或者无罪的判决;对事实不清、证据不足部分,不予认定;(六)被告人因未达到刑事责任年龄,不予刑事处罚的,应当判决宣告被告人不负刑事责任;……"

本案中,法院认为证明指控事实的证据间存在矛盾且无法排除,同时查明赵某年龄认定有误,该案发生时赵某未满 16 周岁。因为上述第 6 项情形是指犯罪事实清楚,证据确实充分,只是因为未满 16 周岁而不负刑事责任,又因为作出被告人不负刑事责任的判决应建立在"事实清楚,证据确实、充分"的基础上,所以本案中,法院应首先考虑"证据间存在矛盾且无法排除",而不是"该案发生时赵某未满 16 周岁"。法院应根据上述第 4 项规定,作证据不足、指控的犯罪不能成立的无罪判决,而不是判决宣告赵某不负刑事责任。故 C 项正确,A、B、D 项错误。

6．刑事证据的分类[D]

[解析] 根据证据与案件主要事实证明关系的不同,可以将证据划分为直接证据与间接证据。直接证据是能够单独、直接证明案件主要事实的证据。也就是说,某一项证据的内容,无需经过推理过程,即可以直观地说明犯罪行为是否为犯罪嫌疑人、被告人所实施。间接证据是不能单独、直接证明刑事案件主要事实,需要与其他证据相结合形成一个证据体系,才能共同证明案件的主要事实。

根据证据的表现形式不同,可以将证据分为言词证据和实物证据。凡是表现为人的陈述,即以言词作为表现形式的证据,是言词证据。凡是表现为物品、痕迹和内容具有证据价值的书面文件,即以实物作为表现形式的证据,是实物证据。

本题中,A、B 项的工具和文件物品都是以非言词的形式表现的,属于实物证据,同时这些物品并不能单独证明案件的主要事实,因此属于间接证据。C 项张某关于实施伪造、变造行为的供述,属于言词证据,该供述能够单独直接证明案件主要事实,属于直接证

据。D 项判别国家机关公文、证件、印章真伪的鉴定意见,属于言词证据,该意见不能单独证明案件的主要事实,属于间接证据。故 D 项符合题意,当选。

7．行政协议案件的审理[B]

[解析]《行政协议案件规定》第 7 条规定:"当事人书面协议约定选择被告所在地、原告所在地、协议履行地、协议订立地、标的物所在地等与争议有实际联系地点的人民法院管辖的,人民法院从其约定,但违反级别管辖和专属管辖的除外。"可知,当事人之间可以协议选择管辖法院,但不能违反法定管辖制度。本案中的被告为区政府,属于应由中级人民法院管辖的案件,而双方协议中约定由区法院管辖,违反了级别管辖规定,因此约定无效。故 A 项正确。

根据《行政协议案件规定》第 12 条规定,行政协议无效的原因在一审法庭辩论终结前消除的,人民法院可以确认行政协议有效。B 项中说"驳回原告起诉"是错误的。【特别提醒】驳回起诉适用程序法,本题不存在程序上的诉权问题,应作出实体法上的判决,而非裁定驳回起诉,据此也可判断 B 项错误。

行政诉讼的审查对象就是行政行为的合法性。《行政协议规定》第 11 条第 1 款规定:"人民法院审理行政协议案件,应当对被告订立、履行、变更、解除行政协议的行为是否具有法定职权、是否滥用职权、适用法律法规是否正确、是否遵守法定程序、是否明显不当、是否履行相应法定职责进行合法性审查。"故 C 项正确。

行政协议争议案件属于行政诉讼受案范围,不能通过民事诉讼程序解决,故 D 项正确。

8．政治和法治;权利与义务;建设严密的法治监督体系[C]

[解析] 公权力是国家机关等在履行公共职能时所行使的权力,不能超越政治,A 项错误。公职人员作为公民也存在个人利益,要正确处理个人利益与公共利益的关系,不能将自己的利益置于公共利益之上,B 项错误。有权必有责,用权受监督,C 项正确。党内法规体系是中国特色社会主义法治体系的重要组成部分,要注重党内法规同国家法律的衔接和协调,行使公权力不得违法违纪,D 项错误。

9．权利与义务;法的位阶[C]

[解析] 根据原《婚姻法》第 4 条,夫妻应当互相忠实,互相尊重。这里表述的忠实义务,主要是夫妻关系存续期间的忠实义务。李女士治疗性病的经历为其婚前经历,李女士没有义务将之告知冯某。故 A 选项错误。

隐私权属于人格权的范畴,任何人都不得侵犯,因此属于绝对权利。故 B 选项错误。

根据《立法法》的规定,全国人大有权制定刑事、民事等基本法律,全国人大常委会制定基本法律以外

的其他法律。《婚姻法》《民法总则》都是全国人大制定的,属于基本法律。同一位阶的法律相冲突时,特别法优先于一般法。在婚姻案件中,《婚姻法》属于特别法,《民法总则》属于一般法,因此,《婚姻法》优先于《民法总则》适用。故 C 选项正确。

《宪法》第 38 条规定,中华人民共和国公民的人格尊严不受侵犯。但并未具体规定隐私权等具体人格权。隐私权不受侵犯规定在 2020 年通过的《民法典》中。故 D 选项错误。

10．港、澳基本法的规定;港、澳基本法的修改[A]

[解析]《香港特别行政区基本法》第 159 条第 1 款规定:"本法的修改权专属于全国人民代表大会。"可见,特别行政区基本法的修改权专属于全国人大。注意全国人大常委会不能修改的三部法律:宪法、香港基本法、澳门基本法。故 A 项错误,当选。

《香港特别行政区基本法》第 159 条第 2 款规定:"本法的修改提案权属于全国人民代表大会常务委员会、国务院和香港特别行政区。香港特别行政区的修改议案,须经香港特别行政区的全国人民代表大会代表三分之二多数、香港特别行政区立法会全体议员三分之二多数和香港特别行政区行政长官同意后,交由香港特别行政区出席全国人民代表大会的代表团向全国人民代表大会提出。"《澳门特别行政区基本法》第 144 条第 2 款中亦有同样的规定。故 B、C 项正确,不当选。

《香港特别行政区基本法》第 159 条第 4 款规定:"本法的任何修改,均不得同中华人民共和国对香港既定的基本方针政策相抵触。"《澳门特别行政区基本法》第 144 条第 4 款规定:"本法的任何修改,均不得同中华人民共和国对澳门既定的基本方针政策相抵触。"故 D 项正确,不当选。

11．抢劫罪[B]

[解析] 财产犯罪的对象不限于财物,也包括财产性利益,因为财产增加不仅包括积极财产的增加,还包括消极财产的减少。尽管财产上的权利(债权或者其他请求权)等无体物不能成为财产犯罪的对象,但记载权利的凭证(如银行存折、借条、支票、股票、汇款单、火车票等)属于有体物,可能成为财产犯罪的对象。此外,动产与不动产都是财产,总体上来说,作为侵犯财产罪对象的财物,既包括动产,也包括不动产;但由于侵犯财产罪的具体表现形式不同,不动产只能成为某些犯罪的对象。例如,诈骗罪、侵占罪、敲诈勒索罪、故意毁坏财物罪、破坏生产经营罪的对象既可以是动产,也可以是不动产;而盗窃罪、抢夺罪、聚众哄抢罪、挪用资金罪的对象只能是动产(实践中可能出现盗窃不动产的行为,但一般不评价为盗窃罪)。但抢劫罪的对象既可以是动产,也可以是不

动产,也可能是财产性利益,如使用暴力手段当场非法占有、控制他人房屋的,使用暴力手段迫使他人当场写出免除债务的承诺书的。另外"抢劫致人重伤、死亡的"是抢劫罪的加重情节,甲殴打乙致其重伤,属于抢劫罪加重情节,不另行成立故意伤害罪。所以本案中甲的行为成立抢劫罪。故意伤害罪、非法侵入住宅罪都不能全面评价本案,而抢夺罪的对象只能是动产,不可能是财产性利益。故 A、C、D 项错误,B 项正确。

12．私自毁弃邮件罪的犯罪客体[D]

[解析] 侵犯通信自由罪与私自开拆、隐匿、毁弃邮件、电报罪都是侵犯公民民主权利(隐私权)的犯罪。二者的区别在于行为主体的身份不同,前者是一般主体,后者是邮政工作人员。此外,前者主要是开拆他人信件,获得信件中的内容,后者主要是毁弃他人信件,行为人无获取信件内容的故意。退回的信函本身属于信函,涉及当事人的隐私,甲实施了毁弃行为,构成私自毁弃邮件罪。退回的信函处于邮政中心的管理过程中,属于公共财物,甲将其非法据为己有属于贪污行为,但 500 公斤的信件只能卖 200 元,数额太小,不可能成立贪污罪。故 D 项正确。

13．故意伤害罪;故意毁坏财物罪[D]

[解析] 甲对乙使用暴力,并将其打成重伤,甲构成故意伤害罪。在此过程中,乙掏出手机欲报警,甲一把夺过手机,离开现场后将其扔进水沟,依据《刑法》第 275 条的规定:"故意毁坏公私财物,数额较大或者有其他严重情节的,处 3 年以下有期徒刑、拘役或者罚金;数额巨大或者有其他特别严重情节的,处 3 年以上 7 年以下有期徒刑。"甲构成故意毁坏财物罪。虽然甲的行为看似抢夺或抢劫,但甲并没有"非法占有"手机的目的,而盗窃要秘密窃取财物。故 A、B、C 项错误,不当选;D 项正确,当选。

14．诉讼代理人的权限、职责[D]

[解析] 刑事诉讼代理人是指接受公诉案件的被害人及其法定代理人或者近亲属、附带民事诉讼的当事人及其法定代理人、自诉案件的自诉人及其法定代理人的委托,以被代理人的名义,在被代理人授权的范围内,为维护其合法权益所进行的诉讼活动的人。

诉讼代理人的权限是依据被代理人的授权产生而不是依据法律规定,当然也不会自动享有被代理人的权利。故 A、B 项错误。

诉讼代理人的责任是根据事实和法律,维护被害人、自诉人或者附带民事诉讼当事人的合法权益,而不承担代理人依法负有的义务。故 C 项错误,D 项正确。

15．附带民事诉讼当事人[C]

[解析]《刑诉解释》第 177 条规定:"国家机关

工作人员在行使职权时,侵犯他人人身、财产权利构成犯罪,被害人或者其法定代理人、近亲属提起附带民事诉讼的,人民法院不予受理,但应当告知其可以依法申请国家赔偿。"本题中,甲是国家机关工作人员,且是在行使职权时实施的犯罪,因此本案不可以提起附带民事诉讼。故 A、B 项错误,C 项正确。

《刑事诉讼法》第 288 条第 1 款规定:"下列公诉案件,犯罪嫌疑人、被告人真诚悔罪,通过向被害人赔偿损失、赔礼道歉等方式获得被害人谅解,被害人自愿和解的,双方当事人可以和解:(一)因民间纠纷引起,涉嫌刑法分则第四章、第五章规定的犯罪案件,可能判处三年有期徒刑以下刑罚的;(二)除渎职犯罪以外的可能判处七年有期徒刑以下刑罚的过失犯罪案件。"本题中,甲涉嫌的滥用职权罪属于渎职犯罪,因此不适用当事人和解的公诉案件诉讼程序。故 D 项错误。

16.全国人大专门委员会的职权、委员任期、职权范围[D]

[解析] 《宪法》第 70 条第 2 款规定:"各专门委员会在全国人民代表大会和全国人民代表大会常务委员会领导下,研究、审议和拟订有关议案。"据此,全国人大专门委员会由全国人大及其常委会领导。并且专门委员会仅能研究、审议和拟定有关议案,其不能作出决议,更谈不上作出与全国人大及其常委会同等效力的决定。故 A 项错误,D 项正确。

《全国人大组织法》第 34 条第 3 款规定:"各专门委员会的主任委员、副主任委员和委员的人选由主席团在代表中提名,全国人民代表大会会议表决通过。在大会闭会期间,全国人民代表大会常务委员会可以任免专门委员会的副主任委员和委员,由委员长会议提名,常务委员会会议表决通过。"据此,专门委员会的主任委员,只能由全国人大任命,不能由全国人大常委会任命。故 B 项错误。

《宪法》第 71 条第 1 款规定:"全国人民代表大会和全国人民代表大会常务委员会认为必要的时候,可以组织关于特定问题的调查委员会,并且根据调查委员会的报告,作出相应的决议。"调查委员会是为调查特定问题而设的临时委员会,其任务完成即应被撤销。故 C 项错误。

17.无权处分;盗窃罪;诈骗罪;侵占罪[A]

[解析] 盗窃罪只能是盗窃他人占有的财物,对自己占有的财物不可能成立盗窃罪,所以判断财物由谁占有、是否脱离占有是区分侵占罪与盗窃罪的关键。当他人并没有丧失对财物的占有,而行为人违反他人意志将该财物转移为自己或者第三者占有时就成立刑法上的盗窃罪。本案中,甲主动帮乙照看房屋,但房屋依然属于乙的支配领域,故应认为石狮仍属乙占有。甲帮乙照看房屋,并不意味着甲已经占

有了乙家的财物,甲只是乙家财物的占有辅助者。因此甲售卖石狮并将钱款据为己有的行为构成盗窃罪而非侵占罪。故 A 项错误,D 项正确。

甲在出售石狮子时,对购买者存在欺骗行为,如果认为购买者存在损失,则甲在成立盗窃罪的同时,还成立诈骗罪;如果认为购买者没有损失,则甲对购买者不成立犯罪,其行为仅成立盗窃罪。故 B、C 项正确。

18.审查起诉中的补充侦查[D]

[解析] 《高检规则》第 349 条规定:"人民检察院对已经退回监察机关二次补充调查或者退回公安机关二次补充侦查的案件,在审查起诉中又发现新的犯罪事实,应当将线索移送监察机关或者公安机关。对已经查清的犯罪事实,应当依法提起公诉。"本案中,公安机关经二次补充侦查后将案件移送检察机关,检察机关发现甲在两年前曾实施诈骗犯罪,应当将新发现的诈骗犯罪移送公安机关另行立案侦查,对已经查清的抢劫犯罪提起公诉。故 D 项正确,A、B、C 项错误。

19.两审终审制度[C]

[解析] 两审终审制是指一个案件最多经过两级法院审判即告终结的制度,对于第二审法院作出的终审判决、裁定,当事人等不得再提出上诉,人民检察院不得按照上诉审理程序提出抗诉。

但我国的两审终审制有以下三种例外:(1)最高人民法院审理的第一审案件为一审终审,其判决、裁定一经作出,立即发生法律效力;(2)判处死刑的案件,必须依法经过死刑复核程序核准后,判处死刑的裁判才能生效并交付执行;(3)地方各级人民法院依照《刑法》第 63 条第 2 款规定在法定刑以下判处刑罚的案件,必须经过最高人民法院核准之后,判决、裁定才能生效并交付执行。故 C 项正确。

A 项属于调解,二审终审针对的是法院裁判,二者不相关。B 项是当事人的上诉、检察院的抗诉期限届满,从而判决生效,这是二审终审的应有之义,不属于例外。D 项属于审判监督,也不属于两审终审制度的例外。故 A、B、D 项均不当选。

20.行政复议[D]

[解析] 行政复议中,因为行政复议机关与被申请人之间是上下级领导关系,属于行政权审查行政权,所以行政复议机关可以对具体行政行为的合法性以及适当性进行审查,故 A 项错误。

《行政复议法实施条例》第 10 条规定:"……公民在特殊情况下无法书面委托的,可以口头委托。口头委托的,行政复议机构应当核实并记录在卷。申请人、第三人解除或者变更委托的,应当书面报告行政复议机构。"因此,只有公民才可以在特殊情况下口头委托,而本案的当事人是企业,不存在口头委托的

可能,故 B 项错误。

《行政复议法实施条例》第 38 条第 2 款规定:"申请人撤回行政复议申请的,不得再以同一事实和理由提出行政复议申请。但是,申请人能够证明撤回行政复议申请违背其真实意思表示的除外。"可见,如果申请人能够证明撤回行政复议申请违背其真实意思表示的,则可以再次申请复议,故 C 项错误。

根据《行政复议法》第 26 条规定,对国务院部门或者省、自治区、直辖市人民政府的行政行为不服的,向作出该行政行为的国务院部门或者省、自治区、直辖市人民政府申请行政复议。对行政复议决定不服的,可以向人民法院提起行政诉讼;也可以向国务院申请裁决,国务院依照本法的规定作出最终裁决。本题中,对于国务院部门的复议决定,国务院作出的裁决具有终局性,法院不予受理,故 D 项正确。

21.行政诉讼的受案范围[D]

[解析]《行政诉讼法解释》第 1 条第 2 款规定,调解行为以及法律规定的仲裁行为不属于行政诉讼的受案范围。劳动仲裁协议的内容是劳动者与用人单位之间的平等的民事关系,而不是与行政机关的行政管理关系,所以,张某对劳动争议仲裁裁决不服只能提起民事诉讼,不能提起行政诉讼。此外,劳动仲裁委员会不属于行政机关,而是准司法机关,因此不能针对其裁决提起行政诉讼。故 A 项不当选。

《出境入境管理法》第 64 条第 1 款规定:"外国人对依照本法规定对其实施的继续盘问、拘留审查、限制活动范围、遣送出境措施不服的,可以依法申请行政复议,该行政复议决定为最终决定。"外国人对遣送出境措施不服的,是复议终局,不能再提起行政诉讼。故 B 项不当选。

财政局工作人员李某对自己的人事处理决定不服,是行政机关内部的人事处理行为,属于不产生外部法律效力的行为,不属于行政诉讼的受案范围。故 C 项不当选。

企业与政府解除特许经营协议,属于行政合同类案件,属于行政诉讼的受案范围。故 D 项当选。

22.依法治国和依规治党[A]

[解析]党内法规是党的中央组织、中央纪律检查委员会以及党中央工作机关和省、自治区、直辖市党委制定的体现党的统一意志、规范党的领导和党的建设活动、依靠党的纪律保证实施的专门规章制度。故 A 项错误,其余选项均正确。

23.财产刑的执行顺序[A]

[解析]《最高人民法院关于刑事裁判涉财产部分执行的若干规定》第 13 条规定:"被执行人在执行中同时承担刑事责任、民事责任,其财产不足以支付的,按照下列顺序执行:(一)人身损害赔偿中的医疗费用;(二)退赔被害人的损失;(三)其他民

事债务;(四)罚金;(五)没收财产。债权人对执行标的依法享有优先受偿权,其主张优先受偿的,人民法院应当在前款第(一)项规定的医疗费用受偿后,予以支持。"因此本案的执行先后顺序为医疗费、银行贷款、财产损失、罚金,故 B、C、D 项错误,A 项正确。

24.暂予监外执行[C]

[解析]《刑事诉讼法》第 265 条第 5 款规定:"在交付执行前,暂予监外执行由交付执行的人民法院决定;在交付执行后,暂予监外执行由监狱或者看守所提出书面意见,报省级以上监狱管理机关或者设区的市一级以上公安机关批准。"本题中,张某某是在执行期间突发严重疾病需要暂予监外执行,应当由执行机关提出书面意见,报省级以上监狱管理机关或者设区的市一级以上公安机关批准,而不是法院决定。故 A、B 项错误。

《刑事诉讼法》第 269 条规定:"对被判处管制、宣告缓刑、假释或者暂予监外执行的罪犯,依法实行社区矫正,由社区矫正机构负责执行。"社区矫正由罪犯居住地的县级司法行政机关执行,即对张某实行社区矫正,应当由 A 区司法行政机关负责执行。故 C 项正确。

《刑事诉讼法》第 268 条第 2 款规定:"对于人民法院决定暂予监外执行的罪犯应当予以收监的,由人民法院作出决定,将有关的法律文书送达公安机关、监狱或者其他执行机关。"《公安部规定》第 310 条第 1、2 款规定,对暂予监外执行的罪犯,出现法定情形的,批准暂予监外执行的公安机关应当作出收监执行决定。对暂予监外执行的罪犯决定收监执行的,由暂予监外执行地看守所将罪犯收监执行。即谁决定暂予监外执行就由谁决定收监。本题中,对张某实行暂予监外执行并非法院决定的,因此收监执行也不能由法院决定。故 D 项错误。

25.上诉不加刑原则[D]

[解析]《刑诉解释》第 403 条第 1 款规定:"被告人或者其法定代理人、辩护人、近亲属提出上诉,人民检察院未提出抗诉的案件,第二审人民法院发回重新审判后,除有新的犯罪事实且人民检察院补充起诉的以外,原审人民法院不得加重被告人的刑罚。"据此,对于当事人上诉、检察院没有抗诉的案件,二审后发回重审也要受上诉不加刑原则的限制。对于上诉不加刑,其核心在于不能作出"实质不利的改判",不管重审后罪名、罪数如何变化,只要不突破原有决定执行的刑罚(有期徒刑 8 年)即可。因此,发回重审后一审法院改判盗窃罪 6 年有期徒刑没有违反上诉不加刑原则,故 A 项错误。

《刑诉解释》第 403 条第 2 款规定:"对前款规定的案件,原审人民法院对上诉发回重新审判的案件依

法作出判决后，人民检察院抗诉的，第二审人民法院不得改判为重于原审人民法院第一次判处的刑罚。"本案中，二审法院发回重审后，一审法院重审改判有期徒刑6年，检察院对重审判决提起了抗诉，因此抗诉后引发的二审判决可以加重刑罚，但是要受到上述规定的限制，即加重的程度不得超过一审法院第一次判处的刑罚（有期徒刑8年）。故B、C项错误，D项正确。

26．公民的基本权利和义务[C]

[解析] 中华人民共和国公民有依法纳税的义务。故A项错误。

中华人民共和国公民有依法服兵役的义务。故B项错误。

年满18周岁，未被剥夺政治权利的中国公民享有选举权。故C项正确。

劳动者有休息的权利。王某尚未就业，不属于劳动者。故D项错误。

27．永徽律疏与中华法系[D]

[解析] 唐律承袭和发展了以往礼法并用的统治方法，使得法律统治"一准乎礼"，真正实现了礼与律的统一。正如唐太宗所说："失礼之禁，著在刑书。"把封建伦理道德的精神力量和法律政治力量紧密糅合在一起。故A项正确。

唐朝立法以科条简要、宽简适中为特点。在立法技术上表现出高超的水平，如自首、化外人有犯、类推原则的确定都有充分表现。唐律结构严谨，为举世所公认。故B项正确。

唐律是中国传统法典的楷模与中华法系形成的标志。唐律在中国法制史上具有继往开来、承前启后的重要地位。故C项正确。

唐律作为中华法系的代表作，不仅在本国而且在世界法制史上也占有重要地位。它对亚洲诸国产生了重大影响，但对欧洲诸国产生重大影响的提法不准确。故D项错误。

28．法律拟制为故意伤害罪情形的认定；被害人承诺[D]

[解析]《刑法》第248条规定，监狱、拘留所、看守所等监管机构的监管人员对被监管人进行殴打或者体罚虐待，致人伤残、死亡的，依照《刑法》第234条（故意伤害罪）、第232条（故意杀人罪）的规定定罪从重处罚。故A项构成故意伤害罪，不当选。

《刑法》第238条规定，非法拘禁他人或者以其他方法非法剥夺他人人身自由，使用暴力致人伤残、死亡的，依照《刑法》第234条（故意伤害罪）、第232条（故意杀人罪）的规定定罪处罚。故B项构成故意伤害罪，不当选。

《刑法》第234条之一第2款规定，未经本人同意摘取其器官，或者摘取不满18周岁的人的器官，或者

强迫、欺骗他人捐献器官的，依照故意伤害罪或故意杀人罪定罪处罚。摘取未满18周岁的人的器官，不以被摘取人同意为要件。故C项构成故意伤害罪，不当选。

被害人承诺的有效条件包括：承诺者对被侵害的法益具有处分权限并且对所承诺的事项的意义与范围具有理解能力；基于被害人真实意思而承诺；承诺至迟必须存在于结果发生时；必须存在现实的承诺；经承诺的行为不得超出承诺的范围；承诺者不仅行为，而且承诺行为的结果等。在本案中，截断1节小指头属于轻伤，对于轻伤的承诺有效，被害人基于真实意志做出承诺，其承诺具有有效性，行为人不成立犯罪。故D项不成立故意伤害罪，当选。

29．单位犯罪的诉讼代表人和辩护人[C]

[解析]《刑诉解释》第336条第1、2款规定："被告单位的诉讼代表人，应当是法定代表人、实际控制人或者主要负责人；法定代表人、实际控制人或者主要负责人被指控为单位犯罪直接责任人员或者因客观原因无法出庭的，应当由被告单位委托其他负责人或者职工作为诉讼代表人。但是，有关人员被指控为单位犯罪直接责任人员或者知道案件情况、负有作证义务的除外。依据前款规定难以确定诉讼代表人的，可以由被告单位委托律师等单位以外的人员作为诉讼代表人。"据此，检察院不能指派单位的诉讼代表人，故A项错误。

根据上述规定，甲公司委托单位以外的人员程某担任诉讼代表人是符合规定的。根据《刑诉解释》第338条规定，被告单位的诉讼代表人享有刑事诉讼法规定的有关被告人的诉讼权利。程某作为被告单位的诉讼代表人承担的是辩护职能，故C项正确。

《刑诉解释》第336条第3款规定："诉讼代表人不得同时担任被告单位或者被指控为单位犯罪直接责任人员的有关人员的辩护人。"据此，程某不可以同时担任甲公司的辩护人，故D项错误。程某也不可以同时担任曹某的辩护人，但是这不影响曹某委托乙律师事务所的其他律师担任其辩护人，故B项错误。

30．判决；裁定；决定[C]

[解析]《刑诉解释》第295条第1款第8项规定："犯罪已过追诉时效期限且不是必须追诉，或者经特赦令免除刑罚的，应当裁定终止审理。"因此，A项应适用"裁定"而非"判决"。故A项错误。

《刑诉解释》第331条第1款规定："自诉人经两次传唤，无正当理由拒不到庭，或者未经法庭准许中途退庭的，人民法院应当裁定按撤诉处理。"因此，B项应适用"裁定"而非"判决"。故B项错误。

《刑诉解释》第295条第1款第7项规定："被告人是精神病人，在不能辨认或者不能控制自己行为时

造成危害结果,不予刑事处罚的,应当判决宣告被告人不负刑事责任;被告人符合强制医疗条件的,应当依照本解释第二十六章的规定进行审理并作出判决。"由此可见,C应以判决的形式作出裁判。故C项正确。

《刑诉解释》第295条第1款第10项规定:"被告人死亡的,应当裁定终止审理;但有证据证明被告人无罪,经缺席审理确认无罪的,应当判决宣告被告人无罪。"因此,尚不能确认其无罪的,应当裁定终止审理。故D项错误。

31．期间的计算;二审中上诉;抗诉的撤回[D]

[解析]《刑诉解释》第380条第1款规定:"上诉、抗诉必须在法定期限内提出。不服判决的上诉、抗诉的期限为十日;不服裁定的上诉、抗诉的期限为五日。上诉、抗诉的期限,从接到判决书、裁定书的第二日起计算。"又根据《刑诉解释》第386条规定:"在上诉、抗诉期满前撤回上诉、抗诉的,第一审判决、裁定在上诉、抗诉期满之日起生效。在上诉、抗诉期满后要求撤回上诉、抗诉,第二审人民法院裁定准许的,第一审判决、裁定应当自第二审裁定书送达上诉人或者抗诉机关之日起生效。"另根据《刑事诉讼法》第105条第1、2款的规定,期间以时、日、月计算。期间开始的时和日不算在期间以内。

本案是6月9日送达判决书,从第二日即6月10日开始计算上诉、抗诉期限,因此6月19日(第十日)是可以提起上诉、抗诉的最后一日,次日即6月20日上诉、抗诉期满。可见,6月13日的撤回上诉以及6月17日的撤回抗诉都是在上诉、抗诉期满之前提出的,所以一审裁判应当在上诉、抗诉期满之日起生效,即6月20日判决生效。故D项正确。

32．国务院行政机构的设置[C]

[解析]《国务院行政机构设置和编制管理条例》第20条规定:"国务院议事协调机构不单独确定编制,所需要的编制由承担具体工作的国务院行政机构解决。"故A项错误。

《国务院行政机构设置和编制管理条例》第6条第7项规定,国务院议事协调机构承担跨国务院行政机构的重要业务工作的组织协调任务。该条第6项规定,国务院组成部门管理的国家行政机构由国务院组成部门管理,主管特定业务,行使行政管理职能。可见,B项所述内容属于国务院组成部门管理的国家行政机构的职能,议事协调机构负责在国务院的各部门之间"牵线搭桥",一般不对外承担管理职能,故B项错误。

《国务院行政机构设置和编制管理条例》第8条规定:"国务院直属机构、国务院办事机构和国务院组成部门管理的国家行政机构的设立、撤销或者合并由国务院机构编制管理机关提出方案,报国务院决

定。"故C项正确。【总结提示】国务院行政机构设置(设立、撤销、合并)的决定(批准)机关:去掉一高一低,其他都由国务院。即国务院组成部门(一高)的设置由全国人大或者全国人大常委会决定,处级内设机构(一低)的设置由本行政机构自己决定,其他国务院行政机构的设置均由国务院决定。

根据《立法法》第91条第1款规定,国务院直属机构主管国务院的某项专门业务,具有独立的行政管理职能,有权制定规章。故D项错误。

33．正式的法的渊源与非正式的法的渊源;法适用的一般原理[A]

[解析]A项和C项考查权利与法定权利的区分。法定权利仅仅是指被法律化的那部分权利,由此可见,是否被法律明文规定或明确保护,是区分法定权利与权利的主要标准。本题中,悼念权并没有明文的法律规定,因此,悼念权只是普通的"权利",而不是"法定权利",法院也因此而判决原告败诉。故C项正确。同理,A项中提到的"经济、社会、文化权利"是宪法专有概念,主要内容是:经济权利主要包括财产权、劳动权、休息权、物质帮助权;文化权利主要包括受教育权、科学文化权利;社会权利主要包括社会保障权、退休权以及婚姻、家庭、母亲、儿童等受国家保护权利。悼念权不属于"法定权利",更谈不上"经济、社会、文化权利"。故A项错误。

正式的法的渊源主要表现为宪法、法律、行政法规、地方性法规、经济特区法规等具有条文形式的规范性法律文件。非正式的渊源则主要表现为道德、政策、习惯等。原告有权对死者进行悼念,这是一种习惯权利,属于非正式的法的渊源。故B项正确。

本题中,法官认为"现行法律对此没有规定,该诉讼请求于法无据",从而得出"原告败诉"的结论,这正是采用了法律证成的方法。故D项正确。

34．国家勋章;国家荣誉称号[C]

[解析]《国家勋章和国家荣誉称号法》第5条规定:"全国人民代表大会常务委员会委员长会议根据各方面的建议,向全国人民代表大会常务委员会提出授予国家勋章、国家荣誉称号的议案。国务院、中央军事委员会可以向全国人民代表大会常务委员会提出授予国家勋章、国家荣誉称号的议案。"第6条规定:"全国人民代表大会常务委员会决定授予国家勋章和国家荣誉称号。"由此可知,由全国人大常委会委员长会议、国务院、中央军委提出议案,由全国人大常委会决定授予国家勋章。故A项错误。

《国家勋章和国家荣誉称号法》第18条规定:"国家勋章和国家荣誉称号获得者因犯罪被依法判处刑罚或者有其他严重违法、违纪等行为,继续享有国家勋章、国家荣誉称号将会严重损害国家最高荣誉的声誉的,由全国人民代表大会常务委员会决定撤销

其国家勋章、国家荣誉称号并予以公告。"因此，获得者并不绝对终身享有国家荣誉称号。故 B 项错误。

《国家勋章和国家荣誉称号法》第 8 条规定："中华人民共和国主席进行国事活动，可以直接授予外国政要、国际友人等人士'友谊勋章'。"故 C 项正确。

《国家勋章和国家荣誉称号法》第 10 条规定："国家设立国家功勋簿，记载国家勋章和国家荣誉称号获得者及其功绩。"故 D 项错误。

35．紧急避险［B］

［解析］避险意图是成立紧急避险的主观条件，指行为人实行紧急避险的目的在于使国家、公共利益、本人或者他人的人身、财产和其他权利免受正在发生的危险。甲认识到从鱼塘抽水的目的是救火，是为了避免仓库及其中的物品被烧毁，故应认定甲具有避险意图。即便甲有报复动机，也无法否定避险意图的存在。故 A 项错误。

紧急避险是通过损害一个合法权益而保全另一合法权益，所以对于紧急避险的可行性必须严格限制。只有在不得已即没有其他方法可以避免危险时，才允许实行紧急避险。甲的仓库边虽然有其他的鱼塘，但在当时的情况下，火势紧急，无论从哪一家鱼塘抽水，都会造成损失，因此从乙的鱼塘抽水是不得已而采取的避险行为。故 B 项正确。

甲的行为不但避免了仓库中价值 2 万元的财物被烧毁，而且还避免了人员伤亡，属于保全了更大的权益，符合避险限度要件。因此，甲的行为成立紧急避险，对 2 万元鱼苗的死亡，甲不成立故意毁坏财物罪。故 C、D 项错误。

36．正当防卫［A］

［解析］本案中乙正在实施现实的不法侵害，甲认识到不法侵害正在进行（具有防卫认识），但并非为了保护妇女的利益而实施了制止不法侵害的行为（缺乏防卫意志），客观上阻止了乙的强奸行为。

观点①，正当防卫不需要有防卫认识，只要客观上阻止了不法行为，就可以成立正当防卫。所以甲成立正当防卫，即结论 a。

观点②，正当防卫只需要防卫认识，即只要求防卫人认识到不法侵害正在进行，不需要防卫意志。甲认识到不法侵害正在进行（具有防卫认识），实施了制止不法侵害的行为，成立正当防卫，即结论 a。

观点③，正当防卫只需要防卫意志，即只要求防卫人具有保护合法权益的意图。甲虽然有防卫认识，但不具有防卫意志，不成立正当防卫，即结论 b。

观点④，正当防卫既需要有防卫认识，也需要有防卫意志。甲有防卫认识，但不具有防卫意志，不成立正当防卫，即结论 b。

因此，观点①②与 a 结论对应；观点③④与 b 结论对应。故 A 项正确。

37．全国人大代表团的职权［C］

［解析］《全国人大组织法》第 10 条第 1 款："全国人民代表大会代表按照选举单位组成代表团。各代表团分别推选代表团团长、副团长。"A 项错在"选举"产生，应是"推选"。故 A 项错误。

《全国人大组织法》第 17 条规定："一个代表团或者三十名以上的代表联名，可以向全国人民代表大会提出属于全国人民代表大会职权范围内的议案。"B 项错在"两个代表团以上"，应是"一个代表团"即可。故 B 项错误。

《全国人大组织法》第 20 条规定："全国人民代表大会主席团、三个以上的代表团或者十分之一以上的代表，可以提出对全国人民代表大会常务委员会的组成人员，中华人民共和国主席、副主席，国务院和中央军事委员会的组成人员，国家监察委员会主任，最高人民法院院长和最高人民检察院检察长的罢免案，由主席团提请大会审议。"故 C 项正确。

《全国人大组织法》第 21 条规定："全国人民代表大会会议期间，一个代表团或者三十名以上的代表联名，可以书面提出对国务院以及国务院各部门、国家监察委员会、最高人民法院、最高人民检察院的质询案。"该条文中规定的是 1 个代表团"或者"30 名以上的代表联名可以提出质询案，那么即是说，两者应当单独提出，不能联合提出。故 D 项错误。

38．唐、宋、西周的契约关系［A］

［解析］典当制度在唐代已形成，唐末开始使用"典"或"典当"一词。宋承唐制，典当制度进一步完善成熟。故 A 项正确。

西周的买卖契约称为"质剂"。故 B 项错误。

宋代的买卖契约分为三种：绝卖、活卖与赊卖，其中活卖又叫典卖，即通过让渡物的使用权收回部分利益而保留回赎权的一种交易方式，多用于土地的典当。故 C 项错误。

《唐律》中的六赃制度包括：受财枉法、受财不枉法、受所监临、强盗、窃盗、坐赃。其中"坐赃"，指官吏或常人非因职权之便非法收受财物的行为。故 D 项错误。

39．丢失枪支不报罪；破坏交通设施罪；破坏交通工具罪；交通肇事罪［C］

［解析］根据《刑法》第 129 条的规定，依法配备公务用枪的人员，丢失枪支不及时报告，造成严重后果的，成立丢失枪支不报罪。该罪的主体为"依法配备公务用枪的人员"，属于真正身份犯。甲属于"配置"枪支的人员，不构成本罪。故 A 项错误。

根据《刑法》第 116 条的规定，破坏火车、汽车、电车、船只、航空器，足以使火车、汽车、电车、船只、航空器发生倾覆、毁坏危险，尚未造成严重后果的，成立破坏交通工具罪。该条对交通工具采用了明确列举的方式,本案中"旅游景点的缆车"属于"电车",属于交通工具,故认定为破坏交通工具罪。故 B 项错误。

交通肇事罪要求造成实害结果才构成犯罪。常见的实害结果有:死亡 1 人;重伤 3 人;重伤 1 人,但有严重情节(酒驾、吸毒驾驶、无照驾驶、严重超载、肇事后逃逸等)。故 C 项正确。

丁虽然形式上实施了"破坏"交通工具的行为——拧开安全门,但并没有导致《刑法》第 116 条所规定的"足以使火车、汽车、电车、船只、航空器发生倾覆、毁坏危险",只是"致飞机不能正点起飞",不应认定为破坏交通工具罪。故 D 项错误。

40.包庇罪的成立条件[C]

[解析] 包庇罪是指明知是犯罪的人而向公安、司法机关提供虚假证明掩盖其犯罪的行为。在司法机关追捕的过程中,行为人出于某种特殊原因为了使犯罪人逃匿,而自己冒充犯罪的人向司法机关投案或者实施其他使司法机关误认为自己为原犯罪人的行为的,应认定为包庇罪。旅馆业、饮食服务业、文化娱乐业、出租汽车业等单位的人员,在公安机关查处卖淫、嫖娼活动时,为违法犯罪分子通风报信,情节严重的,也以本罪论处。

甲虽然明知乙是犯罪的人,但只是向乙通知警方抓捕的消息,并未向公安机关作假证明包庇乙。该行为不属于包庇行为,而是窝藏行为。故甲成立窝藏罪,而非包庇罪。故 A 项不当选。

甲对侦查人员的询问沉默不语的行为不成立犯罪。因为包庇行为是指作假证明包庇的行为,该行为只能以作为的方式实施,而不能以不作为的方式实施。故行为人知道案件真相而单纯不提供证言的行为,不成立犯罪。故 B 项不当选。

甲面对侦查人员的询问,为了使乙逃避法律的制裁,故意作假证明包庇乙:声称乙没有实施犯罪行为,而是遭丙诬陷。其行为成立包庇罪。故 C 项当选。

尽管相关法律规定,知道案件真相的人有作证的义务,但是甲拒绝作证的行为是否构成犯罪,不是以其他法律规定的义务是否履行作为标准,而应该根据其行为是否符合刑法规定的犯罪构成要件作为标准。包庇罪的成立要求行为人在客观上必须作假证明包庇他人,拒绝出庭作证的行为不属于作假证明包庇的行为。故甲的行为不成立包庇罪。故 D 项不当选。

41.行政诉讼被告;行政赔偿程序[B]

[解析] 解答本题首先要厘清案件的行政机关及其作出的行政行为。本案存在两个行政行为:一是甲县政府作出的责令限期拆除决定,属于行政处罚;二是乙镇政府自行作出的强制拆除行为,属于行政强制执行。广告公司的诉讼请求是:要求确认强制拆除行为违法。可见,广告公司起诉的对象是乙镇政府自

行作出的强制拆除行为,因此应当以乙镇政府为被告。而广告公司将甲县政府诉至法院,属于被告错误,根据《行政诉讼法解释》第 26 条第 1 款规定:"原告所起诉的被告不适格,人民法院应当告知原告变更被告;原告不同意变更的,裁定驳回起诉。"据此,B 项正确,A、C 项错误。

《行政诉讼法解释》第 95 条规定:"人民法院经审理认为被诉行政行为违法或者无效,可能给原告造成损失,经释明,原告请求一并解决行政赔偿争议的,人民法院可以就赔偿事项进行调解;调解不成的,应当一并判决。人民法院也可以告知其就赔偿事项另行提起诉讼。"据此,广告公司一并提出赔偿请求的,法院"可以"进行调解,调解不成的,应当一并判决;或者法院也可以不经过调解,告知广告公司就赔偿事项另行起诉。故 D 项错误。

42.人民法院违法解除保全措施的司法赔偿[B]

[解析]《国家赔偿法》第 38 条规定:"人民法院在民事诉讼、行政诉讼过程中,违法采取对妨害诉讼的强制措施、保全措施或者对判决、裁定及其他生效法律文书执行错误,造成损害的,赔偿请求人要求赔偿的程序,适用本法刑事赔偿程序的规定。"可知,《国家赔偿法》明确规定了人民法院在民事诉讼过程中违法解除保全措施,侵犯公民、法人和其他组织合法权益造成损害的,依法应由国家承担赔偿责任。故 A 项错误。

《关于审理民事、行政诉讼中司法赔偿案件适用法律若干问题的解释》第 3 条规定:"违法采取保全措施,包括以下情形:……(二)依法不应当解除保全措施而解除,或者依法应当解除保全措施而不解除的……"故 B 项正确。

是否属于国家赔偿范围是法定事项,没有调解空间,不能适用调解,故 C 项错误。

现行《国家赔偿法》已经取消了确认程序,故 D 项错误。

43.盗伐林木罪和滥伐林木罪的成立条件与界限[D]

[解析] 滥伐林木罪与盗伐林木罪中的"林木"是指小面积的树木和零星树木,只是前者包括自己所有的林木,后者不包括自己所有的林木。盗伐林木罪中的"盗伐"是指以非法占有为目的,擅自砍伐森林或其他林木的行为。甲公司的行为并不是为了非法占有目的,不能以本罪论处。甲公司所砍掉的只是部分树枝,并不是对整株树木的砍伐,虽然对整株树木有所破坏,但并不影响树木的整体功能,按照司法解释的规定,滥伐林木罪的成立要求滥伐数量达到 10 立方米以上,故甲公司的行为也不成立滥伐林木罪。故 D 项正确。

44．贪污罪的认定及其与相关罪的区别[C]

[解析] 根据《刑法》第 382 条第 1 款的规定,贪污罪是指国家工作人员利用职务上的便利,侵吞、窃取、骗取或者以其他手段非法占有公共财物的行为。是否"利用职务上的便利"是贪污罪与盗窃罪、侵占罪和诈骗罪之间的一个主要区别。利用职务上的便利,指利用职务范围内的权力和地位形成的有利条件,具体表现为主管、管理、经营、经手等便利条件。主管,指负责调拨、处置及其他支配公共财物的职务活动;管理,指负责保管、处理及其他使公共财物不被流失的职务活动;经营,指将公共财物作为生产、流通等手段使公共财物增值的职务活动;经手,指领取、支出等经办公共财物的职务活动。利用与职务无关仅因工作关系熟悉作案环境或易于接近作案目标,凭工作人员身份容易进入某些单位等方便条件非法占有公共财物的,不成立贪污罪。

甲虽然没有使用手中的钥匙和所知道的密码,而是用铁棍将自己保管的保险柜打开并取走现金 3 万元,并不能改变其利用"管理"公共财物的便利这一事实,因此,甲的行为属于"将自己基于职务保管的财物据为己有",即"监守自盗",成立贪污罪。故 C 项正确,当选。

45．行政诉讼当事人与起诉条件[B]

[解析]《行政诉讼法》第 25 条第 2 款规定:"有权提起诉讼的公民死亡,其近亲属可以提起诉讼。"这里的近亲属包括"配偶、父母、子女、兄弟姐妹、祖父母、外祖父母、孙子女、外孙子女和其他具有扶养、赡养关系的亲属"。本案中李某死亡,即丧失了法律主体资格,李某的妻子可以作为原告提起诉讼,而不可能以李某代理人的身份起诉。故 A 项错误。

《行政诉讼法解释》第 30 条第 1 款规定:"行政机关的同一行政行为涉及两个以上利害关系人,其中一部分利害关系人对行政行为不服提起诉讼,人民法院应当通知没有起诉的其他利害关系人作为第三人参加诉讼。"本案中,李某之妻不服国家专利复审机构宣告李某专利无效的决定提起诉讼,而该宣告无效决定是依据王某的申请作出的,所以,王某是本案的利害关系人,法院应当通知其参加诉讼。且根据《专利法》第 46 条第 2 款:"对国务院专利行政部门宣告专利权无效或者维持专利权的决定不服的,可以自收到通知之日起 3 个月内向人民法院起诉。人民法院应当通知无效宣告请求程序的对方当事人作为第三人参加诉讼。"故 B 项正确。

《行政诉讼法》第 46 条规定:"公民、法人或者其他组织直接向人民法院提起诉讼的,应当自知道或者应当知道作出行政行为之日起 6 个月内提出。法律另有规定的除外。……"本案属于专利案件,《专利法》第 46 条对起诉期限另有规定,为 3 个月,不是 60

日。故 C 项错误。

根据上述《专利法》第 46 条第 2 款规定,对宣告专利权无效的决定不服的,不属于复议前置的情形,可以直接提起诉讼,故 D 项错误。**【特别提醒】**《专利法》中的复议前置只有一种情形:对国务院专利行政部门驳回专利申请的决定不服,应当先向国务院专利行政部门请求复审,对复审不服的才可起诉(《专利法》第 41 条)。

46．全国人民代表大会的召开要求;《全国人大组织法》相关规定[C]

[解析]《全国人民代表大会议事规则》第 19 条规定:"全国人民代表大会在必要的时候,可以举行秘密会议。举行秘密会议,经主席团征求各代表团的意见后,由有各代表团团长参加的主席团会议决定。"故 C 项正确。

47．清末修律主要内容[C]

[解析]《钦定大清商律》是清朝第一部商律,包括《商人通例》和《公司律》,不包括《破产律》。故 A 项错误。

清廷制定商律是为了解决工商业发展过程中的矛盾,乃形势所迫,是一种被动的、被迫的立法活动,虽然有利于工商业发展,但不能表明其工商业政策发生根本性转变。故 B 项错误。

清末的商事立法,大致可以分为前后两个阶段:1903~1907 年为第一阶段;1907~1911 年为第二阶段。在第一阶段,商事立法主要由新设立的商部负责;在第二阶段,主要商事法典改由修订法律馆主持起草。故 C 项正确。

清末修律成果包括《大清现行刑律》《大清新刑律》《大清商律草案》《大清民律草案》及诉讼法律、法院编制法等,不包括《大清律例》。《大清律例》是中国历史上最后一部封建成文法典,于乾隆五年完成。故 D 项错误。

48．领海;毗连区;大陆架法律制度[C]

[解析] 领海中的无害通过权只适用于船舶,不适用于飞机。对于军舰是否享有无害通过权,各国实践并不一致,根据《领海及毗连区法》规定,外国军用船舶通过中国领海,须经中国政府批准。因此 A、D 项错误。

紧追权是沿海国拥有对违反其法规并从该国管辖范围的海域向公海行驶的外国船舶进行追逐的权利。紧追可以开始于一国的内水、领海、毗连区或专属经济区,可以追入公海中继续进行,直至追上并采取措施,但必须是连续不断的。因此 B 项错误。

根据《专属经济区和大陆架法》规定,任何国家在遵守国际法和我国立法的前提下,在中华人民共和国的专属经济区和大陆架享有铺设海底电缆和管道的自由。铺设海底电缆和管道的路线,必须经中华人民共和国主管机关批准。因此 C 项正确。

49．域外庇护；外交和领事特权与豁免[B]

[解析] 在使领馆内的庇护被称为域外庇护，是国际法所不允许的。故 A 项错误。

对于领事邮袋，有重大理由怀疑有违法行为的，可以在相关国家人员在场见证的情况下开拆，如果该国领事馆拒绝开拆，则可以将邮件退回原发送地。故 B 项正确。

接受国有权声明派遣国的某外交人员为不受欢迎的人员，且无需说明理由。故 C 项错误。

接受国人员非经领馆馆长或其指定人员或派遣国使馆馆长同意，不得进入领馆馆舍中专供领馆工作之用的部分。如果领馆发生火灾或其他灾害需要救助可以推定馆长同意救助。但是，需要注意，推定同意的前提是领馆馆长没有作出明确的意思表示的情况下。本题中，乙国领馆馆长明确反对进入，则甲国消防人员不可进入。故 D 项错误。

50．律师执业行为规范；检察官职前培训；兼职律师[D]

[解析]《律师执业行为规范（试行）》第 52 条规定："有下列情形之一的，律师应当告知委托人并主动提出回避，但委托人同意其代理或者继续承办的除外：（一）接受民事诉讼、仲裁案件一方当事人的委托，而同所的其他律师是该案件中对方当事人的近亲属的；……"据此，A 项情形在委托人王某同意的情况下仍可代理案件，不属于法定应当解除代理关系的情形。故 A 项错误。

《律师法》第 55 条规定："没有取得律师执业证书的人员以律师名义从事法律服务业务的，由所在地的县级以上地方人民政府司法行政部门责令停止非法执业，没收违法所得，处违法所得一倍以上五倍以下的罚款。"故非予以警告处罚，B 项错误。

《检察官法》第 31 条规定："初任检察官实行统一职前培训制度。"据此，丙并非初任检察官，无须参加统一职前培训，故 C 项错误。

《律师法》第 12 条规定："高等院校、科研机构中从事法学教育、研究工作的人员，符合本法第五条规定条件的，经所在单位同意，依照本法第六条规定的程序，可以申请兼职律师执业。"故 D 项正确。

二、多项选择题

51．坚持以人民为中心[ABD]

[解析] 法律保障公民权利，公民也须遵守法律，A 项正确。没有无权利的义务，也没有无义务的权利，B 项正确。人民并不直接行使管理国家的权力，C 项错误。坚持以人民为中心是中国特色社会主义法治的本质要求，推进全面依法治国的根本目的是依法保障人民权益，D 项正确。

52．吸收犯[AD]

[解析] 吸收犯的认定中最重要的内容就是吸收关系的判断。所谓吸收关系，是指前行为是后行为发展的所经阶段，或者后行为是前行为发展的当然结果。尽管持有、私藏枪支、弹药的行为单独成立非法持有、私藏枪支、弹药罪，但行为人制造枪支、弹药的当然结果就是继续持有、私藏该枪支、弹药的行为，所以属于吸收犯。故 A 项当选。

本犯出售赃物的行为缺乏期待可能性，所以行为人盗窃财物后又出售的行为属于不可罚的事后行为，仅成立盗窃罪，不是吸收犯。故 B 项不当选。

行为人套取金融机构信贷资金后又高利转贷他人的，属于高利转贷罪的行为，本身不成立数罪，不可能是吸收犯。故 C 项不当选。

尽管持有毒品的行为单独成立非法持有毒品罪，但行为人制造毒品之后继续持有该毒品的行为，属于制造毒品行为的当然结果，属于吸收犯。故 D 项当选。

53．具体行政行为的判断；行政诉讼受案范围；诉讼参加人[BCD]

[解析] 行政确认是行政机关依法对公民、法人或者其他组织的法律地位、法律关系或有关法律事实进行甄别和给予确定、认定、证明，予以宣告的行政行为，如颁发结婚证、颁发房屋产权证书、工伤认定、道路交通事故责任认定。行政裁决指行政机关居间对特定的民事争议作出有约束力处理的行为。行政裁决涉及三方主体，行政机关是作为第三方中立的主体身份出现的；而行政确认是行政机关和行政相对人之间的双方法律关系，行政机关是以管理者的身份出现的。《道路交通事故证明》的性质为行政确认，故 A 项错误。

本题中，因为交通事故原因客观上无法查清，交警大队出具了《道路交通事故证明》，社会保障局据此作出了《工伤认定中止书》。由此推断，因为交通事故原因客观上已经无法查清，则该《工伤认定中止书》将一直保持工伤认定为"中止"状态，事实上导致原告的合法权益长期乃至永久得不到依法救济，它实际上扮演了拒绝工伤认定的角色，直接影响了原告的合法权益，并且原告也无法通过对相关实体性行政行为提起诉讼以获得救济。因此，《工伤认定中止书》属于可诉行政行为，法院应当依法受理，故 B 项正确。

【特别提醒】一般来说，"中止决定"是暂时的，属于过程性行为，待阻却事由消失后，行政行为会继续进行下去，因此过程性行为一般不具有可诉性。但是，如果该过程性行为具有终局性，导致行政行为事实上终止，对相对人权利义务产生实质影响，并且无法通过提起针对相关的实体性行政行为的诉讼获得救济的，则属于可诉的行政行为。

《行政诉讼法》第 25 条第 2 款规定:"有权提起诉讼的公民死亡,其近亲属可以提起诉讼。"注意,这里近亲属可以自己的名义起诉,是事实上的原告。本题中,在秦某死亡后,其妻子作为近亲属可以自己名义提起行政诉讼,作为原告,其应当提交身份证明。《行政诉讼法解释》第 54 条规定:"依照行政诉讼法第四十九条的规定,公民、法人或者其他组织提起诉讼时应当提交以下起诉材料:(一)原告的身份证明材料以及有效联系方式;……"故 C 项正确。

玉竹公司作为工伤认定的申请人,是被告出具《工伤认定中止书》行为的相对人,自然与《工伤认定中止书》有法律上的利害关系,有资格作为第三人。故 D 项正确。

54．坚持以人民为中心 [ABCD]

[解析] 党的十九大报告指出,中国特色社会主义进入新时代,我国社会主要矛盾已经转化为人民日益增长的美好生活需要和不平衡不充分的发展之间的矛盾。我国稳定解决了十几亿人的温饱问题,人民美好生活需要日益广泛,不仅对物质文化生活提出了更高要求,而且在民主、法治、公平、正义、安全、环境等方面的要求日益增长。同时,我国社会生产力水平总体上显著提高,社会生产能力在很多方面进入世界前列,更加突出的问题是发展不平衡不充分,这已经成为满足人民日益增长的美好生活需要的主要制约因素。本题 A、B、C、D 项均正确。

55．明律与明大诰 [ABC]

[解析]《大诰》是明初的一种特别刑事法规。《大诰》的特点有:其一,对于大明律中原有的罪名,一般都加重处罚;其二,滥用法外之刑;其三,"重典治吏",大多数条文专为惩治贪官污吏而定。故 A、C 项正确。

《大诰》也是中国法制史上空前普及的法规,每户人家必须有一本,科举考试也列入《大诰》的内容。故 B 项正确。

明太祖朱元璋死后,《大诰》被束之高阁,不具法律效力,但并未被明文废除。故 D 项错误。

56．间接正犯;共犯与犯罪形态;共犯与认识错误;首要分子 [ABC]

[解析] 欺骗或强迫他人自杀,他人自杀的,构成故意杀人罪(间接正犯)。例如,教唆、欺骗幼儿、精神病患者,使其自杀,则构成故意杀人罪的间接正犯。故 A 项正确。

共同犯罪过程中,如果有人想中止,只有脱离共犯关系,才有可能成立犯罪中止。脱离条件:消除违法的连带性,就是不但自己自动停止,还要消除自己的行为对共同犯罪所产生的物理上、心理上的贡献。例如,甲在外望风,乙进屋正在盗窃主人的保险箱,甲打电话给乙,表示不再望风,并离开了现场。乙知

道后继续实施盗窃并既遂。甲成立中止。故 B 项正确。

C 项正确。例如,实行犯如果有对象错误或打击错误,教唆犯的犯罪形态会受到影响。

《刑法》第 26 条第 3 款规定,对组织、领导犯罪集团的首要分子,按照集团所犯的全部罪行处罚。注意:是按照"集团"所犯的全部罪行,而不是按照"全体成员"所犯的全部罪行处罚。《刑法》第 26 条第 4 款规定,对于第 3 款规定以外的主犯,应当按照其所参与的或者组织、指挥的全部犯罪处罚。D 项认为,犯罪集团中的组织者、领导者需对全部罪行负责,这种看法是正确的。但是 D 项认为,其他共同犯罪中的组织者、指挥者,需对全部罪行负责,这种说法不准确。其他共同犯罪中的组织者、指挥者,应当按照其所参与的或者组织、指挥的全部犯罪处罚。故 D 项错误。

57．刑事强制措施适用的原则 [AC]

[解析] 适用强制措施需要具有法定性,对不符合强制措施适用条件的犯罪嫌疑人、被告人不得适用。逮捕必须具备证据条件、刑罚条件和危险性条件,若认为案件证据不足,对犯罪嫌疑人不得适用逮捕措施。故 A 项正确。

比例原则是指适用何种强制措施需要与犯罪嫌疑人、被告人的社会危险性成正比。对于犯罪较轻的犯罪嫌疑人,可以适用取保候审或监视居住;对于犯罪较重的犯罪嫌疑人,适宜适用逮捕。本题中,在住处监视居住和在指定居所监视居住,都属于监视居住措施,没有体现出不同强制措施之间的选择适用,因此没有体现出比例性原则。故 B 项错误。

变更性原则是指可以根据案情发展情况或者犯罪嫌疑人、被告人的社会危险性变化,相应调整强制措施的适用种类,包括两个方面:强制措施的变更和解除。本题中,侦查机关对犯罪嫌疑人从逮捕措施变更为释放,属于强制措施的变更,体现了变更性原则。故 C 项正确。

必要性原则是指适用强制措施应当谦抑、谨慎,避免强制措施的滥用。本题中,通过拘传、取保候审、监视居住等措施都可以实现方便讯问的目的,采用最严重的逮捕措施有违强制措施的必要性原则。故 D 项错误。

58．民族区域自治制度 [AB]

[解析]《民族区域自治法》第 46 条第 1、2 款规定,民族自治地方的人民法院和人民检察院对本级人民代表大会及其常务委员会负责。民族自治地方人民法院的审判工作,受最高人民法院和上级人民法院监督。故 A 项正确。

《宪法》第 114 条规定:"自治区主席、自治州州长、自治县县长由实行区域自治的民族的公民担任。"

《宪法》第105条第2款规定:"地方各级人民政府实行省长、市长、县长、区长、乡长、镇长负责制。"故B项正确。

《宪法》第116条规定:"……自治区的自治条例和单行条例,报全国人民代表大会常务委员会批准后生效。……"故C项错误。

《民族区域自治法》第44条规定:"民族自治地方实行计划生育和优生优育,提高各民族人口素质。民族自治地方的自治机关根据法律规定,结合本地方的实际情况,制定实行计划生育的办法。"故D项错误。

59．行政强制;行政诉讼的提起与管辖[BCD]

[解析] 强制隔离戒毒是为了防止吸毒损害扩大,对吸毒人员实施的暂时性的管控措施,属于限制人身自由的强制措施,而非强制执行,故A项错误。

【思路拓展】行政强制执行的作出需要有一个"基础性决定"为依据和前提,本题中显然不存在"基础性决定",而是公安机关直接采取的措施,因此不属于行政强制执行。

根据《行政强制法》第10条规定,限制人身自由的行政强制措施只能由法律设定,故B项正确。

根据《行政诉讼法解释》第14条第2款规定,公民因被限制人身自由而不能提起诉讼的,其近亲属可以依其口头或者书面委托以该公民的名义提起诉讼。故C项正确。

《行政诉讼法》第19条规定:"对限制人身自由的行政强制措施不服提起的诉讼,由被告所在地或者原告所在地人民法院管辖。"因此,原告陈某所在地法院有管辖权。又根据《行政诉讼法解释》第8条规定,《行政诉讼法》第19条规定的"原告所在地",包括原告的户籍所在地、经常居住地和被限制人身自由地。因此,陈某经常居住地法院对本案有管辖权,D项正确。

60．证明对象的概念、内容;期间的恢复[AB]

[解析]《刑诉解释》第72条第1款规定:"应当运用证据证明的案件事实包括:(一)被告人、被害人的身份;(二)被指控的犯罪是否存在;(三)被指控的犯罪是否为被告人所实施;(四)被告人有无刑事责任能力,有无罪过,实施犯罪的动机、目的;(五)实施犯罪的时间、地点、手段、后果以及案件起因等;(六)是否系共同犯罪或者犯罪事实存在关联,以及被告人在犯罪中的地位、作用;(七)被告人有无从重、从轻、减轻、免除处罚情节;(八)有关涉案财物处理的事实;(九)有关附带民事诉讼的事实;(十)有关管辖、回避、延期审理等的程序事实;(十一)与定罪量刑有关的其他事实。"A项,在行贿罪中,要求行贿人明知其谋取的系不正当利益,这是构成犯罪的关键因素,属于关涉定罪事实的证明对象,符合上述第4项,故

A项当选。B项,在刑事诉讼活动中,被告人一般处于被羁押的状态,没有人身自由,其亲友若能代为 退赃,可以认为被告人认罪态度较好而酌情从轻处罚,属于关涉量刑事实的证明对象,符合上述第7项,故B项当选。

对证据材料的审查与判断被称为验证"证据事实"的过程,证据事实不是证明对象,而是证明手段。证明对象是指需要用证据证明的案件事实,而证据事实则是指证据本身的来源、构成等要素。在C项中,强奸案中用于鉴定的体液检材是否被污染的事实属于证据事实,而非证明对象。故C项不当选。

《高检规则》第401条规定:"在法庭审理中,下列事实不必提出证据进行证明:(一)为一般人共同知晓的常识性事实;(二)人民法院生效裁判所确认并且未依审判监督程序重新审理的事实;(三)法律、法规的内容以及适用等属于审判人员履行职务所应当知晓的事实;(四)在法庭审理中不存在异议的程序事实;(五)法律规定的推定事实;(六)自然规律或者定律。"D项属于上述第4项规定的情形,属于免证事实,不当选。

61．坚持全面推进科学立法、严格执法、公正司法、全民守法[ABD]

[解析] 健全社会矛盾纠纷预防化解机制,完善调解、仲裁、行政裁决、行政复议、诉讼等有机衔接、相互协调的多元化纠纷解决机制,故C项表述错误。A、B、D项表述符合《法治中国建设规划(2020-2025)》的要求。

62．危险驾驶罪的认定[BC]

[解析] 成立帮助犯,要求帮助行为促进的是正犯的实行行为,且这种促进要具有一定的确定性或直接性。本题中,乙构成危险驾驶罪的实行犯。但是,当甲出借车辆时,乙会不会醉酒驾驶并不具有确定性和必然性,具有不可预见性。因此,甲此时的出借行为不构成帮助犯。故A项错误。

醉酒驾驶构成危险驾驶罪,属于故意犯罪,要求有醉酒驾驶的意图。甲坐在车里,仅是用发动机取暖,没有驾驶车辆的意图,因此不构成危险驾驶罪。故B项正确。

甲虽然实施了危险驾驶行为,但是由于乙突发心脏病,情况紧急,因此构成紧急避险,也即为了保护更大的法益(乙的生命)不得已损害了较小的法益(给道路制造了抽象危险),甲不构成危险驾驶罪。故C项正确。

乙构成危险驾驶罪的实行犯,甲为乙的醉酒驾驶提供了便利(将车交给乙驾驶),因此构成危险驾驶罪的帮助犯。故D项错误。

63．特殊情况的地域管辖[BCD]

[解析]《刑诉解释》第4条规定:"在中华人民

共和国内水、领海发生的刑事案件，由犯罪地或者被告人登陆地的人民法院管辖。由被告人居住地的人民法院审判更为适宜的，可以由被告人居住地的人民法院管辖。"其中，犯罪地包括犯罪行为地和犯罪结果发生地。甲市既不是犯罪地和被告人登陆地，也不是被告人姜某的居住地，故甲市人民法院对本案没有管辖权，A项错误。乙市属于被告人姜某的登陆地，故乙市人民法院有管辖权，B项正确。丙市和丁市均属于犯罪地，故丙市和丁市人民法院均有管辖权，C、D项正确。【总结提示】内水、领海犯罪的管辖地：犯罪地+登陆地+居住地。

64．法律规则与法律原则的适用[ABC]

[解析] 立法中采取穷尽式列举的方式，有助于提升法的明确具体性，防止并减少法官的自由裁量，从而加强法的确定性，确定性强的法能够给人们对未来更清晰的预期，当然能提高法的可预测性。故 A 项正确。

B 项涉及事实判断和价值判断。事实判断与价值判断只能相对区分，二者不是截然对立的。法官对事实进行认定时，往往要进行价值上的衡量；反之，法官进行价值衡量时也不能完全脱离案件事实。利益衡量是一种价值判断。本案法官在判断原告取证是否违法时，对公共利益和他人利益进行了衡量。故 B 项正确。

C 项涉及客观事实和法律事实。法律适用中采用的是"法律事实"而不是"客观事实"，二者的根本差别在于：法律事实仅限有法律根据的事实，即具有合法性。因此，非法证据获得的事实，虽然属于客观事实，但不具有合法性，因此不能作为法律事实，也就是说，法律事实可能与客观事实不一致。故 C 项正确。

穷尽法律规则时，法律原则才可以作为弥补"规则漏洞"的手段发挥作用。这是因为法律规则是法律中最具有硬度的部分，能最大限度地实现法律的确定性和可预测性，有助于保持法律的安定性和权威性。故 D 项错误。

65．公务员交流制度[BD]

[解析] 根据《公务员法》第 69 条规定，公务员交流的方式包括调任、转任。国有企业事业单位、人民团体和群众团体中从事公务的人员可以调入机关担任领导职务或者副调研员以上及其他相当职务层次的非领导职务。调任是"从外到内"，A 项是从外（事业单位）到内（国务院某部），C 项是从外（国有企业）到内（国有资产管理委员会），符合公务员的调任情形。故 A、C 项不当选。

《公务员法》第 100 条规定："机关根据工作需要，经省级以上公务员主管部门批准，可以对专业性较强的职位和辅助性职位实行聘任制。前款所列职位涉及国家秘密的，不实行聘任制。"据此，B 项的情形属于职务聘任，而不是职务交流。故 B 项当选。

《公务员法》第 72 条规定："根据工作需要，机关可以采取挂职方式选派公务员承担重大工程、重大项目、重点任务或者其他专项工作。公务员在挂职期间，不改变与原机关的人事关系。"D 项情形属于公务员的挂职。2018 年《公务员法》修订后，挂职不再被视为公务员交流方式。另外需要掌握的是，挂职需要满足"承担重大工程、重大项目、重点任务或者其他专项工作"的限制条件。故 D 项当选。

66．上诉不加刑原则[CD]

[解析]《刑诉解释》第 401 条第 1 款规定："审理被告人或者其法定代理人、辩护人、近亲属提出上诉的案件，不得对被告人的刑罚作出实质不利的改判，并应当执行下列规定：（一）同案审理的案件，只有部分被告人上诉的，既不得加重上诉人的刑罚，也不得加重其他同案被告人的刑罚；（二）原判认定的罪名不当的，可以改变罪名，但不得加重刑罚或者对刑罚执行产生不利影响；（三）原判认定的罪数不当的，可以改变罪数，并调整刑罚，但不得加重决定执行的刑罚或者对刑罚执行产生不利影响；（四）原判对被告人宣告缓刑的，不得撤销缓刑或者延长缓刑考验期；（五）原判没有宣告职业禁止、禁止令的，不得增加宣告；原判宣告职业禁止、禁止令的，不得增加内容、延长期限；（六）原判对被告人判处死刑缓期执行没有限制减刑、决定终身监禁的，不得限制减刑、决定终身监禁；（七）原判判处的刑罚不当，应当适用附加刑而没有适用的，不得直接加重刑罚、适用附加刑。原判判处的刑罚畸轻，必须依法改判的，应当在第二审判决、裁定生效后，依照审判监督程序重新审判。"

本题中，依据上述第 7 项规定，二审法院经过审理后，只是认为判处刑罚不当，其中包括对诈骗罪的刑罚畸轻，而非事实不清，证据不足，因此不得"以事实不清、证据不足为由发回原审法院重新审理"，而只能维持一审判决，针对其中量刑不当的情况，只能通过审判监督程序予以解决。故 A 项错误。

选项 B，依据上述第 3 项的规定，数罪并罚的情况下，不得加重决定执行的刑罚，而选项中二审合并执行 12 年，加重了原合并执行的刑罚，违反了上诉不加刑原则。选项 B 错误。

选项 C，根据上述第 3 项的规定，本案把原来两罪的刑罚由 4 年和 9 年分别改判为 5 年和 8 年，在不加重合并决定执行刑罚的情况下，可以加重某一罪的刑罚。故 C 项正确。

选项 D，二审法院维持一审判决，也是不违反上述规定的，没有违反上诉不加刑原则。故 D 项正确。

67．不作为犯罪[ACD]

[解析] 不作为是相对于作为而言的，是指行为

人负有实施某种积极行为的特定的法律义务,并且能够实行而不实行的行为。可以概括为六个字:应为、能为、不为。所谓应为主要是指不作为犯罪的义务来源,主要包括以下几个方面:(1)法律明文规定的积极作为义务;(2)职业或者业务要求的作为义务;(3)法律行为引起的积极作为义务;(4)先行行为引起的积极作为义务。需要注意的是,仅仅是道德上的义务不能作为不作为犯罪的义务来源。

甲对于年幼的孩子有救助的义务,救生员乙由于其职业的要求同样具有救助的义务,能救助而故意不救助,因此甲、乙均成立不作为犯罪。故 A 项正确。

只要婚姻关系仍旧存在,即便是在离婚诉讼期间,丈夫在法律上也负有救助妻子的义务。在主观上,对于不救助落水的妻子将会产生何种后果,丈夫存在认识,却放任该结果的发生。丈夫误认为自己没有义务救助落水的妻子,属于违法性认识错误,即误以为自己不救离婚诉讼期间的妻子是不违法的。该违法性认识错误并非不可避免的,因而不影响丈夫犯罪故意的成立,故对妻子的死亡,丈夫应成立故意的不作为犯罪。故 B 项错误。

甲对母亲有救助的义务,并且在当时的情况下甲有能力救助而没有及时救助母亲,因此构成不作为犯罪。故 C 项正确。

甲故意往乙的咖啡中投毒,希望毒死乙的结果发生,属于作为的犯罪。由于甲往乙的咖啡中投毒的行为存在危险,因而甲在丙喝乙的咖啡时具有阻止的义务,但是甲并未阻止,致使丙死亡结果的发生,属于不作为犯罪。故 D 项正确。

68. 非法证据排除规则;询问被害人、证人[BC]

[解析]《刑诉解释》第 91 条第 3 款规定:"经人民法院通知,证人没有正当理由拒绝出庭或者出庭后拒绝作证,法庭对其证言的真实性无法确认的,该证人证言不得作为定案的根据。"证人拒不到庭而无法当庭询问并不必然导致证人证言不能作为定案的依据,还必须附加法庭对其证言的真实性无法确认的条件。故 A 项错误。

《刑事诉讼法》第 60 条规定:"对于经过法庭审理,确认或者不能排除存在本法第五十六条规定的以非法方法收集证据情形的,对有关证据应当予以排除。"B 项所述中,被告人提供了有关刑讯逼供的线索及材料,但公诉人不能证明讯问合法符合上述法律规定,应当排除,不得作为定案的依据。故 B 项正确。

《刑事诉讼法》第 54 条第 2 款规定:"行政机关在行政执法和查办案件过程中收集的物证、书证、视听资料、电子数据等证据材料,在刑事诉讼中可以作为证据使用。"可见,行政证据转化为刑事证据,主要转化的是实物证据。言词证据一般需要重新收集,不

能直接转化为刑事证据。C 项中工商行政管理部门(现为市场监督管理部门)属于行政部门,收集的询问笔录属于言词证据,不能直接作为刑事证据使用。故 C 项正确。

《刑事诉讼法》第 124 条规定,侦查人员询问证人,可以在现场进行,也可以到证人所在单位、住处或者证人提出的地点进行,在必要的时候,可以通知证人到人民检察院或者公安机关提供证言。该法第 127 条规定,询问被害人,适用有关询问证人的规定。因此,侦查人员可以到被害人所在单位等办案场所以外的地点询问被害人。故 D 项错误。

69. 组织、领导恐怖组织罪;帮助恐怖活动罪;准备实施恐怖活动罪[ABCD]

[解析]刑法对帮助恐怖活动作了专门规定,将帮助行为正犯化,即《刑法》第 120 条之一,不再适用总则关于从犯的规定。故 A 项正确。

乙成立恐怖组织并开展培训活动,其行为构成组织、领导恐怖组织罪。故 B 项正确。

《刑法修正案(九)》新增准备实施恐怖活动罪,即将为实施恐怖活动准备凶器、危险物品或者其他工具,组织恐怖活动培训或者积极参加恐怖活动培训,为实施恐怖活动与境外恐怖活动组织或者人员联系,以及为实施恐怖活动进行策划或者其他准备等行为明确规定为犯罪。丙、丁实施的行为原本属于犯罪预备行为,立法上将预备行为实行行为化,故对为实施恐怖活动准备凶器的行为,不再适用刑法总则关于预备犯的规定。故 C、D 项正确。

70. 合议庭[ABC]

[解析]《刑事诉讼法》第 185 条规定:"合议庭开庭审理并且评议后,应当作出判决。对于疑难、复杂、重大的案件,合议庭认为难以作出决定的,由合议庭提请院长决定提交审判委员会讨论决定。审判委员会的决定,合议庭应当执行。"故 A 项错误。

《刑事诉讼法》第 184 条规定:"合议庭进行评议的时候,如果意见分歧,应当按多数人的意见作出决定,但是少数人的意见应当写入笔录。评议笔录由合议庭的组成人员签名。"故 B 项错误。

《刑事诉讼法》第 183 条第 4 款规定:"人民法院审判上诉和抗诉案件,由审判员三人或者五人组成合议庭进行。"故 C 项错误

《刑事诉讼法》第 183 条第 5 款规定:"合议庭的成员人数应当是单数。"故 D 项正确。

71. 推进公正司法[ABD]

[解析]法律面前人人平等并非形式上的平等。法院的做法属于对社会弱势群体和特殊群体的倾向性保护,没有违背法律面前人人平等原则,而恰恰是为了保障当事人的实质平等,实现司法公正、司法为民的要求,故 C 项错误。A、B、D 项均正确。

72．法律概念；法律推理；法律证成；法律解释

[BD]

[解析] 消费是为生产或生活需要而购买物品的行为，并不涉及好与坏的判断，而是对购物过程的客观描述，不含价值和感情色彩。故 A 项错误。

设证推理包括经验推定与规范推定两类，本题中法院运用的是经验推定。法官根据生活经验，认为消费者系为生活生产需要而购买物品者，而张三不是为生活生产需要而购买物品，而是为获利而购买物品，因此法官推定张三不是消费者。故 B 项正确。

内部证成是按照一定的推理规则从相关前提中逻辑地推导出决定的过程，外部证成则是对内部证成的前提进行的证成。本案中，法官需要最终认定的是张三是否为消费者从而获得赔偿，作出这一认定的小前提即张三是否为消费者，法官对消费者的界定就是对这一小前提的证成，属于外部证成。当然，外部证成的过程中也必然包含着内部证成，但是仅靠内部证成是不能得出相关结论的。故 C 项错误。

从文义来说，消费者即花钱购物的主体，所有购物的人都应该被当作消费者，不论其消费动机为何。但在本案中，法官将消费者的概念限缩在"为生活生产需要而购买物品"的人，而将"为获利而购买物品"的人排除在外，因此是一种限缩解释。故 D 项正确。

73．存疑不起诉[ABD]

[解析] 本题中，耿某醉酒驾车涉嫌构成《刑法》第 133 条之一规定的危险驾驶罪。

道路交通事故认定书对事故责任的划分与耿某是否构成危险驾驶罪没有关联。故 A 项理由不成立。

B 项属于耿某对"不知该行为是犯罪"的辩解，不能成为免责理由，也不会导致犯罪事实不清，证据不足。故 B 项理由不成立。

经过鉴定得出的酒精含量是认定耿某是否属于醉酒驾车的关键证据，如果该血液样本被污染，将导致鉴定意见不准确，进而导致耿某是否醉酒驾车存疑，检察院可以据此作出存疑不起诉决定。故 C 项理由成立，不当选。

构成危险驾驶罪要求驾驶的是机动车。如果耿某驾驶的电动自行车属于非机动车，则属于没有犯罪事实，当然不构成危险驾驶罪，检察院应当作出法定不起诉的决定，而非存疑不起诉。故 D 项理由不成立。

74．规章制定程序[BCD]

[解析]《规章制定程序条例》第 13 条第 3 款规定："年度规章制定工作计划在执行中，可以根据实际情况予以调整，对拟增加的规章项目应当进行补充论证。"该规章的制定确有必要，可以调整年度规章制定工作计划将其列入。故 A 项错误。

《规章制定程序条例》第 15 条第 1 款规定："起

草规章，应当深入调查研究，总结实践经验，广泛听取有关机关、组织和公民的意见。听取意见可以采取书面征求意见、座谈会、论证会、听证会等多种形式。"故 B 项正确。

《规章制定程序条例》第 18 条第 3 款规定："规章送审稿的说明应当对制定规章的必要性、规定的主要措施、有关方面的意见及其协调处理情况等作出说明。"故 C 项正确。

《规章制定程序条例》第 20 条规定："规章送审稿有下列情形之一的，法制机构可以缓办或者退回起草单位：（一）制定规章的基本条件尚不成熟或者发生重大变化……"故 D 项正确。

75．行政公益诉讼；代履行；行政处罚的认定

[ABC]

[解析]《行政诉讼法》第 25 条第 4 款规定："人民检察院在履行职责中发现生态环境和资源保护、食品药品安全、国有财产保护、国有土地使用权出让等领域负有监督管理职责的行政机关违法行使职权或者不作为，致使国家利益或者社会公共利益受到侵害的，应当向行政机关提出检察建议，督促其依法履行职责。行政机关不依法履行职责的，人民检察院依法向人民法院提起诉讼。"故 A 项正确。【特别提醒】民事公益诉讼以公告为起诉前提，行政公益诉讼以检察建议为起诉前提。

行政公益诉讼的起诉期限与普通行政诉讼案件相同，均为 6 个月，故 B 项正确。

《行政强制法》第 50 条规定："行政机关依法作出要求当事人履行排除妨碍、恢复原状等义务的行政决定，当事人逾期不履行，经催告仍不履行，其后果已经或者将危害交通安全、造成环境污染或者破坏自然资源的，行政机关可以代履行，或者委托没有利害关系的第三人代履行。"本题中，某公司的行为破坏了自然资源，行政机关可以实施代履行，故 C 项正确。

责令恢复原状的功能在于恢复合法状态，没有给当事人增加额外负担，不具有惩戒性，因此不属于行政处罚，命题人观点认为其属于制止违法行为的行政强制措施（主观题中答行政命令亦可），故 D 项错误。

76．走私犯罪[BD]

[解析] 走私淫秽物品罪，是指违反海关法规，逃避海关监管，以牟利或者传播为目的，非法运输、携带、邮寄淫秽物品进出境的行为。甲在家中登录境外网站，下载淫秽影片。此时境外网站的注册地虽然在境外，但是下载行为发生在国内，因此不属于将淫秽物品从国外携带至国内，也即不属于进出境的行为，因此不属于走私行为。并且，甲只给少数几位朋友观看，也不属于传播淫秽物品罪，构成该罪要求传播给不特定人或多数人。故 A 项错误。

乙从境外购买枪支，邮寄到国内，构成走私武器罪。故 B 项正确。

走私贵重金属罪是故意犯罪,要求明知该金属属于国家禁止出境的贵重金属。由于丙对此并不明知,因此不构成走私贵重金属罪。故 C 项错误。

走私假币罪,是指违反海关法规,逃避海关监管,非法运输、携带假币进出境的行为。丁携带假币从境内进入公海,表明已经出境,构成走私假币罪。丁将假币从公海带进境内,再次构成走私假币罪。不过由于这两次行为具有连续性,可以以一罪处理。故 D 项正确。

77.无法查明的案件;存在介入因素的案件;财产犯罪的因果关系;双重的因果关系[AC]

[解析] A 项,在因果关系的进程中,如果出现了介入因素,该介入因素能否中断前行为与结果之间的因果关系,关键取决于"介入因素"是否异常。如果介入因素是"异常"的,说明其改变了原来的因果流向。相反,如果介入因素是前行为"正常"发展所致,是正常的,则不会中断前行为与危害结果之间的因果关系。甲将乙撞倒在马路上,乙受到二次撞击(丙的撞击)是正常的因素,并不异常。丙的行为不中断甲的行为与乙的死亡结果之间的因果关系,即甲的行为与乙的死亡结果之间存在因果关系。换言之,甲将乙撞倒在马路上,出现后续车辆再次撞击乙是正常的因素,是甲的行为自然、正常衍生出来的结果,甲需要对乙的死亡负责。无论乙是死于第一次还是第二次撞击行为,甲的行为与乙的死亡结果之间均存在因果关系。故 A 项正确。【思路拓展】另外需要注意的是,在无法查明死因的情形下,丙是否需要对乙的死亡承担责任?根据上述分析,乙的死因有两种可能:第一种可能是甲轧死的,甲要负责,丙不用负责。第二种可能是丙轧死的,丙要负责,甲仍要负责。由此,甲无论如何都要对此负责;而对丙应启动存疑时有利于被告人原则,不让丙负责。

B 项,丙的出现属于异常的因素,甲的投毒行为通常并不会导致丙的出现。并且,丙的行为直接导致了被害人死亡结果的出现,即丙的行为对死亡结果的贡献率很高。因此,可以认为丙的行为中断了甲的行为与死亡结果之间的因果关系,甲的行为与乙的死亡结果之间没有刑法上的因果关系。甲构成故意杀人罪未遂,而非既遂;丙构成故意杀人罪既遂。故 B 项错误。

C 项,甲的诈骗行为没有让丙产生认识错误,但是让乙产生了认识错误,而乙将收到的"诈骗短信"转发给丙,这并不异常。因此,甲的诈骗行为与丙的财产被骗之间存在刑法上的因果关系。从诈骗罪的行为公式也可以作出判断:实施欺骗行为→使对方产生认识错误→对方基于认识错误而处分财物→行为人取得财物。本案中,甲的诈骗行为让乙产生认识错

误,乙又让丙产生了认识错误,最终甲的诈骗行为间接地导致丙错误地处分了财物,符合上述诈骗罪的行为公式。故 C 项正确。

D 项,双重的因果关系,是指两个条件单独都能导致结果发生,相互没有意思联络,各自导致结果发生,两个因果关系竞合在一起。结论:两个条件与结果都有因果关系。本项中,条件一是甲投放的致命毒药,条件二是正常针剂和乙的特殊体质,二者单独都能导致乙死亡,不能因为条件二与死亡结果有因果关系就否定了条件一与死亡结果的因果关系,甲构成故意杀人罪既遂。故 D 项错误。

78.《国籍法》[AC]

[解析]《国籍法》第 5 条规定:"父母双方或一方为中国公民,本人出生在外国,具有中国国籍;但父母双方或一方为中国公民并定居在外国,本人出生时即具有外国国籍的,不具有中国国籍。"故 A 项正确。

《国籍法》第 3 条规定:"中华人民共和国不承认中国公民具有双重国籍。"故 B 项错误。

国籍的取得取决于各国自身的规定,彼得森出生时能否获得甲国国籍当然应由甲国法确定。故 C 项正确。

如彼得森出生时即具有甲国国籍,根据我国《国籍法》其不能因出生取得中国国籍,但仍然可以通过加入等其他途径获得中国国籍,"终生无法获得"的说法是错误的。故 D 项错误。

79.地方人大常委会的职权[ABC]

[解析]《地方组织法》第 32 条第 1 款规定:"县级以上的地方各级人民代表大会常务委员会组成人员、专门委员会组成人员和人民政府领导人员,监察委员会主任,人民法院院长,人民检察院检察长,可以向本级人民代表大会提出辞职,由大会决定是否接受辞职;大会闭会期间,可以向本级人民代表大会常务委员会提出辞职,由常务委员会决定是否接受辞职。常务委员会决定接受辞职后,报本级人民代表大会备案。……"据此,在某县人大闭会期间,张某应当向县人大常委会提出辞职,故 A 项正确。另据《地方组织法》第 51 条第 4 款规定:"常务委员会的决议,由常务委员会以全体组成人员的过半数通过。"故 B 项正确。

《地方组织法》第 50 条第 1 款第 13 项规定,在本级人民代表大会闭会期间,县级以上地方各级人大常委会有权在省长、自治区主席、市长、州长、县长、区长和监察委员会主任、人民法院院长、人民检察院检察长因故不能担任职务的时候,根据主任会议的提名,从本级人民政府、监察委员会、人民法院、人民检察院副职领导人员中决定代理的人选;决定代理检察长,须报上一级人民检察院和人民代表大会常务委员会备案。据此,C 项正确。只有任命代理检察长时,才

须报上一级检察院和人大常委会备案,任命监察委员会主任不需要报上级机关备案,故 D 项错误。

80．行政赔偿义务机关;赔偿程序[BD]

[解析]《国家赔偿法》第 7 条第 1 款规定:"行政机关及其工作人员行使行政职权侵犯公民、法人和其他组织的合法权益造成损害的,该行政机关为赔偿义务机关。"本题中,对违法建筑的拆除决定和行为是合法的,但区政府违法行使职权将拆下的钢板作为建筑垃圾运走,侵犯了该公司的财产权。因此,本案的赔偿义务机关是区政府,A 项错误,B 项正确。

根据《国家赔偿法》,行政相对人请求国家赔偿无需先申请确认行政行为违法。故该公司申请国家赔偿之前无需申请确认运走钢板的行为违法,C 项错误。

《国家赔偿法》第 15 条规定,人民法院审理行政赔偿案件,赔偿请求人和赔偿义务机关对自己提出的主张,应当提供证据。因此,如该公司申请国家赔偿,应当对自己的主张提供证据,D 项正确。

81．司法赔偿义务机关和程序[BCD]

[解析] 根据司法赔偿义务机关后置原则,作出最终错误决定的机关为赔偿义务机关。本题中,最终由县检察院作出逮捕决定,因此县检察院是赔偿义务机关,故 A 项正确。刑事赔偿义务机关为公检法机关,鉴定机关不能作为赔偿义务机关,故 B 项错误。

刑事赔偿期间为错误羁押期间。本题中,程某于 2021 年 11 月 30 日被刑事拘留,2022 年 5 月 3 日被释放,因此赔偿期间应为此段时间。故 C 项错误。

根据《国家赔偿法》第 24 条规定,赔偿义务机关在规定期限内未作出是否赔偿的决定,赔偿请求人可以自期限届满之日起 30 日内向赔偿义务机关的上一级机关申请复议。赔偿义务机关是人民法院的,赔偿请求人可以直接向其上一级人民法院赔偿委员会申请作出赔偿决定。本题中的赔偿义务机关是县检察院,程某应当先申请复议。故 D 项错误。

82．人民陪审员的权利[ABD]

[解析]《人民陪审员法》第 22 条规定:"人民陪审员参加七人合议庭审判案件,对事实认定,独立发表意见,并与法官共同表决;对法律适用,可以发表意见,但不参加表决。"故 A 项正确。

《最高人民法院关于适用〈中华人民共和国人民陪审员法〉若干问题的解释》第 8 条规定:"人民法院应当在开庭前,将相关权利和义务告知人民陪审员,并为其阅卷提供便利条件。"故 B 项正确。

《最高人民法院关于适用〈中华人民共和国人民陪审员法〉若干问题的解释》第 11 条规定:"庭审过程中,人民陪审员依法有权向诉讼参加人发问,审判长应当提示人民陪审员围绕案件争议焦点进行发

问。"可知,人民陪审员庭审中发问无需经过审判长同意。故 C 项错误。

《最高人民法院关于适用〈中华人民共和国人民陪审员法〉若干问题的解释》第 16 条规定:"案件审结后,人民法院应将裁判文书副本及时送交参加该案审判的人民陪审员。"故 D 项正确。

83．过失犯罪[ABCD]

[解析] 根据《刑法》第 15 条第 1 款的规定,犯罪过失是指行为人应当预见自己的行为可能发生危害社会的结果,因疏忽大意而没有预见,或者已经预见而轻信能够避免,以致发生这种结果的心理态度,分为疏忽大意的过失和过于自信的过失。

老师因学生不守课堂纪律,将其赶出教室,这一行为是合理的,学生跳楼自杀并不属于老师应当预见的结果或者轻信能够避免结果发生的情况。这应该属于意外事件,故老师不构成过失犯罪。故 A 项当选。

汽车修理工将高压气泵塞入同事肛门充气,这一行为属于故意实施的行为,导致同事肠道、内脏严重破损这一结果。汽车修理工的行为符合故意犯罪的构成要件。根据《刑法》第 14 条第 1 款的规定,犯罪故意是指明知自己的行为会发生危害社会的结果,并希望或者放任这种结果发生的一种心理态度。故汽车修理工构成故意犯罪,不属于过失犯罪。故 B 项当选。

路人见义勇为追小偷,小偷跳河游往对岸,路人离去。小偷溺毙这一客观事实与路人的行为没有因果关系,路人并不构成犯罪,而属于正当防卫。小偷溺毙这一客观事实不是路人应当预见的结果,跳河行为是小偷自己选择的,路人不构成过失犯罪。故 C 项当选。

邻居的行为属于见义勇为,而未能接牢,儿童摔成重伤属于意外事件。该行为显然不具有社会危害性,不构成过失犯罪。故 D 项当选。

84．财产权[ABCD]

[解析] 公民合法的私有财产受国家法律保护。故 A、B 项正确。

《宪法》第 6 条第 2 款规定,我国的基本经济制度是公有制为主体、多种所有制经济共同发展。这就意味着国家保护公民的合法的私有财产权,是我国基本经济制度的重要内容之一。故 D 项正确。

法律保留是指我国《立法法》规定的只能由全国人大及其常委会制定法律的事项。《立法法》第 11 条规定:"下列事项只能制定法律:……(七)对非国有财产的征收、征用;(八)民事基本制度;(九)基本经济制度以及财政、海关、金融和外贸的基本制度;……"公民的财产权和继承权属于民事制度的范畴,对于公民的私有财产权和继承权的保护问题属于

基本经济制度的内容。故 C、D 项正确。

85．法律职业道德和执业纪律［AD］

［解析］《法官职业道德基本准则》第 7 条规定，法官应当保守国家秘密和审判工作秘密。不论是否故意，赵法官透露了未审结案件的内部讨论意见，违反了职业道德。故 A 项当选。

检察官职业道德禁止检察官兼职和从事营利性活动，钱检察官免费出任当地旅游局对外宣传的"形象大使"，这不属于兼职行为，"免费"则说明不具有营利性质，钱检察官的行为不违反该项规定。故 B 项不当选。

《律师法》第 38 条第 2 款规定："律师对在执业活动中知悉的委托人和其他人不愿泄露的有关情况和信息，应当予以保密。但是，委托人或者其他人准备或者正在实施危害国家安全、公共安全以及严重危害他人人身安全的犯罪事实和信息除外。"孙律师的行为显然不在上述犯罪之列，没有违反职业道德。故 C 项不当选。

《公证程序规则》第 11 条第 2 款规定："公证员、公证机构的其他工作人员不得代理当事人在本机构申办公证。"李公证员违反了职业道德。故 D 项当选。

三、不定项选择题

86．习近平法治思想形成发展的历史进程［AB］

［解析］党的十八届四中全会专门研究全面依法治国，出台了《中共中央关于全面推进依法治国若干重大问题的决定》。党的十九大报告提出，到 2035 年基本建成法治国家、法治政府、法治社会。故 A、B 项说法错误。C、D 项说法正确。

87．法的发现与法的证成的区分；涵摄；反向推理［A］

［解析］在法律推理中，涵摄即演绎，是指将案件事实与法律规定结合进而得出结论，演绎推理是涵摄的形式。在该案中，法官将案件事实与司法解释规定相结合，进而得出殷某应当返还彩礼的结论，这属于涵摄的方法。故 A 项正确。

反向推理即所谓"明示其一，即否定其余"的推理方式，其要点是：若事实情形与法律规定不一致，那么就无法适用该法律规定得出结论。本题中，小刚请求返还彩礼的事实符合司法解释所规定的情形，因此法官适用司法解释的规定得出了结论，这没有运用反向推理。故 B 项错误。

演绎推理的大前提是法律规定，包括司法解释。本题中，法官调研发现当地确实有无偿赠送彩礼的风俗，但是在进行法律推理过程中并没有将其作为大前提，而是直接适用了司法解释的规定判决殷某败诉。因此，当地风俗并不是法官推理的大前提，故 C 项错误。

在法律裁判作出的过程中，法的发现是指法律人获得"法律决定"的事实过程，即特定法律人的心理因素与社会因素（如直觉、偏见、情感、利益立场等）引发他针对特定案件作出某个具体决定的实际过程。与之相关的是法的证成，指法律人对其所得出的"法律决定"提供尽可能充足的理由，为了使该决定是合理的而进行推理或论证的过程。二者是同一个过程的不同层面。在该案中，法官对民俗的查证是在查明和确认案件事实内容（论证小前提），寻找社会习惯并将其内容与国家的法律规定进行对照（论证大前提），是一个法的证成（论证）过程，不属于法的发现。故 D 项错误。【特别提醒】法的适用过程，不是一个法的发现过程，而是法的证成过程（论证过程），因为法的证成能够在更大程度上保证法律决定的可预测性与正当性的实现。而法的发现是指特定法律人的心理因素与社会因素引发或引诱他针对特定案件作出某个具体的决定的实际过程（事实过程），它将心理因素、社会因素与法律决定之间的关系视为因果关系而进行处理，夸大了社会因素和心理因素等法外因素对案件结果的影响能力，会导致判决缺乏可预测性和正当性。

88．审判中被告单位发生变化的处理［BC］

［解析］《刑诉解释》第 344 条规定："审判期间，被告单位被吊销营业执照、宣告破产但尚未完成清算、注销登记的，应当继续审理；被告单位被撤销、注销的，对单位犯罪直接负责的主管人员和其他直接责任人员应当继续审理。"A、B 项是被告单位被撤销、注销的情形，根据上述法条规定，对单位犯罪直接负责的主管人员应当继续审理，而单位由于不再存在，则对其不再追诉。故 A 项中"不能免除单位的刑事责任"的说法错误，B 项正确。

《刑诉解释》第 345 条规定："审判期间，被告单位合并、分立的，应当将原单位列为被告单位，并注明合并、分立情况。对被告单位所判处的罚金以其在新单位的财产及收益为限。"C、D 项是被告单位被合并、分立的情形，根据上述法条规定，对被告单位所判处的罚金以其在新单位的财产的收益为限。故 C 项正确，D 项中"将分立后的单位列为被告单位"的做法错误。

89．行政诉讼被告和管辖；行政处罚的种类［ABC］

［解析］行政复议决定既有维持原行政行为内容，又有改变原行政行为内容的，应以作出原行政行为的行政机关和复议机关为共同被告。本题中，县政府将罚款改为 8 万元后，维持了其他处罚，既有维持又有改变，因此应以县市场监督管理局和县政府为共同被告，故 A 项错误。

复议机关作共同被告的案件，以作出原行政行为的行政机关确定案件的级别管辖。本案的原行为作出机关为县市场监督管理局，应由基层法院管辖，故B项错误。

法定处罚种类有精神罚、财产罚、资格罚、行为罚和自由罚等，没收是直接针对当事人财产作出的财产罚，而不属于限制或禁止当事人从事特定活动的行为罚，故C项错误。

在复议维持的情况下，原告只起诉作出原行政行为的行政机关或者复议机关的，法院应当告知原告追加被告。原告不同意追加的，法院应当将另一机关列为共同被告。故D项正确。

90．经复议案件被告的确定和管辖[A]

[解析]《行政诉讼法》第26条第2款规定，经复议的案件，复议机关决定维持原行政行为的，作出原行政行为的行政机关和复议机关是共同被告；复议机关改变原行政行为的，复议机关是被告。同时，《行政诉讼法解释》第22条规定："行政诉讼法第26条第2款规定的'复议机关改变原行政行为'，是指复议机关改变原行政行为的处理结果。复议机关改变原行政行为所认定的主要事实和证据、改变原行政行为所适用的规范依据，但未改变原行政行为处理结果的，视为复议机关维持原行政行为。复议机关确认原行政行为无效，属于改变原行政行为。复议机关确认原行政行为违法，属于改变原行政行为，但复议机关以违反法定程序为由确认原行政行为违法的除外。"该解释第133条规定："行政诉讼法第26条第2款规定的'复议机关决定维持原行政行为'，包括复议机关驳回复议申请或者复议请求的情形，但以复议申请不符合受理条件为由驳回的除外。"可见，只有复议机关改变了原行政行为处理结果的，才属于复议改变。本案中，乙县药监局决定没收药品并处罚款20万元，而县政府的复议决定并没有改变行为处理结果，只是改变了行为的法律依据，所以这种情形不属于复议改变，应当属于复议维持。本案的被告应为原机关县药监局和复议机关县政府。

关于管辖，从级别管辖的角度看，《行政诉讼法解释》第134条第3款规定："复议机关作共同被告的案件，以作出原行政行为的行政机关确定案件的级别管辖。"据此，应当以原机关县药监局确定级别管辖，所以应当由县法院管辖。从地域管辖的角度看，行政案件由最初作出行政行为的行政机关所在地法院管辖。经复议的案件，也可以由复议机关所在地法院管辖。结合级别和地域管辖，本案最终的管辖法院应当确定为县法院。综上，本题A项正确，B、C、D项错误。

91．法律援助[BD]

[解析]《法律援助法》第38条规定，对非诉讼事项的法律援助，由申请人向争议处理机关所在地或者事由发生地的法律援助机构提出申请。黄某来某

县打工，讨薪事由发生于某县，故其向该县法律援助中心提出申请是正确的，县法律援助中心的做法不正确。故A项错误。

《法律援助法》第49条规定："申请人、受援人对法律援助机构不予法律援助、终止法律援助的决定有异议的，可以向设立该法律援助机构的司法行政部门提出。司法行政部门应当自收到异议之日起五日内进行审查，作出维持法律援助机构决定或者责令法律援助机构改正的决定。申请人、受援人对司法行政部门维持法律援助机构决定不服的，可以依法申请行政复议或者提起行政诉讼。"不服法律援助机构的援助决定，应当向该援助机构所属的行政机关提出异议。故B项正确。

《法律援助法》第62条第1项规定，律师事务所、基层法律服务所无正当理由拒绝接受法律援助机构指派，由司法行政部门依法给予处罚。《律师法》第50条规定，律师事务所拒绝履行法律援助义务的，设区的市级或者直辖市的区人民政府司法行政部门可以视其情节给予警告等处罚。据此，县司法局没有对该律所处罚的权力。故C项错误。

《律师法》第54条规定，律师违法执业或者因过错给当事人造成损失的，由其所在的律师事务所承担赔偿责任。律师事务所赔偿后，可以向有故意或者重大过失行为的律师追偿。因此，律师在执业行为中的行为与法律援助中心无关，应由黄某所在的律师事务所承担赔偿责任，而非法律援助中心承担赔偿责任，故D项正确。

92．死缓复核程序；死刑立即执行案件的复核程序[ABD]

[解析]《刑事诉讼法》第248条规定，中级人民法院判处死刑缓期二年执行的案件，由高级人民法院核准。注意，高院自己判决死缓的案件，无需核准。故A项正确。

《刑事诉讼法》第249条规定，最高人民法院复核死刑案件，高级人民法院复核死刑缓期执行的案件，应当由审判员3人组成合议庭进行。故B项正确。

《刑事诉讼法》第251条第1款规定，最高人民法院复核死刑案件，应当讯问被告人，辩护律师提出要求的，应当听取辩护律师的意见。《刑诉解释》第434条规定，死刑复核期间，辩护律师要求当面反映意见的，最高人民法院有关合议庭应当在办公场所听取其意见，并制作笔录；辩护律师提出书面意见的，应当附卷。可知，最高人民法院复核死刑时，并非必须当面听取辩护律师意见。故C项错误。

《刑诉解释》第430条第1款规定，最高人民法院裁定不予核准死刑的，根据案件情况，可以发回第二审人民法院或者第一审人民法院重新审判。故D项正确。

93．申请复议期限;行政诉讼地域管辖;重复起诉;重复处理行为[AB]

[解析] 行政复议的一般申请期限为知道或者应当知道侵权行政行为之日起60日。本题中,区社保局2004年9月30日向郑某送达告知书,郑某不服在2005年4月19日才向区政府申请复议,显然已超过了60日的申请行政复议期限。故A项正确。

《行政诉讼法》第18条第1款规定:"行政案件由最初作出行政行为的行政机关所在地人民法院管辖。经复议的案件,也可以由复议机关所在地人民法院管辖。"本案属于经复议的案件,复议机关区政府所在地的法院有管辖权。故B项正确。

本题中,郑某提起了两次行政诉讼:第一次是不服区社保局对其作出的缴纳养老保险费的《决定书》;第二次是不服区政府的不予受理决定。由于提起诉讼的理由不同,因此不属于重复起诉。故C项错误。

重复处理行为是指行政机关根据公民的申请或者申诉,对原有的生效行政行为作出的没有任何改变的二次决定。本题中,郑某起诉的一个是决定书,一个是告知书,虽然行政机关的两个行为都是针对郑某作出,但是内容完全不同,与郑某之间形成两个不同的权利义务关系。所以,告知书不是重复处理行为,法院不应以此为由不受理郑某的起诉。故D项错误。

94．法律意识;法的现代化[BCD]

[解析] 根据法的现代化的动力来源,法的现代化过程大体上可以分为内发型法的现代化和外源型法的现代化。内发型法的现代化,是指由特定社会自身力量产生的法的内部创新。这种现代化是一个自发的、自下而上的、缓慢的、渐进变革的过程。外源型法的现代化是指在外部环境影响下,社会受外力冲击,引起思想、政治、经济领域的变革,最终导致法律文化领域的革新。中国法的现代化属于外源型法的现代化。外源型法的现代化的特点在于:(1)具有被动性。由外部因素压迫导致法律的现代化,如我国清末修律即为帝国主义列强的压迫导致。(2)具有依附性。法的现代化具有明显的工具色彩,一般被要求服务于政治、经济变革。如我国清末修律,法的现代化的目的在于富国强兵。(3)具有反复性。传统的本土文化与现代的外来文化之间矛盾比较尖锐,法的现代化过程经常出现反复。例如,我国法的现代化过程中,传统法律文化与现代法律制度之间的斗争。故A项错误,C项正确。

法律意识是指人们关于法律现象的思想、观念、知识和心理的总称。法律意识相对独立于法律制度。法律意识具有相对稳定性,具有一定的连续性,可以使得一个国家的法律传统得以延续。例如,我国传统的"清官意识"就是法律意识的体现,"清官意识"是人治的产物,但时至今日,普通民众依然欢迎和爱戴"清官"。故B项正确。

我国法的现代化之启动,肇始于清末修律。清末之前,我国一直是传统的中华法系。故D项正确。

95．有期徒刑与管制的执行[ABC]

[解析]《刑事诉讼法》第264条第1、2款规定,罪犯被交付执行刑罚的时候,应当由交付执行的人民法院在判决生效后10日以内将有关的法律文书送达公安机关、监狱或者其他执行机关。对被判处死刑缓期2年执行、无期徒刑、有期徒刑的罪犯,由公安机关依法将该罪犯送交监狱执行刑罚。对被判处有期徒刑的罪犯,在被交付执行刑罚前,剩余刑期在3个月以下的,由看守所代为执行。对被判处拘役的罪犯,由公安机关执行。第269条规定,对被判处管制、宣告缓刑、假释或者暂予监外执行的罪犯,依法实行社区矫正,由社区矫正机构负责执行。

本案中,王某、朱某、李某被判处有期徒刑,刑期大于3个月,因此应由监狱执行;周某被判处管制,应由社区矫正机构负责执行,剥夺政治权利由公安机关执行。故A、B、C项正确,D项错误。

96．政府信息公开及证据[AD]

[解析]《政府信息公开条例》第29条第2款规定:"政府信息公开申请应当包括下列内容:(一)申请人的姓名或者名称、身份证明、联系方式;(二)申请公开的政府信息的名称、文号或者便于行政机关查询的其他特征性描述;(三)申请公开的政府信息的形式要求,包括获取信息的方式、途径。"根据上述第1项,方某申请时应当出示有效身份证明或者证明文件。故A项正确。

该企业逾期未偿还方某借给的资金,而乡政府的文件处分了企业的财产,与方某利益有密切的关联性,方某有权申请公开乡政府的相关文件。退一步讲,即使该信息与方某的生产、生活、科研等特殊需要无关,行政机关依然无权以此为理由拒绝公开该信息。因为2019年修订的《政府信息公开条例》取消了申请人"三需要"的要求,不再要求申请人与所申请事项存在直接利害关系。故B项错误。

《政府信息公开条例》第32条规定:"依申请公开的政府信息公开会损害第三方合法权益的,行政机关应当书面征求第三方的意见。……第三方不同意公开且有合理理由的,行政机关不予公开。行政机关认为不公开可能对公共利益造成重大影响的,可以决定予以公开,并将决定公开的政府信息内容和理由书面告知第三方。"本案中,乡政府以口头方式征询第三方意见,存在程序违法。故C项错误。

根据《行政诉讼法》第41条规定,原告可以申请人民法院调取证据。故D项正确。

97．寻衅滋事罪;聚众扰乱交通秩序罪;故意毁坏财物罪;破坏交通设施罪;被害人承诺[CD]

[解析] 寻衅滋事罪,是指肆意挑衅、随意殴打、骚扰他人或任意损毁、占用公私财物,或者在公共场所起哄闹事,严重破坏社会秩序的行为。寻衅滋事罪的行为人由于不合常理的动机或目的随便毁坏公私财物,其侵犯的对象具有不特定性和模糊性,而故意毁坏财物罪侵犯的对象具有明确性和特定性。本案中甲为了开辟高速公路出口,组织多人锯断高速公路隔离栏,具有明确的目的和对象,因此不构成寻衅滋事罪,构成故意毁坏财物罪。故 A 项错误,C 项正确。

聚众扰乱交通秩序罪侵犯的客体是交通秩序。甲组织数十人,锯断高速公路一侧隔离栏、填平隔离沟,形成一条出口,并未影响到交通秩序,因此不构成聚众扰乱交通秩序罪。故 B 项错误。

破坏交通设施罪,是一种以交通设施为特定破坏对象的危害公共安全犯罪。隔离栏属于交通设施,本案中甲锯断隔离栏的行为如果危及交通安全可能构成本罪。故 D 项正确。

98．非法经营罪;招摇撞骗罪;诈骗罪;掩饰、隐瞒犯罪所得罪[BC]

[解析] 甲收取过路费的行为,成立贪污罪的共犯(国家工作人员吴某是正犯),即甲与吴某相勾结,利用吴某主管收取过路费的职务便利,将收取的过路费非法据为己有。甲的行为不成立非法经营罪,骗吴某仅得 20 万元的行为,也不构成隐瞒犯罪所得罪(属于贪污共犯)。即使甲收钱时冒充国有收费站工作人员,也不成立招摇撞骗罪,因为国有收费站属于企业编制,不属于国家机关,甲的行为不属于冒充国家机关工作人员招摇撞骗的行为,故不成立招摇撞骗罪。甲直接收取了部分费用,使司机从其他道路经过的行为,并未使收费站工作人员基于错误认识而作出免收司机过路费的处分行为,故甲的行为不成立诈骗罪。故 A、D 项错误,B、C 项正确。

99．贪污罪;共同犯罪的犯罪数额;受贿罪;牵连犯[AC]

[解析] 本案中甲和吴某利用吴某职务上的便利侵吞本应由收费站收取的费用,构成贪污罪的共同犯罪。故 A 项正确。

过路费属于国家应收账款,属于公共财产性利益。根据题干中"经过收费站要收 300 元,而给甲 100 元即可绕过收费站继续前行。甲以此方式共得款 30 万元",可知,收费站实际应收取的过路费为 30 万元的 3 倍,即 90 万元。吴某和甲分到其中 30 万元,司机们分到其中 60 万元(应交而未交,即少交了 60 万元,等于获得了 60 万元的好处)。因此,司机们也是贪污罪的共犯。根据共同犯罪"部分行为,全部责任"的理论,尽管吴某以为贪污数额为 20 万元,也需对贪污的所有 90 万数额承担刑事责任。B 项认为吴某只贪污了 30 万元,故错误。

吴某收取甲 3 万元,利用职务便利为甲谋利益,另行构成受贿罪。故 C 项正确。【特别提醒】过路的司机以为在高速公路另开出口帮货车司机逃费是甲一个人的行为,不知道背后有吴某的关系,因此过路司机向甲交钱,不构成行贿罪,吴某也不构成受贿罪。

吴某的受贿行为与其贪污行为没有牵连关系,故不构成牵连犯;在财产对象上也不具有包容性,不属于吸收犯关系,故应数罪并罚。故 D 项错误。

100．行政区域的建置和划分[AC]

[解析] 批准省、自治区、直辖市的建置是全国人大的专属职权,依据是《宪法》第 62 条第 13 项:"批准省、自治区和直辖市的建置。"故 A 项正确。

批准省、自治区、直辖市的区域划分是国务院的专属职权,而不是全国人大常委会,依据是《宪法》第 89 条第 15 项:"批准省、自治区、直辖市的区域划分,批准自治州、县、自治县、市的建置和区域划分。"故 B 项错误,C 项正确。

《宪法》第 107 条第 3 款规定:"省、直辖市的人民政府决定乡、民族乡、镇的建置和区域划分。"只有省、直辖市才有权决定乡、民族乡、镇的建置和区域划分,地级市无权决定乡、民族乡、镇的建置和区域划分。故 D 项错误。

试卷二

解析

一、单项选择题

1．宣告死亡［D］

［解析］《民法典》第47条规定："对同一自然人，有的利害关系人申请宣告死亡，有的利害关系人申请宣告失踪，符合本法规定的宣告死亡条件的，人民法院应当宣告死亡。"因此，宣告死亡的申请人无顺序先后的限制。故A项错误。

《民法典》第49条规定："自然人被宣告死亡但是并未死亡的，不影响该自然人在被宣告死亡期间实施的民事法律行为的效力。"民事法律行为在成立之初的效力状态包括有效的民事法律行为、无效的民事法律行为、可撤销的民事法律行为和效力待定的民事法律行为。故B项错误。

《民法典》第51条规定："被宣告死亡的人的婚姻关系，自死亡宣告之日起消除。死亡宣告被撤销的，婚姻关系自撤销死亡宣告之日起自行恢复。但是，其配偶再婚或者向婚姻登记机关书面声明不愿意恢复的除外。"因此，被宣告死亡的人与其配偶的婚姻关系并不必然因死亡宣告的撤销而自行恢复。故C项错误。

《民法典》第53条规定："被撤销死亡宣告的人有权请求依照本法第六编取得其财产的民事主体返还财产；无法返还的，应当给予适当补偿。利害关系人隐瞒真实情况，致使他人被宣告死亡而取得其财产的，除应当返还财产外，还应当对由此造成的损失承担赔偿责任。"因此，被撤销死亡宣告的人有权请求依继承取得其财产者返还原物或给予适当补偿。故D项正确。

2．姓名权；肖像权［C］

［解析］《民法典》第1012条规定："自然人享有姓名权，有权依法决定、使用、变更或者许可他人使用自己的姓名，但是不得违背公序良俗。"第1014条规定："任何组织或者个人不得以干涉、盗用、假冒等方式侵害他人的姓名权或者名称权。"医院未经朴某同意在网站上使用朴某的名字，属于盗用朴某的姓名，侵犯了其姓名权。故A项错误。

《民法典》第1018条第1款规定："自然人享有肖像权，有权依法制作、使用、公开或者许可他人使用自己的肖像。"第1019条第1款规定："任何组织或者

个人不得以丑化、污损，或者利用信息技术手段伪造等方式侵害他人的肖像权。未经肖像权人同意，不得制作、使用、公开肖像权人的肖像，但是法律另有规定的除外。"据此，未经肖像权人朴某许可，医院擅自使用朴某的肖像做广告，又不存在合理使用等违法阻却事由，成立对朴某肖像权的侵害。故B项错误，C项正确。

《民法典》第1031条第1款规定："民事主体享有荣誉权。任何组织或者个人不得非法剥夺他人的荣誉称号，不得诋毁、贬损他人的荣誉。"本题中医院的行为不构成侵犯朴某的荣誉权。故D项错误。

3．专门法院管辖；专属管辖；级别管辖；管辖恒定原则［C］

［解析］《民诉解释》第11条规定："双方当事人均为军人或者军队单位的民事案件由军事法院管辖。"因此，军人与非军人之间的民事诉讼，不应由军事法院管辖。故A项错误。

《民事诉讼法》第279条规定，在中国领域内履行的中外合资经营企业合同纠纷提起的诉讼专属于中国法院管辖，而B项是中外合资企业与外国公司之间的合同纠纷，不属于专属管辖的案件。故B项错误。

《民诉解释》第2条第1款规定："专利纠纷案件由知识产权法院、最高人民法院确定的中级人民法院和基层人民法院管辖。"这一规定是为了平衡中院和基层法院案件负担。故C项正确。

根据民事诉讼理论，管辖恒定原则是指人民法院的管辖权在诉讼过程中不受确定管辖因素变化的影响。不动产纠纷由不动产所在地法院管辖属于专属管辖，而不是管辖恒定。故D项错误。

4．和解协议；撤回上诉的法律后果［B］

［解析］诉讼和解协议属于双方民事合同，只在当事人之间产生拘束力，不具有强制执行力。故A项错误。

撤回上诉的法律效果是一审判决生效。在建安公司未依照约定履行和解协议时，石山公司可申请执行一审判决。故B项正确。

双方当事人的纠纷已经过实体处理，基于一事不再理原则，不得再另行起诉。故C项错误。

申请司法确认的对象为调解协议,针对的是未经法院处理的民事纠纷,诉讼和解协议不得申请司法确认。故 D 项错误。

5. 股东代表诉讼[B]

[解析] 根据《公司法》第 189 条规定,董事、高级管理人员侵害公司利益的,股东应先请求监事会对其提起诉讼。只有在监事侵害公司利益时,才请求董事会提起诉讼。本题中郑贺作为公司经理,属于高级管理人员,因此付冰应书面请求监事会提起诉讼,故 A 项错误,B 项正确。在监事会拒绝起诉的情况下,付冰可以自己的名义提起股东代表诉讼,故 C 项错误。

由《公司法》第 189 条第 1 款可知,有限责任公司的股东提起股东代表诉讼没有持股比例的要求。故 D 项错误。【陷阱点拨】股东代表诉讼,有限公司股东无持股比例要求,股份公司要求"持股 180 日以上+1%",注意区别。

6. 动产物权的法律适用[D]

[解析]《涉外民事关系法律适用法》第 37 条规定:"当事人可以协议选择动产物权适用的法律。当事人没有选择的,适用法律事实发生时动产所在地法律。"据此,有协议的协议优先,若双方当事人协议选择乙国法,法院应当适用乙国法,故 A 项错误。

事实上,本案当事人双方没有协议选择动产物权适用的法律,那么应适用哪国法?根据上述规定,当事人没有选择的,适用法律事实发生时动产所在地法律。关键在于"法律事实发生时动产所在地"的判定。注意,这里的法律事实指的是产生物权变动的法律事实。本案中,王某抓获小狗皮皮时,并不发生物权变动(拾得遗失物),在将小狗皮皮卖给莉莉时才产生了物权变动,买卖的地点在中国,因此应当适用中国法。故 B、C 项错误,D 项正确。

7. 专利权的客体[D]

[解析]《专利法》第 25 条规定:"对下列各项,不授予专利权:(一)科学发现;(二)智力活动的规则和方法;(三)疾病的诊断和治疗方法;(四)动物和植物品种;(五)原子核变换方法以及用原子核变换方法获得的物质;(六)对平面印刷品的图案、色彩或者二者的结合作出的主要起标识作用的设计。对前款第(四)项所列产品的生产方法,可以依照本法规定授予专利权。"

本题中,甲设计的新交通规则,属于智力活动的规则和方法,不得申请专利,故 A 项错误。乙设计的新型医用心脏起搏器属于医疗器械,可以申请发明专利,故 B 项错误。丙通过转基因方法合成一种新细菌,虽细菌属于动物新品种,但该新细菌的生产方法可以申请发明专利,故 C 项错误。丁设计的儿童水杯,其新颖而独特的造型富有美感,可以申请外观设

计专利;该设计又能防止杯子滑落,具有实用性,也可以申请实用新型专利权,故 D 项正确。

8. 无因管理[C]

[解析] 无因管理,是指没有法定的或约定的义务,为避免他人利益受损失而为他人管理事务或提供服务的行为。本题中,李某的行为符合无因管理的构成要件,并且其管理行为客观上有利于张某,又不违反张某明示或者可得推知的意思,构成无因管理。故 C 项正确。

管理人在为本人利益进行管理时,兼顾自己的利益的,仍可在为了他人利益的范围内成立无因管理。故 A 项错误。

无因管理作为奖励互助义行的制度,不能为管理人设立过高的行为标准。因此,在制度设计上,无因管理制度重在规范管理人的管理行为本身,并不要求管理目的必须实现。只要管理人为了本人利益,以利于本人的方法,不违反本人明示或者可得推知的意思,尽到善良管理人的注意义务,无论管理目的是否实现,效果是否显著,均不影响无因管理之债的成立和无因管理之债的内容。故 B 项错误。

《民法典》第 121 条规定:"没有法定的或者约定的义务,为避免他人利益受损失而进行管理的人,有权请求受益人偿还由此支出的必要费用。"据此,无因管理一经成立,在管理人和本人之间即发生债权债务关系,管理人有权请求本人偿还其因管理而支出的必要费用,本人有义务偿还。本题中,李某有权要求张某支付固房费用,张某应支付。此外,房屋倒塌给李某造成的损失,是由于台风之不可抗力所致,张某不需要承担赔偿责任。故 D 项错误。

9. 见义勇为遭受损害的责任承担;紧急避险致人损害的责任承担[A]

[解析]《民法典》第 183 条规定:"因保护他人民事权益使自己受到损害的,由侵权人承担民事责任,受益人可以给予适当补偿。没有侵权人、侵权人逃逸或者无力承担民事责任,受害人请求补偿的,受益人应当给予适当补偿。"据此,见义勇为造成损害的,若没有侵权人、侵权人逃逸或无力承担责任的,受益人应当予以适当补偿,不是赔偿,本题中,乙构成见义勇为,而责任人丁无赔偿能力。故 A 项正确,B 项错误。

《民法典》第 182 条规定:"因紧急避险造成损害的,由引起险情发生的人承担民事责任。危险由自然原因引起的,紧急避险人不承担民事责任,可以给予适当补偿。紧急避险采取措施不当或者超过必要的限度,造成不应有的损害的,紧急避险人应当承担适当的民事责任。"乙将丙雨伞打坏是紧急避险行为,且没有超过必要的限度,造成雨伞的损坏,避险人乙不需要承担责任,应当由引起险情的人承担责任,即

丁承担赔偿责任,故 C、D 项错误。【特别提醒】在紧急避险的情形下,只有因自然原因引发险情的,才可以请求受益人进行适当补偿,本题中的情形,不是自然原因引起的紧急避险。

10．破产取回权[B]

[解析] 关于取回权,《企业破产法》第 38 条规定:"人民法院受理破产申请后,债务人占有的不属于债务人的财产,该财产的权利人可以通过管理人取回。但是,本法另有规定的除外。"《企业破产法解释(二)》第 26 条进一步规定:"权利人依据企业破产法第 38 条的规定行使取回权,应当在破产财产变价方案或者和解协议、重整计划草案提交债权人会议表决前向管理人提出。权利人在上述期限后主张取回相关财产的,应当承担延迟行使取回权增加的相关费用。"故 A 项正确。根据上述规定,如果乙公司未在规定期限内行使取回权,其取回权并不会灭失,但由此增加的费用需要由乙公司承担,故 B 项错误,当选。

《企业破产法解释(二)》第 27 条第 1 款规定:"权利人依据企业破产法第 38 条的规定向管理人主张取回相关财产,管理人不予认可,权利人以债务人为被告向人民法院提起诉讼请求行使取回权的,人民法院应予受理。"故 C 项正确。

《企业破产法解释(二)》第 28 条规定:"权利人行使取回权时未依法向管理人支付相关的加工费、保管费、托运费、委托费、代销费等费用,管理人拒绝其取回相关财产的,人民法院应予支持。"故 D 项正确。

11．分配方案异议之诉[D]

[解析] 根据《民诉解释》第 509、510 条的规定,多个债权人对执行财产申请参与分配的,执行法院应当制作财产分配方案,并送达各债权人和被执行人。债权人或者被执行人对分配方案有异议的,应当自收到分配方案之日起 15 日内向执行法院提出书面异议。未提出异议的债权人、被执行人自收到通知之日起 15 日内未提出反对意见的,执行法院依异议人的意见对分配方案审查修正后进行分配;提出反对意见的,应当通知异议人。异议人可以自收到通知之日起 15 日内,以提出反对意见的债权人、被执行人为被告,向执行法院提起诉讼;异议人逾期未提起诉讼,执行法院按照原分配方案进行分配。结合本案,在法院制订参与分配方案后,甲和乙认为分配方案不合理,向法院提出了异议,法院根据甲和乙的意见对分配方案进行修正后,丙和丁均反对。此时甲和乙作为异议人,可以自收到通知之日起 15 日内,以提出反对意见的丙和丁为被告,向执行法院提起诉讼。故 A、B、C 项错误,D 项正确。

12．遗赠扶养协议[A]

[解析]《民法典》第 1158 条规定:"自然人可以

与继承人以外的组织或者个人签订遗赠扶养协议。按照协议,该组织或者个人承担该自然人生养死葬的义务,享有受遗赠的权利。"同时,第 1123 条规定:"继承开始后,按照法定继承办理;有遗嘱的,按照遗嘱继承或者遗赠办理;有遗赠扶养协议的,按照协议办理。"本题中,被继承人甲生前与村委会订立遗赠扶养协议,同时又立有遗嘱。遗赠扶养协议约定甲死后其财产属于村委会,而根据遗嘱的内容,将其全部财产赠与侄子丙。这属于遗赠扶养协议和遗嘱相抵触的情形。遗嘱与遗赠扶养协议抵触,遗赠扶养协议效力优先,甲的遗产应当按照遗赠扶养协议的内容处理。故 A 项正确,B、C、D 项错误。

13．商业银行清算[C]

[解析]《商业银行法》第 71 条规定:"商业银行不能支付到期债务,经国务院银行业监督管理机构同意,由人民法院依法宣告其破产。商业银行被宣告破产的,由人民法院组织国务院银行业监督管理机构等有关部门和有关人员成立清算组,进行清算。商业银行破产清算时,在支付清算费用、所欠职工工资和劳动保险费用后,应当优先支付个人储蓄存款的本金和利息。"据此,商业银行破产清算时,首先应优先支付清算费用、所欠职工工资和劳动保险费用,其次应优先支付个人储蓄存款的本金和利息,税款、罚款不在被优先清偿之列,故 A、B 项错误。

《银行业监督管理法》第 40 条第 2 款规定:"在接管、机构重组或者撤销清算期间,经国务院银行业监督管理机构负责人批准,对直接负责的董事、高级管理人员和其他直接责任人员,可以采取下列措施:(一)直接负责的董事、高级管理人员和其他直接责任人员出境将对国家利益造成重大损失的,通知出境管理机关依法阻止其出境;(二)申请司法机关禁止其转移、转让财产或者对其财产设定其他权利。"据此,商业银行在撤销清算期间,可申请司法机关禁止董事长张某转移、转让财产,故 C 项正确。

《税收征收管理法》第 52 条第 2 款规定:"因纳税人、扣缴义务人计算错误等失误,未缴或者少缴税款的,税务机关在 3 年内可以追征税款、滞纳金;有特殊情况的,追征期可以延长到 5 年。"据此,因为纳税人、银行自身的计算错误未缴税款,税务机关可以追征税款并追征滞纳金,故 D 项错误。

14．夫妻共同债务的清偿[D]

[解析]《民法典婚姻家庭编解释(一)》第 33 条规定:"债权人就一方婚前所负个人债务向债务人的配偶主张权利的,人民法院不予支持。但债权人能够证明所负债务用于婚后家庭共同生活的除外。"本题中,王某向飞跃百货公司借款 10 万元虽系婚前负担的债务,但所借之钱用于婚后家庭共同生活,该债务应认定为夫妻共同债务。《民法典》第 1089 条规定:

"离婚时,夫妻共同债务应当共同偿还。共同财产不足清偿或者财产归各自所有的,由双方协议清偿;协议不成的,由人民法院判决。"据此,夫妻离婚时,先用夫妻共同财产清偿夫妻共同债务;不够的,男女双方对夫妻共同债务承担连带清偿责任。对于该10万元借款,应由王某和李某承担连带清偿责任。此外,飞跃公司作为一人公司,在人格上独立,与其股东张某各自为民法上独立的主体。因此,该10万元借款合同在王某与飞跃公司之间成立,而非在王某与张某之间成立。根据合同相对性原则,应由飞跃公司请求王某和李某承担连带清偿责任。故D项正确,A、B、C项错误。

15.林木采伐管理[B]

[解析]《森林法》第56条第1款和第2款规定:"采伐林地上的林木应当申请采伐许可证,并按照采伐许可证的规定进行采伐;采伐自然保护区以外的竹林,不需要申请采伐许可证,但应当符合林木采伐技术规程。农村居民采伐自留地和房前屋后个人所有的零星林木,不需要申请采伐许可证。"本题中,该村民采伐的是自己承包的集体林地上的树木,应当申请采伐许可证,故A项错误。

《森林法》第57条规定:"采伐许可证由县级以上人民政府林业主管部门核发……农村居民采伐自留山和个人承包集体林地上的林木,由县级人民政府林业主管部门或者其委托的乡镇人民政府核发采伐许可证。"据此,村民采伐个人承包集体林地上的林木,县林业局可委托乡镇人民政府核发采伐许可证。故B项正确。

《森林法》第59条规定:"符合林木采伐技术规程的,审核发放采伐许可证的部门应当及时核发采伐许可证。但是,审核发放采伐许可证的部门不得超过年采伐限额发放采伐许可证。"采伐限额已满则不得再发放许可证,只能第二年再申请,不能自动取得,故C项错误。

《森林法》第56条第5款规定:"禁止伪造、变造、买卖、租借采伐许可证。"故D项错误。

16.自然人的民事行为能力;著作权主体[C]

[解析]《著作权法》第11条规定,著作权属于作者,创作作品的自然人是作者。本题中的作品《隐形翅膀》由小刘创作,著作权人应为小刘。小刘虽是限制民事行为能力人,但创作作品属于事实行为,不是法律行为,无须作者具有民事行为能力,只要创作的作品具有独创性,自创作完成时起,作者就取得著作权,不以发表为前提条件。故A、B项错误。

《民法典》第19条规定:"8周岁以上的未成年人为限制民事行为能力人,实施民事法律行为由其法定代理人代理或者经其法定代理人同意、追认,但是可以独立实施纯获利益的民事法律行为或者与其年龄、智力相适应的民事法律行为。"小刘9岁,作为限制民事行为能力人,其转让网络传播权的行为与其意思能力不相适应,属于效力待定的民事法律行为,因小刘的父母反对该转让行为,则该转让行为自始无效。故C项正确,D项错误。

17.反倾销;保障措施[B]

[解析]《反倾销条例》第2条规定:"进口产品以倾销方式进入中华人民共和国市场,并对已经建立的国内产业造成实质损害或者产生实质损害威胁,或者对建立国内产业造成实质阻碍的,依照本条例的规定进行调查,采取反倾销措施。"该法第3条规定:"倾销,是指在正常贸易过程中进口产品以低于其正常价值的出口价格进入中华人民共和国市场。"题目中的情形不属于可以采取反倾销措施的情形。故A项错误。

《保障措施条例》第2条规定:"进口产品数量增加,并对生产同类产品或者直接竞争产品的国内产业造成严重损害或者严重损害威胁(以下除特别指明外,统称损害)的,依照本条例的规定进行调查,采取保障措施。"该法第3条规定:"与国内产业有关的自然人、法人或者其他组织(以下统称申请人),可以依照本条例的规定,向商务部提出采取保障措施的书面申请。商务部应当及时对申请人的申请进行审查,决定立案调查或者不立案调查。"本题属于可以采取保障措施的情形,保障措施可以依申请提起。故B项正确。

《保障措施条例》第7条规定:"进口产品数量增加,是指进口产品数量的绝对增加或者与国内生产相比的相对增加。"故C项错误。

《保障措施条例》第19条第2款规定:"保障措施可以采取提高关税、数量限制等形式。"保障措施中不存在价格承诺,故D项错误。

18.无权代理;欺诈;撤销权的行使[B]

[解析]甲无代理权却擅自以乙公司名义与丙公司订立买卖合同,乙、丙的买卖合同属于因无权代理订立的合同。虽有权利外观(甲伪造的乙的公章蒙骗了丙),但公章系伪造,权利外观的形成不可归责于被代理人乙,故不成立表见代理,而属于狭义的无权代理。根据《民法典》第171条之规定,乙、丙间的买卖合同效力待定。如果乙公司追认了甲之行为,则合同在乙、丙之间生效;如果不予追认,则合同最终归于无效,乙公司无履行义务。故D项错误。

本题中,丙公司享有两个撤销权:第一,在因甲无权代理订立的合同中,丙公司属于善意相对人,可根据《民法典》第171条享有撤销权,撤销应当以通知的方式作出。但是,该撤销权只能在被代理人乙公司追认之前行使;一旦追认,则合同生效,不可撤销。故A项错误。第二,甲在无权代理订立买卖合同的过程中还实施了欺诈行为(以次充好),在乙公司追认之后,合同在乙、丙之间生效。但是,根据《民法典》第148条的规定,该合同属于可撤销的合同,受欺诈人丙公司享有撤销权。该撤销权只能以诉讼或仲裁方式行使,而不能在诉讼之外以通知的方式撤销。故 B 项正确。综上分析,C 项也是错误的。

19．商事留置权[C]

[解析] 在我国,抵押权与动产质权均为意定担保物权,须经当事人合意设立,不存在法定抵押权和法定动产质权。因辽西公司与辽东公司无设立动产抵押权或者动产质权的合意,因而,辽西公司扣留电脑的行为不可能属于行使动产抵押权或者动产质权的行为。故 A、B 项错误。

《民法典》第448条规定:"债权人留置的动产,应当与债权属于同一法律关系,但是企业之间留置的除外。"据此,企业之间留置的,不要求留置的动产与担保的债权具有同一法律关系。另根据《民法典担保制度解释》第62条第2款的规定,若企业之间留置的动产与债权并非同一法律关系,则要求该债权属于企业持续经营中发生的债权才可以留置。本题中,辽西公司与辽中公司签订电脑买卖合同,并且辽中公司已经以指示交付的方式完成了电脑的交付,电脑的所有权已经属于辽东公司。同时,由于辽东公司欠辽西公司货款200万元,并且辽西公司基于经营活动依法占有应交付给辽东公司的电脑,虽然电脑和200万元货款不属于同一法律关系,但双方均为企业,且属于企业持续经营中发生的债权,辽西公司可以行使商事留置权,依法留置电脑。故 C 项正确。

《民法典》第1177条规定:"合法权益受到侵害,情况紧迫且不能及时获得国家机关保护,不立即采取措施将使其合法权益受到难以弥补的损害的,受害人可以在保护自己合法权益的必要范围内采取扣留侵权人的财物等合理措施;但是,应当立即请求有关国家机关处理。受害人采取的措施不当造成他人损害的,应当承担侵权责任。"据此,自助行为的构成要件有四:(1)请求权有遭受损害之虞;(2)情势紧迫,来不及请求公力救济,且不实施自助势必导致请求权难以实现或者无从实现;(3)不超过必要的限度;(4)事后及时请求公力救济。本题中,并不存在紧迫的情势,辽西公司不享有自助的权利。故 D 项错误。

20．当事人的确定[B]

[解析]《民诉解释》第70条规定:"在继承遗产的诉讼中,部分继承人起诉的,人民法院应通知其他继承人作为共同原告参加诉讼;被通知的继承人不愿意参加诉讼又未明确表示放弃实体权利的,人民法院仍应将其列为共同原告。"据此,张甲起诉张乙的案件中,张丙应当作为共同原告参加诉讼。因此,B 项正确。

21．送达方式[D]

[解析] 根据《民事诉讼法》第90条的规定,经受送达人同意,人民法院可以采用能够确认其收悉的电子方式送达诉讼文书。据此,电子送达需要经受送达人同意,且须确认受送达人能收到。本题中,冯某已外出,不能取得其同意及确认其收到的方式,故 A 项错误。

根据《民事诉讼法》第89条的规定,留置送达的适用条件是受送达人或者他的同住成年家属拒绝接收诉讼文书。本案不符合留置送达的适用条件,故 B 项错误。

本题中,冯某在外地务工,家中无人,无法确认其寄送地址,显然通过邮寄方式无从实现送达目的,故 C 项错误。

《民事诉讼法》第95条第1款规定:"受送达人下落不明,或者用本节规定的其他方式无法送达的,公告送达。自发出公告之日起,经过三十日,即视为送达。"本题中,虽然冯某并非下落不明,但采用其他方式均无法送达,此时可采用公告送达方式完成送达,故 D 项正确。

22．重整计划的表决[A]

[解析]《企业破产法解释(三)》第11条第2款规定:"根据企业破产法第82条规定,对重整计划草案进行分组表决时,权益因重整计划草案受到调整或者影响的债权人或者股东,有权参加表决;权益未受到调整或者影响的债权人或者股东,参照企业破产法第83条的规定,不参加重整计划草案的表决。"据此,本题中重整计划要求持股5%以上的股东无偿转让股权,该类出资人权益受到调整,需要征得他们同意,所以该类股东有权参加表决,故 A 项正确。李某持有3%的股权,不受该重整计划影响,该类股东不参加表决,故 B 项错误。权益未受到调整或者影响的股东无权参加表决,故 C 项错误。

《企业破产法》第85条第2款规定:"重整计划草案涉及出资人权益调整事项的,应当设出资人组,对该事项进行表决。"第86条第1款规定:"各表决组均通过重整计划草案时,重整计划即为通过。"甲公司股东作为出资人,重整计划草案应当征得其同意,并依照上述《企业破产法解释(三)》第11条第2款规定的规则参与表决。故 D 项错误。

23．财产保险合同中的代位求偿权[B]

[解析]《保险法》第60条第1、2款规定:"因第三者对保险标的的损害而造成保险事故的,保险人自向被保险人赔偿保险金之日起,在赔偿金额范围内代位行使被保险人对第三者请求赔偿的权利。前款规定的保险事故发生后,被保险人已经从第三者取得损害赔偿的,保险人赔偿保险金时,可以相应扣减被保险人从第三者已经取得的赔偿金额。"该法第61条第1

款规定:"保险事故发生后,保险人未赔偿保险金之前,被保险人放弃对第三者请求赔偿的权利的,保险人不承担赔偿保险金的责任。"

本题中,张三向保险公司购买汽车损失险属于财产保险,张三的汽车被李四撞坏,张三既可以要求责任人李四赔偿,也可以要求保险公司赔偿。保险公司赔偿前,张三放弃对李四的部分赔偿请求权,就放弃的1000元,保险公司不再承担赔偿保险金的责任。不过就未放弃的4000元,保险公司仍应承担赔偿责任,保险公司就4000元部分赔偿后,有权向李四追偿。故B项正确,A、C、D项错误。

24．税务登记[C]

[解析]《税收征收管理法》第15条第1款规定:"企业,企业在外地设立的分支机构和从事生产、经营的场所,个体工商户和从事生产、经营的事业单位(以下统称从事生产、经营的纳税人)自领取营业执照之日起30日内,持有关证件,向税务机关申报办理税务登记。税务机关应当于收到申报的当日办理登记并发给税务登记证件。"故A项正确,不当选。

《税收征收管理法》第17条第1款规定:"从事生产、经营的纳税人应当按照国家有关规定,持税务登记证件,在银行或者其他金融机构开立基本存款账户和其他存款账户,并将其全部账号向税务机关报告。"故B项正确,不当选。

《税收征收管理法实施细则》第14条规定:"纳税人税务登记内容发生变化的,应当自工商行政管理机关或者其他机关办理变更登记之日起30日内,持有关证件向原税务登记机关申报办理变更税务登记。纳税人税务登记内容发生变化,不需要到工商行政管理机关或者其他机关办理变更登记的,应当自发生变化之日起30日内,持有关证件向原税务登记机关申报办理变更税务登记。"故C项错误,当选。

《税收征收管理法实施细则》第21条第2款规定:"从事生产、经营的纳税人外出经营,在同一地累计超过180天的,应当在营业地办理税务登记手续。"故D项正确,不当选。

25．缔约过失责任[C]

[解析]原则上,缔约过失责任只能成立于磋商合同的当事人之间,甲、乙之间并未进入磋商阶段,甲、乙间不可能成立缔约过失责任。故A项错误。

缔约过失责任与合同自由原则并不矛盾。根据合同自由原则,进入合同磋商的任何一方均有随时退出磋商的自由。若丙无违反先合同义务的行为,丙退出与甲的磋商,另行选择与乙订立合同,丙就无须对甲承担缔约过失责任。故B项错误。

《民法典》第500条规定:"当事人在订立合同过程中有下列情形之一,造成对方损失的,应当承担赔偿责任:(一)假借订立合同,恶意进行磋商;……"丁

的行为构成恶意磋商,应对甲因此遭受的信赖利益损失承担缔约过失责任。故C项正确,D项错误。

26．法定诉讼代理人[C]

[解析]根据《民事诉讼法》第60条的规定,无诉讼行为能力人由他的监护人作为法定代理人代为诉讼。本案中秦某丧失民事行为能力,应当由其法定代理人代为诉讼;在民事诉讼中,无、限制民事行为能力人的监护人是其法定代理人。对于监护人的确定,《民法典》第28条规定:"无民事行为能力或者限制民事行为能力的成年人,由下列有监护能力的人按顺序担任监护人:(一)配偶;(二)父母、子女;(三)其他近亲属;(四)其他愿意担任监护人的个人或者组织,但是须经被监护人住所地的居民委员会、村民委员会或者民政部门同意。"可知,秦某的妻子是第一顺位,故应当由秦某的妻子担任代理人,因此本案当应当追加秦某的妻子为法定代理人,诉讼继续进行,故C项正确,D项错误。【特别提醒】本题表面上是考查民诉法问题,但实质上考查的是《民法典》中监护人的确定问题。注意民法与民诉法的结合问题。

秦某的妻子应当是原告秦某的法定代理人,不是当事人,不能变更其为原告或追加其为共同原告,故A、B项错误。

27．汇票背书;追索权[D]

[解析]根据《票据法》第31条第1款规定,以背书转让的汇票,背书应当连续。持票人以背书的连续,证明其汇票权利。据此,汇票应以背书方式转让,单纯的交付票据给对方,不发生票据转让的效力。因此,A公司及其财务负责人王某均不享有票据权利,故A、B项错误。

《票据法》第34条规定:"背书人在汇票上记载'不得转让'字样,其后手再背书转让的,原背书人对后手的被背书人不承担保证责任。"据此,汇票上记载"不得转让"字样,其后手再背书转让的,转让有效,故C项错误;但是原背书人(乙)对此不承担保证责任,因此丁不可向乙追索,故D项正确。

28．经营者集中;违反反垄断法的法律责任[B]

[解析]《反垄断法》第26条第1款规定:"经营者集中达到国务院规定的申报标准的,经营者应当事先向国务院反垄断执法机构申报,未申报的不得实施集中。"第58条规定:"经营者违反本法规定实施集中,且具有或者可能具有排除、限制竞争效果的,由国务院反垄断执法机构责令停止实施集中、限期处分股份或者资产、限期转让营业以及采取其他必要措施恢复到集中前的状态,处上一年度销售额百分之十以下的罚款;不具有排除、限制竞争效果的,处五百万元以下的罚款。"据此,本题中,甲公司和乙公司以设立合营企业的方式实施经营者集中,应申报而未申报,应依法予以处罚;丙公司未实施排除限制竞争的行为,

没有违法行为,不应予以处罚。故 B 项正确。

29．基于法律行为的动产物权变动;交付的概念[A]

[解析]《民法典》第 224 条规定:"动产物权的设立和转让,自交付时发生效力,但是法律另有规定的除外。"据此,在动产买卖合同中,交付是动产所有权移转的生效要件。本题中,甲先后与乙、丙签订了出售同一幅名画的买卖合同,且每一个买卖合同均为有权处分,属于普通动产的"多重买卖"。甲、乙以及甲、丙间的买卖合同均成立并生效,作为买受人,乙、丙均享有请求甲交付该画并移转所有权的债权,但谁能最终取得该幅画的所有权,要看甲对谁完成了交付。

交付,即占有的移转。交付包括两个要素:(1)占有的移转(移转直接占有和间接占有均可);(2)交付的合意,即一方愿意移转物的占有,另一方愿意受让物的占有。缺少任何一个要素,即不构成交付。乙诱使甲 8 岁的儿子从家中取出此画给自己,甲的儿子不是适格的合同履行主体,被诱使从家中拿出画来交给乙的行为,不是有效的交付行为。乙虽已取得对该幅画的占有,但因与甲缺乏交付的合意,不能认定甲、乙间已经完成了交付,故乙没有取得该画的所有权,画的所有权仍归甲。故 A 项正确,B 项错误。甲、丙间并未完成交付,丙没有取得该画的所有权。故 C 项错误。丁自乙处盗走该画,不能取得所有权。故 D 项错误。

30．法定解除权[C]

[解析]《民法典》第 658 条规定:"赠与人在赠与财产的权利移转之前可以撤销赠与。经过公证的赠与合同或者依法不得撤销的具有救灾、扶贫、助残等公益、道德义务性质的赠与合同,不适用前款规定。"据此,赠与合同的赠与人享有"任意撤销权"(法律明确排除的情形除外),但现行民法并未规定赠与人享有"任意解除权"。故 A 项错误。

《民法典》第 787 条规定:"定作人在承揽人完成工作前可以随时解除合同,造成承揽人损失的,应当赔偿损失。"在加工承揽合同中,享有任意解除权的是定作人,而非承揽人。故 B 项错误。

《民法典》第 899 条规定:"寄存人可以随时领取保管物。当事人对保管期限没有约定或者约定不明确的,保管人可以随时请求寄存人领取保管物;约定保管期限的,保管人无特别事由,不得请求寄存人提前领取保管物。"可见,在保管合同中,寄存人有任意解除权;没有约定保管期限,保管人也享有任意解除权,但是约定了保管期限的,保管人就没有任意解除权了。故 C 项正确。

根据《民法典》,中介合同的中介人不享有任意解除权。故 D 项错误。【关联记忆】根据《民法典》第

933 条的规定,委托合同的双方当事人均有任意解除权。

31．举证期限[B]

[解析]根据《民诉解释》第 102 条的规定,当事人因故意或者重大过失逾期提供的证据,人民法院不予采纳。但该证据与案件基本事实有关的,人民法院应当采纳,但应予训诫、罚款的制裁。本题中,王某在一审期间未找到收条,二审时找到了,且该收条与案件基本事实有关,法院应当采纳,并可以在采纳的同时给予王某训诫。故 B 项正确,A、C、D 项错误。

32．个人独资企业[C]

[解析]《个人独资企业法》第 18 条规定:"个人独资企业投资人在申请企业设立登记时明确以其家庭共有财产作为个人出资的,应当依法以家庭共有财产对企业债务承担无限责任。"由此可知,李甲设立的是个人独资企业,只是以家庭共有财产对企业债务承担无限责任。故 A 项错误。

《个人独资企业法》第 19 条第 1 款规定:"个人独资企业投资人可以自行管理企业事务,也可以委托或者聘用其他具有民事行为能力的人负责企业的事务管理。"李乙受托或者受聘管理企业事务,与投资人的出资方式(以家庭共有财产作为企业出资)无关。故 B 项错误。

《个人独资企业法》第 28 条规定:"个人独资企业解散后,原投资人对个人独资企业存续期间的债务仍应承担偿还责任,但债权人在 5 年内未向债务人提出偿债请求的,该责任消灭。"故 C 项正确。

《个人独资企业法》第 17 条规定:"个人独资企业投资人对本企业的财产依法享有所有权,其有关权利可以依法进行转让或继承。"李甲死后,若该企业由李乙和李丙共同继承,可将企业变更为普通合伙企业,并非"必须"分立为两家个人独资企业。故 D 项错误。

33．个人所得税;车船税[B]

[解析]《个人所得税法》第 3 条规定:"个人所得税的税率:(一)综合所得,适用 3% 至 45% 的超额累进税率(税率表附后);……"据此,稿酬属于综合所得之一,合并计算个人所得税,适用 3%~45% 的超额累进税率,并非比例税率。故 A 项错误。

《个人所得税法》第 4 条规定:"下列各项个人所得,免征个人所得税:(一)省级人民政府、国务院部委和中国人民解放军军以上单位,以及外国组织、国际组织颁发的科学、教育、技术、文化、卫生、体育、环境保护等方面的奖金;……"据此,外国组织发放的文化方面的奖金,属于法定免税范围,无需缴纳个人所得税。故 B 项正确。

《车船税法》第 4 条规定:"对节约能源、使用新能源的车船可以减征或者免征车船税;对受严重自

然灾害影响纳税困难以及有其他特殊原因确需减税、免税的,可以减征或者免征车船税。具体办法由国务院规定,并报全国人民代表大会常务委员会备案。"新能源汽车并非法定免税范围,而是根据国务院规定减征或免征,C项表述为"应免纳车船税"是错误的。

《个人所得税法》第1条第1款规定:"在中国境内有住所,或者无住所而一个纳税年度内在中国境内居住累计满183天的个人,为居民个人。居民个人从中国境内和境外取得的所得,依照本法规定缴纳个人所得税。"第2条规定:"下列各项个人所得,应当缴纳个人所得税:……(三)稿酬所得;(四)特许权使用费所得;……居民个人取得前款第一项至第四项所得(以下称综合所得),按纳税年度合并计算个人所得税;非居民个人取得前款第一项至第四项所得,按月或者按次分项计算个人所得税。纳税人取得前款第五项至第九项所得,依照本法规定分别计算个人所得税。"程某作为我国作家,在没有特别说明的情况下应认定为居民纳税人,应就其取得的境内外所得缴纳个人所得税,所以程某在国内获得的稿酬、国外获得的特许权使用费应缴纳个人所得税。故D项错误。

34．工伤保险;军人保险[D]

[解析]《军人保险法》第11条规定:"已经评定残疾等级的因战、因公致残的军人退出现役参加工作后旧伤复发的,依法享受相应的工伤待遇。"本题中,张某已经退出现役参加工作,即使是因公致残旧伤复发,也无法再享受军人伤亡保险待遇,只能享受工伤保险待遇。故A、B项错误。

军人退伍费是根据退役当时的军人的基本情况和当时的退役费支付标准来完成支付,是一次性发放的,不会因为旧伤复发而再额外给予补偿。故C项错误。

《社会保险法》第39条规定:"因工伤发生的下列费用,按照国家规定由用人单位支付:(一)治疗工伤期间的工资福利;(二)五级、六级伤残职工按月领取的伤残津贴;(三)终止或者解除劳动合同时,应当享受的一次性伤残就业补助金。"张某因工伤被认定为五级伤残,应由用人单位按月支付伤残津贴,故D项正确。

35．法定许可;合理使用[D]

[解析] 关于报刊的法定许可,《著作权法》第35条第2款规定:"作品刊登后,除著作权人声明不得转载、摘编的外,其他报刊可以转载或者作为文摘、资料刊登,但应当按照规定向著作权人支付报酬。"据此,法定许可的主体只限于报刊,且需要向著作权人支付报酬,否则侵犯著作权人的获得报酬权。本题中,报刊享有法定许可权,但其无偿转载构成侵权;网站不享有法定许可权,网站擅自无偿转载该杂文侵犯了甲

的信息网络传播权和获得报酬权。故A项错误。

关于著作权的合理使用,《著作权法》第24条第1款规定:"在下列情况下使用作品,可以不经著作权人许可,不向其支付报酬,但应当指明作者姓名或者名称、作品名称,并且不得影响该作品的正常使用,也不得不合理地损害著作权人的合法权益:……(十一)将中国公民、法人或者非法人组织已经发表的以国家通用语言文字创作的作品翻译成少数民族语言文字作品在国内出版发行;……"据此,"汉译少"属于合理使用,而"汉译外"不属于合理使用范围。本题中,乙将该杂文译成法文(外国语言文字),不符合合理使用的条件,构成侵权;丙将之译成维文(少数民族语言文字),属于合理使用,不构成侵权。故B、C项错误,D项正确。

36．涉外仲裁;仲裁协议[B]

[解析]《仲裁法》第2条规定:"平等主体的公民、法人和其他组织之间发生的合同纠纷和其他财产权益纠纷,可以仲裁。"违约责任属于合同纠纷的范畴,属于可仲裁的范围。故A项错误。

《仲裁法解释》第3条规定:"仲裁协议约定的仲裁机构名称不准确,但能够确定具体的仲裁机构的,应当认定选定了仲裁机构。""中国贸仲"是中国国际经济贸易仲裁委员会的常规简称,由此应当认定双方已确定了仲裁机构。故B项正确。

《仲裁法》第18条规定:"仲裁协议对仲裁事项或者仲裁委员会没有约定或者约定不明确的,当事人可以补充协议;达不成补充协议的,仲裁协议无效。"可见,仲裁协议在约定不明的情况下并非当然无效。故C项错误。

《仲裁法解释》第13条第2款规定:"仲裁机构对仲裁协议的效力作出决定后,当事人向人民法院申请确认仲裁协议效力或者申请撤销仲裁机构的决定的,人民法院不予受理。"故D项错误。

37．世界贸易组织争端解决机制的基本程序;常设机构;执行监督机制及其报复制度[C]

[解析] 磋商是WTO争端解决机制中的基本程序也是必经程序,争议各方首先要通过磋商解决争议,故A项正确,不当选。

WTO争端解决机制建立了常设的上诉机构,处理争端当事方对专家小组决定不服提出的上诉,故B项正确,不当选。

被裁定违反了有关协议的一方,应当在合理时间内履行争端解决机构的裁定和建议。如果被诉方在合理时间内没有履行裁决和建议,原申诉方可以经争端解决机构授权交叉报复,对被诉方中止减让或中止其他义务。可见,报复权利不是自动获得的,而是要请求争端解决机构授权,故C项错误,当选。

申诉方在实施报复时,中止减让或中止其他义务

的程度和范围应当与其所受的损害相等,故 D 项正确,不当选。

38．法人的责任承担[B]

[解析]《民法典》第 60 条规定:"法人以其全部财产独立承担民事责任。"本条规定了法人独立责任,即法人要以自己的全部财产对外清偿债务,而不是以设立人或其成员的财产去承担这份责任。本题中,德胜公司是一家法人企业,虽然其总部、分支机构(在萨摩国)以及主营业机构(在中国深圳)所在的地方不同,但是这不影响德胜公司以其全部资产清偿债务。因此,只要是德胜公司的财产,都要用来清偿公司债务,而德胜公司的财产包括深圳主营机构和萨摩国总部及分支机构的全部财产。故 A 项错误,B 项正确。

德胜公司由凯旋公司全资设立,也即凯旋公司与德胜公司之间是母子公司的关系,凯旋公司不过是德胜公司的股东,不需要对于德胜公司的债务负责,其只在自己出资的范围内承担有限责任。故 C、D 项错误。

39．证明责任[D]

[解析]《民诉解释》第 57 条规定:"提供劳务一方因劳务造成他人损害,受害人提起诉讼的,以接受劳务一方为被告。"由此可知,提供劳务的杨某造成乔某损害的,应由接受劳务一方薛某作被告。故 A、B 项错误。提供劳务致人损害的,雇主承担无过错责任,薛某主观是否有过错不是本案的证明对象,无需任何人承担证明责任。故 C 项错误,D 项正确。【特别提醒】注意证明对象、证明责任和证明标准的关系:证明对象是证明责任的前提,证明责任是证明标准的前提。即一个事实是本案的证明对象才需要证据证明,才需要讨论证明责任,而不属于证明对象的事实无需证据证明,则无需讨论证明责任,更无从谈起证明标准问题。

40．破产费用的清偿[A]

[解析]《企业破产解释(一)》第 8 条规定:"破产案件的诉讼费用,应根据企业破产法第 43 条的规定,从债务人财产中拨付。相关当事人以申请人未预先交纳诉讼费用为由,对破产申请提出异议的,人民法院不予支持。"由此可知,法院不能以申请人未预先交纳诉讼费为由裁定不予受理破产申请。故 A 项错误。

根据《企业破产法》第 41 条规定,破产案件的诉讼费用属于破产费用。第 43 条第 1 款规定:"破产费用和共益债务由债务人财产随时清偿。"故 B 项正确。

《企业破产法》第 43 条第 2 款规定:"债务人财产不足以清偿所有破产费用和共益债务的,先行清偿破产费用。"故 C 项正确。

《企业破产法》第 43 条第 4 款规定:"债务人财产不足以清偿破产费用的,管理人应当提请人民法院终结破产程序。人民法院应当自收到请求之日起 15 日内裁定终结破产程序,并予以公告。"故 D 项正确。

41．收养的法律适用[C]

[解析]收养的法律适用规定于《涉外民事关系法律适用法》第 28 条,具体来说:

收养的条件和手续,适用收养人和被收养人的经常居所地法律。在本案中,收养人和被收养人的经常居所地都在中国,所以收养的条件和手续都应该适用中国法。故 A、B 项错误。

收养关系的解除,适用收养时被收养人经常居所地法律或者法院地法律。本案中收养时被收养人的经常居所地在中国,法院地也在中国。所以收养的解除应该适用中国法。故 C 项正确。

收养的效力,适用收养时收养人经常居所地法律。本案中收养时收养人的经常居所地也在中国,所以收养的效力适用中国法。故 D 项错误。

42．国际知识产权保护基本原则[B]

[解析]《伯尔尼公约》确立了文学艺术作品保护的基本原则:国民待遇原则、自动保护原则、独立保护原则。国民待遇原则指公约缔约国国民和在成员国有经常居住地的非缔约国国民,其作品无论是否出版,或其作品只要在任何一个缔约国出版,或在一个缔约国和非缔约国同时出版的(30 天之内),应在一切缔约国中享有国民待遇。本题中,迈克是非缔约国国民,但其作品在缔约国乙国出版且未超 30 天,应在缔约国中享有国民待遇。故 A 项错误。自动保护原则是指享有和行使依缔约国法律和公约所规定的权利,不需要履行任何手续,也不论作品在起源国是否受到保护。保护国法律对文学艺术作品自动保护。独立保护原则是指享有和行使文学艺术作品的权利,不依赖于在起源国是否受到保护。故 C、D 项错误。

《伯尔尼公约》规定,在非缔约国和缔约国同时发表的作品,后者为作品国籍国。故 B 项正确。

43．合同的相对性;加工承揽合同[D]

[解析]《民法典》第 646 条规定:"法律对其他有偿合同有规定的,依照其规定;没有规定的,参照适用买卖合同的有关规定。"因此,参照买卖合同标的物所有权转移的规定,承揽合同中定作的标的物,在交付之前所有权属于承揽人,并没有转移给定作人或者定作人指示的人。故本题中方某和汤某均无权主张侵权责任。故 B、C 项错误。【思路拓展】从民法理论上来分析,方某(定作人)未提供工作原料或基底,由余某(承揽人)提供原材料加工玉器,制作物(玉器)完成时,应由余某取得所有权。只有在余某向汤某完成交付时,汤某才取得玉器的所有权。

《民法典》第593条规定:"当事人一方因第三人的原因造成违约的,应当依法向对方承担违约责任。当事人一方和第三人之间的纠纷,依照法律规定或者按照约定处理。"朱某系余某(债务人)的履行辅助人,现余某因第三人朱某的原因对方某违约,余某应当承担违约责任。《民法典》第522条第1款规定:"当事人约定由债务人向第三人履行债务,债务人未向第三人履行债务或者履行债务不符合约定的,应当向债权人承担违约责任。"本题中的加工承揽合同属于"向第三人履行的合同",依据合同的相对性,债务人(余某)未向第三人(汤某)履行债务或者履行不符合约定,第三人(汤某)无权请求债务人(余某)承担违约责任,仅债权人(方某)有权请求余某承担违约责任。故A项错误,D项正确。

44．生命权;身体权;健康权[B]

[解析]《民法典》第110条第1款规定:"自然人享有生命权、身体权、健康权、姓名权、肖像权、名誉权、荣誉权、隐私权、婚姻自主权等权利。"生命权,是指自然人维持生命和维护生命安全利益的权利,其客体是生命及其安全利益。身体权,是指自然人维护其身体组成部分的完全性、完整性,并支配其肢体、器官和其他组织的人格权。身体权的主体是自然人,其客体是身体利益,身体权以身体为客体。本题中,长发并非生命,剪去长发构成对身体权的侵犯,而非对生命权的侵犯。故A项错误。

B项中,丙协助丁自杀,造成丁死亡的后果,构成对丁生命权的侵害。虽然丁同意丙侵害自己的生命权,但该受害人同意因违反善良风俗而无效,不具有违法阻却性。故B项正确。

C项自民法角度而言,由于没有剥夺被侵权人的生命,造成重伤是对健康权的侵犯。故C项错误。

庚医生的误诊并未造成辛死亡的后果,不构成对辛生命权的侵害。至于这种"错误出生的侵权"到底是侵犯了什么权利,我国民法目前没有规定,理论上和实践中,有人认为是侵犯了父母的生育选择权,有人认为是侵犯了父母的知情权等。故D项错误。

45．外国离婚判决在我国的承认与执行;一事再诉[B]

[解析]根据《最高人民法院关于人民法院受理申请承认外国法院离婚判决案件有关问题的规定》第2条规定,外国公民向人民法院申请承认外国离婚判决,如果其离婚的原配偶是中国公民的,人民法院应予受理;如果其离婚的原配偶是外国公民的,人民法院不予受理。本题中,甲国人朴某向中国法院申请承认外国离婚判决,其离婚的原配偶杨某是中国公民,我国法院应予受理。故A项错误。

根据司法实践和相关规定,外国人向中国法院申请承认外国离婚判决的程序,也适用《最高人民法院关于中国公民申请承认外国法院离婚判决程序问题的规定》。根据该《规定》第12条,如果外国离婚判决是在被告缺席且未得到合法传唤的情况下作出的,我国法院不予承认。故B项正确。

《最高人民法院关于中国公民申请承认外国法院离婚判决程序问题的规定》第19条规定:"人民法院受理承认外国法院离婚判决的申请后,对方当事人向人民法院起诉离婚的,人民法院不予受理。"这也是涉外纠纷中平行诉讼和在先原则的体现。故C项错误。

《最高人民法院关于中国公民申请承认外国法院离婚判决程序问题的规定》第21条规定:"申请人的申请为人民法院受理后,申请人可以撤回申请,人民法院以裁定准予撤回。申请人撤回申请后,不得再提出申请,但可以另向人民法院起诉离婚。"故D项错误。

46．多边投资担保机构;知识产权优先权[B]

[解析]多边投资担保机构只承保向发展中国家进行的投资,所以乙国应该是发展中国家。故A项正确。

多边投资担保机构不承保商业风险。外汇管制不属于商业风险范畴,属于货币汇兑险的承保范围。故B项错误。【知识拓展】多边投资担保机构承保的风险主要是四项非商业保险:货币汇兑险;征收及类似措施险;战争内乱险;政府违约险。其中,货币汇兑险承保由于东道国的责任而采取的任何措施,使投资人无法自由将其投资所得及其他收益兑换成可自由使用的货币,或无法将相关收益汇出东道国的风险,如以法律等手段禁止货币的兑换和转移。

根据《保护工业产权巴黎公约》,国家有权利要求外国公司只能委托本国的代理机构和人员进行优先权申请。故C项正确。

根据《保护工业产权巴黎公约》,专利在先申请的驳回、撤回、批准与否,均不影响优先权。故D项正确。

47．期间的顺延[C]

[解析]《民事诉讼法》第86条规定:"当事人因不可抗拒的事由或者其他正当理由耽误期限的,在障碍消除后的十日内,可以申请顺延期限,是否准许,由人民法院决定。"

由于可以申请顺延期限,A项法律上没有途径可对张弟上诉权予以补救,说法不对。顺延期限需要当事人申请,法院不能依职权决定,因此,B项不对。C项符合法律规定,应选。D项中,上诉期限为法定期间,说法正确。但是法定期间,是可以顺延的。顺延期限,是基于公平正义的考虑,与期限的确定方式并不冲突。D项说法不对,不能选。【特别提醒】期间的耽误与顺延适用于所有的期间,包括法定期间(含绝对不可变期间和相对不可变期间)与指定期间。只要当事人因不可抗拒的事由耽误期间的,都可以在障碍消除后的10天内向法院申请顺延,是否准许,由法院决定。

48．再审程序的终结[D]

[解析] 根据《民诉解释》400条规定:"再审申请审查期间,有下列情形之一的,裁定终结审查:……(三)当事人达成和解协议且已履行完毕的,但当事人在和解协议中声明不放弃申请再审权利的除外;……"第404条第1款规定:"再审审理期间,有下列情形之一的,可以裁定终结再审程序:……(四)有本解释第四百条第一项至第四项规定情形的。"据此,在再审审理期间当事人达成和解协议且已履行完毕的,可以裁定终结再审程序。这是因为当事人达成和解协议并履行完毕,意味着当事人通过协议的方式处分了自己的权利,并通过实际履行的方式解决了原有纠纷,此时法院没有必要再对原生效判决进行再审审查,也没有必要对案件进行重新审理。故D项当选。

49．忠诚义务[D]

[解析] 根据《公司法》第182条和第186条规定,董事、监事、高级管理人员,直接或者间接与本公司订立合同或者进行交易,应当就与订立合同或者进行交易有关的事项向董事会或者股东会报告,并按照公司章程的规定经董事会或者股东会决议通过。违反上述规定所得的收入,应当归公司所有。这是对公司高管忠诚、勤勉义务的规定。蔡某擅自实施的"自我交易行为"虽然违反了公司高管对公司的忠诚、勤勉义务,且合同金额达到15万元,根据公司章程需要经过董事会批准,但此行为并没有违反合同无效的强制性规定,并不能因此直接认定该行为无效,故A项错误。但高管违反对公司的忠诚义务所得的收入(租金),公司有权收归公司所有,故无需向蔡某支付租金,D项正确。

《公司法》第67条第2款第8项规定,董事会有权决定聘任或者解聘公司经理及其报酬事项,并根据经理的提名决定聘任或者解聘公司副经理、财务负责人及其报酬事项。据此,蔡某作为公司总经理,其解聘应由董事会作出,而非股东会。故B项错误。

《公司法》第5条规定:"设立公司应当依法制定公司章程。公司章程对公司、股东、董事、监事、高级管理人员具有约束力。"第265条第1项规定,高级管理人员,是指公司的经理、副经理、财务负责人,上市公司董事会秘书和公司章程规定的其他人员。本题中,蔡某为公司的总经理,属于公司高管,公司章程当然对蔡某具有约束力。故C项错误。

50．申请撤销仲裁裁决[D]

[解析] 仲裁裁决一经作出即产生法律上的约束力,非经法定程序不能随意撤销或者变更。因此,仲裁委员会非经法定程序不可以直接变更已生效的裁决,重新作出新的裁决。故A项错误。

此外,由于仲裁委员会作出的仲裁裁决已经对双方当事人发生法律效力,甲公司或乙公司不可以再请求该仲裁委员会重新作出仲裁裁决。故B项错误。

《仲裁法》第58条规定:"当事人提出证据证明裁决有下列情形之一的,可以向仲裁委员会所在地的中级人民法院申请撤销裁决:……(二)裁决的事项不属于仲裁协议的范围或者仲裁委员会无权仲裁的;……"可知,仲裁裁决的事项不属于仲裁协议的范围,即仲裁裁决存在超裁情形的,当事人可以向仲裁委员会所在地的中级人民法院申请撤销此仲裁裁决。因此,甲公司或乙公司都可以请求法院撤销此仲裁裁决,而不是仲裁委员会申请法院撤销此仲裁裁决。故C项错误,D项正确。

二、多项选择题

51．DPU 术语;《联合国国际货物销售合同公约》[AD]

[解析] 虽然科隆公司交付的电子设备和样品一致,但合同中明确约定了相关商品的规格,并且天明公司在收到样品后明确表示"请依照合同履行"。因此,本案中电子设备的质量应依照合同确定,样品并不构成产品的质量标准。科隆公司交付的设备不符合合同约定,应该承担违约责任。故A项正确,B项错误。

DPU 意为"目的地卸货后交货(指定目的地)",卖方必须在约定日期内在指定目的地的约定地点交货,风险自在目的地卸下货物时转移。故C项错误,D项正确。

52．仲裁协议[ABC]

[解析]《中国国际经济贸易仲裁委员会仲裁规则》第6条规定,当事人对仲裁协议或仲裁案件管辖权的异议,应当在仲裁庭首次开庭前书面提出;书面审理的案件,应当在第一次实体答辩前提出。故A项正确。

《涉外民事关系法律适用法》第18条规定:"当事人可以协议选择仲裁协议适用的法律。当事人没有选择的,适用仲裁机构所在地法律或者仲裁地法律。"本案双方没有约定仲裁协议应适用的法律,但仲裁机构和仲裁地都在中国,因此仲裁协议应适用中国法。故B项正确。

《中国国际经济贸易仲裁委员会仲裁规则》第4条规定:"规则的适用……(二)当事人约定将争议提交仲裁委员会仲裁的,视为同意按照本规则进行仲裁……"故C项正确。

《中国国际经济贸易仲裁委员会仲裁规则》第17

条规定:"申请人可以申请对其仲裁请求进行变更,被申请人也可以申请对其反请求进行变更;但是仲裁庭认为其提出变更的时间过迟而影响仲裁程序正常进行的,可以拒绝其变更请求。"故 D 项错误。

53. 注册商标的无效宣告;驰名商标的保护
[AB]

[解析] 根据《商标法》第 45 条第 1 款规定,对于注册商标违反驰名商标相关规定的,自商标注册之日起 5 年内,在先权利人或者利害关系人可以请求商标评审委员会宣告该注册商标无效。对恶意注册的,驰名商标所有人不受 5 年的时间限制。本题中,"佳嘉"咖啡店作为在先权利人,可以申请宣告吴某使用的"佳嘉"商标无效,故 A 项正确。

《商标法》第 13 条第 2 款规定:"就相同或者类似商品申请注册的商标是复制、摹仿或者翻译他人未在中国注册的驰名商标,容易导致混淆的,不予注册并禁止使用。"该条款规定了未注册的驰名商标禁止同类混同,但是并不认可未注册的驰名商标权利人请求损害赔偿。本题中,"佳嘉"咖啡店的商标并未申请注册,并不享有注册商标专用权,其无权请求吴某承担损害赔偿责任,故 B 项正确。【总结提示】只有针对注册商标,才享有损害赔偿请求权。

驰名商标奉行个案认定原则,不能将某个标志注册为驰名商标,故 C 项错误。

《商标法》第 14 条第 5 款规定:"生产、经营者不得将'驰名商标'字样用于商品、商品包装或者容器上,或者用于广告宣传、展览以及其他商业活动中。"故 D 项错误。

54. 基于欺诈和重大误解的可撤销合同;缔约过失责任[AC]

[解析]《民法典》第 148 条规定:"一方以欺诈手段,使对方在违背真实意思的情况下实施的民事法律行为,受欺诈方有权请求人民法院或者仲裁机构予以撤销。"本题中,甲明知汽车的行驶里程数据错误,却不向乙说明,致使乙在错误的认知下购买了该汽车,其行为构成欺诈。乙仅有权以甲欺诈为由请求法院撤销合同,不能请求法院变更合同。故 A 项错误,当选。

《民法典》第 582 条规定:"履行不符合约定的,应当按照当事人的约定承担违约责任。对违约责任没有约定或者约定不明确,依照本法第五百一十条的规定仍不能确定的,受损害方根据标的的性质以及损失的大小,可以合理选择请求对方承担修理、重作、更换、退货、减少价款或者报酬等违约责任。"可撤销的合同,在被撤销之前,已经成立并生效。按照合同解释规则,甲向乙交付汽车的品质应为"行驶里程为 4 万公里",而甲向乙实际交付的汽车为"行驶里程为 8 万公里",甲向乙交付的汽车不符合约定的品质,构

成违约,乙有权请求甲承担减少价款的违约责任。根据《买卖合同解释》第 17 条,乙有权主张"以符合约定的标的物和实际交付的标的物按交付时的市场价值"计算差价。故 B 项正确,不当选。

本题中,"甲明知有误,却未向乙说明",乙对机动车里程表的理解确实存在错误,构成重大误解;而乙的重大误解,是由于甲的欺诈造成的,因此,本题可以从欺诈与重大误解两个角度理解此合同之效力瑕疵。但是,根据《民法典》第 147 条的规定,因重大误解所生之撤销权,须以诉讼或仲裁方式行使。乙仅以书面通知方式行使撤销权,不产生撤销合同的效力。故 C 项错误,当选。

《民法典》第 500 条规定了缔约过失责任:"当事人在订立合同过程中有下列情形之一,造成对方损失的,应当承担赔偿责任:……(二)故意隐瞒与订立合同有关的重要事实或者提供虚假情况;(三)有其他违背诚信原则的行为。"在与乙订立汽车买卖合同的过程中,甲故意违反基于诚信原则产生的忠实、告知等先合同义务,给乙造成信赖利益的损失,乙有权对甲主张缔约过失责任。故 D 项正确,不当选。

55. 区分原则;实际履行;违约损害赔偿[ACD]

[解析] 丙、乙约定丙以其房屋为乙设立抵押权,但未办理抵押登记,根据《民法典》第 402 条的规定,抵押权未设立,乙对丙的房屋不享有抵押权;但是,根据《民法典》第 215 条规定的区分原则,丙、乙已就抵押合同的主要条款达成一致,房屋抵押合同已成立并生效。《民法典》第 399 条规定:"下列财产不得抵押:……(五)依法被查封、扣押、监管的财产……"依据上述规定,由于房屋属于禁止抵押的财产,则使抵押合同义务陷于"履行不能"。但是,《民法典担保制度解释》第 37 条第 2 款和第 3 款规定:"当事人以依法被查封或者扣押的财产抵押,抵押权人请求行使抵押权,经审查查封或者扣押措施已经解除的,人民法院应予支持。抵押人以抵押权设立时财产被查封或者扣押为由主张抵押合同无效的,人民法院不予支持。以依法被监管的财产抵押的,适用前款规定。"据此,被查封、扣押或监管的财产,并非不能抵押,但要实现抵押权,以查封、扣押或监管措施已经解除为前提。因此,虽然丙的房屋被查封,乙仍然可以要求丙继续履行担保合同,办理房屋抵押登记,故 A 项正确。由于丙没有按约定办理抵押登记,若给乙带来损失,乙有权请求赔偿,故 D 项正确。

乙、丙之间的行为,虽然没有设立担保物权,但约定了丙以房屋为基础承担责任,尽管乙对于房屋没有优先受偿权,但是此约定是有效的,丙应当按照约定以房屋价值为限承担责任;但是,乙无权要求丙以自身全部财产承担担保义务。故 B 项错误,C 项正确。

56．公司章程;有限公司的组织机构[AB]

[解析]《公司法》第64条第1款规定:"召开股东会会议,应当于会议召开十五日前通知全体股东;但是,公司章程另有规定或者全体股东另有约定的除外。"由此可知,公司章程可以对股东会会议召开的通知时间另外作出规定。故A项正确。

《公司法》第66条第3款规定:"股东会作出修改公司章程、增加或者减少注册资本的决议,以及公司合并、分立、解散或者变更公司形式的决议,应当经代表三分之二以上表决权的股东通过。"选项中公司章程规定全体股东同意才能解散公司的说法并不违反法律规定。故B项正确。

《公司法》第73条第3款规定:"董事会决议的表决,应当一人一票。"这属于法律的强制性规定,公司章程的规定与之冲突的无效,故C项错误。

《公司法》第76条第2款规定:"监事会成员为三人以上。监事会成员应当包括股东代表和适当比例的公司职工代表,其中职工代表的比例不得低于三分之一,具体比例由公司章程规定。监事会中的职工代表由公司职工通过职工代表大会、职工大会或者其他形式民主选举产生。"据此,有限公司监事会必须有适当比例的职工监事,因此,约定全部由股东担任不符合法律规定。故D项错误。

57．经营者侵权;惩罚性赔偿[AB]

[解析]本案争议的关键问题有两个:第一,点餐网提供的服务内容问题。点餐网提供的服务应包括两方面:一方面,作为网络交易平台提供者,其应提供网络经营场所、交易撮合、信息发布等服务,具体到本案,点餐网应保证交易平台正常运行,应将陈某的订单信息及时、准确地提供给商家并及时告知陈某订单的进展情况。另一方面,作为配送服务的提供者,其应将案涉订单餐品及时送达陈某指定地点。第二,点餐网在提供服务过程中是否存在欺诈行为的问题。点餐网的经营模式在客观上存在配送服务在履行上具有不确定性的情况,对陈某而言,其订单可能因配送原因被取消的情形属于影响其决定是否选择购买该项服务的重要因素。因此,点餐网应将其提供配送服务在履行上存在的不确定性的情况如实告知陈某,而点餐网并未将相关信息事先告知陈某,应属故意隐瞒影响交易的重要信息的行为,构成欺诈。

《消费者权益保护法》第55条第1款规定:"经营者提供商品或者服务有欺诈行为的,应当按照消费者的要求增加赔偿其受到的损失,增加赔偿的金额为消费者购买商品的价款或者接受服务的费用的三倍;增加赔偿的金额不足五百元的,为五百元。法律另有规定的,依照其规定。"据此,经营者有欺诈行为,应当承担"退一罚三,最低500"的惩罚性赔偿。本案中,点餐网如果承担因欺诈带来的惩罚性赔偿,法律

设置的最低界限是500元,本案中的争议价款是50元,价款3倍为150元,不足500元,应按500元追究责任。故A、B项正确,C项错误。

本案中,取消订单系因点餐网的配送问题,故而对外责任应由点餐网承担。在点餐网进行赔偿后,如果查明是因商家原因导致的问题,点餐网可以事后向商家行使追偿权,但商家不用直接对陈某承担赔偿责任。故D项错误。

58．建筑物区分所有[ABCD]

[解析]《民法典》第271条规定:"业主对建筑物内的住宅、经营性用房等专有部分享有所有权,对专有部分以外的共有部分享有共有和共同管理的权利。"王某将两层楼房的第二层出售给张某后,王某与张某分别对第一层和第二层享有专有权,共同对房屋的屋顶、承重墙、外墙、地基使用权等共有部分享有共有权和共同管理权,王某与张某对房屋形成建筑物区分所有。故B、C项正确。

《民法典》第278条规定:"下列事项由业主共同决定:……(七)改建、重建建筑物及其附属设施;(八)改变共有部分的用途或者利用共有部分从事经营活动;……业主共同决定的事项,应当由专有部分面积占比三分之二以上的业主且人数占比三分之二以上的业主参与表决。决定前款第六项至第八项规定的事项,应当经参与表决专有部分面积四分之三以上的业主且参与表决人数四分之三以上的业主同意。决定前款其他事项,应当经参与表决专有部分面积过半数的业主且参与表决人数过半数的业主同意。"据此,作出广告牌拆装的决定属于业主共同决定的事项,张某无权要求王某拆除。故A项正确。

《民法典》第273条第1款规定:"业主对建筑物专有部分以外的共有部分,享有权利,承担义务;不得以放弃权利为由不履行义务。"第283条规定:"建筑物及其附属设施的费用分摊、收益分配等事项,有约定的,按照约定;没有约定或者约定不明确的,按照业主专有部分面积所占比例确定。"据此,业主对共有部分享有共益权,张某有权要求与王某分享其购房后的广告收益。故D项正确。

59．先履行抗辩权;不安抗辩权;合同解除;违约责任[ABD]

[解析]《民法典》第526条规定:"当事人互负债务,有先后履行顺序,应当先履行债务一方未履行的,后履行一方有权拒绝其履行请求。先履行一方履行债务不符合约定的,后履行一方有权拒绝其相应的履行请求。"本题中,应当先履行方煤矿交付的煤具有瑕疵,不符合合同约定,后履行方热电厂有权行使顺序履行抗辩权,拒绝相应的履行要求。故A项正确。

《民法典》第577条规定:"当事人一方不履行合

同义务或者履行合同义务不符合约定的,应当承担继续履行、采取补救措施或者赔偿损失等违约责任。"煤矿所交之煤的含硫量远远超过约定标准,属于瑕疵履行,构成违约,热电厂有权要求其承担相应的违约责任。故 B 项正确。

《民法典》第 527 条规定:"应当先履行债务的当事人,有确切证据证明对方有下列情形之一的,可以中止履行:……"据此,只有先履行方才可行使不安抗辩权,热电厂属于应当后履行义务的一方,不能行使不安抗辩权。故 C 项错误。

《民法典》第 563 条第 1 款规定:"有下列情形之一的,当事人可以解除合同:……(四)当事人一方迟延履行债务或者有其他违约行为致使不能实现合同目的;……"煤矿所交之煤的含硫量远远超过约定标准,根据政府规定不能在该厂区燃烧,热电厂因为煤矿的违约行为不能实现合同目的,煤矿的交货行为构成根本违约,热电厂享有法定解除权,可通知对方解除合同。故 D 项正确。

60．诉讼中止的条件;证明标准[CD]

[解析] 根据 2019 年《全国法院民商事审判工作会议纪要》(即《九民纪要》)第 130 条规定,人民法院在审理民商事案件时,如果民商事案件必须以相关刑事案件的审理结果为依据,而刑事案件尚未审结的,应当根据《民事诉讼法》第 150 条(现为第 153 条)第 5 项的规定裁定中止诉讼。待刑事案件审结后,再恢复民商事案件的审理。如果民商事案件不是必须以相关的刑事案件的审理结果为依据,则民商事案件应当继续审理。本题中,民事案件与刑事案件相互独立,民事案件并不是必须以刑事案件的审理结果为依据,因此不需要中止民事诉讼。故 A 项错误,C 项正确。

本案中,丙系该合同的连带保证人,乙可单独向其主张权利。根据《民法典》第 688 条第 2 款的规定:"连带责任保证的债务人不履行到期债务或者发生当事人约定的情形时,债权人可以请求债务人履行债务,也可以请求保证人在其保证范围内承担保证责任。"故 B 项错误。

对欺诈事实的证明标准,在民事诉讼和刑事诉讼程序中均为排除合理怀疑。故 D 项正确。

61．涉外民事诉讼程序的特别规定[BD]

[解析]《民事诉讼法》第 287 条规定,人民法院审理涉外民事案件的期间,不受《民事诉讼法》第 152 条、第 183 条规定的一般审理期间的限制。故 A 项错误。

《民事诉讼法》第 283 条规定,涉外民事诉讼中的特殊送达方式适用于在中国领域内没有住所的当事人。琼斯与李虹结婚后住在甲市 B 区,不属于在中国领域内没有住所的当事人,所以不适用第 283 条的

规定,采取的送达方式应和李虹的相同。故 B 项正确。

《民事诉讼法》第 171 条第 1 款规定:"当事人不服地方人民法院第一审判决的,有权在判决书送达之日起十五日内向上一级人民法院提起上诉。"根据《民事诉讼法》第 286 条的规定,在中华人民共和国领域内没有住所的当事人,不服第一审人民法院判决、裁定的,有权在判决书、裁定书送达之日起 30 日内提起上诉。同上,因琼斯不属于在中国领域内没有住所的当事人,不适用第 286 条涉外民事诉讼中关于上诉期的规定。故 C 项错误。

《民诉解释》第 526 条规定:"涉外民事诉讼中的外籍当事人,可以委托本国人为诉讼代理人,也可以委托本国律师以非律师身份担任诉讼代理人;外国驻华使领馆官员,受本国公民的委托,可以以个人名义担任诉讼代理人,但在诉讼中不享有外交或者领事特权和豁免。"故 D 项正确。

【总结提示】(1)关于审限问题,所有涉外民事诉讼,均不受一审、二审审限的限制;(2)关于送达方式、上诉期、答辩期、被上诉人的答辩期的特殊规定,仅仅适用于在中国境内没有住所的当事人,并不是外国人,即只看住所不看国籍。

62．环境影响评价[CD]

[解析] 根据《环境影响评价法》第 23 条第 1 款规定:"国务院生态环境主管部门负责审批下列建设项目的环境影响评价文件:(一)核设施、绝密工程等特殊性质的建设项目;(二)跨省、自治区、直辖市行政区域的建设项目;(三)由国务院审批的或者由国务院授权有关部门审批的建设项目。"本题中,该高速公路项目跨越甲、乙、丙三省,属于上述第 2 项中的跨省建设项目,其环评文件应该报送国务院生态环境主管部门审批,而非省级生态环境主管部门审批,故 A 项错误。【关联记忆】《环境影响评价法》第 23 条第 3 款也应重点掌握:"建设项目可能造成跨行政区域的不良环境影响,有关生态环境主管部门对该项目的环境影响评价结论有争议的,其环境影响评价文件由共同的上一级生态环境主管部门审批。"

《环境影响评价法》第 24 条第 1 款规定:"建设项目的环境影响评价文件经批准后,建设项目的性质、规模、地点、采用的生产工艺或者防治污染、防止生态破坏的措施发生重大变动的,建设单位应当重新报批建设项目的环境影响评价文件。"本题中公路项目的环评文件被审批后,在准备开工时发现该公路需要延长到丙省,这属于建设规模、地点发生重大变化,依法需要重新进行环评,而不能只是在原环境影响评价文件上作相应补充,故 B 项错误,D 项正确。同时,《环境影响评价法》第 25 条规定:"建设项目的环境影响评价文件未依法经审批部门审查或

者审查后未予批准的,建设单位不得开工建设。"故C项正确。

63．食用农产品质量安全管理［BCD］

[解析]《食品安全法》第2条第2款规定:"供食用的源于农业的初级产品(以下称称食用农产品)的质量安全管理,遵守《中华人民共和国农产品质量安全法》的规定。但是,食用农产品的市场销售、有关质量安全标准的制定、有关安全信息的公布和本法对农业投入品作出规定的,应当遵守本法的规定。"根据此规定,大米、米制品属于供食用的源于农业的初级产品,因而其质量安全管理应该遵守《农产品质量安全法》,故A项错误。对于大米、米制品相关的食品安全信息,应当依照《食品安全法》的有关规定进行公布,故B项正确。

《食品安全法》第110条规定:"县级以上人民政府食品安全监督管理部门履行食品安全监督管理职责,有权采取下列措施,对生产经营者遵守本法的情况进行监督检查:(一)进入生产经营场所实施现场检查;……"可见,县有关部门可对米粉加工厂进行检查,该厂应对检查进行配合,不得以商业秘密为由予以拒绝,故C项正确。

《食品安全法》第118条第1款规定:"国家建立统一的食品安全信息平台,实行食品安全信息统一公布制度。国家食品安全总体情况、食品安全风险警示信息、重大食品安全事故及其调查处理信息和国务院确定需要统一公布的其他信息由国务院食品安全监督管理部门统一公布。食品安全风险警示信息和重大食品安全事故及其调查处理信息的影响限于特定区域的,也可以由有关省、自治区、直辖市人民政府食品安全监督管理部门公布。未经授权不得发布上述信息。"可见,D项中虽已构成重大食品安全事故,但影响仅限于该省,因而可由该省食品安全监督管理部门公布食品安全信息,故D项正确。

64．专利侵权赔偿数额的确定［AC］

[解析]《专利法》第71条第1款规定,侵犯专利权的赔偿数额按照权利人因被侵权所受到的实际损失或者侵权人因侵权所获得的利益确定;权利人的损失或者侵权人获得的利益难以确定的,参照该专利许可使用费的倍数合理确定。据此,专利权人对侵犯专利权的损害赔偿数额可以选择按照其实际损失申请赔偿,也可以选择按照侵权人因侵权所获得的利益申请赔偿。本题中,甲和乙销售每件专利产品分别获利为2万元和1万元,甲因乙的侵权行为少销售100台,则甲的实际损失为100×2万=200万元;乙共销售侵权产品300台,则乙的非法获利为300×1万=300万元。因此,甲既可以选择按其实际损失让乙赔偿200万元,也可以选择按照乙的非法获利让乙赔偿300万元。故A、C项正确,B、D项错误。

65．财产保全；先予执行［CD］

[解析]财产保全分为诉前财产保全和诉讼中财产保全,其中诉前财产保全只能依据利害关系人的申请启动;而诉中财产保全既可以由当事人申请,也可由法院依职权启动。先予执行的启动只能依据当事人的申请,法院不得依职权启动先予执行。故A项错误。

民事诉讼法对财产保全的适用案件范围未作出规定,但根据该制度的目的,财产保全可以适用于有财产给付内容的案件;而《民事诉讼法》第109条规定:"人民法院对下列案件,根据当事人的申请,可以裁定先予执行:(一)追索赡养费、扶养费、抚养费、抚恤金、医疗费用的;(二)追索劳动报酬的;(三)因情况紧急需要先予执行的。"此外,《民诉解释》第170条对"情况紧急"又作了相应的解释,也就是说,先予执行适用于特殊的案件。故B项错误。

《民事诉讼法》第103条第2款规定:"人民法院采取保全措施,可以责令申请人提供担保,申请人不提供担保的,裁定驳回申请。"《民事诉讼法》第110条第2款规定:"人民法院可以责令申请人提供担保,申请人不提供担保的,驳回申请。申请人败诉的,应当赔偿被申请人因先予执行遭受的财产损失。"故C项正确。

根据《民事诉讼法》第111条的规定,当事人对保全或者先予执行的裁定不服的,可以申请复议一次。复议期间不停止裁定的执行。故D项正确。

66．支付令［AD］

[解析]《民诉解释》第434条规定:"对设有担保的债务的主债务人发出的支付令,对担保人没有拘束力。债权人就担保关系单独提起诉讼的,支付令自人民法院受理案件之日起失效。"据此,债权人乙公司申请向债务人甲公司发出的支付令仅仅对债务人甲公司有拘束力,对担保人丙公司没有拘束力,故A项正确、B项错误。而债权人乙公司单独就担保关系对丙公司提起诉讼,则支付令失效,故C项错误、D项正确。

67．转质［AC］

[解析]转质,在本题中,是指在乙的质权存续期间,乙以质权人身份,以自己的名义将质物出质给丙,为丙设立质权。

承诺转质,在本题中,指乙经过甲同意后,将相机转质给丙。承诺转质的效力有三:(1)转质期间,质物(相机)毁损、灭失的,乙对甲承担过错责任(无过错不承担赔偿责任)。(2)丙的转质权优先于乙的质权。(3)丙的转质权具有独立性,包括:丙转质权优先受偿的范围不受乙质权的限制;乙的质权消灭,丙的转质权不因此受影响;丙行使转质权不以乙的质权具备行使条件为前提。故A项正确,B项错误。

责任转质,在本题中,是指乙未经甲同意,将相机转质给丙。《民法典》第431条规定:"质权人在质权存续期间,未经出质人同意,擅自使用、处分质押财产,造成出质人损害的,应当承担赔偿责任。"责任转质的效力有三:(1)转质期间,质物(相机)毁损、灭失的,丙对甲承担过错责任,乙对甲承担绝对无过错责任(即使质物因不可抗力灭失,乙亦须对甲承担赔偿责任)。(2)丙的转质权优先于乙的质权。(3)丙的转质权不具有独立性,而具有从属性,包括:丙转质权优先受偿的范围以乙的质权为限;乙的质权消灭,丙的转质权亦因此消灭;丙行使转质权以乙的质权具备行使条件为前提。故C项正确,D项错误。

68.股权回购;决议瑕疵;司法强制解散[BC]

[解析]《公司法》第89条第1款规定:"有下列情形之一的,对股东会该项决议投反对票的股东可以请求公司按照合理的价格收购其股权:……(三)公司章程规定的营业期限届满或者章程规定的其他解散事由出现,股东会通过决议修改章程使公司存续。"本案情形符合上述规定,甲作为投反对票的异议股东,可以主张公司收购其股权,B项正确。

《公司法》第25条规定:"公司股东会、董事会的决议内容违反法律、行政法规的无效。"本案的股东会决议内容是修改公司章程,以延长公司的经营期限,并无违法之处,不符合无效事由,A项错误。

《公司法》第84条第1款规定:"有限责任公司的股东之间可以相互转让其全部或者部分股权。"有限公司股东之间可自由转让股权,所以只要买卖双方达成合意,甲可将股权转让给其他股东,C项正确。

《公司法》第231条规定:"公司经营管理发生严重困难,继续存续会使股东利益受到重大损失,通过其他途径不能解决的,持有公司百分之十以上表决权的股东,可以请求人民法院解散公司。"司法强制解散的前提是公司陷入经营管理的僵局,本案中股东会正常召开,公司的运转机制并未失灵,不具备强制解散的前提,D项错误。

69.有限合伙份额处分[CD]

[解析]根据《合伙企业法》第50条第1款规定:"合伙人死亡或者被依法宣告死亡的,对该合伙人在合伙企业中的财产份额享有合法继承权的继承人,按照合伙协议的约定或者经全体合伙人(普通合伙人+有限合伙人)一致同意,从继承开始之日起,取得该合伙企业的合伙人资格。"杨某作为普通合伙人,其死亡后,继承人只有在合伙协议有约定或者经全体合伙人一致同意的条件下,才能继承其合伙人资格。故A项错误。

根据《合伙企业法》第74条第2款规定:"人民法院强制执行有限合伙人的财产份额时,应当通知全体合伙人。在同等条件下,其他合伙人有优先购买

权。"可见,法院强制执行有限合伙人的财产份额时,其他合伙人有优先购买权。故B项错误。

根据《合伙企业法》第73条规定:"有限合伙人可以按照合伙协议的约定向合伙人以外的人转让其在有限合伙企业中的财产份额,但应当提前三十日通知其他合伙人。"可见,向合伙人以外的人转让有限合伙份额时,其他合伙人没有优先购买权。故C项正确。**【关联记忆】**注意B、C两项处置有限合伙人财产份额时其他合伙人优先购买权的区别。有限合伙人的份额更多体现为资合性,不体现人合性,所以份额转让、质押、继承等问题一般都无需其他合伙人同意,也不保护优先购买权。但是,当有限合伙人的份额被法院强制执行时,为了提高执行效率,保护其他合伙人的优先购买权。

有限合伙人的份额在合伙人内部可以自由转让,故D项正确。

70.银行业监督管理措施[ABCD]

[解析]由"某商业银行的流动性比率低于20%"可推知,本题考查点在于银行的审慎经营规则及监管措施。对此,《银行业监督管理法》第37条第1款规定:"银行业金融机构违反审慎经营规则的,国务院银行业监督管理机构或者其省一级派出机构应当责令限期改正;逾期未改正的,或者其行为严重危及该银行业金融机构的稳健运行、损害存款人和其他客户合法权益的,经国务院银行业监督管理机构或者其省一级派出机构负责人批准,可以区别情形,采取下列措施:(一)责令暂停部分业务、停止批准开办新业务;(二)限制分配红利和其他收入;(三)限制资产转让;(四)责令控股股东转让股权或者限制有关股东的权利;(五)责令调整董事、高级管理人员或者限制其权利;(六)停止批准增设分支机构。"故A、B、C、D项均正确。

71.重复起诉[BC]

[解析]《民诉解释》第247条规定:"当事人就已经提起诉讼的事项在诉讼过程中或者裁判生效后再次起诉,同时符合下列条件的,构成重复起诉:(一)后诉与前诉的当事人相同;(二)后诉与前诉的诉讼标的相同;(三)后诉与前诉的诉讼请求相同,或者后诉的诉讼请求实质上否定前诉裁判结果。当事人重复起诉的,裁定不予受理;已经受理的,裁定驳回起诉,但法律、司法解释另有规定的除外。"本题中,乙公司基于买卖合同关系起诉甲公司偿还货款,裁判生效后,乙公司又基于代位权法律关系起诉丙公司,要求丙公司代位清偿300万元。显然,后诉与前诉的当事人不同,诉讼标的不同,后诉的诉讼请求与前诉的诉讼请求不同,亦不存在后诉诉讼请求否定前诉裁判结果的问题,故不构成重复起诉,法院应当依法受理。故A、D项错误,B、C项正确。

72．按份共有［ABCD］

[解析]《民法典》第305条规定："按份共有人可以转让其享有的共有的不动产或者动产份额。其他共有人在同等条件下享有优先购买的权利。"第306条第1款规定："按份共有人转让其享有的共有的不动产或者动产份额的，应当将转让条件及时通知其他共有人。其他共有人应当在合理期限内行使优先购买权。"由此可知，按份共有人有权转让其共有份额，无须其他共有人同意，仅负有通知义务。故A项错误。

《民法典》第306条第2款规定："两个以上其他共有人主张行使优先购买权的，协商确定各自的购买比例；协商不成的，按照转让时各自的共有份额比例行使优先购买权。"由此可知，两个以上共有人主张优先购买权且协商不成时，可按各自份额比例购买，并非由份额大者享有优先购买权。故B项错误。

《民法典物权编解释（一）》第10条规定："民法典第三百零五条所称的'同等条件'，应当综合共有份额的转让价格、价款履行方式及期限等因素确定。"由此可知，价款履行方式及期限是衡量是否"同等条件"的重要因素。本题中，丙欲以分期付款的方式主张优先购买权，与戊一次性付清并非同等条件。故C项错误。

《民法典物权编解释（一）》第13条规定："按份共有人之间转让共有份额，其他按份共有人主张依据民法典第三百零五条规定优先购买的，不予支持，但按份共有人之间另有约定的除外。"由此可知，按份共有人的优先购买权只能发生在对外转让的场合下，共有人之间转让共有份额，其他共有人不得主张优先购买权。故D项错误。

73．供用电合同；合同的相对性［ABCD］

[解析]《民法典》第652条规定："供电人因供电设施计划检修、临时检修、依法限电或者用电人违法用电等原因，需要中断供电时，应当按照国家有关规定事先通知用电人；未事先通知用电人中断供电，造成用电人损失的，应当承担赔偿责任。"故A、B、C项当选。

《民法典》第593条规定："当事人一方因第三人的原因造成违约的，应当依法向对方承担违约责任。当事人一方和第三人之间的纠纷，依照法律规定或者按照约定处理。"故D项当选。

74．简易程序的适用；送达方式［CD］

[解析]《民事诉讼法》第160条规定，基层人民法院和它派出的法庭审理事实清楚、权利义务关系明确、争议不大的简单的民事案件，适用简易程序。基层人民法院和它派出的法庭审理前款规定以外的民事案件，当事人双方也可以约定适用简易程序。因

此，A项是合法的。

《民诉解释》第261条第1、2款规定："适用简易程序审理案件，人民法院可以依照民事诉讼法第九十条、第一百六十二条的规定采取捎口信、电话、短信、传真、电子邮件等简便方式传唤双方当事人、通知证人和送达诉讼文书。以简便方式送达的开庭通知，未经当事人确认或者没有其他证据证明当事人已经收到的，人民法院不得缺席判决。"因此，B项是合法的，C项是违法的。

《民事诉讼法》第90条规定："经受送达人同意，人民法院可以采用能够确认其收悉的电子方式送达诉讼文书。通过电子方式送达的判决书、裁定书、调解书，受送达人提出需要纸质文书的，人民法院应当提供。采用前款方式送达的，以送达信息到达受送达人特定系统的日期为送达日期。"且《民诉解释》第140条规定："适用简易程序的案件，不适用公告送达。"因此，D项是违法的。

75．票据伪造；除权判决［ACD］

[解析]根据《民事诉讼法》第229~233条规定，按照规定可以背书转让的票据持有人，因票据被盗、遗失或者灭失，可以向票据支付地的基层人民法院申请公示催告。人民法院决定受理申请，应当同时通知支付人停止支付，并在3日内发出公告，催促利害关系人申报权利。没有人申报的，人民法院应当根据申请人的申请，作出判决，宣告票据无效。本案中，经张某申请，法院已经对此票据进行了除权判决，所以票据已经无效，不存在票据责任，工商银行、甲公司、乙公司与丙公司之间并无其他的法律关系，故三者对丙公司不承担票据的付款责任。故A、C项正确，B项错误。

《票据法》第14条第1款规定："票据上的记载事项应当真实，不得伪造、变造。伪造、变造票据上的签章和其他记载事项的，应当承担法律责任。"刘某实施了伪造签章的行为，虽然不承担票据责任，但刘某和丙公司之间存在买卖合同民事法律关系，应依合同约定对丙公司承担付款责任，故D项正确。

76．有限责任公司的股权转让［BD］

[解析]根据《公司法》第84条第2款规定，股东向股东以外的人转让股权的，应当将股权转让的数量、价格、支付方式和期限等事项书面通知其他股东，其他股东在同等条件下有优先购买权。据此，股东对外转让股权无需取得其他股东同意，只负有书面通知其他股东的义务，故A项正确。

修改公司章程属于股东会的职权。根据《公司法》第66条第3款规定，修改公司章程，应当召开股东会，经代表2/3以上表决权的股东通过。本题中，甲持有69%的股权，达到2/3以上表决权，但是其不能直接修改公司章程，应当通过股东会决议的方式进

行。故 B 项错误。

《公司法》第 84 条第 1 款规定:"有限责任公司的股东之间可以相互转让其全部或者部分股权。"因此,C 项正确,股东对内转让股权自由,可以分割成两部分,分别转让给乙、丙。

根据《公司法》第 84 条第 2 款规定,股东向股东以外的人转让股权,其他股东在同等条件下有优先购买权。两个以上股东行使优先购买权的,协商确定各自的购买比例;协商不成的,按照转让时各自的出资比例行使优先购买权。据此,其他股东在同等条件下才享有优先购买权。D 项中,甲对外转让全部股权,乙或丙只主张购买一部分股权,则不属于同等条件,不能行使优先购买权,故 D 项错误。【特别提醒】在两个以上股东共同行使优先购买权的情况下,可以对所转让的股权按照比例分别购买。但 D 项的表述为"乙或丙",不属于乙、丙共同行使优先购买权。

77.征税范围和税收优惠[ABCD]

[解析]《企业所得税法》第 1 条规定:"在中华人民共和国境内,企业和其他取得收入的组织为企业所得税的纳税人,依照本法的规定缴纳企业所得税。个人独资企业、合伙企业不适用本法。"据此,合伙企业不缴纳企业所得税。故 A 项错误,当选。

根据《关于节能新能源车船享受车船税优惠政策的通知》第 2 条规定,对新能源车船,免征车船税。免征车船税的新能源汽车是指纯电动商用车、插电式(含增程式)混合动力汽车、燃料电池商用车。纯电动乘用车和燃料电池乘用车不属于车船税征税范围,对其不征车船税。免征,是指本应征收,但免除征收。而纯电动乘用车,不属于车船税征税范围,本就不应征收车船税,也就谈不上免征问题。故 B 项错误,当选。

《环境保护税法》第 12 条规定:"下列情形,暂予免征环境保护税:……(二)机动车、铁路机车、非道路移动机械、船舶和航空器等流动污染源排放应税污染物的;……"根据该法第 3 条规定,本法所称应税污染物,包括大气污染物、水污染物、固体废物和噪声。纯电动乘用车属于机动车,对其应免征环境保护税。故 C 项错误,当选。

《增值税法》第 3 条第 1 款规定,在中华人民共和国境内(以下简称境内)销售货物、服务、无形资产、不动产(以下称应税交易),以及进口货物的单位和个人(包括个体工商户),为增值税的纳税人,应当依照本法规定缴纳增值税。同法第 24 条第 1 款规定,下列项目免征增值税:(1)农业生产者销售的自产农产品,农业机耕、排灌、病虫害防治、植物保护、农牧保险以及相关技术培训业务,家禽、牲畜、水生动物的配种和疾病防治;(2)医疗机构提供的医疗服务;(3)古旧图书,自然人销售的自己使用过的物品;(4)直接

用于科学研究、科学试验和教学的进口仪器、设备;(5)外国政府、国际组织无偿援助的进口物资和设备;(6)由残疾人的组织直接进口供残疾人专用的物品,残疾人个人提供的服务;(7)托儿所、幼儿园、养老机构、残疾人服务机构提供的育养服务,婚姻介绍服务,殡葬服务;(8)学校提供的学历教育服务,学生勤工俭学提供的服务;(9)纪念馆、博物馆、文化馆、文物保护单位管理机构、美术馆、展览馆、书画院、图书馆举办文化活动的门票收入,宗教场所举办文化、宗教活动的门票收入。据此,进口纯电动汽车并销售属于增值税征税范围,且不属于免征范围。《消费税暂行条例》第 1 条规定:"在中华人民共和国境内生产、委托加工和进口本条例规定的消费品的单位和个人,以及国务院确定的销售本条例规定的消费品的其他单位和个人,为消费税的纳税人,应当依照本条例缴纳消费税。"根据该条例中的《消费税税目税率表》所示,应税消费品中的小汽车包括燃油乘用车和中轻型商用客车,不包括电动汽车,所以进口纯电动汽车不属于消费税的征税范围。故 D 项错误,当选。

78.表演者权;委托作品的著作权[AC]

[解析]《著作权法》第 40 条规定:"演员为完成本演出单位的演出任务进行的表演为职务表演,演员享有表明身份和保护表演形象不受歪曲的权利,其他权利归属由当事人约定。当事人没有约定或者约定不明确的,职务表演的权利由演出单位享有。职务表演的权利由演员享有的,演出单位可以在其业务范围内免费使用该表演。"本题中,郭某属于舞蹈团的成员,其表演的舞蹈属于职务表演。由于当事人没有约定表演者权的归属,对该舞蹈表演,郭某享有表明身份和保护表演形象不受歪曲的权利,其他表演者权由舞蹈团享有。《著作权法》第 39 条第 1 款规定:"表演者对其表演享有下列权利:(一)表明表演者身份;(二)保护表演形象不受歪曲;(三)许可他人从现场直播和公开传送其现场表演,并获得报酬;(四)许可他人录音录像,并获得报酬;(五)许可他人复制、发行、出租录有其表演的录音录像制品,并获得报酬;(六)许可他人通过信息网络向公众传播其表演,并获得报酬。"据此可知,舞蹈团所享有的表演者权内容包括:现场直播权、首次录制权、复制权、发行权、出租权、信息网络传播权等。本题中,钱某在晚会现场录制了郭某的舞蹈表演并上传到短视频平台供用户观看,侵犯了舞蹈团的首次录制权与信息网络传播权,但并未侵犯郭某的权利。故 A 项当选,B、D 项不当选。

《著作权法》第 19 条规定:"受委托创作的作品,著作权的归属由委托人和受托人通过合同约定。合同未作明确约定或者没有订立合同的,著作权属于受托人。"本题中,舞蹈团委托常某设计了一支舞蹈,由

于双方并未约定著作权的归属,该舞蹈作品的著作权归属于受托人常某。依据《著作权法》第10条,信息网络传播权是指以有线或者无线方式向公众提供,使公众可以在其选定的时间和地点获得作品的权利。本题中,钱某在晚会现场录制了郭某的舞蹈表演并上传到短视频平台供用户观看,侵犯了常某的信息网络传播权。故 C 项当选。

79.专利实施许可[BD]

[解析] 甲公司与乙公司签订的是中国地域内的专利独占实施合同,甲公司与丙公司的普通许可合同不在中国地域内,因此甲公司在 A 国地域内许可丙公司的行为不违反甲、乙公司的约定。故 A 项错误。

《民法典》第867条规定:"专利实施许可合同的被许可人应当按照约定实施专利,不得许可约定以外的第三人实施该专利,并按照约定支付使用费。"《专利法》第12条规定:"任何单位或者个人实施他人专利的,应当与专利权人订立实施许可合同,向专利权人支付专利使用费。被许可人无权允许合同规定以外的任何单位或者个人实施该专利。"因此,乙公司擅自许可丁公司实施该专利的行为,对甲公司构成违约。故 B 项正确。

《专利法》第75条规定:"有下列情形之一的,不视为侵犯专利权:(一)专利产品或者依照专利方法直接获得的产品,由专利权人或者经其许可的单位、个人售出后,使用、许诺销售、销售、进口该产品的;……"根据"专利权用尽"规则,丙公司经甲公司授权在 A 国制造并出售的专利产品,其上的专利权已经用尽。戊公司将丙公司生产的专利产品进口到中国销售的行为属于"平行进口"行为,不构成对甲公司在中国享有的专利权的侵犯,也不构成对乙公司在中国享有的专利独占实施权的侵犯。故 C 项错误。

侵权专利产品不适用"专利权用尽"规则。因未经专利权人甲公司许可,所以丁公司在 A 国制造并出售的专利产品属于侵权专利产品,不适用"专利权用尽"规则。庚公司将丁公司在 A 国生产的侵权专利产品进口到中国的行为,属于对甲公司在中国享有的专利权的侵犯。故 D 项正确。

80.添附[AB]

[解析]《民法典》第322条规定:"因加工、附合、混合而产生的物的归属,有约定的,按照约定;没有约定或者约定不明确的,依照法律规定;法律没有规定的,按照充分发挥物的效用以及保护无过错当事人的原则确定。因一方当事人的过错或者确定物的归属造成另一方当事人损害的,应当给予赔偿或者补偿。"据此,因为加工、附合、混合获得他人财产权利的应当向受损害的当事人进行赔偿或补偿。甲将太湖石嵌入墙壁,构成动产与不动产附合,此时,通常认

定动产归属于不动产所有权,但不动产所有人应当对于动产权利人进行补偿,故 A、B 项正确。

甲对汉白玉进行加工的行为,虽然价值发生了重大变化,但是按照上述法条中优先保护无过错当事人的原则(恶意添附人不可获得添附后的财产权利,且不得主张被添附人进行补偿),由于甲具有明显的恶意,因此不能获得加工后雕像的所有权,雕像仍应归乙所有。虽然经过甲的加工,雕像价值有明显增长,甲也不能主张乙构成不当得利从而获得补偿。故 C、D 项错误。

81.无效婚姻;可撤销婚姻[ACD]

[解析]《民法典》第1051条规定:"有下列情形之一的,婚姻无效:(一)重婚;(二)有禁止结婚的亲属关系;(三)未到法定婚龄。"本题情形"婚前患有医学上认为不应当结婚的疾病,婚后尚未治愈的",不属于无效婚姻情形,故 B 项错误。

《民法典》第1052条第1款规定:"因胁迫结婚的,受胁迫的一方可以向人民法院请求撤销婚姻。"《民法典》第1053条第1款规定:"一方患有重大疾病的,应当在结婚登记前如实告知另一方;不如实告知的,另一方可以向人民法院请求撤销婚姻。"据此,甲、乙间的婚姻属于可撤销婚姻,乙请求法院撤销婚姻,法院应判决撤销。故 A 项正确。

《民法典》第1054条第2款规定:"婚姻无效或者被撤销的,无过错方有权请求损害赔偿。"故 C 项正确。

当事人对法院判决撤销婚姻不服的,可以上诉。故 D 项正确。

82.证券投资基金份额持有人的权利[ABD]

[解析]《证券投资基金法》第46条第1款规定:"基金份额持有人享有下列权利:(一)分享基金财产收益;(二)参与分配清算后的剩余基金财产;(三)依法转让或者申请赎回其持有的基金份额;……"据此,A、B 两项正确,分别对应上述法条中的第1项与第2项。C 项显然错误,转让基金份额属于基金份额持有人的基本权利,C 项表述与上述条文第3项不符。

《证券投资基金法》第47条规定:"基金份额持有人大会由全体基金份额持有人组成,行使下列职权:……(三)决定更换基金管理人、基金托管人;……"据此,基金份额持有人可以通过基金份额持有人大会来更换基金管理人,D 项正确。

83.不正当竞争行为[AC]

[解析]"不正当竞争行为"是指经营者在生产经营活动中,采取非法的或者有悖商业道德的手段和方式,与其他经营者相竞争的行为。甲开发广告屏蔽软件,破坏了乙网站"广告"加"免费视频"的完整商业模式,并自行招商播放第三方的广告,违反诚信原

则和商业道德，构成不正当竞争行为。故 A 项正确。

《反不正当竞争法》第 12 条第 2 款规定："经营者不得利用技术手段，通过影响用户选择或者其他方式，实施下列妨碍、破坏其他经营者合法提供的网络产品或者服务正常运行的行为：……（四）其他妨碍、破坏其他经营者合法提供的网络产品或者服务正常运行的行为。"本题甲以无广告播放为宣传噱头，破坏乙公司合法提供的完整服务的正常运行。因此，不得以"技术手段"为名掩盖不正当竞争的事实。故 B 项错误。

《反不正当竞争法》第 17 条第 3 款规定："因不正当竞争行为受到损害的经营者的赔偿数额，按照其因被侵权所受到的实际损失确定；实际损失难以计算的，按照侵权人因侵权所获得的利益确定。经营者恶意实施侵犯商业秘密行为，情节严重的，可以在按照上述方法确定数额的一倍以上五倍以下确定赔偿数额。赔偿数额还应当包括经营者为制止侵权行为所支付的合理开支。"据此，知识产权侵权、反不正当竞争中的民事责任赔偿的一般顺序为：（1）实际损失；（2）因侵权所获得的利益。两者均加上合理费用。本题中乙网站实际损失无法确定时，应以侵权人甲因侵权所获得的利益即其收取的广告费用计算赔偿数额，故 C 项正确。不是赔偿"所有费用"，应当是"合理费用"，故 D 项错误。

84．委托合同[AC]

[解析]《民法典》第 933 条规定："委托人或者受托人可以随时解除委托合同。因解除合同造成对方损失的，除不可归责于该当事人的事由外，无偿委托合同的解除方应当赔偿因解除时间不当造成的直接损失，有偿委托合同的解除方应当赔偿对方的直接损失和合同履行后可以获得的利益。"可见，委托合同的当事人任何一方均享有任意解除权。但是除不可归责于当事人的原因外，解除方应当承担损失赔偿责任。具体到本题，律师事务所有权单方解除委托合同，但须承担赔偿责任。故 A、C 项正确，B 项错误。

《民法典》第 929 条第 1 款规定："有偿的委托合同，因受托人的过错造成委托人损失的，委托人可以请求赔偿损失。无偿的委托合同，因受托人的故意或者重大过失造成委托人损失的，委托人可以请求赔偿损失。"可见，有偿委托中，受托人因其过错给委托人造成损失的，即应承担责任；在无偿委托中，受托人只有在存有故意或者重大过失时承担责任。故 D 项错误。

85．责任保险[AB]

[解析]《保险法》第 65 条第 1、2 款规定："保险人对责任保险的被保险人给第三者造成的损害，可以依照法律的规定或者合同的约定，直接向该第三者赔偿保险金。责任保险的被保险人给第三者造成损害，被保险人对第三者应负的赔偿责任确定的，根据被保险人的请求，保险人应当直接向该第三者赔偿保险金。被保险人怠于请求的，第三者有权就其应获赔偿部分直接向保险人请求赔偿保险金。"责任保险合同是为第三人的利益而订立的保险合同，但责任保险的当事人不包括第三人。本题中，乙旅行社与红星保险公司签订的责任保险，当事人为乙旅行社与红星保险公司，乙旅行社为被保险人。丙公司与白云保险公司之间签订的承运人责任保险，当事人为丙公司与白云保险公司，丙公司为被保险人。因此基于合同的相对性，被保险人乙、丙可请求各自的保险人承担责任，故 A、B 项正确。

根据《保险法》第 65 条，只有在被保险人怠于请求保险人支付保险金的情况下，受到损害的第三者才能向保险人请求支付保险金，因此丁不能直接要求保险公司向其支付保险金，故 C、D 项错误。

三、不定项选择题

86．保兑信用证；保兑行的保兑义务[BD]

[解析]UCP600 第 6 条 c 项规定："信用证不得开成凭以申请人为付款人的汇票兑用。"在信用证项下，汇票上的付款人只能是银行，一般是开证行或开证行指定的银行，不会是乙公司。故 A 项错误。

保兑行自对信用证加以保兑时起，其承担的责任就相当于本身开证，不论开证行发生什么变化，保兑行都不得片面撤销其保兑。因此，保兑行的保兑义务并不因开证行的破产而免除。故 B、D 项正确，C 项错误。

87．CIF 术语；《联合国国际货物销售合同公约》[ABD]

[解析]CIF 意为"成本，保险费加运费（指定目的港）"，只适用于海运和内河运输。CIF 术语下，卖方必须在装运港将货物装上船，风险也自货物装上船时发生转移。本题中，该批瓷器已经运到乙国，说明已经在装运港装上船，风险也转移到了买方森德公司，森德公司有义务支付该批瓷器的货款，损失由其自行承担。故 A 项错误。

CIF 术语下，卖方只有办理最低级别保险即平安险的义务。故 B 项错误，C 项正确。**【关联记忆】**注意本术语与 CIP 术语险种的不同：《2020 年通则》中 CIP 术语在卖方投保的险别上有所提高，无特殊约定的情况下，卖方应投保"一切险"。

买方应该按照约定或者在收到货物的合理时间内付款。在双方没有约定的情况下，验货不是付款的前提条件。故 D 项错误。

88．债权人撤销权；无效法律行为；诉讼时效的适用范围[ABD]

[解析]《民法典》第 539 条规定："债务人以明

显不合理的低价转让财产、以明显不合理的高价受让他人财产或者为他人的债务提供担保，影响债权人的债权实现，债务人的相对人知道或者应当知道该情形的，债权人可以请求人民法院撤销债务人的行为。"本题中，甲公司为逃避债务，与丙公司合谋，将价值9000万元的公司资产以4000万元的价格转让给丙公司，符合债权人撤销权的构成要件，乙公司有权请求法院撤销该买卖合同，故A项正确。

《民法典》第541条规定："撤销权自债权人知道或者应当知道撤销事由之日起一年内行使。自债务人的行为发生之日起五年内没有行使撤销权的，该撤销权消灭。"据此，债权人撤销权的除斥期间是自知道或者应当知道撤销事由之日起算，而非自撤销事由发生之日起算，故C项错误。

《民法典》第154条规定，行为人与相对人恶意串通，损害他人合法权益的民事法律行为无效。本题中的甲公司与丙公司的行为属于恶意串通，损害乙公司利益，乙公司有权请求确认该合同无效，故B项正确。

请求确认合同无效不受诉讼时效的限制，故D项正确。

89．财产保全［CD］

[解析] 根据民事诉讼中诉的种类的相关理论，给付之诉是当事人向法院提出请求，责令义务人履行义务，以实现其权利的诉。而变更之诉则是当事人向法院提出的，请求变更或者消灭法律关系的诉。许某提出公司解散的诉讼实际上是要消灭公司股东之间的法律关系，因此，属于变更之诉，而非给付之诉。故A项是不正确的。

《公司法解释（二）》第3条规定："股东提起解散公司诉讼时，向人民法院申请财产保全或者证据保全的，在股东提供担保且不影响公司正常经营的情形下，人民法院可予以保全。"故B项错在后半句，法院是可以作出保全决定的。许某应当提供担保且采取的保全措施不应当影响公司正常经营，故C、D项正确。

90．执行程序中的异议［AB］

[解析]《执行程序解释》第3条规定："人民法院受理执行申请后，当事人对管辖权有异议的，应当自收到执行通知书之日起十日内提出。……"因此，对法院的执行管辖权，当事人可以提出异议。故A项正确。

《民事诉讼法》第236条规定："当事人、利害关系人认为执行行为违反法律规定的，可以向负责执行的人民法院提出书面异议……"因此，对于执行法院的执行行为的合法性，当事人也可以提出异议。故B项正确。

《民事诉讼法》第238条规定："执行过程中，案外人对执行标的提出书面异议的，人民法院应当自收到书面异议之日起十五日内审查，理由成立的，裁定中止对该标的的执行；理由不成立的，裁定驳回……"此处需要注意的是，执行标的的所有权归属的异议，异议主体不是当事人，是案外人。故C项错误。

《民事诉讼法》第269条规定，中止和终结执行的裁定，送达当事人后立即生效。法律并未赋予当事人对于执行法院作出的执行中止裁定提出异议的权利。故D项错误。

91．普通合伙企业的设立［B］

[解析]《合伙企业法》第17条第1款规定："合伙人应当按照合伙协议约定的出资方式、数额和缴付期限，履行出资义务。"甲对玩具店的出资义务是甲和玩具店之间的内部关系，与丁公司无关，丁公司作为债权人无权干涉合伙企业内部事务。故A项错误。【特别提醒】不要与公司法中的出资加速到期相混淆。

普通合伙企业的合伙人对合伙企业债务承担无限连带责任，故B项正确。甲对合伙企业债务承担的连带责任是法定义务，与出资是否履行没有关系，不可以未到出资期限为由进行抗辩，故D项错误。

《合伙企业法》第16条第1款规定："合伙人可以用货币、实物、知识产权、土地使用权或者其他财产权利出资，也可以用劳务出资。"该法第17条第2款规定："以非货币财产出资的，依照法律、行政法规的规定，需要办理财产权转移手续的，应当依法办理。"本题中，甲是用房屋的使用权而非所有权出资，不需要依法办理财产权转移手续。故C项错误。

【特别提醒】普通合伙企业不同于公司，属于非法人组织，不享有法人独立地位，由普通合伙人对合伙企业不能清偿的债务承担连带责任，因此对普通合伙人出资的要求更为宽松。而根据《公司法》规定，对公司以非货币财产出资的，应当办理财产权转移手续。

92．产品质量责任［ABC］

[解析]《消费者权益保护法》第18条第2款规定："宾馆、商场、餐馆、银行、机场、车站、港口、影剧院等经营场所的经营者，应当对消费者尽到安全保障义务。"故王某、栗某作为消费者有权要求商场承担赔偿责任。故A项正确。

《产品质量法》第43条规定："因产品存在缺陷造成人身、他人财产损害的，受害人可以向产品的生产者要求赔偿，也可以向产品的销售者要求赔偿。属于产品的生产者的责任，产品的销售者赔偿的，产品的销售者有权向产品的生产者追偿。属于产品的销售者的责任，产品的生产者赔偿的，产品的生产者有权向产品的销售者追偿。"故B、C项正确。

《消费者权益保护法》规定，商场有义务保障消费者的安全,但在题述案例并未提到商场在对电梯运营管理过程中存在过错,因而商场赔偿后,可向缺陷产品生产者全部追偿,不可能是按份赔偿责任。故 D 项错误。

93．产品责任;消费者的权利和经营者的义务[ABCD]

[解析]《消费者权益保护法》第 49 条规定:"经营者提供商品或者服务,造成消费者或者其他受害人人身伤害的,应当赔偿医疗费、护理费、交通费等为治疗和康复支出的合理费用,以及因误工减少的收入。造成残疾的,还应当赔偿残疾生活辅助具费和残疾赔偿金。造成死亡的,还应当赔偿丧葬费和死亡赔偿金。"故 A、B 项正确。

《消费者权益保护法》第 51 条规定:"经营者有侮辱诽谤、搜查身体、侵犯人身自由等侵害消费者或者其他受害人人身权益的行为,造成严重精神损害的,受害人可以要求精神损害赔偿。"本题中,栗某半身瘫痪,数次自杀未遂,造成严重精神利益损失的后果,有权主张精神损害赔偿。故 C 项正确。

《消费者权益保护法》第 55 条第 2 款规定:"经营者明知商品或者服务存在缺陷,仍然向消费者提供,造成消费者或者其他受害人死亡或者健康严重损害的,受害人有权要求经营者依照本法第 49 条、第 51 条等法律规定赔偿损失,并有权要求所受损失 2 倍以下的惩罚性赔偿。"故 D 项正确。

94．分公司;公司担保[AC]

[解析]《民法典担保制度解释》第 11 条 1 款规定:"公司的分支机构未经公司股东(大)会或者董事会决议以自己的名义对外提供担保,相对人请求公司或者其分支机构承担担保责任的,人民法院不予支持,但是相对人不知道且不应当知道分支机构对外提供担保未经公司决议程序的除外。"据此,甲分公司以自己的名义签订的担保协议系越权担保,丁公司对此知情,非属善意,因此该担保协议无效。故 A 项正确,B 项错误。

根据《民法典》第 74 条规定,法人分支机构以自己的名义从事民事活动,产生的民事责任由法人承担;也可以先以该分支机构管理的财产承担,不足承担的,由法人承担。据此,本题中,乙分公司有权以自己的名义与戊公司签订货物买卖协议,该协议有效,但产生的民事责任应由通程公司承担,故 C 项正确。债权人戊公司可以选择直接要求总公司承担合同责任,也可以选择先以分公司管理的财产承担责任再行向总公司追偿,而非必须先向分公司主张责任,故 D 项错误。

95．用人单位合并、分立对劳动合同的影响;劳动合同的协商解除[ABCD]

[解析]《劳动合同法》第 34 条规定,用人单位

发生合并或者分立等情况,原劳动合同继续有效,劳动合同由承继其权利和义务的用人单位继续履行,故 A 项说法正确。

《劳动合同法实施条例》第 10 条规定:"劳动者非因本人原因从原用人单位被安排到新用人单位工作的,劳动者在原用人单位的工作年限合并计算为新用人单位的工作年限。原用人单位已经向劳动者支付经济补偿的,新用人单位在依法解除、终止劳动合同计算支付经济补偿的工作年限时,不再计算劳动者在原用人单位的工作年限。"故 B、D 项说法正确。

《劳动合同法》第 36 条规定,用人单位与劳动者协商一致,可以解除劳动合同,故 C 项说法正确。

96．非全日制用工的终止用工;用人单位单方解除劳动合同的情形[BD]

[解析]本题中,公司对李某采取全日制的不定时工作制,公司无权对其随时终止用工,故 A 项说法错误,B 项说法正确。

公司绩效考核制度中"末位淘汰"的规定并不属于《劳动合同法》中有关单位可以单方面解除劳动合同的情形,于法无据,所以公司终止劳动合同是违法的。如果李某经绩效考核被认定为不能胜任工作,则只有在公司对其经过培训或者调整工作岗位,仍不能胜任工作的,才能主张解除劳动合同。故 C 项说法错误,D 项说法正确。

97．解除劳动合同的经济补偿[ABD]

[解析]《劳动合同法》第 48 条规定,用人单位违反本法规定解除或者终止劳动合同,劳动者不要求继续履行劳动合同或者劳动合同已经不能继续履行的,用人单位应当支付赔偿金。故 A 项正确,李某放弃请求恢复工作,不要求继续履行劳动合同,可以要求支付赔偿金。

《劳动合同法》第 46 条第 1 项规定,劳动者依照本法第 38 条规定解除劳动合同的,用人单位应当向劳动者支付经济补偿。故 B 项正确,该公司的规章制度违法损害劳动者权益,属于第 38 条第 1 款第 4 项情形,因此,李某可以要求即时辞职并支付经济补偿金。

《劳动合同法实施条例》第 25 条规定,用人单位违反劳动合同法的规定解除或者终止劳动合同,依照《劳动合同法》第 87 条规定支付了赔偿金的,不再支付经济补偿。故 C 项错误,李某不可同时获得违法终止劳动合同的赔偿金和即时辞职的经济补偿金。

《劳动合同法》第 87 条规定:"用人单位违反本法规定解除或者终止劳动合同的,应当依照本法第 47 条规定的经济补偿标准的 2 倍向劳动者支付赔偿金。"故 D 项正确,赔偿金的数额为经济补偿金的 2

倍,多于经济补偿金。

98.安全保障义务人侵权[D]

[解析]《民法典》第1198条第1款规定:"宾馆、商场、银行、车站、机场、体育场馆、娱乐场所等经营场所、公共场所的经营者、管理者或者群众性活动的组织者,未尽到安全保障义务,造成他人损害的,应当承担侵权责任。"据此,公共场所的管理人只有在未尽到安全保障义务时,才需要承担侵权责任。本题中,电梯人多陈某去走楼梯,与损害之间没有法律上的因果关系,A项错误。学生陈某的损害系其玩手机失足摔倒导致,学校(安保义务人)对损害的发生不存在过错,陈某应自负全部责任。故B、C项错误,D项正确。

99.调解协议的效力[B]

[解析]《民诉解释》第61条规定:"当事人之间的纠纷经人民调解委员会或者其他依法设立的调解组织调解达成协议后,一方当事人不履行调解协议,另一方当事人向人民法院提起诉讼的,应以对方当事人为被告。"本案中,双方当事人在调解委员会的主持下最终达成调解协议,钟阳未按时履行协议时,林剑欲向法院提起诉讼,应当以对方当事人钟阳为被告,而不是以调解委员会为被告。故B项正确。调解委员会是解决纠纷的主持者,不是实体权利义务的当事人或者利害关系人,其与纠纷没有利害关系,不应作为诉讼当事人。故A、C、D项错误。

100.司法确认[BC]

[解析]《民事诉讼法》第205条规定:"经依法设立的调解组织调解达成调解协议,申请司法确认的,由双方当事人自调解协议生效之日起三十日内,共同向下列人民法院提出:(一)人民法院邀请调解组织开展先行调解的,向作出邀请的人民法院提出;(二)调解组织自行开展调解的,向当事人住所地、标的物所在地、调解组织所在地的基层人民法院提出;调解协议所涉纠纷应当由中级人民法院管辖的,向相应的中级人民法院提出。"因此,应当自调解协议生效之日起30日内,由林剑、钟阳共同向法院申请确认调解协议。故A项错误,B项正确。申请确认调解协议,应当向调解组织所在地基层法院提起,即B市北城区基层法院。故D项错误。

《民诉解释》第353条规定:"当事人申请司法确认调解协议,可以采用书面形式或者口头形式。当事人口头申请的,人民法院应当记入笔录,并由当事人签名、捺印或者盖章。"故C项正确。

图书在版编目（CIP）数据

2025 国家统一法律职业资格考试精编 15 套卷／拓朴
法考组编. -- 北京 ： 中国法治出版社, 2025.6.
ISBN 978-7-5216-5299-4

Ⅰ. D920.4

中国国家版本馆 CIP 数据核字第 20253N5L67 号

责任编辑：李连宇（lilianyu@ zgfzs. com）   封面设计：拓　朴

2025 国家统一法律职业资格考试精编 15 套卷
2025 GUOJIA TONGYI FALÜ ZHIYE ZIGE KAOSHI JINGBIAN 15 TAO JUAN
组编／拓朴法考
经销／新华书店
印刷／河北翔驰润达印务有限公司
开本／787 毫米×1092 毫米　16 开   印张／70.5　字数／2400 千
版次／2025 年 6 月第 1 版   2025 年 6 月第 1 次印刷

中国法治出版社出版
书号 ISBN 978-7-5216-5299-4   定价：208.00 元

北京市西城区西便门西里甲 16 号西便门办公区
邮政编码：100053   传真：010-63141600
网址：http：//www. zgfzs. com   **编辑部电话：010-63141811**
市场营销部电话：010-63141612   **印务部电话：010-63141606**

如有印装质量问题，请与本社印务部联系。
封底二维码内容由拓朴法考提供，用于服务广大考生，有效期截至 2025 年 12 月 31 日。

试 卷 一

试 题

一、单项选择题。每题所设选项中只有一个正确答案,多选、错选或不选均不得分。本部分含 1—50 题,每题 1 分,共 50 分。

1. 关于习近平法治思想的形成发展,下列哪一项说法是不准确的?

A. 习近平法治思想为深入推进全面依法治国、加快建设社会主义法治国家提供了科学指南

B. 习近平法治思想是马克思主义法治理论中国化时代化的新发展新飞跃,反映了创新马克思主义法治理论的内在逻辑要求

C. 习近平法治思想是着眼中华民族伟大复兴战略全局和当今世界百年未有之大变局,顺应实现中华民族伟大复兴时代要求应运而生的重大战略思想

D. 习近平法治思想是引领法治中国建设实现高质量发展的思想旗帜

2. 法谚有云:"习惯依靠自觉遵守,法律则被强制服从。"下列说法哪一项是正确的?

A. 习惯不设定义务

B. 习惯不具有强制力

C. 法律不被强制,则不被遵守

D. 法律不被实施,则不生实效

3. 成文宪法和不成文宪法是英国宪法学家提出的一种宪法分类。关于成文宪法和不成文宪法的理解,下列哪一选项是正确的?

A. 不成文宪法的特点是其内容不见于制定法

B. 宪法典的名称中必然含有"宪法"字样

C. 美国作为典型的成文宪法国家,不存在宪法惯例

D. 在程序上,英国不成文宪法的内容可像普通法律一样被修改或者废除

4. 西周商品经济发展促进了民事契约关系的发展。《周礼》载:"听买卖以质剂。"汉代学者郑玄解读西周买卖契约形式:"大市谓人民、牛马之属,用长券;小市为兵器、珍异之物,用短券。"对此,下列哪一说法是正确的?

A. 长券为"质",短券为"剂"

B. "质"由买卖双方自制,"剂"由官府制作

C. 契约达成后,交"质人"专门管理

D. 买卖契约也可采用"傅别"形式

5. 甲乙二国建立正式外交关系数年后,因两国多次发生边境冲突,甲国宣布终止与乙国的外交关系。根据国际法相关规则,下列哪一选项是正确的?

A. 甲国终止与乙国的外交关系,并不影响乙国对甲国的承认

B. 甲国终止与乙国的外交关系,表明甲国不再承认乙国作为一个国家

C. 甲国主动与乙国断交,则乙国可以撤回其对甲国作为国家的承认

D. 乙国从未正式承认甲国为国家,建立外交关系属于事实上的承认

6. 公正是法治的生命线,公正司法是维护社会公平正义的最后一道防线。下列哪一论断符合公正司法的要求?

A. 保障犯罪嫌疑人的辩护权利体现了司法的参与性

B. 法院杜绝不正之风体现了司法的公开性

C. 检察院禁止收受礼金体现了司法结果的正确性

D. 禁止司法人员与诉讼参与人私下接触体现了司法的中立性

7. 关于刑法用语的解释,下列哪一选项是正确的?

A. 按照体系解释,刑法分则中的"买卖"一词,均指购买并卖出;单纯的购买或者出售,不属于"买卖"

B. 按照同类解释规则,对于刑法分则条文在列举具体要素后使用的"等"、"其他"用语,应按照所列举的内容、性质进行同类解释

C. 将明知是捏造的损害他人名誉的事实,在信息网络上散布的行为,认定为"捏造事实诽谤他人",属于当然解释

D. 将盗窃骨灰的行为认定为盗窃"尸体",属于扩大解释

8. 甲怀疑医院救治不力致其母死亡,遂在医院设灵堂、烧纸钱,向医院讨说法。结合社会主义法治理念和刑法规定,下列哪一看法是错误的?

A. 执法为民与服务大局的理念要求严厉打击涉医违法犯罪,对社会影响恶劣的涉医犯罪行为,要依法从严惩处

B. 甲属于起哄闹事,只有造成医院的秩序严重混乱的,才构成寻衅滋事罪

C. 如甲母的死亡确系医院救治不力所致,则不能轻易将甲的行为认定为寻衅滋事罪

D. 如以寻衅滋事罪判处甲有期徒刑3年、缓刑3年,为有效维护医疗秩序,法院可同时发布禁止令,禁止甲1年内出入医疗机构

9. 关于刑事诉讼构造,下列哪一选项是正确的?

A. 刑事诉讼价值观决定了刑事诉讼构造

B. 混合式诉讼构造是当事人主义吸收职权主义的因素形成的

C. 职权主义诉讼构造适用于实体真实的诉讼目的

D. 当事人主义诉讼构造与控制犯罪是矛盾的

10. 甲发现自家优质甜瓜常被人夜里偷走,怀疑乙所为。某夜,甲戴上荧光恐怖面具,在乙偷瓜时突然怪叫,乙受到惊吓精神失常。甲后悔不已,主动承担乙的治疗费用。公安机关以涉嫌过失致人重伤将甲拘留,乙父母向公安机关表示已谅解甲,希望不追究甲的责任。在公安机关主持下,乙父母与甲签订和解协议,公安机关将案件移送检察院并提出从宽处理建议。下列社会主义法治理念和刑事诉讼理念的概括,哪一选项与本案处理相一致?

A. 既要充分发挥司法功能,又要构建多元化的矛盾纠纷化解机制

B. 既要坚持法律面前人人平等,又要考虑对特殊群体区别对待

C. 既要追求公平正义,又要兼顾诉讼效率

D. 既要高度重视程序的约束作用,又不应忽略实体公正

11. 在不使用行政强制措施也能实现行政管理目的的情况下,应当放弃实施行政强制措施。该说法体现了哪一项行政法原则的要求?

A. 公平公正原则

B. 比例原则

C. 考虑相关因素原则

D. 行政效率原则

12. 关于坚持中国特色社会主义法治道路,下列哪一选项是不正确的?

A. 坚持中国特色社会主义法治道路,本质上是中国特色社会主义道路在法治领域的具体体现

B. 坚持中国共产党的领导是中国特色社会主义法治道路最根本的保证

C. 中国特色社会主义法治道路,是社会主义法治建设成就和经验的集中体现,是建设社会主义法治国家的唯一正确道路

D. 要从中国国情和实际出发,走适合自己的法治道路,不借鉴国外法治

13. 任某应聘甲公司的法务部门职位,被该公司人力部门以其户籍地为H省为由拒绝。任某认为受到甲公司的就业歧视,起诉到法院。法院认为,根据《就业促进法》第3条规定,劳动者就业,不因民族、种族、性别、宗教信仰等不同而受歧视。甲公司以户籍地为由拒绝任某,是以与"工作内在要求"无必然联系的因素对劳动者进行无正当理由的差别对待。因此,法院判决甲公司向任某赔礼道歉。关于该案,下列哪一说法是正确的?

A.《民法典》和《就业促进法》是同一种法律部门

B. 劳动者不受歧视的权利属于相对权

C. 法官判决甲公司赔礼道歉,体现的是法的强制作用

D.《就业促进法》第3条所规定的原则属于政策性原则

14. 关于宪法的历史发展,下列哪一选项是不正确的?

A. 资本主义商品经济的普遍化发展,是近代宪法产生的经济基础

B. 1787年美国宪法是世界历史上的第一部成文宪法

C. 1918年《苏俄宪法》和1919年德国《魏玛宪法》的颁布,标志着现代宪法的产生

D. 行政权力的扩大是中国宪法发展的趋势

15. 《晋书·刑法志》载,晋元帝审问一案,主张鞭父母以问子女。卫展上书:"相隐之道离,则君臣之义废。君臣之义废,则犯上之奸生矣。"对此,下列哪一说法是正确的?

A. 晋元帝重伦理轻法律

B. 亲亲相隐在东晋已成为正式法律制度

C. 亲情伦理可以抗御刑讯

D. 伦理与刑罚之间的冲突不可调和

16. 甲国某核电站因极强地震引发爆炸后,甲国政府依国内法批准将核电站含低浓度放射性物质的大量污水排入大海。乙国海域与甲国毗邻,均为《关于核损害的民事责任的维也纳公约》缔约国。下列哪一说法是正确的?

A. 甲国领土范围发生的事情属于甲国内政

B. 甲国排污应当得到国际海事组织同意

C. 甲国对排污的行为负有国际法律责任,乙国可通过协商与甲国共同解决排污问题

D. 根据"污染者付费"原则,只能由致害方,即该核电站所属电力公司承担全部责任

17. 根据法官、检察官纪律处分有关规定，下列哪一说法是正确的？

A. 张法官参与迷信活动，在社会中造成了不良影响，可予提醒劝阻，其不应受到纪律处分

B. 李法官乘车时对正在实施的盗窃行为视而不见，小偷威胁失主仍不出面制止，其应受到纪律处分

C. 何检察官在讯问犯罪嫌疑人时，反复提醒犯罪嫌疑人注意其聘请的律师执业不足2年，其行为未违反有关规定

D. 刘检察官接访时，让来访人前往国土局信访室举报他人骗取宅基地使用权证的问题，其做法是恰当的

18. 甲给机场打电话谎称"3架飞机上有炸弹"，机场立即紧急疏散乘客，对飞机进行地毯式安检，3小时后才恢复正常航班秩序。关于本案，下列哪一选项是正确的？

A. 为维护社会稳定，无论甲的行为是否严重扰乱社会秩序，都应追究甲的刑事责任

B. 为防范危害航空安全行为的发生，保护人民群众，应以危害公共安全相关犯罪判处甲死刑

C. 从事实和法律出发，甲的行为符合编造、故意传播虚假恐怖信息罪的犯罪构成，应追究其刑事责任

D. 对于散布虚假信息，危及航空安全，造成国内国际重大影响的案件，可突破司法程序规定，以高效办案取信社会

19. 刘某以赵某对其犯故意伤害罪，向法院提起刑事附带民事诉讼。因赵某妹妹曾拒绝本案主审法官王某的求爱，故王某在明知证据不足、指控犯罪不能成立的情况下，毁灭赵某无罪证据，认定赵某构成故意伤害罪，并宣告免予刑罚处罚。对王某的定罪，下列哪一选项是正确的？

A. 徇私枉法罪　　B. 滥用职权罪
C. 玩忽职守罪　　D. 帮助毁灭证据罪

20. 社会主义法治要通过法治的一系列原则加以体现。具有法定情形不予追究刑事责任是《刑事诉讼法》确立的一项基本原则，下列哪一案件的处理体现了这一原则？

A. 甲涉嫌盗窃，立案后发现涉案金额400余元，公安机关决定撤销案件

B. 乙涉嫌抢夺，检察院审查起诉后认为犯罪情节轻微，不需要判处刑罚，决定不起诉

C. 丙涉嫌诈骗，法院审理后认为其主观上不具有非法占有他人财物的目的，作出无罪判决

D. 丁涉嫌抢劫，检察院审查起诉后认为证据不足，决定不起诉

21. 关于被害人在刑事诉讼中的权利，下列哪一选项是正确的？

A. 自公诉案件立案之日起有权委托诉讼代理人

B. 对因作证而支出的交通、住宿、就餐等费用，有权获得补助

C. 对法院作出的强制医疗决定不服的，可向作出决定的法院申请复议一次

D. 对检察院作出的附条件不起诉决定不服的，可向上一级检察院申诉

22. 某区市场监督管理局以生产不符合标准的运动服为由对某公司处以罚款6000元，没收违法所得2万元，某公司不服向区政府申请复议，区政府将没收违法所得改为1万元后，维持了其他处罚。某公司不服提起诉讼。下列哪一说法是正确的？

A. 本案被告是区市场监督管理局

B. 本案可以由区市场监督管理局所在地的中院管辖

C. 没收违法所得是行为罚

D. 如果该公司拒绝缴纳罚款，区市场监督管理局可对其加处罚款，但加处罚款的标准要告知公司

23. 关于完善立法体制机制的要求，下列哪一项说法是错误的？

A. 坚持科学立法、民主立法、依法立法

B. 完善党委领导、人大主导、政府依托、各方参与的立法工作格局

C. 立改废释并举，不断提高立法质量和效率

D. 严格规范公正文明执法，规范执法自由裁量权，加大关系群众切身利益的重点领域执法力度

24. 关于宪法效力，有如下四种表述：①宪法的地位高于法律和行政法规等其他法律规范；②宪法具有最高的法律效力；③宪法规定了公民的基本权利和义务；④宪法精神深入贯彻在社会生活的各个方面。上述说法能够体现宪法根本法地位的是哪一项？

A. ①②　　　　　　B. ②③
C. ①②③　　　　　D. ①②③④

25. 中国历史上曾进行多次法制变革以适应社会的发展。关于这些法制变革的表述，下列哪一选项是错误的？

A. 秦国商鞅实施变法改革，全面贯彻法家"明法重刑"的主张，加大量刑幅度，对轻罪也施以重刑，以实现富国强兵目标

B. 西汉文帝为齐太仓令之女缇萦请求将自己没官为奴、替父赎罪的行为所动，下令废除肉刑

C. 唐代废除了宫刑制度，创设了鞭刑和杖刑，以宽减刑罚，缓解社会矛盾

D. 《大清新刑律》抛弃了旧律诸法合体的编纂形式，采用了罪刑法定原则，规定刑罚分为主刑、从刑

26. 关于结果加重犯，下列哪一选项是正确的？

A. 故意杀人包含了故意伤害,故意杀人罪实际上是故意伤害罪的结果加重犯

B. 强奸罪、强制猥亵妇女罪的犯罪客体相同,强奸、强制猥亵行为致妇女重伤的,均成立结果加重犯

C. 甲将乙拘禁在宾馆 20 楼,声称只要乙还债就放人。乙无力还债,深夜跳楼身亡。甲的行为不成立非法拘禁罪的结果加重犯

D. 甲以胁迫手段抢劫乙时,发现仇人丙路过,于是立即杀害丙。甲在抢劫过程中杀害他人,因抢劫致人死亡包括故意致人死亡,故甲成立抢劫致人死亡的结果加重犯

27. 关于职业禁止,下列哪一选项是正确的?

A. 利用职务上的便利实施犯罪的,不一定都属于"利用职业便利"实施犯罪

B. 行为人违反职业禁止的决定,情节严重的,应以拒不执行判决、裁定罪定罪处罚

C. 判处有期徒刑并附加剥夺政治权利,同时决定职业禁止的,在有期徒刑与剥夺政治权利均执行完毕后,才能执行职业禁止

D. 职业禁止的期限均为 3 年至 5 年

28. 刑事审判具有亲历性特征。下列哪一选项不符合亲历性要求?

A. 证人因路途遥远无法出庭,采用远程作证方式在庭审过程中作证

B. 首次开庭并对出庭证人的证言质证后,某合议庭成员因病无法参与审理,由另一人民陪审员担任合议庭成员继续审理并作出判决

C. 某案件独任审判员在公诉人和辩护人共同参与下对部分证据进行庭外调查核实

D. 第二审法院对决定不开庭审理的案件,通过讯问被告人,听取被害人、辩护人和诉讼代理人的意见进行审理

29. 审判长在法庭审理过程中突发心脏病,无法继续参与审判,需在庭外另行指派其他审判人员参加审判。法院院长的下列哪一做法是正确的?

A. 指派一名陪审员担任审判长重新审理

B. 指派一名审判员担任审判长继续审理

C. 指派一名陪审员并指定原合议庭一名审判员担任审判长继续审理

D. 指定一名审判员担任审判长重新审理

30. 某县公安局于 2012 年 5 月 25 日以方某涉嫌合同诈骗罪将其刑事拘留,同年 6 月 26 日取保候审,8 月 11 日检察院决定批准逮捕方某。2013 年 5 月 11 日,法院以指控依据不足为由判决方某无罪,方某被释放。2014 年 3 月 2 日方某申请国家赔偿。下列一说法是正确的?

A. 县公安局为赔偿义务机关

B. 赔偿义务机关可就赔偿方式和数额与方某协商,但不得就赔偿项目进行协商

C. 方某 2012 年 6 月 26 日至 8 月 11 日取保候审,不属于国家赔偿范围

D. 对方某的赔偿金标准应按照 2012 年度国家职工日平均工资计算

31. 根据《监督法》的规定,关于监督程序,下列哪一选项是不正确的?

A. 政府可委托有关部门负责人向本级人大常委会作专项工作报告

B. 以口头答复的质询案,由受质询机关的负责人到会答复

C. 特定问题调查委员会在调查过程中,应当公布调查的情况和材料

D. 撤职案的表决采用无记名投票的方式,由常委会全体组成人员的过半数通过

32. 甲为勒索财物,打算绑架富商之子吴某(5岁)。甲欺骗乙、丙说:"富商欠我 100 万元不还,你们帮我扣押其子,成功后给你们每人 10 万元。"乙、丙将吴某扣押,但甲无法联系上富商,未能进行勒索。三天后,甲让乙、丙将吴某释放。吴某一人在回家路上溺水身亡。关于本案,下列哪一选项是正确的?

A. 甲、乙、丙构成绑架罪的共同犯罪,但对乙、丙只能适用非法拘禁罪的法定刑

B. 甲未能实施勒索行为,属绑架未遂;甲主动让乙、丙放人,属绑架中止

C. 吴某的死亡结果应归责于甲的行为,甲成立绑架致人死亡的结果加重犯

D. 不管甲是绑架未遂、绑架中止还是绑架既遂,乙、丙均成立犯罪既遂

33. 甲以杀人故意放毒蛇咬乙,后见乙痛苦不堪,心生悔意,便开车送乙前往医院。途中等红灯时,乙声称其实自己一直想死,突然跳车逃走,三小时后死亡。后查明,只要当时送医院就不会死亡。关于本案,下列哪一选项是正确的?

A. 甲不对乙的死亡负责,成立犯罪中止

B. 甲未能有效防止死亡结果发生,成立犯罪既遂

C. 死亡结果不能归责于甲的行为,甲成立犯罪未遂

D. 甲未能阻止乙跳车逃走,应以不作为的故意杀人罪论处

34. 下列哪一选项的行为应以掩饰、隐瞒犯罪所得罪论处?

A. 甲用受贿所得 1000 万元购买了一处别墅

B. 乙明知是他人用于抢劫的汽车而更改车身颜色

C. 丙与抢劫犯事前通谋后代为销售抢劫财物

D. 丁明知是他人盗窃的汽车而为其提供伪造的机动车来历凭证

35．在一起聚众斗殴案件发生时，证人甲乙丙丁四人在现场目睹事实经过，侦查人员对上述四名证人进行询问。关于询问证人的程序和方式，下列哪一选项是错误的？

A. 在现场立即询问证人甲

B. 传唤证人乙到公安机关提供证言

C. 到证人丙租住的房屋询问证人丙

D. 到证人丁提出的其工作单位附近的快餐厅询问证人丁

36．某小学发生一起猥亵儿童案件，三年级女生甲向校长许某报称被老师杨某猥亵。许某报案后，侦查人员通过询问许某了解了甲向其陈述的被杨某猥亵的经过。侦查人员还通过询问甲了解到，另外两名女生乙和丙也可能被杨某猥亵，乙曾和甲谈到被杨某猥亵的经过，甲曾目睹杨某在课间猥亵丙。讯问杨某时，杨某否认实施猥亵行为，并表示他曾举报许某贪污，许某报案是对他的打击报复。关于本案证据，下列哪一选项是正确的？

A. 甲向公安机关反映的情况，既是被害人陈述，也是证人证言

B. 关于甲被猥亵的经过，许某的证言可作为甲陈述的补强证据

C. 关于乙被猥亵的经过，甲的证言属于传闻证据，不得作为定案的依据

D. 甲、乙、丙因年幼，其陈述或证言必须有其他证据印证才能采信

37．关于侦查程序中的辩护权保障和情况告知，下列哪一选项是正确的？

A. 辩护律师提出要求的，侦查机关可以听取辩护律师的意见，并记录在案

B. 辩护律师提出书面意见的，可以附卷

C. 侦查终结移送审查起诉时，将案件移送情况告知犯罪嫌疑人或者其辩护律师

D. 侦查终结移送审查起诉时，将案件移送情况告知犯罪嫌疑人及其辩护律师

38．某地连续发生数起以低价出售物品引诱当事人至屋内后实施抢劫的事件，当地公安局通过手机短信告知居民保持警惕以免上当受骗。公安局的行为属于下列哪一性质？

A. 履行行政职务的行为

B. 负担性的行为

C. 准备性行政行为

D. 强制行为

39．水利部依照《中华人民共和国水法》制定了《水行政处罚实施办法》（中华人民共和国水利部令第55号）。该办法可以规定下列哪一项内容？

A. 规定行政处罚的级别管辖

B. 补充设定行政处罚

C. 规定行政处罚适用简易程序的特殊条件

D. 规定依普通程序作出处罚决定的期限

40．根据《选举法》的规定，关于选举机构，下列哪一选项是不正确的？

A. 特别行政区全国人大代表的选举由全国人大常委会主持

B. 省、自治区、直辖市、设区的市、自治州的人大常委会领导本行政区域内县级以下人大代表的选举工作

C. 乡、民族乡、镇的选举委员会受不设区的市、市辖区、县、自治县人大常委会的领导

D. 选举委员会对依法提出的有关选民名单的申诉意见，应在3日内作出处理决定

41．赵某、钱某、孙某、李某四人合谋加害刘某，但四人未商议具体分工和计划，刘某最终死亡。经查明，赵某和钱某使用木棒殴打刘某，孙某使用拳头殴打刘某，李某手持铁棒在旁助威。刘某因头部受致命伤而死亡，但无法确认何人所为。以下哪一项说法是正确的？

A. 因无法确认何人所致致命伤，故四人无需对刘某死亡负刑事责任

B. 根据共同犯罪的原则，四人均需对刘某死亡负刑事责任

C. 孙某使用拳头殴打刘某，不足以致死，故不对刘某死亡负刑事责任

D. 李某手持铁棒在旁助威，故不对刘某死亡负刑事责任

42．关于共同犯罪的论述，下列哪一选项是正确的？

A. 无责任能力者与有责任能力者共同实施危害行为的，有责任能力者均为间接正犯

B. 持不同犯罪故意的人共同实施危害行为的，不可能成立共同犯罪

C. 在片面的对向犯中，双方都成立共同犯罪

D. 共同犯罪是指二人以上共同故意犯罪，但不能据此否认片面的共犯

43．关于证人证言与鉴定意见，下列哪一选项是正确的？

A. 证人证言只能由自然人提供，鉴定意见可由单位出具

B. 生理上、精神上有缺陷的人有时可以提供证人证言，但不能出具鉴定意见

C. 如控辩双方对证人证言和鉴定意见有异议的,相应证人和鉴定人均应出庭

D. 证人应出庭而不出庭的,其庭前证言仍可能作为证据;鉴定人应出庭而不出庭的,鉴定意见不得作为定案根据

44. 关于《刑事诉讼法》规定的证明责任分担,下列哪一选项是正确的?

A. 公诉案件中检察院负有证明被告人有罪的责任,证明被告人无罪的责任由被告方承担

B. 自诉案件的证明责任分配依据"谁主张,谁举证"的法则确定

C. 巨额财产来源不明案中,被告人承担说服责任

D. 非法持有枪支案中,被告人负有提出证据的责任

45. 关于行政法规的立项,下列哪一说法是正确的?

A. 省政府认为需要制定行政法规的,可于每年年初编制国务院年度立法工作计划前向国务院报请立项

B. 国务院法制机构根据有关部门报送的立项申请汇总研究,确定国务院年度立法工作计划

C. 列入国务院年度立法工作计划的行政法规项目应适应改革、发展、稳定的需要

D. 国务院年度立法工作计划一旦确定不得调整

46. 某市执法部门发布通告:"为了进一步提升本市市容和环境卫生整体水平,根据相关规定,全市范围内禁止设置各类横幅标语。"根据该通告,关于禁设横幅标语,下列哪一说法是正确的?

A. 涉及公民的出版自由

B. 不构成对公民基本权利的限制

C. 在目的上具有正当性

D. 涉及宪法上的合理差别问题

47. 关于故意伤害罪与组织出卖人体器官罪,下列哪一选项是正确的?

A. 非法经营尸体器官买卖的,成立组织出卖人体器官罪

B. 医生明知是未成年人,虽征得其同意而摘取其器官的,成立故意伤害罪

C. 组织他人出卖人体器官并不从中牟利的,不成立组织出卖人体器官罪

D. 组织者出卖一个肾脏获 15 万元,欺骗提供者说只卖了 5 万元的,应认定为故意伤害罪

48. 甲持刀将乙逼入山中,让乙通知其母送钱赎人。乙担心其母心脏病发作,遂谎称开车撞人,需付五万元治疗费,其母信以为真。关于甲的行为性质,

下列哪一选项是正确的?

A. 非法拘禁罪　　　B. 绑架罪

C. 抢劫罪　　　　　D. 诈骗罪

49. 法院受理叶某涉嫌故意杀害郭某案后,发现其可能符合强制医疗条件。经鉴定,叶某属于依法不负刑事责任的精神病人,法院审理后判决宣告叶某不负刑事责任,同时作出对叶某强制医疗的决定。关于此案的救济程序,下列哪一选项是错误的?

A. 对叶某强制医疗的决定,检察院可以提出纠正意见

B. 叶某的法定代理人可以向上一级法院申请复议

C. 叶某对强制医疗决定可以向上一级法院提出上诉

D. 郭某的近亲属可以向上一级法院申请复议

50. 某区城管执法局以甲工厂的房屋建筑违法为由强行拆除,拆除行为被认定违法后,甲工厂要求某区城管执法局予以赔偿,遭到拒绝后向法院起诉。甲工厂除提供证据证明房屋损失外,还提供了甲工厂工人刘某与当地居民谢某的证言,以证明房屋被拆除时,房屋有办公用品、机械设备未搬出,应予赔偿。某区城管执法局提交了甲工厂工人李某和执法人员张某的证言,以证明房屋内没有物品。下列哪一选项是正确的?

A. 法院不能因李某为甲工厂工人而不采信其证言

B. 法院收到甲工厂提交的证据材料,应当出具收据,由经办人员签名并加盖法院印章

C. 张某的证言优于谢某的证言

D. 在庭审过程中,甲工厂要求刘某出庭作证,法院应不予准许

二、多项选择题。每题所设选项中至少有两个正确答案,多选、少选、错选或不选均不得分。本部分含 51-85 题,每题 2 分,共 70 分。

51. 关于党的领导和全面依法治国的关系,下列哪些说法是正确的?

A. 社会主义法治必须坚持党的领导,党的领导必须依靠社会主义法治

B. 全面依法治国,必须坚持党总揽全局、协调各方的领导核心地位不动摇

C. 坚持党的领导、人民当家作主、依法治国有机统一,最根本的是坚持党的领导

D. 党内法规应严于和高于国家法律

52. 在过去几年中,政法机关密切联系人民群众,通过开门评警、回访等多种形式广征民意,倾听基层呼声,为人民群众排忧解难,切身践行为人民服务的宗旨,为人民提供高质量服务。关于上述做法,下

列表述适当的有哪些?

A. 政法机关应当坚持专门机关工作和群众路线相结合

B. 信访制度会降低司法的权威性,应终止信访制度

C. 畅通群众利益协调、权益保障法律渠道

D. 把信访纳入法治化轨道,保障合理合法诉求依照法律规定和程序就能得到合理合法的结果

53. 2022 年 10 月,国家体育总局审议通过《国家体育总局规章和规范性文件制定程序规定》。关于该《规定》,下列哪些说法是正确的?

A. 应当由局务会议审议

B. 应当由体育总局局长签署体育总局令予以公布

C. 应当在通过后 30 日内报国务院备案

D. 应当及时在国务院公报上予以刊载

54. 关于不作为犯罪,下列哪些说法是正确的?

A. 警察李某抓捕了吸毒人员王某(女),进行强制戒毒。王某有一个 5 岁女儿独自在家,被王某锁在家里。王某将该情况告知李某,要求妥善安顿女儿。李某因疏忽而忘记此事。几天后,王某的女儿饿死在家中。李某成立不作为的玩忽职守罪

B. 吸毒人员吴某常常把自己年幼的孩子独自留在家中而出去吸毒。某次,吴某明知家中有孩子,出门十日才回家,其年幼孩子在被隔绝的家中饿死。吴某构成不作为的故意杀人罪

C. 赵某明知邻居钱某有癫痫,出于故意而与邻居钱某吵架,使其发病,浑身抽搐。赵某见状故意不救助,钱某因无人救助而死亡。赵某构成不作为的故意杀人罪

D. 孙某驾车不慎撞倒行人金某之后,为逃避法律责任,将昏迷的金某拖到隐蔽的山洞里,金某因无人救助而死亡。孙某构成不作为的故意杀人罪

55. 关于程序法定,下列哪些说法是正确的?

A. 程序法定要求法律预先规定刑事诉讼程序

B. 程序法定是大陆法系国家法定原则的重要内容之一

C. 英美国家实行判例制度而不实行程序法定

D. 以法律为准绳意味着我国实行程序法定

56. 某县公安局以涉嫌故意伤害罪为由对朱某刑事拘留,县检察院批准逮捕。县检察院对朱某提起公诉,后以证据不足为由撤诉。朱某被释放后申请国家赔偿。关于本案,下列哪些说法是正确的?

A. 给予朱某的精神损害抚慰金不得低于侵犯人身自由赔偿金的两倍

B. 赔偿义务机关不可就赔偿项目与朱某进行协商

C. 对赔偿决定不服,朱某可以向赔偿义务机关的上一级机关申请复议

D. 赔偿义务机关应为县检察院

57. 法律职业道德具有不同于一般职业道德的职业性、实践性、正式性及更高标准的特征。关于法律职业道德的表述,下列哪些选项是正确的?

A. 法律职业人员专业水平的发挥与职业道德水平的高低具有密切联系

B. 法律职业道德基本原则和规范的形成,与法律职业实践活动紧密相连

C. 纵观伦理发展史和法律思想史,法律职业道德的形成与"实证法"概念的阐释密切相关

D. 法律职业道德基本原则是对每个法律从业人员职业行为进行职业道德评价的标准

58. 依据《中华人民共和国缔结条约程序法》及中国相关法律,下列哪些选项是正确的?

A. 国务院总理与外交部长参加条约谈判,无需出具全权证书

B. 由于中国已签署《联合国国家及其财产管辖豁免公约》,该公约对我国具有拘束力

C. 中国缔结或参加的国际条约与中国国内法有冲突的,均优先适用国际条约

D. 经全国人大常委会决定批准或加入的条约和重要协定,由全国人大常委会公报公布

59. 关于刑法解释,下列哪些选项是错误的?

A.《刑法》规定"以暴力、胁迫或者其他手段强奸妇女的"构成强奸罪。按照文理解释,可将丈夫强行与妻子性交的行为解释为"强奸妇女"

B.《刑法》对抢劫罪与强奸罪的手段行为均使用了"暴力、胁迫"的表述,且二罪的法定刑相同,故对二罪中的"暴力、胁迫"应作相同解释

C. 既然将为了自己饲养而抢劫他人宠物的行为认定为抢劫罪,那么,根据当然解释,对于了自己收养而抢劫他人婴儿的行为更应认定为抢劫罪,否则会导致罪刑不均衡

D. 对中止犯中的"自动有效地防止犯罪结果发生",既可解释为自动采取措施使得犯罪结果未发生;也可解释为自动采取防止犯罪结果发生的有效措施,而不管犯罪结果是否发生

60. 某县政府印发《招商引资意见》,允许招商成功后按照实际到位资金的 1% 给予引介人奖励金。李某介绍甲公司与县招商局签订投资协议,投资 1 亿元建设垃圾焚烧厂并运营至今。经李某多次催促,县政府支付李某 10 万元后,拒绝支付剩余奖励金,李某不服,提起行政诉讼。下列哪些说法是正确的?

A.《招商引资意见》属于具体行政行为

B. 李某获得的 10 万元奖励金可免缴个人所得税

C. 县政府拒绝支付剩余奖励金的行为违反了信赖保护原则

D. 投资协议履行过程中发生争议的,甲公司可以提起行政诉讼

61. 关于法律援助,下列哪些表述是正确的?

A. 区检察院提起抗诉的案件,区法院应当通知区法律援助中心为被告人甲提供法律援助

B. 家住 A 县的乙在邻县涉嫌犯罪被邻县检察院批准逮捕,其因经济困难可向 A 县法律援助中心申请法律援助

C. 县公安局没有通知县法律援助中心为可能被判处无期徒刑的丙提供法律援助,丙可向市检察院提出申诉

D. 县法院应当准许强制医疗案件中的被告丁以正当理由拒绝法律援助,并告知其可另行委托律师

62. 关于侵犯人身权利罪,下列哪些选项是错误的?

A. 医生甲征得乙(15 周岁)同意,将其肾脏摘出后移植给乙的叔叔丙。甲的行为不成立故意伤害罪

B. 丈夫甲拒绝扶养因吸毒而缺乏生活能力的妻子乙,致乙死亡。因吸毒行为违法,乙的死亡只能由其本人负责,甲的行为不成立遗弃罪

C. 乙盗窃甲价值 4000 余元财物,甲向派出所报案被拒后,向县公安局告发乙抢劫价值 4000 余元财物。公安局立案后查明了乙的盗窃事实。对甲的行为不应以诬告陷害罪论处

D. 成年妇女甲与 13 周岁男孩乙性交,因性交不属于猥亵行为,甲的行为不成立猥亵儿童罪

63. 《中共中央关于坚持和完善中国特色社会主义制度 推进国家治理体系和治理能力现代化若干重大问题的决定》要求,构建基层社会治理新格局,完善群众参与基层社会治理的制度化渠道。对此,下列哪些说法是正确的?

A. 健全党组织领导的自治、法治、德治相结合的城乡基层治理体系,实现政府治理和社会调节、居民自治良性互动

B. 推动社会治理和服务重心向基层下移,把更多资源下沉到基层,发挥法律在基层治理中的重要作用,逐步限制居民公约、村规民约等社会规范的作用

C. 健全社会矛盾纠纷预防化解机制,完善调解、仲裁、行政裁决、行政复议、诉讼等有机衔接、相互协调的多元化纠纷解决机制

D. 坚持和发展新时代"枫桥经验",畅通和规范群众诉求表达、利益协调、权益保障通道,努力将矛盾化解在基层

64. 近年来,我国部分地区基层法院在民事审判中试点"小额速裁",对法律关系单一、事实清楚、争议标的额不足 1 万元的民事案件,实行一审终审制度。关于该审判方式改革体现出的价值取向,下列哪些说法是正确的?

A. 节约司法成本　　B. 促进司法民主

C. 提高司法效率　　D. 推行司法公开

65. 权力制约是依法治国的关键环节。下列哪些选项体现了我国宪法规定的权力制约原则?

A. 全国人大和地方各级人大由民主选举产生,对人民负责,受人民监督

B. 法院、检察院和公安机关办理刑事案件,应当分工负责,互相配合,互相制约

C. 地方各级人大及其常委会依法对"一府两院"监督

D. 法院对法律合宪性审查

66. 交警甲和无业人员乙勾结,让乙告知超载司机"只交罚款一半的钱,即可优先通行";司机交钱后,乙将交钱司机的车号报给甲,由在高速路口执勤的甲放行。二人利用此法共得 32 万元,乙留下 10 万元,余款归甲。关于本案的分析,下列哪些选项是正确的?

A. 甲、乙构成受贿罪共犯

B. 甲、乙构成贪污罪共犯

C. 甲、乙构成滥用职权罪共犯

D. 乙的受贿数额是 32 万元

67. 法院对检察院提起公诉的案件进行庭前审查,下列哪些做法是正确的?

A. 发现被告人张某在起诉前已从看守所脱逃的,退回检察院

B. 法院裁定准许撤诉的抢劫案,检察院因被害人范某不断上访重新起诉的,不予受理

C. 起诉时提供的一名外地证人石某没有列明住址和通讯处的,通知检察院补送

D. 某被告人被抓获后始终一言不发,也没有任何有关姓名、年龄、住址、单位等方面的信息或线索的,不予受理

68. 陈某在一个月内连续十次向县政府申请公开防汛信息,县政府均按其申请予以公开。三日后,陈某又向县政府提出公开防汛信息申请,县政府可以采取的正确处理方式有哪些?

A. 可以向陈某收取相应信息处理费用

B. 可以陈某不具有申请人资格为由不予提供

C. 可以陈某此前多次重复申请为由不予处理

D. 可以要求陈某说明理由

69. 刘律师出身建筑世家并曾就读建筑专业,现主要从事施工纠纷法律服务。开发商李某因开发的楼房倒塌被诉至法院,欲委托刘律师代理诉讼。关于

接受委托和代理案件,刘律师的下列哪些做法符合律师职业有关规定?

　　A. 接受委托,了解并运用建筑和房地产知识分析案件,寻求对李某有利的理由

　　B. 接受委托,告知李某楼房倒塌系建筑风水原因,使其接受败诉结果

　　C. 明知不懂房地产开发业务会影响代理效果,但为经济效益极力宣扬建筑世家背景并接受委托

　　D. 考虑到不懂房地产业务会影响代理效果,决定不接受委托

　　70. 中国古代社会一些启蒙作品多涉及当世的法律观念和司法制度,这在下列的哪些表述中有所体现?

　　A.《幼学琼林》:"世人惟不平则鸣,圣人以无讼为贵"

　　B.《弟子规》:"财物轻,怨何生,言语忍,忿自泯"

　　C.《增广贤文》:"礼义生于富足,盗出于贫穷"

　　D.《女儿经》:"遵三从,行四德,习礼义,看古人,多贤德,为法则"

　　71. 关于数罪并罚,下列哪些选项是符合《刑法》规定的?

　　A. 甲在判决宣告以前犯抢劫罪、盗窃罪与贩卖毒品罪,分别被判处13年、8年、15年有期徒刑。法院数罪并罚决定执行18年有期徒刑

　　B. 乙犯抢劫罪、盗窃罪分别被判处13年、6年有期徒刑,数罪并罚决定执行18年有期徒刑。在执行5年后,发现乙在判决宣告前还犯有贩卖毒品罪,应当判处15年有期徒刑。法院数罪并罚决定应当执行19年有期徒刑,已经执行的刑期,计算在新判决决定的刑期之内

　　C. 丙犯抢劫罪、盗窃罪分别被判处13年、8年有期徒刑,数罪并罚决定执行18年有期徒刑。在执行5年后,丙又犯故意伤害罪,被判处15年有期徒刑。法院在15年以上20年以下决定应当判处16年有期徒刑,已经执行的刑期,不计算在新判决决定的刑期之内

　　D. 丁在判决宣告前犯有3罪,被分别并处罚金3万元、7万元和没收全部财产。法院不仅要合并执行罚金10万元,而且要没收全部财产

　　72. 刘某参加考试并取得《医师资格证书》,后市卫生局查明刘某在报名时提供的系虚假材料,于是向刘某送达《行政许可证件撤销告知书》。刘某提出听证申请,被拒绝。市卫生局随后撤销了刘某的《医师资格证书》。下列哪些选项是正确的?

　　A. 市卫生局有权撤销《医师资格证书》

　　B. 撤销《医师资格证书》的行为应当履行听证程序

　　C. 市政府有权撤销《医师资格证书》

　　D. 市卫生局撤销《医师资格证书》后应依照法定程序将其注销

　　73. 贾士隐因涉嫌贪污犯罪被某市监察委员会立案调查,贾士隐逃往巴西。某市监察委员会移送某市检察院起诉,某市检察院向某市中级法院提起公诉。下列表述哪些是正确的?

　　A. 某市中级法院应当将传票和某市检察院的起诉书副本送达贾士隐

　　B. 若某市中级法院无法将传票和某市检察院的起诉书副本送达贾士隐,不能缺席审判

　　C. 若某市中级法院缺席审理,贾士隐及其近亲属没有委托辩护人,某市中级法院应当通知法律援助机构指派律师为贾士隐提供辩护

　　D. 若某市中级法院依法作出判决后,贾士隐的妻子对判决不服,有权直接向某省高级法院上诉

　　74. 关于科学立法,下列哪些说法是正确的?

　　A. 建设中国特色社会主义法治体系,必须坚持立法先行,立法质量是关键

　　B. 要注重加强重点领域、新兴领域、涉外领域立法,统筹推进国内法治和涉外法治

　　C. 科学立法的核心在于为了人民、依靠人民

　　D. 在立法程序上,要发挥人大及其常委会在立法工作中的主导作用

　　75. 关于国歌、国旗和国徽,下列哪些说法是正确的?

　　A. 国歌、国旗和国徽是我国的国家标志

　　B. 我国宪法2004年修正案新增了国歌条款

　　C. 宪法对国徽的图案作出了规定

　　D. 宪法宣誓仪式上应当悬挂国旗或国徽

　　76. 关于因果关系,下列哪些选项是错误的?

　　A. 甲乘坐公交车时和司机章某发生争吵,狠狠踹了章某后背一脚。章某返身打甲时,公交车失控,冲向自行车道,撞死了骑车人程某。甲的行为与程某的死亡之间存在因果关系

　　B. 乙以杀人故意瞄准李某的头部开枪,但打中了李某的胸部(未打中心脏)。由于李某是血友病患者,最后流血不止而死亡。乙的行为与李某的死亡之间没有因果关系

　　C. 丙与同伙经预谋后同时向王某开枪,同伙射击的子弹打中王某的心脏,致王某死亡。由于丙射击的子弹没有打中王某,故丙的行为与王某的死亡之间没有因果关系

　　D. 丁以杀人故意对赵某实施暴力,导致赵某遭受濒临死亡的重伤。赵某在医院接受治疗时,医生存在一定过失,未能挽救赵某的生命。丁的行为与赵某的死亡之间没有因果关系

77. 甲涉嫌利用木马程序盗取 Q 币并转卖他人，公安机关搜查其住处时，发现一个 U 盘内存储了用于盗取账号密码的木马程序。关于该 U 盘的处理，下列哪些选项是正确的?

A. 应扣押 U 盘并制作笔录

B. 检查 U 盘内的电子数据时，应将 U 盘拆分过程进行录像

C. 公安机关移送审查起诉时，对 U 盘内提取的木马程序，应附有该木马程序如何盗取账号密码的说明

D. 如 U 盘未予封存，且不能补正或作出合理解释的，U 盘内提取的木马程序不得作为定案的根据

78. 赵某殴打孙某，赵某因故意伤害他人被县公安局给予行政拘留 7 日并处罚款 300 元。赵某不服，向法院提起行政诉讼。孙某认为该处罚决定过轻，也向法院提起行政诉讼。下列哪些说法是正确的?

A. 县公安局作出处罚决定前，可以组织听证

B. 应当暂缓执行赵某的行政拘留处罚决定

C. 法院应当合并审理

D. 经审理被诉处罚决定明显不当的，法院可以变更为行政拘留 10 日并处罚款 500 元

79. 甲市乙区税务局认定某公司骗取出口退税，遂作出《税务行政处理决定书》，决定追缴其所骗取的税款 500 万元。该公司拒绝上缴，后乙区税务局从其公司银行账户中强制扣缴 500 万元。该公司不服《税务行政处理决定书》，向甲市税务局申请行政复议，甲市税务局作出维持决定。该公司不服，提起行政诉讼。下列哪些说法是正确的?

A. 该公司的复议申请期限为 60 日

B. 追缴税款的决定属于行政处罚

C. 甲市税务局和乙区税务局为共同被告

D. 强制扣缴属于行政强制执行

80. 根据《人民检察院办理未成年人刑事案件的规定》，关于检察院审查批捕未成年犯罪嫌疑人，下列哪些做法是正确的?

A. 讯问未成年犯罪嫌疑人，应当通知法定代理人到场

B. 讯问女性未成年犯罪嫌疑人，应当有女检察人员参加

C. 讯问未成年犯罪嫌疑人一般不得使用戒具

D. 对难以判断犯罪嫌疑人实际年龄，影响案件认定的，应当作出不批准逮捕的决定

81. 关于信用卡诈骗罪，下列哪些选项是错误的?

A. 以非法占有目的，用虚假身份证明骗领信用卡后又使用该卡的，应以妨害信用卡管理罪与信用卡诈骗罪并罚

B. 根据司法解释，在自动柜员机(ATM 机)上擅自使用他人信用卡的，属于冒用他人信用卡的行为，构成信用卡诈骗罪

C. 透支时具有归还意思，透支后经发卡银行两次催收，超过 3 个月仍不归还的，属于恶意透支，成立信用卡诈骗罪

D.《刑法》规定，盗窃信用卡并使用的，以盗窃罪论处。与此相应，拾得信用卡并使用的，就应以侵占罪论处

82. 1949 年 9 月，中国人民政治协商会议制定了《中国人民政治协商会议共同纲领》。关于《中国人民政治协商会议共同纲领》，下列哪些说法是正确的?

A.《中国人民政治协商会议共同纲领》是我国第一部正式颁行的社会主义宪法

B. 规定最高政权机关是中国人民政治协商会议

C. 规定国家政权属于人民，人民行使国家政权的机关是各级人大和政府

D. 规定公民有选举权和被选举权

83. 严重精神病患者乙正在对多名儿童实施重大暴力侵害，甲明知乙是严重精神病患者，仍使用暴力制止了乙的侵害行为，虽然造成乙重伤，但保护了多名儿童的生命。

观点:

①正当防卫针对的"不法侵害"不以侵害者具有责任能力为前提

②正当防卫针对的"不法侵害"以侵害者具有责任能力为前提

③正当防卫针对的"不法侵害"不以防卫人是否明知侵害者具有责任能力为前提

④正当防卫针对的"不法侵害"以防卫人明知侵害者具有责任能力为前提

结论:

a. 甲成立正当防卫

b. 甲不成立正当防卫

就上述案情，观点与结论对应错误的是下列哪些选项?

A. 观点①②与 a 结论对应;观点③④与 b 结论对应

B. 观点①③与 a 结论对应;观点②④与 b 结论对应

C. 观点②③与 a 结论对应;观点①④与 b 结论对应

D. 观点①④与 a 结论对应;观点②③与 b 结论对应

84. 在袁某涉嫌故意杀害范某的案件中，下列哪些人员属于诉讼参与人?

A. 侦查阶段为袁某提供少数民族语言翻译的翻译人员

B. 公安机关负责死因鉴定的法医

C. 就证据收集合法性出庭说明情况的侦查人员

D. 法庭调查阶段就范某死因鉴定意见出庭发表意见的有专门知识的人

85. 田某认为区人社局记载有关他的社会保障信息有误,要求更正,该局拒绝。田某向法院起诉。下列哪些说法是正确的?

A. 田某应先申请行政复议再向法院起诉

B. 区人社局应对拒绝更正的理由进行举证和说明

C. 田某应提供区人社局记载有关他的社会保障信息有误的事实根据

D. 法院应判决区人社局在一定期限内更正

三、不定项选择题。每题所设选项中至少有一个正确答案,多选、少选、错选或不选均不得分。本部分含86-100题,每题2分,共30分。

86. "法学作为科学无力回答正义的标准问题,因而是不是法与是不是正义的法是两个必须分离的问题,道德上的善或正义不是法律存在并有效力的标准,法律规则不会因违反道德而丧失法的性质和效力,即使那些同道德严重对抗的法也依然是法。"关于这段话,下列说法正确的是:

A. 这段话既反映了实证主义法学派的观点,也反映了自然法学派的基本立场

B. 根据社会法学派的看法,法的实施可以不考虑法律的社会实效

C. 根据分析实证主义法学派的观点,内容正确性并非法的概念的定义要素

D. 所有的法学学派均认为,法律与道德、正义等在内容上没有任何联系

87. 习近平法治思想是引领法治中国建设实现高质量发展的思想旗帜,是在法治轨道上推进国家治理体系和治理能力现代化的根本遵循。关于习近平法治思想,下列选项理解正确的是:

A. 习近平法治思想标志着党已全面彻底地认识了社会主义建设规律和人类社会发展规律

B. 习近平法治思想是在推进伟大工程、伟大事业、伟大梦想的实践中形成的,是不再需要丰富的完善理论

C. 习近平法治思想是坚持和发展中国特色社会主义在法治领域的理论体现

D. 习近平法治思想是总结党加强法治建设历史经验的必然要求,是适合于所有时代条件的重要理论

（一）

维护国家主权和领土完整,维护国家统一是我国宪法的重要内容,体现在《宪法》和法律一系列规定

中。请回答88、89题。

88. 关于我国的国家结构形式,下列选项正确的是:

A. 我国实行单一制国家结构形式

B. 维护宪法权威和法制统一是国家的基本国策

C. 在全国范围内实行统一的政治、经济、社会制度

D. 中华人民共和国是一个统一的国际法主体

89. 关于我国的行政区域划分,下列说法不成立的是:

A. 是国家主权的体现

B. 属于国家内政

C. 任何国家不得干涉

D. 只能由《宪法》授权机关进行

（二）

甲将私家车借给无驾照的乙使用。乙夜间驾车与其叔丙出行,途中遇某过马路,不慎将其撞成重伤,车辆亦受损。丙下车查看情况,对乙谎称自己留下打电话叫救护车,让乙赶紧将车开走。乙离去后,丙将刘某藏匿在草丛中离开。刘某因错过抢救时机身亡。（事实一）

为逃避刑事责任,乙找到有驾照的丁,让丁去公安机关"自首",谎称案发当晚是丁驾车。丁照办。公安机关找甲取证时,甲想到若说是乙造成事故,自己作为被保险人就无法从保险公司获得车损赔偿,便谎称当晚将车借给了丁。（事实二）

后甲找到在私营保险公司当定损员的朋友陈某,告知其真相,请求其帮忙向保险公司申请赔偿。陈某遂向保险公司报告说是丁驾车造成事故,并隐瞒其他不利于甲的事实。甲顺利获得7万元保险赔偿。（事实三）

请回答90~92题。

90. 关于事实一的分析,下列选项正确的是:

A. 乙交通肇事后逃逸致刘某死亡,构成交通肇事逃逸致人死亡

B. 乙交通肇事且致刘某死亡,构成交通肇事罪与过失致人死亡罪,数罪并罚

C. 丙与乙都应对刘某的死亡负责,构成交通肇事罪的共同正犯

D. 丙将刘某藏匿致使其错过抢救时机身亡,构成故意杀人罪

91. 关于事实二的分析,下列选项错误的是:

A. 伪证罪与包庇罪是相互排斥的关系,甲不可能既构成伪证罪又构成包庇罪

B. 甲的主观目的在于骗取保险金,没有妨害司法的故意,不构成妨害司法罪

C. 乙唆使丁代替自己承担交通肇事的责任,就此构成教唆犯

D. 丁的"自首"行为干扰了司法机关的正常活动,触犯包庇罪

92. 关于事实三的分析,下列选项正确的是:

A. 甲对发生的保险事故编造虚假原因,骗取保险金,触犯保险诈骗罪

B. 甲既触犯保险诈骗罪,又触犯诈骗罪,由于两罪性质不同,应数罪并罚

C. 陈某未将保险金据为己有,因欠缺非法占有目的不构成职务侵占罪

D. 陈某与甲密切配合,骗取保险金,两人构成保险诈骗罪的共犯

93. 甲市为乙省政府所在地的市。关于甲市政府行政机构设置和编制管理,下列说法正确的是:

A. 在一届政府任期内,甲市政府的工作部门应保持相对稳定

B. 乙省机构编制管理机关与甲市机构编制管理机关为上下级领导关系

C. 甲市政府的行政编制总额,由甲市政府提出,报乙省政府批准

D. 甲市政府根据调整职责的需要,可以在行政编制总额内调整市政府有关部门的行政编制

94. 蔡某涉嫌寻衅滋事,人民检察院对蔡某决定逮捕,蔡某在侦查阶段拒不认罪,在审查起诉之后自愿认罪认罚,但是在赔偿方面未与被害人付某达成一致意见。关于本案认罪认罚程序的适用,人民检察院的下列处理正确的是:

A. 人民检察院向人民法院提起公诉时可以建议法院适用速裁程序审理

B. 人民检察院可积极促成蔡某与付某进行刑事和解

C. 人民检察院应及时对蔡某进行羁押必要性审查

D. 若人民检察院认为可以对蔡某使用非监禁刑,可以自行进行社会调查

95. 甲公司与乙公司开办中外合资企业丙公司,经营房地产。因急需周转资金,丙公司与某典当行签订合同,以某宗国有土地作抵押贷款。典当期满后,丙公司未按约定回赎,某典当行遂与丁公司签订协议,将土地的使用权出售给丁公司。经丁公司申请,2001年4月17日市国土局的派出机构办理土地权属变更登记。丙公司未参与变更土地登记过程。2008年3月3日甲公司查询土地抵押登记情况,得知该土地使用权已变更至丁公司名下。甲公司对变更土地登记行为不服向法院起诉。下列说法正确的是:

A. 甲公司有权以自己的名义起诉

B. 若丙公司对变更土地登记行为不服,应当自

2008年3月3日起3个月内起诉

C. 丙公司与某典当行签订的合同是否合法,是本案的审理对象

D. 对市国土局与派出机构之间的关系性质,法院可以依法调取证据

96. 建立领导干部、司法机关内部人员过问案件记录和责任追究制度,规范司法人员与当事人、律师、特殊关系人、中介组织接触交往行为,有利于保障依法独立行使审判权和检察权。据此,下列做法正确的是:

A. 某案承办检察官告知其同事可按规定为案件当事人转递涉案材料

B. 某法官在参加法官会议时,提醒承办法官充分考虑某案被告家庭现状

C. 某检察院副检察长依职权对其他检察官的在办案件提出书面指导性意见

D. 某法官在参加研讨会中偶遇在办案件当事人的律师,拒绝其研讨案件的要求并向法院纪检部门报告

(三)

犯罪嫌疑人刘某涉嫌故意杀人被公安机关立案侦查。在侦查过程中,侦查人员发现刘某行为异常。经鉴定,刘某属于依法不负刑事责任的精神病人,需要对其实施强制医疗。请回答97、98题。

97. 关于有权启动强制医疗程序的主体,下列选项正确的是:

A. 公安机关

B. 检察院

C. 法院

D. 刘某的监护人、法定代理人以及受害人

98. 法院审理刘某强制医疗一案,下列做法不符合法律规定的是:

A. 由审判员和人民陪审员共3人组成合议庭

B. 鉴于刘某自愿放弃委托诉讼代理人,法院只通知了刘某的法定代理人到场

C. 法院认为刘某符合强制医疗的条件,依法对刘某作出强制医疗的裁定

D. 本案受害人不服法院对刘某强制医疗裁定,可申请检察院依法提起抗诉

99. 区公安局依据省公安厅和司法厅联合制定的《律师管理意见》对涉嫌寻衅滋事的律师王某罚款5000元,王某对处罚不服提起诉讼,一并要求审查《律师管理意见》。下列说法不正确的是:

A. 法院在对该文件审查过程中,应当听取两个制定机关的意见

B. 两个制定机关申请出庭陈述意见,法院应当准许

C. 一审法院可以向省人大常委会提出修改该文件的司法建议

D. 法院有权宣告该文件无效

100. 甲市某县公安局以李某涉嫌盗窃罪为由将其刑事拘留,经县检察院批准逮捕,县法院判处李某有期徒刑 6 年,李某上诉,甲市中级法院改判无罪。李某被释放后申请国家赔偿,赔偿义务机关拒绝赔偿,李某向甲市中级法院赔偿委员会申请作出赔偿决定。下列选项正确的是:

A. 赔偿义务机关拒绝赔偿的,应书面通知李某并说明不予赔偿的理由

B. 李某向甲市中级法院赔偿委员会申请作出赔偿决定前,应当先向甲市检察院申请复议

C. 对李某申请赔偿案件,甲市中级法院赔偿委员会可指定一名审判员审理和作出决定

D. 如甲市中级法院赔偿委员会作出赔偿决定,赔偿义务机关认为确有错误的,可以向该省高级法院赔偿委员会提出申诉

试 卷 二

试 题

一、单项选择题。每题所设选项中只有一个正确答案,多选、错选或不选均不得分。本部分含1~50题,每题1分,共50分。

1. 根据法律规定,下列哪一种社会关系应由民法调整?

A. 甲请求税务机关退还其多缴的个人所得税

B. 乙手机丢失后发布寻物启事称:"拾得者送还手机,本人当面酬谢"

C. 丙对女友书面承诺:"如我在上海找到工作,则陪你去欧洲旅游"

D. 丁作为青年志愿者,定期去福利院做帮工

2. 宗某患尿毒症,其所在单位甲公司组织员工捐款20万元用于救治宗某。此20万元存放于专门设立的账户中。宗某医治无效死亡,花了15万元医疗费。关于余下5万元,下列哪一表述是正确的?

A. 应归甲公司所有

B. 应归宗某继承人所有

C. 应按比例退还员工

D. 应用于同类公益事业

3. 甲、乙是同事,因工作争执甲对乙不满,写了一份丑化乙的短文发布在丙网站。乙发现后要求丙删除,丙不予理会,致使乙遭受的损害扩大。关于扩大损害部分的责任承担,下列哪一说法是正确的?

A. 甲承担全部责任

B. 丙承担全部责任

C. 甲和丙承担连带责任

D. 甲和丙承担按份责任

4. 黄某通过网上购物平台购买了微尼公司出售的商品,因商品质量发生纠纷,黄某诉至某互联网法院。法院受理后决定线上开庭,微尼公司同意,黄某以其不具备网上开庭条件为由拒绝。关于本案的审理方式,下列哪一说法是正确的?

A. 法院应依职权适用线上审理

B. 法院应线下开庭审理

C. 可以采取微尼公司线上开庭、黄某线下开庭的方式

D. 本案为互联网购物纠纷,应由互联网法院专属管辖

5. 夏某因借款纠纷起诉陈某,法院决定适用简易程序审理。法院依夏某提供的被告地址送达时,发现有误,经多方了解和查证也无法确定准确地址。对此,法院下列哪一处理是正确的?

A. 将案件转为普通程序审理

B. 采取公告方式送达

C. 裁定中止诉讼

D. 裁定驳回起诉

6. 张某是红叶有限公司的小股东,持股5%;同时,张某还在枫林有限公司任董事,而红叶公司与枫林公司均从事保险经纪业务。红叶公司多年没有给张某分红,张某一直对其会计账簿存有疑惑。关于本案,下列哪一选项是正确的?

A. 张某可以用口头或书面形式提出查账请求

B. 张某可以提议召开临时股东会表决查账事宜

C. 红叶公司有权要求张某先向监事会提出查账请求

D. 红叶公司有权以张某的查账目的不具正当性为由拒绝其查账请求

7. 润土商贸有限公司因管理混乱经营陷入困境,于2019年1月经法院裁定进入破产程序,天明律师事务所被指定为破产管理人。2019年3月底,经债权人会议决议,成立债权人委员会。后春水公司与天明律师事务所接洽合作事宜,准备受让润土公司全部的库存和营业事务。关于本案,下列哪一项表述是错误的?

A. 债权人委员会应包含一名润土公司的职工代表或工会代表

B. 天明律师事务所应将与春水公司的合作事宜事先制作财产管理或者变价方案,并提交债权人会议通过

C. 若天明律师事务所的方案未被债权人会议通过,其可以提交给债权人委员会进行表决

D. 天明律师事务所在实施与春水公司的合作方案前,应报告债权人委员会

8. 中国伟业公司与甲国利德公司签订了采取铁

路运输方式由中国出口一批货物的合同。后甲国法律发生变化，利德公司在收货后又自行将该批货物转卖到乙国，现乙国一公司声称该批货物侵犯了其知识产权。中国和甲国均为《国际货物销售合同公约》和《国际铁路货物联运协定》缔约国。依相关规则，下列哪一选项是正确的？

A. 伟业公司不承担该批货物在乙国的知识产权担保义务

B. 该批货物的风险应于订立合同时由伟业公司转移给利德公司

C. 铁路运输承运人的责任期间是从货物装上火车时起至卸下时止

D. 不同铁路运输区段的承运人应分别对在该区段发生的货损承担责任

9. 刘某与甲房屋中介公司签订合同，委托甲公司帮助出售房屋一套。关于甲公司的权利义务，下列哪一说法是错误的？

A. 如有顾客要求上门看房时，甲公司应及时通知刘某

B. 甲公司可代刘某签订房屋买卖合同

C. 如促成房屋买卖合同成立，甲公司可向刘某收取报酬

D. 如促成房屋买卖合同成立，甲公司自行承担居间活动费用

10. 吴某（女）16岁，父母去世后无其他近亲，吴某的舅舅孙某（50岁，离异，有一个19岁的儿子）提出愿将吴某收养。孙某咨询律师收养是否合法，律师的下列哪一项答复是正确的？

A. 吴某已满16岁，不能再被收养

B. 孙某与吴某年龄相差未超过40岁，不能收养吴某

C. 孙某已有子女，不能收养吴某

D. 孙某可以收养吴某

11. 甲诉乙损害赔偿一案，双方在诉讼中达成和解协议。关于本案，下列哪一说法是正确的？

A. 当事人无权向法院申请撤诉

B. 因当事人已达成和解协议，法院应当裁定终结诉讼程序

C. 当事人可以申请法院依和解协议内容制作调解书

D. 当事人可以申请法院依和解协议内容制作判决书

12. 谢某租住余某的房屋，某日不慎损坏了屋内的实木地板。二人就赔偿协商无果，余某起诉谢某要求解除租赁合同并赔偿修复款1万元，法院判决余某胜诉。谢某不服一审判决提起上诉。二审法院以事实不清为由，裁定发回重审。在重审期间，因地板材料涨价，余某变更诉讼请求，要求谢某将地板恢复原状。关于本案，下列哪一说法是正确的？

A. 法院不能按照原审证据材料认定事实

B. 余某应受到原一审程序的约束

C. 法院应根据余某变更后的诉讼请求审理案件

D. 法院应当驳回余某变更诉讼请求的要求

13. 某商场的承建商组织编制了环境影响报告书并获得批准。由于商场建设资金一直未到位，6年后才落实资金准备开工。关于开工的环境影响评价文件，下列哪一说法是正确的？

A. 按照先前编制的环境影响报告书实施即可

B. 开工时需要补充填报环境影响登记表

C. 环境影响报告书应报原审批部门重新审核

D. 应组织环境影响的后评价，并报原审批部门备案

14. 甲公司为上市公司，为解决扩建项目的资金缺口，甲公司于2020年5月25日通过公开发行公司债券的方式，募集资金1亿元，聘请乙证券公司为债券受托管理人。下列哪一项说法是正确的？

A. 债券持有人会议不能决议解除对乙证券公司的聘请

B. 若甲公司到期不能兑付债券本息，则乙证券公司可接受部分债券持有人的委托，以自己的名义代表债券持有人起诉

C. 若甲公司改变所募集资金的用途，则乙证券公司有权以自己的名义代表债券持有人起诉

D. 甲公司可将所募集资金的一部分用于弥补扩建项目带来的亏损

15. 依据我国《海商法》和《民法典》的相关规定，关于船舶所有权，下列哪一表述是正确的？

A. 船舶买卖时，船舶所有权自船舶交付给买受人时移转

B. 船舶建造完成后，须办理船舶所有权的登记才能确定其所有权的归属

C. 船舶不能成为共同共有的客体

D. 船舶所有权不能由自然人继承

16. 某企业流动资金匮乏，一直拖欠缴纳税款。为恢复生产，该企业将办公楼抵押给某银行获得贷款。此后，该企业因排污超标被环保部门罚款。现银行、税务部门和环保部门均要求拍卖该办公楼以偿还欠款。关于拍卖办公楼所得价款的清偿顺序，下列哪一选项是正确的？

A. 银行贷款优先于税款

B. 税款优先于银行贷款

C. 罚款优先于税款

D. 三种欠款同等受偿，拍卖所得不足时按比例清偿

17. 甲公司因资金紧张未缴纳7月份的工伤保险费,7月11日工伤保险关系自动中断。7月15日,员工乙因工死亡,其妻子去社保中心申领丧葬补助金和工亡补助金,社保中心以未缴工伤保险费为由拒绝。甲公司于8月足额补缴了欠费。关于乙的工亡待遇,下列哪一说法是正确的?

A. 丧葬补助金和工亡补助金均由甲公司支付

B. 丧葬补助金和工亡补助金均由工伤保险基金支付

C. 丧葬补助金由甲公司支付,工亡补助金由工伤保险基金支付

D. 工伤保险基金支付已缴的部分,甲公司承担欠缴的一个月部分

18. 一日清晨,甲发现一头牛趴在自家门前,便将其拴在自家院内,打探失主未果。时值春耕,甲用该牛耕种自家田地。其间该牛因劳累过度得病,甲花费300元将其治好。两年后,牛的主人乙寻牛来到甲处,要求甲返还,甲拒绝返还。下列哪一说法是正确的?

A. 甲应返还牛,但有权要求乙支付300元

B. 甲应返还牛,但无权要求乙支付300元

C. 甲不应返还牛,但乙有权要求甲赔偿损失

D. 甲不应返还牛,无权要求乙支付300元

19. 某公司在其财务报告中虚构业绩上市发行,导致投资者利益受损。经韩某等80名投资者授权,投资者保护基金会提起特别代表人诉讼。法院依法认定共有5080名投资者受到虚假陈述影响,在公告期届满后15日内仅有范某一人声明退出诉讼。关于本案判决对投资者的约束力,下列哪一说法是正确的?

A. 如代表人败诉,判决仅约束韩某等80名投资者,其他投资者可另行起诉

B. 如代表人胜诉,判决约束除范某之外的5079名投资者

C. 如代表人胜诉,判决约束全部5080名投资者

D. 如代表人败诉,判决仅约束基金会,所有投资者均可另行起诉

20. 逐道茶业是一家生产销售野生茶叶的普通合伙企业,合伙人分别为赵、钱、孙。合伙协议约定如下:第一,赵、钱共同担任合伙事务执行人;第二,赵、钱共同以合伙企业名义对外签约时,单笔标的额不得超过30万元。对此,下列哪一选项是正确的?

A. 赵单独以合伙企业名义,与甲茶农达成协议,以12万元的价格收购其茶园的茶叶,该协议为有效约定

B. 孙单独以合伙企业名义,与乙茶农达成协议,以10万元的价格收购其茶园的茶叶,该协议为无效约定

C. 赵、钱共同以合伙企业名义,与丙茶叶公司签订价值28万元的明前茶销售合同,该合同为有效约定

D. 赵、钱共同以合伙企业名义,与丁茶叶公司签订价值35万元的明前茶销售合同,该合同为无效约定

21. 甲在A银行办理了一张可异地跨行存取款的银行卡,并曾用该银行卡在A银行一台自动取款机上取款。甲取款数日后,发现该卡内的全部存款被人在异地B银行的自动取款机上取走。后查明:甲在A银行取款前一天,某盗卡团伙已在该自动取款机上安装了摄像和读卡装置(一周后被发现);甲对该卡和密码一直妥善保管,也从未委托他人使用。关于甲的存款损失,下列哪一说法是正确的?

A. 自行承担部分损失

B. 有权要求A银行赔偿

C. 有权要求A银行和B银行赔偿

D. 只能要求复制盗刷银行卡的罪犯赔偿

22. 1970年,魏某拍摄了一张照片刊登在某杂志,该杂志同页也刊登了左某的一篇评论,评论的对象就是魏某拍摄的照片。2022年,丙网站擅自将该杂志扫描上传网络,并提供付费下载服务。左某于1971年死亡,魏某仍健在。关于丙网站的行为,下列哪一说法是正确的?

A. 未侵犯任何人的著作权

B. 同时侵犯了魏某、左某的著作权

C. 侵犯了魏某的著作权

D. 侵犯了左某继承人的著作权

23. 注册地在开曼群岛的甲公司,主营业地在中国上海,因公司部分股东主张股东会决议侵犯了其股东权利,提起诉讼,请求法院撤销该决议。关于本案的法律适用,下列哪一说法是正确的?

A. 可以协议选择适用法律

B. 应当适用中国法

C. 可以适用开曼群岛法和中国法

D. 开曼群岛是英国海外领地,适用英国法

24. 2008年8月11日,中国甲公司接到法国乙公司出售某种设备的发盘,有效期至9月1日。甲公司于8月12日电复:"如能将每件设备价格降低50美元,即可接受"。对此,乙公司没有答复。甲公司于8月29日再次去电乙公司表示接受其8月11日发盘中包括价格在内的全部条件。根据1980年《联合国国际货物销售合同公约》,下列哪一选项是正确的?

A. 乙公司的沉默表明其已接受甲公司的降价要求

B. 甲公司8月29日的去电为承诺,因此合同已成立

C. 甲公司 8 月 29 日的去电是迟到的承诺,因此合同没有成立

D. 甲公司 8 月 29 日的去电是新要约,此时合同还没有成立

25. 乙欠甲货款,二人商定由乙将一块红木出质并签订质权合同。甲与丙签订委托合同授权丙代自己占有红木。乙将红木交付与丙。下列哪一说法是正确的?

A. 甲乙之间的担保合同无效

B. 红木已交付,丙取得质权

C. 丙经甲的授权而占有,甲取得质权

D. 丙不能代理甲占有红木,因而甲未取得质权

26. 甲与乙登记结婚 3 年后,乙向法院请求确认该婚姻无效。乙提出的下列哪一理由可以成立?

A. 乙登记结婚的实际年龄离法定婚龄相差 2 年

B. 甲婚前谎称是海归博士且有车有房,乙婚后发现上当受骗

C. 甲与乙是表兄妹关系

D. 甲以揭发乙父受贿为由胁迫乙结婚

27. 甲起诉乙,审理过程中乙提起反诉。后甲撤回起诉,法院以原告撤回起诉为由裁定驳回了乙的反诉。乙对该裁定不服,提起上诉,二审法院应当如何处理?

A. 组织当事人调解,调解不成,告知另行起诉

B. 裁定驳回上诉,维持原裁定

C. 撤销原裁定,同时发回重审

D. 撤销原裁定,同时指定原审法院审理

28. 海昌公司因丢失票据申请公示催告,期间届满无人申报权利,海昌公司遂申请除权判决。在除权判决作出前,家佳公司看到权利申报公告,向法院申报权利。对此,法院下列哪一做法是正确的?

A. 因公示催告期满,裁定驳回家佳公司的权利申报

B. 裁定追加家佳公司参加案件的除权判决审理程序

C. 应裁定终结公示催告程序

D. 作出除权判决,告知家佳公司另行起诉

29. 根据土地利用总体规划,某镇东部耕地被划定为蔬菜生产基地,关于该基地的耕地保护,下列哪一项说法是正确的?

A. 经省政府批准,国家建设工程可占用该基地的部分耕地

B. 该基地内可挖塘养鱼

C. 该基地可在从事蔬菜生产的同时适当发展林果业

D. 镇政府应将该蔬菜生产基地的位置、范围信息向社会公告

30. 根据《多边投资担保机构公约》,关于多边投资担保机构(MIGA)的下列哪一说法是正确的?

A. MIGA 承保的险别包括征收和类似措施险、战争和内乱险、货币汇兑险和投资方违约险

B. 作为 MIGA 合格投资者(投保人)的法人,只能是具有东道国以外任何一个缔约国国籍的法人

C. 不管是发展中国家的投资者,还是发达国家的投资者,都可向 MIGA 申请投保

D. MIGA 承保的前提条件是投资者母国和东道国之间有双边投资保护协定

31. 甲手机专卖店门口立有一块木板,上书"假一罚十"四个醒目大字。乙从该店购买了一部手机,后经有关部门鉴定,该手机属于假冒产品,乙遂要求甲履行其"假一罚十"的承诺。关于本案,下列哪一选项是正确的?

A."假一罚十"过分加重了甲的负担,属于无效的格式条款

B."假一罚十"没有被订入到合同之中,故对甲没有约束力

C."假一罚十"显失公平,甲有权请求法院予以变更或者撤销

D."假一罚十"是甲自愿作出的真实意思表示,应当认定为有效

32. 兹有四个事例:①张某驾车违章发生交通事故致搭车的李某残疾;②唐某参加王某组织的自助登山活动因雪崩死亡;③吴某与人打赌举重物因用力过猛致残;④何某心情不好邀好友郑某喝酒,郑某畅饮后驾车撞树致死。根据公平正义的法治理念和民法有关规定,下列哪一观点可以成立?

A.①张某与李某未形成民事法律关系合意,如让张某承担赔偿责任,是惩善扬恶,显属不当

B.②唐某应自担风险,如让王某承担赔偿责任,有违公平

C.③吴某有完整意思能力,其自担损失,是非清楚

D.④何某虽有召集但未劝酒,无需承担责任,方能兼顾法理与情理

33. 泰昌有限公司共有 6 个股东,公司成立两年后,决定增加注册资本 500 万元。下列哪一表述是正确的?

A. 股东会关于新增注册资本的决议,须经三分之二以上股东同意

B. 股东认缴的新增出资额可分期缴纳

C. 股东有权要求按照认缴出资比例来认缴新增注册资本的出资

D. 一股东未履行其新增注册资本出资义务时,

公司董事长须承担连带责任

34．关于民事仲裁与民事诉讼的区别，下列哪一选项是正确的？

A．具有给付内容的生效判决书都具有执行力，具有给付内容的生效裁决书没有执行力

B．诉讼中当事人可以申请财产保全，在仲裁中不可以申请财产保全

C．仲裁不需对案件进行开庭审理，诉讼原则上要对案件进行开庭审理

D．仲裁机构是民间组织，法院是国家机关

35．甲不履行仲裁裁决，乙向法院申请执行。甲拟提出不予执行的申请并提出下列证据证明仲裁裁决应不予执行。针对下列哪一选项，法院可裁定驳回甲的申请？

A．甲、乙没有订立仲裁条款或达成仲裁协议

B．仲裁庭组成违反法定程序

C．裁决事项超出仲裁机构权限范围

D．仲裁裁决没有根据经当事人质证的证据认定事实

36．甲公司开发出一项发动机关键部件的技术，大大减少了汽车尾气排放。乙公司与甲公司签订书面合同受让该技术的专利申请权后不久，将该技术方案向国家知识产权局同时申请了发明专利和实用新型专利。下列哪一说法是正确的？

A．因该技术转让合同未生效，乙公司无权申请专利

B．因尚未依据该技术方案制造出产品，乙公司无权申请专利

C．乙公司获得专利申请权后，无权就同一技术方案同时申请发明专利和实用新型专利

D．乙公司无权就该技术方案获得发明专利和实用新型专利

37．甲乙为夫妻，共有一套房屋登记在甲名下。乙瞒着甲向丙借款 100 万元供个人使用，并将房屋抵押给丙。在签订抵押合同和办理抵押登记时乙冒用甲的名字签字。现甲主张借款和抵押均无效。下列哪一表述是正确的？

A．抵押合同无效

B．借款合同无效

C．甲对 100 万元借款应负连带还款义务

D．甲可请求撤销丙的抵押登记

38．赵某系全国知名演员，张某经多次整容后外形酷似赵某，此后多次参加营利性模仿秀表演，承接并拍摄了一些商业广告。下列哪一选项是正确的？

A．张某故意整容成赵某外形的行为侵害了赵某的肖像权

B．张某整容后参加营利性模仿秀表演侵害了赵某的肖像权

C．张某整容后承接并拍摄商业广告的行为侵害了赵某的名誉权

D．张某的行为不构成对赵某人格权的侵害

39．李某在北京有住所，在总部位于北京的甲公司工作多年，于 2020 年 6 月被甲公司派往德国工作，但其工资仍由甲公司按月支付。李某没有其他个人所得。关于李某缴纳个人所得税，下列哪一说法是正确的？

A．李某应在 2021 年 3 月至 6 月办理汇算清缴

B．李某无需自己的纳税人识别号，应由甲公司代扣代缴

C．甲公司应当按年计算，按月扣预缴李某的个人所得税

D．李某在德国工作期间为非居民纳税人，应当按月计算缴纳个人所得税

40．甲未经乙同意而以乙的名义签发一张商业汇票，汇票上记载的付款人为丙银行。丁取得该汇票后将其背书转让给戊。下列哪一说法是正确的？

A．乙可以无权代理为由拒绝承担该汇票上的责任

B．丙银行可以该汇票是无权代理为由而拒绝付款

C．丁对甲的无权代理行为不知情时，丁对戊不承担责任

D．甲未在该汇票上签章，故甲不承担责任

41．张某想在乙区买一个店铺，和甲县的赵某签订了中介合同，经赵某联系，张某和乙区的孙某签订了店铺买卖合同。后孙某不肯交房并办理过户，张某将赵某、孙某起诉到甲县法院，要求交付店铺、办理过户。甲县法院判决孙某交付店铺、办理过户，以赵某不是适格被告为由判决驳回张某对赵某的诉讼请求。孙某不服上诉，认为既然赵某不是适格被告，那么赵某的住所地甲县法院就没有管辖权，故而在二审中提出管辖权异议。二审法院应当如何处理？

A．移送管辖

B．指定管辖

C．对管辖权异议不予审查

D．撤销原判，发回重审

42．"李老汉私房菜"是李甲投资开设的个人独资企业。关于该企业遇到的法律问题，下列哪一选项是正确的？

A．如李甲在申请企业设立登记时，明确表示以其家庭共有财产作为出资，则该企业是以家庭成员为全体合伙人的普通合伙企业

B．如李甲一直让其子李乙负责企业的事务管

理,则应认定为以家庭共有财产作为企业的出资

C. 如李甲决定解散企业,则在解散后 5 年内,李甲对企业存续期间的债务,仍应承担偿还责任

D. 如李甲死后该企业由其子李乙与其女李丙共同继承,则该企业必须分立为两家个人独资企业

43. 甲公司注册了商标"霞露",使用于日用化妆品等商品上,下列哪一选项是正确的?

A. 甲公司要将该商标改成"露霞",应向商标局提出变更申请

B. 乙公司在化妆品上擅自使用"露霞"为商标,甲公司有权禁止

C. 甲公司因经营不善连续三年停止使用该商标,该商标可能被注销

D. 甲公司签订该商标转让合同后,应单独向商标局提出转让申请

44. 中国香港甲公司与内地乙公司签订商事合同,并通过电子邮件约定如发生纠纷由香港法院管辖。后因履约纠纷,甲公司将乙公司诉至香港法院并胜诉。判决生效后,甲公司申请人民法院认可和执行该判决。关于该判决在内地的认可与执行,下列哪一选项是正确的?

A. 电子邮件不符合"书面"管辖协议的要求,故该判决不应被认可与执行

B. 如乙公司的住所地与财产所在地分处两个中级人民法院的辖区,甲公司不得同时向这两个人民法院提出申请

C. 如乙公司在内地与香港均有财产,甲公司不得同时向两地法院提出申请

D. 如甲公司的申请被人民法院裁定驳回,它可直接向最高人民法院申请复议

45. 诉讼时效因当事人一方提出要求而中断,下列哪一情形不能产生诉讼时效中断的效力?

A. 对方当事人在当事人主张权利的文书上签字、盖章的

B. 当事人一方以发送信件或数据电文方式主张权利,该信件或数据电文应当到达对方当事人的

C. 当事人一方为金融机构,依照法律规定或当事人约定从对方当事人账户中扣收欠款本息的

D. 当事人一方下落不明,对方当事人在下落不明当事人一方住所地的县(市)级有影响的媒体上刊登具有主张权利内容的公告的

46. 王某诉钱某返还借款案审理中,王某向法院提交了一份有钱某签名、内容为钱某向王某借款 5 万元的借条,证明借款的事实;钱某向法院提交了一份有王某签名、内容为王某收到钱某返还借款 5 万元并说明借条因王某过失已丢失的收条。经法院质证,双方当事人确定借条和收条所说的 5 万元是相对应的

款项。关于本案,下列哪一选项是错误的?

A. 王某承担钱某向其借款事实的证明责任

B. 钱某自认了向王某借款的事实

C. 钱某提交的收条是案涉借款事实的反证

D. 钱某提交的收条是案涉还款事实的本证

47. 法国甲公司在深圳向巴西乙公司出具汇票,汇票付款人为法国甲公司在深圳的分支机构。巴西乙公司在里约热内卢将汇票背书转让给了巴西丙公司,丙公司不慎丢失汇票。该汇票被经常居所地在广州的谢某拾得。后中国某法院受理有关该汇票的纠纷。关于本案,下列哪一说法是正确的?

A. 乙公司对该汇票的背书行为,应适用中国法

B. 丙公司对乙公司行使汇票追索权的期限,应适用中国法

C. 丙公司请求保全汇票权利的程序,应适用巴西法

D. 谢某拾得汇票是否构成不当得利的问题,应适用巴西法

48. 根据世界贸易组织《服务贸易总协定》,下列哪一选项是正确的?

A. 协定适用于成员方的政府服务采购

B. 中国公民接受国外某银行在中国分支机构的服务属于协定中的境外消费

C. 协定中的最惠国待遇只适用于服务产品而不适用于服务提供者

D. 协定中的国民待遇义务,仅限于列入承诺表的部门

49. 神牛公司在 H 省电视台主办的赈灾义演募捐现场举牌表示向 S 省红十字会捐款 100 万元,并指明此款专用于 S 省 B 中学的校舍重建。事后,神牛公司仅支付 50 万元。对此,下列哪一选项是正确的?

A. H 省电视台、S 省红十字会、B 中学均无权请求神牛公司支付其余 50 万元

B. S 省红十字会、B 中学均有权请求神牛公司支付其余 50 万元

C. S 省红十字会有权请求神牛公司支付其余 50 万元

D. B 中学有权请求神牛公司支付其余 50 万元

50. 英国人施密特因合同纠纷在中国法院涉诉。关于该民事诉讼,下列哪一选项是正确的?

A. 施密特可以向人民法院提交英文书面材料,无需提供中文翻译件

B. 施密特可以委托任意一位英国出庭律师以公民代理的形式代理诉讼

C. 如施密特不在中国境内,英国驻华大使馆可以授权本馆官员为施密特聘请中国律师代理诉讼

D. 如经调解双方当事人达成协议,人民法院已

制发调解书,但施密特要求发给判决书,应予拒绝

51. 某市玉米行业协会和会员企业签订协议,内容是:为增强中小经营者的竞争力,要求玉米均定价为2.6元/斤,会员企业必须按照协议销售,否则禁止使用该协会的商标。据此,下列哪些选项是不正确的?

A. 该协议属于纵向垄断协议

B. 该协议属于横向垄断协议

C. 该协会的行为属于滥用市场支配地位

D. 该协议构成反垄断豁免,是有效协议

52. 甲公司经批准经营一处大型钨矿山,从事钨矿开采冶炼业务。赵某为该公司工程师。对此,下列哪些说法是正确的?

A. 甲公司在开采过程中发现钨矿储量远超原来探明的储量,应将情况报送县级以上人民政府自然资源主管部门

B. 甲公司在开采过程中需要对开采方案作出重大调整,应当报县级以上人民政府自然资源主管部门批准

C. 在开采钨矿前,甲公司应当编制矿区生态修复方案,报原矿业权出让部门批准

D. 赵某可在矿区边缘采挖一些只能用作普通建筑材料的砂石,用于自建房屋

53. 2019年3月1日,张某通过招聘入职甲公司。入职后,张某发现自己已经怀孕1个月,以此为理由故意迟到早退,不服从夜班安排,违反了公司规定的《员工纪律》。7月1日,甲公司对张某予以解聘。对此,下列哪些说法是正确的?

A. 张某拒绝上夜班不违反《劳动法》

B. 公司可以解除和张某的劳动合同

C.《员工纪律》构成劳动合同的内容

D. 若张某因不能胜任该岗位,公司调岗后仍不能胜任,公司可以解除劳动合同

54. 王某创作歌曲《唱来唱去》,张某经王某许可后演唱该歌曲并由花园公司合法制作成录音制品后发行。下列哪些未经权利人许可的行为属于侵权行为?

A. 甲航空公司购买该正版录音制品后在飞机上播放供乘客欣赏

B. 乙公司购买该正版录音制品后进行出租

C. 丙学生购买正版的录音制品后用于个人欣赏

D. 丁学生购买正版录音制品试听后将其上传到网络上传播

55. 香港地区甲公司与内地乙公司发生投资纠纷,乙公司诉诸某中级人民法院。陈某是甲公司法定代表人,张某是甲公司的诉讼代理人。关于该案的文书送达及法律适用,下列哪些选项是正确的?

A. 如陈某在内地,受案法院必须通过上一级人民法院向其送达

B. 如甲公司在授权委托书中明确表明张某无权代为接收有关司法文书,则不能向其送达

C. 如甲公司在内地设有代表机构的,受案人民法院可直接向该代表机构送达

D. 同时采用公告送达和其他多种方式送达的,应当根据最先实现送达的方式确定送达日期

56. 甲、乙、丙三国均为WTO成员国,甲国给予乙国进口丝束的配额,但没有给予丙国配额,而甲国又是国际上为数不多消费丝束产品的国家。为此,丙国诉诸WTO争端解决机制。依相关规则,下列哪些选项是正确的?

A. 丙国生产丝束的企业可以甲国违反最惠国待遇为由起诉甲国

B. 甲、丙两国在成立专家组之前必须经过"充分性"的磋商

C. 除非争端解决机构一致不通过相关争端解决报告,该报告即可通过

D. 如甲国败诉且拒不执行裁决,丙国可向争端解决机构申请授权对甲国采取报复措施

57. 王某与李某系夫妻,生有一子一女,女儿又生有一子。某日,女儿带王某、李某外出旅游,发生车祸全部遇难,但无法确定死亡的先后时间。下列哪些选项是正确的?

A. 推定王某和李某先于女儿死亡

B. 推定王某和李某同时死亡

C. 王某和李某互不继承

D. 女儿作为第一顺序继承人继承王某和李某的遗产

58. 2014年7月1日,甲公司、乙公司和张某签订了《个人最高额抵押协议》,张某将其房屋抵押给乙公司,担保甲公司在一周前所欠乙公司货款300万元,最高债权额400万元,并办理了最高额抵押登记,债权确定期间为2014年7月2日到2015年7月1日。债权确定期间内,甲公司因从乙公司分批次进货,又欠乙公司100万元。甲公司未还款。关于有抵押担保的债权额和抵押权期间,下列哪些选项是正确的?

A. 债权额为100万元

B. 债权额为400万元

C. 抵押权期间为1年

D. 抵押权期间为主债权诉讼时效期间

59. 根据《民事诉讼法》和相关司法解释的规定,法院的下列哪些做法是违法的?

A. 在一起借款纠纷中,原告张海起诉被告李河时,李河居住在甲市 A 区。A 区法院受理案件后,李河搬到甲市 D 区居住,该法院知悉后将案件移送 D 区法院

B. 王丹在乙市 B 区被黄玫打伤,以为黄玫居住乙市 B 区,而向该区法院提起侵权诉讼。乙市 B 区法院受理后,查明黄玫的居住地是乙市 C 区,遂将案件移送乙市 C 区法院

C. 丙省高院规定,本省中院受理诉讼标的额 1000 万元至 5000 万元的财产案件。丙省 E 市中院受理一起标的额为 5005 万元的案件后,向丙省高院报请审理该案

D. 居住地为丁市 H 区的孙溪要求居住地为丁市 G 区的赵山依约在丁市 K 区履行合同。后因赵山下落不明,孙溪以赵山为被告向丁市 H 区法院提起违约诉讼,该法院以本院无管辖权为由裁定不予受理

60．关于仲裁调解,下列哪些表述是正确的?

A. 仲裁调解达成协议的,仲裁庭应当根据协议制作调解书或根据协议结果制作裁决书

B. 对于事实清楚的案件,仲裁庭可依职权进行调解

C. 仲裁调解达成协议的,经当事人、仲裁员在协议上签字后即发生效力

D. 仲裁庭在作出裁决前可先行调解

61．根据《环境保护法》规定,关于污染物排放标准,下列哪些说法是错误的?

A. 省级地方政府对国家污染物排放标准中已作规定和未作规定的项目,都可以制定地方污染物排放标准

B. 对国家污染物排放标准中已作规定的项目,在制定地方污染物排放标准时,可以因地制宜,严于或宽于国家污染物排放标准

C. 地方污染物排放标准须报国务院环境保护行政主管部门备案

D. 凡是向已有地方污染物排放标准的区域排放污染物的,应当执行地方污染物排放标准

62．甲、乙、丙约定共同设立利城公司,并约定设立过程中产生的费用和债务由三人平均分担。在公司的筹备过程中,甲以自己的名义与德盛公司签订合同,购买办公用品若干,货款 50 万元。乙以设立中利城公司的名义与菱菲公司签署房屋租赁合同,租赁五间房屋作为利城公司的办公室。丙外出旅游的路上,发生交通事故,将丁撞伤,丙负全责。后利城公司设立失败,下列哪些说法是正确的?

A. 甲、乙、丙应按约定的份额对德盛公司承担责任

B. 菱菲公司有权要求甲、乙、丙承担连带责任

C. 如果乙对菱菲公司清偿了全部的债务,有权要求甲、丙按约定比例分担责任

D. 丁有权要求甲、乙、丙承担连带责任

63．甲在门口堆放杂物,邻居乙的孩子丙路过,被倒塌的杂物砸伤。因赔偿协商无果,乙以丙的名义向法院提起诉讼。诉讼中,甲主张丙走路时故意将杂物推倒。关于本案的证明责任的分配,下列哪些说法是正确的?

A. 甲堆放杂物倒塌的事实,由乙承担证明责任

B. 丙被砸伤的事实,由乙承担证明责任

C. 丙故意将杂物推倒的事实,由甲承担证明责任

D. 甲没有主观过错的事实,由甲承担证明责任

64．甲公司依据供货合同要求乙公司履行货款,向法院提起诉讼,一审和二审乙公司均败诉。后乙公司向法院申请再审,上级法院认为事实不清,指定下级法院再审。再审期间甲公司要求增加违约金,乙公司以货物质量不合格为由提起反诉,主张解除合同。法院应当如何处理?

A. 对于增加违约金的请求,法院应调解处理

B. 对于解除合同的请求,法院应调解处理

C. 对于增加违约金的请求,法院应告知另行起诉

D. 对于解除合同的请求,法院应告知另行起诉

65．曾某购买某汽车销售公司的轿车一辆,总价款 20 万元,约定分 10 次付清,每次两万元,每月的第一天支付。曾某按期支付六次共计 12 万元后,因该款汽车大幅降价,曾某遂停止付款,经催告后,依然不履行。下列哪些表述是正确的?

A. 汽车销售公司有权要求曾某一次性付清余下的 8 万元价款

B. 汽车销售公司有权通知曾某解除合同

C. 汽车销售公司有权收回汽车,并且收取曾某汽车使用费

D. 汽车销售公司有权收回汽车,但不退还曾某已经支付的 12 万元价款

66．甲饲养的一只狗在乙公司施工的道路上追咬丙饲养的一只狗,行人丁避让中失足掉入施工形成的坑里,受伤严重。下列哪些说法是错误的?

A. 如甲能证明自己没有过错,不应承担对丁的赔偿责任

B. 如乙能证明自己没有过错,不应承担对丁的赔偿责任

C. 如丙能证明自己没有过错,不应承担对丁的赔偿责任

D. 此属意外事件,甲、乙、丙均不应承担对丁的赔偿责任

67. 李方为平昌公司董事长。债务人姜呈向平昌公司偿还 40 万元时，李方要其将该款打到自己指定的个人账户。随即李方又将该款借给刘黎，借期一年，年息 12%。下列哪些表述是正确的？

A. 该 40 万元的所有权，应归属于平昌公司

B. 李方因其行为已不再具有担任董事长的资格

C. 在姜呈为善意时，其履行行为有效

D. 平昌公司可要求李方返还利息

68. 杨某、段某、郭某、黄某、周某是某有限合伙企业的合伙人，其中杨某是普通合伙人，其余四人是有限合伙人。合伙协议对合伙份额的转让、质押等处分行为未作约定。下列哪些说法是正确的？

A. 杨某死亡后，其合法继承人有权继承杨某在该合伙企业中的份额

B. 段某的债权人申请法院执行段某的合伙份额偿还债务，其他合伙人不能主张优先购买权

C. 郭某对外转让其合伙份额时，其他合伙人无权主张优先购买权

D. 黄某可随时转让其合伙份额给周某

69. 关于投保人在订立保险合同时的告知义务，下列哪些表述是正确的？

A. 投保人的告知义务，限于保险人询问的范围和内容

B. 当事人对询问范围及内容有争议的，投保人负举证责任

C. 投保人未如实告知投保单询问表中概括性条款时，则保险人可以此为由解除合同

D. 在保险合同成立后，保险人获悉投保人未履行如实告知义务，但仍然收取保险费，则保险人不得解除合同

70. 甲公司拖欠黄某劳动报酬 6 万元，双方经人民调解委员会调解达成协议，甲公司在 1 个月之内向黄某支付 6 万元。1 个月后，甲公司并未支付劳动报酬。关于对黄某的救济方式，下列哪些说法是正确的？

A. 向劳动争议仲裁委员会申请仲裁

B. 就调解协议直接向法院起诉

C. 持调解协议向法院申请强制执行

D. 持调解协议向法院申请支付令

71. 甲为乙的债权人，乙将其电动车出质于甲。现甲为了向丙借款，未经乙同意将电动车出质于丙，丙不知此车为乙所有。下列哪些选项是正确的？

A. 丙因善意取得而享有质权

B. 因未经乙的同意丙不能取得质权

C. 甲对电动车的毁损、灭失应向乙承担赔偿责任

D. 对电动车毁损、灭失，乙可向丙索赔

72. 甲公司向乙银行借款 100 万元，丙、丁以各

自房产分别向乙银行设定抵押，戊、己分别向乙银行出具承担全部责任的担保函，承担保证责任。下列哪些表述是正确的？

A. 乙银行可以就丙或者丁的房产行使抵押权

B. 丙承担担保责任后，可向甲公司追偿，也可要求丁清偿其应承担的份额

C. 乙银行可以要求戊或者己承担全部保证责任

D. 戊承担保证责任后，可向甲公司追偿，也可要求己清偿其应承担的份额

73. 张某诉美国人海斯买卖合同一案，由于海斯在我国无住所，法院无法与其联系，遂要求张某提供双方的电子邮件地址，电子送达了诉讼文书，并在电子邮件中告知双方当事人在收到诉讼文书后予以回复，但开庭之前法院只收到了张某的回复，一直未收到海斯的回复。后法院在海斯缺席的情况下，对案件作出判决，驳回张某的诉讼请求，并同样以电子送达的方式送达判决书，但法院也只收到了张某的回复，没有收到海斯的回复。关于本案诉讼文书的电子送达，下列哪些做法是合法的？

A. 向张某送达举证通知书

B. 向张某送达缺席判决书

C. 向海斯送达举证通知书

D. 向海斯送达缺席判决书

74. 2018 年 12 月，甲房地产开发公司为开发东方家园小区，向建设银行贷款 5000 万元，约定两年后清偿。乙公司对此贷款提供连带责任担保。2019 年 5 月，甲公司开发的楼盘销售不利导致资金链断裂，不能清偿到期债务，被法院受理破产。2 个月后，乙公司业务不景气也被法院受理破产。下列哪些说法是正确的？

A. 当甲公司被受理破产时，乙公司可用其将来求偿权申报债权

B. 当甲公司被受理破产时，乙公司在向建设银行清偿债务后才能向甲公司追偿

C. 当乙公司被受理破产后，建设银行可分别向甲公司和乙公司申报全额债权

D. 当乙公司对建设银行履行保证责任后，不可向甲公司追偿

75. 甲公司以出让方式取得某地块 50 年土地使用权，用于建造写字楼。土地使用权满 3 年时，甲公司将该地块的使用权转让给乙公司，但将该地块上已建成的一幢楼房留作自用。对此，下列哪些选项是正确的？

A. 如该楼房已取得房屋所有权证，则甲公司可只转让整幅地块的使用权而不转让该楼房

B. 甲公司在土地使用权出让合同中载明的权利、义务应由乙公司整体承受

C. 乙公司若要改变原土地使用权出让合同约定的土地用途，取得原出让方的同意即可

D. 乙公司受让后，可以在其土地使用权的使用年限满46年之前申请续期

76. 梁某与甲旅游公司签订合同，约定梁某参加甲公司组织的旅游团赴某地旅游。旅游出发前15日，梁某因出差通知甲公司，由韩某替代跟团旅游。旅游行程一半，甲公司不顾韩某反对，将其旅游业务转给乙公司。乙公司组织游客参观某森林公园，该公园所属观光小火车司机操作失误致火车脱轨，韩某遭受重大损害。下列哪些表述是正确的？

A. 即使甲公司不同意，梁某仍有权将旅游合同转让给韩某

B. 韩某有权请求甲公司和乙公司承担连带责任

C. 韩某有权请求某森林公园承担赔偿责任

D. 韩某有权请求小火车司机承担赔偿责任

77. 张某因病住院，医生手术时误将一肾脏摘除。张某向法院起诉，要求医院赔偿治疗费用和精神损害抚慰金。法院审理期间，张某术后感染医治无效死亡。关于此案，下列哪些说法是正确的？

A. 医院侵犯了张某的健康权和生命权

B. 张某继承人有权继承张某的医疗费赔偿请求权

C. 张某继承人有权继承张某的精神损害抚慰金请求权

D. 张某死后其配偶、父母和子女有权另行起诉，请求医院赔偿自己的精神损害

78. 甲、乙、丙、丁设立迅飞软件有限公司。甲认缴出资1000万元，以厂房20年使用权出资。乙认缴出资300万元，以其对某公司的300万元债权出资。丙认缴出资200万元，以房屋出资。丁实缴出资30万元并担任设立主要负责人。公司成立后，发现丙的房屋其实是虚假出资，房屋归继承人戊所有，董事长丁对此事知情。乙对某公司300万元的债权因公司破产只分得100万元。对此，下列哪些说法是正确的？

A. 债权不是法定出资形式，乙的该项出资不合法

B. 迅飞公司有权向乙追缴出资200万元

C. 甲以厂房使用权出资不合法，需要以厂房所有权出资

D. 迅飞公司不能取得丙出资房屋的所有权

79. 甲公司向乙公司出售房屋，双方签约后甲公司向税务局预缴税款700万元。后房屋买卖合同依法解除，甲公司向乙公司承诺在月底返还购房款。关于甲公司预交的税款，下列哪些说法是正确的？

A. 税务局仅需退还预征税款700万元

B. 税务局不仅需退还预征税款，还应加算银行同期存款利息

C. 甲公司申请退还税款的期限是3年

D. 退还期限的起算时间是甲公司预缴税款之日

80. 某上市公司因产品发生质量问题引发消费者不满，公司对此事件的处理方案不妥，引发舆论负面评价，导致股价持续下跌。为了扭转股价下跌的趋势，公司拟用未分配利润回购公司股份。关于该公司的股份回购，下列哪些说法是正确的？

A. 该回购事项需通过股东会决议

B. 回购股份不能超过已经发行股份的10%

C. 股份回购应通过公开集中交易进行

D. 公司回购的股份应当在半年内注销或转让

81. 吴某和李某共有一套房屋，所有权登记在吴某名下。2010年2月1日，法院判决吴某和李某离婚，并且判决房屋归李某所有，但是并未办理房屋所有权变更登记。3月1日，李某将该房屋出卖给张某，张某基于对判决书的信赖支付了50万元价款，并入住了该房屋。4月1日，吴某又就该房屋和王某签订了买卖合同，王某在查阅了房屋登记簿确认房屋仍归吴某所有后，支付了50万元价款，并于5月10日办理了所有权变更登记手续。下列哪些选项是正确的？

A. 5月10日前，吴某是房屋所有权人

B. 2月1日至5月10日，李某是房屋所有权人

C. 3月1日至5月10日，张某是房屋所有权人

D. 5月10日后，王某是房屋所有权人

82. 甲公司持有乙公司（上市公司）6.04%的股份，为其第四大股东。2017年10月31日，甲公司减持套现2.9%的乙公司股份。3个月后，乙公司股价开始上扬，甲公司又增持1.86%的股份。对此，下列哪些选项是正确的？

A. 就增持事项，甲公司须在3日之内向证券监管机构和证券交易所作出书面报告，通知乙公司，并予公告

B. 就减持事项，乙公司应立即向证券监管机构和证券交易所报送临时报告，并予公告

C. 就减持事项，甲公司需在3日之内向证券监管机构和证券交易所作出书面报告

D. 甲公司在增持后的3日内，不得再行买卖乙公司的股票

83. 梁某在星光商场购得进口葡萄酒5瓶，共计1000元。该葡萄酒中文标签标明"酒精度11%"和保质期等内容，外文标签标明"酒精度10.8%"等内容。梁某以"葡萄酒有违食品安全标准为由"诉求获得1万元的额外赔偿。经查，该葡萄酒酒精度实测数为10.92%，在法定合理误差范围内，星光商场也能证明

该葡萄酒系安全食品。对此，下列哪些说法是正确的？

A. 该葡萄酒的标签应当清楚明确，不得误导消费者

B. 梁某的诉求应得到法院的支持

C. 该葡萄酒的标签存在瑕疵，应由食品安全监督管理部门责令改正，并处以罚款

D. 该葡萄酒的保质期标识应当显著标注

84. 甲公司获得一项智能手机显示屏的发明专利权后，将该技术以在中国大陆独占许可方式许可给乙公司实施。乙公司付完专利使用费并在销售含有该专利技术的手机过程中，发现丙公司正在当地电视台做广告宣传具有相同专利技术的手机，便立即通知甲公司起诉丙公司。法院受理该侵权纠纷后，丙公司在答辩期内请求宣告专利无效。下列哪些说法是错误的？

A. 乙公司获得的专利使用权是债权，在不通知甲公司的情况下不能直接起诉丙公司

B. 专利无效宣告前，丙公司侵犯了专利实施权中的销售权

C. 如专利无效，则专利实施许可合同无效，甲公司应返还专利使用费

D. 法院应中止专利侵权案件的审理

85. 下列哪些行为不可引起放弃继承权的后果？

A. 张某口头放弃继承权，本人承认

B. 王某在遗产分割后放弃继承权

C. 李某以不再赡养父母为前提，书面表示放弃其对父母的继承权

D. 赵某与父亲共同发表书面声明断绝父子关系

三、不定项选择题。每题所设选项中至少有一个正确答案，多选、少选、错选或不选均不得分。本部分含86-100题，每题2分，共30分。

86. 甲见一家餐馆生意很好，在餐馆吃饭时，乘机将事先做好的一张付款二维码粘贴在餐桌原有的付款二维码上。乙到这家餐馆用餐后，扫描了甲粘贴的二维码，向甲支付了500元餐费。对于本案，下列说法错误的是：

A. 餐馆可向甲主张侵权责任或不当得利

B. 乙的意思表示未生效

C. 乙可基于重大误解撤销所订立的餐饮合同

D. 甲构成无权代理

（一）

高才、李一、曾平各出资40万元，拟设立"鄂汉食品有限公司"。高才手头只有30万元的现金，就让朋友艾瑟为其垫付10万元，并许诺一旦公司成立，就将该10万元从公司中抽回偿还给艾瑟。而李一与其妻闻菲正在闹离婚，为避免可能的纠纷，遂与其弟李三商定，由李三出面与高、曾设立公司，但出资与相应的投资权益均归李一。公司于2012年5月成立，在公司登记机关登记的股东为高才、李三、曾平，高才为董事长兼法定代表人，曾平为总经理。请回答87～89题。

87. 公司成立后，高才以公司名义，与艾瑟签订一份买卖合同，约定公司向艾瑟购买10万元的食材。合同订立后第2天，高才就指示公司财务转账付款，而实际上艾瑟从未经营过食材，也未打算履行该合同。对此，下列表述正确的是：

A. 高才与艾瑟间垫付出资的约定，属于抽逃出资行为，应为无效

B. 该食材买卖合同属于恶意串通行为，应为无效

C. 高才通过该食材买卖合同而转移10万元的行为构成抽逃出资行为

D. 在公司不能偿还债务时，公司债权人可以在10万元的本息范围内，要求高才承担补充赔偿责任

88. 关于李一与李三的约定以及股东资格，下列表述正确的是：

A. 二人间的约定有效

B. 对公司来说，李三具有股东资格

C. 在与李一的离婚诉讼中，闻菲可以要求分割李一实际享有的股权

D. 李一可以实际履行出资义务为由，要求公司变更自己为股东

89. 2012年7月，李三买房缺钱，遂在征得其他股东同意后将其名下的公司股权以42万元的价格，出卖给王二，并在公司登记机关办理了变更登记等手续。下列表述正确的是：

A. 李三的股权转让行为属于无权处分行为

B. 李三与王二之间的股权买卖合同为有效合同

C. 王二可以取得该股权

D. 就因股权转让所导致的李一投资权益损失，李一可以要求李三承担赔偿责任

（二）

李大伟是M城市商业银行的董事，其妻张霞为S公司的总经理，其子李小武为L公司的董事长。2009年9月，L公司向M银行的下属分行申请贷款1000万元。其间，李大伟对分行负责人谢二宝施加压力，令其按低于同类贷款的优惠利息发放此笔贷款。L公司提供了由保证人陈富提供的一张面额为2000万元的个人储蓄存单作为贷款质押。贷款到期后，L公司无力偿还，双方发生纠纷。根据《商业银行法》的规定，请回答90、91题。

90. 关于M银行向L公司发放贷款的行为，下列判断正确的是：

A. L 公司为 M 银行的关系人,依照法律规定,M银行不得向 L 公司发放任何贷款

B. L 公司为 M 银行的关系人,依照法律规定,M银行可以向 L 公司发放担保贷款,但不得提供优于其他借款人同类贷款的条件

C. 该贷款合同无效

D. 该贷款合同有效

91. 关于李大伟在此项贷款交易中的行为,下列判断正确的是:

A. 李大伟强令下属机构发放贷款,是《商业银行法》禁止的行为

B. 该贷款合同无效,李大伟应当承担由合同无效引起的一切损失

C. 该贷款合同有效,李大伟应当承担因不正当优惠条件给银行造成的包括利息差额在内的损失

D. 分行负责人谢二宝也应当承担相应的赔偿责任

92. 王某,女,1990 年出生,于 2012 年 2 月 1 日入职某公司,从事后勤工作,双方口头约定每月工资为人民币 3000 元,试用期 1 个月。2012 年 6 月 30 日,王某因无法胜任经常性的夜间高处作业而提出离职,经公司同意,双方办理了工资结算手续,并于同日解除了劳动关系。关于该劳动合同的订立与解除,下列说法正确的是:

A. 王某与公司之间视作已订立无固定期限劳动合同

B. 该劳动合同期限自 2012 年 3 月 1 日起算

C. 该公司应向王某支付半个月工资的经济补偿金

D. 如王某不能胜任且经培训仍不能胜任工作,公司提前 30 日以书面形式通知王某,可将其辞退

93. 依据现行的司法解释,我国法院受理对在我国享有特权与豁免的主体起诉的民事案件,须按法院内部报告制度,报请最高人民法院批准。为此,下列表述正确的是:

A. 在我国享有特权与豁免的主体若为民事案件中的第三人,该报告制度不适用

B. 若在我国享有特权与豁免的主体在我国从事商业活动,则对其作为被告的民事案件的受理无需适用上述报告制度

C. 对外国驻华使馆的外交官作为原告的民事案件,其受理不适用上述报告制度

D. 若被告是临时来华的联合国官员,则对其作为被告的有关的民事案件的受理不适用上述报告制度

94. 某外国公司与我国甲银行(甲银行为牵头银行)等众多银行签订间接银团贷款合同,牵头银行将贷款份额转售给其他银行。对此,下列说法正确的是:

A. 所有参与贷款的银行之间负连带责任

B. 甲银行作为牵头银行与该外国公司签订贷款协议

C. 所有参与贷款的银行均需与该外国公司签订贷款协议

D. 所有参与银行应按照统一的条件发放贷款

（三）

兴源公司与郭某签订钢材买卖合同,并书面约定本合同一切争议由中国国际经济贸易仲裁委员会仲裁。兴源公司支付 100 万元预付款后,因郭某未履约依法解除了合同。郭某一直未将预付款返还,兴源公司遂提出返还货款的仲裁请求,仲裁庭适用简易程序审理,并作出裁决,支持该请求。

由于郭某拒不履行裁决,兴源公司申请执行。郭某无力归还 100 万元现金,但可以收藏的多幅字画提供执行担保。担保期满后郭某仍无力还款,法院在准备执行该批字画时,朱某向法院提出异议,主张自己才是这些字画的所有权人,郭某只是代为保管。

请回答第 95~97 题。

95. 针对本案中郭某拒不履行债务的行为,法院采取的正确的执行措施是:

A. 依职权决定限制郭某乘坐飞机

B. 要求郭某报告当前的财产情况

C. 强制郭某加倍支付迟延履行期间的债务利息

D. 根据郭某的申请,对拖欠郭某货款的金康公司发出履行通知

96. 如果法院批准了郭某的执行担保申请,驳回了朱某的异议,关于执行担保的效力和救济,下列选项正确的是:

A. 批准执行担保后,应当裁定终结执行

B. 担保期满后郭某仍无力偿债,法院根据兴源公司申请方可恢复执行

C. 恢复执行后,可以执行作为担保财产的字画

D. 恢复执行后,既可以执行字画,也可以执行郭某的其他财产

97. 关于朱某的异议和处理,下列选项正确的是:

A. 朱某应当以书面方式提出异议

B. 法院在审查异议期间,不停止执行活动,可以对字画采取保全措施和处分措施

C. 如果朱某对驳回异议的裁定不服,可以提出执行标的异议之诉

D. 如果朱某对驳回异议的裁定不服,可以申请再审

（四）

甲公司与乙公司签订了一份手机买卖合同,约定:甲公司供给乙公司某型号手机 1000 部,每部单价 1000 元,乙公司支付定金 30 万元,任何一方违约应

向对方支付合同总价款30%的违约金。合同签订后，乙公司向甲公司支付了30万元定金，并将该批手机转售给丙公司，每部单价1100元，指明由甲公司直接交付给丙公司。但甲公司未按约定期间交货。请回答98、99题。

98. 关于返还定金和支付违约金，乙公司向甲公司提出请求，下列表述正确的是：

A. 请求甲公司双倍返还定金60万元并支付违约金30万元

B. 请求甲公司双倍返还定金40万元并支付违约金30万元

C. 请求甲公司双倍返还定金60万元或者支付违约金30万元

D. 请求甲公司双倍返还定金40万元或者支付违约金30万元

99. 关于甲、乙、丙公司间违约责任的承担，下列表述正确的是：

A. 如乙公司未向丙公司承担违约责任，则丙公司有权请求甲公司向自己承担违约责任

B. 如乙公司未向丙公司承担违约责任，则丙公司无权请求甲公司向自己承担违约责任

C. 如甲公司迟延向丙公司交货，则丙公司有权请求乙公司承担迟延交货的违约责任

D. 如甲公司迟延向丙公司交货，则丙公司无权请求乙公司承担迟延交货的违约责任

100. 中国甲公司和韩国乙公司签订电子产品进口合同，双方约定了DPU2020贸易术语，协议使用信用证作为支付工具，并由丙公司承担运输工作。途中因恶劣天气导致该批产品全损。已知中国和韩国都是《联合国国际货物销售合同公约》缔约国，下列说法正确的是：

A. 作为卖方的乙公司有进行投保的义务，由保险公司承担损失

B. 该批货物在目的地卸货后转移风险，目的地不限于运输的终点

C. 由于货物已经全部灭失，因此甲公司可以向银行通知停止支付信用证下的款项

D. 承运人丙公司应该承担货物灭失的责任

试 卷 一

解 析

一、单项选择题

1．习近平法治思想的形成发展[D]

[解析] D项是习近平法治思想的重大意义之一，不属于习近平法治思想的形成发展的内容，当选。

2．权利与义务;法的实施;法的特征[D]

[解析] "权利义务"除了包括法律上的权利义务，还包括其他领域的权利义务，如道德权利义务、生活中的权利义务等。"习惯"也会设定权利义务，只不过不具备法定性而已，如"结婚要随礼"就是"传统习惯"设定的义务。故A项错误。

并非只有法具有强制力，道德、习惯、政策等社会规范都具有强制力，只是法律的强制力属于"国家强制力"。故B项错误。

守法并不完全是基于法的强制力，对有些人来说守法是一种习惯，还有人把守法视为道德，他们都会自觉遵守法律。故C项错误。【特别提醒】国家强制力是法律与其他社会规范的区别，但它只是法律的"最终"保障力量，不是法律的唯一保障力量。

法的实施与法的实效不同，法的实施强调法律运行的过程，法的实效则强调法律运行的实际效果。实施是实效的前提，是使"书本上的法"变成"行动中的法"的必备条件。故D项正确。

3．宪法的分类;宪法的渊源[D]

[解析] 不成文宪法不具有统一法典的形式，是由一系列宪法性法律、宪法惯例、宪法判例构成。其特征是没有统一的宪法典，而不是没有制定法。故A项错误。

成文宪法具有统一的法典，在法律文件上明确表明为宪法，名称上往往使用宪法字样，但并不绝对。故B项错误。

美国是典型的成文宪法国家，但其宪法渊源不仅包括宪法典，也包括宪法惯例。故C错误。

英国的宪法是不成文宪法，也是柔性宪法，制定、修改的机关和程序与一般法律相同。故D项正确。

4．西周的契约与婚姻;继承法律制度[A]

[解析] 西周的买卖契约称为"质剂"。"质"，是指买卖奴隶、牛马所使用的较长的契券;"剂"，是指买卖兵器、珍异之物所使用的较短的契券。故A项正确。

"质""剂"由官府制作，并由"质人"专门管理。故B项错误。

契约达成后，要先由官府进行制作，再交由"质人"专门管理。故C项错误。

西周的借贷契约称为"傅别"，其买卖契约称为"质剂"。故D项错误。

5．国家的承认;承认与建交的关系[A]

[解析] 国家承认是指现存国家对新国家产生的事实给予确认并接受由此而产生的法律效果，与新国家进行正常交往的行为。对新国家承认后就是一种既定事实，无法回转，与是否建立外交关系也是两个问题。故A项正确。国家承认是一种事实认可，不存在撤回问题。故B、C项错误。

承认的表示方式:(1)明示承认:以明白的语言文字直接表达承认，包括通过正式通知、函电、照会、声明等单方面表述，也包括在缔结条约或其他正式国际文件中进行明确表述。(2)默示承认:通过与承认对象有关的行为表现出承认的意思，包括与承认者建立正式外交关系、与承认者缔结正式的政治性条约、正式接受领事或正式投票支持参加政府间国际组织的行为等。建立外交关系属于法律意义的默示承认之一，并非事实上的承认。故D项错误。

6．司法公正[A]

[解析] 司法公正主要体现为司法活动的合法性、司法人员的中立性、司法活动的公开性、当事人地位的平等性、司法程序的参与性、司法结果的正确性和司法人员的廉洁性。

司法程序的参与性，要求作为争议主体的当事人能够有充分的机会参与司法程序，提出自己的主张和有利于自己的证据，并反驳对方的证据，进行交叉询问和辩论，以此来促使司法机关尽可能作出有利于自身的结果。据此，保障犯罪嫌疑人的辩护权利，使其有充分的机会参与司法程序，这体现了司法的参与性。故A项正确。

法院杜绝不正之风，是为了确保司法人员的廉洁性，与司法的公开性无关。故B项错误。

检察院禁止收受礼金，也是为了确保司法人员的廉洁性，与司法结果的正确性无关。故C项错误。

司法的中立性要求司法人员要平和理性司法。

这里的中立,即司法人员同争议的事实和利益没有关联性,不得对任何一方当事人存在歧视和偏爱。禁止司法人员与诉讼参与人私下接触,目的在于防止利益输送和利益勾连,确保司法人员的廉洁性。故 D 项错误。

7.刑法解释[B]

[解析] 体系解释是指根据刑法条文在整个刑法中的地位,联系相关法条的含义,阐明其规范含义。刑法分则中的"买卖"一词,既包括购买并卖出,也包括为出售而购买。A 项将"买卖"解释为"购买并卖出",错误地将"为卖而买"的行为排除在外,并不符合刑法本意。故 A 项错误。

同类解释规则,也叫只含同类规则,即当刑法语词含义不清时,对附随于确定性语词之后的总括性语词的含义,应当根据确定性语词所涉及的同类或者同级事项予以确定。因此,对于刑法分则中的兜底性条文,即在列举具体要素后使用的"等""其他"用语,应按照所列举的内容、性质进行同类解释。故 B 项正确。

在"捏造事实诽谤他人"的规定中,"捏造事实"属于预备行为,"诽谤他人"才是实行行为。故只要明知是捏造的事实而散布并诽谤他人的,虽然同样成立诽谤罪,但没有捏造事实,就不能认定为"捏造事实"。故 C 项错误。

将盗窃骨灰解释为盗窃尸体,属于罪刑法定原则所禁止的类推解释。故 D 项错误。

8.寻衅滋事罪;禁止令[D]

[解析] 刑法的目的是打击犯罪、保护人民,这体现了执法为民、服务大局的理念。因此,对于任何影响恶劣的违法犯罪行为,都应当依法从严惩处。注意:"依法"从严惩处的表述坚持"以法律为准绳"的思想。故 A 项正确。

犯罪的本质是法益侵害,而寻衅滋事罪属于妨害社会管理秩序的犯罪,根据《刑法》第 293 条的规定,寻衅滋事的行为只有造成了社会秩序严重混乱的,才可能当作犯罪行为定罪处罚,而非任何起哄闹事的行为都成立犯罪。故 B 项正确。

对于"医闹"事件的法律定性,不能一概而论,应当结合其诱因区别对待:如果医院救治不力,则医院过错在先,即使家属存在过激行为,也是情有可原,不能轻易将其认定为犯罪行为。故 C 项正确。

《刑法》第 72 条第 2 款规定:"宣告缓刑,可以根据犯罪情况,同时禁止犯罪分子在缓刑考验期限内从事特定活动,进入特定区域、场所,接触特定的人。"《关于对判处管制、宣告缓刑的犯罪分子适用禁止令有关问题的规定(试行)》第 4 条规定:"人民法院可以根据犯罪情况,禁止判处管制、宣告缓刑的犯罪分子在管制执行期间、缓刑考验期限内进入以下一类或

者几类区域、场所:(一)禁止进入夜总会、酒吧、迪厅、网吧等娱乐场所;(二)未经执行机关批准,禁止进入举办大型群众性活动的场所;(三)禁止进入中小学校区、幼儿园园区及周边地区,确因本人就学、居住等原因,经执行机关批准的除外;(四)其他确有必要禁止进入的区域、场所。"显然医疗场所并不属于此处所规定的几类区域、场所且从题干分析并无必要禁止甲出入医疗机构。故 D 项错误。

9.刑事诉讼构造[C]

[解析] 刑事诉讼价值观会对刑事诉讼构造产生深刻的影响,但不是决定刑事诉讼构造的唯一因素,刑事诉讼构造还受到其他诸多因素的影响。故 A 项错误。

混合式诉讼构造可能是当事人主义吸收职权主义的因素形成的,也可能是职权主义吸收当事人主义的因素形成的。故 B 项错误。

职权主义诉讼构造将诉讼的主动权委于国家专门机关,一般认为适用于实体真实的诉讼目的。故 C 项正确。

当事人主义诉讼构造将开始和推动诉讼的主动权委于当事人,控诉、辩护双方当事人在诉讼中居于主导地位,适用于程序上保障人权的诉讼目的,但其本身也具有控制犯罪的一般功能,因此不能认为当事人主义诉讼构造与控制犯罪是矛盾的。故 D 项错误。

10.公平正义的基本理念[A]

[解析] 公平正义的基本理念要求必须正确处理司法与其他社会纠纷解决手段的关系,在社会矛盾和纠纷的解决中,恰当地发挥司法的功能,克服过度依赖司法、过多依靠裁判的偏向,把有限的司法资源运用于维护和实现公平正义的关键环节,广泛调动各种社会力量,构建多元化的社会矛盾纠纷化解机制,运用多方面社会资源解决矛盾和纠纷。

刑事和解不同于传统的公诉案件办案方式,在当事人和解程序中,国家通过其刑罚权的部分退让,促使加害人与被害人通过和解方式化解他们之间的刑事纠纷,并在此基础上处理刑事案件。

根据题目所给信息分析,公安机关在处理甲乙之间纠纷时,既坚持了正确履行其刑事立案、侦查功能,同时又综合衡量甲乙双方利益,从而作出既符合社会公平正义理念基本要求又不违背刑事诉讼理念的决定,故 A 项正确。

甲并非特殊群体,故 B 项错误。C 项的错误在于,刑事和解并非追求诉讼效率的体现。另外,此案的处理与"兼顾程序和实体公正的理念"联系不大,故 D 项错误。

11.合理行政原则[B]

[解析] 比例原则有三方面要求:(1)合目的性,行政机关选择的手段须能够实现行政目的。(2)必

要性,有多种手段能够实现行政目的时,行政机关应选择对相对人造成损害最小的手段。(3)均衡性,行政机关选择的手段给相对人造成的损害不能明显超过行政目的所体现的价值,在手段与目的之间保持均衡关系。本题提出的在不使用行政强制措施也能实现行政管理目的的情况下,即不必要动用该行政强制措施,体现了比例原则中的必要性要求,故 B 项当选。

12.坚持中国特色社会主义法治道路[D]

[解析]《中共中央关于全面推进依法治国若干重大问题的决定》提出,必须从我国基本国情出发,同改革开放不断深化相适应,总结和运用党领导人民实行法治的成功经验,围绕社会主义法治建设重大理论和实践问题,推进法治理论创新,发展符合中国实际、具有中国特色、体现社会发展规律的社会主义法治理论,为依法治国提供理论指导和学理支撑。汲取中华法律文化精华,借鉴国外法治有益经验,但决不照搬外国法治理念和模式。故 D 项错误。

13.法律部门;权利与义务;法的作用;法律原则[C]

[解析]当代我国的法律体系主要由七个法律部门构成:宪法及宪法相关法、行政法、民商法、经济法、社会法、刑法、诉讼与非诉讼程序法。《民法典》属于民商法部门,而《就业促进法》涉及的是劳动关系和社会保障领域,旨在对劳动者的合法权益进行保障,属于典型的社会法部门。故 A 项错误。

按照法律规定,劳动者有不受歧视的权利,而这种权利针对的是不特定的用人单位。只有在一个具体的劳动合同之中,才存在劳动者和用人单位之间的相对权利义务关系。而在一般意义上,免受歧视的权利是一种绝对权利。故 B 项错误。

法的强制作用,是指通过制裁违法犯罪行为来强制人们遵守法律。法院判决甲公司赔礼道歉,体现的正是将甲公司的歧视行为认定为违法,从而对其进行制裁。故 C 项正确。

按照法律原则产生的基础不同,可以将法律原则分为公理性原则和政策性原则。公理性原则是由法律原理构成的原则;政策性原则是一个国家或民族出于一定的政策考量而制定的一些原则。公理性原则往往与法律所追求的价值和法律自身的理性要求有关,如人人平等、罪刑法定等;政策性原则往往与一个国家特定时期的政策追求紧密相关,如计划生育政策。劳动者不受歧视原则与人人平等、罪刑法定等基本原则一样,体现的都是法律所追求的特定价值和理性要求,所以是公理性原则,而非政策性原则。故 D 项错误。

14.宪法产生和发展[D]

[解析]近代宪法的产生有着它深刻的经济、思想、政治和法律条件,其中就经济条件而言,资本主义商品经济的普遍化发展是近代宪法产生的经济基础。故 A 项表述是正确的。

1787 年美国宪法是世界第一部近代意义上的成文宪法。故 B 项表述是正确的。

1918 年《苏俄宪法》的颁布,标志着第一部社会主义宪法的诞生,其与 1919 年德国《魏玛宪法》共同标志着现代宪法的产生。故 C 项表述是正确的。

就行政权力的范围而言,中国行政权总体趋势是在限缩,将更多的自主权交由市场和社会,对于行政权力的监督也在不断加强。故 D 项表述不准确。

15.魏晋南北朝时期的法律思想与制度[C]

[解析]晋元帝主张鞭父母以问子女,即支持对父母进行刑讯以查明案情,从这一点来看,不能得出晋元帝重伦理轻法律的结论,反而在其看来法律比伦理要更为重要,为查明案情可以不顾伦理。故 A 项错误。

亲亲相隐即"亲亲得首匿"原则,确立于汉宣帝时期,影响深远。但是,确定其作为一项正式法律制度并非一蹴而就,且在不同的朝代有不同的制度设置。本题中,晋元帝为了审案而对亲亲相隐不予认可,可见,其在当时尚未确立为一种正式的法律制度。故 B 项错误。

亲亲得首匿原则,主张亲属间首谋藏匿犯罪可以不负刑事责任,是儒家法律化的延续,使得伦理因素可以成为抗御刑讯的正当理由。卫展上书的主张即这一原则的体现。故 C 项正确。

在古代礼法合一的体制下,伦理和刑罚在一定程度上可以融合,无论是"准五服以制罪",还是"亲亲得首匿",都是伦理与刑罚实现融合的制度体现。故 D 项错误。

16.国际责任中的国际赔偿责任制度;国际海事组织[C]

[解析]国际赔偿责任专门针对国家从事某些具有跨国性危害的开发或试验性活动而设置。《关于核损害的民事责任的维也纳公约》实行双重责任制度,国家和营运人共同承担对外国损害的赔偿责任。国家保证营运人的赔偿责任,并在营运人不足赔偿的情况下,对规定的限额进行赔偿。本题中核污染造成跨国危害,已不属于内政范围,甲国对此承担国际法律责任,并与营运人共同承担赔偿责任。故 A、D 项错误,C 项正确。

国际海事组织的宗旨是为促进各国间的航运技术合作,鼓励各国在促进海上安全、提高船舶航行效率,防止和控制船舶对海洋污染方面采取统一的标准,处理有关的法律问题。本题不是船舶对海洋的污染,不需要得到国际海事组织的同意。故 B 项错误。

17．法官、检察官执行职务中违纪行为的责任[D]

[解析]《人民法院工作人员处分条例》第104条第1款规定："参与迷信活动,造成不良影响的,给予警告、记过或者记大过处分。"故A项错误。

《人民法院工作人员处分条例》没有对此类情形作出相应的规定,也没有见义勇为的职务要求。故B项错误。

《最高人民法院、最高人民检察院、公安部、国家安全部、司法部关于进一步规范司法人员与当事人、律师、特殊关系人、中介组织接触交往行为的若干规定》规定,严禁司法人员有下列行为:要求、建议或者暗示当事人更换符合代理条件的律师。故C项错误。

《人民检察院信访工作规定》第32条第2款规定:"不属于本院管辖的信访事项,应当转送有关主管机关处理,并告知信访人。"因此,刘检察官的做法是恰当的。故D项正确。

18．罪刑法定原则;编造、故意传播虚假恐怖信息罪[C]

[解析]根据罪刑法定原则,一个人有罪无罪的唯一依据是犯罪构成要件,不能单纯从维护社会稳定的角度就给某个行为人定罪。从另一方面讲,根据《刑法》第291条之一的规定,编造爆炸威胁、生化威胁、放射威胁等恐怖信息,或者明知是编造的恐怖信息而故意传播,严重扰乱社会秩序的,构成编造、故意传播虚假恐怖信息罪。据此,成立编造、故意传播虚假恐怖信息罪,要求行为人的行为严重扰乱社会秩序,如果甲的行为没有严重扰乱社会秩序,则不能成立本罪。故A项错误。

本题中,甲的行为符合编造、故意传播虚假恐怖信息罪的构成要件,但该罪名属于妨害社会管理秩序犯罪,而非危害公共安全犯罪。一般来说,危害公共安全犯罪的公共安全的范围仅限于物质性安全(生命、身体健康、财产),不包括精神性安全;精神性安全由妨害社会管理秩序罪来保护。比如,故意传播虚假恐怖信息罪,只是引起人们精神恐慌,由此导致社会秩序混乱,并没有对物质性安全造成直接危害,这与恐怖犯罪不同(属于危害公共安全犯罪)。故B项错误,C项正确。

罪刑法定原则的主要任务是保障人权,而不是打击犯罪、保护法益。为了保障人权,不能为了打击犯罪而突破司法程序规定。故D项错误。

19．徇私枉法罪[A]

[解析]徇私枉法罪是指司法机关工作人员徇私枉法、徇情枉法,对明知无罪的人使其受追诉或者对明知有罪的人故意包庇不使其受追诉,或者在刑事审判活动中故意违背事实和法律作枉法裁判的行为。本题中王某作为司法工作人员,利用职权毁灭赵某无罪证据,认定其构成故意伤害罪(虽然免予刑事处罚,但是定罪本身也受到刑事追究),故王某构成徇私枉法罪。故A项正确。

徇私枉法罪(特别法条)与滥用职权罪、玩忽职守罪(普通法条)属于法条竞合关系,特别法条优先适用("本法另有规定的,依照规定"),即在不构成特别法条所规定的特殊玩忽职守罪或滥用职权罪时,适用普通法条规定的玩忽职守罪或滥用职权罪;但只要能认定为其他犯罪,就不再认定为滥用职权罪或者玩忽职守罪。故B、C项错误。

帮助毁灭证据罪,是指帮助当事人毁灭证据的行为。"毁灭"证据,指妨碍证据显现、使证据的价值减少、消失的一切行为。本案中,王某虽然实施了帮助毁灭证据的行为,但其行为同时成立徇私枉法罪,属于想象竞合犯,择一重罪处罚,应当以徇私枉法罪追究其刑事责任。故D项错误。

20．具有法定情形不予追究刑事责任原则[A]

[解析]《刑事诉讼法》第16条规定:"有下列情形之一的,不追究刑事责任,已经追究的,应当撤销案件,或者不起诉,或者终止审理,或者宣告无罪:(一)情节显著轻微、危害不大,不认为是犯罪的;(二)犯罪已过追诉时效期限的;(三)经特赦令免除刑罚的;(四)依照刑法告诉才处理的犯罪,没有告诉或者撤回告诉的;(五)犯罪嫌疑人、被告人死亡的;(六)其他法律规定免予追究刑事责任的。"这一规定确立了具有法定情形不予追究刑事责任原则。《关于办理盗窃刑事案件适用法律若干问题的解释》第1条第1款规定,盗窃公私财物价值1000元至3000元以上、3万元至10万元以上、30万元至50万元以上的,应当分别认定为《刑法》第264条规定的"数额较大""数额巨大""数额特别巨大"。盗窃400元未达到定罪的数额标准,故属于"情节显著轻微、危害不大,不认为是犯罪的"这一情形,公安机关决定撤销案件。故A项体现了具有法定情形不予追究刑事责任原则,当选。

依据《刑事诉讼法》第177条第2款的规定,对于犯罪情节轻微,依照《刑法》规定不需要判处刑罚或者免除刑罚的,人民检察院可以作出不起诉决定。B项的处理方式正确,但是,该不起诉属于酌定不起诉,未体现具有法定情形不予追究刑事责任原则。故B项不当选。

法院是因为丙的行为未满足犯罪构成要件而作出的无罪判决,不是因为《刑事诉讼法》第16条规定的情形作出的无罪判决,未体现具有法定情形不予追究刑事责任原则。故C项不当选。

D项的不起诉属于证据不足不起诉,不是依据《刑事诉讼法》第16条规定的情形作出的法定不起诉,未体现具有法定情形不予追究刑事责任原则。故D项不当选。

21．被害人的诉讼权利[D]

[解析]《刑事诉讼法》第46条第1款规定，公诉案件的被害人及其法定代理人或者近亲属，附带民事诉讼的当事人及其法定代理人，自案件移送审查起诉之日起，有权委托诉讼代理人。自诉案件的自诉人及其法定代理人，附带民事诉讼的当事人及其法定代理人，有权随时委托诉讼代理人。故A项错误。

《刑事诉讼法》第65条第1款规定，证人因履行作证义务而支出的交通、住宿、就餐等费用，应当给予补助。证人作证的补助列入司法机关业务经费，由同级政府财政予以保障。故B项的错误在于，只需要补助证人，不需要补助被害人。

《刑事诉讼法》第305条第2款规定，被决定强制医疗的人、被害人及其法定代理人、近亲属对强制医疗决定不服的，可以向上一级人民法院申请复议。故C项的错误在于，不是向作出决定的法院申请复议一次，而是向上一级法院申请复议。

《刑事诉讼法》第282条第2款规定，对附条件不起诉的决定，公安机关要求复议、提请复核或者被害人申诉的，适用该法第179条、第180条的规定。《刑事诉讼法》第180条规定，对于有被害人的案件，决定不起诉的，人民检察院应当将不起诉决定书送达被害人。被害人如果不服，可以自收到决定书后7日以内向上一级人民检察院申诉，请求提起公诉。故D项正确。

22．行政诉讼被告、管辖；行政处罚的种类；执行罚[D]

[解析]《行政诉讼法解释》第134条第2款规定："行政复议决定既有维持原行政行为内容，又有改变原行政行为内容或者不予受理申请内容的，作出原行政行为的行政机关和复议机关为共同被告。"本题中，区政府将没收违法所得改为1万元后，维持了其他处罚，属于既有维持又有改变，应当以区市场监督管理局和区政府为共同被告。故A项错误。

对于地域管辖，经过复议的案件，既可以由原机关所在地法院管辖，也可以由复议机关所在地法院管辖，所以区市场监督管理局所在地的法院有管辖权。对于级别管辖，《行政诉讼法解释》第134条第3款规定："复议机关作共同被告的案件，以作出原行政行为的行政机关确定案件的级别管辖。"据此，本案应当以原机关区市场监督管理局来确定级别管辖，而地方政府部门为被告的案件不属于中院管辖范围，应由基层人民法院管辖，故B项错误。

行政处罚的种类分为声誉罚（如警告、通报批评）、财产罚（如罚款、没收）、资格罚（如吊销许可证件）、行为罚（如责令停产停业）和人身罚（如拘留）等，没收违法所得属于财产罚，而非禁止或限制从事某项活动的行为罚，故C项错误。

《行政强制法》第45条规定："行政机关依法作出金钱给付义务的行政决定，当事人逾期不履行的，行政机关可以依法加处罚款或者滞纳金。加处罚款或者滞纳金的标准应当告知当事人。加处罚款或者滞纳金的数额不得超出金钱给付义务的数额。"故D项正确。

23．推进科学立法[D]

[解析]《中共中央关于坚持和完善中国特色社会主义制度 推进国家治理体系和治理能力现代化若干重大问题的决定》提出，完善立法体制机制。坚持科学立法、民主立法、依法立法，完善党委领导、人大主导、政府依托、各方参与的立法工作格局，立改废释并举，不断提高立法质量和效率。完善以宪法为核心的中国特色社会主义法律体系，加强重要领域立法，加快我国法域外适用的法律体系建设，以良法保障善治。故A、B、C项正确。D项属于对执法的要求，与立法无关，故D项错误。

24．宪法的效力[C]

[解析]宪法的根本法地位体现为三个方面：（1）在内容上，宪法规定一个国家最根本、最核心的问题，如国家的性质、国家的政权组织形式、国家的结构形式、公民的基本权利和义务、国家机构的组织和职权等。因此，③正确。（2）在法律效力上，宪法具有最高法律效力。宪法的法律效力高于普通法律，在国家法律体系中处于最高地位。因此，①②正确。（3）在制定和修改的程序上，宪法比普通法律更加严格。

④主要体现的是宪法的贯彻实施以及人们对宪法的认同，并不是宪法的根本法地位的体现。

综上，本题①②③体现了宪法的根本法地位，故C项正确。

25．中国历史上法制变革历程；商鞅变法；肉刑废除；《大清新刑律》[C]

[解析]商鞅变法全面贯彻法家"以法治国""明法重刑"的主张。包括：（1）以法治国，要求全体臣民特别是国家官吏学法、"明法"，百姓学习法律者，"以吏为师"；（2）轻罪重刑；（3）不赦不宥，强调法律的严肃性，凡有罪者皆应受罚；（4）鼓励告奸，规定"告奸者与斩敌首同赏"；（5）实行连坐，以十家为什，五家为伍，什伍之中有作奸犯法者，相互负连带责任。A项属于"轻罪重刑"的内容。故A项正确。

文帝废除肉刑的起因是缇萦上书，景帝在文帝基础上对肉刑制度作进一步改革。具体措施包括：颁布《箠令》，规定笞杖尺寸，以竹板制成，削平竹节，以及行刑不得换人等，使得刑制改革向前迈了一大步。文帝、景帝时期的刑制改革，为结束传统肉刑制度，建立新的刑罚制度奠定了重要基础。故B项正确。

北朝与南朝相继宣布废除宫刑，自此结束了使用宫刑的历史。所以废除宫刑不是在唐代。故 C 项错误。

《大清新刑律》有以下特点：(1)是中国历史上第一部近代意义上的专门刑法典；(2)结构上分总则和分则两篇，后附《暂行章程》5 条；(3)抛弃了旧律诸法合体的编纂形式，以罪名和刑罚等专属刑法范畴的条文作为法典的唯一内容；(4)确立了新刑罚制度，规定刑罚分主刑、从刑；(5)采用了一些近代西方资产阶级的刑法原则和刑法制度，如罪刑法定原则和缓刑制度等。故 D 项正确。

26．结果加重犯[C]

[解析] 故意杀人是在故意伤害的基础上使人体器官机能彻底衰竭导致死亡结果的出现，在此意义上，两罪存在紧密的关系，但是，故意杀人罪并不是故意伤害罪的结果加重犯，因为比较故意伤害罪与故意杀人罪的法定刑，不能说出现死亡结果时，故意杀人罪的法定刑就比故意伤害罪的法定刑重。由于不符合"刑法就发生的加重结果加重了法定刑"这一要件，故不能说故意杀人罪是故意伤害罪的结果加重犯。故意伤害罪的结果加重犯，在我国刑法学中，特指故意伤害致人死亡。故 A 项错误。

刑法没有规定强制猥亵致人重伤应如何处刑，或者说刑法并未对强制猥亵行为致妇女重伤的情形加重法定刑，因此，强制猥亵行为致妇女重伤的，不成立强制猥亵罪的结果加重犯。故 B 项错误。

乙死亡不是甲的非法拘禁行为本身所致，乙属于自杀，因此不成立结果加重犯。故 C 项正确。

抢劫致人死亡确实属于抢劫罪的结果加重犯，不过，作为结果加重犯的抢劫致人死亡是指抢劫行为导致抢劫行为所指向的对象死亡，抢劫行为与致人死亡、重伤之间存在因果关系。丙不是死于甲的抢劫行为，而是死于甲的故意杀人行为，甲成立抢劫罪与故意杀人罪两罪，而不属于结果加重犯。故 D 项错误。

27．职业禁止[B]

[解析] 利用职务上的便利，要求和职业便利相关联，一定属于"利用职业便利"实施的犯罪。故 A 项错误。

《刑法》第 37 条之一规定："因利用职业便利实施犯罪，或者实施违背职业要求的特定义务的犯罪被判处刑罚的，人民法院可以根据犯罪情况和预防再犯罪的需要，禁止其自刑罚执行完毕之日或者假释之日起从事相关职业，期限为 3 年至 5 年。被禁止从事相关职业的人违反人民法院依照前款规定作出的决定的，由公安机关依法给予处罚；情节严重的，依照本法第 313 条的规定定罪处罚。其他法律、行政法规对其从事相关职业另有禁止或者限制性规定的，从其规定。"故 B 项正确，D 项错误。

职业禁止开始的时间为刑罚执行完毕之日，此处的刑罚应当指主刑，不包括附加刑。判处有期徒刑并附加剥夺政治权利，同时决定职业禁止的，在有期徒刑执行完毕后，开始执行剥夺政治权利时，即应执行职业禁止。故 C 项错误。

28．刑事审判的特征[B]

[解析] 刑事审判的亲历性，是指案件的裁判者必须自始至终参与审理，审查所有证据，对案件作出判决须以充分听取控辩双方的意见为前提。刑事诉讼中的法官的亲历性也可以被表述为直接言词原则和集中审理原则。直接言词原则包括直接原则和言词原则：直接原则，是指法官必须与诉讼当事人和诉讼参与人直接接触，直接审查案件事实材料和证据；言词原则，是指法庭审理须以口头陈述的方式进行。除非法律有特别规定，凡是未经口头调查之证据，不得作为定案的依据采纳。《刑事诉讼法》没有明确规定直接言词原则，但第一审程序和第二审程序中关于证人、鉴定人出庭的规定，关于控辩双方和被害人当庭质证的规定等，都体现了审理的直接性和言词性原则。

集中审理原则，是指法院开庭审理案件，应在不更换审判人员的条件下连续进行，不得中断审理的诉讼原则。集中审理原则的内容主要包括：(1)一个案件组成一个审判庭进行审理；(2)法庭成员不可更换；(3)集中证据调查与法庭辩论；(4)庭审不中断并迅速作出裁判。

证人如果不出庭作证，会违背言词原则的要求，而通过网络远程作证，证人虽然人不用真正出庭，但相当于证人是出现在法庭上的，这样可以保障证人接受诉讼各方的询问，符合亲历性要求。故 A 项正确，不当选。

由另一人民陪审员担任合议庭成员来替补生病的合议庭成员，需要庭审重新开始，因为该人民陪审员是中途介入，对之前的审理不具有亲历性，违背了集中审理原则。故 B 项错误，当选。

虽然法官是庭外调查，但却是在公诉人和辩护人共同参与下进行的，符合亲历性要求。故 C 项正确，不当选。

虽然法官不开庭审理，但法官仍然讯问被告人，听取被害人、辩护人和诉讼代理人的意见，符合亲历性的要求。故 D 项正确，不当选。

29．集中审理原则；合议庭的组成[D]

[解析]《人民陪审员法》第 14 条规定，人民陪审员和法官组成合议庭审判案件，由法官担任审判长，可以组成 3 人合议庭，也可以由法官 3 人与人民陪审员 4 人组成 7 人合议庭。据此，审判长只能由审判员担任，人民陪审员不得担任审判长。故 A 项错误。

集中审理原则，又称为不中断审理原则，是指法院开庭审理案件,应在不更换审判人员的条件下连续进行,不得中断审理的诉讼原则。该原则的内容之一就是法庭成员(包括法官和陪审员)不可更换。对于法庭成员因故不能继续审理的,应当由始终在场的候补法官、候补陪审员替换之。如果没有足够的法官、陪审员可以替换,则应重新审判。这也是直接原则的要求。因为参与裁判制作的法官、陪审员必须参与案件的全部审理活动,接触所有的证据,全面听取法庭辩论,否则无法对案件形成全面的认知并作出公正的裁判。本题中,因为审判长突发心脏病,无法继续审理,需要在庭外另行指派其他审判人员参加审判,被指派参加审判的人员不符合"始终在场"的要求,该案件应当重新审判。故B、C项错误,D项正确。

30.刑事赔偿范围;赔偿义务机关的确定;国家赔偿标准等[C]

[解析] 司法赔偿采取赔偿义务机关后置原则,在法院作出无罪判决时,批准逮捕的检察机关为赔偿义务机关。所以本题赔偿义务机关为检察院,县公安局不履行赔偿义务。故A项错误。

《国家赔偿法》第13条第1款规定:"赔偿义务机关应当自收到申请之日起2个月内,作出是否赔偿的决定。赔偿义务机关作出赔偿决定,应当充分听取赔偿请求人的意见,并可以与赔偿请求人就赔偿方式、赔偿项目和赔偿数额依照本法第四章的规定进行协商。"因此,赔偿项目是可以协商的。故B项错误。

刑事赔偿的范围是指被采取拘留、逮捕强制措施以及错判刑罚并被羁押,人身自由受到完全限制的情形,即"实际羁押",在本题中由于取保候审没有实际羁押方某,所以这个时间段不属于国家赔偿的范围。故C项正确。

《关于办理刑事赔偿案件适用法律若干问题的解释》第21条规定,国家赔偿标准中的"上一年度"是指赔偿义务机关作出赔偿决定时的上一年度。题干中并未交代赔偿义务机关作出赔偿决定的时间,无法确定上一年度的时间。但方某于2014年3月2日才申请国家赔偿,其上一年度至少应是2013年。故D项错误。

31.监督程序[C]

[解析]《监督法》第16条第1款规定:"专项工作报告由人民政府、监察委员会、人民法院或者人民检察院的负责人向本级人民代表大会常务委员会报告,人民政府也可以委托有关部门负责人向本级人民代表大会常务委员会报告。"故A项正确。

《监督法》第54条规定:"质询案以口头答复的,由受质询机关的负责人到会答复。质询案以书面答复的,由受质询机关的负责人签署。"故B项正确。

《监督法》第58条规定:"调查委员会进行调查时,有关的国家机关、社会团体、企业事业组织和公民

都有义务向其提供必要的材料。提供材料的公民要求对材料来源保密的,调查委员会应当予以保密。调查委员会在调查过程中,可以不公布调查的情况和材料。"特定问题调查委员会在调查过程中,是"可以"而不是"应当"公布调查的情况和材料。故C项错误。

《监督法》第62条第3款规定:"撤职案的表决采用无记名投票的方式,由常务委员会全体组成人员的过半数通过。"故D项正确。

32.绑架罪;非法拘禁罪[D]

[解析] 本案中,甲、乙、丙有共同犯罪故意,且实施了共同绑架吴某的行为,已构成共同犯罪。但乙和丙误以为绑架吴某的行为系为了索要合法债务,因此乙和丙构成非法拘禁罪而非绑架罪。故A项错误。

对于绑架罪,通说认为,只要行为人控制了人质就成立犯罪既遂,是否实施勒索财物的行为不影响既遂的认定。因此本案中甲的行为构成绑架罪既遂。甲让乙、丙放人的行为也不构成绑架罪中止。故B项错误。

《刑法修正案(九)》已经删除了绑架致人死亡构成结果加重犯的规定,且在本案中,吴某在回家路上溺水身亡,属于意外事件,与甲、乙、丙的绑架行为之间没有刑法上的因果关系。故C项错误。

乙和丙构成非法拘禁罪,甲构成绑架罪,不论甲的犯罪形态如何,乙、丙均构成非法拘禁罪既遂。故D项正确。

33.犯罪既遂;犯罪中止;犯罪未遂[A]

[解析] 犯罪中止是指犯罪分子在实施犯罪过程中自动放弃犯罪或者自动有效地防止犯罪结果的发生。甲以杀人故意对乙实施了杀害行为,有导致乙死亡的紧迫、现实危险,即甲已经"着手"实行杀人行为。乙最终死亡,但是乙并非死于甲之前的杀人行为,而是介入乙自己的行为致使其死亡,这属于异常、偶然、罕见的介入因素,属于乙自陷风险、自我答责的行为,因此,甲的杀人行为与乙的死亡之间没有因果关系。换言之,甲的杀人行为没有导致乙死亡,即犯罪"未得逞",甲的行为不属于犯罪既遂。故B项错误。甲在实施杀人行为之后,心生悔意,开车送乙前往医院救治,而且送往医院可以防止乙死亡,表明甲自动采取了中止行为,加上杀人行为没有导致死亡结果发生,故甲的行为成立故意杀人罪中止,甲不对乙的死亡承担责任。故A项正确。对于乙跳车逃走,不愿接受救治,将自己的生命直接置于危险境地,甲没有防止的义务,因此甲没有阻止乙逃走的行为,不成立不作为的故意杀人罪。故C、D项错误。

34.掩饰、隐瞒犯罪所得罪[D]

[解析] 甲成立受贿罪,之后用受贿罪所得赃款

· 33 ·

购买别墅的行为不成立掩饰、隐瞒犯罪所得罪,因为本犯实施掩饰、隐瞒犯罪所得的行为不具有期待可能性,属于事后不可罚的行为。故 A 项不当选。

用于抢劫的汽车,属于犯罪工具,而不是犯罪所得,乙的行为构成抢劫罪的共犯。掩饰、隐瞒犯罪所得罪的犯罪对象为赃物、犯罪所得财产性利益。所谓犯罪所得"产生的非法收益",是指犯罪所得产生的孳息以及通过利用犯罪所得投资、经营获得的财产和财产性利益。故 B 项不当选。

事先通谋,事后为其他犯罪人窝藏、转移、运送、销售赃物的,应该以共犯论。丙与抢劫犯事前通谋后代为销售抢劫财物的行为构成抢劫罪的共犯。故 C 项不当选。

丁明知汽车是盗窃所得,还为其提供伪造的机动车来历凭证,可见其目的是掩饰汽车是盗窃犯罪所得的事实。《关于办理与盗窃、抢劫、诈骗、抢夺机动车相关刑事案件具体应用法律若干问题的解释》第 1 条第 1 款明确规定,明知是盗窃、诈骗、抢夺的机动车,实施下列行为之一的,依照《刑法》第 312 条的规定,以掩饰、隐瞒犯罪所得、犯罪所得收益罪定罪,……(5)提供或者出售机动车来历凭证、整车合格证、号牌以及有关机动车的其他证明和凭证的;(6)提供或者出售伪造、变造的机动车来历凭证、整车合格证、号牌以及有关机动车的其他证明和凭证的。故 D 项当选。

35.询问证人[B]

[解析]《刑事诉讼法》第 124 条规定:"侦查人员询问证人,可以在现场进行,也可以到证人所在单位、住处或者证人提出的地点进行,在必要的时候,可以通知证人到人民检察院或者公安机关提供证言。在现场询问证人,应当出示工作证件,到证人所在单位、住处或者证人提出的地点询问证人,应当出示人民检察院或者公安机关的证明文件。询问证人应当个别进行。"

本题中,A 项中的现场询问,C 项中到丙的住处,D 项中丁提出的地点,这三处询问证人的地点均合法。B 项中公安机关询问,这一地点正确,但是对证人只能用通知,不能传唤,因为传唤只适用于不需要逮捕、拘留的犯罪嫌疑人。故 B 项错误。

36.证据的法定种类;传闻证据规则;补强证据规则;证据的审查判断[A]

[解析]被害人陈述,是指刑事被害人就其受害情况和其他与案件有关的情况向公安司法机关所作的陈述。证人证言,是指证人就自己所知道的案件情况向公安司法机关所作的陈述。本案中甲向公安机关反映的被杨某猥亵的经过,属于被害人陈述;甲曾目睹杨某在课间猥亵丙,属于证人证言。故 A 项正确。

"补强证据",是指用以增强另一证据证明力的证据。补强证据必须满足以下条件:(1)补强证据必须具有证据能力。(2)补强证据本身必须具有担保补强对象真实的能力。(3)补强证据必须具有独立的来源。本案中,许某是通过甲的陈述了解的甲被猥亵的经过与甲的陈述属于同一来源,不具有独立的来源,因而不属于补强证据。故 B 项错误。

传闻证据规则,也称传闻证据排除规则,即若无法定理由,任何人在庭审期间以外及庭审准备期间以外的陈述,原则上不得作为认定被告人有罪的证据。但是,在我国即使证人未能出庭,只要其证言能够与其他证据相印证也是可以作为定案根据的。本案中,甲的证言内容是听乙所说,属于传闻证据,但只要能够与其他证据印证就可以采用而无需排除。故 C 项错误。

《刑诉解释》第 143 条规定:"下列证据应当慎重使用,有其他证据印证的,可以采信:(一)生理上、精神上有缺陷,对案件事实的认知和表达存在一定困难,但尚未丧失正确认知、表达能力的被害人、证人和被告人所作的陈述、证言和供述;(二)与被告人有亲属关系或者其他密切关系的证人所作的有利于被告人的证言,或者与被告人有利害冲突的证人所作的不利于被告人的证言。"年幼的人只要具有相应的辨别能力,能够正确表达,其陈述或证言并不需要其他证据加以印证。故 D 项错误。

37.侦查程序中的辩护权保障[D]

[解析]《刑事诉讼法》第 161 条规定:"在案件侦查终结前,辩护律师提出要求的,侦查机关应当听取辩护律师的意见,并记录在案。辩护律师提出书面意见的,应当附卷。"据此,A 项错误,是"应当"而不是"可以"。B 项错误,辩护律师提出的书面意见是"应当附卷",而不是"可以附卷"。

《刑事诉讼法》第 162 条第 1 款规定:"公安机关侦查终结的案件,应当做到犯罪事实清楚,证据确实、充分,并且写出起诉意见书,连同案卷材料、证据一并移送同级人民检察院审查决定;同时将案件移送情况告知犯罪嫌疑人及其辩护律师。"据此,D 项正确。C 项错误在于,应当是同时告知"犯罪嫌疑人及其辩护律师"。

38.行政行为性质[A]

[解析]本题行为属于行政指导。行政指导行为是行政机关以倡导、示范、建议、咨询等方式,引导公民自愿配合而达到行政管理目的的行为,属于非权力行政方式。其特点是自愿性、灵活性、简便性和经济性。"告知居民保持警惕以免上当受骗"完全体现了行政指导的特点。

行政指导是为了实现行政管理目的而采取的一种非强制行为,属于履行行政职务的一种新类型的行为。故 A 项正确。

行政指导无强制性、不减损权利、不增加义务。既不是负担性行为，也不是授益性行为。"告知居民保持警惕以免上当受骗"并不产生确定性的权利义务的影响。故 B 项错误。

准备性、部分性行政行为，是为最终作出权利义务安排进行的程序性、阶段性工作行为。本题中的行政指导是一项完整的行政行为，而非程序性、阶段性工作行为。故 C 项错误。

行政指导不具有强制性，公民是否遵从行政指导，完全取决于自己的意愿。故 D 项错误。

39. 部门规章的行政处罚设定权、规定权[D]

[解析] 水利部制定的《水行政处罚实施办法》符合规章的命名方式(规章的名称一般称"规定""办法")，且以部门令的形式公布，属于部门规章。《行政处罚法》第 23 条规定："行政处罚由县级以上地方人民政府具有行政处罚权的行政机关管辖。法律、行政法规另有规定的，从其规定。"可知，行政处罚的级别管辖只能由法律、行政法规规定，规章无权规定，故 A 项错误。【特别提醒】根据《行政处罚法》第 22 条，法律、行政法规、部门规章可以规定行政处罚的地域管辖。

根据《行政处罚法》第 11 条和第 12 条，只有行政法规和地方性法规有行政处罚的补充设定权。《行政处罚法》第 13 条规定："国务院部门规章可以在法律、行政法规规定的给予行政处罚的行为、种类和幅度的范围内作出具体规定。尚未制定法律、行政法规的，国务院部门规章对违反行政管理秩序的行为，可以设定警告、通报批评或者一定数额罚款的行政处罚。罚款的限额由国务院规定。"可知，部门规章只有行政处罚的具体规定权和警告、通报批评、一定数额罚款的设定权，没有补充设定权，故 B 项错误。

行政处罚的简易程序即当场作出行政处罚。《行政处罚法》第 51 条规定："违法事实确凿并有法定依据，对公民处以二百元以下、对法人或者其他组织处以三千元以下罚款或者警告的行政处罚的，可以当场作出行政处罚决定。法律另有规定的，从其规定。"据此，只有法律才能对简易程序适用的特殊条件作出规定，故 C 项错误。

《行政处罚法》第 60 条规定："行政机关应当自行政处罚案件立案之日起九十日内作出行政处罚决定。法律、法规、规章另有规定的，从其规定。"据此，部门规章可以对处罚决定的期限作出规定，故 D 项正确。

40. 选举机构的设置[B]

[解析] 香港和澳门特别行政区选举全国人民代表大会代表，均由全国人民代表大会常务委员会主持。故 A 项正确，不当选。

《选举法》第 9 条第 3 款规定："省、自治区、直辖市、设区的市、自治州的人民代表大会常务委员会指导本行政区域内县级以下人民代表大会代表的选举工作。"可知，应当是"指导"而非"领导"。故 B 项错误，当选。

《选举法》第 9 条第 2 款规定："不设区的市、市辖区、县、自治县、乡、民族乡、镇设立选举委员会，主持本级人民代表大会代表的选举。不设区的市、市辖区、县、自治县的选举委员会受本级人民代表大会常务委员会的领导。乡、民族乡、镇的选举委员会受不设区的市、市辖区、县的人民代表大会常务委员会的领导。"故 C 项正确，不当选。

《选举法》第 29 条规定："对于公布的选民名单有不同意见的，可以在选民名单公布之日起五日内向选举委员会提出申诉。选举委员会对申诉意见，应在三日内作出处理决定……"故 D 项正确，不当选。

41. 共同犯罪；违法的连带性；"部分实行、全部负责"原则[B]

[解析] 四人合谋加害刘某，表明四人是共同犯罪，在违法性上具有连带性。赵某、钱某、孙某属于共同实行犯，根据"部分实行、全部负责"的原则，即使无法查明具体是谁的行为导致死亡结果，也无需查明，三人对死亡结果均需负责。李某属于帮助犯，在旁边助威，表明提供了心理性的帮助作用，基于此，其与实行犯制造的结果具有违法上的连带性，对于实行犯的结果也需要负责。所以，四个人均需对死亡结果负责。故 B 项正确。

42. 共同犯罪[D]

[解析] 共同犯罪是指二人以上共同故意犯罪。达到刑事责任年龄、具有刑事责任能力的人支配没有达到刑事责任年龄、不具备刑事责任能力的人实施犯罪行为的，不构成共同犯罪，利用者被称为间接正犯。但是，当被利用者在事实上具有一定的辨认控制能力、利用者并没有支配被利用者时，二者能够成立共同犯罪，此时，有责任能力者不是间接正犯。故 A 项错误。

根据部分犯罪共同说，如果二人以上持不同的故意共同实施了某种行为，则只就他们所实施的性质相同的部分或重合部分成立共同犯罪。故 B 项错误。

对向犯是指以存在二人以上相互对向的行为为要件的犯罪。其中片面的对向犯是指只处罚一方的行为。对于片面的对向犯，立法者仅将其中一方的行为作为犯罪类型予以规定，说明立法者认为另一方的行为不可罚。因此，一般情况下不可运用共同犯罪理论将另一方认定为共犯进行处罚。故 C 项错误。

片面共犯是指参与同一犯罪的人中，一方认识到自己是在和他人共同犯罪，而另一方没有认识到有他人和自己共同犯罪。目前刑法理论通说承认片面的帮助犯。故 D 项正确。

43．证人证言；鉴定意见[D]

[解析] 证人只能是自然人，国家机关、企业、事业单位或者人民团体不能成为证人，因为它们不能像自然人一样感知案件事实，无法享有证人的诉讼权利或者承担证人的诉讼义务。鉴定人同样应当是自然人，虽然具体的鉴定人可能由某一鉴定机构进行指定，但最终作出鉴定和出具鉴定意见的只能是作为自然人的鉴定人。故 A 项错误。

《刑事诉讼法》第 62 条规定，凡是知道案件情况的人，都有作证的义务。生理上、精神上有缺陷或者年幼，不能辨别是非、不能正确表达的人，不能作证人。可见，生理上、精神上有缺陷，同时不能辨别是非、不能正确表达的人才不能作为证人，否则，有可能成为证人。此外，精神上有缺陷的人确实不能成为鉴定人，但生理上有缺陷的人，还是有可能成为鉴定人的。故 B 项错误。

《刑事诉讼法》第 192 条第 1、3 款规定，公诉人、当事人或者辩护人、诉讼代理人对证人证言有异议，且该证人证言对案件定罪量刑有重大影响，人民法院认为证人有必要出庭作证的，证人应当出庭作证。公诉人、当事人或者辩护人、诉讼代理人对鉴定意见有异议，人民法院认为鉴定人有必要出庭的，鉴定人应当出庭作证。可见，需要向法庭提出证人、鉴定人出庭作证的申请，法院认为确有出庭必要的才应当出庭。故 C 项错误。

《刑诉解释》第 91 条规定，证人当庭作出的证言，经控辩双方质证、法庭查证属实的，应当作为定案的根据。证人当庭作出的证言与其庭前证言矛盾，证人能够作出合理解释，并有其他证据印证的，应当采信其庭审证言；不能作出合理解释，而其庭前证言有其他证据印证的，可以采信其庭前证言。经人民法院通知，证人没有正当理由拒绝出庭或者出庭后拒绝作证，法庭对其证言的真实性无法确认的，该证人证言不得作为定案的根据。《刑事诉讼法》第 192 条第 3 款规定，经人民法院通知，鉴定人拒不出庭作证的，鉴定意见不得作为定案的根据。故 D 项正确。

44．证明责任的分担[D]

[解析]《刑事诉讼法》第 51 条规定："公诉案件中被告人有罪的举证责任由人民检察院承担，自诉案件中被告人有罪的举证责任由自诉人承担。"公诉案件中被告人有罪的举证责任专属控方人民检察院承担，而被告人举证证明自己无罪是权利，而非责任。故 A 项错误。

自诉案件的证明责任分配依据不仅仅是"谁主张，谁举证"的法则，还包括"否认者不负证明责任"和"无罪推定"。故 B 项错误。

被告人原则上不负证明责任，仅在特定情况下承担提出证据的责任，即被告人对于巨额财产来源不明

罪、持有型犯罪（非法持有假币罪、非法持有毒品罪等）应当承担一定的证明责任，即提出证据的责任，而非说服责任。故 C 项错误，D 项正确。

45．行政法规的立项[C]

[解析]《行政法规制定程序条例》第 8 条第 1 款规定："国务院有关部门认为需要制定行政法规的，应当在国务院编制年度立法工作计划前，向国务院报请立项。"有权报请立项的是国务院有关部门。故 A 项错误。

《行政法规制定程序条例》第 9 条第 1 款规定："国务院法制机构应当根据国家总体工作部署，对行政法规立项申请和公开征集的行政法规制定项目建议进行评估论证，突出重点，统筹兼顾，拟订国务院年度立法工作计划，报党中央、国务院批准后向社会公布。"其一，应根据国家总体工作部署进行评估论证，而非根据有关部门报送的立项申请汇总研究；其二，国务院法制机构仅拟订（非确定）国务院年度立法工作计划，尚须党中央、国务院批准。故 B 项错误。

《行政法规制定程序条例》第 9 条第 2 款规定："列入国务院年度立法工作计划的行政法规项目应当符合下列要求：（一）贯彻落实党的路线方针政策和决策部署，适应改革、发展、稳定的需要；……"故 C 项正确。

《行政法规制定程序条例》第 10 条第 3 款规定："国务院年度立法工作计划在执行中可以根据实际情况予以调整。"国务院的年度立法工作计划在执行中是可以进行调整的，并非不得调整。故 D 项错误。

46．公民的基本权利[C]

[解析] 出版自由一般包括两个方面的内容，一是著作自由，即自由地在出版物上发表著作；二是出版单位的设立与管理应当符合宪法和法律的规定。某市执法部门的通告既不涉及出版单位的设立，也不涉及发表著作的问题，只是涉及公民的表达方式问题，这里涉及的应当是公民的言论自由。言论自由是指公民有权通过各种言论形式，针对国家政治和社会中的各种问题表达思想和见解的自由。该通告对公民表达的方式作出了限制。故 A、B 项错误。

在我国，公共利益优先于个人利益。市执法部门的做法目的上具有正当性，即为了提升本市市容和环境卫生整体水平。故 C 项正确。

合理差别是对法律面前人人平等的宪法原则的补充。平等不是形式上的绝对平等，而必须考虑人和人之间在性别、年龄、禀赋、生活环境等方面的自然差异，并在这些自然差异的基础上对人们做出合理的区别对待。该通告针对全市所有人群，并不存在合理差别的问题。故 D 项错误。

47．故意伤害罪；组织出卖人体器官罪[B]

[解析]《刑法》第 234 条之一第 3 款规定，违背

本人生前意愿摘取其尸体器官,或者本人生前未表示同意,违反国家规定,违背其近亲属意愿摘取其尸体器官的,成立盗窃、侮辱尸体罪。故 A 项错误。

该条第 2 款规定:"未经本人同意摘取其器官,或者摘取不满 18 周岁的人的器官,或者强迫、欺骗他人捐献器官的,依照本法第 234 条、第 232 条的规定定罪处罚。"可见,明知是未成年人,虽然征得其同意而摘取器官的,应该视情况成立故意伤害罪或者故意杀人罪。故 B 项正确。

该条第 1 款规定的组织出卖人体器官罪,不要求以牟利为目的,可见,只要有组织他人出卖人体器官的行为即可以构成本罪。故 C 项错误。

该条第 2 款规定,未征得本人同意,摘取其器官构成故意伤害罪。取得本人同意,即使被组织者对出卖肾脏的报酬数额产生错误认识,也不影响其同意出卖器官的判断,因此,组织者仍然成立组织出卖人体器官罪。故 D 项错误。

48.绑架罪的认定[B]

[解析] 绑架罪,是指利用被绑架人的近亲属或者其他人对被绑架人安危的忧虑,以勒索财物或满足其他不法要求为目的,使用暴力、胁迫或者麻醉方法劫持或以暴力控制他人的行为。只要行为人开始实施以实力控制他人的行为,就是绑架罪的着手;一旦以实力控制他人,绑架罪就已经既遂。所以,当甲以勒索财物为目的将乙控制时,就已经成立绑架罪的既遂。非法拘禁罪,是指以拘押、禁闭或者其他强制方法,非法剥夺他人人身自由的行为。诈骗罪,是指以非法占有为目的,用虚构事实或者隐瞒真相的方法,骗取数额较大的公私财物的行为。抢劫罪,是指以非法占有为目的,对财物的所有人或者保管人当场使用暴力、胁迫或其他方法,强行将公私财物抢走的行为。注意:绑架罪需要存在绑匪、人质、被提出要求的人"三方"之间的关系,这是该罪与非法拘禁、抢劫的区别。甲让乙通知其母送钱赎人,乙担心其母心脏病发作,遂谎称开车撞人,需付 5 万元治疗费,其母信以为真,已经形成"三方"关系,且符合绑架罪的构成要件,所以甲的行为构成绑架罪。故 B 项正确,A、C、D 项错误。

49.强制医疗的监督和救济方式[C]

[解析]《刑诉解释》第 648 条规定:"人民检察院认为强制医疗决定或者解除强制医疗决定不当,在收到决定书后二十日以内提出书面纠正意见的,人民法院应当另行组成合议庭审理,并在一个月以内作出决定。"据此,检察院可以提出纠正意见,故 A 项正确。

《刑事诉讼法》第 305 条规定:"人民法院经审理,对于被申请人或者被告人符合强制医疗条件的,应当在一个月以内作出强制医疗的决定。被决定强

制医疗的人、被害人及其法定代理人、近亲属对强制医疗决定不服的,可以向上一级人民法院申请复议。"据此,B、D 项正确。对强制医疗决定不服只能通过复议的方式得到救济,不能上诉,故 C 项错误。

50.行政诉讼证据;证人证言的认定;证据的证明效力;证人出庭作证的要求[A]

[解析] 证人不适用回避制度,不能因李某与甲工厂有利害关系而对其证言不予采信,关键要看该证据是否具有真实性、关联性和合法性。故 A 项正确。

《行政诉讼证据规定》第 20 条规定:"人民法院收到当事人提交的证据材料,应当出具收据,注明证据的名称、份数、页数、件数、种类等以及收到的时间,由经办人员签名或者盖章。"可见,人民法院在出具证据收据时,应由经办人员签名或者盖章,并未要求加盖法院印章。故 B 项错误。

《行政诉讼证据规定》第 63 条规定:"证明同一事实的数个证据,其证明效力一般可以按照下列情形分别认定:……(七)其他证人证言优于与当事人有亲属关系或者其他密切关系的证人提供的对该当事人有利的证言;……"本题中,张某是某区城管执法局的工作人员,属于有其他密切关系的证人,其证言的证明效力不如没有其他密切关系的证人谢某的证言。故 C 项错误。

《行政诉讼证据规定》第 43 条规定:"当事人申请证人出庭作证的,应当在举证期限届满前提出,并经人民法院许可。人民法院准许证人出庭作证的,应当在开庭审理前通知证人出庭作证。当事人在庭审过程中要求证人出庭作证的,法庭可以根据审理案件的具体情况,决定是否准许以及是否延期审理。"可知,甲工厂在庭审过程中要求刘某出庭作证,法庭可以根据审理案件的具体情况,决定是否准许,而不是不予准许。故 D 项错误。

二、多项选择题

51.坚持党对全面依法治国的领导[ABC]

[解析] 全面依法治国,必须坚持依法治国和依规治党有机统一。要从全面依法治国和全面从严治党相统一的高度,科学认识党内法规及其与国家法律的关系,注重党内法规同国家法律的衔接和协调,构建以党章为根本、若干配套党内法规为支撑的党内法规制度体系,提高党内法规执行力。党章等党规对党员的要求比法律要求更高,党员不仅要严格遵守法律法规,而且要严格遵守党章等党规,对自己提出更高要求。D 项中党内法规高于国家法律的说法是错误的。A、B、C 项表述正确。

52.坚持以人民为中心[ACD]

[解析] 信访工作是党的群众工作的重要组成部分,是党和政府了解民情、集中民智、维护民利、凝

聚民心的一项重要工作,是各级机关、单位及其领导干部、工作人员接受群众监督、改进工作作风的重要途径,故 B 项错误。A、C、D 项均正确。

53．规章的制定[AB]

[解析]《立法法》第 91 条第 1 款规定:"国务院各部、委员会、中国人民银行、审计署和具有行政管理职能的直属机构以及法律规定的机构,可以根据法律和国务院的行政法规、决定、命令,在本部门的权限范围内,制定规章。"国家体育总局属于国务院直属机构,具有行政管理职能,有权制定规章。

《立法法》第 95 条第 1 款规定:"部门规章应当经部务会议或者委员会会议决定。"就国家体育总局而言,其规章应当由局务会议决定。故 A 项正确。

《立法法》第 96 条第 1 款规定:"部门规章由部门首长签署命令予以公布。"故 B 项正确。

《立法法》第 109 条规定:"行政法规、地方性法规、自治条例和单行条例、规章应当在公布后的三十日内依照下列规定报有关机关备案:……(四)部门规章和地方政府规章报国务院备案;地方政府规章应当同时报本级人民代表大会常务委员会备案;设区的市、自治州的人民政府制定的规章应当同时报省、自治区的人民代表大会常务委员会和人民政府备案;……据此,应当在规章"公布"后的 30 日内报国务院备案,而非"通过"后的 30 日内备案,故 C 项错误。

[特别提醒]法律文件的通过日期和公布日期含义不同,通过后不一定立即公布。如本题中的《国家体育总局规章和规范性文件制定程序规定》于 2022 年 10 月 13 日通过,于 2022 年 10 月 25 日公布。

《立法法》第 97 条第 1 款规定:"部门规章签署公布后,及时在国务院公报或者部门公报和中国政府法制信息网以及在全国范围内发行的报纸上刊载。"据此,部门规章并非必须在国务院公报上刊载,故 D 项错误。

54．不作为犯的认定[ABCD]

[解析] A 项,玩忽职守罪,是指国家机关工作人员玩忽职守,致使公共财产、国家和人民利益遭受重大损失的行为。与滥用职权罪相比,滥用职权罪是故意犯罪,而玩忽职守罪是过失犯罪。警察李某出于过失而没有履行作为义务,因此构成玩忽职守罪。故 A 项正确。

B 项,基于特定关系,父母对年幼的孩子有抚养义务。吴某外出十日,将年幼的孩子留在家中,使其处于危险状态;当孩子处于危险状态时,吴某对孩子有法律上的救助义务,不履行该救助义务的,成立不作为的故意杀人罪。故 B 项正确。

C 项,先行行为会产生作为义务。行为人自己的先行行为对他人的法益创设了危险,那么行为人就有消除危险的义务。赵某故意引起钱某癫痫发作,给钱

某制造了危险,这一先行行为产生了救助义务。赵某能够救助而故意不救助,导致钱某死亡,构成不作为的故意杀人罪。故 C 项正确。

D 项,根据上述先行行为的理论,孙某不慎撞伤金某,给金某制造了危险,这一先行行为产生了救助义务。孙某能够救助而故意不救助,主观上具有放任被害人死亡的犯罪故意,客观上导致被害人因无法得到救助而死亡的结果,符合《关于审理交通肇事刑事案件具体应用法律若干问题的解释》第 6 条的规定,其行为已经构成故意杀人罪(不作为犯)。故 D 项正确。【陷阱点拨】这里比较容易造成判断错误的是孙某构成的是作为还是不作为犯罪,基本的判断标准是:作为是指积极地制造危险,制造类型性、紧迫性危险;不作为是指消极地不消除危险,即有消除危险的义务,却消极地不履行该义务。不能认为将金某拖到隐蔽的山洞,就认为孙某是作为犯罪,这并不是积极地制造危险的行为,如果是将金某扔下山崖,则构成作为犯罪。

55．程序法定原则[ABD]

[解析] 程序法定原则包括两层含义:一是立法方面的要求,即刑事诉讼程序应当由法律事先明确规定;二是司法方面的要求,即刑事诉讼活动应当依据国家法律规定的刑事程序来进行。故 A 项正确。大陆法系国家,程序法定原则与罪刑法定原则共同构成法定原则的内容。也就是说,法定原则既包括实体上的罪刑法定原则,也包括程序上的程序法定原则。故 B 项正确。在英美法系国家,刑事程序法定原则具体表现为正当程序原则。故 C 项错误。从我国《宪法》和《刑事诉讼法》"以法律为准绳"等规定来看,可以说,我国法律已基本确立了刑事程序法定原则。故 D 项正确。

56．司法赔偿义务机关;刑事司法赔偿程序;精神损害赔偿标准[CD]

[解析] 正确回答本题,首先需要确定赔偿义务机关。根据《国家赔偿法》第 21 条,刑事赔偿义务机关的确定遵循"后置原则",即由最后一个作出错误的法律文书的机关作为赔偿义务机关。本题,县检察院是最后一个作出错误法律文书的机关,不该批准逮捕却错误地作出了批准逮捕决定,因此县检察院是赔偿义务机关。D 项正确。

《国家赔偿法》第 23 条第 1 款规定:"赔偿义务机关应当自收到申请之日起两个月内,作出是否赔偿的决定。赔偿义务机关作出赔偿决定,应当充分听取赔偿请求人的意见,并可以与赔偿请求人就赔偿方式、赔偿项目和赔偿数额依照本法第四章的规定进行协商。"赔偿方式、项目与数额均可协商,故 B 项错误。

根据《国家赔偿法》第 24 条,关于刑事赔偿程序,赔偿义务机关是法院的,遵循"两步走"的规则

（无复议程序）；赔偿义务机关不是法院的，遵循"三步走"的规则（有复议程序）。本题中的赔偿义务机关是县检察院，应遵循"三步走"规则：先向县检察院申请赔偿（第一步）；对赔偿决定不服的，可向县检察院的上一级机关（市检察院）申请复议（第二步）；对复议决定不服的，还可向市中级人民法院赔偿委员会申请赔偿（第三步）。故 C 项正确。

根据《国家赔偿法》第 35 条规定，致人精神损害，只有造成严重后果的，才应当支付精神损害抚慰金。另《最高人民法院关于审理国家赔偿案件确定精神损害赔偿责任适用法律若干问题的解释》第 7 条第 1 款规定，"造成严重后果"是指：（1）无罪或者终止追究刑事责任的人被羁押 6 个月以上；（2）受害人经鉴定为轻伤以上或者残疾；（3）受害人经诊断、鉴定为精神障碍或者精神残疾，且与侵权行为存在关联；（4）受害人名誉、荣誉、家庭、职业、教育等方面遭受严重损害，且与侵权行为存在关联。本题中并未交代对朱某造成了以上严重后果，应理解为不存在严重后果，因此不应向其支付精神损害抚慰金。此外，即便应当支付精神损害抚慰金，根据《最高人民法院关于审理国家赔偿案件确定精神损害赔偿责任适用法律若干问题的解释》第 8 条规定："致人精神损害，造成严重后果的，精神损害抚慰金一般应当在国家赔偿法第三十三条、第三十四条规定的人身自由赔偿金、生命健康赔偿金总额的百分之五十以下（包括本数）酌定；后果特别严重，或者虽然不具有本解释第七条第二款规定情形，但是确有证据证明前述标准不足以抚慰的，可以在百分之五十以上酌定。"可知，精神损害抚慰金应当以人身自由赔偿金、生命健康赔偿金总额的 50% 为标准确定，A 项中"不得低于侵犯人身自由赔偿金的两倍"的说法也是错误的。故 A 项错误。

57．法律职业道德[ABD]

[解析] 法律职业道德与法律职业实践活动紧密相连，法律职业道德规范法律职业从业人员的职业行为。故 A、B 项正确。

法律职业道德本质上属于"道德"层面，是随着法律职业的出现而产生和逐步发展的，其形成与"实证法"概念的解释没有直接必然的联系。故 C 项错误。

法律职业道德的作用是调整法律职业关系，对从业人员的法律执业活动中的具体行为进行规范。其基本原则是从业人员进行职业活动的根本指导思想，而且也是对每个从业人员的职业行为进行职业道德评价的最高标准。故 D 项正确。

58．《缔结条约程序法》；《联合国国家及其财产管辖豁免公约》[AD]

[解析]《缔结条约程序法》第 6 条第 2 款规定："下列人员谈判、签署条约、协定，无须出具全权证书：（一）国务院总理、外交部长……"故 A 项正确。

我国已经于 2005 年 9 月 14 日签署了《联合国国家及其财产管辖豁免公约》，但该《公约》目前尚未生效，我国全国人大常委会也还没有批准《公约》，该《公约》对我国还没有拘束力。故 B 项错误。

若条约在我国是经转化适用的，我国应保证转化后的国内法在内容上与条约一致，但可从根本上排除该条约的直接适用，若条约都不能直接适用，就更谈不上优先适用。故 C 项错误。

《缔结条约程序法》第 15 条规定："经全国人民代表大会常务委员会决定批准或者加入的条约和重要协定，由全国人民代表大会常务委员会公报公布。其他条约、协定的公布办法由国务院规定。"故 D 项正确。

59．文理解释；当然解释；犯罪中止[BCD]

[解析] 从文理解释的角度看，根据法律条文的规定，只要违背妇女意志，以暴力、胁迫或者其他手段强行与其发生性关系的，就属于强奸行为。因此，如果丈夫违背妻子的意愿与其发生性关系的，可以解释为"强奸妇女"。故 A 项正确，不当选。

抢劫罪中的"暴力、胁迫"要求达到足以压制反抗的程度，其中"暴力"针对的对象范围较宽，包含财物的占有者、管理者及其亲属，甚至前来阻止的路人，在内容上包含了抢劫故意杀人的情形；而强奸罪中的"暴力、胁迫"要求使被害妇女明显难以反抗，其中"暴力"针对的对象仅限于被害人，不包括其他人，而且强奸罪不能完全评价故意杀人行为（否则成立想象竞合犯）。故 B 项错误，当选。

将为了自己饲养而抢劫他人宠物的行为认定为抢劫罪，侵犯的是他人的财产权，但是为了自己收养而抢劫他人婴儿的行为侵犯的是人身权，因此不是抢劫罪所能涵盖的范围。故 C 项错误，当选。

中止犯中"自动有效地防止犯罪结果发生"是指基于意志以内的原因（自动性），为防止犯罪结果的发生而作出真挚努力（客观性），并实际防止了犯罪结果的发生（有效性）。因此，即使行为人采取防止结果发生的措施，但如果犯罪结果发生，并且与犯罪行为之间存在因果关系的话，则直接认定为故意犯罪既遂，不可能成立中止，即不属于"自动有效地防止犯罪结果发生"。故 D 项错误，当选。

60．信赖保护原则；具体行政行为的性质；行政诉讼受案范围；个税免缴[CD]

[解析] 相对于具体行政行为，抽象行政行为的特征表现为适用对象的不特定性以及可反复适用性。不特定性是指行为作出之时，该行为想要约束的对象范围不能够明确固定下来。本题中，《招商引资意见》在作出之时，有多少人会介绍企业来当地投资，这个范围不能够明确固定下来，而且《招商引资意见》在有效期内可以反复适用，不管是谁引介投资都

可按照这个标准来支付奖励金。可见，《招商引资意见》是抽象行政行为，不是具体行政行为，故 A 项错误。

根据《个人所得税法》第 4 条第 1 款第 1 项规定，省级人民政府、国务院部委和中国人民解放军军以上单位，以及外国组织、国际组织颁发的科学、教育、技术、文化、卫生、体育、环境保护等方面的奖金，免征个人所得税。本题中，李某获得的是由县政府支付的奖金，不是省级政府颁发的奖金，不能免征个人所得税。故 B 项错误。

根据诚实守信原则之信赖保护的要求，非因法定事由并经法定程序，行政机关不得撤销、变更已经生效的行政决定。如果确因国家利益、公共利益的需要而必须更改时，除了必须有充分的法律依据并遵循法定程序之外，还应当给予权益受损人补偿。本题中，县政府发布通知承诺给予招商引资介绍人奖励金，但是对于符合奖励条件的李某却不按照允诺标准全额支付奖励金，相当于更改了之前的决定，拒绝履行行政允诺所设定的义务，这种做法违背了信赖保护原则。故 C 项正确。

甲公司与县招商局签订的投资协议属于行政协议。因行政协议的订立、履行、变更、终止产生的争议，属于行政诉讼受案范围。故 D 项正确。

61. 法律援助实施［CD］

［解析］《刑诉解释》第 48 条规定："具有下列情形之一，被告人没有委托辩护人的，人民法院可以通知法律援助机构指派律师为其提供辩护：……（三）人民检察院抗诉的；……"据此，对于检察院抗诉案件，法院可以（非应当）通知法律援助机构指派律师为其提供辩护。故 A 项错误。

根据《法律援助法》第 38 条规定，对诉讼事项的法律援助，由申请人向办案机关所在地的法律援助机构提出申请。B 项中，A 县人乙在邻县涉嫌犯罪，被邻县检察院批准逮捕，应向邻县法律援助中心提起申请，故 B 项错误。

《高检规则》第 57 条规定："辩护人、诉讼代理人认为公安机关、人民检察院、人民法院及其工作人员具有下列阻碍其依法行使诉讼权利行为之一的，向同级或者上一级人民检察院申请或者控告的，人民检察院负责控告申诉检察的部门应当接受并依法办理，其他办案部门应当予以配合：……（四）应当通知而不通知法律援助机构为符合条件的犯罪嫌疑人、被告人或者被申请强制医疗的人指派律师提供辩护或者法律援助的；……"据此，C 项中丙可以向上一级检察院（市检察院）提出申诉，故 C 项正确。

《法律援助法实施工作办法》第 23 条第 2 款规定："对于应当通知辩护的案件，犯罪嫌疑人、被告人拒绝指派的律师为其辩护的，人民法院、人民检察院、

公安机关应当查明原因。理由正当的，应当准许，但犯罪嫌疑人、被告人应当在五日内另行委托辩护人；犯罪嫌疑人、被告人未另行委托辩护人的，人民法院、人民检察院、公安机关应当在三日内通知法律援助机构另行指派律师为其提供辩护。"D 项中的强制医疗案件属于应当通知法律援助的案件，若被告丁以正当理由拒绝法律援助，县法院应当准许，但丁应在 5 日内另行委托辩护人，故 D 项说法正确。

62. 故意伤害罪；组织出卖人体器官罪；遗弃罪；诬告陷害罪；猥亵儿童罪［ABD］

［解析］《刑法》第 234 条之一第 2 款规定，未经本人同意摘取其器官，或者摘取不满 18 周岁的人的器官，或者强迫、欺骗他人捐献器官的，依照《刑法》第 234 条（故意伤害罪）、第 232 条（故意杀人罪）的规定定罪处罚。医生甲征得乙（15 周岁）同意，将其肾脏摘出后移植给乙的叔叔丙，其行为构成故意伤害罪。故 A 项错误，当选。

遗弃罪是指对于年老、年幼、患病或者其他没有独立生活能力的人负有扶养义务而拒绝扶养，情节恶劣的行为。妻子乙的吸毒行为不能抵消丈夫甲的扶养义务，甲构成遗弃罪。故 B 项错误，当选。

诬告陷害罪是指捏造事实诬告陷害他人，意图使他人受刑事追究，情节严重的行为。甲虚构事实的目的只是让公安机关立案，并非意图使乙承担更重的刑事处罚，故甲不构成诬告陷害罪。故 C 项正确，不当选。

猥亵儿童罪的行为对象：猥亵女童，不包括性交行为，否则构成强奸罪；猥亵男童，包括性交。甲构成猥亵儿童罪。故 D 项错误，当选。

63. 坚持在法治轨道上推进国家治理体系和治理能力现代化［ACD］

［解析］《中共中央关于坚持和完善中国特色社会主义制度 推进国家治理体系和治理能力现代化若干重大问题的决定》提出，健全党组织领导的自治、法治、德治相结合的城乡基层治理体系，健全社区管理和服务机制，推行网格化管理和服务，发挥群团组织、社会组织作用，发挥行业协会商会自律功能，实现政府治理和社会调节、居民自治良性互动，夯实基层社会治理基础……推动社会治理和服务重心向基层下移，把更多资源下沉到基层，更好提供精准化、精细化服务。注重发挥家庭家教家风在基层社会治理中的重要作用。故 A 项正确，B 项错误。

C 项是《中共中央关于全面推进依法治国若干重大问题的决定》中有关"健全依法维权和化解纠纷机制"的内容。D 项是《中共中央关于坚持和完善中国特色社会主义制度 推进国家治理体系和治理能力现代化若干重大问题的决定》中有关"完善正确处理新形势下人民内部矛盾有效机制"的内

容。故 C、D 项正确。

64．法的实施；司法成本；司法的民主性；司法效率；司法公开［AC］

［解析］司法成本指的是在整个司法活动中消耗的社会资源，又可称之为司法资源或司法投入，指司法机关、诉讼参与人在进行具体案件的诉讼过程中所消耗的物质资源和精神要素的总和。实行"小额速裁"，一审终审可促使纠纷得到迅速解决，节约了司法成本。故 A 项正确。

司法的民主性是指司法应充分体现人民的意志和利益，审判活动应体现民主性，并应受到人民的有效监督。在我国，司法的民主性主要体现为司法工作人员由人大选举或任免，司法工作受人大监督，以及人民陪审员制度。本题仅涉及司法成本与司法效率。故 B 项错误。

司法效率是指司法资源的投入与办结案件及质量之间的比例关系，是解决司法资源如何配置的问题。司法效率追求的是以尽可能合理、节约的司法资源，谋取最大限度的对社会公平和正义的保障和对社会成员合法权益的保护。提高司法效率，就要求人民法院和人民法官履行职责时，在坚持司法公正的前提下，认真、及时、有效地工作，尽可能地缩短诉讼周期，降低诉讼成本，力求在法定期限内尽早结案，取得最大的法律效果和社会效果。实行"小额速裁"、一审终审，加快了纠纷的解决，提高了司法效率。故 C 项正确。

审判公开指公开司法活动的内容和过程，从而使司法活动在不同程度上为社会大众所知晓。"小额速裁"主要是出于节约司法成本、提高司法效率的目的，和推行司法公开没有关系。故 D 项错误。

65．权力制约原则；合宪性审查制度［ABC］

［解析］全国人民代表大会和地方各级人民代表大会都由民主选举产生，对人民负责，受人民监督。这体现了人民对国家权力的监督。故 A 项正确。

人民法院、人民检察院和公安机关办理刑事案件，应当分工负责、互相配合、互相制约，以保证准确有效地执行法律。这体现了不同国家机关的权力制约与监督。故 B 项正确。

国家行政机关、监察机关、审判机关、检察机关都由人民代表大会产生，对它负责，受它监督。这体现了国家权力机关对"一府两院一委"的监督。故 C 项正确。

我国法律没有规定法院对法律合宪性的审查。在我国，法律的合宪性审查权由国家权力机关及其常设机关行使，主要通过"规范性文件备案"和"改变或撤销"的方式来解决。故 D 项错误。

66．受贿罪；贪污罪；滥用职权罪；共同犯罪［ABCD］

［解析］受贿罪是指权钱交易。甲收司机的钱，构成受贿罪，乙是受贿罪的共犯。故 A 项正确。在共同犯罪中，犯罪数额不是个人分得的赃款数额，而是二人共同犯罪所获得的赃款数额，因此，甲、乙的受贿数额均是 32 万元。故 D 项正确。

受贿罪有索贿型受贿罪和收受型受贿罪。成立索贿型受贿罪，不要求官员承诺办事（为他人谋取利益）。成立收受型受贿罪，要求官员承诺办事。这是一种意思表示，不要求实施了办事行为，更不要求把事办成。因此，实施办事行为不是受贿罪的构成要件行为（实行行为）。基于此，实施办事行为若构成其他犯罪（主要是渎职罪），与受贿罪属于两个行为，构成两个罪，原则上应数罪并罚。例外情形是《刑法》第 399 条第 4 款规定：受贿罪+徇私枉法罪等四罪（徇私枉法罪；民事、行政枉法裁判罪；执行判决、裁定失职罪；执行判决、裁定滥用职权罪）＝牵连犯，择一重罪论处。本案中，甲受贿后实施的办事行为，是私下处分了国家的财产性利益（罚款、应收款项），让司机获得好处，让国家遭受损失，类似于背地里将国家的财物送人，构成盗窃财产性利益。由于甲利用了职务便利，所以构成贪污罪，贪污的财产性利益的数额是 32 万元的 2 倍，也即 64 万元。司机们也是贪污的共犯（应交罚款而少交，获得了利益），甲、乙和司机们平分了 64 万元。故 B 项正确。

甲作为国家机关工作人员，滥用职权，导致国家遭受重大财产损失，还构成滥用职权罪。乙明知甲的行为是滥用职权，仍与其共同犯罪，二人成立滥用职权罪的共犯。故 C 项正确。

【思路拓展】本案的罪数，甲的办事行为除了构成贪污罪，还同时构成滥用职权罪，想象竞合，择一重罪论处，应定贪污罪。甲的贪污罪与受贿罪没有牵连关系，按照正常原理，应当数罪并罚。但是，司机少交的罚款，是国家应收款项的一部分；甲收的钱，实际也是国家应收款项的一部分。因此，本案受贿罪与贪污罪的财产对象具有包容性，不具有独立性，也即两罪制造的危害结果具有包容性。应根据吸收犯原理，重罪吸收轻罪。由于贪污罪的数额更大，最终以贪污罪论处。

67．对公诉案件的庭前审查［AC］

［解析］《刑诉解释》第 219 条第 1 款规定："人民法院对提起公诉的案件审查后，应当按照下列情形分别处理：（一）不属于本院管辖的，应当退回人民检察院；（二）属于刑事诉讼法第十六条第二项至第六项规定情形的，应当退回人民检察院；属于告诉才处理的案件，应当同时告知被害人有权提起自诉；（三）被告人不在案的，应当退回人民检察院；但是，对人民检察院按照缺席审判程序提起公诉的，应当依照本解释第二十四章的规定作出处理；（四）不符合前条第二项至第九项规定之一，需要补充材料的，应当通知

人民检察院在三日以内补送;(五)依照刑事诉讼法第二百条第三项规定宣告被告人无罪后,人民检察院根据新的事实、证据重新起诉的,应当依法受理;(六)依照本解释第二百九十六条规定裁定准许撤诉的案件,没有新的影响定罪量刑的事实、证据,重新起诉的,应当退回人民检察院;(七)被告人真实身份不明,但符合刑事诉讼法第一百六十条第二款规定的,应当依法受理。"

据此,A项中在起诉前被告人脱逃的,说明被告人不在案,依据上述第1款第3项规定,应当退回检察院。故A项正确。

B项是法院裁定准许撤诉的案件,被害人不断上访不属于新的事实、证据,人民检察院在没有新事实、新证据的情况下起诉,法院应当依据上述第1款第6项规定,退回检察院。故B项错误。

C项中没有列明证人住址和通讯处,需要补送材料的,依据上述第1款第4项规定,应当通知人民检察院在3日内补送。故C项正确。

D项中"被告人被抓获后始终一言不发,也没有任何有关姓名、年龄、住址、单位等方面的信息或线索",即为被告人身份不明的情形,检察院按照上述规定对被告人身份不明的案件提起公诉时,人民法院对该案件进行审查,根据上述第1款第7项的规定,人民法院应当受理,而不是一律不受理。故D项错误。

68.申请信息公开的要求;重复申请的处理;政府信息公开费用[AD]

[解析]《政府信息公开条例》第42条第1款规定:"行政机关依申请提供政府信息,不收取费用。但是,申请人申请公开政府信息的数量、频次明显超过合理范围的,行政机关可以收取信息处理费。"陈某在一个月内连续十次向县政府申请公开防汛信息,数量、频次明显超过合理范围,可以向其收取信息处理费。故A项正确。

2019年修订的《政府信息公开条例》取消了申请人所申请的信息应当与"自身生产、生活、科研等特殊需要"相关的要求,申请人也无需说明申请信息之用途,即不再要求申请人与所申请的政府信息有直接利害关系,只要出于合法、正当目的即可提出申请。因此,陈某具有申请相关信息的权利和资格,故B项错误。

《政府信息公开条例》第35条规定:"申请人申请公开政府信息的数量、频次明显超过合理范围,行政机关可以要求申请人说明理由。行政机关认为申请理由不合理的,告知申请人不予处理;行政机关认为申请理由合理,但是无法在本条例第三十三条规定的期限内答复申请人的,可以确定延迟答复的合理期限并告知申请人。"可见,对于数量、频次明显超过合理范围的信息公开申请,行政机关有权要求申请人说明理由,故D项正确;但是,对其申请不予处理,应以申请理由不合理为要件,而不能以多次重复申请为由不予处理,故C项错误。

69.律师职业规定[AD]

[解析]《律师执业行为规范(试行)》第36条规定:"律师应当充分运用专业知识,依照法律和委托协议完成委托事项,维护委托人或者当事人的合法权益。"在本题中,律师了解建筑和房地产知识,并运用该知识分析案件,寻求对李某有利的理由,从而维护其合法权益,该做法明显是正确的。故A项正确。

《律师执业行为规范(试行)》第44条规定:"律师根据委托人提供的事实和证据,依据法律规定进行分析,向委托人提出分析性意见。"本题中,律师以风水原因使当事人接受败诉的结果违反了诚实、客观的原则,也违背了事实和法律规定。故B项错误。

《律师执业行为规范(试行)》第7条规定:"律师应当诚实守信、勤勉尽责,依据事实和法律,维护当事人合法权益,维护法律正确实施,维护社会公平和正义。"本题中,律师在没有房地产开发业务相关专业知识的情况下,为了经济利益却极力宣扬建筑世家背景并接受委托,显然对当事人构成误导,有违律师职业道德。故C项错误。如果刘律师专业知识欠缺,考虑到不能更好地维护委托人的合法利益的情况下拒绝委托是符合律师职业有关规定的。故D项正确。

70.古代法律观念和司法制度[ABCD]

[解析]《幼学琼林》有"世人惟不平则鸣,圣人以无讼为贵"句,这反映了中国古代社会的某种"无讼"的诉讼观念,涉及当世的法律观念和司法制度。故A项正确。

《弟子规》中的"财物轻,怨何生,言语忍,忿自泯"句,要求人们重义轻利,告诫年轻人应当自控息怒、多多忍让,以防止出现违法犯罪的后果,涉及当世的法律观念和司法制度。故B项正确。

《增广贤文》中的"礼义生于富足、盗出于贫穷"句,为对犯罪产生原因的思考和总结,与犯罪、刑罚相关,涉及当世的法律观念和司法制度。故C项正确。

《女儿经》中的"遵三从,行四德,习礼义,看古人,多贤德,为法则"句,表明中国古代的女性要遵守"三从四德",涉及中国古代社会的婚姻家庭法律观念,也是对当世的法律观念和司法制度的反映。故D项正确。

71.数罪并罚[ABCD]

[解析]甲犯三罪,分别被判处13年、8年、15年,这属于判决宣告之前一人犯数罪的情形,应按照《刑法》第69条的规定进行并罚:在总和刑期以下、数刑中最高刑期以上判处刑罚(如果总和刑期不满35年的,最高不能超过20年;总和刑期在35年以上

的,最高不能超过25年)。甲应该在15年以上25年以下酌情判处刑期,因此,对其判处18年有期徒刑的判决正确。故A项正确。

乙在执行有期徒刑5年后发现还有漏罪没有判决,应当适用《刑法》第70条"先并后减"方法进行并罚:将漏罪判决的结果(15年有期徒刑)与先前判决的结果(18年)按照第69条的规定进行并罚(之前抢劫罪、盗窃罪判决的13年、6年在并罚中没有意义),即在18年以上20年以下(总和刑期不满35年,最高不能超过20年)判处刑罚。所以判处乙19年有期徒刑符合刑法规定;然后减去已经执行的5年,乙还须执行14年有期徒刑,即作为并罚结果的19年包含已经执行的有期徒刑(先并后减)。故B项正确。

丙在执行5年有期徒刑后再犯新罪,应当适用《刑法》第71条"先减后并"方法进行并罚:先前判决结果(18年有期徒刑)减去已经执行的刑期5年(之前抢劫罪、盗窃罪判决的13年、8年在并罚中没有意义),再将这一结果(13年有期徒刑)与新罪判决的结果(15年有期徒刑)按照第69条的规定并罚,即在15年以上20年以下判处刑罚(总和刑期不满35年,上限为20年)。所以判处丙16年有期徒刑符合刑法规定。这一判决结果是犯罪分子实际还要执行的刑罚,即已经执行的刑期,不计算在新判决决定的刑期之内。故C项正确。

丁犯数罪,分别被判处罚金和没收全部财产两种不同的附加刑,按照《刑法》第69条第3款的规定,附加刑必须执行,其中附加刑种类相同的,合并执行,种类不同的,分别执行。因此,对丁应该判处罚金10万元(合并执行),对没收全部财产分别执行。故D项正确。

72.行政许可的撤销[ACD]

[解析] 根据《行政许可法》第69条以及《行政诉讼法》等相关法律规定,有权撤销行政许可的机关包括:许可决定机关;许可决定机关的上级行政机关;法院;被越权机关。市卫生局作为作出许可决定的机关、市政府作为其上级机关均有权撤销,故A、C项正确。

考生应区别撤销与吊销,吊销的行为性质属于处罚,按照《行政处罚法》,许可证吊销应当告知被处罚人有申请听证的权利,但撤销许可证并不属于行政处罚,没有法律规定撤销应当听证,故B项错误。

根据《行政许可法》第70条规定,行政许可被撤销后,当事人实体权利灭失,许可无法继续其效力,应当予以注销,故D项正确。

73.缺席审判程序的具体审理程序[ABCD]

[解析]《刑事诉讼法》第292条规定:"人民法院应当通过有关国际条约规定的或者外交途径提出的司法协助方式,或者被告人所在地法律允许的其他

方式,将传票和人民检察院的起诉书副本送达被告人。传票和起诉书副本送达后,被告人未按要求到案的,人民法院应当开庭审理,依法作出判决,并对违法所得及其他涉案财产作出处理。"可见,法院应当将传票和起诉书副本送达被告人,只有被告人收到后未按要求到案的,法院才能缺席审判。A、B项正确。

《刑事诉讼法》第293条规定:"人民法院缺席审判案件,被告人有权委托辩护人,被告人的近亲属可以代为委托辩护人。被告人及其近亲属没有委托辩护人的,人民法院应当通知法律援助机构指派律师为其提供辩护。"可见,被告人及其近亲属没有委托辩护人的,应当为其提供法律援助。C项正确。

《刑事诉讼法》第294条规定:"人民法院应当将判决书送达被告人及其近亲属、辩护人。被告人或者其近亲属不服判决的,有权向上一级人民法院上诉。辩护人经被告人或者其近亲属同意,可以提出上诉。人民检察院认为人民法院的判决确有错误的,应当向上一级人民法院提出抗诉。"可见,在缺席审判程序中,被告人的近亲属具有单独的上诉权利,因此贾士隐的妻子有权直接向某省高级法院上诉。D项正确。

74.推进科学立法[ABD]

[解析] 科学立法的核心在于尊重和体现客观规律,民主立法的核心在于为了人民、依靠人民,故C项错误。A、B、D三项均正确。

75.国家标志[ABCD]

[解析] 国家标志又称国家象征,是指一般由宪法和法律规定的,代表国家的主权、独立和尊严的象征和标志。我国的国家标志主要包括国旗、国徽、国歌、首都等。故A项正确。

2004年《宪法修正案》第31条规定:"宪法第四章章名'国旗、国徽、首都'修改为'国旗、国歌、国徽、首都'。宪法第一百三十六条增加一款,作为第二款:'中华人民共和国国歌是《义勇军进行曲》'"故B项正确。

《宪法》第142条规定:"中华人民共和国国徽,中间是五星照耀下的天安门,周围是谷穗和齿轮。"故C项正确。

《全国人民代表大会常务委员会关于实行宪法宣誓制度的决定》第8条第2款规定:"宣誓场所应当庄重、严肃,悬挂中华人民共和国国旗或者国徽。宣誓仪式应当奏唱中华人民共和国国歌。"故D项正确。

76.刑法上的因果关系的认定[BCD]

[解析] 甲的行为与程某的死亡之间介入了司机章某"返身打甲"的行为。这一介入因素是否导致因果关系的中断,需要判断在该案中这一介入行为的出现正常与否。事实上,根据社会经验,当甲殴打章某的时候,章某躲闪或者还击的概率都很高,都属于正常的反应,因此司机章某的还击行为属于正常的介

人因素;而不能因为章某是司机就要求其"双手紧握方向盘、目不斜视、任凭他人殴打",进而认为章某的还击属于异常的介入因素。既然司机章某的行为属于正常的介入因素,那么甲的行为与程某的死亡之间存在因果关系(司机的行为与程某的死亡之间也有因果关系)。故 A 项正确,不当选。

乙实施了具有导致他人死亡可能性的杀人行为(无论是否击中被害人心脏),这一行为引起被害人李某血友病发作,进而流血不止死亡。乙的杀人行为与李某的死亡之间存在"没有前者就没有后者"的条件关系,而被害人的特殊体质又不会影响因果关系的判断,所以乙的杀人行为与李某死亡之间存在因果关系。故 B 项错误,当选。

丙与同伙预谋杀死王某并同时开枪,尽管丙没有击中被害人,但丙与同伙成立共同犯罪。在共同犯罪中,丙与同伙的行为是一个相互联系、相互配合的有机整体;在共同犯罪中,要将共同行为作为整体进行评价以判断其与结果的因果关系,这也是"部分实行,全部责任"原则产生的根据。换言之,只要成立共同犯罪,无论结果由谁具体引起,所有共同犯罪人的行为与结果之间都有因果关系。所以,丙的行为与王某的死亡之间存在因果关系。故 C 项错误,当选。

丁的杀人行为与赵某的死亡之间存在介入因素,即医生的"一定过失"行为。这是一个异常的介入因素(如果认为医生在治疗疾病过程中出现过失行为——无论是重大过失,还是轻微过失、一般过失——均是正常的,那么我们就要质疑医生这一职业的存在是否有价值),但这一介入因素没有达到能够独立导致被害人死亡的程度;而最终导致赵某死亡的原因还是丁的杀人行为,是其杀人行为导致赵某"遭受濒临死亡的重伤"进而引起死亡结果的。所以丁的杀人行为与赵某的死亡之间存在因果关系。故 D 项错误,当选。

77.电子数据[ABCD]

[解析]《关于办理刑事案件收集提取和审查判断电子数据若干问题的规定》第8条第1款规定:"收集、提取电子数据,能够扣押电子数据原始存储介质的,应当扣押、封存原始存储介质,并制作笔录,记录原始存储介质的封存状态。"本题中的 U 盘属于原始存储介质,应当扣押并制作笔录。故 A 项正确。

该《规定》第16条第2款规定:"电子数据检查,应当对电子数据存储介质拆封过程进行录像,并将电子数据存储介质通过写保护设备接入到检查设备进行检查;有条件的,应当制作电子数据备份,对备份进行检查;无法使用写保护设备且无法制作备份的,应当注明原因,并对相关活动进行录像。"可知,本题中检查 U 盘内的电子数据时,应将 U 盘拆封过程进行录像。故 B 项正确。

该《规定》第19条第1款规定:"对侵入、非法控制计算机信息系统的程序、工具以及计算机病毒等无法直接展示的电子数据,应当附电子数据属性、功能等情况的说明。"本题干中所述的用于盗取 Q 币的木马程序即属于此类电子数据,因此移送审查起诉时,应当附有木马程序如何盗取账号密码的说明。故 C 项正确。

该《规定》第27条规定:"电子数据的收集、提取程序有下列瑕疵,经补正或者作出合理解释的,可以采用;不能补正或者作出合理解释的,不得作为定案的根据:(一)未以封存状态移送的;(二)笔录或者清单上没有侦查人员、电子数据持有人(提供人)、见证人签名或者盖章的;(三)对电子数据的名称、类别、格式等注明不清的;(四)有其他瑕疵的。"D 项属于上述第1项规定的情形。故 D 项正确。

78.治安管理处罚听证;拘留的暂缓执行;合并审理;变更判决[ACD]

[解析]根据《治安管理处罚法》第98条规定,公安机关作出吊销许可证以及处2000元以上罚款的治安管理处罚决定前,应当告知违反治安管理行为人有权要求举行听证;违反治安管理行为人要求听证的,公安机关应当及时依法举行听证。此为公安机关法定告知听证的情形。除此之外,公安机关为了使自己的处罚决定更加合理公正,可以主动组织听证,也即对于法定听证范围以外的处罚决定是否组织听证,公安机关自己有行政裁量权。本题中的"行政拘留7日并处罚款300元",虽然不符合法定告知听证的情形,但是公安机关也可以根据办案需要组织听证。故 A 项正确。

根据《治安管理处罚法》第107条,行政拘留处罚暂缓执行需要符合以下四个条件:(1)被处罚人不服拘留处罚决定,申请复议或提起诉讼;(2)提出暂缓执行拘留的申请;(3)公安机关认为暂缓执行拘留不致发生社会危险;(4)按每日拘留200元的标准交纳保证金,或由被处罚人或某近亲属提出担保人。本题中,赵某只提起了行政诉讼,仅满足上述第一个条件,不符合暂缓执行的条件。故 B 项错误。

《行政诉讼法》第27条规定:"当事人一方或者双方为二人以上,因同一行政行为发生的行政案件,或者因同类行政行为发生的行政案件、人民法院认为可以合并审理并经当事人同意的,为共同诉讼。"该条中前半句所述为必要共同诉讼,后半句所述为普通共同诉讼。必要共同诉讼,是指当事人一方或者双方为两人以上,因同一行政行为发生行政争议,人民法院必须合并审理的诉讼。普通共同诉讼,是指诉讼标的是同类行政行为,法院认为可以合并审理,且经当事人同意合并审理的诉讼。本题中,赵某和孙某针对同一行政行为(行政拘留7日并处罚款300元)提起诉讼,显然属于必要共同诉讼,法院应当合并审理。故 C 项正确。

《行政诉讼法》第 77 条规定:"行政处罚明显不当,或者其他行政行为涉及对款额的确定、认定确有错误的,人民法院可以判决变更。人民法院判决变更,不得加重原告的义务或者减损原告的权益。但利害关系人同为原告,且诉讼请求相反的除外。"本题中,若仅有赵某向法院起诉的,法院不得作出对赵某加重处罚的变更判决。但是,受害人孙某也向法院提起行政诉讼,且与赵某诉讼请求相反,法院经过审查认为处罚过轻的,可以变更判决对赵某作出更重的处罚。故 D 项正确。

79.复议期限;行政处罚和行政强制执行的判断;共同被告[ACD]

[解析]复议申请期限为自知道或应当知道行政行为之日起 60 日,法律规定超过 60 日的除外。故 A 项正确。

该公司本不符合获得出口退税的条件,却通过欺骗手段获取出口退税 500 万元,也就是说,这 500 万元税款是公司本应缴纳的,但其却通过非法手段从税务机关获得了退税,意味着该公司少缴纳了税款,税务局对其予以追缴,实际上是一种恢复征税的行政行为,不具有惩戒性,因此不属于行政处罚。如果在追缴税款的同时,对公司作出罚款,则罚款属于行政处罚。故 B 项错误。

经复议的案件,复议机关决定维持原行政行为的,作出原行政行为的行政机关和复议机关是共同被告;复议机关改变原行政行为的,复议机关是被告。本题属于复议维持案件,甲市税务局和乙区税务局为共同被告,故 C 项正确。

行政强制执行的本质是国家运用强制手段实现另一行政行为(一般称为基础决定或先在行为)所确定的权利义务,适用于当事人对基础决定所确定的义务不予履行的情况。本题中,税务局作出基础决定《税务行政处理决定书》,决定追缴出口退税 500 万元,而某公司拒绝履行义务,税务局从该公司银行账户强制扣缴 500 万元,这一扣缴行为是为了实现基础决定所确定的义务安排,属于行政强制执行。故 D 项正确。

80.未成年人刑事案件诉讼程序的特殊规定[ABCD]

[解析]《人民检察院办理未成年人刑事案件的规定》第 17 条第 4 款规定:"讯问未成年犯罪嫌疑人,应当通知其法定代理人到场,告知法定代理人依法享有的诉讼权利和应当履行的义务……"A 项正确。

《人民检察院办理未成年人刑事案件的规定》第 17 条第 7 款规定,讯问女性未成年犯罪嫌疑人,应当有女性检察人员参加。B 项正确。

《人民检察院办理未成年人刑事案件的规定》第 18 条规定,讯问未成年犯罪嫌疑人一般不得使用械具。对于确有人身危险性,必须使用械具的,在现实危险消除后,应当立即停止使用。C 项正确。

《人民检察院办理未成年人刑事案件的规定》第 14 条规定,审查逮捕未成年犯罪嫌疑人,应当重点审查其是否已满 14、16、18 周岁。对犯罪嫌疑人实际年龄难以判断,影响对该犯罪嫌疑人是否应当负刑事责任认定的,应当不批准逮捕。需要补充侦查的,同时通知公安机关。D 项正确。

81.信用卡诈骗罪[ACD]

[解析]使用虚假的身份证明骗领信用卡的,符合《刑法》第 177 条之一的规定,构成妨害信用卡管理罪。使用以虚假的身份证明骗领的信用卡的,符合《刑法》第 196 条的规定,构成信用卡诈骗罪。由此可知,用虚假身份证明骗领信用卡是手段行为,使用该信用卡是目的行为,属于牵连犯,择一重罪论处。故 A 项错误。

《关于拾得他人信用卡并在自动柜员机(ATM 机)上使用的行为如何定性问题的批复》规定,拾得他人信用卡并在自动柜员机(ATM 机)上使用的行为,属于《刑法》第 196 条第 1 款第 3 项规定的"冒用他人信用卡"的情形,构成犯罪的,以信用卡诈骗罪追究刑事责任。拾得信用卡并使用,无论对人还是对机器使用的,均认定为信用卡诈骗罪。故 B 项正确,D 项错误。

根据《关于办理妨害信用卡管理刑事案件具体应用法律若干问题的解释》第 6 条第 1 款的规定,"恶意透支"是指持卡人以非法占有为目的,超过规定限额或者规定期限透支,经发卡银行两次有效催收后超过 3 个月仍不归还的行为。这意味着仅在透支之时行为人具有非法占有目的的,才能构成信用卡诈骗罪。因此,透支时具有归还意思,透支后经发卡银行 2 次催收,超过 3 个月仍不归还的,不属于恶意透支,不构成信用卡诈骗罪。故 C 项错误。

82.政协制度;《共同纲领》[CD]

[解析]《中国人民政治协商会议共同纲领》在我国起临时宪法的作用,我国正式颁行的第一部社会主义宪法是 1954 年宪法。故 A 选项错误。

《中国人民政治协商会议共同纲领》规定,国家最高政权机关为全国人民代表大会,全国人民代表大会闭会期间,中央人民政府为行使国家政权的最高机关。故 B 选项错误。

《中国人民政治协商会议共同纲领》规定,中华人民共和国的国家政权属于人民,人民行使国家政权的机关为各级人民代表大会和各级人民政府。故 C 选项正确。

《中国人民政治协商会议共同纲领》规定,公民享有选举权和被选举权,有思想、言论、集会、结社、通讯、人身、居住、迁徙、宗教信仰及示威游行的自由权。故 D 选项正确。

83．正当防卫[ACD]

[解析] 本案中,乙客观上实施了侵犯法益的行为,但属于没有责任能力的人;甲明知乙没有责任能力,为阻止其违法行为而将其打成重伤。

观点①认为,"不法侵害"不以侵害者具有责任能力为前提,即只要客观上具有法益侵犯可能就可认定"不法侵害"。按照该观点,甲成立正当防卫。

观点②认为,"不法侵害"以侵害者具有责任能力为前提,即没有责任能力者实施的行为不可能成为"不法侵害"。按照该观点,甲不成立正当防卫。

观点③其实是从主观方面对观点①的阐释,"不法侵害"不以防卫人是否明知侵害者具有责任能力为前提,即客观上不要求侵害者具有责任能力,主观上当然也就不要求明知侵害者具有责任能力。按照该观点,甲成立正当防卫。

观点④其实是从主观方面对观点②的阐释,"不法侵害"以防卫人明知侵害者具有责任能力为前提,即客观上要求侵害者具有责任能力,主观上要求防卫人明知侵害者具有责任能力。按照该观点,甲不成立正当防卫。

综上,按照观点①③,甲成立正当防卫;按照观点②④,甲不成立正当防卫。故 B 项正确,不当选;A、C、D 项错误,当选。

84．诉讼参与人[AB]

[解析] 诉讼参与人是指在刑事诉讼过程中享有一定诉讼权利,承担一定诉讼义务的除了国家专门机关工作人员以外的人。《刑事诉讼法》第 108 条第 4 项规定,诉讼参与人包括当事人、法定代理人、诉讼代理人、辩护人、证人、鉴定人和翻译人员。因此,本题 A 项中的"翻译人员"、B 项中的"法医"属于鉴定人,都是诉讼参与人。C 项中的"侦查人员"是专门机关的工作人员,不属于诉讼参与人。D 项中的"有专门知识的人"不是鉴定人,因而不是诉讼参与人。故 A、B 项正确,C、D 项错误。

85．政府信息公开行政诉讼[BC]

[解析] 根据《行政复议法》第 23 条,申请政府信息公开,行政机关不予公开的,才适用复议前置。本题属于政府信息公开错误而拒绝更正的案件,不适用复议前置,故 A 项错误。

《行政诉讼法》第 34 条第 1 款规定:"被告对作出的行政行为负有举证责任,应当提供作出该行政行为的证据和所依据的规范性文件。"据此,区人社局应对拒绝更正这一行为的理由进行举证和说明,故 B 项正确。

原告应当对自己的主张提供事实根据,C 项是正确的。

《行政诉讼法》第 27 条规定:"人民法院经过审理,查明被告不履行法定职责的,判决被告在一定期限内履行。"通过本题给定的信息,无法判断田某的社会保障信息是否有误,D 项判决人社局履行更正义务的说法过于绝对,是错误的。

三、不定项选择题

86．法的概念的争议[C]

[解析] 本段名言警句认为法与道德之间没有关系,恶法亦法,显然反映了实证主义法学的基本观点。而自然法学强调法和道德有必然联系,认为恶法非法。故 A 项错误。

社会法学派强调法的社会实效是法的概念的首要定义要素,因此,社会学法学必须强调法律实施的社会效果。故 B 项错误。

分析实证法学认为恶法亦法,即法和道德(即内容正确性)之间没有必然联系。故 C 项正确。

D 项错在"所有的法学派认为"和"没有任何联系"。实证主义法学派认为,法与道德没有必然的联系;非实证主义法学派则认为,法与道德有必然的联系。但绝大多数法学家都认为法与道德在内容上存在联系,法律是最低限度的道德。故 D 项错误。

87．习近平法治思想形成的时代背景;习近平法治思想形成发展的逻辑;习近平法治思想的重大意义[C]

[解析] 习近平法治思想是习近平新时代中国特色社会主义思想的重要组成部分,是全面依法治国的根本遵循和行动指南,深刻回答了为什么要全面依法治国、怎样全面依法治国这个重大时代课题。习近平法治思想凝聚着中国共产党人在法治建设长期探索中形成的经验积累和智慧结晶,标志着我们党对共产党执政规律、社会主义建设规律、人类社会发展规律的认识达到了新高度。但这并不意味着党已全面彻底地认识了社会主义建设规律和人类社会发展规律。这一认识仍然会随着实践发展而不断加深。A 项说法过于绝对,是错误的。

党的十八大以来,习近平总书记高度重视法治建设,亲自谋划、亲自部署、亲自推动全面依法治国。习近平法治思想是在推进伟大斗争、伟大工程、伟大事业、伟大梦想的实践之中完善形成的,也必将随着实践的发展而进一步丰富。这是在辩证唯物主义的视角下得出的实践发展观。B 项没有看到这一点,是错误的。

习近平法治思想深入回答了我国社会主义法治建设一系列重大理论和实践问题,明确提出了当前和今后一个时期推进全面依法治国的总体要求,系统阐述了新时代推进全面依法治国的重要思想和战略部署。"十一个坚持"高屋建瓴、视野宏阔、内涵丰富、思想深刻,是指导新时代全面依法治国的纲领性文献。习近平法治思想是坚持和发展中国特色社会主义在法治领域的理论体现,C选项正确。

当前我国正处在中华民族伟大复兴的关键时期,中华民族迎来了从站起来、富起来到强起来的伟大飞跃。面对新形势新任务,着眼于统筹国内国际两个大局,科学认识和正确把握我国发展的重要战略机遇期,必须把全面依法治国摆在更加突出的全局性、战略性的重要地位。习近平法治思想从历史和现实相贯通、国际和国内相关联、理论和实际相结合上,深刻回答了新时代为什么要实行全面依法治国、怎样实行全面依法治国等一系列重大问题,为深入推进全面依法治国、加快建设社会主义法治国家,运用制度威力应对风险挑战,实现党和国家长治久安,全面建设社会主义现代化国家、以中国式现代化全面推进中华民族伟大复兴,提供了科学指南。由此可见,习近平法治思想是着眼中华民族伟大复兴战略全局和当今世界百年未有之大变局,顺应实现中华民族伟大复兴时代要求应运而生的重大战略思想,具有鲜明的时代性。D项说法过于绝对,是错误的。

88.单一制国家结构形式[ABD]

[解析] 单一制是我国的国家结构形式。具体表现在:第一,在法律制度方面,我国只有一部宪法,只有一套以宪法为基础的法律体系,维护宪法的权威和法制的统一是国家的基本国策。第二,在国家机构方面,只有一套包括最高国家权力机关、最高国家行政机关和最高国家司法机关的中央国家机关体系。第三,在中央与地方的关系方面,无论是普通的省、县、乡行政区域,还是民族自治区域,或者特别行政区域,都是中央人民政府领导下的地方行政区域。第四,在对外关系方面,中华人民共和国是一个统一的国际法主体,公民具有统一的中华人民共和国国籍。但需要注意的是,由于我国实行"一国两制",允许香港、澳门特别行政区实行与国家其他地区不同的政治、经济、社会制度,保留原有的资本主义制度和生活方式不变,因此我国不是在全国范围内实行统一的政治、经济、社会制度。故本题C项错误,A、B、D项正确。

89.行政区域划分制度的具体内容[D]

[解析] 行政区域划分又称行政区划,是指根据宪法和法律的规定,综合政治、经济、民族状况以及地理历史条件,将国家的领土划分为不同的区域,以便进行管理的制度。行政区划是国家主权的体现,属于国家内政,国际社会应予以尊重,任何国家都不得干涉其他国家的行政区划。故A、B、C项表述正确。

行政区域划分,不仅由《宪法》授权机关进行,还可以由法律、行政法规等授权。我国专门制定了有关

行政区划的行政法规《行政区划管理条例》,对行政区域划分作了详细规定。故D项错误。

90.交通肇事罪[D]

[解析] 《关于审理交通肇事刑事案件具体应用法律若干问题的解释》第5条第1款规定,"因逃逸致人死亡",是指行为人在交通肇事后为逃避法律追究而逃跑,致使被害人因得不到救助而死亡的情形。乙不慎将刘某撞成重伤的行为构成交通肇事罪。但就因果关系而言,刘某的死亡结果并非由乙肇事逃逸引起,而是丙将刘某藏匿在草丛中致其错过抢救时机身亡,故乙不构成交通肇事逃逸致人死亡,而且刘某的死亡结果也不能归责于乙。乙既不成立交通肇事逃逸致人死亡,也不成立过失致人死亡罪,不需要对刘某的死亡负责。故A、B、C项错误。

上述司法解释第6条规定:"行为人在交通肇事后为逃避法律追究,将被害人带离事故现场后隐藏或者遗弃,致使被害人无法得到救助而死亡或者严重残疾的,应当分别按照刑法第232条、第234条第2款的规定,以故意杀人罪或者故意伤害罪定罪处罚。"故D项正确。

91.伪证罪;包庇罪[ABC]

[解析] 伪证罪与包庇罪并非对立关系,二者之间可能存在竞合。若证人以故意作虚假证明的方式包庇犯罪人,则证人成立包庇罪与伪证罪的想象竞合犯。故A项错误。

虽然甲的主观目的在于骗取保险金,但有作假证明的行为且起到了包庇的效果,对于妨害司法活动至少有间接故意,完全可以认定为妨害司法活动的犯罪。故B项错误。

乙是交通肇事行为的本人,其唆使丁代替自己承担交通肇事的责任,该行为是为了保护自己而实施的妨害司法行为,而且教唆他人包庇自己并不成立包庇罪的教唆犯。故C项错误。

丁的"自首"掩盖了乙交通肇事的犯罪事实,属于作假证明包庇乙,构成包庇罪。故D项正确。

92.保险诈骗罪;职务侵占罪[AD]

[解析] 《刑法》第198条规定,被保险人对发生的保险事故编造虚假的原因骗取保险金的,构成保险诈骗罪。甲的行为已经触犯保险诈骗罪。故A项正确。

甲仅实施一个行为,其行为构成保险诈骗罪和诈骗罪的法条竞合,因为保险诈骗罪和诈骗罪属于特别法与一般法的关系,因此应以保险诈骗罪论处。故B项错误。

非法占有目的的认定,不限于本人占有,包括让特定的第三者占有。陈某明知甲骗取保险金,仍为其提供帮助的,应当认定陈某同样具有非法占有目的。故C项错误。

陈某明知甲骗取保险金,仍为其提供帮助的,构成保险诈骗罪的共犯。故 D 项正确。

93．地方人民政府机构设置和编制管理[AD]

[解析]《地方各级人民政府机构设置和编制管理条例》第 8 条第 2 款规定:"地方各级人民政府行政机构应当根据履行职责的需要,适时调整。但是,在一届政府任期内,地方各级人民政府的工作部门应当保持相对稳定。"故 A 项正确。

该条例第 5 条规定:"县级以上各级人民政府机构编制管理机关应当按照管理权限履行管理职责,并对下级机构编制工作进行业务指导和监督。"可见,上下两级机构编制管理机关不是领导与被领导的关系,而是指导与被指导、监督与被监督的关系。故 B 项错误。

该条例第 16 条规定:"地方各级人民政府的行政编制总额,由省、自治区、直辖市人民政府提出,经国务院机构编制管理机关审核后,报国务院批准。"可见,甲市政府的行政编制总额,应当由乙省政府提出,报国务院批准。故 C 项错误。

该条例第 18 条规定:"地方各级人民政府根据调整职责的需要,可以在行政编制总额内调整本级人民政府有关部门的行政编制。但是,在同一个行政区域不同层级之间调配使用行政编制的,应当由省、自治区、直辖市人民政府机构编制管理机关报国务院机构编制管理机关审批。"据此,甲市政府根据调整职责的需要,可以在行政编制总额内调整市政府有关部门的行政编制。故 D 项正确。

94．认罪认罚从宽制度;公诉案件和解程序[ACD]

[解析]《关于适用认罪认罚从宽制度的指导意见》第 42 条第 1 款规定:"速裁程序的适用条件。基层人民法院管辖的可能判处三年有期徒刑以下刑罚的案件,案件事实清楚,证据确实、充分,被告人认罪认罚并同意适用速裁程序的,可以适用速裁程序,由审判员一人独任审判。人民检察院提起公诉时,可以建议人民法院适用速裁程序。"故 A 项正确。

根据《关于适用认罪认罚从宽制度的指导意见》第 17 条第 1 款规定,对符合当事人和解程序适用条件的公诉案件,犯罪嫌疑人、被告人认罪认罚的,人民法院、人民检察院、公安机关应当积极促进当事人自愿达成和解。《公安部规定》第 333 条第 1 款规定:"下列公诉案件,犯罪嫌疑人真诚悔罪,通过向被害人赔偿损失、赔礼道歉等方式获得被害人谅解,被害人自愿和解的,经县级以上公安机关负责人批准,可以依法作为当事人和解的公诉案件办理:(一)因民间纠纷引起,涉嫌刑法分则第四章、第五章规定的犯罪案件,可能判处三年有期徒刑以下刑罚的;(二)除渎职犯罪以外的可能判处七年有期徒刑以下刑罚的过失犯罪案件。"又根据《公安部规定》第 334 条规

定,涉及寻衅滋事的,不属于因民间纠纷引起的犯罪案件。因为本案涉及寻衅滋事,所以不属于因民间纠纷引起的犯罪,不满足公诉案件和解的范围,故本案不能和解,B 项错误。【陷阱点拨】注意认罪认罚从宽制度适用范围与公诉和解案件范围并不相同。认罪认罚可适用于任何案件,而公诉案件和解程序有适用范围的限制,目前仅限于上述《公安部规定》第 333 条第 1 款规定的两类案件。

《关于适用认罪认罚从宽制度的指导意见》第 21 条规定:"逮捕的变更。已经逮捕的犯罪嫌疑人、被告人认罪认罚的,人民法院、人民检察院应当及时审查羁押的必要性,经审查认为没有继续羁押必要的,应当变更为取保候审或者监视居住。"本题中蔡某在审查起诉阶段认罪认罚,人民检察院应当及时审查羁押的必要性,故 C 项正确。

《关于适用认罪认罚从宽制度的指导意见》第 36 条规定:"审查起诉阶段的社会调查。犯罪嫌疑人认罪认罚,人民检察院拟提出缓刑或者管制量刑建议的,可以及时委托犯罪嫌疑人居住地的社区矫正机构进行调查评估,也可以自行调查评估。……"故 D 项正确。

95．行政诉讼的原告资格、起诉期限以及审理对象;人民法院调取证据的情形[AD]

[解析]《行政诉讼法解释》第 16 条第 2 款规定:"联营企业、中外合资或者合作企业的联营、合资、合作各方,认为联营、合资、合作企业权益或者自己一方合法权益受行政行为侵害的,可以自己的名义提起诉讼。"本题中,甲公司作为中外合资企业的一方投资人,认为市国土局的派出机构办理土地权属变更登记侵犯了自己的合法权益,可以自己的名义起诉。故 A 项正确。

本题中,丙公司对办理土地权属变更登记不知情,属于"全不知"的情况,起诉期限从知道或者应当知道该行政行为内容之日起计算。2008 年 3 月 3 日是甲公司知道内容的期限,甲公司知晓行为内容,并不代表丙公司必然知道行为内容;另外,行政诉讼的起诉期是 6 个月,而非 3 个月。故 B 项错误。

《行政诉讼法》第 6 条规定:"人民法院审理行政案件,对行政行为是否合法进行审查。"本题中,丙公司与某典当行签订的合同是民事合同,它们之间形成的是民事法律关系,不属于本案中人民法院的审理对象,本案审理对象应为该变更土地登记行为是否合法。故 C 项错误。

《行政诉讼证据规定》第 22 条规定:"根据行政诉讼法第 34 条(现为第 40 条)第 2 款的规定,有下列情形之一的,人民法院有权向有关行政机关以及其他组织、公民调取证据:(一)涉及国家利益、公共利益或者他人合法权益的事实认定的;(二)涉及依职权

追加当事人、中止诉讼、终结诉讼、回避等程序性事项的。"本题中，对市国土局与派出机构之间的关系性质涉及行政诉讼的被告确认问题，属于该条第2项之情形，人民法院可以依法调取。故D项正确。

96．依法独立行使审判权和检察权[ACD]

[解析]《司法机关内部人员过问案件的记录和责任追究规定》第2条规定："司法机关内部人员应当依法履行职责，严格遵守纪律，不得违反规定过问和干预其他人员正在办理的案件，不得违反规定为案件当事人转递涉案材料或者打探案情，不得以任何方式为案件当事人说情打招呼。"故A项正确。

某法官在参加法官会议时，提醒承办法官充分考虑某案被告家庭现状，已经干涉了其他法官正在办理的案件。该行为违背了依法独立行使审判权原则。故B项错误。

《司法机关内部人员过问案件的记录和责任追究规定》第4条规定："司法机关领导干部和上级司法机关工作人员因履行领导、监督职责，需要对正在办理的案件提出指导性意见的，应当依照程序以书面形式提出，口头提出的，由办案人员记录在案。"某检察院副检察长依职权对其他检察官的在办案件提出书面指导性意见，属于法律依法赋予院领导的职权，并未违反依法独立行使检察权原则。故C项正确。

《最高人民法院、最高人民检察院、公安部、国家安全部、司法部关于进一步规范司法人员与当事人、律师特殊关系人、中介组织接触交往行为的若干规定》第7条规定："司法人员在案件办理过程中因不明情况或者其他原因在非工作时间或非工作场所接触当事人、律师、特殊关系人、中介组织的，应当在三日内向本单位纪检监察部门报告有关情况。"故D项正确。

97．有权启动强制医疗程序的主体[BC]

[解析]《刑事诉讼法》第303条第1、2款规定："根据本章规定对精神病人强制医疗的，由人民法院决定。公安机关发现精神病人符合强制医疗条件的，应当写出强制医疗意见书，移送人民检察院。对于公安机关移送的或者在审查起诉过程中发现的精神病人符合强制医疗条件的，人民检察院应当向人民法院提出强制医疗的申请。人民法院在审理案件过程中发现被告人符合强制医疗条件的，可以作出强制医疗的决定。"

根据此条规定可知，强制医疗的启动程序可以分为以下两种方式：一是检察院的申请启动方式，即对于公安机关移送的或者在审查起诉过程中发现精神病人符合强制医疗条件的，检察院应当向法院提出强制医疗的申请。二是法院的决定启动方式，即法院在审理案件过程中发现被告人符合强制医疗条件的，可以作出强制医疗的决定。上述启动方式确立了检察

院和法院强制医疗启动主体的法律地位，从而明确排除了公安机关、精神病人的监护人、法定代理人以及受害人的程序启动权。故A、D项说法错误，不当选；B、C项说法正确，当选。

98．强制医疗的审理程序[BCD]

[解析]《刑事诉讼法》第304条第1款规定，人民法院受理强制医疗的申请后，应当组成合议庭进行审理。《刑事诉讼法》第183条第1款规定，基层人民法院、中级人民法院审判第一审案件，应当由审判员3人或者由审判员和人民陪审员共3人或者7人组成合议庭进行，但是基层人民法院适用简易程序、速裁程序的案件可以由审判员1人独任审判。故A项正确。

《刑事诉讼法》第304条第2款规定，人民法院审理强制医疗案件，应当通知被申请人或者被告人的法定代理人到场。被申请人或者被告人没有委托诉讼代理人的，人民法院应当通知法律援助机构指派律师为其提供法律帮助。本题中，刘某作为精神病人，属于法律明确规定强制法律援助的对象，即使其自愿放弃委托诉讼代理人，也必须为其指派律师。故B项错误。

《刑事诉讼法》第305条第1款规定，人民法院经审理，对于被申请人或者被告人符合强制医疗条件的，应当在1个月以内作出强制医疗的决定。据此，不是作出强制医疗的"裁定"，而是作出强制医疗的"决定"。故C项错误。

《刑事诉讼法》第305条第2款规定，被决定强制医疗的人、被害人及其法定代理人、近亲属对强制医疗决定不服的，可以向上一级人民法院申请复议。据此，强制医疗应当以"决定"而非"裁定"的形式作出；对强制医疗决定不服的，可以向上一级人民法院申请复议而非申请检察院提起抗诉。故D项错误。

99．规范性文件的审查[ACD]

[解析]《行政诉讼法解释》第147条第1、2款规定："人民法院在对规范性文件审查过程中，发现规范性文件可能不合法的，应当听取规范性文件制定机关的意见。制定机关申请出庭陈述意见的，人民法院应当准许。"故B项正确。只有在发现规范性文件可能不合法的时候，才需要听取规范性文件制定机关的意见，如果合法则不需要听取，故A项错误。

《行政诉讼法解释》第149条第2、3款规定："规范性文件不合法的，人民法院可以在裁判生效之日起三个月内，向规范性文件制定机关提出修改或者废止该规范性文件的司法建议。规范性文件由多个部门联合制定的，人民法院可以向该规范性文件的主办机关或者共同上一级行政机关发送司法建议。"可见，法院提出司法建议的对象为规范性文件的制定机关；联合制定的，向主办机关或共同上一级机关提出。省

人大常委会既不是该规范性文件的主办机关，也不是省公安厅和司法厅的共同上一级行政机关。故 C 项错误。

根据《行政诉讼法解释》第 149 条第 1 款，人民法院经审查认为行政行为所依据的规范性文件合法的，应当作为认定行政行为合法的依据；经审查认为规范性文件不合法的，不作为人民法院认定行政行为合法的依据，并在裁判理由中予以阐明。据此，如果法院认定规范性文件不合法，只能在具体个案当中不予适用，而不能直接撤销该文件或宣告文件无效。故 D 项错误。

100．刑事赔偿 [AD]

[解析] 根据《国家赔偿法》第 23 条规定，赔偿义务机关决定不予赔偿的，应当自作出决定之日起 10 日内书面通知赔偿请求人，并说明不予赔偿的理由。因此 A 项正确。

本案中李某被刑事拘留、批准逮捕后，由县法院判处有期徒刑 6 年，李某上诉后甲市中级法院改判无罪。根据《国家赔偿法》第 21 条规定，二审改判无罪，以及二审发回重审后作无罪处理的，作出一审有罪判决的人民法院为赔偿义务机关。因此，本案的赔偿义务机关是一审法院县法院，公安局和县检察院都

不承担赔偿责任。法院作为赔偿义务机关的，赔偿请求人应先向该法院提出赔偿申请。在法院作出先行处理后，赔偿请求人对赔偿的方式、项目、数额有异议或者法院作出不予赔偿决定的，赔偿请求人无需经过复议，直接向上一级法院赔偿委员会申请作出赔偿决定。因此 B 项错误。

根据《最高人民法院关于人民法院赔偿委员会审理国家赔偿案件程序的规定》第 7 条规定："赔偿委员会审理赔偿案件，应当指定 1 名审判员负责具体承办。负责具体承办赔偿案件的审判员应当查清事实并写出审理报告，提请赔偿委员会讨论决定。赔偿委员会作赔偿决定，必须有 3 名以上审判员参加，按照少数服从多数的原则作出决定。"可见，具体承办赔偿案件时可以指定 1 名审判员，但是作出赔偿决定时，必须有 3 名以上审判员参加。因此 C 项错误。

《国家赔偿法》第 30 条第 1 款规定："赔偿请求人或者赔偿义务机关对赔偿委员会作出的决定，认为确有错误的，可以向上一级人民法院赔偿委员会提出申诉。"由此可见，如甲市中级法院赔偿委员会作出赔偿决定，赔偿义务机关认为确有错误的，可以向该省高级法院赔偿委员会提出申诉。因此 D 项正确。

试 卷 二

解 析

一、单项选择题

1.民法的调整对象[B]

[解析]《民法典》第 2 条规定:"民法调整平等主体的自然人、法人和非法人组织之间的人身关系和财产关系。"甲属于自然人,税务机关属于行政机关,两者不是平等主体,不属于民法的调整范畴。故 A 项错误。

寻物启事系悬赏广告,悬赏广告被视为单方法律行为,不需要相对人的承诺就可产生法律效力。根据《民法典》第 139 条的规定,以公告方式作出的意思表示,公告发布时生效。悬赏广告具有法律约束力,应由民法调整。故 B 项正确。

有两类典型的不具有法律约束力的民事法律关系:(1)道德领域调整的关系:如恋爱、同事、友谊等关系。(2)好意施惠关系:如①邀请同看演出、比赛或者旅游等;②请客吃饭;③火车过站叫醒;④搭便车;⑤青年志愿者做义工等。C、D 项虽然发生在平等主体之间,但属于好意施惠关系,不受民法调整。故C、D 项错误。

2.捐助行为;赠与合同[D]

[解析] 本题可以用排除法解答。甲公司组织员工为宗某募捐的 20 万元款项属于"捐助",这是一项公益募捐活动。通常来讲,公益募捐涉及三方主体:募捐人、受益人和捐款人。募捐人和捐款人之间形成为第三人特定利益的赠与合同。在本题中,甲公司是募捐人,宗某是利益第三人,甲公司的员工是捐款人。

该赠与合同属于为第三人特定利益的募捐合同,其捐赠目的与对象特定,受赠人为第三人而非募捐人。甲公司为募捐人,对捐赠善款包括剩余善款只是享有保管(占有)、定向使用和监督的权利,并无所有权。因此,余下的 5 万不应归甲公司所有。故 A 项错误,排除。

题目中交代 20 万元款项是存放在"专门设立的账户中",没有明确其所有权归属。而且公益捐助的目的是扶贫济困,而不是从捐款中谋取利益。捐款的用途一旦达到或被救助者因医治无效而死亡后,如果受益人或其继承人将剩余款项据为己有,则违背了捐款人的意愿,也违背了公平原则和公序良俗。因此,

受益人或其继承人不应享有捐款余额的所有权。故 B 项错误,排除。

捐款一经捐出,款项就已经赠与他人,无返还捐款人之说,只是说应该按照捐款人的意愿和宗旨进行合理使用。故 C 项错误,排除。

救助个人的募捐,也可以算作公益事业,因此,剩余的钱不应该作为遗产继承,而应该用于同类的公益事业。可以参照《民法典》关于非营利法人终止的规定进行理解。《民法典》第 95 条规定:"为公益目的成立的非营利法人终止时,不得向出资人、设立人或者会员分配剩余财产。剩余财产应当按照法人章程的规定或者权力机构的决议用于公益目的;无法按照法人章程的规定或者权力机构的决议处理的,由主管机关主持转给宗旨相同或者相近的法人,并向社会公告。"虽然本题中不是非营利法人的终止,但是从目的角度看,也是为公益目的进行的捐赠,将剩余的 5 万元用于同类公益事业,与公益法人终止时将剩余财产用于公益目的的,具有相同的价值追求。故 D 项正确。【思路拓展】本题也可以用《慈善法》(超纲)的规定解答。《慈善法》第 3 条规定:"本法所称慈善活动,是指自然人、法人和其他组织以捐赠财产或者提供服务等方式,自愿开展的下列公益活动:……(二)扶老、救孤、恤病、助残、优抚;……"第 34 条规定:"本法所称慈善捐赠,是指自然人、法人和其他组织基于慈善目的,自愿、无偿赠与财产的活动。"第 57 条规定:"慈善项目终止后捐赠财产有剩余的,按照募捐方案或者捐赠协议处理;募捐方案未规定或者捐赠协议未约定的,慈善组织应当将剩余财产用于目的相同或者相近的其他慈善项目,并向社会公开。"故本题只有 D 项符合要求。

3.网络侵权责任[C]

[解析]《民法典》第 1195 条第 1、2 款规定:"网络用户利用网络服务实施侵权行为的,权利人有权通知网络服务提供者采取删除、屏蔽、断开链接等必要措施。通知应当包括构成侵权的初步证据及权利人的真实身份信息。网络服务提供者接到通知后,应当及时将该通知转送相关网络用户,并根据构成侵权的初步证据和服务类型采取必要措施;未及时采取必要措施的,对损害的扩大部分与该网络用户承担连带责

任。"本题中,网络用户甲利用丙网站提供的网络存储服务,实施侵害乙名誉权的行为,甲应对乙承担侵权责任。网络服务提供者丙网站在收到权利人乙发出的通知后,未及时采取必要措施,就扩大的损失,丙网站应当与甲承担连带责任。故 C 项正确,A、B、D 项错误。

4．在线诉讼原则[C]

[解析]《民事诉讼法》第 16 条第 1 款规定了在线诉讼原则,经当事人同意,民事诉讼活动可以通过信息网络平台在线进行。注意,此处并未规定须经双方当事人同意,也就是说,谁同意谁就适用在线诉讼,不同意的则不能适用。本题中,微尼公司同意线上开庭,黄某不同意线上开庭,则法院应采取对微尼公司线上开庭、对黄某线下开庭的方式审理本案。故 A、B 项错误,C 项正确。【陷阱点拨】对于 A 项,不要认为互联网法院审理的案件就一律线上开庭。《最高人民法院关于互联网法院审理案件若干问题的规定》第 1 条规定:"互联网法院采取在线方式审理案件,案件的受理、送达、调解、证据交换、庭前准备、庭审、宣判等诉讼环节一般应当在线上完成。根据当事人申请或者案件审理需要,互联网法院可以决定在线下完成部分诉讼环节。"据此,互联网法院审理案件并非全部在线进行。

互联网法院不存在专属管辖问题,故 D 项错误。

5．简易程序的特殊规定[D]

[解析]《简易程序规定》第 8 条规定:"人民法院按照原告提供的被告的送达地址或者其他联系方式无法通知被告应诉的,应当按以下情况分别处理:……(二)原告不能提供被告准确的送达地址,人民法院经查证后仍不能确定被告送达地址的,可以被告不明确为由裁定驳回原告起诉。"本题中,原告夏某提供的被告的地址有误,且经法院多方了解和查证也无法确定准确地址,属于上述第 2 项规定的情形,法院可裁定驳回原告起诉。故 A、B、C 项错误,D 项正确。【思路拓展】起诉应当满足以下四个条件:(1)原告适格;(2)被告明确;(3)诉讼请求明确具体;(4)属于人民法院主管以及属于受诉法院管辖。如果原告不能提供被告的准确住址,经法院查证仍无法确定被告送达地址的,即视为被告不明确,则不能满足起诉的法定条件。对于不符合起诉条件的,法院应当不予受理;如受理后发现的,应当裁定驳回起诉。

6．股东知情权[D]

[解析]《公司法》第 57 条第 2 款规定:"股东可以要求查阅公司会计账簿、会计凭证。股东要求查阅公司会计账簿、会计凭证的,应当向公司提出书面请求,说明目的。公司有合理根据认为股东查阅会计账簿、会计凭证有不正当目的,可能损害公司合法利益的,可以拒绝提供查阅,并应当自股东提出书面请求

之日起十五日内书面答复股东并说明理由。公司拒绝提供查阅的,股东可以向人民法院提起诉讼。"据此,张某要求查账时,只能以书面方式提出请求,故 A 项错误。对于张某的查账请求,只要公司有合理根据认为股东查阅公司会计账簿可能存在不当目的,就可以拒绝其查阅,故 D 项正确。

根据《公司法》第 62 条第 2 款规定,代表 1/10 以上表决权的股东、1/3 以上的董事或者监事会提议召开临时股东会会议的,应当召开临时会议。本题中,股东张某持有公司 5% 的股权,不到 1/10 以上表决权,因此没有权利提议召开临时股东会会议。故 B 项错误。

股东要求查阅公司会计账簿,通常是向公司经营层提出,C 项没有法律依据。故 C 项错误。

7．债权人委员会[C]

[解析]《企业破产法》第 67 条规定:"债权人会议可以决定设立债权人委员会。债权人委员会由债权人会议选任的债权人代表和 1 名债务人的职工代表或者工会代表组成。债权人委员会成员不得超过 9 人。债权人委员会成员应当经人民法院书面决定认可。"据此,债权人委员会中应当有 1 名债务人的职工代表或工会代表,故 A 项正确。

《企业破产法解释(三)》第 15 条第 1 款规定:"管理人处分企业破产法第 69 条规定的债务人重大财产的,应当事先制作财产管理或者变价方案并提交债权人会议进行表决,债权人会议表决未通过的,管理人不得处分。"《企业破产法》第 69 条规定:"管理人实施下列行为,应当及时报告债权人委员会:……(三)全部库存或者营业的转让;……"据此,春水公司受让润土公司全部的库存和营业事务,属于《企业破产法》第 69 条的重大资产处分,管理人需要事先制作财产管理或者变价方案,并经债权人会议通过,故 B 项正确。如果债权人会议未通过管理人的方案,此处分不得进行。债权人委员会作为债权人会议的常设机关并非上级机关,不能推翻债权人会议的决议。故 C 项错误。

《企业破产法解释(三)》第 15 条第 2 款规定:"管理人实施处分前,应当根据企业破产法第 69 条的规定,提前 10 日书面报告债权人委员会或者人民法院。债权人委员会可以依照企业破产法第 68 条第 2 款的规定,要求管理人对处分行为作出相应说明或者提供有关文件依据。"故 D 项正确。

8．卖方的知识产权担保义务;国际货物买卖风险转移;承运人责任[A]

[解析]《联合国国际货物销售合同公约》第 42 条规定了卖方知识产权担保的义务,它是指卖方所交付的货物必须是第三方不能依工业产权或其他知识产权主张任何权利或要求的货物。同时,对该项义务

也进行了某些限制:(1)地域限制:①在货物使用地或转售地国侵权,赔偿须合同约定。如果双方在签订合同时,没有规定货物的最终使用地或转卖地,则卖方不承担知识产权担保义务(可预见,才赔)。本题中的乙国虽然是转售地,但并没有在合同中体现,即侵权是卖方不可预见的,所以伟业公司不承担该批货物在乙国的知识产权担保义务。故A项正确。②在买方营业地所在国侵权,应当赔偿。(2)主观限制:①买方在订立合同时已知道或不可能不知道此项权利或要求,免责;②此项权利或要求的发生是由于卖方遵照买方所提供的技术图样、图案、款式或其他规格的结果,免责。

《联合国国际货物销售合同公约》第67、68条规定,货物在交付时风险转移。运输在途的货物,其风险在合同成立时发生转移。本题中并没有具体说明该批货物属于运输在途的情况,所以判断其在订立合同时起风险转移是不正确的。故B项错误。

《国际铁路货物联运协定》的规定,铁路承运人的责任期间从签发运单时起至终点交付货物时止。故C项错误。

《国际铁路货物联运协定》的规定,不同运输区段的承运人之间的责任清算规则是:(1)损失是由于一个承运人的过失造成,则该承运人负完全责任;(2)损失是由于参加运送的数个承运人的过失造成,则每一承运人各自对其造成的损失负责;(3)不能证明损失是因一个或数个承运人过失所造成,则承运人应商定责任分担办法,不能商定责任分担办法,则承运人间的责任按该批货物在各承运人进行运送时实际行经的运价公里比例分担,但能够证明损失不是由其过失所造成的承运人除外。故D项错误。

9.中介合同的效力[B]

[解析] 本题中,刘某与甲公司之间是中介合同关系,中介合同是中介人向委托人报告订立合同的机会或者提供订立合同的媒介服务,委托人支付报酬的合同。据此,在签订合同以后,顾客要求看房,甲公司应及时通知刘某。故A项正确。

委托代理权的授予具有"独立性"。即基础关系(委托合同、雇佣合同、中介合同等)本身不产生委托授权的效果,须在基础关系外,存在一个独立的、有效的委托授权行为,才能产生授权的效果。根据题意,在中介合同之外,不存在刘某向甲公司授予委托代理权这一独立的授权行为,甲公司不享有委托代理权,故B项错误。

《民法典》第963条规定:"中介人促成合同成立的,委托人应当按照约定支付报酬。对中介人的报酬没有约定或者约定不明确,依据本法第五百一十条的规定仍不能确定的,根据中介人的劳务合理确定。因中介人提供订立合同的媒介服务而促成合同成立的,

由该合同的当事人平均负担中介人的报酬。中介人促成合同成立的,中介活动的费用,由中介人负担。"据此,中介人促成合同成立的,委托人应当按照约定支付报酬;中介活动的费用,由中介人负担。故C、D项正确。【关联记忆】《民法典》第964条规定:"中介人未促成合同成立的,不得请求支付报酬;但是,可以按照约定请求委托人支付从事中介活动支出的必要费用。"

10.收养关系的成立[D]

[解析]《民法典》第1093条规定:"下列未成年人,可以被收养:(一)丧失父母的孤儿;(二)查找不到生父母的未成年人;(三)生父母有特殊困难无力抚养的子女。"吴某16岁,不满18周岁,系未成年人,故A项错误。

《民法典》第1102条规定:"无配偶者收养异性子女的,收养人与被收养人的年龄应当相差四十周岁以上。"同时,根据《民法典》第1099条第1款的规定,收养三代以内同辈旁系血亲的子女,可以不受《民法典》第1102条规定的限制。故B项错误。

《民法典》第1098条规定:"收养人应当同时具备下列条件:(一)无子女或者只有一名子女;……"据此,孙某原来只有一名子女,符合收养吴某的条件。故C项错误,D项正确。【关联记忆】《民法典》第1099条第2款规定:"华侨收养三代以内旁系同辈血亲的子女,还可以不受本法第一千零九十八条第一项规定的限制。"

11.诉讼和解[C]

[解析] 诉讼中和解是当事人对自己实体权利和诉讼权利的处分。诉讼和解不能作为法院结案方式,不能直接终结诉讼程序。诉讼中达成和解协议之后有两种结案方式,一是申请撤诉,二是申请根据和解协议制作调解书。结合本题,因为当事人达成和解协议后,可以选择撤诉作为终结诉讼程序的方法,故A项错误。诉讼中和解是当事人对自己权利的自行处分,法院不能依职权终结诉讼程序,故B项错误。

【特别提醒】注意诉讼中达成和解协议之后有两种结案方式:一是申请撤诉,二是申请根据和解协议制作调解书。但这两种结案方式的效力有区别:(1)撤诉后对方不履行和解协议,不能申请强制执行,因为和解协议不具有强制执行力;但是可以再次起诉,因为撤诉后视为从未起诉,不受一事不再理的限制。(2)制作调解书结案后,对方不履行则可以申请法院强制执行,因为调解书具有强制执行力。同时,法院通过调解书的方式结案后,案件已经经过实体处理,根据一事不再理原则,当事人不得再次起诉。

《调解规定》第2条第1款规定:"当事人在诉讼过程中自行达成和解协议的,人民法院可以根据当事人的申请依法确认和解协议制作调解书。双方当事

人申请庭外和解的期间,不计入审限。"《民诉解释》第148条第1款规定:"当事人自行和解或者调解达成协议后,请求人民法院按照和解协议或者调解协议的内容制作判决书的,人民法院不予准许。"因此,当事人可以申请法院依和解协议内容制作调解书,但不能申请法院依和解协议内容制作判决书(注意,存在两个例外:一是无民事行为能力人的离婚案件,二是涉外民事案件)。故C项正确,D项错误。

12.开庭审理[C]

[解析]《民诉解释》第251条规定:"二审裁定撤销一审判决发回重审的案件,当事人申请变更、增加诉讼请求或者提出反诉,第三人提出与本案有关的诉讼请求的,依照民事诉讼法第一百四十三条规定处理。"《民事诉讼法》第143条规定:"原告增加诉讼请求,被告提出反诉,第三人提出与本案有关的诉讼请求,可以合并审理。"据此,二审发回重审的案件,当事人有权申请变更诉讼请求,法院应根据余某变更后的诉讼请求审理案件,故C项正确。

13.环境影响评价制度[C]

[解析]《环境影响评价法》第24条第2款规定:"建设项目的环境影响评价文件自批准之日起超过五年,方决定该项目开工建设的,其环境影响评价文件应当报原审批部门重新审核;……"故C项正确。

14.债券受托管理人;募集资金的用途[B]

[解析]本题中,甲公司为证券发行人,乙证券公司为债券受托管理人。

《证券法》第92条第2款规定:"公开发行公司债券的,发行人应当为债券持有人聘请债券受托管理人,并订立债券受托管理协议。受托管理人应当由本次发行的承销机构或者其他经国务院证券监督管理机构认可的机构担任,债券持有人会议可以决议变更债券受托管理人。债券受托管理人应当勤勉尽责,公正履行受托管理职责,不得损害债券持有人利益。"故A项错误。

《证券法》第92条第3款规定:"债券发行人未能按期兑付债券本息的,债券受托管理人可以接受全部或者部分债券持有人的委托,以自己名义代表债券持有人提起、参加民事诉讼或者清算程序。"故B项正确。

《证券法》第15条第2款规定:"公开发行公司债券筹集的资金,必须按照公司债券募集办法所列资金用途使用;改变资金用途,必须经债券持有人会议作出决议。公开发行公司债券筹集的资金,不得用于弥补亏损和非生产性支出。"《证券法》第185条对擅自改变公开发行证券所募集资金用途的行为规定了责令改正和处罚措施,追究债券发行人和相关责任人员的行政责任。据此,对改变资金用途的行为主要是通过行政责任进行追究,且责令改正后对债券持有人没有实质损害,债券持有人无需提起诉讼,也不用债券受托管理人提起代位诉讼。故C项错误。根据上述第15条规定,公开发行公司债券筹集的资金,不得用于弥补亏损和非生产性支出。故D项错误。

15.船舶所有权[A]

[解析]《民法典》第224条规定,动产物权的设立和转让,自交付时发生效力,但是法律另有规定的除外。据此,船舶为动产,自交付时转移所有权,故A项正确。

《海商法》第9条第1款规定:"船舶所有权的取得、转让和消灭,应当向船舶登记机关登记;未经登记的,不得对抗第三人。"《民法典》第225条规定,船舶、航空器和机动车等物权的设立、变更、转让和消灭,未经登记,不得对抗善意第三人。据此,船舶所有权的取得并不以登记为要件,未经登记只是不能对抗善意第三人,故B项错误。

《海商法》第10条规定:"船舶由两个以上的法人或者个人共有的,应当向船舶登记机关登记;未经登记的,不得对抗第三人。"据此,船舶与其他物一样,都能成为共同共有的客体,故C项错误。

船舶作为物,当然可以继承,对自然人继承没有限制,故D项错误。

16.税款征收[B]

[解析]《税收征收管理法》第45条第1、2款规定:"税务机关征收税款,税收优先于无担保债权,法律另有规定的除外;纳税人欠缴的税款发生在纳税人以其财产设定抵押、质押或者纳税人的财产被留置之前的,税收应当先于抵押权、质权、留置权执行。纳税人欠缴税款,同时又被行政机关决定处以罚款、没收违法所得的,税收优先于罚款、没收违法所得。"

A项错误,B项正确,该企业拖欠缴纳税款发生在纳税人以其办公楼设定抵押权之前,税款优先于贷款。C项错误,税款应优先于罚款。D项错误,因为税款优先于抵押权和罚款,所以同等受偿说法是错误的。

17.工伤保险待遇[A]

[解析]《社会保险法》第41条第1款规定:"职工所在用人单位未依法缴纳工伤保险费的,发生工伤事故的,由用人单位支付工伤保险待遇。用人单位不支付的,从工伤保险基金中先行支付。"未依法缴纳工伤保险费的情形包括自始未参加工伤保险,也包括曾参加又断保的情况,本题属于后者,应由甲公司支付工伤保险待遇。故A项正确,B、C、D项错误。

18.拾得遗失物;返还原物请求权;无因管理[B]

[解析]《民法典》第314条规定:"拾得遗失物,应当返还权利人。拾得人应当及时通知权利人领取,或者送交公安等有关部门。"乙的牛丢失,被甲拾得,

乙作为所有权人,有权请求拾得人返还。此外,返还原物请求权不适用诉讼时效,因此,乙的牛虽然已经丢失 2 年多,乙的返还原物请求权不受影响。故 C、D 项错误。

《民法典》第 317 条第 1 款规定:"权利人领取遗失物时,应当向拾得人或者有关部门支付保管遗失物等支出的必要费用。"第 3 款规定:"拾得人侵占遗失物的,无权请求保管遗失物等支出的费用,也无权请求权利人按照承诺履行义务。"所谓"必要费用",是指维持遗失物的存在必须支出的费用。本题中,该牛因为给甲耕地劳累过度而生病,甲花费的 300 元治病费用就不属于"为保管遗失物等支出的必要费用",而是因为甲的过错而产生的费用,不得请求乙补偿。此外,甲最后拒绝返还的行为说明甲有侵占遗失物的意思,根据上述规定也无权请求乙支付 300 元的费用。故 B 项正确,A 项错误。

19. 代表人诉讼[B]
[解析] 根据《民事诉讼法》第 57 条第 4 款的规定,对于代表人诉讼,人民法院作出的判决、裁定,对参加登记的全体权利人发生效力。根据《民诉解释》第 77 条至第 80 条的规定,当事人一方人数众多在起诉时不确定的,由当事人推选代表人。人民法院可以发出公告,通知权利人向人民法院登记。向人民法院登记的权利人,应当证明其与对方当事人的法律关系和所受到的损害。证明不了的,不予登记,权利人可以另行起诉。人民法院的裁判在登记的范围内执行。本题中的投资者保护基金会即为诉讼代表人,法院予以登记的权利人为 5800 名,由于范某声明退出了诉讼,所以该判决对范某之外的 5079 名投资者发生效力,故 B 项正确。【特别提醒】本题命制的直接法律依据为《最高人民法院关于证券纠纷代表人诉讼若干问题的规定》第 34 条:投资者明确表示不愿意参加诉讼的,应当在公告期间届满后 15 日内向人民法院声明退出。未声明退出的,视为同意参加该代表人诉讼。对于声明退出的投资者,人民法院不再将其登记为特别代表人诉讼的原告,该投资者可以另行起诉。

20. 合伙事务执行权[C]
[解析] 《合伙企业法》第 26 条第 1、2 款规定:"合伙人对执行合伙事务享有同等的权利。按照合伙协议的约定或者经全体合伙人决定,可以委托一个或者数个合伙人对外代表合伙企业,执行合伙事务。"C 项完全符合合伙协议的权限和程序,所以该合同合法有效,故 C 项正确。

《合伙企业法》第 27 条第 1 款规定:"依照本法第 26 条第 2 款规定委托 1 个或者数个合伙人执行合伙事务的,其他合伙人不再执行合伙事务。"《合伙企业法》第 37 条规定:"合伙企业对合伙人执行合伙事务以及对外代表合伙企业权利的限制,不得对抗善意

第三人。"合伙协议只是合伙内部的文件,不能对抗外部的善意第三人,A、B、D 的内容均属于违反合伙协议的对外协议,是否有效,要看相对方的主观是善意或恶意,不能直接定性有效或无效,所以三项说法均错误。

21. 消费者的权利与经营者的义务[B]
[解析] 题干中已经告知,储户甲妥善保管该银行卡和密码,也从未委托他人使用。甲基于对银行的信赖,在取款操作过程中并未存在过错,所以甲对银行卡号被盗无过错,无须自行承担损失。故 A 项错误。

《消费者权益保护法》第 18 条第 2 款规定:"宾馆、商场、餐馆、银行、机场、车站、港口、影剧院等经营场所的经营者,应当对消费者尽到安全保障义务。"《商业银行法》第 6 条规定:"商业银行应当保障存款人的合法权益不受任何单位和个人的侵犯。"甲和 A 银行之间存在合法有效的储蓄存款合同关系。A 银行有义务保障存款人的合法权益不受他人侵犯,并为储户提供安全的交易环境。本题中,A 银行对其经营场所内的 ATM 自动取款机疏于管理和维护,使犯罪分子能够安装摄像和读卡装置,给储户造成交易安全隐患,所以 A 银行要承担赔偿责任。故 B 项正确,D 项错误。

甲的存款是在异地 B 银行的自动取款机上被犯罪分子取走,但是窃取的是 A 银行账户的存款,且是在 A 银行的取款机上窃取了甲的密码信息,B 银行不存在主观过错。此外,按照银行之间"银联协议"的约定,B 银行的自动取款机应视为 A 银行办理业务场所的延伸。所以储户甲仅与 A 银行存在法律关系,B 银行不承担赔偿责任。故 C 项错误。

22. 著作权侵权;著作权的保护期限[C]
[解析] 本题中,一共存在两个作品:魏某拍摄的图片以及左某撰写的评论文章,尽管二者刊登于杂志的同一页,但并非合作作品,而是两个单独作品,其著作权的存续与归属需各自单独判断。根据《著作权法》第 22 条和第 23 条规定,署名权、修改权、保护作品完整权的保护期不受限制。发表权和著作财产权的保护期为作者终生及其死亡后 50 年,截止于作者死亡后第 50 年的 12 月 31 日。由于魏某仍然健在,因此 2022 年时,魏某对其拍摄的照片仍享有著作权。由于左某已经于 1971 年死亡,至 2022 年,左某的著作权中,发表权已经通过行使而用尽,署名权、修改权、保护作品完整权仍受保护,但著作财产权的保护期已经于 2021 年 12 月 31 日届满,不再受保护。

丙网站于 2022 年实施的行为属于典型的信息网络传播行为,属于侵犯著作财产权的行为。因此,丙网站的行为侵犯了魏某的著作权,而左某的著作财产权保护期已经届满,所以并未侵犯左某的著作权。此

外,著作权只能转让,不能继承,不存在侵犯左某继承人的著作权的问题。综上,A、B、D项错误,C项正确。

23. 法人权利能力和行为能力的法律适用[C]

[解析]《涉外民事关系法律适用法》第14条规定:"法人及其分支机构的民事权利能力、民事行为能力、组织机构、股东权利义务等事项,适用登记地法律。法人的主营业地与登记地不一致的,可以适用主营业地法律。法人的经常居所地,为其主营业地。"本案是因股东权利义务事项发生的纠纷,甲公司的主营业地(中国上海)和登记地不一致(开曼群岛),既可以适用主营业地中国法,也可以适用登记地开曼群岛法。故C项当选。

24. 要约与承诺[D]

[解析]对于要约,受要约人的拒绝可以明示,也可以默示。默示的拒绝主要表现为对原要约内容的改变。甲公司8月12日的回复对原要约内容作出改变,已变成一个反要约,原要约失效。对于这个反要约,根据《联合国国际货物销售合同公约》第18条第1款规定:"被发价人声明或作出其他行为表示同意一项发价,即是接受,缄默或不行动本身不等于接受。"乙公司未答复,即为拒绝,因此乙公司8月11日的要约失效,而甲公司于8月29日再次致电还是一个新的要约,此时合同未成立。故D项正确,A、B、C项错误。

25. 质权的设立[C]

[解析]《民法典》第427条第1款规定:"设立质权,当事人应当采用书面形式订立质押合同。"第429条规定:"质权自出质人交付质押财产时设立。"本题中,甲、乙之间签订了质押合同。质权的设定过程中,严格区分负担行为与处分行为,质押合同作为负担行为,达成协议之时即为有效,故A项错误。

本题中,签订质押合同的是乙与甲,是乙将自己的一块红木出质于甲,因此丙不可能获得质权,故B项错误。

在签订质权合同之后,甲、丙签订了委托合同,甲委托丙代自己占有红木,丙占有红木是基于甲的委托,尽管甲没有直接、亲自占有红木,但是丙实际上是根据甲的指示进行的占有。丙占有红木后,基于甲丙的委托合同,丙占有所产生的法律效果直接归属于甲。因此,乙将红木交给丙后,构成了对甲的交付,交付后,甲获得质权。故C项正确,D项错误。

26. 无效婚姻[C]

[解析]《民法典》第1051条规定:"有下列情形之一的,婚姻无效:(一)重婚;(二)有禁止结婚的亲属关系;(三)未到法定婚龄。"《民法典婚姻家庭编解释(一)》第10条规定:"当事人依民法典第一千零五十一条向人民法院请求确认婚姻无效,法定的无效婚姻情形在提起诉讼时已经消失的,人民法院不

予支持。"乙结婚时离法定婚龄相差2岁,但现已经过了3年,无效情形已经消失。故A项不当选。

《民法典婚姻家庭编解释(一)》第17条第1款规定:"当事人以民法典第一千零五十一条规定的三种无效婚姻以外的情形请求确认婚姻无效的,人民法院应当判决驳回当事人的诉讼请求。"《民法典》关于无效婚姻的规定系封闭式规定,仅限于《民法典》第1051条规定的三种情形。因欺诈结婚的,不属于无效婚姻。故B项不当选。

《民法典》第1048条规定:"直系血亲或者三代以内的旁系血亲禁止结婚。"表兄妹属于三代以内的旁系血亲,甲、乙的婚姻无效。故C项当选。

根据《民法典》第1052条规定,因胁迫结婚的,属于可撤销婚姻,而不是无效婚姻。故D项不当选。

27. 反诉[D]

[解析]对不予受理、驳回起诉、管辖权异议裁定可以上诉。驳回反诉其实是一审法院对反诉作出的驳回起诉裁定,故乙对一审法院驳回反诉的裁定可以提起上诉。

基于反诉的独立性,反诉独立于本诉而存在,不会因为本诉的撤销而撤销,所以甲撤回起诉后,一审法院对于乙提出的反诉应当继续审理。因此,一审法院驳回反诉的裁定错误,二审法院应当裁定撤销原驳回反诉的裁定,指定原审法院继续审理。综上,本题D项正确。

28. 公示催告程序[C]

[解析]《民诉解释》第448条规定:"在申报期届满后、判决作出之前,利害关系人申报权利的,应当适用民事诉讼法第二百二十八条①第二款、第三款规定处理。"《民事诉讼法》第232条第2、3款规定:"人民法院收到利害关系人的申报后,应当裁定终结公示催告程序,并通知申请人和支付人。申请人或者申报人可以向人民法院起诉。"在申报期届满、除权判决作出前,家佳公司向法院申报权利,属于有效申报。因此法院应当裁定终结公示催告程序。故C项正确,A、B、D项错误。

29. 永久基本农田的保护[D]

[解析]《土地管理法》第33条第1款规定:"国家实行永久基本农田保护制度。下列耕地应当根据土地利用总体规划划为永久基本农田,实行严格保护:……(三)蔬菜生产基地;……"据此,本案中的蔬菜基地属于永久基本农田。

《土地管理法》第35条第1款规定:"永久基本农田经依法划定后,任何单位和个人不得擅自占用或者改变其用途。国家能源、交通、水利、军事设施等重点建设项目选址确实难以避让永久基本农田,涉及农

———————————

① 现为第232条,编者注。

用地转用或者土地征收的,必须经国务院批准。"据此,省政府无权审批,A 项错误。

《土地管理法》第 37 条第 3 款规定:"禁止占用永久基本农田发展林果业和挖塘养鱼。"故 B、C 项错误。

《土地管理法》第 34 条规定:"永久基本农田划定以乡(镇)为单位进行,由县级人民政府自然资源主管部门会同同级农业农村主管部门组织实施。……乡(镇)人民政府应当将永久基本农田的位置、范围向社会公告,并设立保护标志。"故 D 项正确。

30. 多边投资担保的险种;合格的投资者;承保的前提条件[C]

[解析] 多边投资担保机构主要承保四项非商业风险:货币汇兑险、征收和类似措施险、战争内乱险、政府违约险。投资方违约险不是 MIGA 承保的险别范围。故 A 项错误。

《多边投资担保机构公约》第 13 条规定:"对于投保的投资者,MIGA 要求必须是具备东道国以外的会员国国籍的自然人或在东道国以外一会员国注册并设有主要营业点的法人,或其多数股本为东道国以外一个或几个会员国所有或其国民所有的法人。此外,只要东道国同意,且用于投资的资本来自东道国境外,则根据投资者和东道国的联合申请,经该机构董事会特别多数票通过,还可将合格投资者扩大到东道国的自然人、在东道国注册的法人以及其多数资本为东道国国民所有的法人。"据此,合格的投资者一般为东道国以外的自然人和法人,特殊情况下可扩大至东道国的自然人和法人。故 B 项错误。

多边投资担保机构只承保向发展中会员国的投资,这是对投资对象的要求。作为投资主体,不管是发展中国家投资者,还是发达国家投资者,只要符合 MIGA 合格投资者的条件,都可向 MIGA 申请投保。故 C 项正确。

MIGA 隶属于世界银行集团,直接承保成员国私人投资者在向发展中国家成员投资时可能遭遇的政治风险,因此投资者母国与东道国只要属于 MIGA 成员国即可获得承保资格,不再另需双边投资保护协定。故 D 项错误。

31. 合同的效力;格式条款;显失公平[D]

[解析]《民法典》第 497 条规定:"有下列情形之一的,该格式条款无效:(一)具有本法第一编第六章第三节和本法第五百零六条规定的无效情形;(二)提供格式条款一方不合理地免除或者减轻其责任、加重对方责任、限制对方主要权利;(三)提供格式条款一方排除对方主要权利。""假一罚十"是格式条款,即当事人为了重复使用而预先拟定,并在订立合同时未与对方协商的条款。法律对格式条款有特别规制。本题中,甲的格式条款表明"假一罚十",这

是加重甲(提供格式条款一方)自己的责任,而非不合理地加重对方责任,该格式条款没有无效事由。故 A 项错误。

《民法典》第 496 条第 2 款规定:"采用格式条款订立合同的,提供格式条款的一方应当遵循公平原则确定当事人之间的权利和义务,并采取合理的方式提示对方注意免除或者减轻其责任等与对方有重大利害关系的条款,按照对方的要求,对该条款予以说明。提供格式条款的一方未履行提示或者说明义务,致使对方没有注意或者理解与其有重大利害关系的条款的,对方可以主张该条款不成为合同的内容。"本题不属于此种情形。甲提供"假一罚十"这一格式条款系加重自己的责任,而非免除或者减轻其责任,甲并不负有以合理的方式提请对方注意的义务。因此,该格式条款已经订入合同,成为合同的内容。故 B 项错误。

《民法典》第 151 条规定:"一方利用对方处于危困状态、缺乏判断能力等情形,致使民事法律行为成立时显失公平的,受损害方有权请求人民法院或者仲裁机构予以撤销。""假一罚十"并非乙利用自己的优势地位或者利用甲的不利地位迫使甲作出的,是甲真实、自由的意思表示,不符合显失公平的构成要件。故 C 项错误,D 项正确。

32. 不作为侵权;过错侵权;好意施惠[B]

[解析] 事例①中,尽管李某搭车的行为与张某之间并没有形成民法上合同之法律关系,属于好意施惠,但是张某在李某搭车后,应尽到正常人之注意,否则造成李某损害就存在过错,应当承担侵权责任,构成侵权之法律关系,张某违章驾驶,明显有过错,因此应承担侵权责任。故 A 项不当选。

事例②中,对于参与某项活动产生的因不可抗力造成自己的伤害,应当责任自负。唐某陷入险情后,其他参与者虽有救助的作为义务,但面对雪崩缺乏救助的作为能力,因此不成立不作为侵权。故 B 项当选。

事例③中,与吴某打赌者未尽到一个理性谨慎人的注意义务,对吴某因打赌遭受的损害具有过失,成立过错侵权。同时,吴某对自己遭受的损害也有过失,可以减轻加害人的责任。故 C 项不当选。

事例④中,尽管何某邀郑某喝酒后没有强行劝酒的行为,但在郑某畅饮后,依然让其驾车,何某存在一定的过错,应当承担与过错相应的责任。故 D 项不当选。

33. 公司增资[B]

[解析]《公司法》第 66 条第 3 款规定:"股东会作出修改公司章程、增加或者减少注册资本的决议,以及公司合并、分立、解散或者变更公司形式的决议,应当经代表三分之二以上表决权的股东通过。"新增

注册资本的决议不是需要2/3以上的股东人数同意，而是代表2/3以上表决权的股东同意。故A项错误。

《公司法》第228条第1款规定："有限责任公司增加注册资本时，股东认缴新增资本的出资，依照本法设立有限责任公司缴纳出资的有关规定执行。"对于缴纳出资，《公司法》第47条第1款规定："有限责任公司的注册资本为在公司登记机关登记的全体股东认缴的出资额。全体股东认缴的出资额由股东按照公司章程的规定自公司成立之日起五年内缴足。"据此，股东认缴的新增出资额可以在5年内分期缴纳，故B项正确。

《公司法》第227条第1款规定："有限责任公司增加注册资本时，股东在同等条件下有权优先按照实缴的出资比例认缴出资。但是，全体股东约定不按照出资比例优先认缴出资的除外。"据此，对于增加注册资本，股东应按实缴出资比例认缴出资，而非认缴出资比例，故C项错误。

根据《公司法解释（三）》第13条第4款规定，股东在公司增资时未履行或者未全面履行出资义务，依照本条第1款或者第2款提起诉讼的原告，请求未尽《公司法》第147条第1款（现为《公司法》第180条）规定的义务而使出资未缴足的董事、高级管理人员承担相应责任的，人民法院应予支持；董事、高级管理人员承担责任后，可以向被告股东追偿。《公司法》第180条是有关董事、监事、高级管理人员忠实和勤勉义务的规定，也即有关董事、监事、高级管理人员未尽到忠实和勤勉义务，导致股东新增出资未缴足的，才承担与其过错相应的责任，这是一种过错责任，非对出资承担连带责任，且D项并未说明董事长对此存在过错，故D项错误。**【陷阱点拨】**只有在有限公司设立时未履行或者未全面履行出资义务，设立时的其他股东（也就是发起人）才对出资不足承担连带责任（《公司法》第50条）。公司增资是在公司设立后，不存在连带责任问题。

34．民事仲裁和民事诉讼［D］

[解析]《民事诉讼法》第235条规定："发生法律效力的民事判决、裁定，以及刑事判决、裁定中的财产部分，由第一审人民法院或者与第一审人民法院同级的被执行的财产所在地人民法院执行。法律规定由人民法院执行的其他法律文书，由被执行人住所地或者被执行的财产所在地人民法院执行。"由人民法院执行的其他法律文书，包括仲裁裁决书、公证债权文书。因此，"具有给付内容的生效判决书都具有执行力"这个说法是对的，但"具有给付内容的生效裁决书没有执行力"这个说法不对。故A项错误。

《民事诉讼法》第103条第1款规定："人民法院对于可能因当事人一方的行为或者其他原因，使判决难以执行或者造成当事人其他损害的案件，根据对方

当事人的申请，可以裁定对其财产进行保全、责令其作出一定行为或者禁止其作出一定行为；当事人没有提出申请的，人民法院在必要时也可以裁定采取保全措施。"因此，"诉讼中当事人可以申请财产保全"这个说法是对的。《仲裁法》第28条规定："一方当事人因另一方当事人的行为或者其他原因，可能使裁决不能执行或者难以执行的，可以申请财产保全。当事人申请财产保全的，仲裁委员会应当将当事人的申请依照民事诉讼法的有关规定提交人民法院。申请有错误的，申请人应当赔偿被申请人因财产保全所遭受的损失。"因此，"在仲裁中不可以申请财产保全"这个说法是不对的。故B项错误。

《仲裁法》第39条规定："仲裁应当开庭进行。当事人协议不开庭的，仲裁庭可以根据仲裁申请书、答辩书以及其他材料作出裁决。"因此，"仲裁不需对案件进行开庭审理"这个说法是不对的。在民事诉讼中，一审案件都必须开庭审理，二审案件通常要开庭审理，只有一种情况可以不开庭审理，即二审当事人没有提出新的事实、证据或者理由时，法院才可以不开庭审理。因此，"诉讼原则上要对案件进行开庭审理"这个说法是对的。故C项错误。

《仲裁法》第15条规定："中国仲裁协会是社会团体法人。仲裁委员会是中国仲裁协会的会员。中国仲裁协会的章程由全国会员大会制定。中国仲裁协会是仲裁委员会的自律性组织，根据章程对仲裁委员会及其组成人员、仲裁员的违纪行为进行监督。中国仲裁协会依照本法和民事诉讼法的有关规定制定仲裁规则。"《人民法院组织法》第2条第1款规定："人民法院是国家的审判机关。"因此，仲裁机构是民间组织，法院是国家的审判机关。故D项正确。

35．仲裁裁决的不予执行［D］

[解析]在我国，仲裁裁决的不予执行，分为国内仲裁裁决的不予执行与涉外仲裁裁决的不予执行两类。对于国内仲裁裁决的不予执行，《民事诉讼法》第248条规定："对依法设立的仲裁机构的裁决，一方当事人不履行的，对方当事人可以向有管辖权的人民法院申请执行。受申请的人民法院应当执行。被申请人提出证据证明仲裁裁决有下列情形之一的，经人民法院组成合议庭审查核实，裁定不予执行：（一）当事人在合同中没有订有仲裁条款或者事后没有达成书面仲裁协议的；（二）裁决的事项不属于仲裁协议的范围或者仲裁机构无权仲裁的；（三）仲裁庭的组成或者仲裁的程序违反法定程序的；（四）裁决所根据的证据是伪造的；（五）对方当事人向仲裁机构隐瞒了足以影响公正裁决的证据的；（六）仲裁员在仲裁该案时有贪污受贿，徇私舞弊，枉法裁决行为的。人民法院认定执行该裁决违背社会公共利益的，裁定不予执行。裁定书应当送达双方当事人和仲

裁机构。仲裁裁决被人民法院裁定不予执行的，当事人可以根据双方达成的书面仲裁协议重新申请仲裁，也可以向人民法院起诉。"

对于涉外仲裁裁决的不予执行，《民事诉讼法》第291条规定："对中华人民共和国涉外仲裁机构作出的裁决，被申请人提出证据证明仲裁裁决有下列情形之一的，经人民法院组成合议庭审查核实，裁定不予执行：(一)当事人在合同中没有订有仲裁条款或者事后没有达成书面仲裁协议的；(二)被申请人没有得到指定仲裁员或者进行仲裁程序的通知，或者由于其他不属于被申请人负责的原因未能陈述意见的；(三)仲裁庭的组成或者仲裁的程序与仲裁规则不符的；(四)裁决的事项不属于仲裁协议的范围或者仲裁机构无权仲裁的。人民法院认定执行该裁决违背社会公共利益的，裁定不予执行。"

本题中，没有指明是国内仲裁裁决的不予执行还是涉外仲裁裁决的不予执行，因此只能从两方面分别判断，A、B、C项在国内仲裁裁决的不予执行与涉外仲裁裁决的不予执行中都属于法定事由。故A、B、C项不当选。只有"仲裁裁决没有根据经当事人质证的证据认定事实"属于法院可裁定驳回甲的申请的事由。故D项当选。

36．专利申请权和专利权的转让；单一性原则[D]

[解析]《专利法》第10条第1款规定："专利申请权和专利权可以转让。"《专利法》第10条第3款规定："转让专利申请权或者专利权的，当事人应当订立书面合同，并向国务院专利行政部门登记，由国务院专利行政部门予以公告。专利申请权或者专利权的转让自登记之日起生效。"据此，甲公司将专利申请权转让给乙公司，只有经登记并公告后，乙公司才能取得专利申请权。而转让合同的生效与否与登记和公告无关，该技术转让合同已生效。故A项错误。

《专利法》第22条规定："授予专利权的发明和实用新型，应当具备新颖性、创造性和实用性。……实用性，是指该发明或者实用新型能够制造或者使用，并且能够产生积极效果……"可见，实用性要件并非要求申请人已经实际制造出了专利产品，仅要求所属领域的普通技术人员依照说明书的内容"可以"实施该专利(如可以依此专利制造出专利产品)。故B项错误。

《专利法》第9条第1款规定："同样的发明创造只能授予一项专利权。但是，同一申请人同日对同样的发明创造既申请实用新型专利又申请发明专利，先获得的实用新型专利权尚未终止，且申请人声明放弃该实用新型专利权的，可以授予发明专利权。"这是"单一性原则"的例外。按照单一性原则，一申请一发明，一发明一申请，一发明一专利权。《专利法》第9条对此有部分突破。突破在于，对于同一项发明创造，申请人可以同时提出发明专利申请和实用新型专利申请。尚未突破的地方在于，对于同一项发明创造仍然只能授予一项专利权(发明专利或实用新型专利)。故C项错误，D项正确。

37．夫妻个人债务和共同债务的认定；抵押合同的效力与抵押权的设定[D]

[解析]乙、丙之间是个人之间的借款关系，根据《民法典》第679条规定："自然人之间的借款合同，自贷款人提供借款时成立。"乙、丙之间自实际交付借款时合同成立，而依法成立的合同，成立时即生效，既然乙已经瞒着甲向丙借了100万元供个人使用，则借款合同自借款交付之时生效，故B项错误。

《民法典》第1064条第2款规定："夫妻一方在婚姻关系存续期间以个人名义超出家庭日常生活需要所负的债务，不属于夫妻共同债务；但是，债权人能够证明该债务用于夫妻共同生活、共同生产经营或者基于夫妻双方共同意思表示的除外。"本题中，题干已经明确为乙借款供个人使用，该借款应当认定为是其个人债务，应当用个人财产清偿，甲对该借款不负连带还款义务，故C项错误。

《民法典》第301条规定："处分共有的不动产或者动产以及对共有的不动产或者动产作重大修缮、变更性质或者用途的，应当经占份额三分之二以上的按份共有人或者全体共同共有人同意，但是共有人之间另有约定的除外。"据此，房子是夫妻共同财产，乙擅自将房屋抵押的行为是无权处分。《民法典》第215条规定："当事人之间订立有关设立、变更、转让和消灭不动产物权的合同，除法律另有规定或者当事人另有约定外，自合同成立时生效；未办理物权登记的，不影响合同效力。"据此，只要没有法律特别规定或当事人特别约定，因无权处分订立的合同，无权处分不影响合同的效力。虽然乙属于无权处分，抵押合同并非无效，故A项错误。

根据善意取得的规定，要善意取得不动产物权，需名义登记的非真实权利人实施了无权处分行为。本题中，房屋登记在甲名下，乙不是房屋的名义登记人，故丙不符合善意的要求，不能构成善意取得抵押权。错误的抵押登记构成对所有权的"不法妨害"，甲作为房屋的共同共有人，有权行使排除妨害请求权，或者申请更正登记，请求撤销丙的抵押登记。故D项正确。

38．肖像权；名誉权[D]

[解析]《民法典》第1018条第2款规定："肖像是通过影像、雕塑、绘画等方式在一定载体上所反映的特定自然人可以被识别的外部形象。"侵犯肖像权的情形是未经许可擅自制作他人肖像、使用他人肖

像、丑化他人肖像等行为,方式是通过影像、雕塑、绘画等。本题中,张某并未实施上述行为。无论是整容与表演,张某都是使用自己的肖像,而没有直接或间接地使用赵某的肖像,因此不构成对赵某肖像权的侵害。故 A、B 项错误。

名誉权,是指公民或法人对自己在社会生活中所获得的社会评价即自己的名誉,依法所享有的不可侵犯的权利。侵犯名誉权,通常是指捏造虚假信息,造成权利人社会评价降低的行为。本案中,张某在承接并拍摄商业广告时,并未使用赵某的名义,也并未对赵某在品德、才干、信誉等在社会中所获得的社会评价造成侵害,因此不构成对赵某名誉权的侵犯。故 C 项错误,D 项正确。

39．个人所得税[C]

[解析] 根据《个人所得税法》第 11 条规定,办理汇算清缴的时间为取得所得的次年 3 月 1 日至 6 月 30 日。A 项中的汇算清缴期间是正确的。根据《个人所得税法实施条例》第 25 条规定:"取得综合所得需要办理汇算清缴的情形包括:(一)从两处以上取得综合所得,且综合所得年收入额减除专项扣除的余额超过 6 万元;……"从题干可知,李某只从甲公司获得工资收入,没有其他收入所得,故其不属于需要汇算清缴的情形,A 项错误。

《个人所得税法》第 9 条规定:"个人所得税以所得人为纳税人,以支付所得的单位或者个人为扣缴义务人。纳税人有中国公民身份号码的,以中国公民身份号码为纳税人识别号;纳税人没有中国公民身份号码的,由税务机关赋予其纳税人识别号。扣缴义务人扣缴税款时,纳税人应当向扣缴义务人提供纳税人识别号。"据此,李某作为纳税义务人,有自己的纳税人识别号,其个人所得税应当由甲公司代扣代缴。故 B 项错误。

《个人所得税法》第 1 条规定:"在中国境内有住所,或者无住所而一个纳税年度内在中国境内居住累计满一百八十三天的个人,为居民个人。……"据此,李某在北京有住所,尽管其被甲公司派往德国工作,仍属于中国居民纳税人。故 D 项错误。另根据《个人所得税法》第 2 条规定,居民个人综合所得包括:(1)工资、薪金所得;(2)劳务报酬所得;(3)稿酬所得;(4)特许权使用费所得。根据该法第 11 条规定,居民个人取得综合所得,按年计算个人所得税;有扣缴义务人的,由扣缴义务人按月或者按次预扣预缴税款。因此,李某取得的工资作为综合所得,应当按年计税,按月预扣预缴。故 C 项正确。

40．票据的伪造与无权代理;付款人的无条件支付义务;背书人责任[A]

[解析]《票据法》第 5 条第 2 款规定:"没有代理权而以代理人名义在票据上签章的,应当由签章

人承担票据责任;代理人超越代理权限的,应当就其超越权限的部分承担票据责任。"甲未经乙同意而以乙的名义签发一张商业汇票,乙无真实签章也没有对甲的合法授权,不承担票据责任。甲没有在票据上签章,根据票据文义性,甲不承担票据责任,而不是不承担责任,应承担民法上的责任。故 A 项正确,D 项错误。

《最高人民法院关于审理票据纠纷案件若干问题的规定》第 65 条规定:"具有下列情形之一的票据,未经背书转让的,票据债务人不承担票据责任;已经背书转让的,票据无效不影响其他真实签章的效力:(一)出票人签章不真实的;……"即使出票人乙的签章不真实,但丁的背书的签章真实,这种情况下,丙银行作为付款人,有见票无条件支付之义务,不能以该票据无权代理为由拒绝支付。故 B 项错误。

《票据法》第 37 条规定:"背书人以背书转让汇票后,即承担保证其后手所持汇票承兑和付款的责任……"无论票据背书人丁对于甲的无权代理行为是否知情,都不影响对于被背书人戊承担保证汇票承兑和付款的责任。故 C 项错误。

【思路拓展】 另一种解题思路:认为本题不属于票据的无权代理,而属于伪造票据。根据《最高人民法院关于审理票据纠纷案件若干问题的规定》第 67 条:"……伪造、变造票据者除应当依法承担刑事、行政责任外,给他人造成损失的,还应当承担民事赔偿责任。被伪造签章者不承担票据责任。"乙作为被伪造者既无真实签章也没有对甲的合法授权,不承担票据责任;而甲作为伪造者没有在票据上真实签章,不承担票据责任,但需承担相应的民事、行政乃至刑事责任。故 A 项正确,D 项错误。《票据法》第 14 条第 2 款规定:"票据上有伪造、变造的签章的,不影响票据上其他真实签章的效力。"所以真实签章的丙和丁都应当承担相应的票据责任。故 B、C 项错误。

41．管辖权异议的提出与审查[C]

[解析]《民事诉讼法》第 130 条规定:"人民法院受理案件后,当事人对管辖权有异议的,应当在提交答辩状期间提出。人民法院对当事人提出的异议,应当审查。异议成立的,裁定将案件移送有管辖权的人民法院;异议不成立的,裁定驳回。当事人未提出管辖异议,并应诉答辩或者提出反诉的,视为受诉人民法院有管辖权,但违反级别管辖和专属管辖规定的除外。"本案中,被告孙某在提交答辩状期间没有提出管辖权异议,因此甲县法院取得应诉管辖权,孙某在二审中不能再提出管辖权异议。所以,二审法院对被告孙某提出的管辖权异议不予审查,应当判决驳回上诉,维持原判。故 C 项正确。

42．个人独资企业[C]

[解析]《个人独资企业法》第 18 条规定:"个人

独资企业投资人在申请企业设立登记时明确以其家庭共有财产作为个人出资的,应当依法以家庭共有财产对企业债务承担无限责任。"由此可知,李甲设立的是个人独资企业,只是以家庭共有财产对企业债务承担无限责任。故 A 项错误。

《个人独资企业法》第 19 条第 1 款规定:"个人独资企业投资人可以自行管理企业事务,也可以委托或者聘用其他具有民事行为能力的人负责企业的事务管理。"李乙受托或者受聘管理企业事务,与投资人的出资方式(以家庭共有财产作为企业出资)无关。故 B 项错误。

《个人独资企业法》第 28 条规定:"个人独资企业解散后,原投资人对个人独资企业存续期间的债务仍应承担偿还责任,但债权人在 5 年内未向债务人提出偿债请求的,该责任消灭。"故 C 项正确。

《个人独资企业法》第 17 条规定:"个人独资企业投资人对本企业的财产依法享有所有权,其有关权利可以依法进行转让或继承。"李甲死后,若该企业由李乙和李丙共同继承,可将企业变更为普通合伙企业,并非"必须"分立为两家个人独资企业。故 D 项错误。

43.商标变更;商标撤销与注销;商标转让[B]

[解析]《商标法》第 24 条规定:"注册商标需要改变其标志的,应当重新提出注册申请。"《商标法》第 41 条规定:"注册商标需要变更注册人的名义、地址或者其他注册事项的,应当提出变更申请。"据此,甲公司若欲将"霞露"变更成"露霞",应当"重新提出注册申请",而不是提出"变更申请"。故 A 项错误。

《商标法》第 57 条规定:"有下列行为之一的,均属侵犯注册商标专用权:……(二)未经商标注册人的许可,在同一种商品上使用与其注册商标近似的商标,或者在类似商品上使用与其注册商标相同或者近似的商标,容易导致混淆的;……"据此,甲公司在日用化妆品等商品上注册的商标为"霞露",而乙公司在化妆品上擅自使用"露霞"为商标,乙公司的行为属于在同一种商品上使用与甲公司的注册商标近似的商标,容易导致消费者混淆,侵犯了甲公司的注册商标专用权,甲公司有权禁止。故 B 项正确。

《商标法》第 49 条第 2 款规定:"注册商标成为其核定使用的商品的通用名称或者没有正当理由连续三年不使用的,任何单位或者个人可以向商标局申请撤销该注册商标。商标局应当自收到申请之日起九个月内做出决定。有特殊情况需要延长的,经国务院工商行政管理部门批准,可以延长三个月。"因此,商标连续 3 年停止使用的,属于撤销的事由,而不是注销的事由。故 C 项错误。

《商标法》第 42 条第 1 款规定,转让注册商标的,转让人和受让人应当签订转让协议,并共同向商标局提出申请。因此,商标转让应由双方共同向商标局提出申请。故 D 项错误。

44.香港判决的认可与执行[B]

[解析]《关于内地与香港特别行政区法院相互认可和执行民商事案件判决的安排》第 11 条第 2 款规定:"前款所称'书面形式'是指合同书、信件和数据电文(包括电报、电传、传真、电子数据交换和电子邮件)等可以有形地表现所载内容的形式。"电子邮件符合"书面形式"要求,故 A 项错误。

该《安排》第 7 条规定:"申请认可和执行本安排规定的判决:(一)在内地,向申请人住所地或者被申请人住所地、财产所在地的中级人民法院提出;(二)在香港特别行政区,向高等法院提出。申请人应当向符合前款第一项规定的其中一个人民法院提出申请。向两个以上有管辖权的人民法院提出申请的,由最先立案的人民法院管辖。"如乙公司的住所地与财产所在地分处两个中级人民法院的辖区,说明这两个中级人民法院都有管辖权,若甲公司向这两个人民法院提出申请,为避免管辖权冲突,由最先立案的人民法院管辖。故 B 项正确。

该《安排》第 21 条规定:"被申请人在内地和香港特别行政区均有可供执行财产的,申请人可以分别向两地法院申请执行。应对方法院要求,两地法院应当相互提供本方执行判决的情况。两地法院执行财产的总额不得超过判决确定的数额。"故 C 项错误。

该《安排》第 26 条规定:"被请求方法院就认可和执行的申请作出裁定或者命令后,当事人不服的,在内地可以于裁定送达之日起 10 日内向上一级人民法院申请复议,在香港特别行政区可以依据其法律规定提出上诉。"故 D 项错误。

45.诉讼时效中断[D]

[解析]《民法典》第 195 规定:"有下列情形之一的,诉讼时效中断,从中断、有关程序终结时起,诉讼时效期间重新计算:(一)权利人向义务人提出履行请求;(二)义务人同意履行义务;(三)权利人提起诉讼或者申请仲裁;(四)与提起诉讼或者申请仲裁具有同等效力的其他情形。"《诉讼时效规定》第 8 条规定,具有下列情形之一的,应当认定为"权利人向义务人提出履行请求",产生诉讼时效中断的效力:(1)当事人一方直接向对方当事人送交主张权利文书,对方当事人在文书上签名、盖章、按指印或者虽未签名、盖章、按指印但能够以其他方式证明该文书到达对方当事人的;(2)当事人一方以发送信件或者数据电文方式主张权利,信件或者数据电文到达或者应当到达对方当事人的;(3)当事人一方为金融机构,依照法律规定或者当事人约定从对方当事人账户中扣收欠款本息的;(4)当事人一方下落不明,对方当事人在国家级或者下落不明的当事人一方住所地的

省级有影响的媒体上刊登具有主张权利内容的公告的,但法律和司法解释另有特别规定的,适用其规定。

本题中,A、B、C项均构成诉讼时效的中断,不当选。D项与上述第(4)项不符,错在"县(市)级"的表述,只有在省级有影响的媒体上刊登公告才能产生诉讼时效中断的效果。故D项错误,当选。

46.证明责任分配;自认;证据的理论分类[C]

[解析]《民诉解释》第91条规定:"人民法院应当依照下列原则确定举证证明责任的承担,但法律另有规定的除外:(一)主张法律关系存在的当事人,应当对产生该法律关系的基本事实承担举证证明责任;(二)主张法律关系变更、消灭或者权利受到妨害的当事人,应当对该法律关系变更、消灭或者权利受到妨害的基本事实承担举证证明责任。"本案为借款合同纠纷,借款的事实是由王某提出,其应当承担证明借款事实存在的证明责任。故A项不当选。

《民诉解释》第92条第1款规定:"一方当事人在法庭审理中,或者在起诉状、答辩状、代理词等书面材料中,对于己不利的事实明确表示承认的,另一方当事人无需举证证明。"钱某提交证据证明其已返还借款,构成对借款事实的自认。故B项不当选。

本证是指承担证明责任的人提供的证据。反证是指不承担证明责任的人提供的证据。本案中,钱某应承担其已还款事实的证明责任,且提供的收条证明该事实,所以该证据为本证。故C项当选,D项不当选。

47.票据的法律适用;不当得利的法律适用[B]

[解析]《票据法》第98条规定:"票据的背书、承兑、付款和保证行为,适用行为地法律。"本题中,巴西乙公司在里约热内卢将汇票背书转让给了巴西丙公司,应适用巴西法。故A项错误。

《票据法》第99条规定:"票据追索权的行使期限,适用出票地法律。"本题中,法国甲公司在深圳向巴西乙公司出具汇票,出票地在中国,适用中国法。故B项正确。

《票据法》第101条规定:"票据丧失时,失票人请求保全票据权利的程序,适用付款地法律。"本题中,汇票付款人为法国甲公司在深圳的分支机构,付款地为深圳,应适用中国法。故C项错误。

《涉外民事关系法律适用法》第47条规定:"不当得利、无因管理,适用当事人协议选择适用的法律。当事人没有选择的,适用当事人共同经常居所地法律;没有共同经常居所地的,适用不当得利、无因管理发生地法律。"本题中的不当得利双方当事人为巴西丙公司和广州的谢某,应优先适用双方协议选择的法律,若没有协议,因为没有共同经常居所地,应适用不当得利发生地法即中国法。故D项错误。

48.《服务贸易总协定》的适用范围;服务贸易的具体方式;最惠国待遇和国民待遇[D]

[解析]政府采购由《政府采购协议》调整,《服务贸易总协定》的最惠国条款、市场准入条款、国民待遇条款,均不适用涉及政府采购的法律、法规。故A项错误。

境外消费是指在一国境内向其他国家的服务消费者提供服务。商业存在是指成员的服务提供者在任何其他成员境内建立商业机构或专业机构,为所在成员境内和其他成员的服务消费者提供服务,以获报酬。中国公民接受国外某银行在中国分支机构的服务属于协定中的商业存在而非境外消费。故B项错误。

协定中的最惠国待遇不仅适用于服务产品,也适用于服务提供者。故C项错误。

协定中的国民待遇义务,仅限于列入承诺表的部门,并且要遵循其中所列的条件和资格。没有作出承诺的部门,不适用国民待遇义务;即使在作出的承诺中,也允许一定的限制。故D项正确。

49.赠与合同;合同的相对性[C]

[解析]本题中,神牛公司为赠与合同的赠与人,S省红十字会为赠与合同的受赠人,B中学为赠与合同中的利益第三人(并非合同当事人),H省电视台与该赠与合同无法律上的关系。《民法典》第660条第1款规定:"经过公证的赠与合同或者依法不得撤销的具有救灾、扶贫、助残等公益、道德义务性质的赠与合同,赠与人不交付赠与财产的,受赠人可以请求交付。"据此,一般情形下赠与人享有任意撤销权,但存在上述例外。神牛公司向S省红十字会的赠与属于具有社会公益性质的赠与,对于尚未交付的50万元,神牛公司不享有任意撤销权,受赠人S省红十字会有权要求神牛公司支付剩余的50万元。故A项错误,C项正确。

《民法典》第522条第1款规定:"当事人约定由债务人向第三人履行债务,债务人未向第三人履行债务或者履行债务不符合约定的,应当向债权人承担违约责任。"根据合同相对性规则,合同当事人以外的第三人无权要求合同债务人履行合同义务或承担违约责任。据此,只有受赠人S省红十字会有权要求神牛公司交付其余的50万元。B中学为赠与合同中的利益第三人,并非合同当事人,H省电视台与该赠与合同无法律上的关系,也非合同当事人,均不享有请求神牛公司履行赠与合同的权利。故B、D项错误。

50.涉外诉讼程序[C]

[解析]《民诉解释》第525条第1款规定:"当事人向人民法院提交的书面材料是外文的,应当同时向人民法院提交中文翻译件。"故A项错误。

《民诉解释》第526条规定:"涉外民事诉讼中的

外籍当事人,可以委托本国人为诉讼代理人,也可以委托本国律师以非律师身份担任诉讼代理人……"但如果委托的外籍当事人根据中国民事诉讼法的规定,需要回避的,则不被允许。因此,并非委托任意一位英国律师。故 B 项错误。

《民诉解释》第 527 条规定:"涉外民事诉讼中,外国驻华使领馆授权其本馆官员,在作为当事人的本国国民不在中华人民共和国领域内的情况下,可以以外交代表身份为其本国国民在中华人民共和国聘请中华人民共和国律师或者中华人民共和国公民代理民事诉讼。"故 C 项正确。

《民诉解释》第 528 条规定:"涉外民事诉讼中,经调解双方达成协议,应当制发调解书。当事人要求发给判决书的,可以依协议的内容制作判决书送达当事人。"故 D 项错误。

二、多项选择题

51.垄断协议[ACD]

[解析] 根据《反垄断法》第 17 条和第 18 条规定,具有竞争关系的经营者之间达成的固定商品价格、限制商品数量等的协议,是横向垄断协议。经营者与交易相对人之间达成的固定或者限定向第三人转售商品的最低价格的协议,是纵向垄断协议。本题中,某市玉米行业协会组织会员企业签订协议,各企业之间均为"具有竞争关系的经营者",因此构成横向垄断协议。故 A 项错误,B 项正确。

滥用市场支配地位的只能是市场经营者,行业协会并非经营者,故 C 项错误。

《反垄断法》第 20 条规定了垄断协议豁免情形,经营者能够证明所达成的协议属于下列情形之一的,不构成垄断:(1)为改进技术、研究开发新产品的;(2)为提高产品质量、降低成本、增进效率,统一产品规格、标准或者实行专业化分工的;(3)为提高中小经营者经营效率,增强中小经营者竞争力的;(4)为实现节约能源、保护环境、救灾救助等社会公共利益的;(5)因经济不景气,为缓解销售量严重下降或者生产明显过剩的;(6)为保障对外贸易和对外经济合作中的正当利益的;(7)法律和国务院规定的其他情形。本题中,协议的核心内容是固定玉米销售价格,难以证明是为了"增强中小经营者的竞争力",所以不属于反垄断豁免情形。故 D 项错误。

52.矿业权、矿产资源开采、矿区生态修复[ACD]

[解析]《矿产资源法》第 40 条第 2 款规定:"矿业权人查明可供开采的矿产资源或者发现矿产资源储量发生重大变化的,应当按照规定编制矿产资源储量报告并报送县级以上人民政府自然资源主管部门。矿业权人应当对矿产资源储量报告的真实性负责。"故 A 项正确。

《矿产资源法》第 33 条第 2 款规定:"矿业权人应当按照经批准的勘查方案、开采方案进行勘查、开采作业;勘查方案、开采方案需要作重大调整的,应当按照规定报原矿业权出让部门批准。"故 B 项错误。

《矿产资源法》第 46 条第 1 款规定:"开采矿产资源前,采矿权人应当依照法律、法规和国务院自然资源主管部门的规定以及矿业权出让合同编制矿区生态修复方案,随开采方案报原矿业权出让部门批准。矿区生态修复方案应当包括尾矿库生态修复的专门措施。"故 C 项正确。

《矿产资源法》第 29 条第 1 款规定:"有下列情形之一的,无需取得采矿权:(一)个人为生活自用采挖只能用作普通建筑材料的砂、石、黏土;(二)建设项目施工单位在批准的作业区域和建设工期内,因施工需要采挖只能用作普通建筑材料的砂、石、黏土;(三)国务院和国务院自然资源主管部门规定的其他情形。"据此,D 项中赵某为生活自用采挖普通砂石,无需取得采矿权,D 项正确。

53.劳动合同的解除理由;特殊劳动者的保护[BC]

[解析]《劳动法》第 61 条规定:"不得安排女职工在怀孕期间从事国家规定的第三级体力劳动强度的劳动和孕期禁忌从事的劳动。对怀孕七个月以上的女职工,不得安排其延长工作时间和夜班劳动。"对怀孕 7 个月以上的女职工,不得安排其延长工作时间和夜班劳动。本题中张某怀孕未达 7 个月,故 A 项错误。

《劳动合同法》第 39 条规定:"劳动者有下列情形之一的,用人单位可以解除劳动合同:……(二)严重违反用人单位的规章制度的;……"张某虽然是怀孕职工,属于被保护的劳动者,但若劳动者严重违法违纪,用人单位仍然有权单方解除劳动合同,不受《劳动合同法》第 42 条的限制。故 B 项正确。

《劳动法》第 19 条规定:"劳动合同应当以书面形式订立,并具备以下条款:……(五)劳动纪律;……"《员工纪律》属于劳动纪律,构成劳动合同的内容,故 C 项正确。

《劳动合同法》第 42 条规定:"劳动者有下列情形之一的,用人单位不得依照本法第四十条、第四十一条的规定解除劳动合同:……(四)女职工在孕期、产期、哺乳期的;……"如果张某仅仅因为不能胜任公司岗位,即劳动者无过错,没有违反《劳动合同法》第 39 条规定,因其是怀孕女职工,用人单位不得单方解除劳动合同。故 D 项错误。

54.表演权;出租权;合理使用;信息网络传播权;著作权侵权行为[ABD]

[解析] 根据《著作权法》第 10 条规定,著作权人享有表演权,即公开表演作品,以及用各种手段公

开播送作品的表演的权利,包括"演艺人表演"和"机械表演"。A项中,甲航空公司在飞机上播放录音制品(即"背景音乐"),属于公开播送作品的表演(即"机械表演"),侵犯了王某的表演权。故A项当选。

《著作权法》中的出租权包括三类:一是作者的出租权,即有偿许可他人临时使用视听作品、计算机软件的原件或者复制件的权利,计算机软件不是出租的主要标的的除外(《著作权法》第10条)。据此,只有视听作品、计算机软件的著作权人享有出租权。B项中,乙公司出租的是录音制品,非视听作品,所以不构成侵犯作者的出租权。二是录音录像制作者的出租权。《著作权法》第44条第1款规定:"录音录像制作者对其制作的录音录像制品,享有许可他人……出租……并获得报酬的权利;权利的保护期为50年,截止于该制品首次制作完成后第50年的12月31日。"据此,B项中,乙公司的行为侵犯了录音制作者花园公司的出租权。三是表演者的出租权。《著作权法》第39条第1款规定:"表演者对其表演享有下列权利:……(五)许可他人复制、发行、出租录有其表演的录音录像制品,并获得报酬;……"据此,B项中,乙公司的行为也侵犯了表演者张某的出租权。故B项当选。

《著作权法》第24条规定了著作权的"合理使用":"在下列情况下使用作品,可以不经著作权人许可,不向其支付报酬,但应当指明作者姓名或者名称、作品名称,并且不得影响该作品的正常使用,也不得不合理地损害著作权人的合法权益:(一)为个人学习、研究或者欣赏,使用他人已经发表的作品;……"据此,C项中,丙学生购买正版的录音制品后用于个人欣赏,属于著作权的合理使用,不构成侵权。故C项不当选。

信息网络传播权,即以有线或者无线方式向公众提供,使公众可以在其选定的时间和地点获得作品的权利。根据《著作权法》,著作权人(《著作权法》第10条)、表演者(《著作权法》第39条)、录音录像制作者(《著作权法》第44条)、广播电台和电视台(《著作权法》第47条)均享有信息网络传播权。D项中,丁学生的行为同时侵犯了歌曲创作者王某、表演者张某、录音制作者花园公司的信息网络传播权。故D项当选。

55. 涉港司法文书的送达[BC]

[解析]《关于涉港澳民商事案件司法文书送达问题若干规定》第3条规定:"作为受送达人的自然人或者企业、其他组织的法定代表人、主要负责人在内地的,人民法院可以直接向该自然人或者法定代表人、主要负责人送达。"陈某是公司的法定代表人,其在内地,中级人民法院可以直接送达,不需要再经过上一级人民法院。故A项错误。

该《规定》第4条规定:"除受送达人在授权委托书中明确表明其诉讼代理人无权代为接收有关司法文书外,其委托的诉讼代理人为有权代其接受送达的诉讼代理人,人民法院可以向该诉讼代理人送达。"因甲公司在授权委托书中明确了不能由张某代收司法文书,故中级人民法院不能向张某送达。故B项正确。

该《规定》第5条规定:"受送达人在内地设立有代表机构的,人民法院可以直接向该代表机构送达。受送达人在内地设立有分支机构或者业务代办人并授权其接受送达的,人民法院可以直接向该分支机构或者业务代办人送达。"注意C项表述的是代表机构,而不是分支机构或业务代办人,如甲公司在内地设有代表机构的,受案人民法院可直接向该代表机构送达。故C项正确。

该《规定》第10条规定:"除公告送达方式外,人民法院可以同时采取多种法定方式向受送达人送达。采取多种方式送达的,应当根据最先实现送达的方式确定送达日期。"该条排除了公告送达方式,也就是说公告送达与其他法定方式的送达不能同时运用,采用了公告送达就排除了其他送达方式。故D项错误。

56. WTO争端解决机制;最惠国待遇[CD]

[解析] 最惠国待遇是指缔约一方现在和将来给予任何第三方的一切特权、优惠和豁免,也同样给予缔约对方。即WTO的任何成员,都可以享有其他成员给予任何国家的待遇。WTO争端解决机制的主体是国家,国内企业无权启动WTO争端解决程序。故A项错误。

磋商是争端解决程序中的必经程序,提出磋商请求日起60天内没有解决争端时,申诉方才可以申请成立专家组。但磋商事项以及磋商的充分性,与设立专家组的申请及专家组将作出的裁定没有关系。故B项错误。

与关税与贸易总协定的争端解决机制相比,WTO争端解决机构在通过专家组和上诉机构报告的程序采用"反向协商一致原则",即一票通过制。故C项正确。

被裁定违反了有关协议的一方,应当在合理时间内履行争端解决机构的裁定和建议。如果被诉方在合理期限内没有履行裁定和建议,原申诉方可以经争端解决机构授权交叉报复,对被诉方中止减让或中止其他义务。故D项正确。

57. 法定继承人的范围和顺序;死亡时间的推定[ABCD]

[解析]《民法典》第1121条规定:"继承从被继承人死亡时开始。相互有继承关系的数人在同一事

件中死亡,难以确定死亡时间的,推定没有其他继承人的人先死亡。都有其他继承人,辈份不同的,推定长辈先死亡;辈份相同的,推定同时死亡,相互不发生继承。"须注意的是,前述死亡推定具有一个前提:不能确定死亡的先后顺序。因此,死亡推定具有严格的顺序性:(1)应先推定"没有继承人的人"先死亡。所谓"没有继承人的人",指的是除了在同一事件中死亡的相互有继承关系的人之外(可见,他们其实都有继承人,因为他们互为继承人),某人不再有其他的继承人。(2)若每个人都有其他继承人,则推定长辈先死亡,晚辈继承长辈的遗产,然后,晚辈死亡。(3)若有人是同辈(如夫妻、兄弟姐妹),则应推定同时死亡,彼此不能继承(丈夫不能继承妻子的,反之亦然),由他们各自的继承人继承。本题中,应推定王某和李某先于女儿死亡,王某和李某同时死亡,互不发生继承,女儿作为第一顺序继承人继承王某和李某的遗产。故 A、B、C、D 项正确。

58.最高额抵押权的效力;抵押权的实现期间 [BD]

[解析] 根据《民法典》第 420 条第 1 款的定义,张某以其房屋为乙公司设立最高额抵押权,担保甲对乙负担的债务。《民法典》第 420 条第 2 款规定:"最高额抵押权设立前已经存在的债权,经当事人同意,可以转入最高额抵押担保的债权范围。"据此,张某与乙约定,最高额抵押权设立之前甲欠乙 300 万元,纳入最高额抵押担保的范围之内,这样最高额抵押权担保的范围为 400 万元。故 A 项错误,B 项正确。

《民法典》第 424 条规定:"最高额抵押权除适用本节规定外,适用本章第一节的有关规定。"第 419 条规定:"抵押权人应当在主债权诉讼时效期间行使抵押权;未行使的,人民法院不予保护。"据此,抵押权的实现期间为主债权的诉讼时效期间。故 C 项错误,D 项正确。【陷阱点拨】本题中明确约定了债权确定期间为 1 年,但是选项中设定的问题却是抵押权的期间,切勿把二者的概念弄混。

59.管辖恒定;侵权纠纷的管辖;移送管辖;合同纠纷的管辖 [ABC]

[解析] 《民诉解释》第 37 条规定:"案件受理后,受诉人民法院的管辖权不受当事人住所地、经常居住地变更的影响。"因此,A 区法院受理案件后,李河搬到甲市 D 区居住,该法院不得将案件移送 D 区法院。故 A 项的做法是违法的。

《民事诉讼法》第 29 条规定:"因侵权行为提起的诉讼,由侵权行为地或者被告住所地人民法院管辖。"B 项中,虽然被告黄玫的住所地不在乙市 B 区,而在乙市 C 区,但本题是侵权纠纷案件,乙市 B 区作为侵权行为地有管辖权。故 B 项的做法是违法的。

《最高人民法院关于审理民事级别管辖异议案

件若干问题的规定》第 4 条规定,对于应由上级人民法院管辖的第一审民事案件,下级人民法院不得报请上级人民法院交其审理。本案中,E 市中院对该案并无管辖权,也不能通过报请丙省高院取得管辖权。故 C 项的做法是违法的。

《民诉解释》第 18 条第 3 款规定,因合同纠纷提起的诉讼,如果合同没有实际履行,当事人双方住所地又都不在合同约定的履行地的,应由被告住所地人民法院管辖。因此,D 项中的案件应由被告赵山的居住地丁市 G 区管辖,故 D 项的做法合法。

60.仲裁调解 [AD]

[解析] 《仲裁法》第 51 条第 2 款规定:"调解达成协议的,仲裁庭应当制作调解书或者根据协议的结果制作裁决书。调解书与裁决书具有同等法律效力。"故 A 项正确。仲裁调解达成协议的,不能通过调解协议结案,必须制作调解书或者裁决书,因此"仲裁调解协议经当事人、仲裁员在协议上签字后即发生效力"的说法不对。故 C 项错误。

《仲裁法》第 51 条第 1 款规定:"仲裁庭在作出裁决前,可以先行调解。当事人自愿调解的,仲裁庭应当调解。调解不成的,应当及时作出裁决。"这表明先行调解适用于作出裁决前。故 D 项正确。仲裁庭在作出裁决前可以先行调解,并不需要以案件的事实清楚为前提。案件的事实不清楚,也可以由仲裁庭依职权进行调解。故 B 项错误。

61.污染物排放标准 [BD]

[解析] 《环境保护法》第 16 条规定:"国务院环境保护主管部门根据国家环境质量标准和国家经济、技术条件,制定国家污染物排放标准。省、自治区、直辖市人民政府对国家污染物排放标准中未作规定的项目,可以制定地方污染物排放标准;对国家污染物排放标准中已作规定的项目,可以制定严于国家污染物排放标准的地方污染物排放标准。地方污染物排放标准应当报国务院环境保护主管部门备案。"故 A、C 项正确,不当选;B 项错误,当选。D 项相关规定在 2014 年《环境保护法》修订中已被删除。故 D 项无法律依据,当选。

62.发起人责任 [BC]

[解析] 利城公司设立失败,发起人之间为民事合伙的性质,对外部主体德盛公司和菱菲公司的债务承担连带责任,德盛公司和菱菲公司可以向发起人中的一人或数人追究连带责任,发起人内部约定的责任承担份额只能用于内部追偿。故 A 项错误,B 项正确。若乙对外承担了全部责任,有权向其他发起人追偿。本题中甲、乙、丙约定了各自的责任承担比例为"平均分担",该约定有效,故乙可按约定份额向甲、丙追偿,C 项正确。

发起人因履行公司设立职责而给第三人造成损

害的,类比职务侵权,公司成立后,由公司承担责任;公司未能成立的,发起人对外承担连带责任。而本题中,丙是在外出旅游的路上发生交通事故将丁撞伤,丙对丁的损害并非因履行公司设立职责,而是因个人原因导致,因此应由丙个人承担责任。故 D 项错误。

63．证明责任的分配[ABCD]

[解析] 根据"谁主张,谁举证"的规则,本题中,乙主张甲堆放的杂物倒塌砸伤了自己的孩子丙,则乙应当对产生该侵权法律关系的基本事实承担举证责任,即对加害行为、损害结果和因果关系承担举证责任。甲堆放的杂物倒塌属于加害行为、丙被砸伤属于损害结果,两者均应由乙承担证明责任,故 A、B 项正确。甲主张丙走路时故意将杂物推倒(主张因当事人故意而免责,见《民法典》第 1174 条),则甲应当对丙故意将杂物推倒的事实承担举证责任,故 C 项正确。

《民法典》第 1255 条规定:"堆放物倒塌、滚落或者滑落造成他人损害,堆放人不能证明自己没有过错的,应当承担侵权责任。"据此,堆放物倒塌侵权案件采用过错推定原则,应由堆放人甲对其无过错承担举证责任,故 D 项正确。

64．再审审理范围[CD]

[解析]《民诉解释》第 403 条第 1 款规定:"人民法院审理再审案件应当围绕再审请求进行。当事人的再审请求超出原审诉讼请求的,不予审理;符合另案诉讼条件的,告知当事人可以另行起诉。"据此,再审以原审范围为限,当事人超出原审范围增加、变更诉讼请求的,不属于再审范围。本案中,原告新增的违约金请求以及被告提出解除合同的反诉请求不属于再审范围,再审法院不能组织调解,应当直接告知当事人另行起诉。故 A、B 项错误,C、D 项正确。

65．分期付款买卖合同[ABC]

[解析]《民法典》第 634 条规定:"分期付款的买受人未支付到期价款的数额达到全部价款的五分之一,经催告后在合理期限内仍未支付到期价款的,出卖人可以请求买受人支付全部价款或者解除合同。出卖人解除合同的,可以向买受人请求支付该标的物的使用费。"据此,在分期付款买卖合同中,当买受人未支付的到期价款达到标的额的1/5以上时,出卖人有权选择行使以下权利:(1)解除买卖合同,并要求买受人支付使用费;(2)要求买受人一次性支付剩余的全部价款(未到期的,加速到期)。本题中,曾某在支付 12 万元合同价款后拒绝支付,未支付货款达 8 万元,达到了全部价款的2/5,超过了法定的1/5的界限,且经催告依然不履行,则出卖人汽车销售公司有权要求曾某一次性支付剩余 8 万元的价款,或解除合同,并要求曾某支付使用费。故 A、B、C 项正确。

《民法典》第 566 条第 1 款规定:"合同解除后,尚未履行的,终止履行;已经履行的,根据履行情况和合同性质,当事人可以请求恢复原状或者采取其他补救措施,并有权请求赔偿损失。"本题中,如果汽车销售公司要解除合同,收回汽车的,对于曾某支付的 12 万元,在扣除汽车使用费并且补偿其他损失后,应将剩余部分返还给曾某。这是合同解除和恢复原状的效力。故 D 项错误。

66．特殊侵权行为的归责原则[ACD]

[解析]《民法典》第 1172 条规定:"二人以上分别实施侵权行为造成同一损害,能够确定责任大小的,各自承担相应的责任;难以确定责任大小的,平均承担责任。"这是关于"无意思联络的分别侵权"中"共同因果关系"的规定。其构成要件有三:(1)加害人主观上无共同故意和共同过失,因此不构成共同加害行为;(2)加害人的行为结合在一起,造成同一个在法律上不可分割的损害后果;(3)加害人的行为在因果关系上构成共同因果关系,即每个人的行为单独不足以造成损害后果,但结合在一起共同造成损害。构成这种分别侵权的,加害人承担按份责任。本题中,甲饲养的狗、丙饲养的狗、乙地面施工的不作为(未设置警示标志和安全设施)结合在一起,共同导致丁的损害,符合《民法典》第 1172 条的规定,甲、乙、丙应承担按份责任。

《民法典》第 1245 条规定:"饲养的动物造成他人损害的,动物饲养人或者管理人应当承担侵权责任;但是,能够证明损害是因被侵权人故意或者重大过失造成的,可以不承担或者减轻责任。"饲养动物致人损害的责任是无过错责任,因此,甲、丙即使证明自己对损害的发生没有过错,也不能免除责任。故 A、C 项错误。

《民法典》第 1258 条第 1 款规定:"在公共场所或者道路上挖掘、修缮安装地下设施等造成他人损害,施工人不能证明已经设置明显标志和采取安全措施的,应当承担侵权责任。"地面施工致人损害的责任采用过错推定的归责方式,所以,如乙能证明自己没有过错,不应承担对丁的赔偿责任。故 B 项正确。

意外事件,指致害人虽尽合理注意,也难以预见的加害事实。意外事件只能作为过错侵权的免责事由,不能成为无过错侵权的免责事由。本题中,甲、丙放任饲养的狗招摇游走于闹市,完全能够预见自己对动物不加管束的行为很可能致人损害;若乙公司没有设置明显标志和采取安全措施,也完全可以预见到很容易致人损害,甲、乙、丙均有预见可能性,该加害事实不属于意外事件。此外,甲、丙的责任是无过错责任,不能援引意外事件作为免责事由。故 D 项错误。

67．公司财产与个人财产;董事任职资格;高管义务[CD]

[解析] 债务人姜呈将 40 万元打入李方的个人

账户,而非平昌公司的指定账户,由于货币的特殊属性,占有即所有,因此40万元的所有权不属于平昌公司。故A项错误。

《公司法》第178条规定了董事、监事、高级管理人员的消极任职资格,根据该条第1款规定,有下列情形之一的,不得担任公司的董事、监事、高级管理人员:(1)无民事行为能力或者限制民事行为能力;(2)因贪污、贿赂、侵占财产、挪用财产或者破坏社会主义市场经济秩序,被判处刑罚,或者因犯罪被剥夺政治权利,执行期满未逾5年,被宣告缓刑的,自缓刑考验期满之日起未逾2年;(3)担任破产清算的公司、企业的董事或者厂长、经理,对该公司、企业的破产负有个人责任的,自该公司、企业破产清算完结之日起未逾3年;(4)担任因违法被吊销营业执照、责令关闭的公司、企业的法定代表人,并负有个人责任的,自该公司、企业被吊销营业执照、责令关闭之日起未逾3年;(5)个人因所负数额较大债务到期未清偿被人民法院列为失信被执行人。本题中,董事长李方并未实施上述行为,并不当然丧失董事长资格,故B项错误。

虽然李方没有实施涉及董事消极任职资格的行为,但是违反了董事的义务和禁止行为,对此《公司法》第181条规定:"董事、监事、高级管理人员不得有下列行为:(一)侵占公司财产、挪用公司资金;(二)将公司资金以其个人名义或者以其他个人名义开立账户存储;……"《公司法》第186条规定,董事、监事、高级管理人员违反本法第181条至第184条规定所得的收入应当归公司所有。本题中,李方的行为构成将公司资金存入个人账户,并挪用公司资金借贷给他人,该40万元资金的借贷利息属于违法所得,应当归公司所有,平昌公司有权要求李方返还。故D项正确。

李方是公司的董事长,姜呈有理由相信李方代表平昌公司,且姜呈善意无过错,因此姜呈的清偿行为有效。故C项正确。

68.有限合伙份额处分[CD]

[解析] 根据《合伙企业法》第50条第1款规定:"合伙人死亡或者被依法宣告死亡的,对该合伙人在合伙企业中的财产份额享有合法继承权的继承人,按照合伙协议的约定或者经全体合伙人(普通合伙人+有限合伙人)一致同意,从继承开始之日起,取得该合伙企业的合伙人资格。"杨某作为普通合伙人,其死亡后,继承人只有在合伙协议有约定或者经全体合伙人一致同意的条件下,才能继承其合伙人资格。故A项错误。

根据《合伙企业法》第74条第2款规定:"人民法院强制执行有限合伙人的财产份额时,应当通知全体合伙人。在同等条件下,其他合伙人有优先购买权。"可见,法院强制执行有限合伙人的财产份额时,

其他合伙人有优先购买权。故B项错误。

根据《合伙企业法》第73条规定:"有限合伙人可以按照合伙协议的约定向合伙人以外的人转让其在有限合伙企业中的财产份额,但应当提前三十日通知其他合伙人。"可见,向合伙人以外的人转让有限合伙份额时,其他合伙人没有优先购买权。故C项正确。**【关联记忆】**注意B、C两项处置有限合伙人财产份额时其他合伙人优先购买权的区别。有限合伙人的份额更多体现为资合性,不体现人合性,所以份额转让、质押、继承等问题一般都无需其他合伙人同意,也不保护优先购买权。但是,当有限合伙人的份额被法院强制执行时,为了提高执行效率,保护其他合伙人的优先购买权。

有限合伙人的份额在合伙人内部可以自由转让,故D项正确。

69.投保人的告知义务[AD]

[解析]《保险法解释(二)》第6条第1款规定:"投保人的告知义务限于保险人询问的范围和内容。当事人对询问范围及内容有争议的,保险人负举证责任。"故A项正确;B项错误,不是投保人而是保险人。

《保险法解释(二)》第6条第2款规定:"保险人以投保人违反了对投保单询问表中所列概括性条款的如实告知义务为由请求解除合同的,人民法院不予支持。但该概括性条款有具体内容的除外。"故C项错误。

《保险法解释(二)》第7条规定:"保险人在保险合同成立后知道或者应当知道投保人未履行如实告知义务,仍然收取保险费,又依照保险法第16条第2款的规定主张解除合同的,人民法院不予支持。"故D项正确。

70.民事纠纷的解决方式[AD]

[解析]《劳动争议调解仲裁法》第5条规定:"发生劳动争议,当事人不愿协商、协商不成或者达成和解协议后不履行的,可以向调解组织申请调解;不愿调解、调解不成或者达成调解协议后不履行的,可以向劳动争议仲裁委员会申请仲裁;对仲裁裁决不服的,除本法另有规定的外,可以向人民法院提起诉讼。"本题中,甲公司不履行调解协议,黄某可以向劳动争议仲裁委员会申请仲裁,故A项正确;对仲裁裁决不服的,才可向法院起诉,故B项错误。

《人民调解法》第33条规定:"经人民调解委员会调解达成调解协议后,双方当事人认为有必要的,可以自调解协议生效之日起三十日内共同向人民法院申请司法确认……人民法院依法确认调解协议有效,一方当事人拒绝履行或者未全部履行的,对方当事人可以向人民法院申请强制执行……"经过司法确认的调解协议才具有强制执行效力,本题中的调解协议并未经过司法确认,故C项错误。

《劳动争议调解仲裁法》第16条规定："因支付拖欠劳动报酬、工伤医疗费、经济补偿或者赔偿金事项达成调解协议,用人单位在协议约定期限内不履行的,劳动者可以持调解协议书依法向人民法院申请支付令。人民法院应当依法发出支付令。"本题属于拖欠劳动报酬案件,黄某可向法院申请支付令,故D项正确。

71. 转质;善意取得[ACD]

[解析] 出质人以其不具有所有权的动产出质,是无权处分,若符合善意取得的构成要件,则第三人可善意取得质权。本题中,质权人甲谎称自己为所有权人,将电动车出质给不知情的丙,丙基于善意取得质权。故A项正确,B项错误。

《民法典》第431条规定："质权人在质权存续期间,未经出质人同意,擅自使用、处分质押财产,造成出质人损害的,应当承担赔偿责任。"第434条规定:"质权人在质权存续期间,未经出质人同意转质,造成质押财产毁损、灭失的,应当承担赔偿责任。"据此,若质权人实施无权处分,给出质人乙造成损害,应承担损害赔偿责任。故C项正确。【思路拓展】乙对甲主张损害赔偿的请求权基础可以是违约损害赔偿(基于乙甲间的质押合同),也可以是侵权损害赔偿(甲的行为构成侵权),还可以是不当得利返还请求权(甲的行为也会构成不当得利,因甲的财产消极增加)。

《民法典》第432条第1款规定:"质权人负有妥善保管质押财产的义务;因保管不善致使质押财产毁损、灭失的,应当承担赔偿责任。"据此,质权人对质物负有妥善保管的义务。本题中,丙善意取得质权后,丙对质物负有妥善保管的义务,若因保管不善导致质物毁损、灭失的,丙应承担过错责任("保管不善"的要求就是有过错才承担责任)。故D项正确。

【思路拓展】从侵权责任的角度来看,丙是该电动车的实际占有人,在丙占有期间,电动车毁损、灭失的,丙是实际侵权人,因此,乙作为所有人可以向丙主张侵权责任,要求其赔偿损失。

72. 共同抵押;共同保证[AC]

[解析] 关于共同担保,在当事人之间没有特别约定时,其基本规则是:当债务人提供的物保与第三人提供的担保并存的,债权人应当先执行债务人的物保;若两个以上的担保均为第三人担保,则债权人向担保人行使权利时没有顺序的先后。本题中,丙、丁以各自房产分别向乙银行设定抵押,属于第三人共同抵押,抵押权人乙银行行使抵押权无先后顺序限制,故A项正确。戊、己分别向乙银行出具承担全部责任的担保函,承担保证责任,属于共同保证,在无特别约定的情况下,债权人乙银行行使保证债权也没有顺序限制。对于承担的保证份额,《民法典》第699条

规定:"同一债务有两个以上保证人的,保证人应当按照保证合同约定的保证份额,承担保证责任;没有约定保证份额的,债权人可以请求任何一个保证人在其保证范围内承担保证责任。"由于戊、己之间没有约定承担责任的份额,因此债权人乙银行可以请求任一保证人或者全部保证人承担保证责任。故C项正确。

关于担保人之间可否追偿问题,《民法典担保制度解释》第13条规定:"同一债务有两个以上第三人提供担保,担保人之间约定相互追偿及分担份额,承担了担保责任的担保人请求其他担保人按照约定分担份额的,人民法院应予支持;担保人之间约定承担连带共同担保,或者约定相互追偿但是未约定分担份额的,各担保人按照比例分担向债务人不能追偿的部分。同一债务有两个以上第三人提供担保,担保人之间未对相互追偿作出约定且未约定承担连带共同担保,但是各担保人在同一份合同书上签字、盖章或者按指印,承担了担保责任的担保人请求其他担保人按照比例分担向债务人不能追偿部分的,人民法院应予支持。除前两款规定的情形外,承担了担保责任的担保人请求其他担保人分担向债务人不能追偿部分的,人民法院不予支持。"本题中,共同抵押人丙、丁之间,共同保证人戊、己之间,均没有约定可相互追偿相应的份额,未约定为连带共同担保或约定追偿,也未在同一担保合同中签字、盖章或按指印,故各担保人在承担责任后,均只可向债务人追偿,不能彼此追偿必要的份额,故B、D项错误。

73. 电子送达[AB]

[解析] 关于电子送达,要区分是否在国内有住所,从而确定是适用国内送达还是涉外送达。

张某在中国有住所,故应当适用国内送达的规定。《民事诉讼法》第90条规定:"经受送达人同意,人民法院可以采用能够确认其收悉的电子方式送达诉讼文书。通过电子方式送达的判决书、裁定书、调解书,受送达人提出需要纸质文书的,人民法院应当提供。采用前款方式送达的,以送达信息到达受送达人特定系统的日期为送达日期。"据此,国内电子送达需要注意:(1)需经受送达人同意且确保收悉。本题中,张某提供了电子邮件地址,视为其同意电子送达,同时张某对邮件予以了回复,即确认其已收悉。(2)各种诉讼文书,包括判决书、裁定书、调解书均可电子送达,但受送达人要求纸质文书的,法院应当提供。因此,法院对张某送达举证通知书和缺席判决书的做法合法。故A、B项正确。

海斯在中国没有住所,故应当适用涉外送达的规定。《民事诉讼法》第283条规定:"人民法院对在中华人民共和国领域内没有住所的当事人送达诉讼文书,可以采用下列方式:……(九)采用能够确认受送

达人收悉的电子方式送达，但是受送达人所在国法律禁止的除外；……"据此，对在中国没有住所的当事人以电子邮件的方式送达文书，无需经受送达人同意，只需要即确认其收悉。本题中，海斯对举证通知书和缺席判决书均未回复，即没有确认其收悉，因此法院对海斯送达举证通知书和缺席判决书的做法不合法。故 C、D 项错误。【特别提醒】国内电子送达和涉外电子送达的唯一区别——是否需要经受送达人同意：国内，需要；涉外，不需要。

74．保证关系中破产债权的申报 [ACD]

[解析] 根据《企业破产法》第 51 条第 2 款规定："债务人的保证人或者其他连带债务人尚未代替债务人清偿债务的，以其对债务人的将来求偿权申报债权。但是，债权人已经向管理人申报全部债权的除外。"据此，甲公司被受理破产后，即使乙公司尚未承担保证责任，也可以用将来求偿权申报债权。故 A 项正确，B 项错误。

《企业破产法解释（三）》第 5 条规定："债务人、保证人均被裁定进入破产程序的，债权人有权向债务人、保证人分别申报债权。债权人向债务人、保证人均申报全部债权的，从一方破产程序中获得清偿后，其对另一方的债权额不作调整，但债权人的受偿额不得超出其债权总额。保证人履行保证责任后不再享有求偿权。"据此，建设银行对有权向债务人甲公司、保证人乙公司分别申报债权，故 C 项正确。因为甲、乙两公司均破产，乙公司履行保证责任后不再享有求偿权，不可向甲公司追偿，故 D 项正确。

75．土地使用权的转让；改变土地用途的程序；土地使用权续期 [BD]

[解析]《城市房地产管理法》第 32 条规定："房地产转让、抵押时，房屋的所有权和该房屋占用范围内的土地使用权同时转让、抵押。"据此可知，我国实行房地一体转让主义，地块的使用权和楼房所有权应当一同转让。故 A 项错误。

《城市房地产管理法》第 42 条规定："房地产转让时，土地使用权出让合同载明的权利、义务随之转移。"据此，甲公司在土地使用权出让合同中载明的权利、义务转移到乙公司，应由乙公司整体承受。故 B 项正确。

《城市房地产管理法》第 44 条规定："以出让方式取得土地使用权的，转让房地产后，受让人改变原土地使用权出让合同约定的土地用途的，必须取得原出让方和市、县人民政府城市规划行政主管部门的同意，签订土地使用权出让合同变更协议或者重新签订土地使用权出让合同，相应调整土地使用权出让金。"因此，乙公司若要改变原土地使用权出让合同约定的土地用途，仅取得原出让方的同意还不够，还必须取得市、县人民政府城市规划行政主管部门的同

意，签订土地使用权出让合同变更协议或者重新签订土地使用权出让合同，相应调整土地使用权出让金。故 C 项错误。

《城市房地产管理法》第 43 条规定："以出让方式取得土地使用权的，转让房地产后，其土地使用权的使用年限为原土地使用权出让合同约定的使用年限减去原土地使用者已经使用年限后的剩余年限。"据此，结合本题，该地块有 50 年土地使用权，土地使用权满 3 年时，甲公司将该地块的使用权转让给乙公司，故该地块的使用年限还有 47 年。《城市房地产管理法》第 22 条第 1 款规定："土地使用权出让合同约定的使用年限届满，土地使用者需要继续使用土地的，应当至迟于届满前 1 年申请续期，除根据社会公共利益需要收回该幅土地的，应当予以批准。经批准准予续期的，应当重新签订土地使用权出让合同，依照规定支付土地使用权出让金。"由此可见，本题中的地块使用年限还有 47 年，若申请续期，应当至迟于届满前 1 年进行，即乙公司受让后，可以在其土地使用权的使用年限满 46 年之前申请续期。故 D 项正确。

76．旅游合同；旅游中侵权责任的承担 [ABC]

[解析]《最高人民法院关于审理旅游纠纷案件适用法律若干问题的规定》第 11 条规定："除合同性质不宜转让或者合同另有约定之外，在旅游行程开始前的合理期间内，旅游者将其在旅游合同中的权利义务转让给第三人，请求确认转让合同效力的，人民法院应予支持。因前款所述原因，旅游经营者请求旅游者、第三人给付增加的费用或者旅游者请求旅游经营者退还减少的费用的，人民法院应予支持。"这是合同权利义务约定概括承受的例外规定，在旅游行程开始前的合理期限内，旅游者梁某将自己在旅游合同中的权利和义务概括让与第三人的，无须经旅游服务经营者同意，即可生效。故 A 项正确。

《最高人民法院关于审理旅游纠纷案件适用法律若干问题的规定》第 10 条规定："旅游经营者将旅游业务转让给其他旅游经营者，旅游者不同意转让，请求解除旅游合同、追究旅游经营者违约责任的，人民法院应予支持。旅游经营者擅自将其旅游业务转让给其他旅游经营者，旅游者在旅游过程中遭受损害，请求与其签订旅游合同的旅游经营者和实际提供旅游服务的旅游经营者承担连带责任的，人民法院应予支持。"故 B 项正确。

《民法典》第 1191 条第 1 款规定："用人单位的工作人员因执行工作任务造成他人损害的，由用人单位承担侵权责任。用人单位承担侵权责任后，可以向有故意或者重大过失的工作人员追偿。"小火车司机属于因执行工作任务致人损害，若韩某选择请求森林公园承担侵权责任，应以森林公园为被告起诉。小火

车司机不承担责任,也不承担连带责任。故 C 项正确,D 项错误。

77．身体权;健康权;生命权;精神损害赔偿[ABD]

[解析]《民法典》第 110 条第 1 款规定:"自然人享有生命权、身体权、健康权、姓名权、肖像权、名誉权、荣誉权、隐私权、婚姻自主权等权利。"生命权,指自然人享有的以生命安全、生命维持为内容的人格权。健康权,指自然人以其身体生理机能、心理机能的健全正常运作和功能正常发挥,进而维持人体生命活动为内容的人格权。医院误将张某的肾脏摘除,侵犯了张某的身体权(保持身体完整的权利)和健康权;张某术后感染医治无效死亡,医院还侵犯了张某的生命权。故 A 项正确。

《民法典》第 1179 条规定:"侵害他人造成人身损害的,应当赔偿医疗费、护理费、交通费、营养费、住院伙食补助费等为治疗和康复支出的合理费用,以及因误工减少的收入。造成残疾的,还应当赔偿辅助器具费和残疾赔偿金;造成死亡的,还应当赔偿丧葬费和死亡赔偿金。"据此,张某对医疗机构享有赔偿医疗费的损害赔偿请求权,同时,该赔偿请求权属于财产权,不具有专属性,张某死亡后,其继承人有权继承张某的医疗费赔偿请求权。故 B 项正确。

《民法典》第 1183 条第 1 款规定:"侵害自然人人身权益造成严重精神损害的,被侵权人有权请求精神损害赔偿。"据此,医院侵害张某的身体权与健康权并造成严重精神损害,就此,张某对医院享有精神损害赔偿请求权。但是精神损害赔偿请求权具有专属性,只能由被侵权人行使,无法继承,故 C 项错误。

《民法典》第 112 条规定:"自然人因婚姻家庭关系等产生的人身权利受法律保护。"据此,自然人享有亲属权(身份权的一种)。侵害自然人导致其死亡或者严重残疾的,不仅侵害了其生命权或健康权,还同时构成对其近亲属亲属权的侵害,其近亲属有权以亲属权遭受严重损害为由,对加害人主张精神损害赔偿。《民法典》第 1181 条第 1 款规定:"被侵权人死亡的,其近亲属有权请求侵权人承担侵权责任。……"其中包括近亲属之独立的精神损害赔偿请求权。因此,张某死后其配偶、父母和子女有权另行起诉,请求医院赔偿自己的精神损害。故 D 项正确。

78．股东出资形式;出资不实[CD]

[解析]《公司法》第 48 条第 1 款规定:"股东可以用货币出资,也可以用实物、知识产权、土地使用权、股权、债权等可以用货币估价并可以依法转让的非货币财产作价出资;但是,法律、行政法规规定不得作为出资的财产除外。"债权可以用货币估价,并可以依法转让,所以股东乙以债权出资是合法的出资形式,故 A 项错误。房屋使用权不是可以依法转让的非货币资产,不可以作为出资,故 C 项正确。【特别

提示】不能直接以使用权出资,但是可以以其他方式出资,比如对厂房 20 年的租金评估作价,作为债权出资。

出资不实,是指出资时,实际出资的非货币财产的实际价额显著低于所认缴的出资额。若出资后非因股东原因导致价值下降的,不构成出资不实,股东不承担责任。本题中,在出资之时,乙出资的债权价值是正常的。之后由于某公司破产,导致乙的债权价值下降,这并非股东原因导致的,故乙不构成出资不实,无须对债权贬值部分承担责任。故 B 项错误。

《公司法解释(三)》第 7 条第 1 款规定,出资人以不享有处分权的财产出资,当事人之间对于出资行为效力产生争议的,人民法院可以参照《民法典》第 311 条(善意取得)的规定予以认定。本题中,股东丙用以出资的房屋归他人(戊)所有,属于以不享有处分权的财产出资,迅飞公司董事长丁对此知情,即意味着公司对此知情,所以公司不能善意取得该房屋,D 项正确。

79．税款征收[BC]

[解析]《税收征收管理法》第 51 条规定:"纳税人超过应纳税额缴纳的税款,税务机关发现后应当立即退还;纳税人自结算缴纳税款之日起三年内发现的,可以向税务机关要求退还多缴的税款并加算银行同期存款利息,税务机关及时查实后应当立即退还;涉及从国库中退库的,依照法律、行政法规有关国库管理的规定退还。"据此,税务局不仅应退还税款,还应加算银行同期存款利息,故 A 项错误,B 项正确。申请退还税款的期限是 3 年,自结算缴纳税款之日起算,故 C 项正确,D 项错误。

80．股份公司股份回购[BC]

[解析]根据《公司法》第 162 条第 1 款规定,公司可以收购本公司股份的情形包括:(1)减少公司注册资本;(2)与持有本公司股份的其他公司合并;(3)将股份用于员工持股计划或者股权激励;(4)股东因对股东会作出的公司合并、分立决议持异议,要求公司收购其股份;(5)将股份用于转换公司发行的可转换为股票的公司债券;(6)上市公司为维护公司价值及股东权益所必需。本案中,公司因为意外事件而导致股价下跌,从而回购公司股票,符合上述第(6)项规定。

根据《公司法》第 162 条第 2 款规定,公司因上述第(1)项、第(2)项规定的情形收购本公司股份的,应当经股东会决议;公司因上述第(3)项、第(5)项、第(6)项规定的情形收购本公司股份的,可以按照公司章程或者股东会的授权,经 2/3 以上董事出席的董事会会议决议。可知,本题中的回购可经授权由董事会会议决议,不是必须经股东会决议,故 A 项错误。

根据《公司法》第 162 条第 3 款规定,公司收购本

公司股份后,属于上述第(3)项、第(5)项、第(6)项情形的,公司合计持有的本公司股份数不得超过本公司已发行股份总数的10%,并应当在3年内转让或者注销。故B项正确,D项错误。

根据《公司法》第162条第4款规定,上市公司因上述第(3)项、第(5)项、第(6)项规定的情形收购本公司股份的,应当通过公开的集中交易方式进行。故C项正确。

81. 非基于法律行为的不动产物权变动;善意取得[BD]

[解析]《民法典》第229条规定:"因人民法院、仲裁机构的法律文书或者人民政府的征收决定等,导致物权设立、变更、转让或者消灭的,自法律文书或者征收决定等生效时发生效力。"据此,基于法院的生效判决发生物权变动的,自判决书生效时发生物权变动,无须公示。本题中,2010年2月1日,法院判决吴某和李某离婚,并且判决房屋归李某所有时,自判决书生效时李某就取得该房屋的所有权,李某与吴某对房屋的共有权消灭。故A项错误。**【特别提醒】**注意,《民法典》第229条中规定了"导致物权设立、变更、转让或者消灭的",说明本条文针对的生效判决书仅限于形成判决(行使形成权产生的判决),而不包括给付判决和确认判决。离婚请求权属于形成权,准予离婚的生效判决书就是形成判决。准予离婚的生效判决书直接判决房屋归吴某所有,这是关于房屋归属的形成判决,直接改变了原物权关系。对此,《民法典物权编解释(一)》第7条进一步规定:"人民法院、仲裁机构在分割共有不动产或者动产等案件中作出并依法生效的改变原有物权关系的判决书、裁决书、调解书,以及人民法院在执行程序中作出的拍卖成交裁定书、变卖成交裁定书、以物抵债裁定书,应当认定为民法典第二百二十九条所称导致物权设立、变更、转让或者消灭的人民法院、仲裁机构的法律文书。"

根据《民法典》第232条的规定,根据法院判决、继承、房屋建造等享有不动产物权的,处分该物权时,依照法律规定需要办理登记的,未经登记,不发生物权效力。其规范内容是:未经登记,不得处分;处分的,不发生物权效力。据此,李某虽于2月1日即依照生效的判决取得了房屋的所有权,但未进行宣示登记,李某对房屋尚无处分权,李某于3月1日将该房屋出卖给张某时,房屋买卖合同虽然有效,但不能发生物权变动的效力。须先办理宣示登记(登记到李某名下),再办理过户登记(登记到张某名下),张某才能取得房屋所有权。故B项正确,C项错误。

关于D项,4月1日吴某以自己的名义将该房屋出卖给王某,属于无权处分,但房屋登记在吴某名下,客观上存在使受让人王某相信吴某系房屋所有权人

享有相应处分权的权利外观,且王某以合理的价格受让并于受让时为善意,并于5月10日为王某办理了房屋的过户登记。根据《民法典》第311条的规定,王某符合善意取得房屋所有权的构成要件,王某自5月10日善意取得该房屋的所有权,李某对房屋的所有权同时消灭。故D项正确。

82. 预警制度;临时报告[ABD]

[解析]《证券法》第63条第1款规定:"通过证券交易所的证券交易,投资者持有或者通过协议、其他安排与他人共同持有一个上市公司已发行的有表决权股份达到5%时,应当在该事实发生之日起3日内,向国务院证券监督管理机构、证券交易所作出书面报告,通知该上市公司,并予公告,在上述期限内不得再行买卖该上市公司的股票,但国务院证券监督管理机构规定的情形除外。"据此,初次增持股份达到5%时,应当启动预警(3日内通知+书面报告+公告+暂停交易)。本题中,甲公司增持股份后,持有乙公司的股份比例为5%,应该依法进行预警,3日内向证监会报告,通知乙公司,并予公告,同时在此期限内不得买卖乙公司的股票,故A、D项正确。

《证券法》第63条第2款规定:"投资者持有或者通过协议、其他安排与他人共同持有一个上市公司已发行的有表决权股份达到5%后,其所持该上市公司已发行的有表决权股份比例每增加或者减少5%,应当依照前款规定进行报告和公告,在该事实发生之日起至公告后3日内,不得再行买卖该上市公司的股票,但国务院证券监督管理机构规定的情形除外。"据此,股份变动达到5%时,应当启动预警(3日内通知+书面报告+公告+公告3日内禁止交易)。第3款规定:"投资者持有或者通过协议、其他安排与他人共同持有一个上市公司已发行的有表决权股份达到5%后,其所持该上市公司已发行的有表决权股份比例每增加或者减少1%,应当在该事实发生的次日通知该上市公司,并予公告。"据此,股份变动达到1%时,应当启动简易预警(次日通知+公告)。本题中,甲公司的减持比例为2.9%,只涉及上述第3款增减幅度达1%时的简易预警制度,即次日内通知+公告,尚未触及第2款规定的预警制度,无需作出书面报告,故C项错误。

《证券法》第80条规定:"发生可能对上市公司、股票在国务院批准的其他全国性证券交易场所交易的公司的股票交易价格产生较大影响的重大事件,投资者尚未得知时,公司应当立即将有关该重大事件的情况向国务院证券监督管理机构和证券交易场所报送临时报告,并予公告,说明事件的起因、目前的状态和可能产生的法律后果。前款所称重大事件包括:……(八)持有公司百分之五以上股份的股东或者实际控制人持有股份或者控制公司的情况发生较大变

化,公司的实际控制人及其控制的其他企业从事与公司相同或者相似业务的情况发生较大变化;……"乙公司作为持股 6.04% 的大股东减持股份,符合上述第 8 项,乙公司应依法作出临时公告,故 B 项正确。

83.食品标签;食品安全法律责任[AD]

[解析]《食品安全法》第 71 条规定:"食品和食品添加剂的标签、说明书,不得含有虚假内容,不得涉及疾病预防、治疗功能。生产经营者对其提供的标签、说明书的内容负责。食品和食品添加剂的标签、说明书应当清楚、明显,生产日期、保质期等事项应当显著标注,容易辨识。食品和食品添加剂与其标签、说明书的内容不符的,不得上市销售。"葡萄酒的标签应当清楚明确,不能含有虚假内容误导消费者,故 A 项正确。保质期是食品标签必须显著标注的项目,故 D 项正确。

《食品安全法》第 148 条第 2 款规定:"生产不符合食品安全标准的食品或者经营明知是不符合食品安全标准的食品,消费者除要求赔偿损失外,还可以向生产者或者经营者要求支付价款 10 倍或者损失 3 倍的赔偿金;增加赔偿的金额不足 1000 元的,为 1000 元。但是,食品的标签、说明书存在不影响食品安全且不会对消费者造成误导的瑕疵的除外。"该葡萄酒的标签瑕疵在合理误差范围内,不影响食品安全,且不会对消费者造成误导,不应承担 10 倍价款(1 万元)的惩罚性赔偿责任,故 B 项错误。

《食品安全法》第 125 条第 2 款规定:"生产经营的食品、食品添加剂的标签、说明书存在瑕疵但不影响食品安全且不会对消费者造成误导的,由县级以上人民政府食品安全监督管理部门责令改正;拒不改正的,处 2000 元以下罚款。"本案中,葡萄酒标签存在瑕疵,应由食品安全监督管理部门责令改正,只有拒不改正的,才处以罚款,故 C 项错误。

84.专利实施许可;专利无效宣告[ABCD]

[解析]本题中,甲公司将智能手机显示屏的发明专利权在中国大陆以独占许可方式许可给乙公司实施。独占许可,是指在合同约定的时间和地域范围内,知识产权权利人(许可人)只授权一家被许可人使用其智力成果,许可人和任何第三人均不享有使用权。依我国《专利法》和《专利法实施细则》的规定,不同类型的许可合同中被许可人享有不同的诉讼地位,独占被许可人可以作为当事人单独起诉侵犯知识产权的行为,故 A 项错误。

《专利法》第 11 条规定,专利权人享有许诺销售权,可以禁止他人在橱窗中展览专利产品或为专利产品做广告宣传。本题中,丙公司的行为仅是广告宣传行为,不构成销售行为,因而其行为侵犯的是许诺销售权而非销售权。故 B 项错误。

《专利法》第 47 条第 1、2 款规定:"宣告无效的专利权视为自始即不存在。宣告专利权无效的决定,对在宣告专利权无效前人民法院作出并已执行的专利侵权的判决、调解书,已经履行或者强制执行的专利侵权纠纷处理决定,以及已经履行的专利实施许可合同和专利权转让合同,不具有追溯力。但是因专利权人的恶意给他人造成的损失,应当给予补偿。"据此,即使专利无效,对于已经履行的专利实施许可合同也没有追溯力,甲、乙公司间的专利实施许可合同仍然有效,甲公司无需返还专利使用费。此外,题干中并未提及专利权人甲公司是否恶意以及是否明显违反公平原则,从而也无法判定甲公司是否应给予乙公司补偿。故 C 项错误。

《关于审理专利纠纷案件适用法律问题的若干规定》第 7 条规定:"人民法院受理的侵犯发明专利权纠纷案件或者经国务院专利行政部门审查维持专利权的侵犯实用新型、外观设计专利权纠纷案件,被告在答辩期间内请求宣告该项专利权无效的,人民法院可以不中止诉讼。"故 D 项错误。

85.继承权的放弃[ABCD]

[解析]《民法典》第 1124 条第 1 款规定:"继承开始后,继承人放弃继承的,应当在遗产处理前,以书面形式作出放弃继承的表示;没有表示的,视为接受继承。"《民法典继承编解释(一)》第 33 条规定:"继承人放弃继承应当以书面形式向遗产管理人或者其他继承人表示。"第 34 条规定:"在诉讼中,继承人向人民法院以口头方式表示放弃继承的,要制作笔录,由放弃继承的人签名。"据此,只有在诉讼中口头放弃并记入笔录才构成有效的放弃,A 项中"张某口头放弃继承权,本人承认"并不属于有效的放弃继承。故 A 项当选。

《民法典继承编解释(一)》第 35 条规定:"继承人放弃继承的意思表示,应当在继承开始后、遗产分割前作出。遗产分割后表示放弃的不再是继承权,而是所有权。"因此,王某在遗产分割后放弃继承权不能引起放弃继承的法律后果。故 B 项当选。

《民法典继承编解释(一)》第 32 条规定:"继承人因放弃继承,致其不能履行法定义务的,放弃继承权的行为无效。"故 C 项当选。

《民法典》第 153 条第 2 款规定:"违背公序良俗的民事法律行为无效。"断绝父子关系的约定因为违反公共利益(善良风俗)而无效,该约定不能导致父子关系的消灭,从而也不能导致法定继承权的丧失,也不能引起放弃继承权的效果。故 D 项当选。

三、不定项选择题

86.不当得利与侵权责任、意思表示生效、重大误解;无权代理与表见代理[BCD]

[解析]本题中,甲将自己的二维码粘贴在餐馆

桌子上,收取了客户支付的餐费,没有正当根据,构成不当得利,应当承担返还财产之责任。《民法典》第1165条第1款规定:"行为人因过错侵害他人民事权益造成损害的,应当承担侵权责任。"本题中,甲主观上具有过错,客观上造成了餐馆的损失,且违法行为与损害后果之间有因果关系,也可认定构成侵权行为。故A项正确。

在消费过程中,乙的意思表示已完成,没有特别约定,乙的意思表示到达相对人时生效,虽然相对人存在错误,但不影响乙的意思表示的生效,故B项错误。

通常认为,行为人因为对行为的性质、对方当事人、标的物的品种、质量、规格和数量等的错误认识,使行为的后果与自己的意思相悖,并造成较大损失的,可以认定为重大误解。本题中,虽然乙付款的对方当事人错误,但是这并非具有人身信任关系的合同,故付款主体认识的错误不构成撤销餐饮合同的理由,C项错误。【思路拓展】另有观点认为,在餐饮合同成立并生效后,乙扫码付款,属于履行合同义务的行为,系事实行为,并非法律行为,虽因甲更换二维码而使乙错误地向甲付款,但不影响餐饮合同的效力,不成立重大误解。

本题中甲未经餐馆授权用二维码收款,确实没有代理权,但是对于在餐馆就餐的乙而言,有合理理由相信餐桌上的二维码属于餐馆收款二维码,其期待应受法律保护,故甲的行为应构成表见代理,后果应由餐馆承担,D项错误。

87．抽逃出资［BCD］

[解析] 抽逃出资是股东将所缴出资暗中撤回,却仍保留股东身份和原有出资数额的一种欺诈性违法行为。抽逃出资行为发生在公司成立以后,高才与艾瑟之间关于垫付出资的约定本身不属于抽逃出资行为,而是有效的约定,与其后实施的抽逃出资行为应单独评价。故A项错误。

《公司法解释(三)》第12条规定:"公司成立后,公司、股东或者公司债权人以相关股东的行为符合下列情形之一且损害公司权益为由,请求认定该股东抽逃出资的,人民法院应予支持:(一)制作虚假财务会计报表虚增利润进行分配;(二)通过虚构债权债务关系将其出资转出;(三)利用关联交易将出资转出;(四)其他未经法定程序将出资抽回的行为。"高才和艾瑟的行为属于通过虚构债权债务关系,将其出资转出的行为,构成抽逃出资。二人的行为同时构成恶意串通,损害公司和公司债权人利益的行为,根据《民法典》第154条,该合同无效。故B、C项正确。

根据《公司法解释(三)》第14条第2款规定,公司债权人可请求抽逃出资的股东在抽逃出资本息范围内对公司债务不能清偿的部分承担补充赔偿责任。

本题中高才抽逃出资10万元,故D项正确。

88．名义股东与实际股东［AB］

[解析] 李一与李三的约定是否有效,应看是否符合合同有效的条件,即主体资格符合、意思表示真实、内容不违反法律或者社会公共利益、合同标的的确定和可能,李一与李三之间的约定并无无效事由。故A项正确。

《公司法解释(三)》第24条规定:"有限责任公司的实际出资人与名义出资人订立合同,约定由实际出资人出资并享有投资权益,以名义出资人为名义股东,实际出资人与名义股东对该合同效力发生争议的,如无法律规定的无效情形,人民法院应当认定该合同有效。前款规定的实际出资人与名义股东因投资权益的归属发生争议,实际出资人以其实际履行了出资义务为由向名义股东主张权利的,人民法院应予支持。名义股东以公司股东名册记载、公司登记机关登记为由否认实际出资人权利的,人民法院不予支持。实际出资人未经公司其他股东半数以上同意,请求公司变更股东、签发出资证明书、记载于股东名册、记载于公司章程并办理公司登记机关登记的,人民法院不予支持。"股东分为名义股东和实际股东,股东资格的取得一般按照股东名册记载予以认定,《公司法解释(三)》对于名义股东予以法律上的承认。名义股东也是公司的股东,需要承担一定的股东义务,李三虽然未实际出资,但并不妨碍成为股东,故B项正确。虽然根据李一与李三的约定,李一实际享有投资的权益,但不能因此认定李一享有公司股权,因为李一并未记载于股东名册,该股权名义上属于李三,李一只是相对于李三享有投资收益权,不是公司股东。既然李一不享有股权,当然就不存在分割股权的问题,故C项错误。

根据上述规定,李一欲请求变更自己为公司股东,必须经其他股东半数以上同意。故D项错误。

89．名义股东的处分行为效力［BCD］

[解析]《公司法解释(三)》第25条规定:"名义股东将登记于其名下的股权转让、质押或者以其他方式处分,实际出资人以其对于股权享有实际权利为由,请求认定处分股权行为无效的,人民法院可以参照《民法典》第311条的规定处理。名义股东处分股权造成实际出资人损失,实际出资人请求名义股东承担赔偿责任的,人民法院应予支持。"李三虽然是名义股东,但依然属于合法股东,股权受让人不知名义股东、实际股东之间的约定,其为善意第三人,名义股东与王二之间的转让行为是有效的,故A项错误,B、C项正确。李一因李三股权转让而导致的损失,可以向李三请求赔偿,故D项正确。

90．关系人贷款规则［BD］

[解析]《商业银行法》第40条规定:"商业银行

不得向关系人发放信用贷款;向关系人发放担保贷款的条件不得优于其他借款人同类贷款的条件。前款所称关系人是指:(一)商业银行的董事、监事、管理人员、信贷业务人员及其近亲属;(二)前项所列人员投资或者担任高级管理职务的公司、企业和其他经济组织。"本题中,李大伟为 M 银行的董事,其子李小武是 L 公司的董事长,李小武是其关系人。因此 M 银行只能对 L 公司发放担保贷款,且不得优于其他贷款人同类贷款的条件。故 A 项错误,B 项正确。

本题中,M 银行向 L 公司发放的贷款是担保贷款(提供了 2000 万元的个人储蓄存单作为贷款质押),且不存在《民法典》规定的违反法律法规强制性规定、违背公序良俗、恶意串通损害他人合法利益等合同无效情形,因此贷款合同有效。故 C 项错误,D 项正确。

91.强令贷款的责任[ACD]

[解析]《商业银行法》第41条规定:"任何单位和个人不得强令商业银行发放贷款或者提供担保。商业银行有权拒绝任何单位和个人强令要求其发放贷款或者提供担保。"本案中,李大伟强令下属机构发放贷款,违反了《商业银行法》的禁止性规定。故 A 项正确。

虽然是违规发放贷款,但违反该规定不会导致私法上的贷款合同无效。故 B 项错误。

《商业银行法》第88条第1款规定:"单位或者个人强令商业银行发放贷款或者提供担保的,应当对直接负责的主管人员和其他直接责任人员或者个人给予纪律处分;造成损失的,应当承担全部或者部分赔偿责任。"虽然贷款合同有效,但违规发放贷款给银行造成损失的,相关人员要承担相应责任。故 C 项正确。

《商业银行法》第88条第2款规定:"商业银行的工作人员对单位或者个人强令其发放贷款或者提供担保未予拒绝的,应当给予纪律处分;造成损失的,应当承担相应的赔偿责任。"故 D 项正确。

92.劳动合同的订立、劳动合同的解除和终止[D]

[解析]《劳动合同法》第14条第3款规定:"用人单位自用工之日起满1年不与劳动者订立书面劳动合同的,视为用人单位与劳动者已订立无固定期限劳动合同。"王某工作时间不满1年。故 A 项错误。

《劳动合同法》第19条第4款规定,试用期包含在劳动合同期限内。该劳动合同应自王某入职时即2012年2月1日起算。故 B 项错误。

王某主动提出离职,经公司同意解除合同,且用人单位不存在过错,不符合经济补偿金的支付条件。故 C 项错误。

《劳动合同法》第40条第2项规定,如劳动者不

能胜任工作,经培训或调整工作岗位,仍不能胜任工作,用人单位提前30日以书面形式通知劳动者本人或额外支付劳动者1个月工资后,可解除劳动合同。故 D 项正确。

93.对涉及特权与豁免主体案件管辖的内部报告制度[C]

[解析]《最高人民法院关于人民法院受理涉及特权与豁免的民事案件有关问题的通知》规定:"凡以下列在中国享有特权与豁免的主体为被告、第三人向人民法院起诉的民事案件,人民法院应在决定受理之前,报请本辖区高级人民法院审查;高级人民法院同意受理的,应当将其审查意见报最高人民法院。在最高人民法院答复前,一律暂不受理。(一)外国国家;(二)外国驻中国使馆和使馆人员;(三)外国驻中国领馆和领馆成员;(四)途经中国的外国驻第三国的外交代表和与其共同生活的配偶及未成年子女;(五)途经中国的外国驻第三国的领事官员和与其共同生活的配偶及未成年子女;(六)持有中国外交签证或者持有外交护照(仅限互免签证的国家)来中国的外国官员;(七)持有中国外交签证或者持有与中国互免签证国家外交护照的领事官员;(八)来中国访问的外国国家元首、政府首脑、外交部长及其他具有同等身份的官员;(九)来中国参加联合国及其专门机构召开的国际会议的外国代表;(十)临时来中国的联合国及其专门机构的官员和专家;(十一)联合国系统组织驻中国的代表机构和人员;(十二)其他在中国享有特权与豁免的主体。"

可知,若享有特权与豁免的主体为民事案件中的被告或第三人,应当适用该报告制度,原告不适用该报告制度。故 A、B 项错误,C 项正确。根据第(十)项,若被告是临时来华的联合国官员,则对其作为被告的有关的民事案件的受理适用该报告制度。故 D 项错误。

94.国际银团贷款协议[BD]

[解析]国际银团贷款是指由数家各国商业银行联合组成集团,按照统一的贷款条件向借款人提供贷款,可以分为直接银团贷款和间接银团贷款两种方式。本题中采取的是间接银团贷款方式,也就是先由牵头银行(甲银行)单独签订协议,向借款人提供贷款,然后甲银行再将贷款债权分别转让给其他参与银行。国际银团贷款中,所有参与银行都应按照统一的贷款条件向借款人提供贷款,各参与银行之间都不负连带责任。综上,AC 项错误,BD 项正确。【特别提醒】直接银团贷款与间接银团贷款的区别:(1)直接银团贷款:由牵头银行组织→各个参与银行分别签订贷款协议→按照统一条件发放贷款→各个银行仅就各自份额负责,不负连带责任。(2)间接银团贷款:先由牵头银行单独签订协议,向借款人提供贷款→牵

头银行再将贷款债权分别转让给其他参与银行。

95．执行措施［ABCD］

［解析］《最高人民法院关于限制被执行人高消费及有关消费的若干规定》第 1 条第 1 款规定："被执行人未按执行通知书指定的期间履行生效法律文书确定的给付义务的，人民法院可以采取限制消费措施，限制其高消费及非生活或者经营必需的有关消费。"第 3 条第 1 款规定："被执行人为自然人的，被采取限制消费措施后，不得有以下高消费及非生活和工作必需的消费行为：（一）乘坐交通工具时，选择飞机、列车软卧、轮船二等以上舱位；……"因此，法院可依职权决定限制郭某乘坐飞机。故 A 项正确。

《民事诉讼法》第 252 条规定："被执行人未按执行通知履行法律文书确定的义务，应当报告当前以及收到执行通知之日前一年的财产情况。被执行人拒绝报告或者虚假报告的，人民法院可以根据情节轻重对被执行人或者其法定代理人、有关单位的主要负责人或者直接责任人员予以罚款、拘留。"因此，法院可以要求郭某报告当前的财产情况。故 B 项正确。

《民事诉讼法》第 264 条规定："被执行人未按判决、裁定和其他法律文书指定的期间履行给付金钱义务的，应当加倍支付迟延履行期间的债务利息。被执行人未按判决、裁定和其他法律文书指定的期间履行其他义务的，应当支付迟延履行金。"因此，法院可以强制郭某加倍支付迟延履行期间的债务利息。故 C 项正确。

《民诉解释》第 499 条规定："人民法院执行被执行人对他人的到期债权，可以作出冻结债权的裁定，并通知该他人向申请执行人履行。该他人对到期债权有异议，申请执行人请求对异议部分强制执行的，人民法院不予支持。利害关系人对到期债权有异议的，人民法院应当按照民事诉讼法第二百三十四条①规定处理。对生效法律文书确定的到期债权，该他人予以否认的，人民法院不予支持。"因此，根据郭某的申请，对拖欠郭某货款的金康公司发出履行通知。故 D 项正确。

96．执行担保［CD］

［解析］《民事诉讼法》第 242 条规定："在执行中，被执行人向人民法院提供担保，并经申请执行人同意的，人民法院可以决定暂缓执行及暂缓执行的期限。被执行人逾期仍不履行的，人民法院有权执行被执行人的担保财产或者担保人的财产。"本题中，批准执行担保后，应当是决定暂缓执行，而非终结执行。故 A 项错误。《执行担保规定》第 11 条第 1 款规定："暂缓执行期限届满后被执行人仍不履行义务，或者暂缓执行期间担保人有转移、隐藏、变卖、毁损担保财产等行为的，人民法院可以依申请执行人的申请恢复

执行，并直接裁定执行担保财产或者保证人的财产，不得将担保人变更、追加为被执行人。"担保期满后郭某仍无力偿债，法院可依职权恢复执行，也可依申请执行人申请恢复执行。故 B 项错误。恢复执行后，法院可以直接执行作为担保财产的字画，当然也可以执行郭某的其他财产。故 C、D 项正确。

97．案外人执行异议［AC］

［解析］《民事诉讼法》第 238 条规定："执行过程中，案外人对执行标的提出书面异议的，人民法院应当自收到书面异议之日起十五日内审查，理由成立的，裁定中止对该标的的执行；理由不成立的，裁定驳回。案外人、当事人对裁定不服，认为原判决、裁定错误的，依照审判监督程序办理；与原判决、裁定无关的，可以自裁定送达之日起十五日内向人民法院提起诉讼。"因此，案外人异议应当以书面形式提出。故 A 项正确。朱某的异议内容与原裁决无关，因此，其对驳回其异议裁定不服的，可以提出执行异议之诉，而不是案外人申请再审。故 C 项正确，D 项错误。

《民诉解释》第 313 条第 1 款规定："案外人执行异议之诉审理期间，人民法院不得对执行标的的进行处分。申请执行人请求人民法院继续执行并提供相应担保的，人民法院可以准许。"据此，在审查异议期间，不停止执行活动，只有异议成立，才能产生中止执行的法律效果。此时，法院依然可以对字画采取保全措施，但不允许采取处分措施。因为此时字画的所有权归属还没确定，法院不可以草率处分，否则容易引发错误，将来还得执行回转。故 B 项错误。

98．定金；违约金［D］

［解析］《民法典》第 586 条第 2 款规定："定金的数额由当事人约定；但是，不得超过主合同标的额的百分之二十，超过部分不产生定金的效力。实际交付的定金数额多于或者少于约定数额的，视为变更约定的定金数额。"本题中，合同标的额为 100 万元，约定的定金为 30 万元，超出了 20%这一比例，超过的部分不产生定金的效力。因此，现甲公司对乙公司构成违约，乙公司向甲公司支付的 30 万元定金中，只有 20 万元产生定金的效力（甲公司应双倍返还），剩余的 10 万元定金应作为不当得利，由甲公司返还给乙公司，不发生双倍返还的效力。故甲公司应当返还定金 40 万元，而不是 60 万元。故 A、C 项错误。

《民法典》第 588 条第 1 款规定："当事人既约定违约金，又约定定金的，一方违约时，对方可以选择适用违约金或者定金条款。"据此，定金与违约金不得并用，只能择一主张。本题中，乙公司只能请求甲公司双倍返还定金 40 万元或者支付违约金 30 万元。故 B 项错误，D 项正确。

---

① 现为第 238 条，编者注。

99．由第三人履行的合同；合同的相对性[BC]

[解析]《民法典》第 523 条规定："当事人约定由第三人向债权人履行债务，第三人不履行债务或者履行债务不符合约定的，债务人应当向债权人承担违约责任。"本题规定了由第三人履行的合同中的违约责任之承担，根据合同相对性原理，本题中，在乙公司、丙公司间的买卖合同中，当事人约定由第三人甲公司向债权人丙公司履行债务，如果甲公司未向丙公司履行，丙公司只能请求乙公司承担违约责任，不能请求第三人甲公司承担违约责任。故 A 项错误，B 项正确。

根据民法原理，在本题中，甲公司在法律地位上属于债务人乙公司的履行辅助人，因此，甲公司对债权人丙公司的违约行为，均属于可归责于债务人乙公司的违约行为。如甲公司迟延向丙公司交货，则丙公司有权请求乙公司承担迟延交货的违约责任。故 C 项正确，D 项错误。

100．DPU 术语；海上货物运输承运人的免责；信用证[B]

[解析] DPU 意为"目的地卸货后交货（指定目的地）"，卖方必须在约定日期内在指定目的地的约定地点交货，风险自在目的地卸下货物时转移。这里的目的地可以是任何地点，而不仅是"运输终端"；但如该地点不在运输终端，卖方应确保其打算交付货物的地点是能够卸货的地点。故 B 项正确。

DPU 术语下，双方之间均无订立保险合同的义务。故 A 项错误。

信用证的本质是单据交易，即使货物已经全部灭失，甲公司也无权向银行下达止付通知。另外，银行有独立审单的权利，只要单据相符就应当支付款项，不受申请人意思表示的制约。故 C 项错误。

因天气原因造成的损失属于承运人的免责情形，故 D 项错误。

试 卷 一

试 题

一、单项选择题。每题所设选项中只有一个正确答案,多选、错选或不选均不得分。本部分含1—50题,每题1分,共50分。

1.2003年7月,年过七旬的王某过世,之前立下一份"打油诗"遗嘱:"本人已年过七旬,一旦病危莫抢救;人老病死本常事,古今无人寿长久;老伴子女莫悲愁,安乐停药助我休;不搞哀悼不奏乐,免得干扰邻和友;遗体器官若能用,解剖赠送我原求;病体器官无处要,育树肥花环境秀;我的一半财产权,交由老伴可拥有;上述遗愿能实现,我在地下乐悠悠。"

对于王某遗嘱中"我的一半财产权"所涉及的住房,指的是"整个房子的一半",还是"属于父亲份额的一半",家人之间有不同的理解。儿子认为,父亲所述应理解为母亲应该继承属于父亲那部分房产的一半,而不是整个房产的一半。王某老伴坚持认为,这套房子是其与丈夫的共同财产,自己应拥有整个房产(包括属于丈夫的另一半房产)。关于该案,下列哪一说法是正确的?

A. 王某老伴与子女间的争议在于他们均享有正式的法律解释权

B. 王某老伴与子女对遗嘱的理解属于主观目的解释

C. 王某遗嘱符合意思表示真实、合法的要求

D. 遗嘱中的"我的一半财产权"首先应当进行历史解释

2.关于村民委员会,下列哪一说法是正确的?

A. 村民委员会实行村务公开制度,涉及财务的事项至少每年公布一次

B. 村民委员会决定问题,采取村民委员会主任负责制

C. 村民委员会根据需要设人民调解、治安保卫、公共卫生委员会

D. 村民委员会由主任、副主任和村民小组长若干人组成

3.1913年3月20日,宋教仁先生在上海火车站遇刺身亡。该案由公共租界会审公廨审判。关于会审公廨制度,下列哪一项说法是错误的?

A. 会审公廨是清廷与英、美、法三国驻上海领事协议在租界内设立的特殊审判机关

B. 会审公廨制度是对我国司法主权的践踏

C. 中华民国成立后,会审公廨制度依然存续

D. 案件由外国领事官员审判,中国官员无权参与

4.甲乙两国发生战争,两国的共同邻国丙国宣布战时中立。根据国际法相关规则,下列哪一说法是正确的?

A. 甲国可没收乙国的使馆财产

B. 甲国驻乙国大使馆的外交人员自两国宣战时起不再享有外交特权和豁免

C. 甲国不可没收乙国战俘的金钱与贵重财产

D. 为缩短后勤补给时间,甲国可借丙国领土运送军用物资

5.下列哪一选项成立自首?

A. 甲挪用公款后主动向单位领导承认了全部犯罪事实,并请求单位领导不要将自己移送司法机关

B. 乙涉嫌贪污被检察院讯问时,如实供述将该笔公款分给了国有单位职工,辩称其行为不是贪污

C. 丙参与共同盗窃后,主动投案并供述其参与盗窃的具体情况。后查明,系因分赃太少、得知举报有奖才投案

D. 丁因纠纷致程某轻伤后,报警说自己伤人了。报警后见程某举拳冲过来,丁以暴力致其死亡,并逃离现场

6.关于假释,下列哪一选项是错误的?

A. 甲系被假释的犯罪分子,即便其在假释考验期内再犯新罪,也不构成累犯

B. 乙系危害国家安全的犯罪分子,对乙不能假释

C. 丙因犯罪被判处有期徒刑二年,缓刑三年。缓刑考验期满后,发现丙在缓刑考验期内的第七个月犯有抢劫罪,应当判处有期徒刑八年,数罪并罚决定执行九年。丙服刑六年时,因有悔罪表现而被裁定假释

D. 丁犯抢劫罪被判有期徒刑九年,犯寻衅滋事罪被判有期徒刑五年,数罪并罚后,决定执行有期徒刑十三年,对丁可以假释

7. 章某涉嫌故意伤害致人死亡,因犯罪后企图逃跑被公安机关先行拘留。关于本案程序,下列哪一选项是正确的?

A. 拘留章某时,必须出示拘留证

B. 拘留章某后,应在 12 小时内将其送看守所羁押

C. 拘留后对章某的所有讯问都必须在看守所内进行

D. 因怀疑章某携带管制刀具,拘留时公安机关无需搜查证即可搜查其身体

8. 经过羁押必要性审查,下列情形中人民检察院应当向办案机关提出释放或者变更强制措施建议,下列哪一选项正确?

A. 被告人认罪认罚

B. 没有证据证明有犯罪事实或者犯罪行为系犯罪嫌疑人、被告人所为

C. 被告人与被害方依法自愿达成和解协议,且已经履行完毕

D. 被告人患有严重疾病,生活不能自理

9.《环境保护法》规定,当事人对行政处罚决定不服,可以在接到处罚通知之日起 15 日内申请复议,也可以在接到处罚通知之日起 15 日内直接向法院起诉。某县环保局依据《环境保护法》对违法排污企业作出罚款处罚决定,该企业不服。对此,下列哪一说法是正确的?

A. 如该企业申请复议,申请复议的期限应为 60 日

B. 如该企业直接起诉,提起诉讼的期限应为 3 个月

C. 如该企业逾期不缴纳罚款,县环保局可从该企业的银行账户中划拨相应款项

D. 如该企业逾期不缴纳罚款,县环保局可扣押该企业的财产并予以拍卖

10. 甲省乙市人民政府决定征用乙市某村全部土地用于建设,甲省人民政府作出了批准乙市在该村征用土地的批复。其后,乙市规划建设局授予丁公司拆迁许可证,决定拆除该村一组住户的房屋。一组住户不服,欲请求救济。下列哪一种说法不正确?

A. 住户对甲省人民政府征用土地的批复不服,应当先申请复议再提起诉讼

B. 住户可以对乙市人民政府征用补偿决定提起诉讼

C. 住户可以对乙市规划建设局授予丁公司拆迁许可证的行为提起诉讼

D. 住户可以请求甲省人民政府撤销乙市规划建设局授予丁公司拆迁许可证的行为

11. 关于县人大代表的选举,下列哪一项说法是正确的?

A. 由县人大主席团主持

B. 10 个选民联名有权提出县人大代表候选人

C. 代表候选人的人数应多于应选代表名额 1/5 至 1/2

D. 县人大代表的选举与罢免,均要求全体选民过半数同意

12. 2010 年某日,甲到乙家,发现乙家徒四壁。见桌上一块玉坠,断定是不值钱的仿制品,甲便顺手拿走。后甲对丙谎称玉坠乃秦代文物,值 5 万元,丙以 3 万元买下。经鉴定乃清代玉坠,市值 5000 元。关于本案的分析,下列哪一选项是错误的?

A. 甲断定玉坠为不值钱的仿制品具有一定根据,对"数额较大"没有认识,缺乏盗窃犯罪故意,不构成盗窃罪

B. 甲将所盗玉坠卖给丙,具有可罚性,不属于不可罚的事后行为

C. 不应追究甲盗窃玉坠的刑事责任,但应追究甲诈骗丙的刑事责任

D. 甲诈骗丙的诈骗数额为 5 万元,其中 3 万元既遂,2 万元未遂

13. 某国间谍戴某,结识了我某国家机关机要员黄某。戴某谎称来华投资建厂需了解政策动向,让黄某借工作之便为其搞到密级为"机密"的《内参报告》四份。戴某拿到文件后送给黄某一部手机,并为其子前往某国留学提供了六万元资金。对黄某的行为如何定罪处罚?

A. 资助危害国家安全犯罪活动罪、非法获取国家秘密罪,数罪并罚

B. 为境外窃取、刺探、收买、非法提供国家秘密、情报罪与受贿罪,数罪并罚

C. 非法获取国家秘密罪、受贿罪,数罪并罚

D. 故意泄露国家秘密罪、受贿罪,从一重罪处断

14. 某省调整行政规划,将甲地级市撤销,并入乙地级市。对此,下列哪一说法是正确的?

A. 该行政规划调整需由国务院审批

B. 乙市人口增多,应当增选市人大代表,名额由市人大常委会确定

C. 因乙市行政区划发生变更,乙市市长应当暂停职务,等待本市人大召开会议确定人选

D. 甲市撤销后,市人大常委会主任职责自动终止

15. 甲手写并复印了多份恐吓信敲诈乙,后案发,甲被逮捕。在讯问时,甲供述了自己敲诈勒索的过程,乙向公安机关提交了自己书写的关于被敲诈的情况说明。甲在看守所羁押期间把自己作案的过程告诉了同监室的丙,丙向看守所管理人员举报了甲。

对此,下列哪一说法是正确的?

    A. 甲复印的恐吓信是传来证据

    B. 乙提交的情况说明是传闻证据

    C. 恐吓信是言词证据

    D. 丙的证言可以对甲的口供补强

16. 甲因乙诽谤自己从事淫秽色情行业,对自己造成不良影响,遂向法院提起自诉。后来由于该案社会影响重大、情节严重,危害社会公共秩序,公安机关决定立案侦查,检察院对乙依法提起公诉。下列哪一项说法是正确的?

    A. 在自诉案件审理中,若乙认罪认罚且同意适用速裁程序,可以适用速裁程序

    B. 在公诉案件审理中,若乙认罪认罚且同意适用速裁程序,可以适用速裁程序

    C. 在检察院提起公诉后,法院可以对自诉和公诉案件一并审理

    D. 不论作为公诉案件还是自诉案件,如果乙真心悔过,双方可以和解

17. 汉宣帝地节四年下诏曰:"自今子首匿父母、妻匿夫、孙匿大父母,皆勿坐。其父母匿子、夫匿妻、大父母匿孙,罪殊死,皆上请廷尉以闻","亲亲得相首匿"正式成为中国封建法律原则和制度。对此,下列哪一选项是错误的?

    A. 近亲属之间相互首谋隐匿一般犯罪行为,不负刑事责任

    B. 近亲属之间相互首谋隐匿所有犯罪行为,不负刑事责任

    C. "亲亲得相首匿"的本意在于尊崇伦理亲情

    D. "亲亲得相首匿"的法旨在于宽宥缘自亲情发生的隐匿犯罪亲属的行为

18. 关于犯罪主体,下列哪一选项是正确的?

    A. 甲(女,43岁)吸毒后强制猥亵、侮辱孙某(智障女,19岁),因强制猥亵、侮辱罪的主体只能是男性,故甲无罪

    B. 乙(15岁)携带自制火药枪夺取妇女张某的挎包,因乙未使用该火药枪,故应当构成抢夺罪

    C. 丙(15岁)在帮助李某扣押被害人王某索取债务时致王某死亡,丙不应当负刑事责任

    D. 丁是司法工作人员,也可构成放纵走私罪

19. 甲持刀闯进超市抢劫,超市员工乙反击。二人扭打中,乙夺下刀后随手扔掉,碰巧砸中旁边站立的丙的头部,致其重伤。甲未取得财物,出了超市后骑自行车逃跑。乙追上去将甲连人带车扑倒在地,乙也摔成重伤。下列哪一项说法是正确的?

    A. 乙致丙受伤,属于正当防卫,不负刑事责任

    B. 乙致丙受伤,系防卫过当

    C. 甲对丙的受伤负刑事责任

    D. 甲对乙的重伤不负刑事责任,不构成抢劫罪致人重伤

20. 为促进某市自由贸易试验区的发展,有关机关决定在该市暂时停止实施行政法规《国际海运运输条例》的部分规定。该决定应由下列哪一主体作出?

    A. 某市人民政府

    B. 某市人民代表大会

    C. 全国人大常委会

    D. 国务院

21. 甲和乙系夫妻,因外出打工将女儿小琳交由甲母照顾两年,但从未支付过抚养费。后甲与乙闹离婚且均不愿抚养小琳。甲母将甲和乙告上法庭,要求支付抚养费2万元。法院认为,甲母对孙女无法定或约定的抚养义务,判决甲和乙支付甲母抚养费。关于该案,下列哪一选项是正确的?

    A. 判决是规范性法律文件

    B. 甲和乙对小琳的抚养义务是相对义务

    C. 判决在原被告间不形成法律权利和义务关系

    D. 小琳是民事诉讼法律关系的主体之一

22. 关于辩护,下列哪一选项是正确的?

    A. 被告人王某在犯罪时17周岁,在审判时已满18岁,法院应当为其指定辩护人

    B. 被告人李某可能被判处死刑,在审判时法院为其指定辩护人。在法庭审理过程中,李某当庭拒绝指定的辩护人为其辩护,法院另行为其指定辩护人。在重新开庭审理后,李某再次拒绝法庭为其指定的辩护人,合议庭不予准许

    C. 法院为外籍被告人汤姆(25周岁)指定了辩护人,在法庭审理过程中,汤姆拒绝法院为其指定的辩护人,提出自行委托辩护人,法庭准许后,汤姆自行委托了辩护人。再次开庭审理后,汤姆再次拒绝辩护人为其辩护,要求另行委托辩护人,合议庭不予准许

    D. 被告人当庭拒绝辩护人为其辩护的,法庭应当允许,宣布延期审理。延期审理的期限为十日,准备辩护时间计入审限

23. 法官齐某从A县法院辞职后,在其妻洪某开办的律师事务所从业。关于齐某与洪某的辩护人资格,下列哪一选项是正确的?

    A. 齐某不得担任A县法院审理案件的辩护人

    B. 齐某和洪某不得分别担任同案犯罪嫌疑人的辩护人

    C. 齐某和洪某不得同时担任同一犯罪嫌疑人的辩护人

    D. 洪某可以律师身份担任A县法院审理案件的辩护人

24．甲在公共场所实施暴力行为,经鉴定为不负刑事责任的精神病人,被县法院决定强制医疗。甲父对决定不服向市中级法院申请复议,市中级法院审理后驳回申请,维持原决定。关于本案处理,下列哪一选项是正确的?

　　A. 复议期间可暂缓执行强制医疗决定,但应采取临时的保护性约束措施

　　B. 应由公安机关将甲送交强制医疗

　　C. 强制医疗6个月后,甲父才能申请解除强制医疗

　　D. 申请解除强制医疗应向市中级法院提出

25．关于部门规章的权限,下列哪一说法是正确的?

　　A. 尚未制定法律、行政法规,对违反管理秩序的行为,可以设定暂扣许可证的行政处罚

　　B. 尚未制定法律、行政法规,且属于规章制定部门职权的,可以设定扣押财物的行政强制措施

　　C. 可以在上位法设定的行政许可事项范围内,对实施该许可作出具体规定

　　D. 可以设定除限制人身自由以外的行政处罚

26．王检察官的下列哪一行为符合检察官职业道德的要求?

　　A. 穿着检察正装、佩戴检察标识参加单位组织的慰问孤寡老人的公益活动

　　B. 承办一起两村械斗引起的伤害案,受害人系密切近邻,但为早日结案未主动申请回避

　　C. 参加朋友聚会,谈及在办案件犯罪嫌疑人梁某交代包养了4个情人,但嘱咐朋友不要外传

　　D. 业余时间在某酒吧任萨克斯管主奏,对其检察官身份不予否认,收取适当报酬

27．下列哪一行为成立以危险方法危害公共安全罪?

　　A. 甲驾车在公路转弯处高速行驶,撞翻相向行驶车辆,致2人死亡

　　B. 乙驾驶越野车在道路上横冲直撞,撞翻数辆他人所驾汽车,致2人死亡

　　C. 丙醉酒后驾车,刚开出10米就撞死2人

　　D. 丁在繁华路段飙车,2名老妇受到惊吓致心脏病发作死亡

28．某施工工地升降机操作工刘某未注意下方有人即按启动按钮,造成维修工张某当场被挤压身亡。刘某报告事故时隐瞒了自己按下启动按钮的事实。关于刘某行为的定性,下列哪一选项是正确的?

　　A.(间接)故意杀人罪

　　B. 过失致人死亡罪

　　C. 谎报安全事故罪

　　D. 重大责任事故罪

29．某县工商局科员李某因旷工被给予警告处分。关于李某的处分,下列哪一说法是正确的?

　　A. 处分决定可以口头方式通知李某

　　B. 处分决定自作出之日起生效

　　C. 受处分期间为12个月

　　D. 李某在受处分期间不得晋升工资档次

30．董某(17岁)在某景点旅游时,点燃荒草不慎引起大火烧毁集体所有的大风公司林地,致大风公司损失5万元,被检察院提起公诉。关于本案处理,下列哪一选项是正确的?

　　A. 如大风公司未提起附带民事诉讼,检察院可代为提起,并将大风公司列为附带民事诉讼原告人

　　B. 董某与大风公司既可就是否对董某免除刑事处分达成和解,也可就民事赔偿达成和解

　　C. 双方刑事和解时可约定由董某在1年内补栽树苗200棵

　　D. 如双方达成刑事和解,检察院经法院同意可撤回起诉并对董某适用附条件不起诉

31．A市原副市长马某,涉嫌收受贿赂2000余万元。为保证公正审判,上级法院指令与本案无关的B市中级法院一审。B市中级法院受理此案后,马某突发心脏病不治身亡。关于此案处理,下列哪一选项是错误的?

　　A. 应当由法院作出终止审理的裁定,再由检察院提出没收违法所得的申请

　　B. 应当由B市中级法院的同一审判组织对是否没收违法所得继续进行审理

　　C. 如裁定没收违法所得,而马某妻子不服的,可在5日内提出上诉

　　D. 如裁定没收违法所得,而其他利害关系人不服的,有权上诉

32．龚某因生产不符合安全标准的食品罪被一审法院判处有期徒刑5年,并被禁止在刑罚执行完毕之日起3年内从事食品加工行业。龚某以量刑畸重为由上诉,检察院未抗诉。关于本案二审,下列哪一选项是正确的?

　　A. 应开庭审理

　　B. 可维持有期徒刑5年的判决,并将职业禁止的期限变更为4年

　　C. 如认为原判认定罪名不当,二审法院可在维持原判刑罚不变的情况下改判为生产有害食品罪

　　D. 发回重审后,如检察院变更起诉罪名为生产有害食品罪,一审法院可改判并加重龚某的刑罚

33．段某因贩卖毒品罪被市中级法院判处死刑立即执行,段某上诉后省高级法院维持了一审判决。最高法院复核后认为,原判认定事实清楚,但量刑过重,依法不应当判处死刑,不予核准,发回省高级法院

重新审判。关于省高级法院重新审判，下列哪一选项是正确的？

A. 应另行组成合议庭

B. 应由审判员 5 人组成合议庭

C. 应开庭审理

D. 可直接改判死刑缓期 2 年执行，该判决为终审判决

34．关于党的领导、人民当家作主、依法治国的关系，下列哪一说法是正确的？

A. 依法治国是党的领导和人民当家作主的根本保证

B. 党的领导是社会主义民主政治的本质特征

C. 坚持三者有机统一最根本的是坚持人民当家作主

D. 人民代表大会制度是坚持党的领导、人民当家作主、依法治国有机统一的根本制度安排

35．某乡政府为有效指导、支持和帮助村民委员会的工作，根据相关法律法规，结合本乡实际作出了下列规定，其中哪一规定是合法的？

A. 村委会的年度工作报告由乡政府审议

B. 村民会议制定和修改的村民自治章程和村规民约，报乡政府备案

C. 对登记参加选举的村民名单有异议并提出申诉的，由乡政府作出处理并公布处理结果

D. 村委会组成人员违法犯罪不能继续任职的，由乡政府任命新的成员暂时代理至本届村委会任期届满

36．关于罪数的判断，下列哪一选项是正确的？

A. 甲为冒充国家机关工作人员招摇撞骗而盗窃国家机关证件，并持该证件招摇撞骗。甲成立盗窃国家机关证件罪和招摇撞骗罪，数罪并罚

B. 乙在道路上醉酒驾驶机动车，行驶 20 公里后，不慎撞死路人张某。因已发生实害结果，乙不构成危险驾驶罪，仅构成交通肇事罪

C. 丙以欺诈手段骗取李某的名画。李某发觉受骗，要求丙返还，丙施以暴力迫使李某放弃。丙构成诈骗罪与抢劫罪，数罪并罚

D. 已婚的丁明知杨某是现役军人的配偶，却仍然与之结婚。丁构成重婚罪与破坏军婚罪的想象竞合犯

37．下列哪一案件可适用简易程序审理？

A. 甲为境外非法提供国家秘密案，情节较轻，可能判处 3 年以下有期徒刑

B. 乙抢劫案，可能判处 10 年以上有期徒刑，检察院未建议适用简易程序

C. 丙传播淫秽物品案，经审查认为，情节显著轻微，可能不构成犯罪

D. 丁暴力取证案，可能被判处拘役，丁的辩护人作无罪辩护

38．某区市场监管局以个体户周某销售不合格食品为由，对其作出罚款 2000 元的决定。周某未在法定期限内到指定银行缴纳罚款，且向区政府申请行政复议，区政府作出复议维持决定。周某以区市场监管局为被告向法院提起诉讼，法院通知周某追加区政府为被告，周某不同意。对此，下列哪一说法是正确的？

A. 法院应当将区政府列为第三人

B. 法院可以适用简易程序审理本案

C. 由区市场监管局对罚款行为的合法性承担举证责任

D. 诉讼期间对周某的加处罚款连续计算

39．制度的生命力在于执行。好的制度如果没有执行或执行不力，其优越性就会成为"空中楼阁"，就不能转化为实际的治理效能。下列做法，最能符合这一要求的是哪一项？

A. 建设完备的法律规范体系

B. 建设有力的法治保障体系

C. 建设高效的法治实施体系

D. 建设严密的法治监督体系

40．我国《立法法》明确规定："宪法具有最高的法律效力，一切法律、行政法规、地方性法规、自治条例和单行条例、规章都不得同宪法相抵触。"关于这一规定的理解，下列哪一选项是正确的？

A. 该条文中两处"法律"均指全国人大及其常委会制定的法律

B. 宪法只能通过法律和行政法规等下位法才能发挥它的约束力

C. 宪法的最高法律效力只是针对最高立法机关的立法活动而言的

D. 维护宪法的最高法律效力需要完善相应的宪法审查或者监督制度

41．关于诈骗罪的认定，下列哪一选项是正确的（不考虑数额）？

A. 甲利用信息网络，诱骗他人点击虚假链接，通过预先植入的木马程序取得他人财物。即使他人不知点击链接会转移财产，甲也成立诈骗罪

B. 乙虚构可供交易的商品，欺骗他人点击付款链接，取得他人财物的，由于他人知道自己付款，故乙触犯诈骗罪

C. 丙将钱某门前停放的摩托车谎称是自己的，卖给孙某，让其骑走。丙就钱某的摩托车成立诈骗罪

D. 丁侵入银行计算机信息系统，将刘某存折中的 5 万元存款转入自己的账户。对丁应以诈骗罪论处

42．关于不作为犯罪的判断，下列哪一选项是错误的？

A．小偷翻墙入院行窃，被护院的藏獒围攻。主人甲认为小偷活该，任凭藏獒撕咬，小偷被咬死。甲成立不作为犯罪

B．乙杀丙，见丙痛苦不堪，心生悔意，欲将丙送医。路人甲劝阻乙救助丙，乙遂离开，丙死亡。甲成立不作为犯罪的教唆犯

C．甲看见儿子乙（8周岁）正掐住丙（3周岁）的脖子，因忙于炒菜，便未理会。等炒完菜，甲发现丙已窒息死亡。甲不成立不作为犯罪

D．甲见有人掉入偏僻之地的深井，找来绳子救人，将绳子的一头扔至井底后，发现井下的是仇人乙，便放弃拉绳子，乙因无人救助死亡。甲不成立不作为犯罪

43．关于宪法实施，下列哪一选项是不正确的？

A．宪法的遵守是宪法实施最基本的形式

B．制度保障是宪法实施的主要方式

C．宪法解释是宪法实施的一种方式

D．宪法适用是宪法实施的重要途径

44．国家禁毒委员会为国务院议事协调机构。关于该机构，下列哪一说法是正确的？

A．撤销由国务院机构编制管理机关决定

B．可以规定行政措施

C．议定事项经国务院同意，由有关的行政机构按各自的职责负责办理

D．可以设立司、处两级内设机构

45．全面建设社会主义现代化国家，必须有一支政治过硬、适应新时代要求、具备领导现代化建设能力的干部队伍。对此，哪一项说法是错误的？

A．领导干部是全面推进依法治国的重要组织者、推动者、实践者，是全面依法治国的关键

B．领导干部必须做守法的模范，牢记法律红线不可逾越、法律底线不可触碰

C．领导干部要善于用法治思维谋划工作，用法治方式处理问题

D．要赋予领导干部更多的权力，强化领导干部的权威性

46．下列哪一选项中的甲属于犯罪未遂？

A．甲让行贿人乙以乙的名义办理银行卡，存入50万元，乙将银行卡及密码交给甲。甲用该卡时，忘记密码，不好意思再问乙。后乙得知甲被免职，将该卡挂失取回50万元

B．甲、乙共谋傍晚杀丙，甲向乙讲解了杀害丙的具体方法。傍晚乙如约到达现场，但甲却不去。乙按照甲的方法杀死丙

C．乙欲盗窃汽车，让甲将用于盗窃汽车的钥匙放在乙的信箱。甲同意，但错将钥匙放入丙的信箱，后乙用其他方法将车盗走

D．甲、乙共同杀害丙，以为丙已死，甲随即离开现场。一个小时后，乙在清理现场时发现丙未死，持刀杀死丙

47．下列哪一行为构成包庇罪？

A．甲帮助强奸罪犯毁灭证据

B．乙（乘车人）在交通肇事后指使肇事人逃逸，致使被害人因得不到救助而死亡

C．丙明知实施杀人、放火犯罪行为是恐怖组织所为，而作假证明予以包庇

D．丁系歌舞厅老板，在公安机关查处卖淫嫖娼违法行为时为违法者通风报信，情节严重

48．关于中国古代刑罚制度的说法，下列哪一选项是错误的？

A．"八议"制度自曹魏《魏律》正式入律，其思想渊源为《周礼·秋官》的"八辟丽邦法"之说

B．"秋冬行刑"制度自唐代始，其理论渊源为《礼记·月令》关于秋冬季节"戮有罪，严断刑"之述

C．"大诰"是明初的一种特别刑事法规，其法律形式源自《尚书·大诰》周公对臣民之训诫

D．"明刑弼教"作为明清推行重典治国政策的思想基础，其理论依据源自《尚书·大禹谟》"明于五刑，以弼五教"之语

49．甲国公民汤姆于2012年在本国故意杀人后潜逃至乙国，于2014年在乙国强奸一名妇女后又逃至中国。乙国于2015年向中国提出引渡请求。经查明，中国和乙国之间没有双边引渡条约。依相关国际法及中国法律规定，下列哪一选项是正确的？

A．乙国的引渡请求应向中国最高人民法院提出

B．乙国应当作出互惠的承诺

C．最高人民法院应对乙国的引渡请求进行审查，并由审判员组成合议庭进行

D．如乙国将汤姆引渡回本国，则在任何情况下都不得再将其转引

50．司法公正体现在司法活动各个方面和对司法人员的要求上。下列哪一做法体现的不是司法公正的内涵？

A．甲法院对社会关注的重大案件通过微博直播庭审过程

B．乙法院将本院公开审理后作出的判决书在网上公布

C．丙检察院为辩护人查阅、摘抄、复制案卷材料提供便利

D．丁检察院为暴力犯罪的被害人提供医疗和物质救助

51. 下列关于中国刑法适用范围的说法哪些是错误的?

A. 甲国公民汤姆教唆乙国公民约翰进入中国境内发展黑社会组织。即使约翰果真进入中国境内实施犯罪行为,也不能适用中国刑法对仅仅实施教唆行为的汤姆追究刑事责任

B. 中国公民赵某从甲国贩卖毒品到乙国后回到中国。由于赵某的犯罪行为地不在中国境内,行为也没有危害中国的国家或者国民的利益,所以,不能适用中国刑法

C. A国公民丙在中国留学期间利用暑期外出旅游,途中为勒索财物,将B国在中国的留学生丁某从东北某市绑架到C国,中国刑法可以依据保护管辖原则对丙追究刑事责任

D. 中国公民在中华人民共和国领域外实施的犯罪行为,按照刑法规定的最高刑为3年以下有期徒刑的,也可以适用中国刑法追究刑事责任

52. 在符合逮捕条件时,对下列哪些人员可以适用监视居住措施?

A. 甲患有严重疾病、生活不能自理

B. 乙正在哺乳自己婴儿

C. 丙系生活不能自理的人的唯一扶养人

D. 丁系聋哑人

53. 某区规划局以一公司未经批准擅自搭建地面工棚为由,限期自行拆除。该公司逾期未拆除。根据规划局的请求,区政府组织人员将违法建筑拆除,并将拆下的钢板作为建筑垃圾运走。如该公司申请国家赔偿,下列哪些说法是正确的?

A. 可以向区规划局提出赔偿请求

B. 区政府为赔偿义务机关

C. 申请国家赔偿之前应先申请确认运走钢板的行为违法

D. 应当对自己的主张提供证据

54. 关于坚持公正司法,下列哪些说法是正确的?

A. 公正司法,就是受到侵害的权利一定会得到保护和救济,违法犯罪活动一定要受到制裁和惩罚

B. 要改进司法工作作风,通过热情服务切实解决好老百姓打官司过程中遇到的各种难题

C. 全面落实司法责任制,加强党在个案中对审判工作的指导

D. 依法规范司法人员与当事人、律师、特殊关系人、中介组织的接触、交往行为

55. 某区质监局以甲公司未依《食品安全法》取得许可从事食品生产为由,对其处以行政处罚。甲公司认为,依特别法优先于一般法原则,应适用国务院《工业产品生产许可证管理条例》(以下简称《条例》)而非《食品安全法》,遂提起行政诉讼。对此,下列哪些说法是正确的?

A.《条例》不是《食品安全法》的特别法,甲公司说法不成立

B.《食品安全法》中规定食品生产经营许可的法律规范属于公法

C. 若《条例》与《食品安全法》抵触,法院有权直接撤销

D.《条例》与《食品安全法》都属于当代中国法的正式渊源中的"法律"

56. 关于合宪性审查,下列哪些说法是正确的?

A. 合宪性审查的对象是规范性法律文件,不涉及具体行为

B. 2018年宪法修正案将"法律委员会"更名为"宪法和法律委员会",其在法律草案的审议中发挥着合宪性审查的功能

C. 我国合宪性审查的主体是全国人大及其常委会

D. 我国采取附带性审查的宪法监督制度

57. 下列哪些选项不构成犯罪中止?

A. 甲收买1名儿童打算日后卖出。次日,看到拐卖儿童犯罪分子被判处死刑的新闻,偷偷将儿童送回家

B. 乙使用暴力绑架被害人后,被害人反复向乙求情,乙释放了被害人

C. 丙加入某恐怖组织并参与了一次恐怖活动,后经家人规劝退出该组织

D. 丁为国家工作人员,挪用公款3万元用于孩子学费,4个月后主动归还

58. 在法庭审理过程中,被告人屠某、沈某和证人朱某提出在侦查期间遭到非法取证,要求确认其审前供述或证言不具备证据能力。下列哪些情形下应当根据法律规定排除上述证据?

A. 将屠某"大"字型吊铐在窗户的铁栏杆上,双脚离地

B. 对沈某进行引诱,说"讲了就可以回去"

C. 对沈某进行威胁,说"不讲就把你老婆一起抓进来"

D. 对朱某进行威胁,说"不配合我们的工作就把你关进来"

59. 甲公司将承建的建筑工程承包给无特种作业操作资格证书的邓某,邓某在操作时引发事故。某省建设厅作出暂扣甲公司安全生产许可证三个月的决定,市安全监督管理局对甲公司罚款三万元。甲公

司对市安全监督管理局罚款不服,向法院起诉。下列哪些选项是正确的?

A. 如甲公司对某省建设厅的决定也不服,向同一法院起诉的,法院可以决定合并审理

B. 市安全监督管理局不能适用简易程序作出罚款3万元的决定

C. 某省建设厅作出暂扣安全生产许可证决定前,应为甲公司组织听证

D. 因市安全监督管理局的罚款决定违反一事不再罚要求,法院应判决撤销

60. 关于法官的惩戒,下列哪些项说法是正确的?

A. 某省高级人民法院欲设立法官惩戒委员会,负责对违反审判职责的法官进行惩戒

B. 法官惩戒委员会由法官代表、其他从事法律职业的人员和有关方面代表组成,其中法官代表不少于半数

C. 惩戒委员会依照有关规定对法官作出是否予以惩戒的决定,人民法院依照惩戒委员会的决定给予相应处理

D. 法官惩戒委员会审议惩戒事项时,当事人有权申请有关人员回避,有权进行陈述、举证、辩解

61. 关于因果关系,下列哪些说法是正确的?

A. 贾某在公路上醉酒驾驶。公路路面上散落几个井盖。贾某因为醉酒没有注意到井盖,车轮轧过井盖,井盖飞起,砸中路边行人,导致行人重伤。贾某的醉酒行为与行人的重伤结果之间有因果关系

B. 甲、乙发生口角,甲踢伤乙,导致乙心脏病发作死亡。甲的行为与乙的死亡结果之间有因果关系

C. 甲和乙是警察,押解犯罪嫌疑人丙的过程中,丙中途以上厕所为由而逃跑。甲、乙的失职行为与丙的脱逃之间有因果关系

D. 甲为了杀乙,在饭中下毒药,乙中毒,家人送乙去医院,途中偶遇丙驾驶车辆在道路上横冲直撞报复社会,乙被当场撞死。甲的杀人行为与乙的死亡存在因果关系

62. 某公司工作人员张某下班途中发生车祸死亡,公司请求市劳动局予以工伤认定,劳动局驳回了其认定请求。张某妻子不服,向市政府申请复议。下列哪些说法是正确的?

A. 工伤认定的性质为行政裁决

B. 张某妻子不具有申请人资格

C. 公司可委托代理人参加行政复议

D. 市政府发现劳动局决定违法,可以制作行政复议意见书

63. 未成年人小天因涉嫌盗窃被检察院适用附条件不起诉。关于附条件不起诉可以附带的条件,下列哪些选项是正确的?

A. 完成一个疗程四次的心理辅导

B. 每周参加一次公益劳动

C. 每个月向检察院报告日常花销和交友情况

D. 不得离开所居住的县

64. 全面推进依法治国,必须建设一支德才兼备的高素质法治工作队伍。关于建设法治工作队伍,下列哪些表述是正确的?

A. 建立法律职业人员统一职前培训制度和在职法官、检察官、警察、律师同堂培训制度

B. 加强由法官、检察官、公证员、司法鉴定人、仲裁员、人民调解员等构成的法律服务队伍建设

C. 要充分发挥律师在全面依法治国中的重要作用,增强广大律师走中国特色社会主义法治道路的自觉性和坚定性

D. 建立激励法律服务人才跨区域流动机制,逐步解决基层和欠发达地区法律服务资源不足和人才匮乏问题

65. 依《刑法》第180条第4款之规定,证券从业人员利用未公开信息从事相关交易活动,情节严重的,依照第1款的规定处罚;该条第1款规定了"情节严重"和"情节特别严重"两个量刑档次。在审理史某利用未公开信息交易一案时,法院认为,尽管第4款中只有"情节严重"的表述,但仍应将其理解为包含"情节严重"和"情节特别严重"两个量刑档次,并认为史某的行为属"情节特别严重"。其理由是《刑法》其他条款中仅有"情节严重"的规定时,相关司法解释仍规定按照"情节严重"、"情节特别严重"两档量刑。对此,下列哪些说法是正确的?

A. 第4款中表达的是准用性规则

B. 法院运用了体系解释方法

C. 第4款的规定可以避免法条重复表述

D. 法院的解释将焦点集中在语言上,并未考虑解释的结果是否公正

66. 序言是我国现行宪法的重要组成部分,在现行宪法的五次部分修改中,有四次对序言进行了修改。关于对宪法序言的修改,下列哪些说法是错误的?

A. 1999年宪法修正案序言部分把"我国正处于社会主义初级阶段"修改为"我国将长期处于社会主义初级阶段"

B. 2018年宪法修正案在爱国统一战线中增加"社会主义事业的建设者"

C. 2004年宪法修正案将我国的根本任务调整为"把我国建设成为富强民主文明和谐美丽的社会主义现代化强国,实现中华民族伟大复兴"

D. 2018年宪法修正案将"中国共产党领导是中

国特色社会主义最本质的特征"写入宪法序言

67． 下列哪些行为属于具体行政行为？

A．市场监督管理局发文要求某电商平台合法合规经营

B．防汛指挥部发布大雨蓝色预警,请市民出行注意安全

C．中国证监会对某公司负责人采取终身禁入证券市场措施

D．某省证监局向某证券公司出具警示函,指出其执业过程中存在的问题并责令采取整改措施

68． 被告人刘某在案件审理期间死亡,法院作出终止审理的裁定。其亲属坚称刘某清白,要求法院作出无罪判决。对于本案的处理,下列哪些选项是正确的？

A．应当裁定终止审理

B．根据已查明的案件事实和认定的证据,能够确认无罪的,应当判决宣告刘某无罪

C．根据刘某亲属要求,应当撤销终止审理的裁定,改判无罪

D．根据刘某亲属要求,应当以审判监督程序重新审理该案

69． 关于窝藏罪,下列哪些说法是正确的？

A．陈某杀人后,甲说:"你安心逃跑,我帮我照顾你的妻子。"甲构成窝藏罪

B．董某杀人后,本欲投案自首,乙让董某赶紧逃走,董某遂潜逃外地。乙构成窝藏罪

C．张某杀人逃跑后,其妻丙照顾张某起居。丙不构成窝藏罪

D．王某杀人后准备逃匿,其朋友丁为其提供管制刀具。丁不构成窝藏罪

70．《孟子·尽心章句上》记载,学生问孟子:"舜做天子,如果舜的父亲杀了人,舜该怎么办?"孟子说:"应先把他父亲抓起来,然后舜放弃天子之位,夜晚偷偷地背上父亲逃跑。"对此,下列哪些说法是正确的？

A．孟子的主张体现了"亲亲""尊尊"的礼的精神原则

B．孟子认为,即使是帝王也不能滥用权力

C．本案体现了不能忽视法律的社会意义和伦理意义

D．舜的做法体现了孝道与守法不能两全

71． 关于国际法基本原则,下列哪些选项是正确的？

A．国际法基本原则具有强行法性质

B．不得使用威胁或武力原则是指禁止除国家对侵略行为进行的自卫行动以外的一切武力的使用

C．对于一国国内的民族分离主义活动,民族自决原则没有为其提供任何国际法根据

D．和平解决国际争端原则是指国家间在发生争端时,各国都必须采取和平方式予以解决

72． 关于刑事责任认定,下列哪些选项是正确的？

A．甲被乙欺骗而吸食面粉(实为毒品),甲吸食后出现幻觉认为乙是"恶魔",为了"保命"打死了乙。甲对乙的死亡结果不负刑事责任

B．间歇性精神病人甲能够辨认但不能控制自己的行为,导致被害人死亡的,不负刑事责任

C．76周岁的老人甲因生活琐事不满老伴许久,遂在老伴熟睡过程中拧开煤气罐致使老伴中毒身亡。甲虽然有责任能力,但不适用死刑

D．14周岁的甲抢劫枪支、弹药、炸弹、危险物品的,不构成犯罪

73． 下列哪些情形违反《公务员法》有关回避的规定？

A．张某担任家乡所在县的县长

B．刘某是工商局局长,其侄担任工商局人事处科员

C．王某是税务局工作人员,参加调查一企业涉嫌偷漏税款案,其妻之弟任该企业的总经理助理

D．李某是公安局局长,其妻在公安局所属派出所担任户籍警察

74． 下列关于正确认识和处理全面依法治国重大关系的说法正确的有哪些？

A．必须坚持宪法确定的中国共产党领导地位不动摇,坚持宪法确定的人民民主专政的国体和人民代表大会制度的政体不动摇

B．国家法律是党的政策的先导和指引,是立法和执法司法的重要指导

C．依规治党是依法治国的前提和保障,要发挥依法治国对依规治党的辅助作用

D．既要强化法律对道德建设的促进作用,又要发挥道德对法治的滋养作用

75． 关于国家勋章和国家荣誉称号,下列说法哪些是正确的？

A．国家勋章和国家荣誉称号是国家最高荣誉

B．国务院可以向全国人大常委会提出授予国家勋章和国家荣誉称号的议案

C．国家勋章与国家荣誉称号由全国人大常委会决定授予

D．国家勋章和国家荣誉称号可以由全国人大常委会决定撤销

76． 关于行政复议案件的审理和决定,下列哪些说法是正确的？

A. 行政复议期间涉及专门事项需要鉴定的，当事人可自行委托鉴定机构进行鉴定

B. 对重大、复杂的案件，行政复议机构应采取听证方式审理

C. 申请人在行政复议决定作出前自愿撤回行政复议申请的，经行政复议机构同意，可以撤回

D. 行政复议人员调查取证时应向当事人或者有关人员出示证件

77. 推进全面依法治国是国家治理的一场深刻变革，下列哪些说法是正确的？

A. 要营造各种所有制主体依法平等使用资源要素、公开公平公正参与竞争、同等受到法律保护的市场环境

B. 立法要主动适应改革需要，改革也要以习近平法治思想为指导

C. 对实践证明已经比较成熟的改革经验和行之有效的改革举措，要尽快上升为法律，先推行改革，再修订、解释或者废止原有法律

D. 立足新发展阶段，贯彻"发展要上，法治要让"的基本原则，对不适应改革要求的现行法律法规，要及时修改或废止

78. 社会主义法治的公平正义，要通过法治的一系列基本原则加以体现。"未经法院依法判决，对任何人都不得确定有罪"是《刑事诉讼法》确立的一项基本原则。关于这一原则，下列哪些说法是正确的？

A. 明确了定罪权的专属性，法院以外任何机关、团体和个人都无权行使这一权力

B. 确定被告人有罪需要严格依照法定程序进行

C. 表明我国刑事诉讼法已经全面认同和确立无罪推定原则

D. 按照该规定，可以得出疑罪从无的结论

79. 关于立功，下列哪些说法是正确的？

A. 张某在取保候审期间，利用网络教唆陈某贩卖毒品，然后联系公安机关将陈某抓获。张某不构成立功

B. 李某在服刑期间，其家人在监狱外购买他人发明成果，并以李某名义申请并获得了该项发明专利。李某不构成立功

C. 王某因行贿罪被抓，其交代了刘某向他索贿的事实。对王某应同时适用坦白与立功

D. 钱某贩卖毒品被抓，检举并揭发了其上家周某贩卖毒品的事实。钱某构成立功

80. 下列哪些行为违反了相关法律职业规范规定？

A. 某律师事务所明知李律师的伯父是甲市中院领导，仍指派其到该院代理诉讼

B. 检察官高某在办理一起盗车并杀害车内行动

不便的老人案件时，发现网上民愤极大，即以公诉人身份跟帖向法院建议判处被告死刑立即执行

C. 在法庭上，公诉人车某发现李律师发微博，当庭予以训诫，审判长怀立法官未表明态度

D. 公证员张某根据甲公司董事长申请，办理了公司章程公证，张某与该董事长系大学同学

81. ①纳税人逃税，经税务机关依法下达追缴通知后，补缴应纳税款，缴纳滞纳金，已受行政处罚的，一律不予追究刑事责任

②纳税人逃避追缴欠税，经税务机关依法下达追缴通知后，补缴应纳税款，缴纳滞纳金，已受行政处罚的，应减轻或者免除处罚

③纳税人以暴力方法拒不缴纳税款，后主动补缴应纳税款，缴纳滞纳金，已受行政处罚的，不予追究刑事责任

④扣缴义务人逃税，经税务机关依法下达追缴通知后，补缴应纳税款，缴纳滞纳金，已受行政处罚的，不予追究刑事责任

关于上述观点的正误判断，下列哪些选项是错误的？

A. 第①句正确，第②③④句错误

B. 第①②句正确，第③④句错误

C. 第①③句正确，第②④句错误

D. 第①②③句正确，第④句错误

82. 某案件经中级法院一审判决后引起社会的广泛关注。为回应社会关注和保证办案质量，在案件由高级法院作出二审判决前，基于我国法院和检察院的组织体系与上下级关系，最高法院和最高检察院可采取下列哪些措施？

A. 最高法院可听取高级法院对该案的汇报并就如何审理提出意见

B. 最高法院可召开审判业务会议对该案的实体和程序问题进行讨论

C. 最高检察院可听取省检察院的汇报并对案件事实、证据进行审查

D. 最高检察院可决定检察机关在二审程序中如何发表意见

83. 李某请求民政局向其支付抚恤金，遭民政局拒绝。李某诉至法院，要求判令民政局履行法定职责，同时申请法院先予执行。法院经审理查明，民政局负有给付义务而拒绝履行不符合法律规定。对此，下列哪些说法是正确的？

A. 李某提出先予执行申请时，应提供相应担保

B. 法院应当判决民政局在一定期限内履行相应的给付义务

C. 如果李某未先向行政机关提出申请的，法院应当裁定驳回起诉

D. 如果法院认为给付义务明显不属于民政局权限范围的,可以裁定驳回起诉

84. 甲因酒后驾车被某县公安局交警大队查获,经鉴定,甲每百毫升血液中含酒精90mg,属于醉酒驾车。交警大队随后将甲移送刑警大队以追究危险驾驶罪的刑事责任。刑警大队3天后对甲作出了不立案决定。下列哪些选项是不正确的?

A. 甲有权向某县公安局复议

B. 甲有权向某县公安局的上一级机关复核

C. 交警队有权向某县公安局复议

D. 交警队有权向某县公安局的上一级机关复核

85. 下列哪些选项不属于绑架罪中的"杀害被绑架人"?

A. 以勒索财物为目的控制被害人之后,故意伤害被害人,被害人因重伤而死亡

B. 绑架被害人之后,为防止被害人出声,用毛巾塞住其嘴后离开,被害人窒息死亡

C. 为勒索财物而着手绑架被害人,遭到被害人的激烈反抗,用绳子直接勒死被害人

D. 取得赎金后,已经释放被害人,因担心被害人报警,开车追了3公里,杀死被害人

三、不定项选择题。每题所设选项中至少有一个正确答案,多选、少选、错选或不选均不得分。本部分含86—100题,每题2分,共30分。

86. 县政府以某化工厂不符合国家产业政策、污染严重为由,决定强制关闭该厂。该厂向法院起诉要求撤销该决定,并提出赔偿请求。一审法院认定县政府决定违法,予以撤销,但未对赔偿请求作出裁判,县政府提出上诉。下列说法正确的是:

A. 本案第一审应由县法院管辖

B. 二审法院不得以不开庭方式审理该上诉案件

C. 二审法院应对一审法院的判决和被诉行政行为进行全面审查

D. 如二审法院经审查认为依法不应给予该厂赔偿的,应判决驳回其赔偿请求

（一）

黄某(17周岁,某汽车修理店职工)与吴某(16周岁,高中生)在餐馆就餐时因琐事与赵某(16周岁,高中生)发生争吵,并殴打赵某致其轻伤。检察院审查后,综合案件情况,拟对黄某作出附条件不起诉决定,对吴某作出不起诉决定。请回答87～89题。

87. 关于本案审查起诉的程序,下列选项正确的是:

A. 应当对黄某、吴某的成长经历、犯罪原因和监护教育等情况进行社会调查

B. 在讯问黄某、吴某和询问赵某时,应当分别通知他们的法定代理人到场

C. 应当分别听取黄某、吴某的辩护人的意见

D. 拟对黄某作出附条件不起诉决定,应当听取赵某及其法定代理人与诉讼代理人的意见

88. 关于对黄某的考验期,下列选项正确的是:

A. 从宣告附条件不起诉决定之日起计算

B. 不计入检察院审查起诉的期限

C. 可根据黄某在考验期间的表现,在法定范围内适当缩短或延长

D. 如黄某违反规定被撤销附条件不起诉决定而提起公诉,已经过的考验期可折抵刑期

89. 关于本案的办理,下列选项正确的是:

A. 在对黄某作出附条件不起诉决定、对吴某作出不起诉决定时,必须达成刑事和解

B. 检察院对黄某作出附条件不起诉决定、对吴某作出不起诉决定时,可要求他们向赵某赔礼道歉、赔偿损失

C. 在附条件不起诉考验期内,检察院可将黄某移交有关机构监督考察

D. 检察院对黄某作出附条件不起诉决定,对吴某作出不起诉决定后,均应将相关材料装订成册,予以封存

90. 可能构成战时自伤罪的情况是:

A. 预备役人员张某在战时为逃避征召,自伤身体

B. 战士李某为尽早脱离战场,在敌人火力猛烈向我方阵地射击时,故意将手臂伸出掩体之外,被敌人子弹击中,无法继续作战

C. 战士王某战时奉命守卫仓库,站岗时因困倦睡着,导致仓库失窃,为了掩盖过错,他用匕首自伤身体,谎称遭到抢劫

D. 战士陈某为了立功当英雄,战时自伤身体,谎称在与偷袭的敌人交火时受伤

91. 关于我国法律职业人员的入职条件与业内、业外行为的说法:①法官和检察官的任职禁止条件完全相同;②被辞退的司法人员不能担任律师和公证员;③王某是甲市中院的副院长,其子王二不能同时担任甲市乙县法院的审判员;④李法官利用业余时间提供有偿网络法律咨询,应受到惩戒;⑤刘检察官提出检察建议被采纳,效果显著,应受到奖励;⑥张律师两年前因私自收费被罚款,目前不能成为律所的设立人。对上述说法,下列判断正确的是:

A. ①⑤正确　　　　B. ②④错误

C. ②⑤正确　　　　D. ③⑥错误

92. 基本权利的效力是指基本权利规范所产生的拘束力。关于基本权利效力,下列选项正确的是:

A. 基本权利规范对立法机关产生直接的拘束力

B. 基本权利规范对行政机关的活动和公务员的行为产生拘束力

C. 基本权利规范只有通过司法机关的司法活动才产生拘束力

D. 一些国家的宪法一定程度上承认基本权利规范对私人产生拘束力

93．我国《民法典》增设居住权，下列关于居住权的评论正确的是：

A. 居住权具有道德权利和法律权利双重属性

B. 从逻辑上看，居住权先于《民法典》而存在

C. 人民群众的基本需求均应纳入法律的调整范围

D. 居住权有助于保护弱势群体的利益

94．习近平总书记指出："推进全面依法治国是国家治理的一场深刻变革，必须以科学理论为指导。"对此，下列说法正确的是：

A. 习近平法治思想是新时代全面依法治国的根本遵循和行动指南

B. 习近平法治思想构成了系统完备、逻辑严密、内在统一的科学思想体系

C. 习近平法治思想是引领法治中国建设实现高质量发展的思想旗帜

D. 贯彻中国特色社会主义法治理论是中国特色社会主义法治道路的核心要义之一

（二）

为开发统一的数码产品网络电召平台，甲市政府与宝昌股份有限责任公司签订了为期 6 年的特许经营协议，由宝昌公司开发网络电召平台并提供日常维护，并约定协议期间甲市政府将禁止其他公司单独开发电召平台。2 年后，由于政府换届，甲市政府单方提前解除了与宝昌公司的协议。请回答 95、96 题。

95．根据上述案例，下列说法正确的是：

A. 对于甲市政府与宝昌公司签订特许经营协议的行为，宝昌公司的竞争对手乙公司可以提起行政诉讼

B. 对于甲市政府单方提前解除协议的行为，宝昌公司可以提起民事诉讼

C. 对于甲市政府单方提前解除协议的行为，宝昌公司应当按照行政诉讼的起诉期起诉

D. 对于甲市政府单方提前解除协议的行为，宝昌公司应当按照民事诉讼的规定缴纳诉讼费用

96．若宝昌公司对甲市政府解除协议的行为不服，向法院提起行政诉讼，下列说法正确的是：

A. 如果特许经营协议中约定了发生争议由协议订立地法院管辖，可以按照协议的约定确定管辖法院

B. 审理本案可以参照适用相关民事法律规范

C. 如果协议能够继续履行，法院可判决被告继续履行协议

D. 如果协议不能继续履行，法院可判决被告采取相应的补救措施，并对原告的损失予以补偿

（三）

甲是 A 公司（国有房地产公司）领导，因私人事务欠蔡某 600 万元。蔡某让甲还钱，甲提议以 A 公司在售的商品房偿还债务，蔡某同意。甲遂将公司一套价值 600 万元的商品房过户给蔡某，并在公司财务账目上记下自己欠公司 600 万元。三个月后，甲将账作平，至案发时亦未归还欠款。（事实一）

A 公司有工程项目招标。为让和自己关系好的私营公司老板程某中标，甲刻意安排另外两家公司与程某一起参与竞标。甲让这两家公司和程某分别制作工程预算和标书，但各方约定，若这两家公司中标，就将工程转包给程某。程某最终在 A 公司预算范围内以最优报价中标。为感谢甲，程某花 5000 元购买仿制古董赠与甲。甲以为是价值 20 万元的真品，欣然接受。（事实二）

甲曾因公务为 A 公司垫付各种费用 5 万元，但由于票据超期，无法报销。为挽回损失，甲指使知情的程某虚构与 A 公司的劳务合同并虚开发票。甲在合同上加盖公司公章后，找公司财务套取"劳务费"5 万元。（事实三）

请回答 97~99 题。

97．关于事实一的分析，下列选项正确的是：

A. 甲将商品房过户给蔡某的行为构成贪污罪

B. 甲将商品房过户给蔡某的行为构成挪用公款罪

C. 甲虚假平账，不再归还 600 万元，构成贪污罪

D. 甲侵占公司 600 万元，应与挪用公款罪数罪并罚

98．关于事实二的分析，下列选项正确的是：

A. 程某虽与其他公司串通参与投标，但不构成串通投标罪

B. 甲安排程某与他人串通投标，构成串通投标罪的教唆犯

C. 程某以行贿的意思向甲赠送仿制古董，构成行贿罪既遂

D. 甲以受贿的意思收下程某的仿制古董，构成受贿罪既遂

99．关于事实三的分析，下列选项错误的是：

A. 甲以非法手段骗取国有公司的财产，构成诈骗罪

B. 甲具有非法占有公共财物的目的，构成贪污罪

C. 程某协助甲对公司财务人员进行欺骗，构成

诈骗罪与贪污罪的想象竞合犯

D. 程某并非国家工作人员,但帮助国家工作人员贪污,构成贪污罪的帮助犯

100. 下列选项属于行政诉讼受案范围的是:

A. 方某在妻子失踪后向公安局报案要求立案侦查,遭拒绝后向法院起诉确认公安局的行为违法

B. 区房管局以王某不履行双方签订的房屋征收补偿协议为由向法院起诉

C. 某企业以工商局滥用行政权力限制竞争为由向法院起诉

D. 黄某不服市政府发布的征收土地补偿费标准直接向法院起诉

试 卷 二

试 题

一、单项选择题。每题所设选项中只有一个正确答案，多选、错选或不选均不得分。本部分含 1-50 题，每题 1 分，共 50 分。

1．植根农业是北方省份一家从事农产品加工的公司。为拓宽市场，该公司在南方某省分别设立甲分公司与乙分公司。关于分公司的法律地位与责任，下列哪一选项是错误的？

A．甲分公司的负责人在分公司经营范围内，当然享有以植根公司名义对外签订合同的权利

B．植根公司的债权人在植根公司直接管理的财产不能清偿债务时，可主张强制执行各分公司的财产

C．甲分公司的债权人在甲分公司直接管理的财产不能清偿债务时，可主张强制执行植根公司的财产

D．乙分公司的债权人在乙分公司直接管理的财产不能清偿债务时，不得主张强制执行甲分公司直接管理的财产

2．蒋某为中天公司调试某设备，双方约定，如果因蒋某的原因造成损失，蒋某只需要承担一半的赔偿责任。后来，中天公司为该设备投保了财产损失险，但未将与蒋某的约定告知保险公司，保险公司也未询问针对此设备有无免责约定。不久，蒋某在调试设备时因擅自修改设备参数，引起火灾，造成该设备损失 20 万元。下列说法正确的是哪一项？

A．保险公司向中天公司赔偿后，可向蒋某追偿 10 万元

B．保险公司向中天公司赔偿后，可向蒋某追偿 20 万元

C．保险公司主张代位求偿的管辖法院，依保险合同关系确定

D．如果保险公司已经向中天公司赔偿，可向中天公司主张返还赔偿金

3．甲公司因与乙公司的合同纠纷向仲裁委员会申请仲裁，甲公司的仲裁请求得到仲裁庭的支持。裁决作出后，乙公司向法院申请撤销仲裁裁决。法院在审查过程中，甲公司向法院申请强制执行仲裁裁决。关于本案，下列哪一说法是正确的？

A．法院对撤销仲裁裁决申请的审查，不影响法院对该裁决的强制执行

B．法院不应当受理甲公司的执行申请

C．法院应当受理甲公司的执行申请，同时应当告知乙公司向法院申请裁定不予执行仲裁裁决

D．法院应当受理甲公司的执行申请，受理后应当裁定中止执行

4．甲、乙、丙三人共同致丁身体损害，丁起诉三人要求赔偿 3 万元。一审法院经审理判决甲、乙、丙分别赔偿 2 万元、8000 元和 2000 元，三人承担连带责任。甲认为丙赔偿 2000 元的数额过低，提起上诉。关于本案二审当事人诉讼地位的确定，下列哪一选项是正确的？

A．甲为上诉人，丙为被上诉人，乙为原审被告，丁为原审原告

B．甲为上诉人，丙、丁为被上诉人，乙为原审被告

C．甲、乙为上诉人，丙为被上诉人，丁为原审原告

D．甲、乙、丙为上诉人，丁为被上诉人

5．大华商场委托飞达广告公司制作了一块宣传企业形象的广告牌，并由飞达公司负责安装在商场外墙。某日风大，广告牌被吹落砸伤过路人郑某。经查，广告牌的安装存在质量问题。关于郑某的损害，下列哪一选项是正确的？

A．大华商场承担赔偿责任，飞达公司承担补充赔偿责任

B．飞达公司承担赔偿责任，大华商场承担补充赔偿责任

C．大华商场承担赔偿责任，但其有权向飞达公司追偿

D．飞达公司承担赔偿责任，大华商场不承担责任

6．甲公司分立为乙丙两公司，约定由乙公司承担甲公司全部债务的清偿责任，丙公司继受甲公司全部债权。关于该协议的效力，下列哪一选项是正确的？

A．该协议仅对乙丙两公司具有约束力，对甲公司的债权人并非当然有效

B．该协议无效，应当由乙丙两公司对甲公司的

债务承担连带清偿责任

C. 该协议有效,甲公司的债权人只能请求乙公司对甲公司的债务承担清偿责任

D. 该协议效力待定,应当由甲公司的债权人选择分立后的公司清偿债务

7. 个体工商户甲将其现有的以及将有的生产设备、原材料、半成品、产品一并抵押给乙银行,但未办理抵押登记。抵押期间,甲未经乙同意以合理价格将一台生产设备出卖给丙。后甲不能向乙履行到期债务。对此,下列哪一选项是正确的?

A. 该抵押权因抵押物不特定而不能成立

B. 该抵押权因未办理抵押登记而不能成立

C. 该抵押权虽已成立但不能对抗善意第三人

D. 乙有权对丙从甲处购买的生产设备行使抵押权

8. 某品牌白酒市场份额较大且知名度较高,因销量急剧下滑,生产商召集经销商开会,令其不得低于限价进行销售,对违反者将扣除保证金、减少销售配额直至取消销售资格。关于该行为的性质,下列哪一判断是正确的?

A. 维护品牌形象的正当行为

B. 滥用市场支配地位的行为

C. 价格同盟行为

D. 纵向垄断协议行为

9. 祺航公司向法院申请破产,法院受理并指定甲为管理人。债权人会议决定设立债权人委员会。现昊泰公司提出要受让祺航公司的全部业务与资产。甲的下列哪一做法是正确的?

A. 代表祺航公司决定是否向昊泰公司转让业务与资产

B. 将该转让事宜交由法院决定

C. 提议召开债权人会议决议该转让事宜

D. 作出是否转让的决定并将该转让事宜报告债权人委员会

10. 齐某申请法院强制执行韩某的房屋,法院将该房屋放在网上进行司法拍卖。牛某以高价拍得该房屋,后来发现韩某注册了账号参与司法拍卖哄抬价格。现牛某欲向法院申请撤销拍卖,可采用下列哪一种方式?

A. 向房屋所在地法院起诉韩某

B. 向韩某住所地法院起诉韩某

C. 向执行法院申请执行标的异议

D. 向执行法院申请执行行为异议

11. 同升公司以一套价值 100 万元的设备作为抵押,向甲借款 10 万元,未办理抵押登记手续。同升公司又向乙借款 80 万元,以该套设备作为抵押,并办

理了抵押登记手续。同升公司欠丙货款 20 万元,将该套设备出质给丙。丙不小心损坏了该套设备送丁修理,因欠丁 5 万元修理费,该套设备被丁留置。关于甲、乙、丙、丁对该套设备享有的担保物权的清偿顺序,下列哪一排列是正确的?

A. 甲乙丙丁　　　　B. 乙丙丁甲

C. 丙丁甲乙　　　　D. 丁乙丙甲

12. 甲矿业公司获得了某大型锂矿的开采权,在开采前对矿区先行进行了探查,发现部分分区域还伴生有稀土矿。对此,下列哪一项说法是正确的?

A. 甲公司的锂矿采矿权是通过拍卖方式取得,应补办审批手续

B. 甲公司有权优先取得稀土矿的采矿权

C. 甲公司在对矿区进行探查前,应先取得探矿权

D. 甲公司在进行开采作业前,应取得采矿许可证,报原矿业权出让部门登记备案

13. 新西兰人甲在中国某法院涉诉,其纠纷依中国法应适用新西兰法,依新西兰法应适用中国法。根据我国《涉外民事关系法律适用法》,下列哪项判断是正确的?

A. 该纠纷应适用中国实体法

B. 该纠纷应适用新西兰实体法

C. 依最密切联系原则选择实体法

D. 因中国法和新西兰法冲突,法院应驳回起诉

14. 甲、乙二人同村,宅基地毗邻。甲的宅基地倚山、地势较低,乙的宅基地在上将其环绕。乙因琐事与甲多次争吵而郁闷难解,便沿二人宅基地的边界线靠己方一侧,建起高 5 米围墙,使甲在自家院内却有身处监牢之感。乙的行为违背民法的下列哪一基本原则?

A. 自愿原则　　　　B. 公平原则

C. 平等原则　　　　D. 诚信原则

15. 甲到乙医院做隆鼻手术效果很好。乙为了宣传,分别在美容前后对甲的鼻子进行拍照(仅见鼻子和嘴部),未经甲同意将照片发布到丙网站的广告中,介绍该照片时使用甲的真实姓名。丙网站在收到甲的异议后立即作了删除。下列哪一说法是正确的?

A. 乙医院和丙网站侵犯了甲的姓名权,应承担连带赔偿责任

B. 乙医院和丙网站侵犯了甲的姓名权,应承担按份赔偿责任

C. 乙医院侵犯了甲的姓名权

D. 乙医院和丙网站侵犯了甲的姓名权和肖像权,但丙网站可免于承担赔偿责任

16. 不同的审判程序,审判组织的组成往往是不

同的。关于审判组织的适用，下列哪一选项是正确的？

A. 适用简易程序审理的案件，当事人不服一审判决上诉后发回重审的，可由审判员独任审判

B. 适用简易程序审理的案件，判决生效后启动再审程序进行再审的，可由审判员独任审判

C. 适用普通程序审理的案件，当事人双方同意，经上级法院批准，可由审判员独任审判

D. 适用选民资格案件审理程序的案件，应组成合议庭审理，而且只能由审判员组成合议庭

17. 中国 A 公司与甲国 B 公司签订贸易合同，约定合同适用甲国法律。后双方发生纠纷，A 公司依约向中国法院提起诉讼，为明确甲国法律内容，A 公司申请某大学国际法研究中心主任童某出庭。下列哪一项说法是正确的？

A. 童某可以作为鉴定人出庭

B. 童某可以作为证人出庭

C. 童某可以作为专家辅助人出庭

D. 甲国法律的内容不是证明对象，没有规定童某必须出庭

18. 甲公司派遣职工严某到乙公司工作。甲公司提前 30 天通知严某，由于与乙公司之间的劳务派遣协议即将到期，要求严某与其推荐的丙劳务公司签订劳动合同，或者双方协商解除劳动合同，但均被严某拒绝。30 天后，甲公司解除了与严某的劳动合同。严某认为甲公司单方解除劳动合同违法，申请仲裁，要求甲公司支付赔偿金。对此，下列哪一说法是正确的？

A. 甲公司有权解除劳动合同，但应支付经济补偿金

B. 甲公司解除劳动合同违法，但若其愿意继续履行原劳动合同，则无需支付赔偿金

C. 若应支付赔偿金，应由甲公司承担

D. 若应支付赔偿金，乙公司应承担连带责任

19. 某电影公司委托王某创作电影剧本，但未约定该剧本著作权的归属，并据此拍摄电影。下列哪一未经该电影公司和王某许可的行为，同时侵犯二者的著作权？

A. 某音像出版社制作并出版该电影的 DVD

B. 某动漫公司根据该电影的情节和画面绘制一整套漫画，并在网络上传播

C. 某学生将该电影中的对话用方言配音，产生滑稽效果，并将配音后的电影上传网络

D. 某电视台在"电影经典对话"专题片中播放 30 分钟该部电影中带有经典对话的画面

20. 下列哪一情形构成无权代理？

A. 甲冒用乙的姓名从某杂志社领取乙的论文稿

酬据为己有

B. 某公司董事长超越权限以本公司名义为他人提供担保

C. 刘某受同学周某之托冒充丁某参加求职面试

D. 关某代收某推销员谎称关某的邻居李某订购的保健品并代为付款

21. 甲、乙约定：甲将 100 吨汽油卖给乙，合同签订后三天交货，交货后十天内付货款。还约定，合同签订后乙应向甲支付十万元定金，合同在支付定金时生效。合同订立后，乙未交付定金，甲按期向乙交付了货物，乙到期未付款。对此，下列哪一表述是正确的？

A. 甲可请求乙支付定金

B. 乙未支付定金不影响买卖合同的效力

C. 甲交付汽油使得定金合同生效

D. 甲无权请求乙支付价款

22. 2017 年，甲与乙出资设立了陶然公司，甲的持股比例是 75%，担任公司的法定代表人。公司章程约定两股东应于 2022 年缴足出资。后陶然公司欲吸纳丙入股，并与丙签订入股协议，约定：甲、乙应于 2020 年缴足出资，此条件是丙入股陶然公司的必要条件。甲代表陶然公司与丙在协议上签字盖章。乙对此不知情。后丙履行了出资义务，但陶然公司未修改公司章程。甲、乙应于什么时间缴足出资？

A. 甲、乙应于 2022 年缴足出资

B. 甲应于 2020 年缴足出资，乙应于 2022 年缴足出资

C. 甲应于 2022 年缴足出资，乙应于 2020 年缴足出资

D. 甲、乙应于 2020 年缴足出资

23. 马迪由阳光劳务公司派往五湖公司担任驾驶员。因五湖公司经常要求加班，且不发加班费，马迪与五湖公司发生争议，向劳动争议仲裁委员会申请仲裁。关于本案仲裁当事人的确定，下列哪一表述是正确的？

A. 马迪是申请人，五湖公司为被申请人

B. 马迪是申请人，五湖公司和阳光劳务公司为被申请人

C. 马迪是申请人，五湖公司为被申请人，阳光劳务公司可作为第三人参加诉讼

D. 马迪和阳光劳务公司为申请人，五湖公司为被申请人

24. 徐某驾车撞伤唐某，起诉后法院判决徐某赔偿唐某 10 万元。该判决履行 1 年后，唐某左腿疼痛，经鉴定系车祸后遗症。唐某再次起诉，要求徐某赔偿 5 万元。关于法院对唐某再次起诉的处理，下列哪一说法是正确的？

A. 既判力对标准时之前发生的事实有拘束力,应裁定驳回起诉

B. 既判力对标准时之后发生的事实没有拘束力,应予以受理

C. 车祸后遗症是既判力标准时之前发生的事实,应告知徐某申请再审

D. 车祸后遗症是既判力标准时之后发生的事实,应告知徐某申请再审

25. 下列哪一项人员可以担任公司的董事?

A. 甲因炒股欠下巨额债务不清偿,被法院列入失信人员名单

B. 乙曾因挪用公款受到刑事处罚,执行期满4年

C. 丙曾主导公司盲目借款,最终导致该公司巨额负债而在2年前被破产清算

D. 丁2年前担任一家长期负债公司的法定代表人,上任后不久该公司即被责令关闭

26. 中国甲公司与法国乙公司签订了向中国进口服装的合同,价格条件CIF。货到目的港时,甲公司发现有两箱货物因包装不当途中受损,因此拒收,该货物在目的港码头又被雨淋受损。依1980年《联合国国际货物销售合同公约》及相关规则,下列哪一选项是正确的?

A. 因本合同已选择了CIF贸易术语,则不再适用《公约》

B. 在CIF条件下应由法国乙公司办理投保,故乙公司也应承担运输途中的风险

C. 因甲公司拒收货物,乙公司应承担货物在目的港码头雨淋造成的损失

D. 乙公司应承担因包装不当造成的货物损失

27. 关于票据丧失时的法律救济方式,下列哪一说法是错误的?

A. 通知票据付款人挂失止付

B. 申请法院公示催告

C. 向法院提起诉讼

D. 不经挂失止付不能申请公示催告或者提起诉讼

28. 甲公司是一家上市公司。关于该公司的独立董事制度,下列哪一表述是正确的?

A. 甲公司董事会成员中应当至少包括1/3的独立董事

B. 任职独立董事的,至少包括一名会计专业人士和一名法律专业人士

C. 除在甲公司外,各独立董事在其他上市公司同时兼任独立董事的,不得超过5家

D. 各独立董事不得直接或间接持有甲公司已发行的股份

29. 某省甲市A区法院受理一起保管合同纠纷案件,根据被告管辖权异议,A区法院将案件移送该省乙市B区法院审理。乙市B区法院经审查认为,A区法院移送错误,本案应归甲市A区法院管辖,发生争议。关于乙市B区法院的做法,下列哪一选项是正确的?

A. 将案件退回甲市A区法院

B. 将案件移送同级第三方法院管辖

C. 报请乙市中级法院指定管辖

D. 与甲市A区法院协商不成,报请该省高级法院指定管辖

30. 红光、金辉、绿叶和彩虹公司分别出资50万、20万、20万、10万元建造一栋楼房,约定建成后按投资比例使用,但对楼房管理和所有权归属未作约定。对此,下列哪一说法是错误的?

A. 该楼发生的管理费用应按投资比例承担

B. 该楼所有权为按份共有

C. 红光公司投资占50%,有权决定该楼的重大修缮事宜

D. 彩虹公司对其享有的份额有权转让

31. 小刘从小就显示出很高的文学天赋,九岁时写了小说《隐形翅膀》,并将该小说的网络传播权转让给某网站。小刘的父母反对该转让行为。下列哪一说法是正确的?

A. 小刘父母享有该小说的著作权,因为小刘是无民事行为能力人

B. 小刘及其父母均不享有著作权,因为该小说未发表

C. 小刘对该小说享有著作权,但网络传播权转让合同无效

D. 小刘对该小说享有著作权,网络传播权转让合同有效

32. 某游戏室是一家有限合伙企业,其中宁某是普通合伙人,谢某、崔某均为有限合伙人。两年后,郑某作为有限合伙人入伙,其入伙协议约定:郑某出资10万元,分期缴纳,以其进行游戏机维护工作的工资逐月抵充。入伙协议签订后,宁某并未办理变更登记。后谢某将其份额转让给合伙企业以外的第三人,但未按照合伙协议的约定提前30日通知其他合伙人。崔某将合伙企业的份额出质给了甲公司作为自己的融资担保。据此,下列哪一说法是正确的?

A. 合伙协议中关于郑某的出资约定合法有效

B. 因合伙企业未变更登记,所以郑某不具有合伙人资格

C. 谢某因未提前30日通知其他合伙人,所以转让无效

D. 崔某的出质行为因未得到其他合伙人的一致同意而无效

33．甲公司在汽车产品上注册了"山叶"商标，乙公司未经许可在自己生产的小轿车上也使用"山叶"商标。丙公司不知乙公司使用的商标不合法，与乙公司签订书面合同，以合理价格大量购买"山叶"小轿车后售出，获利 100 万元以上。下列哪一说法是正确的？

A. 乙公司的行为属于仿冒注册商标

B. 丙公司可继续销售"山叶"小轿车

C. 丙公司应赔偿甲公司损失 100 万元

D. 工商行政管理部门不能对丙公司进行罚款处罚

34．居住于我国台湾地区的当事人张某在大陆某法院参与民事诉讼。关于该案，下列哪一选项是不正确的？

A. 张某与大陆当事人有同等诉讼权利和义务

B. 确定应适用台湾地区民事法律的，受案的法院予以适用

C. 如张某在大陆，民事诉讼文书可以直接送达

D. 如张某在台湾地区地址明确，可以邮寄送达，但必须在送达回证上签收

35．某校长甲欲将一套住房以 50 万元出售。某报记者乙找到甲，出价 40 万元，甲拒绝。乙对甲说："我有你贪污的材料，不答应我就举报你。"甲信以为真，以 40 万元将该房卖与乙。乙实际并无甲贪污的材料。关于该房屋买卖合同的效力，下列哪一说法是正确的？

A. 存在欺诈行为，属可撤销合同

B. 存在胁迫行为，属可撤销合同

C. 存在乘人之危，属可撤销合同

D. 存在重大误解，属可撤销合同

36．甲公司欠乙公司货款 100 万元，先由甲公司提供机器设备设定抵押权、丙公司担任保证人，后由丁公司提供房屋设定抵押权并办理了抵押登记。甲公司届期不支付货款，下列哪一表述是正确的？

A. 乙公司应先行使机器设备抵押权

B. 乙公司应先行使房屋抵押权

C. 乙公司应先行请求丙公司承担保证责任

D. 丙公司和丁公司可相互追偿

37．甲、乙两公司签订了一份家具买卖合同，因家具质量问题，甲公司起诉乙公司要求更换家具并支付违约金 3 万元。法院经审理判决乙公司败诉，乙公司未上诉。之后，乙公司向法院起诉，要求确认该家具买卖合同无效。对乙公司的起诉，法院应采取下列哪一处理方式？

A. 予以受理　　　B. 裁定不予受理

C. 裁定驳回起诉　D. 按再审处理

38．张某与蓝音文化传媒公司之间因为劳动合同的履行发生纠纷，该争议在劳动仲裁机构进行仲裁。蓝音公司先前为张某等员工在某银行开设了个人银行账户，用于发放劳动报酬，因蓝音公司怀疑张某违反劳动合同私自参与商业演出并获得巨额报酬，于是请求银行提供张某最近 1 年在该行的个人账户明细。对此事件，下列判断正确的是哪一项？

A. 银行应向劳动仲裁委员会提供张某个人账户明细

B. 银行应对存款人信息保守秘密，任何情况下都不得对外提供

C. 银行可以向蓝音公司提供张某个人账户明细

D. 银行有权拒绝劳动仲裁委员会和蓝音公司的查询请求

39．美国某公司于 2004 年 12 月 1 日在美国就某口服药品提出专利申请并被受理，2005 年 5 月 9 日就同一药品向中国专利局提出专利申请，要求享有优先权并及时提交了相关证明文件。中国专利局于 2008 年 4 月 1 日授予其专利。关于该中国专利，下列哪一选项是正确的？

A. 保护期从 2004 年 12 月 1 日起计算

B. 保护期从 2005 年 5 月 9 日起计算

C. 保护期从 2008 年 4 月 1 日起计算

D. 该专利的保护期是 10 年

40．乙起诉离婚时，才得知丈夫甲此前已着手隐匿并转移财产。关于甲、乙离婚的财产分割，下列哪一选项是错误的？

A. 甲隐匿转移财产，分割财产时可少分或不分

B. 就履行离婚财产分割协议事宜发生纠纷，乙可再起诉

C. 离婚后发现甲还隐匿其他共同财产，乙可另诉再次分割财产

D. 离婚后因发现甲还隐匿其他共同财产，乙再行起诉不受诉讼时效限制

41．关于企业所得税的说法，下列哪一选项是错误的？

A. 在我国境内，企业和其他取得收入的组织为企业所得税的纳税人

B. 个人独资企业、合伙企业不是企业所得税的纳税人

C. 企业所得税的纳税人分为居民企业和非居民企业，二者的适用税率完全不同

D. 企业所得税的税收优惠，居民企业和非居民企业都有权享受

42．甲国某项投资法律要求外商投资企业必须购买东道国原材料作为生产投入，乙国认为该项措施

违反了 WTO 的《与贸易有关的投资措施协议》，诉诸 WTO 争端解决机制。根据 WTO 相关规则，下列哪一选项是正确的？

A. 甲国投资法的该项规定属于进口用汇限制

B.《与贸易有关的投资措施协议》适用于货物贸易、服务贸易和知识产权

C. WTO 争端解决机制仅适用于与贸易有关的投资措施等争端

D. 磋商是成立专家组之前的必经程序

43. 物权人在其权利的实现上遇有某种妨害时，有权请求造成妨害事由发生的人排除此等妨害，称为物权请求权。关于物权请求权，下列哪一表述是错误的？

A. 是独立于物权的一种行为请求权

B. 可以适用债权的有关规定

C. 不能与物权分离而单独存在

D. 须依诉讼的方式进行

44. 甲向乙借款 20 万元，丙是甲的担保人，现已到偿还期限，经多次催讨未果，乙向法院申请支付令。法院受理并审查后，向甲送达支付令。甲在法定期间未提出异议，但以借款不成立为由向另一法院提起诉讼。关于本案，下列哪一说法是正确的？

A. 甲向另一法院提起诉讼，视为对支付令提出异议

B. 甲向另一法院提起诉讼，法院应裁定终结督促程序

C. 甲在法定期间未提出书面异议，不影响支付令效力

D. 法院发出的支付令，对丙具有拘束力

45. 某县开展扶贫资金专项调查，对申请财政贴息贷款的企业进行核查。审计中发现某企业申请了数百万元贴息贷款，但其生产规模并不需要这么多，遂要求当地农业银行、扶贫办和该企业提供贷款记录。对此，下列哪一说法是正确的？

A. 只有审计署才能对当地农业银行的财政收支情况进行审计监督

B. 只有经银监机构同意，该县审计局才能对当地农业银行的财务收支进行审计监督

C. 该县审计局经上一级审计局副职领导批准，有权查询当地扶贫办在银行的账户

D. 申请财政贴息的该企业并非国有企业，故该县审计局无权对其进行审计调查

46. 修帕公司与维塞公司签订了出口 200 吨农产品的合同，付款采用托收方式。船长签发了清洁提单。货到目的港后经检验发现货物质量与合同规定不符，维塞公司拒绝付款提货，并要求减价。后该批农产品全部变质。根据国际商会《托收统一规则》，下列哪一

选项是正确的？

A. 如代收行未执行托收行的指示，托收行应对因此造成的损失对修帕公司承担责任

B. 当维塞公司拒付时，代收行应当主动制作拒绝证书，以便收款人追索

C. 代收行应无延误地向托收行通知维塞公司拒绝付款的情况

D. 当维塞公司拒绝提货时，代收行应当主动提货以减少损失

47. 经常居住地在巴黎的法国人玛丽在广州工作，2020 年圣诞节玛丽回国后，其饲养的宠物猫从阳台跃入邻居李某家被后者收留和饲养。玛丽回广州后，李某归还并要求支付饲养费用，玛丽拒绝。李某向中国某法院起诉，下列哪一选项是正确的？

A. 若李某和玛丽未选择法律，法院应在中国法和法国法中择一适用

B. 若李某和玛丽协议选择适用德国法，法院应予支持

C. 只能适用中国法

D. 李某和玛丽只能在中国法和法国法中选择其中之一适用

48. 修帕公司与维塞公司签订了出口 200 吨农产品的合同，付款采用托收方式。船长签发了清洁提单。货到目的港后经检验发现货物质量与合同规定不符，维塞公司拒绝付款提货，并要求减价。后该批农产品全部变质。根据国际商会《托收统一规则》，下列哪一选项是正确的？

A. 如代收行未执行托收行的指示，托收行应对因此造成的损失对修帕公司承担责任

B. 当维塞公司拒付时，代收行应当主动制作拒绝证书，以便收款人追索

C. 代收行应无延误地向托收行通知维塞公司拒绝付款的情况

D. 当维塞公司拒绝提货时，代收行应当主动提货以减少损失

49. 住所在 M 省甲县的旭日公司与住所在 N 省乙县的世新公司签订了一份建筑工程施工合同，工程地为 M 省丙县，并约定如合同履行发生争议，在北京适用《中国国际经济贸易仲裁委员会仲裁规则》进行仲裁。履行过程中，因工程款支付问题发生争议，世新公司拟通过仲裁或诉讼解决纠纷，但就在哪个仲裁机构进行仲裁，双方产生分歧。对此，下列哪一部门对该案享有管辖权？

A. 北京仲裁委员会

B. 中国国际经济贸易仲裁委员会

C. M 省甲县法院

D. M 省丙县法院

50． 中国甲公司与德国乙公司签订了一项新技术许可协议，规定在约定期间内，甲公司在亚太区独占使用乙公司的该项新技术。依相关规则，下列哪一选项是正确的？

A. 在约定期间内，乙公司在亚太区不能再使用该项新技术

B. 乙公司在全球均不能再使用该项新技术

C. 乙公司不能再将该项新技术允许另一家公司在德国使用

D. 乙公司在德国也不能再使用该项新技术

二、多项选择题。 每题所设选项中至少有两个正确答案，多选、少选、错选或不选均不得分。本部分含 51－85 题，每题 2 分，共 70 分。

51． 中国甲公司和法国乙公司签订了国际货物买卖合同，由甲公司出售一批仪器给乙公司，双方选择的贸易术语是 FCA（国际贸易术语通则 2020）。甲公司在约定地点将仪器交给乙公司指定的承运人，后在运输过程中发生自然灾害，该批仪器推定全损。对此，下列哪些说法是不正确的？

A. FCA 不可用于多式联运

B. 甲公司有义务为该批仪器办理保险

C. 风险发生后，保险公司应当接受被保险人的委付请求

D. 由于货物已经推定全损，乙公司可以免于支付货款

52． 经常居所地同在上海的新加坡男性公民杰克与中国女性公民王某均刚满 18 周岁，因不满足中国法定结婚年龄，二人选择到伦敦结婚。一年后因感情不和，王某欲与杰克解除婚姻关系并分割财产。根据中国相关法律，下列哪些选项是正确的？

A. 两人在伦敦结婚的行为，属于国际私法上的法律规避

B. 因伦敦是婚姻缔结地，两人的结婚条件应适用英国法

C. 二人的财产分割应根据夫妻财产关系法律适用规则

D. 因上海是两人共同经常居所地，两人的结婚条件应适用中国法

53． 甲家盖房，邻居乙、丙前来帮忙。施工中，甲未按要求设置安全防护设施，丙因失误从高处摔下受伤，乙不小心撞伤小孩丁。下列哪些表述是正确的？

A. 对丙的损害，甲承担赔偿责任，但可减轻其责任

B. 对丙的损害，甲不承担赔偿责任，但可在受益范围内予以适当补偿

C. 对丁的损害，甲应承担赔偿责任

D. 对丁的损害，甲应承担补充赔偿责任

54． 曹某向詹某借款 10 万元，双方约定合同履行发生纠纷由曹某所在地的甲法院管辖，后詹某又与宁某就该笔借款签订保证合同，约定合同履行发生纠纷由宁某所在地的乙法院管辖。后因曹某拖欠借款发生纠纷，詹某提起诉讼。下列哪些选项是正确的？

A. 起诉曹某和宁某，应由甲法院管辖

B. 起诉曹某和宁某，应由乙法院管辖

C. 单独起诉曹某，应由甲法院管辖

D. 单独起诉宁某，应由乙法院管辖

55． 潘某购买了岳某持有的甲公司股权，签订了股权转让协议，当天支付给岳某部分股权转让款，剩余的部分分期支付。甲公司随后将潘某写入了股东名册，但尚未在工商行政管理部门办理股权变更登记。对此，下列哪些说法是正确的？

A. 在办理股权变更登记后，潘某才能取得股权

B. 潘某已经取得了支付了股权转让款的那部分股权

C. 因为尚未办理股权变更登记，不得对抗善意第三人

D. 潘某已经取得了购买的全部股权

56． 甲县善福公司（简称甲公司）的前身为创始于清末的陈氏善福铺，享誉百年，陈某继承祖业后注册了该公司，并规范使用其商业标识。乙县善福公司（简称乙公司）系张某先于甲公司注册，且持有"善福 100"商标权。乙公司在其网站登载善福铺的历史及荣誉，还在其产品包装标注"百年老牌""创始于清末"等字样，但均未证明其与善福铺存在历史联系。甲、乙公司存在竞争关系。关于此事，下列哪些说法是正确的？

A. 陈某注册甲公司的行为符合诚实信用原则

B. 乙公司登载善福铺历史及标注字样的行为损害了甲公司的商誉

C. 甲公司使用"善福公司"的行为侵害了乙公司的商标权

D. 乙公司登载善福铺历史及标注字样的行为构成虚假宣传行为

57． 关于土地承包经营权的设立，下列哪些表述是正确的？

A. 自土地承包经营合同成立时设立

B. 自土地承包经营权合同生效时设立

C. 县级以上地方政府在土地承包经营权设立时应当发放土地承包经营权证

D. 县级以上地方政府应当对土地承包经营权登记造册，未经登记造册的，不得对抗善意第三人

58． 甲研究所与刘某签订了一份技术开发合同，

约定由刘某为甲研究所开发一套软件。3个月后,刘某按约定交付了技术成果,甲研究所未按约定支付报酬。由于没有约定技术成果的归属,双方发生争执。下列哪些选项是正确的?

A. 申请专利的权利属于刘某,但刘某无权获得报酬

B. 申请专利的权利属于刘某,且刘某有权获得约定的报酬

C. 如果刘某转让专利申请权,甲研究所享有以同等条件优先受让的权利

D. 如果刘某取得专利权,甲研究所可以免费实施该专利

59. 林某向法院起诉郑某,提交了一张银行转账的凭证,证明自己借给郑某 50 万元。在诉讼中,郑某主张林某借钱给自己是为了偿还对自己欠款。下列哪些说法是正确的?

A. 林某提交的银行转账凭证属于直接证据

B. 林某提交的银行转账凭证属于间接证据

C. 郑某对林某曾经向自己借款的事实承担举证责任

D. 林某应对借款给郑某的事实承担证明责任

60. 就瑞成公司与建华公司的合同纠纷,某省甲市中院作出了终审裁判。建华公司不服,打算启动再审程序。后其向甲市检察院申请检察建议,甲市检察院经过审查,作出驳回申请的决定。关于检察监督,下列哪些表述是正确的?

A. 建华公司可在向该省高院申请再审的同时,申请检察建议

B. 在甲市检察院驳回检察建议申请后,建华公司可向该省检察院申请抗诉

C. 甲市检察院在审查检察建议申请过程中,可向建华公司调查核实案情

D. 甲市检察院在审查检察建议申请过程中,可向瑞成公司调查核实案情

61. 张某、李某为甲公司的股东,分别持股 65% 与 35%,张某为公司董事长。为谋求更大的市场空间,张某提出吸收合并乙公司的发展战略。关于甲公司的合并行为,下列哪些表述是正确的?

A. 只有取得李某的同意,甲公司内部的合并决议才能有效

B. 在合并决议作出之日起 15 日内,甲公司须通知其债权人

C. 债权人自接到通知之日起 30 日内,有权对甲公司的合并行为提出异议

D. 合并乙公司后,甲公司须对原乙公司的债权人负责

62. 某证券公司在业务活动中实施了下列行为,其中哪些违反《证券法》规定?

A. 经股东会决议为公司股东提供担保

B. 为其客户买卖证券提供融资服务

C. 对其客户证券买卖的收益作出不低于一定比例的承诺

D. 接受客户的全权委托,代理客户决定证券买卖的种类与数量

63. 某公司取得出让土地使用权后,超过出让合同约定的动工开发日期满两年仍未动工,市政府决定收回该土地使用权。该公司认为,当年交付的土地一直未完成征地拆迁,未达到出让合同约定的条件,导致项目迟迟不能动工。为此,该公司提出两项请求,一是撤销收回土地使用权的决定,二是赔偿公司因工程延误所受的损失。对这两项请求,下列哪些判断是正确的?

A. 第一项请求属于行政争议

B. 第二项请求属于民事争议

C. 第一项请求须先由县级以上政府处理,当事人不服的才可向法院起诉

D. 第二项请求须先由县级以上政府处理,当事人不服的才可向法院起诉

64. 在加大房地产市场宏观调控的形势下,某市政府对该市房地产开发的管理现状进行检查,发现以下情况,其中哪些做法是需要纠正的?

A. 房地产建设用地的供应,在充分利用现有建设用地的同时,放宽占用农用地和开发未利用地的条件

B. 土地使用权出让,符合土地利用总体规划、城市规划或年度建设用地计划之一即可

C. 预售商品房,要求开发商交清全部土地使用权出让金,取得土地使用权证书,并持有建设工程规划许可证等

D. 采取税收减免等方面的优惠措施,鼓励房地产开发企业开发建设商业办公类住宅,方便市民改作居住用途

65. 2014 年 5 月,甲乙丙丁四人拟设立一家有限责任公司。关于该公司的注册资本与出资,下列哪些表述是正确的?

A. 公司注册资本可以登记为 1 元人民币

B. 公司章程应载明其注册资本

C. 公司营业执照不必载明其注册资本

D. 公司章程可以要求股东出资须经验资机构验资

66. 甲县的佳华公司与乙县的亿龙公司订立的烟叶买卖合同中约定,如果因为合同履行发生争议,应提交 A 仲裁委员会仲裁。佳华公司交货后,亿龙公司认为烟叶质量与约定不符,且正在霉变,遂准备

提起仲裁,对烟叶进行证据保全。关于本案的证据保全,下列哪些表述是正确的?

A. 在仲裁程序启动前,亿龙公司可直接向甲县法院申请证据保全

B. 在仲裁程序启动后,亿龙公司既可直接向甲县法院申请证据保全,也可向 A 仲裁委员会申请证据保全

C. 法院根据亿龙公司申请采取证据保全措施时,可要求其提供担保

D. A 仲裁委员会收到保全申请后,应提交给烟叶所在地的中级法院

67. 甲将自己的一套房屋租给乙住,乙又擅自将房屋租给丙住。丙是个飞镖爱好者,因练飞镖将房屋的墙面损坏。下列哪些选项是正确的?

A. 甲有权要求解除与乙的租赁合同

B. 甲有权要求乙赔偿墙面损坏造成的损失

C. 甲有权要求丙搬出房屋

D. 甲有权要求丙支付租金

68. 甲与乙离婚,甲的子女均已成年,与乙一起生活。甲与丙再婚后购买了一套房屋,登记在甲的名下。后甲因中风不能自理,常年卧床。丙见状离家出走达 3 年之久。甲乙的子女和乙想要回房屋,进行法律咨询。下列哪些意见是错误的?

A. 因房屋登记在甲的名下,故属于甲个人房产

B. 丙在甲中风后未尽妻子责任和义务,不能主张房产份额

C. 甲乙的子女可以申请宣告丙失踪

D. 甲本人向法院提交书面意见后,甲乙的子女可代理甲参与甲与丙的离婚诉讼

69. 张某驾车将行人秦某撞倒,经查,张某所驾车辆系刘某所有,某日被金某盗窃后金某将车出借给张某。现秦某拟提起诉讼,关于起诉,下列哪些选项是正确的?

A. 以张某为被告向法院提起诉讼

B. 以金某为被告向法院提起诉讼

C. 以刘某为被告向法院提起诉讼

D. 张某、金某为被告向法院提起诉讼

70. 甲公司系一家未上市的股份公司。股东为郝某(持股 46%)、岳某(持股 5%)、胡某(持股 1%)等 18 人。武某为甲公司的法定代表人。2022 年 4 月 6 日,郝某在未经股东大会决议的情形下,指令武某为郝某好友名下的乙公司 1000 万元的债务向丙公司提供担保,并出具了伪造的股东大会决议。2022 年 6 月 10 日,岳某将自己名下的股份转让给了宁某,并完成了股东的变更登记。2022 年 10 月,因乙公司无力偿还债务,丙公司要求甲公司承担保证责任,岳某等股东因此知晓该事宜,并发现如甲公司承担连带责任

将会给公司正常经营造成极大的损失。因此,岳某等人向律师咨询如何保证公司正常运营。对此,律师给出的下列哪些意见是正确的?

A. 在情形紧急的情况下,岳某可向郝某、武某提起股东代表诉讼

B. 在情形紧急的情况下,胡某可向郝某、武某提起股东代表诉讼

C. 在情形紧急的情况下,宁某可向郝某、武某提起股东代表诉讼

D. 如提起股东代表诉讼,应列公司为第三人,但胜诉利益应归公司所有

71. 下列哪些情形属于无效合同?

A. 甲医院以国产假肢冒充进口假肢,高价卖给乙

B. 甲乙双方为了在办理房屋过户登记时避税,将实际成交价为 100 万元的房屋买卖合同价格写为 60 万元

C. 有妇之夫甲委托未婚女乙代孕,约定事成后甲补偿乙 50 万元

D. 甲父患癌症急需用钱,乙趁机以低价收购甲收藏的 1 幅名画,甲无奈与乙签订了买卖合同

72. 甲以自有房屋向乙银行抵押借款,办理了抵押登记。丙因甲欠钱不还,强行进入该房屋居住。借款到期后,甲无力偿还债务。该房屋由于丙的非法居住,难以拍卖,甲怠于行使对丙的返还请求权。乙银行可行使下列哪些权利?

A. 请求甲行使对丙的返还请求权,防止抵押财产价值的减少

B. 请求甲将对丙的返还请求权转让给自己

C. 可以代位行使对丙的返还请求权

D. 可以依据抵押权直接对丙行使返还请求权

73. 关于法院依职权调查事项的范围,下列哪些选项是正确的?

A. 本院是否享有对起诉至本院案件的管辖权

B. 委托诉讼代理人的代理权限范围

C. 当事人是否具有诉讼权利能力

D. 合议庭成员是否存在回避的法定事由

74. 张平以个人独资企业形式设立"金地"肉制品加工厂。2011 年 5 月,因瘦肉精事件影响,张平为减少风险,打算将加工厂改换成一人有限公司形式。对此,下列哪些表述是错误的?

A. 因原投资人和现股东均为张平一人,故加工厂不必进行清算即可变更登记为一人有限公司

B. 新成立的一人有限公司仍可继续使用原商号"金地"

C. 张平为设立一人有限公司,须一次足额缴纳其全部出资额

D. 如张平未将一人有限公司的财产独立于自己的财产，则应对公司债务承担连带责任

75. 甲对乙享有 2006 年 8 月 10 日到期的六万元债权，到期后乙无力清偿。乙对丙享有五万元债权，清偿期已届满七个月，但乙未对丙采取法律措施。乙对丁还享有五万元人身损害赔偿请求权。后乙去世，无其他遗产，遗嘱中将上述十万元的债权赠与戊。对此，下列哪些选项是正确的？

A. 甲可向法院请求撤销乙的遗赠

B. 在乙去世前，甲可直接向法院请求丙向自己清偿

C. 在乙去世前，甲可直接向法院请求丁向自己清偿

D. 如甲行使代位权胜诉，行使代位权的诉讼费用和其他费用都应该从乙财产中支付

76. 甲乙约定卖方甲负责将所卖货物运送至买方乙指定的仓库。甲如约交货，乙验收收货，但甲未将产品合格证和原产地证明文件交给乙。乙已经支付 80% 的货款。交货当晚，因山洪暴发，乙仓库内的货物全部毁损。下列哪些表述是正确的？

A. 乙应当支付剩余 20% 的货款

B. 甲未交付产品合格证与原产地证明，构成违约，但货物损失由乙承担

C. 乙有权要求解除合同，并要求甲返还已支付的 80% 货款

D. 甲有权要求乙支付剩余的 20% 货款，但应补交已经毁损的货物

77. 某市政府接到省环境保护主管部门的通知：暂停审批该市新增重点污染物排放总量的建设项目环境影响评价文件。下列哪些情况可导致此次暂停审批？

A. 未完成国家确定的环境质量目标

B. 超过国家重点污染物排放总量控制指标

C. 当地环境保护主管部门对重点污染物监管不力

D. 当地重点排污单位未按照国家有关规定和监测规范安装使用监测设备

78. 关于社会保险制度，下列哪些说法是正确的？

A. 国家建立社会保险制度，是为了使劳动者在年老、患病、工伤、失业、生育等情况下获得帮助和补偿

B. 国家设立社会保险基金，按照保险类型确定资金来源，实行社会统筹

C. 用人单位和职工都有缴纳社会保险费的义务

D. 劳动者死亡后，其社会保险待遇由遗属继承

79. 著作权人 Y 认为网络服务提供者 Z 的服务所涉及的作品侵犯了自己的信息网络传播权，向 Z 提交书面通知要求其删除侵权作品。对此，下列哪些选项是正确的？

A. Y 的通知书应当包含该作品构成侵权的初步证明材料

B. Z 接到书面通知后，可在合理时间内删除涉嫌侵权作品，同时将通知书转送提供该作品的服务对象

C. 服务对象接到 Z 转送的书面通知后，认为提供的作品未侵犯 Y 的权利的，可以向 Z 提出书面说明，要求恢复被删除作品

D. Z 收到服务对象的书面说明后应即恢复被删除作品，同时将服务对象的说明转送 Y 的，则 Y 不得再通知 Z 删除该作品

80. 婷婷满一周岁，其父母将某影楼摄影师请到家中为其拍摄纪念照，并要求影楼不得保留底片用作他途。相片洗出后，影楼违反约定将婷婷相片制成挂历出售，获利颇丰。本案中存在哪些债的关系？

A. 承揽合同之债

B. 委托合同之债

C. 侵权行为之债

D. 不当得利之债

81. 甲电视台获得了某歌星演唱会的现场直播权，乙电视台未经许可对甲电视台直播的演唱会实况进行转播，丙广播电台经过许可将现场演唱制作成 CD，丁音像店从正规渠道购买到 CD 用于出租，戊未经许可将丙广播电台播放的演唱会录音录下后上传到网站上传播。下列哪些选项是正确的？

A. 甲电视台有权禁止乙电视台的转播

B. 乙电视台侵犯了该歌星的表演者权

C. 丁音像店应取得该歌星或丙广播电台的许可并向其支付报酬

D. 戊的行为应取得丙广播电台的许可并应向其支付报酬

82. 甲公司是《保护工业产权巴黎公约》成员国 A 国的企业，于 2012 年 8 月 1 日向 A 国在牛奶产品上申请注册"白雪"商标被受理后，又于 2013 年 5 月 30 日向我国商标局申请注册"白雪"商标，核定使用在牛奶、糕点和食品容器这三类商品上。下列哪些说法是错误的？

A. 甲公司应委托依法设立的商标代理机构代理申请商标注册

B. 甲公司必须提出三份注册申请，分别在三类商品上申请注册同一商标

C. 甲公司可依法享有优先权

D. 如商标局在异议程序中认定"白雪"商标为

驰名商标,甲公司可在其牛奶包装上使用"驰名商标"字样

83. 保险公司推销员甲向白某推销一份保险,在填写投保单时,白某委托甲代为填写并签字。在填写投保人职业时,甲依稀记得白某是司机,实际上白某是货车司机,而该份保险合同的保险范围不包括货车驾驶员。保险合同订立后,白某缴纳了保费。据此,下列哪些说法是正确的?

A. 甲不是白某的代理人

B. 甲是白某的代理人

C. 保险公司可以解除保险合同

D. 保险公司应当承担保险责任

84. 根据《商业银行法》,关于商业银行分支机构,下列哪些说法是错误的?

A. 在中国境内应当按行政区划设立

B. 经地方政府批准即可设立

C. 分支机构不具有法人资格

D. 拨付各分支机构营运资金额的总和,不得超过总行资本金总额的70%

85. 关于船舶担保物权及针对船舶的请求权的表述,下列哪些选项是正确的?

A. 海难救助的救助款项给付请求,先于在船舶营运中发生的人身伤亡赔偿请求而受偿

B. 船舶在营运中因侵权行为产生的财产赔偿请求,先于船舶吨税、引航费等的缴付请求而受偿

C. 因保存、拍卖船舶和分配船舶价款产生的费用,应从船舶拍卖所得价款中先行拨付

D. 船舶优先权先于船舶留置权与船舶抵押权受偿

三、不定项选择题。 每题所设选项中至少有一个正确答案,多选、少选、错选或不选均不得分。本部分含86-100题,每题2分,共30分。

(一)

大洲公司超标排污导致河流污染,公益环保组织甲向A市中级法院提起公益诉讼,请求判令大洲公司停止侵害并赔偿损失。法院受理后,在公告期间,公益环保组织乙也向A市中级法院提起公益诉讼,请求判令大洲公司停止侵害、赔偿损失和赔礼道歉。公益案件审理终结后,渔民梁某以大洲公司排放的污水污染了其承包的鱼塘为由提起诉讼,请求判令赔偿其损失。请回答86~88题。

86. 对乙组织的起诉,法院的正确处理方式是:

A. 予以受理,与甲组织提起的公益诉讼合并审理

B. 予以受理,作为另案单独审理

C. 属重复诉讼,不予受理

D. 允许其参加诉讼,与甲组织列为共同原告

87. 公益环保组织因与大洲公司在诉讼中达成和解协议申请撤诉,法院的正确处理方式是:

A. 应将和解协议记入笔录,准许公益环保组织的撤诉申请

B. 不准许公益环保组织的撤诉申请

C. 应将双方的和解协议内容予以公告

D. 应依职权根据和解协议内容制作调解书

88. 对梁某的起诉,法院的正确处理方式是:

A. 属重复诉讼,裁定不予受理

B. 不予受理,告知其向公益环保组织请求给付

C. 应予受理,但公益诉讼中已提出的诉讼请求不得再次提出

D. 应予受理,其诉讼请求不受公益诉讼影响

89. 甲公司欲单独出资设立一家子公司。关于子公司的组织形式、机构与经营管理,下列说法正确的是:

A. 子公司可不设董事会,设一名董事

B. 子公司可自己单独出资再设立一家全资子公司

C. 子公司的组织形式只能是有限责任公司

D. 子公司的经营范围不能超过甲公司的经营范围

(二)

甲房地产公司与乙国有工业公司签订《合作协议》,在乙公司原有的仓库用地上开发商品房。双方约定,共同成立"玫园置业有限公司"(以下简称"玫园公司")。甲公司投入开发资金,乙公司负责将该土地上原有的划拨土地使用权转变为出让土地使用权,然后将出让土地使用权作为出资投入玫园公司。请回答90、91题。

90. 关于该土地使用权由划拨转为出让,下列说法正确的是:

A. 将划拨土地使用权转为出让土地使用权后再行转让属于土地投机,为法律所禁止

B. 乙公司应当先将划拨土地使用权转让给玫园公司,然后由后者向政府申请办理土地使用权出让合同

C. 该土地使用权由划拨转为出让,应当报有批准权的政府审批,经批准后方可办理土地使用权出让手续

D. 如乙公司取得该地块的出让土地使用权,则只能自己进行开发,不能与他人合作开发

91. 开发期间,由于政府实施商品房限购政策,甲公司因其已开发项目滞销而陷于财务困境,致玫园公司经营陷于停顿,甲乙双方发生纠纷,乙公司主张合同无效。下列理由依法不能成立的是:

A. 该合同为乙公司前任经理所签订,现该经理已被撤换

B. 签订合同时,该土地还是划拨土地使用权

C. 根据《合作协议》,乙公司仅享有玫园公司40%的股份,现在因该地段新建地铁导致地价上涨,乙公司所占股份偏低,属于国有资产流失

D. 乙公司无房地产开发资格,无权参与房地产开发

（三）

王某、张某、田某、朱某共同出资180万元,于2012年8月成立绿园商贸中心(普通合伙)。其中王某、张某各出资40万元,田某、朱某各出资50万元;就合伙事务的执行,合伙协议未特别约定。请回答92、93题。

92． 2013年9月,鉴于王某、张某业务能力不足,经合伙人会议决定,王某不再享有对外签约权,而张某的对外签约权仅限于每笔交易额3万元以下。关于该合伙人决议,下列选项正确的是:

A. 因违反合伙人平等原则,剥夺王某对外签约权的决议应为无效

B. 王某可以此为由向其他合伙人主张赔偿其损失

C. 张某此后对外签约的标的额超过3万元时,须事先征得王某、田某、朱某的同意

D. 对张某的签约权限制,不得对抗善意相对人

93． 2014年1月,田某以合伙企业的名义,自京顺公司订购价值80万元的节日礼品,准备在春节前转销给某单位。但对这一礼品订购合同的签订,朱某提出异议。就此,下列选项正确的是:

A. 因对合伙企业来说,该合同标的额较大,故田某在签约前应取得朱某的同意

B. 朱某的异议不影响该合同的效力

C. 就田某的签约行为所产生的债务,王某无须承担无限连带责任

D. 就田某的签约行为所产生的债务,朱某须承担无限连带责任

（四）

邓某系K制药公司技术主管。2008年2月,邓某私自接受Y制药公司聘请担任其技术顾问。5月,K公司得知后质问邓某。邓某表示自愿退出K公司,并承诺5年内不以任何直接或间接方式在任何一家制药公司任职或提供服务,否则将向K公司支付50万元违约金。2009年,K公司发现邓某已担任Y公司的副总经理,并持有Y公司20%股份,而且Y公司新产品已采用K公司研发的配方。K公司以Y公司和邓某为被告提起侵犯商业秘密的诉讼。请回答第94、95题。

94． 关于Y公司和邓某的行为,下列说法正确的是:

A. Y公司的行为构成侵犯他人商业秘密

B. 邓某的行为构成侵犯他人商业秘密

C. Y公司的行为构成违反竞业禁止义务

D. 邓某的行为构成违反竞业禁止义务

95． 案件审理期间邓某提出,本案纠纷起因于自己与K公司的劳动关系,应属劳动争议案件,故K公司应向劳动争议仲裁机构提起仲裁申请,遂请求法院裁定驳回起诉。关于该主张,下列说法正确的是:

A. 侵犯商业秘密本质上属于侵权,违反竞业禁止本质上属于违约

B. 本案存在法律关系竞合,K公司有选择权

C. 劳动关系优先于商事关系

D. 邓某的主张应予支持

（五）

张某、方某共同出资,分别设立甲公司和丙公司。2013年3月1日,甲公司与乙公司签订了开发某房地产项目的《合作协议一》,约定如下:"甲公司将丙公司10%的股权转让给乙公司,乙公司在协议签订之日起三日内向甲公司支付首付款4000万元,尾款1000万元在次年3月1日之前付清。首付款用于支付丙公司从某国土部门购买A地块土地使用权。如协议签订之日起三个月内丙公司未能获得A地块土地使用权致双方合作失败,乙公司有权终止协议。"

《合作协议一》签订后,乙公司经甲公司指示向张某、方某支付了4000万元首付款。张某、方某配合甲公司将丙公司的10%的股权过户给了乙公司。

2013年5月1日,因张某、方某未将前述4000万元支付给丙公司致其未能向某国土部门及时付款,A地块土地使用权被收回挂牌卖掉。

2013年6月4日,乙公司向甲公司发函:"鉴于土地使用权已被国土部门收回,故我公司终止协议,请贵公司返还4000万元。"甲公司当即回函:"我公司已把股权过户到贵公司名下,贵公司无权终止协议,请贵公司依约支付1000万元尾款。"

2013年6月8日,张某、方某与乙公司签订了《合作协议二》,对继续合作开发房地产项目做了新的安排,并约定:"本协议签订之日,《合作协议一》自动废止。"丁公司经甲公司指示,向乙公司送达了《承诺函》:"本公司代替甲公司承担4000万元的返还义务。"乙公司对此未置可否。

请回答96~99题。

96． 关于2013年5月1日张某、方某未将4000万元支付给丙公司,应承担的责任,下列表述错误的是:

A. 向乙公司承担违约责任

B. 与甲公司一起向乙公司承担连带责任

C. 向丙公司承担违约责任

D. 向某国土部门承担违约责任

97． 关于甲公司的回函，下列表述正确的是：

A. 甲公司对乙公司解除合同提出了异议

B. 甲公司对乙公司提出的异议理由成立

C. 乙公司不向甲公司支付尾款构成违约

D. 乙公司可向甲公司主张不安抗辩权拒不向甲公司支付尾款

98． 关于张某、方某与乙公司签订的《合作协议二》，下列表述正确的是：

A. 有效

B. 无效

C. 可变更

D.《合作协议一》被《合作协议二》取代

99． 关于丁公司的《承诺函》，下列表述正确的是：

A. 构成单方允诺

B. 构成保证

C. 构成并存的债务承担

D. 构成免责的债务承担

100． 甲乙丙三国为世界贸易组织成员，丁国不是该组织成员。关于甲国对进口立式空调和中央空调的进口关税问题，根据《关税与贸易总协定》，下列违反最惠国待遇的做法是：

A. 甲国给予来自乙国的立式空调和丙国的中央空调以不同的关税

B. 甲国给予来自乙国和丁国的立式空调以不同的进口关税

C. 因实施反倾销措施，导致从乙国进口的立式空调的关税高于从丙国进口的

D. 甲国给予来自乙丙两国的立式空调以不同的关税

试 卷 一

解 析

一、单项选择题

1．法律解释的分类及其含义[C]

[解析] 正式解释，通常也叫法定解释，是指由特定的国家机关、官员或其他有解释权的人对法律作出的具有法律约束力的解释。在我国，正式的法律解释权由全国人大常委会、两高、国务院及主管部门享有。其他任何人都没有正式的法律解释权。故A项错误。

主观目的解释，是指根据制定者的意志或相关资料揭示对象的含义，在法律领域，这种解释方法又可称之为"立法者目的解释"。题干中，王某老伴及子女并没有专门推测"制定者意图"，也没有查阅历史资料，因此不属于主观目的解释；他们只是按照日常、一般的语言使用方式来进行解释，因而属于文义解释。故B项错误。

王某立遗嘱时，具有完全民事行为能力，意识清楚，意志自由，采取打油诗的方式立遗嘱，亦非法律禁止的方式，且所处分为个人财产，故王某遗嘱符合意思表示真实、合法的要求。故C项正确。

D项考查法律解释方法的位阶。法律解释方法之间的一般位阶：文义解释→体系解释→主观目的解释(立法者的目的解释)→历史解释→比较解释→客观目的解释。虽然在特定情况下可以改变这种位阶关系，但需要的条件是法律人必须进行充分的论证。由此可见，遗嘱中的"我的一半财产权"应当首先进行"文义解释"。故D项错误。

2．村民委员会的组成；村民委员会的设置、责任模式与相关制度[C]

[解析]《村民委员会组织法》第30条规定："村民委员会实行村务公开制度。村民委员会应当及时公布下列事项……财务收支情况应当每月公布一次；……"可见涉及财务的事项不是一年公布一次。故A项错误。

《村民委员会组织法》第29条第1款规定："村民委员会应当实行少数服从多数的民主决策机制和公开透明的工作原则，建立健全各种工作制度。"故B项错误。

《村民委员会组织法》第7条规定："村民委员会根据需要设人民调解、治安保卫、公共卫生与计划生育等委员会。……"故C项正确。

《村民委员会组织法》第6条第1款规定："村民委员会由主任、副主任和委员共三至七人组成。"可知，村委会的组成不包括村民小组长。故D项错误。

3．会审公廨[D]

[解析] 会审公廨是1864年清廷与英、美、法三国驻上海领事协议在租界内设立的特殊审判机关。会审公廨的主审官为中国官员，但凡涉及外国人案件，须有领事官员参加会审；凡中国人与外国人之间的诉讼案，由本国领事裁判或陪审，甚至租界内纯属中国人之间的诉讼也由外国领事观审。这是对我国司法主权的践踏。故A、B项正确，D项错误。

中华民国成立后，继承了清廷与列强签署的各项国际条约，会审公廨直到1927年才撤销。故C项正确。

4．战争开始的法律后果；战时中立[C]

[解析] 战争开始后，两国间的外交和领事关系一般自动断绝，交战国关闭其在敌国的使、领馆，但接受国有义务尊重馆舍的财产和档案安全。对于使馆的财产和档案，不得没收。故A项错误。

战争开始后，虽然外交和领事关系断绝，但使、领馆人员的外交特权与豁免不立即随之消灭，在其离境前的合理期限内，仍享有外交特权与豁免。故B项错误。

战俘应保有其被俘时所享有的民事权利。战俘的个人财物，除军事装备和军事文件外，一律归其个人所有；战俘的金钱和贵重物品可由拘留国保存，但不得没收。故C项正确。

丙国属于战时中立国，有防止交战双方利用自身领土进行战争行为的义务，包括在该区域中征兵、备战、建立军事设施或捕获法庭、军队及军用装备过境等。故D项错误。

5．自首[C]

[解析] 一般自首的成立需要具备两个条件：自动投案和如实供述。所谓自动投案是指犯罪分子在犯罪以后、归案之前，出于本人的意愿而主动向司法机关或者个人承认自己的犯罪事实并自愿置于司法机关或个人的控制之下，且进一步交代自己犯罪事实的行为。

甲虽然向单位领导如实承认了犯罪事实,但是不愿意让领导将自己移送司法机关,即不愿接受司法机关的控制并进一步交代自己的犯罪事实,因此不属于自动投案,不成立自首。故 A 项错误。

乙因涉嫌贪污被检察院讯问,表明其已被司法机关采取强制措施,其行为不属于"自动投案",不成立自首。故 B 项错误。

丙主动投案,并且如实供述了自己在共同犯罪中参与盗窃的具体情况,符合自首的条件,自动投案的动机并不影响自首的成立。故 C 项正确。

丁虽然主动报警投案,但是在公安机关到达之前,其已经逃离现场,并未在司法机关的控制之下进一步交代犯罪事实,因此,丁的行为不构成自首。故 D 项错误。

6．假释［B］

[解析]《刑法》第 65 条规定,累犯的成立以前罪刑罚执行完毕或赦免以后 5 年内犯罪为条件,因此被假释的犯罪人在假释考验期内再犯新罪的,不成立累犯。故 A 项正确。

《刑法》第 81 条第 2 款规定,对累犯以及因故意杀人、强奸、抢劫、绑架、放火、爆炸、投放危险物质或者有组织的暴力性犯罪被判处 10 年以上有期徒刑、无期徒刑的犯罪分子,不得假释。危害国家安全的犯罪分子,符合假释条件即可假释。故 B 项错误。

被判缓刑的犯罪人在缓刑考验期满后再犯新罪的,不成立累犯。因此丙若有悔罪表现,是可以假释的。故 C 项正确。

如果犯罪人所实施的不是暴力性犯罪,或者虽然是暴力性犯罪但所判处的刑罚低于 10 年有期徒刑的,仍然可以假释。丁的抢劫罪只判处 9 年有期徒刑,且所犯寻衅滋事罪与抢劫罪是数罪并罚为 13 年,对丁可以假释。故 D 项正确。

7．刑事拘留;无证搜查［D］

[解析]《公安部规定》第 125 条规定:"拘留犯罪嫌疑人,应当填写呈请拘留报告书,经县级以上公安机关负责人批准,制作拘留证。执行拘留时,必须出示拘留证,并责令被拘留人在拘留证上签名、捺指印,拒绝签名、捺指印的,侦查人员应当注明。紧急情况下,对于符合本规定第一百二十四条所列情形①之一的,经出示人民警察证,可以将犯罪嫌疑人口头传唤至公安机关后立即审查,办理法律手续。"据此,紧急情况下,对于符合先行拘留情形的,可以经出示人民警察证后拘留,不必出示拘留证。A 项说法过于绝对,故错误。

《刑事诉讼法》第 85 条第 2 款规定,拘留后,应当立即将被拘留人送看守所羁押,至迟不得超过 24 小时。故 B 项错误。

《刑事诉讼法》第 118 条第 2 款规定,犯罪嫌疑人被送交看守所羁押以后,侦查人员对其进行讯问,应当在看守所内进行。该条只是要求侦查人员讯问应当在看守所内进行,C 项的表述过于绝对。故 C 项错误。

《刑事诉讼法》第 138 条规定,进行搜查,必须向被搜查人出示搜查证。在执行逮捕、拘留的时候,遇有紧急情况,不另用搜查证也可以进行搜查。《公安部规定》第 224 条规定,执行拘留、逮捕的时候,遇有下列紧急情况之一的,不用搜查证也可以进行搜查:(1)可能随身携带凶器的;(2)可能隐藏爆炸、剧毒等危险物品的;(3)可能隐匿、毁弃、转移犯罪证据的;(4)可能隐匿其他犯罪嫌疑人的;(5)其他突然发生的紧急情况。本案中,公安机关怀疑章某携带管制刀具(凶器),即属于紧急情况。故 D 项正确。

8．羁押必要性审查［B］

[解析]根据《高检规则》第 579 条规定:"人民检察院发现犯罪嫌疑人、被告人具有下列情形之一的,应当向办案机关提出释放或者变更强制措施的建议:(一)案件证据发生重大变化,没有证据证明有犯罪事实或者犯罪行为系犯罪嫌疑人、被告人所为的;(二)案件事实或者情节发生变化,犯罪嫌疑人、被告人可能被判处拘役、管制、独立适用附加刑、免予刑事处罚或者判决无罪的;(三)继续羁押犯罪嫌疑人、被告人,羁押期限将超过依法可能判处的刑期的;(四)案件事实基本查清,证据已经收集固定,符合取保候审或者监视居住条件的。"根据上述第 1 项,可知选项 B 当选。

根据《高检规则》第 580 条规定:"人民检察院发现犯罪嫌疑人、被告人具有下列情形之一,且具有悔罪表现,不予羁押不致发生社会危险性的,可以向办案机关提出释放或者变更强制措施的建议:(一)预备犯或者中止犯;(二)共同犯罪中的从犯或者胁从犯;(三)过失犯罪的;(四)防卫过当或者避险过当的;(五)主观恶性较小的初犯;(六)系未成年人或者已满七十五周岁的人;(七)与被害方依法自愿达成和解协议,且已经履行或者提供担保的;(八)认罪认罚的;(九)患有严重疾病、生活不能自理的;(十)怀孕或者正在哺乳自己婴儿的妇女;(十一)系生活不能自理的人的唯一扶养人;(十二)可能被判处一年以下有期徒刑或者宣告缓刑的;(十三)其他不需要继续羁押的情形。"选项 A、C、D 中的情形均属于"可以"建议的情形,不当选。

9．行政复议的申请期限;行政诉讼的起诉期限;当事人逾期不履行金钱义务的执行［A］

[解析]《行政复议法》第 20 条第 1 款规定:"公民、法人或者其他组织认为行政行为侵犯其合法权益的,可以自知道或者应当知道该行政行为之日起六十

---

① 指先行拘留的情形——编者注。

日内提出行政复议申请;但是法律规定的申请期限超过六十日的除外。"可知,行政复议的申请期限为 60 日,若其他法律规定的申请期限超过 60 日则依照其他法律规定,若少于 60 日则依照《行政复议法》规定。此处,《环境保护法》规定的复议期限为 15 日(此处系 1989 年《环境保护法》的规定,该法已于 2014 年修订),所以应当适用《行政复议法》中规定的 60 日行政复议期限。故 A 项正确。

《行政诉讼法》第 46 条规定:"公民、法人或者其他组织直接向人民法院提起诉讼的,应当自知道或者应当知道作出行政行为之日起 6 个月内提出。法律另有规定的除外……"可知,行政诉讼的起诉期限通常情况下为 6 个月,如法律有特殊规定则遵从特殊规定。本题中,《环境保护法》规定的起诉期限为 15 日,如该企业直接起诉,则提起诉讼的期限应为 15 日。故 B 项错误。

划拨款项和拍卖扣押财产都属于行政强制执行措施,根据《行政强制法》第 13 条规定:"行政强制执行由法律设定。法律没有规定行政机关强制执行的,作出行政决定的行政机关应当申请人民法院强制执行。"由于《环境保护法》没有赋予环保机关直接强制执行的权力,因此县环保局只能申请人民法院强制执行。故 C、D 项错误。

10．复议前置;行政诉讼受案范围;许可的撤销[A]

[解析] 本案中,行政机关的行为性质是行政征用。对于行政征收、征用,可以直接起诉,不适用复议前置。故 A 项错误。【陷阱点拨】本题要与确认既得自然资源权利案件的复议前置相区分。确认既得自然资源权利案件的复议前置,要满足以下三个条件:第一,针对自然资源所有权或使用权;第二,所有权或使用权已经取得;第三,将所有权或使用权确认给了别人(广义确认)。本题中并不存在自然资源权属纠纷,甲省人民政府的征用土地批复也没有将土地确认给别人,而是收归国有,不属于确认既得自然资源权利案件。

乙市人民政府征用补偿决定、乙市规划建设局授予丁公司拆迁许可证的行为都属于具体行政行为,直接影响了住户的土地权益,住户与这两项行为有法律上的利害关系,可以起诉,故 B、C 项正确。

有权撤销的机关根据利害关系人的请求或者依据职权,可以撤销行政许可。有撤销权的机关包括:许可决定机关;许可决定机关的上级行政机关;法院;被越权机关。而甲省人民政府是乙市规划建设局的上级机关,因此 D 项正确。

11．直接选举程序[B]

[解析]《选举法》第 9 条第 2 款规定,不设区的市、市辖区、县、自治县、乡、民族乡、镇设立选举委员会,

主持本级人民代表大会代表的选举。故 A 项错误。

《选举法》第 30 条第 2 款规定,各政党、各人民团体,可以联合或者单独推荐代表候选人。选民或者代表,10 人以上联名,也可以推荐代表候选人。故 B 项正确。

《选举法》第 31 条第 2 款规定:"由选民直接选举人民代表大会代表的,代表候选人的人数应多于应选代表名额三分之一至一倍;由县级以上的地方各级人民代表大会选举上一级人民代表大会代表的,代表候选人的人数应多于应选代表名额五分之一至二分之一。"县人大代表的选举属于直接选举,代表候选人的人数应多于应选代表名额 1/3 至 1 倍。故 C 项错误。

《选举法》第 53 条第 1 款规定:"罢免县级和乡级的人民代表大会代表,须经原选区过半数的选民通过。"据此,罢免直接选举的代表需要全体选民过半数同意。《选举法》第 45 条第 1 款规定:"在选民直接选举人民代表大会代表时,选区全体选民的过半数参加投票,选举有效。代表候选人获得参加投票的选民过半数的选票时,始得当选。"据此,直接选举中代表候选人获得参加投票的选民(非全体选民)过半数的选票时即可当选。故 D 项错误。

12．犯罪故意的认定[D]

[解析] 甲客观上入户盗窃了价值数额较大(5000 元)的清代玉坠,符合盗窃罪的客观构成要件;但行为时甲合理地(乙家家徒四壁)认为玉坠为不值钱的仿制品,没有认识到"数额较大",因而甲缺乏盗窃罪的犯罪故意。据此,甲的行为在盗窃罪的范围内主客观并不一致,不成立盗窃罪。故 A 项正确。

甲取得该玉坠的行为不成立犯罪,之后实施的行为如果侵犯新的法益、具有责任的话,则要成立新的犯罪。甲将所盗玉坠谎称为秦代文物,欺骗他人财物,具有可罚性,成立诈骗罪,不属于不可罚的事后行为。故 B 项正确。

由于甲缺乏盗窃罪的犯罪故意,故其行为不成立盗窃罪;但甲诈骗丙钱财的行为侵犯了新的法益,甲对该行为应当承担刑事责任。故 C 项正确。

同一个故意犯罪行为,其犯罪形态只有一个,不可能既是犯罪既遂,又是犯罪未遂。对于结果的判断,应以整个犯罪行为最终的法益侵犯形态为标准进行判断。诈骗罪犯罪数额的认定,不是以行为人意图骗取的数额为标准,而是以实际骗取的他人财物为标准。甲意图骗取 5 万元,但实际上骗取了丙 3 万元,因此诈骗数额应为 3 万元,而且达到了数额较大的标准,应当成立诈骗罪的既遂。故 D 项错误。

13．为境外窃取、刺探、收买、非法提供国家秘密、情报罪的认定[B]

[解析] 国家机关机要员黄某为某国间谍戴某

（其谎称来华投资）提供四份"机密"《内参报告》，黄某构成为境外窃取、刺探、收买、非法提供国家秘密、情报罪。其行为同样符合故意泄露国家秘密罪、非法获取国家秘密罪的构成要件，但故意泄露国家秘密罪、非法获取国家秘密罪与为境外窃取、刺探、收买、非法提供国家秘密、情报罪是法条竞合关系，应以为境外窃取、刺探、收买、非法提供国家秘密、情报罪定罪处罚。此外，对于国家工作人员受贿后为他人谋取利益的行为又成立其他犯罪的，除了《刑法》第399条第4款的规定以外，都应以受贿罪和其他犯罪数罪并罚。故B项正确，C、D项错误。

《刑法》第107条规定："境内外机构、组织或者个人资助实施本章第102条、第103条、第104条、第105条规定之罪的，对直接责任人员，处5年以下有期徒刑、拘役、管制或者剥夺政治权利；情节严重的，处5年以上有期徒刑。"黄某行为不符合资助危害国家安全犯罪活动罪的构成。故A项错误。

14．行政区划的变更；地方人大常委会［A］

[解析] 行政区域划分中，国务院的审批范围为主要为：(1)省、自治区、直辖市的区域界线的变更；(2)自治州、县、自治县、市、市辖区的设立、撤销、更名及隶属关系的变更；(3)自治州、自治县行政界线的变更；(4)县、市、市辖区行政区域界线的重大变更。故A项正确。

根据《选举法》第13条规定，设区的市、自治州和县级的人民代表大会代表的具体名额，由省、自治区、直辖市的人民代表大会常务委员会确定，报全国人民代表大会常务委员会备案。故B项错误。

行政区划发生变更，并不必然导致市长职务暂停；即使市长不能履行职务，根据《地方组织法》第50条第1款第13项规定，也应先由市人大常委会根据主任会议的提名，从本级人民政府副职领导人员中决定代理的人选，而非等待市人大召开会议确定人选。故C项错误。

根据《地方组织法》第26条至第32条，人大常委会主任由选举产生，必须经过选任程序才能终止其履行职责，而非自动终止。故D项错误。

15．证据的分类；补强证据［B］

[解析] 本题中，恐吓信的复印件是由犯罪嫌疑人自己复印，没有经过中转环节，直接来源于案件事实，因此属于原始证据。故A项错误。

传闻证据，是指证人所陈述的非亲身经历的事实，以及证人在法庭外所作的书面证人证言和记录其法庭外证言的询问笔录。本题中，乙提交的情况说明是向公安机关提供的，并非乙本人在法庭所作的陈述，因此属于传闻证据。故B项正确。

恐吓信属于书证，是以实物为表现形式的证据，因此属于实物证据，而非言词证据。故C项错误。

补强证据必须具有独立的来源，即与被补强的证据有不同的来源。丙的证言来源于甲，与甲的口供属于同一来源，因此不能对甲的口供进行补强。故D项错误。

16．自诉案件的审理程序［D］

[解析]《刑诉解释》第327条规定："自诉案件符合简易程序适用条件的，可以适用简易程序审理。不适用简易程序审理的自诉案件，参照适用公诉案件第一审普通程序的有关规定。"可知，自诉案件不适用速裁程序，故A项错误。

《刑诉解释》第370条规定："具有下列情形之一的，不适用速裁程序：……（四）案件有重大社会影响的；……"本案社会影响重大，因此不适用速裁程序，故B项错误。

根据《刑诉解释》第1条第1项规定，诽谤案如果严重危害社会秩序和国家利益的，属于公诉案件范围。根据《刑诉解释》第320条第2款规定："具有下列情形之一的，应当说服自诉人撤回起诉；自诉人不撤回起诉的，裁定不予受理：（一）不属于本解释第一条规定的案件的；……"可知，由于本案不属于自诉案件，法院应当说服自诉人撤回起诉；自诉人不撤回起诉的，裁定不予受理。故C项错误。【陷阱点拨】注意本题情形不要与《刑诉解释》第324条规定情形混淆。《刑诉解释》第324条规定："被告人实施两个以上犯罪行为，分别属于公诉案件和自诉案件，人民法院可以一并审理。对自诉部分的审理，适用本章的规定。"本案被告人仅实施了一个诽谤行为，不适用上述规定。

《刑诉解释》第329条第1款规定："判决宣告前，自诉案件的当事人可以自行和解，自诉人可以撤回自诉。"据此，自诉案件可以和解。《刑事诉讼法》第288条规定："下列公诉案件，犯罪嫌疑人、被告人真诚悔罪，通过向被害人赔偿损失、赔礼道歉等方式获得被害人谅解，被害人自愿和解的，双方当事人可以和解：（一）因民间纠纷引起，涉嫌刑法分则第四章、第五章规定的犯罪案件，可能判处三年有期徒刑以下刑罚的；（二）除渎职犯罪以外的可能判处七年有期徒刑以下刑罚的过失犯罪案件。犯罪嫌疑人、被告人在五年以内曾经故意犯罪的，不适用本章规定的程序。"据此，本案属于公诉和解的案件范围。综上，D项正确。

17．汉律；亲亲得相首匿原则的内涵与实质［B］

[解析]"亲亲得相首匿"原则首先由汉宣帝规定，主张亲属间首谋隐匿犯罪可以不负刑事责任。其中，对卑幼亲属首匿尊长亲属的犯罪行为，不追究刑事责任。尊长亲属首匿卑幼亲属，罪应处死的，可上请皇帝宽贷，减轻刑事责任，而不是不负刑事责任。故A项正确，B项错误。

"亲亲得相首匿"对于有亲属关系的隐匿行为，可以宽宥，是法律儒家化的具体体现，其目的是尊崇儒家伦理。故 C、D 项正确。

18．犯罪主体[C]

[解析] 强制猥亵、侮辱罪的行为主体不限于男性，妇女不仅可以成为本罪的教唆犯与帮助犯，而且可以成为直接正犯、间接正犯与共同正犯。故 A 项错误。

携带凶器抢夺的，按照抢劫罪论处。由于 15 岁的人可以构成抢劫罪，所以乙构成抢劫罪。故 B 项错误。

丙的行为仍构成非法拘禁罪，没有转化为故意伤害或故意杀人罪。依《刑法》第 17 条对已满 14 周岁不满 16 周岁的人承担刑事责任的范围的规定，15 岁的丙对于非法拘禁罪不负刑事责任。故 C 项正确。

放纵走私罪的行为主体是海关工作人员；而司法工作人员依据《刑法》第 94 条的规定，是指有侦查、检察、审判、监管职责的工作人员，其不可能构成放纵走私罪。司法工作人员在履行职责过程中放纵走私的，可能成立徇私枉法罪。故 D 项错误。

19．正当防卫[D]

[解析] 本题中，乙反击甲的行为属于正当防卫。但是，乙扔刀不慎砸中丙，致丙重伤，该结果不能归因于甲的抢劫行为，这是因为：这一事件比较异常，丙受伤与甲的抢劫是独立关系；甲的抢劫行为对丙没有制造危险。因此，丙受伤应归因于乙的扔刀行为。故 C 项错误。乙扔刀砸中丙的行为，如果乙没有预见可能性，则属于意外事件，有预见可能性，则属于过失行为，无论如何不属于正当防卫，因此也无需判断防卫过当问题。故 A、B 项错误。

甲未取得财物而骑自行车逃跑，此时乙追赶，不存在夺回财物的问题，不属于正当防卫，而是扭送行为。乙实施扭送行为导致自己受伤，该结果不能归因于甲，因为甲并未主动伤害乙，甲的逃跑行为本身对乙没有制造危险。因此，甲构成抢劫罪，但不构成抢劫罪致人重伤。故 D 项正确。

20．行政法规制定程序[D]

[解析]《行政法规制定程序条例》第 35 条规定："国务院可以根据全面深化改革、经济社会发展需要，就行政管理等领域的特定事项，决定在一定期限内在部分地方暂时调整或者暂时停止适用行政法规的部分规定。"因此，D 项当选。【思路拓展】如果考生没有掌握上述法条规定，本题也可以从法理上分析作答：行政法规由国务院制定，该行政法规要在某一个行政区域调整适用或者暂停适用，当然需要制定机关（国务院）批准。类似的如《行政许可法》第 21 条：省、自治区、直辖市人民政府对行政法规设定的有关经济事务的行政许可，根据本行政区域经济和社会发展情况，认为通过本法第 13 条所列方式能够解决

的，报国务院批准后，可以在本行政区域内停止实施该行政许可。

21．权利与义务；法律关系主体[B]

[解析] 规范性法律文件是指可以普遍、多次和反复适用的法律文件，如法律。非规范性法律文件只能针对特定对象加以适用，如判决书、裁定书、逮捕证、许可证、合同等。故 A 项错误。

根据相对应的主体范围可以将权利义务分为绝对权利义务和相对权利义务。绝对权利义务，又称"对世权利"和"对世义务"，对应不特定的法律主体的权利和义务。"相对权利"对应特定的义务人；"相对义务"对应特定的权利人。本题中，甲和乙的抚养义务对应的特定主体是小琳，是为相对义务。故 B 项正确。

法院的判决属于法律事实，该判决在甲乙和甲母之间形成了法律关系。甲和乙承担支付甲母抚养费的义务，甲母享有接受抚养费的权利。该判决当然形成了法律权利与义务关系。故 C 项错误。

法律关系主体是法律关系的参加者，即在法律关系中一定权利的享有者和一定义务的承担者。本题的诉讼法律关系是甲母把甲和乙告上法庭，要求其支付 2 万元抚养费的诉讼关系，即诉讼主体是甲母、甲和乙，不包括小琳。故 D 项错误。

22．指定辩护[B]

[解析]《刑诉解释》第 564 条规定："审判时不满十八周岁的未成年被告人没有委托辩护人的，人民法院应当通知法律援助机构指派熟悉未成年人身心特点的律师为其提供辩护。"本题 A 项中的王某在开庭审理时已满 18 周岁，不属于应当提供法律援助辩护的被告人范围。故 A 项错误。

《刑诉解释》第 311 条第 2、5 款规定："被告人当庭拒绝辩护人辩护，要求另行委托辩护人或者指派律师的，合议庭应当准许。被告人拒绝辩护人辩护后，没有辩护人的，应当宣布休庭；仍有辩护人的，庭审可以继续进行。被告人属于应当提供法律援助的情形，重新开庭后再次当庭拒绝辩护人辩护的，不予准许。"本题 B 项中的李某可能被判处死刑，属于应当提供法律援助辩护的情形，在重新开庭审理后，李某再次当庭拒绝辩护人辩护的，合议庭不予准许的做法是正确的。故 B 项正确。

《刑诉解释》第 485 条第 4 款规定："外国籍被告人没有委托辩护人的，人民法院可以通知法律援助机构为其指派律师提供辩护。被告人拒绝辩护人辩护的，应当由其出具书面声明，或者将其口头声明记录在案；必要时，应当录音录像。被告人属于应当提供法律援助情形的，依照本解释第五十条规定处理。"本题 C 项中法院为外籍被告汤姆指定辩护人的做法正确，但被告人拒绝辩护人辩护的，法院应予准许。

故 C 项错误。

《刑诉解释》第 313 条第 1 款规定："依照前两条规定另行委托辩护人或者通知法律援助机构指派律师的,自案件宣布休庭之日起至第十五日止,由辩护人准备辩护,但被告人及其辩护人自愿缩短时间的除外。"D 项中"延期审理的期限为 10 日"的说法不准确。故 D 项错误。

23.辩护人的范围与人数[D]

[解析]《刑诉解释》第 41 条第 1、2 款规定："审判人员和人民法院其他工作人员从人民法院离任后二年内,不得以律师身份担任辩护人。审判人员和人民法院其他工作人员从人民法院离任后,不得担任原任职法院所审理案件的辩护人,但系被告人的监护人、近亲属的除外。"本案中,齐某作为被告人的监护人或近亲属的情形下,可以担任被告人的辩护人。故 A 项错误。

《刑诉解释》第 43 条规定："一名被告人可以委托一至二人作为辩护人。一名辩护人不得为两名以上的同案被告人,或者未同案处理但犯罪事实存在关联的被告人辩护。"可知,法律并未规定两名辩护人不得分别担任同案犯罪嫌疑人的辩护人或者同时担任同一犯罪嫌疑人的辩护人。故 B、C 项错误。

《刑诉解释》第 41 条第 3 款规定,审判人员和人民法院其他工作人员的配偶、子女或者父母不得担任其任职法院所审理案件的辩护人,但系被告人的监护人、近亲属的除外。本案中,洪某虽然是齐某的配偶,但齐某已经辞职,其身份已不是法院工作人员,因此,洪某可以律师身份担任 A 县法院审理案件的辩护人。故 D 项正确。

24.强制医疗程序[B]

[解析]《刑诉解释》第 642 条规定："被决定强制医疗的人、被害人及其法定代理人、近亲属对强制医疗决定不服的,可以自收到决定书第二日起五日以内向上一级人民法院申请复议。复议期间不停止执行强制医疗的决定。"由此可知,复议期间不可暂缓执行强制医疗的决定。故 A 项错误。

《刑诉解释》第 641 条规定："人民法院决定强制医疗的,应当在作出决定后五日以内,向公安机关送达强制医疗决定书和强制医疗执行通知书,由公安机关将被决定强制医疗的人送交强制医疗。"故 B 项正确。

《刑诉解释》第 645 条规定："被强制医疗的人及其近亲属申请解除强制医疗的,应当向决定强制医疗的人民法院提出。被强制医疗的人及其近亲属提出的解除强制医疗申请被人民法院驳回,六个月后再次提出申请的,人民法院应当受理。"因此,只有在提出解除强制医疗申请被法院驳回,再次申请解除的,才需要间隔 6 个月。故 C 项错误。本案的强制医疗决

定是县法院作出的,所以应该向县法院申请解除。故 D 项错误。

25.规章的权限;行政处罚的设定[C]

[解析]关于 A 项和 D 项,《行政处罚法》第 13 条规定："国务院部门规章可以在法律、行政法规规定的给予行政处罚的行为、种类和幅度的范围内作出具体规定。尚未制定法律、行政法规的,国务院部门规章对违反行政管理秩序的行为,可以设定警告、通报批评或者一定数额罚款的行政处罚。罚款的限额由国务院规定。"可见,部门规章只能设定警告、通报批评和一定数额罚款的行政处罚,不得设定暂扣行政许可证这类行政处罚,更不得将其设定权限扩大到"除限制人身自由以外的行政处罚"(这是行政法规的设定权限)。故 A、D 项错误。

《行政强制法》第 10 条第 4 款规定："法律、法规以外的其他规范性文件不得设定行政强制措施。"据此,只有法律、行政法规和地方性法规才可以设定行政强制措施,部门规章并无此项权力。故 B 项错误。

《行政许可法》第 16 条第 3 款规定："规章可以在上位法设定的行政许可事项范围内,对实施该行政许可作出具体规定。"而部门规章作为规章的一种,也可以在上位法设定的行政许可事项范围内,对实施该许可作出具体规定。故 C 项正确。

26.检察官职业道德的要求[A]

[解析]检察官应当坚持为民理念,参加单位组织的慰问孤寡老人的公益活动,体现了"执法为民"的观念,是在保障人民权益,符合检察官职业道德的要求。故 A 项正确。

检察官应当坚持公正理念,因此应自觉遵守法定回避制度,对法定回避事由以外可能引起公众对办案公正产生合理怀疑的,应主动请求回避。王检察官与受害人系密切近邻,应主动申请回避。故 B 项错误。

检察官应当坚持公正理念,应当严格遵守检察纪律,不泄露案件的办理情况及案件承办人的有关信息,不违反规定会见案件当事人、诉讼代理人、辩护人及其他与案件有利害关系的人员。王检察官泄露了未曾公开的检察工作信息,违反了检察官职业道德的要求。故 C 项错误。

检察官应当坚持廉洁操守,不得违反有关规定从事营利活动,不得在经济实体中兼职。在酒吧演奏的行为并收取报酬,且对检察官身份不予否认,有违检察官的廉洁形象。故 D 项错误。

27.以危险方法危害公共安全罪[B]

[解析]以危险方法危害公共安全罪中的"其他危险方法",限于与放火、决水、爆炸、投放危险物质相当的方法,而不是泛指任何具有危害公共安全性质的方法。如果某种行为符合其他犯罪的构成要件,而

且符合罪刑相适应原则,则应认定为其他犯罪,不认定为本罪。A项中,甲驾车在公路转弯处高速行驶,撞翻相向行驶车辆,致2人死亡,甲成立交通肇事罪。C项中,丙醉酒后驾车,刚开出10米就撞死2人的行为成立危险驾驶罪与交通肇事罪的想象竞合犯,根据《刑法》第133条之一第3款的规定,依照处罚较重的规定定罪处罚。D项中,丁在繁华路段飙车,致使2名老妇受到惊吓致心脏病发作死亡的行为成立危险驾驶罪。B项中,乙驾驶越野车在道路上横冲直撞,撞翻数辆他人所驾汽车,致2人死亡,是属于故意实施严重危害公共安全的行为,导致严重结果,成立以危险方法危害公共安全罪。当然,如果乙驾驶越野车在道路上直接撞人的,成立故意杀人罪。故B项正确,A、C、D项错误。

28.法条竞合;过失致人死亡罪;谎报安全事故罪;重大责任事故罪[D]

[解析] 根据《刑法》第134条的规定,重大责任事故罪是指在生产、作业中违反有关安全管理的规定,因而发生重大伤亡事故或者造成其他严重后果的行为。刘某未注意下方有人即按启动按钮,属于违反安全管理规定的行为,维修工张某当场被挤压身亡属于重大伤亡事故,所以刘某的行为构成重大责任事故罪。故D项正确。

刘某是因为没有注意下方有人才造成张某的死亡,可见其主观罪过应当是过失而非故意。故A项错误。虽然刘某的行为也构成过失致人死亡罪,但是由于过失致人死亡罪与重大责任事故罪是法条竞合的关系,根据特别法(重大责任事故罪)优于普通法(过失致人死亡罪)的原则,刘某的行为应当以重大责任事故罪论处。故B项错误。

《刑法》第139条之一规定,谎报安全事故罪是指在安全事故发生后,负有报告职责的人员不报或者谎报事故情况,贻误事故抢救,情节严重的行为。本案中,刘某报告事故时虽然隐瞒了自己按下启动按钮的事实,但是这一谎报行为未贻误事故抢救,故刘某的行为不构成谎报安全事故罪。故C项错误。

29.警告[B]

[解析]《公务员法》第63条第3款规定:"处分决定机关认为对公务员应当给予处分的,应当在规定的期限内,按照管理权限和规定的程序作出处分决定。处分决定应当以书面形式通知公务员本人。"处分决定只能以书面形式,不能以口头方式通知。故A项错误。

《公职人员政务处分法》第8条第2款规定:"政务处分决定自作出之日起生效,政务处分期自政务处分决定生效之日起计算。"故B项正确。【易混易错】行政处罚自送达之日起生效。

对处分期需要准确记忆:警告,6个月;记过,12个

月;记大过,18个月;降级、撤职,24个月。故C项错误。

根据《公职人员政务处分法》第19条规定,在政务处分期内,不得晋升职务、职级、衔级和级别;其中,被记过、记大过、降级、撤职的,不得晋升工资档次。据此,受警告处分的,没有不得晋升工资档次的要求,故D项错误。

30.刑事附带民事诉讼;刑事诉讼和解程序[C]

[解析]《刑诉解释》第179条第1、2款规定:"国家财产、集体财产遭受损失,受损失的单位未提起附带民事诉讼,人民检察院在提起公诉时提起附带民事诉讼的,人民法院应当受理。人民检察院提起附带民事诉讼的,应当列为附带民事诉讼原告人。"由此可见,本题中附带民事诉讼原告人应当是检察院而不是大风公司。故A项错误。

《高检规则》第495条规定:"双方当事人可以就赔偿损失、赔礼道歉等民事责任事项进行和解,并且可以就被害人及其法定代理人或者近亲属是否要求或者同意公安机关、人民检察院、人民法院对犯罪嫌疑人依法从宽处理进行协商,但不得对案件的事实认定、证据采信、法律适用和定罪量刑等依法属于公安机关、人民检察院、人民法院职权范围的事宜进行协商。"因此,当事人双方不可以就刑事案件部分进行和解与处置,即不能就是否对董某免除刑事处分达成和解,故B项错误。双方刑事和解时约定由董某在1年内补栽树苗200棵,属于当事人民事赔偿内容,允许和解。故C项正确。

《刑诉解释》第596条第1款规定:"对达成和解协议的案件,人民法院应当对被告人从轻处罚;符合非监禁刑适用条件的,应当适用非监禁刑;判处法定最低刑仍然过重的,可以减轻处罚;综合全案认为犯罪情节轻微不需要判处刑罚的,可以免予刑事处罚。"据此,达成和解协议的,法院对被告人可以适用非监禁刑、减轻处罚或者免除刑事处罚,但没有D项中说的"检察院经法院同意可撤回起诉并对董某适用附条件不起诉"的做法,故D项错误。

31.犯罪嫌疑人、被告人逃匿、死亡案件违法所得没收程序的审理和救济程序[B]

[解析]《高检规则》第528条第2款规定:"在人民法院审理案件过程中,被告人死亡而裁定终止审理,或者被告人脱逃而裁定中止审理,人民检察院可以依法另行向人民法院提出没收违法所得的申请。"故A项正确。【思路拓展】若对以上规定不熟,本题也可以分步解析。《刑事诉讼法》第16条规定:"有下列情形之一的,不追究刑事责任,已经追究的,应当撤销案件,或者不起诉,或者终止审理,或者宣告无罪:……(五)犯罪嫌疑人、被告人死亡的;……"据此,对于本案,法院应当裁定终止审理。《刑事诉讼法》第298条第1款规定:"对于贪污贿赂犯罪、恐怖

活动犯罪等重大犯罪案件、犯罪嫌疑人、被告人逃匿，在通缉一年后不能到案，或者犯罪嫌疑人、被告人死亡，依照刑法规定应当追缴其违法所得及其他涉案财产的，人民检察院可以向人民法院提出没收违法所得的申请。"据此，应当由检察院向法院提出没收违法所得的申请。

《刑事诉讼法》第299条第1款规定："没收违法所得的申请，由犯罪地或者犯罪嫌疑人、被告人居住地的中级人民法院组成合议庭进行审理。"据此，一般而言，没收违法所得的申请，由犯罪地或者犯罪嫌疑人、被告人居住地的中级人民法院审理。而B市中级人民法院既不是犯罪地，也不是居住地，而是由上级法院指令的与本案无关的法院，该法院有资格审理受贿案，但没有权力审理没收程序。但是，提醒考生注意，判断本项必考虑一个特殊情形，《刑诉解释》第626条规定："在审理案件过程中，被告人脱逃或者死亡，符合刑事诉讼法第二百九十八条第一款规定的，人民检察院可以向人民法院提出没收违法所得的申请；符合刑事诉讼法第二百九十一条第一款规定的，人民检察院可以按照缺席审判程序向人民法院提起公诉。人民检察院向原受理案件的人民法院提出没收违法所得申请的，可以由同一审判组织审理。"据此，在符合上述规定的情况下，可以由原受理案件的法院对没收违法所得的申请进行审理。因此，对于本案，如果检察院向B市中级法院（原受理案件的法院）提出申请，B市中级法院"可以"（非"应当"）对没收违法所得的申请进行审理，而本题中并未说明检察院向B市中级法院提出了申请，故不能适用《刑诉解释》第626条的特殊规定，只能适用《刑事诉讼法》第299条第1款的一般规定。综上所述，B项错误。【陷阱点拨】本选项实际是考查《刑诉解释》第626条的特殊规定，虽然通过《刑事诉讼法》第299条的一般规定能够得出相同的判断，但是在分析过程中一定要排除掉这种特殊规定的适用。另外，有些考生注意到了《刑诉解释》第626条的特殊规定，但是却对其适用条件掌握不牢固，盲目地加以适用，结果却导致错误，这就太可惜了。

《刑诉解释》第622条规定，对没收违法所得或者驳回申请的裁定，犯罪嫌疑人、被告人的近亲属和其他利害关系人或者人民检察院可以在5日以内提出上诉、抗诉。故C、D两项表述正确。

32．上诉不加刑原则及内容；第二审开庭审理的方式和程序；职业禁止[C]

[解析]《刑事诉讼法》第234条第1款规定："第二审人民法院对于下列案件，应当组成合议庭，开庭审理：（一）被告人、自诉人及其法定代理人对第一审认定的事实、证据提出异议，可能影响定罪量刑的上诉案件；（二）被告人被判处死刑的上诉案件；

（三）人民检察院抗诉的案件；（四）其他应当开庭审理的案件。"本题不符合上述应当开庭审理的情形。故A项错误。

《刑诉解释》第401条第1款规定："审理被告人或者其法定代理人、辩护人、近亲属提出上诉的案件，不得对被告人的刑罚作出实质不利的改判，并应当执行下列规定：（一）同案审理的案件，只有部分被告人上诉的，既不得加重上诉人的刑罚，也不得加重其他同案被告人的刑罚；（二）原判认定的罪名不当的，可以改变罪名，但不得加重刑罚或者对刑罚执行产生不利影响；（三）原判认定的罪数不当的，可以改变罪数，并调整刑罚，但不得加重决定执行的刑罚或者对刑罚执行产生不利影响；（四）原判对被告人宣告缓刑的，不得撤销缓刑或者延长缓刑考验期；（五）原判没有宣告职业禁止、禁止令的，不得增加宣告；原判宣告职业禁止、禁止令的，不得增加内容、延长期限；（六）原判对被告人判处死刑缓期执行没有限制减刑、决定终身监禁的，不得限制减刑、决定终身监禁；（七）原判判处的刑罚不当，应当适用附加刑而没有适用的，不得直接加重刑罚、适用附加刑。原判判处的刑罚畸轻，必须依法改判的，应当在第二审判决、裁定生效后，依照审判监督程序重新审判。"二审延长了职业禁止的年限，属于加重被告人刑罚的情形。故B项错误，C项正确。

《刑诉解释》第403条第1款规定："被告人或者其法定代理人、辩护人、近亲属提出上诉，人民检察院未提出抗诉的案件，第二审人民法院发回重新审判后，除有新的犯罪事实且人民检察院补充起诉的以外，原审人民法院不得加重被告人的刑罚。"故D项错误。

33．发回重审[D]

[解析]《刑诉解释》第432条规定："最高人民法院裁定不予核准死刑，发回重新审判的案件，原审人民法院应当另行组成合议庭审理，但本解释第四百二十九条第四项、第五项规定的案件除外。"故A项错误。

本题中，省高院是二审法院，最高法院复核后若发回省高院重新审判，省高院应当适用二审程序进行审理。同时，《刑事诉讼法》第183条第4款规定："人民法院审判上诉和抗诉案件，由审判员三人或者五人组成合议庭进行。"所以，应当由审判员3人或者5人组成合议庭。故B项错误。

《刑诉解释》第430条第2款规定："对最高人民法院发回第二审人民法院重新审判的案件，第二审人民法院一般不得发回第一审人民法院重新审判。"本题只是量刑过重发回重审，无需开庭审理。故C项错误。

省高级法院作为二审法院对于发回重审的案件

可以直接改判。另外，死刑缓期2年执行的复核机关也是省高级法院，所以该判决为终审判决。故D项正确。

34．党的领导、人民当家作主、依法治国的关系［D］

[解析] 坚持党的领导、人民当家作主、依法治国有机统一，最根本的是坚持党的领导。党的领导是人民当家作主和依法治国的根本保证，人民当家作主是社会主义民主政治的本质特征，依法治国是党领导人民治理国家的基本方式，三者统一于我国社会主义民主政治伟大实践。人民代表大会制度是坚持党的领导、人民当家作主、依法治国有机统一的根本制度安排。据此，A、B、C项错误，D项正确。

35．村民委员会［B］

[解析]《村民委员会组织法》第23条规定："村民会议审议村民委员会的年度工作报告，评议村民委员会成员的工作；有权撤销或者变更村民委员会不适当的决定；有权撤销或者变更村民代表会议不适当的决定。村民会议可以授权村民代表会议审议村民委员会的年度工作报告，评议村民委员会成员的工作，撤销或者变更村民委员会不适当的决定。"可见，对于村委会的年度工作报告，无论审议还是撤销，均是由村民会议或村民会议授权的村民代表会议行使权利，乡政府无权干涉。故A项错误。

《村民委员会组织法》第27条第1款规定，村民会议可以制定和修改村民自治章程、村规民约，并报乡、民族乡、镇的人民政府备案。故B项正确。

《村民委员会组织法》第14条第2款规定："对登记参加选举的村民名单有异议的，应当自名单公布之日起五日内向村民选举委员会申诉，村民选举委员会应当自收到申诉之日起三日内作出处理决定，并公布处理结果。"本题中，错在"由乡政府处理并公开处理结果"。故C项错误。

《村民委员会组织法》第19条规定："村民委员会成员出缺，可以由村民会议或者村民代表会议进行补选。补选程序参照本法第十五条的规定办理。补选的村民委员会成员的任期到本届村民委员会任期届满时止。"本题中，错在"乡政府任命"。故D项错误。

36．一罪与数罪［A］

[解析] 甲的前行为(盗窃国家机关证件罪)与后行为(招摇撞骗罪)之间存在手段与目的的关联，但不宜认定为牵连犯。成立牵连犯，要求目的行为与方法或手段行为的牵连(即主从关系)或原因行为与结果行为的牵连(即高度伴随性)。本案中，盗窃国家机关证件并不是招摇撞骗罪的必经手段，二行为之间不具有高度伴随性，不宜认为二者具有牵连关系，应并罚。故A项正确。

《刑法》第133条之一第3款规定，有前两款行为(危险驾驶行为)，同时构成其他犯罪的，依照处罚较重的规定定罪处罚。危险驾驶罪与交通肇事罪不是对立关系，严重的危险驾驶行为造成严重后果的，完全可能同时触犯交通肇事罪，应择一重罪处罚。故B项错误。

丙的第一个行为构成诈骗罪，第二个行为构成抢劫罪，抢劫财产性利益。因为两个行为的侵害结果具有关联性，是一体两面的关系，一面是财物，另一面是财产性利益，李某只遭受了一份财产损失，丙只获得了一份好处，因此没有必要数罪并罚，重罪吸收轻罪即可。故C项错误。

重婚罪与破坏军婚罪之间属于法条竞合。法条竞合是必然的竞合、法条本身的竞合，破坏军婚罪属于特别法，应优先适用；而想象竞合是偶然的竞合，竞合的两罪之间毫无关联，只是出现了具体的案件才导致两罪之间偶然存在一些竞合。例如，盗窃正在使用中的电线，既触犯了盗窃罪，也触犯了破坏电力设备罪，但盗窃罪、破坏电力设备罪完全是不相关的两罪，只是因为行为人的行为(盗窃正在使用中的电线)才使得两罪之间存在竞合，一行为会同时触犯这两罪。另外，《刑法》第259条第1款规定："明知是现役军人的配偶而与之同居或者结婚的，处3年以下有期徒刑或者拘役。"丁的行为直接构成破坏军婚罪。故D项错误。

【总结提示】想象竞合与法条竞合的区别和联系。

	想象竞合	法条竞合
相同	一行为触犯数罪名(行为的竞合)	一行为触犯数罪名(法条的竞合)
不同	(1)所触犯的两个罪名之间原来没有任何关系，是一种临时的竞合。如上述的盗窃罪与破坏电力设备罪 (2)损害的一般是两个客体(一行为造成数个结果)	(1)两个罪名之间天然就存在交叉或者包容关系，一眼就能够看出来，属于永恒的竞合。例如，贷款诈骗罪与诈骗罪，交通肇事罪与过失致人死亡罪 (2)损害的是一个客体，或者说使用一个罪评价就可以了(一行为造成的两个法益侵害高度一致)

37．简易程序的适用范围［B］

[解析]《刑事诉讼法》第214条第1款规定："基层人民法院管辖的案件，符合下列条件的，可以适用简易程序审判：(一)案件事实清楚、证据充分的；(二)被告人承认自己所犯罪行，对指控的犯罪事实没有异议的；(三)被告人对适用简易程序没有异议的。"《刑事诉讼法》第21条规定："中级人民法院

管辖下列第一审刑事案件：（一）危害国家安全、恐怖活动案件；（二）可能判处无期徒刑、死刑的案件。"因此，A项中甲为境外非法提供国家秘密案应当归中院管辖，因而不可适用简易程序。故A项错误。

根据上述《刑事诉讼法》第214条第1款的规定，只要是基层法院审理的案件，都有可能适用简易程序审理。该条第2款规定："人民检察院在提起公诉的时候，可以建议人民法院适用简易程序。"由此可见，检察院建议适用简易程序，并不是适用简易程序的必要条件，检察院未建议，法院也可能适用简易程序审理。故B项正确。

《刑诉解释》第360条规定："具有下列情形之一的，不适用简易程序：（一）被告人是盲、聋、哑人的；（二）被告人是尚未完全丧失辨认或者控制自己行为能力的精神病人的；（三）案件有重大社会影响的；（四）共同犯罪案件中部分被告人不认罪或者对适用简易程序有异议的；（五）辩护人作无罪辩护的；（六）被告人认罪但经审查认为可能不构成犯罪的；（七）不宜适用简易程序审理的其他情形。"C项符合第6项的情形，D项符合第5项的情形。故C、D项错误。

38．共同被告；简易程序；举证责任；行政处罚的执行[B]

[解析] 本题为复议维持的案件，根据《行政诉讼法解释》第134条，应由作出原行政行为的机关和复议机关作共同被告。原告不同意追加被告的，法院也应当将另一机关列为共同被告。故A项错误。

《行政诉讼法》第82条第1款规定："人民法院审理下列第一审行政案件，认为事实清楚、权利义务关系明确、争议不大的，可以适用简易程序：（一）被诉行政行为是依法当场作出的；（二）案件涉及款额二千元以下的；（三）属于政府信息公开案件的。"本案罚款为2000元，符合上述第2项规定，法院在认定案件事实清楚的情况下，可以适用简易程序审理本案。故B项正确。

根据《行政诉讼法解释》第135条规定，复议机关决定维持原行政行为的，作出原行政行为的行政机关和复议机关对原行政行为合法性共同承担举证责任，可以由其中一个机关实施举证行为。因此，区政府也应承担举证责任。故C项错误。

《行政处罚法》第73条第3款规定："当事人申请行政复议或者提起行政诉讼的，加处罚款的数额在行政复议或者行政诉讼期间不予计算。"故D项错误。**【陷阱点拨】** 在行政诉讼期间，不停止行政行为的执行。有些考生因此联想到加处罚款（执行罚）也应继续，从而犯错。

39．坚持建设中国特色社会主义法治体系[C]

[解析] 执行是法的实施的重要方面。推进法治体系建设，重点和难点在于通过严格执法、公正司法、全民守法，推进法律正确实施，把"纸上的法律"变为"行动中的法律"。C项当选。

40．宪法效力的概念；宪法与法律的关系[D]

[解析] "宪法具有最高的法律效力"中的"法律"是指法的一般特征，即一般性、规范性等；"一切法律"中的"法律"指全国人大及其常委会制定的法律。故A项错误。

宪法效力具有直接性，即宪法对立法行为和依据宪法进行的各种行为产生直接的约束力。故B项错误。

宪法的最高效力并不局限于立法活动。其涵盖立法、执法、司法、守法、法律监督五大法治实践。故C项错误。

相应的审查或监督制度有利于维护宪法的效力，否则宪法的最高法律效力就会落空。故D项正确。

41．诈骗罪[B]

[解析] 诈骗罪，要求行为人虚构事实或隐瞒真相，使他人陷入错误认识，进而对财物进行处分。以被害人具有财产处分的意思为前提。当被害人欠缺财产处分的意思时不成立诈骗罪。

由于他人点击链接时没有处分财产的意思，因此不能成立诈骗罪，甲的行为应构成盗窃罪。故A项错误。

被害人因被骗产生认识错误，并基于该认识错误处分财产，乙的行为符合诈骗罪的构成，成立诈骗罪。故B项正确。

丙谎称钱某的摩托车是自己的，将其卖给孙某，对于孙某来说，属于基于错误认识处分财产，对孙某成立诈骗罪。但对于钱某的摩托车来说，丙将摩托车秘密据为己有，其行为构成盗窃罪而非诈骗罪。故C项错误。

丁的行为属于将他人对银行享有的债权（财产性利益）转移为自己占有，不符合诈骗罪的构成要件，对此应以盗窃罪论处。故D项错误。

42．不作为犯罪；作为义务[C]

[解析] 不作为，是指行为人在能够履行自己应尽义务的情况下不履行该义务。行为人有作为义务是成立不作为犯罪的前提条件。具体来讲，作为义务包括以下几种：（1）法律、法规明文规定的义务。（2）职务或业务要求的义务。（3）法律行为引起的义务。（4）先行行为引起的义务。

小偷入院盗窃虽然属于不法侵害行为，但其生命权仍属于法律保护的利益。甲是藏獒的主人，在法律上有管理藏獒的义务。甲在藏獒咬人的情况下未制止，已构成不作为的故意杀人罪。故A项正确，不当选。

乙实施杀人行为在先，实施救助行为在后，因未坚持救助最终致使丙死亡。乙实施的犯罪行为引起救助义务,之后不救助的行为也属于杀人行为。但从甲的行为看,其劝阻乙救助丙的行为使乙放弃了对丙的救助,并导致丙死亡,乙是否有刑法上的作为义务并不影响其行为的性质和社会危害性,甲的行为已构成不作为犯罪的教唆犯。故 B 项正确,不当选。

甲看见儿子乙掐住丙的脖子但未予理会,甲在法律上有监护儿子的义务,其未及时阻止乙导致丙死亡结果的发生,甲已构成不作为犯罪。故 C 项错误,当选。

甲对于乙没有刑法上的作为义务,其找来绳子救人的行为也未剥夺其他人救助乙的机会,因此甲后来放弃救助的行为不构成犯罪。故 D 项正确,不当选。

43．宪法实施[B]

[解析] 宪法实施包括宪法执行、宪法适用、宪法遵守,故 D 项正确。宪法执行的主体是国家代议机关和行政机关。宪法适用的主体是国家司法机关。宪法遵守的主体是一切国家机关、社会组织和公民。宪法遵守的主体最具有广泛性,故宪法遵守是宪法实施最基本的形式。故 A 项正确。

制度保障属于宪法实施的保障方式,例如美国的司法审查制度,大陆法系的宪法控诉制度以及我国的事先审查和事后审查相结合的保障制度。但是,宪法实施的保障和宪法实施不是一回事,宪法实施主要是将宪法贯彻落实在社会生活当中,包括宪法执行、宪法适用、宪法遵守。宪法实施的制度保障对于宪法实施具有重要意义,但它是宪法实施的“保障方式”,而非“实施方式”。故 B 项错误。

在我国,宪法解释的主体是全国人大常委会,宪法解释通常发生在宪法执行和适用的过程中,属于宪法实施的一种方式。故 C 项正确。

44．国务院议事协调机构的撤销、职权与内设机构[C]

[解析]《国务院行政机构设置和编制管理条例》第 11 条规定:“国务院议事协调机构的设立、撤销或者合并,由国务院机构编制管理机关提出方案,报国务院决定。”据此,国务院议事协调机构的撤销由国务院决定,国务院机构编制管理机关仅提出方案,不具有决定权。故 A 项错误。

《国务院行政机构设置和编制管理条例》第 6 条第 7 款规定:“国务院议事协调机构承担跨国务院行政机构的重要业务工作的组织协调任务。国务院议事协调机构议定的事项,经国务院同意,由有关的行政机构按照各自的职责负责办理。在特殊或者紧急的情况下,经国务院同意,国务院议事协调机构可以规定临时性的行政管理措施。”据此,国务院议事协调机构一般没有独立的行政职能,即有权议事无权实施,经其议定的事项,经国务院同意,由有关的行政机构按照各自的职责负责办理。因此,国务院议事协调

机构原则上没有规定行政措施的权力;只有在特殊或者紧急的情况下,经国务院同意,享有规定临时性管理措施的权限。故 B 项错误,C 项正确。

《国务院行政机构设置和编制管理条例》第 13 条规定:“国务院办公厅、国务院组成部门、国务院直属机构、国务院办事机构在职能分解的基础上设立司、处两级内设机构;国务院组成部门管理的国家行政机构根据工作需要可以设立司、处两级内设机构,也可以只设立处级内设机构。”据此可知,行政法规并未规定国务院议事协调机构享有设立司、处两级内设机构的权限,法理上,对于行政法领域中行政主体的权限,“法无授权即禁止”。故 D 项错误。

45．坚持抓住领导干部这个“关键少数”[D]

[解析] 要加强对权力运行的制约监督,依法设定权力、规范权力、制约权力、监督权力,要把权力关进制度的笼子里。要牢记职权法定,牢记权力来自哪里、界线划在哪里,做到法定职责必须为、法无授权不可为。故 D 项错误,其余选项均正确。

46．共同犯罪的犯罪未遂[D]

[解析] 犯罪是否得逞是犯罪既遂与犯罪未遂的界限所在。犯罪得逞时,表现为法益受到侵害,发生了行为人所希望或者放任的、行为性质所决定的犯罪结果。

乙将银行卡和密码交给甲时,甲已经实际控制了卡内的 50 万元钱款,此时受贿行为已经既遂,乙事后挂失并取回钱款的行为并不影响甲所犯受贿罪的犯罪既遂形态。故 A 项不属于犯罪未遂。

尽管甲未到达现场,但其事先与乙有共谋,且向乙讲解了犯罪方法,乙的行为既遂则导致甲、乙的共同犯罪行为既遂。故 B 项不属于犯罪未遂。【特别提醒】本项考查的是共谋共同正犯,这是指甲、乙共同谋议实行犯罪,但后来只有乙去实施的犯罪现象。成立共谋共同正犯的条件是:其谋议行为对犯罪的发展起到重要支配作用。本题中,甲的谋议行为起到了支配作用,故成立共谋共同正犯。

成立帮助犯,须帮助行为促进正犯制造违法行为,二者有促进关系。为此,帮助行为需要具备两个条件:(1)帮助行为本身具有可能的促进作用,即帮助行为本身具有法益侵害的危险性、可能性。(2)这种合格的帮助行为须连接到(作用于)正犯的违法行为上。如果帮助行为由于意志以外原因未能连接到(作用于)正犯行为的危险流中,便不可能发挥促进作用,不可能对法益具有危险性,因此不成立帮助犯。C 项中,甲错将钥匙放入丙的信箱,后乙是用其他方法将车盗走,故甲的帮助行为未能连接到正犯行为的危险流中,不成立帮助犯,不构成犯罪,而非犯罪未遂。故 C 项错误。

甲、乙杀人结束,甲离开现场后,二人的共同犯罪

已经终局,由于丙没死,二人的共同犯罪是未遂。此后乙杀死丙,属于实行过限。甲对乙的后续杀人没有参与行为,也没有参与意识,不用负责。因此,甲最终仍构成故意杀人罪未遂。故 D 项正确。

47．包庇罪[C]

[解析]《刑法》第 307 条第 2 款(帮助毁灭、伪造证据罪)规定:"帮助当事人毁灭、伪造证据,情节严重的,处 3 年以下有期徒刑或者拘役。"甲的行为构成帮助毁灭证据罪,不构成包庇罪。故 A 项错误,不当选。【特别提醒】包庇罪与帮助毁灭、伪造证据罪的区分:(1)包庇罪是积极作假证明,而帮助伪造证据不属于包庇行为。(2)包庇罪要求向公安司法机关积极作假证明。如果提供伪造证据,并向公安司法机关积极作假证明,则构成帮助伪造证据罪和包庇罪,不过不需要并罚,根据吸收犯原理,重罪吸收轻罪。

《关于审理交通肇事刑事案件具体应用法律若干问题的解释》第 5 条第 2 款规定,交通肇事后,单位主管人员、机动车辆所有人、承包人或者乘车人指使肇事人逃逸,致使被害人因得不到救助而死亡的,以交通肇事罪的共犯论处。乙(乘车人)构成交通肇事罪的共犯,不构成包庇罪。故 B 项错误,不当选。

根据《刑法》第 294 条第 3 款的规定,国家机关工作人员包庇黑社会性质的组织,或者纵容黑社会性质的组织进行违法犯罪活动的,成立包庇、纵容黑社会性质组织罪。但是,《刑法》并没有设立"包庇恐怖组织罪",如果包庇恐怖组织,则成立包庇罪。故 C 项正确,当选。

《刑法》第 362 条规定,旅馆业、饮食服务业、文化娱乐业、出租汽车业等单位的人员,在公安机关查处卖淫、嫖娼活动时,为违法犯罪分子通风报信,情节严重的,依照本法第 310 条(窝藏、包庇罪)的规定定罪处罚。丁在公安机关查处卖淫、嫖娼违法行为时,为违法者通风报信,这种行为构成窝藏罪,而非包庇罪,因为窝藏罪是指帮助犯罪分子逃匿的行为,包庇罪是指向公安司法机关作假证明掩盖犯罪分子罪行的行为。故 D 项错误,不当选。

48．中国古代刑罚制度;八议;秋冬行刑;大诰;明刑弼教[B]

[解析]魏明帝在制定《魏律》时,以《周礼》"八辟"为依据,正式规定了"八议"制度。"八议"制度是对封建特权人物犯罪实行减免处罚的法律规定。具体包括亲、故、贤、能、功、贵、勤、宾。故 A 项正确。

秋冬行刑制度,始自汉代,其理论基础为"天人感应",对后世有深远影响。唐律规定"立春后不决死刑",明清时期的"秋审"制度皆可溯源于此。故 B 项错误。

《明大诰》是朱元璋创立的刑事特别法,其法律形式源自《尚书·大诰》周公对臣民之训诫。《明大诰》对于大明律中原有的罪名,一般都加重处罚。大诰还有"滥用法外之刑""重典治吏"的特点。故 C 项正确。

"明刑弼教"一词,最早见于《尚书·大禹谟》"明于五刑,以弼五教"之语。宋以前论及"明刑弼教",多将其附于"德主刑辅"之后,其着眼点仍是"大德小刑"和"先教后刑"。宋代以降,在处理德、刑关系上始有突破。著名理学家朱熹首先对"明刑弼教"作了新的阐释,强调刑与教的实施可"或先或后","或缓或急"。自此,可以"先刑后教"行事。明刑弼教成为朱元璋重典治国的理论依据。故 D 项正确。

49．引渡[B]

[解析]《引渡法》第 10 条规定:"请求国的引渡请求应当向中华人民共和国外交部提出。"故 A 项错误。

《引渡法》第 15 条规定:"在没有引渡条约的情况下,请求国应当作出互惠的承诺。"故 B 项正确。

《引渡法》第 16 条第 2 款规定:"最高人民法院指定的高级人民法院对请求国提出的引渡请求是否符合本法和引渡条约关于引渡条件等规定进行审查并作出裁定。最高人民法院对高级人民法院作出的裁定进行复核。"乙国的引渡请求应由高级人民法院审查并作出裁定。故 C 项错误。

实践中,请求国只能就其请求引渡的特定犯罪行为对该被引渡人进行审判或处罚。这也称为"罪名特定原则"。如果以其他罪名进行审判或将被引渡人转引给第三国,则一般应经原引出国的同意。因此经原引出国的同意可以转引。故 D 项错误。

50．司法公正[D]

[解析] 司法公正的内涵包括:(1)司法活动的合法性;(2)裁判人员的中立性;(3)司法活动的公开性;(4)当事人地位的平等性;(5)司法过程的参与性;(6)案件处理的正确性。

甲法院积极利用网络新媒体,以公开促公正,体现了司法公正的内涵。故 A 项正确。

乙法院在网络上公开判决书,以公开促公正,体现了司法公正的内涵。故 B 项正确。

丙检察院为辩护人查阅、摘抄、复制案卷材料提供便利,既体现了司法活动的合法性,又体现了司法活动的公开性。故 C 项正确。

丁检察院为暴力犯罪的被害人提供医疗和物质救助,体现的是检察机关司法为民,司法便民,但并未体现出司法公正诸特性。因为检察院为被害人提供医疗和物质救助,并非司法活动的一部分。故 D 项错误。

二、多项选择题

51．属地管辖；属人管辖［ABC］

［解析］属地管辖原则之"地"，既包括行为地，也包括结果地，二者只要具备其一即可。犯罪行为，从共同犯罪上分，包括实行行为、教唆行为和帮助行为；从犯罪形态上分，包括预备行为和实行行为。上述行为中，只要有一项发生在国内，其他相关行为即使发生在国外，也认为是在我国领域内犯罪，全部犯罪行为均能适用中国刑法。

A项，因为实行行为在国内，即使教唆行为在国外，教唆行为也应适用我国刑法。故A项错误。

B项，中国公民赵某从甲国贩卖毒品到乙国后回到中国。由于赵某的犯罪行为地不在中国境内，行为也没有危害中国的国家或者国民的利益，因此根据属地管辖和保护管辖，该案不能适用中国刑法。但是，一方面，赵某是中国人，在国外犯罪，根据属人管辖，我国刑法可以管辖；另一方面，贩卖毒品是危害人类的国际犯罪，根据普遍管辖，我国刑法也可以管辖。这是管辖权的竞合。因此，对该案能够适用中国刑法。故B项错误。

保护管辖原则，是指外国人在中国领域外对中国国家或者公民犯罪，而按本法规定的最低刑为3年以上有期徒刑的，可以适用中国刑法，但是按照犯罪地的法律不受处罚的除外。保护管辖针对的是外国人在外国对中国人犯罪。题干中的丙是在中国境内实施犯罪，应根据属地管辖来适用中国刑法。故C项错误。

根据属人管辖，我国普通公民在国外犯我国刑法规定的犯罪，原则上适用我国刑法；犯轻罪（最高刑在3年以下）的，可以不予追究刑事责任。"可以不予追究"，意味着也可以追究。故D项正确。【特别提醒】我国国家工作人员和军人在国外犯罪，无论轻罪重罪，一律追究刑事责任。

52．监视居住的适用对象［ABC］

［解析］《刑事诉讼法》第74条规定："人民法院、人民检察院和公安机关对符合逮捕条件，有下列情形之一的犯罪嫌疑人、被告人，可以监视居住：（一）患有严重疾病、生活不能自理的；（二）怀孕或者正在哺乳自己婴儿的妇女；（三）系生活不能自理的人的唯一扶养人；（四）因为案件的特殊情况或者办理案件的需要，采取监视居住措施更为适宜的；（五）羁押期限届满，案件尚未办结，需要采取监视居住措施的。对符合取保候审条件，但犯罪嫌疑人、被告人不能提出保证人，也不交纳保证金的，可以监视居住。监视居住由公安机关执行。"据此，监视居住的适用对象可以分为两类：一是符合逮捕条件且满足上述五种情形之一的；二是符合取保候审条件但不能提出保证人，也不交纳保证金的。A、B、C项分别

符合第1款第1、2、3项规定，当选。D项不属于可以监视居住的情形，不当选。

53．刑事赔偿义务机关；刑事赔偿程序与范围［BC］

［解析］解答本题，首先要确定赔偿义务机关。刑事司法赔偿义务机关的确定遵循后置原则，由最后一个作出错误决定的机关作为赔偿义务机关。本案中，区法院经审理认为徐某构成职务侵占，虽然判决免予追究刑事责任，但是并没有宣告徐某无罪，仍然属于有罪判决，因此区法院是赔偿义务机关。故D项错误。

《国家赔偿法》第24条第3款规定："赔偿义务机关是人民法院的，赔偿请求人可以依照本条规定向其上一级人民法院赔偿委员会申请作出赔偿决定。"本案的赔偿义务机关为区法院，不存在复议程序，更不存在向检察院申请复议的可能，徐某可以向上一级法院即市中级法院赔偿委员会申请赔偿。故A项错误，B项正确。

司法赔偿的判断标准为"违法羁押"原则，即只有对当事人进行了错误的实际羁押，才应当予以赔偿。本案中，虽然区法院免予追究徐某的刑事责任，对徐某不存在实际羁押，但先前检察院对徐某采取了逮捕措施，直至判决前，徐某都处于被羁押的状态，对于这段时间的实际羁押，国家机关需要承担赔偿责任。故C项正确。

54．推进公正司法［ABD］

［解析］习近平总书记指出："所谓公正司法，就是受到侵害的权利一定会得到保护和救济，违法犯罪活动一定要受到制裁和惩罚。"故A项表述正确。

要改进司法工作作风，通过热情服务切实解决好老百姓打官司过程中遇到的各种难题，特别是要加大对困难群众维护合法权益的法律援助。故B项表述正确。

要加强党对司法工作的领导，而非党在个案中对审判工作直接进行指导。故C项表述错误。

完善人民监督员制度，依法规范司法人员与当事人、律师、特殊关系人、中介组织的接触、交往行为。故D项表述正确。

55．法的分类；法的渊源；撤销的权限［AB］

［解析］特别法与一般法分类要求必须是同一机关制定的法律。《工业产品生产许可证管理条例》由国务院制定，属于行政法规；《食品安全法》是法律。法律的效力高于行政法规。因此《工业产品生产许可证管理条例》与《食品安全法》二者的关系是下位法与上位法的关系，不是特别法与普通法的关系。故A项正确。

公法调整的是政府和公民之间、政府与社会之间的各种关系，主要体现为政治关系、行政关系及诉讼

关系等。私法调整私人之间的民商事关系。食品经营许可属于行政许可的一种，调整的是政府和公民之间的关系，属于典型的公法规范。故 B 项正确。

我国没有司法审查制度。法院若发现《工业产品生产许可证管理条例》与《食品安全法》抵触，只能决定适用《食品安全法》。根据《立法法》第 108 条第 2 项规定，若行政法规和法律有冲突，只能由全国人大常委会撤销该行政法规。故 C 项错误。

当代中国法的正式渊源中的"法律"是指全国人大及其常委会依照立法程序制定的规范性文件，《食品安全法》属于"法律"，但国务院《工业产品生产许可证管理条例》属于行政法规。故 D 项错误。

56．宪法监督[BC]

[解析] 就监督对象来说，宪法监督主要包括两方面：(1)规范性文件的合宪性审查和监督，即审查法律、法规、规章等规范性文件的合宪性；(2)行为的合宪性审查和监督，即对国家机关及其工作人员和各政党等主体的行为进行审查，追究违宪责任。可见，合宪性审查的对象包括具体行为，故 A 项错误。

2018 年宪法修正案将"法律委员会"更名为"宪法和法律委员会"，宪法和法律委员会在法律草案和法律修改草案的审议中发挥着合宪性审查的功能。故 B 项正确。

合宪性审查是我国宪法监督的重要方面。宪法监督是由宪法授权或宪法惯例所认可的机关，以一定的方式进行合宪性审查，预防和解决违宪，追究违宪责任，从而保证宪法实施的一种制度。按照宪法规定，全国人大及其常委会监督宪法的实施，故 C 项正确。

我国的宪法监督制度，采取事先审查和事后审查相结合的方式。事先审查，即规范性法律文件的批准；事后审查，即规范性法律文件的备案、改变和撤销。附带性审查又叫司法审查制度，是以美国为首的一些西方国家采取的制度，我国并无该制度。故 D 项错误。

57．犯罪中止的认定[ABCD]

[解析]《刑法》第 24 第 1 款条规定，在犯罪过程中，自动放弃犯罪或者自动有效地防止犯罪结果发生的，是犯罪中止。中止行为是犯罪中止形态的决定性原因，其必须发生在"犯罪过程中"，即在犯罪行为开始实施之后、犯罪呈现结局之前均可中止。"在犯罪过程中"表明，犯罪还没有形成结局，既不是已经未遂，也不是已经形成了犯罪预备形态，更不是已经既遂。因此，犯罪既遂后自动恢复原状的，不成立犯罪中止。需要特别注意的是，犯罪中止的成立并不要求没有发生任何犯罪结果，而是只要求没有发生作为既遂标志的犯罪结果。

甲已经收买了儿童，并以日后出卖为目的，其行

为已经构成拐卖儿童罪的既遂。甲看到拐卖儿童犯罪分子被判处死刑的新闻，偷偷将儿童送回家，属于犯罪既遂后恢复原状的行为，显然不能成立犯罪中止。故 A 项当选。

乙已经使用暴力绑架被害人，说明其行为已经构成绑架罪的既遂，没有成立犯罪中止的可能了。被害人反复向乙求情，乙释放了被害人，这仅仅是犯罪既遂后的悔罪表现而已，并不是中止行为，因而也不能成立犯罪中止。故 B 项当选。

只要有积极参加恐怖组织的行为就构成参加恐怖组织罪的既遂，无论恐怖组织成立后是否实施了恐怖活动。所以经家人规劝后，退出恐怖组织的行为，不是中止行为，不成立犯罪中止。故 C 项当选。

挪用公款罪，是指国家工作人员利用职务上的便利，挪用公款归个人使用，进行非法活动的，或者挪用公款数额较大、进行营利活动的，或者挪用公款数额较大、超过 3 个月未还的行为。丁为国家工作人员，挪用公款 3 万元用于孩子学费，4 个月后才主动归还，可见其早已构成挪用公款罪的既遂而非中止。故 D 项当选。

58．非法证据排除规则[AD]

[解析]《刑事诉讼法》第 56 条第 1 款规定，采用刑讯逼供等非法方法收集的犯罪嫌疑人、被告人供述和采用暴力、威胁等非法方法收集的证人证言、被害人陈述，应当予以排除。A 项中的屠某是本案被告人，"大"字型吊铐属于典型的刑讯逼供，应当排除。故 A 项当选。

《刑事诉讼法》第 52 条规定，严禁刑讯逼供和以威胁、引诱、欺骗以及其他非法方法收集证据。以引诱的非法方法取证的，对办案人员采取纪律处分，并不以非法证据排除的方式惩罚办案人员。故 B 项不当选。

《关于办理刑事案件严格排除非法证据若干问题的规定》第 3 条规定，采用以暴力或者严重损害本人及其近亲属合法权益等进行威胁的方法，使犯罪嫌疑人、被告人遭受难以忍受的痛苦而违背意愿作出的供述，应当予以排除。采用威胁方法取得的供述须符合"导致难以忍受的痛苦作出的非自愿供述"才排除。故 C 项不当选。

朱某属于证人，对朱某进行威胁取得的证言，属于非法言词证据，《刑事诉讼法》第 56 条规定应当排除。故 D 项当选。

59．诉讼合并审理；行政处罚的简易程序、听证程序；一事不再罚原则[AB]

[解析]《行政诉讼法》第 27 条规定："当事人一方或者双方为二人以上，因同一行政行为发生的行政案件，或者因同类行政行为发生的行政案件、人民法院认为可以合并审理并经当事人同意的，为共同诉

讼。"《行政诉讼法解释》第73条规定："根据行政诉讼法第27条的规定，有下列情形之一的，人民法院可以决定合并审理：（一）两个以上行政机关分别对同一事实作出行政行为，公民、法人或者其他组织不服向同一人民法院起诉的；……"本题中，某省建设厅暂扣甲公司安全生产许可证3个月、市安全生产监督管理局对甲公司罚款，即属于"两个以上行政机关分别依据不同的法律、法规对同一事实作出具体行政行为"，如果甲公司向同一法院起诉并经过当事人同意，法院可以合并审理。故A项正确。【特别提醒】根据上述《行政诉讼法》第27条规定，对于因同类行政行为发生的行政案件，人民法院决定合并审理，应经当事人同意。所以，对于"同类"案件，虽然法院认为可以合并审理，但最终是否合并审理需要征得当事人同意。

《行政处罚法》第51条规定："违法事实确凿并有法定依据，对公民处以200元以下、对法人或者其他组织处以3000元以下罚款或者警告的行政处罚的，可以当场作出行政处罚决定。法律另有规定的，从其规定。"可知，简易程序只适用于对公民处200元以下、对法人或其他组织3000元以下罚款或者警告的行政处罚，市安全监督管理局不能适用简易程序作出罚款3万元的决定。故B项正确，当选。

根据《行政处罚法》第63条规定，行政机关应当组织听证的情况包括：（1）较大数额罚款；（2）没收较大数额违法所得、没收较大价值非法财物；（3）降低资质等级、吊销许可证件；（4）责令停产停业、责令关闭、限制从业；（5）其他较重的行政处罚；（6）法律、法规、规章规定的其他情形。因此，某省建设厅作出暂扣安全生产许可证的决定，不属于行政机关应当为相对人组织听证的范围。故C项错误，不选。

根据《行政处罚法》第29条规定，对当事人的同一个违法行为，不得给予两次以上罚款的行政处罚。可知，一事不再罚是指对当事人的同一个违法行为，不得给予两次以上罚款的行政处罚。只要是当事人的一个违法行为，不管是触犯了一个法律规范，还是触犯了多个法律规范；不管是同一个行政机关，还是多个行政机关，罚款只能罚一次。本题中，只有一个罚款，而另一个处罚是暂扣许可证，并没有违反一事不再罚。故D项错误。

60．法官的惩戒[ABD]

[解析]《法官法》第48条第1款规定："最高人民法院和省、自治区、直辖市设立法官惩戒委员会，负责从专业角度审查认定法官是否存在本法第四十六条第四项、第五项规定的违反审判职责的行为，提出构成故意违反职责、存在重大过失、存在一般过失或者没有违反职责等审查意见。法官惩戒委员会提出

审查意见后，人民法院依照有关规定作出是否予以惩戒的决定，并给予相应处理。"据此，法官惩戒委员会最低设在省一级，故A项正确。法官惩戒委员会并不直接惩戒法官，只是从专业角度提出法官是否违反职责的审查意见，由相关法院依法进行惩戒。故C项错误。

《法官法》第48条第2款规定："法官惩戒委员会由法官代表、其他从事法律职业的人员和有关方面代表组成，其中法官代表不少于半数。"故B项正确。

《法官法》第49条规定："法官惩戒委员会审议惩戒事项时，当事法官有权申请有关人员回避，有权进行陈述、举证、辩解。"故D项正确。

61．因果关系中"结果"的要求；存在特殊体质的案件；存在介入因素的案件[BC]

[解析] A项，贾某醉酒驾驶构成危险驾驶罪。客观归责理论指出，只有当行为制造了不被法律所允许的危险，而且该危险是在符合构成要件的结果中实现（或在构成要件的保护范围内实现）时，才能将该结果归责于行为。刑法禁止醉酒开车这一规范的目的在于，醉酒状态下人的辨认、控制能力减弱而导致车辆失控，并非为了防止水泥地上的井盖被轧飞而砸中他人。换言之，即便没有醉酒驾驶，正常驾驶也会导致井盖被轧飞。从这一意义上看，醉酒驾驶行为本身与重伤结果之间不存在因果关系。故A项错误。

B项，被害人存在特殊体质的案件分为两种情形：（1）当危害行为引发被害人疾病发作导致死亡，死亡结果与危害行为有因果关系；（2）危害行为没有引发被害人疾病发作，其他因素引发疾病发作导致死亡的，死亡结果与危害行为没有因果关系。本案中，甲实施了刑法所禁止的殴打行为，引发乙的疾病发作导致死亡，甲的行为与被害人乙的死亡结果之间存在因果关系。故B项正确。【陷阱点拨】或许有人认为，被害人的特殊体质是异常的因素，所以会中断前行为与死亡结果之间的因果关系。这种理解是错误的。一个脆弱的心脏病，面临严重的暴力殴打，心脏病发作当然不异常。换言之，如果甲明知乙有心脏病，基于杀人的故意来踢乙，甲的行为应成立故意杀人罪既遂，那么，甲的行为与乙的死亡结果之间仍然存在因果关系。甲主观上是否具有杀人的故意或过失，不影响客观上因果关系的判断。

C项，甲、乙作为警察，押解犯罪嫌疑人丙的过程中，疏忽大意，存在失职行为，该失职行为给了丙可乘之机，导致丙脱逃。甲、乙的失职行为与丙的脱逃之间有因果关系。根据《刑法》第400条第2款，甲、乙构成失职致使在押人员脱逃罪。故C项正确。

D项，本案中的介入因素"偶遇丙驾驶车辆在道路上横冲直撞报复社会"，属于异常的因素，会中断前行为与死亡结果之间的因果关系，应认为甲的行

为与被害人乙的死亡结果之间没有因果关系。故 D 项错误。

62．具体行政行为的认定；复议申请人与代理人；复议意见书与建议书［CD］

［解析］行政确认是行政机关依法对公民、法人或者其他组织的法律地位、法律关系或有关法律事实进行甄别和给予确定、认定、证明，予以宣告的行政行为，如颁发结婚证、颁发房屋产权证书和工伤认定。行政裁决指行政机关居间对特定的民事争议作出有约束力处理的行为。行政裁决涉及三方主体，行政机关是作为第三方中立的主体身份出现的；而行政确认是行政机关和行政相对人之间的双方法律关系，行政机关是以管理者的身份出现的。工伤认定是典型的行政确认，故 A 项错误。

根据《行政复议法》第 14 条第 2 款，有权申请行政复议的公民死亡的，其近亲属可以申请行政复议。本案中张某是被害人，工伤认定与其有直接利害关系，张某在车祸中死亡，他的妻子可以继受张某的复议申请人资格，且张某的妻子可以自己的名义提起行政复议。故 B 项错误。

根据《行政复议法》第 17 条第 1 款，申请人、第三人可以委托 1 至 2 名律师、基层法律服务工作者或者其他代理人代为参加行政复议。故 C 项正确。

【特别提醒】被申请人不可以委托代理人参加行政复议。

《行政复议法》第 76 条规定："行政复议机关在办理行政复议案件过程中，发现被申请人或者其他下级行政机关的有关行政行为违法或者不当的，可以向其制发行政复议意见书……"据此，如果市政府发现劳动局决定违法，可以向其制发行政复议意见书，D 项正确。

63．附条件不起诉制度［ABC］

［解析］《高检规则》第 476 条规定："人民检察院可以要求被附条件不起诉的未成年犯罪嫌疑人接受下列矫治和教育：（一）完成戒瘾治疗、心理辅导或者其他适当的处遇措施；（二）向社区或者公益团体提供公益劳动；（三）不得进入特定场所，与特定的人员会见或者通信，从事特定的活动；（四）向被害人赔偿损失、赔礼道歉等；（五）接受相关教育；（六）遵守其他保护被害人安全以及预防再犯的禁止性规定。" A 属于上述第 1 项情形，B 属于上述第 2 项情形，故 A、B 项正确。

《高检规则》第 475 条规定："人民检察院对于被附条件不起诉的未成年犯罪嫌疑人，应当监督考察其是否遵守下列规定：（一）遵守法律法规，服从监督；（二）按照规定报告自己的活动情况；（三）离开所居住的市、县或者迁居，应当报经批准；（四）按照要求接受矫治和教育。" C 项属于上述第 2 项情形，故 C 项

正确。根据第 3 项规定，不是不得离开所居住的县，只是须经考察机关批准，故 D 项错误。

64．加强法治专门队伍和法律服务队伍建设［ACD］

［解析］法律服务队伍包括律师、公证员、司法鉴定人、仲裁员、人民调解员、法律援助人员、基层法律服务工作者、法律服务志愿者等，法官、检察官属于法治专门队伍，故 B 项错误。A、C、D 项表述正确。

65．法律规则的分类；法律解释的方法［ABC］

［解析］准用性规则，是指内容本身没有规定人们具体的行为模式，而是可以援引或参照其他相应内容规定的规则。《刑法》第 180 条第 4 款中规定，本身内容不确定，需要援引本条第 1 款的内容方能确定，属于准用性规则。故 A 项正确。

体系解释，也称逻辑解释、系统解释。这是指将被解释的法律条文放在整部法律中乃至整个法律体系中，联系此法条与其他法条的相互关系来解释法律。法院在解释《刑法》第 180 条第 4 款时认为，《刑法》其他条款中仅有"情节严重"的规定时，相关司法解释仍规定按照"情节严重""情节特别严重"两档量刑，这显然是结合《刑法》其他条款来解释相关问题，故 B 项正确。

《刑法》第 180 条第 4 款的规定属于准用性规则，即出现特定的假定条件时，按照"第 1 款"的规定处理，这样就避免了重复表述第 1 款的内容。故 C 项正确。

法院的解释对象虽然是"语言"，没有直接探讨"法律的精神或价值"，但任何解释都不能违背法律的公正、自由等基本价值。故 D 项错误。

66．宪法修正案［BCD］

［解析］宪法序言作为我国宪法的重要组成部分，1993 年、1999 年、2004 年和 2018 年宪法修正案都对其作了重要修正。1993 年宪法修正案将"我国正处于社会主义初级阶段"写入宪法序言，1999 年宪法修正案又调整为"我国将长期处于社会主义初级阶段"。故 A 项正确。

对于爱国统一战线，2004 年宪法修正案加入了"社会主义事业的建设者"，2018 年修正案加入了"致力于中华民族伟大复兴的爱国者"。故 B 项错误。

2018 年宪法修正案在序言部分将我国的根本任务调整为"把我国建设成为富强民主文明和谐美丽的社会主义现代化强国，实现中华民族伟大复兴"。故 C 项错误。

2018 年宪法修正案中，"中国共产党领导是中国特色社会主义最本质的特征"是规定于《宪法》正文（第 1 条第 2 款），而非序言部分。故 D 项错误。

67．具体行政行为的判断［CD］

［解析］具体行政行为的判断标准包括：行政

性、处分性、特定性、外部性、单方性。

具体行政行为具有处分性，即按照行政主体主观上的意思表示对行政相对人法律上的权利义务客观上进行安排。市场监督管理局发文要求某电商平台合法合规经营，只是对于企业遵纪守法义务的一种强调，并没有在企业应尽义务之外对其权利义务产生新的影响，不具有处分性，因此不属于具体行政行为，应归属于事实行为。如果该电商平台违法经营，市场监督管理局对其予以行政处罚，则是具体行政行为。故A项错误。

防汛指挥部发布大雨蓝色预警，请市民出行注意安全，此行为属于柔性的劝告、建议、倡议，不会对市民的权利义务产生强制性影响，因此没有处分性，属于行政指导，不是具体行政行为。故B项错误。

对某公司负责人采取终身禁入证券市场措施，属于对特定人的权利采取的限制性措施，符合具体行政行为的特征，其目的在于惩戒违法行为人，性质是行政处罚，具体来说是行为罚中的"限制从业"。故C项正确。

某省证监局向某证券公司出具警示函，指出其执业过程中存在的问题，这属于行政处罚中的"警告"；责令采取整改措施即责令改正，不属于行政处罚，其目的在于制止违法行为，命题人认为属于行政强制措施（也有观点认为属于行政命令，本书中均按行政强制措施的观点作答）。这两个都是典型的具体行政行为，故D项正确。

68．被告人死亡的裁判方式[AB]

[解析]《刑诉解释》第295条第1款规定："对第一审公诉案件，人民法院审理后，应当按照下列情形分别作出判决、裁定：……（十）被告人死亡的，应当裁定终止审理；但有证据证明被告人无罪，经缺席审理确认无罪的，应当判决宣告被告人无罪。……"直接适用上述法条第10项的规定。故A、B项正确。

《刑事诉讼法》第253条规定："当事人及其法定代理人、近亲属的申诉符合下列情形之一的，人民法院应当重新审判：（一）有新的证据证明原判决、裁定认定的事实确有错误，可能影响定罪量刑的；（二）据以定罪量刑的证据不确实、不充分、依法应当予以排除，或者证明案件事实的主要证据之间存在矛盾的；（三）原判决、裁定适用法律确有错误的；（四）违反法律规定的诉讼程序，可能影响公正审判的；（五）审判人员在审理该案件的时候，有贪污受贿，徇私舞弊，枉法裁判行为的。"本题中，刘某亲属坚称刘某清白，属于申诉。申诉只有符合上述法定条件时才能引起审判监督程序，法院不可能根据其亲属的申诉马上"撤销终止审理的裁定，改判无罪"或者"以审判监督程序重新审理该案"。故C、D项错误。

69．窝藏罪[BCD]

[解析]窝藏罪，是指明知是犯罪的人，帮助其逃匿的行为。这里的"帮助"应作扩大解释，既包括狭义的帮助行为，也包括实行行为、教唆行为；而且帮助必须起到直接的、实质的帮助效果。例如，提供隐藏处所、财物、虚假身份证明，为其通风报信等。

甲帮助照顾陈某的妻子，对陈某逃匿并没有起到直接的、实质的帮助作用，因此不构成窝藏罪。故A项错误。同理，在张某逃匿后，配偶丙与张某一起生活，也没有对张某逃匿起到直接的、实质的帮助作用，因此不构成窝藏罪。故C项正确。

董某本不想逃走，乙教唆董某逃走，构成窝藏罪。故B项正确。

丁为王某提供管制刀具，一般来说该行为对王某逃匿并无直接帮助作用，因此不构成窝藏罪。故D项正确。

70．西周时期的法律思想[ABC]

[解析]中国古代的礼在精神原则上可以归纳为"亲亲"和"尊尊"两方面。亲亲是指在家族范围内，按自己身份行事，不能以下凌上、以疏压亲，而且亲亲父为首，全体亲族成员都应以父家长为中心。舜的父亲犯罪，舜放弃天子之位背着父亲逃跑，体现的正是舜将其父亲作为行为的中心，哪怕是放弃天子之位。故A项正确。

孟子强调舜应当"夜晚偷偷背上父亲逃跑"，突出的是舜不利用天子的独有权力，而是首先尊重法律，将父亲抓起来，其次是放弃天子权力，背着父亲逃跑退隐。故B项正确。

法律虽然是关于人们如何行为的明确规范，但法律的运行既离不开法律所赖以存续的社会环境，也呈现出强烈的道德意义。孟子关于舜背父逃亡的言论，体现的正是他对法律运行（杀人受刑）的严肃性以及法律所引发的社会意义（不能枉法和干预执法）和伦理意义（忠孝需两全）的调和。孟子既没有忽视法律的严肃性，也通过舜的抉择体现了法律的社会意义和伦理意义。故C项正确。

孟子主张，舜应当放弃天子之位，背上父亲逃跑，在其看来，尽孝道比得天下还重要，尽孝道比忠于国家还有价值。但这并不意味着孝道与守法不能两全。孟子特别强调了应该先把舜的父亲抓起来，这体现了对法律的尊重。尽管背父逃跑从现代法律的视角来看是逃脱法律的处罚，但孟子举此例的重点在于他认为尽孝和守法能够两全，但尽孝是基础和根本。故D项错误。

71．国际法基本原则的特征；不得使用武力或武力威胁原则；民族自决原则；和平解决国际争端原则[ACD]

[解析]国际法基本原则的基本特征有四点：

（1）各国公认；（2）适用于国际法律关系的所有领域；（3）构成国际法体系的基础；（4）具有强行法性质。故 A 项正确。

不得使用威胁或武力并不是禁止一切武力的使用，凡是符合《联合国宪章》和国际法规则的武力使用是被允许的。除了自卫行动外，经联合国授权的维和行动也属于合法使用武力的范畴。故 B 项错误。

民族自决原则中独立权的范围，仅仅适用于殖民地民族的独立，不得扩大适用。对于一国国内的民族分离主义活动，不得援引民族自决原则作为根据。严格禁止任何国家假借民族自决名义，制造、煽动或支持民族分裂行为。故 C 项正确。

和平解决国际争端原则是指各国发生争端时，都必须采取和平的方式予以解决，禁止将武力或武力威胁的方式付诸争端解决的过程中。1928 年《巴黎非战公约》首次把和平解决国际争端规定为一项普遍性的国际义务。故 D 项正确。

72．刑事责任认定［ABC］

［解析］首先，甲陷入无责任能力状态是乙的欺骗行为导致，并非甲的自由意志选择的结果。其次，甲本人并无犯罪的故意，而是产生幻觉后实施的行为，并且陷入幻觉状态与甲本人的意愿相左。因此，甲不需要对乙的死亡结果负责任。故 A 项正确。

刑法上的责任能力要求行为人同时具备辨认能力和控制能力，只具有辨认能力和控制能力其中一种能力的，属于没有责任能力。间歇性精神病人甲虽然能够辨认但不能控制自己的行为，而导致被害人死亡的，亦为无责任能力人，不负刑事责任。故 B 项正确。

根据《刑法》第 49 条第 2 款的规定，审判的时候已满 75 周岁的人，不适用死刑，但特别残忍手段致人死亡的除外。本项中，甲拧开煤气罐以使老伴中毒身亡的行为，并不属于以特别残忍手段致人死亡，因此对甲不适用死刑。故 C 项正确。

根据《刑法》第 17 条第 2 款的规定，已满 14 周岁不满 16 周岁的人，犯故意杀人、故意伤害致人重伤或者死亡、强奸、抢劫、贩卖毒品、放火、爆炸、投放危险物质罪的，应当负刑事责任。甲抢劫枪支、弹药、炸弹、危险物品，该类物品既具有危害公共安全的属性，亦具有财产权利的属性，甲的行为既触犯了抢劫枪支、弹药、爆炸物、危险物质罪，亦触犯了抢劫罪。根据刑法的规定，抢劫枪支、弹药、爆炸物、危险物质罪属于危害公共安全的犯罪，甲对此不负刑事责任，对甲应认定为抢劫罪。故 D 项错误。

73．公务员的回避［ABC］

［解析］《公务员法》第 75 条规定，公务员担任乡级机关、县级机关和设区的市级机关及其有关部门主要领导职务的，应当实行地域回避。法律另有规定

的除外。A 项违反了地域回避的规定，故 A 项应选。

《公务员法》第 74 条第 1 款规定，公务员之间有夫妻关系、直系血亲关系、三代以内旁系血亲关系以及近姻亲关系的，不得在同一机关担任双方直接隶属于同一领导人员的职务或者有直接上下级领导关系的职务，也不得在其中一方担任领导职务的机关从事组织、人事、纪检、监察、审计和财务工作。B 项中，刘某担任领导职务，他的侄子从事人事工作，违反了任职回避的要求，故 B 项应选。D 项中，公安局局长和户籍警察之间并不是直接隶属关系，警察之上还有派出所所长，所长上面才是公安局长，D 项只是间接隶属，并非直接隶属，并不违反回避的规定，所以 D 项不选。

《公务员法》第 76 条第 2 项规定，公务员执行公务时，涉及与本人亲属关系人员的利害关系的，应当回避。本题中，王某的妻之弟任该企业的总经理助理，王某应当回避，故 C 项应选。

74．政治和法治；依法治国和依规治党；依法治国和以德治国［AD］

［解析］党的政策和国家法律在最本质上是一致的。党的政策是国家法律的先导和指引，是立法的依据和执法司法的重要指导。要善于通过法定程序使党的政策成为国家意志、形成法律，并通过法律保障党的政策有效实施，从而确保党发挥总揽全局、协调各方的领导核心作用，故 B 项错误。坚持依法治国和依规治党有机统一。要发挥依法治国和依规治党的互补性作用，确保党既依据宪法法律治国理政，又依据党内法规管党治党、从严治党，故 C 项错误。A、D 项说法正确。

75．国家勋章和国家荣誉称号［ABCD］

［解析］《国家勋章和国家荣誉称号法》第 2 条第 1 款规定："国家勋章和国家荣誉称号为国家最高荣誉。"故 A 项正确。

《国家勋章和国家荣誉称号法》第 5 条规定："全国人民代表大会常务委员会委员长会议根据各方面的建议，向全国人民代表大会常务委员会提出授予国家勋章、国家荣誉称号的议案。国务院、中央军事委员会可以向全国人民代表大会常务委员会提出授予国家勋章、国家荣誉称号的议案。"故 B 项正确。

《国家勋章和国家荣誉称号法》第 6 条规定："全国人民代表大会常务委员会决定授予国家勋章和国家荣誉称号。"故 C 项正确。

《国家勋章和国家荣誉称号法》第 18 条规定："国家勋章和国家荣誉称号获得者因犯罪被依法判处刑罚或者有其他严重违法、违纪等行为，继续享有国家勋章、国家荣誉称号将会严重损害国家最高荣誉的声誉的，由全国人民代表大会常务委员会决定撤销其国家勋章、国家荣誉称号并予以公告。"故 D 项正确。

76．行政复议程序[ABCD]

[解析]《行政复议法实施条例》第37条规定："行政复议期间涉及专门事项需要鉴定的，当事人可以自行委托鉴定机构进行鉴定，也可以申请行政复议机关委托鉴定机构进行鉴定。鉴定费用由当事人承担。鉴定所用时间不计入行政复议审理期限。"故A项正确。

《行政复议法》第50条第1款规定："审理重大、疑难、复杂的行政复议案件，行政复议机构应当组织听证。"重大、疑难、复杂案件属于行政机关应当主动听证的范围，即使当事人没有提出申请，也应当举行听证。故B项正确。

《行政复议法实施条例》第38条第1款规定："申请人在行政复议决定作出前自愿撤回行政复议申请的，经行政复议机构同意，可以撤回。"故C项正确。

《行政复议法》第45条第2款规定："调查取证时，行政复议人员不得少于两人，并应当出示行政复议工作证件。"故D项正确。

77．改革和法治的关系[AB]

[解析]对实践证明已经比较成熟的改革经验和行之有效的改革举措，要尽快上升为法律，先修订、解释或者废止原有法律，再推行改革。故C项错误。对不适应改革要求的现行法律法规，要及时修改或废止，不能让一些过时的法律条款成为改革的"绊马索"。同时，立足新发展阶段，必须坚持以法治为引领，坚决纠正"发展要上，法治要让"的认识误区，杜绝立法上"放水"、执法上"放弃"的乱象，用法治更好地促进发展，实现经济高质量发展。故D项错误。A、B项说法正确。

78．刑事诉讼法基本原则[AB]

[解析]"未经法院依法判决，对任何人都不得确定有罪"原则明确规定了确定被告人有罪的权力由人民法院统一行使，其他任何机关、团体和个人都无权行使。定罪权是刑事审判权的核心，人民法院作为我国唯一的审判机关，代表国家统一独立行使刑事审判权。人民法院判决被告人有罪，必须严格依照法定程序，在保障被告人享有充分的辩护权的基础上，依法组成审判庭进行公正、公开的审理。故A、B两项说法正确。

该原则明确规定只有人民法院享有定罪权，在一定程度上吸收了无罪推定原则的精神，但C项所言"表明我国刑事诉讼法已经全面认同和确立无罪推定原则"则言过其实。故C项说法错误。

"疑罪从无"是人民法院在对被告人定罪时需要把握的司法原则，与人民法院享有排他的定罪权没有关系。我们可以说，从无罪推定原则可以推导出疑罪从无的精神或者理念，但说从人民法院专属定罪权原则可以得出疑罪从无的结论，则略显牵强。故D项说法错误。

79．立功的认定[ABD]

[解析]根据《关于处理自首和立功若干具体问题的意见》第4条的规定，犯罪分子通过贿买、暴力、胁迫等非法手段，或者被羁押后与律师、亲友会见过程中违反监管规定，获取他人犯罪线索并"检举揭发"的，不能认定为有立功表现。张某系贩卖毒品罪的教唆犯，其是通过非法手段获得的线索，不能认定为立功。故A项正确。

根据《关于办理减刑、假释案件具体应用法律的规定》第5条的规定，认定为有"重大立功表现"的发明创造或者重大技术革新，应当是罪犯在刑罚执行期间独立或者为主完成并经国家主管部门确认的发明专利，且不包括实用新型专利和外观设计专利。李某的专利是其家人在监狱外购买他人发明成果获取的，非自己独立或为主完成，不能认定为立功。故B项正确。

王某对自己的行贿事实成立坦白，同时，交代刘某向其索赔的事实成立立功。若一个如实供述的行为同时符合坦白和立功的条件，只能选择对其最有利的量刑情节。故C项错误。

钱某自己贩毒与其上家周某贩毒是两个犯罪事实，能够成立立功。故D项正确。

80．法官、检察官、律师、公证员职业道德[BC]

[解析]《法官法》第24条规定："法官的配偶、父母、子女有下列情形之一的，法官应当实行任职回避：（一）担任该法官所任职人民法院辖区内律师事务所的合伙人或者设立人的；（二）在该法官所任职人民法院辖区内以律师身份担任诉讼代理人、辩护人，或者为诉讼案件当事人提供其他有偿法律服务的。"法律仅规定法官的配偶、父母、子女在该法官所任职法院管辖区内办案，法官要回避。对其他亲属不需要回避。故A项不当选。

检察官依法独立行使检察权。检察官高某跟帖的行为干涉了法官正在办理的案件，违反了检察官职业道德。故B项当选。

《刑诉解释》第306条规定："庭审期间，全体人员应当服从法庭指挥，遵守法庭纪律，尊重司法礼仪，不得实施下列行为：……（四）对庭审活动进行录音、录像、拍照或者使用即时通讯工具等传播庭审活动；……"李律师当庭发表微博属于违法行为，审判长应当表态。故C项当选。

关于公证员的回避，《公证法》第23条规定："公证员不得有下列行为：……（三）为本人及近亲属办理公证或者办理与本人及近亲属有利害关系的公证；……"公证员与董事长系大学同学，其行为并无不当。故D项不当选。

81．逃税罪的认定[ABCD]

[解析]《刑法》第 201 条规定："纳税人采取欺骗、隐瞒手段进行虚假纳税申报或者不申报，逃避应缴税款数额较大并且占应纳税额 10% 以上的，处 3 年以下有期徒刑或者拘役，并处罚金；数额巨大并且占应纳税额 30% 以上的，处 3 年以上 7 年以下有期徒刑，并处罚金。扣缴义务人采取前款所列手段，不缴或者少缴已扣、已收税款数额较大的，依照前款的规定处罚。对多次实施前两款行为，未经处理的，按照累计数额计算。有第 1 款行为，经税务机关依法下达追缴通知后，补缴应纳税款，缴纳滞纳金，已受行政处罚的，不予追究刑事责任；但是，5 年内因逃避缴纳税款受过刑事处罚或者被税务机关给予二次以上行政处罚的除外。"据此，①错在"一律不予追究刑事责任"，因为还有 5 年内因逃避缴纳税款受过刑事处罚或两次行政处罚的，仍应追究的规定。②错在"应减轻或者免除处罚"，应为"不予追究责任"。③触犯抗税罪，刑法并没有免责规定。④错在"扣缴义务人"，刑法只规定"纳税人"可以免责。据此，本题 A、B、C、D 项均错误。

82．独立行使职权原则[CD]

[解析]《刑事诉讼法》第 5 条规定："人民法院依照法律规定独立行使审判权，人民检察院依照法律规定独立行使检察权，不受行政机关、社会团体和个人的干涉。"人民法院上下级之间是监督与被监督的关系，各级法院在具体案件的审判过程中独立行使审判权，所以最高法院不得干涉下级法院具体案件的审判，其对下级法院的监督必须通过法定程序进行。故 A、B 项错误。

人民检察院上下级之间是领导与被领导的关系，上级人民检察院有权就具体案件对下级人民检察院作出命令、指示。独立行使检察权实质上是指整个检察系统作为一个整体独立行使检察权，因此，最高检察院可以针对具体案件对下级检察院作出命令和指示。故 C、D 项正确。

83．行政给付；先予执行[BCD]

[解析]《行政诉讼法》第 57 条规定："人民法院对起诉行政机关没有依法支付抚恤金、最低生活保障金和工伤、医疗社会保险金的案件，权利义务关系明确、不先予执行将严重影响原告生活的，可以根据原告的申请，裁定先予执行。当事人对先予执行裁定不服的，可以申请复议一次。复议期间不停止裁定的执行。"李某提出先予执行的申请属于行政诉讼法规定的先予执行范围。同时，法律没有规定申请人需提供担保。故 A 项错误。

原告申请被告依法履行支付抚恤金、最低生活保障待遇或者社会保险待遇等给付义务的理由成立，被告依法负有给付义务而拒绝或者拖延履行的，法院可

以判决被告在一定期限内履行相应的给付义务。故 B 项正确。

《行政诉讼法解释》第 93 条第 1 款规定："原告请求被告履行法定职责或者依法履行支付抚恤金、最低生活保障待遇或者社会保险待遇等给付义务，原告未先向行政机关提出申请的，人民法院裁定驳回起诉。"行政给付是依申请的行为，原告须先向行政机关提出申请，行政机关不作为的，法院才能予以受理。故 C 项正确。

《行政诉讼法解释》第 93 条第 2 款规定："人民法院经审理认为原告所请求履行的法定职责或者给付义务明显不属于行政机关权限范围的，可以裁定驳回起诉。"故 D 项正确。

84．对不予立案的救济[ABD]

[解析]《公安部规定》第 179 条规定："控告人对不予立案决定不服的，可以在收到不予立案通知书后七日以内向作出决定的公安机关申请复议；公安机关应当在收到复议申请后三十日以内作出决定，并将决定书送达控告人。控告人对不予立案的复议决定不服的，可以在收到复议决定书后七日以内向上一级公安机关申请复核；……"据此，控告人对不立案决定不服，可以通过复议或者复核的方式进行救济。而甲系本案的犯罪嫌疑人，不属于控告人，对不立案决定没有救济方式。故 A、B 项错误。

《公安部规定》第 181 条规定："移送案件的行政执法机关对不予立案决定不服的，可以在收到不予立案通知书后三日以内向作出决定的公安机关申请复议；公安机关应当在收到行政执法机关的复议申请后三日以内作出决定，并书面通知移送案件的行政执法机关。"本案中，交警队属于行政执法单位，如果对刑警队的不立案决定不服，有权向某县公安机关申请复议，向上一级公安机关申请复核没有法律依据。故 C 项正确，D 项错误。

85．绑架罪[ABD]

[解析] 绑架罪中的"杀害被绑架人"应符合：(1)主观上必须是"故意"杀害被害人。(2)"杀害"行为必须存在于绑架过程之中，脱离于绑架之外的杀害行为应独立评价为故意杀人罪，不能认定为绑架罪的加重。(3)"杀害"行为可以造成被害人死亡结果，也可以是没有造成死亡结果。因为根据刑法的规定，绑架过程中，即便故意伤害被害人仅造成重伤结果的，也应适用加重法定刑。那么，绑架过程中，"杀害被绑架人的"就不必解释为必须造成被害人死亡。

以勒索财物为目的控制被害人之后，故意伤害被害人，被害人因重伤而死亡，属于"故意伤害被绑架人，致人重伤"这一加重情节，适用加重法定刑，不属于杀害被绑架人。故 A 项当选。

绑架被害人之后,为防止被害人出声,用毛巾塞住其嘴后离开,导致被害人窒息死亡,属于绑架行为本身过失致人死亡,不属于杀害被绑架人。杀害被绑架人属于故意杀人,其中的故意包括直接故意,也包括间接故意。故 B 项当选。

为勒索财物而着手绑架被害人,遭到被害人的激烈反抗,用绳子直接勒死被害人,属于杀害被绑架人。杀害被绑架人包括在绑架既遂后发生,也包括在着手绑架时因为被害人反抗等原因发生,只要是在绑架的过程中杀害被绑架人即可。故 C 项不当选。

取得赎金后,已经释放被害人,此时被害人已经不在行为人的控制范围之内,绑架行为已经彻底结束,杀人行为已经与绑架无关,故不属于杀害被绑架人,应当另成立故意杀人罪,与绑架罪实行数罪并罚。故 D 项当选。

三、不定项选择题

86．行政诉讼管辖;行政诉讼二审程序[CD]

[解析]《行政诉讼法》第 15 条规定:"中级人民法院管辖下列第一审行政案件:(一)对国务院部门或者县级以上地方人民政府所作的行政行为提起诉讼的案件;(二)海关处理的案件;(三)本辖区内重大、复杂的案件;(四)其他法律规定由中级人民法院管辖的案件。"本案被告为县政府,应由中级人民法院管辖。故 A 项错误。

《行政诉讼法》第 86 条规定:"人民法院对上诉案件,应当组成合议庭,开庭审理。经过阅卷、调查和询问当事人,对没有提出新的事实、证据或者理由,合议庭认为不需要开庭审理的,也可以不开庭审理。"对于经过阅卷、调查和询问当事人,对没有提出新的事实、证据或者理由,合议庭认为不需要开庭审理的二审案件,也可以不开庭审理。故 B 项错误。

《行政诉讼法》第 87 条规定:"人民法院审理上诉案件,应当对原审人民法院的判决、裁定和被诉行政行为进行全面审查。"本案二审法院应对一审法院的判决和被诉行政行为进行全面审查。故 C 项正确。

《行政诉讼法解释》第 109 条第 4 款规定:"原审判决遗漏行政赔偿请求,第二审人民法院经审查认为依法不应当予以赔偿的,应当判决驳回行政赔偿请求。"关于遗漏当事人的行政赔偿请求的处理方式,分为三步:(1)法院先审理赔偿请求,不应当赔偿的,直接判决驳回行政赔偿请求;应当赔偿的进行下一步。(2)在确认行政行为违法的前提下,就赔偿请求进行调解,调解不成的走下一步。(3)发回重审。本题中属于一审法院遗漏了当事人的行政赔偿请求,经审查认为不应给予赔偿,法院应当判决驳回行政赔偿请求。故 D 项正确。

87．未成年人案件的社会调查、审查起诉、附条件不起诉[BCD]

[解析]《刑事诉讼法》第 279 条规定,公安机关、人民检察院、人民法院办理未成年人刑事案件,根据情况可以对未成年犯罪嫌疑人、被告人的成长经历、犯罪原因、监护教育等情况进行调查。故 A 项的错误在于,不是"应当"而是"可以"对黄某、吴某的成长经历、犯罪原因和监护教育等情况进行社会调查。

《刑事诉讼法》第 281 条第 1、5 款规定,对于未成年人刑事案件,在讯问和审判的时候,应当通知未成年犯罪嫌疑人、被告人的法定代理人到场。询问未成年被害人、证人,也适用此规定。故 B 项正确。

《人民检察院办理未成年人刑事案件的规定》第 22 条第 4 款规定,审查起诉未成年犯罪嫌疑人,应当听取其父母或者其他法定代理人、辩护人、被害人及其法定代理人的意见。故 C 项正确。

《人民检察院办理未成年人刑事案件的规定》第 30 条规定,人民检察院在作出附条件不起诉的决定以前,应当听取公安机关、被害人、未成年犯罪嫌疑人的法定代理人、辩护人的意见,并制作笔录附卷。被害人是未成年人的,还应当听取被害人的法定代理人、诉讼代理人的意见。本题中,被害人赵某是未成年人,所以,应当听取赵某及其法定代理人与诉讼代理人的意见。故 D 项正确。

88．附条件不起诉[BC]

[解析]《人民检察院办理未成年人刑事案件的规定》第 40 条第 1 款规定,人民检察院决定附条件不起诉的,应当确定考验期。考验期为 6 个月以上 1 年以下,从人民检察院作出附条件不起诉的决定之日起计算。考验期不计入案件审查起诉期限。故 A 项错误,B 项正确。

《人民检察院办理未成年人刑事案件的规定》第 40 条第 2 款规定,考验期的长短应当与未成年犯罪嫌疑人所犯罪行的轻重、主观恶性的大小和人身危险性的大小、一贯表现及帮教条件等相适应,根据未成年犯罪嫌疑人在考验期的表现,可以在法定期限范围内适当缩短或者延长。故 C 项正确;D 项错误在于,考验期并非羁押,附条件不起诉考验期不能折抵刑期。

89．附条件不起诉;不起诉;犯罪记录的封存[B]

[解析] 关于酌定不起诉,《刑事诉讼法》第 177 条第 2 款规定,对于犯罪情节轻微,依照《刑法》规定不需要判处刑罚或者免除刑罚的,人民检察院可以作出不起诉决定。关于附条件不起诉,《刑事诉讼法》第 282 条第 1 款规定,对于未成年人涉嫌刑法分则第四章、第五章、第六章规定的犯罪,可能判处一年有期徒刑以下刑罚,符合起诉条件,但有悔罪表现的,人民

检察院可以作出附条件不起诉的决定。可见,酌定不起诉与附条件不起诉的适用条件,并未涉及刑事和解。事实上,是否与被害人达成刑事和解确实可以作为作出酌定不起诉或附条件不起诉决定的一个考量因素,但并不是必备条件。故 A 项错误。

《高检规则》第 373 条第 1 款规定,人民检察院决定不起诉的案件,可以根据案件的不同情况,对被不起诉人予以训诫或者责令具结悔过、赔礼道歉、赔偿损失。故检察院对吴某作出不起诉决定时,可要求吴某向被害人赵某赔礼道歉、赔偿损失。故 B 项正确。

《刑事诉讼法》第 283 条第 1 款规定,在附条件不起诉的考验期内,由人民检察院对被附条件不起诉的未成年犯罪嫌疑人进行监督考察。未成年犯罪嫌疑人的监护人,应当对未成年犯罪嫌疑人加强管教,配合人民检察院做好监督考察工作。据此,检察院就是被附条件不起诉的未成年犯罪嫌疑人的监督考察机关,无需再交由其他机关监督考察。故 C 项错误。

《高检规则》第 486 条规定:"人民检察院对未成年犯罪嫌疑人作出不起诉决定后,应当对相关记录予以封存。除司法机关为办案需要进行查询外,不得向任何单位和个人提供。封存的具体程序参照本规则第四百八十三条至第四百八十五条的规定。"据此,检察院对未成年人"不起诉"后,才封存相关记录。对未成年人"附条件不起诉"后,不会封存相关记录。这是因为,"不起诉"是一种终局处理,即刑事诉讼程序结束了,未成年人无罪,可以回家了。而"附条件不起诉"不具有终局性,不是真正的不起诉,而是对未成年人给予一定的考验期限以观察未成年人的表现,在考验期限内,仍然存在对未成年人提起公诉的可能性。故 D 项错误。

90. 战时自伤罪[B]

[解析]《刑法》第 434 条规定的战时自伤罪,是指军人战时自伤身体,逃避军事义务的情形。

根据《刑法》第 450 条的规定,只有执行军事任务的预备役人员才属"军人",本案张某作为预备役人员并不是处在执行军事任务的过程中,不属军人,不符合该罪的主体身份要求,可能构成《刑法》第 376 条规定的战时拒绝、逃避征召、军事训练罪。故 A 项不当选。

李某作为军事战斗人员,系军人,正在执行军事任务,系战时,故意利用他人使本人受伤,系自伤,目的是逃避军事义务,可构成战时自伤罪。故 B 项当选。

王某自伤的目的不是逃避军事义务,而是为了掩盖过错,不符合战时自伤罪的目的要素,不构成该罪。故 C 项不当选。

陈某不具有逃避军事义务的目的,也不构成战时自伤罪。故 D 项不当选。

91. 法律职业人员的入职条件;业内、业外行为[AD]

[解析]①正确。法官和检察官的任职禁止条件完全相同,均为:(1)曾因犯罪受过刑事处罚的;(2)曾被开除公职的。

②错误。被开除公职的不能担任律师和公证员。据《律师法》第 7 条规定:"申请人有下列情形之一的,不予颁发律师执业证书:(一)无民事行为能力或者限制民事行为能力的;(二)受过刑事处罚的,但过失犯罪的除外;(三)被开除公职或者被吊销律师、公证员执业证书的。"据《公证法》第 20 条规定:"有下列情形之一的,不得担任公证员:(一)无民事行为能力或者限制民事行为能力的;(二)因故意犯罪或者职务过失犯罪受过刑事处罚的;(三)被开除公职的;(四)被吊销公证员、律师执业证书的。"

③错误。王某是甲市中院的副院长,其子王二可以同时担任甲市乙县法院的审判员。《法官法》第 23 条规定:"法官之间有夫妻关系、直系血亲关系、三代以内旁系血亲以及近姻亲关系的,不得同时担任下列职务:(一)同一人民法院的院长、副院长、审判委员会委员、庭长、副庭长;(二)同一人民法院的院长、副院长和审判员;(三)同一审判庭的庭长、副庭长、审判员;(四)上下相邻两级人民法院的院长、副院长。"

④正确。据《人民法院工作人员处分条例》第 63 条:"违反规定从事或者参与营利性活动,在企业或者其他营利性组织中兼职的,给予记过或者记大过处分;情节较重的,给予降级或者撤职处分;情节严重的,给予开除处分。"

⑤正确。据《检察官法》第 45 条规定:"检察官在检察工作中有显著成绩和贡献的,或者有其他突出事迹的,应当给予奖励。"《检察官法》第 46 条规定:"检察官有下列表现之一的,应当给予奖励:(一)公正司法,成绩显著的;(二)总结检察实践经验成果突出,对检察工作有指导作用的;(三)在办理重大案件、处理突发事件和承担专项重要工作中,做出显著成绩和贡献的;(四)对检察工作提出改革建议被采纳,效果显著的;(五)提出检察建议被采纳或者开展法治宣传、解决各类纠纷,效果显著的;(六)有其他功绩。检察官的奖励按照有关规定办理。"

⑥错误。3 年内未受过停业处罚的律师可以成为律师事务所的设立人。据《律师法》第 14 条规定:"律师事务所是律师的执业机构。设立律师事务所应当具备下列条件:(一)有自己的名称、住所和章程;(二)有符合本法规定的律师;(三)设立人应当是具有一定的执业经历,且三年内未受过停止执业处罚的律师;(四)有符合国务院司法行政部门规定数额的资产。"

故 A、D 项当选,B、C 项不当选。

92. 基本权利效力[ABD]

[解析] 基本权利的效力直接拘束国家权力活动是现代各国宪法普遍确认的一项原则,同时也是宪法的基本功能之一。国家权力活动既包括立法活动,也包括行政活动、司法活动。故 A、B 项正确;C 项错误,司法活动只是其中之一。基本权利效力的目的在于有效保障人权,因此具有广泛性,即基本权利拘束一切国家权力活动和社会生活领域。故 D 项正确。

93. 法与人权的关系;法的作用的局限性[ABD]

[解析] 人权是"人之所以成为人的"那些权利。人权具有双重属性,即法律属性和道德属性。法定权利也属于人权,是人权的法律化。因此,居住权作为法定权利,也具有人权的双重属性。故 A 项正确。

居住权既然属于人权范畴,从逻辑上当然先于《民法典》而产生,《民法典》只是将其上升为法定权利,赋予了居住权法律强制力。故 B 项正确。

法律的调整范围有局限性,不可能把所有的社会关系和人的需求都纳入法律的调整范围,比如道德范围内的事项就不需要或不适宜由法律来调整。故 C 项错误。

居住权设立,有利于满足社会上存在的离婚妇女、孤寡老人等弱势群体的住房需求,也有利于中低收入群体的住房保障,同时满足不同群体对房屋财产权益的不同需求,达到"住有所居"。故 D 项正确。

94. 习近平法治思想的形成发展及重大意义;坚持中国特色社会主义法治道路[ABCD]

[解析] 中国特色社会主义法治道路的核心要义是坚持党的领导,坚持中国特色社会主义制度,贯彻中国特色社会主义法治理论,故 D 项正确。A、B、C 项说法也是正确的。

95. 行政协议案件的法律适用;行政诉讼的受案范围[AC]

[解析] 根据《行政诉讼法》第 12 条规定,公民、法人和其他组织认为行政机关不依法履行、未按照约定履行或者违法变更、解除政府特许经营协议、土地房屋征收补偿协议等协议的,属于行政诉讼的受案范围。同时,在 A 项中,宝昌公司的竞争对手乙公司作为行政合同的利害关系人,自然具有原告资格,有权提起行政诉讼。故 A 项正确。

《行政协议案件规定》第 2 条规定:"公民、法人或者其他组织就下列行政协议提起行政诉讼的,人民法院应当依法受理:(一)政府特许经营协议;……"特许经营协议属于行政合同(协议)而非民事合同,对于甲市政府单方提前解除协议的行为,宝昌公司可以提起行政诉讼,而非民事诉讼。故 B 项错误。

《行政协议案件规定》第 25 条规定:"公民、法人

或者其他组织对行政机关不依法履行、未按照约定履行行政协议提起诉讼的,诉讼时效参照民事法律规范确定;对行政机关变更、解除行政协议等行政行为提起诉讼的,起诉期限依照行政诉讼法及其司法解释确定。"本案件是甲市政府单方解除行政协议,所以应依照行政诉讼法确定起诉期限,故 C 项正确。

本案为行政诉讼案件,应按照行政诉讼的规定缴纳诉讼费用,故 D 项错误。

96. 行政协议案件的管辖、法律适用与判决[ABC]

[解析] 《行政协议案件规定》第 7 条规定:"当事人书面协议约定选择被告所在地、原告所在地、协议履行地、协议订立地、标的物所在地等与争议有实际联系地点的人民法院管辖的,人民法院从其约定,但违反级别管辖和专属管辖的除外。"故 A 项正确。

《行政协议案件规定》第 27 条规定:"人民法院审理行政协议案件,应当适用行政诉讼法的规定;行政诉讼法没有规定的,参照适用民事诉讼法的规定。人民法院审理行政协议案件,可以参照适用民事法律规范关于民事合同的相关规定。"故 B 项正确。

《行政协议案件规定》第 16 条第 3 款规定:"被告变更、解除行政协议的行政行为违法,人民法院可以依据行政诉讼法第 78 条的规定判决被告继续履行协议、采取补救措施;给原告造成损失的,判决被告予以赔偿。"因此,C 项正确;D 项应当是判决被告予以赔偿,而非补偿,故错误。

97. 贪污罪;挪用公款罪[C]

[解析] 甲将房屋过户给蔡某,并记下自己欠公司 600 万元,并没有造成公司的实际财产损失,而仅是将公司的财产转化成了公司对甲的债权。因此,不构成贪污罪。故 A 项错误。

《关于国家工作人员挪用非特定公物能否定罪的请示的批复》,《刑法》第 384 条规定的挪用公款不包括挪用非特定公物(房产)归个人使用的行为,对挪用房产归个人使用的行为不以挪用公款罪论处。据此,甲以公司在售的商品房偿还债务的行为不构成挪用公款罪。故 B 项错误。

《全国法院审理经济犯罪案件工作座谈会纪要》规定,行为人挪用公款后采取虚假发票平账、销毁有关账目等手段,使所挪用的公款已难以在单位财务账目上反映出来,且没有归还行为的,应当以贪污罪定罪处罚。因此,甲平账的行为构成贪污罪。故 C 项正确。如前所述,甲的行为不成立挪用公款罪。故 D 项错误。

98. 串通投标罪;受贿罪;行贿罪[A]

[解析] 《刑法》第 223 条第 1 款规定,投标人相互串通投标报价,损害招标人或者其他投标人利益,情节严重的,处 3 年以下有期徒刑或者拘役,并处或

者单处罚金。因此，构成串通投标罪必须要求投标人实施"串通报价"行为，进而损害招标人或者其他投标人的利益。本案并无串通报价行为，此串通投标行为也没有损害招标人或者其他投标人的利益。故程某不构成串通投标罪。故 A 项正确。既然程某没有串通投标的行为，不构成串通投标罪，则甲也不成立串通投标罪的教唆犯。故 B 项错误。

《关于办理贪污贿赂刑事案件适用法律若干问题的解释》第 1、7 条规定，受贿数额在 1 万元以上不满 3 万元且具有特殊情节的，才能构成受贿罪；行贿数额低于 1 万元的，不构成行贿罪。程某花 5000 元购买仿制古董赠与甲，因仿制古董价值未达到行贿罪起刑点，不构成犯罪。故 C 项错误。甲有受贿的主观故意，实施了受贿行为，但客观上收受的贿赂价值未达到受贿罪起刑点，甲的行为不构成受贿罪。故 D 项错误。

99. 非法占有的目的[ABCD]

[解析] 甲因公务为公司垫付各种费用 5 万元，尽管票据超期，无法报销，但其对公司依然享有 5 万元的返还请求权。甲虽指使程某虚构劳务合同并虚开发票，但其主观上并没有非法占有公共财物的非法目的，既不构成贪污罪也不构成诈骗罪。故 A、B 项错误。由于甲不构成贪污罪，所以给甲提供虚假发票的程某，就不属于贪污罪的帮助犯，也不另构成诈骗罪。故 C、D 项错误。

100. 行政诉讼受案范围[C]

[解析] 行政行为、立法行为和司法行为有着明确的界限，方某在妻子失踪后向公安局报案要求立案侦查，遭拒绝后向法院起诉确认公安局的行为违法，不属于行政诉讼受案范围，因为刑事侦查行为属于刑事诉讼法明确授权的刑事司法行为，不是行政行为。故 A 项不当选。

2014 年修订的《行政诉讼法》明确将行政合同（行政协议）纳入了受案范围，但行政诉讼案件只允许"民告官"，不允许"官告民"，因此行政机关不能向法院提起行政诉讼。故 B 项不当选。**【思路拓展】**对于 B 项情形，王某不履行房屋征收补偿协议的，区房管局可以根据《行政协议案件规定》第 24 条处理，该条规定："公民、法人或者其他组织未按照行政协议约定履行义务，经催告后不履行，行政机关可以作出要求其履行协议的书面决定。公民、法人或者其他组织收到书面决定后在法定期限内未申请行政复议或者提起行政诉讼，且仍不履行，协议内容具有可执行性的，行政机关可以向人民法院申请强制执行。法律、行政法规规定行政机关对行政协议享有监督协议履行的职权，公民、法人或者其他组织未按照约定履行义务，经催告后不履行，行政机关可以依法作出处理决定。公民、法人或者其他组织在收到该处理决定后在法定期限内未申请行政复议或者提起行政诉讼，且仍不履行，协议内容具有可执行性的，行政机关可以向人民法院申请强制执行。"

《行政诉讼法》第 12 条第 1 款规定："人民法院受理公民、法人或者其他组织提起的下列诉讼：……（八）认为行政机关滥用行政权力排除或者限制竞争的；……"故 C 项属于行政诉讼受案范围，当选。

D 项中，政府发布的征收土地补偿费标准的约束对象不确定，并可以反复适用，故在行为性质上属于抽象行政行为。根据《行政诉讼法》，当事人在对具体行政行为提起诉讼时，可以一并请求对抽象行政行为进行审查。其中的"一并"就意味着当事人不能直接起诉抽象行政行为，而只能间接地对其提出审查要求。在本题中，黄某不服该抽象行政行为直接向法院起诉该标准是不属于受案范围的，故 D 项不当选。

试 卷 二

解 析

一、单项选择题

1．分公司民事责任承担[D]

[解析]《公司法》第13条第2款规定:"公司可以设立分公司。分公司不具有法人资格,其民事责任由公司承担。"《民法典》第74条规定:"法人可以依法设立分支机构。法律、行政法规规定分支机构应当登记的,依照其规定。分支机构以自己的名义从事民事活动,产生的民事责任由法人承担;也可以先以该分支机构管理的财产承担,不足以承担的,由法人承担。"

可见,分公司属于总公司的组成部分,没有独立的财产或责任,其实际占有或使用的财产属于总公司财产的一部分。总公司的负债无力偿付的,可以执行各分公司财产;各分公司的负债无力偿付的,可以执行总公司财产。某一分公司的对外债务,如果该分公司管理的财产及总公司直接管理的责任财产仍不能清偿的,法院可执行其他分公司管理的财产,所以B、C项正确,D项错误。

分公司归属于总公司,是总公司的附属机构,分公司在总公司授权的范围内从事经营活动,分公司负责人在授权的经营范围内可以代表公司对外签署合同,故A项正确。

2．财产保险的代位求偿权[A]

[解析]《保险法解释(四)》第9条规定:"在保险人以第三者为被告提起的代位求偿权之诉中,第三者以被保险人在保险合同订立前已放弃对其请求赔偿的权利为由进行抗辩,人民法院认定上述放弃行为合法有效,保险人就相应部分主张行使代位求偿权的,人民法院不予支持。保险合同订立时,保险人就是否存在上述放弃情形提出询问,投保人未如实告知,导致保险人不能代位行使请求赔偿的权利,保险人请求返还相应保险金的,人民法院应予支持,但保险人知道或者应当知道上述情形仍同意承保的除外。"本案中,中天公司在投保前对作为投保标的的机器设备豁免了蒋某一半的赔偿责任,该放弃合法有效,故蒋某只承担50%的赔偿责任;在保险公司赔偿后,向蒋某追偿,也只能追偿50%的赔偿责任。故A项正确,B项错误。投保人告知的义务限于保险公司询问的范围和内容。保险公司在投保时未就该设备的免责事宜询问,中天公司没有告知的义务,所以不

存在保险公司被骗的情形,保险公司不能主张中天公司返还已经支付的保险赔偿金。故D项错误。

《保险法解释(四)》第12条规定:"保险人以造成保险事故的第三者为被告提起代位求偿权之诉的,以被保险人与第三者之间的法律关系确定管辖法院。"代位求偿诉讼的双方当事人是保险公司和第三者,保险公司的权利承继自被保险人,所以诉讼争议原本是被保险人和第三者之间的关系,应按照被保险人(中天公司)和第三者(蒋某)之间的关系确定管辖法院。故C项错误。

3．仲裁裁决的中止执行[D]

[解析]《仲裁法》第64条规定:"一方当事人申请执行裁决,另一方当事人申请撤销裁决的,人民法院应当裁定中止执行。人民法院裁定撤销裁决的,应当裁定终结执行。撤销裁决的申请被裁定驳回的,人民法院应当裁定恢复执行。"根据这一规定,法院对撤销仲裁裁决申请的审查,会导致执行程序中止,故A项错误。法院正在审查但尚未撤销仲裁裁决前,可受理执行申请,故B项错误。不予执行由当事人提出申请,不需要法院告知,故C项错误,D项正确。

4．必要共同诉讼中上诉人和被上诉人[A]

[解析]《民诉解释》第317条规定:"必要共同诉讼人的一人或者部分人提起上诉的,按下列情形分别处理:(一)上诉仅对与对方当事人之间权利义务分担有意见,不涉及其他共同诉讼人利益的,对方当事人为被上诉人,未上诉的同一方当事人依原审诉讼地位列明;(二)上诉仅对共同诉讼人之间权利义务分担有意见,不涉及对方当事人利益的,未上诉的同一方当事人为被上诉人,对方当事人依原审诉讼地位列明;(三)上诉对双方当事人之间以及共同诉讼人之间权利义务承担有意见的,未提起上诉的其他当事人均为被上诉人。"本案为必要共同诉讼,甲享有上诉权且提出上诉,甲为上诉人。甲仅对与共同诉讼人丙的权利义务分担有意见,丙为被上诉人。未上诉的同一方当事人乙为原审被告,对方当事人丁为原审原告。故A项正确,B、C、D项错误。

5．物件致人损害的侵权责任[C]

[解析]《民法典》第1253条规定:"建筑物、构筑物或者其他设施及其搁置物、悬挂物发生脱落、坠

落造成他人损害，所有人、管理人或者使用人不能证明自己没有过错的，应当承担侵权责任。所有人、管理人或者使用人赔偿后，有其他责任人的，有权向其他责任人追偿。"广告牌属于建筑物上的悬挂物，坠落致郑某遭受人身损害，成立物件致人损害的过错侵权。本题中，广告牌的所有人、管理人和使用人都是大华商场，大华商场应向侵权受害人承担损害赔偿责任。在证明责任的分配上，推定大华商场具有过错。因广告牌的安装存在质量问题而被吹落砸伤郑某，飞达公司作为安装人存在过失，大华商场有权在承担责任后向其追偿。故 C 项正确，A、B、D 项错误。

6. 合同权利与义务的概括承受［A］

［解析］《民法典》第 67 条规定："法人合并的，其权利和义务由合并后的法人享有和承担。法人分立的，其权利和义务由分立后的法人享有连带债权，承担连带债务，但是债权人和债务人另有约定的除外。"同时，《公司法》第 221 条规定："公司合并时，合并各方的债权、债务，应当由合并后存续的公司或者新设的公司承继。"该法第 223 条规定："公司分立前的债务由分立后的公司承担连带责任。但是，公司在分立前与债权人就债务清偿达成的书面协议另有约定的除外。"这是关于企业合并与分立时合同权利和义务法定承受的规定。由以上规定可见，关于公司分立合并的债权债务概括承担有三方面内容：(1)公司分离后，原则上分离后的公司对原债务承担连带责任；(2)如分立后的公司与债权人达成协议的，则按照协议执行，实行意思自治；(3)分立后的公司自己达成协议，则该协议只具有内部效力，即只约束协议人本身，不具有对抗债权人的外部效力；如果该约定可以得到甲公司债权人的同意，则可对甲公司债权人发生效力，因此对债权人而言协议并非当然有效，但协议本身是有效的而非效力待定。故 A 项正确，B、C、D 项错误。【特别提醒】乙公司与丙公司约定"丙公司继受甲公司全部债权"，属于对连带债权的处分，无须债务人同意，通知到达债务人时即对债务人发生效力(债务人只能对丙公司履行，否则不发生清偿的效果)。

7. 动产浮动抵押［C］

［解析］《民法典》第 396 条规定："企业、个体工商户、农业生产经营者可以将现有的以及将有的生产设备、原材料、半成品、产品抵押，债务人不履行到期债务或者发生当事人约定的实现抵押权的情形，债权人有权就抵押财产确定时的动产优先受偿。"动产浮动抵押的特点之一就是，只要《民法典》第 411 条规定的情形没有出现，动产浮动抵押的客体就尚未确定。故 A 项错误。

《民法典》第 403 条规定："以动产抵押的，抵押权自抵押合同生效时设立；未经登记，不得对抗善意第三人。"可见，动产抵押的设立采登记对抗主义，动产抵押权的设立无需登记，但未登记的不得对抗善意第三人。故 B 项错误，C 项正确。

《民法典》第 404 条规定："以动产抵押的，不得对抗正常经营活动中已经支付合理价款并取得抵押财产的买受人。"该条规定限制了动产抵押权的效力。据此，不管动产抵押(无论是普通动产抵押，还是动产浮动抵押)是否办理抵押登记，均不能对抗正常经营活动中已支付合理价款并取得抵押财产的买受人。也即在正常的经营活动中转让抵押物，只要买受人已经支付合理价款且受让占有，转让的抵押物就自动解除抵押关系，不再属于抵押财产。故 D 项错误。

8. 纵向垄断协议［D］

［解析］在市场经济活动中，经销商有一定的自主定价权，如果生产厂商要求其下游的经销商转售其商品时不得低于某一价格，必然会推高商品价格，这不仅会损害消费者的权益，还会侵害其他厂家的利益，所以不可能是维护品牌形象的正当行为。故 A 项错误。

《反垄断法》第 23 条规定："认定经营者具有市场支配地位，应当依据下列因素：(一)该经营者在相关市场的市场份额，以及相关市场的竞争状况；(二)该经营者控制销售市场或者原材料采购市场的能力；(三)该经营者的财力和技术条件；(四)其他经营者对该经营者在交易上的依赖程度；(五)其他经营者进入相关市场的难易程度；(六)与认定该经营者市场支配地位有关的其他因素。"题干中没有明确指出生产商具有法律所规定的具有市场支配地位的条件，所以也无从推定生产商实施了滥用市场支配地位的行为。故 B 项错误。

价格同盟是横向垄断协议的一种形式，是指两个或两个以上处于同一经营阶段的同业竞争者之间因经营同类产品或服务而在生产或销售过程中达成的垄断协议。本题中是生产商与经销商的联盟，并非有竞争关系的经营者(同行)，不是横向的价格联盟。故 C 项错误。

纵向垄断协议，是指在同一产业中，处于不同经济阶段且有买卖关系的企业间所订立的旨在排除和限制其他竞争者的经营活动的协议。《反垄断法》第 18 条第 1 款规定："禁止经营者与交易相对人达成下列垄断协议：(一)固定向第三人转售商品的价格；(二)限定向第三人转售商品的最低价格；(三)国务院反垄断执法机构认定的其他垄断协议。"本题中，生产者与经销商属于纵向关系，两者开会固定销售价格符合上述第 2 项的规定，构成纵向价格垄断协议。故 D 项正确。

9．破产管理人职权［D］

［解析］《企业破产法》第25条规定："管理人履行下列职责：……（六）管理和处分债务人的财产；……""管理和处分债务人财产"是管理人的权限，所以将祺航公司的业务和资产转让的决议，应该由管理人作出，不能直接推给法院或债权人会议讨论决定，B、C项错误。

《企业破产法》第69条规定："管理人实施下列行为，应当及时报告债权人委员会：……（三）全部库存或者营业的转让；……（十）对债权人利益有重大影响的其他财产处分行为。未设立债权人委员会的，管理人实施前款规定的行为应当及时报告人民法院。"所以管理人处分债务人全部库存及营业的时候，需及时报告债权人委员会，而不能直接自行决定后执行，A项错误，D项的程序正确。【特别提醒】对于债务人资产处分的重大事项，管理人应该按如下流程处理：管理人作出决定→向债权人委员会/人民法院报告→执行实施。管理人不可推诿职责，将法定的重大事项直接交由债权人委员会或人民法院决定，也不能过于激进，不报告直接自己决定并实施。

10．对财产的执行措施［D］

［解析］《执行异议和复议规定》第7条第1款规定，当事人、利害关系人认为执行过程中或者执行保全、先予执行裁定过程中的下列行为违法提出异议的，人民法院应当依照《民事诉讼法》第225条（现为第236条）规定进行审查：（1）查封、扣押、冻结、拍卖、变卖、以物抵债、暂缓执行、中止执行、终结执行等执行措施；（2）执行的期间、顺序等应当遵守的法定程序；（3）人民法院作出的侵害当事人、利害关系人合法权益的其他行为。《民事诉讼法》第236条规定："当事人、利害关系人认为执行行为违反法律规定的，可以向负责执行的人民法院提出书面异议……"对韩某房屋的司法拍卖属于执行行为，牛某认为拍卖行为违法，应当向执行法院提出执行行为异议，故D项当选。

11．动产担保物权的竞合［D］

［解析］同一动产上同时并存抵押权、质权、留置权，且分别担保不同的债权，称为动产担保物权的竞合。由于各担保物权分别担保不同的债权，需要确定各担保物权对该动产优先受偿的顺序。特别是当该动产的价值不足以清偿所有的债权时，各担保物权清偿的顺序就具有实质意义了。动产担保物权竞合时，确定各担保物权优先受偿顺序的规则是：先来后到（先成立的优先于后成立的），但法律另有规定的除外。

甲的抵押权（未登记）先成立，乙的抵押权（已登记）后成立。但是，根据《民法典》第414条规定的抵押权顺位，登记的动产抵押权优先于未登记的动产抵押权。此时，不论成立先后。乙的抵押权优先于甲的抵押权。

《民法典》第415条规定："同一财产既设立抵押权又设立质权的，拍卖、变卖该财产所得的价款按照登记、交付的时间先后确定清偿顺序。"据此，同一动产上并存抵押权与质权时，无论成立的先后，公示在先的动产物权优先于公示在后的动产物权（动产质权以交付为公示手段；动产抵押权以登记为公示手段）。综上，乙的登记动产抵押权优先于丙的质权，丙的质权优先于甲的未登记动产抵押权。

《民法典》第456条规定："同一动产上已经设立抵押权或者质权，该动产又被留置的，留置权人优先受偿。"据此，丁的留置权最优先。

综上，甲、乙、丙、丁间的排序是：丁>乙>丙>甲。故D项正确，A、B、C项错误。【总结提示】同一动产上，抵押权、质权、留置权并存时，优先受偿顺序为：（1）留置权优先于抵押权和质权；（2）动产抵押权与质权之间：抵押权未登记的，质权优先；抵押权登记的，按照先来后到的规则确定清偿顺序；（3）在两个动产抵押之间：办理了登记的优先；都办理了登记的，先登记的优先；都没有登记的，则按比例平等受偿。

12．矿业权、矿产资源的开采［B］

［解析］《矿产资源法》第17条第1款规定："矿业权应当通过招标、拍卖、挂牌等竞争性方式出让，法律、行政法规或者国务院规定可以通过协议出让或者其他方式设立的除外。"据此，矿业权可通过竞争性方式取得，无需主管部门审批，故A项错误。

《矿产资源法》第23条第3款规定："矿业权人有权依法优先取得登记的勘查、开采区域内新发现的其他矿产资源的矿业权，具体办法由国务院自然资源主管部门制定。"据此，甲公司有权优先取得在开采区域内新发现的其他矿产资源的矿业权，故B项正确。

《矿产资源法》第28条规定："有下列情形之一的，无需取得探矿权：（一）国家出资勘查矿产资源；（二）采矿权人在登记的开采区域内为开采活动需要进行勘查；（三）国务院和国务院自然资源主管部门规定的其他情形。"根据本条第2项，C项错误。

《矿产资源法》第33条第1款规定："矿业权人依照本法有关规定取得矿业权后，进行矿产资源勘查、开采作业前，应当按照矿业权出让合同以及相关标准、技术规范等，分别编制勘查方案、开采方案，报原矿业权出让部门批准，取得勘查许可证、采矿许可证；未取得许可证的，不得进行勘查、开采作业。"据此，取得采矿许可证应报原矿业权出让部门批准，故D项错误。

13．我国关于反致的规定［B］

［解析］根据《涉外民事关系法律适用法》第9

条规定,我国司法实践禁止转致,即指向适用的外国法只包括外国的实体法,不包括外国的法律适用法。所以,在本案中,我国法院应直接适用新西兰实体法。故 B 项正确,A、C、D 项错误。

14．民法基本原则;相邻关系[D]

[解析] 本题中,乙享有宅基地使用权,有权依法利用该土地建造住宅及其附属设施,但该权利的行使应当受到相邻关系的限制,不得损害他人的合法权益。《民法典》第 7 条规定:"民事主体从事民事活动,应当遵循诚信原则,秉持诚实,恪守承诺。"诚信原则主要在以下方面发挥功能:控制权利的行使和义务的履行;情势变更;附随义务的创设;格式条款的内容审查;合同解释;法律解释以及法律漏洞的填补;等等。就"控制权利的行使和义务的履行"这一功能而言,诚信原则设定了行使民事权利的"内在限度",凡以悖于诚实信用之方式行使民事权利,就有可能被认定为滥用民事权利,由此,禁止权利滥用原则也是诚信原则的子原则。本题中,乙建起高 5 米围墙,使甲在自家院内却有身处监牢之感,滥用民事权利,损害了相邻权人甲的利益,违反了诚信原则。故 D 项当选。

15．肖像权;姓名权;网络侵权[C]

[解析]《民法典》第 1018 条第 2 款规定:"肖像是通过影像、雕塑、绘画等方式在一定载体上所反映的特定自然人可以被识别的外部形象。"据此,使用肖像侵权,再现的内容必须足以识别特定的个人。乙医院使用的照片仅见甲的鼻子和嘴部,正常不足以识别特定的人,因此乙医院的行为未侵犯甲的肖像权。故 D 项错误。

《民法典》第 1014 条规定:"任何组织或者个人不得以干涉、盗用、假冒等方式侵害他人的姓名权或者名称权。"乙医院未经允许,擅自使用甲的姓名做广告,属于盗用姓名,侵害了甲的姓名权。故 C 项正确。

《民法典》第 1195 条第 2 款规定:"网络服务提供者接到通知后,应当及时将该通知转送相关网络用户,并根据构成侵权的初步证据和服务类型采取必要措施;未及时采取必要措施的,对损害的扩大部分与该网络用户承担连带责任。"该条给网络服务经营者提供了"避风港"制度保护。乙医院的行为构成利用网络侵犯甲的姓名权,但网络服务提供者丙网站接到权利人的侵权通知后,及时采取了合理的措施,丙网站的行为不构成共同侵权,丙网站不承担侵权责任。故 A、B 项错误。

16．合议制度[D]

[解析]《民事诉讼法》第 41 条第 3 款规定:"发回重审的案件,原审人民法院应当按照第一审程序另行组成合议庭。"由此可知,无论案件一审是适用的

普通程序还是简易程序,二审法院裁定发回重审的,原审法院应当另行组成合议庭审理。故 A 项错误。

《民事诉讼法》第 41 条第 4 款规定:"审理再审案件,原来是第一审的,按照第一审程序另行组成合议庭;原来是第二审的或者是上级人民法院提审的,按照第二审程序另行组成合议庭。"据此,法院审理再审案件只能组成合议庭审理。故 B 项错误。

《民事诉讼法》第 40 条规定:"人民法院审理第一审民事案件,由审判员、人民陪审员共同组成合议庭或者由审判员组成合议庭……基层人民法院审理的基本事实清楚、权利义务关系明确的第一审民事案件,可以由审判员一人适用普通程序独任审理……"据此可知,审判组织的组织形式由法院决定,无需当事人同意;此外,基层法院有权决定由审判员一人适用普通程序独任审理,无需上级法院批准。故 C 项错误。

根据《民事诉讼法》第 185 条的规定,法院审理选民资格案件或者重大、疑难案件,由审判员组成合议庭审理。这是对适用特别程序审理选民资格案件适用合议制的一个特殊规定。故 D 项正确。

17．证明对象;证据的种类[C]

[解析] 掌握本国法律是担任法官所应具备的基本素养,因此本国法律属于司法认知的范畴,无需证据证明;外国法则不同,法官未必了解,需要当事人加以证明,外国法的查明也是国际法上的重要内容,因此外国法属于证明对象范畴,当事人需要提供证据证明,A 公司申请童某出庭即是出于此目的。故 D 项错误。

对外国法的查明不属于鉴定,童某也不具有鉴定资格,故 A 项错误。

证人陈述的内容是证人在案发时所见所闻的内容,具有不可替代性;而专家辅助人所陈述的往往是其平时所研究、学习、积累的知识,具有可替代性(其他专家也可胜任)。本案中,童某出庭陈述的是甲国法律的内容,是其学习、研究的内容,并非在案发现场的所见所闻,因此属于专家辅助人,而非证人。故 B 项错误,C 项正确。

18．劳务派遣;劳动合同的解除[C]

[解析]《劳动合同法》第 40 条规定:"有下列情形之一的,用人单位提前 30 日以书面形式通知劳动者本人或者额外支付劳动者 1 个月工资后,可以解除劳动合同:……(三)劳动合同订立时所依据的客观情况发生重大变化,致使劳动合同无法履行,经用人单位与劳动者协商,未能就变更劳动合同内容达成协议的。"本案中劳务派遣协议到期,并非劳动合同订立时所依据的客观情况发生重大变化,且甲公司仍可以将严某派遣到其他公司工作;而甲公司提出由丙劳务公司与严某签订劳动合同,其实质仍是要解除劳动

合同,且无合法理由。由于双方协商解除合同的请求也被严某拒绝,故甲公司属于违法解除劳动合同。A选项错误。

《劳动合同法》第48条规定:"用人单位违反本法规定解除或者终止劳动合同,劳动者要求继续履行劳动合同的,用人单位应当继续履行;劳动者不要求继续履行劳动合同或者劳动合同已经不能继续履行的,用人单位应当依照本法第八十七条规定支付赔偿金。"因此,继续履行的前提之一是劳动者有此要求,而非用人单位有权在继续履行和赔偿金之间进行选择。故B选项错误。严某属于甲公司职工,与甲公司签订有劳动合同,应由甲公司支付赔偿金。故C项正确。

根据《劳动合同法》第92条第2款规定,用工单位给被派遣劳动者造成损害的,劳务派遣单位与用工单位承担连带赔偿责任。本题中,乙公司并未给严某造成损害,无需承担连带赔偿责任。故D项错误。

19.演绎作品;委托作品;影视作品著作权[B]

[解析] 本题中涉及两个作品:"剧本"和"电影"。《著作权法》第19条规定:"受委托创作的作品,著作权的归属由委托人和受托人通过合同约定。合同未作明确约定或者没有订立合同的,著作权属于受托人。"本题中,某电影公司委托王某创作电影剧本,但未约定该剧本著作权的归属,因此剧本的著作权归受托人王某。《著作权法》第17条第1款规定:"视听作品中的电影作品、电视剧作品的著作权由制作者享有,但编剧、导演、摄影、作词、作曲等作者享有署名权,并有权按照与制作者签订的合同获得报酬。"电影作品的著作权属于制片人电影公司。某音像出版社未经许可制作并出版该电影的DVD,侵犯了电影作品著作权人即电影公司的复制权和发行权,并未侵犯电影剧本著作权人王某的权利。故A项不当选。

关于演绎作品,《著作权法》第13条规定:"改编、翻译、注释、整理已有作品而产生的作品,其著作权由改编、翻译、注释、整理人享有,但行使著作权时不得侵犯原作品的著作权。"据此,演绎已有作品,需要征得原作品著作权人的许可。本题中,动漫公司未经许可根据电影情节绘制漫画,而电影情节是由剧本设定的,所以绘制漫画是对剧本的改编,侵犯了王某的著作权。而动漫公司根据该电影画面绘制漫画,是对该电影作品的改编,未经许可则侵犯了电影公司的著作权。故B项当选。

学生将电影对话用方言配音并上传网络,是对电影作品的演绎,该行为侵犯了电影公司对电影本身的著作权。但是,该学生并未改编电影对话,没有针对剧本进行演绎,所以未侵犯王某的著作权。故C项不当选。

著作权人享有广播权。《著作权法》第48条规定:"电视台播放他人的视听作品、录像制品,应当取得视听作品著作权人或者录像制作者许可,并支付报酬;播放他人的录像制品,还应当取得著作权人许可,并支付报酬。"据此,某电视台在"电影经典对话"专题片中播放30分钟该部电影中带有经典对话的画面,需要经过视听作品著作权人(电影公司)的许可,否则侵犯了电影公司的广播权。但是,电视台播放的是作为整体的"电影作品"片段,并未侵犯文字作品"电影剧本"的权利,所以未侵犯王某的权利。故D项不当选。【特别提醒】影视作品的著作权构成比较复杂。首先,其作为一个整体作品,由制片人享有著作权。其次,电影的剧本、插曲、背景音乐等也是单独的作品,由剧本作者、词曲作者等享有著作权。侵犯何者的著作权,关键看其行为针对的对象是什么。

20.无权代理[D]

[解析] 代理,是指代理人以被代理人的名义与相对人实施法律行为,法律行为的效果直接归属于被代理人的制度。无权代理,是指没有代理权的人实施的代理行为。无权代理除欠缺代理权外,具有代理的其他全部特征。代理(无论是直接代理还是间接代理,亦无论是有权代理还是无权代理),必须具备的一个特征是:涉及三方当事人(被代理人、代理人与相对人),形成三方法律关系(被代理人与代理人的内部关系、代理人与相对人的外部关系、被代理人与相对人的法律效果归属关系),形成三方结构。无此特征,不成立代理,亦不成立无权代理。

甲冒用乙的姓名从某杂志社领取乙的论文稿酬据为己有,属于冒名行为,只能形成冒名行为人甲与相对人某杂志社间的双方结构,而非三方结构。故A项错误。同理,刘某受同学周某之托冒充丁某参加求职面试,亦属冒名行为。故C项错误。

董事长超越权限以本公司名义为他人提供担保,该行为属于越权代表权的行为。董事长是公司法定代表人,属于法人机关,法人机关在执行职务的时候没有独立的人格,法人机关的行为就是法人的行为,法人机关的人格被法人吸收。所以,董事长以公司名义为他人提供担保时仅形成了一种双方结构(公司与被担保人之间的保证关系),而非三方结构,不构成无权代理。故B项错误。

推销员发出了订立买卖合同的要约,关某没有代理权,但以邻居李某的名义予以承诺,构成无权代理订立的合同。故D项正确。

21.成约定金[B]

[解析] 根据《民法典》第586条的规定,定金合同自实际交付定金时成立。因此,定金合同属于实践合同。由于乙一直未按照约定支付定金,甲、乙间的定金合同尚未成立,甲无权请求乙支付定金。故A、C项错误。

定金分为四种:立约定金、成约定金、解约定金、违约定金。成约定金,指当事人约定以定金的交付作为合同生效要件的定金。原则上,若当事人未交付成约定金,合同就尚未成立或生效,但主合同已经履行或者已经履行主要部分的,主合同的成立或者生效不受此影响。本题中,甲、乙约定的定金为成约定金,乙虽未支付定金,但因主合同已经履行,买卖合同已经生效。事实上,甲、乙已经以推定的意思表示变更了此前的约定。故B项正确。既然买卖合同已经生效,出卖人甲已经按约交付了货物,则买受人乙负有支付价款的义务。故D项错误。

22．股东出资[B]

[解析] 丙和陶然公司签署的入股协议为甲和乙附加了提前履行出资的义务,根据合同相对性原则,未经甲、乙同意,该负担的义务对甲、乙不能生效。但是,甲作为陶然公司的法定代表人,代表陶然公司与丙在协议上签字盖章,应认定为甲对此义务的设定是知情且同意的,所以甲应按此约定于2020年缴足出资。陶然公司和丙的增资入股协议中对乙施加的义务,未经乙知情同意,对乙不生效。根据《公司法》第49条第1款规定,股东应当按期足额缴纳公司章程规定的各自所认缴的出资额。因为陶然公司未修改公司章程,章程约定的出资缴足期限仍是2022年,所以乙应按公司章程中约定的2022年完成出资,故B项正确。【特别提醒】根据《公司法》第47条,有限公司的出资缴足期限为5年,本题符合5年的规定。

23．劳动争议仲裁[B]

[解析]《劳动争议调解仲裁法》第22条第2款规定:"劳务派遣单位或者用工单位与劳动者发生劳动争议的,劳务派遣单位和用工单位为共同当事人。"故马迪是申请人,用工单位五湖公司和劳务派遣单位阳光劳务公司为被申请人,故A、C、D项错误,B项正确。

24．民事判决的法律效力(既判力)[B]

[解析] 既判力,是指判决生效后所具有的确定效力。既判力的时间范围,是指生效判决的既判力对诉讼标的在某个具体时间(标准时)点予以确定,当事人就超出该时间点的相同诉讼标的再起诉讼的,后诉法院应当予以受理。《民诉解释》第248条规定,裁判发生法律效力后,发生新的事实,当事人再次提起诉讼的,人民法院应当依法受理。据此,我国将既判力标准时确定为裁判生效之时。车祸后遗症发生在判决履行1年后,是判决生效(既判力标准时)后发生的事实,对此再次起诉的,不受既判力拘束,法院应予受理。故B项正确。

25．董、监、高的任职资格[D]

[解析]《公司法》第178条第1款规定:"有下列情形之一的,不得担任公司的董事、监事、高级管理人员:(一)无民事行为能力或者限制民事行为能力;(二)因贪污、贿赂、侵占财产、挪用财产或者破坏社会主义市场经济秩序,被判处刑罚,或者因犯罪被剥夺政治权利,执行期满未逾五年,被宣告缓刑的,自缓刑考验期满之日起未逾二年;(三)担任破产清算的公司、企业的董事或者厂长、经理,对该公司、企业的破产负有个人责任的,自该公司、企业破产清算完结之日起未逾三年;(四)担任因违法被吊销营业执照、责令关闭的公司、企业的法定代表人,并负有个人责任的,自该公司、企业被吊销营业执照、责令关闭之日起未逾三年;(五)个人因所负数额较大债务到期未清偿被人民法院列为失信被执行人。"A项符合第5项、B项符合第2项、C项符合第3项,均不可担任公司董事,故A、B、C项不当选。

D项中,公司倒闭是因为丁上任之前的因素造成的,与丁无关,因此其可以担任董事,故D项当选。

26．《联合国国际货物销售合同公约》;CIF[D]

[解析] 由于《联合国国际货物销售合同公约》适用的任意性,如当事人有其他规则的选择,则当事人的选择优先,本题当事人选择了CIF贸易术语,因此,贸易术语应优先适用,但由于贸易术语并没有解决所有的涉及货物买卖合同的问题,因此,贸易术语未涉及的内容,还应当适用《联合国国际货物销售合同公约》。故A项错误。

在CIF术语下,是由卖方办理保险,但货物的风险在装运港卖方完成交货时,已由卖方转移给买方了,因此,途中的风险应由甲公司承担,而不是乙公司。故B项错误。

《联合国国际货物销售合同公约》规定了买方接收货物的义务,本案货物在目的港雨淋造成的损失是因为买方未履行接收义务导致损失扩大,故该损失应由买方(甲公司)承担。故C项错误。

如果货物损失是由卖方包装不当所致,卖方(乙公司)违反了质量担保义务,应承担由此造成的货物损失。故D项正确。

27．票据丧失[D]

[解析]《票据法》第15条规定:"票据丧失,失票人可以及时通知票据的付款人挂失止付,但是,未记载付款人或者无法确定付款人及其代理付款人的票据除外。收到挂失止付通知的付款人,应当暂停支付。失票人应当在通知挂失止付后3日内,也可以在票据丧失后,依法向人民法院申请公示催告,或者向人民法院提起诉讼。"本题是法条的直接考查。故D项错误。

28．上市公司独立董事制度[A]

[解析]《上市公司独立董事管理办法》第5条第1款规定:"上市公司独立董事占董事会成员的比例不得低于三分之一,并且至少包括一名会计专业人

士。"故 A 项正确;B 项错误,独立董事中至少包括一名会计专业人士,对法律专业人士没有要求。

《上市公司独立董事管理办法》第 8 条规定:"独立董事原则上最多在三家境内上市公司担任独立董事,并应当确保有足够的时间和精力有效地履行独立董事的职责。"故 C 项错误。

根据《上市公司独立董事管理办法》第 6 条第 1 款第 6 项规定,直接或者间接持有上市公司已发行股份 1% 以上,不得担任该公司独立董事。可知,对独立董事持有本公司股份有数额限制,并非禁止,故 D 项错误。

29. 指定管辖[D]

[解析] 指定管辖分为两种不同情况:(1)受移送的法院认为对受移送的案件没有管辖权,应当报请自己的上级人民法院指定管辖。对此,《民事诉讼法》第 37 条规定:"……受移送的人民法院认为受移送的案件依照规定不属于本院管辖的,应当报请上级人民法院指定管辖,不得再自行移送。"(2)法院之间因管辖权发生争议,协商解决不了,报请它们的共同上级人民法院指定管辖。对此,《民事诉讼法》第 38 条第 2 款规定:"人民法院之间因管辖权发生争议,由争议双方协商解决;协商解决不了的,报请它们的共同上级人民法院指定管辖。"

本题中,某省甲市 A 区法院,与该省乙市 B 区法院,因移送管辖已经"发生争议",因此,正确的处理方式,不是乙市 B 区法院找自己的上一级法院乙市中级法院指定,而是先必须与甲市 A 区法院协商,协商不成,才报请该省高级法院指定管辖。故 D 项正确,A、B、C 项错误。

30. 共有[C]

[解析]《民法典》第 308 条规定:"共有人对共有的不动产或者动产没有约定为按份共有或者共同共有,或者约定不明确的,除共有人具有家庭关系等外,视为按份共有。"四家公司共同出资合法建筑房屋并约定共有建成的房屋,但未约定共有的类型,应视为按份共有。故 B 项正确。

《民法典》第 302 条规定:"共有人对共有物的管理费用以及其他负担,有约定的,按照其约定;没有约定或者约定不明确的,按份共有人按照其份额负担,共同共有人共同负担。"对于份额的确定,《民法典》第 309 条规定:"按份共有人对共有的不动产或者动产享有的份额,没有约定或者约定不明确的,按照出资额确定;不能确定出资的,视为等额享有。"故 A 项正确。

《民法典》第 301 条规定:"处分共有的不动产或者动产以及对共有的不动产或者动产作重大修缮、变更性质或者用途的,应当经占份额三分之二以上的按份共有人或者全体共同共有人同意,但是共有人之间

另有约定的除外。"在没有约定的情况下,红光公司的份额仅占 50%,未达到 2/3 以上,无权单方面决定该楼的重大修缮事宜。故 C 项错误。

在按份共有中,共有人的份额是对所有权的份额,而不是对共有物的份额,共有人对共有物是不存在份额的。份额的意义在于,除非另有约定,按份共有人应按照份额对共有物享有权利负担义务。由此可知,按份共有人对共有物整体的处分须受《民法典》第 301 条规定的限制,但是,按份共有人对其份额享有独立的所有权,有权随意处分。故 D 项正确。

31. 自然人的民事行为能力;著作权主体[C]

[解析] 根据《著作权法》第 11 条的规定,著作权属于作者,创作作品的自然人是作者。本题中的作品《隐形翅膀》由小刘创作,著作权人应为小刘。小刘虽是限制民事行为能力人,但创作作品属于事实行为,不是法律行为,无须作者具有民事行为能力,只要创作的作品具有独创性,自创作完成时起,作者就取得著作权,不以发表为前提条件。故 A、B 项错误。

《民法典》第 19 条规定:"八周岁以上的未成年人为限制民事行为能力人,实施民事法律行为由其法定代理人代理或者经其法定代理人同意、追认;但是,可以独立实施纯获利益的民事法律行为或者与其年龄、智力相适应的民事法律行为。"小刘作为限制民事行为能力人,其转让网络传播权的行为与其意思能力不相适应,属于效力待定的民事法律行为,因小刘的父母反对该转让行为,则该转让行为自始无效。故 C 项正确,D 项错误。

32. 有限合伙企业[A]

[解析]《合伙企业法》第 65 条规定:"有限合伙人应当按照合伙协议的约定按期足额缴纳出资;未按期足额缴纳的,应当承担补缴义务,并对其他合伙人承担违约责任。"据此,有限合伙人可以分期缴纳出资。本题中,郑某出资 10 万元并分期缴纳的约定是有效的。另根据《合伙企业法》第 64 条第 2 款规定,有限合伙人不得以劳务出资。本题中,入伙协议约定郑某以其进行游戏机维护工作的工资逐月抵充 10 万元出资,是否构成以劳务出资?答案是否定的。因为入伙协议中已经明确郑某出资 10 万元,是以货币出资,只是这 10 万元货币出资以每月工资的形式分期缴纳。工资不属于劳务,是对已经发生的劳务的对价,属于其他财产权的范畴,最终以货币形式呈现。因此,以工资逐月抵充是一种变相的分期缴纳出资形式,不是以劳务出资,合伙协议中的出资约定合法有效。故 A 项正确。

根据《合伙企业法》第 43 条规定,经全体合伙人一致同意且依法订立书面协议即可获得合伙人资格,并不以登记为生效要件,变更登记只具有对抗效力。故 B 项错误。

《合伙企业法》第 73 条规定:"有限合伙人可以按照合伙协议的约定向合伙人以外的人转让其在有限合伙企业中的财产份额,但应当提前三十日通知其他合伙人。"有限合伙人与普通合伙人不同,因其不执行合伙事务且仅需承担有限责任,因此可以对外转让财产份额,无需经其他合伙人一致同意。此处有限合伙人财产对外转让的通知义务与债权转让的通知义务类似,违反并不会导致转让无效,故 C 项错误。

《合伙企业法》第 72 条规定:"有限合伙人可以将其在有限合伙企业中的财产份额出质;但是,合伙协议另有约定的除外。"有限合伙人的出质行为无需得到其他合伙人一致同意,故 D 项错误。

33.商标侵权行为[D]

[解析] 乙公司未经注册商标权人甲公司许可,擅自在相同的商品(汽车)上,使用与甲公司注册商标相同的标志("山叶"),属于《商标法》第 57 条第 1 项规定的"假冒"注册商标的行为,而非"仿冒"。故 A 项错误。

《商标法》第 60 条第 2 款规定,销售不知道是侵犯注册商标专用权的商品,能证明该商品是自己合法取得并说明提供者的,由工商行政管理部门责令停止销售。《商标法》第 64 条第 2 款规定:"销售不知道是侵犯注册商标专用权的商品,能证明该商品是自己合法取得并说明提供者的,不承担赔偿责任。"丙公司作为侵犯注册商标专用权商品的"善意销售者",若能证明该商品是自己合法取得并说明提供者的,不承担赔偿责任,但仍应承担停止侵权的责任(即停止销售)。故 B、C 项错误。

D 选项涉及侵犯注册商标权的行政责任(罚款)。根据《商标法》第 60 条第 2 款的规定,工商行政管理部门认定侵犯注册商标专用权的行为成立的,可责令侵权人立即停止侵权行为,没收、销毁侵权商品和主要用于制造侵权商品、伪造注册商标标识的工具,违法经营额 5 万元以上的,可以处违法经营额 5 倍以下的罚款,没有违法经营额或者违法经营额不足 5 万元的,可以处 25 万元以下的罚款。但是,"善意销售者"仅承担停止销售的责任,不承担罚款的行政责任。故 D 项正确。

34.大陆与台湾地区的司法协助;涉台案件的法律适用;司法文书的直接送达和邮寄送达[D]

[解析]《关于审理涉台民商事案件法律适用问题的规定》第 2 条规定:"台湾地区当事人在人民法院参与民事诉讼,与大陆当事人有同等的诉讼权利和义务,其合法权益受法律平等保护。"因此,张某与大陆当事人有同等诉讼权利和义务,故 A 项正确。

《关于审理涉台民商事案件法律适用问题的规定》第 1 条规定:"人民法院审理涉台民商事案件,应当适用法律和司法解释的有关规定。根据法律和司

法解释中选择适用法律的规则,确定适用台湾地区民事法律的,人民法院予以适用。"因此在诉讼中确定应适用台湾地区民事法律的,受案的法院应当予以适用,故 B 项正确。

《关于涉台民事诉讼文书送达的若干规定》第 3 条规定:"人民法院向住所地在台湾地区的当事人送达民事诉讼文书,可以采用下列方式:(一)受送达人居住在大陆的,直接送达。受送达人是自然人,本人不在的,可以交其同住成年家属签收;受送达人是法人或者其他组织的,应当由法人的法定代表人、其他组织的主要负责人或者该法人、组织负责收件的人签收;受送达人不在大陆居住,但送达时在大陆的,可以直接送达……"因此,如张某在大陆,民事诉讼文书可以直接送达。故 C 项正确。

《关于涉台民事诉讼文书送达的若干规定》第 5 条第 1 款规定:"采用本规定第三条第一款第(五)项方式送达的,应当附有送达回证。受送达人未在送达回证上签收但在邮件回执上签收的,视为送达,签收日期为送达日期。""必须在送达回证上签收"说法错误。故 D 项错误。

35.欺诈;胁迫;重大误解[B]

[解析]《民法典》第 150 条规定:"一方或者第三人以胁迫手段,使对方在违背真实意思的情况下实施的民事法律行为,受胁迫方有权请求人民法院或者仲裁机构予以撤销。"《民法典总则编解释》第 22 条规定:"以给自然人及其近亲属等的人身权利、财产权利以及其他合法权益造成损害或者以给法人、非法人组织的名誉、荣誉、财产权益等造成损害为要挟,迫使其基于恐惧心理作出意思表示的,人民法院可以认定为民法典第一百五十条规定的胁迫。"据此,胁迫的故意包含"双重故意",即故意胁迫且希望对方陷于恐惧,并希望对方因恐惧作出意思表示。本题中,乙以"不答应卖房就举报甲贪污"为由威胁甲,甲因此陷入恐惧而订立合同,属于因胁迫而订立合同,遭受胁迫的甲享有撤销权。故 B 项正确。

《民法典》第 149 条规定:"第三人实施欺诈行为,使一方在违背真实意思的情况下实施的民事法律行为,对方知道或者应当知道该欺诈行为的,受欺诈方有权请求人民法院或者仲裁机构予以撤销。"《民法典总则编解释》第 21 条规定:"故意告知虚假情况,或者负有告知义务的人故意隐瞒真实情况,致使当事人基于错误认识作出意思表示的,人民法院可以认定为民法典第一百四十八条、第一百四十九条规定的欺诈。"据此,欺诈也包含"双重故意",即一方面,欺诈人故意告知虚假事实并希望对方陷于认识错误;另一方面,欺诈人还希望对方因错误认识作出不真实的意思表示。本题中,乙只有胁迫的故意,而甲是因恐惧答应了乙的条件,尽管存在乙故意告知虚假事实

和甲陷入错误认识的客观情况,由于欠缺"欺诈的双重故意",乙的行为不成立欺诈。故 A 项错误。

《民法典》第 151 条将乘人之危并入了显失公平,该条规定:"一方利用对方处于危困状态、缺乏判断能力等情形,致使民事法律行为成立时显失公平的,受损害方有权请求人民法院或者仲裁机构予以撤销。"本题中,甲并非处于危困状态,也没有缺乏判断能力,是因畏惧乙的胁迫而作出了相应意思表示,不符合显失公平的构成要件。故 C 项错误。

甲的行为也不构成重大误解。构成重大误解要求当事人对合同的要素(标的、价格等)发生错误认识,虽然乙谎称自己掌握甲贪污的材料,甲信以为真,从而陷入错误认识,但这并不是对合同要素的错误认识。相反,甲对于乙的不公平报价是心知肚明的,只是因错误认知而陷入恐惧,从而作出了不真实的意思表示。故 D 项错误。

36.混合担保[A]

[解析]《民法典》第 392 条规定:"被担保的债权既有物的担保又有人的担保的,债务人不履行到期债务或者发生当事人约定的实现担保物权的情形,债权人应当按照约定实现债权;没有约定或者约定不明确,债务人自己提供物的担保的,债权人应当先就该物的担保实现债权;第三人提供物的担保的,债权人可以就物的担保实现债权,也可以请求保证人承担保证责任。提供担保的第三人承担担保责任后,有权向债务人追偿。"本条规定了混合担保。据此,既有债务人的物保,又有第三人的物保和保证时,在没有约定的情形下,只要有债务人的物保,就应当先执行债务人的物保。就本题而言,乙公司应当先对甲公司的机器设备行使抵押权。故 A 项正确,B、C 项错误。

丙、丁作为第三人担保,在没有约定的情况下,债权人向其主张权利没有顺序的先后。其中一个担保人承担担保责任后,可向债务人追偿;在没有约定时,担保人之间不能追偿相应的份额。故 D 项错误。

【特别提醒】关于两个以上第三人提供共同担保,担保人之间相互追偿的问题,根据《民法典担保制度解释》第 13 条规定,只有以下三种情形下担保人之间可以彼此追偿:(1)同一债务有两个以上第三人提供担保,担保人之间约定相互追偿及分担份额,承担了担保责任的担保人请求其他担保人按照约定分担份额的,人民法院应予支持;(2)担保人之间约定承担连带共同担保,或者约定相互追偿但是未约定分担份额的,各担保人按照比例分担向债务人不能追偿的部分;(3)同一债务有两个以上第三人提供担保,担保人之间未对相互追偿作出约定且未约定承担连带共同担保,但是各担保人在同一份合同书上签字、盖章或者按指印,承担了担保责任的担保人请求其他担保人按照比例分担向债务人不能追偿部分的,人民法院应予支持。

应予支持。

37.重复起诉[B]

[解析]《民诉解释》第 247 条规定:"当事人就已经提起诉讼的事项在诉讼过程中或者裁判生效后再次起诉,同时符合下列条件的,构成重复起诉:(一)后诉与前诉的当事人相同;(二)后诉与前诉的诉讼标的相同;(三)后诉与前诉的诉讼请求相同,或者后诉的诉讼请求实质上否定前诉裁判结果。当事人重复起诉的,裁定不予受理;已经受理的,裁定驳回起诉,但法律、司法解释另有规定的除外。"本案中,乙公司向法院提起要求确认买卖合同无效的诉与甲公司要求乙公司支付违约金的诉,当事人均为甲公司和乙公司,诉讼标的均为买卖合同法律关系,后诉的诉讼请求实质上否定了前诉的裁判结果,构成重复起诉,应裁定不予受理。故 B 项正确,A、C、D 项错误。

38.商业银行对个人信息的保密义务[D]

[解析]《商业银行法》第 29 条规定:"商业银行办理个人储蓄存款业务,应当遵循存款自愿、取款自由、存款有息、为存款人保密的原则。对个人储蓄存款,商业银行有权拒绝任何单位或者个人查询、冻结、扣划,但法律另有规定的除外。"据此,蓝音公司和劳动仲裁委均无权查询个人储蓄存款,只有在法定情形下银行才有义务提供。故 A、B、C 项错误,D 项正确。

39.专利权保护期限及其起算日[B]

[解析]《专利法》第 29 条第 1 款规定:"申请人自发明或者实用新型在外国第一次提出专利申请之日起 12 个月内,或者自外观设计在外国第一次提出专利申请之日起 6 个月内,又在中国就相同主题提出专利申请的,依照该外国同中国签订的协议或者共同参加的国际条约,或者依照相互承认优先权的原则,可以享有优先权。"优先权制度是先申请原则的附属产品。根据优先权制度,该美国公司于 2005 年 5 月 9 日向中国专利局提出申请时,若申请了优先权,则可将其在中国的申请日提前到它在国外第一次提出申请的日期,即将 2004 年 12 月 1 日作为它在中国的申请日。而优先权对专利权保护期限的确定不产生影响。《专利法实施细则》第 12 条规定:"除专利法第 28 条和第 42 条规定的情形外,专利法所称申请日,有优先权的,指优先权日。本细则所称申请日,除另有规定外,是指专利法第 28 条规定的申请日。"《专利法》第 28 条规定:"国务院专利行政部门收到专利申请文件之日为申请日。如果申请文件是邮寄的,以寄出的邮戳日为申请日。"可见,专利权的保护期自申请日开始计算,但这个申请日指专利局实际收到申请文件之日(有邮戳日按邮戳日),而不是优先权日。故 B 项正确,A、C 项错误。

根据《专利法》第 42 条第 1 款规定,发明专利权的期限为 20 年,实用新型专利权的期限为 10 年,外观设计专利权的期限为 15 年,均自申请日起计算。药品专利属于发明专利,该药品专利权的期限应为 20 年。故 D 项错误。

40.离婚后对夫妻共同财产的再次分割[D]

[解析]《民法典》第 1092 条规定:"夫妻一方隐藏、转移、变卖、毁损、挥霍夫妻共同财产,或者伪造夫妻共同债务企图侵占另一方财产的,在离婚分割夫妻共同财产时,对该方可以少分或者不分。离婚后,另一方发现有上述行为的,可以向人民法院提起诉讼,请求再次分割夫妻共同财产。"《民法典婚姻家庭编解释(一)》第 84 条规定:"当事人依据民法典第一千零九十二条的规定向人民法院提起诉讼,请求再次分割夫妻共同财产的诉讼时效期间为三年,从当事人发现之日起计算。"故 A、C 项正确,D 项错误。

离婚时达成的离婚财产分割协议对于双方具有约束力,因履行发生的纠纷适用《民法典》合同编的有关规定。履行发生纠纷是新的事实,可以向法院起诉。《民法典婚姻家庭编解释(一)》第 70 条第 1 款规定:"夫妻双方协议离婚后就财产分割问题反悔,请求撤销财产分割协议的,人民法院应当受理。"故 B 项正确。

41.企业所得税[C]

[解析]《企业所得税法》第 1 条规定:"在中华人民共和国境内,企业和其他取得收入的组织(以下统称企业)为企业所得税的纳税人,依照本法的规定缴纳企业所得税。个人独资企业、合伙企业不适用本法。"故 A、B 项正确,不当选。

《企业所得税法》第 4 条规定,企业所得税的税率为 25%。非居民企业在中国境内未设立机构、场所的,或者虽设立机构、场所但取得的所得与其所设机构、场所没有实际联系的,应就其来源于中国境内的所得缴纳企业所得税,适用税率为 20%。可知,非居民企业中"在中国境内未设立机构、场所的,或者虽设立机构、场所但取得的所得与其所设机构、场所没有实际联系的",才适用 20% 的税率,除上述情况外是适用 25% 税率的。因此,二者的适用税率不是完全不同。故 C 项错误,当选。

《企业所得税法》第 25~36 条规定可知,税收优惠是扶持和鼓励,不按主体划分,居民企业和非居民企业都有权享受。故 D 项正确,不当选。

42.《与贸易有关的投资措施协议》;争端解决程序[D]

[解析]甲国的该项投资法规定构成当地成分要求,即要求企业,无论是本国投资企业还是外商投资企业,在生产过程中必须购买或使用一定数量金额或最低比例的当地产品。故 A 项错误。

《与贸易有关的投资措施协议》要求各成员不得实施与《关税与贸易总协定 1994》国民待遇原则或一般性取消数量限制原则不一致的投资措施。《关税与贸易总协定 1994》是调整货物贸易的协定,目的是维护货物贸易的公平和自由,因此"与贸易有关的投资措施"自然指的是"与货物贸易有关的投资措施"。故 B 项错误。

世界贸易组织争端解决机制具有统一性的特点,该机制适用于任何成员间因 WTO 任何协议产生的争端。故 C 项错误。

磋商是 WTO 争端解决机制的必经程序,是申请设立专家组的前提。故 D 项正确。

43.物权请求权[D]

[解析]物权请求权,是指物权人于其物权受到侵害或有遭受侵害的危险时,基于物权而请求侵害人为一定行为或者不为一定行为,使物权恢复到原有状态或侵害危险产生之前的状态的权利。其包括返还原物请求权、排除妨害请求权和消除危险请求权。物权是支配权;物权请求权是请求权。物权请求权独立于物权之外,但二者有关联:物权是物权请求权的基础权利。所有的请求权均为行为请求权,即请求特定人作为或者不作为(容忍),物权请求权也不例外。故 A 项正确,不当选。

除物权请求权外,请求权还包括债权请求权、人格权请求权、身份权请求权、知识产权请求权等。物权请求权和物权受到侵害后产生的债权不是一回事。一般而言,法律关于债权的规定相当完备,而关于物权请求权的规定却十分简略(属于未完成作品)。物权请求权虽不同于债权,但均属于请求权,二者具有类似的结构。所以,法律不完备之处,物权请求权可类推适用债权的规定(如给付不能、给付迟延、不完全给付)。故 B 项正确,不当选。

通过物权请求权的行使,使物权由遭受侵害的不圆满状态恢复到不受侵害的圆满状态,这就是物权请求权的功能。受此功能决定,物权请求权不能与物权分离而单独存在,也不能与物权分离而转让。故 C 项正确,不当选。

物权请求权的目的在于排除现实与将来对于物的圆满状态的侵害,只要有侵害的发生或者可能发生的事实,权利人均可主张停止侵害、排除妨害、消除危险等,这些权利的保护类型,并非一定要通过诉讼的方式进行。因此,物权请求权既可以在诉讼之外行使,亦可通过诉讼行使。故 D 项错误,当选。

44.支付令异议及其效力[C]

[解析]《民诉解释》第 431 条规定:"债务人在收到支付令后,未在法定期间提出书面异议,而向其他人民法院起诉的,不影响支付令的效力。债务人超过法定期间提出异议的,视为未提出异议。"A、B 项都不对,C 项正确。

《民诉解释》第 434 条规定:"对设有担保的债务

的主债务人发出的支付令,对担保人没有拘束力。债权人就担保关系单独提起诉讼的,支付令自人民法院受理案件之日起失效。"D项中,法院发出的支付令,对丙没有拘束力,D项不对。

45．审计监督机构及措施[C]

[解析]《审计法》第20条规定:"审计署对中央银行的财务收支,进行审计监督。"《审计法》第22条第1款规定:"审计机关对国有企业、国有金融机构和国有资本占控股地位或者主导地位的企业、金融机构的资产、负债、损益以及其他财务收支情况,进行审计监督。"因此,对"当地农业银行"的审计并非由审计署实施,而是由地方审计机关实施,且不需要被审计对象的行业主管部门银监机构同意。故A、B项错误。

《审计法》第37条第2款规定:"审计机关经县级以上人民政府审计机关负责人批准,有权查询被审计单位在金融机构的账户。"这里的负责人并未限定为正职,具有审批权限的副职领导批准也可。故C项正确。

《审计法》第23条规定:"审计机关对政府投资和以政府投资为主的建设项目的预算执行情况和决算,对其他关系国家利益和公共利益的重大公共工程项目的资金管理使用和建设运营情况,进行审计监督。"该企业申请了财政贴息贷款,属于审计对象之列。故D项错误。

46．诉讼时效的法律适用;意思自治;区际法律冲突[C]

[解析]根据《涉外民事关系法律适用法》第6条规定,涉外民事关系适用外国法律,该国不同区域实施不同法律的,适用与该涉外民事关系有最密切联系区域的法律。A项表述过于绝对,故错误。

根据《涉外民事关系法律适用法》第7条规定,诉讼时效,适用相关涉外民事关系应当适用的法律。据此,诉讼时效适用基础民事关系所适用的法律,当事人不能约定诉讼时效所适用的法律。本题中,当事人已经约定作为基础民事关系的合同适用英国法,所以本案中的诉讼时效也应该适用英国法。故B、D项错误。

根据《涉外民事关系法律适用法解释(一)》第6条规定,当事人可以在一审法庭辩论终结前选择或者变更选择所适用的法律。故C项正确。

47．无因管理的法律适用[B]

[解析]根据《涉外民事关系法律适用法》第47条规定,不当得利和无因管理适用双方当事人选择的法律;当事人没有选择的,适用当事人共同经常居所地法律;没有共同经常居所地的,适用不当得利、无因管理发生地法律。本题中,二人的经常居所地不同,如果双方协议选择了适用的法律,则应予适用;如果双方未协议选择适用的法律,则应当适用无因管理发

生地的法律即中国法。故B项正确。

48．托收中银行的责任与免责[C]

[解析]《托收统一规则》第11条规定,托收行对代收行的不作为或不合理行为不负赔偿责任,后果由委托人承担。故A项错误。

《托收统一规则》明确了银行的免责事项:"……(4)除非事先征得银行同意,货物不应直接运交银行或以银行为收货人,否则银行无义务提取货物。银行对于跟单托收项下的货物无义务采取任何措施。(5)在汇票被拒绝承兑或拒绝付款时,若托收指示书上无特别指示,银行没有制作拒绝证书的义务。"依据第(5)项可知,当付款人(维塞公司)拒付时,代收行没有主动制作拒绝证书的义务。故B项错误。依据第(4)项可知,维塞公司拒绝提货时,代收行也无义务提货。故D项错误。

《托收统一规则》第26条第3款规定,提示行必须向对其发出托收指示的银行毫不迟延地发出被拒绝付款的通知或被拒绝承兑的通知。故C项正确。

49．仲裁协议的效力;专属管辖[D]

[解析]《仲裁法》第18条规定:"仲裁协议对仲裁事项或者仲裁委员会没有约定或者约定不明确的,当事人可以补充协议;达不成补充协议的,仲裁协议无效。"本题中,旭日公司与世新公司仲裁协议仅约定仲裁规则,没有约定仲裁机构且无法达成补充协议,则仲裁协议无效。因此北京仲裁委、中国国际经济贸易仲裁委员会对该案均不享有管辖权。故A、B项错误。

《民诉解释》第28条第2款规定:"农村土地承包经营合同纠纷、房屋租赁合同纠纷、建设工程施工合同纠纷、政策性房屋买卖合同纠纷,按照不动产纠纷确定管辖。"《民事诉讼法》第34条规定,因不动产纠纷提起的诉讼,由不动产所在地人民法院管辖。本案属于建设工程施工合同纠纷,由不动产所在地M省丙县法院管辖。故C项错误,D项正确。

50．国际技术转让[A]

[解析]所谓技术的独占许可,是指在合同约定的时间和地域范围内,除了被许可人,许可人或任何第三人均不得使用相关技术。本题中,甲公司在亚太区独占使用乙公司的该项新技术,即意味着在约定的期间内,德国乙公司不能在亚太地区使用该项新技术。故A项正确。本题中独占许可的范围是亚太地区,在亚太以外的地方许可方仍有权使用该技术或许可第三人使用该技术。故B、C、D项错误。

二、多项选择题

51．国际贸易术语;国际货物运输保险[ABCD]

[解析]FCA适用于各种运输方式,包括多式联

运。故 A 项错误。

FCA 术语下,买方没有办理保险的义务。故 B 项错误。

委付是一种转让保险标的的权利的做法,是指在保险标的出现推定全损时,若被保险人选择按全部损失求偿,可由被保险人将保险标的转让给保险人,而由保险人赔付全部的保险金额。对于委付,保险人可以接受,也可以不接受。故 C 项错误。

FCA 术语意为"货交承运人(指定交货地点)",货物的风险在指定地点交货时发生转移。本题中,甲公司已经在指定地点货交承运人,因此风险已经转移给乙公司,货物损失应当由乙公司承担,不能免于支付货款。故 D 项错误。

52. 法律规避;结婚条件的法律适用;夫妻关系的法律适用[AD]

[解析] 因杰克和王某尚不满中国法定婚龄,二人到伦敦结婚的行为属于《涉外民事关系法律适用法解释(一)》第 9 条"一方当事人故意制造涉外民事关系的连结点,规避中华人民共和国法律、行政法规的强制性规定"的法律规避行为。故 A 项正确。

《涉外民事关系法律适用法》第 21 条规定:"结婚条件,适用当事人共同经常居所地法律;没有共同经常居所地的,适用共同国籍国法律;没有共同国籍,在一方当事人经常居所地或者国籍国缔结婚姻的,适用婚姻缔结地法律。"杰克和王某的共同经常居所地在上海,故二者结婚条件应适用中国法。故 B 项错误,D 项正确。

由于未达中国法定婚龄,法院应认定杰克和王某婚姻无效。一旦婚姻无效,也就不产生夫妻财产分割问题。故 C 项错误。

53. 帮工侵权责任[AC]

[解析]《人身损害赔偿解释》第 5 条第 1 款规定:"无偿提供劳务的帮工人因帮工活动遭受人身损害的,根据帮工人和被帮工人各自的过错承担相应的责任;被帮工人明确拒绝帮工的,被帮工人不承担赔偿责任,但可以在受益范围内予以适当补偿。"本题中,对于丙的帮工甲没有明确拒绝,因此需要根据双方的过错承担相应责任。甲有过错,应当承担责任。

【特别提醒】无偿帮工人因帮工活动遭受人身损害,帮工人承担的是过错责任。同时,根据《民法典》第 1173 条的规定,受害人丙对损害的发生也有过失,可以减轻甲的责任。故 A 项正确,B 项错误。

《人身损害赔偿解释》第 4 条规定:"无偿提供劳务的帮工人,在从事帮工活动中致人损害的,被帮工人应当承担赔偿责任。被帮工人承担赔偿责任后向有故意或者重大过失的帮工人追偿的,人民法院应予支持。被帮工人明确拒绝帮工的,不承担赔偿责任。"据此,乙因甲帮工对丁造成人身损害,被帮工人甲应当承担侵权损害赔偿责任,归责原则为无过错责任。如果帮工人乙对损害的发生具有故意或者重大过失,乙承担连带责任。故 C 项正确,D 项错误。

54. 协议管辖[ACD]

[解析] 题干并未明确交代保证人宁某的保证类型,但无论宁某提供的是一般保证还是连带保证,詹某都可以将宁某和曹某作为共同被告提起诉讼。《民法典担保制度解释》第 21 条第 2 款规定,债权人一并起诉债务人和担保人的,应当根据主合同确定管辖法院。据此,詹某一并起诉曹某和宁某,应根据借款合同约定向甲法院起诉。故 A 项正确,B 项错误。

无论宁某提供的是一般保证还是连带保证,詹某都可以单独起诉债务人曹某。此时,应依据借款合同约定向甲法院起诉。故 C 项正确。

若宁某提供的是连带保证,詹某可单独起诉宁某;若宁某提供的是一般保证,詹某起诉曹某未获执行后,亦可单独起诉宁某。根据《民法典担保制度解释》第 21 条第 3 款规定,债权人依法可以单独起诉担保人且仅起诉担保人的,应当根据担保合同确定管辖法院。据此,若詹某单独起诉保证人宁某,应根据保证合同约定向乙法院起诉。故 D 项正确。

55. 股东资格的取得与确认[CD]

[解析]《公司法》第 56 条第 2 款规定:"记载于股东名册的股东,可以依股东名册主张行使股东权利。"据此,股东名册是确定股东资格的法定文件,甲公司已经将潘某写入了股东名册,因此潘某已经取得了股权,成为了股东。故 A 项错误,D 项正确。股权转让可以分期付款,是否取得股权以股东名册为准,与分期付款无关,故 B 项错误。

《公司法》第 34 条第 2 款规定:"公司登记事项未经登记或者未经变更登记,不得对抗善意相对人。"根据《公司法》第 32 条规定,有限责任公司股东的姓名或者名称属于公司登记事项。对此,未办理变更登记的,不得对抗善意相对人。故 C 项正确。

56. 虚假宣传行为;反不正当竞争法的立法目的[AD]

[解析]《反不正当竞争法》第 2 条第 1 款规定:"经营者在生产经营活动中,应当遵循自愿、平等、公平、诚信的原则,遵守法律和商业道德。"陈某继承祖业后注册善福公司,并规范使用其商业标识,符合诚信原则。故 A 项正确。

《反不正当竞争法》第 11 条规定:"经营者不得编造、传播虚假信息或者误导性信息,损害竞争对手的商业信誉、商品声誉。"乙公司在其网站登载善福铺的历史及荣誉,不属于诋毁商誉行为。故 B 项错误。

本案显示甲公司规范使用其商业标识,没有假冒乙公司注册商标等混淆行为,也未误导公众,不构成侵犯商标权。故 C 项错误。

《反不正当竞争法》第 8 条规定:"经营者不得对其商品的性能、功能、质量、销售状况、用户评价、曾获荣誉等作虚假或者引人误解的商业宣传,欺骗、误导消费者。经营者不得通过组织虚假交易等方式,帮助其他经营者进行虚假或者引人误解的商业宣传。"由于乙公司登载善福铺历史及标注字样的行为会让消费者误认为其生产者为善福铺,从而购买其商品,进而构成了虚假宣传行为。故 D 项正确。

57. 土地承包经营权[BC]

[解析]《民法典》第 333 条第 1 款规定:"土地承包经营权自土地承包经营权合同生效时设立。"据此,土地承包经营权的设立,采意思主义的物权变动模式,无须公示(交付或登记),自土地承包经营合同生效时设立。故 A 项错误,B 项正确。

《民法典》第 333 条第 2 款规定:"登记机构应当向土地承包经营权人发放土地承包经营权证、林权证等证书,并登记造册,确认土地承包经营权。"土地承包经营权证是对已经设立的土地承包经营权的确认,县级以上地方政府在土地承包经营权设立时应当发放土地承包经营权证。故 C 项正确。

根据上述《民法典》第 333 条,土地承包经营权自土地承包经营权合同生效时设立,不以登记为生效要件;另外,登记造册(设立登记)是对已经设立的土地承包经营权的确认,即使未办理设立登记,仍可对抗第三人。故 D 项错误。【陷阱点拨】注意《民法典》第 333 条与第 335 条的不同。《民法典》第 335 条规定:"土地承包经营权互换、转让的,当事人可以向登记机构申请登记;未经登记,不得对抗善意第三人。"根据此条规定的精神,土地承包经营权设立后,转让土地承包经营权的,自让与人与受让人意思表示一致,发生土地承包经营权转让的效力。但已经转让的土地承包经营权未经变更登记,不能对抗善意第三人。注意,变更登记与设立时的登记造册并不相同。

58. 委托开发的发明创造的权益归属[BC]

[解析]《民法典》第 852 条规定:"委托开发合同的委托人应当按照约定支付研究开发经费和报酬,提供技术资料,提出研究开发要求,完成协作事项,接受研究开发成果。"本题中,甲研究所与刘某成立委托技术开发合同,委托人甲研究所应按照约定支付报酬。《民法典》第 859 条第 1 款规定:"委托开发完成的发明创造,除法律另有规定或者当事人另有约定外,申请专利的权利属于研究开发人。研究开发人取得专利权的,委托人可以依法实施该专利。"据此,由于甲研究所与刘某未约定成果的权益归属,委托完成的发明创造归受托人(研究开发人)刘某享有。故 A 项错误,B 项正确。此外,根据上述规定,研究开发人取得专利权的,委托人可以"依法"实施该专利,而非

"免费"实施,故 D 项错误。

《民法典》第 859 条第 2 款规定:"研究开发人转让专利申请权的,委托人享有以同等条件优先受让的权利。"据此,刘某转让专利申请权,甲研究所享有优先受让权。故 C 项正确。

59. 证据的理论分类;证明责任[BD]

[解析] 直接证据和间接证据的区分要点在于内容的完整性,在内容上能够完整证明待证事实的是直接证据,在内容上只能证明待证事实的一个部分、一个片段的证据是间接证据。林某向法院提供了银行的转账凭证,该证据的待证事实是自己借给郑某50 万元,显然,该转账凭证只能证明自己向郑某转款50 万元,但并不能完整证明借款事实,是间接证据。故 A 项错误,B 项正确。

证明对象是证明责任的前提,故分析证明责任应当首先确定该事实是否为本案的证明对象,如果是本案证明对象则需要讨论由谁承担证明责任,如果不是本案证明对象则无需证据证明,无需讨论证明责任。林某是否曾经向郑某借款与本案无关,不是本案证明对象,无需证据证明,因此无需讨论证明责任。故 C 项错误。

根据《民诉解释》第 91 条的规定,主张法律关系存在的当事人,应当对产生该法律关系的基本事实承担举证证明责任。林某主张借款事实成立,故应当对借款事实的成立承担证明责任,故 D 项正确。

60. 检察建议[CD]

[解析]《民事诉讼法》第 220 条规定:"有下列情形之一的,当事人可以向人民检察院申请检察建议或者抗诉:(一)人民法院驳回再审申请的;(二)人民法院逾期未对再审申请作出裁定的;(三)再审判决、裁定有明显错误的。人民检察院对当事人的申请应当在三个月内进行审查,作出提出或者不予提出检察建议或者抗诉的决定。当事人不得再次向人民检察院申请检察建议或者抗诉。"故 A、B 项是不正确的。

《民事诉讼法》第 221 条规定:"人民检察院因履行法律监督职责提出检察建议或者抗诉的需要,可以向当事人或者案外人调查核实有关情况。"故 C、D 项是正确的。

61. 公司合并[AD]

[解析]《公司法》第 66 条第 3 款规定:"股东会作出修改公司章程、增加或者减少注册资本的决议,以及公司合并、分立、解散或者变更公司形式的决议,应当经代表三分之二以上表决权的股东通过。"张某只持有甲公司 65% 的股权,未达到 2/3 以上的多数,故甲公司作出公司合并的决议时,必须有李某的同意方可,故 A 项正确。

《公司法》第 220 条规定,公司应当自作出合并决议之日起 10 日内通知债权人,并于 30 日内在报纸

上或者国家企业信用信息公示系统公告。据此,甲公司应当在合并决议作出之日起 10 日内通知其债权人,故 B 项错误。

《公司法》第 220 条规定,债权人自接到公司合并通知之日起 30 日内,未接到通知的自公告之日起 45 日内,可以要求公司清偿债务或者提供相应的担保。据此,债权人有权要求甲公司清偿债务或者提供担保,但无权对甲公司的合并行为提出异议,故 C 项错误。

《公司法》第 221 条规定:"公司合并时,合并各方的债权、债务,应当由合并后存续的公司或者新设的公司承继。"在甲公司吸收合并乙公司的情形,甲公司继续存在,而乙公司解散,故原乙公司的债务应当由合并后的甲公司承担,故 D 项正确。

62.证券公司业务规则[ACD]

[解析]《证券法》第 123 条第 2 款规定:"证券公司除依照规定为其客户提供融资融券外,不得为其股东或者股东的关联人提供融资或者担保。"故 A 项违法,当选。

《证券法》第 120 条第 1 款规定:"经国务院证券监督管理机构核准,取得经营证券业务许可证,证券公司可以经营下列部分或者全部证券业务:……(五)证券融资融券;……"故 B 项不违法,不当选。

《证券法》第 135 条规定:"证券公司不得对客户证券买卖的收益或者赔偿证券买卖的损失作出承诺。"故 C 项违法,当选。

《证券法》第 134 条第 1 款规定:"证券公司办理经纪业务,不得接受客户的全权委托而决定证券买卖、选择证券种类、决定买卖数量或者买卖价格。"故 D 项违法,当选。

63.土地纠纷及其解决途径[ABC]

[解析]《城市房地产管理法》第 26 条规定:"以出让方式取得土地使用权进行房地产开发的,必须按照土地使用权出让合同约定的土地用途、动工开发期限开发土地。超过出让合同约定的动工开发日期满 1 年未动工开发的,可以征收相当于土地使用权出让金 20% 以下的土地闲置费;满 2 年未动工开发的,可以无偿收回土地使用权;但是,因不可抗力或者政府、政府有关部门的行为或者动工开发必需的前期工作造成动工开发迟延的除外。"本题市政府收回该公司取得的土地使用权,属于行政机关的具体行政行为,该公司要求"撤销收回土地使用权的决定",此纠纷性质为"行政争议"。故 A 项正确。

在本题的土地使用权出让关系中,是政府行使土地所有者身份与某公司签订土地出让合同,就该合同履行引发的赔偿争议属于民事争议。故 B 项正确。

《行政复议法》第 23 条规定:"有下列情形之一的,申请人应当先向行政复议机关申请行政复议,对

行政复议决定不服的,可以再依法向人民法院提起行政诉讼:……(二)对行政机关作出的侵犯其已经依法取得的自然资源的所有权或者使用权的决定不服;……"据此,法律规定了行政复议是对此类行政案件提起行政诉讼的必经程序,即行政复议前置。故 C 项正确。

民事纠纷,可以直接向法院提出赔偿诉讼,无需行政复议前置。故 D 项错误。

64.土地用途管制制度;土地使用权的出让;商品房的预售条件[ABD]

[解析]《土地管理法》第 4 条第 1、2 款规定:"国家实行土地用途管制制度。国家编制土地利用总体规划,规定土地用途,将土地分为农用地、建设用地和未利用地。严格限制农用地转为建设用地,控制建设用地总量,对耕地实行特殊保护。"第 21 条第 1 款规定:"城市建设用地规模应当符合国家规定的标准,充分利用现有建设用地,不占或者尽量少占农用地。"故 A 项做法需要纠正。

《城市房地产管理法》第 10 条规定:"土地使用权出让,必须符合土地利用总体规划、城市规划和年度建设用地计划。"三者均须满足,而非择一。故 B 项做法需要纠正。

《城市房地产管理法》第 45 条第 1 款规定:"商品房预售,应当符合下列条件:(一)已交付全部土地使用权出让金,取得土地使用权证书;(二)持有建设工程规划许可证;(三)按提供预售的商品房计算,投入开发建设的资金达到工程建设总投资的 25% 以上,并已经确定施工进度和竣工交付日期;(四)向县级以上人民政府房产管理部门办理预售登记,取得商品房预售许可证明。"故 C 项做法合法。

《城市房地产管理法》第 29 条规定:"国家采取税收等方面的优惠措施鼓励和扶持房地产开发企业开发建设居民住宅。"鼓励和扶持房地产开发企业开发建设居民住宅,而非商业类办公住宅。故 D 项做法需要纠正。

65.公司的注册资本与出资[ABD]

[解析]《公司法》第 47 条规定,有限责任公司的注册资本为在公司登记机关登记的全体股东认缴的出资额。现行《公司法》对普通公司最低注册资本没有限制,公司的注册资本可以是 1 元,故 A 项正确。

《公司法》第 46 条第 1 款规定:"有限责任公司章程应当载明下列事项:……(三)公司注册资本;……"据此,公司注册资本属于公司章程的绝对记载事项,故 B 项正确。

《公司法》第 33 条第 2 款规定,公司营业执照应当载明公司的名称、住所、注册资本、经营范围、法定代表人姓名等事项。据此,公司注册资本属于公司营业执照的法定记载事项,故 C 项错误。

《公司法》没有规定有限责任公司股东出资时需要验资，但公司章程可以规定股东出资必须经过验资，这属于公司自治的范畴，故 D 项正确。

66．仲裁证据保全[AC]

[解析] A 项考查仲裁前保全，适用诉讼证据保全的规定。《民事诉讼法》第 84 条第 2 款规定："因情况紧急，在证据可能灭失或者以后难以取得的情况下，利害关系人可以在提起诉讼或者申请仲裁前向证据所在地、被申请人住所地或者对案件有管辖权的人民法院申请保全证据。"仲裁前保全直接由利害关系人向法院提出，所以亿龙公司在申请仲裁前可以向乙县法院（"交货后"可知亿龙公司所在地乙县即为证据所在地）或者甲县法院（被申请人佳华公司所在地）申请证据保全。A 项正确。

B 项考查仲裁中保全，应适用仲裁法的规定。仲裁中保全必须由仲裁委转手递交，即当事人应向仲裁委员会递交书面的保全申请，通过仲裁委员会转交法院。即《仲裁法》第 46 条规定："在证据可能灭失或者以后难以取得的情况下，当事人可以申请证据保全。当事人申请证据保全的，仲裁委员会应当将当事人的申请提交证据所在地的基层人民法院。"故 B 项错误；转交的管辖法院为基层法院，故 D 项错误。

法院采取证据保全措施可以要求申请人提供担保。故 C 项正确。

67．非法转租[ABC]

[解析]《民法典》第 716 条第 2 款规定："承租人未经出租人同意转租的，出租人可以解除合同。"据此，承租人非法转租的，出租人享有法定解除权，有权解除自己与承租人的租赁合同。故 A 项正确。

【特别提醒】根据《民法典》第 718 条的规定，出租人知道或者应当知道承租人转租，但是在 6 个月内未提出异议的，视为出租人同意转租。

《民法典》第 716 条第 1 款规定："承租人经出租人同意，可以将租赁物转租给第三人。承租人转租的，承租人与出租人之间的租赁合同继续有效；第三人造成租赁物损失的，承租人应当赔偿损失。"本题中，乙非法转租，次承租人丙损坏房屋，甲既有权请求丙承担侵权损害赔偿责任，也有权请求乙承担违约损害赔偿责任，乙对甲承担责任后有权向丙追偿（丙承担最终责任，乙、丙对甲承担的是不真正连带责任）。故 B 项正确。

返还原物请求权的构成要件有二：（1）请求人为物权人；（2）被请求人为现时的无权占有人。本题中，乙擅自转租，相对于房屋所有权人甲，次承租人丙对房屋的占有属于无权占有，甲对丙享有返还原物请求权。故 C 项正确。

无论是合法转租还是非法转租，出租人与次承租人间均不存在合同关系，根据合同的相对性，出租人不得要求次承租人向自己支付租金，也不得要求次承租人对自己承担违约责任。因此，甲无权要求丙支付租金。故 D 项错误。

68．夫妻共同财产；宣告失踪；离婚诉讼的代理[ABC]

[解析] 根据《民法典》第 1062 条的规定，除非法律另有规定或者夫妻双方另有书面约定，在婚姻关系存续期间，夫妻一方或者双方取得的财产属于夫妻共同共有的财产。甲与丙婚后购买的房屋，虽仅登记在甲一人名下，亦应认定为甲、丙共同共有。故 A 项错误，当选。

我国民法未规定夫妻一方对另一方不履行扶养义务的，丧失其对夫妻共同共有财产的权益，B 项的表述无法律依据。故 B 项错误，当选。

《民法典》第 40 条规定："自然人下落不明满二年的，利害关系人可以向人民法院申请宣告该自然人为失踪人。"申请宣告失踪的利害关系人，包括被申请宣告失踪人的配偶、父母、子女、兄弟姐妹、祖父母、外祖父母、孙子女、外孙子女以及其他与被申请人有民事权利义务关系的人。甲、乙的子女与丙无法律上的利害关系，无权申请宣告丙失踪。故 C 项错误，当选。

《民法典》第 161 条第 2 款规定："依照法律规定、当事人约定或者民事法律行为的性质，应当由本人亲自实施的民事法律行为，不得代理。"为了维护婚姻自由原则（包括离婚自由），离婚（包括协议离婚和诉讼离婚）原则上不允许代理。但有例外，《民事诉讼法》第 65 条规定："离婚案件有诉讼代理人的，本人除不能表达意思的以外，仍应出庭；确因特殊情况无法出庭的，必须向人民法院提交书面意见。"据此，若甲因中风确实不能出庭参与离婚诉讼，可委托其子女作为诉讼代理人参加诉讼，但须甲出具书面意见。故 D 项正确，不当选。

69．当事人适格[ABD]

[解析] 本案所涉及的情形在民诉法中没有具体规定，应当结合《民法典》进行分析。《民法典》第 1215 条第 1 款规定："盗窃、抢劫或者抢夺的机动车发生交通事故造成损害的，由盗窃人、抢劫人或者抢夺人承担赔偿责任。盗窃人、抢劫人或者抢夺人与机动车使用人不是同一人，发生交通事故造成损害，属于该机动车一方责任的，由盗窃人、抢劫人或者抢夺人与机动车使用人承担连带责任。"据此，本案应当由盗窃人金某和使用人张某承担连带责任。因为是连带责任，在诉讼中权利人秦某有选择权，可主张张某承担责任，也可主张金某承担责任，还可主张张某和金某共同承担责任。故 A、B、D 正确。而刘某是机动车的原所有人，在实体上不承担责任，不是侵权法律关系的一方当事人，故不是本案适格被告，C 项错

误。【特别提醒】当事人适格的判断一般应根据《民诉解释》确定,但在《民诉解释》没有具体规定的情况下,则应根据当事人适格的判断原则,结合实体法进行分析,实体法律关系的双方当事人即为适格当事人,如本题中《民法典》规定的侵权赔偿义务人就是适格被告。

70. 股东代表诉讼[BD]

[解析] 根据《公司法》第189条规定,股份有限公司连续180日以上单独或者合计持有公司1%以上股份的股东,在情况紧急、不立即提起诉讼将会使公司利益受到难以弥补的损害的情形下,有权为公司利益以自己的名义直接向人民法院提起诉讼。本题中,岳某已经将股份转让给了宁某,不再具有股东资格,因此不能提起股东代表诉讼;胡某持股1%,且持股180日以上,可以提起股东代表诉讼;宁某虽然持股5%,但是于2022年6月10日才取得股份,至2022年10月持股未满180日,无权提起股东代表诉讼。故A、C项错误,B项正确。

根据《公司法解释(四)》第24条第1款规定,提起股东代表诉讼的,应当列公司为第三人参加诉讼。该解释第25条规定,股东代表诉讼的胜诉利益归属于公司;股东请求被告直接向其承担民事责任的,人民法院不予支持。故D项正确。

71. 合同的效力[BC]

[解析] 甲医院的行为构成欺诈(但尚未损害国家利益),根据《民法典》第149条,甲、乙间的买卖合同属于可撤销的合同。故A项不当选。

《民法典》第146条规定:"行为人与相对人以虚假的意思表示实施的民事法律行为无效。以虚假的意思表示隐藏的民事法律行为的效力,依照有关法律规定处理。"据此,甲、乙将标的额为100万元的交易写成60万元,是双方虚假的意思表示,属于通谋虚假,合同无效,故B项当选。【思路拓展】甲、乙间的房屋买卖合同属于"阴阳合同"。标的额为60万元的买卖合同(阳合同)属于双方虚假行为,无效。标的额为100万元的买卖合同(阴合同)属于隐藏行为,并无无效事由,是有效的。

《民法典》第153条第2款规定:"违背公序良俗的民事法律行为无效。"怀孕生子涉及家庭伦理道德,代孕合同有违公序良俗,属于损害公共利益的合同,应为无效。故C项当选。

乙趁甲父患癌症急需用钱之时,以低价收购甲收藏的1幅名画,该行为构成显失公平。根据《民法典》第151条的规定,甲、乙间的买卖合同属于可撤销的合同。故D项不当选。

72. 抵押权保全请求权;代位权;返还原物请求权[AB]

[解析] 丙强行进入甲的房屋居住,属于侵夺甲对房屋的占有,甲对丙享有《民法典》第462条规定的占有回复请求权。同时,丙对甲的房屋的占有属于无权占有,甲对丙享有《民法典》第235条规定的返还原物请求权。根据《民法典》第408条的规定,抵押权人乙享有保全请求权。如果甲怠于对丙行使前述权利,则甲的不作为(不作为也是行为的一种)会导致抵押财产价值降低。因此,抵押权人乙可以行使保全请求权,请求甲停止不作为的行为并对丙行使返还请求权。故A项正确。

本题中,甲对乙的欠款已经到期,抵押权人乙可行使其抵押权。同时,乙银行可以请求甲将对丙的返还请求权转让给自己。故B项正确。

按《民法典》第535条的规定,债权人可以代位行使的权利仅限于债务人对次债务人享有的"债权"。本题中,甲对丙享有的是物权请求权,不是债权请求权,因此不符合代位权行使的要件。故C项错误。

抵押权人是否享有返还原物请求权,有争议:一种观点认为,抵押权不以占有为内容,故抵押权人不享有返还原物请求权;另一种观点认为,抵押权虽不以占有为内容,但第三人无权占有抵押物的,极有可能导致抵押财产价值减少,因此抵押权人对无权占有人享有返还原物请求权,但抵押权人对无权占有人行使返还原物请求权时,不能请求无权占有人将标的物返还给自己,只能请求无权占有人将标的物返还给抵押人。本题的命题人采第一种观点,认为乙银行对丙不享有返还原物请求权。故D项错误。

73. 依职权调查事项[ABCD]

[解析]《民事诉讼法》第67条第2款规定:"当事人及其诉讼代理人因客观原因不能自行收集的证据,或者人民法院认为审理案件需要的证据,人民法院应当调查收集。"《民诉解释》第96条规定:"民事诉讼法第六十七条第二款规定的人民法院认为审理案件需要的证据包括:(一)涉及可能损害国家利益、社会公共利益的;(二)涉及身份关系的;(三)涉及民事诉讼法第五十五条规定诉讼的;(四)当事人有恶意串通损害他人合法权益可能的;(五)涉及依职权追加当事人、中止诉讼、终结诉讼、回避等程序性事项的。除前款规定外,人民法院调查收集证据,应当依照当事人的申请进行。"D项中,合议庭成员是否存在回避的法定事由,显然属于程序事项,应由法院依职权调查。故D项正确。

《民事诉讼法》第122条规定:"起诉必须符合下列条件:(一)原告是与本案有直接利害关系的公民、法人和其他组织;(二)有明确的被告;(三)有具体的诉讼请求和事实、理由;(四)属于人民法院受理民事诉讼的范围和受诉人民法院管辖。"A、B、C项均属于起诉条件,而起诉条件涉及民事诉讼程序的启动,是程序事项,也应当由法院依职权调查。故A、B、C项正确。

74．一人公司［AC］

[解析]《个人独资企业法》第27条第1款规定：“个人独资企业解散，由投资人自行清算或者由债权人申请人民法院指定清算人进行清算。”张平打算将加工厂改换成一人有限公司形式，是一种解散原个人独资企业同时设立一人有限责任公司的行为，因此解散个人独资企业应当进行清算。故A项错误，当选。

法律并未禁止法人组织形式转换不得使用原商号，所以以新成立的一人有限公司仍可继续使用原商号“金地”。故B项正确，不当选。

一人有限公司也是有限公司，实行认缴资本制。故C项错误，当选。

《公司法》第23条第3款规定：“只有一个股东的公司，股东不能证明公司财产独立于股东自己的财产，应当对公司债务承担连带责任。”张平未将公司财产独立于自己的财产，应当对公司债务承担连带责任。故D项正确，不当选。

75．代位权；撤销权［AB］

[解析]《民法典》第538条规定：“债务人以放弃其债权、放弃债权担保、无偿转让财产等方式无偿处分财产权益，或者恶意延长其到期债权的履行期限，影响债权人的债权实现的，债权人可以请求人民法院撤销债务人的行为。”本题中，(1)甲对乙的债权合法、有效；(2)乙向戊无偿赠与（遗赠）财产并因此损害甲对乙的债权；(3)乙的处分行为系无偿，不要求受益人戊具有恶意。因此，甲可行使债权人撤销权，起诉撤销乙的遗赠。故A项正确。

根据《民法典》第535条的规定，代位权的构成要件有四：(1)债权人对债务人的债权合法、有效（未过诉讼时效期间）、到期；(2)债务人对次债务人的金钱债权合法、有效、到期；(3)债务人怠于行使对次债务人的金钱债权（未起诉或者未申请仲裁），并因此损害债权人的债权；(4)债务人对次债务人的债权不是专属于债务人自身的债权。本题中，乙去世前，甲对乙的6万元债权合法、有效、到期，乙对丙的5万元债权合法、有效、到期，乙怠于行使对丙的5万元债权并因此损害甲对乙的债权，乙对丙的5万元债权不具有专属性，甲享有代位权。同时，《民法典》第537条规定：“人民法院认定代位权成立的，由债务人的相对人向债权人履行义务，债权人接受履行后，债权人与债务人、债务人与相对人之间相应的权利义务终止。……”据此，若甲以丙为被告行使代位权，法院应当判决丙向债权人甲履行5万元债务。故B项正确。

《民法典》第535条中“专属于债务人自身的债权”，是指基于扶养关系、抚养关系、赡养关系、继承关系产生的给付请求权和劳动报酬、退休金、养老金、

抚恤金、安置费、人寿保险、人身伤害赔偿请求权等权利。据此，乙对丁享有的5万元人身损害赔偿请求权系专属于债务人自身的债权，不得成为代位权的客体，故债权人甲无权对丁行使代位权。故C项错误。

《民法典》第535条第2款规定：“代位权的行使范围以债权人的到期债权为限。债权人行使代位权的必要费用，由债务人负担。”在代位权诉讼中，债权人胜诉的，诉讼费用应由败诉的次债务人负担；其他必要费用（律师费用、差旅费），由债务人负担。故D项错误。

76．风险负担；违约责任［AB］

[解析]《民法典》第604条规定：“标的物毁损、灭失的风险，在标的物交付之前由出卖人承担，交付之后由买受人承担，但是法律另有规定或者当事人另有约定的除外。”因甲已向乙完成了货物交付，则风险应由乙承担。乙承担风险，意味着在甲、乙的买卖合同中，当因当事人以外的原因发生了货物损毁、灭失的，由乙承担钱财两空的后果，因此乙应当支付剩余20%货款，甲也不用补交已经毁损的货物。故A项正确，D项错误。

《民法典》第599条规定：“出卖人应当按照约定或者交易习惯向买受人交付提取标的物单证以外的有关单证和资料。”根据《买卖合同解释》第4条的规定，提取标的物单证以外的有关单证和资料，主要应当包括保险单、保修单、普通发票、增值税专用发票、产品合格证、质量保证书、质量鉴定书、品质检验证书、产品进出口检疫书、原产地证明书、使用说明书、装箱单等。据此，甲不仅对乙负担交付标的物、移转标的物所有权的主给付义务，还负担交付产品合格证、原产地证明书等单证资料的从给付义务，甲未按约向乙交付产品合格证、原产地证明文件，属于违约。此外，《民法典》第611条规定：“标的物毁损、灭失的风险由买受人承担的，不影响因出卖人履行义务不符合约定，买受人请求其承担违约责任的权利。”由此可知，乙承担风险的事实，不影响乙仍有权请求甲就未履行交付产品合格证、原产地证明文件之从给付义务的违约行为承担违约责任。故B项正确。【关联记忆】《民法典》第609条规定：“出卖人按照约定未交付有关标的物的单证和资料的，不影响标的物毁损、灭失风险的转移。”据此，只要出卖人依约交付标的物的，风险即移转给买受人承担；出卖人未依约交付标的物的单证和资料的，不影响风险移转给买受人承担。

本题中，货物系因不可归责于甲、乙的原因毁损、灭失，对于货物的毁损、灭失，不属于甲的违约行为。根据《民法典》第563条的规定，未交付有关标的物的单证和资料虽构成违约，但尚不构成对合同主要债务的违约，不构成根本违约，所以不能导致法定解除

权的产生。因此,乙不享有法定解除权,不能要求解除合同。故 C 项错误。

77.重点污染物排放总量控制制度[AB]

[解析]《环境保护法》第 44 条规定:"国家实行重点污染物排放总量控制制度。……对超过国家重点污染物排放总量控制指标或者未完成国家确定的环境质量目标的地区,省级以上人民政府环境保护主管部门应当暂停审批其新增重点污染物排放总量的建设项目环境影响评价文件。"故 A、B 项正确,C、D 项错误。

78.社会保险制度[ABC]

[解析]《社会保险法》第 2 条规定:"国家建立基本养老保险、基本医疗保险、工伤保险、失业保险、生育保险等社会保险制度,保障公民在年老、疾病、工伤、失业、生育等情况下依法从国家和社会获得物质帮助的权利。"故 A 项正确。

《劳动法》第 72 条规定,社会保险基金按照保险类型确定资金来源,逐步实行社会统筹。故 B 项正确。

《社会保险法》第 12 条第 1、2 款规定,用人单位应当按照国家规定的本单位职工工资总额的比例缴纳基本养老保险费,记入基本养老保险统筹基金。职工应当按照国家规定的本人工资的比例缴纳基本养老保险费,记入个人账户。故 C 项正确。

《劳动法》第 73 条第 2 款规定:"劳动者死亡后,其遗属依法享受遗属津贴。"社会保险待遇(即养老金、失业救济金等)的性质,理论上应属带有身份性的权利,不得继承。作为享有社会保险待遇的个人死亡,其遗属享有的权利可以分为两类:(1)可以继承基本养老保险个人账户的余额;(2)依法享受遗属津贴,包括丧葬补助金、抚恤金及死亡补助金等。但这些并非"社会保险待遇"。故 D 项错误。

79.网络服务提供者的义务[ACD]

[解析]《信息网络传播权保护条例》第 14 条规定:"对提供信息存储空间或者提供搜索、链接服务的网络服务提供者,权利人认为其服务所涉及的作品、表演、录音录像制品,侵犯自己的信息网络传播权或者被删除、改变了自己的权利管理电子信息的,可以向该网络服务提供者提交书面通知,要求网络服务提供者删除该作品、表演、录音录像制品,或者断开与该作品、表演、录音录像制品的链接。通知书应当包含下列内容:(一)权利人的姓名(名称)、联系方式和地址;(二)要求删除或者断开链接的侵权作品、表演、录音录像制品的名称和网络地址;(三)构成侵权的初步证明材料。权利人应当对通知书的真实性负责。"故 A 项正确。

《信息网络传播权保护条例》第 15 条规定:"网络服务提供者接到权利人的通知书后,应当立即删除涉嫌侵权的作品、表演、录音录像制品,或者断开与涉嫌侵权的作品、表演、录音录像制品的链接,并同时将通知书转送提供作品、表演、录音录像制品的服务对象;服务对象网络地址不明、无法转送的,应当将通知书的内容同时在信息网络上公告。"由此可知,Z 在接到书面通知后,应当"立即"删除涉嫌侵权的作品,而非"在合理时间内"删除。故 B 项错误。

《信息网络传播权保护条例》第 16 条规定:"服务对象接到网络服务提供者转送的通知书后,认为其提供的作品、表演、录音录像制品未侵犯他人权利的,可以向网络服务提供者提交书面说明,要求恢复被删除的作品、表演、录音录像制品,或者恢复与被断开的作品、表演、录音录像制品的链接。……"故 C 项正确。

《信息网络传播权保护条例》第 17 条规定:"网络服务提供者接到服务对象的书面说明后,应当立即恢复被删除的作品、表演、录音录像制品,或者可以恢复与被断开的作品、表演、录音录像制品的链接,同时将服务对象的书面说明转送权利人。权利人不得再通知网络服务提供者删除该作品、表演、录音录像制品,或者断开与该作品、表演、录音录像制品的链接。"故 D 项正确。

80.债的发生原因[ACD]

[解析]《民法典》第 770 条规定:"承揽合同是承揽人按照定作人的要求完成工作,交付工作成果,定作人支付报酬的合同。承揽包括加工、定作、修理、复制、测试、检验等工作。"第 919 条规定:"委托合同是委托人和受托人约定,由受托人处理委托人事务的合同。"据此,承揽合同与委托合同有相同之处,债务人的履行行为均包含一定劳务的提供,但二者仍有两点根本不同:(1)承揽合同必为有偿合同;而委托合同既可有偿,亦可无偿;(2)标的不同。承揽合同的标的是承揽人交付符合约定的工作成果,即成功做事,强调的是效果;委托合同的标的是受托人处理委托人事务,即认真做事,强调的是过程。照相要求的是效果(交付合格的照片),标的是成功做事,应认定为承揽合同,而非委托合同。故 A 项正确,B 项错误。

《民法典》第 1019 条第 2 款规定:"未经肖像权人同意,肖像作品权利人不得以发表、复制、发行、出租、展览等方式使用或者公开肖像权人的肖像。"影楼擅自使用婷婷肖像,侵犯了婷婷的肖像权,构成侵权。故 C 项正确。【陷阱点拨】履行承揽合同摄制的照片属于"委托作品",双方未约定著作权的归属,根据《著作权法》第 19 条的规定,著作权归受托人影楼享有。但行使著作权也不能侵犯他人肖像权。

婷婷的肖像包含人格利益与财产利益,排他地归属于婷婷享有与支配。影楼擅自将婷婷的照片制作成挂历销售,获利颇丰,获得了财产上的利益。这种利益在权益归属上属于婷婷,影楼获得的利益欠缺法律上的原因。因此,影楼的行为符合不当得利的构成要件,构成侵害权益型不当得利。故 D 项正确。

81.广播者权;表演者权;出租权;信息网络传播权[ABD]

[解析]《著作权法》第 47 条第 1 款规定:"广播电台、电视台有权禁止未经其许可的下列行为:(一)将其播放的广播、电视以有线或者无线方式转播;(二)将其播放的广播、电视录制以及复制;(三)将其播放的广播、电视通过信息网络向公众传播。"甲电视台对其播放的"广播信号"享有广播者权,有权禁止他人擅自转播、录制、通过信息网络向公众传播。故 A 项正确。

《著作权法》第 39 条第 1 款规定:"表演者对其表演享有下列权利:……(三)许可他人从现场直播和公开传送其现场表演,并获得报酬;……"本题中,某歌星对于其演唱会享有表演者权,有权禁止他人擅自直播和公开传送其现场表演,乙电视台未经许可对甲电视台直播的演唱会实况进行转播,侵犯了该歌星的表演者权。故 B 项正确。

《著作权法》第 39 条第 1 款规定:"表演者对其表演享有下列权利:……(五)许可他人复制、发行、出租录有其表演的录音录像制品,并获得报酬;……"据此,某歌星是该 CD 的表演者,有权许可他人出租录有其表演的录音录像制品,故丁音像店出租 CD 应当取得该歌星的同意,并支付报酬。《著作权法》第 44 条规定:"录音录像制作者对其制作的录音录像制品,享有许可他人复制、发行、出租、通过信息网络向公众传播并获得报酬的权利;……"据此,丙广播电台是 CD 母带的制作者,有权许可他人出租其制作的录音录像制品,故丁音像店出租 CD 还应同时取得丙广播电台的同意,并支付报酬。综上,丁音像店应同时取得该歌星和丙广播电台的许可并向其支付报酬,C 项中的"或"字表达错误。**【特别提醒】**表演者的出租权是 2020 年《著作权法》修改后新增加的内容。

根据上述《著作权法》第 44 条规定,作为录音录像制作者的丙广播电台,对其制作的 CD 享有信息网络传播权,戊将其上传至网络应取得丙广播电台的同意并支付报酬。故 D 项正确。

82.商标注册程序;驰名商标[BCD]

[解析]《商标法》第 18 条第 2 款规定:"外国人或者外国企业在中国申请商标注册和办理其他商标事宜的,应当委托依法设立的商标代理机构办理。"故 A 项正确,不选。

《商标法》第 22 条第 2 款规定:"商标注册申请人可以通过一份申请就多个类别的商品申请注册同一商标。"故 B 项错误,当选。

《商标法》第 25 条第 1 款规定:"商标注册申请人自其商标在外国第一次提出商标注册申请之日起六个月内,又在中国就相同商品以同一商标提出商标注册申请的,依照该外国同中国签订的协议或者共同参加的国际条约,或者按照相互承认优先权的原则,可以享有优先权。"据此,甲公司于 2012 年 8 月 1 日向 A 国在牛奶产品上申请注册"白雪"商标被受理后,又于 2013 年 5 月 30 日向我国商标局申请注册"白雪"商标,已经超出 6 个月的时间,不能享有优先权。故 C 项错误,当选。

《商标法》第 14 条第 5 款规定,生产、经营者不得将"驰名商标"字样用于商品、商品包装或者容器上,或者用于广告宣传、展览以及其他商业活动中。故 D 项错误,当选。

83.保险合同条款纠纷[AD]

[解析]《保险法》第 117 条第 1 款规定:"保险代理人是根据保险人的委托,向保险人收取佣金,并在保险人授权的范围内代为办理保险业务的机构或者个人。"据此,保险代理人是保险人(保险公司)的代理人,而非投保人(白某)的代理人,故 A 项正确,B 项错误。

《保险法》第 127 条第 1 款规定:"保险代理人根据保险人的授权代为办理保险业务的行为,由保险人承担责任。"保险代理人是代表保险人签订保险合同,若其在订立合同时出现重大失误,应由保险人承担责任,因此保险公司不能解除合同,而是应当承担保险责任。故 C 项错误,D 项正确。

84.商业银行分支机构的设立、审批、运营资金等[ABD]

[解析]《商业银行法》第 19 条第 1 款规定:"商业银行根据业务需要可以在中华人民共和国境内外设立分支机构。设立分支机构必须经国务院银行业监督管理机构审查批准。在中华人民共和国境内的分支机构,不按行政区划设立。"由此可知,商业银行设立分支机构不按行政区划设立,本题 A 项"应当按行政区划设立"明显错误。故 A 项错误,当选。另外,商业银行设立分支机构必须经国务院银行业监督管理机构审批,而不是 B 项中所说的经地方政府批准即可设立。故 B 项错误,当选。

《商业银行法》第 22 条第 2 款规定:"商业银行分支机构不具有法人资格,在总行授权范围内依法开展业务,其民事责任由总行承担。"故 C 项正确,不当选。

《商业银行法》第 19 条第 2 款规定:"商业银行在中华人民共和国境内设立分支机构,应当按照规定拨付与其经营规模相适应的营运资金额。拨付各分支机构营运资金额的总和,不得超过总行资本金总额的 60%。"由此可见,拨付各分支机构营运资金额的总和,不得超过总行资本金总额的60%,而非D项中所说的70%。故D项错误,当选。

85．船舶优先权[ACD]

[解析]《海商法》第22条第1款规定:"下列各项海事请求具有船舶优先权:(一)船长、船员和在船上工作的其他在编人员根据劳动法律、行政法规或者劳动合同所产生的工资、其他劳动报酬、船员遣返费用和社会保险费用的给付请求;(二)在船舶营运中发生的人身伤亡的赔偿请求;(三)船舶吨税、引航费、港务费和其他港口规费的缴付请求;(四)海难救助的救助款项的给付请求;(五)船舶在营运中因侵权行为产生的财产赔偿请求。"《海商法》第23条第1款规定:"本法第22条第1款所列各项海事请求,依照顺序受偿。但是,第(四)项海事请求,后于第(一)项至第(三)项发生的,应当先于第(一)项至第(三)项受偿。"据此,船舶优先权按照上述第1~5项顺序受偿,但第4项相对于第1~3项存在例外。本题中,A项中的海难救助款项给付请求属于第4项,船舶运营中的人身伤亡赔偿请求属于第5项,无论第4项海事请求发生在先还是在后,均优先于第5项海事请求受偿,故A项正确。B项中的船舶营运中因侵权行为产生的财产赔偿请求属于第5项,船舶吨税、引航费等的缴付请求属于第3项,第3项优先于第5项受偿,故B项错误。

《海商法》第24条规定:"因行使船舶优先权产生的诉讼费用,保存、拍卖船舶和分配船舶价款产生的费用,以及为海事请求人的共同利益而支付的其他费用,应当从船舶拍卖所得价款中先行拨付。"故C项正确。

《海商法》第25条第1款规定:"船舶优先权先于船舶留置权受偿,船舶抵押权后于船舶留置权受偿。"由此可知,船舶优先权>船舶留置权>船舶抵押权,故D项正确。

三、不定项选择题

86．公益诉讼的原告[D]

[解析]《民诉解释》第285条规定:"人民法院受理公益诉讼案件后,依法可以提起诉讼的其他机关和有关组织,可以在开庭前向人民法院申请参加诉讼。人民法院准许参加诉讼的,列为共同原告。"本案中,在法院已受理环保组织甲的起诉后,环保组织乙提出起诉,属于公益诉讼原告主体资格竞合的情形。因此,在法院受理后,公益环保组织乙也向法院提起诉讼时应当允许其参加诉讼,与甲组织列为共同原告。故A、B、C项错误,D项正确。

87．公益诉讼中的和解[BCD]

[解析]《民诉解释》第287条规定:"对公益诉讼案件,当事人可以和解,人民法院可以调解。当事

人达成和解或者调解协议后,人民法院应当将和解或者调解协议进行公告。公告期间不得少于三十日。公告期满后,人民法院经审查,和解或者调解协议不违反社会公共利益的,应当出具调解书;和解或者调解协议违反社会公共利益的,不予出具调解书,继续对案件进行审理并依法作出裁判。"可见,公益诉讼中达成和解、调解协议的,唯一结案方式就是公告后认为不损害公共利益的,出具调解书结案,而不允许因为达成和解协议而撤诉。故本案公益组织与大洲公司达成和解协议而申请撤诉的,法院不应当准许。故A项错误,B项正确。公益诉讼中达成和解协议后应当先公告、后审查,协议内容不损害社会公共利益的,制作调解书结案。故C、D项正确。

88．民事公益诉讼与民事私益诉讼的关系[D]

[解析]《民诉解释》第286条规定:"人民法院受理公益诉讼案件后,不影响同一侵权行为的受害人根据民事诉讼法第一百二十二条提起诉讼。"可知,公益诉讼不排斥私益诉讼。故C项错误。《民诉解释》第289条规定:"公益诉讼案件的裁判发生法律效力后,其他依法具有原告资格的机关和有关组织就同一侵权行为另行提起公益诉讼的,人民法院裁定不予受理,但法律、司法解释另有规定的除外。"可知,公益诉讼只解决公益保护问题,不涉及其他非公益主体利益保护,其既判力的规则也仅限于公益诉讼。故A项错误,D项正确。

因公益环保组织提起的是公益诉讼,并不涉及其他主体受到损害的赔偿问题,法院因此也不会将其他主体的损害赔偿进行审理和判决。故B项错误。

89．子公司的组织机构;经营管理[AB]

[解析]根据《公司法》第75条、第128条规定,规模较小或者股东人数较少的有限责任公司和股份有限公司,可以不设董事会,设一名董事,行使董事会的职权。故A项正确。

新《公司法》对全资子公司再设立自己的全资子公司没有限制,故B项正确。

《公司法》第112条第2款规定:"本法第六十条关于只有一个股东的有限责任公司不设股东会的规定,适用于只有一个股东的股份有限公司。"据此,甲公司设立独资子公司的组织形式可以是有限责任公司,也可以是股份有限公司,故C项错误。

子公司作为独立法人,依法独立承担民事责任,其有权依照法律的规定自主决定经营范围等事项,故D项错误。

90．以划拨方式取得土地使用权的转让;土地使用权的入股;合资的经营方式[C]

[解析]《城市房地产管理法》第40条规定:"以划拨方式取得土地使用权的,转让房地产时,应当按照国务院规定,报有批准权的人民政府审批。有批准

权的人民政府准予转让的,应当由受让方办理土地使用权出让手续,并依照国家有关规定缴纳土地使用权出让金。以划拨方式取得土地使用权的,转让房地产报批时,有批准权的人民政府按照国务院规定决定可以不办理土地使用权出让手续的,转让方应当按照国务院规定将转让房地产所获收益中的土地收益上缴国家或者作其他处理。"由此可见,划拨土地使用权可以转为出让土地使用权后再行转让,只是需要报有批准权的人民政府审批之后,并由受让方办理土地使用权出让手续。而 A 项说"为法律所禁止",故 A 项错误。B 项中乙公司不能直接将划拨土地使用权转让给玫园公司,而应报有批准权的政府审批之后方可转让,故 B 项错误。C 项的说法与上述规定相符,C 项正确。

《城市房地产管理法》第 28 条规定:"依法取得的土地使用权,可以依照本法和有关法律、行政法规的规定,作价入股,合资、合作开发经营房地产。"故 D 项错误。

91. 合同无效的情形;超范围经营合同的效力
[ABCD]

[解析] 甲、乙之间的房地产开发合同是甲和乙两公司的行为,乙公司前任经理签订合同是代表乙公司的行为。再者,乙公司经理撤换属于公司内部行为,对其经理代表公司实施外部行为效力无任何影响。所以经理撤换不影响合同的效力。故 A 项当选。

《城市房地产管理法》第 40 条第 1 款规定:"以划拨方式取得土地使用权的,转让房地产时,应当按照国务院规定,报有批准权的人民政府审批。有批准权的人民政府准予转让的,应当由受让方办理土地使用权出让手续,并依照国家有关规定缴纳土地使用权出让金。"据此,转让划拨用地的,应当取得有批准权的人民政府批准,否则无效。但是,本题中甲、乙两公司签订的《合作协议》并不是划拨地转让合同,而是房地产开发合作协议。该协议约定,乙公司负责将该土地上原有的划拨土地使用权转变为出让土地使用权,因此在合同签订后,乙公司负有将该划拨地转变为出让地的义务。由上可知,签订合同时该土地是划拨土地使用权,并不影响本合作协议的效力,乙公司应依照约定办理划拨土地使用权转变手续。故 B 项当选。

在签订合同时,土地使用权合理作价即可,至于之后地价上升下降均属于正常的商业风险,不能影响合同效力。故 C 项当选。

《最高人民法院关于审理涉及国有土地使用权合同纠纷案件适用法律问题的解释》第 13 条规定:"合作开发房地产合同的当事人一方具备房地产开发经营资质的,应当认定合同有效。当事人双方均不

具备房地产开发经营资质的,应当认定合同无效。但起诉前当事人一方已经取得房地产开发经营资质或者已依法合作成立具有房地产开发经营资质的房地产开发企业的,应当认定合同有效。"本题中,即使乙公司无房地产开发资格,但甲公司具有房地产开发经营资质,所以合同有效。故 D 项当选。

92. 合伙人决议[CD]

[解析]《合伙企业法》第 26 条第 2 款:"按照合伙协议的约定或者经全体合伙人决定,可以委托一个或者数个合伙人对外代表合伙企业,执行合伙事务。"合伙企业可由合伙人会议对企业内部的管理政策作出约定,所以合伙人会议决定王某不再执行事务是合法的,不涉及侵害非执行人的权益问题。故 A、B 项错误。

合伙人会议对张某的权利限制基于合伙人意思自治是可以生效的,张某如果想突破此限制,应当征得其他合伙人同意方可修改合伙人会议的决定。故 C 项正确。

合伙人的内部约定不能对抗外部善意第三人。故 D 项正确。

93. 合伙事务执行;合伙人对外责任[BD]

[解析] 合伙企业对田某的对外代表权限并无特别规定,田某作为普通合伙人享有完整的执行合伙事务的权利,因此田某签订订购合同不因数额较大而需要征得朱某同意,故 A 项错误。

《合伙企业法》第 29 条第 1 款规定,合伙人分别执行合伙事务的,执行事务合伙人可以对其他合伙人执行的事务提出异议。提出异议时,应当暂停该项事务的执行。如果发生争议,依照本法第 30 条规定作出决定。从合伙企业事务的执行来看,事务执行人提出异议,相关事务应当暂停执行。但从对外效力而言,田某对外签约是以合伙企业的名义,完全合法有效,朱某的异议不能影响该合同的效力,故 B 项正确。

《合伙企业法》第 39 条规定,合伙企业不能清偿到期债务的,合伙人承担无限连带责任。田某作为合伙企业的事务执行人,所签订的合同代表合伙企业,因此所有的合伙人对外都要承担无限连带责任,故 C 项错误,D 项正确。

94. 侵犯商业秘密行为;竞业禁止义务[ABD]

[解析]《反不正当竞争法》第 9 条规定:"经营者不得实施下列侵犯商业秘密的行为:……(三)违反保密义务或者违反权利人有关保守商业秘密的要求,披露、使用或者允许他人使用其所掌握的商业秘密;……第三人明知或者应知商业秘密权利人的员工、前员工或者其他单位、个人实施本条第 1 款所列违法行为,仍获取、披露、使用或者允许他人使用该商业秘密的,视为侵犯商业秘密。……"本题中,邓某属于"违反约定披露",构成侵犯 K 公司商业秘密;Y

公司属于"第三人明知而获取、使用、披露"，也视为侵犯 K 公司的商业秘密。故 A、B 项正确。

《劳动合同法》第 24 条规定，竞业限制的人员限于用人单位的高级管理人员、高级技术人员和其他负有保密义务的人员。竞业禁止义务存在于用人单位与其高级管理人员、高级技术人员及其他负有保密义务的人员之间。本题 Y 公司和 K 公司均为市场中的经营者，二者之间会存在市场竞争关系，但不会存在"竞业禁止义务"，故 C 项错误。邓某作为 K 公司前技术主管，与 K 公司有约定，负有竞业禁止义务，故 D 项正确。

95．劳动争议的范围；侵犯商业秘密的法律竞合[AB]

[解析] 根据《劳动合同法》第 23 条、《反不正当竞争法》第 9 条以及《民法典》相关规定，侵犯商业秘密，属于侵犯权利人经济性权利的行为，在本质上属于侵权。违反竞业禁止义务，要求责任人与被侵害人之间存在竞业禁止约定，在本质上属于违约行为。邓某的行为既是侵权，又是违约，属于责任竞合，究竟是追究邓某的侵权责任还是违约责任，K 公司当然有选择权。故 A、B 项正确。

理论上，无劳动关系优先于商事关系之说。故 C 项错误。

因为题干告知"K 公司以 Y 公司和邓某为被告提起侵犯商业秘密的诉讼"，即提起的是侵权诉讼，和邓某与 K 公司之间的劳动合同纠纷是两个法律关系，所以邓某的主张不能得到支持。故 D 项错误。

96．合同的相对性[ABCD]

[解析] 依据合同相对性原理，《合作协议一》实质上是甲、乙公司之间的合同，其他主体不是该合同的当事人。根据合同约定，乙公司本应向甲公司履行，然后甲公司再将这笔款项交给丙公司用来购买国土部门即将出让的 A 地块土地使用权。合同签订后，甲公司指示乙公司将 4000 万元支付给了张某、方某，然后再由张某、方某将该笔价款交付给丙公司，以实现购买土地使用权的目的，但张某、方某没有向丙公司支付这笔款项，导致丙公司购买土地使用权失败。张某、方某相对于甲、乙公司的合同而言，只能算作第三人。乙公司支付这 4000 万元，是希望丙公司能够成功购买 A 地块土地使用权，因此，由于第三人的原因，甲公司与乙公司之间订立合同的目的不能实现。《民法典》第 523 条规定："当事人约定由第三人向债权人履行债务，第三人不履行债务或者履行债务不符合约定的，债务人应当向债权人承担违约责任。"据此，张某、方某不需要承担违约责任，应当是甲公司向乙公司承担违约责任。同时，张某、方某与丙公司之间、与国土部门之间均不存在合同关系，因此均不存在违约责任，故 A、B、C、D 项均错误。

97．合同解除权的行使；不安抗辩权成立的条件[A]

[解析] 2013 年 6 月 4 日，乙公司向甲公司之发函系行使约定解除权的通知。根据《民法典》第 565 条，对方当事人对解除合同有提出异议的权利。甲公司的回函属于对解除的异议。故 A 项正确。

因约定解除权的条件成就，乙公司享有约定解除权，且乙公司向甲公司发出的解除通知已经到达甲公司，乙公司的解除有效，发生合同解除的效果。因此，甲公司提出异议的理由不能成立。故 B 项错误。

《民法典》第 566 条第 1 款规定："合同解除后，尚未履行的，终止履行；已经履行的，根据履行情况和合同性质，当事人可以请求恢复原状或者采取其他补救措施，并有权请求赔偿损失。"既然乙公司解除了合同，已经履行的应返还，没有履行的则不需要再履行。因此，乙公司不支付尾款的情形不构成违约，故 C 项错误。【知识拓展】乙公司解除合同的行为具有溯及力，溯及甲、乙公司合同成立之日，甲、乙公司间的合同权利义务终止，因此乙公司不再负有向甲公司支付尾款的义务。

乙公司拒绝向甲公司支付尾款，原因在于合同已经被解除，而非基于《民法典》第 527 条规定的不安抗辩权，故 D 项错误。【思路拓展】从另一个角度而言，履行顺序在先的一方当事人才可主张不安抗辩权。在本案中，乙公司支付尾款的义务履行顺序在后，不存在不安抗辩的可能。

98．合同的生效要件；合同的相对性[A]

[解析] 《合作协议二》的合同主体一方是张某、方某，另一方是乙公司，双方在平等协商情况下达成一致意见，主体合格、意思表示真实、内容合法，当然有效。故 A 项正确，B、C 项错误。

《合作协议二》是全新的协议，而且合同主体与《合作协议一》不同，二者是各自独立的合同，因此第二个协议的签订对于第一个协议没有影响。《民法典》第 543 条规定："当事人协商一致，可以变更合同。"可见，仅合同当事人有资格协商变更合同内容。《合作协议一》的当事人是甲公司与乙公司，《合作协议二》的当事人是张某、方某与乙公司，甲公司并未参与《合作协议二》的签订，因此张某、方某与乙公司无权协议变更《合作协议一》。故 D 项错误。

99．单方允诺；保证的性质；债务承担[AC]

[解析] 单方允诺是指表意人向相对人作出的为自己设定某种义务，使相对人取得某种权利的意思表示，本题中，丁公司的《承诺函》符合单方允诺的构成，故 A 项正确。

保证，是一种合同关系，它需要当事人双方的要约和承诺来形成保证合同。本题中，丁公司《承诺函》的意思表示是代替甲公司来履行,而不是对甲公司的债务承担保证责任,因此不构成保证,故 B 项错误。

债务承担,是指在不改变合同的前提下,债权人、债务人通过与第三人订立转让债务的协议,将债务全部或者部分转移给第三人承担的法律现象。债务承担,按照承担后债务人是否免责为标准,可分为免责的债务承担和并存的债务承担。免责的债务承担,是指第三人代替原债务人的地位而承担全部合同债务,使债务人脱离合同关系的债务承担方式。并存的债务承担,是指债务人并不脱离合同关系,第三人加入合同关系当中,与债务人共同承担合同义务的债务承担方式。关于免责的债务承担,《民法典》第 551 条规定:"债务人将债务的全部或者部分转移给第三人的,应当经债权人同意。债务人或者第三人可以催告债权人在合理期限内予以同意,债权人未作表示的,视为不同意。"据此,如果债务人要免除全部或者部分债务的,应当经过债权人同意。本题中,对于丁公司的承诺函,乙公司未置可否,不能认定构成同意,不可能形成免责的债务承担,故 D 项错误。关于并存的债务承担,《民法典》第 552 条规定:"第三人与债务人约定加入债务并通知债权人,或者第三人向债权人表示愿意加入债务,债权人未在合理期限内明确拒绝的,债权人可以请求第三人在其愿意承担的债务范围内和债务人承担连带债务。"丁公司通过自己的单方意思表示为自己设定了债务,愿意承担责任,乙公司未明确拒绝,因此可以构成并存的债务承担,故 C 项正确。

100. 最惠国待遇[D]

[解析] 最惠国待遇原则表现出普遍性、相互性、自动性和同一性的特点。世界贸易组织的任何成员,都可以享有其他成员给予任何国家的待遇。每一成员既是施惠者,也是受惠者。由于最惠国待遇义务的立即性和无条件性,每一成员自动享有其他成员给予其他任何国家的最惠国待遇。只有原产于其他成员的同类产品,才能享有最惠国待遇。同类产品并没有确切的定义和标准,应在具体情况下作具体分析。最惠国待遇义务适用于进口产品和出口产品。

本题中,甲乙丙均为世界贸易组织成员,可以享有最惠国待遇,但是乙国的立式空调和丙国的中央空调不能算作同类产品,因此给予不同的关税待遇是正确的。故 A 项正确。

甲乙两国为世界贸易组织成员,而丁国不是世界贸易组织成员,因此甲国无需给予来自乙国和丁国的立式空调以相同的进口关税。故 B 项正确。

甲乙丙均为世界贸易组织成员,可以享有最惠国待遇,因此,甲国应给予来自乙丙两国的立式空调以相同的关税。故 D 项错误。

《关税与贸易总协定》中有关于最惠国待遇义务的例外规定:允许以收支平衡理由偏离最惠国待遇义务;允许对造成国内产业损害的倾销进口或补贴进口征收反倾销税或反补贴税;允许因一般例外或国家安全例外偏离最惠国待遇义务;可对某一成员或某些成员豁免最惠国待遇义务。故 C 项正确。

试 卷 一

试 题

一、单项选择题。每题所设选项中只有一个正确答案,多选、错选或不选均不得分。本部分含1-50题,每题1分,共50分。

1. 党的领导是全面推进依法治国、加快建设社会主义法治国家最根本的保证。必须加强和改进党对法治工作的领导,把党的领导贯彻到全面推进依法治国全过程。关于加强党内法规制度建设,下列哪一项说法是不正确的?

A. 依纪依法反对和克服形式主义、官僚主义、享乐主义和奢靡之风,形成严密的长效机制

B. 注重党内法规同国家法律的衔接和协调,提高党内法规执行力,与国家法律比,党内法规在适用时无须进行解释

C. 对违反党规党纪的行为必须严肃处理,对苗头性倾向性问题必须抓早抓小,防止小错酿成大错,违纪走向违法

D. 深入开展党风廉政建设和反腐败斗争,严格落实党风廉政建设党委主体责任和纪委监督责任

2. 全民守法是推进全面依法治国的重要环节。下列有关守法的说法中,哪一项是错误的?

A. 全民守法,要求任何组织或者个人都必须在宪法和法律范围内活动

B. 深入开展法治宣传教育,在全社会弘扬社会主义法治精神

C. 全面落实"全民普法"的普法责任制,努力在增强普法的广泛性上下功夫

D. 坚持依法治国和以德治国相结合,把法治建设和道德建设紧密结合起来

3. 出租车司机甲送孕妇乙去医院,途中乙临产,情形危急。为争取时间,甲将车开至非机动车道掉头,被交警拦截并告知罚款。经甲解释后,交警对甲未予处罚且为其开警车引道,将乙及时送至医院。但该孕妇送至医院后,医生以病人家属未签字为由,未对孕妇施救,出租车司机欲签字,该医生以出租车司机非病人家属为由拒绝。最终,孕妇不幸身亡。对此事件,下列哪一项表述是正确的?

A. 本案中交警既进行了事实判断,也进行了价值判断

B. 交警采取了个案中的比例原则解决了本案中的价值冲突

C. 该医生根据相关法律规定,拒绝给孕妇做手术,体现了非实证主义的基本观点

D. 如果病人家属及时赶到并签字,医生对孕妇进行剖腹产,则体现了法限制人们自由的伤害原则

4. 关于危害结果的相关说法,下列哪一选项是错误的?

A. 甲男(25岁)明知孙某(女)只有13岁而追求她,在征得孙某同意后,与其发生性行为。甲的行为没有造成危害后果

B. 警察乙丢失枪支后未及时报告,清洁工王某捡拾该枪支后立即上交。乙的行为没有造成严重后果

C. 丙诱骗5岁的孤儿离开福利院后,将其作为养子,使之过上了丰衣足食的生活。丙的行为造成了危害后果

D. 丁恶意透支3万元,但经发卡银行催收后立即归还。丁的行为没有造成危害后果

5. 关于因果关系的认定,下列哪一选项是正确的?

A. 甲重伤王某致其昏迷。乙丙目睹一切,在甲离开后取走王某财物。甲的行为与王某的财产损失有因果关系

B. 乙纠集他人持凶器砍杀李某,将李某逼至江边,李某无奈跳江被淹死。乙的行为与李某的死亡无因果关系

C. 丙酒后开车被查。交警指挥丙停车不当,致石某的车撞上丙车,石某身亡。丙的行为与石某死亡无因果关系

D. 丁敲诈勒索陈某。陈某给丁汇款时,误将3万元汇到另一诈骗犯账户中。丁的行为与陈某的财产损失无因果关系

6. "证人猜测性、评论性、推断性的证言,不能作为证据使用",系下列哪一证据规则的要求?

A. 传闻证据规则

B. 意见证据规则

C. 补强证据规则

D. 最佳证据规则

7. 法院审理一起受贿案时，被告人石某称因侦查人员刑讯不得已承认犯罪事实，并讲述受到刑讯的具体时间。检察机关为证明侦查讯问程序合法，当庭播放了有关讯问的录音录像，并提交了书面说明。关于该录音录像的证据种类，下列哪一选项是正确的？

A. 犯罪嫌疑人供述和辩解

B. 视听资料

C. 书证

D. 物证

8. 随着法院案件受理制度改革的落实，当事人诉权得到进一步保障。关于行政诉讼立案登记制的理解和执行，下列哪一选项是正确的？

A. 立案登记制有助于实现司法效率，更有助于强化司法的应然功能

B. 对当事人提交的起诉状存在的欠缺和错误，法院应主动给予指导和释明，并一次性告知需要补正的内容

C. 如不能当场判定起诉是否符合规定，法院应接收起诉状，口头告知当事人注意接听电话通知

D. 对法院既不立案也不做出不予立案裁定的，当事人可以向上一级法院投诉，但不可向上一级法院起诉

9. 岳某被某市甲区法院判决构成诈骗罪后提出上诉。市中级法院审理期间，岳某因另一起案件涉嫌诈骗罪被起诉至该市乙区法院。关于本案，市中级法院的下列哪一做法是正确的？

A. 中止审理，等待乙区法院的审理结果

B. 继续审理，暂不用考虑另一诈骗案件

C. 撤销原判，一并提审两个诈骗案件

D. 发回重审，由甲区法院将另一诈骗案件并案审理

10. 2021 年，国家市场监督管理总局和生态环境部联合制定了《机动车排放召回管理规定》。下列说法正确的是：

A. 该规定属于行政法规

B. 该规定的解释主体是国家市场监督管理总局

C. 公民个人认为该规章同法律抵触的，可以向国务院书面提出审查建议

D. 国家市场监督管理总局依据上述规定，责令某企业召回已上市销售的不符合排放标准的机动车，该行为属于行政处罚

11. 某区政府发布公告，要求阳光小区居民与区政府协商拆迁安置补偿款事宜，根据补偿标准签订安置补偿协议，并于 90 日内搬离。关于公告的法律性质，下列哪一选项是正确的？

A. 行政协议　　　B. 行政指导

C. 单方行政行为　　D. 行政强制

12. 关于各少数民族人大代表的选举，下列哪一选项是不正确的？

A. 有少数民族聚居的地方，每一聚居的少数民族都应有代表参加当地的人民代表大会

B. 散居少数民族应选代表，每一代表所代表的人口数可少于当地人民代表大会每一代表所代表的人口数

C. 聚居境内同一少数民族的总人口数占境内总人口数 30% 以上的，每一代表所代表的人口数应相当于当地人民代表大会每一代表所代表的人口数

D. 实行区域自治人口特少的自治县，每一代表所代表的人口数可以少于当地人民代表大会每一代表所代表的人口数的 1/2

13. 《唐律·名例律》规定："诸断罪而无正条，其应出罪者，则举重以明轻；其应入罪者，则举轻以明重。"关于唐代类推原则，下列哪一说法是正确的？

A. 类推是适用法律的一般形式，有明文规定也可"比附援引"

B. 被类推定罪的行为，处罚应重于同类案件

C. 被类推定罪的行为，处罚应轻于同类案件

D. 唐代类推原则反映了当时立法技术的发达

14. 关于法院可以决定对什么人采取拘传这一刑事强制措施，下列哪一选项是正确的？

A. 某公司涉嫌生产、销售伪劣产品罪，作为该公司诉讼代表人而拒不出庭的高某

B. 抢夺案中非在押的被告人陈某

C. 盗窃案中非在押的犯罪嫌疑人卢某

D. 贿赂案中拒不出庭的证人李某

15. 法院可以受理被害人提起的下列哪一附带民事诉讼案件？

A. 抢夺案，要求被告人赔偿被夺走并变卖的手机

B. 寻衅滋事案，要求被告人赔偿所造成的物质损失

C. 虐待被监管人案，要求被告人赔偿因体罚虐待致身体损害所产生的医疗费

D. 非法搜查案，要求被告人赔偿因非法搜查所导致的物质损失

16. 关于民族自治地方的国家机关领导人员的任职资格，下列哪一职位必须由实行区域自治的民族的公民担任？

A. 人大常委会主任

B. 自治州州长

C. 法院院长

D. 检察院检察长

17. 2015年10月,某自治州人大常委会出台了一部《关于加强本州湿地保护与利用的决定》。关于该法律文件的表述,下列哪一选项是正确的?

A. 由该自治州州长签署命令予以公布

B. 可依照当地民族的特点对行政法规的规定作出变通规定

C. 该自治州所属的省的省级人大常委会应对该《决定》的合法性进行审查

D. 与部门规章之间对同一事项的规定不一致不能确定如何适用时,由国务院裁决

18. 关于死刑缓期执行限制减刑案件的审理程序,下列哪一说法是正确的?

A. 对一审法院作出的限制减刑的判决,被告人的辩护人、近亲属可以独立提起上诉

B. 高级法院认为原判对被告人判处死刑缓期执行适当但限制减刑不当的,应当改判,撤销限制减刑

C. 最高法院复核死刑案件,认为可以判处死刑缓期执行并限制减刑的,可以裁定不予核准,发回重新审判

D. 最高法院复核死刑案件,认为对部分被告人应当适用死刑缓期执行的,如符合《刑法》限制减刑规定,应当裁定不予核准,发回重新审判

19. W国人约翰涉嫌在我国某市A区从事间谍活动被立案侦查并提起公诉。关于本案诉讼程序,下列哪一选项是正确的?

A. 约翰可通过W国驻华使馆委托W国律师为其辩护

B. 本案由A区法院一审

C. 约翰精通汉语,开庭时法院可不为其配备翻译人员

D. 给约翰送达的法院判决书应为中文本

20. 关于行政许可的撤销与注销,下列哪一项说法是正确的?

A. 均为行政处罚行为

B. 均为可诉行政行为

C. 均为依申请行政行为

D. 均为可裁量行政行为

21. 居住在甲市的叶某在乙市旅行期间殴打韩某,致其轻伤。叶某被乙市公安机关立案侦查并取保候审。关于叶某的取保候审,下列哪一说法是正确的?

A. 叶某的取保候审应在乙市执行

B. 公安机关应对叶某优先适用保证人保证

C. 公安机关可要求叶某不得向韩某发送短信

D. 如公安机关对叶某撤销案件,取保候审自动解除

22. 关于盗伐林木罪,下列哪一选项是正确的?

A. 甲盗伐本村村民张某院落外面的零星树木,如果盗伐数量较大,构成盗伐林木罪

B. 乙在林区盗伐珍贵林木,数量较大,如同时触犯其他法条构成其他犯罪,应数罪并罚

C. 丙将邻县国有林区的珍贵树木移植到自己承包的林地精心养护使之成活的,不属于盗伐林木

D. 丁在林区偷扒数量不多的具有药用价值的树皮,致使数量较大的林木枯死的,构成盗伐林木罪

23. 下列哪一行为应以危险驾驶罪论处?

A. 醉酒驾驶机动车,误将红灯看成绿灯,撞死2名行人

B. 吸毒后驾驶机动车,未造成人员伤亡,但危及交通安全

C. 在驾驶汽车前吃了大量荔枝,被交警以呼气式酒精检测仪测试到酒精含量达到醉酒程度

D. 将汽车误停在大型商场地下固定卸货车位,后在醉酒时将汽车从地下三层开到地下一层的停车位

24. 甲商场销售侵犯乙公司知识产权的假冒伪劣产品。为收集证据以追究其法律责任,乙公司的代理律师亲自去甲商场购买侵权产品,并让公证机构派公证员全程录像后出具公证书。公证书提交法院后,甲商场认为该公证书不具有法律效力。对此,甲商场下列哪一理由可以成立?

A. 公证事项超出了公证业务范围

B. 公证机构跨区域办理公证业务

C. 乙公司代理律师的行为违反律师职业道德,导致公证书无效

D. 甲商场提供的监控录像显示公证的时间内律师和公证员并未进入甲商场

25. 综观世界各国成文宪法,结构上一般包括序言、正文和附则三大部分。对此,下列哪一表述是正确的?

A. 世界各国宪法序言的长短大致相当

B. 我国宪法附则的效力具有特定性和临时性两大特点

C. 国家和社会生活诸方面的基本原则一般规定在序言之中

D. 新中国前三部宪法的正文中均将国家机构置于公民的基本权利和义务之前

26. 甲将自己的汽车藏匿,以汽车被盗为由向保险公司索赔。保险公司认为该案存有疑点,随即报警。在掌握充分证据后,侦查机关安排保险公司向甲"理赔"。甲到保险公司二楼财务室领取20万元赔偿金后,刚走到一楼即被守候的多名侦查人员抓获。关于甲的行为,下列哪一选项是正确的?

A. 保险诈骗罪未遂

B. 保险诈骗罪既遂

C. 保险诈骗罪预备

D. 合同诈骗罪

27． 甲以伤害故意砍乙两刀,随即心生杀意又砍两刀,但四刀中只有一刀砍中乙并致其死亡,且无法查明由前后四刀中的哪一刀造成死亡。关于本案,下列哪一选项是正确的?

A. 不管是哪一刀造成致命伤,都应认定为一个故意杀人罪既遂

B. 不管是哪一刀造成致命伤,只能分别认定为故意伤害罪既遂与故意杀人罪未遂

C. 根据日常生活经验,应推定为后两刀中的一刀造成致命伤,故应认定为故意伤害罪未遂与故意杀人罪既遂

D. 根据存疑时有利于被告人的原则,虽可分别认定为故意伤害罪未遂与故意杀人罪未遂,但杀人与伤害不是对立关系,故可按故意伤害(致死)罪处理本案

28． 下列哪一案件应由公安机关直接受理立案侦查?

A. 林业局副局长王某违法发放林木采伐许可证案

B. 吴某破坏乡长选举案

C. 负有解救被拐卖儿童职责的李某利用职务阻碍解救案

D. 某地从事实验、保藏传染病菌种的钟某,违反国务院卫生行政部门的有关规定,造成传染病菌种扩散构成犯罪的案件

29． 国家税务总局为国务院直属机构。就其设置及编制,下列哪一说法是正确的?

A. 设立由全国人大及其常委会最终决定

B. 合并由国务院最终决定

C. 编制的增加由国务院机构编制管理机关最终决定

D. 依法履行国务院基本的行政管理职能

30． 公正是法治的生命线。司法公正对社会公正具有重要引领作用。下列关于保证公正司法、提高司法公信力的说法,哪一项是不正确的?

A. 完善司法体制,可尝试推动实行审判权和执行权相分离的体制改革试点

B. 完善审级制度,一审注重解决事实认定和法律适用,二审重在解决事实法律争议

C. 完善司法体制,健全公安机关、检察机关、审判机关、司法行政机关及律师之间相互配合的体制,更好地处理好各项司法事务

D. 任何党政机关和领导干部都不得让司法机关作出违反法定职责、有碍司法公正的事

31． 我国某省人大常委会制定了该省的《食品卫生条例》,关于该地方性法规,下列哪一选项是不正确的?

A. 该法规所规定的内容主要属于行政法部门

B. 该法规属于我国法律的正式渊源,法院审理相关案件时可直接适用

C. 该法规的具体应用问题,应由该省人大常委会进行解释

D. 该法规虽仅在该省范围适用,但从效力上看具有普遍性

32． 关于故意的认识内容,下列哪一选项是正确的?

A. 甲明知自己的财物处于国家机关管理之中,但不知此时的个人财物应以公共财产论而窃回。甲缺乏成立盗窃罪所必须的对客观事实的认识,故不成立盗窃罪

B. 乙以非法占有财物的目的窃取军人的手提包时,明知手提包内可能有枪支仍然窃取,该手提包中果然有一支手枪。乙没有非法占有枪支的目的,故不成立盗窃枪支罪

C. 成立猥亵儿童罪,要求行为人知道被害人是或者可能是不满14周岁的儿童

D. 成立贩卖毒品罪,不仅要求行为人认识到自己贩卖的是毒品,而且要求行为人认识到所贩卖的毒品种类

33． 关于刑事责任能力,下列哪一选项是正确的?

A. 甲第一次吸毒产生幻觉,误以为伍某在追杀自己,用木棒将伍某打成重伤。甲的行为成立过失致人重伤罪

B. 乙以杀人故意刀砍陆某时突发精神病,继续猛砍致陆某死亡。不管采取何种学说,乙都成立故意杀人罪未遂

C. 丙因实施爆炸被抓,相关证据足以证明丙已满15周岁,但无法查明具体出生日期。不能追究丙的刑事责任

D. 丁在14周岁生日当晚故意砍杀张某,后心生悔意将其送往医院抢救,张某仍于次日死亡。应追究丁的刑事责任

34． 关于一个行政机关行使有关行政机关的行政许可权和行政处罚权的安排,下列哪一说法是正确的?

A. 涉及行政处罚的,由国务院或者经国务院授权的省、自治区、直辖市政府决定

B. 涉及行政许可的,由经国务院批准的省、自治区、直辖市政府决定

C. 限制人身自由的行政处罚只能由公安机关行

使,不得交由其他行政机关行使

D. 由公安机关行使的行政许可,不得交由其他行政机关行使

35. 关于累犯,下列哪一判断是正确的?

A. 甲因抢劫罪被判处有期徒刑十年,并被附加剥夺政治权利三年。甲在附加刑执行完毕之日起五年之内又犯罪。甲成立累犯

B. 甲犯抢夺罪于 2005 年 3 月假释出狱,考验期为剩余的二年刑期。甲从假释考验期满之日起五年内再故意犯重罪。甲成立累犯

C. 甲犯危害国家安全罪五年徒刑期满,六年后又犯杀人罪。甲成立累犯

D. 对累犯可以从重处罚

36. 环卫工人马某在垃圾桶内发现一名刚出生的婴儿后向公安机关报案,公安机关紧急将婴儿送医院成功抢救后未予立案。关于本案的立案程序,下列哪一选项是正确的?

A. 确定遗弃婴儿的原因后才能立案

B. 马某对公安机关不予立案的决定可申请复议

C. 了解婴儿被谁遗弃的知情人可向检察院控告

D. 检察院可向公安机关发出要求说明不立案理由通知书

37. 关于侦查辨认,下列哪一选项是正确的?

A. 强制猥亵案,让犯罪嫌疑人对被害人进行辨认

B. 盗窃案,让犯罪嫌疑人到现场辨认藏匿赃物的房屋

C. 故意伤害案,让犯罪嫌疑人和被害人一起对凶器进行辨认

D. 刑讯逼供案,让被害人在 4 张照片中辨认犯罪嫌疑人

38. 刘某系某工厂职工,该厂经区政府批准后改制。刘某向区政府申请公开该厂进行改制的全部档案、拖欠原职工工资如何处理等信息。区政府作出拒绝公开的答复,经复议维持后,刘某向法院起诉。下列哪一说法是正确的?

A. 区政府在作出拒绝答复时,应告知刘某并说明理由

B. 刘某向法院起诉的期限为 6 个月

C. 此案应由区政府所在地的区法院管辖

D. 因刘某与所申请的信息无利害关系,区政府拒绝公开答复是合法的

39. 甲市乙区公安分局所辖派出所以李某制造噪声干扰他人正常生活为由,处以 500 元罚款。李某不服申请复议。下列哪一机关可以成为本案的复议机关?

A. 乙区公安分局　　B. 乙区政府
C. 甲市公安局　　　D. 甲市政府

40. 碧水河为甲乙两国的界河,双方对界河的划界使用没有另行约定,根据国际法的相关规则,下列哪一行为是合法的?

A. 甲国渔民在整个河面上捕鱼

B. 甲国渔船遭遇狂风,为紧急避险可未经许可停靠乙国河岸

C. 乙国可不经甲国许可在碧水河修建堤坝

D. 乙国发生旱灾,可不经甲国许可炸开自己一方堤坝灌溉农田

41. 根据现行《宪法》规定,关于公民权利和自由,下列哪一选项是正确的?

A. 劳动、受教育和依法服兵役既是公民的基本权利又是公民的基本义务

B. 休息权的主体是全体公民

C. 公民在年老、疾病或者未丧失劳动能力的情况下,有从国家和社会获得物质帮助的权利

D. 2004 年《宪法修正案》规定,国家尊重和保障人权

42. 关于明代法律制度,下列哪一选项是错误的?

A. 明朱元璋认为,"夫法度者,朝廷所以治天下也"

B. 明律确立"重其所重,轻其所轻"刑罚原则

C.《大明会典》仿《元六典》,以六部官制为纲

D. 明会审制度为九卿会审、朝审、大审

43. 下列哪一选项构成不作为犯罪?

A. 甲到湖中游泳,见武某也在游泳。武某突然腿抽筋,向唯一在场的甲呼救。甲未予理睬,武某溺亡

B. 乙女拒绝周某求爱,周某说"如不答应,我就跳河自杀"。乙明知周某可能跳河,仍不同意。周某跳河后,乙未呼救,周某溺亡

C. 丙与贺某到水库游泳。丙为显示泳技,将不善游泳的贺某拉到深水区教其游泳。贺某忽然沉没,丙有点害怕,忙游上岸,贺某溺亡

D. 丁邀秦某到风景区漂流,在漂流筏转弯时,秦某的安全带突然松开致其摔落河中。丁未下河救人,秦某溺亡

44. 法院审理过程中,被告人赵某在最后陈述时,以审判长数次打断其发言为理由申请更换审判长。对于这一申请,下列哪一说法是正确的?

A. 赵某的申请理由不符合法律规定,法院院长应当驳回申请

B. 赵某在法庭调查前没有申请回避,法院院长

应当驳回申请

C. 如法院作出驳回申请的决定,赵某可以在决定作出后五日内向上级法院提出上诉

D. 如法院作出驳回申请的决定,赵某可以向上级法院申请复议一次

45. 甲、乙两国边界发生局部武装冲突,甲国封锁了乙国边境,丙国邀请两国到丙国谈判。按照现有国际法规则,以下哪一说法是正确的?

A. 甲、乙两国元首到丙国前,两国可以通过网络秘密谈判

B. 甲、乙两国元首到丙国谈判时,丙国元首可以参加谈判

C. 甲、乙两国元首到丙国谈判时,丙国元首可以主持谈判

D. 甲国可派军舰封锁乙国海岸,禁止乙国海军前往乙国海峡

46. 根据《宪法》和《香港特别行政区基本法》规定,下列哪一选项是正确的?

A. 行政长官就法院在审理案件中涉及的国防、外交等国家行为的事实问题发出的证明文件,对法院无约束力

B. 行政长官对立法会以不少于全体议员 2/3 多数再次通过的原法案,必须在 1 个月内签署公布

C. 香港特别行政区可与全国其他地区的司法机关通过协商依法进行司法方面的联系和相互提供协助

D. 行政长官仅从行政机关的主要官员和社会人士中委任行政会议的成员

47. 关于中国古代的法律制度,下列哪一说法是错误的?

A. 先秦的奴隶制五刑以肉刑为中心,包括墨、劓、刖、宫、大辟

B. 唐代的最低刑是杖刑

C. 大理寺在唐代属于中央审判机构

D. 明代对风俗伦理方面的犯罪处罚较轻

48. 乙女在路上被铁丝绊倒,受伤不能动,手中钱包(内有现金 5000 元)摔出七八米外。路过的甲捡起钱包时,乙大喊“我的钱包不要拿”,甲说“你不要喊,我拿给你”,乙信以为真没有再喊。甲捡起钱包后立即逃走。关于本案,下列哪一选项是正确的?

A. 甲以其他方法抢劫他人财物,成立抢劫罪

B. 甲以欺骗方法使乙信以为真,成立诈骗罪

C. 甲将乙的遗忘物据为己有,成立侵占罪

D. 只能在盗窃罪或者抢夺罪中,择一定性甲的行为

49. 关于盗窃罪的理解,下列哪一选项是正确的?

A. 扒窃成立盗窃罪的,以携带凶器为前提

B. 扒窃仅限于窃取他人衣服口袋内体积较小的财物

C. 扒窃时无论窃取数额大小,即使窃得一张白纸,也成立盗窃罪既遂

D. 入户盗窃成立盗窃罪的,既不要求数额较大,也不要求多次盗窃

50. 乙(16 周岁)进城打工,用人单位要求乙提供银行卡号以便发放工资。乙忘带身份证,借用老乡甲的身份证以甲的名义办理了银行卡。乙将银行卡号提供给用人单位后,请甲保管银行卡。数月后,甲持该卡到银行柜台办理密码挂失,取出 1 万余元现金,拒不退还。甲的行为构成下列哪一犯罪?

A. 信用卡诈骗罪

B. 诈骗罪

C. 盗窃罪(间接正犯)

D. 侵占罪

二、多项选择题。每题所设选项中至少有两个正确答案,多选、少选、错选或不选均不得分。本部分含 51-85 题,每题 2 分,共 70 分。

51. 关于认罪认罚从宽制度,下列哪些表述是正确的?

A. 甲犯数罪,但只认其中一罪,对其全案不得适用认罪认罚从宽制度

B. 乙是穷凶极恶的杀人犯,即使其认罪认罚并且积极赔偿并取得了被害人亲属谅解,也可对其不予从宽处罚

C. 认罪认罚从宽制度只能适用某一诉讼阶段

D. 丙在审查、起诉时认罪认罚,到了审判阶段不认罪认罚的,不能适用认罪认罚从宽制度

52. 关于无效具体行政行为,下列哪些说法是正确的?

A. 具体行政行为一经确认无效即应当对当事人进行国家赔偿

B. 确认无效的具体行政行为对作为当事人一方的行政机关无拘束力

C. 我国法律尚未对具体行政行为的无效情形作出明确规定

D. 滥用职权的具体行政行为在被撤销前具有法律效力

53. 关于新时代深化依法治国实践的主要任务,下列哪些选项是正确的?

A. 成立中央全面依法治国领导小组,加强对法治中国建设的统一领导

B. 推进科学立法、民主立法、依法立法,以良法促进发展、保障善治

C. 加强宪法实施和监督,推进合宪性审查工作,维护宪法权威

D. 建设法治政府,推进依法行政,严格规范公正文明执法

54. 欣欣在高某的金店选购了一条项链,高某趁欣欣接电话之际,将为其进行礼品包装的项链调换成款式相同的劣等品(两条项链差价约 3000 元)。欣欣回家后很快发现项链被"调包",即返回该店要求退还,高某以发票与实物不符为由拒不退换。关于高某的行为,下列哪些说法是错误的?

A. 构成盗窃罪

B. 构成诈骗罪

C. 构成侵占罪

D. 不构成犯罪,属民事纠纷

55. 根据《宪法》和法律的规定,关于选举程序,下列哪些选项是正确的?

A. 乡级人大接受代表辞职,须经本级人民代表大会过半数的代表通过

B. 经原选区选民 30 人以上联名,可以向县级的人民代表大会常务委员会书面提出罢免乡级人大代表的要求

C. 罢免县级人民代表大会代表,须经原选区三分之二以上的选民通过

D. 补选出缺的代表时,代表候选人的名额必须多于应选代表的名额

56. 关于宋代契约法制,下列哪些说法是正确的?

A. 齐某年初从赵某处买得 100 只小鸡,约定年底付钱 500 文,这种契约称为"赊卖"

B. 卢某把自己的房子租给孙某居住半年,收取租金 5 两银子,签订的契约称为"出举"

C. 沈某把祖传的一件字画典当给当铺,取得 10 两银子,约定 5 年不赎回则归当铺所有,这种契约称为"活卖"

D. 贾某租给宋某 5 亩土地,约定收获的粮食五五分成,这种契约称为"租佃"

57. 关于构成要件要素的分类,下列哪些选项是正确的?

A. 贩卖淫秽物品牟利罪中的"贩卖"是记述的构成要件要素,"淫秽物品"是规范的构成要件要素

B. 贩卖毒品罪中的"贩卖"是记述的构成要件要素,"毒品"是规范的构成要件要素

C. 强制猥亵妇女罪中的"妇女"是记述的构成要件要素,"猥亵"是规范的构成要件要素

D. 抢劫罪的客观构成要件要素是成文的构成要件要素,"非法占有目的"是不成文的构成要件要素

58. 中国公民甲乘坐某国船只,在公海上航行,甲与另一中国公民乙发生口角,遂殴打起来,致其死亡并将其抛入海中。下列哪些说法是正确的?

A. 在中国的初次停泊处法院可以管辖

B. 乙在离境前居住地法院有管辖权

C. 甲入境后居所地法院有管辖权

D. 甲在中国入境地法院有管辖权

59. 关于党的领导,下列哪些说法是正确的?

A. 中国共产党领导是中国特色社会主义最本质的特征

B. 依法执政是依法治国的关键。各级党组织和全体党员要带头尊法学法守法用法,任何组织和个人都不得有超越宪法法律的特权

C. 必须坚持党领导立法、保证执法、支持司法、带头守法,把依法治国基本方略同依法执政基本方式统一起来

D. 坚持党的领导、人民当家作主、依法治国有机统一,最根本的是坚持党的领导

60. 关于行政机关公务员处分的说法,下列哪些选项是错误的?

A. 行政诉讼的生效判决撤销某行政机关所作的决定,即应给予该机关的负责人张某行政处分

B. 工商局干部李某主动交代自己的违法行为,即应减轻处分

C. 某环保局科长王某因涉嫌违纪被立案调查,即应暂停其履行职务

D. 财政局干部田某因涉嫌违纪被立案调查,即不应允许其挂职锻炼

61. 关于审判监督程序,下列哪些选项是正确的?

A. 只有当事人及其法定代理人、近亲属才能对已经发生法律效力的裁判提出申诉

B. 原审法院依照审判监督程序重新审判的案件,应当另行组成合议庭

C. 对于依照审判监督程序重新审判后可能改判无罪的案件,可中止原判决、裁定的执行

D. 上级法院指令下级法院再审的,一般应当指令原审法院以外的下级法院审理

62. 关于追诉时效,下列哪些选项是正确的?

A. 甲犯劫持航空器罪,即便经过 30 年,也可能被追诉

B. 乙于 2013 年 1 月 10 日挪用公款 5 万元用于结婚,2013 年 7 月 10 日归还。对乙的追诉期限应从 2013 年 1 月 10 日起计算

C. 丙于 2000 年故意轻伤李某,直到 2008 年李某才报案,但公安机关未立案。2014 年,丙因他事被抓。不能追诉丙故意伤害的刑事责任

D. 丁与王某共同实施合同诈骗犯罪。在合同诈骗罪的追诉期届满前，王某单独实施抢夺罪。对丁合同诈骗罪的追诉时效，应从王某犯抢夺罪之日起计算

63．关于法官、检察官的任职条件，下列哪些说法是错误的？

A. 张律师的律师执业证书被注销，则张律师不得担任法官

B. 王法官可以担任仲裁员，但不得收取任何费用

C. 周检察官从检察院离任后2年内，任何情况下均不得担任原任职检察院办理案件的诉讼代理人或者辩护人

D. 郑检察官被辞退后，不得担任诉讼代理人或者辩护人，但是作为当事人的监护人或者近亲属代理诉讼或者进行辩护的除外

64．关于药品犯罪的认定，下列哪些说法是正确的？

A. 生产、销售、提供假药罪是抽象危险犯，生产、销售、提供劣药罪是具体危险犯

B. 生产、销售国务院药品监督管理部门禁止使用的药品的，构成生产、销售假药罪

C. 药品使用单位或其人员销售、提供假药给他人的，成立销售、提供假药罪

D. 擅自进口有疗效的药品在国内销售的，不成立销售假药罪，但可以成立妨害药品管理罪

65．关于侵占罪的认定（不考虑数额），下列哪些选项是错误的？

A. 甲将他人停放在车棚内未上锁的自行车骑走卖掉。甲行为构成侵占罪

B. 乙下车取自己行李时将后备厢内乘客遗忘的行李箱一并拿走卖掉。乙行为构成侵占罪

C. 丙在某大学食堂将学生用于占座的手机拿走卖掉。丙行为成立侵占罪

D. 丁受托为外出邻居看房，将邻居锁在柜里的手提电脑拿走变卖。丁行为成立侵占罪

66．郑某因涉嫌盗窃被某区公安分局立案侦查，区公安分局对郑某采取拘传措施。对此，下列说法哪些是不正确的？

A. 某区公安分局对郑某采取拘传措施，需要经过上一级公安机关批准

B. 某区公安分局在拘传郑某前需要先传唤郑某

C. 某区公安分局如果需要对郑某采取取保候审措施，拘传时间可以延长至24小时

D. 某区公安分局可以拘传郑某至指定的酒店进行讯问

67．马某在沿街边违法修建房屋，区规划局向马某发出《拆除违章建筑通知》，要求马某在30日内拆除违建房屋。到期后，马某未自行拆除该房屋，区规划局遂立即组织人员将该违建房屋强制拆除。下列哪些说法是正确的？

A. 马某就《拆除违章建筑通知》起诉，法院应当受理本案

B. 区规划局强制拆除的行为违法

C.《拆除违章建筑通知》的性质为行政指导

D. 就区规划局组织人员强制拆除的行为，马某应先申请行政复议，对复议决定不服才能向法院起诉

68．吕检察官办理未成年人卫某故意伤害案，主动向其阐明法律规定，积极劝说引导其认罪认罚，组织双方自愿达成和解。关于吕检察官的行为，体现了下列哪些检察官职业道德的基本要求？

A. 担当 B. 忠诚
C. 为民 D. 公正

69．某村集体土地被征收，村民委员会制定了有关征地补偿费的使用和分配方案，但遭到了部分村民反对。关于该方案，下列哪些选项是正确的？

A. 反对的村民可以申请乡政府予以撤销

B. 反对的村民可以申请法院予以撤销

C. 需要经过村民会议讨论决定

D. 可以经村民会议授权，由村民代表会议讨论决定

70．关于期间的计算，下列哪些说法是不正确的？

A. 因被告人脱逃而中止审理的期间，计入审理期限

B. 法院对提起公诉案件进行审查的期限，不计入审理期限

C. 被告人要求法院另行指定辩护律师，自合议庭同意而宣布延期审理之日起至第10日止准备辩护的时间，计入审理期限

D. 因当事人和辩护人申请调取新的证据而延期审理期限，不计入审理期限

71．当事人对下列哪些事项既可以申请行政复议也可以提起行政诉讼？

A. 行政机关对民事纠纷的调解

B. 出入境边防检查机关对外国人采取的遣送出境措施

C. 是否征收反倾销税的决定

D. 税务机关作出的处罚决定

72．关于建设中国特色社会主义法治体系，下列哪些说法是正确的？

A. 中国特色社会主义法治体系本质上是中国特色社会主义制度的法律表现形式

B. 中国特色社会主义法律体系已经形成，无需

再加以完善

C. 必须健全完善权力运行制约和监督机制,规范立法、执法、司法机关权力行使,建设严密的法治监督体系

D. 建设中国特色社会主义法治体系,需要建设完善的党内法规体系

73. 关于法的渊源和法律部门,下列哪些判断是正确的?

A. 自治条例和单行条例是地方国家权力机关制定的规范性文件

B. 行政法部门就是由国务院制定的行政法规构成的

C. 国际公法是中国特色社会主义法律体系的组成部分

D. 划分法律部门的主要标准是法律规范所调整的社会关系

74. 关于刑法上的故意、过失的认定,下列哪些说法是不正确的?

A. 甲以为座位上是张某遗忘的手机,进而将手机拿走,实际上该手机是坐在旁边睡觉的陈某的。甲没有盗窃罪的故意,只有侵占罪的故意

B. 乙误以为自己运输的是假欧元,实际是假英镑。乙的认识错误属于具体的事实认识错误,成立运输假币罪

C. 丙雇用赵某伤害岳某,反复叮嘱"只要岳某伤,不要岳某死",但赵某仍致岳某死亡。丙对死亡结果不具有过失

D. 丁误以为宁某是13岁的男孩而出卖给他人,实际上宁某是15岁的女孩。丁仍成立拐卖儿童罪

75. 国家监察委员会为执行某法律的规定而制定了监察法规。关于该法规,下列哪些说法是正确的?

A. 应当经国家监察委员会全体会议决定

B. 需报全国人大常委会批准

C. 需报全国人大常委会备案

D. 由国家监察委员会报全国人大常委会发布公告予以公布

76. 关于故意犯罪形态的认定,下列哪些选项是正确的?

A. 甲绑架幼女乙后,向其父勒索财物。乙父佯装不管乙安危,甲只好将乙送回。甲虽未能成功勒索财物,但仍成立绑架罪既遂

B. 甲抢夺乙价值1万元项链时,乙紧抓不放,甲只抢得半条项链。甲逃走60余米后,觉得半条项链无用而扔掉。甲的行为未得逞,成立抢夺罪未遂

C. 乙欲盗汽车,向甲借得盗车钥匙。乙盗车时发现该钥匙不管用,遂用其他工具盗得汽车。乙属于盗窃罪既遂,甲属于盗窃罪未遂

D. 甲在珠宝柜台偷拿一枚钻戒后迅速逃离,慌乱中在商场内摔倒。保安扶起甲后发现其盗窃行为并将其控制。甲未能离开商场,属于盗窃罪未遂

77. 甲国某公司与乙国驻甲国使馆因办公设备合同产生纠纷,并诉诸甲国法院。根据相关国际法规则,下列哪些选项是正确的?

A. 如合同中有适用甲国法律的条款,则表明乙国放弃了其管辖的豁免

B. 如乙国派代表出庭主张豁免,不意味着其默示接受了甲国的管辖

C. 如乙国在本案中提起了反诉,则是对管辖豁免的默示放弃

D. 如乙国曾接受过甲国法院的管辖,甲国法院即可管辖本案

78. 关于被害人承诺理论,下列哪些说法是正确的?

A. 甲误以为自己养的马患了疾病,要求兽医对其进行安乐死。兽医知道市面上已经有治疗该疾病的药物,但不告知,仍实施了安乐死。事后甲了解到市面上已经有了治疗该疾病的药。甲的承诺无效

B. 甲在城市里工作生活,在乡下有个房子。甲的乡下邻居乙发短信询问甲是否可以拆除甲家的院墙。甲本想发短信回复说"不行",不小心发成了"行"。乙便将甲家的院墙拆掉。甲的承诺有效

C. 甲组织贩卖人体器官,与乙约定以十万元的价格将其肾脏移植给他人。乙的承诺无效

D. 因路灯灯光反射到室内,甲误以为家里着火,恳求乙帮忙破门灭火,乙照做。甲的承诺有效

79.《关于推进以审判为中心的刑事诉讼制度改革的意见》第13条要求完善法庭辩论规则,确保控辩意见发表在法庭。法庭应当充分听取控辩双方意见,依法保障被告人及其辩护人的辩论辩护权。关于这一规定的理解,下列哪些选项是正确的?

A. 符合我国刑事审判模式逐步弱化职权主义色彩的发展方向

B. 确保控辩意见发表在法庭,核心在于保障被告人和辩护人能充分发表意见

C. 体现了刑事审判的公开性

D. 被告人认罪的案件的法庭辩论,主要围绕量刑进行

80. 某区规划局批准了大地房地产开发公司的土地开发申请,并向其颁发了建设工程规划许可证,后查明该公司在申请规划许可时提供了虚假材料,于是,某区规划局将该许可证予以撤销。下列哪些说法是正确的?

A. 颁发建设工程规划许可证不得收取任何费用

B. 批准开发申请应当向社会公开

C. 撤销建设工程规划许可证的行为属于行政处罚

D. 若大地房地产开发公司提起行政复议，复议机关为区政府

81．将权力管好，尤其是将行政权力管好，涉及人民利益的保障，也符合宪法要求的目的。关于强化行政权力的制约和监督，下列哪些说法是正确的？

A. 加强党内监督、人大监督、民主监督、行政监督等各种监督，努力形成科学有效的权力运行机制和监督体系，增强监督合力和实效

B. 完善省以下地方审计机关人财物统一管理

C. 完善纠错问责机制，健全责令公开道歉、停职检查、引咎辞职、责令辞职、罢免等问责方式和程序

D. 完善政府内部层级监督和专门监督，改进上级机关对下级机关的监督，建立常态化监督制度

82．村民甲带领乙、丙等人，与造纸厂协商污染赔偿问题。因对提出的赔偿方案不满，甲、乙、丙等人阻止生产，将工人李某打伤。公安局接该厂厂长举报，经调查后决定对甲拘留15日、乙拘留5日，对其他人未作处罚。甲向法院提起行政诉讼，法院受理。下列哪些人员不能成为本案的第三人？

A. 丙　　　　　　　B. 乙

C. 李某　　　　　　D. 造纸厂厂长

83．关于死刑复核及执行的相关程序，下列哪些选项是错误的？

A. 甲被判处死刑立即执行，执行前要求会见他的前妻，人民法院应当及时通知

B. 同案审理的案件中，仅乙一人被判处死刑立即执行，其他未被判处死刑的同案被告人需要待最高人民法院核准乙的死刑后再交付执行

C. 最高人民法院对死刑作出核准后，不再接受律师的辩护意见

D. 死刑执行前发现罪犯丙是聋哑人，应当暂停执行，并层报最高人民法院

84．"社会的发展是法产生的社会根源。社会的发展，文明的进步，需要新的社会规范来解决社会资源有限与人的欲求无限之间的矛盾，解决社会冲突，分配社会资源，维持社会秩序。适应这种社会结构和社会需要，国家和法这一新的社会组织和社会规范就出现了。"关于这段话的理解，下列哪些选项是正确的？

A. 社会不是以法律为基础，相反，法律应以社会为基础

B. 法律的起源与社会发展的进程相一致

C. 马克思主义的法律观认为，法律产生的根本原因在于社会资源有限与人的欲求无限之间的矛盾

D. 解决社会冲突，分配社会资源，维持社会秩序属于法的规范作用

85．某县政府组织工作人员对岳某的房屋强制拆除，岳某认为工作人员事先未通知其转移物品，导致屋内物品毁损，请求法院确认县政府行为违法，法院判决确认强制拆除行为违法。后岳某向县政府请求赔偿，县政府一直未予回复，岳某遂向法院提起行政赔偿诉讼，请求赔偿房屋、屋内损失，并要求县政府追究相关人员的违法责任。下列哪些说法是正确的？

A. 若因强制拆除行为导致岳某对财产损失无法举证，应由县政府承担举证责任

B. 县政府追究相关人员的违法责任不属于法院审查范围

C. 岳某提出行政赔偿诉讼的起诉期限为6个月

D. 本案应当由中级人民法院管辖

三、不定项选择题。每题所设选项中至少有一个正确答案，多选、少选、错误或不选均不得分。本部分含86-100题，每题2分，共30分。

86．党的十八届四中全会指出，建设中国特色社会主义法治体系，必须坚持立法先行，发挥立法的引领和推动作用，抓住提高立法质量这个关键，明确要求完善立法体制。下列选项中正确的是：

A. 党中央向全国人大提出宪法修改建议，依照宪法规定的程序进行宪法修改。法律制定和修改的重大问题由全国人大常委会委员长会议向党中央报告

B. 加强党对立法工作的领导，完善党对立法工作中重大问题决策的程序。凡立法涉及重大体制和重大政策调整的，必须报党中央讨论决定

C. 对部门间争议较大的重要立法事项，由决策机关引入第三方评估，充分听取各方意见，协调决定，不能久拖不决

D. 依法建立健全专门委员会、工作委员会立法专家顾问制度

87．刘某在下班途中发生交通事故死亡，刘某妻子向人社局申请工伤认定，人社局根据国务院《工伤保险条例》认定刘某构成工伤。刘某所在的公司认为不构成工伤事故，提起行政诉讼。对此，下列说法错误的是：

A. 工伤认定是行政裁决

B. 法院应当参照《工伤保险条例》作出判决

C. 该公司在诉讼中可以要求法院一并审查《工伤保险条例》

D. 本案可以适用撤销判决

88．孟子的弟子问孟子，舜为天子时，若舜的父亲犯法，舜该如何处理？孟子认为，舜既不能以天子之权要求有司枉法，也不能罔顾亲情坐视父亲受刑，

正确的处理方式应是放弃天子之位,与父亲一起隐居到偏远之地。对此,下列说法正确的是:

A. 情与法的冲突总能找到两全其美的解决方案

B. 中华传统文化重视伦理和亲情,对当代法治建设具有借鉴意义

C. 孟子的方案虽然保全了亲情,但完全未顾及法律

D. 不同法律传统对情与法的矛盾可能有不同的处理方式

（一）

被告人王某故意杀人案经某市中级法院审理,认为案件事实清楚,证据确实、充分。请根据下列条件,回答89、90题。

89. 如王某被判处死刑立即执行,下列选项正确的是:

A. 核准死刑立即执行的机关是最高法院

B. 签发死刑立即执行命令的是最高法院审判委员会

C. 王某由作出一审判决的法院执行

D. 王某由法院交由监狱或指定的羁押场所执行

90. 如王某被判处无期徒刑,附加剥夺政治权利,下列选项正确的是:

A. 无期徒刑的执行机关是监狱

B. 剥夺政治权利的执行机关是公安机关

C. 对王某应当剥夺政治权利终身

D. 如王某减刑为有期徒刑,剥夺政治权利的期限应改为十五年

（二）

甲为某国有企业出纳,为竞争公司财务部主任职位欲向公司副总经理乙行贿。甲通过涂改账目等手段从公司提走20万元,委托总经理办公室秘书丙将15万元交给乙,并要丙在转交该款时一定为自己提升一事向乙"美言几句"。乙收下该款。8天后,乙将收受钱款一事报告了公司总经理,并将15万元交到公司纪检部门。

1个月后,甲得知公司委任其他人担任财务部主任,恼羞成怒找到乙说:"还我15万,我去把公司钱款补上。你还必须付我10万元精神损害赔偿,否则我就将你告到检察院。"乙反复向甲说明钱已上交不能退还,但甲并不相信。数日后,甲携带一桶汽油闯入乙办公室纵火,导致室内空调等财物被烧毁。

请回答91~94题。

91. 关于甲从公司提出公款20万元并将其中一部分行贿给乙的行为,下列选项错误的是:

A. 甲构成贪污罪,数额是20万元;行贿罪与贪污罪之间是牵连关系,不再单独定罪

B. 甲构成贪污罪、行贿罪,数罪并罚,贪污数额

是5万元,行贿15万元

C. 甲构成贪污罪、行贿罪,数罪并罚,贪污数额是20万元,行贿15万元

D. 甲对乙说过要"去把公司钱款补上",应当构成挪用公款罪,数额是20万元,再与行贿罪并罚

92. 关于乙的行为,下列选项错误的是:

A. 乙构成受贿罪既遂

B. 乙构成受贿罪中止

C. 乙犯罪以后上交赃物的行为,属于酌定从轻处罚情节

D. 乙不构成犯罪

93. 关于丙的行为,下列选项正确的是:

A. 丙构成受贿罪共犯

B. 丙构成介绍贿赂罪

C. 丙构成行贿罪共犯

D. 丙没有实行行为,不构成犯罪

94. 关于甲得知财务部主任由他人担任后实施的行为,下列选项错误的是:

A. 甲的行为只构成放火罪

B. 甲索要10万元"精神损害赔偿"的行为不构成敲诈勒索罪

C. 甲的行为是敲诈勒索罪与放火罪的想象竞合犯

D. 甲的行为是敲诈勒索罪与放火罪的吸收犯

95. 关于宪法效力的说法,下列选项正确的是:

A. 宪法修正案与宪法具有同等效力

B. 宪法不适用于定居国外的公民

C. 在一定条件下,外国人和法人也能成为某些基本权利的主体

D. 宪法作为整体的效力及于该国所有领域

96. 经夏某申请,某县社保局作出认定,夏某晚上下班途中驾驶摩托车与行人发生交通事故受重伤,属于工伤。夏某供职的公司认为其发生交通事故系醉酒所致,向法院起诉要求撤销认定。某县社保局向法院提交了公安局交警大队交通事故认定书、夏某住院的病案和夏某同事孙某的证言。下列说法正确的是:

A. 夏某为本案的第三人

B. 某县社保局提供的证据均系书证

C. 法院对夏某住院的病案是否为原件的审查,系对证据真实性的审查

D. 如有证据证明交通事故确系夏某醉酒所致,法院应判决撤销某县社保局的认定

97. 贝某在驾车行驶中遇到行人通过人行横道,未停车让行,被交警大队罚款100元,并记3分。贝某对处罚不服,提起行政诉讼。贝某诉称,其驾车靠近人行横道时,行人已经停在了人行横道上,故不属于"正在通过人行横道";如果只要人行横道上有人,

机动车就停车让行,会在很大程度上影响通行效率。法院经审理认为,根据《道路交通安全法》第47条规定,机动车行经人行横道时,应当减速行驶;遇行人正在通过人行横道,应当停车让行。对"正在通过"的理解不能局限于"通过"的内涵,而是应当考虑汽车和行人在交通过程中的强势和弱势地位,这也是保障生命安全的现代交通文明的内在要求。法院遂判决贝某败诉。关于本案,下列说法错误的是:

A. 司机遇到行人通过人行横道时停车属于消极义务

B.《道路交通安全法》第47条的规定属于法律原则

C. 法官仅进行了文义解释

D. 法官判决体现了交通安全价值高于效率价值

（三）

市工商局认定豪美公司的行为符合《广告法》第28条第2款第2项规定的"商品或者服务有关的允诺等信息与实际情况不符,对购买行为有实质性影响"情形,属发布虚假广告,予以行政处罚。豪美公司向市政府申请行政复议,市政府受理。请回答98、99题。

98. 关于此案的复议,下列说法正确的是:

A. 豪美公司委托代理人参加复议,应提交授权委托书

B. 应由2名以上行政复议人员参加审理

C. 市政府应为公司查阅有关材料提供必要条件

D. 如处罚决定认定事实不清,证据不足,市政府不得作出变更决定

99. 如市政府在法定期限内不作出复议决定,下列说法正确的是:

A. 有监督权的行政机关可督促市政府加以改正

B. 可对市政府负有责任的领导人员和直接负责人员依法给予警告、记过、记大过的行政处分

C. 豪美公司可向法院起诉要求市政府履行复议职责

D. 豪美公司可针对原处罚决定向法院起诉市工商局

100. 在莎士比亚喜剧《威尼斯商人》中,安东尼与夏洛克订立契约,约定由夏洛克借款给安东尼,如不能按时还款,则夏洛克将在安东尼的胸口割取一磅肉。期限届至,安东尼无力还款,夏洛克遂要求严格履行契约。安东尼的未婚妻鲍西娅针锋相对地向夏洛克提出:可以割肉,但仅限一磅,不许相差分毫,也不许流一滴血,唯其如此方符合契约。关于该故事,下列说法正确的是:

A. 夏洛克主张有约必践,体现了强烈的权利意识和契约精神

B. 夏洛克有约必践(即使契约是不合理的)的主张本质上可以看作是"恶法亦法"的观点

C. 鲍西娅对契约的解释运用了历史解释方法

D. 安东尼与夏洛克的约定遵循了人权原则而违背了平等原则

试 卷 二

试 题

一、单项选择题。每题所设选项中只有一个正确答案,多选、错选或不选均不得分。本部分含 1—50 题,每题 1 分,共 50 分。

1. 朱某向杨某借款 20 万元,借期 1 年,双方约定利息 1 万元,到期不归还借款支付罚息 2 万元。后朱某到期未偿还借款,杨某起诉要求朱某归还本金 20 万元,支付利息 2 万元,并要求支付逾期还款的罚息 1 万元。关于本案诉讼标的的数量,下列哪一表述是正确的?

A. 仅有一个诉讼标的

B. 本金和利息一个诉讼标的,罚息一个诉讼标的

C. 本金一个诉讼标的,利息和罚息一个诉讼标的

D. 本金、利息、罚息共三个诉讼标的

2. 杜某是甲公司员工,因公司拖欠工资多次追索无果,杜某向甲公司所在地的劳动争议仲裁委员会申请劳动争议仲裁。案件受理后,因生活严重困难,杜某向仲裁庭申请先予执行。关于仲裁庭对申请的处理,下列哪一表述是正确的?

A. 移送甲公司住所地法院审查

B. 裁定先予执行,由劳动争议仲裁委员会执行

C. 裁定先予执行,移送甲公司住所地法院执行

D. 不准许先予执行

3. 苏某为庆祝其喜得贵子,邀请胡某等到酒店聚餐。苏某从顾某处购得一超大海螺,将海螺带到酒店交给厨师时,从中剖得一颗硕大的橙黄色椭圆形珍珠,市值 1 万元。关于该珍珠的归属,下列哪一项说法是正确的?

A. 归苏某、胡某等共有

B. 归酒店所有

C. 归顾某所有

D. 归苏某所有

4. 甲有乙、丙和丁三个女儿。甲于 2013 年 1 月 1 日亲笔书写一份遗嘱,写明其全部遗产由乙继承,并签名和注明年月日。同年 3 月 2 日,甲又请张律师代书一份遗嘱,写明其全部遗产由丙继承。同年 5 月 3 日,甲因病被丁送至医院急救,甲又立口头遗嘱一份,内容是其全部遗产由丁继承,在场的赵医生和李护士见证。甲病好转后出院休养,未立新遗嘱。如甲死亡,下列哪一选项是甲遗产的继承权人?

A. 乙

B. 丙

C. 丁

D. 乙、丙、丁

5. 甲公司的两个股东是张某和赵某。张某是控股股东,并派人担任甲公司董事长。后张某将甲公司的大部分资产无偿调用,并且该笔资金调用在甲公司财务上没有任何体现。待债权人乙公司要求甲公司偿还货款时,发现甲公司的资产不足以清偿。现债权人乙公司直接起诉张某,请求张某对甲公司债务承担连带责任。关于本案当事人的诉讼地位,下列哪一选项是正确的?

A. 乙公司为原告,张某为被告

B. 法院应告知乙公司追加甲公司为共同被告

C. 法院应告知乙公司追加甲公司为第三人

D. 法院裁定不予受理

6. 甲公司安排业务员叶某向乙公司采购燃油工程车,并由甲公司开具支票,支票中注明"见票一个月内支付",但未填写金额和收款人,授权叶某在支付车款时具体填写。叶某前往乙公司后,发现电动工程车品质更优,擅自主张购买了电动工程车,在填写了金额和收款人后将支票交给了乙公司。后甲公司拒绝接受电动工程车并主张解除买卖合同。下列哪一项说法是正确的?

A. 因未记载金额而支票无效

B. 因未记载收款人而支票无效

C. 因叶某填写金额和收款人而支票无效

D. "见票一个月内支付"的记载无效

7. 关于我国生态保护制度,下列哪一表述是正确的?

A. 国家只在重点生态功能区划定生态保护红线

B. 国家应积极引进外来物种以丰富我国生物的多样性

C. 国家应加大对生态保护地区的财政转移支付力度

D. 国家应指令受益地区对生态保护地区给予生态保护补偿

8. 某市环保公司按规划准备建设一个垃圾填埋场,欲申请划拨土地进行建设。其申请划拨土地的步骤,下列哪一选项是正确的?

①报有关部门审核建设项目;②向规划部门提出建设用地规划许可申请;③规划部门核发选址意见书;④规划部门核发建设用地规划许可证;⑤土地主管部门划拨土地。

A. ①③②④⑤   B. ③①②④⑤

C. ②④①③⑤   D. ②④⑤③①

9. 贾某兼职做外卖骑手,与某互联网平台公司在线订立了《网约配送协议》,协议载明:贾某同意按照平台发送的配送信息自主选择接受服务订单,接单后及时完成配送,服务费按照平台统一标准按单结算。从事餐饮外卖配送业务期间,公司未对其上线接单时间、接单量提出要求,也未对其配送行为提出要求。贾某每周送外卖最多3天、每天送外卖1~3小时不等。该平台公司会在规定区域内随机安排订单,骑手们登录专用的 APP 抢订单送餐。出现配送超时、客户差评等情形时,平台公司核实情况后按照统一标准扣减服务费。关于贾某与该平台公司之间的关系,下列哪一选项是正确的?

A. 非全日制合同

B. 劳动合同

C. 劳务合同

D. 劳务派遣合同

10. 关于监护,下列哪一表述是正确的?

A. 甲委托医院照料其所患精神病的配偶乙,医院是委托监护人

B. 甲的幼子乙在寄宿制幼儿园期间,甲的监护职责全部转移给幼儿园

C. 甲丧夫后携幼子乙改嫁,乙的爷爷有权要求法院确定自己为乙的法定监护人

D. 市民甲、乙之子丙5周岁,甲乙离婚后对谁担任丙的监护人发生争议,丙住所地的居民委员会有权指定

11. 根据《民法典》的规定,下列哪一类权利不能设定权利质权?

A. 专利权

B. 应收账款债权

C. 可以转让的股权

D. 房屋所有权

12. 李桃是某股份公司发起人之一,持有14%的股份。在公司成立后的两年多时间里,各董事之间矛盾不断,不仅使公司原定上市计划难以实现,更导致公司经营管理出现严重困难。关于李桃可采取的法律措施,下列哪一说法是正确的?

A. 可起诉各董事履行对公司的忠实义务和勤勉义务

B. 可同时提起解散公司的诉讼和对公司进行清算的诉讼

C. 在提起解散公司诉讼时,可直接要求法院采取财产保全措施

D. 在提起解散公司诉讼时,应以公司为被告

13. 金硕巅峰公司是一家经营多年的教育培训机构,其广告"金硕巅峰,已助众多考生圆梦金硕"在当地颇有影响。前程公司为其同行,在自己网站上大力宣传并推广其"金硕 VIP 全程班"。关于前程公司的行为,下列哪一说法是正确的?

A. 属于合法的竞争行为

B. 构成虚假或引人误解的商业宣传行为

C. 构成混淆行为

D. 构成互联网不正当竞争行为

14. 一批货物由甲公司运往中国青岛港,运输合同适用《海牙规则》。运输途中因雷击烧毁部分货物,其余货物在目的港被乙公司以副本提单加保函提走。丙公司为该批货物正本提单持有人。根据《海牙规则》和我国相关法律规定,下列哪一选项是正确的?

A. 甲公司应对雷击造成的货损承担赔偿责任,因损失在其责任期间发生

B. 甲公司可限制因无正本提单交货的赔偿责任

C. 丙公司可要求甲公司和乙公司承担连带赔偿责任

D. 甲公司应以货物成本加利润赔偿因无正本提单交货造成的损失

15. 甲被乙家的狗咬伤,要求乙赔偿医药费,乙认为甲被狗咬与自己无关拒绝赔偿。下列哪一选项是正确的?

A. 甲乙之间的赔偿关系属于民法所调整的人身关系

B. 甲请求乙赔偿的权利属于绝对权

C. 甲请求乙赔偿的权利适用诉讼时效

D. 乙拒绝赔偿是行使抗辩权

16. 黄河公司以其房屋作抵押,先后向甲银行借款100万元,乙银行借款300万元,丙银行借款500万元,并依次办理了抵押登记。后丙银行与甲银行商定交换各自抵押权的顺位,并办理了变更登记,但乙银行并不知情。因黄河公司无力偿还三家银行的到期债务,银行拍卖其房屋,仅得价款600万元。关于三家银行对该价款的分配,下列哪一选项是正确的?

A. 甲银行100万元、乙银行300万元、丙银行200万元

B. 甲银行得不到清偿、乙银行100万元、丙银行500万元

C. 甲银行得不到清偿、乙银行300万元、丙银行300万元

D. 甲银行 100 万元、乙银行 200 万元、丙银行 300 万元

17. A区的甲公司与B区的乙公司签订合同,约定合同履行地在C区。两公司随后又达成补充协议,约定发生纠纷由C区法院管辖。后经乙公司同意,甲公司将合同转让给D区的丙公司,丙公司对补充协议并不知情。后丙公司起诉乙公司要求履行合同,乙公司主张转让无效。关于本案,下列哪一法院有管辖权?

A. A区法院　　　B. B区法院
C. C区法院　　　D. D区法院

18. 甲展览馆委托雕塑家叶某创作了一座巨型雕塑,将其放置在公园入口,委托创作合同中未约定版权归属。下列行为中,哪一项不属于侵犯著作权的行为?

A. 甲展览馆许可乙博物馆异地重建完全相同的雕塑

B. 甲展览馆仿照雕塑制作小型纪念品向游客出售

C. 个体户冯某仿照雕塑制作小型纪念品向游客出售

D. 游客陈某未经著作权人同意对雕塑拍照纪念

19. 根据《涉外民事关系法律适用法》和司法解释,关于外国法律的查明问题,下列哪一表述是正确的?

A. 行政机关无查明外国法律的义务

B. 查明过程中,法院应当听取各方当事人对应当适用的外国法律的内容及其理解与适用的意见

C. 无法通过中外法律专家提供的方式获得外国法律的,法院应认定为不能查明

D. 不能查明的,应视为相关当事人的诉讼请求无法律依据

20. 甲公司与乙公司因合同纠纷向某仲裁委员会申请仲裁,第一次开庭后,甲公司的代理律师发现合议庭首席仲裁员苏某与乙公司的老总汪某在一起吃饭,遂向仲裁庭提出回避申请。关于本案仲裁程序,下列哪一选项是正确的?

A. 苏某的回避应由仲裁委员会集体决定

B. 苏某回避后,合议庭应重新组成

C. 已经进行的仲裁程序应继续进行

D. 当事人可请求已进行的仲裁程序重新进行

21. 大学生甲在寝室复习功课,隔壁寝室的学生乙、丙到甲寝室强烈要求甲打开电视观看足球比赛,甲只好照办。由于质量问题,电视机突然爆炸,甲乙丙三人均受重伤。关于三人遭受的损害,下列哪一选项是正确的?

A. 甲可要求电视机的销售者承担赔偿责任

B. 甲可要求乙、丙承担损害赔偿责任

C. 乙、丙无权要求电视机的销售者承担赔偿责任

D. 乙、丙有权要求甲承担损害赔偿责任

22. 中国甲公司与法国乙公司商谈进口特种钢材,乙公司提供了买卖该种钢材的格式合同,两国均为1980年《联合国国际货物销售合同公约》缔约国。根据相关规则,下列哪一选项是正确的?

A. 因两国均为公约缔约国,双方不能在合同中再选择适用其他法律

B. 格式合同为该领域的习惯法,对双方具有约束力

C. 双方可对格式合同的内容进行修改和补充

D. 如双方在合同中选择了贸易术语,则不再适用公约

23. 德国博顿公司于2018年2月1日在我国政府举办的净水器国际展览会上首次在净水器上使用"蓝天"商标,中国的蓝天公司于同一天独立研发出相同的净水器并使用"蓝天"作为商标。博顿公司于2018年7月1日上午向我国商标局申请注册"蓝天"商标并主张优先权。蓝天公司于2018年7月1日下午向商标局申请注册"蓝天"商标。关于该商标权的归属,下列哪一项说法是正确的?

A. 博顿公司应获得"蓝天"商标,因为其享有优先权

B. 博顿公司应获得"蓝天"商标,因为其申请在先

C. 蓝天公司应获得"蓝天"商标,因为其使用在先

D. 应由博顿公司和蓝天公司协商,协商不成的,抽签决定

24. 甲委托乙购买一套机械设备,但要求以乙的名义签订合同,乙同意,遂与丙签订了设备购买合同。后由于甲的原因,乙不能按时向丙支付设备款。在乙向丙说明了自己是受甲委托向丙购买机械设备后,关于丙的权利,下列哪一选项是正确的?

A. 只能要求甲支付

B. 只能要求乙支付

C. 可选择要求甲或乙支付

D. 可要求甲和乙承担连带责任

25. 甲与乙教育培训机构就课外辅导达成协议,约定甲交费5万元,乙保证甲在接受乙的辅导后,高考分数能达到二本线。若未达到该目标,全额退费。结果甲高考成绩仅达去年二本线,与今年高考二本线尚差20分。关于乙的承诺,下列哪一表述是正确的?

A. 属于无效格式条款

B. 因显失公平而可变更

C. 因情势变更而可变更

D. 虽违背教育规律但属有效

26. 甲公司欠乙公司货款 1500 万元。1 年后,乙公司索要时,发现甲公司尚有 1000 万元的资产,但是法定代表人不知所踪,公司也不再经营。对此,下列哪一项说法是正确的?

A. 乙公司没有向法院申请确认合同债权,不能向法院申请破产

B. 乙公司没有向法院确认甲公司资不抵债,法院不能受理其破产申请

C. 乙公司应当向甲公司所在地的中级法院申请破产

D. 乙公司可以直接向法院申请对甲公司进行破产清算

27. 甲公司开发写字楼一幢,于 2008 年 5 月 5 日将其中一层卖给乙公司,约定半年后交房,甲公司于 2008 年 5 月 6 日申请办理了预告登记。2008 年 6 月 2 日甲公司因资金周转困难,在乙公司不知情的情况下,以该层楼向银行抵押借款并登记。现因甲公司不能清偿欠款,银行要求实现抵押权。下列哪一判断是正确的?

A. 抵押合同有效,抵押权设立

B. 抵押合同无效,但抵押权设立

C. 抵押合同有效,但抵押权不设立

D. 抵押合同无效,抵押权不设立

28. 甲乙夫妻的下列哪一项婚后增值或所得,属于夫妻共同财产?

A. 甲婚前承包果园,婚后果树上结的果实

B. 乙婚前购买的 1 套房屋升值了 50 万元

C. 甲用婚前的 10 万元婚后投资股市,得利 5 万元

D. 乙婚前收藏的玉石升值了 10 万元

29. 2010 年 7 月,甲公司不服 A 市 B 区法院对其与乙公司买卖合同纠纷的判决,上诉至 A 市中级法院,A 市中级法院经审理维持原判决。2011 年 3 月,甲公司与丙公司合并为丁公司。之后,丁公司法律顾问在复查原甲公司的相关材料时,发现上述案件具备申请再审的法定事由。关于该案件的再审,下列哪一说法是正确的?

A. 应由甲公司向法院申请再审

B. 应由甲公司与丙公司共同向法院申请再审

C. 应由丁公司向法院申请再审

D. 应由丁公司以案外人身份向法院申请再审

30. 甲向乙借款 50 万元,由丙提供保证,保证合同中未约定保证方式。后因借款清偿发生纠纷,一审法院判决认定丙承担连带保证责任。丙不服提起上诉,二审法院判决丙承担一般保证责任。判决生效后,丙以签订保证合同时意思表示错误不应承担保证责任为由申请再审。关于对丙申请的处理,下列哪一做法是正确的?

A. 裁定再审后组织调解,调解不成,告知另行起诉

B. 裁定再审后组织调解,调解不成,裁定发回重审

C. 裁定不予受理再审申请

D. 裁定驳回再审申请

31. 甲研究院研制出一种新药技术,向我国有关部门申请专利后,与乙制药公司签订了专利申请权转让合同,并依法向国务院专利行政主管部门办理了登记手续。下列哪一表述是正确的?

A. 乙公司依法获得药品生产许可证之前,专利申请权转让合同未生效

B. 专利申请权的转让合同自向国务院专利行政主管部门登记之日起生效

C. 专利申请权的转让自向国务院专利行政主管部门登记之日起生效

D. 如该专利申请因缺乏新颖性被驳回,乙公司可以不能实现合同目的为由请求解除专利申请权转让合同

32. 定居瑞士的英国明星大卫来中国旅游时,发现中国甲公司未经其同意在公司微信公众号中擅自使用其肖像宣传。大卫在中国某法院起诉甲公司,要求甲公司停止侵权并赔礼道歉。我国法院处理本案时应如何适用法律?

A. 双方当事人协议选择中国法的,应当适用中国法

B. 适用大卫经常居所地的瑞士法

C. 因大卫是英国人,应当适用英国法

D. 因微信是在中国发行的软件,应当适用中国法

33. 甲公司未取得商铺预售许可证,便与李某签订了《商铺认购书》,约定李某支付认购金即可取得商铺优先认购权,商铺正式认购时甲公司应优先通知李某选购。双方还约定了认购面积和房价,但对楼号、房型未作约定。李某依约支付了认购金。甲公司取得预售许可后,未通知李某前来认购,将商铺售罄。关于《商铺认购书》,下列哪一表述是正确的?

A. 无效,因甲公司未取得预售许可证即对外销售

B. 不成立,因合同内容不完整

C. 甲公司未履行通知义务,构成根本违约

D. 甲公司须承担继续履行的违约责任

34．甲公司因合同纠纷向法院提起诉讼，要求乙公司支付货款280万元。在法院的主持下，双方达成调解协议。协议约定:乙公司在调解书生效后10日内支付280万元本金，另支付利息5万元。为保证协议履行，双方约定由丙公司为乙公司提供担保，丙公司同意。法院据此制作调解书送达各方，但丙公司反悔拒绝签收。关于本案，下列哪一选项是正确的?

A．调解协议内容尽管超出了当事人诉讼请求，但仍具有合法性

B．丙公司反悔拒绝签收调解书，法院可以采取留置送达

C．因丙公司反悔，调解书对其没有效力，但对甲公司、乙公司仍具有约束力

D．因丙公司反悔，法院应当及时作出判决

35．法院受理甲出版社、乙报社著作权纠纷案，判决乙赔偿甲10万元，并登报赔礼道歉。判决生效后，乙交付10万元，但未按期赔礼道歉，甲申请强制执行。执行中，甲、乙自行达成口头协议，约定乙免于赔礼道歉，但另付甲一万元。关于法院的做法，下列哪一选项是正确的?

A．不允许，因协议内容超出判决范围，应当继续执行生效判决

B．允许，法院视为申请人撤销执行申请

C．允许，将当事人协议内容记入笔录，由甲、乙签字或盖章

D．允许，根据当事人协议内容制作调解书

36．2010年5月，贾某以一套房屋作为投资，与几位朋友设立一家普通合伙企业，从事软件开发。2014年6月，贾某举家移民海外，故打算自合伙企业中退出。对此，下列哪一选项是正确的?

A．在合伙协议未约定合伙期限时，贾某向其他合伙人发出退伙通知后，即发生退伙效力

B．因贾某的退伙，合伙企业须进行清算

C．退伙后贾某可向合伙企业要求返还该房屋

D．贾某对退伙前合伙企业的债务仍须承担无限连带责任

37．中国甲公司与日本乙公司的商事纠纷在日本境内通过仲裁解决。因甲公司未履行裁决，乙公司向某人民法院申请承认与执行该裁决。中日均为《纽约公约》缔约国，关于该裁决在中国的承认与执行，下列哪一选项是正确的?

A．该人民法院应组成合议庭审查

B．如该裁决是由临时仲裁庭作出的，该人民法院应拒绝承认与执行

C．如该人民法院认为该裁决不符合《纽约公约》的规定，即可直接裁定拒绝承认和执行

D．乙公司申请执行该裁决的期间应适用日本法的规定

38．关于版权保护，下列哪一选项体现了《与贸易有关的知识产权协议》对《伯尔尼公约》的补充?

A．明确了摄影作品的最低保护期限

B．将计算机程序和有独创性的数据汇编列为版权保护的对象

C．增加了对作者精神权利方面的保护

D．无例外地实行国民待遇原则

39．甲对乙说:如果你在三年内考上公务员，我愿将自己的一套住房或者一辆宝马轿车相赠。乙同意。两年后，乙考取某国家机关职位。关于甲与乙的约定，下列哪一说法是正确的?

A．属于种类之债　　B．属于选择之债

C．属于连带之债　　D．属于劳务之债

40．公司在经营活动中可以以自己的财产为他人提供担保。关于担保的表述中，下列哪一选项是正确的?

A．公司经理可以决定为本公司的客户提供担保

B．公司董事长可以决定为本公司的客户提供担保

C．公司董事会可以决定为本公司的股东提供担保

D．公司股东会可以决定为本公司的股东提供担保

41．蒙古公民高娃因民事纠纷在蒙古某法院涉诉。因高娃在北京居住，该蒙古法院欲通过蒙古驻华使馆将传票送达高娃，并向其调查取证。依中国法律规定，下列哪一选项是正确的?

A．蒙古驻华使馆可向高娃送达传票

B．蒙古驻华使馆不得向高娃调查取证

C．只有经中国外交部同意后，蒙古驻华使馆才能向高娃送达传票

D．蒙古驻华使馆可向高娃调查取证并在必要时采取强制措施

42．韩某购买了一张箱体床，生产厂家承诺:保质期3年，终身维修。3年后的某天晚上，韩某在正常睡觉时床体坠落，导致其右臂骨折。厂家对该床存在的缺陷没有明显提示，我国目前关于箱体床并无国家标准。对此，下列哪一说法是正确的?

A．由于没有国家标准，无法确定该床是否存在缺陷

B．韩某摔伤属于意外事件，厂家不用赔偿

C．虽然超过保质期，厂家依然要赔偿

D．韩某索赔时要提供产品质量缺陷的证明

43．甲、乙因合伙经商向丙借款3万元，甲于约

定时间携带 3 万元现金前往丙家还款,丙因忘却此事而外出,甲还款未果。甲返回途中,将装有现金的布袋夹放在自行车后座,路经闹市时被人抢夺,不知所踪。下列哪一选项是正确的?

A. 丙仍有权请求甲、乙偿还 3 万元借款

B. 丙丧失请求甲、乙偿还 3 万元借款的权利

C. 丙无权请求乙偿还 3 万元借款

D. 甲、乙有权要求丙承担此款被抢夺的损失

44. 哥哥王文诉弟弟王武遗产继承一案,王文向法院提交了一份其父生前关于遗产分配方案的遗嘱复印件,遗嘱中有"本遗嘱的原件由王武负责保管"字样,并有王武的签名。王文在举证责任期间书面申请法院责令王武提交遗嘱原件,法院通知王武提交,但王武无正当理由拒绝提交。在此情况下,依据相关规定,下列哪一行为是合法的?

A. 王文可只向法院提交遗嘱的复印件

B. 法院可依法对王武进行拘留

C. 法院可认定王文所主张的该遗嘱能证明的事实为真实

D. 法院可根据王武的行为而判决支持王文的各项诉讼请求

45. 某化工厂排污造成河流严重污染,某环保协会对此提起公益诉讼,要求化工厂赔偿河流污染治理费用 300 万元。法院经过审理后认为 300 万元不足以修复环境污染造成的损害,遂建议某环保协会将诉讼请求增加为 500 万元。某环保协会将诉讼请求变更为 500 万元,法院判决支持了某环保协会的全部诉讼请求,关于本案表述正确的是:

A. 公益诉讼案件一审终审,当事人无权上诉

B. 某环保协会应当先行通知行政机关处理后再提起公益诉讼

C. 法院建议某环保协会将诉讼请求变更为 500 万,违反了处分原则

D. 本案应当由中院一审管辖

46. 思瑞公司不能清偿到期债务,债权人向法院申请破产清算。法院受理并指定了管理人。在宣告破产前,持股 20% 的股东甲认为如引进战略投资者乙公司,思瑞公司仍有生机,于是向法院申请重整。关于重整,下列哪一选项是正确的?

A. 如甲申请重整,必须附有乙公司的投资承诺

B. 如债权人反对,则思瑞公司不能开始重整

C. 如思瑞公司开始重整,则管理人应辞去职务

D. 只要思瑞公司的重整计划草案获得法院批准,重整程序就终止

47. 中国甲公司(买方)与某国乙公司签订仪器买卖合同,付款方式为信用证,中国丙银行为开证行,中国丁银行为甲公司申请开证的保证人,担保合同未约定法律适用。乙公司向信用证指定行提交单据后,指定行善意支付了信用证项下的款项。后甲公司以乙公司伪造单据为由,向中国某法院申请禁止支付令。依我国相关法律规定,下列哪一选项是正确的?

A. 中国法院可以诈欺为由禁止开证行对外支付

B. 因指定行已善意支付了信用证项下的款项,中国法院不应禁止中国丙银行对外付款

C. 如确有证据证明单据为乙公司伪造,中国法院可判决终止支付

D. 丁银行与甲公司之间的担保关系应适用《跟单信用证统一惯例》规定

48. 殷某和郑某办理结婚手续后,殷某向法院起诉确认婚姻无效。诉讼过程中郑某突发疾病死亡,其没有任何直系亲属。对此,法院的下列哪一做法是正确的?

A. 裁定诉讼终结

B. 裁定诉讼中止

C. 继续审理后作出判决

D. 追加民政部门为诉讼参加人

49. 杨某为其妻王某购买了某款人身保险,该保险除可获得分红外,还约定若王某意外死亡,则保险公司应当支付保险金 20 万元。关于该保险合同,下列哪一说法是正确的?

A. 若合同成立 2 年后王某自杀,则保险公司不支付保险金

B. 王某可让杨某代其在被保险人同意处签字

C. 经王某口头同意,杨某即可将该保险单质押

D. 若王某现为无民事行为能力人,则无需经其同意该保险合同即有效

50. 根据《银行业监督管理法》,国务院银行业监督管理机构有权对银行业金融机构的信用危机依法进行处置。关于处置规则,下列哪一说法是错误的?

A. 该信用危机必须已经发生

B. 该信用危机必须达到严重影响存款人和其他客户合法权益的程度

C. 国务院银行业监督管理机构可以依法对该银行业金融机构实行接管

D. 国务院银行业监督管理机构也可以促成其机构重组

二、多项选择题。每题所设选项中至少有两个正确答案,多选、少选、错选或不选均不得分。本部分含 51—85 题,每题 2 分,共 70 分。

51. 某省 L 市旅游协会为防止零团费等恶性竞争,召集当地旅行社商定对游客统一报价,并根据各旅行社所占市场份额,统一分配景点返佣、古城维护

费返佣等收入。此计划实施前,甲旅行社主动向反垄断执法机构报告了这一情况并提供了相关证据。关于本案,下列哪些判断是错误的?

A. 旅游协会的行为属于正当的行业自律行为

B. 由于尚未实施,旅游协会的行为不构成垄断行为

C. 如构成垄断行为,L 市发改委可对其处以 50 万元以下的罚款

D. 如构成垄断行为,对甲旅行社可酌情减轻或免除处罚

52. 2012 年外国人约翰来到中国,成为某合资企业经理,迄今一直居住在北京。根据《个人所得税法》,约翰获得的下列哪些收入应在我国缴纳个人所得税?

A. 从该合资企业领取的薪金

B. 出租其在华期间购买的房屋获得的租金

C. 在中国某大学开设讲座获得的酬金

D. 在美国杂志上发表文章获得的稿酬

53. 成泰公司设立于 2015 年,其投资建设了成泰商厦。公司有股东王某、张某和李某三人,其中王某和张某系夫妻,分别持股 51% 和 40%。2018 年王某和张某因感情发生纠纷,夫妻关系破裂,至此公司再未有效召开股东会。因城市发展,成泰商厦的租金持续上涨,公司盈利颇丰。下列哪些说法是正确的?

A. 王某有权以自己的名义请求法院解散公司

B. 张某有权以自己的名义请求法院解散公司

C. 李某请求法院解散公司,应列公司为被告

D. 因该公司经营状况良好,因此法院不应裁判解散公司

54. 李根诉刘江借款纠纷一案在法院审理,李根申请财产保全,要求法院扣押刘江向某小额贷款公司贷款时质押给该公司的两块名表。法院批准了该申请,并在没有征得该公司同意的情况下采取保全措施。对此,下列哪些选项是错误的?

A. 一般情况下,某小额贷款公司保管的两块名表应交由法院保管

B. 某小额贷款公司因法院采取保全措施而丧失了对两块名表的质权

C. 某小额贷款公司因法院采取保全措施而丧失了对两块名表的优先受偿权

D. 法院可以不经某小额贷款公司同意对其保管的两块名表采取保全措施

55. A 市甲公司与 B 市乙公司签订建设工程施工合同,合同约定,合同履行发生纠纷可向 A 市的 A 仲裁委员会或 B 市的 B 仲裁委员会申请仲裁。合同发生纠纷后,甲公司向仲裁委员会申请仲裁,乙公司请求确认仲裁协议无效。关于本案,下列哪些说法是正确的?

A. 甲公司可向 A 仲裁委员会申请仲裁

B. 甲公司可向 B 仲裁委员会申请仲裁

C. 乙公司可向 A 仲裁委员会申请确认仲裁协议效力

D. 乙公司可向 B 市中级人民法院申请确认仲裁协议效力

56. 甲向乙借款 5 万元,乙要求甲提供担保,甲分别找到友人丙、丁、戊、己,他们各自作出以下表示,其中哪些构成保证?

A. 丙在甲向乙出具的借据上签署"保证人丙"

B. 丁向乙出具字据称"如甲到期不向乙还款,本人愿代还 3 万元"

C. 戊向乙出具字据称"如甲到期不向乙还款,由本人负责"

D. 己向乙出具字据称"如甲到期不向乙还款,由本人以某处私房抵债"

57. 女青年牛某因在一档电视相亲节目中言词犀利而受到观众关注,一时应者如云。有网民对其发动"人肉搜索",在相关网站首次披露牛某的曾用名、儿时相片、家庭背景、恋爱史等信息,并有人在网站上捏造牛某曾与某明星有染的情节。关于网民的行为,下列哪些说法是正确的?

A. 侵害牛某的姓名权

B. 侵害牛某的肖像权

C. 侵害牛某的隐私权

D. 侵害牛某的名誉权

58. 黄某因侵权纠纷起诉柳某,一审法院适用简易程序,由审判员王某独任审理。后柳某不服一审判决提起上诉,二审法院以基本事实不清为由裁定发回重审。关于重审的程序和审判组织,下列哪些说法是正确的?

A. 应适用普通程序,王某不得作为合议庭组成人员

B. 应适用简易程序,王某不得作为审判员审理本案

C. 应适用普通程序,由王某之外的其他法官独任审理

D. 应适用普通程序,人民陪审员可以参与合议庭

59. 岳某起诉刘某离婚,在诉讼中二人达成调解协议,法院据此制作调解书,并通知岳某和刘某到法院领取调解书。岳某到法院领取并签收了调解书,刘某一直未领。后岳某反悔,不愿意离婚,下列哪些说法是正确的?

A. 岳某可以反悔,法院应当依调解协议制作判决书

B. 岳某可以反悔,法院应当根据案件审理情况制作判决书

C. 岳某不能反悔,因为其已经签收调解书

D. 岳某可以向法院申请撤回起诉

60. 2003 年 5 月王某(男)与赵某结婚,双方书面约定婚后各自收入归个人所有。2005 年 10 月王某用自己的收入购置一套房屋。2005 年 11 月赵某下岗,负责照料女儿及王某的生活。2008 年 8 月王某提出离婚,赵某得知王某与张某已同居多年。法院应支持赵某的下列哪些主张?

A. 赵某因抚育女儿、照顾王某生活付出较多义务,王某应予以补偿

B. 离婚后赵某没有住房,应根据公平原则判决王某购买的住房属于夫妻共同财产

C. 王某与张某同居导致离婚,应对赵某进行赔偿

D. 张某与王某同居破坏其家庭,应向赵某赔礼道歉

61. A 区的甲向 B 区的乙租赁仓库,仓库位于 C 区,月租金 1 万元。双方约定合同履行发生纠纷,向被告住所地法院起诉。因甲累计拖欠租金 5 万元,乙向 A 区法院起诉。A 区法院适用小额诉讼程序审理,甲提出管辖权异议,称本案应由 C 区法院专属管辖,A 区法院裁定驳回。A 区法院作出的判决生效后,甲申请再审。关于本案,下列哪些表述是正确的?

A. 甲可对驳回管辖权异议裁定提起上诉

B. 甲不可对驳回管辖权异议裁定提起上诉

C. 甲可向 A 区法院申请再审

D. 甲可向 C 区法院申请再审

62. 甲、乙、丙等拟以募集方式设立厚亿股份公司。经过较长时间的筹备,公司设立的各项事务逐渐完成,现大股东甲准备组织召开公司成立大会。下列哪些表述是正确的?

A. 厚亿公司的章程应在成立大会上通过

B. 甲、乙、丙等出资的验资证明应由成立大会审核

C. 厚亿公司的经营计划应在成立大会上决定

D. 设立厚亿公司的各种费用应由成立大会审核

63. 甲向乙购买原材料,为支付货款,甲向乙出具金额为 50 万元的商业汇票一张,丙银行对该汇票进行了承兑。后乙不慎将该汇票丢失,被丁拾得。乙立即向付款人丙银行办理了挂失止付手续。下列哪些选项是正确的?

A. 乙因丢失票据而确定性地丧失了票据权利

B. 乙在遗失汇票后,可直接提起诉讼要求丙银行付款

C. 如果丙银行向丁支付了票据上的款项,则丙应向乙承担赔偿责任

D. 乙在通知挂失止付后十五日内,应向法院申请公示催告

64. 甲公司研发了一款营养米糊,通过了食品检验机构的检验。为了推广该营养米糊,甲公司承诺向贫困地区捐赠 1000 罐,并获得了食品行业协会的宣传推荐。消费者姜某在乙公司开办的集中交易市场上,于丙公司(无食品经营许可证)的摊位上购买了该营养米糊,回家饮用后身体不适。经查,该营养米糊农药残留超标,但食品检验机构未检测出来。据此,姜某可向谁主张赔偿?

A. 食品检验机构

B. 食品行业协会

C. 乙公司

D. 丙公司

65. 李某准备转让自己的房子,但转让后无处居住,遂在将房子转让给王某的时候约定,在办理房子过户的时候一并为李某设立居住权登记直到李某去世。后李某和王某办理了房子的过户登记,但因故居住权登记未能办理。后李某要求王某办理居住权登记,王某拒绝。下列哪些说法是正确的?

A. 李某可以主张王某继续履行办理居住权登记的义务

B. 居住权因未登记没有设立

C. 李某对该约定享有的为债权

D. 李某可向王某主张迟延履行的违约责任

66. 喜好网球和游泳的赵某从宏大公司购买某小区商品房一套,交房时发现购房时宏大公司售楼部所展示的该小区模型中的网球场和游泳池并不存在。经查,该小区设计中并无网球场和游泳池。下列哪些选项是正确的?

A. 赵某有权要求退房

B. 赵某如要求退房,有权请求宏大公司承担缔约过错责任

C. 赵某如要求退房,有权请求宏大公司双倍返还购房款

D. 赵某如不要求退房,有权请求宏大公司承担违约责任

67. 羽伦公司是一家非上市的股份公司,成立于 2020 年 4 月,公司注册资本 1 亿元,股东共认缴出资 2 亿元。2021 年 4 月,该公司财务报表显示,2020 年羽伦公司亏损 0.4 亿元人民币。因市场好转,2022 年 4 月的公司财务报表显示,羽伦公司 2021 年实现税后净利润 0.8 亿元。据此,下列哪些说法是正确的?

A. 2020 年 4 月,羽伦公司应将 1 亿元计入资本公积金

B. 就 0.8 亿元税后利润,羽伦公司应当先弥补

上一年度亏损

    C. 就 0.8 亿元税后利润应当提取 0.08 亿元法定公积金

    D. 羽伦公司董事会有权决定提取一定比例的任意公积金

68. 下列哪些法律渊源是地方政府开征、停征某种税收的依据?

    A. 全国人大及其常委会制定的法律

    B. 国务院依据法律授权制定的行政法规

    C. 国务院有关部委制定的部门规章

    D. 地方人大、地方政府发布的地方法规

69. 孙女士于 2004 年 5 月 1 日从某商场购买一套化妆品,使用后皮肤红肿出疹,就医不愈花费巨大。2005 年 4 月,孙女士多次交涉无果将商场诉至法院。下列哪些说法是正确的?

    A. 孙女士可以要求商场承担违约责任

    B. 孙女士可以要求商场承担侵权责任

    C. 孙女士可以要求商场承担缔约过失责任

    D. 孙女士可以要求撤销合同

70. 甲、乙、丙按不同的比例共有一套房屋,约定轮流使用。在甲居住期间,房屋廊檐脱落砸伤行人丁。下列哪些选项是正确的?

    A. 甲、乙、丙如不能证明自己没有过错,应对丁承担连带赔偿责任

    B. 丁有权请求甲承担侵权责任

    C. 如甲承担了侵权责任,则乙、丙应按各自份额分担损失

    D. 本案侵权责任适用过错责任原则

71. 农民姚某于 2016 年 3 月 8 日进入红海公司工作,双方未签订书面劳动合同,红海公司也未给姚某缴纳基本养老保险,姚某向社保机构缴纳了基本养老保险费。同年 12 月 8 日,姚某以红海公司未为其缴纳社会保险为由申请辞职。经查,姚某的工资属于所在地最低工资标准额。关于此事,下列哪些说法是正确的?

    A. 姚某自 2016 年 3 月 8 日起即与红海公司建立劳动关系

    B. 红海公司自 2016 年 4 月 8 日起,应向姚某每月支付两倍的工资

    C. 姚某应参加新型农村社会养老保险,而不应参加基本养老保险

    D. 姚某就红海公司未缴养老保险费而发生争议的,可要求社保行政部门或社保费征收机构处理

72. 甲创作了一首歌曲《红苹果》,乙唱片公司与甲签订了专有许可合同,在聘请歌星丙演唱了这首歌曲后,制作成录音制品(CD)出版发行。下列哪些行为属于侵权行为?

    A. 某公司未经许可翻录该 CD 后销售,向甲、乙、丙寄送了报酬

    B. 某公司未经许可自聘歌手在录音棚中演唱了《红苹果》并制作成 DVD 销售,向甲寄送了报酬

    C. 某商场购买 CD 后在营业时间作为背景音乐播放,经过甲许可并向其支付了报酬

    D. 某电影公司将 CD 中的声音作为电影的插曲使用,只经过了甲许可

73. 何某死后留下一间价值六万元的房屋和四万元现金。何某立有遗嘱,四万元现金由四个子女平分,房屋的归属未作处理。何某女儿主动提出放弃对房屋的继承权,于是三个儿子将房屋变卖,每人分得两万元。现债权人主张何某生前曾向其借款 12 万元,并有借据为证。下列哪些说法是错误的?

    A. 何某已死,债权债务关系消灭

    B. 四个子女平均分担,每人偿还三万元

    C. 四个子女各自以继承所得用于清偿债务,剩下两万元由四人平均分担

    D. 四个子女各自以继承所得用于清偿债务,剩下两万元四人可以不予清偿

74. 杨青(15 岁)与何翔(14 岁)两人经常嬉戏打闹,一次,杨青失手将何翔推倒,致何翔成了植物人。当时在场的还有何翔的弟弟何军(11 岁)。法院审理时,何军以证人身份出庭。关于何军作证,下列哪些说法不能成立?

    A. 何军只有 11 岁,无诉讼行为能力,不具有证人资格,故不可作为证人

    B. 何军是何翔的弟弟,应回避

    C. 何军作为未成年人,其所有证言依法都不具有证明力

    D. 何军作为何翔的弟弟,证言具有明显的倾向性,其证言不能单独作为认定案件事实的根据

75. 在某合同纠纷中,中国当事方与甲国当事方协议选择适用乙国法,并诉至中国法院。关于该合同纠纷,下列哪些选项是正确的?

    A. 当事人选择的乙国法,仅指该国的实体法,既不包括其冲突法,也不包括其程序法

    B. 如乙国不同州实施不同的法律,人民法院应适用该国首都所在地的法律

    C. 在庭审中,中国当事方以乙国与该纠纷无实际联系为由主张法律选择无效,人民法院不应支持

    D. 当事人在一审法庭辩论即将结束时决定将选择的法律变更为甲国法,人民法院不应支持

76. 甲带 3 岁孩子(按规定免票)乘坐长途客车,途中客车与乙驾驶的轿车相撞发生交通事故。甲身体受轻伤,随身携带的电脑摔坏,就医花费 1000 元,

修理电脑花费2000元。孩子造成脑震荡,就医花费5万元。对此,下列说法正确的是:

A. 若客车司机无过错,则对于电脑损失客运公司不需要承担责任

B. 孩子的损失,可请求客运公司承担责任

C. 孩子免票,公司不承担责任

D. 甲有权请求客运公司与乙承担连带责任

77. 紫云有限公司设有股东会、董事会和监事会。近期公司的几次投标均失败,董事会对此的解释是市场竞争激烈,对手强大。但监事会认为是因为董事狄某将紫云公司的标底暗中透露给其好友的公司。对此,监事会有权采取下列哪些处理措施?

A. 提议召开董事会

B. 提议召开股东会

C. 提议解任狄某

D. 聘请律师协助调查

78. 甲、乙、丙、丁欲设立一有限合伙企业,合伙协议中约定了如下内容,其中哪些符合法律规定?

A. 甲仅以出资额为限对企业债务承担责任,同时被推举为合伙事务执行人

B. 丙以其劳务出资,为普通合伙人,其出资份额经各合伙人商定为5万元

C. 合伙企业的利润由甲、乙、丁三人分配,丙仅按营业额提取一定比例的劳务报酬

D. 经全体合伙人同意,有限合伙人可以全部转为普通合伙人,普通合伙人也可以全部转为有限合伙人

79. 甲房地产开发公司从某市政府以出让方式获得一地块的土地使用权,进行商品房开发,楼盘建设过半投入约2亿元,甲房地产开发公司因资金链断裂无以为继,无奈将此土地使用权及地上建筑一并转给乙房地产开发公司。下列哪些说法是错误的?

A. 乙房地产开发公司获得土地使用权后需重新与某市政府签订土地使用权出让合同

B. 某市政府可向甲房地产开发公司收取不超过2亿元的土地闲置费

C. 乙房地产开发公司获得土地使用权后可经甲房地产开发公司同意改变土地用途

D. 甲房地产开发公司应缴纳全部的土地出让金并获得土地使用权证书,才可转让土地使用权

80. 吴某是甲公司员工,持有甲公司授权委托书。吴某与温某签订了借款合同,该合同由温某签字、吴某用甲公司合同专用章盖章。后温某要求甲公司还款。下列哪些情形有助于甲公司否定吴某的行为构成表见代理?

A. 温某明知借款合同上的盖章是甲公司合同专用章而非甲公司公章,未表示反对

B. 温某未与甲公司核实,即将借款交给吴某

C. 吴某出示的甲公司授权委托书载明甲公司仅授权吴某参加投标活动

D. 吴某出示的甲公司空白授权委托书已届期

81. 某商业银行因房地产开发商不能按期归还贷款,遂通过同业拆借获得资金再放贷,如此反复拆借放贷,最终导致资金链断裂。对于该商业银行的违法行为,下列哪些处理措施是正确的?

A. 由中国人民银行决定接管

B. 由国家金融监督管理总局决定接管

C. 由中国人民银行责令停业整顿

D. 由中国人民银行处以罚款

82. 陈某申请了某个发明专利,2019年1月授权给甲公司使用5年,约定每年年底收取10万元专利使用费。2021年12月,乙公司未经授权使用该专利,被法院判决赔偿陈某20万元。2022年1月,专利局宣告该发明专利无效。甲公司得知后,便不再缴纳专利使用费,但仍继续使用。乙公司未得知该消息,向陈某赔偿了20万元。陈某对专利局的宣告不服,申请复审后又向法院提起诉讼。2023年5月,法院终审判决维持宣告该专利无效的决定。对此,下列哪些说法是正确的?

A. 甲公司应向陈某支付2022年及2023年的专利使用费

B. 甲公司有权请求陈某返还已经支付的专利使用费

C. 乙公司有权请求陈某返还20万元

D. 陈某可以不经复审,直接向法院提起诉讼

83. 中国和新加坡都接受了《金融账户信息自动交换标准》中的“共同申报准则”(CRS)。定居在中国的张某在新加坡银行和保险机构均有账户,同时还在新加坡拥有房产和收藏品等,下列哪些说法是正确的?

A. 如中国未提供正当理由,新加坡无须向中国报送张某的金融账户信息

B. 新加坡应向中国报送张某在特定保险机构的账户信息

C. 新加坡可不向中国报送张某在新加坡的房产和收藏品信息

D. 因张某为瑞士国籍,可以要求新加坡不向中国报送其在新加坡的金融账户信息

84. 尚友有限公司因经营管理不善,决定依照《破产法》进行重整。关于重整计划草案,下列哪些选项是正确的?

A. 在尚友公司自行管理财产与营业事务时,由其自己制作重整计划草案

B. 债权人参加讨论重整计划草案的债权人会议

时,应按法定的债权分类,分组对该草案进行表决

C. 出席会议的同一表决组的债权人过半数同意重整计划草案,即为该组通过重整计划草案

D. 三分之二以上表决组通过重整计划草案,重整计划即为通过

85. 甲公司为其牛奶产品注册了"润语"商标后,通过签订排他许可合同许可乙公司使用。丙公司在其酸奶产品上使用"润语"商标,甲公司遂起诉丙公司停止侵害并赔偿损失,法院判决支持了甲公司的请求。在该判决执行完毕后,"润语"注册商标因侵犯丁公司的著作权被依法撤销。下列哪些选项是错误的?

A. 甲公司和乙公司可以作为共同原告起诉丙公司

B. 甲公司与乙公司的许可合同应当认定为无效合同,乙公司应当申请返还许可费

C. 甲公司获得的侵权赔偿费构成不当得利,应当返还给丙公司

D. 甲公司获得的侵权赔偿费应当转付给丁公司

三、不定项选择题。 每题所设选项中至少有一个正确答案,多选、少选、错选或不选均不得分。本部分含86-100题,每题2分,共30分。

蒋某是 C 市某住宅小区 6 栋 3 单元 502 号房业主,入住后面临下列法律问题,请根据相关事实予以解答。请回答 86~88 题。

86. 小区地下停车场设有车位 500 个,开发商销售了 300 个,另 200 个用于出租。蒋某购房时未买车位,现因购车需使用车位。下列选项正确的是:

A. 蒋某等业主对地下停车场享有业主共有权

B. 如小区其他业主出售车位,蒋某等无车位业主在同等条件下享有优先购买权

C. 开发商出租车位,应优先满足蒋某等无车位业主的需要

D. 小区业主如出售房屋,其所购车位应一同转让

87. 该小区业主田某将其位于一楼的住宅用于开办茶馆,蒋某认为此举不妥,交涉无果后向法院起诉,要求田某停止开办。下列选项正确的是:

A. 如蒋某是同一栋住宅楼的业主,法院应支持其请求

B. 如蒋某能证明因田某开办茶馆而影响其房屋价值,法院应支持其请求

C. 如蒋某能证明因田某开办茶馆而影响其生活质量,法院应支持其请求

D. 如田某能证明其开办茶馆得到多数有利害关系业主的同意,法院应驳回蒋某的请求

88. 对小区其他业主的下列行为,蒋某有权提起

诉讼的是:

A. 5 栋某业主任意弃置垃圾

B. 7 栋某业主违反规定饲养动物

C. 8 栋顶楼某业主违章搭建楼顶花房

D. 楼上邻居因不当装修损坏蒋某家天花板

89. 甲、乙、丙三人签订合伙协议并开始经营,但未取字号,未登记,也未推举负责人。其间,合伙人与顺利融资租赁公司签订融资租赁合同,租赁淀粉加工设备一台,约定租赁期限届满后设备归承租人所有。合同签订后,出租人按照承租人的选择和要求向设备生产商丁公司支付了价款。如租赁期间因设备自身原因停机,造成承租人损失。下列说法正确的是:

A. 出租人应减少租金

B. 应由丁公司修理并赔偿损失

C. 承租人向丁公司请求承担责任时,出租人有协助义务

D. 出租人与丁公司承担连带责任

(二)

2010 年 1 月,高某与某房地产开发公司签订了一份《预售商品房认购书》。《认购书》约定,公司为高某预留所选房号,双方于公司取得商品房预售许可证时正式签订商品房预售合同。《认购书》还约定,认购人于签订认购书时缴纳"保证金"一万元,该款于双方签订商品房预售合同时自动转为合同定金,如认购人接到公司通知后七日内不签订商品房预售合同,则该款不予退还。同年 2 月,高某接到公司已经取得商品房预售许可证的通知,立即前往公司签订了商品房预售合同,并当场缴纳了首期购房款 80 万元。同年 5 月,高某接到公司通知:房屋预售合同解除。经了解,该套房屋已经被公司以更高价格出售给第三人。双方发生争议。请回答 90、91 题。

90. 公司主张,双方在签订《预售商品房认购书》时,公司尚未取得商品房预售许可证,故该《认购书》无效,以此为基础订立的商品房预售合同也应无效。对此,下列判断正确的是:

A. 法律规定,取得商品房预售许可证是商品房预售的必备条件之一

B. 《预售商品房认购书》不是商品房预售合同,不以取得商品房销售许可证为条件

C. 双方签订商品房预售合同时,公司已具备商品房预售的法定条件,该合同有效

D. 因施工进度及竣工交付日期变化的,房屋可另售他人

91. 经双方协商,高某同意解除商品房预售合同。但在款项支付问题上,双方发生分歧。高某要求返还 80 万元首期房款本息并双倍返还定金。公司主

张只退还 80 万元首期房款和一万元"保证金"。对此,下列判断正确的是:

A. 商品房预售合同无约束力,只能按公司的意见办理退款

B. 商品房预售合同有效,但《预售商品房认购书》无效,故应按公司的意见办理退款

C.《预售商品房认购书》和商品房预售合同均有效,应该支持高某的主张

D. 开发商违约,高某有权请求赔偿损失

92. 陈某为妻子购买人身保险,指定自己和儿子为受益人。按照保险合同的约定,该保险须缴纳 20 年。陈某投保 10 年后,因公司经营业绩不佳,经济压力较大,拟解除该保险合同。对此,下列选项正确的是:

A. 须经妻子的同意方可解除

B. 须经儿子的同意方可解除

C. 合同解除后,陈某有权主张保单现金价值

D. 合同解除后,妻子有权主张保单现金价值

93. 甲国 A 公司向乙国 B 公司出口一批货物,双方约定适用 2020 年《国际贸易术语解释通则》中 CIF 术语。该批货物由丙国 C 公司"乐安"号商船承运,运输途中船舶搁浅,为起浮抛弃了部分货物。船舶起浮后继续航行中又因恶劣天气,部分货物被海浪打入海中。到目的港后发现还有部分货物因固有缺陷而损失。该批货物投保了平安险,关于运输中的相关损失的认定及赔偿,依《海牙规则》,下列选项正确的是:

A. 为起浮抛弃货物造成的损失属于共同海损

B. 因恶劣天气部分货物被打入海中的损失属于单独海损

C. 保险人应赔偿共同海损和因恶劣天气造成的单独海损

D. 承运人对因固有缺陷损失的货物免责,保险人应承担赔偿责任

（三）

张山承租林海的商铺经营饭店,因拖欠房租被诉至饭店所在地甲法院,法院判决张山偿付林海房租及利息,张山未履行判决。经律师调查发现,张山除所居住房以外,其名下另有一套房屋,林海遂向该房屋所在地乙法院申请执行。乙法院对该套房屋进行查封拍卖。执行过程中,张山前妻宁虹向乙法院提出书面异议,称两人离婚后该房屋已由丙法院判决归其所有,目前尚未办理房屋变更登记手续。请回答 94～96 题。

94. 对于宁虹的异议,乙法院的正确处理是:

A. 应当自收到异议之日起 15 日内审查

B. 若异议理由成立,裁定撤销对该房屋的执行

C. 若异议理由不成立,裁定驳回

D. 应当告知宁虹直接另案起诉

95. 如乙法院裁定支持宁虹的请求,林海不服提出执行异议之诉,有关当事人的诉讼地位是:

A. 林海是原告,张山是被告,宁虹是第三人

B. 林海和张山是共同原告,宁虹是被告

C. 林海是原告,张山和宁虹是共同被告

D. 林海是原告,宁虹是被告,张山视其态度而定

96. 乙法院裁定支持宁虹的请求,林海提出执行异议之诉,下列说法可成立的是:

A. 林海可向甲法院提起执行异议之诉

B. 如乙法院审理该案,应适用普通程序

C. 宁虹应对自己享有涉案房屋所有权承担证明责任

D. 如林海未对执行异议裁定提出诉讼,张山可以提出执行异议之诉

（四）

某公司聘用首次就业的王某,口头约定劳动合同期限 2 年,试用期 3 个月,月工资 1200 元,试用期满后 1500 元。

2012 年 7 月 1 日起,王某上班,不久即与同事李某确立恋爱关系。9 月,由经理办公会讨论决定并征得工会主席同意,公司公布施行《工作纪律规定》,要求同事不得有恋爱或婚姻关系,否则一方必须离开公司。公司据此解除王某的劳动合同。

经查明,当地月最低工资标准为 1000 元,公司与王某一直未签订书面劳动合同,但为王某买了失业保险。

请回答 97、98 题:

97. 关于双方约定的劳动合同内容,下列符合法律规定的说法是:

A. 试用期超过法定期限

B. 试用期工资符合法律规定

C. 8 月 1 日起,公司未与王某订立书面劳动合同,应每月付其两倍的工资

D. 8 月 1 日起,如王某拒不与公司订立书面劳动合同,公司有权终止其劳动关系,且无需支付经济补偿

98. 关于该《工作纪律规定》,下列说法正确的是:

A. 制定程序违法

B. 有关婚恋的规定违法

C. 依据该规定解除王某的劳动合同违法

D. 该公司执行该规定给王某造成损害的,应承担赔偿责任

99. 甲国贸易公司航次承租乙国籍货轮"锦绣"号将一批货物从甲国运往中国,运输合同载有适用

甲国法律的条款。"锦绣"号停靠丙国某港时与丁国籍轮"金象"号相撞,有关货损和碰撞案在中国法院审理。关于该案的法律适用,下列哪些选项是正确的?

A. 有关航次租船运输合同的争议应适用与合同有最密切联系的法律

B. 有关航次租船运输合同的争议应适用甲国法律

C. 因为"锦绣"号与"金象"号的国籍不同,两轮的碰撞纠纷应适用法院地法解决

D. "锦绣"号与"金象"号的碰撞应适用丙国法律

100. 甲国公司在乙国投资建成地热公司,并向多边投资担保机构投了保。1993年,乙国因外汇大量外流采取了一系列的措施,使地热公司虽取得了收入汇出批准书,但仍无法进行货币汇兑并汇出,甲公司认为已发生了禁兑风险,并向投资担保机构要求赔偿。根据相关规则,下列选项正确的是:

A. 乙国中央银行已批准了货币汇兑,不能认为发生了禁兑风险

B. 消极限制货币汇兑也属于货币汇兑险的范畴

C. 乙国应为发展中国家

D. 担保机构一经向甲公司赔付,即代位取得向东道国的索赔权

试 卷 一

解 析

一、单项选择题

1.坚持党对全面依法治国的领导[B]

[解析] 根据《中共中央关于全面推进依法治国若干重大问题的决定》,A、C、D 项正确。B 项中"党内法规在适用时无须进行解释"错误,应加大党内法规备案审查和解释力度,注重党内法规同国家法律的衔接和协调。

2.推进全民守法[C]

[解析] 要把推进全民守法作为基础工程,全面落实"谁执法谁普法"的普法责任制,故 C 项错误。A、B、D 项均是对守法的正确表述。

3.事实判断与价值判断;法的价值[A]

[解析] 事实判断的核心是"是不是",价值判断的核心是"好不好"。本案中,交警看见甲开车至非机动车道掉头,司机甲也认可,这是一个典型的事实判断。交警认为甲违章并罚款。这是一个价值判断。经甲解释后,交警认为,人的生命价值高于秩序价值,于是不但不予处罚,还开警车为其引道。这里又有一个价值判断。故 A 选项正确。

价值位阶原则,是指在不考虑具体案件的情境下,法的各个价值之间的优先性关系。个案中的比例原则指与其他法的价值相比较,哪一个法的价值在具体案件的情境下更具有优先性或分量。在这个相互损害的关系之中,对与其相互碰撞或冲突的法的价值的损害程度最小的那个法的价值就是更具有优先性或分量的价值。价值位阶原则与个案中的比例原则区分的关键在于,价值位阶原则在适用时,不考虑具体个案情境,为了在先价值完全抛弃在后价值。而个案中的比例原则在适用时,要结合具体个案情境,对于必须侵犯的价值并非完全抛弃,而是对该价值的侵犯要保留必要的限度,使其损害程度最小。本案中,交警认为人的生命价值高于秩序价值,对司机甲不但不予处罚,还开警车为其引道。交警为了孕妇的生命,没有顾及秩序,这是典型的价值位阶原则。故 B 选项错误。

所有的实证主义理论都主张,在定义法的概念时,没有道德因素被包括在内,即法和道德是分离的。具体来说,实证主义认为,在法与道德之间,在法律命令什么与正义要求什么之间,在"实际上是怎样的法"与"应该是怎样的法"之间,不存在概念上的必然联系。与此相反,所有的非实证主义理论都主张,在定义法的概念时,道德因素被包括在内,即法与道德是相互联结的。本案中,医生严格遵守法律,置孕妇的生命于不顾,属于典型的实证主义的观点。故 C 选项错误。

伤害原则是法律限制人们自由的一条基本原则,其意指任何人的自由都不能伤害其他人的合法权利与利益,一旦人的行为伤害到其他人的合法权益,那么法律就应当限制这种行为。本案中,医生经过病患家属的同意对患者进行手术,不但没有伤害到患者的合法权益,反而是在保护患者的生命健康,并没有体现伤害原则。故 D 选项错误。

4.危害结果[A]

[解析] 危害结果是危害行为给刑法所保护的社会关系造成的具体侵害事实。

甲男(25 岁)在孙某(13 岁)的同意下与其发生了性关系,因不满 14 周岁的幼女身心发育尚不成熟,缺乏辨别和反抗能力,没有性承诺能力,其承诺无效,甲与乙发生性行为,就侵犯了强奸罪的保护法益,所以必然造成了危害结果。故 A 项错误。

《刑法》第 129 条规定:"依法配备公务用枪的人员,丢失枪支不及时报告,造成严重后果的,处 3 年以下有期徒刑或者拘役。"丢失枪支不报罪条文规定的"造成严重后果"属于客观的超过要素,是为了限制处罚范围,并不属于该罪构成要件意义上的"危害后果"。这里的"造成严重后果"是指他人捡拾枪支之后实施了其他犯罪或者造成其他严重后果。清洁工王某捡拾之后立即上交,当然没有"造成严重后果"。故 B 项正确。

《刑法》第 262 条规定,拐骗不满 14 周岁的未成年人,脱离家庭或者监护人的,处 5 年以下有期徒刑或者拘役。拐骗儿童罪的法益是儿童在本来生活场所的生活状态或者监护人对儿童的监护状态。丙诱骗 5 岁儿童离开福利院,已经侵犯该法益,故该行为造成了危害后果,至于儿童之后的生活状态等不影响犯罪的成立。故 C 项正确。

《刑法》第 196 条规定:"有下列情形之一,进行信用卡诈骗活动,数额较大的,处 5 年以下有期徒刑或者拘役，并处 2 万元以上 20 万元以下罚金；……（四）恶意透支的。前款所称恶意透支，是指持卡人以非法占有为目的，超过规定限额或者规定期限透支，并且经发卡银行催收后仍不归还的行为。"据此，信用卡诈骗罪的法益是金融管理秩序以及他人财产。对于行为人恶意透支的情形，只有经过发卡银行的 2 次有效催收，3 个月内不归还的，才能认定侵犯了信用卡诈骗罪的法益，造成了危害后果。之所以做这种要求，是因为信用卡本身允许透支，即使主观上恶意透支，但经发卡银行有效催收后立即归还，就不可能侵犯该罪法益，也就没有造成危害后果。故 D 项正确。

5．因果关系的认定[C]

[解析] 按照刑法因果关系相关理论，当介入异常因素时会导致因果关系中断。所谓异常因素并不是先前行为合乎发展规律所引起的，而是偶然因素引起的。

乞丐取走王某财物的行为，并不是必然会发生的，属于他人的异常行为，其介入导致甲重伤行为与王某财产的损失之间的因果关系中断，甲无需对王某的财产损失负责。故 A 项错误。

乙纠集他人持凶器砍杀李某，实行行为本身导致李某死亡的危险性极大，李某被逼至江边无奈跳江，被害人的这一举止并不异常，是非异常的介入因素导致了李某的死亡。根据相当因果关系说，乙的行为与李某的死亡存在因果关系。故 B 项错误。

负有安全保障义务的交警指挥丙停车不当，已阻断丙不当停车行为与石某撞车身亡之间的因果关系，死亡结果应归于警察。故 C 项正确。

丁的敲诈勒索行为导致陈某实施汇款行为，进而造成财产损失，二者之间存在"没有 A 就没有 B"的因果关系。至于陈某没有将 3 万元汇至丁的账户不影响因果关系的存在，仍然是丁的行为导致陈某财产损失，二者之间存在因果关系。故 D 项错误。

6．意见证据规则[B]

[解析] 刑事证据规则包括：关联性规则、非法证据排除规则、自白任意性规则、传闻证据规则、意见证据规则、补强证据规则和最佳证据规则等。

传闻证据规则，也称传闻证据排除规则，即法律排除传闻证据作为认定犯罪事实的根据的规则。根据这一规则，如无法定理由，任何人在法庭之外的陈述，不得作为认定被告人有罪的证据。

意见证据规则是指证人只能陈述自己亲身感受和经历的事实，而不得陈述对该事实的意见或者结论。"证人猜测性、评论性、推断性的证言"不属于证人陈述的自身感知的事实，而是对其感知、观察到的事实进行推断、猜测进而发表意见、评论，因此不能作为证据使用。故其符合意见证据规则的基本要求，B 项正确，当选。

补强证据规则，是指为了防止错误认定案件事实或发生其他危险性，而在运用某些证明力明显薄弱的证据认定案件时，法律规定必须有其他证据补强其证明力。

最佳证据规则，又称原始证据规则，是指以文字、符号、图形等方式记载的内容来证明案情时，其原件的证明效力大于副本等非原始材料，原件才是最佳证据。

7．刑事证据的种类[B]

[解析] 本题是对书证、物证、视听资料的区别的考查。

首先，视听资料与书证既有相同之处也有不同之点。相同之处在于它们都以一定的思想内容来证明案件事实。不同之处在于书证是以书面文字形式记载的思想或者行为内容来证明案件事实。视听资料主要是以音响、图像、数据来反映案件的内容的。再者，书证是以静态的方式来证明案件事实的，而视听资料则是以动态的方式来证明案件事实的，其具有生动逼真的特点。

其次，书证与物证的区别。书证是以记载的内容和表达的思想来证明案情，而物证是以其外部特征、存在场所和物质属性来证明案件事实。

本题中，有关讯问的录音录像记录了整个讯问过程，是用来证明讯问过程的合法性，并不是用来证明犯罪嫌疑人实施了某项犯罪，不属于犯罪嫌疑人供述和辩解，故 A 项不当选。由于不是以该录音录像的物理特征来证明案件事实的，所以该录音录像不属于物证，故 D 项不当选。

关于 B、C 项，书证和视听资料都是以其记载的内容来证明案件事实的，区分的关键在于载体的不同，如果是以录音、录像储存的信息来证明的，那就属于视听资料而不是书证，故 B 项当选，C 项不当选。

8．立案登记制[B]

[解析] 立案登记制，是为充分保障当事人诉权，切实解决人民群众反映的"立案难"问题，是坚持党的群众路线，坚持司法为民、公正司法，是依法保障当事人行使诉讼权利，方便当事人诉讼，做到公开、透明、高效而设立的制度。司法在社会生活中承担着广泛的功能，可以从应然和实然两个层面理解司法的功能定位。就司法的应然功能而言，除法院组织法对司法职能的规定外，通常说的"定分止争""惩奸除恶""止恶扬善""实现公平正义""最后一道防线"等，大都属于人们对司法功能的应然期待和理想要求。司法实然功能是指司法实际上能够发挥什么样的功能。立案登记制实施后，更多的民事案件会进入司法救济渠道，这在客观上强化了司法的实然功能，而不是强化了应然功能。故 A 项错误。

《最高人民法院关于人民法院登记立案若干问题的规定》第 7 条第 1 款规定："当事人提交的诉状和材料不符合要求的，人民法院应当一次性书面告知在指定期限内补正。"《行政诉讼法》第51条第3款规定："起诉状内容欠缺或者有其他错误的,应当给予指导和释明,并一次性告知当事人需要补正的内容。不得未经指导和释明即以不符合条件为由不接收起诉状。"故B项正确。

《最高人民法院关于人民法院登记立案若干问题的规定》第8条规定："对当事人提出的起诉、自诉,人民法院当场不能判定是否符合法律规定的,应当作出以下处理:(一)对民事、行政起诉,应当在收到起诉状之日起七日内决定是否立案;(二)对刑事自诉,应当在收到自诉状次日起十五日内决定是否立案;(三)对第三人撤销之诉,应当在收到起诉状之日起三十日内决定是否立案;(四)对执行异议之诉,应当在收到起诉状之日起十五日内决定是否立案。人民法院在法定期间内不能判定起诉、自诉是否符合法律规定的,应当先行立案。"法院如不能当场判定,应接收起诉状,但不能以口头方式告知。《行政诉讼法》第51条第2款规定："对当场不能判定是否符合本法规定的起诉条件的,应当接收起诉状,出具注明收到日期的书面凭证,并在七日内决定是否立案。不符合起诉条件的,作出不予立案的裁定。裁定书应当载明不予立案的理由。原告对裁定不服,可以提起上诉。"法院口头告知当事人注意接听电话,没有出具注明日期的书面凭证的做法,不符合行政诉讼立案登记制度的规定。故C项错误。

《最高人民法院关于人民法院登记立案若干问题的规定》第13条第1款规定："对立案工作中存在的不接收诉状、接收诉状后不出具书面凭证,不一次性告知当事人补正诉状内容,以及有案不立、拖延立案、干扰立案、既不立案又不作出裁定或者决定等违法违纪情形,当事人可以向受诉人民法院或者上级人民法院投诉。"《行政诉讼法》第52条规定："人民法院既不立案,又不作出不予立案裁定的,当事人可以向上一级人民法院起诉。上一级人民法院认为符合起诉条件的,应当立案、审理,也可以指定其他下级人民法院立案、审理。"据此,对法院既不立案也不作出不予立案裁定的,当事人既可以向上一级法院投诉,也可向上一级法院起诉。故D项错误。

9.并案管辖[D]

[解析]《刑诉解释》第24条规定："人民法院发现被告人还有其他犯罪被起诉的,可以并案审理;涉及同种犯罪的,一般应当并案审理。人民法院发现被告人还有其他犯罪被审查起诉、立案侦查、立案调查的,可以参照前款规定协商人民检察院、公安机关、监察机关并案处理,但可能造成审判过分迟延的除外。根据前两款规定并案处理的案件,由最初受理地的人民法院审判。必要时,可以由主要犯罪地的人民法院审判。"据此,岳某前后涉嫌同种犯罪(诈骗罪),一般

应并案审理,由最初受理地法院(甲区法院)审判。《刑诉解释》第25条规定："第二审人民法院在审理过程中,发现被告人还有其他犯罪没有判决的,参照前条规定处理。第二审人民法院决定并案审理的,应当发回第一审人民法院,由第一审人民法院作出处理。"据此,对于决定并案审理的案件,二审法院(市中级法院)应当发回一审法院(甲区法院)重审。故D项正确,A、B、C项均错误。对于C项应注意,二审法院撤销原判后,要么发回重审,要么改判,因为属于已经审理中的案件,不存在提审问题。

10.规章的制定、解释与监督;具体行政行为的判断[C]

[解析]根据《规章制定程序条例》第9条第1款规定,涉及国务院两个以上部门职权范围的事项,制定行政法规条件尚不成熟,需要制定规章的,国务院有关部门应当联合制定规章。国务院部门没有制定行政法规的权力,本题属于国务院部门联合制定规章的行为,因此该规定属于部门规章。故A项错误。

《规章制定程序条例》第33条第1款规定,规章解释权属于规章制定机关。《机动车排放召回管理规定》由国家市场监督管理总局和生态环境部联合制定,故该规章的解释主体是国家市场监督管理总局和生态环境部。故B项错误。

《规章制定程序条例》第35条第1款规定,国家机关、社会团体、企业事业组织、公民认为规章同法律、行政法规相抵触的,可以向国务院书面提出审查的建议,由国务院法制机构研究并提出处理意见,按照规定程序处理。故C项正确。【思路拓展】本题亦可从法理上来分析:国务院是国家市场监督管理总局和生态环境部的上级机关;对于国务院部门制定的规章,国务院有权改变或者撤销。因此,若认为该规章同上位法抵触,应当向国务院提出。

责令召回的目的在于让生产者自我纠错,防止发生危害,核心在于恢复正常状态,性质更倾向于教育和纠正功能,欠缺处罚的惩戒性,因此不是行政处罚,而是行政强制措施。也有观点认为责令召回属于行政命令,但从以往试题来看,命题人倾向于认为属于行政强制措施,本书中均按照行政强制措施的观点作答。故D项错误。

11.具体行政行为的判定[C]

[解析]行政协议,又称为行政合同,是行政机关为了实现行政管理或者公共服务目标,与公民、法人或者其他组织协商订立的具有行政法上权利义务内容的协议。行政协议和具体行政行为的最大区别在于,具体行政行为具有单方性,而行政协议具有双方性。本题明显是区政府单方作出的具体行政行为,属于行政命令,故A项错误,C项正确。

行政指导是不影响当事人权利义务的事实行为,

而本题中，区政府要求居民90日内搬离，为公民设定了义务，所以不属于行政指导。故B项错误。

本公告属于行政命令，是行政主体依法要求相对人进行一定的作为或不作为的意思表示，而不属于行政强制。行政强制包括行政强制措施和行政强制执行。行政强制措施具有控制与预防性，目的是制止违法行为、防止证据损毁、避免危害发生、控制危险扩大等情形。本公告显然不具备该特点。行政强制执行是指行政机关自行或者申请法院，对不履行行政决定的公民、法人或者其他组织依法强制履行义务的行为。而本题还未到达这一步，尚处于给当事人设定义务的阶段，只有在当事人不按公告要求搬离的情况下，才有可能实施强制执行。故D项错误。

12．少数民族人大代表的名额分配[D]

[解析]《选举法》第19条第1款规定："有少数民族聚居的地方，每一聚居的少数民族都应有代表参加当地的人民代表大会。"故A项正确。

《选举法》第21条第1款规定："散居的少数民族应选当地人民代表大会的代表，每一代表所代表的人口数可以少于当地人民代表大会每一代表所代表的人口数。"故B项正确。

《选举法》第19条第2款规定，聚居境内同一少数民族的总人口数占境内总人口数30%以上的，每一代表所代表的人口数应相当于当地人民代表大会每一代表所代表的人口数。故C项正确。

《选举法》第19条第3款规定，聚居境内同一少数民族的总人口数不足境内总人口数15%的，每一代表所代表的人口数可以适当少于当地人民代表大会每一代表所代表的人口数，但不得少于1/2；实行区域自治的民族人口特少的自治县，经省、自治区的人民代表大会常务委员会决定，可以少于1/2。D项说法缺少经省、自治区的人民代表大会常务委员会决定的程序。故D项错误。

13．唐代类推原则[D]

[解析]《唐律·名例律》规定："诸断罪而无正条（律文无明文规定的同类案件），其应出罪者，则举重以明轻（凡应减轻处罚的，则列举重罪处罚规定，比照以解决案案）；其应入罪者，则举轻以明重（凡应加重处罚的罪案，则列举轻罪处罚规定，比照以解决重案）。"

"无正条"，即没有明文规定时才可以适用类推制度。故A项错误。

类推之罪处罚的轻与重，要根据实际的案情具体分析。出罪者，则举重以明轻；入罪者，则举轻以明重。故B、C项错误。

反映唐朝立法技术发达的制度包括：自首、化外人、类推、公私罪等。故D项正确。

14．拘传的适用范围[B]

[解析]拘传是指公安机关、人民检察院和人民法院对未被拘留、逮捕的犯罪嫌疑人、被告人依法强制其到指定地点接受讯问的强制措施。对于已经被拘留、逮捕的犯罪嫌疑人，可以直接进行讯问，不需要经过拘传程序。通常情况下，拘传适用于经过依法传唤，无正当理由拒不到案的犯罪嫌疑人、被告人。拘传作为刑事诉讼中的强制措施，只能适用于犯罪嫌疑人、被告人，对自诉人、被害人、附带民事诉讼的原告人和被告人以及证人、鉴定人、翻译人员等诉讼参与人不能适用。

由此可知，A项中，对高某虽然可以拘传，但其性质并非刑事强制措施，只是一种为保障审判顺利进行的司法措施。故A项错误。B项中抢夺案中非在押的被告人陈某适用拘传。故B项正确。C项中，卢某作为未被羁押的犯罪嫌疑人，可以对其进行拘传，但拘传主体不是人民法院，而应当是公安机关或是人民检察院，人民法院只能对未被羁押的被告人进行拘传。故C项错误。D项中，证人不能成为拘传的对象。故D项错误。

15．附带民事诉讼的提起[B]

[解析]《刑诉解释》第176条规定："被告人非法占有、处置被害人财产的，应当依法予以追缴或者责令退赔。被害人提起附带民事诉讼的，人民法院不予受理。追缴、退赔的情况，可以作为量刑情节考虑。"故A项错误。

《刑诉解释》第175条规定："被害人因人身权利受到犯罪侵犯或者财物被犯罪分子毁坏而遭受物质损失的，有权在刑事诉讼过程中提起附带民事诉讼；被害人死亡或者丧失行为能力的，其法定代理人、近亲属有权提起附带民事诉讼。因受到犯罪侵犯，提起附带民事诉讼或者单独提起民事诉讼要求赔偿精神损失的，人民法院一般不予受理。"故B项正确。

《刑诉解释》第177条规定："国家机关工作人员在行使职权时，侵犯他人人身、财产权利构成犯罪，被害人或者其法定代理人、近亲属提起附带民事诉讼的，人民法院不予受理，但应当告知其可以依法申请国家赔偿。"C项即属于国家机关工作人员行使职权时实施的犯罪。故C项错误。

对于D项，非法搜查案中，因非法搜查所导致的物质损失均属于职务行为，相关人员只能通过国家赔偿途径弥补损失。但事实上并非如此，因为非法搜查罪的犯罪主体也可能是一般主体，如果是一般主体实施了非法搜查，给被害人人身、财产权利造成侵犯，被害人是可以提起附带民事诉讼的。D项说法存在瑕疵。故D项错误。

16．民族自治地方的自治机关[B]

[解析]《民族区域自治法》第16条第3款规定："民族自治地方的人民代表大会常务委员会中应当有实行区域自治的民族的公民担任主任或者副主

任。"故 A 项不当选。

《民族区域自治法》第 17 条第 1 款规定："自治区主席、自治州州长、自治县县长由实行区域自治的民族的公民担任。……"故 B 项当选。

《民族区域自治法》第 46 条第 3 款规定："民族自治地方的人民法院和人民检察院的领导成员和工作人员中，应当有实行区域自治的民族的人员。"因此，法律并不要求民族自治地方的法院院长或检察院检察长必须由实行区域自治的民族的公民担任。故 C、D 项不当选。

17．地方各级人大的职权；民族自治地方的自治权[C]

[解析]《立法法》第 88 条第 3 款规定："设区的市、自治州的人民代表大会及其常务委员会制定的地方性法规报经批准后，由设区的市、自治州的人民代表大会常务委员会发布公告予以公布。"故 A 项错误。

自治州人大常委会不属于民族自治地方的自治机关，其出台的该法律文件属于一般性的地方性法规，不属于自治条例或单行条例，不能对法律和行政法规的规定作出变通规定。故 B 项错误。

《立法法》第 81 条第 1 款规定，省、自治区的人大常委会对报请批准的地方性法规，应当对其合法性进行审查，认为同宪法、法律、行政法规和本省、自治区的地方性法规不抵触的，应当在 4 个月内予以批准。故 C 项正确。

《立法法》第 106 条第 1 款第 2 项规定："地方性法规与部门规章之间对同一事项的规定不一致，不能确定如何适用时，由国务院提出意见，国务院认为应当适用地方性法规的，应当决定在该地方适用地方性法规的规定；认为应当适用部门规章的，应当提请全国人民代表大会常务委员会裁决。"故 D 项错误。

18．死刑缓期执行限制减刑案件的审理程序[B]

[解析]《关于死刑缓期执行限制减刑案件审理程序若干问题的规定》第 2 条规定："被告人对第一审人民法院作出的限制减刑判决不服的，可以提出上诉。被告人的辩护人和近亲属，经被告人同意，也可以提出上诉。"可见，对第一审人民法院限制减刑决定具有独立上诉权的只有被告人。被告人的近亲属、辩护人上诉必须经过被告人的同意。故 A 项错误。

《关于死刑缓期执行限制减刑案件审理程序若干问题的规定》第 3 条规定："高级人民法院审理或者复核判处死刑缓期执行并限制减刑的案件，认为原判对被告人判处死刑缓期执行适当，但判决限制减刑不当的，应当改判，撤销限制减刑。"故 B 项正确。

《关于死刑缓期执行限制减刑案件审理程序若干问题的规定》第 6 条第 1 款规定，最高人民法院复核死刑案件，认为对被告人可以判处死刑缓期执行并限制减刑的，应当裁定不予核准，并撤销原判，发回重

新审判。故最高人民法院的正确处理方式是"应当"（而非"可以"）裁定不予核准，发回重新审判。故 C 项错误。

《关于死刑缓期执行限制减刑案件审理程序若干问题的规定》第 6 条第 2 款规定，一案中 2 名以上被告人被判处死刑，最高人民法院复核后，对其中部分被告人改判死刑缓期执行的，如果符合《刑法》第 50 条第 2 款的规定，可以同时决定对其限制减刑。故 D 项错误，正确处理方式应当是"决定对被告人限制减刑"。

19．涉外刑事诉讼程序与司法协助[D]

[解析]《刑诉解释》第 485 条第 1 款规定："外国籍被告人委托律师辩护，或者外国籍附带民事诉讼原告人、自诉人委托律师代理诉讼的，应当委托具有中华人民共和国律师资格并依法取得执业证书的律师。"因此约翰不能委托 W 国律师为其辩护。故 A 项错误。

《刑事诉讼法》第 21 条规定："中级人民法院管辖下列第一审刑事案件：（一）危害国家安全、恐怖活动案件；（二）可能判处无期徒刑、死刑的案件。"本案犯罪嫌疑人涉嫌在我国从事间谍活动，属于危害国家安全的案件，依法应当由中级法院管辖。故 B 项错误。

《刑诉解释》第 484 条第 1、3 款规定："人民法院审判涉外刑事案件，使用中华人民共和国通用的语言、文字，应当为外国籍当事人提供翻译。翻译人员应当在翻译文件上签名。外国籍当事人通晓中国语言、文字，拒绝他人翻译，或者不需要诉讼文书外文译本的，应当由其本人出具书面声明。拒绝出具书面声明的，应当记录在案；必要时，应当录音录像。"故 C 项错误。

《刑诉解释》第 484 条第 2 款规定，人民法院的诉讼文书为中文本。外国籍当事人不通晓中文的，应当附有外文译本，译本不加盖人民法院印章，以中文本为准。可知，本题中给约翰送达的法院判决书应以中文文本为准，故 D 项正确。

20．行政许可的撤销与注销[B]

[解析]撤销与注销均是独立的具体行政行为类型，不具有惩戒性，不属于行政处罚，故 A 项错误。

撤销与注销均是对当事人权利义务产生影响的独立的具体行政行为，具有可诉性。《行政许可案件规定》第 1 条规定："公民、法人或者其他组织认为行政机关作出的行政许可决定以及相应的不作为，或者行政机关就行政许可的变更、延续、撤回、注销、撤销等事项作出的有关具体行政行为及其相应的不作为侵犯其合法权益，提起行政诉讼的，人民法院应当依法受理。"故 B 项正确。

行政许可的撤销与注销，既可以依申请，也可以

依职权。根据《行政许可法》第 69 条规定,作出行政许可决定的行政机关或者其上级行政机关,根据利害关系人的请求或者依据职权,可以撤销行政许可。注销的道理类同。故 C 项错误。

从《行政许可法》的规定可知,当出现法定撤销和注销情形时,行政机关必须履行撤销和注销手续,并无裁量权力,属于羁束行政行为,而非可裁量行政行为。故 D 项错误。

21．取保候审[C]

[解析]《关于取保候审若干问题的规定》第 15 条第 1 款规定:"公安机关决定取保候审的,应当及时通知被取保候审人居住地的派出所执行。被取保候审人居住地在异地的,应当及时通知居住地公安机关,由其指定被取保候审人居住地的派出所执行。必要时,办案部门可以协助执行。"据此,乙市公安机关应当通知叶某居住地的甲市公安机关在甲市执行。故 A 项错误。

《关于取保候审若干问题的规定》第 4 条规定:"对犯罪嫌疑人、被告人决定取保候审的,应当责令其提出保证人或者交纳保证金。对同一犯罪嫌疑人、被告人决定取保候审的,不得同时使用保证人保证和保证金保证。对未成年人取保候审的,应当优先适用保证人保证。"本题并未提及叶某是未成年人,则按一般情况对待。故 B 项错误。

《关于取保候审若干问题的规定》第 8 条规定:"决定取保候审时,可以根据案件情况责令被取保候审人不得与下列'特定的人员'会见或者通信:(一)证人、鉴定人、被害人及其法定代理人和近亲属;(二)同案违法行为人、犯罪嫌疑人、被告人以及与案件有关联的其他人员;(三)可能遭受被取保候审人侵害、滋扰的人员;(四)可能实施妨害取保候审执行、影响诉讼活动的人员。前款中的'通信'包括以信件、短信、电子邮件、通话,通过网络平台或者网络应用服务交流信息等各种方式直接或者间接通信。"故 C 项正确。

《关于取保候审若干问题的规定》第 24 条第 2、3 款规定:"对于发现不应当追究被取保候审人刑事责任并作出撤销案件或者终止侦查决定的,决定机关应当及时作出解除取保候审决定,并送交执行机关。有下列情形之一的,取保候审自动解除,不再办理解除手续,决定机关应当及时通知执行机关:(一)取保候审依法变更为监视居住、拘留、逮捕,变更后的强制措施已经开始执行的;(二)人民检察院作出不起诉决定的;(三)人民法院作出的无罪、免予刑事处罚或者不负刑事责任的判决、裁定已经发生法律效力的;(四)被判处管制或者适用缓刑,社区矫正已经开始执行的;(五)被单处附加刑,判决、裁定已经发生法律效力的;(六)被判处监禁刑,刑罚已经开始执行

的。"本题中,若公安机关决定撤销案件,应当及时作出解除取保候审决定,不适用自动解除取保候审的情形。故 D 项错误。

22．盗伐林木罪;盗窃罪[D]

[解析]《刑法》第 345 条第 1 款规定,盗伐林木罪是指盗伐森林或者其他林木,数量较大的行为。盗伐林木罪是破坏环境资源的犯罪,其对象主要是森林资源。偷砍他人房前屋后、自留地种植的零星树木,数量较大的,应认定为盗窃罪。故 A 项错误。

乙在林区盗伐珍贵林木,数量较大,触犯非法采伐、毁坏国家重点保护植物罪和盗伐林木罪,由于行为人仅仅实施了一个行为,属于一行为触犯数罪名,是竞合关系,应择一重罪处罚。故 B 项错误。

盗伐林木罪的手段不限于砍伐,将树木整体挖走移植的,破坏生态平衡,也构成盗伐林木罪。故 C 项错误。

《关于审理破坏森林资源刑事案件适用法律若干问题的解释》第 11 条第 2 款规定,非法实施采种、采脂、掘根、剥树皮等行为,符合《刑法》第 264 条规定的,以盗窃罪论处。该解释之所以规定以盗窃罪论处,是因为没有造成树木死亡,没有破坏森林资源。而本选项中,致使数量较大的林木枯死的,破坏了森林资源,应以盗伐林木罪论处。故 D 项正确。

23．危险驾驶罪[D]

[解析]《刑法》第 133 条之一第 3 款规定,构成危险驾驶罪的同时构成其他犯罪的,依照处罚较重的规定定罪处罚。醉酒驾驶机动车,误将红灯看成绿灯,撞死 2 名行人的行为同时构成交通肇事罪和危险驾驶罪,应以交通肇事罪定罪处罚。故 A 项不当选。

吸毒后驾驶机动车属于"毒驾",根据目前法律规定不构成危险驾驶罪。故 B 项不当选。

驾驶汽车前吃了大量荔枝,主观上没有危险驾驶的故意,尽管被交警以呼气式酒精检测仪测试到酒精含量达到醉酒程度,但根据主客观相一致的刑法原则,也不应认定为危险驾驶罪。故 C 项不当选。

根据《关于办理醉酒驾驶机动车刑事案件适用法律若干问题的意见》和《道路交通安全法》的相关规定,对于机关、企事业单位、厂矿、校园、住宅小区等单位管辖范围内的路段、停车场,若相关单位允许社会机动车通行的,亦属于"道路"范围,在这些地方醉酒驾驶机动车的,构成危险驾驶罪。故 D 项当选。

24．公证事项;公证程序;公证效力[D]

[解析]本案属于为保全证据进行公证,《公证法》第 11 条第 1 款规定:"根据自然人、法人或者其他组织的申请,公证机构办理下列公证事项:……(九)保全证据;……"故 A 项错误。

《公证法》第 25 条第 1 款规定,自然人、法人或者其他组织申请办理公证,可以向住所地、经常居住地、行为地或者事实发生地的公证机构提出。住所地、经

常居住地、行为地或者事实发生地如果在不同地域，则会存在跨区域办理公证的情况，这并不违规。故 B 项错误。

乙公司的代理律师亲自去甲商场购买侵权产品，这属于正常的调查取证，不违反律师职业道德。故 C 项错误。

《公证法》第 13 条第 1 项规定，公证机构不得为不真实、不合法的事项出具公证书。甲商场提供的监控录像显示公证时间内律师和公证员并未进入甲商场，则表明公证书的内容不真实，公证书不具有法律效力。故 D 项正确。

25．宪法典的结构；新中国宪法的产生与发展 [D]

[解析] 所谓宪法序言，是指写在宪法条文前面的陈述性的表述，以表达本国宪法发展的历史、国家的基本政策和发展方向等。从形式上看，各国的宪法序言长短不尽相同。故 A 项错误。

附则的效力通常具有特定性和临时性，但我国宪法没有规定附则。故 B 项错误。

很多国家的宪法序言比较简短，不可能规定国家和社会生活诸方面的原则，它是宪法精神和内容的高度概括。宪法正文是宪法典的主要部分，一般包括：社会制度和国家制度基本原则、公民的基本权利义务、国家标志、国家机构等。故 C 项错误。

新中国成立后的前三部宪法均将国家机构置于公民的基本权利和义务之前，现行宪法调整了这种结构，将公民的基本权利和义务一章提到国家机构之前。故 D 项正确。

26．保险诈骗罪的既遂与未遂的认定 [A]

[解析] 实行行为是具有侵害法益的紧迫危险的行为。根据《刑法》第 198 条第 1 款的规定，就保险诈骗罪而言，虚构保险标的、造成保险事故等行为，是为诈骗保险金创造了前提条件，只有到保险公司索赔的行为或提出支付保险金的请求的行为才是本罪的着手。甲向保险公司提出索赔，但此时，保险公司认为存有疑点而报警，侦查机关充分取证后，有意安排保险公司"理赔"，在甲领取 20 万元赔偿金后，走到一楼被抓获，这些都已表明甲的保险诈骗行为已被识破。甲属于已经着手实施保险诈骗行为，但由于意志以外的原因未能获得赔偿，成立保险诈骗罪的未遂。故 A 项正确，B、C、D 项均错误。

27．刑法上的推定；主客观相一致原则 [D]

[解析] 甲基于伤害故意砍乙两刀，基于杀人故意又砍乙两刀，但实际上仅砍中一刀，应区分以下情况进行分析：如果这一刀是基于伤害故意砍中的，则根据主客观相一致原则，此时应认定为故意伤害（致死）罪，后两刀基于杀人故意没有砍中，应认定为故意杀人罪未遂；如果这一刀是基于杀人故意砍中的，

则根据主客观相一致原则，此时应认定为故意杀人罪既遂，前两刀基于伤害故意没有砍中，应认定为故意伤害罪未遂。由于本案证据无法查明这一刀属于哪种情况，因此应作有利于被告人的推定，即认定故意伤害（致死）罪和故意杀人罪未遂。杀人与伤害不是对立关系，故可按故意伤害（致死）罪处理本案。故 D 项正确，A、B、C 项均错误。

28．立案管辖 [D]

[解析]《刑事诉讼法》第 19 条第 1 款规定："刑事案件的侦查由公安机关进行，法律另有规定的除外。"《监察法》第 11 条第 2 项规定，监察委员会依法对涉嫌贪污贿赂、滥用职权、玩忽职守、权力寻租、利益输送、徇私舞弊以及浪费国家资财等职务违法和职务犯罪进行调查。

本题中，林业局副局长王某违法发放林木采伐许可证罪和李某阻碍解救被拐卖儿童罪均属于国家机关工作人员实施的渎职犯罪，由监察委员会进行调查（如果李某是司法工作人员，则由检察院立案侦查）。故 A、C 项不当选。

破坏选举案的犯罪主体可以由一般主体构成，也可以由国家机关工作人员构成。因此，当吴某为国家工作人员时，案件应由监察委员会调查，而非一定由公安机关立案侦查。故 B 项不当选。

传染病菌种、毒种扩散罪属于《刑法》分则第六章妨害社会管理秩序罪，应由公安机关立案侦查。故 D 项当选。

29．国务院直属机构的设置与编制 [B]

[解析]《国务院行政机构设置和编制管理条例》第 8 条规定，国务院直属机构的设立、撤销或者合并由国务院机构编制管理机关提出方案，报国务院决定。故 A 项错误，B 项正确。

《国务院行政机构设置和编制管理条例》第 19 条规定，国务院行政机构增加或者减少编制，由国务院机构编制管理机关审核方案，报国务院批准。因此，编制的增加应经国务院批准，国务院有最终决定权。故 C 项错误。

《国务院行政机构设置和编制管理条例》第 6 条第 3、4 款规定，国务院组成部门依法分别履行国务院基本的行政管理职能。国务院直属机构主管国务院的某项专门业务，具有独立的行政管理职能。故 D 项错误，应是国务院组成部门依法履行国务院基本的行政管理职能，而不是国务院直属机构。

30．推进公正司法 [C]

[解析] A 项是提高司法效率、保障司法公正的必然要求。B 项是司法权优化配置的要求。C 项错误，加强对司法活动的监督，应依法规范司法人员与律师的接触交往行为，而非相互配合。D 项是保证公正司法，提高司法公信力，确保依法独立公正行使审

判权和检察权的要求。

31．法律渊源的分类；地方性法规的效力与解释；法律体系的划分[C]

[解析] 当代中国法律体系主要由七个法律部门组成，分别是宪法及宪法相关法、民法商法、行政法、经济法、社会法、刑法、诉讼与非诉讼程序法。《食品卫生条例》主要是关于行政机关对食品安全的管理内容，属于行政法领域。故A项正确，不当选。

当代中国法的正式渊源包括宪法、法律、行政法规、地方性法规等，法院在审理相关案件时可以直接适用。《食品卫生条例》属于地方性法规（省级或设区的市级人大及其常委会制定），法院审理案件可以直接适用。故B项正确，不当选。

1981年全国人大常委会作出《关于加强法律解释工作的决议》规定，凡关于法律条文本身需要进一步明确界限或作补充规定的，由全国人大常委会进行解释；凡属于地方性法规条文本身需要进一步明确界限或作补充规定的，由制定法规的省、自治区、直辖市的人大常委会进行解释或作出规定。关于法规的应用解释问题，该决议规定："凡属于地方性法规如何具体应用的问题，由省、自治区、直辖市人民政府主管部门进行解释。"故C项错误，当选。

法的普遍性包括：效力普遍性、法律平等性以及趋势一致性。其中，趋势一致性，是指法律文件的效力范围与制定机关的管辖范围具有一致性。本题中，该法规在该省范围内适用，符合法律的普遍性原理。故D项正确，不当选。

32．犯罪故意的认识内容[C]

[解析] 犯罪故意的认识内容包括成立犯罪的所有客观构成要件事实。盗窃罪的对象是他人占有的财物，行为人的行为要成立盗窃罪，要求行为人认识到财物属于"他人占有"。对这一规范要素的认识，不要求行为人在心里形成明确的观念：该对象属于"他人占有"。相反，只要求行为人认识到导致他人占有的客观事实即可。行为人只要认识到自己的财产处于国家机关管理、使用、运输中，就应认定行为人认识到了该财产应以公共财产论，属于他人占有。因为在客观上，正是根据"财产处于国家机关管理、使用、运输中"这一事实认定该财物属于公共财产的范畴，当然属于他人占有。故A项错误。

乙的行为成立盗窃枪支罪，主观方面是间接故意心态，并且具有非法占有枪支的目的。一方面，乙对盗窃枪支的行为是间接故意的心理态度。尽管行为人乙直接的犯罪意图是非法获取他人财物，但在追求这一犯罪目的的同时，明知自己的行为可能盗窃他人枪支这一特定对象，仍然实施盗窃行为，之后发现果真盗窃了枪支。所以，乙有盗窃枪支罪的故意。另一方面，乙明知手提包内可能有枪支仍然窃取，说明乙

意识到其行为可能达到"非法占有枪支"这一目标，故乙同样存在非法占有枪支的目的。故B项错误。

猥亵儿童罪的对象是儿童，其犯罪故意的成立要求行为人认识到对象是或者可能是儿童。故C项正确。

贩卖毒品罪的对象是毒品，成立贩卖毒品罪当然要求行为人认识到贩卖的对象是毒品。类似毒品这样的客观的、记述的构成要件要素，即使行为人不知道这一记述的概念本身，只要知道这一要素的形状、机能、效果、法益侵害性，就能认定故意。例如，即使不知道"甲基苯丙胺"这一名称，但知道其形状、性质，知道它是"滥用后会形成身体的、精神的依赖，可能对个人、社会带来重大危害的药物"，就可以认定故意。所以对毒品这一对象的认识，不要求认识具体的种类、名称，只要求认识属于毒品即可。故D项错误。

33．刑事责任能力；假想防卫[A]

[解析] 吸毒后产生幻觉，误以为他人追杀自己而伤害他人，属于假想防卫。甲主观上没有伤害他人的故意，应当认定为过失致人重伤罪。故A项正确。

乙在突发精神病前已有杀人故意，并基于此故意实施了相应的行为，在乙着手杀人时突发精神病，陷入无刑事责任能力状态，继续实施杀人行为致人死亡。对此应如何处理，理论上有不同看法。有学说认为，行为人对之后的砍杀行为和死亡结果不负刑事责任，对此应按故意杀人未遂处理。有学说认为，其前行为是自由意志支配下实施的，需要对该行为及其后续引发的结果承担刑事责任，即成立故意杀人罪既遂。B选项认为，不管采取何种学说，乙都成立故意杀人罪未遂，这一说法过于绝对。故B项错误。

根据《刑法》第17条第2款的规定，14～16周岁的人需要对爆炸罪承担刑事责任。虽无法查清丙的具体出生日期，但有证据证明其已满15周岁，应当承担刑事责任。故C项错误。

丁在实施杀人行为时不满14周岁，死亡结果发生时丁已满14周岁（生日当天视同不满14周岁，生日第2天才认定满14周岁），此时已满14周岁的丁对于其之前的行为有防止结果发生的义务。丁将被害人送往医院的行为表明了其已经履行了防止结果发生的义务，因此不需要再追究丁的刑事责任。故D项错误。**【思路拓展】** 被害人的死亡应归责于行为人的砍杀行为（当时未满14周岁），丁在其达到刑事责任年龄后（达到14周岁以后）没有实施违反刑法规定的行为，故不承担刑事责任。如果丁第二天未实施救助行为，则成立不作为犯罪。

34．行政许可；行政处罚[B]

[解析] 对行政许可和行政处罚的相对集中，《行政许可法》和《行政处罚法》有较为相似的规定，但存在区别。《行政许可法》第25条规定："经国务院批准，省、自治区、直辖市人民政府根据精简、统一、

效能的原则,可以决定一个行政机关行使有关行政机关的行政许可权。"故 B 项正确。《行政处罚法》第 18 条第 2 款规定:"国务院或者省、自治区、直辖市人民政府可以决定一个行政机关行使有关行政机关的行政处罚权。"据此,国务院和省级政府可以决定行政处罚的相对集中行使,省级政府行使此权力并不需要国务院的授权。故 A 项错误。

限制人身自由的行政处罚权不可以被集中实施。对此,《行政处罚法》第 18 条第 3 款规定:"限制人身自由的行政处罚权只能由公安机关和法律规定的其他机关行使。"C 项忽略了法律规定的其他机关(比如国家安全机关)行使的可能性,故错误。

《行政许可法》并未规定公安机关行使的行政许可不得交由其他行政机关行使,符合上述第 25 条的规定,均可相对集中行使。故 D 项错误。

35.一般累犯、特殊累犯的成立条件[B]

[解析]《刑法》第 65 条第 1 款规定:"被判处有期徒刑以上刑罚的犯罪分子,刑罚执行完毕或者赦免以后,在 5 年以内再犯应当判处有期徒刑以上之罪的,是累犯,应当从重处罚,但是过失犯罪和不满 18 周岁的人犯罪的除外。"

一般累犯的成立,要求前罪刑罚执行完毕之后 5 年之内再犯新罪。这里的"执行完毕"是指主刑执行完毕,而非附加刑执行完毕。在特殊累犯中,如果前罪判处主刑,"执行完毕"就是指主刑执行完毕;如果前罪只判处附加刑,"执行完毕"就是指附加刑执行完毕。甲因抢劫罪被判处有期徒刑 10 年,并被附加剥夺政治权利 3 年,应该是 10 年有期徒刑执行完毕后 5 年内犯罪才成立累犯。故 A 项错误。

《刑法》第 85 条规定,假释考验期满后,符合相应要求,剩余刑罚视为执行完毕,即甲在前罪刑罚已经执行完毕之后 5 年内再故意犯重罪,应当成立累犯。故 B 项正确。

《刑法》第 66 条规定,危害国家安全犯罪、恐怖活动犯罪、黑社会性质的组织犯罪的犯罪分子,在刑罚执行完毕或者赦免以后,在任何时候再犯上述任一类罪的,都以累犯论处。虽然甲所犯前罪为危害国家安全罪,但其所犯后罪为杀人罪而不是危害国家安全、恐怖活动或黑社会性质的组织犯罪中的任一类罪,因此甲的行为不成立特殊累犯。由于后罪发生在前罪刑罚执行完毕后的第 6 年,甲也不成立一般累犯。故 C 项错误。

对于累犯,应当从重处罚,而非"可以"从重处罚。故 D 项错误。

36.立案的条件;立案的材料来源;立案监督[D]

[解析]《刑事诉讼法》第 112 条规定:"人民法院、人民检察院或者公安机关对于报案、控告、举报和自首的材料,应当按照管辖范围,迅速进行审查,

认为有犯罪事实需要追究刑事责任的时候,应当立案;认为没有犯罪事实,或者犯罪事实显著轻微,不需要追究刑事责任的时候,不予立案,并且将不立案的原因通知控告人。控告人如果不服,可以申请复议。"即立案必须同时具备两个条件:一是有犯罪事实,称为事实条件;二是需要追究刑事责任,称为法律条件,故立案时无须确定遗弃婴儿的原因。故 A 项错误。

根据上述《刑事诉讼法》第 112 条的规定,控告人如果不服,可以申请复议。又《刑事诉讼法》第 110 条第 2 款规定,被害人对侵犯其人身、财产权利的犯罪事实或者犯罪嫌疑人,有权向公安机关、人民检察院或者人民法院报案或者控告。控告,是指被害人(包括被害单位)将其发现的犯罪事实及犯罪嫌疑人向公检法机关揭发、报告的行为。而本案中马某是报案人,并不是被害人,因而其不具有控告人的身份,所以马某对不立案的决定不服,不可以申请复议。故 B 项错误。同理,知情人也不具有控告人的身份,故 C 项错误。

《刑事诉讼法》第 113 条规定:"人民检察院认为公安机关对应当立案侦查的案件而不立案侦查的,或者被害人认为公安机关对应当立案侦查的案件而不立案侦查,向人民检察院提出的,人民检察院应当要求公安机关说明不立案的理由。人民检察院认为公安机关不立案理由不能成立的,应当通知公安机关立案,公安机关接到通知后应当立案。"因此检察院有权对公安机关的立案活动进行监督。故 D 项正确。

37.辨认程序[B]

[解析]《公安部规定》第 258 条规定:"为了查明案情,在必要的时候,侦查人员可以让被害人、证人或者犯罪嫌疑人对与犯罪有关的物品、文件、尸体、场所或者犯罪嫌疑人进行辨认。"即被害人不能作为被辨认对象。故 A 项错误,B 项正确。

《公安部规定》第 259 条第 2 款规定:"几名辨认人对同一辨认对象进行辨认时,应当由辨认人个别进行。"因此,不能让犯罪嫌疑人和被害人一起对凶器进行辨认。故 C 项错误。

《公安部规定》第 260 条第 2 款规定:"辨认犯罪嫌疑人时,被辨认的人数不得少于七人;对犯罪嫌疑人照片进行辨认的,不得少于十人的照片。"故 D 项错误。

38.政府信息公开[A]

[解析]《政府信息公开条例》第 36 条规定:"对政府信息公开申请,行政机关根据下列情况分别作出答复:……(三)行政机关依据本条例的规定决定不予公开的,告知申请人不予公开并说明理由;……"故 A 项正确。

经复议的案件,起诉期限为 15 日。故 B 项错误。

本案经过复议维持,应当以区政府和复议机关(市政府)为共同被告,且以作出原行政行为的行政机关(区政府)确定案件的级别管辖,因此本案应由市中级人民法院管辖。故 C 项错误。

2019 年修订的《政府信息公开条例》对申请公开政府信息,不再要求申请人与所申请的政府信息有直接利害关系。另外,本题中刘某作为工厂职工明显与所申请公开的政府信息有利害关系。因此,区政府以此为由拒绝公开是违法的,故 D 项错误。

39．复议机关的确定[B]

[解析]《治安管理处罚法》第 91 条规定:"治安管理处罚由县级以上人民政府公安机关决定;其中警告、500 元以下的罚款可以由公安派出所决定"。因此,派出所有权实施 500 元以下罚款,李某对该罚款决定不服申请复议,应以派出所为被申请人。

根据《行政复议法》第 24 条第 4 款规定,对县级以上地方各级人民政府工作部门依法设立的派出机构依照法律、法规、规章规定,以派出机构的名义作出的行政行为不服的行政复议案件,由本级人民政府管辖。据此,派出所作为被申请人,复议机关应为本级人民政府(乙区政府),故 B 项当选。

40．界水[B]

[解析]界河以主航道或河道中心线为界,一般而言各国行为须恪守界线,渔民一般只能在界河的本国一侧捕鱼。故 A 项错误。

相邻国家在界水上享有平等的航行权,船舶在航行时应该具有明显的国籍标志。除遇难或有其他特殊情况外,一方船舶未经允许不得在对方靠岸停泊。本案中,甲国渔船在遇险的紧急情况下可以不经许可停靠乙国河岸避险。故 B 项正确。

一方如欲在界水上建造工程设施,如桥梁、堤坝等,应取得另一方的同意。故 C 项错误。

一国在使用界水时,不得损害邻国的利益。包括不得采取可能使河流枯竭或泛滥的措施,更不得单方故意使河水改道。故 D 项错误。

41．公民的基本权利和义务[D]

[解析]《宪法》第 46 条第 1 款规定:"中华人民共和国公民有受教育的权利和义务。"第 42 条第 1 款规定:"中华人民共和国公民有劳动的权利和义务。"第 55 条第 2 款规定:"依照法律服兵役和参加民兵组织是中华人民共和国公民的光荣义务。"故依法服兵役只是公民的基本义务而非基本权利。故 A 项错误。

《宪法》第 43 条第 1 款规定:"中华人民共和国劳动者有休息的权利。"可见,休息权的主体是劳动者而非全体公民。故 B 项错误。

《宪法》第 45 条第 1 款规定:"中华人民共和国

公民在年老、疾病或者丧失劳动能力的情况下,有从国家和社会获得物质帮助的权利。……""未丧失劳动能力"无权从国家和社会获得物质帮助。故 C 项错误。

2004 年《宪法修正案》第 24 条规定:"宪法第三十三条增加一款,作为第三款:'国家尊重和保障人权。'第三款相应地改为第四款。"故 D 项正确。

42．明代法律制度;明代刑法原则;明代会审制度[C]

[解析] 鉴于元末法制败坏的教训,朱元璋曾说:"夫法度者,朝廷所以治天下也。"故 A 项正确,不当选。

明律确立了"重其所重,轻其所轻"的原则。对于贼盗及有关钱粮等事,明律较唐律处刑为重。唐律一般根据情节轻重作出不同处理,牵连范围相对较狭;而明律则不分情节,一律处以重刑,且扩大株连范围,此即"重其所重"原则。对于"典礼及风俗教化"等一般性犯罪,明律处罚轻于唐律,此即"轻其所轻"的原则。故 B 项正确,不当选。

《大明会典》在明英宗时开始编修、孝宗弘治十五年初步编成,但未及颁行,武宗、世宗、神宗三朝重加校刊增补。《大明会典》基本仿照《唐六典》,以六部官制为纲,分述各行政机关职掌和事例。在每一官职之下,先载律令,次载事例。因此,《大明会典》仿《元六典》的说法不能成立。故 C 项错误,当选。

明代的会审制度包括:(1)九卿会审(又称"圆审"),由六部尚书及通政使司的通政使、都察院左都御使、大理寺卿九人会审皇帝交付的案件或已判决但囚犯仍翻供不服之案。(2)朝审,始于天顺三年,每年霜降之后,三法司会同公侯、伯爵,在吏部尚书(或户部尚书)主持下会审重案囚犯。清代秋审、朝审皆渊源于此。(3)大审,始于成化十七年,宪宗命司礼监在堂居中而坐,尚书各官列居左右,会同三法司在大理寺共审囚徒,《明史·刑法志》载:"自此定例,每五年辄大审。"故 D 项正确,不当选。

43．不作为犯罪中作为义务来源的判断[C]

[解析] 不作为犯的成立条件:(1)应为,即负有防止法益侵害发生的作为义务。当前刑法理论认为,不作为犯罪中作为义务来源有三:一是基于对危险源的支配产生的监督义务;二是基于与法益的无助(脆弱)状态的特殊关系产生的保护义务;三是基于对法益的危险发生领域的支配产生的阻止义务。(2)能为,即有履行义务的能力。(3)不为,即在危害结果有避免可能性时,因行为人不为而发生结果。如果危害结果必然发生、不可避免,则不成立不作为犯罪。(4)等价,即不作为的危害性与作为犯罪的危害性相当。该项条件既有判断罪与非罪的功能,也有判断此

罪与彼罪的功能。考生运用该理论分析具体案件时应明确行为人是否负有作为义务,从而判断其是否成立不作为犯罪。

武某游泳时腿抽筋,面临生命危险。此时,尽管甲是唯一在场的人,但甲既不是该危险的危险源,也与武某之间不存在保护人的特定关系,更非该游泳场所的管理者。因此,甲对武某没有救助义务。甲不予救助的行为不成立不作为犯罪。故 A 项不当选。

周某的自杀属于其自身选择的结果,乙没有呼救、阻止或者救助的义务。一方面,周某的自杀并非乙的行为直接导致,所以乙并不处于危险源的支配地位。另一方面,乙与周某之间也不存在保障人地位的特定关系;否则,面对他人以自杀相威胁而提出非法要求而不予理睬的行为可能被认定为犯罪,这种结论明显背离了基本的社会情理。乙不予救助的行为不成立不作为犯罪。故 B 项不当选。

丙对贺某具有救助义务,其义务来源并非相约去水库游泳,而是丙将不善于游泳的贺某拉到深水区教其游泳这一行为。因此丙对该危险处于危险源支配地位,具有防止该危险现实化的义务。丙能救助贺某而不予救助,最终造成贺某死亡,丙的行为成立不作为犯罪。故 C 项当选。

丁对秦某没有救助义务。成年人之间相约外出游玩,应当各自注意安全,彼此之间不存在保障人的特定关系;而且只要不是彼此行为直接导致法益侵犯的危险,相互之间并不具有危险源支配地位。因此丁对于秦某遇到的危险并无救助义务,其不予救助的行为不成立不作为犯罪。故 D 项不当选。

44．回避[A]

[解析]《刑事诉讼法》第 29 条规定:"审判人员、检察人员、侦查人员有下列情形之一的,应当自行回避,当事人及其法定代理人也有权要求他们回避:(一)是本案的当事人或者是当事人的近亲属的;(二)本人或者他的近亲属和本案有利害关系的;(三)担任过本案的证人、鉴定人、辩护人、诉讼代理人的;(四)与本案当事人有其他关系,可能影响公正处理案件的。"第 30 条规定:"审判人员、检察人员、侦查人员不得接受当事人及其委托的人的请客送礼,不得违反规定会见当事人及其委托的人。审判人员、检察人员、侦查人员违反前款规定的,应当依法追究法律责任。当事人及其法定代理人有权要求他们回避。"

本题中,赵某申请回避的理由是审判长打断其发言,不属于以上法定的回避理由。故 A 项正确。

申请回避可以在各个诉讼阶段进行,并不必然限制于法庭调查前。故 B 项错误。

对驳回回避申请决定的救济方式应当是申请复

议,而不能是上诉或者抗诉。故 C 项错误。

《刑诉解释》第 35 条第 2 款规定:"当事人及其法定代理人申请回避被驳回的,可以在接到决定时申请复议一次。不属于刑事诉讼法第二十九条、第三十条规定情形的回避申请,由法庭当庭驳回,并不得申请复议。"本案中,赵某申请回避的理由不是法定回避理由,应当由法庭当庭驳回其申请,并且赵某不能申请复议。此外,就算赵某可以复议,也应当向作出驳回回避申请决定的法院申请复议,而非向上级法院复议。故 D 项错误。

45．斡旋;谈判;平时封锁[A]

[解析]丙国邀请甲、乙两国到丙国谈判,属于斡旋,是争端以外的第三方为促成当事国进行谈判或争端解决,采取和提供某些协助活动。第三国本身不参加谈判,也不提出任何解决争端的方案。因此,丙国元首不可以参与谈判。故 B、C 项错误。

谈判是争端解决的最基本方式,形式多样,可以公开也可以秘密,可以口头也可以书面。斡旋行为对当事国没有约束力,丙国的邀请对甲、乙两国的谈判行为没有影响。故 A 项正确。

D 项中甲国的行为构成平时封锁。平时封锁是指和平时期一国的海军对另一国的海岸进行封锁,禁止有关船只的出入。平时封锁只能由安理会决定,是维持或恢复国际和平与安全所必要时采取的一种措施,而不能是一种国家解决争端采用的合法方式。D项行为未经安理会同意,构成对乙国主权的侵犯。故 D 项错误。

46．香港特别行政区制度[C]

[解析]《香港特别行政区基本法》第 19 条第 3款规定:"香港特别行政区法院对国防、外交等国家行为无管辖权。香港特别行政区法院在审理案件中遇有涉及国防、外交等国家行为的事实问题,应取得行政长官就该等问题发出的证明文件,上述文件对法院有约束力。行政长官在发出证明文件前,须取得中央人民政府的证明书。"故 A 项错误。

《香港特别行政区基本法》第 49 条规定:"香港特别行政区行政长官如认为立法会通过的法案不符合香港特别行政区的整体利益,可在三个月内将法案发回立法会重议,立法会如以不少于全体议员三分之二多数再次通过原案,行政长官必须在一个月内签署公布或按本法第五十条的规定处理。"第 50 条规定:"香港特别行政区行政长官如拒绝签署立法会再次通过的法案或立法会拒绝通过政府提出的财政预算案或其他重要法案,经协商仍不能取得一致意见,行政长官可解散立法会。行政长官在解散立法会前,须征询行政会议的意见。行政长官在其一任任期内只能解散立法会一次。"行政长官可以签署公布或者解散立法会。故 B 项错误。

《香港特别行政区基本法》第 95 条规定："香港特别行政区可与全国其他地区的司法机关通过协商依法进行司法方面的联系和相互提供协助。"故 C 项正确。

《香港特别行政区基本法》第 55 条第 1 款规定："香港特别行政区行政会议的成员由行政长官从行政机关的主要官员、立法会议员和社会人士中委任，其任免由行政长官决定……"由此可知，行政会议的成员，还包括立法会议员。故 D 项错误。

47．古代刑罚与法律制度[B]

[解析] 先秦的奴隶制五刑以肉刑为中心，包括：墨（刺字）、劓（割鼻）、刖（断足）、宫（男性去势，女性幽闭）、大辟（死刑）。故 A 项正确。

隋朝的《开皇律》形成封建制五刑：笞、杖、徒、流、死，刑罚依次加重。唐代得以沿用。因此，唐代的最低刑是笞刑。故 B 项错误。

唐代形成较为完善的三法司，其中，大理寺主审判，刑部主复核，御史台主监察。故 C 项正确。

《大明律》强调"重其所重，轻其所轻"原则。所谓重其所重，指贼盗及有关钱粮等事，明律较唐律处刑为重，且扩大株连范围。所谓轻其所轻，指典礼及风俗教化等一般性犯罪，明律处罚轻于唐律。故 D 项正确。

48．抢劫罪；诈骗罪；抢夺罪；盗窃罪[D]

[解析] 抢劫罪要求行为人采取足以压制被害人反抗的方法强取财物。本案中，甲捡起钱包并未使用暴力或者以暴力相威胁，因此不构成抢劫罪。故 A 项错误。

诈骗罪要求被害人基于错误认识而处分财产，在本案中，甲虽然对乙进行欺骗，但乙并未因此陷入认识错误而将自己的财产处分给甲，甲不构成诈骗罪。故 B 项错误。

侵占罪中的对象为遗忘物，即无人占有的财物。在本案中，甲捡起钱包时乙就在旁边，钱包虽然摔出七八米外，但不能认定钱包已经脱离了乙的占有。甲的行为不构成侵占罪。故 C 项错误。

如果认为成立盗窃罪不以秘密窃取为前提，可以认定甲构成盗窃罪；如果认为只有秘密窃取的行为才属于盗窃，则甲取走乙的钱包的行为不属于秘密窃取，甲属于当着被害人的面取走财物，属于夺取行为，成立抢夺罪。故 D 项正确。

49．盗窃罪[D]

[解析]《刑法》第 264 条规定："盗窃公私财物，数额较大的，或者多次盗窃、入户盗窃、携带凶器盗窃、扒窃的，处 3 年以上有期徒刑、拘役或者管制，并处或者单处罚金……"对于盗窃罪的定罪情形可以理解为如下 5 种：（1）数额较大的；（2）多次盗窃的；（3）入户盗窃的；（4）携带凶器盗窃的；（5）扒窃的。

扒窃属于盗窃的基本类型，其成立不要求数额较大，无论数额多少，均认定为盗窃罪，但窃得一张白纸，并不构成既遂，因为并没有窃取值得刑法保护的财物，因而构成盗窃罪未遂。故 A、C 项错误。

扒窃行为通常具备两个特征：一是秘密窃取行为，通常发生在公共交通工具、车站、码头、民用航空站、市场、商场、公园、广场等公用建筑及公用场所设施；二是秘密窃取的对象通常为被害人贴身放置的财物。故 B 项错误。

根据《刑法》第 264 条可知，入户盗窃、多次盗窃均单独规定为盗窃罪的适用情形之一，可见盗窃次数和涉案金额大小仅仅作为量刑参考，而不作为罪与非罪的界定。入户盗窃成立盗窃罪，既不要求数额较大，也不要求多次盗窃。故 D 项正确。

50．信用卡诈骗罪；诈骗罪；盗窃罪；侵占罪[D]

[解析]《刑法》第 196 条第 1 款规定，有下列情形之一，进行信用卡诈骗活动，数额较大的，构成信用卡诈骗罪：（1）使用伪造的信用卡，或者使用以虚假的身份证明骗领的信用卡的；（2）使用作废的信用卡的；（3）冒用他人信用卡的；（4）恶意透支的。

甲是持自己的卡去银行办理密码挂失并取钱，不属于"冒用他人信用卡"的情形，银行职员也没有被骗，所以甲不构成信用卡诈骗罪或者诈骗罪。故 A、B 项错误。

乙借用甲的名义办理银行卡，那么甲在法律上就占有了乙的财物，对于自己在法律上占有的财物，不成立盗窃罪。故 C 项错误。

这些钱实际上是乙的，只是请甲代为保管。甲占有乙的财物，拒不退还，构成侵占罪。故 D 项正确。

二、多项选择题

51．认罪认罚从宽制度[ABD]

[解析] 根据《关于适用认罪认罚从宽制度的指导意见》第 6 条规定，犯罪嫌疑人、被告人犯数罪，仅如实供述其中一罪或部分罪名事实的，全案不作"认罪"的认定，不适用认罪认罚从宽制度，但对如实供述的部分，人民检察院可以提出从宽处罚的建议，人民法院可以从宽处罚。故 A 项正确。

根据《关于适用认罪认罚从宽制度的指导意见》第 8 条规定，"可以从宽"，是指一般应当体现法律规定和政策精神，予以从宽处理。但可以从宽不是一律从宽，对犯罪性质和危害后果特别严重、犯罪手段特别残忍、社会影响特别恶劣的犯罪嫌疑人、被告人，认罪认罚不足以从轻处罚的，依法不予从宽处罚。故 B 项正确。

根据《关于适用认罪认罚从宽制度的指导意见》第 5 条规定，认罪认罚从宽制度贯穿刑事诉讼全过程，适用于侦查、起诉、审判各个阶段。故 C 项错误。

被告人在审查、起诉阶段不认罪认罚，审判阶段认罪认罚的，可以适用认罪认罚从宽制度。但被告人在审查、起诉认罪认罚，审判阶段不认罪认罚的，不得适用认罪认罚从宽制度。故 D 项正确。**【总结提示】**审前不认，审判认→适用认罪认罚从宽；审前认，审判不认→不适用认罪认罚从宽。

52．具体行政行为的效力［BD］

［解析］具体行政行为无效并不一定引起国家赔偿责任，需要根据该行为是否造成相对人人身权、财产权的实际损失确定，无损害则无赔偿。故 A 项错误。

生效的具体行政行为具有拘束力，若其无效，对行政机关及其相对人均不产生拘束力。故 B 项正确。

《行政诉讼法》第 75 条规定："行政行为有实施主体不具有行政主体资格或者没有依据等重大且明显违法情形，原告申请确认行政行为无效的，人民法院判决确认无效。"可见，具体行政行为的无效情形已经由法律明确规定。故 C 项错误。

具体行政行为一经生效即具有拘束力，在其被依法撤销之前，当事人应受其拘束。故 D 项正确。

53．推进全面依法治国［ABCD］

［解析］党的十九大报告指出，全面依法治国是国家治理的一场深刻革命，必须坚持厉行法治，推进科学立法、严格执法、公正司法、全民守法。成立中央全面依法治国领导小组，加强对法治中国建设的统一领导。加强宪法实施和监督，推进合宪性审查工作，维护宪法权威。推进科学立法、民主立法、依法立法，以良法促进发展、保障善治。建设法治政府，推进依法行政，严格规范公正文明执法。故 A、B、C、D 项均正确。

54．盗窃罪与诈骗罪、侵占罪的区别［BCD］

［解析］本案中，店主高某属于采用"调包"的手段取得了顾客合法占有的财物（一般认为，顾客付款后，该货物已归顾客占有），其行为构成盗窃罪。故 A 项正确。

诈骗罪的行为模式：行为人实施了欺骗行为（虚构事实或隐瞒真相）→被害人产生错误认识→被害人基于错误认识而处分财产→行为人或第三者取得财产→被害人遭受财产损害。高某是在完全违背占有者意志的情况下拿走其财物，而非实施欺骗行为使得占有者产生错误认识进而处分财产，因此高某的行为不成立诈骗罪。故 B 项错误。

顾客付款之后，让高某包装货物，此时货物转归顾客占有，而不属于委托高某保管的财物，更不属于遗忘物、埋藏物，故高某趁机拿走的行为不成立侵占罪。当然，该行为也不可能不成立犯罪而仅属于民事纠纷。故 C、D 项错误。

55．代表罢免；选举名额限制；代表的辞职［AB］

［解析］《选举法》第 55 条第 2 款规定："县级的人民代表大会代表可以向本级人民代表大会常务委员会书面提出辞职，乡级的人民代表大会代表可以向本级人民代表大会书面提出辞职。县级的人民代表大会常务委员会接受辞职，须经常务委员会组成人员的过半数通过。乡级的人民代表大会接受辞职，须经人民代表大会过半数的代表通过。接受辞职的，应当予以公告。"故 A 项正确。

《选举法》第 50 条第 1 款规定，对于县级的人民代表大会代表，原选区选民 50 人以上联名，对于乡级的人民代表大会代表，原选区选民 30 人以上联名，可以向县级的人民代表大会常务委员会书面提出罢免要求。故 B 项正确。

《选举法》第 53 条第 1 款规定，罢免县级和乡级的人民代表大会代表，须经原选区过半数的选民通过。故 C 项错误。

《选举法》第 57 条第 1、4 款规定，代表在任期内，因故出缺，由原选区或者原选举单位补选。补选出缺的代表时，代表候选人的名额可以多于应选代表的名额，也可以同应选代表的名额相等。补选的具体办法，由省、自治区、直辖市的人民代表大会常务委员会规定。故 D 项错误。

56．宋代契约法制［ACD］

［解析］宋代买卖契约分为绝卖、活卖与赊卖三种。绝卖为一般的买卖。活卖为附条件的买卖，当所附条件完成，买卖才算最终成立。赊卖是采取类似商业信用或者预付方式，一段时间之后收取出卖物的价金。A 项描述的付款方式符合"赊卖"的性质，故正确。

宋代对房宅的租赁称为"租""赁"或"借"，同时因袭唐制，区分借与贷。借是使用借贷，不付息，当时称为"负债"；贷指消费借贷，需付息，当时称为"出举"。B 项中的房屋租赁应属于"负债"（使用借贷），而非"出举"（消费借贷），故错误。

典卖在宋代称为"活卖"，即通过让渡物的使用权收取部分利益而保留赎回权的一种交易方式。C 项描述的事实符合"活卖"性质，正确。

宋代租佃土地活动十分普遍，地主与佃农签订租佃土地契约时，必须明定纳租与纳税的条款，或按收成比例收租（分成租），或实行定额租。D 项描述的事实符合"租佃"性质，正确。

57．构成要件要素的分类［ACD］

［解析］对"贩卖"这一行为要素的理解以及判断客观事实是否符合"贩卖"这一要素的认定，只需要一般的认识活动与基本的对比判断就可以得出结论，司法者与社会上一般人的理解不会有所不同，故属于记述的构成要件要素。但对"淫秽物品"的理解以及判断客观事物是否属于"淫秽物品"，需要司法者根据一定的社会价值观念判断，解释者和司法者可

能因为价值观乃至社会文化心理的不同而得出不同的结论,故属于规范的构成要件要素。故 A 项正确。

对"毒品"的理解以及判断某一物品是否属于毒品,并不需要解释者或者司法者的价值规范评价,相反,根据一般的认识活动,或者基于毒品的基本属性就可以直接认定其是否属于毒品,不同的解释者或司法者就此不会得出不同结论,故"毒品"属于记述的构成要件要素。故 B 项错误。

对"妇女"的理解以及判断行为对象是否属于妇女,只需要一般的认识活动,所以"妇女"属于记述的构成要件要素。对"猥亵"的理解以及判断某具体行为是否属于猥亵行为,通过简单的认识活动难以确定,这需要解释者或者司法者根据社会价值观念、风俗习惯、行为人与被害人的关系等做出具体判断,不同的解释者或者司法者可能在解释结论上存在分歧,故"猥亵"属于规范的构成要件要素。故 C 项正确。

《刑法》第 263 条规定:"以暴力、胁迫或者其他方法抢劫公私财物的,处……"其中"以暴力、胁迫或者其他方法抢劫公私财物的"是刑法条文明文规定的客观要素。但为了区分抢劫罪与故意毁坏财物罪或者其他犯罪,要求行为人行为时具有"非法占有目的",这一目的并非刑法条文明确规定,故属于"不成文的构成要件要素"。故 D 项正确。

58.地域管辖[BCD]

[解析] 根据《刑诉解释》第 10 条的规定:"中国公民在中华人民共和国领域外的犯罪,由其登陆地、入境地、离境前居住地或者现居住地的人民法院管辖;被害人是中国公民的,也可以由被害人离境前居住地或者现居住地的人民法院管辖。"简言之,居住地和登入地可以管辖。本题中,被告人甲和被害人乙都是中国公民,公海属于中华人民共和国领域外,因此被告人甲的中国入境地法院、入境后居所地法院、被害人乙的离境前居住地法院都有管辖权。因此选项 B、C、D 正确,选项 A 错误。

59.坚持党对全面依法治国的领导[ABCD]

[解析] 根据《宪法》第 1 条规定,A 项正确。必须坚持党领导立法、保证执法、支持司法、带头守法,把依法治国基本方略同依法执政基本方式统一起来,把党总揽全局、协调各方同人大、政府、政协、监察机关、审判机关、检察机关依法依章程履行职能、开展工作统一起来,把党领导人民制定和实施宪法法律同党坚持在宪法法律范围内活动统一起来。B、C、D 项说法均正确。

60.公务员处分的适用及处分的权限[ABCD]

[解析]《公职人员政务处分法》第 10 条规定:"有关机关、单位、组织集体作出的决定违法或者实施违法行为的,对负有责任的领导人员和直接责任人员中的公职人员依法给予政务处分。"据此可知:(1)

对违法行为才给予处分;(2)处分的对象是负有责任的领导人员和直接责任人员,而非一定是机关的负责人。A 项中,行政机关的决定被法院撤销并不一定意味着决定违法,且行政机关负责人并不必然是处分对象,故 A 项错误。

《公职人员政务处分法》第 11 条规定:"公职人员有下列情形之一的,可以从轻或者减轻给予政务处分:(一)主动交代本人应当受到政务处分的违法行为的;……"据此,B 项所说"应减轻处分"是错误的。

《公职人员政务处分法》第 52 条第 1 款规定:"公职人员涉嫌违法,已经被立案调查,不宜继续履行职责的,公职人员任免机关、单位可以决定暂停其履行职务。"可知,只有在王某不宜继续履行职责时,任免机关可以决定暂停其履行职务,故 C 项错误。

《公职人员政务处分法》第 52 条第 2 款规定:"公职人员在被立案调查期间,未经监察机关同意,不得出境、辞去公职;被调查公职人员所在机关、单位及上级机关、单位不得对其交流、晋升、奖励、处分或者办理退休手续。"据此,田某在立案调查期间不得进行交流。但根据《公务员法》第 69 条规定,交流方式只包括调任、转任,挂职不属于交流制度,因此王某可以挂职,D 项错误。

61.申诉的主体;再审的审理程序[BCD]

[解析]《刑诉解释》第 451 条第 2 款规定,案外人认为已经发生法律效力的判决、裁定侵害其合法权益,提出申诉的,人民法院应当审查处理。故 A 项错误。

《刑诉解释》第 466 条第 1 款规定,原审人民法院审理依照审判监督程序重新审判的案件,应当另行组成合议庭。故 B 项正确。

《刑诉解释》第 464 条规定:"对决定依照审判监督程序重新审判的案件,人民法院应当制作再审决定书。再审期间不停止原判决、裁定的执行,但被告人可能经再审改判无罪,或者可能经再审减轻原判刑罚而致刑期届满的,可以决定中止原判决、裁定的执行,必要时,可以对被告人采取取保候审、监视居住措施。"故 C 项正确。

《刑诉解释》第 461 条第 2 款规定,上级人民法院指令下级人民法院再审的,一般应当指令原审人民法院以外的下级人民法院审理;由原审人民法院审理更有利于查明案件事实、纠正裁判错误的,可以指令原审人民法院审理。故 D 项正确。

62.追诉时效[AC]

[解析]《刑法》第 87 条规定,法定最高刑为无期徒刑、死刑的,追诉时效的期限为 20 年。如果 20 年后认为必须追诉的,须报请最高人民检察院核准。甲犯劫持航空器罪,有可能被判处死刑,因此即便经过 30 年,也可能被追诉。故 A 项正确。

《刑法》第89条第1款规定，追诉期限从犯罪之日起计算。乙于2013年1月10日挪用公款，但是此时乙并未构成犯罪，只有超过3个月未还的才能构成挪用公款罪，因此应从2013年4月10日起计算追诉时效。故B项错误。

法定最高刑为不满5年有期徒刑的，追诉时效的期限为5年。故意伤害致人轻伤的法定最高刑是3年，因此追诉时效是5年，李某报案时已经超过追诉时效，因此不能追诉丙故意伤害的刑事责任。故C项正确。

《刑法》第89条第2款规定，在追诉期限以内又犯罪的，前罪追诉的期限从后罪成立之日起计算，即在追诉期限以内又犯罪的，前罪的追诉时效便中断，其追诉时效从后罪成立之日起重新计算。丁没有犯新罪，因此对其犯合同诈骗罪的追诉时效并未因为王某新的犯罪行为而中断，因此不能重新计算。故D项错误。

63．法官、检察官的任职条件［ABCD］

［解析］《法官法》第13条规定："下列人员不得担任法官：……（三）被吊销律师、公证员执业证书或者被仲裁委员会除名的；……"注意，吊销与注销性质不同，如果是因为被吊销律师执业证书从而被注销的，则不得担任法官；如果是因为其他原因而注销的，则可以担任法官。故A项错误。

《法官法》第22条规定："法官不得兼任人民代表大会常务委员会的组成人员，不得兼任行政机关、监察机关、检察机关的职务，不得兼任企业或者其他营利性组织、事业单位的职务，不得兼任律师、仲裁员和公证员。"故B项错误。

《检察官法》第37条第1、2款规定："检察官从人民检察院离任后两年内，不得以律师身份担任诉讼代理人或者辩护人。检察官从人民检察院离任后，不得担任原任职检察院办理案件的诉讼代理人或者辩护人，但是作为当事人的监护人或者近亲属代理诉讼或者进行辩护的除外。"据此，C项错误有二：一是检察官离任后，终身不得在原任职检察院担任诉讼代理人或者辩护人，不限于2年内；二是并非任何时候均不能担任，而是存在例外，作为当事人的监护人或者近亲属代理诉讼或者进行辩护是允许的。故C项错误。

《检察官法》第37条第3款规定："检察官被开除后，不得担任诉讼代理人或者辩护人，但是作为当事人的监护人或者近亲属代理诉讼或者进行辩护的除外。"注意，开除和辞退性质不同，此处应是开除，故D项错误。

64．生产、销售、提供假药罪；生产、销售、提供劣药罪；妨害药品管理罪［CD］

［解析］《刑法》第141条规定："生产、销售假药

的，处……药品使用单位的人员明知是假药而提供给他人使用的，依照前款的规定处罚。"可见，生产、销售、提供假药罪是抽象危险犯，也即行为犯，只要有这类行为就构成犯罪。《刑法》第142条规定："生产、销售劣药，对人体健康造成严重危害的，处……药品使用单位的人员明知是劣药而提供给他人使用的，依照前款的规定处罚。"可见，生产、销售、提供劣药罪是实害犯，不是具体危险犯，成立该罪，要求对人体健康造成实害结果。故A项错误。

根据《药品管理法》第98条第2款的规定，有下列情形之一的，为假药：（1）药品所含成分与国家药品标准规定的成分不符；（2）以非药品冒充药品或者以他种药品冒充此种药品；（3）变质的药品；（4）药品所标明的适应症或者功能主治超出规定范围。"国务院药品监督管理部门禁止使用的药品"不一定都是假药，还包括在某些场合禁止使用的真药。故B项错误。【特别提醒】避免混淆：根据《刑法》第142条之一的规定，"生产、销售国务院药品监督管理部门禁止使用的药品"，足以严重危害人体健康的，构成妨害药品管理罪。

根据《刑法》第141条第2款的规定，药品使用单位的人员明知是假药而提供给他人使用的，成立销售、提供假药罪。该罪单位和自然人均可成立。故C项正确。

根据上述《药品管理法》第98条第2款的规定，擅自进口有疗效的药品不属于假药，因此不能成立销售假药罪。根据《刑法》第142条之一第1款的规定，"未取得药品相关批准证明文件生产、进口药品或者明知是上述药品而销售"，足以严重危害人体健康的，构成妨害药品管理罪。因此，擅自进口有疗效的药品在国内销售，如果足以严重危害人体健康，则可以构成妨害药品管理罪。故D项正确。

65．侵占罪的认定［ABCD］

［解析］侵占罪，是指以非法占有他人财物为目的，将代为保管的他人财物或者他人的遗忘物、埋藏物非法占为己有，数额较大，拒不交还的行为。虽然处于他人支配领域之外，但存在可以推知由他人事实上支配的状态时，也属于他人占有的财物。如停放在车棚内的自行车（无论是否上锁）和特定场所用于占座的手机均属于可以推知的他人占有的财物，甲、丙将其拿走的行为成立盗窃罪。故A、C项错误，当选。

即使原占有者丧失了占有，但当该财物转移为建筑物的管理者或者第三者占有时，也应认定为他人占有的财物。虽然前乘客遗忘在后备厢的财物相对于其本人属于遗忘物，但相对于该车的司机而言，则是已经转由司机占有的财物。所以第三者从后备厢取走此财物，据为己有的行为构成盗窃罪。故B项错误，当选。

只要是在他人的事实支配领域内的财物,即使他人没有现实地握有或监视,也属于他人占有。丁受托看管的房屋内锁在柜里的手提电脑,仍属于邻居占有的财物,丁将其拿走的行为成立盗窃罪。故 D 项错误,当选。

66．拘传[ABCD]

[解析]《公安部规定》第 78 条第 1 款规定:"公安机关根据案件情况对需要拘传的犯罪嫌疑人,或者经过传唤没有正当理由不到案的犯罪嫌疑人,可以拘传到其所在市、县公安机关执法办案场所进行讯问。"据此,公安机关根据案件情况对犯罪嫌疑人实施拘传,无需经过上一级公安机关批准,故 A 项错误;传唤并非拘传的前置程序,公安机关可直接根据案情实施拘传,故 B 项错误;只能将犯罪嫌疑人拘传到其所在市、县公安机关执法办案场所进行讯问,不允许带至酒店进行讯问,故 D 项错误。

《公安部规定》第 80 条第 1 款规定:"拘传持续的时间不得超过十二小时;案情特别重大、复杂,需要采取拘留、逮捕措施的,经县级以上公安机关负责人批准,拘传持续的时间不得超过二十四小时。不得以连续拘传的形式变相拘禁犯罪嫌疑人。"据此,除非案情特别重大、复杂,需要采取拘留、逮捕措施,且经县级以上公安机关负责人批准,拘传时间可延长至 24 小时外,原则上拘传时间不超过 12 小时。本题中,某区公安分局需要对郑某采取取保候审措施,不需要拘留、逮捕,因此拘传时间不得超过 12 小时,故 C 项错误。

67．具体行政行为的性质;强制拆除;复议前置[AB]

[解析]《拆除违章建筑通知》的内容是要求马某在 30 日内拆除房屋,这将直接影响马某的财产权益,属于具体行政行为,性质为行政处罚,具有可诉性,故 A 项正确。行政指导是指行政机关以倡导、示范、建议、咨询等方式,引导公民自愿配合而达到行政管理目的的行为,行政指导为"柔性"行为,而本题显然不是"柔性"的行政指导,故 C 项错误。

区规划局强制拆除的行为违法。原因有三点:(1)区规划局没有行政强制执行权,强制拆除的有权机关为县级以上政府。(2)强制拆除前没有履行催告程序并听取马某陈述申辩。根据《行政强制法》第 35 至 37 条规定,行政机关作出强制执行决定前,应当事先催告当事人履行义务。当事人收到催告书后有权进行陈述和申辩。经催告,当事人逾期仍不履行行政决定,且无正当理由的,行政机关可以作出强制执行决定。(3)根据《行政强制法》第 44 条规定:"对违法的建筑物、构筑物、设施等需要强制拆除的,应当由行政机关予以公告,限期当事人自行拆除。当事人在法定期限内不申请行政复议或者提起行政诉讼,又

不拆除的,行政机关可以依法强制拆除。"区规划局既未公告,也没有等马某起诉期和复议期满就实施了强拆行为,违反了上述规定。综上,B 项正确。

区规划局组织人员将违建房屋强制拆除的行为属于行政强制执行,对此不服可直接起诉,不适用复议前置。故 D 项错误。

68．检察官职业道德的主要内容[CD]

[解析]《检察官职业道德基本准则》第 3 条规定,坚持担当精神,强化法律监督。据此,"担当"突出检察官敢于对司法执法活动的监督、坚守防止冤假错案的底线。吕检察官的行为和法律监督完全无关。故 A 项不当选。

《检察官职业道德基本准则》第 1 条规定,坚持忠诚品格,永葆政治本色。据此,"忠诚"突出检察官的政治本色。吕检察官的行为和政治品行无关。故 B 项不当选。

《检察官职业道德基本准则》第 2 条规定,坚持为民宗旨,保障人民权益。吕检察官办理未成年人犯罪案件,除了坚持感化、挽救犯罪嫌疑人卫某,还通过和解对被害人权益予以保护,这体现了为民的要求。故 C 项当选。

《检察官职业道德基本准则》第 4 条规定,坚持公正理念,维护法制统一。"公正"要求检察官坚持打击犯罪与保障人权并重、公平与效率兼顾、程序正义和实体正义并重。吕检察官的行为体现了公正的要求。故 D 项当选。

69．村民会议与村民代表会议;对村委会违法行为的救济[BCD]

[解析]《村民委员会组织法》第 5 条第 1 款规定:"乡、民族乡、镇的人民政府对村民委员会的工作给予指导、支持和帮助,但是不得干预依法属于村民自治范围内的事项。"第 36 条第 2 款规定:"村民委员会不依照法律、法规的规定履行法定义务的,由乡、民族乡、镇的人民政府责令改正。"征地补偿分配方案属于村民自治范围内的事项,乡政府不得干预;如果村委会的方案违法,乡政府可以责令其改正,但不能予以撤销。故 A 项错误。

《村民委员会组织法》第 36 条第 1 款规定:"村民委员会或者村民委员会成员作出的决定侵害村民合法权益的,受侵害的村民可以申请人民法院予以撤销,责任人依法承担法律责任。"故 B 项正确。

《村民委员会组织法》第 24 条第 1、2 款规定:"涉及村民利益的下列事项,经村民会议讨论决定方可办理:……(七)征地补偿费的使用、分配方案;……村民会议可以授权村民代表会议讨论决定前款规定的事项。"故 C、D 项正确。

70．审理期间特殊情况的期间计算[ABCD]

[解析]《刑事诉讼法》第 206 条规定:"在审判

过程中,有下列情形之一,致使案件在较长时间内无法继续审理的,可以中止审理:(一)被告人患有严重疾病,无法出庭的;(二)被告人脱逃的;(三)自诉人患有严重疾病,无法出庭,未委托诉讼代理人出庭的;(四)由于不能抗拒的原因。中止审理的原因消失后,应当恢复审理。中止审理的期间不计入审理期限。"故 A 项错误。

《六机关规定》第 25 条第 2 款规定:"人民法院对提起公诉的案件进行审查的期限计入人民法院的审理期限。"故 B 项错误。

《刑诉解释》第 313 条规定:"依照前两条规定另行委托辩护人或者通知法律援助机构指派律师的,自案件宣布休庭之日起至第十五日止,由辩护人准备辩护,但被告人及其辩护人自愿缩短时间的除外。庭审结束后,判决宣告前另行委托辩护人的,可以不重新开庭;辩护人提交书面辩护意见的,应当接受。"新的辩护人作辩护的准备时间计入审限。据此,C 项错在"10 日",应是"15 日"。

《刑诉解释》第 273 条规定:"法庭审理过程中,控辩双方申请通知新的证人到庭,调取新的证据,申请重新鉴定或者勘验的,应当提供证人的基本信息、证据的存放地点,说明拟证明的事项,申请重新鉴定或者勘验的理由。法庭认为有必要的,应当同意,并宣布休庭;根据案件情况,可以决定延期审理。人民法院决定重新鉴定的,应当及时委托鉴定,并将鉴定意见告知人民检察院、当事人及其辩护人、诉讼代理人。"由此法条可以看出,因当事人和辩护人调取新的证据而延期审理期限计入审限。故 D 项错误。

71.行政复议与行政诉讼的关系[CD]

[解析]《行政复议法》第 12 条规定:"下列事项不属于行政复议范围:……(四)行政机关对民事纠纷作出的调解。"《行政诉讼法解释》第 1 条第 2 款规定:"下列行为不属于人民法院行政诉讼的受案范围:……(二)调解行为以及法律规定的仲裁行为……"据此,当事人不服行政机关对民事纠纷的调解,不能申请复议,也不能提起行政诉讼,故 A 项不选。【特别提醒】行政调解不具有强制执行效力,不属于具体行政行为,因此不属于行政复议和行政诉讼受案范围。对调解不服的,可以申请仲裁或提起民事诉讼。

《出境入境管理法》第 64 条第 1 款规定:"外国人对依照本法规定对其实施的继续盘问、拘留审查、限制活动范围、遣送出境措施不服的,可以依法申请行政复议,该行政复议决定为最终决定。"据此,当事人对出入境边防检查机关采取的遣送出境措施不服,只能申请复议且复议终局,不能提起行政诉讼,故 B 项不选。

《反倾销条例》第 53 条规定:"对依照本条例第

25 条作出的终裁决定不服的,对依照本条例第四章作出的是否征收反倾销税的决定以及追溯征收、退税、对新出口经营者征税的决定不服的,或者对依照本条例第五章作出的复审决定不服的,可以依法申请行政复议,也可以依法向人民法院提起诉讼。"据此,对是否征收反倾销税的决定不服,既可以申请行政复议,也可以提起行政诉讼,故 C 项应选。

《税收征收管理法》第 88 条第 2 款规定:"当事人对税务机关的处罚决定、强制执行措施或者税收保全措施不服的,可以依法申请行政复议,也可以依法向人民法院起诉。"据此,对税务机关作出的处罚决定(当场处罚除外)不服,既可以申请行政复议,也可以提起行政诉讼,故 D 项应选。【特别提醒】只有在纳税上发生争议时,才适用复议前置规则,税收相关的处罚、强制措施等不属于纳税争议。

72.中国特色社会主义法治体系[ACD]

[解析]经过长期努力,中国特色社会主义法律体系已经形成,国家和社会生活各方面总体上实现了有法可依。但法律体系必须随着时代变化、理论创新和实践需要不断发展、不断完善,故 B 项错误。A、C、D 项均表述正确。

73.法的渊源和法律部门;法律体系[AD]

[解析]《立法法》第 85 条第 1 款规定,民族自治地方的人民代表大会有权依照当地民族的政治、经济和文化的特点,制定自治条例和单行条例。《宪法》第 96 条第 1 款规定,地方各级人民代表大会是地方国家权力机关,因此,自治条例和单行条例是地方国家权力机关制定的规范性文件。故 A 项正确。

行政法部门包括调整行政法律关系的法律、行政法规、地方性法规等。注意,法律部门的划分标准是调整对象与调整方法,是在横向上对法律体系的划分,如我国的法律体系包括 7 个法律部门。而法律、行政法规、地方性法规则是以制定主体为标准,对法律体系进行纵向的划分。二者并不具有一一对应的关系。故 B 项错误。

法律体系,也称为部门法体系,是指一国的全部现行法律规范。法律体系是一国国内法构成的体系,不包括完整意义的国际法,即国际公法。中国特色社会主义法律体系主要有七个法律部门:宪法及宪法相关法、民法商法、行政法、经济法、社会法、刑法、诉讼与非诉讼程序法。故 C 项错误。

法律部门划分的标准有法律规范所调整的社会关系和法律规范的调整方法,其中的主要标准是法律规范所调整的社会关系。故 D 项正确。

74.事实认识错误;选择性罪名中的认识错误[CD]

[解析]盗窃罪可以包容评价为侵占罪,但侵占罪不能包容评价为盗窃罪。本题中,甲仅具有侵占罪

的故意,不能包容评价为盗窃罪的故意。具体来说,客观上,甲将他人占有的财物转移为自己占有,具有盗窃罪的客观行为,但是主观上,甲没有盗窃罪的故意,因此不成立盗窃罪。因为盗窃罪的客观行为可以包容评价为侵占罪的客观行为,主观上甲又有侵占罪的故意,因此,甲成立侵占罪(既遂)。故A项正确。

运输假币罪的客体只要是假币即可,包括人民币和外币。乙误以为自己运输的是假欧元,实际是假英镑,这种认识错误属于同一犯罪构成(运输假币罪)内的认识错误,也即具体的事实认识错误,具体而言是对象错误。这种对象认识错误不影响运输假币罪的成立和既遂。故B项正确。

C项考查过于自信的过失。丙雇用赵某伤害岳某,要求"只要岳某伤,不要岳某死",这表明,丙已经预见到赵某可能致岳某死亡,但是轻信赵某会听自己的,不会致岳某死亡。因此,丙对死亡结果存在过于自信的过失。故C项错误。【分析拓展】由于本题中没有交代赵某对死亡结果的态度,因此,赵某可能构成故意伤害罪(过失)致人死亡,也可能构成故意杀人罪。但无论如何,丙作为教唆犯,均构成故意伤害罪(过失)致人死亡。

拐卖妇女、儿童罪是选择性罪名,存在选择性对象"妇女"和"儿童"。丁主观上想拐卖儿童,客观上拐卖了妇女(在刑法上,年满14周岁的女性属于妇女),对于这种选择性对象之间的认识错误,应该按照"客观"方面来定罪,即对丁以拐卖妇女罪(既遂)定罪。故D项错误。【要点总结】(1)年满14周岁的女性属于刑法上的妇女;(2)对于选择性罪名中对象的认识错误,按照客观定。

75．监察法规的制定［AC］

［解析］《全国人民代表大会常务委员会关于国家监察委员会制定监察法规的决定》第2条规定:"监察法规应当经国家监察委员会全体会议决定,由国家监察委员会发布公告予以公布。"故A项正确,D项错误。

《全国人民代表大会常务委员会关于国家监察委员会制定监察法规的决定》第3条规定:"监察法规应当在公布后的三十日内报全国人民代表大会常务委员会备案。全国人民代表大会常务委员会有权撤销同宪法和法律相抵触的监察法规。"故B项错误,C项正确。

76．故意犯罪的形态［AC］

［解析］绑架罪是目的犯,行为人以勒索财物为目的绑架他人或者其他目的的扣押他人为人质的,即可构成本罪,至于行为人是否向被绑架人近亲属等人告知财物要求或者其他要求并不影响本罪的成立。因此,行为人开始采取绑架手段时为实行行为的着手,被绑架人处于行为人或第三人的实际控制之下时

为既遂。甲已经控制乙,故已既遂。故A项正确。

抢夺罪的实际危害在于直接造成公私财物的损失,判断既遂或未遂应以是否使公私财物所有权实际受到侵害为标准。甲已控制住了半条项链且数额较大,构成抢夺罪既遂。扔掉行为是对赃物的处分,不影响既遂的认定。故B项错误。

C项考查帮助犯的成立与既遂问题。(1)帮助犯的成立条件:帮助行为促进正犯制造违法行为,二者有促进关系。为此,帮助行为需要具备两个条件:第一,帮助行为本身具有可能的促进作用;第二,这种合格的帮助行为连接到(作用于)正犯的违法行为上。(2)帮助犯的既遂条件:帮助行为对正犯结果具有促进作用(果然性)。当帮助行为连接到正犯行为上,帮助行为便成立帮助犯。当帮助行为与正犯结果具有因果性时,帮助犯便既遂。也即,在正犯行为的危险流导致结果的过程中,帮助行为要发挥实际贡献,帮助犯才既遂。本项中,甲已经将钥匙给乙,甲的帮助行为连接到乙的正犯行为,甲成立盗窃罪的帮助犯。乙拿着钥匙开车门,表明盗窃已经着手,也表明甲的帮助行为对正犯行为发挥的作用维持到了正犯行为的着手实行阶段。但是,在正犯行为的危险流导致结果的过程中,甲的帮助行为没有发挥实际贡献,因此构成犯罪未遂,而非既遂。故甲构成盗窃罪(帮助犯)未遂,C项正确。

盗窃罪既遂的认定是以他人实际控制或占有的财物转移到行为人实际控制之下为判断标准。甲偷拿戒指的行为就意味着甲已经占有了该财物,被害人失去了占有,故成立盗窃罪既遂。之后被保安发现并被抓获的,属于犯罪之后的案情发展,不影响盗窃罪既遂的判断。故D项错误。

77．国家主权豁免［BC］

［解析］本题中,乙国驻甲国使馆实施的办公设备买卖行为,可以视为国家的行为。管辖豁免的放弃可以分为明示放弃和默示放弃两种形式。明示放弃是指国家或其授权的代表通过条约、合同、其他正式文件或声明,事先或事后以明白的语言文字表达就某种行为或事项上豁免的放弃。A项中,乙国同意适用甲国的法律,不能表明乙国放弃了其管辖的豁免。故A项错误。默示放弃是指国家通过在外国法院的与特定诉讼直接有关的积极行为,表示其放弃豁免而接受法院管辖,包括国家作为原告在外国法院提起诉讼、正式出庭应诉、提起反诉,或作为诉讼利害关系人介入特定诉讼等。故C项正确。

国家在外国领土范围内从事商业行为本身不意味着豁免的放弃。国家或其授权的代表为主张或重申国家的豁免权,对外国法院的管辖作出反应,出庭阐述立场或作证,或要求法院宣布判决或裁决无效,都不构成豁免的默示放弃。也即一国仅为援引豁免

之目的而介入诉讼并不视为同意另一国家的法院对其行使管辖权。故 B 项正确。

一国不能通过本国立法来改变别国的豁免立场，也不能将一国对某一特定事项上的豁免放弃推移到其他事项上，或将一国的豁免放弃推移到另一国家上。国家豁免的放弃必须是特定的、自愿的、明确的。以往接受过管辖，并不代表现在会接受管辖。故 D 项错误。

78．被害人承诺中的意思表示［ABD］

［解析］被害人承诺，是指如果被害人同意他人对其加害，那么他人不构成犯罪。例如，甲同意乙毁坏自己的财物，乙的毁坏行为便不构成犯罪。被害人的承诺必须是其真实意思表示。因行为人欺骗、胁迫而作出的承诺无效。

兽医作为一名医生，有义务告知真相（该疾病已经有药物可以治疗），不告知属于不作为的欺骗。行为人的欺骗与被害人的认识错误有两种关系：一种是欺骗导致被害人从无到有产生认识错误。另一种是被害人自己先产生认识错误，行为人通过欺骗维持、利用被害人已有的认识错误。兽医的这种欺骗维持、利用了甲已有的认识错误，导致甲的承诺不是真实的意思表示，因此甲的承诺是无效的。兽医构成故意毁坏财物罪。故 A 项正确。

行为人欺骗被害人作出承诺，被害人的承诺无效。但是，行为人没有欺骗被害人，被害人自己产生认识错误并作出承诺，该承诺对行为人而言是有效的。本题中，乙没有欺骗被害人甲，甲因自己的疏忽大意作出了错误的承诺。该承诺对乙而言是有效的。因此，乙不构成故意毁坏财物罪。故 B 项正确。

《刑法》第 234 条之一第 1 款规定，组织他人出卖人体器官的，构成组织出卖人体器官罪。本罪的实行行为只包括组织他人出卖人体器官的行为。本罪的保护法益是合法的器官捐献制度（社会法益），不包括器官提供者的身体健康（个人法益），后者由故意伤害罪保护。本题没有交代器官的出卖者乙是未成年人或受到强迫或欺骗，表明其有承诺能力，是真实的意思表示，那么其承诺是有效的。在此前提下，组织者甲不构成故意伤害罪，而构成组织出卖人体器官罪。故 C 项错误。

被害人的承诺必须是其真实的意思表示，因行为人欺骗、胁迫而作出的承诺无效。但是，行为人没有欺骗被害人，被害人自己产生认识错误并作出承诺的，该承诺对行为人而言是有效的。本题中，乙没有欺骗甲，甲是自己产生认识错误而作出错误的承诺，该承诺对乙而言是有效的。故 D 项正确。

79．以审判为中心的诉讼制度改革；刑事审判的公开性；审判模式［ABD］

［解析］《关于推进以审判为中心的刑事诉讼制度改革的意见》第 13 条强调发挥控辩双方的积极主动作用，有助于强化法官的积极主动作用，促进控辩双方的积极对抗，朝着控辩式审判模式发展。故 A 项正确。

《刑事诉讼法》第 14 条规定，人民法院、人民检察院和公安机关应当保障犯罪嫌疑人、被告人和其他诉讼参与人依法享有的辩护权和其他诉讼权利。辩护人享有参加法庭调查和辩论权，在法庭辩论阶段，辩护人可以对证据和案件情况发表意见并且可以和控方辩论。由此可见，在法庭辩论中，确保控辩意见发表在法庭，核心在于保障被告人和辩护人能充分发表意见。故 B 项正确。

刑事审判的公开性是指审判活动应当公开进行，法庭的大门永远是敞开的，除了为了保护特定的社会利益依法不公开审理的案件外，都应当公开审理，将审判活动置于公众和社会的监督之下。即使依法不公开审理的案件，宣告判决也应当公开。这是摒除司法不公的最有力的手段。刑事审判的公开性与完善法庭辩论规则和使控辩意见发表在法庭不能直接等同。故 C 项不当选。

《刑诉解释》第 278 条第 1 款规定，对被告人认罪的案件，在确认被告人了解起诉书指控的犯罪事实和罪名，自愿认罪且知悉认罪的法律后果后，法庭调查可以主要围绕量刑和其他有争议的问题进行。故 D 项表述正确。

80．行政许可的实施；行政许可的撤销与救济［ABD］

［解析］《行政许可法》第 58 条第 1 款规定："行政机关实施行政许可和对行政许可事项进行监督检查，不得收取任何费用。但是，法律、行政法规另有规定的，依照其规定。"据此，行政许可原则上不得收取任何费用，除非法律、行政法规另有规定。本题中涉及的行政许可是建设工程规划许可，《城乡规划法》没有对规划许可证收费作出特别规定，因此应当遵照《行政许可法》的一般规定，即不收取费用。故 A 项正确。

《行政许可法》第 40 条规定："行政机关作出的准予行政许可决定，应当予以公开，公众有权查阅。"可见，对于准予许可的决定应当公开，以便公众查阅。某区规划局批准大地房地产开发公司的土地开发申请，属于准予行政许可决定，应当予以公开，故 B 项正确。**【特别提醒】**不予许可的决定不需要公开。

行政行为的撤销，是指对于已经发生法律效力的行政行为，如果发现其违法或不当，由有权机关按照法定程序，使相应行政行为失去法律效力的行为。行政行为的撤销是具体行政行为中单独的一种类型，不属于行政处罚。行政行为被撤销之后，自始即没有法律效力。故 C 项错误。

根据《行政复议法》第24条第1款规定:"县级以上地方各级人民政府管辖下列行政复议案件:(一)对本级人民政府工作部门作出的行政行为不服的;……"本题中,区规划局属于区政府的工作部门,若大地房地产开发公司对区规划局的处罚决定不服申请行政复议,应当向区政府申请,故D项正确。

81.建设严密的法治监督体系 [ABCD]

[解析] 强化对行政权力的监督和制约主要有三个方面:第一,多种监督并举;第二,加强对政府内部权力的制约,是强化对行政权力制约的重点;第三,完善审计制度,完善省以下地方审计机关人财物统一管理。A、B、C、D项是上述三个方面的具体内容。

82.行政诉讼第三人 [AD]

[解析] 必须与行政诉讼案件有法律上利害关系的人,才能作为第三人参加诉讼。具体分析本题:

乙、丙都参与了违法行为,但结果却不同,乙受到处罚,而丙却未受到处罚。丙不是本案的被处罚人,与公安局对甲、乙作出的行政处罚没有利害关系,法院审查拘留15日是否合法,不会直接触及丙的利益,丙不能成为本案第三人。故A项当选。

乙是另外一个被拘留5日的被处罚人,与拘留15日引发的诉讼有一定的利害关系,可以作为第三人。根据《行政诉讼法解释》第30条第1款规定,在一个行政处罚案件中,行政机关处罚了两个以上的违法行为人,其中一部分人向法院起诉,而另一部分被处罚人没有起诉的,没有起诉的可以作为第三人参加诉讼。故B项不当选。

工人李某作为受害人,案件的处理结果与其有直接关系,因此可以作为第三人,并且法院"应当"通知其参加。故C项不当选。

造纸厂厂长本人的身份为举报人,与公安局对甲、乙作出的行政处罚没有直接的法律上的利害关系,不能作为第三人。故D项当选。

83.死刑复核及执行程序中当事人合法权益的保障 [ABCD]

[解析]《最高人民法院关于死刑复核及执行程序中保障当事人合法权益的若干规定》第8条规定:"罪犯提出会见近亲属以外的亲友,经人民法院审查,确有正当理由的,可以在确保会见安全的情况下予以准许。"可知,罪犯提出会见近亲属以外的亲友,确有正当理由的,"可以"而非"应当"准许,故A项错误。

《刑诉解释》第512条规定:"同案审理的案件中,部分被告人被判处死刑,对未被判处死刑的同案被告人需要羁押执行刑罚的,应当根据前条规定及时交付执行。但是,该同案被告人参与实施有关死刑之罪的,应当在复核讯问被判处死刑的被告人后交付执行。"B项中,只有乙一人被判处死刑立即执行,对未

被判处死刑的同案被告人应及时交付执行,故B项错误。

《最高人民法院关于死刑复核及执行程序中保障当事人合法权益的若干规定》第4条规定:"最高人民法院复核裁定作出后,律师提交辩护意见及证据材料的,应当接收并出具接收清单;经审查,相关意见及证据材料可能影响死刑复核结果的,应当暂停交付执行或者停止执行,但不再办理接收委托辩护手续。"据此,最高人民法院作出核准后仍需要接受律师的辩护意见,故C项错误。

《刑诉解释》第500条第1款规定:"下级人民法院在接到执行死刑命令后、执行前,发现有下列情形之一的,应当暂停执行,并立即将请求停止执行死刑的报告和相关材料层报最高人民法院:(一)罪犯可能有其他犯罪的;(二)共同犯罪的其他犯罪嫌疑人到案,可能影响罪犯量刑的;(三)共同犯罪的其他罪犯被暂停或者停止执行死刑,可能影响罪犯量刑的;(四)罪犯揭发重大犯罪事实或者有其他重大立功表现,可能需要改判的;(五)罪犯怀孕的;(六)判决、裁定可能有影响定罪量刑的其他错误的。"据此,聋哑人并不是暂停执行死刑的法定理由,故D项错误。

84.法与社会的一般关系;法的本质 [AB]

[解析] 马克思主义法学认为法以社会为基础,法是社会的产物。社会性质决定法律性质,社会物质生活条件决定法的本质。制定、认可法律的国家以社会为基础,国家权力以社会力量为基础;国家法以社会法为基础,"纸上的法"以"活法"为基础。总之,法以社会为基础,不仅指法律的性质与功能决定于社会,还指法律变迁与社会发展的进程基本一致。故A、B项正确。

马克思主义法学认为,社会决定法律,法律反映社会,是社会物质生活条件的需要产生了法律,因此,社会物质生活条件才是法律产生的根本原因。故C项错误。

法的作用分为规范作用与社会作用。社会作用主要指社会公共职能,如为社会提供公共产品,规范社会秩序,维持社会治安等。法的规范作用主要有五种,即指引作用、评价作用、预测作用、教育作用、强制作用。D项中提及的是法的社会作用而非规范作用,故D项错误。

85.行政赔偿诉讼 [ABD]

[解析]《行政赔偿案件规定》第11条第1款规定:"行政赔偿诉讼中,原告应当对行政行为造成的损害提供证据;因被告的原因导致原告无法举证的,由被告承担举证责任。"故A项正确。

县政府对工作人员追究责任属于典型的内部行政行为,不属于行政赔偿诉讼的受案范围。故B项正确。

《国家赔偿法》第14条第1款规定："赔偿义务机关在规定期限内未作出是否赔偿的决定,赔偿请求人可以自期限届满之日起三个月内,向人民法院提起诉讼。"据此,单独提起行政赔偿诉讼的起诉期限为3个月,不同于普通行政诉讼的6个月,故C项错误。

县级以上政府作为被告案件,由中级人民法院管辖,故D项正确。

三、不定项选择题

86.推进科学立法[BCD]

[解析]《中共中央关于全面推进依法治国若干重大问题的决定》提出,加强党对立法工作的领导,完善党对立法工作中重大问题决策的程序。凡立法涉及重大体制和重大政策调整的,必须报党中央讨论决定。党中央向全国人大提出宪法修改建议,依照宪法规定的程序进行宪法修改。法律制定和修改的重大问题由全国人大常委会党组向党中央报告。故A项错误。B、C、D项说法均正确。

87.行政诉讼的法律适用;行政裁决与行政确认;抽象行政行为的附带审查[ABCD]

[解析]行政确认是行政机关对特定的法律事实、法律关系或者法律状态作出的具有法律效力的认定并且予以证明的行政行为。工伤认定,是对是否构成工伤这一事实的确认,性质为行政确认。故A项错误。【总结提示】行政确认VS行政裁决:行政确认的目的是确认事实,行政裁决的目的是解决相对人之间的纠纷;行政确认是行政机关以管理者身份作出,行政裁决是行政机关以第三方中立身份作出;行政确认涉及双方主体(行政机关+相对人),行政裁决涉及三方主体(行政机关+甲相对人+乙相对人)。

根据《行政诉讼法》第63条规定,人民法院审理行政案件,以法律和行政法规、地方性法规为依据,并参照规章。《工伤保险条例》属于行政法规,是法院审判的依据而非参照。故B项错误。

行政法规、规章不属于行政诉讼附带性审查范围,《工伤保险条例》作为行政法规,法院无权附带审查。故C项错误。

本案中,刘某是否构成工伤未能明确,法院判决有两种可能:如果工伤认定合法,应当判决驳回原告诉讼请求;如果工伤认定违法,应当撤销工伤认定。D项说法过于绝对,故错误。

88.法与道德的关系[BD]

[解析]情与法的关系本质是道德与法律的关系。我们应当尽量做到法理和情理的有机统一,但是,法律不是万能的,法律是有局限的,不是所有的法和情的冲突都能找到完美的解决方案。在有些情况下二者会出现紧张关系,此时法律具有初始的优先性。故A项错误。

重视伦理和亲情是中华法律文化精华之一,也是中华传统文化的特点之一,对当代法治建设具有借鉴意义。故B项正确。

孟子认为,舜既不能以天子之权要求有司枉法,也不能罔顾亲情坐视父亲受刑,他提出的解决方案是放弃天子之位,与父隐居,是在法与情之间的折中,既顾及了法律,又保全了亲情。故C项错误。

事物都有历史性。不同法律传统对情与法的矛盾的处理,受到该法律传统的制约,不可能采取完全一致的处理方式。故D项正确。

89.死刑的执行[AC]

[解析]《刑事诉讼法》第246条规定:"死刑由最高人民法院核准。"故A项正确。

《刑事诉讼法》第261条规定:"最高人民法院判处和核准的死刑立即执行的判决,应当由最高人民法院院长签发执行死刑的命令。……"因此,本案死刑立即执行命令由最高院院长签发。故B项错误。

《刑诉解释》第499条第1款规定:"最高人民法院的执行死刑命令,由高级人民法院交付第一审人民法院执行。第一审人民法院接到执行死刑命令后,应当在七日以内执行。"据此,死刑执行由原审法院执行。故C项正确。

《刑事诉讼法》第263条第3款规定,死刑可以在刑场或者指定的羁押场所内执行。但执行主体并未发生变化,仍为法院。故D项错误。

90.无期徒刑、剥夺政治权利的执行[ABC]

[解析]根据《刑事诉讼法》第264条第2款的规定,对被判处死刑缓期二年执行、无期徒刑、有期徒刑的罪犯,由公安机关依法将该罪犯送交监狱执行刑罚。故无期徒刑的执行机关是监狱,A项正确。

《刑事诉讼法》第270条规定,对被判处剥夺政治权利的罪犯,由公安机关执行。故剥夺政治权利刑的执行机关是公安机关,B项正确。

《刑法》第57条第1款规定:"对于被判处死刑、无期徒刑的犯罪分子,应当剥夺政治权利终身。"王某被判处无期徒刑,应根据这一规定判处剥夺政治权利终身,C项正确。

《刑法》第57条第2款规定:"在死刑缓期执行减为有期徒刑或者无期徒刑减为有期徒刑的时候,应当把附加剥夺政治权利的期限改为三年以上十年以下。"故王某被剥夺政治权利的期限应改为3年以上10年以下,D项错误。

91.贪污罪、行贿罪及其犯罪数额的认定[ABD]

[解析]《刑法》第382条第1款规定:"国家工作人员利用职务上的便利,侵吞、窃取、骗取或者以其他手段非法占有公共财物的,是贪污罪。"本题中,甲通过涂改账目等手段(已表明其非法占有的目的)从其国有公司提走20万元的行为构成贪污罪,其贪污

数额为 20 万元。而对于甲利用其中 15 万元委托丙送给乙的行为，依据《刑法》第 389 条规定，构成行贿罪，行贿数额为 15 万元。注意：甲贪污数额为 20 万元，非 5 万元，因 15 万元已是其贪污占有后而用于其他私利活动。《刑法》第 384 条规定的挪用公款罪与贪污罪最根本区别是其并无非法占有目的，只是擅自私用公款。即使甲曾表示过"把公司的钱款补上"，仍不能改变贪污的性质，因此甲成立贪污罪（数额 20 万元）和行贿罪（数额 15 万元），数罪并罚。故 A、B、D 项均错误，C 项正确。

92．拒贿的成立[ABC]

[解析]《关于办理受贿刑事案件适用法律若干问题的意见》第 9 条规定，国家工作人员收受请托人财物后及时退还或者上交的，不是受贿。本题中，乙收下该款 8 天后，将收受钱款一事报告了公司总经理并将 15 万元交到公司纪检部门，且题中表明"一个月后，甲得知公司委任其他人担任财务部主任"，意味着乙的退回行为是在甲请托事项决策前做出的，属于主动、及时说明情况，退回钱款的"拒贿"行为，不构成受贿罪。故 D 项正确，不当选；A、B、C 项均错误，当选。

93．受贿罪、行贿罪共犯的认定；介绍贿赂罪[C]

[解析]《刑法》第 392 条第 1 款规定："向国家工作人员介绍贿赂，情节严重的，处 3 年以下有期徒刑或者拘役，并处罚金。"本题中，甲只是委托丙将 15 万元交给乙，丙在其中没有引见、沟通、撮合，即"介绍"的行为，而且只有"情节严重"才构成本罪，故丙不构成介绍贿赂罪。题中交代甲"要丙在转交该款时一定要为自己提升一事向乙美言几句"，故丙应构成行贿罪的共犯，即是为请托人谋取不正当利益而进行的一种帮助行为，并非基于为受贿人谋取利益。故 C 项正确，当选。

94．敲诈勒索罪；放火罪[ABCD]

[解析]甲携带一桶汽油闯入乙办公室纵火，导致室内空调等财物被烧毁，且已危害到了公共安全，构成放火罪。甲在放火前对乙索要 10 万元"精神损害赔偿"并以去检察院告发乙为威胁的行为，构成敲诈勒索罪。这两罪既非想象竞合犯，也非吸收犯，属于两个独立行为，应数罪并罚。故 A、B、C、D 项均错误。

95．宪法效力[ACD]

[解析]宪法修正案是对宪法的完善和补充，它体现了宪法灵活性与稳定性的统一，是宪法的当然组成部分，与宪法其他条文具有同等的效力。故 A 项的表述是正确的。

宪法适用于所有本国公民，无论公民生活在国内还是国外。故 B 项的表述是错误的。

外国人和法人在一定的条件下可以成为行使某些基本权利的主体，在享有基本权利的范围内，宪法效力适用于外国人和法人的活动。故 C 项的表述是正确的。

宪法的空间效力及于国家行使主权的全部空间，即国家领土。领土包括一个国家的陆地、河流、湖泊、内海、领海以及它们的底床、底土和领空，是主权国家管辖的国家全部疆域。任何一个主权国家的宪法空间效力都及于国土的所有领域，也及于这一主权国家的所有公民，这是主权的唯一性和不可分割性决定的，也是由宪法的根本法地位决定的。故 D 项的表述是正确的。

96．举证规则与举证要求[ACD]

[解析]《行政诉讼法》第 29 条规定："公民、法人或者其他组织同被诉行政行为有利害关系但没有提起诉讼，或者同案件处理结果有利害关系的，可以作为第三人申请参加诉讼，或者由人民法院通知参加诉讼。人民法院判决第三人承担义务或者减损第三人权益的，第三人有权依法提起上诉。"本案中，县社保局接受夏某的申请，对其作出了工伤认定这一行政行为，夏某是该行为的行政相对人，夏某供职的公司因为社保局的工伤认定行为而需要承担相应的法律责任，可见其为认定行为的行政相关人。公司不服提起诉讼请求法院撤销认定，而夏某与被诉的认定行为存在利害关系，依法属于本案的第三人。故 A 项正确。

书证与证人证言为不同的证据类型。书证是以文字、符号、图案等形式记载的，能够表达某种思想或行为的物品。而证人证言则指了解案件相关事实的非诉讼参加人对案件事实的陈述。本题中，县社保局提交的公安局交警大队交通事故认定书、夏某住院的病案属于书证，而孙某的证言则应为证人证言。故 B 项错误。

对证据的审查包括三方面：真实性、合法性与关联性。真实性是指证据是否为客观存在，而非人为捏造；合法性则指证据的获取应当经过法定程序，而非通过非法手段；关联性是指证据与案件事实密切相关，可以对案件事实起到证明作用。C 项中，法院对夏某住院的病案是否为原件进行审查，目的在于确定该病案是否为客观存在，因而是对证据真实性的审查。《行政诉讼证据规定》第 56 条规定："法庭应当根据案件的具体情况，从以下方面审查证据的真实性：……（三）证据是否为原件、原物，复制件、复制品与原件、原物是否相符；……"故 C 项正确。

本题中，如有证据证明交通事故确系夏某醉酒所致，则本案中行政机关社保局的工伤认定行为事实错误，属于典型的违法行为，且具有可以撤销的内容，法院应判决撤销某县社保局的认定。故 D 项正确。

97．法律义务；法律规则与原则；法律解释；法的价值[ABC]

[解析] 法律义务分为积极义务和消极义务。积极的法律义务体现的是采取某种积极的作为以实现特定的目的。司机遇到行人通过人行横道时应当停车让路，虽然停车是使行驶中的车辆进入静止状态，但停车并非消极不作为，而是积极地采取措施（踩刹车），促使汽车状态改变的作为，因此停车属于积极义务，而非消极义务。故 A 项错误，当选。

《道路交通安全法》第 47 条规定，机动车行经人行横道时，应当减速行驶；遇行人正在通过人行横道，应当停车让行。该条文对于机动车经过人行横道时应该如何行驶作出了规定，内容明确、具体，属于法律规则，而非法律原则。故 B 项错误，当选。

针对行人停在斑马线上，是否还属于《道路交通安全法》第 47 条所规定的"正在通过"，贝某认为，行人已经停在了人行横道上，就不是"正在通过"行为的体现，这属于文义解释。法官的判决意见认为，对"正在通过"的理解不能局限于"通过"的内涵，即不能局限于文义解释，还要考虑第 47 条的立法目的。机动车作为一种快速交通运输工具，在道路上行驶具有高度的危险性，与行人相比处于强势地位，而行人处于弱势地位，应当把行人处在斑马线的状态都视为"正在通过"的状态。这体现的是对法律规范背后的伦理原则和价值追求进行解释，即客观目的解释。故 C 项错误，当选。

本案法官认为，应优先保障作为弱势一方的行人安全通过马路，保障交通安全，从而否决了贝某关于停车影响通行效率的辩解，体现了交通安全价值高于出行效率价值。故 D 项正确，不当选。

98．行政复议当事人；复议决定[ABC]

[解析] 根据《行政复议法》第 17 条第 2 款规定，申请人、第三人委托代理人的，应当向行政复议机构提交授权委托书、委托人及被委托人的身份证明文件。豪美公司作为申请人，委托代理人应提交授权委托书。故 A 项正确。

《行政复议法实施条例》第 32 条规定："行政复议机构审理行政复议案件，应当由 2 名以上行政复议人员参加。"故 B 项正确。

《行政复议法实施条例》第 35 条规定："行政复议机关应当为申请人、第三人查阅有关材料提供必要条件。"故 C 项正确。

《行政复议法》第 63 条第 1 款规定："行政行为有下列情形之一的，行政复议机关决定变更该行政行

为：……（三）事实不清、证据不足，经行政复议机关查清事实和证据。"据此，如果处罚决定认定事实不清，证据不足，复议机关在查清事实和证据的基础上，可以作出变更决定。故 D 项错误。【特别提醒】根据《行政复议法》第 64 条，主要事实不清、证据不足的，也可以决定撤销。

99．行政复议[ABCD]

[解析]《行政复议法》第 35 条规定："公民、法人或者其他组织依法提出行政复议申请，行政复议机关无正当理由不予受理、驳回申请或者受理后超过行政复议期限不作答复的，申请人有权向上级行政机关反映，上级行政机关应当责令其纠正；必要时，上级行政复议机关可以直接受理。"可见，有监督权的机关有权督促复议机关改正错误，予以受理案件，A 项正确。

《行政复议法》第 80 条规定："行政复议机关不依照本法规定履行行政复议职责，对负有责任的领导人员和直接责任人员依法给予警告、记过、记大过的处分；经有权监督的机关督促仍不改正或者造成严重后果的，依法给予降级、撤职、开除的处分。"故 B 项正确。

《行政诉讼法》第 26 条第 3 款规定："复议机关在法定期限内未作出复议决定，公民、法人或者其他组织起诉原行政行为的，作出原行政行为的行政机关是被告；起诉复议机关不作为的，复议机关是被告。"可知，豪美公司可以针对复议机关不作为起诉，也可以针对原行政行为起诉，故 C、D 项正确。

100．法与道德的联系；法律解释的方法[AB]

[解析] 合法成立的契约，在当事人之间具有法律约束力。夏洛克依照契约中的约定来主张自己的权利，体现了强烈的权利意识，其主张有约必践，也体现了强烈的契约精神。故 A 项正确。

"恶法亦法"是实证法学的基本观点。即只要经过国家制定，无论其是否合乎道德都属于法的范畴。夏洛克有约必践的主张，本质上是"恶法亦法"的观点。故 B 项正确。

鲍西娅对契约是按照语言的一般正常含义来进行的解释，运用的是文义解释，没有结合历史事实，故不是历史解释方法。故 C 项错误。

安东尼与夏洛克的契约，属于两个平等民事主体之间的约定，双方并没有强迫订立契约，因此，没有违反平等性。但是其约定"如果安东尼不能按时还款，必须以胸口的一磅肉偿还"违反了一般的公序良俗，违反了人权原则。故 D 项错误。

试 卷 二

解 析

一、单项选择题

1. 诉讼标的和诉讼请求的关系［A］

［解析］诉讼标的是指当事人之间发生争议并请求法院作出裁判的实体法律关系。诉讼请求是指基于诉讼标的，原告向法院提出的具体的要求。杨某起诉要求朱某归还本金、支付利息和罚息，是三个具体的诉讼请求，但这三个诉讼请求都是基于杨某和朱某之间的借款合同关系这一诉讼标的。故本案中存在三个诉讼请求，但仅仅只有一个诉讼标的，即杨某和朱某之间的借款合同关系。综上所述，本题A项正确。**【总结提示】**诉讼标的VS诉讼请求：（1）诉讼标的又称之为诉的客体，是法院裁判的对象。在诉讼中一般不允许任意变更诉讼标的，但是允许在不变更诉讼标的的前提下增加、变更诉讼请求。（2）诉讼标的是当事人争议的实体权利义务关系，诉讼请求是原告基于该法律关系向法院提出的具体要求。基于同一个诉讼标的，原告可以提出若干不同的诉讼请求。

2. 先予执行［C］

［解析］《劳动争议调解仲裁法》第44条第1款规定，仲裁庭对追索劳动报酬、工伤医疗费、经济补偿或者赔偿金的案件，根据当事人的申请，可以裁决先予执行，移送人民法院执行。据此，在劳动仲裁中的先予执行，由仲裁庭裁决，由法院负责执行。故C项正确。**【特别提醒】**先予执行也是执行，只有法院才享有该权力，从而可直接选C。

3. 孳息归属；重大误解［D］

［解析］首先，就顾某与苏某的买卖而言，对买卖的双方来说，买卖法律行为发生时，由于双方均不知海螺内有价值万元之珍珠，对于交易标的的物的性质都存在认识错误。《民法典》第147条规定："基于重大误解实施的民事法律行为，行为人有权请求人民法院或者仲裁机构予以撤销。"据此，顾某作为因为此误解而遭受损失的一方，可以通过诉讼的方式撤销买卖合同，如果撤销之诉成功，则苏某应返还标的物，珍珠归属于顾某所有。然而，由于因重大误解而可撤销的民事法律行为，在没有约定仲裁条款的情况下，需要通过诉讼方式来行使撤销权，且只有行使撤销权之后，才会产生利益返还的后果。本题中没有提及顾某通过诉讼来撤销买卖合同，故应当理解为合同没有被

撤销。可撤销的合同如果未被撤销则为有效，故在交付后，海螺及其内含珍珠应归苏某所有。其次，苏某购得海螺后，交给酒店厨师进行烹调，并不发生所有权的变动，苏某依然是所有权人。当厨师发现海螺内珍珠并将其与海螺分离后，该珍珠可视为天然孳息。《民法典》第321条第1款规定："天然孳息，由所有权人取得；既有所有权人又有用益物权人的，由用益物权人取得。当事人另有约定的，按照其约定。"据此，海螺内产生出的珍珠应归苏某所有。故D项正确。

4. 遗嘱的形式与效力［A］

［解析］遗嘱属绝对要式法律行为，须依法定方式作成并符合法定形式要件，遗嘱才能成立，并于遗嘱人死亡时生效。

《民法典》第1134条规定："自书遗嘱由遗嘱人亲笔书写，签名，注明年、月、日。"据此，甲于1月1日订立的自书遗嘱，符合法定要件，该自书遗嘱成立。

《民法典》第1135条规定："代书遗嘱应当有两个以上见证人在场见证，由其中一人代书，并由遗嘱人、代书人和其他见证人签名，注明年、月、日。"据此，甲于3月2日订立代书遗嘱时，无见证人见证，该代书遗嘱不成立。

《民法典》第1138条规定："遗嘱人在危急情况下，可以立口头遗嘱。口头遗嘱应当有两个以上见证人在场见证。危急情况消除后，遗嘱人能够以书面或者录音录像形式立遗嘱的，所立的口头遗嘱无效。"据此，甲于5月3日订立的口头遗嘱符合法定要件，该口头遗嘱成立。但是，由于抢救成功，危急情况得以解除，此时能够用书面或者录音形式立遗嘱却没有立，因此口头遗嘱无效。

综上，甲死亡时，仅1月1日所订立的自书遗嘱有效，甲的遗产由该自书遗嘱确定的继承人乙继承。故A项正确，B、C、D项错误。

5. 法人人格否认之诉的诉讼地位［B］

［解析］2019年《全国法院民商事审判工作会议纪要》（《九民纪要》）第13条规定："人民法院在审理公司人格否认纠纷案件时，应当根据不同情形确定当事人的诉讼地位：（1）债权人对债务人公司享有的债权已经由生效裁判确认，其另行提起公司人格否认诉

讼，请求股东对公司债务承担连带责任的，列股东为被告，公司为第三人；(2)债权人对债务人公司享有的债权提起诉讼的同时，一并提起公司人格否认诉讼，请求股东对公司债务承担连带责任的，列公司和股东为共同被告；(3)债权人对债务人公司享有的债权尚未经生效裁判确认，直接提起公司人格否认诉讼，请求公司股东对公司债务承担连带责任的，人民法院应当向债权人释明，告知其追加公司为共同被告。债权人拒绝追加的，人民法院应当裁定驳回起诉。"本题中，债权人乙公司直接起诉股东张某，应适用上述第三种情形，法院应当向乙公司释明，告知其追加甲公司为共同被告，否则裁定驳回起诉。故 B 项当选。

6．支票；票据无因性[D]

[解析] 根据《票据法》第 84 条规定，支票必须记载下列事项：(1)表明"支票"的字样；(2)无条件支付的委托；(3)确定的金额；(4)付款人名称；(5)出票日期；(6)出票人签章。支票上未记载前款规定事项之一的，支票无效。

《票据法》第 85 条规定："支票上的金额可以由出票人授权补记，未补记前的支票，不得使用。"《票据法》第 86 条第 1 款规定："支票上未记载收款人名称的，经出票人授权，可以补记。"据此，支票上的金额、收款人均可以由出票人授权补记，故 A、B、C 项错误。【特别提醒】这种支票即"空白支票"，只要经出票人授权补记即可使用。

《票据法》第 90 条规定："支票限于见票即付，不得另行记载付款日期。另行记载付款日期的，该记载无效。"支票注明"见票一个月付款"，属于另行记载付款日期，因此该记载无效，故 D 项正确。

【总结提示】(1)支票不记载则支票无效的事项（支票无效）："支票"字样；无条件支付的委托；付款人名称；出票日期；签章。(2)支票记载则该记载无效的事项（支票有效）：付款日期。

7．环境生态保护制度[C]

[解析]《环境保护法》第 29 条第 1 款规定："国家在重点生态功能区、生态环境敏感区和脆弱区等区域划定生态保护红线，实行严格保护。"故 A 项错误。

《环境保护法》第 30 条规定："开发利用自然资源，应当合理开发，保护生物多样性，保障生态安全，依法制定有关生态保护和恢复治理方案并予以实施。引进外来物种以及研究、开发和利用生物技术，应当采取措施，防止对生物多样性的破坏。"故 B 项错误。

《环境保护法》第 31 条规定："国家建立、健全生态保护补偿制度。国家加大对生态保护地区的财政转移支付力度。有关地方人民政府应当落实生态保护补偿资金，确保其用于生态保护补偿。国家指导受益地区和生态保护地区人民政府通过协商或者按照

市场规则进行生态保护补偿。"故 C 项正确，D 项错误。

8．划拨用地规划许可[B]

[解析] 根据《城乡规划法》第 36 条规定："按照国家规定需要有关部门批准或者核准的建设项目，以划拨方式提供国有土地使用权的，建设单位在报送有关部门批准或者核准前，应当向城乡规划主管部门申请核发选址意见书。前款规定以外的建设项目不需要申请选址意见书。"同法第 37 条规定："在城市、镇规划区内以划拨方式提供国有土地使用权的建设项目，经有关部门批准、核准、备案后，建设单位应当向城市、县人民政府城乡规划主管部门提出建设用地规划许可申请，由城市、县人民政府城乡规划主管部门依据控制性详细规划核定建设用地的位置、面积、允许建设的范围，核发建设用地规划许可证。建设单位在取得建设用地规划许可证后，方可向县级以上地方人民政府土地主管部门申请用地，经县级以上人民政府审批后，由土地主管部门划拨土地。"据此，以划拨方式取得土地使用权进行开发建设的建设项目的规划许可步骤为：(1)申请规划部门核发选址意见书→(2)有关部门批准、备案、核准建设项目→(3)提出建设用地规划许可申请→(4)规划部门核发建设用地规划许可证→(5)向土地主管部门申请用地，经县级以上政府审批，土地主管部门划拨土地。故本题 B 项正确。

9．劳动关系的认定[C]

[解析] 贾某与某互联网平台公司双方均具备建立劳动关系的主体资格。但认定二者之间是否符合确立劳动关系的情形，需要查明平台公司是否对贾某进行了较强程度的劳动管理。从用工事实看，贾某须遵守平台公司制定的餐饮外卖平台配送服务规则，其订单完成时间、客户评价等均作为平台结算服务费的依据，但平台对其上线接单时间、接单量均无要求，贾某能够完全自主决定工作时间及工作量。因此，双方之间人格从属性较标准劳动关系有所弱化。平台公司掌握贾某从事网约配送业务所必需的数据信息，制定餐饮外卖平台配送服务费结算标准和办法，贾某通过平台获得收入，双方之间具有一定的经济从属性。虽然贾某依托平台从事餐饮外卖配送业务，但平台公司并未将其纳入平台配送业务组织体系进行管理，也未按照传统劳动管理方式要求其承担组织成员义务。因此，双方之间的组织从属性较弱。综上，虽然平台公司通过平台对贾某进行一定的劳动管理，但其程度不足以认定为劳动关系，应属于劳务合同，故 C 项正确。

10．监护[A]

[解析] 对于一般的委托监护问题，《民法典》总则编的监护制度中没有规定，由于是委托关系，故适

用委托合同的规定。关于委托监护中被监护人侵权的责任承担问题,《民法典》第1189条规定:"无民事行为能力人、限制民事行为能力人造成他人损害,监护人将监护职责委托给他人的,监护人应当承担侵权责任;受托人有过错的,承担相应的责任。"因此,A选项中甲委托医院照料其患有精神病的配偶乙,医院此时为委托监护人。故A项正确。【特别提醒】对于委托监护,应理解为由受托人暂时代为履行监护职责,监护人没有发生变化,仍然是甲。对此,《民法典总则编解释》第13条规定:"监护人因患病、外出务工等原因在一定期限内不能完全履行监护职责,将全部或者部分监护职责委托给他人,当事人主张受托人因此成为监护人的,人民法院不予支持。"

在委托监护中,法定监护人的监护职责不因委托而发生转移。学校等教育机构承担的是过错责任,即只是在过错的范围内承担责任。故B项错误。

法定监护是由法律直接规定监护人范围和顺序的监护,未成年人的父母是未成年人的监护人,父母对子女享有亲权,是当然的第一顺位监护人。《民法典》第27条规定:"父母是未成年子女的监护人。未成年人的父母已经死亡或者没有监护能力的,由下列有监护能力的人按顺序担任监护人:(一)祖父母、外祖父母;(二)兄、姐;(三)其他愿意担任监护人的个人或者组织,但是须经未成年人住所地的居民委员会、村民委员会或者民政部门同意。"父母是未成年子女当然的第一顺位法定监护人。父母一方死亡的,另一方当然为子女的监护人。在乙的母亲尚未死亡的情况下,爷爷无权要求法院确定自己为乙的法定监护人。故C项错误。

甲、乙离婚后双方同为丙的监护人,不存在由丙住所地的居民委员会指定监护人问题。故D项错误。

11．权利质权[D]

[解析]《民法典》第440条规定:"债务人或者第三人有权处分的下列权利可以出质:(一)汇票、本票、支票;(二)债券、存款单;(三)仓单、提单;(四)可以转让的基金份额、股权;(五)可以转让的注册商标专用权、专利权、著作权等知识产权中的财产权;(六)现有的以及将有的应收账款;(七)法律、行政法规规定可以出质的其他财产权利。"因此,本题中A、B、C三项均可设定权利质权,不当选。权利质权的客体仅限于法律明文规定的民事权利,这是物权法定原则的要求。根据上述法条,房屋所有权不属于权利质权的法定范围。故D项当选。

12．公司强制解散[D]

[解析]根据《公司法》第188条和第189条规定,只有在董事、监事、高级管理人员执行职务违反法律、行政法规或公司章程的规定,给公司造成损失,且

公司怠于起诉时,股东才可以提起股东代表诉讼。而董、监、高所负有的忠诚和勤勉义务,本身不具有可诉性,即不能起诉要求其"履行"此义务,只能是针对其因违法或违章造成的损失要求赔偿。故A项错误。

本题中,董事间又长期不和,公司经营管理几近瘫痪,经营管理发生严重困难,符合《公司法》第231条规定的股东提起解散公司之诉的情形。根据《公司法解释(二)》第2条规定,股东提起解散公司诉讼,同时又申请人民法院对公司进行清算的,人民法院对其提出的清算申请不予受理。人民法院可以告知原告,在人民法院判决解散公司后,自行组织清算或者另行申请人民法院对公司进行清算。因此,B项错误,发起人李桃提起解散公司诉讼时不可同时提起清算公司的申请,否则人民法院不予受理。

《公司法解释(二)》第3条规定:"股东提起解散公司诉讼时,向人民法院申请财产保全或者证据保全的,在股东提供担保且不影响公司正常经营的情形下,人民法院可予以保全。"因此,C项错误,发起人李桃提起解散公司诉讼时可以向法院申请财产保全,但必须提供担保且不影响公司正常运营。

《公司法解释(二)》第4条第1款和第2款规定:"股东提起解散公司诉讼应当以公司为被告。原告以其他股东为被告一并提起诉讼的,人民法院应当告知原告将其他股东变更为第三人;原告坚持不予变更的,人民法院应当驳回原告对其他股东的起诉。"因此,D项正确,在提起司法解散之诉时,应以公司为被告。

13．混淆行为[C]

[解析]《反不正当竞争法》第6条规定:"经营者不得实施下列混淆行为,引人误认为是他人商品或者与他人存在特定联系:……(二)擅自使用他人有一定影响的企业名称(包括简称、字号等)、社会组织名称(包括简称等)、姓名(包括笔名、艺名、译名等);……"本题中,"金硕"经过金硕巅峰公司多年的宣传推广,在当地已经形成较大影响力。作为同行竞争者的前程公司在课程命名中擅自使用"金硕"字样,容易使人误以为是与金硕巅峰公司有关联的课程,构成混淆行为。故A项错误,C项正确。

《反不正当竞争法》第8条第1款规定:"经营者不得对其商品的性能、功能、质量、销售状况、用户评价、曾获荣誉等作虚假或者引人误解的商业宣传,欺骗、误导消费者。"据此,虚假或者引人误解的商业宣传是指对商品本身的功能、质量等宣传不实。本题中,前程公司并未对其"金硕VIP全程班"的内容、功能、销售状况等作不实宣传,因此不构成虚假或引人误解的商业宣传行为,但其"金硕"字样容易让人产生联想,造成混淆,因此构成混淆行为。故B项错误。

《反不正当竞争法》第12条第2款规定:"经营

者不得利用技术手段,通过影响用户选择或者其他方式,实施下列妨碍、破坏其他经营者合法提供的网络产品或者服务正常运行的行为:(一)未经其他经营者同意,在其合法提供的网络产品或者服务中,插入链接、强制进行目标跳转;(二)误导、欺骗、强迫用户修改、关闭、卸载其他经营者合法提供的网络产品或者服务;(三)恶意对其他经营者合法提供的网络产品或者服务实施不兼容;(四)其他妨碍、破坏其他经营者合法提供的网络产品或者服务正常运行的行为。"据此,本题中,前程公司虽然利用了互联网技术,但实施的并非法律规定的互联网不正当竞争行为。故 D 项错误。

14．《海牙规则》中承运人的免责事项;我国对于无正本提单交货的有关规定 [C]

[解析] 依据《海牙规则》,因雷击属于自然灾害,属于承运人免责范围,甲公司不对该部分货损承担赔偿责任。故 A 项错误。

《关于审理无正本提单交付货物案件适用法律若干问题的规定》第 4 条规定:"承运人因无正本提单交付货物承担民事责任的,不适用海商法第五十六条关于限制赔偿责任的规定。"故 B 项错误。

该《规定》第 11 条规定:"正本提单持有人可以要求无正本提单交付货物的承运人与无正本提单提取货物的人承担连带赔偿责任。"故 C 项正确。

该《规定》第 6 条规定:"承运人因无正本提单交付货物造成正本提单持有人损失的赔偿额,按照货物装船时的价值加运费和保险费计算。"故 D 项错误。

15．民事法律关系;民事权利 [C]

[解析] 根据是否直接具有财产或经济内容为标准,民事法律关系分为财产法律关系和人身法律关系。(1)财产法律关系,是指与财产所有和财产流转相联系,具有直接物质利益内容,以财产利益为标的的形成的民事法律关系,如物权法律关系和债权法律关系。(2)人身法律关系,是指与民事法律关系主体的人身不可分离,不具有直接物质利益内容,以人格利益或身份利益为标的的民事法律关系,包括人格权法律关系和身份权法律关系。本题中,甲请求乙赔偿人身损害所形成的法律关系,为侵权之债中的损害赔偿法律关系,以请求对方支付赔偿金为权利义务内容,具有直接的财产内容,是典型的财产关系,不属于人身法律关系。故 A 项错误。

民事权利,依照权利人可以对抗义务人的范围,可分为绝对权与相对权。(1)绝对权,是指义务人为不特定的一般人的权利,权利人可以向一切人主张权利,因而又称为对世权。所有权、人身权、知识产权均属绝对权。(2)相对权,是指义务主体为特定人的权利,权利人只能请求特定人为一定行为,因而又称为对人权。债权是典型的请求权。甲请求乙赔偿的权

利属于请求权、对人权、相对权。故 B 项错误。

债权请求权一般适用诉讼时效,仅《诉讼时效规定》第 1 条规定的四种债权请求权不适用诉讼时效。《民法典》第 188 条规定,人身遭受损害的,适用 3 年普通诉讼时效期间。故 C 项正确。

所谓抗辩权,是指法律规定的,旨在阻碍请求权行使的权利。抗辩权具有三个特征:(1)法定而非约定,约定的阻碍请求权行使的事由称为抗辩事由,而非抗辩权;(2)功能在于永久或者暂时阻碍请求权行使,但不会使请求权消灭;(3)除不安抗辩权外,一般具有被动性,抗辩权的行使以请求权的行使为前提条件。本题中,乙主张甲对自己不享有请求权,是主张对方的请求权不成立,不属于抗辩权的行使。故 D 项错误。

16．抵押权顺位的变更 [C]

[解析] 《民法典》第 414 条第 1 款规定:"同一财产向两个以上债权人抵押的,拍卖、变卖抵押财产所得的价款依照下列规定清偿:(一)抵押权已经登记的,按照登记的时间先后确定清偿顺序;(二)抵押权已经登记的先于未登记的受偿;(三)抵押权未登记的,按照债权比例清偿。"因此,甲、乙、丙的抵押权顺位是甲第一顺位,乙第二顺位,丙第三顺位。《民法典》第 409 条第 1 款规定:"抵押权人可以放弃抵押权或者抵押权的顺位。抵押权人与抵押人可以协议变更抵押权顺位以及被担保的债权数额等内容。但是,抵押权的变更,未经其他抵押权人书面同意的,不得对其他抵押权人产生不利影响。"本题中,甲和丙欲变更他们的抵押权顺位,变更只需两个要件:(1)甲、丙达成合意;(2)办理抵押权顺位的变更登记(因属于基于法律行为的不动产物权变动)。可见,甲、丙变更抵押权的顺位无须经过乙的同意。经过这一变更,抵押权顺位变成了丙第一顺位,乙第二顺位,甲第三顺位。

根据《民法典》第 409 条第 1 款的规定,一方面,如果变更经过了乙的书面同意,因变更对乙产生的不利影响对乙发生效力。也就是房屋变卖所得的价款依序按照丙第一顺位、乙第二顺位、甲第三顺位分配,另一方面,如果变更没有经过乙的书面同意,因甲、丙顺位变更对乙产生的不利影响对乙不发生效力。本题中,因甲、丙变更顺位未经乙的书面同意,故因变更产生的不利影响不能对乙发生效力。房屋拍卖所得的 600 万元:丙作为第一顺位分配 300 万元(丙剩余的 200 万元债权成为无担保的普通债权);乙作为第二顺位分配 300 万元;甲作为第三顺位不能分得。故 C 项正确。

17．协议管辖;特殊地域管辖 [B]

[解析] 《民诉解释》第 33 条规定,合同转让的,合同的管辖协议对合同受让人有效,但转让时受让

不知道有管辖协议，或者转让协议另有约定且原合同相对人同意的除外。据此，因丙公司不知道存在补充的管辖协议，因此管辖协议对丙公司无效。《民诉解释》第18条第3款的规定，合同没有实际履行，当事人双方住所地都不在合同约定的履行地的，由被告住所地人民法院管辖。据此，丙公司起诉要求乙公司履行合同，证明合同并未实际履行，双方当事人的住所地均不在约定履行地C区，本案应由被告乙公司住所地B区法院管辖。因此，B项当选。

18．侵犯著作权；著作权的合理使用[D]

[解析]《著作权法》第19条规定："受委托创作的作品，著作权的归属由委托人和受托人通过合同约定。合同未作明确约定或者没有订立合同的，著作权属于受托人。"本题中的雕塑为委托作品，委托人甲展览馆与受托人叶某未约定著作权归属，故该雕塑的著作权归属于叶某。

《最高人民法院关于审理著作权民事纠纷案件适用法律若干问题的解释》第12条规定，按照著作权法第17条（现第19条）规定委托作品著作权属于受托人的情形，委托人在约定的使用范围内享有使用作品的权利；双方没有约定使用作品范围的，委托人可以在委托创作的特定目的范围内免费使用该作品。据此，在对使用范围没有约定时，委托人可以在委托创作的特定目的范围内免费使用委托作品。因此，判断A、B项中展览馆的行为是否侵权，关键是判断展览馆的行为是否在"委托创作的特定目的范围"内。显然，"异地重建完全相同的雕塑"和"仿照雕塑制作小型纪念品向游客出售"并非委托创作该雕塑的特定目的，因此展览馆的使用行为构成侵权。具体来说，A项行为侵犯了叶某的复制权，B项行为侵犯了叶某的复制及发行权，故A、B项不当选。

《著作权法》第24条规定："在下列情况下使用作品，可以不经著作权人许可，不向其支付报酬，但应当指明作者姓名或者名称、作品名称，并且不得影响该作品的正常使用，也不得不合理地损害著作权人的合法权益：……（十）对设置或者陈列在公共场所的艺术作品进行临摹、绘画、摄影、录像；……"本条规定了著作权合理使用制度。C项"个体户冯某仿照雕塑制作小型纪念品向游客出售"并不属于"临摹、绘画、摄影、录像"，故冯某的行为不属于合理使用，构成侵犯叶某的著作权，故C项不当选。陈某对陈列于公共场所的雕像进行摄像，属于合理使用的范围，不构成侵权，故D项当选。

19．外国法律的查明的义务机关；查明的方式以及无法查明的处理[B]

[解析]《涉外民事关系法律适用法》第10条第1款规定："涉外民事关系适用的外国法律，由人民法院、仲裁机构或者行政机关查明……"所以行政机关是有查明义务的。故A项错误。

《涉外民事关系法律适用法解释（一）》第16条规定："人民法院应当听取各方当事人对应当适用的外国法律的内容及其理解与适用的意见，当事人对该外国法律的内容及其理解与适用均无异议的，人民法院可以予以确认；当事人有异议的，由人民法院审查认定。"故B项正确。

《涉外民事关系法律适用法解释（一）》第15条第1款规定："人民法院通过由当事人提供、已对中华人民共和国生效的国际条约规定的途径、中外法律专家提供等合理途径仍不能获得外国法律的，可以认定为不能查明外国法律。"仅仅无法通过中外法律专家提供的方式获得外国法律的，法院不能认定为不能查明。故C项错误。

《涉外民事关系法律适用法》第10条第2款规定："不能查明外国法律或者该国法律没有规定的，适用中华人民共和国法律。"故D项错误。

20．仲裁回避[D]

[解析]《仲裁法》第36条规定："仲裁员是否回避，由仲裁委员会主任决定；仲裁委员会主任担任仲裁员时，由仲裁委员会集体决定。"本题中并未说明苏某是否为仲裁委员会主任，遂对于苏某的回避，可能是由仲裁委员会主任决定，也可能是由仲裁委员会集体决定。故A项错误。

《仲裁法》第37条第1款规定："仲裁员因回避或者其他原因不能履行职责的，应当依照本法规定重新选定或者指定仲裁员。"因此，苏某回避后，应重新选定或者指定仲裁员，而不是重新组成合议庭。故B项错误。

《仲裁法》第37条第2款规定："因回避而重新选定或者指定仲裁员后，当事人可以请求已进行的仲裁程序重新进行，是否准许，由仲裁庭决定；仲裁庭也可以自行决定已进行的仲裁程序是否重新进行。"故C项错误，D项正确。

21．产品责任[A]

[解析]《民法典》第1203条规定："因产品存在缺陷造成他人损害的，被侵权人可以向产品的生产者请求赔偿，也可以向产品的销售者请求赔偿。产品的缺陷由生产者造成的，销售者赔偿后，有权向生产者追偿。因销售者的过错使产品存在缺陷的，生产者赔偿后，有权向销售者追偿。"因产品侵权造成损害的，产品的生产者和销售者应对外承担无过错责任，且受害人享有选择权，可以要求生产者承担侵权责任，也可以要求销售者承担侵权责任。这种责任称为不真正连带责任。本题中的甲、乙、丙均为被侵权人，均可要求电视机的销售者承担赔偿责任。故A项正确，C项错误。

从因果关系上看，乙、丙要求看电视的行为仅为甲遭受损害的必要条件,但无相当性,所以,乙、丙要求看电视的行为与甲遭受损害之间无因果关系。从过错上看,乙、丙对甲因此遭受损害亦无过错。故甲无权要求乙、丙承担过错侵权责任。故 B 项错误。

甲不是缺陷产品的生产者或者销售者,不对乙、丙的损害承担无过错责任。由于甲对乙、丙损害的发生没有过错,也不承担过错侵权责任。故 D 项错误。

22.格式合同;国际贸易术语与《联合国国际货物销售合同公约》的适用[C]

[解析] 该公约具有任意性,当事人如果仅一般性地约定合同适用某一缔约国的法律,则现有的判例表明,公约仍予以适用,除非当事人明确约定适用某一缔约国的某个法律时,才能排除公约的适用。因此,虽然两国均为公约缔约国,双方仍可以在合同中再选择适用其他法律以排除公约的适用。故 A 项错误。

格式合同既不是法律,在双方签字以前也不是真正的合同。格式合同只是贸易谈判的一方给另一方提供的建议性的文本,在当事人签字前不具有约束力。经双方当事人的协商,可以对格式合同中的条文内容进行修改、删节或补充。故 B 项错误,C 项正确。

由于《联合国国际货物销售合同公约》适用的任意性,如当事人有其他规则的选择,则当事人的选择优先。因此,如果双方在合同中选择了贸易术语,则贸易术语优先适用,但由于贸易术语并没有解决所有的涉及货物买卖合同的问题,对于贸易术语未涉及的内容,还应当适用《联合国国际货物销售合同公约》。即贸易术语因选择而优先适用,但不排除该《公约》的整体适用。故 D 项错误。

23.商标优先权[A]

[解析]《商标法》第 26 条第 1 款规定:"商标在中国政府主办的或者承认的国际展览会展出的商品上首次使用的,自该商品展出之日起六个月内,该商标的注册申请人可以享有优先权。"本案中,博顿公司在向我国申请注册商标以前 6 个月内在我国政府举办的展览会上使用过"蓝天"商标,享有优先权,所以其申请日期应按 2018 年 2 月 1 日认定为优先权日。按照先申请原则,博顿公司的申请应该被初审并公告,蓝天公司的申请被驳回。故只有 A 项正确。

24.委托合同;间接代理[C]

[解析] 本题中,乙接受甲的委托,为了甲的利益,以自己的名义与丙签订买卖合同,属于间接代理,乙为代理人,甲为委托人,丙为第三人。

《民法典》第 926 条第 2 款规定:"受托人因委托人的原因对第三人不履行义务,受托人应当向第三人披露委托人,第三人因此可以选择受托人或者委托人作为相对人主张其权利,但是第三人不得变更选定的

相对人。"相对人的选择权属于形成权,即无论其继续选择受托人作为合同相对人,还是重新选择委托人作为合同相对人,都无须经对方同意。同时,正由于选择权属于形成权,一经行使即引起权利变动,故一经选定即不得变更选定的相对人。本题中因委托人甲的原因无法按时付款,受托人乙有披露义务,丙可选择请求甲或乙付款。故 C 项正确,A、B、D 项错误。

25.合同的效力;显失公平;情势变更[D]

[解析]《民法典》第 497 条规定:"有下列情形之一的,该格式条款无效:(一)具有本法第一编第六章第三节和本法第五百零六条规定的无效情形;(二)提供格式条款一方不合理地免除或者减轻其责任、加重对方责任、限制对方主要权利;(三)提供格式条款一方排除对方主要权利。"《民法典》第一编第六章第三节规定的主要是内容涉嫌违法无效的情形,如违背公序良俗、违反法律行政法规的强制性规定、恶意串通损害第三人的利益等。《民法典》第 506 条规定的无效情形是两种无效的免责条款:"(一)造成对方人身损害的;(二)因故意或者重大过失造成对方财产损失的。"本题不具有其中的任何一种情形,并且提供格式条款的一方乙似乎还加重了自己责任。故 A 项错误。

根据《民法典》第 151 条的规定,显失公平有三个要件:(1)双务合同双方的权利义务明显不对等;(2)显失公平发生在合同成立之时;(3)主观要件:一方利用了自己的优势或者利用了对方急迫、轻率、无经验的窘迫境况。甲、乙之间培训合同的权利、义务对等,符合双方主观上的等价有偿,并且不存在一方利用对方无选择自由的不利处境,双方意思表示均属自由,不成立显失公平。故 B 项错误。

根据《民法典》第 533 条的规定,情势变更的构成要件有五:(1)发生了不属于商业风险,又不属于不可抗力的情势异常变动;(2)情势变动发生在合同成立后、合同消灭之前的这个时间段;(3)情势变动是不可归责于一方当事人的;(4)情势变动系当事人订立合同时不能预见的;(5)继续按照原来的合同履行,将显失公平,有违诚信原则。本题中的情况属于乙教育机构未适当履行合同义务,其合同的客观情势并未发生变动,每年的高考分数线不同,这是常识,不属于不能预见的客观情势的变化,因此,本题与情势变更无关,属于违约的问题,机构应当承担违约责任。故 C 项错误。【思路拓展】具体而言,乙因未履行约定的义务而需承担全额退费的违约责任,属于商业风险。假设国家取消当年的高考;或者假设培训过程刚开始甲被哈佛大学录取,那就构成情势变更了。

甲、乙的培训合同虽有违教育规律,但不存在违反法律、行政法规效力性强制规范和违背公序良俗等无效事由。故 D 项正确。

26．破产的申请程序[D]

[解析] 根据《企业破产法解释（一）》第 6 条第 1 款规定，债权人申请债务人破产的，应当提交债务人不能清偿到期债务的有关证据。据此，债权人申请债务人破产，只需证明债权已到期，且债务人未能清偿，不需要向法院申请确认合同债权或确认甲公司资产情况，故 A、B 项错误，D 项正确。

《企业破产法》第 3 条规定，破产案件由债务人住所地人民法院管辖，并无由中级法院管辖的要求，故 C 项错误。

27．预告登记[C]

[解析]《民法典》第 221 条第 1 款规定："当事人签订买卖房屋的协议或者签订其他不动产物权的协议，为保障将来实现物权，按照约定可以向登记机构申请预告登记。预告登记后，未经预告登记的权利人同意，处分该不动产的，不发生物权效力。"《民法典物权编解释（一）》第 4 条规定："未经预告登记的权利人同意，转让不动产所有权等物权，或者设立建设用地使用权、居住权、地役权、抵押权等其他物权的，应当依照民法典第二百二十一条第一款的规定，认定其不发生物权效力。"据此，不动产所有人的处分权因预告登记受到限制，未经预告登记权利人的同意不得处分该不动产，处分的不发生物权变动效力。具体到本题而言，乙公司办理了预告登记且在有效期内，因此甲公司擅自设立抵押权的行为不能发生物权效力，抵押权不成立。故 A、B 项错误。同时，根据区分原则，抵押权未设立并不影响抵押合同的效力，甲公司与银行的抵押合同自成立时生效。故 C 项正确，D 项错误。

28．夫妻共同财产[C]

[解析]《民法典婚姻家庭编解释（一）》第 26 条规定："夫妻一方个人财产在婚后产生的收益，除孳息和自然增值外，应认定为夫妻共同财产。"据此，夫妻一方财产在婚后产生的收益中，孳息和自然增值的部分均属于个人财产，除此之外的其他收益属于共同财产。A 项中，若果实尚未分离，尚不属于孳息，仍归甲所有；若果实已经分离，则属于自然孳息，也归甲所有。故 A 项不当选。B、D 两项中，房屋和玉石的升值均为自然增值，仍为乙的个人财产，故 B、D 项不当选。C 项中，股息不属于孳息和自然增值，而属于投资收益，应当认定为共同财产，故 C 项当选。

29．申请再审的当事人[C]

[解析] 民事再审案件的当事人应当为原审案件的当事人。原审案件当事人死亡或者终止的，其权利义务承受人可以申请再审并参加再审诉讼。本题中，关于甲公司与乙公司之间的买卖合同案的判决是申请再审的对象，申请再审人应是甲公司或者乙公司，但是由于甲公司已与丙公司合并为丁公司，原审案件的当事人甲公司已终止，所以应由其权利义务承受人即丁公司继受甲公司的权利义务，申请再审并参加再审诉讼。丁公司并非本案的案外人而是权利义务承受人，具有当事人的地位。故 A、B、D 项错误，C 项正确。

30．申请再审的条件[D]

[解析] 当事人对已经发生法律效力的判决、裁定，认为有错误的，就可以向上一级人民法院申请再审。本题中，丙对二审判决其承担一般保证责任不服，以其不应承担保证责任为由申请再审，符合申请再审的条件，法院应受理再审申请。故 C 项错误。

再审事由具有法定性，《民事诉讼法》第 211 条规定了 13 种再审法定情形。根据《民诉解释》第 393 条第 2 款规定："当事人主张的再审事由不成立，或者当事人申请再审超过法定申请再审期限、超出法定再审事由范围等不符合民事诉讼法和本解释规定的申请再审条件的，人民法院应当裁定驳回再审申请。"因为丙的再审事由不符合《民事诉讼法》第 211 条规定的再审法定情形，法院应裁定驳回其再审申请。故 A、B 项错误，D 项正确。

31．专利申请权转让的生效时间[C]

[解析]《技术合同解释》第 8 条第 1 款规定："生产产品或者提供服务依法须经有关部门审批或者取得行政许可，而未经审批或者许可的，不影响当事人订立的相关技术合同的效力。"故乙公司尚未依法获得药品生产许可证不影响甲、乙公司订立专利申请权转让合同的效力。故 A 项错误。

《专利法》第 10 条规定，专利申请权和专利权可以转让。转让专利申请权或者专利权的，当事人应当订立书面合同，并向国务院专利行政部门登记，由国务院专利行政部门予以公告。专利申请权或者专利权的转让自登记之日起生效。据此，专利申请权转让采登记生效主义，登记后才发生转让效力，故 C 项正确。但专利申请权转让合同不适用登记生效，若无特殊约定，自合同成立时即生效，故 B 项错误。

《技术合同解释》第 23 条第 1 款规定："专利申请权转让合同当事人以专利申请被驳回或者被视为撤回为由请求解除合同，该事实发生在依照专利法第 10 条第 3 款的规定办理专利申请权转让登记之前的，人民法院应当予以支持；发生在转让登记之后的，不予支持，但当事人另有约定的除外。"据此，甲乙已经办理完登记手续，虽然专利申请因缺乏新颖性被驳回，但乙公司无权解除合同。故 D 项错误。

32．侵犯人格权的法律适用规则[B]

[解析]《涉外民事关系法律适用法》第 46 条规定："通过网络或者采用其他方式侵害姓名权、肖像权、名誉权、隐私权等人格权的，适用被侵权人经常居所地法律。"据此，侵犯人格权应当适用被侵权人经

常居所地法律,不可协议选择适用的法律。故 A 项错误。本题中的被侵权人大卫的经常居所地为瑞士,所以应当适用瑞士法律。故 B 项正确,C、D 项错误。

33．商品房买卖合同;根本违约;实际履行[C]

[解析]《商品房买卖合同解释》第 2 条规定:"出卖人未取得商品房预售许可证明,与买受人订立的商品房预售合同,应当认定无效,但是在起诉前取得商品房预售许可证明的,可以认定有效。"本题中,甲公司事后取得了预售许可证,享有了对商铺的处分权,则甲公司与李某之间签订的协议应当有效。故 A 项错误。

《商品房买卖合同解释》第 5 条规定:"商品房的认购、订购、预订等协议具备《商品房销售管理办法》第十六条规定的商品房买卖合同的主要内容,并且出卖人已经按照约定收受购房款的,该协议应当认定为商品房买卖合同。"通说认为,能够确定当事人名称或者姓名、标的的,即具备合同必备条款,一般应当认定合同成立。本题中,甲公司与李某之间的协议对于商铺的认购面积和房价作出了规定,已经具备了合同的必备条款,合同成立。故 B 项错误。

甲公司与李某的商品房买卖合同已经成立,甲公司未通知李某认购,甲公司的行为构成违约,并且甲公司将开发的商铺售罄,致使李某订立合同的目的不能实现,甲公司的违约行为构成根本违约。故 C 项正确。

《民法典》第 580 条第 1 款规定:"当事人一方不履行非金钱债务或者履行非金钱债务不符合约定的,对方可以请求履行,但是有下列情形之一的除外:(一)法律上或者事实上不能履行;……"本题中,甲公司对李某构成违约,应承担违约责任。由于甲公司已将开发的商铺售罄,甲公司对李某承担实际履行的违约责任在法律上不可能,构成履行不能,李某不能要求甲公司承担实际履行的违约责任,只能主张实际履行之外的其他违约责任。故 D 项错误。

34．调解协议的效力[A]

[解析]《调解规定》第 7 条规定,调解协议内容超出诉讼请求的,人民法院可以准许。故 A 项正确。

《民诉解释》第 133 条规定,调解书应当直接送达当事人本人,不适用留置送达。故 B 项错误。

《调解规定》第 9 条规定:"调解协议约定一方提供担保或者案外人同意为当事人提供担保的,人民法院应当准许。案外人提供担保的,人民法院制作调解书应当列明担保人,并将调解书送交担保人。担保人不签收调解书的,不影响调解书生效。当事人或者案外人提供的担保符合民法典规定的条件时生效。"由此可知,调解书中明确了担保协议的内容,其是否生效应当以民法典为评判依据,在符合《民法典》规定的条件时,担保协议即对丙公司发生法律效力,故 C

项错误。D 项中,担保人丙公司不签收调解书不会影响调解书的生效,既然调解书生效不受影响,法院则无需及时判决,故 D 项错误。

35．执行和解[C]

[解析]《民事诉讼法》第 241 条第 1 款规定:"在执行中,双方当事人自行和解达成协议的,执行员应当将协议内容记入笔录,由双方当事人签名或者盖章。"由于执行中允许双方当事人和解,在内容上也就允许与原判决不同。故 A 项错误。执行和解协议达成,执行程序被中止了,而不是终结,因此不得视为申请人撤销执行申请。故 B 项错误。执行和解协议允许采用口头方式,但执行员应当将协议内容记入笔录,由双方当事人签名或者盖章。故 C 项正确。执行程序不适用调解。故 D 项错误。

36．合伙人退伙[D]

[解析]《合伙企业法》第 46 条规定,合伙协议未约定合伙期限的,合伙人在不给合伙企业事务执行造成不利影响的情况下,可以退伙,但应当提前 30 日通知其他合伙人。据此,合伙人退伙的,应当提前 30 日通知其他合伙人,不能随意退伙,故 A 项错误。

《合伙企业法》第 51 条规定,合伙人退伙,其他合伙人应当与该退伙人按照退伙时的合伙企业财产状况进行结算,退还退伙人的财产份额。《合伙企业法》第 86 条第 1 款规定:"合伙企业解散,应当由清算人进行清算。"合伙企业只有在解散之后才进行清算,合伙企业并不必然因贾某退伙而解散,也就不必进行清算。据此,合伙人退伙的,其他合伙人应当与退伙人结算,而不是对合伙企业进行清算。故 B 项错误。

《合伙企业法》第 52 条规定,退伙人在合伙企业中财产份额的退还办法,由合伙协议约定或者由全体合伙人决定,可以退还货币,也可以退还实物。据此,合伙企业可以将贾某的房屋退还给贾某,也可以退还相应货币,其具体方法由合伙协议或者全体合伙人决定,并非一定要退还给贾某房屋。所以,贾某并不享有要求合伙企业退还房屋的权利,故 C 项错误。

《合伙企业法》第 53 条规定,退伙人对基于其退伙前的原因发生的合伙企业债务,承担无限连带责任。故 D 项正确。

37．外国仲裁裁决的承认与执行[A]

[解析]《民诉解释》第 546 条第 1 款规定:"承认和执行外国法院作出的发生法律效力的判决、裁定或者外国仲裁裁决的案件,人民法院应当组成合议庭进行审查。"故 A 项正确。

《民诉解释》第 543 条规定,对临时仲裁庭在中华人民共和国领域外作出的仲裁裁决,一方当事人向人民法院申请承认和执行的,人民法院应当依照民事诉讼法第 290 条(现为第 304 条)规定处理。《民事诉讼法》第 304 条规定："在中华人民共和国领域外作出的发生法律效力的仲裁裁决，需要人民法院承认和执行的，当事人可以直接向被执行人住所地或者其财产所在地的中级人民法院申请。被执行人住所地或者其财产不在中华人民共和国领域内的，当事人可以向申请人住所地或者与裁决的纠纷有适当联系的地点的中级人民法院申请。人民法院应当依照中华人民共和国缔结或者参加的国际条约，或者按照互惠原则办理。"可见，境外临时仲裁庭作出的仲裁裁决也可在我国获得承认与执行。故 B 项错误。

《最高人民法院关于人民法院处理与涉外仲裁及外国仲裁事项有关问题的通知》规定，凡一方当事人向人民法院申请承认和执行的外国仲裁裁决不符合我国参加的国际公约的规定或者不符合互惠原则的，在裁定不予执行或者拒绝承认和执行之前，必须报请本辖区所属高级人民法院进行审查；如果高级人民法院同意不予执行或者拒绝承认和执行，应将其审查意见报最高人民法院。待最高人民法院答复后，方可裁定不予执行或者拒绝承认和执行。C 项中"直接裁定"做法错误，缺少报本辖区内的高院审查和最高院答复。故 C 项错误。

司法协助的程序原则上应当依据被请求国的法律，本案被请求国是中国，乙公司申请执行该裁决的期间应适用《民事诉讼法》的规定。故 D 项错误。

38．《与贸易有关的知识产权协议》[B]

[解析]《伯尔尼公约》第 7 条第 4 款规定，摄影作品和作为艺术作品保护的实用艺术作品的保护期限由本同盟各成员国的法律规定；但这一期限不应少于自该作品完成之后算起的 25 年。可知对于摄影作品的最低保护期限，公约中已有明确规定。故 A 项错误。

《与贸易有关的知识产权协议》对《伯尔尼公约》的补充体现有二：一是保护客体方面，将计算机程序和有独创性的数据汇编列为版权保护的对象；二是权利内容方面，增加了计算机程序和电影作品的出租权。故 B 项正确。

《伯尔尼公约》第 11 条规定了保护作者的精神权利。故 C 项错误。

《与贸易有关的知识产权协议》在第 3 条第 1 款中，专门提到了伯尔尼公约第 6 条和罗马公约第 16 条第 1 款（b）项。这两个条款原都是允许成员国在特殊场合以"互惠"原则取代国民待遇原则。现在，知识产权协议仍旧允许在这个范围内的"取代"。故 D 项错误。

39．债的分类[B]

[解析] 按照标的的性质，债分为劳务之债与财物之债。劳务之债，指债务人须提供一定劳务来履行的债（如雇佣合同、表演合同、授课合同）。财物之

债，指债务人应给付一定财产来履行债务的债（如买卖合同、赠与合同、租赁合同、不当得利）。本题中，甲、乙间赠与合同的标的是交付一定财产的行为，为财物之债，而非劳务之债。故 D 项错误。

财物之债，按照债权成立之时标的物的性质，分为种类物之债与特定物之债。种类物之债，指给付的标的物为种类物的债。特定物之债，指给付的标的物为特定物的债。本题中，赠与合同成立之时，赠与的房屋和汽车都是特定物，该赠与合同就是特定物之债，而非种类之债。故 A 项错误。

按照债的"标的"（注意：不是标的物）是否具有选择可能性，债分为简单之债与选择之债。简单之债，指标的只有一种，债务人只能按照该种标的履行，债权人也只能请求债务人按照该种标的履行的债。选择之债，指债的标的有数种，债务人可以从中选择其一履行或者债权人可以选择其一请求债务人履行的债。本题中，甲可以在赠与房屋或者赠与汽车这两种给付中任选其一履行，该债为选择之债，而非简单之债。故 B 项正确。

由两个以上的人共同履行的债务，区分为连带之债和按份之债。连带之债，指债权人有权同时或分别请求债务人中的一人、数人或全体就债务的全部或者部分承担清偿责任的债。按份之债，指债权人只能请求两个以上的债务人按照确定的份额对债务承担清偿责任的债。可见，连带之债与按份之债，其债务人均须 2 人以上。本题中，债务人仅甲为一人，就谈不上连带之债了。故 C 项错误。

40．公司提供担保的规定[D]

[解析]《公司法》第 15 条第 1 款和第 2 款规定："公司向其他企业投资或者为他人提供担保，按照公司章程的规定，由董事会或者股东会决议；公司章程对投资或者担保的总额及单项投资或者担保的数额有限额规定的，不得超过规定的限额。公司为公司股东或者实际控制人提供担保的，应当经股东会决议。"据此，公司为他人提供担保，董事会或股东会有决定权，经理与董事均无权决定。故 A、B 项错误。公司为公司股东或实际控制人提供担保，只有股东会有决定权，董事会无权决定。故 C 项错误，D 项正确。

41．中国关于司法协助的规定[A]

[解析]《民事诉讼法》第 294 条第 2 款规定，外国驻华使领馆可以向该国公民送达文书和调查取证，但不得违反中国法律，并不得采取强制措施。高娃为蒙古公民，因此蒙古驻华使馆可向其送达文书和调查取证，但是不得违反我国法律，并不得采取强制措施。故 A 项正确，B、C、D 项错误。

42．产品质量责任[C]

[解析]《产品质量法》第 46 条规定："本法所称

缺陷，是指产品存在危及人身、他人财产安全的不合理的危险；产品有保障人体健康和人身、财产安全的国家标准、行业标准的，是指不符合该标准。"本题中，韩某在正常使用时受到伤害，说明该床存在危及人身、财产安全的不合理危险，属于缺陷产品，虽然没有国家标准，也可以判断该床存在缺陷，故 A 项错误。本题属于缺陷产品致害，不是意外事件所致伤害，故 B 项错误。

《产品质量法》第 41 条第 1 款规定："因产品存在缺陷造成人身、缺陷产品以外的其他财产（以下简称他人财产）损害的，生产者应当承担赔偿责任。"据此，缺陷产品生产者的责任承担并无保质期的限制，故 C 项正确。

根据《产品质量法》第 41 条第 2 款规定，缺陷产品致害责任，生产者承担的是无过错责任，受害人不对产品存在质量缺陷承担证明责任，故 D 项错误。

43．合伙债务承担；过错；因果关系[A]

[解析]《民法典》第 973 条规定："合伙人对合伙债务承担连带责任。清偿合伙债务超过自己应当承担份额的合伙人，有权向其他合伙人追偿。"这 3 万元是甲、乙合伙经营负担的债务，甲、乙应承担连带清偿责任。《民法典》第 557 条第 1 款规定："有下列情形之一的，债权债务终止：（一）债务已经履行；（二）债务相互抵销；（三）债务人依法将标的物提存；（四）债权人免除债务；（五）债权债务同归于一人；（六）法律规定或者当事人约定终止的其他情形。"这是关于合同债务消灭原因的规定。清偿是合同债务消灭的原因之一。所谓清偿，指合同债务人全面而适当地履行了合同义务的行为。本题中，甲按照约定向丙还款时，丙因忘却此事而外出，甲还款未果。丙的行为构成受领迟延，甲、乙有权对丙主张受领迟延的违约责任。但是，甲、乙对丙所负的偿还 3 万元借款的债务毕竟未得到清偿，甲、乙仍负有连带清偿责任。故 A 项正确，B、C 项错误。

丙受领迟延是 3 万元钱款被抢夺的必要条件，但不具有相当性。丙的受领迟延与钱款被抢夺的后果间不具有因果关系。此外，丙对钱款被抢夺的损害后果也没有过错。因此，丙无须对钱款被抢夺承担侵权责任。丙的受领迟延与该损害亦无因果关系（超出了丙的预见范围），丙亦无须对此承担违约责任。故 D 项错误。

44．书证提出[A]

[解析]《民事诉讼法》第 73 条第 1 款规定："书证应当提交原件。物证应当提交原物。提交原件或者原物确有困难的，可以提交复制品、照片、副本、节录本。"此条规定了书证提出的一般原则是书证应当提交原件。提交原件的例外情况规定在《民诉解释》第 111 条，即提交原件确有困难的情形主要包括书证

原件遗失、灭失、毁损，书证在对方控制之下，经合法通知提交而拒不提交等。故 A 项正确。

《民诉解释》第 113 条规定，持有书证的当事人以妨碍对方当事人使用为目的，毁灭有关书证或者实施其他致使书证不能使用行为的，法院可以对其处以罚款、拘留的强制措施。由此，王武拒不提交书证的行为并没有构成妨害民事诉讼行为而需要适用强制措施。故 B 项错误。

《民诉解释》第 112 条规定，对方当事人拒不提出书证原件的，法院可以认定申请人所主张的书证内容为真实。《民诉证据规定》第 48 条进一步规定："控制书证的当事人无正当理由拒不提交书证的，人民法院可以认定对方当事人所主张的书证内容为真实。控制书证的当事人存在《最高人民法院关于适用〈中华人民共和国民事诉讼法〉的解释》第一百一十三条规定情形的①，人民法院可以认定对方当事人主张以该书证证明的事实为真实。"据此，《民诉证据规定》第 48 条对相关内容予以细化，严格区分了认定"申请人所主张的书证内容为真实"与认定"申请人主张以该书证证明的事实为真实"。本案中，王武仅仅是无正当理由拒不提供书证，并未毁灭书证，故法院应当认定申请人王文主张的遗嘱内容为真实，不能认定该遗嘱能证明的事实为真实。故根据司法解释 C 项不准确。

法院应当在查明案件事实的基础上，依照实体法的相关规定来进行判决，而根据《民诉解释》第 112 条的规定，王武拒绝提出书证原件行为的法律后果，是申请人王文主张的该书证上记载的内容为真实，其并不能说明原告主张的各项诉讼请求就都能得以证明，况且题干中并未明确说明王文的诉讼请求，更不能以此判决支持原告的各项诉讼请求。故 D 项错误。

45．民事公益诉讼[D]

[解析]公益诉讼所作判决为一审判决，当事人不服的可以上诉，故 A 项错误。

《民事诉讼法》第 58 条第 1 款规定："对污染环境、侵害众多消费者合法权益等损害社会公共利益的行为，法律规定的机关和有关组织可以向人民法院提起诉讼。"可见，公益组织提起公益诉讼没有前置程序，无需先行告知行政机关。故 B 项错误。【陷阱提示】本选项注意以下混淆点：第一，检察院提起公益诉讼才有前置程序，即在法定机关和有关组织不提起诉讼的情况下才可提起；第二，法院受理环境民事公益诉讼后，应当告知环境资源保护主管部门（《最高人民法院关于审理环境民事公益诉讼案件适用法律若干问题的解释》第 12 条），本题中某环保协会提起

---

① 指毁灭书证的行为——编者注。

诉讼无需通知主管行政机关。

《最高人民法院关于审理环境民事公益诉讼案件适用法律若干问题的解释》第9条规定:"人民法院认为原告提出的诉讼请求不足以保护社会公共利益的,可以向其释明变更或者增加停止侵害、修复生态环境等诉讼请求。"据此,法院可以向某环保协会释明。释明只是告知原告享有增加、变更诉讼请求的权利,至于是否增加、变更诉讼请求还是取决于原告的意愿,故没有违反处分原则,C项错误。

《最高人民法院关于审理环境民事公益诉讼案件适用法律若干问题的解释》第6条第1款规定:"第一审环境民事公益诉讼案件由污染环境、破坏生态行为发生地、损害结果地或者被告住所地的中级以上人民法院管辖。"故D项正确。

46. 重整[D]

[解析]《企业破产法》第70条第2款规定:"债权人申请对债务人进行破产清算的,在人民法院受理破产申请后、宣告债务人破产前,债务人或者出资额占债务人注册资本1/10以上的出资人,可以向人民法院申请重整。"第71条规定:"人民法院经审查认为重整申请符合本法规定的,应当裁定债务人重整,并予以公告。"本题中,持股20%的股东甲有权申请重整,无须提供投资者乙公司的投资承诺或者取得债权人同意。故A、B项错误。

重整期间,债务人可以在管理人的监督下自行管理财产和营业事务。因此,重整期间管理人继续履行管理职责。故C项错误。

《企业破产法》第86条第2款规定:"自重整计划通过之日起10日内,债务人或者管理人应当向人民法院提出批准重整计划的申请。人民法院经审查认为符合本法规定的,应当自收到申请之日起30日内裁定批准,终止重整程序,并予以公告。"故D项正确。

47. 信用证欺诈例外;信用证纠纷的法律适用[B]

[解析]《关于审理信用证纠纷案件若干问题的规定》第10条规定:"人民法院认定存在信用证欺诈的,应当裁定中止支付或者判决终止支付信用证项下款项,但有下列情形之一的除外:(一)开证行的指定人、授权人已按照开证行的指令善意地进行了付款;(二)开证行或者其指定人、授权人已对信用证项下票据善意地作出了承兑;(三)保兑行善意地履行了付款义务;(四)议付行善意地进行了议付。"据此,信用证下任何一家银行已经善意地付款或承兑,法院就不可裁定或判决止付信用证。本案中指定行已经善意支付了信用证项下的款项,因此,中国法院不得作出禁止支付令,中国丙银行有付款义务。故A、C项错误,B项正确。

《跟单信用证统一惯例》只调整信用证下各方当事人之间的关系,不调整信用证以外的其他法律关系。本案中,丁银行只是甲公司(开证申请人)的开证保证人,并非信用证法律关系中的当事人,其与甲公司之间的担保关系不适用《跟单信用证统一惯例》,故D项错误。

48. 诉讼中止与终结的适用;确认婚姻无效案件的审理[C]

[解析]《民法典婚姻家庭编解释(一)》第14条规定:"夫妻一方或者双方死亡后,生存一方或者利害关系人依据民法典第一千零五十一条的规定请求确认婚姻无效的,人民法院应当受理。"据此,既然夫妻一方死亡,生存一方都可以请求确认婚姻无效,那么郑某在诉讼中死亡,法院应对案件继续审理,并就婚姻效力问题作出判决。故C项正确。【陷阱提示】本题要与《民事诉讼法》第154条规定相区分,根据该条第3项,离婚案件一方当事人死亡的,诉讼终结。但是,认定婚姻效力不同于离婚,认定婚姻效力中一方当事人死亡,裁判会涉及对生者利益的维护(如身份是已婚还是未婚、是否继承财产等),因此一方死亡后诉讼仍应继续进行。

49. 人身保险合同的特征;人身保险合同当事人的权利和义务[B]

[解析]《保险法》第44条第1款规定:"以被保险人死亡为给付保险金条件的合同,自合同成立或者合同效力恢复之日起2年内,被保险人自杀的,保险人不承担给付保险金的责任,但被保险人自杀时为无民事行为能力人的除外。"据此,若王某2年后自杀,保险公司应支付保险金。故A项错误。

《保险法》第34条第1款规定:"以死亡为给付保险金条件的合同,未经被保险人同意并认可保险金额的,合同无效。"又依据《保险法解释(三)》第1条规定,当事人订立以死亡为给付保险金条件的合同,根据保险法第34条的规定,"被保险人同意并认可保险金额"可以采取书面形式、口头形式或者其他形式;可以在合同订立时作出,也可以在合同订立后追认。据此,关于以死亡为给付保险金条件的保险合同,既可以被保险人自己签字认可,也可以授权他人签字认可。故B项正确。

《保险法》第34条第2款规定:"按照以死亡为给付保险金条件的合同所签发的保险单,未经被保险人书面同意,不得转让或者质押。"故C项错误。

《保险法》第34条第3款规定:"父母为其未成年子女投保的人身保险,不受本条第1款规定限制。"第33条第1款规定:"投保人不得为无民事行为能力人投保以死亡为给付保险金条件的人身保险,保险人也不得承保。"所以原则上"无行为能力人不入死亡险",如果王某此时为无行为能力人,不能为其购买死亡险。故 D 项错误。

50．银行业金融机构的信用危机；商业银行接管的条件和程序[A]

[解析]《银行业监督管理法》第 38 条规定,银行业金融机构已经或者可能发生信用危机,严重影响存款人和其他客户合法权益的,国务院银行业监督管理机构可以依法对该银行业金融机构实行接管或者促成机构重组,接管和机构重组依照有关法律和国务院的规定执行。据此,本题中 A 项信用危机可以是已经或者可能发生,并不是"必须已经发生"。故 A 项错误,当选;B 项正确,不当选。除"接管"外,还包括"促成机构重组"的方式。故 C、D 项正确,不当选。

二、多项选择题

51．达成垄断协议的责任[ABC]

[解析]《反垄断法》第 17 条规定:"禁止具有竞争关系的经营者达成下列垄断协议:(一)固定或者变更商品价格;……"第 21 条规定:"行业协会不得组织本行业的经营者从事本章禁止的垄断行为。"本题中,L 市旅游协会为防止零团费等恶性竞争,召集当地旅行社商定对游客统一报价,属于达成垄断协议,并非正当的行业自律行为,故 A 项错误。B 项陷阱为"尚未实施"。注意,垄断协议一经达成,即构成垄断行为,不要求经营者"已经实施",B 项错误。

《反垄断法》第 13 条第 2 款规定:"国务院反垄断执法机构根据工作需要,可以授权省、自治区、直辖市人民政府相应的机构,依照本法规定负责有关反垄断执法工作。"可见,反垄断执法机构最低授权到省一级,市一级无权进行反垄断执法;另外,我国的反垄断执法机构为市场监督管理局,而非发改委。故 C 项错误。

《反垄断法》第 56 条第 3 款规定:"经营者主动向反垄断执法机构报告达成垄断协议的有关情况并提供重要证据的,反垄断执法机构可以酌情减轻或者免除对该经营者的处罚。"故 D 项正确,不当选。

52．个人所得税的基本内容[ABCD]

[解析]《个人所得税法》第 1 条第 1 款规定:"在中国境内有住所,或者无住所而一个纳税年度内在中国境内居住累计满 183 天的个人,为居民个人。居民个人从中国境内和境外取得的所得,依照本法规定缴纳个人所得税。"本题中,约翰 2012 年来到中国且一直居住在中国,是中国的居民纳税人,须对其国内外所得纳税。

《个人所得税法》第 2 条第 1 款规定:"下列各项个人所得,应当缴纳个人所得税:(一)工资、薪金所得;(二)劳务报酬所得;(三)稿酬所得;(四)特许权使用费所得;(五)经营所得;(六)利息、股息、红利所得;(七)财产租赁所得;(八)财产转让所得;(九)偶然所得。"A 项属于薪金所得,B 项属于财产租赁所得,C 项属于劳务报酬所得,D 项属于稿酬所得。约翰作为居民纳税人均需要纳税。故 A、B、C、D 项当选。

53．解散公司诉讼[AB]

[解析]《公司法》第 231 条规定:"公司经营管理发生严重困难,继续存续使股东利益受到重大损失,通过其他途径不能解决的,持有公司百分之十以上表决权的股东,可以请求人民法院解散公司。"根据《公司法解释(二)》第 1 条规定:以下列事由之一提起解散公司诉讼,并符合《公司法》第 231 条规定的,人民法院应予受理:(1)公司持续两年以上无法召开股东会或者股东大会,公司经营管理发生严重困难的;(2)股东表决时无法达到法定或者公司章程规定的比例,持续两年以上不能做出有效的股东会或者股东大会决议,公司经营管理发生严重困难的;(3)公司董事长期冲突,且无法通过股东会或者股东大会解决,公司经营管理发生严重困难的;(4)经营管理发生其他严重困难,公司继续存续会使股东利益受到重大损失的情形。据此,成泰公司自 2018 年以来一直未能召开股东会,符合上述第(1)项公司持续两年无法召开股东会的情形,王某和张某的持股均超过 10%,因此有权请求法院解散公司。故 A、B 项正确。

李某持股 9%,不足 10%,因此无权向法院提起公司解散之诉,故 C 项错误。

请求法院解散公司的情形是公司治理僵局,公司盈利状况和股东权利是否受到损害并非请求法院解散公司的情形,法院在判决中也不会考虑相关因素,故 D 项错误。

54．财产保全措施[ABC]

[解析]《民诉解释》第 154 条第 2 款规定:"查封、扣押、冻结担保物权人占有的担保财产,一般由担保物权人保管;由人民法院保管的,质权、留置权不因采取保全措施而消灭。"A 项不对。通常应当由担保物权人小额贷款公司保管。B 项不对,质权没有丧失。

《民诉解释》第 157 条规定:"人民法院对抵押物、质押物、留置物可以采取财产保全措施,但不影响抵押权人、质权人、留置权人的优先受偿权。"C 项不对,优先受偿权没有丧失。D 项正确,采取保全措施并不以担保物权人小额贷款公司同意为前提。由于本题需要选择错误的选项,因此应当选 A、B、C 项。

55．仲裁协议的效力及确认程序[CD]

[解析]《仲裁法解释》第 5 条规定:"仲裁协议约定两个以上仲裁机构的,当事人可以协议选择其中的一个仲裁机构申请仲裁;当事人不能就仲裁机构选

择达成一致的,仲裁协议无效。"本题中,甲公司申请仲裁,乙公司请求确认仲裁协议无效,双方没有就仲裁机构选择达成一致,因此仲裁协议无效,双方不能向仲裁机构申请仲裁。故 A、B 项错误。

《仲裁法》第 20 条第 1 款规定:"当事人对仲裁协议的效力有异议的,可以请求仲裁委员会作出决定或者请求人民法院作出裁定。一方请求仲裁委员会作出决定,另一方请求人民法院作出裁定的,由人民法院裁定。"另根据《最高人民法院关于审理仲裁司法审查案件若干问题的规定》第 2 条第 1 款的规定,申请确认仲裁协议效力的案件,由仲裁协议约定的仲裁机构所在地、仲裁协议签订地、申请人住所地、被申请人住所地的中级人民法院或者专门人民法院管辖。据此,乙公司可以向仲裁协议约定的 A 仲裁委员会或 B 仲裁委员会申请确认仲裁协议效力,故 C 项正确。B 市作为申请人乙公司的住所地,B 市中级人民法院对申请确认仲裁协议效力案件享有管辖权,故 D 项正确。

56．保证合同的成立 [ABC]

[解析]《民法典》第 685 条规定:"保证合同可以是单独订立的书面合同,也可以是主债权债务合同中的保证条款。第三人单方以书面形式向债权人作出保证,债权人接收且未提出异议的,保证合同成立。"此外,主合同中虽然没有保证条款,但是,保证人在主合同上以保证人的身份签字或者盖章的,保证合同成立。

根据前述规定,在下列四种情形下,应认定保证合同成立:(1)单独订立书面的保证合同;(2)主合同约定了"保证条款",保证人在主合同上签名(盖章或者按指印)的;(3)主合同未约定"保证条款",保证人在主合同上"以保证人身份"签名(盖章或者按指印)的;(4)第三人单方以书面形式向债权人作出保证,债权人接收且未提出异议的。

A 项中,借据并非借款合同,但借据是证明借款合同成立的直接证据。丙在借据上签署"保证人丙"的行为,属于主合同未约定保证条款,但保证人在主合同上以保证人身份签名的情形。故 A 项当选。

B、C 项中,丁、戊的行为均属于"第三人单方以书面形式向债权人作出保证,债权人接收且未提出异议"的情形。故 B、C 项当选。

保证的特征在于,保证人以其全部财产为基础担保债务的履行。D 项划定了责任财产的范围,不符合保证的要求。己的行为实际上是设立不动产抵押权,而非提供保证。故 D 项错误。

57．姓名权;肖像权;隐私权;名誉权 [BCD]

[解析]《民法典》第 1014 条规定:"任何组织或者个人不得以干涉、盗用、假冒等方式侵害他人的姓名权或者名称权。"侵害姓名权的行为仅限于以干涉、盗用、假冒等方式,网民未实施这三类行为,因此未侵犯牛某的姓名权。故 A 项错误。

《民法典》第 1018 条第 1 款规定:"自然人享有肖像权,有权依法制作、使用、公开或者许可他人使用自己的肖像。"第 1019 条第 1 款规定:"任何组织或者个人不得以丑化、污损,或者利用信息技术手段伪造等方式侵害他人的肖像权。未经肖像权人同意,不得制作、使用、公开肖像权人的肖像,但是法律另有规定的除外。"据此,网民擅自以信息网络传播的方式公开牛某儿时的相片,成立对牛某肖像权的侵害。故 B 项正确。

《民法典》第 1032 条第 1 款规定:"自然人享有隐私权。任何组织或者个人不得以刺探、侵扰、泄露、公开等方式侵害他人的隐私权。"牛某的家庭背景、恋爱史均属牛某的隐私,网民未经牛某允许擅自公开的行为构成对牛某隐私权的侵犯。故 C 项正确。

《民法典》第 1024 条第 1 款规定:"民事主体享有名誉权。任何组织或者个人不得以侮辱、诽谤等方式侵害他人的名誉权。"有网民在网站上捏造牛某曾与某明星有染的情节,构成诽谤,且向第三人公开,会降低牛某的社会评价,构成对牛某名誉权的侵犯。故 D 项正确。

58．合议制度;简易程序 [AD]

[解析] 根据《民诉解释》第 257 条第 2 项规定,发回重审的案件,不适用简易程序。故排除 B 项。

《民事诉讼法》第 41 条第 3 款规定:"发回重审的案件,原审人民法院应当按照第一审程序另行组成合议庭。"据此,案件发回重审后,应当另行组成合议庭审理,原审审判人员不能参与合议庭组成。故 A 项正确,C 项错误。

《民事诉讼法》第 40 条第 1 款规定:"人民法院审理第一审民事案件,由审判员、人民陪审员共同组成合议庭或者由审判员组成合议庭。合议庭的成员人数,必须是单数。"本案发回重审后,适用一审程序,人民陪审员可以参与合议庭审理。故 D 项正确。

59．调解书的生效 [CD]

[解析] 根据《民事诉讼法》第 102 条的规定,调解未达成协议或者调解书送达前一方反悔的,人民法院应当及时判决。据此,当事人在签收调解书之前可以通过拒绝签收调解书等方式反悔,表达对调解协议以及调解书内容的不认可。但是,本题中岳某已经签收调解书,应当受其签收调解书这一行为的约束,不能再反悔。故 A、B 项错误,C 项正确。

根据《民事诉讼法》第 100 条第 3 款的规定,调解书经双方当事人签收后,即具有法律效力。本题中,刘某一直没有领取、签收调解书,因此调解书尚未生效。因为本案尚在诉讼中,所以原告可以申请撤诉,故 D 项正确。

60．离婚损害赔偿请求权；离婚时的扶助义务；约定财产制中的补偿义务［AC］

［解析］《民法典》第1088条规定："夫妻一方因抚育子女、照料老年人、协助另一方工作等负担较多义务的，离婚时有权向另一方请求补偿，另一方应当给予补偿。具体办法由双方协议；协议不成的，由人民法院判决。"据此，赵某因抚育女儿、照顾王某生活付出较多义务，王某应予以补偿。故A项正确。

《民法典》第1090条规定："离婚时，如果一方生活困难，有负担能力的另一方应当给予适当帮助。具体办法由双方协议；协议不成的，由人民法院判决。"这是关于离婚时，一方对另一方扶助义务的规定。据此，若赵某离婚后生活困难，可请求王某履行帮助义务。本题中，王某与赵某关于婚姻存续期间各自收入归个人所有的约定有效，因此王某用自己的收入购置的房屋属于其个人财产，不属于夫妻共同财产，虽然王某对赵某有扶助义务，但是赵某无权请求法院判决王某购买的住房属于夫妻共同财产。故B项错误。

《民法典》第1091条规定："有下列情形之一，导致离婚的，无过错方有权请求损害赔偿：（一）重婚；（二）与他人同居；（三）实施家庭暴力；（四）虐待、遗弃家庭成员；（五）有其他重大过错。"这是关于离婚损害赔偿请求权的规定。根据上述第2项，因王某与张某同居，若法院判决离婚，无过错方赵某有权对过错方王某主张离婚损害赔偿请求权。故C项正确。

《民法典婚姻家庭编解释（一）》第87条第1款规定："承担民法典第一千零九十一条规定的损害赔偿责任的主体，为离婚诉讼当事人中无过错方的配偶。"据此，有过错的第三人不承担离婚损害赔偿责任。本题中，第三者张某的行为应遭受道德谴责，但依据现行法，张某不对赵某承担侵权责任，也就不承担赔礼道歉的责任，D项没有法律意义上的规范依据，故错误。

61．小额诉讼的特别规定［BC］

［解析］《民诉解释》第276条规定，当事人对小额诉讼案件提出管辖异议的，人民法院应当作出裁定。裁定一经作出即生效。据此，小额诉讼案件管辖权异议的裁定一经作出即生效，甲不能上诉。故A项错误，B项正确。

根据《民诉解释》第424条第1款的规定，对小额诉讼案件的判决、裁定，当事人应向原审人民法院申请再审。故C项正确，项D错误。

62．募集设立；股份公司的设立程序［AD］

［解析］《公司法》第104条第1款规定，公司成立大会行使下列职权：（1）审议发起人关于公司筹办情况的报告；（2）通过公司章程；（3）选举董事、监事；（4）对公司的设立费用进行审核；（5）对发起人非货币财产出资的作价进行审核；（6）发生不可抗力或者经营条件发生重大变化直接影响公司设立的，可以作出不设立公司的决议。根据上述第（2）（5）项规定，A、D项正确。

《公司法》第101条规定："向社会公开募集股份的股款缴足后，应当经依法设立的验资机构验资并出具证明。"验资是在公司成立大会之前，审核验资证明书不属于成立大会的职权，故B项错误。

决定公司经营计划属于董事会的职权，故C项错误。

63．票据的挂失止付［BC］

［解析］《票据法》第15条规定："票据丧失，失票人可以及时通知票据的付款人挂失止付，但是，未记载付款人或者无法确定付款人及其代理付款人的票据除外。收到挂失止付通知的付款人，应当暂停支付。失票人应当在通知挂失止付后3日内，也可以在票据丧失后，依法向人民法院申请公示催告，或者向人民法院提起诉讼。"票据丧失后，失票人可以采取补救措施，并不确定丧失票据权利，故A项错误。失票人可以直接向法院申请公示催告，也可以直接提起诉讼，故B项正确。付款人收到挂失止付通知后，应暂停支付，违反这一义务付款的，应向失票人承担赔偿责任，故C项正确。失票人应在挂失止付后3日内申请公示催告，而不是15日内，故D项错误。

64．食品安全法律责任［CD］

［解析］《最高人民法院关于审理食品药品纠纷案件适用法律若干问题的规定》第12条规定："食品检验机构故意出具虚假检验报告，造成消费者损害，消费者请求其承担连带责任的，人民法院应予支持。食品检验机构因过失出具不实检验报告，造成消费者损害，消费者请求其承担相应责任的，人民法院应予支持。"本题中食品检验机构未能检测出农药残留超标，明显是出于过失，而非故意出具虚假检验报告，因此不对消费者的损害承担赔偿责任，故A项错误。

《食品安全法》第140条第4款规定："违反本法规定，食品安全监督管理等部门、食品检验机构、食品行业协会以广告或者其他形式向消费者推荐食品，消费者组织以收取费用或者其他牟取利益的方式向消费者推荐食品的，由有关主管部门没收违法所得，依法对直接负责的主管人员和其他直接责任人员给予记大过、降级或者撤职处分；情节严重的，给予开除处分。"据此，食品行业协会推荐食品的，应当承担行政责任，而非民事赔偿责任，故B项错误。【特别提醒】社会团体或者其他组织、个人在虚假广告、宣传中向消费者推荐食品，应当与食品生产经营者承担连带责任（《食品安全法》第140条第3款）。本题并非虚假宣传。

根据《食品安全法》第148条第1款规定，消费者因不符合食品安全标准的食品受到损害的，可以向经营者要求赔偿损失,也可以向生产者要求赔偿损失。本题中的生产者为甲公司,经营者为丙公司,故 D 项正确。另根据《食品安全法》第 130 条第 1 款规定,集中交易市场的开办者、柜台出租者、展销会的举办者允许未依法取得许可的食品经营者进入市场销售食品,或者未履行检查、报告等义务,使消费者的合法权益受到损害的,应当与食品经营者承担连带责任。乙公司作为集中交易市场的开办者,允许无食品经营许可证的食品经营者丙公司入场经营,应与丙公司承担连带责任,故 C 项正确。

65. 居住权;违约责任[ABCD]

[解析]《民法典》第 366 条规定:"居住权人有权按照合同约定,对他人的住宅享有占有、使用的用益物权,以满足生活居住的需要。"第 368 条规定:"居住权无偿设立,但是当事人另有约定的除外。设立居住权的,应当向登记机构申请居住权登记。居住权自登记时设立。"据此,根据区分原则,签订设立居住权的合同后,若未办理居住权登记的,居住权本身不成立,但不影响居住权合同的效力。本题中,未办理居住权登记,居住权未设立,但合同有效,李某享有合同债权,可请求王某继续履行。王某履行迟延,应承担迟延履行的违约责任,故 A、B、C、D 项均正确。

66. 要约;要约邀请;承诺[ABD]

[解析] 本题中,宏大公司基于欺诈的双重故意而告知虚假事实,赵某因此陷入错误认识,并因错误认识作出意思表示,宏大公司的行为构成欺诈。《民法典》第 148 条规定:"一方以欺诈手段,使对方在违背真实意思的情况下实施的民事法律行为,受欺诈方有权请求人民法院或者仲裁机构予以撤销。"据此,受害人赵某享有撤销权,有权诉请撤销房屋买卖合同。同时,由于合同被撤销,宏大公司应承担缔约过失责任。故 A、B 项正确。

《民法典》第 179 条第 2 款规定:"法律规定惩罚性赔偿的,依照其规定。"张某请求甲公司双倍返还购房款并没有法律依据。故 C 项错误。

《商品房买卖合同解释》第 3 条规定:"商品房的销售广告和宣传资料为要约邀请,但是出卖人就商品房开发规划范围内的房屋及相关设施所作的说明和允诺具体确定,并对商品房买卖合同的订立以及房屋价格的确定有重大影响的,构成要约。该说明和允诺即使未载入商品房买卖合同,亦应当为合同内容,当事人违反的,应当承担违约责任。"据此,宏大公司的售楼模型应定性为要约,且作为商品房买卖合同的内容,宏大公司负有交付带有游泳池和网球场的商品房的义务而未交付,构成违约。故 D 项正确。

67. 资本公积金;利润分配[AB]

[解析]《公司法》第 213 条规定:"公司以超过股票票面金额的发行价格发行股份所得的溢价款、发行无面额股所得股款未计入注册资本的金额以及国务院财政部门规定列入资本公积金的其他项目,应当列为公司资本公积金。"本题羽伦公司注册资本为 1 亿元,而股东认缴的出资为 2 亿元。同时,股份公司并不适用认缴资本制,所有认缴出资均应实缴,因此 2020 年 4 月公司成立时该公司发行股份的溢价为 1 亿元(2 亿元-1 亿元),并应当计入资本公积金。故 A 项正确。

《公司法》第 210 条第 1 款和第 2 款规定:"公司分配当年税后利润时,应当提取利润的百分之十列入公司法定公积金……公司的法定公积金不足以弥补以前年度亏损的,在依照前款规定提取法定公积金之前,应当先用当年利润弥补亏损。"羽伦公司成立于 2020 年,且当年度亏损,尚无法定公积金用来弥补亏损,因此 2021 年产生税后利润时,应先弥补上一年度亏损。故 B 项正确。羽伦公司 2020 年亏损 0.4 亿元,用 2021 年利润 0.8 亿元弥补亏损后还余 0.4 亿元,然后再按照 10% 提取法定公积金为 0.04 亿元。故 C 项错误。

《公司法》第 210 条第 3 款规定:"公司从税后利润中提取法定公积金后,经股东会决议,还可以从税后利润中提取任意公积金。"据此,董事会无权决定,故 D 项错误。

68. 税收的征收依据[AB]

[解析]《税收征收管理法》第 3 条第 1 款规定:"税收的开征、停征以及减税、免税、退税、补税,依照法律的规定执行;法律授权国务院规定的,依照国务院制定的行政法规的规定执行。"据此可知,地方政府开征、停征的依据为法律和法律授权国务院制定的行政法规。故 A、B 项正确,C、D 项错误。

69. 加害给付[AB]

[解析]《民法典》第 186 条规定:"因当事人一方的违约行为,损害对方人身权益、财产权益的,受损害方有权选择请求其承担违约责任或者侵权责任。"这是关于加害给付的规定。在加害给付的场合,合同债务人的瑕疵履行行为同时构成违约与侵权,发生责任竞合,受害人可以择一主张违约责任或者侵权责任,但不能同时主张。本题中,商场的行为构成加害给付。一方面,商场基于买卖合同交付的化妆品质量不合格,构成违约。另一方面,商场的行为构成侵权,由于其交付的化妆品质量不合格,使得孙女士使用后皮肤红肿出疹,在履行利益之外,还侵害了孙女士的健康权等固有利益,构成产品侵权。故 A、B 项正确。

本案中买卖合同已经成立生效,而缔约过失责任发生在合同生效前。故 C 项错误。本题题干也未出现构成欺诈、胁迫、重大误解、显失公平等可撤销合同的情形。故 D 项错误。

70．共有；物件致人损害的责任［ABCD］

［解析］《民法典》第 307 条规定："因共有的不动产或者动产产生的债权债务，在对外关系上，共有人享有连带债权、承担连带债务，但是法律另有规定或者第三人知道共有人不具有连带债权债务关系的除外；在共有人内部关系上，除共有人另有约定外，按份共有人按照份额享有债权、承担债务，共同共有人共同享有债权、承担债务。偿还债务超过自己应当承担份额的按份共有人，有权向其他共有人追偿。"据此，按份共有人对共有物产生的债务责任上，对外承担的是连带责任，对内才按份分担。本案中，甲、乙、丙虽然按份共有一套房屋，但是对该房屋对第三人造成的侵权，甲、乙、丙对外承担连带责任。受害人丁有权选择他们中任何一人承担责任，也有权同时选择他们三者一起承担责任。如果甲承担了侵权责任，则可以根据法律的规定向乙、丙追偿，让他们按照各自的份额分担应有的损失。故 A、B、C 项正确。

《民法典》第 1253 条规定："建筑物、构筑物或者其他设施及其搁置物、悬挂物发生脱落、坠落造成他人损害，所有人、管理人或者使用人不能证明自己没有过错的，应当承担侵权责任。所有人、管理人或者使用人赔偿后，有其他责任人的，有权向其他责任人追偿。"据此，对于建筑物发生脱落、坠落致人损害的，由建筑物所有人、管理人或者使用人承担过错推定责任。过错推定责任仍以过错作为承担责任的基础，它不是一项独立的归责原则，只是过错责任原则的一种特殊形式，故 D 项正确。【**特别提醒**】本题是由于建筑物本身的质量问题造成的侵权，尽管是在甲居住期间发生，但仍应该由所有人一起承担而不是由使用人承担。如果是因为使用人原因导致的侵权，则由使用人承担责任。

71．劳动合同；劳动争议；社会保险［ABD］

［解析］《劳动合同法》第 7 条规定："用人单位自用工之日起即与劳动者建立劳动关系。用人单位应当建立职工名册备查。"故 A 项正确。

《劳动合同法》第 82 条第 1 款规定："用人单位自用工之日起超过 1 个月不满 1 年未与劳动者订立书面劳动合同的，应当向劳动者每月支付 2 倍的工资。"《劳动合同法实施条例》第 6 条："用人单位自用工之日起超过 1 个月不满 1 年未与劳动者订立书面劳动合同的，应当依照劳动合同法第八十二条的规定向劳动者每月支付 2 倍的工资，并与劳动者补订书面劳动合同；劳动者不与用人单位订立书面劳动合同的，用人单位应当书面通知劳动者终止劳动关系，并依照劳动合同法第四十七条的规定支付经济补偿。前款规定的用人单位向劳动者每月支付 2 倍工资的起算时间为用工之日起满 1 个月的次日，截止时间为补订书面劳动合同的前一日。"姚某于 2016 年 3 月 8 日进入红海公司工作，公司应自 2016 年 4 月 8 日起向姚某每月支付 2 倍的工资。故 B 项正确。

《社会保险法》第 10 条第 1 款规定："职工应当参加基本养老保险，由用人单位和职工共同缴纳基本养老保险费。"为劳动者缴纳社会保险是用人单位的基本义务。故 C 项错误。

《社会保险法》第 83 条第 3 款规定："个人与所在用人单位发生社会保险争议的，可以依法申请调解、仲裁、提起诉讼。用人单位侵害个人社会保险权益的，个人也可以要求社会保险行政部门或者社会保险费征收机构依法处理。"故 D 项正确。

72．著作权侵权；邻接权侵权［AD］

［解析］根据《著作权法》第 10 条第 1 款，复制权，是指以印刷、复印、拓印、录音、录像、翻译、翻拍、数字化等方式将作品制作一份或者多份的权利。据此，"翻录"是复制的方式之一。发行权，是指以出售或者赠与方式向公众提供作品的原件或者复制件的权利。据此，"销售"为发行的方式之一。所以，A 项"某公司未经许可翻录该 CD 后销售"的行为，侵犯了作者甲的复制和发行权，同时侵犯了歌星丙作为表演者的复制和发行权（《著作权法》第 39 条），以及乙公司作为录音制作者的复制及发行权（《著作权法》第 44 条）。故 A 项当选。

《著作权法》第 42 条第 2 款规定："录音制作者使用他人已经合法录制为录音制品的音乐作品制作录音制品，可以不经著作权人许可，但应当按照规定支付报酬；著作权人声明不许使用的不得使用。"本条规定了录音制作者的法定许可。据此，甲享有著作权的音乐作品《红苹果》已经乙唱片公司合法录制为录音制品，此时其他录音制作者享有法定许可权，可以不经《红苹果》词作者甲的许可，再次使用《红苹果》词曲（即音乐作品）制作录音制品，但应向作者支付报酬。本题中，某公司未经许可自聘歌手在录音棚中演唱《红苹果》的行为属于"翻唱"，另行录制录音制品属于法定许可，且向甲支付了报酬，因此不构成侵权。故 B 项不当选。

根据《著作权法》第 10 条第 1 款，表演权是指公开表演作品，以及用各种手段公开播送作品的表演的权利。具体来说，表演权具体分为艺人表演（公开表演）和机械表演。C 项中，某商场购买 CD 后在营业时间作为背景音乐播放，属于机械表演，需经著作权人许可并支付报酬。该商场经过甲许可并向其支付了报酬，因此不构成侵权，故 C 项不当选。D 项中，某电影公司将 CD 中的声音作为电影的插曲使用，也属于机械表演，电影公司只经过了甲许可，但没有支付报酬，因此构成侵权，故 D 项当选。【**特别提醒**】表演权属于著作权人的权利，而非表演者的权利。表演者权中不包含表演权。

73．遗产分割后被继承人生前债务的清偿；概括继承与限定继承[ABC]

[解析]《民法典》第1161条规定："继承人以所得遗产实际价值为限清偿被继承人依法应当缴纳的税款和债务。超过遗产实际价值部分，继承人自愿偿还的不在此限。继承人放弃继承的，对被继承人依法应当缴纳的税款和债务可以不负清偿责任。"据此，继承人未放弃继承的，应一并继承被继承人的权利与义务（概括继承）。但是，继承人清偿被继承人的债务以其继承的遗产价值为限，超出部分，继承人无清偿的法定义务（限定继承）。故A项错误。

根据上述规定，继承人仅在继承遗产的价值范围内承担偿还被继承人生前债务的责任。本案中，何某女儿放弃了对房屋的继承，仅对现金继承了1万元，因此她仅需要对债权人负担偿还1万元的义务。同时，被继承人所有的遗产总价值是10万元，继承人仅需要在继承10万元的财产范围内承担还债责任，对于剩余的2万元债务，四人可以不予清偿。当然，如果有继承人自愿清偿的，法律也不禁止。故B、C项错误，D项正确。【思路拓展】《民法典》第1163条规定："既有法定继承又有遗嘱继承、遗赠的，由法定继承人清偿被继承人依法应当缴纳的税款和债务；超过法定继承遗产实际价值部分，由遗嘱继承人和受遗赠人按比例以所得遗产清偿。"因此，遗产分割后，继承人和受遗赠人清偿被继承人生前的债务具有顺序性。本题中，三个儿子依照法定继承各自继承了2万元，四个子女依照遗嘱继承各自获得了1万元。因此，应当先由三个儿子用法定继承取得的6万元清偿债务，然后再由四个子女用遗嘱继承取得的4万元按所得遗产比例清偿债务。

74．证人作证制度[ABC]

[解析]《民诉证据规定》第67条规定："不能正确表达意思的人，不能作为证人。待证事实与其年龄、智力状况或者精神健康状况相适应的无民事行为能力人和限制民事行为能力人，可以作为证人。"本案中，何军11岁，待证的侵权事实与其年龄、智力状况和精神健康状况相适应，可以作为证人，故A项错误，当选。

证人具有不可替代性，所以证人不适用回避。故B项错误，当选。

《民诉证据规定》第90条规定："下列证据不能单独作为认定案件事实的根据：……（二）无民事行为能力人或者限制民事行为能力人所作的与其年龄、智力状况或者精神健康状况不相当的证言；（三）与一方当事人或者其代理人有利害关系的证人陈述的证言；……"据此，未成年人所作的与其年龄、智力状况或者精神健康状况不相当的证言也具有证明力，只是其证明力较小（不能

单独作为定案根据），需要其他证据补强其证明力而已，故C项错误，当选。同样，证人与当事人或代理人有利害关系，其证言依然具有证明力，但其证明力较小，不能单独作为定案依据，需要其他证据补强，故D项正确，不当选。

75．涉外合同纠纷的法律适用[AC]

[解析]我国法律禁止反致，《涉外民事关系法律适用法》第9条规定："涉外民事关系适用的外国法律，不包括该国的法律适用法。"另外，诉讼程序法属于公法范畴，应适用法院地法即中国法。故A项正确。

《涉外民事关系法律适用法》第6条规定："涉外民事关系适用外国法律，该国不同区域实施不同法律的，适用与该涉外民事关系有最密切联系区域的法律。"故B项错误。

《涉外民事关系法律适用法解释（一）》第5条规定，一方当事人以双方协议选择的法律与系争的涉外民事关系没有实际联系为由主张选择无效的，人民法院不予支持。故C项正确。

《涉外民事关系法律适用法解释（一）》第6条第1款规定，当事人在一审法庭辩论终结前变更选择适用的法律的，人民法院应予准许。故D项错误。

76．客运合同中的损害赔偿责任；共同侵权[ABD]

[解析]《民法典》第823条规定："承运人应当对运输过程中旅客的伤亡承担赔偿责任；但是，伤亡是旅客自身健康原因造成的或者承运人证明伤亡是旅客故意、重大过失造成的除外。前款规定适用于按照规定免票、持优待票或者经承运人许可搭乘的无票旅客。"第824条规定："在运输过程中旅客随身携带物品毁损、灭失，承运人有过错的，应当承担赔偿责任。旅客托运的行李毁损、灭失的，适用货物运输的有关规定。"据此，对于旅客随身携带物品的损害，客运公司承担过错责任，无过错则无责任。对于旅客人身损害，包括按照规定免票、持优待票或者经承运人许可搭乘的无票旅客均承担无过错责任。故A、B项正确，C项错误。

《民法典》第1168条规定："二人以上共同实施侵权行为，造成他人损害的，应当承担连带责任。"此规定的共同加害行为，强调两人以上加害行为的协同性、一起性，故本题中虽然两者无共同故意或共同过失，但属于两者分别存在的行为发生事实关联后，共同造成损害结果的出现，故应认定为是共同加害，应承担连带责任，故D项正确。

77．监事会的职权[BCD]

[解析]《公司法》第72条规定："董事会会议由董事长召集和主持；董事长不能履行职务或者不履行职务的，由副董事长召集和主持；副董事长不能履行

职务或者不履行职务的,由过半数的董事共同推举一名董事召集和主持。"据此,监事会不能提议召开董事会,故 A 项错误。

《公司法》第 78 条规定:"监事会行使下列职权:……(二)对董事、高级管理人员执行职务的行为进行监督,对违反法律、行政法规、公司章程或者股东会决议的董事、高级管理人员提出解任的建议;……(四)提议召开临时股东会会议,在董事会不履行本法规定的召集和主持股东会会议职责时召集和主持股东会会议;……"据此,监事会有权提议召开临时股东会,故 B 项正确。监事会有权提议解任董事狄某,故 C 项正确。

《公司法》第 79 条第 2 款规定:"监事会发现公司经营情况异常,可以进行调查;必要时,可以聘请会计师事务所等协助其工作,费用由公司承担。"据此,监事会可以聘请律师协助调查,故 D 项正确。

78. 有限合伙企业出资;事务执行;合伙人相互转换的规则[BC]

[解析]《合伙企业法》第 68 条第 1 款规定:"有限合伙人不执行合伙事务,不得对外代表有限合伙企业。"甲以出资额为限承担责任,为有限合伙人,故不能成为合伙事务执行人。故 A 项错误。

《合伙企业法》第 16 条规定:"合伙人可以用货币、实物、知识产权、土地使用权或者其他财产权利出资,也可以用劳务出资……合伙人以劳务出资的,其评估办法由全体合伙人协商确定,并在合伙协议中载明。"丙为普通合伙人,可以劳务出资,以劳务出资的,其评估办法由全体合伙人协商确定。故 B 项正确。

《合伙企业法》第 69 条规定:"有限合伙企业不得将全部利润分配给部分合伙人;但是,合伙协议另有约定的除外。"有限合伙企业不得将全部利润分配给部分合伙人是一般规定,可以有例外规定,即合伙协议另有约定的,从其约定。故 C 项正确。

《合伙企业法》第 75 条规定:"有限合伙企业仅剩有限合伙人的,应当解散;有限合伙企业仅剩普通合伙人的,转为普通合伙企业。"有限合伙可全部转为普通合伙人,此时该企业转为普通合伙企业;普通合伙人不得全部转为有限合伙人,否则,该企业应解散。故 D 项错误。

79. 土地使用权的转让[ABC]

[解析]《城市房地产管理法》第 42 条规定:"房地产转让时,土地使用权出让合同载明的权利、义务随之转移。"据此,土地使用权转让后,如果没有用途变更,那么原出让合同中的权利义务由受让人概括承受,无需签订新的土地使用权出让合同,故 A 项错误。

《土地管理法》第 38 条第 1 款规定:"禁止任何

单位和个人闲置、荒芜耕地。已经办理审批手续的非农业建设占用耕地,1 年内不用而又可以耕种并收获的,应当由原耕种该幅耕地的集体或者个人恢复耕种,也可以由用地单位组织耕种;1 年以上未动工建设的,应当按照省、自治区、直辖市的规定缴纳闲置费;连续 2 年未使用的,经原批准机关批准,由县级以上人民政府无偿收回用地单位的土地使用权;该幅土地原为农民集体所有的,应当交由原农村集体经济组织恢复耕种。"据此,建设单位无故闲置土地 1 年以上的,才会被征收土地闲置费,本题中不存在此种情形,故 B 项错误。

《城市房地产管理法》第 44 条规定:"以出让方式取得土地使用权的,转让房地产后,受让人改变原土地使用权出让合同约定的土地用途的,必须取得原出让方和市、县人民政府城市规划行政主管部门的同意,签订土地使用权出让合同变更协议或者重新签订土地使用权出让合同,相应调整土地使用权出让金。"据此,乙房地产开发公司若想改变原土地使用权出让合同约定的土地用途的,必须取得原出让方(甲房地产开发公司)和某市政府城市规划行政主管部门的同意,故 C 项错误。

《城市房地产管理法》第 39 条规定:"以出让方式取得土地使用权的,转让房地产时,应当符合下列条件:(一)按照出让合同约定已经支付全部土地使用权出让金,并取得土地使用权证书;(二)按照出让合同约定进行投资开发,属于房屋建设工程的,完成开发投资总额的 25% 以上,属于成片开发土地的,形成工业用地或者其他建设用地条件。转让房地产时房屋已经建成的,还应当持有房屋所有权证书。"本题中,甲房地产开发公司是以出让方式取得的土地使用权,根据上述第 1 项规定,应支付全部土地使用权出让金,并取得土地使用权证书后,才可以转让,故 D 项正确。

80. 表见代理[CD]

[解析]《民法典》第 172 条规定了表见代理:"行为人没有代理权、超越代理权或者代理权终止后,仍然实施代理行为,相对人有理由相信行为人有代理权的,该代理行为有效。"《民法典总则编解释》第 28 条第 1 款规定:"同时符合下列条件的,人民法院可以认定为民法典第一百七十二条规定的相对人有理由相信行为人有代理权:(一)存在代理权的外观;(二)相对人不知道行为人行为时没有代理权,且无过失。"正常情况下,当公司员工持有公司的授权委托书的时候,交易相对人均可主张自己有合理的理由相信对方有代理权,构成表见代理。

单位作为当事人订立合同时,在合同书上加盖单位的合同专用章和加盖单位的公章具有同等效力。吴某实施无权代理时,不仅持有甲公司授权委托书,并且携带加盖甲公司的合同专用章,更加足以产生使相对人温某相信吴某拥有代理权的权利外观。故 A 项不当选。

当有授权委托书的时候,温某有足够理由相信吴某有代理权,没有找公司核实的义务和必要,B 项的主张也不能否定构成表见代理,故错误。

如果授权书明确载明授权的范围是参加投标而没有授权借款,此时温某不能主张自己有合理的理由相信吴某有代理权,表明相对人温某非善意,不能成立表见代理。故 C 项当选。

若吴某出示的甲公司空白授权委托书已届期,温某就应当知道吴某属于无权代理,不能主张自己有合理理由相信对方有代理权,不成立表见代理。故 D 项当选。

81．商业银行的接管;法律责任[BD]

[解析]《商业银行法》第 64 条第 1 款规定:"商业银行已经或者可能发生信用危机,严重影响存款人的利益时,国务院银行业监督管理机构可以对该银行实行接管。"国家金融监督管理总局是国务院银行业监督管理机构,故 A 项错误,B 项正确。

《商业银行法》第 76 条规定:"商业银行有下列情形之一,由中国人民银行责令改正,有违法所得的,没收违法所得,违法所得五十万元以上的,并处违法所得一倍以上五倍以下罚款;没有违法所得或者违法所得不足五十万元的,处五十万元以上二百万元以下罚款;情节特别严重或者逾期不改正的,中国人民银行可以建议国务院银行业监督管理机构责令停业整顿或者吊销其经营许可证;构成犯罪的,依法追究刑事责任:……(三)违反规定同业拆借的。"据此,对于违法同业拆借的银行,中国人民银行也可罚款;在情节特别严重或者逾期不改正的情况下,中国人民银行可以建议国务院银行业监督管理机构责令停业整顿,而不能自行作出责令停业整顿的决定。故 C 项错误,D 项正确。

82．专利的无效宣告[CD]

[解析]《专利法》第 47 条规定:"宣告无效的专利权视为自始即不存在。宣告专利权无效的决定,对在宣告专利权无效前人民法院作出并已执行的专利侵权的判决、调解书,已经履行或者强制执行的专利侵权纠纷处理决定,以及已经履行的专利实施许可合同和专利权转让合同,不具有追溯力。但是因专利权人的恶意给他人造成的损失,应当给予赔偿。依照前款规定不返还专利侵权赔偿金、专利使用费、专利权转让费,明显违反公平原则的,应当全部或者部分返还。"据此,宣告专利权无效的决定对于已经执行或履行的行为,不具有溯及力。本题中,专利局于 2022 年 1 月宣告该发明专利无效,2023 年 5 月法院判决维持该宣告专利无效决定,宣告专利无效的时间应为 2022 年 1 月。

对于甲公司,在 2022 年 1 月之前甲公司已经支付的专利使用费,宣告专利权无效的决定对其不具有溯及力,甲公司无权请求陈某返还,故 B 项错误;至于尚未履行的部分,即 2022 年及 2023 年上半年的专利使用费,不必再履行,故 A 项错误。

对于乙公司,其于 2021 年 12 月被法院判决赔偿陈某 20 万元,在专利局宣告专利权无效的决定作出之前,该判决尚未执行,因此宣告专利权无效的决定对此有溯及力,乙公司不必再向陈某支付该 20 万元赔偿款;在宣告决定作出后支付的,乙公司有权请求陈某返还。故 C 项正确。

根据《专利法》第 46 条第 2 款规定,对国务院专利行政部门宣告专利权无效或者维持专利权的决定不服的,可以自收到通知之日起 3 个月内向人民法院起诉。故 D 项正确。

83．共同申报准则(CRS)[BC]

[解析] 根据 CRS 标准交换税收情报是自动的、无须提供理由的信息交换。故 A 项错误。

根据 CRS 标准交换的金融账户信息是指广义的金融账户,覆盖几乎所有的海外金融机构,银行、信托、券商、律所、会计师事务所、提供各种金融投资产品的投资实体、特定的保险机构的账户都在覆盖范围内。故 B 项正确。

根据 CRS 标准交换的仅为金融账户信息,不包括投资海外房地产、珠宝、艺术品、贵金属等不属于金融资产的品类;此外,境外税务居民所控制的公司拥有的金融账户在 25 万美元以下的,也不包含在内。故 C 项正确。

CRS 是根据账户持有人税收居住地,而不仅仅依账户持有人的国籍来作为识别依据。张某定居在我国,为我国纳税居民,中国是其税收居住地。故 D 项错误。

84．重整计划的制定、表决程序[AB]

[解析]《企业破产法》第 80 条规定:"债务人自行管理财产和营业事务的,由债务人制作重整计划草案。管理人负责管理财产和营业事务的,由管理人制作重整计划草案。"因此,尚友公司自行管理财产与营业事务时,由其自己制作重整计划草案。故 A 项正确。

《企业破产法》第 82 条规定:"下列各类债权的债权人参加讨论重整计划草案的债权人会议,依照下列债权分类,分组对重整计划草案进行表决:(一)对债务人的特定财产享有担保权的债权;(二)债务人所欠职工的工资和医疗、伤残补助、抚恤费用,所欠的应当划入职工个人账户的基本养老保险、基本医疗保险费用,以及法律、行政法规规定应当支付给职工的补偿金;(三)债务人所欠税款;(四)普通债权。人民法院在必要时可以决定在普通债权组中设小额债权组对重整计划草案进行表决。"可见，债权人会议应该按照上述法定的债权分类，分组表决。故 B 项正确。

《企业破产法》第 84 条第 2 款规定："出席会议的同一表决组的债权人过半数同意重整计划草案，并且其所代表的债权额占该组债权总额的 2/3 以上的，即为该组通过重整计划草案。"由此可知，重整计划草案的通过需要人数的过半数同时债权占到本组债权总额的 2/3 以上。故 C 项错误。

《企业破产法》第 86 条第 1 款规定："各表决组均通过重整计划草案时，重整计划即为通过。"故 D 项错误。

85．注册商标侵权诉讼的原告资格；注册商标宣告无效的法律后果［BCD］

［解析］《关于审理商标民事纠纷案件适用法律若干问题的解释》第 4 条第 2 款规定："在发生注册商标专用权被侵害时，独占使用许可合同的被许可人可以向人民法院提起诉讼；排他使用许可合同的被许可人可以和商标注册人共同起诉，也可以在商标注册人不起诉的情况下，自行提起诉讼；普通使用许可合同的被许可人经商标注册人明确授权，可以提起诉讼。"本题中，乙公司是排他许可合同的被许可人，可以和商标注册权人甲公司作为共同原告起诉。故 A 项正确。

《商标法》第 47 条第 1、2 款规定："依照本法第四十四条、第四十五条的规定宣告无效的注册商标，由商标局予以公告，该注册商标专用权视为自始即不存在。宣告注册商标无效的决定或者裁定，对宣告无效前人民法院做出并已执行的商标侵权案件的判决、裁定、调解书和工商行政管理部门做出并已执行的商标侵权案件的处理决定以及已经履行的商标转让或者使用许可合同不具有追溯力。但是，因商标注册人的恶意给他人造成的损失，应当给予赔偿。"据此，注册商标被宣告无效的，商标专用权视为自始不存在。但是，宣告注册商标无效的决定或裁定对甲公司与乙公司已经履行的商标使用许可合同不具有溯及力。因此，甲公司与乙公司的许可合同并非无效。故 B 项错误。既然许可合同仍有效，那么甲公司获得的侵权赔偿费不构成不当得利，不应返还丙公司，也无须转付丁公司。故 C、D 项错误。

三、不定项选择题

86．小区车位归属［C］

［解析］《民法典》第 275 条规定："建筑区划内，规划用于停放汽车的车位、车库的归属，由当事人通过出售、附赠或者出租等方式约定。占用业主共有的道路或者其他场地用于停放汽车的车位，属于业主共

有。"第 276 条规定："建筑区划内，规划用于停放汽车的车位、车库应当首先满足业主的需要。"只有占有业主共有的道路或其他场地用于停放汽车的车位才属于业主共有，地下开发的停车位，不属于业主共有，其所有权归属应依照购房合同的约定予以确定。本题中，用于出租的 200 个车位并未占用业主共有的道路或其他场地，不属于业主共有。故 A 项错误。

《建筑物区分所有权解释》第 5 条第 1 款规定："建设单位按照配置比例将车位、车库，以出售、附赠或者出租等方式处分给业主的，应当认定其行为符合民法典第二百七十六条有关'应当首先满足业主的需要'的规定。"故 C 项正确。

如同出售房屋一样，小区业主出售车位，其他业主不存在优先购买权，B 项错误。

一般来说，没有独立产权证的车位（车库），可认定为房屋的从物；但有独立产权证的车位（车库），并不是房屋的从物。建筑区划内，规划用于停放汽车的车位、车库往往有独立的产权证，非房屋的从物。因此，小区业主仅转让房屋所有权时，车位（车库）的所有权并不伴随房屋所有权的移转而移转。故 D 项错误。

87．住宅商用的限制［ABC］

［解析］《民法典》第 279 条规定："业主不得违反法律、法规以及管理规约，将住宅改变为经营性用房。业主将住宅改变为经营性用房的，除遵守法律、法规以及管理规约外，应当经有利害关系的业主一致同意。"《建筑物区分所有权解释》第 11 条规定："业主将住宅改变为经营性用房，本栋建筑物内的其他业主，应当认定为民法典第二百七十九条所称'有利害关系的业主'。建筑区划内，本栋建筑物之外的业主，主张与自己有利害关系的，应证明其房屋价值、生活质量受到或者可能受到不利影响。"本题中，如果蒋某是同一栋住宅楼的业主，应认定其为"有利益关系的业主"，田某开办茶馆需经其同意。且田某将住宅改为经营性用房时，不得影响建筑区划内本栋楼以外业主的房屋价值、生活质量。故 A、B、C 项正确。

《建筑物区分所有权解释》第 10 条第 2 款规定："将住宅改变为经营性用房的业主以多数有利害关系的业主同意其行为进行抗辩的，人民法院不予支持。"因此住宅商用需要全体有利害关系业主的一致同意，故田某即使能证明其开办茶馆得到多数有利害关系的业主的同意，蒋某也有权要求其停办。故 D 项错误。

88．业主的管理权；业主可提起诉讼的行为［D］

［解析］《民法典》第 286 条第 2 款规定："业主大会或者业主委员会，对任意弃置垃圾、排放污染物或者噪声、违反规定饲养动物、违章搭建、侵占通道、拒付物业费等损害他人合法权益的行为，有权依照法

律、法规以及管理规约,请求行为人停止侵害、排除妨碍、消除危险、恢复原状、赔偿损失。"据此,5栋某业主任意弃置垃圾、7栋某业主违反规定饲养动物、8栋顶楼某业主违章搭建楼顶花房,这三项行为主要属于对业主共有权的侵害,只能由业主大会或者业主委员会主张救济的权利。故A、B、C项不当选。

《民法典》第287条规定:"业主对建设单位、物业服务企业或者其他管理人以及其他业主侵害自己合法权益的行为,有权请求其承担民事责任。"楼上邻居因不当装修损坏蒋某家天花板,侵犯蒋某的合法权益,蒋某有权提起诉讼。故D项当选。

89.融资租赁合同[BC]

[解析]《民法典》第742条规定:"承租人对出卖人行使索赔权利,不影响其履行支付租金的义务。但是,承租人依赖出租人的技能确定租赁物或者出租人干预选择租赁物的,承租人可以请求减免相应租金。"本题中,不存在"承租人依赖出租人的技能确定租赁物或者出租人干预选择租赁物"的情形,若承租人因设备原因造成损失而向出卖人行使索赔权利,不影响租金的支付,故A项错误。

《民法典》第739条规定:"出租人根据承租人对出卖人、租赁物的选择订立的买卖合同,出卖人应当按照约定向承租人交付标的物,承租人享有与受领标的物有关的买受人的权利。"据此,融资租赁中,承租人享有买受人的权利,当然可以请求出卖人丁公司承担维修、赔偿损失等违约责任,故B项正确。

《民法典》第741条规定:"出租人、出卖人、承租人可以约定,出卖人不履行买卖合同义务的,由承租人行使索赔的权利。承租人行使索赔权利的,出租人应当协助。"故C项正确。

《民法典》第747条规定:"租赁物不符合约定或者不符合使用目的的,出租人不承担责任。但是,承租人依赖出租人的技能确定租赁物或者出租人干预选择租赁物的除外。"本题中,不存在"承租人依赖出租人的技能确定租赁物或者出租人干预选择租赁物"的情形,出租人对于设备的质量问题没有责任,故D项错误。

90.商品房预售条件[ABC]

[解析]《城市房地产管理法》第45条第1款规定:"商品房预售,应当符合下列条件:……(四)向县级以上人民政府房产管理部门办理预售登记,取得商品房预售许可证明。"故A项正确。

《预售商品房认购书》是一个独立于商品房预售合同的合同,其不是商品房预售合同,不受商品房预售的相关条件的约束,所以是否取得商品房销售许可证不影响该合同的效力。故B项正确。

根据题干可知,双方签订商品房预售合同时,公司已经取得了商品房预售许可证,公司已具备商品房

预售的法定条件,该合同合法有效。故C项正确。

《民法典》第509条第1款规定:"当事人应当按照约定全面履行自己的义务。"本题中因为双方已经签订的商品房预售合同合法有效,所以以房地产公司应当按照合同履行义务,不能将房屋另售他人。故D项错误。

91.定金;违约责任[CD]

[解析]《预售商品房认购书》与商品房预售合同是两个相互独立的有效合同,均具有约束力。故A、B项错误。

《民法典》第577条规定:"当事人一方不履行合同义务或者履行合同义务不符合约定的,应当承担继续履行、采取补救措施或者赔偿损失等违约责任。"《民法典》第587条规定:"债务人履行债务的,定金应当抵作价款或者收回。给付定金的一方不履行债务或者履行债务不符合约定,致使不能实现合同目的的,无权请求返还定金;收受定金的一方不履行债务或者履行债务不符合约定,致使不能实现合同目的的,应当双倍返还定金。"本题中,收受定金的开发商违约,经双方协商,高某同意解除商品房预售合同,开发商应当双倍返还定金,对于高某的损失,高某有权请求开发商赔偿损失。故C、D项正确。

92.人身保险合同的解除[C]

[解析]《保险法解释(三)》第17条规定:"投保人解除保险合同,当事人以其解除合同未经被保险人或者受益人同意为由主张解除行为无效的,人民法院不予支持,但被保险人或者受益人已向投保人支付相当于保险单现金价值的款项并通知保险人的除外。"据此,投保人解除保险合同无需经被保险人或者受益人同意,故A、B项错误。

《保险法》第47条规定:"投保人解除合同的,保险人应当自收到解除合同通知之日起三十日内,按照合同约定退还保险单的现金价值。"保险是投保人出资购买的,合同解除后保单的现金价值应当退还投保人。故C项正确,D项错误。

【特别提醒】保险合同的当事人是投保人和保险公司,因此投保人享有合同解除权及保单现金价值返还请求权,被保险人和受益人并非合同当事人,一般不享有相关权利。

93.共同海损;单独海损;平安险的承保范围;承运人的免责事项;保险人的除外责任[AB]

[解析]共同海损,是指在同一海上航程中,船舶、货物和其他财产遭遇共同危险,为了共同安全,有意地、合理地采取措施所直接造成的特殊牺牲、支付的特殊费用。本题A项为起浮抛弃货物造成的损失符合共同海损的特点,故A项正确。

单独海损是指保险标的物在海上遭受非人为的意外原因所造成的部分灭失或损害。因恶劣天气部

分货物被打入海中的损失属于自然原因造成的单独海损。故 B 项正确。

CIF 术语下若无约定，卖方只需办理最低险种即平安险。平安险又称"单独海损不赔"，责任范围主要包括自然灾害造成的全部损失、意外事故造成的全部损失和部分损失、共同海损等。本题中货物投保了平安险，故此保险人应当赔偿共同海损，但不赔偿因恶劣天气造成的单独海损。故 C 项错误。

《海牙规则》下承运人实行不完全过失免责，保险人的除外责任有：(1)被保险人的故意行为或过失所造成的损失；(2)属于发货人责任所引起的损失；(3)在保险责任开始前，被保险货物已存在的品质不良或数量短差所造成的损失；(4)被保险货物的自然损耗、本质缺陷、特性以及市场跌落、运输延迟所引起的损失或费用。固有缺陷损失属于保险人的除外责任。因此，承运人对因固有缺陷损失的货物免责，保险人也不承担赔偿责任。故 D 项错误。

94．案外人执行异议的处理［AC］

［解析］《民事诉讼法》第 238 条规定，执行过程中，案外人对执行标的提出书面异议的，人民法院应当自收到书面异议之日起 15 日内审查，理由成立的，裁定中止对该标的的执行；理由不成立的，裁定驳回。案外人、当事人对裁定不服，认为原判决、裁定错误的，依照审判监督程序办理；与原判决、裁定无关的，可以自裁定送达之日起 15 日内向人民法院提起诉讼。因此，A、C 项是正确的，B、D 项是不正确的。

95．申请执行人异议之诉的当事人［D］

［解析］根据《民诉解释》第 306 条的规定，申请执行人提起执行异议之诉的，以案外人为被告。被执行人反对申请执行人主张的，以案外人和被执行人作为共同被告；被执行人不反对申请执行人主张的，可以列被执行人为第三人。据此，应当以申请人林海为原告，案外人宁虹为被告，而被执行人张山的诉讼地位则视其态度而定。故 D 项正确。

96．申请执行人异议之诉的管辖、审理、举证责任分担；对被执行人提出执行异议之诉的处理［BC］

［解析］《民诉解释》第 302 条规定："根据民事诉讼法第二百三十四条①规定，案外人、当事人对执行异议裁定不服，自裁定送达之日起十五日内向人民法院提起执行异议之诉的，由执行法院管辖。"林海应向乙法院提起执行异议之诉。因此，A 项是不成立的。

《民诉解释》第 308 条规定："人民法院审理执行异议之诉案件，适用普通程序。"因此，B 项是成立的。

《民诉解释》第 309 条规定："案外人或者申请执行人提起执行异议之诉的，案外人应当就其对执行标的享有足以排除强制执行的民事权益承担举证证明责任。"因此，C 项是成立的。

《民诉解释》第 306 条规定："申请执行人提起执行异议之诉的，以案外人为被告。被执行人反对申请执行人主张的，以案外人和被执行人为共同被告；被执行人不反对申请执行人主张的，可以列被执行人为第三人。"由于张山在执行异议之诉中只能作被告或者无独三，因此不可能作为原告提起执行异议之诉。对此，《民诉解释》第 307 条规定："申请执行人对中止执行裁定未提起执行异议之诉的，被执行人提起执行异议之诉的，人民法院告知其另行起诉。"因此，D 项是不成立的。

97．试用期的特殊规定；不订立书面劳动合同的后果［ABC］

［解析］《劳动合同法》第 19 条第 1 款的规定，劳动合同期限 1 年以上不满 3 年的，试用期不得超过 2 个月。本题中，王某与公司约定的合同期限为 2 年，根据上述规定，试用期应不得超过 2 个月，但是合同约定的期限为 3 个月，超过了法定期限。故 A 项正确。

《劳动合同法》第 20 条的规定："劳动者在试用期的工资不得低于本单位相同岗位最低档工资或者劳动合同约定工资的 80%，并不得低于用人单位所在地的最低工资标准。"本题中，合同约定的工资为每月 1500 元，根据上述规定，试用期工资不得低于劳动合同约定工资的 80%，即 1500×80% = 1200 元，同时又高于当地月最低工资标准(1000 元)，因此，该试用期工资符合法律规定。故 B 项正确。

《劳动合同法》第 82 条第 1 款规定："用人单位自用工之日起超过 1 个月不满 1 年未与劳动者订立书面劳动合同的，应当向劳动者每月支付 2 倍的工资。"本题中，王某从 7 月 1 日起开始工作，若该公司超过 1 个月即从 8 月 1 日起还未与王某订立书面劳动合同，则应每月支付王某 2 倍的工资。故 C 项正确。

《劳动合同法实施条例》第 6 条第 1 款规定，用人单位自用工之日起超过 1 个月不满 1 年未与劳动者订立书面劳动合同的，应当依照《劳动合同法》第 82 条的规定向劳动者每月支付两倍的工资，并与劳动者补订书面劳动合同；劳动者不与用人单位订立书面劳动合同的，用人单位应当书面通知劳动者终止劳动关系，并依照《劳动合同法》第 47 条的规定支付经济补偿。本题中，8 月 1 日起，若王某拒不与公司订立书面劳动合同，则公司可以书面通知王某终止劳动关系，但是必须依照《劳动合同法》第 47 条的规定支付经济补偿。故 D 项错误。

98．用人单位规章制度的制定；劳动合同的解除［ABCD］

［解析］《劳动合同法》第 4 条规定："用人单位

---

① 现为第 238 条，编者注。

应当依法建立和完善劳动规章制度,保障劳动者享有劳动权利、履行劳动义务。用人单位在制定、修改或者决定有关劳动报酬、工作时间、休息休假、劳动安全卫生、保险福利、职工培训、劳动纪律以及劳动定额管理等直接涉及劳动者切身利益的规章制度或者重大事项时,应当经职工代表大会或者全体职工讨论,提出方案和意见,与工会或者职工代表平等协商确定。在规章制度和重大事项决定实施过程中,工会或者职工认为不适当的,有权向用人单位提出,通过协商予以修改完善。用人单位应当将直接涉及劳动者切身利益的规章制度和重大事项决定公示,或者告知劳动者。"本题中,该公司不允许谈恋爱或者有婚姻关系,无疑直接涉及劳动者切身利益,要经过职工、工会这一程序,而不是经理办公会、工会主席能决定的,因此制定程序违法。故 A 项正确。

《民法典》第 1041 条第 2 款规定,实行婚姻自由、一夫一妻、男女平等的婚姻制度。根据该法第 1042 条的规定,禁止包办、买卖婚姻和其他干涉婚姻自由的行为。本题中,该《工作纪律规定》要求同事不得有恋爱或婚姻关系,否则一方必须离开公司,属于侵犯公民的婚姻自由权,违反了《民法典》的规定。故 B 项正确。

《劳动合同法》第 39 条规定:"劳动者有下列情形之一的,用人单位可以解除劳动合同:(一)在试用期间被证明不符合录用条件的;(二)严重违反用人单位的规章制度的……"本题中,由于该《工作纪律规定》违反了法律的禁止性规定,以违反该规章制度为由解除劳动合同不属于法定解除劳动合同的情形,因此,依据《工作纪律规定》解除劳动合同是违法的。故 C 项正确。

《劳动合同法》第 80 条规定:"用人单位直接涉及劳动者切身利益的规章制度违反法律、法规规定的,由劳动行政部门责令改正,给予警告;给劳动者造成损害的,应当承担赔偿责任。"本题中,该公司的《工作纪律规定》违反法律规定,据此解除王某的劳动合同,给王某带来了损害,公司应当承担赔偿责任。故 D 项正确。

99.海事关系的法律适用[BD]

[解析]《涉外民事关系法律适用法》第 41 条规定:"当事人可以协议选择合同适用的法律。当事人没有选择的,适用履行义务最能体现该合同特征的一方当事人经常居所地法律或者其他与该合同有最密切联系的法律。"据此,合同之债首先根据意思自治确定准据法,没有意思自治的才适用经常居所地法律或者其他与该合同有最密切联系的法律。本案中甲国公司与乙国货轮已就航次租船合同约定适用甲国法律,则应遵守该约定。故 A 项错误,B 项正确。

《海商法》第 273 条规定:"船舶碰撞的损害赔偿,适用侵权行为地法律。船舶在公海上发生碰撞的损害赔偿,适用受理案件的法院所在地法律。同一国籍的船舶,不论碰撞发生于何地,碰撞船舶之间的损害赔偿适用船旗国法律。"本案中"锦绣"号与"金象"号分属乙国和丁国籍船舶,碰撞地在丙国,则应适用侵权行为地的丙国法律。故 C 项错误,D 项正确。

100.《多边投资担保机构公约》;货币汇兑险;合格东道国;代位求偿权[BCD]

[解析] 货币汇兑险,承保由于东道国的责任而采取的任何措施,限制将货币转换成可自由使用货币,并兑出东道国境外的风险。导致货币汇兑风险的行为可以是东道国采取的积极行为,如明确以法律手段禁止货币的兑换和转移;也可以是消极地限制货币兑换或汇出,如负责业务的政府机构长期拖延协助投资人兑换或汇出货币。故 A 项错误,B 项正确。

多边投资担保机构的目的是通过自身业务活动来推动成员国之间的投资,特别是向发展中国家投资,促进发展中成员国的投资流动。因此,多边投资担保机构的东道国应当为发展中国家。故 C 项正确。

《多边投资担保机构公约》规定,担保合同要求担保权人在向机构要求支付前,寻求在当时条件下合适的、按东道国法律可随时利用的行政补救方法。多边投资担保机构一经投保人支付或同意支付赔偿,即代位取得投保人对东道国或其他债务人所拥有的有关承保投资的各种权利或索赔权,各成员国都应承认多边投资担保机构的此项权利。故 D 项正确。

试 卷 一

试 题

一、单项选择题。每题所设选项中只有一个正确答案，多选、错选或不选均不得分。本部分含 1—50 题，每题 1 分，共 50 分。

1．某法院以杜某逾期未履行偿债判决为由，先将其房屋查封，后裁定将房屋过户以抵债。杜某认为强制执行超过申请数额而申请国家赔偿，要求赔偿房屋过户损失 30 万元，查封造成屋内财产毁损和丢失 5000 元，误工损失 2000 元，以及精神损失费 1 万元。下列哪一事项属于国家赔偿范围？

A．2000 元 　　　　　B．5000 元

C．1 万元 　　　　　　D．30 万元

2．甲将乙杀害，经鉴定甲系精神病人，检察院申请法院适用强制医疗程序。关于本案，下列哪一选项是正确的？

A．法院审理该案，应当会见甲

B．甲没有委托诉讼代理人的，法院可通知法律援助机构指派律师担任其诉讼代理人

C．甲出庭的，由其法定代理人或诉讼代理人代为发表意见

D．经审理发现甲具有部分刑事责任能力，依法应当追究刑事责任的，转为普通程序继续审理

3．甲交通肇事致乙死亡，在审查起诉中，甲与乙的妻子丙达成和解协议，并认罪认罚，签署具结书。法院适用速裁程序审理，但甲在庭审中态度恶劣，不愿悔罪，丙反悔，不再同意和解。一审法院宣判后，甲以事实不清、证据不足为由提起上诉。上诉期间甲态度好转，又与丙达成和解。关于本案的处理，下列哪一说法是正确的？

A．若甲已全部履行和解协议约定的赔偿损失内容，一审法院对丙的反悔应不予支持

B．法院可继续适用速裁程序审理本案

C．对于两人第二次达成和解，法院应听取检察院的意见

D．二审法院应裁定撤销原判，发回重审

4．甲杀丙后潜逃。为干扰侦查，甲打电话让乙将一把未留有指纹的斧头粘上丙的鲜血放到现场。乙照办后报案称，自己看到"凶手"杀害了丙，并描述了与甲相貌特征完全不同的"凶手"情况，导致公安机关长期未将甲列为嫌疑人。关于本案，下列哪一选项是错误的？

A．乙将未留有指纹的斧头放到现场，成立帮助伪造证据罪

B．对乙伪造证据的行为，甲不负刑事责任

C．乙捏造事实诬告陷害他人，成立诬告陷害罪

D．乙向公安机关虚假描述"凶手"的相貌特征，成立包庇罪

5．首要分子甲通过手机指令所有参与者"和对方打斗时，下手重一点"。在聚众斗殴过程中，被害人被谁的行为重伤致死这一关键事实已无法查明。关于本案的分析，下列哪一选项是正确的？

A．对甲应以故意杀人罪定罪量刑

B．甲是教唆犯，未参与打斗，应认定为从犯

C．所有在现场斗殴者都构成故意杀人罪

D．对积极参加者按故意杀人罪定罪，对其他参加者按聚众斗殴罪定罪

6．某检察院对王某盗窃案提出二审抗诉，王某未委托辩护人，欲申请法律援助。对此，下列哪一说法是正确的？

A．王某申请法律援助只能采用书面形式

B．法律援助机构应当严格审查王某的经济状况

C．法律援助机构只能委派律师担任王某的辩护人

D．法律援助机构决定不提供法律援助时，王某可以向该机构提出异议

7．甲国分立为"东甲"和"西甲"，甲国在联合国的席位由"东甲"继承，"西甲"决定加入联合国。"西甲"与乙国（联合国成员）交界处时有冲突发生。根据相关国际法规则，下列哪一选项是正确的？

A．乙国在联大投赞成票支持"西甲"入联，一般构成对"西甲"的承认

B．"西甲"认为甲国与乙国的划界条约对其不产生效力

C．"西甲"入联后，其所签订的国际条约必须在秘书处登记方能生效

D．经安理会 9 个理事国同意后，"西甲"即可成为联合国的会员国

8．武昌起义爆发后，清王朝于1911年11月3日公布了《宪法重大信条十九条》。关于该宪法性文件，下列哪一说法是错误的？

A. 缩小了皇帝的权力

B. 扩大了人民的权利

C. 扩大了议会的权力

D. 扩大了总理的权力

9．关于合宪性审查和备案审查，下列哪一项说法是正确的？

A. 备案审查是指对规范性文件的事前审查

B. 全国人大常委会备案审查的对象包括行政法规、规章、司法解释

C. 合宪性审查的主体是全国人大宪法和法律委员会

D. 合宪性审查的对象包括规范性文件和具体行为

10．在宋代话本小说《错斩崔宁》中，刘贵之妾陈二姐因轻信刘贵欲将她休弃的戏言连夜回娘家，路遇年轻后生崔宁并与之结伴同行。当夜盗贼自刘贵家盗走15贯钱并杀死刘贵，邻居追赶盗贼遇到陈、崔二人，因见崔宁刚好携带15贯钱，遂将二人作为凶手捉拿送官。官府当庭拷讯二人，陈、崔屈打成招，后被处斩。关于该案，下列哪一说法是正确的？

A. 话本小说《错斩崔宁》可视为一种法的非正式渊源

B. 邻居运用设证推理方法断定崔宁为凶手

C. "盗贼自刘贵家盗走15贯钱并杀死刘贵"所表述的是法律规则中的假定条件

D. 从生活事实向法律事实转化需要一个证成过程，从法治的角度看，官府的行为符合证成标准

11．关于党的领导和依法治国的关系，下列哪一项说法是不正确的？

A. 党的领导和社会主义法治是一致的，社会主义法治必须坚持党的领导，党的领导必须依靠社会主义法治

B. 党的领导是中国特色社会主义最本质的特征，是社会主义法治最根本的保证

C. 坚持党的领导，要善于使党组织推荐的人直接成为国家政权机关的领导人员

D. 坚持党的领导，要善于使党的主张通过法定程序成为国家意志

12．全面依法治国最广泛、最深厚的基础是人民，要始终坚持以人民为中心。下列哪一说法是正确的？

A. 以人民为中心是中国特色社会主义法治最根本的保证

B. 坚持人民的主体地位并不意味着让人民直接进行管理国家的活动

C. 推进全面依法治国的根本目的是实现人民实质意义上的当家作主

D. 人民利益高于一切，为了公共利益的需要，有关部门采取必要措施时，可以适当突破法律规定

13．关于追诉时效，下列哪一选项是正确的？

A.《刑法》规定，法定最高刑为不满5年有期徒刑的，经过5年不再追诉。危险驾驶罪的法定刑为拘役，不能适用该规定计算危险驾驶罪的追诉时效

B. 在共同犯罪中，对主犯与从犯适用不同的法定刑时，应分别计算各自的追诉时效，不得按照主犯适用的法定刑计算从犯的追诉期限

C. 追诉时效实际上属于刑事诉讼的内容，刑事诉讼采取从新原则，故对刑法所规定的追诉时效，不适用从旧兼从轻原则

D. 刘某故意杀人后逃往国外18年，在国外因伪造私人印章（在我国不构成犯罪）被通缉时潜回国内。4年后，其杀人案件被公安机关发现。因追诉时效中断，应追诉刘某故意杀人的罪行

14．关于故意的认识内容，下列哪一选项是错误的？

A. 成立故意犯罪，不要求行为人认识到自己行为的违法性

B. 成立贩卖淫秽物品牟利罪，要求行为人认识到物品的淫秽性

C. 构成奸淫幼女，要求行为人明知是幼女

D. 成立为境外非法提供国家秘密罪，要求行为人认识到对方是境外的机构、组织或者个人，没有认识到而非法提供国家秘密的，不成立任何犯罪

15．下列哪一证据规则属于调整证据证明力的规则？

A. 传闻证据规则

B. 非法证据排除规则

C. 关联性规则

D. 意见证据规则

16．关于辨认程序不符合有关规定，经补正或者作出合理解释后，辨认笔录可以作为证据使用的情形，下列哪一选项是正确的？

A. 辨认前使辨认人见到辨认对象的

B. 供辨认的对象数量不符合规定的

C. 案卷中只有辨认笔录，没有被辨认对象的照片、录像等资料，无法获悉辨认的真实情况的

D. 辨认活动没有个别进行的

17．关于全面贯彻实施宪法，坚定维护宪法尊严和权威，下列哪一选项是不正确的？

A. 坚持依宪治国、依宪执政，把全面贯彻实施宪

法作为首要任务

B. 党带头尊崇和执行宪法,把党领导人民制定和实施宪法法律同党坚持在宪法法律范围内活动统一起来,保障宪法法律的有效实施

C. 凡涉及宪法有关规定如何理解、实施和适用问题的,都应当依照有关规定向全国人大书面提出合宪性审查请求

D. 在备案审查工作中,应当注重审查是否存在不符合宪法规定和宪法精神的内容

18. 甲系私营速递公司卸货员,主要任务是将公司收取的货物从汽车上卸下,再按送达地重新装车。某晚,乘公司监督人员上厕所之机,甲将客户托运的一台价值一万元的摄像机夹带出公司大院,藏在门外沟渠里,并伪造被盗现场。关于甲的行为,下列哪一选项是正确的?

A. 诈骗罪 　　　　B. 职务侵占罪
C. 盗窃罪 　　　　D. 侵占罪

19. 甲对正在实施一般伤害的乙进行正当防卫,致乙重伤(仍在防卫限度之内)。乙已无侵害能力,求甲将其送往医院,但甲不理会而离去。乙因流血过多死亡。关于本案,下列哪一选项是正确的?

A. 甲的不救助行为独立构成不作为的故意杀人罪

B. 甲的不救助行为独立构成不作为的过失致人死亡罪

C. 甲的行为属于防卫过当

D. 甲的行为仅成立正当防卫

20. 关于法律职业道德,下列哪一表述是不正确的?

A. 基于法律和法律职业的特殊性,法律职业人员被要求承担更多的社会义务,具有高于其他职业的职业道德品行

B. 互相尊重、相互配合为法律职业道德的基本原则,这就要求检察官、律师尊重法官的领导地位,在法庭上听从法官的指挥

C. 选择合适的内化途径和适当的内化方法,才能使法律职业人员将法律职业道德规范融进法律职业精神中

D. 法律职业道德教育的途径和方法,包括提高法律职业人员道德认识、陶冶法律职业人员道德情感、养成法律职业人员道德习惯等

21. 汤姆为甲国驻乙国大使馆的武官,甲乙都是《维也纳外交关系公约》的缔约国,下列哪项判断是正确的?

A. 甲国大使馆爆发恶性传染病,乙国卫生人员可直接进入使馆馆舍消毒

B. 乙国应为甲国大使馆提供必要的免税物业服务

C. 非经乙国许可,甲国大使馆不得装置使用无线设备

D. 汤姆杀死了两个乙国人,乙国司法部门不得对其进行刑事审判与处罚

22. 关于因果关系,下列哪一选项是错误的?

A. 甲将被害人衣服点燃,被害人跳河灭火而溺亡。甲行为与被害人死亡具有因果关系

B. 乙在被害人住宅放火,被害人为救婴儿冲入宅内被烧死。乙行为与被害人死亡具有因果关系

C. 丙在高速路将被害人推下车,被害人被后面车辆轧死。丙行为与被害人死亡具有因果关系

D. 丁毁坏被害人面容,被害人感觉无法见人而自杀。丁行为与被害人死亡具有因果关系

23. 《刑法》第49条规定:_____的时候不满18周岁的人和_____的时候怀孕的妇女,不适用死刑。_____的时候已满75周岁的人,不适用死刑,但_____的除外。下列哪一选项与题干空格内容相匹配?

A. 犯罪——审判——犯罪——故意犯罪致人死亡

B. 审判——审判——犯罪——故意犯罪致人死亡

C. 审判——审判——审判——以特别残忍手段致人死亡

D. 犯罪——审判——审判——以特别残忍手段致人死亡

24. 随着商品经济的繁荣,两宋时期的买卖、借贷、租赁、抵押、典卖、雇佣等各种契约形式均有发展。据此,下列哪一说法是错误的?

A. 契约的订立必须出于双方合意,对强行签约违背当事人意愿的,要"重锟典宪"

B. 买卖契约中的"活卖",是指先以信用取得出卖物,之后再支付价金,且须订立书面契约

C. 付息的消费借贷称为出举,并有"(出举者)不得迴利为本"的规定,防止高利贷盘剥

D. 宋代租佃土地契约中,可实行定额租,佃农逾期不交租,地主可诉请官府代为索取

25. 张某涉嫌诈骗一案由甲市乙县法院审理,法官王某担任审判长,林某担任书记员。一审判决张某有期徒刑5年,张某以事实不清为由提起上诉。二审由甲市中院审理,法官赵某担任审判长,后裁定发回重审。重审期间,王某被任命为乙县法院的专职审委会委员。该案经合议庭报请审委会讨论后,改判张某有期徒刑4年,张某不服再次上诉。下列哪一说法是正确的?

A. 二审法院应当开庭审理

B. 该案被发回重审后,林某不能继续担任该案的书记员

C. 王某不能参与审委会对该案的讨论

D. 张某再次提起上诉后,赵某不能作为该案的审判长

26. 成年人钱甲教唆未成年人小沈实施诈骗犯罪,钱甲委托其在邻市检察院担任检察官助理的哥哥钱乙担任辩护人,小沈由法律援助律师武某担任辩护人。关于本案处理,下列哪一选项是正确的?

A. 钱甲被拘留后,钱乙可为其申请取保候审

B. 本案移送审查起诉时,公安机关应将案件移送情况告知钱乙

C. 检察院讯问小沈时,武某可在场

D. 如检察院对钱甲和小沈分案起诉,法院可并案审理

27. 甲省乙市人民政府拟将本市的自然资源管理局与国土资源局合并,应当报哪个机关予以批准?

A. 国务院

B. 甲省人民政府

C. 乙市人大常委会

D. 甲省人大常委会

28. 何某是某市政府公务员,因工作疏忽造成损失,市政府对其进行了诫勉。关于公务员的诫勉,下列哪一说法是正确的?

A. 诫勉是机关对公务员的监督措施

B. 被诫勉的公务员不得交流

C. 被诫勉的公务员不得晋升职务

D. 公务员可以对诫勉行为提出申诉

29. 甲持西瓜刀冲入某银行储蓄所,将刀架在储蓄所保安乙的脖子上,喝令储蓄所职员丙交出现金 1 万元。见丙故意拖延时间,甲便在乙的脖子上划了一刀。刚取出 5 万元现金的储户丁看见乙血流不止,于心不忍,就拿出 1 万元扔给甲,甲得款后迅速逃离。对甲的犯罪行为,下列哪一选项是正确的?

A. 抢劫罪(未遂)　　B. 抢劫罪(既遂)

C. 绑架罪　　　　　D. 敲诈勒索罪

30. 郑某冒充银行客服发送短信,称张某手机银行即将失效,需重新验证。张某信以为真,按短信提示输入银行卡号、密码等信息后,又将收到的编号为 135423 的"验证码"输入手机页面。后张某发现,其实是将 135423 元汇入了郑某账户。关于本案的分析,下列哪一选项是正确的?

A. 郑某将张某作为工具加以利用,实现转移张某财产的目的,应以盗窃罪论处

B. 郑某虚构事实,对张某实施欺骗并导致张某处分财产,应以诈骗罪论处

C. 郑某骗取张某的银行卡号、密码等个人信息,应以侵犯公民个人信息罪论处

D. 郑某利用电信网络,为实施诈骗而发布信息,应以非法利用信息网络罪论处

31. 有法谚云:"语言是法律精神的体现。"关于该法谚,下列哪一说法是正确的?

A. 若语言有歧义,则法律无效力

B. 若语言可被翻译,则法律必然可以被移植

C. 语言表述法理,法理形成规范

D. 语言表述相同,则法律含义必然相同

32. 近代意义宪法产生以来,文化制度便是宪法的内容。关于两者的关系,下列哪一选项是不正确的?

A. 1787 年美国宪法规定了公民广泛的文化权利和国家的文化政策

B. 1919 年德国魏玛宪法规定了公民的文化权利

C. 我国现行宪法对文化制度的原则、内容等做了比较全面的规定

D. 公民的文化教育权、国家机关的文化教育管理职权和文化政策,是宪法文化制度的主要内容

33. 关于行政管理过程中的收费,下列哪一说法是正确的?

A. 代履行的费用一律由当事人承担

B. 因扣押物发生的保管费用由当事人承担

C. 行政机关申请法院强制执行时的强制执行费用由被执行人承担

D. 行政机关实施行政许可时依规章规定可以收取费用

34. 张三因抢劫罪被判处有期徒刑十年,在服刑期间表现良好,符合减刑条件。关于减刑的审理程序,下列哪一选项是正确的?

A. 张三应当对自己符合减刑条件承担证明责任

B. 法院可以书面审理张三的减刑案件

C. 法院可以由一名法官独任审理张三的减刑案件

D. 如果有证人,审理中应当通知证人出庭证明张三具有减刑行为

35. 未成年人小周涉嫌故意伤害被取保候审,A 县检察院审查起诉后决定对其适用附条件不起诉,监督考察期限为 6 个月。关于本案处理,下列哪一选项是正确的?

A. 作出附条件不起诉决定后,应释放小周

B. 本案审查起诉期限自作出附条件不起诉决定之日起中止

C. 监督考察期间,如小周经批准迁居 B 县继续上学,改由 B 县检察院负责监督考察

D. 监督考察期间,如小周严格遵守各项规定,表现优异,可将考察期限缩短为 5 个月

36. 关于侵犯人身权利罪的论述,下列哪一选项是错误的?

A. 强行与卖淫幼女发生性关系,事后给幼女 500 元的,构成强奸罪

B. 使用暴力强迫单位职工以外的其他人员在采石场劳动的,构成强迫劳动罪

C. 雇用 16 周岁未成年人从事高空、井下作业的,构成雇用童工从事危重劳动罪

D. 收留流浪儿童后,因儿童不听话将其出卖的,构成拐卖儿童罪

37. 社会主义公有制是我国经济制度的基础。根据现行《宪法》的规定,关于基本经济制度的表述,下列哪一选项是正确的?

A. 国家财产主要由国有企业组成

B. 城市的土地属于国家所有

C. 农村和城市郊区的土地都属于集体所有

D. 国营经济是社会主义全民所有制经济,是国民经济中的主导力量

38. 甲、乙为朋友。乙出国前,将自己的借记卡(背面写有密码)交甲保管。后甲持卡购物,将卡中 1.3 万元用完。乙回国后发现卡里没钱,便问甲是否用过此卡,甲否认。关于甲的行为性质,下列哪一选项是正确的?

A. 侵占罪   B. 信用卡诈骗罪

C. 诈骗罪   D. 盗窃罪

39. 卢某妨害公务案于 2016 年 9 月 21 日一审宣判,并当庭送达判决书。卢某于 9 月 30 日将上诉书交给看守所监管人员黄某,但黄某因忙于个人事务直至 10 月 8 日上班时才寄出,上诉书于 10 月 10 日寄到法院。关于一审判决生效,下列哪一选项是正确的?

A. 一审判决于 9 月 30 日生效

B. 因黄某耽误上诉期间,卢某将上诉书交予黄某时,上诉期间中止

C. 因黄某过失耽误上诉期间,卢某可申请期间恢复

D. 上诉书寄到法院时一审判决尚未生效

40. 某县政府依田某申请作出复议决定,撤销某县公安局对田某车辆的错误登记,责令在 30 日内重新登记,但某县公安局拒绝进行重新登记。田某可以采取下列哪一项措施?

A. 申请法院强制执行

B. 对某县公安局的行为申请行政复议

C. 向法院提起行政诉讼

D. 请求某县政府责令某县公安局登记

41. 关于审判监督程序中的申诉,下列哪一选项是正确的?

A. 二审法院裁定准许撤回上诉的案件,申诉人对一审判决提出的申诉,应由一审法院审理

B. 上一级法院对未经终审法院审理的申诉,应直接审理

C. 对经两级法院依照审判监督程序复查均驳回的申诉,法院不再受理

D. 对死刑案件的申诉,可由原核准的法院审查,也可交由原审法院审查

42. 关于生效裁判执行,下列哪一做法是正确的?

A. 甲被判处管制 1 年,由公安机关执行

B. 乙被判处有期徒刑 1 年宣告缓刑 2 年,由社区矫正机构执行

C. 丙被判处有期徒刑 1 年 6 个月,在被交付执行前,剩余刑期 5 个月,由看守所代为执行

D. 丁被判处 10 年有期徒刑并处没收财产,没收财产部分由公安机关执行

43. 根据《宪法》的规定,关于国家结构形式,下列哪一选项是正确的?

A. 从中央与地方的关系上看,我国有民族区域自治和特别行政区两种地方制度

B. 县、市、市辖区部分行政区域界线的变更由省、自治区、直辖市政府审批

C. 经济特区是我国一种新的地方制度

D. 行政区划纠纷或争议的解决是行政区划制度内容的组成部分

44. 中华人民共和国公民在法律面前一律平等。关于平等权,下列哪一表述是错误的?

A. 我国宪法中存在一个关于平等权规定的完整规范系统

B. 犯罪嫌疑人的合法权利应该一律平等地受到法律保护

C. 在选举权领域,性别和年龄属于宪法所列举的禁止差别理由

D. 妇女享有同男子平等的权利,但对其特殊情况可予以特殊保护

45. 公司保安甲在休假期内,以"第二天晚上要去医院看望病人"为由,欺骗保安乙,成功和乙换岗。当晚,甲将其看管的公司仓库内价值 5 万元的财物运走变卖。甲的行为构成下列哪一犯罪?

A. 盗窃罪   B. 诈骗罪

C. 职务侵占罪   D. 侵占罪

46. 甲、乙、丙、丁四人涉嫌多次结伙盗窃,公安

机关侦查终结移送审查起诉后,甲突然死亡。检察院审查后发现,甲和乙共同盗窃1次,数额未达刑事立案标准;乙和丙共同盗窃1次,数额刚达刑事立案标准;甲、丙、丁三人共同盗窃1次,数额巨大,但经两次退回公安机关补充侦查后仍证据不足;乙对其参与的2起盗窃有自首情节。关于本案,下列哪一选项是正确的?

A. 对甲可作出酌定不起诉决定

B. 对乙可作出法定不起诉决定

C. 对丙应作出证据不足不起诉决定

D. 对丁应作出证据不足不起诉决定

47. 某银行以某公司未偿还贷款为由向法院起诉,法院终审判决认定其请求已过诉讼时效,予以驳回。某银行向某县政府发函,要求某县政府落实某公司的还款责任。某县政府复函:"请贵行继续依法主张债权,我们将配合做好有关工作。"尔后,某银行向法院起诉,请求某县政府履行职责。法院经审理认为,某县政府已履行相应职责,某银行的债权不能实现的原因在于其主张债权时已超过诉讼时效。下列哪一选项是错误的?

A. 本案应由中级法院管辖

B. 因法院的生效判决已对某银行与某公司的民事关系予以确认,某县政府不能重新进行确定

C. 法院应当判决确认某县政府的复函合法

D. 法院应当判决驳回某银行的诉讼请求

48. 甲市乙县法院强制执行生效民事判决时执行了案外人李某的财产且无法执行回转。李某向乙县法院申请国家赔偿,遭到拒绝后申请甲市中级法院赔偿委员会作出赔偿决定。赔偿委员会适用质证程序审理。下列哪一说法是正确的?

A. 乙县法院申请不公开质证,赔偿委员会应当予以准许

B. 李某对乙县法院主张的不利于自己的事实,既未表示承认也未否认的,即视为对该项事实的承认

C. 赔偿委员会根据李某的申请调取的证据,作为李某提供的证据进行质证

D. 赔偿委员会应当对质证活动进行全程同步录音录像

49. 根据《宪法》和法律的规定,关于特别行政区,下列哪一选项是正确的?

A. 澳门特别行政区财政收入全部由其自行支配,不上缴中央人民政府

B. 澳门特别行政区立法会举行会议的法定人数为不少于全体议员的三分之二

C. 非中国籍的香港特别行政区永久性居民不得当选为香港特别行政区立法会议员

D. 香港特别行政区廉政公署独立工作,对香港

特别行政区立法会负责

50. 宋承唐律,仍实行唐制"七出"、"三不去"的离婚制度,但在离婚或改嫁方面也有变通。下列哪一选项不属于变通规定?

A. "夫外出三年不归,六年不通问"的,准妻改嫁或离婚

B. "妻擅走者徒三年,因而改嫁者流三千里,妾各减一等"

C. 夫亡,妻"若改适(嫁),其见在部曲、奴婢、田宅不得费用"

D. 凡"夫亡而妻在",立继从妻

二、多项选择题。每题所设选项中至少有两个正确答案,多选、少选、错选或不选均不得分。本部分含51-85题,每题2分,共70分。

51. 为了防止利益输送和利益勾连,切实维护司法廉洁和司法公正,法官、检察官应杜绝与律师进行不正当的接触交往。据此,下列哪些行为不违反法律职业道德?

A. 陈检察官办理某未成年人犯罪案件,告知其监护人聘请熟悉未成年人心智的辩护律师

B. 卢法官将同事吴法官的家庭住址、电话号码告知郑律师

C. 赵律师代理某疑难案件,向其同学冯法官咨询,冯法官收取1万元咨询费

D. 李法官、郑检察官和孙律师同堂培训后一起在食堂进行研讨

52. 甲、乙共谋运输毒品,并且约定"如果被查,就开枪拒捕"。后二人在运输毒品时遇到警察抓捕,乙当即举手投降;甲看到乙投降,仍决定开枪,打死一名警察。下列哪些说法是正确的?

A. 甲构成故意杀人罪既遂

B. 乙构成故意杀人罪既遂

C. 乙构成故意杀人罪预备阶段的中止

D. 乙构成故意杀人罪实行阶段的中止

53. 周某采用向计算机植入木马程序的方法窃取齐某的网络游戏账号、密码等信息,将窃取的相关数据存放在其租用的服务器中,并利用这些数据将齐某游戏账户内的金币、点券等虚拟商品放在第三方网络交易平台上进行售卖,获利5000元。下列哪些地区的法院对本案具有管辖权?

A. 周某计算机所在地

B. 齐某计算机所在地

C. 周某租用的服务器所在地

D. 经营该网络游戏的公司所在地

54. 关于行政许可的设定权限,下列哪些说法是不正确的?

A. 必要时省政府制定的规章可设定企业的设立登记及其前置性行政许可

B. 地方性法规可设定应由国家统一确定的公民、法人或者其他组织的资格、资质的行政许可

C. 必要时国务院部门可采用发布决定的方式设定临时性行政许可

D. 省政府报国务院批准后可在本区域停止实施行政法规设定的有关经济事务的行政许可

55． 甲国研发的气象卫星委托乙国代为发射，因天气的原因该卫星在丙国境内实际发射。发射过程中火箭碎片掉落，砸伤受邀现场观看发射的某丁国国民。由于轨道偏离，该气象卫星与丁国通信卫星相撞，丁国卫星碎片跌落砸坏戊国建筑并造成戊国人员伤亡。甲、乙、丙、丁、戊五国都是加入《空间物体造成损害的国际责任公约》（以下简称《责任公约》）的缔约国，下列哪些判断是正确的？

A. 丁国不对戊国财产和人员伤亡承担责任

B. 火箭碎片对某丁国国民造成的损害不适用《责任公约》

C. 甲、乙、丙、丁四国应对戊国的财产和人员伤亡承担绝对责任

D. 甲、乙、丙三国应对丁国卫星损害承担过错责任

56． 甲的下列哪些行为属于盗窃（不考虑数额）？

A. 某大学的学生进食堂吃饭时习惯于用手机、钱包等物占座后，再去购买饭菜。甲将学生乙用于占座的钱包拿走

B. 乙进入面馆，将手机放在大厅 6 号桌的空位上，表示占座，然后到靠近窗户的地方看看有没有更合适的座位。在 7 号桌吃面的甲将手机拿走

C. 乙将手提箱忘在出租车的后备箱。后甲搭乘该出租车时，将自己的手提箱也放进后备箱，并在下车时将乙的手提箱一并拿走

D. 乙全家外出打工，委托邻居甲照看房屋。有人来村里购树，甲将乙家山头上的树谎称为自家的树，卖给购树人，得款 3 万元

57． 某地法院审理齐某组织、领导、参加黑社会性质组织罪，关于对作证人员的保护，下列哪些选项是正确的？

A. 可指派专人对被害人甲的人身和住宅进行保护

B. 证人乙可申请不公开真实姓名、住址等个人信息

C. 法院通知侦查人员丙出庭说明讯问的合法性，为防止黑社会性质组织报复，对其采取不向被告人暴露外貌、真实声音的措施

D. 为保护警方卧底丁的人身安全，丁可不出庭作证，由审判人员在庭外核实丁的证言

58． 甲市乙区消防救援大队的执法人员在消防监督检查中发现某酒店自动消防设施老旧，不再具备防火灭火功能，不及时整改将严重威胁公共安全，遂根据甲市地方性法规的相关规定对该酒店进行临时查封。该酒店不服，向法院提起行政诉讼。下列哪些说法是正确的？

A. 作出查封决定前，应当告知该酒店经营者可以申请听证

B. 对查封决定不服，应当向乙区政府申请行政复议

C. 该酒店对执法人员的身份合法性有异议的，可以要求执法人员出庭说明

D. 甲市地方性法规有权设定查封

59． 某自治州人大常委会拟制定《公共场所禁烟条例》，根据《立法法》的规定，下列哪些说法是错误的？

A. 该条例应由自治州人大制定，自治州人大常委会无权制定

B. 该条例应当报省级人大常委会批准

C. 该条例应由省级人大常委会报全国人大常委会和国务院备案

D. 若该条例不合法，全国人大常委会和国务院均有权撤销

60． 关于坚持法治国家、法治政府、法治社会一体建设，下列哪些说法是正确的？

A. 法治社会是构筑法治国家的基础

B. 法治政府是法治建设的目标

C. 法治政府建设是重点任务和主体工程，对法治国家、法治社会建设具有示范带动作用，要率先突破

D. 法治国家、法治政府、法治社会三者各有侧重、相辅相成，全面依法治国必须坚持三者同步规划、同步实施，推动三者相互促进、相得益彰

61． 关于共同犯罪的判断，下列哪些选项是正确的？

A. 甲教唆赵某入户抢劫，但赵某接受教唆后实施拦路抢劫。甲是抢劫罪的共犯

B. 乙为吴某入户盗窃望风，但吴某入户后实施抢劫行为。乙是盗窃罪的共犯

C. 丙以为钱某要杀害他人为其提供了杀人凶器，但钱某仅欲伤害他人而使用了丙提供的凶器。丙对钱某造成的伤害结果不承担责任

D. 丁知道孙某想偷车，便将盗车钥匙给孙某，后又在孙某盗车前要回钥匙，但孙某用其他方法盗窃了轿车。丁对孙某的盗车结果不承担责任

62. 清道光三年,张张氏因被公公张起坤强行奸污,其夫张安将父亲殴伤身死。除张安依律判凌迟处死外,张张氏亦依律判凌迟处死。刑部核议后认为,惟死者强奸子妇已成,本属渎伦伤化,该氏被污不甘,一时忿激,并非无故逞凶干犯。后将张张氏改为斩监候。对此,下列哪些说法是不正确的?

A. 卑犯尊应比尊犯卑判处更重的刑罚

B. 若张张氏当场杀死公公,则其不构成犯罪

C. 若张张氏和丈夫只有杀公公的想法,但尚未实施杀人的行为,也应定罪

D. 清代刑部负责复核,没有最终审判权

63. 关于刑罚的具体运用,下列哪些选项是错误的?

A. 甲 1998 年因间谍罪被判处有期徒刑 4 年。2010 年,甲因参加恐怖组织罪被判处有期徒刑 8 年。甲构成累犯

B. 乙因倒卖文物罪被判处有期徒刑 1 年,罚金 5000 元;因假冒专利罪被判处有期徒刑 2 年,罚金 5000 元。对乙数罪并罚,决定执行有期徒刑 2 年 6 个月,罚金 1 万元。此时,即使乙符合缓刑的其他条件,也不可对乙适用缓刑

C. 丙因无钱在网吧玩游戏而抢劫,被判处有期徒刑 1 年缓刑 1 年,并处罚金 2000 元,同时禁止丙在 12 个月内进入网吧。若在考验期限内,丙仍常进网吧,情节严重,则应对丙撤销缓刑

D. 丁系特殊领域专家,因贪污罪被判处有期徒刑 8 年。丁遵守监规,接受教育改造,有悔改表现,无再犯危险。1 年后,因国家科研需要,经最高法院核准,可假释丁

64. 某高校教授应邀担任某小学的特聘法治宣传人员,在小学举办法治课堂。关于该做法,下列哪些说法是正确的?

A. 青少年思维尚不成熟,举办法治课堂有利于正确树立其法律观念

B. 法治课堂可以作为普法宣传常态化机制

C. 法治课堂是贯彻"谁执法谁普法"的具体举措

D. 对青少年进行法治宣传和教育是全社会共同的责任

65. 关于技术侦查,下列哪些说法是正确的?

A. 适用于严重危害社会的犯罪案件

B. 必须在立案后实施

C. 公安机关和检察院都有权决定并实施

D. 获得的材料需要经过转化才能在法庭上使用

66. 区房管局向某公司发放房屋拆迁许可证。被拆迁人王某向区房管局提出申请,要求公开该公司办理拆迁许可证时所提交的建设用地规划许可证,区房管局作出拒绝公开的答复。对此,下列哪些说法是正确的?

A. 王某提出申请时,应出示有效身份证件

B. 因王某与申请公开的信息无利害关系,拒绝公开是正确的

C. 因区房管局不是所申请信息的制作主体,拒绝公开是正确的

D. 拒绝答复应自收到王某申请之日起 1 个月内作出

67. 根据我国宪法规定,关于公民住宅不受侵犯,下列哪些选项是正确的?

A. 该规定要求国家保障每个公民获得住宅的权利

B.《治安管理处罚法》第 40 条规定,非法侵入他人住宅的,视情节给予不同时日的行政拘留和罚款。该条规定体现了宪法保障住宅不受侵犯的精神

C.《刑事诉讼法》第 69 条规定,被取保候审的犯罪嫌疑人、被告人未经执行机关批准不得离开所居住的市、县。该条规定是对《宪法》规定的公民住宅不受侵犯的合理限制

D. 住宅自由不是绝对的,公安机关、检察机关为了收集犯罪证据、查获犯罪嫌疑人,严格依法对公民住宅进行搜查并不违宪

68. 关于想象竞合犯的认定,下列哪些选项是错误的?

A. 甲向乙购买危险物质,商定 4000 元成交。甲先后将 2000 元现金和 4 克海洛因(折抵现金 2000 元)交乙后收货。甲的行为成立非法买卖危险物质罪与贩卖毒品罪的想象竞合犯,从一重罪论处

B. 甲女、乙男分手后,甲向乙索要青春补偿费未果,将其骗至别墅,让人看住乙。甲给乙母打电话,声称如不给 30 万元就准备收尸。甲成立非法拘禁罪和绑架罪的想象竞合犯,应以绑架罪论处

C. 甲为劫财在乙的茶水中投放 2 小时后起作用的麻醉药,随后离开乙家。2 小时后甲回来,见乙不在(乙喝下该茶水后因事外出),便取走乙 2 万元现金。甲的行为成立抢劫罪与盗窃罪的想象竞合犯

D. 国家工作人员甲收受境外组织的 3 万美元后,将国家秘密非法提供给该组织。甲的行为成立受贿罪与为境外非法提供国家秘密罪的想象竞合犯

69. 甲、乙二人因涉嫌生产、销售不符合安全标准的食品罪,被刑事拘留并报请检察院审查逮捕。关于本案的审查逮捕程序,下列哪些说法是正确的?

A. 甲认罪认罚,检察院应对其进行讯问

B. 因本案在当地有重大影响,检察院可采取当面听取侦查人员、犯罪嫌疑人、辩护人等意见的方式进行公开审查

C. 因本案案情重大复杂,检察院可在收到提请

· 8 ·

批准逮捕书后 20 日内作出是否批准逮捕的决定

D. 乙未满 16 周岁,检察院对其作出不批准逮捕及终止侦查的决定

70. 关于撤职案的审议和决定,下列哪些选项符合《监督法》规定?

A. 县长可以向县人大常委会提出撤销个别副县长职务的撤职案

B. 县级以上地方各级人大常委会主任会议可以依法向本级人大常委会提出撤职案

C. 撤职案应当写明撤职的对象和理由并提供有关材料

D. 撤职案由人大常委会全体组成人员的三分之二以上的多数通过

71. 一公司为股份制企业,认为行政机关作出的决定侵犯企业经营自主权,下列哪些主体有权以该公司的名义提起行政诉讼?

A. 股东

B. 股东会

C. 股东代表大会

D. 董事会

72. 当今世界正经历百年未有之大变局,国际社会经济发展和地缘政治安全发生深刻变化。统筹推进国内法治和涉外法治是维护国家主权、安全、发展利益的迫切需要。对此,下列哪些说法是正确的?

A. 在全面推进依法治国进程中,应当将统筹运用国际法放在首要重点地位

B. 积极参与国际规则制定,做全球治理变革进程的参与者、推动者、引领者

C. 坚定维护以国际法为基础的国际秩序,为运用法治思维和法治方式推动构建人类命运共同体贡献中国智慧和中国方案

D. 形成系统完备的涉外法律法规体系,用好国内国际两类规则,营造市场化、法治化、国际化一流营商环境

73. 关于洗钱罪,下列哪些说法是错误的?

A.《刑法修正案(十一)》删除了洗钱罪关于"明知"的表述,这表明洗钱罪可以由过失构成

B. 诈骗罪、盗窃罪等财产犯罪的行为人自己实施洗钱行为,不可能构成洗钱罪

C. 洗钱罪的上游犯罪未经审判确定有罪,不得审判洗钱罪

D. 上游犯罪超过追诉时效,洗钱罪没有超过追诉时效的,可以追究洗钱罪的刑事责任

74. 2012 年 9 月,某计划生育委员会以李某、周某二人于 2010 年 7 月违法超生第二胎,作出要求其缴纳社会抚养费 12 万元,逾期不缴纳每月加收千分

之二滞纳金的决定。二人不服,向法院起诉。下列哪些说法是正确的?

A. 加处的滞纳金数额不得超出 12 万元

B. 本案为共同诉讼

C. 二人的违法行为发生在 2010 年 7 月,到 2012 年 9 月已超过《行政处罚法》规定的追究责任的期限,故决定违法

D. 法院不能作出允许少缴或免缴社会抚养费的变更判决

75. 张某因挪用资金罪被甲市乙区法院判处有期徒刑 1 年,乙区人民检察院以量刑畸轻为由抗诉,甲市中院以事实不清,证据不足为由将本案发回重审,乙区法院改判挪用公款罪但刑期不变。张某不服提起上诉,下列哪些行为是正确的?

A. 如甲市检察院认为抗诉不当,应要求乙区检察院撤回抗诉

B. 如甲市中院重审发现乙区法院违反回避制度,应将本案再次发回重审

C. 甲市中院不能对张某改判为有期徒刑 2 年

D. 甲市中院曾参与本案审判的合议庭人员应回避

76. 我国《宪法》规定:"在特别行政区内实行的制度按照具体情况由全国人民代表大会以法律规定"。对此,下列哪些说法是正确的?

A. 该规定写在宪法的总纲部分

B. 该规定中的法律在香港地区指的是《香港特别行政区基本法》

C. 全国人大常委会有权决定特别行政区进入紧急状态

D. 全国性法律一般不在特别行政区内实施

77. 关于行政复议有关事项的处理,下列哪些说法是正确的?

A. 申请人因不可抗力不能参加行政复议致行政复议中止满 60 日的,行政复议终止

B. 复议进行现场勘验的,现场勘验所用时间不计入复议审理期限

C. 申请人对行政拘留不服申请复议,复议期间因申请人同一违法行为涉嫌犯罪,该行政拘留变更为刑事拘留的,行政复议中止

D. 行政复议期间涉及专门事项需要鉴定的,当事人可以自行委托鉴定机构进行鉴定

78. 依据法官职业道德规范,关于法官行为,下列哪些评论是正确的?

A. 徐法官在接待当事人的过程中,针对当事人对判决书提出的质疑,以不屑的口吻说:"你一个文盲加法盲,有什么资格来质问我?"评论:徐法官的行为不符合司法礼仪

B. 蓝法官在开庭调解时,为营造轻松和谐的气氛,身着便装,谈笑风生。评论:蓝法官的行为违反法庭规则

C. 周法官在当地出席大学同学私人投资的公司开业典礼,并在被公开介绍法官身份后登台致贺辞。评论:周法官的此行为违反了不得以职业、身份、声誉谋取利益的义务

D. 谢法官正在承办一宗合同纠纷案件。该案被告向谢法官的配偶林某任职的 A 公司表示,愿将一个工程项目发包给该公司,条件是让林某任该项目的主管。林某将此事告诉了谢法官,并提及发包人是该案的被告。谢法官听后未置一词。评论:谢法官的行为违反了约束家庭成员的义务

79． 区公安分局以涉嫌故意伤害罪为由将方某刑事拘留,区检察院批准对方某的逮捕。区法院判处方某有期徒刑 3 年,方某上诉。市中级法院以事实不清为由发回区法院重审。区法院重审后,判决方某无罪。判决生效后,方某请求国家赔偿。下列哪些说法是错误的?

A. 区检察院和区法院为共同赔偿义务机关

B. 区公安分局为赔偿义务机关

C. 方某应当先向区法院提出赔偿请求

D. 如区检察院在审查起诉阶段决定撤销案件,方某请求国家赔偿的,区检察院为赔偿义务机关

80． 关于适用简易程序审理刑事案件变更为适用普通程序,下列哪些说法是正确的?

A. 法院可以决定直接变更为普通程序审理,不需要将案件退回检察院

B. 对于自诉案件变更为普通程序的,按照自诉案件程序审理

C. 自诉案件由简易程序转化为普通程序时原起诉仍然有效,自诉人不必另行起诉

D. 在适用普通程序后又发现可适用简易程序时,可以再次变更为简易程序

81． 关于财产犯罪,下列哪些说法是正确的?

A. 张某在肉摊小贩身后偷走小贩的剔骨刀,后张某趁乙不备,用剔骨刀割开乙的挎包背带,夺走挎包后逃走。张某构成抢夺罪

B. 徐某潜入陆某的家中偷窃珠宝,翻找过程中陆某回家,徐某为逃避抓捕,将陆某打倒后逃脱(未构成轻伤)。徐某构成抢劫罪未遂

C. 唐某为洗车店员工,在为刘某洗车过程中发现刘某汽车方向盘后和副驾上有两张彩票,遂偷走去兑奖,其中一张彩票中奖 2 万元,另一张未中奖。无论是哪张彩票中奖,唐某均构成盗窃既遂

D. 程某发现范某将电脑放置在商场一层维修部维修,便趁黑商场关门后前往商场门口,对门内的清洁

工蒋某说维修部的电脑是自己的,让蒋某帮忙递给自己,蒋某遂将电脑交给程某。程某对蒋某构成诈骗罪

82． 改革既不是"法外之地",更不是"法律禁地"。对此,下列哪些理解是正确的?

A. 不得借改革之名进行违法乱纪活动

B. 立法时应当为未来的改革预留空间

C. 不应以现行法无依据为由迟滞改革

D. 先行先试的改革可以突破法律红线

83． 关于刑事诉讼法定代理人与诉讼代理人的区别,下列哪些选项是正确的?

A. 法定代理人基于法律规定或法定程序产生,诉讼代理人基于被代理人委托产生

B. 法定代理人的权利源于法律授权,诉讼代理人的权利源于委托协议授权

C. 法定代理人可以违背被代理人的意志进行诉讼活动,诉讼代理人的代理活动不得违背被代理人的意志

D. 法定代理人可以代替被代理人陈述案情,诉讼代理人不能代替被代理人陈述案情

84． 甲男为强奸乙女对其实施暴力行为,练过散打的乙女将甲制服后欲将其扭送至公安机关,甲男为逃跑掏出弹簧刀将乙女捅成重伤。下列哪些说法是正确的?

A. 甲男以奸淫为目的实施了暴力行为,导致了乙女重伤的加重结果,因为结果加重犯没有未遂,因此对甲应认定为强奸既遂

B. 犯盗窃罪为抗拒抓捕而当场使用暴力致人重伤的,应以抢劫罪致人重伤论处,但不能比照此规定对甲认定为强奸致人重伤

C. 根据刑法理论通说,在强奸罪的实行行为中致人重伤的,应当以强奸罪致人重伤论处,因此对甲应以强奸罪致人重伤论处

D. 甲带着奸淫目的实施暴力行为,但是因意志以外的原因未能得逞,以未遂论处,与故意伤害罪数罪并罚

85． 张某与王某于 2000 年 3 月登记结婚,次年生一女小丽。2004 年 12 月张某去世,小丽随王某生活。王某不允许小丽与祖父母见面,小丽祖父母向法院起诉,要求行使探望权。法官在审理中认为,我国《婚姻法》虽没有直接规定隔代亲属的探望权利,但正确行使隔代探望权有利于儿童健康成长,故依据《民法通则》第 7 条有关"民事活动应当尊重社会公德"的规定,判决小丽祖父母可以行使隔代探望权。关于此案,下列哪些说法是正确的?

A. 我国《婚姻法》和《民法通则》均属同一法律部门的规范性文件,均是"基本法律"

B. "民事活动应当尊重社会公德"的规定属于命

令性规则

C. 法官对判决理由的证成是一种外部证成

D. 法官的判决考虑到法的安定性和合目的性要求

三、不定项选择题。每题所设选项中至少有一个正确答案,多选、少选、错选或不选均不得分。本部分含86-100题,每题2分,共30分。

86. 司法人员恪守司法廉洁,是司法公正与公信的基石和防线。违反有关司法廉洁及禁止规定将受到严肃处分。下列属于司法人员应完全禁止的行为是:

A. 为当事人推荐、介绍诉讼代理人、辩护人

B. 为律师、中介组织介绍案件

C. 在非工作场所接触当事人、律师、特殊关系人

D. 向当事人、律师、特殊关系人借用交通工具

(一)

张一、李二、王三因口角与赵四发生斗殴,赵四因伤势过重死亡。其中张一系未成年人,王三情节轻微未被起诉,李二在一审开庭前意外死亡。请回答第87、88题。

87. 本案依法负有民事赔偿责任的人是:

A. 张一、李二

B. 张一父母、李二父母

C. 张一父母、王三

D. 张一父母、李二父母、王三

88. 在一审过程中,如果发生附带民事诉讼原、被告当事人不到庭情形,法院的下列做法正确的是:

A. 赵四父母经传唤,无正当理由不到庭,法庭应当择期审理

B. 赵四父母到庭后未经法庭许可中途退庭,法庭应当按撤诉处理

C. 王三经传唤,无正当理由不到庭,法庭应当采取强制手段强制其到庭

D. 李二父母未经法庭许可中途退庭,就附带民事诉讼部分,法庭应当缺席判决

89. 李某房屋位于某拆迁规划范围内,区政府与李某签订《房屋拆迁补偿协议》,约定拆迁补偿款为200万元,后区政府发现对李某房屋补偿面积认定存在重大偏差,导致对李某房屋补偿面积的计算方法有误,补偿安置标准超过其应得补偿标准,遂将协议约定的拆迁补偿款单方变更为150万元。李某不服,提起行政诉讼。下列说法不正确的是:

A. 李某起诉期限适用行政诉讼法及其司法解释关于起诉期限的规定

B. 区政府单方变更拆迁补偿款违反职权法定原则,构成违法

C. 李某应当先申请行政复议才能提起行政诉讼

D. 若李某不履行协议约定的搬迁义务,区政府

可以向法院提起反诉

90. 镇政府趁姜某不在家时,在夜间对姜某违章修建的房屋进行了强制拆除。姜某起诉要求法院确认强制拆除行为违法,并赔偿房屋内物品的损失。姜某提供了过路村民卢某的证言,证明房屋是在夜间被强制拆除的。镇政府提供了工作人员谢某的证言,证明房屋不是夜间被拆除的。以下说法正确的是:

A. 卢某的证言优于谢某的证言

B. 姜某应对自己的损失承担举证责任

C. 姜某的房屋是违章建筑,镇政府不需要赔偿姜某损失

D. 如果强制拆除行为违法,法院应当予以撤销

(二)

1995年颁布的《保险法》第91条规定:"保险公司的设立、变更、解散和清算事项,本法未作规定的,适用公司法和其他有关法律、行政法规的规定。"2009年修订的《保险法》第94条规定:"保险公司,除本法另有规定外,适用《中华人民共和国公司法》的规定。"请回答91、92题。

91. 根据法的渊源的知识,关于《保险法》上述二条规定之间的关系,下列理解正确的是:

A. "前法"与"后法"之间的关系

B. "一般法"与"特别法"之间的关系

C. "上位法"与"下位法"之间的关系

D. 法的正式渊源与法的非正式渊源之间的关系

92. 根据法的渊源及其效力原则,下列理解正确的是:

A. 相对于《公司法》规定而言,《保险法》对保险公司所作规定属于"特别法"

B.《保险法》对保险公司的规定不同于《公司法》的,优先适用《保险法》

C.《保险法》对保险公司没有规定的,适用《公司法》

D. 根据2009年修订的《保险法》第94条规定,对于保险公司的设立、变更、解散和清算事项,《保险法》没有规定的,可以优先适用其他有关法律、行政法规的规定

93. 全面推进依法治国,建设一支德才兼备的高素质法治队伍至关重要。对此,下列选项中正确的是:

A. 要把拥护中国共产党领导、拥护我国社会主义法治作为法律服务人员从业的基本要求

B. 推进法治专门队伍革命化、正规化、专业化、职业化

C. 全面推进依法治国,首先要把法律服务队伍建设好

D. 加强教育、管理、引导,引导法律服务工作者

坚持正确政治方向,依法依规诚信执业,认真履行社会责任

94. 某小学发生一起猥亵儿童案件,三年级女生甲向校长许某报称被老师杨某猥亵。许某报案后,侦查人员通过询问许某了解了甲向其陈述的被杨某猥亵的经过。侦查人员还通过询问甲了解到,另外两名女生乙和丙也可能被杨某猥亵,乙曾和甲谈到被杨某猥亵的经过,甲曾目睹杨某在课间猥亵丙。讯问杨某时,杨某否认实施猥亵行为,并表示他曾举报许某贪污,许某报案是对他的打击报复。关于本案侦查措施,下列选项正确的是:

A. 经出示工作证件,侦查人员可在学校询问甲

B. 询问乙时,可由学校的其他老师在场并代行乙的诉讼权利

C. 可通过侦查实验确定甲能否在其所描述的时间、地点看到杨某猥亵丙

D. 搜查杨某在学校内的宿舍时,可由许某在场担任见证人

95. 人民代表大会制度是我国的根本政治制度。关于人民代表大会制度,下列表述正确的是:

A. 国家的一切权力属于人民,这是人民代表大会制度的核心内容和根本准则

B. 各级人大都由民主选举产生,对人民负责,受人民监督

C. "一府两院"都由人大产生,对它负责,受它监督

D. 人民代表大会制度是实现社会主义民主的唯一形式

(三)

甲将一只壶的壶底落款"民國叁年"磨去,放在自己的古玩店里出卖。某日,钱某看到这只壶,误以为是明代文物。甲见钱某询问,谎称此壶确为明代古董,钱某信以为真,按明代文物交款买走。又一日,顾客李某看上一幅标价很高的赝品,以为名家亲笔,但又心存怀疑。甲遂拿出虚假证据,证明该画为名家亲笔。李某以高价买走赝品。请回答96、97题。

96. 关于甲对钱某是否成立诈骗罪,下列选项错误的是:

A. 甲的行为完全符合诈骗罪的犯罪构成,成立诈骗罪

B. 钱某自己有过错,甲不成立诈骗罪

C. 钱某已误以为是明代古董,甲没有诈骗钱某

D. 古玩投资有风险,古玩买卖无诈骗,甲不成立诈骗罪

97. 关于甲对李某是否成立诈骗罪,下列选项正确的是:

A. 甲的行为完全符合诈骗罪的犯罪构成,成立诈骗罪

B. 标价高不是诈骗行为,虚假证据证明该画为名家亲笔则是诈骗行为

C. 李某已有认识错误,甲强化其认识错误的行为不是诈骗行为

D. 甲拿出虚假证据的行为与结果之间没有因果关系,甲仅成立诈骗未遂

(四)

朱某系某县民政局副局长,率县福利企业年检小组到同学黄某任厂长的电气厂年检时,明知该厂的材料有虚假、残疾员工未达法定人数,但朱某以该材料为准,使其顺利通过年检。为此,电气厂享受了不应享受的退税优惠政策,获取退税300万元。黄某动用关系,帮朱某升任民政局局长。检察院在调查朱某时发现,朱某有100万元财产明显超过合法收入,但其拒绝说明来源。在审查起诉阶段,朱某交代100万元系在澳门赌场所赢,经查证属实。请回答98、99题。

98. 关于朱某帮助电气厂通过年检的行为,下列说法正确的是:

A. 其行为与国家损失300万元税收之间,存在因果关系

B. 属滥用职权,构成滥用职权罪

C. 属徇私舞弊,使国家税收遭受损失,同时构成徇私舞弊不征、少征税款罪

D. 事后虽获得了利益(升任局长),但不构成受贿罪

99. 关于黄某使电气厂获取300万元退税的定性,下列分析错误的是:

A. 具有逃税性质,触犯逃税罪

B. 具有诈骗属性,触犯诈骗罪

C. 成立逃税罪与提供虚假证明文件罪,应数罪并罚

D. 属单位犯罪,应对电气厂判处罚金,并对黄某判处相应的刑罚

100. 村民甲、乙因自留地使用权发生争议,乡政府作出处理决定,认定使用权归属甲。乙不服向县政府申请复议,县政府以甲乙二人争议属于农村土地承包经营纠纷,乡政府无权作出处理决定为由,撤销乡政府的决定。甲不服向法院起诉。下列说法正确的是:

A. 县政府撤销乡政府决定的同时应当确定系争土地权属

B. 甲的代理人的授权委托书应当载明委托事项和具体权限

C. 本案被告为县政府

D. 乙与乡政府为本案的第三人

试 卷 二

试 题

一、单项选择题。每题所设选项中只有一个正确答案，多选、错选或不选均不得分。本部分含 1—50 题，每题 1 分，共 50 分。

1．希腊甲公司与中国乙公司签订许可协议，授权其在亚洲地区独占使用其某项发明专利，许可期限 10 年，标的额 3.68 亿元，协议选择中国最高人民法院国际商事法庭管辖。协议履行到第 5 年，因希腊甲公司又给予荷兰丙公司同样的独占许可，中国乙公司向国际商事法庭起诉希腊甲公司，下列哪项判断是正确的？

A．当事人对国际商事法庭作出的判决，可以在最高人民法院本部申请再审

B．有丰富经验的希腊法学家西蒙可以被国际商事法庭遴选为法官参与本案的审理

C．如果双方无异议，希腊甲公司提交的证据材料必须附中文译本

D．在希腊获得的证据只要经公证和认证就可直接采用

2．中国甲公司与德国乙公司签订了进口设备合同，分三批运输。两批顺利履约后乙公司得知甲公司履约能力出现严重问题，便中止了第三批的发运。依《国际货物销售合同公约》，下列哪一选项是正确的？

A．如已履约的进口设备在使用中引起人身伤亡，则应依公约的规定进行处理

B．乙公司中止发运第三批设备必须通知甲公司

C．乙公司在任何情况下均不应中止发运第三批设备

D．如甲公司向乙公司提供了充分的履约担保，乙公司可依情况决定是否继续发运第三批设备

3．甲在乙经营的酒店进餐时饮酒过度，离去时拒付餐费，乙不知甲的身份和去向。甲酒醒后回酒店欲取回遗忘的外衣，乙以甲未付餐费为由拒绝交还。对乙的行为应如何定性？

A．是行使同时履行抗辩权

B．是行使不安抗辩权

C．是自助行为

D．是侵权行为

4．张某到某地旅游，在朱某经营的路边店铺购买豆浆时，发现朱某用来盛放豆浆的小碗花色古朴，甚是好看，遂提出购买留作纪念，双方约定价款为 20 元。张某的朋友谭某是古董专家，一次到张某家做客时看到该小碗，疑是古董，后经鉴定为明代某官窑出土的古董。朱某得知后，欲起诉撤销合同。关于朱某起诉撤销合同的事由，下列哪一选项是正确的？

A．重大误解　　　　B．显失公平

C．欺诈　　　　　　D．胁迫

5．根据《仲裁法》，仲裁庭作出的裁决书生效后，在下列哪一情形下仲裁庭不可进行补正？

A．裁决书认定的事实错误

B．裁决书中的文字错误

C．裁决书中的计算错误

D．裁决书遗漏了仲裁评议中记录的仲裁庭已经裁决的事项

6．甲、乙、丙是某公司的股东，乙所持股份的实际出资人为丁，甲、丙对此知情，未提出异议。后乙将所持股份全部转让给甲，并办理了转让登记。下列说法哪一项是正确的？

A．丁有权撤销甲、乙之间的股份转让协议

B．丙有权就所转让股份优先行使购买权

C．甲有权主张自己取得乙转让的股份

D．丁可以要求甲返还股份

7．红心地板公司在某市电视台投放广告，称"红心牌原装进口实木地板为你分忧"，并称"强化木地板甲醛高、不耐用"。此后，本地市场上的强化木地板销量锐减。经查明，该公司生产的实木地板是用进口木材在国内加工而成。关于该广告行为，下列哪一选项是正确的？

A．属于正当竞争行为

B．仅属于诋毁商誉行为

C．仅属于虚假宣传行为

D．既属于诋毁商誉行为，又属于虚假宣传行为

8．甲公司经营困难，以其所有的经济林地使用权和林木入股乙公司，同时将已取得的《林木采伐许可证》转让给乙公司。后乙公司得知，甲公司以其经济林地使用权向某商业银行抵押贷款尚未归还，乙公

司与甲公司发生争议,要求甲公司尽快解除抵押。以下哪一说法是正确的?

A.在争议期间,乙公司可以砍伐经济林地上的林木

B.乙公司与甲公司的争议可请县政府解决

C.乙公司可以直接向法院起诉

D.乙公司可以将经济林地变更为建设用地

9. 精神病人姜某冲入向阳幼儿园将入托的小明打伤,小明的父母与姜某的监护人朱某及向阳幼儿园协商赔偿事宜无果,拟向法院提起诉讼。关于本案当事人的确定,下列哪一选项是正确的?

A. 姜某是被告,朱某是无独立请求权第三人

B. 姜某与朱某是共同被告,向阳幼儿园是无独立请求权第三人

C. 向阳幼儿园与姜某是共同被告

D. 姜某、朱某、向阳幼儿园是共同被告

10. 小丁大学毕业后未找到工作,寄住在舅舅家中。舅舅嫌弃小丁不思进取、游手好闲,经常辱骂小丁,小丁不堪其辱,遂向甲市乙区法院申请禁止令,要求禁止舅舅辱骂自己,获得法院支持。舅舅认为自己对小丁只是正常管教,对禁止令有异议。对此,舅舅可采取下列哪一救济措施?

A. 向甲市中级法院上诉

B. 向乙区法院申请复议

C. 向乙区法院申请再审

D. 向乙区法院提出申诉

11. 关于食品添加剂管制,下列哪一说法符合《食品安全法》的规定?

A. 向食品生产者供应新型食品添加剂的,必须持有省级卫生行政部门发放的特别许可证

B. 未获得食品添加剂销售许可的企业,不得销售含有食品添加剂的食品

C. 生产含有食品添加剂的食品的,必须给产品包装加上载有"食品添加剂"字样的标签

D. 销售含有食品添加剂的食品的,必须在销售场所设置载明"食品添加剂"字样的专柜

12. 某郊区小学校为方便乘坐地铁,与相邻研究院约定,学校人员有权借研究院道路通行,每年支付一万元。据此,学校享有的是下列哪一项权利?

A. 相邻权

B. 地役权

C. 建设用地使用权

D. 宅基地使用权

13. 甲在乙寺院出家修行,立下遗嘱,将下列财产分配给女儿丙:乙寺院出资购买并登记在甲名下的房产;甲以僧人身份注册的微博账号;甲撰写《金刚

经解说》的发表权;甲的个人存款。甲死后,在遗产分割上乙寺院与丙之间发生争议。下列哪一说法是正确的?

A. 房产虽然登记在甲名下,但甲并非事实上所有权人,其房产应归寺院所有

B. 甲以僧人身份注册的微博账号,目的是为推广佛法理念,其微博账号应归寺院所有

C. 甲撰写的《金刚经解说》属于职务作品,为保护寺院的利益,其发表权应归寺院所有

D. 甲既已出家,四大皆空,个人存款应属寺院财产,为维护宗教事业发展,其个人存款应归寺院所有

14. 关于当事人能力和正当当事人的表述,下列哪一选项是正确的?

A. 一般而言,应以当事人是否对诉讼标的有确认利益,作为判断当事人适格与否的标准

B. 一般而言,诉讼标的的主体即是本案的正当当事人

C. 未成年人均不具有诉讼行为能力

D. 破产企业清算组对破产企业财产享有管理权,可以清算组名义起诉或应诉

15. 为扩大生产规模,筹集公司发展所需资金,鄂神股份有限公司拟发行总值为1亿元的股票。下列哪一说法符合《证券法》的规定?

A. 根据需要可向特定对象公开发行股票

B. 董事会决定后即可径自发行

C. 可采取溢价发行方式

D. 不必将股票发行情况上报证券监管机构备案

16. 甲与乙打算卖房,问乙是否愿意购买,乙一向迷信,就跟甲说:"如果明天早上7点你家屋顶上来了喜鹊,我就出10万块钱买你的房子。"甲同意。乙回家后非常后悔。第二天早上7点差几分时,恰有一群喜鹊停在甲家的屋顶上,乙正要将喜鹊赶走,甲不知情的儿子拿起弹弓把喜鹊打跑了,至7点再无喜鹊飞来。关于甲乙之间的房屋买卖合同,下列哪一选项是正确的?

A. 合同尚未成立

B. 合同无效

C. 乙有权拒绝履行该合同

D. 乙应当履行该合同

17. 下列哪一情形不产生不当得利之债?

A. 甲向乙借款10万元,1年后根据约定偿还本息15万元

B. 甲不知诉讼时效已过,向债权人乙清偿债务

C. 甲久别归家,误把乙的鸡当成自家的吃掉

D. 甲雇用的装修工人,误把邻居乙的装修材料用于甲的房屋装修

18．某市法院受理了中国人郭某与外国人珍妮的离婚诉讼，郭某委托黄律师作为代理人，授权委托书中仅写明代理范围为"全权代理"。关于委托代理的表述，下列哪一选项是正确的？

A. 郭某已经委托了代理人，可以不出庭参加诉讼

B. 法院可以向黄律师送达诉讼文书，其签收行为有效

C. 黄律师可以代为放弃诉讼请求

D. 如果珍妮要委托代理人代为诉讼，必须委托中国公民

19．2020 年 1 月 8 日，雄飞公司与张某签订为期 1 年的劳动合同，张某负责撰写《雄飞公司发展史》。同年 12 月 8 日，张某外出旅游受伤，按规定享受了医疗期 3 个月。2021 年 6 月 8 日，张某向雄飞公司交付该书稿。关于该劳动合同期满的时间，下列哪一选项是正确的？

A. 2020 年 12 月 8 日

B. 2021 年 1 月 8 日

C. 2021 年 3 月 8 日

D. 2021 年 6 月 8 日

20．某诗人署名"漫动的音符"，在甲网站发表题为"天堂向左"的诗作，乙出版社的《现代诗集》收录该诗，丙教材编写单位将该诗作为范文编入《语文》教材，丁文学网站转载了该诗。下列哪一说法是正确的？

A. 该诗人在甲网站署名方式不合法

B. "天堂向左"在《现代诗集》中被正式发表

C. 丙可以不经该诗人同意使用"天堂向左"，但应当按照规定支付报酬

D. 丁网站未经该诗人和甲网站同意而转载，构成侵权行为

21．甲公司对乙公司负有交付葡萄酒的合同义务。丙公司和乙公司约定，由丙公司代甲公司履行，甲公司对此全不知情。下列哪一表述是正确的？

A. 虽然甲公司不知情，丙公司的履行仍然有法律效力

B. 因甲公司不知情，故丙公司代为履行后对甲公司不得追偿代为履行的必要费用

C. 虽然甲公司不知情，但如丙公司履行有瑕疵的，甲公司需就此对乙公司承担违约责任

D. 虽然甲公司不知情，但如丙公司履行有瑕疵从而承担违约责任的，丙公司可就该违约赔偿金向甲公司追偿

22．甲与乙结婚多年后，乙患重大疾病需要医治，甲保管夫妻共同财产但拒绝向乙提供治疗费，致乙疾病得不到及时治疗而恶化。下列哪一说法是错误的？

A. 乙在婚姻关系存续期间，有权起诉请求分割夫妻共同财产

B. 乙有权提出离婚诉讼并请求甲损害赔偿

C. 乙在离婚诉讼中有权请求多分夫妻共同财产

D. 乙有权请求公安机关依照《治安管理处罚法》对甲予以行政处罚

23．德丰有限公司的股东胡某是公司的大股东和法定代表人，2018 年 9 月，胡某召集股东会商议收购全景公司的股权事宜，此次股东会没有通知持有公司百分之一股权的小股东郑某。胡某提议转让德丰公司的一块土地使用权给全景公司作为受让股权的对价，在胡某操作下，股东会通过该决议并让秘书代替郑某签字，郑某知道后坚决不同意，诉至法院。该股东会决议效力如何？

A. 该股东会决议有效

B. 该股东会决议无效

C. 该股东会决议可撤销

D. 该股东会决议不成立

24．郭某与 10 岁的儿子到饭馆用餐，如厕时将手提包留在座位上嘱咐儿子看管，回来后发现手提包丢失。郭某要求饭馆赔偿被拒绝，遂提起民事诉讼。根据消费者安全保障权，下列哪一说法是正确的？

A. 饭馆应保障顾客在接受服务时的财产安全，并承担顾客随身物品遗失的风险

B. 饭馆应保证其提供的饮食服务符合保障人身、财产安全的要求，但并不承担对顾客随身物品的保管义务，也不承担顾客随身物品遗失的风险

C. 饭馆应对顾客妥善保管随身物品作出明显提示，否则应当对顾客的物品丢失承担赔偿责任

D. 饭馆应确保其服务环境绝对安全，应当对顾客在饭馆内遭受的一切损失承担赔偿责任

25．对于甲和乙的借款纠纷，法院判决乙应归还甲借款。进入执行程序后，由于乙无现金，法院扣押了乙住所处的一架钢琴准备拍卖。乙提出钢琴是其父亲的遗物，申请用一台价值与钢琴相当的相机替换钢琴。法院认为相机不足以抵偿乙的债务，未予同意。乙认为扣押行为错误，提出异议。法院经过审查，驳回该异议。关于乙的救济渠道，下列哪一表述是正确的？

A. 向执行法院申请复议

B. 向执行法院的上一级法院申请复议

C. 向执行法院提起异议之诉

D. 向原审法院申请再审

26．甲在乙承包的水库游泳，乙的雇工丙、丁误以为甲在偷鱼苗将甲打伤。下列哪一说法是正确的？

A. 乙、丙、丁应承担连带责任

B. 丙、丁应先赔偿甲的损失，再向乙追偿

C．只能由丙、丁承担连带责任

D．只能由乙承担赔偿责任

27．根据《民事诉讼法》和相关司法解释，关于中级法院，下列哪一表述是正确的？

A．既可受理一审涉外案件，也可受理一审非涉外案件

B．审理案件组成合议庭时，均不可邀请陪审员参加

C．审理案件均须以开庭审理的方式进行

D．对案件所作出的判决均为生效判决

28．2019 年 6 月，甲注册了一个巧克力形状的商标，注册后一直未使用。2022 年 12 月，乙以相同的巧克力形状申请注册外观设计专利并获得授权。丙未经甲与乙的同意就生产了此种形状的巧克力。对此，下列哪一说法是正确的？

A．甲 3 年未使用该商标，乙的行为不构成侵权

B．丙有权以该巧克力设计属于现有设计作为抗辩理由对抗乙

C．丙对甲构成侵权，但有权以甲 3 年未使用该商标作为拒绝赔偿的抗辩理由

D．甲无正当理由 3 年未使用该商标，无权提起侵权之诉

29．中国甲公司与德国乙公司进行一项商事交易，约定适用英国法律。后双方发生争议，甲公司在中国法院提起诉讼。关于该案的法律适用问题，下列哪一选项是错误的？

A．如案件涉及食品安全问题，该问题应适用中国法

B．如案件涉及外汇管制问题，该问题应适用中国法

C．应直接适用的法律限于民事性质的实体法

D．法院在确定应当直接适用的中国法律时，无需再通过冲突规范的指引

30．中州公司依法取得某块土地建设用地使用权并办理报建审批手续后，开始了房屋建设并已经完成了外装修。对此，下列哪一选项是正确的？

A．中州公司因为享有建设用地使用权而取得了房屋所有权

B．中州公司因为事实行为而取得了房屋所有权

C．中州公司因为法律行为而取得了房屋所有权

D．中州公司尚未进行房屋登记，因此未取得房屋所有权

31．甲有件玉器，欲转让，与乙签合同，约好 10 日后交货付款；第二天，丙见该玉器，愿以更高的价格购买，甲遂与丙签订合同，丙当即支付了 80% 的价款，约好 3 天后交货；第三天，甲又与丁订立合同，将该玉器卖给丁，并当场交付，但丁仅支付了 30% 的价款。后乙、丙均要求甲履行合同，诉至法院。下列哪一表述是正确的？

A．应认定丁取得了玉器的所有权

B．应支持丙要求甲交付玉器的请求

C．应支持乙要求甲交付玉器的请求

D．第一份合同有效，第二、三份合同均无效

32．甲起诉乙要求归还借款 10 万元，乙向法庭提交了具有甲签名的收条复印件，其内容表述为"已收到乙归还的借款 10 万元"。关于该收条复印件，下列哪一项说法是正确的？

A．该收条为直接证据

B．该收条为反证

C．该收条没有证据能力

D．该收条没有证明力

33．汪某为兴荣有限责任公司的股东，持股 34%。2017 年 5 月，汪某因不能偿还永平公司的货款，永平公司向法院申请强制执行汪某在兴荣公司的股权。关于本案，下列哪一选项是正确的？

A．永平公司在申请强制执行汪某的股权时，应通知兴荣公司的其他股东

B．兴荣公司的其他股东自通知之日起 1 个月内，可主张行使优先购买权

C．如汪某所持股权的 50% 在价值上即可清偿债务，则永平公司不得强制执行其全部股权

D．如在股权强制拍卖中由丁某拍定，则丁某取得汪某股权的时间为变更登记办理完毕时

34．辽沈公司因不能清偿到期债务而申请破产清算。法院受理后，管理人开始受理债权人的债权申报。对此，下列哪一债权人申报的债权属于应当受偿的破产债权？

A．债权人甲的保证人，以其对辽沈公司的将来求偿权进行的债权申报

B．债权人乙，以其已超过诉讼时效的债权进行的债权申报

C．债权人丙，要求辽沈公司作为承揽人继续履行承揽合同进行的债权申报

D．某海关，以其对辽沈公司进行处罚尚未收取的罚款进行的债权申报

35．张某和李某设立的甲公司伪造房产证，以优惠价格与乙企业（国有）签订房屋买卖合同，以骗取钱财。乙企业交付房款后，因甲公司不能交房而始知被骗。关于乙企业可以采取的民事救济措施，下列哪一选项是正确的？

A．以甲公司实施欺诈损害国家利益为由主张合同无效

B．只能请求撤销合同

C. 通过乙企业的主管部门主张合同无效

D. 可以请求撤销合同，也可以不请求撤销合同而要求甲公司承担违约责任

36. 甲、乙、丙、丁成立一普通合伙企业，一年后甲转为有限合伙人。此前，合伙企业欠银行债务30万元，该债务直至合伙企业因严重资不抵债被宣告破产仍未偿还。对该30万元银行债务的偿还，下列哪一选项是正确的？

A. 乙、丙、丁应按合伙份额对该笔债务承担清偿责任，甲无须承担责任

B. 各合伙人均应对该笔债务承担无限连带责任

C. 乙、丙、丁应对该笔债务承担无限连带责任，甲无须承担责任

D. 合伙企业已宣告破产，债务归于消灭，各合伙人无须偿还该笔债务

37. 中国甲公司向F国乙公司出口一批精密仪器(出口管制物资)，分两批发货，采用CIP术语(国际贸易术语通则2020)。第一批交货后，甲公司发现乙公司在其他交易中出现资金链断裂的情况，遂在通知对方后中止了第二批货物的交付。中国和F国均为《联合国国际货物销售合同公约》缔约国。对此，下列哪一说法是正确的？

A. 因双方约定承运人装货后向甲公司签发已装船提单，故甲公司应在装运港完成交货

B. 如乙公司提供充分保证，甲公司应继续履行第二批货物的交付义务

C. 甲公司应当向中国出口管制管理部门提交由其出具的这批精密仪器的最终用户和最终用途证明文件

D. 无特殊约定下，甲公司应投保平安险

38. 甲公司发明了一款车载空调并获得了专利，随后乙公司自己研发出了相同的技术生产了车载空调，并向丙公司批销了一批该空调，丁汽车公司从丙公司购买一批该车载空调安装于其生产的汽车上，戊从丁公司购买一辆汽车开展运输业务。关于甲公司获得专利、乙公司的研发销售等行为，丙、丁、戊均不知情。下列哪一项说法是正确的？

A. 乙公司自己研发的技术并实施，没有侵犯甲公司的专利权

B. 丙公司不知情且有合法的购货来源，所以没有侵犯甲公司的专利权

C. 丁公司应当承担赔偿责任

D. 戊公司可以不停止使用

39. 某化工厂违规排污导致河流污染，周边居民10余人起诉，法院受理后发出公告，又有30多人向法院登记。法院审理后判决化工厂向每个当事人赔偿5万元。判决生效后，下游的周某向法院起诉化工厂，认为自己的损失有10万元，但法院裁定适用先前对其他当事人赔偿5万元的判决。周某认为先前的判决有错误，提起第三人撤销之诉。关于法院的处理方式，下列哪一做法是正确的？

A. 裁定撤销赔偿5万元的判决

B. 判决撤销赔偿5万元的判决

C. 裁定不予受理

D. 判决驳回诉讼请求

40. 甲公司于2004年5月10日申请一项汽车轮胎的实用新型的专利，2007年6月1日获得专利权，2008年5月10日与乙公司签订一份专利独占实施许可合同。下列哪一选项是正确的？

A. 该合同属于技术转让合同

B. 该合同的有效期不得超过10年

C. 乙公司不得许可第三人实施该专利技术

D. 乙公司经甲公司授权可以自己的名义起诉侵犯该专利技术的人

41. 沙特某公司在华招聘一名中国籍雇员张某。为规避中国法律关于劳动者权益保护的强制性规定，劳动合同约定排他性地适用菲律宾法。后因劳动合同产生纠纷，张某向中国法院提起诉讼。关于该劳动合同的法律适用，下列哪一选项是正确的？

A. 适用沙特法

B. 因涉及劳动者权益保护，直接适用中国的强制性规定

C. 在沙特法、中国法与菲律宾法中选择适用对张某最有利的法律

D. 适用菲律宾法

42. 关于中国与世界贸易组织的相关表述，下列哪一选项是不正确的？

A. 世界贸易组织成员包括加入世界贸易组织的各国政府和单独关税区，中国香港、澳门和台湾是世界贸易组织的成员

B. 《政府采购协议》属于世界贸易组织法律体系中诸边贸易协议，该协议对于中国在内的所有成员均有约束力

C. 《中国加入世界贸易组织议定书》中特别规定了针对中国产品的特定产品的过渡性保障措施机制

D. 《关于争端解决规则与程序的谅解》在世界贸易组织框架下建立了统一的多边贸易争端解决机制

43. 甲、乙是邻居。乙出国2年，甲将乙的停车位占为己用。期间，甲将该停车位出租给丙，租期1年。期满后丙表示不再续租，但仍继续使用该停车位。下列哪一表述是错误的？

A. 甲将乙的停车位占为己用，甲属于恶意、无权占有人

B. 丙的租期届满前,甲不能对丙主张占有返还请求权

C. 乙可以请求甲返还原物。在甲为间接占有人时,可以对甲请求让与其对丙的占有返还请求权

D. 无论丙是善意或恶意的占有人,乙都可以对其行使占有返还请求权

44. 齐某起诉宋某要求返还借款八万元,法院适用普通程序审理并向双方当事人送达出庭传票,因被告宋某不在家,宋某的妻子代其签收了传票。开庭时,被告宋某未到庭。经查,宋某已离家出走,下落不明。关于法院对本案的处理,下列哪一选项是正确的?

A. 法院对本案可以进行缺席判决

B. 法院应当对被告宋某重新适用公告方式送达传票

C. 法院应当通知宋某的妻子以诉讼代理人的身份参加诉讼

D. 法院应当裁定中止诉讼

45. 甲在网上购买乙公司生产的家具,乙公司将家具送到甲父母家安装调试好之后要求付款遭拒,遂起诉甲要求支付家具款。甲独自出庭应诉,一审法院判决原告胜诉。甲不服提起上诉,二审法院发现甲是15岁的学生。关于二审法院对本案的处理,下列哪一说法是正确的?

A. 裁定驳回起诉

B. 裁定撤销原判,发回重审

C. 通知甲的法定代理人出庭,继续审理

D. 继续审理后作出判决

46. 依票据法原理,票据具有无因性、设权性、流通性、文义性、要式性等特征。关于票据特征的表述,下列哪一选项是错误的?

A. 没有票据,就没有票据权利

B. 任何类型的票据都必须能够进行转让

C. 票据的效力不受票据赖以发生的原因行为的影响

D. 票据行为的方式若存在瑕疵,不影响票据的效力

47. 经常居所在汉堡的德国公民贝克与经常居所在上海的中国公民李某打算在中国结婚。关于贝克与李某结婚,依《涉外民事关系法律适用法》,下列哪一选项是正确的?

A. 两人的婚龄适用中国法

B. 结婚的手续适用中国法

C. 结婚的所有事项均适用中国法

D. 结婚的条件同时适用中国法与德国法

48. 甲乙丙三国企业均向中国出口钢材,中国钢材产业协会认为进口钢材价格过低,向商务部提出了反倾销调查申请。根据我国《反倾销条例》,下列哪一选项是正确的?

A. 若申请人不提供真实信息,商务部应当终止调查

B. 商务部认为有必要出境调查时,必须通过司法协助途径

C. 商务部可以建议但不能强迫出口经营者作出价格承诺

D. 终裁决定确定的反倾销税额低于已付或应付临时反倾销税或担保金额的,差额部分不予退还

49. 甲公司为支付货款,将一张已经银行承兑的汇票交付给乙,但是未注明背书人乙的名字。后乙用该张汇票支付丙的货款。丙觉得汇票没有乙的签章,不放心,于是乙请来丁为汇票进行担保,但是未记载被保证人名称。后丙要求承兑人付款时,承兑人拒绝付款。下列哪一项说法是正确的?

A. 丙应先向甲行使票据追索权,后再向丁行使

B. 乙对丙不需负担任何法律责任

C. 未记载被保证人名称,丁的保证无效

D. 汇票的被保证人是承兑人

50. 甲向某保险公司投保人寿保险,指定其秘书乙为受益人。保险期间内,甲、乙因交通事故意外身亡,且不能确定死亡时间的先后。该起交通事故由事故责任人丙承担全部责任。现甲的继承人和乙的继承人均要求保险公司支付保险金。下列哪一选项是正确的?

A. 保险金应全部交给甲的继承人

B. 保险金应全部交给乙的继承人

C. 保险金应由甲和乙的继承人平均分配

D. 某保险公司承担保险责任后有权向丙追偿

二、多项选择题。每题所设选项中至少有两个正确答案,多选、少选、错选或不选均不得分。本部分含51-85题,每题2分,共70分。

51. 乙向甲借款100万元逾期未还。甲认为乙与丙恶意串通,通过虚假交易方式将乙的财产转移至丙名下,遂向法院起诉,请求判决撤销乙和丙之间的买卖合同,并判令丙将买卖合同所涉款项交付给自己,用于偿还乙拖欠的债务。关于甲向法院提出的请求之间的关系,下列哪些说法是正确的?

A. 诉的主体合并

B. 诉的客体合并

C. 诉的重叠合并

D. 诉的预备合并

52. 某省国有银行的贷款问题涉及处于两个地级市的企业。关于对该银行的审计,下列哪些说法是正确的?

A. 由两市的审计局协商管辖

B. 由省审计厅指定一个市的审计局管辖

C. 审计机关应对该银行的内部审计进行监督

D. 审计机关应将审计报告和审计决定报送给本级政府

53. 关于当事人订立无固定期限劳动合同,下列哪些选项是符合法律规定的?

A. 赵某到某公司应聘,提议在双方协商一致的基础上订立无固定期限劳动合同

B. 王某在某公司连续工作满十年,要求与该公司签订无固定期限劳动合同

C. 李某在某国有企业连续工作满十年,距法定退休年龄还有十二年,在该企业改制重新订立劳动合同时,主张企业有义务与自己订立无固定期限劳动合同

D. 杨某在与某公司连续订立的第二次固定期限劳动合同到期,公司提出续订时,杨某要求与该公司签订无固定期限劳动合同

54. 甲公司从乙公司采购 10 袋菊花茶,约定:"在乙公司交付菊花茶后,甲公司应付货款 10 万元。"丙公司提供担保函:"若甲公司不依约付款,则由丙公司代为支付。"乙公司交付的菊花茶中有 2 袋经过硫磺熏蒸,无法饮用,价值 2 万元。乙公司要求甲公司付款未果,便要求丙公司付款 10 万元。下列哪些表述是正确的?

A. 如丙公司知情并向乙公司付款 10 万元,则丙公司只能向甲公司追偿 8 万元

B. 如丙公司不知情并向乙公司付款 10 万元,则乙公司会构成不当得利

C. 如甲公司付款债务诉讼时效已过,丙公司仍向乙公司付款 8 万元,则丙公司不得向甲公司追偿

D. 如丙公司放弃对乙公司享有的先诉抗辩权,仍向乙公司付款 8 万元,则丙公司不得向甲公司追偿

55. 李甲和宋某育有儿子李乙(10 岁)。二人离婚后,儿子李乙由李甲抚养。后李甲和赵某再婚,婚后半年,李甲去世,赵某以自己没有抚养能力为由不想抚养李乙。据查,离婚后宋某一直怠于行使其探望权。对此,下列哪些说法是正确的?

A. 宋某有义务支付李乙的抚养费

B. 李甲去世后应由宋某抚养李乙

C. 离婚后宋某失去对李乙的监护权

D. 赵某与李甲结婚后自动取得李乙的监护权

56. 叶某诉汪某借款纠纷案,叶某向法院提交了一份内容为汪某向叶某借款 3 万元并收到该 3 万元的借条复印件,上有"本借条原件由汪某保管,借条复印件与借条原件具有同等效力"字样,并有汪某的署名。法院据此要求汪某提供借条原件,汪某以证明

责任在原告为由拒不提供,后又称找不到借条原件。证人刘某作证称,他是汪某向叶某借款的中间人,汪某向叶某借款的事实确实存在;另外,汪某还告诉刘某,他在叶某起诉之后把借条原件烧毁,汪某在法院质证中也予以承认。在此情况下,下列哪些选项是正确的?

A. 法院可根据叶某提交的借条复印件,结合刘某的证言对案涉借款事实进行审查判断

B. 叶某提交给法院的借条复印件是案涉借款事实的传来证据

C. 法院可认定汪某向叶某借款 3 万元的事实

D. 法院可对汪某进行罚款、拘留

57. 甲有限公司的股东李某持股比例为 3%。甲公司全体股东约定,李某不参与公司的经营管理,不过问公司事务,但分红比例为 5%。后甲公司连续 3 年未进行利润分配,李某直接向法院提起知情权之诉,要求查阅甲公司会计账簿等资料。诉讼中,甲公司提出了李某在其他同类公司中参股投资的证据以及李某放弃知情权换取高额分红权的协议。据此,下列哪些选项是正确的?

A. 李某应先向甲公司主张查阅,被拒绝后才可以起诉

B. 李某有权查阅并复制甲公司的会计账簿

C. 李某放弃知情权换取高额分红权的协议无效

D. 法院应当支持甲公司拒绝李某查阅公司会计账簿的主张

58. 2015 年 6 月,刘璋向顾谐借款 50 万元用来炒股,借期 1 个月,结果恰遇股市动荡,刘璋到期不能还款。经查明,刘璋为某普通合伙企业的合伙人,持有 44% 的合伙份额。对此,下列哪些说法是正确的?

A. 顾谐可主张以刘璋自该合伙企业中所分取的收益来清偿债务

B. 顾谐可主张对刘璋合伙份额进行强制执行

C. 对刘璋的合伙份额进行强制执行时,其他合伙人不享有优先购买权

D. 顾谐可直接向合伙企业要求对刘璋进行退伙处理,并以退伙结算所得来清偿债务

59. 关于保管合同和仓储合同,下列哪些说法是错误的?

A. 二者都是有偿合同

B. 二者都是实践性合同

C. 寄存人和存货人均有权随时提取保管物或仓储物而无须承担责任

D. 因保管人保管不善造成保管物或仓储物毁损、灭失的,保管人承担严格责任

60. 李某在网上发表言论捏造某公众人物胡某与多名女性发生或保持不正当性关系,胡某为此提起

诉讼,法院终审判决李某赔礼道歉。判决生效后,李某未在指定时间内履行赔礼道歉的义务。对此,可以对李某采取下列哪些措施?

A. 责令李某支付迟延履行金

B. 采取公告、登报等方式,将判决主要内容公之于众,费用由李某承担

C. 责令李某支付加倍迟延履行期间的债务利息

D. 对李某采取拘留、罚款等措施

61. 潘某请好友刘某观赏自己收藏的一件古玩,不料刘某一时大意致其落地摔毁。后得知,潘某已在甲保险公司就该古玩投保了不足额财产险。关于本案,下列哪些表述是正确的?

A. 潘某可请求甲公司赔偿全部损失

B. 若刘某已对潘某进行全部赔偿,则甲公司可拒绝向潘某支付保险赔偿金

C. 甲公司对潘某赔偿保险金后,在向刘某行使保险代位求偿权时,既可以自己的名义,也可以潘某的名义

D. 若甲公司支付的保险金不足以弥补潘某的全部损失,则就未取得赔偿的部分,潘某对刘某仍有赔偿请求权

62. 某企业因计算错误,未缴税款累计达50万元。关于该税款的征收,下列哪些选项是正确的?

A. 税务机关可追征未缴的税款

B. 税务机关可追征滞纳金

C. 追征期可延长到5年

D. 追征时不受追征期的限制

63. 关于环境质量标准和污染物排放标准,下列哪些说法是正确的?

A. 国家环境质量标准是制定国家污染物排放标准的根据之一

B. 国家污染物排放标准由国务院环境保护行政主管部门制定

C. 国家环境质量标准中未作规定的项目,省级政府可制定地方环境质量标准,并报国务院环境保护行政主管部门备案

D. 地方污染物排放标准由省级环境保护行政主管部门制定,报省级政府备案

64. 甲与乙的离婚诉讼,一审法院判决不准离婚。甲不服提出上诉,二审法院认为应当判决离婚,于是对财产分割问题进行调解,但双方无法达成合意,二审法院遂将案件发回重审。发回重审后,一审法院再次判决不准离婚,甲再次提出上诉。此时二审法院应当如何处理本案?

A. 二审法院可以先针对婚姻关系部分作出判决

B. 二审法院应当再次撤销原判,将案件发回重审

C. 二审法院应当直接改判

D. 二审法院可以告知当事人对财产部分另行起诉

65. 下列甲与乙签订的哪些合同有效?

A. 甲与乙签订商铺租赁合同,约定待办理公证后合同生效。双方未办理合同公证,甲交付商铺后,乙支付了第1个月的租金

B. 甲与乙签署股权转让协议,约定甲将其对丙公司享有的90%股权转让给乙,乙支付1亿元股权受让款。但此前甲已将该股权转让给丁

C. 甲与乙签订相机买卖合同,相机尚未交付,也未付款。后甲又就出卖该相机与丙签订买卖合同

D. 甲将商铺出租给丙后,将该商铺出卖给乙,但未通知丙

66. 甲公司向某银行贷款100万元,乙公司以其所有的一栋房屋作抵押担保,并完成了抵押登记。现乙公司拟将房屋出售给丙公司,通知了银行并向丙公司告知了该房屋已经抵押的事实。乙、丙订立书面买卖合同后到房屋管理部门办理过户手续。下列哪些说法是正确的?

A. 不论银行是否同意转让,房屋管理部门应当准予过户,但银行仍然对该房屋享有抵押权

B. 如丙公司代为清偿了甲公司的银行债务,则抵押权消灭

C. 如果银行能够证明乙将房屋转让的行为可能损害其抵押权,则可请求乙将转让所得的价款向抵押权人提前清偿债务或者提存

D. 若乙转让房屋得价款80万元,乙应当按照抵押合同再补充剩余的20万元

67. 某家具店出售的衣柜,如未被恰当地固定到墙上,可能发生因柜子倾倒致人伤亡的危险。关于此事,下列哪些说法是正确的?

A. 该柜质量应符合产品安全性的要求

B. 该柜本身或其包装上应有警示标志或者中文警示说明

C. 质检部门对这种柜子进行抽查,可向该店收取检验费

D. 如该柜被召回,该店应承担购买者因召回支出的全部费用

68. 某市甲、乙、丙三大零售企业达成一致协议,拒绝接受产品供应商丁的供货。丁向反垄断执法机构举报并提供重要证据,经查,三企业构成垄断协议行为。关于三企业应承担的法律责任,下列哪些选项是正确的?

A. 该执法机构应责令三企业停止违法行为,没收违法所得,并处以相应罚款

B. 丙企业举报有功,可酌情减轻或免除处罚

C. 如丁因垄断行为遭受损失的,三企业应依法承担民事责任

D. 如三企业行为后果极为严重,应追究其刑事责任

69. 2010 年,甲饮料厂开始制造并销售"香香"牌果汁并已产生一定影响。甲在外地的经销商乙发现甲尚未注册"香香"商标,就于 2014 年在果汁和碳酸饮料两类商品上同时注册了"香香"商标,但未实际使用。2015 年,乙与丙饮料厂签订商标转让协议,将果汁类"香香"商标转让给了丙。对此,下列哪些选项是正确的?

A. 甲可随时请求宣告乙注册的果汁类"香香"商标无效

B. 乙应将注册在果汁和碳酸饮料上的"香香"商标一并转让给丙

C. 乙就果汁和碳酸饮料两类商品注册商标必须分别提出注册申请

D. 甲可在果汁产品上附加区别标识,并在原有范围内继续使用"香香"商标

70. 日本甲公司与中国三叶公司签订专利许可协议(协议约定适用日本法),授权中国三叶公司在中国范围内销售的手机上安装日本甲公司拥有专利的某款 APP。中国三叶公司在其销往越南的手机上也安装了该款 APP。现日本甲公司在中国法院起诉中国三叶公司违约并侵犯了其在越南获得的专利,下列哪些判断是正确的?

A. 中国三叶公司主营业地在中国,违约和侵权纠纷都应适用中国法

B. 违约纠纷应适用日本法

C. 侵权纠纷双方在开庭前可约定适用中国法

D. 侵权纠纷应适用日本法

71. 甲将其一相机质押给乙。后为担保乙对丙的债务,乙在向丙表明自己为相机质权人身份的前提下,乙以自己的名义将该相机质押给丙。后因甲对乙、乙对丙均未履行到期债务,质押相机拍卖得款,乙、丙均主张优先受偿权。对此,下列表述正确的是:

A. 若经过甲同意,丙优先于乙

B. 若经过甲同意,乙优先于丙

C. 若未经甲同意,丙优先于乙

D. 若未经甲同意,乙优先于丙

72. 自然人甲与乙签订了年利率为 30%、为期 1 年的 1000 万元借款合同。后双方又签订了房屋买卖合同,约定:"甲把房屋卖给乙,房款为甲的借款本息之和。甲须在一年内以该房款分 6 期回购房屋。如甲不回购,乙有权直接取得房屋所有权。"乙交付借款时,甲出具收到全部房款的收据。后甲未按约定回购房屋,也未把房屋过户给乙。因房屋价格上涨至 3000 万元,甲主张偿还借款本息。下列哪些选项是正确的?

A. 甲乙之间是借贷合同关系,不是房屋买卖合同关系

B. 应在不超过银行同期贷款利率的四倍以内承认借款利息

C. 乙不能获得房屋所有权

D. 因甲未按约定偿还借款,应承担违约责任

73. 张三向李四出借一个价值 5 万元的古董瓷盘,约定 10 日后归还。但几个月后李四仍未返还,张三将其诉至法院,法院判决李四向张三返还瓷盘。张三申请强制执行,经查实该瓷盘已被李四失手打碎,双方达成执行和解协议,约定李四将其所有的另一个瓷盘交付张三。法院裁定中止执行,之后李四认为自己的瓷盘更值钱,于是反悔拒绝交付。关于本案的处理,下列哪些说法是正确的?

A. 张三可起诉要求李四履行和解协议

B. 张三可申请法院执行和解协议

C. 张三可申请法院恢复执行原判决

D. 法院可执行李四 5 万元的其他财产

74. 某外商在外商投资准入负面清单之外,以股权转让的方式入股了甲公司。原股权出让人乙公司反悔,认为该股权转让投资合同未经有关部门批准,是无效的合同,现诉诸法院。依有关规定及司法解释,下列哪些选项是正确的?

A. 乙公司以股权转让投资合同未经有关部门批准为由主张合同无效的,人民法院不予支持

B. 若该股权转让投资合同签订于《外商投资法》施行前,不适用负面清单的规定

C. 国家对负面清单之外的外商投资,给予最惠国待遇

D. 对外商投资负面清单以外的领域,依内外资一致的原则实施管理

75. 程某到某著名手机品牌的官网上买了一个手机,用了 1 个月之后感觉手机有问题,遂到维修店进行检测,检测结果为二手手机。对此,程某能够主张下列哪些请求?

A. 以存在欺诈为由,撤销买卖合同

B. 要求退还旧手机,换一台新手机

C. 主张三倍的惩罚性赔偿

D. 保留该手机,主张补偿差价

76. 2016 年 8 月 8 日,玄武公司向朱雀公司订购了一辆小型客用汽车。2016 年 8 月 28 日,玄武公司按照当地政策取得本市小客车更新指标,有效期至 2017 年 2 月 28 日。2016 年底,朱雀公司依约向玄武公司交付了该小客车,但未同时交付机动车销售统一发票、合格证等有关单证资料,致使玄武公司无法办

理车辆所有权登记和牌照。关于上述购车行为，下列哪些说法是正确的？

A. 玄武公司已取得该小客车的所有权

B. 玄武公司有权要求朱雀公司交付有关单证资料

C. 如朱雀公司一直拒绝交付有关单证资料，玄武公司可主张购车合同解除

D. 朱雀公司未交付有关单证资料，属于从给付义务的违反，玄武公司可主张违约责任，但不得主张合同解除

77． 某小区底层商铺新开了一家重庆火锅店，租住在火锅店楼上的杨某对辣椒过敏，不堪其扰。经相关机关检测，该火锅店的排烟等标准都符合有关规定。对于杨某可采取的措施，下列哪些说法是错误的？

A. 有权请求火锅店采取更好的排风过滤措施

B. 有权就其过敏请求火锅店赔偿

C. 有权基于建筑物区分所有权起诉

D. 有权请求火锅店停止使用辣椒

78． 章俊诉李泳借款纠纷案在某县法院适用简易程序审理。县法院判决后，章俊上诉，二审法院以事实不清为由发回重审。县法院征得当事人同意后，适用简易程序重审此案。在答辩期间，李泳提出管辖权异议，县法院不予审查。案件开庭前，章俊增加了诉讼请求，李泳提出反诉，县法院受理了章俊提出的增加诉讼请求，但以重审不可提出反诉为由拒绝受理李泳的反诉。关于本案，该县法院的下列哪些做法是正确的？

A. 征得当事人同意后，适用简易程序重审此案

B. 对李泳提出的管辖权异议不予审查

C. 受理章俊提出的增加诉讼请求

D. 拒绝受理李泳的反诉

79． 法院受理了利捷公司的破产申请。管理人甲发现，利捷公司与翰扬公司之间的债权债务关系较为复杂。下列哪些说法是正确的？

A. 翰扬公司的某一项债权有房产抵押，可在破产受理后行使抵押权

B. 翰扬公司与利捷公司有一合同未履行完毕，甲可解除该合同

C. 翰扬公司曾租给利捷公司的一套设备被损毁，侵权人之前向利捷公司支付了赔偿金，翰扬公司不能主张取回该笔赔偿金

D. 茹洁公司对利捷公司负有债务，在破产受理后茹洁公司受让了翰扬公司的一项债权，因此茹洁公司无需再向利捷公司履行等额的债务

80． 某公司生产新型手机充电宝，经营良好，2018年销售额达1亿元，利润1000万元。同年，该公司支出如下：①购买原材料5000万元；②以融资租赁方式租出厂房的折旧费100万元；③补缴上年度所欠的企业所得税100万元；④向贫困地区捐赠扶贫资金100万元；⑤设备租赁费500万元；⑥明星演唱会赞助费100万元；⑦专利使用费1000万元。以上支出，哪些可以在2018年度纳税所得额中扣除？

A. ④⑦　　　　　　B. ①⑤

C. ③⑤　　　　　　D. ②⑥

81． 叶某创作《星光灿烂》词曲并发表于音乐杂志，郝某在个人举办的赈灾义演中演唱该歌曲，南极熊唱片公司录制并发行郝某的演唱会唱片，星星电台购买该唱片并播放了该歌曲。下列哪些说法是正确的？

A. 郝某演唱《星光灿烂》应征得叶某同意并支付报酬

B. 南极熊唱片公司录制该歌曲应当征得郝某同意并支付报酬

C. 星星电台播放该歌曲应征得郝某同意

D. 星星电台播放该歌曲应征得南极熊唱片公司同意

82． 中国甲公司向印度乙公司采购货物，合同约定交货时间不得晚于7月1日。因为生产延误，直到7月15日才将货物装船，乙公司出具保函换取了承运人签发的注明7月1日完成装船的提单。甲公司因此主张信用证欺诈，向中国有管辖权的法院申请止付令。对此，下列哪些选项是正确的？

A. 本案提单为预借提单

B. 本案提单为倒签提单

C. 即使存在保兑行并已经善意付款，法院仍可以作出中止支付的裁定

D. 如果存在保兑行并已经善意付款，则法院不应作出中止支付的裁定

83． 甲向乙借款300万元于2008年12月30日到期，丁提供保证担保，丁仅对乙承担保证责任。后乙从甲处购买价值50万元的货物，双方约定2009年1月1日付款。2008年10月1日，乙将债权让与丙，并于同月15日通知甲，但未告知丁。对此，下列哪些选项是正确的？

A. 2008年10月1日债权让与在乙丙之间生效

B. 2008年10月15日债权让与对甲生效

C. 2008年10月15日甲可向丙主张抵销50万元

D. 2008年10月15日后丁的保证债务继续有效

84． 秦川有限公司注册资本1亿元，股东为甲、乙、丙三人。因经营有方，公司持续盈利，至2018年公司净资产总额已达2亿元。为拓展市场，为上市做准备，公司经决议变更为股份有限公司。以下哪些说法是正确的？

A. 如变更后公司注册资本为 2 亿元,则不必另行办理增资的变更登记

B. 如变更后公司注册资本为 2.5 亿元,新增部分可以由甲、乙、丙认购

C. 如变更后公司注册资本为 2.5 亿元,则增加注册资本可向社会公开募集,不能定向募集

D. 如变更后发现原公司净资产计算错误,漏记2000 万元对外债务,则差额由甲、乙、丙承担连带补足责任

85. 画家李某创作了一幅油画《月光》,并在发表前将其赠与郑某。郑某让其员工将该画拍摄成照片用于公司某产品的背景图。对此,郑某及其员工的行为侵犯了李某的下列哪些权利?

A. 展览权　　　　B. 发表权

C. 复制权　　　　D. 信息网络传播权

三、不定项选择题。每题所设选项中至少有一个正确答案,多选、少选、错选或不选均不得分。本部分含 86~100 题,每题 2 分,共 30 分。

86. 甲向乙借款 60 万元,期限两年,丙提供连带保证。甲只在第一年还款 6 万元,后乙持其欠其 60 万元的借条起诉,称双方口头约定 10% 的利息,偿还的 6 万元乃第一年的利息,请求法院判令两被告归还 60 万元借款本金以及第二年的利息共 66 万元。第一次开庭时,甲承认 6 万元是利息,第二次开庭时,甲改口称双方未约定利息,第一年还款 6 万元属于本金,现只欠乙 54 万元。丙始终拒绝承认约定过利息。各方均无其他证据。关于本案,下列表述正确的是:

A. 甲第一次自认有效,应向乙归还 66 万元

B. 丙未承认约定利息的事实,甲的表述不构成自认,应归还 54 万元

C. 丙应承担 60 万元的担保责任

D. 丙应与甲一并向乙归还 54 万元

87. 2020 年 8 月 1 日,李某和信托公司签订了信托合同,约定购买"金源一号"信托产品,李某为唯一受益人。8 月 5 日,李某如约将 300 万元打入信托公司的信托资金专用账户。8 月 10 日,"金源一号"开售后,信托公司仅购买了 200 万元的信托产品。2022年 8 月,"金源一号"到期清算,双方发生争议。据此,下列说法正确的是:

A. 因信托公司只购买了 200 万元的信托产品,李某只能主张 200 万元的本金和信托收益

B. 因李某按约定转入了 300 万元,有权主张 300万元的本金和信托收益

C. 李某无权主张 300 万元的本金和信托收益

D. 李某有权主张返还剩余 100 万元的本金和预期收益

88. 甲公司将某商品房开发项目发包给乙公司,工程款到期后甲公司无力支付,遂与乙公司签订《抵债协议》,约定甲公司将开发项目中的 A 楼卖给乙公司,以购房款折抵工程款。此前甲公司已将 A 楼出租给丙公司并交付,租期为 10 年,但甲公司并未告知乙公司。甲公司与乙公司办理 A 楼所有权转移登记后,丙公司拒不支付租金。据查,甲公司并未告知乙公司 A 楼的租赁情况。对此,下列说法正确的是:

A.《抵债协议》于办理 A 楼所有权转移登记时生效

B. 甲公司应向乙公司承担违约责任

C. 丙公司应向甲公司支付剩余租金

D. 甲公司应对乙公司无法收取的租金承担连带保证责任

（一）

某城市商业银行在合并多家城市信用社的基础上设立,其资产质量差,经营队伍弱,长期以来资本充足率、经营流动性、存贷款比例等指标均不能达到监管标准。根据有关法律规定,请回答 89~91 题。

89. 某日,该银行行长卷款潜逃。事发后,大量存款户和票据持有人前来提款。该银行现有资金不能应付这些提款请求,又不能由同行获得拆借资金。根据相关法律,下列判断正确的是:

A. 该银行即将发生信用危机

B. 该银行可以由国家金融监督管理总局实行接管

C. 该银行可以由中国人民银行实施托管

D. 该银行可以由当地人民政府实施机构重组

90. 在作出对该银行的行政处置决定后,负责处置的机构对该银行的人员采取了以下措施,其中符合法律规定的是:

A. 对该行全体人员发出通知,要求各自坚守岗位,认真履行职责

B. 该行副行长邱某、薛某持有出境旅行证件却拒不交出。对此,通知出境管理机关阻止其出境

C. 该行董事范某欲抛售其持有的一批股票。对此,申请司法机关禁止其转让股票

D. 该行会计师佘某欲将自己的一处房屋转让给他人。对此,通知房产管理部门停止办理该房屋的过户登记

91. 经采取处置措施,该银行仍不能在规定期限内恢复正常经营能力,且资产情况进一步恶化,各方人士均认为可适用破产程序。如该银行申请破产,应当遵守的规定是:

A. 该银行应当证明自己已经不能支付到期债务,且资产不足以清偿全部债务

B. 该银行在提出破产申请前应当成立清算组

C. 该银行在向法院提交破产申请前应当得到国

家金融监督管理总局的同意

D. 该银行在向法院提交破产申请时应当提交债务清偿方案和职工安置方案

92． 万某自购名贵布料交给佟某,让佟某为其女友量身定制旗袍。因材质复杂,佟某需要额外购入设备,花费5000元。万某与佟某约定6月15日完工,万某预付了2万元工钱(包含5000元设备购置费)。6月13日,万某跟女友分手,通知佟某停止制作旗袍,此时旗袍已经接近完工。下列说法正确的是:

A. 万某需承担制作旗袍的大部分费用

B. 万某有权解除合同

C. 所购设备所有权归佟某

D. 未完工旗袍所有权由万某、佟某共有

（二）

源圣公司有甲、乙、丙三位股东。2015年10月,源圣公司考察发现某环保项目发展前景可观,为解决资金不足问题,经人推荐,霓美公司出资1亿元现金入股源圣公司,并办理了股权登记。增资后,霓美公司持股60%,甲持股25%,乙持股8%,丙持股7%,霓美公司总经理陈某兼任源圣公司董事长。2015年12月,霓美公司在陈某授意下将当时出资的1亿元现金全部转入霓美旗下的天富公司账户用于投资房地产。后因源圣公司现金不足,最终未能获得该环保项目,前期投入的500万元也无法收回。陈某忙于天富公司的房地产投资事宜,对此事并不关心。请回答93~95题。

93． 针对公司现状,甲、乙、丙认为应当召开源圣公司股东会,但陈某拒绝召开,而公司监事会对此事保持沉默。下列说法正确的是:

A. 甲可召集和主持股东会

B. 乙可召集和主持股东会

C. 丙可召集和主持股东会

D. 甲、乙、丙可共同召集和主持股东会

94． 若源圣公司的股东会得以召开,该次股东会就霓美公司将资金转入天富公司之事进行决议。关于该次股东会决议的内容,根据有关规定,下列选项正确的是:

A. 陈某连带承担返还1亿元的出资义务

B. 霓美公司承担1亿元的利息损失

C. 限制霓美公司的利润分配请求权

D. 解除霓美公司的股东资格

95． 就源圣公司前期投入到环保项目500万元的损失问题,甲、乙、丙认为应当向霓美公司索赔,多次书面请求监事会无果。下列说法正确的是:

A. 甲可以起诉霓美公司

B. 乙、丙不能起诉霓美公司

C. 若甲起诉并胜诉获赔,则赔偿款归甲

D. 若甲起诉并胜诉获赔,则赔偿款归源圣公司

（三）

李某原在甲公司就职,适用不定时工作制。2012年1月,因甲公司被乙公司兼并,李某成为乙公司职工,继续适用不定时工作制。2012年12月,由于李某在年度绩效考核中得分最低,乙公司根据公司绩效考核制度中"末位淘汰"的规定,决定终止与李某的劳动关系。李某于2013年11月提出劳动争议仲裁申请,主张:原劳动合同于2012年3月到期后,乙公司一直未与本人签订新的书面劳动合同,应从4月起每月支付二倍的工资;公司终止合同违法,应恢复本人的工作。请回答96、97题。

96． 关于李某申请仲裁的有关问题,下列选项正确的是:

A. 因劳动合同履行地与乙公司所在地不一致,李某只能向劳动合同履行地的劳动争议仲裁委员会申请仲裁

B. 申请时应提交仲裁申请书,确有困难的也可口头申请

C. 乙公司对终止劳动合同的主张负举证责任

D. 对劳动争议仲裁委员会逾期未作出是否受理决定的,李某可就该劳动争议事项向法院起诉

97． 关于未签订书面劳动合同期间支付二倍工资的仲裁请求,下列选项正确的是:

A. 劳动合同到期后未签订新的劳动合同,李某仍继续在公司工作,应视为原劳动合同继续有效,故李某无权请求支付二倍工资

B. 劳动合同到期后应签订新的劳动合同,否则属于未与劳动者订立书面劳动合同的情形,故李某有权请求支付二倍工资

C. 李某的该项仲裁请求已经超过时效期间

D. 李某的该项仲裁请求没有超过时效期间

98． A区的甲公司与B区的乙公司签订买卖合同,约定合同履行地为C区,若合同履行发生纠纷向守约方所在地法院起诉。后双方因商品质量发生纠纷,甲公司声称自己是守约方,向A区法院起诉乙公司。乙公司在答辩期内提出管辖权异议,主张自己才是守约方,应当由B区法院管辖。关于本案的管辖法院,下列说法正确的是:

A. 可由A区法院管辖

B. 可由B区法院管辖

C. 可由C区法院管辖

D. 因双方都可能是守约方,A、B区法院均有管辖权

99． 甲因合同纠纷起诉乙,要求乙返还合同金额5万元,法院审理中查明合同金额应为50万元。法官询问甲,甲表示知晓合同金额,但因乙背信弃义,要分

10次起诉给他教训。关于本案,下列说法正确的是:

A. 法院对50万元作出判决不违反处分原则

B. 法院应对5万元作出判决,其既判力及于50万元

C. 法院应对5万元作出判决,其既判力仅及于5万元

D. 经过乙同意,法院可以将剩余45万元一并判决

100. 甲公司从国外进口一批货物,根据《联合国国际货物销售合同公约》,关于货物检验和交货不符合同约定的问题,下列说法正确的是:

A. 甲公司有权依自己习惯的时间安排货物的检验

B. 如甲公司须再发运货物,没有合理机会在货到后加以检验,而卖方在订立合同时已知道再发运的安排,则检验可推迟到货物到达新目的地后进行

C. 甲公司在任何时间发现货物不符合同均可要求卖方赔偿

D. 货物不符合同情形在风险转移时已经存在,在风险转移后才显现的,卖方应当承担责任

试 卷 一

解 析

一、单项选择题

1．行政司法赔偿范围[B]

[解析] 本案中,杜某逾期未履行法院生效的判决偿还债务,法院有权对其强制执行,查封、裁定过户都是执行行为的具体表现。误工费2000元和房屋过户损失30万元都不属于法院强制执行而直接导致的物质损失,对此应不予赔偿。故A、D项错误。

查封造成屋内财产毁损和丢失5000元,属于法院执行行为直接导致的物质损失,应予以赔偿。故B项正确。

《国家赔偿法》规定,只有侵害公民人身权才会产生精神损害赔偿。本案中法院的执行行为并未涉及杜某的人身权,所以不存在精神损害赔偿问题。故C项错误。

2．依法不负刑事责任的精神病人的强制医疗程序[A]

[解析]《刑诉解释》第635条第2款规定:"审理强制医疗案件,应当会见被申请人,听取被害人及其法定代理人的意见。"故A项正确。

《刑诉解释》第634条第1款规定:"审理强制医疗案件,应当通知被申请人或者被告人的法定代理人到场;被申请人或者被告人的法定代理人经通知未到场的,可以通知被申请人或者被告人的其他近亲属到场。"本题中,法院"应当通知"而非"可以通知"。故B项错误。

《刑诉解释》第636条第2款规定:"被申请人要求出庭,人民法院经审查其身体和精神状态,认为可以出庭的,应当准许。出庭的被申请人,在法庭调查、辩论阶段,可以发表意见。"甲如果出庭可以由其自行发表意见,而不应由其法定代理人或诉讼代理人代为发表意见。故C项错误。

《刑诉解释》第637条第3项规定,被申请人具有完全或者部分刑事责任能力,依法应当追究刑事责任的,应当作出驳回强制医疗申请的决定,并退回人民检察院依法处理。对于D项所述经审理发现甲具有部分刑事责任能力并依法应当追究刑事责任的情形,应当作出驳回强制医疗申请的决定,并退回检察院依法处理,而不是转为普通程序继续审理。故D项错误。

3．刑事和解[C]

[解析] 根据《刑诉解释》第592条规定,和解协议书应当包括"被告人承认自己所犯罪行,对犯罪事实没有异议,并真诚悔罪"这一内容。又根据《刑诉解释》第593条规定:"和解协议约定的赔偿损失内容,被告人应当在协议签署后即时履行。和解协议已经全部履行,当事人反悔的,人民法院不予支持,但有证据证明和解违反自愿、合法原则的除外。"可知,已经履行和解协议约定的赔偿损失内容,不代表全部履行了和解协议。本案中,甲在庭审中态度恶劣,不愿悔罪,不仅未切实履行和解协议的要求,而且使两人达成和解的根基不复存在。因此,一审法院对丙的反悔应予支持,故A项错误。

根据《关于适用认罪认罚从宽制度的指导意见》第7条规定,认罪认罚从宽制度中的"认罚",是指犯罪嫌疑人、被告人真诚悔罪,愿意接受处罚。"认罚"考察的重点是犯罪嫌疑人、被告人的悔罪态度和悔罪表现,应当结合退赃退赔、赔偿损失、赔礼道歉等因素来考量。本案中,甲在庭审中态度恶劣,不愿悔罪,显然已经不构成"认罚",因此本案也就不具备适用速裁程序的条件,一审法院应当转为普通程序或简易程序审理本案,故B项错误。根据《关于适用认罪认罚从宽制度的指导意见》第45条规定,被告人不服适用速裁程序作出的第一审判决提出上诉的案件,二审法院发现被告人以事实不清、证据不足为由提出上诉的,应当裁定撤销原判,发回原审人民法院适用普通程序重新审理,不再按认罪认罚案件从宽处罚。本案中,甲是以事实不清、证据不足为由提起上诉,但根据上述分析,本案不属于按速裁程序审理的案件,一审法院应转为普通程序或简易程序审理并作出判决,因此不符合上述规定中发回重审的条件,二审法院应根据案件具体情况直接作出相应裁判。故D项错误。

法律并未禁止当事人重新达成和解协议,在符合刑事和解的条件下,甲与丙依然可以再次达成和解。《刑诉解释》第591条规定:"审判期间,双方当事人和解的,人民法院应当听取当事人及其法定代理人等有关人员的意见。双方当事人在庭外达成和解的,人民法院应当通知人民检察院,并听取其意见。经审查,和解自愿、合法的,应当主持制作和解协议书。"

4．帮助伪造证据罪；诬告陷害罪；包庇罪[C]

[解析] 依据《刑法》第307条的规定，帮助伪造证据罪是指帮助当事人伪造证据，情节严重的行为。乙将一把未留有指纹的斧头放到现场，通过伪造实物证据的方式妨害司法，成立帮助伪造证据罪。故A项正确。

只有帮助他人伪造证据的，才构成帮助伪造证据罪，甲让乙为自己伪造证据的行为，不以犯罪论处。故B项正确。

诬告陷害罪是指故意向公安机关、司法机关或者其他国家机关告发捏造的犯罪事实，意图使他人受到刑事追究，情节严重的行为。其诬告对象必须是特定的人，乙捏造事实诬告陷害一个并非真实存在的人，不能成立诬告陷害罪。故C项错误。

乙谎称自己看到"凶手"杀了丙，所描述的"凶手"相貌特征与甲相貌特征完全不同，该行为属于作假证明包庇犯罪分子，构成包庇罪。故D项正确。

5．聚众斗殴罪；故意杀人罪；教唆犯[A]

[解析]《刑法》第292条第2款规定，聚众斗殴，致人重伤、死亡的，分别认定为故意伤害罪和故意杀人罪。从本案情况看，甲指令所有参与者"下手重一点"，说明其对于致人死亡的结果并不排斥，其思想上具备杀人的主观故意。因此要求甲对死亡结果负责符合主客观相一致的原则，应当以故意杀人罪定罪量刑。至于其他参与者，由于不能查明被害人被谁的行为重伤致死，根据存疑时有利于犯罪嫌疑人、被告人的原则，对于所有参与者都不能以故意杀人罪定罪。故A项正确，C、D两项错误。甲虽然不是实行犯，未参与打斗，但其作为首要分子，对聚众斗殴行为的实施起决定作用，属于共同犯罪中的主犯而非从犯。故B项错误。

6．法律援助制度[C]

[解析]《法律援助法》第41条第1款规定："因经济困难申请法律援助的，申请人应当如实说明经济困难状况。"法律未限定形式要求，故A项错误。

《刑诉解释》第48条规定："具有下列情形之一，被告人没有委托辩护人的，人民法院可以通知法律援助机构指派律师为其提供辩护：……（三）人民检察院抗诉的；……"据此，对于检察院抗诉案件，法院认为有必要指派律师提供辩护，可以不考虑王某的经济状况，直接通知法律援助机构指派律师为其提供辩护。故B项错误。

《刑事诉讼法》第35条第1款规定："犯罪嫌疑人、被告人因经济困难或者其他原因没有委托辩护人的，本人及其近亲属可以向法律援助机构提出申请。对符合法律援助条件的，法律援助机构应当指派律师为其提供辩护。"刑事案件中的法律援助只能指派律师。故C项正确。

《法律援助法》第49条第1款规定："申请人、受援人对法律援助机构不予法律援助、终止法律援助的决定有异议的，可以向设立该法律援助机构的司法行政部门提出。"据此，王某可以向司法行政部门提出异议，故D项错误。

7．国际法上的承认与继承；条约的生效；安理会表决制度[A]

[解析] 国际法中并没有对承认的形式作出明确规定，国际实践中有明示和默示两种：(1)明示承认形式，是指承认者以明白的语言文字直接表达承认的意思。包括通过正式通知、函电、照会、声明等单方面表述，也包括在缔结的条约或其他正式国际文件中进行明确表述。(2)默示承认形式，是指承认者不是通过明白的语言文字，而是通过与承认对象有关的行为表现出承认的意思。主要包括：与承认对象建立正式外交关系；与承认对象缔结正式的政治性条约；正式接受领事或正式投票支持参加政府间国际组织的行为一般也被认为是一种默示承认。乙国在联合国大会投赞成票支持"西甲"入联，就是正式投票支持其参加政府间国际组织的行为，是一种默示的承认。故A项正确。

条约继承的实质是在领土发生变更时，被继承国的条约对于继承国是否继续有效的问题。一般来说，与领土有关的"非人身性条约"，如有关领土边界、河流交通、水利灌溉等条约，属于继承的范围；而与国际法主体人格有关的所谓"人身性条约"以及政治性条约，如和平友好、同盟互助、共同防御等条约，一般不予继承。甲国与乙国签订的划界条约属于与领土有关的"非人身性条约"，应当由继承国"西甲"继承。因此，"西甲"认为甲国与乙国的划界条约对其不产生效力，是不正确的。故B项错误。

联合国会员国缔结的条约应当在联合国秘书处登记，否则联合国机构不得援引，但未登记条约本身的法律效力并不受影响。故C项错误。

《联合国宪章》规定，安理会表决采取每一理事国一票的方法。对于程序性事项决议的表决9个同意票即可通过。对于非程序性事项或称实质性事项的决议表决，要求包括全体常任理事国在内的9个同意票，此又称为"大国一致原则"，即任何一个常任理事国都享有否决权。实践中，常任理事国的弃权或缺席不被视为否决，不影响决议的通过。安理会在向大会推荐接纳新会员国或秘书长人选、建议中止会员国权利和开除会员国等问题上，也适用非程序性事项表决程序，因此"西甲"入联应采取"大国一致原则"，即需要有包括全体常任理事国在内的9个同意票。但并非9个理事国同意后，"西甲"即可成为联合国的会员国。故D项错误。

8．"十九信条"[B]

[解析]《宪法重大信条十九条》，又称"十九信条"，是清政府于辛亥革命武昌起义爆发后抛出的又一个宪法性文件。1911 年清王朝迫于武昌革命风暴，匆匆命令资政院迅速起草宪法，企图度过危机，资政院仅用 3 天时间即拟定，并于 11 月 3 日公布。"十九信条"形式上被迫缩小了皇帝的权力，相对扩大了议会和总理的权利，但仍强调皇权至上，且对人民权利只字未提，更暴露其虚伪性。故 A、C、D 项正确，B 项错误。

9．合宪性审查；备案审查[D]

[解析] 事前审查也被称为批准制，是指未经审查(批准)的法律文件不得公布生效。备案行为并不影响有关法律规范的生效，只在发现错误后才进行错误纠正，因此属于事后审查。故 A 项错误。

《立法法》第 109 条规定："行政法规、地方性法规、自治条例和单行条例、规章应当在公布后的三十日内依照下列规定报有关机关备案：(一)行政法规报全国人民代表大会常务委员会备案；……(四)部门规章和地方政府规章报国务院备案；地方政府规章应当同时报本级人民代表大会常务委员会备案；设区的市、自治州的人民政府制定的规章应当同时报省、自治区的人民代表大会常务委员会和人民政府备案；……"第 104 条第 2 款规定："最高人民法院、最高人民检察院作出的属于审判、检察工作中具体应用法律的解释，应当自公布之日起三十日内报全国人民代表大会常务委员会备案。"据此，规章不由全国人大常委会进行备案审查，故 B 项错误。

根据我国《宪法》规定，有权进行监督宪法实施的主体是全国人大及其常委会。宪法和法律委员会作为全国人大专门委员会，负责具体审查工作并提出建议。故 C 项错误。

合宪性审查的内容，主要包括两个方面：一是对规范性法律文件的合宪性审查和监督；二是对国家机关及其工作人员和各政党等主体的具体行为的合宪性审查与监督。故 D 项正确。

10．设证推理；法的非正式渊源；法律规则[B]

[解析] 非正式的法的渊源是指不具有明文规定的法律效力，但具有法律说服力并能够构成法律人的法律决定的大前提的准则来源的那些资料。当今中国法的非正式渊源主要包括习惯、判例、政策等。话本小说《错斩崔宁》显然不具有法律说服力。故 A 项错误。

设证推理属于法律推理的方法之一，是在所有能够解释事实的假设中优先选择一个假设的推论。这种推理得出的结论不太靠谱，属于"或然型推理"，但它在法律适用的过程中是不可放弃的。本题中，邻居仅凭"携带 15 贯钱"就断定崔宁为凶手所运用的方

法是设证推理方法。故 B 项正确。

题干中"盗贼自刘贵家盗走 15 贯钱并杀死刘贵"，属于法律推理的小前提(即法律事实)，而不是大前提(即法律规则或原则)，因此更谈不上"法律规则的假定条件"了。故 C 项错误。

法律适用过程作为一个证成过程，法律决定的合理性取决于下列两个方面：一方面，法律决定是按照一定的推理规则从前提中推导出来的；另一方面，推导法律决定所依赖的前提是合理的、正当的。本案中，官府当庭拷讯二人，陈、崔屈打成招，官府据此作出的法律决定(处斩)不符合证成标准。故 D 项错误。

11．坚持党对全面依法治国的领导[C]

[解析] 要加强和改善党的领导，善于使党的主张通过法定程序成为国家意志，善于使党组织推荐的人选通过法定程序成为国家政权机关的领导人员，善于通过国家政权机关实施党对国家和社会的领导，维护党和国家权威、维护全党全国团结统一。担任国家机关领导人员应通过法定程序，故 C 项错误，其余选项均正确。

12．坚持以人民为中心[B]

[解析] 党的领导是中国特色社会主义法治最根本的保证，A 项错误。坚持人民的主体地位，要求保证人民在党的领导下依照法律规定通过各种途径和形式管理国家事务，管理经济和文化事业，管理社会事务，要把体现人民利益、反映人民愿望、维护人民权益、增进人民福祉落实到全面依法治国各领域全过程，使法律及其实施充分体现人民意志，但这并不意味着让人民直接进行管理国家的活动，B 项正确。推进全面依法治国的根本目的是依法保障人民权益，C 项错误。不能违反法律规定是底线，突破法律规定意味着违法，D 项错误。

13．追诉时效[B]

[解析] 刑法中的所有犯罪，均存在追诉时效。危险驾驶罪的法定最高刑为拘役，属于法定最高刑为不满 5 年有期徒刑的情形，追诉时效为 5 年。故 A 项错误。

在共同犯罪中，不同主体在犯罪中所起的作用大小是不一样的，主犯和从犯的法定最高刑不同，追诉时效应当分别计算。故 B 项正确。

追诉时效属于刑法规定的内容，应受罪刑法定原则的制约，应当适用从旧兼从轻的原则而非从新原则。故 C 项错误。

《刑法》第 89 条第 2 款规定："在追诉期限以内又犯罪的，前罪追诉的期限从犯后罪之日起计算。"又犯罪是指实施了我国刑法规定的犯罪，刘某在国外伪造私人印章的行为在我国不构成犯罪，因此其行为不导致追诉时效中断，此时距离犯罪之日已经过 22

年(故意杀人罪的追诉时效为20年),不应继续追诉刘某故意杀人的罪行。故D项错误。

14．故意的认识内容[D]

[解析] 犯罪故意是对违法事实的故意,所以只要求认识到违法事实本身,而不要求认识到行为的违法性本身。故A项正确,不当选。

当犯罪对象作为犯罪构成要件之一时,成立该罪要求对犯罪对象有认识。贩卖淫秽物品牟利罪的故意,需要认识到对象是淫秽物品,淫秽物品是规范要素,不仅需要行为人认识到物品,亦要认识到"淫秽性",即社会意义。故B项正确,不当选。

奸淫幼女构成强奸罪。而且,由于幼女缺乏决定性行为的承诺能力,因此,与幼女发生性交的行为,即使征得其同意,也构成强奸罪。强奸罪是故意犯罪,因此要求认识到对方肯定是或可能是幼女(不满14周岁的女童)。根据司法解释的规定,对于不满12周岁的幼女,无论行为人是否明知对方是幼女,均推定行为人明知对方是幼女;对于已满12周岁不满14周岁的幼女,按照证据来认定行为人是否明知对方是幼女。故C项正确,不当选。

成立为境外非法提供国家秘密罪,要求行为人认识到对方是境外的机构、组织或者个人,没有认识到而非法提供国家秘密的,不成立该罪。但是既然已经认识到了对象是国家秘密,即至少具有泄露国家秘密的故意,可能成立故意泄露国家秘密罪。故D项错误,当选。

15．证据规则;证据能力;证明力[C]

[解析] 证据能力,是指证据资格,即能否作为证据。证明力,是指证据所具有的对案件事实的证明作用,即证据对证明案件事实的价值。证据对案件事实有无证明力以及证明力的大小,取决于证据本身与案件事实有无联系以及联系的紧密、强弱程度。

证据规则大体包括两类:一类是调整证据能力的规则,如传闻证据规则、非法证据排除规则、意见证据规则、最佳证据规则等;另一类是调整证明力的规则,如关联性规则、补强证据规则等。因此,本题C项中的"关联性规则"是调整证明力的规则。故C项当选,A、B、D项不当选。

16．对辨认笔录的审查判断[C]

[解析]《关于办理死刑案件审查判断证据若干问题的规定》第30条规定:"侦查机关组织的辨认,存在下列情形之一的,应当严格审查,不能确定其真实性的,辨认结果不能作为定案的根据:(一)辨认不是在侦查人员主持下进行的;(二)辨认前使辨认人见到辨认对象的;(三)辨认人的辨认活动没有个别进行的;(四)辨认对象没有混杂在具有类似特征的其他对象中,或者供辨认的对象数量不符合规定的;尸体、场所等特定辨认对象除外。(五)辨认中给辨

认人明显暗示或者明显有指认嫌疑的。有下列情形之一的,通过有关办案人员的补正或者作出合理解释的,辨认结果可以作为证据使用:(一)主持辨认的侦查人员少于二人的;(二)没有向辨认人详细询问辨认对象的具体特征的;(三)对辨认经过和结果没有制作专门的规范的辨认笔录,或者辨认笔录没有侦查人员、辨认人、见证人的签名或者盖章的;(四)辨认记录过于简单,只有结果没有过程的;(五)案卷中只有辨认笔录,没有被辨认对象的照片、录像等资料,无法获悉辨认的真实情况的。"

做题时需要分清楚哪些情形是绝对不能作为定案根据的,哪些情形经补正是可以作为定案根据的,依据法条,A、B、D项属于辨认结果在不能确定其真实性时不能作为定案根据的情况,分别符合第1款第2、3、4项情形,故不当选。C项则属于经补正或者作出合理解释后,辨认笔录可以作为证据使用的情况,符合第2款第5项情形,故C项当选。

17．坚持依宪治国、依宪执政[C]

[解析] 有关方面拟出台的法规章、重要政策和重大举措,凡涉及宪法相关规定如何理解、如何适用的,都应当事先经过全国人大常委会合宪性审查,确保同宪法规定、宪法精神相符合。C项表述过于绝对,并非所有涉及宪法理解、实施和适用的问题,都需要合宪性审查。A、B、D项说法均正确。

18．盗窃罪与侵占罪、职务侵占罪、诈骗罪的区别[C]

[解析] 根据《刑法》第270条第1款的规定,侵占罪是指将代为保管的他人财物非法占为己有,数额较大,拒不退还的行为。侵占罪最为关键的特征是先合法持有,后非法占有。本罪主体必为代为保管他人财物的人或是他人财物的占有者。根据《刑法》第271条第1款的规定,职务侵占罪是指公司、企业或者其他单位的工作人员,利用职务上的便利,将本单位财物非法占为己有,数额较大的行为。职务侵占罪的主体是公司、企业或者其他单位的工作人员,并利用了职务上的便利,即利用自己主管、管理、经营、经手单位财物的便利,将单位财物非法占为己有。盗窃罪则是窃取他人占有的财物,即使用非暴力、胁迫手段(平和手段)违反财物占有人意志,将财物占为己有。

甲作为公司卸货员,利用卸货之际趁公司监督人员上厕所时,将一台摄像机夹带出公司,并伪造被盗现场的行为,构成盗窃罪。其行为本身具有"秘密窃取"性,甲也没有合法持有财物,且未利用他的职务便利(所卸货物不属其经管),也未采用虚构事实或隐瞒真相的行为,而属于借工作方便,盗窃他人经手、监管的财物,故排除了侵占罪、职务侵占罪与诈骗罪的成立。故A、B、D项均错误,不当选;C项

正确,当选。

19．正当防卫[C]

[解析] 本案中,甲对正在实施一般伤害的乙进行正当防卫,致乙重伤(仍在防卫限度之内),此时甲的行为属于正当防卫。但是,乙重伤之后已经失去继续侵害的能力,并有死亡的危险,甲具有救助的义务(合法行为仍然可以成为不作为犯罪中的义务来源)。面对乙的哀求,甲既不报警也不将其送往医院抢救,导致乙流血过多而死亡,而该死亡结果"明显超过必要限度造成重大损害",故甲的行为属于防卫过当。应当认为,本题考查的重心不是甲故意还是过失导致乙的死亡,因为案情设计本身无法确定甲是故意还是过失的责任心理。此外,认定甲的防卫行为导致过当的结果必须结合之前的防卫行为加以理解,故难以评价甲不救助的行为独立构成不作为犯罪。故C项正确,A、B、D项错误。

20．法律职业道德的基本原则与特征;教育途径和方法[B]

[解析] 法律职业道德具有如下三个特征:(1)主体的特定性:专门从事法律工作的法官、检察官、律师、公证员等法律职业人员。(2)职业的特殊性:政治性、法律性、行业性(法官、检察官、律师、公证员,各有行业特征)、专业性。(3)更强的约束性:相对于一般社会道德而言,具有更强的约束性。违反职业道德的法律职业人员要承担更大范围的责任。第3个特征暗含的基本前提就是法律职业人员相比其他职业人要承担更大的义务。故A项正确。

互相尊重、相互配合是法律职业道德的基本原则之一,它要求法律职业人员在履行法律职责的过程中做到严格执行职业纪律,依法执业,不能超越职权擅自干预和妨碍其他法律职业人员的正常办案。在刑事诉讼领域,法官、检察官和律师各自担负着不同的职责,但在追求依法公正惩罚犯罪和切实维护当事人合法权益这一点上是相同的,这决定了不同法律职业人员之间要互相尊重、互相配合。同时,法律职业人员在人格和依法履行职责上是平等的。"应尊重法官的领导地位"这句话是错误的,三者都是在法律规定的范围内,行使各自的法定权利,不存在领导问题,互相尊重、互相配合并非要求检察官、律师在法庭上听从法官的指挥。故B项错误。

所谓职业道德内化,是指从业者把一定社会的思想、政治、道德要求,转化为自身的需要。选择合适的内化途径和适当的内化方法,才能使法律职业人员将法律职业道德规范融进法律职业精神中。故C项正确。

法律职业道德教育的途径和方法,主要包括提高法律职业人员道德认识、确立法律职业人员道德信念、陶冶法律职业人员道德情操、锻炼法律职业人员道德意志、养成法律职业人员道德习惯等方面。故D项正确。

21．使馆及外交人员的特权与豁免[D]

[解析] 根据《维也纳外交关系公约》,非经使馆馆长同意,接受国人员在任何情况下都不得进入使馆馆舍。故A项错误。

使领馆享有免税的权利,但免的是房产税等,电费、水费、物业服务费等不在免税之列。故B项错误。

非经接受国许可,使领馆不能装置使用无线电发报机,并非所有无线设备。故C项错误。

汤姆作为外交人员,享有绝对的刑事管辖豁免权,除非为防止或制止犯罪,或为了正当防卫,汤姆的人身权不得受到侵犯。故D项正确。

22．因果关系;介入因素[D]

[解析] 刑法上的因果关系是指行为与结果之间的引起与被引起的关系,其认定一般采取"(必要)条件关系"说,即如果没有前者行为就不会发生后者结果,那么前者就是后者的原因。但在存在介入因素的情况下,则应考虑该介入因素是正常的还是异常的,是否会造成因果关系的中断,从而判定是否构成刑法上的因果关系。

甲将被害人的衣服点燃,被害人在如此紧迫情况下采取跳河灭火是避免被烧死的正常自救行为,并非异常因素,因而被害人的溺亡与甲的点燃行为之间的因果关系并不因被害人跳河灭火行为而中断。故A项正确,不当选。

乙在被害人住宅放火,住宅内有婴儿,被害人冲入住宅救婴儿是一般人在此种情况下都会采取的正常行为,最初的放火行为导致最后的结果概率很高,因而被害人冲入住宅救婴儿的介入因素并不能中断乙行为与被害人死亡之间的因果关系。故B项正确,不当选。

丙在高速路将被害人推下车,在高速公路车速过高的客观情况下,被害人被后面车辆轧死是必然的,因而丙行为与被害人死亡具有因果关系。故C项正确,不当选。

丁毁坏被害人面容,并未直接导致被害人死亡,而是出现了被害人感觉无法见人而自杀这一介入因素后,导致被害人死亡。被害人的自杀行为并不是在毁容情况下迫不得已的行为,该行为相对于丁的毁容行为具有相对的独立性,而且是在被毁容情况下的非正常行为,是被害人意思自由的自决性行为,故被害人的自杀行为中断了丁行为与被害人死亡之间的因果关系。故D项错误,当选。

23．死刑的适用对象[D]

[解析]《刑法》第49条规定:"犯罪的时候不满18周岁的人和审判的时候怀孕的妇女,不适用死刑。审判的时候已满75周岁的人,不适用死刑,但以特别

残忍手段致人死亡的除外。"故 D 项正确。

24．契约形式［B］

[解析]《宋刑统》与《庆元条法事类》在买卖之债的发生的法律规定上，强调双方的"合意"性，对强行签约违背当事人意愿的，要"重锟典宪"。故 A 项正确。活卖为附条件的买卖，当所附条件完成，买卖才算最终成立。赊卖是采取类似商业信用或预付方式，而后收取出卖物的价金。故 B 项错误。不付息的使用借贷为负债，付息的消费借贷称为出举。"（出举者）不得迴利为本"，不得超过规定实行高利贷盘剥。故 C 项正确。

宋代租佃土地活动十分普遍。地主与佃农签订租佃土地契约中，必须明定纳租与纳税的条款，或按收成比例收租（分成租），或实行定额租。地主同时要向国家缴纳田赋。若佃农过期不交地租，地主可于每年 10 月初一到正月 30 日向官府投诉，由官府代为索取。故 D 项正确。

25．回避；二审审理方式［C］

[解析]《刑诉解释》第 393 条规定："下列案件，根据刑事诉讼法第二百三十四条的规定，应当开庭审理：（一）被告人、自诉人及其法定代理人对第一审认定的事实、证据提出异议，可能影响定罪量刑的上诉案件；……"本题中，张某以事实不清为由提起上诉，符合上述规定。又根据《刑诉解释》第 394 条规定："对上诉、抗诉案件，第二审人民法院经审查，认为原判事实不清、证据不足，或者具有刑事诉讼法第二百三十八条规定的违反法定诉讼程序情形，需要发回重新审判的，可以不开庭审理。"本题中，本案由二审法院裁定发回重审，对于发回重审的案件，无须开庭审理。故 A 项错误。

《刑诉解释》第 29 条第 2 款规定："在一个审判程序中参与过本案审判工作的合议庭组成人员或者独任审判员，不得再参与本案其他程序的审判。但是，发回重新审判的案件，在第一审人民法院作出裁判后又进入第二审程序、在法定刑以下判处刑罚的复核程序或者死刑复核程序的，原第二审程序、在法定刑以下判处刑罚的复核程序或者死刑复核程序中的合议庭组成人员不受本款规定的限制。"据此，书记员不属于合议庭成员，所以本案发回重审，林某仍可继续担任该案的书记员。故 B 项错误。王某为一审审判长，属于合议庭组成人员，不能再参与本案其他程序的审判，如果作为审委会委员参与该案的讨论，则属于实质性参与案件审理。因此，王某不能参与审委会对该案的讨论。故 C 项正确。本案经二审法院发回重审，一审法院重新作出裁判后又上诉到二审法院，此时原二审合议庭人员可以继续参与该案的审理。因此，赵某作为原二审审判长，仍可作为该案的审判长审理本案。故 D 项错误。

26．辩护人的诉讼权利；分案起诉、审理［A］

[解析]《刑事诉讼法》第 97 条规定："犯罪嫌疑人、被告人及其法定代理人、近亲属或者辩护人有权申请变更强制措施。人民法院、人民检察院和公安机关收到申请后，应当在三日以内作出决定；不同意变更强制措施的，应当告知申请人，并说明不同意的理由。"在本题中，钱乙并非律师，所以侦查阶段不能作为钱甲的辩护人，但可以作为近亲属为钱甲申请取保候审。故 A 项正确。

《刑事诉讼法》第 162 条第 1 款规定："公安机关侦查终结的案件，应当做到犯罪事实清楚，证据确实、充分，并且写出起诉意见书，连同案卷材料、证据一并移送同级人民检察院审查决定；同时将案件移送情况告知犯罪嫌疑人及其辩护律师。"本题中，钱乙不是律师，不得在侦查阶段担任钱甲的辩护人，公安机关也无须将案件移送情况告知钱乙。故 B 项错误。

《刑事诉讼法》第 281 条第 1 款规定："对于未成年人刑事案件，在讯问和审判的时候，应当通知未成年犯罪嫌疑人、被告人的法定代理人到场。无法通知、法定代理人不能到场或者法定代理人是共犯的，也可以通知未成年犯罪嫌疑人、被告人的其他成年亲属，所在学校、单位、居住地基层组织或者未成年人保护组织的代表到场，并将有关情况记录在案。到场的法定代理人可以代为行使未成年犯罪嫌疑人、被告人的诉讼权利。"可知，对于未成年人刑事案件，在讯问和审判的时候，应当通知未成年犯罪嫌疑人、被告人的法定代理人到场，不包括担任未成年犯罪嫌疑人、被告人的辩护人。故 C 项错误。

对于共同犯罪的案件，法院可以并案审理；但是，对未成年人刑事案件，我国秉持分案处理原则，即对未成年人犯罪案件的处理在时间、地点上都与成年人犯罪案件的处理分开来进行。《人民检察院办理未成年人刑事案件的规定》第 51 条第 1 款规定："人民检察院审查未成年人与成年人共同犯罪案件，一般应当将未成年人与成年人分案起诉……"第 54 条规定："人民检察院对未成年人与成年人共同犯罪案件分别提起公诉后，在诉讼过程中出现不宜分案起诉情形的，可以建议人民法院并案审理。"可见，对于检察院起诉至法院的未成年人案件，法院应当分案审理，仅特殊情况下，检察院有并案建议权。故 D 项错误。

特别注意《刑诉解释》第 551 条第 1 款的规定："对分案起诉至同一人民法院的未成年人与成年人共同犯罪案件，可以由同一个审判组织审理；不宜由同一个审判组织审理的，可以分别审理。"有考生据此对本题作出误判。该条文是说，对于分案起诉的案件，可以由同一个审判组织审理，但不等于法院可以并案审理；这同一个审判组织，要对成年人案件与未成年人案件作为两个案件分别审理。

27．地方行政机构设置的管理权限[B]

[解析]《地方各级人民政府机构设置和编制管理条例》第9条规定："地方各级人民政府行政机构的设立、撤销、合并或者变更规格、名称，由本级人民政府提出方案，经上一级人民政府机构编制管理机关审核后，报上一级人民政府批准；其中，县级以上地方各级人民政府行政机构的设立、撤销或者合并，还应当依法报本级人民代表大会常务委员会备案。"乙市政府的上一级政府为甲省政府，故B项正确。

28．公务员管理制度[A]

[解析]《公务员法》第57条规定："机关应当对公务员的思想政治、履行职责、作风表现、遵纪守法等情况进行监督，开展勤政廉政教育，建立日常管理监督制度。对公务员监督发现问题的，应当区分不同情况，予以谈话提醒、批评教育、责令检查、诫勉、组织调整、处分。对公务员涉嫌职务违法和职务犯罪的，应当依法移送监察机关处理。"据此规定可知，诫勉是机关对公务员的监督措施之一。不同于公务员的处分，诫勉不具有惩戒性，主要采用谈话规诫并跟踪考核的方式。故A项正确。

根据《公职人员政务处分法》的规定，公职人员涉嫌违法，在被立案调查期间不得进行交流。被诫勉不属于此种情形，交流不受影响。故B项错误。

《公务员法》第64条第1款规定："公务员在受处分期间不得晋升职务、职级和级别，其中受记过、记大过、降级、撤职处分的，不得晋升工资档次。"据此，公务员只有在受处分期间不得晋升职务，受到诫勉处理则不受影响。故C项错误。

《公务员法》第95条列举了公务员可以提出申诉的事项，包括：（1）处分；（2）辞退或者取消录用；（3）降职；（4）定期考核定为不称职；（5）免职；（6）申请辞职、提前退休未予批准；（7）不按照规定确定或者扣减工资、福利、保险待遇；（8）法律、法规规定可以申诉的其他情形。可见，对公务员的诫勉不在申诉范围之内。故D项错误。

29．抢劫罪的既遂标准；抢劫罪与绑架罪、敲诈勒索罪的区别[A]

[解析]抢劫罪是指以非法占有为目的，以暴力、胁迫或其他方法，强行夺取公私财物的行为。绑架罪与抢劫罪的区别在于：（1）罪责方面不同。抢劫罪中，行为人一般出于非法占有他人财物的故意实施抢劫行为；绑架罪中，行为人既可能为勒索他人财物而实施，也可能出于其他非经济目的而实施。（2）行为手段不同。抢劫罪表现为行为人劫取财物一般应在同一时间、同一地点，即"两个当场"，当场施暴或胁迫与当场取财；绑架罪表现为行为人以杀害、伤害等方式向被绑架人的亲属或其他人或单位发出威胁，索取赎金或提出其他非法要求，劫取财物一般不具有

"当场性"。

敲诈勒索罪与抢劫罪的区别则在于：（1）抢劫罪只能是当场以暴力侵害相威胁，且当不能满足行为人要求时，威胁内容当场实现；敲诈勒索罪的威胁方法基本上无限制，当不满足行为人要求，其暴力威胁内容只能在将来某个时间实现。（2）抢劫罪中的暴力要达到足以压制他人反抗的程度，敲诈勒索罪的暴力则只能是没有达到足以压制他人反抗的轻微暴力。

甲为了让储蓄所职员丙交出现金，挟持保安乙以压制其反抗，其行为构成抢劫罪。抢劫罪既遂的认定，要求行为人以暴力、胁迫等强制手段压制被害人的反抗与夺取财产之间必须具有因果关系。换言之，行为人实施暴力、胁迫等行为虽然足以压制反抗，但实际上没有压制对方反抗，对方基于怜悯心理而交付财物的，成立抢劫未遂。故A项正确，B、C、D项错误。

30．盗窃罪；诈骗罪；侵犯公民个人信息罪[A]

[解析]盗窃与诈骗的区别在于：被害人是否有处分意识。诈骗罪的被害人主观上要有处分意识，知道自己处分财产，即被害人对于财物从自己占有之下转移至他人占有之下这一过程是明知的；而盗窃罪的被害人则没有处分意识。本案中，被害人虽然客观上实施了处分财产的行为，但其主观上并不知道该行为会处分自己的财产，不能认为被害人主观上有处分意识。故郑某的行为应成立盗窃罪。故A项正确，B项错误。

《刑法》第253条之一第1款规定，违反国家有关规定，向他人出售或者提供公民个人信息，情节严重的，构成侵犯公民个人信息罪。郑某没有实施出售或提供个人信息的行为，也没有窃取个人信息，不构成侵犯公民个人信息罪。故C项错误。

《刑法》第287条之一规定："利用信息网络实施下列行为之一，情节严重的，处3年以下有期徒刑或者拘役，并处或者单处罚金：（一）设立用于实施诈骗、传授犯罪方法、制作或者销售违禁物品、管制物品等违法犯罪活动的网站、通讯群组的；（二）发布有关制作或者销售毒品、枪支、淫秽物品等违禁物品、管制物品或者其他违法犯罪信息的；（三）为实施诈骗等违法犯罪活动发布信息的。单位犯前款罪的，对单位判处罚金，并对其直接负责的主管人员和其他直接责任人员，依照第1款的规定处罚。有前两款行为，同时构成其他犯罪的，依照处罚较重的规定定罪处罚。"本案中，郑某既构成盗窃罪，又构成非法利用信息网络罪，属于想象竞合犯，择一重罪论处。故D项错误。

31．法律规则与语句；法律移植；法律解释的含义[C]

[解析]法律是以作为"法律语句"的语句形式

表达出来的,它具有语言的依赖性。语言具有不确定性,词语和句子的含义通常是多义的、不确定的、待解释的,甚至是变化的。因此,在实践中需要遵循一定的解释方法,对法律语言表述的含义进行解释,澄清歧义,获得共识。法的效力指法的约束力,是人们应当按照法律规定的行为模式来行为,必须予以服从的一种法律之力。故 A 项错误。

法律移植需要考量外国法和本国法之间的同构性和兼容性、外来法律的本土化条件与制约、法律移植的优选性等多方面的因素。因此,即使表述法律的语言是可以被翻译的,也不能说法律必然可以被移植。故 B 项错误。

一切法律规范都是以法律语句的形式表达出来的,用法律语句来表达法律规范的意义。法律规范不仅具有字面含义,还蕴含着深刻的严谨的法理,法律规范就是在这样的法理上具体形成并具有意义。故 C 项正确。

由于语言的多义性,通过语言表述的法律规范具有一定的"开放空间",如不同的法律概念在不同的表意脉络中会具有不同的含义。因此,在法律解释时需要将待解释的概念置于其上下文中,通过体系解释、主观目的解释、客观目的解释等方法确定其含义。故 D 项错误。

32．宪法制度中的文化制度；各国宪法制度的比较[A]

[解析] 美国宪法由序言和 7 条正文组成:立法权、行政权、司法权、授予各州的权力、宪法修正案的提出和通过程序、宪法及依据宪法制定的法律和签署条约的最高效力、宪法本身的批准问题。其中并没有涉及文化权利和国家的文化政策。美国 1787 年宪法是早期资产阶级宪法的代表,其主要内容为联邦国家机构以及联邦和州的权力界线问题,且美国宪法关于公民权利规定在修正案中。故 A 项错误。

魏玛宪法第一次比较全面地规定了一个国家的基本文化政策和公民的文化权利。故 B 项正确。

我国宪法对文化制度的原则、内容等做了较全面和系统的规定,主要规定在第 19、22、24 条等条文中。故 C 项正确。

宪法中的主体就是公民和国家机关,公民的文化权利、国家的文化职权和政策当然就是宪法文化制度的主要内容,在我国宪法条文中均有规定。故 D 项正确。

33．行政强制与行政许可的收费[C]

[解析] 《行政强制法》第 51 条第 2 款规定:"代履行的费用按照成本合理确定,由当事人承担。但是,法律另有规定的除外。"据此,A 项存在例外,故错误。

《行政强制法》第 26 条第 3 款规定:"因查封、扣押发生的保管费用由行政机关承担。"故 B 项错误。

《行政强制法》第 60 条第 1 款规定:"行政机关申请人民法院强制执行,不缴纳申请费。强制执行的费用由被执行人承担。"故 C 项正确。

根据《行政许可法》第 58 条第 1 款规定,行政机关实施行政许可和对行政许可事项进行监督检查,不得收取任何费用。但是,法律、行政法规另有规定的,依照其规定。因此,只有法律、行政法规才能对行政许可收费作出规定,规章无权规定。故 D 项错误。

34．减刑、假释案件审理程序[B]

[解析]《最高人民法院关于减刑、假释案件审理程序的规定》第 10 条规定:"减刑、假释案件的开庭审理由审判长主持,应当按以下程序进行:……(三)执行机关代表宣读减刑、假释建议书,并说明主要理由;……" 执行机关说明主要理由,即应当由执行机关承担罪犯是否具备减刑条件的证明责任。A 项说由张三承担证明责任是错误的。

《最高人民法院关于减刑、假释案件审理程序的规定》第 6 条规定:"人民法院审理减刑、假释案件,可以采取开庭审理或者书面审理的方式。但下列减刑、假释案件,应当开庭审理:(一)因罪犯有重大立功表现报请减刑的;(二)报请减刑的起始时间、间隔时间或者减刑幅度不符合司法解释一般规定的;(三)公示期间收到不同意见的;(四)人民检察院有异议的;(五)被报请减刑、假释罪犯系职务犯罪罪犯,组织(领导、参加、包庇、纵容)黑社会性质组织犯罪罪犯,破坏金融管理秩序和金融诈骗犯罪罪犯及其他在社会上有重大影响或社会关注度高的;(六)人民法院认为其他应当开庭审理的。"张三因抢劫罪被判刑,但不属于上述条文中"应当开庭"审理的情形,因此法院对张三的减刑案件,既可以开庭审理,也可以书面审理。故 B 项正确。

《最高人民法院关于减刑、假释案件审理程序的规定》第 4 条规定:"人民法院审理减刑、假释案件,应当依法由审判员或者由审判员和人民陪审员组成合议庭进行。"因此,C 项说可以独任审理是错误的。

《最高人民法院关于减刑、假释案件审理程序的规定》第 7 条规定:"人民法院开庭审理减刑、假释案件,应当通知人民检察院、执行机关及被报请减刑、假释罪犯参加庭审。人民法院根据需要,可以通知证明罪犯确有悔改表现或者立功、重大立功表现的证人,公示期间提出不同意见的人,以及鉴定人、翻译人员等其他人员参加庭审。"可见,减刑审理中,应当通知检察院、执行机关和罪犯出庭,证人、鉴定人等其他人员不属于应当通知到庭的对象。故 D 项说应当通知证人出庭是错误的。

35．附条件不起诉[B]

[解析]《人民检察院办理未成年人刑事案件的

规定》第34条规定:"未成年犯罪嫌疑人在押的,作出附条件不起诉决定后,人民检察院应当作出释放或者变更强制措施的决定。"本题中,小周被采取的是取保候审,并非在押状态,所以不存在释放的问题。故A项错误。

《人民检察院办理未成年人刑事案件规定》第45条第3款规定:"作出附条件不起诉决定的案件,审查起诉期限自人民检察院作出附条件不起诉决定之日起中止计算,自考验期限届满之日起或者人民检察院作出撤销附条件不起诉决定之日起恢复计算。"故B项正确。

《人民检察院办理未成年人刑事案件规定》第44条规定:"未成年犯罪嫌疑人经批准离开所居住的市、县或者迁居,作出附条件不起诉决定的人民检察院可以要求迁入地的人民检察院协助进行考察,并将考察结果函告作出附条件不起诉决定的人民检察院。"因而考察机关仍然是作出不起诉决定的检察院,即A县检察院,B县检察院只能协助。故C项错误。

《人民检察院办理未成年人刑事案件规定》第40条规定:"人民检察院决定附条件不起诉的,应当确定考验期。考验期为六个月以上一年以下,从人民检察院作出附条件不起诉的决定之日起计算。考验期不入案件审查起诉期限。考验期的长短应当与未成年犯罪嫌疑人所犯罪行的轻重、主观恶性的大小和人身危险性的大小、一贯表现及帮教条件等相适应,根据未成年犯罪嫌疑人在考验期的表现,可以在法定期限范围内适当缩短或者延长。"即可以缩短但最短不得短于6个月,可以延长但最长不得长于1年,D项的5个月少于法定期限。故D项错误。

36.强奸罪;强迫劳动罪;雇用童工从事危重劳动罪;拐卖儿童罪[C]

[解析]《刑法修正案(九)》废除了"嫖宿幼女罪",强行与卖淫幼女发生性关系,构成强奸罪。故A项正确。

行为人强迫单位职工以外的其他人员劳动的,仍然成立强迫劳动罪,因为《刑法修正案(八)》将该罪条文作了重大修改。本罪的成立不限于强迫单位职工劳动,还包括任何强迫他人劳动的行为。故B项正确。

行为人雇用16周岁未成年人从事高空、井下作业的行为,不构成雇用童工从事危重劳动罪。因为雇用童工从事危重劳动罪中的"童工"仅限于不满16周岁的未成年人。故C项错误。

行为人收留流浪儿童后,因儿童不听话将其出卖的行为,构成拐卖儿童罪。因为对象是儿童,无论行为人基于什么原因控制儿童,只要有将其作为商品出卖的行为,都成立拐卖儿童罪。故D项正确。

37.社会主义公有制是我国经济制度的基础;现行宪法的历次修改[B]

[解析]在我国,国有企业和国有自然资源是国家财产的主要部分。此外,国家机关、事业单位、部队等全民单位的财产也是国有财产的重要组成部分。故A项错误。

《宪法》第10条规定,城市的土地属于国家所有。农村和城市郊区的土地,除由法律规定属于国家所有的以外,属于集体所有;宅基地和自留地、自留山,也属于集体所有。故B项正确,C项错误。

1993年3月29日通过的《宪法修正案》将"国营经济"修改为"国有经济"。《宪法》第7条规定,国有经济,即社会主义全民所有制经济,是国民经济中的主导力量。故D项错误。

38.信用卡犯罪[B]

[解析]乙将借记卡交给甲保管,只意味着将借记卡本身交由甲保管,并不意味着将卡里的1.3万元钱也交给甲保管,因为钱属于银行特定工作人员占有。因此,甲冒用乙的信用卡进行刷卡消费的行为成立信用卡诈骗罪,而不成立侵占罪。故A项错误,B项正确。

甲的行为符合信用卡诈骗罪的构成要件,成立信用卡诈骗罪,不再认定为诈骗罪,因为诈骗罪条文明文规定"本法另有规定的,依照规定"。故C项错误。

甲的行为也不成立盗窃罪,因为甲是通过欺骗收银员的方式骗得了财物,理应成立信用卡诈骗罪。如果甲使用该信用卡到自动取款机上取钱,则成立盗窃罪。故D项错误。

39.期间的计算;一审判决生效时间[D]

[解析]《刑事诉讼法》第230条规定:"不服判决的上诉和抗诉的期限为十日,不服裁定的上诉和抗诉的期限为五日,从接到判决书、裁定书的第二日起算。"《刑事诉讼法》第105条第4款规定:"期间的最后一日为节假日的,以节假日后的第一日为期满日期,但犯罪嫌疑人、被告人或者罪犯在押期间,应当至期满之日为止,不得因节假日而延长。"《刑事诉讼法》第105条第3款规定:"法定期间不包括路途上的时间。上诉状或者其他文件在期满前已经交邮的,不算过期。"本题中,卢某的上诉期为9月22日至10月1日,而10月1日是法定节假日,因此期满日期应该是10月8日,黄某10月8日寄出,符合法律规定,一审判决并未生效。故A项错误,D项正确。

《刑事诉讼法》第106条第1款规定:"当事人由于不能抗拒的原因或者有其他正当理由而耽误期限的,在障碍消除后五日以内,可以申请继续进行应当在期满以前完成的诉讼活动。"黄某虽然忙于个人事务直至10月8日上班时才寄出上诉状,但并没有耽误或者说错过上诉期间。故B、C项错误。

40．行政复议决定的执行[D]

[解析] 本题中，某县公安局的行为经复议认定违法并撤销，行政纠纷已经通过行政复议得以解决，因此不需要再次申请行政复议或提起行政诉讼，故B、C项错误。本题涉及的是行政复议决定的执行问题。行政机关(被申请人)不履行行政复议决定的，不可以申请法院强制执行，故A项错误。对此，《行政复议法》第77条第2款规定："被申请人不履行或者无正当理由拖延履行行政复议决定书、调解书、意见书的，行政复议机关或者有关上级行政机关应当责令其限期履行，并可以约谈被申请人的有关负责人或者予以通报批评。"据此，本案中田某是复议申请人，县公安局是复议被申请人，县政府是复议机关，县公安局不履行县政府作出的复议决定，田某可以请求县政府或者县公安局的上级行政机关(市公安局)责令其限期履行，故D项正确。

41．法院对申诉的审查和处理[D]

[解析]《刑诉解释》第453条第1、2款规定，申诉由终审人民法院审查处理。但是，第二审人民法院裁定准许撤回上诉的案件，申诉人对第一审判决提出申诉的，可以由第一审人民法院审查处理。上一级人民法院对未经终审人民法院审查处理的申诉，可以告知申诉人向终审人民法院提出申诉，或者直接交终审人民法院审查处理，并告知申诉人；案件疑难、复杂、重大的，也可以直接审查处理。本题中，A项为"可以"由一审法院审理，而非"应当"；B项仅在案情疑难、复杂、重大时，才可以由上一级法院直接审理。故A、B项错误。

《刑诉解释》第459条规定："申诉人对驳回申诉不服的，可以向上一级人民法院申诉。上一级人民法院经审查认为申诉不符合刑事诉讼法第二百五十三条和本解释第四百五十七条第二款规定的，应当说服申诉人撤回申诉；对仍然坚持申诉的，应当驳回或者通知不予重新审判。"故C项错误。

《刑诉解释》第455条规定，对死刑案件的申诉，可以由原核准的人民法院直接审查处理，也可以交由原审人民法院审查。故D项正确。

42．各种判决、裁定的执行机关和程序[B]

[解析]《刑事诉讼法》第269条规定："对被判处管制、宣告缓刑、假释或者暂予监外执行的罪犯，依法实行社区矫正，由社区矫正机构负责执行。"故A项错误，B项正确。

《刑事诉讼法》第264条第2款规定："对被判处死刑缓期二年执行、无期徒刑、有期徒刑的罪犯，由公安机关依法将该罪犯送交监狱执行刑罚。对被判处有期徒刑的罪犯，在被交付执行刑罚前，剩余刑期在三个月以下的，由看守所代为执行。对被判处拘役的罪犯，由公安机关执行。"丙剩余刑期为5个月，应由

监狱执行。故C项错误。

《刑事诉讼法》第272条规定："没收财产的判决，无论附加适用或者独立适用，都由人民法院执行；在必要的时候，可以会同公安机关执行。"故D项错误。

43．行政区划概念；我国行政区域的划分；国家结构形式[D]

[解析] 国家结构形式是指国家整体与其组成部分之间、中央与地方政权之间的相互关系。我国是单一制国家，但又设立民族区域自治制度和特别行政区制度。我国行政区划可以分为：(1)普通行政区划；(2)民族自治地方区划；(3)特别行政区划。而A项只提到民族区域自治和特别行政区，没有提到数量最多的普通行政区。故A项错误。

《行政区划管理条例》第8条规定，县、市、市辖区的部分行政区域界线的变更，国务院授权省、自治区、直辖市人民政府审批；批准变更时，同时报送国务院备案。注意，这里是国务院授权省级政府批准。故B项错误。

经济特区是指我国在改革开放中为发展对外经济贸易，特别是利用外资、引进先进技术而实行某些特殊政策的地区，但并非新的地方制度。故C项错误。

我国行政区域的划分制度包括行政区域划分的机关、原则、程序以及行政区域边界争议处理等内容。故D项正确。

44．平等权[C]

[解析] 我国宪法中既有关于平等权的总体规定，又有保护妇女、儿童、残疾人等弱势群体的规定，既注重形式平等，又强调实质平等。故A项正确。

中华人民共和国公民在法律面前一律平等。犯罪嫌疑人的某些权利受到限制，这与平等原则并不冲突。故B项正确。

C、D项考查平等权与合理差别。所谓禁止差别的理由，指不能因为该理由而对公民作出区别对待。在我国，不分性别，只要年满18周岁、未被剥夺政治权利的中国公民即享有选举权。由此可见，性别属于禁止差别的理由。但是，选举权必须要年满18周岁方可享有，因此，年龄属于允许差别的理由。故C项错误。法律上承认男女平等，但也承认男女之间的生理差别，如产假、孕假等，在特殊情况下可以得到特殊保护。故D项正确。

45．诈骗罪；盗窃罪；职务侵占罪；侵占罪[C]

[解析] 在区分相近的侵犯财产类犯罪罪名时，应当抓住行为人犯罪行为中的关键环节，并据此为犯罪行为定性。本案中，甲首先通过欺骗乙与乙换了岗，之后利用看管公司仓库的便利条件监守自盗，将公司价值5万元的财物运走变卖。尽管有欺骗因素，

但甲之所以能够成功窃得财物，主要是依靠其作为公司保安的职务便利。如果其没有公司保安的身份，乙也不可能答应与其换岗，且甲欺骗乙的行为并未为其直接带来财物。因此，甲的行为构成职务侵占罪，而并不构成诈骗罪、盗窃罪或者侵占罪。故 C 项正确，A、B、D 三项均错误。

46．不起诉的适用条件［D］

[解析]《刑事诉讼法》第 177 条第 1 款规定，犯罪嫌疑人没有犯罪事实，或者有本法第 16 条规定的情形之一的，人民检察院应当作出不起诉决定。本题中，甲突然死亡，属于法定不起诉规定中"犯罪嫌疑人、被告人死亡"的情形，对甲应当作出法定不起诉决定。故 A 项错误。

《刑事诉讼法》第 177 条第 2 款规定，对于犯罪情节轻微，依照《刑法》规定不需要判处刑罚或者免除刑罚的，人民检察院可以作出不起诉决定。本题中，乙虽然参与两次盗窃，但一次不构成犯罪，一次刚达刑事立案标准，且乙对其参与的两起盗窃有自首情节。因此，对乙可作出酌定不起诉决定。故 B 项错误。

《刑事诉讼法》第 175 条第 4 款规定，对于二次补充侦查的案件，人民检察院仍然认为证据不足，不符合起诉条件的，应当作出不起诉的决定。本题中，丁符合该条规定的情形，对丁应当作出证据不足不起诉决定；而丙虽然有一起盗窃经二次退回公安机关补充侦查后仍证据不足，该部分属于证据不足不起诉，但是丙和乙共同实施的盗窃并未出现上述情形，因此，不能对丙作出证据不足不起诉决定。故 C 项错误，D 项正确。

47．行政诉讼管辖；判决种类［C］

[解析] 本题中县政府为被告，因此应当由中级人民法院管辖。故 A 项正确。

B 项中，某银行与某公司的借贷关系是平等主体之间的民事关系，法院的生效判决已经对该民事关系予以确认，具有司法终局性，除法定情形外，任何力量都不得动摇或推翻司法裁判。因此，县政府作为行政机关不能对其重新进行确定。故 B 项正确。

《行政诉讼法》第 69 条规定："行政行为证据确凿，适用法律、法规正确，符合法定程序的，或者原告申请被告履行法定职责或者给付义务理由不成立的，人民法院判决驳回原告的诉讼请求。"本题中，法院经审理认为，"某县政府已履行相应职责"，因此某银行起诉某县政府不作为理由不能成立，法院应驳回某银行的诉讼请求。故 C 项错误，D 项正确。【特别提醒】在行政诉讼判决中，被诉行政行为合法（原告败诉）的判决形式只有判决驳回原告诉讼请求一种，若选项中如果出现确认合法判决、维持判决等均是错误选项。

48．赔偿委员会审理赔偿案件的质证程序［C］

[解析]《最高人民法院关于人民法院赔偿委员会适用质证程序审理国家赔偿案件的规定》第 3 条第 2 款规定："赔偿请求人或者赔偿义务机关申请不公开质证，对方同意的，赔偿委员会可以不公开质证。"据此，乙县法院申请不公开质证，只有当李某同意时赔偿委员会才可能予以准许。故 A 项错误。

该规定第 19 条第 1 款规定："赔偿请求人或者赔偿义务机关对对方主张的不利于自己的事实，在质证中明确表示承认的，对方无需举证；既未表示承认也未否认，经审判员询问并释明法律后果后，其仍不作明确表示的，视为对该项事实的承认。"李某对乙县法院主张的不利于自己的事实，既未表示承认也未否认，但未经审判员的询问及释明法律后果，因而不能视为对该项事实的承认。故 B 项错误。

该规定第 18 条第 1 款规定，赔偿委员会根据赔偿请求人申请调取的证据，作为赔偿请求人提供的证据进行质证。故 C 项正确。

该规定第 23 条规定："书记员应当将质证的全部活动记入笔录。质证笔录由赔偿请求人、赔偿义务机关和其他质证参与人核对无误或者补正后签名或者盖章。拒绝签名或者盖章的，应当记明情况附卷，由审判员和书记员签名。具备条件的，赔偿委员会可以对质证活动进行全程同步录音录像。"据此，一般情况下，质证活动只需制作质证笔录，只有在条件允许的情况下才进行全程同步录音录像。而且"可以"表明同步录音录像并非赔偿委员会必须履行的义务，即使在条件允许的情况下，赔偿委员会对是否录音录像仍有裁量权。故 D 项错误。

49．港澳基本法［A］

[解析] 根据"一国两制"的原则，特别行政区享有包括"财税自治"在内的高度自治权。特别行政区保持财政独立，其财政收入全部用于自身需要，不上缴中央人民政府。中央人民政府不在特别行政区征税。特别行政区实行独立的税收制度，也是单独的关税地区。特别行政区有权发行自己的货币并自行制定货币金融制度等。故 A 项表述是正确的。

《澳门特别行政区基本法》第 77 条规定，澳门特别行政区立法会举行会议的法定人数为不少于全体议员的1/2。除基本法另有规定外，立法会的法案、议案由全体议员过半数通过。故 B 项表述是错误的。

《香港特别行政区基本法》第 67 条规定，香港特别行政区立法会由在外国无居留权的香港特别行政区永久性居民中的中国公民组成。但非中国籍的香港特别行政区永久性居民和在外国有居留权的香港特别行政区永久性居民也可以当选为香港特别行政区立法会议员，其所占比例不得超过立法会全体议员的 20%。故 C 项表述是错误的，香港立法会可以有外籍议员的存在,但是应该符合基本法规定的比例限制。

《香港特别行政区基本法》第57条规定,香港特别行政区设立廉政公署,独立工作,对行政长官负责。故D项表述是错误的,廉政公署并非对立法会负责,而是对行政长官负责。

50.宋代离婚改嫁制度[D]

[解析] 宋代在婚姻制度方面,仍实行唐制"七出"与"三不去"制度,但也有少许变通。具体包括:(1)《宋刑统》规定:夫外出三年不归,六年不通问,准妻改嫁或离婚;但是"妻擅走者徒三年,因而改嫁者流三千里,妾各减一等"。(2)夫亡,妻若改适(嫁),其见在部曲、奴婢、田宅不得费用。即允许妇女改嫁,但是不得转移家族财产。严格维护家族财产不得转移的固有传统。故A、B、C项属于变通规定,不当选。

南宋时期一些地域规定了适用户绝财产继承的办法。户绝指家无男子承继。户绝立继承人有两种方式:凡"夫亡而妻在",立继从妻,称"立继";凡"夫妻俱亡",立继从其尊长亲属,称为"命继"。D项规定的是继承制度中的"户绝"制度,与离婚或改嫁制度的变通并无关联。故D项当选。

二、多项选择题

51.法官、检察官职业道德[AD]

[解析]《最高人民法院、最高人民检察院、司法部关于建立健全禁止法官、检察官与律师不正当接触交往制度机制的意见》第3条第1款第3项规定,严禁法官、检察官为律师介绍案件;为当事人推荐、介绍律师作为诉讼代理人、辩护人;要求、建议或者暗示当事人更换符合代理条件的律师;索取或者收受案件代理费用或者其他利益。陈检察官告知其监护人聘请熟悉未成年人心智的辩护律师,并不属于为当事人推荐律师的行为,不违反法律职业道德。故A项当选。

《最高人民法院、最高人民检察院、司法部关于建立健全禁止法官、检察官与律师不正当接触交往制度机制的意见》第3条第1款第2项规定,严禁法官、检察官向律师泄露案情、办案工作秘密或者其他依法依规不得泄露的情况。卢法官向律师泄露办案法官的家庭住址、电话号码等个人信息违反上述规定。故B项不当选。

《最高人民法院、最高人民检察院、司法部关于建立健全禁止法官、检察官与律师不正当接触交往制度机制的意见》第3条第1款第5项规定,严禁法官、检察官以提供法律咨询、法律服务等名义接受律师事务所或者律师输送的相关利益。冯法官收取赵律师1万元咨询费属于违规行为,故C项不当选。

《最高人民法院、最高人民检察院、司法部关于建立健全禁止法官、检察官与律师不正当接触交往制

度机制的意见》第3条第1款第1项和第5项规定,严禁法官、检察官在案件办理过程中,非因办案需要且未经批准在非工作场所、非工作时间与辩护、代理律师接触。严禁法官、检察官非因工作需要且未经批准,擅自参加律师事务所或者律师举办的讲座、座谈、研讨、培训、论坛、学术交流、开业庆典等活动。A项中法官、检察官与律师并非在办案过程中接触,也未特别指明所参加的培训是律所或律师举办,培训后一起在食堂用餐并研讨并不违反规定。故D项当选。

52.犯罪中止;犯罪既遂;共犯关系的脱离[AC]

[解析] 在共同犯罪过程中,有人中途退出成立犯罪中止的条件为脱离共犯关系,即消除自己的贡献,包括物理性、心理性的贡献。本题中,甲、乙共谋运输毒品,并约定开枪拒捕(故意杀人),这种共谋行为属于预备行为。乙见到警察抓捕便举手投降,此时乙的杀人行为尚未着手实行,仍处在预备阶段。乙并未提供物理性贡献(提供作案工具等),此时乙要消除的是心理性贡献,也即共谋所产生的对甲的心理性影响。乙要消除这心理性贡献,只需要明确向甲表达退出的意思即可,即让甲意识到自己只能单打独斗了。乙在遇到警察抓捕时当即举手投降(甲看到乙投降),便向甲传递了退出的意思,因此消除了心理性贡献,能够成立犯罪中止,属于预备阶段的中止。甲开枪打死一名警察,构成故意杀人罪既遂。故A、C项正确,B、D项错误。【特别提醒】在犯罪预备阶段,乙成立犯罪中止并不要求乙阻止甲的犯罪。若故意杀人行为已经进入实行阶段(已经着手开枪了,尚未打死警察),此时乙要成立犯罪中止就需要阻止甲的行为;如果未能阻止甲的杀人行为,则乙需要对甲的故意杀人既遂结果负责。

53.地域管辖[ABCD]

[解析]《刑诉解释》第2条规定:"犯罪地包括犯罪行为地和犯罪结果地。针对或者主要利用计算机网络实施的犯罪,犯罪地包括用于实施犯罪行为的网络服务使用的服务器所在地,网络服务提供者所在地,被侵害的信息网络系统及其管理者所在地,犯罪过程中被告人、被害人使用的信息网络系统所在地,以及被害人被侵害时所在地和被害人财产遭受损失地等。"

本题中,A、B两项中的周某、齐某计算机所在地分别是被告人、被害人使用的计算机信息系统所在地,C项中的周某租用的服务器所在地是犯罪行为发生地的网站服务器所在地,D项中的经营该网络游戏的公司所在地是网站管理者所在地。因此,A、B、C、D四项中涉及地区的法院对该案都有管辖权。

54.行政许可的设定[ABC]

[解析]《行政许可法》第15条第2款规定:"地方性法规和省、自治区、直辖市人民政府规章,不得设

定应当由国家统一确定的公民、法人或者其他组织的资格、资质的行政许可;不得设定企业或者其他组织的设立登记及其前置性行政许可。其设定的行政许可,不得限制其他地区的个人或者企业到本地区从事生产经营和提供服务,不得限制其他地区的商品进入本地区市场。"故 A、B 项错误,当选。

《行政许可法》第 14 条第 2 款规定,国务院可以采用发布决定的方式设定临时性行政许可,而国务院部门无此职权。故 C 项错误,当选。

《行政许可法》第 21 条规定:"省、自治区、直辖市人民政府对行政法规设定的有关经济事务的行政许可,根据本行政区域经济和社会发展情况,认为通过本法第 13 条所列方式能够解决的,报国务院批准后,可以在本行政区域内停止实施该行政许可。"故 D 项正确,不当选。

55．外层空间责任制度[BCD]

[解析] 根据《责任公约》,损害赔偿应由该物体的发射国承担。这里的发射国包括:发射或促使发射空间物体的国家以及从其领土或设施发射空间物体的国家。本题中,甲国的卫星委托乙国进行发射,而发射又在丙国进行,所以甲、乙、丙三个国家都属于发射国,都应对于该卫星对外国(丁国和戊国)造成的损害承担责任。另根据《责任公约》,发射国的空间物体在地球表面以外的地方,对另一发射国的空间物体造成损害,并因此对第三国的人或物造成损害的,前两国对第三国均应负赔偿责任。本题中,该卫星又撞上了丁国的卫星,丁国卫星碎片导致戊国财产和人员受损,所以丁国也应对戊国财产和人员伤亡承担责任。因此,相对于戊国,甲、乙、丙、丁四个国家都与戊国的损害存在关联,都应当承担责任。故 A 项错误。

对于承担的是绝对责任还是过错责任,其判断的基本规则是:受损物体位于外层空间,责任主体承担过错责任;受损物体位于空气空间或地面,责任主体承担绝对责任。戊国的建筑和人员位于地面,所以甲、乙、丙、丁四国应承担绝对责任,故 C 项正确。丁国的卫星位于外层空间,所以甲、乙、丙三国应承担过错责任。故 D 项正确。

《责任公约》不适用于发射国国民、应邀参加发射的外国人和应邀留在发射区或者回收区的外国人。该丁国人受邀现场观看卫星发射,属于不适用《责任公约》的人员。故 B 项正确。

56．盗窃罪[ABCD]

[解析] 盗窃罪,是指以非法占有为目的,窃取公私财物数额较大,或者多次盗窃、入户盗窃、携带凶器盗窃、扒窃的行为。盗窃罪的对象必须是他人占有的财物。首先,只要是在他人的事实支配领域内的财物,即便他人没有现实地持有或监视,也属于他人占有。其次,虽然处于他人支配领域之外,但存在可以

推知由他人事实上支配的状态时,也属于他人占有的财物。再次,主人饲养的、具有回到原处能力或习性的宠物,不管宠物处于何处,都应认定为饲主占有。最后,即便原占有者丧失了占有,但当该财物转移为建筑物的管理者或者第三者占有时,也应认定为他人占有的财物。

某大学的学生习惯于用手机、钱包等物占座,因此甲能够推知桌上的钱包系他人用于占座的事实,其据为己有的行为构成盗窃罪。故 A 项正确。乙在面馆用手机占座的行为属于比较特殊的情况,甲很可能认为桌上的手机是他人遗忘的手机。但即便是乙遗忘的手机,此时其占有也会转移至面馆管理者,甲的行为仍构成盗窃罪。故 B 项正确。乘客乙遗忘在出租车后备箱的行李已转由出租车司机占有,甲的行为构成盗窃罪。故 C 项正确。乙委托甲照看房屋,其代为保管的财物应仅限于房屋及院内的树木,乙家山头上的树木并不属于代为保管的范围。甲偷偷将他人财物予以变卖并将钱款据为己有,构成盗窃罪而非侵占罪。故 D 项正确。

57．证人保护;技术侦查[ABD]

[解析]《刑事诉讼法》第 64 条第 1 款规定:"对于危害国家安全犯罪、恐怖活动犯罪、黑社会性质的组织犯罪、毒品犯罪等案件,证人、鉴定人、被害人因在诉讼中作证,本人或者其近亲属的人身安全面临危险的,人民法院、人民检察院和公安机关应当采取以下一项或者多项保护措施:(一)不公开真实姓名、住址和工作单位等个人信息;(二)采取不暴露外貌、真实声音等出庭作证措施;(三)禁止特定的人员接触证人、鉴定人、被害人及其近亲属;(四)对人身和住宅采取专门性保护措施;(五)其他必要的保护措施。"故 A、B 项均正确。侦查人员是"出庭说明情况",而并非作为证人"出庭作证",所以,不受证人保护法律规范的约束。故 C 项错误。

《刑事诉讼法》第 154 条规定,依照本节规定采取侦查措施收集的材料在刑事诉讼中可以作为证据使用。如果使用该证据可能危及有关人员的人身安全,或者可能产生其他严重后果的,应当采取不暴露有关人员身份、技术方法等保护措施,必要的时候,可以由审判人员在庭外对证据进行核实。故 D 项正确。

58．查封的程序及救济方式;行政诉讼证据;行政强制措施的设定[BCD]

[解析] 查封属于行政强制措施,行政强制措施不适用听证程序。故 A 项错误。【知识拓展】行政强制措施不适用听证程序的原因:第一,行政强制措施的实施在时间上具有紧迫性,而听证周期较长,会造成时间上的延误;第二,行政强制措施是对当事人的人身或者财物进行的暂时性限制,不是终局性的处理,而听证一般针对对当事人影响比较大的终局性的处理。

消防救援机构归应急管理部门管理,也接受地方政府的领导,属于地方政府工作部门。根据《行政复议法》第24条规定,对县级以上人民政府工作部门作出的行政行为不服的,向本级人民政府申请复议。因此,对甲市乙区消防救援大队作出的行政行为不服,应当向乙区政府申请复议。故B项正确。

《行政诉讼法解释》第41条规定:"有下列情形之一,原告或者第三人要求相关行政执法人员出庭说明的,人民法院可以准许:(一)对现场笔录的合法性或者真实性有异议的;(二)对扣押财产的品种或者数量有异议的;(三)对检验的物品取样或者保管有异议的;(四)对行政执法人员身份的合法性有异议的;(五)需要出庭说明的其他情形。"根据上述第3项,C项正确。

根据《行政强制法》第10条第3款规定,尚未制定法律、行政法规,且属于地方性事务的,地方性法规可以设定查封、扣押的行政强制措施。故D项正确。

59.立法权限与程序;法律监督[AD]

[解析] 根据题意,《公共场所禁烟条例》属于地方性法规。

根据《立法法》第81条规定,自治州的人大及其常委会均有权制定地方性法规,故A项错误。【关联记忆】民族法规即自治条例和单行条例只能由民族自治地方的人大制定,常委会无权制定。

根据《立法法》第81条规定,设区的市、自治州的地方性法规须报省级人大常务委员会批准后施行。省级人大常务委员会对报请批准的地方性法规,应当对其合法性进行审查,同宪法、法律、行政法规和本省、自治区的地方性法规不抵触的,应当在4个月内予以批准。故B项正确。【记忆口诀】省委批准市州县,全常批准自治区:自治州、自治县人大制定的民族法规、市(州)级人大及其常委会制定的地方性法规,均由省级人大常委会批准;自治区人大制定的民族法规由全国人大常委会批准(注意:省级人大制定的地方性法规无需经批准)。

根据《立法法》第109条第2项规定,设区的市、自治州的人民代表大会及其常务委员会制定的地方性法规,由省、自治区的人民代表大会常务委员会报全国人民代表大会常务委员会和国务院备案。故C项正确。

《立法法》第108条规定:"改变或者撤销法律、行政法规、地方性法规、自治条例和单行条例、规章的权限是:……(二)全国人民代表大会常务委员会有权撤销同宪法和法律相抵触的行政法规,有权撤销同宪法、法律相抵触的地方性法规,有权撤销省、自治区、直辖市的人民代表大会常务委员会批准的违背宪法和本法第八十五条第二款规定的自治条例和单行条例;(三)国务院有权改变或者撤销不

适当的部门规章和地方政府规章;……"可见,全国人大常委会有权撤销地方性法规,国务院无权撤销。根据《立法法》规定,国务院认为地方性法规不合法的,应当向全国人大常委会提出对该地方性法规进行审查的议案。故D项错误。

60.坚持法治国家、法治政府、法治社会一体建设[ACD]

[解析] 法治国家、法治政府、法治社会三者相互联系、相互支撑、相辅相成:法治国家是法治建设的目标,法治政府是建设法治国家的主体,法治社会是构筑法治国家的基础。故A项正确,B项错误。C、D项表述正确。

61.共同犯罪的成立[ABD]

[解析] 甲教唆赵某入户抢劫,使得赵某听了教唆后实施了抢劫罪的行为,甲成立抢劫罪的教唆犯,与赵某成立抢劫罪的共犯。当然,按照共犯独立性说,甲成立抢劫罪的加重情形,赵某成立普通的抢劫罪;按照共犯从属性说,甲与赵某都成立普通抢劫罪。故A项正确。

乙以盗窃罪的故意实施了望风行为,但客观上却为吴某的入户抢劫行为提供了帮助,按照抽象的事实认识错误中法定符合说的处理原则,乙成立盗窃罪。但吴某仍然单独成立抢劫罪;按照部分犯罪共同说(行为共同说也会得出相同的结论),乙与吴某成立盗窃罪的共犯。故B项正确。

丙以帮助杀人的故意提供帮助行为,但事实上被帮助者钱某只是实施了故意伤害行为,按照部分犯罪共同说(行为共同说也会得出相同的结论),丙与钱某在故意伤害罪的范围内成立共犯。既然丙与钱某成立共犯,那么二人都要对犯罪行为导致的法益侵害结果负责,即丙也要对钱某造成的伤害结果负责。故C项错误。

丁尽管之前以帮助孙某犯罪的意思将盗车钥匙交给了孙某,但在孙某实施具体盗车行为之前要回了盗车钥匙,表明其已经脱离共犯。在之后孙某实施的盗窃行为中,丁没有任何帮助行为和帮助效果,所以丁对孙某的盗车结果不负刑事责任,仅成立盗窃罪预备阶段的中止。故D项正确。

62.清代刑罚与审判制度[BCD]

[解析] 根据"准五服以制罪"制度,尊犯卑,处分较常人相犯为轻;卑犯尊,处分较常人相犯为重。在本案中,张安夫妻杀害父亲,以卑犯尊,显然比以尊犯卑的刑罚更重。故A项正确。

根据《大清律例》,妻殴伤夫之父母(即其公婆),应科斩罪,如殴毙公婆,即殴打公婆致死,处凌迟极刑。但拒奸情而致公公伤亡,应另当别论:儿媳拒奸,伤及公公,情有可原,罪可免科;如果导致公公死亡,则法不容情,儿媳必得死罪,为被杀者"抵命"。故B

项错误。

明清时期的刑法已经明确区分故杀和谋杀两种杀人罪类型。谋杀是有预谋的故意杀人，而故杀是没有预谋、突然起意的故意杀人。张张氏和丈夫如果有杀害公公的想法，算是谋杀的起意谋划阶段，但并未实施相应行为，只能定为有犯意无表示，这种情况不能用刑，否则会与明德慎罚的理念相冲突。故C项错误。

清代的中央司法机关为刑部、大理寺、督察院，刑部是最重要的司法机构，既有最终审判权，也有对地方上报案件的复核权(死刑案件由大理寺复核)。故D项错误。

63.缓刑;累犯;假释[AB]

[解析]《刑法》第65条第1款规定："被判处有期徒刑以上刑罚的犯罪分子，刑罚执行完毕或者赦免以后，在5年以内再犯应当判处有期徒刑以上刑罚之罪的，是累犯，应当从重处罚，但是过失犯罪和不满18周岁的人犯罪的除外。"第66条规定："危害国家安全犯罪、恐怖活动犯罪、黑社会性质的组织犯罪的犯罪分子，在刑罚执行完毕或者赦免以后，在任何时候再犯上述任一类罪的，都以累犯论处。"虽然甲所犯前罪间谍罪属于危害国家安全罪，但所犯后罪即参加恐怖组织罪属于危害公共安全罪，故不能成立特别累犯。此外，甲在前罪有期徒刑执行完毕8年以后又犯罪，也不构成一般累犯。故A项错误。

乙虽然犯数罪，但法律并不禁止对数罪并罚的犯罪分子适用缓刑。故B项错误。

《刑法》第77条第2款规定，被宣告缓刑的犯罪分子，在缓刑考验期限内，违反人民法院判决中的禁止令，情节严重的，应当撤销缓刑，执行原判刑罚。故C项正确。

《刑法》第81条第1款规定，被判处有期徒刑的犯罪分子，执行原判刑期1/2以上，被判处无期徒刑的犯罪分子，实际执行13年以上，如果认真遵守监规，接受教育改造，确有悔改表现，没有再犯罪的危险的，可以假释。如果有特殊情况，经最高人民法院核准，可以不受上述执行刑期的限制。故D项正确。

64.推进全民守法[ABD]

[解析]《中共中央关于全面推进依法治国若干重大问题的决定》提出，实行国家机关"谁执法谁普法"的普法责任制，建立法官、检察官、行政执法人员、律师等以案释法制度，加强普法讲师团、普法志愿者队伍建设。可知，"谁执法谁普法"是针对国家机关而言，故C项错误。A、B、D项均正确。

65.技术侦查[AB]

[解析]《刑事诉讼法》第150条规定："公安机关在立案后，对于危害国家安全犯罪、恐怖活动犯罪、黑社会性质的组织犯罪、重大毒品犯罪或者其他严重危害社会的犯罪案件，根据侦查犯罪的需要，经过严

格的批准手续，可以采取技术侦查措施。人民检察院在立案后，对于利用职权实施的严重侵犯公民人身权利的重大犯罪案件，根据侦查犯罪的需要，经过严格的批准手续，可以采取技术侦查措施，按照规定交有关机关执行。追捕被通缉或者批准、决定逮捕的在逃的犯罪嫌疑人、被告人，经过批准，可以采取追捕所必需的技术侦查措施。"据此，技术侦查措施适用于严重危害社会的犯罪案件，必须在立案后实施，检察院只有决定权没有实施权。故A、B项正确，C项错误。

《刑事诉讼法》第154条规定："依照本节规定采取侦查措施收集的材料在刑事诉讼中可以作为证据使用。如果使用该证据可能危及有关人员的人身安全，或者可能产生其他严重后果的，应当采取不暴露有关人员身份、技术方法等保护措施，必要的时候，可以由审判人员在庭外对证据进行核实。"D项，依据技术侦查措施依法收集的材料可以直接作为证据使用，不需要经过转化，但不一定必须在法庭上进行质证，可以庭外核实。故D项错误。

66.申请公开政府信息的身份证明;行政机关拒绝公开的适当理由;行政机关的答复期限[AC]

[解析]《政府信息公开条例》第29条第2款规定："政府信息公开申请应当包括下列内容：(一)申请人的姓名或者名称、身份证明、联系方式；……"可知，提出申请应当提供申请人的身份证明。故A项正确。

申请政府信息公开不要求申请人与公开的信息有利害关系，故B项错误。另外从题干分析，王某是被拆迁人，他申请的信息是该公司办理拆迁许可证时所提交的建设用地规划许可证，王某与该信息具有利害关系，B项说无利害关系也是错误的。

根据《政府信息公开条例》第10条规定，确认信息公开主体奉行的规则是"谁制作，谁公开；谁保存，谁公开"，即：(1)行政机关制作的政府信息，由制作该政府信息的行政机关负责公开；(2)行政机关从相对人获取的政府信息，由保存该政府信息的行政机关负责公开；(3)行政机关从其他行政机关获取的政府信息，由制作或最初获取该政府信息的行政机关负责公开。本题中，建设用地规划许可证是城市规划行政主管部门制作，并颁发给建设单位的法定许可凭证，该信息既不是区房管局制作、保存，也不由区房管局最初获取。据此可知，该信息不属于区房管局公开的信息，而应由制作机关规划部门负责公开。故C项正确。

《政府信息公开条例》第33条规定："行政机关收到政府信息公开申请，能够当场答复的，应当当场予以答复。行政机关不能当场答复的，应当自收到申请之日起20个工作日内予以答复；需要延长答复期限的，应当经政府信息公开工作机构负责人同意并告

知申请人,延长的期限最长不得超过 20 个工作日。行政机关征求第三方和其他机关意见所需时间不计算在前款规定的期限内。"可知,能当场答复的应当场答复;不能当场答复的 20 个工作日内答复。故 D 项错误。

67. 公民住宅不受侵犯[BD]

[解析] 公民住宅权是公民人身自由权的延伸,其重点在于保护公民的人身自由不受侵犯,即公民的住宅权所体现得更多的是对公民的安全价值之维护(住宅不受侵犯),而非经济价值之体现。因此,即使公民住宿在宾馆,仅仅交了 1 天的房费,但是,当天公民有权拒绝任何人随意闯入。而本题中"每个公民获得住宅的权利"属于公民的财产权的范畴,财产权属于消极权利,公民无权向国家索取,国家也无义务满足。故 A 项错误。

《治安管理处罚法》第 40 条规定属于对《宪法》第 39 条规定的延伸性规定,该法规定了非法侵入他人住宅的法律后果,是对公民住宅的保障,体现了宪法的基本精神。故 B 项正确。

《刑事诉讼法》的规定只是对被取保候审者的行动自由加以限制,该规定是对公民人身自由的合理限制,与公民住宅不受侵犯没有关联。故 C 项错误。

《宪法》第 39 条规定:"中华人民共和国公民的住宅不受侵犯。禁止非法搜查或者非法侵入公民的住宅。"公安机关、检察机关为了收集犯罪证据、查获犯罪嫌疑人,严格依法对公民住宅进行搜查并不违宪。故 D 项正确。

68. 想象竞合犯的认定[ABCD]

[解析] 关键在于甲是一个行为还是两个行为:甲购买危险物质,先是以现金交付,此时足以构成非法买卖危险物质罪,后又以毒品进行交付,第二次的交付行为应当作为独立的犯罪行为,即明知是毒品而为了获取危险物质而实施转让,应当认定为贩卖毒品罪。因此,两个行为触犯两个罪名,应当数罪并罚,不属于想象竞合犯。故 A 项错误。

在实施绑架行为时必然会限制被绑架人的人身自由,这是法条竞合关系,不是想象竞合关系。故 B 项错误。

甲实施昏醉抢劫,由于乙不是因为无法反抗而被迫放弃财物,所以甲构成抢劫罪未遂。甲取得财物的环节构成盗窃罪既遂。甲前后实施了两个行为,应以抢劫罪未遂与盗窃罪既遂并罚。故 C 项错误。

受贿行为与为境外非法提供国家秘密的行为明显可分为两个行为,分别构成两个罪,故不属于想象竞合犯。故 D 项错误。

69. 审查逮捕程序[AB]

[解析]《刑事诉讼法》第 173 条规定,人民检察院审查案件,应当讯问犯罪嫌疑人。犯罪嫌疑人认罪认罚的,人民检察院应当告知其享有的诉讼权利和认罪认罚的法律规定,听取犯罪嫌疑人、辩护人或者值班律师、被害人及其诉讼代理人的意见。据此,犯罪嫌疑人认罪认罚的,检察院在审查批捕时应当讯问犯罪嫌疑人,故 A 项正确。

《高检规则》第 281 条规定:"对有重大影响的案件,可以采取当面听取侦查人员、犯罪嫌疑人及其辩护人等意见的方式进行公开审查。"故 B 项正确。

《高检规则》第 282 条规定:"对公安机关提请批准逮捕的犯罪嫌疑人,已经被拘留的,人民检察院应当在收到提请批准逮捕书后七日以内作出是否批准逮捕的决定;未被拘留的,应当在收到提请批准逮捕书后十五日以内作出是否批准逮捕的决定,重大、复杂案件,不得超过二十日。"本题中,甲、乙已经被拘留,检察院应当在 7 日内作出是否批准逮捕的决定,故 C 项错误。【特别提醒】已被拘留,批捕时间为 7 日;未被拘留,批捕时间可以为 15-20 日。

《高检规则》第 287 条第 2 款规定:"对于有犯罪事实需要追究刑事责任,但不是被立案侦查的犯罪嫌疑人实施,或者共同犯罪案件中部分犯罪嫌疑人不负刑事责任,人民检察院作出不批准逮捕决定的,应当同时告知公安机关对有关犯罪嫌疑人终止侦查。"D 项中,检察院对乙作出不批准逮捕决定正确,但检察院无权直接作出终止侦查的决定,因此公安机关作为侦查机关才有权决定终止侦查,检察院应当告知公安机关对乙终止侦查,故 D 项错误。

70. 撤职案的审议决定程序[BC]

[解析]《监督法》第 60 条规定:"县级以上地方各级人民代表大会常务委员会在本级人民代表大会闭会期间,可以决定撤销本级人民政府个别副省长、自治区副主席、副市长、副州长、副县长、副区长的职务;……"第 61 条规定:"县级以上地方各级人民政府、监察委员会、人民法院和人民检察院,可以向本级人民代表大会常务委员会提出对本法第六十条所列国家机关工作人员的撤职案。县级以上地方各级人民代表大会常务委员会主任会议,可以向常务委员会提出对本法第六十条所列国家机关工作人员的撤职案。县级以上地方各级人民代表大会常务委员会五分之一以上的组成人员书面联名,可以向常务委员会提出对本法第六十条所列国家机关工作人员的撤职案……"由此可见,有权向县人大常委会提出撤销副县长职务的撤职案的主体是"县政府、监察委员会、法院、检察院、人大常委会主任会议、1/5 以上常委会组成人员",县长无此职权。故 A 项错误,B 项正确。

《监督法》第 62 条第 1 款规定:"撤职案应当写明撤职的对象和理由,并提供有关的材料。"故 C 项正确。

《监督法》第 62 条第 3 款规定:"撤职案的表决采用无记名投票的方式,由常务委员会全体组成人员的过半数通过。"故 D 项错误。

71．行政诉讼原告资格[BCD]

[解析]《行政诉讼法解释》第 16 条第 1 款规定:"股份制企业的股东大会、股东会、董事会等认为行政机关作出的行政行为侵犯企业经营自主权的,可以企业名义提起诉讼。"根据这一规定,股份制企业中只有股东会、股东代表大会和董事会可以企业的名义提起行政诉讼,股东是不能以企业的名义起诉的,故 B、C、D 项正确。

72．坚持统筹推进国内法治和涉外法治[BCD]

[解析] 在全面依法治国进程中,必须统筹运用国内法和国际法,加快涉外法治工作战略布局,加快涉外法治工作战略布局,推进国际法治领域合作,而不是将统筹运用国际法放在首要重点地位,故 A 项错误。B、C、D 项说法正确。

73．洗钱罪的认定[ABC]

[解析] 大多数故意犯罪的条文中并没有"明知"的表述。洗钱罪是故意犯罪,要求明知是上游犯罪的犯罪所得。故 A 项错误。

根据《刑法》第 191 条的规定,上游犯罪的行为人为自己洗钱的,也构成洗钱罪。洗钱罪的上游犯罪包括毒品犯罪、黑社会性质的组织犯罪、恐怖活动犯罪、走私犯罪、贪污贿赂犯罪、破坏金融管理秩序犯罪、金融诈骗犯罪。虽然刑法条文中没有规定财产犯罪,但并不意味着财产犯罪不能成为洗钱罪的上游犯罪。例如,金融诈骗罪本质上是财产犯罪;黑社会性质的组织犯罪包括该组织实施的各种犯罪,该组织实施的财产犯罪也能成为洗钱罪的上游犯罪。故 B 项错误。

洗钱罪的成立以上游犯罪的犯罪事实成立为前提。根据《关于办理洗钱刑事案件适用法律若干问题的解释》第 7 条的规定,只要有证据证明上游犯罪确实存在,以下情形均不影响洗钱罪的认定:上游犯罪尚未依法裁判的;因行为人逃匿未到案的;因行为人死亡等原因依法不予追究刑事责任的;同时构成其他犯罪而以其他罪名定罪处罚的。故 C 项错误。

上游犯罪的追诉时效与洗钱罪的追诉时效各自独立,互不干扰。故 D 项正确。

74．行政诉讼的一审判决;行政强制执行;共同诉讼;行政处罚[AB]

[解析]《行政强制法》第 45 条规定,行政机关依法作出金钱给付义务的行政决定,当事人逾期不履行的,行政机关可以依法加处罚款或者滞纳金。加处罚款或者滞纳金的数额不得超出金钱给付义务的数额。据此,本案中计划生育委员会向李某、周某收取滞纳金,不得超过之前的金钱给付义务 12 万元的数额。故 A 项正确。

《行政诉讼法》第 27 条规定:"当事人一方或者双方为二人以上,因同一行政行为发生的行政案件,或者因同类行政行为发生的行政案件、人民法院认为可以合并审理并经当事人同意的,为共同诉讼。"本案中,李某、周某二人超生属于共同作出的违法行为,某县计划生育委员会也是对二人共同作出了征收 12 万元社会抚养费的决定。如果二人不服,应当共同提起行政诉讼,则本案为共同诉讼。故 B 项正确。

社会抚养费是一项行政性收费,属行政征收性质,并非对当事人的行政处罚,不适用《行政处罚法》,自然就不能适用行政处罚的时效制度。故 C 项错误。

《行政诉讼法》第 77 条第 1 款规定:"行政处罚明显不当,或者其他行政行为涉及对款额的确定、认定确有错误的,人民法院可以判决变更。"本案中,征收社会抚养费属于行政征收,涉及对款额的确定、认定问题。所以,法院如果审理认为本案中某计划生育委员会征收 12 万元社会抚养费在数额上确有错误,可以作出变更判决。故 D 项错误。

75．二审中撤回抗诉;二审裁判;上诉不加刑原则;回避制度[BC]

[解析]《高检规则》第 589 条第 2 款规定:"上一级人民检察院认为抗诉不当的,应当听取下级人民检察院的意见。听取意见后,仍然认为抗诉不当的,应当向同级人民法院撤回抗诉,并且通知下级人民检察院。"据此,甲市检察院应直接向甲市中院撤回抗诉,并通知乙区检察院,故 A 项错误。

《刑事诉讼法》第 238 条规定:"第二审人民法院发现第一审人民法院的审理有下列违反法律规定的诉讼程序的情形之一的,应当裁定撤销原判,发回原审人民法院重新审判:……(二)违反回避制度的;……"此外需注意,因程序违法发回重审没有次数限制。故 B 项正确。

《刑事诉讼法》第 237 条第 1 款规定:"第二审人民法院审理被告人或者他的法定代理人、辩护人、近亲属上诉的案件,不得加重被告人的刑罚。第二审人民法院发回原审人民法院重新审判的案件,除有新的犯罪事实,人民检察院补充起诉的以外,原审人民法院也不得加重被告人的刑罚。"根据上诉不加刑原则,C 项正确。

《刑诉解释》第 29 条第 2 款规定:"在一个审判程序中参与过本案审判工作的合议庭组成人员或者独任审判员,不得再参与本案其他程序的审判。但是,发回重新审判的案件,在第一审人民法院作出裁判后又进入第二审程序、在法定刑以下判处刑罚的复核程序或者死刑复核程序的,原第二审程序、在法定刑以下判处刑罚的复核程序或者死刑复核程序中的合议庭组成人员不受本款规定的限制。"本案即属于发回重审,在第一审人民法院作出裁判后又进入第二审程序的案件,二审审判人员无需回避,故 D 项错误。

76.特别行政区的法律制度[ABCD]

[解析]《宪法》第 31 条规定:"国家在必要时得设立特别行政区。在特别行政区内实行的制度按照具体情况由全国人民代表大会以法律规定。"该条文规定在第一章"总纲"中。故 A 项正确。

《香港特别行政区基本法》序言第三段规定:"根据中华人民共和国宪法,全国人民代表大会特制定中华人民共和国香港特别行政区基本法,规定香港特别行政区实行的制度,以保障国家对香港的基本方针政策的实施。"据此,就香港地区而言,《宪法》第 31 条中所规定的"法律"即是指《香港特别行政区基本法》。故 B 项正确。

《香港特别行政区基本法》第 18 条第 4 款规定:"全国人民代表大会常务委员会决定宣布战争状态或因香港特别行政区内发生香港特别行政区政府不能控制的危及国家统一或安全的动乱而决定香港特别行政区进入紧急状态,中央人民政府可发布命令将有关全国性法律在香港特别行政区实施。"故 C 项正确。

《香港特别行政区基本法》第 18 条第 1、2 款规定:"在香港特别行政区实行的法律为本法以及本法第八条规定的香港原有法律和香港特别行政区立法机关制定的法律。全国性法律除列于本法附件三者外,不在香港特别行政区实施。凡列于本法附件三之法律,由香港特别行政区在当地公布或立法实施。"《澳门特别行政区基本法》第 18 条也有相应规定。故 D 项正确。

77.行政复议的中止与终止;行政复议期限;行政复议中的鉴定[BD]

[解析]《行政复议法》第 39 条规定:"行政复议期间有下列情形之一的,行政复议中止:(一)作为申请人的公民死亡,其近亲属尚未确定是否参加行政复议;(二)作为申请人的公民丧失参加行政复议的行为能力,尚未确定法定代理人参加行政复议;……(四)作为申请人的法人或者其他组织终止,尚未确定权利义务承受人;(五)申请人、被申请人因不可抗力或者其他正当理由,不能参加行政复议;……"该法第 41 条规定:"行政复议期间有下列情形之一的,行政复议机关决定终止行政复议:……(五)依照本法第三十九条第一款第一项、第二项、第四项的规定中止行政复议满六十日,行政复议中止的原因仍未消除。"由此可见,申请人因不可抗力不能参加行政复议致复议中止满 60 日不属于导致复议终止的三种情形,不可抗力仅引起行政复议"中止"而非"终止"。

故 A 项错误。

《行政复议法实施条例》第 34 条第 3 款规定:"需要现场勘验的,现场勘验所用时间不计入行政复议审理期限。"故 B 项正确。

《行政复议法》第 41 条规定:"行政复议期间有下列情形之一的,行政复议机关决定终止行政复议:……(四)申请人对行政拘留或者限制人身自由的行政强制措施不服申请行政复议后,因同一违法行为涉嫌犯罪,被采取刑事强制措施;……"C 项应为"终止"而非"中止",故 C 项错误。

根据《行政复议法实施条例》第 37 条规定:"行政复议期间涉及专门事项需要鉴定的,当事人可以自行委托鉴定机构进行鉴定,也可以申请行政复议机构委托鉴定机构进行鉴定……"故 D 项正确。

78.法官职业道德[ABD]

[解析]《法官职业道德基本准则》第 22 条规定:"尊重当事人和其他诉讼参与人的人格尊严,避免盛气凌人、'冷硬横推'等不良作风;尊重律师,依法保障律师参与诉讼活动的权利。"第 24 条规定:"坚持文明司法,遵守司法礼仪,在履行职责过程中行为规范、着装得体、语言文明、态度平和,保持良好的职业修养和司法作风。"徐法官的行为违反了司法礼仪准则。故 A 项正确。

《法官行为规范》第 29 条规定:"出庭时注意事项:(一)准时出庭,不迟到,不早退,不缺席;(二)在进入法庭前必须更换好法官服或者法袍,并保持整洁和庄重,严禁着便装出庭;合议庭成员出庭的着装应当保持统一;(三)设立法官通道的,应当走法官通道;(四)一般在当事人、代理人、辩护人、公诉人等入庭后进入法庭,但前述人员迟到、拒不到庭的除外;(五)不得与诉讼各方随意打招呼,不得与一方有特别亲密的言行;(六)严禁酒后出庭。"蓝法官违反了第 2、5 项规定。故 B 项正确。

《法官职业道德基本准则》第 16 条规定:"严格遵守廉洁司法规定,不接受案件当事人及相关人员的请客送礼,不利用职务便利或者法官身份谋取不正当利益……"第 17 条规定:"不从事或者参与营利性的经营活动,不在企业及其他营利性组织中兼任法律顾问等职务……"周法官没有利用职务便利或者法官身份谋取不正当利益。故 C 项错误。

《法官职业道德基本准则》第 18 条规定:"妥善处理个人和家庭事务,不利用法官身份寻求特殊利益。按规定如实报告个人有关事项,教育督促家庭成员不利用法官的职权、地位谋取不正当利益。"谢法官未履行这一义务,违反了约束家庭成员的义务。故 D 项正确。

79.刑事赔偿义务机关的确定[AB]

[解析]对限制人身自由的刑事司法赔偿机

的确定,采后置原则。根据《国家赔偿法》第21条规定,对公民采取逮捕措施后决定撤销案件、不起诉或者判决宣告无罪的,作出逮捕决定的机关为赔偿义务机关。……二审改判无罪,以及二审发回重审后作无罪处理的,作出一审有罪判决的人民法院为赔偿义务机关。本案经市中院二审后发回区法院重审而改判无罪,属于一审判决有罪、二审发回重审改判无罪的情形,应当由一审法院区法院作为赔偿义务机关。故A、B项错误,应选。D项,如果区检察院在审查起诉阶段决定撤销案件,方某请求国家赔偿,应当由作出逮捕决定的机关区检察院作为赔偿义务机关。故D项正确,不选。

C项考查国家赔偿程序中的赔偿义务机关先行处理程序。《国家赔偿法》第22条第2款规定:"赔偿请求人要求赔偿,应当先向赔偿义务机关提出。"因此,区法院作为赔偿义务机关,方某应当先向区法院提出赔偿请求。故C项正确,不选。

80.简易程序变更为普通程序[ABC]

[解析]《刑事诉讼法》第221条规定,人民法院在审理过程中,发现不宜适用简易程序的,应当按照公诉案件或者自诉案件第一审普通程序重新审理。可见,简易程序转为普通程序后,法律没有规定需要将案件退回检察院,法院只需按照公诉案件或者自诉案件第一审普通程序重新审理即可。故A项正确。

自诉案件中,告诉才处理的案件和被害人有证据证明的轻微刑事案件可以适用简易程序,当简易程序需变更为普通程序后,没有改变自诉案件的性质,应当按照自诉案件程序审理。故B项正确。

自诉人起诉的作用是引起审判程序,至于审判程序适用简易程序还是普通程序与自诉人的起诉无关,因此,自诉案件由简易程序转化为普通程序时,自诉人不必另行起诉。根据上述《刑事诉讼法》第221条,这种情形下,法院直接按普通程序重新审理。故C项正确。

我国《刑事诉讼法》中只规定了简易程序可以转换为普通程序,未规定普通程序可以转化为简易程序,因此案件在适用普通程序审理后即不可以向简易程序转化。故D项错误。

81.抢夺罪;抢劫罪;盗窃罪;诈骗罪[ABC]

[解析]张某偷走小贩的剔骨刀,由于财产价值不高,一般达不到盗窃罪的起刑点。张某趁乙不备,用剔骨刀割乙挎包背带,夺走挎包的行为,由于挎包背带已经被割开,夺取行为对人身不产生危险性,因此成立抢夺罪,而非抢劫罪。故A项正确。

徐某在陆某家中翻找珠宝的行为成立盗窃罪的着手,后为了逃避抓捕而将陆某打倒,已经足以压制被害人的反抗,成立转化型的抢劫罪。但是,由于徐某既没有获得财物,也没有导致被害人轻伤以上程度,因此成立抢劫罪未遂。故B项正确。

彩票属于不记名、不挂失的有价证券。根据《关于办理盗窃刑事案件适用法律若干问题的解释》第5条的规定,盗窃不记名、不挂失的有价支付凭证、有价证券、有价票证的,应当按票面数额和盗窃时应得的孳息、奖金或者奖品等可得收益一并计算盗窃数额。无论哪张彩票中奖,均已达到盗窃罪的数额标准。故C项正确。

蒋某并非电脑的占有人,而是无权处分人,因此对蒋某不能成立诈骗罪。程某是利用蒋某客观上帮助其实现盗窃范某电脑的目的,因此程某是盗窃罪的间接正犯。故D项错误。

82.改革和法治的关系[ABC]

[解析]法治和改革有着内在的必然联系,二者相辅相成、相伴而生。全面深化改革需要法治保障,要发挥法治对改革的引领和推动作用,做到在法治的轨道上推进改革。A项正确,要在法治的轨道上推进改革,不得搞违法的"改革"。

B项正确,立法主动适应改革需要,做到重大改革于法有据,改革和法治同步推进,这就表现为立法的前瞻性。

C项正确、D项错误,对实践证明已经比较成熟的改革经验和行之有效的改革举措,要尽快上升为法律;对部门间争议较大的重要立法事项,要加快推动和协调,不能久拖不决;对实践条件还不成熟、需要先行先试的,要按照法律程序作出授权,在若干地区开展改革试点,既不允许随意突破法律红线,也不允许简单以现行法律没有依据为由迟滞改革;对不适应改革要求的现行法律,要及时修改或废止,不能让一些过时的法律条款成为改革的"绊马索"。

83.刑事诉讼法定代理人与诉讼代理人的区别[ABC]

[解析]《刑事诉讼法》第108条规定:"……(三)'法定代理人'是指被代理人的父母、养父母、监护人和负有保护责任的机关、团体的代表;……(五)'诉讼代理人'是指公诉案件的被害人及其法定代理人或者近亲属、自诉案件的自诉人及其法定代理人委托代为参加诉讼的人和附带民事诉讼的当事人及其法定代理人委托代为参加诉讼的人;……"由此可知,法定代理人是基于法律规定或法定程序产生,其权利来源于法律授权,诉讼代理人是基于被代理人委托产生,其权利源于委托协议授权。故A、B项正确。

根据前述规定,诉讼代理人只能在被代理人授权范围内进行诉讼活动,既不能超越代理范围,也不能违背被代理人意志。而根据《刑事诉讼法》第227条第1款规定,被告人、自诉人和他们的法定代理人,不服地方各级人民法院第一审的判决、裁定,有权用书状或者口头向上一级人民法院上诉。据此,法定代理人享有独立上诉权,即使被告人不同意,法定代理人也可以提起上诉,可以违背被代理人意志进行诉讼活动。故 C 项正确。

根据《刑事诉讼法》的有关规定,法定代理人享有广泛的与被代理人大致相同的诉讼权利,但是陈述案情的权利具有人身性质,所以,法定代理人不可以代替被代理人陈述案情,诉讼代理人也不能代替被代理人陈述案情。故 D 项错误。

84．强奸罪;结果加重犯[BD]

[解析] 甲对乙女对其实施暴力行为,但并未能实施奸淫行为,因此不成立强奸罪的既遂。甲将乙捅成重伤,并非出于强奸目的,而是为了逃跑(被乙制服后,乙欲将其扭送至公安机关),不能认为是强奸罪的实行行为,对此应当单独评价为故意伤害罪,不属于强奸罪的加重结果。故 A 项错误。同理,C 项也是错误的。

如上所述,甲的行为系强奸罪的未遂,在成立未遂后,又因抗拒抓捕故意造成乙重伤,成立故意伤害罪既遂,应与强奸罪数罪并罚。故 D 项正确。

《刑法》第269条规定,犯盗窃、诈骗、抢夺罪,为窝藏赃物、抗拒抓捕或者毁灭罪证而当场使用暴力或者以暴力相威胁的,依照抢劫罪的规定定罪处罚。该条文属于法律拟制,对于强奸罪,不能比照此规定加以认定。故 B 项正确。

85．法律部门;法的要素;法的适用的一般原理[ACD]

[解析] 基本法律,即全国人大制定和修改的刑事、民事、国家机构和其他方面的规范性文件。我国《婚姻法》和《民法通则》都是属于民法法律部门的成文法,都是由我国全国人大制定的基本法律。故 A 项正确。

法律规则具有明确的假定条件、行为模式、法律后果,而法律原则往往较为模糊,缺乏明确的假定条件、具体的行为模式、确定的法律后果。二者的区分关键在于:是否明确规定了权利义务的种类及具体内容。"民事活动应当尊重社会公德",没有规定权利义务的种类和具体内容,而是笼统的、抽象性的规定,属于法律原则,不属于法律规则,更谈不上"命令性规则"。故 B 项错误。

外部证成关涉的是对内部证成中所使用的前提本身的合理性,即对前提的证成。本案中,由于法律没有"隔代亲属的探望权"的规定,即缺乏适用的"大前提",法官无法直接依照法律规定作出裁判,转而从"民事活动应当尊重社会公德"这一法律原则中寻找依据,并从"有利于儿童健康成长"的角度进行证成,这种方法属于典型的外部证成。故 C 项正确。

法律人适用法律的目标就是要获得一个合理的法律决定。所谓合理的法律决定就是指法律决定具

有可预测性和可接受性。注意,可预测性的含义就是安定性、确定性;可接受性的含义就是正当性、合目的性。故 D 项正确。

三、不定项选择题

86．法律职业道德基本原则之一的清正廉洁、遵纪守法[ABD]

[解析]《最高人民法院、最高人民检察院、公安部、国家安全部、司法部关于进一步规范司法人员与当事人、律师、特殊关系人、中介组织接触交往行为的若干规定》第5条规定:"严禁司法人员与当事人、律师、特殊关系人、中介组织有下列接触交往行为:(一)泄露司法机关办案工作秘密或者其他依法依规不得泄露的情况;(二)为当事人推荐、介绍诉讼代理人、辩护人、或者为律师、中介组织介绍案件,要求、建议或者暗示当事人更换符合代理条件的律师;(三)接受当事人、律师、特殊关系人、中介组织请客送礼或者其他利益;(四)向当事人、律师、特殊关系人、中介组织借款、租借房屋,借用交通工具、通讯工具或者其他物品;(五)在委托评估、拍卖等活动中徇私舞弊,与相关中介组织和人员恶意串通、弄虚作假、违规操作等行为;(六)司法人员与当事人、律师、特殊关系人、中介组织的其他不正当接触交往行为。"故 A、B、D 项正确。

第6条规定:"司法人员在案件办理过程中,应当在工作场所、工作时间接待当事人、律师、特殊关系人、中介组织。因办案需要,确需与当事人、律师、特殊关系人、中介组织在非工作场所、非工作时间接触的,应依照相关规定办理审批手续并获批准。"所以,司法人员在非工作场所接触当事人、律师、特殊关系人并非完全禁止的行为。故 C 项错误。

87．刑事附带民事诉讼案件赔偿责任人[D]

[解析]《刑诉解释》第180条规定:"附带民事诉讼中依法负有赔偿责任的人包括:(一)刑事被告人以及未被追究刑事责任的其他共同侵害人;(二)刑事被告人的监护人;(三)死刑罪犯的遗产继承人;(四)共同犯罪案件中,案件审结前死亡的被告人的遗产继承人;(五)对被害人的物质损失依法应当承担赔偿责任的其他单位和个人。附带民事诉讼被告人的亲友自愿代为赔偿的,可以准许。"

本题中,张一是未成年刑事被告人,属于依法负有民事赔偿责任的人。张一父母是张一的监护人,作为刑事被告人的监护人,符合上述第1款第2项规定的情形,依法负有民事赔偿责任。由于李二在开庭前死亡,所以其本人没有赔偿义务,但是其父母作为"共同犯罪案件中,案件审结前死亡的被告人的遗产继承人",符合上述第1款第4项规定的情形,依法负有民事赔偿责任。王三情节轻微未被起诉,属于未被

追究刑事责任的其他共同侵害人,符合上述第1款第1项规定的情形,也依法负有民事赔偿责任,故本题的正确答案为D项。

88．附带民事诉讼中当事人不到庭的处理[B]

[解析]《刑诉解释》第175条第1款规定:"被害人因人身权利受到犯罪侵犯或者财物被犯罪分子毁坏而遭受物质损失的,有权在刑事诉讼过程中提起附带民事诉讼;被害人死亡或者丧失行为能力的,其法定代理人、近亲属有权提起附带民事诉讼。"据此,本案中赵四的父母作为已死亡的被害人赵四的近亲属,是本案附带民事诉讼的原告人,李二父母、王三是本案附带民事诉讼的被告人。

《刑诉解释》第195条第1款规定:"附带民事诉讼原告人经传唤,无正当理由拒不到庭,或者未经法庭许可中途退庭的,应当按撤诉处理。"本题中,赵四父母是附带民事诉讼原告人,其经传唤,无正当理由拒不到庭,或者未经法庭许可中途退庭,都应当按照撤诉处理。故A项错误,B项正确。

《刑诉解释》第195条第2款规定:"刑事被告人以外的附带民事诉讼被告人经传唤,无正当理由拒不到庭,或者未经法庭许可中途退庭的,附带民事部分可以缺席判决。"本题中,王三属于"刑事被告人以外的附带民事诉讼被告人",其经传唤,无正当理由拒不到庭,附带民事部分可以缺席判决。故C项错误。而D项中李二的父母作为"刑事被告人以外的附带民事诉讼被告人"不到庭,法庭不是"应当",而是"可以"缺席判决。故D项错误。

89．行政协议及诉讼[BCD]

[解析]《行政协议案件规定》第25条规定:"公民、法人或者其他组织对行政机关不依法履行、未按照约定履行行政协议提起诉讼的,诉讼时效参照民事法律规范确定;对行政机关变更、解除行政协议等行政行为提起诉讼的,起诉期限依照行政诉讼法及其司法解释确定。"本题区政府将协议约定的拆迁补偿款单方变更为150万元,属于行政机关单方变更协议,应当适用行政诉讼法及其司法解释关于起诉期限的规定。故A项正确。【总结提示】行政协议案件的起诉期限总结:(1)诉行政机关变更、解除行政协议,适用行政诉讼起诉期限(6个月);(2)诉行政机关变更、解除行政协议之外的行为,适用民事诉讼时效(3年);(3)诉行政协议无效的,不受起诉期限限制。

《行政协议案件规定》第16条第1款规定:"在履行行政协议过程中,可能出现严重损害国家利益、社会公共利益的情形,被告作出变更、解除协议的行政行为后,原告请求撤销该行为,人民法院经审理认为该行为合法的,判决驳回原告诉讼请求;给原告造成损失的,判决被告予以补偿。"本题中,由于房屋补偿面积认定存在重大偏差,区政府基于公共利益

和为公平公正执行拆迁补偿安置政策的需要,变更了拆迁补偿的数额,符合法律规定,并无不当,故B项错误。

违法变更行政协议案件不属于复议前置的案件,李某可以直接提起行政诉讼。故C项错误。

行政诉讼是"民告官"的诉讼,没有"官告民"的行政诉讼。《行政协议案件规定》第6条规定:"人民法院受理行政协议案件后,被告就该协议的订立、履行、变更、终止等提起反诉的,人民法院不予准许。"故D项错误。

90．证明效力;举证责任;国家赔偿的范围;行政诉讼判决[A]

[解析]根据《行政诉讼证据规定》第63条规定,其他证人证言优于与当事人有亲属关系或者其他密切关系的证人提供的对该当事人有利的证言。卢某与本案无利害关系,而谢某作为镇政府工作人员与被告存在紧密联系,因此卢某的证言优于谢某的证言,A项正确。

《行政诉讼法》第38条第2款规定:"在行政赔偿、补偿的案件中,原告应当对行政行为造成的损害提供证据。因被告的原因导致原告无法举证的,由被告承担举证责任。"本案中强制拆除行为是在夜里趁姜某不在家时进行的,这就导致原告对财产损失无法举证证明,因此应由被告镇政府承担举证责任,故B项错误。

违法强制执行的行为造成当事人损失的,应当予以赔偿。首先,只有县级以上人民政府才有强制拆除权,镇政府无权实施强制拆除;其次,《行政强制法》禁止在夜间实施行政强制执行。因此,镇政府的强制拆除行为违法,应当对违法行为造成的损失承担赔偿责任。故C项错误。

根据《行政诉讼法》第74条规定,行政行为违法,但不具有可撤销内容的,判决确认违法。本题中房屋已经被拆除,没有可撤销的内容,应当判决确认强制拆除行为违法。故D项错误。

91．法的渊源;正式的法的渊源与非正式的法的渊源[A]

[解析]同一位阶时的法律冲突的解决原则主要包括"全国性法律优先""特别法优先""新法优先""实体法优先""国际法优先"等。不同位阶时的法律冲突的解决原则需遵循"上位法优于下位法"原则。

A项考查"新法优先"原则。"新法优先"是指,同一机关对同一事项制定的新法和旧法不一致时,新法的效力优于旧法。题干中比较的是1995年《保险法》和2009年新《保险法》,属于新法与旧法(后法与前法)的关系。故A项正确。

B项考查"特别法优先"原则。特别法优先是指,

同一机关制定的法律文件，如果特别规定与一般规定不一致的，适用特别规定。本题中的两个条文都属于《保险法》，不涉及一般法和特别法。故 B 项错误。

C 项考查"上位法优先"原则。上位法优先是指，对同一事项有不同规定时，应优先适用更高位阶的法律或规定。本题中的两个条文都属于《保险法》，不涉及上位法和下位法。故 C 项错误。

本题两条款有明文规定的法律效力，均属于《保险法》，是法的正式渊源。故 D 项错误。

92．法的渊源及其效力[ABC]

[解析]《公司法》调整一切公司，而《保险法》仅仅调整保险公司。故《保险法》对保险公司形式的规定，相对于《公司法》而言，属于特别法的规定。故 A 项正确。

特别法优于一般法，应优先适用《保险法》。《保险法》对保险公司没有规定的，才适用《公司法》。故 B 项正确。

若特别法缺乏相关规定，可以在一般法中进行寻找和适用。故 C 项正确。

根据题干中《保险法》第 94 条的规定，对于保险公司的设立、变更、解散和清算事项，《保险法》没有规定的，应当适用《公司法》的规定。故 D 项错误。

93．坚持建设德才兼备的高素质法治工作队伍[ABD]

[解析] 全面推进依法治国，首先要把专门队伍建设好。要加强理想信念教育，深入开展社会主义核心价值观和社会主义法治理念教育，推进法治专门队伍革命化、正规化、专业化、职业化，确保做到忠于党、忠于国家、忠于人民、忠于法律。故 B 项正确，C 项错误

法律服务队伍是全面依法治国的重要力量。要把拥护中国共产党领导、拥护我国社会主义法治作为法律服务人员从业的基本要求，加强教育、管理、引导，引导法律服务工作者坚持正确政治方向，依法依规诚信执业，认真履行社会责任，满腔热忱投入社会主义法治国家建设。故 A、D 项正确。

94．侦查措施[AC]

[解析]《刑事诉讼法》第 124 条第 1 款规定："侦查人员询问证人，可以在现场进行，也可以到证人所在单位、住处或者证人提出的地点进行，在必要的时候，可以通知证人到人民检察院或者公安机关提供证言。在现场询问证人，应当出示工作证件，到证人所在单位、住处或者证人提出的地点询问证人，应当出示人民检察院或者公安机关的证明文件。"此外该法第 127 条规定："询问被害人，适用本节各条规定。"本案中，甲为被害人同时也是证人，因此询问甲适用询问证人的规定，经出示工作证件，侦查人员可在学校询问。故 A 项正确。

《刑事诉讼法》第 281 条第 1 款规定："对于未成年人刑事案件，在讯问和审判的时候，应当通知未成年犯罪嫌疑人、被告人的法定代理人到场。无法通知、法定代理人不能到场或者法定代理人是共犯的，也可以通知未成年犯罪嫌疑人、被告人的其他成年亲属，所在学校、单位、居住地基层组织或者未成年人保护组织的代表到场，并将有关情况记录在案。到场的法定代理人可以代为行使未成年犯罪嫌疑人、被告人的诉讼权利。"该条第 5 款规定，询问未成年被害人、证人，适用第 1 款、第 2 款、第 3 款的规定。由此可知，只有到场的法定代理人才能代为行使未成年犯罪嫌疑人、被告人、被害人、证人的诉讼权利，"学校的其他老师"是其他合适成年人，不能代为行使乙的诉讼权利。故 B 项错误。

《刑事诉讼法》第 135 条第 1 款规定："为了查明案情，在必要的时候，经公安机关负责人批准，可以进行侦查实验。"故 C 项正确。

《刑诉解释》第 80 条第 1 款规定："下列人员不得担任见证人：（一）生理上、精神上有缺陷或者年幼，不具有相应辨别能力或者不能正确表达的人；（二）与案件有利害关系，可能影响案件公正处理的人；（三）行使勘验、检查、搜查、扣押、组织辨认等监察调查、刑事诉讼职权的监察、公安、司法机关的工作人员或者其聘用的人员。"许某与本案有利害关系，所以不得担任本案的见证人。故 D 项错误。

95．人民代表大会制度[ABC]

[解析] 人民代表大会制度是我国的根本政治制度，其基本内涵为：（1）人民代表大会制度体现了人民主权原则。人民代表大会制度以主权在民为逻辑起点，而人民主权构成了人民代表大会制度的最核心的基本原则。（2）人民代表大会制度是人民掌握和行使国家权力的组织形式与制度。全国人民代表大会和地方各级人民代表大会是人民掌握和行使国家权力的组织形式。（3）全国人民代表大会和地方各级人民代表大会都由民主选举产生，对人民负责，受人民监督。选民或者选举单位有权依法罢免自己选出的代表。（4）各级人大是国家权力机关，其他国家机关都由人大选举产生，对其负责，受其监督。全国人大是最高国家权力机关，地方各级人大属于地方国家权力机关。各级人民代表大会上下级之间是监督关系，上级人大有权依照法律规定指导、监督下级人大的工作。故 A、B、C 项正确。

社会主义民主的实现形式多种多样，如人民代表大会制度、中国共产党领导的多党合作与政治协商制度、选举制度、基层群众自治制度等均为社会主义民主的实现形式。故 D 项错误。

96．诈骗罪的认定[BCD]

[解析] 诈骗罪，是指以非法占有为目的，用虚

构事实或者隐瞒真相的方法,骗取数额较大的公私财物的行为。甲将一只壶的壶底落款"民國叁年"磨去,还谎称此壶确为明代古董,可见,甲隐瞒、掩盖了古董是民国叁年之物的事实真相,使钱某误以为古董是明代的,从而骗取了钱某的财物。可见,甲的行为符合诈骗罪的构成要件,成立诈骗罪。A 项正确,不当选。至于钱某自己误以为是明代文物、上前询问等行为,并不能说明其有过错,使钱某最终陷入错误认识的是甲的说谎行为,因此钱某的误认行为不能影响甲诈骗罪的成立。B、C 项均错误,当选。诈骗罪的欺诈不同于"价格欺诈"。在价格欺诈中,商家虚报、虚标价格,是常见现象,这种购物风险消费者对此已有心理准备,通常情况下,只要交易商品存在,一般不认为是诈骗罪。因此,甲的行为属于诈骗罪,不是简单的价格欺诈。D 项错误,当选。

97.诈骗罪的认定[AB]

[解析] 甲为了让李某高价买走赝品,虚构事实、故意编造虚假情况,制作虚假证据,致使李某以高价买走赝品,可见,甲对于李某完全符合诈骗罪的犯罪构成,已经构成诈骗罪。故 A 项正确。

标价高不是诈骗行为,而是普通的价格欺诈,而虚假证据证明该画为名家亲笔,则属于虚构事实、故意编造虚假情况骗取李某财物,属于诈骗行为。故 B 项正确。

诈骗罪中的受害者均有认识错误的情形,正是因为诈骗者的虚构事实、隐瞒真相,才使被害人产生错误认识,从而仿佛是自愿交出财物。可见,甲的行为不是强化认识错误而是诈骗行为。故 C 项错误。

正是因为甲拿出虚假证据的行为才使李某产生错误认识,从而以高价购买了赝品,可见,甲拿出虚假证据的行为与结果之间没有因果关系。李某高价购买了赝品,甲已经将诈骗来的钱财置于自己的控制下,该钱财已经转移了占有,故甲已经构成诈骗既遂。故 D 项错误。

98.刑法上的因果关系;滥用职权罪;徇私舞弊不征、少征税款罪;受贿罪[ABD]

[解析] 民政局副局长朱某在做年检审核时,明知电气厂的材料有虚假、残疾员工未达法定人数,但仍使其顺利通过年检,后者进而获取退税 300 万元。朱某滥用职权的行为与国家损失 300万元税收之间存在因果关系,成立滥用职权罪。故 A、B 项正确。

朱某并非税收征管人员,也未与税收征管人员相勾结,故朱某的行为不成立徇私舞弊不征、少征税款罪。故 C 项错误。

朱某虽然事后获得了利益,即升任局长,但这不属于利用职务之便收取贿赂(财物或者财产性利益)的行为,不成立受贿罪。故 D 项正确。

99.逃税罪;诈骗罪;提供虚假证明文件罪;单位犯罪[ACD]

[解析] 逃税罪发生在税款缴纳阶段,主要表现为纳税人采取欺骗、隐瞒手段进行虚假纳税申报或者不申报,逃避缴纳税款数额较大并且占应纳税额 10%以上,扣缴义务人采取欺骗、隐瞒等手段,不缴或者少缴已扣、已收税款,数额较大的行为。本案中,黄某伪造文件材料并不是发生在税收缴纳的过程中,也不是为了不缴或者少缴税款,而是在已经缴纳税款后,为了利用国家的退税优惠政策骗取退税,因此不构成逃税罪。故 A 项错误,当选。黄某通过虚构材料、隐瞒真相骗取退税的行为符合诈骗的要件,触犯诈骗罪。故 B 项正确,不当选。提供虚假证明文件罪,是指承担资产评估、验资、验证、会计、审计、法律服务、保荐、安全评价、环境影响评价、环境监测等职责的中介组织人员故意提供虚假证明文件,情节严重的行为。此罪的犯罪主体仅限于中介机构工作人员。黄某不构成提供虚假证明文件罪。故 C 项错误,当选。根据法律规定,单位不能作为诈骗罪的犯罪主体。故 D 项错误,当选。

100.行政复议决定;行政诉讼被告及第三人[BCD]

[解析]《土地管理法》第 14 条第 1、2 款规定:"土地所有权和使用权争议,由当事人协商解决;协商不成的,由人民政府处理。单位之间的争议,由县级以上人民政府处理;个人之间、个人与单位之间的争议,由乡级人民政府或者县级以上人民政府处理。"可见,本案中村民甲、乙因自留地使用权发生争议,乡政府有权作出处理决定。

根据《行政复议法》第 64 条规定,对于超越或滥用职权作出的行政行为,行政复议机关应当决定撤销或者部分撤销行政行为,可以一并责令被申请人在一定期限内重新作出行政行为。可见,法律并未要求复议机关在作出撤销决定的同时,对当事人之间的争议作出裁决。本题中,县政府以乡政府无权作出处理决定为由作出了撤销决定,A 项中"同时应当确定系争土地权属"的表述过于绝对,是错误的。

《行政诉讼法解释》第 31 条规定:"当事人委托诉讼代理人,应当向人民法院提交由委托人签名或者盖章的授权委托书。委托书应当载明委托事项和具体权限……"据此,甲的代理人的授权委托书应当载明委托事项和具体权限,B 项正确。

《行政诉讼法》第 26 条第 2 款规定:"经复议的案件,复议机关决定维持原行政行为的,作出原行政行为的行政机关和复议机关是共同被告;复议机关改变原行政行为的,复议机关是被告。"本案属于经过复议的案件,复议机关县政府撤销了被申请人乡政府的原行为,此为复议改变。故本案的被告为县政府,

C项正确。

本案乙是自留地使用权争议的一方当事人,作为物权关系人与县政府的撤销决定有法律上的利害关系,可以作为第三人。《行政诉讼法解释》第89条规定:"复议决定改变原行政行为错误,人民法院判决撤销复议决定时,可以一并责令复议机关重新作出复议决定或者判决恢复原行政行为的法律效力。"该条款增加了"判决恢复原行政行为的法律效力"的规定,导致原机关和复议机关在庭审中可能呈现对立关系。最高人民法院的观点认为,原告提起诉讼要求撤销复议决定的,作出原行政行为的行政机关与被诉行政复议决定有利害关系,是必须参加诉讼的第三人,人民法院应当通知其为第三人参加行政诉讼。可见,乡政府是有权作为第三人参加诉讼的。故D项正确。

试 卷 二

解 析

一、单项选择题

1. 国际商事法庭[A]

[解析]《最高人民法院关于设立国际商事法庭若干问题的规定》第15条第1款规定:"国际商事法庭作出的判决、裁定,是发生法律效力的判决、裁定。"第16条第1款规定:"当事人对国际商事法庭作出的已经发生法律效力的判决、裁定和调解书,可以依照民事诉讼法的规定向最高人民法院本部申请再审。"据此,国际商事法庭作出的判决是发生法律效力的终审判决,当事人无权上诉。对判决不服,当事人可以依照民事诉讼法的规定向最高人民法院本部申请再审。故A项正确。

《最高人民法院关于设立国际商事法庭若干问题的规定》第4条规定,国际商事法庭法官由最高人民法院在具有丰富审判工作经验,熟悉国际条约、国际惯例以及国际贸易投资实务,能够同时熟练运用中文和英文作为工作语言的资深法官中选任。根据我国《法官法》对法官任职条件的规定,法官必须具有中国国籍,不包括外国人。故B项错误。

《最高人民法院关于设立国际商事法庭若干问题的规定》第9条规定:"当事人向国际商事法庭提交的证据材料系在中华人民共和国领域外形成的,不论是否已办理公证、认证或者其他证明手续,均应当在法庭上质证。当事人提交的证据材料系英文且经对方当事人同意的,可以不提交中文翻译件。"据此,证据材料经对方当事人同意的,可以不提交中文翻译件。故C项错误。在域外形成的证据材料不论是否已办理公证、认证,均应当在法庭上质证后才能采用。故D项错误。

2. 违反合同的救济;《国际货物销售合同公约》的适用范围[B]

[解析]《国际货物销售合同公约》不调整货物致第三方损害的产品责任问题。故A项错误。

《国际货物销售合同公约》第71条(3)规定,中止履行的一方当事人不论是在货物发运前还是发运后,都必须通知另一方当事人,如经另一方当事人对履行义务提供充分保证,则中止履行的一方必须继续履行义务。故B项正确,D项错误。

《国际货物销售合同公约》第71条规定,一方当

事人在履行合同的能力或信用方面存在严重缺陷,或者表明将不能履行合同中的大部分重要义务,对方当事人可以采取中止履行义务的措施。如果满足上述条件,乙公司可以直接采取中止履行行为。故C项错误。

3. 自助[C]

[解析]甲在乙经营的酒店进餐,与乙形成餐饮合同。这一合同为双务合同,甲承担交付餐费的义务,乙承担提供餐饮的义务。乙向甲返还外衣并不是该双务合同中的义务,不能与甲的餐费交付义务形成对待给付关系,不能形成双务合同抗辩。故A、B项错误。

甲就餐后拒付餐费,侵害了乙的权利。因乙不知甲的身份和去向,所以乙扣留甲的外衣是必要的,也未超过合理的限度,属于自助行为,未构成侵权。故C项正确,D项错误。【特别提醒】按照自助救济后,应"尽快纳入公力救济"的要求,题目中虽然没有类似"打电话报警"的情节,但这并不影响乙的行为的自助性质。因为"打电话报警"等是构成自助后,问题应如何处理的法律要求,而不是自助行为本身的构成要件。

4. 可撤销的民事法律行为[A]

[解析]《民法典总则编解释》第19条第1款规定:"行为人对行为的性质、对方当事人或者标的物的品种、质量、规格、价格、数量等产生错误认识,按照通常理解如果不发生该错误认识行为人就不会作出相应意思表示的,人民法院可以认定为民法典第一百四十七条规定的重大误解。"根据《民法典》第147条规定,基于重大误解实施的民事法律行为,行为人有权请求人民法院或者仲裁机构予以撤销。本题中,朱某误以为卖给张某的小碗是普通小碗,实际上却是明代某官窑出土的古董,可见,朱某对买卖标的物的性质存在严重认识错误,并因此作出了错误的意思表示,其有权基于重大误解撤销买卖合同。故A项正确。

本题中,双方都对该碗的实际性质与价值不知情,张某并不存在利用朱某处于危困状态、缺乏判断能力等情形进行显示公平交易的情形,也不存在捏造事实或隐瞒事实进行欺诈的情形,更不存在胁迫行

为，故 B、C、D 项错误。

5．仲裁裁决书的补正[A]

[解析]《仲裁法》第 56 条规定："对裁决书中的文字、计算错误或者仲裁庭已经裁决但在裁决书中遗漏的事项，仲裁庭应当补正；当事人自收到裁决书之日起三十内，可以请求仲裁庭补正。"故 B、C、D 项不当选，A 项当选。

6．名义股东与实际股东；实际出资人显名的条件[D]

[解析] 2019 年《全国法院民商事审判工作会议纪要》(《九民纪要》)第 28 条规定了实际出资人显名的条件："实际出资人能够提供证据证明有限责任公司过半数的其他股东知道其实际出资的事实，且对其实际行使股东权利未曾提出异议的，对实际出资人提出的登记为公司股东的请求，人民法院依法予以支持。公司以实际出资人的请求不符合公司法司法解释(三)第 24 条的规定为由抗辩的，人民法院不予支持。"本题中，甲、丙对"乙代持丁股份"一事知情，且无异议，实际出资人丁得以显名化，即使没有办理股权变更登记，在公司内部仍可认定丁为股东。因此，乙擅自处分丁的股份，构成无权处分，甲对此知情，不能善意取得股份，丁可要求甲向其返还股份。故 C 项错误，D 项正确。

虽然乙为无权处分，但不影响乙、甲之间股份转让协议的效力，丁无权主张撤销该协议。故 A 项错误。

乙将股份转让给甲属于公司股东之间的内部转让，其他股东不享有优先购买权。故 B 项错误。

7．虚假宣传行为；诋毁商誉行为[D]

[解析] 本题中，红心地板公司宣传自己的地板是"原装进口实木地板"，而实际情况是"该公司生产的实木地板是用进口木材在国内加工而成"，其宣传行为容易让消费者产生该地板是国外生产的认识，因而违反了《反不正当竞争法》第 8 条的规定，是对商品作引人误解的虚假宣传的行为。此外，该公司在广告中宣称"强化木地板甲醛高、不耐用"，并且造成了当地市场上强化木地板销量锐减的情况，该行为对当地所有生产强化木地板的生产企业的商业信誉带来了不利影响，违反了《反不正当竞争法》第 11 条的规定，即"经营者不得编造、传播虚假信息或者误导性信息，损害竞争对手的商业信誉、商品声誉"。故本题的正确答案为 D 项，其行为既构成虚假宣传行为，又构成诋毁商誉行为。

8．森林权属争议；林地用途的改变[B]

[解析]《森林法》第 22 条规定："单位之间发生的林木、林地所有权和使用权争议，由县级以上人民政府依法处理。个人之间、个人与单位之间发生的林木所有权和林地使用权争议，由乡镇人民政府或者县

级以上人民政府依法处理。当事人对有关人民政府的处理决定不服的，可以自收到处理决定通知之日起 30 日内，向人民法院起诉。在林木、林地权属争议解决前，除因森林防火、林业有害生物防治、国家重大基础设施建设等需要外，当事人任何一方不得砍伐有争议的林木或者改变林地现状。"本案中，甲公司和乙公司两个单位发生林地使用权争议，应先由县级以上人民政府处理，对于政府处理决定不服的，才能向法院起诉。故 B 项正确，C 项错误。在林地权属争议解决之前，任何一方不得砍伐有争议的林木或者改变林地现状，故 A 项错误。

《森林法》第 15 条第 3 款规定："森林、林木、林地的所有者和使用者应当依法保护和合理利用森林、林木、林地，不得非法改变林地用途和毁坏森林、林木、林地。"第 73 条第 1 款规定："违反本法规定，未经县级以上人民政府林业主管部门审核同意，擅自改变林地用途的，由县级以上人民政府林业主管部门责令限期恢复植被和林业生产条件，可以处恢复植被和林业生产条件所需费用三倍以下的罚款。"可见，非经法定程序不能擅自改变林地的用途，故 D 项错误。

9．共同诉讼人[D]

[解析]《民诉解释》第 67 条规定，无民事行为能力人、限制民事行为能力人造成他人损害的，无民事行为能力人、限制民事行为能力人与其监护人为共同被告。故 A、C 项错误。

《民法典》第 1201 条规定，无民事行为能力人在幼儿园受到幼儿园以外人员侵害的，由侵权人承担侵权责任；幼儿园未尽到管理职责的，承担相应的补充责任。根据此项规定，幼儿园承担的是补充赔偿责任，与受害人之间具有直接的赔偿权利义务关系，是赔偿权利义务关系一方当事人，故应为适格被告，不能列为无独立请求权的第三人。故 B 项错误。【特别提醒】注意两个问题：首先，掌握无独三和共同被告的区别。二者的主要区别在于无独三与案件原告没有直接的权利义务关系，而共同被告与原告存在直接的权利义务关系。对于本题，根据《民法典》的规定，幼儿园未尽管理责任的，应当承担补充责任。据此，幼儿园与受害人之间具有直接的赔偿权利义务关系，是赔偿权利义务关系一方当事人，因此应为适格被告，不是无独三。其次，注意程序问题与实体问题。有考生指出，根据《民法典》的规定，幼儿园未尽到管理职责的才承担补充责任，而题目并未表述幼儿园未尽到管理责任，为何要作为共同被告？另外，有考生指出，补充责任是第二顺位的责任，即使幼儿园有过错，本题中也应当先向侵权责任人姜某主张责任，只有在姜某无法履行赔偿义务时才由幼儿园承担补充赔偿责任，为何可以将幼儿园列为共同被告一并起诉？对此，要注意区分程序问题与实体问题。本题

中,幼儿园是否尽到管理职责,是否应承担补充责任的问题属于实体判断范畴,而在起诉时,只是解决当事人的主体资格问题,故权利人主张其承担责任,就应当列其为共同被告,至于其是否承担责任则属于实体审理后的判断问题,起诉时在所不问。

根据上述司法解释及法律规定,被监护人造成他人损害的,其与监护人为共同被告;同时,无民事行为能力人在幼儿园受到幼儿园以外人员侵害的,幼儿园未尽到管理职责的,应当承担补充责任,其在诉讼中的地位应当是共同被告。故 D 项正确。

10．行为保全;对保全的救济[B]

[解析] 本题解题的关键在于识别"禁止令"的性质。小丁向法院提起诉讼的依据是《民法典》第997条规定:"民事主体有证据证明行为人正在实施或者即将实施侵害其人格权的违法行为,不及时制止将使其合法权益受到难以弥补的损害的,有权依法向人民法院申请采取责令行为人停止有关行为的措施。"可见,"禁止令"即责令行为人停止作出一定行为,这实质上是民事诉讼法中的行为保全。根据《民诉解释》第 171 条的规定,当事人对保全或者先予执行裁定不服的,可以自收到裁定书之日起 5 日内向作出裁定的人民法院申请复议。人民法院应当在收到复议申请后 10 日内审查。裁定正确的,驳回当事人的申请;裁定不当的,变更或者撤销原裁定。据此,舅舅不服法院的禁止令,应向乙区法院申请复议,故 B 项正确。

11．食品添加剂实施许可制度[C]

[解析]《食品安全法》规定了食品添加剂的生产许可制度,并未规定销售许可制度,食品添加剂生产企业向食品生产者销售食品添加剂,不需要办理许可证。故 A 项错误。

《食品安全法》对销售食品添加剂不实行销售许可制度,销售含有食品添加剂的食品当然也不需要取得食品添加剂销售许可。故 B 项错误。

《食品安全法》第 70 条规定,食品添加剂应当有标签、说明书和包装。标签、说明书应当载明本法第 67 条第 1 款第 1 项至第 6 项、第 8 项、第 9 项规定的事项,以及食品添加剂的使用范围、用量、使用方法,并在标签上载明"食品添加剂"字样。故 C 项正确。

D 项说法无法律依据,在现实当中也不可能如此规定。故 D 项错误。

12．地役权[B]

[解析]《民法典》第 291 条规定:"不动产权利人对相邻权利人因通行等必须利用其土地的,应当提供必要的便利。"这是关于相邻关系中通行权(相邻权的一种)的规定。《民法典》第 372 条规定:"地役权人有权按照合同约定,利用他人的不动产,以提高自己的不动产的效益。前款规定的他人的不动产为

供役地,自己的不动产为需役地。"这是关于设立地役权的规定。

相邻权与地役权的主要区别有三:(1)相邻权是法定的;地役权是约定的;(2)相邻权的取得是无偿的;地役权的取得既可以是有偿的,亦可无偿取得;(3)相邻权的义务人仅提供最低限度的容忍义务(如甲的土地是"袋地",不经过乙的土地就不能到达公路,此时甲基于相邻关系对乙的土地享有通行权,但应对因此给乙造成的损失予以补偿);地役权的义务人提供的容忍义务并非最低限度的容忍义务,其内容全赖当事人约定。本题中,题目交代,小学只是为了"方便"(非必须经过)而与研究院约定在后者的道路上通行,且每年支付 1 万元费用,故不属于"袋地"通行权的范畴,二者约定的是地役权。故 A 项错误,B 项正确。

根据《民法典》第 344 条的规定,建设用地使用权的内容是在国家所有权土地上建造建筑物、构筑物及其附属设施;根据《民法典》第 362 条的规定,宅基地使用权的内容是利用集体的土地建造住宅及其附属设施。本题与此无关。故 C、D 项错误。

13．遗产的范围[A]

[解析]《民法典》第 1122 条规定:"遗产是自然人死亡时遗留的个人合法财产。依照法律规定或者根据其性质不得继承的遗产,不得继承。"《民法典继承编解释(一)》第 26 条规定:"遗嘱人以遗嘱处分了国家、集体或者他人财产的,应当认定该部分遗嘱无效。"A 项中,关于乙寺院出资购买并登记在甲名下的房产的所有权归属,房产虽然登记在甲名下,但甲并非事实上的所有权人,其房产应归寺院所有,因为根据题目交代的信息,房子是由寺院出资购买,并且没有说明赠与给甲的意思,同时,并没有涉及善意第三人利益的保护,登记并不是认定所有权的唯一标准。因此,房产归乙寺院所有,不属于甲的遗产。故 A 项正确。

微博账号属于网络虚拟财产,系在网络环境下的新兴个人财产,其权益归属于甲。在甲死亡时,应认定为甲的遗产,由丙依照遗嘱继承取得。故 B 项错误。

著作人身权中的署名权、修改权和保护作品完整权具有专属性,不得继承;著作财产权,不具有专属性,可以继承。发表权作为著作人身权,虽不得继承,但《著作权法实施条例》第 17 条规定:"作者生前未发表的作品,如果作者未明确表示不发表,作者死亡后 50 年内,其发表权可由继承人或者受遗赠人行使;没有继承人又无人受遗赠的,由作品原件的所有人行使。"此外,根据《著作权法》第 18 条的规定,公民为完成法人或者非法人组织工作任务所创作的作品为职务作品,原则上著作权由作者享有,所在单位有权

在其业务范围内优先使用。因此,即使甲撰写的《金刚经解说》属于职务作品(一般职务作品),其著作权仍归属于甲。故 C 项错误。

甲"出家"这一事实本身,不会直接导致甲的个人存款归乙寺院所有,甲的个人存款属于甲的遗产。故 D 项错误。

14. 当事人能力;正当当事人[B]

[解析] 正当当事人,也称为当事人适格,是指对于具体的诉讼,有作为本案当事人起诉或应诉的资格。一般来讲,应当以当事人是不是所争议的民事法律关系(即本案诉讼标的)的主体,作为判断当事人适格与否的标准,而非以当事人是否对诉讼标的有确认利益作为判断标准。故 A 项错误,B 项正确。

《民法典》第 17 条规定:"十八周岁以上的自然人为成年人。不满十八周岁的自然人为未成年人。"第 18 条规定:"成年人为完全民事行为能力人,可以独立实施民事法律行为。十六周岁以上的未成年人,以自己的劳动收入为主要生活来源的,视为完全民事行为能力人。"因此,成年与未成年,以是否满 18 周岁作为判断标准。但事实上,有些不到 18 周岁的人,也有可能有诉讼行为能力。故 C 项错误。

《民诉解释》第 64 条规定:"企业法人解散的,依法清算并注销前,以该企业法人为当事人;未依法清算即被注销的,以该企业法人的股东、发起人或者出资人为当事人。"据此,企业清算期间,企业并未被注销,应当以该企业的名义起诉或应诉。故 D 项错误。

15. 股票发行[C]

[解析]《证券法》第 9 条规定:"公开发行证券,必须符合法律、行政法规规定的条件,并依法报经国务院证券监督管理机构或者国务院授权的部门注册。未经依法注册,任何单位和个人不得公开发行证券。证券发行注册制的具体范围、实施步骤,由国务院规定。有下列情形之一的,为公开发行:(一)向不特定对象发行证券;(二)向特定对象发行证券累计超过 200 人,但依法实施员工持股计划的员工人数不计算在内;(三)法律、行政法规规定的其他发行行为。非公开发行证券,不得采用广告、公开劝诱和变相公开方式。"据此,公开发行应向不特定对象公开发行,或者向特定对象超过 200 人发行,A 项表述为"向特定对象公开发行"不够严谨。此外,股份公司发行股票,需要依法报经国务院证券监督管理机构或者国务院授权的部门注册,未经依法注册,任何单位和个人不得公开发行证券,因此不能"根据需要"随意发行。故 A 项错误。

《公司法》第 59 条规定:"股东会行使下列职权:……(五)对公司增加或者减少注册资本作出决议……"另外根据上述《证券法》第 9 条第 1 款规定,公开发行证券,必须符合法律、行政法规规定的条件,并

依法报经国务院证券监督管理机构或者国务院授权的部门注册。未经依法注册,任何单位和个人不得公开发行证券。所以,公开发行新股,须经股东大会认可,且依法须报经国务院证券监督管理机构或者国务院授权的部门注册,不是由董事会决定后即可径自发行。故 B 项错误。

《公司法》第 148 条规定:"面额股股票的发行价格可以按票面金额,也可以超过票面金额,但不得低于票面金额。"《证券法》第 32 条规定:"股票发行采取溢价发行的,其发行价格由发行人与承销的证券公司协商确定。"据此,股票发行价格可以平价,也可以溢价,但不得折价发行,故 C 项正确。

《证券法》第 34 条规定:"公开发行股票,代销、包销期限届满,发行人应当在规定的期限内将股票发行情况报国务院证券监督管理机构备案。"公开发行股票,必须经国务院证券监督管理机构备案。故 D 项错误。

16. 附生效条件的合同[C]

[解析]《民法典》第 158 条规定:"民事法律行为可以附条件,但是根据其性质不得附条件的除外。附生效条件的民事法律行为,自条件成就时生效。附解除条件的民事法律行为,自条件成就时失效。"同时,第 159 条规定:"附条件的民事法律行为,当事人为自己的利益不正当地阻止条件成就的,视为条件已经成就;不正当地促成条件成就的,视为条件不成就。"本题中,甲、乙已就标的(甲向乙出售房屋)和数量(一栋房屋)达成一致,应当认定甲、乙已就房屋买卖合同的主要条款达成一致,甲、乙间的房屋买卖合同已经成立。故 A 项错误。但甲、乙间的买卖合同附了生效条件,即以"第二天早上 7 点甲家屋顶上来喜鹊"为条件成就。第二天早上 7 点,甲家的屋顶上没有喜鹊,约定的生效条件不成就,并且也不存在乙恶意阻碍条件成就的行为(赶走喜鹊的不是乙,而是甲的儿子)。因此,甲、乙间的房屋买卖合同因条件不成就而未生效。合同无效属于专用术语,特指因具有严重的效力瑕疵,自始、当然、确定不发生效力的合同。本题中,甲、乙的买卖合同未生效,但不能说无效。故 B 项错误。既然买卖合同未生效,甲、乙就不享有买卖合同的权利,也不负担买卖合同上的义务。故 C 项正确,D 项错误。

17. 不当得利[B]

[解析] 根据《民法典》第 122 条的规定,不当得利的构成要件有四:(1)一方获得利益(包括财产积极增加与财产消极增加);(2)他方受有损失(包括财产积极减少与财产消极减少);(3)获得利益与受到损失之间具有因果关系;(4)获得利益没有法律上的原因。借款人按照约定还本付息,贷款人取得的利息具有法律上的原因(曾经的借款合同),一般不构成不当得利。但是,《民法典》第 680 条第 1 款规定:

"禁止高利放贷，借款的利率不得违反国家有关规定。"《民间借贷规定》第25条第1款规定："出借人请求借款人按照合同约定利率支付利息的，人民法院应予支持，但是双方约定的利率超过合同成立时一年期贷款市场报价利率四倍的除外。"借款10万元，1年的利息5万元，年利率50%，显然远远超过法律保护的利率范围，属于高利贷，超过法律保护利率的部分构成不当得利。故A项不当选。

《诉讼时效规定》第19条第1款规定："诉讼时效期间届满，当事人一方向对方当事人作出同意履行义务的意思表示或者自愿履行义务后，又以诉讼时效期间届满为由进行抗辩，人民法院不予支持。"债权的诉讼时效期间经过后，债权的受领权能依然存在，债务人自愿履行债务的，不论债务人履行时是否知悉诉讼时效期间已经经过，受领权能的存在就是债权人保有债务人履行利益的法律上原因，不构成不当得利。故B项当选。

从物理形态上看，甲将乙的鸡当成自家的吃了，鸡已经不存在了，好像甲并未受有利益。但是，从价值形态上看，甲吃了鸡，其财产本应减少而未减少，故甲的财产消极增加，故甲受有利益，乙也因此遭受了损失，符合不当得利的构成要件。故C项不当选。

装修工人将乙的装修材料用于甲的房屋装修后，发生了附合，乙对装修材料的所有权消灭，但甲对乙构成典型的侵害权益型不当得利。故D项不当选。

18．委托代理制度［B］

［解析］《民事诉讼法》第65条规定："离婚案件有诉讼代理人的，本人除不能表达意思的以外，仍应出庭；确因特殊情况无法出庭的，必须向人民法院提交书面意见。"离婚诉讼当事人不出庭必须满足特定条件方可：（1）本人不能表达意思；（2）因特殊情况，且书面申请并经法院同意。本案中，即便有了委托代理人，郭某不属于法定的可以不出庭的情形，仍然需要出庭。故A项错误。

《民诉解释》第89条规定："当事人向人民法院提交的授权委托书，应当在开庭审理前送交人民法院。授权委托书仅写'全权代理'而无具体授权的，诉讼代理人无权代为承认、放弃、变更诉讼请求，进行和解，提出反诉或者提起上诉。适用简易程序审理的案件，双方当事人同时到庭并径行开庭审理的，可以当场口头委托诉讼代理人，由人民法院记入笔录。"本题中，郭某委托黄律师作为代理人，授权委托书中仅写明代理范围为"全权代理"，这属于一般授权。黄律师的签收行为在一般授权范围之内，有效；但代为放弃诉讼请求为特别授权事项，黄律师无权进行。故B项正确，C项错误。

《民诉解释》第526条规定："涉外民事诉讼中的外籍当事人，可以委托本国人为诉讼代理人，也可以

委托本国律师以非律师身份担任诉讼代理人；外国驻华使领馆官员，受本国公民的委托，可以以个人名义担任诉讼代理人，但在诉讼中不享有外交或者领事特权和豁免。"本题中珍妮可以委托本国公民以非律师身份作为诉讼代理人。故D项错误。

19．劳动合同的终止［C］

［解析］本题中，双方于2020年1月8日签订为期1年的劳动合同，合同期满日应为2021年1月8日。但《劳动合同法》第45条规定："劳动合同期满，有本法第四十二条规定情形之一的，劳动合同应当续延至相应的情形消失时终止。但是，本法第四十二条第二项规定丧失或者部分丧失劳动能力劳动者的劳动合同的终止，按照国家有关工伤保险的规定执行。"其中，"患病或者非因工负伤，在规定的医疗期内"即为《劳动合同法》第42条规定的情形之一。2020年12月8日张某外出旅游受伤，属于非因工负伤，因此劳动合同应当续延至医疗期结束之日，即3个月之后的2021年3月8日，故C项当选。A项尚在合同期内，B项为正常的合同截止日期，均不当选。

2021年6月8日张某向雄飞公司交付书稿，属于交付劳动成果的履约行为，并不导致劳动合同的顺延，故D项不当选。【**特别提醒**】D项很容易排除。想象一下，如果拖延完成单位交给的任务就可以延长劳动合同，逻辑上是说不通的。

20．署名权；发表权；法定许可［C］

［解析］根据《著作权法》第10条规定，署名权，即表明作者身份，在作品上署名的权利。署名权的内涵非常广泛，作者有权决定是否在作品上署名，署名的方式（本名、艺名、笔名等），署名的顺序，禁止非作者署名，禁止他人冒名等。因此，某诗人在其创作的作品"天堂向左"上署名"漫动的音符"符合法律规定。故A项错误。

根据《著作权法》第10条规定，著作权人享有发表权，即决定作品是否公之于众的权利。只要作品被公之于众，即为发表，并不区分采用何种方式公之于众。但是发表权只能行使一次，即发表行为一旦完成，作品处于公之于众的状态，不可能再次发表（即发表权是一次用尽的权利）。据此，自作者将"天堂向左"在甲网站发表，该作品即已公之于众，完成了发表行为，而《现代诗集》收录该作品只是属于转载，不是发表。故B项错误。

所谓法定许可，指对于已经发表的作品，在符合法定条件时，可以不经著作权人允许而依法定方式使用该作品，但应向著作权人支付报酬的制度。《著作权法》第25条第1款规定："为实施义务教育和国家教育规划而编写出版教科书，可以不经著作权人许可，在教科书中汇编已经发表的作品片段或者短小的文字作品、音乐作品或者单幅的美术作品、摄影作品、

图形作品,但应当按照规定向著作权人支付报酬,指明作者姓名或者名称、作品名称,并且不得侵犯著作权人依照本法享有的其他权利。"可知,丙教材编写单位将该诗作作为范文编入《语文》教材,属于"为实施义务教育和国家教育规划而编写出版教科书",符合法定许可的构成要件,丙可以不经该诗人同意使用"天堂向左"的诗作,但应当按照规定支付报酬。故 C 项正确。

丁网站转载"天堂向左"是对作品信息网络传播权的行使,应经著作权人(该诗人)的同意;但是,其无需经甲网站同意,因为甲网站并非著作权人。故 D 项错误。【总结提示】根据《著作权法》,享有信息网络传播权的主体有:著作权人(《著作权法》第 10 条)、表演者(《著作权法》第 39 条)、录音录像制作者(《著作权法》第 44 条)、广播电台和电视台(《著作权法》第 47 条)。甲网站只是作品的转载方,没有对作品进行再创作和加工,不享有信息网络传播权。

21.代为清偿[A]

[解析] 债务可由债务人之外的第三人清偿,称为第三人清偿。第三人代为清偿的要件有四:(1)债务的性质允许第三人代为清偿。具有专属性的债务,第三人不得代为清偿。(2)无禁止第三人代为清偿的约定。若债务人与债权人约定禁止第三人代为清偿,则不可。(3)须经债权人同意。第三人清偿时,若债权人拒绝,则第三人不得清偿;但是,若第三人就债务的清偿具有法律上的利害关系,债权人不得拒绝。(4)须第三人具有为债务人清偿的意思。甲对乙的债务不具有专属性,丙公司替甲公司清偿债务的行为得到了债权人乙公司的同意,清偿有效。故 A 项正确。

第三人清偿的主要法律效果是:(1)因第三人清偿债务,债务人免除其债务,债权亦因此消灭。(2)第三人可基于无因管理或者不当得利向债务人追偿;但第三人以赠与的意思代为清偿的,无追偿权。因此丙公司代为清偿后,有权依照无因管理或者不当得利向甲公司追偿。故 B 项错误。

因乙公司接受丙公司的代为清偿,甲公司对乙公司的债务消灭,所以,若丙公司的履行有瑕疵,甲公司无须承担责任。故 C 项错误。

若丙公司有效地代为清偿甲公司对乙公司的债务,丙公司对甲公司有权追偿的范围包括:甲公司因此免除的债务、利息和丙公司代为清偿的必要费用。若丙公司对乙公司的履行行为有瑕疵,丙公司为实现有效代为清偿而采取补救措施所支出的费用应由其自行承担,丙公司无权向甲公司追偿。故 D 项错误。

22.夫妻共同共有财产的分割;离婚损害赔偿请求权[C]

[解析]《民法典》第 1066 条规定:"婚姻关系存续期间,有下列情形之一的,夫妻一方可以向人民法院请求分割共同财产:(一)一方有隐藏、转移、变卖、毁损、挥霍夫妻共同财产或者伪造夫妻共同债务等严重损害夫妻共同财产利益的行为;(二)一方负有法定扶养义务的人患重大疾病需要医治,另一方不同意支付相关医疗费用。"甲、乙系夫妻,负有相互扶养的法定义务,乙患重病期间,甲拒绝提供治疗费的行为构成虐待和遗弃。虽然本题所述情形不属于《民法典》第 1066 条明文规定的情形,但"举轻以明重",可以类推适用该规定。同时,《民法典》第 303 条规定:"共有人约定不得分割共有的不动产或者动产,以维持共有关系的,应当按照约定,但是共有人有重大理由需要分割的,可以请求分割;没有约定或者约定不明确的,按份共有人可以随时请求分割,共同共有人在共有的基础丧失或者有重大理由需要分割时可以请求分割。因分割造成其他共有人损害的,应当给予赔偿。"本题所述情形也可认定为《民法典》第 303 条的规定的"有重大理由需要分割的"情形。所以,乙有权在婚姻关系存续期间,起诉请求分割夫妻共同财产。故 A 项正确,不当选。

《民法典》第 1091 条规定:"有下列情形之一,导致离婚的,无过错方有权请求损害赔偿:(一)重婚;(二)与他人同居;(三)实施家庭暴力;(四)虐待、遗弃家庭成员;(五)有其他重大过错。"本题中,甲的行为属于虐待家庭成员。故 B 项正确,不当选。

《民法典》第 1092 条规定:"夫妻一方隐藏、转移、变卖、毁损、挥霍夫妻共同财产,或者伪造夫妻共同债务企图侵占另一方财产的,在离婚分割夫妻共同财产时,对该方可以少分或者不分。离婚后,另一方发现有上述行为的,可以向人民法院提起诉讼,请求再次分割夫妻共同财产。"本题不符合《民法典》第 1092 条规定的情形。故 C 项错误,当选。

《治安管理处罚法》第 45 条规定:"有下列行为之一的,处五日以下拘留或者警告:(一)虐待家庭成员,被虐待人要求处理的;(二)遗弃没有独立生活能力的被扶养人的。"故 D 项正确,不当选。

23.决议效力瑕疵[C]

[解析]《公司法》第 25 条规定:"公司股东会、董事会的决议内容违反法律、行政法规的无效。"《公司法》第 26 条规定:"公司股东会、董事会的会议召集程序、表决方式违反法律、行政法规或者公司章程,或者决议内容违反公司章程的,股东自决议作出之日起六十日内,可以请求人民法院撤销。但是,股东会、董事会的会议召集程序或者表决方式仅有轻微瑕疵,对决议未产生实质影响的除外。未被通知参加股东会会议的股东自知道或者应当知道股东会决议作出之日起六十日内,可以请求人民法院撤销;自决议作出之日起一年内没有行使撤销权的,撤销权消灭。"

本案中,股东会决议的内容没有违法之处,不属于无效情形。而股东会召集时应该通知而未通知小股东郑某,导致郑某没机会参会表决,且决议中郑某的签字被伪造,此情形应认定为股东会召集程序违法,属于可撤销的事由,故C项当选。【陷阱点拨】注意,本题不属于决议不成立。《公司法》第27条规定:"有下列情形之一的,公司股东会、董事会的决议不成立:(一)未召开股东会、董事会会议作出决议;(二)股东会、董事会会议未对决议事项进行表决;(三)出席会议的人数或者所持表决权未达到本法或者公司章程规定的人数或者所持表决权数;(四)同意决议事项的人数或者所持表决权数未达到本法或者公司章程规定的人数或者所持表决权数。"可见,决议不成立的理由主要是决议并未真正作出(没开会、没表决、出席会议人数不足、同意表决票数不足等),而本案决议已经通过,因此不存在不成立的问题。

24. 消费者安全保障权[B]

[解析]《消费者权益保护法》第7条规定:"消费者在购买、使用商品和接受服务时享有人身、财产安全不受损害的权利。消费者有权要求经营者提供的商品和服务,符合保障人身、财产安全的要求。"《民法典》第1198条规定:"宾馆、商场、银行、车站、机场、体育场馆、娱乐场所等经营场所、公共场所的经营者、管理者或者群众性活动的组织者,未尽到安全保障义务,造成他人损害的,应当承担侵权责任。因第三人的行为造成他人损害的,由第三人承担侵权责任;经营者、管理者或者组织者未尽到安全保障义务的,承担相应的补充责任。经营者、管理者或者组织者承担补充责任后,可以向第三人追偿。"据此,饭馆作为经营者,负有保证其提供的饮食服务符合保障人身、财产安全的义务。此外,饭馆对用餐人员的人身、财产负有安全保障义务,这种安全保障义务是一种过错责任。本题中,郭某到饭馆用餐,如厕时将手提包留在座位上嘱咐儿子看管,对于手提包丢失,饭馆并不存在过错,因此不应承担赔偿责任。需要说明的是,饭馆负有安全保障义务,并不意味着对顾客物品负有保管的合同义务,这种安全保障义务,只需尽到合理的注意义务即可免责。故本题B项正确。

25. 对执行行为的异议[B]

[解析]对执行行为的异议,是指当事人、利害关系人对人民法院的执行行为提出质疑,从而要求人民法院变更或停止执行行为的请求。本题中,乙作为被执行人,认为法院的扣押行为错误而提出异议,属于当事人对执行行为的异议。根据《民事诉讼法》第236条的规定:"当事人、利害关系人认为执行行为违反法律规定的,可以向负责执行的人民法院提出书面异议。当事人、利害关系人提出书面异议的,人民法院应当自收到书面异议之日起十五日内审查,理由成

立的,裁定撤销或者改正;理由不成立的,裁定驳回。当事人、利害关系人对裁定不服的,可以自裁定送达之日起十日内向上一级人民法院申请复议。"故B项是正确的。

26. 个人之间的用工关系中接受劳务一方的责任[D]

[解析]《民法典》第1192条第1款规定:"个人之间形成劳务关系,提供劳务一方因劳务造成他人损害的,由接受劳务一方承担侵权责任。接受劳务一方承担侵权责任后,可以向有故意或者重大过失的提供劳务一方追偿。提供劳务一方因劳务受到损害的,根据双方各自的过错承担相应的责任。"本题中,甲在乙承包的水库中游泳,丙、丁误以为甲在偷鱼苗将甲打伤的行为,明显属于雇员从事劳务过程中对他人造成的伤害,此时,应当由接受劳务的雇主承担责任,故D项正确。

27. 中级法院管辖案件的范围与审理特点[A]

[解析]《民事诉讼法》第19条规定:"中级人民法院管辖下列第一审民事案件:(一)重大涉外案件;(二)在本辖区有重大影响的案件;(三)最高人民法院确定由中级人民法院管辖的案件。"由此可见,中级法院受理的案件,既有一审涉外案件,也有一审非涉外案件。故A项正确。

《民事诉讼法》第41条第1款规定:"人民法院审理第二审民事案件,由审判员组成合议庭。合议庭的成员人数,必须是单数。"第40条第1款规定:"人民法院审理第一审民事案件,由审判员、人民陪审员共同组成合议庭或者由审判员组成合议庭。合议庭的成员人数,必须是单数。"中院可以作为一审法院,也可以作为二审法院。作为一审法院审理案件时,可以由审判员、人民陪审员共同组成合议庭。故B项错误。

中院作为一审法院,必须开庭。而中院作为二审法院,依《民事诉讼法》第176条第1款规定:"第二审人民法院对上诉案件应当开庭审理。经过阅卷、调查和询问当事人,对没有提出新的事实、证据或者理由,人民法院认为不需要开庭审理的,可以不开庭审理。"也就是说,中院审理案件,符合条件,可以不开庭审理。故C项错误。

中院有可能作为二审法院,作所判决是生效判决。对此,《民事诉讼法》第182条规定:"第二审人民法院的判决、裁定,是终审的判决、裁定。"但中院也有可能作为一审法院。由于我国民事诉讼实行二审终审制,因此中院作为一审法院所作的判决,并不一定是生效判决。故D项错误。

28. 外观设计专利;商标侵权[C]

[解析]《商标法》第64条第1款规定:"注册商标专用权人请求赔偿,被控侵权人以注册商标专用权

人未使用注册商标提出抗辩的,人民法院可以要求注册商标专用权人提供此前三年内实际使用该注册商标的证据。注册商标专用权人不能证明此前三年内实际使用过该注册商标,也不能证明因侵权行为受到其他损失的,被控侵权人不承担赔偿责任。"据此,注册商标专用权人3年未使用注册商标,不影响注册商标专用权本身的有效性,只会影响损害赔偿责任是否成立。既然注册商标专用权依然有效,甲可据此提起侵权之诉,故D项错误。

对于乙的行为,《专利法》第23条第3款规定:"授予专利权的外观设计不得与他人在申请日以前已经取得的合法权利相冲突。"乙以甲享有注册商标专用权的巧克力形状申请注册外观设计专利并获得授权,侵犯了甲在先已经取得的注册商标专用权,虽然甲3年未使用该商标,但不影响乙侵权行为的成立。故A项错误。

对于丙的行为,其既侵犯了甲的商标权,也侵犯了乙的专利权(甲尚未提起宣告专利权无效之诉,乙的专利权仍有效)。《专利法》第67条规定:"在专利侵权纠纷中,被控侵权人有证据证明其实施的技术或者设计属于现有技术或者现有设计的,不构成侵犯专利权。"根据《专利法》第23条第4款规定,本法所称现有设计,是指申请日以前在国内外为公众所知的设计。本题中,甲于2019年6月注册了一个巧克力形状的商标,但一直未使用,由此可知该巧克力形状的设计并未在国内外为公众所知。因此,丙无权以该巧克力设计属于现有设计作为抗辩理由对抗乙,故B项错误。由于甲3年未使用该注册商标,虽然丙侵犯了甲的商标权,但可以此为由不承担赔偿责任,故C项正确。

29. 公共秩序保留制度中我国法律的强制性规定;我国对于转致和反致的规定[C]

[解析]《涉外民事关系法律适用法解释(一)》第8条规定:"有下列情形之一,涉及中华人民共和国社会公共利益、当事人不能通过约定排除适用、无需通过冲突规范指引而直接适用于涉外民事关系的法律、行政法规的规定,人民法院应当认定为涉外民事关系法律适用法第四条规定的强制性规定:(一)涉及劳动者权益保护的;(二)涉及食品或公共卫生安全的;(三)涉及环境安全的;(四)涉及外汇管制等金融安全的;(五)涉及反垄断、反倾销的;(六)应当认定为强制性规定的其他情形。"食品安全问题和外汇管制问题属强制性规定,不能约定排除,只能适用中国法。故A、B项正确。

根据上述规定,应直接适用的法律涉及劳动法、食品安全法、环境保护法、反垄断法、外汇管制法等,并不限于民事实体法。故C项错误。

我国不承认反致,根据《涉外民事关系法律适用

法》第9条,法院在确定应当适用的法律时,无需再通过冲突规范的指引,而是直接适用该国的实体法。故D项正确。

30. 基于合法建造引起的物权变动[B]

[解析]《民法典》第231条规定:"因合法建造、拆除房屋等事实行为设立或者消灭物权的,自事实行为成就时发生效力。"由此可知,合法建造房屋的,自事实行为成就时(房屋封顶时,事实行为成就,无论门窗是否安装),房屋的建造者即取得房屋所有权。初始登记不是建造者取得房屋所有权的生效要件,而是其处分房屋所有权的要件。

本题中,中州公司依法取得建设用地使用权并办理了审批手续,属于合法建造房屋,其建造的房屋已经完成了外装修,因此可以认定为"事实行为成就",中州公司基于事实行为取得了房屋的所有权。故B项正确,A、C、D项错误。

31. 一物多卖[A]

[解析]《买卖合同解释》第6条规定:"出卖人就同一普通动产订立多重买卖合同,在买卖合同均有效的情况下,买受人均要求实际履行合同的,应当按照以下情形分别处理:(一)先行受领交付的买受人请求确认所有权已经转移的,人民法院应予支持;(二)均未受领交付,先行支付价款的买受人请求出卖人履行交付标的物等合同义务的,人民法院应予支持;(三)均未受领交付,也未支付价款,依法成立在先合同的买受人请求出卖人履行交付标的物等合同义务的,人民法院应予支持。"具体到本题,甲将玉器依据买卖合同已经交付给了丁,丁取得了玉器的所有权,故A项正确。因丁已取得玉器所有权,甲向乙、丙实际履行交付玉器并转移所有权的合同义务陷入履行不能,乙、丙只能向甲主张其他请求权(如损害赔偿),故B、C项错误。债权具有平等性和兼容性,如果无其他导致合同无效的情形,多重买卖合同本身都是有效的,故D项错误。

32. 证据的理论分类;证据能力和证明力的判断[A]

[解析]直接证据和间接证据的区分应当看证据内容的完整性,在内容上能够完整证明案件事实的证据是直接证据,在内容上只能证明待证事实的一个部分、一个片段的证据是间接证据。显然,收条能够完整证明还款事实,应当是直接证据。故A项正确。

[特别提醒] 注意,直接证据和间接证据的区分与证据的来源无关,本题中的收条虽然是复印件,但是不影响对直接证据的判断。

本证和反证的判断与证明责任有关。首先,收条的待证事实是借款已经归还;其次,借款是否已经归还应当由主张已经归还的被告乙承担证明责任;最后,收条是被告乙提供的,故是承担证明责任的乙提

供的证据,是本证,故 B 项错误。

证据能力,又称证据资格,是指一个材料能否在诉讼中作为证据使用,如果一个材料能够在诉讼中作为证据使用,则称之为具有证据能力,反之,则没有证据能力。证明力是指一个具有证据能力的证据对案件事实认定的影响力,即这项证据能不能证明案件事实,能在多大程度上证明案件事实。根据《民诉证据规定》第 90 条规定,无法与原件、原物核对的复制件、复制品,不能单独作为认定案件事实的根据。对此需要分两层意思理解:首先,无法与原件核对的复印件是可以作为定案根据的,说明其具有证据能力和证明力;其次,由于其证明力比较小,所以不能单独定案,需要其他证据对其证明力进行补强。故 C、D 项错误。

33.强制执行公司股权[C]

[解析]《公司法》第 85 条规定:"人民法院依照法律规定的强制执行程序转让股东的股权时,应当通知公司及全体股东,其他股东在同等条件下有优先购买权。其他股东自人民法院通知之日起满二十日不行使优先购买权的,视为放弃优先购买权。"本题中,强制执行公司股权,应由法院通知公司其他股东,而不是由债权人通知。优先购买权的期限为 20 天,不是 1 个月。故 A、B 项错误。

强制执行的目的是偿债,所以执行的范围应该是以足以偿债为限。故 C 项正确。

《公司法》第 56 条第 2 款规定:"记载于股东名册的股东,可以依股东名册主张行使股东权利。"《公司法》第 34 条第 2 款规定:"公司登记事项未经登记或者未经变更登记,不得对抗善意相对人。"据此,股东名册是取得股东资格的凭证,公司登记只是对抗要件,因此丁某取得汪某股权的时间为记载于股东名册时。故 D 项错误。

34.债权申报[A]

[解析]《企业破产法》第 51 条第 2 款规定:"债务人的保证人或者其他连带债务人尚未代替债务人清偿债务的,以其对债务人的将来求偿权申报债权。但是,债权人已经向管理人申报全部债权的除外。"可知,债权人甲的保证人可以将来求偿权进行债权申报。故 A 项正确。

《企业破产法》第 18 条第 1 款规定:"人民法院受理破产申请后,管理人对破产申请受理前成立而债务人和对方当事人均未履行完毕的合同有权决定解除或者继续履行,并通知对方当事人。管理人自破产申请受理之日起 2 个月内未通知对方当事人,或者自收到对方当事人催告之日起 30 日内未答复的,视为解除合同。"对于待履行合同,只有在管理人决定解除合同时,对方当事人因合同解除所产生的损害赔偿请求权才可以作为债权予以申报。本题中,辽沈公司

的管理人并没有决定解除合同,债权人丙要求继续履行承揽合同,属于合同履行,即行为给付而非财产给付。故 C 项错误。

《最高人民法院关于审理企业破产案件若干问题的规定》第 61 条第 1 款规定:"下列债权不属于破产债权:(一)行政、司法机关对破产企业的罚款、罚金以及其他有关费用……(七)超过诉讼时效的债权;……"可见,海关对于辽沈公司的罚款不属于破产债权,不得申报;债权人乙的债权已过诉讼时效,也不得申报。故 B、D 项错误。

35.欺诈的认定及效力;可撤销行为的效力;国家利益的认定[D]

[解析]在与乙订立房屋买卖合同时,甲的行为成立欺诈。国家利益受到侵害,一般指国家安全、国家的基本社会经济秩序等受到侵害,属于对于公序良俗中公共秩序的侵犯,根据《民法典》第 153 条的规定,违背公序良俗的民事法律行为无效。而国有企业作为一个市场主体,在市场交易的过程中与交易的相对方均为平等的主体,因此国有企业的利益并不能直接等同于国家利益,仅损害国有企业利益的,尚不构成对国家利益的损害。对此,应适用《民法典》第 148 条规定:"一方以欺诈手段,使对方在违背真实意思的情况下实施的民事法律行为,受欺诈方有权请求人民法院或者仲裁机构予以撤销。"故 A、C 项错误。

可撤销的合同,有权撤销的一方当事人可以选择撤销也可以选择不撤销,不是只能撤销。故 B 项错误。

可撤销的合同,在撤销之前是有效的,撤销权人只要没有行使撤销权,合同就应当按照原来的内容来履行,如果不能履行的,则应当依据合同约定承担违约责任。故 D 项正确。

36.普通合伙人转变为有限合伙人时的债务承担[B]

[解析]《合伙企业法》第 84 条规定:"普通合伙人转变为有限合伙人的,对其作为普通合伙人期间合伙企业发生的债务承担无限连带责任。"本题中的 30 万元债务发生在甲作为普通合伙人期间,甲应对此债务承担无限连带责任。故 B 项正确,A、C 项错误。

《合伙企业法》第 92 条第 2 款规定:"合伙企业依法被宣告破产的,普通合伙人对合伙企业债务仍应承担无限连带责任。"故 D 项错误。

37.国际贸易术语;联合国国际货物销售合同公约;出口管制法[B]

[解析]CIP 术语意为"运费和保险费付至(指定的目的地)",适用于多种运输方式,这里的目的地并不限于装货港,而是可以是当事人约定的任何交货地点。故 A 项错误。

根据《联合国国际货物销售合同公约》,中止履

行的一方当事人无论是在货物发运前还是发运后，都必须通知另一方当事人，如另一方当事人对履行义务提供充分保证，则中止履行的一方必须继续履行义务。故 B 项正确。

《出口管制法》第 15 条规定："出口经营者应当向国家出口管制管理部门提交管制物项的最终用户和最终用途证明文件，有关证明文件由最终用户或者最终用户所在国家和地区政府机构出具。"据此，有关证明文件应由乙公司或其所在国家 F 国政府机构出具，故 C 项错误。

在《2020 年通则》中，CIP 术语在卖方投保的险别上有所提高，需要投保的险别相当于"一切险"，而非只需投保最低险别"平安险"。故 D 项错误。

38．善意侵权［D］

［解析］《关于审理侵犯专利权纠纷案件应用法律若干问题的解释（二）》第 25 条第 1 款的规定："为生产经营目的的使用、许诺销售或者销售不知道是未经专利权人许可而制造并售出的专利侵权产品，且举证证明该产品合法来源的，对于权利人请求停止上述使用、许诺销售、销售行为的主张，人民法院应予支持，但被诉侵权产品的使用者举证证明其已支付该产品的合理对价的除外。"

本案中，甲公司获得专利权，乙公司在甲公司获得专利后自主研发的技术不属于先用权，所以乙公司未经许可制造和销售的行为应认定为侵权行为，且需停止侵权，并承担赔偿责任，故 A 项错误。

丙公司和丁公司作为"善意销售者"，其销售行为虽然为侵权行为，需停止侵权，但不承担赔偿责任，也不被行政处罚，故 B、C 项错误。

戊公司作为"善意使用者"，构成为生产经营目的的使用专利侵权产品，但有合法购货来源并支付了合理对价，因此不承担赔偿责任，且可以不停止使用，也无需支付费用，故 D 项正确。

39．第三人撤销之诉［C］

［解析］根据《民诉解释》第 295 条第 3 项的规定，未参加登记的权利人对代表人诉讼案件的生效裁判提起第三人撤销之诉的，人民法院不予受理。本题中，受周边居民因河流污染起诉维权，属于代表人诉讼。周某属于未参加登记的权利人，对其提起的第三人撤销之诉，法院不予受理。故 C 项正确。

40．技术许可合同；专利侵权诉讼的当事人［C］

［解析］《民法典》第 862 条第 1、2 款规定："技术转让合同是合法拥有技术的权利人，将现有特定的专利、专利申请、技术秘密的相关权利让与他人所订立的合同。技术许可合同是合法拥有技术的权利人，将现有特定的专利、技术秘密的相关权利许可他人实施、使用所订立的合同。"《民法典》第 863 条第 1、2 款规定："技术转让合同包括专利权转让、专利申请权转让、技术秘密转让等合同。技术许可合同包括专利实施许可、技术秘密使用许可等合同。"据此，甲公司、乙公司间的合同属于技术许可合同，而非技术转让合同，故 A 项错误。

《民法典》第 865 条规定："专利实施许可合同仅在该专利权的存续期限内有效。专利权有效期限届满或者专利权被宣告无效的，专利权人不得就该专利与他人订立专利实施许可合同。"据此，技术许可合同的期限不得超过专利权的剩余期限。同时《专利法》第 42 条第 1 款规定："发明专利权的期限为二十年，实用新型专利权的期限为十年，外观设计专利权的期限为十五年，均自申请日起计算。"甲公司对该实用新型专利权的 10 年保护期应当自 2004 年 5 月 10 日起计算，到 2008 年 5 月 10 日甲公司与乙公司签订许可合同时，该专利保护期的剩余期限为 6 年，因此该许可合同的有效期不得超过 6 年。故 B 项错误。

《民法典》第 867 条规定："专利实施许可合同的被许可人应当按照约定实施专利，不得许可约定以外的第三人实施该专利，并按照约定支付使用费。"故 C 项正确。

《最高人民法院关于对诉前停止侵犯专利权行为适用法律问题的若干规定》第 1 条规定，根据《专利法》第 61 条（现为第 72 条）的规定，专利权人或者利害关系人可以向人民法院提出诉前责令被申请人停止侵犯专利权行为的申请。提出申请的利害关系人，包括专利实施许可合同的被许可人、专利财产权利的合法继承人等。专利实施许可合同被许可人中，独占实施许可合同的被许可人可以单独向人民法院提出申请；排他实施许可合同的被许可人在专利权人不申请的情况下，可以提出申请。根据这一规定的精神，在出现专利侵权行为时，作为独占实施许可合同的被许可人乙公司有权单独以自己的名义起诉。故 D 项错误。

41．涉外劳动合同关系的法律适用［B］

［解析］《涉外民事关系法律适用法》第 43 条规定，劳动合同纠纷中，当事人没有意思自治选择法律的权利。另根据《涉外民事关系法律适用法解释（一）》第 8 条规定，中国法律涉及劳动者权益保护的规定是强制性规定，具有直接适用的效力，当事人不能通过约定排除适用。据此，本案当事双方在劳动合同中排他性地适用菲律宾法的约定是无效的，应当直接适用中国的强制性规定。故 B 项正确，A、C、D 项错误。

42．WTO 的成员国；世界贸易组织的法律体系；中国加入 WTO 的权利义务［B］

［解析］世界贸易组织成员包括加入世界贸易组织的各国政府和单独关税区。中国香港、澳门和台湾地区都属于单独关税区，是世界贸易组织的成员。

故 A 项正确。

《政府采购协议》属于世界贸易组织法律体系中的诸边贸易协议，但该协议只对参加了该协议的成员有约束力，并不是对所有成员有约束力。故 B 项错误，当选。

《中国加入世界贸易组织议定书》中特别规定了针对中国产品的特定产品的过渡性保障措施机制，该机制为期 12 年。这一机制，专对中国产品实施，实施条件低于保障措施的要求。故 C 项正确。

作为世界贸易组织多边贸易制度的一部分，《关于争端解决规则与程序的谅解》建立了统一的多边贸易争端解决机制。故 D 项正确。

43．占有[D]

[解析] 占有人对占有物不享有占有的权利(物权、债权、监护权)的，该占有为无权占有。无权占有分为善意占有与恶意占有。无权占有人不知道也不应当知道自己欠缺占有权源而为的占有为善意占有；无权占有人知道或者应当知道自己欠缺占有权源而为的占有，为恶意占有。甲擅自占有乙的车位，欠缺占有的权源，属于无权占有。且甲知道自己对乙的车位欠缺占有的权利，属于恶意占有。故 A 项表述正确，不当选。

甲、丙间的停车位租赁合同，系擅自出租他人之物的租赁合同。根据《民法典》723 条的规定，擅自出租他人之物的，擅自出租的事实不影响租赁合同的效力。据此，甲、丙间的停车位租赁合同有效。因此，在约定的 1 年租期内，出租人甲无权请求承租人丙返还租赁的停车位。故 B 项表述正确，不当选。

【思路拓展】从民法理论角度分析，尽管甲是无权占有，但是丙通过租赁合同获得了占有，在租赁期间丙的占有相对于甲是有正当权利来源的，故在租赁期间内，甲无权主张返还。

《民法典》235 条的规定，占有返还请求权的构成要件有二：(1)请求人系物权人；(2)被请求人系现时的无权占有人(包括无权的直接占有人和无权的间接占有人)。本题中，停车位归乙所有，相对于所有权人乙，甲系无权的间接占有人，乙对甲享有占有返还请求权。若乙对甲行使占有返还请求权，因甲系无权的间接占有人，甲可将其对直接占有人丙享有的返还停车位的返还请求权让与给乙，以代替现实交付，即以指示交付的方式完成交付。故 C 项表述正确，不当选。**【思路拓展】**本题中，乙可以通过两种途径实现自己权利的保护：一方面，可以基于物权请求权直接主张丙返还(没有时间限制)。另一方面，甲侵夺乙对停车位的占有后，又将该停车位出租给丙，此时甲系停车位的间接占有人，且仍为现实占有人，乙可对甲行使占有返还请求权(受 1 年期间限制)。但是，在甲、丙的租赁期满后，甲对于乙车位的侵占已

经超过了 1 年，乙自己的占有返还请求权已经消灭，此时，乙只能请求甲将其对丙的占有返还请求权转让给自己，进而通过主张甲的占有返还请求权来保护自己的权利。

本题中，甲侵占乙的车位，乙出国 2 年，显然，乙若回来主张占有返还请求权时，无论是对甲还是对丙均已经超过了 1 年的时间，此时，无论丙是善意还是恶意，乙基于占有返还请求权均不得向丙主张返还原物。故 D 项表述错误，当选。**【思路拓展】**若 1 年的权利期间未届满，则甲对丙行使占有返还请求权时，若丙为善意(如通过出租而获得占有)，乙对丙不享有占有返还请求权；仅在丙为恶意的占有时，乙对丙才享有占有返还请求权。

44．缺席判决；送达方式；诉讼中止[A]

[解析]《民事诉讼法》第 88 条第 1 款规定，送达诉讼文书，应当直接送交受送达人。受送达人是公民的，本人不在，交他的同住成年家属签收。被告宋某不在家，宋某的妻子代其签收传票是有效的直接送达。《民事诉讼法》第 147 条规定："被告经传票传唤，无正当理由拒不到庭的，或者未经法庭许可中途退庭的，可以缺席判决。"因此，本案中，既然诉讼文书已经有效送达(妻子作为与之同住的成年家属签收，为直接送达)，就不需要再行送达，法院直接以宋某无正当理由拒不到庭，缺席判决即可。故 A 项正确，其他选项都为干扰项。

45．二审的裁判[B]

[解析]《民事诉讼法》第 177 条第 1 款第 4 项规定，原判决遗漏当事人或者违法缺席判决等严重违反法定程序的，裁定撤销原判决，发回原审人民法院重审。《民诉解释》第 323 条规定，下列情形，可以认定为《民事诉讼法》第 177 条第 1 款第 4 项规定的严重违反法定程序：(1)审判组织的组成不合法的；(2)应当回避的审判人员未回避的；(3)无诉讼行为能力人未经法定代理人代为诉讼的；(4)违法剥夺当事人辩论权利的。"本案中，15 岁的甲属于无诉讼行为能力人，在一审程序中其未经法定代理人代为诉讼，属于严重违反法定程序，二审法院应当裁定撤销原判、发回重审。故 B 项正确。

46．票据的特征[D]

[解析] 票据具有设权性。设权性是指票据权利的发生必须首先作成票据，意即票据上所表示的权利，是由出票行为创设，没有票据，就没有票据权利，故 A 项正确，不当选。

票据具有流通性。票据通常能够转让，本票、汇票、支票都是如此。就此而言，可以说"任何类型的票据"都能够进行转让，故 B 项正确，不当选。

票据是无因证券。票据法律关系是一种单纯的金钱支付关系，不受基础关系是否存在及其效力的影

响。即便票据行为的原因行为不成立、无效或者被撤销,票据效力也不受影响,故 C 项正确,不当选。

票据是要式证券,各种票据行为如出票、背书、承兑、保证都必须严格按照《票据法》规定的程序与方式进行,否则会导致票据行为无效,甚至导致票据无效;在出票行为中,如果出票的法定记载事项没有记载,将导致票据无效;在背书行为中,将汇票金额的一部分转让的背书或者将汇票金额分别转让给二人以上的背书无效,故 D 项错误,当选。

47.中国关于涉外结婚的法律适用规则[A]

[解析]《涉外民事关系法律适用法》第 21 条规定:"结婚条件,适用当事人共同经常居所地法律;没有共同经常居所地的,适用共同国籍国法律;没有共同国籍,在一方当事人经常居所地或者国籍国缔结婚姻的,适用婚姻缔结地法律。"据此,结婚条件适用的法律顺序是:当事人共同经常居所地法律→共同国籍国法律→婚姻缔结地法律。贝克与李某没有共同居所地,也没有共同国籍,在一方当事人李某的国籍国(即中国)结婚。两人的婚龄,属于结婚的实质要件,所以应适用婚姻缔结地法,即中国法。故 A 项正确,D 项错误。

《涉外民事关系法律适用法》第 22 条规定:"结婚手续,符合婚姻缔结地法律、一方当事人经常居所地法律或者国籍国法律的,均为有效。"贝克与李某结婚的手续符合德国法或者中国法的均为有效。故 B 项错误。

《涉外民事关系法律适用法》将结婚条件和结婚手续的法律适用分别作出了规定。故 C 项错误。

48.反倾销调查;反倾销措施[C]

[解析]《反倾销条例》第 21 条规定:"商务部进行调查时,利害关系方应当如实反映情况,提供有关资料。利害关系方不如实反映情况、提供有关资料的,或者没有在合理时间内提供必要信息的,或者以其他方式严重妨碍调查的,商务部可以根据已经获得的事实和可获得的最佳信息作出裁定。"这里的利害关系方包含了申请人,在申请人提供虚假材料的情况下,商务部也可以根据已经获得的事实和可获得的最佳信息作出裁定。故 A 项错误。

"两反一保"调查属于行政程序,国际私法中所称的司法协助只适用于司法机关(法院)相互之间的协助,商务部作为行政机关不能适用。故 B 项错误。

反倾销调查中,作出价格承诺是出口经营者的权利而非义务,商务部可以建议但不得强迫出口经营者作出价格承诺(《反倾销条例》第 31 条)。故 C 项正确。

《反倾销条例》第 43 条第 3 款规定:"终裁决定确定的反倾销税,高于已付或者应付的临时反倾销税或者为担保目的而估计的金额的,差额部分不予收取;低于已付或者应付的临时反倾销税或者为担保目的而估计的金额的,差额部分应当根据具体情况予以退还或者重新计算税额。"据此,反倾销税追溯征收适用"多退少不补"的原则,终裁决定确定的反倾销税额低于已付或应付临时反倾销税或担保金额的,差额部分应予退还或重新计算税额。故 D 项错误。

49.背书连续性规则;汇票保证[D]

[解析] 根据《票据法》第 31 条第 1 款规定,以背书转让的汇票,背书应当连续。持票人以背书的连续,证明其汇票权利。《关于审理票据纠纷案件若干问题的规定》第 15 条规定,票据债务人依照"以背书方式取得但背书不连续"的理由,对持票人提出抗辩的,人民法院应予支持。所以,乙无需承担票据责任。但是,这并不意味着乙对丙不需负担任何法律责任,乙仍要承担不当得利等民事责任。故 B 项错误。

根据《票据法》第 46、47 条规定,票据保证的必要事项,仅为"保证字样+签章";若没有记载被保证人,已承兑的汇票,承兑人为被保证人,未承兑的汇票,出票人为被保证人。据此,票据保证没有记载被保证人,虽然具有瑕疵,但不影响票据保证的效力,故 C 项错误。本题中的汇票已经承兑,所以承兑人为被保证人,故 D 项正确。

《票据法》第 50 条规定:"被保证的汇票,保证人应当与被保证人对持票人承担连带责任。汇票到期后得不到付款的,持票人有权向保证人请求付款,保证人应当足额付款。"根据上述分析,本题中丁的票据保证有效,因此应当与被保证人对持票人承担连带责任,故 A 项错误。

50.保险金的继承;人身保险代位求偿权的禁止[A]

[解析]《保险法》第 42 条第 2 款规定:"受益人与被保险人在同一事件中死亡,且不能确定死亡先后顺序的,推定受益人死亡在先。"根据该条第 1 款第 2 项规定,受益人先于被保险人死亡,没有其他受益人的,保险金作为被保险人的遗产,由保险人依照《继承法》(现为《民法典》继承编)的规定履行给付保险金的义务。本案中,被保险人甲与受益人乙在同一交通事故中意外身亡,根据《保险法》的规定,推定受益人乙死亡在先,因此,保险金应作为甲的遗产,由甲的继承人继承。故 A 项正确,B、C 项均错误。

根据《保险法》第 46 条:"被保险人因第三者的行为而发生死亡、伤残或者疾病等保险事故的,保险人向被保险人或者受益人给付保险金后,不享有向第三者追偿的权利,但被保险人或者受益人仍有权向第三者请求赔偿。"可知,保险公司不享有代位求偿权,故 D 项错误。

51．诉的合并［BD］

［解析］诉的合并，是指法院将两个或者两个以上的诉合并到一个诉讼程序中审理和裁判。诉的合并分为：

（1）诉的主体的合并，是指数个当事人合并到同一诉讼程序中审理和裁判。主要包括：①必要共同诉讼；②普通共同诉讼；③当事人在诉讼中死亡后，数个继承人承受诉讼。

（2）诉的客体的合并，是指将同一原告对同一被告提起的两个以上的诉，或者本诉与反诉合并到同一程序审理。又区分为单纯合并、预备合并和重叠（选择）合并。

①单纯合并：被合并的数个诉之间不存在牵连关系。如原告既诉请被告返还借款，又诉请被告交付买卖标的物，还诉请被告返还租用的房屋。

②预备合并：原告同时提出两个具有先后顺位的请求（主诉和预备之诉），在主诉请求无法得到满足时，法院将对预备请求进行审理与裁判。此外，命题人认为还有一种情况构成诉的预备合并，即其中一诉是其他诉的先决问题，法院应当先审理该诉，才有可能进一步审理其他各诉。如离婚诉讼中，原告既起诉离婚，又起诉分割共有财产，解除婚姻关系是分割共有财产的先决问题，法院应当先审理离婚之诉，才有必要进一步审理分割共有财产之诉。

③重叠合并（选择合并）：诉讼请求相同，而诉讼标的不同，法院应当根据当事人的主张，对诉讼标的的全部进行审理或者择一进行审理。如原告基于买卖关系和票据关系请求判令被告支付同一笔价款，法院可就票据关系或者买卖关系择一审理。

本题中，原告提了两个请求：一是请求判决撤销乙和丙之间的买卖合同；二是判令丙将买卖合同所涉款项交付给自己。显然，第一个诉是第二个诉的先决条件，只有在法院判决撤销了乙和丙之间的买卖合同的基础上才存在合同款项的返还问题，因此将两个诉合并审理属于诉的预备合并，故 D 项当选。诉的预备合并是诉的客体合并的一种类型，故 B 项当选。

52．审计管辖机关；审计程序［BC］

［解析］《审计法》第 31 条第 2 款规定："审计机关之间对审计管辖范围有争议的，由其共同的上级审计机关确定。"本题中，两个市审计局的共同上级审计机关为省审计厅，应由其确定管辖机关。故 A 项错误，B 项正确。

《审计法》第 32 条规定："被审计单位应当加强对内部审计工作的领导，按照国家有关规定建立健全内部审计制度。审计机关应当对被审计单位的内部审计工作进行业务指导和监督。"故 C 项正确。

《审计法》第 45 条第 2 款规定："审计机关应当

将审计机关的审计报告和审计决定送达被审计单位和有关主管机关、单位，并报上一级审计机关。审计决定自送达之日起生效。"据此，应报送上一级审计机关，而非本级政府。故 D 项错误。

53．无固定期限劳动合同［ABD］

［解析］《劳动合同法》第 14 条规定："无固定期限劳动合同，是指用人单位与劳动者约定无确定终止时间的劳动合同。用人单位与劳动者协商一致，可以订立无固定期限劳动合同。有下列情形之一，劳动者提出或者同意续订、订立劳动合同的，除劳动者提出订立固定期限劳动合同外，应当订立无固定期限劳动合同：（一）劳动者在该用人单位连续工作满 10 年的；（二）用人单位初次实行劳动合同制度或者国有企业改制重新订立劳动合同时，劳动者在该用人单位连续工作满 10 年且距法定退休年龄不足 10 年的；（三）连续订立二次固定期限劳动合同，且劳动者没有本法第 39 条和第 40 条第一项、第二项规定的情形，续订劳动合同的。用人单位自用工之日起满 1 年不与劳动者订立书面劳动合同的，视为用人单位与劳动者已订立无固定期限劳动合同。"

本题，A 项中劳动者赵某与用人单位某公司协商一致，可以订立无固定期限劳动合同，故 A 项正确。B、D 项分别属于第 14 条第 2 款第 1、3 项规定的情形，故 B、D 项正确。C 项中李某因距法定退休年龄还有 12 年，不符合第 14 条第 2 款第 2 项"距法定退休年龄不足 10 年"之规定，故 C 项错误。

54．顺序履行抗辩权；保证人的抗辩权［ABC］

［解析］《民法典》第 526 条规定："当事人互负债务，有先后履行顺序，应当先履行债务一方未履行的，后履行一方有权拒绝其履行请求。先履行一方履行债务不符合约定的，后履行一方有权拒绝其相应的履行请求。"在甲公司、乙公司的买卖合同中，应先履行的乙交付的价值 2 万元的菊花茶不符合约定质量，若乙公司请求应当后履行的甲公司支付 10 万元价款，甲公司可行使顺序履行抗辩权，拒绝支付相应的 2 万元价款。即若甲公司对乙公司行使顺序履行抗辩权，甲公司对乙公司的付款义务仅有 8 万元。《民法典》第 701 条规定："保证人可以主张债务人对债权人的抗辩。债务人放弃抗辩的，保证人仍有权向债权人主张抗辩。"《民法典担保制度解释》第 3 条第 2 款规定，担保人自行履行担保责任时，其实际清偿额大于债务人应当承担责任的范围，担保人行使追偿权时，债务人主张仅在其应当承担责任的范围内承担责任的，人民法院应予支持。据此，保证人可援用债务人对债权人的抗辩；保证人承担的责任，不应超出主债务的范围。本题中，"乙公司要求甲公司付款未果"，表明乙公司请求甲公司支付 10 万元货款时，甲公司已经对乙公司行使了顺序履行抗辩权，甲公司对

乙公司的 10 万元付款义务因此缩减为 8 万元。与此相应,丙公司对乙公司的保证债务也由 10 万元缩减为 8 万元。此时,若乙公司请求丙公司承担 10 万元的保证责任,丙公司别无选择,必须援用甲公司的顺序履行抗辩权,只对 8 万元的债务承担保证责任。若丙公司不援用甲公司的顺序履行抗辩权,仍承担 10 万元的责任,超出的 2 万元并非保证责任的承担(因为保证债务只有 8 万元),丙公司就只能向甲公司追偿 8 万元。故 A 项正确。同理,如果丙公司不知甲公司享有并行使了顺序履行抗辩权,并对乙公司承担了 10 万元的责任,超出的 2 万元并非保证责任的承担,超出的 2 万元属于"非债清偿",构成不当得利,丙公司有权请求乙公司返还不当得利 2 万元。故 B 项正确。

《民法典》第 700 条规定:"保证人承担保证责任后,除当事人另有约定外,有权在其承担保证责任的范围内向债务人追偿,享有债权人对债务人的权利,但是不得损害债权人的利益。"《诉讼时效规定》第 18 条规定:"主债务诉讼时效期间届满,保证人享有主债务人的诉讼时效抗辩权。保证人未主张前述诉讼时效抗辩权,承担保证责任后向主债务人行使追偿权的,人民法院不予支持,但主债务人同意给付的情形除外。"如果甲公司对乙公司的 8 万元货款债务已过诉讼时效,并且甲公司对乙公司主张诉讼时效期间经过的抗辩权,则甲公司对乙公司的主债务由 8 万元缩减为零。基于保证债务内容和范围上的从属性,丙公司对乙公司的保证债务也由 8 万元缩减为零。若乙公司请求丙承担保证责任,丙公司必须援用甲公司已经对乙公司行使的诉讼时效期间经过的抗辩权,拒绝承担任何保证责任。若丙公司没有援用甲公司的诉讼时效期间经过的抗辩权,仍对乙公司承担 8 万元或 10 万元的责任,均非保证责任的承担,其对甲公司无追偿权。故 C 项正确。

保证人除可以援用债务人对债权人的抗辩权之外,保证人对债权人还享有自己的抗辩权(如先诉抗辩权;保证债务诉讼时效期间经过的抗辩权)。需要注意的是,若丙公司为一般保证人,其放弃对债权人乙公司享有的先诉抗辩权不会对债务人甲公司产生不利影响(此点与保证人丙放弃诉讼时效经过的抗辩并不相同),丙承担保证责任后,不丧失对债务人甲的追偿权。故 D 项错误。

55．父母子女关系;离婚[AB]

[解析] 根据《民法典》第 1085 条第 1 款规定,离婚后,子女由一方直接抚养的,另一方应当负担部分或者全部抚养费。故 A 项正确。

根据《民法典》第 1084 条第 1 款规定,父母与子女间的关系,不因父母离婚而消除。离婚不影响父母与子女之间的监护关系。故 C 项错误。

《民法典婚姻家庭编解释(一)》第 54 条规定:"生父与继母离婚或者生母与继父离婚时,对曾受其抚养教育的继子女,继父或者继母不同意继续抚养的,仍应由生父或者生母抚养。"据此,李甲去世后,赵某不愿意继续抚养李乙,此时应由李乙的生母宋某抚养。故 B 项正确。【特别提醒】离婚后宋某一直热心于行使其探望权的事实,并不影响宋某的抚养义务。

继子女与继父母之间形成抚养关系,除了父母的再婚行为外,还须有与继父母共同生活的事实,再婚并不直接导致抚养关系的建立。故 D 项错误。

56．证据的理论分类;证据的认定[ABCD]

[解析]《民事诉讼法》第 73 条第 1 款规定,提交书证原则上应当提交原件,但提交原件确有困难,可以提交复印件。本案中,因为原件在对方当事人控制之下,经法院合法通知提交而拒不提交的,属于提交原件确有困难的情形。故 A 项正确。

根据证据的理论分类,证据可以分为原始证据和传来证据,传来证据指不直接来源于案件事实,而是通过转抄、复制后所获得的证据,本案中的复印件并不直接来源于案件事实,应属于传来证据。故 B 项正确。

《民诉解释》第 112 条规定:"书证在对方当事人控制之下的,承担举证证明责任的当事人可以在举证期限届满前书面申请人民法院责令对方当事人提交。申请理由成立的,人民法院应当责令对方当事人提交,因提交书证所产生的费用,由申请人负担。对方当事人无正当理由拒不提交的,人民法院可以认定申请人所主张的书证内容为真实。"因此,在汪某拒不提供借条原件时,法院可根据叶某提交的复印件认定其主张的借款内容为真实。故 C 项正确。

《民诉解释》第 113 条规定,持有书证的当事人以妨碍对方当事人使用为目的,毁灭有关书证或者实施其他致使书证不能使用行为的,人民法院可以对其处以罚款、拘留。故 D 项正确。

57．股东知情权[AC]

[解析] 根据《公司法》第 57 条第 2 款规定,有限责任公司的股东可以要求查阅公司会计账簿、会计凭证。股东要求查阅公司会计账簿、会计凭证的,应当向公司提出书面请求,说明目的。公司有合理根据认为股东查阅会计账簿、会计凭证有不正当目的,可能损害公司合法利益的,可以拒绝提供查阅。公司拒绝提供查阅的,股东可以向人民法院提起诉讼。可知,股东只有先向公司提出查阅请求被拒后,才可起诉,故 A 项正确。对于会计账簿,有限公司的股东只有查阅权,无复制权,故 B 项错误。

根据《公司法解释(四)》第 9 条规定,公司章程、股东之间的协议等实质性剥夺股东依据公司法查阅或者复制公司文件材料的权利,公司以此为由拒绝股东查阅或者复制的，人民法院不予支持。可知，股东知情权不能剥夺，协议约定无效，故 C 项正确。

根据《公司法解释（四）》第 8 条第 1 项规定，股东自营或者为他人经营与公司主营业务有实质性竞争关系业务的，人民法院应当认定股东有《公司法》第 57 条第 2 款规定的"不正当目的"。本题中，甲公司提出了李某在其他同类公司中"参股"投资的证据，并非"参与经营"的证据。由于李某未实际参与同类公司的经营，不存在同业竞争风险，因此甲公司不能就此拒绝李某的查阅请求，故 D 项错误。

58．合伙人的个人债务清偿［AB］

［解析］《合伙企业法》第 42 条第 1 款规定："合伙人的自有财产不足清偿其与合伙企业无关的债务的，该合伙人可以以其从合伙企业中分取的收益用于清偿；债权人也可以依法请求人民法院强制执行该合伙人在合伙企业中的财产份额用于清偿。"故 A、B 两项都正确。

《合伙企业法》第 42 条第 2 款规定："人民法院强制执行合伙人的财产份额时，应当通知全体合伙人，其他合伙人有优先购买权；其他合伙人未购买，又不同意将该财产份额转让给他人的，依照本法第 51 条的规定为该合伙人办理退伙结算，或者办理削减该合伙人相应财产份额的结算。"据此，对刘璋的合伙份额进行强制执行时，其他合伙人享有优先购买权，故 C 项错误。相比合伙份额转让，合伙人退伙会给合伙企业造成更大的不良影响，根据《合伙企业法》第 42 条第 2 款规定，只有在其他合伙人未购买，又不同意将该财产份额转让给他人时，才能办理退伙结算，故 D 项错误。

59．保管合同；仓储合同［ABCD］

［解析］《民法典》第 904 条规定："仓储合同是保管人储存存货人交付的仓储物，存货人支付仓储费的合同。"可见，仓储合同都是有偿合同。《民法典》第 889 条规定："寄存人应当按照约定向保管人支付保管费。当事人对保管费没有约定或者约定不明确，依据本法第五百一十条的规定仍不能确定的，视为无偿保管。"据此，保管合同既可以是有偿合同，也可以是无偿合同。故 A 项错误。

《民法典》第 890 条规定："保管合同自保管物交付时成立，但是当事人另有约定的除外。"据此，当事人可以约定诺成性的保管合同，无约定时，保管合同为实践合同。《民法典》第 905 条规定："仓储合同自保管人和存货人意思表示一致时成立。"据此，仓储合同属于诺成合同。故 B 项错误。

对于保管合同，《民法典》第 899 条第 1 款规定："寄存人可以随时领取保管物。"据此，在保管合同中，寄存人享有任意解除保管合同的权利。但是，寄存人行使任意解除权给保管人造成损失的，应当承担

损害赔偿责任。对于仓储合同，《民法典》第 914 条规定："当事人对储存期限没有约定或者约定不明确的，存货人或者仓单持有人可以随时提取仓储物，保管人也可以随时请求存货人或者仓单持有人提取仓储物，但是应当给予必要的准备时间。"这意味着，如果当事人对储存期限有约定的，存货人就不能随时提取仓储物（存货人不享有任意解除权），这是仓储合同不同于保管合同之处。故 C 项错误。

《民法典》第 897 条规定："保管期内，因保管人保管不善造成保管物毁损、灭失的，保管人应当承担赔偿责任。但是，无偿保管人证明自己没有故意或者重大过失的，不承担赔偿责任。"《民法典》第 917 条规定："储存期内，因保管不善造成仓储物毁损、灭失的，保管人应当承担赔偿责任。因仓储物本身的自然性质、包装不符合约定或者超过有效储存期造成仓储物变质、损坏的，保管人不承担赔偿责任。""保管不善"这一措辞表明，保管物或仓储物毁损、灭失的，采用过错责任原则，保管人、仓储人均承担过错责任。故 D 项错误。

60．强制措施的种类和适用［ABD］

［解析］本题中，李某拒不执行生效判决，法院可以用公告、登报等方式将判决书的主要内容与相关情况公之于众，费用由被执行人承担。故 B 项正确。李某未在指定的期间内履行赔礼道歉的义务，应当支付迟延履行金。故 A 项正确。李某不按生效法律文书的要求履行义务，属于妨碍执行的行为，可以对其采取罚款、拘留等妨碍执行的强制措施。故 D 项正确。关于加倍支付迟延履行期间的债务利息适用于被执行人未在生效法律文书指定的期间内履行金钱给付义务，而本案中属于行为义务。故 C 项错误。

61．财产保险［BD］

［解析］《保险法》第 55 条第 4 款规定："保险金额低于保险价值的，除合同另有约定外，保险人按照保险金额与保险价值的比例承担赔偿保险金的责任。"本题中，潘某就自己的古玩所投保险为不足额保险，甲保险公司只需按照保险金额与保险价值的比例赔偿潘某的部分损失，而不需要赔偿潘某的全部损失，故 A 项错误。

《保险法》第 60 条第 2 款规定："前款规定的保险事故发生后，被保险人已经从第三者取得损害赔偿的，保险人赔偿保险金时，可以相应扣减被保险人从第三者已取得的赔偿金额。"据此，如果刘某已经对潘某进行了全部赔偿，则保险公司可以拒绝向潘某支付保险金，故 B 项正确。

《保险法》第 60 条第 1 款规定："因第三者对保险标的的损害而造成保险事故的，保险人自向被保险人赔偿保险金之日起，在赔偿金额范围内代位行使被保险人对第三者请求赔偿的权利。"《保险法解释

（二）》第16条第1款规定："保险人应以自己的名义行使保险代位求偿权。"故C项错误。

《保险法》第60条第3款规定："保险人依照本条第1款规定行使代位请求赔偿的权利，不影响被保险人就未取得赔偿的部分向第三者请求赔偿的权利。"故D项正确。

62．少缴税款的征收［ABC］

［解析］《税收征收管理法》第52条第2款规定，因纳税人、扣缴义务人计算错误等失误，未缴或者少缴税款的，税务机关在3年内可以追征税款、滞纳金；有特殊情况的，追征期可以延长到5年。该条第3款规定，对偷税、抗税、骗税的，税务机关追征其未缴或者少缴的税款、滞纳金或者所骗取的税款，不受前款规定期限的限制。

因为是纳税人的原因未缴税款，所以需要追征税款，并可追征滞纳金。故A、B项正确。

该企业未缴税款累计达50万元，属于"数额较大"，所以税务机关的追征期限可以延长到5年。故C项正确。

某企业未缴税款是因计算错误，并非企业故意偷税、抗税、骗税。故D项错误。

63．环境质量标准；污染物排放标准［ABC］

［解析］《环境保护法》第15条规定："国务院环境保护主管部门制定国家环境质量标准。省、自治区、直辖市人民政府对国家环境质量标准中未作规定的项目，可以制定地方环境质量标准；对国家环境质量标准中已作规定的项目，可以制定严于国家环境质量标准的地方环境质量标准。地方环境质量标准应当报国务院环境保护主管部门备案。国家鼓励开展环境基准研究。"《环境保护法》第16条规定："国务院环境保护主管部门根据国家环境质量标准和国家经济、技术条件，制定国家污染物排放标准。省、自治区、直辖市人民政府对国家污染物排放标准中未作规定的项目，可以制定地方污染物排放标准；对国家污染物排放标准中已作规定的项目，可以制定严于国家污染物排放标准的地方污染物排放标准。地方污染物排放标准应当报国务院环境保护主管部门备案。"故A、B、C项正确。

D项第一个错误是"地方污染物排放标准由省级环境保护行政主管部门制定"，应当是"省级政府制定"；第二个错误是"报省级政府备案"，应当是"报自然资源部备案"。故D项错误。

64．二审中的特殊调解［AD］

［解析］《民诉解释》第327条第1款规定："一审判决不准离婚的案件，上诉后，第二审人民法院认为应当判决离婚的，可以根据当事人自愿的原则，与子女抚养、财产问题一并调解；调解不成的，发回重审。"《民事诉讼法》第177条第2款规定："原审人民

法院对发回重审的案件作出判决后，当事人提起上诉的，第二审人民法院不得再次发回重审。"发回重审仅限一次，B项明显错误。本案中，婚姻关系已经完全符合两审终审制度的要求，二审法院可以先针对婚姻关系作出判决。而财产分割问题尚处第一次审理的阶段，如果二审法院直接作出裁判，会违反两审终审的基本制度，影响当事人的审级利益，因此不能直接改判，而是应告知当事人对财产部分另行起诉。故A、D项正确，C项错误。

65．合同的变更；合同的效力［ABCD］

［解析］甲、乙约定，其房屋租赁合同以办理公证为生效条件。若未办理公证，其生效条件未成就，租赁合同虽已成立，但不能生效。根据《民法典》第543条规定："当事人协商一致，可以变更合同。"A选项中，甲、乙约定租赁合同自办理公证后生效，双方虽尚未办理合同公证，但是，甲交付了租赁的房屋，乙支付了租金且甲予以接受（当事人一方已经履行主要义务，对方接受），甲、乙已经通过推定的意思表示达成了新的合意，即租赁合同无须经过公证即可生效，这就变更了原来的约定，因此合同已经生效。故A项正确。

《民法典》第597条第1款规定："因出卖人未取得处分权致使标的物所有权不能转移的，买受人可以解除合同并请求出卖人承担违约责任。"该条的规范内容是，因无权处分订立的买卖合同，无权处分不影响买卖合同的效力。甲将已经转让给丁的股权又转让给乙，甲对该股权的转让行为属于无权处分，但无权处分的事实不影响合同效力，甲、乙间的股权转让合同有效。故B项正确。

根据区分原则，基于法律行为的物权变动，未发生物权变动的（不动产未登记的，动产未交付的），不因此影响法律行为的效力。C项中，甲将相机出卖给乙，相机尚未交付，因此相机的所有权未移转，但只要甲、乙就相机买卖的主要条款意思表示一致，相机买卖合同就已经成立并生效。此外，甲此后的一物二卖的行为，对甲、乙间买卖合同的效力无任何影响（债权的平等性）。故C项正确。

《民法典》第728条规定："出租人未通知承租人或者有其他妨害承租人行使优先购买权情形的，承租人可以请求出租人承担赔偿责任。但是，出租人与第三人订立的房屋买卖合同的效力不受影响。"据此，甲将租赁的商铺出卖给乙时，未提前合理期限通知承租人丙，侵害了丙的优先购买权，因此给丙造成损失的，丙有权请求甲承担损害赔偿责任，但甲、乙订立的房屋买卖合同的效力不受影响。故D项正确。

66．抵押物的转让；抵押权消灭的事由［ABC］

［解析］《民法典》第406条规定："抵押期间，抵押人可以转让抵押财产。当事人另有约定的，按照其

约定。抵押财产转让的,抵押权不受影响。抵押人转让抵押财产的,应当及时通知抵押权人。抵押权人能够证明抵押财产转让可能损害抵押权的,可以请求抵押人将转让所得的价款向抵押权人提前清偿债务或者提存。转让的价款超过债权数额的部分归抵押人所有,不足部分由债务人清偿。"据此,抵押人转让抵押物,不需要经过抵押权人同意;只有当抵押权人证明了转让可能危及抵押权时,方可请求将转让的价款提前清偿或提存。故 A、C 项正确。

由于抵押权是从权利,故当丙代为清偿主债务后,随主债权的消灭,抵押权自然也消灭,故 B 项正确。

本题中,抵押合同中并没有约定抵押人对于全部债权额承担担保责任,故拍卖抵押物后,若不能满足债权人需要,抵押人不再承担责任,不足部分应由债务人清偿,故 D 项错误。

67.销售者的产品质量责任;经营者召回[AB]

[解析]《产品质量法》第 26 条第 2 款第 1 项规定,产品安全性系产品质量的基本要求,是指产品不存在不合理危险或符合国家标准、行业标准。故 A 项正确。

《产品质量法》第 27 条第 1 款第 5 项规定,使用不当,容易造成产品本身损坏或者可能危及人身、财产安全的产品,应当有警示标志或者中文警示说明。故 B 项正确。

《产品质量法》第 15 条第 3 款规定,对产品进行抽查检验的,不得向被检查人收取检验费用,监督抽查所需检验费用按照国务院规定列支。故 C 项错误。

《消费者权益保护法》第 19 条规定,产品有缺陷,经营者应当召回,召回的必要费用应当由经营者承担。衣柜本身并不存在缺陷,只是安装方法有特殊要求,所以该衣柜不应被召回。即使被召回,经营者只承担召回产生的必要费用,而不是全部费用。故 D 项错误。

68.违反《反垄断法》的法律责任[ABC]

[解析]《反垄断法》第 56 条第 1 款规定:"经营者违反本法规定,达成并实施垄断协议的,由反垄断执法机构责令停止违法行为,没收违法所得,并处上一年度销售额百分之一以上百分之十以下的罚款,上一年度没有销售额的,处五百万元以下的罚款……"故 A 项正确。

《反垄断法》第 56 条第 3 款规定:"经营者主动向反垄断执法机构报告达成垄断协议的有关情况并提供重要证据的,反垄断执法机构可以酌情减轻或者免除对该经营者的处罚。"故 B 项正确。

《反垄断法》第 60 条第 1 款规定:"经营者实施垄断行为,给他人造成损失的,依法承担民事责任。"故 C 项正确。

目前我国立法没有关于追究垄断协议的刑事责任的规定,无相关罪名。故 D 项错误。

69.注册商标的无效宣告;商标权的限制;商标注册程序;转让权[BD]

[解析]《商标法》第 15 条第 2 款规定:"就同一种商品或者类似商品申请注册的商标与他人在先使用的未注册商标相同或者近似,申请人与该他人具有前款规定以外的合同、业务往来关系或者其他关系而明知该他人商标存在,该他人提出异议的,不予注册。"《商标法》第 32 条规定:"申请商标注册不得损害他人现有的在先权利,也不得以不正当手段抢先注册他人已经使用并有一定影响的商标。"《商标法》第 45 条第 1 款规定,已经注册的商标,违反本法第 13 条第 2 款和第 3 款、第 15 条、第 16 条第 1 款、第 30 条、第 31 条、第 32 条规定的,自商标注册之日起 5 年内,在先权利人或者利害关系人可以请求商标评审委员会宣告该注册商标无效。对恶意注册的,驰名商标所有人不受 5 年的时间限制。本题中,甲对"香香"商标具有在先权利,可申请宣告乙注册的商标无效。"香香"牌果汁虽然产生一定的影响,但是并非驰名商标,因此应自商标注册之日起 5 年内提出申请。故 A 项错误。

《商标法》第 42 条第 2 款规定:"转让注册商标的,商标注册人对其在同一种商品上注册的近似的商标,或者在类似商品上注册的相同或者近似的商标,应当一并转让。"果汁与碳酸饮料属于类似商品,对于注册在类似商品上的相同商标,应当一并转让。故 B 项正确。

《商标法》第 22 条第 2 款规定:"商标注册申请人可以通过一份申请就多个类别的商品申请注册同一商标。"故 C 项错误。

《商标法》第 59 条第 3 款规定:"商标注册人申请商标注册前,他人已经在同一种商品或者类似商品上先于商标注册人使用与注册商标相同或者近似并有一定影响的商标的,注册商标专用权人无权禁止该使用人在原使用范围内继续使用该商标,但可以要求其附加适当区别标识。"故 D 项正确。

70.知识产权许可协议的法律适用;知识产权侵权的法律适用[BC]

[解析]《涉外民事关系法律适用法》第 49 条规定:"当事人可以协议选择知识产权转让和许可使用适用的法律。当事人没有选择的,适用本法对合同的有关规定。"据此,专利许可协议纠纷应适用双方选择的日本法,B 项正确。

《涉外民事关系法律适用法》第 50 条规定:"知识产权的侵权责任,适用被请求保护地法律,当事人也可以在侵权行为发生后协议选择适用法院地法律。"《涉外民事关系法律适用法解释(一)》第 6 条第 1 款规定:"当事人在一审法庭辩论终结前协议选择或者变更选择适用的法律的,人民法院应予准许。"

据此,专利侵权纠纷首先允许当事双方在一审法庭辩论终结前合意选择法院地法;如果没有达成意思自治,应适用专利被请求保护地的越南法。故 A、D 项错误,C 项正确。

71.转质[AC]

[解析] 转质,在本题中,是指乙的质权存续期间,乙以质权人身份,以自己的名义将质物出质给丙,为丙设立质权。

承诺转质,在本题中,指乙经过甲同意后,将相机转质给丙。承诺转质的效力有三:(1)转质期间,质物(相机)毁损、灭失的,乙对甲承担过错责任(无过错不承担赔偿责任)。(2)丙的转质权优先于乙的质权。(3)丙的转质权具有独立性,包括:丙转质权优先受偿的范围不受乙质权的限制;乙的质权消灭,丙的转质权不因此受影响;丙行使转质权不以乙的质权具备行使条件为前提。故 A 项正确,B 项错误。

责任转质,在本题中,是指乙未经甲同意,将相机转质给丙。《民法典》第 431 条规定:"质权人在质权存续期间,未经出质人同意,擅自使用、处分质押财产,造成出质人损害的,应当承担赔偿责任。"责任转质的效力有三:(1)转质期间,质物(相机)毁损、灭失的,丙对甲承担过错责任,乙对甲承担绝对无过错责任(即使质物因不可抗力灭失,乙亦须对甲承担赔偿责任)。(2)丙的转质权优先于乙的质权。(3)丙的转质权不具有独立性,而具有从属性,包括:丙转质权优先受偿的范围以乙的质权为限;乙的质权消灭,丙的转质权亦因此消灭;丙行使转质权以乙的质权具备行使条件为前提。故 C 项正确,D 项错误。

72.民间借贷合同的效力;后让与担保[ACD]

[解析] 行为性质的界定。甲、乙的约定应当认定为:乙借给甲 1000 万元,为担保甲对乙还本付息的债务,甲将其房屋出卖给乙,若甲到期不履行还本付息的义务,乙取得甲房屋所有权,代物清偿甲对乙还本付息的债务。这种以签订买卖合同的方式担保的,学理上称为"让与担保"。对此,《民间借贷规定》第 23 条第 1 款规定:"当事人以订立买卖合同作为民间借贷合同的担保,借款到期后借款人不能还款,出借人请求履行买卖合同的,人民法院应当按照民间借贷法律关系审理。当事人根据法庭审理情况变更诉讼请求的,人民法院应当准许。"本题中的房屋买卖合同,是一个"穿着买卖合同衣裳"的担保合同,是为了担保甲、乙间的借款合同而订立的,甲、乙之间的关系实质是借款合同关系。故 A 项正确。《民间借贷规定》第 23 条第 2 款规定:"按照民间借贷法律关系审理作出的判决生效后,借款人不履行生效判决确定的金钱债务的,出借人可以申请拍卖买卖合同标的物,以偿还债务。就拍卖所得的价款与应偿还借款本息之间的差额,借款人或者出借人有权主张返还或者补

偿。"本案中甲、乙之间是借贷合同关系,不是房屋买卖合同关系,若甲未按约定偿还借款,乙只能申请法院拍卖房屋,并以拍卖房屋所得价款清偿甲对乙的还本付息义务,乙不享有单方面请求甲为乙办理房屋过户登记的权利。故 C 项正确。

2020 年修正的《民间借贷规定》第 25 条规定:"出借人请求借款人按照合同约定利率支付利息的,人民法院应予支持,但是双方约定的利率超过合同成立时一年期贷款市场报价利率四倍的除外。前款所称'一年期贷款市场报价利率',是指中国人民银行发布的一年期贷款市场报价利率。"据此,新规定以中国人民银行授权全国银行间同业拆借中心每月 20 日发布的一年期贷款市场报价利率(LPR)的 4 倍为标准确定民间借贷利率的司法保护上限。而"一年期贷款市场报价利率"不同于"银行同期贷款利率",故 B 项错误。

《民法典》第 679 条规定:"自然人之间的借款合同,自贷款人提供借款时成立。"依法成立的合同,自成立时生效。对于已经生效的合同,不能按照约定来履行的,甲应承担违约责任,故 D 项正确。

73.执行和解;对财产的执行措施[AC]

[解析]《执行和解规定》第 9 条规定:"被执行人一方不履行执行和解协议的,申请执行人可以申请恢复执行原生效法律文书,也可以就履行执行和解协议向执行法院提起诉讼。"据此,执行和解协议不能直接成为执行根据。本题中,双方达成执行和解协议后,李四反悔不履行,则张三可以起诉要求李四履行执行和解协议,也可申请执行法院恢复执行原判决,但不能申请法院执行和解协议。故 A、C 项正确,B 项错误。

《民诉解释》第 492 条规定:"执行标的物为特定物的,应当执行原物。原物确已毁损或者灭失的,经双方当事人同意,可以折价赔偿。双方当事人对折价赔偿不能协商一致的,人民法院应当终结执行程序。申请执行人可以另行起诉。"据此,本案中的古董瓷盘属于特定物,损毁后双方可以协商折价赔偿;协商不成,张三应就赔偿问题另行起诉,法院不能直接执行李四 5 万元的其他财产。故 D 项错误。

74.负面清单制度[AD]

[解析]《外商投资法》第 4 条第 1、2 款规定:"国家对外商投资实行准入前国民待遇加负面清单管理制度。前款所称准入前国民待遇,是指在投资准入阶段给予外国投资者及其投资不低于本国投资者及其投资的待遇;所称负面清单,是指国家规定在特定领域对外商投资实施的准入特别管理措施。国家对负面清单之外的外商投资,给予国民待遇。"《外商投资法》第 28 条第 3 款规定:"外商投资准入负面清单以外的领域,按照内外资一致的原则实施管理。"

故 C 项错误,D 项正确。

《最高人民法院关于适用〈中华人民共和国外商投资法〉若干问题的解释》第 2 条第 1 款规定:"对外商投资法第 4 条所指的外商投资准入负面清单之外的领域形成的投资合同,当事人以合同未经有关行政主管部门批准、登记为由主张合同无效或者未生效的,人民法院不予支持。"故 A 项正确。该条第 2 款规定:"前款规定的投资合同签订于外商投资法施行前,但人民法院在外商投资法施行时尚未作出生效裁判的,适用前款规定认定合同的效力。"据此,若该股权转让投资合同签订于《外商投资法》施行前,但人民法院在《外商投资法》施行时尚未作出生效裁判的,应当适用新法的规定认定合同的效力,故 B 项错误。

75．消费纠纷的解决[ABCD]

[解析] 本题某手机品牌官网将二手手机当作新手机出售,属于欺诈行为。欺诈行为属于可撤销行为,故 A 项当选。

《消费者权益保护法》第 24 条第 1 款规定:"经营者提供的商品或者服务不符合质量要求的,消费者可以依照国家规定、当事人约定退货,或者要求经营者履行更换、修理等义务……"据此,程某可以主张更换手机,故 B 项当选。当然,程某也可以选择保留该手机,要求经营者履行补偿差价的义务,故 D 项当选。

《消费者权益保护法》第 55 条第 1 款规定:"经营者提供商品或者服务有欺诈行为的,应当按照消费者的要求增加赔偿其受到的损失,增加赔偿的金额为消费者购买商品的价款或者接受服务的费用的三倍……"故 C 项当选。

76．动产物权变动;从给付义务;合同的解除[ABC]

[解析]《民法典》第 224 条规定:"动产物权的设立和转让,自交付时发生效力,但是法律另有规定的除外。"第 225 条规定:"船舶、航空器和机动车等的物权的设立、变更、转让和消灭,未经登记,不得对抗善意第三人。"据此,机动车作为动产,原则上以交付作为所有权转移的标志,但是不登记不得对抗善意第三人。本题中,玄武公司与朱雀公司签订了小型客用汽车的买卖合同,并依法完成了交付,即使未办理登记手续,玄武公司也取得该小客车的所有权。故 A 项正确。

《民法典》第 599 条规定:"出卖人应当按照约定或者交易习惯向买受人交付提取标的物单证以外的有关单证和资料。"据此,交付和车辆有关的单证资料是卖方朱雀公司的义务,故玄武公司有权要求朱雀公司交付。故 B 项正确。

《民法典》第 563 条规定:"有下列情形之一的,

当事人可以解除合同:……(四)当事人一方迟延履行债务或者有其他违约行为致使不能实现合同目的的;……"《民法典合同编通则解释》第 26 条进一步规定:"当事人一方未根据法律规定或者合同约定履行开具发票、提供证明文件等非主要债务,对方请求继续履行该债务并赔偿因怠于履行该债务造成的损失的,人民法院依法予以支持;对方请求解除合同的,人民法院不予支持,但是不履行该债务致使不能实现合同目的或者当事人另有约定的除外。"本题中,朱雀公司未交付有关单证资料,属于违反从给付义务,致使玄武公司无法办理车辆所有权的登记和牌照,使订立合同的目的不能实现,因此玄武公司可主张解除合同。故 C 项正确,D 项错误。

77．相邻关系;建筑物区分所有权[BCD]

[解析] 解析本题,需要运用利益平衡思维。

《民法典》第 288 条规定:"不动产的相邻权利人应当按照有利生产、方便生活、团结互助、公平合理的原则,正确处理相邻关系。"第 296 条规定:"不动产权利人因用水、排水、通行、铺设管线等利用相邻不动产的,应当尽量避免对相邻的不动产权利人造成损害。"本案属于相邻关系纠纷,应注意利益平衡。由于杨某对辣椒过敏,可以请求火锅店采取措施(如改善排风设施)减少对其带来的干扰,但不可要求对方停止使用辣椒。虽然火锅店给杨某带来了干扰,但并未造成实际损害,杨某不可请求损害赔偿。故 A 项正确,BD 项错误。

杨某作为租户并非业主,不享有建筑物区分所有权,因此无权基于建筑物区分所有权起诉,故 C 项错误。

78．简易程序的适用;管辖权异议的时间;发回重审时当事人增加诉讼请求与反诉的处理[BC]

[解析]《民诉解释》第 257 条规定,发回重审的案件不适用简易程序。因此,A 项是不正确的。

《民诉解释》第 39 条第 2 款规定:"人民法院发回重审或者按第一审程序再审的案件,当事人提出管辖异议的,人民法院不予审查。"因此,B 项是正确的。

《民诉解释》第 251 条规定,二审裁定撤销一审判决发回重审的案件,当事人申请变更、增加诉讼请求或者提出反诉,第三人提出与本案有关的诉讼请求的,依照《民事诉讼法》第 143 条的规定可以合并审理。因此,C 项是正确的,而 D 项是不正确的。

79．别除权;取回权;抵销权[BC]

[解析]《企业破产法》第 109 条规定:"对破产人的特定财产享有担保权的权利人,对该特定财产享有优先受偿的权利。"依此规定,抵押权人享有别除权,但要注意,别除权在破产宣告后才可行使。故 A 项错误。

《企业破产法》第 18 条第 1 款规定:"人民法院

受理破产申请后,管理人对破产申请受理前成立而债务人和对方当事人均未履行完毕的合同有权决定解除或者继续履行,并通知对方当事人。管理人自破产申请受理之日起 2 个月内未通知对方当事人,或者自收到对方当事人催告之日起 30 日内未答复的,视为解除合同。"由此可知,对于待履行合同,管理人可以选择继续履行,也可以解除合同。故 B 项正确。

《企业破产法解释(二)》第 32 条第 1、2 款规定:"债务人占有的他人财产毁损、灭失,因此获得的保险金、赔偿金、代偿物尚未交付给债务人,或者代偿物虽已交付给债务人但能与债务人财产予以区分的,权利人主张取回就此获得的保险金、赔偿金、代偿物的,人民法院应予支持。保险金、赔偿金已经交付给债务人,或者代偿物已经交付给债务人且不能与债务人财产予以区分的,人民法院应当按照以下规定处理:(一)财产毁损、灭失发生在破产申请受理前的,权利人因财产损失形成的债权,作为普通破产债权清偿;(二)财产毁损、灭失发生在破产申请受理后的,因管理人或者相关人员执行职务导致权利人损害产生的债务,作为共益债务清偿。"C 项中,租用设备毁损、灭失,且赔偿金已经交给了债务人,所以原所有权人翰扬公司不能取回,只能按不同情形取得对应的保障权利。故 C 项正确。

《企业破产法》第 40 条规定:"债权人在破产申请受理前对债务人负有债务的,可以向管理人主张抵销。但是,有下列情形之一的,不得抵销:(一)债务人的债务人在破产申请受理后取得他人对债务人的债权的;……"本题中,茹洁公司是债务人利捷公司的债务人,在破产受理后取得了翰扬公司对利捷公司的债权,因此茹洁公司又成为利捷公司的债权人。但是,茹洁公司取得的该项债权与其先前对利捷公司所负债务,二者不可抵销。故 D 项错误。

80．企业所得税[AB]

[解析] 根据《企业所得税法》第 5 条规定:"企业每一纳税年度的收入总额,减除不征税收入、免税收入、各项扣除以及允许弥补的以前年度亏损后的余额,为应纳税所得额。"第 8 条规定:"企业实际发生的与取得收入有关的、合理的支出,包括成本、费用、税金、损失和其他支出,准予在计算应纳税所得额时扣除。"某公司所发生的①购买原材料 5000 万元、⑤设备租赁费 500 万元、⑦专利使用费 1000 万元,应属于上述第 8 条与收入有关的成本、费用等合理支出,可扣除。

《企业所得税法》第 9 条规定:"企业发生的公益性捐赠支出,在年度利润总额 12% 以内的部分,准予在计算应纳税所得额时扣除;超过年度利润总额 12% 的部分,准予结转以后三年内在计算应纳税所得额时扣除。"本题中,该公司 2018 年度利润为 1000 万元,

可扣除的公益性捐赠的额度是 120 万元,所以第④项"向贫困地区捐赠扶贫资金 100 万元"可扣除。

《企业所得税法》第 10 条规定:"在计算应纳税所得额时,下列支出不得扣除:(一)向投资者支付的股息、红利等权益性投资收益款项;(二)企业所得税税款;(三)税收滞纳金;(四)罚金、罚款和被没收财物的损失;(五)本法第九条规定以外的捐赠支出;(六)赞助支出;(七)未经核定的准备金支出;(八)与取得收入无关的其他支出。"本题中,根据上述第 2 项规定,该公司第③项支出"补缴上年度所欠的企业所得税 100 万元"不得扣除,故 C 项错误。根据上述第 6 项规定,第⑥项"明星演唱会赞助费 100 万元"不能扣除。

《企业所得税法》第 11 条规定:"在计算应纳税所得额时,企业按照规定计算的固定资产折旧,准予扣除。下列固定资产不得计算折旧扣除:……(三)以融资租赁方式租出的固定资产;……"所以第②项"以融资租赁方式租出厂房的折旧费 100 万元"不能扣除。

综上,第①④⑤⑦项支出可扣除,第②③⑥项支出不可扣除,因此 A、B 项当选。

81．合理使用;法定许可;邻接权[AB]

[解析] 关于著作权的合理使用,《著作权法》第 24 条第 1 款规定:"在下列情况下使用作品,可以不经著作权人许可,不向其支付报酬,但应当指明作者姓名或者名称、作品名称,并且不得影响该作品的正常使用,也不得不合理地损害著作权人的合法权益:……(九)免费表演已经发表的作品,该表演未向公众收取费用,也未向表演者支付报酬且不以营利为目的;……"本题中,郝某举办的是赈灾义演,赈灾义演不向表演者支付报酬,但是要向观众收取费用,将收取的费用用于赈灾。故该"义演"并非上述规定的"免费表演",不构成合理使用。因此,郝某表演《星光灿烂》应经过著作权人叶某的同意并支付报酬,A 项正确。

《著作权法》第 39 条第 1 款规定:"表演者对其表演享有下列权利:……(四)许可他人录音录像,并获得报酬;(五)许可他人复制、发行、出租录有其表演的录音录像制品,并获得报酬;……"据此,表演者享有表演者权,对其表演活动享有许可他人录音录像、复制、发行等权利,南极熊唱片公司录制并发行郝某的演唱会唱片,应当经过表演者郝某同意并支付报酬。故 B 项正确。

《著作权法》第 46 条第 2 款规定:"广播电台、电视台播放他人已发表的作品,可以不经著作权人许可,但应当按照规定支付报酬。"广播电台、电视台(广播者)享有的此项权利称为法定许可,即可以不经著作权人许可使用已经发表的作品,但须支付报

酬。本题中，叶某是《星光灿烂》的著作权人，该歌曲已发表，故星星电台播放该歌曲可以不经叶某同意，但须向叶某支付报酬。郝某作为表演者、南极熊唱片公司作为录音制作者，均不是本歌曲的著作权人，因此星星电台购买该唱片并播放歌曲不需要经过郝某和南极熊唱片公司的同意。故 C、D 项错误。【特别提醒】(1)广播电台、电视台播放他人已发表的作品，涉及广播权，广播权属于著作权人享有的权利。根据《著作权法》第 10 条规定，广播权是指以有线或者无线方式公开传播或者转播作品，以及通过扩音器或者其他传送符号、声音、图像的类似工具向公众传播广播的作品的权利，但不包括信息网络传播权。郝某作为表演者，根据《著作权法》第 39 条第 1 款，其所享有的表演者权包括"许可他人从现场直播和公开传送其现场表演，并获得报酬"的权利。因此，郝某只能控制对其"现场表演"的广播行为。南极熊唱片公司作为录音制作者，根据《著作权法》第 44 条规定，录音录像制作者对其制作的录音录像制品，享有许可他人复制、发行、出租、通过信息网络向公众传播并获得报酬的权利。可见，录音录像制作者权中不包含广播权，星星电台购买并播放《星光灿烂》唱片的行为也无须经南极熊唱片公司同意。(2)对于广播者的法定许可，还需要注意，电视台的法定许可受限制。《著作权法》第 48 条规定："电视台播放他人的视听作品、录像制品，应当取得视听作品著作权人或者录像制作者许可，并支付报酬；播放他人的录像制品，还应当取得著作权人许可，并支付报酬。"本条只涉及视听作品、录像制品，而且针对的是电视台。而本题中的星星电台为广播电台，播放的唱片属于录音制品，所以不适用本条规定。有考生对本条的适用范围掌握不清，错误地应用于本题，造成判断错误，务必注意。

82．倒签提单；预借提单；信用证欺诈[BD]

[解析] A、B 项考查预借提单和倒签提单区别。这两种虚假提单的区别在于作假的对象不同：预借提单是在"状态"上作假，本身没有装船，但签发了已装船提单。倒签提单是在"时间"上作假，如本题中，本来是 7 月 15 日装船，但签发了 7 月 1 日装船的提单。因此，本案提单属于倒签提单，A 项错误，B 项正确。

根据我国司法解释的规定，即使存在欺诈，但如果保兑行已经善意付款，则法院不应作出中止支付的裁定。故 C 项错误，D 项正确。【思路拓展】保兑行善意付款，可以理解为善意第三人，不能中止支付损害善意第三人利益。

83．合同债权转让；保证责任的承担[AB]

[解析]《民法典》第 546 条第 1 款规定："债权人转让债权，未通知债务人的，该转让对债务人不发生效力。"据此，债权转让，自让与人与受让人意思表示一致时发生债权转让的效果，受让人自此时取得债权。债权转让效果的发生不以通知债务人为要件，即使未通知债务人，也不影响债权转让效果的发生。但转让债权应当通知债务人，未通知债务人的，已经转让的债权对债务人不发生效力。所谓"对债务人不发生效力"，指债权受让人无权请求债务人向自己履行债务，对于债务人而言自己的债权人仍为让与人。本题中，乙、丙于 2008 年 10 月 1 日就债权转让达成一致。故 A 项正确。债权转让的通知于 2008 年 10 月 15 日到达债务人甲，因此债权转让于该日对债务人甲生效。故 B 项正确。

《民法典》第 549 条规定："有下列情形之一的，债务人可以向受让人主张抵销：(一)债务人接到债权转让通知时，债务人对让与人享有债权，且债务人的债权先于转让的债权到期或者同时到期；(二)债务人的债权与转让的债权是基于同一合同产生。"此时，甲以乙欠自己的 50 万元向丙主张抵销，在时间上有两个要求：(1)乙对甲所负 50 万元债务成立于债权转让通知到达债务人甲之前；(2)甲对乙 50 万元债权的履行期先于丙对甲 300 万元债权到期或者同时到期。本题中，乙对甲所负 50 万元债务于 2009 年 1 月 1 日到期，而甲对丙所负 300 万元债务于 2008 年 12 月 30 日到期，不符合第二个时间上的要求，甲无权对丙主张抵销 50 万元。故 C 项错误。

《民法典》第 696 条规定："债权人转让全部或者部分债权，未通知保证人的，该转让对保证人不发生效力。保证人与债权人约定禁止债权转让，债权人未经保证人书面同意转让债权的，保证人对受让人不再承担保证责任。"本题中，根据约定，保证人丁仅对乙承担保证责任，故债权转让后，丁不再承担保证责任。故 D 项错误。

84．公司变更形式、增资、发起人出资责任[BD]

[解析] 根据《公司法》第 32 条规定，注册资本属于公司登记事项。《公司法》第 34 条第 1 款规定："公司登记事项发生变更的，应当依法办理变更登记。"本题中，秦川公司原注册资本为 1 亿元，变更后的注册资本为 2 亿元，需要办理变更登记。故 A 项错误。【特别提醒】根据《公司法》第 108 条，有限公司变更为股份公司后的实收股本不得高于公司净资产，秦川公司净资产为 2 亿元，变更后注册资本也为 2 亿元，因此不必增加发行股份，但仍应办理变更登记。

《公司法》第 108 条规定："有限责任公司变更为股份有限公司时，折合的实收股本总额不得高于公司净资产额。有限责任公司变更为股份有限公司，为增加注册资本公开发行股份时，应当依法办理。"据此，秦川公司净资产为 2 亿元，变更后的公司注册资本为

2.5 亿元，因此需要募集 5000 万元。《公司法》第 228 条第 2 款规定："股份有限公司为增加注册资本发行新股时，股东认购新股，依照本法设立股份有限公司缴纳股款的有关规定执行。"对于股份有限公司缴纳股款，根据《公司法》第 91 条规定，发起设立，是指由发起人认购设立公司时应发行的全部股份而设立公司。募集设立，是指由发起人认购设立公司时应发行股份的一部分，其余股份向特定对象募集或者向社会公开募集而设立公司。因此，对于 5000 万元新股，既可以由原股东认购，也可以公开募集或定向募集。故 B 项正确，C 项错误。

《公司法》第 99 条规定："发起人不按照其认购的股份缴纳股款，或者作为出资的非货币财产的实际价额显著低于所认购的股份的，其他发起人与该发起人在出资不足的范围内承担连带责任。"有限公司变更为股份公司，原净资产折抵为股份公司的实收股本，本质上为原股东作为发起人对变更后的股份公司的出资。本题中，公司净资产有漏记，说明净资产低于 2 亿元，其差额应由发起人承担连带补足责任，故 D 项正确。

85．著作权侵权［BC］

［解析］《著作权法》第 20 条规定："作品原件所有权的转移，不改变作品著作权的归属，但美术、摄影作品原件的展览权由原件所有人享有。作者将未发表的美术、摄影作品的原件所有权转让给他人，受让人展览该原件不构成对作者发表权的侵犯。"据此，该画原件所有权移转后，除了展览权由郑某享有，其余著作权仍由李某享有，郑某有权以展览原件的方式发表该作品。

A 项，油画原件移转后，展览权由郑某享有，并且郑某及其员工并未实施展览行为，因此并不构成对李某展览权的侵犯。故 A 项不当选。

B 项，李某将油画赠与郑某前并未发表该画，郑某为该画原件的所有权人，仅有权以展览原件的方式发表该画，而无权以其他方式发表该画。郑某与其员工将该画拍摄成照片用于产品的背景图构成发表行为，侵犯了李某的发表权。故 B 项当选。

C 项，复制权是指以印刷、复印、拓印、录音、录像、翻录、翻拍、数字化等方式将作品制作一份或者多份的权利。本题中，郑某让其员工将画拍摄成照片用于产品的背景图，增加了该油画作品的复制件，并将其固定在产品之上，属于典型的复制行为。因此，郑某及其员工的行为侵犯了李某的复制权。故 C 项当选。

D 项，信息网络传播权是指以有线或者无线方式向公众提供，使公众可以在其选定的时间和地点获得作品的权利。本题中，郑某及其员工并未实施信息网络传播行为。故 D 项不当选。

三、不定项选择题

86．免证事实；自认［BD］

［解析］本题中，丙承担的是连带保证，则乙和丙是共同被告，本案为必要共同诉讼。《民诉证据规定》第 6 条第 2 款规定："必要共同诉讼中，共同诉讼人中一人或者数人作出自认而其他共同诉讼人予以否认的，不发生自认的效力。其他共同诉讼人既不承认也不否认，经审判人员说明并询问后仍然不明确表示意见的，视为全体共同诉讼人的自认。"据此，必要共同诉讼人中一人的承认是否构成自认，关键看其他共同诉讼人的态度：如果其他共同诉讼人予以否认的，则不构成自认；如果其他必要共同诉讼人没有否认的，则视为全体共同诉讼人的自认。本题中，"丙始终拒绝承认约定过利息"，因此无论甲是否曾承认约定利息，对双方口头约定利息的事实均不发生自认的效力。在双方均无法提供证据证明存在关于利息的约定时，法院应当认定不存在利息的约定。由此，法院只能认定甲还款 6 万元为本金，因此甲还应归还 54 万元本金，丙应对 54 万元承担连带保证责任。综上，A、C 项错误，B、D 项正确。

87．信托财产；受托人［B］

［解析］《信托法》第 34 条规定："受托人以信托财产为限向受益人承担支付信托利益的义务。"本题中，信托公司为受托人，双方约定的信托财产为 300 万元，所以信托公司应当以 300 万元为限向受益人李某承担支付信托利益的义务。故 B 项正确，A、C 项错误。

本题中的信托合同中未明确约定预期收益；即使约定了预期收益，按照相关规定，信托公司也不承担刚性兑付的责任，相关约定是无效的。故 D 项错误。

88．代物清偿；租赁合同［B］

［解析］《民法典合同编通则解释》第 27 条第 1 款规定："债务人或者第三人与债权人在债务履行期限届满后达成以物抵债协议，不存在影响合同效力情形的，人民法院应当认定该协议自当事人意思表示一致时生效。"据此，以物抵债协议属于诺成性合同，自当事人意思表示一致时生效，故 A 项错误。

甲公司作为出卖方，对房屋负有权利担保义务，应当转移没有权利负担的房屋所有权给乙公司，但 A 楼上负有租赁权负担，且甲公司并未履行告知义务，应对乙公司承担违约责任，故 B 项正确。

买卖不破租赁的法律效果是：原租赁合同中出租人的权利义务关系概括地移转给受让人，在承租人与受让人之间，租赁合同继续有效。此外，受让人取得租赁物所有权后，承租人应向受让人支付租金。本题中，甲公司与乙公司办理 A 楼所有权转移登记后，乙公司取得房屋所有权，丙公司应向乙公司支付租金，故 C 项错误。

甲公司转让房屋所有权后,乙公司取代甲公司成为租赁关系的当事人,租金的收取与甲公司无关,故D项错误。

89.商业银行的监管[B]

[解析]《商业银行法》第64条规定:"商业银行已经或者可能发生信用危机,严重影响存款人的利益时,国务院银行业监督管理机构可以对该银行实行接管。接管的目的是对被接管的商业银行采取必要措施,以保护存款人的利益,恢复商业银行的正常经营能力。被接管的商业银行的债权债务关系不因接管而变化。"《银行业监督管理法》第38条规定:"银行业金融机构已经或者可能发生信用危机,严重影响存款人和其他客户合法权益的,国务院银行业监督管理机构可以依法对该银行业金融机构实行接管或者促成机构重组,接管和机构重组依照有关法律和国务院的规定执行。"本题中,该银行"已经"发生信用危机,应由国家金融监督管理总局实行接管或重组。故B项正确,A、C、D项错误。

90.国家金融监督管理总局接管措施[ABC]

[解析]《银行业监督管理法》第40条规定:"银行业金融机构被接管、重组或者被撤销的,国务院银行业监督管理机构有权要求该银行业金融机构的董事、高级管理人员和其他工作人员,按照国务院银行业监督管理机构的要求履行职责。在接管、机构重组或者撤销清算期间,经国务院银行业监督管理机构负责人批准,对直接负责的董事、高级管理人员和其他直接责任人员,可以采取下列措施:(一)直接负责的董事、高级管理人员和其他直接责任人员出境将对国家利益造成重大损失的,通知出境管理机关依法阻止其出境;(二)申请司法机关禁止其转移、转让财产或者对财产设定其他权利。"可知,A、B、C项都符合法律的规定。D项只能申请司法机关禁止财产的转让,不能直接"通知停止"。故D项错误,A、B、C项正确。

91.商业银行的破产[C]

[解析]《商业银行法》第71条规定:"商业银行不能支付到期债务,经国务院银行业监督管理机构同意,由人民法院依法宣告其破产。商业银行被宣告破产的,由人民法院组织国务院银行业监督管理机构等有关部门和有关人员成立清算组,进行清算。商业银行破产清算时,在支付清算费用、所欠职工工资和劳动保险费用后,应当优先支付个人储蓄存款的本金和利息。"可知,银行申请破产的条件只有一个,即不能支付到期债务,不需要"资产不足以清偿全部债务"这一条件。故A项错误。清算组是商业银行被宣告破产后,由人民法院组织国务院银行业监督管理机构等有关部门和有关人员成立的,而不是"在提出破产申请前"成立的。故B项错误。银行在向法院提交

破产申请前应当得到国家金融监督管理总局的同意。故C项正确。

《企业破产法》第8条规定:"向人民法院提出破产申请,应当提交破产申请书和有关证据。破产申请书应当载明下列事项:(一)申请人、被申请人的基本情况;(二)申请目的;(三)申请的事实和理由;(四)人民法院认为应当载明的其他事项。债务人提出申请的,还应当向人民法院提交财产状况说明、债务清册、债权清册、有关财务会计报告、职工安置预案以及职工工资的支付和社会保险费用的缴纳情况。"可知,债务人申请公司破产时,需要提交的材料没有债务清偿方案。故D项错误。

92.承揽合同[ABC]

[解析]本题中,万某、佟某之间构成承揽合同关系。《民法典》第787条规定:"定作人在承揽人完成工作前可以随时解除合同,造成承揽人损失的,应当赔偿损失。"据此,在承揽人完成工作前,定作人享有合同任意解除权,但应赔偿承揽人因此遭受的损失。本题中,旗袍尚未制作完成,万某有权解除合同,故B项正确。由于旗袍已经接近完工,相关费用大部分已经支出,万某应当承担相应费用,如果给佟某造成其他损失,也应当予以赔偿,故A项正确。

虽然按照万某、佟某之间的约定,万某承担了5000元的设备购置费,但是该购置费是包含在工钱里的,也就是说,购买设备的款项是万某为女友制作旗袍需要支付的费用的一部分。因此按照双方的意思表示,该设备的所有权归佟某,万某需要为该设备支付费用,故C项正确。

承揽人是为定作人进行的加工,无论成果是否已经完成,均应属于定作人所有,故D项错误。

93.有限公司临时股东会的召集[AD]

[解析]《公司法》第63条第2款规定:"董事会不能履行或者不履行召集股东会会议职责的,由监事会召集和主持;监事会不召集和主持的,代表十分之一以上表决权的股东可以自行召集和主持。"据此,董事会、监事会都不履行召开股东会的职责,持股1/10以上的股东可以自行召集和主持股东会。本题中,甲持股25%,乙和丙持股均不足1/10,因此甲有权召集股东会,乙和丙不能单独召集股东会,但可以共同召集。故A、D项正确,B、C项错误。

94.股东抽逃出资的法律后果[ABC]

[解析]《公司法解释(三)》第12条规定:"公司成立后,公司、股东或者公司债权人以相关股东的行为符合下列情形之一且损害公司权益为由,请求认定该股东抽逃出资的,人民法院应予支持:……(三)利用关联交易将出资转出;……"其第14条第1款规定:"股东抽逃出资,公司或者其他股东请求其向公司返还出资本息、协助抽逃出资的其他股东、董事、高

级管理人员或者实际控制人对此承担连带责任的,人民法院应予支持。"题目中霓美公司的行为属于利用关联交易将出资转出的行为,应认定为抽逃出资,承担返还本息的责任;陈某作为协助抽逃的高管,对此承担连带责任。故 A、B 项正确。

《公司法解释(三)》第 16 条规定:"股东未履行或者未全面履行出资义务或者抽逃出资,公司根据公司章程或者股东会决议对其利润分配请求权、新股优先认购权、剩余财产分配请求权等股东权利作出相应的合理限制,该股东请求认定该限制无效的,人民法院不予支持。"股东霓美公司抽逃出资,源圣公司可以通过股东会决议限制霓美公司的利润分配请求权。故 C 项正确。

《公司法解释(三)》第 17 条第 1 款规定:"有限责任公司的股东未履行出资义务或者抽逃全部出资,经公司催告缴纳或者返还,其在合理期间内仍未缴纳或者返还出资,公司以股东会决议解除该股东的股东资格,该股东请求确认该解除行为无效的,人民法院不予支持。"公司在解除抽逃出资股东的股东资格之前,需要先催告其返还出资,而不能直接解除其股东资格。故 D 项错误。

95．股东代表诉讼[AD]

[解析] 根据《公司法》第 189 条规定,有限公司股东提起股东代表诉讼不受持股比例限制。故 A 项正确,B 项错误。

根据《公司法解释(四)》第 25 条规定,股东代表诉讼的胜诉利益归属于公司。股东请求被告直接向其承担民事责任的,人民法院不予支持。因此,赔偿款应归源圣公司,C 项错误,D 项正确。

96．劳动争议的处理程序[BCD]

[解析]《劳动争议调解仲裁法》第 21 条规定:"劳动争议仲裁委员会负责管辖本区域内发生的劳动争议。劳动争议由劳动合同履行地或者用人单位所在地的劳动争议仲裁委员会管辖……"故 A 项中李某只能向劳动合同履行地的劳动争议仲裁委员会申请仲裁的说法错误。

《劳动争议调解仲裁法》第 28 条第 3 款规定,申请人申请仲裁应当提交书面仲裁申请,书写仲裁申请确有困难的,可以口头申请,由劳动争议仲裁委员会记入笔录,并告知对方当事人。故 B 项说法正确。

《劳动争议调解仲裁法》第 6 条规定:"发生劳动争议,当事人对自己提出的主张,有责任提供证据。与争议事项有关的证据属于用人单位掌握管理的,用人单位应当提供;用人单位不提供的,应当承担不利后果。"本题中的乙公司是根据公司绩效考核制度中"末位淘汰"的规定与李某解除劳动合同的,因为乙公司掌握了公司绩效考核制度及其考核情况,对终止劳动合同的主张应负举证责任。故 C 项说法正确。

《劳动争议调解仲裁法》第 29 条规定:"劳动争议仲裁委员会收到仲裁申请之日起 5 日内,认为符合受理条件的,应当受理,并通知申请人;认为不符合受理条件的,应当书面通知申请人不予受理,并说明理由。对劳动争议仲裁委员会不予受理或者逾期未作出决定的,申请人可以就该劳动争议事项向人民法院提起诉讼。"故 D 项说法正确。

97．不订立书面劳动合同的法律责任;劳动争议仲裁时效[BD]

[解析]《劳动合同法》第 10 条第 1 款规定:"建立劳动关系,应当订立书面劳动合同。"也即我国不承认事实劳动关系。虽然李某仍继续在公司工作,但原合同到期,用人单位有义务和李某签订书面劳动合同。《劳动合同法》第 82 条第 1 款规定:"用人单位自用工之日起超过 1 个月不满 1 年未与劳动者订立书面劳动合同的,应当向劳动者每月支付 2 倍的工资。"故 A 项错误,B 项正确。

《劳动争议调解仲裁法》第 27 条第 1 款规定:"劳动争议申请仲裁的时效期间为 1 年。仲裁时效期间从当事人知道或者应当知道其权利被侵害之日起计算。"李某针对乙公司终止合同违法提出仲裁请求,应从其被终止劳动关系时算起,即 2012 年 12 月。由于李某于 2013 年 11 月提出劳动争议仲裁申请,所以未超过仲裁时效。故 C 项错误,D 项正确。

98．协议管辖;特殊地域管辖[BC]

[解析]《民诉解释》第 30 条第 1 款规定,根据管辖协议,起诉时能够确定管辖法院的,从其约定;不能确定的,依照民事诉讼法的相关规定确定管辖。据此,双方在合同中约定由守约方所在地法院管辖,涉案合同各方当事人是否构成违约属于需要进行实体审理的内容,并非能够在管辖异议程序阶段确定的事实,故"守约方"的约定并不明确,无法依据协议管辖确定管辖法院,协议管辖无效。故 D 项错误。

本案为合同纠纷,在协议管辖无效的情况下,根据《民事诉讼法》第 24 条规定,因合同纠纷提起的诉讼,由被告住所地或者合同履行地人民法院管辖。被告乙公司住所地为 B 区,B 区法院有管辖权。又根据《民诉解释》第 18 条第 1 款的规定,合同约定履行地点的,以约定的履行地点为合同履行地。本合同中约定的合同履行地为 C 区,因此 C 区法院也有管辖权。故 B、C 项正确。A 区法院为原告住所地法院,无管辖权,故 A 项错误。

99．民事判决的法律效力(既判力);处分原则[B]

[解析] 处分原则是指民事诉讼当事人有权在法律规定的范围内,处分自己的民事权利和诉讼权利。违反处分原则的常见情形是法院裁判遗漏或超出诉讼请求范围。据此,甲仅起诉 5 万元,如果法院

对全部 50 万元作出判决,就超越了诉讼请求范围,违反处分原则。故 A 项错误。

从纠纷一次性化解角度,对部分请求应予限制。否则原告提出部分请求,既耗费司法资源,也增加了对方当事人不必要的诉累。因此,除非原告有合理理由提起部分请求,否则部分请求的既判力客观范围应当及于全部请求。据此,甲欲将 50 万元争议标的额分为 10 次提起诉讼,仅为了给乙教训,这显然不属于提出部分请求的合理理由。因此,对 5 万元判决的既判力客观范围应及于全部 50 万。故 B 项正确,C 项错误。

不管被告是否同意,法院都应以原告的请求范围为限作出判决。故 D 项错误。

100. 国际货物买卖中买方的货物检验义务以及货物不符的处理[BD]

[解析]《联合国国际货物销售合同公约》第 38 条第 1 款规定:"买方必须在按情况实际可行的最短时间内检验货物或由他人检验货物。"据此,不是依自己习惯的时间安排验货。故 A 项错误。

《联合国国际货物销售合同公约》第 38 条第 3 款规定:"如果货物在运输途中改运或买方须再发运货物,没有合理机会加以检验,而卖方在订立合同时已知道或理应知道这种改运或再发运的可能性,检验可推迟到货物到达新目的地后进行。"故 B 项正确。

《联合国国际货物销售合同公约》第 39 条规定:"(1)买方对货物不符合同,必须在发现或理应发现不符情形后一段合理时间内通知卖方,说明不符合同情形的性质,否则就丧失声称货物不符合同的权利。(2)无论如何,如果买方不在实际收到货物之日起二年内将货物不符合同情形通知卖方,他就丧失声称货物不符合同的权利,除非这一时限与合同规定的保证期限不符。""任何时间"说法是错误的。故 C 项错误。

如果货物不符在风险转移前已经存在,即使风险已经转移,卖方仍要承担货物不符的责任。故 D 项正确。

试 卷 一

试 题

一、单项选择题。每题所设选项中只有一个正确答案，多选、错选或不选均不得分。本部分含1-50题，每题1分，共50分。

1．法律格言说："紧急时无法律。"关于这句格言含义的阐释，下列哪一选项是正确的？

A. 在紧急状态下是不存在法律的

B. 人们在紧急状态下采取紧急避险行为可以不受法律处罚

C. 有法律，就不会有紧急状态

D. 任何时候，法律都以紧急状态作为产生和发展的根本条件

2．《刑事诉讼法》第五十四条规定："采取刑讯逼供等非法方法收集的犯罪嫌疑人、被告人供述和采用暴力、威胁等非法方法收集的证人证言、被害人陈述，应当予以排除。"对此条文，下列哪一理解是正确的？

A. 运用了规范语句来表达法律规则

B. 表达的是一个任意性规则

C. 表达的是一个委任性规则

D. 表达了法律规则中的假定条件、行为模式和法律后果

3．法律格言说："不知自己之权利，即不知法律。"关于这句法律格言含义的阐释，下列哪一选项是正确的？

A. 不知道法律的人不享有权利

B. 任何人只要知道自己的权利，就等于知道整个法律体系

C. 权利人所拥有的权利，既是事实问题也是法律问题

D. 权利构成法律上所规定的一切内容，在此意义上，权利即法律，法律亦权利

4．2012年，潘桂花、李大响老夫妇处置房产时，发现房产证产权人由潘桂花变成其子李能。原来，早在七年前李能就利用其母不识字骗其母签订合同，将房屋作价过户到自己名下。二老怒将李能诉至法院。法院查明，潘桂花因精神障碍，被鉴定为限制民事行为能力人。据此，法院认定该合同无效。对此，下列哪一说法是不正确的？

A. 李能的行为违反了物权的取得应当遵守法律、尊重公德、不损害他人合法权益的法律规定

B. 从法理上看，法院主要根据"法律家长主义"原则（即，法律对于当事人"不真实反映其意志的危险选择"应进行限制，使之免于自我伤害）对李能的意志行为进行判断，从而否定了他的做法

C. 潘桂花被鉴定为限制民事行为能力人是对法律关系主体构成资格的一种认定

D. 从诉讼"争点"理论看，本案争执的焦点不在李能是否利用其母不识字骗其母签订合同，而在于合同转让的效力如何认定

5．根据宪法分类理论，下列哪一选项是正确的？

A. 成文宪法也叫文书宪法，只有一个书面文件

B. 1215年的《自由大宪章》是英国宪法的组成部分

C. 1830年法国宪法是钦定宪法

D. 柔性宪法也具有最高法律效力

6．根据《宪法》和《选举法》规定，下列哪一选项是正确的？

A. 选民登记按选区进行，每次选举前选民资格都要进行重新登记

B. 选民名单应在选举日的十五日以前公布

C. 对于公布的选民名单有不同意见的，可以向选举委员会申诉或者直接向法院起诉

D. 法院对于选民名单意见的起诉应在选举日以前作出判决

7．春秋时期，针对以往传统法律体制的不合理性，出现了诸如晋国赵鞅"铸刑鼎"，郑国执政子产"铸刑书"等变革活动。对此，下列哪一说法是正确的？

A. 晋国赵鞅"铸刑鼎"为中国历史上首次公布成文法

B. 奴隶主贵族对公布法律并不反对，认为利于其统治

C. 打破了"刑不可知，则威不可测"的壁垒

D. 孔子作为春秋时期思想家，肯定赵鞅"铸刑鼎"的举措

8. 甲国与乙国1992年合并为一个新国家丙国。此时,丁国政府发现,原甲国中央政府、甲国南方省,分别从丁国政府借债3000万美元和2000万美元。同时,乙国元首以个人名义从丁国的商业银行借款100万美元,用于乙国1991年救灾。上述债务均未偿还。甲乙丙丁四国没有关于甲乙两国合并之后所涉债务事项的任何双边或多边协议。根据国际法中有关原则和规则,下列哪一选项是正确的?

A.随着一个新的国际法主体丙国的出现,上述债务均已自然消除

B.甲国中央政府所借债务转属丙国政府承担

C.甲国南方省所借债务转属丙国政府承担

D.乙国元首所借债务转属丙国政府承担

9. 甲国是群岛国,乙国是甲国的隔海邻国,两国均为《联合国海洋法公约》的缔约国。根据相关国际法规则,下列哪一选项是正确的?

A.他国船舶通过甲国的群岛水域均须经过甲国的许可

B.甲国为连接其相距较远的两岛屿,其群岛基线可隔断乙国的专属经济区

C.甲国因已划定了群岛水域,则不能再划定专属经济区

D.甲国对其群岛水域包括上空和底土拥有主权

10. 甲国1999年发生军事政变未遂,政变领导人朗曼逃到乙国。甲国法院缺席判决朗曼10年有期徒刑。甲乙两国之间没有相关的任何特别协议。根据国际法有关规则,下列哪一选项是正确的?

A.甲国法院判决生效后,甲国可派出军队进入乙国捕拿朗曼,执行判决

B.乙国可以给予朗曼庇护

C.乙国有义务给予朗曼庇护

D.甲国法院的判决生效后,乙国有义务将朗曼逮捕并移交甲国

11. 关于我国司法制度,下列哪一选项是错误的?

A.我国实行两审终审、人民陪审员、审判公开等审判制度,促进实现审判活动科学化、规范化

B.基层法院除审判案件外,还处理不需要开庭审判的民事纠纷和轻微的刑事案件,但不能指导人民调解委员会的工作

C.我国实行立案监督、侦查监督、审判监督等检察制度,实现对诉讼活动的法律监督

D.检察官独立不同于"除了法律没有上司"的法官独立,要受到"检察一体化"的限制

12. 关于司法制度与法律职业的表述,下列哪一选项不能成立?

A.为了客观、中立、公正地进行事实判断、解决

纷争,在组织技术上,司法机关只服从法律,不受上级机关、行政机关的干涉

B.根据检察权统一行使原则,我国各级检察机关构成不可分割的统一整体,其特点是在行使职权、执行职务时实行"上命下从";每个检察机关和检察官的活动是检察机关全部活动的有机组成部分,均需依照法律赋予的权力进行

C.法律职业以法官、检察官、律师为代表,法律职业之间具备同质性而无行业属性,因此多数国家规定担任法官、检察官、律师须通过专门培养和训练

D.法律职业道德的基本原则是指法律职业道德的基本尺度、基本纲领和基本要求。法律职业道德的基本原则主要包括忠实执行宪法和法律、互相尊重互相配合、清正廉洁遵纪守法等方面

13. 某律师事务所律师代理原告诉被告买卖合同纠纷案件,下列哪一做法是正确的?

A.该律师接案时,得知委托人同时接触他所律师,私下了解他所报价后以较低收费接受委托

B.在代书起诉状中,律师提出要求被告承担精神损害赔偿20万元的诉讼请求

C.在代理合同中约定,如胜诉,在5万元律师代理费外,律师事务所可按照胜诉金额的一定比例另收办案费用

D.因律师代理意见未被法庭采纳,原告要求律师承担部分诉讼请求损失,律师事务所予以拒绝

14. 根据我国《公证法》规定,对下列哪一事项公证机关可予办理公证?

A.马某拿着一份合同复印件到公证机关要求公证,经公证人员审查发现该合同有多处涂改痕迹

B.女青年李某29岁,至今未婚,到公证机关办理处女公证

C.张某与王某大学毕业工作多年,各自都有些积蓄,为避免婚后因财产问题发生纠纷,双方决定到公证机关办理婚前财产公证

D.杨父因正在读初中的儿子整天沉迷于网络游戏,多次劝说无效,遂决定与儿子解除父子关系,到公证机关申请公证

15. 关于刑法解释,下列哪一选项是错误的?

A.学理解释中的类推解释结论,纳入司法解释后不属于类推解释

B.将大型拖拉机解释为《刑法》第116条破坏交通工具罪的"汽车",至少是扩大解释乃至是类推解释

C.《刑法》分则有不少条文并列规定了"伪造"与"变造",但不排除在其他一些条文中将"变造"解释为"伪造"的一种表现形式

D.《刑法》第65条规定,不满18周岁的人不成

立累犯;《刑法》第356条规定,因走私、贩卖、运输、制造、非法持有毒品罪被判过刑,又犯本节规定之罪的,从重处罚。根据当然解释的原理,对不满18周岁的人不适用《刑法》第356条

16. 甲女得知男友乙移情,怨恨中送其一双滚轴旱冰鞋,企盼其运动时摔伤。乙穿此鞋运动时,果真摔成重伤。关于本案的分析,下列哪一选项是正确的?

A. 甲的行为属于作为的危害行为

B. 甲的行为与乙的重伤之间存在刑法上的因果关系

C. 甲具有伤害乙的故意,但不构成故意伤害罪

D. 甲的行为构成过失致人重伤罪

17. 吴某被甲、乙合法追捕。吴某的枪中只有一发子弹,认识到开枪既可能打死甲也可能打死乙。设定吴某对甲、乙均有杀人故意,下列哪一分析是正确的?

A. 如吴某一枪没有打中甲和乙,子弹从甲与乙的中间穿过,则对甲、乙均成立故意杀人罪未遂

B. 如吴某一枪打中了甲,致甲死亡,则对甲成立故意杀人罪既遂,对乙成立故意杀人罪未遂,实行数罪并罚

C. 如吴某一枪同时打中甲和乙,致甲死亡、乙重伤,则对甲成立故意杀人罪既遂,对乙仅成立故意伤害罪

D. 如吴某一枪同时打中甲和乙,致甲、乙死亡,则对甲、乙均成立故意杀人罪既遂,实行数罪并罚

18. 甲想杀害身材高大的乙,打算先用安眠药使乙昏迷,然后勒乙的脖子,致其窒息死亡。由于甲投放的安眠药较多,乙吞服安眠药后死亡。对此,下列哪一选项是正确的?

A. 甲的预备行为导致了乙死亡,仅成立故意杀人预备

B. 甲虽已着手实行杀人行为,但所预定的实行行为(勒乙的脖子)并未实施完毕,故只能认定为未实行终了的未遂

C. 甲已着手实行杀人行为,应认定为故意杀人既遂

D. 甲的行为是故意杀人预备与过失致人死亡罪的想象竞合犯,应从一重罪论处

19. 甲在自家胡同口里看到乙背着蛇皮袋鬼鬼祟祟,怀疑乙是偷狗的,遂大喊一声,叫乙站住。乙放下蛇皮袋就跑,甲紧追不舍,追到后将乙打倒在地,系轻微伤。见乙躺在地上没有反抗,甲又朝乙面部踹了两脚,导致乙眼部充血视网膜脱落,最终乙因细菌感染严重而死亡。事后查明乙确有偷狗行为,蛇皮袋里是偷的狗。关于甲的行为,下列哪一项说法是正确的?

A. 成立正当防卫

B. 系假想防卫

C. 系故意伤害行为,构成故意伤害(致人死亡)罪

D. 属于防卫过当,但不承担责任

20. 甲杀人后将凶器忘在现场,打电话告诉乙真相,请乙帮助扔掉凶器。乙随即把凶器藏在自家地窖里。数月后,甲生活无着落准备投案自首时,乙向甲汇款2万元,使其继续在外生活。关于本案,下列哪一选项是正确的?

A. 乙藏匿凶器的行为不属毁灭证据,不成立帮助毁灭证据罪

B. 乙向甲汇款2万元不属帮助甲逃匿,不成立窝藏罪

C. 乙的行为既不成立帮助毁灭证据罪,也不成立窝藏罪

D. 甲虽唆使乙毁灭证据,但不能认定为帮助毁灭证据罪的教唆犯

21. 甲欲杀乙,将乙打倒在地,掐住脖子致乙深度昏迷。30分钟后,甲发现乙未死,便举刀刺乙,第一刀刺中乙腹,第二刀扎在乙的皮带上,刺第三刀时刀柄折断。甲长叹"你命太大,整不死你,我服气了",遂将乙送医,乙得以保命。经查,第一刀已致乙重伤。关于甲犯罪形态的认定,下列哪一选项是正确的?

A. 故意杀人罪的未遂犯

B. 故意杀人罪的中止犯

C. 故意伤害罪的既遂犯

D. 故意杀人罪的不能犯

22. 15周岁的甲非法侵入某尖端科技研究所的计算机信息系统,18周岁的乙对此知情,仍应甲的要求为其编写侵入程序。关于本案,下列哪一选项是错误的?

A. 如认为责任年龄、责任能力不是共同犯罪的成立条件,则甲、乙成立共犯

B. 如认为甲、乙成立共犯,则乙成立非法侵入计算机信息系统罪的从犯

C. 不管甲、乙是否成立共犯,都不能认为乙成立非法侵入计算机信息系统罪的间接正犯

D. 由于甲不负刑事责任,对乙应按非法侵入计算机信息系统罪的片面共犯论处

23. 关于教唆犯,下列哪一选项是正确的?

A. 甲唆使不满16周岁的乙强奸妇女丙,但乙只是抢夺了丙的财物一万元后即离开现场,甲应成立强奸罪、抢夺罪的教唆犯

B. 教唆犯不可能是实行犯,但可能是帮助犯

C. 教唆他人吸食、注射毒品的,成立吸食、注射毒品罪的教唆犯

D. 有的教唆犯是主犯,但所有的帮助犯都是从犯

24. 警察带着警犬(价值3万元)追捕逃犯甲。甲枪中只有一发子弹,认识到开枪既可能只打死警察(希望打死警察),也可能只打死警犬,但一枪同时打中二者,导致警察受伤、警犬死亡。关于甲的行为定性,下列哪一选项是错误的?

A. 如认为甲只有一个故意,成立故意杀人罪未遂

B. 如认为甲有数个故意,成立故意杀人罪未遂与故意毁坏财物罪,数罪并罚

C. 如甲仅打中警犬,应以故意杀人罪未遂论处

D. 如甲未打中任何目标,应以故意杀人罪未遂论处

25. 关于犯罪数额的计算,下列哪一选项是正确的?

A. 甲15周岁时携带凶器抢夺他人财物价值3万元;17周岁时抢劫他人财物价值2万元。甲的犯罪数额是5万元

B. 乙收受贿赂15万元,将其中3万元作为单位招待费使用。乙的犯罪数额是12万元

C. 丙第一次诈骗6万元,第二次诈骗12万元,但用其中6万元补偿第一次诈骗行为被害人的全部损失。丙的犯罪数额是6万元

D. 丁盗窃他人价值6000元的手机,在销赃时夸大手机功能将其以1万元卖出。丁除成立盗窃罪外,还成立诈骗罪,诈骗数额是1万元

26. 关于减刑,下列哪一选项是正确的?

A. 减刑只适用于被判处拘役、有期徒刑、无期徒刑和死缓的犯罪分子

B. 对一名服刑犯人的减刑不得超过三次,否则有损原判决的权威性

C. 被判处无期徒刑的罪犯减刑后,实际执行时间可能超过十五年

D. 对被判处无期徒刑、死缓的罪犯的减刑,需要报请高级法院核准

27. 甲将邻居交售粮站的稻米淋洒农药,取出部分作饵料,毒死麻雀后售与饭馆,非法获利5,000元。关于甲行为的定性,下列哪一选项是正确的?

A. 构成故意毁坏财物罪

B. 构成以危险方法危害公共安全罪和盗窃罪

C. 仅构成以危险方法危害公共安全罪

D. 构成投放危险物质罪和销售有毒、有害食品罪

28. 张某窃得同事一张银行借记卡及身份证,向丈夫何某谎称路上所拾。张某与何某根据身份证号码试出了借记卡密码,持卡消费5000元。关于本案,

下列哪一说法是正确的?

A. 张某与何某均构成盗窃罪

B. 张某与何某均构成信用卡诈骗罪

C. 张某构成盗窃罪,何某构成信用卡诈骗罪

D. 张某构成信用卡诈骗罪,何某不构成犯罪

29. 甲、乙、丙、丁共谋诱骗黄某参赌。四人先约黄某到酒店吃饭,甲借机将安眠药放入黄某酒中,想在打牌时趁黄某不清醒合伙赢黄某的钱。但因甲投放的药品剂量偏大,饭后刚开牌局黄某就沉沉睡去,四人趁机将黄某的钱包掏空后离去。上述四人的行为构成何罪?

A. 赌博罪   B. 抢劫罪

C. 盗窃罪   D. 诈骗罪

30. 乙用朋友甲的淘宝账户购买一件商品,向商家支付了货款,填写了自己的收件地址。商家发货时,想核对下收件地址,联系到了甲。甲明知乙购买了货物,仍谎称地址错误,提供了自己的地址。商家将货物寄给了甲。下列哪一项说法是正确的?

A. 甲对乙构成盗窃罪

B. 甲对商家构成诈骗罪

C. 甲构成三角诈骗

D. 甲构成侵占罪

31. 社会主义法治公平正义的实现,应当高度重视程序的约束作用,避免法治活动的任意性和随意化。据此,下列哪一说法是正确的?

A. 程序公正是实体公正的保障,只要程序公正就能实现实体公正

B. 刑事程序的公开与透明有助于发挥程序的约束作用

C. 为实现程序的约束作用,违反法定程序收集的证据均应予以排除

D. 对复杂程度不同的案件进行程序上的繁简分流会限制程序的约束作用

32. 庭审过程中,被告人赵某指出,公诉人的书记员李某曾在侦查阶段担任鉴定人,并据此要求李某回避。对于赵某的回避申请,下列哪一选项是正确的?

A. 法庭应以不属于法定回避情形为由当庭驳回

B. 法庭应以符合法庭回避情形为由当庭作出回避决定

C. 李某应否回避需提交法院院长决定

D. 李某应否回避需提交检察院检察长决定

33. 下列哪一选项属于传闻证据?

A. 甲作为专家辅助人在法庭上就一起伤害案的鉴定意见提出的意见

B. 乙了解案件情况但因重病无法出庭,法官自

行前往调查核实的证人证言

C. 丙作为技术人员"就证明讯问过程合法性的同步录音录像是否经过剪辑"在法庭上所作的说明

D. 丁曾路过发生杀人案的院子,其开庭审理时所作的"当时看到一个人从那里走出来,好像喝了许多酒"的证言

34. 某银行被盗,侦查机关将沈某确定为犯罪嫌疑人。在进行警犬辨认时,一"功勋警犬"在发案银行四处闻了闻后,猛地扑向沈某。随后,侦查人员又对沈某进行心理测试,测试结论显示,只要犯罪嫌疑人说没偷,测谎仪就显示其撒谎。关于可否作为认定案件事实的根据,下列哪一选项是正确的?

A. 警犬辨认和心理测试结论均可以

B. 警犬辨认可以,心理测试结论不可以

C. 警犬辨认不可以,心理测试结论可以

D. 警犬辨认和心理测试结论均不可以

35. 甲与邻居乙发生冲突致乙轻伤,甲被刑事拘留期间,甲的父亲代为与乙达成和解,公安机关决定对甲取保候审。关于甲在取保候审期间应遵守的义务,下列哪一选项是正确的?

A. 将驾驶证件交执行机关保存

B. 不得与乙接触

C. 工作单位调动的,在 24 小时内报告执行机关

D. 未经公安机关批准,不得进入特定的娱乐场所

36. 关于附带民事诉讼案件诉讼程序中的保全措施,下列哪一说法是正确的?

A. 法院应当采取保全措施

B. 附带民事诉讼原告人和检察院都可以申请法院采取保全措施

C. 采取保全措施,不受《民事诉讼法》规定的限制

D. 财产保全的范围不限于犯罪嫌疑人、被告人的财产或与本案有关的财产

37. 甲公司以虚构工程及伪造文件的方式,骗取乙工程保证金 400 余万元。公安机关接到乙控告后,以尚无明确证据证明甲涉嫌犯罪为由不予立案。关于本案,下列哪一选项是正确的?

A. 乙应先申请公安机关复议,只有不服复议决定的才能请求检察院立案监督

B. 乙请求立案监督,检察院审查后认为公安机关应立案的,可通知公安机关立案

C. 公安机关接到检察院立案通知后仍不立案的,经省级检察院决定,检察院可自行立案侦查

D. 乙可直接向法院提起自诉

38. 关于侦查中的检查与搜查,下列一说法是正确的?

A. 搜查的对象可以是活人的身体,检查只能对现场、物品、尸体进行

B. 搜查只能由侦查人员进行,检查可以由具有专门知识的人在侦查人员主持下进行

C. 搜查应当出示搜查证,检查不需要任何证件

D. 搜查和检查对任何对象都可以强制进行

39. 开庭审判过程中,一名陪审员离开法庭处理个人事务,辩护律师提出异议并要求休庭,审判长予以拒绝,四十分钟后陪审员返回法庭继续参与审理。陪审员长时间离开法庭的行为违背下列哪一审判原则?

A. 职权主义原则

B. 证据裁判规则

C. 直接言词原则

D. 集中审理原则

40. 甲犯抢夺罪,法院经审查决定适用简易程序审理。关于本案,下列哪一选项是正确的?

A. 适用简易程序必须由检察院提出建议

B. 如被告人已提交承认指控犯罪事实的书面材料,则无需再当庭询问其对指控的意见

C. 不需要调查证据,直接围绕罪名确定和量刑问题进行审理

D. 如无特殊情况,应当庭宣判

41. 叶某因挪用资金罪被判处有期徒刑一年缓刑两年,判决宣告时叶某表示不上诉。其被解除羁押后经向他人咨询,认为自己不构成犯罪,于是又想提出上诉。下列哪一项是正确的?

A. 叶某已明确表示不上诉,因此不能再提起上诉

B. 需经法院同意,叶某才能上诉

C. 在上诉期满前,叶某有权提出上诉

D. 叶某可在上诉期满前提出上诉,但因一审判决未生效,需对他重新收押

42. 关于生效裁判申诉的审查处理,下列哪一选项是正确的?

A. 赵某强奸案的申诉,由上级法院转交下级法院审查处理,不立申诉卷

B. 二审法院将不服本院裁判的刘某抢劫案的申诉交一审法院审查,一审法院审查后直接作出处理

C. 李某对最高法院核准死刑的案件的申诉,最高法院可以直接处理,也可以交原审法院审查。交原审法院审查的,原审法院应当写出审查报告,提出处理意见,逐级报最高法院审定

D. 高某受贿案的申诉,经两级法院处理后不服又申诉,法院不再受理

43. 下列哪一案件可以适用当事人和解的公诉案件诉讼程序?

A. 甲因侵占罪被免除处罚 2 年后，又涉嫌故意伤害致人轻伤

B. 乙涉嫌寻衅滋事，在押期间由其父亲代为和解，被害人表示同意

C. 丙涉嫌过失致人重伤，被害人系限制行为能力人，被害人父亲愿意代为和解

D. 丁涉嫌破坏计算机信息系统，被害人表示愿意和解

44. 关于国务院行政机构设置和编制管理的说法，下列哪一选项是正确的？

A. 国务院议事协调机构的撤销经由国务院常务会议讨论通过后，由国务院总理提交国务院全体会议讨论决定

B. 国务院行政机构增设司级内设机构，由国务院机构编制管理机关提出方案，报国务院决定

C. 国务院议事协调机构的编制根据工作需要单独确定

D. 国务院行政机构的编制在国务院行政机构设立时确定

45. 王某经过考试成为某县财政局新录用的公务员，但因试用期满不合格被取消录用。下列哪一说法是正确的？

A. 对王某的试用期限，由某县财政局确定

B. 对王某的取消录用，应当适用辞退公务员的规定

C. 王某不服取消录用向法院提起行政诉讼的，法院应当不予受理

D. 对王某的取消录用，在性质上属于对王某的不予录用

46. 经甲公司申请，市建设局给其颁发建设工程规划许可证。后该局在复核中发现甲公司在申请时报送的企业法人营业执照已经超过有效期，遂依据《行政许可法》规定，撤销该公司的规划许可证，并予以注销。甲公司不服，向法院提起诉讼。市建设局撤销甲公司规划许可证的行为属于下列哪一类别？

A. 行政处罚

B. 行政强制措施

C. 行政行为的撤销

D. 行政检查

47. 某公司向规划局交纳了一定费用后获得了该局发放的建设用地规划许可证。刘某的房屋紧邻该许可规划用地，刘某认为建筑工程完成后将遮挡其房屋采光，向法院起诉请求撤销该许可决定。下列哪一说法是正确的？

A. 规划局发放许可证不得向某公司收取任何费用

B. 因刘某不是该许可的利害关系人，规划局审

查和决定发放许可证无需听取其意见

C. 因刘某不是该许可的相对人，不具有原告资格

D. 因建筑工程尚未建设，刘某权益受侵犯不具有现实性，不具有原告资格

48. 李某多次发送淫秽短信、干扰他人正常生活，公安机关经调查拟对李某作出行政拘留 10 日的处罚。关于此处罚决定，下列哪一做法是适当的？

A. 由公安派出所作出

B. 依当场处罚程序作出

C. 应及时通知李某的家属

D. 紧急情况下可以口头方式作出

49. 某县公安局开展整治非法改装机动车的专项行动，向社会发布通知：禁止改装机动车，发现非法改装机动车的，除依法暂扣行驶证、驾驶证 6 个月外，机动车所有人须到指定场所学习交通法规 5 日并出具自行恢复原貌的书面保证，不自行恢复的予以强制恢复。某县公安局依此通知查处 10 辆机动车，要求其所有人到指定场所学习交通法规 5 日并出具自行恢复原貌的书面保证。下列哪一说法是正确的？

A. 通知为具体行政行为

B. 要求 10 名机动车所有人学习交通法规 5 日的行为为行政指导

C. 通知所指的暂扣行驶证、驾驶证 6 个月为行政处罚

D. 通知所指的强制恢复为行政强制措施

50. A 市李某驾车送人前往 B 市，在 B 市甲区与乙区居民范某的车相撞，并将后者打伤。B 市甲区公安分局决定扣留李某的汽车，对其拘留 5 日并处罚款 300 元。下列哪一选项是正确的？

A. 李某可向 B 市公安局申请行政复议

B. 对扣留汽车行为，李某可向甲区人民法院起诉

C. 李某应先申请复议，方能提起行政诉讼

D. 范某可向乙区人民法院起诉

二、多项选择题。 每题所设选项中至少有两个正确答案，多选、少选、错选或不选均不得分。本部分含 **51—85** 题，每题 2 分，共 70 分。

51. 关于法律规则、法律条文与语言的表述，下列哪些选项是正确的？

A. 法律规则以"规范语句"的形式表达

B. 所有法律规则都具语言依赖性，在此意义上，法律规则就是法律条文

C. 所有表述法律规则的语句都可以带有道义助动词

D. 《中华人民共和国民法通则》第十五条规定："公民以他的户籍所在地的居住地为住所，经常居住

地与住所不一致的,经常居住地视为住所。"从语式上看,该条文表达的并非一个法律规则

52. 某设区的市的市政府依法制定了《关于加强历史文化保护的决定》。关于该决定,下列哪些选项是正确的?

A. 市人大常委会认为该决定不适当,可以提请上级人大常委会撤销

B. 法院在审理案件时发现该决定与上位法不一致,可以作出合法性解释

C. 与文化部有关文化保护的规定具有同等效力,在各自的权限范围内施行

D. 与文化部有关文化保护的规定之间对同一事项的规定不一致时,由国务院裁决

53. 关于我国司法解释,下列哪些说法是错误的?

A. 林某认为某司法解释违背相关法律,遂向全国人大常委会提出审查建议,这属于社会监督的一种形式

B. 司法解释的对象是法律、行政法规和地方性法规

C. 司法解释仅指最高法院对审判工作中具体应用法律、法令问题的解释

D. 全国人大宪法和法律委员会以及有关专门委员会经审查认为司法解释同法律规定相抵触的,可以直接撤销

54. 我国的基本社会制度是基于经济、政治、文化、社会、生态文明五位一体的社会主义建设的需要,在社会领域所建构的制度体系。关于国家的基本社会制度,下列哪些选项是正确的?

A. 我国的基本社会制度是国家的根本制度

B. 社会保障制度是我国基本社会制度的核心内容

C. 职工的工作时间和休假制度是我国基本社会制度的重要内容

D. 加强社会法的实施是发展与完善我国基本社会制度的重要途径

55. 根据我国《立法法》的规定,下列哪些主体既可以向全国人民代表大会,也可以向全国人民代表大会常务委员会提出法律案?

A. 国务院

B. 中央军事委员会

C. 全国人民代表大会各专门委员会

D. 三十名以上全国人民代表大会代表联名

56. 关于中国古代社会几部法典的结构体例,下列哪些选项是正确的?

A.《法经》中相当于近代刑法典总则部分的"具法",被置于六篇的篇首

B.《魏律》对秦汉旧律有较大改革,如将"具律"改为"刑名",并将其置于律首

C.《北齐律》将刑名与法例合为名例一篇,奠定了后世刑法的总则

D.《大清律例》是我国最后一部成文法典,采六部格局

57. 甲国人约翰持公务签证来华,在北京已居住两年。在此期间,约翰与中国女子王某结婚并在北京生下一子。根据中国相关法律规定,下列哪些判断是正确的?

A. 只要约翰有尚未完结的民事诉讼就不得离境

B. 北京是约翰的经常居所地

C. 约翰利用周末假期在某语言培训机构兼职教课,属于非法就业

D. 约翰的儿子具有中国国籍

58. 根据有关规定,我国法律职业人员因其职业的特殊性,业外活动也要受到约束。下列哪些说法是正确的?

A. 法律职业人员在本职工作和业外活动中均应严格要求自己,维护法律职业形象和司法公信力

B. 业外活动是法官、检察官行为的重要组成部分,在一定程度上也是司法职责的延伸

C.《律师执业行为规范》规定了律师在业外活动中不得为的行为

D.《公证员职业道德基本准则》要求公证员应当具有良好的个人修养和品行,妥善处理个人事务

59. 关于受贿罪,下列哪些选项是正确的?

A. 国家工作人员明知其近亲属利用自己的职务行为受贿的,构成受贿罪

B. 国家工作人员虚假承诺利用职务之便为他人谋利,收取他人财物的,构成受贿罪

C. 国家机关工作人员实施渎职犯罪并收受贿赂,同时构成渎职罪和受贿罪的,除《刑法》有特别规定外,以渎职罪和受贿罪数罪并罚

D. 国家工作人员明知他人有请托事项而收受其财物,视为具备"为他人谋取利益"的构成要件,是否已实际为他人谋取利益,不影响受贿的认定

60. 甲为杀乙,对乙下毒。甲见乙中毒后极度痛苦,顿生怜意,开车带乙前往医院。但因车速过快,车右侧撞上电线杆,坐在副驾驶位的乙被撞死。关于本案的分析,下列哪些选项是正确的?

A. 如认为乙的死亡结果应归责于驾车行为,则甲的行为成立故意杀人中止

B. 如认为乙的死亡结果应归责于投毒行为,则甲的行为成立故意杀人既遂

C. 只要发生了构成要件的结果,无论如何都不可能成立中止犯,故甲不成立中止犯

D. 只要行为人真挚地防止结果发生,即使未能防止犯罪结果发生的,也应认定为中止犯,故甲成立中止犯

61. 甲知道乙计划前往丙家抢劫,为帮助乙取得财物,便暗中先赶到丙家,将丙打昏后离去(丙受轻伤)。乙来到丙家时,发现丙已昏迷,以为是丙疾病发作晕倒,遂从丙家取走价值5万元的财物。关于本案的分析,下列哪些选项是正确的?

A. 若承认片面共同正犯,甲对乙的行为负责,对甲应以抢劫罪论处,对乙以盗窃罪论处

B. 若承认片面共同正犯,根据部分实行全部责任原则,对甲、乙二人均应以抢劫罪论处

C. 若否定片面共同正犯,甲既构成故意伤害罪,又构成盗窃罪,应从一重罪论处

D. 若否定片面共同正犯,乙无须对甲的故意伤害行为负责,对乙应以盗窃罪论处

62. 关于没收财产,下列哪些选项是错误的?

A. 甲受贿100万元,巨额财产来源不明200万元,甲被判处死刑并处没收财产。甲被没收财产的总额至少应为300万元

B. 甲抢劫他人汽车被判处死刑并处没收财产。该汽车应上缴国库

C. 甲因走私罪被判处无期徒刑并处没收财产。此前所负赌债,经债权人请求应予偿还

D. 甲因受贿罪被判有期徒刑十年并处没收财产30万元,因妨害清算罪被判有期徒刑三年并处罚金二万元。没收财产和罚金应当合并执行

63. 甲曾向乙借款9000元,后不想归还借款,便预谋毒死乙。甲将注射了“毒鼠强”的白条鸡挂在乙家门上,乙怀疑白条鸡有毒未食用。随后,甲又乘去乙家串门之机,将“毒鼠强”投放到乙家米袋内。后乙和其妻子、女儿喝过米汤中毒,乙死亡,其他人经抢救脱险。关于甲的行为,下列哪些选项是错误的?

A. 构成投放危险物质罪

B. 构成投放危险物质罪与抢劫罪的想象竞合犯

C. 构成投放危险物质罪与故意杀人罪的想象竞合犯

D. 构成抢劫罪与故意杀人罪的吸收犯

64. 关于刑事责任的追究,下列哪些选项是正确的?

A. 甲非法从事资金支付结算业务,构成非法吸收公众存款罪

B. 乙采取欺骗手段进行虚假纳税申报,逃避缴纳税款1000万元,但经税务机关依法下达追缴通知后,补缴了应纳税款。即便乙拒缴纳滞纳金,也不应当再对其追究刑事责任

C. 丙明知赵某实施高利转贷行为获利200万

元,而为其提供资金账户的,构成洗钱罪

D. 丁组织多名男性卖淫,由于《刑法》第三百五十八条并未限定组织卖淫罪中的被组织者是妇女,对丁应当追究刑事责任

65. 下列哪些选项中甲的行为构成抢劫致人重伤?

A. 甲抢劫乙后逃跑,被害人乙追甲,在追赶甲的过程中,摔成重伤

B. 甲抢劫丙后逃跑,丙抓住甲的手不放,甲将丙推开的过程中,过失造成丙重伤,然后逃离现场

C. 甲盗窃丁的财物后被丁发现并追赶,为了逃避追赶,甲使用暴力抗拒被害人丁的抓捕,导致被害人重伤

D. 甲在入室抢劫戊的过程中,对被害人戊实施了捆绑,逃跑时没有为戊松绑。戊爬到阳台上呼喊时,不慎摔成重伤

66. 下列哪些行为构成盗窃罪(不考虑数额)?

A. 酒店服务员甲在帮客人拎包时,将包中的手机放入自己的口袋据为己有

B. 客人在小饭馆吃饭时,将手机放在收银台边上充电,请服务员乙帮忙照看。乙假意答应,却将手机据为己有

C. 旅客将行李放在托运柜台旁,到相距20余米的另一柜台问事时,机场清洁工丙将该行李拿走据为己有

D. 顾客购物时将车钥匙遗忘在收银台,收银员问是谁的,丁谎称是自己的,然后持该钥匙将顾客的车开走

67. 关于毒品犯罪,下列哪些选项是正确的?

A. 甲想戒毒,便把自己所有的毒品给了乙,刚刚交到乙手上就被警察发现,甲构成非法持有毒品的共犯

B. 甲从卖家乙处网购少量毒品用于吸食,待甲付款后,乙将毒品运往甲的住处。甲构成运输毒品罪的共犯

C. 甲贩卖毒品给乙,交付完毕后当场被警察抓获。甲构成贩卖毒品罪,乙构成非法持有毒品罪

D. 甲毒瘾发作,找毒贩乙购买毒品,毒贩乙嫌甲的购买量小而拒绝出卖。后经甲苦苦哀求,乙遂将毒品卖给甲。甲构成贩卖毒品罪的教唆犯

68. 关于保障诉讼参与人的诉讼权利原则,下列哪些选项是正确的?

A. 是对《宪法》和《刑事诉讼法》尊重和保障人权的具体化

B. 保障诉讼参与人的诉讼权利,核心在于保护犯罪嫌疑人、被告人的辩护权

C. 要求诉讼参与人在享有诉讼权利的同时,还

应承担法律规定的诉讼义务

D. 保障受犯罪侵害的人的起诉权和上诉权,是这一原则的重要内容

69．孙某系甲省乙市海关科长,与走私集团通谋,利用职权走私国家禁止出口的文物,情节特别严重。关于本案管辖,下列哪些选项是正确的?

A. 可由公安机关立案侦查

B. 经甲省检察院决定,可由检察院立案侦查

C. 甲省检察院决定立案侦查后可根据案件情况自行侦查

D. 甲省检察院决定立案侦查后可根据案件情况指定甲省丙市检察院侦查

70．关于非法证据的排除,下列哪些说法是正确的?

A. 非法证据排除的程序,可以根据当事人等申请而启动,也可以由法庭依职权启动

B. 申请排除以非法方法收集的证据的,应当提供相关线索或者材料

C. 检察院应当对证据收集的合法性加以证明

D. 只有确认存在《刑事诉讼法》第54条规定的以非法方法收集证据情形时,才可以对有关证据应当予以排除

71．具有特定情形的下列哪些证据不能作为定案的根据?

A. 视听资料的制作时间、地点存有异议,不能作出合理解释,也没有提供必要证明的

B. 在做DNA检测时送检材料与比对样本属于同一个来源

C. 证人在犯罪现场听到被告人喊"给他点厉害瞧瞧"的陈述

D. 犯罪嫌疑人拒绝签名、盖章而由侦查人员在笔录上注明情况的讯问笔录

72．关于应当变更为取保候审、监视居住或解除强制措施,下列哪些选项是不正确的?

A. 甲被逮捕后发现患有严重疾病

B. 乙被逮捕后经检查正在怀孕

C. 丙被逮捕后侦查羁押期限届满仍须继续查证

D. 丁被逮捕后一审法院判处有期徒刑1年缓刑2年,判决尚未发生效力

73．小张(女)与单位同事小陈自由恋爱,但小张的父亲老张一直嫌弃小陈家贫而横加干涉,并多次殴打小陈逼迫小陈离开小张,小张一气之下到某县法院对老张以暴力干涉婚姻自由罪提起自诉。法院立案后,在开庭审理前,小张念及父女情义,要求撤回起诉。下列表述哪些是正确的?

A. 小张请求撤回起诉,某县法院应当裁定准许

B. 小张请求撤回起诉,某县法院应当裁定驳回起诉

C. 若某县法院发现小张证据不足,又提不出补充证据,应当说服小张撤诉,小张拒不撤诉的,应当裁定驳回起诉

D. 若某县法院发现小张证据不足,又提不出补充证据,应当说服小张撤诉或者裁定驳回起诉

74．关于简易程序,下列哪些选项是正确的?

A. 自诉案件都可以适用简易程序

B. 即使适用简易程序,被告人最后陈述也不能取消

C. 被告人委托辩护人的,辩护人应当出庭

D. 经审判员准许,被告人可以同公诉人进行辩论

75．《最高人民法院关于适用〈中华人民共和国刑事诉讼法〉的解释》第386条规定,除检察院抗诉的以外,再审一般不得加重原审被告人的刑罚。关于这一规定的理解,下列哪些选项是正确的?

A. 体现了刑事诉讼惩罚犯罪和保障人权基本理念的平衡

B. 体现了刑事诉讼具有追求实体真实与维护正当程序两方面的目的

C. 再审不加刑有例外,上诉不加刑也有例外

D. 审判监督程序的纠错功能决定了再审不加刑存在例外情形

76．《刑事诉讼法》规定,审判的时候被告人不满18周岁的案件,不公开审理。但是,经未成年被告人及其法定代理人同意,未成年被告人所在学校和未成年人保护组织可以派代表到场。关于该规定的理解,下列哪些说法是错误的?

A. 该规定意味着经未成年被告人及其法定代理人同意,可以公开审理

B. 未成年被告人所在学校和未成年人保护组织派代表到场是公开审理的特殊形式

C. 未成年被告人所在学校和未成年人保护组织经同意派代表到场是为了维护未成年被告人合法权益和对其进行教育

D. 未成年被告人所在学校和未成年人保护组织经同意派代表到场与审判的时候被告人不满18周岁的案件不公开审理并不矛盾

77．合理行政是依法行政的基本要求之一。下列哪些做法体现了合理行政的要求?

A. 行政机关在作出重要决定时充分听取公众的意见

B. 行政机关要平等对待行政管理相对人

C. 行政机关行使裁量权所采取的措施符合法律目的

D. 非因法定事由并经法定程序，行政机关不得撤销已生效的行政决定

78. 关于规章的起草和审查，下列哪些说法是正确的？

A. 起草规章可邀请专家参加，但不能委托专家起草

B. 起草单位就规章起草举行听证会，应制作笔录，如实记录发言人的主要观点和理由

C. 起草规章应广泛听取有关机关、组织和公民的意见

D. 如制定规章的基本条件不成熟，法制机构应将规章送审稿退回起草单位

79. 下列哪些情形中，行政机关应依法办理行政许可的注销手续？

A. 某企业的产品生产许可证有效期限届满未申请延续的

B. 某企业的旅馆业特种经营许可证被认定为以贿赂手段取得而被撤销的

C. 某房地产开发公司取得的建设工程规划许可证被吊销的

D. 拥有执业医师资格证的王医生死亡的

80. 某县公安局接到有人在薛某住所嫖娼的电话举报，遂派员前往检查。警察到达举报现场，敲门未开破门入室，只见薛某一人。薛某拒绝在检查笔录上签字，警察在笔录上注明这一情况。薛某认为检查行为违法，提起行政诉讼。下列哪些选项是正确的？

A. 某县公安局应当对电话举报进行登记

B. 警察对薛某住所进行检查时不得少于二人

C. 警察对薛某住所进行检查时应当出示工作证件和县级以上政府公安机关开具的检查证明文件

D. 因薛某未在警察制作的检查笔录上签字，该笔录在行政诉讼中不具有证据效力

81. 某工商局因陈某擅自设立互联网上网服务营业场所扣押其从事违法经营活动的电脑15台，后作出没收被扣电脑的决定。下列哪些说法是正确的？

A. 工商局应制作并当场交付扣押决定书和扣押清单

B. 因扣押电脑数量较多，作出扣押决定前工商局应告知陈某享有要求听证的权利

C. 对扣押的电脑，工商局不得使用

D. 因扣押行为系过程性行政行为，陈某不能单独对扣押行为提起行政诉讼

82. 沈某向住建委申请公开一企业向该委提交的某危改项目纳入危改范围的意见和申报材料。该委以信息中有企业联系人联系电话和地址等个人隐私为由拒绝公开，经复议维持后沈某起诉，法院受理。下列哪些说法是正确的？

A. 在作出拒绝公开决定前，住建委无需书面征求企业联系人是否同意公开的意见

B. 本案的起诉期限为15日

C. 住建委应对拒绝公开的根据及履行法定告知和说明理由义务的情况举证

D. 住建委拒绝公开答复合法

83. 对于下列起诉，哪些不属于行政诉讼受案范围？

A. 某公司与县政府签订天然气特许经营协议，双方发生纠纷后该公司以县政府不依法履行协议向法院起诉

B. 环保局干部孙某对定期考核被定为不称职向法院起诉

C. 李某与房屋征收主管部门签订国有土地上的房屋征收补偿安置协议，后李某不履行协议，房屋征收主管部门向法院起诉

D. 县政府发布全县征地补偿安置标准的文件，村民万某以文件确定的补偿标准过低为由向法院起诉

84. 李某向市国土局申请公开其房屋所在区域土地进行征收的相关政府信息，但市国土局超过法定期限未予公开。李某向市政府申请复议，市政府认为相关内容涉密，决定不予公开。李某不服复议决定，提起诉讼，法院适用简易程序对本案进行了审理。下列哪些选项是正确的？

A. 如果当事人双方协商举证期限的，法院应当适用其协商的期限

B. 法院可以短信方式送达裁判文书

C. 法院可以通过电话传唤当事人到庭参加诉讼

D. 若李某对市国土局未予公开政府信息的行为直接提起诉讼，法院应当不予受理

85. 李某租用一商店经营服装。某区公安分局公安人员驾驶警车追捕时，为躲闪其他车辆，不慎将李某服装厅的橱窗玻璃及模特衣物撞坏。事后，公安分局与李某协商赔偿不成，李某请求国家赔偿。下列哪些选项是错误的？

A. 公安分局应作为赔偿义务机关，因为李某曾与其协商赔偿

B. 公安分局不应作为赔偿义务机关，因该公安人员的行为属于与行使职权无关的个人行为

C. 公安分局不应作为赔偿义务机关，因为该公安人员的行为不是违法行使职权，应按行政补偿解决

D. 公安分局应作为赔偿义务机关，因为该公安人员的行为属于与行使职权有关的行为

86. 1995年颁布的《保险法》第91条规定:"保险公司的设立、变更、解散和清算事项,本法未作规定的,适用公司法和其他有关法律、行政法规的规定。"2009年修订的《保险法》第94条规定:"保险公司,除本法另有规定外,适用《中华人民共和国公司法》的规定。"关于二条文规定的内容,下列理解正确的是:

A. 均属委任性规则

B. 均属任意性规则

C. 均属准用性规则

D. 均属禁止性规则

87. 维护国家主权和领土完整,维护国家统一是我国宪法的重要内容,体现在《宪法》和法律一系列规定中。关于我国宪法对领土的效力,下列表述正确的是:

A. 领土包括一个国家的陆地、河流、湖泊、内海、领海以及它们的底床、底土和上空(领空)

B. 领土是国家的构成要素之一,是国家行使主权的空间,也是国家行使主权的对象

C. 《宪法》在国土所有领域的适用上无任何差异

D. 《宪法》的空间效力及于国土全部领域,是由主权的唯一性和不可分割性决定的

88. 关于民族自治地方财政的说法,下列选项符合《民族区域自治法》规定的是:

A. 国家财政体制下属于民族自治地方的财政收入,由自治机关自主地安排使用

B. 民族自治地方的财政预算支出,按国家规定设机动资金,但预备费在预算中不得高于一般地区

C. 自治机关对本地方的各项开支标准、定员、定额,按照国家规定的原则,结合本地方的实际情况,可以制定补充规定和具体办法,并须分别报国务院、省、自治区、直辖市批准

D. 民族自治地方在全国统一的财政体制下,通过国家实行的规范的财政转移支付制度,享受上级财政的照顾

89. 我国《宪法》第二条明确规定:"人民行使国家权力的机关是全国人民代表大会和地方各级人民代表大会。"关于全国人大和地方各级人大,下列选项正确的是:

A. 全国人大代表全国人民统一行使国家权力

B. 全国人大和地方各级人大是领导与被领导的关系

C. 全国人大在国家机构体系中居于最高地位,不受任何其他国家机关的监督

D. 地方各级人大设立常务委员会,由主任、副主任若干人和委员若干人组成

90. 根据《宪法》和《监督法》的规定,下列选项正确的是:

A. 县级以上地方各级政府应当在每年6月至9月期间,将上一年度的本级决算草案提请本级人大常委会审查和批准

B. 人大常委会认为必要时,可以对审计工作报告作出决议;本级政府应在决议规定的期限内,将执行决议的情况向常委会报告

C. 最高法院作出的属于审判工作中具体应用法律的解释,应当在公布之日起30日内报全国人大常委会备案

D. 撤职案的表决采取记名投票的方式,由常委会全体组成人员的过半数通过

91. 关于不作为犯、正当防卫及紧急避险,下列说法正确的是:

A. 父亲撞见歹徒持刀抢劫女儿,与歹徒发生激烈搏斗,搏斗中杀死歹徒。父亲成立正当防卫

B. 身材高大的郑某深夜在家中听到厨房有动静,走过去一看,发现身材瘦小的小偷吴某正试图从窗户爬进来盗窃,下半身还卡在窗外,于是拿起菜刀将不易躲避的吴某砍成重伤。郑某成立正当防卫

C. 田某与妻子在河边散步,后田某坐在河边玩手机游戏。妻子不慎失足跌入水中,大声呼救。田某见此情景仍玩手机游戏,不去施救。妻子溺水身亡。田某成立不作为故意杀人罪

D. 李某驾车不慎撞伤周某,导致周某重伤。李某的车辆坏了,无法行驶。为了尽快将周某送去医院,李某拦住了王某的车,要求王某帮忙送医院,王某拒绝。情急之下,李某将王某打成重伤,并抢去车辆将周某送去医院。李某成立正当防卫

92. 关于罪过,下列选项正确的是:

A. 甲的玩忽职守行为虽然造成了公共财产损失,但在甲未认识到自己是国家机关工作人员时,就不存在罪过

B. 甲故意举枪射击仇人乙,但因为没有瞄准,将乙的名车毁坏。甲构成故意杀人未遂

C. 甲翻墙入院欲毒杀乙的名犬以泄愤,不料该犬对甲扔出的含毒肉块不予理会,直扑甲身,情急之下甲拔刀刺杀该犬。甲不构成故意毁坏财物罪,而属于意外事件

D. 甲因疏忽大意而致人死亡,甲应当预见而没有预见的危害结果,既可能是发生他人死亡的危害结果,也可能只是发生他人重伤的危害结果

93. 齐某系某国有企业财务主管,刘某怂恿齐某挪用公款300万元交自己进行投资,承诺两个月后归还本金,获利平分。齐某照办。后刘某用其中的100

万元进行投资,其余 200 万元用于购房。两个月后,刘某将 300 万元归还给齐某,齐某立即归还给单位。齐某和刘某挪用公款的数额分别是:

A. 均是 100 万元

B. 均是 300 万元

C. 齐某 300 万元,刘某 100 万元

D. 齐某 100 万元,刘某 300 万元

94. 鲁某与关某涉嫌贩卖冰毒 500 余克,B 省 A 市中级法院开庭审理后,以鲁某犯贩卖毒品罪,判处死刑立即执行,关某犯贩卖毒品罪,判处死刑缓期二年执行。一审宣判后,关某以量刑过重为由向 B 省高级法院提起上诉,鲁某未上诉,检察院也未提起抗诉。关于本案侦查,下列选项正确的是:

A. 本案经批准可采用控制下交付的侦查措施

B. 对鲁某采取技术侦查的期限不得超过 9 个月

C. 侦查机关只有在对鲁某与关某立案后,才能派遣侦查人员隐匿身份实施侦查

D. 通过技术侦查措施收集到的证据材料可作为定案的依据,但须经法庭调查程序查证属实或由审判人员在庭外予以核实

95. 赵某、石某抢劫杀害李某,被路过的王某、张某看见并报案。赵某、石某被抓获后,2 名侦查人员负责组织辨认。关于辨认笔录的审查与认定,下列选项正确的是:

A. 如对尸体的辨认过程没有录像,则辨认结果不得作为定案证据

B. 如侦查人员组织辨认时没有见证人在场,则辨认结果不得作为定案的根据

C. 如在辨认前没有详细向辨认人询问被辨认对象的具体特征,则辨认结果不得作为定案证据

D. 如对赵某的辨认只有笔录,没有赵某的照片,无法获悉辨认真实情况的,也可补正或进行合理解释

96. 关于扣押物证、书证,下列做法正确的是:

A. 侦查人员在搜查钱某住宅时,发现一份能够证明钱某无罪的证据,对此证据予以扣押

B. 在杜某故意杀人案中,侦查机关依法扣押杜某一些物品和文件。对与案件无关的物品和文件,侦查机关应当在五日内解除扣押、冻结,退还杜某

C. 公安机关在侦查刘某盗窃案中,可以依照规定查询、冻结刘某的存款、汇款

D. 在对周某盗窃罪审查起诉中,周某死亡,检察院决定将依法冻结的周某赃款的一部分上缴国库,其

余部分返还给被害人

97. 高效便民是行政管理的基本要求,是服务型政府的具体体现。下列选项体现这一要求的是:

A. 简化行政机关内部办理行政许可流程

B. 非因法定事由并经法定程序,行政机关不得撤回和变更已生效的行政许可

C. 对办理行政许可的当事人提出的问题给予及时、耐心的答复

D. 对违法实施行政许可给当事人造成侵害的执法人员予以责任追究

98. 某行政机关负责人孙某因同时违反财经纪律和玩忽职守被分别给予撤职和记过处分。下列说法正确的是:

A. 应只对孙某执行撤职处分

B. 应同时降低孙某的级别

C. 对孙某的处分期为 36 个月

D. 解除对孙某的处分后,即应恢复其原职务

99. 林某在河道内修建了"农家乐"休闲旅社,在紧急防汛期,防汛指挥机构认为需要立即清除该建筑物,林某无法清除。对此,下列说法正确的是:

A. 防汛指挥机构可决定立即实施代履行

B. 如林某提起行政诉讼,防汛指挥机构应暂停强制清除

C. 在法定节假日,防汛指挥机构也可强制清除

D. 防汛指挥机构可与林某签订执行协议约定分阶段清除

100. 甲公司向河水中超标排放污水,区环保局向其送达《限期整改通知》,要求其在规定时间内达标排放。期限届满,经过检测,甲公司排放污水仍然不符合国家标准,于是区环保局对该公司作出《水污染防治设施验收不合格认定书》,后责令该公司停业整顿。甲公司就责令停业整顿提起行政诉讼,对此,下列说法正确的是:

A.《限期整改通知》属于行政指导,不属于行政诉讼受案范围

B.《水污染防治设施验收不合格认定书》不属于行政诉讼受案范围

C. 区环保局作出责令停业整顿决定前,应当告知甲公司有申请听证的权利

D. 法院可以作出先予执行裁定

试 卷 二

试 题

一、单项选择题。每题所设选项中只有一个正确答案，多选、错选或不选均不得分。本部分含 1—50 题，每题 1 分，共 50 分。

1. 某宿舍六人在学期开始时约定，在学期结束时由获得奖学金的人请宿舍的人聚餐，在学期结束时甲乙获得了一等奖学金。六人在学期末如约到酒店就餐，其间甲愤然离席，乙随后也离开了酒店。对此，下列哪一项说法是正确的？

A. 甲、乙的行为构成戏谑行为不产生法律关系

B. 应由甲、乙平均分担餐费

C. 宿舍六人的协议产生了法律关系

D. 餐馆应找六人共同承担餐费

2. 老刘 65 岁时丧妻，独自生活，子女均已成年。后认识比其小 30 岁的秦某，迅速交好，相谈甚欢。于是老刘与秦某签订书面协议，在老刘丧失生活自理能力后，由秦某作为其监护人履行监护职责；若秦某履行义务的，老刘死后，其遗产的一半由秦某继承。对此，下列说法正确的是：

A. 该监护协议因为老刘有子女作为法定监护人而无效

B. 该协议在老刘丧失生活自理能力时生效

C. 约定财产继承部分无效

D. 老刘子女可申请撤销该协议

3. 下列哪一情形构成重大误解，属于可撤销的民事行为？

A. 甲立下遗嘱，误将乙的字画分配给继承人

B. 甲装修房屋，误以为乙的地砖为自家所有，并予以使用

C. 甲入住乙宾馆，误以为乙宾馆提供的茶叶是无偿的，并予以使用

D. 甲要购买电动车，误以为精神病人乙是完全民事行为能力人，并与之签订买卖合同

4. 陈某丢失一台高精微型设备，被周某捡到并交到派出所，派出所及时发布招领公告。同时，陈某在报纸上发布悬赏公告，承诺捡到并送回者给 1 万元奖励金。后陈某通过招领公告领回该设备。下列哪一说法是正确的？

A. 因周某已将设备交派出所，派出所所有权获得

1 万元

B. 基于悬赏公告，陈某应向周某支付 1 万元

C. 基于招领公告，陈某无需向派出所支付任何费用

D. 基于招领公告，陈某无需向周某支付任何费用

5. 关于诉讼时效，下列哪一选项是正确的？

A. 甲借乙 5 万元，向乙出具借条，约定 1 周之内归还。乙债权的诉讼时效期间从借条出具日起计算

B. 甲对乙享有 10 万元货款债权，丙是连带保证人，甲对丙主张权利，会导致 10 万元货款债权诉讼时效中断

C. 甲向银行借款 100 万元，乙提供价值 80 万元房产作抵押，银行实现对乙的抵押权后，会导致剩余的 20 万元主债务诉讼时效中断

D. 甲为乙欠银行的 50 万元债务提供一般保证。甲不知 50 万元主债务诉讼时效期间届满，放弃先诉抗辩权，承担保证责任后不得向乙追偿

6. 甲丢弃其所有的旧衣服时，由于用力过猛手表滑落，与衣服一起掉进垃圾桶，甲没有发现。乙捡到衣服和手表，卖给了丙。对此，下列说法正确的是：

A. 无论甲是否撤销，丙均可取得衣服与手表的所有权

B. 甲无须经过任何形式的撤销行为，可直接请求丙返还手表

C. 甲有权撤销其抛弃手表的行为，但须向丙作出意思表示

D. 甲有权撤销其抛弃手表的行为，但其撤销无须向相对人为之

7. 甲、乙结婚后购得房屋一套，仅以甲的名义进行了登记。后甲、乙感情不和，甲擅自将房屋以时价出售给不知情的丙，并办理了房屋所有权变更登记手续。对此，下列哪一选项是正确的？

A. 买卖合同有效，房屋所有权未转移

B. 买卖合同无效，房屋所有权已转移

C. 买卖合同有效，房屋所有权已转移

D. 买卖合同无效，房屋所有权未转移

8．甲被法院宣告失踪，其妻乙被指定为甲的财产代管人。3个月后，乙将登记在自己名下的夫妻共有房屋出售给丙，交付并办理了过户登记。在此过程中，乙向丙出示了甲被宣告失踪的判决书，并将房屋属于夫妻二人共有的事实告知丙。1年后，甲重新出现，并经法院撤销了失踪宣告。现甲要求丙返还房屋。对此，下列哪一说法是正确的？

　　A．丙善意取得房屋所有权，甲无权请求返还

　　B．丙不能善意取得房屋所有权，甲有权请求返还

　　C．乙出售夫妻共有房屋构成家事代理，丙继受取得房屋所有权

　　D．乙出售夫妻共有房屋属于有权处分，丙继受取得房屋所有权

9．甲公司通知乙公司将其对乙公司的10万元债权出质给了丙银行，担保其9万元贷款。出质前，乙公司对甲公司享有2万元到期债权。如乙公司提出抗辩，关于丙银行可向乙公司行使质权的最大数额，下列哪一选项是正确的？

　　A．10万元　　　　　B．9万元

　　C．8万元　　　　　D．7万元

10．甲、乙与丙就交通事故在交管部门的主持下达成《调解协议书》，由甲、乙分别赔偿丙各5万元，甲当即履行。乙赔了1万元，余下4万元给丙打了欠条。乙到期后未履行，丙多次催讨未果，遂持《调解协议书》与欠条向法院起诉。下列哪一表述是正确的？

　　A．本案属侵权之债

　　B．本案属合同之债

　　C．如丙获得工伤补偿，乙可主张相应免责

　　D．丙可要求甲继续赔偿4万元

11．甲公司向乙公司购买小轿车，约定7月1日预付10万元，10月1日预付20万元，12月1日乙公司交车时付清尾款。甲公司按时预付第一笔款。乙公司于9月30日发函称因原材料价格上涨，需提高小轿车价格。甲公司于10月1日拒绝，等待乙公司答复未果后于10月3日向乙公司汇去20万元。乙公司当即拒收，并称甲公司迟延付款构成违约，要求解除合同，甲公司则要求乙公司继续履行。下列哪一表述是正确的？

　　A．甲公司不构成违约

　　B．乙公司有权解除合同

　　C．乙公司可行使先履行抗辩权

　　D．乙公司可要求提高合同价款

12．甲公司向乙公司借款，丁公司在不超过2200万元的范围内对该借款承担担保责任。在约定期限内，甲公司一共向乙公司借款2015万元。核算完毕后，乙公司表示，免去其中的零头15万元，甲公司未

作任何表示。经查，甲公司将借款中的500万元送给了丙公司，用来资助丙公司的项目运营，但未通知丁公司。下列哪一项说法是正确的？

　　A．丁公司对2015万元承担保证责任

　　B．丁公司对2000万元承担保证责任

　　C．丁公司对1500万元承担保证责任

　　D．甲公司将500万元送给丙公司未经过丁公司的同意，无效

13．甲乙签订一份买卖合同，约定违约方应向对方支付18万元违约金。后甲违约，给乙造成损失15万元。下列哪一表述是正确的？

　　A．甲应向乙支付违约金18万元，不再支付其他费用或者赔偿损失

　　B．甲应向乙赔偿损失15万元，不再支付其他费用或者赔偿损失

　　C．甲应向乙赔偿损失15万元并支付违约金18万元，共计33万元

　　D．甲应向乙赔偿损失15万元及其利息

14．甲以某商铺作抵押向乙银行借款，抵押权已登记，借款到期后甲未偿还。甲提前得知乙银行将起诉自己，在乙银行起诉前将该商铺出租给不知情的丙，预收了1年租金。半年后经乙银行请求，该商铺被法院委托拍卖，由丁竞买取得。下列哪一选项是正确的？

　　A．甲与丙之间的租赁合同无效

　　B．丁有权请求丙腾退商铺，丙有权要求丁退还剩余租金

　　C．丁有权请求丙腾退商铺，丙无权要求丁退还剩余租金

　　D．丙有权要求丁继续履行租赁合同

15．下列哪一情形会引起无因管理之债？

　　A．甲向乙借款，丙在明知诉讼时效已过后擅自代甲向乙还本付息

　　B．甲在自家门口扫雪，顺便将邻居乙的小轿车上的积雪清扫干净

　　C．甲与乙结婚后，乙生育一子丙，甲抚养丙5年后才得知丙是乙和丁所生

　　D．甲拾得乙遗失的牛，寻找失主未果后牵回暂养。因地震致屋塌牛死，甲出卖牛皮、牛肉获得价款若干

16．刘山峰、王翠花系老夫少妻，刘山峰婚前个人名下拥有别墅一栋。关于婚后该别墅的归属，下列哪一选项是正确的？

　　A．该别墅不可能转化为夫妻共同财产

　　B．婚后该别墅自动转化为夫妻共同财产

　　C．婚姻持续满八年后该别墅即依法转化为夫妻共同财产

　　D．刘、王可约定婚姻持续八年后该别墅转化为

夫妻共同财产

17．依法治国要求树立法律权威,依法办事,因此在民事纠纷解决的过程中,各方主体都须遵守法律的规定。下列哪一行为违背了相关法律?

A．法院主动对确有错误的生效调解书启动再审

B．派出所民警对民事纠纷进行调解

C．法院为下落不明的被告指定代理人参加调解

D．人民调解委员会主动调解当事人之间的民间纠纷

18．关于合议庭评议案件,下列哪一表述是正确的?

A．审判长意见与多数意见不同的,以其意见为准判决

B．陪审员意见得到支持、形成多数的,可按该意见判决

C．合议庭意见存在分歧的,也可提交院长审查决定

D．审判人员的不同意见均须写入笔录

19．徐某开设打印设计中心并以自己名义登记领取了个体工商户营业执照,该中心未起字号。不久,徐某应征入伍,将该中心转让给同学李某经营,未办理工商变更登记。后该中心承接广告公司业务,款项已收却未能按期交货,遭广告公司起诉。下列哪一选项是本案的适格被告?

A．李某

B．李某和徐某

C．李某和该中心

D．李某、徐某和该中心

20．甲与乙对一古董所有权发生争议诉至法院。诉讼过程中,丙声称古董属自己所有,主张对古董的所有权。下列哪一说法是正确的?

A．如丙没有起诉,法院可以依职权主动追加其作为有独立请求权第三人

B．如丙起诉后认为受案法院无管辖权,可以提出管辖权异议

C．如丙起诉后经法院传票传唤,无正当理由拒不到庭,应当视为撤诉

D．如丙起诉后,甲与乙达成协议经法院同意而撤诉,应当驳回丙的起诉

21．关于自认的说法,下列哪一选项是错误的?

A．自认的事实允许用相反的证据加以推翻

B．身份关系诉讼中不涉及身份关系的案件事实可以适用自认

C．调解中的让步不构成诉讼上的自认

D．当事人一般授权的委托代理人一律不得进行自认

22．根据《民事诉讼法》和民事诉讼理论,关于期间,下列哪一选项是正确的?

A．法定期间都是不可变期间,指定期间都是可变期间

B．法定期间的开始日及期间中遇有节假日的,应当在计算期间时予以扣除

C．当事人参加诉讼的在途期间不包括在期间内

D．遇有特殊情况,法院可依职权变更原确定的指定期间

23．执法为民是社会主义法治的本质要求,据此,法院和法官应在民事审判中遵守诉讼程序,履行释明义务。下列哪一审判行为符合执法为民的要求?

A．在李某诉赵某的欠款纠纷中,法官向赵某释明诉讼时效,建议赵某提出诉讼时效抗辩

B．在张某追索赡养费的案件中,法官依职权作出先予执行裁定

C．在杜某诉阎某的离婚案件中,法官向当事人释明可以同时提出离婚损害赔偿

D．在罗某诉华兴公司房屋买卖合同纠纷中,法官主动走访现场,进行勘察,并据此支持了罗某的请求

24．下列哪一选项属于《民事诉讼法》直接规定、具有简易程序特点的内容?

A．原告起诉或被告答辩时要向法院提供明确的送达地址

B．适用简易程序审理的劳动合同纠纷在开庭审理时应先行调解

C．在简易程序中,法院指定举证期限可以少于30天

D．适用简易程序审理民事案件时,审判组织一律采用独任制

25．经审理,一审法院判决被告王某支付原告刘某欠款本息共计22万元,王某不服提起上诉。二审中,双方当事人达成和解协议,约定:王某在3个月内向刘某分期偿付20万元,刘某放弃利息请求。案件经王某申请撤回上诉而终结。约定的期限届满后,王某只支付了15万元。刘某欲寻求法律救济。下列哪一说法是正确的?

A．只能向一审法院重新起诉

B．只能向一审法院申请执行一审判决

C．可向一审法院申请执行和解协议

D．可向二审法院提出上诉

26．关于检察监督,下列哪一选项是正确的?

A．甲县检察院认为乙县法院的生效判决适用法律错误,对其提出检察建议

B．丙市检察院就合同纠纷向仲裁委员会提出检察建议,要求重新仲裁

C. 丁县检察院认为丁县法院某法官在制作除权判决时收受贿赂,向该法院提出检察建议

D. 戊县检察院认为戊县法院认定某公民为无民事行为能力人的判决存在程序错误,报请上级检察院提起抗诉

27. 根据《民事诉讼法》,关于公益诉讼的表述,下列哪一选项是错误的?

A. 公益诉讼规则的设立,体现了依法治国的法治理念

B. 公益诉讼的起诉主体只限于法律授权的机关或团体

C. 公益诉讼规则的设立,有利于保障我国经济社会全面协调发展

D. 公益诉讼的提起必须以存在实际损害为前提

28. 在基层人大代表换届选举中,村民刘某发现选举委员会公布的选民名单中遗漏了同村村民张某的名字,遂向选举委员会提出申诉。选举委员会认为,刘某不是本案的利害关系人无权提起申诉,故驳回了刘某的申诉,刘某不服诉至法院。下列哪一选项是错误的?

A. 张某、刘某和选举委员会的代表都必须参加诉讼

B. 法院应该驳回刘某的起诉,因刘某与案件没有直接利害关系

C. 选民资格案件关系到公民的重要政治权利,只能由审判员组成合议庭进行审理

D. 法院对选民资格案件做出的判决是终审判决,当事人不得对此提起上诉

29. 大成公司与华泰公司签订投资合同,约定了仲裁条款:如因合同效力和合同履行发生争议,由 A 仲裁委员会仲裁。合作中双方发生争议,大成公司遂向 A 仲裁委员会提出仲裁申请,要求确认投资合同无效。A 仲裁委员会受理。华泰公司提交答辩书称,如合同无效,仲裁条款当然无效,故 A 仲裁委员会无权受理本案。随即,华泰公司向法院申请确认仲裁协议无效,大成公司见状,向 A 仲裁委员会提出请求确认仲裁协议有效。关于本案,下列哪一说法是正确的?

A. A 仲裁委员会无权确认投资合同是否有效

B. 投资合同无效,仲裁条款即无效

C. 仲裁条款是否有效,应由法院作出裁定

D. 仲裁条款是否有效,应由 A 仲裁委员会作出决定

30. 严某为鑫佳有限责任公司股东。关于公司对严某签发出资证明书,下列哪一选项是正确的?

A. 在严某认缴公司章程所规定的出资后,公司即须签发出资证明书

B. 若严某遗失出资证明书,其股东资格并不因此丧失

C. 出资证明书须载明严某以及其他股东的姓名、各自所缴纳的出资额

D. 出资证明书在法律性质上属于有价证券

31. 甲、乙、丙成立一家科贸有限公司,约定公司注册资本 100 万元,甲、乙、丙各按 20%、30%、50%的比例出资。甲、乙缴足了出资,丙仅实缴 30 万元。公司章程对于红利分配没有特别约定。当年年底公司进行分红。下列哪一说法是正确的?

A. 丙只能按 30%的比例分红

B. 应按实缴注册资本 80 万元,由甲、乙、丙按各自的实际出资比例分红

C. 由于丙违反出资义务,其他股东可通过决议取消其当年分红资格

D. 丙有权按 50%的比例分红,但应当承担未足额出资的违约责任

32. 2009 年,甲、乙、丙、丁共同设立 A 有限责任公司。丙以下列哪一理由提起解散公司的诉讼法院应予受理?

A. 以公司董事长甲严重侵害其股东知情权,其无法与甲合作为由

B. 以公司管理层严重侵害其利润分配请求权,其股东利益受重大损失为由

C. 以公司被吊销企业法人营业执照而未进行清算为由

D. 以公司经营管理发生严重困难,继续存续会使股东利益受到重大损失为由

33. 根据《合伙企业法》规定,第三人有理由相信有限合伙人为普通合伙人并与其交易的,该有限合伙人对该笔交易承担与普通合伙人同样的责任。关于此规定在合伙法原理上的称谓,下列哪一选项是正确的?

A. 事实合伙　　　　B. 表见普通合伙

C. 特殊普通合伙　　D. 隐名合伙

34. 亿凡公司与五悦公司签订了一份买卖合同,由亿凡公司向五悦公司供货;五悦公司经连续背书,交付给亿凡公司一张已由银行承兑的汇票。亿凡公司持该汇票请求银行付款时,得知该汇票已被五悦公司申请公示催告,但法院尚未作出除权判决。关于本案,下列哪一选项是正确的?

A. 银行对该汇票不再承担付款责任

B. 五悦公司因公示催告可行使票据权利

C. 亿凡公司仍享有该汇票的票据权利

D. 法院应作出判决宣告票据无效

35. 甲公司在交易中取得汇票一张,金额 10 万元,汇票签发人为乙公司,甲公司在承兑时被拒绝。

其后,甲公司在一次交易中需支付丙公司 10 万元货款,于是甲公司将该汇票背书转让给丙公司,丙公司承兑时亦被拒绝。下列哪一选项是正确的?

A. 丙公司有权要求甲公司给付汇票上的金额

B. 丙公司有权要求甲公司返还交易中的对价

C. 丙公司有权向乙公司行使追索权要求其给付汇票上的金额

D. 丙公司应当请求甲公司承担侵权赔偿责任

36．根据《保险法》规定,人身保险投保人对下列哪一类人员具有保险利益?

A. 与投保人关系密切的邻居

B. 与投保人已经离婚但仍一起生活的前妻

C. 与投保人有劳动关系的劳动者

D. 与投保人合伙经营的合伙人

37．某景区多家旅行社、饭店、商店和客运公司共同签订《关于加强服务协同提高服务水平的决定》,约定了统一的收费方式、服务标准和收入分配方案。有人认为此举构成横向垄断协议。根据《反垄断法》,下列哪一说法是正确的?

A. 只要在一个竞争性市场中的经营者达成协调市场行为的协议,就违反该法

B. 只要经营者之间的协议涉及商品或服务的价格、标准等问题,就违反该法

C. 如经营者之间的协议有利于提高行业服务质量和经济效益,就不违反该法

D. 如经营者之间的协议不具备排除、限制竞争的效果,就不违反该法

38．根据现行银行贷款制度,关于商业银行贷款,下列哪一说法是正确的?

A. 商业银行与借款人订立贷款合同,可采取口头、书面或其他形式

B. 借款合同到期未偿还,经展期后到期仍未偿还的贷款,为呆账贷款

C. 政府部门强令商业银行向市政建设项目发放贷款的,商业银行有权拒绝

D. 商业银行对关系人提出的贷款申请,无论是信用贷款还是担保贷款,均应予拒绝

39．根据《土地管理法》的规定,关于土地权益的纠纷,下列哪一选项是错误的?

A. 村民甲与村卫生所发生土地使用权争议,协商不成可找乡政府处理,对乡政府处理决定不服可向法院起诉

B. 村民乙与邻居发生宅基地纠纷,应先向县土地主管部门申请行政调处,对调处决定不服的,可以土地主管部门为被告向法院提起行政诉讼

C. 村民丙因土地承包经营权与村委会发生纠纷,协商调解不成可向农村土地承包仲裁机构申请仲裁,对仲裁裁决不服还可以向法院起诉

D. 村民丁因擅自占地建房被县土地主管部门处罚,如对行政处罚决定不服可以向法院提起行政诉讼

40．甲省一水利枢纽工程是该省的重点建设项目,已报请国务院审批,计划由该省乙市水利局负责建设。该工程实施可能对该省丙河流的生态、水环境产生重大影响。关于该工程的环境影响评价,下列哪一选项是正确的?

A. 乙市水利局应当编制环境影响报告书

B. 未取得环境影响评价文件前,国务院对该水利工程项目不予批准

C. 该水利工程环境影响评价文件的审批机构是甲省生态环境主管部门

D. 审批部门应当自收到环境影响评价文件之日起 30 日内作出审批决定

41．甲饭店欲招聘叶某为配菜员,开出的条件是每天工作 3 小时,一周工作 7 天,按时计薪,试用期 1 个月。乙饭店也有此意,开出的条件是每天工作 2 小时,一周工作 6 天,按时计薪,无试用期。甲饭店知晓后,欲开出更优惠条件留住叶某。根据《劳动合同法》,下列哪一做法是合法的?

A. 试用期从 1 个月缩短为 3 天

B. 工资结算周期从 1 个月缩短为 20 天

C. 每天工作 4 小时,按时计薪

D. 允许叶某在甲、乙两家饭店工作

42．甲创作歌曲《平安之路》,乙在某商业场合对其进行了演唱,丙公司将乙的演唱制成唱片,丁酒店把该唱片买回后在酒店大厅作为背景音乐播放,戊广播电台在电视栏目中进行了播出。下列哪一项说法是正确的?

A. 乙演唱该歌曲需要经过甲的同意并支付报酬

B. 丙公司把乙的演唱制成唱片,不需要经过甲的同意并支付报酬

C. 丁酒店在酒店大厅将该歌曲作为背景音乐播放,不需要经过甲的同意并支付报酬

D. 戊广播电台的播放行为需要经过甲的同意并支付报酬

43．甲从书画市场上购得乙的摄影作品《鸟巢》,与其他摄影作品一起用于营利性展览。丙偷偷将《鸟巢》翻拍后以自己的名义刊登在某杂志上,丁经丙同意将刊登在该杂志上的《鸟巢》又制成挂历销售。对此,下列哪一选项是正确的?

A. 甲无权将《鸟巢》进行营利性展览

B. 丙的行为构成剽窃

C. 丙的行为侵犯了乙的发表权

D. 丁应停止销售,但因无过错免于承担赔偿责任

44. 在某涉外合同纠纷案件审判中,中国法院确定应当适用甲国法律。关于甲国法的查明和适用,下列哪一说法是正确的?

　　A. 当事人选择适用甲国法律的,法院应当协助当事人查明该国法律

　　B. 该案适用的甲国法包括该国的法律适用法

　　C. 不能查明甲国法的,适用中华人民共和国法律

　　D. 不能查明甲国法的,驳回当事人的诉讼请求

45. 甲国游客杰克于2015年6月在北京旅游时因过失导致北京居民孙某受重伤。现孙某在北京以杰克为被告提起侵权之诉。关于该侵权纠纷的法律适用,下列哪一选项是正确的?

　　A. 因侵权行为发生在中国,应直接适用中国法

　　B. 如当事人在开庭前协议选择适用乙国法,应予支持,但当事人应向法院提供乙国法的内容

　　C. 因本案仅与中国、甲国有实际联系,当事人只能在中国法与甲国法中进行选择

　　D. 应在中国法与甲国法中选择适用更有利于孙某的法律

46. 某甲国公民经常居住地在甲国,在中国收养了长期居住于北京的中国儿童,并将其带回甲国生活。根据中国关于收养关系法律适用的规定,下列哪一选项是正确的?

　　A. 收养的条件和手续应同时符合甲国法和中国法

　　B. 收养的条件和手续符合中国法即可

　　C. 收养效力纠纷诉至中国法院的,应适用中国法

　　D. 收养关系解除的纠纷诉至中国法院的,应适用甲国法

47. 朗文与戴某缔结了一个在甲国和中国履行的合同。履约过程中发生争议,朗文向甲国法院起诉戴某并获得胜诉判决。戴某败诉后就同一案件向我国法院提起诉讼。朗文以该案件已经甲国法院判决生效为由对中国法院提出管辖权异议。依据我国法律、司法解释以及我国缔结的相关条约,下列哪一选项是正确的?

　　A. 朗文的主张构成对我国法院就同一案件实体问题行使管辖权的有效异议

　　B. 我国法院对戴某的起诉没有管辖权

　　C. 我国法院对涉外民事诉讼案件的管辖权不受任何限制

　　D. 我国法院可以受理戴某的起诉

48. 中国甲公司通过海运从某国进口一批服装,承运人为乙公司,提单收货人一栏写明"凭指示"。甲公司持正本提单到目的港提货时,发现货物已由丙公司以副本提单加保函提取。甲公司与丙公司达成了货款支付协议,但随后丙公司破产。甲公司无法获赔,转而向乙公司索赔。根据我国相关法律规定,关于本案,下列哪一选项是正确的?

　　A. 本案中正本提单的转让无需背书

　　B. 货物是由丙公司提走的,故甲公司不能向乙公司索赔

　　C. 甲公司与丙公司虽已达成货款支付协议,但未得到赔付,不影响甲公司要求乙公司承担责任

　　D. 乙公司应当在责任限制的范围内承担因无单放货造成的损失

49. 甲乙丙三国企业均向中国出口某化工产品,2010年中国生产同类化工产品的企业认为进口的这一化工产品价格过低,向商务部提出了反倾销调查申请。根据相关规则,下列哪一选项是正确的?

　　A. 反倾销税税额不应超过终裁决定确定的倾销幅度

　　B. 反倾销税的纳税人为倾销进口产品的甲乙丙三国企业

　　C. 商务部可要求甲乙丙三国企业作出价格承诺,否则不能进口

　　D. 倾销进口产品来自两个以上国家,即可就倾销进口产品对国内产业造成的影响进行累积评估

50. 甲乙两国均为世界贸易组织成员,甲国对乙国出口商向甲国出口轮胎征收高额反倾销税,使乙国轮胎出口企业损失严重。乙国政府为此向世界贸易组织提出申诉,经专家组和上诉机构审理胜诉。下列哪一选项是正确的?

　　A. 如甲国不履行世贸组织的裁决,乙国可申请强制执行

　　B. 如甲国不履行世贸组织的裁决,乙国只可在轮胎的范围内实施报复

　　C. 如甲国不履行世贸组织的裁决,乙国可向争端解决机构申请授权报复

　　D. 上诉机构只有在对该案的法律和事实问题进行全面审查后才能作出裁决

二、多项选择题。 每题所设选项中至少有两个正确答案,多选、少选、错选或不选均不得分。本部分含**51-85题,每题2分,共70分。**

51. 甲以20万元从乙公司购得某小区地下停车位。乙公司经规划部门批准在该小区以200万元建设观光电梯。该梯入梯口占用了甲的停车位,乙公司同意为甲置换更好的车位。甲则要求拆除电梯,并赔偿损失。下列哪些表述是错误的?

　　A. 建电梯获得规划部门批准,符合小区业主利益,未侵犯甲的权利

B. 即使建电梯符合业主整体利益,也不能以损害个人权利为代价,故应将电梯拆除

C. 甲车位使用权固然应予保护,但置换车位更能兼顾个人利益与整体利益

D. 电梯建成后,小区尾房更加畅销,为平衡双方利益,乙公司应适当让利于甲

52. 某日,甲未经邻居乙同意,将其平时作业用的大型油罐车停在了乙家的院子里,并骑走了乙家未上锁的自行车。3年后,针对乙的下列哪些请求权,甲可以主张诉讼时效抗辩?

A. 停止侵害   B. 消除危险

C. 返还财产   D. 损害赔偿

53. 甲对乙享有债权500万元,先后在丙和丁的房屋上设定了抵押权,均办理了登记,且均未限定抵押物的担保金额。其后,甲将其中200万元债权转让给戊,并通知了乙。乙到期清偿了对甲的300万元债务,但未能清偿对戊的200万元债务。对此,下列哪些选项是错误的?

A. 戊可同时就丙和丁的房屋行使抵押权,但对每个房屋价款优先受偿权的金额不得超过100万元

B. 戊可同时就丙和丁的房屋行使抵押权,对每个房屋价款优先受偿权的金额依房屋价值的比例确定

C. 戊必须先后就丙和丁的房屋行使抵押权,对每个房屋价款优先受偿权的金额由戊自主决定

D. 戊只能在丙的房屋价款不足以使其债权得到全部清偿时就丁的房屋行使抵押权

54. 甲公司打算从乙公司采购一批办公桌椅,由甲公司总经理程某负责相关事宜。乙公司明确告知了程某这种办公桌椅的销售价格。7月2日,程某告知乙公司将于7月15日之前回复是否决定购买。后程某经过研究,认为乙公司的产品符合甲公司要求,打算购买,将写好承诺的文件和其他待发文件放在了一起,但尚未决定是否发出。7月13日,程某的秘书照常将程某的待发文件发出,其中包括程某写好承诺的文件。因为有了更好的产品选择,程某发现承诺文件被发走后,立即告知秘书撤回。关于合同成立问题,下列哪些说法是不正确的?

A. 程某写好承诺文件时,合同即已成立

B. 由于秘书发出承诺文件未经程某明确指示,承诺即使到达,合同也不成立

C. 若撤回通知先于承诺到达或与承诺同时到达,合同不成立

D. 若撤回承诺的通知晚于承诺到达,构成承诺的撤销,合同效力待定

55. 张大爷有一养育多年的宠物狗,感情颇深。因为搬家,张大爷与甲公司订立了宠物托运合同,甲公司又与乙快递公司订立了运输合同。乙快递公司员工朱某为了节省成本擅自改变了运输方式导致宠物狗死亡,张大爷因伤心过度致心脏病复发住院一周。关于张大爷可采取的救济方式,下列哪些说法是正确的?

A. 要求甲公司承担违约责任

B. 要求乙公司承担违约责任

C. 要求朱某承担赔偿责任

D. 请求违约赔偿,也可以并一并主张精神损害赔偿

56. 甲遗失其为乙保管的迪亚手表,为偿还乙,甲窃取丙的美茄手表和4000元现金。甲将美茄手表交乙,因美茄手表比迪亚手表便宜1000元,甲又从4000元中补偿乙1000元。乙不知甲盗窃情节。乙将美茄手表赠与丁,又用该1000元的一半支付自来水公司水费,另一半购得某商场一件衬衣。下列哪些说法是正确的?

A. 丙可请求丁返还手表

B. 丙可请求甲返还3000元、请求自来水公司和商场各返还500元

C. 丙可请求乙返还1000元不当得利

D. 丙可请求甲返还4000元不当得利

57. 熊某与杨某结婚后,杨某与前夫所生之子小强由二人一直抚养,熊某死亡,未立遗嘱。熊某去世前杨某孕有一对龙凤胎,于熊某死后生产,产出时男婴为死体,女婴为活体但旋即死亡。关于对熊某遗产的继承,下列哪些选项是正确的?

A. 杨某、小强均是第一顺位的法定继承人

B. 女婴死亡后,应当发生法定的代位继承

C. 为男婴保留的遗产份额由杨某、小强继承

D. 为女婴保留的遗产份额由杨某继承

58. 甲、乙、丙三家毗邻而居,甲、乙分别饲养山羊各一只。某日二羊走脱,将丙辛苦栽培的珍稀药材悉数啃光。关于甲、乙的责任,下列哪些选项是正确的?

A. 甲、乙可各自通过证明已尽到管理职责而免责

B. 基于共同致害行为,甲、乙应承担连带责任

C. 如能确定二羊各自啃食的数量,则甲、乙各自承担相应赔偿责任

D. 如不能确定二羊各自啃食的数量,则甲、乙平均承担赔偿责任

59. 甲系某品牌汽车制造商,发现已投入流通的某款车型刹车系统存在技术缺陷,即通过媒体和销售商发布召回该款车进行技术处理的通知。乙购买该车,看到通知后立即驱车前往丙销售公司,途中因刹车系统失灵撞上大树,造成伤害。下列哪些说法是正确的?

A. 乙有权请求甲承担赔偿责任

B. 乙有权请求丙承担赔偿责任

C. 乙有权请求惩罚性赔偿

D. 甲的责任是无过错责任

60. 关于反诉,下列哪些表述是正确的?

A. 反诉的原告只能是本诉的被告

B. 反诉与本诉必须适用同一种诉讼程序

C. 反诉必须在答辩期届满前提出

D. 反诉与本诉之间须存在牵连关系,因此必须源于同一法律关系

61. 关于无独立请求权第三人,下列哪些说法是错误的?

A. 无独立请求权第三人在诉讼中有自己独立的诉讼地位

B. 无独立请求权第三人有权提出管辖异议

C. 一审判决没有判决无独立请求权第三人承担民事责任的,无独立请求权的第三人不可以作为上诉人或被上诉人

D. 无独立请求权第三人有权申请参加诉讼和参加案件的调解活动,与案件原、被告达成调解协议

62. 三个小孩在公路边玩耍,此时,一辆轿车急速驶过,三小孩捡起石子向轿车扔去,坐在后排座位的刘某被一石子击中。刘某将三小孩起诉至法院。关于本案举证责任分配,下列哪些选项是正确的?

A. 刘某应对三被告向轿车投掷石子的事实承担举证责任

B. 刘某应对其所受的损失承担举证责任

C. 三被告应对投掷石子与刘某所受损害之间不存在因果关系承担举证责任

D. 三被告应对其主观没有过错承担举证责任

63. 法院对于诉讼中有关情况的处理,下列哪些做法是正确的?

A. 甲起诉其子乙请求给付赡养费。开庭审理前,法院依法对甲、乙进行了传唤,但开庭时乙未到庭,也未向法院说明理由。法院裁定延期审理

B. 甲、乙人身损害赔偿一案,甲在前往法院的路上,胃病发作住院治疗。法院决定延期审理

C. 甲诉乙离婚案件,在案件审理中甲死亡。法院裁定按甲撤诉处理

D. 原告在诉讼中因车祸成为植物人,在原告法定代理人没有确定的期间,法院裁定中止诉讼

64. 韩某起诉翔鹭公司要求其依约交付电脑,并支付迟延履行违约金5万元。经县市两级法院审理,韩某均胜诉。后翔鹭公司以原审适用法律错误为由申请再审,省高院裁定再审后,韩某变更诉讼请求为解除合同,支付迟延履行违约金10万元。再审法院最终维持原判。关于再审程序的表述,下列哪些选项

是正确的?

A. 省高院可以亲自提审,提审应当适用二审程序

B. 省高院可以指令原审法院再审,原审法院再审时应当适用一审程序

C. 再审法院对韩某变更后的请求应当不予审查

D. 对于维持原判的再审裁判,韩某认为有错误的,可以向检察院申请抗诉

65. 龙前铭申请执行郝辉损害赔偿一案,法院查扣了郝辉名下的一辆汽车。查扣后,郝辉的两个哥哥向法院主张该车系三兄弟共有。法院经审查,确认该汽车为三兄弟共有。关于该共同财产的执行,下列哪些表述是正确的?

A. 因涉及案外第三人的财产,法院应裁定中止对该财产的执行

B. 法院可查扣该共有财产

C. 共有人可对共有财产协议分割,经债权人同意有效

D. 龙前铭可对该共有财产提起析产诉讼

66. 甲、乙、丙、丁拟设立一家商贸公司,就设立事宜分工负责,其中丙负责租赁公司运营所需仓库。因公司尚未成立,丙为方便签订合同,遂以自己名义与戊签订仓库租赁合同。关于该租金债务及其责任,下列哪些表述是正确的?

A. 无论商贸公司是否成立,戊均可请求丙承担清偿责任

B. 商贸公司成立后,如其使用该仓库,戊可请求其承担清偿责任

C. 商贸公司成立后,戊即可请求商贸公司承担清偿责任

D. 商贸公司成立后,戊即可请求丙和商贸公司承担连带清偿责任

67. 华胜股份有限公司于2006年召开董事会临时会议,董事长甲及乙、丙、丁、戊等共五位董事出席,董事会中其余4名成员未出席。董事会表决之前,丁因意见与众人不合,中途退席,但董事会经与会董事一致通过,最后仍作出决议。下列哪些选项是错误的?

A. 该决议有效,因其已由出席会议董事的过半数通过

B. 该决议不成立,因丁退席使董事的同意票不足全体董事表决票的二分之一

C. 该决议是否有效取决于公司股东会的最终意见

D. 该决议是否有效取决于公司监事会的审查意见

68. 关于股份有限公司的设立,下列哪些表述符合《公司法》规定?

A. 股份有限公司的发起人最多为 200 人

B. 发起人之间的关系性质属于合伙关系

C. 采取募集方式设立时,发起人不能在公司成立后分期缴纳出资

D. 发起人之间如发生纠纷,该纠纷的解决应当同时适用《民法典》和《公司法》

69. 2009 年 3 月,周、吴、郑、王以普通合伙企业形式开办一家湘菜馆。2010 年 7 月,吴某因车祸死亡,其妻欧某为唯一继承人。在下列哪些情形中,欧某不能通过继承的方式取得该合伙企业的普通合伙人资格?

A. 吴某之父对欧某取得合伙人资格表示异议

B. 合伙协议规定合伙人须具有国家一级厨师资格证,欧某不具有

C. 郑某不愿意接纳欧某为合伙人

D. 欧某因丧亡突遭打击,精神失常,经法院宣告为无民事行为能力人

70. 某破产案件中,债权人向法院提出更换管理人的申请。申请书中指出了如下事实,其中哪些属于主张更换管理人的正当事由?

A. 管理人列席债权人会议时,未如实报告债务人财产接管情况,并拒绝回答部分债权人询问

B. 管理人将债务人的一处房产转让给第三人,未报告债权人委员会

C. 债权人对债务人在破产申请前曾以还债为名向关联企业划转大笔资金的情况多次要求调查,但管理人一再拖延

D. 管理人将对外追收债款的诉讼业务交给其所在律师事务所办理,并单独计收代理费

71. 某上市公司董事吴某,持有该公司 6% 的股份。吴某将其持有的该公司股票在买入后的第 5 个月卖出,获利 600 万元。关于此收益,下列哪些选项是正确的?

A. 该收益应当全部归公司所有

B. 该收益应由公司董事会负责收回

C. 董事会不收回该收益的,股东有权要求董事会限期收回

D. 董事会未在规定期限内执行股东关于收回吴某收益的要求的,股东有权代替董事会以公司名义直接向法院提起收回该收益的诉讼

72. 依据《保险法》规定,保险合同成立后,保险人原则上不得解除合同。下列哪些情形下保险人可以解除合同?

A. 人身保险中投保人在交纳首期保险费后未按期交纳后续保费

B. 投保人虚报被保险人年龄,保险合同成立已 1 年 6 个月

C. 投保人在投保时故意未告知投保汽车曾遇严重交通事故致发动机受损的事实

D. 投保人未履行对保险标的安全维护之责任

73. 滥用行政权力排除、限制竞争的行为,是我国《反垄断法》规制的垄断行为之一。关于这种行为,下列哪些选项是正确的?

A. 实施这种行为的主体,不限于行政机关

B. 实施这种行为的主体,不包括中央政府部门

C. 《反垄断法》对这种行为的规制,限定在商品流通和招投标领域

D. 《反垄断法》对这种行为的规制,主要采用行政责任的方式

74. 甲公司租赁乙公司大楼举办展销会,向众商户出租展台,消费者李某在其中丙公司的展台购买了一台丁公司生产的家用电暖器,使用中出现质量问题并造成伤害,李某索赔时遇上述公司互相推诿。上述公司的下列哪些主张是错误的?

A. 丙公司认为属于产品质量问题,应找丁公司解决

B. 乙公司称自己与产品质量问题无关,不应承担责任

C. 丁公司认为产品已交丙公司包销,自己不再负责

D. 甲公司称展销会结束后,丙公司已撤离,自己无法负责

75. 关于国家食品安全风险监测制度,下列哪些表述是正确的?

A. 食品安全风险监测制度以食源性疾病、食品污染以及食品中的有害因素为监测对象

B. 食品安全风险监测计划由国务院卫生行政部门会同有关部门制定、实施

C. 通过食品安全风险监测发现食品安全隐患时,国务院卫生行政部门应当立即进行检验和食品安全风险评估

D. 食品安全风险监测信息是制定、修订食品安全标准和对食品安全实施监督管理的科学依据

76. 某商业银行违反审慎经营规则,造成资本和资产状况恶化,严重危及稳健运行,损害存款人和其他客户合法权益。对此,银行业监督管理机构对该银行依法可采取下列哪些措施?

A. 限制分配红利和其他收入

B. 限制工资总额

C. 责令调整高级管理人员

D. 责令减员增效

77. 某县污水处理厂系扶贫项目,由地方财政投资数千万元,某公司负责建设。关于此项目的审计监

督,下列哪些说法是正确的?

A. 审计机关对该项目的预算执行情况和决算,进行审计监督

B. 审计机关经银监局局长批准,可冻结该项目在银行的存款

C. 审计组应在向审计机关报送审计报告后,向该公司征求对该报告的意见

D. 审计机关对该项目作出审计决定,而上级审计机关认为其违反国家规定的,可直接作出变更或撤销的决定

78. 清水河流经某省甲、乙两个城市,位于上游甲市的某化工厂非法排放污水,污染了整个清水河,甲、乙两市的沿河土地和百姓深受其害,甲市环保联合会遂对该化工厂向甲市法院提起了环境侵权公益诉讼。现乙市的环保公益组织欲向乙市法院提起环境侵权公益诉讼,下列相关说法哪些是正确的?

A. 提起公益诉讼的环保组织应在设区的市级以上民政部门登记

B. 甲、乙两市的法院可以分别受理相应案件

C. 由甲市法院管辖本案

D. 如果法院对公益诉讼作出裁决后,受害个人不能再针对此污染行为提起侵权诉讼

79. 关于集体劳动合同,根据《劳动合同法》,下列哪些说法是正确的?

A. 甲公司尚未建立工会时,经其2/3以上的职工推举的代表,可直接与公司订立集体合同

B. 乙公司系建筑企业,其订立的行业性集体合同,报劳动行政部门备案后即行生效

C. 丙公司依法订立的集体合同,对全体劳动者,不论是否为工会会员,均适用

D. 因履行集体合同发生争议,丁公司工会与公司协商不成时,工会可依法申请仲裁、提起诉讼

80. 朱某为法学院退休教授,陈某经朱某同意将其退休之前演讲的录音资料汇编为文字出版,在汇编时,陈某还邀请许某就该书的典故、渊源、专业术语等作了注释,形成完整的体系。其后,陈某与甲出版社就该书签订专有出版合同。在图书出版后,乙网络平台未经许可发布该书的电子版。乙网络公司侵犯了下列哪些主体的权利?

A. 侵犯了朱某的著作权

B. 侵犯了陈某的著作权

C. 侵犯了许某的著作权

D. 侵犯了出版社的专有出版权

81. 冯某绘制了具有新颖性的熊猫图案,德乐公司未经冯某许可将该熊猫图案印在垃圾桶上,并申请取得了外观设计专利。伯恩公司未经许可制造了一批相同的垃圾桶。喜登公司对此不知情,从伯恩公司购买垃圾桶若干用于旗下的餐厅。下列哪些说法是正确的?

A. 德乐公司侵犯了冯某的著作权,冯某有权申请德乐公司的专利无效

B. 如果伯恩公司对德乐公司取得专利权不知情,则不承担赔偿责任

C. 喜登公司没有侵犯德乐公司专利权,可以不停止使用且不需支付费用

D. 喜登公司侵犯了德乐公司的专利权,应停止使用但不需支付费用

82. 中国甲公司与巴西乙公司因合同争议在中国法院提起诉讼。关于该案的法律适用,下列哪些选项是正确的?

A. 双方可协议选择合同争议适用的法律

B. 双方应在一审开庭前通过协商一致,选择合同争议适用的法律

C. 因法院地在中国,本案的时效问题应适用中国法

D. 如案件涉及中国环境安全问题,该问题应适用中国法

83. 营业地位于不同国家的甲公司和乙公司签订了一份货物买卖合同,约定采用 FCA2020 为交货条件。关于该术语,下列哪些说法是正确的?

A. 该术语可以适用于任何方式,包括多式联运

B. 该术语只能用于海运运输合同

C. 卖方将货物交给第一承运人时即完成交货义务

D. 承运人自收到货物时,货物的风险由卖方转移到买方

84. 中国田丰公司和拉丁美洲图朵公司订立了出口一批电子产品的合同。因目的港无直达航线,需要转船运输,合同约定了信用证支付方式。关于图朵公司申请开立的信用证,下列哪些情形属于"软条款"信用证?

A. 信用证规定"禁止转船"

B. 信用证要求提单为已装船提单

C. 信用证规定"开证行须在货物经检验合格后方可支付"

D. 信用证要求保兑

85. 李伍为惯常居所地在甲国的公民,满成为惯常居所地在乙国的公民。甲国不是《保护文学艺术作品伯尔尼公约》缔约国,乙国和中国是该公约的缔约国。关于作品在中国的国民待遇,下列哪些选项是正确的?

A. 李伍的文章在乙国首次发表,其作品在中国享有国民待遇

B. 李伍的文章无论发表与否,其作品在中国享

C. 满成的文章无论在任何国家首次发表，其作品在中国享有国民待遇

D. 满成的文章无论发表与否，其作品在中国享有国民待遇

三、不定项选择题。 每题所设选项中至少有一个正确答案，多选、少选、错选或不选均不得分。本部分含86-100题，每题2分，共30分。

（一）

顺风电器租赁公司将一台电脑出租给张某，租期为2年。在租赁期间内，张某谎称电脑是自己的，分别以市价与甲、乙、丙签订了三份电脑买卖合同并收取了三份价款，但张某把电脑实际交付给了乙。后乙的这台电脑被李某拾得，因暂时找不到失主，李某将电脑出租给王某获得很高收益。王某租用该电脑时出了故障，遂将电脑交给康成电脑维修公司维修。王某和李某就维修费的承担发生争执。康成公司因未收到修理费而将电脑留置，并告知王某如7天内不交费，将变卖电脑抵债。李某听闻后，于当日潜入康成公司偷回电脑。请据此回答86~88题。

86．关于张某与甲、乙、丙的合同效力，下列选项正确的是：

A. 张某非电脑所有权人，其出卖为无权处分，与甲、乙、丙签订的合同无效

B. 张某是合法占有人，其与甲、乙、丙签订的合同有效

C. 乙接受了张某的交付，取得电脑所有权

D. 张某不能履行对甲、丙的合同义务，应分别承担违约责任

87．如乙请求李某返还电脑和所获利益，下列说法正确的是：

A. 李某向乙返还所获利益时，应以乙所受损失为限

B. 李某应将所获利益作为不当得利返还给乙，但可以扣除支出的必要费用

C. 乙应以所有权人身份而非不当得利债权人身份请求李某返还电脑

D. 如李某拒绝返还电脑，需向乙承担侵权责任

88．关于康成公司的民事权利，下列说法正确的是：

A. 王某在7日内未交费，康成公司可变卖电脑并自己买下电脑

B. 康成公司曾享有留置权，但当电脑被偷走后，丧失留置权

C. 康成公司可请求李某返还电脑

D. 康成公司可请求李某支付电脑维修费

89．徐某与周某育有一子小磊，两人离婚后，小磊随母亲周某去国外生活，很少回来看望徐某。后徐某与王某结婚，王某与前夫之女小美同二人一起生活。小美10周岁时，徐某和王某离婚，小美跟随王某生活，徐某不再照顾小美。徐某晚年一直由侄子大志照顾。现徐某去世，未留下遗嘱。小磊、小美与大志都要求分配徐某的遗产。对此，下列说法正确的是：

A. 大志是徐某的法定继承人，有权参与遗产分配

B. 小美是徐某的法定继承人，有权参与遗产分配

C. 虽然小磊未尽赡养义务，但其仍享有继承权

D. 大志因赡养徐某较多，应当分得适当遗产

（二）

丙承租了甲、乙共有的房屋，因未付租金被甲、乙起诉。一审法院判决丙支付甲、乙租金及利息共计10000元，分五个月履行，每月给付2000元。甲、乙和丙均不服该判决，提出上诉：乙请求改判丙一次性支付所欠的租金10000元。甲请求法院判决解除与丙之间租赁关系。丙认为租赁合同中没有约定利息，甲、乙也没有要求给付利息，一审法院不应当判决自己给付利息，请求判决变更一审判决的相关内容。丙还提出，为修缮甲、乙的出租房自己花费了3000元，请求抵销部分租金。请据此回答90~93题。

90．关于一审法院判决丙给付甲、乙利息的做法，下列说法正确的是：

A. 违背了民事诉讼的处分原则

B. 违背了民事诉讼的辩论原则

C. 违背了民事诉讼的当事人诉讼权利平等原则

D. 违背了民事诉讼的同等原则

91．关于二审中当事人地位的确定，下列选项正确的是：

A. 丙是上诉人，甲、乙是被上诉人

B. 甲、乙是上诉人，丙是被上诉人

C. 乙、丙是上诉人，甲是被上诉人

D. 甲、乙、丙都是上诉人

92．关于甲上诉请求解除与丙的租赁关系，下列选项正确的是：

A. 二审法院查明事实后直接判决

B. 二审法院直接裁定发回重审

C. 二审法院经当事人同意进行调解解决

D. 甲在上诉中要求解除租赁关系的请求，须经乙同意

93．关于丙提出用房屋修缮款抵销租金的请求，二审法院正确的处理办法是：

A. 查明事实后直接判决

B. 不予审理

C. 经当事人同意进行调解解决,调解不成的,发回重审

D. 经当事人同意进行调解解决,调解不成的,告知丙另行起诉

94. 李某、张某、赵某、贺某四人出资创办了甲公司,由李某、张某、赵某三人组成董事会。公司章程约定,李某认缴出资 400 万元,其余三人分别认缴出资 200 万元,公司成立后 3 个月内缴足出资。出资期限届满后,经公司多次催缴,李某仍未缴纳出资。1 年后,公司召开董事会会议,李某未出席,张某、赵某一致同意,通过了向李某发出失权通知的决议。对此下列说法正确的是:

A. 李某系甲公司董事,未出席此次董事会,该决议无效

B. 李某自收到失权通知之日起,丧失其股权

C. 若李某丧失股权,甲公司应当对其股权依法注销

D. 在董事会作出决议之前,若甲公司对外债务不能清偿,李某仍需在未缴纳出资的范围内承担赔偿责任

95. 诚意商行是秦某和郑某共同出资设立的普通合伙企业,于 2020 年 4 月完成设立登记并领取营业执照,合伙协议约定秦某是合伙事务执行人。2020 年 3 月,在合伙企业筹备阶段,秦某以合伙企业名义和甲公司签了一份购买测温仪的合同。2020 年 5 月,郑某了解到乙公司还有测温仪存货,遂以合伙企业名义和乙公司签订了购买合同。后来市场测温仪需求大降,甲公司现在要求还款,乙公司要求履行合同。关于本案,下列说法不正确的是:

A. 秦某与甲公司签订的购买测温仪的合同,不得以诚意商行的名义签订

B. 乙公司无权要求郑某承担责任

C. 乙公司可主张秦某、郑某对合伙企业债务承担连带责任

D. 郑某无权以合伙企业的名义对外签订合同,故乙公司无权要求诚意商行履行合同

96. 2005 年 10 月 5 日,甲、乙签订房屋买卖合同,约定年底前办理房屋过户登记。乙签发一张面额 80 万元的转账支票给甲以支付房款。一星期后,甲提示银行付款。2006 年 1 月中旬,甲到银行要求支付支票金额,但此时甲尚未将房屋登记过户给乙。对此,下列说法正确的是:

A. 尽管甲尚未履行房屋过户登记义务,但银行无权拒绝支付票据金额

B. 如甲向乙主张票据权利,因甲尚未办理房屋的过户登记,乙可拒付票据金额

C. 如被银行拒付,甲可根据房屋买卖合同要求乙支付房款

D. 如该支票遗失,甲即丧失票据权利

97. 某市混凝土公司新建临时搅拌站,在试运行期间通过暗管将污水直接排放到周边,严重破坏当地环境。公司经理还指派员工潜入当地环境监测站内,用棉纱堵塞空气采集器,造成自动监测数据多次出现异常。有关部门对其处罚后,公司生产经营发生严重困难,拟裁员 20 人以上。当该公司裁员时,下列说法正确的是:

A. 无须向劳动者支付经济补偿金

B. 应优先留用与本公司订立无固定期限劳动合同的职工

C. 不得裁减在该公司连续工作满 15 年的女职工

D. 不得裁减非因公负伤且在规定医疗期内的劳动者

98. 某县会计师行业自律委员会成立之初,达成统筹分配当地全行业整体收入的协议,要求当年市场份额提高的会员应分出自己的部分收入,补贴给市场份额降低的会员。事后,有会员向省级工商行政管理部门书面投诉。关于此事,下列说法正确的是:

A. 该协议限制了当地会计师行业的竞争,具有违法性

B. 抑强扶弱有利于培育当地会计服务市场,法律不予禁止

C. 此事不能由省级工商行政管理部门受理,应由该委员会成员自行协商解决

D. 即使该协议尚未实施,如构成违法,也可予以查处

99. 2017 年,甲公司在其生产的箱包和皮带上分别使用了白鸽商标和橄榄枝商标,二者都没有注册但均有一定影响力。其供应商乙公司发现商标没有注册,遂于 2020 年将白鸽商标注册在自己生产的行李箱商品上。丁公司注册了大量商标但均未实际使用,其中包括在皮带上注册的橄榄枝商标。对此,下列说法正确的是:

A. 若丁公司起诉甲公司承担赔偿责任,甲公司可以丁公司注册商标 3 年未使用为由抗辩

B. 若甲公司宣告丁公司的注册商标无效,应当在 5 年内提出

C. 若乙公司起诉甲公司商标侵权,甲公司可以在先使用为由抗辩

D. 甲公司可以在 5 年内申请宣告乙公司的注册商标无效

100. 韩国公民金某与德国公民汉森自 2013 年 1 月起一直居住于上海,并于该年 6 月在上海结婚。

2015 年 8 月,二人欲在上海解除婚姻关系。关于二人财产关系与离婚的法律适用,下列选项正确的是:

A. 二人可约定其财产关系适用韩国法

B. 如诉讼离婚,应适用中国法

C. 如协议离婚,二人没有选择法律的,应适用中国法

D. 如协议离婚,二人可以在中国法、韩国法及德国法中进行选择

试 卷 一

解 析

一、单项选择题

1. 法律的局限性[B]

[解析] 紧急时无法律也可以理解为"必要时无法律"。这句格言产生于中世纪教会法,其基本含义是:在紧急状态下,可以实施法律在通常情况下所禁止实施的某种行为,以避免紧急状态所带来的危险。这句格言是法律中紧急避险规定的来源,我国《刑法》第21条第1款明确规定:"为了使国家、公共利益、本人或者他人的人身、财产和其他权利免受正在发生的危险,不得已采取的紧急避险行为,造成损害的,不负刑事责任。"

紧急状态下不是不存在法律,而是说人们为了避免遭受更大的伤害,可以采取一般情形下法律所不允许的行为,并且不受法律的惩罚。故A项错误,B项正确。

法是有局限性的,法律只是社会的组成部分,法的作用归根结底是社会自身力量的体现,因此,法律并不能将社会调整至完美状态,法律不是万能的,并不能避免一切紧急状态发生。故C项错误。

法的产生与发展最终是由一定的社会物质生活条件决定的,也即,社会决定法律,有什么样的社会,就有什么样的法律。注意,只要谈到法的产生与发展、法的本质等内容,一定要从社会物质生活条件的角度入手。故D项错误。

2. 法律规则(法律规则的逻辑结构;法律规则与语言;法律规则的分类)[A]

[解析] 法律规则通过特定语句表达,表达法律规则的特定语句往往是一种规范语句。规范句可分为命令句和允许句。命令句带有"应当""不得"等道义助动词,允许句带有"可以"等道义助动词。表达法律规则的语句还可以是陈述句,陈述句表达法律规则,但是不带有上述道义助动词。题干中的法条规定的行为模式明确具体,且在语句表达上带有"应当"这样的道义助动词,因此属于表达法律规则的规范句中的命令句。故A项正确。

任意性规则性往往使用"可以"等词汇。题干中的法条带有"应当",行为人没有选择余地,表达了强行性规则。故B项错误。

委任性规则典型特征:委托其他机关来立法;准用性规则典型特征:引用其他法律或条文;确定性规则典型特征:内容明确,无须引用其他法律条文。题干中的法条表达的内容明确具体,可以直接适用,属于确定性规则。故C项错误。

任一法律规则在逻辑上均由假定条件、行为模式、法律后果三个要素构成,但是,法律规则的三要素并不一定必须由同一个条文表达,也即,法律条文与法律规则之间的表达与被表达的关系并非完全的一一对应。本题中,题干中的法条没有表达法律后果。"采取刑讯逼供等非法方法收集的犯罪嫌疑人、被告人供述和采用暴力、威胁等非法方法收集的证人证言、被害人陈述"表达了假定条件,"应当予以排除"表达了行为模式。故D项错误。

3. 法律格言的阐释;对权利概念的理解[C]

[解析] 不知道法律的人不享有权利的说法是对格言的字面理解。在现实生活中,权利是现实存在的,和当事人知不知道法律没有关系。故A项错误。

任何人只要知道自己的权利,就等于知道整个法律体系的说法过于绝对。法律体系,通常是指一个国家全部现行法律规范分类组合为不同的法律部门而形成的有机联系的统一整体,简单地说,法律体系就是部门法体系。故B项错误。

本格言强调法律和权利密切相关,一方面,权利由法律规定,故权利人拥有权利是一个法律问题;另一方面,如果权利人不知道自己的权利,不行使权利,则权利只停留在纸面上,是虚幻的,于是权利人所拥有的权利就是一个事实问题。故C项正确。

法律体系当中不仅有权利还有义务,因此,权利构成法律上所规定的一切内容的说法错误。故D项错误。

4. 法律关系主体的权利能力和行为能力[B]

[解析] 物权之取得须合法、合理,不损害社会以及他人合法利益。故A项正确。

证成法限制人的自由的原则有以下三个:(1)伤害原则:行为人对他人和公共利益造成伤害,应予以限制。(2)家长主义原则:对于"不真实反映其意志的危险行为",法律应当进行限制,使之免于自我伤害。也即行为人盲目或无知的自由行为可能会对其自身造成伤害时,法律可对其进行限制。(3)道德主义原则:一个行为与特定社会的道德是背离的,国家可以限制该行为。本题中,李能的行为侵犯了他人利益,法院对李能行为的判断依据的是"伤害原则";李能的母亲潘桂花是限制民事行为能力人,法院对其行为的判断依据的是"家长主义原则"。故 B 项错误。

法律关系的主体是法律关系的参加者,即在法律关系中一定权利的享有者和一定义务的承担者。公民要成为法律关系主体,必须具有权利能力和行为能力,即具有法律关系主体构成的资格。本题中,潘桂花被鉴定为限制民事行为能力人,这是在确定主体的行为能力。故 C 项正确。

所谓诉讼"争点",是指当事人对之存在争议、影响案件处理结果的事实问题和法律适用问题。本案法律推理(主要是演绎推理)的结构是"大前提+小前提→结论",大前提是法律规定,小前提是案件事实。其中,"李能利用其母不识字骗其母签订合同",这是小前提即"案件事实",当事人并没有争议;争议的焦点集中在"结论"上,即合同转让的行为是否具有效力。故 D 项正确。

5. 宪法分类;法国宪法的特点;英国宪法;德国法;美国宪法[B]

[解析] 成文宪法,也可称之为文书宪法或制定宪法,是指具有统一法典形式的宪法。其最显著的特征在于法律文件上既明确表述为宪法,又大多冠以国名。成文宪法与不成文宪法的分类并不是以文本多少来划分的,而是指具有统一一法典形式的宪法。如我国既具有宪法典,还有一系列的宪法修正案。故 A 项错误。

英国是不成文宪法国家,没有统一的宪法典。一般认为 1215 年《自由大宪章》是英国宪法最早的组成部分,其他还包括 1628 年《权利请愿书》、1679 年《人身保护法》、1689 年《权利法案》、1701 年《王位继承法》等。故 B 项正确。

典型的协定宪法主要有两个:英国 1215 年的《自由大宪章》和法国 1830 年宪法。典型的钦定宪法主要有两个:1889 年日本《明治宪法》和 1908 年清政府的《钦定宪法大纲》。可知,法国 1830 年宪法并非钦定宪法,而是协定宪法。故 C 项错误。

柔性宪法是指制定、修改的机关和程序与一般的法律相同的宪法,在实行柔性宪法的国家里,由于宪法和法律都是同一机关根据同样的程序制定或者修改的,因而宪法的效力和权威等同于一般法律。故 D 项错误。

6. 选民登记制度[D]

[解析]《选举法》第 27 条第 1 款规定:"选民登记按选区进行,经登记确认的选民资格长期有效。每次选举前对上次选民登记以后新满 18 周岁的、被剥夺政治权利期满后恢复政治权利的选民,予以登记。

对选民经登记后迁出原选区的,列入新迁入的选区的选民名单;对死亡的和依照法律被剥夺政治权利的人,从选民名单上除名。"可知,"重新登记"错误。故 A 项错误。

《选举法》第 28 条规定:"选民名单应在选举日的二十日以前公布,实行凭选民证参加投票选举的,并应当发给选民证。"可知,"15 日以前公布"错误。故 B 项错误。

《选举法》第 29 条规定:"对于公布的选民名单有不同意见的,可以在选民名单公布之日起五日内向选举委员会提出申诉。选举委员会对申诉意见,应在三日内作出处理决定。申诉人如果对处理决定不服,可以在选举日的五日以前向人民法院起诉,人民法院应在选举日以前作出判决。人民法院的判决为最后决定。"可知,对于公布的选民名单有不同意见的,只能先申诉再起诉。故 C 项错误,D 项正确。

7. 铸刑书与铸刑鼎[C]

[解析] 公元前 536 年,郑国执政子产将郑国的法律条文铸在象征诸侯权位的金属鼎上,向全社会公布,史称"铸刑书",这是中国历史上第一次公布成文法的活动。公元前 513 年,晋国赵鞅把前任执政范宣子所编刑书正式铸于鼎上,公之于众,这是历史上第二次公布成文法的活动。故 A 项错误。

春秋时期成文法的公布,对旧贵族操纵和使用法律的特权产生严重的冲击,是新兴地主阶级的一次重大胜利,因而遭到奴隶主贵族的反对。故 B 项错误。

春秋时期成文法的公布,打破了"刑不可知,则威不可测"的旧传统,明确了"法律公开"这一新兴地主阶级的立法原则。故 C 项正确。

孔子对"铸刑鼎"持反对态度,认为这是亡国之举:"晋其亡乎!失其度矣。"故 D 项错误。

8. 国家债务的继承[B]

[解析] 丙国为国家合并而产生的新国家,对原甲、乙两国的非恶债应予继承。故 A 项错误。

甲国中央政府所借债务属于国家债务;而甲国南方省所借债务属于地方债务,不在国家继承的范围之内。故 B 项正确,C 项错误。

D 项乙国元首以个人名义所借款项属个人债务,不应由丙国政府承担。故 D 项错误。

9. 专属经济区;群岛水域[D]

[解析] 所有国家的船舶享有通过除群岛内水以外的群岛水域的无害通过权,即他国船舶有无须征得甲国许可而连续不断地通过其群岛水域的航行权利。因此,他国船舶通过甲国的群岛水域无须经过甲国的许可。故 A 项错误。

群岛国可以连接群岛最外缘各岛和各干礁的最外缘各点构成直线群岛基线,群岛基线的确定需要满足《联合国海洋法公约》规定的条件,其中之一就是基线不能明显偏离群岛轮廓,不能将其他国家的领海与公海或专属经济区隔断。故 B 项错误。

群岛水域的划定不妨碍群岛国可以按照《联合国海洋法公约》划定内水,及在基线之外划定领海、毗连区、专属经济区和大陆架。故 C 项错误。

依《联合国海洋法公约》的群岛水域制度,群岛国对其群岛水域包括上空和底土拥有主权。故 D 项正确。

10.国家管辖权;引渡;庇护[B]

[解析] 甲国直接派出军队进入乙国捉拿朗曼是严重侵犯乙国领土主权的国家不法行为,故 A 项错误。

庇护是国家基于领土主权而引申出来的权利,国家通常没有必须给予庇护的义务,因此乙国有权但没有义务给予朗曼庇护。故 B 项正确,C 项错误。

朗曼是甲国军事政变的领导人,属政治犯,根据国际法上的"政治犯不引渡"原则,乙国不应将朗曼引渡给甲国,并且乙国对甲国的司法判决没有遵守义务,故 D 项错误。

11.我国司法制度;审判制度;检查制度[B]

[解析] 根据《人民法院组织法》和三大诉讼法规定,我国主要的审判制度包括:两审终审制度、人民陪审员制度、审判公开制度、审判监督制度等。故 A 项正确,不当选。

基层人民法院的职权是:(1)审判刑事、民事和行政的第一审案件,但是法律、法规另有规定的除外;(2)处理不需要开庭审判的轻微民事纠纷和轻微的刑事案件;(3)指导人民调解委员会的工作。故 B 项错误,当选。

我国主要的检察制度包括刑事检察制度(含刑事立案监督制度、刑事侦查监督制度、刑事审判监督制度、审查逮捕制度、公诉制度、刑事执行检察制度)、民事检察制度、行政检察制度、检察公益诉讼制度等。故 C 项正确,不当选。

我国检察机关领导体制实行"检察一体化"原则。具体体现在:(1)我国检察机关是一个完整独立的机构体系,检察长统一领导检察院工作。各级检察院设立检察委员会。检察委员会实行民主集中制,在检察长或检察长委托的副检察长的主持下,总结检察工作经验,讨论决定重大、疑难、复杂案件。地方各级人民检察院的检察长不同意本院检察委员会多数人的意见,属于办理案件的,可以报请上一级人民检察院决定;属于重大事项的,可以报请上一级人民检察院或者本级人大常委会决定;(2)最高检是最高检察机关。最高检领导地方各级检察院和专门检察院的工作,上级检察院领导下级检察院的工作。由此可见,检察院的领导体制与法院不同,检察官并不适用"除了法律没有别的上司"原理,检察官依法独立行

使职权要受到"检察一体化"的限制。故 D 项正确,不当选。

12.司法机关独立行使职权;检察权统一行使原则;法律职业的性质;法律职业道德的内容[C]

[解析] 司法机关独立行使职权,不受行政机关、社会团体和个人的非法干涉;上级司法机关可以对下级机关进行指导性工作。在组织技术上,司法机关只服从法律,不受上级机关、行政机关的干涉。故 A 项正确。

检察权统一行使原则,又称检察一体原则,是指各级检察机关、检察官依法构成统一的整体,在行使职权、执行职务的过程中实行"上命下从",即根据上级检察机关、检察官的指示和命令进行工作。故 B 项正确。

法律职业以法官、检察官、律师为代表,法律职业之间既具备最基本的同质性,又各有其行业属性,所以,多数国家规定担任法官、检察官、律师必须通过专门培养和训练。故 C 项错误。

法律职业道德的基本原则是指法律职业道德的基本尺度、基本纲领和基本要求,如忠实执行宪法和法律、互相尊重互相配合、清正廉洁遵纪守法等方面。故 D 项正确。

13.律师与委托人或当事人的关系规范;律师收费制度[D]

[解析] 《律师执业行为规范(试行)》第 83 条规定:"律师或律师事务所相互之间不得采用下列手段排挤竞争对手的公平竞争:……(二)为争揽业务,不正当获取其他律师和律师事务所收费报价或者其他提供法律服务的条件……"律师私下了解他所报价后以较低收费接受委托,属于以不正当手段承揽业务。故 A 项错误。

本案为买卖合同纠纷,不属于法律规定的应受理的精神损害赔偿案件种类范围。另外,代书起诉状时,律师无权要求委托人必须提出某种诉讼请求。故 B 项错误。

《律师服务收费管理办法》第 13 条规定,实行风险代理收费,律师事务所应当与委托人签订风险代理收费合同,约定双方应承担的风险责任、收费方式、收费数额或比例。实行风险代理收费,最高收费金额不得高于收费合同约定标的额的 30%。选项中"律师事务所可按照胜诉金额的一定比例另收办案费用",此处收费应属于风险代理收取的律师服务费,而不属于办案费用。故 C 项错误。

《律师法》第 54 条规定:"律师违法执业或者因过错给当事人造成损失的,由其所在的律师事务所承担赔偿责任。律师事务所赔偿后,可以向有故意或者重大过失行为的律师追偿。"律师代理意见未被法庭采纳并非律师执业违法行为,律师也无过错,不应承

担赔偿责任。故 D 项正确。

14．公证的对象［C］

［解析］《公证法》第 31 条规定："有下列情形之一的，公证机构不予办理公证：（一）无民事行为能力人或者限制民事行为能力人没有监护人代理申请办理公证的；（二）当事人与申请公证的事项没有利害关系的；（三）申请公证的事项属专业技术鉴定、评估事项的；（四）当事人之间对申请公证的事项有争议的；（五）当事人虚构、隐瞒事实，或者提供虚假证明材料的；（六）当事人提供的证明材料不充分或者拒绝补充证明材料的；（七）申请公证的事项不真实、不合法的；（八）申请公证的事项违背社会公德的；（九）当事人拒绝按照规定支付公证费的。"本题，A 项中马某不仅持复印件还多处修改，真实性难以保证，触犯第 6、7 项的规定。故 A 项错误。B、D 两项的行为均触犯第 8 项的规定，且不属于第 11 条中的任何一项内容。故 B、D 项错误。

《公证法》第 11 条规定："根据自然人、法人或者其他组织的申请，公证机构办理下列公证事项：……（四）财产分割；……"婚前财产公证符合上述第 4 项规定，可以公证。故 C 项正确。

15．刑法解释［A］

［解析］立法解释、司法解释与学理解释的不同仅仅在于解释的主体和效力不同，在解释方法和技巧方面没有差别。因此，学理解释中的类推解释结论，纳入司法解释后仍然属于类推解释。故 A 项错误。

由于破坏大型拖拉机也会发生危害公共安全的危害结果，故从结论合理性来说，可以将大型拖拉机解释为破坏交通工具罪中的"汽车"。但"汽车"一词的核心含义通常并不包含大型拖拉机，故上述解释结论至少是扩大解释乃至是类推解释。故 B 项正确。

刑法用语的含义具有相对性，在不同的上下文或者语境中可能具有不同的含义。在刑法条文明文规定了"伪造"与"变造"的场合，二者当然具有不同的含义；但在有的场合，尤其是法律只规定了"伪造"的时候，这里的"伪造"就有可能包括"变造"，如信用卡诈骗罪中"使用伪造的信用卡"中的"伪造"就包括"变造"这一表现方式。故 C 项正确。

相比较毒品犯罪中的特别再犯制度，累犯是更严厉的量刑情节（累犯应当从重处罚、不得缓刑、不得假释，而特别再犯只是从重处罚）。为了更好地实现对未成年人的特殊保护，按照当然解释的原理（举轻以明重，举重以明轻），既然不满 18 周岁的人不成立累犯，那么就更不能对其适用更轻的特别再犯制度。故 D 项正确。

16．危害行为［C］

［解析］刑法上的危害行为，是指在行为人意志支配下的危害社会并被刑法所禁止的身体活动。作为的危害行为则是指行为人以积极的身体活动实施某种被刑法所禁止的危害行为。刑法禁止的危害行为（实行行为）必须具有法益侵犯的紧迫、现实危险性，而且还必须是社会生活不允许的行为。甲女赠送男友乙旱冰鞋的行为属于社会生活中的正常行为，不可能成为法律上所禁止的行为，且从社会大众的立场上看，该行为也不具有社会危害性。因此，甲女的行为不属于作为的危害行为。故 A 项错误。

既然甲女的行为不属于刑法上的危害行为，那么，甲女的行为与乙重伤之间也就不存在刑法上的因果关系。实际上，乙重伤的结果是乙自己在运动时不小心导致的，该结果应该由乙自己承担。故 B 项错误。

尽管甲女在赠送乙旱冰鞋时企盼乙运动时摔伤，具有伤害乙的故意，但是甲女并没有实施伤害乙的危害行为，因此，不构成故意伤害罪。故 C 项正确。

无论故意犯罪还是过失犯罪，都要求行为人实施法律所禁止的危害行为。甲女没有实施法律禁止的危害行为，因此，甲女既不成立故意犯罪，也不成立过失犯罪。故 D 项错误。

17．犯罪故意；想象竞合犯［A］

［解析］吴某对甲、乙均有杀人的故意，在明知开枪可能会造成危害结果的情况下，仍然实施该行为，虽然一枪没有击中甲和乙，但在客观上具有打死甲、乙的危险，主观上吴某对甲、乙均有杀人故意，对甲、乙均成立故意杀人罪未遂。故 A 项正确。

吴某只有一个开枪杀人行为，无论是一枪打中甲致甲死亡还是一枪致甲、乙死亡，均属于想象竞合犯，故不可能对吴某进行数罪并罚。故 B、D 项错误。

吴某一枪致甲死亡、乙重伤，则属于一行为触犯数罪名，构成想象竞合犯，对甲成立故意杀人罪既遂。吴某对乙也具有杀人的故意，仅造成乙重伤，也应认定为故意杀人罪未遂而非故意伤害罪，根据想象竞合犯的处理原则，对吴某以重罪即故意杀人罪既遂论处。故 C 项错误。

18．因果关系错误［C］

［解析］甲本想实施第二个行为杀死乙，实际上其在实施第一个行为的时候就导致了乙的死亡，相对于行为人的计划来说，危害结果提前实现了，这属于因果关系错误中的犯罪构成提前实现。要认定这种情况是否成立故意犯罪既遂，关键在于行为人在实施第一个行为时，是否已经着手实行，如果能对此得出肯定结论，则应认定为故意犯罪既遂；如果得出否定结论，则不能成立故意犯罪既遂，而是其他形态。

在本案中，甲给乙投放了较多的安眠药，这一行为本身就有导致被害人死亡的可能性，属于杀人的实行行为。既然甲实施了杀人的实行行为，这一行为在客观上导致了乙的死亡，主观上行为人又有杀人的故意,故甲成立故意杀人罪既遂。至于因果发展进程与行为人预想的不一致,这只是因果关系错误的问题,不影响故意杀人罪既遂的判断。故 C 项正确。

投放过多安眠药的行为并非预备行为,而是有导致他人死亡紧迫危险的实行行为(区分预备行为和实行行为并不是以行为人自己的认识为准,而要考虑行为本身的属性,即是否具有法益侵犯的紧迫性),故甲的行为不可能成立故意杀人预备。故 A 项错误。

既然甲实施了杀人的实行行为,并导致了死亡这一实害结果,加上甲有杀人故意,甲就成立故意杀人罪既遂。至于行为人原本打算的行为是否实现,不影响行为性质的认定。故 B 项错误。

因果关系是讨论实行行为与危害结果之间引起与被引起的关系,如果没有实行行为,那就无所谓因果关系。但如果实施了实行行为,就只能按照因果关系错误的原理处理。故 D 项错误。

19．正当防卫[C]

[解析] 成立正当防卫,要求行为形式上具有"犯罪行为"的特征,即初步具有违法性(法益侵害性),然后才需要用正当防卫排除违法性。本题中,甲大喊一声,叫乙站住,这一行为虽然制止了乙的不法侵害(乙放下蛇皮袋),但是甲的这一行为本身不具有违法性,故不构成正当防卫。

当乙放下蛇皮袋,抛弃赃物,那么甲的追赶行为就不属于为了挽回财物,不是正当防卫行为,而是扭送行为。扭送行为是合法行为,是一种法令行为。但是,扭送行为的目的和任务是控制犯罪人的人身自由,然后交给司法机关。超出这个目的和限度,便有可能构成不法侵害行为。当乙倒地后,甲便能够控制住乙。此后甲对乙实施暴力,便超出了扭送行为的限度,构成不法侵害行为,具体而言构成故意伤害罪致人死亡。故 A 项错误,C 项正确。

假想防卫是指客观上并无不法侵害,但行为人误以为存在不法侵害,因而进行防卫。本案中,确实存在不法侵害,即乙的盗窃行为,因此甲不属于假想防卫。故 B 项错误。

防卫过当的前提是,行为本身属于"防卫"行为。本案中,甲对乙的行为根本不是防卫行为,属于故意伤害行为,那么也就不存在防卫过当的问题。故 D 项错误。

20．教唆犯;帮助毁灭证据罪;窝藏罪[D]

[解析] 毁灭证据的行为是指妨害证据效力实现的一切行为。乙明知是甲杀人的凶器仍将其藏于自己地窖的行为成立帮助毁灭证据罪。故 A 项错误。

窝藏罪是指帮助犯罪分子逃匿的行为。当犯罪分子甲生活无着落的时候,乙向甲汇款 2 万元的行为,使得甲继续逃匿,属于帮助其逃匿的行为,成立窝藏罪。故 B 项错误。

根据以上的分析,乙实施了两个独立的行为,分别成立帮助毁灭证据罪与窝藏罪,应当数罪并罚。故 C 项错误。

帮助毁灭、伪造证据罪是处罚帮助他人毁灭、伪造证据的行为,本犯毁灭、伪造证据的行为,教唆、帮助他人为自己毁灭、伪造证据的行为都不成立犯罪。因此,甲虽然教唆乙为自己毁灭证据,但不能认定为帮助毁灭证据罪的教唆犯,甲的该行为无罪。故 D 项正确。

21．犯罪形态的认定[B]

[解析] 本题考点有二:一是犯罪未遂与犯罪中止的区分;二是判断成立犯罪未遂、犯罪既遂和犯罪中止的时间点。犯罪未遂与犯罪中止的关键区别在于犯罪未得逞的原因是否基于意志以外的原因:如果基于犯罪意志以外的原因未得逞的,属于犯罪未遂;如果基于犯罪意志以内的原因未得逞的,属于犯罪中止。因客观障碍或者主观障碍导致犯罪未得逞的,属于意志以外的原因;但自动放弃犯罪或者自动有效地防止犯罪结果发生的,属于意志以内的原因。

对于犯罪中止,可分为行为实行终了的中止与行为未实行终了的中止。这里的行为是指实行行为。实行行为实行终了,是指能够导致既遂结果的行为已经实行完毕,否则属于未实行终了。判断实行终了的中止,重点考察是否自动有效防止犯罪结果发生;判断未实行终了的中止,重点考察是否自动放弃犯罪。例如,甲举刀砍了乙脖子一刀,导致致命伤,属于实行终了。此时甲后悔,想成立犯罪中止,仅自动放弃犯罪是不行的,必须要有效地防止死亡结果发生。

本题中,题干交代"经查,第一刀已致乙重伤",这表明第一刀已经导致致命伤,能够导致死亡结果的行为已经实行完毕。此时要成立中止,属于实行终了的中止。要成立实行终了的中止,需要的不是考察犯罪人自动放弃犯罪还是被迫放弃犯罪,而是考察犯罪人是否有效地防止死亡结果发生。题目中的"遂将乙送医,乙得以保命",表明甲采取了有效的抢救措施(中止行为),防止了死亡结果发生,故应成立犯罪中止。由于造成重伤,属于造成一定损害结果的犯罪中止,根据《刑法》第24条的规定,在处罚时适用"造成损害的,应当减轻处罚"。故 A 项错误,B 项正确。

【思路拓展】根据弗兰克公式,能达目的而不欲,是中止;欲达目的而不能,是未遂。判断"能达目的",即能不能继续犯罪,应从社会一般人的角度判断,而不能从主观的角度判断。本题中,从社会一般人角度看,甲的行为能够导致乙死亡,在此前提下放弃杀人,而主动采取救助措施,防止了实害结果的发生,因此属于犯罪中止。

甲成立故意杀人罪中止,不可能再认定为故意伤害罪,即行为人重罪未遂或者中止,但造成了轻罪的"既遂"的,不能认定为轻罪既遂,仍然要认定为重罪未遂或者中止。此外,甲的行为尽管没有导致乙死亡,但其行为有导致乙死亡的紧迫危险,属于故意杀人罪的实行行为,不属于不能。故 C、D 项错误。

22．共同犯罪;从犯;间接正犯;片面共犯[D]

[解析] 如果不考虑责任年龄、责任能力,甲与乙对非法侵入计算机信息系统形成了共同故意的意思联络,并且实施了犯罪行为,因此构成共同犯罪。故 A 项正确。

从犯在共同犯罪中起次要、辅助作用,乙为甲侵入计算机信息系统编写侵入程序,为犯罪的实施提供了有利条件,是从犯。故 B 项正确。

如果甲、乙成立共同犯罪,则乙的行为属于帮助行为,而不是实行行为,故乙不成立间接正犯(间接正犯的行为是实行行为)。如果甲、乙不成立共同犯罪,即便要追究 18 周岁的乙的刑事责任,也不能认定乙成立非法侵入计算机信息系统罪的间接正犯,因为成立间接正犯,要求行为人对所利用的工具具有支配性,而在本案中,乙是应甲的要求为其编写侵入程序,甲是否入侵以及何时入侵尖端科技研究所的计算机信息系统,乙都不具有支配性,无法将本案评价为如同乙本人亲自非法侵入计算机信息系统一般,故乙不属于间接正犯。因此,不管甲、乙是否成立共犯,都不能认为乙成立非法侵入计算机信息系统罪的间接正犯。故 C 项正确。

片面共犯是指参与同一犯罪的人中,一方认识到自己是在和他人共同犯罪,而另一方没有认识到有他人和自己共同犯罪。由于甲和乙对于非法侵入计算机信息系统的行为都是明知的,所以不构成片面正犯。故 D 项错误。

23．教唆犯、帮助犯、主犯、从犯的认定[D]

[解析]《刑法》第 29 条规定,教唆他人犯罪的,应当按照他在共同犯罪中所起的作用处罚。教唆不满 18 周岁的人犯罪的,应当从重处罚。如果被教唆的人没有犯被教唆的罪,对于教唆犯,可以从轻或者减轻处罚。甲教唆乙强奸丙,乙只抢夺了丙的财物,按照共犯独立说,甲成立强奸罪的教唆犯,乙成立抢夺罪的实行犯;按照共犯从属性说,甲不成立犯罪,乙成立抢夺罪。不管按照哪种观点,都是错误的。故 A 项错误。

教唆犯、实行犯与帮助犯是按照共同犯罪人在共犯中的分工不同所作的区分,在同一个犯罪中,同一犯罪行为不可能既是该罪的教唆犯,又是该罪的实行犯或者帮助犯。故 B 项错误。

根据《刑法》第 353 条第 1 款的规定,教唆他人吸食、注射毒品的,成立教唆他人吸毒罪,即单独成立

罪,不再成立教唆犯。故 C 项错误。

帮助犯的帮助行为促进了法益侵犯,故帮助行为与正犯的行为结果之间必须具备因果关系,这就需要帮助行为给正犯以心理或者物理的影响,从而使行为更容易实施。依据《刑法》第 27 条第 1 款的规定,从犯包括两种,即在共犯中起次要作用的犯罪分子和为共犯提供方便、帮助创造条件的犯罪分子(帮助犯)。故帮助犯都是从犯。依据《刑法》第 26 条第 1 款的规定,主犯包括两类:组织、领导犯罪集团进行犯罪活动的犯罪分子和其他共犯中起主要作用的犯罪分子。后者即指除犯罪集团的首要分子以外的,在共犯中对共犯的形成、实施与完成起决定或重要作用的犯罪分子。教唆犯的教唆行为必须引起他人的犯罪故意,进而使之实行犯罪。故有的教唆犯可以是主犯。在此注意:对于帮助犯也有在刑法分则中独立成一罪的情形,如帮助毁灭证据罪,这种情形下即不可能有主从犯之分。但是从题目整体来看,D 项的正确性之大较易判断,题目设置中出现的这一小瑕疵不影响正确作答。故 D 项正确。

24．犯罪故意;罪数形态[B]

[解析] 如果认为甲只有一个故意,就是甲在主观上认识到开枪行为的危险性,并且希望打死警察结果的发生,那么甲主观上具有杀人的故意,但是仅仅造成警察受伤的后果,因此,成立故意杀人罪未遂。故 A 项正确。

如果认为甲有两个故意,即故意杀人和故意毁坏财物,由于一枪导致警察受伤、警犬死亡,所以构成故意杀人罪未遂和故意毁坏财物罪既遂。但是即使认为甲有数个故意,但甲只实施了一个行为,一行为触犯数罪名,属于想象竞合犯,应当从一重罪论处,不应数罪并罚。故 B 项错误。

由于甲在主观上希望打死警察,并且着手实施了开枪行为,因此如果只打中警犬,没有导致警察死亡的结果,则成立故意杀人罪未遂。故 C 项正确。

如果没有打中任何目标,由于甲实施行为时希望打死警察,因此具有故意杀人的故意,并且在开枪后行为已经实施完毕,没有出现希望的后果,甲仍应承担故意杀人未遂的刑事责任。故 D 项正确。

25．犯罪数额的计算[A]

[解析]《刑法》第 17 条第 2 款规定,已满 14 周岁不满 16 周岁的人,对故意杀人、故意伤害致人重伤或死亡、强奸、抢劫、贩卖毒品、放火、爆炸、投放危险物质罪应当负刑事责任。依据《刑法》第 267 条第 2 款的规定,携带凶器抢夺的,构成抢劫罪。甲 15 周岁时仍要对其抢劫财物价值 3 万元承担责任,再加之其 17 周岁抢劫的财物价值 2 万元,同种数罪,累计处罚,因此甲的犯罪数额为 5 万元。故 A 项正确。

乙收受贿赂 15 万元,即便其中 3 万元用于单位

招待费使用,甚或用于公益事业等其他事由,仍不影响其受贿罪成立与数额的认定,其犯罪数额仍是 15 万元。故 B 项错误。

对于连环诈骗的情形,判断犯罪数额的时候,不以犯罪人最终获利多少作为数额判断的标准。实际上,犯罪分子每次诈骗得手的时候,诈骗已既遂,即使归还先前的数额,只属于既遂后的表现,不影响已经对被害人财产法益侵犯的判断。故 C 项错误。

尽管丁最终获利 1 万元,但丁只成立盗窃罪一罪,犯罪金额为 6000 元,其事后销售赃物的行为属于不可罚的事后行为,不成立犯罪,其中 1 万元所得属于违法所得,应当予以没收。故 D 项错误。

26．减刑的适用对象和程序[C]

[解析] 减刑,是指对于被判处管制、拘役、有期徒刑、无期徒刑的犯罪分子,在刑罚执行期间,如果认真遵守监规,接受教育改造,确有悔改表现,或者有立功表现的,适当减轻原判刑罚的制度。可见,被判处管制的犯罪分子也可以适用减刑,A 项表述的范围过小。故 A 项错误。

减刑总的原则是既有利于鼓励犯罪人积极改造,又要维护法律与判决的严肃性。但对减刑次数没有作出限制。故 B 项错误。

《刑法》第 78 条规定,减刑以后实际执行的刑期,被判处无期徒刑的,不能少于 13 年;同时《关于办理减刑、假释案件具体应用法律的补充规定》第 3 条规定,被判处无期徒刑,符合减刑条件的,执行 4 年以上方可减刑。确有悔改表现或者有立功表现的,可以减为 23 年有期徒刑;确有悔改表现并有立功表现的,可以减为 22 年以上 23 年以下有期徒刑;有重大立功表现的,可以减为 21 年以上 22 年以下有期徒刑。无期徒刑减为有期徒刑后再减刑时,减刑幅度比照本规定第 2 条的规定执行。两次减刑之间应当间隔 2 年以上。因此,被判处无期徒刑的罪犯减刑后,实际执行时间可能超过 15 年。故 C 项正确。

《刑法》第 79 条规定:"对于犯罪分子的减刑,由执行机关向中级以上人民法院提出减刑建议书。人民法院应当组成合议庭进行审理,对确有悔改或者立功事实的,裁定予以减刑。非经法定程序不得减刑。"又根据《刑事诉讼法》第 261 条第 2 款的规定,被判处死刑缓期 2 年执行的罪犯,在死刑缓期执行期间,如果没有故意犯罪,死刑缓期执行期满,应当减刑的,由执行机关提出书面意见,报请高级人民法院"裁定",并不是报请高级人民法院"核准"。故 D 项错误。

27．以危险方法危害公共安全罪;投放危险物质罪;销售有毒、有害食品罪;法条竞合[D]

[解析] 故意毁坏财物罪,是指故意毁灭或者损坏公私财物,数额较大或者有其他严重情节的行为。

甲没有毁坏公私财物,不构成该罪。故 A 项错误。

以危险方法危害公共安全罪,是指故意以放火、决水、爆炸以及投放危险物质以外的并与之相当的危险方法,足以危害公共安全的行为。投放危险物质罪,是指故意投放毒害性、放射性、传染病病原体等物质,危害公共安全的行为。甲交售喷洒了农药的稻米于粮站,对不特定多数人的生命构成了威胁,构成以危险方法危害公共安全罪;该行为同时构成投放危险物质罪,属于法条竞合,采取特殊法条优于一般法条,定投放危险物质罪。盗窃罪有数额较大的要求,"取出部分作为饵料"去毒死麻雀达不到数额较大的要求,因此甲不构成盗窃罪。故 B、C 项错误。

生产、销售有毒、有害食品罪表现为在生产、销售的食品中掺入有毒、有害的非食品原料,或者销售明知掺有有毒、有害的非食品原料的食品的行为。甲将毒死的麻雀售与饭馆,构成生产、销售有毒、有害食品罪,两个行为不存在竞合关系,应分别定罪处罚。故 D 项正确。

28．盗窃罪;信用卡诈骗罪;共同犯罪[C]

[解析]《刑法》第 196 条第 3 款规定,盗窃信用卡并使用的,依照《刑法》第 264 条(盗窃罪)的规定定罪处罚。本案中,张某盗得同事一张银行借记卡并使用的行为,构成盗窃罪。但是,由于何某并不知道张某盗窃借记卡的事实,以为是张某拾得的,其主观上只有与张某一起冒用他人信用卡的故意,客观上在商场刷卡消费骗取财物的行为也符合信用卡诈骗罪的客观要件,故何某的行为构成信用卡诈骗罪。故 C 项正确,A、B、D 项错误。

29．抢劫罪中"其他方法"的认定[B]

[解析]《刑法》第 263 条规定,以暴力、胁迫或其他方法抢劫公私财物的,构成抢劫罪。其中"其他方法",是指除暴力、胁迫以外的造成被害人不能反抗的强制方法。最典型的是采取药物、酒精使被害人暂时丧失自由意志,然后劫走财物。本题情形即如此,甲等 4 人共谋诱骗黄某参赌,将安眠药放入其酒中,在其开牌之初,黄某因药品剂量偏大而睡去,4 人趁机将其钱物拿走,甲等 4 人行为就属于用药物使被害人不能反抗的方法,构成抢劫罪。故 B 项正确,当选。

30．诈骗罪;盗窃罪;三角诈骗与盗窃罪间接正犯的区分[A]

[解析] 对于 A、B 项,关键是判断谁是受害人:首先,商家不是被害人。理由是,根据交易规则,名义买家(淘宝账户户主)在地址栏填写收货地址,商家对该地址没有审核义务(审核该地址是不是真正的买家的地址),淘宝账户户主对收件地址可以随便改。因此,商家依照淘宝账户户主提供的地址发货后便履行了债务,且乙已经对商家支付了货款,对商家

来说交易已经正常完成,商家没有财产损失。故甲对商家不构成诈骗罪。其次,乙是被害人。因为乙支付了货款,却没收到货。甲在乙不知情的情况下,代为行使了乙对商家的债权,属于盗窃债权,并实现债权,构成盗窃罪(既遂)。综上分析,A项正确,B项错误。

【特别提醒】这种题有个三角关系,犯罪人→债权人→债务人。做题第一步,是在债权人和债务人中找出被害人,也即遭受财产损失的人。

C项考查三角诈骗。三角诈骗的结构是:行为人→受骗人(处分人)→受害人。也即,受骗人与受害人不是同一人,要求受骗人处分的是被害人的财物。例如,甲欺骗乙家保姆丙:"我是干洗店的,你的主人让我来取衣服。"丙不知情而将乙的衣服交给甲,则甲构成三角诈骗。本题中,甲欺骗了商家,但商家在发货时,货物属于商家所有并占有,也就是说,商家处分的是自己的财物,因此甲不构成三角诈骗。故 C项错误。

甲对商家或乙不构成侵占罪。侵占罪是指将他人所有、自己占有的财物变成自己所有。甲事先并没有占有财物,故不构成侵占罪。故 D 项错误。

31．程序公正与实体公正的关系[B]

[解析] 诉讼公正,包括实体公正和程序公正两个方面。实体公正,即结果公正,指案件实体的处理结果所体现的公正。程序公正,是指诉讼程序方面体现的公正。实体公正和程序公正各自都有独立的内涵和标准,不仅不能互相代替,而且应当并重。一方面,程序公正保障实体公正的实现;另一方面,程序公正具有独立的价值。A项前半句是正确的。但是,程序公正不一定就能够实现实体公正,因此,A项后半句是错误的。故 A 项错误。

刑事程序的公开和透明,可以让当事人以及社会监督刑事程序的运行,因而有助于发挥程序的约束作用。故 B 项正确。

依据我国《刑事诉讼法》和司法解释的规定,违反法定程序收集的证据并非都应予以排除,有的瑕疵证据经过合理解释或者补正后,可以作为定案依据。故 C 项错误。

对复杂程度不同的案件进行程序上的繁简分流,有利于提高诉讼效率,将司法资源进行有效的配置,进而发挥程序的约束作用。故 D 项错误。

32．回避的主体与程序[D]

[解析]《刑事诉讼法》第32条第1款规定:"本章关于回避的规定适用于书记员、翻译人员和鉴定人。"《刑事诉讼法》第29条规定:"审判人员、检察人员、侦查人员有下列情形之一的,应当自行回避,当事人及其法定代理人也有权要求他们回避,(一)是本案的当事人或者是当事人的近亲属的;(二)本人或者他的近亲属和本案有利害关系的;(三)担任过本

案的证人、鉴定人、辩护人、诉讼代理人的;(四)与本案当事人有其他关系,可能影响公正处理案件的。"本案书记员李某因曾在侦查阶段担任过鉴定人,符合第29条第3项的规定,具有法定回避情形,故 A 项错误。

《刑诉解释》第36条规定:"当事人及其法定代理人申请出庭的检察人员回避的,人民法院应当区分情况作出处理:(一)属于刑事诉讼法第二十九条、第三十条规定情形的回避申请,应当决定休庭,并通知人民检察院尽快作出决定;(二)不属于刑事诉讼法第二十九条、第三十条规定情形的回避申请,应当当庭驳回,并不得申请复议。"此外,《高检规则》第28条规定:"在开庭审理过程中,当事人及其法定代理人向法庭申请出庭的检察人员回避的,在收到人民法院通知后,人民检察院应当作出回避或者驳回申请的决定。不属于刑事诉讼法第二十九条、第三十条规定情形的回避申请,出席法庭的检察人员应当建议法庭当庭驳回。"第29条规定:"检察长的回避,由检察委员会讨论决定。检察委员会讨论检察长回避问题时,由副检察长主持,检察长不得参加。其他检察人员的回避,由检察长决定。"本案中,李某属于检察院的书记员,所以其回避应由检察长决定,故 D 项正确,B、C 项错误。

33．传闻证据规则[B]

[解析] 传闻证据规则,是指证人所陈述的非亲身经历的事实,以及证人未出庭作证时向法庭提出的文件中的主张,原则上不能作为认定犯罪事实的根据。简言之,即传闻证据不具有可采性。传闻证据规则是排除一种证明手段的规则,不是排除事实的规则。可见,传闻证据规则强调三个方面:(1)针对证人证言;(2)应当由证人亲自陈述;(3)证人一般应当在庭审期间出庭作证。

甲不是证人,不属于传闻证据。故 A 项错误。

乙无法出庭,属于庭外所作证言,该证言属于传闻证据。故 B 项正确。

丙不属于本案证人,丙没有目睹或者感知案件事实,他只是作为技术人员出庭说明录像是否经过剪辑,其陈述不属于传闻证据。故 C 项错误。

丁所作证言属于丁的亲身经历,不属于传闻证据。故 D 项错误。

34．法定的证据种类[D]

[解析]《刑事诉讼法》第50条第2款规定:"证据包括:(一)物证;(二)书证;(三)证人证言;(四)被害人陈述;(五)犯罪嫌疑人、被告人供述和辩解;(六)鉴定意见;(七)勘验、检查、辨认、侦查实验等笔录;(八)视听资料、电子数据。"本题中涉及的警犬辨认和心理测试结论只能属于获取证据的侦查手段,不属于上述8种证据种类,不具有证据的法定性,因此

均不可以作为认定案件事实的根据,只能作为定案的线索材料。故 A、B、C 项错误,D 项正确。

35．被取保候审人的义务［C］

[解析]《刑事诉讼法》第 71 条第 1、2 款规定:"被取保候审的犯罪嫌疑人、被告人应当遵守以下规定:(一)未经执行机关批准不得离开所居住的市、县;(二)住址、工作单位和联系方式发生变动的,在二十四小时以内向执行机关报告;(三)在传讯的时候及时到案;(四)不得以任何形式干扰证人作证;(五)不得毁灭、伪造证据或者串供。人民法院、人民检察院和公安机关可以根据案件情况,责令被取保候审的犯罪嫌疑人、被告人遵守以下一项或者多项规定:(一)不得进入特定的场所;(二)不得与特定的人员会见或者通信;(三)不得从事特定的活动;(四)将护照等出入境证件、驾驶证件交执行机关保存。"由此可知,A、B、D 项均属于酌定义务,除非公、检、法明确要求,否则甲没有遵守的义务。故 A、B、D 项错误,C 项正确。

36．附带民事诉讼的保全措施［B］

[解析]《刑事诉讼法》第 102 条规定:"人民法院在必要的时候,可以采取保全措施,查封、扣押或者冻结被告人的财产。附带民事诉讼原告人或者人民检察院可以申请人民法院采取保全措施。人民法院采取保全措施,适用民事诉讼法的有关规定。"《民事诉讼法》第 105 条规定,保全限于请求的范围,或者与本案有关的财物。

A 项中不是"应当",而是"可以",是否采取保全措施,由法院决定,故 A 项错误。保全措施的申请人可以是原告,也可以是检察院,故 B 项正确。保全措施适用《民事诉讼法》的规定,故 C 项错误。财产保全的范围仅限于犯罪嫌疑人、被告人的财产或与本案有关的财产,故 D 项错误。

37．立案监督［D］

[解析]《高检规则》第 557 条第 1 款规定:"被害人及其法定代理人、近亲属或者行政执法机关,认为公安机关对其控告或者移送的案件应当立案侦查而不立案侦查,或者当事人认为公安机关不应当立案而立案,向人民检察院提出的,人民检察院应当受理并进行审查。"可见,乙可以不经申请公安机关复议,直接请求检察院立案监督。故 A 项错误。

《刑事诉讼法》第 113 条规定,人民检察院认为公安机关对应当立案侦查的案件而不立案侦查的,或者被害人认为公安机关对应当立案侦查的案件而不立案侦查,向人民检察院提出的,人民检察院应当要求公安机关说明不立案的理由。人民检察院认为公安机关不立案理由不能成立的,应当通知公安机关立案,公安机关接到通知后应当立案。可知,不是"可以"而是"应当"通知立案。故 B 项错误。

根据《高检规则》第 564 条第 2 款规定,公安机关在收到通知立案书或者通知撤销案件书后超过 15 日不予立案或者既不提出复议、复核也不撤销案件的,人民检察院应当发出纠正违法通知书予以纠正。公安机关仍不纠正的,报上一级人民检察院协商同级公安机关处理。故 C 项错误。

《刑事诉讼法》第 210 条规定,自诉案件包括下列案件:(1)告诉才处理的案件;(2)被害人有证据证明的轻微刑事案件;(3)被害人有证据证明对被告人侵犯自己人身、财产权利的行为应当依法追究刑事责任,而公安机关或者人民检察院不予追究被告人刑事责任的案件。故 D 项正确。【总结提示】被害人对不立案决定不服,有三种救济方式:(1)向公安机关申请复议、复核;(2)向检察院申请立案监督;(3)直接向法院提起自诉。这三种救济方式没有顺序限制。因此,A 项说"乙应先申请公安机关复议,只有不服复议决定的才能请求检察院立案监督"是错误的,D 项说"乙可直接向法院提起自诉"正确。

38．检查与搜查［B］

[解析]《刑事诉讼法》第 128 条规定:"侦查人员对于与犯罪有关的场所、物品、人身、尸体应当进行勘验或者检查。在必要的时候,可以指派或者聘请具有专门知识的人,在侦查人员的主持下进行勘验、检查。"第 136 条规定:"为了收集犯罪证据、查获犯罪人,侦查人员可以对犯罪嫌疑人以及可能隐藏罪犯或者犯罪证据的人的身体、物品、住处和其他有关的地方进行搜查。"在我国刑事诉讼中,勘验的对象是现场、物品和尸体;检查的对象是活人的身体,主要是被害人、犯罪嫌疑人的身体;搜查的对象是一切可能隐藏罪犯和犯罪证据的人、物品或有关处所。故 A 项错误。依据上述法条规定,搜查只能由侦查人员进行,但检查可以由具有专门知识的人在侦查人员的主持下进行。故 B 项正确。

《刑事诉讼法》第 138 条第 2 款规定,在执行逮捕、拘留的时候,遇有紧急情况,不另用搜查证也可以进行搜查。第 130 条规定,侦查人员执行勘验、检查,必须持有人民检察院或者公安机关的证明文件。故 C 项错误。

《刑事诉讼法》第 132 条第 2 款规定,只有对于犯罪嫌疑人才能强制进行人身检查。由此可知,并不是对任何对象都可以强制进行搜查和检查的。故 D 项错误。

39．刑事审判原则［C］

[解析]职权主义审判原则,又称审问式审判原则,是指法官在审判程序中居于主导和控制地位,从而限制控辩双方积极性的审判模式。职权主义审判模式有三个基本特征:(1)法官居于中心地位,从而主导法庭审理的进行;(2)控辩双方的积极性受到抑

制,处于消极被动的地位;(3)法官掌握程序控制权。本题中,陪审员中途离开法庭的行为,与职权主义无关。故 A 项不当选。

证据裁判原则,是指对于案件争议事项的认定,应当依据证据。证据裁判原则要求裁判的形成必须以达到一定要求的证据为依据,没有证据不得认定犯罪事实。本题中,陪审员中途离开法庭的行为,与证据裁判原则无关。故 B 项不当选。

直接言词原则,也称口证原则,是指法官亲自听取双方当事人、证人及其他诉讼参与人的当庭口头陈述和法庭辩论,从而形成案件事实真实性的内心确认,并据以对案件作出裁判。该原则要求法官:(1)及时通知并保证有关人员出庭;(2)开庭审理过程中,合议庭的审判人员必须始终在庭,参加庭审的全过程;(3)所有证据包括法庭依据当事人申请或依职权收集的证据,都必须当庭出示,当庭质证;(4)保证控辩双方有充分的陈述和辩论的机会和时间。

集中审理原则,又称不中断审理原则,是指法院开庭审理案件,应当在不更换审判人员的条件下连续进行,不得中断审理的诉讼原则。主要体现在:(1)一个案件组成一个审判庭进行审理,每起案件自始至终应当同一法庭进行审判。在案件审理开始后尚未结束前不允许法庭再审理其他任何案件。(2)法庭成员不得更换。对于因故不能继续参加审理的,应由始终在场的候补法官、候补陪审员替换。否则,应重新审判。(3)集中证据调查与法庭辩论。(4)庭审不中断并迅速作出裁判。

陪审员离开法庭处理个人事务,该陪审员就无法直接参与审理,无法直接审查判断证据,无法直接询问控辩双方,显然违背的是直接言词原则。故 C 项当选。集中审理原则强调"不换人、不换庭、不中断",本案中,陪审员离开法庭处理个人事务,合议庭没有换人,合议庭也没有整体换掉,庭审仍在继续没有中断,故没有违反集中审理原则。故 D 项不当选。

40.简易程序[D]
[解析]《刑事诉讼法》第 214 条第 2 款规定:"人民检察院在提起公诉的时候,可以建议人民法院适用简易程序。"检察院提出适用简易程序的建议,不是适用简易程序的必备条件。故 A 项错误。

《刑诉解释》第 364 条规定:"适用简易程序审理案件,审判长或者独任审判员应当当庭询问被告人对指控的犯罪事实的意见,告知被告人适用简易程序审理的法律规定,确认被告人是否同意适用简易程序。"可见,必须当庭询问被告人对指控的犯罪事实的意见。故 B 项错误。

《刑诉解释》第 365 条第 1 款规定:"适用简易程序审理案件,可以对庭审作如下简化:(一)公诉人可以摘要宣读起诉书;(二)公诉人、辩护人、审判人员

对被告人的讯问、发问可以简化或者省略;(三)对控辩双方无异议的证据,可以仅就证据的名称及所证明的事项作出说明;对控辩双方有异议或者法庭认为有必要调查核实的证据,应当出示,并进行质证;(四)控辩双方对与定罪量刑有关的事实、证据没有异议的,法庭审理可以直接围绕罪名确定和量刑问题进行。"可见,即使适用简易程序审理,如果对证据有异议,仍需要质证调查,只是可以相对简化,但不能完全省略。故 C 项错误。

《刑诉解释》第 367 条第 2 款规定:"适用简易程序审理案件,一般应当当庭宣判。"故 D 项正确。

41.上诉的提起[C]
[解析]《刑诉解释》第 378 条第 2 款规定:"被告人、自诉人、附带民事诉讼当事人及其法定代理人是否提出上诉,以其在上诉期满前最后一次的意思表示为准。"本案中,叶某只要在上诉期满前就可以提出上诉,以其在上诉期满前最后一次的意思表示为准,故 A 项错误,C 项正确。

上诉权是上诉人的基本权利,无需法院审查同意。故 B 项错误。

叶某因挪用资金罪被判处有期徒刑一年缓刑两年,既然一审判处缓刑,则不产生羁押效果,应当对叶某立即释放或者变更强制措施,不能对他重新收押。故 D 项错误。

42.申诉的审查处理[C]
[解析] A、D 项错误,无相关法律依据。

《刑诉解释》第 453 条第 1 款规定:"申诉由终审人民法院审查处理。但是,第二审人民法院裁定准许撤回上诉的案件,申诉人对第一审判决提出申诉的,可以由第一审人民法院审查处理。"据此,B 项是二审终审的案件,对此案件的申诉应由二审法院处理。故 B 项错误。

《刑诉解释》第 455 条规定,对死刑案件的申诉,可以由原核准的人民法院直接审查处理,也可以交由原审人民法院审查。原审人民法院应当制作审查报告,提出处理意见,层报原核准的人民法院审查处理。此处死刑案件的原核准法院就是最高人民法院。故 C 项正确。

43.刑事和解的适用条件和适用的案件范围[C]
[解析]《刑事诉讼法》第 288 条规定:"下列公诉案件,犯罪嫌疑人、被告人真诚悔罪,通过向被害人赔偿损失、赔礼道歉等方式获得被害人谅解,被害人自愿和解的,双方当事人可以和解:(一)因民间纠纷引起,涉嫌刑法分则第四章、第五章规定的犯罪案件,可能判处三年有期徒刑以下刑罚的;(二)除渎职犯罪以外的可能判处七年有期徒刑以下刑罚的过失犯罪案件。犯罪嫌疑人、被告人在五年以内曾经故意犯罪的,不适用本章规定的程序。"侵占罪和故意伤害

罪属于故意犯罪,且发生在 5 年内,不适用该程序。故 A 项错误。

《公安部规定》第 334 条规定:"有下列情形之一的,不属于因民间纠纷引起的犯罪案件:(一)雇凶伤害他人的;(二)涉及黑社会性质组织犯罪的;(三)涉及寻衅滋事的;(四)涉及聚众斗殴的;(五)多次故意伤害他人身体的;(六)其他不宜和解的。"可见,寻衅滋事不属于民间纠纷引起的案件,不适用该程序。故 B 项错误。

过失致人重伤罪属于可能判处 7 年以下有期徒刑的过失犯罪,根据上述《刑事诉讼法》第 288 条第 1 款第 2 项,可以适用和解程序。且《刑诉解释》第 588 条第 2 款规定:"被害人系无行为能力或者限制行为能力人的,其法定代理人、近亲属可以代为和解。"故 C 项正确。

破坏计算机信息系统罪属于《刑法》分则第六章规定的故意犯罪,根据《刑事诉讼法》第 288 条,不适用刑事和解。故 D 项错误。

44.国务院行政机构的设置和编制管理[D]

[解析]《国务院行政机构设置与编制管理条例》第 11 条规定:"国务院议事协调机构的设立、撤销或者合并,由国务院机构编制管理机关提出方案,报国务院决定。"据此,由国务院机构编制管理机关提出议事协调机构撤销的方案,交由国务院决定。故 A 项错误。

《国务院行政机构设置与编制管理条例》第 14 条第 1 款规定:"国务院行政机构的司级内设机构的增设、撤销或者合并,经国务院机构编制管理机关审核方案,报国务院批准。"据此,是经国务院机构编制管理机关"审核方案",而非"提出方案";是报国务院"批准",而非"决定"。故 B 项错误。

《国务院行政机构设置与编制管理条例》第 20 条规定:"国务院议事协调机构不单独确定编制,所需的编制由承担具体工作的国务院行政机构解决。"故 C 项错误。

《国务院行政机构设置与编制管理条例》第 18 条第 1 款规定:"国务院行政机构的编制在国务院行政机构设立时确定。"故 D 项正确。

45.公务员录用[C]

[解析]《公务员法》第 34 条规定:"新录用的公务员试用期为 1 年。试用期满合格的,予以任职;不合格的,取消录用。"因此,王某的试用期限是 1 年,县财政局无自由裁量的权力。故 A 项错误。

取消录用不属于对公务员的辞退,不适用于辞退公务员的规定。《公务员法》第 88 条规定:"公务员有下列情形之一的,予以辞退:(一)在年度考核中,连续两年被确定为不称职的;(二)不胜任现职工作,又不接受其他安排的;(三)因所在机关调整、撤销、

合并或者缩减编制员额需要调整工作,本人拒绝合理安排的;(四)不履行公务员义务,不遵守法律和公务员纪律,经教育仍无转变,不适合继续在机关工作,又不宜给予开除处分的;(五)旷工或者因公外出、请假期满无正当理由逾期不归连续超过 15 天,或者 1 年内累计超过 30 天的。"故 B 项错误。

对行政机关工作人员的奖惩、任免等决定属于内部行政行为,不属于行政诉讼受案范围。故 C 项正确。

不予录用与取消录用是公务员管理中两种性质不同的管理活动,前者适用于对参加公务员考试而未通过考试的人,后者适用于已通过考试被录用但试用期不合格的人。故 D 项错误。

46.行政许可的撤销[C]

[解析] 行政行为的撤销属于一种独立的具体行政行为,是指已经发生法律效力的行政行为,如发现其违法或不当,由有权机关予以撤销,使相应行政行为失去法律效力。本题中,甲公司报送的企业法人营业执照已经超过有效期,因此不具备建设工程规划许可证的申请资格,其取得的规划许可证存在违法行为,因此予以撤销。故 C 项正确。

行政处罚区别于其他的负担性行政行为的主要标志是具有惩戒性。撤销并不是处罚,是因为该许可证违法,本就不应该颁发给当事人,所以并没有给当事人增加任何新的负担。故 A 项错误。【特别提醒】与此相反的是,吊销许可证的性质属于行政处罚。吊销是行政机关拿走了一个本来合法属于当事人的许可证,为当事人增加了新的负担。

行政强制措施是一种暂时控制的措施。撤销规划许可证是一种已经确定下来的权利义务安排,具有终局性,故不属于行政强制措施。故 B 项错误。

行政检查是行政执法的一种形式,是行政主体对行政相对人是否遵守和执行法律法规进行的影响相对人程序性权利的了解检查行为,往往只是引起撤销行为的前置程序。故 D 项错误。

47.行政许可的实施程序[A]

[解析]《行政许可法》第 58 条第 1 款规定:"行政机关实施行政许可和对行政许可事项进行监督检查,不得收取任何费用。但是,法律、行政法规另有规定的,依照其规定。"因此,规划局发放许可证不得收费。故 A 项正确。

《行政诉讼法》第 25 条第 1 款规定,行政行为的相对人以及其他与行政行为有利害关系的公民、法人或者其他组织,有权提起诉讼。《行政诉讼法解释》第 12 条规定:"有下列情形之一的,属于行政诉讼法第 25 条第 1 款规定的'与行政行为有利害关系':(一)被诉的行政行为涉及其相邻权或者公平竞争权的……"本题中行政机关是规划局,发放许可证的相

对人是某公司,该许可虽然不是直接针对刘某作出的,但是,因为该许可行为将直接导致刘某的相邻权遭到损害,所以,刘某与该行为之间存在着法律上直接的利害关系,是本案的相关人。如果刘某对该许可行为不服,具有原告资格,有权提起行政诉讼。故 C 项错误。

《行政许可法》第 36 条规定:"行政机关对行政许可申请进行审查时,发现行政许可事项直接关系他人重大利益的,应当告知该利害关系人。申请人、利害关系人有权进行陈述和申辩。行政机关应当听取申请人、利害关系人的意见。"根据上述分析,该规划许可证的实施将直接影响刘某房屋的采光,侵犯其相邻权,所以规划局应当听取其意见。故 B 项错误。

《行政诉讼法》第 2 条规定:"公民、法人或者其他组织认为行政机关和行政机关工作人员的行政行为侵犯其合法权益,有权依照本法向人民法院提起诉讼。前款所称行政行为,包括法律、法规、规章授权的组织作出的行政行为。"行政诉讼是针对行政行为提出的,且不以合法权益已经被现实侵害为前提。本案中,规划局已经向公司发放了建设用地规划许可证,从而使得某公司的工程建设合法进行,其实施结果必然导致刘某房屋的采光权受到侵害,所以刘某有权针对该行政行为提起行政诉讼。如果工程已经建成,实际侵害了刘某的相邻权,则本案中又将增加某公司与刘某之间的民事侵权法律关系,不属于行政诉讼的受案范围。故 D 项错误。

48. 治安处罚[C]

[解析]《治安管理处罚法》第 91 条规定:"治安管理处罚由县级以上人民政府公安机关决定;其中警告、500 元以下的罚款可以由公安派出所决定。"本题属于行政拘留,公安派出所无权作出。故 A 项错误。

《治安管理处罚法》第 100 条规定:"违反治安管理行为事实清楚,证据确凿,处警告或者 200 元以下罚款的,可以当场作出治安管理处罚决定。"本题中的处罚为行政拘留,不能适用当场处罚程序。故 B 项错误。

《治安管理处罚法》第 97 条第 1 款规定:"公安机关应当向被处罚人宣告治安管理处罚决定书,并当场交付被处罚人;无法当场向被处罚人宣告的,应当在 2 日内送达被处罚人。决定给予行政拘留处罚的,应当及时通知被处罚人的家属。"故 C 项正确。

行政处罚任何情况下都不得以口头方式作出,即使是当场处罚程序也要出具行政处罚决定书并送达当事人,并且行政拘留作为最严厉的行政处罚措施,必须经过传唤、询问、取证、决定、执行等程序。故 D 项错误。

49. 行政行为类型辨析;行政强制措施[C]

[解析] A 项是对行政行为性质的考查。以是否针对特定的对象和是否可以重复适用为标准,可以将行政行为分为具体行政行为和抽象行政行为。具体行政行为针对特定人与特定事项,即当行政行为作出时,受到该行为约束的人已经是确定的。抽象行政行为针对的是"不特定"的对象,包括:(1)空间上的不特定,即针对不特定的人或不特定的事;(2)时间上的不特定,即抽象行政行为在时间上具备后及性,可重复适用于以后类似的情形。本题中,县公安局发布的通知是对该县具有普遍约束力的行政文件,该通知针对的是不特定的人,因而其属于抽象行政行为。故 A 项错误。

行政指导是指行政机关在其职责范围内为实现一定行政目的而采取的符合法律精神、原则、规则或政策的指导、劝告、建议等行为,不具有强制性,而此处的"要求",具有命令性、强制性。故 B 项错误。

暂扣行驶证、驾驶证属于《行政处罚法》规定的处罚种类,即"暂扣许可证件"。故 C 项正确。

行政强制措施和行政强制执行具有以下区别:第一,目的的因素,行政强制措施的特征主要在于其具有预防性。本案中违法结果已经发生,即已经非法改装机动车,从目的来看不属于行政强制措施。第二,行政强制措施没有基础决定,行政强制执行有基础决定。行政强制执行是当事人不履行行政机关为其设定义务的行政行为(基础决定),然后才来动用强力;而行政强制措施是直接动用强力。本题中,"出具自行恢复原貌的书面保证,不自行恢复的予以强制恢复",可见,强制恢复是以书面保证为基础决定,是在实现书面保证所设定的义务,所以,行为性质是强制执行。故 D 项错误。

50. 行政复议机关;行政诉讼管辖;行政复议与行政诉讼的关系;原告资格的确认[B]

[解析] 对县级以上地方各级人民政府工作部门的行政行为不服的,向该部门的本级人民政府申请行政复议。可知,李某对 B 市甲区公安分局的治安处罚行为不服,应当向甲区人民政府申请复议。故 A 项错误。

《行政诉讼法》第 18 条第 1 款规定:"行政案件由最初作出行政行为的行政机关所在地人民法院管辖。经复议的案件,也可以由复议机关所在地人民法院管辖。"本题中,扣留汽车的行为由甲区公安分局作出,且没有由中级以上人民法院管辖的特殊情况,因此甲区人民法院对扣留汽车提起的诉讼有管辖权。故 B 项正确。

《治安管理处罚法》第 102 条规定:"被处罚人对治安管理处罚决定不服的,可以依法申请行政复议或者提起行政诉讼。"可知,治安管理处罚的救济途径为选择式,既可以申请行政复议,也可以向人民法院提起行政诉讼。故 C 项错误。

范某作为受害人,对行政机关的处罚决定不服,可以提起行政诉讼。本案中最初作出行政行为的机关为 B 市甲区公安分局,因此范某应向 B 市甲区法院起诉,而不能向乙区法院起诉。故 D 项错误。

二、多项选择题

51．法律条文与法律规则;法律条文的表述语言[AC]

[解析] 表达法律规则的特定语句往往是一种规范性语句,但是,这并不意味着所有法律规则的表达都是以规范语句的形式表达,而是可以用陈述语气或陈述句表达。不过,用陈述语气或陈述句来表达法律规则时,此类语句仍然可以被改写为一个规范语句,因此,可以说,法律规则是以"规范语句"的形式表达的。注意,很多考生认为本题错误,主要是因为这些考生对语句的理解出了问题,而非对知识点掌握得不够扎实。如果该选项说"法律规则只能以规范语句的形式表达",那么该选项即为错误,因为法律规则还可以用陈述句表达。故 A 项正确。

法律规则和法律条文是有区别的,法律规则是法律条文的内容,法律条文是法律规则的表现形式。一切法律规则都具有语言的依赖性,都必须通过特定语句表达出来,但是不能就此将法律规则和法律条文等同,二者是内容与形式的关系。故 B 项错误。

根据规范语句所运用的助动词的不同,可将其分为命令句和允许句,都可以带有道义助动词。命令性语句的道义助动词包括"必须、应当、禁止、不得"等,允许句的道义助动词包括"可以"等。故 C 项正确。

D 项的法律条文,从法律语句上看属于陈述句,不属于规范语句,但不能理解为它是在描述一个事实,而实际上它表达了一个命令,并且该条文完全符合法律规则的特征,可以通过加上"应当"等道义助动词将该条文改为规范句。故 D 项错误。

52．我国的宪法监督制度[CD]

[解析] 设区的市的市政府依法制定的《关于加强历史文化保护的决定》属于地方政府规章。《立法法》第 108 条规定,地方人民代表大会常务委员会有权直接撤销本级人民政府制定的不适当的规章。据此,市人大常委会有权直接撤销该《决定》,无需提请上级人大常委会,故 A 项错误。

B 项考查司法解释的概念。司法解释是指最高司法机关针对法律的具体应用问题作出的有普遍法律约束力的解释。可见,司法解释的对象仅限于"法律",不包括"政府规章"。需要补充的是,法院发现与上位法不一致,可以直接根据"上位法优于下位法"原则来确定要适用的规定;也可以向有关机关提

出审查建议,而不是直接作出解释。因此法院无权作出合法性解释。故 B 项错误。

"文化部有关文化保护的规定"属于部门规章。《立法法》第 102 条规定:"部门规章之间、部门规章与地方政府规章之间具有同等效力,在各自的权限范围内施行。"故 C 项正确。

《立法法》第 106 条规定,部门规章之间、部门规章与地方政府规章之间对同一事项的规定不一致时,由国务院裁决。故 D 项正确。

53．当代中国的法律解释体制;法律监督体系[BCD]

[解析] 法律监督包括国家监督和社会监督,国家监督包括国家权力机关、行政机关和司法机关的监督;社会监督即非国家机关的监督,包括政党监督、社会组织监督、公民监督等。林某的监督属于公民监督。故 A 项正确。

全国人大常委会 1981 年《关于加强法律解释工作的决议》规定,凡属于法院审判工作中具体应用法律、法令的问题,由最高人民法院进行解释。凡属于检察院检察工作中具体应用法律、法令的问题,由最高人民检察院进行解释。可知,司法解释的对象是法律、法令,不包括行政法规和地方性法规,故 B 项错误。司法解释不仅包括最高人民法院的解释,也包括最高人民检察院的解释。故 C 项错误。

《监督法》第 43 条规定:"全国人民代表大会宪法和法律委员会、有关专门委员会、常务委员会工作机构经审查认为最高人民法院或者最高人民检察院作出的具体应用法律的解释同宪法或者法律相抵触,或者存在合宪性、合法性问题需要修改或者废止,而最高人民法院或者最高人民检察院不予修改或者废止的,应当提出撤销或者要求最高人民法院或者最高人民检察院予以修改、废止的议案、建议,或者提出由全国人民代表大会常务委员会作出法律解释的议案、建议,由委员长会议决定提请常务委员会审议。"可知,全国人大宪法和法律委员会、有关专门委员会无权直接撤销司法解释。故 D 项错误。

54．我国宪法关于基本社会制度的规定[BCD]

[解析]《宪法》第 1 条第 2 款规定:"社会主义制度是中华人民共和国的根本制度。中国共产党领导是中国特色社会主义最本质的特征。禁止任何组织或者个人破坏社会主义制度。"故 A 项错误。

我国现行宪法对基本社会制度的规定主要包括:社会保障制度;医疗卫生事业;劳动保障制度;人才培养制度;计划生育制度;社会秩序及安全维护制度。其中,社会保障制度是基本社会制度的核心内容。故 B 项正确。另外,就劳动保障制度而言,职工的工作时间和休假制度由《宪法》第 43 条加以明确规定。故 C 项正确。

包括劳动规范、劳动保障在内的社会法,是社会领域的重要法律,加强社会法的实施,当然是发展和完善我国社会制度的重要途径。故 D 项正确。

55．全国人民代表大会立法程序;全国人民代表大会常务委员会立法程序[ABC]

[解析]《立法法》第17、18条规定,有权向全国人大提出法律案的主体包括 10 个:(1)全国人大主席团;(2)全国人大常委会;(3)国务院;(4)中央军委;(5)国家监察委员会;(6)最高人民法院;(7)最高人民检察院;(8)全国人大各专门委员会;(9)1 个代表团;(10)30 名以上的全国人大代表联名。

《立法法》第29、30条规定,有权向全国人大常委会提出法律案的主体包括 8 个:(1)委员长会议;(2)国务院;(3)中央军委;(4)国家监察委员会;(5)最高人民法院;(6)最高人民检察院;(7)全国人大各专门委员会;(8)常务委员会组成人员 10 人以上联名。

因此,既有权对全国人大又有权对全国人大常委会提出法律案的主体包括 6 个:(1)国务院;(2)中央军委;(3)国家监察委员会;(4)最高人民法院;(5)最高人民检察院;(6)全国人大各专门委员会。故 A、B、C 项正确,D 项错误。

56．中国古代重要法典[BCD]

[解析]"具法"是关于定罪量刑中从轻从重法律原则的规定,起着"其具加减"的作用,相当于近代刑法典中的总则部分,在《法经》的最后一篇。《法经》第一篇是"盗法"。故 A 项错误。

《魏律》对秦汉旧律进行了较大改革,将《法经》中的"具律"改"刑名",置于律首。B 项正确。

《北齐律》是魏晋南北朝成就最高的法典,将刑名与法例律合为"名例律"一篇,奠定了后世刑法的总则。C 项正确。

《大清律例》是我国最后一部成文法典,以名例为总则,吏、户、礼、兵、刑、工六部为分则。D 项正确。

57．外国人的出境、居留;自然人经常居所地;国籍的取得[CD]

[解析]根据我国《出境入境管理法》第 28 条规定,外国人有未了结的民事诉讼,法院作出不准其出境决定的,方能限制其出境。故 A 项错误。

根据我国《涉外民事关系法律适用法解释(一)》第 13 条规定,经常居所地形成要求连续居住 1 年以上且作为其生活中心,但公务、劳务派遣、就医等情形除外。约翰因公务连续居住不形成经常居所地。故 B 项错误。

根据《出境入境管理法》第 41 条规定,外国人在我国境内工作必须有工作类居留证和工作类许可证,约翰因持公务签证入境,没有在中国兼职工作的权利。故 C 项正确。

因约翰的妻子为中国人,且二人的儿子出生在中国,根据我国《国籍法》第 4 条的血统主义原则,孩子出生时即具有中国国籍。故 D 项正确。

58．法律职业人员职业道德[ABCD]

[解析]业外活动是法官、检察官、律师、公证员行为的重要组成部分,在一定程度上也是法官、检察官、律师、公证员职责的延伸,可以间接地反映法官、检察官、律师、公证员的职业能力、工作态度,更能影响其形象。严格约束业外活动,尽量减少业外活动与本职工作的冲突,有利于树立公正、独立的良好执业形象,有利于树立和维护法律权威。故 A、B 项正确。

《律师执业行为规范(试行)》第 15 条规定:"律师不得有以下行为:(一)产生不良社会影响,有损律师行业声誉的行为;(二)妨碍国家司法、行政机关依法行使职权的行为;(三)参加法律所禁止的机构、组织或者社会团体;(四)其他违反法律、法规、律师协会行业规范及职业道德的行为;(五)其他违反社会公德,严重损害律师职业形象的行为。"故 C 项正确。

《公证员职业道德基本准则》第 15 条规定:"公证员应当道德高尚、诚实信用、谦虚谨慎,具有良好的个人修养和品行。"故 D 项正确。

59．受贿罪[ABCD]

[解析]《刑法》第 388 条之一规定,利用影响力受贿罪是指国家工作人员的近亲属或者其他与该国家工作人员关系密切的人,通过该国家工作人员职务上的行为,或者利用该国家工作人员职权或者地位形成的便利条件,通过其他国家工作人员职务上的行为,为请托人谋取不正当利益,索取请托人财物或者收受请托人财物的行为。主体是国家工作人员的近亲属或关系密切的人,行为方式是通过该国家工作人员职务上的行为,为请托人谋取不正当利益。若国家工作人员对行为人的行为知情,并承诺为请托人谋取不正当利益的,则国家工作人员构成受贿罪。故 A 项正确。

国家工作人员具有为他人谋取利益的职权或职务条件,在他人有求于自己的职务行为时,并不打算为他人谋取利益但收受财物后作虚假承诺,导致财物与职务行为形成对价关系,构成受贿罪。故 B 项正确。

国家工作人员实施受贿罪又实施渎职犯罪,原则上应当以渎职罪和受贿罪数罪并罚,但存在特殊规定,即《刑法》第 399 条第 4 款规定,司法工作人员收受贿赂,构成徇私枉法罪,民事、行政枉法裁判罪,执行判决、裁定失职罪,执行判决、裁定滥用职权罪,同时又构成受贿罪的,依照处罚较重的规定定罪处罚。故 C 项正确。

《关于办理贪污贿赂刑事案件适用法律若干问题的解释》第 13 条第 1 款规定:"具有下列情形之一

的,应当认定为'为他人谋取利益',构成犯罪的,应当依照刑法关于受贿犯罪的规定定罪处罚:(一)实际或者承诺为他人谋取利益的;(二)明知他人有具体请托事项的;(三)履职时未被请托,但事后基于该履职事由收受他人财物的。"故 D 项正确。

60．犯罪中止[AB]

[解析] 如果认为乙的死亡结果应归责于驾车行为,即中止行为导致了死亡结果,该结果与甲投毒的行为无关;而甲投毒之后实施了客观的中止行为,故甲的行为成立故意杀人罪中止。故 A 项正确。

如果认为乙的死亡结果应归责于投毒行为,即甲的投毒行为与乙的死亡之间存在因果关系,无论这个过程中甲实施了什么行为,甲的行为都成立故意杀人罪既遂。故 B 项正确。

如果发生了构成要件的结果,而且与甲的投毒行为存在因果关系,则成立犯罪既遂,不可能成立犯罪中止;如果甲的投毒行为与该构成要件结果没有因果关系,而是其他原因导致该结果,则只要甲存在客观的中止行为就可以认定其行为成立犯罪中止。故 C 项错误。

中止的成立要求有效性,即犯罪行为没有导致构成要件危害结果的发生。如果犯罪行为最终导致了构成要件危害结果的发生,这意味着该犯罪行为的法益侵犯达到了最高程度。在这种情况下,无论犯罪分子做了什么努力,都不可能认定为犯罪中止。故 D 项错误。

61．片面共同正犯[ACD]

[解析] 片面共同正犯是指甲暗中和乙共同实行犯罪,而乙对此并不知情。

若承认片面共同正犯,甲知道乙抢劫的计划,为帮助乙取得财物,前往丙家中打伤丙的行为应认定为片面共同正犯,则甲对乙的行为负责,甲成立抢劫罪。由于乙并不知情,不能认定乙为共同正犯,即乙为单独犯罪,乙仅成立盗窃罪。故 A 项正确,B 项错误。

若否定片面共同正犯,甲为单独犯罪,不需对乙的行为负责,则甲不成立抢劫罪,成立故意伤害罪。但否定片面共同正犯并不否认片面帮助犯的成立,即甲构成乙盗窃罪的片面帮助犯。因此,甲的行为构成故意伤害罪和盗窃罪的片面帮助犯的想象竞合犯,择一重罪论处。故 C、D 项正确。

62．没收财产的对象及执行[ABCD]

[解析] 没收财产,是将犯罪分子个人所有的合法财产的部分或全部强制无偿地收归国有的刑罚方法。

《刑法》第 64 条规定:"犯罪分子违法所得的一切财物,应当予以追缴或者责令退赔;对被害人的合法财产,应当及时返还;违禁品和供犯罪所用的本人财物,应当予以没收。没收的财物和罚金,一律上缴

国库,不得挪用和自行处理。"300 万元属于犯罪分子违法所得的财物,应当予以追缴或者责令退赔,不属于没收财产刑的执行对象。故 A 项错误。

汽车属于被害人的合法财产,应当及时返还,而非上缴国库。故 B 项错误。

《刑法》第 60 条规定:"没收财产以前犯罪分子所负的正当债务,需要以没收的财产偿还的,经债权人请求,应当偿还。"赌债属于非法债务,不应偿还。故 C 项错误。

《刑法》第 69 条第 3 款规定,数罪中有判处附加刑的,附加刑仍须执行,其中附加刑种类相同的,合并执行,种类不同的,分别执行。故 D 项错误。

63．投放危险物质罪与故意杀人罪的区别[ABCD]

[解析] 投放危险物质罪是指故意投放毒害性、放射性、传染病病原体等物质,危害公共安全的行为。本罪侵犯的客体是公共安全,是危险犯,只要行为足以危害公共安全就构成犯罪既遂。甲为了不归还向乙借的 9000 元,而将"毒鼠强"放到乙家米袋内,造成乙及妻、女儿喝过米汤后中毒,造成乙死亡,其他人脱险,并非危及公共安全,不构成投放危险物质罪,而构成《刑法》第 232 条规定的故意杀人罪。故 A、B、C 项均错误。甲的行为不属于"为谋取财物而预谋故意杀人,或者在劫取财物过程中,为制服被害人反抗而故意杀人"的情形,故也不构成抢劫罪。故 D 项错误。

64．非法经营罪;逃税罪;洗钱罪;组织卖淫罪[CD]

[解析] 根据《刑法》第 225 条的规定,非法从事资金支付结算业务的,构成非法经营罪。故 A 项错误。

《刑法》第 201 条第 4 款规定,纳税人有逃避缴纳税款行为的,经税务机关依法下达追缴通知后,补缴应纳税款,缴纳滞纳金,已受行政处罚,可不予追究刑事责任。乙必须缴纳滞纳金且受到行政处罚才不予追究刑事责任。注意:偷税罪已取消,改为逃税罪。故 B 项错误。

依据《刑法》第 191 条,洗钱罪的上游犯罪是毒品、黑社会性质的组织、恐怖活动、走私、贪污贿赂、破坏金融管理秩序和金融诈骗犯罪,即对于以上犯罪所得及其产生的收益,行为人掩饰、隐瞒其来源和性质的,都可构成洗钱罪。丙明知赵某高利转贷获利 200 万元,而为其提供资金账户的,构成洗钱罪。故 C 项正确。

组织卖淫罪中的被组织者,不限于妇女,包括男子。换言之,女性向男性卖淫、女性向女性卖淫、男性向女性卖淫、男性向男性卖淫都属于组织卖淫的行为。因此,对丁应当以组织卖淫罪追究刑事责任。故 D 项正确。

65．抢劫的结果加重犯[BCD]

[解析] 被害人乙追赶甲,风险的支配权在乙手中。乙应对自身的重伤结果负责,甲不对该重伤结果负责,不构成抢劫致人重伤。故 A 项错误。

抢劫致人重伤、死亡,包括过失的结果加重犯。此外,抢劫致人重伤、死亡,既包括抢劫行为本身造成被害人重伤、死亡,如排除被害人的反抗以获取财物,亦包括在抢劫行为的直接影响下致人重伤、死亡,如抢劫后为了毁灭证据而放火,或者抢劫后忘记给被害人松绑导致被害人被饿死。B 项属于抢劫行为本身造成被害人重伤,D 项属于抢劫行为的直接影响下导致被害人重伤。另外,对于 D 项而言,被害人的手脚被捆住后,其爬到阳台、窗户口呼喊、呼救是正常因素,并不异常,不能中断前行为(抢劫行为)与后结果(重伤结果)之间的因果关系,故抢劫行为与被害人的重伤结果之间存在刑法上的因果关系。故 B、D 项正确。

《刑法》第 269 条规定,犯盗窃、诈骗、抢夺罪,为窝藏赃物、抗拒抓捕或者毁灭罪证而当场使用暴力或者以暴力相威胁,依照抢劫罪的规定定罪处罚。本项中,甲盗窃后,实施了明显的暴力行为以抗拒抓捕,成立抢劫罪(转化型抢劫)的结果加重犯。故 C 项正确。

66．占有的认定;盗窃罪[ABCD]

[解析] 服务员帮客人拎包,包内的财物并未转移占有,其将手机据为己有的行为属于秘密窃取他人财物,构成盗窃罪。故 A 项正确。

手机虽然在收银台边上充电,但客人未离开小饭馆,手机仍然未脱离客人的占有。服务员将手机拿走,成立盗窃罪。故 B 项正确。

虽然旅客暂时离开财物,但并未脱离对行李的控制,机场清洁工丙将旅客临时放置的行李据为己有,属于秘密窃取他人财物,丙的行为构成盗窃罪。故 C 项正确。

将车钥匙遗忘在收银台,钥匙本身属于遗忘物,并不意味着汽车也成为遗忘物。取得车钥匙,不等于取得汽车的占有。丁取得车钥匙的行为属于为盗窃车辆制造条件的行为,其持该钥匙将客人的车开走,成立盗窃罪。故 D 项正确。

67．非法持有毒品罪;贩卖毒品罪[AC]

[解析] 甲将毒品交给乙,乙接受毒品,乙具有持有毒品的故意,同时具有"持有"毒品的行为,虽然毒品刚交到乙手上就被警察发现,但乙已经持有毒品,虽是短暂的持有,也应该成立非法持有毒品罪(既遂)。甲将毒品交给乙,引起了乙持有毒品的犯罪故意,成立非法持有毒品罪的教唆犯,即成立非法持有毒品罪的共犯。故 A 项正确。

运输毒品罪是重罪,运输毒品罪中的"运输"应

作限制解释,只有与走私、贩卖、制造具有关联的运输行为,才宜认定为运输毒品罪。行为人仅仅是购买毒品供自己吸食,从购买地带到目的地的,不属于运输毒品。本案中,乙因贩卖而运输毒品,构成贩卖、运输毒品罪。但甲仅仅是为吸食而购买、运输毒品,不构成运输毒品罪。再者,吸毒本身在我国刑法中是不构成犯罪的,那么维持吸毒所必要的行为,如购买并运输毒品回家,就不宜认定为犯罪。故 B 项错误。

甲贩卖毒品给乙,并且交付完毕,甲既有贩卖毒品的故意又具有贩卖毒品的行为,同时甲还持有毒品,但贩卖毒品必然持有毒品,因此,贩卖毒品罪可以吸收非法持有毒品罪,甲构成贩卖毒品罪。此外,甲的行为还是犯罪既遂。乙购买毒品不成立犯罪,"购买"行为不是"贩卖"行为,不构成贩卖毒品罪。但是,乙后续持有毒品(不考虑数额)的行为,成立非法持有毒品罪。故 C 项正确。

乙本来就是毒品贩卖者,一直具有毒品贩卖的故意,而并非甲的苦苦哀求行为引起,甲的行为至多只能说是加强了乙此次贩卖毒品的犯意。因此,甲不成立贩卖毒品罪的教唆犯。教唆犯是将无犯罪意图的人教唆至有犯罪意图。故 D 项错误。

68．保障诉讼参与人的诉讼权利原则[ABC]

[解析]《刑事诉讼法》第 14 条规定:"人民法院、人民检察院和公安机关应当保障犯罪嫌疑人、被告人和其他诉讼参与人依法享有的辩护权和其他诉讼权利。诉讼参与人对于审判人员、检察人员和侦查人员侵犯公民诉讼权利和人身侮辱的行为,有权提出控告。"我国《宪法》和《刑事诉讼法》都明确规定了尊重和保障人权,保障诉讼参与人的诉讼权利原则自然是《宪法》和《刑事诉讼法》尊重和保障人权的具体化。故 A 项正确。

犯罪嫌疑人、被告人是刑事诉讼活动的核心,而辩护权在犯罪嫌疑人、被告人的权利体系中居于核心地位,因此,保障诉讼参与人的诉讼权利,核心在于保护犯罪嫌疑人、被告人的辩护权。故 B 项正确。

权利和义务是相对的,诉讼参与人在享有诉讼权利的同时,还应当承担法律规定的诉讼义务。故 C 项正确。

在刑事案件中,受侵害的人在公诉案件中被称为被害人,在自诉案件中被称为自诉人。其中,对于自诉案件而言,自诉人既有起诉权,也有上诉权。但在公诉案件中,被害人没有起诉权(但享有控告权),也没有上诉权(但享有申请抗诉权)。D 项表述较为片面,故 D 项错误。

69．检察院直接受理的刑事案件范围[ABCD]

[解析]《刑事诉讼法》第 19 条规定,刑事案件的侦查由公安机关进行,法律另有规定的除外。人民检察院在对诉讼活动实行法律监督中发现的司法工

作人员利用职权实施的非法拘禁、刑讯逼供、非法搜查等侵犯公民权利、损害司法公正的犯罪,可以由人民检察院立案侦查。对于公安机关管辖的国家机关工作人员利用职权实施的重大犯罪案件,需要由人民检察院直接受理的时候,经省级以上人民检察院决定,可以由人民检察院立案侦查。自诉案件,由人民法院直接受理。本题中,孙某涉嫌走私犯罪,对于走私犯罪,公安机关有权立案侦查。故 A 项正确。对于公安机关管辖的国家机关工作人员利用职权实施的重大犯罪案件,经省级以上人民检察院决定,可以由人民检察院立案侦查。故 B 项正确。

《高检规则》第 15 条规定:"对本规则第十三条第二款规定的案件,人民检察院需要直接立案侦查的,应当层报省级人民检察院决定。……省级人民检察院可以决定由设区的市级人民检察院立案侦查,也可以自行立案侦查。"故 C、D 项正确。

70.非法证据排除程序[ABC]

[解析]《刑事诉讼法》第 58 条规定:"法庭审理过程中,审判人员认为可能存在本法第五十六条规定的以非法方法收集证据情形的,应当对证据收集的合法性进行法庭调查。当事人及其辩护人、诉讼代理人有权申请人民法院对以非法方法收集的证据依法予以排除。申请排除以非法方法收集的证据的,应当提供相关线索或者材料。"可知,有权在庭审程序中启动非法证据排除程序的主体有两类:一类是审判人员,可以依职权主动启动;另一类是当事人及其辩护人、诉讼代理人,在提供相关线索或材料后可以向法院申请启动。故 A、B 项正确。

《刑事诉讼法》第 59 条第 1 款规定:"在对证据收集的合法性进行法庭调查的过程中,人民检察院应当对证据收集的合法性加以证明。"故 C 项正确。

《刑事诉讼法》第 60 条规定:"对于经过法庭审理,确认或者不能排除存在本法第五十六条规定的以非法方法收集证据情形的,对有关证据应当予以排除。"可知,经法庭审理后,应当对有关证据予以排除的情形有两种:一是可以确认存在以非法方法收集证据的情形;二是虽不能确认但也不能排除存在以非法方法收集证据的情形。D 项只包含了第一种情形,表述不够完整。故 D 项错误。

71.证据的审查判断[AB]

[解析]《刑诉解释》第 109 条规定:"视听资料具有下列情形之一的,不得作为定案的根据:(一)系篡改、伪造或者无法确定真伪的;(二)制作、取得的时间、地点、方式等有疑问,不能作出合理解释的。"A 项中的视听资料存在该条文所列举的第 2 项证据瑕疵,因此不能作为定案的根据,A 项当选。

《刑诉解释》第 98 条规定:"鉴定意见具有下列情形之一的,不得作为定案的根据:(一)鉴定机构不

具备法定资质,或者鉴定事项超出该鉴定机构业务范围、技术条件的;(二)鉴定人不具备法定资质,不具有相关专业技术或者职称,或者违反回避规定的;(三)送检材料、样本来源不明,或者因污染不具备鉴定条件的;(四)鉴定对象与送检材料、样本不一致的;(五)鉴定程序违反规定的;(六)鉴定过程和方法不符合相关专业的规范要求的;(七)鉴定文书缺少签名、盖章的;(八)鉴定意见与案件事实没有关联的;(九)违反有关规定的其他情形。"B 项中,在做 DNA 检测时,送检材料与比对样本属于同一个来源,属于前述第 6 项鉴定过程和方法不符合相关专业的规范要求,故不能作为定案依据,B 项当选。

《刑事诉讼法》第 56 条规定,采用刑讯逼供等非法方法收集的犯罪嫌疑人、被告人供述和采用暴力、威胁等非法方法收集的证人证言、被害人陈述,应当予以排除。C 项属于证据种类中的证人证言,该证言是证人对案发事实客观真实的陈述,并未出现法律禁止的情形,因此 C 项可以作为定案的根据,故不当选。

《高检规则》第 188 条规定,讯问犯罪嫌疑人,应当制作讯问笔录。讯问笔录应当忠实于原话,字迹清楚,详细具体,并交犯罪嫌疑人核对。犯罪嫌疑人没有阅读能力的,应当向他宣读。如果记载有遗漏或者差错,应当补充或者改正。犯罪嫌疑人认为讯问笔录没有错误的,由其在笔录上逐页签名或者盖章,并捺指印,在末页写明"以上笔录我看过(向我宣读过),和我说的相符",同时签名或者盖章,并捺指印,注明日期。如果犯罪嫌疑人拒绝签名、盖章、捺指印的,应当在笔录上注明。讯问的检察人员、书记员也应当在笔录上签名。《公安部规定》第 206 条也有类似规定。据此,犯罪嫌疑人应当在讯问笔录上签名、盖章或捺指印,但如果其拒绝的,侦查人员应当在笔录上注明情况,该笔录若经查证属实的,也可以作为定案根据。故 D 项不当选。

72.强制措施的变更[ABCD]

[解析]《刑诉解释》第 169 条规定:"被逮捕的被告人具有下列情形之一的,人民法院可以变更强制措施:(一)患有严重疾病、生活不能自理的;(二)怀孕或者正在哺乳自己婴儿的;(三)系生活不能自理的人的唯一扶养人。"A 项中甲被逮捕后发现患有严重疾病和 B 项中乙被逮捕后经检查正在怀孕的情形,均属于"可以变更"而非"必须变更"的情形。故 A、B 项不正确。

《刑诉解释》第 170 条规定:"被逮捕的被告人具有下列情形之一的,人民法院应当立即释放;必要时,可以依法变更强制措施:(一)第一审人民法院判决被告人无罪、不负刑事责任或者免予刑事处罚的;(二)第一审人民法院判处管制、宣告缓刑、单独适用附加刑,判决尚未发生法律效力的;(三)被告人被羁

押的时间已到第一审人民法院对其判处的刑期期限的;(四)案件不能在法律规定的期限内审结的。"直接适用此法条,可知 C、D 两项分别属于第 4、2 项规定的情形,一般应当释放,必要时可以变更强制措施,故 C、D 项不正确。

73.撤回自诉;证据不足时法院的处理[BC]

[解析]《刑诉解释》第 329 条规定:"判决宣告前,自诉案件的当事人可以自行和解,自诉人可以撤回自诉。人民法院经审查,认为和解、撤回自诉确属自愿的,应当裁定准许;认为系被强迫、威吓等,并非自愿的,不予准许。"据此,自诉人撤诉,法院应当审查撤诉的自愿性。自愿的,应当裁定准许撤诉;非自愿的,应当不予准许。本案小张是念及父女情义要求撤回起诉,属于自愿,因此法院应当裁定准许。故 A 项正确,B 项错误。

《刑诉解释》第 321 条规定:"对已经立案,经审查缺乏罪证的自诉案件,自诉人提不出补充证据的,人民法院应当说服其撤回起诉或者裁定驳回起诉;自诉人撤回起诉或者被驳回起诉后,又提出了新的足以证明被告人有罪的证据,再次提起自诉的,人民法院应当受理。"本案中,法院已经立案,若发现小张证据不足,应当说服小张撤诉或者裁定驳回起诉。故 C 项错误,D 项正确。【特别提醒】对于自诉人缺乏罪证,注意法院在立案前与立案后的处理方式的不同:立案前发现证据不足的,应当先说服撤诉,拒不撤回的,裁定不予受理(《刑诉解释》第 320 条);立案后发现证据不足的,法院可以说服撤诉,也可以直接裁定驳回起诉(《刑诉解释》第 321 条)。

74.简易程序[BD]

[解析]《刑诉解释》第 327 条规定,自诉案件符合简易程序适用条件的,可以适用简易程序审理。不适用简易程序审理的自诉案件,参照适用公诉案件第一审普通程序的有关规定。因此,自诉案件并不是都可以适用简易程序。故 A 项错误。

《刑事诉讼法》第 219 条规定:"适用简易程序审理案件,不受本章第一节关于送达期限、讯问被告人、询问证人、鉴定人、出示证据、法庭辩论程序规定的限制。但在判决宣告前应当听取被告人的最后陈述意见。"因此,即使适用简易程序,被告人最后陈述也不能取消。故 B 项正确。

《刑诉解释》第 363 条规定:"适用简易程序审理案件,被告人有辩护人的,应当通知其出庭。"因此,本题中是应当"通知其出庭",而非应当"出庭",因为辩护人也可以选择不出庭。故 C 项错误。

《刑事诉讼法》第 218 条规定:"适用简易程序审理案件,经审判人员许可,被告人及其辩护人可以同公诉人、自诉人及其诉讼代理人互相辩论。"故 D 项正确。

75.惩罚犯罪与保障人权;刑事诉讼目的;再审不加刑与上诉不加刑[ABD]

[解析]惩罚犯罪与保障人权是刑事诉讼的基本理念。惩罚犯罪,是指通过刑事诉讼活动,在准确、及时地查明案件事实真相的基础上,对构成犯罪的被告人公正适用刑法,以抑制犯罪,以及通过刑事程序本身的作用来抑制犯罪。保障人权,是指在通过刑事诉讼惩罚犯罪的过程中,保障公民合法权益不受非法侵犯。具体包括:(1)无辜的人不受追究;(2)有罪的人受到公正处罚;(3)诉讼权利得到充分保障和行使。再审一般不得加重原审被告人的刑罚既体现了通过再审查明真相、有效惩罚犯罪的理念,也体现了保障原审被告人权利,一般不得通过启动再审程序加重其刑罚的理念。故 A 项正确。同样,对于再审不加刑原则例外的规定也体现了刑事诉讼具有追求实体真实和维护正当程序两方面的目的。故 B 项正确。

《刑诉解释》第 469 条规定,除检察院抗诉的以外,再审一般不得加重原审被告人的刑罚。所以,再审不加刑有例外规定。但是在二审程序中,除了检察院抗诉或者自诉人上诉以外,对于仅有被告人一方上诉的案件,二审绝对不得加重被告人刑罚,因此,上诉不加刑是没有例外规定的。故 C 项错误。

也正是因为审判监督程序具有的纠错功能,决定了在极为例外的情况下需要纠错时,可以通过再审加重原审被告人的刑罚。故 D 项正确。

76.未成年人刑事案件的不公开审理[AB]

[解析]《刑事诉讼法》第 285 条规定:"审判的时候被告人不满十八周岁的案件,不公开审理。但是,经未成年被告人及其法定代理人同意,未成年被告人所在学校和未成年人保护组织可以派代表到场。"但是在派代表到场的情况下,法庭审理仍然要遵守不允许社会公众旁听以及不允许新闻媒体采访报道等不公开审理的规定,仍然属于不公开审理。因此,派代表到场的做法与审判时被告人不满 18 周岁的案件不公开审理并不矛盾,也不意味着属于公开审理。故 A、B 项错误,D 项正确。对于审理时未成年人所在学校和保护组织到场,目的在于维护未成年被告人合法权益和教育感化未成年被告人。故 C 项正确。

77.合理行政原则[BC]

[解析]合理行政原则是指所有的行政活动,尤其是行政机关有裁量权的活动,都必须符合理性。具体而言包括:第一,公平公正原则。要平等对待所有行政相对人,不偏私、不歧视。相同情况,相同对待;不同情况,差别对待。第二,考虑相关因素原则。作出行政决定和进行行政裁量,只能考虑符合立法授权目的的各种因素,不得考虑不相关因素。第三,比例原则。具体又包括三项子原则:其一,目的性原则,即

行政机关的活动要符合法律的目的。其二,必要性原则,即行政机关采取的措施和手段应当必要、适当。其三,相称性原则,即行政机关实行行政管理有多种手段可选择时,应当避免采用损害行政相对人权益的方式。如果为达致行政目的必须对相对人的权益形成不利影响,那么这种不利影响应当被限制在尽可能小的范围和限度内,并且两者应当处于适当的比例之中。

本题中,B 项是公平公正原则的体现,C 项是比例原则的体现。而 A 项中行政机关在作出重要决定时充分听取公众的意见是程序正当原则的体现,D 项中非因法定事由并经法定程序,行政机关不得撤销已生效的行政决定是诚实守信原则的体现。故 B、C 项正确。

78. 规章制定程序[BC]

[解析]《规章制定程序条例》第 15 条第 3 款规定:"起草专业性较强的规章,可以吸收相关领域的专家参与起草工作,或者委托有关专家、教学科研单位、社会组织起草。"故 A 项错误。

《规章制定程序条例》第 16 条第 2 款第 3 项规定,起草单位举行听证会的,听证会应当制作笔录,如实记录发言人的主要观点和理由。故 B 项正确。

《规章制定程序条例》第 15 条第 1 款规定:"起草规章,应当深入调查研究,总结实践经验,广泛听取有关机关、组织和公民的意见。听取意见可以采取书面征求意见、座谈会、论证会、听证会等多种形式。"故 C 项正确。

《规章制定程序条例》第 20 条规定:"规章送审稿有下列情形之一的,法制机构可以缓办或者退回起草单位:(一)制定规章的基本条件尚不成熟或者发生重大变化的……"法制机构"可以"缓办或者退回起草单位,而非"应当";不是只能退回起草单位,还可以缓办。故 D 项错误。

79. 行政许可的注销[ABCD]

[解析]《行政许可法》第 70 条规定:"有下列情形之一的,行政机关应当依法办理有关行政许可的注销手续:(一)行政许可有效期届满未延续的;(二)赋予公民特定资格的行政许可,该公民死亡或者丧失行为能力的;(三)法人或者其他组织依法终止的;(四)行政许可依法被撤销、撤回,或者行政许可证件依法被吊销的;(五)因不可抗力导致行政许可事项无法实施的;(六)法律、法规规定的应当注销行政许可的其他情形。"

A 项,属于上述第 1 项情形,有效期满未延续,应当注销。故 A 项当选。

B、C 项,属于上述第 4 项情形,行政许可依法被撤销或者行政许可证件依法被吊销的,应当注销。故B、C 项当选。

D 项,属于上述第 2 项情形,赋予公民特定资格的行政许可,该公民死亡,应当注销。故 D 项当选。

80. 治安管理处罚的行政检查要求;现场笔录及其证据效力[ABC]

[解析]《治安管理处罚法》第 77 条规定:"公安机关对报案、控告、举报或者违反治安管理行为人主动投案,以及其他行政主管部门、司法机关移送的违反治安管理案件,应当及时受理,并进行登记。"可知某县公安局应当对电话举报进行登记。故 A 项正确。

《治安管理处罚法》第 87 条规定:"公安机关对与违反治安管理行为有关的场所、物品、人身可以进行检查。检查时,人民警察不得少于 2 人,并应当出示工作证件和县级以上人民政府公安机关开具的检查证明文件。对确有必要立即进行检查的,人民警察经出示工作证件,可以当场检查,但检查公民住所应当出示县级以上人民政府公安机关开具的检查证明文件。检查妇女的身体,应当由女性工作人员进行。"故 B、C 项正确。

《治安管理处罚法》第 88 条规定:"检查的情况应当制作检查笔录,由检查人、被检查人和见证人签名或者盖章;被检查人拒绝签名的,人民警察应当在笔录上注明。"《行政诉讼证据规定》第 15 条规定:"根据行政诉讼法第 31 条第 1 款第(七)项[现为第 33 条第 1 款第(八)项]①的规定,被告向人民法院提供的现场笔录,应当载明时间、地点和事件等内容,并由执法人员和当事人签名。当事人拒绝签名或者不能签名的,应当注明原因。有其他人在现场的,可由其他人签名。法律、法规和规章对现场笔录的制作形式另有规定的,从其规定。"可知,当事人拒绝签名或者不能签名的,该笔录在行政诉讼中并不因此而失去证据效力。故 D 项错误。

81. 行政强制措施;行政诉讼受案范围[AC]

[解析]《行政强制法》第 24 条第 1 款规定:"行政机关决定实施查封、扣押的,应当履行本法第 18 条规定的程序,制作并当场交付查封、扣押决定书和清单。"故 A 项正确。

行政强制行为具有鲜明的强制性、突出的即时性等特点,在实践中做不到采取听证的方式听取当事人意见。故 B 项错误。

《行政强制法》第 26 条第 1 款规定:"对查封、扣押的场所、设施或者财物,行政机关应当妥善保管,不得使用或者损毁;造成损失的,应当承担赔偿责任。"故 C 项正确。

《行政诉讼法》第 12 条第 1 款第 2 项规定,对限制人身自由或者对财产的查封、扣押、冻结等行政强制措施和行政强制执行不服的,属于行政诉讼的受案范围。故 D 项错误。

---

① 编者注,下同。

82．政府信息公开的程序[BC]

[解析]《政府信息公开条例》第32条规定："依申请公开的政府信息公开会损害第三方合法权益的，行政机关应当书面征求第三方的意见。……第三方不同意公开且有合理理由的，行政机关不予公开。行政机关认为不公开可能对公共利益造成重大影响的，可以决定予以公开，并将决定公开的政府信息内容和理由书面告知第三方。"可知，应当书面征求意见，故A项错误。涉及个人隐私的政府信息，并非绝对不公开，如果权利人同意公开或不公开会对公共利益造成影响的，可以予以公开。住建委未经征求权利人意见，就作出拒绝公开的答复，是错误的。另外，根据《政府信息公开条例》第37条规定："申请公开的信息中含有不应当公开或者不属于政府信息的内容，但是能够作区分处理的，行政机关应当向申请人提供可以公开的政府信息内容，并对不予公开的内容说明理由。"本题中，沈某申请公开的政府信息为一企业向该委提交的某危改项目纳入危改范围的意见和申报材料，即使该信息包含有企业联系人联系电话和地址等个人隐私的内容，根据可分割要求，其他内容也可以公开。故D项错误。

根据《行政诉讼法》第45条规定，本案经过行政复议，起诉期限应为15日，故B项正确。

《政府信息公开案件解释》第5条第1款规定："被告对其作出的政府信息公开、不予公开等行为的合法性承担举证责任。"故C项正确。

83．行政诉讼受案范围[BCD]

[解析]天然气特许经营协议属于行政协议，行政机关不履行行政协议的行为，属于行政诉讼的受案范围。故A项不当选。

对公务员的考核决定属于内部行为，不属于具体行政行为。故B项的行为不可诉，当选。

国有土地上的房屋征收补偿安置协议属于行政协议，但行政诉讼是"民告官"的诉讼，没有"官告民"的诉讼。在李某不履行协议的情况下，行政机关可以申请法院强制执行，不需要通过行政诉讼解决该问题。故C项的行为不可诉，当选。

县政府发布的征地补偿安置标准文件是针对不特定的对象作出的，其行为性质属于抽象行政行为，当事人对抽象行政行为不服，不能够直接起诉，只能在对具体行政行为提起诉讼时，一并要求法院审查该抽象行政行为。故D项的行为不可诉，当选。

84．举证期限；文书送达；简易程序[CD]

[解析]根据《行政诉讼法解释》第104条规定，适用简易程序案件的举证期限由人民法院确定，也可以由当事人协商一致并经人民法院准许，但不得超过15日。A项没有明确双方协商的举证期限的期间，如果超过15日，则不被允许。故A项错误。

《行政诉讼法解释》第103条第1款规定，适用简易程序审理的行政案件，人民法院可以用口头通知、电话、短信、传真、电子邮件等简便方式传唤当事人、通知证人、送达裁判文书以外的诉讼文书。据此，诉讼文书不可用短信方式送达，故B项错误；简易程序中可以电话传唤当事人，故C项正确。

根据《行政复议法》第23条规定，申请政府信息公开，行政机关不予公开的，应当复议前置。本题中李某申请公开政府信息，市国土局超过法定期限未予公开，李某应当先申请行政复议；如果直接提起行政诉讼，法院应当不予受理。故D项正确。

85．行政赔偿义务机关[ABD]

[解析]本题中，公安分局公安人员驾驶警车追捕时为躲闪其他车辆，不慎将李某服装厅的橱窗玻璃及模特衣物撞坏，可见，公安人员的行为属于职务行为，应由公安分局承担相应责任。B项认为公安人员的行为属于与行使职权无关的个人行为，故错误。

我国行政赔偿实行违法归责原则，即只有对违法行政行为，国家才予以赔偿。而本题中公安人员的行为属于执行职务时的紧急避险行为，没有违法性，因此不适用国家赔偿。既然谈不上国家赔偿，公安分局即不应作为赔偿义务机关。故A、D项错误。

虽然对公安人员的行为不适用国家赔偿，但因国家机关的合法行为造成当事人损失的，应当予以补偿，所以应当对李某予以行政补偿。故C项正确。

三、不定项选择题

86．法律规则的分类[C]

[解析]法律规则分为确定性规则、委任性规则和准用性规则。确定性规则是本身规定明确，可以直接适用的规则；委任性规则是指本身不规定明确内容，委托任命他人规定的规则；准用性规则是指本身不规定明确内容，准予使用其他已有的明确规定。做题时需要注意三者的典型特征：确定性规则是"无需引用、无需委托"；委任性规则是"委托其他机关"立法；准用性规则是"参照或适用其他条文或法律文件"。本题中《保险法》的两个条文，均是规定参照适用其他法律文件，因此属于"准用性规则"。故A项错误，C项正确。

法律规则根据是否具有强制性、是否允许当事人修改分为强制性规则和任意性规则。本题中是否适用《公司法》的规定不能随意选择，因此新旧两部《保险法》的有关规定显然属于强制性规则，故B项错误。

法律规则根据内容不同分为授权性规则和义务性规则，后者又分为：(1)命令性规则，是指规定人们的积极义务，即人们必须或应当作出某种行为的规则。(2)禁止性规则，是指规定人们的消极义务（不作为义务），即禁止人们作出一定行为的规则。新旧两部《保险法》的规定并未使用"禁止""不得"之类的词语作出禁止性的规定,明显属于命令性规则,故 D 项错误。

87．宪法效力的普遍性和特殊性[ABD]

[解析]领土包括一个国家的陆地、河流、湖泊、内海、领海以及它们的底床、底土和上空(领空)。故 A 项正确。

领土是国家的构成要素之一,是国家行使主权的空间,也是国家行使主权的对象。B 项是对教材原文的重述,正确。

由于宪法本身的综合性和价值多元性,宪法在不同领域的适用上是有所差异的。例如,在不同的经济形态之间、在普通行政区和民族自治地方之间自然有所区别,但这种区别绝不是说宪法在某些区域有效力而有些区域没有效力。因为宪法是一个整体,任何组成部分上的特殊性并不意味着对这个整体的否定,宪法作为整体的效力是及于中华人民共和国的所有领域的。故 C 项错误。

一个主权国家只有一个主权,《宪法》的空间效力及于国土全部领域,是由主权的唯一性和不可分割性决定的。故 D 项正确。

88．民族自治地方的自治权[AD]

[解析]《民族区域自治法》第 32 条第 2 款规定:"民族自治地方的自治机关有管理地方财政的自治权。凡是依照国家财政体制属于民族自治地方的财政收入,都应当由民族自治地方的自治机关自主地安排使用。"故 A 项正确。

《民族区域自治法》第 32 条第 4 款规定:"民族自治地方的财政预算支出,按照国家规定,设机动资金,预备费在预算中所占比例高于一般地区。"故 B 项错误。

《民族区域自治法》第 33 条规定:"民族自治地方的自治机关对本地方的各项开支标准、定员、定额,根据国家规定的原则,结合本地方的实际情况,可以制定补充规定和具体办法。自治区制定的补充规定和具体办法,报国务院备案;自治州、自治县制定的补充规定和具体办法,须报省、自治区、直辖市人民政府批准。"故 C 项错误。

《民族区域自治法》第 32 条第 3 款规定:"民族自治地方在全国统一的财政体制下,通过国家实行的规范的财政转移支付制度,享受上级财政的照顾。"故 D 项正确。

89．人民代表大会制度;地方各级人大常委会的组成[AC]

[解析]全国人大是代表人民统一行使国家权力的机关。故 A 项正确。

全国人大是国家最高权力机关,地方各级人大是地方各级国家权力机关,二者不是领导与被领导的关

系,但存在着法律上的监督关系、工作上的联系和指导关系。故 B 项错误。

人大是国家权力机关,在整个国家体系中居于最高地位,不受任何其他国家机关的监督。其他国家机关都由同级人大选举产生,对其负责,受其监督。人民代表大会制度是由社会主义国家一切权力属于人民决定的,其逻辑起点是主权在民,核心原则是人民主权。因此,人民代表大会要向人民负责,受人民监督,但不受其他国家机关监督,其他国家机关都是由全国人大产生的。故 C 项正确。

根据《宪法》第 96 条第 2 款规定,只有县以上地方各级人大设立常务委员会,另外,省级、地市级人大常委会组成人员还包括秘书长。故 D 项错误。

90．《宪法》和《监督法》关于表决方式、审判工作、决算、审计的监督规定[ABC]

[解析]《监督法》第 19 条第 2 款规定:"县级以上地方各级人民政府应当在每年六月至九月期间,将上一年度的本级决算草案提请本级人民代表大会常务委员会审查和批准。"故 A 项正确。

根据《监督法》第 29 条第 1 款规定,常务委员会组成人员对本章规定的有关报告(包含审计工作报告)的审议意见交由本级人民政府研究处理。人民政府应当将研究处理情况由其办事机构送交本级人民代表大会有关专门委员会或者常务委员会有关工作机构征求意见后,向常务委员会提出书面报告。常务委员会认为必要时,可以对有关报告作出决议;本级人民政府应当在决议规定的期限内,将执行决议的情况向常务委员会报告。故 B 项正确。

《监督法》第 41 条规定:"最高人民法院、最高人民检察院作出的属于审判、检察工作中具体应用法律的解释,应当自公布之日起三十日内报全国人民代表大会常务委员会备案。"故 C 项正确。

《监督法》第 62 条第 3 款规定:"撤职案的表决采用无记名投票的方式,由常务委员会全体组成人员的过半数通过。"注意,我国撤职案的表决没有记名投票的形式。故 D 项错误。

91．防卫过当;不作为犯罪的等价性;紧急避险[AC]

[解析]父亲作为第三人可以实施正当防卫,且防卫行为不过当。根据《刑法》第 20 条第 3 款的规定,对正在进行行凶、杀人、抢劫、强奸、绑架以及其他严重危及人身安全的暴力犯罪,采取防卫行为,造成不法侵害人伤亡的,不属于防卫过当,不负刑事责任。故 A 项正确。

吴某实施的是盗窃罪,属于财产犯罪,侵犯的是财产法益,没有侵犯人身法益,而郑某将其砍成重伤,在法益衡量上不具有相当性,构成防卫过当。故 B 项错误。【思路拓展】如果吴某是携带凶器入户抢劫,

郑某将其砍成重伤,则防卫不过当。

丈夫有保护、救助妻子的义务,其故意不履行该义务的,构成故意的不作为犯罪。故 C 项正确。【思路拓展】如果将题目改为"田某误以为自己没有救助义务,而不予以救助",同样构成故意杀人罪(不作为犯),此种情况属于违法性认识错误或禁止的错误,亦不阻却故意的成立。

D 项中负有救助义务的是李某,而王某作为无关的第三人,并没有救助周某的义务,对周某不存在不作为的不法侵害,因此不能认为李某属于制止不作为的不法侵害的正当防卫。故 D 项错误。【思路拓展】李某的行为属于紧急避险。李某因为自己的违法行为导致周某重伤,周某的生命面临危险,李某为了避免这种危险,侵犯无辜的第三人王某,因而属于紧急避险行为。但是,李某的行为属于避险过当。李某为了避免周某死亡而将王某打成重伤,导致王某同样面临死亡威胁,其避险手段明显超过了必要限度。

92.犯罪主观方面;行为人的认识因素和意志因素[B]

[解析] 罪过形式包括故意和过失,故意的成立要求行为人认识到所有符合构成要件的事实,包括危害行为、对象、危害结果、构成身份以及不存在违法阻却事实;但过失的成立不要求行为人认识到这些内容,只要行为人应当认识到这些内容即可。玩忽职守罪属于过失犯罪,行为人虽然没有认识到自己是国家机关工作人员的身份,但只要应当认识到这一身份,就可能成立过失。故 A 项错误。

甲实施杀人行为,有导致被害人死亡的紧迫危险,属于"已经着手实行犯罪";但被害人死亡的结果没有发生,即"犯罪未得逞";未得逞的原因是"没有瞄准"这一意志以外的因素,所以甲成立故意杀人罪(未遂)。对于名车损坏,甲没有故意,可能存在过失,但过失损坏财物的行为不成立犯罪。故 B 项正确。

甲投掷含毒肉块意图毒死他人名犬,有导致他人名犬死亡的紧迫危险,属于故意毁坏财物的实行行为(甲主观上是为了泄愤,不存在非法占有的目的,不成立取得型的财产犯罪)。在这过程中,介入了甲面对该犬扑向自己、情急之下拔刀刺死名犬的行为。按照社会经验,这一介入因素的出现概率很高,属于正常的介入因素,因果关系发展进程与行为人预想的不一致不影响毁坏财物的实行行为与名犬死亡结果之间因果关系的成立。甲的行为成立故意毁坏财物罪的既遂。故 C 项错误。

过失致人死亡罪客观构成事实中的危害结果是他人死亡,因此行为人应当认识到的危害结果只能是他人死亡的结果,而不可能包括他人重伤的结果。这是主客观相一致原则在过失犯罪中的体现和要求。致使他人重伤的结果只能在过失致人重伤罪中疏忽大意的过失情形中行为人本应当认识到的危害结果。故 D 项错误。

93.挪用公款罪的数额认定[A]

[解析] 挪用公款罪有三种客观处罚条件:(1)进行非法活动;(2)数额较大,进行营利活动;(3)数额较大,超过 3 个月未还。由于这三种行为方式都属于客观处罚条件,因此不能以计划用途来认定,而应以实际用途来认定。

本题中,被挪用款项的实际用途是:(1)100 万元用于投资。这属于"数额较大,进行营利活动",就此而言,齐某、刘某构成挪用公款罪的共同犯罪,数额均是 100 万元。(2)200 万元用于购房,2 个月后归还。因为尚不足 3 个月,因此不构成挪用公款罪。综上,A 项当选。

94.技术侦查[ACD]

[解析]《刑事诉讼法》第 153 条第 2 款规定,对涉及给付毒品等违禁品或者财物的犯罪活动,公安机关根据侦查犯罪的需要,可以依照规定实施控制下交付。本题所涉及的犯罪属于给付毒品的案件,可以采用控制下交付的措施。故 A 项正确。

《刑事诉讼法》第 151 条规定,批准决定应当根据侦查犯罪的需要,确定采取技术侦查措施的种类和适用对象。批准决定自签发之日起 3 个月以内有效。对于不需要继续采取技术侦查措施的,应当及时解除;对于复杂、疑难案件,期限届满仍有必要继续采取技术侦查措施的,经过批准,有效期可以延长,每次不得超过 3 个月。因此,技术侦查措施每次签发有效期为 3 个月,但可以延长,且没有明确规定可以延长的次数限制,因此技术侦查措施的适用期限可以根据案件情况超过 9 个月。故 B 项错误。

《刑事诉讼法》第 150 条规定,公安机关在立案后,对于危害国家安全犯罪、恐怖活动犯罪、黑社会性质的组织犯罪、重大毒品犯罪或者其他严重危害社会的犯罪案件,根据侦查犯罪的需要,经过严格的批准手续,可以采取技术侦查措施。可见,技术侦查措施只能在立案后的侦查阶段适用。故 C 项正确。

《刑事诉讼法》第 154 条规定,依照本节规定采取侦查措施收集的材料在刑事诉讼中可以作为证据使用。如果使用该证据可能危及有关人员的人身安全,或者可能产生其他严重后果的,应当采取不暴露有关人员身份、技术方法等保护措施,必要的时候,可以由审判人员在庭外对证据进行核实。故 D 项正确。

95.辨认笔录的排除[D]

[解析]《刑诉解释》第 105 条规定:"辨认笔录具有下列情形之一的,不得作为定案的根据:(一)辨认不是在调查人员、侦查人员主持下进行的;(二)辨认前使辨认人见到辨认对象的;(三)辨认活动没有

个别进行的;(四)辨认对象没有混杂在具有类似特征的其他对象中,或者供辨认的对象数量不符合规定的;(五)辨认中给辨认人明显暗示或者明显有指认嫌疑的;(六)违反有关规定,不能确定辨认笔录真实性的其他情形。"本题中,A、B、C项,"对尸体的辨认过程没有录像""组织辨认时没有见证人在场""辨认前没有详细向辨认人询问被辨认对象的具体特征"并非导致辨认笔录不得作为定案根据的原因。这些情况都属于瑕疵,如果能够补正或者作出合理解释,辨认笔录仍然可以作为定案根据。故 A、B、C 项错误。

《关于办理死刑案件审查判断证据若干问题的规定》第 30 条第 2 款规定,有下列情形之一的,通过有关办案人员的补正或者作出合理解释的,辨认结果可以作为证据使用:(1)主持辨认的侦查人员少于 2 人的;(2)没有向辨认人详细询问辨认对象的具体特征的;(3)对辨认经过和结果没有制作专门的规范的辨认笔录,或者辨认笔录没有侦查人员、辨认人、见证人的签名或者盖章的;(4)辨认记录过于简单,只有结果没有过程的;(5)案卷中只有辨认笔录,没有被辨认对象的照片、录像等资料,无法获悉辨认的真实情况的。故 D 项正确。

96.扣押物证、书证[AC]

[解析]《刑事诉讼法》第 141 条规定:"在侦查活动中发现的可用以证明犯罪嫌疑人有罪或者无罪的各种财物、文件,应当查封、扣押;……"故本题 A 项中,对于能够证明钱某无罪的证据,侦查人员应予以扣押。故 A 项正确。

《刑事诉讼法》第 145 条规定:"对查封、扣押的财物、文件、邮件、电报或者冻结的存款、汇款、债券、股票、基金份额等财产,经查明确实与案件无关的,应当在三日以内解除查封、扣押、冻结,予以退还。"故 B 项中应该为"3 日",而非"5 日"。故 B 项错误。

《刑事诉讼法》第 144 条第 1 款规定:"人民检察院、公安机关根据侦查犯罪的需要,可以依照规定查询、冻结犯罪嫌疑人的存款、汇款、债券、股票、基金份额等财产。有关单位和个人应当配合。"故公安机关可以依照规定查询、冻结刘某的存款、汇款。故 C 项正确。

《刑事诉讼法》第 177 条规定:"犯罪嫌疑人没有犯罪事实,或者有本法第十六条规定的情形之一的,人民检察院应当作出不起诉决定。……人民检察院决定不起诉的案件,应当同时对侦查中查封、扣押、冻结的财物解除查封、扣押、冻结。对被不起诉人需要给予行政处罚、行政处分或者需要没收其违法所得的,人民检察院应当提出检察意见,移送有关主管机关处理。有关主管机关应当将处理结果及时通知人民检察院。"D 项中周某死亡,检察院应当作出不起诉

决定,但无权对冻结的赃款直接作出处理。故 D 项错误。

97.高效便民原则[AC]

[解析] 高效便民原则是指行政机关能够依法高效率、高效益地行使职权,最大限度地方便人民群众。其包括行政效率原则和便利当事人原则。A 项中简化行政机关内部办理行政许可流程,有利于提高行政许可的办理效率,减少不合理延迟的情况,符合行政效率原则。C 项中对办理行政许可的当事人提出的问题给予及时、耐心的答复,是在积极履行自己的行政职责,而且也是为相对人提供便利,帮助其解决问题,符合行政效率原则和便利当事人原则。故 A、C 项当选。

B 项中非因法定事由并经法定程序,行政机关不得撤回和变更已生效的行政许可,是对相对人信赖利益的保护,因而体现的是信赖利益保护原则。D 项中对违法实施行政许可给当事人造成侵害的执法人员予以责任追究,强调行政主体应对自己作出的行政行为负责,当其违法或者不当行使职权时就应当承担相应的法律责任,体现的是权责统一原则。故 B、D 项不当选。

98.公务员处分的适用[AB]

[解析]《公职人员政务处分法》第 15 条规定:"公职人员有两个以上违法行为的,应当分别确定政务处分。应当给予两种以上政务处分的,执行其中最重的政务处分;应当给予撤职以下多个相同政务处分的,可以在一个政务处分期以上、多个政务处分期之和以下确定政务处分期,但是最长不得超过四十八个月。"据此,孙某因同时违反财经纪律和玩忽职守被分别给予撤职和记过处分,应执行其中最重的处分即撤职处分,故 A 项正确。

根据《公职人员政务处分法》第 19 条规定,在政务处分期内,不得晋升职务、职级、衔级和级别;其中,被记过、记大过、降级、撤职的,不得晋升工资档次。被撤职的,按照规定降低职务、职级、衔级和级别,同时降低工资和待遇。根据 A 项分析,孙某应受撤职处分,所以应当按照规定降低级别,故 B 项正确。

根据《公务员法》第 64 条规定,撤职的处分期为 24 个月,故 C 项错误。【特别提醒】根据 A 项法条规定,撤职以下的政务处分,处分期才合并计算。

根据《公务员法》第 65 条第 2 款规定:"解除处分后,晋升工资档次、级别和职务、职级不再受原处分的影响。但是,解除降级、撤职处分的,不视为恢复原级别、原职务、原职级。"据此,解除降级、撤职处分的,不视为恢复原职务,故 D 项错误。

99.代履行程序;执行协议[AC]

[解析]《行政强制法》第 52 条规定:"需要立即清除道路、河道、航道或者公共场所的遗洒物、障碍物

或者污染物,当事人不能清除的,行政机关可以决定立即实施代履行;当事人不在场的,行政机关应当在事后立即通知当事人,并依法作出处理。"立即实施代履行是在紧急情况下,行政机关可以不按照严格的代履行程序,决定实施代履行。适用的对象限于清除道路、河道、航道或者公共场所的遗洒物、障碍物或者污染物的作为义务。立即实施代履行中没有催告程序,符合条件可以直接决定实施。本题中违法建筑物修筑在河道上,并且处于紧急防汛期,符合情况紧急的条件,同时也符合立即实施代履行的适用情形。故A项正确。

《行政诉讼法》第56条第1款规定:"诉讼期间,不停止行政行为的执行。但有下列情形之一的,裁定停止执行:(一)被告认为需要停止执行的;(二)原告或者利害关系人申请停止执行,人民法院认为该行政行为的执行会造成难以弥补的损失,并且停止执行不损害国家利益、社会公共利益的;(三)人民法院认为该行政行为的执行会给国家利益、社会公共利益造成重大损害的;(四)法律、法规规定停止执行的。"可知,提起行政诉讼原则上不影响行政行为的执行,除非有上述条文规定四种特殊情况。本题中,防汛指挥机构在紧急防汛期立即实施代履行,清除河道中的违法建筑物,是为了保护社会公共利益,不属于任何一种停止执行的情形;相反,若停止执行该行政行为,可能会给国家、社会公共利益造成重大损害。因此,即使林某提起行政诉讼,该行政行为也不停止执行。故B项错误。

《行政强制法》第43条第1款规定:"行政机关不得在夜间或者法定节假日实施行政强制执行。但是,情况紧急的除外。"本题属于清除紧急防汛期的河道,满足情况紧急的条件,可以强制拆除。故C项正确。

《行政强制法》第42条第1款规定:"实施行政强制执行,行政机关可以在不损害公共利益和他人合法权益的情况下,与当事人达成执行协议。执行协议可以约定分阶段履行;当事人采取补救措施的,可以减免加处的罚款或者滞纳金。"本题中的河道如果不尽快清除,很有可能造成洪涝灾害,损害公共利益,因此不可以协议约定分阶段清除。故D项错误。

100.行政诉讼受案范围;行政处罚的听证;先予执行[C]

[解析]《限期整改通知》属于责令改正行为,具有强制性,而行政指导行为没有强制性,显然不属于行政指导。具体来说,《限期整改通知》的核心在于恢复正常状态,性质更偏于教育和纠正功能,不具有处罚性,因此也不属于行政处罚,而属于行政强制措施,属于行政诉讼受案范围。故A项错误。

《水污染防治设施验收不合格认定书》属于行政确认,是行政机关对特定的法律事实、法律关系或者法律状态作出的具有法律效力的认定。行政确认属于具体行政行为,会对当事人的权利义务造成实质影响,属于行政诉讼受案范围。故B项错误。

根据《行政处罚法》第63条规定,行政机关拟作出下列行政处罚决定,应当告知当事人有要求听证的权利,当事人要求听证的,行政机关应当组织听证:(1)较大数额罚款;(2)没收较大数额违法所得、没收较大价值非法财物;(3)降低资质等级、吊销许可证件;(4)责令停产停业、责令关闭、限制从业;(5)其他较重的行政处罚;(6)法律、法规、规章规定的其他情形。本题中的停业整顿实际上就是停产停业,所以区环保局应当告知甲公司有申请听证的权利,故C项正确。

《行政诉讼法》第57条第1款规定:"人民法院对起诉行政机关没有依法支付抚恤金、最低生活保障金和工伤、医疗社会保险金的案件,权利义务关系明确、不先予执行将严重影响原告生活的,可以根据原告的申请,裁定先予执行。"本题申请对象为责令停业整顿,不属于先予执行的范围,故D项错误。

试　卷　二

解　析

一、单项选择题

1.好意施惠;戏谑行为;无名合同[D]

[解析] 首先,六人关于学期结束获得奖学金者请客的约定,当属道德调整的范围,不产生民事法律关系。因为,自正常人的角度视之,六人作出此约定时的表示,不具有承担法律责任的意图,不构成民法上的意思表示,属于好意施惠性质的表达,故 C 项错误。其次,基于六人的约定,自身不产生法律关系,如果学期结束后,获得奖学金的甲、乙不请客聚餐,其他同学不得要求甲、乙承担违约责任。但是,甲、乙获得奖学金后,六人已经如约去酒店就餐,此时,对于其他同学而言,已经产生了对于甲、乙请客利益的合理期待,故甲、乙应对此聚餐费用承担法律上的义务,甲、乙中间离开,未如约支付餐费,不是戏谑行为,故 A 项错误。

六人去餐馆消费,与餐馆之间形成合同关系。我国没有关于消费合同的专门规定,故可参照适用《民法典》总则编、合同编通则及最相类似合同之规定,处理此合同关系。六人作为合同的一方,餐馆作为合同的另一方,属于多数人之债。由于六人的消费行为,并没有与餐馆约定各自承担的份额,《民法典》第178条第3款规定:"连带责任,由法律规定或者当事人约定。"据此,若当事人在合同中约定连带责任的,应当明确约定,否则应当认定为按份责任。但六人之间无论是按份还是连带关系,对于餐馆均应共同承担责任,故 D 项正确。

如上分析,六人如约去餐馆聚餐的行为,使得甲、乙之外的其他四人产生了合理的利益期待,甲、乙应当对于此次聚餐承担法律上的责任,故餐费的最终责任应当由甲、乙承担。但两者之间具体如何分担,则应视情形而定:若两者不能达成协议,最终应平分餐费;若达成协议,则应按协议分担餐费。故 B 项错误。

【特别提醒】本案中甲、乙最终应承担餐费的原因不是履行合同关系中的义务,因为约定请客吃饭属于好意施惠,不构成法律行为;而是事实上去吃饭的行为自身作为独立的法律事实,导致了其他的损失,进而应当承赔偿责任。

2.委托监护协议的效力;遗赠[B]

[解析]《民法典》第33条规定:"具有完全民事

行为能力的成年人,可以与其近亲属、其他愿意担任监护人的个人或者组织事先协商,以书面形式确定自己的监护人,在自己丧失或者部分丧失民事行为能力时,由该监护人履行监护职责。"据此,成年人在具有完全行为能力时,可与愿意担任监护人的个人和组织事先协商,通过书面协议确定自己的监护人。本题中老刘与秦某签订协议之时,具有完全行为能力,因此该协议不会因为其有法定监护人而无效,故 A 错误。此种协议,达成协议即为成立;由于老刘何时丧失生活自理能力是未来不确定的事实,故为附条件的委托监护,当老刘丧失生活自理能力时即生效,故 B 正确。

《民法典》第1144条规定:"遗嘱继承或者遗赠附有义务的,继承人或者受遗赠人应当履行义务。没有正当理由不履行义务的,经利害关系人或者有关组织请求,人民法院可以取消其接受附义务部分遗产的权利。"据此,遗嘱或遗赠可以附义务,当继承人或者受遗赠人履行了义务后,可以获得遗产。本题中,秦某履行了监护义务后,可获得遗产,老刘子女无权撤销该协议。故 C、D 错误。

3.重大误解;法律行为的效力[C]

[解析] 遗嘱只能处分属于被继承人的合法财产,处分他人财产无效。《民法典继承编解释(一)》第26条规定:"遗嘱人以遗嘱处分了国家、集体或者他人财产的,应当认定该部分遗嘱无效。"甲的遗嘱处分了乙的财产,遗嘱的该部分无效,而非可撤销。故 A 项错误。

重大误解是有关意思表示(法律行为)的制度。甲误取乙所有的地砖用于装修属于无权使用他人之物的事实行为,构成不当得利或者侵权,不属于法律行为,无重大误解制度适用的余地。故 B 项错误。

《民法典总则编解释》第19条第1款规定,行为人对行为的性质、对方当事人或者标的物的品种、质量、规格、价格、数量等产生错误认识,按照通常理解如果不发生该错误认识行为人就不会作出相应意思表示的,构成重大误解。乙宾馆发出买卖的要约,甲当作赠与的要约予以承诺,对行为的性质发生错误认识,构成重大误解。故 C 项正确。【思路拓展】对此有人会提出疑问:乙宾馆发出买卖的要约,而甲作出接受赠与的承诺,甲、乙的意思表示不一致,没有达成合意,无论买卖合同还是赠与合同均未成立,何来重大误解?答案是:重大误解有一个前提条件:解释先行于错误。首先应对甲使用茶叶的行为依照《民法典》第142条第1款规定予以解释,采客观主义即"假想的理性谨慎相对人的视角"。按照一个理性谨慎的相对人,乙宾馆有理由相信甲承诺的内容,其结论便是甲使用茶叶时的意思为"买卖的承诺",这样双方形成买卖茶叶的合意。而此时甲真实的内心意思却是"无偿使用"("赠与的承诺"),甲的表示行为与其内心真意不一致,即甲对行为性质发生错误认识,构成重大误解。

D项中,乙系无(或限制)民事行为能力人。根据《民法典》第144、145条的规定,该买卖合同无效或者效力待定,而非可撤销。故D项错误。【思路拓展】本项中,甲在与乙订立买卖合同时,对相对人乙的特征发生了具有交易上重要性的错误认识(误认乙为完全民事行为能力人),且因该错误作出不真实的意思表示,符合重大误解的构成要件。但是,无、限制民事行为能力人的利益优先受保护,因此法律将此种情形规定为无效或效力待定。

4.悬赏广告;拾得遗失物的法律后果[B]

[解析] 根据《民法典》第314条的规定:"拾得遗失物,应当返还权利人。拾得人应当及时通知权利人领取,或者送交公安等有关部门。"第315条规定:"有关部门收到遗失物,知道权利人的,应当及时通知其领取;不知道的,应当及时发布招领公告。"本题中,周某拾得陈某丢失的设备后,送交了公安部门。公安部门发布了招领公告,陈某看到公告,从公安部门领回其设备。《民法典》第317条第2款规定:"权利人悬赏寻找遗失物的,领取遗失物时应当按照承诺履行义务。"据此,陈某发布了悬赏广告的,领取遗失物时应当履行自己承诺的义务。

本题的关键是,拾得人拾得后交公,权利人通过公安机关的招领公告领取遗失物的,陈某应当向谁支付报酬。首先,公安部门发布失物招领公告,陈某通过公告取回,不需要向公安部门支付酬金,因为这属于公安部门正当履行职务的行为,不能获得报酬,故A项错误。其次,就本案中的拾得人周某而言,虽然并没有按照悬赏广告的要求送回遗失物,没有直接完成悬赏广告要求的行为,但周某将遗失物交公的行为,有归还遗失物的意图,没有侵占遗失物的意思与行为,不过是通过公安机关的招领公告完成了该行为而已。对此,理论上通常认为,在遗失人发布了悬赏的情形下,拾得人的报酬领取权并不因为送交公安部门而受影响。据此,陈某领取遗失物的,依然负有向拾得人周某支付悬赏报酬的义务,故B项正确。《民

法典》第317条第1款规定:"权利人领取遗失物时,应当向拾得人或者有关部门支付保管遗失物等支出的必要费用。"据此,无论通过拾得人取回,还是通过公安部门取回,取回时,均需要支付必要费用,故C、D项错误。

5.诉讼时效[C]

[解析]《民法典》第188条第2款规定:"诉讼时效期间自权利人知道或者应当知道权利受到损害以及义务人之日起计算。法律另有规定的,依照其规定。但是,自权利受到损害之日起超过二十年的,人民法院不予保护,有特殊情况的,人民法院可以根据权利人的申请决定延长。"据此,普通诉讼时效期间与特殊诉讼时效期间均从债权人能够行使权利之日起开始计算。约定了履行期限的债务,其诉讼时效期间自履行期限届满之日起开始计算。A项中,约定1周之内归还借款,乙的诉讼时效期间应从约定的履行期限届满之日起算。故A项错误。

《诉讼时效规定》第15条第2款规定:"对于连带债务人中的一人发生诉讼时效中断效力的事由,应当认定对其他连带债务人也发生诉讼时效中断的效力。"这是连带债务在诉讼时效上涉他效力的规定。然而,这一规定仅适用于真正的连带债务,对不真正连带债务(如连带责任保证)并不适用。在债权人行使权利之时,可选择向债务人主张,也可选择向保证人主张,根据时效中断的原理,在连带保证债务时效起算后,向保证人主张则保证债务时效中断,向债务人主张则主债务时效中断,两者相互独立,互不影响。故B项错误。

《诉讼时效规定》第9条规定:"权利人对同一债权中的部分债权主张权利,诉讼时效中断的效力及于剩余债权,但权利人明确表示放弃剩余债权的情形除外。"银行对乙的房产行使抵押权属于对部分债权主张权利,该行为对剩余的20万元债权发生诉讼时效中断的效果。故C项正确。

《诉讼时效规定》第19条第1款规定:"诉讼时效期间届满,当事人一方向对方当事人作出同意履行义务的意思表示或者自愿履行义务后,又以诉讼时效期间届满为由进行抗辩的,人民法院不予支持。"据此,诉讼时效期间经过后,债务人同意履行债务的行为构成明示抛弃时效利益,应重新起算诉讼时效期间。在D选项中,乙对银行的50万元债务已过诉讼时效期间,但乙提供保证的行为属于同意履行债务的行为,发生明示抛弃时效利益的效果,应重新起算乙对银行50万元债务的诉讼时效期间。在保证中,若债务人对债权人享有(并行使)抗辩权,则保证人应援用债务人的抗辩权,保证人若不援用债务人的抗辩权,保证人承担保证责任后丧失对债务人的追偿权。但是,若债务人对债权人不享有抗辩权(或者

债务人放弃自己对债权人的抗辩权），保证人放弃自己对债权人享有的抗辩权并承担保证责任的，保证人对债务人的追偿权不受影响。在 D 选项中，存在着双重错误。首先，乙对银行不享有抗辩权，保证人也不存在主张乙抗辩权的可能，承担保证责任后，当然可以追偿。其次，即便乙存在对于债权人的抗辩，要得出保证人承担保证责任后不得向债务人追偿的结论，也得是保证人放弃了主债务人的抗辩，承担保证责任后，才不能向债务人追偿，保证人放弃先诉抗辩与否，对于追偿权都没有任何影响。故 D 选项错误。

6．物权变动；单方抛弃；拾得遗失物[B]

[解析] 甲的行为，对于衣服而言，有抛弃的行为，也有抛弃的内在意思，故抛弃行为完成后，衣服变成无主物，乙捡到后，可以先占获得所有权，卖给丙，交付后，丙获得所有权。但对于手表而言，抛弃虽有外在的行为，但没有抛弃的意思，故手表的性质应为遗失物。乙捡到后，卖给丙，乙构成无权处分，即使丙不知情，根据《民法典》第 311 条的规定，丙也不能直接构成善意取得，此时，权利人甲在知道或应当知道受让人丙之日起 2 年内向丙请求返还。故 A 项错误，B 项正确。

对于手表而言，甲不存在意思表示，而不是意思表示存在错误，故不存在撤销权适用的必要，故 C、D 项错误。

7．无权处分；善意取得[C]

[解析] 根据《民法典》关于夫妻共同财产的规定，婚后购买的房屋，属于夫妻共同共有，处分此房屋，应全体共同共有人同意。本题中，因为房屋是在夫妻关系存续期间购买的，虽然只是登记在甲的名义下，但是实际上也是夫妻共同共有的财产。

《民法典》第 301 条规定："处分共有的不动产或者动产以及对共有的不动产或者动产作重大修缮、变更性质或者用途的，应当经占份额三分之二以上的按份共有人或者全体共同共有人同意，但是共有人之间另有约定的除外。"据此，甲未经乙同意（未经共同共有人一致同意），擅自以自己的名义将该房屋出卖给丙，构成无权处分，甲、丙间的房屋买卖合同属于因无权处分订立的买卖合同。

丙受让房屋时为善意，且已经办理了过户登记，符合善意取得的构成要件，因此丙善意取得该房屋，房屋的所有权已经转移。

同时，《民法典》第 597 条第 1 款规定："因出卖人未取得处分权致使标的物所有权不能转移的，买受人可以解除合同并请求出卖人承担违约责任。"据此，因无权处分订立的买卖合同，无权处分的事实，不影响买卖合同的效力。甲、丙房屋买卖合同无效力瑕疵，已经成立并生效。

综上，本题 C 项正确，A、B、D 项错误。

8．宣告失踪；善意取得；无权处分[B]

[解析]《民法典》第 42 条规定："失踪人的财产由其配偶、成年子女、父母或者其他愿意担任财产代管人的人代管。代管有争议，没有前款规定的人，或者前款规定的人无代管能力的，由人民法院指定的人代管。"第 43 条规定："财产代管人应当妥善管理失踪人的财产，维护其财产权益。失踪人所欠税款、债务和应付的其他费用，由财产代管人从失踪人的财产中支付。财产代管人因故意或者重大过失造成失踪人财产损失的，应当承担赔偿责任。"据此，宣告失踪以后，财产代管人，只能管理被宣告失踪人的财产，从财产中支付税款、债务等法定费用，而不能擅自处分被宣告人的财产。本题中，乙处分共有房屋的行为显然不符合对于财产代管人的要求，为无权处分。因乙向丙出示了甲被宣告失踪的判决书，并将房屋属于夫妻二人共有的事实告知了丙，丙知情，非善意第三人，故丙不构成善意取得，甲撤销宣告失踪后可以请求丙返还房屋。故 A、D 项错误，B 项正确。

所谓夫妻之间的家事代理权，主要是指日常事务。《民法典》第 1060 条第 1 款规定："夫妻一方因家庭日常生活需要而实施的民事法律行为，对夫妻双方发生效力，但是夫妻一方与相对人另有约定的除外。"出卖夫妻共有房屋，显然不属于"因家庭日常生活需要"实施的民事法律行为，乙不享有家事代理权。若乙要出卖该房屋，应与甲平等协商，取得一致意见，否则，即构成无权处分。故 C 项错误。**【思路拓展】**关于处分共有的动产或者不动产，《民法典》第 301 条规定："处分共有的不动产或者动产以及对共有的不动产或者动产作重大修缮、变更性质或用途的，应当经占份额三分之二以上的按份共有人或者全体共同共有人同意，但共有人之间另有约定的除外。"甲、乙之间没有约定，对于共同共有的房屋，乙如果要处分，需要经甲同意，否则，即构成无权处分。据此，本题中，乙对于房屋的处分是无权处分，丙不可能继受取得，CD 两选项均为错误。

9．债权质权；担保人之物的有限责任；抵销[C]

[解析] 根据民法理论，债权质权适用债权转让的规定。《民法典》第 568 条第 1 款规定："当事人互负债务，该债务的标的物种类、品质相同的，任何一方可以将自己的债务与对方的到期债务抵销；但是，根据债务性质、按照当事人约定或者依照法律规定不得抵销的除外。"本案中，甲对于乙享有 10 万元的债权，同时乙对甲也享有 2 万元的债权并且已经到期，而且两者都是普通的金钱债务，因此，乙可以向甲主张抵销。又根据《民法典》第 548 条规定："债务人接到债权转让通知后，债务人对让与人的抗辩，可以向受让人主张。"第 549 条规定："有下列情形之一的，债务人

可以向受让人主张抵销：(一)债务人接到债权转让通知时，债务人对让与人享有债权，且债务人的债权先于转让的债权到期或者同时到期；(二)债务人的债权与转让的债权是基于同一合同产生。"据此，乙公司接到丙银行债权质权设立的通知时，乙公司对甲公司享有2万元到期债权，乙公司可对质权人丙银行主张抵销。抵销后，丙银行债权质权的标的(出质债权)仅剩8万元。故C项正确。

10．债的分类；第三人侵权造成工伤的责任承担；按份之债[B]

[解析] 机动车发生道路交通事故致人损害的，成立侵权之债。若赔偿权利人与加害人对损害赔偿达成调解协议，则侵权之债转化为合同之债，侵权之债因此消灭。不能达成调解协议，或者调解协议无效、被撤销的，仍按侵权之债处理。本题中，侵权发生后，甲、乙与丙达成了《调解协议书》，侵权之债转化为合同之债。故A项错误，B项正确。

《人身损害赔偿解释》第3条规定："依法应当参加工伤保险统筹的用人单位的劳动者，因工伤事故遭受人身损害，劳动者或者其近亲属向人民法院起诉请求用人单位承担民事赔偿责任的，告知其按《工伤保险条例》的规定处理。因用人单位以外的第三人侵权造成劳动者人身损害，赔偿权利人请求第三人承担民事赔偿责任的，人民法院应予支持。"其规范内容是：依法应当参加工伤保险统筹的用人单位的劳动者，因用人单位以外的第三人实施侵权行为遭受工伤损害的，受害人不仅可以请求获得工伤保险金，还可以对第三人主张侵权损害赔偿，二者并行不悖。故C项错误。【思路拓展】从法理角度来看，丙获得工伤补偿，与甲、乙交通事故责任的赔偿并没有必然的关系，两者的适用情形、计算标准皆有不同，不能作为乙的免责事由。

该《调解协议书》，甲、乙分别赔偿丙5万元，因此甲、乙对丙承担的是按份之债，即甲、乙各自只对自己的份额承担责任。丙只能请求乙继续赔偿4万元。故D项错误。

11．解除合同的条件；先履行抗辩权[A]

[解析] 按照约定，甲公司应于10月1日向乙公司支付20万元预付款。因乙公司于9月30日向甲公司发函要求单方面提高价款，甲公司、乙公司处于磋商中，甲公司于10月1日中止履行向乙公司支付20万元的义务具有正当事由，不构成违约。故A项正确。【思路拓展】可以从不安抗辩的角度分析甲公司的行为。由于乙公司单方要提高价格，此行为完全有可能导致履行顺序在后的乙公司不能向甲公司进行对待给付，因此甲公司可以行使不安抗辩权，暂时中止第二笔款项的支付。

《民法典》第563条规定："有下列情形之一的，

当事人可以解除合同：……(三)当事人一方迟延履行主要债务，经催告后在合理期限内仍未履行；……"甲公司已经按照原合同约定于10月3日向乙公司支付20万元预付款，且其迟延支付有正当理由，不存在违约行为，乙公司不享有法定解除权。故B项错误。

依法成立的合同，对当事人具有法律约束力，不得擅自变更。乙公司单方面变更合同，提高合同价格的行为，构成违约。尽管乙公司履行顺序在后，但甲公司已经先行履行了前两期预付款的义务，虽然甲公司的第二笔预付款迟延支付，但这是由于乙公司单方面提高价格导致的，所以乙没有先履行抗辩权。故C、D项错误。

12．保证人的责任范围；债务免除[B]

[解析] 《民法典》第575条规定："债权人免除债务人部分或者全部债务的，债权债务部分或者全部终止，但是债务人在合理期限内拒绝的除外。"据此，除非债务人明确拒绝，债权人作出的债务免除有效。本题中，甲公司没有对债务免除表示拒绝，则免除发生效力，因此甲、乙公司间的债务总额为2000万元。甲公司将500万元送给丙公司属于赠与行为，是甲公司对借款的自由支配行为，不是债务转让，不需要经过丁公司同意，因此甲、乙公司间的债务总额不受此影响。丁公司在不超过2200万元的范围内对该借款承担担保责任，该保证为最高额保证，只要未超过预定最高额2200万元的范围，丁公司均应承担保证责任。因此，丁公司应对2000万元承担保证责任。故A、C、D项错误，B项正确。

13．赔偿性违约金与损害赔偿的关系；违约金数额的调整[A]

[解析] 《民法典》第585条第1、2款规定："当事人可以约定一方违约时应当根据违约情况向对方支付一定数额的违约金，也可以约定因违约产生的损失赔偿额的计算方法。约定的违约金低于造成的损失的，人民法院或者仲裁机构可以根据当事人的请求予以增加；约定的违约金过分高于造成的损失的，人民法院或者仲裁机构可以根据当事人的请求予以适当减少。"通常情况下，当事人约定的违约金超过造成损失的30%的，一般可以认定为过分高于造成的损失。根据以上规定，如果当事人在缔约时，约定了违约金或者约定了损失的计算的方法，以约定为准，但约定的违约金不得超过实际损失的30%。本题中，甲、乙的买卖合同约定，如果一方违约向非违约方支付18万元的违约金，而实际造成的损失是15万元，约定的违约金比实际造成的损失多了3万元，多出的部分占损失的20%(3除以15)，尚未超过30%，不构成司法解释规定的过分高于损失，因此不需要降低，应当按照约定来履行，甲应当向乙支付18万元的违

约金。此外,在没有特别约定的情况下,违约金的性质通常是补偿性的,功能和损害赔偿金相同,二者不能并用,因此在支付违约金后,甲不再需要进行损害赔偿。综上,A项正确,B、C、D项错误。

14．买卖不破租赁及其例外[C]

[解析] 房屋设定抵押后,并不影响所有权人出租房屋的权利。甲与丙签订的租赁合同内容没有涉嫌违法之情形,应为有效。故A项错误。

《民法典》第405条规定:"抵押权设立前,抵押财产已经出租并转移占有的,原租赁关系不受该抵押权的影响。"据此,如果租赁在前,且转移给承租人占有的(先租后抵),则抵押权实现时,不能打破租赁关系;反之,如果抵押设定在前(先抵后租),一旦实现抵押权,则直接打破租赁,新的所有权人可以直接解除租赁合同,且不用承担赔偿责任。本题中,对于商铺,乙银行享有的抵押权在前,而后甲又将商铺租给了丙,在实现抵押权后,可以直接打破租赁,新所有权人丁可以请求承租人丙腾退商铺。基于合同的相对性,承租人丙可以请求出租人甲退还剩余租金,丁无须承担该义务。故B、D项错误,C项正确。

15．无因管理[D]

[解析] 无因管理的构成要件包括:(1)管理他人事务;(2)有为他人管理的意思;(3)没有法定或约定义务;(4)不违背他人的意思(如果他人的意思违法或者违背社会伦常道德要求的除外)。

A项中,甲的债已过诉讼时效,成为自然债务,甲既然没有履行,则可以从甲的行为中推出甲的意思是要主张诉讼时效已过,不返本息,而丙在明知的情形下,擅自代甲向乙还本付息,明显违背了甲的意思,不构成无因管理。故A项错误,不当选。

B项中,甲在自家门口扫雪,顺便将邻居乙的小轿车上的积雪清扫干净。虽然甲管理了邻居乙的事务,但这只是一种情谊行为,属于生活关系,不产生法律意义上的权利和义务。故B项错误,不当选。

C项中,甲无抚养义务,抚养他人子女(乙、丁负有抚养义务的子女),实施了管理他人事务的管理行为,但甲欠缺管理意思,不成立无因管理。故C项错误,不当选。

D项中,甲拾得牛后所实施管理行为的目的没有实现(地震致塌牛死),但甲已经尽到善良管理人的注意义务,符合无因管理的成立要件,成立无因管理。地震后将牛皮和牛肉出卖,也符合被管理人的意思,也构成无因管理(卖牛皮、牛肉所得价款,应当在扣除必要费用后,返还给乙)。故D项正确,当选。

16．法定夫妻财产制;约定夫妻财产制[D]

[解析]《民法典》第1063条规定:"下列财产为夫妻一方的个人财产:(一)一方的婚前财产;……"《民法典婚姻家庭编解释(一)》第31条规定:

"民法典第一千零六十三条规定为夫妻一方的个人财产,不因婚姻关系的延续而转化为夫妻共同财产。但当事人另有约定的除外。"据此,本题只有D项正确。

17．多元化纠纷解决机制[C]

[解析]《民事诉讼法》第209条规定:"各级人民法院院长对本院已经发生法律效力的判决、裁定、调解书,发现确有错误,认为需要再审的,应当提交审判委员会讨论决定。最高人民法院对地方各级人民法院已经发生法律效力的判决、裁定、调解书,上级人民法院对下级人民法院已经发生法律效力的判决、裁定、调解书,发现确有错误的,有权提审或者指令下级人民法院再审。"故A项合法。

《调解规定》第1条规定:"根据民事诉讼法第九十五条①的规定,人民法院可以邀请与当事人有特定关系或者与案件有一定联系的企业事业单位、社会团体或者其他组织,和具有专门知识、特定社会经验、与当事人有特定关系并有利于促成调解的个人协助调解工作。经各方当事人同意,人民法院可以委托前款规定的单位或者个人对案件进行调解,达成调解协议后,人民法院应当依法予以确认。"派出所民警对民事纠纷进行调解,符合相关的法律规定。故B项合法。

我国民事诉讼法所规定的诉讼代理人分为两类:法定诉讼代理人和委托诉讼代理人。前者是指根据法律规定,代无诉讼行为能力的当事人为诉讼行为的人;后者是指根据当事人或其法定代理人委托,代当事人为诉讼行为的人。也就是说,在我国民事诉讼中,没有指定代理人的情况。另外,按照《民事诉讼法》第62条第1款的规定:"委托他人代为诉讼,必须向人民法院提交由委托人签名或者盖章的授权委托书。"如果是委托他人代为调解,按照《民诉解释》第147条的规定:"人民法院调解案件时,当事人不能出庭的,经其特别授权,可由其委托代理人参加调解,达成的调解协议,可由委托代理人签名。离婚案件当事人确因特殊情况无法出庭参加调解的,除本人不能表达意志的以外,应当出具书面意见。"综上,当被告下落不明时,法院无权为其指定代理人参加调解。故C项不符合法律规定,当选。

《人民调解法》第17条规定:"当事人可以向人民调解委员会申请调解;人民调解委员会也可以主动调解。当事人一方明确拒绝调解的,不得调解。"故D项合法。

18．合议庭的评议方式和对不同意见的处理[D]

[解析]《民事诉讼法》第45条规定:"合议庭评

---

① 现为第98条,编者注。

议案件,实行少数服从多数的原则。评议应当制作笔录,由合议庭成员签名。评议中的不同意见,必须如实记入笔录。"《人民陪审员法》第23条第1款规定:"合议庭评议案件,实行少数服从多数的原则。人民陪审员同合议庭其他组成人员意见分歧的,应当将其意见写入笔录。"据此,审判长意见与多数意见不同的,应当以多数意见为准判决,而不是按照审判长的意见作判决。故A项错误。陪审员作为审判人员,享有同审判员一样的权利,若其意见成为多数意见,是应当按照多数意见作判决,而不是可以按照陪审员的意见作判决。故B项错误。审判人员的不同意见均须写入笔录。故D项正确。

《最高人民法院关于人民法院合议庭工作的若干规定》第12条规定:"合议庭应当依照规定的权限,及时对评议意见一致或者形成多数意见的案件直接作出判决或者裁定。但是对于下列案件,合议庭应当提请院长决定提交审判委员会讨论决定:……(三)合议庭在适用法律方面有重大意见分歧的;……"因此,合议庭意见存在分歧的,一般性意见分歧,仍遵循少数服从多数原则。如果属于适用法律方面有重大意见分歧的,合议庭应当提请院长决定提交审判委员会讨论决定。无论哪种情形,院长都没有审查决定权。故C项错误。

19.必要共同诉讼人的确定[B]

[解析]《民诉解释》第59条规定:"在诉讼中,个体工商户以营业执照上登记的经营者为当事人。有字号的,以营业执照上登记的字号为当事人,但应同时注明该字号经营者的基本信息。营业执照上登记的经营者与实际经营者不一致的,以登记的经营者和实际经营者为共同诉讼人。"从题目来看,"该中心未起字号",应当以经营者为当事人。"徐某应征入伍,将该中心转让给同学李某经营,未办理工商变更登记",实际经营者(李某)与登记经营者(徐某)不一致,故应当将李某和徐某列为共同被告。因此B项当选。

20.有独立请求权第三人[C]

[解析]《民事诉讼法》第59条第1款规定:"对当事人双方的诉讼标的,第三人认为有独立请求权的,有权提起诉讼。"本题中,甲与乙就古董所有权发生争议诉至法院,而丙对古董主张所有权,因此,甲为原告,乙为被告,丙为有独立请求权的第三人。依据法律规定,法院不得依职权追加有独立请求权第三人。故A项错误。

《最高人民法院关于第三人能否对管辖权提出异议问题的批复》规定:"一、有独立请求权的第三人主动参加他人已开始的诉讼,应视为承认和接受了受诉法院的管辖,因而不发生对管辖权提出异议的问题;如果是受诉法院依职权通知他参加诉讼,则他有权选择是以有独立请求权的第三人的身份参加诉讼,还是以原告身份向其他有管辖权的法院另行起诉。二、无独立请求的第三人参加他人已开始的诉讼,是通过支持一方当事人的主张,维护自己的利益。由于他在诉讼中始终辅助一方当事人,并以一方当事人的主张为转移。所以,他无权对受诉法院的管辖权提出异议。"因此,如丙起诉后认为受案法院无管辖权,不可以提出管辖权异议。故B项错误。

《民诉解释》第236条规定:"有独立请求权的第三人经人民法院传票传唤,无正当理由拒不到庭的,或者未经法庭许可中途退庭的,比照民事诉讼法第一百四十六条的规定,按撤诉处理。"故C项正确。

《民诉解释》第237条规定:"有独立请求权的第三人参加诉讼后,原告申请撤诉,人民法院在准许原告撤诉后,有独立请求权的第三人作为另案原告,原案原告、被告作为另案被告,诉讼继续进行。"据此,如丙起诉后,甲与乙达成协议经法院同意而撤诉的,丙作为另案原告,甲、乙作为另案被告,诉讼要另行进行,而不是驳回丙的起诉。故D项错误。

21.自认[D]

[解析]自认是指一方当事人对对方当事人所主张的不利己的案件事实的承认。《民诉解释》第92条第3款规定:"自认的事实与查明的事实不符的,人民法院不予确认。"据此,如果有相反的证据,则法院对自认的事实不予确认,即用相反的证据可以推翻自认的事实。故A项正确。

《民诉证据规定》第8条第1款规定:"《最高人民法院关于适用〈中华人民共和国民事诉讼法〉的解释》第九十六条第一款规定的事实,不适用有关自认的规定。"《民诉解释》第96条第1款规定:"民事诉讼法第六十七条第二款规定的人民法院认为审理案件需要的证据包括:……(二)涉及身份关系的;……"据此,与身份有关的事实不适用自认制度。在与身份有关的案件中,有些事实与身份有关,有些事实与身份无关,只有与身份有关的案件事实不可以自认,而与身份无关的案件事实则可以自认。故B项正确。

《民诉解释》第107条规定:"在诉讼中,当事人为达成调解协议或者和解协议作出妥协而认可的事实,不得在后续的诉讼中作为对其不利的根据,但法律另有规定或者当事人均同意的除外。"据此,调解中的妥协和让步不构成诉讼中的自认。故C项正确。

《民诉证据规定》第5条规定:"当事人委托诉讼代理人参加诉讼的,除授权委托明确排除的事项外,诉讼代理人的自认视为当事人的自认。当事人在场对诉讼代理人的自认明确否认的,不视为自认。"据此,委托代理人(包括一般授权和特别授权)可以代为自认,除非委托授权书明确排除相关事项,故D项错误。

22．民事诉讼期间［D］

[解析] 期间包括法定期间和指定期间两类。法定期间是指法律明文规定的期间。法定期间可以分为绝对不可变期间和相对不可变期间。绝对不可变期间是指该期间经法律确定后，任何机构和人员都不能改变的期间。相对不可变期间是指该期间经法律确定后，通常情况下不可改变，但遇到有关法定事由，法院可以对其依法予以变更的期间。因此，"法定期间都是不可变期间"的说法是不准确的。故 A 项错误。指定期间是指人民法院根据案件审理时遇到的具体情况和案件审理的具体需要，依职权决定当事人及其诉讼参与人进行或完成某种诉讼行为的期间。指定期间，通常是不能任意变更的，只有遇到特殊情况，法院才可依职权变更原来的指定。故 D 项正确。

《民事诉讼法》第 85 条第 3 款规定："期间届满的最后一日是法定节假日的，以法定节假日后的第一日为期间届满的日期。"注意，"法定期间的开始日及期间中遇有节假日的"，在计算期间时并不扣除。故 B 项错误。

《民事诉讼法》第 85 条第 4 款规定："期间不包括在途时间，诉讼文书在期满前交邮的，不算过期。"按照这一规定，在途时间是特指邮寄在途的时间，而不是指当事人参加诉讼的在途期间。故 C 项错误。

23．处分原则；法院释明义务［C］

[解析]《诉讼时效规定》第 2 条规定："当事人未提出诉讼时效抗辩，人民法院不应对诉讼时效问题进行释明。"因此，对于诉讼时效问题，法院不能主动进行释明。法官向赵某释明诉讼时效，建议赵某提出诉讼时效抗辩的做法不对，不符合执法为民的要求。故 A 项错误，不当选。

《民事诉讼法》第 109 条规定："人民法院对下列案件，根据当事人的申请，可以裁定先予执行：（一）追索赡养费、扶养费、抚育费、抚恤金、医疗费用的；（二）追索劳动报酬的；（三）因情况紧急需要先予执行的。"因此，先予执行只能根据当事人的申请裁定，法官不能依职权裁定。故 B 项错误，不当选。

《民法典》第 1091 条规定："有下列情形之一，导致离婚的，无过错方有权请求损害赔偿：（一）重婚；（二）与他人同居；（三）实施家庭暴力；（四）虐待、遗弃家庭成员；（五）有其他重大过错。"《民法典婚姻家庭编解释（一）》第 88 条规定："人民法院受理离婚案件时，应当将民法典第一千零九十一条等规定中当事人的有关权利义务，书面告知当事人。……"据此，人民法院受理离婚案件时，应当将《民法典》第 1091 条规定中的损害赔偿请求权书面告知当事人，因此法官释明法律是正确的。故 C 项正确，当选。【特别提醒】有考生认为 C 选项违背了处分原则，离婚损害赔

偿应当由当事人申请，关键在于正确理解"释明"二字。该选项内容仅仅是对当事人的权利进行解释说明，是否提出该主张仍然由当事人自己决定，并未违背处分原则。

《民事诉讼法》第 67 条第 1、2 款规定："当事人对自己提出的主张，有责任提供证据。当事人及其诉讼代理人因客观原因不能自行收集的证据，或者人民法院认为审理案件需要的证据，人民法院应当调查收集。"《民诉解释》第 94 条规定："民事诉讼法第六十七条第二款规定的当事人及其诉讼代理人因客观原因不能自行收集的证据包括：（一）证据由国家有关部门保存，当事人及其诉讼代理人无权查阅调取的；（二）涉及国家秘密、商业秘密或者个人隐私的；（三）当事人及其诉讼代理人因客观原因不能自行收集的其他证据。当事人及其诉讼代理人因客观原因不能自行收集的证据，可以在举证期限届满前书面申请人民法院调查收集。"《民诉解释》第 96 条规定："民事诉讼法第六十七条第二款规定的人民法院认为审理案件需要的证据包括：（一）涉及可能损害国家利益、社会公共利益的；（二）涉及身份关系的；（三）涉及民事诉讼法第五十八条规定诉讼的；（四）当事人有恶意串通损害他人合法权益可能的；（五）涉及依职权追加当事人、中止诉讼、终结诉讼、回避等程序性事项的。除前款规定外，人民法院调查收集证据，应当依照当事人的申请进行。"因此，民事诉讼中的证据，通常法院不能主动收集。D 项没有提到当事人申请法院调查收集证据，也不存在需要法院主动调查收集证据的情况。故 D 项错误，不当选。

24．简易程序的特点［D］

[解析]《简易程序规定》第 5 条第 1 款规定："当事人应当在起诉或者答辩时向人民法院提供自己准确的送达地址、收件人、电话号码等其他联系方式，并签名或者按指印确认。"A 项并不是《民事诉讼法》直接规定的。故 A 项不当选。

《简易程序规定》第 14 条规定："下列民事案件，人民法院在开庭审理时应当先行调解：（一）婚姻家庭纠纷和继承纠纷；（二）劳务合同纠纷；（三）交通事故和工伤事故引起的权利义务关系较为明确的损害赔偿纠纷；（四）宅基地和相邻关系纠纷；（五）合伙合同纠纷；（六）诉讼标的额较小的纠纷。但是根据案件的性质和当事人的实际情况不能调解或者显然没有调解必要的除外。"B 项说法正确，但不是《民事诉讼法》直接规定的。故 B 项不当选。

《民诉解释》第 266 条规定："适用简易程序案件的举证期限由人民法院确定，也可以由当事人协商一致并经人民法院准许，但不得超过十五日。被告要求书面答辩的，人民法院可在征得其同意的基础上，合理确定答辩期间。人民法院应当将举证期限和开庭

日期告知双方当事人,并向当事人说明逾期举证以及拒不到庭的法律后果,由双方当事人在笔录和开庭传票的送达回证上签名或者捺印。当事人双方均表示不需要举证期限、答辩期间的,人民法院可以立即开庭审理或者确定开庭日期。"因此,C项仍然不是《民事诉讼法》直接规定的。故C项不当选。

根据《民事诉讼法》第40条第2款的规定,适用简易程序审理的民事案件,由审判员一人独任审理。故D项当选。本题的解题关键是"《民事诉讼法》直接规定"这几个字,虽然A、B、C、D项都是简易程序的特点,但唯有D项是《民事诉讼法》直接规定的。

25．二审中达成和解协议 [B]

[解析] 法院裁定准许撤回上诉后,会产生如下法律效果:(1)在对方当事人未上诉的情况下,二审程序终结。(2)在对方当事人提起上诉的情况下,第一审裁判不发生法律效力。本案中,王某撤回上诉后,第一审判决即发生法律效力,不得上诉;判决生效具有对事的效力,当事人不得就同一诉讼标的重新起诉。因此,选项A、D错误。具有给付内容的生效判决会产生执行力,因此本题中刘某可以根据第一审生效判决向法院申请执行,从而得到国家的公权力保护,选项B正确。当事人之间的和解协议不具有强制执行力,不能申请执行。故C项错误。

26．民事检察监督 [C]

[解析]《民事诉讼法》第219条第2款规定:"地方各级人民检察院对同级人民法院已经发生法律效力的判决、裁定,发现有本法第二百一十一条规定情形之一的,或者发现调解书损害国家利益、社会公共利益的,可以向同级人民法院提出检察建议,并报上级人民检察院备案;也可以提请上级人民检察院向同级人民法院提出抗诉。"因此,对于乙县法院的生效判决适用法律错误的问题,甲县检察院不能对其提出检察建议,而应当由乙县检察院对其提出检察建议。故A项错误。民事检察监督的对象是法院,检察院不能向仲裁委员会提出检察建议。故B项错误。

《民事诉讼法》第219条第3款规定:"各级人民检察院对审判监督程序以外的其他审判程序中审判人员的违法行为,有权向同级人民法院提出检察建议。"丁县法院某法官在制作除权判决时收受贿赂,丁县检察院可以向该法院提出检察建议。故C项正确。

认定某公民为无民事行为能力人案件适用特别程序,不适用审判监督程序,如果该程序存在错误,可以经本人或利害关系人申请,撤销原判决、作出新判决即可,如果审判人员有违法行为,检察院可以向同级法院提出检察建议。因此,适用特别程序审理的案件不能申请再审。故D项错误。

27．民事公益诉讼 [D]

[解析] 民事公益诉讼,是指特定机关或有关社会团体,根据法律的授权,对违反法律法规损害社会公共利益的行为,向法院提起民事诉讼,由法院通过审判来追究违法者的法律责任并维护社会公共利益的诉讼活动。通常认为,公益诉讼的提起,并不以存在实际损害为前提条件。对那些给社会公众或不特定多数人造成潜在危害的不法行为,也可以提起公益诉讼。故D项说法错误,当选。

《民事诉讼法》第58条规定:"对污染环境、侵害众多消费者合法权益等损害社会公共利益的行为,法律规定的机关和有关组织可以向人民法院提起诉讼。人民检察院在履行职责中发现破坏生态环境和资源保护、食品药品安全领域侵害众多消费者合法权益等损害社会公共利益的行为,在没有前款规定的机关和组织或者前款规定的机关和组织不提起诉讼的情况下,可以向人民法院提起诉讼。前款规定的机关或者组织提起诉讼的,人民检察院可以支持起诉。"因此,公益诉讼的起诉主体只限于人民检察院及法律授权的机关或团体,个人不能作为公益诉讼的起诉主体。故B项说法正确,不当选。

民事诉讼法规定公益诉讼制度是为了适应我国经济社会发展中出现的新问题、新情况,满足社会公共利益需求,是坚持科学立法,构建和完善中国特色社会主义法律体系的举措,反映了广大人民的意志,符合我国国情,保障了我国经济社会的全面协调发展。故A、C项说法正确,不当选。

28．选民资格案件的起诉与受理 [B]

[解析]《民事诉讼法》第189条第2款规定:"审理时,起诉人、选举委员会的代表和有关公民必须参加。"据此,张某、刘某和选举委员会的代表都必须参加诉讼。故A项正确。

《民事诉讼法》第188条规定:"公民不服选举委员会对选民资格的申诉所作的处理决定,可以在选举日的五日以前向选区所在地基层人民法院起诉。"据此,选民资格案件的起诉人的范围非常广泛,并不一定是选民名单所涉的公民本人,其他任何公民认为选民名单有错误的,都可以对选民名单进行申诉,对申诉处理决定不服的,可以向人民法院提起诉讼。因此,起诉人并不一定与本案有直接利害关系。故B项错误。

《民事诉讼法》第185条规定:"依照本章程序审理的案件,实行一审终审。选民资格案件或者重大、疑难的案件,由审判员组成合议庭审理;其他案件由审判员一人独任审理。"故C、D项正确。

29．仲裁协议效力的确认;仲裁协议的独立性 [C]

[解析]《仲裁法》第20条第1款规定:"当事人

对仲裁协议的效力有异议的,可以请求仲裁委员会作出决定或者请求人民法院作出裁定。一方请求仲裁委员会作出决定,另一方请求人民法院作出裁定的,由人民法院裁定。"因此,A、D 项是不正确的,C 项是正确的。

《仲裁法》第 19 条第 1 款规定:"仲裁协议独立存在,合同的变更、解除、终止或者无效,不影响仲裁协议的效力。"因此,B 项是不正确的。

30．出资证明书;股东资格[B]

[解析] 根据《公司法》第 55 条第 1 款规定,有限责任公司成立后,应当向股东签发出资证明书。可见,公司在成立之后才能向股东签发出资证明书,不可能在个别股东认缴出资之后当即向其签发出资证明书,故 A 项错误。

《公司法》第 56 条第 2 款规定,记载于股东名册的股东,可以依股东名册主张行使股东权利。据此,公司股东名册是股东资格的法定证明文件。相比之下,出资证明书只是认定股东资格的证明文件之一,并非法定证明文件,所以出资证明书遗失通常不影响股东资格的认定,更不会导致股东资格丧失,故 B 项正确。

根据《公司法》第 55 条第 1 款规定,出资证明书,应当记载下列事项:(1)公司名称;(2)公司成立日期;(3)公司注册资本;(4)股东的姓名或者名称、认缴和实缴的出资额、出资方式和出资日期;(5)出资证明书的编号和核发日期。据此,严某的出资证明书上只需要记载严某的姓名与出资额,不需要记载其他股东的姓名与出资额,股东名册上才需要记载所有股东的姓名与出资额,故 C 项错误。

有价证券具有流通性,出资证明书不可以变现流通,因此出资证明书不是有价证券,而股票具有流通性,属于有价证券。故 D 项错误。

31．股东出资[B]

[解析] 根据《公司法》第 210 条第 4 款规定,有限责任公司按照股东实缴的出资比例分配利润,全体股东约定不按照出资比例分配利润的除外。本题中,甲、乙、丙并未就红利分配达成特别约定,则应按实缴比例分红。甲、乙、丙的实缴出资分别为 20 万元、30 万元、30 万元,总计为 80 万元,各股东按各自的实缴出资测算分配比例,甲为 1/4,乙和丙分别为 3/8。故 B 项正确,A、D 项错误。

根据《公司法解释(三)》第 16 条,对于未出资或未完全履行出资义务的股东,股东会、章程只能对股东权利作出合理的限制,即股东会不能作出完全剥夺股东丙的利润分配权的决定。故 C 项错误。

32．解散公司之诉[D]

[解析]《公司法解释(二)》第 1 条第 2 款规定:"股东以知情权、利润分配请求权等权益受到损害,

或者公司亏损、财产不足以偿还全部债务,以及公司被吊销企业法人营业执照未进行清算等为由,提起解散公司诉讼的,人民法院不予受理。"故 A、B、C 项错误。

《公司法》第 231 条规定,公司经营管理发生严重困难,继续存续会使股东利益受到重大损失,通过其他途径不能解决的,持有公司 10% 以上表决权的股东,可以请求人民法院解散公司。故 D 项正确。

33．表见普通合伙[B]

[解析] 事实合伙,是指不符合成立合伙的条件,但是具有合伙的事实,法律认定为合伙的情形。事实合伙只能存在于个人合伙中,而不能存在于商事合伙中。故 A 项错误。

《合伙企业法》第 76 条规定:"第三人有理由相信有限合伙人为普通合伙人并与其交易的,该有限合伙人对该笔交易承担与普通合伙人同样的责任。有限合伙人未经授权以有限合伙企业名义与他人进行交易,给有限合伙企业或者其他合伙人造成损失的,该有限合伙人应当承担赔偿责任。"需要注意的是,有限合伙人是以其认缴的出资额为限对合伙企业债务承担责任,有限合伙人不执行合伙事务,对外不代表有限合伙企业,但为了保护善意第三人,当有限合伙人以其外部表征足以使第三人认为其为普通合伙人的,此时该有限合伙人应与普通合伙人地位平等,即对该笔交易承担无限责任。故 B 项正确。

特殊普通合伙,是指以专门知识和技能为客户提供有偿服务的专业服务机构,如律师事务所、会计师事务所、医师事务所、设计事务所等。故 C 项错误。

隐名合伙,是指当事人的一方对另一方的生产、经营出资,不参加实际的经济活动,而分享营业利益,并仅以出资额为限承担亏损责任的合伙。我国合伙企业法不承认隐名合伙,因为隐名合伙实际上是侵犯了其他合伙人的知情权和优先接受转让合伙份额的权利。故 D 项错误。

34．公示催告[C]

[解析]《票据法》第 44 条规定:"付款人承兑汇票后,应当承担到期付款的责任。"《票据法》第 15 条规定:"票据丧失,失票人可以及时通知票据的付款人挂失止付,但是,未记载付款人或者无法确定付款人及其代理付款人的票据除外。收到挂失止付通知的付款人,应当暂停支付。失票人应当在通知挂失止付后 3 日内,也可以在票据丧失后,依法向人民法院申请公示催告,或者向人民法院提起诉讼。"本案中,申请人五悦公司向法院申请了公示催告,但法院尚未作出除权判决。公司催告只能暂时阻止持票人行使付款请求权;在法院作出除权判决前,被申请的票据并不会因此而无效,承兑人仍须承担付款责任,权利人亿凡公司仍享有票据权利。故 A 项错误,C 项正确。

除权判决才是申请人恢复票据权利的确认文件，除权判决前，五悦公司没有票据权利。故B项错误。

《民事诉讼法》第232条规定："利害关系人应当在公示催告期间向人民法院申报。人民法院收到利害关系人的申报后，应当裁定终结公示催告程序，并通知申请人和支付人。申请人或者申报人可以向人民法院起诉。"只要利害关系人申报，法院即应当裁定终结公示催告程序，而不是作出除权判决。故D项错误。

35．期后背书［A］

[解析]《票据法》第36条规定："汇票被拒绝承兑、被拒绝付款或者超过付款提示期限的，不得背书转让；背书转让的，背书人应当承担汇票责任。"甲公司在汇票被拒绝承兑时，仍背书转让给丙公司，背书人甲公司应承担汇票责任。故A项正确。追索权的适用前提是汇票的背书转让合法，而本案汇票的背书违法，因已被拒绝承兑，无追索权的适用。故C项错误。返还交易中的对价以及承担侵权责任都是民事责任而不是票据责任。故B、D项错误。

36．人身保险的保险利益［C］

[解析]《保险法》第31条规定："投保人对下列人员具有保险利益：（一）本人；（二）配偶、子女、父母；（三）前项以外与投保人有抚养、赡养或者扶养关系的家庭其他成员、近亲属；（四）与投保人有劳动关系的劳动者。除前款规定外，被保险人同意投保人为其订立合同的，视为投保人对被保险人具有保险利益。订立合同时，投保人对被保险人不具有保险利益的，合同无效。"由该条可知，投保人对关系密切的邻居、合伙经营的合伙人不具有保险利益。故A、D项错误。

投保人的前妻与投保人已经离婚，即使一起生活也不属于法律意义上的配偶。故B项错误。

根据上述《保险法》第31条第4项，投保人对有劳动关系的劳动者具有保险利益。故C项正确。

37．垄断协议［D］

[解析]《反垄断法》第20条规定："经营者能够证明所达成的协议属于下列情形之一的，不适用本法第十七条、第十八条第一款、第十九条的规定：……（二）为提高产品质量、降低成本、增进效率，统一产品规格、标准或者实行专业化分工的；……属于前款第一项至第五项情形，不适用本法第十七条、第十八条第一款、第十九条规定的，经营者还应当证明所达成的协议不会严重限制相关市场的竞争，并且能够使消费者分享由此产生的利益。"由此可知，并非所有"协调市场行为"的协议都是垄断协议，若该协议是有关"统一产品规格、标准或者实行专业化分工的"，则不适用垄断协议的规定。故A、B项错误。即使符合第20条第1款第2项的规定，还需要经营者证明所达

成的协议不会严重限制相关市场的竞争，并且能够使消费者分享由此产生的利益。故C项错误。

《反垄断法》第16条规定："本法所称垄断协议，是指排除、限制竞争的协议、决定或者其他协同行为。"因此，不具有排除、限制竞争的效果的协议就不属于《反垄断法》所规制的协议。故D项正确。

38．商业银行贷款规则［C］

[解析]《商业银行法》第37条规定："商业银行贷款，应当与借款人订立书面合同。合同应当约定贷款种类、借款用途、金额、利率、还款期限、还款方式、违约责任和双方认为需要约定的其他事项。"因此，商业银行与借款人的贷款合同是要式合同，只能采取书面形式，不能采用口头或其他形式。故A项错误。

商业银行的不良贷款是指呆账贷款、呆滞贷款和逾期贷款。其中，呆账贷款是指按照财政部有关规定确认为无法偿还，而列为呆账的贷款；呆滞贷款是指按财政部有关规定，逾期（含展期后到期）超过2年仍未归还的贷款，或虽未逾期或逾期不满规定年限但生产经营已经终止、项目已经停建的贷款（不含呆账贷款）；逾期贷款是指借款合同约定到期（含展期后到期）未归还的贷款（不含呆滞贷款和呆账贷款）。因此，借款合同到期未偿还，经展期后到期仍未偿还的贷款应为逾期贷款而不是呆账贷款。故B项错误。

《商业银行法》第41条规定："任何单位和个人不得强令商业银行发放贷款或者提供担保。商业银行有权拒绝任何单位和个人强令要求其发放贷款或者提供担保。"因此，对于政府部门强令要求发放贷款，商业银行有权拒绝。故C项正确。

《商业银行法》第40条第1款规定："商业银行不得向关系人发放信用贷款；向关系人发放担保贷款的条件不得优于其他借款人同类贷款的条件。"因此，商业银行不得向关系人发放信用贷款，但在同等条件下可以向关系人发放担保贷款。故D项错误。

39．土地纠纷的解决途径［B］

[解析]《土地管理法》第14条规定："土地所有权和使用权争议，由当事人协商解决；协商不成的，由人民政府处理。单位之间的争议，由县级以上人民政府处理；个人之间、个人与单位之间的争议，由乡级人民政府或者县级以上人民政府处理。当事人对有关人民政府的处理决定不服的，可以自接到处理决定通知之日起30日内，向人民法院起诉。在土地所有权和使用权争议解决前，任何一方不得改变土地利用现状。"故A项正确，不当选。B项属于个人之间土地使用权的争议，应由乡级或县级人民政府处理，而非由县土地主管部门处理。故B项错误，当选。

《农村土地承包法》第55条规定："因土地承包经营发生纠纷的，双方当事人可以通过协商解决，也

可请求村民委员会、乡(镇)人民政府调解解决。当事人不愿协商、调解或协商、调解不成的，可以向农村土地承包仲裁机构申请仲裁，也可直接向人民法院起诉。"故 C 项正确，不当选。

《土地管理法》第 83 条规定："依照本法规定，责令限期拆除在非法占用的土地上新建的建筑物和其他设施的，建设单位或者个人必须立即停止施工，自行拆除；对继续施工的，作出处罚决定的机关有权制止。建设单位或者个人对责令限期拆除的行政处罚决定不服的，可以在接到责令限期拆除决定之日起 15 日内，向人民法院起诉……"故 D 项正确，不当选。

【思路拓展】D 项可直接根据行政法知识作答，对行政处罚不服的，可复议可诉讼。

40. 建设项目的环境影响评价[A]

[解析]《环境影响评价法》第 16 条第 2 款规定："建设单位应当按照下列规定组织编制环境影响报告书、环境影响报告表或者填报环境影响登记表(以下统称环境影响评价文件)：(一)可能造成重大环境影响的，应当编制环境影响报告书，对产生的环境影响进行全面评价；(二)可能造成轻度环境影响的，应当编制环境影响报告表，对产生的环境影响进行分析或者专项评价；(三)对环境影响很小、不需要进行环境影响评价的，应当填报环境影响登记表。"根据上述第 1 项规定，该水利工程的实施可能对环境产生重大影响，应编制环境影响报告书，故 A 项正确。

《环境影响评价法》第 25 条规定："建设项目的环境影响评价文件未依法经审批部门审查或者审查后未予批准的，建设单位不得开工建设。"据此，环评审批不是建设项目审批的前置条件，而是开工建设的前置条件，故 B 项错误。

《环境影响评价法》第 23 条第 1 款规定，国务院生态环境主管部门负责审批下列建设项目的环境影响评价文件：(1)核设施、绝密工程等特殊性质的建设项目；(2)跨省、自治区、直辖市行政区域的建设项目；(3)由国务院审批的或者由国务院授权有关部门审批的建设项目。本题中的水利工程项目由国务院审批，则环境影响评价文件应由国务院生态环境主管部门负责审批，故 C 项错误。

《环境影响评价法》第 22 条第 3 款规定："审批部门应当自收到环境影响报告书之日起六十日内，收到环境影响报告表之日起三十日内，分别作出审批决定并书面通知建设单位。"本题报批的是环境影响报告书，审批时间应为 60 日内，故 D 项错误。

41. 非全日制用工[D]

[解析]《劳动合同法》第 68 条规定："非全日制用工，是指以小时计酬为主，劳动者在同一用人单位一般平均每日工作时间不超过四小时，每周工作时间累计不超过二十四小时的用工形式。"因此，甲、乙两

店均采用的是非全日制用工。《劳动合同法》第 70 条规定："非全日制用工双方当事人不得约定试用期。"故 A 项错误。

《劳动合同法》第 72 条第 2 款规定："非全日制用工劳动报酬结算支付周期最长不得超过十五日。"故 B 项错误。

根据上述第 68 条的规定，每天工作 4 小时虽符合要求，但一周工作 7 天，则每周工作 28 小时，超过每周工作时间累计不超过 24 小时的规定。故 C 项错误。

《劳动合同法》第 69 条第 2 款规定："从事非全日制用工的劳动者可以与一个或者一个以上用人单位订立劳动合同；但是，后订立的劳动合同不得影响先订立的劳动合同的履行。"故 D 项正确。

42. 表演权；表演者权；播放者的义务[A]

[解析] 根据《著作权法》第 38 条规定："使用他人作品演出，表演者应当取得著作权人许可，并支付报酬。演出组织者组织演出，由该组织者取得著作权人许可，并支付报酬。"乙的演唱活动，受到作者的约束，需要作者的许可并付费。故 A 项正确。

《著作权法》第 42 条第 1 款规定："录音录像制作者使用他人作品制作录音录像制品，应当取得著作权人的许可，并支付报酬。"第 43 条规定："录音录像制作者制作录音录像制品，应当同表演者订立合同，并支付报酬。"利用他人的表演制成唱片，需要经过词曲作者和表演者的同意并向其付费，所以丙需要经过甲和乙的许可并付费。故 B 项错误。

表演权，即公开表演作品(指现场表演，比如参加各种选秀、联欢会等)，以及用各种手段公开播送作品的表演(指机械表演，比如酒店、咖啡馆等经营性单位播放背景音乐)的权利。此权利只有作者享有，表演者及录制者均不享有此权利，所以丁酒店的机械表演行为需要甲的许可并付费。故 C 项错误。

《著作权法》第 46 条第 2 款规定："广播电台、电视台播放他人已发表的作品，可以不经著作权人许可，但应当按照规定支付报酬。"电台播放唱片，适用"法定许可"，只需要向词曲作者付费，不需要许可。故 D 项错误。

43. 美术作品著作权的归属、剽窃；发表权；出版者侵犯著作权的责任承担[B]

[解析]《著作权法》第 20 条规定："作品原件所有权的转移，不改变作品著作权的归属，但美术、摄影作品原件的展览权由原件所有人享有。作者将未发表的美术、摄影作品的原件所有权转让给他人，受让人展览该原件不构成对作者发表权的侵犯。"本题中，甲已取得《鸟巢》原件的所有权，故甲享有展览权，甲有权对《鸟巢》的原件进行营利性展览。故 A 项错误。

剽窃,即将他人的作品当作自己的作品发表、发行。本题中,《鸟巢》的著作权归乙所有,丙不享有著作权,其将《鸟巢》翻拍后以自己名义发表,构成剽窃。故 B 项正确。【关联记忆】《著作权法》第 52 条规定:"有下列侵权行为的,应当根据情况,承担停止侵害、消除影响、赔礼道歉、赔偿损失等民事责任:……(五)剽窃他人作品的;……"

发表权是一次性的权利,一经行使即消灭。若著作权人自行或许可他人将作品公之于众,则发表权用尽,此后就再无侵害发表权的可能性。本题中,《鸟巢》已经通过展览公之于众,其发表权已用尽,因此,丙不存在侵犯乙发表权的问题。故 C 项错误。

《著作权法》第 53 条规定:"有下列侵权行为的,应当根据情况,承担本法第 52 条规定的民事责任;侵权行为同时损害公共利益的,由主管著作权的部门责令停止侵权行为,予以警告,没收违法所得,没收、无害化销毁处理侵权复制品以及主要用于制作侵权复制品的材料、工具、设备等,违法经营额 5 万元以上的,可以并处违法经营额 1 倍以上 5 倍以下的罚款;没有违法经营额、违法经营额难以计算或者不足 5 万元的,可以并处 25 万元以下的罚款;构成犯罪的,依法追究刑事责任:(一)未经著作权人许可,复制、发行、表演、放映、广播、汇编、通过信息网络向公众传播其作品,本法另有规定的除外;……"本题中,丁经丙同意将刊登在杂志上的《鸟巢》制作成挂历销售,这属于发行行为,应当征得著作权人乙的同意,而非丙的同意。丁未尽合理注意义务,对侵犯乙的著作权具有过错,应承担《著作权法》第 52 条规定的停止侵害、赔偿损失等民事责任。故 D 项错误。

44.外国法的查明[C]

[解析]《涉外民事关系法律适用法》第 10 条规定:"涉外民事关系适用的外国法律,由人民法院、仲裁机构或者行政机关查明。当事人选择适用外国法律的,应当提供该国法律。不能查明外国法律或者该国法律没有规定的,适用中华人民共和国法律。"当事人自行选择的适用法,应由当事人自己提供,法院没有协助查明的义务。故 A 项错误。不能查明外国法律或者该国法律没有规定的,适用中华人民共和国法律,而不是驳回诉讼请求。故 C 项正确,D 项错误。

《涉外民事关系法律适用法》第 9 条规定:"涉外民事关系适用的外国法律,不包括该国的法律适用法。"因此,适用的甲国法只能是准据法,准据法是实体法,不包括该国的法律适用法。故 B 项错误。

45.涉外侵权行为的法律适用[B]

[解析]《涉外民事关系法律适用法》第 44 条规定:"侵权责任,适用侵权行为地法律,但当事人有共同经常居所地的,适用共同经常居所地法律。侵权行为发生后,当事人协议选择适用法律的,按照其协议。"因此侵权纠纷的法律适用为有协议的依协议,无协议的适用双方共同经常居所地法律,无共同居所地的适用侵权行为地法。故 A、D 项错误。

法律适用中的意思自治不受实际联系原则的限制。故 C 项错误。

《涉外民事关系法律适用法解释(一)》第 6 条第 1 款规定:"当事人在一审法庭辩论终结前协议选择或者变更选择适用的法律的,人民法院应予准许。"因此,当事人意思自治的最晚时间为一审法庭辩论终结前。《涉外民事关系法律适用法》第 10 条规定:"涉外民事关系适用的外国法律,由人民法院、仲裁机构或者行政机关查明。当事人选择适用外国法律的,应当提供该国法律。不能查明外国法律或者该国法律没有规定的,适用中华人民共和国法律。"当事人在开庭前协议选择适用外国法的,法院应予支持,但当事人应提供该国法律。故 B 项正确。

46.收养的条件和手续;收养的效力;收养关系解除的法律适用[A]

[解析]根据《涉外民事关系法律适用法》第 28 条规定,收养的条件和手续,适用收养人和被收养人经常居所地法律。本案中,收养人某甲国公民的经常居住地在甲国,被收养人是长期居住在北京的中国儿童,经常居所地在中国,因此收养的条件和手续应同时符合甲国法和中国法。故 A 项正确,B 项错误。

收养的效力,适用收养时收养人经常居所地法律,本案应适用甲国法。故 C 项错误。

收养关系的解除,适用收养时被收养人经常居所地法律或者法院地法律,本案应适用中国法。故 D 项错误。

47.涉外民事诉讼案件的管辖[D]

[解析]《民诉解释》第 531 条第 1 款规定:"中华人民共和国法院和外国法院都有管辖权的案件,一方当事人向外国法院起诉,而另一方当事人向中华人民共和国法院起诉的,人民法院可予受理。判决后,外国法院申请或者当事人请求人民法院承认和执行外国法院对本案作出的判决、裁定的,不予准许;但双方共同缔结或者参加的国际条约另有规定的除外。"本题中,甲国法院对该案件已作出判决,但该判决并未在中国申请承认,因此我国法院仍然有权对同一案件行使管辖权。故 A 项错误,D 项正确。

《民事诉讼法》第 276 条第 1 款规定,因涉外民事纠纷,对在中华人民共和国领域内没有住所的被告提起除身份关系以外的诉讼,如果合同签订地、合同履行地、诉讼标的物所在地、可供扣押财产所在地、侵权行为地、代表机构住所地位于中华人民共和国领域内的,可以由合同签订地、合同履行地、诉讼标的物所在地、可供扣押财产所在地、侵权行为地、代表机构住所地人民法院管辖。本题中,合同履行地在我国,所以我国法院有管辖权。故 B 项错误。

国际民事案件管辖权问题实质上是各国对国际民事案件的司法管辖权的范围的划分问题，是各国主权冲突的体现，没有任何一个国家的司法管辖权是不受限制的。故 C 项错误。

48．提单的转让；承运人的责任［C］

［解析］提单种类中：(1)记名提单一般不能转让；(2)不记名提单无须背书即可转让；(3)指示提单必须背书转让。本题中，根据提单收货人一栏写明"凭指示"可以判断，该提单为指示提单。指示提单转让必须经过记名背书或者空白背书，非经背书不能转。故 A 项错误。

《关于审理无正本提单交付货物案件适用法律若干问题的规定》第 11 条规定："正本提单持有人可以要求无正本提单交付货物的承运人与无正本提单提取货物的人承担连带赔偿责任。"本题中，承运人为乙公司，无单提货人为丙公司，甲公司可以要求乙公司与丙公司承担连带责任，既可要求乙公司赔偿，也可要求丙公司赔偿。故 B 项错误。

该《规定》第 13 条规定："在承运人未凭正本提单交付货物后，正本提单持有人与无正本提单提取货物的人就货款支付达成协议，在协议款项得不到赔付时，不影响正本提单持有人就其遭受的损失，要求承运人承担无正本提单交付货物的民事责任。"本题中，甲公司与丙公司达成了协议，但丙公司的破产使得该赔付无法实现，不影响甲公司要求承运人乙公司承担责任。故 C 项正确。

该《规定》第 4 条规定："承运人因无正本提单交付货物承担民事责任的，不适用海商法第五十六条关于限制赔偿责任的规定。"本题中，乙公司因无单放货造成的损失承担不适用责任限制规定。故 D 项错误。

49．反倾销措施［A］

［解析］《反倾销条例》第 42 条规定："反倾销税税额不超过终裁决定确定的倾销幅度。"故 A 项正确。

《反倾销条例》第 40 条规定："反倾销税的纳税人为倾销进口产品的进口经营者。"本题中甲乙丙三国企业为出口经营者。故 B 项错误。

《反倾销条例》第 31 条规定："倾销进口产品的出口经营者在反倾销调查期间，可以向商务部作出改变价格或者停止以倾销价格出口的价格承诺。商务部可以向出口经营者提出价格承诺的建议。商务部不得强迫出口经营者作出价格承诺。"故 C 项错误。

《反倾销条例》第 9 条规定："倾销进口产品来自两个以上国家(地区)，并且同时满足下列条件的，可以就倾销进口产品对国内产业造成的影响进行累积评估：(一)来自每一国家(地区)的倾销进口产品的

倾销幅度不小于 2%，并且其进口量不属于可忽略不计的；(二)根据倾销进口产品之间以及倾销进口产品与国内同类产品之间的竞争条件，进行累积评估是适当的。可忽略不计，是指来自一个国家(地区)的倾销进口产品的数量占同类产品总进口量的比例低于 3%；但是，低于 3% 的若干国家(地区)的总进口量超过同类产品总进口量 7% 的除外。" D 项错在缺少"同时满足以上条件"的要求。故 D 项错误。

50．WTO 争端解决机制［C］

［解析］WTO 的争端解决机制中没有强制执行程序，乙国不能申请强制执行，故 A 项错误。

根据《关于争端解决规则和程序的谅解》："如果被诉方在合理期限内不履行世贸组织的裁决，原申诉方可以向争端解决机构申请授权报复。对被诉方中止减让或其他义务。中止减让或其他义务不限于对被认定为违反义务或造成利益丧失或受损的部门的相同部门实施，可以跨部门实施交叉报复。"因此，如甲国不履行世贸组织的裁决，乙国可在轮胎的范围以外实施报复，故 B 项错误。如甲国不履行世贸组织的裁决，乙国可向争端解决机构申请授权报复。故 C 项正确。

WTO 的上诉机构只审查专家组报告涉及的法律问题和专家组作出的法律解释，对事实问题不予审查。故 D 项错误。

二、多项选择题

51．建筑物区分所有权；禁止权利滥用［ABD］

［解析］《民法典》第 207 条规定："国家、集体、私人的物权和其他权利人的物权受法律平等保护，任何组织或者个人不得侵犯。"乙公司经过规划部门批准建造的电梯，仅表明乙公司建造的电梯不属于违章建筑，乙公司可以获得所有权。但乙公司未经允许，擅自占用甲的停车位，侵犯了甲对停车位享有的物权，故 A 项说法错误，当选。

根据诚信原则，权利行使需要考虑个体之间以及个体与社会利益的平衡。甲的权利固然应当受到保护，但受保护是有限度的，受到社会公德和社会公共利益的限制。乙公司的确侵犯了甲对停车位的权利，考虑到乙公司建造电梯花费 200 万元，较甲的车位价值明显更大，且电梯已经建成，并符合更多人的利益。如果甲坚持对乙主张恢复原状、排除妨害等责任，则构成权利滥用，超出了受保护的限度。换言之，甲对乙不再享有这些权利，故 B 选项错误。

然而，乙的行为毕竟侵犯了甲之物权，考虑到禁止权利滥用，甲虽不能对乙主张恢复原状、排除妨害等责任，但甲仍可对乙主张损害赔偿之责任。置换车位属于代物清偿的一种，甲有权请求乙置换车位，并赔偿因此遭受的其他损失。故 C 选项正确。

民事责任从性质上说，通常是一种补偿性的责任。乙公司为甲置换车位并赔偿甲因此遭受的损失后，甲的损失已经得到了弥补，没有权利再获得额外的收益，所以，对于乙公司销售尾房获得的利益，甲无权主张。故 D 选项错误。

52．诉讼时效的适用范围[CD]

[解析] 停止侵害和消除危险请求权都涉及绝对权的保护，且行为人的侵权行为一直处于持续状态，诉讼时效无法确定起算点，因此二者不适用诉讼时效期间的限制。本题中，甲未经乙同意，将大型油罐车停在乙家院子里，系对乙所有权（物权）的侵犯，作为所有权人的乙依法有权行使物权请求权中的停止侵害和消除危险请求权，此时，甲作为侵权人不可以主张诉讼时效抗辩。故 A、B 项说法错误。

一般动产价值小、流动大、易耗损，如果不适用诉讼时效的规定，多年后再提起诉讼，一是因年代久远存在举证困难；二是增加诉累；三是不利于矛盾的及时解决。综合考虑，规定这类普通动产适用诉讼时效。船舶、航空器和机动车等特殊动产，价值较大，被称为"准不动产"，准用不动产管理的很多规则。这类动产多进行物权登记，如果进行了登记，与不动产登记一样，产生强有力的公示公信效力。因此，登记动产物权的权利人请求返还财产不适用诉讼时效的规定。本题中，甲未经乙同意，将乙未上锁的自行车骑走的行为系侵权行为，自行车为普通动产，乙请求甲返还自行车的请求权依法受 3 年诉讼时效期间的限制。故 C 项说法正确。

无论是甲将大型油罐车停放在乙院子里抑或是骑走乙的自行车的行为均构成一般侵权行为，依法应当承担侵权损害赔偿责任。损害赔偿系债权请求权，依法适用 3 年诉讼时效期间的限制。故 D 项说法正确。

53．抵押权；抵押权的不可分性[ABCD]

[解析] 本题中，债权人原本是甲，可是当甲将其中的 200 万元债权转让给戊，并通知乙之后，对于这 200 万元的债务就应当由乙向戊履行。《民法典》第 407 条规定："抵押权不得与债权分离而单独转让或者作为其他债权的担保。债权转让的，担保该债权的抵押权一并转让，但是法律另有规定或者当事人另有约定的除外。"据此，当债权被部分转让的，受让人可以享有抵押权，因此戊在取得该 200 万元债权的同时也取得了对该债权的抵押权。

此外，丙和丁分别以其房屋对该债权设定了抵押权，构成共同担保。关于共同担保，在没有特别约定时，基本规则是：当债务人提供的物保与第三人提供的担保并存的，债权人应当先执行债务人的物保；若两个以上的担保均为第三人担保，则债权人向担保人行使权利时没有顺序的先后。本题设定的情形是两

个第三人抵押，即均为第三人担保，故债权人向担保人行使权利没有顺序的先后。据此，甲和戊均可就任何一个抵押人的财产实现全部权利，而且在找丙和丁主张权利之时，没有顺序先后的限制。故 A、B、C、D 项均错误。

54．承诺的效力[ABD]

[解析]《民法典》第 484 条规定："以通知方式作出的承诺，生效的时间适用本法第一百三十七条的规定。承诺不需要通知的，根据交易习惯或者要约的要求作出承诺的行为时生效。"又根据《民法典》第 137 条规定，以对话方式作出的意思表示，相对人知道其内容时生效。以非对话方式作出的意思表示，到达相对人时生效。本题中，程某是以非对话方式作出的承诺，承诺是否生效的关键在于是否有效到达相对人乙公司。程某写好承诺文件时，承诺尚未发出，合同不能成立，故 A 项错误。程某的秘书将承诺文件按照待发文件发出，属于职务行为，也符合日常的工作流程，虽未接到程某发出的明确指示，但是不影响承诺的效力，故 B 项错误。

《民法典》第 141 条规定："行为人可以撤回意思表示。撤回意思表示的通知应当在意思表示到达相对人前或者与意思表示同时到达相对人。"故 C 项正确。承诺只能撤回，不能撤销。承诺一旦到达相对人即生效，从而导致合同成立。因此，若撤回承诺的通知晚于承诺到达的，不能发生撤回的效力，合同依法成立。故 D 项错误。

55．违约责任；精神损害赔偿；职务侵权[AD]

[解析] 本题中，甲公司和乙公司履行合同义务不符合约定，均构成违约。《民法典》第 593 条规定："当事人一方因第三人的原因造成违约的，应当依法向对方承担违约责任。当事人一方和第三人之间的纠纷，依照法律规定或者按照约定处理。"据此，根据合同相对性原理，虽然甲公司履行不合约定是由于乙公司的原因所致，但张大爷只能要求合同相对方甲公司承担违约责任，甲公司承担责任后，可以按照与乙公司的合同约定向乙公司追偿。故 A 项正确，B 项错误。

朱某的行为属于职务行为，应由单位即乙公司承担责任，朱某对外不承担责任，故 C 项错误。

《民法典》第 996 条规定："因当事人一方的违约行为，损害对方人格权并造成严重精神损害，受损害方选择请求其承担违约责任的，不影响受损害方请求精神损害赔偿。"据此，违约责任和精神损害赔偿可以一并适用。《民法典》第 1183 条规定："侵害自然人人身权益造成严重精神损害的，被侵权人有权请求精神损害赔偿。因故意或者重大过失侵害自然人具有人身意义的特定物造成严重精神损害的，被侵权人有权请求精神损害赔偿。"本案中，对于张大爷来说，

宠物狗属于人身意义的特定物,由于宠物狗的死亡给张大爷带来严重的精神损害,在张大爷向甲公司主张违约时,可一并主张精神损害赔偿,故 D 项正确。

56．货币的特殊性；不当得利的构成［AD］

［解析］ 手表为盗赃物,甲将之转让给善意的乙,根据《民法典》第 312 条,原则上,乙不能善意取得该手表的所有权。乙将手表赠与给了丁,丁亦不能善意取得手表所有权(一方面因为手表为盗赃物；另一方面还因为赠与不适用善意取得),手表仍归丙所有,丙基于自己享有的所有权可请求丁返还原物。故 A 项正确。

对于甲从丙处盗窃的 4000 元现金,属于不当得利,丙可请求甲返还。由于现金作为货币是典型的流通物与消费物,占有即所有,对于已经补偿给乙的 1000 元,乙没有返还的义务；乙用 1000 元分别支付水费和购买衬衣后,商场与自来水公司均无返还的义务。故 B、C 项错误,D 项正确。

57．遗产分割；法定继承的顺序［AD］

［解析］本题中,熊某死亡时,杨某系熊某的配偶,小强系熊某的继子并与熊某形成抚养关系,根据《民法典》第 1127 条的规定,均为第一顺序法定继承人。故 A 项正确。

《民法典》第 1128 条第 1 款规定:"被继承人的子女先于被继承人死亡的,由被继承人的子女的直系晚辈血亲代位继承。"代位继承发生在继承人先于被继承人死亡的情形,熊某死亡后,女婴出生,但是旋即死亡,女婴应获得的遗产应当由女婴的法定继承人来继承,不是代位继承。故 B 项错误。

《民法典》第 1155 条规定:"遗产分割时,应当保留胎儿的继承份额。胎儿娩出时是死体的,保留的份额按照法定继承办理。"《民法典继承编解释(一)》第 31 条规定:"应当为胎儿保留的遗产份额没有保留的,应从继承人所继承的遗产中扣回。为胎儿保留的遗产份额,如胎儿出生后死亡的,由其继承人继承；如胎儿娩出时是死体的,由被继承人的继承人继承。"《民法典》第 16 条规定:"涉及遗产继承、接受赠与等胎儿利益保护的,胎儿视为具有民事权利能力。但是,胎儿娩出时为死体的,其民事权利能力自始不存在。"由此可知,关于胎儿利益保护问题共三种情形:(1)出生时为活体的,"应留份"归该婴儿。(2)出生时为死体的,"应留份"按原被继承人的遗产处理,由其他法定继承人继承。本题中,男婴娩出时为死体,为男婴保留的"应留份",应作为熊某的遗产,按法定继承办理,由熊某的第一顺序法定继承人杨某、小强和女婴继承,故 C 项错误。(3)出生活体旋即死亡的,"应留份"按婴儿的遗产处理。本题中,女婴为活体但旋即死亡,应留份按其的遗产处理,女婴的第一顺位继承人仅有杨某,其遗产由杨某继承,故 D 项正确。

58．动物侵权；分别侵权［CD］

［解析］《民法典》第 1245 条规定:"饲养的动物造成他人损害的,动物饲养人或者管理人应当承担侵权责任；但是,能够证明损害是因被侵权人故意或者重大过失造成的,可以不承担或者减轻责任。"由此可知,饲养的动物侵权的,动物饲养人或管理人承担无过错责任,即使证明已尽到管理职责也不能免责。故 A 项错误。

本案中,甲、乙饲养的山羊走脱,啃光珍稀药材,对于丙造成损害,属于多数人侵权的情形,甲、乙均需要承担责任。问题的关键是,两个加害人应当承担连带责任还是按份责任。首先,本案不是典型的共同侵权,因为本案是饲养的动物侵权,追究责任时根本不需要考虑过错,不存在共同故意或过失侵权的可能,就人的行为而言,也不存在行为的协同性。其次,饲养山羊不是具有危险性的行为,故又不是共同危险行为。最后,甲、乙两人饲养的动物侵权,可以从两个人分别侵权的角度分析,涉及两个条文,即《民法典》第 1171 条规定:"二人以上分别实施侵权行为造成同一损害,每个人的行为都足以造成全部损害的,行为人承担连带责任。"第 1172 条:"二人以上分别实施侵权行为造成同一损害,能够确定责任大小的,各自承担相应的责任；难以确定责任大小的,平均承担责任。"解答本题的关键是判断甲、乙对于各自动物的侵权,是应当承担连带责任(第 1171 条),还是承担按份责任(第 1172 条),对此,区分的要点在于每个人的行为是否足以造成全部损害。本题中,两只羊将药材悉数啃光,这不是一只羊可以造成的损害后果,即每个人的侵权行为都不足以造成损害后果的出现,因此应当适用《民法典》第 1172 条的规定,甲、乙之间应该是按份责任,能够确定责任大小的,按照确定的责任承担,不能确定责任大小的,平均承担责任。故 B 项错误,C、D 项正确。

59．产品责任［ABCD］

［解析］《民法典》第 1206 条第 1 款规定:"产品投入流通后发现存在缺陷的,生产者、销售者应当及时采取停止销售、警示、召回等补救措施；未及时采取补救措施或者补救措施不力造成损害扩大的,对扩大的损害也应当承担侵权责任。"本题中,汽车生产者甲公司虽采取了补救措施,但因补救措施不力造成产品侵权,仍应承担侵权责任。《民法典》第 1203 条第 1 款规定:"因产品存在缺陷造成他人损害的,被侵权人可以向产品的生产者请求赔偿,也可以向产品的销售者请求赔偿。"据此,构成产品侵权的,生产者与销售者应承担无过错责任、不真正连带责任。故 A、B、D 项正确。

《民法典》第 1207 条规定:"明知产品存在缺陷仍然生产、销售,或者没有依据前条规定采取有效补救措施,造成他人死亡或者健康严重损害的,被侵权人有权请求相应的惩罚性赔偿。"据此,受害人因产品侵权对生产者或销售者主张惩罚性赔偿责任,仅限于两种法定情形:(1)明知产品有缺陷仍生产、销售,造成他人死亡或者健康严重损害;(2)产品投入流通后发现存在缺陷,未依照《民法典》第1206条的规定采取"有效"补救措施,造成他人死亡或者健康严重损害。本题中情形属于第二种,生产者甲、销售者虽然进行了汽车召回,但补救措施不力,造成严重后果,因此,乙可主张惩罚性赔偿。故 C 项正确。

60. 反诉[AB]

[解析] 反诉,是指在诉讼程序进行中,本诉被告针对本诉原告向法院提出的独立的反请求。反诉主要具有以下特点:(1)反诉的主体特定。因为反诉是本诉被告向本诉原告提出请求,因此,反诉的原告只能是本诉的被告,反诉被告为本诉原告。故 A 项正确。(2)反诉请求独立。反诉是一个独立的请求,并不依附于本诉。(3)反诉的关系牵连性和目的对抗性。牵连关系包括两者的诉讼请求基于相同的法律关系,两者诉讼请求具有因果关系,两者的诉讼请求基于相同事实。故 D 项错误。(4)反诉的时间特定。《民诉解释》第232条规定:"在案件受理后,法庭辩论结束前,原告增加诉讼请求,被告提出反诉,第三人提出与本案有关的诉讼请求,可以合并审理的,人民法院应当合并审理。"因此,反诉提出的时间条件并非答辩期,而是法庭辩论结束前。故 C 项错误。(5)反诉与本诉程序同一。因为反诉必须是本诉被告在诉讼程序进行中针对本诉原告提出,因而反诉与本诉必须适用同一种诉讼程序。故 B 项正确。

61. 无独立请求权第三人的诉讼地位[BC]

[解析] 民事诉讼中的当事人,包括原告、被告和第三人,而第三人又分为有独立请求权第三人和无独立请求权第三人两类。第三人是案件的当事人,有自己独立的诉讼地位。故 A 项正确,不当选。

《民诉解释》第82条规定:"在一审诉讼中,无独立请求权的第三人无权提出管辖异议,无权放弃、变更诉讼请求或者申请撤诉,被判决承担民事责任的,有权提起上诉。"故 B 项错误,当选。无独立请求权第三人作为上诉人是有条件的,即一审判决其承担民事责任,但无独立请求权第三人作为被上诉人是没有条件的。故 C 项错误,当选。

《民诉解释》第81条规定:"根据民事诉讼法第五十九条的规定,有独立请求权的第三人有权向人民法院提出诉讼请求和事实、理由,成为当事人;无独立请求权的第三人,可以申请或者由人民法院通知参加诉讼。第一审程序中未参加诉讼的第三人,申请参加第二审程序的,人民法院可以准许。"无独立请求权第三人参加诉讼的案件,法院调解时需要确定无独立

请求权的第三人承担义务的,应经第三人同意,调解书应当同时送达第三人。第三人在调解书送达前反悔的,法院应当及时判决。故 D 项正确,不当选。

62. 共同危险行为侵权的举证责任[AB]

[解析] 本题考查共同危险案件的举证责任。侵权纠纷举证责任的判断步骤分三步走:第一步,根据"谁主张,谁举证"原则,一般应当由原告证明侵权构成要件(行为、结果、过错、因果关系),被告证明免责事由。第二步,共同危险案件不适用无过错责任原则,原则上原告应当证明侵权构成四要件(即行为、结果、因果关系、过错),被告证明免责事由。第三步,共同危险中不存在责任倒置的规定。综上,共同危险案件中,应当由原告证明行为、结果、因果关系和过错,被告证明免责事由。本题中,A 项中三被告投掷石子的行为属于"行为",B 项中刘某所受到的损失属于"结果",C 项是"因果关系",D 项是"过错",属于侵权行为四要件,都应当由原告刘某举证证明。故 A、B 项正确,C、D 项错误。

63. 延期审理;缺席判决;撤诉;中止诉讼[BD]

[解析]《民事诉讼法》第149条规定:"有下列情形之一的,可以延期开庭审理:(一)必须到庭的当事人和其他诉讼参与人有正当理由没有到庭的;……(四)其他应当延期的情形。"A 项是赡养案件,当事人必须到庭,不到庭则延期审理,但是,延期审理应当用决定,而不是裁定。故 A 项错误。B 项中,甲胃病发作未到庭属于有正当理由未到庭,法院可以决定延期审理。故 B 项正确。

根据《民事诉讼法》第154条的规定,离婚案件一方当事人死亡的,应裁定终结诉讼,而不是按撤诉处理。故 C 项错误。

《民事诉讼法》第153条规定:"有下列情形之一的,中止诉讼:……(二)一方当事人丧失诉讼行为能力,尚未确定法定代理人的;……"D 项属于第2项规定的情形,正确。

64. 当事人申请再审[ACD]

[解析]《民事诉讼法》第210条规定:"当事人对已经发生法律效力的判决、裁定,认为有错误的,可以向上一级人民法院申请再审;当事人一方人数众多或者当事人双方为公民的案件,也可以向原审人民法院申请再审。当事人申请再审的,不停止判决、裁定的执行。"《民事诉讼法》第215条第2款规定:"因当事人申请裁定再审的案件由中级人民法院以上的人民法院审理,但当事人依照本法第二百一十条的规定选择向基层人民法院申请再审的除外。最高人民法院、高级人民法院裁定再审的案件,由本院再审或者交其他人民法院再审,也可以交原审人民法院再审。"因此,本案当事人只能向省高院申请再审。本案省高院裁定再审后,既可以由省高院审理,也可以

由原审法院或者其他下一级法院再审。

《民事诉讼法》第218条第1款规定:"人民法院按照审判监督程序再审的案件,发生法律效力的判决、裁定是由第一审法院作出的,按照第一审程序审理,所作的判决、裁定,当事人可以上诉;发生法律效力的判决、裁定是由第二审法院作出的,按照第二审程序审理,所作的判决、裁定,是发生法律效力的判决、裁定;上级人民法院按照审判监督程序提审的,按照第二审程序审理,所作的判决、裁定是发生法律效力的判决、裁定。"因此,如果由省高院审理,属于提审,应当适用二审程序。如果由原审法院再审,由于本案是经过二审的,也应当适用二审程序。故A项正确,B项错误。

《民诉解释》第403条规定:"人民法院审理再审案件应当围绕再审请求进行。当事人的再审请求超出原诉讼请求的,不予审理;符合另案诉讼条件的,告知当事人可以另行起诉。被申请人及原审其他当事人在庭审辩论结束前提出的再审请求,符合民事诉讼法第二百一十二条①规定的,人民法院应当一并审理。人民法院经再审,发现已经发生法律效力的判决、裁定损害国家利益、社会公共利益、他人合法权益的,应当一并审理。"因此,省高院裁定再审后,韩某变更诉讼请求为解除合同,这属于再审时提出超出原审范围增加诉讼请求,不属于再审审理范围。故C项正确。

《民事诉讼法》第220条规定:"有下列情形之一的,当事人可以向人民检察院申请检察建议或者抗诉:(一)人民法院驳回再审申请的;(二)人民法院逾期未对再审申请作出裁定的;(三)再审判决、裁定有明显错误的。人民检察院对当事人的申请应当在三个月内进行审查,作出提出或者不予提出检察建议或者抗诉的决定。当事人不得再次向人民检察院申请检察建议或者抗诉。"因此,再审裁判,当事人可以向检察院申请抗诉。故D项正确。

65.案外人对执行标的的异议;析产诉讼;对共有财产的执行[BCD]

[解析]《民诉解释》第463条第1款规定:"案外人对执行标的提出的异议,经审查,按照下列情形分别处理:(一)案外人对执行标的不享有足以排除强制执行的权益的,裁定驳回其异议;(二)案外人对执行标的的享有足以排除强制执行的权益的,裁定中止执行。"本案中,车辆虽为共有,但郝辉还是对该车辆享有部分利益,案外人不享有足以排除强制执行的权益,法院不应当直接裁定中止执行。故A项错误。

《最高人民法院关于人民法院民事执行中查封、扣押、冻结财产的规定》第12条规定:"对被执行人与其他人共有的财产,人民法院可以查封、扣押、冻结,并及时通知共有人。共有人协议分割共有财产,

并经债权人认可的,人民法院可以认定有效。查封、扣押、冻结的效力及于协议分割后被执行人享有份额内的财产;对其他共有人享有份额内的财产的查封、扣押、冻结,人民法院应当裁定予以解除。共有人提起析产诉讼或者申请执行人代位提起析产诉讼的,人民法院应当准许。诉讼期间中止对该财产的执行。"本案中,法院可以查扣该共有财产。故B项正确。共有人协议分割共有财产并经债权人认可的,法院可以认定为有效。故C项正确。申请执行人龙前铭可对共有财产提起析产诉讼。故D项正确。

66.发起人的责任[ABC]

[解析]《公司法解释(三)》第2条规定:"发起人为设立公司以自己名义对外签订合同,合同相对人请求该发起人承担合同责任的,人民法院应予支持;公司成立后合同相对人请求公司承担合同责任的,人民法院应予支持。"相应的,《公司法》第44条第3款规定:"设立时的股东为设立公司以自己的名义从事民事活动产生的民事责任,第三人有权选择请求公司或者公司设立时的股东承担。"丙作为发起人为设立公司以自己的名义对外签订合同,无论公司是否成立,戊都可以请求丙承担合同责任。故A项正确。

《民法典》第75条第2款规定:"设立人为设立法人以自己的名义从事民事活动产生的民事责任,第三人有权选择请求法人或者设立人承担。"公司成立后,相对人戊享有选择权,既可以请求商贸公司承担清偿责任,也可以请求由丙承担清偿责任,而不是二者承担连带清偿责任。故B、C项正确,D项错误。

67.董事会会议的召集和议事规则[ACD]

[解析]《公司法》第124条第1款和第2款规定:"董事会会议应当有过半数的董事出席方可举行。董事会作出决议,应当经全体董事的过半数通过。董事会决议的表决,应当一人一票。"该法第27条规定:"有下列情形之一的,公司股东会、董事会的决议不成立:……(三)出席会议的人数或者所持表决权数未达到本法或者公司章程规定的人数或者所持表决权数;(四)同意决议事项的人数或者所持表决权数未达到本法或者公司章程规定的人数或者所持表决权数。"

据此,华胜股份公司董事会一共9人,5人以上出席可以举行董事会会议,5人以上通过决议有效。本题中的董事会会议有5人出席,符合法定人数;但是,仅4人表决通过决议,不足全体董事的半数,因此决议不成立。故B项正确,A、C、D项错误。

68.股份有限公司的设立[ABCD]

[解析]《公司法》第92条规定,设立股份有限

---

① 现为第216条,编者注。

公司,应当有 1 人以上 200 人以下为发起人。故 A 项正确。

《公司法》第 44 条第 2 款规定,公司未成立的,其法律后果由公司设立时的股东承受;设立时的股东为二人以上的,享有连带债权,承担连带债务。据此,命题人认为发起人之间的关系应当认定为一种合伙关系。故 B 项正确。

《公司法》第 98 条第 1 款规定:"发起人应当在公司成立前按照其认购的股份全额缴纳股款。"股份公司发起人认购的股份均应实缴,不缴足公司不能成立,因此不能分期缴纳,故 C 项正确。

《公司法》第 44 条规定了发起人责任,涉及违约、侵权等民事责任,同时应受《民法典》调整,故 D 项正确。

69．合伙人资格的继承[BCD]

[解析]《合伙企业法》第 50 条第 1 款规定:"合伙人死亡或者被依法宣告死亡的,对该合伙人在合伙企业中的财产份额享有合法继承权的继承人,按照合伙协议的约定或者经全体合伙人一致同意,从继承开始之日起,取得该合伙企业的合伙人资格。"经全体合伙人一致同意欧某方可成为合伙人。故 C 项应选。吴某之父不是合伙企业的合伙人,他的异议并不会阻碍欧某取得合伙人资格。故 A 项不当选。

《合伙企业法》第 50 条第 2 款规定:"有下列情形之一的,合伙企业应当向合伙人的继承人退还被继承合伙人的财产份额:……(二)法律规定或者合伙协议约定合伙人必须具有相关资格,而该继承人未取得该资格……"欧某不具有国家一级厨师资格,属于因特殊资格欠缺不能取得普通合伙人资格。故 B 项当选。

《合伙企业法》第 50 条第 3 款规定:"合伙人的继承人为无民事行为能力人或者限制民事行为能力人的,经全体合伙人一致同意,可以依法成为有限合伙人,普通合伙企业依法转为有限合伙企业。全体合伙人未能一致同意的,合伙企业应当将被继承合伙人的财产份额退还该继承人。"欧某被宣告为无民事行为能力人的,经全体合伙人一致同意可以依法成为有限合伙人,而不是普通合伙人。故 D 项当选。

70．破产管理人的更换[ABC]

[解析]《企业破产法》第 23 条规定:"管理人依照本法规定执行职务,向人民法院报告工作,并接受债权人会议和债权人委员会的监督。管理人应当列席债权人会议,向债权人会议报告职务执行情况,并回答询问。"故 A 项正确。

《企业破产法》第 69 条规定:"管理人实施下列行为,应当及时报告债权人委员会:(一)涉及土地、房屋等不动产权益的转让;……"故 B 项正确。

《企业破产法》第 33 条规定:"涉及债务人财产

的下列行为无效:(一)为逃避债务而隐匿、转移财产的;(二)虚构债务或者承认不真实的债务的。"第 34 条规定:"因本法第 31 条、第 32 条或者第 33 条规定的行为而取得的债务人的财产,管理人有权追回。"故 C 项正确。

管理人通过律师诉讼追索债务属于债务人内部管理事务,属于管理人的职责范围,管理人有权决定。将该业务交给自己所在律师事务所办理,只要收费合理、尽职尽责,就不存在不正当性。故 D 项错误。

71．短线交易的禁止性规定[ABC]

[解析]《证券法》第 44 条第 1 款规定:"上市公司、股票在国务院批准的其他全国性证券交易场所交易的公司持有 5%以上股份的股东、董事、监事、高级管理人员,将其持有的该公司的股票或者其他具有股权性质的证券在买入后 6 个月内卖出,或者在卖出后 6 个月内又买入,由此所得收益归该公司所有,公司董事会应当收回其所得收益。但是,证券公司因购入包销售后剩余股票而持有 5%以上股份,以及有国务院证券监督管理机构规定的其他情形的除外。"据此,该上市公司董事吴某持有该公司 6%的股份,将其持有的该公司股票在买入后的第 5 个月(不足 6 个月)卖出,违反了上述规定,其所得收益应归该公司所有,公司董事会应当收回其所得收益,故 A、B 项正确。**【特别提醒】**根据《证券法》第 44 条第 2 款规定,这里的董事、监事、高级管理人员、自然人股东持有的股票或者其他具有股权性质的证券,包括其配偶、父母、子女持有的及利用他人账户持有的股票或者其他具有股权性质的证券。这是 2020 年《证券法》修改新增的内容,要重点掌握。

《证券法》第 44 条第 3 款规定:"公司董事会不按照第 1 款规定执行的,股东有权要求董事会在 30 日内执行。公司董事会未在上述期限内执行的,股东有权为了公司的利益以自己的名义直接向人民法院提起诉讼。"据此,董事会不收回该收益的,股东有权要求董事会限期 30 日内收回,故 C 项正确。董事会拒不收回该收益的,股东有权以自己的名义向法院起诉,而非以公司的名义起诉,故 D 项错误。**【特别提醒】**注意责任董事的连带责任。根据《证券法》第 44 条第 4 款规定,公司董事会不按照本条第 1 款的规定执行的,负有责任的董事依法承担连带责任。

72．保险合同的解除[BCD]

[解析]《保险法》第 36 条规定:"合同约定分期支付保险费,投保人支付首期保险费后,除合同另有约定外,投保人自保险人催告之日起超过 30 日未支付当期保险费,或者超过约定的期限 60 日未支付当期保险费的,合同效力中止,或者由保险人按照合同约定的条件减少保险金额。被保险人在前款规定期限内发生保险事故的,保险人应当按照合同约定给付

保险金,但可以扣减欠交的保险费。"该法第37条规定:"合同效力依照本法第36条规定中止的,经保险人与投保人协商并达成协议,在投保人补交保险费后,合同效力恢复。但是,自合同效力中止之日起满2年双方未达成协议的,保险人有权解除合同。保险人依照前款规定解除合同的,应当按照合同约定退还保险单的现金价值。"人身保险中投保人在交纳首期保险费后未按期交纳后续保费,合同效力中止,保险人不享有解除合同权。故A项错误。

《保险法》第16条第3款规定:"前款规定的合同解除权,自保险人知道有解除事由之日起,超过30日不行使而消灭。自合同成立之日起超过2年的,保险人不得解除合同;发生保险事故的,保险人应当承担赔偿或者给付保险金的责任。"《保险法》第32条第1款:"投保人申报的被保险人年龄不真实,并且其真实年龄不符合合同约定的年龄限制的,保险人可以解除合同,并按照合同约定退还保险单的现金价值。保险人行使合同解除权,适用本法第16条第3款、第6款的规定。"保险合同成立已1年6个月,未超过2年除斥期间,保险人可解除合同。故B项正确。

《保险法》第16条第2款规定:"投保人故意或者因重大过失未履行前款规定的如实告知义务,足以影响保险人决定是否同意承保或者提高保险费率的,保险人有权解除合同。"可知,投保人在投保时故意未告知投保汽车曾遇严重交通事故致发动机受损的事实,保险人有权解除合同。故C项正确。

《保险法》第51条第3款规定:"投保人、被保险人未按照约定履行其对保险标的的安全应尽责任的,保险人有权要求增加保险费或者解除合同。"因此,投保人未履行对保险标的的安全维护之责任,保险人可以解除合同。故D项正确。

73. 滥用行政权力排除、限制竞争行为[AD]

[解析]《反垄断法》第39条规定:"行政机关和法律、法规授权的具有管理公共事务职能的组织不得滥用行政权力,限定或者变相限定单位或者个人经营、购买、使用其指定的经营者提供的商品。"可知,滥用行政权力排除、限制竞争的行为的主体除了行政机关还包括具有管理公共事务职能的组织。故A项正确。行政机关不仅包括地方政府及其部门,也包括中央政府部门。故B项错误。

《反垄断法》第41~45条规定了五种滥用行政权力排除、限制竞争的行为:妨碍商品流通、妨碍招标投标、限制或强制投资或设立分支机构、强制从事垄断行为、制定垄断性规定。C项以偏概全。故C项错误。

《反垄断法》第61条规定:"行政机关和法律、法规授权的具有管理公共事务职能的组织滥用行政权力,实施排除、限制竞争行为的,由上级机关责令改

正;对直接负责的主管人员和其他直接责任人员依法给予处分。反垄断执法机构可以向有关上级机关提出依法处理的建议。行政机关和法律、法规授权的具有管理公共事务职能的组织应当将有关改正情况书面报告上级机关和反垄断执法机构。法律、行政法规对行政机关和法律、法规授权的具有管理公共事务职能的组织滥用行政权力实施排除、限制竞争行为的处理另有规定的,依照其规定。"可知,针对排除、限制竞争的行为主要是行政责任。故D项正确。

74. 生产者、销售者的产品责任;展销会举办者、柜台出租者的特殊责任[ACD]

[解析]《消费者权益保护法》第40条第2款规定:"消费者或者其他受害人因商品缺陷造成人身、财产损害的,可以向销售者要求赔偿,也可以向生产者要求赔偿。属于生产者责任的,销售者赔偿后,有权向生产者追偿。属于销售者责任的,生产者赔偿后,有权向销售者追偿。"可见,李某可以向销售者丙公司要求赔偿,也可以向生产者丁公司要求赔偿。故A、C项丙、丁公司主张不符合法律规定,当选。

《消费者权益保护法》第43条规定:"消费者在展销会、租赁柜台购买商品或者接受服务,其合法权益受到损害的,可以向销售者或者服务者要求赔偿。展销会结束或者柜台租赁期满后,也可以向展销会的举办者、柜台的出租者要求赔偿。展销会的举办者、柜台的出租者赔偿后,有权向销售者或者服务者追偿。"可见,展销会结束后,李某可以向展销会举办者甲公司要求赔偿。故D项甲公司主张不符合法律规定,当选。

乙公司并不是家用电暖器的生产者和销售者,也不是展销会的举办者,不属于责任主体。故B项乙公司的主张符合法律规定,不当选。

75. 食品安全风险监测和评估制度[ABC]

[解析]《食品安全法》第14条第1款规定:"国家建立食品安全风险监测制度,对食源性疾病、食品污染以及食品中的有害因素进行监测。"故A项正确。

《食品安全法》第14条第2款规定:"国务院卫生行政部门会同国务院食品安全监督管理等部门,制定、实施国家食品安全风险监测计划。"故B项正确。

《食品安全法》第18条规定:"有下列情形之一的,应当进行食品安全风险评估:(一)通过食品安全风险监测或者接到举报发现食品、食品添加剂、食品相关产品可能存在安全隐患的;(二)为制定或者修订食品安全国家标准提供科学依据需要进行风险评估的;(三)为确定监督管理的重点领域、重点品种需要进行风险评估的;(四)发现新的可能危害食品安全因素的;(五)需要判断某一因素是否构成食品安全隐患的;(六)国务院卫生行政部门认为需要进行风险评估的其他情形。"故C项正确。

《食品安全法》第 21 条第 1 款规定:"食品安全风险评估结果是制定、修订食品安全标准和实施食品安全监督管理的科学依据。"可知,D 项错在"食品安全风险监测信息",应为"食品安全风险评估结果"。故 D 项错误。

76．商业银行违反审慎经营规则的整改措施[AC]

[解析]《银行业监督管理法》第 37 条第 1 款规定:"银行业金融机构违反审慎经营规则的,国务院银行业监督管理机构或者其省一级派出机构应当责令限期改正;逾期未改正的,或者其行为严重危及该银行业金融机构的稳健运行、损害存款人和其他客户合法权益的,经国务院银行业监督管理机构或者其省一级派出机构负责人批准,可以区别情形,采取下列措施:(一)责令暂停部分业务、停止批准开办新业务;(二)限制分配红利和其他收入;(三)限制资产转让;(四)责令控股股东转让股权或者限制有关股东的权利;(五)责令调整董事、高级管理人员或者限制其权利;(六)停止批准增设分支机构。"本题中,A 项对应第 2 项,C 项对应第 5 项,而 B、D 项没有相关法律依据。故 A、C 项正确,当选。

77．审计机关的职责和权限[AD]

[解析]《审计法》第 23 条规定:"审计机关对政府投资和以政府投资为主的建设项目的预算执行情况和决算,对其他关系国家利益和公共利益的重大公共工程项目的资金管理使用和建设运营情况,进行审计监督。"本项目由政府投资,应当接受审计监督。故 A 项正确。

冻结银行账户属于《行政强制法》中的行政强制措施,只能由法律授权的行政机关实施。《审计法》中未授予审计机关冻结银行账户的权利,因此审计机关不能自行实施冻结行为,而是应申请法院实施。对此,《审计法》38 条第 2 款规定,需要冻结被审计单位银行存款的,审计机关应当向人民法院提出申请。故 B 项错误。

《审计法》第 44 条规定:"审计组对审计事项实施审计后,应当向审计机关提出审计组的审计报告。审计组的审计报告报送审计机关前,应当征求被审计单位的意见。被审计单位应当自接到审计组的审计报告之日起十日内,将其书面意见送交审计组。审计组应当将被审计单位的书面意见一并报送审计机关。"本题中,审计组的审计报告在报送审计机关前,应征求被审计对象的意见,而不是在审计报告报送审计机关后再征求意见。故 C 项错误。

《审计法》第 46 条规定:"上级审计机关认为下级审计机关作出的审计决定违反国家有关规定的,可以责成下级审计机关予以变更或者撤销,必要时也可以直接作出变更或者撤销的决定。"故 D 项正确。

78．环境保护公益诉讼[AC]

[解析]《环境保护法》第 58 条第 1 款规定:"对污染环境、破坏生态,损害社会公共利益的行为,符合下列条件的社会组织可以向人民法院提起诉讼:(一)依法在设区的市级以上人民政府民政部门登记;(二)专门从事环境保护公益活动连续五年以上且无违法记录。"故 A 项正确。

《最高人民法院关于审理环境民事公益诉讼案件适用法律若干问题的解释》第 6 条第 3 款:"同一原告或者不同原告对同一污染环境、破坏生态行为分别向两个以上有管辖权的人民法院提起环境民事公益诉讼的,由最先立案的人民法院管辖,必要时由共同上级人民法院指定管辖。"据此,甲市和乙市两个环保公益组织分别就同一污染环境行为提起公益诉讼,应由最先立案的人民法院即甲市法院管辖。故 B 项错误,C 项正确。

《最高人民法院关于审理环境民事公益诉讼案件适用法律若干问题的解释》第 29 条规定,法律规定的机关和社会组织提起环境民事公益诉讼的,不影响因同一污染环境、破坏生态行为受到人身、财产损害的公民、法人和其他组织依据民事诉讼法第 119 条(现为第 122 条)的规定提起诉讼。据此,环保公益诉讼与个人环境侵权诉讼彼此不影响,相关机关和组织提起环境公益诉讼后,受害个人仍然可以针对污染行为提起侵权诉讼,故 D 项错误。

79．集体劳动合同[CD]

[解析]《劳动合同法》第 51 条第 2 款规定:"集体合同由工会代表企业职工一方与用人单位订立;尚未建立工会的用人单位,由上级工会指导劳动者推举的代表与用人单位订立。"应为上级工会指导劳动者推举,而非 2/3 职工推举。故 A 项错误。

《劳动合同法》第 54 条第 1 款规定:"集体合同订立后,应当报送劳动行政部门;劳动行政部门自收到集体合同文本之日起 15 日内未提出异议的,集体合同即行生效。"集体合同订立后,有 15 日的异议期,并非备案后即行生效。故 B 项错误。

《劳动合同法》第 54 条第 2 款规定:"依法订立的集体合同对用人单位和劳动者具有约束力。行业性、区域性集体合同对当地本行业、本区域的用人单位和劳动者具有约束力。"故 C 项正确。

《劳动合同法》第 56 条规定:"用人单位违反集体合同,侵犯职工劳动权益的,工会可以依法要求用人单位承担责任;因履行集体合同发生争议,经协商解决不成的,工会可以依法申请仲裁、提起诉讼。"故 D 项正确。

80．汇编作品;演绎作品;专有出版权;著作权侵权[ABC]

[解析] 由题干可知:朱某为口述作品(录音资

料)的著作权人;陈某为汇编作品著作权人;许某注释形成完整体系构成独立的演绎作品,他是演绎作品著作权人。

《著作权法》第16条规定:"使用改编、翻译、注释、整理、汇编已有作品而产生的作品进行出版、演出和制作录音录像制品,应当取得该作品的著作权人和原作品的著作权人许可,并支付报酬。"据此,若乙网络平台要发布该书的电子版,需要取得原作品的著作权人(朱某)的许可,未经许可发布该书的电子版,侵犯了朱某的信息网络传播权,故A项当选。陈某经许可将录音资料汇编为文字,该作品构成汇编作品,乙网络平台发布该书的电子版也需要取得汇编人(陈某)的许可,否则构成侵权,故B项当选。许某的图书注释形成完整体系,该作品构成演绎作品,注释人(许某)享有独立著作权,乙网络平台也应取得许某的许可,否则构成侵权,故C项当选。

专有出版权,是指图书出版者(甲出版社)对著作权人交付出版的作品,按照合同约定享有的专有出版权受法律保护,他人不得出版该作品。而《著作权法》所称的出版,是指作品的复制、发行(《著作权法》第63条)。本题中乙平台未经许可发布图书电子版,并非"复制+发行",虽然该行为构成侵权,但侵犯的是作者的信息网络传播权,没有侵犯甲出版社的专有出版权。故D项不当选。

81.外观设计专利侵权[AC]

[解析]《专利法》第23条规定:"授予专利权的外观设计,应当不属于现有设计;也没有任何单位或者个人就同样的外观设计在申请日以前向国务院专利行政部门提出过申请,并记载在申请日以后公告的专利文件中。授予专利权的外观设计与现有设计或者现有设计特征的组合相比,应当具有明显区别。授予专利权的外观设计不得与他人在申请日以前已经取得的合法权利相冲突。本法所称现有设计,是指申请日以前在国内外为公众所知的设计。"冯某对其绘制的熊猫图案享有著作权,德乐公司的外观设计专利侵犯了冯某的著作权,且与此在先权利相冲突,冯某有权申请其专利无效。故A项正确。

《专利法》第77条规定:"为生产经营目的的使用、许诺销售或者销售不知道是未经专利权人许可而制造并售出的专利侵权产品,能证明该产品合法来源的,不承担赔偿责任。"专利的善意侵权者包括善意的使用者和销售者,不包括制造者,伯恩公司未经许可制造了专利产品,无论是否知情都应当认定为侵权且应承担赔偿责任。故B项错误。

《专利法》第11条第2款规定:"外观设计专利权被授予后,任何单位或者个人未经专利权人许可,都不得实施其专利,即不得为生产经营目的的制造、许诺销售、销售、进口其外观设计专利产

品。"外观设计专利权人控制的范围是"制造、销售、许诺销售、进口"专利产品的行为,不控制对专利产品的使用行为,喜登公司的行为属于"使用"行为,不属于权利人控制范围,不侵权。故C项正确,D项错误。

82.合同的法律适用;诉讼时效的法律适用;公共秩序保留[AD]

[解析]《涉外民事关系法律适用法》第41条规定:"当事人可以协议选择合同适用的法律。当事人没有选择的,适用履行义务最能体现该合同特征的一方当事人经常居所地法律或者其他与该合同有最密切联系的法律。"故A项正确。

《涉外民事关系法律适用法解释(一)》第6条第1款规定:"当事人在一审法庭辩论终结前协议选择或者变更选择适用的法律的,人民法院应予准许。"故B项错误,不是"一审开庭前"而是"一审法庭辩论终结前"。

《涉外民事关系法律适用法》第7条规定,诉讼时效的准据法与基础法律关系的准据法一致,而非必须适用法院地去确定。故C项错误。

根据《涉外民事关系法律适用法解释(一)》第8条的规定,环境安全问题是强制保留事项,应直接适用中国法。故D项正确。

83.FCA术语[ACD]

[解析]国际贸易术语中,只能适用于水运的包括四个:FOB、CIF、CFR、FAS,其余的七个术语(包括FCA)可以用于任何运输方式,包括多式联运。故A项正确,B项错误。

FCA意为"货交承运人(指定交货地点)",货交第一承运人即完成交货,交货时(也即承运人收到货物时)风险即转移。故C、D项正确。

84.信用证"软条款"[AC]

[解析]信用证"软条款",是指在信用证中列入一些限制信用证生效的条件、或限制开证行付款的条件、或卖方难以实现的装运限制等,目的是使开证行在"单证、单单表面相符"下也无法履行付款义务,最终由开证申请人控制整笔交易。A项"禁止转船"属于卖方难以实现的装运限制,C项"开证行须在货物经检验合格后方可支付"属于限制开证行付款的条件,其共同特点是使开证行在"单证、单单表面相符"下也无法履行付款义务,属于信用证"软条款",故A、C项正确。

要求受益人提交已装船提单属于信用证中对单据的正常要求,不属于"软条款",故B项错误。

信用证一旦经保兑,即意味着开证行和保兑行对受益人承担"单证、单单表面相符"的连带付款责任,结果是增强了信用证的偿付效力,也不属于"软条款",故D项错误。

85.《伯尔尼公约》的国民待遇原则和自动保护原则［ACD］

［解析］《伯尔尼公约》有权享有国民待遇的包括：（1）公约成员国国民和在成员国有惯常居所的非成员国国民，其作品无论是否出版，均应在一切成员国中享有国民待遇；（2）非公约成员国国民，其作品只要是在任何一个成员国出版，或者在一个成员国和非成员国同时出版，也应在一切成员国中享有国民待遇。

本案中，李伍虽然不是伯尔尼公约的缔约国国民，但其文章在乙国发表，而乙国是该公约的缔约国，则李伍因其作品的出版国属于成员国而受公约保护，其作品在中国享有国民待遇。故 A 项正确。

李伍不是《伯尔尼公约》缔约国国民，如果其文章未在缔约国发表，则不受保护。故 B 项错误。

满成是《伯尔尼公约》缔约国乙国的公民，对于其作品，因其作者国籍是成员国而受公约保护。因此，满成的文章无论在任何国家首次发表，其作品在中国享有国民待遇。故 C 项正确。

《伯尔尼公约》的自动保护原则，作者依国民待遇原则在其他同盟成员国享有和行使其作品的著作权，不需要履行任何手续。即其作品无论发表与否都享有著作权。因此，对于满成的作品，无论发表与否，根据自动保护原则，其作品在中国享有国民待遇。故 D 项正确。

三、不定项选择题

86.无权处分；一物多卖的法律效力［BCD］

［解析］ 电脑的所有权人为顺风公司。张某以自己的名义，擅自将该电脑出卖给甲、乙、丙三份买卖合同均属于因无权处分订立的买卖合同。《民法典》第 597 条规定："因出卖人未取得处分权致使标的物所有权不能转移的，买受人可以解除合同并请求出卖人承担违约责任。"据此，因无权处分订立的买卖合同，无权处分不影响合同的效力，若无其他效力瑕疵，买卖合同有效。本题中，三份买卖合同均不存在无效事由，三份买卖合同均有效。故 A 项错误，B 项正确。

张某是无权处分，但均是以市价进行的买卖，不知情的乙在获得交付之后，可以善意取得电脑的所有权。故 C 项正确。

在张某与甲、丙的两份买卖合同中，张某对甲、丙负担的主给付义务是向甲、丙交付电脑并移转电脑所有权。由于张某已经向乙交付电脑且乙善意取得电脑所有权，张某对甲、丙交付电脑所有权的义务陷入履行不能，甲、丙有权解除买卖合同并请求张某承担违约责任。故 D 项正确。

87.拾得遗失物的法律效力［D］

［解析］ 依据通说，当一方得利与另一方受损范围不一致时，若得利大于损失，以损失为准返还，因为得利多出的部分与损失之间没有因果关系；若得利小于损失，则以得利为准返还。如果得利人有恶意，可以另外通过侵权主张损害赔偿。据此，损失不是返还的限度，当得利没有大于损失时，所得利益均应返还，且可以扣除必要费用。A 项中，返还不当得利可能以得利为限，也可能以损失为限，故 A 项错误。

对于费用扣除问题，我国《民法典》不当得利制度中没有规定，可参照无权占有人返还制度理解。《民法典》第 460 条规定："不动产或者动产被占有人占有的，权利人可以请求返还原物及其孳息；但是，应当支付善意占有人因维护该不动产或者动产支出的必要费用。"由于本题中李某是恶意占有人，因此不得主张扣除必要费用，故 B 项错误。

本题中，李某拾得电脑，构成无权占有人，乙是电脑的所有权人，相对于李某又是不当得利的债权人。作为权利人，虽然存在所有权为基础的返还原物请求权与不当得利请求权并存时，通常会选择行使前者，但是这不应理解为是权利人的强制义务，故可选择两种之一来行使，而不是应当选择以所有权身份来行使权利。故 C 项错误。

如果拾得人李某拒绝返还电脑，则侵犯了乙对电脑享有的所有权，构成侵占，乙可要求李某对其承担侵权责任。故 D 项正确。

88.留置权的构成、行使和消灭；占有返还请求权［BC］

［解析］ 依《民法典》第 447 条的规定，债务人不履行到期债务，债权人可以留置已经合法占有的债务人的动产，并有权就该动产优先受偿。本题中，王某作为电脑的承租人，将电脑交给康成电脑维修公司维修而拒付维修费，康成公司有权请求王某支付电脑维修费，也有权将电脑留置。但依《民法典》第 453 条第 1 款规定："留置权人与债务人应当约定留置财产后的债务履行期限；没有约定或者约定不明确的，留置权人应当给债务人六十日以上履行债务的期限，但是鲜活易腐等不易保管的动产除外。债务人逾期未履行的，留置权人可以与债务人协议以留置财产折价，也可以就拍卖、变卖留置财产所得的价款优先受偿。"本题中没有约定留置权的行使期间，因此至少要给对方 60 日的时间。故 A 项错误。

《民法典》第 457 条规定："留置权人对留置财产丧失占有或者留置权人接受债务人另行提供担保的，留置权消灭。"当李某将电脑偷回以后，留置权人丧失了对于留置物的占有，则丧失留置权，故 B 项正确。

李某将电脑偷回的行为，侵犯了康成公司作为留置权人的占有。《民法典》第 462 条规定："占有的不动产或者动产被侵占的，占有人有权请求返还原物；

对妨害占有的行为,占有人有权请求排除妨害或者消除危险;因侵占或者妨害造成损害的,占有人有权依法请求损害赔偿。占有人返还原物的请求权,自侵占发生之日起一年内未行使的,该请求权消灭。"因此,康成公司可基于占有返还原物请求权请求李某返还电脑。故 C 项正确。

本题中,王某将电脑交给康成公司进行维修,维修合同的主体是王某和康成公司,基于合同的相对性,康成公司只能主张王某支付维修费,而不能主张李某支付维修费,故 D 项错误。

89．法定继承人的范围;遗产的分配[C]

[解析] 大志是徐某的侄子,不是徐某的法定继承人,故 A 项错误。

根据《民法典》第 1127 条第 3 款规定,享有法定继承权的子女,包括婚生子女、非婚生子女、养子女和有扶养关系的继子女。因此,只有有扶养关系的继子女才是第一顺位的法定继承人。本题,徐某死亡时,徐某和王某已经离婚,且小美跟随王某生活,徐某不再照顾小美,此时小美已经不再是徐某"有扶养关系的继子女",因此小美不再享有继承权。故 B 项错误。

小磊是徐某的亲生子女,享有法定继承权,是否尽到对徐某的赡养义务对继承权没有影响,故 C 项正确。

《民法典》第 1131 条规定:"对继承人以外的依靠被继承人扶养的人,或者继承人以外的对被继承人扶养较多的人,可以分给适当的遗产。"据此,对被继承人扶养较多的人,可以分给适当的遗产,而非应当分给遗产,故 D 项错误。

90．处分原则[A]

[解析] 处分原则指民事诉讼当事人在诉讼进行中,在法律许可的范围内,有权处置自己的民事实体权利和民事诉讼权利。本题中,甲、乙两人并未要求丙支付利息,一审法院却主动判决丙支付利息,这是对甲、乙两人处分权利的侵犯,违背了民事诉讼的处分原则。故 A 项正确。

辩论原则指双方当事人在人民法院主持下,有权就案件事实和适用法律等有争议的问题,陈述各自的主张和意见,相互进行反驳和答辩,以维护自己的合法民事权益。本题题干未体现出违背民事诉讼的辩论原则。故 B 项错误。

当事人诉讼权利平等原则,是指在民事诉讼中,当事人平等地享有和行使诉讼权利。本题一审法院并没有违反这一原则。故 C 项错误。

同等原则,是指外国人、无国籍人、外国企业和组织在我国人民法院起诉、应诉,同我国公民、法人和其他组织有同等的诉讼权利和义务。本题一审法院的判决并不涉及对同等原则的违背。故 D 项错误。

91．二审中当事人的确定[D]

[解析]《民诉解释》第 72 条规定:"共有财产权受到他人侵害,部分共有权人起诉的,其他共有权人为共同诉讼人。"本案中,丙承租的房屋为甲、乙共有,因丙未付租金,甲、乙起诉属于必要共同原告。因此,本案属于必要共同诉讼。

本题考查二审中当事人的诉讼地位,确认规则是"谁上诉,谁是上诉人;对谁提起上诉,谁是被上诉人;都上诉则都为上诉人,没有被上诉人"。本题中,原告和被告均提出上诉,因此所有人均为上诉人,没有被上诉人。故 D 项正确,A、B、C 项错误。

92．二审中原告增加诉讼请求的处理[CD]

[解析]《民诉解释》第 326 条规定:"在第二审程序中,原审原告增加独立的诉讼请求或者原审被告提出反诉的,第二审人民法院可以根据当事人自愿的原则就新增加的诉讼请求或者反诉进行调解;调解不成的,告知当事人另行起诉。双方当事人同意由第二审人民法院一并审理的,第二审人民法院可以一并裁判。"本题中,一审中原告甲和乙起诉要求丙给付的是租金,并没有提到解除租赁关系。从诉的分类角度来看,一审原告甲和乙提的是给付之诉,而甲上诉请求解除与丙的租赁关系,则属于变更之诉,这就属于原审原告增加独立的诉讼请求,二审法院不能直接判决,也不能直接裁定发回重审。故 A、B 项错误。调解需要当事人同意。故 C 项正确。

甲和乙在一审程序中为必要共同原告,根据《民事诉讼法》第 55 条第 2 款的规定,即共同诉讼的一方当事人对诉讼标的有共同权利义务的,其中一人的诉讼行为经其他共同诉讼人承认,对其他共同诉讼人发生效力。因此,甲在上诉中提出要求解除租赁关系的请求时,应当征得房屋共同所有人乙的同意。故 D 项正确。

93．二审反诉的处理[D]

[解析]《民诉解释》第 326 条规定:"在第二审程序中,原审原告增加独立的诉讼请求或者原审被告提出反诉的,第二审人民法院可以根据当事人自愿的原则就新增加的诉讼请求或者反诉进行调解;调解不成的,告知当事人另行起诉。双方当事人同意由第二审人民法院一并审理的,第二审人民法院可以一并裁判。"本题中,丙提出用房屋修缮款抵销租金的请求,构成反诉,二审法院正确的处理办法是经当事人同意进行调解解决,调解不成的,告知丙另行起诉。故 D 项正确,A、B、C 项错误。

94．出资瑕疵责任[D]

[解析]《公司法》第 73 条第 2 款规定:"董事会会议应当有过半数的董事出席方可举行。董事会作出决议,应当经全体董事的过半数通过。"甲公司董事会有 3 人,其中 2 人出席并一致通过决议,符合法

定要求,决议有效,故 A 项错误。

《公司法》第 52 条第 1 款规定:"股东未按照公司章程规定的出资日期缴纳出资,公司依照前条第一款规定发出书面催缴书催缴出资的,可以载明缴纳出资的宽限期;宽限期自公司发出催缴书之日起,不得少于六十日。宽限期届满,股东仍未履行出资义务的,公司经董事会决议可以向该股东发出失权通知,通知应当以书面形式发出。自通知发出之日起,该股东丧失其未缴纳出资的股权。"据此,自失权通知发出之日起,李某就丧失了股权,故 B 项错误。

《公司法》第 52 条第 2 款规定:"依照前款规定丧失的股权应当依法转让,或者相应减少注册资本并注销该股权;六个月内未转让或者注销的,由公司其他股东按照其出资比例足额缴纳相应出资。"据此,对丧失的股权或转让或注销,并不是一律要求注销,故 C 项错误。

在股权丧失之前,相应股东的股东资格及股东义务是存在的,仍应在未缴纳出资额内对公司债务承担责任,故 D 项正确。

95．合伙企业事务的执行[BD]

[解析]《合伙企业法》第 11 条规定:"合伙企业的营业执照签发日期,为合伙企业成立日期。合伙企业领取营业执照前,合伙人不得以合伙企业名义从事合伙业务。"故 A 项正确。

《合伙企业法》第 27 条第 1 款规定:"依照本法第二十六条第二款规定委托一个或者数个合伙人执行合伙事务的,其他合伙人不再执行合伙事务。"第 37 条规定:"合伙企业对合伙人执行合伙事务以及对外代表合伙企业权利的限制,不得对抗善意第三人。"据此,既然诚意商行约定了秦某为事务执行人,则郑某无权对外代表诚意商行,但该内部限制不得对抗善意第三人。乙公司作为善意第三人,有权要求合伙企业履行合同。故 D 项错误。

《合伙企业法》第 39 条规定:"合伙企业不能清偿到期债务的,合伙人承担无限连带责任。"本题中,因为诚意商行和乙公司的购销合同有效,债权人乙公司可以主张普通合伙人秦某和郑某对企业不能清偿的债务承担连带责任。故 B 项错误,C 项正确。

96．支票的付款日期;票据抗辩;票据丧失及其救济[AC]

[解析] 票据具有无因性,尽管甲尚未履行房屋过户登记义务,但银行无权拒绝支付票据金额。故 A 项正确。

关于 B 项存在争议。《票据法》第 13 条第 2 款规定:"票据债务人可以对不履行约定义务的与自己有直接债权债务关系的持票人,进行抗辩。"甲和乙是房屋买卖合同中的当事人,具有直接的债权债务关系,甲可根据房屋买卖合同要求乙支付房款,乙可要

求甲履行过户房屋之义务,因此若甲要求乙支付房款,乙可以行使合同中的抗辩权拒绝支付票据金额,故 B 项正确。另一种观点认为,实践中,当事人只能配合但无法决定行政机关的登记过户事项,因此不能以此作为拒付理由,故 B 项错误。司法部答案采用后者观点。

《票据法》第 17 条第 1 款第 2 项规定,持票人对支票出票人的票据权利期限为 6 个月,自出票日起算。本题中,2006 年 1 月中旬,距出票日并未超过 6 个月,所以甲对乙仍享有票据权利,乙仍须对甲承担票据责任。银行拒付后,甲可向乙行使票据权利,也可依据房屋买卖合同要求乙承担合同的付款责任。故 C 项正确。

持票人丧失对票据的占有时,法律给予一定的补救措施,即挂失止付、公示催告和诉讼程序,但是票据人并没有丧失票据权利。故 D 项错误。

97．经济性裁员;经济补偿金[BD]

[解析]《劳动合同法》第 41 条第 1 款规定:"有下列情形之一,需要裁减人员 20 人以上或者裁减不足 20 人但占企业职工总数 10%以上的,用人单位提前 30 日向工会或者全体职工说明情况,听取工会或者职工的意见后,裁减人员方案经向劳动行政部门报告,可以裁减人员:……(二)生产经营发生严重困难的;……"第 46 条第 4 项规定,用人单位依照本法第 41 条第 1 款规定解除劳动合同的,用人单位应当向劳动者支付经济补偿。故 A 项错误。

《劳动合同法》第 41 条第 2 款规定:"裁减人员时,应当优先留用下列人员:(一)与本单位订立较长期限的固定期限劳动合同的;(二)与本单位订立无固定期限劳动合同的;(三)家庭无其他就业人员,有需要扶养的老人或者未成年人的。"B 项符合第 2 项规定的情形,应优先留用。故 B 项正确。

《劳动合同法》第 42 条规定:"劳动者有下列情形之一的,用人单位不得依照本法第四十条、第四十一条的规定解除劳动合同:……(三)患病或者非因工负伤,在规定的医疗期内的;(四)女职工在孕期、产期、哺乳期的;(五)在本单位连续工作满 15 年,且距法定退休年龄不足 5 年的……"C 项缺少"不足 5 年"的条件,其中女职工缺少"孕期、产期、哺乳期"的条件,不属于"不得裁减"的范围,故 C 项错误;D 项正确。

98．横向垄断协议的认定与处罚规则[AD]

[解析]《反垄断法》第 21 条规定:"行业协会不得组织本行业的经营者从事本章禁止的垄断行为。"该县会计师行业自律委员会组织下达成的排除、限制竞争的协议,具有违法性。故 A 项正确,B 项错误。

《反垄断法》第 13 条规定,对垄断协议行为,国

务院反垄断执法机构或经授权的相应省级机构,负责反垄断执法工作。该自律委员会组织达成垄断协议,违反《反垄断法》,实践中主要由市场监督管理部门(原工商行政管理部门)负责执法。故 C 项错误。

《反垄断法》第 56 条第 1 款规定:"经营者违反本法规定,达成并实施垄断协议的,由反垄断执法机构责令停止违法行为,没收违法所得,并处上一年度销售额百分之一以上百分之十以下的罚款……尚未实施所达成的垄断协议的,可以处三百万元以下的罚款。……"可见,即使该协议尚未实施,如构成违法,也可予以查处。故 D 项正确。

99.注册商标无效;恶意注册商标[ACD]

[解析]《商标法》第 64 条第 1 款规定:"注册商标专用权人请求赔偿,被控侵权人以注册商标专用权人未使用注册商标提出抗辩的,人民法院可以要求注册商标专用权人提供此前三年内实际使用该注册商标的证据。注册商标专用权人不能证明此前三年内实际使用过该注册商标,也不能证明因侵权行为受到其他损失的,被控侵权人不承担赔偿责任。"我国鼓励商标实际使用,但不鼓励商标囤积行为。如果丁公司 3 年未实际使用该商标,被控侵权人甲公司无需承担赔偿责任。故 A 项正确。

《商标法》第 44 条第 1 款规定:"已经注册的商标,违反本法第四条、第十条、第十一条、第十二条、第十九条第四款规定的,或者是以欺骗手段或者其他不正当手段取得注册的,由商标局宣告该注册商标无效;其他单位或者个人可以请求商标评审委员会宣告该注册商标无效。"丁公司囤积商标,该行为应定性为"不以使用为目的的恶意商标注册申请"(《商标法》第 4 条),此类情形因为申请人主观恶意较大,他人请求宣告商标无效的,没有"5 年"时间限制。故 B 项错误。

《商标法》第 59 条第 3 款规定:"商标注册人申请商标注册前,他人已经在同一种商品或者类似商品上先于商标注册人使用与注册商标相同或者近似并有一定影响的商标的,注册商标专用权人无权禁止该

使用人在原使用范围内继续使用该商标,但可以要求其附加适当区别标识。"甲公司虽然没有注册商标,但其在同类或类似商品上使用白鸽商标并有一定影响力,形成了商标的"先用权",所以乙公司无权禁止甲公司在原有使用范围内继续使用该商标。故 C 项正确。

《商标法》第 45 条第 1 款规定:"已经注册的商标,违反本法第十三条第二款和第三款、第十五条、第十六条第一款、第三十条、第三十一条、第三十二条规定的,自商标注册之日起五年内,在先权利人或者利害关系人可以请求商标评审委员会宣告该注册商标无效。对恶意注册的,驰名商标所有人不受五年的时间限制。"乙公司是甲公司的供应商,其明知甲公司的白鸽商标存在仍恶意注册,甲公司可自该商标注册之日起 5 年内请求商标评审机构宣告该注册商标无效。此外,由题干可知,白鸽商标尚不构成驰名商标,应当受 5 年时间限制。故 D 项正确。

100.涉外财产关系和离婚的法律适用[ABCD]

[解析]《涉外民事关系法律适用法》第 24 条规定:"夫妻财产关系,当事人可以协议选择适用一方当事人经常居所地法律、国籍国法律或者主要财产所在地法律。当事人没有选择的,适用共同经常居所地法律;没有共同经常居所地的,适用共同国籍国法律。"韩国为一方当事人经常居所地,双方可以选择适用韩国法律。故 A 项正确。

该法第 27 条规定:"诉讼离婚,适用法院地法律。"故 B 项正确。

该法第 26 条规定:"协议离婚,当事人可以协议选择适用一方当事人经常居所地法律或者国籍国法律。当事人没有选择的,适用共同经常居所地法律;没有共同经常居所地的,适用共同国籍国法律;没有共同国籍的,适用办理离婚手续机构所在地法律。"中国为双方当事人共同居所地,因此双方没有协议即适用中国法。故 C 项正确。中国、韩国和德国分别为双方共同经常居所地和一方当事人的国籍国,因此双方可以选择适用该地的法律。故 D 项正确。

试 卷 一

试 题

一、单项选择题。每题所设选项中只有一个正确答案，多选、错选或不选均不得分。本部分含 1—50 题，每题 1 分，共 50 分。

1．临产孕妇黄某由于胎盘早剥被送往医院抢救，若不尽快进行剖宫产手术将危及母子生命。当时黄某处于昏迷状态，其家属不在身边，且联系不上。经医院院长批准，医生立即实施了剖宫产手术，挽救了母子生命。该医院的做法体现了法的价值冲突的哪一解决原则？

A. 价值位阶原则

B. 自由裁量原则

C. 比例原则

D. 功利主义原则

2．尹老汉因女儿很少前来看望，诉至法院要求判决女儿每周前来看望 1 次。法院认为，根据《老年人权益保障法》第十八条规定，家庭成员应当关心老年人的精神需求，不得忽视、冷落老年人；与老年人分开居住的家庭成员，应当经常看望或问候老年人。而且，关爱老人也是中华传统美德。法院遂判决被告每月看望老人 1 次。关于此案，下列哪一说法是错误的？

A. 被告看望老人次数因法律没有明确规定，由法官自由裁量

B.《老年人权益保障法》第十八条中没有规定法律后果

C. 法院判决所依据的法条中规定了积极义务和消极义务

D. 法院判决主要是依据道德作出的

3．《集会游行示威法》第四条规定："公民在行使集会、游行、示威的权利的时候，必须遵守宪法和法律，不得反对宪法所确定的基本原则，不得损害国家的、社会的、集体的利益和其他公民的合法的自由和权利。"关于这一规定，下列哪一说法是正确的？

A. 该条是关于权利的规定，因此属于授权性规则

B. 该规定表明法律保护人的自由，但自由也应受到法律的限制

C. 公民在行使集会、游行、示威的权利的时候，不得损害国家的、社会的、集体的利益，因此国家利益是我国法律的最高价值

D. 该规定的内容比较模糊，因而对公民不具有指导意义

4．中学生小张课间打篮球时被同学小黄撞断锁骨，小张诉请中学和小黄赔偿 1.4 万余元。法院审理后认为，虽然 2 被告对原告受伤均没有过错，不应承担赔偿责任，但原告毕竟为小黄所撞伤，该校的不当行为也是伤害事故发生的诱因，且原告花费 1.3 万余元治疗后尚未完全康复，依据公平原则，法院酌定被告各补偿 3000 元。关于本案，下列哪一判断是正确的？

A. 法院对被告实施了法律制裁

B. 法院对被告采取了不诉免责和协议免责的措施

C. 法院做出对被告有利的判决，在于对案件事实与规范间关系进行了证成

D. 被告承担法律责任主要不是因为行为与损害间存在因果关系

5．关于我国宪法的修改，下列哪一说法是错误的？

A.《宪法》没有专章规定修改程序

B.《宪法》规定的修宪机关是全国人民代表大会

C.《立法法》规定，宪法修正案由国家主席令公布

D.《全国人大议事规则》规定，宪法修改以投票方式表决

6．根据《宪法》和法律的规定，关于民族自治地方自治权，下列哪一表述是正确的？

A. 自治权由民族自治地方的权力机关、行政机关、审判机关和检察机关行使

B. 自治州人民政府可以制定政府规章对国务院部门规章的规定进行变通

C. 自治条例可以依照当地民族的特点对宪法、法律和行政法规的规定进行变通

D. 自治县制定的单行条例须报省级人大常委会批准后生效，并报全国人大常委会备案

7. "名例律"作为中国古代律典的"总则"篇,经历了发展、变化的过程。下列哪一表述是不正确的?

A. 《法经》六篇中有"具法"篇,置于末尾,为关于定罪量刑中从轻从重法律原则的规定

B. 《晋律》共 20 篇,在刑名律后增加了法例律,丰富了刑法总则的内容

C. 《北齐律》共 12 篇,将刑名与法例律合并为名例律一篇,充实了刑法总则,并对其进行逐条逐句的疏议

D. 《大清律例》的结构、体例、篇目与《大明律》基本相同,名例律置首,后为吏律、户律、礼律、兵律、刑律、工律

8. 联合国会员国甲国出兵侵略另一会员国。联合国安理会召开紧急会议,讨论制止甲国侵略的决议案,并进行表决。表决结果为:常任理事国 4 票赞成、1 票弃权;非常任理事国 8 票赞成、2 票否决。据此,下列哪一选项是正确的?

A. 决议因有常任理事国投弃权票而不能通过

B. 决议因非常任理事国两票否决而不能通过

C. 投票结果达到了安理会对实质性问题表决通过的要求

D. 安理会为制止侵略行为的决议获简单多数赞成票即可通过

9. 乙国军舰 A 发现甲国渔船在乙国领海走私,立即发出信号开始紧追,渔船随即逃跑。当 A 舰因机械故障被迫返航时,令乙国另一艘军舰 B 在渔船逃跑必经的某公海海域埋伏。A 舰返航半小时后,渔船出现在 B 舰埋伏的海域。依《联合国海洋法公约》及相关国际法规则,下列哪一选项是正确的?

A. B 舰不能继续 A 舰的紧追

B. A 舰应从毗连区开始紧追,而不应从领海开始紧追

C. 为了紧追成功,B 舰不必发出信号即可对渔船实施紧追

D. 只要 B 舰发出信号,即可在公海继续对渔船紧追

10. 甲乙两国因政治问题交恶,甲国将其驻乙国的大使馆降级为代办处。后乙国出现大规模骚乱,某乙国公民试图翻越围墙进入甲国驻乙国代办处,被甲国随员汤姆开枪打死。根据国际法的相关规则和实践,关于本案,下列哪一选项是正确的?

A. 因甲国主动将其驻乙国的大使馆降级为代办处,代办处不再享有使馆的特权与豁免

B. 随员汤姆的行为是为了保护代办处的安全,因此不负任何刑事责任

C. 乙国可以因随员汤姆的开枪行为对其采取刑事强制措施

D. 若甲国明示放弃汤姆的外交豁免权,则乙国可以对汤姆采取刑事强制措施

11. 关于司法功能的表述,下列哪一选项是错误的?

A. 司法具有解决纠纷、调整社会关系的直接功能和解释、补充法律及形成公共政策、秩序维持、文化支持等间接功能

B. 司法要求司法活动的公开性、裁判人员的中立性、当事人地位的平等性、司法过程的参与性、司法活动的合法性、案件处理的正确性

C. 我国晋代刘颂认为应该严格区分君臣在实现司法公正方面的职责

D. 英国哲学家培根强调司法公正的重要性:"一次不公的判断比多次不平的举动为祸尤烈。因为这些不平的举动不过弄脏了水流,而不公的判断则把水源败坏了"

12. 关于法官在司法活动中如何理解司法效率,下列哪一说法是不正确的?

A. 司法效率包括司法的时间效率、资源利用效率和司法活动的成本效率

B. 在遵守审理期限义务上,对法官职业道德上的要求更加严格,应力求在审限内尽快完成职责

C. 法官采取程序性措施时,应严格依法并考虑效率方面的代价

D. 法官应恪守中立,不主动督促当事人或其代理人完成诉讼活动

13. 下列关于法律援助的哪一说法是不能成立的?

A. 在共同犯罪案件中,其他犯罪嫌疑人、被告人已委托辩护人的,法院可以通知法律援助机构指派律师为其提供辩护,无须进行经济状况审查

B. 律师事务所拒绝法律援助机构的指派,不安排本所律师办理法律援助案件的,由司法行政部门给予警告,责令改正

C. 我国的法律援助实行部分无偿服务、部分为"缓交费"或"减费"形式有偿服务的制度

D. 检察院发现法院在强制医疗案件中对被告人应当通知辩护而没有通知的,应当提出纠正意见

14. 下列哪一选项属于违反法官职业道德规范的情形?

A. 甲市中级法院陈法官的妹妹接到乙县法院开庭传票,晚上到哥哥家咨询开庭注意事项。陈法官只叮嘱其妹庭上发言要有针对性,不要滔滔不绝

B. 乙市某法学院针对甲市中级法院在审案件组织模拟法庭,乙市中级法院钱法官应邀担任审判长。庭审后,钱法官就该案件审理和判决向同学们谈了看法

C. 林法官担任某法学院兼职博士生导师,每年招收法学博士研究生1名

D. 某省高级法院朱院长担任法学会法律文书学研究会副会长

15．关于刑法解释的说法,下列哪一选项是正确的?

A. 将盗窃罪对象的"公私财物"解释为"他人的财物",属于缩小解释

B. 将《刑法》第一百七十一条出售假币罪中的"出售"解释为"购买和销售",属于当然解释

C. 对随身携带枪支等国家禁止个人携带的器械以外的其他器械进行抢夺的,解释为以抢劫罪定罪,属于扩张解释

D. 将信用卡诈骗罪中的"信用卡"解释为"具有消费支付、信用贷款、转账结算、存取现金等全部功能或者部分功能的电子支付卡",属于类推解释

16．关于因果关系,下列哪一选项是正确的?

A. 甲驾车行驶在高速公路上,一直在自己的车道上正常行驶。乙突然驾车从旁边车道挤过来,导致两车相撞,乙因事故受重伤。乙的重伤结果与甲的行为之间有因果关系

B. 甲在沙滩上将乙打昏,乙昏倒时面朝沙滩,甲以为乙已经死亡,遂离开,实际上乙是由于吸入沙子窒息而亡。甲的行为和乙的死亡结果之间没有因果关系

C. 甲带小孩小甲去公园玩,邻居奶奶带孙子出去玩,甲临时有事委托邻居奶奶照看小甲。在玩耍中,小甲准备从高处跳下来,邻居奶奶没有阻止,小甲摔成重伤。邻居奶奶不阻止的行为与小甲摔成重伤之间具有因果关系

D. 甲、乙系男女朋友,甲开车在高速路上行驶时两人吵架,乙要下车,要求甲停车。甲不停车,乙跳车摔成重伤,甲的行为与乙受伤结果之间具有因果关系

17．下列哪一行为构成故意犯罪?

A. 他人欲跳楼自杀,围观者大喊"怎么还不跳",他人跳楼而亡

B. 司机急于回家,行驶时闯红灯,把马路上的行人撞死

C. 误将熟睡的孪生妻妹当成妻子,与其发生性关系

D. 作客的朋友在家中吸毒,主人装作没看见

18．关于责任年龄与责任能力,下列哪一选项是正确的?

A. 甲在不满14周岁时安放定时炸弹,炸弹于甲已满14周岁后爆炸,导致多人伤亡。甲对此不负刑事责任

B. 乙在精神正常时着手实行故意伤害犯罪,伤害过程中精神病突然发作,在丧失责任能力时抢走被害人财物。对乙应以抢劫罪论处

C. 丙将毒药投入丁的茶杯后精神病突然发作,丁在丙丧失责任能力时喝下毒药死亡。对丙应以故意杀人罪既遂论处

D. 戊为给自己杀人壮胆而喝酒,大醉后杀害他人。戊不承担故意杀人罪的刑事责任

19．关于正当防卫与紧急避险的比较,下列哪一选项是正确的?

A. 正当防卫中的不法"侵害"的范围,与紧急避险中的"危险"相同

B. 对正当防卫中不法侵害是否"正在进行"的认定,与紧急避险中危险是否"正在发生"的认定相同

C. 对正当防卫中防卫行为"必要限度"的认定,与紧急避险中避险行为"必要限度"的认定相同

D. 若正当防卫需具有防卫意图,则紧急避险也须具有避险意图

20．甲、乙两家有仇。某晚,两拨人在歌厅发生斗殴,甲、乙恰巧在场并各属一方。打斗中乙持刀砍伤甲小臂,甲用木棒击中乙头部,致乙死亡。关于甲的行为,下列哪一选项是正确的?

A. 属于正当防卫 　B. 属于紧急避险

C. 属于防卫过当 　D. 属于故意杀人

21．甲与一女子有染,其妻乙生怨。某日,乙将毒药拌入菜中意图杀甲。因久等未归且又惧怕法律制裁,乙遂打消杀人恶念,将菜倒掉。关于乙的行为,下列哪一选项是正确的?

A. 犯罪预备

B. 犯罪预备阶段的犯罪中止

C. 犯罪未遂

D. 犯罪实行阶段的犯罪中止

22．甲(15周岁)求乙(16周岁)为其抢夺作接应,乙同意。某夜,甲抢夺被害人的手提包(内有1万元现金),将包扔给乙,然后吸引被害人跑开。乙害怕坐牢,将包扔在草丛中,独自离去。关于本案,下列哪一选项是错误的?

A. 甲不满16周岁,不构成抢夺罪

B. 甲与乙构成抢夺罪的共犯

C. 乙不构成抢夺罪的间接正犯

D. 乙成立抢夺罪的中止犯

23．关于法条关系,下列哪一选项是正确的(不考虑数额)?

A. 即使认为盗窃与诈骗是对立关系,一行为针对同一具体对象(同一具体结果)也完全可能同时触犯盗窃罪与诈骗罪

B. 即使认为故意杀人与故意伤害是对立关系,故意杀人罪与故意伤害罪也存在法条竞合关系

C. 如认为法条竞合仅限于侵害一犯罪客体的情形,冒充警察骗取数额巨大的财物时,就会形成招摇撞骗罪与诈骗罪的法条竞合

D. 即便认为贪污罪和挪用公款罪是对立关系,若行为人使用公款赌博,在不能查明其是否具有归还公款的意思时,也能认定构成挪用公款罪

24．关于罪数判断,下列哪一选项是正确的?

A. 冒充警察招摇撞骗,骗取他人财物的,适用特别法条以招摇撞骗罪论处

B. 冒充警察实施抢劫,同时构成抢劫罪与招摇撞骗罪,属于想象竞合犯,从一重罪论处

C. 冒充军人进行诈骗,同时构成诈骗罪与冒充军人招摇撞骗罪的,从一重罪论处

D. 冒充军人劫持航空器的,成立冒充军人招摇撞骗罪与劫持航空器罪,实行数罪并罚

25．关于累犯,下列哪一选项是正确的?

A. 甲因故意伤害罪被判七年有期徒刑,刑期自1990年8月30日至1997年8月29日止。甲于1995年5月20日被假释,于1996年8月25日犯交通肇事罪。甲构成累犯

B. 乙因盗窃罪被判三年有期徒刑,2002年3月25日刑满释放,2007年3月20日因犯盗窃罪被判有期徒刑四年。乙构成累犯

C. 丙因危害国家安全罪被判处五年有期徒刑,1996年4月21日刑满释放,2006年4月20日再犯同罪。丙不构成累犯

D. 丁因失火罪被判处三年有期徒刑,刑期自1995年5月15日至1998年5月14日。丁于1998年5月15日在出狱回家途中犯故意伤害罪。丁构成累犯

26．某国家机关工作人员甲借到 M 国探亲的机会滞留不归。一年后甲受雇于 M 国的一个专门收集有关中国军事情报的间谍组织,随后受该组织的指派潜回中国,找到其在某军区参谋部工作的战友乙,以1万美元的价格从乙手中购买了 3 份军事机密材料。对甲的行为应如何处理?

A. 以叛逃罪论处

B. 以叛逃罪和间谍罪论处

C. 以间谍罪论处

D. 以非法获取军事秘密罪论处

27．甲到本村乙家买柴油时,因屋内光线昏暗,甲欲点燃打火机看油量。乙担心引起火灾,上前阻止。但甲坚持说柴油见火不会燃烧,仍然点燃了打火机,结果引起油桶燃烧,造成火灾,导致甲、乙及一旁观看的丙被火烧伤,乙、丙经抢救无效死亡。后经检测,乙储存的柴油闪点不符合标准。甲的行为构成何罪?

A. 危险物品肇事罪

B. 失火罪

C. 放火罪

D. 重大责任事故罪

28．关于破坏社会主义市场经济秩序罪的认定,下列哪一选项是错误的?

A. 采用运输方式将大量假币运到国外的,应以走私假币罪定罪量刑

B. 以暴力、胁迫手段强迫他人借贷,情节严重的,触犯强迫交易罪

C. 未经批准,擅自发行、销售彩票的,应以非法经营罪定罪处罚

D. 为项目筹集资金,向亲戚宣称有高息理财产品,以委托理财方式吸收 10 名亲戚 300 万元资金的,构成非法吸收公众存款罪

29．甲乘在路上行走的妇女乙不注意之际,将乙价值 12000 元的项链一把抓走,然后逃跑。跑了 50 米之后,甲以为乙的项链根本不值钱,就转身回来,跑到乙跟前,打了乙两耳光,并说:"出来混,也不知道戴条好项链",然后将项链扔给乙。对甲的行为,应当如何定性?

A. 抢夺罪(未遂)

B. 抢夺罪(中止)

C. 抢夺罪(既遂)

D. 抢劫罪(转化型抢劫)

30．乙购物后,将购物小票随手扔在超市门口。甲捡到小票,立即拦住乙说:"你怎么把我购买的东西拿走?"乙莫名其妙,甲便向乙出示小票,两人发生争执。适逢交警丙路过,乙请丙判断是非,丙让乙将商品还给甲,有口难辩的乙只好照办。关于本案的分析(不考虑数额),下列哪一选项是错误的?

A. 如认为交警丙没有处分权限,则甲的行为不成立诈骗罪

B. 如认为盗窃必须表现为秘密窃取,则甲的行为不成立盗窃罪

C. 如认为抢夺必须表现为乘人不备公然夺取,则甲的行为不成立抢夺罪

D. 甲虽未实施恐吓行为,但如乙心生恐惧而交出商品的,甲的行为构成敲诈勒索罪

31．在刑事司法实践中坚持不偏不倚、不枉不纵、秉公执法原则,反映了我国刑事诉讼"惩罚犯罪与保障人权并重"的理论观点。如果有观点认为"司法机关注重发现案件真相的立足点是防止无辜者被错误定罪",该观点属于下列哪一种学说?

A. 正当程序主义

B. 形式真实发现主义

C. 积极实体真实主义

D．消极实体真实主义

32．根据《刑事诉讼法》的规定，辩护律师收集到的下列哪一证据应及时告知公安机关、检察院？

A．强奸案中被害人系精神病人的证据

B．故意伤害案中犯罪嫌疑人系正当防卫的证据

C．投放危险物质案中犯罪嫌疑人案发时在外地出差的证据

D．制造毒品案中犯罪嫌疑人犯罪时刚满16周岁的证据

33．下列哪一选项所列举的证据属于补强证据？

A．证明讯问过程合法的同步录像材料

B．证明获取被告人口供过程合法，经侦查人员签名并加盖公章的书面说明材料

C．根据被告人供述提取到的隐蔽性极强、并能与被告人供述和其他证据相印证的物证

D．对与被告人有利害冲突的证人所作的不利被告人的证言的真实性进行佐证的书证

34．下列哪一选项既属于原始证据，又属于间接证据？

A．被告人丁某承认伤害被害人的供述

B．证人王某陈述看到被告人丁某在案发现场擦拭手上血迹的证言

C．证人李某陈述被害人向他讲过被告人丁某伤害她的经过

D．被告人丁某精神病鉴定意见的抄本

35．未成年人郭某涉嫌犯罪被检察院批准逮捕。在审查起诉中，经羁押必要性审查，拟变更为取保候审并适用保证人保证。关于保证人，下列哪一选项是正确的？

A．可由郭某的父亲担任保证人，并由其交纳1000元保证金

B．可要求郭某的父亲和母亲同时担任保证人

C．如果保证人协助郭某逃匿，应当依法追究保证人的刑事责任，并要求其承担相应的民事连带赔偿责任

D．保证人未履行保证义务应处罚款的，由检察院决定

36．某县检察院以涉嫌故意伤害罪对十六岁的马某提起公诉，被害人刘某提起附带民事诉讼。对此，下列哪一选项是正确的？

A．在审理该案时，法院只能适用《刑法》《刑事诉讼法》等有关的刑事法律

B．在审查起诉阶段，马某、刘某已就赔偿达成协议且马某按照协议给付了刘某五万元，法院仍可以受理刘某提起的附带民事诉讼

C．法院受理附带民事诉讼后，应当将附带民事起诉状副本送达马某，或者将口头起诉的内容通知马某

D．法院可以决定查封或者扣押被告人马某的财产

37．卢某坠楼身亡，公安机关排除他杀，不予立案。但卢某的父母坚称他杀可能性大，应当立案，请求检察院监督。检察院的下列哪一做法是正确的？

A．要求公安机关说明不立案理由

B．拒绝受理并向卢某的父母解释不立案原因

C．认为符合立案条件的，可以立案并交由公安机关侦查

D．认为公安机关不立案理由不能成立的，应当建议公安机关立案

38．关于检察院审查起诉，下列哪一选项是正确的？

A．认为需要对公安机关的勘验、检查进行复验、复查的，可以自行复验、复查

B．发现侦查人员以非法方法收集证据的，应当自行调查取证

C．对已经退回公安机关二次补充侦查的案件，在审查起诉中又发现新的犯罪事实的，应当将已侦查的案件和新发现的犯罪一并移送公安机关立案侦查

D．共同犯罪中部分犯罪嫌疑人潜逃的，应当中止对全案的审查，待潜逃犯罪嫌疑人归案后重新开始审查起诉

39．下列哪一选项体现直接言词原则的要求？

A．法官亲自收集证据

B．法官亲自在法庭上听取当事人、证人及其他诉讼参与人的口头陈述

C．法庭审理尽可能不中断地进行

D．法庭审理应当公开进行证据调查与辩论

40．在单位犯罪案件的审理程序中，如被告单位的诉讼代表人与被指控为单位犯罪直接负责的主管人员是同一人，应当由下列哪一主体另行确定被告单位诉讼代表人？

A．被告单位

B．被告单位的直接主管机关

C．检察院

D．法院

41．关于发回重审，下列哪一说法是不正确的？

A．发回重审原则上不能超过二次

B．在发回重审裁定书中应详细阐明发回重审的理由及法律根据

C．一审剥夺或者限制了当事人的法定诉讼权利，可能影响公正审判的，应当发回重审

D．发回重审应当撤销原判

42. 钱某涉嫌纵火罪被提起公诉,在法庭审理过程中被诊断患严重疾病,法院判处其有期徒刑 8 年,同时决定予以监外执行。下列哪一选项是错误的?

　　A. 决定监外执行时应当将暂予监外执行决定抄送检察院

　　B. 钱某监外执行期间,应当对其实行社区矫正

　　C. 如钱某拒不报告行踪、脱离监管,应当予以收监

　　D. 如法院作出收监决定,钱某不服,可向上一级法院申请复议

43. 甲因邻里纠纷失手致乙死亡,甲被批准逮捕。案件起诉后,双方拟通过协商达成和解。对于此案的和解,下列哪一选项是正确的?

　　A. 由于甲在押,其近亲属可自行与被害方进行和解

　　B. 由于乙已经死亡,可由其近亲属代为和解

　　C. 甲的辩护人和乙近亲属的诉讼代理人可参与和解协商

　　D. 由于甲在押,和解协议中约定的赔礼道歉可由其近亲属代为履行

44. 根据规定,地方的事业单位机构和编制管理办法由省、自治区、直辖市人民政府机构编制管理机关拟定,报国务院机构编制管理机关审核后,由下列哪一机关发布?

　　A. 国务院

　　B. 省、自治区、直辖市人民政府

　　C. 国务院机构编制管理机关

　　D. 省、自治区、直辖市人民政府机构编制管理机关

45. 关于行政法规的决定与公布,下列哪一说法是正确的?

　　A. 行政法规均应由国务院常务会议审议通过

　　B. 行政法规草案在国务院常务会议审议时,可由起草部门作说明

　　C. 行政法规草案经国务院审议报国务院总理签署前,不得再作修改

　　D. 行政法规公布后由国务院法制机构报全国人大常委会备案

46. 为落实淘汰落后产能政策,某区政府发布通告:凡在本通告附件所列名单中的企业两年内关闭。提前关闭或者积极配合的给予一定补贴,逾期不履行的强制关闭。关于通告的性质,下列哪一选项是正确的?

　　A. 行政规范性文件

　　B. 具体行政行为

　　C. 行政给付

　　D. 行政强制

47. 天龙房地产开发有限公司拟兴建天龙金湾小区项目,向市规划局申请办理建设工程规划许可证,并提交了相关材料。下列哪一说法是正确的?

　　A. 公司应到市规划局办公场所提出申请

　　B. 公司应对其申请材料实质内容的真实性负责

　　C. 公司的申请材料不齐全的,市规划局应作出不受理决定

　　D. 市规划局为公司提供的申请格式文本可收取工本费

48. 因关某以刻划方式损坏国家保护的文物,公安分局决定对其作出拘留 10 日、罚款 500 元的处罚。关某申请复议,并向该局提出申请、交纳保证金后,该局决定暂缓执行拘留决定。下列哪一说法是正确的?

　　A. 关某的行为属于妨害公共安全的行为

　　B. 公安分局应告知关某有权要求举行听证

　　C. 复议机关只能是公安分局的上一级公安机关

　　D. 如复议机关撤销对关某的处罚,公安分局应当及时将收取的保证金退还关某

49. 某区公安分局以非经许可运输烟花爆竹为由,当场扣押孙某杂货店的烟花爆竹 100 件。关于此扣押,下列哪一说法是错误的?

　　A. 执法人员应当在返回该分局后立即向该分局负责人报告并补办批准手续

　　B. 扣押时应当制作现场笔录

　　C. 扣押时应当制作并当场交付扣押决定书和清单

　　D. 扣押应当由某区公安分局具备资格的行政执法人员实施

50. 县公安局以李某涉嫌盗窃为由将其刑事拘留,并经县检察院批准逮捕。县法院判处李某有期徒刑 5 年。李某上诉,市中级法院改判李某无罪。李某向赔偿义务机关申请国家赔偿。下列哪一说法是正确的?

　　A. 县检察院为赔偿义务机关

　　B. 李某申请国家赔偿前应先申请确认刑事拘留和逮捕行为违法

　　C. 李某请求国家赔偿的时效自羁押行为被确认为违法之日起计算

　　D. 赔偿义务机关可以与李某就赔偿方式进行协商

二、多项选择题。每题所设选项中至少有两个正确答案,多选、少选、错选或不选均不得分。本部分含 51-85 题,每题 2 分,共 70 分。

51. 1983 年 3 月 1 日,全国人大常委会通过的《商标法》生效;2002 年 9 月 15 日,国务院制定的《商标法实施条例》生效;2002 年 10 月 16 日,最高法院

制定的《关于审理商标民事纠纷案件适用法律若干问题的解释》施行。对此，下列哪些说法是正确的？

A.《商标法实施条例》是部门规章

B.《关于审理商标民事纠纷案件适用法律若干问题的解释》是司法解释

C.《商标法实施条例》的效力要低于《商标法》

D.《商标法实施条例》是《关于审理商标民事纠纷案件适用法律若干问题的解释》的母法

52．甲骑车经过乙公司在小区内的某施工场地时，由于施工场地湿滑摔倒致骨折，遂诉至法院请求赔偿。由于《民法通则》对"公共场所"没有界定，审理过程中双方对施工场地是否属于《民法通则》中的"公共场所"产生争议。法官参考《刑法》《集会游行示威法》等法律和多个地方性法规对"公共场所"的规定后，对"公共场所"作出解释，并据此判定乙公司承担赔偿责任。关于此案，下列哪些选项是正确的？

A. 法官对"公共场所"的具体含义的证成属于外部证成

B. 法官运用了历史解释方法

C. 法官运用了体系解释方法

D. 该案表明，同一个术语在所有法律条文中的含义均应作相同解释

53．根据《宪法》的规定，下列哪些选项是正确的？

A. 社会主义的公共财产神圣不可侵犯

B. 社会主义的公共财产包括国家的和集体的财产

C. 国家可以对公民的私有财产实行无偿征收或征用

D. 土地的使用权可以依照法律的规定转让

54．根据《香港特别行政区基本法》和《澳门特别行政区基本法》的规定，下列哪些选项是正确的？

A. 对世界各国或各地区的人入境、逗留和离境，特别行政区政府可以实行入境管制

B. 特别行政区行政长官依法定程序任免各级法院法官，任免检察官

C. 香港特别行政区立法会议员因行为不检或违反誓言而经出席会议的议员三分之二通过谴责，由立法会主席宣告其丧失立法会议员资格

D. 基本法的解释权属于全国人大常委会

55．根据《宪法》规定，关于国务院的说法，下列哪些选项是正确的？

A. 国务院由总理、副总理、国务委员、秘书长组成

B. 国务院常务会议由总理、副总理、国务委员、秘书长组成

C. 国务院有权改变或者撤销地方各级国家行政机关的不适当的决定和命令

D. 国务院依法决定省、自治区、直辖市的范围内部分地区进入紧急状态

56．关于中国古代的法律制度，下列哪些说法是不正确的？

A. 成语"秋后算账"来源于中国古代的秋冬行刑制度

B.《开皇律》在《北齐律》"重罪十条"的基础上，创设"十恶"条款，为俗语"十恶不赦"之来源

C.《唐律·名例律》规定"诸化外人同类自相犯者，各依本俗法；异类相犯者，以法律论"，是属地管辖

D.《唐律·名例律》规定"诸断罪而无正条，其应出罪者，则举重以明轻；其应入罪者，则举轻以明重"，属于类比推理

57．甲国人罗德在乙国旅游期间，乙国经丙国的申请对罗德采取了强制措施，之后丙国请求乙国引渡罗德。根据国际法的相关规则和实践，下列哪些判断是正确的？

A. 如果罗德是政治犯，乙国应当拒绝引渡

B. 如果罗德的行为在乙国和丙国都构成严重犯罪，乙国可以引渡

C. 如果罗德的行为只在丙国构成犯罪，乙国应当拒绝引渡

D. 因罗德为甲国公民，乙国无权将其引渡给丙国

58．法院的下列哪些做法是符合审判制度基本原则的？

A. 某法官因病住院，甲法院决定更换法官重新审理此案

B. 某法官无正当理由超期结案，乙法院通知其三年内不得参与优秀法官的评选

C. 对某社会高度关注案件，当地媒体多次呼吁法院尽快结案，丙法院依然坚持按期审结

D. 因人身损害纠纷，原告要求被告赔付医疗费，丁法院判决被告支付全部医疗费及精神损害赔偿金

59．甲、乙合谋杀害丙，计划由甲对丙实施砍杀，乙持枪埋伏于远方暗处，若丙逃跑则伺机射杀。案发时，丙不知道乙的存在。为防止甲的不法侵害，丙开枪射杀甲，子弹与甲擦肩而过，击中远处的乙，致乙死亡。关于本案，下列哪些选项是正确的？

A. 丙的行为属于打击错误，依具体符合说，丙对乙的死亡结果没有故意

B. 丙的行为属于对象错误，依法定符合说，丙对乙的死亡结果具有故意

C. 不论采取何种学说，丙对乙都不能构成正当防卫

D. 不论采用何种学说，丙对甲都不构成故意杀

人罪未遂

60. 因乙移情别恋,甲将硫酸倒入水杯带到学校欲报复乙。课间,甲、乙激烈争吵,甲欲以硫酸泼乙,但情急之下未能拧开杯盖,后甲因追乙离开教室。丙到教室,误将甲的水杯当作自己的杯子,拧开杯盖时硫酸淋洒一身,灼成重伤。关于本案,下列哪些选项是错误的?

A. 甲未能拧开杯盖,其行为属于不可罚的不能犯

B. 对丙的重伤,甲构成过失致人重伤罪

C. 甲的行为和丙的重伤之间没有因果关系

D. 甲对丙的重伤没有故意、过失,不需要承担刑事责任

61. 关于单位犯罪,下列哪些选项是正确的?

A. 就同一犯罪而言,单位犯罪与自然人犯罪的既遂标准完全相同

B. 《刑法》第一百七十条未将单位规定为伪造货币罪的主体,故单位伪造货币的,相关自然人不构成犯罪

C. 经理赵某为维护公司利益,召集单位员工殴打法院执行工作人员,拒不执行生效判决的,成立单位犯罪

D. 公司被吊销营业执照后,发现其曾销售伪劣产品20万元。对此,应追究相关自然人销售伪劣产品罪的刑事责任

62. 张某涉嫌诈骗罪被抓获归案,在刑事拘留期间潜逃。在潜逃期间,裴某向张某称自己有他人犯罪的线索,愿以3万元卖给张某。张某遂花3万元买到该犯罪线索。张某打电话将该犯罪线索提供给公安机关。该犯罪线索是某国有公司总经理的受贿罪事实,经查证属实。然后张某自动投案,如实供述了诈骗罪和潜逃的事实。下列哪些说法是正确的?

A. 张某的潜逃行为构成脱逃罪

B. 张某提供犯罪线索的行为不构成立功

C. 张某自动投案,如实供述,针对诈骗罪成立自首

D. 张某自动投案,如实供述,针对脱逃罪成立自首

63. 关于生产、销售伪劣商品罪,下列哪些判决是正确的?

A. 甲销售的假药无批准文号,但颇有疗效,销售金额达500万元,如按销售假药罪处理会导致处罚较轻,法院以销售伪劣产品罪定罪处罚

B. 甲明知病死猪肉有害,仍将大量收购的病死猪肉,冒充合格猪肉在市场上销售。法院以销售有毒、有害食品罪定罪处罚

C. 甲明知贮存的苹果上使用了禁用农药,仍将

苹果批发给零售商。法院以销售有毒、有害食品罪定罪处罚

D. 甲以为是劣药而销售,但实际上销售了假药,且对人体健康造成严重危害。法院以销售劣药罪定罪处罚

64. 关于侵犯人身权利犯罪的说法,下列哪些选项是错误的?

A. 私营矿主甲以限制人身自由的方法强迫农民工从事危重矿井作业,并雇用打手对农民工进行殴打,致多人伤残。甲的行为构成非法拘禁罪与故意伤害罪,应当实行并罚

B. 砖窑主乙长期非法雇佣多名不满16周岁的未成年人从事超强度体力劳动,并严重忽视生产作业安全,致使一名未成年人因堆砌的成品砖倒塌而被砸死。对乙的行为应以雇用童工从事危重劳动罪从重处罚

C. 丙以介绍高薪工作的名义从外地将多名成年男性农民工骗至砖窑主王某的砖窑场,以每人1000元的价格卖给王某从事强迫劳动。由于《刑法》仅规定了拐卖妇女、儿童罪,所以,对于丙的行为,无法以犯罪论处

D. 拘留所的监管人员对被监管人进行体罚虐待,致人死亡的,以故意杀人罪论处,不实行数罪并罚

65. 甲、乙等人佯装乘客登上长途车。甲用枪控制司机,令司机将车开到偏僻路段;乙等人用刀控制乘客,命乘客交出随身财物。一乘客反抗,被乙捅成重伤。财物到手下车时,甲打死司机。关于本案,下列哪些选项是正确的?

A. 甲等人劫持汽车,构成劫持汽车罪

B. 甲等人构成抢劫罪,属于在公共交通工具上抢劫

C. 乙重伤乘客,无需以故意伤害罪另行追究刑事责任

D. 甲开枪打死司机,需以故意杀人罪另行追究刑事责任

66. 下列哪些选项的行为人具有非法占有目的?

A. 男性基于癖好入户窃取女士内衣

B. 为了燃柴取暖而窃取他人木质家具

C. 骗取他人钢材后作为废品卖给废品回收公司

D. 杀人后为避免公安机关识别被害人身份,将被害人钱包等物丢弃

67. 关于贿赂犯罪,下列哪些选项是错误的?

A. 国家工作人员利用职务便利,为请托人谋取利益并收受其财物而构成受贿罪的,请托人当然构成行贿罪

B. 因被勒索给予国家工作人员以财物的,当然不构成行贿罪

C. 行贿人在被追诉前主动交代行贿行为的,可以从轻或者减轻处罚

D. 某国家机关利用其职权或地位形成的便利条件,通过其他国家机关的职务行为,为请托人谋取利益,索取请托人财物的,构成单位受贿罪

68. 案发前,曾任甲市乙区法院院长的齐某是甲市中院副院长,也是该院审委会成员,后因涉嫌职务犯罪被起诉至乙区法院。关于该案的处理,下列哪些说法是不正确的?

A. 齐某可以申请甲市乙区法院全体人员回避

B. 乙区法院可以直接请求省高院指定其他法院管辖

C. 乙区法院可以报请上一级法院指定管辖

D. 乙区法院可以直接移送至甲市以外的法院管辖

69. 因罗某涉嫌重大毒品犯罪,公安机关决定对其采取技术侦查。该案侦查终结后起诉至法院。审理期间,法院依职权通知鉴定人佟某、曾某出庭作证。关于本案的处理,下列哪些说法是正确的?

A. 检察院应将通过技术侦查所获得的电子数据的原始介质移送至法院

B. 法院可以在庭外核实通过技术侦查获得的电子数据

C. 如佟某不到庭,法院审查后可以将其出具的鉴定意见作为定案的根据

D. 对出庭的鉴定人曾某的询问,发问顺序应由审判长决定

70. 关于死刑案件的证明对象的表述,下列哪些选项是正确的?

A. 被指控的犯罪事实的发生

B. 被告人实施犯罪的时间、地点、手段、后果以及其他情节

C. 被害人有无过错及过错程度

D. 被告人的近亲属是否协助抓获被告人

71. 在朱某危险驾驶案的辩护过程中,辩护律师查看了侦查机关录制的讯问同步录像。同步录像中的下列哪些行为违反法律规定?

A. 后续讯问的侦查人员与首次讯问的侦查人员完全不同

B. 朱某请求自行书写供述,侦查人员予以拒绝

C. 首次讯问时未告知朱某可聘请律师

D. 其中一次讯问持续了 14 个小时

72. 关于我国人民陪审员制度与一些国家的陪审团制度存在的差异,下列哪些选项是不正确的?

A. 人民陪审员制度目的在于协助法院完成审判任务,陪审团制度目的在于制约法官

B. 人民陪审员与法官行使相同职权,陪审团与法官存在职权分工

C. 人民陪审员在成年公民中随机选任,陪审团从有选民资格的人员中聘任

D. 是否适用人民陪审员制度取决于当事人的意愿,陪审适用于所有案件

73. 关于自诉案件的和解和调解,下列哪些说法是正确的?

A. 和解和调解适用于自诉案件

B. 和解和调解都适用于告诉才处理和被害人有证据证明的轻微案件

C. 和解和调解应当制作调解书、和解协议,由审判人员和书记员署名并加盖法院印章

D. 对于当事人已经签收调解书或法院裁定准许自诉人撤诉的案件,被告人被羁押的,应当予以解除

74. 蒋某酒后醉驾发生交通事故,导致被害人轻伤,自己也截肢瘫痪。关于该案的刑事诉讼程序,下列哪些说法是不正确的?

A. 由于蒋某瘫痪,因此可以不签署认罪认罚具结书

B. 法院可以到蒋某家里开庭审理该案

C. 适用速裁程序审理该案,审理期限可以延长至 15 日

D. 如果被害人提起附带民事诉讼,则该案不能适用速裁程序

75. 下列哪些案件适用涉外刑事诉讼程序?

A. 在公海航行的我国货轮被索马里海盗抢劫的案件

B. 我国国内一起贩毒案件的关键目击证人在诉讼时身在国外

C. 陈某经营的煤矿发生重大安全事故后携款潜逃国外的案件

D. 我驻某国大使馆内中方工作人员甲、乙因看世界杯而发生斗殴的故意伤害案件

76. 赵某因涉嫌抢劫犯罪被抓获,作案时未满 18 周岁,案件起诉到法院时已年满 18 周岁。下列哪些说法是不正确的?

A. 本案由少年法庭审理

B. 对赵某不公开审理

C. 对赵某进行审判,可以通知其法定代理人到场

D. 对赵某进行审判,应当通知其监护人到场

77. 依法行政是法治国家对政府行政活动提出的基本要求,而合法行政则是依法行政的根本。下列哪些做法违反合法行政的要求?

A. 因蔬菜价格上涨销路看好,某镇政府要求村民拔掉麦子改种蔬菜

B. 为解决残疾人就业难,某市政府发布《促进残疾人就业指导意见》,对录用残疾人达一定数量的企业予以奖励

C. 孙某受他人胁迫而殴打他人致轻微伤,某公安局决定对孙某从轻处罚

D. 某市政府发布文件规定,外地物流公司到本地运输货物,应事前得到当地交通管理部门的准许,并缴纳道路特别通行费

78. 关于具体行政行为的合法性与效力,下列哪些说法是正确的?

A. 遵守法定程序是具体行政行为合法的必要条件

B. 无效行政行为可能有多种表现形式,无法完全列举

C. 因具体行政行为废止致使当事人的合法权益受到损失的,应给予赔偿

D. 申请行政复议会导致具体行政行为丧失拘束力

79. 甲省乙市政府制定规则《城市生活垃圾分类管理办法》,对违反垃圾分类投放规则的单位和个人作出了罚款规定。关于该办法,下列哪些说法是正确的?

A. 符合地方政府规章立法事项范围

B. 公布后应在中国政府法制信息网刊载

C. 应当报甲省政府备案,不需要报国务院备案

D. 设定的罚款不能超出该省人大常委会对政府规章规定的罚款限额

80. 某公安局以刘某引诱他人吸食毒品为由对其处以 15 日拘留,并处 3000 元罚款的处罚。刘某不服,向法院提起行政诉讼。下列哪些说法是正确的?

A. 公安局在作出处罚决定前传唤刘某询问查证,询问查证时间最长不得超过 24 小时

B. 对刘某的处罚不应当适用听证程序

C. 如刘某为外国人,可以附加适用限期出境

D. 刘某向法院起诉的期限为 3 个月

81. 某公安交管局交通大队民警发现王某驾驶的电动三轮车未悬挂号牌,遂作出扣押的强制措施。关于扣押应遵守的程序,下列哪些说法是正确的?

A. 由两名以上交通大队行政执法人员实施扣押

B. 当场告知王某扣押的理由和依据

C. 当场向王某交付扣押决定书

D. 将三轮车及其车上的物品一并扣押,当场交付扣押清单

82. 下列哪些信息是县级和乡(镇)人民政府均应重点主动公开的政府信息?

A. 征收或征用土地、房屋拆迁及其补偿、补助费用的发放、使用情况

B. 社会公益事项建设情况

C. 政府集中采购项目的目录、标准及实施情况

D. 执行计划生育政策的情况

83. 《反不正当竞争法》规定,当事人对监督检查部门作出的处罚决定不服的,可以自收到处罚决定之日起 15 日内向上一级主管机关申请复议;对复议决定不服的,可以自收到复议决定书之日起 15 日内向法院提起诉讼;也可以直接向法院提起诉讼。某县工商局认定某企业利用广告对商品作引人误解的虚假宣传,构成不正当竞争,处 10 万元罚款。该企业不服,申请复议。下列哪些说法是正确的?

A. 复议机关应当为该工商局的上一级工商局

B. 申请复议期间为 15 日

C. 如复议机关作出维持决定,该企业向法院起诉,起诉期限为 15 日

D. 对罚款决定,该企业可以不经复议直接向法院起诉

84. 下列当事人提起的诉讼,哪些属于行政诉讼受案范围?

A. 某造纸厂向市水利局申请发放取水许可证,市水利局作出不予许可决定,该厂不服而起诉

B. 食品药品监管局向申请餐饮服务许可证的李某告知补正申请材料的通知,李某认为通知内容违法而起诉

C. 化肥厂附近居民要求环保局提供对该厂排污许可证监督检查记录,遭到拒绝后起诉

D. 某国土资源局以建城市绿化带为由撤回向一公司发放的国有土地使用权证,该公司不服而起诉

85. 某市卫生局经调查取证,认定某公司实施了未经许可擅自采集血液的行为,依据有关法律和相关规定,决定取缔该公司非法采集血液的行为,同时没收 5 只液氮生物容器。下列哪些说法是正确的?

A. 市卫生局在调查时,执法人员不得少于两人,并应当向当事人出示证件

B. 若市卫生局当场作出决定,某公司不服申请复议的期限应自决定作出之日起计算

C. 若某公司起诉,市卫生局向法院提供的现场笔录的效力,优于某公司的证人对现场的描述

D. 没收 5 只液氮生物容器属于保全措施

三、不定项选择题。每题所设选项中至少有一个正确答案,多选、少选、错选或不选均不得分。本部分含 86-100 题,每题 2 分,共 30 分。

86. 李某因热水器漏电受伤,经鉴定为重伤,遂诉至法院要求厂家赔偿损失,其中包括精神损害赔偿。庭审时被告代理律师辩称,一年前该法院在审理

一起类似案件时并未判决给予精神损害赔偿，本案也应作相同处理。但法院援引最新颁布的司法解释，支持了李某的诉讼请求。关于此案，下列认识正确的是：

A. "经鉴定为重伤"是价值判断而非事实判断

B. 此案表明判例不是我国正式的法的渊源

C. 被告律师运用了类比推理

D. 法院生效的判决具有普遍约束力

87. 根据《立法法》的规定，下列选项不正确的是：

A. 国务院和地方各级政府可以向全国人大常委会提出法律解释的要求

B. 经授权，行政法规可设定限制公民人身自由的强制措施

C. 专门委员会审议法律案的时候，应邀请提案人列席会议，听取其意见

D. 地方各级人大有权撤销本级政府制定的不适当的规章

88. 根据《宪法》规定，关于我国基本经济制度的说法，下列选项正确的是：

A. 国家实行社会主义市场经济

B. 国有企业在法律规定范围内和政府统一安排下，开展管理经营

C. 集体经济组织实行家庭承包经营为基础、统分结合的双层经营体制

D. 土地的使用权可以依照法律的规定转让

89. 关于全国人大及其常委会的质询权，下列说法正确的是：

A. 全国人大会议期间，一个代表团可书面提出对国务院的质询案

B. 全国人大会议期间，三十名以上代表联名可书面提出对国务院各部的质询案

C. 全国人大常委会会议期间，常委会组成人员十人以上可书面提出对国务院各委员会的质询案

D. 全国人大常委会会议期间，委员长会议可书面提出对国务院的质询案

90. 根据《地方组织法》规定，关于地方各级人民政府工作部门的设立，下列选项正确的是：

A. 县人民政府设立审计机关

B. 县人民政府工作部门的设立、增加、减少或者合并由县人大批准，并报上一级人民政府备案

C. 县人民政府在必要时，经上级人民政府批准，可以设立若干区公所作为派出机关

D. 县人民政府的工作部门受县人民政府统一领导，并且依照法律或者行政法规的规定受上级人民政府主管部门的业务指导或者领导

91. 甲是间歇性精神病患者，某日与妻子乙来到自己的父母家里。甲因琐事与父母发生争吵。争吵中甲的精神病发作，在这种状态下，甲持刀砍杀父母。乙在旁边，既不阻拦，也不呼救他人。甲砍了几刀后，清醒过来，匆忙与乙离开现场。二人回到家中，乙将二人身上的带血的衣服、鞋子全部洗掉了。父母因被砍而死亡。下列说法正确的是：

A. 乙构成不作为的故意杀人罪

B. 假如证明，乙即使阻拦或呼救他人，父母还是会被砍死，仍然可以认定乙的不作为与死亡结果之间具有因果关系

C. 乙构成不作为的故意杀人罪和帮助毁灭证据罪

D. 乙不构成帮助毁灭证据罪

92. 甲手持匕首寻找抢劫目标时，突遇精神病人丙持刀袭击。丙追赶甲至一死胡同，甲迫于无奈，与丙搏斗，将其打成重伤。此后，甲继续寻找目标，见到丁后便实施暴力，用匕首将其刺成重伤，使之丧失反抗能力，此时甲的朋友乙驾车正好经过此地，见状后下车和甲一起取走丁的财物（约2万元），然后逃跑，丁因伤势过重不治身亡。关于甲将精神病人丙打成重伤的行为，下列选项正确的是：

A. 甲的行为属于正当防卫，因为对精神病人的不法侵害也可以进行正当防卫

B. 甲的行为属于紧急避险，因为"不法"必须是主客观相统一的行为，而精神病人没有责任能力，其客观侵害行为不属于"不法"侵害，故只能进行紧急避险

C. 甲的行为属于自救行为，因为甲当时只能靠自己的力量救济自己的法益

D. 甲的行为既不是正当防卫，也不是紧急避险，因为甲当时正在进行不法侵害，精神病人丙的行为客观上阻止了甲的不法行为，甲不得针对丙再进行正当防卫与紧急避险

93. 国有公司财务人员甲于2007年6月挪用单位救灾款100万元，供自己购买股票，后股价大跌，甲无力归还该款项。2008年1月，甲挪用单位办公经费70万元为自己购买商品房。两周后，甲采取销毁账目的手段，使挪用的办公经费70万元中的50万元难以在单位财务账上反映出来。甲一直未归还上述所有款项。关于甲的行为定性，下列选项正确的是：

A. 甲挪用救灾款的行为，不构成挪用特定款物罪

B. 甲挪用办公经费的行为构成挪用公款罪，挪用数额为70万元

C. 甲挪用办公经费后销毁账目且未归还的行为构成贪污罪，贪污数额为50万元

D. 对于甲应当以挪用公款罪、贪污罪实行并罚

94．赵某、石某抢劫杀害李某，被路过的王某、张某看见并报案。赵某、石某被抓获后，2名侦查人员负责组织辨认。关于辨认的程序，下列选项正确的是：

A. 在辨认尸体时，只将李某尸体与另一尸体作为辨认对象

B. 在2名侦查人员的主持下，将赵某混杂在9名具有类似特征的人员中，由王某、张某个别进行辨认

C. 在对石某进行辨认时，9名被辨认人员中的4名民警因紧急任务离开，在2名侦查人员的主持下，将石某混杂在5名人员中，由王某、张某个别进行辨认

D. 根据王某、张某的要求，辨认在不暴露他们身份的情况下进行

95．岳某因涉嫌抢夺罪被立案侦查，后被移送审查起诉，下列关于其认罪认罚的说法正确的是：

A. 岳某在审查起诉阶段拒绝签署认罪认罚具结书，不影响其审判阶段认罪认罚

B. 岳某在侦查阶段被逮捕后，若其认罪认罚，检察院应当开展羁押必要性审查

C. 若检察院在审查起诉阶段发现岳某在侦查阶段认罪认罚不是其真实意愿，可以重新对岳某开展认罪认罚工作

D. 在侦查阶段，岳某认罪认罚，但没有委托辩护人，也拒绝值班律师提供法律帮助，侦查机关应当通知法律援助机构为其提供法律援助辩护

96．鲁某与关某涉嫌贩卖冰毒500余克，B省A市中级法院开庭审理后，以鲁某犯贩卖毒品罪，判处死刑立即执行，关某犯贩卖毒品罪，判处死刑缓期二年执行。一审宣判后，关某以量刑过重为由向B省高级法院提起上诉，鲁某未上诉，检察院也未提起抗诉。如B省高级法院审理后认为，本案事实清楚、证据确实充分，对鲁某的量刑适当，但对关某应判处死刑缓期二年执行同时限制减刑，则对本案正确的做法是：

A. 二审应开庭审理

B. 由于未提起抗诉，同级检察院可不派员出席法庭

C. 高级法院可将全案发回A市中级法院重新审判

D. 高级法院可维持对鲁某的判决，并改判关某死刑缓期二年执行同时限制减刑

97．廖某在某镇沿街路边搭建小棚经营杂货，县建设局下发限期拆除通知后强制拆除，并对廖某作出罚款2万元的处罚。廖某起诉，法院审理认为廖某所建小棚未占用主干道，其违法行为没有严重到既需要拆除又需要实施顶格处罚的程度，判决将罚款改为1000元。法院判决中适用的原则包括：

A. 行政公开　　　　B. 比例原则

C. 合理行政　　　　D. 诚实守信

98．有关具体行政行为的效力和合法性，下列说法正确的是：

A. 具体行政行为一经成立即生效

B. 具体行政行为违法是导致其效力终止的唯一原因

C. 行政机关的职权主要源自行政组织法和授权法的规定

D. 滥用职权是具体行政行为构成违法的独立理由

99．甲县政府设立的临时机构基础设施建设指挥部，认定有10户居民的小区自建的围墙及附属房系违法建筑，指令乙镇政府具体负责强制拆除。10户居民对此决定不服诉。下列说法正确的是：

A. 本案被告为乙镇政府

B. 本案应由中级法院管辖

C. 如10户居民在指定期限内未选定诉讼代表人的，法院可以依职权指定

D. 如10户居民对此决定申请复议，复议机关为甲县政府

100．2009年2月10日，王某因涉嫌诈骗被县公安局刑事拘留，2月24日，县检察院批准逮捕王某。4月10日，县法院以诈骗罪判处王某3年有期徒刑，缓期2年执行。5月10日，县公安局根据县法院变更强制措施的决定，对王某采取取保候审措施。王某上诉，6月1日，市中级法院维持原判。王某申诉，12月10日，市中级法院再审认定王某行为不构成诈骗，撤销原判。对此，下列说法正确的是：

A. 因王某被判无罪，国家应当对王某在2009年2月10日至12月10日期间的损失承担赔偿责任

B. 因王某被判处有期徒刑缓期执行，国家不承担赔偿责任

C. 因王某被判无罪，国家应当对王某在2009年6月1日至12月10日期间的损失承担赔偿责任

D. 因王某被判无罪，国家应当对王某在2009年2月24日至5月10日期间的损失承担赔偿责任

试 卷 二

试 题

一、单项选择题。每题所设选项中只有一个正确答案,多选、错选或不选均不得分。本部分含 1—50 题,每题 1 分,共 50 分。

1. 薛某驾车撞死一行人,交警大队确定薛某负全责。鉴于找不到死者亲属,交警大队调处后代权利人向薛某预收了 6 万元赔偿费,商定待找到权利人后再行转交。因一直未找到权利人,薛某诉请交警大队返还 6 万。根据社会主义法治理念公平正义要求和相关法律规定,下列哪一表述是正确的?

A. 薛某是义务人,但无对应权利人,让薛某承担赔偿义务,违反了权利义务相一致的原则

B. 交警大队未受损失而保有 6 万元,形成不当得利,应予退还

C. 交警大队代收 6 万元,依法行使行政职权,与薛某形成合法有效的行政法律关系,无须退还

D. 如确实未找到权利人,交警大队代收的 6 万元为无主财产,应收归国库

2. 家住甲市乙区的梁某乘坐马航飞机从马来西亚回国,途中飞机失联,至今下落不明。梁某妻子言某欲将儿子小梁送养,梁某的父母不知如何是好,向律师咨询。关于律师的答复,下列说法正确的是:

A. 梁某的父母、妻子申请宣告其死亡,有先后顺序的限制

B. 梁某的父母申请宣告死亡,妻子言某申请宣告失踪,乙区区法院应根据父母的申请作出死亡宣告的判决

C. 如果乙区区法院宣告梁某死亡,则判决作出之日为死亡日期

D. 如果乙区区法院宣告梁某死亡但实际并未死亡的,在被宣告死亡期间梁某实施的法律行为效力未定

3. 下列哪一情形下,甲对乙不构成胁迫?

A. 甲说,如不出借 1 万元,则举报乙犯罪。乙照办,后查实乙构成犯罪

B. 甲说,如不将藏獒卖给甲,则举报乙犯罪。乙照办,后查实乙不构成犯罪

C. 甲说,如不购甲即将报废的汽车,则公开乙的个人隐私。乙照办

D. 甲说,如不赔偿乙撞伤甲的医疗费,则举报乙醉酒驾车。乙照办,甲取得医疗费和慰问金

4. 前程公司法定代表人范某被大洋公司派人极力劝酒灌醉后,大洋公司在其意识模糊之时乘机与其签订合同,合同内容违背前程公司商业规划且对前程公司严重不利。前程公司可以何种理由主张撤销合同?

A. 恶意欺诈　　　　B. 重大误解

C. 乘人之危　　　　D. 显失公平

5. 甲公司向乙公司催讨一笔已过诉讼时效期限的 10 万元货款。乙公司书面答复称:"该笔债务已过时效期限,本公司本无义务偿还,但鉴于双方的长期合作关系,可偿还 3 万元。"甲公司遂向法院起诉,要求偿还 10 万元。乙公司接到应诉通知后书面回函甲公司称:"既然你公司起诉,则不再偿还任何货款。"下列哪一选项是正确的?

A. 乙公司的书面答复意味着乙公司需偿还甲公司 3 万元

B. 乙公司的书面答复构成要约

C. 乙公司的书面回函对甲公司有效

D. 乙公司的书面答复表明其丧失了 10 万元的时效利益

6. 古某的儿子小古喜欢鸽子,于是古某找到村民李某购买鸽子。古某付了钱,在李某向小古交付时,小古由于害怕未能接住,鸽子飞走了。下列哪一项说法是正确的?

A. 鸽子所有权已属于古某

B. 鸽子所有权仍属于李某

C. 鸽子所有权已属于小古

D. 该案与物权关系无关

7. 因甲要出国,将一幅价值百万元的古画委托好友乙保管。保管期间,乙病故,其子丙继承了乙的财产,以为该画是乙购买的仿品,后将该画以 2000 元卖给了丁。两年后甲回国,发现古画已被出售的事实。对此,下来哪一说法是正确的?

A. 丙构成无权处分,合同无效

B. 丙有重大误解,合同可撤销

C. 丙构成善意取得

D. 丁构成善意取得

8. 甲、乙二人按照 3:7 的份额共有一辆货车,为担保丙的债务,甲、乙将货车抵押给债权人丁,但未办理抵押登记。后该货车在运输过程中将戊撞伤。对此,下列哪一选项是正确的?

A. 如戊免除了甲的损害赔偿责任,则应由乙承担损害赔偿责任

B. 因抵押权未登记,戊应优先于丁受偿

C. 如丁对丙的债权超过诉讼时效,仍可在 2 年内要求甲、乙承担担保责任

D. 如甲对丁承担了全部担保责任,则有权向乙追偿

9. 甲借用乙的山地自行车,刚出门就因莽撞骑行造成自行车链条断裂,甲将自行车交给丙修理,约定修理费 100 元。乙得知后立刻通知甲解除借用关系并告知丙,同时要求丙不得将自行车交给甲。丙向甲核实,甲承认。自行车修好后,甲、乙均请求丙返还。对此,下列哪一选项是正确的?

A. 甲有权请求丙返还自行车

B. 丙如将自行车返还给乙,必须经过甲当场同意

C. 乙有权要求丙返还自行车,但在修理费未支付前,丙就自行车享有留置权

D. 如乙要求丙返还自行车,即使修理费未付,丙也不得对乙主张留置权

10. 张某和李某采用书面形式签订一份买卖合同,双方在甲地谈妥合同的主要条款,张某于乙地在合同上签字,李某于丙地在合同上摁了手印,合同在丁地履行。关于该合同签订地,下列哪一选项是正确的?

A. 甲地　　　　　　B. 乙地

C. 丙地　　　　　　D. 丁地

11. 甲与乙公司签订的房屋买卖合同约定:"乙公司收到首期房款后,向甲交付房屋和房屋使用说明书;收到二期房款后,将房屋过户给甲。"甲交纳首期房款后,乙公司交付房屋但未立即交付房屋使用说明书。甲以此为由行使先履行抗辩权而拒不支付二期房款。下列哪一表述是正确的?

A. 甲的做法正确,因乙公司未完全履行义务

B. 甲不应行使先履行抗辩权,而应行使不安抗辩权,因乙公司有不能交付房屋使用说明书的可能性

C. 甲可主张解除合同,因乙公司未履行义务

D. 甲不能行使先履行抗辩权,因甲的付款义务与乙公司交付房屋使用说明书不形成主给付义务对应关系

12. 甲将其对乙享有的 10 万元货款债权转让给丙,丙再转让给丁,乙均不知情。乙将债务转让给戊,得到了甲的同意。丁要求乙履行债务,乙以其不知情为由抗辩。下列哪一表述是正确的?

A. 甲将债权转让给丙的行为无效

B. 丙将债权转让给丁的行为无效

C. 乙将债务转让给戊的行为无效

D. 如乙清偿 10 万元债务,则享有对戊的求偿权

13. 甲、乙两公司约定:甲公司向乙公司支付 5 万元研发费用,乙公司完成某专用设备的研发生产后双方订立买卖合同,将该设备出售给甲公司,价格暂定为 100 万元,具体条款另行商定。乙公司完成研发生产后,却将该设备以 120 万元卖给丙公司,甲公司得知后提出异议。下列哪一选项是正确的?

A. 甲、乙两公司之间的协议系承揽合同

B. 甲、乙两公司之间的协议系附条件的买卖合同

C. 乙、丙两公司之间的买卖合同无效

D. 甲公司可请求乙公司承担违约责任

14. 甲公司将某工程以 100 万元的价格发包给乙公司,乙公司以 80 万元的价格转包给刘某,并预付给刘某 20 万元。刘某实际完成了工程施工且验收合格。后乙公司资不抵债,刘某起诉甲公司要求其支付工程款 60 万元,法院追加乙公司为第三人,刘某未变更诉讼请求。后法院查明,甲公司尚欠付乙公司 50 万元工程款。关于法院的判决,下列哪一选项是正确的?

A. 判决甲公司支付刘某 50 万元

B. 判决甲公司支付刘某 60 万元

C. 判决甲公司支付刘某 50 万元,乙公司支付刘某 10 万元

D. 判决乙公司支付刘某 60 万元

15. 甲的房屋与乙的房屋相邻。乙把房屋出租给丙居住,并为该房屋在 A 公司买了火灾保险。某日甲见乙的房屋起火,唯恐大火蔓延自家受损,遂率家人救火,火势得到及时控制,但甲被烧伤住院治疗。下列哪一表述是正确的?

A. 甲主观上为避免自家房屋受损,不构成无因管理,应自行承担医疗费用

B. 甲依据无因管理只能向乙主张医疗费赔偿,因乙是房屋所有人

C. 甲依据无因管理只能向丙主张医疗费赔偿,因丙是房屋实际使用人

D. 甲依据无因管理不能向 A 公司主张医疗费赔偿,因甲欠缺为 A 公司的利益实施管理的主观意思

16. 刘婆婆回家途中,看见邻居肖婆婆带着外孙小勇和另一家邻居的孩子小图(均为 4 岁多)在小区

花园中玩耍,便上前拿出几根香蕉递给小勇,随后离去。小勇接过香蕉后,递给小囡一根,小囡吞食时误入气管导致休克,经抢救无效死亡。对此,下列哪一选项是正确的?

A. 刘婆婆应对小囡的死亡承担民事责任

B. 肖婆婆应对小囡的死亡承担民事责任

C. 小勇的父母应对小囡的死亡承担民事责任

D. 属意外事件,不产生相关人员的过错责任

17. 根据《民事诉讼法》规定的诚信原则的基本精神,下列哪一选项符合诚信原则?

A. 当事人以欺骗的方法形成不正当诉讼状态

B. 证人故意提供虚假证言

C. 法院根据案件审理情况对当事人提供的证据不予采信

D. 法院对当事人提出的证据任意进行取舍或否定

18. 刘某习惯每晚将垃圾袋放在家门口,邻居王某认为会招引苍蝇并影响自己出入家门。王某为此与刘某多次交涉未果,遂向法院提起诉讼,要求刘某不得将垃圾袋放在家门口,以保证自家的正常通行和维护环境卫生。关于本案的诉讼标的,下列哪一选项是正确的?

A. 王某要求刘某不得将垃圾袋放在家门口的请求

B. 王某要求法院保障自家正常通行权的请求

C. 王某要求刘某维护环境卫生的请求

D. 王某和刘某之间的相邻关系

19. 甲为有独立请求权第三人,乙为无独立请求权第三人,关于甲、乙诉讼权利和义务,下列哪一说法是正确的?

A. 甲只能以起诉的方式参加诉讼,乙以申请或经法院通知的方式参加诉讼

B. 甲具有当事人的诉讼地位,乙不具有当事人的诉讼地位

C. 甲的诉讼行为可对本诉的当事人发生效力,乙的诉讼行为对本诉的当事人不发生效力

D. 任何情况下,甲有上诉权,而乙无上诉权

20. 王甲两岁,在幼儿园入托。一天,为幼儿园送货的刘某因王甲将其衣服弄湿,便打了王甲一记耳光,造成王甲左耳失聪。王甲的父亲拟代儿子向法院起诉。关于本案被告的确定,下列哪一选项是正确的?

A. 刘某是本案唯一的被告

B. 幼儿园是本案唯一的被告

C. 刘某和幼儿园是本案共同被告

D. 刘某是本案被告,幼儿园是本案无独立请求权第三人

21. 下列关于证明的哪一表述是正确的?

A. 经过公证的书证,其证明力一般大于传来证据和间接证据

B. 经验法则可验证的事实都不需要当事人证明

C. 在法国居住的雷诺委托赵律师代理在我国的民事诉讼,其授权委托书需要经法国公证机关证明,并经我国驻法国使领馆认证后,方发生效力

D. 证明责任是一种不利的后果,会随着诉讼的进行,在当事人之间来回移转

22. 法院通过电子邮件告知甲领取判决书,甲让诉讼代理人乙代取,乙发现甲败诉,对判决结果不认可,拒签送达回证,送达人员在回证上注明乙拒收,由有关见证人签名。关于本案的送达,下列哪一选项是正确的?

A. 构成直接送达

B. 构成委托送达

C. 构成电子送达

D. 构成留置送达

23. 下列哪一选项中法院的审判行为,只能发生在开庭审理阶段?

A. 送达法律文书

B. 组织当事人进行质证

C. 调解纠纷,促进当事人达成和解

D. 追加必须参加诉讼的当事人

24. 甲与乙因借款合同发生纠纷,甲向某区法院提起诉讼,法院受理案件后,准备适用普通程序进行审理。甲为了能够尽快结案,建议法院适用简易程序对案件进行审理,乙也同意适用简易程序。下列哪一选项是正确的?

A. 普通程序审理的案件不能适用简易程序,因此,法院不可同意适用简易程序

B. 法院有权将普通程序审理转为简易程序,因此,甲、乙的意见无意义

C. 甲、乙可以自愿协商选择适用简易程序,无须经法院同意

D. 甲、乙有权自愿选择适用简易程序,但须经法院同意

25. 关于民事诉讼二审程序的表述,下列哪一选项是错误的?

A. 二审案件的审理,遇有二审程序没有规定的情形,应当适用一审普通程序的相关规定

B. 二审案件的审理,以开庭审理为原则

C. 二审案件调解的结果变更了一审判决内容的,应当在调解书中写明"撤销原判"

D. 二审案件的审理,应当由法官组成的合议庭进行审理

26．张某诉季某人身损害赔偿一案判决生效后，张某以法院剥夺其辩论权为由申请再审，在法院审查张某再审申请期间，检察院对该案提出抗诉。关于法院的处理方式，下列哪一选项是正确的？

　　A．法院继续对当事人的再审申请进行审查，并裁定是否再审

　　B．法院应当审查检察院的抗诉是否成立，并裁定是否再审

　　C．法院应当审查检察院的抗诉是否成立，如不成立，再继续审查当事人的再审申请

　　D．法院直接裁定再审

27．关于第三人撤销之诉，下列哪一说法是正确的？

　　A．法院受理第三人撤销之诉后，应中止原裁判的执行

　　B．第三人撤销之诉是确认原审裁判错误的确认之诉

　　C．第三人撤销之诉由原审法院的上一级法院管辖，但当事人一方人数众多或者双方当事人为公民的案件，应由原审法院管辖

　　D．第三人撤销之诉的客体包括生效的民事判决、裁定和调解书

28．甲公司因票据遗失向法院申请公示催告。在公示催告期间届满的第 3 天，乙向法院申报权利。下列哪一说法是正确的？

　　A．因公示催告期间已经届满，法院应当驳回乙的权利申报

　　B．法院应当开庭，就失票的权属进行调查，组织当事人进行辩论

　　C．法院应当对乙的申报进行形式审查，并通知甲到场查验票据

　　D．法院应当审查乙迟延申报权利是否具有正当事由，并分别情况作出处理

29．武当公司与洪湖公司签订了一份钢材购销合同，同时约定，因合同效力或合同的履行发生纠纷提交 A 仲裁委员会或 B 仲裁委员会仲裁解决。合同签订后，洪湖公司以本公司具体承办人超越权限签订合同为由，主张合同无效。关于本案，下列哪一说法是正确的？

　　A．因当事人约定了 2 个仲裁委员会，仲裁协议当然无效

　　B．因洪湖公司承办人员超越权限签订合同导致合同无效，仲裁协议当然无效

　　C．洪湖公司如向法院起诉，法院应当受理

　　D．洪湖公司如向法院起诉，法院应当裁定不予受理

30．甲、乙、丙拟共同出资 50 万元设立一有限公

司。公司成立后，在其设置的股东名册中记载了甲乙丙 3 人的姓名与出资额等事项，但在办理公司登记时遗漏了丙，使得公司登记的文件中股东只有甲乙 2 人。下列哪一说法是正确的？

　　A．丙不能取得股东资格

　　B．丙取得股东资格，但不能参与当年的分红

　　C．丙取得股东资格，但不能对抗善意第三人

　　D．丙不能取得股东资格，但可以参与当年的分红

31．钱某为益扬有限公司的董事，赵某为公司的职工代表监事。公司为钱某、赵某支出的下列哪一项费用须经公司股东会批准？

　　A．钱某的年薪

　　B．钱某的董事责任保险费

　　C．赵某的差旅费

　　D．赵某的社会保险费

32．甲、乙、丙三人共同设立云台有限责任公司，出资比例分别为 70%、25%、5%。自 2005 年开始，公司的生产经营状况严重恶化，股东之间互不配合，不能作出任何有效决议，甲建议通过股权转让摆脱困境被其他股东拒绝。下列哪一选项是正确的？

　　A．只有控股股东甲可以向法院请求解散公司

　　B．只有甲、乙可以向法院请求解散公司

　　C．甲、乙、丙中任何一人都可向法院请求解散公司

　　D．不应解散公司，而应通过收购股权等方式解决问题

33．2007 年 1 月，甲、乙、丙设立一普通合伙企业。2008 年 2 月，甲与戊结婚。2008 年 7 月，甲因车祸去世。甲除戊外没有其他亲人，合伙协议对合伙人资格取得或丧失未作约定。下列哪一选项是正确的？

　　A．合伙企业中甲的财产份额属于夫妻共同财产

　　B．戊依法自动取得合伙人地位

　　C．经乙、丙一致同意，戊取得合伙人资格

　　D．只能由合伙企业向戊退还甲在合伙企业中的财产份额

34．甲公司为履行与乙公司的箱包买卖合同，签发一张以乙公司为收款人、某银行为付款人的汇票，银行也予以了承兑。后乙公司将该汇票背书赠与给丙。此时，甲公司发现乙公司的箱包为假冒伪劣产品。关于本案，下列哪一选项是正确的？

　　A．该票据无效

　　B．甲公司不能拒绝乙公司的票据权利请求

　　C．丙应享有票据权利

　　D．银行应承担票据责任

35．股票和债券是我国《证券法》规定的主要证券类型。关于股票与债券的比较，下列哪一表述是正确的？

A. 有限责任公司和股份有限公司都可以成为股票和债券的发行主体

B. 股票和债券具有相同的风险性

C. 债券的流通性强于股票的流通性

D. 股票代表股权,债券代表债权

36. 丁某于2005年5月为其九周岁的儿子丁海购买一份人身保险。至2008年9月,丁某已支付了三年多的保险费。当年10月,丁海患病住院,因医院误诊误治致残。关于本案,下列哪一表述是正确的?

A. 丁某可以在向保险公司索赔的同时要求医院承担赔偿责任

B. 应当先由保险公司支付保险金,再由保险公司向医院追偿

C. 丁某应先向医院索赔,若医院拒绝赔偿或无法足额赔偿,再要求保险公司支付保险金

D. 丁某不能用诉讼方式要求保险公司支付保险金

37. 对于国务院反垄断委员会的机构定位和工作职责,下列哪一选项是正确的?

A. 是承担反垄断执法职责的法定机构

B. 应当履行协调反垄断行政执法工作的职责

C. 可以授权国务院相关部门负责反垄断执法工作

D. 可以授权省、自治区、直辖市人民政府的相应机构负责反垄断执法工作

38. 关于商业银行贷款法律制度,下列哪一选项是错误的?

A. 商业银行贷款应当实行审贷分离、分级审批的制度

B. 商业银行可以根据贷款数额以及贷款期限,自行确定贷款利率

C. 商业银行贷款,应当遵守资本充足率不得低于百分之八的规定

D. 商业银行贷款,应当对借款人的借款用途、偿还能力、还款方式等情况进行严格审查

39. 某房地产公司开发一幢大楼,实际占用土地的面积超出其依法获得的出让土地使用权面积,实际建筑面积也超出了建设工程规划许可证规定的面积。关于对该公司的处罚,下列哪一选项是正确的?

A. 只能由土地行政主管部门按非法占用土地予以处罚

B. 只能由城乡规划主管部门按违章建筑予以处罚

C. 根据一事不再罚原则,由当地政府确定其中一种予以处罚

D. 由土地行政主管部门、城乡规划主管部门分别予以处罚

40. 某市林业局与规划局正在编制当地林业远期发展规划,下列哪一说法是正确的?

A. 林业发展规划不是建设规划,无需进行环境影响评价

B. 应在林业发展规划编制过程中组织环境影响评价,编写有关环境影响的篇章或说明

C. 林业发展规划属于专门性规划,草案上报审批前应进行环境影响评价,并向审批机关提出环境影响报告书

D. 为了促进林业发展规划审批,应明确环境保护林的对外转让价,并征求公众意见

41. 关于非全日制用工的说法,下列哪一选项不符合《劳动合同法》规定?

A. 从事非全日制用工的劳动者与多个用人单位订立劳动合同的,后订立的合同不得影响先订立合同的履行

B. 非全日制用工合同不得约定试用期

C. 非全日制用工终止时,用人单位应当向劳动者支付经济补偿

D. 非全日制用工劳动报酬结算支付周期最长不得超过十五日

42. 甲、乙、丙、丁相约勤工俭学。下列未经著作权人同意使用他人受保护作品的哪一行为没有侵犯著作权?

A. 甲临摹知名绘画作品后廉价出售给路人

B. 乙收购一批旧书后廉价出租给同学

C. 丙购买一批正版录音制品后廉价出租给同学

D. 丁购买正版音乐CD后在自己开设的小餐馆播放

43. 2010年3月,甲公司将其研发的一种汽车零部件向国家有关部门申请发明专利。该专利申请于2011年9月公布,2013年7月3日获得专利权并公告。2011年2月,乙公司独立研发出相同零部件后,立即组织生产并于次月起持续销售给丙公司用于组装汽车。2012年10月,甲公司发现乙公司的销售行为。2015年6月,甲公司向法院起诉。下列哪一选项是正确的?

A. 甲公司可要求乙公司对其在2013年7月3日以前实施的行为支付赔偿费用

B. 甲公司要求乙公司支付适当费用的诉讼时效已过

C. 乙公司侵犯了甲公司的专利权

D. 丙公司没有侵犯甲公司的专利权

44. 德国甲公司与中国乙公司在中国共同设立了某合资有限责任公司,后甲公司以确认其在合资公司的股东权利为由向中国某法院提起诉讼。关于本案的法律适用,下列哪一选项是正确的?

A. 因合资公司登记地在中国,故应适用中国法

B. 因侵权行为地在中国,故应适用中国法

C. 因争议与中国的联系更密切,故应适用中国法

D. 当事人可协议选择纠纷应适用的法律

45. 英国公民苏珊来华短期旅游,因疏忽多付房费 1000 元,苏珊要求旅店返还遭拒后,将其诉至中国某法院。关于该纠纷的法律适用,下列哪一选项是正确的?

A. 因与苏珊发生争议的旅店位于中国,因此只能适用中国法

B. 当事人可协议选择适用瑞士法

C. 应适用中国法和英国法

D. 应在英国法与中国法中选择适用对苏珊有利的法律

46. 法国某公司依 1958 年联合国《承认与执行外国仲裁裁决公约》,请求中国法院承认与执行一项国际商会国际仲裁院的裁决。依据该公约及中国相关司法解释,下列哪一表述是正确的?

A. 法院应依职权主动审查该仲裁过程中是否存在仲裁程序与仲裁协议不符的情况

B. 该公约第 5 条规定的拒绝承认与执行外国仲裁裁决的理由是穷尽性的

C. 如该裁决内含有对仲裁协议范围以外事项的决定,法院应拒绝承认执行该裁决

D. 如该裁决所解决的争议属于侵权性质,法院应拒绝承认执行该裁决

47. 中国和甲国均为《关于从国外调取民事或商事证据的公约》的缔约国。关于两国之间的域外证据调取,下列哪一选项是正确的?

A. 委托方向另一缔约方请求调取的证据不限于用于司法程序的证据

B. 中国可以相关诉讼属于中国法院专属管辖为由拒绝甲国调取证据的请求

C. 甲国可以相关事项在甲国不能提起诉讼为由拒绝中国调取证据的请求

D. 甲国外交代表在其驻华执行职务的区域内,在不采取强制措施的情况下,可向甲国公民调取证据

48. 中国乙公司与西班牙甲公司签订合同进口一批货物,合同选用了《2020 年国际贸易术语解释通则》中的 CIF 术语,同时约定甲公司应为该批货物投保水渍险。甲公司将货物交承运人装船后,承运人签发了清洁提单(选用《海牙规则》)。在海运途中货物因遭遇恶劣天气部分毁损,中国和西班牙均为《联合国国际货物销售合同公约》缔约国。对此,下列哪一项说法是正确的?

A. 甲公司应为该批货物投保一切险

B. 承运人应赔偿货物损失

C. 保险公司应赔偿货物损失

D. 因货物部分毁损,中国乙公司有权要求减价

49. 部分中国企业向商务部提出反倾销调查申请,要求对原产于某国的某化工原材料进口产品进行相关调查。经查,商务部终局裁定确定倾销成立,决定征收反倾销税。根据我国相关法律规定,下列哪一说法是正确的?

A. 构成倾销的前提是进口产品对我国化工原材料产业造成了实质损害,或者产生实质损害威胁

B. 对不同出口经营者应该征收同一标准的反倾销税税额

C. 征收反倾销税,由国务院关税税则委员会作出决定,商务部予以执行

D. 与反倾销调查有关的对外磋商、通知和争端事宜由外交部负责

50. 根据《保护工业产权的巴黎公约》,关于优先权,下列哪一选项是正确的?

A. 优先权的获得需要申请人于"在后申请"中提出优先权申请并提供有关证明文件

B. 所有的工业产权均享有相同期间的优先权

C. "在先申请"撤回,"在后申请"的优先权地位随之丧失

D. "在先申请"被驳回,"在后申请"的优先权地位随之丧失

二、多项选择题。每题所设选项中至少有两个正确答案,多选、少选、错选或不选均不得分。本部分含 51-85 题,每题 2 分,共 70 分。

51. 小学生甲极具表演天赋,参加多部影视剧拍摄并攒下存款若干。为让甲存款保值,甲父在某城市以甲的名义购买多套房屋,未料周边房价均上涨,唯独该城市房价下跌,导致严重亏损。下列哪些说法是正确的?

A. 房屋买卖合同无效,可追回本金加利息

B. 购房保值行为不属于监护人职责范围

C. 房屋买卖合同有效,但监护人应承担赔偿责任

D. 甲对甲父的赔偿请求权在其成年前不受 3 年诉讼时效的限制

52. 甲委托乙采购一批电脑,乙受丙诱骗高价采购了一批劣质手机。丙一直以销售劣质手机为业,甲对此知情。关于手机买卖合同,下列哪些表述是正确的?

A. 甲有权追认

B. 甲有权撤销

C. 乙有权以甲的名义撤销

D. 丙有权撤销

53. 甲将 1 套房屋出卖给乙,已经移转占有,没有办理房屋所有权移转登记。现甲死亡,该房屋由其子丙继承。丙在继承房屋后又将该房屋出卖给丁,并办理了房屋所有权移转登记。下列哪些表述是正确的?

A. 乙虽然没有取得房屋所有权,但是基于甲的意思取得占有,乙为有权占有

B. 乙可以对甲的继承人丙主张有权占有

C. 在丁取得房屋所有权后,乙可以以占有有正当权利来源对丁主张有权占有

D. 在丁取得房屋所有权后,丁可以基于其所有权请求乙返还房屋

54. 甲向某银行贷款,甲、乙和银行三方签订抵押协议,由乙提供房产抵押担保。乙把房本交给银行,因登记部门原因导致银行无法办理抵押物登记。乙向登记部门申请挂失房本后又换得新房本,将房屋卖给知情的丙并办理了过户手续。甲届期未还款,关于贷款、房屋抵押和买卖,下列哪些说法是正确的?

A. 乙应向银行承担违约责任

B. 丙应代为向银行还款

C. 如丙代为向银行还款,可向甲主张相应款项

D. 因登记部门原因未办理抵押登记,但银行占有房本,故取得抵押权

55. 2013 年 2 月 1 日,王某以一套房屋为张某设定了抵押,办理了抵押登记。同年 3 月 1 日,王某将该房屋无偿租给李某 1 年,以此抵王某欠李某的借款。房屋交付后,李某向王某出具了借款还清的收据。同年 4 月 1 日,李某得知房屋上设有抵押后,与王某修订租赁合同,把起租日改为 2013 年 1 月 1 日。张某实现抵押权时,要求李某搬离房屋。下列哪些表述是正确的?

A. 王某、李某的借款之债消灭

B. 李某的租赁权可对抗张某的抵押权

C. 王某、李某修订租赁合同行为无效

D. 李某可向王某主张违约责任

56. 甲将一套房屋以 200 万元的价格卖给了乙,双方约定:"全部价款分 10 次付清,每期 20 万元,在乙支付完毕价款前,甲保留房屋的所有权。"甲向乙交付了房屋。乙支付第 4 期价款后,甲为乙办理了过户登记,但乙一直没有支付第 5 期与第 6 期价款,经催告后依然不履行。对此,下列说法正确的是:

A. 房屋所有权人依然是甲

B. 乙已经取得房屋的所有权

C. 甲有权请求乙一次支付剩余的全部价款

D. 甲有权解除房屋买卖合同,并请求乙返还房屋

57. 甲用其拾得的乙的身份证在丙银行办理了信用卡,并恶意透支,致使乙的姓名被列入银行不良信用记录名单。经查,丙银行在办理发放信用卡之前,曾通过甲在该行留下的乙的电话(实为甲的电话)核实乙是否申请办理了信用卡。根据我国现行法律规定,下列哪些表述是正确的?

A. 甲侵犯了乙的姓名权

B. 甲侵犯了乙的名誉权

C. 甲侵犯了乙的信用权

D. 丙银行不应承担责任

58. 郭大爷女儿五年前病故,留下一子甲。女婿乙一直与郭大爷共同生活,尽了主要赡养义务。郭大爷继子丙虽然与其无扶养关系,但也不时从外地回来探望。郭大爷还有一丧失劳动能力的养子丁。郭大爷病故,关于其遗产的继承,下列哪些选项是正确的?

A. 甲为第一顺序继承人

B. 乙在分配财产时,可多分

C. 丙无权继承遗产

D. 分配遗产时应该对丁予以照顾

59. 甲赴宴饮酒,遂由有驾照的乙代驾其车,乙违章撞伤丙。交管部门认定乙负全责。以下假定情形中对丙的赔偿责任,哪些表述是正确的?

A. 如乙是与甲一同赴宴的好友,乙不承担赔偿责任

B. 如乙是代驾公司派出的驾驶员,该公司应承担赔偿责任

C. 如乙是酒店雇佣的为饮酒客人提供代驾服务的驾驶员,乙不承担赔偿责任

D. 如乙是出租车公司驾驶员,公司明文禁止代驾,乙为获高额报酬而代驾,乙应承担赔偿责任

60. 根据《民事诉讼法》和司法解释的相关规定,关于级别管辖,下列哪些表述是正确的?

A. 级别管辖不适用管辖权异议制度

B. 案件被移送管辖有可能是因为受诉法院违反了级别管辖的规定而发生的

C. 管辖权转移制度是对级别管辖制度的变通和个别的调整

D. 当事人可以通过协议变更案件的级别管辖

61. 甲向大恒银行借款 100 万元,乙承担连带保证责任,甲到期未能归还借款,大恒银行向法院起诉甲乙二人,要求其履行债务。关于诉的合并和共同诉讼的判断,下列哪些选项是正确的?

A. 本案属于诉的主体的合并

B. 本案属于诉的客体的合并

C. 本案属于必要共同诉讼

D. 本案属于普通共同诉讼

62．达善公司因合同纠纷向甲市 A 区法院起诉美国芙泽公司，经法院调解双方达成调解协议。关于本案的处理，下列哪些选项是正确的？

A．法院应当制作调解书

B．法院调解书送达双方当事人后即发生法律效力

C．当事人要求根据调解协议制作判决书的，法院应当予以准许

D．法院可以将调解协议记入笔录，由双方签字即发生法律效力

63．关于适用简易程序的表述，下列哪些选项是正确的？

A．基层法院适用普通程序审理的民事案件，当事人双方可协议并经法院同意适用简易程序审理

B．经双方当事人一致同意，法院制作判决书时可对认定事实或者判决理由部分适当简化

C．法院可口头方式传唤当事人出庭

D．当事人对案件事实无争议的，法院可不开庭径行判决

64．田某拒不履行法院令其迁出钟某房屋的判决，因钟某已与他人签订租房合同，房屋无法交给承租人，使钟某遭受损失，钟某无奈之下向法院申请强制执行。法院受理后，责令田某 15 日内迁出房屋，但田某仍拒不履行。关于法院对田某可以采取的强制执行措施，下列哪些选项是正确的？

A．罚款

B．责令田某向钟某赔礼道歉

C．责令田某双倍补偿钟某所受到的损失

D．责令田某加倍支付以钟某所受损失为基数的同期银行利息

65．甲、乙、丙设立一有限公司，制定了公司章程。下列哪些约定是合法的？

A．甲、乙、丙不按照出资比例分配红利

B．由董事会直接决定公司的对外投资事宜

C．甲、乙、丙不按照出资比例行使表决权

D．由董事会直接决定其他人经投资而成为公司股东

66．通源商务中心为一家普通合伙企业，合伙人为赵某、钱某、孙某、李某、周某。就合伙事务的执行，合伙协议约定由赵某、钱某二人负责。下列哪些表述是正确的？

A．孙某仍有权以合伙企业的名义对外签订合同

B．对赵某、钱某的业务执行行为，李某享有监督权

C．对赵某、钱某的业务执行行为，周某享有异议权

D．赵某以合伙企业名义对外签订合同时，钱某享有异议权

67．灏德投资是一家有限合伙企业，专门从事新能源开发方面的风险投资。甲公司是灏德投资的有限合伙人，乙和丙是普通合伙人。关于合伙协议的约定，下列哪些选项是正确的？

A．甲公司派驻灏德投资的员工不领取报酬，其劳务折抵 10%的出资

B．甲公司不得与其他公司合作从事新能源方面的风险投资

C．甲公司不得将自己在灏德投资中的份额设定质权

D．甲公司不得将自己在灏德投资中的份额转让给他人

68．甲公司依据买卖合同，在买受人乙公司尚未付清全部货款的情况下，将货物发运给乙公司。乙公司尚未收到该批货物时，向法院提出破产申请，且法院已裁定受理。对此，下列哪些选项是正确的？

A．乙公司已经取得该批货物的所有权

B．甲公司可以取回在运货物

C．乙公司破产管理人在支付全部价款情况下，可以请求甲公司交付货物

D．货物运到后，甲公司对乙公司的价款债权构成破产债权

69．关于汇票的表述，下列哪些选项是正确的？

A．汇票可以质押，当持票人将汇票交付给债权人时质押生效

B．如汇票上记载的付款人在承兑之前即已破产，出票人仍须承担付款责任

C．汇票的出票人既可以是银行、公司，也可以是自然人

D．如汇票上未记载出票日期，该汇票无效

70．证券公司的下列行为，哪些是《证券法》所禁止的？

A．为客户买卖证券提供融资融券服务

B．有偿使用客户的交易结算资金

C．将自营账户借给他人使用

D．接受客户的全权委托

71．关于保险利益，下列哪些表述是错误的？

A．保险利益本质上是一种经济上的利益，即可以用金钱衡量的利益

B．人身保险的投保人在保险事故发生时，对保险标的应当具有保险利益

C．财产保险的被保险人在保险合同订立时，对保险标的应当具有保险利益

D．责任保险的投保人在保险合同订立时，对保

享有异议权

险标的应当具有保险利益

72. 某镇政府正在编制本镇规划。根据《城乡规划法》，下列哪些建设项目应当在规划时予以优先安排？

A. 镇政府办公楼、招待所

B. 供水、供电、道路、通信设施

C. 商业街、工业园、公园

D. 学校、幼儿园、卫生院、文化站

73. 下列哪些选项属于不正当竞争行为？

A. 甲灯具厂捏造乙灯具厂偷工减料的事实，私下告诉乙厂的几家重要客户

B. 甲公司发布高薪招聘广告，乙公司数名高管集体辞职前往应聘，甲公司予以聘用

C. 甲电器厂产品具有严重瑕疵，媒体误报道为乙电器厂产品，甲厂未主动澄清

D. 甲厂使用与乙厂知名商品近似的名称、包装和装潢，消费者经仔细辨别方可区别二者差异

74. 赵某从某商场购买了某厂生产的高压锅，烹饪时邻居钱某到其厨房聊天，高压锅爆炸致2人受伤。下列哪些选项是错误的？

A. 钱某不得依据《消费者权益保护法》请求赔偿

B. 如高压锅被认定为缺陷产品，赵某可向该厂也可向该商场请求赔偿

C. 如高压锅未被认定为缺陷产品则该厂不承担赔偿责任

D. 如该商场证明目前科技水平尚不能发现缺陷存在则不承担赔偿责任

75. 某商业银行推出"校园贷"业务，旨在向在校大学生提供额度不等的消费贷款。对此，下列哪些说法是错误的？

A. 银行向在校大学生提供"校园贷"业务，须经国务院银监机构审批或备案

B. 在校大学生向银行申请"校园贷"业务，无论资信如何，都必须提供担保

C. 银行应对借款大学生的学习、恋爱经历、父母工作等情况进行严格审查

D. 银行为提高"校园贷"业务发放效率，审查人员和放贷人员可同为一人

76. 银行业监督管理机构依法对银行业金融机构进行检查时，经设区的市一级以上银行业监督管理机构负责人批准，可以对与涉嫌违法事项有关的单位和个人采取下列哪些措施？

A. 询问有关单位或者个人，要求其对有关情况作出说明

B. 查阅、复制有关财务会计、财产权登记等文件与资料

C. 对涉嫌转移或者隐匿违法资金的账户予以冻结

D. 对可能被转移、隐匿、毁损或者伪造的文件与资料予以先行登记保存

77. 下列哪些属于审计机关的审计监督范围？

A. 国家的事业组织和使用财政资金的其他事业组织的财务支出

B. 国有金融机构和国有企业的资产、负债、损益

C. 政府投资的建设项目的财务收支

D. 国际组织贷款项目的财务收支

78. 关于因污染环境和破坏生态造成损害的环境侵权，下列哪些判断是正确的？

A. 要求污染单位停止侵权的诉讼时效期间为3年，从当事人知道或者应当知道其受到损害时起计算

B. 为维护社会公共利益提起诉讼的社会组织不得通过诉讼牟取经济利益

C. 污染者以排污符合国家或者地方污染物排放标准为由可主张不承担侵权责任

D. 水污染损害是由受害人故意造成的，排污方不承担赔偿责任

79. 甲公司与梁某签订劳动合同后，与乙公司签订劳务派遣协议，派梁某到乙公司做车间主任，派遣期3个月。2012年1月至2013年7月，双方已连续6次续签协议，梁某一直在乙公司工作。2013年6月，梁某因追索上一年加班费与乙公司发生争议，申请劳动仲裁。下列哪些选项是正确的？

A. 乙公司是在辅助性工作岗位上使用梁某，符合法律规定

B. 乙公司是在临时性工作岗位上使用梁某，符合法律规定

C. 梁某申请仲裁不受仲裁时效期间的限制

D. 梁某申请仲裁时应将甲公司和乙公司作为共同当事人

80. 应出版社约稿，崔雪创作完成一部儿童题材小说《森林之歌》。为吸引儿童阅读，增添小说离奇色彩，作者使用笔名"吹雪"，特意将小说中的狗熊写成三只腿的动物。出版社编辑在核稿和编辑过程中，认为作者有笔误，直接将"吹雪"改为"崔雪"、将狗熊改写成四只腿的动物。出版社将《森林之歌》批发给书店销售。下列哪些说法是正确的？

A. 出版社侵犯了作者的修改权

B. 出版社侵犯了作者的保护作品完整权

C. 出版社侵犯了作者的署名权

D. 书店侵犯了作者的发行权

81. 工程师王某在甲公司的职责是研发电脑鼠标。下列哪些说法是错误的？

A. 王某利用业余时间研发的新鼠标的专利申请权属于甲公司

B. 如王某没有利用甲公司物质技术条件研发出新鼠标，其专利申请权属于王某

C. 王某主要利用了单位物质技术条件研发出新型手机，其专利申请权属于王某

D. 如王某辞职后到乙公司研发出新鼠标，其专利申请权均属于乙公司

82．甲公司将其生产的白酒独创性地取名为"逍遥乐"，并在该酒的包装、装潢和广告中突出宣传酒名，致"逍遥乐"被消费者熟知，声誉良好。乙公司知道甲公司没有注册"逍遥乐"后，将其作为自己所产白酒的商标使用并抢先注册。该商标注册申请经商标局初步审定并公告。下列哪些说法是错误的？

A. 甲公司有权在异议期内向商标局提出异议，反对核准乙公司的注册申请

B. 如"逍遥乐"被核准注册，甲公司有权主张先用权

C. 如"逍遥乐"被核准注册，甲公司有权向商标局请求撤销该商标

D. 甲公司有权向法院起诉请求乙公司停止使用并赔偿损失

83．中国公民王某将甲国公民米勒诉至某人民法院，请求判决两人离婚、分割夫妻财产并将幼子的监护权判决给她。王某与米勒的经常居所及主要财产均在上海，其幼子为甲国籍。关于本案的法律适用，下列哪些选项是正确的？

A. 离婚事项，应适用中国法

B. 夫妻财产的分割，王某与米勒可选择适用中国法或甲国法

C. 监护权事项，在甲国法与中国法中选择适用有利于保护幼子利益的法律

D. 夫妻财产的分割与监护权事项均应适用中国法

84．根据我国《对外贸易法》的规定，关于对外贸易经营者，下列哪些选项是错误的？

A. 个人须委托具有资格的法人企业才能办理对外贸易业务

B. 对外贸易经营者未依规定办理备案登记的，海关不予办理报关验放手续

C. 有足够的资金即可自动取得对外贸易经营的资格

D. 对外贸易经营者向国务院主管部门办妥审批手续后才能取得对外贸易经营的资格

85．关于国际投资法相关条约，下列哪些表述是正确的？

A. 依《关于解决国家和他国国民之间投资争端

公约》，投资争端应由双方书面同意提交给投资争端国际中心，当双方表示同意后，任何一方不得单方面撤销

B. 依《多边投资担保机构公约》，多边投资担保机构只对向发展中国家领土内的投资予以担保

C. 依《与贸易有关的投资措施协议》，要求企业购买或使用最低比例的当地产品属于协议禁止使用的措施

D. 依《与贸易有关的投资措施协议》，限制外国投资者投资国内公司的投资比例属于协议禁止使用的措施

三、不定项选择题。每题所设选项中至少有一个正确答案，多选、少选、错选或不选均不得分。本部分含86~100题，每题2分，共30分。

86．甲偷了乙的电动自行车，告知了丙实情并委托丙进行出售，获利平分。丙将该车以甲的名义卖给了不知情的丁，丁按照市场价格付了款。对此，下列说法不正确的是：

A. 丙的行为构成无权处分

B. 丙的行为构成无权代理

C. 丁对该车构成善意取得

D. 对于乙的损失，甲与丙应承担连带责任

（一）

甲、乙双方于2013年5月6日签订水泥供应合同，乙以自己的土地使用权为其价款支付提供了最高额抵押，约定2014年5月5日为债权确定日，并办理了登记。丙为担保乙的债务，于2013年5月6日与甲订立最高额保证合同，保证期间为一年，自债权确定日开始计算。请回答87~89题。

87．水泥供应合同约定，将2013年5月6日前乙欠甲的货款纳入了最高额抵押的担保范围。下列说法正确的是：

A. 该约定无效

B. 该约定合法有效

C. 如最高额保证合同未约定将2013年5月6日前乙欠甲的货款纳入最高额保证的担保范围，则丙对此不承担责任

D. 丙有权主张减轻其保证责任

88．甲在2013年11月将自己对乙已取得的债权全部转让给丁。下列说法正确的是：

A. 甲的行为将导致其最高额抵押权消灭

B. 甲将上述债权转让给丁后，丁取得最高额抵押权

C. 甲将上述债权转让给丁后，最高额抵押权不随之转让

D. 2014年5月5日前，甲对乙的任何债权均不得转让

89. 乙于 2014 年 1 月被法院宣告破产,下列说法正确的是:

A. 甲的债权确定期届至

B. 甲应先就抵押物优先受偿,不足部分再要求丙承担保证责任

C. 甲可先要求丙承担保证责任

D. 如甲未申报债权,丙可参加破产财产分配,预先行使追偿权

90. 甲向朋友乙借款。第一笔借款 30 万元,2018 年 4 月 1 日到期,年利率为 20%,有足额担保。第二笔借款 30 万元,2018 年 5 月 1 日到期,年利率 6%,没有担保。甲一直未还钱。2018 年 5 月 6 日,甲委托丙代其向乙还第一笔借款,丙随即向乙转账 30 万元,转账时注明偿还第一笔借款。乙不同意,收到后表示这是还的第二笔借款。对于丙偿还的是哪一笔借款甲乙之间发生了争执,若不考虑产生的利息,下列说法正确的是:

A. 甲乙可以事后协商偿还的是哪一笔借款

B. 若甲乙事后不能达成协议,应认定为偿还的是第一笔

C. 若甲乙事后不能达成协议,应认定为偿还的是第二笔

D. 若甲乙事后不能达成协议,应认定为偿还的是两笔借款各还 15 万元

91. 甲公司购买乙公司的产品,丙公司以其房产为甲公司提供抵押担保。因甲公司未按约定支付 120 万元货款,乙公司向 A 市 B 县法院申请支付令。法院经审查向甲公司发出支付令,甲公司拒绝签收。甲公司未在法定期间提出异议,而以乙公司提供的产品有质量问题为由向 A 市 C 区法院提起诉讼。关于本案,下列表述正确的是:

A. 甲公司拒绝签收支付令,法院可采取留置送达

B. 甲公司提起诉讼,法院应裁定中止督促程序

C. 乙公司可依支付令向法院申请执行甲公司的财产

D. 乙公司可依支付令向法院申请执行丙公司的担保财产

92. 下列说法中构成民事诉讼中的自认的是:

A. 甲在开庭结束回去的路上对乙说:"你在法庭上说我欠你 5 万元,这是事实。但法官问我,我就不承认,气死你"

B. 甲拿出了乙在庭前写的材料,材料内容是乙承认向甲借钱的事实,并注明有时间及地点

C. 甲说乙向他借钱了,法官问乙的时候乙说我和好多同事借钱了,但我不记得有没有甲。法官说请你确认,乙说我真记不清楚了

D. 庭前质证的时候甲承认向乙借款 3 万元,但辩称自己已经还钱。庭审的时候乙说甲借了没还,于是甲说:"既然你不承认我还了钱,那我也不承认向你借了钱"

93. 甲公司诉乙公司合同纠纷案,南山市 S 县法院进行了审理并作出驳回甲公司诉讼请求的判决,甲公司未提出上诉。判决生效后,甲公司因收集到新的证据申请再审。下列选项正确的是:

A. 甲公司应当向 S 县法院申请再审

B. 甲公司应当向南山市中级法院申请再审

C. 法院应当适用一审程序再审本案

D. 法院应当适用二审程序再审本案

94. 民事诉讼与民商事仲裁都是解决民事纠纷的有效方式,但两者在制度上有所区别。下列选项正确的是:

A. 民事诉讼可以解决各类民事纠纷,仲裁不适用与身份关系有关的民事纠纷

B. 民事诉讼实行两审终审,仲裁实行一裁终局

C. 民事诉讼判决书需要审理案件的全体审判人员签署,仲裁裁决则可由部分仲裁庭成员签署

D. 民事诉讼中财产保全由法院负责执行,而仲裁机构则不介入任何财产保全活动

95. 甲公司欠乙公司货款 100 万元、丙公司货款 50 万元。2009 年 9 月,甲公司与丁公司达成意向,拟由丁公司兼并甲公司。乙公司原欠丁公司租金 80 万元。下列表述正确的是:

A. 甲公司与丁公司合并后,两个公司的法人主体资格同时归于消灭

B. 甲公司与丁公司合并后,丁公司可以向乙公司主张债务抵销

C. 甲公司与丁公司合并时,丙公司可以要求甲公司或丁公司提供履行债务的担保

D. 甲公司与丁公司合并时,应当分别由甲公司和丁公司的董事会作出合并决议

96. 王某、张某、田某、朱某共同出资 180 万元,于 2012 年 8 月成立绿园商贸中心(普通合伙)。其中王某、张某各出资 40 万元,田某、朱某各出资 50 万元;就合伙事务的执行,合伙协议未特别约定。2014 年 4 月,朱某因抄底买房,向刘某借款 50 万元,约定借期四个月。四个月后,因房地产市场不景气,朱某亏损不能还债。关于刘某对朱某实现债权,下列选项正确的是:

A. 可代位行使朱某在合伙企业中的权利

B. 可就朱某在合伙企业中分得的收益主张清偿

C. 可申请对朱某的合伙财产份额进行强制执行

D. 就朱某的合伙份额享有优先受偿权

（二）

玫园公司与丙劳务派遣公司签订协议，由其派遣王某到玫园公司担任保洁员。不久，甲、乙产生纠纷，经营停顿。玫园公司以签订派遣协议时所依据的客观情况发生重大变化为由，将王某退回丙公司，丙公司遂以此为由解除王某的劳动合同。请回答97、98题。

97. 根据《劳动合同法》，王某的用人单位是：

A. 甲公司　　　　B. 乙企业

C. 丙公司　　　　D. 玫园公司

98. 关于王某劳动关系解除问题，下列选项正确的是：

A. 玫园公司有权将王某退回丙公司

B. 丙公司有权解除与王某的劳动合同

C. 王某有权要求丙公司继续履行劳动合同

D. 王某如不愿回到丙公司，有权要求其支付赔偿金

99. 根据我国有关法律规定，关于涉外民事关系的法律适用，下列领域采用当事人意思自治原则的是：

A. 合同　　　　　B. 侵权

C. 不动产物权　　D. 诉讼离婚

100. 中国甲公司向法国乙公司出口一批货物，双方协议选择 CIF（国际贸易术语通则 2020）规范当事人之间的合同货物，分两次运输。第二次运输中，由于船长驾驶不慎，和其他船舶发生碰撞。根据《海牙规则》和相关国际法规则，下列说法正确的是：

A. 如果没有特殊约定，甲公司可以购买平安险

B. 船舶碰撞不属于平安险的赔偿范围

C. 对于货物损失，承运人可免责

D. 对于货物损失，保险人应赔偿

试　卷　一

解　析

一、单项选择题

1．法的价值冲突及其解决[A]

[解析] 所谓价值位阶原则指不同位阶的法的价值发生冲突时,在先的价值优于在后的价值。价值位阶原则的判断技巧是"按照法律规定处理"。该案中,法律的规定是"一般情况下,先签字才能手术;紧急情况下由院长批准";因此,本案的做法是直接适用法律规定,属于"价值位阶"原则。故 A 项正确。

"自由裁量"与"功利主义"并不属于价值冲突的解决原则。故 B、D 项错误。

C 项中的"比例原则",现大纲已改为"个案中的比例原则"。该原则的判断技巧是在具体案件中,对法律所保护的价值进行调整,选择伤害最小的方案,以便实现个案正义。本案并没有在法律之外进行价值比较、权衡,不属于"个案中的比例原则"。故 C 项错误。【特别提醒】法官判案时,尤其是自由裁量时,需要进行价值衡量和选择,但不一定达到"比例"的程度。运用"个案中的比例原则"最常见的是疑难案件中,即两种价值都需要保护,法官陷入两难境地,最后进行"比例"上的权衡,看怎样处理使对方的伤害更小。

2．法律规则;权利与义务[D]

[解析] 法律规则预先规定了明确的行为模式,具有确定性、明确性的特点,但是法律规则必须以语言的形式呈现出来,而语言具有局限性和片面性,所以实践中需要法官自由裁量。题干中,法律并没有明确规定探望的次数,因此需要法官根据具体情况自由裁量。故 A 项正确。

该法条规定了家庭成员关心老人的义务,包括"关心老年人的精神需求""经常看望或问候老年人"的积极义务,以及"不得忽视、冷落老年人"的消极义务,但是没有规定法律后果。故 B、C 项正确。

该法条属于法律规则的内容,法院据此判决,依据的是法律规则而不是道德。当然,该规则本身也是道德规则,是道德内容的法律化。故 D 项错误。

3．权利、义务相关知识[B]

[解析] 按照规则的内容规定不同,法律规则可以分为:(1)授权性规则,是指规定人们有权做一定行为或不做一定行为的规则,即规定人们的"可为模式"的规则。(2)义务性规则,是指在内容上规定人们的法律义务,即有关人们应当作出或不作出某种行为的规则,具体又可分为命令性规则与禁止性规则。该法条规定公民在行使集会、游行、示威的权利时,还要遵守宪法和法律的规定,履行一定义务。据此,该法条属于义务性规则。故 A 项错误。

该规定表明法律保护公民的集会、游行、示威的权利和自由。但是该自由的行使是有限制的,必须遵守宪法和法律,不得反对宪法所确定的基本原则,不得损害国家的、社会的、集体的利益和其他公民的合法权益。故 B 项正确。

法律是国家的法律,必然维护国家利益。但是同时,社会和集体的利益仍然需要法律上的认可和尊重,并且国家的利益与社会和集体的利益仍然属于同一位阶的法律价值,所以存在后两者的价值高于国家利益的可能性,就此而言,国家利益并非最高的法律价值。同时,仅就法律价值而言,最高的价值是自由价值,其后依次才是正义价值和秩序价值,而利益价值往往属于一般价值而非最高价值,从这个角度讲,国家利益仍然不是最高的法律价值。故 C 项错误。

该条规定属于法律规则,从属性上来说,法律规则相对于法律原则而言,更为明确、具体,但这并不意味着法律规则一定就是明确具体的,其仍然可能是模糊的。模糊的标准并不意味着它不具有指导意义,即使是法律原则也能够指导人们的行动。故 D 项错误。

4．法律责任的归结与免除;法律制裁和法律证成[C]

[解析] 法律制裁只针对违法行为,本案中的二被告(中学和小黄)均未违法,法院判决其承担法律责任是基于公平原则,属于"补偿性质",而非"惩罚"性质。故 A 项错误。

法律责任的免除事由包括:时效免责、不诉及协议免责、自首及立功免责、因履行不能而免责。不诉及协议免责,是指如果受害人或有关当事人不向法院起诉要求追究行为人的法律责任,行为人的法律责任就实际上被免除,或者受害人与加害人在法律允许的范围内协商同意的免责。本案是法院的直接判决,不属于不诉及协议免责,故 B 项错误。

任何法律决定的作出,都是一个法律证成的过程,法律证成需要法律适用者的目光在事实与规范之间往回流转。本案中,法院对损害事实进行了查明,并对被告的行为与损害事实的因果关系进行了论证,依据法律中的"公平责任"作出判决,即法院将法律规范中的"公平责任"与案件事实中的"损害后果、因果关系"对接起来,进行了法律证成。故 C 项正确。

尽管法院依据公平责任判定被告承担医疗费用,但是,被告承担法律责任的主要原因是其撞击行为导致了原告的损失,因此被告正是因为因果关系而承担了法律责任。故 D 项错误。

5．宪法的修改程序、修改机关、修改方式与公布方式;全国人大职权[C]

[解析] 我国宪法结构包括:序言;第一章:总纲;第二章:公民的基本权利和义务;第三章:国家机构;第四章:国旗、国歌、国徽、首都。由此可见,我国《宪法》并未有专章规定宪法修改。但《宪法》第64条规定了宪法修改问题,具体为:宪法的修改,由全国人民代表大会常务委员会或者 1/5 以上的全国人民代表大会代表提议,并由全国人民代表大会以全体代表的 2/3 以上的多数通过。可见,只有全国人大有修宪的权力。故 A、B 项正确。

我国宪法并未明确规定宪法修正案的公布机关,但是五次修正案均为全国人大主席团公布,已成宪法惯例。故 C 项错误。

《全国人民代表大会议事规则》第60条第2款规定,宪法的修改,采用无记名投票方式表决。故 D 项正确。

6．民族区域自治制度[D]

[解析]《宪法》第 112 条规定,民族自治地方的自治机关是自治区、自治州和自治县的人民代表大会和人民政府,不包括审判机关和检察机关。故 A 项错误。

《立法法》第 85 条第 1 款规定,只有民族自治地方的人大才有权制定自治条例和单行条例,自治地方人民政府只能制定"地方政府规章",而此类规章不能作"变通规定"。故 B 项错误。

根据《立法法》第 85 条第 2 款规定:"自治条例和单行条例可以依照当地民族的特点,对法律和行政法规的规定作出变通规定,但不得违背法律或者行政法规的基本原则,不得对宪法和民族区域自治法的规定以及其他有关法律、行政法规专门就民族自治地方所作的规定作出变通规定。"可知,自治条例可以对法律和行政法规作出变通规定,不得对"宪法"作出变通规定。故 C 项错误。

《民族区域自治法》第 19 条规定,自治州、自治县的自治条例和单行条例报省、自治区、直辖市的人

民代表大会常务委员会批准后生效,并报全国人民代表大会常务委员会和国务院备案。故 D 项正确。

7．中国古代律典历史变迁[C]

[解析]《法经》中"具法"篇是关于定罪量刑中从轻从重法律原则的规定,起着"具其加减"的作用,相当于近代刑法典中的总则部分。故 A 项正确。

《晋律》又称《泰始律》《张杜律》,共 20 篇 602 条。《晋律》与魏律相比,在刑名律后增加法例律,丰富了刑法总则的内容。故 B 项正确。

"《北齐律》共 12 篇,将刑名与法例律合并为名例律一篇,充实了刑法总则"表述正确,但并未对其进行逐条逐句的疏议。注意,唐朝时期,唐高宗安排律学通才和重要幕僚以疏议的形式对《永徽律》全篇律文逐条逐句地做了统一的法律解释,与《永徽律》合并,形成《永徽律疏》。故 C 项错误。

《大清律例》的结构、形式、体例、篇目与《大明律》基本相同,共分名例律、吏律、户律、礼律、兵律、刑律、工律七部分。故 D 项正确。

8．联合国体系;安理会表决机制[C]

[解析]《联合国宪章》规定,联合国安理会采取每一理事国一票的表决制度。对于程序性事项的表决,要求 9 张同意票即可通过;对于实质性事项的表决,则须遵守"大国一致原则",也就是要满足三个条件:(1)同意票必须达到 9 票;(2)不得有常任理事国的否决票;(3)常任理事国的弃权或缺席不构成否决。常见的实质性事项主要包括:和平解决国际争端及采取有关行动、向大会推荐接纳新会员国或秘书长人选、建议中止会员国权利或开除会籍等。

常任理事国的弃权和缺席均不被视为否决,不影响决议的通过。故 A 项错误。

非常任理事国 2 票否决也不影响决议的通过。故 B 项错误。

常任理事国没有会员国投否决票,且有 4 票赞成,加上非常任理事国的 8 票,共 12 票,已经达到安理会对实质性问题表决通过的要求。故 C 项正确。

甲国出兵侵略另一会员国属于涉及和平安全有关的事项,属于实质性事项,需要全体常任理事国在内的 9 个同意票。故 D 项错误。

9．紧追权[A]

[解析] 紧追必须连续不停地进行,不得中断。如果紧追船舶、飞机需要更替时,须在后者到达后方能退出,否则即视为中断。本题中,乙国 A 舰因机械故障退航后,B 舰才采取行动,乙国军舰的紧追行为已经中断,其也丧失了对甲国渔船继续紧追的权利。故 A 项正确,D 项错误。

紧追可从沿海国的内水、群岛水域、领海、毗连区、专属经济区或大陆架开始,是否具有紧追权取决于该国是否对该海域有相应的管辖权。对外国船舶

在领海的走私活动,沿海国有管辖权,当然也就有权从领海对违法船舶实施紧追。故 B 项错误。

紧追只有在被追船舶视听所及的距离内发出停驶信号后才可开始。故 C 项错误。

10．外交关系;外交人员的特权与豁免[D]

[解析] 代办处和大使馆性质上均属于使馆,享有使馆的特权与豁免。故 A 项错误。

随员是办理各种外交事务的最低一级外交人员,汤姆作为随员享有外交人员的刑事管辖豁免权,但相关责任并不能因此而被豁免,有关的责任问题将通过外交途径解决。故 B 项错误。

汤姆作为外交人员享有人身不受侵犯的权利,乙国不得因其开枪行为对其采取刑事强制措施。故 C 项错误。

外交人员的特权与豁免可以由派遣国明示放弃,若甲国明示放弃汤姆的外交豁免权,则乙国可以对汤姆实施刑事管辖权及相应的刑事强制措施。故 D 项正确。

11．司法功能;司法公正[A]

[解析] 司法具有解决纠纷的直接功能和人权保障、调整社会关系、解释和补充法律、形成公共政策、秩序维持、文化支持等间接功能。因此,调整社会关系不是直接功能,故 A 项错误。

司法的特征要求司法活动的公开性、裁判人员的中立性、当事人地位的平等性、司法过程的参与性、司法活动的合法性、案件处理的正确性。故 B 项正确。

中国古代社会的学者讨论司法公正,有其独特的视角。晋代的刘颂在给惠帝的上疏中明确地说:"君臣之分,各有所司。法欲人奉,故令主者守;理有穷,故使大臣释滞;事有时立,故人主权断。"在他看来,对具体案件的审断,司法官吏必须依律办事,严格执法,做到"主者守文,死生以之,不敢错思于成制之外以差轻重"。若有少数案件,"事无正据,名例不及",法律明文又没有规定,则由"大臣论当,以释不滞",这就是说,只有中央主管司法的大臣有一定的解释、变通之权。至于超出法律之外的"非常之断、出法赏罚",那就"唯人主专之,非奉职之臣所得拟议"了。刘颂深刻地揭示了影响中国古代司法公正的三个方面的因素——执法官吏、大臣、君主,他严格区分了君臣在司法公正方面各自的职责:"主者守文""大臣释滞""人主权断"。故 C 项正确。

培根这句话形象地说明了司法不公正的严重后果,强调了司法公正的重要性。法官的裁判是社会公平正义的体现。如果法官作出不公正的判决,将毁坏法律的公信力,破坏社会的公平与正义,就像水源败坏了,随着水流的前进,整条河流都会被污染。因此,一次不公正的裁判比多次违法犯罪行为带来危害大得多。故 D 项正确。

12．司法效率[D]

[解析] 司法效率强调的是司法机关在司法活动中,在正确、合法的前提下,提高办案效率,不拖延积压案件,及时审理和结案,合理利用和节约司法资源。司法效率大致包括司法的时间效率、司法的资源利用效率和司法活动的成本效率三大方面。故 A 项正确。

从严格遵守诉讼法的角度来说,法官应当严格遵守相应的案件审理期限,遇有特殊情况不能在法定审限内结案的,应当按照法定程序办理延长审限的手续,不得未经批准超期审理,也不得无故超越审限。但是,从法官遵守职业道德的角度来说,法官应当提高效率,节约司法资源,不仅从执行法律的角度应当严格执行审限,还应当在审限内尽快完成职责。故 B 项正确。

法官在审理案件过程中,有权依法采取或不采取各种程序性的措施,如休庭、延期审理等,这些措施都可能影响案件的正常审理,影响司法效率。法官在采取这些程序性措施时,毫无疑问应严格依法并考虑效率方面的代价。故 C 项正确。

为了提高司法效率,法官有监督当事人及时完成诉讼活动的职责。在当事人由于各种原因拖延审判活动的正常进行和影响司法效率的情况下,法官应当在不违背其中立地位的前提下,督促当事人或其代理人提高效率,减少拖延,遵守法律规定的时限或合理期限。故 D 项错误。

13．法律援助相关知识[C]

[解析]《刑诉解释》第48条规定:"具有下列情形之一,被告人没有委托辩护人的,人民法院可以通知法律援助机构指派律师为其提供辩护:(一)共同犯罪案件中,其他被告人已经委托辩护人的;……"故 A 项正确。

《法律援助法》第 62 条第 2 项规定,律师事务所、基层法律服务所接受指派后,不及时安排本所律师、基层法律服务工作者办理法律援助事项或者拒绝为本所律师、基层法律服务工作者办理法律援助事项提供支持和保障,由司法行政部门依法给予处罚。《律师法》第 50 条规定,律师事务所拒绝履行法律援助义务的,设区的市级或者直辖市的区人民政府司法行政部门可以视其情节给予警告等处罚。故 B 项正确。

《法律援助法》第 2 条规定:"本法所称法律援助,是国家建立的为经济困难公民和符合法定条件的其他当事人无偿提供法律咨询、代理、刑事辩护等法律服务的制度,是公共法律服务体系的组成部分。"据此,法律援助均是无偿的,不存在有偿服务。故 C 项错误。

《高检规则》第 545 条规定:"人民检察院发现人

民法院强制医疗案件审理活动具有下列情形之一的，应当提出纠正意见：……（二）被申请人或者被告人没有委托诉讼代理人，未通知法律援助机构指派律师为其提供法律帮助的；……"故 D 项正确。

14．法官职业道德规范［B］

［解析］《法官职业道德基本准则》第 18 条规定："妥善处理个人和家庭事务，不利用法官身份寻求特殊利益。按规定如实报告个人有关事项，教育督促家庭成员不利用法官的职权、地位谋取不正当利益。"首先，甲市中级法院与乙县法院是不同的法院；其次，陈法官并未利用其法官身份为其妹妹谋求不正当利益，只是叮嘱其妹庭上发言要有针对性，不要滔滔不绝，没有违反法官的职业道德。故 A 项正确，不当选。

《法官职业道德基本准则》第 14 条规定："尊重其他法官对审判职权的依法行使，除履行工作职责或者通过正当程序外，不过问、不干预、不评论其他法官正在审理的案件。"钱法官针对本院正在审理的案件随意加以评论，违反了法官职业道德。故 B 项错误，当选。

《法官职业道德基本准则》第 17 条规定："不从事或者参与营利性的经营活动，不在企业及其他营利性组织中兼任法律顾问等职务，不就未决案件或者再审案件给当事人及其他诉讼参与人提供咨询意见。"《法官行为规范》第 82 条第 1 项规定："确需参加在各级民政部门登记注册的社团组织的，及时报告并由所在法院按照法官管理权限审批。"第 83 条第 1 项规定，在不影响审判工作的前提下，可以利用业余时间从事写作、授课等活动。林法官担任兼职博士生导师，朱院长担任法学会法律文书学研究会副会长，符合上述条文规定，没有违反法官职业道德。故 C、D 项正确，不当选。

15．刑法解释［C］

［解析］作为财产犯罪对象的公私财物，只能是他人的财物，针对自己的财物不可能成立财产犯罪。不能在形式上认为，公私财物包括自己和他人的财物，进而认为将公私财物解释为他人的财物属于缩小解释。正如刑法中规定的"枪"，本来就是指的真枪，不能包含假枪或者其他仿真手枪，也不能认为故意杀人罪中的"人"包括自己和他人（通说）或者包括所谓的"假人""死人"等。故这里的解释方法是平义解释。故 A 项错误。

《刑法》第 171 条第 1 款规定："出售、购买伪造的货币或者明知是伪造的货币而运输，数额较大的，……"由于该条文将出售、购买行为并列，这就意味着此处的"出售"不能包含购买行为（该解释结论属于体系解释）。故 B 项错误。

在本来的意义上，凶器是指性质上的凶器，即其

用途和存在的意义就在于杀伤人的器械，如枪支、管制刀具等。但对于菜刀等日用品来说，尽管其本来用途和存在意义一般在于日常生活所用，如果行为人携带这些器具打算用于犯罪，其发挥的作用和性质上的凶器一样，都具有杀伤人的可能性。所以，解释法律时就把凶器的范围加以扩大，包含这种用法上的凶器，这种解释属于扩张解释。故 C 项正确。

本来意义上的信用卡主要功能是能够透支（狭义上的信用卡）。但其他具有消费支付、信用贷款、转账结算、存取现金等全部功能或者部分功能的电子支付卡和狭义上的信用卡在大多数功能上具有一致性，所以立法解释就把信用卡的范围进行了扩张理解。故 D 项错误。

16．因果关系［C］

［解析］刑法上的因果关系是指"危害行为"与损害结果之间的因果关系。甲在自己的车道上正常驾驶车辆的行为属于日常生活行为，并不属于危害行为。最终两车相撞的结果是由于乙突然从旁边车道挤过来的行为导致。乙的这一介入行为对于甲的正常驾驶行为来说是异常的、出乎意料的，可以中断甲的行为与重伤结果之间的因果关系。因此，甲正常驾驶车辆的行为与乙的重伤结果之间不具有相当因果关系。故 A 项错误。

甲实施了刑法所禁止的殴打行为，将乙打昏在沙滩上，导致乙昏倒面朝沙滩。乙之后因面朝沙滩吸入沙子窒息而亡，这属于正常的因果流程，介入的因素（吸入沙子导致窒息）也不异常，因此甲的行为与乙的死亡结果之间存在因果关系。从因果关系错误的角度来看，本案符合因果关系错误中的"事前的故意"，即行为人误以为第一个行为已经造成结果，出于其他目的实施第二个行为，实际上是第二个行为才导致预期的结果的情况。此种情形下，虽然因果关系存在错误，但这种错误是正常范围内的错误，而不是异常的错误，不中断前行为与死亡结果之间的因果关系。因此，甲的行为与乙的死亡结果之间仍然存在刑法上的因果关系，甲成立故意杀人罪既遂。故 B 项错误。

在不作为犯的情况下，行为人没有履行特定的法律义务，因而造成危害结果的发生，作为义务之不履行与危害结果之间存在"若无前者，即无后者"的条件关系，从法律上来说，存在因果关系。该选项中，邻居奶奶受甲的委托照看小甲，因此其对小甲具有监管、照顾的义务。在小甲准备从高处跳下来时，邻居奶奶对于小甲的这一危险行为具有阻止的义务。邻居奶奶能阻止而不阻止的行为与小甲摔成重伤之间具有"若无前者，即无后者"的条件关系，存在因果关系。故 C 项正确。

甲、乙二人之间的吵架行为属于情侣之间日常中

正常的交往行为,并没有创设刑法所禁止的危险。换言之,情侣之间的吵架行为属于日常生活行为,而非刑法上的危害行为。并且,乙在高速公路上从正在行驶的车上跳出,属于异常行为。因此乙因跳车摔成重伤与甲的行为之间不具有因果关系。故 D 项错误。

17．犯罪故意的理解与判断[D]

[解析]《刑法》第 14 条第 1 款规定,犯罪故意是指明知自己的行为会发生危害社会的结果,并且希望或者放任这种结果发生的一种心理态度。主观方面必须是故意。

他人意图自杀,围观者大喊"怎么还不跳"的行为并非刑法禁止的杀人行为,即本案不存在违法构成要件事实。相应地,围观者也没有犯罪故意,故不构成故意犯罪。故 A 项不当选。

尽管司机闯红灯是有意进行的,是"有意"实施的,但这不等于犯罪故意,因为司机没有认识到会将行人撞死并对该结果持希望或者放任态度,因此司机的行为不成立故意犯罪。故 B 项不当选。

行为人客观上实施了强奸罪的违法事实,即违背其妻妹的意志与其发生性关系,但行为人误以为对方是自己的妻子,认为没有违背其意志,不存在强奸妇女的故意。故 C 项不当选。

主人在客观上实施了不作为方式的容留他人吸毒的违法事实(主人发现客人在其家中吸毒,具有阻止的义务,因为法益侵犯危险发生在行为人支配、控制的领域)。主人认识到这一违法事实,假装没看见,放任其结果发生,成立故意犯罪。故 D 项当选。

18．刑事责任年龄;刑事责任能力[C]

[解析] 不满 14 周岁的甲对其安放定时炸弹的行为不负刑事责任,因其没有达到刑事法定年龄。但是,甲在已满 14 周岁之后对先前安放的炸弹负有拆除、防止其爆炸的义务,因为已满 14 周岁的人对爆炸罪应当负刑事责任,即甲应当负不作为方式的爆炸罪的刑事责任。故 A 项错误。

刑事责任能力,是指行为人构成犯罪和承担刑事责任所必须具备的刑法意义上的辨认和控制自己行为的能力。根据《刑法》第 18 条第 2 款的规定,间歇性精神病人实施犯罪行为时如果精神正常,具有辨认和控制能力,则应当追究其刑事责任。反之,该行为不成立犯罪。因此,间歇性精神病人的行为是否成立犯罪,应以其实施行为时是否具有刑事责任能力为标准。乙在精神正常时着手实行故意伤害行为,如果构成犯罪的,应对故意伤害行为负责,但乙在实施抢走被害人财物行为时丧失责任能力,此时乙对于抢劫行为不具备辨认和控制能力,不能以抢劫罪追究其刑事责任。故 B 项错误。

丙将毒药放入丁的茶杯,实施故意杀人行为时精神是正常的,而且故意杀人行为已经实施完毕,丙具

有辨认、控制能力,因此应当承担故意杀人罪既遂的刑事责任。故 C 项正确。

戊为了杀人喝酒壮胆,故意将自己陷入没有刑事责任能力的状态,并在丧失责任能力时实现了预想的杀人行为,这属于原因自由行为,即行为人可以自由决定自己是否陷入无责任能力状态。按照原因自由行为的理论,只要行为人在实施与结果的发生具有因果关系的行为时具有责任能力,而且具有故意或者过失,就具有非难可能性,应当追究刑事责任。《刑法》第 18 条第 4 款规定,醉酒的人犯罪,应当负刑事责任。因此戊应当负故意杀人的刑事责任。故 D 项错误。

19．正当防卫和紧急避险[D]

[解析]

	正当防卫	紧急避险
起因	人为的不法侵害	自然力破坏、动物侵袭、人生理病理造成的危险以及人所实施的违法犯罪行为
限制	并无不得已的规定	不得已而为之
对象	不法侵害者本人(人身或财产)	无辜的第三人的合法权益
限度	可以等于或者大于不法侵害可能造成的损害,只要不过于悬殊	所造成的损害必须小于或等于所避免损害(要尊重无辜第三人)
主体	无特殊限制	避免本人危险的主体不包括职务、业务上负有特定责任的人

二者范围不同,正当防卫的不法侵害只包括人的不法侵害;而紧急避险中既包括人的不法侵害,还包括自然灾害、野生动物袭击。故 A 项错误。

正当防卫中,实施正当防卫要求不法侵害"正在进行",是指已经开始("着手"),尚未结束。紧急避险的前提也是面临"正在发生"的危险。但二者的紧迫性程度有所不同,正当防卫的程度高些,紧急避险的程度低些,危险距离发生实害结果的时间间隔可以长一些。由上图可知,二者危险的来源不同,那么对正当防卫中不法侵害是否"正在进行"的认定与紧急避险中危险是否"正在发生"的认定肯定就不同。另外,正当防卫反击的是"坏人"(不法侵害人),没有那么严格;而紧急避险损害的是"好人"(无辜第三人),应适度慎重。故 B 项错误。

《刑法》第 20 条第 2 款规定:"正当防卫明显超过必要限度造成重大损害的,应当负刑事责任,但是

应当减轻或者免除处罚。"第 21 条第 2 款规定："紧急避险超过必要限度造成不应有的损害的,应当负刑事责任,但是应当减轻或者免除处罚。"防卫行为"明显"超出"必要限度"的,才需要追究防卫过当的责任;而避险行为只要超过必要限度就应该追究刑事责任,二者对"必要限度"的认定不同。故 C 项错误。

不具有防卫意图的情形是指偶然防卫,不具有避险意图的情形是指偶然避险。如果坚持结果无价值论,认为成立正当防卫不要求具有防卫意图,也即偶然防卫构成正当防卫,那么也应认定紧急避险不要求避险意图,也即偶然避险构成紧急避险。如果坚持行为无价值论,认为成立正当防卫要求具有防卫意图,也即偶然防卫不构成正当防卫,那么也应认定紧急避险要求避险意图,也即偶然避险不构成紧急避险。故 D 项正确。

20．相互斗殴中的正当防卫[D]

[解析] 相互斗殴是指参与者在其主观上的不法侵害故意的支配下,客观上所实施的连续相互侵害的行为。在相互斗殴的情况下,由于行为人主观上没有防卫意图,双方的行为也不是制止不法侵害、保护法益的行为,故不成立正当防卫。本题中,甲、乙两人的行为属于相互斗殴,因此甲不成立正当防卫,更不存在防卫过当的问题。故 A、C 项错误。

紧急避险要求为保护合法利益而不得已损害他人的合法利益。甲、乙的行为都具有非法性,甲不属于紧急避险。故 B 项错误。

《刑法》第 292 条第 2 款规定,聚众斗殴,致人重伤、死亡的,按照故意伤害罪、故意杀人罪定罪处罚。甲用木棒击中乙头部,致乙死亡,应定故意杀人罪。故 D 项正确。

21．故意犯罪的停止形态[B]

[解析] 犯罪预备,是指为了犯罪准备工具、制造条件。犯罪未遂,是指已经着手实行犯罪,由于犯罪分子意志以外的原因而未得逞。犯罪中止,是指犯罪分子在实施犯罪过程中,自动放弃犯罪或者自动有效地防止犯罪结果发生。犯罪预备与犯罪未遂的区别在于是否已经着手实行。如果着手实行之后由于行为人意志以外的原因而停止,则属于犯罪未遂;如果尚未着手实行就因为行为人意志以外的原因而停止,则属于犯罪预备。对于着手的认定,通说认为开始实施刑法分则所规定的具体犯罪构成要件的行为时就是着手。本案中,乙的行为并未使甲服毒,乙的杀人行为并未着手,仍处于犯罪预备阶段。故 C、D 项错误。乙惧怕法律制裁,出于自身意志放弃犯罪,构成犯罪中止,所以,乙成立犯罪预备阶段的犯罪中止。故 B 项正确,A 项错误。

对于本案,千万不要认为开始投毒就是着手,投毒完成就是实行行为完成。在投毒杀人的场合,只有当被害人将要服用毒药的时候,才有侵犯他人生命的紧迫危险,此时才能认定实行行为的着手;之前准备毒药、投放毒药的行为只是为这一实行行为制造条件的行为,属于预备行为。

22．共同犯罪;刑事责任;犯罪中止[D]

[解析] 根据《刑法》第 17 条第 2 款的规定,已满 14 周岁不满 16 周岁的人只对故意杀人、故意伤害致人重伤或者死亡、强奸、抢劫、贩卖毒品、放火、爆炸、投放危险物质 8 种违法行为承担刑事责任。本案中 15 周岁的甲实施了抢夺行为,其行为不构成抢夺罪,不负刑事责任。故 A 项正确。

共同犯罪理论并不解决共犯人成立什么罪名的问题,而是为了解决对共同导致的结果是否都承担刑事责任的问题。考虑到刑法中"犯罪"一词在不同语境中具有不同含义,共同犯罪中的"犯罪"不限于参与犯罪的人都必须达到刑事法定年龄、具有刑事责任能力,共同犯罪在有的情形就是指具备客观要件意义上的共同犯罪。本案中,甲尽管没有达到刑事法定年龄,但在客观上与乙共同实施了抢夺行为,因此二人在抢夺罪的违法层面成立共同犯罪。故 B 项正确。

在本案中,甲、乙二人成立抢夺罪的共犯,即使甲没有达到刑事法定年龄,乙也不成立间接正犯。只有通过强制或者欺骗手段支配直接实施者进而支配构成要件实现的,才属于间接正犯。本案中,甲求乙为其抢夺作接应,这一事实表明乙并未支配、控制甲的行为,故不能认定为间接正犯。故 C 项正确。

既然甲、乙二人成立抢夺罪共犯,按照"部分实行、全部责任"原则,二人的共同行为是个有机整体,对共同行为导致的结果都应当承担责任。甲已经夺取了被害人的手提包,已经转移了财物的占有,属于抢夺既遂,相应地,乙也应当承担抢夺既遂的责任。犯罪既遂之后,不可能再成立犯罪中止,因此,乙之后基于害怕而将手提包扔掉的行为并不影响犯罪既遂的认定。故 D 项错误。

23．法条关系[D]

[解析] 如果认为盗窃与诈骗是对立关系,一行为针对同一具体对象(同一具体结果)不可能同时触犯盗窃罪与诈骗罪,否则就不是对立关系。故 A 项错误。

法条竞合是指构成要件之间存在着包含关系,如果认为故意杀人与故意伤害是对立关系,就不可能是法条竞合关系。对立关系不可能存在法条竞合关系。故 B 项错误。

招摇撞骗罪侵犯了国家机关的威信与公私财产所有权两个不同的犯罪客体,而诈骗罪仅侵犯了公私财产的所有权,如认为法条竞合仅限于侵害一犯罪客体的情形,则一行为同时触犯招摇撞骗罪与诈骗罪就不属于法条竞合,而是想象竞合。故 C 项错误。

行为人使用公款赌博,在不能查明其是否具有归还公款的意思时,应认定行为人没有非法占有目的,不构成贪污;因该行为符合挪用公款罪的犯罪构成,故能够追究行为人挪用公款罪的刑事责任。可见,即便认为贪污罪与挪用公款罪存在对立关系,也能肯定挪用公款罪的成立。故 D 项正确。

24.冒充警察、军人实施相关犯罪行为的认定[C]

[解析] 依据《刑法》第 279 条的规定,冒充人民警察招摇撞骗的,依照招摇撞骗罪从重处罚。招摇撞骗罪是独立的罪名,与诈骗罪之间并不存在特别法条与普通法条的适用问题。故 A 项错误。

冒充军警人员抢劫的,属于加重犯,直接按照抢劫罪的加重情节处罚。故 B 项错误。

冒充军人招摇撞骗罪与诈骗罪都表现为欺骗行为,冒充军人招摇撞骗也可以如诈骗罪那样骗取财物,但在行为人冒充军人的身份或职称去骗取财物的情况下,一个行为同时触犯了两个罪名,属于想象竞合犯,应当按照从一重罪处罚的原则处理。故 C 项正确。

劫持航空器罪的主体为一般主体,并不要求特殊身份;冒充军人招摇撞骗是假冒军人身份进行炫耀、蒙骗以获取非法利益。冒充军人劫持航空器直接构成劫持航空器罪,并不构成冒充军人招摇撞骗罪。故 D 项错误。

25.累犯[B]

[解析] 《刑法》第 65 条规定:"被判处有期徒刑以上刑罚的犯罪分子,刑罚执行完毕或者赦免以后,在 5 年以内再犯应当判处有期徒刑以上刑罚之罪的,是累犯,应当从重处罚,但是过失犯罪和不满 18 周岁的人犯罪的除外。前款规定的期限,对于被假释的犯罪分子,从假释期满之日起计算。"

累犯的成立必须前后两罪都为故意犯罪,而甲后罪为交通肇事罪属于过失犯罪,且后罪不是发生在前罪刑罚执行完毕以后,不构成累犯。故 A 项错误。

乙后罪为盗窃,被判处 4 年有期徒刑且是在前罪刑罚执行完毕后 5 年内发生的,构成累犯。故 B 项正确。

《刑法》第 66 条规定,危害国家安全犯罪、恐怖活动犯罪、黑社会性质的组织犯罪的犯罪分子,在刑罚执行完毕或者赦免以后,在任何时候再犯上述任一类罪的,都以累犯论处。本条规定了特殊累犯的成立条件。丙前后两罪都为危害国家安全犯罪,构成特殊累犯。故 C 项错误。

丁的前罪失火罪为过失犯罪,无论后罪是什么犯罪,均不构成累犯。故 D 项错误。

26.间谍罪[C]

[解析] 根据《刑法》第 109 条的规定,叛逃罪,是指国家机关工作人员在履行公务期间,擅离岗位,叛逃境外或者在境外叛逃的行为。本题中,甲是在国外探亲时滞留不归,不属于在履行公务期间擅离岗位,因此不属于在境外叛逃,不构成叛逃罪。

根据《刑法》第 110 条的规定,间谍罪的行为方式包括:(1)参加间谍组织;(2)接受间谍组织及其代理人的任务;(3)为敌人指示轰击目标。本题中,甲接受间谍组织的任务,构成间谍罪。

根据《刑法》第 431 条的规定,非法获取军事秘密罪,是指以窃取、刺探、收买方法,非法获取军事秘密的行为。甲以 1 万美元从乙手中购买军事机密材料,构成非法获取军事秘密罪。

综上,甲接受间谍组织的任务是非法获取军事秘密,因此属于一个行为同时触犯间谍罪和非法获取军事秘密罪,想象竞合,应择一重罪论处。间谍罪更重,故应以间谍罪论处。本题 C 项当选。

27.失火罪与危险物品肇事罪、重大责任事故罪的区别[B]

[解析] 根据《刑法》第 136 条的规定,违反爆炸性、易燃性等危险物品的管理规定,在生产、储存、运输、使用中发生重大事故,造成严重后果的,构成危险物品肇事罪。注意本罪主要由从事生产、运输、储存、使用危险物品的人构成。依据《刑法》的规定,失火罪是指过失引起火灾,致人重伤、死亡或使公私财产遭受重大损失,危害公共安全的行为。依据《刑法》的规定,放火罪是指故意纵火焚烧公的私财物,危害公共安全的行为。依据《刑法》第 134 条第 1 款的规定,重大责任事故罪是指在生产、作业中违反有关安全管理规定,因而造成重大伤亡事故或其他严重后果的行为。

甲在买乙的柴油时为看油量而点燃打火机,造成火灾,致乙、丙被烧伤,经抢救无效而死亡。因为不是在生产、储存、使用易燃性物品中违反相关规定造成的严重后果,也不是在生产、作业中造成的后果。故 A、D 项错误。甲点燃打火机只是为看清油量,虽然经乙阻止,仍深信柴油见火不会燃烧,最终引起火灾,属于过于自信的过失。故 B 项正确,C 项错误。

28.走私假币罪;强迫交易罪;非法经营罪;非法吸收公众存款罪[D]

[解析] 将大量假币跨境运输的行为构成运输假币罪与走私假币罪的想象竞合犯,应从一重罪处断,即应当认定为走私假币罪。故 A 项正确。

《关于强迫借贷行为适用法律问题的批复》规定:"以暴力、胁迫手段强迫他人借贷,属于刑法第 226 条第 2 项规定的'强迫他人提供或者接受服务',情节严重的,以强迫交易罪追究刑事责任;……"故 B

项正确。

《关于办理赌博刑事案件具体应用法律若干问题的解释》第 6 条规定："未经国家批准擅自发行、销售彩票,构成犯罪的,依照刑法第 225 条第 4 项的规定,以非法经营罪定罪处罚。"故 C 项正确。

2022 年修正后公布的《关于审理非法集资刑事案件具体应用法律若干问题的解释》第 1 条规定,非法吸收公众存款或者变相吸收公众存款是向社会不特定对象吸收资金。未向社会公开宣传,在亲友或者单位内部针对特定对象吸收资金的,不属于非法吸收或者变相吸收公众存款。故 D 项错误。

29．抢夺罪既遂的认定;转化型抢劫罪[C]

[解析] 抢夺罪是指以非法占有为目的,公然夺取数额较大的公私财物或多次抢夺的行为。公然夺取指当着财物所有人或持有人的面或在上述被害人可以立即发现的情况下,趁其不备,公开夺取财物。行为人在夺取财物时并没有使用暴力或以此相威胁。依据《刑法》第 269 条的规定,转化型抢劫必须具备以下 3 个条件:(1)行为人必须实施了盗窃、诈骗、抢夺行为,但不要求一定构成此三类罪;(2)行为人的目的是窝藏赃物、抗拒抓捕或毁灭罪证;(3)行为人必须当场施暴或以此相威胁。

甲趁妇女乙不注意,一把抓走乙的项链后逃跑,已经构成抢夺罪的既遂。故 A 项错误,C 项正确。其后来跑了 50 米后,认为此项链不值钱就转身回来,将项链扔给乙并打其两耳光。注意其使用暴力的目的并非为了窝藏赃物、抗拒抓捕或毁灭罪证,并且此时抢夺行为已经完成,故不可能成立犯罪中止,也不构成转化型抢劫。故 B、D 项错误。

30．诈骗罪;盗窃罪;抢夺罪;敲诈勒索罪[D]

[解析] 诈骗罪的成立要求被害人陷入错误认识,并基于错误认识处分财物。本案中,乙之所以将商品交给甲,是因为交警丙要求他这样做。尽管乙未被骗,但交警丙由于被骗陷入了错误认识,并基于这一错误认识要求乙处分财产。如果交警丙并无处分乙财物的权限,则难以认定甲的行为成立诈骗罪。故 A 项正确。

甲并未实施秘密窃取商品或乘人不备公然夺取商品的行为,如果认为盗窃只能表现为秘密窃取,抢夺只能表现为乘人不备公然夺取,则自然不能认定甲成立盗窃罪或者抢夺罪。故 B、C 项正确。

敲诈勒索罪的成立要求行为人实施威胁。从题干中看,如乙因心生恐惧交出商品,但甲并未实施恐吓行为,应当遵循主客观相统一的原则,不以敲诈勒索罪认定甲的行为。故 D 项错误。

31．刑事诉讼的目的[D]

[解析] 正当程序主义是指刑事诉讼目的重在维护正当程序。正当程序主义认为,案件的真实是存在于诉讼程序之外的,刑事诉讼的目的就是通过正当的法律程序来接近客观事实,只有依正当程序认定的事实才能视为真实。本题题干涉及了实体问题,但是没有涉及程序问题。故 A 项错误。

形式真实发现主义是关于证据认定方面的理论,不是关于诉讼目的方面的理论。故 B 项错误。

实体真实主义可以分为积极实体真实主义和消极实体真实主义。传统的实体真实主义仅指前者,认为凡是出现了犯罪,就应当毫无遗漏地加以发现、认定并予以处罚;为不使一个犯罪人逃脱,刑事程序以发现真相为要。消极实体真实主义是将发现真实与保障无辜相联系的目的观,认为刑事诉讼目的在于发现实体真实,本身应包含力求避免处罚无罪者的意思,而不单纯是无遗漏地处罚任何一个犯罪者。本题中"司法机关注重发现案件真相的立足点是防止无辜者被错误定罪"这一观点的重点在于防止无辜者被错误定罪,体现了消极实体真实主义的理念。故 C 项错误,D 项正确。

32．辩护人的义务[C]

[解析]《刑事诉讼法》第 42 条规定:"辩护人收集的有关犯罪嫌疑人不在犯罪现场、未达到刑事责任年龄、属于依法不负刑事责任的精神病人的证据,应当及时告知公安机关、人民检察院。"A 项中被害人是精神病人,法条要求的是犯罪嫌疑人属于依法不负刑事责任的精神病人。故 A 项错误。正当防卫不属于应当告知的情形。故 B 项错误。犯罪嫌疑人案发时在外地出差,属于犯罪嫌疑人不在犯罪现场的证据。故 C 项正确。制造毒品案中犯罪嫌疑人已满 16 周岁,不属于未达刑事责任年龄的情形。故 D 项错误。

33．补强证据规则[D]

[解析] 一般来说,在刑事诉讼中需要补强的不仅包括被追诉人的供述,而且包括证人证言、被害人陈述等特定证据。补强证据必须满足以下条件:(1)补强证据必须具有证据能力;(2)补强证据本身必须具有担保补强对象真实的能力;(3)补强证据必须具有独立的来源。

本题中,A、B 两项均证明证据的合法性,即证据能力,而非补强证据的证明力。故 A、B 项错误。C 项中"根据被告人供述提取到的隐蔽性极强、并能与被告人供述和其他证据相印证的物证"属于被告人供述的派生证据,根据补强证据规则要求补强与被补强的证据相互独立,不存在派生关系的原理,该物证不能补强供述。故 C 项错误。D 项中是用书证补强证人证言,两种证据相互独立,没有派生关系,不属于同一来源,可以进行补强。故 D 项正确。

34．原始证据与传来证据;直接证据与间接证据 [B]

[解析] 根据证据材料来源、出处的不同,可以

将证据划分为原始证据与传来证据。凡是来自原始出处，即直接来源于案件事实的证据材料，称作原始证据，也称第一手材料；凡是从原始出处以外的其他来源获得的证据，即并非产生于案件事实，而是从第二手以上的来源获得的证据，称作传来证据，也称第二手材料。

根据证据与案件主要事实的证明关系的不同，可以将证据划分为直接证据与间接证据。证明关系的不同，是指某一证据是否可以单独地、直接地证明案件的主要事实。直接证据是指可以独立证明案件主要事实的证据。凡是直接证明犯罪事实是否存在，以及犯罪嫌疑人、被告人是否有罪的证据就是直接证据。间接证据是指不能独立证明案件的主要事实的证据。凡是必须与其他证据相结合才能证明案件主要事实的证据，属于间接证据。

A项中被告人丁某承认伤害被害人的供述，由于丁某是案件亲历者，其供述来源于原始出处，是原始证据，且能够单独证明丁某实施了犯罪，因而是直接证据。故A项错误。

B项中证人王某陈述看到被告人丁某在案发现场擦拭手上血迹的证言，直接来源于案件事实，属于原始证据；该证言只能证明被告人丁某在案发现场，不能单独、直接的证明被告人就是杀人凶手，属于间接证据。所以，证人王某的陈述既是原始证据又是间接证据。故B项正确。

C项中证人李某陈述被害人向他讲过被告人丁某伤害她的经过，李某的陈述是从被害人的讲述中了解到某种事实而进行转述，并非其亲眼见到案件事实，故属于传来证据，而不是原始证据。而且该证据能够单独证明丁某伤害被害人的事实以及丁某是否有罪，因此属于直接证据。故C项错误。

D项中被告人丁某的精神病鉴定的抄本不是文件的原本，而是经过复制的证据，属于传来证据，而不是原始证据。而且，这一证据只能证明被告人的精神状态，而不能独立证明案件的主要事实，因此属于间接证据。故D项错误。

35．取保候审的保证方式［B］

［解析］《刑事诉讼法》第68条规定，人民法院、人民检察院和公安机关决定对犯罪嫌疑人、被告人取保候审，应当责令犯罪嫌疑人、被告人提出保证人或者交纳保证金。因此取保候审有两种方式：一种是保证人保证；另一种是保证金保证。《关于取保候审若干问题的规定》第4条第2款规定，对同一犯罪嫌疑人、被告人决定取保候审的，不得同时使用保证人保证和保证金保证。故A项错误。

《刑诉解释》第151条规定，对下列被告人决定取保候审的，可以责令其提出1~2名保证人：（1）无力交纳保证金的；（2）未成年或者已满75周岁的；

（3）不宜收取保证金的其他被告人。故B项正确。

《刑事诉讼法》第70条第2款规定，被保证人有违反该法第71条规定的行为，保证人未履行保证义务的，对保证人处以罚款，构成犯罪的，依法追究刑事责任。法条并未规定要求保证人承担相应的民事连带赔偿责任。故C项错误。

《六机关规定》第14条规定，对取保候审保证人是否履行了保证义务，由公安机关认定，对保证人的罚款决定，也由公安机关作出。故D项错误。【**特别提醒**】2022年《关于取保候审若干问题的规定》对公安机关的罚款进行了细化，其第31条第1款规定，保证人未履行监督义务，或者被取保候审人违反《刑事诉讼法》第71条的规定，保证人未及时报告或者隐瞒不报告的，经查证属实后，由公安机关对保证人处以罚款，并将有关情况及时通知决定机关。第32条规定，公安机关决定对保证人罚款的，应当制作对保证人罚款决定书，在3日以内向保证人宣布，告知其如果对罚款决定不服，可以在5日以内向作出罚款决定的公安机关申请复议。保证人对复议决定不服的，可以在收到复议决定书后5日以内向上一级公安机关申请复核一次。

36．附带民事诉讼［D］

［解析］《刑诉解释》第201条规定："人民法院审理附带民事诉讼案件，除刑法、刑事诉讼法以及刑事司法解释已有规定的以外，适用民事法律的有关规定。"本案中，被害人刘某提起附带民事诉讼，因此在审理该案时，法院不仅能适用《刑法》《刑事诉讼法》等有关的刑事法律，还应适用民事法律的有关规定。故A项错误。

《刑诉解释》第185条规定："侦查、审查起诉期间，有权提起附带民事诉讼的人提出赔偿要求，经公安机关、人民检察院调解，当事人双方已经达成协议并全部履行，被害人或者其法定代理人、近亲属又提起附带民事诉讼的，人民法院不予受理，但有证据证明调解违反自愿、合法原则的除外。"故B项错误。

《刑诉解释》第187条第1款规定："人民法院受理附带民事诉讼后，应当在五日以内将附带民事起诉状副本送达附带民事诉讼被告人及其法定代理人，或者将口头起诉的内容及时通知附带民事诉讼被告人及其法定代理人，并制作笔录。"马某是未成年人，民事起诉书副本应同时送达马某及其法定代理人。故C项错误。

《刑事诉讼法》第102条规定："人民法院在必要的时候，可以采取保全措施，查封、扣押或者冻结被告人的财产。附带民事诉讼原告人或者人民检察院可以申请人民法院采取保全措施。人民法院采取保全措施，适用民事诉讼法的有关规定。"据此，法院可以决定查封或者扣押被告人马某的财产。故D项正确。

37．立案监督[A]

[解析]《高检规则》第558条规定："人民检察院负责控告申诉检察的部门受理对公安机关应当立案而不立案或者不应当立案而立案的控告、申诉，应当根据事实、法律进行审查。认为需要公安机关说明不立案或者立案理由的，应当及时将案件移送负责捕诉的部门办理；认为公安机关立案或者不立案决定正确的，应当制作相关法律文书，答复控告人、申诉人。"可知，因卢某被他杀的可能性很大，检察院应当核实证据，认为需要公安机关说明不立案理由的，经检察长批准，应当要求公安机关书面说明不立案理由。故A项正确。

《高检规则》第557条第1款规定："被害人及其法定代理人、近亲属或者行政执法机关，认为公安机关对其控告或者移送的案件应当立案侦查而不立案侦查，或者当事人认为公安机关不应当立案而立案，向人民检察院提出的，人民检察院应当受理并进行审查。"可知，卢某的父母作为其近亲属，请求检察院对公安机关不立案的决定进行监督，检察院应当受理并进行审查，而不是拒绝受理。故B项错误。

《高检规则》第561条规定："公安机关说明不立案或者立案的理由后，人民检察院应当进行审查。认为公安机关不立案或者立案理由不能成立的，经检察长决定，应当通知公安机关立案或者撤销案件。人民检察院认为公安机关不立案或者立案理由成立的，应当在十日以内将不立案或者立案的依据和理由告知被害人及其法定代理人、近亲属或者行政执法机关。"因卢某的案件不在检察院立案管辖的范围之内，所以检察院无权立案。故C项错误。而检察院认为公安机关不立案理由不能成立的，应当"通知"公安机关立案，而不是"建议"立案。故D项错误。

38．审查起诉[A]

[解析]《高检规则》第335条规定："人民检察院审查案件时，对监察机关或者公安机关的勘验、检查，认为需要复验、复查的，应当要求其复验、复查，人民检察院可以派员参加；也可以自行复验、复查，商请监察机关或者公安机关派员参加，必要时也可以指派检察技术人员或者聘请其他有专门知识的人参加。"故A项正确。

《高检规则》第341条规定："人民检察院在审查起诉中发现有应当排除的非法证据，应当依法排除，同时可以要求监察机关或者公安机关另行指派调查人员或者侦查人员重新取证。必要时，人民检察院也可以自行调查取证。"可见，检察院"必要时可以"自行调查取证，而不是"应当"自行调查取证。故B项错误。

《高检规则》第349条规定："人民检察院对已经退回监察机关二次补充调查或者退回公安机关二次

补充侦查的案件，在审查起诉中又发现新的犯罪事实，应当将线索移送监察机关或者公安机关。对已经查清的犯罪事实，应当依法提起公诉。"由此可知，C项中"应当将已侦查的案件和新发现的犯罪一并移送公安机关立案侦查"的说法是错误的，而是应当对已经查清的犯罪事实部分提起公诉。故C项错误。

《高检规则》第158条第3款规定："对于移送起诉的案件，犯罪嫌疑人在逃的，应当要求公安机关采取措施保证犯罪嫌疑人到案后再移送起诉。共同犯罪案件中部分犯罪嫌疑人在逃的，对在案犯罪嫌疑人的移送起诉应当受理。"据此，共同犯罪案件中部分犯罪嫌疑人在逃的，对在案犯罪嫌疑人的移送起诉应当继续进行，而非中止审查，故D项错误。

39．直接言词原则[B]

[解析]A项是职权主义审判模式下以法官为中心，强调法官主导地位，而不提倡控辩双方在审判中的积极性的一种体现。与本题无关。故A项不当选。

直接言词原则是指法官必须在法庭上亲自听取当事人、证人及其他诉讼参与人的口头陈述，案件事实和证据必须由控辩双方当庭口头提出并以口头辩论和质证的方式进行调查。故B项当选。

C项体现的是集中审理原则。故C项不当选。

D项属于审判公开原则。审判公开原则是指人民法院审理案件和宣告判决，都公开进行，允许公民到法庭旁听，允许新闻记者采访和报道，即把法庭审判的全部过程，除休庭评议案件外，都公之于众。就公开的内容而言，审判公开包括审理公开和判决公开。故D项不当选。

40．单位犯罪案件的审理程序[C]

[解析]《刑诉解释》第337条规定："开庭审理单位犯罪案件，应当通知被告单位的诉讼代表人出庭，诉讼代表人不符合前条规定的，应当要求人民检察院另行确定。被告单位的诉讼代表人不出庭的，应当按照下列情形分别处理：（一）诉讼代表人系被告单位的法定代表人、实际控制人或者主要负责人，无正当理由拒不出庭的，可以拘传其到庭；因客观原因无法出庭，或者下落不明的，应当要求人民检察院另行确定诉讼代表人；（二）诉讼代表人系其他人员的，应当要求人民检察院另行确定诉讼代表人。"

本题中，被告单位的诉讼代表人与被指控为单位犯罪直接负责的主管人员是同一人的情形符合上述第1项的规定，在此情形下，应由检察院另行确定被告单位诉讼代表人。故C项正确，A、B、D项错误。

41．发回重审[A]

[解析]《刑事诉讼法》第236条第2款规定，原审人民法院对于依照前款第3项（事实不清或证据不足）规定发回重新审判的案件作出判决后，被告人提

出上诉或者人民检察院提出抗诉的,第二审人民法院应当依法作出判决或者裁定,不得再发回原审人民法院重新审判。可见,因"事实不清或证据不足",二审法院只能发回重审一次。但是,二审法院如果因为一审法院违反程序等理由而发回重审的,法律没有限定发回重审的次数。因此,不能说"发回重审原则上不能超过二次"。故 A 项错误,当选。

《关于规范上下级人民法院审判业务关系的若干意见》第 6 条第 2 款规定:"第二审人民法院作出发回重审裁定时,应当在裁定书中详细阐明发回重审的理由及法律依据。"故 B 项正确,不当选。

《刑事诉讼法》第 238 条第 3 规定,第二审人民法院发现第一审人民法院的审理剥夺或者限制了当事人的法定诉讼权利,可能影响公正审判的,应当撤销原判,发回重审。发回重审实质上是对案件的重新审理,以纠正原审裁判中可能出现的错误。因此,发回重审必然以否定原审裁判的内容为前提,即必须撤销原判。故 C、D 项正确,不当选。

42.监外执行[D]

[解析]《刑事诉讼法》第 267 条规定,决定或者批准暂予监外执行的机关应当将暂予监外执行决定抄送人民检察院。故 A 项正确,不当选。

《刑事诉讼法》第 269 条规定,对被判处管制、宣告缓刑、假释或者暂予监外执行的罪犯,依法实行社区矫正,由社区矫正机构负责执行。故 B 项正确,不当选。

《刑诉解释》第 516 条规定:"人民法院收到社区矫正机构的收监执行建议书后,经审查,确认暂予监外执行的罪犯具有下列情形之一的,应当作出收监执行的决定:(一)不符合暂予监外执行条件的;(二)未经批准离开所居住的市、县,经警告拒不改正,或者拒不报告行踪、脱离监管的;(三)因违反监督管理规定受到治安管理处罚,仍不改正的;(四)受到执行机关两次警告,仍不改正的;(五)保外就医期间不按规定提交病情复查情况,经警告拒不改正的;(六)暂予监外执行的情形消失后,刑期未满的;(七)保证人丧失保证条件或者因不履行义务被取消保证人资格,不能在规定期限内提出新的保证人的;(八)违反法律、行政法规和监督管理规定,情节严重的其他情形。""钱某拒不报告行踪、脱离监管"属于上述第 2 项规定的情形。故 C 项正确,不当选,D 项错误,当选。

43.当事人和解的公诉案件的诉讼程序[C]

[解析]《刑诉解释》第 589 条第 1、2 款规定,被告人的近亲属经被告人同意,可以代为和解。被告人系限制行为能力人的,其法定代理人可以代为和解。A 项的错误在于,甲在押,其近亲属也应经甲同意才能与被害方进行和解。

《刑诉解释》第 588 条规定:"符合刑事诉讼法第二百八十八条规定的公诉案件,被害人死亡的,其近亲属可以与被告人和解。近亲属有多人的,达成和解协议,应当经处于最先继承顺序的所有近亲属同意。

被害人系无行为能力人或者限制行为能力人的,其法定代理人、近亲属可以代为和解。"故 B 项的错误在于,乙的近亲属是与被告人和解,而不是"代为和解",此处表述不准确。

《刑诉解释》第 587 条第 2 款规定,根据案件情况,人民法院可以邀请人民调解员、辩护人、诉讼代理人、当事人亲友等参与促成双方当事人和解。故 C 项正确。

《刑诉解释》第 589 条第 3 款规定,被告人的法定代理人、近亲属依照前两款规定代为和解的,和解协议约定的赔礼道歉等事项,应当由被告人本人履行。故 D 项错误。

44.行政组织、地方机构编制管理机关[B]

[解析]《地方各级人民政府机构设置和编制管理条例》第 29 条规定:"地方的事业单位机构和编制管理办法,由省、自治区、直辖市人民政府机构编制管理机关拟定,报国务院机构编制管理机关审核后,由省、自治区、直辖市人民政府发布。事业编制的全国性标准由国务院机构编制管理机关会同国务院财政部门和其他有关部门制定。"故 B 项正确,A、C、D 项错误。

45.行政法规的审议通过、修改与备案[B]

[解析]《行政法规制定程序条例》第 26 条第 1 款规定:"行政法规草案由国务院常务会议审议,或者由国务院审批。"可知,行政法规可由国务院常务会议审议通过,也可由国务院审批通过。故 A 项错误。同时,该条第 2 款规定:"国务院常务会议审议行政法规草案时,由国务院法制机构或者起草部门作说明。"可知,在审议行政法规草案时作出说明的机关可以是国务院法制机构,也可以是起草部门。故 B 项正确。

《行政法规制定程序条例》第 27 条第 1 款规定:"国务院法制机构应当根据国务院对行政法规草案的审议意见,对行政法规草案进行修改,形成草案修改稿,报请总理签署国务院令公布施行。"据此,国务院法制机构应当根据审议意见对行政法规草案进行修改,而非"不得再作修改"。故 C 项错误。

《行政法规制定程序条例》第 30 条规定:"行政法规在公布后的 30 日内由国务院办公厅报全国人民代表大会常务委员会备案。"因此,行政法规公布后应由国务院办公厅报全国人大常委会备案。故 D 项错误。

46.具体行政行为的判定[B]

[解析]具体行政行为和抽象行政行为是一对常见、常考的易混淆概念。它们的根本区别在于抽

行政行为是"制订规则,反复适用",而具体行政行为则是"对象特定,不可反复"。本题所涉及的行为,虽然形式为"通告",但我们判断一个行政行为的性质时,不要看它的形式,而要根据它的内容来确定。由题可知,该通告是针对所列名单中的特定企业,针对的事项特定即淘汰落后产能、强制企业关闭,是针对特定对象和特定事项作出的一次性行政行为,符合具体行政行为的判断标准,所以 B 项正确。而 A 项的行政规范性文件属于抽象行政行为的一部分,C 项的行政给付是行政机关给付行政相对人最低生活保障金、残疾金等费用,D 项的行政强制只是该通告中的部分内容,不能作为通告的整体定性,所以 A、C、D 项错误。

47．行政许可的申请[B]

[解析]《行政许可法》第 29 条第 2 款规定:"申请人可以委托代理人提出行政许可申请。但是,依法应当由申请人到行政机关办公场所提出行政许可申请的除外。"本题中的许可不具有人身属性,不属于应当由申请人到办公场所办理的情形,是可以委托办理的。故 A 项说法不准确。

《行政许可法》第 31 条第 1 款规定,申请人申请行政许可,应当如实向行政机关提交有关材料和反映真实情况,并对其申请材料实质内容的真实性负责。所以公司应对申请材料的真实性负责。故 B 项正确。

《行政许可法》第 32 条第 1 款规定:"行政机关对申请人提出的行政许可申请,应当根据下列情况分别作出处理:……(四)申请材料不齐全或者不符合法定形式的,应当当场或者在 5 日内一次告知申请人需要补正的全部内容,逾期不告知的,自收到申请材料之日起即为受理;……"因此,当公司的申请材料不齐全时,行政机关是有告知补正的义务的,而非直接作出不受理的决定。故 C 项错误。

《行政许可法》第 58 条第 2 款规定:"行政机关提供行政许可申请书格式文本,不得收费。"故 D 项错误。

48．治安管理处罚;复议机关的确定[D]

[解析] 根据《治安管理处罚法》第 63 条规定,"关某以刻划方式损坏国家保护的文物"属于"妨害社会管理的行为",而并非"妨害公共安全的行为",因此 A 项错误。

《治安管理处罚法》第 98 条规定:"公安机关作出吊销许可证以及处 2000 元以上罚款的治安管理处罚决定前,应当告知违反治安管理行为人有权要求举行听证;违反治安管理行为人要求听证的,公安机关应当及时依法举行听证。"本案中公安局对关某的处罚决定是拘留 10 日,罚款 500 元,不符合应当告知听证的要求,因此 B 项错误。

《行政复议法》第 24 条第 1 款规定:"县级以上地方各级人民政府管辖下列行政复议案件:(一)对本级人民政府工作部门作出的行政行为不服的;……"据此,对公安分局的处罚决定不服,只能向本级人民政府申请复议,不能向上一级公安机关申请,故 C 项错误。

《治安管理处罚法》第 111 条规定:"行政拘留的处罚决定被撤销,或者行政拘留处罚开始执行的,公安机关收取的保证金应当及时退还交纳人。"因此,复议机关若撤销对关某的处罚,公安分局应当及时将收取的保证金退还关某,因此 D 项正确。

49．扣押程序[A]

[解析]《行政强制法》第 19 条规定,情况紧急,需要当场实施行政强制措施的,行政执法人员应当在 24 小时内向行政机关负责人报告,并补办批准手续。A 项中"立即"的表述不正确。故 A 项错误。

《行政强制法》第 18 条规定:"行政机关实施行政强制措施应当遵守下列规定:……(七)制作现场笔录;……"据此,实施任何行政强制措施均应制作现场笔录。故 B 项正确。

《行政强制法》第 24 条第 1 款规定,行政机关决定实施查封、扣押的,应当履行本法第 18 条规定的程序,制作并当场交付查封、扣押决定书和清单。故 C 项正确。

《行政强制法》第 17 条第 3 款规定:"行政强制措施应当由行政机关具备资格的行政执法人员实施,其他人员不得实施。"据此,扣押应当由某区公安分局具备资格的行政执法人员实施。故 D 项正确。

50．刑事赔偿[D]

[解析] 对限制人身自由的刑事司法赔偿机关的确定,采取"谁最后作有罪决定,谁赔偿"的后置原则。《国家赔偿法》第 21 条第 4 款规定,二审改判无罪,以及二审发回重审后作无罪处理的,作出一审有罪判决的人民法院为赔偿义务机关。本题中,县法院一审判处李某有罪,市中院二审改判无罪,此种情况下,赔偿义务机关应当是作出有罪判决的一审法院县法院,故 A 项错误。

现行《国家赔偿法》已经取消了先行确认程序,故 B 项错误。

《国家赔偿法》第 39 条规定,赔偿请求人请求国家赔偿的时效为 2 年,自其知道或应当知道国家机关及其工作人员行使职权时的行为侵犯其人身权、财产权之日起计算,但被羁押等限制人身自由期间不计算在内。据此,申请赔偿的时效是自当事人知道或应当知道自己的权利遭受侵害之日起计算,而不是自国家机关的行为被确认违法之日起计算,故 C 项错误。

《国家赔偿法》第 23 条第 1 款规定:"……赔偿义务机关作出赔偿决定,应当充分听取赔偿请求人的意见,并可以与赔偿请求人就赔偿方式、赔偿项目和赔偿数额依照本法第四章的规定进行协商。"故 D 项正确。

二、多项选择题

51．当代中国法律渊源;法律解释;法律效力[BC]

[解析] 行政法规是指国家最高行政机关即国务院所制定的规范性文件。部门规章是指国务院各部委根据法律和国务院的行政法规制定的规章。《商标法实施条例》是国务院制定的,属于行政法规,而非部门规章。故 A 项错误。

司法解释是法律解释的一种,是由司法机关(最高法、最高检)对法律、法令的具体应用问题所作的解释。最高人民法院制定的《关于审理商标民事纠纷案件适用法律若干问题的解释》,属于司法解释。故 B 项正确。

行政法规的效力低于宪法和法律,不得与宪法和法律相抵触。《商标法》属于法律,故《商标法实施条例》的效力要低于《商标法》。故 C 项正确。

本题中,《关于审理商标民事纠纷案件适用法律若干问题的解释》是最高法院作出的司法解释,其解释的对象是法律,即《商标法》,其无权对国务院制定的行政法规《商标法实施条例》作出解释。另外,母法,是指国家制定某项规定,以某部上位法为依据,该上位法为母法。往往特指宪法及宪法以外的其他法律。因此,《商标法》是该司法解释的母法。故 D 项错误。

52．内部证成与外部证成的区分;法律解释的方法[AC]

[解析] 法律证成可分为内部证成和外部证成。内部证成即法律决定必须按照一定的推理规则从相关前提中逻辑地推导出来;外部证成即对法律决定所依赖的前提的证成。内部证成关涉的是从前提到结论之间推论是否有效,外部证成关涉的是对内部证成所使用的前提本身的合理性,即对前提的证成。本案中,法官对"公共场所"含义的证成是对前提(法律规定)的证成,属于外部证成。故 A 项正确。

法官对"公共场所"的解释,运用的是体系解释方法,即将被解释的对象("公共场所")放在整个法律体系中,联系不同法律法规之间的关系加以解释。故 C 项正确,B 项错误。

同一个法律术语在整个法律体系中应当具有一致性,不同的法律条文之间不能相互矛盾,但是未必在所有法律条文中的含义都作相同解释,如刑法中的"政治权利"与宪法中的"政治权利"就不能作完全相同的解释。故 D 项错误。

53．我国宪法基本经济制度;公私财产相关规定[ABD]

[解析]《宪法》第 12 条第 1 款规定:"社会主义的公共财产神圣不可侵犯。"故 A 项正确。

社会主义公共财产包括全民所有制(即国家公有的财产)和劳动群众集体所有的财产。故 B 项正确。

《宪法》第 13 条第 3 款规定:"国家为了公共利益的需要,可以依照法律规定对公民的私有财产实行征收或者征用并给予补偿。"征收、征用应予以补偿,故 C 项错误。

《宪法》第 10 条第 4 款规定:"任何组织或者个人不得侵占、买卖或者以其他形式非法转让土地。土地的使用权可以依照法律的规定转让。"故 D 项正确。

54．特别行政区基本法相关规定[ACD]

[解析]《香港特别行政区基本法》第 154 条第 2 款规定,对世界各国或各地区的人入境、逗留和离境,香港特别行政区政府可实行出入境管制。《澳门特别行政区基本法》第 139 条第 2 款规定,对世界各国或各地区的人入境、逗留和离境,澳门特别行政区政府可实行出入境管制。故 A 项正确。

《香港特别行政区基本法》第 48 条第 6 项规定,香港特别行政区行政长官依照法定程序任免各级法院法官。该法第 63 条规定,香港特别行政区律政司主管刑事检察工作,不受任何干涉。据此可知,香港没有检察官。《澳门特别行政区基本法》第 88 条规定,澳门特别行政区各级法院的院长由行政长官从法官中选任。终审法院院长由澳门特别行政区永久性居民中的中国公民担任。终审法院院长的任命和免职须报全国人民代表大会常务委员会备案。该法第 90 条第 2、3 款规定,澳门特别行政区检察长由澳门特别行政区永久性居民中的中国公民担任,由行政长官提名,报中央人民政府任命。检察官经检察长提名,由行政长官任命。故 B 项错误。

《香港特别行政区基本法》第 79 条第 7 项规定,香港特别行政区立法会议员如有行为不检或违反誓言而经立法会出席会议的议员 2/3 通过谴责的,由立法会主席宣告其丧失立法会议员的资格。故 C 项正确。

《香港特别行政区基本法》第 158 条第 1 款规定,本法的解释权属于全国人民代表大会常务委员会。《澳门特别行政区基本法》第 143 条第 1 款规定,本法的解释权属于全国人民代表大会常务委员会。据此可知,特别行政区基本法的解释权属于我国全国人大常委会。故 D 项正确。

55．国务院的组成和职权[BCD]

[解析]《宪法》第 86 条第 1 款规定:"国务院由下列人员组成:总理,副总理若干人,国务委员若干人,各部部长,各委员会主任,审计长,秘书长。"故 A 项错误。

《宪法》第 88 条第 2 款规定："总理、副总理、国务委员、秘书长组成国务院常务会议。"故 B 项正确。

《宪法》第 89 条规定："国务院行使下列职权：……（十四）改变或者撤销地方各级国家行政机关的不适当的决定和命令；……（十六）依照法律规定决定省、自治区、直辖市的范围内部分地区进入紧急状态；……"故 C、D 项正确。

56．秋冬行刑；隋唐法律制度[ACD]

[解析] 成语"秋后算账"来源于中国古代的租佃契约。中国传统上属于春种秋收的农耕社会，宋代租佃土地活动十分普遍。佃农秋收后过期不交地租，地主可于每年十月初一到正月三十日向官府投诉，由官府代为索取。遂形成"秋后算账"的传统。故 A 项错误。

《开皇律》在北齐律"重罪十条"的基础上加以删增，创设了"十恶"条款，此即俗语"十恶不赦"之来源。"十恶"制度为唐律所承袭，并在此后一千余年一直作为传统法典的核心内容而存在。故 B 项正确。

C 项"诸化外人同类自相犯者，各依本俗法；异类相犯者，以法律论"，是指同一国籍的人产生纠纷，则依据其所属国法律处罚，这是属人管辖；不同国籍的人产生纠纷，则依据唐律处罚，这是属地管辖。故 C 项错误。

D 项"诸断罪而无正条，其应出罪者，则举重以明轻；其应入罪者，则举轻以明重"，是指法律文无明文规定的同类案件，凡应减轻处罚的，则列举重罪处罚规定，比照以解决轻案；凡应加重处罚的罪案，则列举轻罪处罚规定，比照以解决重案。当然推理指的是由某个更广泛的法律规范的效力推导出某个不那么广泛的法律规范的效力。换言之，它指的是"如果较强的规范有效，那么较弱的规范就必然更加有效"。当然推理包括两种形式：一是举轻以明重；二是举重以明轻。类比推理是根据案件事实的相似性进行推理，而当然推理则是根据案件事实性质的轻重程度不同进行推理。因此 D 项是当然推理，而非类比推理。故 D 项错误。

57．引渡制度[ABC]

[解析] 关于可引渡罪行，"政治犯不引渡原则"和"双重犯罪原则"是国际法上普遍接受的一般规则。故 A、B、C 项正确。

引渡的对象可以是请求国人、被请求国人或第三国人，根据国际法关于引渡的一般规则，各国有权拒绝引渡本国公民，而没有第三国人一定不能引渡的规定。故 D 项错误。

58．审判制度的基本原则[ABC]

[解析] 直接言词原则包括直接原则和言词原则，直接原则要求参加审判的法官必须亲自参加证据审理、亲自聆听法庭辩论。因此更换法官后案件必须

重新审理。故 A 项正确。

及时审判原则要求人民法院应当及时审理案件，提高办案效率。乙法院的做法符合及时审判原则，避免案件超审限。故 B 项正确。

独立审判原则要求人民法院独立行使审判权，不受行政机关、社会团体和个人的干涉。面对舆论压力，法院依然按照诉讼法规定的审限按期结案，这符合独立审判原则。故 C 项正确。

不告不理原则要求法院不能主动超越当事人的诉讼请求作出判决，从 D 项表述看，原告要求被告赔付医疗费，并未要求被告支付精神损害赔偿金。因此，丁法院的做法违反了不告不理原则。故 D 项错误。

59．事实认识错误；正当防卫[AD]

[解析] 事实认识错误，也称构成要件认识错误，是指客观要件与主观要件不一致。这里的客观要件是指客观违法阶层前一板块的"客观要件"。题中，丙开枪杀甲，符合了客观要件，初步来说具有法益侵害性，只是因为在客观违法阶层的后一板块"客观违法阻却事由"中属于正当防卫行为而最终不具有法益侵害性。因此，防卫行为本身可以产生构成要件错误如对象错误、打击错误。

对象错误，是指行为人对某一行为对象的身份属性等特征产生主观认识错误。而在打击错误中，行为人在主观上对行为对象并没有这种认识错误，只是因为客观因素导致错误结果，是一种客观结果错误。丙对甲的身份属性没有认识错误，故不属于对象错误。造成错误结果是因为客观因素导致的，是一种客观结果错误，故丙的行为属于打击错误。

对于打击错误，依据具体符合说，丙对甲有杀害故意，但未杀死，丙对乙没有杀害故意，只有过失，属于过失致人死亡；依据法定符合说，丙对甲有杀害故意，但未杀死，丙对乙也有杀害故意，并且杀死了。

在客观违法阻却事由板块，丙的开枪属于防卫行为，而且属于正当防卫。关于正当防卫的对象，必须针对不法侵害人本人进行防卫。当不法侵害是共同犯罪，对共同实行犯可以防卫；帮助犯如果也有攻击性侵害行为，对帮助犯也可以防卫；对于幕后的教唆犯原则上不可以防卫。例如，甲、乙共同杀害丙，由甲冲锋，乙在旁边持刀策应，丙针对乙防卫反击，成立正当防卫。题中，甲、乙属于共同实行犯，故丙对甲、乙都可以实施正当防卫。因此，无论根据法定符合说还是具体符合说，丙对甲、乙都构成正当防卫。故 A、D 项正确，B、C 项错误。

60．犯罪未遂；不能犯；过失犯；因果关系[ACD]

[解析] 不能犯，是指行为人主观上有意实行犯罪，但就行为的性质看并无实现构成要件内容的可能性，现实上不能发生法益侵害结果而不受处罚的情

况。本题中,甲欲以硫酸泼乙,情急之下未能拧开杯盖说明行为完全有可能达到既遂,但由于意志以外的原因而未得逞。故只能认定为未遂,而不是不能犯。故 A 项错误。

《刑法》第 15 条第 1 款规定:"应当预见自己的行为可能发生危害社会的结果,因为疏忽大意而没有预见,或者已经预见而轻信能够避免,以致发生这种结果的,是过失犯罪。"丙到教室,误将甲的水杯当作自己的杯子,拧开杯盖时硫酸淋洒一身,灼成重伤。甲未尽妥善管理危险物品的义务,对丙的重伤构成过失致人重伤罪,应当承担刑事责任。故 D 项错误,B 项正确。

因果关系,是行为与结果之间的引起与被引起的关系,其是一种客观联系,不以行为人的意志为转移,行为人是否认识到自己的行为可能发生危害结果,不影响对因果关系的认定。在行为人的行为介入了第三者或者被害人的行为而导致结果发生的场合,要判断某种结果是否是行为人的行为所造成的,应当考察行为人的行为导致结果发生的可能性的大小、介入情况的异常性大小以及介入情况对结果发生作用的大小。综上考虑,甲准备硫酸的行为是丙重伤的前提条件,故甲的行为和丙的重伤之间具有客观上的因果关系。故 C 项错误。

61．单位犯罪[AD]

[解析] 对于同一犯罪,刑法规定的犯罪构成要件是相同的,而单位犯罪和个人犯罪只是犯罪主体的不同,犯罪既遂的标准不存在差别。故 A 项正确。

伪造货币罪未将单位规定为犯罪主体,因此不能构成单位犯罪,但这并不意味着相关自然人不构成犯罪。《全国人民代表大会常务委员会关于〈中华人民共和国刑法〉第三十条的解释》规定,公司、企业、事业单位、机关、团体等单位实施刑法规定的危害社会的行为,刑法分则和其他法律未规定追究单位的刑事责任的,对组织、策划、实施该危害社会行为的人依法追究刑事责任。故 B 项错误。

在《刑法修正案(九)》修改之前,拒不执行判决、裁定罪没有规定单位犯罪。因此,可以直接得出公司经理赵某为了公司利益,召集员工拒不执行判决、裁定,不成立单位犯罪,仅成立自然人犯罪。但根据《刑法修正案(九)》第 39 条的规定,拒不执行判决的犯罪主体可以是自然人也可以是单位。对此,需要考察经理赵某的行为是否体现了单位的整体意志。如果赵某得到单位授权,则体现单位整体意志,成立单位犯罪;如果赵某没有得到授权,是个人私自行为,则未体现单位整体意志,属于个人犯罪,不成立单位犯罪。题目中仅交代"赵某为维护公司利益",不能由此得出赵某的行为代表了公司的整体意志,C 项肯定地说成立单位犯罪是片面的。故 C 项错误。

对于涉嫌犯罪的单位被吊销营业执照的,仍应按照刑法的规定对该单位的主管人员和其他直接负责人追究刑事责任,对该单位不再追诉。故 D 项正确。

62．自首;立功;脱逃罪[AD]

[解析] 根据《刑法》第 316 条的规定,脱逃罪是指依法被关押的罪犯、被告人、犯罪嫌疑人脱逃的行为。张某是依法被关押的犯罪嫌疑人,在刑事拘留期间潜逃,构成脱逃罪。故 A 项正确。

根据《关于处理自首和立功若干具体问题的意见》第 4 条的规定,犯罪分子通过贿买、暴力、胁迫等非法手段,或者被羁押后与律师、亲友会见过程中违反监管规定,获取他人犯罪线索并"检举揭发"的,不能认定为有立功表现。这里的贿买,是指向国家工作人员行贿,从国家工作人员处购买犯罪线索。张某向裴某购买犯罪线索,不属于贿买,且张某对裴某没有实施暴力、胁迫等非法手段,因此张某提供犯罪线索的行为构成立功。故 B 项错误。

张某涉嫌诈骗罪被抓获归案,属于被动归案,对诈骗罪不能成立自首。其在刑事拘留期间潜逃,构成脱逃罪,后又自动投案,因此成立脱逃罪的自首。故 C 项错误,D 项正确。【思路拓展】若张某犯诈骗罪后自动投案,如实供述,则成立诈骗罪的自首。后又逃跑,则不再成立自首,且逃跑的行为构成脱逃罪。若张某逃跑后又自动投案,如实供述,则一方面恢复其对诈骗罪的自首,另一方面成立脱逃罪的自首,二者想象竞合。

63．生产、销售伪劣商品罪[CD]

[解析] 销售假药罪中"假药"的认定,原《药品管理法》规定,两种药品视为假药:一是必须批准而未经批准进口的药品;二是必须取得批准文号而未取得批准文号的药品。2019 年《药品管理法》修订,新法第 98 条删除了这两项规定。也即,这两种药品不能被当然地视为假药。这表明,"假药"应具有伤害人体健康或延误诊治的危险性。本项中,甲销售的药品无批准文号,但颇有疗效,按照新的《药品管理法》规定,甲的行为不构成销售假药罪,相应的也不构成销售伪劣产品罪。故 A 项错误。

生产、销售有毒、有害食品罪,是指在生产、销售的食品中掺入有毒、有害的非食品原料的,或者销售明知掺有有毒、有害的非食品原料的食品的行为。生产、销售不符合安全标准的食品罪,是指生产、销售不符合食品安全标准的食品,足以造成严重食物中毒事故或者其他严重食源性疾病的行为。B 项中,甲销售的是病死的猪肉,病死的猪肉虽然有害,但其中并未掺入有毒、有害的非食品原料,故不能对甲以销售有毒、有害食品定罪处罚。如果病死的猪肉足以造成严重食物中毒事故或者其他严重食源性疾病,可对甲以销售不符合安全标准的食品罪定罪处罚。故 B 项错误。

甲明知在苹果上使用了禁用农药,属于销售明知掺有有毒、有害非食品原料的食品,构成销售有毒、有害食品罪。故 C 项正确。

甲的主观故意是销售劣药,客观上实施了销售假药的行为,二者在销售劣药罪的范围内重合,根据主客观相一致的原则,应当认定为销售劣药罪。故 D 项正确。

64．非法拘禁罪;雇用童工从事危重劳动罪;虐待被监管人罪;转化犯[ABC]

[解析]《刑法》非法拘禁罪的行为表现为行为人剥夺被害人人身自由,而甲以限制人身自由的方法强迫农民工从事危重矿井作业,并对其殴打致多人伤残,不可能成立非法拘禁罪。甲只构成强迫劳动罪。故 A 项错误。

根据《刑法》第 244 条之一规定,雇用童工从事危重劳动罪是指违反劳动管理法规,雇用未满 16 周岁的未成年人从事超强度体力劳动的,或者从事高空、井下作业的,或者在爆炸性、易燃性、放射性、毒害性等危险环境下从事劳动,情节严重的行为;有上述行为,造成事故,又构成其他犯罪的,数罪并罚。乙长期非法雇用多名不满 16 周岁的未成年人从事超强度体力劳动,并严重忽视生产作业安全致 1 名未成年人死亡,属于"造成事故,又构成其他犯罪的",应当数罪并罚。故 B 项错误。

根据《刑法》第 240 条的规定,对于拐卖年满 14 周岁的男性,不构成拐卖妇女、儿童罪,在理论通说上,视其情况可以非法拘禁罪论处。丙以欺骗方法将多名成年男性农民工从外地骗至砖窑场强迫劳动的行为可构成强迫劳动罪。故 C 项错误。

根据《刑法》第 248 条规定,监狱、拘留所、看守所等监管机构的监管人员对被监管人进行殴打或者体罚虐待,情节严重的,构成虐待被监管人罪;虐待被监管人,致人伤残、死亡的,依照故意伤害罪、故意杀人罪从重处罚。监管人员对被监管人虐待致其死亡的,以故意杀人罪从重处罚。故 D 项正确。

65．劫持汽车罪;抢劫罪;罪数形态[ABCD]

[解析] 劫持汽车罪,是指使用暴力、胁迫或者其他方法劫持汽车的行为。结合《刑法》第 122 条的规定,本案中,甲、乙等人用枪控制司机,以实力支配、控制了长途汽车,危及公共安全,成立劫持汽车罪。故 A 项正确。

抢劫罪,是指以非法占有为目的,以暴力、胁迫或者其他方法,强行劫取公私财产的行为。本案中甲、乙等人用刀控制乘客,以实施暴力相威胁,强取乘客财物的行为,成立抢劫罪,而且属于在公共交通工具上抢劫的加重情节,因为长途汽车具有公共性和运营性,属于公共交通工具的范围。故 B 项正确。

乙在抢劫过程中,为压制乘客反抗,将其捅成重伤,属于抢劫罪手段行为的内容,以抢劫致人重伤的加重情节处理,不再单独认定为故意伤害罪。故 C 项正确。

甲、乙等人在财物到手下车时,又打死司机的行为,应另行认定为故意杀人罪。因为抢劫行为已经结束,甲另起犯意杀害被害人的行为与抢劫无关,应当单独认定犯罪。当然,如果是在抢劫行为过程中,为压制被害人的反抗而杀害被害人的,则属于抢劫罪的加重情节。故 D 项正确。

66．非法占有目的的认定[ABC]

[解析] 男性基于癖好窃取女士内衣的,虽然不是基于遵从内衣的经济用途进行利用、处分的意思,但不排除行为人具有利用其可能用途的意思(收藏),因此行为人具有非法占有目的。故 A 项正确。

为了燃柴取暖而窃取他人木质家具的,虽然没有按照家具本来的用途进行利用的意思,但木质家具可以作柴火,行为人有按照家具可能具有的用途加以利用的意思,因此,行为人具有非法占有目的。故 B 项正确。

骗取他人钢材后作为废品卖给废品回收公司的,虽然没有按照钢材通常用途加以利用的意思,但行为人将其当作废品出售获取钱财,也表明其具有利用钢材的意思,因此,行为人具有非法占有的目的。故 C 项正确。

杀人后将被害人钱包等物丢弃的行为,表明行为人没有利用钱包等财物的意思,因此,行为人没有非法占有财物目的。故 D 项错误。

67．行贿罪;受贿罪;单位受贿罪[ABD]

[解析] 行贿罪是指为谋取不正当利益,给予国家工作人员以财物的行为。如果请托人为谋取正当利益而给予国家工作人员以财物的,不构成行贿罪。故 A 项错误。

《刑法》第 389 条规定:"为谋取不正当利益,给予国家工作人员以财物的,是行贿罪。在经济往来中,违反国家规定,给予国家工作人员以财物,数额较大的,或者违反国家规定,给予国家工作人员以各种名义的回扣、手续费的,以行贿论处。因被勒索给予国家工作人员以财物,没有获得不正当利益的,不是行贿。"因被勒索给予国家工作人员以财物,但之后如果获得了不正当利益的,仍成立行贿罪。故 B 项错误。

《刑法》第 390 条第 3 款规定,行贿人在被追诉前主动交代行贿行为的,可以从轻或者减轻处罚。其中,犯罪较轻的,对调查突破、侦破重大案件起关键作用的,或者有重大立功表现的,可以减轻或者免除处罚。故 C 项正确。

对于斡旋受贿罪,《刑法》第 388 条规定:"国家工作人员利用本人职权或者地位形成的便利条件,通过其他国家工作人员职务上的行为,为请托人谋取不正当利益,索取请托人财物或者收受请托人财物的,以受贿论处。"根据《刑法》第387条的规定,单位受贿罪是指国家机关、国有公司、企业、事业单位、人民团体,索取、非法收受他人财物,为他人谋取利益,情节严重的行为。D项的情况可看作单位的斡旋受贿,但单位受贿罪中没有规定单位斡旋受贿这一行为方式。根据罪刑法定原则,这种情况不认定为单位受贿。故D项错误。

68.指定管辖;回避制度[ABD]

[解析]《刑事诉讼法》第29条规定:"审判人员、检察人员、侦查人员有下列情形之一的,应当自行回避,当事人及其法定代理人也有权要求他们回避:(一)是本案的当事人或者是当事人的近亲属的;(二)本人或者他的近亲属和本案有利害关系的;(三)担任过本案的证人、鉴定人、辩护人、诉讼代理人的;(四)与本案当事人有其他关系,可能影响公正处理案件的。"本案中,由于齐某曾任甲市乙区法院院长,该院审理本案的审判人员可能与本案当事人有利害关系,因此,齐某可以申请具体审理该案的审判人员回避。但是,齐某申请甲市乙区法院全体人员回避于法无据,我国刑事诉讼法并未规定法院整体回避的问题。故A项错误。

《刑诉解释》第18条规定:"有管辖权的人民法院因案件涉及本院院长需要回避或者其他原因,不宜行使管辖权的,可以请求移送上一级人民法院管辖。上一级人民法院可以管辖,也可以指定与提出请求的人民法院同级的其他人民法院管辖。"据此,由于犯罪嫌疑人齐某曾任甲市乙区法院院长,现任甲市中院副院长,因此甲市中院不宜成为本案的二审法院,甲市辖区内所有基层法院都不宜成为本案的一审法院。本案乙区法院的正确做法是可以请求移送上一级人民法院指定管辖。另外,由于甲市辖区内所有法院都不宜成为本案的一审法院,因此,甲市中院接到乙区法院报请后,应当再报请省高院指定甲市以外的其他法院行使管辖权。故B、D项错误,C项正确。

69.电子数据;鉴定意见;鉴定人出庭[BD]

[解析]根据《刑诉解释》第110条第1项的规定,对电子数据是否真实,应当着重审查是否移送原始存储介质;在原始存储介质无法封存、不便移动时,有无说明原因,并注明收集、提取过程及原始存储介质的存放地点或者电子数据的来源等情况。因此,并非一定要将电子数据的原始介质移送至法院,如果出现无法封存、不便移动等情况时,只要注明相关情况即可。故A项错误。

《刑诉解释》第120条规定:"采取技术调查、侦查措施收集的证据材料,应当经过当庭出示、辨认、质证等法庭调查程序查证。当庭调查技术调查、侦查证

据材料可能危及有关人员的人身安全,或者可能产生其他严重后果的,法庭应当采取不暴露有关人员身份和技术调查、侦查措施使用的技术设备、技术方法等保护措施。必要时,审判人员可以在庭外对证据进行核实。"据此,必要时,法院可以在庭外对技术侦查收集的证据进行核实。故B项正确。

《刑诉解释》第99条第1款规定:"经人民法院通知,鉴定人拒不出庭作证的,鉴定意见不得作为定案的根据。"本案中,法院依职权通知鉴定人出庭,而其无正当理由未出庭,鉴定意见不得作为定案的根据。故C项错误。

《刑诉解释》第259条规定:"证人出庭后,一般先向法庭陈述证言;其后,经审判长许可,由申请通知证人出庭的一方发问,发问完毕后,对方也可以发问。法庭依职权通知证人出庭的,发问顺序由审判长根据案件情况确定。"对于鉴定人、有专门知识的人、调查人员、侦查人员或者其他人员出庭的,参照上述规定。本题中,法院是依职权通知鉴定人出庭,因此发问顺序应由审判长决定。故D项正确。

70.死刑案件的证明对象[ABCD]

[解析]《关于办理死刑案件审查判断证据若干问题的规定》第5条第3款规定:"办理死刑案件,对于以下事实的证明必须达到证据确实、充分:(一)被指控的犯罪事实的发生;(二)被告人实施了犯罪行为与被告人实施犯罪行为的时间、地点、手段、后果以及其他情节;(三)影响被告人定罪的身份情况;(四)被告人有刑事责任能力;(五)被告人的罪过;(六)是否共同犯罪及被告人在共同犯罪中的地位、作用;(七)对被告人从重处罚的事实。"A、B项的表述符合该法条第1、2项的规定。故A、B项正确。

《关于办理死刑案件审查判断证据若干问题的规定》第36条第1款规定:"在对被告人作出有罪认定后,人民法院认定被告人的量刑事实,除审查法定情节外,还应审查以下影响量刑的情节:(一)案件起因;(二)被害人有无过错及过错程度,是否对矛盾激化负有责任及责任大小;(三)被告人的近亲属是否协助抓获被告人;(四)被告人平时表现及有无悔罪态度;(五)被害人附带民事诉讼赔偿情况,被告人是否取得被害人或者被害人近亲属谅解;(六)其他影响量刑的情节。"C、D项的表述符合该法条第2、3项的规定。故C、D项正确。

71.侦查讯问程序[BCD]

[解析]《刑事诉讼法》及《公安部规定》都规定,讯问犯罪嫌疑人,必须由侦查人员进行。但没有规定侦查人员可否替换。因此,本题中,后续讯问的侦查人员与首次讯问的侦查人员完全不同并不违反法律规定。故A项不当选。

《刑事诉讼法》第122条规定,犯罪嫌疑人请求

自行书写供述的,应当准许。必要的时候,侦查人员也可以要犯罪嫌疑人亲笔书写供词。故 B 项违法,当选。

《刑事诉讼法》第 34 条第 2 款规定:"侦查机关在第一次讯问犯罪嫌疑人或者对犯罪嫌疑人采取强制措施的时候,应当告知犯罪嫌疑人有权委托辩护人……"故 C 项违法,当选。

《刑事诉讼法》第 119 条第 2 款规定:"传唤、拘传持续的时间不得超过十二小时;案情特别重大、复杂,需要采取拘留、逮捕措施的,传唤、拘传持续的时间不得超过二十四小时。"本题中,朱某危险驾驶案不属于案情特别重大、复杂的案件,持续时间不得超过 12 小时。故 D 项违法,当选。

72.人民陪审员制度和陪审团制度的区别[ABCD]

[解析]从诉讼理论的角度分析,我国的人民陪审员制度与英美法系国家陪审团制度是不一样的。

第一,制度不同。我国虽然称为陪审员,但实际属于"参审制度",即由陪审员参加法庭审理,与法官共同裁决案件的制度。而在英美法系国家,尤其是在美国,法庭中的陪审团属于"陪审制度"。

第二,分工不同。我国的人民陪审员对于部分案件既负责定罪又负责量刑。英美法系国家陪审团中的陪审员虽然叫"陪审",但具有实质的裁判权力,可以对被告人是否有罪进行裁决。法官虽然在法庭中央正襟危坐,但他实际上没有对被告人定罪的权力,只能在陪审团确定被告人罪名成立后对其进行量刑,即陪审团负责定罪,法官负责量刑。

第三,作用不同。我国设置人民陪审员的目的在于与法官一同合作解决被告人的刑事责任问题,陪审员属于准法官。英美法系国家设立陪审团的目的在于制约法官权力,剥夺法官滥用定罪权的可能性。

第四,地位不同。我国的人民陪审员不能担任审判长,但与法官的诉讼地位平等,无需听从法官的指挥。英美法系国家陪审团中的陪审员虽然可以对被告人定罪,但在具体的法律适用和程序控制方面,陪审团需要听从法官的指挥。

第五,遴选机制不同。我国的人民陪审员需要满足年满 28 周岁、品行正派等条件。而英美法系国家陪审团中的陪审员的条件在英美法系国家各有不同,多从年龄、经验、专业、生活背景等方面进行限制。

第六,适用案件不同。在我国,人民陪审员可以参加各级法院第一审刑事案件的审理,但具体个案审理中是否需要陪审员还需要考虑案件影响等诸多因素。在美国,多数刑事案件是通过辩诉交易制度终结的,只有少部分案件进入正式审判程序,但进入正式审判程序的案件也并非全都由陪审团审理。

本题中,A 项,人民陪审员制度目的不在于"协

助"法院完成审判任务,而是和法官"共同"完成审判任务。故 A 项错误。

B 项,根据《人民陪审员法》第 2 条第 2 款规定:"人民陪审员依照本法产生,依法参加人民法院的审判活动,除法律另有规定外,同法官有同等权利。"又根据《人民陪审员法》第 22 条规定:"人民陪审员参加七人合议庭审判案件,对事实认定,独立发表意见,并与法官共同表决;对法律适用,可以发表意见,但不参加表决。"可知,陪审员与法官的职权并非完全相同。陪审员与法官也存在职权分工,陪审员决定定罪问题,法官决定量刑问题。故 B 项错误。

C 项,人民陪审员不仅要求是成年公民,还必须是年满 28 周岁,此外还有一些其他条件。陪审团成员的选任也有很多细节的规定,不仅仅只要求有选民资格。故 C 项错误。

D 项,在我国,是否适用人民陪审员制度不完全取决于当事人意愿,还可能会考虑案件影响等其他因素。陪审团也并非适用于所有案件。故 D 项错误。

73.自诉案件的和解与调解[BD]

[解析]《刑事诉讼法》第 210 条规定:"自诉案件包括下列案件:(一)告诉才处理的案件;(二)被害人有证据证明的轻微刑事案件;(三)被害人有证据证明对被告人侵犯自己人身、财产权利的行为应当依法追究刑事责任,而公安机关或者人民检察院不予追究被告人刑事责任的案件。"《刑事诉讼法》第 212 条第 1 款规定:"人民法院对自诉案件,可以进行调解;自诉人在宣告判决前,可以同被告人自行和解或者撤回自诉。本法第二百一十条第三项规定的案件不适用调解。"由此可知,并非所有的自诉案件都可以调解。故 A 项错误,B 项正确。

《刑诉解释》第 328 条第 1 款规定:"人民法院审理自诉案件,可以在查明事实、分清是非的基础上,根据自愿、合法的原则进行调解。调解达成协议的,应当制作刑事调解书,由审判人员、法官助理、书记员署名,并加盖人民法院印章。调解书经双方当事人签收后即具有法律效力。调解没有达成协议,或者调解书签收前当事人反悔的,应当及时作出判决。"可见,调解协议是在法院的主持下达成的,因此要由审判人员和书记员署名并加盖法院印章,而和解是双方自愿协商的结果,法院并不干涉,因此和解协议并不需要审判员和书记员署名并盖章。故 C 项错误。

《刑诉解释》第 330 条规定,裁定准许撤诉的自诉案件,被告人被采取强制措施的,人民法院应当立即解除。由此可知,在当事人已经签收调解书的情况下,调解书发生法律效力,案件调解成功应当结案,自然应当解除强制措施。故 D 项正确。

74.认罪认罚程序;速裁程序[ACD]

[解析]《刑事诉讼法》第 174 条规定:"犯罪嫌

疑人自愿认罪,同意量刑建议和程序适用的,应当在辩护人或者值班律师在场的情况下签署认罪认罚具结书。犯罪嫌疑人认罪认罚,有下列情形之一的,不需要签署认罪认罚具结书:(一)犯罪嫌疑人是盲、聋、哑人,或者是尚未完全丧失辨认或者控制自己行为能力的精神病人的;(二)未成年犯罪嫌疑人的法定代理人、辩护人对未成年人认罪认罚有异议的;(三)其他不需要签署认罪认罚具结书的情形。"据此,本案不属于不需要签署认罪认罚具结书的情形,故 A 项错误。

基于司法便民原则,由于被告人蒋某截肢瘫痪,无法出庭参加庭审,为了保障被告人参与庭审的诉讼权利,法院到被告人家中开庭审理该案,并没有违反法律规定。选项 B 正确。

《刑事诉讼法》第 225 条规定:"适用速裁程序审理案件,人民法院应当在受理后十日以内审结;对可能判处的有期徒刑超过一年的,可以延长至十五日。"根据《刑法》第 133 条之一的规定,醉酒驾驶机动车的,处拘役,并处罚金。可知,本罪的法定最高刑为拘役,因此,本案如果适用速裁程序,审理期限最多为 10 日。故 C 项错误。

《刑事诉讼法》第 223 条规定:"有下列情形之一的,不适用速裁程序:(一)被告人是盲、聋、哑人,或者是尚未完全丧失辨认或者控制自己行为能力的精神病人的;(二)被告人是未成年人的;(三)案件有重大社会影响的;(四)共同犯罪案件中部分被告人对指控的犯罪事实、罪名、量刑建议或者适用速裁程序有异议的;(五)被告人与被害人或者其法定代理人没有就附带民事诉讼赔偿等事项达成调解或者和解协议的;(六)其他不宜适用速裁程序审理的。"据此,仅是提起附带民事诉讼,仍然可以适用速裁程序;如果是没有就附带民事诉讼赔偿等事项达成调解或者和解协议,则符合上述第 5 项,才不适用速裁程序。故 D 项错误。

75．涉外刑事诉讼程序的适用范围[ABC]

[解析] 涉外刑事诉讼程序,是指诉讼活动涉及外国人(包括无国籍人)或需要在国外进行的刑事诉讼所特有的方式、方法和步骤。涉外刑事诉讼包括涉外案件的刑事诉讼,但又不仅指涉外案件的刑事诉讼。在司法实践中,有些案件不是涉外案件,但由于案发时或案发后一些特殊情况,使得这些案件的诉讼活动涉及外国人或者需要在国外进行。例如,目击案件发生的证人是外国人或虽是中国人,但诉讼时已身在国外;案件发生后,犯罪嫌疑人、被告人潜逃国外等。这些都需要适用涉外刑事诉讼程序。

A 项中,在公海航行的我国货轮被索马里海盗抢劫的案件,属于发生在我国领域之外外国人对我国公民的犯罪案件,即属于涉外案件。因此,适用涉外刑

事诉讼程序,故 A 项正确。

B 项中,我国国内一起贩毒案件的关键目击证人在诉讼时身在国外,这虽不属于涉外案件,但是该案的诉讼活动需要在外国进行。因此,适用涉外刑事诉讼程序,故 B 项正确。

C 项中,陈某携款逃到国外的案件,虽然不属于涉外案件,但诉讼活动需要在外国进行或由外国协助。因此,适用涉外刑事诉讼程序,故 C 项正确。

D 项中,当事人双方均是中国人,且案件发生在我国使馆内,因此不属于涉外案件,也无需在国外进行诉讼活动,不适用涉外诉讼程序,故 D 项错误。

76．未成年人犯罪案件的审理[ABCD]

[解析]《刑诉解释》第 550 条第 1 款规定:"被告人实施被指控的犯罪时不满十八周岁、人民法院立案时不满二十周岁的案件,由未成年人案件审判组织审理。"赵某作案时不满 18 周岁,案件起诉到法院时已满 18 周岁,但未说明是否满 20 周岁,不能确定是否应由少年法庭审理,故 A 项错误。

《刑诉解释》第 222 条规定,审判案件应当公开进行。案件涉及国家秘密或者个人隐私的,不公开审理;涉及商业秘密,当事人提出申请的,法庭可以决定不公开审理。不公开审理的案件,任何人不得旁听,但具有《刑事诉讼法》第 285 条规定情形的除外。《刑诉解释》第 557 条规定,开庭审理时被告人不满 18 周岁的案件,一律不公开审理。本案起诉到法院时赵某已经年满 18 周岁,不符合不公开审理的条件,故应该公开审理。故 B 项错误。

《刑事诉讼法》第 281 条第 1 款规定:"对于未成年人刑事案件,在讯问和审判的时候,应当通知未成年犯罪嫌疑人、被告人的法定代理人到场。……"本案中,赵某开庭审理时已满 18 周岁,不存在法定代理人或监护人应到场的情形。故 C、D 项错误。

77．合法行政原则;行政指导;治安管理处罚;行政许可[ACD]

[解析] 合法行政原则要求行政机关采取行政措施必须有法律的明确授权,没有立法性规定的授权,行政机关不得采取影响公民、法人和其他组织权利义务的行政措施。A 项中某镇政府要求村民拔掉麦子改种蔬菜,这实质上是用行政命令干预村民的农业生产自由,侵犯了村民对麦子享有的合法的财产权,违反了合法行政原则中"行政机关应当依照法律授权活动"的要求。故 A 项当选。

B 项中,某市政府发布《促进残疾人就业指导意见》,对录用残疾人达一定数量的企业予以奖励,这属于没有强制性的行政指导,用奖励驱动的方式引导相对人的行为,符合合法行政原则的要求,对于解决残疾人就业难的问题具有积极意义。故 B 项不当选。

《行政处罚法》第 32 条规定:"当事人有下列情

形之一的,应当从轻或者减轻行政处罚:……(二)受他人胁迫或者诱骗实施违法行为的;……"而《治安管理处罚法》第19条规定:"违反治安管理有下列情形之一的,减轻处罚或者不予处罚:(一)情节特别轻微的;……(三)出于他人胁迫或者诱骗的;……"由此可知,同样是受他人胁迫而从事违法行为,治安管理处罚案件与其他一般行政处罚案件的处罚适用规则是不同的。因为《行政处罚法》是一般法,而《治安管理处罚法》是特别法,对于同一情形两者都作出具体规定的,应适用特别法《治安管理处罚法》的规定。因此,孙某受他人胁迫而殴打他人,且情节特别轻微,公安局应当对其减轻处罚或不予处罚,而不是从轻处罚。C项违反了治安管理处罚的适用规则。故C项当选。

《行政许可法》第14、15条规定,只有法律、法规、省级政府规章有行政许可设定权,其他规范性文件一律不得设定行政许可。此外,该文件所"设定"的行政许可的内容也是不合法的,根据《行政许可法》第15条第2款规定,设定的行政许可,不得限制其他地区的个人或者企业到本地区从事生产经营和提供服务,不得限制其他地区的商品进入本地区市场。D项中某市政府实际上是通过非法设定行政许可,达到限制外地物流公司到本地运输货物的目的,这是一种基于地方保护主义的限制竞争行为,是违反法律规定的。故D项当选。

78.具体行政行为的合法、生效、无效、废止以及效力的存续[AB]

[解析] 具体行政行为的合法性要件包括行政主体合法、行为权限合法、行为内容合法、行为程序合法和行为形式合法。因此,遵守法定程序是具体行政行为合法的必要条件。故A项正确。

无效行政行为是具有重大明显违法瑕疵的行为,这种行为表现形式多样,无法完全列举。故B项正确。

具体行政行为被废止并非因为其违法或者明显不当,它针对的是合法的具体行政行为由于客观条件的变化,没有继续保持其效力的必要。在行政法中,合法行政行为导致当事人损害发生,应给予补偿;违法的具体行政行为侵权造成损失的,应给予赔偿。因此,对废止行政行为造成的损失应当给予补偿,而非赔偿。故C项错误。

行政行为只有经法定程序撤销或确认违法、无效(如复议机关经过审理后作出撤销决定)才丧失拘束力,申请行政复议并不直接导致行政行为失去拘束力。故D项错误。

79.规章的制定权限、公布与备案[ABD]

[解析] 根据《立法法》第93条第3款规定,设区的市、自治州的人民政府制定地方政府规章,限于

城乡建设与管理、生态文明建设、历史文化保护、基层治理等方面的事项。本题所涉及的垃圾分类属于"生态文明建设"事项,符合地方政府规章立法事项范围,故A项正确。

《立法法》第97条第2款规定:"地方政府规章签署公布后,及时在本级人民政府公报和中国政府法制信息网以及在本行政区域范围内发行的报纸上刊载。"故B项正确。

《立法法》第109条第4项规定,部门规章和地方政府规章报国务院备案;地方政府规章应当同时报本级人民代表大会常务委员会备案;设区的市、自治州的人民政府制定的规章应当同时报省、自治区的人民代表大会常务委员会和人民政府备案。据此,设区的市政府制定的规章要同时报四个机关备案,故C项错误。

《行政处罚法》第14条第2款规定:"尚未制定法律、法规的,地方政府规章对违反行政管理秩序的行为,可以设定警告、通报批评或者一定数额罚款的行政处罚。罚款的限额由省、自治区、直辖市人民代表大会常务委员会规定。"据此,地方政府规章的罚款限额应由其所在的省级人大常委会规定,故D项正确。

80.行政处罚[AC]

[解析] 《治安管理处罚法》第83条第1款规定,对违反治安管理行为人,公安机关传唤后应当及时询问查证,询问查证的时间不得超过8小时;情况复杂,依照本法规定可能适用行政拘留处罚的,询问查证的时间不得超过24小时。本题中刘某引诱他人吸食毒品被处以行政拘留,其属于可能适用行政拘留处罚的特殊情形,对其询问查证的时间不得超过24小时。故A项正确。

《治安管理处罚法》第98条规定,公安机关作出吊销许可证以及处2000元以上罚款的治安管理处罚决定前,应当告知违反治安管理行为人有权要求举行听证;违反治安管理行为人要求听证的,公安机关应当及时依法举行听证。行政拘留虽然不是应当举行听证的处罚类型,但是本案中刘某被并处3000元罚款属于听证事由,因此,刘某有权仅就罚款的数额、事项提出听证请求。故B项错误。

《治安管理处罚法》第10条第2款规定,对违反治安管理的外国人,可以附加适用限期出境或者驱逐出境。因此,对刘某可以附加适用限期出境。故C项正确。

《行政诉讼法》第46条第1款规定:"公民、法人或者其他组织直接向人民法院提起诉讼的,应当自知道或者应当知道作出行政行为之日起6个月内提出。法律另有规定的除外。"而《治安管理处罚法》对起诉期限并没有另作规定,则应当适用《行政

诉讼法》的一般规定,即6个月的起诉期限。故D项错误。

81.扣押程序[ABC]

[解析]《行政强制法》第18条规定:"行政机关实施行政强制措施应当遵守下列规定:……(二)由两名以上行政执法人员实施;……(五)当场告知当事人采取行政强制措施的理由、依据以及当事人依法享有的权利、救济途径;……"故A、B项正确。

《行政强制法》第24条第1款规定:"行政机关决定实施查封、扣押的,应当履行本法第18条规定的程序,制作并当场交付查封、扣押决定书和清单。"故选项C正确。

《行政强制法》第23条规定:"查封、扣押限于涉案的场所、设施或者财物,不得查封、扣押与违法行为无关的场所、设施或者财物;不得查封、扣押公民个人及其所扶养家属的生活必需品。当事人的场所、设施或者财物已被其他国家机关依法查封的,不得重复查封。"本案中,某公安交管局交通大队民警发现王某驾驶的电动三轮车未悬挂号牌,遂作出扣押的强制措施。可见,扣押的对象应是违法未悬挂号牌的电动三轮车,而不包括三轮车上的物品,因为物品与违法行为无关,不得扣押。故D项错误。

82.主动公开的政府信息[AC]

[解析]《政府信息公开条例》第20条规定:"行政机关应当依照本条例第19条的规定,主动公开本行政机关的下列政府信息:……(九)政府集中采购项目的目录、标准及实施情况;……"第21条规定:"除本条例第20条规定的政府信息外,设区的市级、县级人民政府及其部门还应当根据本地方的具体情况,主动公开涉及市政建设、公共服务、公益事业、土地征收、房屋征收、治安管理、社会救助等方面的政府信息;乡(镇)人民政府还应当根据本地方的具体情况,主动公开贯彻落实农业农村政策、农田水利工程建设运营、农村土地承包经营权流转、宅基地使用情况审核、土地征收、房屋征收、筹资筹劳、社会救助等方面的政府信息。"故A、C项正确,B、D项错误。

83.行政复议;起诉期限;直接起诉[CD]

[解析]根据《行政复议法》第24条规定,对县级以上人民政府工作部门作出的行政行为不服的,向本级人民政府申请复议。因此,对县工商局的行政行为不服,复议机关应当是县政府。故A项错误。

《行政复议法》第20条规定,行政复议的申请期限为60日,法律规定长于60日的除外。即特别法规定的复议申请期限长于60日的,适用特别法规定;少于60的,应当适用《行政复议法》规定的60日。本题中《反不正当竞争法》规定的复议申请期限为15日,少于60日,应当适用《行政复议法》的规定,申请复议期限为60日。故B项错误。

《行政诉讼法》第45条规定,公民、法人或者其他组织不服复议决定的,可以在收到复议决定书之日起15日内向人民法院提起诉讼。复议机关逾期不作决定的,申请人可以在复议期满之日起15日内向人民法院提起诉讼。法律另有规定的除外。故C项正确。

根据《行政复议法》第23条规定,对当场作出的行政处罚决定不服,适用复议前置。《行政处罚法》第51条规定,对法人或者其他组织处以3000元以下罚款或者警告的行政处罚的,可以当场作出行政处罚决定。本题中对某企业的罚款数额为10万元,不能当场作出,因此不适用复议前置,可以直接提起行政诉讼。故D项正确。

84.行政许可案件的受案范围[ACD]

[解析]《行政许可案件规定》第1条规定:"公民、法人或者其他组织认为行政机关作出的行政许可决定以及相应的不作为,或者行政机关就行政许可的变更、延续、撤回、注销、撤销等事项作出的有关具体行政行为及其相应的不作为侵犯其合法权益,提起行政诉讼的,人民法院应当依法受理。"A项情形属于对行政许可决定不服,明显属于行政诉讼受案范围;D项情形属于对撤回行政许可的行为不服,也属于行政诉讼受案范围。故A、D项当选。【特别提醒】撤回、撤销、注销、变更、延续某一具体行政行为,必然对相对人的权利义务产生实质影响,因此构成一个新的独立的具体行政行为,属于行政诉讼受案范围。

《行政许可案件规定》第3条规定:"公民、法人或者其他组织仅就行政许可过程中的告知补正申请材料、听证等通知行为提起行政诉讼的,人民法院不予受理,但导致许可程序对上述主体事实上终止的除外。"B项情形属于对告知补正申请材料的通知不服,且没有"但书"的特殊情形,不属于行政诉讼受案范围。故B项不当选。

《行政许可案件规定》第2条规定:"公民、法人或者其他组织认为行政机关未公开行政许可决定或者未提供行政许可监督检查记录侵犯其合法权益,提起行政诉讼的,人民法院应当依法受理。"C项情形属于对未提供行政许可监督检查记录不服,即对拒绝信息公开这一具体行政行为不服,可以提起政府信息公开之诉。故C项当选。

85.行政调查的程序要求;行政复议申请期限的计算;行政诉讼证据的证明效力;行政处罚的种类[ABC]

[解析]《行政处罚法》第42条第1款规定:"行政处罚应当由具有行政执法资格的执法人员实施。执法人员不得少于两人,法律另有规定的除外。"第55条第1款规定:"执法人员在调查或者进行检查时,应当主动向当事人或者有关人员出示执法证件。

当事人或者有关人员有权要求执法人员出示执法证件。执法人员不出示执法证件的，当事人或者有关人员有权拒绝接受调查或者检查。"故 A 项正确。

根据《行政复议法实施条例》第 15 条第 1 款第 1 项规定，当场作出具体行政行为的，行政复议的申请期限自具体行政行为作出之日起计算。因此，若市卫生局当场作出决定，某公司不服申请复议的期限应自决定作出之日起计算。故 B 项正确。

《行政诉讼证据规定》第 63 条规定："证明同一事实的数个证据，其证明效力一般可以按照下列情形分别认定：……（二）鉴定结论、现场笔录、勘验笔录、档案材料以及经过公证或者登记的书证优于其他书证、视听资料和证人证言；……"可知，现场笔录优于其他证人证言。故 C 项正确。

D 项的没收即没收非法财物，是永久性地剥夺当事人的财产，并非暂时性的保全，因此属于行政处罚，而非保全类的行政强制措施。故 D 项错误。

三、不定项选择题

86．法的价值；法律推理；法的渊源[BC]

[解析] 人们对于法律问题的认识与审视，大致可以包括两个基本的方面：一是人们必须从自身的需要出发，来衡量法律的存在与人的关系以及对人的价值和意义，这就是价值性认识；二是对法律问题进行符合其本来面目的反映和描述，这种认识也可以称为事实性认识。由此种认识出发，对于法律问题的判断也可以分为两类：一是价值判断；二是事实判断。所谓价值判断，是指某一特定的客体对特定的主体有无价值、有什么价值、有多大价值的判断。所谓事实判断，在法学上是用来指称对客观存在的法律原则、规则、制度等所进行的客观分析与判断。在法律的实施过程中，对案件事实的认定总体上属于事实判断，但是认定案件事实离不开证据，一个证据有无证明力以及证明力大小需要相关主体做价值判断。A 项，"经鉴定为重伤"是对案件事实的认识，属于事实判断。故 A 项错误。

本案中，法院援引司法解释而非判例，对案件作出了判决，这是因为判例不是我国正式的法的渊源，不具有普遍约束力。故 B 项正确。

本案被告律师援引判例运用的是类比推理，通过两个案件的对比得出结论。所谓类比推理，就是根据两个或两类事物在某些属性上是相似的，从而推导出它们在另一个或另一些属性上也是相似的。故 C 项正确。

法院判决属于非规范性法律文件。非规范性法律文件，是指判决书、裁定书、逮捕证、许可证、合同等专门针对当事人生效的法律文件。这些文件经过法定程序之后具有法律效力，但是不具有普遍约束力。

故 D 项错误。

87．立法权限；立法程序；法律解释；立法监督[ABCD]

[解析]《立法法》第 49 条规定，能够提出法律解释要求的主体包括国务院、中央军委、两高（最高法和最高检）、三委（国家监察委员会、全国人大专门委员会和省级人大常委会）。地方各级政府无权提出法律解释要求。故 A 项错误。

《立法法》第 11 条规定了法律保留事项，属于全国人大及其常委会的专有立法范围，可以总结为：国家主权的事项、国家的政治制度（国家机关的产生、组织及其职权）、经济制度、民事制度、自治制度、司法制度（包括犯罪和刑罚、政治权利和人身自由、诉讼和仲裁、法检的产生和职权等方面）等。B 项中的公民的人身自由事项属于法律的绝对保留事项，不能授权给行政法规制定。故 B 项错误。

《立法法》第 30 条第 2 款规定，专门委员会审议的时候，可以邀请提案人列席会议，发表意见。故 C 项错误。

《立法法》第 108 条第 5 项规定，地方人民代表大会常务委员会有权撤销本级人民政府制定的不适当的规章。故 D 项错误。

88．基本经济制度[AD]

[解析]《宪法》第 15 条第 1 款规定，国家实行社会主义市场经济。故 A 项正确。

《宪法》第 16 条规定："国有企业在法律规定的范围内有权自主经营。国有企业依照法律规定，通过职工代表大会和其他形式，实行民主管理。"故 B 项错误。

《宪法》第 8 条第 1 款规定："农村集体经济组织实行家庭承包经营为基础、统分结合的双层经营体制。农村中的生产、供销、信用、消费等各种形式的合作经济，是社会主义劳动群众集体所有制经济。参加农村集体经济组织的劳动者，有权在法律规定的范围内经营自留地、自留山、家庭副业和饲养自留畜。"故 C 项错误。

《宪法》第 10 条规定，土地的使用权可以依照法律的规定转让。故 D 项正确。

89．全国人大及其常委会的质询权[ABC]

[解析]《全国人大组织法》第 21 条规定："全国人民代表大会会议期间，一个代表团或者三十名以上的代表联名，可以书面提出对国务院以及国务院各部门、国家监察委员会、最高人民法院、最高人民检察院的质询案。"故 A、B 项正确。

《全国人大组织法》第 30 条规定："常务委员会会议期间，常务委员会组成人员十人以上联名，可以向常务委员会书面提出对国务院以及国务院各部门、国家监察委员会、最高人民法院、最高人民检察院的质询案。"故 C 项正确,D 项错误。

90．政府组成部门的设置[AD]

[解析]《地方组织法》第 79 条第 2 款规定:"县级以上的地方各级人民政府设立审计机关。地方各级审计机关依照法律规定独立行使审计监督权,对本级人民政府和上一级审计机关负责。"故 A 项正确。

《地方组织法》第 79 条第 3 款规定:"省、自治区、直辖市的人民政府的厅、局、委员会等工作部门和自治州、县、自治县、市、市辖区的人民政府的局、科等工作部门的设立、增加、减少或者合并,按照规定程序报请批准,并报本级人民代表大会常务委员会备案。"《地方各级人民政府机构设置和编制管理条例》第 9 条规定:"地方各级人民政府行政机构的设立、撤销、合并或者变更规格、名称,由本级人民政府提出方案,经上一级人民政府机构编制管理机关审核后,报上一级人民政府批准;……"可见,"县人大批准"错误,故 B 项错误。

《地方组织法》第 85 条第 2 款规定:"县、自治县的人民政府在必要的时候,经省、自治区、直辖市的人民政府批准,可以设立若干区公所,作为它的派出机关。"可见,区公所的设立须由省级人民政府批准。故 C 项错误。

《地方组织法》第 83 条第 2 款规定:"自治州、县、自治县、市、市辖区的人民政府的各工作部门受人民政府统一领导,并且依照法律或者行政法规的规定受上级人民政府主管部门的业务指导或者领导。"故 D 项正确。

91．不作为犯;共犯的本质;帮助毁灭证据罪[ABD]

[解析]乙作为妻子,对陷入精神病状态的丈夫甲具有监护义务,由此对甲的危险行为具有阻止义务。乙的不作为促进了甲的杀人行为,因此构成故意杀人罪的不作为的帮助犯。此时,甲是故意杀人罪的实行犯。二人在违法阶层构成共同犯罪,违法是连带的。虽然甲与乙没有意思联络,但乙对甲有帮助的意思,因此,乙构成片面的帮助犯。在责任阶层,责任是个别的,谴责谁、不谴责谁应分别进行。由于甲在杀人时丧失责任能力,故不负刑事责任。乙具有责任能力,应负刑事责任,构成故意杀人罪的不作为的片面的帮助犯。故 A 项正确。

成立不作为犯,要求如果作为了,结果具有避免发生的可能性。如果作为了,结果仍会发生,则没必要惩罚不作为,此时不作为与结果的发生没有因果关系,并且不构成不作为犯。但是,这种论述是就单独犯罪而言的。从单独犯罪而言,如果乙履行了救助义务,父母仍然会死,则乙的不作为的确与死亡结果没有因果关系,并且也不构成不作为犯。但是,乙不是单独犯罪,而是与甲构成共同犯罪,是帮助犯,通过不

作为促进了结果的发生,起到了促进作用。基于此,乙的帮助行为与甲制造的违法结果具有连带性,甲制造的结果也要归属到乙的头上,乙的不作为与结果具有间接的因果性。故 B 项正确。

帮助毁灭证据罪要求帮助毁灭的是他人的犯罪证据,如果毁灭的是自己的犯罪证据或与自己共同犯罪的同案犯的证据,则由于不具有期待可能性,不构成帮助毁灭证据罪。由于甲、乙构成违法阶层的共同犯罪,因此,乙不构成帮助毁灭证据罪。故 C 项错误,D 项正确。

92．正当防卫等排除犯罪事由[A]

[解析]正当防卫的条件必须具备:存在现实的不法侵害;不法侵害正在进行;具有防卫意识;针对不法侵害人本人进行防卫;没有明显超过必要限度造成重大损害。甲突遇精神病人丙持刀袭来,在迫于无奈时与丙搏斗将其打成重伤,对于这种不具有责任能力的人的侵害,应当认为可以进行正当防卫。但是,对此情形的正当防卫应尽量限制在必要场合。故 A 项正确,D 项错误。

紧急避险是在两个合法权益相冲突的情况下,迫不得已而采取的损害另一较小的合法权益的行为,从而为了国家、本人或他人的人身、财产和其他权利免受正在发生的危险。本题情形中,因精神病人丙的袭击而使甲攻击,并不存在两个合法权益的冲突,不是紧急避险。故 B 项错误。

自救行为要求通过法律程序,依靠国家机关不可能或明显难以恢复受侵害的法益,这表明,通过自救能够恢复受侵害的法益。甲的反击以致造成丙的重伤,可以认为是在侵害发生前作出的"防卫"以保护自己的人身权利不受侵害,而并非恢复受侵害的法益,甲的行为不是自救。故 C 项错误。

93．挪用公款罪与贪污罪的区别;挪用特定款物罪[ACD]

[解析]依据《刑法》第 384 条第 2 款规定,甲作为国有公司财务人员挪用单位救灾款,用于自己购买股票,构成挪用公款罪,不构成挪用特定款物罪。故 A 项正确。甲挪用办公经费 70 万元购买商品房,并采取销毁账目的手段,使 50 万元难以在单位财务上反映出来,表明甲对 50 万元有非法占有目的,转化为贪污罪,另外的 20 万元仍然成立挪用公款罪。对甲应当以挪用公款罪、贪污罪实行并罚。故 C、D 项正确,B 项错误。

94．辨认程序[ABD]

[解析]《公安部规定》第 259 条规定:"辨认应当在侦查人员的主持下进行。主持辨认的侦查人员不得少于二人。几名辨认人对同一辨认对象进行辨认时,应当由辨认人个别进行。"第 260 条规定:"辨认时,应当将辨认对象混杂在特征相类似的其他对象

中,不得在辨认前向辨认人展示辨认对象及其影像资料,不得给辨认人任何暗示。辨认犯罪嫌疑人时,被辨认的人数不得少于七人;对犯罪嫌疑人照片进行辨认的,不得少于十人的照片。辨认物品时,混杂的同类物品不得少于五件;对物品的照片进行辨认的,不得少于十个物品的照片。对场所、尸体等特定辨认对象进行辨认,或者辨认人能够准确描述物品独有特征的,陪衬物不受数量的限制。"据此,辨认尸体,陪衬物不受数量的限制,A中"将李某尸体与另一尸体作为辨认对象"正确。主持辨认的侦查人员不得少于2人;辨认犯罪嫌疑人时,被辨认的人数不得少于7人,B项中"在2名侦查人员的主持下,将赵某混杂在9名具有类似特征的人员中,由王某、张某个别进行辨认"正确。C项中,在对石某进行辨认时,9名被辨认人员中的4名民警因紧急任务离开,被辨认人仅剩5人,少于7人的要求,故错误。

《公安部规定》第261条规定:"对犯罪嫌疑人的辨认,辨认人不愿意公开进行时,可以在不暴露辨认人的情况下进行,并应当为其保守秘密。"故D项正确。

95.认罪认罚从宽制度;羁押必要性审查;法律援助制度[ABC]

[解析] 根据《关于适用认罪认罚从宽制度的指导意见》第5条规定,认罪认罚从宽制度贯穿刑事诉讼全过程,适用于侦查、起诉、审判各个阶段。因此,即便岳某在审查起诉阶段拒绝认罪认罚,其在审判阶段仍可选择认罪认罚,故A项正确。

《高检规则》第270条第2款规定:"已经逮捕的犯罪嫌疑人认罪认罚的,人民检察院应当及时对羁押必要性进行审查。经审查,认为没有继续羁押必要的,应当予以释放或者变更强制措施。"故B项正确。

《关于适用认罪认罚从宽制度的指导意见》第28条第2款规定:"经审查,犯罪嫌疑人违背意愿认罪认罚的,人民检察院可以重新开展认罪认罚工作。存在刑讯逼供等非法取证行为的,依照法律规定处理。"故C项正确。

《法律援助法》第25条规定:"刑事案件的犯罪嫌疑人、被告人属于下列人员之一,没有委托辩护人的,人民法院、人民检察院、公安机关应当通知法律援助机构指派律师担任辩护人:(一)未成年人;(二)视力、听力、言语残疾人;(三)不能完全辨认自己行为的成年人;(四)可能被判处无期徒刑、死刑的人;(五)申请法律援助的死刑复核案件被告人;(六)缺席审判案件的被告人;(七)法律法规规定的其他人员。其他适用普通程序审理的刑事案件,被告人没有委托辩护人的,人民法院可以通知法律援助机构指派律师担任辩护人。"本题中,岳某涉嫌抢夺罪,不符合上述应当法律援助的情形,在岳某没有委托辩护人,也拒绝值班律师提供法律帮助的情况下,只能由其自

行辩护。故D项错误。

96.第二审的审理程序;上诉不加刑原则[A]

[解析]《刑诉解释》第393条第2款规定,被判处死刑的被告人没有上诉,同案的其他被告人上诉的案件,第二审人民法院应当开庭审理。故A项正确。

《刑事诉讼法》第235条规定,人民检察院提出抗诉的案件或者第二审人民法院开庭审理的公诉案件,同级人民检察院都应当派员出席法庭。故B项错误。

《刑诉解释》第401条第1款规定:"审理被告人或者其法定代理人、辩护人、近亲属提出上诉的案件,不得对被告人的刑罚作出实质不利的改判,并应当执行下列规定:……(七)原判判处的刑罚不当,应当适用附加刑而没有适用的,不得直接加重刑罚、适用附加刑。原判判处的刑罚畸轻,必须依法改判的,应当在第二审判决、裁定生效后,依照审判监督程序重新审判。"故C、D项均错误。

97.行政法基本原则[BC]

[解析] 本题考查了合理行政中的比例原则。比例原则要求行政行为要具有适当性,是指行政机关所选择的具体措施和手段应当为法律所必需,结果和手段之间存在着正当性。同时还要求损害最小,是指行政机关在可以采用多种方式实现某一行政目的的情况下,应当采用对当事人权益损害最小的方式。本案中,廖某所建小棚未占用主干道,其违法行为没有严重到既需要拆除又需要实施顶格处罚的程度,而县建设局下发限期拆除通知后强制拆除,并对廖某作出罚款2万元的处罚,可见,县建设局的行为既不适当,也不是对当事人损害最小,明显违反了合理行政原则和比例原则的要求。故B、C项正确。

98.具体行政行为的效力和合法性[CD]

[解析] 具体行政行为的生效时间一般为告知之时或附款规定之时。告知之时是指受告知人即相对人知悉、知道之时;附款规定之时,即为具体行政行为附款(附期限或附条件)中所定法律事实发生之时。通常具体行政行为通知行政相对人时即成立并生效。但存在例外,即当具体行政行为有附款时,具体行政行为成立并不立即生效,而是要当附款规定的法律事实成就时具体行政行为才生效。故A项错误。

具体行政行为效力终止的情形包括两种:有违法因素的终止和没有违法因素的终止。有违法因素的终止是指具体行政行为因违法而无效或被撤销。没有违法因素的终止则包括:权利人或义务人死亡;权利人放弃权利;法人或其他组织不复存在;已经履行完毕或有关客观事实已经消失;被新的立法废止等情形。因此,具体行政行为违法只是其效力终止的其中

一种原因,而非唯一原因。故 B 项错误。

行政组织法是关于行政组织的设置权、编制权、行政权限、国家公务员录用权和管理权的规则。行政机关的职权主要由行政组织法加以规定,如《地方各级人民代表大会和地方各级人民政府组织法》。除少量的行政组织法外,行政机关的职权更多地来源于授权法的规定。授权法是指将行政职权授予行政主体的具体法律规范。如《治安管理处罚法》不仅规定了治安管理方面的问题,更是授予了公安机关大量的具体行政处罚权。实践中,行政机关多数实体性权力都来源于授权法的规定。据此,行政机关的职权主要源自行政组织法和授权法。故 C 项正确。

导致具体行政行为违法的原因很多,如主要证据和事实不清;依据的法律规范错误;程序违法;超越职权;滥用职权;明显不当等。上述的每一个理由都可以直接地、独立地导致具体行政行为违法。可见,滥用职权是具体行政行为构成违法的一个独立理由。故 D 项正确。

99．行政诉讼的被告、管辖及诉讼代表人;复议机关的确定[BC]

[解析]《行政诉讼法解释》第 20 条第 1 款规定:"行政机关组建并赋予行政管理职能但不具有独立承担法律责任能力的机构,以自己的名义作出行政行为,当事人不服提起诉讼的,应当以组建该机构的行政机关为被告。"根据题意,10 户居民是对强制拆除决定不服提起的诉讼,而拆除决定是由甲县政府设立的临时机构基础设施建设指挥部作出的,乙镇政府只是执行机关,不是本案的被告。本案中的基础设施建设指挥部是甲县政府设立的临时机构,不具有独立承担法律责任的能力,且没有法律法规的授权,因此,10 户居民对其以自己名义作出的决定不服提起诉讼,应以组建该机构的行政机关——甲县政府为被告。故 A 项错误。

《行政诉讼法》第 15 条规定:"中级人民法院管辖下列第一审行政案件:(一)对国务院部门或者县级以上地方人民政府所作的行政行为提起诉讼的案件;(二)海关处理的案件;(三)本辖区内重大、复杂的案件;(四)其他法律规定由中级人民法院管辖的案件。"由于本案的被告为甲县政府,所以应当由中级人民法院管辖。故 B 项正确。

《行政诉讼法解释》第 29 条规定:"行政诉讼法第 28 条规定的'人数众多',一般指 10 人以上。根据行政诉讼法第 28 条的规定,当事人一方人数众多的,

由当事人推选代表人。当事人推选不出的,可以由人民法院在起诉的当事人中指定代表人。行政诉讼法第 28 条规定的代表人为 2 至 5 人。代表人可以委托 1 至 2 人作为诉讼代理人。"据此,如 10 户居民在指定期限内未选定诉讼代表人的,法院可以依职权指定。故 C 项正确。

《行政复议法实施条例》第 14 条规定:"行政机关设立的派出机构、内设机构或者其他组织,未经法律、法规授权,对外以自己名义作出具体行政行为的,该行政机关为被申请人。"本案中,甲县政府设立临时机构——基础设施建设指挥部,未经法律、法规授权,因此,10 户居民对该临时机构作出的行政决定申请复议,应当以设立该临时机构的行政机关——甲县政府为被申请人。对地方各级人民政府的行政行为不服的,应当向上一级地方人民政府申请行政复议。因此,本案的复议机关应当是甲县政府的上一级人民政府。故 D 项错误。

100．国家赔偿的范围[D]

[解析]《国家赔偿法》第 17 条规定:"行使侦查、检察、审判职权的机关以及看守所、监狱管理机关及其工作人员在行使职权时有下列侵犯人身权情形之一的,受害人有取得赔偿的权利:(一)违反刑事诉讼法的规定对公民采取拘留措施的,或者依照刑事诉讼法规定的条件和程序对公民采取拘留措施,但是拘留时间超过刑事诉讼法规定的时限,其后决定撤销案件、不起诉或者判决宣告无罪终止追究刑事责任的;(二)对公民采取逮捕措施后,决定撤销案件、不起诉或者判决宣告无罪终止追究刑事责任的;(三)依照审判监督程序再审改判无罪,原判刑罚已经执行的;……"据此,《国家赔偿法》对于限制人身自由的司法赔偿范围仅限于拘留、逮捕及已经执行刑罚的情形,即采取"错误羁押"原则,只对申请人被错误羁押并实际执行的期间给予赔偿,未被羁押的期间不予赔偿。有期徒刑缓刑在 5 月 10 日变更强制措施取保候审后,王某就没有被实际羁押了,因此对 2009 年 5 月 10 日以后的期间国家不予赔偿。

现行《国家赔偿法》拘留部分的归责原则是违法归责原则,即对违反刑事诉讼法的规定采取拘留和拘留超期这两种情形予以赔偿。本题中并未明确指出是违法拘留,做题时应按没有违法拘留作答,因此,对 2 月 10 日至 2 月 23 日的拘留期间不予赔偿。综上,本题的国家赔偿期间应是 2009 年 2 月 24 日到 5 月 10 日,D 项当选。

试 卷 二

解 析

一、单项选择题

1．权利义务相一致原则；不当得利的成立要件；行政法律关系；无主财产的归属[D]

[解析] 所谓权利义务一致的原则，是对于一个主体而言，享有权利一般要履行义务，履行义务一般要享有权利，而薛某履行义务没有具体确定的权利主体，不属于对权利义务相一致原则的违反。故 A 项错误。

《民法典》第 122 条规定，因他人没有法律根据，取得不当利益，受损失的人有权请求其返还不当利益。据此，不当得利的构成要件有四：（1）一方取得财产利益；（2）一方受有损失；（3）取得利益与所受损失之间有因果关系；（4）没有法律上的根据。本题中，交警大队只是代收 6 万元，并未取得财产利益，不构成不当得利。故 B 项错误。

行政法律关系，是指受行政法律规范调整的因行政行为而形成或产生的各种权利义务关系。行政法律关系的产生往往以行政主体通过行政程序所作出的单方面的行政行为为根据，具有不平等性。本题中，交警大队实际上有两个行为：一是确定交通事故责任的归属，这是行政行为无疑，也看得出明显的不平等性；但是第二个行为，预收赔偿费并商定转交，这并不是行政行为，否则也不会"商定"，这一行为并不会产生行政法律关系。故 C 项错误。

《民法典》第 1160 条规定，无人继承又无人受遗赠的遗产，归国家所有。故 D 项正确。

2．宣告死亡[B]

[解析]《民法典》没有规定利害关系人申请宣告死亡有先后顺序的限制。《民法典总则编解释》第 16 条第 1、2 款进一步规定："人民法院审理宣告死亡案件时，被申请人的配偶、父母、子女，以及依据民法典第一千一百二十九条规定对被申请人有继承权的亲属应当认定为民法典第四十六条规定的利害关系人。符合下列情形之一的，被申请人的其他近亲属，以及依据民法典第一千一百二十八条规定对被申请人有继承权的亲属应当认定为民法典第四十六条规定的利害关系人：（一）被申请人的配偶、父母、子女均已死亡或者下落不明的；（二）不申请宣告死亡不能保护其相应合法权益的。"据此，申请宣告死亡在配偶、父母与子女之间没有先后顺序的限制，其他近亲属申请宣告死亡需要满足"被申请人的配偶、父母、子女均已死亡或者下落不明"等要求。本题中，梁某的父母、配偶申请宣告其死亡，没有先后顺序的限制，故 A 项错误。

《民法典》第 47 条规定："对同一自然人，有的利害关系人申请宣告死亡，有的利害关系人申请宣告失踪，符合本法规定的宣告死亡条件的，人民法院应当宣告死亡。"据此，同时符合宣告死亡和宣告失踪条件的，宣告死亡优先，故 B 项正确。

《民法典》第 48 条规定："被宣告死亡的人，人民法院宣告死亡的判决作出之日视为其死亡的日期；因意外事件下落不明宣告死亡的，意外事件发生之日视为其死亡的日期。"据此，因意外事件下落不明，法院作出宣告死亡判决的，意外事件发生之日为死亡日期，故 C 项错误。

《民法典》第 49 条规定："自然人被宣告死亡但是并未死亡的，不影响该自然人在被宣告死亡期间实施的民事法律行为的效力。"据此，宣告死亡后，事实未死的，在行为地进行的法律行为有效，故 D 项错误。

3．胁迫[D]

[解析] 胁迫的构成要件有四：（1）故意预告实施危害；（2）对方因此陷入恐惧（要求胁迫与恐惧具有因果关系）；（3）对方因恐惧作出意思表示（要求恐惧与意思表示的作出具有因果关系）；（4）胁迫具有不正当性。胁迫的不正当性包括三种：（1）目的不正当。比如，"不卖给我海洛因，就检举揭发你贩毒"。（2）手段不正当。比如，"不把房子租给我，就公布你老婆的裸照"。（3）目的与手段结合的不正当（因目的与手段不具有牵连性）。比如，"不把房子租给我，就检举揭发你贪污"。

A 选项中，举报犯罪的手段正当，自然人之间的借款也正当，但是通过举报犯罪强制他人借款，则两者结合出现了不正当，构成胁迫，故不当选。

B 选项与 A 选项原理相同，举报犯罪的手段正当，买卖的目的正当，但二者结合则不正当，构成胁迫，不当选。

C 选项，公开他人隐私的手段不正当，买卖报废机动车的目的也不正当,构成胁迫,不当选。

D选项,举报醉驾的手段正当,获得赔偿的目的也正当,手段与目的具有直接的法律关系,且二者结合亦具有正当性,故不构成胁迫,当选。

4．可撤销合同[D]

[解析]《民法典》第148条规定:"一方以欺诈手段,使对方在违背真实意思的情况下实施的民事法律行为,受欺诈方有权请求人民法院或者仲裁机构予以撤销。"《民法典总则编解释》第21条规定:"故意告知虚假情况,或者负有告知义务的人故意隐瞒真实情况,致使当事人基于错误认识作出意思表示的,人民法院可以认定为民法典第一百四十八条、第一百四十九条规定的欺诈。"本题中,大洋公司行为的特点在于,通过劝酒使范某醉酒后,范某的识别能力减弱,从而不能理性作出意思表示,而非通过故意告知虚假事实等方式使范某陷入错误认识,从而不成立欺诈。故A项错误。

《民法典》第147条规定:"基于重大误解实施的民事法律行为,行为人有权请求人民法院或者仲裁机构予以撤销。"本题中,范某系因醉酒导致识别能力减弱而作出不符真意的意思表示,而非因认识错误而作出不符真意的意思表示,不成立重大误解。故B项错误。

《民法典》第151条规定:"一方利用对方处于危困状态、缺乏判断能力等情形,致使民事法律行为成立时显失公平的,受损害方有权请求人民法院或者仲裁机构予以撤销。"本题中,大洋公司的行为符合显失公平的构成要件:第一,前程公司与大洋公司的双务合同权利义务明显不对等,有违等价有偿原则;第二,显失公平发生于合同成立之时;第三,显失公平的原因系大洋公司利用了前程公司法定代表人范某处于醉酒这一危困状态,前程公司的意思表示因此不自由。故D项正确。乘人之危在《民法典》中不再是独立的法律行为可撤销事由,与显失公平合并作为一种撤销事由,故C项错误。

5．诉讼时效的法律效果;要约[A]

[解析]《民法典》第192条规定:"诉讼时效期间届满的,义务人可以提出不履行义务的抗辩。诉讼时效期间届满后,义务人同意履行的,不得以诉讼时效期间届满为由抗辩;义务人已自愿履行的,不得请求返还。"据此,乙向甲支付10万元货款的义务已过诉讼时效期间,乙获得诉讼时效期间经过的抗辩权。私权具有可处分性,乙可明示或者默示放弃时效利益。所谓"明示放弃时效利益",指乙对甲作出"同意履行义务"的意思表示(包括同意履行义务、制定还款计划、签收催收通知单、请求分期履行、请求延期履行、提供担保等)。明示放弃时效利益的法律效果是,重新起算诉讼时效期间。所谓"默示放弃时效利

益",指乙对甲"自愿履行"已过诉讼时效期间的义务。默示放弃时效利益的法律效果是,乙事后不得请求甲返还。

综上,甲请求乙支付已过诉讼时效期间的10万元货款时,乙书面答复"可偿还3万元",乙的答复属于明示放弃3万元的时效利益,这3万元债务的诉讼时效期间重新起算。因乙并未放弃另外7万元债务的时效利益,可主张诉讼时效经过的抗辩权,拒不支付。故A项正确,D项错误。放弃时效履行的行为属于有相对人的单方法律行为,并非要约,仅须乙一方的意思表示即可生效,无须相对人甲同意或承诺。故B项错误。既然乙公司已经通过书面答复承认了3万元的债务,这3万元的时效利益已经放弃,因此,回函对甲公司不发生效力,故C项错误。

6．基于法律行为的动产物权变动[B]

[解析]《民法典》第224条规定:"动产物权的设立和转让,自交付时发生效力,但是法律另有规定的除外。"交付,包括现实交付与观念交付。从题目描述的信息看,本题应属于现实交付。现实交付,需转移占有方可完成交付,可以是买受人占有,也可以是辅助人占有,也可以是委托第三人代为占有。题中,李某向小古交付时,小古害怕未接住,此种情形,并未完成交付,所有权并没有转移。故B项正确,A、C、D项错误。【特别提醒】鸽子虽依然属于李某,但是对于鸽子飞走造成的损失并不都应由李某承担,因为这并非由于不可归责于当事人的原因造成的标的物灭失,双方应根据过错程度分担损失。【错误辨析】有观点认为,饲养的鸽子认路归家,只是暂时飞走,还会飞回来,因此交付已经完成,所有权已经转移。注意,根据题目信息进行联想,虚构其他事实,是做题之大忌。本题并未明确指出飞走的鸽子能自行飞回,事实上鸽子是否能飞回是存在不确定因素的,即便能飞回也是飞回李某家,因此不能根据虚构事实做题,很容易误入歧途。

7．无权处分的合同效力;重大误解;善意取得[B]

[解析]《民法典》第597条第1款规定:"因出卖人未取得处分权致使标的物所有权不能转移的,买受人可以解除合同并请求出卖人承担违约责任。"据此,无权处分订立的买卖合同,合同并不因此而当然无效。本题中,乙保管甲的古画,被丙继承后出卖,丙构成无权处分,但买卖合同不因无权处分而无效,故A项错误。

《民法典》第147条规定:"基于重大误解实施的民事法律行为,行为人有权请求人民法院或者仲裁机构予以撤销。"本题中,丙出卖古画的行为系误将真迹当作赝品低价出售,属于对于买卖标的物性质的认识错误,构成重大误解,B项正确。

对于古画或古玩的买卖,只有双方对于真假均不确定,抱着赌一把的心态达成的合意,才是真实的意思表示,可评价为完全有效,本题不属于此种情形。

根据《民法典》第311条的规定,构成动产的善意取得,要求在无权处分的前提下,相对人不知情,支付了合理价格且完成了交付,从而取得动产的所有权。丙通过继承获得对画的占有,不发生物权变动,因此不属于善意取得,故C项错误。丁对于价值百万元的古画,仅支付了2000元,显然不属于合理价格,也不能构成善意取得,故D项错误。

8.共有;抵押权[D]

[解析]《民法典》第307条规定:"因共有的不动产或者动产产生的债权债务,在对外关系上,共有人享有连带债权、承担连带债务,但是法律另有规定或者第三人知道共有人不具有连带债权债务关系的除外;在共有人内部关系上,除共有人另有约定外,按份共有人按照份额享有债权、承担债务,共同共有人共同享有债权、承担债务。偿还债务超过自己应当承担份额的按份共有人,有权向其他共有人追偿。"据此,一般情况下,按份共有人对外承担的是连带责任,对内则是按份责任。因此,甲、乙对于按份共有的汽车对外发生侵权之时,应当向受害人承担连带责任。《民法典》第520条第2款规定:"部分连带债务人的债务被债权人免除的,在该连带债务人应当承担的份额范围内,其他债务人对债权人的债务消灭。"另根据《人身损害赔偿解释》第2条规定,赔偿权利人在诉讼中放弃对部分共同侵权人的诉讼请求的,其他共同侵权人对被放弃诉讼请求的被告应当承担的赔偿份额不承担连带责任。据此,如果债权人对于连带债务人中的部分债务人表示放弃债权的,其他债务人也在债权人放弃的范围内免责。本题中,戊如果免除了甲的损害赔偿责任,乙只在剩余的范围内承担赔偿责任,故A项错误。同样根据《民法典》第307条的规定,甲、乙共有的汽车,虽然甲只占其中30%的份额,但无论是承担侵权赔偿责任还是承担因该汽车产生的担保责任,甲、乙对外均应承担连带责任,甲有义务清偿全部债务,但清偿之后,对内可以按照份额向乙进行追偿。故D项正确。

《民法典》第403条规定:"以动产抵押的,抵押权自抵押合同生效时设立;未经登记,不得对抗善意第三人。"由此可知,机动车抵押权采取登记对抗主义,未经登记,不影响抵押权设立,但不得对抗善意第三人。此处的第三人,是指其他担保物权人,不包括债权人。本题中,为担保丙的债务,甲、乙将货车抵押给债权人丁,虽未办理抵押登记,但抵押权已设立。丁享有的是物权,戊作为被侵权人,享有的只是一般债权,根据物权优于债权的基本原理,丁应优先于戊受偿。故B项错误。

《民法典》第419条规定:"抵押权人应当在主债权诉讼时效期间行使抵押权;未行使的,人民法院不予保护。"由此可知,丁应当在主债权的诉讼时效期间内行使抵押权,抵押权未行使的,丧失了胜诉权。故C项错误。

9.返还原物请求权;留置权[C]

[解析]《民法典》第235条规定:"无权占有不动产或者动产的,权利人可以请求返还原物。"由此可知,享有返还原物请求权的是物权人。本题中,山地自行车的物权人乙解除了与甲之间的借用关系,甲对于自行车的占有失去正当性,不再构成有权占有,因此甲无权再请求丙返还自行车。乙是山地自行车的物权人,已经解除了其与甲之间的借用关系并告知了丙,因此乙作为物权人要求返还原物,不需要甲同意。故A、B项错误。

《民法典》第447条第1款规定:"债务人不履行到期债务,债权人可以留置已经合法占有的债务人的动产,并有权就该动产优先受偿。"此处所谓债务人的财产,根据留置权可以设立的具体情形分析,不应当限于债务人享有所有权的动产,而应理解为债务人交给债权人占有的财产。因此,尽管自行车不是甲的,但是在交给丙维修后,如果不支付维修费,丙可以对该车行使留置权;乙作为所有人,在支付维修费之前,也不能请求丙返还。故C项正确,D项错误。

10.合同成立的地点[C]

[解析]《民法典》第493条规定:"当事人采用合同书形式订立合同的,最后签字、盖章或者按指印的地点为合同成立的地点,但是当事人另有约定的除外。"本题中,双方当事人并没有约定合同签订地,张某首先在乙地签字,李某后来到丙地在合同上摁了手印。因此,该合同成立的地点为李某最后摁手印的地点即丙地。故C项正确,A、B、D项错误。**【总结提示】**确定合同成立地点的规则,可归纳为:"一个原则,一个例外"。(1)原则:承诺生效的地点为合同成立的地点;签订书面合同的,最后一方签字、盖章或者按指印的地点为合同成立地点。(2)例外:当事人约定了合同成立地点,以约定地点为合同成立的地点。

11.先履行抗辩权、不安抗辩权的行使条件;法定解除合同的条件[D]

[解析]双务合同中的履行抗辩权,其发生基础在于双务合同中双方互负之"对待给付义务"在履行上的"牵连性"(你予则我予)。仅对待给付义务间,方可成立履行抗辩权。所谓对待给付义务,通常是指当一方主义务没有履行时,另一方可以自己的主义务不履行来进行抗辩;当一方从义务没有履行时,另一方可以自己的从义务不履行来进行抗辩。一方负担的主给付义务与另一方负担的从给付义务,原则上不属于对待给付义务,不成立履行抗辩权。本题中,乙

向甲交付房屋使用说明书为从给付义务,甲向乙支付购房款属于主给付义务,彼此不属于对待给付义务。在应当先履行的乙未向甲交付房屋使用说明书时,甲无权依照《民法典》第526条对乙主张先履行抗辩权。故A项错误,D项正确。【特别提醒】在特殊情形下,不履行从给付义务将导致合同目的不能实现时,一方负担的主给付义务与另一方负担的从给付义务可例外地成为对待给付义务,可成立履行抗辩权。

根据《民法典》第527条的规定,仅先履行一方才可能行使不安抗辩权。甲作为后履行一方,不能行使不安抗辩权。故B项错误。

《民法典》第563条第1款规定:"有下列情形之一的,当事人可以解除合同:……(三)当事人一方迟延履行主债务,经催告后在合理期限内仍未履行;(四)当事人一方迟延履行债务或者有其他违约行为致使不能实现合同目的;……"乙未向甲交付房屋使用说明书,系不履行从给付义务(不属于主要债务),且根据题干叙述的案情不会导致合同目的不能实现的后果,甲不享有法定解除权。故C项错误。

12. 债的转让[D]

[解析]《民法典》第545条第1款规定:"债权人可以将债权的全部或者部分转让给第三人,但是有下列情形之一的除外:(一)根据债权性质不得转让;(二)按照当事人约定不得转让;(三)依照法律规定不得转让。"据此,债权转让的要件有三:(1)债权具有可转让性;(2)债权人与受让人就债权转让达成一致;(3)依照法律规定债权转让需要批准,应办理审批手续。另根据《民法典》第546条第1款规定:"债权人转让债权,未通知债务人的,该转让对债务人不发生效力。"值得注意的是,债权转让固然应当通知债务人,但是债权发生转让的效果不以通知债务人为要件。债权转让通知的法律意义在于,通知到达债务人后,债权转让才对债务人发生效力,债务人才负有向新的债权人清偿的义务。本题中,甲将其对乙的债权转让给丙,丙又转让给丁,均未通知债务人乙,对债务人乙不发生效力,但这对债权转让不产生影响。【特别提醒】所谓"对债务人乙不发生效力",是指对乙而言,债权人仍为甲。故A、B项错误,不当选。

《民法典》第551条第1款规定:"债务人将债务的全部或者部分转移给第三人的,应当经债权人同意。"据此,免责的债务承担,须经债权人同意,未经债权人同意的,免责的债务承担的效力未定。乙将其负担的10万元债务免责地转让给戊承担,并经过了甲的同意,乙、戊间债务承担的合同有效。故选项C错误,不当选。

甲对于两次债权转让均未通知债务人乙,故两次债权转让均未对乙发生效力,对乙而言,其债权人仍为甲。因此,若丁请求乙履行债务,乙可以自己已经

不是债务人为由拒绝。如果乙同意替戊履行债务,则构成第三人代为清偿,可基于无因管理或者不当得利对戊追偿。故D项正确,当选。

13. 承揽合同;买卖合同;违约责任[D]

[解析]《民法典》第770条第1款规定:"承揽合同是承揽人按照定作人的要求完成工作,交付工作成果,定作人支付报酬的合同。"据此,承揽合同的主要特征之一是,定作人支付的报酬与承揽人完成并交付的工作成果为对价关系。本题中,甲公司向乙公司支付的5万元研发费用并非乙公司完成设备研发并交付的对价,甲公司、乙公司间未成立承揽合同。故A项错误。【思路拓展】本题中,甲、乙两公司约定,甲公司支付研发费用,乙公司完成专用设备的研发后,再与甲公司订立买卖合同,由于乙公司是否能够完成研发并不确定,因此,二者签订的合同实质上属于技术开发合同与买卖合同的预约合同的综合。

买卖合同在甲公司、乙公司之间尚未签订,按照甲公司、乙公司之间的协议,只有当乙公司完成专用设备的研发之后,才签订买卖合同,具有预约合同的性质,即约定将来订立买卖合同的合同,不是附条件的买卖合同。故B项错误。

甲公司、乙公司间已订立合同的内容是,乙公司研发出专用设备时,甲公司、乙公司均应当履行就该设备订立买卖合同的义务,在甲公司、乙公司间成立买卖合同的预约。但乙公司研发出设备后出卖给丙公司,违反了预约合同,应向甲公司承担违约责任。故D项正确。

乙公司完成研发之后将设备卖给丙公司属于有权处分,且乙公司、丙公司之间订立的合同内容并不违法,不存在无效的情形。基于合同的相对性,虽然乙违反了与甲公司之间的预约合同,但乙公司、丙公司间买卖合同的效力不因此受影响。故C项错误。

14. 建设工程合同[A]

[解析]甲公司将某工程以100万元的价格发包给乙公司,乙公司以80万元的价格转包给刘某,属于承包人将其承包的工程全部转包给第三人,构成违法转包,乙公司与刘某之间的转包合同无效。《民法典》第793条第1款规定:"建设工程施工合同无效,但是建设工程经验收合格的,可以参照合同关于工程价款的约定折价补偿承包人。"本题中,刘某实际完成了工程施工且验收合格,因此刘某有权请求乙公司支付80万元工程款,扣除已经支付的20万元,剩余60万元。

《建设工程施工合同解释(一)》第43条规定:"实际施工人以转包人、违法分包人为被告起诉的,人民法院应当依法受理。实际施工人以发包人为被告主张权利的,人民法院应当追加转包人或者违法分包人为本案第三人,在查明发包人欠付转包人或者违

法分包人建设工程价款的数额后,判决发包人在欠付建设工程价款范围内对实际施工人承担责任。"据此,刘某起诉发包人甲公司支付工程款,法院应当追加转包人乙公司为第三人。因法院查明甲公司尚欠付乙公司50万元工程款,在这一范围内,甲公司须对实际施工人刘某承担责任。由于刘某只诉请甲公司支付工程款,并未起诉乙公司,因此法院不得判决乙公司向刘某支付工程款。因此,本题A项正确。

15．无因管理的构成要件和法律效果[D]

[解析]《民法典》第121条规定,没有法定的或者约定的义务,为避免他人利益受损失而进行管理的人,有权请求受益人偿还由此支出的必要费用。无因管理的构成要件有四:(1)管理他人事务;(2)有为他人管理的意思;(3)没有法定或约定义务;(4)不违背他人的意思(如果他人的意思违法或者违背社会伦常道德要求的除外)。本题中,甲的救火行为虽然主观上最终是为自己,但也有为他人管理的意思,只要有为他人管理的意思,即使同时有为自己管理的意思,在构成无因管理方面不受影响,因此甲的救火行为构成无因管理。而乙是房屋的所有人,丙是房屋的使用人并有财产在房屋中,因此二人均因甲的救火行为而受益,甲均可要求他们就自己救火时受到的损失进行赔偿。故A、B、C项均错误。甲的救火行为虽然在客观上使保险公司减少了理赔数额,但甲救火时并无为A公司管理的意思,甚至甲可能根本不知道A公司承保的事情,故D项的表述是正确的。

16．过错侵权;意外事件[D]

[解析] 一般的侵权有四个方面的构成要件:过错、加害行为的违法性、损害事实和加害行为与损害事实之间的因果关系。本题中,除了有损害事实之外,其他要件均不具备。首先,对于小囡的损害,没有人具有故意或过失。其次,这种损害的发生基于正常人的注意没有可能预见到,因此,向小囡提供香蕉的人的行为与损害后果发生不能认定有法律上的因果关系。最后,向小囡提供香蕉的行为,是完全符合人之常情的邻里友爱行为,不具有任何的违法性。故小囡的死亡,属于意外事件,不产生侵权法上的责任。故A、B、C项错误,D项正确。

17．诚信原则[C]

[解析]《民事诉讼法》第13条第1款规定:"民事诉讼应当遵循诚信原则。"这就意味着参与民事诉讼的各种主体均应当本着诚实善意的理念行使诉讼权利,实施民事诉讼行为,而不得滥用其诉讼权利。具体而言,诚信原则禁止当事人以欺骗性的方法形成不正当诉讼状态,禁止证人提供虚假证言,因此A项中"当事人以欺骗的方法形成不正当诉讼状态","欺骗的方法"显然是不诚信的。B项中"证人故意提供虚假证言",也是不诚信的。

C项中"法院根据案件审理情况对当事人提供的证据不予采信",是诚信原则的体现。对此,《民事诉讼法》第68条规定:"当事人对自己提出的主张应当及时提供证据。人民法院根据当事人的主张和案件审理情况,确定当事人应当提供的证据及其期限……"由此可见,法院对当事人提供的证据是否采信,要根据诚信原则,以案件审理情况为依据,而不能"任意进行取舍或否定",D项中法院对当事人提出的证据任意进行取舍或否定,是有违诚信原则的。

18．诉讼标的[D]

[解析] 诉讼标的是指当事人之间发生争执而要求法院作出裁判的民事权利义务关系。本题中王某要求刘某不为某种行为(不得将垃圾袋放在家门口,以保证自家的正常通行和维护环境卫生),属于给付之诉,因此王某与刘某之间的相邻关系为本案的诉讼标的。故D项正确。A、B、C项均错误。

19．有独立请求权第三人与无独立请求权第三人[A]

[解析]《民事诉讼法》第59条第1、2款规定:"对当事人双方的诉讼标的,第三人认为有独立请求权的,有权提起诉讼。对当事人双方的诉讼标的,第三人虽然没有独立请求权,但案件处理结果同他有法律上的利害关系的,可以申请参加诉讼,或者由人民法院通知他参加诉讼。人民法院判决承担民事责任的第三人,有当事人的诉讼权利义务。"有独立请求权第三人只能以起诉方式参加诉讼;而无独立请求权第三人可以自己申请,也可以由法院通知其参加诉讼。故A项正确。有独立请求权第三人和无独立请求权第三人是第三人的两种类型,都属于当事人,具有当事人的诉讼地位。故B项错误。

"甲的诉讼行为可对本诉的当事人发生效力"是对的,如有独立请求权第三人申请审判长回避,会导致案件的延期审理。但"乙的诉讼行为对本诉的当事人不发生效力"不对。同样地,无独立请求权第三人申请审判长回避,也会导致案件的延期审理。对此,《民事诉讼法》第149条规定:"有下列情形之一的,可以延期开庭审理:……(二)当事人临时提出回避申请的;……"有独立请求权第三人和无独立请求权第三人,都属于当事人,显然都适用这一规定。故C项错误。

《民诉解释》第82条规定:"在一审诉讼中,无独立请求权的第三人无权提出管辖异议,无权放弃、变更诉讼请求或者申请撤诉,被判决承担民事责任的,有权提起上诉。"因此,"任何情况下,甲有上诉权,而乙无上诉权"的说法太过绝对。故D项错误。

20．被告的确定[C]

[解析]《民法典》第1201条规定:"无民事行为

能力人或者限制民事行为能力人在幼儿园、学校或者其他教育机构学习、生活期间，受到幼儿园、学校或者其他教育机构以外的第三人人身损害的，由第三人承担侵权责任；幼儿园、学校或者其他教育机构未尽到管理职责的，承担相应的补充责任。幼儿园、学校或者其他教育机构承担补充责任后，可以向第三人追偿。"本题中，王甲在幼儿园学习、生活期间受到校外人员刘某的人身损害，刘某作为侵权人应当承担侵权责任；而刘某作为幼儿园指派给其送货的人，幼儿园在选任和管理上存在过错，未尽到管理职责，应当承担相应的补充责任。可见，刘某和幼儿园与受害人甲之间均具有直接的赔偿权利义务关系。一般而言，实体法律关系的双方当事人是适格当事人，故本案应当以刘某和幼儿园为共同被告。幼儿园不可能成为第三人，更不可能是无独立请求权第三人。故 C 项正确，A、B、D 项错误。

21．证据证明力；无需举证证明的事实；涉外民事诉讼程序；证明责任[C]

[解析] 经过公证的书证的证明力一般大于其他书证、视听资料和证人证言，而非大于传来证据和间接证据。书证、传来证据和间接证据并不是同一个分类项下的证据种类，互有重合，不能彼此简单比较证明力大小。故 A 项表述不对。

经验法则，是指人们从生活经验中归纳获得的关于事物因果关系或属性状态的法则或知识。《民诉解释》第 93 条规定："下列事实，当事人无须举证证明：……(四)根据已知的事实和日常生活经验法则推定出的另一事实；……"根据这一规定，经验法则是否成为证明对象不能一概而论：属于日常生活领域内的经验法则，因为为一般人所知晓，因此无须加以证明，但对于不为一般人所知晓的专门知识领域的经验法则，则应当加以证明。故 B 项表述不对。

《民事诉讼法》第 275 条规定："在中华人民共和国领域内没有住所的外国人、无国籍人、外国企业和组织委托中华人民共和国律师或者其他人代理诉讼，从中华人民共和国领域外寄交或者托交的授权委托书，应当经所在国公证机关证明，并经中华人民共和国驻该国使领馆认证，或者履行中华人民共和国与该所在国订立的有关条约中规定的证明手续后，才具有效力。"故 C 项表述正确。

证明责任，是指当事人对自己提出的事实主张，有提出证据并加以证明的责任，如果当事人未能尽到上述责任，则有可能承担对其主张不利的法律后果。证明责任由哪一方当事人承担是由法律、法规或司法解释预先确定的，因此在诉讼中不存在原告与被告之间相互转移证明责任的问题。故 D 项表述不对。

22．送达方式[A]

[解析] 根据《民诉解释》第 130 条和第 131 条

的规定，直接送达包括三种方式：一是在当事人的住所向当事人送达文书；二是通知当事人到法院领取文书；三是在当事人住所地以外向当事人直接送达文书。对于第二种方式，《民诉解释》第 131 条第 1 款规定："人民法院直接送达诉讼文书的，可以通知当事人到人民法院领取。当事人到达人民法院，拒绝签署送达回证的，视为送达。审判人员、书记员应当在送达回证上注明送达情况并签名。"本题中，法院通知甲到法院领取文书，甲委托代理人乙到法院代为领取，则法院可以向代理人乙送达文书，代理人拒绝签收送达回证的，视为送达。因此，本案的送达属于直接送达，故 A 项当选。

23．法院的审判行为[B]

[解析] 开庭审理是人民法院在当事人和其他诉讼参与人的参加下，依照法定程序和方式，全面审查证据、认定案件事实，并依法作出裁判的诉讼活动。其重要的意义就是法院用法定程序审查认定案件中所涉及的一切证据、事实，同时也可以保障当事人诉讼权利的充分实现，并通过辩论、质证保护自己的合法权益。因此，质证活动必须在此阶段进行，方能保证程序正义。故 B 项正确。

其他选项不仅仅发生于开庭审理阶段：送达法律文书，可以发生在开庭前送达传票、应诉通知书等，庭审结束后送达判决书等；在开庭前，适合调解的纠纷可以通过调解方式结案，所以调解也可以发生在开庭审理之前；追加当事人当然也可以发生在开庭之前。故 A、C、D 项错误。

24．简易程序的适用[C]

[解析] 《民事诉讼法》第 160 条规定："基层人民法院和它派出的法庭审理事实清楚、权利义务关系明确、争议不大的简单的民事案件，适用本章规定。基层人民法院和它派出的法庭审理前款规定以外的民事案件，当事人双方也可以约定适用简易程序。"适用普通程序的案件可以不经法院审查同意，由当事人双方协商适用简易程序。故 A、B、D 项错误，C 项正确。

25．二审程序[C]

[解析] 根据普通程序的基础性法律地位，对于简易程序、二审程序和再审程序等没有特别规定时，适用一审普通程序的规定。故 A 项正确。

《民事诉讼法》第 176 条第 1 款规定："第二审人民法院对上诉案件应当开庭审理。经过阅卷、调查和询问当事人，对没有提出新的事实、证据或者理由，人民法院认为不需要开庭审理的，可以不开庭审理。"由此可知，二审审理方式以开庭审理为原则，不开庭审理为例外。故 B 项正确。

《民事诉讼法》第 179 条规定："第二审人民法院审理上诉案件，可以进行调解。调解达成协议，应当制作调解书,由审判人员、书记员署名,加盖人民法院印章。调解书送达后,原审人民法院的判决即视为撤销。"据此,调解书送达后,原审判决即视为撤销,第二审法院根本不需要在调解书中写明"撤销原判"。故 C 项错误。

《民事诉讼法》第 41 条第 1 款规定:"人民法院审理第二审民事案件,由审判员组成合议庭。合议庭的成员人数,必须是单数。"因此,人民法院审理第二审民事案件,应当由审判员组成合议庭。故 D 项正确。

26.再审的启动方式;检察院抗诉的效力[D]

[解析] 法院主动再审、当事人申请再审和检察院抗诉启动再审,是再审启动的三种方式。因为《民事诉讼法》第 215 条第 1 款规定:"人民法院应当自收到再审申请书之日起三个月内审查,符合本法规定的,裁定再审;不符合本法规定的,裁定驳回申请。有特殊情况需要延长的,由本院院长批准。"《民事诉讼法》第 222 条规定:"人民检察院提出抗诉的案件,接受抗诉的人民法院应当自收到抗诉书之日起三十日内作出再审的裁定;有本法第二百一十一条第一项至第五项规定情形之一的,可以交下一级人民法院再审,但经该下一级人民法院再审的除外。"因此,当事人申请再审的案件,法院有 3 个月的审查期限。但对于检察院抗诉的案件,法院则必须再审。对此,虽然再审的启动方式有三种,但目的只有一个即启动再审程序。由于检察院抗诉的案件,法院必须再审。故 D 项正确。一旦再审程序已经启动,对于当事人的再审申请,法院已经没有必要审查。故 A、B、C 项错误。

[特别提醒] 本题需要重点掌握:检察院抗诉的案件,接受抗诉的法院应当在 30 日内裁定再审。也就是说,对于检察院的抗诉,法院不能进行审查,必须裁定再审,选项中如出现"经审查""裁定是否再审"等表述,一律为错误。

27.第三人撤销之诉[D]

[解析]《民诉解释》第 297 条规定,法院受理第三人撤销之诉,原则上不影响原裁判的执行,若原告提供担保,请求中止执行,人民法院可以准许。故 A 项是不正确的。

根据民事诉讼理论,第三人撤销之诉是通过撤销生效法律文书从而改变生效法律文书所确定的权利义务关系,因此属于变更之诉,而不是确认之诉。故 B 项是不正确的。

《民事诉讼法》第 59 条规定,第三人撤销之诉应向作出生效判决、裁定、调解书的人民法院提起。故 C 项是不正确的。

《民事诉讼法》第 59 条规定,第三人撤销之诉是第三人认为生效的民事判决、裁定、调解书的内容错误,损害其民事权益,从而起诉主张改变或撤销原判决、裁定、调解书的诉讼。故 D 项是正确的。

28.公示催告程序[C]

[解析]《民诉解释》第 448 条规定:"在申报期届满后、判决作出之前,利害关系人申报权利的,应当适用民事诉讼法第二百二十八条①第二款、第三款规定处理。"《民事诉讼法》第 232 条规定:"利害关系人应当在公示催告期间向人民法院申报。人民法院收到利害关系人的申报后,应当裁定终结公示催告程序,并通知申请人和支付人。申请人或者申报人可以向人民法院起诉。"由此可知,申报权利一般应在人民法院指定的公示催告期间内进行,在作出除权判决之前申报的,法院应当准许。故 A 项错误。判决作出之前利害关系人申报权利的,法院应当准许,不需要审查乙迟延申报权利是否具有正当事由。故 D 项错误。

适用公示催告程序审理的案件,只有一方当事人即申请人,没有双方当事人,不需要也不存在通常诉讼程序所具有的开庭前的准备、开庭审理等阶段。一般采取书面审理和公示方式,无需开庭审理,也不需要法庭调查和辩论。故 B 项错误。

《民诉解释》第 449 条规定:"利害关系人申报权利,人民法院应当通知其向法院出示票据,并通知公示催告申请人在指定的期间查看该票据。公示催告申请人申请公示催告的票据与利害关系人出示的票据不一致的,应当裁定驳回利害关系人的申报。"因此,人民法院对权利人的申报仅作形式审查,并通知申请人到场查验利害关系人申报的票据,如果利害关系人申报的票据与公示催告的票据一致,人民法院应当裁定终结公示催告的程序,并通知申请人和支付人;利害关系人申报的票据与公示催告的票据不一致的,人民法院应当裁定驳回利害关系人的申报。故 C 项正确。

29.仲裁协议[C]

[解析]《仲裁法解释》第 5 条规定:"仲裁协议约定两个以上仲裁机构的,当事人可以协议选择其中的一个仲裁机构申请仲裁;当事人不能就仲裁机构选择达成一致的,仲裁协议无效。"也就是说,当事人约定两个仲裁机构的,仲裁协议并不是当然无效,而是有条件的:不能通过补充协议从中选择一个时才无效。故 A 项错误。

《仲裁法》第 19 条第 1 款规定:"仲裁协议独立存在,合同的变更、解除、终止或者无效,不影响仲裁协议的效力。"合同协议与仲裁协议效力,独立判断,洪湖公司承办人员超越权限签订合同导致合同无效,仲裁协议并不当然无效。故 B 项错误。

C 项和 D 项意思正好相反,只能选择其一。有考生会问:从 A 项和 B 项的考点来看,仲裁协议并不是

---

① 现为第 232 条,编者注。

当然无效的,为什么法院必须受理?尽管签订仲裁协议时,仲裁协议并不当然无效,可以补充完善。但到起诉时题中都没有提到补充协议,只能认为到起诉时为止,双方当事人都未能达成解决这一问题的补充协议,此时仲裁协议无效,法院应当受理。故 C 项正确,D 项错误。

30．股东资格的认定[C]

[解析]《公司法》第 56 条第 2 款规定:"记载于股东名册的股东,可以依股东名册主张行使股东权利。"《公司法》第 34 条第 2 款规定:"公司登记事项未经登记或者未经变更登记,不得对抗善意相对人。"可见,股东资格的认定以股东名册为标准,丙已经记入了股东名册,因此具有股东资格,但若未办理登记,则不能对抗善意第三人。故 C 项正确,A 项错误。

根据《公司法》第 210 条规定,公司弥补亏损和提取公积金后所余税后利润,有限责任公司按照股东实缴的出资比例分配利润,全体股东约定不按照出资比例分配利润的除外。据此,由于丙具有股东资格,在没有另外约定时,丙当然有按照实缴出资比例参与当年分红的权利。故 B、D 项错误。

31．公司董事、监事的报酬事项[A]

[解析]《公司法》第 59 条第 1 款规定:"股东会行使下列职权:(一)选举和更换董事、监事,决定有关董事、监事的报酬事项;……"A 项正确,董事钱某的年薪作为报酬由股东会批准。

《公司法》第 193 条规定:"公司可以在董事任职期间为董事因执行公司职务承担的赔偿责任投保责任保险。公司为董事投保责任保险或者续保后,董事会应当向股东会报告责任保险的投保金额、承保范围及保险费率等内容。"据此,公司为董事投保责任保险后,董事会应当向股东会报告相关内容,无需股东会批准。故 B 项错误。

《公司法》第 82 条规定:"监事会行使职权所必需的费用,由公司承担。"C 项监事的差旅费如果是行使职权的费用,法律规定应由公司承担,采用报销的形式支付,无须股东会审批,故 C 项错误。

D 项错误,社会保险属于强制险,是法定义务,无需公司股东会批准。

32．公司解散制度[B]

[解析]根据《公司法》第 231 条规定,云台公司经营管理发生严重困难,通过其他途径不能解决,持有公司全部股东表决权 10% 以上的股东,可以请求法院解散公司。本题中没有指出公司章程对表决权有另行约定,故应按出资比例行使表决权,而三者的出资比例分别为 70%、25%、5%,只有甲、乙属于持有全部股东表决权 10% 以上的股东,可见只有甲、乙有权请求解散公司。故 B 项正确,A、C 项错误。

本题不符合《公司法》第 89 条规定的股东请求公司回购股权的情形。故 D 项错误。

33．合伙财产份额的继承;合伙人资格[C]

[解析]《民法典婚姻家庭编解释(一)》第 31 条规定:"《民法典》第一千零六十三条规定为夫妻一方的个人财产,不因婚姻关系的延续而转化为夫妻共同财产。但当事人另有约定的除外。"甲先与乙、丙设立合伙,1 年后才结婚,因此甲的合伙份额为婚前个人财产,而非夫妻共同财产。故 A 项错误。

《合伙企业法》第 50 条第 1、2 款规定:"合伙人死亡或者被依法宣告死亡的,对该合伙人在合伙企业中的财产份额享有合法继承权的继承人,按照合伙协议的约定或者经全体合伙人一致同意,从继承开始之日起,取得该合伙企业的合伙人资格。有下列情形之一的,合伙企业应当向合伙人的继承人退还被继承合伙人的财产份额:(一)继承人不愿意成为合伙人;(二)法律规定或者合伙协议约定合伙人必须具有相关资格,而该继承人未取得该资格;(三)合伙协议约定不能成为合伙人的其他情形。"可见,戊作为甲的继承人,由于合伙协议对此未作约定,戊要取得合伙人资格,须经全体合伙人的一致同意,即丙、丁一致同意。故 B 项错误,C 项正确。当戊不愿意成为合伙人或者不具备相关合伙人资格、全体合伙人未能一致同意戊成为合伙人时,合伙企业退还甲财产份额。故 D 项错误。

34．票据权利的继受取得;票据原因关系;票据的赠与;票据抗辩[D]

[解析]票据行为人即出票人、承兑人应当承担票据责任,在原因关系出现瑕疵的情况下,票据不因此而无效。故 A 项错误,D 项正确。

《票据法》第 13 条第 1、2 款规定:"票据债务人不得以自己与出票人或者与持票人的前手之间的抗辩事由,对抗持票人。但是,持票人明知存在抗辩事由而取得票据的除外。票据债务人可以对不履行约定义务的与自己有直接债权债务关系的持票人,进行抗辩。"由此可知,直接当事人之间可以用票据原因关系对抗票据关系,甲、乙公司之间存在直接的债权责任关系,乙公司提供假冒伪劣产品,在原因关系中是可以对抗持票人的。故 B 项错误。

《票据法》第 11 条规定:"因税收、继承、赠与可以依法无偿取得票据的,不受给付对价的限制。但是,所享有的票据权利不得优于其前手的权利。前手是指在票据签章人或者持票人之前签章的其他票据债务人。"丙是通过从乙公司接受赠与而获得票据,其享有的票据权利不能优于乙公司,而甲、乙公司之间存在直接原因关系,因箱包假冒伪劣,甲公司可以对乙公司抗辩拒付。所以甲公司可以拒绝丙的票据权利请求。故 C 项错误。

35．债券与股票[D]

[解析] 先明晰两个概念。股票，是指股份有限公司签发的证明股东权利和义务的要式有价证券。债券，根据《公司法》第 194 条规定，本法所称公司债券，是指公司发行的约定按期还本付息的有价证券。股票和债券都是企业的筹资手段，股票只能由股份有限公司发行，有限责任公司不能发行，但是债券二者都可以发行。故 A 项错误。

债券兼有投资及储蓄的性质，以资本保值和获取固定收益为目的，债券到期后，除非发行人破产，否则发行人应当按照约定向持券人支付本息，因此债券的投资回报固定，风险小；购买股票是单纯的投资行为，股息收入随股份公司盈利情况而定，所以股票的风险更大。故 B 项错误。

股票和债券都可以自由转让及上市流通，流通性是相同的，故 C 项错误。

股票和债券所代表的权利性质不同，股票代表股东对公司的股权，是投资关系，而债券代表持券人对公司的债权，是债的关系。故 D 项正确。

36．人身保险[A]

[解析]《保险法》第 46 条规定："被保险人因第三者的行为而发生死亡、伤残或者疾病等保险事故的，保险人向被保险人或者受益人给付保险金后，不享有向第三者追偿的权利，但被保险人或者受益人仍有权向第三者请求赔偿。"可见，丁某可以在向保险公司索赔的同时要求医院承担赔偿责任。故 A 项正确。

根据上述《保险法》第 46 条规定可知，在人身保险中，因第三人的行为造成被保险人死亡、伤残或疾病的，被保险人或受益人有权同时向保险人和第三人进行追偿，法律没有规定追偿的先后顺序。而且在人身保险中，保险人先支付了保险金的，也不享有代位求偿权。故 B、C 项错误。

《保险法》第 26 条规定："人寿保险以外的其他保险的被保险人或者受益人，向保险人请求赔偿或者给付保险金的诉讼时效期间为 2 年，自其知道或者应当知道保险事故发生之日起计算。人寿保险的被保险人或者受益人向保险人请求给付保险金的诉讼时效期间为 5 年，自其知道或者应当知道保险事故发生之日起计算。"上述规定中明确给出了各种保险请求保险人支付保险金的诉讼时效，说明本案中丁某可以用诉讼方式请求保险公司支付保险金。故 D 项错误。

37．反垄断实施机构的定位和职责[B]

[解析]《反垄断法》第 12 条规定："国务院设立反垄断委员会，负责组织、协调、指导反垄断工作，履行下列职责：（一）研究拟订有关竞争政策；（二）组织调查、评估市场总体竞争状况，发布评估报告；（三）

制定、发布反垄断指南；（四）协调反垄断行政执法工作；（五）国务院规定的其他职责。国务院反垄断委员会的组成和工作规则由国务院规定。"《反垄断法》第 13 条规定："国务院反垄断执法机构负责反垄断统一执法工作。国务院反垄断执法机构根据工作需要，可以授权省、自治区、直辖市人民政府相应的机构，依照本法规定负责有关反垄断执法工作。"可知，B 项符合第 12 条第 1 款第 4 项规定。A、D 项所述职责属于反垄断执法机构而不是反垄断委员会。C 项没有法律依据。故 A、C、D 项错误，B 项正确。

38．商业银行贷款的业务规则[B]

[解析]《商业银行法》第 35 条规定："商业银行贷款，应当对借款人的借款用途、偿还能力、还款方式等情况进行严格审查。商业银行贷款，应当实行审贷分离、分级审批的制度。"故 A、D 项正确，不当选。

《商业银行法》第 38 条规定："商业银行应当按照中国人民银行规定的贷款利率的上下限，确定贷款利率。"故 B 项错误，当选。

《商业银行法》第 39 条规定："商业银行贷款，应当遵守下列资产负债比例管理的规定：（一）资本充足率不得低于 8%；……"故 C 项正确，不当选。

39．违反土地管理法的法律责任；城乡规划的法律责任[D]

[解析]《土地管理法》第 77 条第 2 款规定："超过批准的数量占用土地，多占的土地以非法占用土地论处。"也就是说，题中的房地产公司实际占用土地的面积超出其依法获得的出让土地使用权面积的行为属于非法占用土地的行为，土地行政主管部门可以对其进行行政处罚。《城乡规划法》第 64 条规定："未取得建设工程规划许可证或者未按照建设工程规划许可证的规定进行建设的，由县级以上地方人民政府城乡规划主管部门责令停止建设；尚可采取改正措施消除对规划实施的影响的，限期改正，处建设工程造价 5% 以上 10% 以下的罚款；无法采取改正措施消除影响的，限期拆除，不能拆除的，没收实物或者违法收入，可以并处建设工程造价 10% 以下的罚款。"可见，题中房地产公司实际建筑面积超过建设工程规划许可证规定的面积的行为属于"未按照建设工程规划许可证的规定进行建设的行为"。在实践中，多占土地与实际建筑面积超标并不是两种有必然联系的行为，房地产公司完全可以在不多占土地的情况下实现实际建筑面积超标的行为，这实际上是两种不同的违法行为，不适用"一事不再罚原则"。故 D 项正确。

40．规划的环境影响评价；商品林与公益林[C]

[解析] 我国《环境影响评价法》规定了两类环评：规划的环境影响评价、建设项目的环境影响评价。规划又分为总体规划（土地、区域、流域、海域）与专项规划（工业、农业、畜牧业、林业、能源、水利、交通、

城市建设、旅游、自然资源开发等),均需要进行环境影响评价。本题中的"林业发展规划"属于专项规划,也应进行环境影响评价,故 A 项错误。【知识拓展】一般来说,建设项目的环境影响评价,应当避免与规划的环境影响评价相重复。注意一种特殊情形:作为一项整体建设项目的规划,按照建设项目进行环境影响评价,不进行规划的环境影响评价。(《环境影响评价法》第 18 条)

《环境影响评价法》第 7 条对总体规划作出了规定,该条第 1 款规定:"国务院有关部门、设区的市级以上地方人民政府及其有关部门,对其组织编制的土地利用的有关规划,区域、流域、海域的建设、开发利用规划,应当在规划编制过程中组织进行环境影响评价,编写该规划有关环境影响的篇章或者说明。"据此,总体规划在编制过程中进行环境影响评价,应编写有关的篇章或说明。《环境影响评价法》第 8 条规定了专项规划,该条第 1 款规定:"国务院有关部门、设区的市级以上地方人民政府及其有关部门,对其组织编制的工业、农业、畜牧业、林业、能源、水利、交通、城市建设、旅游、自然资源开发的有关专项规划(以下简称专项规划),应当在该专项规划草案上报审批前,组织进行环境影响评价,并向审批该专项规划的机关提出环境影响报告书。"据此,专项规划应在规划草案上报审批前,组织环评,并向审批机关提出环境影响报告书。本题中的林业发展规划属于专项规划,应按此程序组织环评并报送审批,故 C 项正确。而 B 项所述是总体规划的流程,并非专项规划的流程,故 B 项错误。

《森林法》第 47 条规定:"国家根据生态保护的需要,将森林生态区位重要或者生态状况脆弱,以发挥生态效益为主要目的的林地和林地上的森林划定为公益林。未划定为公益林的林地和林地上的森林属于商品林。"D 项中的"环境保护林"应属于公益林,不属于商品林。根据《森林法》第 55 条规定,公益林只能进行抚育、更新和低质低效林改造性质的采伐。可见,不同于商品林,公益林主要是为了保护生态所需,不用于经营性的采伐流通,明确"对外转让价"无从谈起,故 D 项错误。

41. 非全日制用工[C]

[解析]《劳动合同法》第 69 条第 2 款规定:"从事非全日制用工的劳动者可以与一个或者一个以上用人单位订立劳动合同;但是,后订立的劳动合同不得影响先订立的劳动合同的履行。"故 A 项正确。

《劳动合同法》第 70 条规定:"非全日制用工双方当事人不得约定试用期。"故 B 项正确。

《劳动合同法》第 71 条规定:"非全日制用工双方当事人任何一方都可以随时通知对方终止用工。终止用工,用人单位不向劳动者支付经济补偿。"可

见,C 项中认为"应当向劳动者支付经济补偿"于法无据。故 C 项错误。

《劳动合同法》第 72 条第 2 款规定,非全日制用工劳动报酬结算支付周期最长不得超过 15 日。故 D 项正确。

42. 出租权;录音制品制作者的权利;表演者的权利[B]

[解析] 一般认为,"临摹"是按照原作仿制书法和绘画作品的行为。《著作权法》第 10 条第 1 款第 5 项规定,著作权人享有复制权。尽管临摹他人美术作品所得的画作可能构成新的作品,但它是建立在被临摹美术作品之上,必须经过原作著作权人同意。甲擅自临摹他人画作并出售的行为侵犯了他人的著作权。故 A 项错误。【陷阱点拨】本题的考查点在于临摹的合理使用行为。根据《著作权法》第 24 条第 1 款第 10 项规定,对设置或者陈列在公共场所的艺术作品进行临摹、绘画、摄影、录像,可以不经著作权人许可,不向其支付报酬,但应当指明作者姓名或者名称、作品名称,并且不得影响该作品的正常使用,也不得不合理地损害著作权人的合法权益。据此,"临摹"对象为"室外公共场所的艺术作品"时,才可适用"合理使用"制度,可不经著作权人许可且无需付费。本题中,未告知"知名绘画作品"是"陈列在室外公共场所",甲也未对原作者、原作品名称完整标注,故并不构成合理使用。

《著作权法》第 10 条第 1 款第 7 项规定,出租权,即有偿许可他人临时使用视听作品、计算机软件的原件或者复制件的权利,计算机软件不是出租的主要标的的除外。据此,出租权的客体并不包括图书,也即图书作者不享有出租权,乙的做法不构成侵权,故 B 项正确。

《著作权法》第 39 条第 1 款规定:"表演者对其表演享有下列权利:……(五)许可他人复制、发行、出租录有其表演的录音录像制品,并获得报酬;……"据此,表演者享有对录有其表演的录音录像制品的出租权。《著作权法》第 44 条第 1 款规定:"录音录像制作者对其制作的录音录像制品,享有许可他人复制、发行、出租、通过信息网络向公众传播并获得报酬的权利;……"据此,录音录像制作者也享有对其制作的录音录像制品的出租权。因此,丙的做法同时侵害了表演者和录音录像制作者的出租权,构成侵权,故 C 项错误。

《著作权法》第 10 条第 1 款第 9 项规定,著作权人对其作品享有表演权,即公开表演作品,以及用各种手段公开播送作品的表演的权利。依据表演主体,作者的表演权可以分为艺人表演(公开表演)和机械表演。如酒店、餐厅等经营性单位未经著作权人许可播放背景音乐,即侵犯音乐作品的机械表演权。丁的

做法侵犯了音乐作品作者的机械表演权,故 D 项错误。【陷阱点拨】对于 D 项,有考生一看是"正版"且在自家餐馆播放,会认为是合法行为,但购买"正版"仅仅是没有侵犯著作权人的"复制发行权",而本项未经许可的经营性播放行为,侵犯了著作权人的另一项权利"表演权"。表演权,是指公开表演作品,以及用各种手段公开播送作品的表演权利。

43．专利侵权[C]

[解析]《专利法》第 13 条规定:"发明专利申请公布后,申请人可以要求实施其发明的单位或者个人支付适当的费用。"据此,自 2011 年 9 月至 2013 年 7 月 3 日,甲公司有权请求实施其发明的乙公司支付适当费用。此乃出于公平,是乙公司对甲公司的补偿,而非损害赔偿(因 2013 年 7 月 3 日之前,甲公司尚未取得专利权)。故 A 项错误。

《专利法》第 74 条第 2 款规定:"发明专利申请公布后至专利权授予前使用该发明未支付适当使用费的,专利权人要求支付使用费的诉讼时效为三年,自专利权人知道或者应当知道他人使用其发明之日起计算,但是,专利权人于专利权授予之日前即已知道或者应当知道的,自专利权授予之日起计算。"本题中,甲公司于 2012 年 10 月即得知乙公司使用其发明,但甲公司于 2015 年 7 月 3 日才被授予专利,所以甲公司请求乙公司支付使用费的诉讼时效期间应自专利权授予之日起的次日(2013 年 7 月 4 日)起算,至 2016 年 7 月 3 日止。甲公司于 2015 年 6 月起诉,诉讼时效尚未经过,故 B 项错误。

《专利法》第 11 条第 1 款规定:"发明和实用新型专利权被授予后,除本法另有规定的以外,任何单位或者个人未经专利权人许可,都不得实施其专利,即不得为生产经营目的制造、使用、许诺销售、销售、进口其专利产品,或者使用其专利方法以及使用、许诺销售、销售、进口依照该专利方法直接获得的产品。"据此,在甲公司获得专利权后,乙公司继续擅自制造、销售该发明专利产品的行为,侵犯了甲公司的专利权。故 C 项正确。

《关于审理侵犯专利权纠纷案件应用法律若干问题的解释》第 12 条第 1 款规定:"将侵犯发明或者实用新型专利权的产品作为零部件,制造另一产品的,人民法院应当认定属于专利法第 11 条规定的使用行为;销售另一产品的,人民法院应当认定属于专利法第 11 条规定的销售行为。"丙公司制造、出售的汽车将侵犯甲公司专利权的产品作为零部件,属于为生产经营目的未经许可而使用专利产品,侵犯了甲的专利权。故 D 项错误。

44．股东权利事项的法律适用[A]

[解析]《涉外民事关系法律适用法》第 14 条规定:"法人及其分支机构的民事权利能力、民事行为

能力、组织机构、股东权利义务等事项,适用登记地法律。法人的主营业地与登记地不一致的,可以适用主营业地法律。法人的经常居所地,为其主营业地。"本题中,甲公司、乙公司共同设立的合资公司的登记地在中国,因此,应当适用中国法。故 A 项正确,B、C、D 项错误。

45．不当得利的法律适用[B]

[解析]《涉外民事关系法律适用法》第 47 条规定:"不当得利、无因管理,适用当事人协议选择适用的法律。当事人没有选择的,适用当事人共同经常居所地法律;没有共同经常居所地的,适用不当得利、无因管理发生地法律。"本题中,苏珊要求旅店返还多付的 1000 元房费属于主张不当得利的返还,首先应适用当事人协议选择的法律。故 B 项正确,A、C、D 项错误。

46．外国仲裁裁决的承认与执行的条件;拒绝承认外国仲裁裁决的情形;我国加入该公约作出的保留事项[B]

[解析]《承认与执行外国仲裁裁决公约》第 5 条规定:"只有在请求承认和执行裁决中的被诉人向请求地管辖机关证明下列情况的时候,才可以根据被诉人的请求,拒绝承认和执行裁决……"因此,对于法院是否承认与执行仲裁裁决,均需当事人提出申请,法院只能依据当事人的请求进行审查,不能依职权主动审查。故 A 项错误。

《承认与执行外国仲裁裁决公约》第 5 条的规定,没有所谓的"其他应当予以拒绝的情形"之类的表述,所罗列的理由是穷尽性的。故 B 项正确。

如该裁决内含有对仲裁协议范围以外事项的决定,该事项又可以与交付仲裁的事项分开,则可以对交付仲裁的事项部分予以承认和执行,仅针对超出部分不予承认和执行。故 C 项错误。

我国加入该公约的时候作出的保留针对商事仲裁裁决,并没有对侵权性质案件保留。故 D 项错误。

47．司法协助中的域外取证和域外送达[D]

[解析]《关于从国外调取民事或商事证据的公约》第 1 条规定:"在民事或商事案件中,每一缔约国的司法机关可以根据该国的法律规定,通过请求书的方式,请求另一缔约国主管机关调取证据或履行某些其他司法行为。请求书不得用来调取不打算用于已经开始或即将开始的司法程序的证据。"因此,调取证据的请求仅仅限于司法程序。故 A 项错误。

《关于从国外调取民事或商事证据的公约》第 12 条规定:"只有在下列情况下,才能拒绝执行请求书:(一)在执行国,该请求书的执行不属于司法机关的职权范围;或(二)被请求国认为,请求书的执行将会损害其主权和安全。执行国不能仅因其国内法已对该诉讼标的规定专属管辖权或不承认对该事项提

起诉讼的权利为理由,拒绝执行请求。"依据该规定,专属管辖和相关事项不能起诉不能成为拒绝的理由。故 B、C 项错误。

《关于从国外调取民事或商事证据的公约》第15条第1款规定:"在民事或商事案件中,每一缔约国的外交官员或领事代表在另一缔约国境内其执行职务的区域内,可以向他所代表的国家的国民在不采取强制措施的情况下调取证据,以协助在其代表的国家的法院中进行的诉讼。"故 D 项正确。

48.CIF 术语;承认人的免责;水渍险[C]

[解析] CIF,意为"成本,保险费加运费(指定目的港)"。根据《2020 年通则》,CIF 术语中卖方有义务为货物购买保险,具体险种有约定的从约定,无约定的只购买平安险即可。既然双方已经约定购买水渍险,那就应当按照约定购买水渍险。故 A 项错误。

【特别提醒】在《2020 年通则》中,对此术语的保险险种要求并没有变化。

根据《海牙规则》,承运人对于运输过程中因为自然灾害(天灾)造成的货物损失免责,故 B 项错误。

【思路拓展】可根据民法归责原则,因自然灾害损失,承运人无过错,当然无需承担责任。

在水渍险中,保险公司对于因自然灾害造成的部分货物损失应该承担责任。本题中遭遇了恶劣天气,属于水渍险保险范围,保险公司应当赔偿。故 C 项正确。【知识拓展】平安险 VS 水渍险:(1)平安险承保自然灾害造成的整批货物的全损,以及意外事故造成的货物全部或部分损失,不承保自然灾害造成的货物部分损失,也就是"单独海损不赔"。(2)水渍险的责任范围除了包括"平安险"的各项责任外,还责被保险货物由于自然灾害所造成的部分损失,也就是说,水渍险=平安险+单独海损。

CIF 术语下货物的风险在货物交到船上时发生转移,也即风险在装运地由卖方转移给买方,由买方承担运输途中的风险。在本题中风险发生在运输途中,买方应该自行承担该风险,无权要求减价。故 D 项错误。【关联记忆】国际贸易属的风险转移点:除了 D 组术语在目的地转移风险(途中风险由卖方承担),其余均在装运地(途中风险由买方承担)。

49.倾销的构成要件;反倾销税的征收幅度、征收部门;反倾销的争端解决部门[A]

[解析] 《反倾销条例》第2条规定:"进口产品以倾销方式进入中华人民共和国市场,并对已经建立的国内产业造成实质损害或者产生实质损害威胁,或者对建立国内产业造成实质阻碍的,依照本条例的规定进行调查,采取反倾销措施。"反倾销的构成要件包括:存在倾销,存在损害行为,倾销与损害之间存在因果关系。而其中损害是指倾销对已经建立的国内产业造成实质损害或者产生实质损害威胁,或者对建

立国内产业造成实质阻碍。故 A 项正确。

《反倾销条例》第41条规定:"反倾销税应当根据不同出口经营者的倾销幅度,分别确定。对未包括在审查范围内的出口经营者的倾销进口产品,需要征收反倾销税的,应当按照合理的方式确定对其适用的反倾销税。"反倾销税税额不能实行统一征收标准,"对不同出口经营者应该征收同一标准的反倾销税税额"这一说法错误。故 B 项错误。

《反倾销条例》第38条规定:"征收反倾销税,由商务部提出建议,国务院关税税则委员会根据商务部的建议作出决定,由商务部予以公告。海关自公告规定实施之日起执行。"故 C 项中由商务部予以执行的说法错误。

《反倾销条例》第57条规定:"商务部负责与反倾销有关的对外磋商、通知和争端解决事宜。"据此,对外事宜是由商务部而不是外交部负责。故 D 项错误。

50.优先权[A]

[解析] 《保护工业产权巴黎公约》的优先权原则是指某一成员国提出专利、实用新型、外观设计或商标注册申请的人或其权利合法继承人,在规定期限内,享有在其他国提出申请的优先权。即如果他在其他成员国也提出同样的申请,则这些国家必须承认该申请在第一个国家的申请日为本国的申请日。优先权的获得不是自动的,需要申请人于"在后申请"中提出关于优先权的申请,故 A 项正确。

所有工业产权并非享有相同期间的优先权,其中发明与实用新型专利为 12 个月,外观设计和商标为 6 个月,故 B 项错误。

优先权以"在先申请"的提出为基础,其被撤回、驳回或放弃均不影响优先权的获得,即只要当事人提交了第一个申请,无论该申请是否被申请国所接受,在他向其他成员国也提出同样的申请时,仍然享有优先权,故 C、D 项错误。

二、多项选择题

51.监护人的职责;诉讼时效的起算与适用[BCD]

[解析]《民法典》第34条第1、2款规定:"监护人的职责是代理被监护人实施民事法律行为,保护被监护人的人身权利、财产权利以及其他合法权益等。监护人依法履行监护职责产生的权利,受法律保护。"据此,首先,监护人可以代理被监护人实施民事法律行为,监护人是被监护人的法定代理人,故甲父作为甲的监护人,以甲的名义购买房屋而签订的买卖合同,主体适格,意思表示真实,内容合法,当属有效,A 项错误。其次,监护人应保护被监护人的人身、财产权利以及其他合法权益。财产权利与其他合法权

益的保护,是指保护被监护人的财产权益不受非法侵害。通过有效投资手段为被监护人的财产保值、增值不属于监护人法定职责的范围,故 B 项正确。

《民法典》第 34 条第 3 款规定:"监护人不履行监护职责或者侵害被监护人合法权益的,应当承担法律责任。"第 35 条第 1 款规定:"监护人应当按照最有利于被监护人的原则履行监护职责。监护人除为维护被监护人利益外,不得处分被监护人的财产。"据此,为保护被监护人的财产,监护人如处分被监护人财产,需要维护被监护人的利益,如果给被监护人带来损害,应承担赔偿责任,故 C 项正确。

《民法典》第 190 条规定:"无民事行为能力人或者限制民事行为能力人对其法定代理人的请求权的诉讼时效期间,自该法定代理终止之日起计算。"据此,本题中甲没有完全行为能力,对其父主张赔偿的时效应从两者之间的法定代理关系终止之日起算。关于法定代理的终止,《民法典》第 175 条规定:"有下列情形之一的,法定代理终止:(一)被代理人取得或者恢复完全民事行为能力;(二)代理人丧失民事行为能力;(三)代理人或者被代理人死亡;(四)法律规定的其他情形。"本题中,甲是未成年人,题目没有涉及其精神状况等情形,故正常判断,应该是甲因成年取得完全民事行为能力而终止法定代理关系。由于甲与甲父之间法定代理关系终止之前,时效不起算,故在甲成年之前,甲的请求权不受 3 年诉讼时效的限制,D 项正确。

52.无权代理;代理中的欺诈[ABC]

[解析] 甲授予乙委托代理权的内容系采购电脑,乙却签订了购买手机的买卖合同。故乙的代理行为属于无权代理。根据《民法典》第 171 条的规定,因无权代理订立的合同属于效力待定的合同,被代理人甲享有追认权。若甲追认,该合同自始有效。故 A 项正确。

本题中,丙的行为显然构成欺诈,因此乙、丙间的手机买卖合同又属于可撤销的合同。根据民法中法律效果归属的理论,代理人在代理权限范围内独立实施的法律行为,直接归属于被代理人承受。因此,代理人发生重大误解、遭受欺诈的,撤销权亦归属于被代理人享有,代理人不能享有撤销权。因此,甲有权撤销该合同。故 B 项正确。

在因代理人遭受欺诈而订立的合同中,虽然代理人并不享有撤销权,但若被代理人授权代理人行使该撤销权,则代理人可基于授权行使被代理人的撤销权。所谓"乙有权以甲的名义撤销",是指代理人乙基于甲的授权,可以代理人身份行使撤销权。故 C 项正确。

因欺诈订立的合同,仅受欺诈人享有撤销权,欺诈人不享有撤销权,故 D 项错误。【**思路拓展**】本选项的命题思路(陷阱)在于,乙的代理为无权代理,丙作为相对人,在被代理人甲追认之前享有撤销权。但是,《民法典》第 171 条第 2 款规定的撤销权针对的是善意的相对人,丙并非善意,所以不享有此撤销权。

53.占有;返还原物请求权[ABD]

[解析] 《民法典》第 215 条规定:"当事人之间订立有关设立、变更、转让和消灭不动产物权的合同,除法律另有规定或者当事人另有约定外,自合同成立时生效;未办理物权登记的,不影响合同效力。"这是关于区分原则的规定。甲将房屋出卖给乙,交付了房屋,但没有办理过户登记,乙不能取得房屋的所有权,但不影响甲、乙间买卖合同的成立与生效。依照《民法典》的规定,甲、乙就房屋买卖的主要条款达成一致,又无效力瑕疵,故甲、乙间的房屋买卖合同有效。乙虽非房屋所有权人,但系基于买卖合同的债权而占有房屋,具有占有的权源,属于有权占有。故 A 项正确。

根据《民法典》第 1161 条规定的概括继承规则,甲死亡后,若甲的继承人丙未放弃继承,则甲生前签订的合同由继承人丙法定承受。换言之,若丙未放弃继承,丙替代甲成为甲、乙间买卖合同的当事人。如此一来,则乙相对于丙为基于有效的买卖合同(基于合同债权)占有房屋,属于有权占有人。故 B 项正确。

债权具有相对性,基于债权取得的有权占有也具有相对性。乙是基于债权而取得的有权占有,仅对债的当事人构成有权占有。因此,乙对甲或者丙构成有权占有;丙将房屋卖给丁并办理过户登记之后,丁是房屋的新所有权人,相对于丁而言,乙构成无权占有。故 C 项错误。

根据《民法典》第 235 条的规定,返还原物请求权的构成要件有二:(1)请求人为物权人;(2)被请求人为现时的无权占有人。本题中,丁已经取得房屋所有权,乙相对于丁为无权占有人,丁可对乙行使返还原物请求权。故 D 项正确。

54.不动产抵押权的设定;无因管理的构成和效力[AC]

[解析] 依《民法典》第 402 条的规定,用不动产及法定的不动产权利设定抵押的,应当办理登记,未办理登记的,抵押权不能设立。本题中,乙与银行未办理抵押登记,房屋抵押权未设立,故 D 项错误。

根据《民法典》第 215 条确立的区分原则,乙未办理抵押登记,不发生物权变动,房屋抵押权未设立;但未办理抵押登记不影响抵押合同的成立与生效,乙与银行就房屋抵押合同的主要条款达成一致,且无效力瑕疵,抵押合同成立并生效,后因乙将房屋出售给丙致使不能为银行抵押登记,构成违约。故 A 项正确。

乙将房屋所有权转让于丙,丙虽然知情,但根据题目所给信息也不能认定丙与乙恶意串通,所以丙与乙的买卖合同有效,双方办理过户登记后,丙取得房屋所有权。借款合同发生在乙和银行之间,丙没有义务代银行还款。故 B 项错误。如果丙偿还了债务,则构成代为清偿,清偿后,可以向债务人甲追偿。故 C 项正确。

55．代物清偿;租赁权与抵押权的关系[ACD]

[解析] 本题中,王某与李某之间通过协议将无偿租住房屋代替支付借款,构成代物清偿,且王某已经实际履行了他种给付(订立租赁合同,且向李某交付租赁的房屋),李某向王某出具了借款还清的收据,王某对李某的借款债务因此消灭。故 A 项正确。

《民法典》第 405 条规定:"抵押权设立前,抵押财产已经出租并转移占有的,原租赁关系不受该抵押权的影响。"据此,只有租赁在前且已经转移占有的,实现抵押权时才不能打破租赁关系。若租赁在前,但没有转移占有,或者抵押权设定在前的,实现抵押权均可打破租赁关系。李某的租赁权在张某的抵押权之后产生,因此李某的租赁权不可对抗张某的抵押权。故 B 项错误。

李某得知房屋上设有抵押后,与王某修订租赁合同,把起租日改为 2013 年 1 月 1 日,构成恶意串通损害第三人利益,根据《民法典》第 154 条规定,二人修订租赁合同的行为无效。故 C 项正确。

因抵押权人行使抵押权,导致王某与李某间的租赁合同不能履行,李某有权请求王某承担不能履行租赁合同的违约责任。故 D 项正确。

56．所有权保留买卖;分期付款买卖[BCD]

[解析] 《买卖合同解释》第 25 条规定:"买卖合同当事人主张民法典第六百四十一条关于标的物所有权保留的规定适用于不动产的,人民法院不予支持。"据此,所有权保留在买卖中只能适用于动产。本题是不动产买卖,关于所有权保留的约定无效,当房屋过户给乙之后,虽然价款是尚未付清,但所有权已经转移给了乙。故 A 项错误,B 项正确。《民法典》第 634 条规定:"分期付款的买受人未支付到期价款的数额达到全部价款的五分之一,经催告后在合理期限内仍未支付到期价款的,出卖人可以请求买受人支付全部价款或者解除合同。出卖人解除合同的,可以向买受人请求支付该标的物的使用费。"据此,本题中,买受人乙没有支付第 5 期和第 6 期价款,未支付到期价款已达全部价款的五分之一(40 万元),经催告后依然不履行,故此时,出卖人可以请求乙一次支付剩余全部价款,也可以请求解除合同,主张乙返还房屋,并主张支付使用费。故 C、D 项正确。

57．姓名权;名誉权;信用权[AB]

[解析] 《民法典》第 1014 条规定:"任何组织或

者个人不得以干涉、盗用、假冒等方式侵害他人的姓名权或者名称权。"侵犯姓名权的行为有三:干涉他人决定或者变更姓名;盗用他人姓名;假冒他人姓名。本题中,甲假冒了乙的姓名,侵犯了乙的姓名权。故 A 项正确。

《民法典》第 1024 条第 2 款规定:"名誉是对民事主体的品德、声望、才能、信用等的社会评价。"所谓信用,是指民事主体(自然人、法人、其他组织)经济上的客观社会评价。《民法典》将信用作为名誉权的客体予以保护。甲假冒乙办理信用卡,并恶意透支致使乙的姓名被列入银行不良信用记录名单,系毁损乙信用的加害行为,已经向第三人公开(银行无正当理由虽不得擅自公开,但诸多银行均可查阅知悉),会造成乙信用方面的社会评价降低的损害后果,成立对乙名誉权的侵害。故 B 项正确。

民事主体仅享有法律明文规定的具体人格权。我国《民法典》将信用作为名誉权的客体保护,并未规定独立的具体人格权"信用权"。因此,乙不享有"信用权",甲的行为仅成立对乙名誉权的侵害。故 C 项错误。

银行在办理和发放信用卡的过程中,由于甲用的身份证并不属于其本人,没有尽到合理的审查义务,对于乙损害的发生存在过错,应承担与其过错相应的责任。故 D 项错误。

58．遗产的分配;代位继承[ABCD]

[解析] 《民法典》第 1128 条规定:"被继承人的子女先于被继承人死亡的,由被继承人的子女的直系晚辈血亲代位继承。"据此,甲属于代位继承人,有权作为第一顺序继承人参与遗产分配,分得其母亲应当分得的遗产份额。故 A 项正确。

《民法典》第 1129 条规定:"丧偶儿媳对公婆,丧偶女婿对岳父母,尽了主要赡养义务的,作为第一顺序继承人。"《民法典》第 1130 条第 3 款规定:"对被继承人尽了主要扶养义务或者与被继承人共同生活的继承人,分配遗产时,可以多分。"据此,丧偶女婿乙对岳父尽了主要赡养义务,应作为第一顺序继承人,同时可以多分遗产。故 B 项正确。

丙是继子女,且没有与郭大爷形成扶养关系,所以并不是继承人,不享有继承权,无权继承遗产。故 C 项正确。

《民法典》第 1130 条第 2 款规定:"对生活有特殊困难又缺乏劳动能力的继承人,分配遗产时,应当予以照顾。"丁是养子女,属于郭大爷的第一顺序法定继承人,又丧失劳动能力,应当予以照顾。故 D 项正确。**【特别提醒】**根据《民法典继承编解释(一)》第 23 条规定,有扶养能力和扶养条件的继承人虽然与被继承人共同生活,但对需要扶养的被继承人不尽扶养义务,分配遗产时,可以少分或者不分。

59．交通事故责任;用人单位责任[BC]

[解析] 乙作为与甲一同赴宴的好友,代甲驾车,为好意施惠关系。甲固然是运行利益的享有者,但乙是机动车运行的控制者,对损害的发生又具有过错,乙应当对丙遭受的损害承担与其过错相应的责任。故 A 项错误。

根据《民法典》第 1191 条第 1 款的规定,用人单位的工作人员因执行工作任务造成他人损害的,由用人单位承担侵权责任。B 项中,乙作为代驾公司派出的驾驶员执行工作任务,应由公司对丙承担赔偿责任,故 B 项正确。同理,C 项中,乙作为酒店雇佣的专门代驾员,应由酒店对丙承担赔偿责任,乙不承担赔偿责任。故 C 项正确。D 项中,公司明文禁止代驾,乙代驾的行为虽不在单位授权或者指示的范围之内,但其表现形式是执行工作任务(为单位谋取利益),对于第三人来说,完全可以理解为公司的正常行为。因此,此时应认定为乙是因执行工作任务致人损害,应由用人单位承担无过错的替代责任。故 D 项错误。

60．管辖制度;级别管辖[BC]

[解析] 管辖权异议,是指当事人向受诉法院提出的该院对案件无管辖权的主张。考生大多知道地域管辖适用管辖权异议制度。实际上,级别管辖也适用管辖权异议制度。《最高人民法院关于审理民事级别管辖异议案件若干问题的规定》就专门规定了级别管辖异议制度。故 A 项错误。

当事人未依法提出管辖权异议,但受诉人民法院发现其没有级别管辖权的,应当将案件移送有管辖权的人民法院审理。由此可知,移送管辖通常发生在同级法院之间,但有时也发生在上下级法院之间。故 B 项正确。

管辖权转移是指依据上级法院的决定或者同意,将案件的管辖权从原来有管辖权的法院转移至无管辖权的法院,管辖权转移在上下级法院之间进行,而且通常在直接的上下级法院间进行,管辖权转移是裁定管辖,是对级别管辖的变通和个别调整。故 C 项正确。

协议管辖,又称合意管辖或约定管辖,是指双方当事人在民事纠纷发生之前或之后,以书面方式约定特定案件的管辖法院。《民事诉讼法》第 35 条规定:"合同或者其他财产权益纠纷的当事人可以书面协议选择被告住所地、合同履行地、合同签订地、原告住所地、标的物所在地等与争议有实际联系的地点的人民法院管辖,但不得违反本法对级别管辖和专属管辖的规定。"也就是说,当事人不得通过协议变更案件的级别管辖。故 D 项错误。

61．诉的合并;必要共同诉讼[AD]

[解析] 诉的合并是指法院将两个或两个以上

彼此之间有牵连的诉合并到一个诉讼程序中审理和裁判。诉的合并包括诉的主体合并和诉的客体合并。诉的主体合并,是指将数个当事人合并到同一诉讼程序中审理和裁判。在一个原告对数个被告或数个原告对一个或数个被告提起诉讼时,会产生诉的主体合并。诉的客体合并,是指将同一原告对同一被告提起的两个以上的诉或者反诉与本诉合并到同一诉讼程序中审理。本题中,大恒银行向法院起诉甲、乙,被告一方主体为两人。故 A 项正确,B 项错误。

在我国民事诉讼中,必要共同诉讼是指当事人一方或者双方为两人以上,诉讼标的是共同的,法院必须合一审理并在裁判中对诉讼标的合一确定的共同诉讼。普通共同诉讼是指当事人一方或者双方为两人以上,诉讼标的是同一种类,法院认为可以合并审理并且当事人也同意合并审理的共同诉讼。

《民诉解释》第 66 条规定:"因保证合同纠纷提起的诉讼,债权人向保证人和被保证人一并主张权利的,人民法院应当将保证人和被保证人列为共同被告。保证合同约定为一般保证,债权人仅起诉保证人的,人民法院应当通知被保证人作为共同被告参加诉讼;债权人仅起诉被保证人的,可以只列被保证人为被告。"据此,本案成立共同诉讼,但是成立必要共同诉讼还是普通共同诉讼存在争议,学界观点存在固有必要共同诉讼,类似必要共同诉讼和普通共同诉讼的变迁。根据目前学界通说观点,债权人一并起诉债务人和保证人的,成立普通共同诉讼。故 C 项错误,D 项正确。

62．涉外调解[ABC]

[解析]《民诉解释》第 528 条规定,在涉外民事诉讼中双方达成调解协议的,应当制作调解书。本案中一方涉及美国的公司。故 A 项正确。制作调解书的,调解书送达双方当事人后即发生法律效力。故 B 项正确。

《民诉解释》第 148 条规定,当事人达成调解协议后,请求法院根据调解协议内容制作判决书的,法院不予准许。这是一般规则。根据《民诉解释》第 528 条的规定,涉外民事诉讼中,经调解双方达成调解协议,当事人要求发给判决书的,可以依协议的内容制作判决书送达双方当事人。综上,当事人达成调解协议后,请求法院根据调解协议内容制作判决书的,一般情况下法院不予准许,但是涉及外国公司的,法院可以准许。故 C 项正确。

《民事诉讼法》第 100、101 条规定,调解达成协议后,法院应当制作调解书,双方当事人签收后生效;对于调解和好的离婚案件、调解维持收养关系的案件、能够即时履行的案件等,将调解协议记入笔录,由审判员、书记员、双方当事人签名或盖章即生效。因而,在调解达成协议后,原则上都应当制作调解书,符合法定情形的特殊情况可以记入笔录由双方当事人签字生效。本案不属于不需要制作调解书的情形。故D项错误。

63．简易程序的特点[ABC]

[解析]《简易程序规定》第2条第1款规定："基层人民法院适用第一审普通程序审理的民事案件，当事人各方自愿选择适用简易程序，经人民法院审查同意的，可以适用简易程序进行审理。"因此，适用普通程序审理的案件，可以转为简易程序，但需要当事人协议选择并且经法院同意。故A项正确。

《民诉解释》第270条规定："适用简易程序审理的案件，有下列情形之一的，人民法院在制作判决书、裁定书、调解书时，对认定事实或者裁判理由部分可以适当简化：……（四）当事人双方同意简化的。"故B项正确。

《民诉解释》第261条第1款规定："适用简易程序审理案件，人民法院可以依照民事诉讼法第九十条、第一百六十二条的规定采取捎口信、电话、短信、传真、电子邮件等简便方式传唤双方当事人、通知证人和送达诉讼文书。"因此，简易程序可以不用传票传唤当事人。故C项正确。**【特别提醒】**要注意的是，《简易程序规定》第18条规定："以捎口信、电话、传真、电子邮件等形式发送的开庭通知，未经当事人确认或者没有其他证据足以证明当事人已经收到的，人民法院不得将其作为按撤诉处理和缺席判决的根据。"

《简易程序规定》第23条规定："适用简易程序审理的民事案件，应当一次开庭审结，但人民法院认为确有必要再次开庭的除外。"因此，简易程序必须开庭，只有在第二审程序中才有不开庭径行裁判的规定。故D项错误。

64．执行措施[AC]

[解析] 根据《民事诉讼法》第114条第1款的规定，诉讼参与人拒不履行人民法院已经发生法律效力的判决、裁定的，人民法院可以根据情节轻重予以罚款、拘留；构成犯罪的，依法追究刑事责任。故A项正确。本案跟赔礼道歉无关，B项错误。

根据《民事诉讼法》第264条的规定，对金钱履行的迟延履行责任是加倍支付迟延履行期间的债务利息，对其他义务履行的迟延履行责任是支付迟延履行金。本案是行为履行，应当支付迟延履行金，而非加倍支付银行利息。故D项错误。

关于迟延履行金的计算，《民诉解释》第505条规定，被执行人未按判决、裁定和其他法律文书指定的期间履行非金钱给付义务，已经造成损失的，双倍补偿申请执行人已经受到的损失；没有造成损失的，迟延履行金可以由人民法院根据具体案件情况决定。

本题中明确指出，田某的行为已经给钟某造成损失，因此应当双倍补偿其损失作为迟延履行金，故C项正确。

65．有限责任公司章程[ABC]

[解析]《公司法》第210条第4款规定："公司弥补亏损和提取公积金后所余税后利润，有限责任公司按照股东实缴的出资比例分配利润，全体股东约定不按照出资比例分配利润的除外；股份有限公司按照股东所持有的股份比例分配利润，公司章程另有规定的除外。"可见，公司章程可以约定不按出资比例分配红利。故A项正确。

《公司法》第15条第1款规定："公司向其他企业投资或者为他人提供担保，按照公司章程的规定，由董事会或者股东会决议；……"根据上述规定，公司章程对于对外投资事宜可以由董事会决定，也可以由股东会决定，公司章程可以赋予董事会对外投资的决定权。故B项正确。

《公司法》第65条规定："股东会会议由股东按照出资比例行使表决权；但是，公司章程另有规定的除外。"表决权行使按照什么规则行使，公司章程可以作出规定，如无规定的，则按照出资比例行使。故C项正确。

《公司法》第59条规定："股东会行使下列职权：……（五）对公司增加或者减少注册资本作出决议；……"有限责任公司与股份有限公司相比较，人合性较强，若允许其他人经投资而成为新的股东，势必增加注册资本，需要经过股东会予以决定，董事会不享有此项权力。故D项错误。

66．合伙企业事务的执行[BD]

[解析]《合伙企业法》第27条第1款规定："依照本法第26条第2款规定委托一个或者数个合伙人执行合伙事务的，其他合伙人不再执行合伙事务。"合伙企业协议约定由赵某、钱某负责合伙事务，孙某不能再执行合伙事务，也当然不能以合伙企业的名义对外签订合同。故A项错误。

《合伙企业法》第27条第2款规定："不执行合伙事务的合伙人有权监督执行事务合伙人执行合伙事务的情况。"李某作为合伙企业的合伙人，对赵某、钱某的业务执行行为享有监督权。故B项正确。

《合伙企业法》第29条第1款规定："合伙人分别执行合伙事务的，执行事务合伙人可以对其他合伙人执行的事务提出异议。提出异议时，应当暂停该项事务的执行。如果发生争议，依照本法第30条规定作出决定。"可以提出异议权的应该是执行事务的合伙人，周某不是合伙企业的事务执行人，无异议权。故C项错误。钱某作为合伙事务执行人，可对另一合伙事务执行人赵某提出异议，享有异议权。故D项正确。

67．有限合伙人的出资及权利义务［BC］

［解析］《合伙企业法》第64条规定："有限合伙人可以用货币、实物、知识产权、土地使用权或者其他财产权利作价出资。有限合伙人不得以劳务出资。"据此，甲公司不得以派驻灏德投资的员工的劳务折抵出资。故A项错误。

《合伙企业法》第71条规定："有限合伙人可以自营或者同他人合作经营与本有限合伙企业相竞争的业务；但是，合伙协议另有约定的除外。"故B项正确。

《合伙企业法》第72条规定："有限合伙人可以将其在有限合伙企业中的财产份额出质；但是，合伙协议另有约定的除外。"即可以禁止财产出质。故C项正确。

《合伙企业法》第73条规定："有限合伙人可以按照合伙协议的约定向合伙人以外的人转让其在有限合伙企业中的财产份额，但应当提前30日通知其他合伙人。"可见，有限合伙人转让其财产份额并不属于合伙协议可以另行约定的事项。故D项错误。

68．债务人财产中对在途标的物的处理［BCD］

［解析］《企业破产法》第39条规定："人民法院受理破产申请时，出卖人已将买卖标的物向作为买受人的债务人发运，债务人尚未收到且未付清全部价款的，出卖人可以取回在运途中的标的物。但是，管理人可以支付全部价款，请求出卖人交付标的物。"结合题意，乙公司被受理破产申请前，没有付清货款且未收到货物，卖方甲公司可行使取回权，乙公司不能取得该货物所有权。但乙公司如果支付全款，其管理人可请求交付货物。故A项错误，B、C项正确。

该批货物运到乙公司后，货物属于乙公司财产，甲公司的对应货款则构成甲公司对乙公司的破产债权。故D项正确。

69．汇票质押；出票效力、有效条件；必要记载事项［BCD］

［解析］《票据法》第35条第2款规定："汇票可以设定质押；质押时应当以背书记载'质押'字样。被背书人依法实现其质权时，可以行使汇票权利。"汇票质押必须在票据上背书记载"质押"字样，否则质押不生效。故A项错误。

《票据法》第26条规定："出票人签发汇票后，即承担保证该汇票承兑和付款的责任。出票人在汇票得不到承兑或者付款时，应当向持票人清偿本法第70条、第71条规定的金额和费用。"据此，出票人合法签章后即应向收款人及其后手承担票据责任，当汇票得不到承兑时，持票人有权要求出票人承担责任。此外，《票据法》第61条规定："汇票到期被拒绝付款的，持票人可以对背书人、出票人以及汇票的其他债

务人行使追索权。汇票到期日前，有下列情形之一的，持票人也可以行使追索权：……（三）承兑人或者付款人被依法宣告破产的或者因违法被责令终止业务活动的。"据此，如果汇票到期被拒绝付款，或者在到期日前发生特定情形，持票人可以直接向出票人、背书人及其他债务人进行追索。故B项正确。

我国法律对汇票出票人和付款人，没有特别的限制，既可以是银行，也可以是公司、企业或者个人。故C项正确。

《票据法》第22条规定："汇票必须记载下列事项：（一）表明'汇票'的字样；（二）无条件支付的委托；（三）确定的金额；（四）付款人名称；（五）收款人名称；（六）出票日期；（七）出票人签章。汇票上未记载前款规定事项之一的，汇票无效。"可见，汇票未记载出票日期的，汇票无效。故D项正确。

70．对证券公司的监管［BCD］

［解析］《证券法》第120条第1款规定："经国务院证券监督管理机构核准，取得经营证券业务许可证，证券公司可以经营下列部分或者全部证券业务：……（五）证券融资融券；……"可知，A项是证券交易所的正常业务，不为《证券法》所禁止，故不当选。

《证券法》第131条第2款规定："证券公司不得将客户的交易结算资金和证券归入其自有财产。禁止任何单位或者个人以任何形式挪用客户的交易结算资金和证券。证券公司破产或者清算时，客户的交易结算资金和证券不属于其破产财产或者清算财产。非因客户本身的债务或者法律规定的其他情形，不得查封、冻结、扣划或者强制执行客户的交易结算资金和证券。"可知，挪用客户交易结算资金是《证券法》所禁止，有偿使用或无偿使用都不可以，故B项当选。

《证券法》第129条第3款规定："证券公司不得将其自营账户借给他人使用。"C项是《证券法》所禁止，当选。

《证券法》第134条第1款规定："证券公司办理经纪业务，不得接受客户的全权委托而决定证券买卖、选择证券种类、决定买卖数量或者买卖价格。"D项是《证券法》所禁止，当选。

71．保险利益［BCD］

［解析］《保险法》第12条第6款规定："保险利益是指投保人或者被保险人对保险标的具有的法律上承认的利益。"故A项正确。

《保险法》第12条第1款规定："人身保险的投保人在保险合同订立时，对被保险人应当具有保险利益。"可见，人身保险的投保人应该在保险合同订立时对保险标的应当具有保险利益，而非在保险事故发生时对保险标的具有保险利益。故B项错误。

《保险法》第12条第2款规定："财产保险的被

保险人在保险事故发生时,对保险标的应当具有保险利益。"可见,对于财产保险来说,在保险事故发生时被保险人对保险标的具有保险利益即可,不需要在保险合同订立之时就具有。故 C 项错误。

责任保险的投保人对保险标的应在何时具有保险利益,《保险法》没有给出明确的规定。但是责任保险属于财产保险的一种,应该适用财产保险的相关规定,即适用在保险事故发生时具有保险利益的规定即可。故 D 项错误。

72．城乡规划的实施[BD]

[解析]《城乡规划法》第 29 条第 2 款规定:"镇的建设和发展,应当结合农村经济社会发展和产业结构调整,优先安排供水、排水、供电、供气、道路、通信、广播电视等基础设施和学校、卫生院、文化站、幼儿园、福利院等公共服务设施的建设,为周边农村提供服务。"故 B、D 项正确。A、C 项显然不属于应予优先安排的基础设施和公共服务设施。故 A、C 项错误。

73．不正当竞争行为;诋毁商誉行为;混淆行为[AD]

[解析]《反不正当竞争法》第 11 条规定:"经营者不得编造、传播虚假信息或者误导性信息,损害竞争对手的商业信誉、商品声誉。"本题 A 项中甲的行为属于编造、传播虚假信息,损害了竞争对手乙的商业信誉。故 A 项当选。

甲公司通过高薪招聘到乙公司数名高管的行为,既没有以获取非法利益为目的,也不存在违反竞争法规定的情形,属于正常的市场行为。故 B 项不当选。

甲公司自始至终都没有实施过任何侵害其他经营者的行为,不正当竞争行为无从谈起。另外,不正当竞争的行为主体是经营者,媒体不是经营者,即使误报道也不构成不正当竞争。故 C 项不当选。

《反不正当竞争法》第 6 条规定:"经营者不得实施下列混淆行为,引人误认为是他人商品或者与他人存在特定联系:(一)擅自使用与他人有一定影响的商品名称、包装、装潢等相同或者近似的标识;……"本题 D 项中,甲厂仿冒乙厂的知名商品,使消费者经仔细辨认才能区别二者之间的差异,足以构成消费者对该商品的误认,其行为属于上述法条中所描述的混淆行为。故 D 项当选。

74．《消费者权益保护法》的调整对象;生产者承担责任的情形及免责事由;销售者承担责任的情形[AD]

[解析]《消费者权益保护法》第 40 条第 2 款规定:"消费者或者其他受害人因商品缺陷造成人身、财产损害的,可以向销售者要求赔偿,也可以向生产者要求赔偿。属于生产者责任的,销售者赔偿后,有

权向生产者追偿。属于销售者责任的,生产者赔偿后,有权向销售者追偿。"所以受害人(钱某)当然可以根据《消费者权益保护法》请求赔偿,故 A 项错误。如果高压锅被认定为缺陷产品,那么作为受害者的赵某既可以向生产者即该厂请求赔偿,也可向销售者即该商场请求赔偿,故 B 项正确。

《产品质量法》第 41 条第 1 款规定:"因产品存在缺陷造成人身、缺陷产品以外的其他财产(以下简称他人财产)损害的,生产者应当承担赔偿责任。"由此可见,只有产品被认定为存在缺陷,产品的生产者才承担责任,本题中如果高压锅未被认定为缺陷产品,则作为生产者的该厂并不承担赔偿责任。故 C 项正确。

《产品质量法》第 41 条第 2 款规定:"生产者能够证明有下列情形之一的,不承担赔偿责任:(一)未将产品投入流通的;(二)产品投入流通时,引起损害的缺陷尚不存在的;(三)将产品投入流通时的科学技术水平尚不能发现缺陷的存在的。"D 项免责事由的证明主体应是生产者,而非销售者。故 D 项错误。

75．商业银行的贷款业务[BCD]

[解析]《商业银行法》第 3 条第 2 款规定:"经营范围由商业银行章程规定,报国务院银行业监督管理机构批准。"《银行业监督管理法》第 18 条规定:"银行业金融机构业务范围内的业务品种,应当按照规定经国务院银行业监督管理机构审查批准或者备案。需要审查批准或者备案的业务品种,由国务院银行业监督管理机构依照法律、行政法规作出规定并公布。""校园贷"属于贷款的业务品种的一种,则商业银行推出该业务,须经国务院银监机构审批或备案。故 A 项正确。

《商业银行法》第 36 条第 2 款规定,借款人资信良好,确能偿还贷款的,经商业银行审查、评估,确认后可以不提供担保。故 B 项错误。

《商业银行法》第 35 条第 1 款规定:"商业银行贷款,应当对借款人的借款用途、偿还能力、还款方式等情况进行严格审查。"法律并未要求对借款人的"学习、恋爱经历等"情况进行审查。故 C 项错误。

《商业银行法》第 35 条第 2 款规定:"商业银行贷款,应当实行审贷分离、分级审批的制度。"审查人员和放贷人员为同一人的做法是错误的。故 D 项错误。

76．银行业监督管理机构对金融违法行为的处理措施[ABD]

[解析]《银行业监督管理法》第 42 条第 1 款规定:"银行业监督管理机构依法对银行业金融机构进行检查监督时,经设区的市一级以上银行业监督管理机构负责人批准,可以对与涉嫌违法事项有关的单位和个人采取下列措施:(一)询问有关单位或者个人,要求

其对有关情况作出说明;(二)查阅、复制有关财务会计、财产权登记等文件、资料;(三)对可能被转移、隐匿、毁损或者伪造的文件、资料,予以先行登记保存。"故 A、B、D 项均符合法律规定,正确。

《银行业监督管理法》第 41 条规定:"经国务院银行业监督管理机构或者其省一级派出机构负责人批准,银行业监督管理机构有权查询涉嫌金融违法的银行业金融机构及其工作人员以及关联行为人的账户;对涉嫌转移或者隐匿违法资金的,经银行业监督管理机构负责人批准,可以申请司法机关予以冻结。"可知,涉嫌转移或者隐匿违法资金的账户的冻结只能申请司法机关执行,银行业监管机构无权自行执行。故 C 项错误。

77．审计监督的对象［ABD］

［解析］《审计法》第 21 条规定:"审计机关对国家的事业组织和使用财政资金的其他事业组织的财务收支,进行审计监督。"故 A 项正确。

《审计法》第 22 条第 1 款规定:"审计机关对国有企业、国有金融机构和国有资本占控股地位或者主导地位的企业、金融机构的资产、负债、损益以及其他财务收支情况,进行审计监督。"故 B 项正确。

《审计法》第 23 条规定:"审计机关对政府投资和以政府投资为主的建设项目的预算执行情况和决算,对其他关系国家利益和公共利益的重大公共工程项目的资金管理使用和建设运营情况,进行审计监督。"据此可知,对于政府投资的建设项目,审计机关仅对其预算执行情况和决算进行审计监督,而非对整体的财务收支进行审计监督。"收支"包括收入与支出,而本条规定的"预算执行和决算"仅指支出情况,不包括收入情况。故 C 项错误。

《审计法》第 25 条规定:"审计机关对国际组织和外国政府援助、贷款项目的财务收支,进行审计监督。"故 D 项正确。

78．环境侵权责任［BD］

［解析］《环境保护法》第 66 条规定,提起环境损害赔偿诉讼的时效期间为 3 年,从当事人知道或者应当知道其受到损害时起计算。《民法典》第 196 条规定:"下列请求权不适用诉讼时效的规定:(一)请求停止侵害、排除妨碍、消除危险;……"故请求停止侵权不适用诉讼时效,A 项错误。

根据《环境保护法》第 58 条规定,我国允许环境公益诉讼,提起诉讼的社会组织不得通过诉讼牟取经济利益。故 B 项正确。

根据《民法典》规定,环境污染和生态破坏责任为无过错责任,即使排放的污染物符合排放标准,也应承担侵权责任。故 C 项错误。

《民法典》第 1174 条规定:"损害是因受害人故意造成的,行为人不承担责任。"受害人故意是侵权责任的免责事由之一,故 D 项正确。

79．劳务派遣;劳动仲裁［CD］

［解析］《劳动合同法》第 66 条规定,劳动合同用工是我国企业的基本用工形式。劳务派遣用工是补充形式,只能在临时性、辅助性或者替代性的工作岗位上实施。辅助性工作岗位是指为主营业务岗位提供服务的非主营业务岗位。本题中,甲公司派梁某到乙公司做车间主任,这已经是主营业务岗位,乙公司并不是在辅助性工作岗位上使用梁某。故 A 项错误。

同时,《劳动合同法》第 66 条还规定,临时性工作岗位是指存续时间不超过 6 个月的岗位。这是指"岗位的存续时间"不超过 6 个月,而不是每 6 个月一签劳动合同;另外,无论双方中间续签几次,只要岗位存续的时间超过 6 个月,就不是临时性工作岗位。本题中双方续签协议 6 次,梁某车间主任的工作岗位从 2012 年 1 月持续到 2013 年 7 月,超过了 6 个月,不属于临时性工作岗位。故 B 项错误。

《劳动争议调解仲裁法》第 27 条规定:"劳动争议申请仲裁的时效期间为 1 年。仲裁时效期间从当事人知道或者应当知道其权利被侵害之日起计算。……劳动关系存续期间因拖欠劳动报酬发生争议的,劳动者申请仲裁不受本条第 1 款规定的仲裁时效期间的限制;但是,劳动关系终止的,应当自劳动关系终止之日起 1 年内提出。"该题中,梁某因追索上一年加班费与乙公司发生争议的时间是 2013 年 6 月,这说明梁某是在劳动关系存续期间与乙公司发生的劳动纠纷,并且争议性质是追索加班费,所以仲裁时效期间不受 1 年的限制。故 C 项正确,当选。

《劳动争议调解仲裁法》第 22 条规定:"发生劳动争议的劳动者和用人单位为劳动争议仲裁案件的双方当事人。劳务派遣单位或者用工单位与劳动者发生劳动争议的,劳务派遣单位和用工单位为共同当事人。"本题中,劳务派遣单位是甲公司,用工单位是乙公司,因此梁某申请仲裁时应将甲公司和乙公司作为共同当事人。故 D 项正确。

80．著作人身权中的修改权、署名权、保护作品完整权［ABC］

［解析］修改权是指著作权人修改或者授权他人修改作品的权利。《著作权法》第 36 条规定:"图书出版者经作者许可,可以对作品修改、删节。报社、期刊社可以对作品文字性修改、删节。对内容的修改,应当经作者许可。"据此,出版社对内容的修改必须征得作者的同意,而本题中出版社未经作者崔雪许可擅自将狗熊改写成四只腿的动物,侵犯了作者的修改权。故 A 项正确。

保护作品完整权是指著作权人保护作品不受歪曲、篡改的权利。歪曲含有贬义,一般是指故意改变事物的本来面目或对事物作不正确的反映；篡改是指用作伪的手段对经典、理论、政策等进行改动或曲解。在司法认定中，侵害保护作品完整权一般要求行为人基于主观故意而曲解作品，使作品所表达之意与作者所想表达之意大相径庭，凡未引起作者社会评价降低的改动作品的行为，通常不认定为侵害保护作品完整权。本题中，出版社对小说《森林之歌》的修改"将狗熊从三只腿改写成四只腿"，这一过于现实化的修改降低了小说离奇色彩，违背了作者的写作初衷，属于对作品的篡改，侵犯了作者的保护作品完整权。故 B 项正确。

署名权是指著作权人表明作者身份，在作品上署名的权利。署名权包括"作者可决定署名的方式"。本题中直接将"吹雪"改为"崔雪"，擅自改变作者署名的方式，侵犯了作者的署名权。故 C 项正确。

发行权，是指以出售或者赠与方式向公众提供作品的原件或者复制件的权利。根据《著作权法》第 63 条规定："本法第 2 条所称的出版，指作品的复制、发行。"据此，"发行权"是作者和出版者之间的关系。本题中，作者崔雪已经合法授权出版社出版，其发行权已经耗尽（发行权一次用尽），因此书店销售正版小说的行为未侵犯作者的发行权。故 D 项错误。

【特别提醒】发行权是"一次用尽"的权利，经合法售出的作品不会再侵犯发行权。

81．职务发明创造的权益归属［BCD］

[解析]《专利法》第 6 条第 1 款规定："执行本单位的任务或者主要是利用本单位的物质技术条件所完成的发明创造为职务发明创造。职务发明创造申请专利的权利属于该单位，申请被批准后，该单位为专利权人。该单位可以依法处置其职务发明创造申请专利的权利和专利权，促进相关发明创造的实施和运用。"《专利法实施细则》第 13 条第 1 款规定，《专利法》第 6 条所称执行本单位的任务所完成的职务发明创造，是指：(1) 在本职工作中作出的发明创造；(2) 履行本单位交付的本职工作之外的任务所作出的发明创造；(3) 退休、调离原单位后或者劳动、人事关系终止后 1 年内作出的，与其在原单位承担的本职工作或者原单位分配的任务有关的发明创造。

因为王某在甲公司的职责是研发电脑鼠标，所以，即使王某利用业余时间研发出新鼠标，也属于执行其单位的任务，其专利申请权属于甲公司。故 A 项正确，不当选。同理，即使王某没有利用甲公司的物质技术条件研发出新鼠标，只要是执行本单位任务进行的研发，该新鼠标就属于职务发明，专利申请权仍属于甲公司。故 B 项错误，当选。若王某主要利用了单位的物质技术条件研发出新型手机，该新型手机虽不属于执行本单位的任务，但因主要利用了本单位的物质技术条件，也属于职务发明创造，专利申请权

属于单位。故 C 项错误，当选。王某辞职后 1 年内作出的与其在原单位承担的本职工作或者原单位分配的任务有关的发明创造，都属于职务发明，专利申请权属于甲公司。故 D 项错误，当选。

82．注册商标的异议程序；注册商标权的无效宣告；未注册商标的保护［CD］

[解析]《商标法》第 15 条第 2 款规定："就同一种商品或者类似商品申请注册的商标与他人在先使用的未注册商标相同或者近似，申请人与该他人具有前款规定以外的合同、业务往来关系或者其他关系而明知该他人商标存在，该他人提出异议的，不予注册。"根据《商标法》第 33 条规定，对初步审定公告的商标，自公告之日起 3 个月内，在先权利人认为存在上述第 15 条情形的，可以向商标局提出异议。"逍遥乐"属于知名商品的特有名称，甚至可以说是未注册的驰名商标，乙公司抢先注册"逍遥乐"商标侵害了甲公司的在先权利，甲公司有权在异议期内向商标局提出异议。故 A 项正确，不当选。

《商标法》第 59 条第 3 款规定："商标注册人申请商标注册前，他人已经在同一种商品或者类似商品上先于商标注册人使用与注册商标相同或者近似并有一定影响的商标的，注册商标专用权人无权禁止该使用人在原使用范围内继续使用该商标，但可以要求其附加适当区别标识。"据此，如"逍遥乐"被核准注册，甲公司有权主张先用权。故 B 项正确，不当选。

《商标法》第 32 条规定："申请商标注册不得损害他人现有的在先权利，也不得以不正当手段抢先注册他人已经使用并有一定影响的商标。"《商标法》第 45 条第 1 款规定，已经注册的商标，违反本法第 13 条第 2 款和第 3 款、第 15 条、第 16 条第 1 款、第 30 条、第 31 条、第 32 条规定的，自商标注册之日起 5 年内，在先权利人或者利害关系人可以请求商标评审委员会宣告该注册商标无效。对恶意注册的，驰名商标所有人不受 5 年的时间限制。《商标法》修改后，"商标注册不当撤销制度"已为"注册商标无效宣告制度"所代替。若"逍遥游"被核准注册，在先权利人甲公司可在 5 年内请求商标评审委员会（而不是商标局）宣告该注册商标无效（而不是撤销）。故 C 项错误，当选。

根据《商标法》第 32 条、第 33 条以及第 45 条的规定，对于商标抢注行为，只能通过商标的异议程序或商标评审委员会的无效宣告程序反对抢注的商标，不能直接向法院起诉。只有在对商标评审委员会的裁定不服时，才可向人民法院起诉。此外，根据《商标法》第 3 条的规定，仅注册商标享有商标专用权。未注册商标虽受到一定程度的保护，但受限制，即使"逍遥游"属于未注册的驰名商标也是如此。根据《关于审理商标民事纠纷案件适用法律若干问题的解释》第 2 条的规定，侵犯未注册的驰名商标的，加害

人仅承担停止侵害的责任,不承担赔偿损失的责任。故 D 项错误,当选。

83.离婚的法律适用;夫妻财产关系的法律适用;监护关系的法律适用[ABC]

[解析]《涉外民事关系法律适用法》第 27 条规定:"诉讼离婚,适用法院地法律。"诉讼离婚仅指离婚程序、离婚条件。故 A 项正确。

《涉外民事关系法律适用法》第 24 条规定:"夫妻财产关系,当事人可以协议选择适用一方当事人经常居所地法律、国籍国法律或者主要财产所在地法律。当事人没有选择的,适用共同经常居所地法律;没有共同经常居所地的,适用共同国籍国法律。"王某与米勒可选择适用经常居所地法、主要财产所在地法,即中国法,也可选择适用国籍国法,即中国法或甲国法。故 B 项正确。

《涉外民事关系法律适用法》第 30 条规定:"监护,适用一方当事人经常居所地法律或者国籍国法律中有利于保护被监护人权益的法律。"故 C 项正确、D 项错误。

84.对外贸易经营的资格[ABCD]

[解析]《对外贸易法》第 8 条规定:"本法所称对外贸易经营者,是指依法办理工商登记或者其他执业手续,依照本法和其他有关法律、行政法规的规定从事对外贸易经营活动的法人、其他组织或者个人。"该法在 2004 年修订时将可以从事外贸的主体扩大到自然人。故 A 项错误。

2022 年 12 月 30 日修改的《对外贸易法》删除了原第 9 条,取消了对外贸易经营者的备案登记制,自此,对外贸易经营者可以自动取得对外贸易经营资格,无须向国务院主管部门办理备案登记(更无须审批),故 B、D 项错误。取得对外贸易经营资格没有资金方面的限制,故 C 项错误。

85.国际投资争端国际中心的管辖权;"合格的东道国"要求;《与贸易有关的投资措施协议》中禁止使用的投资措施[ABC]

[解析]《关于解决国家和他国国民之间投资争端公约》第 25 条第 1 款规定,中心的管辖适用于缔约国(或缔约国向中心指定的该国的任何组成部分或机构)和另一缔约国国民之间直接因投资而产生并经双方书面同意提交给中心的任何法律争端。当双方表示同意后,任何一方不得单方面撤销其同意。故 A 项正确。

《多边投资担保机构公约》在关于"合格的东道国"中要求,担保机构只对在发展中国家成员国境内所作的投资予以担保。故 B 项正确。

《与贸易有关的投资措施协议》禁止使用的 5 种措施:(1)当地成分要求;(2)贸易平衡要求;(3)替代进口的数量要求;(4)通过进口用汇限制实施的替代

进口;(5)产品出口限制。要求企业购买或使用最低比例的当地产品属于当地成分要求,是禁止使用的措施之一。故 C 项正确。

限制外国投资者投资国内公司的投资比例属于当地股权要求,不在协议禁止使用之列。故 D 项错误。

三、不定项选择题

86.无权代理与无权处分;善意取得与违法代理[ABC]

[解析]无权处分通常是未经授权,以自己的名义处分他人的财产,而本题中,丙是以甲的名义出售电动自行车,因此不是无权处分,故 A 项错误。

丙出售电动自行车是受到了甲的委托,以甲的名义进行法律行为,因此是有代理权,不是无权代理,故 B 项错误。

由于电动自行车是盗赃物,即使支付了合理价款,也不能构成善意取得,故 C 项错误。

《民法典》第 167 条规定:"代理人知道或者应当知道代理事项违法仍然实施代理行为,或者被代理人知道或者应当知道代理人的代理行为违法未作反对表示的,被代理人和代理人应当承担连带责任。"本题中,丙作为甲的代理人,明知代理事项违法仍然代理,给乙造成损失,应与甲一起承担连带责任,故 D 项正确。

87.抵押权;保证[BC]

[解析]《民法典》第 420 条第 2 款规定:"最高额抵押权设立前已经存在的债权,经当事人同意,可以转入最高额抵押担保的债权范围。"即如果当事人同意,可以将之前的债务转入最高额抵押的范围。故 A 项错误,B 项正确。

《民法典》第 690 条规定:"保证人与债权人可以协商订立最高额保证的合同,约定在最高债权额限度内就一定期间连续发生的债权提供保证。最高额保证除适用本章规定外,参照适用本法第二编最高额抵押权的有关规定。"据此,设立最高额保证的,除适用民法关于"保证"的规定外,还准用《民法典》关于"最高额抵押"的规定。参照最高额抵押的规定,在没有特别约定的情况下,最高额保证中的保证人只对在最高额保证设定之后发生的债务承担责任,对最高额保证成立前(2013 年 5 月 6 日前)甲对乙已经享有的水泥价款债权不承担最高额保证责任。故 C 项正确。

《民法典》第 695 条第 1 款规定:"债权人和债务人未经保证人书面同意,协商变更主债权债务合同内容,减轻债务的,保证人仍对变更后的债务承担保证责任;加重债务的,保证人对加重的部分不承担保证责任。"据此,保证期间,未经保证人丙书面同意,债权人甲与债务人乙协议加重债务,保证人丙对加重的债务不承担保证责任,仅仍应对原来的债务承担保证责任,不存在减轻责任的问题。故 D 项错误。

88．抵押权的从属性[C]

[解析]《民法典》第 421 条规定:"最高额抵押担保的债权确定前,部分债权转让的,最高额抵押权不得转让,但是当事人另有约定的除外。"本题中,2013 年 11 月,尚未到约定的债权确定期限,此时,在没有特别约定的情形下,如果转让已经发生的债权,对于最高额抵押没有任何影响,最高额抵押不随债权的部分转让而转让。其原因在于,最高额抵押是为了担保未来债权而存在的物保,不能因为过去已经发生的部分债权转让而受到影响。这就意味着,债权可以转让,但是,不能给最高额抵押带来影响。故 C 项正确,A、B、D 项错误。

89．最高额抵押权债权确定;被保证人破产时保证人将来求偿权的申报[ABD]

[解析]《民法典》第 423 条规定:"有下列情形之一的,抵押权人的债权确定:……(五)债务人、抵押人被宣告破产或者解散;……"本题中债务人乙被宣告破产,债权人的债权确定。故 A 项正确。

《民法典》第 392 条规定:"被担保的债权既有物的担保又有人的担保的,债务人不履行到期债务或者发生当事人约定的实现担保物权的情形,债权人应当按照约定实现债权;没有约定或者约定不明确,债务人自己提供物的担保的,债权人应当先就该物的担保实现债权;第三人提供物的担保的,债权人可以就物的担保实现债权,也可以请求保证人承担保证责任。提供担保的第三人承担担保责任后,有权向债务人追偿。"由此可知,在主债务人提供的物保和第三人提供的保证并存时,应先执行主债务人提供的物保,不足部分再由保证人承担责任。故 B 项正确,C 项错误。

《民法典》第 700 条规定:"保证人承担保证责任后,除当事人另有约定外,有权在其承担保证责任的范围内向债务人追偿,享有债权人对债务人的权利,但是不得损害债权人的利益。"此外,在特定情形下,保证人可"预先行使追偿权"。根据《民法典担保制度解释》,债权人知道或者应当知道债务人破产,既未申报债权也未通知担保人,致使担保人不能预先行使追偿权的,担保人就该债权在破产程序中可能受偿的范围内免除担保责任,但是担保人因自身过错未行使追偿权的除外。据此,人民法院受理债务人破产案件后,债权人未申报债权的,保证人可以参加破产财产分配,预先行使追偿权。故 D 项正确。

90．债的清偿抵充顺序[AB]

[解析]《民法典》第 560 条规定:"债务人对同一债权人负担的数项债务种类相同,债务人的给付不足以清偿全部债务的,除当事人另有约定外,由债

务人在清偿时指定其履行的债务。债务人未作指定的,应当优先履行已经到期的债务;数项债务均到期的,优先履行对债权人缺乏担保或者担保最少的债务;均无担保或者担保相等的,优先履行债务人负担较重的债务;负担相同的,按照债务到期的先后顺序履行;到期时间相同的,按照债务比例履行。"据此,抵充的顺序,有约定的按照约定;没有约定的,由债务人指定抵充;债务人没有指定的,按照法定顺序进行抵充。按照《民法典》第 561 条规定,若除主债务外还要偿还利息与偿债费用的,应当先抵充费用与利息。当债务人不指定时,意味着放弃指定,在没有约定的前提下,直接适用法定抵充顺序。这意味着,约定抵充优先于指定抵充,指定抵充优先于法定抵充。本题中,能事后达成协议的,按照协议抵充,不能的按照债务人的指定来进行抵充。故 A、B 项正确,C、D 项错误。

91．支付令[AC]

[解析]《民诉解释》第 429 条规定:"向债务人本人送达支付令,债务人拒绝接收的,人民法院可以留置送达。"故 A 项正确。

《民诉解释》第 431 条第 1 款规定:"债务人在收到支付令后,未在法定期间提出书面异议,而向其他人民法院起诉的,不影响支付令的效力。"发出支付令的法院是 A 市 B 县法院,但债务人却向 A 市 C 区法院起诉,向其他法院起诉的,不影响支付令的效力。故 B 项错误。

《民事诉讼法》第 227 条规定:"人民法院受理申请后,经审查债权人提供的事实、证据,对债权债务关系明确、合法的,应当在受理之日起十五日内向债务人发出支付令;申请不成立的,裁定予以驳回。债务人应当自收到支付令之日起十五日内清偿债务,或者向人民法院提出书面异议。债务人在前款规定的期间不提出异议又不履行支付令的,债权人可以向人民法院申请执行。"本案中,甲公司在收到支付令的法定期间内既不提出异议又不履行支付令,乙公司可向法院申请执行甲公司的财产。故 C 项正确。

《民诉解释》第 434 条第 1 款规定:"对设有担保的债务的主债务人发出的支付令,对担保人没有拘束力。"本案中,丙公司为担保人,并非甲公司和乙公司之间债权债务关系的主体,该支付令对担保人丙公司并没有拘束力。故 D 项错误。

92．自认制度[CD]

[解析]一方当事人在诉讼过程中口头自认,或者在起诉状、答辩状、代理词等书面材料中明确承认于己不利的事实,另一方当事人无需举证证明。因此口头自认须在本案诉讼过程中,向本案审判法官作出。A 项情形发生在开庭回去的路上,也不是对法官作出,因此不构成自认。故 A 项错误。

自认包括书面自认和口头自认,在起诉状、答辩

· 71 ·

状、代理词中书面承认的,才构成书面自认。B项中,被告是在庭前写的书面材料中描述了相关事实,但是该材料并不是答辩状,因此不构成自认,B项错误。

一方当事人对于另一方当事人主张的于己不利的事实既不承认也不否认,经审判人员说明并询问后,其仍然不明确表示肯定或者否定的,视为对该事实的承认。C项中,乙的确有向他人借款的行为,经法官说明后仍向法官表示自己记不清楚是否向甲借钱,可以构成默示自认。故C项当选。

D项中,甲已经承认了借款事实,该事实已经构成自认,后面甲对乙表示"既然你不承认我还了钱,那我也不承认向你借了钱",不构成对于自认的撤回。自认的撤回需要满足以下条件之一:(1)经对方当事人同意;(2)自认是在受胁迫或者重大误解情况下作出的。因此D项构成自认,当选。

93.审判监督程序[BD]

[解析]《民事诉讼法》第210条规定:"当事人对已经发生法律效力的判决、裁定,认为有错误的,可以向上一级人民法院申请再审;当事人一方人数众多或者当事人双方为公民的案件,也可以向原审人民法院申请再审。当事人申请再审的,不停止判决、裁定的执行。"本题中,S县法院所作一审判决生效,且不存在双方当事人都是公民或一方当事人人数众多的情形(双方都是法人),当事人申请再审只能向上级法院即南山市中级法院申请。故A项错误,B项正确。

《审判监督解释》第18条规定:"上一级人民法院经审查认为申请再审事由成立的,一般由本院提审……"《民事诉讼法》第218条第1款规定:"……上级人民法院按照审判监督程序提审的,按照第二审程序审理,所作的判决、裁定是发生法律效力的判决、裁定。"因此,南山市中级法院应当提审此案,提审应当适用二审程序审理。故C项错误,D项正确。

94.民事诉讼与民商事仲裁的区别[ABC]

[解析]《民事诉讼法》第3条规定:"人民法院受理公民之间、法人之间、其他组织之间以及他们相互之间因财产关系和人身关系提起的民事诉讼,适用本法的规定。"《仲裁法》第3条规定:"下列纠纷不能仲裁:(一)婚姻、收养、监护、扶养、继承纠纷;(二)依法应当由行政机关处理的行政争议。"故A项正确。

《民事诉讼法》第10条规定:"人民法院审理民事案件,依照法律规定实行合议、回避、公开审判和两审终审制度。"《仲裁法》第9条第1款规定:"仲裁实行一裁终局的制度。裁决作出后,当事人就同一纠纷再申请仲裁或者向人民法院起诉的,仲裁委员会或者人民法院不予受理。"故B项正确。

民事诉讼合议庭成员对判决持不同意见的,应当在合议笔录中注明,但是判决书应当由全体合议庭成

员署名;而在仲裁中,对裁决持不同意见的仲裁员的意见可以记入笔录,同时,该仲裁员还可以拒绝在裁决书中签名。《民事诉讼法》第155条规定:"……判决书由审判人员、书记员署名,加盖人民法院印章。"《仲裁法》第54条规定:"……对裁决持不同意见的仲裁员,可以签名,也可以不签名。"故C项正确。

《仲裁法》第28条第2款规定:"当事人申请财产保全的,仲裁委员会应当将当事人的申请依照民事诉讼法的有关规定提交人民法院。"可见,当事人在仲裁中申请保全的,应当向仲裁委员会申请,仲裁委员会根据《民事诉讼法》的规定,将该申请交给有管辖权的法院作出裁定。因此,虽然仲裁委员会无权作出保全裁定,但当事人依然可以向仲裁委员会提出申请,不能说仲裁机构不介入保全的任何活动,故D项错误。

95.公司合并[BC]

[解析]《公司法》第218条规定:"公司合并可以采取吸收合并或者新设合并。一个公司吸收其他公司为吸收合并,被吸收的公司解散。两个以上公司合并设立一个新的公司为新设合并,合并各方解散。"可见,本题为吸收合并,甲公司的法人主体资格消灭,丁公司的法人主体资格存续。故A项错误。

《公司法》第221条规定:"公司合并时,合并各方的债权、债务,应当由合并后存续的公司或者新设的公司承继。"同时,《民法典》第568条第1款规定:"当事人互负债务,该债务的标的物种类、品质相同的,任何一方可以将自己的债务与对方的到期债务抵销;但是,根据债务性质、按照当事人约定或者依照法律规定不得抵销的除外。"本题中,丁公司兼并甲公司后,甲公司所欠乙公司的100万元货款由丁公司承继,而乙公司又欠丁公司租金80万元,丁公司与乙公司互负债务,因此可以主张债务抵销。故B项正确。

根据《公司法》第220条规定,公司应当自作出合并决议之日起10日内通知债权人,债权人自接到通知之日起30日内,未接到通知的自公告之日起45日内,可以要求公司清偿债务或者提供相应的担保。故C项正确。

公司合并事项属于股东会的职权,董事会无权决定。故D项错误。

96.合伙人债务的执行[BC]

[解析]《合伙企业法》第41条规定,合伙人发生与合伙企业无关的债务,相关债权人不得以其债权抵销其对合伙企业的债务;也不得代位行使合伙人在合伙企业中的权利。据此,朱某对刘某的债务为个人债务,刘某要对朱某实现债权,不能代位行使朱某在合伙企业中的权利,故A项错误。

《合伙企业法》第42条第1款规定,合伙人的自有财产不足清偿其与合伙企业无关的债务的,该合伙

人可以以其从合伙企业中分取的收益用于清偿;债权人也可以依法请求人民法院强制执行该合伙人在合伙企业中的财产份额用于清偿。据此,刘某可就朱某在合伙企业中分得的收益主张清偿,也可申请对朱某的合伙财产份额进行强制执行,但对朱某的合伙份额不享有优先受偿权,故 B、C 项正确,D 项错误。

97.劳务派遣的用人单位[C]

[解析] 可根据《劳动合同法》第58、59 条的规定,理解劳务派遣的三方关系:(1)劳务派遣单位与被派遣劳动者是劳动关系,应当订立劳动合同(第58条)。其中,劳务派遣单位是用人单位,应当履行用人单位对劳动者的义务。(2)劳务派遣单位与接受以劳务派遣形式用工的单位(称为用工单位)订立劳务派遣协议(第59 条)。二者之间是劳务关系,受《劳动合同法》调整。(3)用工单位和劳动者之间虽然没有劳动合同关系,但是劳动者要服从用工单位的管理。因此,本题明确交代"玫园公司与丙劳务派遣公司签订协议,由其派遣王某到玫园公司担任保洁员",所以王某的用人单位是其劳务派遣单位丙公司,用工单位是玫园公司。故 C 项正确。

98.劳务派遣合同的解除[ACD]

[解析]《劳务派遣暂行规定》第 12 条规定:"有下列情形之一的,用工单位可以将被派遣劳动者退回劳务派遣单位:(一)用工单位有劳动合同法第 40 条第 3 项、第 41 条规定情形的;……"《劳动合同法》第 40 条第 3 项即为情势变更情形,因此玫园公司作为用工单位,可以在情势变更的情况下,将劳动者退回用人单位丙公司。故 A 项正确。

《劳务派遣暂行规定》第 15 条规定:"被派遣劳动者因本规定第 12 条规定被用工单位退回,劳务派遣单位重新派遣时维持或者提高劳动合同约定条件,被派遣劳动者不同意的,劳务派遣单位可以解除劳动合同。被派遣劳动者因本规定第 12 条规定被用工单位退回,劳务派遣单位重新派遣时降低劳动合同约定条件,被派遣劳动者不同意的,劳务派遣单位不得解除劳动合同。但被派遣劳动者提出解除劳动合同的除外。"因用工单位原因导致被派遣的劳动者被退回劳务派遣单位,作为用人单位的丙公司不是必然可以与劳动者解除劳动合同。故 B 项错误。

《劳动合同法》第 48 条规定:"用人单位违反本法规定解除或者终止劳动合同,劳动者要求继续履行劳动合同的,用人单位应当继续履行;劳动者不要求

继续履行劳动合同或者劳动合同已经不能继续履行的,用人单位应当依照本法第 87 条规定支付赔偿金。"本案中玫园公司以签订派遣协议时所依据的客观情况发生重大变化为由,将王某退回丙公司,丙公司遂以此为由解除王某的劳动合同,其性质是用人单位违法解除劳动合同。因此王某有权要求丙公司继续履行劳动合同,如果王某不愿意回到丙公司,那么其有权要求丙公司支付赔偿金。故 C、D 项正确。

99.当事人的意思自治原则[AB]

[解析]《涉外民事关系法律适用法》第 41 条规定:"当事人可以协议选择合同适用的法律。当事人没有选择的,适用履行义务最能体现该合同特征的一方当事人经常居所地法律或者其他与该合同有最密切联系的法律。"合同之债法律适用的第一顺序就是意思自治原则。故 A 项正确。

《涉外民事关系法律适用法》第 44 条规定:"侵权责任,适用侵权行为地法律,但当事人有共同经常居所地的,适用共同经常居所地法律。侵权行为发生后,当事人协议选择适用法律的,按照其协议。"侵权之债法律适用的第一顺序就是意思自治原则。故 B 项正确。

《涉外民事关系法律适用法》第 36 条规定:"不动产物权,适用不动产所在地法律。"可见,在不动产物权领域的法律适用方面是不允许当事人意思自治的。故 C 项错误。

《涉外民事关系法律适用法》第 27 条规定:"诉讼离婚,适用法院地法律。"可见,离婚诉讼的法律适用方面是不允许当事人意思自治的。故 D 项错误。

100.国际贸易术;海牙规则;海洋货物运输保险[ACD]

[解析] CIF 术语中,卖方有投保义务,且在没有特殊约定的情况下,只需投保最低险(平安险)。故 A 项正确。

平安险承保自然灾害造成的整批货物的全损,以及意外事故造成的货物全部或部分损失,不承保自然灾害造成的货物部分损失。船舶碰撞在海上风险中属于意外事故,属于平安险的赔偿范围。故 B 项错误。

根据《海牙规则》,承运人对航行过失带来的货损免责。故 C 项正确。

在 CIF 术语下,该批货物经过卖方投保,意外事故属于保险赔偿范围,因此保险人应予赔偿。故 D 项正确。

试 卷 一

试 题

一、单项选择题。每题所设选项中只有一个正确答案，多选、错选或不选均不得分。本部分含 1-50 题，每题 1 分，共 50 分。

1． 宽严相济是我国的基本刑事政策，要求法院对于危害国家安全、恐怖组织犯罪、"黑恶"势力犯罪等严重危害社会秩序和人民生命财产安全的犯罪分子，尤其对于极端仇视国家和社会，以不特定人为侵害对象，所犯罪行特别严重的犯罪分子，该依法重判的坚决重判，该依法判处死刑立即执行的绝不手软。对于解决公共秩序、社会安全、犯罪分子生命之间存在的法律价值冲突，该政策遵循下列哪一原则？

A. 个案平衡原则

B. 比例原则

C. 价值位阶原则

D. 自由裁量原则

2．《中华人民共和国民法通则》第 6 条规定："民事活动必须遵守法律，法律没有规定的，应当遵守国家政策。"从法官裁判的角度看，下列哪一说法符合条文规定的内容？

A. 条文涉及法的渊源

B. 条文规定了法与政策的一般关系

C. 条文直接规定了裁判规则

D. 条文规定了法律关系

3． 有法谚云："法律为未来作规定，法官为过去作判决。"关于该法谚，下列哪一说法是正确的？

A. 法律的内容规定总是超前的，法官的判决根据总是滞后的

B. 法官只考虑已经发生的事实，故判案时一律选择适用旧法

C. 法律绝对禁止溯及既往

D. 即使案件事实发生在过去，但"为未来作规定"的法律仍然可以作为其认定的根据

4． 某市政府为缓解拥堵，经充分征求广大市民意见，做出车辆限号行驶的规定。但同时明确，接送高考考生、急病送医等特殊情况未按号行驶的，可不予处罚。关于该免责规定体现的立法基本原则，下列哪一选项是不准确的？

A. 实事求是、从实际出发

B. 民主立法

C. 注重效率

D. 原则性与灵活性相结合

5． 宪法的渊源即宪法的表现形式。关于宪法渊源，下列哪一表述是错误的？

A. 一国宪法究竟采取哪些表现形式，取决于历史传统和现实状况等多种因素

B. 宪法惯例实质上是一种宪法和法律条文无明确规定、但被普遍遵循的政治行为规范

C. 宪法性法律是指国家立法机关为实施宪法典而制定的调整宪法关系的法律

D. 有些成文宪法国家的法院基于对宪法的解释而形成的判例也构成该国的宪法渊源

6． 香港特别行政区的下列哪一项职务可由特别行政区非永久性居民担任？

A. 行政长官　　　B. 政府主要官员

C. 立法会议员　　D. 法院法官

7． 关于中国古代法律历史地位的表述，下列哪一选项是正确的？

A.《法经》是中国历史上第一部比较系统的成文法典

B.《北魏律》在中国古代法律史上起着承先启后的作用

C.《宋刑统》是中国历史上第一部刊印颁行的仅含刑事内容的法典

D.《大明会典》以《元典章》为渊源，为《大清会典》所承继

8． 风光秀丽的纳列温河是甲国和乙国的界河。两国的边界线确定为该河流的主航道中心线。甲乙两国间没有其他涉及界河制度的条约。现甲国提议开发纳列温河的旅游资源，相关旅行社也设计了一系列界河水上旅游项目。根据国际法的相关原则和规则，下列哪一项活动不需要经过乙国的同意，甲国即可以合法从事？

A. 在纳列温河甲国一侧修建抵近主航道的大型观光栈桥

B. 游客乘甲国的旅游船抵达乙国河岸停泊观

光,但不上岸

C. 游客乘甲国渔船在整条河中进行垂钓和捕捞活动

D. 游客乘甲国游船在主航道上沿河航行游览

9. 乘坐乙国航空公司航班的甲国公民,在飞机进入丙国领空后实施劫机,被机组人员制服后交丙国警方羁押。甲、乙、丙三国均为 1963 年《东京公约》、1970 年《海牙公约》及 1971 年《蒙特利尔公约》缔约国。据此,下列哪一选项是正确的?

A. 劫机发生在丙国领空,仅丙国有管辖权

B. 犯罪嫌疑人为甲国公民,甲国有管辖权

C. 劫机发生在乙国航空器上,仅乙国有管辖权

D. 本案涉及国际刑事犯罪,应由国际刑事法院管辖

10. 甲乙两国均为《维也纳领事关系公约》缔约国,阮某为甲国派驻乙国的领事官员。关于阮某的领事特权与豁免,下列哪一表述是正确的?

A. 如犯有严重罪行,乙国可将其羁押

B. 不受乙国的司法和行政管辖

C. 在乙国免除作证义务

D. 在乙国免除缴纳遗产税的义务

11. 效率与公正都是理想型司法追求的目标,同时也是理想型司法应具备的两个基本要素。关于两者的关系,下列哪一说法是错误的?

A. 司法效率和司法公正是相辅相成的

B. 根据我国司法现状应当作出"公正优先、兼顾效率"的价值选择

C. 细化诉讼程序通常导致效率低下,效率和公正难以兼得

D. 司法工作人员提高业务水平,勤勉敬业,有利于促进司法公正和效率

12. 职业保障是确保法官、检察官队伍稳定、发展的重要条件,是实现司法公正的需要。根据中央有关改革精神和《法官法》、《检察官法》规定,下列哪一说法是错误的?

A. 对法官、检察官的保障由工资保险福利和职业(履行职务)两方面保障构成

B. 完善职业保障体系,要建立符合职业特点的法官、检察官管理制度

C. 完善职业保障体系,要建立法官、检察官专业职务序列和工资制度

D. 合理的退休制度也是保障制度的重要组成部分,应予高度重视

13. 我国法律援助制度因其保障人权而体现司法正义,因其救助贫困而体现社会公平。关于该制度,下列哪一表述是不正确的?

A. 我国法律援助是政府的一项重要职责,在性质上是一种社会保障制度

B. 实施法律援助的既有律师、法援机构,也有社会组织,形式上包括诉讼法律援助、非诉讼法律援助及公证、法律咨询

C. 对公民的法律援助申请和法院指派的法律援助案件,由法援机构统一受理、审查、指派、监督,必要时可以委托慈善机构协助受理事宜

D. 法援对象包括符合法定受援条件的经济困难者、残疾者、弱者,及符合规定的外国公民及无国籍人

14. 秦律师在甲律师事务所执业期间,以乙法律服务中心的名义在某网络平台发布视频,配字"提供法律咨询、代写文书等服务",用于个人宣传。关于秦律师的行为,下列哪一评价是正确的?

A. 在网络平台进行业务推广,违反律师执业规范

B. 干扰了正常的诉讼和仲裁活动

C. 属于以不正当方式承揽业务

D. 以非律师身份宣传,并不违反律师执业规范

15. ①立法解释是由立法机关作出的解释,既然立法机关在制定法律时可以规定"携带凶器抢夺的"以抢劫罪论处,那么,立法解释也可以规定"携带凶器盗窃的,以抢劫罪论处"。②当然,立法解释毕竟是解释,所以,立法解释不得进行类推解释。③司法解释也具有法律效力,当司法解释与立法解释相抵触时,应适用新解释优于旧解释的原则。④不过,司法解释的效力低于立法解释的效力,所以,立法解释可以进行扩大解释,司法解释不得进行扩大解释。关于上述四句话正误的判断,下列哪一选项是正确的?

A. 第①句正确,其他错误

B. 第②句正确,其他错误

C. 第③句正确,其他错误

D. 第④句正确,其他错误

16. 关于因果关系,下列哪一选项是正确的?

A. 甲跳楼自杀,砸死行人乙。这属于低概率事件,甲的行为与乙的死亡之间无因果关系

B. 集资诈骗案中,如出资人有明显的贪利动机,就不能认定非法集资行为与资金被骗结果之间有因果关系

C. 甲驾车将乙撞死后逃逸,第三人丙拿走乙包中贵重财物。甲的肇事行为与乙的财产损失之间有因果关系

D. 司法解释规定,虽交通肇事重伤 3 人以上但负事故次要责任的,不构成交通肇事罪。这说明即使有条件关系,也不一定能将结果归责于行为

17. 甲与素不相识的崔某发生口角,推了他肩部一下,踢了他屁股一脚。崔某忽觉胸部不适继而倒

地,在医院就医时死亡。经鉴定,崔某因患冠状粥样硬化性心脏病,致急性心力衰竭死亡。关于本案,下列哪一选项是正确的?

A. 甲成立故意伤害罪,属于故意伤害致人死亡

B. 甲的行为既不能认定为故意犯罪,也不能认定为意外事件

C. 甲的行为与崔某死亡结果之间有因果关系,这是客观事实

D. 甲主观上对崔某死亡具有预见可能性,成立过失致人死亡罪

18. 甲患抑郁症欲自杀,但无自杀勇气。某晚,甲用事前准备的刀猛刺路人乙胸部,致乙当场死亡。随后,甲向司法机关自首,要求司法机关判处其死刑立即执行。对于甲责任能力的认定,下列哪一选项是正确的?

A. 抑郁症属于严重精神病,甲没有责任能力,不承担故意杀人罪的责任

B. 抑郁症不是严重精神病,但甲的想法表明其没有责任能力,不承担故意杀人罪的责任

C. 甲虽患有抑郁症,但具有责任能力,应当承担故意杀人罪的责任

D. 甲具有责任能力,但患有抑郁症,应当对其从轻或者减轻处罚

19. 关于正当防卫与紧急避险,下列哪一选项是正确的?

A. 为保护国家利益实施的防卫行为,只有当防卫人是国家工作人员时,才成立正当防卫

B. 为制止正在进行的不法侵害,使用第三者的财物反击不法侵害人,导致该财物被毁坏的,对不法侵害人不可能成立正当防卫

C. 为摆脱合法追捕而侵入他人住宅的,考虑到人性弱点,可认定为紧急避险

D. 为保护个人利益免受正在发生的危险,不得已也可通过损害公共利益的方法进行紧急避险

20. 甲遭乙追杀,情急之下夺过丙的摩托车骑上就跑,丙被摔骨折。乙开车继续追杀,甲为逃命飞身跳下疾驶的摩托车奔入树林,丙一万元的摩托车被毁。关于甲行为的说法,下列哪一选项是正确的?

A. 属于正当防卫

B. 属于紧急避险

C. 构成抢夺罪

D. 构成故意伤害罪、故意毁坏财物罪

21. 甲因父仇欲重伤乙,将乙推倒在地举刀便砍,乙慌忙抵挡喊说:"是丙逼我把你家老汉推下粪池的,不信去问丁。"甲信以为真,遂松开乙,乙趁机逃走。关于本案,下列哪一选项是正确的?

A. 甲不成立故意伤害罪

B. 甲成立故意伤害罪中止

C. 甲的行为具有正当性

D. 甲成立故意伤害罪未遂(不能犯)

22. 看守所值班武警甲擅离职守,在押的犯罪嫌疑人乙趁机逃走,但刚跑到监狱外的树林即被抓回。关于本案,下列哪一选项是正确的?

A. 甲主观上是过失,乙是故意

B. 甲、乙是事前无通谋的共犯

C. 甲构成私放在押人员罪

D. 乙不构成脱逃罪

23. 何经理为了销售本公司经营的医疗器械,安排公司监事刘某在与某市立医院联系销售业务过程中,按销售金额25%的比例给医院四位正、副院长回扣共计25万余元。本案中,该公司提供回扣的行为构成何罪?

A. 行贿罪

B. 对非国家工作人员行贿罪

C. 单位行贿罪

D. 对单位行贿罪

24. 下列哪一行为应以玩忽职守罪论处?

A. 法官执行判决时严重不负责任,因未履行法定执行职责,致当事人利益遭受重大损失

B. 检察官讯问犯罪嫌疑人甲,甲要求上厕所,因检察官违规打开械具后未跟随,致甲在厕所翻窗逃跑

C. 值班警察与女友电话聊天时接到杀人报警,又闲聊10分钟后才赶往现场,因延迟出警,致被害人被杀、歹徒逃走

D. 市政府基建负责人因听信朋友介绍,未经审查便与对方签订建楼合同,致被骗300万元

25. 甲(民营企业销售经理)因合同诈骗罪被捕。在侦查期间,甲主动供述曾向国家工作人员乙行贿9万元,司法机关遂对乙进行追诉。后查明,甲的行为属于单位行贿,行贿数额尚未达到单位行贿罪的定罪标准。甲的主动供述构成下列哪一量刑情节?

A. 坦白　　　　　　B. 立功

C. 自首　　　　　　D. 准自首

26. 甲对拆迁不满,在高速公路中间车道用树枝点燃一个焰高约20厘米的火堆,将其分成两堆后离开。火堆很快就被通行车辆轧灭。关于本案,下列哪一选项是正确的?

A. 甲的行为成立放火罪

B. 甲的行为成立以危险方法危害公共安全罪

C. 如认为甲的行为不成立放火罪,那么其行为也不可能成立以危险方法危害公共安全罪

D. 行为危害公共安全,但不构成放火、决水、爆炸等犯罪的,应以危险方法危害公共安全罪论处

27. 甲、乙夫妇因8岁的儿子严重残疾,生活完全不能自理而非常痛苦。一天,甲往儿子要喝的牛奶里放入"毒鼠强"时被乙看到,乙说:"这是毒药吧,你给他喝呀?"见甲不说话,乙叹了口气后就走开了。毒死儿子后,甲、乙二人一起掩埋尸体并对外人说儿子因病而死。关于甲、乙行为的定性,下列哪一选项是正确的?

A. 甲与乙构成故意杀人的共同犯罪

B. 甲构成故意杀人罪,乙构成包庇罪

C. 甲构成故意杀人罪,乙构成遗弃罪

D. 甲构成故意杀人罪,乙无罪

28. 关于故意杀人罪、故意伤害罪的判断,下列哪一选项是正确的?

A. 甲的父亲乙身患绝症,痛苦不堪。甲根据乙的请求,给乙注射过量镇定剂致乙死亡。乙的同意是真实的,对甲的行为不应以故意杀人罪论处

B. 甲因口角,捅乙数刀,乙死亡。如甲不顾乙的死伤,则应按实际造成的死亡结果认定甲构成故意杀人罪,因为死亡与伤害结果都在甲的犯意之内

C. 甲谎称乙的女儿丙需要移植肾脏,让乙捐肾给丙。乙同意,但甲将乙的肾脏摘出后移植给丁。因乙同意捐献肾脏,甲的行为不成立故意伤害罪

D. 甲征得乙(17周岁)的同意,将乙的左肾摘出,移植给乙崇拜的歌星。乙的同意有效,甲的行为不成立故意伤害罪

29. 菜贩刘某将蔬菜装入袋中,放在居民小区路旁长条桌上,写明"每袋20元,请将钱放在铁盒内"。然后,刘某去3公里外的市场卖菜。小区理发店的店员经常好奇地出来看看是否有人偷菜。甲数次公开拿走蔬菜时假装往铁盒里放钱。关于甲的行为定性(不考虑数额),下列哪一选项是正确的?

A. 甲乘人不备,公然拿走刘某所有的蔬菜,构成抢夺罪

B. 蔬菜为经常出来查看的店员占有,甲构成盗窃罪

C. 甲假装放钱而实际未放钱,属诈骗行为,构成诈骗罪

D. 刘某虽距现场3公里,但仍占有蔬菜,甲构成盗窃罪

30. 甲在某银行的存折上有4万元存款。某日,甲将存款全部取出,但由于银行职员乙工作失误,未将存折底卡销毁。半年后,甲又去该银行办理存储业务,乙对甲说:"你的4万元存款已到期。"甲听后,灵机一动,对乙谎称存折丢失。乙为甲办理了挂失手续,甲取走4万元。甲的行为构成何罪?

A. 侵占罪

B. 盗窃罪(间接正犯)

C. 诈骗罪

D. 金融凭证诈骗罪

31. 关于《刑事诉讼法》"尊重和保障人权,保护公民的人身权利、财产权利、民主权利和其他权利"的规定,下列哪一选项是正确的?

A. 体现了以人为本、保障和维护公民基本权利和自由的理念

B. 体现了犯罪嫌疑人、被告人权利至上的理念

C. 体现了实体公正与程序公正并重的理念

D. 体现了公正优先、兼顾效率的理念

32. 关于辩护律师在刑事诉讼中享有的权利和承担的义务,下列哪一说法是正确的?

A. 在侦查期间可以向犯罪嫌疑人核实证据

B. 会见在押的犯罪嫌疑人、被告人,可以了解案件有关情况

C. 收集到的有利于犯罪嫌疑人的证据,均应及时告知公安机关、检察院

D. 在执业活动中知悉犯罪嫌疑人、被告人曾经实施犯罪的,应及时告知司法机关

33. 下列哪一选项表明我国基本确立了自白任意性规则?

A. 侦查人员在讯问犯罪嫌疑人的时候,可以对讯问过程进行录音或者录像

B. 不得强迫任何人证实自己有罪

C. 逮捕后应当立即将被逮捕人送交看守所羁押

D. 不得以连续拘传的方式变相拘禁犯罪嫌疑人、被告人

34. 甲致乙重伤,收集到下列证据,其中既属于直接证据,又属于原始证据的是哪一项?

A. 有被害人血迹的匕首

B. 证人看到甲身上有血迹,从现场走出的证言

C. 匕首上留下的指印与甲的指纹同一的鉴定意见

D. 乙对甲伤害自己过程的陈述

35. 关于取保候审的程序限制,下列哪一选项是正确的?

A. 保证金应当由决定机关统一收取,存入指定银行的专门账户

B. 对于可能判处徒刑以上刑罚的,不得采取取保候审措施

C. 对同一犯罪嫌疑人不得同时使用保证金担保和保证人担保两种方式

D. 对违反取保候审规定,需要予以逮捕的,不得对犯罪嫌疑人、被告人先行拘留

36. 关于期间的计算,下列哪一选项是正确的?

A. 重新计算期限包括公检法的办案期限和当事

人行使诉讼权利的期限两种情况

B. 上诉状或其他法律文书在期满前已交邮的不算过期,已交邮是指在期间届满前将上诉状或其他法律文书递交邮局或投入邮筒内

C. 法定期间不包括路途上的时间,比如有关诉讼文书材料在公检法之间传递的时间应当从法定期间内扣除

D. 犯罪嫌疑人、被告人在押的案件,在羁押场所以外对患有严重疾病的犯罪嫌疑人、被告人进行医治的时间,应当从法定羁押期间内扣除

37. 某地发生一起以爆炸手段故意杀人致多人伤亡的案件。公安机关立案侦查后,王某被确定为犯罪嫌疑人。关于本案辨认,下列哪一选项是正确的?

A. 证人甲辨认制造爆炸物的工具时,混杂了另外4套同类工具

B. 证人乙辨认犯罪嫌疑人时未同步录音或录像,辨认笔录不得作为定案的依据

C. 证人丙辨认犯罪现场时没有见证人在场,辨认笔录不得作为定案的依据

D. 王某作为辨认人时,陪衬物不受数量的限制

38. 检察院对孙某敲诈勒索案审查起诉后认为,作为此案关键证据的孙某口供系刑讯所获,依法应予排除。在排除该口供后,其他证据显然不足以支持起诉,因而作出不起诉决定。关于该案处理,下列哪一选项是错误的?

A. 检察院的不起诉属于存疑不起诉

B. 检察院未经退回补充侦查即作出不起诉决定违反《刑事诉讼法》的规定

C. 检察院排除刑讯获得的口供,体现了法律监督机关的属性

D. 检察院不起诉后,又发现新的证据,符合起诉条件时,可提起公诉

39. 按照我国《刑事诉讼法》的规定,关于法庭审理活动先后顺序的排列,下列哪一选项的组合是正确的?

①宣读勘验笔录;②公诉人发表公诉词;③讯问被告人;④询问证人、鉴定人;⑤出示物证;⑥被告人最后陈述。

A. ②③⑤④①⑥

B. ③④⑤①②⑥

C. ②④⑤①⑥③

D. ③④①⑤②⑥

40. 某电子科技有限公司因涉嫌虚开增值税专用发票罪被提起公诉,公司董事长、总经理、会计等5人被认定为该单位犯罪的直接责任人员。在法院审理中,该公司被注销。关于法院的处理,下列哪一选项是正确的?

A. 继续审理

B. 终止审理

C. 终止审理,建议检察机关对公司董事长、总经理、会计等另行起诉

D. 退回检察机关,建议检察机关对公司董事长、总经理、会计等另行起诉

41. 被告人甲犯数罪被判死刑,甲向辩护人咨询死刑复核程序的有关情况,辩护人对此作出的下列哪一答复符合法律及司法解释的规定?

A. 应当调查甲的人际关系

B. 应当为甲指定辩护人

C. 应当审查甲犯罪的情节、后果及危害程度

D. 应当开庭审理并通知检察院派员出庭

42. 检察院以关某涉嫌盗窃罪提起公诉,关某表示认罪认罚,人民检察院建议对关某判处4年有期徒刑,法院适用简易程序审理本案。判决宣告前,法院发现关某还另有盗窃事实没有移送,于是通知检察院,检察院没有在指定时间内予以回复。下列关于法院的做法正确的是:

A. 将简易程序转为普通程序进行审理

B. 应当对关某判处有期徒刑4年

C. 可以就新发现的犯罪事实自行调查

D. 应当就起诉书指控的事实作出裁判

43. 下列哪一选项不属于犯罪嫌疑人、被告人逃匿、死亡案件违法所得没收程序中的"违法所得及其他涉案财产"?

A. 刘某恐怖活动犯罪案件中从其住处搜出的管制刀具

B. 赵某贪污案赃款存入银行所得的利息

C. 王某恐怖活动犯罪案件中制造爆炸装置使用的所在单位的仪器和设备

D. 周某贿赂案受贿所得的古玩

44. 关于地方政府机构设置和编制管理,下列哪一选项是正确的?

A. 政府机构编制管理机关实行省以下垂直管理体制

B. 地方政府在设置机构时应当充分考虑财政的供养能力

C. 县级以上政府的行政机构可以要求下级政府设立与其业务对口的行政机构

D. 地方事业单位机构设置和编制管理办法,由国务院机构编制管理机关审核发布

45. 《计算机信息网络国际联网安全保护管理办法》于1997年12月11日经国务院批准,由公安部于1997年12月30日以公安部部令发布。该办法属于哪一性质的规范?

A. 行政法规

B. 国务院的决定

C. 规章

D. 一般规范性文件

46. 行政机关所实施的下列行为中,哪一项属于具体行政行为?

A. 公安交管局在辖区内城市快速路入口处悬挂"危险路段,谨慎驾驶"的横幅

B. 县公安局依照《刑事诉讼法》对李某进行拘留

C. 区政府对王某作出房屋征收决定

D. 因民间纠纷引起的打架斗殴双方经公安派出所调解达成的协议

47. 食品药品监督管理局向一药店发放药品经营许可证。后接举报称,该药店存在大量非法出售处方药的行为,该局在调查中发现药店的药品经营许可证系提供虚假材料欺骗所得。关于对许可证的处理,该局下列哪一做法是正确的?

A. 撤回

B. 撤销

C. 吊销

D. 待有效期限届满后注销

48. 市政府决定,将牛某所在村的集体土地征收转为建设用地。因对补偿款数额不满,牛某对现场施工进行阻挠。市公安局接警后派警察到现场处理。经口头传唤和调查后,该局对牛某处以 10 日拘留。牛某不服处罚起诉,法院受理。下列哪一说法是正确的?

A. 市公安局警察口头传唤牛某构成违法

B. 牛某在接受询问时要求就被询问事项自行提供书面材料,不予准许

C. 市政府征收土地决定的合法性不属于本案的审查范围

D. 本案不适用变更判决

49. 某市质监局发现王某开设的超市销售伪劣商品,遂依据《产品质量法》对发现的伪劣商品实施扣押。关于扣押的实施,下列哪一说法是错误的?

A. 因扣押发生的保管费用由王某承担

B. 应制作现场笔录

C. 应制作并当场交付扣押决定书和扣押清单

D. 不得扣押与违法行为无关的财物

50. 李某被县公安局以涉嫌盗窃为由刑事拘留,后被释放。李某向县公安局申请国家赔偿,遭到拒绝,经复议后,向市中级法院赔偿委员会申请作出赔偿决定。下列哪一说法是正确的?

A. 李某应向赔偿委员会递交赔偿申请书一式四份

B. 县公安局可以委托律师作为代理人

C. 县公安局应对李某的损失与刑事拘留行为之间是否存在因果关系提供证据

D. 李某不服中级法院赔偿委员会作出的赔偿决定的,可以向上一级法院赔偿委员会申请复议一次

二、多项选择题。每题所设选项中至少有两个正确答案,多选、少选、错选或不选均不得分。本部分含51-85 题,每题 2 分,共 70 分。

51.《最高人民法院关于适用〈中华人民共和国民法典〉时间效力的若干规定》提出,民法典施行前的法律事实引起的民事纠纷案件,当时的法律、司法解释没有规定而民法典有规定的,可以适用民法典的规定。对此,下列哪些说法是正确的?

A.《民法典》具有溯及力

B. 该规定表明新法优于旧法

C. 该规定的效力等同于法律

D. 该规定需要在全国人大常委会备案

52. 2007 年,张某请风水先生选了块墓地安葬亡父,下葬时却挖到十年前安葬的刘某父亲的棺木,张某将该棺木锯下一角,紧贴着安葬了自己父亲。后刘某发觉,以故意损害他人财物为由起诉张某,要求赔偿损失以及精神损害赔偿。对于此案,合议庭意见不一。法官甲认为,下葬棺木不属于民法上的物,本案不存在精神损害。法官乙认为,张某不仅要承担损毁他人财物的侵权责任,还要因其行为违背公序良俗而向刘某支付精神损害赔偿金。对此,下列哪些说法是正确的?

A. 下葬棺木是否属于民法上的物,可以通过"解释学循环"进行判断

B. "入土为安,死者不受打扰"是中国大部分地区的传统,在一定程度上可以成为法律推理的前提之一

C. "公序良俗"属伦理范畴,非法律规范,故法官乙推理不成立

D. 当地群众对该事件的一般看法,可成为判断刘某是否受到精神损害的因素之一

53. 某省人大选举实施办法中规定:"本行政区域各选区每一代表所代表的人口数应当大体相等。各选区每一代表所代表的人口数与本行政区域内每一代表所代表的平均人口数之间相差的幅度一般不超过百分之三十。"关于这一规定,下列哪些说法是正确的?

A. 是选举权的平等原则在选区划分中的具体体现

B. "大体相等"允许每一代表所代表的人口数之间存在差别

C. "百分之三十"的规定是对前述"大体相等"的进一步限定

D. 不保证各地区、各民族、各方面都有适当数量的代表

54. 某村村委会未经村民会议讨论，制定了土地承包经营方案，侵害了村民的合法权益，引发了村民的强烈不满。根据《村民委员会组织法》的规定，下列哪些做法是正确的？

A. 村民会议有权撤销该方案

B. 由该村所在地的乡镇级政府责令改正

C. 受侵害的村民可以申请法院予以撤销

D. 村民代表可以就此联名提出罢免村委会成员的要求

55. 关于区域协同立法与区域合作，下列哪些说法是正确的？

A. 可以开展区域协同立法的主体限于省、自治区、直辖市的人民代表大会及其常委会

B. 区域协同立法不能同宪法、法律、行政法规相抵触

C. 县级以上人民政府可以共同建立跨行政区划的区域协同发展工作机制，加强区域合作

D. 上级人民政府领导下级人民政府的区域合作工作

56.《唐律疏议·贼盗》载"祖父母为人杀私和"疏："若杀祖父母、父母应偿死者，虽会赦，仍移乡避仇。以其与子孙为仇，故令移配。"下列哪些理解是正确的？

A. 杀害同乡人的祖父母、父母依律应处死刑者，若遇赦虽能免罪，但须移居外乡

B. 该条文规定的移乡避仇制体现了情法并列、相互避让的精神

C. 该条文将法律与社会生活相结合统一考虑，表现出唐律较为高超的立法技术

D. 该条文侧面反映了唐律"礼律合一"的特点，为法律确立了解决亲情与法律相冲突的特殊模式

57. 甲、乙、丙、丁都是某多边条约的缔约国，条约规定缔约国之间就该条约产生的纠纷应由国际法院管辖。甲国对此规定声明保留；乙国表示接受甲国的保留；丙国不仅反对甲国的保留，还反对条约在甲、丙两国之间生效；丁国仅反对甲国的保留，但不反对条约其他条款在甲、丁两国的适用。甲、乙、丙、丁都是《维也纳条约法公约》的缔约国，下列哪些判断是正确的？

A. 甲、乙之间因该条约产生的纠纷应由国际法院管辖

B. 丙国可反对甲国的保留，但不能反对条约在甲、丙两国之间生效

C. 甲、丁之间条约有效，保留所涉及的条款在两国之间视为不存在

D. 乙、丁之间因该条约产生的纠纷应由国际法院管辖

58. 甲欲杀乙，便向乙开枪，但开枪的结果是将乙和丙都打死。关于本案，下列哪些选项是正确的？

A. 根据具体符合说，甲对乙成立故意杀人既遂，对丙成立过失致人死亡罪

B. 根据法定符合说，甲对乙与丙均成立故意杀人既遂

C. 不管是根据具体符合说，还是根据法定符合说，甲对乙与丙均成立故意杀人既遂

D. 不管是根据具体符合说，还是根据法定符合说，甲对乙成立故意杀人既遂，对丙成立过失致人死亡罪

59. 关于犯罪停止形态的论述，下列哪些选项是正确的？

A. 甲（总经理）召开公司会议，商定逃税。甲指使财务人员黄某将1笔500万元的收入在申报时予以隐瞒，但后来黄某又向税务机关如实申报，缴纳应缴税款。单位属于犯罪未遂，黄某属于犯罪中止

B. 乙抢夺邹某现金20万元，后发现全部是假币。乙构成抢夺罪既遂

C. 丙以出卖为目的，偷盗婴儿后，惧怕承担刑事责任，又将婴儿送回原处。丙构成拐卖儿童罪既遂，不构成犯罪中止

D. 丁对仇人胡某连开数枪均未打中，胡某受惊心脏病突发死亡。丁成立故意杀人罪既遂

60. 关于罪数的认定，下列哪些选项是错误的？

A. 引诱幼女卖淫后，又容留该幼女卖淫的，应认定为引诱、容留卖淫罪

B. 既然对绑架他人后故意杀害他人的不实行数罪并罚，那么对绑架他人后伤害他人的就更不能实行数罪并罚

C. 发现盗得的汽车质量有问题而将汽车推下山崖的，成立盗窃罪与故意毁坏财物罪，应当实行并罚

D. 明知在押犯脱逃后去杀害证人而私放，该犯果真将证人杀害的，成立私放在押人员罪与故意杀人罪，应当实行并罚

61. 下列哪些选项不构成立功？

A. 甲是唯一知晓同案犯裴某手机号的人，其主动供述裴某手机号，侦查机关据此采用技术侦查手段将裴某抓获

B. 乙因购买境外人士赵某的海洛因被抓获后，按司法机关要求向赵某发短信"报平安"，并表示还要购买毒品，赵某因此未离境，等待乙时被抓获

C. 丙被抓获后，通过律师转告其父想办法协助

司法机关抓捕同案犯,丙父最终找到同案犯藏匿地点,协助侦查机关将其抓获

D. 丁被抓获后,向侦查机关提供同案犯的体貌特征,同案犯由此被抓获

62. 刘某专营散酒收售,农村小卖部为其供应对象。刘某从他人处得知某村办酒厂生产的散酒价格低廉,虽掺有少量有毒物质,但不会致命,遂大量购进并转销给多家小卖部出售,结果致许多饮者中毒甚至双眼失明。下列哪些选项是正确的?

A. 造成饮用者中毒的直接责任人是某村办酒厂,应以生产和销售有毒、有害食品罪追究其刑事责任;刘某不清楚酒的有毒成分,可不负刑事责任

B. 对刘某应当以生产和销售有毒、有害食品罪追究刑事责任

C. 应当对构成犯罪者并处罚金或没收财产

D. 村办酒厂和刘某构成共同犯罪

63. 甲为要回 30 万元赌债,将乙扣押,但 2 天后乙仍无还款意思。甲等 5 人将乙押到一处山崖上,对乙说:"3 天内让你家人送钱来,如今天不答应,就摔死你。"乙勉强说只有能力还 5 万元。甲刚说完"一分都不能少",乙便跳崖。众人慌忙下山找乙,发现乙已坠亡。关于甲的行为定性,下列哪些选项是错误的?

A. 属于绑架致使被绑架人死亡

B. 属于抢劫致人死亡

C. 属于不作为的故意杀人

D. 成立非法拘禁,但不属于非法拘禁致人死亡

64. 关于抢夺罪,下列哪些判断是错误的?

A. 甲驾驶汽车抢夺乙的提包,汽车能致人死亡属于凶器。甲的行为应认定为携带凶器抢夺罪

B. 甲与乙女因琐事相互厮打时,乙的耳环(价值 8,000 元)掉在地上。甲假装摔倒在地迅速将耳环握在手中,乙见甲摔倒便离开了现场。甲的行为成立抢夺罪

C. 甲骑着摩托车抢夺乙的背包,乙使劲抓住背包带,甲见状便加速行驶,乙被拖行十多米后松手。甲的行为属于情节特别严重的抢夺罪

D. 甲明知行人乙的提包中装有毒品而抢夺,毒品虽然是违禁品,但也是财物。甲的行为成立抢夺罪

65. 下列哪些行为属于盗窃?

A. 甲穿过铁丝网从高尔夫球场内"拾得"大量高尔夫球

B. 甲在夜间翻入公园内,从公园水池中"捞得"旅客投掷的大量硬币

C. 甲在宾馆房间"拾得"前一顾客遗忘的笔记本电脑一台

D. 甲从一辆没有关好门的小轿车内"拿走"他人公文包

66. 根据《刑法》有关规定,下列哪些说法是正确的?

A. 甲系某国企总经理之妻,甲让其夫借故辞退企业财务主管,而以好友陈某取而代之,陈某赠甲一辆价值 12 万元的轿车。甲构成犯罪

B. 乙系已离职的国家工作人员,请接任处长为缺少资质条件的李某办理了公司登记,收取李某 10 万元。乙构成犯罪

C. 丙系某国家机关官员之子,利用其父管理之便,请其父下属将不合条件的某企业列入政府采购范围,收受该企业 5 万元。丙构成犯罪

D. 丁系国家工作人员,在主管土地拍卖工作时向一家房地产公司通报了重要情况,使其如愿获得黄金地块。丁退休后,该公司为表示感谢,自作主张送与丁价值 5 万元的按摩床。丁构成犯罪

67. 下列关于检察院办理刑事案件的表述,哪些是正确的?

A. 检察办案组办理案件时应当请求检察长或副检察长担任主办检察官

B. 以检察院名义制发的法律文书,检察长可以授权检察官签发

C. 检察委员会可以对部分办案事项作出决定并承担相应司法责任

D. 上级检察院认为下级检察院作出的不起诉决定错误,可以撤销不起诉决定

68. 我国强制措施的适用应遵循变更性原则。下列哪些情形符合变更性原则的要求?

A. 拘传期间因在身边发现犯罪证据而直接予以拘留

B. 犯罪嫌疑人在取保候审期间被发现另有其他罪行,要求其相应地增加保证金的数额

C. 犯罪嫌疑人在取保候审期间违反规定后对其先行拘留

D. 犯罪嫌疑人被羁押的案件,不能在法律规定的侦查羁押期限内办结的,予以释放

69. 下列哪些证据属于书证?

A. 某强奸案,在犯罪嫌疑人住处收集的笔记本,其中记载着其作案经过及对被害人的描述

B. 某贪污案,为查明账册涂改人而进行鉴定的笔迹

C. 某故意伤害案,证人书写的书面证词

D. 某走私淫秽物品案,犯罪嫌疑人非法携带的淫秽书刊

70. 关于讯问犯罪嫌疑人,下列哪些选项是正确的?

A. 在拘留犯罪嫌疑人之前,一律不得对其进行讯问

B. 在拘留犯罪嫌疑人之后,可在送看守所羁押前进行讯问

C. 犯罪嫌疑人被拘留送看守所之后,讯问应当在看守所内进行

D. 对于被指定居所监视居住的犯罪嫌疑人,应当在指定的居所进行讯问

71. 高某利用职务便利多次收受贿赂,还雇凶将举报他的下属王某打成重伤。关于本案庭前会议,下列哪些选项是正确的?

A. 高某可就案件管辖提出异议

B. 王某提起附带民事诉讼的,可调解

C. 高某提出其口供系刑讯所得,法官可在审查讯问时同步录像的基础上决定是否排除口供

D. 庭前会议上出示过的证据,庭审时举证、质证可简化

72. 下列哪些案件法院审理时可以调解?

A.《刑法》规定告诉才处理的案件

B. 被害人有证据证明的轻微刑事案件

C. 检察院决定不起诉后被害人提起自诉的案件

D. 刑事诉讼中的附带民事诉讼案件

73. 下列哪些二审案件依法应当开庭审理?

A. 甲犯贪污罪被一审判处有期徒刑五年,检察院认为量刑畸轻而抗诉的

B. 乙犯伤害罪被一审判处无期徒刑,乙上诉的

C. 丙犯抢劫罪被一审判处死刑缓期二年执行,丙对事实、证据无异议,以量刑过重为由上诉的

D. 丁犯杀人罪被一审判处死刑立即执行,丁上诉的

74. 关于有期徒刑缓刑、拘役缓刑的执行,下列哪些选项是正确的?

A. 对宣告缓刑的罪犯,法院应当核实其居住地

B. 法院应当向罪犯及原所在单位或居住地群众宣布犯罪事实、期限及应遵守的规定

C. 罪犯在缓刑考验期内犯新罪应当撤销缓刑的,由原审法院作出裁定

D. 法院撤销缓刑的裁定,一经作出立即生效

75. 甲因琐事与乙发生口角进而厮打,推搡之间,不慎致乙死亡。检察院以甲涉嫌过失致人死亡提起公诉,乙母丙向法院提起附带民事诉讼。关于本案处理,下列哪些选项是正确的?

A. 法院可对附带民事部分进行调解

B. 如甲与丙经法院调解达成协议,调解协议中约定的赔偿损失内容可分期履行

C. 如甲提出申请,法院可组织甲与丙协商以达

成和解

D. 如甲与丙达成刑事和解,其约定的赔偿损失内容可分期履行

76. 某县政府发布通知,对直接介绍外地企业到本县投资的单位和个人按照投资项目实际到位资金金额的千分之一奖励。经张某引荐,某外地企业到该县投资 500 万元,但县政府拒绝支付奖励金。县政府的行为不违反下列哪些原则或要求?

A. 比例原则　　　B. 行政公开

C. 程序正当　　　D. 权责一致

77. 关于公务员的辞职和辞退,下列哪些说法是正确的?

A. 重要公务尚未处理完毕的公务员,不得辞去公职

B. 领导成员对重大事故负有领导责任的,应引咎辞去公职

C. 对患病且在规定的医疗期内的公务员,不得辞退

D. 被辞退的公务员,可根据国家有关规定享受失业保险

78. 关于具体行政行为的效力,下列哪些说法是正确的?

A. 可撤销的具体行政行为在被撤销之前,当事人应受其约束

B. 具体行政行为废止前给予当事人的利益,在该行为废止后应收回

C. 为某人设定专属权益的行政行为,如此人死亡其效力应终止

D. 对无效具体行政行为,任何人都可以向法院起诉主张其无效

79. 根据相关法律规定,在行政决定作出前,当事人有权就下列哪些情形要求举行听证?

A. 区工商分局决定对个体户王某销售的价值 10 万元的假冒他人商标的服装予以扣押

B. 县公安局以非法种植罂粟为由对陈某处以 3000 元罚款

C. 区环保局责令排放污染物严重的某公司停业整顿

D. 胡某因酒后驾车,被公安交管部门吊销驾驶证

80. 某公安派出所以李某放任所饲养的烈性犬恐吓张某为由对李某处以 500 元罚款。关于该处罚决定,下列哪些说法是正确的?

A. 公安派出所可以自己名义作出决定

B. 可当场作出处罚决定

C. 应将处罚决定书副本抄送张某

D. 如李某不服处罚决定向法院起诉,应以该派出所所属的公安局为被告

81. 某区河务局认定某公司在河滩违法存放工程废土,决定对其罚款 10 万元。该公司没有在法定期限内申请行政复议或者提起行政诉讼,也没有在指定期限内缴纳罚款。河务局向法院申请强制执行。下列哪些说法是不正确的?

A. 申请法院强制执行前,河务局应当催告该公司履行义务

B. 应当由法院执行庭对罚款决定的合法性进行审查

C. 应当向该公司所在地的基层人民法院申请强制执行

D. 如法院经审查后认为符合执行条件的,应判决准予执行

82. 某镇政府主动公开一胎生育证发放情况的信息。下列哪些说法是正确的?

A. 该信息属于镇政府重点公开的信息

B. 镇政府可以通过设立信息公告栏公开该信息

C. 在无法律、法规或者规章特别规定的情况下,镇政府应当在该信息形成之日起 3 个月内予以公开

D. 镇政府应当及时向公共图书馆提供该信息

83. 县食药局认定某公司用超保质期的食品原料生产食品,根据《食品安全法》没收违法生产的食品和违法所得,并处 5 万元罚款。公司不服申请行政复议。下列哪些说法是正确的?

A. 公司可向市食药局申请行政复议,也可向县政府申请行政复议

B. 公司可委托 1 至 2 名代理人参加行政复议

C. 公司提出行政复议申请时错列被申请人的,行政复议机构应告知公司变更被申请人

D. 对县食药局的决定,申请行政复议是向法院起诉的必经前置程序

84. 甲县宋某到乙县访亲,因醉酒被乙县公安局扣留 24 小时。宋某认为乙县公安局的行为违法,提起行政诉讼。下列哪些说法是正确的?

A. 扣留宋某的行为为行政处罚

B. 甲县法院对此案有管辖权

C. 乙县法院对此案有管辖权

D. 宋某的亲戚为本案的第三人

85. 罗某受到朱某的人身威胁,向公安机关报案,公安机关未采取任何措施。三天后,罗某了解到朱某因涉嫌抢劫被刑事拘留。罗某以公安机关不履行法定职责为由向法院提起行政诉讼,同时提出行政赔偿请求,要求赔偿精神损失。法院经审理认为,公

安机关确未履行法定职责。下列哪些选项是正确的?

A. 因朱某已被刑事拘留,法院应当判决驳回罗某起诉

B. 法院应当判决确认公安机关不履行职责行为违法

C. 法院应当判决公安机关赔偿罗某的精神损失

D. 法院应当判决驳回罗某的行政赔偿请求

三、不定项选择题。每题所设选项中至少有一个正确答案,多选、少选、错选或不选均不得分。本部分含 86-100 题,每题 2 分,共 30 分。

86. 据《二刻拍案惊奇》,大儒朱熹作知县时专好锄强扶弱。一日有百姓诉称:"有乡绅夺去祖先坟茔作了自家坟地。"朱熹知当地颇重风水,常有乡绅强占百姓风水吉地之事,遂亲往踏勘。但见坟地山环水绕,确是宝地,遂问之,但乡绅矢口否认。朱熹大怒,令掘坟取证,见青石一块,其上多有百姓祖先名字。朱熹遂将坟地断给百姓,并治乡绅强占田土之罪。殊不知青石是那百姓暗中埋下的,朱熹一片好心办了错案。对此,下列说法正确的是:

A. 青石上有百姓祖先名字的生活事实只能被建构为乡绅夺去百姓祖先坟茔的案件事实

B. "有乡绅夺去祖先坟茔作了自家坟地"是一个规范语句

C. 勘查现场是确定案件事实的必要条件,但并非充分条件

D. 裁判者自身的价值判断可能干扰其对案件事实的认定

87. 朱某继承了爷爷留下来的一套房屋,起诉至法院要求继祖母秦某搬离房子。法院认为,此住房是秦某唯一住房,且秦某年事已高,无其他生活来源,让其搬离将无家可归。虽然此房屋并未登记设立居住权,但根据《民法典》规定居住权的立法目的,应当承认秦某的居住权。故法院驳回了朱某的诉讼请求。对此,下列说法正确的是:

A. 法院对《民法典》关于居住权立法目的的解释属于外部证成

B. 为了证成秦某的权利,法院做了目的论扩张

C. 朱某的所有权是普通权利,受到居住权这一基本权利的限制

D. 为了确保判决合目的性,法院考量了公序良俗

88. 关于地方人大代表名额,下列说法正确的是:

A. 省、自治区、直辖市的代表总名额不超过一千名

B. 设区的市、自治州的代表总名额不得超过六百五十名

C. 不设区的市、县、自治县人口不足五万的,代表总名额可以少于一百二十名

D. 乡、镇、民族乡人口不足二千的，代表总名额可以少于四十名

89. 根据《宪法》和法律的规定，下列表述错误的是：

A. 全国人大代表在全国人大各种会议上的活动不受法律追究

B. 在全国人大闭会期间，全国人大代表未经选举单位人大常委会批准，不受逮捕和刑事审判

C. 全国人大代表受原选举单位的监督

D. 全国人大代表在全国人民代表大会开会期间，有权提出对国务院或者国务院各部、各委员会的质询案

90. 各级人民代表大会常务委员会有权审查和批准决算、听取预算的执行情况报告。根据《宪法》和《监督法》的规定，下列表述正确的是：

A. 县级以上地方各级人民政府应当在每年六月至九月期间，将上一年度的本级决算草案提请本级人大常委会审查和批准

B. 国务院应当在每年六月至九月期间向全国人大常委会报告本年度上一阶段预算的执行情况

C. 预算安排的资金需要调减的，国务院和县级以上地方各级人民政府应当提请本级人大常委会审查和批准

D. 预算执行和其他财政收支的审计工作情况、审计查出问题整改情况，是地方各级人大常委会财政经济工作监督的内容之一

91. 律师在推进全面依法治国进程中具有重要作用，律师应依法执业、诚信执业、规范执业。根据《律师执业管理办法》，下列做法正确的是：

A. 甲律师依法向被害人收集被告人不在聚众斗殴现场的证据，提交检察院要求其及时进行审查

B. 乙律师对当事人及家属准备到法院门口静坐、举牌、声援的做法，予以及时有效的劝阻

C. 丙律师在向一方当事人提供法律咨询中致电对方当事人，告知对方诉讼请求缺乏法律和事实依据

D. 丁律师在社区普法宣传中，告知群众诉讼是解决继承问题的唯一途径，并称其可提供最专业的诉讼代理服务

92. 关于不作为犯罪，下列选项正确的是：

A. 甲在车间工作时，不小心使一根铁钻刺入乙的心脏，甲没有立即将乙送往医院而是逃往外地。医院证明，即使将乙送往医院，乙也不可能得到救治。甲不送乙就医的行为构成不作为犯罪

B. 甲盗伐树木时砸中他人，明知不立即救治将致人死亡，仍有意不救。甲不救助伤者的行为构成不作为犯罪

C. 甲带邻居小孩出门，小孩失足跌入粪塘，甲嫌脏不愿施救，就大声呼救，待乙闻声赶来救出小孩时，小孩死亡。甲不及时救助的行为构成不作为犯罪

D. 甲乱扔烟头导致所看仓库起火，能够扑救而不救，迅速逃离现场，导致火势蔓延财产损失巨大。甲不扑救的行为构成不作为犯罪

93. 四位学生在课堂上讨论共同犯罪时先后发表了以下观点，其中正确的选项是：

A. 甲：对于犯罪集团的首要分子，应当按照集团所犯的全部罪行处罚，即应当对集团成员所实施的全部犯罪承担刑事责任

B. 乙：在共同犯罪中起主要作用的是主犯，对于犯罪集团首要分子以外的主犯，应当按照其所参与的或者组织、指挥的全部犯罪处罚；对从犯的处罚应当轻于主犯，所以，对于从犯不得按照其所参与的全部犯罪处罚

C. 丙：犯罪集团的首要分子都是主犯，但聚众犯罪的首要分子不一定是主犯，因为聚众犯罪不一定成立共同犯罪

D. 丁：一开始被犯罪集团胁迫参加犯罪，但在着手实行后，非常积极，成为主要的实行人之一，在共同犯罪中起主要作用的，应认定为主犯

94. 甲的丈夫涉嫌职务犯罪被监察机关留置。乙找到甲说："给我 50 万元打点打点，肯定能把你丈夫捞出来。"甲遂交给乙 50 万元。实际上，乙只想用 10 万元打点关系。后乙将 40 万元用于偿还个人债务，另将 10 万元交给丙，让丙送给监察机关工作人员丁，请丁帮忙。丁当场拒收。下列说法正确的是：

A. 甲构成行贿罪既遂，数额为 50 万元

B. 乙构成诈骗罪既遂，数额为 40 万元

C. 乙和丙构成行贿罪未遂，数额为 10 万元

D. 假如丁收受 10 万元后立即上交有关机关，则乙、丙构成行贿罪既遂

95. 梁某因贪污被甲省乙市监察机关立案调查。留置期间梁某认罪认罚，积极退赃，监察机关经调查，认为犯罪事实清楚，证据确实、充分，依法移送人民检察院。在审查起诉期间，梁某拒绝律师为其辩护，下列说法正确的是：

A. 人民检察院应当通知值班律师为梁某提供法律援助

B. 乙市监察机关决定留置应当报请甲省监察机关批准

C. 监察机关可以向检察院提出认罪认罚建议

D. 移送审查起诉后，留置措施自动解除，检察院应当对梁某先行拘留

96. 甲、乙因诈骗罪被判处 3 年有期徒刑，缓期 3 年执行。二审判决生效 2 年后，在另一起诈骗案中发现该案事实认定有误，甲系为丙顶罪，且分担了乙的

部分犯罪事实,于是人民检察院依法对本案提起抗诉,原二审法院依法对本案重新审理。关于本案的再审程序,下列说法正确的是:

A. 再审中可以对乙加重处罚

B. 应当重新组成合议庭审理

C. 再审过程中可以对甲暂停执行未执行完毕的有期徒刑

D. 法院可以决定逮捕乙

97. 关于刑事诉讼中的证明责任,下列哪些选项是正确的?

A. 总是与一定的积极诉讼主张相联系,否认一方不负证明责任

B. 总是与一定的不利诉讼后果相联系,受到不利裁判的不一定承担证明责任

C. 是提出证据责任与说服责任的统一,提出证据并非完全履行了证明责任

D. 是专属于控诉方独自承担的责任,具有一定的责任排他性

98. 甲市政府发布《关于限制道路通行的通告》,自7月20日至7月25日某路段禁止通行。甲市乙区公安分局交警大队通过监控发现李某违反限行规定,对其作出200元罚款决定。李某向乙区政府申请行政复议,乙区政府复议维持。后李某提起诉讼。关于本案,下列说法正确的是:

A.《关于限制道路通行的通告》是具体行政行为

B. 对李某的处罚可适用简易程序

C. 被告是乙区公安分局交警大队和区政府

D. 对李某的监控记录未经审核不得作为证据使用

99. 2010年,县计生委认定孙某违法生育第二胎,决定对孙某征收社会抚养费40000元。孙某向县政府申请复议,要求撤销该决定。县政府维持该决定,并在征收总额中补充列入遗漏的3000元未婚生育社会抚养费。孙某不服,向法院起诉。下列选项正确的是:

A. 此案的被告应为县计生委与县政府

B. 此案应由中级法院管辖

C. 此案的复议决定违法

D. 被告应当在收到起诉状副本之日起10日内提交答辩状

100. 2006年12月5日,王某因涉嫌盗窃被某县公安局刑事拘留,同月11日被县检察院批准逮捕。2008年3月4日王某被一审法院判处有期徒刑二年,王某不服提出上诉。2008年6月5日,二审法院维持原判,判决交付执行。2009年3月2日,法院经再审以王某犯罪时不满16周岁为由撤销生效判决,改判其无罪并当庭释放。王某申请国家赔偿,下列选项正确的是:

A. 国家应当对王某从2008年6月5日到2009年3月2日被羁押的损失承担赔偿责任

B. 国家应当对王某从2006年12月11日到2008年3月4日被羁押的损失承担赔偿责任

C. 国家应当对王某从2006年12月5日到2008年3月4日被羁押的损失承担赔偿责任

D. 国家应当对王某从2008年3月4日到2009年3月2日被羁押的损失承担赔偿责任

试 卷 二

试 题

一、单项选择题。每题所设选项中只有一个正确答案,多选、错选或不选均不得分。本部分含 1—50 题,每题 1 分,共 50 分。

1．乙因病需要换肾,其兄甲的肾脏刚好配型成功,甲乙父母和甲均同意由甲捐肾。因甲是精神病人,医院拒绝办理。后甲意外死亡,甲乙父母决定将甲的肾脏捐献给乙。下列哪一表述是正确的?

A. 甲决定将其肾脏捐献给乙的行为有效

B. 甲生前,其父母决定将甲的肾脏捐献给乙的行为有效

C. 甲死后,其父母决定将甲的肾脏捐献给乙的行为有效

D. 甲死后,其父母决定将甲的肾脏捐献给乙的行为无效

2．王某是甲公司的法定代表人,以甲公司名义向乙公司发出书面要约,愿以 10 万元价格出售甲公司的一块清代翡翠。王某在函件发出后 2 小时意外死亡,乙公司回函表示愿意以该价格购买。甲公司新任法定代表人以王某死亡,且未经董事会同意为由拒绝。关于该要约,下列哪一表述是正确的?

A. 无效　　　　　B. 效力待定

C. 可撤销　　　　D. 有效

3．潘某去某地旅游,当地玉石资源丰富,且盛行"赌石"活动,买者购买原石后自行剖切,损益自负。潘某花 5000 元向某商家买了两块原石,切开后发现其中一块为极品玉石,市场估价上百万元。商家深觉不公,要求潘某退还该玉石或补交价款。对此,下列哪一选项是正确的?

A. 商家无权要求潘某退货

B. 商家可基于公平原则要求潘某适当补偿

C. 商家可基于重大误解而主张撤销交易

D. 商家可基于显失公平而主张撤销交易

4．魏某成立一个体工商户,主营棉花加工和销售。因向银行借款 100 万元,魏某将一批棉花抵押给银行,并办理了抵押登记。后在经营活动中未经银行同意,魏某将棉花以市场价出卖给温某,但未告知温某该批棉花已经抵押的事实,温某向魏某支付了全部价款。银行因魏某届期无法清偿债务欲行使抵押权,始知魏某将棉花出卖于温某的事实。此时,魏某已破产,无其他财产可供清偿,该批棉花也已被温某消耗殆尽。对此,下列哪一项表述是正确的?

A. 银行的抵押权自登记之日起取得

B. 温某没有取得对棉花的所有权

C. 银行对棉花的抵押权已经消灭

D. 温某应赔偿银行的损失

5．甲公司开发的系列楼盘由乙公司负责安装电梯设备。乙公司完工并验收合格投入使用后,甲公司一直未支付工程款,乙公司也未催要。诉讼时效期间届满后,乙公司组织工人到甲公司讨要。因高级管理人员均不在,甲公司新录用的法务小王,擅自以公司名义签署了同意履行付款义务的承诺函,工人们才散去。其后,乙公司提起诉讼。关于本案的诉讼时效,下列哪一说法是正确的?

A. 甲公司仍可主张诉讼时效抗辩

B. 因乙公司提起诉讼,诉讼时效中断

C. 法院可主动适用诉讼时效的规定

D. 因甲公司同意履行债务,其不能再主张诉讼时效抗辩

6．甲、乙和丙于 2012 年 3 月签订了散伙协议,约定登记在丙名下的合伙房屋归甲、乙共有。后丙未履行协议。同年 8 月,法院判决丙办理该房屋过户手续,丙仍未办理。9 月,丙死亡,丁为其唯一继承人。12 月,丁将房屋赠给女友戊,并对赠与合同作了公证。下列哪一表述是正确的?

A. 2012 年 3 月,甲、乙按份共有房屋

B. 2012 年 8 月,甲、乙按份共有房屋

C. 2012 年 9 月,丁为房屋所有人

D. 2012 年 12 月,戊为房屋所有人

7．甲遗失手链 1 条,被乙拾得。为找回手链,甲张贴了悬赏 500 元的寻物告示。后经人指证手链为乙拾得,甲要求乙返还,乙索要 500 元报酬,甲不同意,双方数次交涉无果。后乙在桥边玩耍时手链掉入河中被冲走。下列哪一选项是正确的?

A. 乙应承担赔偿责任,但有权要求甲支付 500 元

B. 乙应承担赔偿责任,无权要求甲支付 500 元

C. 乙不应承担赔偿责任,也无权要求甲支付500元

D. 乙不应承担赔偿责任,有权要求甲支付500元

8. 村民胡某承包了一块农民集体所有的耕地,订立了土地承包经营权合同,未办理确权登记。胡某因常年在外,便与同村村民周某订立土地承包经营权转让合同,将地交周某耕种,未办理变更登记。关于该土地承包经营权,下列哪一说法是正确的?

A. 未经登记不得处分

B. 自土地承包经营权合同生效时设立

C. 其转让合同自完成变更登记时起生效

D. 其转让未经登记不发生效力

9. 朴某是枫蓝公司的业务经理。公司为方便朴某工作,特将公司的一辆特斯拉 Model3 批给朴某无偿使用。后来,朴某因为违反公司的管理制度,在开展业务过程中收受客户回扣,被公司解职。由于公司没有依约向朴某支付应付提成奖金 20 万元,朴某遂对枫蓝公司的该特斯拉汽车主张留置权,不予返还。关于朴某行使留置权的主张,以下哪一项说法是正确的?

A. 朴某有权主张留置权以扣留该汽车

B. 朴某无权就该汽车主张留置权

C. 朴某有权随时将该汽车拍卖,并就价款优先清偿自己的提成奖金

D. 朴某有权在两个月后将该汽车拍卖,并就价款优先清偿自己的提成奖金

10. 胡某于 2006 年 3 月 10 日向李某借款 100 万元,期限 3 年。2009 年 3 月 30 日,双方商议再借 100 万元,期限 3 年。两笔借款均先后由王某保证,未约定保证方式和保证期间。李某未向胡某和王某催讨。胡某仅于 2010 年 2 月归还借款 100 万元。关于胡某归还的 100 万元,下列一表述是正确的?

A. 因 2006 年的借款已到期,故归还的是该笔借款

B. 因 2006 年的借款无担保,故归还的是该笔借款

C. 因 2006 年和 2009 年的借款数额相同,故按比例归还该两笔借款

D. 因 2006 年和 2009 年的借款均有担保,故按比例归还该两笔借款

11. 甲公司在 2011 年 6 月 1 日欠乙公司货款 500 万元,届期无力清偿。2010 年 12 月 1 日,甲公司向丙公司赠送一套价值 50 万元的机器设备。2011年 3 月 1 日,甲公司向丁基金会捐赠 50 万元现金。2011 年 12 月 1 日,甲公司向戊希望学校捐赠价值 100 万元的电脑。甲公司的 3 项赠与行为均尚未履

行。下列哪一选项是正确的?

A. 乙公司有权撤销甲公司对丙公司的赠与

B. 乙公司有权撤销甲公司对丁基金会的捐赠

C. 乙公司有权撤销甲公司对戊学校的捐赠

D. 甲公司有权撤销对戊学校的捐赠

12. 甲公司与乙银行签订借款合同,约定借款期限自 2010 年 3 月 25 日起至 2011 年 3 月 24 日止。乙银行未向甲公司主张过债权,直至 2013 年 4 月 15日,乙银行将该笔债权转让给丙公司并通知了甲公司。2013 年 5 月 16 日,丁公司通过公开竞拍购买并接管了甲公司。下列哪一选项是正确的?

A. 因乙银行转让债权通知了甲公司,故甲公司不得对丙公司主张诉讼时效的抗辩

B. 甲公司债务的诉讼时效从 2013 年 4 月 15 日起中断

C. 丁公司债务的诉讼时效从 2013 年 5 月 16 日起中断

D. 丁公司有权向丙公司主张诉讼时效的抗辩

13. 甲将其 1 辆汽车出卖给乙,约定价款 30 万元。乙先付了 20 万元,余款在 6 个月内分期支付。在分期付款期间,甲先将汽车交付给乙,但明确约定付清全款后甲才将汽车的所有权移转给乙。嗣后,甲又将该汽车以 20 万元的价格卖给不知情的丙,并以指示交付的方式完成交付。下列哪一表述是正确的?

A. 在乙分期付款期间,汽车已经交付给乙,乙即取得汽车的所有权

B. 在乙分期付款期间,汽车虽然已经交付给乙,但甲保留了汽车的所有权,故乙不能取得汽车的所有权

C. 丙对甲、乙之间的交易不知情,可以依据善意取得制度取得汽车所有权

D. 丙不能依甲的指示交付取得汽车所有权

14. 甲公司向乙公司转让了一项技术秘密。技术转让合同履行完毕后,经查该技术秘密是甲公司通过不正当手段从丙公司获得的,但乙公司对此并不知情,且支付了合理对价。下列哪一表述是正确的?

A. 技术转让合同有效,但甲公司应向丙公司承担侵权责任

B. 技术转让合同无效,甲公司和乙公司应向丙公司承担连带责任

C. 乙公司可在其取得时的范围内继续使用该技术秘密,但应向丙公司支付合理的使用费

D. 乙公司有权要求甲公司返还其支付的对价,但不能要求甲公司赔偿其因此受到的损失

15. 下列哪一情形产生了不当得利之债?

A. 甲欠乙款超过诉讼时效后,甲向乙还款

B. 甲欠乙款,提前支付全部利息后又在借期届满前提前还款

C. 甲向乙支付因前晚打麻将输掉的2000元现金

D. 甲在乙银行的存款账户因银行电脑故障多出1万元

16. 甲在集市上抢夺乙的钱包后逃离,路人丙上前帮忙追赶甲。追至一条铁路旁,甲沿路轨奔逃,丙紧追不舍。此时一列火车迎面疾驰而来,甲未及反应被撞身亡,丙因急忙跳下路轨而造成骨折。下列哪一项说法是正确的?

A. 丙应对甲的死亡承担过错责任

B. 丙可请乙给予适当补偿

C. 乙应对甲的死亡承担公平责任

D. 丙应对甲的死亡承担公平责任

17. 下列哪一情形不属于代理?

A. 甲请乙从国外代购1套名牌饮具,乙自己要买2套,故乙共3套一并结账

B. 甲请乙代购茶叶,乙将甲写好茶叶名称的纸条交给销售员,告知其是为自己朋友买茶叶

C. 甲律师接受法院指定担任被告人乙的辩护人

D. 甲介绍歌星乙参加某演唱会,并与主办方签订了三方协议

18. 甲向法院起诉,要求判决乙返还借款本金2万元。在案件审理中,借款事实得以认定,同时,法院还查明乙逾期履行还款义务近一年,法院遂根据银行同期定期存款利息,判决乙还甲借款本金2万元,利息520元。关于法院对该案判决的评论,下列哪一选项是正确的?

A. 该判决符合法律规定,实事求是,全面保护了权利人的合法权益

B. 该判决不符合法律规定,违反了民事诉讼的处分原则

C. 该判决不符合法律规定,违反了民事诉讼的辩论原则

D. 该判决不符合法律规定,违反了民事诉讼的平等原则

19. 甲公司起诉要求乙公司交付货物。被告乙公司向法院主张合同无效,应由原告甲公司承担合同无效的法律责任。关于本案被告乙公司主张的性质,下列哪一说法是正确的?

A. 该主张构成了反诉

B. 该主张是一种反驳

C. 该主张仅仅是一种事实主张

D. 该主张是一种证据

20. 甲在丽都酒店就餐,顾客乙因地板湿滑不慎滑倒,将热汤洒到甲身上,甲被烫伤。甲拟向法院提起诉讼。关于本案当事人的确定,下列哪一说法是正确的?

A. 甲起诉丽都酒店,乙是第三人

B. 甲起诉乙,丽都酒店是第三人

C. 甲起诉,只能以乙或丽都酒店为单一被告

D. 甲起诉丽都酒店,乙是共同被告

21. A厂生产的一批酱油由于香精投放过多,对人体有损害。报纸披露此消息后,购买过该批酱油的消费者纷纷起诉A厂,要求赔偿损失。甲和乙被推选为诉讼代表人参加诉讼。下列哪一选项是正确的?

A. 甲和乙因故不能参加诉讼,法院可以指定另一名当事人为诉讼代表人代表当事人进行诉讼

B. 甲因病不能参加诉讼,可以委托一至两人作为诉讼代理人,而无需征得被代表的当事人的同意

C. 甲和乙可以自行决定变更诉讼请求,但事后应当及时告知其他当事人

D. 甲和乙经超过半数原告方当事人同意,可以和A厂签订和解协议

22. 甲路过乙家门口,被乙叠放在门口的砖头砸伤,甲起诉要求乙赔偿。关于本案的证明责任分配,下列哪一说法是错误的?

A. 乙叠放砖头倒塌的事实,由原告甲承担证明责任

B. 甲受损害的事实,由原告甲承担证明责任

C. 甲所受损害是由于乙叠放砖头倒塌砸伤的事实,由原告甲承担证明责任

D. 乙有主观过错的事实,由原告甲承担证明责任

23. 甲公司以乙公司为被告向法院提起诉讼,要求乙公司支付拖欠的货款100万元。在诉讼中,甲公司申请对乙公司一处价值90万元的房产采取保全措施,并提供担保。一审法院在作出财产保全裁定之后发现,乙公司在向丙银行贷款100万元时已将该房产和一辆小轿车抵押给丙银行。关于本案,下列哪一说法是正确的?

A. 一审法院不能对该房产采取保全措施,因为该房产已抵押给丙银行

B. 一审法院可以对该房产采取保全措施,但是需要征得丙银行的同意

C. 一审法院可以对该房产采取保全措施,但是丙银行仍然享有优先受偿权

D. 一审法院可以对该房产采取保全措施,同时丙银行的优先受偿权丧失

24. 法院对于诉讼中有关情况的处理,下列哪一做法是正确的?

A. 杨某与赵某损害赔偿一案,杨某在去往法院开庭的路上,突遇车祸,被送至医院急救。法院遂决

定中止诉讼

B. 毛某与安某专利侵权纠纷一案,法庭审理过程中,发现需要重新进行鉴定,法院裁定延期审理

C. 甲公司诉乙公司合同纠纷一案,审理过程中,甲公司与其他公司合并,法院裁定诉讼终结

D. 丙公司诉丁公司租赁纠纷一案,法院审理中,发现本案必须以另一案的审理结果为依据,而该案又尚未审结,遂裁定诉讼中止

25．赵洪诉陈海返还借款 100 元,法院决定适用小额诉讼程序审理。关于该案的审理,下列哪一选项是错误的?

A. 应在开庭审理时先行调解

B. 应开庭审理,但经过赵洪和陈海的书面同意后,可书面审理

C. 应当庭宣判

D. 应一审终审

26．某借款纠纷案二审中,双方达成调解协议,被上诉人当场将欠款付清。关于被上诉人请求二审法院制作调解书,下列哪一选项是正确的?

A. 可以不制作调解书,因为当事人之间的权利义务已经实现

B. 可以不制作调解书,因为本案属于法律规定可以不制作调解书的情形

C. 应当制作调解书,因为二审法院的调解结果除解决纠纷外,还具有对一审法院的判决效力发生影响的功能

D. 应当制作调解书,因为被上诉人已经提出请求,法院应当予以尊重

27．赵某与黄某因某项财产所有权发生争议,赵某向法院提起诉讼,经一、二审法院审理后,判决该项财产属赵某所有。此后,陈某得知此事,向二审法院反映其是该财产的共同所有人,并提供了相关证据。二审法院经审查,决定对此案进行再审。关于此案的说法,下列哪一选项是正确的?

A. 陈某不是本案一、二审当事人,不能参加再审程序

B. 二审法院可以直接通知陈某参加再审程序,并根据自愿原则进行调解,调解不成的,告知陈某另行起诉

C. 二审法院可以直接通知陈某参加再审程序,并根据自愿原则进行调解,调解不成的,裁定撤销一、二审判决,发回原审法院重审

D. 二审法院只能裁定撤销一、二审判决,发回原审法院重审

28．李云将房屋出售给王亮,后因合同履行发生争议,经双方住所地人民调解委员会调解,双方达成调解协议,明确王亮付清房款后,房屋的所有权归属

王亮。为确保调解协议的效力,双方约定向法院提出司法确认申请,李云随即长期出差在外。下列哪一说法是正确的?

A. 本案系不动产交易,应向房屋所在地法院提出司法确认申请

B. 李云长期出差在外,王亮向法院提出确认申请,法院可受理

C. 李云出差两个月后,双方向法院提出确认申请,法院可受理

D. 本案的调解协议内容涉及物权确权,法院不予受理

29．何某依法院生效判决向法院申请执行甲的财产,在执行过程中,甲突发疾病猝死。法院询问甲的继承人是否继承遗产,甲的继承人乙表示继承,其他继承人均表示放弃继承。关于该案执行程序,下列哪一选项是正确的?

A. 应裁定延期执行

B. 应直接执行被执行人甲的遗产

C. 应裁定变更乙为被执行人

D. 应裁定变更甲的全部继承人为被执行人

30．甲、乙因遗产继承发生纠纷,双方书面约定由某仲裁委员会仲裁。后甲反悔,向遗产所在地法院起诉。法院受理后,乙向法院声明双方签订了仲裁协议。关于法院的做法,下列哪一选项是正确的?

A. 裁定驳回起诉

B. 裁定驳回诉讼请求

C. 裁定将案件移送某仲裁委员会审理

D. 法院裁定仲裁协议无效,对案件继续审理

31．关于股东的表述,下列哪一选项是正确的?

A. 股东应当具有完全民事行为能力

B. 股东资格可以作为遗产继承

C. 非法人组织不能成为公司的股东

D. 外国自然人不能成为我国公司的股东

32．甲乙丙丁戊五人共同组建一有限公司。出资协议约定甲以现金十万元出资,甲已缴纳六万元出资,尚有四万元未缴纳。某次公司股东会上,甲请求免除其四万元的出资义务。股东会五名股东,其中四名表示同意,投反对票的股东丙向法院起诉,请求确认该股东会决议无效。对此,下列哪一表述是正确的?

A. 该决议无效,甲的债务未免除

B. 该决议有效,甲的债务已经免除

C. 该决议需经全体股东同意才能有效

D. 该决议属于可撤销,除甲以外的任一股东均享有撤销权

33．关于合伙企业的利润分配,如合伙协议未作约定且合伙人协商不成,下列哪一选项是正确的?

A. 应当由全体合伙人平均分配

B. 应当由全体合伙人按实缴出资比例分配

C. 应当由全体合伙人按合伙协议约定的出资比例分配

D. 应当按合伙人的贡献决定如何分配

34. 甲是某有限合伙企业的有限合伙人，持有该企业15%的份额。在合伙协议无特别约定的情况下，甲在合伙期间未经其他合伙人同意实施了下列行为，其中哪一项违反《合伙企业法》规定？

A. 将自购的机器设备出租给合伙企业使用

B. 以合伙企业的名义购买汽车一辆归合伙企业使用

C. 以自己在合伙企业中的财产份额向银行提供质押担保

D. 提前一个月通知其他合伙人将其部分合伙份额转让给合伙人以外的人

35. 甲公司购买乙公司电脑20台，向乙公司签发金额为10万元的商业承兑汇票一张，丁公司在汇票上签章承诺："本汇票已经本单位承兑，到期日无条件付款"。当该汇票的持票人行使付款请求权时，下列哪一说法是正确的？

A. 如该汇票已背书转让给丙公司，丙公司恰好欠汇票付款人某银行10万元到期贷款，则银行可以提出抗辩而拒绝付款

B. 如该汇票已背书转让给丙公司，则甲公司可以乙公司交付的电脑质量存在瑕疵为抗辩理由拒绝向丙公司付款

C. 因该汇票已经丁公司无条件承兑，故丁公司不可能再以任何理由对持票人提出抗辩

D. 甲公司在签发汇票时可以签注"以收到货物为付款条件"

36. 某上市公司因披露虚假年度财务报告，导致投资者在证券交易中蒙受重大损失。关于对此承担民事赔偿责任的主体，下列哪一选项是错误的？

A. 该上市公司的监事

B. 该上市公司的实际控制人

C. 该上市公司财务报告的刊登媒体

D. 该上市公司的证券承销商

37. 姜某的私家车投保商业车险，年保险费为3000元。姜某发现当网约车司机收入不错，便用手机软件接单载客，后辞职专门跑网约车。某晚，姜某载客途中与他人相撞，造成车损10万元。姜某向保险公司索赔，保险公司调查后拒赔。关于本案，下列哪一选项是正确的？

A. 保险合同无效

B. 姜某有权主张约定的保险金

C. 保险公司不承担赔偿保险金的责任

D. 保险公司有权解除保险合同并不退还保险费

38. 某蛋糕店开业之初，为扩大影响，增加销售，出钱雇人排队抢购。不久，该店门口便时常排起长队，销售盛况的照片也频频出现于网络等媒体，附近同类店家生意随之清淡。对此行为，下列哪一说法是正确的？

A. 属于正当的营销行为

B. 构成混淆行为

C. 构成虚假宣传行为

D. 构成商业贿赂行为

39. 某省银行业监督管理局依法对某城市商业银行进行现场检查时，发现该行有巨额非法票据承兑，可能引发系统性银行业风险。根据《银行业监督管理法》的规定，应当立即向下列何人报告？

A. 该省人民政府主管金融工作的负责人

B. 国务院主管金融工作的负责人

C. 中国人民银行负责人

D. 国务院银行业监督管理机构负责人

40. 某建设项目在市中心依法使用临时用地，并修建了临时建筑物，超过批准期限后仍未拆除。对此，下列哪一机关有权责令限期拆除？

A. 市环保行政主管部门

B. 市土地行政主管部门

C. 市城乡规划行政主管部门

D. 市建设行政主管部门

41. 郭某系君泰公司员工，双方未签订书面劳动合同。某日，郭某因工受伤，再未到公司工作，公司也未出具解除劳动合同证明。后郭某提起仲裁，要求公司支付未签订劳动合同的双倍工资差额，并支付工伤待遇。公司不服仲裁裁决提起诉讼。对此，下列哪一选项是正确的？

A. 郭某在仲裁时，未提供由君泰公司掌握管理的入职资料，应承担不利后果

B. 郭某在诉讼中，应对由君泰公司掌握管理的工资清单承担举证责任

C. 君泰公司在仲裁时，未及时提供由其掌握管理的郭某工资清单，应承担不利后果

D. 如君泰公司系小微企业，在诉讼时无需对解除劳动合同的时间承担举证责任

42. 某出版社出版了一本学术论文集，专门收集国内学者公开发表的关于如何认定和处理侵犯知识产权行为的有关论文或论文摘要。该论文集收录的论文受我国著作权法保护，其内容选择和编排具有独创性。下列哪一说法是正确的？

A. 被选编入论文集的论文已经发表，故出版社不需征得论文著作权人的同意

B. 该论文集属于学术著作,具有公益性,故出版社不需向论文著作权人支付报酬

C. 他人复制该论文集只需征得出版社同意并支付报酬

D. 如出版社未经论文著作权人同意而将有关论文收录,出版社对该论文集仍享有著作权

43． 下列哪一选项不属于侵犯专利权的行为?

A. 甲公司与专利权人签订独占实施许可合同后,许可其子公司乙公司实施该专利技术

B. 获得强制许可实施权的甲公司许可他人实施该专利技术

C. 甲公司销售不知道是侵犯他人专利的产品并能证明该产品来源合法

D. 为提供行政审批所需的信息,甲公司未经专利权人的同意而制造其专利药品

44． 甲国 A 公司和乙国 B 公司共同出资组建了 C 公司,C 公司注册地和主营业地均在乙国,同时在甲、乙国和中国设有分支机构,现涉及中国某项业务诉诸中国某法院。根据我国相关法律规定,该公司的民事行为能力应当适用哪国法律?

A. 甲国法

B. 乙国法

C. 中国法

D. 乙国法或者中国法

45． 中国甲公司将其旗下的东方号货轮光船租赁给韩国乙公司,为便于使用,东方号的登记国由中国变更为巴拿马。现东方号与另一艘巴拿马籍货轮在某海域相撞,并被诉至中国某海事法院。关于本案的法律适用,下列哪一选项是正确的?

A. 两船碰撞的损害赔偿应适用中国法

B. 如两船在公海碰撞,损害赔偿应适用《联合国海洋法公约》

C. 如两船在中国领海碰撞,损害赔偿应适用中国法

D. 如经乙公司同意,甲公司在租赁期间将东方号抵押给韩国丙公司,该抵押权应适用中国法

46． 中国和甲国均为《承认与执行外国仲裁裁决公约》缔约国。现甲国某申请人向中国法院申请承认和执行在甲国作出的一项仲裁裁决。对此,下列哪一选项是正确的?

A. 我国应对该裁决的承认与执行适用公约,因为该申请人具有公约缔约国国籍

B. 有关中国投资者与甲国政府间投资争端的仲裁裁决不适用公约

C. 中国有义务承认公约缔约国所有仲裁裁决的效力

D. 被执行人为中国法人的,应由该法人营业所在地法院管辖

47． 外国公民张女士与旅居该国的华侨王先生结婚,后因感情疏离,张女士向该国法院起诉离婚并获得对其有利的判决,包括解除夫妻关系,以及夫妻财产分割和子女抚养等内容。该外国与中国之间没有司法协助协定。张女士向中国法院申请承认该离婚判决,王先生随后在同一中国法院起诉与张女士离婚。根据我国法律和司法解释,下列哪一选项是错误的?

A. 中国法院应依《最高人民法院关于中国公民申请承认外国法院离婚判决程序问题的规定》决定是否承认该判决中解除夫妻身份关系的内容

B. 中国法院应依前项司法解释决定是否执行该判决中解除夫妻身份关系之外的内容

C. 若张女士的申请被驳回,她就无权再提出承认该判决的申请,但可另行向中国法院起诉离婚

D. 中国法院不应受理王先生的离婚起诉

48． 青田轮承运一批啤酒花从中国运往欧洲某港,货物投保了一切险,提单上的收货人一栏写明"凭指示",因生产过程中水分过大,啤酒花到目的地港时已变质。依《海牙规则》及相关保险规则,下列哪一选项是正确的?

A. 承运人没有尽到途中管货的义务,应承担货物途中变质的赔偿责任

B. 因货物投保了一切险,保险人应承担货物变质的赔偿责任

C. 本提单可通过交付进行转让

D. 承运人对啤酒花的变质可以免责

49． 中国某化工产品的国内生产商向中国商务部提起对从甲国进口的该类化工产品的反补贴调查申请。依我国相关法律规定,下列哪一选项是正确的?

A. 商务部认为必要时可以强制出口经营者作出价格承诺

B. 商务部认为有必要出境调查时,必须通过司法协助途径

C. 反补贴税税额不得超过终裁决定确定的补贴金额

D. 甲国该类化工产品的出口商是反补贴税的纳税人

50． 根据《与贸易有关的知识产权协定》,关于商标所有人转让商标,下列哪一选项是正确的?

A. 必须将该商标与所属业务同时转让

B. 可以将该商标与所属业务同时转让

C. 不能将该商标与所属业务同时转让

D. 可以通过强制许可形式转让

二、多项选择题。每题所设选项中至少有两个正确答案，多选、少选、错选或不选均不得分。本部分含51-85题，每题2分，共70分。

51．下列哪些情形下，甲公司应承担民事责任？

A. 甲公司董事乙与丙公司签订保证合同，乙擅自在合同上加盖甲公司公章和法定代表人丁的印章

B. 甲公司与乙公司签订借款合同，甲公司未盖公章，但乙公司已付款，且该款用于甲公司项目建设

C. 甲公司法定代表人乙委托员工丙与丁签订合同，借用丁的存款单办理质押贷款用于经营

D. 甲公司与乙约定，乙向甲公司交纳保证金，甲公司为乙贷款购买设备提供担保。甲公司法定代表人丙以个人名义收取该保证金并转交甲公司出纳员入账

52．陆某与韩某婚后用共同积蓄购买了一套房屋，登记在陆某名下，后夫妻感情不和分居，韩某打算离婚析产。陆某得知后，用自己与情妇蔡某的合照伪造结婚证，并伙同蔡某以夫妻名义将该房屋以市价出卖给不知情的孙某，并为孙某办理了过户登记。下列说法中哪些是正确的？

A. 房屋出卖前为陆某与韩某的夫妻共同财产

B. 该房屋买卖合同无效

C. 孙某已经取得该房屋的所有权

D. 韩某有权要求蔡某承担侵权责任

53．张三对李四享有应收账款债权，因张三对王五有债务，张三于是将其对李四享有的该应收账款债权出质给王五，与王五订立质押合同，并办理了质押登记。后张三又将该应收账款债权转让给不知情的马六。对此，下列说法正确的是：

A. 该质权在登记前生效，登记后可以对抗第三人

B. 张三、王五质押合同自成立时生效，不以办理出质登记为生效要件

C. 若王五不同意张三转让债权，则王五可以主张张三债权转让行为无效

D. 若王五同意张三转让，王五可以主张以该债权转让所得价款优先受偿

54．甲公司因经营不善而歇业，欠司机潘某10万元工资尚未支付。潘某讨要未果，私自将甲公司名下的一辆面包车开走。甲公司的母公司乙公司知道后，替甲公司偿还了8万元给潘某。对此，下列哪些说法是正确的？

A. 甲公司还欠潘某10万元

B. 甲公司还欠潘某2万元

C. 乙公司构成无因管理

D. 潘某属于自助行为

55．韩某和关某为夫妻，育有一子韩小龙。二人离婚后，韩小龙随母亲关某生活。三年后，关某与李某结婚，未经韩某同意，将韩小龙的姓名改为了李小龙。后李小龙入学于私立学校，学费大增。下列选项哪些是正确的？

A. 韩某可不再向李小龙支付抚养费

B. 韩小龙改名为李小龙，韩某的监护义务终止

C. 关某应为韩某探望儿子提供便利

D. 李小龙有权起诉要求韩某增加抚养费

56．张某李某系夫妻，生有一子张甲和一女张乙。张甲于2007年意外去世，有一女丙。张某在2010年死亡，生前拥有个人房产一套，遗嘱将该房产处分给李某。关于该房产的继承，下列哪些表述是正确的？

A. 李某可以通过张某的遗嘱继承该房产

B. 丙可以通过代位继承要求对该房产进行遗产分割

C. 继承人自张某死亡时取得该房产所有权

D. 继承人自该房产变更登记后取得所有权

57．小偷甲在某商场窃得乙的钱包后逃跑，乙发现后急追。甲逃跑中撞上欲借用商场厕所的丙，因商场地板湿滑，丙摔成重伤。下列哪些说法是错误的？

A. 小偷甲应当赔偿丙的损失

B. 商场须对丙的损失承担补充赔偿责任

C. 乙应适当补偿丙的损失

D. 甲和商场对丙的损失承担连带责任

58．关于动物致害侵权责任的说法，下列哪些选项是正确的？

A. 甲8周岁的儿子翻墙进入邻居院中玩耍，被院内藏獒咬伤，邻居应承担侵权责任

B. 小学生乙和丙放学途经养狗的王平家，丙故意逗狗，狗被激怒咬伤乙，只能由丙的监护人对乙承担侵权责任

C. 丁下夜班回家途经邻居家门时，未看到邻居饲养的小猪趴在路上而绊倒摔伤，邻居应承担侵权责任

D. 戊带女儿到动物园游玩时，动物园饲养的老虎从破损的虎笼蹿出将戊女儿咬伤，动物园应承担侵权责任

59．关于法院的送达行为，下列哪些选项是正确的？

A. 陈某以马某不具有选民资格向法院提起诉讼，由于马某拒不签收判决书，法院向其留置送达

B. 法院通过邮寄方式向葛某送达开庭传票，葛某未寄回送达回证，送达无效，应当重新送达

C. 法院在审理张某和赵某借款纠纷时，委托赵某所在学校代为送达起诉状副本和应诉通知

D. 经许某同意，法院用电子邮件方式向其送达证据保全裁定书

60. 美国人麦克在中国生活期间,花费500元向中国卖家网购一件衬衫,因衬衫质量问题产生纠纷,麦克向互联网法院起诉。关于本案可适用的程序规则,下列哪些选项是正确的?

　　A. 决定线下开庭审理

　　B. 电子送达判决书

　　C. 审判员独任审理

　　D. 适用小额诉讼程序审理

61. 胡某向法院申请支付令,督促彗星公司缴纳房租。彗星公司收到后立即提出书面异议称,根据租赁合同,彗星公司的装修款可以抵销租金,因而自己并不拖欠租金。对于法院收到该异议后的做法,下列哪些选项是正确的?

　　A. 对双方进行调解,促进纠纷的解决

　　B. 终结督促程序

　　C. 将案件转为诉讼程序审理,但彗星公司不同意的除外

　　D. 将案件转为诉讼程序审理,但胡某不同意的除外

62. 关于涉外民事诉讼及仲裁中相关问题的说法,下列哪些选项是错误的?

　　A. 涉外民事诉讼的财产保全,只能依申请开始,法院不能依职权进行

　　B. 涉外财产保全中的诉前财产保全,法院可以责令申请人提供担保

　　C. 涉外仲裁裁决在外国的承认与执行,只能由当事人向有关外国法院申请

　　D. 涉外民事判决的承认与执行,既可以由当事人向有管辖权的外国法院申请,也可以由人民法院请求外国法院承认与执行

63. 张三、李四、王五成立天问投资咨询有限公司,张三、李四各以现金50万元出资,王五以价值20万元的办公设备出资。张三任公司董事长,李四任公司总经理。公司成立后,股东的下列哪些行为可构成股东抽逃出资的行为?

　　A. 张三与自己所代表的公司签订一份虚假购货合同,以支付货款的名义,由天问公司支付给自己50万元

　　B. 李四以公司总经理身份,与自己所控制的另一公司签订设备购置合同,将15万元的设备款虚报成65万元,并已由天问公司实际转账支付

　　C. 王五擅自将天问公司若干贵重设备拿回家

　　D. 3人决议制作虚假财务会计报表虚增利润,并进行分配

64. 因公司章程所规定的营业期限届满,蒙玛有限公司进入清算程序。关于该公司的清算,下列哪些选项是错误的?

　　A. 在公司逾期不成立清算组时,公司债权人可直接申请法院指定组成清算组

　　B. 公司在清算期间,由清算组代表公司参加诉讼

　　C. 债权人未在规定期限内申报债权的,则不得补充申报

　　D. 法院组织清算的,清算方案报法院备案后,清算组即可执行

65. 周橘、郑桃、吴柚设立一家普通合伙企业,从事服装贸易经营。郑桃因炒股欠下王椰巨额债务。下列哪些表述是正确的?

　　A. 王椰可以郑桃从合伙企业中分取的利益来受偿

　　B. 郑桃不必经其他人同意,即可将其合伙财产份额直接抵偿给王椰

　　C. 王椰可申请强制执行郑桃的合伙财产份额

　　D. 对郑桃的合伙财产份额的强制执行,周橘和吴柚享有优先购买权

66. 贾某是一有限合伙企业的有限合伙人。下列哪些选项是正确的?

　　A. 若贾某被法院判决认定为无民事行为能力人,其他合伙人可以因此要求其退伙

　　B. 若贾某死亡,其继承人可以取得贾某在有限合伙企业中的资格

　　C. 若贾某转为普通合伙人,其必须对其作为有限合伙人期间企业发生的债务承担无限连带责任

　　D. 如果合伙协议没有限制,贾某可以不经过其他合伙人同意而将其在合伙企业中的财产份额出质

67. 甲公司向乙银行贷款100万元,由A公司和B公司作为共同保证人,并以甲公司的厂房作抵押担保。其后,甲公司因严重资不抵债而向法院申请破产。法院裁定受理破产申请,并指定了破产管理人。下列哪些选项是正确的?

　　A. 管理人可以优先清偿乙银行的债务

　　B. 如A公司已代甲公司偿还了乙银行贷款,则其可向管理人申报100万元债权

　　C. 如乙银行不申报债权,则A公司或B公司均可向管理人申报100万元债权

　　D. 如乙银行已申报债权并获40万元分配,则剩余60万债权因破产程序终结而消灭

68. 甲公司在与乙公司交易中获得由乙公司签发的面额50万元的汇票一张,付款人为丙银行。甲公司向丁某购买了一批货物,将汇票背书转让给丁某以支付货款,并记载"不得转让"字样。后丁某又将此汇票背书给戊某。如戊某在向丙银行提示承兑时遭拒绝,戊某可向谁使追索权?

A. 丁某　　　　B. 乙公司
C. 甲公司　　　D. 丙银行

69. 华新基金管理公司是信泰证券投资基金(信泰基金)的基金管理人。华新公司的下列哪些行为是不符合法律规定的?

A. 从事证券投资时,将信泰基金的财产独立于自己固有的财产

B. 以信泰基金的财产为公司大股东鑫鑫公司提供担保

C. 就其管理的信泰基金与其他基金的财产,规定不同的基金收益条款

D. 向信泰基金份额持有人承诺年收益率不低于12%

70. 李某于2000年为自己投保,约定如其意外身故则由妻子王某获得保险金20万元,保险期间为10年。2009年9月1日起李某下落不明,2014年4月法院宣告李某死亡。王某起诉保险公司主张该保险金。关于本案,下列哪些选项是正确的?

A. 保险合同应无效

B. 王某有权主张保险金

C. 李某死亡日期已超保险期间,故保险公司不承担保险责任

D. 如李某确系2009年9月1日下落不明,则保险公司应承担保险责任

71. 根据《反垄断法》规定,关于经营者集中的说法,下列哪些选项是正确的?

A. 经营者集中就是指企业合并

B. 经营者集中实行事前申报制,但允许在实施集中后补充申报

C. 经营者集中被审查时,参与集中者的市场份额及其市场控制力是一个重要的考虑因素

D. 经营者集中如被确定为可能具有限制竞争的效果,将会被禁止

72. 根据《反不正当竞争法》规定,下列哪些行为属于不正当竞争行为?

A. 甲企业将所产袋装牛奶标注的生产日期延后了两天

B. 乙企业举办抽奖式有奖销售,最高奖为5000元购物券,并规定用购物券购物满1000元的可再获一次抽奖机会

C. 丙企业规定,销售一台电脑给中间人5%佣金,可不入账

D. 丁企业为清偿债务,按低于成本的价格销售商品

73. 曾某在某超市以80元购买酸奶数盒,食用后全家上吐下泻,为此支付医疗费800元。事后发现,其所购的酸奶在出售时已超过保质期,曾某遂要求超市赔偿。对此,下列哪些判断是正确的?

A. 销售超过保质期的食品属于违反法律禁止性规定的行为

B. 曾某在购买时未仔细查看商品上的生产日期,应当自负其责

C. 曾某有权要求该超市退还其购买酸奶所付的价款

D. 曾某有权要求该超市赔偿800元医疗费,并增加赔偿800元

74. 某市商业银行2010年通过实现抵押权取得某大楼的所有权,2013年卖出该楼获利颇丰。2014年该银行决定修建自用办公楼,并决定入股某知名房地产企业。该银行的下列哪些做法是合法的?

A. 2010年实现抵押权取得该楼所有权

B. 2013年出售该楼

C. 2014年修建自用办公楼

D. 2014年入股某房地产企业

75. 根据《企业所得税法》规定,下列哪些表述是正确的?

A. 国家对鼓励发展的产业和项目给予企业所得税优惠

B. 国家对需要重点扶持的高新技术企业可以适当提高其企业所得税税率

C. 企业从事农、林、牧、渔业项目的所得可以免征、减征企业所得税

D. 企业安置残疾人员所支付的工资可以在计算应纳税所得额时加计扣除

76. 关于国有土地,下列哪些说法是正确的?

A. 国有土地可以是建设用地,也可以是农用地

B. 国有土地可以确定给单位使用,也可以确定给个人使用

C. 国有土地可以有偿使用,也可以无偿使用

D. 国有土地使用权可以有期限,也可以无期限

77. 因连降大雨,某厂设计流量较小的排污渠之污水溢出,流入张某承包的鱼塘,致鱼大量死亡。张某诉至法院,要求该厂赔偿。该厂提出的下列哪些抗辩事由是依法不能成立的?

A. 本市环保主管部门证明,我厂排污从未超过国家及地方排污标准

B. 天降大雨属于不可抗力,依法应予免责

C. 经有关机构鉴定,死鱼是全市最近大规模暴发的水生动物疫病所致

D. 张某鱼塘地势低洼,未对污水流入采取防范措施,其损失咎由自取

78. 甲公司委托乙公司开发印刷排版系统软件,

付费20万元,没有明确约定著作权的归属。后甲公司以高价向善意的丙公司出售了该软件的复制品。丙公司安装使用5年后,乙公司诉求丙公司停止使用并销毁该软件。下列哪些表述是正确的?

A. 该软件的著作权属于甲公司

B. 乙公司的起诉已超过诉讼时效

C. 丙公司可不承担赔偿责任

D. 丙公司应停止使用并销毁该软件

79. 黑土公司获得一种新型药品制造方法的发明专利权后,发现市场上有大量白云公司制造的该种新型药品出售,遂向法院起诉要求白云公司停止侵权并赔偿损失。依据《专利法》规定,下列哪些说法是错误的?

A. 所有基层法院均无该案管辖权

B. 黑土公司不应当承担被告的药品制造方法与专利方法相同的证明责任

C. 白云公司如能证明自己实施的技术属于现有技术,法院应告知白云公司另行提起专利无效宣告程序

D. 如侵犯专利权成立,即使没有证据确定损害赔偿数额,黑土公司仍可获得1万元以上100万元以下的赔偿额

80. 个体经营户王小小从事理发服务业,使用"一剪没"作为未注册商标长期使用,享有较高声誉。王小小通过签订书面合同许可其同一城区的表妹张薇薇使用"一剪没"商标从事理发业务。后张薇薇以自己的名义申请"一剪没"商标使用于理发业务并获得注册。下列哪些说法是错误的?

A. 该商标使用许可合同自双方签字之日起生效

B. 该商标使用许可合同应当报商标局备案

C. 王小小有权自"一剪没"注册之日起5年内请求商标评审委员会宣告该注册商标无效

D. 王小小有权自"一剪没"注册之日起5年内请求商标局撤销该注册商标

81. 中国甲公司和泰国乙公司签订买卖合同,合同约定因履行合同产生的纠纷适用德国法,合同纠纷可由北京仲裁委员会在新加坡仲裁,也可向中国法院起诉。后双方发生履约纠纷,中国甲公司诉至中国某法院,泰国乙公司则认为纠纷应通过仲裁解决。根据我国相关法律规定,下列哪些选项是错误的?

A. 北京仲裁委员会只能在中国工作,合同约定仲裁地在新加坡,该仲裁条款无效

B. 因买卖合同选择了德国法,故应适用德国法来认定仲裁条款的效力

C. 对该仲裁条款的效力应由北京仲裁委员会作出决定

D. 应直接适用中国法认定该仲裁条款无效

82. 经常居所地在上海的甲国公民佩罗通过快猫短视频留下遗嘱。现佩罗遗产继承纠纷诉至中国某人民法院,依照中国相关法律规定,下列哪些选项是不正确的?

A. 该遗嘱方式须符合中国法或甲国法,遗嘱才能成立

B. 如需适用甲国法解决本案纠纷,而双方当事人对甲国法内容有异议,人民法院应认定甲国法无法查明

C. 如佩罗立遗嘱时,甲国已禁止本国人使用快猫公司的短视频产品,则该遗嘱无效

D. 该遗嘱的效力可以适用中国法或甲国法

83. 两批化妆品从韩国由大洋公司"清田"号货轮运到中国,适用《海牙规则》,货物投保了平安险。第一批货物因"清田"号过失与他船相碰致部分货物受损,第二批货物收货人在持正本提单提货时,发现已被他人提走。争议诉至中国某法院。根据相关规则及司法解释,下列哪些选项是正确的?

A. 第一批货物受损虽由"清田"号过失碰撞所致,但承运人仍可免责

B. 碰撞导致第一批货物的损失属于保险公司赔偿的范围

C. 大洋公司应承担第二批货物无正本提单放货的责任,但可限制责任

D. 大洋公司对第二批货物的赔偿范围限于货物的价值加运费

84. 在进口倾销对国内产业造成实质损害的情况下,反倾销税可以追溯征收。该反倾销税可适用于下列哪些产品?

A. 采取临时反倾销措施期间进口的产品

B. 发起反倾销调查前90天内进口的产品

C. 提起反倾销调查前90天进口的产品

D. 实施临时反倾销措施之日前90天内进口的产品

85. 甲国惊奇公司的创新科技产品经常参加各类国际展览会,该公司向乙国的投资包含了专利转让,甲、乙两国均为《巴黎公约》和《华盛顿公约》(公约设立的解决国际投资争端中心的英文简称为ICSID)的成员。依相关规定,下列哪些选项是正确的?

A. 惊奇公司的新产品参加在乙国举办的国际展览会,产品中可取得专利的发明应获得临时保护

B. 如惊奇公司与乙国书面协议将其争端提交给ICSID解决,ICSID即对该争端有管辖权

C. 提交ICSID解决的争端可以是任何与投资有关的争端

D. 乙国如对ICSID裁决不服的,可寻求向乙国的最高法院上诉

三、不定项选择题。每题所设选项中至少有一个正确答案，多选、少选、错选或不选均不得分。本部分含86-100题，每题2分，共30分。

（一）

甲公司将1台挖掘机出租给乙公司，为担保乙公司依约支付租金，丙公司担任保证人，丁公司以机器设备设置抵押。乙公司欠付10万元租金时，经甲公司、丙公司和丁公司口头同意，将6万元租金债务转让给戊公司。之后，乙公司为现金周转将挖掘机分别以45万元和50万元的价格先后出卖给丙公司和丁公司，丙公司和丁公司均已付款，但乙公司没有依约交付挖掘机。

因乙公司一直未向甲公司支付租金，甲公司便将挖掘机以48万元的价格出卖给王某，约定由乙公司直接将挖掘机交付给王某，王某首期付款20万元，尾款28万元待收到挖掘机后支付。此事，甲公司通知了乙公司。

王某未及取得挖掘机便死亡。王某临终立遗嘱，其遗产由其子大王和小王继承，遗嘱还指定小王为遗嘱执行人。因大王一直在外地工作，同意王某遗产由小王保管，没有进行遗产分割。在此期间，小王将挖掘机出卖给方某，没有征得大王的同意。请回答86~89题。

86．在乙公司将6万元租金债务转让给戊公司之后，关于丙公司和丁公司的担保责任，下列表述正确的是：

A. 丙公司仅需对乙公司剩余租金债务承担担保责任

B. 丁公司仅需对乙公司剩余租金债务承担担保责任

C. 丙公司仍应承担全部担保责任

D. 丁公司仍应承担全部担保责任

87．甲公司与王某签订买卖合同之后，王某死亡之前，关于挖掘机所有权人，下列选项正确的是：

A. 甲公司　　　　B. 丙公司

C. 丁公司　　　　D. 王某

88．王某死后，关于甲公司与王某的买卖合同，下列表述错误的是：

A. 甲公司有权解除该买卖合同

B. 大王和小王有权解除该买卖合同

C. 大王和小王对该买卖合同原王某承担的债务负连带责任

D. 大王和小王对该买卖合同原王某承担的债务按其继承份额负份责任

89．关于小王将挖掘机卖给方某的行为，下列表述正确的是：

A. 小王尚未取得对挖掘机的占有，不得将其出卖给方某

B. 小王出卖挖掘机应当取得大王的同意

C. 大王对小王出卖挖掘机的行为可以追认

D. 小王是王某遗嘱的执行人，出卖挖掘机不需要大王的同意

（二）

2009年2月，家住甲市A区的赵刚向家住甲市B区的李强借了5000元，言明2010年2月之前偿还。到期后赵刚一直没有还钱。

2010年3月，李强找到赵刚家追讨债务，发生争吵。赵刚因所牵宠物狗易受惊，遂对李强说："你不要大声喊，狗会咬你。"李强不理，仍然叫骂，并指着狗叫喊。该狗受惊，扑向李强并将其咬伤。李强治伤花费6000元。

李强起诉要求赵刚返还欠款5000元、支付医药费6000元，并向法院提交了赵刚书写的借条、其向赵刚转账5000元的银行转账凭证、本人病历、医院的诊断书（复印件）、医院处方（复印件）、发票等。

赵刚称，其向李强借款是事实，但在2010年1月卖给李强一块玉石，价值5000元，说好用玉石货款清偿借款。当时李强表示同意，并称之后会把借条还给赵刚，但其一直未还该借条。

赵刚还称，李强故意激怒狗，被狗咬伤的责任应由李强自己承担。对此，赵刚提交了邻居孙某出具的书面证词，该证词描述了李强当时骂人和骂狗的情形。

赵刚认为，李强提交的诊断书、医院处方均为复印件，没有证明力。请回答90~95题。

90．关于李强与赵刚之间欠款的诉讼管辖，下列选项正确的是：

A. 甲市A区法院　　B. 甲市B区法院

C. 甲市中级法院　　D. 应当专属甲市A区法院

91．关于李强要求赵刚支付医药费的诉讼管辖，下列选项正确的是：

A. 甲市A区法院　　B. 甲市B区法院

C. 甲市中级法院　　D. 应当专属甲市A区法院

92．关于法院对李强提出的返还欠款5000元和支付医药费6000元的诉讼审理，下列选项正确的是：

A. 可以分别审理，分别作出判决

B. 可以合并审理，一起作出判决

C. 可以合并审理，分别作出判决

D. 必须分别审理，分别作出判决

93．关于赵刚向李强借款5000元的证据证明问题，下列选项正确的是：

A. 李强提出的借条是本证

B. 李强提出的其向赵刚转账5000元的银行转账凭证是直接证据

C. 赵刚承认借款事实属于自认

D. 赵刚所言已用卖玉石的款项偿还借款属于反证

94. 关于本案李强被狗咬伤的证据证明问题,下列选项正确的是:

A. 赵刚的证人提出的书面证词属于书证

B. 李强提交的诊断书、医院处方为复印件,肯定无证明力

C. 李强是因为挑逗赵刚的狗而被狗咬伤的事实的证明责任由赵刚承担

D. 李强受损害与被赵刚的狗咬伤之间具有因果关系的证明责任由李强承担

95. 关于赵刚"用玉石货款清偿借款"的辩称,下列选项正确的是:

A. 将该辩称作为赵刚偿还借款的反驳意见来审查,审查的结果可以作为判决的根据

B. 赵刚应当以反诉的形式提出请求,法院可以与本诉合并进行审理

C. 赵刚必须另行起诉,否则法院不予处理

D. 赵刚既可以反诉的形式提出,也可另行起诉

96. 奇峰有限公司章程规定,持有本公司20%以下股权的股东不得查阅公司会计账簿。陈某持有该公司15%股权,于2020年9月1日向公司发出书面通知,要求查阅公司2020年账簿。对此,下列说法正确的是:

A. 公司有权依据公司章程拒绝陈某的请求

B. 陈某可以委托律师至公司查阅公司股东会会议决议,公司应当予以配合

C. 陈某因行使知情权而发生的费用,由公司承担

D. 若陈某被公司拒绝,可向法院起诉,要求行使知情权,并确认相应章程条款无效

97. 张、王、李、赵各出资四分之一,设立通程酒吧(普通合伙企业)。合伙协议未约定合伙期限。酒吧开业半年后,张某在经营理念上与其他合伙人冲突,遂产生退出想法。下列说法正确的是:

A. 可将其份额转让给王某,且不必事先告知赵某、李某

B. 可经王某、赵某同意后,将其份额转让给李某的朋友刘某

C. 可主张发生其难以继续参加合伙的事由,向其他人要求立即退伙

D. 可在不给合伙事务造成不利影响的前提下,提前30日通知其他合伙人要求退伙

（三）

2008年5月,松园劳务派遣有限责任公司(简称"松园公司")与天利房地产开发有限责任公司(简称"天利公司")签订劳务派遣协议,将李某派遣到天利公司工作。根据有关法律规定,请回答98~100题。

98. 松园公司与天利公司协商劳务派遣协议的下列条款中,不符合法律规定的是:

A. 李某在天利公司的工作岗位,可不在劳务派遣协议中约定,由天利公司根据需要灵活决定

B. 李某在天利公司的工作期限,可以在劳务派遣协议中约定为四个周期,每个周期为半年,每个周期结束前订立新的劳务派遣协议

C. 李某在天利公司的劳动报酬,应当在劳务派遣协议中约定

D. 双方对劳务派遣协议的内容负保密义务,不得向包括李某在内的任何人披露

99. 松园公司和天利公司对李某的下列做法中,不符合法律规定的是:

A. 松园公司与李某签订到期可续签的一年期劳动合同

B. 松园公司从李某每月工资中提取5%作为员工集体福利费

C. 天利公司要求李某缴纳5000元岗位责任保证金

D. 天利公司告知李某无权参加本公司工会

100. 天利公司将李某再派遣到自己的子公司,被李某拒绝。天利公司遂以李某不服从工作安排为由将其退回松园公司。随后,松园公司以李某已无工作为由解除劳动合同。对此,下列表述错误的是:

A. 天利公司可以对李某进行再派遣,但不能因李某拒绝而将其退回

B. 松园公司不得因李某已无工作而解除劳动合同

C. 李某可以将天利公司或者松园公司作为被申请人,申请劳动争议仲裁

D. 李某可以就其因劳动合同解除而受到的损失,请求天利公司和松园公司共同承担赔偿责任

试 卷 一

解 析

一、单项选择题

1．法的价值冲突;处理价值冲突的原则[C]

[解析] 根据大纲,法的价值冲突的解决原则有两个:价值位阶原则和个案中的比例原则。

价值位阶原则,是指在不考虑具体案件的情境下,法的各个价值之间的优先性关系。这一原则不考虑个案,考虑的是法律和制度规定中所体现的价值位阶,通俗的理解即直接按照法律规定处理。本题是对"宽严相济"这一刑事政策的理解,这一刑事政策不针对个案,强调法官"直接按照法律规定"处理(例如"该重判就重判")。其主要解决的是秩序和自由的关系问题:社会秩序、公共安全代表着法的秩序价值,犯罪人的生命(权利)代表着法的自由价值。一方面,应当优先保护生命权;但是,如果犯罪分子对社会秩序、公共安全带来严重侵害,生命权就会被剥夺,自由就会让位秩序。由此可见,这种解决方案属于典型的价值位阶原则。故 C 项正确。

"个案平衡原则"与"比例原则"在现行大纲中合并为了"个案中的比例原则"。这个原则是指在具体案件的情境下,如果司法者主张一种价值,那么,这就意味着是对与该法的价值相碰撞或冲突的另一种价值的损害;如果司法者主张后一种法的价值,那么,这就意味着是对前一种法的价值的损害。在这个相互的损害关系之中,对与其相互碰撞或冲突的法的价值的损害程度最小的那个法的价值就是更具有优先性或分量的价值。说得简单一点就是,在具体案件尤其是疑难案件中,往往需要对法律已经规定好的"价值位阶"进行调整,以便实现个案正义。从题干来看,不涉及具体案件中的个案正义问题。因此也不属于"个案中的比例"原则。故 A、B 项错误。

自由裁量原则适用于法官审理具体案件的法律适用过程中,不属于解决法的价值冲突的原则。故 D 项错误。

2．法的渊源;法与政策;法的要素;法律关系[A]

[解析] 当代中国法的渊源分为正式的法的渊源与非正式的法的渊源。正式的法的渊源主要指以宪法为核心的各种制定法,包括宪法、法律、行政法规、地方性法规、经济特区的规范文件、特别行政区的法律法规,以及国际条约、国际惯例等。非正式的法的渊源主要指习惯、判例、政策等。本条中的"法律"为正式的法的渊源,而"政策"为非正式的法的渊源。故 A 项正确。

本条主要规定了法和政策的适用顺序,并未规定法和政策的一般关系。法和政策的一般关系指法和政策的联系与区别等方面的内容:法与政策在阶级本质、经济基础、指导思想、基本原则和社会目标等根本方面具有共同性,但二者在意志属性、规范形式、实施方式、调整范围以及稳定性、程序化程度等方面有所区别。题干与此无关。故 B 项错误。

本条属于法官裁判应当适用的法律原则,而非法律规则。法律原则与法律规则区分,关键看是否明确规定了权利义务的名称和具体内容。如果是,则属于法律规则;反之则可能属于法律原则。题干的表述,既没有指出权利义务的名称,也没有明确规定权利义务的具体内容,因此属于法律原则,并没有直接规定裁判的"规则"。故 C 项错误。

法律关系属于特定主体之间的法律关系,法律关系产生须两个前提,其一,法律规范的存在;其二,法律事实的存在。本处仅为法律规范之规定。故 D 项错误。

3．法的时间效力[D]

[解析] "为未来作规定"的意思是着眼于未来,它说的是立法的前瞻性,这并不等于"法律的内容规定总是超前的";"为过去作判决"的意思是法官的判决只能针对已经发生的案件,它说的是司法的被动性,这并不等于"判决根据总是滞后的"。故 A 项错误。

以事实为依据,以法律为准绳。事实是已经发生的,但法律未必是旧法。根据我国法律规定,刑法的通例是"从旧兼从轻"原则,即新法原则上不溯及既往,但是新法不认为是犯罪或者处刑较轻的,适用新法。故 B 项错误。

法律并非绝对禁止溯及既往。就有关侵权、违约的法律和刑事法律而言,一般以法不溯及既往为原则。这是因为不能用明天的法律来要求人们今天的行为,也不能用今天的法律来要求人们昨天的行为。但是法不溯及既往并非绝对,如刑法采用的是"从旧兼从轻"原则。故 C 项错误。

即使案件事实发生在过去,但法官在裁判时仍然要依据当下有效的"为未来作规定"的法律来进行认定。故 D 项正确。

4．立法行为的含义;立法的基本原则;行政立法内涵[C]

[解析] 立法应当尊重社会的客观实际状况,根据客观需要反映客观规律的要求,要以理性的态度对待立法工作。某市政府作出车辆限号行驶的规定,并限定特殊情况不予处罚,这是从缓解交通拥堵的实际需要出发,实事求是的表现。故 A 项正确,不当选。

立法应当体现广大人民的意志和要求,确认和保障人民的利益;应当通过法律规定,保障人民通过各种途径参与立法活动,表达自己的意见。本题中某市政府作出车辆限号行驶的规定,是经充分征求广大市民意见作出的,体现了民主立法原则。故 B 项正确,不当选。

效率并非立法活动的基本原则,立法活动应当谨慎,充分考虑各方面的利益、意见与建议,注重公平正义。而且题干中也没有体现出立法注重效率的问题。故 C 项错误,当选。

在立法中要做到原则性与灵活性相结合,恰当处理各种关系,注意各方面的平衡;应高度重视立法的技术和方法,提高立法质量。本题中,市政府既以坚持车辆限号行驶的规定为原则,又以接送高考考生、急病送医等特殊情况未按号行驶的,可不予处罚为例外的灵活性规定为补充,充分体现了原则性与灵活性相结合的立法原则。故 D 项正确,不当选。

5．宪法的渊源[C]

[解析] 宪法的渊源主要有宪法典、宪法性法律、宪法惯例、宪法判例、国际条约和国际习惯等。但一国宪法究竟采取哪些表现形式,取决于历史传统和现实状况等多种因素。故 A 项正确。

宪法惯例与宪法或宪法性法律的主要区别在于它不见诸正式的宪法文件,或者说宪法或法律对其没有作出明确规定。但不管怎样,它和宪法或宪法性法律一样,都是指引政治行为者应当如何行为的规范。故 B 项正确。

宪法性法律主要包括两种情况,一是指在不成文宪法国家,如英国规定宪法问题的所有法律都叫宪法性法律;二是指在成文宪法国家,由国家立法机关为实施宪法典而制定的有关规定宪法内容的普通法律,如组织法、选举法、代表法、立法法、代议机关议事规则等。所谓"为实施宪法典而制定的调整宪法关系的法律",专指第二种情况。故 C 项错误。

有些成文宪法国家的法院(如美国联邦最高法院)享有宪法解释权。因而基于宪法解释而形成的判例也构成该国的宪法渊源。故 D 项正确。

6．香港特别行政区的政治体制[D]

[解析]《香港特别行政区基本法》第 44 条规定:"香港特别行政区行政长官由年满 40 周岁,在香港通常居住连续满二十年并在外国无居留权的香港特别行政区永久性居民中的中国公民担任。"故 A 项错误。

《香港特别行政区基本法》第 61 条规定:"香港特别行政区主要官员由在香港通常居住连续满十五年并在外国无居留权的香港特别行政区永久性居民中的中国公民担任。"故 B 项错误。

《香港特别行政区基本法》第 67 条规定:"香港特别行政区立法会由在外国无居留权的香港特别行政区永久性居民中的中国公民组成。但非中国籍的香港特别行政区永久性居民和在外国有居留权的香港特别行政区永久性居民也可以当选为香港特别行政区立法会议员,其所占比例不得超过立法会全体议员的百分之二十。"这里同样要求必须是特别行政区永久性居民。故 C 项错误。

《香港特别行政区基本法》第 88 条规定:"香港特别行政区法院的法官,根据当地法官和法律界及其他方面知名人士组成的独立委员会推荐,由行政长官任命。"《香港特别行政区基本法》第 90 条第 1 款规定:"香港特别行政区终审法院和高等法院的首席法官,应由在外国无居留权的香港特别行政区永久性居民中的中国公民担任。"可见,除终审法院和高等法院的首席法官必须是特别行政区永久性居民之外,其他的法官没有限制,可以不是特别行政区永久性居民。故 D 项正确。

7．战国、南北朝、宋代、清代重要法典的历史地位[A]

[解析]《法经》作者为战国时期魏国人李悝,是中国历史上第一部比较系统的成文法典。有人认为《法经》是中国历史上第一部比较系统的封建成文法典,故本选项错误。注意,《法经》成书于战国时期,为封建法典,自无异议。而《法经》之前的法典,包括春秋时期的《刑书》《刑鼎》,为奴隶制性质的法典,且虽为成文法典,但是缺乏系统性。故《法经》也可称之为第一部比较系统的成文法典。故 A 项正确。

《北齐律》在中国古代法律史上起着承先启后的作用,而非《北魏律》。故 B 项错误。

中国古代的法典实行诸法合体、以刑为主的传统,彻底打破传统诸法合体体制的是清代的《大清新刑律》。《宋刑统》虽为第一部刊印颁行之法典,但是其内容并非仅含刑事内容。《宋刑统》的编纂体例仿唐宣宗《大中刑律统类》,将性质相同或相近的律及有关的敕、令、格、式、起、请等条文合编,形成律令合编的体例。故 C 项错误。

《大明会典》为行政法典,仿《唐六典》,以六部官制为纲,为《大清会典》所承继。而《大明律》为刑事法典,仿《元典章》,采七篇结构,为《大清律例》所继承。故 D 项错误。

8．界河[D]

[解析] 本题中的纳列温河是甲国和乙国的界河,所以该河流是两国的界水。关于界水的利用和保护一般由边界文件加以规定。一般沿岸国对界水有共同的使用权。一国如欲在界水上建造工程设施,如桥梁、堤坝等,应取得另一方的同意,故 A 项错误。

除遇难或有其他特殊情况外,一方船舶不得在对方靠岸停泊,故 B 项错误。

界河分属沿岸国家的部分为该国领土,处于该国主权之下,所以渔民一般只能在界水的本国一侧捕鱼,故 C 项错误。

相邻国家在界水上享有平等的航行权,在主航道上沿河航行不需要经过乙国的同意,故 D 项正确。

9．国际民用航空安全制度;国际刑事法院[B]

[解析] 1963 年《东京公约》、1970 年《海牙公约》及 1971 年《蒙特利尔公约》规定,对于危害民航安全罪行有管辖权的国家包括:(1)航空器登记国;(2)当犯罪嫌疑人仍在航空器内时航空器降落国;(3)当航空器是不带机组的出租,承租人的营业地或常驻国;(4)嫌疑人所在国;(5)嫌疑人国籍国或永久居住国;(6)犯罪行为发生地国;(7)罪行后果涉及国,即受害人国籍国或永久居所国、后果涉及领土国、罪行危及其安全的国家;(8)根据本国法行使管辖权的其他国家。根据上述规定,航空器登记国为乙国,乙国享有管辖权;犯罪嫌疑人为甲国公民,甲国享有管辖权;犯罪行为发生在丙国领空,丙国同样享有管辖权。故 A、C 项错误,B 项正确。

国际刑事法院以战争罪犯作为审判对象,本题中的劫机罪不属于国际刑事法院的管辖范围。故 D 项错误。

10．领事人身豁免权和管辖豁免;领事的特权[A]

[解析]《维也纳领事关系公约》,除非领事人员犯了严重罪行或为了执行有确定效力之司法判决,一般不得予以逮捕或羁押候审。据此,阮某作为甲国派驻乙国的领事官员,如犯有严重罪行,乙国可将其羁押。故 A 项正确。

领事官员及领馆雇员对其为执行领事职务而实施之行为不受接受国司法或行政机关管辖,但不是绝对豁免,存在例外情况。如(1)因领事官员或领馆雇员并未明示或默示以派遣国代表身份而订立契约所生之诉讼;(2)第三者因车辆船舶或航空器在接受国内所造成之意外事故而要求损害赔偿之诉讼。此外,领事官员主动起诉引起的与本诉直接有关的反诉不

享有豁免。阮某不受乙国的司法和行政管辖说法过于绝对。故 B 项错误。

领事人员仅就与职务相关的事项才无作证义务,阮某在乙国免除作证义务的说法过于绝对。故 C 项错误。

领馆人员免纳一切国家、区域或地方性的捐税,但间接税、遗产税不在此列。故 D 项错误。

11．司法的效率与公正[C]

[解析] 司法公正与司法效率是相伴相随、两位一体的概念,司法公正本身就含有对司法效率的要求,二者都是理想型司法所追求的目标,同时也是理想型司法所必备的两个基本要素,因而有其相辅相成的一面。故 A 项正确。

在司法过程中,宜坚持"公正优先、兼顾效率"的原则。当代社会的法律和司法不仅仅要追求正义,而且还要以效率作为正义的补充。故 B 项正确。

细化诉讼程序并不一定导致效率低下,相反,如果是合理地、科学地优化诉讼程序可以提高诉讼效率,实现效率与公正的最大化。故 C 项错误。

司法工作人员提高业务水平,勤勉敬业,恪尽职守,能够有效地提高司法效率,更好地实现司法公正。故 D 项正确。

12．法官、检察官的保障与退休[A]

[解析] 根据《法官法》《检察官法》有关规定,我国对法官、检察官的保障主要包括职业(履行职务)保障、人身和财产保障以及工资保险福利保障三个方面内容,即从法官、检察官的职业权力、职业地位和职业收入三个方面健全法官、检察官的职业保障制度体系。A 项遗漏了人身和财产保障,说法错误,当选。

完善法官、检察官的职业保障体系,必须推进法官、检察官职业化建设,从制度上确保法官、检察官依法履行职权、维护司法公正,这在客观上要求建立符合职业特点的法官、检察官管理制度。选项 B 的说法正确,不当选。

经济保障是司法人员保障制度的重要内容,是以高薪制和优厚的退休金制等形式保障法官较高的经济收入,解除法官生活上的后顾之忧,使其不受经济利益的诱惑。为此,《中共中央关于全面推进依法治国若干重大问题的决定》中明确规定,建立法官、检察官、人民警察专业职务序列及工资制度。选项 C 的说法正确,不当选。

合理的退休保障制度,是司法人员在履行期间公正司法的有效保障,应当予以高度重视。在法治发达国家,法官的退休保障同样属于法官保障制度的重要内容。选项 D 的说法正确,不当选。

13．我国法律援助制度的内容、特征[C]

[解析] 我国的法律援助制度是政府的一项重

要职责,体现了国家和政府对公民应尽的义务和责任。法律援助性质上是一种社会保障制度,它通过为贫困或处于不利地位的人提供免费的法律服务,使他们为法律所认可的权利得以实现。故 A 项正确,不当选。

法律援助实施的主体包括四类:一是法律援助机构的专业人员;二是律师事务所的律师;三是公证机关的公证员;四是基层法律服务工作者。其中,律师主要提供诉讼法律援助和非诉法律援助;公证员提供公证事项的法律援助;基层法律服务工作者主要提供法律咨询、代书、普通非诉讼事项的帮助等。故 B 项正确,不当选。

《法律援助法》第 12 条规定:"县级以上人民政府司法行政部门应当设立法律援助机构。法律援助机构负责组织实施法律援助工作,受理、审查法律援助申请,指派律师、基层法律服务工作者、法律援助志愿者等法律援助人员提供法律援助,支付法律援助补贴。"对公民的法律援助申请和法院指派的法律援助案件,由法律援助机构统一受理、审查、指派、监督,不能委托慈善机构办理。故 C 项错误,当选。

我国法律援助对象,既包括符合法定受援条件的经济困难者,也包括法律特别规定的残疾者、弱者;与中国签订法律援助司法协议国家或地区的外国人及无国籍人,符合条件的,也可以申请法律援助。对此,《法律援助法》第 42 条规定:"法律援助申请人有材料证明属于下列人员之一的,免予核查经济困难状况:(一)无固定生活来源的未成年人、老年人、残疾人等特定群体;(二)社会救助、司法救助或者优抚对象;(三)申请支付劳动报酬或者请求工伤事故人身损害赔偿的进城务工人员;(四)法律、法规、规章规定的其他人员。"第 69 条规定:"对外国人和无国籍人提供法律援助,我国法律有规定的,适用法律规定;我国法律没有规定的,可以根据我国缔结或者参加的国际条约,或者按照互惠原则,参照适用本法的相关规定。"故 D 项正确,不当选。

14.律师业务推广[C]

[解析] 根据《律师和律师事务所违法行为处罚办法》第 6 条第 3 项规定,以对本人及所在律师事务所进行不真实、不适当宣传或者诋毁其他律师、律师事务所声誉等方式承揽业务的,属于《律师法》第 47 条第 2 项规定的律师"以不正当手段承揽业务的"违法行为。据此,秦律师在甲律师事务所执业,却以乙法律服务中心的名义对外宣传,其宣传信息不真实,属于以不正当手段承揽业务,故 C 项当选。

A 项,在网络平台进行业务推广不违规;B 项,秦律师的个人宣传行为与此无关;D 项,律师对外宣传信息要真实,不能以非律师身份宣传。故 A、B、D 项均不当选。

15.刑法解释[B]

[解析] 立法解释,即由立法机关在刑法施行过程中对发生歧义的规定所作的解释,具有与法律同等的效力。立法解释应当在法律条文的范围内进行解释,而不应超出其范畴创设新的犯罪和刑罚内容。故第①句错误。

立法解释必须坚持罪刑法定原则,罪刑法定原则要求不得进行类推解释。故第②句正确。

司法解释,即最高人民法院和最高人民检察院就审判和检察工作中如何具体应用法律问题所作的解释,具有普遍适用的效力。司法解释必须遵守解释原理,不得进行类推解释。只要解释结论符合刑法的目的,且不违反罪刑法定原则,司法解释与立法解释都可以进行扩大解释。故第④句错误。

立法解释的效力是高于司法解释的,当司法解释与立法解释存在冲突时,直接适用立法解释,而不能适用司法解释。故第③句错误。故 B 项当选。

16.因果关系[D]

[解析] 因果关系是指危害行为与危害结果之间引起与被引起的关系。与向楼下扔其他物体可能砸中他人一样,甲跳楼自杀的行为也有可能砸中他人,进而侵犯法益;按照事实表现,甲果真砸死行人乙,该结果就是甲创造的危险的现实化,故甲跳楼的行为与乙的死亡之间存在因果关系。虽然从事前角度判断,甲跳楼砸中他人的概率较低,但从事后角度判断,甲跳楼的确砸中他人,并致使他人死亡,因此,事前低概率的判断不影响因果关系的判断。故 A 项错误。

因果关系具有客观性,行为结构具有特定性。对于集资诈骗罪因果关系的认定,只要出资人基于错误认识处分了财产即可,至于出资人基于何种动机处分财产不影响其被骗后作出处分财物的认定。因此,即使出资人出于贪利动机处分财产,非法集资行为与资金被骗结果之间也具有因果关系。故 B 项错误。

因果关系中的危害行为必须有导致危害结果的可能性,即危害行为创设的法益侵犯的危害得以现实化,才能肯定因果关系,这也是刑法规范保护目的的实现要求。甲驾车撞乙,制造了乙可能死亡的危险,乙最终因此而死亡,故甲撞乙的行为与乙的死亡之间存在因果关系。但是,甲的肇事行为没有创设乙的财产损失的法益侵犯危险,而第三人丙拿走乙的财物,属于异常介入因素独立导致乙的财产损失的情形。因此,甲的肇事行为与乙的财产损失之间没有因果关系。故 C 项错误。

因果关系理论中的条件说遵循"没有前者,就没有后者,前者就是后者的原因"这一逻辑公式。但在具备条件关系的前提下,能否将该结果归责于危害行为,还要考察客观归属问题:结果是否是由某个由行为人所支配的、不容许的、具有风险性的因果流程所促成，即将无关的因果流程从刑法上的结果答责的范围剔除出去。例如，甲交通肇事，致使3人重伤，存在着"没有肇事行为，就没有交通事故，就不会有3人重伤"的条件说关系，故甲的行为与重伤结果之间存在条件关系。但甲的行为在事故发生中仅起次要作用，仅负次要责任，则意味着甲的行为对事故的发生并未起到决定性支配、控制作用，因此不能将事故归责于肇事行为。故D项正确。

17．故意伤害罪；过失致人死亡罪；意外事件；因果关系[C]

[解析] 甲的行为尽管导致了崔某心脏病发作而死亡，但甲对此并无犯罪故意：一方面，本案事实难以认定甲认识到其行为有导致崔某伤害的结果并持希望或者放任的态度，所以甲不成立故意伤害罪（当然，故意杀人更难成立）；另一方面，甲与崔某"素不相识"，也不可能认识到被害人患有特定疾病，所以甲不可能认识到自己的行为有导致崔某死亡的可能性，即甲对死亡结果既无故意，也无过失，而应属于意外事件（故意伤害致死的结果加重犯的成立要求行为人对死亡结果具有过失的责任心理）。故A、B项错误。

尽管崔某患有冠状粥样硬化性心脏病，但结合这一具体条件，可以认定，如果没有甲的行为就不会发生崔某心脏病发作而死亡的结果，因此，甲的行为与崔某的死亡结果之间存在因果关系。故C项正确。

当然，承认甲的行为与崔某的死亡结果之间存在因果关系，并不意味着甲一定要对此承担刑事责任。因为行为人是否对危害结果承担刑事责任，具有因果关系只是前提之一，还取决于犯罪人主观上对此结果是否存在故意或者过失的责任心理。结合本案事实，甲对其行为可能引发崔某心脏病发作的事实既没有认识，也没有认识的可能性，因此既不能认定甲对死亡结果存在犯罪故意，也不能认定存在犯罪过失。甲成立过失致人死亡罪的说法错误。故D项错误。

18．责任能力的认定[C]

[解析] 刑事责任能力，是指行为人辨认和控制自己行为的能力。实施了犯罪行为的人，具有这种辨认能力（认识因素）与控制能力（意志因素），是令其对自己故意或过失犯罪行为承担刑事责任的前提。在判断甲的刑事责任能力时，应同时采用医学标准与法学标准。首先，判断甲是否患有精神病。本题中，甲患有抑郁症，抑郁症是一种情感性精神障碍疾病，属于医学上的精神病，但不属于刑法上的精神病。其次，判断是否因为患有精神病而不能辨认或者不能控制自己的行为。甲患有的抑郁症在精神病中程度较轻，从其所想、所为可以看出，甲为了自杀，意将路人乙杀死，其并未丧失辨认或者控制自己行为的能力。

甲具有刑事责任能力，依法应当负刑事责任。故A、B项错误，C项正确。

我国《刑法》第18条第3款规定，尚未完全丧失辨认或者控制自己行为能力的精神病人犯罪的，应当负刑事责任，但是可以从轻或者减轻处罚。如上，抑郁症并不属于刑法上的精神病范围，因此也不属于"应当"从宽的情节，而只作为酌情量刑的情节考虑。故D项错误。

19．正当防卫；紧急避险[D]

[解析] 法律并没有对防卫的主体进行限定，任何人均可为保护国家利益实施防卫行为，均可能构成正当防卫，而不限于国家工作人员。故A项错误。

正当防卫是防卫人直接与不法侵害行为作斗争，而紧急避险则是避险人在面临危险的情况下，通过损害第三者的利益来保护自己。使用第三者的财物反击不法侵害人的，对不法侵害人而言，该反击行为属于防卫行为，构成正当防卫；对第三者而言，反击者通过损害第三者的财物避免自己所面临的危险，构成紧急避险。故B项错误。

只有在针对不法侵害或自然灾害等时才可能成立紧急避险。在面临合法追捕的情况下，被追捕者没有逃避的权利，更不可能通过侵入他人住宅来实施紧急避险。故C项错误。

成立紧急避险要求保护的利益大于被损害的利益，为保护个人较大的利益免受正在发生的危险，损害较小的公共利益的，仍然可以成立紧急避险。故D项正确。

20．紧急避险[B]

[解析] 紧急避险是通过损害一种法益保护另一种法益，其成立条件比正当防卫更严格，即必须发生了现实危险、必须是正在发生的危险、必须出于不得已损害另一法益、必须具有避险意识、必须没有超过必要限度造成不应有的损害。在本题情形中，甲遭乙追杀，情急之下夺过丙的摩托车致丙被摔骨折和车被毁损，是对无辜第三者权益的损害，其行为完全符合紧急避险的成立条件。故B项正确，A、C、D项错误。

21．犯罪中止与犯罪未遂的区分[B]

[解析] 甲欲重伤乙，将乙推倒在地举刀便砍，该行为具有侵犯乙身体健康的紧迫危险，属于故意伤害罪的实行行为，即甲"已经着手实行犯罪"。甲不成立故意伤害罪的说法错误。故A项错误。

甲对乙的伤害结果并未实现（犯罪未得逞），其原因在于甲自动放弃了犯罪行为。本案中甲之所以放弃犯罪，是因为相信了乙的话，以为是丙将其父亲推下粪池。但是在中止的自动性认定中，放弃犯罪的原因本身并不重要，只要行为人认为还能继续实施犯罪行为或者能够达到既遂但不愿既遂的，就能认定中止的自动性。故 B 项正确。

甲的行为不具有正当性。因为乙将甲的父亲推下粪池的行为已经结束，整个过程不存在正在发生的不法侵害或者紧急危险，甲的行为不可能具有正当性。故 C 项错误。

判断犯罪中止形态是否具有法益侵犯的可能性，不是以中止行为本身为标准来判断，而是以中止行为之前的犯罪行为为标准。因为中止行为本身是法律所鼓励的行为，而非犯罪行为，这是对犯罪中止形态应当减轻或者免除处罚的根据；但中止行为之前的行为属于犯罪行为，这也是行为人负刑事责任的事实根据。甲将乙推倒在地，举刀便砍，该行为对乙的身体健康具有侵犯的紧迫危险，但甲随后自动放弃了犯罪行为，属于犯罪中止，而非犯罪未遂。故 D 项错误。

22．私放在押人员罪；脱逃罪；共同犯罪的构成要件[A]

[解析] 共同犯罪，是指二人以上共同故意犯罪，一人为过失的，不构成共犯。因此甲、乙二人不成立共犯关系。故 B 项错误，A 项正确。

看守所值班武警申擅离职守，严重不负责任，致使在押的犯罪嫌疑人乙脱逃，但其主观上没有私放乙的故意，故甲的行为不构成私放在押人员罪（属于故意犯罪），如果造成严重后果，则构成失职致使在押人员脱逃罪（属于过失犯罪）。故 C 项错误。

脱逃罪是指依法被关押的罪犯、被告人、犯罪嫌疑人脱逃的行为。该罪的主观方面为故意，且属行为犯。虽然乙刚跑到监狱外的树林即被抓回，但不影响其构成该罪。故 D 项错误。

23．单位犯罪、单位行贿罪的认定[C]

[解析] 单位犯罪，一般是公司、企业、事业单位、机关、团体为本单位谋取非法利益或以单位名义为本单位全体成员或多数成员谋取非法利益，由单位的决策机构按照单位的决策程序决定，由直接责任人员具体实施，且刑法有明文规定的犯罪。其是单位本身犯罪，而非单位的各个成员的犯罪集合。何经理为销售本公司的医疗器械，安排公司监事刘某给某市立医院 4 位正、副院长回扣共计 25 万余元，属于单位犯罪。根据《刑法》第 393 条的规定，单位为谋取不正当利益而行贿，或者违反国家规定，给予国家工作人员以回扣、手续费，情节严重的，成立单位行贿罪，据此，该公司提供回扣的行为构成单位行贿罪。故 C 项正确。

《刑法》第 389 条规定的行贿罪主体为自然人。本题为单位。故 A 项错误。

《刑法》第 164 条规定的对非国家工作人员行贿罪，自然人和单位均可构成本罪主体，但其对象为公司、企业或者其他单位工作人员，本题的行贿对象是

某市立医院的正、副院长，属于国家工作人员。故 B 项错误。

《刑法》第 391 条规定的对单位行贿罪，其行贿对象必须是单位，本题为个人。故 D 项错误。

24．玩忽职守罪；法条竞合[C]

[解析] 根据《刑法》第 399 条第 3 款的规定，执行判决、裁定失职罪是指在执行判决、裁定活动中，严重不负责任或者滥用职权，不依法采取诉讼保全措施、不履行法定执行职责，或者违法采取诉讼保全措施、强制执行措施，致使当事人或者其他人的利益遭受重大损失的行为。A 项中，法官执行判决时玩忽职守，导致重大损失，依法成立执行判决失职罪，不再认定为玩忽职守罪。故 A 项不当选。

根据《刑法》第 400 条第 2 款的规定，失职致使在押人员脱逃罪是指司法工作人员由于严重不负责任，致使在押的犯罪嫌疑人、被告人或者罪犯脱逃，造成严重后果的行为。B 项中，检察官讯问犯罪嫌疑人时，具有看管职责，但没有依法履行职责，致使犯罪嫌疑人脱逃的，成立失职致使在押人员脱逃罪，不再认定为玩忽职守罪。故 B 项不当选。

警察接到杀人举报，没有依法履行职责，玩忽职守，致使被害人被杀、歹徒逃走，由于法律没有就该种情形认定为其他特定犯罪，故应以普通条文规定的玩忽职守罪定罪处罚。故 C 项当选。

国家机关工作人员签订、履行合同失职被骗罪是指国家机关工作人员在签订、履行合同过程中，因严重不负责任被诈骗，致使国家利益遭受重大损失的行为。D 项中，国家机关工作人员在签订、履行合同的过程中，严重不负责任，未经审查便与对方签订建楼合同，致使被诈骗 300 万元，其行为成立国家机关工作人员签订、履行合同失职被骗罪，不再认定为玩忽职守罪。故 D 项不当选。

25．自首；坦白；立功[B]

[解析] 自首是指犯罪以后自动投案，如实供述自己的罪行。准自首是指被采取强制措施的犯罪嫌疑人、被告人和正在服刑的罪犯，如实供述司法机关还未掌握的本人其他罪行。坦白，是指犯罪嫌疑人虽不具有自首情节，但是如实供述自己罪行的行为。无论是构成自首、准自首还是坦白，都要求供述的内容构成犯罪。题干中甲供述的行为因行贿数额未达法定标准不构成犯罪，因此甲不构成自首、准自首或坦白。故 A、C、D 三项均错误。

犯罪分子揭发他人犯罪行为，查证属实，或者提供重要线索，从而得以侦破其他案件的，构成立功。题干中甲陈述的向乙行贿的事实同时也是乙受贿的事实，虽然甲所在单位的行贿行为不构成犯罪，但乙的受贿行为已达到数额标准，构成受贿罪。甲揭发乙受贿的行为构成立功。故 B 项正确。

26．以危险方法危害公共安全罪[C]

[解析] 甲在高速公路上点燃树枝的行为没有足以危害公共安全的危险,难以认定为放火罪与以危险方法危害公共安全罪。针对甲点燃树枝这一行为,如认为该行为不成立放火罪,那么该行为也不可能成立以危险方法危害公共安全罪。无论是构成放火罪还是构成以危险方法危害公共安全罪,均要求行为人的行为对不特定多数人的生命、健康及公私财产的安全构成了现实危险。本案中,甲的行为并不足以危害车辆的通行安全,事实上也很快被通行车辆轧灭。因此,甲的行为既不构成放火罪,也不构成以危险方法危害公共安全罪。故 A、B 项错误,C 项正确。

不能认为以危险方法危害公共安全罪是整个危害公共安全犯罪的兜底条款,以危险方法危害公共安全罪只是与放火、爆炸、决水、投放危险物质等具有等价性行为的兜底。故 D 项错误。

27．共同犯罪故意的形成与认定[A]

[解析] 共同犯罪的成立,要求必须二人以上,必须有共同故意,必须有共同行为。共同故意要求各共犯人都明知共同犯罪行为、性质和危害社会的结果,并且希望或放任危害结果的发生。

甲往儿子的牛奶放"毒鼠强"被乙看到并质问,甲不说话,乙离开,最终儿子被毒死。此情形表明乙虽未希望但放任了甲毒死儿子的结果发生,且事后二人一起掩埋尸体并对外宣称儿子是因病而死的,符合了各共犯人主观上相互沟通、彼此联络的主观要件。因此甲、乙构成故意杀人的共同犯罪。故 A 项正确。

乙作为被害人的母亲,具有救助被害人的法律义务,而且乙发现了甲的投毒行为,具有履行救助义务的可能性,但乙没有实施任何救助,而是默许放任,乙的行为构成了不作为的故意杀人罪。由于包庇行为是指明知是犯罪的人而作假证明包庇的,但本案中乙没有实施作假证明包庇的行为,故不成立包庇罪。故 B 项错误。

遗弃是指对年老、年幼、患病等没有独立生活能力的人负有扶养义务而拒不扶养的行为,显然遗弃行为对被害人的生命没有现实紧迫的危险,而本案中乙发现儿子可能被毒死,却不采取任何措施,属于不作为的故意杀人行为,不属于遗弃罪。故 C 项错误。

显然,乙无罪的结论错误。故 D 项错误。

28．被害人承诺;犯罪故意;故意杀人罪;故意伤害罪[B]

[解析] 被害人承诺属于犯罪排除事由的一种。被害人请求或者许可行为人侵害其法益,表明其放弃了该法益,放弃了对该法益的保护,既然如此,法律就没有必要予以保护,损害被放弃的法益的行为没有违法性。但是,经被害人承诺的行为,需要符合下列条件才能排除犯罪的成立:(1)承诺者对被侵害的法益

有处分权;(2)承诺者必须对所承诺事项的意义、范围有理解能力;(3)承诺必须出于被害人的真实意志;(4)必须存在现实的承诺;(5)承诺至迟必须存在于结果发生时;(6)经承诺所实施的行为不得超过承诺的范围。

由于人对自己的生命权没有处分权限,因此乙的承诺无效,甲的行为仍然构成故意杀人罪。A 项错误。很难界定甲的犯罪故意是杀人故意还是伤害故意,可以认定为一种涵盖故意杀人和故意伤害的概括的故意,应当按照实际造成的结果认定甲所触犯的罪名。B 项正确。乙因为受骗而作出放弃法益的承诺,并非出于真实意志,其承诺无效,甲的行为构成故意伤害罪。C 项错误。乙是未成年人,对所承诺事项的意义和范围缺乏足够的理解能力,其承诺无效。D 项错误。

29．抢夺罪;盗窃罪;诈骗罪[D]

[解析] 抢夺罪表现为趁人不备,公然夺取数额较大的公私财物或者多次抢夺的行为。公然夺取是抢夺罪区别于盗窃罪(秘密窃取)的一个重要标志。此外,抢夺罪还是一种强力夺取的行为。本案中,甲并没有当面强力夺取财物的行为,因此不构成抢夺罪。故 A 项错误。蔬菜并未处于店员支配、控制的场所,刘某也未委托店员保管,而是处于公共场所,因此蔬菜不属于店员占有。故 B 项错误。诈骗罪的成立要求欺骗他人,使他人陷入处分财产的错误认识,进而处分财产。甲虽然假装放钱,但并未欺骗他人,其行为不属于诈骗罪中的诈骗行为。故 C 项错误。刘某虽然距离现场 3 公里,但并未放弃其蔬菜的所有权,而且刘某具有强烈占有财物的意识,按照社会观念,蔬菜仍然属于刘某占有。故 D 项正确。

30．诈骗罪[C]

[解析] 三角诈骗的情形与盗窃罪的间接正犯在结构上非常相似,区别在于被骗人是否具有处分被害人财产的权限或者地位:如果被骗人具有处分被害人财产的权限或者地位,则行为人是基于对方有瑕疵的意思取得对方的财产,成立诈骗罪(行为人直接欺骗被骗人的场合是直接正犯,利用他人作为工具欺骗被骗人的场合是间接正犯);如果被骗人没有处分被害人财产的权限或者地位,则行为人是完全违背对方的意思取得他人占有的财物,成立盗窃罪(间接正犯)。

因银行职员乙的工作失误,未将甲的存折底卡销毁,从而导致乙产生了处分财产给甲的错误认识。甲有义务告诉对方真相,但却谎称存折丢失,从而使乙为其办理挂失手续,这就维持甚至强化了乙处分财产的错误认识,乙基于这一错误认识将 4 万元交给甲。这属于不作为的欺骗行为,甲构成诈骗罪。故 C 项正确。

31．刑事诉讼的基本理念[A]

[解析] 维护社会主义法制,尊重和保障人权,保护公民人身权利、财产权利、民主权利和其他权利,保障社会主义建设事业的顺利进行,这是刑事诉讼法的根本任务,也是宪法所保障的公民基本权利在刑事领域的充分体现。故A项正确。

在我国诉讼理论界一般认为,惩罚犯罪与保障人权并重,只强调惩罚犯罪,忽视保障人权,势必导致藐视法制、违反程序、刑讯逼供、滥捕滥杀,造成较高的错案率,最终既不能保障人权,也不能准确有效地惩罚犯罪;反之,只强调保障人权,忽视惩罚犯罪,势必放纵犯罪,社会秩序稳定难以实现,同样也不利于实现刑事诉讼法的根本目的。因此,为了实现控辩双方的平等对抗,公权力机关应当保障犯罪嫌疑人、被告人的权利,但这不意味着犯罪嫌疑人、被告人权利至上。故B项错误。

"尊重和保障人权"并未体现实体公正与程序公正并重的理念,以及公正优先、兼顾效率的理念。故C、D项错误。

32．辩护律师的诉讼权利与义务[B]

[解析]《刑事诉讼法》第39条第4款规定:"辩护律师会见在押的犯罪嫌疑人、被告人,可以了解案件有关情况,提供法律咨询等;自案件移送审查起诉之日起,可以向犯罪嫌疑人、被告人核实有关证据。辩护律师会见犯罪嫌疑人、被告人时不被监听。"故B项正确。A项错误在于向犯罪嫌疑人核实证据的时间起点为"自案件移送审查起诉之日",而不是"侦查期间"。

《刑事诉讼法》第42条规定:"辩护人收集的有关犯罪嫌疑人不在犯罪现场、未达到刑事责任年龄、属于依法不负刑事责任的精神病人的证据,应当及时告知公安机关、人民检察院。"据此,辩护律师收集到的、应当及时告知于公安机关、检察院的证据只限于以上三类,而非将收集到的所有有利于犯罪嫌疑人的证据都予以告知。故C项错误。

《刑事诉讼法》第48条规定:"辩护律师对在执业活动中知悉的委托人的有关情况和信息,有权予以保密。但是,辩护律师在执业活动中知悉委托人或者其他人,准备或者正在实施危害国家安全、公共安全以及严重危害他人人身安全的犯罪的,应当及时告知司法机关。"辩护律师只对自己知悉的委托人或其他人正准备或正在实施的特定的犯罪行为负有告知司法机关的义务,不包括过去已经实施的犯罪。故D项错误。

33．自白任意性规则[B]

[解析] 自白任意性规则,又称非任意自白排除规则,是指在刑事诉讼中,只有基于被追诉人自由意志而作出的表白(承认有罪的供述),才具有可采性;违背当事人意愿或违反法定程序而强制作出的供述不是自白,而是逼供,不具有可采性,必须予以排除。其在本质上属于证据的排除规则。

《刑事诉讼法》第52条规定:"……不得强迫任何人证实自己有罪……"此规定即表明我国基本确立了自白任意性规则。故B项当选。

A、C、D项也属于《刑事诉讼法》在保障人权方面的规定,但是都不属于自白任意性规则。其中A项是关于同步录音录像制度的有关规定,重在对侦查讯问的监督制约。C项是逮捕后将被逮捕人送交看守所羁押的时效规定。D项是为了防止办案机关以滥用拘传的方式侵犯犯罪嫌疑人、被告人的合法权益。故A、C、D项均不当选。

34．证据的分类[D]

[解析] 根据证据材料的来源的不同,可以分为原始证据和传来证据。凡是来自原始出处,即直接来源于案件事实的证据材料,叫作原始证据,也称第一手材料;凡不是直接来源于案件事实,而是从间接的非第一来源获得的证据材料,称为传来证据,即通常所称的第二手材料。

根据证据与案件主要事实的证明关系的不同,可以将证据划分为直接证据与间接证据(刑事案件的主要事实,是指犯罪嫌疑人、被告人是否实施了犯罪行为。证明关系的不同,是指某一证据是不是可以单独地、直接地证明案件的主要事实)。凡是可以单独直接证明案件主要事实的证据,属于直接证据。凡是必须与其他证据相结合才能证明案件主要事实的证据,属于间接证据。

A项匕首虽为原始证据,但只能证明匕首是伤害被害人的工具,并不能单独证明甲有杀人的行为,还需要结合其他证据,因此属于间接证据。A项错误。

B项证人证言虽为原始证据,但只能证明甲从现场走出,并不能单独证明甲有杀人的行为,属于间接证据。B项错误。

C项指纹同一的鉴定意见属于原始证据,但指纹同一不能证明案件主要事实,属于间接证据。C项错误。

D项被害人讲述被害过程属于被害人陈述,是原始证据,并且通过陈述能够证明案件主要事实,属于直接证据。D项正确。

35．取保候审[C]

[解析]《刑事诉讼法》第72条第2款规定,提供保证金的人应当将保证金存入执行机关指定银行的专门账户。并非由决定机关统一收取后存入指定银行的专门账户。故A项错误。

《刑事诉讼法》第67条规定:"人民法院、人民检察院和公安机关对有下列情形之一的犯罪嫌疑人、被告人,可以取保候审:(一)可能判处管制、拘役或者独立适用附加刑的;(二)可能判处有期徒刑以上刑罚,采取取保候审不致发生社会危险性的;(三)患有严重疾病、生活不能自理,怀孕或者正在哺乳自己婴儿的妇女,采取取保候审不致发生社会危险性的;(四)羁押期限届满,案件尚未办结,需要采取取保候审的。取保候审由公安机关执行。"根据该法条第2项的规定,对于可能判处有期徒刑以上刑罚,但采取取保候审不致发生社会危险性的,亦可采取取保候审措施。故B项错误。

《刑诉解释》第150条第2款规定:"对被告人决定取保候审的,应当责令其提出保证人或者交纳保证金,不得同时使用保证人保证与保证金保证。"故C项正确。

《刑事诉讼法》第71条第4款规定,对违反取保候审规定,需要予以逮捕的,可以对犯罪嫌疑人、被告人先行拘留。故D项错误。

36.期间[C]

[解析] 期间的重新计算,是指由于发生了法定的情况,原来已进行的期间归于无效,而从新发生情况之时起计算期间。重新计算期间仅适用于公安司法机关的办案期限,不适用于当事人行使诉讼权利的期限。故A项错误。

《刑事诉讼法》第105条第3款规定,法定期间不包括路途上的时间。上诉状或者其他文件在期满前已经交邮的,不算过期。具体来说,通过邮寄的上诉状或者其他文件,只要是在法定期间内交邮的,即使司法机关收到时已过法定期限,也不算过期。上诉状或其他文件是否在法定期限内交邮以当地邮局所盖邮戳为准,而非以投入邮筒为准。故B项错误,C项正确。

D项法无明文规定,从保障犯罪嫌疑人诉讼权利的角度,犯罪嫌疑人、被告人在押的案件,在羁押场所以外对患有严重疾病的犯罪嫌疑人、被告人进行医治的时间,应当计入法定羁押期间。故D项错误。

37.辨认[A]

[解析]《公安部规定》第260条第3款规定:"辨认物品时,混杂的同类物品不得少于五件;对物品的照片进行辨认的,不得少于十个物品的照片。"A项中混杂了另外4套同类工具,即1+4,符合5件的要求。故A项正确。

《刑诉解释》第104条规定:"对辨认笔录应当着重审查辨认的过程、方法,以及辨认笔录的制作是否符合有关规定。"第105条规定:"辨认笔录具有下列情形之一的,不得作为定案的根据:(一)辨认不是在调查人员、侦查人员主持下进行的;(二)辨认前使辨认人见到辨认对象的;(三)辨认活动没有个别进行的;(四)辨认对象没有混杂在具有类似特征的对象中,或者供辨认的对象数量不符合规定的;(五)

辨认中给辨认人明显暗示或者明显有指认嫌疑的;(六)违反有关规定,不能确定辨认笔录真实性的其他情形。"B项中没有同步录音录像,C项中没有见证人在场,属于瑕疵证据,不属于导致辨认笔录不得作为定案依据的情形,若能补正或者作出合理解释,仍可作为定案依据。故B、C项错误。

《公安部规定》第260条规定:"辨认时,应当将辨认对象混杂在特征相类似的其他对象中,不得在辨认前向辨认人展示辨认对象及其影像资料,不得给辨认人任何暗示。辨认犯罪嫌疑人时,被辨认的人数不得少于七人;对犯罪嫌疑人照片进行辨认的,不得少于十人的照片。辨认物品时,混杂的同类物品不得少于五件;对物品的照片进行辨认的,不得少于十个物品的照片。对场所、尸体等特定辨认对象进行辨认,或者辨认人能够准确描述物品独有特征的,陪衬物不受数量的限制。"据此,辨认时,应当将辨认对象混杂在特征相类似的其他对象中,对陪衬物是存在数量要求的(如7人、5件等),除非辨认人是对场所、尸体等特定辨认对象进行辨认,或者辨认人能够准确描述物品独有特征的,陪衬物才不受数量的限制。D项说"王某作为辨认人时,陪衬物不受数量的限制",并没有说明王某辨认的对象是否为场所或者尸体等特定辨认对象,因此说陪衬物不受数量的限制过于片面,故错误。因此,并非犯罪嫌疑人作为辨认人时,陪衬物就可以不受数量的限制。故D项错误。

38.存疑不起诉;非法证据排除[B]

[解析] 存疑不起诉,又称证据不足不起诉。本案在排除口供后,其他证据显然不足以支持起诉,即证据不足,因而作出的不起诉决定属于存疑不起诉。故A项表述正确。

《高检规则》第73条第1款规定:"人民检察院经审查认定存在非法取证行为的,对该证据应当予以排除,其他证据不能证明犯罪嫌疑人实施犯罪行为的,应当不批准或者决定逮捕。已经移送起诉的,可以依法将案件退回监察机关补充调查或者退回公安机关补充侦查,或者作出不起诉决定。被排除的非法证据应当随案移送,并写明为依法排除的非法证据。"据此,检察院在审查起诉过程中依法排除非法证据后,可以依法将案件退回公安机关补充侦查,也可以直接作出不起诉决定。故B项错误。【总结提示】对于检察院作出存疑不起诉决定,是否需要以先退回补充侦查为前提,需要区分两种情况:(1)一般情况下,证据不足的,需要先进行补充侦查。经过二次补侦,证据不足的,应当不起诉;经过一次补侦,证据不足的,可以不起诉。《高检规则》第367条规定:"人民检察院对于二次退回补充调查或者补充侦查的案件,仍然认为证据不足,不符合起诉条件的,经检察长批准,依法作出不起诉决定。人民检察院对于经过一次退回补充调查或者补充侦查的案件,认为证据不足,不符合起诉条件,且没有再次退回补充调查或者补充侦查必要的,经检察长批准,可以作出不起诉决定。"(2)对于排除非法证据后导致证据不足的,检察院可以直接作出不起诉决定,不以补充侦查为前提。(《高检规则》第73条)

检察院是我国的法律监督机关。检察院在审查起诉时,发现侦查机关以刑讯获取的供述,应当予以排除,这体现了检察院法律监督机关的属性。故C项表述正确。

检察院在作出存疑不起诉之后,如果发现了新的证据,符合起诉条件时,可以提起公诉。故D项表述正确。

39.法庭审理程序[B]

[解析] 整个法庭审判的顺序依次为开庭、法庭调查、法庭辩论、被告人最后陈述、评议和宣判。另外,起诉书是在法庭调查之初,由出庭公诉人宣读的公文;而公诉词则是在法庭辩论开始时,由出庭公诉人所进行的综合性演讲。

本题中的"①宣读勘验笔录;③讯问被告人;④询问证人、鉴定人;⑤出示物证"均属于法庭调查的活动,法庭调查的总体原则是先调查人证,再调查物证,最后宣读有关笔录,故顺序为③④⑤①;"②公诉人发表公诉词"属于法庭辩论活动,因此在法庭调查之后,被告人最后陈述之前,所以最终的顺序为③④⑤①②⑥。故B项正确,A、C、D项错误。

40.单位犯罪案件的审理程序[A]

[解析] 《刑诉解释》第344条规定:"审判期间,被告单位被吊销营业执照、宣告破产但尚未完成清算、注销登记的,应当继续审理;被告单位被撤销、注销的,对单位犯罪直接负责的主管人员和其他直接责任人员应当继续审理。"本题中,被告单位在审理中被注销,但单位犯罪直接负责的主管人员和其他直接责任人员应当负刑事责任,应当依法继续审理。故A项正确,B、C、D项错误。

41.死刑复核程序[C]

[解析] 《刑诉解释》第427条第1款规定:"复核死刑、死刑缓期执行案件,应当全面审查以下内容:(一)被告人的年龄,被告人有无刑事责任能力、是否系怀孕的妇女;(二)原判认定的事实是否清楚,证据是否确实、充分;(三)犯罪情节、后果及危害程度;(四)原判适用法律是否正确,是否必须判处死刑,是否必须立即执行;(五)有无法定、酌定从重、从轻或者减轻处罚情节;(六)诉讼程序是否合法;(七)应当审查的其他情况。"甲的人际关系与其定罪量刑无关,不属于上述人民法院应当审查的范围。故A项不正确。C项符合上述第3项之规定。故C项正确。

因为被告人甲已经委托辩护人,法院就无需通知

法律援助机构为其指定辩护。故B项不正确。死刑复核程序实行不开庭审理,因此,法院无需通知检察院派员出庭。故D项不正确。

42.法庭审理中发现新事实的处理[D]

[解析] 简易程序转为普通程序审理限于《刑诉解释》第368条规定的五种情形:(1)被告人的行为可能不构成犯罪的;(2)被告人可能不负刑事责任的;(3)被告人当庭对起诉指控的犯罪事实予以否认的;(4)案件事实不清、证据不足的;(5)不应当或者不宜适用简易程序的其他情形。本案并不属于上述情形,故A项错误。

《刑事诉讼法》第201条的规定:"对于认罪认罚案件,人民法院依法作出判决时,一般应当采纳人民检察院指控的罪名和量刑建议,但有下列情形的除外:……"据此,在认罪认罚案件中,法院并非必须采纳人民检察院指控的罪名和量刑建议,而是有除外情形,需要具体根据案情进行裁量,故B项错误。

《刑诉解释》第297条规定:"审判期间,人民法院发现新的事实,可能影响定罪量刑的,或者需要查补证的,应当通知人民检察院,由其决定是否补充、变更、追加起诉或者补充侦查。人民检察院不同意或者在指定时间内未回复书面意见的,人民法院应当就起诉指控的事实,依照本解释第二百九十五条的规定作出判决、裁定。"据此,检察院没有在指定时间内回复意见的,法院应当就起诉指控的事实作出裁判。故C项错误,D项正确。

43.犯罪嫌疑人、被告人逃匿、死亡案件违法所得没收程序中的"违法所得及其他涉案财产"[C]

[解析] 根据《刑事诉讼法》第298条规定:"对于贪污贿赂犯罪、恐怖活动犯罪等重大犯罪案件,犯罪嫌疑人、被告人逃匿,在通缉一年后不能到案,或者犯罪嫌疑人、被告人死亡,依照刑法规定应当追缴其违法所得及其他涉案财产的,人民检察院可以向人民法院提出没收违法所得的申请。公安机关认为有前款规定情形的,应当写出没收违法所得意见书,移送人民检察院。没收违法所得的申请应当提供与犯罪事实、违法所得相关的证据材料,并列明财产的种类、数量、所在地及查封、扣押、冻结的情况。人民法院在必要的时候,可以查封、扣押、冻结申请没收的财产。"本题中,A项属于被告人非法持有的"违禁品",B项属于实施犯罪行为所取得的孳息,D项属于实施犯罪行为所取得的财物,以上均属于"违法所得及其他涉案财产"。C项属于单位的财物,而非其本人财物,所以不属于"违法所得及其他涉案财产"。故C项符合题意,当选。

44.地方政府机构设置和编制管理[B]

[解析] 《地方各级人民政府机构设置和编制管理条例》第4条规定:"地方各级人民政府的机构编

制工作,实行中央统一领导、地方分级管理的体制。"可知地方各级人民政府的机构编制工作是由中央统一领导、地方分级管理,而不是实行垂直领导。故 A 项错误,不选。

《地方各级人民政府机构设置和编制管理条例》第 6 条第 2 款规定:"县级以上各级人民政府应当建立机构编制、人员工资与财政预算相互制约的机制,在设置机构、核定编制时,应当充分考虑财政的供养能力……"故 B 项正确,当选。

《地方各级人民政府机构设置和编制管理条例》第 7 条规定:"县级以上各级人民政府行政机关不得干预下级人民政府行政机关的设置和编制管理工作,不得要求下级人民政府设立与其业务对口的行政机构。"故 C 项错误,不选。

《地方各级人民政府机构设置和编制管理条例》第 29 条规定:"地方的事业单位机构和编制管理办法,由省、自治区、直辖市人民政府机构编制管理机关拟定,报国务院机构编制管理机关审核后,由省、自治区、直辖市人民政府发布……"可知地方的事业单位机构和编制管理办法由国务院机构编制管理机关审核,发布主体应为省级人民政府。故 D 项错误,不选。

45．抽象行政行为的区分[A]

[解析]《关于审理行政案件适用法律规范问题的座谈会纪要》规定,现行有效的行政法规有以下三种类型:一是国务院制定并公布的行政法规;二是立法法施行以前,按照当时有效的行政法规制定程序,经国务院批准、由国务院部门公布的行政法规。但在立法法施行以后,经国务院批准、由国务院部门公布的规范性文件,不再属于行政法规;三是在清理行政法规时由国务院确认的其他行政法规。题干中所涉及的《计算机信息网络国际联网安全保护管理办法》是 1997 年经国务院批准,由公安部部令发布的,符合第二种情况,故属于行政法规,故 A 项正确。

46．具体行政行为的判定[C]

[解析] 具体行政行为具有特定性、处分性、外部性、行政性四大构成要素,通过这四大构成要素,我们可以将具体行政行为与行政事实行为、抽象行政行为、内部行为、刑事司法行为等非具体行政行为区别开来。

A 项,公安交管局的行为属于行政指导,是行政机关以倡导、示范、建议、咨询等方式,引导公民自愿配合而达到行政管理目的的行为。行政指导的最大特点为"柔性",当事人可以接受,也可以不接受,并不产生相应的法律责任,所以不属于具体行政行为。故 A 项不当选。

B 项,属于刑事司法行为,不是行使行政职权的行为,不具有行政性,故不属于具体行政行为。故 B 项不当选。

C 项,属于行政征收,属于典型的具体行政行为。故 C 项当选。

D 项,属于行政调解,公安派出所的调解行为对打架斗殴双方的权利义务不产生实际影响,真正对双方的权利义务产生实际影响的是调解协议,故公安派出所的调解行为不具有法律性,不属于具体行政行为。故 D 项不当选。

47．行政许可的撤销[B]

[解析]《行政许可法》第 69 条规定:"……被许可人以欺骗、贿赂等不正当手段取得行政许可的,应当予以撤销。……依照本条第 2 款的规定撤销行政许可的,被许可人基于行政许可取得的利益不受保护。"本题符合上述情形,应予撤销。故 B 项正确,A、C、D 项错误。

48．行政诉讼审查范围及判决类型;治安管理处罚[C]

[解析]《治安管理处罚法》第 82 条第 1 款规定:"需要传唤违反治安管理行为人接受调查的,经公安机关办案部门负责人批准,使用传唤证传唤。对现场发现的违反治安管理行为人,人民警察经出示工作证件,可以口头传唤,但应当在询问笔录中注明。"因此,对于牛某在施工现场进行阻挠的违法行为,市公安局警察可以出示工作证件后口头传唤。故 A 项错误。

《治安管理处罚法》第 84 条第 2 款规定:"被询问人要求就被询问事项自行提供书面材料的,应当准许;必要时,人民警察也可以要求被询问人自行书写。"据此,牛某在接受询问时要求就被询问事项自行提供书面材料的,应予准许。故 B 项错误。

牛某不服市公安局的行政拘留决定而提起行政诉讼,法院审理的对象是行政拘留行为的合法性,而非市政府征收土地决定的合法性问题。故 C 项正确。

《行政诉讼法》第 77 条规定:"行政处罚明显不当,或者其他行政行为涉及对款额的确定、认定确有错误的,人民法院可以判决变更。人民法院判决变更,不得加重原告的义务或者减损原告的权益。但利害关系人同为原告,且诉讼请求相反的除外。"行政拘留属于最为严厉的行政处罚,如果人民法院经过审理后认为市公安局对牛某的行政拘留决定明显不当,则可以作出变更判决。故 D 项错误。

49．扣押[A]

[解析]《行政强制法》第 26 条第 3 款规定:"因查封、扣押发生的保管费用由行政机关承担。"所以因扣押发生的保管费用不由王某承担。故 A 项错误,当选。

《行政强制法》第 18 条第 7 项规定,行政机关实施行政强制措施应当制作现场笔录。故 B 项正确,不当选。

《行政强制法》第24条第1款规定："行政机关决定实施查封、扣押的，应当履行本法第18条规定的程序，制作并当场交付查封、扣押决定书和清单。"故C项正确，不当选。

《行政强制法》第23条第1款规定："查封、扣押限于涉案的场所、设施或者财物，不得查封、扣押与违法行为无关的场所、设施或者财物；不得查封、扣押公民个人及其所扶养家属的生活必需品。"故D项正确，不当选。

50．司法赔偿程序[A]

[解析]《最高人民法院关于人民法院赔偿委员会审理国家赔偿案件程序的规定》第1条规定："赔偿请求人向赔偿委员会申请作出赔偿决定，应当递交赔偿申请书一式四份。赔偿请求人书写申请书确有困难的，可以口头申请。口头提出申请的，人民法院应当填写《申请赔偿登记表》，由赔偿请求人签名或者盖章。"故A项正确。

《最高人民法院关于人民法院赔偿委员会审理国家赔偿案件程序的规定》第5条第2款规定："赔偿义务机关、复议机关可以委托本机关工作人员1至2人作为代理人。"据此，县公安局只能委托本机关人员为代理人。故B项错误。

《国家赔偿法》第26条规定："人民法院赔偿委员会处理赔偿请求，赔偿请求人和赔偿义务机关对自己提出的主张，应当提供证据。被羁押人在羁押期间死亡或者丧失行为能力的，赔偿义务机关的行为与被羁押人的死亡或者丧失行为能力是否存在因果关系，赔偿义务机关应当提供证据。"本案中，李某认为县公安局的刑事拘留行为给他造成了损失而主张国家赔偿，因此李某必须对他所受到的损失与刑事拘留行为之间是否存在因果关系提供证据。故C项错误。

《国家赔偿法》第29条第3款规定："赔偿委员会作出的赔偿决定，是发生法律效力的决定，必须执行。"第30条第1款规定："赔偿请求人或者赔偿义务机关对赔偿委员会作出的决定，认为确有错误的，可以向上一级人民法院赔偿委员会提出申诉。"据此可知，李某不服中级法院赔偿委员会作出的赔偿决定的，只能选择向上一级法院赔偿委员会申诉。故D项错误。

二、多项选择题

51．法律效力；法律解释；备案审查[AD]

[解析]法一般不溯及既往，但在特殊情况下可以溯及既往，题干所言正是《民法典》溯及力的体现，该司法解释确认了在特殊情况下《民法典》具有溯及力。故A项正确。

题干中司法解释所规定的内容解决的是《民法典》对在其生效前的民事案件是否有溯及力的问题，

而不是新法与旧法效力的问题。故B项错误。

司法解释的效力低于法律。故C项错误。

《监督法》第41条规定："最高人民法院、最高人民检察院作出的属于审判、检察工作中具体应用法律的解释，应当自公布之日起三十日内报全国人民代表大会常务委员会备案。"故D项正确。

52．法律解释；法律推理；公序良俗原则[ABD]

[解析]法律解释特点包括：（1）对象是法律规定和他的附随情况；（2）与具体案件密切相关；（3）具有价值取向性；（4）受解释学循环的制约。其中，解释学循环是解释学中的一个中心问题，是指"整体只有通过理解它的部分才能得到理解，而对部分的理解又只能通过对整体的理解"。本题在解释下葬棺木是否属于民法上的物，势必要受"解释学循环"规律的约束。故A项正确。

在我国，非正式渊源主要有：判例、习惯、政策。在案件裁判中，如果遇到没有办法找到正式渊源的情形，可以选择非正式渊源作为案件裁判依据，因此在特定情况下，非正式渊源在法律推理中，也可以扮演大前提。"入土为安，死者不受打扰"是中国大部分地区的传统，属于一种风俗习惯，属于法的非正式渊源，在一定程度上可以成为法律推理的前提。故B项正确。

法律规范包括法律规则和法律原则。公序良俗原则是民法的基本原则之一，《民法典》第8条明确规定："民事主体从事民事活动，不得违反法律，不得违背公序良俗。"可见，"公序良俗"这一伦理道德，已经被法律上升为法律原则，法官可将其作为判案的依据。另外，法官推理时既能依据法的正式渊源，也能依据法的非正式渊源，"公序良俗"属于非正式的法的渊源，即便未被上升为法律规范，在一定条件下也可以作为法律推理的前提。故C项错误。

法律具有"规范性"，是调整人们行为的社会规范，具体含义如下：（1）法律属于社会规范的范畴；（2）调整对象是"人的意志行为"；（3）法律应针对"一般人"设定行为模式。这里涉及第（3）点，法律既然强调"以一般人的行为模式"为标准来设定内容，那么刘某是否受到精神损害，应按照"一般人"的标准衡量，当地群众对该事件的一般看法，是确定精神损害时应当考虑的因素。故D项正确。

53．选举权的平等性原则；地方人大代表名额的分配原则[ABC]

[解析]法律面前人人平等是我国《宪法》规定的基本原则，选举权平等也是应有之义。故A项正确。

"大体相等"中的"大体"即差不多之意。故B项正确。

该规定涉及的两句话存在递进关系。故C项正确。

《选举法》第15条第1款规定:"地方各级人民代表大会代表名额,由本级人民代表大会常务委员会或者本级选举委员会根据本行政区域所辖的下一级各行政区域或者各选区的人口数,按照每一代表所代表的城乡人口数相同的原则,以及保证各地区、各民族、各方面都有适当数量代表的要求进行分配。在县、自治县的人民代表大会中,人口特少的乡、民族乡、镇,至少应有代表一人。"省人大选举实施办法不得与选举法相抵触,亦需保证各地区、各民族、各方面都有适当数量的代表。就题中规定而言,亦推导不出"不保证各地区、各民族、各方面都有适当数量代表"的要求。故D项错误。

54．基层群众自治制度(村民委员会)［ABCD］

［解析］《村民委员会组织法》第23条第2款规定,村民会议有权撤销或者变更村委会不适当的决定。故A项正确。

《村民委员会组织法》第36条第2款规定:"村民委员会不依照法律、法规的规定履行法定义务的,由乡、民族乡、镇的人民政府责令改正。"故B项正确。

《村民委员会组织法》第36条第1款规定:"村民委员会或者村民委员会成员作出的决定侵害村民合法权益的,受侵害的村民可以申请人民法院予以撤销,责任人依法承担法律责任。"故C项正确。

《村民委员会组织法》第16条第1款规定:"本村五分之一以上有选举权的村民或者三分之一以上的村民代表联名,可以提出罢免村民委员会成员的要求,并说明要求罢免的理由。被提出罢免的村民委员会成员有权提出申辩意见。"故D项正确。

55．区域协同立法;区域合作［BC］

［解析］《地方组织法》第10条第3款规定:"省、自治区、直辖市以及设区的市、自治州的人民代表大会根据区域协调发展的需要,可以开展协同立法。"该法第49条第3款规定:"省、自治区、直辖市以及设区的市、自治州的人民代表大会常务委员会根据区域协调发展的需要,可以开展协同立法。"据此,可以开展区域协同立法的主体包括省、自治区、直辖市以及设区的市、自治州的人大及其常委会。故A项错误。

区域协同立法仍然属于地方立法,必须遵守"不能同宪法、法律、行政法规相抵触"这一原则。故B项正确。

《地方组织法》第80条规定:"县级以上的地方各级人民政府根据国家区域发展战略,结合地方实际需要,可以共同建立跨行政区划的区域协同发展工作机制,加强区域合作。上级人民政府应当对下级人民政府的区域合作工作进行指导、协调和监督。"故C项正确。D项,上级政府对下级政府的区域合作工作

应进行指导、协调和监督,而非领导,故D项错误。

56．《唐律疏议》的特点、性质、地位［ABCD］

［解析］本题属于材料分析题,A项与B项直接考查对题干的理解。从题干来看,该条文规定的是,为了避免后世的仇杀,对于杀害同乡人的祖父母、父母者,虽然被免罪但也要移居外乡,体现了"情法结合"的特点。故A、B项正确。

唐律的立法技术非常完善,表现出高超的水平。例如,确定了自首、化外人、类推原则;再如,为防止官吏滥用比附,用精确的语言规定在法无明文规定的条件下,官吏故意与过失入人罪的处理办法,并结合社会现实特点,实现了法律与社会较高程度的融合。故C项正确。

唐律具有明显的"礼法合一"特点,承袭和发展了以往"礼法并用"的统治方法,使得法律统治"一准乎礼",真正实现了礼与法的统一。本题中,"移乡避仇制"的确立,就是在充分考虑"情"与"法"等因素后形成的特殊处理模式。故D项正确。

57．条约的保留［CD］

［解析］根据国际法关于条约保留的规定,在提出保留国和接受保留国之间,适用保留后或者修改后的条款。本题中,甲国提出保留,乙国接受,所以在甲、乙两国之间适用甲国的保留意见,其纠纷不应该由国际法院管辖。故A项错误。

根据国际法相关规则的规定,国家可以对条约保留提出是否接受的意见,也可以对其他方面提出反对意见。故B项错误。

根据国际法关于条约保留的规定,在提出保留国和反对保留国(该国不反对条约的生效)之间,该保留涉及的条款视为不存在。本题中,甲国提出保留,丁国反对该保留但不反对条约其余条款,所以该保留涉及的条款在甲国和丁国之间视为不存在,其余条款有效。故C项正确。

根据国际法关于条约保留的规定,在反对保留国和接受保留国之间适用原先条约的规定,即不适用甲国的保留,对条约纠纷应由国际法院管辖。故D项正确。

58．事实认识错误;在"打击错误"上具体符合说与法定符合说结论的差异［AB］

［解析］事实认识错误分为对象错误、打击错误、因果关系错误。打击错误也称方法错误,是指由于行为本身的误差,导致行为人所欲攻击的对象与实际受害的对象不一致,但这种不一致仍然没有超出同一犯罪构成。具体符合说认为,由于客观事实与行为人的主观认识没有形成具体的符合,故甲对乙成立故意杀人罪既遂,对丙成立过失致人死亡罪,属于想象竞合犯,从一重罪论处。法定符合说则认为,行为人所认识的事实与实际发生的事实,只要在犯罪构成范

围内是一致的,就成立故意的既遂犯。因此,甲对乙与丙都成立故意杀人既遂。当然,采取法定符合说并不意味着成立数个故意杀人罪,由于只有一个行为,故应按想象竞合犯以一罪论处。故 A、B 项正确,C、D 项错误。

59．犯罪停止形态[ABCD]

[解析]《刑法》第23条第1款规定:"已经着手实行犯罪,由于犯罪分子意志以外的原因而未得逞的,是犯罪未遂。"该法第24条第1款规定:"在犯罪过程中,自动放弃犯罪或者自动有效地防止犯罪结果发生的,是犯罪中止。"

甲指使黄某将500万元的收入在申报时予以隐瞒,为单位逃税罪的着手,但后来黄某向税务机关如实申报,属于单位意志以外的原因而未得逞,故单位属于犯罪未遂;黄某是在犯罪过程中自动放弃且自动有效地防止犯罪结果的发生,故黄某属于犯罪中止。故 A 项正确。

抢夺罪是指以非法占有为目的,直接夺取他人紧密占有的公私财物,数额较大或者多次抢夺的行为。一般来说,只要行为人取得了被害人的财物,即被害人丧失了对自己财产的控制,就成立既遂。即使乙在抢夺后发现全部都是假币,仍然构成抢夺罪既遂。故 B 项正确。

《刑法》第240条第2款规定:"拐卖妇女、儿童是指以出卖为目的,有拐骗、绑架、收买、贩卖、接送、中转妇女、儿童的行为之一的。"拐卖儿童罪只要是以出卖为目的,有上述行为之一就构成拐卖儿童罪既遂。将婴儿送回原处只是拐卖儿童的事后行为,不影响既遂的成立,只影响量刑。故 C 项正确。

根据《刑法》第232条的规定,故意非法剥夺他人生命的行为,构成故意杀人罪。丁是以杀人故意向胡某开枪,虽然胡某是死于心脏病突发,但其结果达到了丁所希望发生的犯罪结果,死亡结果终究是行为人造成的,这只是狭义的因果关系错误,不影响犯罪的成立。丁应当成立故意杀人罪既遂。故 D 项正确。

60．罪数的认定[ABCD]

[解析]《刑法》第359条第1款规定了引诱、容留、介绍卖淫,第2款规定了引诱幼女卖淫罪,即引诱、容留、介绍卖淫罪中引诱卖淫的对象不包括幼女,如果引诱幼女卖淫的,则成立引诱幼女卖淫罪。当然,容留、介绍幼女卖淫的,还是成立容留、介绍卖淫罪。所以,引诱幼女卖淫后又容留该幼女卖淫的,成立引诱幼女卖淫罪与容留卖淫罪,数罪并罚。故 A 项错误,当选。

《刑法》第239条规定,绑架被害人,又故意伤害被绑架人,致使被绑架人重伤、死亡的,成立绑架罪一罪,属于结合犯。按照这一规定,如果只是导致被绑

架人轻伤的,还是应数罪并罚。故 B 项错误,当选。

盗窃汽车既遂意味着法益侵犯的实害结果已经发生,之后将该汽车推下山崖摔坏的行为没有侵犯新的法益,该行为属于不可罚的事后行为。所谓不可罚的事后行为,是指在状态犯的场合,利用该犯罪行为的结果的行为,如果孤立地看,符合其他犯罪的构成要件,具有可罚性,但由于被综合评价在该状态犯中,因而没有必要另外认定为其他犯罪。所以该案只成立盗窃罪一罪。故 C 项错误,当选。

明知在押犯脱逃后去杀害证人而私放,该犯果真将证人杀害的,从法益侵犯结果的法律评价上说,成立私放在押人员罪(实行犯)与故意杀人罪(帮助犯)。但从处罚意义上说,由于只有一个行为,属于想象竞合犯,只能择一重罪处罚,不能数罪并罚。故 D 项错误,当选。

61．立功的认定[ACD]

[解析]《关于处理自首和立功若干具体问题的意见》第5条规定:"犯罪分子具有下列行为之一,使司法机关抓获其他犯罪嫌疑人的,属于《解释》第5条规定的'协助司法机关抓捕其他犯罪嫌疑人':1.按照司法机关的安排,以打电话、发信息等方式将其他犯罪嫌疑人(包括同案犯)约至指定地点的;2.按照司法机关的安排,当场指认、辨认其他犯罪嫌疑人(包括同案犯)的;3.带领侦查人员抓获其他犯罪嫌疑人(包括同案犯)的;4.提供司法机关尚未掌握的其他案件犯罪嫌疑人的联络方式、藏匿地址的;等等。犯罪分子提供同案犯姓名、住址、体貌特征等基本情况,或者提供犯罪前、犯罪中掌握、使用的同案犯联络方式、藏匿地址,司法机关据此抓捕同案犯的,不能认定为协助司法机关抓捕同案犯。"据此,甲主动供述裴某手机号,侦查机关据此采用技术侦查手段将裴某抓获,以及丁被抓获后,向侦查机关提供同案犯的体貌特征,同案犯由此被抓获的行为,都不属于立功。故 A、D 项不属于立功,当选。根据该司法解释,按照司法机关的安排,以打电话、发信息等方式将其他犯罪嫌疑人(包括同案犯)约至指定地点的,属于"协助司法机关抓捕其他犯罪嫌疑人",应当认定为立功。据此,乙因为购买境外人士赵某的海洛因被抓获后,按司法机关要求向赵某发短信"报平安",并表示还要购买毒品,赵某因此未离境,等待乙时被抓获的行为属于立功。故 B 项属于立功,不当选。

《关于处理自首和立功若干具体问题的意见》第4条第3款规定:"犯罪分子亲友为使犯罪分子'立功',向司法机关提供他人犯罪线索、协助抓捕犯罪嫌疑人的,不能认定为犯罪分子有立功表现。"丙被抓获后,通过律师转告其父想办法协助司法机关抓捕同案犯,丙父最终找到同案犯藏匿地点,协助侦查机关将其抓获,不应认定为立功。故 C 项当选。

62．生产、销售有毒、有害食品罪的成立、处罚和共同犯罪的认定[BC]

[解析]《刑法》第144条规定，在生产、销售的食品中掺入有毒、有害的非食品原料的，或者销售明知掺有有毒、有害的非食品原料的食品的，处5年以下有期徒刑，并处罚金；对人体健康造成严重危害或者有其他严重情节的，处5年以上10年以下有期徒刑，并处罚金；致人死亡或者有其他特别严重情节的，依照《刑法》第141条的规定处罚。某村办酒厂成立生产、销售有毒、有害食品罪。刘某明知是有毒、有害食品仍然加以销售，构成生产、销售有毒、有害食品罪（本罪不要求认识到有毒成分，只要认识到是有毒、有害食品即可）。但双方没有合谋，故不成立共犯。故A、D项错误，B项正确。

《关于办理生产、销售伪劣商品刑事案件具体应用法律若干问题的解释》第5条规定："生产、销售的有毒、有害食品被食用后，造成轻伤、重伤或者其他严重后果的，应认定为刑法第144条规定的'对人体健康造成严重危害'。生产、销售的有毒、有害食品被食用后，致人严重残疾、3人以上重伤、10人以上轻伤或者造成其他特别严重后果的，应认定为'对人体健康造成特别严重危害'。"故本题情形为"致许多饮者中毒甚至双眼失明"，属于"对人体健康造成特别严重危害"，应按第141条规定的"并处罚金或者没收财产"。故C项正确。

63．非法拘禁罪；转化犯[ABC]

[解析]《刑法》第238条规定，非法拘禁他人或者以其他方法非法剥夺他人人身自由的，构成非法拘禁罪。犯非法拘禁罪，又使用暴力致人伤残、死亡的，转化为故意伤害罪和故意杀人罪。为索取债务非法扣押、拘禁他人的，构成非法拘禁罪而非绑架罪。《最高人民法院关于对为索取法律不予保护的债务非法拘禁他人行为如何定罪问题的解释》规定，行为人为索取高利贷、赌债等法律不予保护的债务，非法扣押、拘禁他人的，依照非法拘禁罪定罪处罚。本案中，甲为索取赌债扣押乙，构成非法拘禁罪；甲威胁乙的行为不属于"使用暴力"，乙的跳崖行为并不会导致甲所触犯的罪名发生转化，因此，甲不属于非法拘禁致乙死亡。此外，甲非法拘禁的行为不会致乙处于有生命危险的境地，不产生防止乙死亡的作为义务，其不作为与作为不具有等价性，甲不构成不作为的故意杀人罪。故D项正确，A、B、C三项错误。

64．抢夺罪[ABC]

[解析]《刑法》第267条规定："抢夺公私财物，数额较大的，或者多次抢夺的，处3年以下有期徒刑、拘役或者管制，并处或者单处罚金；数额巨大或者有其他严重情节的，处3年以上10年以下有期徒刑，并处罚金；数额特别巨大或者有其他特别严重情节的，

处10年以上有期徒刑或者无期徒刑，并处罚金或者没收财产。携带凶器抢夺的，依照本法第263条的规定定罪处罚。"所谓凶器，是指在性质和用法上足以杀伤他人的器物，与犯罪工具不是等同概念。根据《关于办理抢夺刑事案件适用法律若干问题的解释》的规定，"飞车抢夺"即驾驶车辆（机动车、非机动车）夺取财物，符合驾驶车辆逼挤、撞击或者强行逼倒他人夺取财物等情形的，才以抢劫罪处罚，其他均认定为抢夺罪。汽车是犯罪工具，没有用于上述情况，不属于凶器。故A项错误。

抢夺行为是直接夺取财物的行为，即直接对财物实施暴力。甲取得耳环不是基于对物实施暴力，而是采取秘密手段，应成立盗窃罪，不成立抢夺罪。故B项错误。

《关于办理抢夺刑事案件适用法律若干问题的意见》第6条规定："驾驶机动车、非机动车夺取他人财物，具有下列情形之一的，应当以抢劫罪定罪处罚：（一）夺取他人财物时因被害人不放手而强行夺取的；……"C项符合上述条款，成立抢劫罪而非抢夺罪。故C项错误。

抢夺罪的对象仅限于他人占有的动产，而且应是数额较大的公私财物。毒品具有经济价值，属于财物，能够作为财产犯罪的对象，对其进行抢劫、抢夺、盗窃及诈骗的都构成相应的罪。甲明知行人乙的提包中装有毒品而抢夺应构成抢夺罪。故D项正确。

65．盗窃罪[ABCD]

[解析]盗窃的对象必须是他人占有的财物，对于自己占有的他人财物不可能成立盗窃罪。从客观上说，占有是指事实上的支配，不仅包括物理支配范围内的支配，而且包括社会观念上可以推知财物的支配人的状态。

A项中用铁丝网围着的高尔夫球场内的高尔夫球处于高尔夫球场的直接控制下，属于球场管理者占有，属于他人占有的财产。B项中公园水池中游客投掷的硬币属于公园管理者占有（尽管游客抛弃了硬币，但该硬币成了公园资产的一部分，成为公园的"景观"之一），不是无主物。尽管公园是公共场所，但水池中的硬币已经成为特定场所的财物，应属于公园。C项中顾客遗忘在宾馆房间的电脑属于宾馆管理者占有（权利人遗忘在特定封闭空间的财物自动转归为空间管理者占有）。D项中无论车主是否关好车门，汽车内的财物总是属于车主占有（住宅、汽车等特定场所，属于权利人绝对支配或者控制的场所，其中的财物原则上总是属于权利人占有）。故A、B、C、D项均正确。

66．利用影响力受贿罪；离职的国家工作人员受贿行为的处理[ABC]

[解析]根据《刑法》第388条之一的规定，利用

影响力受贿罪是指国家工作人员的近亲属或者其他与该国家工作人员关系密切的人，通过该国家工作人员职务上的行为，或者利用该国家工作人员职权或者地位形成的便利条件，通过其他国家工作人员职务上的行为，为请托人谋取不正当利益，索取请托人财物或者收受请托人财物，数额较大或者有其他较重情节的行为。离职的国家工作人员或者其近亲属以及其他与其关系密切的人，利用该离职的国家工作人员原职权或者地位形成的便利条件实施上述行为的，也以利用影响力受贿罪定罪处罚。本题中，A项中的甲为某国企总经理之妻，C项中的丙为某国家机关官员之子，两者为他人谋取不正当利益并受贿的行为构成利用影响力受贿罪。故A、C项正确。B项中的乙为已离职的国家工作人员，其行为亦构成利用影响力受贿罪。故B项正确。

依据《关于办理受贿刑事案件适用法律若干问题的意见》第10条和《全国法院审理经济犯罪案件工作座谈会纪要》第3条的规定，对于国家工作人员为请托人谋利，并与其事先约定，离职后收受请托人财物的，已离职的国家工作人员若构成受贿罪，即必须有"事先约定"。D项中的丁与该公司并未事先约定，是该公司为表示感谢"自作主张"送给丁价值5万元的按摩床，丁不构成犯罪。故D项错误。

67．检察院办案机关及职权［CD］

[解析]《高检规则》第5条第1款规定："人民检察院办理刑事案件，根据案件情况，可以由一名检察官独任办理，也可以由两名以上检察官组成办案组办理。由检察官办案组办理的，检察长应当指定一名检察官担任主办检察官，组织、指挥办案组办理案件。"据此，主办检察官由检察长指定，但并非必须由检察长或副检察长担任主办检察官，故A项错误。

《高检规则》第4条第4款规定："以人民检察院名义制发的法律文书，由检察长签发；属于检察官职权范围内决定事项的，检察长可以授权检察官签发。"据此，以检察院名义制发的法律文书应当由检察长签发，不可授权检察官签发，故B项错误。

《高检规则》第4条第1款规定："人民检察院办理刑事案件，由检察官、检察长、检察委员会在各自职权范围内对办案事项作出决定，并依照规定承担相应司法责任。"据此，检察官、检察长、检察委员会各司其职，均可在各自的职权范围内对办案事项作出决定并承担相应的司法责任，故C项正确。

《高检规则》第389条规定："最高人民检察院对地方各级人民检察院的起诉、不起诉决定，上级人民检察院对下级人民检察院的起诉、不起诉决定，发现确有错误的，应当予以撤销或者指令下级人民检察院纠正。"据此，D项正确。【比较记忆】上一级检察院

认为下级检察院抗诉错误的，应当先听取下级检察院的意见，理由不成立的，再向同级法院撤回抗诉。(《高检规则》第589条)

68．强制措施的变更性原则［ACD］

[解析] 变更性原则是指强制措施的适用，需要随着诉讼的进展、犯罪嫌疑人、被告人及案件情况的变化而及时变更或解除。包括两个方面的含义：(1)将已经适用的强制措施变更为另一种强制措施，(2)强制措施的解除和撤销，简单来说即变更和解除两个方面。

《刑事诉讼法》第82条规定："公安机关对于现行犯或者重大嫌疑分子，如果有下列情形之一的，可以先行拘留：……(三)在身边或者住处发现有犯罪证据的；……"A项从拘传变更为拘留，属于强制措施的变更。故A项当选。

强制措施的变更，是指从A措施变更为B措施，不包含同一强制措施自身内部的变化，如在取保候审中将保证人保证调整为保证金保证、增减保证金数额，在监视居住中增减监视居住的时间等。可见，B项中要求增加取保候审保证金，不属于强制措施的变更，不符合强制措施的变更性原则。故B项不当选。

《刑事诉讼法》第71条第4款规定，犯罪嫌疑人在取保候审期间违反规定后需要予以逮捕的，可以对其先行拘留。C项从取保候审变更为拘留，属于强制措施的变更。故C项当选。

《刑事诉讼法》第98条规定："犯罪嫌疑人、被告人被羁押的案件，不能在本法规定的侦查羁押、审查起诉、一审、二审期限内办结的，对犯罪嫌疑人、被告人应当予以释放；需要继续查证、审理的，对犯罪嫌疑人、被告人可以取保候审或者监视居住。"从羁押(拘留、逮捕)变更为非羁押措施属于强制措施的解除。故D项当选。

69．书证［AD］

[解析] 笔记本记录了犯罪的过程，与犯罪事实相关，属于书证，A项正确。

笔迹属于痕迹，痕迹属于物证，B项错误。

书面证词属于证人证言，C项错误。【特别提醒】并非以白纸黑字形式表现的证据都是书证，如果由证人作出就是证人证言，如果由被害人作出就是被害人陈述，如果由鉴定人作出就是鉴定意见。

从走私的物品来看，淫秽书刊属于物证。另外，从书刊的定性上来看，书刊是否构成"淫秽"，需要审查书刊的内容和思想，因此这些书刊也可以成为书证。故D项正确。

70．讯问犯罪嫌疑人的程序［BC］

[解析]《刑事诉讼法》第86条规定，公安机关对被拘留的人，应当在拘留后的24小时以内进行讯问。在发现不应当拘留的时候，必须立即释放，发给

释放证明。可知,拘留后在送看守所前就可以进行讯问。故 B 项正确。

《刑事诉讼法》第 118 条第 2 款规定,犯罪嫌疑人被送交看守所羁押以后,侦查人员对其进行讯问,应当在看守所内进行。故 C 项正确。

《刑事诉讼法》第 119 条第 1 款规定,对不需要逮捕、拘留的犯罪嫌疑人,可以传唤到犯罪嫌疑人所在市、县内的指定地点或者到他的住处进行讯问,但是应当出示人民检察院或者公安机关的证明文件。对在现场发现的犯罪嫌疑人,经出示工作证件,可以口头传唤,但应当在讯问笔录中注明。由此可见,在拘留犯罪嫌疑人之前,可以对其进行传唤并讯问。故 A 项错误。对于被指定居所监视居住的犯罪嫌疑人,是"可以"而不是"应当"在指定的居所进行讯问。故 D 项错误。

71．庭前会议[AB]

[解析] 庭前会议不是正式庭审,只是了解情况、听取意见,即仅能处理一些程序性事项,不能对案件的具体事实和证据(实体问题)进行审查,审查事实和证据应当是后续第一审庭审中的工作。对此,《刑诉解释》第 228 条第 1 款规定:"庭前会议可以就下列事项向控辩双方了解情况,听取意见:(一)是否对案件管辖有异议;(二)是否申请有关人员回避;(三)是否申请不公开审理;(四)是否申请排除非法证据;(五)是否提供新的证据材料;(六)是否申请重新鉴定或者勘验;(七)是否申请收集、调取证明被告人无罪或者罪轻的证据材料;(八)是否申请证人、鉴定人、有专门知识的人、调查人员、侦查人员或者其他人员出庭,是否对出庭人员名单有异议;(九)是否对涉案财物的权属情况和人民检察院的处理建议有异议;(十)与审判相关的其他问题。"本题 A 项中的管辖异议属于上述第 1 项情形,高某可就案件管辖这一程序问题在庭前会议中提出异议,该表述正确。对于 C 项,庭前会议处理程序性事项,可以就是否排除非法证据听取意见。但是,法官不可以进行调查并决定是否排除口供,因为这属于对事实和证据进行实体处理。故 C 项错误。

《刑诉解释》第 228 条第 1 款规定:"庭前会议中,人民法院可以开展附带民事调解。"故 B 项正确。

《刑诉解释》第 229 条规定:"庭前会议中,审判人员可以询问控辩双方对证据材料有无异议,对有异议的证据,应当在庭审时重点调查;无异议的,庭审时举证、质证可以简化。"故 D 的错误在于,不是"出示过的证据",而是"无异议的"证据,庭审时举证、质证可以简化。

72．法院审理案件运用调解的范围[ABD]

[解析]《刑事诉讼法》第 212 条第 1 款规定:"人民法院对自诉案件,可以进行调解;自诉人在宣告判决前,可以同被告人自行和解或者撤回自诉。本法第二百一十条第三项规定的案件不适用调解。"《刑事诉讼法》第 210 条规定:"自诉案件包括下列案件:(一)告诉才处理的案件;(二)被害人有证据证明的轻微刑事案件;(三)被害人有证据证明对被告人侵犯自己人身、财产权利的行为应当依法追究刑事责任,而公安机关或者人民检察院不予追究被告人刑事责任的案件。"因此,告诉才处理的案件和被害人有证据证明的轻微刑事案件可以调解,而"被害人有证据证明对被告人侵犯自己人身、财产权利的行为应当依法追究刑事责任,而公安机关或者人民检察院不予追究被告人刑事责任的案件"不适用调解。故 A、B 项正确,C 项错误。

《刑诉解释》第 190 条第 1 款规定:"人民法院审理附带民事诉讼案件,可以根据自愿、合法的原则进行调解。经调解达成协议的,应当制作调解书。调解书经双方当事人签收后即具有法律效力。"故附带民事诉讼案件法院可以进行调解,D 项正确。

73．二审开庭审理情形[ACD]

[解析]《刑诉解释》第 393 条规定:"下列案件,根据刑事诉讼法第二百三十四条的规定,应当开庭审理:(一)被告人、自诉人及其法定代理人对第一审认定的事实、证据提出异议,可能影响定罪量刑的上诉案件;(二)被告人被判处死刑的上诉案件;(三)人民检察院抗诉的案件;(四)应当开庭审理的其他案件。被判处死刑的被告人没有上诉,同案的其他被告人上诉的案件,第二审人民法院应当开庭审理。"A 项属于上述第 3 项情形,C、D 项属于上述第 2 项情形,均应当开庭审理,故 A、C、D 项当选。B 项判处无期徒刑上诉不属于应当开庭审理的情形,不当选。

74．有期徒刑缓刑、拘役缓刑的执行[AD]

[解析]《刑诉解释》第 519 条第 1 款规定:"对被判处管制、宣告缓刑的罪犯,人民法院应当依法确定社区矫正执行地。社区矫正执行地为罪犯的居住地;罪犯在多个地方居住的,可以确定其经常居住地为执行地;罪犯的居住地、经常居住地无法确定或者不适宜执行社区矫正的,应当根据有利于罪犯接受矫正、更好地融入社会的原则,确定执行地。"故 A 项正确。

B 项的错误在于,缓刑的执行机关是社区矫正机构,不是法院,社区矫正机构应当按照法院的判决,向罪犯及其原所在单位或者居住地群众宣布犯罪事实、期限及应遵守的规定。故 B 项错误。

《刑诉解释》第 542 条规定,罪犯在缓刑、假释考验期限内犯新罪或者被发现在判决宣告前还有其他罪没有判决,应当撤销缓刑、假释的,由审判新罪的人民法院撤销原判决、裁定宣告的缓刑、假释,并书面通知原审人民法院和执行机关。故 C 项错误。

《刑诉解释》第545条第1款规定："人民法院应当在收到社区矫正机构的撤销缓刑、假释建议书后三十日以内作出裁定。撤销缓刑、假释的裁定一经作出,立即生效。"故D项正确。

75．附带民事诉讼调解;当事人和解的公诉案件诉讼程序[ABC]

[解析]《刑事诉讼法》第103条规定,人民法院审理附带民事诉讼案件,可以进行调解,或者根据物质损失情况作出判决、裁定。故A项正确。

《刑诉解释》第593条第1款规定,和解协议约定的赔偿损失内容,被告人应当在协议签署后即时履行。《刑诉解释》第595条规定,被害人或者其法定代理人、近亲属提起附带民事诉讼后,双方愿意和解,但被告人不能即时履行全部赔偿义务的,人民法院应当制作附带民事调解书。可见,和解一般需要即时履行全部赔偿义务,如果不能即时全部履行的,法院应当采取调解方式,这意味着,调解是有可能分期履行的。故B项正确,D项错误。

《刑诉解释》第587条第1款规定:"对符合刑事诉讼法第二百八十八条规定的公诉案件,事实清楚、证据充分的,人民法院应当告知当事人可以自行和解;当事人提出申请的,人民法院可以主持双方当事人协商以达成和解。"故C项正确。

76．行政法的基本原则[ABCD]

[解析]诚实信用是行政法中一个非常重要的原则。其中,诚实要求行政机关发布的所有信息必须是全面、准确和真实的。而信用的要求主要体现在以下三个方面:一是非因法定事由并经法定程序,行政机关不得撤销、变更已经生效的行政决定。二是因国家利益、公共利益或者其他法定事由需要撤回或者变更行政决定的,应当依照法定权限和程序进行,并对行政相对人因此受到的信赖利益损失依法予以补偿。三是行政机关违反法定程序或非因法定事由违法撤销已经生效的行政决定,对行政相对人因此受到的财产损失应依法予以赔偿。

本案中,县政府作出决定要对招商引资有成绩的单位和个人进行奖励,该决定已经生效并具备了法律效力,非因法定事由并经法定程序不得随意撤销、变更。张某正是基于对县政府奖励承诺的信赖,引荐了500万元的投资,县政府应当恪守承诺向张某兑现奖励规定。但县政府最终拒绝奖励的行为严重违背了诚实信用原则中的信赖保护要求,侵害了张某的信赖利益。故A、B、C、D项错误。

77．公务员的辞职和辞退[CD]

[解析]《公务员法》第86条第3项规定,公务员有重要公务尚未处理完毕,且须由本人继续处理的,不得辞去公职。对重要公务尚未处理完毕的公务员,且须由本人继续处理的,才不得辞去公职。所以

A项错误。

《公务员法》第87条第3款规定,领导成员因工作严重失误、失职造成重大损失或者恶劣社会影响的,或者对重大事故负有领导责任的,应当引咎辞去领导职务。公职不等于领导职务。所以B项错误。

《公务员法》第89条第2项规定,对患病或者负伤,在规定的医疗期内的公务员,不得辞退。所以C项正确。

《公务员法》第90条第2款规定,被辞退的公务员,可以领取辞退费或者根据国家有关规定享受失业保险。所以D项正确。

78．具体行政行为的效力[AC]

[解析]具体行政行为的撤销,是指对违法或不当但已生效的具体行政行为依法使其失去法律效力,恢复具体行政行为作出前的状态。一般情况下,具体行政行为一经撤销,自始无效;特殊情况下,自撤销或确认违法之日起失效。但具体行政行为一经生效,即具备拘束力,在其被撤销之前,当事人应受其约束。故A项正确。

具体行政行为的废止,是指由于行政行为所依据的法律、法规、规章修改或废止以及客观条件发生重大变化,导致其不能再继续存在。被废止的具体行政行为自废止之日起无效。原则上,具体行政行为废止之前给予当事人的利益不再收回,当事人也不能对已履行的义务要求补偿。只有在废止使当事人的合法权益受到严重损害,或者带来严重的社会不公正时,行政机关才应当对受到损失的当事人给予必要的补偿。故B项错误。

专属权益的行政行为的效力具有专属性,特定人死亡后其效力自然也应该终止。故C项正确。

具体行政行为无效的法律后果在程序上表现为:合法权益受到损害的公民、法人或者其他组织,可以在任何时候主张该具体行政行为无效,有权国家机关可在任何时候宣布该具体行政行为无效。因此,可以向法院起诉主张具体行政行为无效的只能是合法权益受到损害的公民、法人或者其他组织,而不是任何人都可主张。故D项错误。

79．听证程序[BCD]

[解析]行政强制中不涉及听证程序问题,A项中的扣押属于行政强制措施,不可以申请听证。故A项不当选。

《治安管理处罚法》第98条规定:"公安机关作出吊销许可证以及处2000元以上罚款的治安管理处罚决定前,应当告知违反治安管理行为人有权要求举行听证;违反治安管理行为人要求听证的,公安机关应当及时依法举行听证。"因此,B县县公安局对陈某作出3000元的罚款决定,当事人有权申请听证。故B项当选。D项吊销驾驶证属于吊销许可证的范畴,

当事人有权申请听证。故 D 项当选。

根据《行政处罚法》第 63 条规定,行政机关应当组织听证的情况包括:(1)较大数额罚款;(2)没收较大数额违法所得、没收较大价值非法财物;(3)降低资质等级、吊销许可证件;(4)责令停产停业、责令关闭、限制从业;(5)其他较重的行政处罚;(6)法律、法规、规章规定的其他情形。C 项责令停业整顿属于责令停产停业的范畴,当事人有权申请听证。故 C 项当选。

80．派出所的处罚权;行政诉讼被告的确定[AC]

[解析]《治安管理处罚法》第 91 条规定:"治安管理处罚由县级以上人民政府公安机关决定;其中警告、500 元以下的罚款可以由公安派出所决定。"派出所属于经过授权的派出机构,其被授权的权限范围是警告和 500 元以下罚款。本题中派出所对李某作出的处罚为 500 元罚款,可以自己的名义作出。故 A 项正确。

《治安管理处罚法》第 100 条规定:"违反治安管理行为事实清楚,证据确凿,处警告或者 200 元以下罚款的,可以当场作出治安管理处罚决定。"当场处罚为治安管理处罚中的简易程序,适用于对公民处警告或者 200 元以下罚款的情形。因此,本题对李某罚款 500 元,不属于当场处罚的适用范围。故 B 项错误。

《治安管理处罚法》第 97 条第 2 款规定:"有被侵害人的,公安机关应当将决定书副本抄送被侵害人。"张某是本案中的被侵害人,应当将处罚决定书副本抄送张某。故 C 项正确。

《行政诉讼法解释》第 20 条第 2 款规定:"法律、法规或者规章授权行使行政职权的行政机关内设机构、派出机构或者其他组织,超出法定授权范围实施行政行为,当事人不服提起诉讼的,应当以实施该行为的机构或者组织为被告。"本题中派出所是在授权范围内作出行政行为,自己具有行政主体资格,自己做被告。故 D 项错误。

81．申请法院强制执行[BCD]

[解析]河务局没有强制执行权,需要申请法院强制执行。根据《行政强制法》第 54 条规定,行政机关申请人民法院强制执行前,应当催告当事人履行义务。故 A 项正确。

《行政诉讼法解释》第 160 条第 1 款规定:"人民法院受理行政机关申请执行其行政行为的案件后,应当在七日内由行政审判庭对行政行为的合法性进行审查,并作出是否准予执行的裁定。"据此,由法院执行庭对罚款决定的合法性进行审查是错误的,应当由行政审判庭进行,故 B 项错误。【思路拓展】法院"审执分离"是基本原则,行政机关申请法院强制执行的,行政审判庭负责合法性审查,执行庭负责执行。

《行政诉讼法解释》第 157 条第 1 款规定:"行政机关申请人民法院强制执行其行政行为的,由申请人所在地的基层人民法院受理;执行对象为不动产的,由不动产所在地的基层人民法院受理。"本题执行对象是罚款,应当由申请人河务局所在地的基层法院受理,而非该公司所在地的基层法院,故 C 项错误。

法院对是否准予执行,应适用裁定而非判决,如果符合执行条件的,应当裁定准予执行。故 D 项错误。

82．政府信息公开[BD]

[解析]《政府信息公开条例》第 21 条规定:"除本条例第 20 条规定的政府信息外,设区的市级、县级人民政府及其部门还应当根据本地方的具体情况,主动公开涉及市政建设、公共服务、公益事业、土地征收、房屋征收、治安管理、社会救助等方面的政府信息;乡(镇)人民政府还应当根据本地方的具体情况,主动公开贯彻落实农业农村政策、农田水利工程建设运营、农村土地承包经营权流转、宅基地使用情况审核、土地征收、房屋征收、筹资筹劳、社会救助等方面的政府信息。"修订后的《政府信息公开条例》删除了乡政府需要重点公开计划生育信息的规定,这也与我国生育政策的变化有关。故 A 项错误。

《政府信息公开条例》第 25 条规定:"各级人民政府应当在国家档案馆、公共图书馆、政务服务场所设置政府信息查阅场所,并配备相应的设施、设备,为公民、法人和其他组织获取政府信息提供便利。行政机关可以根据需要设立公共查阅室、资料索取点、信息公告栏、电子信息屏等场所、设施,公开政府信息。行政机关应当及时向国家档案馆、公共图书馆提供主动公开的政府信息。"故 B、D 项正确。

《政府信息公开条例》第 26 条规定:"属于主动公开范围的政府信息,应当自该政府信息形成或者变更之日起 20 个工作日内及时公开。法律、法规对政府信息公开的期限另有规定的,从其规定。"可见,C 项有两点错误:一是只有法律、法规能对政府信息公开的期限作另行规定,规章无权规定;二是应在"20 个工作日"内公开,而非 3 个月内。故 C 项错误。

83．复议前置[BC]

[解析]根据《行政复议法》第 24 条规定,对县级以上人民政府工作部门作出的行政行为不服的,向本级人民政府申请复议。本题中,县食药局属于县级政府的工作部门,对其作出的行政行为不服,只能向县政府申请复议,不能向上级主管部门市食药局申请复议,故 A 项错误。

《行政复议法》第 17 条第 1 款规定:"申请人、第三人可以委托一至二名律师、基层法律服务工作者或者其他代理人代为参加行政复议。"据此,公司作为申请人可以委托 1 至 2 名代理人参加行政复议。故

B 项正确。

《行政复议法实施条例》第 22 条规定："申请人提出行政复议申请时错列被申请人的,行政复议机构应当告知申请人变更被申请人。"故 C 项正确。

根据《行政复议法》第 23 条规定,对当场作出的行政处罚决定不服,才适用复议前置。根据《行政处罚法》第 51 条规定,当场作出的行政处罚只适用于罚款和警告,且对企业的罚款数额限于 3000 元以下。本题中作出的处罚决定是没收违法生产的食品和违法所得,并处 5 万元罚款,因此不能当场作出处罚,不适用复议前置的规定。故 D 项错误。

84.行政诉讼的管辖与第三人;行政强制措施 [BC]

[解析] 对醉酒的人强制约束至酒醒是典型的行政强制措施,该行为的目的是防止醉酒的人在神志不清的情况下对自身、他人构成威胁而加以约束,侧重于对于危险的预防,而不是对酒醉之人的惩罚。如果酒醉之人在醉酒过程中损害了他人财物,公安机关对他进行罚款、拘留等则是一种具有惩戒性的处罚手段,故 A 项错误。

《行政诉讼法》第 19 条规定:"对限制人身自由的行政强制措施不服提起的诉讼,由被告所在地或者原告所在地人民法院管辖。"本案中的扣留属于行政强制措施,B 项中的甲县法院在原告所在地,C 项中的乙县法院在被告所在地,甲、乙两县法院都有管辖权,故 B、C 项正确。

《行政诉讼法》第 29 条规定:"公民、法人或者其他组织同被诉行政行为有利害关系但没有提起诉讼,或者同案件处理结果有利害关系的,可以作为第三人申请参加诉讼,或者由人民法院通知参加诉讼。……"本案中,宋某的亲戚与宋某被扣留的行为之间并无法律上的利害关系,因此不能成为案件的第三人,故 D 项错误。

85.行政诉讼判决;行政赔偿 [BD]

[解析] 公安机关确未履行法定职责,属于违法的不作为。对于违法的不作为原则上法院应当作出履行或给付判决,在履行没有意义的情况下,法院应当判决确认不作为违法。本题就属于履行没有意义的情况,朱某因涉嫌抢劫被刑事拘留,不会对罗某的人身继续产生威胁,履行职责已经没有意义。这种情况下,应当作出确认违法判决。故 A 项错误,B 项正确。

本题中,罗某要求赔偿精神损失,是指金钱赔偿,即赔偿精神损害抚慰金。《国家赔偿法》对精神损害的金钱赔偿有较为严格的限制要求,限于国家机关的行为侵害到人身权的同时,导致精神损害并造成严重后果的情形。《国家赔偿法》第 35 条规定:"有本法第三条或者第十七条规定情形之一,致人精神损

的,应当在侵权行为影响的范围内,为受害人消除影响,恢复名誉,赔礼道歉;造成严重后果的,应当支付相应的精神损害抚慰金。"《最高人民法院关于审理国家赔偿案件确定精神损害赔偿责任适用法律若干问题的解释》第 7 条第 1 款规定:"有下列情形之一的,可以认定为国家赔偿法第三十五条规定的'造成严重后果':(一)无罪或者终止追究刑事责任的人被羁押六个月以上;(二)受害人经鉴定为轻伤以上或者残疾;(三)受害人经诊断、鉴定为精神障碍或者精神残疾,且与侵权行为存在关联;(四)受害人名誉、荣誉、家庭、职业、教育等方面遭受严重损害,且与侵权行为存在关联。"本题中,罗某的人身权并未受到侵害,从题目中不能判断对其造成精神损害,更不存在造成严重后果的情形,因此其请求赔偿精神损失没有法律依据。故 C 项错误,D 项正确。

三、不定项选择题

86.法律规则与语言;法的适用 [CD]

[解析] A 项涉及案件事实与生活事实的区分。案件事实主要是证据事实,需要"有证据证明",并且证据要达到融贯性的程度。本题中,仅凭"青石上有百姓祖先名字"这种不充分的证据,无法推导或构建为"乡绅夺去百姓坟茔"的结论,需要另有证据证明。故 A 项错误。

B 项涉及规范句与描述句的区分。规范句是直接使用道义助动词、直接规定权利义务的语句。描述句是指不使用道义助动词、间接表述权利义务的语句。题目中"有乡绅夺去祖先坟茔做了自家坟地"属于对案件的描述,属于"描述句"。故 B 项错误。

C 项考查充分条件与必要条件。充分条件是:如果 A 则必然 B,那么 A 就是 B 的充分条件。必要条件是:如果没有 A 则必然没有 B,有 A 不一定有 B,那么 A 是 B 的必要条件。本题中,如果不勘查现场,则无法确定案件事实;即便勘查现场,也不一定确定案件事实。因此,"勘查现场"是确定事实的必要条件。故 C 项正确。

D 项涉及价值判断。无论是事实认定,还是法律解释、法律推理或法律论证,都离不开裁判者的价值判断和利益衡量。反过来,裁判者的价值判断有可能干扰案件事实的认定。比如题中朱熹作知县时专好锄强扶弱,主观上对乡绅有一定的价值判断。故 D 项正确。

87.法律漏洞的填补;外部证成;法律原则 [ABD]

[解析] 外部证成,是指对内部证成中使用的大小前提进行证成,关涉的是大前提和小前提本身是否合理。由此可知,外部证成针对的恰恰是案件事实问题(小前提)和法律规范问题(大前提),法律解释、案件事实的认定、法律渊源的判定等工作都属于典型的

外部证成。本题中,法院对《民法典》居住权立法目的的说明属于法律解释的范畴,因此属于外部证成,故 A 项正确。

目的论扩张,是指法律规范的文义所未能涵盖某类案件,但依据其规范目的应该将相同的法律后果赋予它,因而扩张该规范的适用范围,以将它包含进来。本题中,根据法律规定,房屋上本没有为秦某设立居住权,但是基于立法目的,应当考虑秦某的居住权,因此法院扩张了《民法典》居住权的适用范围,属于目的论扩张。故 B 项正确。

根据我国《宪法》规定,国家依照法律规定保护公民的私有财产权和继承权,所有权是公民依据《宪法》享有的基本权利。而居住权是依据《民法典》享有的权利,属于普通权利。普通法律以宪法为基础,普通权利也应以基本权利为依据。故 C 项错误。

本题中,法院考虑到"秦某年事已高,无其他生活来源,让其搬离将无家可归",判决秦某享有房屋居住权,是基于关爱老人的传统美德,维护公序良俗的秩序。故 D 项正确。

88.选举制度,地方人大代表名额的分配[AB]

[解析]《选举法》第 12 条第 1 款规定,地方各级人民代表大会的代表名额,按照下列规定确定:(1)省、自治区、直辖市的代表名额基数为 350 名,省、自治区每 15 万人可以增加 1 名代表,直辖市每 25000 人可以增加 1 名代表;但是,代表总名额不得超过 1000 名;(2)设区的市、自治州的代表名额基数为 240 名,每 25000 千人可以增加 1 名代表;人口超过 1000 万的,代表总名额不得超过 650 名;(3)不设区的市、市辖区、县、自治县的代表名额基数为 140 名,每 5000 人可以增加 1 名代表;人口超过 155 万的,代表总名额不得超过 450 名;人口不足 5 万的,代表总名额可以少于 140 名;(4)乡、民族乡、镇的代表名额基数为 45 名,每 1500 人可以增加 1 名代表;但是,代表总名额不得超过 160 名;人口不足 2000 的,代表总名额可以少于 45 名。根据上述(1)(2)项,A、B 项正确;根据第(3)(4)项,C、D 项错误。

89.全国人大代表的权利和义务[AB]

[解析]《宪法》第 75 条规定:"全国人民代表大会代表在全国人民代表大会各种会议上的发言和表决,不受法律追究。"可见,只有"发言和表决"不受法律追究,而非任何活动都不受法律追究。故 A 项错误。

《宪法》第 74 条规定:"全国人民代表大会代表,非经全国人民代表大会会议主席团许可,在全国人民代表大会闭会期间非经全国人民代表大会常务委员会许可,不受逮捕或者刑事审判。"可见,在全国人大闭会期间,全国人大代表非经全国人大常委会(而不是选举单位大常委会)许可,不受逮捕或者刑事审

判。故 B 项错误。

《宪法》第 77 条规定:"全国人民代表大会代表受原选举单位的监督。原选举单位有权依照法律规定的程序罢免本单位选出的代表。"故 C 项正确。

《宪法》第 73 条规定:"全国人民代表大会代表在全国人民代表大会开会期间,全国人民代表大会常务委员会组成人员在常务委员会开会期间,有权依照法律规定的程序提出对国务院或者国务院各部、各委员会的质询案。受质询的机关必须负责答复。"故 D 项正确。

90.全国人大常委会的职权[ABCD]

[解析]《监督法》第 19 条第 2 款规定:"县级以上地方各级人民政府应当在每年六月至九月期间,将上一年度的本级决算草案提请本级人民代表大会常务委员会审查和批准。"故 A 项正确。

《监督法》第 20 条规定:"国务院和县级以上地方各级人民政府应当在每年六月至九月期间,向本级人民代表大会常务委员会报告本年度上一阶段国民经济和社会发展计划、预算的执行情况。"故 B 项正确。

《监督法》第 22 条规定:"国民经济和社会发展计划、预算经人民代表大会批准后,在执行过程中需要作部分调整的,国务院和县级以上地方各级人民政府应当将调整方案提请本级人民代表大会常务委员会审查和批准。"预算资金调减属于对预算作出部分调整,应当提请本级人民代表大会常务委员会审查和批准,故 C 项正确。

《监督法》第 18 条规定:"本法所称财政经济工作监督,是指常务委员会依法对下列事项进行监督:……(九)预算执行和其他财政收支的审计工作情况、审计查出问题整改情况;……"故 D 项正确。

91.律师执业规范[AB]

[解析]《律师执业管理办法》第 31 条第 1 款规定:"律师担任辩护人的,应当根据事实和法律,提出犯罪嫌疑人、被告人无罪、罪轻或者减轻、免除其刑事责任的材料和意见,维护犯罪嫌疑人、被告人的诉讼权利和其他合法权益。"律师享有调查取证权和辩护权。故 A 项正确。

《律师执业管理办法》第 37 条规定:"律师承办业务,应当引导当事人通过合法的途径、方式解决争议,不得采取煽动、教唆和组织当事人或者其他人员到司法机关或者其他国家机关静坐、举牌、打横幅、喊口号、声援、围观等扰乱公共秩序、危害公共安全的非法手段,聚众滋事,制造影响,向有关部门施加压力。"乙律师及时有效的劝阻,符合法律规定。故 B 项正确。

《律师执业管理办法》第 35 条规定:"律师承办业务,应当诚实守信,不得接受对方当事人的财物及

其他利益,与对方当事人、第三人恶意串通,向对方当事人、第三人提供不利于委托人的信息、证据材料,侵害委托人的权益。"丙律师告知对方的做法是向对方当事人提供不利于委托人的信息,侵害委托人的权益,故 C 项错误。

《律师执业管理办法》第 41 条规定:"律师应当按照有关规定接受业务,不得为争揽业务哄骗、唆使当事人提起诉讼,制造、扩大矛盾,影响社会稳定。"丁律师的做法违反了上述规定。故 D 项错误。

92.不作为犯罪的成立条件[BCD]

[解析] 不作为是相对于作为而言的,是指行为人负有实施某种积极行为的特定的法律义务,并且能够实行而不实行的行为。不作为的行为构成犯罪必须具备三个条件:首先,负有法定的义务(义务来源:法律的明文规定;职务上、业务上的要求;先前行为引起的;法律行为引起的);其次,能履行而不履行;最后,不作为的行为造成或可能造成严重的后果。

甲没有立即把乙送往医院而是逃往外地,医院证明,即使将乙送往医院,乙也不可能得到救治。说明甲不救的行为并不是乙死亡的原因,不作为与死亡结果之间没有因果关系,甲只可能成立过失致人死亡罪或重大责任事故罪,但不构成不作为犯罪。故 A 项错误。

《刑法》第 345 条规定了盗伐林木罪,但法条没有规定发生死亡结果的结果加重犯,也没规定成立新的重罪,如果还是只认定盗伐林木罪一罪,明显罪刑不相适应。甲的盗伐林木行为砸中他人产生了救助义务,"明知不立即救治将致人死亡,仍有意不救"的表述意味着具有回避死亡结果的可能性,在具有救助义务且可能履行义务的情况下不作为,导致死亡结果发生,侵犯了新的法益,成立新的不作为犯罪,与先前盗伐林木的行为数罪并罚。故 B 项正确。

甲带邻居小孩出门,应认定为接受暂时监护,对于小孩有救助的义务。尽管掉入粪塘是小孩的行为造成的,但此时基于监护人的地位应该给予救助,其有能力救助而不救助的行为构成不作为犯罪。故 C 项正确。

甲乱扔烟头的先前行为导致了危险的产生,负有因先前行为而产生的扑救义务,甲能够扑救而不扑救,迅速逃离现场,导致火势蔓延,财产损失巨大,构成不作为犯罪。故 D 项正确。

93.主犯、从犯、胁从犯及其刑事责任;主犯与首要分子的关系[CD]

[解析]《刑法》第 26 条规定:"组织、领导犯罪集团进行犯罪活动的或者在共同犯罪中起主要作用的,是主犯。3 人以上为共同实施犯罪而组成的较为固定的犯罪组织,是犯罪集团。对组织、领导犯罪集团的首要分子,按照集团所犯的全部罪行处罚。对于第 3 款规定以外的主犯,应当按照其所参与的或者组织、指挥的全部犯罪处罚。"依据该条第 3 款,对于犯罪集团的首要分子,应当按照集团所犯的全部罪行处罚,但不等于对"集团成员"所实施的全部犯罪承担责任,即对于集团成员超出集团犯罪计划(集团犯罪故意)所实施的罪行,不承担责任。故 A 项错误。

《刑法》第 27 条规定:"在共同犯罪中起次要或者辅助作用的,是从犯。对于从犯,应当从轻、减轻处罚或者免除处罚。"B 项中"所以,对于从犯不得按照其所参与的全部犯罪处罚"错误,因为对于从犯的从宽处罚是针对没有主犯情节而言的,而不是指对某些犯罪行为不承担刑事责任。故 B 项错误。

《刑法》第 97 条规定,本法所称首要分子,是指在犯罪集团或者聚众犯罪中起组织、策划、指挥作用的犯罪分子。首要分子分为两类:犯罪集团中的首要分子与聚众犯罪中的首要分子。但在聚众犯罪并不构成共同犯罪的情况下,不存在主犯、从犯之分,其中的首要分子当然无所谓主犯。故 C 项正确。

《刑法》第 28 条规定:"对于被胁迫参加犯罪的,应当按照他的犯罪情节减轻处罚或者免除处罚。"如果行为人起先是因胁迫而参加犯罪,但后来发生变化,积极主动实施犯罪行为,在共同犯罪中起主要作用,可以认定为主犯。故 D 项正确。

94.受贿罪;行贿罪[BCD]

[解析] 乙仅是中间人员,甲并非向乙行贿,而是委托乙向最终的监察机关工作人员行贿,由于最终丁拒收,因此甲的行贿罪构成未遂。行贿的数额应是 10 万元,而非 50 万元,虽然甲主观上想行贿 50 万元,但其中 40 万元被乙所骗,实际行贿数额只有 10 万元。故 A 项错误。

乙欺骗甲说用 50 万元打点关系,实际上只用了 10 万元,另外的 40 万元乙并不想用于打点关系,而是想据为己有,因此乙对甲的 40 万元构成诈骗罪。故 B 项正确。

由于丁当场拒收,因此乙、丙构成行贿罪未遂;未遂的数额为 10 万元,因为乙只想送给丁 10 万元。故 C 项正确。

行贿罪的既遂标准是,国家工作人员客观上接收(占有)了财物。假如丁收受 10 万元后立即上交有关机关,则丁不构成受贿罪;但是,由于丁客观上接收了财物,所以甲、乙、丙构成行贿罪既遂。故 D 项正确。

95.监察程序与刑事诉讼程序的衔接[ABCD]

[解析] 根据《高检规则》第 267 条第 2 款规定,犯罪嫌疑人自愿认罪认罚、没有辩护人的,在审查逮捕阶段,人民检察院应当要求公安机关通知值班律师为其提供法律帮助;在审查起诉阶段,人民检察院应当通知值班律师为其提供法律帮助。符合通知辩护

条件的,应当依法通知法律援助机构指派律师为其提供辩护。本题中,在审查起诉期间,梁某拒绝律师为其辩护,检察院应当通知值班律师为其提供法律帮助,故 A 项正确。

《监察法》第 47 条规定:"监察机关采取留置措施,应当由监察机关领导人员集体研究决定。设区的市级以下监察机关采取留置措施,应当报上一级监察机关批准。省级监察机关采取留置措施,应当报国家监察委员会备案。"故 B 项正确。

《监察法》第 34 条规定:"涉嫌职务犯罪的被调查人主动认罪认罚,有下列情形之一的,监察机关经领导人员集体研究,并报上一级监察机关批准,可以在移送人民检察院时提出从宽处罚的建议:……(三)积极退赃,减少损失的;……"本案中,梁某认罪认罚,积极退赃,适用上述规定,故 C 项正确。

《刑事诉讼法》第 170 条第 2 款规定,对于监察机关移送起诉的已采取留置措施的案件,人民检察院应当对犯罪嫌疑人先行拘留,留置措施自动解除。故 D 项正确。

96.审判监督程序[ABC]

[解析]《刑诉解释》第 469 条规定:"除人民检察院抗诉的以外,再审一般不得加重原审被告人的刑罚。再审决定书或者抗诉书只针对部分原审被告人的,不得加重其他同案原审被告人的刑罚。"本案由人民检察院提起抗诉,可以加重对乙的处罚,故 A 项正确。

《刑诉解释》第 466 条第 1 款规定:"原审人民法院审理依照审判监督程序重新审判的案件,应当另行组成合议庭。"故 B 项正确。

《刑诉解释》第 464 条规定:"对决定依照审判监督程序重新审判的案件,人民法院应当制作再审决定书。再审期间不停止原判决、裁定的执行,但被告人可能经再审改判无罪,或者可能经再审减轻原判刑罚而致刑期届满的,可以决定中止原判决、裁定的执行,必要时,可以对被告人采取取保候审、监视居住措施。"本案中,甲系为丙顶罪,且分担了部分乙的犯罪事实,再审可能改判无罪,或者可能经再审减轻原判刑罚而致刑期届满,可以中止原判决的执行,故 C 项正确。

《刑事诉讼法》第 257 条第 1 款规定:"人民法院决定再审的案件,需要对被告人采取强制措施的,由人民法院依法决定;人民检察院提出抗诉的再审案件,需要对被告人采取强制措施的,由人民检察院依法决定。"本案是检察院提起抗诉的再审案件,应当由检察院决定逮捕,故 D 项错误。

97.证明责任[ABC]

[解析]原则上,证明责任总是与一定的积极诉讼主张相联系,否认一方不负证明责任。在刑事诉讼

活动中,积极诉讼主张即为控方对被告人的指控,若被告人否定,被告人不承担证明自己有罪或者无罪的证明责任。故 A 项正确。

证明责任总是与一定的不利诉讼后果相联系,甚至可以说证明责任就是证明不了就败诉的责任。在审判程序中,被告人很有可能被判处有罪,虽然其得到了不利判决,但不能说被告人因此负有证明责任,因为公诉案件中被告人有罪的举证责任由人民检察院承担。故 B 项正确。

证明责任是提供证据责任与说服责任的统一,仅仅提出证据不等于履行了证明责任,还必须尽可能说服裁判者相信其主张的事实存在或不存在。故 C 项正确。

在刑事诉讼中,原则上应由控诉方承担证明责任,但是,在巨额财产来源不明案、非法持有型的犯罪中,被告人亦负有一定证明责任,也即举证责任倒置。故 D 项错误。

98.具体行政行为的界定;行政处罚实施程序;诉讼参加人;行政处罚证据[BCD]

[解析]区分具体行政行为与抽象行政行为关键从两个方面考量:第一,行为的对象是否明确具体;第二,行为是否具有反复适用的效力。本题中,甲市政府发布的交通限行通告针对的是不特定对象,且在限行期限内可以反复适用,符合抽象行政行为特征,不属于具体行政行为,A 项说法错误。

行政处罚简易程序即当场作出行政处罚,对此根据《行政处罚法》第 51 条规定,违法事实确凿并有法定依据,对公民处以 200 元以下、对法人或者其他组织处以 3000 元以下罚款或者警告的行政处罚的,可以当场作出行政处罚决定。本题中,乙区公安分局交警大队对李某作出 200 元的罚款决定,可以适用简易程序。B 项说法正确。

根据《行政诉讼法》第 26 条规定,经复议的案件,复议机关决定维持原行政行为的,作出原行政行为的行政机关和复议机关是共同被告。本题中,被告应当是乙区公安分局交警大队和区政府,C 项说法正确。

《行政处罚法》第 41 条第 1、2 款规定:"行政机关依照法律、行政法规规定利用电子技术监控设备收集、固定违法事实的,应当经过法制和技术审核,确保电子技术监控设备符合标准、设置合理、标志明显,设置地点应当向社会公布。电子技术监控设备记录违法事实应当真实、清晰、完整、准确。行政机关应当审核记录内容是否符合要求;未经审核或者经审核不符合要求的,不得作为行政处罚的证据。"据此可知,乙区公安分局交警大队对李某的监控记录应当经过审核,未经审核不得作为处罚的证据。D 项说法正确。

99．行政诉讼被告及管辖的确定；被告的举证期限；行政复议不利变更禁止原则[BC]

[解析]《行政诉讼法》第26条第2款规定："经复议的案件，复议机关决定维持原行政行为的，作出原行政行为的行政机关和复议机关是共同被告；复议机关改变原行政行为的，复议机关是被告。"同时，在行政诉讼中，复议机关改变原行政行为是指复议机关改变原行政行为的处理结果。本案中，县政府在征收总额中补充列入遗漏的3000元未婚生育社会抚养费，属于对原行政行为的改变，此案应以复议机关县政府为被告。故A项错误。

《行政诉讼法》第15条规定："中级人民法院管辖下列第一审行政案件：(一)对国务院部门或者县级以上地方人民政府所作的行政行为提起诉讼的案件；(二)海关处理的案件；(三)本辖区内重大、复杂的案件；(四)其他法律规定由中级人民法院管辖的案件。"本案被告为县政府，故应由中级法院管辖。故B项正确。

《行政复议法》第63条第2款规定："行政复议机关不得作出对申请人更为不利的变更决定，但是第三人提出相反请求的除外。"本案中，县政府在征收总额中补充列入遗漏的3000元未婚生育社会抚养费，作出了对申请人更为不利的行政复议决定，该复议决定违法。故C项正确。

《行政诉讼法》第67条第1款规定："人民法院应当在立案之日起5日内，将起诉状副本发送被告。被告应当在收到起诉状副本之日起15日内向人民法院提交作出行政行为的证据和所依据的规范性文件，并提出答辩状。人民法院应当在收到答辩状之日起5日内，将答辩状副本发送原告。"故D项错误。

100．刑事司法赔偿[A]

[解析] 王某犯罪时不满16周岁，属于不负刑事责任的人，国家赔偿适用"免罪关了分前后，赔后不赔前"的规则，即：依法不负刑事责任或不追究刑事责任的人被羁押，以判决生效为界限区分前后，在判决生效前对当事人的羁押，不论拘留和逮捕，不赔偿；在判决生效之后，如果对当事人还有羁押，则赔偿。本案中，王某于2008年6月5日被二审法院维持原判、交付执行，因此本案的判决确定之日应为2008年6月5日，王某也正是从此日起开始执行原判刑罚的。因此国家应对2008年6月5日到2009年3月2日王某因执行原判刑罚而被羁押期间的损失承担赔偿责任。故A项正确，B、C、D项错误。

试 卷 二

解 析

一、单项选择题

1. 民事行为能力;法律行为的效力;监护[D]

[解析] 人体器官的捐献分为活体器官的捐献和尸体器官的捐献。关于活体器官的捐献,《人体器官捐献和移植条例》主要设有三方面的限制:(1)该《条例》第9条第1款规定,具有完全民事行为能力的公民有权依法自主决定捐献其人体器官。公民表示捐献其人体器官的意愿,应当采用书面形式,也可以订立遗嘱。公民对已经表示捐献其人体器官的意愿,有权予以撤销。(2)该《条例》第10条规定,任何组织或者个人不得获取未满18周岁公民的活体器官用于移植。(3)该《条例》第11条规定,活体器官的接受人限于活体器官捐献人的配偶、直系血亲或者三代以内旁系血亲。甲为精神病人,不具有完全民事行为能力,其决定捐献肾脏的法律行为无效。故 A 项错误。

甲生前,其法定代理人能否代为作出有效的活体器官捐赠? 法律对此未设明文,但可通过解释《民法典》第35条第1款得出结论。《民法典》第35条第1款规定:“监护人应当按照最有利于被监护人的原则履行监护职责。监护人除为维护被监护人利益外,不得处分被监护人的财产。”监护人非为被监护人利益处分被监护人财产的,其处分行为无效。根据举轻以明重的解释规则,对被监护人财产的处理尚且如此,甲的父母以监护人的身份决定将甲的肾脏捐献给乙的行为,因并非为了被监护人甲的利益,故该捐献行为无效。故 B 项错误。

关于尸体器官的捐献,《人体器官捐献和移植条例》第9条第2款规定,公民生前表示不同意捐献其遗体器官的,任何组织或者个人不得捐献、获取该公民的遗体器官;公民生前未表示不同意捐献其遗体器官的,该公民死亡后,其配偶、成年子女、父母可以共同决定捐献,决定捐献应当采用书面形式。据此,甲死亡后,对甲尸体器官的捐献,须甲的配偶、成年子女、父母共同作出意思表示,才能有效;甲的父母单独作出的捐献行为应认定为无效。故 C 项错误,D 项正确。

2. 法人机关;要约的生效[D]

[解析] 法人机关,是指根据法律或章程的规定,无须特别委托授权就能够形成、表示和实现法人意志的机构。法人机关包括意思机关、执行机关、法定代表人和监督机关。王某作为甲公司的法定代表人,其以法定代表人身份实施的民事法律行为具有两个重要特点:第一,其无须甲公司的授权行为,就有资格对外代表甲公司作出意思表示或者接受意思表示;第二,王某以法定代表人身份执行职务时,无独立的人格,王某以甲公司名义对外实施的行为为甲公司实施的行为,而不是王某的行为。所以,出售翡翠之要约的要约人是甲公司,而不是王某,故王某在要约发出后2小时意外死亡,并不会影响要约的效力。同时,《民法典》第137条规定,以对话方式作出的意思表示,相对人知道其内容时生效。以非对话方式作出的意思表示,到达相对人时生效。根据题意,该要约(函件)已经到达相对人乙公司,故要约已经生效。故 D 项正确;A、B、C 项错误。【思路拓展】假设王某出售翡翠的行为超出了公司章程或者董事会的授权,属于越权行为,一般也不会影响该要约的生效。《民法典》第504条规定:“法人的法定代表人或者非法人组织的负责人超越权限订立的合同,除相对人知道或者应当知道其超越权限外,该代表行为有效,订立的合同对法人或者非法人组织发生效力。”

3. 可撤销民事法律行为[A]

[解析] 根据题目所述,“赌石”活动,即买者购买原石、自行剖切、损益自负,是众所周知的交易习惯。通常情况下,对于下列情形,不违反法律、行政法规强制性规定的,人民法院可以认定为交易习惯:(1)在交易行为当地或者某一领域、某一行业通常采用并为交易对方订立合同时所知道或者应当知道的做法;(2)当事人双方经常使用的习惯做法。本题中,潘某与商家在达成原石交易之时,都基于完全真实的意思表示,潘某依交易习惯“赌石”获得原石,系合法有效的民事法律行为。尽管结果出人意料,但不影响法律行为的效力,商家无任何理由要求潘某退货。故 A 项正确。

《民法典》第6条规定了公平原则:“民事主体从事民事活动,应当遵循公平原则,合理确定各方的权利和义务。”民法基本原则可用于解释民法规范,也可以作为填补民法漏洞时的考虑因素,其在具体案例中适用的前提是没有具体的法律规范。现行民法对如何处理“赌石”这类买卖合同已经有明确的规定,不需要用公平原则的精神加以处理。故 B 项错误。

《民法典》第 147 条规定："基于重大误解实施的民事法律行为，行为人有权请求人民法院或者仲裁机构予以撤销。"《民法典总则编解释》第 19 条第 1 款规定："行为人对行为的性质、对方当事人或者标的物的品种、质量、规格、价格、数量等产生错误认识，按照通常理解如果不发生该错误认识行为人就不会作出相应意思表示的，人民法院可以认定为民法典第一百四十七条规定的重大误解。"据此，只有当对于法律行为中涉及的重要因素存在认识错误进而导致意思表示不真实时，方可构成重大误解。本题之情形，确实存在对于原石性质的认识错误，但是由于有"赌石"之交易习惯的存在，并且买卖双方知道并且接受这样的交易习惯，所以对于"原石切出极品玉石"这种情形都是双方所能预见的，故不存在意思表示的不真实，因为双方都有赌一把的真实意思。因此，商家不构成重大误解，C 项错误。

《民法典》第 151 条规定："一方利用对方处于危困状态、缺乏判断能力等情形，致使民事法律行为成立时显失公平的，受损害方有权请求人民法院或者仲裁机构予以撤销。"通常认为，一方当事人利用自己的优势或者利用对方穷困、急迫、轻率、无经验、意志力显著薄弱等不利的窘迫境地，致使双方的权利与义务明显违反公平、等价有偿原则的，可以认定为显失公平。本题中，由于"赌石"之交易习惯的存在，不存在潘某利用自己的优势或者利用商家急迫、无经验等不利的窘迫境地之情形。故 D 项错误。

4．动产抵押权的设立；抵押物的转让[C]

[解析]《民法典》第 403 条规定："以动产抵押的，抵押权自抵押合同生效时设立；未经登记，不得对抗善意第三人。"故 A 选项错误。

《民法典》第 406 条第 2 款规定："抵押人转让抵押财产的，应当及时通知抵押权人。抵押权人能够证明抵押财产转让可能损害抵押权的，可以请求抵押人将转让所得的价款向抵押权人提前清偿债务或者提存。转让的价款超过债权数额的部分归抵押人所有，不足部分由债务人清偿。"据此，抵押权存续期间，抵押人转让抵押财产无须经抵押权人同意。魏某未经抵押权人银行同意，将抵押的棉花转让给温某，属于有权处分，自向温某完成交付时，温某取得所购棉花的所有权。故 B 选项错误。

《民法典》第 404 条规定："以动产抵押的，不得对抗正常经营活动中已支付合理价款并取得抵押财产的买受人。"据此，若魏某将棉花转让给温某属"正常经营活动"，并且温某"已支付合理价款"并"取得抵押财产"，银行的抵押权消灭。同时，题目交代温某已经将棉花"消耗殆尽"，抵押物已灭失，银行对棉花的抵押权也已经消灭。故 C 选项正确。

因魏某转让抵押财产致银行抵押权消灭，担保的债权不能获得优先受偿所遭受的损失，银行有权请求魏某承担违约损害赔偿或者侵权损害赔偿。但温某对银行因此遭受的损失无过错，不承担责任。故 D 选项错误。

5．诉讼时效；无权代理[A]

[解析]《民法典》第 192 条第 2 款规定："诉讼时效期间届满后，义务人同意履行的，不得以诉讼时效期间届满为由抗辩；义务人已经自愿履行的，不得请求返还。"这是关于债务人"明示放弃时效利益"的规定。明示放弃时效利益的法律效果是，债务人曾经享有的时效抗辩权消灭，自债权人能行使权利时，重新计算新的诉讼时效期间。

《民法典》第 170 条规定："执行法人或者非法人组织工作任务的人员，就其职权范围内的事项，以法人或者非法人组织的名义实施的民事法律行为，对法人或者非法人组织发生效力。法人或者非法人组织对执行其工作任务的人员职权范围的限制，不得对抗善意相对人。"据此，法人或其他组织的工作人员在执行职务过程中以法人名义从事的行为，后果均由法人承担，即便对于工作人员有内部职权范围的限制，也不得对抗不知情的第三人。工作人员职权范围内的事项，有时是对外公开的，有时则没有公开，此时应当按照交易习惯来判断。依据一般习惯，法务部门显然没有权利决定对外债务的清偿，故法务小王的行为并不能构成对法人的职务代理，甲公司不需要承担小王承诺的后果，故当乙公司主张权利之时，甲公司依然可以主张时效抗辩，故 A 项正确，D 项错误。

诉讼时效中断必须发生在诉讼时效进行期间，既然诉讼时效届满后，不可能再发生中断情形。故 B 项错误。

《民法典》第 193 条规定："人民法院不得主动适用诉讼时效的规定。"故 C 项错误。

6．不动产物权变动[C]

[解析] 甲、乙和丙于 2012 年 3 月签订了散伙协议，约定登记在丙名下的合伙房屋归甲、乙共有，该约定有效。但是，此行为只意味着负担行为的完成，达成协议后，丙负有向甲、乙过户的义务，但在过户登记之前，房屋的所有权并没有转移。后来，丙没有履行协议，应当向甲、乙承担违约责任，但房屋所有权并没有转移。故 A 项错误。

《民法典》第 229 条规定："因人民法院、仲裁机构的法律文书或者人民政府的征收决定等，导致物权设立、变更、转让或者消灭的，自法律文书或者征收决定等生效时发生效力。"《民法典物权编解释（一）》第 7 条规定："人民法院、仲裁机构在分割共有不动产或者动产等案件中作出并依法生效的改变原有物权关系的判决书、裁决书、调解书，以及人民法院在执行程序中作出的拍卖成交裁定书、变卖成交裁定书、以物抵债裁定书,应当认定为民法典第二百二十九条所称导致物权设立、变更、转让或者消灭的人民法院、仲裁机构的法律文书。"据此,通过生效判决发生物权变动的,无须公示,自判决书生效时即发生物权变动效果。需要特别注意的是,《民法典》第229条所指的生效判决特指形成判决,而不包括给付判决和确认判决,也就是说,能够直接导致物权变动的判决才能适用本条规定。本题中,2012年8月法院作出的生效判决系给付判决,不是直接确定争议房屋的权属,而是判决丙履行已经达成的协议(去办理过户登记),判决生效后,还须办理过户登记才能发生物权变动效果。在过户登记之前,房屋所有权依然属于丙。故B项错误。

既然丙一直没有过户,丙依然享有房屋的所有权,此时丙死亡,丁作为继承人。《民法典》第230条规定:"因继承取得物权的,自继承开始时发生效力。"据此,依照继承取得不动产物权的,无须公示,自被继承人死亡或者被宣告死亡时,继承人取得被继承人享有的不动产物权。2012年9月,自丙死亡时,丁即因继承直接取得房屋的所有权。故C项正确。

根据《民法典》第232条的规定,根据法院判决、继承、房屋建造等享有不动产物权的,处分该物权时,依照法律规定需要办理登记的,未经登记,不发生物权效力。丁作为继承人,自己获得房屋所有权不需要登记,但是要处分该房屋时,应当首先登记到自己的名下。丁将房屋赠与女友戊,尽管对于赠与合同作了公证,这只是意味着赠与人不能任意撤销该赠与合同,由于丁并没有办理过户登记,此时所有权人依然是丁。故D项错误。

7.遗失物的拾得;悬赏广告[B]

[解析]《民法典》第317条第2、3款规定:"权利人悬赏寻找遗失物的,领取遗失物时应当按照承诺履行义务。拾得人侵占遗失物的,无权请求保管遗失物等支出的费用,也无权请求权利人按照承诺履行义务。"据此,如果遗失人发布了悬赏广告,正常情况下,对于完成悬赏广告要求的人,应当支付承诺的报酬;但是,一旦拾得人侵占遗失物,即丧失主张悬赏广告中承诺报酬的权利,同时,对于占有期间发生的费用一律自负。本题中,甲张贴悬赏广告,则甲与拾得并归还的拾得人之间形成债权债务关系,但拾得人乙一直拒绝归还遗失物且无正当理由,由于乙未完成悬赏广告中指定的行为,无权请求甲支付酬金。故A、D项错误。

《民法典》第316条规定:"拾得人在遗失物送交有关部门前,有关部门在遗失物被领取前,应当妥善保管遗失物。因故意或者重大过失致使遗失物毁损、灭失的,应当承担民事责任。"本题中,拾得人乙未尽到妥善保管义务,且存在重大过失导致遗失物损失,乙应当承担损害赔偿责任。故B项正确,C项错误。

8.土地承包经营权[B]

[解析]《民法典》第333条第1款规定:"土地承包经营权自土地承包经营合同生效时设立。"据此,土地承包经营权自承包合同生效时设立,是否办理确权登记,不影响权利的设立。权利人获得权利后,是否登记,都不影响权利人对于承包经营权的处分。本题中,村民胡某与集体订立土地承包经营权合同未办理确权登记,土地承包经营权自土地承包经营权合同生效时设立,胡某取得土地承包经营权后即可自由处分。故A项错误,B项正确。

《民法典》第335条规定:"土地承包经营权互换、转让的,当事人可以向登记机构申请登记;未经登记,不得对抗善意第三人。"由此可知,土地承包经营权的转让采取登记对抗制。未办理变更登记,不影响转让合同生效和权利的转移。故C、D项错误。

9.留置权[B]

[解析]《民法典》第448条规定:"债权人留置的动产,应当与债权属于同一法律关系,但是企业之间留置的除外。"劳动合同的基本法律关系为劳动者承担向用人单位提供劳动和接受用人单位管理的义务,并有权要求用人单位依约支付劳动报酬。为公司高管出行便利而配备的公务用车,不是劳动关系的标的物。朴某占有的公务用车与其拟担保的基于劳动关系所生债权不属于同一法律关系,不成立留置权。故B项正确。

10.债务抵充[A]

[解析]《民法典》第560条规定:"债务人对同一债权人负担的数项债务种类相同,债务人的给付不足以清偿全部债务的,除当事人另有约定外,由债务人在清偿时指定其履行的债务。债务人未作指定的,应当优先履行已经到期的债务;数项债务均到期的,优先履行对债权人缺乏担保或者担保最少的债务;均无担保或者担保相等的,优先履行债务人负担较重的债务;负担相同的,按照债务到期的先后顺序履行;到期时间相同的,按照债务比例履行。"本题中,当事人没有约定,债务人还款时也没有指定,2006年的借款已经到期,而2009年的借款尚未到期,所以应优先抵充2006年的借款。故本题选A项。

11.债权人撤销权[C]

[解析]根据《民法典》第538、539条,债权人撤销权的构成要件有三:(1)债权人对债务的债权合法、有效;(2)债务人对债权人负担债务之后实施了有效法律行为(积极减少责任财产的行为;须为财产行为,不能是身份行为),且该法律行为损害到债权人的债权;(3)若债务人实施的法律行为系有偿行为,需要债务人与受益人(或者受让人)对债权人遭

受的损害具有恶意。债权人撤销权的功能在于恢复债务人的一般责任财产，而不在于增加债务人的责任财产，所以债权人有权(依照债权人撤销权)撤销债务人的处分行为，须发生在债务人对债权人负担债务之后，而不能发生在债务人对债权人负担债务之前。A项中，甲公司对丙公司赠与价值50万元机器设备的行为发生在甲对乙负担债务之前，乙公司无权撤销。故A项错误。同理，B项中，甲公司对丁基金会的捐赠行为也发生在甲对乙负担债务之前，乙公司无权撤销。故B项错误。

《民法典》第658条规定："赠与人在赠与财产的权利转移之前可以撤销赠与。经过公证的赠与合同或者依法不得撤销的具有救灾、扶贫、助残等公益、道德义务性质的赠与合同，不适用前款规定。"甲公司向戊希望小学的赠与属于具有社会公益性质的赠与合同，赠与人甲公司不享有任意撤销权。故D项错误。C项中，虽赠与人甲不享有任意撤销权，但甲公司向戊希望小学的赠与行为损害到乙的债权，并符合债权人撤销权的构成要件，乙公司有权行使债权人撤销权，撤销甲公司向戊希望小学的赠与合同。故C项正确。【陷阱点拨】所谓公益性赠与不得任意撤销，限制的仅仅是赠与人本人。就甲、戊间的公益性赠与而言，甲是赠与人，不享有任意撤销权，但甲向戊无偿赠与财产，损害了乙对甲的债权，乙仍可享有"债权人撤销权"。

12．诉讼时效；债务承担与抗辩权[D]

[解析] 依据《民法典》规定，普通时效均为3年。甲公司、乙公司之间的借款约定了到期时间，即2011年3月24日，有明确清偿期的债权从清偿期届满之次日起算时效，这意味着2011年3月25日起算时效，到2014年3月24日届满。从2014年3月25日起，债权人主张权利的，债务人即可提出时效抗辩。本题中，由于债权人乙公司一直没有向债务人主张过债权，因此时效已经届满，债务人在债权人主张权利时可以提出有效的时效抗辩。根据《诉讼时效规定》第17条第1款规定："债权转让的，应当认定诉讼时效从债权转让通知到达债务人之日起中断。"这一条规定的时效中断的发生以转让的债权没有过时效为前提，如果转让的债权已经过了时效，之后再发生债权让与的，不可能导致诉讼时效的中断，故B、C项错误。

《民法典》第548条规定："债务人接到债权转让通知后，债务人对让与人的抗辩，可以向受让人主张。"因此，当乙公司将债权转让给丙公司之后，债务人甲公司可以向受让人丙公司主张其对于让与人(原债权人乙公司)的抗辩，故A项错误。

2013年5月16日，丁公司通过公开竞拍接管了甲公司，属于债权债务的法定转移，此时，丁公司需要承担甲公司的债务，并享有甲公司的权利。《民法典》第553条规定："债务人转移债务的，新债务人可以主张原债务人对债权人的抗辩；原债务人对债权人享有债权的，新债务人不得向债权人主张抵销。"丁公司作为甲公司债务的承受人，可以主张原债务人甲公司对于债权人(包括原债权人乙公司和债权让与之后的新债权人丙公司)的抗辩。故D项正确。

13．保留所有权买卖[B]

[解析] 本题中，甲、乙就汽车的交易作了所有权保留的约定。即甲先将汽车交付给乙，但明确约定付清全款后甲才将汽车的所有权移转给乙。《民法典》第641条规定："当事人可以在买卖合同中约定买受人未履行支付价款或者其他义务的，标的物的所有权属于出卖人。出卖人对标的物保留的所有权，未经登记，不得对抗善意第三人。"由此，在乙分期付款期间，汽车虽然已经交付给了乙，但是甲保留了汽车所有权，乙不能取得汽车的所有权。故A项错误，B项正确。

甲基于所有权人身份，将汽车再卖给丙，并非无权处分，而属有权处分，故不适用善意取得规则。故C项错误。

甲作为汽车的所有权人，有权以指示交付的方式出卖给善意的丙，丙可取得汽车所有权。故D项错误。【思路拓展】甲为汽车的所有权人，甲将汽车出卖给丙属于有权处分。但是，并非在任何情况下，丙均可毫无悬念地取得汽车所有权(因为要保护乙，否则谁还敢作为保留所有权买卖的买受人呢?)其规则是：(1)若甲、乙间的保留所有权买卖已经登记，甲将汽车出卖给丙并交付的，丙均无取得汽车所有权的可能性。(2)若甲、乙间的保留所有权买卖未登记，甲将汽车出卖给丙并交付的，善意的丙可以取得汽车所有权；恶意的丙不可能取得汽车所有权。

14．技术转让合同[C]

[解析]《民法典》第850条规定："非法垄断技术或者侵害他人技术成果的技术合同无效。"甲、乙公司间的技术转让合同侵犯了丙公司的技术成果，技术转让合同无效。故A项错误。

《技术合同解释》第12条规定："根据民法典第八百五十条的规定，侵害他人技术秘密的技术合同被确认无效后，除法律、行政法规另有规定的以外，善意取得该技术秘密的一方当事人可以在其取得时的范围内继续使用该技术秘密，但应当向权利人支付合理的使用费并承担保密义务。当事人双方恶意串通或者一方知道或者应当知道另一方侵权仍与其订立或者履行合同的，属于共同侵权，人民法院应当判令侵权人承担连带赔偿责任和保密义务，因此取得技术秘密的当事人不得继续使用该技术秘密。"本题中，虽然甲、乙公司均侵犯了丙公司的技术秘密成果权，但乙公司作为受让人不知情,应为善意,甲、乙公司欠缺共同故意,不构成共同侵权,故无须承担连带责任。只有当受让人乙公司为恶意时,才构成共同侵权,承担连带责任。故B项错误。同时,根据上述规定,乙公司作为善意取得该技术秘密的一方当事人,可在其取得时的范围内继续使用该技术秘密,但应向丙公司支付合理的使用费。故C项正确。

由于甲、乙公司间的技术转让合同无效,合同无效的原因在于甲公司隐瞒了其从丙处不当获取技术成果的事实,违背了诚信原则在合同订立阶段的告知义务,因此,乙公司有权请求甲公司赔偿其因此受到的损失,此赔偿责任的性质为缔约过失责任。故D项错误。

15.不当得利[D]

[解析] 甲超过诉讼时效向乙还款,根据《民法典》第192条第2款的规定:"诉讼时效期间届满后,义务人同意履行的,不得以诉讼时效期间届满为由抗辩;义务人已经自愿履行的,不得请求返还。"由此可知,债权的诉讼时效期间经过后,债权的受领权能依然存在,债务人自愿履行债务的,不论债务人履行时是否知悉诉讼时效期间已经经过,受领权能的存在就是债权人保有债务人履行利益的法律上原因,不构成不当得利。故A项不当选。

《民法典》第985条规定:"得利人没有法律根据取得不当利益的,受损失的人可以请求得利人返还取得的利益,但是有下列情形之一的除外:(一)为履行道德义务进行的给付;(二)债务到期之前的清偿;(三)明知无给付义务而进行的债务清偿。"根据上述第2项,自愿提前清偿债务,应理解为债务人对自己利益的放弃,不认定债权人构成不当得利。故B项不当选。

打麻将输钱后向对方支付,从现实生活的角度理解,属于常人可以接受的生活现象,可归为基于生活习惯而进行的给付,不认定为不当得利。故C项错误。

D项情形属于非给付型的不当得利,由于电脑故障而导致甲的账户多出1万元,甲有得利,乙银行有损失,同时损益之间有因果关系,并且甲得利没有正当理由,符合不当得利的构成要件,因此成立不当得利。故D项当选。

16.见义勇为;公平责任[B]

[解析] 本题中,丙追赶甲系为了保护乙的财产权,属于见义勇为,并非侵害行为,且丙对于甲的死亡并不存在法律意义上的过错。因此,丙的行为不构成一般侵权,无须对甲的死亡承担赔偿责任。故A项错误。

见义勇为,是指在没有法定或约定义务的前提下,为保护他人的人身、财产权益,制止各种侵权行

为、意外事件的救助行为。《民法典》第183条规定:"因保护他人民事权益使自己受到损害的,由侵权人承担民事责任,受益人可以给予适当补偿。没有侵权人、侵权人逃逸或者无力承担民事责任,受害人请求补偿的,受益人应当给予适当补偿。"本题中,丙为了保护乙的财产权造成骨折,且侵权人甲已死亡,因此受害人丙依法可请求受益人乙给予适当补偿。故B项正确。

《民法典》第1186条规定了公平补偿规则(公平责任),是指受害人和行为人对损害的发生都没有过错的,依照法律的规定由双方分担损失。公平补偿规则是一种损失分担方法,适用前提系双方均无过错。本题中,甲抢夺乙的钱包构成一般侵权,主观上存在过错。因此,无论乙还是丙均无需承担公平责任。故C、D项错误。

17.代理[D]

[解析] 在委托代理中,代理人以被代理人的名义实施的代理为直接代理;代理人以自己的名义实施的代理为间接代理。

乙基于委托代理权,虽是以自己名义购买的那一套饮具,但该行为是为了甲的利益。根据《民法典》第926条的规定,该行为构成间接代理。故A项不当选。

乙受甲委托代购茶叶,乙同时告知销售员是为他人购买茶叶,符合代理的要件。《民法典》第162条规定:"代理人在代理权限内,以被代理人名义实施的民事法律行为,对被代理人发生效力。"乙的行为构成直接代理。故B项不当选。

《刑事诉讼法》第37条规定:"辩护人的责任是根据事实和法律,提出犯罪嫌疑人、被告人无罪、罪轻或者减轻、免除其刑事责任的材料和意见,维护犯罪嫌疑人、被告人的诉讼权利和其他合法权益。"可见,辩护人为了维护被告人的合法民事权益,享有相应的代理权。甲律师不仅是辩护人,还是指定代理人。故C项不当选。【特别提醒】根据代理产生的原因不同,可以分为法定代理、委托代理与指定代理。C项构成诉讼中的指定代理。

甲的行为构成居间,甲只是为歌星乙订立表演合同提供服务,并未基于代理权以歌星或主办方的名义实施代理行为,不属于代理。故D项当选。

18.民事诉讼基本原则[B]

[解析] 民事诉讼实行"不告不理"原则,尽管事实上乙逾期还款应该偿还利息,但此项请求是否提出是原告自己的权利,法院不能擅自运用公权力站在一方当事人的立场而侵害另一方当事人的权利。故A项错误。

处分原则指民事诉讼当事人有权在法律规定的范围内,处分自己的民事权利和诉讼权利。本案中原

告的诉讼请求仅限于要求偿还本金2万元,并没要求偿还利息,但法院却超过原告诉讼请求,判决偿还本金和利息,违反了处分原则。故B项正确。

辩论原则指在法院主持下,当事人有权就案件事实和争议问题陈述、反驳对方,进行答辩,以维护自己的合法权益。本题案件事实不涉及辩论原则。故C项错误。

本题不涉及平等原则,D项错误。

19.反诉;反驳[A]

[解析]反诉,是指诉讼程序进行中,本诉被告针对本诉原告向受理本诉的人民法院提出的独立的反请求,因此有无独立性诉讼请求是判断反诉的条件之一。本题中,"被告乙公司向法院主张合同无效,并要求原告甲公司承担合同无效的法律责任"属于一种诉讼请求,与甲公司起诉要求乙公司交付货物这一本诉具有牵连关系。如果乙公司的诉讼请求得到法院支持,就会产生抵销甲公司部分或者全部诉讼请求的效果,因此构成反诉,而并非一种事实主张,更不是一种证据。故A项正确,C、D项错误。

反驳,是指被告用以对抗原告诉讼请求的一种诉讼权利,是被告列举事实和理由来否定原告主张的事实和理由。反诉与反驳有明显的区别:(1)反诉是一种可以独立存在的诉,具有诉的性质,能够起到抵销或吞并原告诉讼请求的效果,而反驳则是一种具体的诉讼行为,不是一个独立存在的诉;(2)反诉具有相对独立性,即使原告撤回本诉,也不会影响反诉的存在,而反驳则不同,一旦原告撤回起诉,反驳也就失去了意义;(3)反诉的目的在于抵销或吞并原告的诉讼请求,对原告也提出了独立的反请求,而反驳的目的只是否定原告的诉讼请求,没有独立的诉讼请求。结合本题,乙公司的主张能够起到抵销或吞并甲公司诉讼请求的效果,即使甲公司撤回要求乙公司交付货物的诉讼请求,乙公司向法院主张合同无效且应由原告甲公司承担合同无效的法律责任的主张也能够独立存在。由此可见,乙公司的主张构成反诉,而不是反驳。故B项错误。

20.共同诉讼人[D]

[解析]《民法典》第1198条规定:"宾馆、商场、银行、车站、机场、体育场馆、娱乐场所等经营场所、公共场所的经营者、管理者或者群众性活动的组织者,未尽到安全保障义务,造成他人损害的,应当承担侵权责任。因第三人的行为造成他人损害的,由第三人承担侵权责任;经营者、管理者或者组织者未尽到安全保障义务的,承担相应的补充责任。经营者、管理者或者组织者承担补充责任后,可以向第三人追偿。"本案中,因为顾客乙将热汤洒到甲身上致甲烫伤,首先应当由乙作为赔偿义务人,而题目表述"地板湿滑",则暗示丽都酒店未尽到安全保障义务,故

也是赔偿义务人。可见,顾客乙和丽都酒店与受害人甲之间均具有直接的赔偿权利义务关系。一般而言,实体法律关系的双方当事人是适格当事人,故本案应当以丽都酒店和乙作为共同被告。因此,本题只有D项正确。【特别提醒】本题涉及共同被告与无独三的区别问题。顾客乙对甲存在一个侵权法律关系,而丽都酒店具有安全保障义务,却未尽到该义务(从地板湿滑可见),则丽都酒店也应当承担赔偿责任,故丽都酒店与甲也存在侵权法律关系,应作为共同被告,而非无独三。

21.诉讼代表人[B]

[解析]《民诉解释》第77条规定,诉讼代表人是由当事人推选的,当事人推选不出的,可以由人民法院和当事人协商,协商不成的,也可以由人民法院在起诉的当事人中指定代表人。本案中,诉讼代表人已经确定,其因故不能参加诉讼,不能作为法院另行指定代表人的事由。故A项错误。

《民诉解释》第78条规定:"民事诉讼法第五十六条和第五十七条规定的代表人为二至五人,每位代表人可以委托一至二人作为诉讼代理人。"故B项正确。

《民事诉讼法》第57条第3款规定:"代表人的诉讼行为对其所代表的当事人发生效力,但代表人变更、放弃诉讼请求或者承认对方当事人的诉讼请求,进行和解,必须经被代表的当事人同意。"甲、乙变更诉讼请求必须经被代表的当事人同意,而不是事后告知。故C项错误。甲、乙和A厂签订和解协议必须经过所代表的当事人全体同意。故D项错误。

22.证明责任[D]

[解析]《民事诉讼法》第67条第1款规定:"当事人对自己提出的主张,有责任提供证据。"《民诉解释》第90条第1款规定:"当事人对自己提出的诉讼请求所依据的事实或者反驳对方诉讼请求所依据的事实,应当提供证据加以证明,但法律另有规定的除外。"据此,受害人甲应当证明侵权行为"乙叠放砖头倒塌"的事实。故A项正确。受害人甲应当证明损害结果"甲受损害"的事实。故B项正确。受害人甲应当证明因果关系"甲所受损害是由于乙叠放砖头倒塌砸伤"的事实。故C项正确。《民法典》第1255条规定:"堆放物倒塌、滚落或者滑落造成他人损害,堆放人不能证明自己没有过错的,应当承担侵权责任。"据此,堆放物侵权实行过错推定责任,在行为人过错方面的举证责任是倒置的,应由被告乙承担证明责任,故D项错误。【总结提示】侵权纠纷举证责任的判断步骤分三步走:第一步,根据"谁主张,谁举证"原则,一般应当由原告证明侵权构成要件(行为、结果、过错、因果关系),被告证明免责事由;第二步,根据民法归责原则,堆放物致人损害不是无过错责任

原则,侵权构成要件包括行为、结果、因果关系、过错四要件,故应由原告证明行为、结果、因果关系、过错;第三步,本案属于堆放物致人损害,根据民法的规定属于过错推定,故过错倒置给被告证明。综上,本案应由原告证明行为、结果、因果关系,被告证明无过错和免责事由。

23.财产保全的范围[C]

[解析]《民诉解释》第157条规定:"人民法院对抵押物、质押物、留置物可以采取财产保全措施,但不影响抵押权人、质权人、留置权人的优先受偿权。"一审法院仍然可以对乙公司的该处房产采取保全措施,该保全裁定并不影响抵押权人丙银行的优先受偿权。故C项正确,A、B、D项错误。

24.诉讼中止;诉讼终结;延期审理的适用情形[D]

[解析]"杨某在去往法院开庭的路上,突遇车祸",属于不可抗拒的事由,也属于正当理由。《民事诉讼法》第153条规定:"有下列情形之一的,中止诉讼:……(四)一方当事人因不可抗拒的事由,不能参加诉讼的;……"《民事诉讼法》第149条第1项规定,必须到庭的当事人和其他诉讼参与人有正当理由没有到庭的,延期开庭审理。因此,A项中突遇车祸有可能会导致延期审理或者诉讼中止,选项交代不完整。此外,如果从文书上分析本选项,法院的做法不对,中止诉讼应当用裁定书而不是决定书。故A项错误。

《民事诉讼法》第149条第3项规定,需要通知新的证人到庭,调取新的证据,重新鉴定、勘验,或者需要补充调查的,延期开庭审理。法院采取延期审理措施是对的。但延期审理应当使用决定书,而不是裁定书。故B项错误。

《民事诉讼法》第153条第1款第3项规定,作为一方当事人的法人或者其他组织终止,尚未确定权利义务承受人的,中止诉讼。甲公司与其他公司合并,谁是合并之后的法人,尚未确定,因此法院应当裁定诉讼中止,而不是诉讼终结。故C项错误。

《民事诉讼法》第153条第1款第5项规定,本案必须以另一案的审理结果为依据,而另一案尚未审结的,中止诉讼。故D项正确。

25.小额诉讼程序[B]

[解析]根据《简易程序规定》第14条第1款的规定,适用简易程序审理的婚姻家庭纠纷、合伙合同纠纷、标的额较小的纠纷应当先行调解。本案属于适用简易程序审理的诉讼标的额较小的纠纷,应当先行调解,故A项正确。

一审诉讼案件必须开庭审理,不存在书面审理的情形。小额诉讼程序属于第一审简易程序的简化形式,应当开庭审理,当事人无权选择书面审理,故B项错误。

《简易程序规定》第27条规定,适用简易程序审理的民事案件,除人民法院认为不宜当庭宣判的外,应当当庭宣判,故C项正确。

《民诉解释》第271条规定:"人民法院审理小额诉讼案件,适用民事诉讼法第一百六十五条的规定,实行一审终审。"故D项正确。

26.二审中的调解结案[C]

[解析]《民事诉讼法》第179条规定:"第二审人民法院审理上诉案件,可以进行调解。调解达成协议,应当制作调解书,由审判人员、书记员署名,加盖人民法院印章。调解书送达后,原人民法院的判决即视为撤销。"因此,二审法院应当制作调解书,因为二审法院的调解结果除解决纠纷外,还具有对一审院的判决效力发生影响的功能。故C项正确,A、B、D项错误。【总结提示】一审中达成调解协议,原则上应当制作调解书,但存在不制作调解书的情形。二审、再审中达成调解协议,必须制作调解书;调解书送达后,原判决视为撤销。

27.再审程序对遗漏当事人的处理[C]

[解析]《民诉解释》第420条规定:"必须共同进行诉讼的当事人因不能归责于本人或者其诉讼代理人的事由未参加诉讼的,可以根据民事诉讼法第二百零七条①第八项规定,自知道或者应当知道之日起六个月内申请再审,但符合本解释第四百二十一条规定情形的除外。人民法院因前款规定的当事人申请而裁定再审,按照第一审程序再审的,应当追加其为当事人,作出新的判决、裁定;按照第二审程序再审,经调解不能达成协议的,应当撤销原判决、裁定,发回重审,重审时应追加其为当事人。"本题中,陈某作为财产共有权人申请再审,属于案外人以必要共同诉讼人的身份申请再审,且属于应按照二审程序再审的情形,故C项正确,A、B、D项错误。

28.调解协议的司法确认;法院不予受理的法定情形[D]

[解析]《民事诉讼法》第205条规定:"经依法设立的调解组织调解达成调解协议,申请司法确认的,由双方当事人自调解协议生效之日起三十日内,共同向下列人民法院提出:(一)人民法院邀请调解组织开展先行调解的,向作出邀请的人民法院提出;(二)调解组织自行开展调解的,向当事人住所地、标的物所在地、调解组织所在地的基层人民法院提出;调解协议所涉纠纷应当由中级人民法院管辖的,向相应的中级人民法院提出。"因此,A、B、C项均是不正确的。《民诉解释》第355条第1款第5项规定,当事人申请司法确认调解协议,人民法院裁定不予受理的情形之一是"调解协议内容涉及物权、知识产权确权

---

① 现为第211条,编者注。

的"。因此,D项是正确的。

29．执行当事人的变更[C]

[解析]《民诉解释》第473条规定:"作为被执行人的公民死亡,其遗产继承人没有放弃继承的,人民法院可以裁定变更被执行人,由该继承人在遗产的范围内偿还债务。继承人放弃继承的,人民法院可以直接执行被执行人的遗产。"故A、B项错误,C项正确。

因为除乙之外的其他继承人均表示不继承,法院不能将放弃继承的继承人变更为被执行人,即法院不能变更甲的全部继承人为被执行人。故D项错误。

30．仲裁范围;仲裁协议[D]

[解析]《仲裁法》第3条规定:"下列纠纷不能仲裁:(一)婚姻、收养、监护、扶养、继承纠纷;(二)依法应当由行政机关处理的行政争议。"《仲裁法》第17条规定:"有下列情形之一的,仲裁协议无效:(一)约定的仲裁事项超出法律规定的仲裁范围的;……"因此,本题中双方当事人签订的由某仲裁委员会仲裁的协议是无效的。《仲裁法》第26条规定:"当事人达成仲裁协议,一方向人民法院起诉未声明有仲裁协议,人民法院受理后,另一方在首次开庭前提交仲裁协议的,人民法院应当驳回起诉,但仲裁协议无效的除外;另一方在首次开庭前未对人民法院受理该案提出异议的,视为放弃仲裁协议,人民法院应当继续审理。"

本题中,虽然因遗产继承纠纷不属于仲裁的范围,导致甲、乙所签订的仲裁协议无效,但是,在诉讼中,既然乙向法院声明存在仲裁协议,法院还是应当对仲裁协议作出认定,即法院裁定仲裁协议无效后,可以对案件继续审理。故D项正确,A、B、C项错误。

31．股东资格[B]

[解析]法律对股东并无行为能力的要求,所以对于自然人股东,不以完全民事行为能力为必要要件,但发起人股东必须是完全民事行为能力人。故A项错误。

《公司法》第90条规定:"自然人股东死亡后,其合法继承人可以继承股东资格;但是,公司章程另有规定的除外。"可见,除章程另有规定的外,股东资格可以继承。故B项正确。

股东可以是自然人、法人、非法人组织,还可以是参与民事法律关系的国家,法律并未规定股东仅限本国人。故C、D项错误。

32．股东会决议的无效与撤销[A]

[解析]《公司法》第25条规定:"公司股东会、董事会的决议内容违反法律、行政法规的无效。"根据《公司法》第66条第3款规定,经代表2/3以上表决权的股东通过,股东会可作出修改公司章程、增加或者减少注册资本的决议。本题中,公司股东会若要免除甲的出资义务,相当于变相减少了公司注册资本,必须首先经过减资决议,在未通过减资决议的情况下,免除甲的法定出资义务属于违法决议,决议无效。故A项正确,B项错误。【特别提醒】根据《公司法》第224条规定,公司减少注册资本,应当自决议作出之日起10日内通知债权人。债权人有权要求公司清偿债务或者提供相应的担保。这是因为公司减资客观上降低了公司的偿债能力,涉及债权人利益。因此,如果没有通知债权人,没有经过合法的减资程序,公司即作出免除股东出资的义务,是违法的。

根据上述《公司法》第66条第3款规定,股东会作出减资决议,应当经代表2/3以上表决权的股东通过,无须全体股东一致同意,故C项错误。

《公司法》第26条第1款规定:"公司股东会、董事会的会议召集程序、表决方式违反法律、行政法规或者公司章程,或者决议内容违反公司章程的,股东自决议作出之日起六十日内,可以请求人民法院撤销。……"据此,股东会的召集程序、表决方式违法或违反公司章程的,属于可撤销情形,股东享有撤销权。而本题情形属于决议内容违法,根据上述《公司法》第25条,属于无效情形,应当提起确认决议无效之诉。故D项错误。

33．合伙企业的利润分配[B]

[解析]《合伙企业法》第33条规定:"合伙企业的利润分配、亏损分担,按照合伙协议的约定办理;合伙协议未约定或者约定不明确的,由合伙人协商决定;协商不成的,由合伙人按照实缴出资比例分配、分担;无法确定出资比例的,由合伙人平均分配、分担。合伙协议不得约定将全部利润分配给部分合伙人或者由部分合伙人承担全部亏损。"合伙协议未作约定又协商不成的,按照实缴出资比例分配。故A、C、D项错误,B项正确。

34．有限合伙人[B]

[解析]《合伙企业法》第70条规定:"有限合伙人可以同本有限合伙企业进行交易;但是,合伙协议另有约定的除外。"可见,有限合伙人除合伙协议另有约定外,允许自我交易。故A项不当选。

《合伙企业法》第68条第1款规定:"有限合伙人不执行合伙事务,不得对外代表有限合伙企业。"以合伙名义购买汽车是执行合伙事务的行为,有限合伙人无此权利。故B项当选。

《合伙企业法》第72条规定:"有限合伙人可以将其在有限合伙企业中的财产份额出质;但是,合伙协议另有约定的除外。"故C项不当选。

《合伙企业法》第73条规定:"有限合伙人可以按照合伙协议的约定向合伙人以外的人转让其在有限合伙企业中的财产份额,但应当提前30日通知其他合伙人。"故D项不当选。

35．票据抗辩［A］

［解析］《票据法》第13条第2款规定："票据债务人可以对不履行约定义务的与自己有直接债权债务关系的持票人，进行抗辩。"丙公司作为持票人与付款人某银行间存在直接债权债务关系，则银行可以此进行抗辩。故A项正确。

《票据法》第13条第1款规定："票据债务人不得以自己与出票人或者与持票人的前手之间的抗辩事由，对抗持票人。但是，持票人明知存在抗辩事由而取得票据的除外。"可见，甲、丙间由于不存在直接债权债务关系，甲公司不能行使抗辩权。故B项错误。

《票据法》第44条规定："付款人承兑汇票后，应当承担到期付款的责任。"本题中丁公司已经对汇票进行了承兑，那么它就成了第一付款人，要承担到期付款的票据责任。但是并非任何情况下都不能对抗持票人。《票据法》第13条第2款规定："票据债务人可以对不履行约定义务的与自己有直接债权债务关系的持票人，进行抗辩。"可知，如果丁公司与持票人之间有直接的债权、债务关系时，持票人没有履行相应的债务，那么丁公司可以此为由对抗持票人的付款请求。故C项错误。

《票据法》第19条第1款规定："汇票是出票人签发的，委托付款人在见票时或者在指定日期无条件支付确定的金额给收款人或者持票人的票据。"《票据法》第22条第1款第2项规定，无条件支付的委托是汇票的必要记载事项。可见，汇票出票时不能记载附条件的付款，如果在付款上附有条件的话，就会导致该汇票无效。故D项错误。

36．上市公司披露虚假信息的责任主体［C］

［解析］《证券法》第85条规定："信息披露义务人未按照规定披露信息，或者公告的证券发行文件、定期报告、临时报告及其他信息披露资料存在虚假记载、误导性陈述或者重大遗漏，致使投资者在证券交易中遭受损失的，信息披露义务人应当承担赔偿责任；发行人的控股股东、实际控制人、董事、监事、高级管理人员和其他直接责任人员以及保荐人、承销的证券公司及其直接责任人员，应当与发行人承担连带赔偿责任，但是能够证明自己没有过错的除外。"据此，上市公司披露虚假信息的责任主体包括信息披露义务人（发行人、上市公司）、控股股东、实际控制人、董事、监事、高管、直接责任人员、保荐人、证券公司及其直接责任人员，故A、B、D项正确。该上市公司财务报告的刊登媒体没有过错，也不是直接责任人，因此不承担民事赔偿责任，故C项错误。

37．保险标的危险增加的通知义务［C］

［解析］《保险法》第52条规定："在合同有效期内，保险标的的危险程度显著增加的，被保险人应当

按照合同约定及时通知保险人，保险人可以按照合同约定增加保险费或者解除合同。保险人解除合同的，应当将已收取的保险费，按照合同约定扣除自保险责任开始之日起至合同解除之日止应收的部分后，退还投保人。被保险人未履行前款规定的通知义务的，因保险标的的危险程度显著增加而发生的保险事故，保险人不承担赔偿保险金的责任。"因姜某未履行通知义务，保险公司有权解除合同，但不影响保险合同的效力。故A项错误。解除保险合同的，扣除保险费后，剩余部分应退还给姜某。故D项错误。姜某将私家车改为网约车显著增加其危险程度，未履行通知义务，保险公司不承担赔偿保险金的责任。故C项正确，B项错误。

38．诚信原则；虚假宣传行为［C］

［解析］《反不正当竞争法》第2条第1、2款规定："经营者在生产经营活动中，应当遵循自愿、平等、公平、诚信的原则，遵守法律和商业道德。本法所称的不正当竞争行为，是指经营者在生产经营活动中，违反本法规定，扰乱市场竞争秩序，损害其他经营者或者消费者的合法权益的行为。"蛋糕店雇人排队抢购，造成商品供不应求的假象，损害其他经营者的合法权益，扰乱社会经济秩序，并不是正当的营销行为，故A项错误。

混淆行为是指经营者在市场经营活动中，采用假冒、仿冒或者其他虚假手段，对自己的商品或服务作虚假的表示、说明或承诺，从而获得交易机会，损害同业竞争者利益及消费者利益的行为。本题中并不存在混淆行为，故B项错误。

《反不正当竞争法》第8条第1款规定："经营者不得对其商品的性能、功能、质量、销售状况、用户评价、曾获荣誉等作虚假或者引人误解的商业宣传，欺骗、误导消费者。"本题中蛋糕店出钱雇人排队抢购的行为，属于制造虚假的销售状况进行虚假宣传，欺骗消费者，构成虚假宣传行为。故C项正确。

商业贿赂行为指经营者采用财物或其他手段进行贿赂，暗中给予交易相对人或其有关人员好处以获得交易机会，或暗中接受回扣的行为。商业贿赂行为强调的是"账外暗中"。本题中蛋糕店花钱雇人排队的行为不属于商业贿赂的情形，故D项错误。

39．突发事件报告责任制度［D］

［解析］《银行业监督管理法》第28条第2款规定："银行业监督管理机构发现可能引发系统性银行业风险、严重影响社会稳定的突发事件的，应当立即向国务院银行业监督管理机构负责人报告；国务院银行业监督管理机构负责人认为需要向国务院报告的，应当立即向国务院报告，并告知中国人民银行、国务院财政部门等有关部门。"故D项正确，A、B、C项错误。

40．城乡规划主管部门的职责[C]

[解析]《城乡规划法》第66条规定："建设单位或者个人有下列行为之一的，由所在地城市、县人民政府城乡规划主管部门责令限期拆除，可以并处临时建设工程造价1倍以下的罚款：（一）未经批准进行临时建设的；（二）未按照批准内容进行临时建设的；（三）临时建筑物、构筑物超过批准期限不拆除的。"本题中，该建设项目在市中心使用城市规划用地修建临时建筑物，超过批准期限后仍未拆除，按照法律的规定，应当由该市城乡规划行政主管部门责令限期拆除。故C项正确，A、B、D项错误。

41．劳动争议的解决方式及处理程序[C]

[解析]《劳动争议调解仲裁法》第6条规定："发生劳动争议，当事人对自己提出的主张，有责任提供证据。与争议事项有关的证据属于用人单位掌握管理的，用人单位应当提供；用人单位不提供的，应当承担不利后果。"前三个选项中的证据，均明确了由用人单位掌握管理，因此均应由用人单位承担举证责任。故A、B项错误，而C项正确。

《最高人民法院关于审理劳动争议案件适用法律问题的解释（一）》第44条规定："因用人单位作出的开除、除名、辞退、解除劳动合同、减少劳动报酬、计算劳动者工作年限等决定而发生的劳动争议，用人单位负举证责任。"因此，解除劳动合同的举证并不会因是否属于小微企业而有不同。故D项错误。

42．汇编权；汇编作品著作权的归属[D]

[解析] 根据《著作权法》第10条规定，汇编权是指将作品或者作品的片段通过选择或者编排，汇集成新作品的权利。《著作权法》第15条规定："汇编若干作品、作品的片段或者不构成作品的数据或者其他材料，对其内容的选择或者编排体现独创性的作品，为汇编作品，其著作权由汇编人享有，但行使著作权时，不得侵犯原作品的著作权。"据此，汇编作品上有"双重著作权"：一是汇编作品的著作权人对汇编作品享有的著作权；二是原作品的著作权人对原作品享有的著作权。由此，产生两种权利约束：

其一，因为原作品的著作权人对原作品享有著作权，故汇编人若行使汇编权，必须征得原作品著作权人的同意，并支付报酬（获得报酬是作者基于著作财产权而享有的权利）。本题中，某出版社出版一本学术论文集，专门收集国内学者公开发表的论文，即属于汇编行为，应征得各论文作者的同意，并支付报酬。故A、B项错误。【特别提醒】（1）此处分析务必考虑汇编的"法定许可"这一特殊情形。《著作权法》第25条第1款规定："为实施义务教育和国家教育规划而编写出版教科书，可以不经著作权人许可，在教科书中汇编已经发表的作品片段或者短小的文字作品、音乐作品或者单幅的美术作品、摄影作品、图形作品，但

应当按照规定向著作权人支付报酬，指明作者姓名或者名称、作品名称，并且不得侵犯著作权人依照本法享有的其他权利。"据此，为实施义务教育和国家教育规划而编写出版教科书，可以不经原作品著作权人许可，但仍需支付报酬。除此之外，其他汇编作品均要取得原作品著作权人许可并支付报酬。本题中的"学术论文集"不属于"教科书"，因此不适用"法定许可"，出版社要汇编出版相关作品，需要征得论文作者的同意。（2）关于向作者支付报酬的问题。获得报酬是作者基于著作财产权享有的法定权利，只有在"合理使用"这一特殊情形下才无需支付报酬，具体规定在《著作权法》第24条，包括12种情形，最常见的如：个人研究欣赏、适当引用、报道时事新闻、公共传播的需要、课堂科研的需要、汉译少、非营利免费表演、为阅读障碍者提供作品等。本题中，出版社出版汇编作品并不符合上述"合理使用"的情形，故应向论文作者支付报酬。

其二，由于汇编作品上有"双重著作权"，第三人行使权利必须征得汇编人和原作品著作权人的"双重许可"，并"双付费"。本题中，他人复制该论文集既需要征得汇编人出版社的同意并支付报酬，也需要论文作者的同意并支付报酬。故C项错误。

出版社在汇编该论文集时若未经论文的著作权人同意，其行为构成侵权，应承担相应的侵权责任。但只要其对论文的选择或者编排体现独创性，构成汇编作品，出版社对该论文集仍享有著作权。故D项正确。

43．专利独占实施许可行为；强制许可的被许可人的权限；专利侵权行为；不视为专利侵权的情形[D]

[解析]《专利法》第12条规定："任何单位或者个人实施他人专利的，应当与专利权人订立实施许可合同，向专利权人支付专利使用费。被许可人无权允许合同规定以外的任何单位或者个人实施该专利。"A项中甲公司获得专利独占实施权后无权再许可其他公司实施该专利，包括其子公司乙公司。故甲公司的对外许可行为属于专利侵权行为，A项不当选。

《专利法》第61条规定："取得实施强制许可的单位或者个人不享有独占的实施权，并且无权允许他人实施。"因此，B项中甲公司的行为构成专利侵权，不当选。

《专利法》第77条规定："为生产经营目的的使用、许诺销售或者销售不知道是未经专利权人许可而制造并售出的专利侵权产品，能证明该产品合法来源的，不承担赔偿责任。"可知，销售不知道是侵犯他人专利的产品并能证明该产品来源合法的行为本身仍是侵权行为，但因其主观上无过错，《专利法》免除其赔偿责任。C项中甲公司的行为属于专利侵权行为，

不当选。

《专利法》第 75 条规定:"有下列情形之一的,不视为侵犯专利权:……(五)为提供行政审批所需要的信息,制造、使用、进口专利药品或者专利医疗器械的,以及专门为其制造、进口专利药品或者专利医疗器械的。"据此,为提供行政审批所需要的信息,甲公司未经专利权人的同意而制造其专利药品的行为不属于侵犯专利权的行为,D 项当选。

44．法人民事行为能力的法律适用[B]

[解析]《涉外民事关系法律适用法》第 14 条规定:"法人及其分支机构的民事权利能力、民事行为能力、组织机构、股东权利义务等事项,适用登记地法律。法人的主营业地与登记地不一致的,可以适用主营业地法律。法人的经常居所地,为其主营业地。"本题中,C 公司注册地和主营业地均在乙国,故应适用乙国法。故 B 项正确,A、C、D 项错误。

45．船舶碰撞的损害赔偿[D]

[解析]《海商法》第 273 条第 3 款规定:"同一国籍的船舶,不论碰撞发生于何地,碰撞船舶之间的损害赔偿适用船旗国法律。"本题中,东方号与另一艘货轮的船旗国均为巴拿马,船舶碰撞的损害赔偿应适用巴拿马法。故 A、B、C 项错误。

《海商法》第 271 条第 2 款规定:"船舶在光船租赁以前或者光船租赁期间,设立船舶抵押权的,适用原船舶登记国的法律。"东方号货轮的原登记国为中国,应适用中国法。故 D 项正确。

46．外国仲裁裁决的承认和执行[B]

[解析]我国加入《承认与执行外国仲裁裁决公约》时,作了两项保留:(1)互惠保留:即我国只对在另一缔约国领土内作出的裁决适用该公约。可见,裁决与申请人国籍无关。故 A 项错误。(2)商事保留:我国只承认和执行按照我国法律属于"契约性或非契约性商事法律关系"引起的争议所作出的外国仲裁裁决,但不包括外国投资者与东道国之间的争端。故 B 项正确。基于"商事保留",C 项因为"中国有义务承认……所有……"说法过于绝对。故 C 项错误。

《关于执行我国加入的〈承认及执行外国仲裁裁决公约〉的通知》第 3 条:"……申请我国法院承认和执行在另一缔约国领土内作出的仲裁裁决,是由仲裁裁决的一方当事人提出的。对于当事人的申请应由我国下列地点的中级人民法院受理:……(二)被执行人为法人的,为其主要办事机构所在地……"故 D 项错误。

47．外国法院判决的承认与执行[B]

[解析]《最高人民法院关于中国公民申请承认外国法院离婚判决程序问题的规定》第 1 条规定:"对与我国没有订立司法协助协议的外国法院作出的离婚判决,中国籍当事人可以根据本规定向人民法院申请承认该外国法院的离婚判决。对与我国有司法协助协议的外国法院作出的离婚判决,按照协议的规定申请承认。"第 2 条规定:"外国法院离婚判决中的夫妻财产分割、生活费负担、子女抚养方面判决的承认执行,不适用本规定。"据此,如果作出离婚判决的外国法院所属国和我国之间没有相互承认和执行法院判决的双边司法协助协议,当事人仍然有权根据上述司法解释向法院提出承认和执行外国法院离婚判决的申请,符合条件的,我国法院应当执行,但仅以外国判决中解除夫妻身份关系的内容为限。故 A 项正确,B 项错误。

《最高人民法院关于中国公民申请承认外国法院离婚判决程序问题的规定》第 22 条规定:"申请人的申请被驳回后,不得再提出申请,但可以另行向人民法院起诉离婚。"故 C 项正确。

《最高人民法院关于中国公民申请承认外国法院离婚判决程序问题的规定》第 19 条规定:"人民法院受理承认外国法院离婚判决的申请后,对方当事人向人民法院起诉离婚的,人民法院不予受理。"故 D 项正确。

48．《海牙规则》;提单种类;海上货物运输保险[D]

[解析]本案中,因生产过程中水分大,导致啤酒花变质属于卖方过错,承运人无过失可以免责。故 A 项错误,D 项正确。

本案中货物损失属于保险标的物的本身缺陷所致,属于保险除外责任,保险公司无赔偿责任。故 B 项错误。

本题中提单上的收货人一栏写明"凭指示",因此为指示提单,可转让但需要通过背书和交付才能完成。故 C 项错误。

49．反补贴措施[C]

[解析]《反补贴条例》第 32 条规定:"……商务部可以向出口经营者或者出口国(地区)政府提出有关价格承诺的建议。商务部不得强迫出口经营者作出承诺。"故 A 项错误。

国际私法中所称的司法协助只适用于司法机关之间,商务部作为行政机关不能适用。故 B 项错误。

《反补贴条例》第 43 条规定:"反补贴税税额不得超过终裁决定确定的补贴金额。"故 C 项正确。

《反补贴条例》第 41 条规定:"反补贴税的纳税人为补贴进口产品的进口经营者。"故 D 项错误。

50．与贸易有关的知识产权协定[B]

[解析]《与贸易有关的知识产权协定》第 21 条规定:"各成员可对商标许可和转让规定条件,但这应理解为不允许商标的强制许可,而且注册商标的所有人有权把商标与该商标从属的生意一起或不一起转让。"故 B 项正确,A、C、D 项错误。

二、多项选择题

51．法人责任；表见代理；代表行为[ABCD]

[解析] 乙非甲公司的法定代表人，一般而言，未经甲公司授权，乙不享有委托代理权。因此，甲公司、丙公司间的保证合同系乙实施无权代理订立的保证合同。不过，乙在合同上加盖甲公司公章和法定代表人丁的印章，丙公司有合理的理由相信其有代理权，乙的行为构成表见代理，代理的后果直接归属于甲公司，甲公司须对丙公司承担保证合同责任。故 A 项当选。

根据《民法典》第 490 条的规定，当事人采用合同书形式订立合同的，在签名、盖章或者按指印之前，当事人一方已经履行主要义务，对方接受时，该合同成立。据此，甲公司与乙公司之间的借款合同尽管没有甲公司的盖章，但乙公司实际上已经履行了合同，甲公司、乙公司间借款合同已经成立，甲公司应当承担责任。故 B 项当选。

丙根据乙的委托成为甲公司的委托代理人。丙借用丁的存款单以甲公司的名义设立质权，此行为为职务行为，其法律后果直接归属于甲公司。因此，甲公司应对丁承担相应的责任（承担被丁追偿的责任或者对丁承担赔偿责任）。故 C 项当选。

甲公司与乙约定，乙向甲公司交纳保证金，甲公司为乙贷款购买设备提供担保，因而在甲、乙间成立了保证合同。甲公司法定代表人丙虽然以个人名义收取该保证金，但仍以甲公司名义入账，民事责任应由甲公司承担。故 D 项当选。

52．无权处分；善意取得；夫妻财产关系[ACD]

[解析] 陆某与韩某以夫妻共同财产（婚后共同积蓄）购买房屋，虽登记于陆某一人名下，但根据《民法典》第 1062 条的规定，该房屋属夫妻共同财产，由陆某与韩某共同共有。故 A 项正确。

因未经房屋共同共有人韩某同意，陆某和蔡某将该房屋出卖给孙某，属于无权处分。《民法典》第 597 条第 1 款规定："因出卖人未取得处分权致使标的物所有权不能转移的，买受人可以解除合同并请求出卖人承担违约责任。"据此，因无权处分订立的买卖合同，无权处分的事实不影响买卖合同的效力。陆某、蔡某与孙某间因无权处分订立的房屋买卖合同，无效力瑕疵，房屋买卖合同有效。故 B 项错误。

陆某、蔡某与孙某间的房屋买卖合同系无权处分，若韩某未予追认，不能发生基于法律行为的不动产物权变动。但房屋登记在陆某名下，且陆某与蔡某伪造结婚证并以夫妻名义出卖，使孙某受让房屋时主观上为善意，符合善意取得的构成要件，自为孙某办理过户登记时，孙某善意取得该房屋的所有权。故 C 项正确。

陆某与蔡某基于共同故意，实施无权处分的行为，导致受让人善意取得房屋所有权，因此给韩某造成共同共有之房屋所有权消灭的损害后果，根据《民法典》第 1168 条的规定，陆某与蔡某成立共同侵权（共同加害），韩某就因此遭受的损害，有权请求陆某与蔡某承担连带侵权损害赔偿责任。故 D 项正确。

53．权利质权；权利质权标的物的转让[BCD]

[解析]《民法典》第 445 条第 1 款规定："以应收账款出质的，质权自办理出质登记时设立。"故 A 项错误。

登记为王五权利质权设立的生效要件，但是，根据区分原则，未办理出质登记，只是不能发生权利质权设立的物权效力，但不影响张三、王五间质押合同的生效。故 B 项正确。

《民法典》第 445 条第 2 款规定："应收账款出质后，不得转让，但是经出质人与质权人协商同意的除外。出质人转让应收账款所得的价款，应当向质权人提前清偿债务或者提存。"据此，权利质押期间，未经权利质权人王五同意，出质人张三不得转让出质的应收账款债权，张三擅自转让的，属于无权处分，马六不能取得该应收账款债权。故 C 项正确。

若王五同意张三将对李四的应收账款债权转让给马六，根据通说观点，转让所得价款为权利质权的代位物，基于担保物权的物上代位性，权利质权人王五有权就转让所得价款优先受偿，张三对王五的债务尚未到期的，可对转让所得价款予以"担保提存"。故 D 项正确。

54．第三人代为履行；无因管理；自助行为[BC]

[解析]《民法典》第 524 条第 1 款规定："债务人不履行债务，第三人对履行该债务具有合法利益的，第三人有权向债权人代为履行；但是，根据债务性质、按照当事人约定或者依照法律规定只能由债务人履行的除外。"本题中，乙公司是债务人甲公司的母公司，对甲公司债务的履行具有合法利益，有权向债权人代为履行，成立第三人代为履行。在乙公司代为清偿债务后，甲公司还欠潘某 2 万元。故 A 项错误，B 项正确。

乙公司和甲公司作为母公司和子公司，均属于独立的法人，乙公司无法定或约定的义务为甲公司的利益而管理其事务，因此其替甲公司偿还所欠潘某工资，构成无因管理。故 C 项正确。

《民法典》第 1177 条第 1 款规定："合法权益受到侵害，情况紧迫且不能及时获得国家机关保护，不立即采取措施将使其合法权益受到难以弥补的损害的，受害人可以在保护自己合法权益的必要范围内采取扣留侵权人的财物等合理措施；但是，应当立即请求有关国家机关处理。"可知，构成自助行为，需要满足"情况紧迫且不能及时获得国家机关保护"这一要件，而本题情形显然不构成这一要件，因此不能成立自助行为,潘某私自开走甲公司名下的面包车构成侵权行为。故 D 项错误。

55．探望权;子女姓氏纠纷;抚养费[CD]

[解析]《民法典婚姻家庭编解释(一)》第 59 条规定:"父母不得因子女变更姓氏而拒付子女抚养费。父或者母擅自将子女姓氏改为继母或继父姓氏而引起纠纷的,应当责令恢复原姓氏。"据此,韩某不能因为孩子改名而拒绝支付抚养费,但可责令李小龙恢复原姓氏,故 A 项错误。

父母是当然监护人,父母离婚后,监护义务并不终止,故 B 项错误。

根据《民法典》第 1086 条第 1 款规定,离婚后,韩某有探望儿子的权利,关某有义务协助。故 C 项正确。

《民法典婚姻家庭编解释(一)》第 58 条规定:"具有下列情形之一,子女要求有负担能力的父或者母增加抚养费的,人民法院应予支持:(一)原定抚养费数额不足以维持当地实际生活水平;(二)因子女患病、上学,实际需要已超过原定数额;(三)有其他正当理由应当增加。"该解释第 55 条规定:"离婚后,父母一方要求变更子女抚养关系的,或者子女要求增加抚养费的,应当另行提起诉讼。"据此,孩子上学需要增加抚养费,可通过起诉实现权利,故 D 项正确。

56．代位继承;遗嘱继承;非基于法律行为的物权变动[AC]

[解析]代位继承仅适用于法定继承,即若张某遗留的房产适用法定继承,则丙可以通过代位继承要求对该房产进行分割。《民法典》第 1123 条规定:"继承开始后,按照法定继承办理;有遗嘱的,按照遗嘱继承或者遗赠办理;有遗赠扶养协议的,按照协议办理。"同时,《民法典》第 1133 条第 1、2 款规定:"自然人可以依照本法规定立遗嘱处分个人财产,并可以指定遗嘱执行人。自然人可以立遗嘱将个人财产指定由法定继承人中的一人或者数人继承。"本题中,该房产属于张某的个人财产,张某所立遗嘱确定该房产由法定继承人李某单独继承,丙自然不得要求代位继承。故 A 项正确,B 项错误。

《民法典》第 230 条规定:"因继承取得物权的,自继承开始时发生效力。"因法定继承取得不动产物权的,属于非基于法律行为的物权变动;因遗嘱继承取得不动产物权的,属于基于单方法律行为的物权变动。但《民法典》对此两种物权变动的规则并未予以区分,而是一概规定,通过继承取得不动产物权的,继承人于被继承人死亡时即取得不动产物权,无须履行变更登记,但是未经登记的,不得处分。故 C 项正确,D 项错误。

57．违反安全保障义务的侵权责任;正当防卫[CD]

[解析]《民法典》第 1198 条规定:"宾馆、商场、银行、车站、机场、体育场馆、娱乐场所等经营场所、公共场所的经营者、管理者或者群众性活动的组织者,未尽到安全保障义务,造成他人损害的,应当承担侵权责任。因第三人的行为造成他人损害的,由第三人承担侵权责任;经营者、管理者或者组织者未尽到安全保障义务的,承担相应的补充责任。经营者、管理者或者组织者承担补充责任后,可以向第三人追偿。"据此,商场是公共场所的管理人,负有安全保障义务,借用商场厕所的丙亦属受安全保障义务保障的对象。现商场违反安全保障义务(地板湿滑),且因第三人甲的行为给丙造成损害,故丙遭受的损害应由甲承担,商场承担补充责任。故 A、B 项正确,不当选;D 项错误,当选。

《民法典》第 181 条规定:"因正当防卫造成损害的,不承担民事责任。正当防卫超过必要的限度,造成不应有的损害的,正当防卫人应当承担适当的民事责任。"乙追赶甲属于正当防卫,且未超出必要限度,乙的行为不构成侵权,乙不承担侵权责任。同时,此种情形不属于法律明文规定可适用公平责任的情形,乙亦不承担公平责任,乙不对丙承担适当补偿的责任。故 C 项错误,当选。**【考点延伸】**关于公平责任,《民法典》第 1186 条规定:"受害人和行为人对损害的发生都没有过错的,依照法律的规定由双方分担损失。"适用公平责任的前提条件有三:(1)加害人和受害人对损害的发生均无过错,因此不构成过错侵权;(2)加害人的行为不属于法律明文规定的无过错侵权,因此不构成无过错侵权;(3)不责令加害人对受害人予以适当补偿显然违背公平原则。本题中,由于甲和商场因过错给丙造成损害,已然构成了过错侵权,就不再适用公平责任,乙无须对丙的损害给予适当补偿。

58．动物致人损害的侵权责任[ACD]

[解析]《民法典》第 1245 条规定:"饲养的动物造成他人损害的,动物饲养人或者管理人应当承担侵权责任;但是,能够证明损害是因被侵权人故意或者重大过失造成的,可以不承担或者减轻责任。"据此,动物饲养人、管理人承担的是无过错责任。

《民法典》第 1247 条规定:"禁止饲养的烈性犬等危险动物造成他人损害的,动物饲养人或者管理人应当承担侵权责任。"该条的规范内容是:禁止饲养的危险动物致人损害的,饲养人(管理人)承担绝对无过错责任,无免责事由,即使受害人挑逗动物,对损害的发生具有故意或者重大过失,亦不得减轻或者免除饲养人(管理人)的侵权责任。藏獒属于烈性犬,致人损害的,无免责事由。故 A 项正确。

《民法典》第 1250 条规定:"因第三人的过错致使动物造成他人损害的,被侵权人可以向动物饲养人或者管理人请求赔偿,也可以向第三人请求赔偿。动物饲养人或者管理人赔偿后,有权向第三人追偿。"据此,因第三人丙的过错,王平饲养的狗致乙损害,饲养人王平与第三人丙应对乙遭受的损害承担无过错责任、不真正连带责任。故 B 项错误。

《民法典》第 1246 条规定:"违反管理规定,未对动物采取安全措施造成他人损害的,动物饲养人或者管理人应当承担侵权责任;但是,能够证明损害是因被侵权人故意造成的,可以减轻责任。"邻居饲养的小猪趴在路上,邻居未对其采取安全措施,造成丁绊倒摔伤,邻居应当承担责任,故 C 项正确。【思路拓展】《民法典》第 1245 条所规定的"饲养的动物造成他人损害",指饲养的动物固有危险实现,自主加害(而非在人驱使下加害),包括两种类型:第一种,动物积极加害(如狗咬人,马踢人,猪拱菜);第二种,动物消极加害(如小猪夜卧道路致人被绊倒受伤)。

《民法典》第 1248 条规定:"动物园的动物造成他人损害的,动物园应当承担侵权责任;但是,能够证明尽到管理职责的,不承担侵权责任。"据此,动物园动物侵权适用的是过错推定责任。D 选项中,动物园的老虎从破损的笼中蹿出伤人,说明动物园没有尽到管理职责,有过错,动物园应当承担责任,故 D 项正确。

59．法院的送达制度［AD］

［解析］《民事诉讼法》第 89 条规定:"受送达人或者他的同住成年家属拒绝接收诉讼文书的,送达人可以邀请有关基层组织或者所在单位的代表到场,说明情况,在送达回证上记明拒收事由和日期,由送达人、见证人签名或者盖章,把诉讼文书留在受送达人的住所;也可以把诉讼文书留在受送达人的住所,并采用拍照、录像等方式记录送达过程,即视为送达。"故 A 项正确。

《民事诉讼法》第 91 条规定:"直接送达诉讼文书有困难的,可以委托其他人民法院代为送达,或者邮寄送达。邮寄送达的,以回执上注明的收件日期为送达日期。"因此,邮寄送达以回执作为送达成功的证据。当事人未寄回送达回执的,邮寄送达并不当然无效。故 B 项错误。

根据上述《民事诉讼法》第 91 条规定,委托送达的对象只能是其他人民法院,而不能委托学校等机构代为行使送达权。故 C 项错误。

《民事诉讼法》第 90 条第 1 款规定:"经受送达人同意,人民法院可以采用能够确认其收悉的电子方式送达诉讼文书。通过电子方式送达的判决书、裁定书、调解书,受送达人提出需要纸质文书的,人民法院应当提供。"据此,经许某同意,法院可以用电子送达方式向其送达证据保全裁定书。故 D 项正确。

60．小额诉讼程序适用的条件与范围;互联网法院［ABC］

［解析］《最高人民法院关于互联网法院审理案件若干问题的规定》第 12 条规定,互联网法院采取在线视频方式开庭。存在确需当庭查明身份、核对原件、查验实物等特殊情形的,互联网法院可以决定在线下开庭,但其他诉讼环节仍应当在线完成。据此,互联网法院可决定线下开庭,A 项正确。

《最高人民法院关于互联网法院审理案件若干问题的规定》第 15 条第 3 款规定,经告知当事人权利义务,并征得其同意,互联网法院可以电子送达裁判文书。当事人提出需要纸质版裁判文书的,互联网法院应当提供。据此,若当事人同意,互联网法院可电子送达判决书。B 项正确。

《最高人民法院关于互联网法院审理案件若干问题的规定》第 18 条规定,对需要进行公告送达的事实清楚、权利义务关系明确的简单民事案件,互联网法院可以适用简易程序审理。据此,即便需要公告送达,互联网法院也可适用简易程序审理案件。本题案情简单,标的额小,完全可以适用简易程序审理。又根据《民事诉讼法》第 40 条第 2 款规定,适用简易程序审理的民事案件,由审判员一人独任审理。因此,本案可由法官独任审理。C 项正确。

《民诉解释》第 275 条第 2 项规定,涉外民事纠纷不适用小额诉讼程序审理。据此,因当事人麦克为美国人,本案为涉外案件,不适用小额诉讼程序审理。D 项错误。

61．督促程序［BD］

［解析］《民诉解释》第 143 条规定:"适用特别程序、督促程序、公示催告程序的案件,婚姻等身份关系确认案件以及其他根据案件性质不能进行调解的案件,不得调解。"本案属于督促程序,不适用调解。故 A 项错误。

《民事诉讼法》第 228 条规定:"人民法院收到债务人提出的书面异议后,经审查,异议成立的,应当裁定终结督促程序,支付令自行失效。支付令失效的,转入诉讼程序,但申请支付令的一方当事人不同意提起诉讼的除外。"本题中,彗星公司已经提出有效异议,应当裁定终结督促程序。故 B 项正确。但申请支付令的胡某不同意提起诉讼的,不能转入诉讼程序。故 C 项错误,D 项正确。

62．涉外财产保全;对外国仲裁裁决的承认与执行;对外国法院裁判的承认与执行［AB］

［解析］关于诉讼中的财产保全,《民事诉讼法》第 103 条规定:"人民法院对于可能因当事人一方的行为或者其他原因,使判决难以执行或者造成当事人其他损害的案件,根据对方当事人的申请,可以裁定对其财产进行保全、责令其作出一定行为或者禁止其作出一定行为;当事人没有提出申请的,人民法院在必要时也可以裁定采取保全措施。人民法院采取保全措施,可以责令申请人提供担保……"关于诉前财

产保全,《民事诉讼法》第 104 条规定:"利害关系人因情况紧急,不立即申请保全将会使其合法权益受到难以弥补的损害的,可以在提起诉讼或者申请仲裁前向被保全财产所在地、被申请人住所地或者对案件有管辖权的人民法院申请采取保全措施。申请人应当提供担保,不提供担保的,裁定驳回申请……"按照上述规定,诉讼中的财产保全,法院能依职权进行,故 A 项说法过于绝对,错误。诉前财产保全,申请人必须提供担保,故 B 项错误。

《民事诉讼法》第 297 条规定:"人民法院作出的发生法律效力的判决、裁定,如果被执行人或者其财产不在中华人民共和国领域内,当事人请求执行的,可以由当事人直接向有管辖权的外国法院申请承认和执行,也可以由人民法院依照中华人民共和国缔结或者参加的国际条约的规定,或者按照互惠原则,请求外国法院承认和执行。在中华人民共和国领域内依法作出的发生法律效力的仲裁裁决,当事人请求执行的,如果被执行人或者其财产不在中华人民共和国领域内,当事人可以直接向有管辖权的外国法院申请承认和执行。"故 C、D 项正确。

63.股东抽逃出资行为[ABD]

[解析] 抽逃出资是指向公司出资后又以各种名义或者手段将出资从公司转移。《公司法解释(三)》第 12 条规定:"公司成立后,公司、股东或者公司债权人以相关股东的行为符合下列情形之一且损害公司权益为由,请求认定该股东抽逃出资的,人民法院应予支持:(一)制作虚假财务会计报表虚增利润进行分配;(二)通过虚构债权债务关系将其出资转出;(三)利用关联交易将出资转出;(四)其他未经法定程序将出资抽回的行为。"据此,张三的行为属于虚构债权债务关系将出资转出的行为,故 A 项正确。李四以公司总经理身份,与自己所控制的另一公司签订设备购置合同,将 15 万元的设备款虚报成 65 万元,并由天问公司实际转账支付的行为属于"利用关联交易将出资转出"的行为,故 B 项正确。王五擅自将天问公司若干贵重设备拿回家的行为可以认定为盗窃行为或者侵占行为,不属于抽逃出资的行为,故 C 项错误。张三、李四、王五的行为属于制作虚假财务会计报表虚增利润进行分配,是抽逃出资的行为,故 D 项正确。

64.公司清算[BCD]

[解析] 根据《公司法》第 233 条第 1 款规定,公司逾期不成立清算组进行清算或者成立清算组后不清算的,利害关系人可以申请人民法院指定有关人员组成清算组进行清算。因此,公司债权人作为利害关系人可以向法院提出申请,故 A 项正确,不当选。

《公司法解释(二)》第 10 条第 2 款规定,公司成立清算组的,由清算组负责人代表公司参加诉讼;尚

未成立清算组的,由原法定代表人代表公司参加诉讼。据此,应当由清算组负责人而不是由清算组代表公司参加诉讼,故 B 项错误,当选。

《公司法解释(二)》第 13 条第 1 款规定,债权人在规定的期限内未申报债权,在公司清算程序终结前补充申报的,清算组应予登记。据此,债权人可以在公司清算程序终结前补充申报,故 C 项错误,当选。

《公司法解释(二)》第 15 条第 1 款规定,公司自行清算的,清算方案应当报股东会决议确认;人民法院组织清算的,清算方案应当报人民法院确认。未经确认的清算方案,清算组不得执行。据此,法院组织清算时,清算方案应当报法院确认而不是备案,且不能直接执行,故 D 项错误,当选。

65.合伙债务;合伙财产份额的转让[ACD]

[解析]《合伙企业法》第 42 条第 1 款规定:"合伙人的自有财产不足清偿其与合伙企业无关的债务的,该合伙人可以以其从合伙企业中分取的收益用于清偿;债权人也可以依法请求人民法院强制执行该合伙人在合伙企业中的财产份额用于清偿。"郑桃因炒股欠下王椰巨额债务,是其个人债务,郑桃应首先以其合伙企业之外的财产进行清偿,如不能清偿,则王椰可以郑桃从合伙企业分取的收益受偿,故 A 项正确。当郑桃以其合伙企业之外的财产不能清偿时,王椰可申请法院强制执行郑桃的合伙财产份额,故 C 项正确。

《合伙企业法》第 22 条第 1 款规定:"除合伙协议另有约定外,合伙人向合伙人以外的人转让其在合伙企业中的全部或者部分财产份额时,须经其他合伙人一致同意。"郑桃将其合伙财产抵偿给王椰时须经其他合伙人一致同意,故 B 项错误。

《合伙企业法》第 42 条第 2 款规定:"人民法院强制执行合伙人的财产份额时,应当通知全体合伙人,其他合伙人有优先购买权;其他合伙人未购买,又不同意将该财产份额转让给他人的,依照本法第 51 条的规定为该合伙人办理退伙结算,或者办理削减该合伙人相应财产份额的结算。"故 D 项正确。

66.有限合伙人的特殊权利;债务承担[BCD]

[解析]《合伙企业法》第 79 条规定:"作为有限合伙人的自然人在有限合伙企业存续期间丧失民事行为能力的,其他合伙人不得因此要求其退伙。"可见,贾某丧失行为能力,不得被要求退伙。故 A 项错误。

《合伙企业法》第 80 条规定:"作为有限合伙人的自然人死亡、被依法宣告死亡或者作为有限合伙人的法人及其他组织终止时,其继承人或者权利承受人可以依法取得该有限合伙人在有限合伙企业中的资格。"贾某死亡,其继承人可以依法取得有限合伙人资格。故 B 项正确。

《合伙企业法》第83条规定："有限合伙人转变为普通合伙人的,对其作为有限合伙人期间有限合伙企业发生的债务承担无限连带责任。"故C项正确。

《合伙企业法》第72条规定："有限合伙人可以将其在有限合伙企业中的财产份额出质;但是,合伙协议另有约定的除外。"如果合伙协议无另外约定,贾某作为有限合伙人,可以不经过其他合伙人同意而将其财产份额出质。故D项正确。

67.别除权的清偿;破产债权的申报[BC]

[解析]《企业破产法》第109条规定："对破产人的特定财产享有担保权的权利人,对该特定财产享有优先受偿的权利。"该法第132条规定："本法施行后,破产人在本法公布之日前所欠职工的工资和医疗、伤残补助、抚恤费用,所欠的应当划入职工个人账户的基本养老保险、基本医疗保险费用,以及法律、行政法规规定应当支付给职工的补偿金,依照本法第113条的规定清偿后不足以清偿的部分,以本法第109条规定的特定财产优先于对该特定财产享有担保权的权利人受偿。"甲公司以厂房抵押担保其100万元银行贷款,银行对该抵押财产享有优先受偿权,但其优先权能否实现受到一定限制,且优先受偿是在法院破产宣告之后,而非受理破产申请之时。故A项错误。

《企业破产法》第51条第1款规定："债务人的保证人或者其他连带债务人已经代替债务人清偿债务的,以其对债务人的求偿权申报债权。"保证人A公司已代替债务人甲公司清偿债务,可以其对甲公司的求偿权申报100万元债权。故B项正确。

《企业破产法》第51条第2款规定："债务人的保证人或者其他连带债务人尚未代替债务人清偿债务的,以其对债务人的将来求偿权申报债权。但是,债权人已经向管理人申报全部债权的除外。"乙银行未申报债权,保证人A公司、B公司尚未代替甲公司清偿债务,可以其对债务人甲公司的将来求偿权申报债权。故C项正确。

《企业破产法》第124条规定："破产人的保证人和其他连带债务人,在破产程序终结后,对债权人依照破产清算程序未受清偿的债权,依法继续承担清偿责任。"破产程序终结后,保证人对乙银行未受清偿的60万债权,依然承担清偿责任。故D项错误。

68.票据追索权;背书人的禁止及其效力[AB]

[解析]《票据法》第61条规定："汇票到期被拒绝付款的,持票人可以对背书人、出票人以及汇票的其他债务人行使追索权。汇票到期日前,有下列情形之一的,持票人也可以行使追索权:(一)汇票被拒绝承兑的;……"丁某为背书人、乙公司为出票人,均可被行使追索权。故A、B项正确。

《票据法》第34条规定："背书人在汇票上记载

'不得转让'字样,其后手再背书转让的,原背书人对后手的被背书人不承担保证责任。"本题中甲公司为原背书人,记载"不得转让后"不承担对后手的汇票责任,戊某无权向其追偿。故C项错误。追索权的主体应为其前手而不包括承兑人本身,戊某不可以向承兑人丙银行主张追索权。故D项错误。

69.基金管理人行为之禁止;基金财产使用范围[BCD]

[解析]《证券投资基金法》第20条规定："公开募集基金的基金管理人及其董事、监事、高级管理人员和其他从业人员不得有下列行为:(一)将其固有财产或者他人财产混同于基金财产从事证券投资;(二)不公平地对待其管理的不同基金财产;(三)利用基金财产或者职务之便为基金份额持有人以外的人牟取利益;(四)向基金份额持有人违规承诺收益或者承担损失;……"

根据上述第1项,A项不违反规定。另据《证券投资基金法》第5条第2款规定："基金财产独立于基金管理人、基金托管人的固有财产。基金管理人、基金托管人不得将基金财产归入其固有财产。"故A项不当选。

B项违反第3项规定。另据《证券投资基金法》第73条规定："基金财产不得用于下列投资或者活动:……(二)违反规定向他人贷款或者提供担保;……"故B项当选。

C项违反第2项规定,当选;D项违反第4项规定,当选。

70.以死亡为支付条件的保险合同[BD]

[解析]《保险法解释(三)》第24条规定："投保人为被保险人订立以死亡为给付保险金条件的保险合同,被保险人被宣告死亡后,当事人要求保险人按照保险合同约定给付保险金的,人民法院应予支持。被保险人被宣告死亡之日在保险责任期间之外,但有证据证明下落不明之日在保险责任期间之内,当事人要求保险人按照保险合同约定给付保险金的,人民法院应予支持。"本题中,虽然2014年4月法院宣告李某死亡,但若有证据证明李某确系2009年9月1日下落不明,保险公司应承担保险责任。故A、C项错误,B、D项正确。

71.经营者集中[CD]

[解析]《反垄断法》第25条规定："经营者集中是指下列情形:(一)经营者合并;(二)经营者通过取得股权或者资产的方式取得对其他经营者的控制权;(三)经营者通过合同等方式取得对其他经营者的控制权或者能够对其他经营者施加决定性影响。"可见,企业合并只是经营者集中的三种方式之一。故A项错误。

《反垄断法》第26条第1款规定："经营者集中

达到国务院规定的申报标准的,经营者应当事先向国务院反垄断执法机构申报,未申报的不得实施集中。"可见,经营者集中实行事前申报制,不允许在实施集中后补充申报。故 B 项错误。

《反垄断法》第 33 条规定:"审查经营者集中,应当考虑下列因素:(一)参与集中的经营者在相关市场的市场份额及其对市场的控制力;……"故 C 项正确。

《反垄断法》第 34 条规定:"经营者集中具有或者可能具有排除、限制竞争效果的,国务院反垄断执法机构应当作出禁止经营者集中的决定。但是,经营者能够证明该集中对竞争产生的有利影响明显大于不利影响,或者符合社会公共利益的,国务院反垄断执法机构可以作出对经营者集中不予禁止的决定。"故 D 项正确。本题答案为 C、D 项,但考生应注意,D 项并不严谨,没有考虑"但书"。

72.虚假宣传行为;不正当有奖销售行为;商业贿赂行为[AC]

[解析]《反不正当竞争法》第 8 条第 1 款规定:"经营者不得对其商品的性能、功能、质量、销售状况、用户评价、曾获荣誉等作虚假或者引人误解的商业宣传,欺骗、误导消费者。"A 项中甲企业的行为实际上是对有效期作了引人误解的虚假宣传,因此属于不正当竞争行为。故 A 项当选。

《反不正当竞争法》第 10 条规定:"经营者进行有奖销售不得存在下列情形:……(三)抽奖式的有奖销售,最高奖的金额超过 5 万元。"B 项中乙企业设置的最高奖金额未超过 5 万元。故 B 项不当选。

《反不正当竞争法》第 7 条第 2 款规定:"经营者在交易活动中,可以以明示方式向交易相对方支付折扣,或者向中间人支付佣金。经营者向交易相对方支付折扣、向中间人支付佣金的,应当如实入账。接受折扣、佣金的经营者也应当如实入账。"C 项中给中间人 5% 佣金不入账的行为,属于不正当竞争行为。故 C 项当选。

《反不正当竞争法》第 2 条第 2 款规定:"本法所称的不正当竞争行为,是指经营者在生产经营活动中,违反本法规定,扰乱市场竞争秩序,损害其他经营者或者消费者的合法权益的行为。"D 项中,丁企业按低于成本的价格销售商品是为了清偿债务,是正当的生产经营行为,未损害其他经营者或消费者的合法权益。故 D 项不当选。

73.食品经营者的义务;致消费者人身及财产损害的责任;欺诈经营的责任[ACD]

[解析]《食品安全法》第 34 条规定:"禁止生产经营下列食品、食品添加剂、食品相关产品:……(十)标注虚假生产日期、保质期或者超过保质期的食品、食品添加剂;……"故 A 项正确。

《食品安全法》第 54 条第 1 款规定,食品经营者应当按照保证食品安全的要求贮存食品,定期检查库存食品,及时清理变质或者超过保质期的食品。某超市销售超过保质期的食品属于违反法律禁止性规定的行为,应当对曾某承担赔偿责任。无论消费者是否注意,均无须承担责任。故 B 项错误。

曾某可以要求该超市退还其购买酸奶所付的价款。故 C 项正确。

《食品安全法》第 148 条第 2 款规定:"生产不符合食品安全标准的食品或者经营明知是不符合食品安全标准的食品,消费者除要求赔偿损失外,还可以向生产者或者经营者要求支付价款 10 倍或者损失 3 倍的赔偿金;增加赔偿的金额不足 1000 元的,为 1000 元。但是,食品的标签、说明书存在不影响食品安全且不会对消费者造成误导的瑕疵的除外。"D 项中,(1)800 元医疗费为补偿性赔偿(实际损失);(2)增加赔偿 800 元,即"酸奶价款 80 元×10 倍 = 800 元"。2015 年修订《食品安全法》时增加了兜底条款,即"增加赔偿的金额不足 1000 元的,为 1000 元"。故 D 项"增加赔偿 800 元"不太准确,但在实践中,由于赔偿请求权为消费者的权利,若消费者愿意放弃部分权利仅主张 800 元亦无可非议。此题为旧题新解,考生掌握新法规定即可。故 D 项正确。

74.借款人的义务;商业银行业务的限制[AC]

[解析]《商业银行法》第 42 条第 2 款规定,借款人到期不归还担保贷款的,商业银行依法享有要求保证人归还贷款本金和利息或者就该担保物优先受偿的权利。商业银行因行使抵押权、质权而取得的不动产或者股权,应当自取得之日起 2 年内予以处分。故 A 项做法合法,B 项做法超过了 2 年内予以处分的规定,不合法。

《商业银行法》第 43 条规定,商业银行在中华人民共和国境内不得从事信托投资和证券经营业务,不得向非自用不动产投资或者向非银行金融机构和企业投资,但国家另有规定的除外。修建自用办公楼,属于投资自用不动产,故 C 项做法合法;入股某房地产企业,属于向企业投资,故 D 项做法不合法。

75.税收优惠[ACD]

[解析]《企业所得税法》第 25 条规定:"国家对重点扶持和鼓励发展的产业和项目,给予企业所得税优惠。"故 A 项正确。

《企业所得税法》第 28 条第 2 款规定:"国家需要重点扶持的高新技术企业,减按 15% 的税率征收企业所得税。"B 项中"适当提高"的说法错误。故 B 项错误。

《企业所得税法》第 27 条规定:"企业的下列所得,可以免征、减征企业所得税:(一)从事农、林、牧、渔业项目的所得;……"故 C 项正确。

《企业所得税法》第 30 条规定:"企业的下列支

出,可以在计算应纳税所得额时加计扣除:……(二)安置残疾人员及国家鼓励安置的其他就业人员所支付的工资。"故 D 项正确。

76．国有土地使用权[ABCD]

[解析]《土地管理法》第 13 条第 2 款规定,国家所有依法用于农业的土地可以由单位或者个人承包经营,从事种植业、林业、畜牧业、渔业生产。可知,国有土地可以是建设用地,也可以是农用地。故 A 项正确。

《土地管理法》第 10 条规定:"国有土地和农民集体所有的土地,可以依法确定给单位或者个人使用。使用土地的单位和个人,有保护、管理和合理利用土地的义务。"故 B 项正确。

《土地管理法》第 2 条第 5 款规定:"国家依法实行国有土地有偿使用制度。但是,国家在法律规定的范围内划拨国有土地使用权的除外。"可知,国有土地可以有偿使用,也可以无偿使用。故 C 项正确。

《城市房地产管理法》第 23 条第 2 款规定:"依照本法规定以划拨方式取得土地使用权的,除法律、行政法规另有规定外,没有使用期限的限制。"可见,国有土地使用权可以有期限,也可以无期限。故 D 项正确。

77．环境污染责任的免责事由[ABD]

[解析]《民法典》第 1229 条规定:"因污染环境、破坏生态造成他人损害的,侵权人应当承担侵权责任。"即环境污染致害的赔偿为严格责任,也就是无过错责任,所以并不要求污染企业具有"行为的违法性"要件。据此本题中并不因为某厂有无过错影响其承担责任,行为人不得以达标排放作为免除其民事责任的抗辩理由。故 A 项错误,当选。

天降大雨本身并不能成为环境侵权的免责事由。环境侵权不可抗力免责事由是:完全由于不可抗拒的自然灾害,并经及时采取合理措施,仍然不能避免造成环境污染损害的,行为人免予承担责任。故 B 项错误,当选。

经有关机构鉴定,死鱼是全市最近大规模暴发的水生动物疫病所致,与某厂污水流入没有因果关系,则其抗辩理由就成立。故 C 项正确,不当选。

《水污染防治法》第 96 条第 3 款规定:"水污染损害是由受害人故意造成的,排污方不承担赔偿责任。水污染损害是由受害人重大过失造成的,可以减轻排污方的赔偿责任。"若污染损失是由受害人故意引起的,排污单位不承担责任。"张某鱼塘地势低洼",并非张某故意所为,所以排污单位不能免责。故 D 项错误,当选。

78．委托作品著作权的归属;著作权侵权的诉讼时效;盗版软件善意使用人责任[CD]

[解析]《著作权法》第 19 条规定:"受委托创作的作品,著作权的归属由委托人和受托人通过合同约定。合同未作明确约定或者没有订立合同的,著作权属于受托人。"本题中,甲公司为委托人,乙公司为受托人,在没有明确约定委托作品著作权归属的情况下,著作权属于受托人乙公司。故 A 项错误。

《最高人民法院关于审理著作权民事纠纷案件适用法律若干问题的解释》第 27 条规定:"侵害著作权的诉讼时效为 3 年,自著作权人知道或者应当知道权利受到损害以及义务人之日起计算。权利人超过 3 年起诉的,如果侵权行为在起诉时仍在持续,在该著作权保护期内,人民法院应当判决被告停止侵权行为;侵权损害赔偿数额应当自权利人向人民法院起诉之日起向前推算 3 年计算。"本题中,乙公司虽然是在 5 年之后起诉,但侵权行为在起诉时仍在持续,并在著作权保护期内,所以法院应当判决被告停止侵权行为。故 B 项错误。

《计算机软件保护条例》第 30 条规定:"软件的复制品持有人不知道也没有合理理由应当知道该软件是侵权复制品的,不承担赔偿责任;但是,应当停止使用、销毁该侵权复制品。如果停止使用并销毁该侵权复制品将给复制品使用人造成重大损失的,复制品使用人可以在向软件著作权人支付合理费用后继续使用。"可知,本题中,丙公司购买该软件时是善意的,不知道该软件的著作权属于乙公司,因此不应承担赔偿责任,但应当停止使用、销毁该侵权复制品。故 C、D 项正确。

79．专利纠纷一审案件管辖;举证责任;现有技术抗辩;专利侵权法定赔偿金[ACD]

[解析]《民诉法解释》第 2 条第 1 款规定:"专利纠纷案件由知识产权法院、最高人民法院确定的中级人民法院和基层人民法院管辖。"据此,最高人民法院确定的基层人民法院对专利纠纷案件有管辖权,故 A 项错误。

《专利法》第 66 条第 1 款规定:"专利侵权纠纷涉及新产品制造方法的发明专利的,制造同样产品的单位或者个人应当提供其产品制造方法不同于专利方法的证明。"据此,新产品制造方法专利侵权的案件,适用举证责任倒置,由被控侵权人证明自己所用的制造方法不同于专利方法,即本题中应由白云公司来承担证明责任。故 B 项正确。

《专利法》第 67 条规定:"在专利侵权纠纷中,被控侵权人有证据证明其实施的技术或者设计属于现有技术或者现有设计的,不构成侵犯专利权。"该条规定了现有技术抗辩,被控侵权人只要举证证明自己所实施的技术属于现有技术,法院即应判决驳回原告的诉讼请求。被控侵权人是否另行申请宣告专利无效,由被控侵权人自行决定。因此,法院并没有告知白云公司另行提起专利无效宣告程序的义务。故 C

项错误。

《专利法》第71条第2款规定:"权利人的损失、侵权人获得的利益和专利许可使用费均难以确定的,人民法院可以根据专利权的类型、侵权行为的性质和情节等因素,确定给予3万元以上500万元以下的赔偿。"据此,如果侵犯专利权成立,即使没有证据确定损害赔偿数额,法院仍可以根据专利权的类型、侵权行为的性质和情节等因素,确定给予黑土公司3万元以上500万元以下的赔偿,故D项错误。

80．未注册商标的使用许可;注册商标的无效宣告[ABD]

[解析] 关于未注册商标使用许可合同的效力,有两种观点:(1)有效说。认为未注册商标也是一种财产权益,具有交易价值,因此未注册商标使用许可合同属于有效合同。(2)效力待定说。认为我国商标法原则上以登记注册作为取得商标权的依据,只有注册商标才能获得商标法的保护(仅有两个例外:未注册的驰名商标保护和抢注他人未注册商标的无效宣告),未注册商标只能获得反不正当竞争法的保护。因此,在获得注册之前,未注册商标的使用人并不享有商标权。这样,以未注册商标为标的的使用许可合同,就属于无权处分的合同,应认定为效力待定。在法考中,出题人采用的是效力待定说。故A项错误。

《商标法》第43条第1款规定:"商标注册人可以通过签订商标使用许可合同,许可他人使用其注册商标。许可人应当监督被许可人使用其注册商标的商品质量。被许可人应当保证使用该注册商标的商品质量。"《商标法》第43条第3款规定:"许可他人使用其注册商标的,许可人应当将其商标使用许可报商标局备案,由商标局公告。商标使用许可未经备案不得对抗善意第三人。"这是关于"注册商标"许可的规定,而商标使用许可合同签订时,"一剪没"系未注册商标,不适用《商标法》第43条的规定。故B项错误。

《商标法》第45条第1款规定,已经注册的商标,违反本法第13条第2款和第3款、第15条、第16条第1款、第30条、第31条、第32条规定的,自商标注册之日起5年内,在先权利人或者利害关系人可以请求商标评审委员会宣告该注册商标无效。对恶意注册的,驰名商标所有人不受5年的时间限制。《商标法》第15条第2款规定:"就同一种商品或者类似商品申请注册的商标与他人在先使用的未注册商标相同或者近似,申请人与该他人具有前款规定以外的合同、业务往来关系或者其他关系而明知该他人商标存在,该他人提出异议的,不予注册。"抢注他人在先使用的"未注册商标",利害关系人可请求商标评审委员会(而不是商标局)宣告无效。因此,王小小有权

自"一剪没"注册之日起5年内请求商标评审委员会宣告该商标无效。故C项正确,D项错误。

81．仲裁协议的法律适用[ABCD]

[解析] 仲裁机构的仲裁地不限于国内,故A项错误。【特别提醒】法院的工作地原则上只能在国内。

《涉外民事关系法律适用法》第18条规定:"当事人可以协议选择仲裁协议适用的法律。当事人没有选择的,适用仲裁机构所在地法律或者仲裁地法律。"要特别注意,合同所适用的法律不等于合同中仲裁条款所适用的法律。本案中双方只约定了合同产生的纠纷适用德国法,但没有约定仲裁条款适用的法律,所以不能用德国法认定仲裁条款的效力,而应当适用仲裁机构所在地法律(中国法)或者仲裁地法律(新加坡法)。故B项错误。

《涉外民事关系法律适用法解释(一)》第12条规定:"当事人没有选择涉外仲裁协议适用的法律,也没有约定仲裁机构或者仲裁地,或者约定不明的,人民法院可以适用中华人民共和国法律认定该仲裁协议的效力。"本题中约定了仲裁机构和仲裁地,因此不能直接适用中国法认定该仲裁协议的效力,还可能适用新加坡法。故D项错误。

《仲裁法》第20条第1款规定:"当事人对仲裁协议的效力有异议的,可以请求仲裁委员会作出决定或者请求人民法院作出裁定。一方请求仲裁委员会作出决定,另一方请求人民法院作出裁定的,由人民法院裁定。"据此,对于仲裁协议的效力,既可以请求仲裁委员会作出决定,也可以请求人民法院作出裁定。故C项错误。

82．遗嘱继承的法律适用;外国法的查明[ABC]

[解析] 《涉外民事关系法律适用法》第32条规定:"遗嘱方式,符合遗嘱人立遗嘱时或者死亡时经常居所地法律、国籍国法律或者遗嘱行为地法律的,遗嘱均为成立。"据此,符合三者其一的,遗嘱即可成立。本题中,甲国是佩罗的国籍国,中国是佩罗立遗嘱时的经常居所地,而遗嘱行为地题中并未明确,因此"该遗嘱方式须符合中国法或甲国法,遗嘱才能成立"的说法过于绝对,故A项错误。

根据《涉外民事关系法律适用法解释(一)》第15条规定,认定为不能查明外国法律的情形有二:(1)人民法院通过由当事人提供、已对中华人民共和国生效的国际条约规定的途径、中外法律专家提供等合理途径仍不能获得外国法律的,可以认定为不能查明外国法律。(2)当事人应当提供外国法律,其在人民法院指定的合理期限内无正当理由未提供该外国法律的,可以认定为不能查明外国法律。据此,对外国法律有异议,并非认定为不能查明外国法律的理由。故B项错误。

《涉外民事关系法律适用法》第33条规定:"遗嘱效力,适用遗嘱人立遗嘱时或者死亡时经常居所地法律或者国籍国法律。"本题中,甲国为佩罗的国籍国,中国为佩罗立遗嘱时的经常居所地,因此该遗嘱的效力可以适用中国法或甲国法,故D项正确。因为法院可以选择适用法律,完全可以排除适用甲国法,而适用中国法。此外,即便适用甲国法,禁止使用快猫短视频也与遗嘱的效力没有法律意义上的关联。故C项错误。

83．承运人免责情形;国际货物运输保险;无正本提单放货的赔偿责任[AB]

[解析]《海牙规则》第4条第2款规定,承运人对货物在责任期间所发生的灭失或损坏是否负责,依其本人、船长、船员、其他受雇人或代理人有无过失而定,有过失便应负责,无过失便可免责;但作为例外,如果货物的灭失或损坏系船长、船员、其他受雇人或代理人在驾驶船舶或管理船舶中的过失所致,或者由于他们的过失所引起的火灾所致,承运人仍可免责。因此,"清田"号灭失与他船相碰致第一批货物受损,承运人可以免除责任。故A项正确。

本题中,货物投保的险别为平安险。平安险不承担单纯自然灾害引起的货物的单独海损。本题中第一批货物的损失是由意外事故引起的,故碰撞导致第一批货物的损失属于保险公司赔偿的范围。故B项正确。

《关于审理无正本提单交付货物案件适用法律若干问题的规定》第4条规定:"承运人因无正本提单交付货物承担民事责任的,不适用海商法第五十六条关于限制赔偿责任的规定。"故C项错误。

《关于审理无正本提单交付货物案件适用法律若干问题的规定》第6条规定:"承运人因无正本提单交付货物造成正本提单持有人损失的赔偿额,按照货物装船时的价值加运费和保险费计算。"故D项错误。

84．追溯征收反倾销税的条件[AD]

[解析] 我国《反倾销条例》规定,反倾销税原则上只对终局裁定公告后再进行进口的产品征收,特殊情况下能追溯征收。追溯征收限于如下两种情况:

(1)《反倾销条例》第43条第2款规定,初裁认定实质损害,并且已经采取临时措施,反倾销税可以追溯至实施临时反倾销措施期间。故A项正确。

(2)《反倾销条例》第44条第1款规定,有倾销历史或进口经营者明知倾销,并且短期内大量进口,反倾销税可以追溯至临时措施前90天。故B、C项错误,D项正确。

85．临时保护原则;ICSID的管辖权;国际投资争端解决[AB]

[解析] 临时保护原则是指缔约国应对在任何成员国内举办的或经官方承认的国际展览会上展出的商品中可取得专利的发明、实用新型、外观设计和可注册的商标给予临时保护。故A项正确。

ICSID受理的争端仅限一缔约国(东道国)与另一缔约国国民(外国投资者)的争端,此外,在争端双方均同意的情况下,也受理东道国和受外国投资者控制的东道国法人之间的争端。并且ICSID受理的争端必须是直接因国际投资而引起的法律争端。故C项错误。

ICSID的管辖权具有排他的效力,若一旦当事人同意在中心仲裁,则不再属于作为争端一方的缔约国国内法管辖的范围。ICSID裁决对争端各方均具有约束力,不得进行任何上诉或采取任何其他除《华盛顿公约》规定外的补救办法;每一缔约国都应承认裁决对其有约束力,并在其领土内履行该裁决所裁定的财政义务,并赋予该裁决等同于其国内法院终审判决的效力。故B项正确,D项错误。

三、不定项选择题

86．债务转移与担保责任的承担[AB]

[解析]《民法典》第391条规定:"第三人提供担保,未经其书面同意,债权人允许债务人转移全部或者部分债务的,担保人不再承担相应的担保责任。"根据《民法典担保制度解释》规定,主债务被分割或者部分转让的,担保人仍以其担保财产担保数个债务人履行债务。但是第三人提供担保,债权人许可债务人转让债务未经担保人书面同意,其请求担保人对未经担保人同意转让的债务承担担保责任的,人民法院不予支持。据此,债务人经债权人同意转让自己的债务时,若未经提供担保的第三人的书面同意,对于已经转让的债务,提供担保的第三人不再承担担保责任。

本题中,乙公司将对甲的10万元租金债务中的6万元转让给戊公司时,仅取得了保证人丙与抵押人丁的口头同意,未取得其书面同意,所以,对于转让给戊的6万元债务,丙、丁不再承担担保责任。故A、B项正确,C、D项错误。

87．动产物权变动;指示交付[D]

[解析] 根据题意,乙、丙间的买卖合同以及乙、丁间的买卖合同,均属因乙无权处分订立的买卖合同,但因丙、丁主观上均非善意(他们作为担保人当然知道该挖掘机归甲所有),且一直未完成交付,故丙、丁不能善意取得挖掘机的所有权。《民法典》第227条规定:"动产物权设立和转让前,第三人占有该动产的,负有交付义务的人可以通过转让请求第三人返还原物的权利代替交付。"这是关于指示交付的规定。甲是挖掘机的所有权人,甲将该挖掘机出卖给王某,且与王某约定让与甲公司对乙公司的返还请求权

以代替现实交付,故甲公司与王某已经以指示交付的方式完成了交付,故王某已经取得挖掘机的所有权。故 A、B、C 项错误,D 项正确。

88. 概括继承;因共有物负担债务的清偿[ABD]

[解析]《民法典》第 1161 条第 1 款规定:"继承人以所得遗产实际价值为限清偿被继承人依法应当缴纳的税款和债务。超过遗产实际价值部分,继承人自愿偿还的不在此限。"这是关于概括继承的规定。本题中,王某立遗嘱,其遗产归大王和小王继承,大王和小王并未放弃继承,故王某生前与甲公司签订的买卖合同亦由大王和小王承受。甲公司与王某买卖合同的效力并不因王某的死亡而受任何影响。故 A、B 项错误。

在继承开始以后,遗产分割以前,两个以上的继承人对之享有继承权的遗产属于共同共有。《民法典》第 307 条规定:"因共有的不动产或者动产产生的债权债务,在对外关系上,共有人享有连带债权、承担连带债务,但是法律另有规定或者第三人知道共有人不具有连带债权债务关系的除外;在共有人内部关系上,除共有人另有约定外,按份共有人按照份额享有债权、承担债务,共同共有人共同享有债权、承担债务。偿还债务超过自己应当承担份额的按份共有人,有权向其他共有人追偿。"据此,对于共有财产,对外由共有人承担连带责任,对内按份承担责任。因此,大王和小王对该买卖合同原王某承担的债务负连带责任。故 C 项正确,D 项错误。

89. 共有物的处分;因无权处分订立的买卖合同中的所有权变动[BC]

[解析] 根据民法理论,王某死亡后,遗产分割前,继承人大王与小王对挖掘机构成共同共有。《民法典》第 301 条规定:"处分共有的不动产或者动产以及对共有的不动产或者动产作重大修缮、变更性质或者用途的,应当经占份额三分之二以上的按份共有人或者全体共同共有人同意,但是共有人之间另有约定的除外。"据此,挖掘机归大王与小王共同共有,出卖挖掘机应经大王与小王的一致同意,故 B 项正确。小王不能出卖挖掘机的原因是挖掘机为共同共有,小王无权单独处分;小王未取得挖掘机的占有不是小王不能出卖的原因。故 A 项错误。

《民法典》第 597 条第 1 款规定:"因出卖人未取得处分权致使标的物所有权不能转移的,买受人可以解除合同并请求出卖人承担违约责任。"本题中,小王与方某间的挖掘机买卖合同属于因无权处分订立的买卖合同,小王与方某间的挖掘机买卖合同有效,但因小王欠缺处分权,所以所有权的变动效力未定。若方某符合善意取得的构成要件,方某可因善意取得而取得挖掘机的所有权;若方某不符合善意取得的构成要件,须经大王的追认,方才补正小王处分权的不足,方某因

大王的追认而取得挖掘机的所有权。故 C 项正确。

王某在遗嘱中指定小王为遗嘱执行人。根据《民法典》第 1145 条的规定,继承开始后,遗嘱执行人为遗产管理人。根据《民法典》第 1147 条的规定,作为遗产管理人,小王的职责限于"清理、管理、保管遗产"以及"按照遗嘱或者依照法律规定分割遗产",而不包括随意处分遗产的权利。《民法典》第 1151 条规定:"存有遗产的人,应当妥善保管遗产,任何组织或者个人不得侵吞或者争抢。"故 D 项错误。

90. 合同案件地域管辖[AB]

[解析]《民事诉讼法》第 24 条规定:"因合同纠纷提起的诉讼,由被告住所地或者合同履行地人民法院管辖。"由于本案是借款合同纠纷,《民诉解释》第 18 条规定:"合同约定履行地点的,以约定的履行地点为合同履行地。合同对履行地点没有约定或者约定不明确,争议标的为给付货币的,接收货币一方所在地为合同履行地;交付不动产的,不动产所在地为合同履行地;其他标的,履行义务一方所在地为合同履行地。即时结清的合同,交易行为地为合同履行地。合同没有实际履行,当事人双方住所地都不在合同约定的履行地的,由被告住所地人民法院管辖。"如果债务人赵刚还钱,债权人李强是接收货币一方,李强所在地甲市 B 区为合同履行地。因此,对于本案,被告住所地甲市 A 区法院和合同履行地甲市 B 区法院都有管辖权。故 A、B 项当选。

欠款纠纷不属于专属管辖,当事人双方也未约定协议管辖,故 D 项不当选。本案欠款纠纷的诉讼标的额为 5000 元,属于一般的民事纠纷案件,应由基层法院管辖,故 C 项不当选。

91. 侵权案件地域管辖[A]

[解析]《民事诉讼法》第 29 条规定:"因侵权行为提起的诉讼,由侵权行为地或者被告住所地人民法院管辖。"就本题来讲,李强找到赵刚家追讨该债务时被赵刚的狗咬伤,因此侵权行为地与被告住所均为甲市 A 区,甲市 A 区法院对于本案有管辖权。故 A 项正确,B、C、D 项错误。

92. 诉的合并[AC]

[解析] 本题中,李强提出的返还欠款 5000 元(借款纠纷)和支付医药费 6000 元(侵权纠纷)是同一原告对同一被告提出的两个独立的诉,且两个诉之间没有牵连关系,属于诉的合并,具体来说属于诉的客体合并中的单纯合并。对此,法院可以视情形分别审理,也可以合并审理,但由于存在无牵连的两个独立的诉,所以法院在审理后应当分别作出判决。故 A、C 项正确,B、D 项错误。【特别提醒】注意本案不是共同诉讼,不能按普通共同诉讼作答。共同诉讼是一方当事人为两人以上,而本案中双方当事人都只有一人,有两个不同的诉讼标的,所以是两个独立的诉。

93. 证据的分类；自认［AC］

［解析］本证，是指在民事诉讼中负有证明责任的一方当事人提出的用于证明自己所主张事实的证据。反证，是指没有证明责任的一方当事人提出的用于证明对方主张事实不真实的证据。本证与反证的分类依据是证据与证明责任承担者的关系。区分本证与反证的重点在于，对证据所证明的事实，提出方是否承担证明责任。本题中，对于是否有借贷关系，由原告李强负证明责任，借条由李强提出，属于本证。故 A 项正确。是否已经还款的争议，应当由被告赵刚负证明责任，"赵刚所言已用卖玉石的款项偿还借款"是当事人陈述，由于是负证明责任的赵刚提供的，也属于本证。故 D 项错误。

直接证据是能够单独、直接证明案件主要事实的证据。间接证据是不能够单独、直接证明案件主要事实，需要与其他证据结合形成逻辑一致的证据链条才能证明案件主要事实的证据。直接证据与间接证据的区分方法，是看该证据是否能够单独证明案件主要事实。向赵刚转账 5000 元的银行转账凭证，并不能证明已经向"李强借款 5000 元"，因此属于间接证据。故 B 项错误。

自认是指一方当事人对另一方当事人主张的不利于自己的案件事实予以承认。故 C 项正确。

94. 书证；证明责任［CD］

［解析］书面证词仍然属于证人证言，书面形式只是该证据的表现形式而已，并不影响证据的种类判断，故 A 项错误。**【特别提醒】**进行证据种类的判断，只能看其原始形态，不能看其传来形态。如用视听资料形式记录未出庭的证人证言，虽然是视听资料形式，但其实质仍然是证人证言；反映电视机被损坏的照片，虽然是照片形式，但其仍然是用电视机被损坏的状态证明案件事实，属于物证，照片只是该物证的一个表现形式或者传来形态而已。

法院就数个证据对同一事实的证明力，可依据原始证据的证明力一般大于传来证据的原则确定。由此可见，传来证据并非没有证明力，只是证明力的强弱要由审判人员来依法判断。结合本题，李强提交的诊断书、医院处方为复印件，属于传来证据，但仍然具有证明力，故 B 项错误。

《民法典》第 1245 条规定："饲养的动物造成他人损害的，动物饲养人或者管理人应当承担侵权责任；但是，能够证明损害是因被侵权人故意或者重大过失造成的，可以不承担或者减轻责任。"动物致害案件适用无过错责任原则，饲养人赵刚只需对受害人李强的故意或重大过失行为（免责事由）承担举证责任，即李强是因为挑逗赵刚的狗而被狗咬伤的事实。其他的证明责任还是遵循"谁主张，谁举证"原则，因而李强受损害与被赵刚的狗咬伤之间具有因果关系

的证明责任由李强承担。故 C、D 项正确。

95. 反诉与反驳［BD］

［解析］反诉，是指在诉讼程序中，本诉被告针对本诉原告向法院提出的独立的反请求。反诉不同于反驳，反驳是指被告针对原告提出的诉讼请求和理由，从实体上或程序上、从事实上和法律上予以否定或部分否定。反驳不是向原告提出来的独立的诉讼请求，反驳会随原告的撤诉而失去意义，而反诉则不会因原告的撤诉而消失。反诉与反驳最大的区别在于反诉一定是一个诉，并且是不同于本诉的诉，即一个完全独立于本诉的诉。作为一个诉，被告一定会有自己的诉讼请求。与之不同，反驳并不是一个诉，只是对原告诉讼请求的否定，因此在反驳中，被告不会有自己的诉讼请求。

本题中，赵刚称其向李强借款是事实，但在 2010年 1 月卖给李强一块玉石，价值 5000 元，说好用玉石货款清偿借款。当时李强表示同意。这就说明双方当事人已经认可以玉石货款清偿借款，因此，赵刚的该辩称已不是一个对李强所主张借款的否定，而是目的在于抵销借款 5000 元的独立诉讼请求，即反诉。故 A 项错误，B 项正确。由于反诉是一个独立之诉，被告也可以选择另行提起诉讼。故 C 项错误，D 项正确。

96. 股东知情权［BD］

［解析］根据《公司法》第 57 条规定，股东可以要求查阅公司会计账簿。《公司法解释（四）》第 9 条规定，公司章程、股东之间的协议等实质性剥夺股东依据公司法规定查阅或者复制公司文件材料的权利，公司以此为由拒绝股东查阅或者复制的，人民法院不予支持。本题中，股东陈某作为有限公司股东有权查阅公司账簿，公司章程以持股比例为理由实质性剥夺了股东的知情权是违法的，故 A 项错误。此外，根据《公司法》第 57 条第 2 款规定，公司拒绝提供查阅会计账簿、会计凭证的，股东可以向人民法院提起诉讼。据此，陈某行使知情权受阻可以向人民法院起诉，公司章程实质性剥夺股东权利，违反法律规定无效，故 D 项正确。

根据《公司法》第 57 条第 3 款和第 4 款规定，股东查阅会计账簿、会计凭证的，可以委托会计师事务所、律师事务所等中介机构进行。股东及其委托的会计师事务所、律师事务所等中介机构查阅、复制有关材料，应当遵守有关保护国家秘密、商业秘密、个人隐私、个人信息等法律、行政法规的规定。故 B 项正确。

股东因行使知情权而发生的费用由股东自己承担。故 C 项错误。

97. 普通合伙的退伙；合伙财产份额的转让［D］

［解析］《合伙企业法》第 22 条第 2 款规定："合伙人之间转让在合伙企业中的全部或者部分财产份

额时,应当通知其他合伙人。"张某将财产份额转让给王某,属于合伙人之间进行转让的行为,应当通知其他合伙人。故 A 项错误。

《合伙企业法》第 22 条第 1 款规定:"除合伙协议另有约定外,合伙人向合伙人以外的人转让其在合伙企业中的全部或者部分财产份额时,须经其他合伙人一致同意。"张某将其份额转让给李某的朋友刘某,属于向合伙人以外的人转让合伙份额,应当由其他合伙人一致同意,除经王某、赵某同意外,还需征得李某同意。故 B 项错误。

《合伙企业法》第 45 条规定:"合伙协议约定合伙期限的,在合伙企业存续期间,有下列情形之一的,合伙人可以退伙:……(三)发生合伙人难以继续参加合伙的事由;……"第 46 条规定:"合伙协议未约定合伙期限的,合伙人在不给合伙企业事务执行造成不利影响的情况下,可以退伙,但应当提前三十日通知其他合伙人。"本题中没有约定合伙期限,故不能向其他合伙人要求立即退伙,C 项错误。D 项符合上述规定,正确。

98.劳务派遣协议;劳务派遣单位的告知义务与禁止行为[ABD]

[解析]《劳动合同法》第 59 条第 1 款规定:"劳务派遣单位派遣劳动者应当与接受以劳务派遣形式用工的单位(以下称用工单位)订立劳务派遣协议。劳务派遣协议应当约定派遣岗位和人员数量、派遣期限、劳动报酬和社会保险费的数额与支付方式以及违反协议的责任。"可知,派遣岗位、劳务报酬都应在派遣协议中约定。故 A 项错误,当选;C 项正确,不当选。

《劳动合同法》第 59 条第 2 款规定:"用工单位应当根据工作岗位的实际需要与劳务派遣单位确定派遣期限,不得将连续用工期限分割订立数个短期劳务派遣协议。"B 项中将连续用工期限分割为四个短期劳务派遣协议,为本条所禁止。故 B 项错误,当选。

《劳动合同法》第 60 条第 1 款规定:"劳务派遣单位应当将劳务派遣协议的内容告知被派遣劳动者。"故 D 项错误,当选。

99.劳务派遣单位的义务与禁止行为;被派遣劳动者的权利[ABCD]

[解析]《劳动合同法》第 58 条第 2 款规定:"劳务派遣单位应当与被派遣劳动者订立 2 年以上的固定期限劳动合同,按月支付劳动报酬;被派遣劳动者

在无工作期间,劳务派遣单位应当按照所在地人民政府规定的最低工资标准,向其按月支付报酬。""1 年"不合法,应至少"2 年"。故 A 项当选。

《劳动合同法》第 60 条第 2 款规定:"劳务派遣单位不得克扣用工单位按照劳务派遣协议支付给被派遣劳动者的劳动报酬。"变相克扣的行为不合法。故 B 项当选。

《劳动合同法》第 60 条第 3 款规定:"劳务派遣单位和用工单位不得向被派遣劳动者收取费用。"收取保证金不合法。故 C 项当选。

《劳动合同法》第 64 条规定:"被派遣劳动者有权在劳务派遣单位或者用工单位依法参加或者组织工会,维护自身的合法权益。"剥夺劳动者权利不合法。故 D 项当选。

100.用工单位的义务;劳务派遣单位的法律责任[AC]

[解析]《劳动合同法》第 62 条第 2 款规定:"用工单位不得将被派遣劳动者再派遣到其他用人单位。"故 A 项错误,当选。

《劳动合同法》第 58 条第 2 款规定:"劳务派遣单位应当与被派遣劳动者订立 2 年以上的固定期限劳动合同,按月支付劳动报酬;被派遣劳动者在无工作期间,劳务派遣单位应当按照所在地人民政府规定的最低工资标准,向其按月支付报酬。"故 B 项正确,不当选。

《劳动争议调解仲裁法》第 22 条第 2 款规定:"劳务派遣单位或者用工单位与劳动者发生劳动争议的,劳务派遣单位和用工单位为共同当事人。"李某应当以天利公司和松园公司作为共同被申请人。故 C 项错误,当选。

《劳动合同法》第 92 条第 2 款规定:"劳务派遣单位、用工单位违反本法有关劳务派遣规定的,由劳动行政部门责令限期改正;逾期不改正的,以每人 5000 元以上 1 万元以下的标准处以罚款,对劳务派遣单位,吊销其劳务派遣业务经营许可证。用工单位给被派遣劳动者造成损害的,劳务派遣单位与用工单位承担连带赔偿责任。"本题中,天利公司违法对李某再派遣,并以此为由将李某退回桃园公司,桃园公司又因李某无工作而违法解除劳动合同,二者的行为均侵害了李某的权益,应承担连带赔偿责任。故 D 项正确,不当选。

试 卷 一

试 题

一、单项选择题。每题所设选项中只有一个正确答案,多选、错选或不选均不得分。本部分含1~50题,每题1分,共50分。

1.《民法典》第187条规定:"民事主体因同一行为应当承担民事责任、行政责任和刑事责任的,承担行政责任或者刑事责任不影响承担民事责任;民事主体的财产不足以支付的,优先用于承担民事责任。"关于该条文,下列哪一说法是正确的?

A. 表达的是委任性规则

B. 表达的是程序性原则

C. 表达的是强行性规则

D. 表达的是法律责任的竞合

2.关于法律要素,下列哪一说法是错误的?

A.《反垄断法》第三十七条:"行政机关不得滥用行政权力,制定含有排除、限制竞争内容的规定。"这属于义务性规则

B.《行政处罚法》第三十七条第三款:"执法人员与当事人有直接利害关系的,应当回避。"这既不属于法律原则,也不属于法律规则

C.《政府信息公开条例》第三十七条:"教育、医疗卫生、计划生育、供水、供电、供气、供热、环保、公共交通等与人民群众利益密切相关的公共企事业单位在提供社会公共服务过程中制作、获取的信息的公开,参照本条例执行,具体办法由国务院有关主管部门或机构制定。"这属于委任性规则

D.《婚姻法》第二十二条:"子女可以随父姓,可以随母姓。"这属于确定性规则

3.赵某与陈女订婚,付其5000元彩礼,赵母另付其1000元"见面礼"。双方后因性格不合解除婚约,赵某诉请陈女返还该6000元费用。法官根据《婚姻法》和最高法院《关于适用〈婚姻法〉若干问题的解释(二)》的相关规定,认定该现金属彩礼范畴,按照习俗要求返还不违反法律规定,遂判决陈女返还。对此,下列哪一说法是正确的?

A. 法官所提及的"习俗"在我国可作为法的正式渊源

B. 在本案中,法官主要运用了归纳推理技术

C. 从法理上看,该判决不符合《婚姻法》第19条

"夫妻可以约定婚姻关系存续期间所得的财产"之规定

D.《婚姻法》和《关于适用〈婚姻法〉若干问题的解释(二)》均属于规范性法律文件

4.卡尔·马克思说:"法官是法律世界的国王,法官除了法律没有别的上司。"对于这句话,下列哪一理解是正确的?

A. 法官的法律世界与其他社会领域(政治、经济、文化等)没有关系

B. 法官的裁判权不受制约

C. 法官是法律世界的国王,但必须是法律的奴仆

D. 在法律世界中(包括在立法领域),法官永远是其他一切法律主体(或机构)的上司

5.关于宪法规范,下列哪一说法是不正确的?

A. 具有最高法律效力

B. 在我国的表现形式主要有宪法典、宪法性法律、宪法惯例和宪法判例

C. 是国家制定或认可的、宪法主体参与国家和社会生活最基本社会关系的行为规范

D. 权利性规范与义务性规范相互结合为一体,是我国宪法规范的鲜明特色

6.根据《村民委员会组织法》的规定,下列哪一选项是正确的?

A. 村民委员会每届任期3年,村民委员会成员连续任职不得超过2届

B. 罢免村民委员会成员,须经投票的村民过半数通过

C. 村民委员会选举由乡镇政府主持

D. 村民委员会成员丧失行为能力的,其职务自行终止

7.关于中国古代社会几部法典的结构体例,下列哪一项是错误的?

A.《法经》中相当于近代刑法典总则部分的"具法"被置于六篇中的最后一篇

B.《魏律》对秦汉旧律有较大改革,如将"具律"改为"刑名",并将其置于律首

C.《晋律》将刑名与法例律合为"名例律"一篇，并将法典篇章数定为二十篇

D.《永徽律疏》将疏议分附于律文之后颁行，分为十二篇三十卷

8. 根据《联合国海洋法公约》和中国相关规则和实践，下列哪一选项是正确的？

A. 甲国军用飞机须经我国同意方能飞越我国毗连区

B. 甲国潜水艇必须浮出水面并展示船旗才能通过我国毗连区

C. 甲国渔民在我国大陆架捕杀濒危海龟，依照我国刑法追究刑事责任

D. 联合国某专门机构的科考船在我国专属经济区科学考察，须经我国同意

9. 甲乙两国是温室气体的排放大国，甲国为发达国家，乙国为发展中国家。根据国际环境法原则和规则，下列哪一选项是正确的？

A. 甲国必须停止排放，乙国可以继续排放，因为温室气体效应主要是由发达国家多年排放积累造成的

B. 甲国可以继续排放，乙国必须停止排放，因为乙国生产效率较低，并且对于环境治理的措施和水平远远低于甲国

C. 甲乙两国的排放必须同等地被限制，包括排放量、排放成分标准、停止排放时间等各方面

D. 甲乙两国在此问题上都承担责任，包括进行合作，但在具体排量标准、停止排放时间等方面承担的义务应有所区别

10. 甲、乙、丙国同为一开放性多边条约缔约国，现丁国要求加入该条约。四国均为《维也纳条约法公约》缔约国。丁国对该条约中的一些条款提出保留，下列哪一判断是正确的？

A. 对于丁国提出的保留，甲、乙、丙国必须接受

B. 丁国只能在该条约尚未生效时提出保留

C. 该条约对丁国生效后，丁国仍然可以提出保留

D. 丁国的加入可以在该条约生效之前或生效之后进行

11. 关于司法和司法制度，下列哪一选项是正确的？

A. 效率是司法的内在要求和本质反映，是法治的灵魂和核心，强调的是尽可能地快速解决纠纷、多解决纠纷，尽可能地节省和充分利用各种司法资源

B. 从总体上看，司法具有解决纠纷的直接功能和调整社会关系、解释和补充法律、形成公共政策、秩序维持、文化支持等间接功能

C. 根据现代司法的特点，一切案件或纠纷，一旦进入司法程序，由司法机关依法作出生效的判决、裁定或决定，任何机关和个人都不应再作处理

D. 德国和法国虽然政治制度相同，但德国建立了联邦和州两套法院机构，法国则建立了全国统一的法院机构

12. 律师事务所应当建立健全执业管理和各项内部管理制度，履行监管职责，规范本所律师执业行为。根据《律师事务所管理办法》，某律师事务所下列哪一做法是正确的？

A. 委派钟律师担任该所出资成立的某信息咨询公司的总经理

B. 合伙人会议决定将年度考核不称职的刘律师除名，报县司法局和律协备案

C. 对本所律师执业表现和遵守职业道德情况进行考核，报律协批准后给予奖励

D. 对受到6个月停止执业处罚的祝律师，在其处罚期满1年后，决定恢复其合伙人身份

13. 关于我国公证的业务范围、办理程序和效力，下列哪一选项符合《公证法》的规定？

A. 申请人向公证机关提出保全网上交易记录，公证机关以不属于公证事项为由拒绝

B. 自然人委托他人办理财产分割、赠与、收养关系公证的，公证机关不得拒绝

C. 因公证具有较强的法律效力，要求公证机关在办理公证业务时不能仅作形式审查

D. 法院发现当事人申请执行的公证债权文书确有错误的，应裁定不予执行并撤销该公证书

14. 某律师事务所一审代理了原告张某的案件。一年后，该案再审。该所的下列哪一做法与律师执业规范相冲突？

A. 在代理原告案件时，拒绝与该案被告李某建立委托代理关系

B. 在拒绝与被告李某建立委托代理关系时，承诺可在其他案件中为其代理

C. 得知该案再审后，主动与原告张某联系

D. 张某表示再审不委托该所，该所遂与被告李某建立委托代理关系

15. 关于罪刑法定原则有以下观点：

①罪刑法定只约束立法者，不约束司法者

②罪刑法定只约束法官，不约束侦查人员

③罪刑法定只禁止类推适用刑法，不禁止适用习惯法

④罪刑法定只禁止不利于被告人的事后法，不禁止有利于被告人的事后法

下列哪一选项是正确的？

A. 第①句正确，第②③④句错误

B. 第①②句正确，第③④句错误

C. 第④句正确,第①②③句错误

D. 第①③句正确,第②④句错误

16． 关于因果关系的判断,下列哪一选项是正确的?

A. 甲伤害乙后,警察赶到。在警察将乙送医途中,车辆出现故障,致乙长时间得不到救助而亡。甲的行为与乙的死亡具有因果关系

B. 甲违规将行人丙撞成轻伤,丙昏倒在路中央,甲驾车逃窜。1分钟后,超速驾驶的乙发现丙时已来不及刹车,将丙轧死。甲的行为与丙的死亡没有因果关系

C. 甲以杀人故意向乙开枪,但由于不可预见的原因导致丙中弹身亡。甲的行为与丙的死亡没有因果关系

D. 甲向乙的茶水投毒,重病的乙喝了茶水后感觉更加难受,自杀身亡。甲的行为与乙的死亡没有因果关系

17． 关于过失犯的论述,下列哪一选项是错误的?

A. 只有实际发生危害结果时,才成立过失犯

B. 认识到可能发生危害结果,但结果的发生违背行为人意志的,成立过失犯

C. 过失犯罪,法律有规定的才负刑事责任。这里的"法律"不限于刑事法律

D. 过失犯的刑事责任一般轻于与之对应的故意犯的刑事责任

18． 甲(十五周岁)的下列哪一行为成立犯罪?

A. 春节期间放鞭炮,导致邻居失火,造成十多万元财产损失

B. 骗取他人数额巨大财物,为抗拒抓捕,当场使用暴力将他人打成重伤

C. 受意图骗取保险金的张某指使,将张某的汽车推到悬崖下毁坏

D. 因偷拿苹果遭摊主喝骂,遂掏出水果刀将其刺成轻伤

19． 甲深夜盗窃5万元财物,在离现场1公里的偏僻路段遇到乙。乙见甲形迹可疑,紧拽住甲,要甲给5000元才能走,否则就报警。甲见无法脱身,顺手一拳打中乙左眼,致其眼部受到轻伤,甲乘机离去。关于甲伤害乙的行为定性,下列哪一选项是正确的?

A. 构成转化型抢劫罪

B. 构成故意伤害罪

C. 属于正当防卫,不构成犯罪

D. 系过失致人轻伤,不构成犯罪

20． 关于货币犯罪,下列哪一选项是正确的?

A. 以货币碎片为材料,加入其他纸张,制作成假

币的,属于变造货币

B. 将金属货币熔化后,制作成较薄的、更多的金属货币的,属于变造货币

C. 将伪造的货币赠与他人的,属于使用假币

D. 运输假币并使用假币的,按运输假币罪从重处罚

21． 甲欲前往张某家中盗窃。乙送甲一把擅自配制的张家房门钥匙,并告甲说,张家装有防盗设备,若钥匙打不开就必须放弃盗窃,不可入室。甲用钥匙开张家房门,无法打开,本欲依乙告诫离去,但又不甘心,思量后破窗进入张家窃走数额巨大的财物。关于本案的分析,下列哪一选项是正确的?

A. 乙提供钥匙的行为对甲成功实施盗窃起到了促进作用,构成盗窃罪既遂的帮助犯

B. 乙提供的钥匙虽未起作用,但对甲实施了心理上的帮助,构成盗窃罪既遂的帮助犯

C. 乙欲帮助甲实施盗窃行为,因意志以外的原因未能得逞,构成盗窃罪的帮助犯未遂

D. 乙的帮助行为的影响仅延续至甲着手开门盗窃时,故乙成立盗窃罪未遂的帮助犯

22． 关于共同犯罪,下列哪一选项是正确的?

A. 甲、乙应当预见但没有预见山下有人,共同推下山上一块石头砸死丙。只有认定甲、乙成立共同过失犯罪,才能对甲、乙以过失致人死亡罪论处

B. 甲明知乙犯故意杀人罪而为乙提供隐藏处和财物。甲、乙构成共同犯罪

C. 交警甲故意为乙实施保险诈骗提供虚假鉴定结论。甲、乙构成共同犯罪

D. 公安人员甲向犯罪分子乙通风报信助其逃避处罚。甲、乙成立共同犯罪

23． 甲与乙共谋盗窃汽车,甲将盗车所需的钥匙交给乙。但甲后来向乙表明放弃犯罪之意,让乙还回钥匙。乙对甲说:"你等几分钟,我用你的钥匙配制一把钥匙后再还给你",甲要回了自己原来提供的钥匙。后乙利用自己配制的钥匙盗窃了汽车(价值5万元)。关于本案,下列哪一选项是正确的?

A. 甲的行为属于盗窃中止

B. 甲的行为属于盗窃预备

C. 甲的行为属于盗窃未遂

D. 甲与乙构成盗窃罪(既遂)的共犯

24． 关于罪数的说法,下列哪一选项是错误的?

A. 甲在车站行窃时盗得一提包,回家一看才发现提包内仅有一支手枪。因为担心被人发现,甲便将手枪藏在浴缸下。甲非法持有枪支的行为,不属于不可罚的事后行为

B. 乙抢夺他人手机,并将该手机变卖,乙的行为构成抢夺罪和掩饰、隐瞒犯罪所得罪,应当数罪并罚

C. 丙非法行医 3 年多，导致 1 人死亡、1 人身体残疾。丙的行为既是职业犯，也是结果加重犯

D. 丁在绑架过程中，因被害人反抗而将其杀死，对丁不应当以绑架罪和故意杀人罪实行并罚

25．徐某因犯故意伤害罪，于 2007 年 11 月 21 日被法院判处有期徒刑 1 年，缓期 2 年执行。在缓刑考验期限内，徐某伙同他人无故殴打学生傅某，致傅某轻微伤。当地公安局于 2008 年 4 月 3 日决定对徐某行政拘留 15 日，并于当日开始执行该行政拘留决定。行政拘留结束后，法院撤销对徐某的缓刑，决定收监执行。关于本案，下列哪一选项是正确的？

A. 徐某被行政拘留的 15 天可以折抵刑期

B. 徐某被行政拘留的 15 天不应当折抵刑期

C. 应当将 1 年有期徒刑与 15 天的拘留按照限制加重原则实行并罚

D. 15 天的行政拘留应当被 1 年有期徒刑吸收

26．乙（15 周岁）在乡村公路驾驶机动车时过失将吴某撞成重伤。乙正要下车救人，坐在车上的甲（乙父）说：“别下车！前面来了许多村民，下车会有麻烦。”乙便驾车逃走，吴某因流血过多而亡。关于本案，下列哪一选项是正确的？

A. 因乙不成立交通肇事罪，甲也不成立交通肇事罪

B. 对甲应按交通肇事罪的间接正犯论处

C. 根据司法实践，对甲应以交通肇事罪论处

D. 根据刑法规定，甲、乙均不成立犯罪

27．关于洗钱罪的认定，下列哪一选项是错误的？

A.《刑法》第一百九十一条虽未明文规定侵犯财产罪是洗钱罪的上游犯罪，但是，黑社会性质组织实施的侵犯财产罪，依然是洗钱罪的上游犯罪

B. 将上游的毒品犯罪所得误认为是贪污犯罪所得而实施洗钱行为的，不影响洗钱罪的成立

C. 上游犯罪事实上可以确认，因上游犯罪人死亡依法不能追究刑事责任的，不影响洗钱罪的认定

D. 单位贷款诈骗应以合同诈骗罪论处，合同诈骗罪不是洗钱罪的上游犯罪。为单位贷款诈骗所得实施洗钱行为的，不成立洗钱罪

28．关于自伤，下列哪一选项是错误的？

A. 军人在战时自伤身体、逃避军事义务的，成立战时自伤罪

B. 帮助有责任能力成年人自伤的，不成立故意伤害罪

C. 受益人唆使 60 周岁的被保险人自伤、骗取保险金的，成立故意伤害罪与保险诈骗罪

D. 父母故意不救助自伤的 12 周岁儿子而致其死亡的，视具体情形成立故意杀人罪或者遗弃罪

29．乙驾车带甲去海边游玩。到达后，乙欲游泳。甲骗乙说：“我在车里休息，把车钥匙给我。”趁乙游泳，甲将该车开往外地卖给他人。甲构成何罪？

A. 侵占罪

B. 盗窃罪

C. 诈骗罪

D. 盗窃罪与诈骗罪的竞合

30．不计数额，下列哪一选项构成侵占罪？

A. 甲是个体干洗店老板，洗衣时发现衣袋内有钱，将钱藏匿

B. 乙受公司委托外出收取货款，隐匿收取的部分货款

C. 丙下飞机时发现乘客钱包掉在座位底下，捡起钱包离去

D. 丁是宾馆前台服务员，客人将礼品存于前台让朋友自取。丁见久无人取，私吞礼品

31．关于被害人在法庭审理中的诉讼权利，下列哪一选项是错误的？

A. 有权委托诉讼代理人

B. 有权申请回避

C. 无权参与刑事部分的法庭调查和辩论，只能参加附带民事诉讼部分的审理活动

D. 对刑事判决部分不能提起上诉

32．秦某因涉嫌运输毒品罪被批准逮捕，未委托辩护人。审查起诉期间，值班律师彭某为秦某提供法律帮助。关于本案的处理，下列哪一选项是正确的？

A. 即使秦某未约见彭某，彭某也可经办案机关许可主动会见秦某

B. 即使秦某自愿认罪认罚，彭某也可以量刑建议过重为由拒绝在具结书上签字

C. 为了彭某的安全，办案机关可在彭某会见秦某时安排人员在场

D. 检察院应准许彭某查阅、摘抄、复制案卷材料

33．关于补强证据，下列哪一说法是正确的？

A. 应当具有证据能力

B. 可以和被补强证据来源相同

C. 对整个待证事实有证明作用

D. 应当是物证或者书证

34．关于证据的审查判断，下列哪一说法是正确的？

A. 被害人有生理缺陷，对案件事实的认知和表达存在一定困难，故其陈述在任何情况下都不得采信

B. 与被告人有利害冲突的证人提供的对被告人不利的证言，在任何情况下都不得采信

C. 公安机关制作的放火案的勘验、检查笔录没有见证人签名，一律不得采信

D. 搜查获得的杀人案凶器,未附搜查笔录,不能证明该凶器来源,一律不得采信

35． 下列关于司法拘留、行政拘留与刑事拘留的表述,哪一项是正确的?

A. 司法拘留是对妨害诉讼的强制措施,行政拘留是行政制裁方法,被司法拘留和行政拘留的人均羁押在行政拘留所;刑事拘留是一种强制措施,被刑事拘留的人羁押在看守所

B. 司法拘留、行政拘留、刑事拘留都是一种处罚手段

C. 司法拘留、行政拘留、刑事拘留都是一种强制措施

D. 司法拘留、行政拘留、刑事拘留均可由公安机关决定

36． 关于刑期计算,下列哪一说法是不正确的?

A. 甲被判处拘役六个月,其被指定居所监视居住 154 天的期间折抵刑期 154 天

B. 乙通过贿赂手段被暂予监外执行,其在监外执行的 267 天不计入执行刑期

C. 丙在暂予监外执行期间脱逃,脱逃的 78 天不计入执行刑期

D. 丁被判处管制,其判决生效前被逮捕羁押 208 天的期间折抵刑期 416 天

37． 关于勘验、检查,下列哪一选项是正确的?

A. 为保证侦查活动的规范性与合法性,只有侦查人员可进行勘验、检查

B. 侦查人员进行勘验、检查,必须持有侦查机关的证明文件

C. 检查妇女的身体,应当由女工作人员或者女医师进行

D. 勘验、检查应当有见证人在场,勘验、检查笔录上没有见证人签名的,不得作为定案的根据

38． 被害人对于检察院作出不起诉决定不服而在 7 日内提出申诉时,下列哪一说法是正确的?

A. 由作出决定的检察院受理被害人的申诉

B. 由与作出决定的检察院相对应的法院受理被害人的申诉

C. 被害人提出申诉同时又向法院起诉的,法院应裁定驳回起诉

D. 被害人提出申诉后又撤回的,仍可向法院起诉

39． 某法院在审理张某自诉伤害案中,发现被告人还实施过抢劫。对此,下列哪一做法是正确的?

A. 继续审理伤害案,将抢劫案移送有管辖权的公安机关

B. 鉴于伤害案属于可以公诉的案件,将伤害案与抢劫案一并移送有管辖权的公安机关

C. 继续审理伤害案,建议检察院对抢劫案予以起诉

D. 对伤害案延期审理,待检察院对抢劫案起诉后一并予以审理

40． 关于刑事判决与裁定的区别,下列哪一选项是正确的?

A. 判决解决案件的实体问题,裁定解决案件的程序问题

B. 一案中只能有一个判决,裁定可以有若干个

C. 判决只能以书面的形式表现,裁定只以口头作出

D. 不服判决与不服裁定的上诉、抗诉期限不同

41． 关于审判监督程序,下列哪一选项是正确的?

A. 对于原判决事实不清楚或者证据不足的,应当指令下级法院再审

B. 上级法院指令下级法院再审的,应当指令原审法院以外的下级法院审理;由原审法院审理更为适宜的,也可以指令原审法院审理

C. 不论是否属于由检察院提起抗诉的再审案件,逮捕由检察院决定

D. 法院按照审判监督程序审判的案件,应当决定中止原判决、裁定的执行

42． 关于减刑、假释案件审理程序,下列哪一选项是正确的?

A. 甲因抢劫罪和绑架罪被法院决定执行有期徒刑 20 年,对甲的减刑,应由其服刑地高级法院作出裁定

B. 乙因检举他人重大犯罪活动被报请减刑的,法院应通知乙参加减刑庭审

C. 丙因受贿罪被判处有期徒刑 5 年,对丙的假释,可书面审理,但必须提讯丙

D. 丁因强奸罪被判处无期徒刑,对丁的减刑,可聘请律师到庭发表意见

43． 关于犯罪嫌疑人、被告人逃匿、死亡案件违法所得的没收程序,下列哪一说法是正确的?

A. 贪污贿赂犯罪案件的犯罪嫌疑人潜逃,通缉 1 年后不能到案的,依照《刑法》规定应当追缴其违法所得及其他涉案财产的,公安机关可以向法院提出没收违法所得的申请

B. 在 A 选项所列情形下,检察院可以向法院提出没收违法所得的申请

C. 没收违法所得及其他涉案财产的申请,由犯罪地的基层法院组成合议庭进行审理

D. 没收违法所得案件审理中,在逃犯罪嫌疑人被抓获的,法院应当中止审理

44. 甲市某县环保局与水利局对职责划分有异议,双方协商无法达成一致意见。关于异议的处理,下列哪一说法是正确的?

A. 提请双方各自上一级主管机关协商确定

B. 提请县政府机构编制管理机关决定

C. 提请县政府机构编制管理机关提出协调意见,并由该机构编制管理机关报县政府决定

D. 提请县政府提出处理方案,经甲市政府机构编制管理机关审核后报甲市政府批准

45. 关于行政法规,下列哪一选项是正确的?

A. 行政法规可以设定行政拘留处罚

B. 行政法规对法律设定的行政许可作出具体规定时可以增设行政许可

C. 行政法规的决定程序依照国务院组织法的有关规定办理

D. 行政法规之间对同一事项的新的一般规定与旧的特别规定不一致,不能确定如何适用时,由国务院法制机构裁决

46. 齐某自行购置了一台新车准备从事网约车营运,向甲市乙区交通运输管理局申请网约车营运许可。依照甲市制发的《网约车运营管理规定》,车龄3年以上才可申领网约车营运许可,乙区交通运输管理局据此拒绝了齐某的申请。齐某不服,向法院提起诉讼。诉讼期间,乙区交通运输管理局为齐某发放了营运许可,但齐某未撤诉。对此,下列哪一说法是正确的?

A. 网约车许可属于特许

B. 齐某不可以通过电子邮件申请网约车营运许可

C. 乙区交通运输管理局应当在30日内作出许可决定

D. 法院应当判决确认乙区交通运输管理局拒绝发证行为违法

47. 质监局发现王某生产的饼干涉嫌违法使用添加剂,遂将饼干先行登记保存,期限为1个月。有关质监局的先行登记保存行为,下列哪一说法是正确的?

A. 系对王某的权利义务不产生实质影响的行为

B. 可以由2名执法人员在现场直接作出

C. 采取该行为的前提是证据可能灭失或以后难以取得

D. 登记保存的期限合法

48. 公安局以田某等人哄抢一货车上的财物为由,对田某处以15日行政拘留处罚,田某不服申请复议。下列哪一说法是正确的?

A. 田某的行为构成扰乱公共秩序

B. 公安局对田某哄抢的财物应予以登记

C. 公安局对田某传唤后询问查证不得超过12小时

D. 田某申请复议的期限为6个月

49. 在行政强制执行过程中,行政机关依法与甲达成执行协议。事后,甲应当履行协议而不履行,行政机关可采取下列哪一措施?

A. 申请法院强制执行

B. 恢复强制执行

C. 以甲为被告提起民事诉讼

D. 以甲为被告提起行政诉讼

50. 某市公安局以朱某涉嫌盗窃罪于2013年7月25日将其刑事拘留,经市检察院批准逮捕。2015年9月11日,市中级法院判决朱某无罪,朱某被释放。2016年3月15日,朱某以无罪被羁押为由申请国家赔偿,要求支付侵犯人身自由的赔偿金,赔礼道歉,赔偿精神损害抚慰金200万元。下列哪一说法是正确的?

A. 市检察院为赔偿义务机关

B. 朱某不能以口头方式提出赔偿申请

C. 限制人身自由的时间是计算精神抚慰金的唯一标准

D. 侵犯朱某人身自由的每日赔偿金应按照2014年度职工日平均工资计算

二、多项选择题。每题所设选项中至少有两个正确答案,多选、少选、错选或不选均不得分。本部分含51-85题,每题2分,共70分。

51. 甲为新车购买了车辆损失险,其中规定保险车辆遭受保险责任范围内的意外事故(包括火灾)而造成损失,乙保险公司应依合同规定给予赔偿。后该车因自燃损毁,甲诉至法院要求乙保险公司进行赔偿。法官审理查明,"自燃"属于"火灾"的一种,但由于合同中已将"车辆自燃损失保险"作为车损险的一个附加险进行单独规定,所以其中的"意外事故(火灾)"不包括自燃情况,自燃不属于车辆损失险的赔偿范围。关于该案,下列哪些说法是正确的?

A. 法院运用了文义解释

B. 法院运用了体系解释

C. 法院运用了比较解释

D. 法院运用了解释的冲突模式

52. 关于法律漏洞及其补充,下列哪些说法是正确的?

A. 嗣后漏洞指立法者在制定法律时因疏忽或认知能力的限制没有意识到的法律漏洞

B. 当案件超越了规范文义的涵盖范围,但规范目的却能够包括该案件时,可以用目的论扩张的方法将该案件纳入规范的适用范围

C. 目的论限缩指规范文义的范围宽于规范目的的范围,即所谓"言过其实",其基本原理是不同案件

不同适用,排除掉不同案件在同一规范的适用

D. 填补明显漏洞的方法是目的论限缩,填补隐藏漏洞的方法是目的论扩张

53．根据《选举法》的规定,关于选举制度,下列哪些选项是正确的?

A. 全国人大和地方人大的选举经费,列入财政预算,由中央财政统一开支

B. 全国人大常委会主持香港特别行政区全国人大代表选举会议第一次会议,选举主席团,之后由主席团主持选举

C. 县级以上地方各级人民代表大会举行会议的时候,三分之一以上代表联名,可以提出对由该级人民代表大会选出的上一级人大代表的罢免案

D. 选民或者代表10人以上联名,可以推荐代表候选人

54．根据《宪法》和法律的规定,下列哪些选项是不正确的?

A. 生命权是我国宪法明确规定的公民基本权利

B. 监督权包括批评建议权、控告检举权和申诉权

C.《宪法》第43条第1款规定,中华人民共和国公民有休息的权利

D. 受教育既是公民的权利也是公民的义务

55．甲市政府对某行政事业性收费项目的依据和标准迟迟未予公布,社会各界意见较大。关于这一问题的表述,下列哪些选项是正确的?

A. 市政府应当主动公开该收费项目的依据和标准

B. 市政府可向市人大常委会要求就该类事项作专项工作报告

C. 市人大常委会组成人员可依法向常委会书面提出针对市政府不公开信息的质询案

D. 市人大举行会议时,市人大代表可依法书面提出针对市政府不公开信息的质询案

56．关于《永徽律疏》,下列哪些选项是错误的?

A.《永徽律疏》又称《唐律疏议》,是唐太宗在位时制定的

B.《永徽律疏》首次确立了"十恶"即"重罪十条"制度

C.《永徽律疏》对主要的法律原则和制度做了精确的解释,而且尽可能以儒家经典为根据

D.《永徽律疏》是对《贞观律》的解释,在中国立法史上的地位不如《贞观律》

57．甲国国际法学者艾德拟参选联合国国际法院法官,安理会常任理事国乙国表示反对。关于相关的国际法规则,下列哪些说法是正确的?

A. 艾德在联合国大会投票表决中获得2/3多数票即可当选

B. 若乙国投出否决票,则艾德不能当选

C. 若艾德当选,对涉及甲国的案件不需要申请回避

D. 若艾德未当选,在国际法院受理的涉及甲国的案件中,可以被选派为"专案法官"参加案件审理

58．法官李某的下列哪些行为违反了法官职业道德规范?

A. 庭审时,发现当事人高某聘请的律师赵某明显不负责任,提醒高某可另行委托律师钱某

B. 办案时,发现原告律师程某系自己高中同学,主动提出回避申请

C. 庭审前,向所办案件当事人委托的张律师指出某一证据效力不足

D. 讲座时,提出司法腐败主要是当事人行贿所致

59．关于因果关系,下列哪些选项是正确的?

A. 甲以杀人故意用铁棒将刘某打昏后,以为刘某已死亡,为隐藏尸体将刘某埋入雪沟,致其被冻死。甲的前行为与刘某的死亡有因果关系

B. 乙夜间驾车撞倒李某后逃逸,李某被随后驶过的多辆汽车碾轧,但不能查明是哪辆车造成李某死亡。乙的行为与李某的死亡有因果关系

C. 丙将海洛因送给13周岁的王某吸食,造成王某吸毒过量身亡。丙的行为与王某的死亡有因果关系

D. 丁以杀害故意开车撞向周某,周某为避免被撞跳入河中,不幸溺亡。丁的行为与周某的死亡有因果关系

60．甲与乙(女)发生婚外情,欲与妻子丙离婚,丙不同意。乙让甲在牛奶中下毒杀害丙,甲同意。几天后,甲将一瓶毒牛奶递给丙喝。丙不知道牛奶有毒,又将牛奶递给身边的儿子丁喝。甲见状忙说"他喝过了,不用喝了",然后就走开了。丁喝了毒牛奶后死亡。下列哪些说法是正确的?

A. 甲对丙构成故意杀人罪未遂

B. 甲对丁构成故意杀人罪既遂

C. 乙对丙构成故意杀人罪未遂

D. 乙对丁构成故意杀人罪既遂

61．关于犯罪中止,下列哪些选项是正确的?

A. 甲欲杀乙,埋伏在路旁开枪射击但未打中乙。甲枪内尚有子弹,但担心杀人后被判处死刑,遂停止射击。甲成立犯罪中止

B. 甲入户抢劫时,看到客厅电视正在播放庭审纪实片,意识到犯罪要受刑罚处罚,于是向被害人赔礼道歉后离开。甲成立犯罪中止

C. 甲潜入乙家原打算盗窃巨额现金,入室后发现大量珠宝,便放弃盗窃现金的意思,仅窃取了珠宝。对于盗窃现金,甲成立犯罪中止

D. 甲向乙的饮食投放毒药后,乙呕吐不止,甲顿生悔意急忙开车送乙去医院,但由于交通事故耽误一小时,乙被送往医院时死亡。医生证明,早半小时送到医院乙就不会死亡。甲的行为仍然成立犯罪中止

62. 下列哪些情形不能数罪并罚?

A. 投保人甲,为了骗取保险金杀害被保险人

B. 十五周岁的甲,盗窃时拒捕杀死被害人

C. 司法工作人员甲,刑讯逼供致被害人死亡

D. 运送他人偷越边境的甲,遇到检查将被运送人推进大海溺死

63. 下列哪些行为(不考虑数量),应以走私普通货物、物品罪论处?

A. 将白银从境外走私进入中国境内

B. 走私国家禁止进出口的旧机动车

C. 走私淫秽物品,有传播目的但无牟利目的

D. 走私无法组装并使用(不属于废物)的弹头、弹壳

64. 甲与乙(女)2012年开始同居,生有一子丙。甲、乙虽未办理结婚登记,但以夫妻名义自居,周围群众公认二人是夫妻。对甲的行为,下列哪些分析是正确的?

A. 甲长期虐待乙的,构成虐待罪

B. 甲伤害丙(致丙轻伤)时,乙不阻止的,乙构成不作为的故意伤害罪

C. 甲如与丁(女)领取结婚证后,不再与乙同居,也不抚养丙的,可能构成遗弃罪

D. 甲如与丁领取结婚证后,不再与乙同居,某日采用暴力强行与乙性交的,构成强奸罪

65. 《刑法》第二百六十九条对转化型抢劫作出了规定,下列哪些选项不能适用该规定?

A. 甲入室盗窃,被主人李某发现并追赶,甲进入李某厨房,拿出菜刀护在自己胸前,对李某说:"你千万别过来,我胆子很小。"然后,翻窗逃跑

B. 乙抢夺王某的财物,王某让狼狗追赶乙。乙为脱身,打死了狼狗

C. 丙骗取他人财物后,刚准备离开现场,骗局就被识破。被害人追赶丙。走投无路的丙从身上摸出短刀,扎在自己手臂上,并对被害人说:"你们再追,我就死在你们面前。"被害人见丙鲜血直流,一下愣住了。丙迅速逃离现场

D. 丁在一网吧里盗窃财物并往外逃跑时,被管理人员顾某发现。丁为阻止顾某的追赶,提起网吧门边的开水壶,将开水泼在顾某身上,然后逃离现场

66. 甲在公园游玩时遇见仇人胡某,顿生杀死胡某的念头,便欺骗随行的朋友乙、丙说:"我们追逐胡某,让他出洋相。"三人捡起木棒追逐胡某,致公园秩序严重混乱。将胡某追到公园后门偏僻处后,乙、丙因故离开。随后甲追上胡某,用木棒重击其头部,致其死亡。关于本案,下列哪些选项是正确的?

A. 甲触犯故意杀人罪与寻衅滋事罪

B. 乙、丙的追逐行为是否构成寻衅滋事罪,与该行为能否产生救助胡某的义务是不同的问题

C. 乙、丙的追逐行为使胡某处于孤立无援的境地,但无法预见甲会杀害胡某,不成立过失致人死亡罪

D. 乙、丙属寻衅滋事致人死亡,应从重处罚

67. 关于渎职犯罪,下列哪些说法是正确的?

A. 市场监管执法人员甲明知钱某生产的口罩是伪劣产品,涉嫌犯罪,仍向其通风报信,帮助其逃避处罚。甲构成包庇罪

B. 铁路警察乙发现吴某盗窃,因收了吴某的钱财,对吴某不予立案。乙构成徇私枉法罪和受贿罪,择一重罪论处

C. 监狱管理人员丙在罪犯孙某执行有期徒刑期间,利用职权私下让其回家,要求其按时返回。丙构成私放在押人员罪

D. 警察丁利用职权,使无资格获取驾驶证的周某取得驾驶证。某日,周某违章驾车、酿成车祸,致人死亡。丁构成滥用职权罪

68. 犯罪嫌疑人、被告人在刑事诉讼中享有的诉讼权利可分为防御性权利和救济性权利。下列哪些选项属于犯罪嫌疑人、被告人享有的救济性权利?

A. 侦查机关讯问时,犯罪嫌疑人有申辩自己无罪的权利

B. 对办案人员人身侮辱的行为,犯罪嫌疑人有提出控告的权利

C. 对办案机关应退还取保候审保证金而不退还的,犯罪嫌疑人有申诉的权利

D. 被告人认为一审判决量刑畸重,有提出上诉的权利

69. 甲、乙为A市人,2018年2月一同赴斯里兰卡务工。甲、乙经过协商,在斯里兰卡通过微信的方式对住在B市的朋友丙进行敲诈勒索,丙向甲和乙各转账了10万元。丙的家人得知后报警,B市某区公安机关对甲、乙立案侦查。一年后,甲从C市回国并居住于D市,乙从E市回国并定居。下列哪些法院对本案具有管辖权?

A. A市法院　　　　　B. C市法院

C. D市法院　　　　　D. E市法院

70. 下列哪些选项属于实物证据?

A. 杀人案中现场勘验笔录

B. 贪污案中证明贪污数额的账册

C. 强奸案中证明被害人精神状态的鉴定意见

D. 伤害案中证明伤害发生过程情况的监控录像

71． 在侦查过程中，下列哪些行为违反我国刑事诉讼法的规定？

A. 侦查人员拒绝律师讯问时在场的要求

B. 公安机关变更逮捕措施，没有通知原批准的检察院

C. 公安机关认为检察院不批准逮捕的决定有错误，提出复议前继续拘留犯罪嫌疑人

D. 侦查机关未告知犯罪嫌疑人家属指定居所监视居住的理由和处所

72． 关于自诉案件的审理，下列哪些做法是正确的？

A. 甲、乙系一起伤害案件的自诉人，案件审理中甲撤回起诉，法院继续案件审理

B. 某伤害案，因检察院作出不起诉决定，被害人提起自诉，审理中自诉人与被告人和解而撤回自诉，法院经审查准许

C. 某遗弃案，被告人在第二审程序中提出反诉，法院予以受理并与原自诉合并审理

D. 某侵犯知识产权案，第二审中当事人和解，法院裁定准许撤回自诉并撤销一审判决

73． 甲杀人案，犯罪手段残忍，影响恶劣，第一审法院为防止被害人家属和旁听群众在法庭上过于激愤影响顺利审判，决定作为特例不公开审理。经审理，第一审法院判处甲死刑立即执行，甲上诉。对于本案，第二审法院下列哪些做法是正确的？

A. 组成合议庭

B. 把案件作为第一审案件审理

C. 审理后改判

D. 撤销原判，发回重审

74．《全国人大常委会关于〈刑事诉讼法〉第二百七十一条第二款的解释》规定，检察院办理未成年人刑事案件，在作出附条件不起诉决定以及考验期满作出不起诉决定前，应听取被害人的意见。被害人对检察院作出的附条件不起诉的决定和不起诉的决定，可向上一级检察院申诉，但不能向法院提起自诉。关于这一解释的理解，下列哪些选项是正确的？

A. 增加了听取被害人陈述意见的机会

B. 有利于对未成年犯罪嫌疑人的转向处置

C. 体现了对未成年犯罪嫌疑人的特殊保护

D. 是刑事公诉独占主义的一种体现

75． 关于可以适用当事人和解的公诉案件诉讼程序的案件范围，下列哪些选项是正确的？

A. 交通肇事罪

B. 暴力干涉婚姻自由罪

C. 过失致人死亡罪

D. 刑讯逼供罪

76． 执法为民是社会主义法治的本质要求，行政机关和公务员在行政执法中应当自觉践行。下列哪些做法直接体现了执法为民理念？

A. 行政机关将行政许可申请书格式文本的费用由 2 元降为 1 元

B. 行政机关安排工作人员主动为前来办事的人员提供咨询

C. 工商局要求所属机构提高办事效率，将原 20 工作日办结事项减至 15 工作日办结

D. 某区设立办事大厅，要求相关执法部门进驻并设立办事窗口

77． 根据《公务员法》规定，经省级以上公务员主管部门批准，机关根据工作需要可以对下列哪些职位实行聘任制？

A. 涉及国家秘密的职位

B. 专业性较强的职位

C. 辅助性职位

D. 机关急需的职位

78． 关于具体行政行为的成立和效力，下列哪些选项是错误的？

A. 与抽象行政行为不同，具体行政行为一经成立即生效

B. 行政强制执行是实现具体行政行为执行力的制度保障

C. 未经送达领受程序的具体行政行为也具有法律约束力

D. 因废止具体行政行为给当事人造成损失的，国家应当给予赔偿

79． 某区公安分局以沈某收购赃物为由，拟对沈某处以 1000 元罚款。该分局向沈某送达了听证告知书，告知其可以在 3 日内提出听证申请，沈某遂提出听证要求。次日，该分局在未进行听证的情况下向沈某送达 1000 元罚款决定。沈某申请复议。下列哪些说法是正确的？

A. 该分局在作出决定前，应告知沈某处罚的事实、理由和依据

B. 沈某申请复议的期限为 60 日

C. 该分局不进行听证并不违法

D. 该罚款决定违法

80． 下列哪些行为属于行政强制措施？

A. 甲酒后驾车，公安局决定暂扣其驾驶执照 6 个月

B. 公安局发现乙醉酒影响公共秩序,将其带离现场并约束其至酒醒

C. 市场监督管理局发现丙销售未经检验检疫的猪肉,决定暂扣其未售出的猪肉

D. 税务局认定丁公司涉嫌转移财产逃税,扣押其相当于应缴税款的商品

81. 某市建设委员会以某公司的房屋占压输油、输气管道线为由,作出限期拆除决定,要求某公司自收到决定之日起 10 日内自行拆除。但某公司逾期未拆除,亦未在法定期限内提起诉讼,某市建设委员会申请法院强制执行。下列哪些选项是错误的?

A. 若法律、法规赋予某市建设委员会有自行强制执行权,法院即应不受理其申请

B. 某市建设委员会应当向其所在地的法院申请强制执行

C. 接受申请的法院应当在受理申请之日起 30 日内作出是否准予强制执行的裁定

D. 若在某市建设委员会申请强制执行前,某公司已对限期拆除决定提起诉讼,法院无权在诉讼期间执行拆除决定

82. 肖某提出农村宅基地用地申请,乡政府审核后报县政府审批。肖某收到批件后,不满批件所核定的面积。下列哪些选项是正确的?

A. 肖某须先申请复议,方能提起行政诉讼

B. 肖某申请行政复议,复议机关为县政府的上一级政府

C. 肖某申请行政复议,应当自签收批件之日起 60 日内提出复议申请

D. 肖某提起行政诉讼,县政府是被告,乡政府为第三人

83. 甲厂是某市建筑装潢公司下属的独立核算的集体企业,2007 年 1 月某市建筑装潢公司经批准与甲厂脱离隶属关系。2007 年 4 月,行政机关下达文件批准某市建筑装潢公司的申请,将甲厂并入另一家集体企业乙厂。对此行为,下列何者有权向法院起诉?

A. 甲厂

B. 乙厂

C. 甲厂法定代表人

D. 乙厂法定代表人

84. 秦某租住江某房屋,后伪造江某的身份证和房屋所有权证,将房屋卖给不知情的吴某。房屋登记部门办理过户时未发现材料有假,便向吴某发放了房屋所有权证。江某发现房屋被卖时秦某已去向不明。江某以登记错误为由,提起行政诉讼要求撤销登记。下列哪些选项是正确的?

A. 法院应判决房屋登记部门撤销颁发给吴某的

房屋所有权证

B. 吴某是善意第三人,房屋登记部门不应当撤销给吴某颁发的房屋所有权证

C. 江某应当先申请行政复议,对复议决定不服的,才能向法院起诉

D. 江某提起行政诉讼最长期限是 20 年,自房屋登记机关作出过户登记之日起计算

85. 关于民事、行政诉讼中的司法赔偿,下列哪些说法是正确的?

A. 对同一妨害诉讼的行为重复采取罚款措施的,属于违法采取对妨害诉讼的强制措施

B. 执行未生效法律文书的,属于对判决、裁定及其他生效法律文书执行错误

C. 受害人对损害结果的发生或者扩大也有过错的,国家不承担赔偿责任

D. 因正当防卫造成损害后果的,国家不承担赔偿责任

三、不定项选择题。每题所设选项中至少有一个正确答案,多选、少选、错选或不选均不得分。本部分含 86—100 题,每题 2 分,共 30 分。

86. 赵某在行驶中的地铁车厢内站立,因只顾看手机而未抓扶手,在地铁紧急制动时摔倒受伤,遂诉至法院要求赔偿。法院认为,《侵权责任法》规定,被侵权人对损害的发生有过失的,可以减轻经营者的责任。地铁公司在车厢内循环播放"站稳扶好"来提醒乘客,而赵某因看手机未抓扶手,故存在重大过失,应承担主要责任。综合各种因素,判决地铁公司按 40% 的比例承担赔偿责任。对此,下列说法正确的是:

A. 该案中赵某是否违反注意义务,是衡量法律责任轻重的重要标准

B. 该案的民事诉讼法律关系属第二性的法律关系

C. 若经法院调解后赵某放弃索赔,则构成协议免责

D. 法官对责任分摊比例的自由裁量不受任何限制

87. 王某在未依法取得许可的情况下购买氰化钠并存储于车间内,被以非法买卖、存储危险物质罪提起公诉。法院认为,氰化钠对人体和环境具有极大毒害性,属于《刑法》第 125 条第 2 款规定的毒害性物质,王某未经许可购买氰化钠,虽只有购买行为,但刑法条文中的"非法买卖"并不要求兼有买进和卖出的行为,王某罪名成立。关于该案,下列说法正确的是:

A. 法官对"非法买卖"进行了目的解释

B. 查明和确认"王某非法买卖毒害性物质"的过程是一个与法律适用无关的过程

C. 对"非法买卖"的解释属于外部证成

D. 内部证成关涉的是从前提到结论之间的推论是否有效

88. 根据《宪法》和《民族区域自治法》的规定，下列选项不正确的是：

A. 民族区域自治以少数民族聚居区为基础，是民族自治与区域自治的结合

B. 民族自治地方的国家机关既是地方国家机关，又是自治机关

C. 上级国家机关应该在收到自治机关变通执行或者停止有关决议、决定执行的报告之日起60日内给予答复

D. 自治地方的自治机关依照国家规定，可以和外国进行教育、科技、文化等方面的交流

89. 预算制度的目的是规范政府收支行为，强化预算监督。根据《宪法》和法律的规定，关于预算，下列表述正确的是：

A. 政府的全部收入和支出都应当纳入预算

B. 经批准的预算，未经法定程序，不得调整

C. 国务院有权编制和执行国民经济和社会发展计划、国家预算

D. 全国人大常委会有权审查和批准国家的预算和预算执行情况的报告

90. 根据《宪法》和法律，关于我国宪法监督方式的说法，下列选项正确的是：

A. 地方性法规报全国人大常委会和国务院备案，属于事后审查

B. 自治区人大制定的自治条例报全国人大常委会批准后生效，属于事先审查

C. 全国人大常委会应国务院的书面审查要求对某地方性法规进行审查，属于附带性审查

D. 全国人大常委会只有在相关主体提出对某规范性文件进行审查的要求或建议时才启动审查程序

91. 关于假释，下列选项正确的是：

A. 被判处有期徒刑的犯罪分子，执行原判刑期的二分之一，如果符合假释条件的，可以假释；如果有特殊情况，经高级人民法院核准，可以不受上述执行刑期的限制

B. 被假释的犯罪分子，在假释考验期内，遵守了各种相关规定，没有再犯新罪，也没有发现以前还有其他罪没有判决的，假释考验期满，剩余刑罚就不再执行

C. 被假释的犯罪分子，在假释考验期限内犯新罪的，应当撤销假释，按照先并后减的方法实行数罪并罚

D. 对于因杀人、绑架等暴力性犯罪判处10年以上有期徒刑的犯罪分子，不得假释；即使他们被减刑后，剩余刑期低于10年有期徒刑，也不得假释

92. 甲手持匕首寻找抢劫目标时，突遇精神病人丙持刀袭击。丙追赶甲至一死胡同，甲迫于无奈，与丙搏斗，将其打成重伤。此后，甲继续寻找目标，见到丁后便实施暴力，用匕首将其刺成重伤，使之丧失反抗能力，此时甲的朋友乙驾车正好经过此地，见状后下车和甲一起取走丁的财物（约2万元），然后逃跑，丁因伤势过重不治身亡。关于乙与甲一起取走丁的财物的行为，下列选项正确的是：

A. 乙与甲成立抢劫罪的共同犯罪

B. 甲的行为构成抢劫罪，乙的行为属于抢夺罪，两者在抢夺罪这一重合犯罪之内成立共同犯罪，即成立抢夺罪的共同犯罪

C. 乙既不对丁的重伤承担刑事责任，也不对丁的死亡承担刑事责任

D. 乙不对丁的死亡承担刑事责任，但应对丁的重伤承担刑事责任

93. 关于贿赂犯罪，下列说法正确的是：

A. 甲向国家工作人员乙行贿，甲带了100万元现金去乙的办公室，乙对甲说："钱先放你那里吧。"甲遂将现金带回并放进自己的保险箱里，直至案发时也没有移动。甲行贿100万元既遂，乙受贿100万元既遂

B. 乙利用职务便利违法为甲开具彩票经营同意书，并欺骗甲需要支付10万元才能开具，甲信以为真支付10万元给乙。乙受贿10万元既遂

C. 甲向国家工作人员乙行贿，给了乙一张空白支票，支票最高金额为999万元，甲为确保乙能够支取，在自己相应账户上存有数千万元资金。直至案发时，乙也没有填写支票上的数字。甲行贿999万元既遂，乙受贿999万元既遂

D. 甲向国家工作人员乙行贿，给了乙一张500万元的银行卡，并告知其卡内余额，乙收下后，没有查看余额，也没有使用，直至案发时，卡上余额连本带息共600万元。甲行贿500万元，乙受贿600万元

94. 王某涉嫌在多个市县连续组织淫秽表演，2014年9月15日被刑事拘留，随即聘请律师担任辩护人，10月17日被检察院批准逮捕，12月5日被移送检察院审查起诉。关于律师提请检察院进行羁押必要性审查，下列选项不正确的是：

A. 10月14日提出申请，检察院应受理

B. 11月18日提出申请，检察院应告知其先向侦查机关申请变更强制措施

C. 12月3日提出申请，由检察院承担监所检察工作的部门负责审查

D. 12月10日提出申请，由检察院公诉部门负责审查

95. 下列关于人民陪审员制度的表述,正确的是:

A. 人民陪审员可以组织自诉人和被告人进行调解

B. 三人合议庭中,人民陪审员只对事实问题进行表决

C. 人民陪审员参加七人的合议庭,由二个法官和五个陪审员组成

D. 人民陪审员由法院院长任命

96. 男孩小刚(15岁)强行与女孩小丽(13岁)发生了性关系,公安机关对小刚进行立案侦查。关于本案的处理,下列说法正确的是:

A. 由于小刚涉嫌的罪名较重,不适用附条件不起诉

B. 审查起诉期间,小刚父亲对小刚认罪认罚有异议,可将异议内容在认罪认罚具结书中注明,但不影响对小刚从宽处罚

C. 在对小丽进行询问时,如果其法定代理人或者合适成年人不在场,其被害人陈述不得作为定案根据

D. 法庭审理中,法庭可以通知对小刚在侦查阶段进行社会调查的社会工作者出庭说明情况

97. 2002年底,王某按照县税务局要求缴纳税款12万元。2008年初,王某发现多缴税款2万元。同年7月5日,王某向县税务局提出退税书面申请。7月13日,县税务局向王某送达不予退税决定。王某在复议机关维持县税务局决定后向法院起诉。下列选项正确的是:

A. 复议机关是县税务局的上一级税务局

B. 复议机关应自收到王某复议申请书之日起二个月内作出复议决定

C. 被告为县税务局

D. 是否适用《税收征收管理法》"纳税人自结算缴纳税款之日起三年内发现的,可以向税务机关要求退还多缴的税款"的规定,是本案审理的焦点之一

某环保联合会对某公司提起环境民事公益诉讼,因在诉讼中需要该公司的相关环保资料,遂向县环保局提出申请公开该公司的排污许可证、排污口数量和位置等有关环境信息。申请书中载明了单位名称、住所地、联系人及电话并加盖了公章、获取信息的方式等。县环保局收到申请后,要求环保联合会提供申请人身份的证明材料。环保联合会提供了社会团体登记证复印件。县环保局以申请公开的内容不明确为由拒绝公开,环保联合会不服,向县政府申请复议,县政府予以维持,该环保联合会遂提起行政诉讼。请回答98~100题。

98. 关于本案的信息公开申请及其处理,下列说法正确的是:

A. 环保联合会可采用数据电文形式提出信息公开

B. 环保联合会不具有提出此信息公开申请的资格

C. 县环保局有权要求环保联合会提供申请人身份的证明材料

D. 县环保局认为申请内容不明确的,应告知环保联合会作出更改、补充

99. 关于本案的起诉,下列说法正确的是:

A. 本案由县环保局所在地法院或者环保联合会所在地的法院管辖

B. 起诉期限为6个月

C. 如法院当场不能判定起诉是否符合条件的,应接受起诉状,出具注明收到日期的书面凭证,并在7日内决定是否立案

D. 如法院当场不能判定起诉是否符合条件,经7日内仍不能作出判断的,应裁定暂缓立案

100. 若法院受理此案,关于此案的审理,下列说法正确的是:

A. 法院审理第一审行政案件,当事人各方同意适用简易程序的,可适用简易程序

B. 县环保局负责人出庭应诉的,可另委托1至2名诉讼代理人

C. 县环保局应当对拒绝的根据及履行法定告知和说明理由义务的情况举证

D. 法院应要求环保联合会对其所申请的信息与其自身生产、生活、科研等需要的相关性进行举证

试 卷 二

试 题

一、单项选择题。每题所设选项中只有一个正确答案，多选、错选或不选均不得分。本部分含 1—50 题，每题 1 分，共 50 分。

1. 肖特有音乐天赋，16 岁便不再上学，以演出收入为主要生活来源。肖特成长过程中，多有长辈馈赠：7 岁时受赠口琴 1 个，9 岁时受赠钢琴 1 架，15 岁时受赠名贵小提琴 1 把。对肖特行为能力及其受赠行为效力的判断，根据《民法典》相关规定，下列哪一选项是正确的？

A. 肖特尚不具备完全的民事行为能力

B. 受赠口琴的行为无效，应由其法定代理人代理实施

C. 受赠钢琴的行为无效，因与其当时的年龄智力不相当

D. 受赠小提琴的行为无效，因与其当时的年龄智力不相当

2. 甲公司和乙公司在前者印制的标准格式《货运代理合同》上盖章。《货运代理合同》第四条约定："乙公司法定代表人对乙公司支付货运代理费承担连带责任。"乙公司法定代表人李红在合同尾部签字。后双方发生纠纷，甲公司起诉乙公司，并要求此时乙公司的法定代表人李蓝承担连带责任。关于李蓝拒绝承担连带责任的抗辩事由，下列哪一表述能够成立？

A. 第四条为无效格式条款

B. 乙公司法定代表人未在第四条处签字

C. 乙公司法定代表人的签字仅代表乙公司的行为

D. 李蓝并未在合同上签字

3. 齐某扮成建筑工人模样，在工地旁摆放一尊廉价购得的旧蟾蜍石雕，冒充新挖出文物等待买主。甲曾以 5000 元从齐某处买过一尊同款石雕，发现被骗后正在和齐某交涉时，乙过来询问。甲有意让乙也上当，以便要回被骗款项，未等齐某开口便对乙说："我之前从他这买了一个貔貅，转手就赚了，这个你不要我就要了。"乙信以为真，以 5000 元买下石雕。关于所涉民事法律行为的效力，下列哪一说法是正确的？

A. 乙可向甲主张撤销其购买行为

B. 乙可向齐某主张撤销其购买行为

C. 甲不得向齐某主张撤销其购买行为

D. 乙的撤销权自购买行为发生之日起 2 年内不行使则消灭

4. 甲公司与 15 周岁的网络奇才陈某签订委托合同，授权陈某为甲公司购买价值不超过 50 万元的软件。陈某的父母知道后，明确表示反对。关于委托合同和代理权授予的效力，下列哪一表述是正确的？

A. 均无效，因陈某的父母拒绝追认

B. 均有效，因委托合同仅需简单智力投入，不会损害陈某的利益，其父母是否追认并不重要

C. 是否有效，需确认陈某的真实意思，其父母拒绝追认，甲公司可向法院起诉请求确认委托合同的效力

D. 委托合同因陈某的父母不追认而无效，但代理权授予是单方法律行为，无需追认即有效

5. 甲与乙签订《协议》，由乙以自己名义代甲购房，甲全权使用房屋并获取收益。乙与开发商和银行分别签订了房屋买卖合同和贷款合同。甲把首付款和月供款给乙，乙再给开发商和银行，房屋登记在乙名下。后甲要求乙过户，乙主张是自己借款购房。下列哪一选项是正确的？

A. 甲有权提出更正登记

B. 房屋登记在乙名下，甲不得请求乙过户

C.《协议》名为代购房关系，实为借款购房关系

D. 如乙将房屋过户给不知《协议》的丙，丙支付合理房款则构成善意取得

6. 蔡永父母在共同遗嘱中表示，二人共有的某处房产由蔡永继承。蔡永父母去世前，该房由蔡永之姐蔡花借用，借用期未明确。2012 年上半年，蔡永父母先后去世，蔡永一直未办理该房屋所有权变更登记，也未要求蔡花腾退。2015 年下半年，蔡永因结婚要求蔡花腾退，蔡花拒绝搬出。对此，下列哪一选项是正确的？

A. 因未办理房屋所有权变更登记，蔡永无权要求蔡花搬出

B. 因诉讼时效期间届满，蔡永的房屋腾退请求

不受法律保护

  C. 蔡花系合法占有,蔡永无权要求其搬出

  D. 蔡永对该房屋享有物权请求权

  7. 钱某有一幅祖传名画,市值百万元。高某欲低价购入,联合艺术品鉴定家李某欺骗钱某说是赝品,价值不超过 10 万元。钱某信以为真,但是,未将画卖给高某,而是以 15 万元的价格卖给了不知情的陈某。对此,下列哪一个说法是正确的?

  A. 因陈某乘人之危,故钱某可撤销与陈某的买卖合同

  B. 因高某受欺诈,钱某可撤销与陈某的买卖合同

  C. 属于重大误解,钱某可撤销与陈某的买卖合同

  D. 属于显失公平,钱某可撤销与陈某的买卖合同

  8. 甲借给乙 100 万元,为提供担保,甲与丙签订了不动产抵押合同,丙以其一套住房为借款提供担保。其后,丙经甲多次催告无故不办理抵押登记。借款合同到期后,乙没有按时还款。对此,下列哪一项说法是正确的?

  A. 丙无故不办理抵押登记,视为抵押权已经设立

  B. 抵押合同成立后抵押权已经设立

  C. 抵押合同效力待定

  D. 丙应在抵押物的价值范围内承担违约责任

  9. 甲、乙就乙手中的一枚宝石戒指的归属发生争议。甲称该戒指是其在 2015 年 10 月 1 日外出旅游时让乙保管,属甲所有,现要求乙返还。乙称该戒指为自己所有,拒绝返还。甲无法证明对该戒指拥有所有权,但能够证明在 2015 年 10 月 1 日前一直合法占有该戒指,乙则拒绝提供自 2015 年 10 月 1 日后从甲处合法取得戒指的任何证据。对此,下列哪一说法是正确的?

  A. 应推定乙对戒指享有合法权利,因占有具有权利公示性

  B. 应当认定甲对戒指享有合法权利,因其证明了自己的先前占有

  C. 应当由甲、乙证明自己拥有所有权,否则应判决归国家所有

  D. 应当认定由甲、乙共同共有

  10. 甲公司与乙公司签订服装加工合同,约定乙公司支付预付款一万元,甲公司加工服装 1000 套,3 月 10 日交货,乙公司 3 月 15 日支付余款九万元。3 月 10 日,甲公司仅加工服装 900 套,乙公司此时因濒临破产致函甲公司表示无力履行合同。下列一说法是正确的?

  A. 因乙公司已支付预付款,甲公司无权中止履行合同

  B. 乙公司有权以甲公司仅交付 900 套服装为由,拒绝支付任何货款

  C. 甲公司有权以乙公司已不可能履行合同为由,请求乙公司承担违约责任

  D. 因乙公司丧失履行能力,甲公司可行使顺序履行抗辩权

  11. 张某从甲银行分支机构乙支行借款 20 万元,李某提供保证担保。李某和甲银行又特别约定,如保证人不履行保证责任,债权人有权直接从保证人在甲银行及其支行处开立的任何账户内扣收。届期,张某、李某均未还款,甲银行直接从李某在甲银行下属的丙支行账户内扣划了 18 万元存款用于偿还张某的借款。下列哪一表述是正确的?

  A. 李某与甲银行关于直接在账户内扣划款项的约定无效

  B. 李某无须承担保证责任

  C. 乙支行收回 20 万元全部借款本金和利息之前,李某不得向张某追偿

  D. 乙支行应以自己的名义向张某行使追索权

  12. 甲经乙公司股东丙介绍购买乙公司矿粉,甲依约预付了 100 万元货款,乙公司仅交付部分矿粉,经结算欠甲 50 万元货款。乙公司与丙商议,由乙公司和丙以欠款人的身份向甲出具欠条。其后,乙公司未按期支付。关于丙在欠条上签名的行为,下列哪一选项是正确的?

  A. 构成第三人代为清偿

  B. 构成免责的债务承担

  C. 构成并存的债务承担

  D. 构成无因管理

  13. 甲与乙订立房屋租赁合同,约定租期 5 年。半年后,甲将该出租房屋出售给丙,但未通知乙。不久,乙以其房屋优先购买权受侵害为由,请求法院判决甲丙之间的房屋买卖合同无效。下列哪一表述是正确的?

  A. 甲出售房屋无须通知乙

  B. 丙有权根据善意取得规则取得房屋所有权

  C. 甲侵害了乙的优先购买权,但甲丙之间的合同有效

  D. 甲出售房屋应当征得乙的同意

  14. 甲研究院研制出一种新药技术,向我国有关部门申请专利后,与乙制药公司签订了专利申请权转让合同,并依法向国务院专利行政主管部门办理了登记手续。下列哪一表述是正确的?

  A. 乙公司依法获得药品生产许可证之前,专利申请权转让合同未生效

B. 专利申请权的转让合同自向国务院专利行政主管部门登记之日起生效

C. 专利申请权的转让自向国务院专利行政主管部门登记之日起生效

D. 如该专利申请因缺乏新颖性被驳回,乙公司可以不能实现合同目的为由请求解除专利申请权转让合同

15. 摄影爱好者李某为好友丁某拍摄了一组生活照,并经丁某同意上传于某社交媒体群中。蔡某在社交媒体群中看到后,擅自将该组照片上传于某营利性摄影网站,获得报酬若干。对蔡某的行为,下列哪一说法是正确的?

A. 侵害了丁某的肖像权和身体权

B. 侵害了丁某的肖像权和李某的著作权

C. 侵害了丁某的身体权和李某的著作权

D. 不构成侵权

16. 甲为父亲祝寿宴请亲友,请乙帮忙买酒,乙骑摩托车回村途中被货车撞成重伤,公安部门认定货车司机丙承担全部责任。经查:丙无赔偿能力。丁为货车车主,该货车一年前被盗,未买任何保险。关于乙人身损害的赔偿责任承担,下列哪一项是正确的?

A. 甲承担全部赔偿责任

B. 甲予以适当补偿

C. 丁承担全部赔偿责任

D. 丁予以适当补偿

17. 唐某作为技术人员参与了甲公司一项新产品研发,并与该公司签订了为期2年的服务与保密合同。合同履行1年后,唐某被甲公司的竞争对手乙公司高薪挖走,负责开发类似的产品。甲公司起诉至法院,要求唐某承担违约责任并保守其原知晓的产品。关于该案的审判,下列哪一说法是正确的?

A. 只有在唐某与甲公司共同提出申请不公开审理此案的情况下,法院才可以不公开审理

B. 根据法律的规定,该案不应当公开审理,但应当公开宣判

C. 法院可以根据当事人的申请不公开审理此案,但应当公开宣判

D. 法院应当公开审理此案并公开宣判

18. 红光公司起诉蓝光公司合同纠纷一案,A市B区法院受理后,蓝光公司提出管辖权异议,认为本案应当由A市中级法院管辖。B区法院裁定驳回蓝光公司异议,蓝光公司提起上诉。此时,红光公司向B区法院申请撤诉,获准。关于本案,下列哪一项是正确的?

A. B区法院裁定准予撤诉是错误的,因为蓝光公司已经提起上诉

B. 红光公司应当向A市中级法院申请撤诉,并由其裁定是否准予撤诉

C. B区法院应当待A市中级法院就蓝光公司的上诉作出裁定后,再裁定是否准予撤诉

D. B区法院裁定准予撤诉后,二审法院不再对管辖权异议的上诉进行审查

19. 张某将邻居李某和李某的父亲打伤,李某以张某为被告向法院提起诉讼。在法院受理该案时,李某的父亲也向法院起诉,对张某提出索赔请求。法院受理了李某父亲的起诉,在征得当事人同意的情况下决定将上述两案并案审理。在本案中,李某的父亲居于什么诉讼地位?

A. 必要共同诉讼的共同原告

B. 有独立请求权的第三人

C. 普通共同诉讼的共同原告

D. 无独立请求权的第三人

20. 甲公司诉乙公司专利侵权,乙公司是否侵权成为焦点。经法院委托,丙鉴定中心出具了鉴定意见书,认定侵权。乙公司提出异议,并申请某大学燕教授出庭说明专业意见。关于鉴定的说法,下列哪一选项是正确的?

A. 丙鉴定中心在鉴定过程中可以询问当事人

B. 丙鉴定中心应当派员出庭,但有正当理由不能出庭的除外

C. 如果燕教授出庭,其诉讼地位是鉴定人

D. 燕教授出庭费用由乙公司垫付,最终由败诉方承担

21. 王某承包了20亩鱼塘。某日,王某发现鱼塘里的鱼大量死亡,王某认为鱼的死亡是因为附近的腾达化工厂排污引起,遂起诉腾达化工厂请求赔偿。腾达化工厂辩称,根本没有向王某的鱼塘进行排污。关于化工厂是否向鱼塘排污的事实举证责任,下列哪一选项是正确的?

A. 根据"谁主张、谁举证"的原则,应当由主张存在污染事实的王某负举证责任

B. 根据"谁主张、谁举证"的原则,应当由主张自己没有排污行为的腾达化工厂负举证责任

C. 根据"举证责任倒置"的规则,应当由腾达化工厂负举证责任

D. 根据本证与反证的分类,应当由腾达化工厂负举证责任

22. 何某因被田某打伤,向甲县法院提起人身损害赔偿之诉,法院予以受理。关于何某起诉行为将产生的法律后果,下列哪一选项是正确的?

A. 何某的诉讼时效中断

B. 田某的答辩期开始起算

C. 甲县法院取得排他的管辖权

D. 田某成为适格被告

23． 郝某与刘某自愿结婚,刘某的母亲坚决反对,以刘某未达结婚年龄为由请求法院确认二人婚姻关系无效,但刘某坚决反对,刘某的母亲无奈之下向法院申请撤回起诉。法院应当如何处理?

A. 调解结案

B. 裁定驳回起诉

C. 裁定准许撤回起诉

D. 不准许撤回起诉,判决确认婚姻无效

24． 甲对乙享有 10 万元到期债权,乙无力清偿,且怠于行使对丙的 15 万元债权,甲遂对丙提起代位权诉讼,法院依法追加乙为第三人。一审判决甲胜诉,丙应向甲给付 10 万元。乙、丙均提起上诉,乙请求法院判令丙向其支付剩余 5 万元债务,丙请求法院判令甲对乙的债权不成立。关于二审当事人地位的表述,下列哪一选项是正确的?

A. 丙是上诉人,甲是被上诉人

B. 乙、丙是上诉人,甲是被上诉人

C. 乙是上诉人,甲、丙是被上诉人

D. 丙是上诉人,甲、乙是被上诉人

25． 张某诉新立公司买卖合同纠纷案,新立公司不服一审判决提起上诉。二审中,新立公司与张某达成协议,双方同意撤回起诉和上诉。关于本案,下列哪一选项是正确的?

A. 起诉应在一审中撤回,二审中撤回起诉的,法院不应准许

B. 因双方达成合意撤回起诉和上诉的,法院可准许张某二审中撤回起诉

C. 二审法院应裁定撤销一审判决并发回重审,一审法院重审时准许张某撤回起诉

D. 二审法院可裁定新立公司撤回上诉,而不许张某撤回起诉

26． 万某起诉吴某人身损害赔偿一案,经过两级法院审理,均判决支持万某的诉讼请求,吴某不服,申请再审。再审中万某未出席开庭审理,也未向法院说明理由。对此,法院的下列哪一做法是正确的?

A. 裁定撤诉,视为撤回起诉

B. 裁定撤诉,视为撤回再审申请

C. 裁定诉讼中止

D. 缺席判决

27． 甲公司与银行订立了标的额为 8000 万元的贷款合同,甲公司董事长美国人汤姆用自己位于 W 市的三套别墅为甲公司提供抵押担保。贷款到期后甲公司无力归还,银行向法院申请适用特别程序实现对别墅的抵押权。关于本案的分析,下列哪一选项是正确的?

A. 由于本案标的金额巨大,且具有涉外因素,银行应向 W 市中院提交书面申请

B. 本案的被申请人只应是债务人甲公司

C. 如果法院经过审查,作出拍卖裁定,可直接移交执行庭进行拍卖

D. 如果法院经过审查,驳回银行申请,银行可就该抵押权益向法院起诉

28． 关于执行行为异议与案外人对诉讼标的异议的比较,下列哪一选项是错误的?

A. 异议都是在执行过程中提出

B. 异议都应当向执行法院提出

C. 申请异议当事人有部分相同

D. 申请异议人对法院针对异议所作裁定不服,可采取的救济手段相同

29． 关于法院对仲裁的司法监督的说法,下列哪一选项是错误的?

A. 仲裁当事人申请财产保全,应当向仲裁机构申请,由仲裁机构将该申请移交给相关法院

B. 仲裁当事人申请撤销仲裁裁决被法院驳回,此后以相同理由申请不予执行,法院不予支持

C. 仲裁当事人在仲裁程序中没有提出对仲裁协议效力的异议,此后以仲裁协议无效为由申请撤销或不予执行,法院不予支持

D. 申请撤销仲裁裁决或申请不予执行仲裁裁决程序中,法院可通知仲裁机构在一定期限内重新仲裁

30． 2014 年 5 月,甲、乙、丙三人共同出资设立一家有限责任公司。甲的下列哪一行为不属于抽逃出资行为?

A. 将出资款项转入公司账户验资后又转出去

B. 虚构债权债务关系将其出资转出去

C. 利用关联交易将其出资转出去

D. 制作虚假财务会计报表虚增利润进行分配

31． 彭兵是一家(非上市)股份有限公司的董事长,依公司章程规定,其任期于 2017 年 3 月届满。由于股东间的矛盾,公司未能按期改选出新一届董事会。此后对于公司内部管理,董事间彼此推诿,彭兵也无心公司事务,使得公司随后的一项投资失败,损失 100 万元。对此,下列哪一选项是正确的?

A. 因已届期,彭兵不再履行董事长职务

B. 虽已届期,董事会成员仍须履行董事职务

C. 就公司 100 万元损失,彭兵应承担全部赔偿责任

D. 对彭兵的行为,公司股东有权提起股东代表诉讼

32． 赵、钱、孙、李设立一家普通合伙企业。经全体合伙人会议决定,委托赵与钱执行合伙事务,对外代表合伙企业。对此,下列哪一表述是错误的?

A. 孙、李仍享有执行合伙事务的权限

B. 孙、李有权监督赵、钱执行合伙事务的情况

C. 如赵单独执行某一合伙事务,钱可以对赵执行的事务提出异议

D. 如赵执行事务违反合伙协议,孙、李有权决定撤销对赵的委托

33. 为开拓市场需要,个人独资企业主曾水决定在某市设立一个分支机构,委托朋友霍火为分支机构负责人。关于霍火的权利和义务,下列哪一表述是正确的?

A. 应承担该分支机构的民事责任

B. 可以从事与企业总部相竞争的业务

C. 可以将自己的货物直接出卖给分支机构

D. 经曾水同意可以分支机构财产为其弟提供抵押担保

34. 甲公司开具一张金额 50 万元的汇票,收款人为乙公司,付款人为丙银行。乙公司收到后将该汇票背书转让给丁公司。下列哪一说法是正确的?

A. 乙公司将票据背书转让给丁公司后即退出票据关系

B. 丁公司的票据债务人包括乙公司和丙银行,但不包括甲公司

C. 乙公司背书转让时不得附加任何条件

D. 如甲公司在出票时于汇票上记载有"不得转让"字样,则乙公司的背书转让行为依然有效,但持票人不得向甲公司行使追索权

35. 关于证券交易所,下列哪一表述是正确的?

A. 会员制证券交易所从事业务的盈余和积累的财产可按比例分配给会员

B. 证券交易所总经理由理事会选举产生并报国务院证券监督管理机构批准

C. 证券交易所制定和修改章程应报国务院证券监督管理机构备案

D. 证券交易所的设立和解散必须由国务院决定

36. 潘某向保险公司投保了一年期的家庭财产保险。保险期间内,潘某一家外出,嘱托保姆看家。某日,保姆外出忘记锁门,窃贼乘虚而入,潘某家被盗财物价值近 5000 元。下列哪一表述是正确的?

A. 应由保险公司赔偿,保险公司赔偿后无权向保姆追偿

B. 损失系因保姆过错所致,保险公司不承担赔偿责任

C. 潘某应当向保险公司索赔,不能要求保姆承担赔偿责任

D. 潘某只能要求保姆赔偿,不能向保险公司索赔

37. 某县"大队长酒楼"自创品牌后声名渐隆,

妇孺皆知。同县的"牛记酒楼"经暗访发现,"大队长酒楼"经营特色是,服务员统一着 20 世纪 60 年代服装,播放该年代歌曲,店堂装修、菜名等也具有时代印记。"牛记酒楼"遂改名为"老社长酒楼",服装、歌曲、装修、菜名等一应照搬。根据《反不正当竞争法》的规定,"牛记酒楼"的行为属于下列哪一种行为?

A. 正当的竞争行为

B. 侵犯商业秘密行为

C. 混淆行为

D. 虚假宣传行为

38. 在计算企业应纳税所得额时,下列哪一项支出可以加计扣除?

A. 新技术、新产品、新工艺的研究开发费用

B. 为安置残疾人员所购置的专门设施

C. 赞助支出

D. 职工教育经费

39. 关于城市规划区内以出让方式提供国有土地使用权,根据《城乡规划法》的规定,下列哪一选项是错误的?

A. 出让前,城市人民政府城乡规划主管部门应当依据控制性详细规划,提出出让地块的位置、使用性质、开发强度等规划条件

B. 出让地块的规划条件,应当作为国有土地使用权出让合同的组成部分

C. 未确定规划条件的地块,不得出让国有土地使用权

D. 在签订国有土地使用权出让合同前,建设单位应当持建设项目的批准、核准、备案文件,向城市人民政府城乡规划主管部门领取建设用地规划许可证

40. 关于林木采伐,下列哪一说法是错误的?

A. 对低质低效的公益林应当进行抚育、更新,严禁采伐

B. 为防治林业有害生物,对自然保护区的林木可进行适当的采伐

C. 严格控制商品林的皆伐面积,伐育同步规划实施

D. 未完成上年度采伐后更新造林任务的,不予核发采伐许可证

41. 2023 年 1 月,秦某到某公司工作,双方一直未签订书面劳动合同。2024 年 6 月,秦某辞职,并于同年 7 月申请劳动争议仲裁。关于秦某的仲裁请求,下列哪一说法是正确的?

A. 公司应支付 2 个月的经济补偿金

B. 公司应支付 17 个月的双倍工资

C. 申请支付双倍工资的仲裁时效已过

D. 双方已经订立了无固定期限劳动合同

42. 甲、乙合作完成一部剧本,丙影视公司欲将该剧本拍摄成电视剧。甲以丙公司没有名气为由拒绝,乙独自与丙公司签订合同,以十万元价格将该剧本摄制权许可给丙公司。对此,下列哪一说法是错误的?

A. 该剧本版权由甲、乙共同享有

B. 该剧本版权中的人身权不可转让

C. 乙与丙公司签订的许可合同无效

D. 乙获得的十万元报酬应当合理分配给甲

43. 佳普公司在其制造和出售的打印机和打印机墨盒产品上注册了"佳普"商标。下列未经该公司许可的哪一行为侵犯了"佳普"注册商标专用权?

A. 甲在店铺招牌中标有"佳普打印机专营"字样,只销售佳普公司制造的打印机

B. 乙制造并销售与佳普打印机兼容的墨盒,该墨盒上印有乙的名称和其注册商标"金兴",但标有"本产品适用于佳普打印机"

C. 丙把购买的"佳普"墨盒装入自己制造的打印机后销售,该打印机上印有丙的名称和其注册商标"东升",但标有"本产品使用佳普墨盒"

D. 丁回收墨水用尽的"佳普"牌墨盒,灌注廉价墨水后销售

44. 2014年1月,北京居民李某的一件珍贵首饰在家中失窃后被窃贼带至甲国。同年2月,甲国居民陈某在当地珠宝市场购得该首饰。2015年1月,在获悉陈某将该首饰带回北京拍卖的消息后,李某在北京某法院提起原物返还之诉。关于该首饰所有权的法律适用,下列哪一选项是正确的?

A. 应适用中国法

B. 应适用甲国法

C. 如李某与陈某选择适用甲国法,不应支持

D. 如李某与陈某无法就法律选择达成一致,应适用甲国法

45. 在中国法院审理的某票据纠纷中,与该票据相关的法律行为发生在中国,该票据付款人为甲国某州居民里斯。关于里斯行为能力的法律适用,根据我国相关法律规定,下列哪一判断是正确的?

A. 应适用与该票据纠纷有最密切联系的法律

B. 应适用里斯住所地的法律

C. 如依据中国法里斯具有完全行为能力,则应认定其具有完全行为能力

D. 如关于里斯行为能力的准据法无法查明,则应驳回起诉

46. 俄罗斯公民萨沙来华与中国公民韩某签订一份设备买卖合同。后因履约纠纷韩某将萨沙诉至中国某法院。经查,萨沙在中国境内没有可供扣押的财产,亦无居所;该套设备位于中国境内。关于本案的管辖权与法律适用,依中国法律规定,下列哪一选

项是正确的?

A. 中国法院没有管辖权

B. 韩某可在该套设备所在地或合同签订地法院起诉

C. 韩某只能在其住所地法院起诉

D. 萨沙与韩某只能选择适用中国法或俄罗斯法

47. 我国台湾地区甲公司因合同纠纷起诉大陆乙公司,台湾地区法院判决乙公司败诉。乙公司在上海和北京均有财产,但未执行该判决。关于该判决的执行,下列哪一选项是正确的?

A. 甲公司向上海和北京的中级人民法院申请认可该判决的,由最先立案的中级人民法院管辖

B. 该判决效力低于人民法院作出的生效判决

C. 甲公司申请财产保全的,人民法院可以要求其提供有效的担保;不提供担保的,视情况决定是否准予财产保全

D. 甲公司申请认可该判决的,应当在判决效力确定后1年内提出

48. 中国甲公司以CIF价向某国乙公司出口一批服装,信用证方式付款,有关运输合同明确约定适用《海牙规则》。甲公司在装船并取得提单后,办理了议付。两天后,甲公司接乙公司来电,称装船的海轮在海上因雷击失火,该批服装全部烧毁。对于上述情况,下列哪一选项是正确的?

A. 乙公司应向保险公司提出索赔

B. 甲公司应向保险公司提出索赔

C. 甲公司应将全部货款退还给乙公司

D. 乙公司应向承运人提出索赔

49. 进口到中国的某种化工材料数量激增,其中来自甲国的该种化工材料数量最多,导致中国同类材料的生产企业遭受实质损害。根据我国相关法律规定,下列哪一选项是正确的?

A. 中国有关部门启动保障措施调查,应以国内有关生产者申请为条件

B. 中国有关部门可仅对已经进口的甲国材料采取保障措施

C. 如甲国企业同意进行价格承诺,则可避免被中国采取保障措施

D. 如采取保障措施,措施针对的材料范围应当与调查范围相一致

50. 甲、乙均为《解决国家和他国公民间投资争端公约》缔约国。甲国A公司拟将与乙的争端提交根据该公约成立的解决国际投资争端中心。对此,下列哪一选项是不正确的?

A. 该中心可根据A公司的单方申请对该争端行使管辖权

B. 该中心对该争端行使管辖权,须以A公司和

乙书面同意为条件

C. 如乙没有特别规定,该中心对争端享有管辖权不以用尽当地救济为条件

D. 该中心对该争端行使管辖权后,可依争端双方同意的法律规则作出裁决

二、多项选择题。每题所设选项中至少有两个正确答案,多选、少选、错选或不选均不得分。本部分含51—85题,每题2分,共70分。

51. 黄逢、黄现和金耘共同出资,拟设立名为"黄金黄研究会"的社会团体法人。设立过程中,黄逢等3人以黄金黄研究会名义与某科技园签署了为期3年的商铺租赁协议,月租金5万元,押3付1。此外,金耘为设立黄金黄研究会,以个人名义向某印刷厂租赁了一台高级印刷机。关于某科技园和某印刷厂的债权,下列哪些选项是正确的?

A. 如黄金黄研究会未成立,则某科技园的租赁债权消灭

B. 即便黄金黄研究会未成立,某科技园就租赁债权,仍可向黄逢等3人主张

C. 如黄金黄研究会未成立,则就某科技园的租赁债务,由黄逢等3人承担连带责任

D. 黄金黄研究会成立后,某印刷厂就租赁债权,既可向黄金黄研究会主张,也可向金耘主张

52. 关于诉讼时效的表述,下列哪些选项是正确的?

A. 当事人可以对债权请求权提出诉讼时效抗辩,但法律规定的有些债权请求权不适用诉讼时效的规定

B. 当事人不能约定延长或缩短诉讼时效期间,也不能预先放弃诉讼时效利益

C. 当事人未提出诉讼时效抗辩的,法院不应对诉讼时效问题进行阐明及主动适用诉讼时效的规定进行裁判

D. 当事人在一审、二审期间都可以提出诉讼时效抗辩

53. 甲、乙、丙、丁按份共有某商铺,各自份额均为25%。因经营理念发生分歧,甲与丙商定将其份额以100万元转让给丙,通知了乙、丁;乙与第三人戊约定将其份额以120万元转让给戊,未通知甲、丙、丁。下列哪些选项是正确的?

A. 乙、丁对甲的份额享有优先购买权

B. 甲、丙、丁对乙的份额享有优先购买权

C. 如甲、丙均对乙的份额主张优先购买权,双方可协商确定各自购买的份额

D. 丙、丁可仅请求认定乙与戊之间的份额转让合同无效

54. 甲拾得乙的手机,以市价卖给不知情的丙并交付。丙把手机交给丁维修。修好后丙拒付部分维修费,丁将手机扣下。关于手机的占有状态,下列哪些选项是正确的?

A. 乙丢失手机后,由直接占有变为间接占有

B. 甲为无权占有、自主占有

C. 丙为无权占有、善意占有

D. 丁为有权占有、他主占有

55. 甲公司向乙公司购买一批货物,约定6月30日交货,甲公司支付货款500万元。同时还约定,任何一方履行迟延,需要向对方支付10万元的违约金,货物由乙公司负责办理托运。后乙公司未能在6月30日交货,甲公司也未支付货款。7月30日,乙公司将该批货物交给承运人丙公司承运,运输途中,遭遇山体滑坡,货物全部损毁。下列哪些说法是正确的?

A. 乙公司有权要求甲公司支付10万元迟延履行的违约金

B. 甲公司不需要承担迟延支付货款的违约责任

C. 对于货物损毁,甲公司无权请求乙公司承担赔偿责任

D. 丙公司应将收取的运费退还乙公司

56. 甲公司与乙公司签订建设工程施工合同,将工程发包给乙公司施工,约定乙公司垫资1000万元,未约定垫资利息。甲公司、乙公司经备案的中标合同中工程造价为1亿元,但双方私下约定的工程造价为8000万元,均未约定工程价款的支付时间。7月1日,乙公司将经竣工验收合格的建设工程实际交付给甲公司,甲公司一直拖欠工程款。关于乙公司,下列哪些表述是正确的?

A. 1000万元垫资应按工程欠款处理

B. 有权要求甲公司支付1000万元垫资自7月1日起的利息

C. 有权要求甲公司支付1亿元

D. 有权要求甲公司支付1亿元自7月1日起的利息

57. 甲、乙结婚多年,因甲沉迷于网络游戏,双方协议离婚,甲同意家庭的主要财产由乙取得。离婚后不久,乙发现甲曾在婚姻存续期间私自购买了两处房产并登记在自己名下,于是起诉甲,要求再次分割房产并要求甲承担损害赔偿责任。下列哪些选项是正确的?

A. 乙无权要求甲承担损害赔偿责任

B. 法院应当将两处房产都判给乙

C. 请求分割房产的诉讼时效,为乙发现或者应当发现甲的隐藏财产行为之日起两年

D. 若法院判决乙分得房产,则乙在判决生效之日即取得房屋所有权

58. 甲自书遗嘱将所有遗产全部留给长子乙,并明确次子丙不能继承。乙与丁婚后育有一女戊、一子己。后乙、丁遇车祸,死亡先后时间不能确定。甲悲痛成疾,不久于世。丁母健在。下列哪些表述是正确的?

A. 甲、戊、己有权继承乙的遗产

B. 丁母有权转继承乙的遗产

C. 戊、己、丁母有权继承丁的遗产

D. 丙有权继承、戊和己有权代位继承甲的遗产

59. 赵某受钱某邀请,带着于某的宠物狗去住在三楼的钱某家玩儿,并将狗放在钱某家阳台晒太阳。钱某提醒赵某,狗有摔下的危险。果然,狗在阳台上玩耍时摔下,砸伤了正常行走的路人杨某。关于杨某的主张,下列哪些说法是正确的?

A. 可请求钱某承担动物饲养人或管理人员的侵权责任

B. 可请求钱某承担建筑物管理人的侵权责任

C. 可请求赵某承担动物饲养人或管理人员的侵权责任

D. 可请求于某承担动物饲养人或管理人的侵权责任

60. 李某在甲市 A 区新购一套住房,并请甲市 B 区的装修公司对其新房进行装修。在装修过程中,装修工人不慎将水管弄破,导致楼下住户的家具被淹毁。李某与该装修公司就赔偿问题交涉未果,遂向甲市 B 区法院起诉。B 区法院认为该案应由 A 区法院审理,于是裁定将该案移送至 A 区法院,A 区法院认为该案应由 B 区法院审理,不接受移送,又将案件退回 B 区法院。关于本案的管辖,下列哪些选项是正确的?

A. 甲市 A、B 区法院对该案都有管辖权

B. 李某有权向甲市 B 区法院起诉

C. 甲市 B 区法院的移送管辖是错误的

D. A 区法院不接受移送,将案件退回 B 区法院是错误的

61. 在一起侵权诉讼中,原告申请由其弟袁某(某大学计算机系教授)作为专家辅助人出庭对专业技术问题予以说明。下列哪些表述是正确的?

A. 被告以袁某是原告的近亲属为由申请其回避,法院应批准

B. 袁某在庭上的陈述是一种法定证据

C. 被告可对袁某进行询问

D. 袁某出庭的费用,由败诉方当事人承担

62. 对张男诉刘女离婚案(两人无子女,刘父已去世),因刘女为无行为能力人,法院准许其母李某以法定代理人身份代其诉讼。2017 年 7 月 3 日,法院判决二人离婚,并对双方共有财产进行了分割。该判决同日送达双方当事人,李某对解除其女儿与张男的婚姻关系无异议,但对共有财产分割有意见,拟提起上诉。2017 年 7 月 10 日,刘女身亡。在此情况下,本案将产生哪些法律后果?

A. 本案诉讼中止,视李某是否就一审判决提起上诉而确定案件是否终结

B. 本案诉讼终结

C. 一审判决生效,二人的夫妻关系根据判决解除,李某继承判决分配给刘女的财产

D. 一审判决未生效,二人的共有财产应依法分割,张男与李某对刘女的遗产均有继承权

63. 甲公司因乙公司拖欠货款向 A 县法院申请支付令,经审查甲公司的申请符合法律规定,A 县法院向乙公司发出支付令。乙公司收到支付令后在法定期间没有履行给付货款的义务,而是向 A 县法院提起诉讼,要求甲公司承担因其提供的产品存在质量问题的违约责任。关于本案,下列哪些选项是正确的?

A. 支付令失效

B. 甲公司可以持支付令申请强制执行

C. A 县法院应当受理乙公司的起诉

D. A 县法院不应受理乙公司的起诉

64. 根据《民事诉讼法》的规定,我国法院与外国法院可以进行司法协助,互相委托,代为一定的诉讼行为。但是在下列哪些情况下,我国法院应予以驳回或说明理由退回外国法院?

A. 委托事项同我国的主权、安全不相容的

B. 不属于我国法院职权范围内的

C. 违反我国法律的基本准则或者我国国家利益、社会利益的

D. 外国法院委托我国法院代为送达法律文书,未附中文译本的

65. 赵某独资设立甲公司,并担任公司的董事和法定代表人。因经营需要,甲公司向朱某筹措资金 500 万元,并约定朱某取得甲公司 2% 的股权,甲公司向朱某出具了股权凭证。据查,朱某是乙公司的法定代表人,乙公司与甲公司的经营范围基本相同。因为朱某该笔资金的引入,甲公司经营渐有起色,终于扭亏为盈。后甲公司未进行分红,朱某提出查阅甲公司的账簿并主张分红。下列哪些说法是正确的?

A. 朱某可向法院提起诉讼请求甲公司分红

B. 朱某可自行召集并主持股东会决议分红

C. 赵某可以朱某查账目的不正当为由拒绝其查账请求

D. 朱某可以委托律师代为查账

66. 甲为某有限公司股东,持有该公司 15% 的表决权股。甲与公司的另外两个股东长期意见不合,已

两年未开成公司股东会,公司经营管理出现困难,甲与其他股东多次协商未果。在此情况下,甲可以采取下列哪些措施解决问题?

A. 请求法院解散公司

B. 请求公司以合理的价格收购其股权

C. 将股权转让给另外两个股东退出公司

D. 经另外两个股东同意撤回出资以退出公司

67. 张某向陈某借款 50 万作为出资,与李某、王某成立一家普通合伙企业。二年后借款到期,张某无力还款。对此,下列哪些说法是正确的?

A. 经李某和王某同意,张某可将自己的财产份额作价转让给陈某,以抵销部分债务

B. 张某可不经李某和王某同意,将其在合伙中的份额进行出质,用获得的贷款偿还债务

C. 陈某可直接要求法院强制执行张某在合伙企业中的财产以实现自己的债权

D. 陈某可要求李某和王某对张某的债务承担连带责任

68. 2013 年 3 月,债权人甲公司对债务人乙公司提出破产申请。下列哪些选项是正确的?

A. 甲公司应提交乙公司不能清偿到期债务的证据

B. 甲公司应提交乙公司资产不足以清偿全部债务的证据

C. 乙公司就甲公司的破产申请,在收到法院通知之日起七日内可向法院提出异议

D. 如乙公司对甲公司所负债务存在连带保证人,则其可以该保证人具有清偿能力为由,主张其不具备破产原因

69. 关于支票的表述,下列哪些选项是正确的?

A. 现金支票在其正面注明后,可用于转账

B. 支票出票人所签发的支票金额不得超过其付款时在付款人处实有的存款金额

C. 支票上不得另行记载付款日期,否则该记载无效

D. 支票上未记载收款人名称的,该支票无效

70. 关于证券投资基金运用基金财产进行投资的范围,下列哪些选项是正确的?

A. 可以买卖该基金管理人发行的债券

B. 可以买卖上市交易的股票、债券

C. 不得从事承担无限责任的投资

D. 不得用于承销证券

71. 根据《反垄断法》规定,下列哪些选项不构成垄断协议?

A. 某行业协会组织本行业的企业就防止进口原料时的恶性竞争达成保护性协议

B. 三家大型房地产公司的代表聚会,就商品房价格达成共识,随后一致采取涨价行动

C. 某品牌的奶粉含有毒物质的事实被公布后,数家大型零售公司联合声明拒绝销售该产品

D. 数家大型煤炭企业就采用一种新型矿山安全生产技术达成一致意见

72. 甲公司为宣传其"股神"股票交易分析软件,高价聘请记者发表文章,称"股神"软件是"股民心中的神灵",贬损过去的同类软件"让多少股民欲哭无泪",并称乙公司的软件"简直是垃圾"。根据《反不正当竞争法》的规定,下列哪些选项是正确的?

A. 只有乙公司才能起诉甲公司的诋毁商誉行为

B. 甲公司的行为只有出于故意才能构成诋毁商誉行为

C. 只有证明记者拿了甲公司的钱财,才能认定其参与诋毁商誉行为

D. 只有证明甲公司捏造和散布了虚假事实,才能认定其构成不正当竞争

73. 某省发现有大米被镉污染的情况,立即部署各地成立联合执法组,彻查市场中的大米及米制品。对此,下列哪些说法是正确的?

A. 大米、米制品的质量安全管理须以《食品安全法》为依据

B. 应依照《食品安全法》有关规定公布大米、米制品安全有关信息

C. 县有关部门进入某米粉加工厂检查时,该厂不得以商业秘密为由予以拒绝

D. 虽已构成重大食品安全事故,但影响仅限于该省,可由省食品安全监督管理部门公布有关食品安全信息

74. 商业银行出现下列哪些行为时,中国人民银行有权建议银行业监督管理机构责令停业整顿或吊销经营许可证?

A. 未经批准分立、合并的

B. 未经批准发行、买卖金融债券的

C. 提供虚假财务报告、报表和统计报表的

D. 违反规定同业拆借的

75. 《税收征收管理法》规定了纳税人的权利,下列哪些情形符合纳税人权利的规定?

A. 张某要求查询丈夫的个人所得税申报信息,税务机关以保护纳税人秘密权为由予以拒绝

B. 甲公司对税务机关征收的一笔增值税计算方法有疑问,要求予以解释

C. 乙公司不服税收机关对其采取冻结银行存款的税收保全措施,申请行政复议

D. 个体工商户陈某认为税务所长在征税过程中对自己滥用职权故意刁难,向上级税务机关提出控告

76. 根据《城乡规划法》规定，下列哪些选项属于城乡规划的种类？

A. 城乡规划包括城镇体系规划、城市规划、镇规划、乡规划和村庄规划

B. 城市规划、镇规划分为总体规划和详细规划

C. 详细规划分为控制性详细规划和修建性详细规划

D. 修建性详细规划分为建设用地规划和建设工程规划

77. 甲化工厂和乙造纸厂排放污水，造成某村农作物减产。当地环境主管部门检测认定，甲排污中的有机物超标 3 倍，是农作物减产的原因，乙排污未超标，但其中的悬浮物仍对农作物减产有一定影响。关于甲、乙厂应承担的法律责任，下列哪些选项是正确的？

A. 甲厂应对该村损失承担赔偿责任

B. 乙厂应对该村损失承担赔偿责任

C. 环境主管部门有权追究甲厂的行政责任

D. 环境主管部门有权追究乙厂的行政责任

78. 关于劳动关系的表述，下列哪些选项是正确的？

A. 劳动关系是特定当事人之间的法律关系

B. 劳动关系既包括劳动者与用人单位之间的关系也包括劳动行政部门与劳动者、用人单位之间的关系

C. 劳动关系既包括财产关系也包括人身关系

D. 劳动关系既具有平等关系的属性也具有从属关系的属性

79. 甲电视台模仿某境外电视节目创作并录制了一档新娱乐节目，尚未播放。乙闭路电视台贿赂甲电视台工作人员贺某复制了该节目，并将获得的复制品抢先播放。下列哪些说法是正确的？

A. 乙电视台侵犯了甲电视台的播放权

B. 乙电视台侵犯了甲电视台的复制权

C. 贺某应当与乙电视台承担连带责任

D. 贺某应承担补充责任

80. 甲申请了一项实用新型专利，并向国务院专利行政部门提交了书面声明，表明其愿意许可任何单位或个人实施其专利，并公布了许可使用费的支付方式和标准。乙看到后想要使用该专利。对此，下列哪些说法是不正确的？

A. 甲、乙之间签订专利许可合同后，乙才能取得许可

B. 甲可以和乙协商后给予乙普通许可

C. 乙使用该专利 2 年以后，若甲撤回开放许可声明，则乙可要求甲返还使用费

D. 甲、乙产生纠纷后，应当先经国务院专利机构

调解，然后才能起诉

81. 甲公司在食品上注册"乡巴佬"商标后，与乙公司签订转让合同，获五万元转让费。合同履行后，乙公司起诉丙公司在食品上使用"乡巴佬"商标的侵权行为。法院作出侵权认定的判决书刚生效，"乡巴佬"注册商标就因有"不良影响"被依法撤销。《商标法》于 2013 年 8 月 30 日被修改后，乙"注册商标的无效宣告"制度取代"商标注册不当的撤销制度"。下列哪些说法是错误的？

A. "乡巴佬"商标权视为自始不存在

B. 甲公司应当向乙公司返还五万元

C. 撤销"乡巴佬"商标的裁定对侵权判决不具有追溯力

D. 丙公司可以将"乡巴佬"商标作为未注册商标继续使用

82. 甲国人特里长期居于乙国，丙国人王某长期居于中国，两人在北京经营相互竞争的同种产品。特里不时在互联网上发布不利于王某的消息，王某在中国法院起诉特里侵犯其名誉权、肖像权和姓名权。关于该案的法律适用，根据我国相关法律规定，下列哪些选项是错误的？

A. 名誉权的内容应适用中国法律，因为权利人的经常居住地在中国

B. 肖像权的侵害适用甲国法律，因为侵权人是甲国人

C. 姓名权的侵害适用乙国法律，因为侵权人的经常居所地在乙国

D. 网络侵权应当适用丙国法律，因为被侵权人是丙国人

83. 中国国际商事法庭受理了中国甲公司和新西兰乙公司的国际货物买卖合同纠纷，审理过程中乙公司咨询能否通过视听传输技术等信息网络方式质证。根据《最高人民法院关于设立国际商事法庭若干问题的规定》，下列哪些选项是不正确的？

A. 国际商事法庭的审限应为 6 个月

B. 当事人可就本案判决向国际商事法庭申请执行

C. 若双方当事人无异议，为方便外方当事人，国际商事法庭可以用英文制作判决书

D. 本案必须现场质证，不能通过网络方式质证

84. 中国某产业协会认为甲国出口到中国的某商品构成政府补贴，侵害了中国企业的利益，为此提出反补贴调查申请。商务部终局裁定采取反补贴措施。根据中国相关立法和实践，下列哪些说法是正确的？

A. 该项政府补贴应具有专向性

B. 甲国出口商对商务部的终局裁定不服，可以提交 WTO 争端解决

C. 甲国出口商对商务部的终局裁定不服,可以申请复议,也可以向人民法院提起诉讼

D. 若甲国出口商提起行政诉讼,对于其提供的在反补贴调查中拒不提供的证据,人民法院不予采纳

85. 关于特别提款权,下列哪些选项是正确的?

A. 甲国可以用特别提款权偿还国际货币基金组织为其渡过金融危机提供的贷款

B. 甲乙两国的贸易公司可将特别提款权用于两公司间国际货物买卖的支付

C. 甲乙两国可将特别提款权用于两国政府间结算

D. 甲国可以将特别提款权用于国际储备

三、不定项选择题。每题所设选项中至少有一个正确答案,多选、少选、错选或不选均不得分。本部分含86-100题,每题2分,共30分。

（一）

甲公司与乙公司约定,由甲公司向乙公司交付1吨药材,乙公司付款100万元。乙公司将药材转卖给丙公司,并约定由甲公司向丙公司交付,丙公司收货后3日内应向乙支付价款120万元。

张某以自有汽车为乙公司的债权提供抵押担保,未办理抵押登记。抵押合同约定:"在丙公司不付款时,乙公司有权就出卖该汽车的价款清偿自己的债权。"李某为这笔货款出具担保函:"在丙公司不付款时,由李某承担保证责任"。丙公司收到药材后未依约向乙公司支付120万元,乙公司向张某主张实现抵押权,同时要求李某承担保证责任。

张某见状,便将其汽车赠与刘某。刘某将该汽车作为出资,与钱某设立丁酒店有限责任公司,并办理完出资手续。

丁公司员工方某驾驶该车接送酒店客人时,为躲避一辆逆行摩托车,将行人赵某撞伤。方某自行决定以丁公司名义将该车放在戊公司维修,为获得维修费的八折优惠,方某以其名义在与戊公司相关的庚公司为该车购买一套全新座垫。汽车修好后,方某将车取走交丁公司投入运营。戊公司要求丁公司支付维修费,否则对汽车行使留置权,丁公司回函请宽限一周。庚公司要求丁公司支付座垫费,丁公司拒绝。请回答第86~90题。

86. 关于乙公司与丙公司签订合同的效力,下列表述正确的是:

A. 效力待定

B. 为甲公司设定义务的约定无效

C. 有效

D. 无效

87. 关于乙公司要求担保人承担责任,下列表述正确的是:

A. 乙公司不得向丙公司和李某一并提起诉讼

B. 李某对乙公司享有先诉抗辩权

C. 乙公司应先向张某主张实现抵押权

D. 乙公司可以选择向张某主张实现抵押权或者向李某主张保证责任

88. 关于对赵某的损害应承担侵权责任的主体,下列选项正确的是:

A. 方某
B. 钱某和刘某
C. 丁公司
D. 摩托车主

89. 关于汽车维修合同,下列表述正确的是:

A. 方某构成无因管理

B. 方某构成无权代理

C. 方某构成无权处分

D. 方某构成表见代理

90. 关于座垫费和维修费,下列表述正确的是:

A. 方某应向庚公司支付座垫费

B. 丁公司应向庚公司支付座垫费

C. 丁公司应向戊公司支付维修费

D. 戊公司有权将汽车留置

（二）

某省海兴市的《现代企业经营》杂志刊登了一篇自由撰稿人吕某所写的报道,内容涉及同省龙门市甲公司的经营方式。甲公司负责人汪某看到该篇文章后,认为《现代企业经营》作为一本全省范围内发行的杂志,其所发文章内容严重失实,损害了甲公司的名誉,使公司的经营受到影响。于是甲公司向法院起诉要求《现代企业经营》杂志社和吕某赔偿损失5万元,并进行赔礼道歉。一审法院仅判决杂志社赔偿甲公司3万元,未对"赔礼道歉"的请求进行处理。杂志社认为赔偿数额过高,不服一审判决提起上诉。请回答91、92题。

91. 在案件的一审过程中,关于本案的证据,下列选项正确的是:

A. 因旷工而被甲公司开除了的甲公司原员工于某所提供的证言不能单独作为认定案件事实的证据

B. 吕某在采访甲公司某名保安时,采用录音笔偷录下双方的谈话,因该录音比较模糊,所以不能单独作为认定案件事实的证据

C. 甲公司提供的考勤数据表,属于一方当事人提出的证据,不能单独作为认定案件事实的证据

D. 《现代企业经营》杂志社在庭审过程中,收到了甲公司员工刚刚提供的反映甲公司员工作息时间的一份材料,该材料可以作为新证据提交法庭

92. 关于二审法院对本案的处理,下列选项正确的是:

A. 由于"赔礼道歉"的诉讼请求并不在上诉请求的范围之中,二审法院不得对其进行审理

B. 针对一审中"赔礼道歉"的诉讼请求,二审法

院应根据当事人自愿的原则进行调解,调解不成的,发回重审

C. 针对一审中"赔礼道歉"的诉讼请求,二审法院应根据当事人自愿的原则进行调解,调解不成的,径行判决

D. 针对一审中"赔礼道歉"的诉讼请求,二审法院应根据当事人自愿的原则进行调解,调解不成的,告知甲公司另行起诉

93. 甲公司因遗失汇票,向 A 市 B 区法院申请公示催告。在公示催告期间,乙公司向 B 区法院申报权利。关于本案,下列哪些说法是正确的?

A. 对乙公司的申报,法院只就申报的汇票与甲公司申请公示催告的汇票是否一致进行形式审查,不进行权利归属的实质审查

B. 乙公司申报权利时,法院应当组织双方当事人进行法庭调查与辩论

C. 乙公司申报权利时,法院应当组成合议庭审理

D. 乙公司申报权利成立时,法院应当裁定终结公示催告程序

94. 根据《民事诉讼法》相关司法解释,下列案件不适用小额诉讼程序的是:

A. 人身关系案件　　B. 涉外民事案件

C. 海事案件　　　　D. 发回重审的案件

95. 甲、乙、丙、丁、戊共同出资设立春和有限公司,其中甲持股 1%,乙持股 2%,丙持股 17%,丁持股 30%,戊持股 50%。丙与好友陆某签署代持股协议,约定由陆某实际出资并享有投资收益。戊担任公司的董事长。公司章程规定,持股比例低于 5%的股东不得查阅公司的会计账簿。对此,下列说法正确的是:

A. 甲有权查阅公司的会计账簿

B. 丙无权查阅公司的会计账簿

C. 陆某有权查阅公司的会计账簿

D. 丁有权查阅并复制公司的会计账簿

96. 甲公司交纳保险费为其员工张某投保人身保险,投保单由保险公司业务员代为填写和签字。保险期间内,张某找到租用甲公司槽罐车的李某催要租金。李某与张某发生争执,张某打碎车窗玻璃,并挡在槽罐车前。李某怒将张某撞死。关于保险受益人针对保险公司的索赔理由的表述,下列选项正确的是:

A. 投保单虽是保险公司业务员代为填写和签字,但甲公司交纳了保险费,因此保险合同成立

B. 张某的行为不构成犯罪,保险公司不得以此为由主张免责

C. 张某的行为属于合法的自助行为,保险公司应予理赔

D. 张某的死亡与张某的行为并无直接因果关系,保险公司应予理赔

97. 甲国 A 公司(卖方)与中国 B 公司采用 FOB 价格条件订立了一份货物买卖合同,约定货物保质期为交货后一年。B 公司投保了平安险。货物在海运途中因天气恶劣部分损毁,另一部分完好交货,但在交货后半年左右出现质量问题。根据《联合国国际货物销售合同公约》和有关贸易惯例,下列选项不正确的是:

A. A 公司在陆地上将货物交给第一承运人时完成交货

B. 货物风险在装运港装运上船时转移

C. 对交货后半年出现的货物质量问题,因风险已转移,A 公司不承担责任

D. 对海运途中损毁的部分货物,应由保险公司负责赔偿

(三)

某商场使用了由东方电梯厂生产、亚林公司销售的自动扶梯。某日营业时间,自动扶梯突然逆向运行,造成顾客王某、栗某和商场职工薛某受伤,其中栗某受重伤,经治疗半身瘫痪,数次自杀未遂。现查明,该型号自动扶梯在全国已多次发生相同问题,但电梯厂均通过更换零部件、维修进行处理,并未停止生产和销售。请回答 98~100 题。

98. 关于赔偿主体及赔偿责任,下列选项正确的是:

A. 顾客王某、栗某有权请求商场承担赔偿责任

B. 受害人有权请求电梯厂和亚林公司承担赔偿责任

C. 电梯厂和亚林公司承担连带赔偿责任

D. 商场和电梯厂承担按份赔偿责任

99. 关于顾客王某与栗某可主张的赔偿费用,下列选项正确的是:

A. 均可主张为治疗支出的合理费用

B. 均可主张因误工减少的收入

C. 栗某可主张精神损害赔偿

D. 栗某可主张所受损失 2 倍以下的惩罚性赔偿

100. 职工薛某被认定为工伤且被鉴定为六级伤残。关于其工伤保险待遇,下列选项正确的是:

A. 如商场未参加工伤保险,薛某可主张商场支付工伤保险待遇或者承担民事人身损害赔偿责任

B. 如商场未参加工伤保险也不支付工伤保险待遇,薛某可主张工伤保险基金先行支付

C. 如商场参加了工伤保险,主要由工伤保险基金支付工伤保险待遇,但按月领取的伤残津贴仍由商场支付

D. 如电梯厂已支付工伤医疗费,薛某仍有权获得工伤保险基金支付的工伤医疗费

系,保险公司应予理赔

试 卷 一

解 析

一、单项选择题

1．法律规则的种类；法律责任的竞合[C]

[解析] 委任性规则是指内容尚未确定，而只规定某种概括性指示，由相应国家机关通过相应途径或程序加以确定的法律规则。该条并没有规定由相应国家机关加以确定，内容明确具体，不是委任性规则，而是确定性规则。故 A 项错误。

法律规则与法律原则的区分要点是：法律规则具体规定了权利、义务的某个侧面（行为方式、主体要件、责任承担等）；法律原则较为抽象，一般不规定具体的侧面。本题中，虽然没有规定法律责任的具体种类，但是具体规定了三种责任的"承担顺序"，因此属于法律规则，不属于法律原则。故 B 项错误。

强行性规则是指内容规定具有强制性质，不允许人们随便加以更改的法律规则，多是义务性规则。该条中"承担行政责任或者刑事责任不影响承担民事责任"实际是"不得影响"；"优先用于承担民事责任"实际是"应当优先"，具有义务性和强制性。故 C 项正确。

法律责任的竞合，是指由于某种法律事实的出现，导致两种或两种以上的法律责任产生，而这些责任之间相互冲突的现象。该条属于数个法律责任并存情形，不存在法律责任竞合。故 D 项错误。

2．法律的要素；规则的分类[B]

[解析] 根据法律规则的内容规定不同，法律规则可以分为授权性规则和义务性规则。所谓授权性规则，是指规定人们有权做一定行为或不做一定行为的规则，即规定人们的"可为模式"的规则。所谓义务性规则，是指在内容上规定人们的法律义务，即有关人们应当作出或不作出某种行为的规则。它也分为两种：（1）命令性规则，是指规定人们的积极义务，即人们必须或应当作出某种行为的规则；（2）禁止性规则，是指规定人们的消极义务，即禁止人们作出一定行为的规则。本条规定含有"不得"字样，属于义务性规则中的禁止性规则。故 A 项正确，不当选。

B 项的规定明显属于法律规则，有明确的假定条件和行为模式，尽管法律后果要由另外的法律条文来表述，但这不影响 B 项法律规则的成立。故 B 项错误，当选。

按照规则内容的确定性程度不同，可以把法律规则分为确定性规则、委任性规则和准用性规则。委任性规则，是指具体内容尚未确定，只规定某种概括性指示，由相应国家机关通过相应途径或程序加以确定的法律规则。本条规定"具体办法由国务院有关主管部门或机构制定"属于委任性规则。故 C 项正确，不当选。

确定性规则是指内容已经明确规定人们具体的行为模式，无须再援引或者参照其他规则来确定其内容的法律规则。D 项对子女姓氏的规定已经非常明确，不需要再援引或参照其他规则来确定其内容，属于确定性规则。故 D 项正确，不当选。

3．法的渊源；法律推理；规范性法律文件与非规范性法律文件[D]

[解析] 习俗在我国属于非正式的法的渊源，非正式的法的渊源可以作为法律推理的大前提。但是，要注意，非正式的法的渊源不能直接适用，只有满足了下述三个条件之一方可适用：（1）正式的法的渊源不能作为大前提；（2）正式的法的渊源导致的结果不公正；（3）正式的法的渊源有歧义。故 A 项错误。

一般而言，归纳推理是指由个别的事物或现象推出该类事物或现象的普遍规律的推理方法。我国是成文法国家，法官主要适用演绎推理，该案是以《婚姻法》和最高法院《关于适用〈婚姻法〉若干问题的解释（二）》的相关规定作为大前提、案件事实为小前提得出结论，属于演绎推理。故 B 项错误。

订婚只是一种民间仪式，并不能产生婚姻关系，婚姻关系的产生必须经过登记。2 人之间虽然已经订婚，但未登记结婚，二者之间并没有婚姻关系，所以也谈不上什么在二者之间使用夫妻财产归属的问题。故 C 项错误。

法律文件分为规范性法律文件和非规范性法律文件。所谓规范性法律文件，是指可以针对不特定主体反复适用，具有普遍约束力的法律文件，如法律、法规、司法解释等。非规范性法律文件是法律适用的结果，如判决书、裁定书、合同书等，具有法的效力，但只是个别性效力，没有普遍约束力。故 D 项正确。

4．司法；司法的特点[C]

[解析] A 项考查法与社会的一般关系：（1）法

是社会的产物,社会性质决定法律性质;(2)法以社会为基础,不仅指法律的性质与功能决定于社会,而且还指法律变迁与社会发展的进程基本一致;(3)为了有效地通过法律控制社会,必须使法律与其他的资源分配系统(宗教、道德、政策等)进行配合。因此得出结论,法官的法律世界与其他社会领域(政治、经济、文化等)并非没有关系。故 A 项错误。

B 项考查司法机关依法独立行使职权原则。基本含义是:(1)司法权的专属性,即只能由国家各级审判机关和检察机关统一行使;(2)行使职权的独立性,即法院、检察院依照法律独立行使自己的职权,不受行政机关、社会团体和个人的非法干涉;(3)行使职权的合法性,即司法机关审理案件必须严格依照法律规定,正确适用法律。由此看出,法官独立行使裁判权,但不意味着不受制约,其必须依法裁判。故 B 项错误。

马克思这段话的本意是强调法官独立行使审判权,法官在审判中,只服从法律,不受外界的非法干涉。故 C 项正确。

"法官除了法律没有别的上司"旨在强调"司法机关行使职权的独立性",而不是说"法官是其他一切法律主体(或机构)的上司"。在法律世界中,立法者、法官、检察官、律师之间需要分工合作,法官并非其他法律主体(或机构)的上司。故 D 项错误。

5.宪法规范的表现形式;我国宪法的特色[B]

[解析] 我国是成文宪法国家,宪法典具有最高法律效力,宪法规范自然具有最高法律效力。故 A 项正确。

一般地,宪法渊源主要包括:成文的宪法典、宪法性法律、宪法惯例、宪法判例。宪法判例主要存在于不成文宪法国家,我国宪法规范的表现形式中没有宪法判例。故 B 项错误。

宪法规范是国家制定或认可的、宪法主体参与国家和社会生活最基本社会关系的行为规范。宪法规范是我国最基本的行为规范。故 C 项正确。

宪法规范包括确认性规范、禁止性规范、权利性规范与义务性规范、程序性规范。从我国宪法的规定看,权利性与义务性规范有下列三种形式:一是权利性规范。宪法赋予特定主体权利,使之具有权利主体资格。二是义务性规范,集中体现在公民应履行的基本义务。三是宪法中的权利性与义务性规范相互结合为一体。如《宪法》规定,中华人民共和国公民有劳动的权利和义务。在这类规范中,权利与义务互为一体,表现其特殊的调整方式。权利与义务互为一体的宪法规范是我国宪法规范的特色。故 D 项正确。

6.村民委员会组织法;选举制度[D]

[解析] 《村民委员会组织法》第 11 条规定,村民委员会主任、副主任和委员,由村民直接选举产生。

任何组织或者个人不得指定、委派或者撤换村民委员会成员。村民委员会每届任期 5 年,届满应当及时举行换届选举。村民委员会成员可以连选连任。故 A 项错误。

《村民委员会组织法》第 16 条第 2 款规定,罢免村民委员会成员,须有登记参加选举的村民过半数投票,并须经投票的村民过半数通过。未提及"须有登记参加选举的村民过半数投票"的前提。故 B 项错误。

《村民委员会组织法》第 12 条第 1、2 款规定,村民委员会的选举,由村民选举委员会主持。村民选举委员会由主任和委员组成,由村民会议、村民代表会议或者各村民小组会议推选产生。故 C 项错误。

《村民委员会组织法》第 18 条规定,村民委员会成员丧失行为能力或者被判处刑罚的,其职务自行终止。故 D 项正确。

7.我国古代法典结构体例[C]

[解析] 《法经》共六篇:《盗法》《贼法》《网法》《捕法》《杂法》《具法》。其中最后一篇是《具法》,是关于定罪量刑中从轻从重法律原则的规定,起着"具其加减"的作用,相当于近代刑法典中的总则部分。故 A 项正确。

魏明帝时改定刑制,作《魏律》,《魏律》对秦汉旧律有较大改革。首先,将《法经》中的"具律"改为"刑名"置于律首;其次,将"八议"制度正式列入法典;再次,进一步调整法典的结构与内容,使中国封建法典在系统和科学上前进了一大步。故 B 项正确。

晋武帝时诏颁《晋律》,对汉魏法律继续改革,在"刑名律"后增加"法例律",形成 20 篇 602 条的格局。而到了《北齐律》时,将刑名与法例合为"名例律"一篇,充实了刑法总则。因此,首次有"名例律"是《北齐律》,而非《晋律》。故 C 项错误。

唐朝时期,唐高宗安排律学通才和重要幕僚以疏议的形式对《永徽律》全篇律文逐条逐句地做了统一的法律解释,而且尽可能以儒家经典为根据解释,并将疏议分附于律文之后颁行,分为 12 篇 30 卷,是为《永徽律疏》。故 D 项正确。

8.毗连区;专属经济区;大陆架[D]

[解析] 毗连区不是国家领土,国家对毗连区不享有主权。因此,各国的飞机在符合国际法和我国法律的情况下可以自由航行和飞越,故 A 项错误。B 项规定存在于领海的无害通过权制度中,对于毗连区没有相关限制性规定,故 B 项错误。【知识拓展】国家可以在毗连区内行使为下列事项所必要的管制:(1)防止在其领土或领海内违反其海关、财政、移民或卫生的法律或规章;(2)惩处在其领土或领海内违反上述法规的行为。

根据我国《专属经济区和大陆架法》的规定,我国对大陆架上的自然资源行使主权权利。我国对在专属经济区和大陆架违反我国法律、法规的行为，有权采取必要措施，依法追究法律责任，但并没有关于C项的明确规定。另外本题是单选题，以选择最优选项的原则，也应排除C项。

根据我国《专属经济区和大陆架法》的规定，任何国际组织、外国的组织或者个人在中华人民共和国的专属经济区和大陆架进行海洋科学研究，必须经中华人民共和国主管机关批准，并遵守中华人民共和国的法律、法规。故D项正确。

9．国际环境法[D]

[解析] 防止气候变化的根本措施是温室气体减排，但减排并非停止排放。故A、B项错误。

根据共同但有区别的责任原则，对发达国家承担具体减排目标有所限制。本题中，甲乙两国作为温室气体的排放大国，都应当承担减排责任。但由于甲国为发达国家，乙国为发展中国家，所以两者在承担义务方面应当根据不同情况有所区别。故C项错误、D项正确。

10．条约的加入和保留[D]

[解析] 条约的保留是指一国在签署、批准、接受、赞同或加入一个条约时所作的单方声明，其目的在于排除或更改条约中某些规定对该国的法律效果。对于开放性条约的保留，其他缔约国可以作出同意或反对的表示，没有必须接受的义务。故A项错误。

保留的提出只能是在条约对保留国生效之前提出，与条约本身是否已生效无关。故B、C项错误。

条约的加入是指未对条约进行签署的国家表示同意受条约的拘束成为条约当事方的一种方式。加入一般没有期限限制，可以在条约生效之前或生效之后进行。故D项正确。

11．我国司法制度；法国司法制度[B]

[解析] 司法公正是司法的内在要求和本质反映，是法治的灵魂和核心。效率强调的是尽可能地快速解决纠纷、多解决纠纷，尽可能地节省和充分利用各种司法资源。我国司法的价值选择是"公正优先，兼顾效率"。故A项错误。

司法在社会生活中承担着广泛的职能，司法具有解决纠纷的直接功能和人权保障、调整社会关系、解释和补充法律、形成公共政策、秩序维持、文化支持等间接功能。故B项正确。

由司法机关依法作出生效的判决、裁定或决定，任何机关和个人都不应再作处理，属于司法的终局性特征。故C项错误。

不同国家，因政治制度的差异，其审判制度往往有着很大的区别，即使在政治制度相同的国家，由于历史发展、经济状况和文化传统的差异，其审判制度也会呈现不同的特点。虽然同样是资本主义国家，法

国、德国、日本等许多国家建立全国统一的法院机构，而美国等一些国家则建立联邦和州两套法院机构。故D项错误。

12．律师事务所的管理[B]

[解析]《律师事务所管理办法》第44条规定："律师事务所应当在法定业务范围内开展业务活动，不得以独资、与他人合资或者委托持股方式兴办企业，并委派律师担任企业法定代表人、总经理职务，不得从事与法律服务无关的其他经营性活动。"据此，律所不得出资设立企业，也不得委派律师担任企业总经理，故A项错误。

《律师事务所管理办法》第43条规定："律师事务所应当建立违规律师辞退和除名制度，对违法违规执业、违反本所章程及管理制度或者年度考核不称职的律师，可以将其辞退或者经合伙人会议通过将其除名，有关处理结果报所在地县级司法行政机关和律师协会备案。"由此可知，律师事务所有权依法除名或者辞退律师。故B项正确。

《律师事务所管理办法》第56条规定："律师事务所应当建立律师表彰奖励制度，对依法、诚信、规范执业表现突出的律师予以表彰奖励。"因此，律所奖励律师是律所的职权，不需要律协批准。故C项错误。

《律师事务所管理办法》第57条第2款规定："已担任合伙人的律师受到六个月以上停止执业处罚的，自处罚决定生效之日起至处罚期满后三年内，不得担任合伙人。"祝律师处罚期满未超过3年，无权担任合伙人。故D项错误。

13．公证业务范围；公证程序与效力[C]

[解析]《公证法》第11条规定："根据自然人、法人或者其他组织的申请，公证机构办理下列公证事项：……（九）保全证据；……"A项属于保全证据的事项，不得拒绝。故A项错误。

《公证法》第26条规定："自然人、法人或者其他组织可以委托他人办理公证，但遗嘱、生存、收养关系等应当由本人办理公证的除外。"故B项错误。

《公证法》第28条规定："公证机构办理公证，应当根据不同公证事项的办证规则，分别审查下列事项：（一）当事人的身份、申请办理该项公证的资格以及相应的权利；（二）提供的文书内容是否完备，含义是否清晰，签名、印鉴是否齐全；（三）提供的证明材料是否真实、合法、充分；（四）申请公证的事项是否真实、合法。"公证机构在办理公证业务时，主要审查公证内容的真实性与合法性，既要进行形式审查，也要进行实质审查。故C项正确。

《公证法》第37条规定："对经公证的以给付为内容并载明债务人愿意接受强制执行承诺的债权文书，债务人不履行或者履行不适当的，债权人可以依

法向有管辖权的人民法院申请执行。前款规定的债权文书确有错误的,人民法院裁定不予执行,并将裁定文书送达双方当事人和公证机构。"第39条规定:"当事人、公证事项的利害关系人认为公证书有错误的,可以向出具该公证书的公证机构提出复查。公证书的内容违法或者与事实不符的,公证机构应当撤销该公证书并予以公告,该公证书自始无效;公证书有其他错误的,公证机构应当予以更正。"据此,债权文书确有错误的,法院裁定不予执行,但无权撤销公证书,只有作出公证的公证机关才有权撤销。故D项错误。

14.律师执业行为规范[D]

[解析]《律师执业行为规范(试行)》第51条规定:"有下列情形之一的,律师及律师事务所不得与当事人建立或维持委托关系:(一)律师在同一案件中为双方当事人担任代理人,或代理与本人或者其近亲属有利益冲突的法律事务的;(二)律师办理诉讼或者非诉讼业务,其近亲属是对方当事人的法定代理人或者代理人的;(三)曾经亲自处理或者审理过某一事项或者案件的行政机关工作人员、审判人员、检察人员、仲裁员,成为律师后又办理该事项或者案件的;(四)同一律师事务所的不同律师同时担任同一刑事案件的被害人的代理人和犯罪嫌疑人、被告人的辩护人,但在该县区域内只有一家律师事务所且事先征得当事人同意的除外;(五)在民事诉讼、行政诉讼、仲裁案件中,同一律师事务所的不同律师同时担任争议双方当事人的代理人,或者本所或其工作人员为一方当事人,本所其他律师担任对方当事人的代理人的;(六)在非诉讼业务中,除各方当事人共同委托外,同一律师事务所的律师同时担任彼此有利害关系的各方当事人的代理人的;(七)在委托关系终止后,同一律师事务所或同一律师在同一案件后续审理或者处理中又接受对方当事人委托的;(八)其他与本条第(一)至第(七)项情形相似,且依据律师执业经验和行业常识能够判断为应当主动回避且不得办理的利益冲突情形。"

根据上述规定第4项和第5项,该律师事务所在代理原告案件时,应当拒绝与该案被告建立委托代理关系,A项正确。B项中,该律师事务所有权利在其他案件中与被告人建立委托代理关系,这不属于利益冲突审查的范围,B项正确。C项中,主动与原委托人联系,进行建立委托关系方面的磋商,符合法律的一般规定,C项正确。D项中,原告再审不委托该所,该所遂与被告建立委托代理关系,这种做法是错误的,不符合上述第7项的规定,D项错误。

15.罪刑法定原则[C]

[解析]作为刑法的基本原则,罪刑法定原则的理念贯穿于整个刑事法律的立法、司法与执法过程

中。罪刑法定的思想不仅约束立法者,同样约束司法者;不仅约束法官,同样约束侦查人员。第①②句错误。

严格的罪刑法定原则,要求合理解释法律,禁止类推适用刑法。因为类推适用刑法是在没有刑法明文规定的情况下,比照最相类似的条文定罪处罚,这既违背民主主义的要求,又有侵犯人民人权的危险,因此罪刑法定禁止类推适用刑法(注意:为了更好地保障人权,刑法理论允许有利于被告人的类推解释)。作为罪刑法定原则另一重要内容的成文的罪刑法定要求刑法渊源只能是最高立法机关依法制定的刑事成文实体法律规范,其他法律性文件不能创设刑法罚则。例如,行政法规与规章、习惯或者习惯法、判例都不能成为刑法的渊源。就习惯法而言,其内容具有不确定性和不稳定性,因此不能作为刑法渊源。第③句错误。

事前的罪刑法定也是罪刑法定原则的重要内容之一。为了保障人民的自由和人权以及尊重人民的预测可能性,只有根据事先颁布生效的法律规定,才能对相关违法行为定罪处罚,即刑法禁止溯及既往。但是,为了更好地保障人民的自由和人权,刑法只是禁止不利于被告人的溯及既往,而允许有利于被告人的溯及既往(从旧兼从轻原则表明了这一点)。第④句正确。

据此,第①②③句是错误的,第④句是正确的。故C项正确。

16.因果关系[D]

[解析]按照我国通行的因果关系理论,在行为人的行为介入了第三者或被害人的行为而导致结果发生的场合,要判断某种结果是否为行为人的行为所造成时,应当考察行为人的行为导致结果发生的可能性的大小、介入因素的异常性大小以及介入因素对结果发生作用的大小。

警察将乙送医途中,因车辆故障致使乙长时间得不到救助,最终造成死亡结果,这一异常因素的介入导致甲的伤害行为与乙的死亡之间因果关系的中断,甲的行为与乙的死亡之间没有因果关系。也就是说,正常情况下,警察的救助行为可以防止乙的死亡结果发生。但是车辆出现故障,阻断了救助行为,导致死亡结果发生。因此,乙的死亡结果应归属于这种阻断救助的事态,而不归属于前面甲的伤害行为。故A项错误。

甲虽然将丙撞成轻伤,但丙昏倒在路中央,甲对丙置之不理,这意味着甲将丙置于极为危险的境地;后来丙被随后开车经过此地的乙轧死,表明在当时的环境下,没有甲将丙置于危险境地的行为,就不会有丙被轧死的结果,故甲与丙的死亡之间存在因果关系。其中乙超速行驶来不及刹车的事实,只是表明乙

的不法行为与丙的死亡之间同样存在因果关系而已。故 B 项错误。

因果关系是一种客观联系，不以人的意志为转移，行为人是否认识到自己的行为可能发生危害结果，不影响对因果关系的认定；因果关系又是一种特定条件下的客观联系，行为人是否认识到了特定条件，不能左右对因果关系的认定。甲的行为与丙的死亡之间存在因果关系。故 C 项错误。

乙的自杀行为属于异常因素，中断了甲的投毒行为与乙的死亡结果之间的因果关系。故 D 项正确。

17. 过失犯的认定[C]

[解析]《刑法》第 15 条第 1 款规定，应当预见自己的行为可能发生危害社会的结果，因为疏忽大意而没有预见，或者已经预见而轻信能够避免，以致发生这种结果的，是过失犯罪。过失犯罪，法律有规定的才负刑事责任。由此可见，过失犯均以实际发生危害结果为要件。故 A 项正确，不当选。

根据事先对危害结果的发生有无预见将犯罪过失区分为疏忽大意的过失和过于自信的过失。有预见而轻信能够避免的是过于自信的过失；应当预见而事先没有预见的是疏忽大意的过失。"认识到可能发生危害结果，但结果的发生违背行为人意志"，属于过于自信的过失，成立过失犯。故 B 项正确，不当选。

"过失犯罪，法律有规定的才负刑事责任"，这里的"法律"仅指刑事法律，包括刑法典、单行刑法与附属刑法，只有这些刑事法律才能规定犯罪与刑罚。故 C 项错误，当选。

刑法对过失犯罪规定了较故意犯罪轻得多的法定刑。过失犯罪主观恶性小，根据罪责刑相适应原则，过失犯罪法定刑应轻于故意犯罪法定刑。故 D 项正确，不当选。

18. 未成年人的刑事责任[B]

[解析]《刑法》第 17 条第 2 款规定，已满 14 周岁不满 16 周岁的人，犯故意杀人、故意伤害致人重伤或者死亡、强奸、抢劫、贩卖毒品、放火、爆炸、投放危险物质罪的，应当负刑事责任。A 项中，甲已满 14 周岁未满 16 周岁，其失火行为主观上不是故意，不属于 8 项罪责之一，故不构成犯罪；C 项中，甲受车主张某教唆骗取保险金，而将张某的汽车推到悬崖下毁坏，张某是间接正犯，应对张某单独定罪，构成保险诈骗罪；D 项中，甲拿刀刺摊主致其轻伤的行为属于故意伤害致人轻伤的行为。上述三种情况均不属于上述 8 种罪的范围。故 A、C、D 项不当选。

《关于审理未成年人刑事案件具体应用法律若干问题的解释》第 10 条第 1 款规定，已满 14 周岁不满 16 周岁的人盗窃、诈骗、抢夺他人财物，为窝藏赃物、抗拒抓捕或者毁灭罪证，当场使用暴力，故意伤害

致人重伤或者死亡，或者故意杀人的，应当分别以故意伤害罪或者故意杀人罪定罪处罚。B 项中，甲骗取他人数额巨大的财物，为抗拒抓捕，当场使用暴力将他人打成重伤，构成故意伤害罪。故 B 项当选。

19. 正当防卫；转化型抢劫；故意伤害罪[C]

[解析]《刑法》第 269 条规定，犯盗窃、诈骗、抢夺罪，为窝藏赃物、抗拒抓捕或者毁灭罪证而当场使用暴力或者以暴力相威胁的，以抢劫罪定罪处罚。本案中，甲盗窃财物后已离开现场 1 公里，其使用暴力的地点不属于"当场"，因此不构成转化型抢劫罪。乙在深夜、偏僻路段向甲索要财物，已构成《刑法》上的"不法侵害"，甲的伤害行为也未超出必要限度、未造成不必要的伤害，属于正当防卫，不构成犯罪。故 C 项正确，A、B、D 项错误。

20. 变造货币罪；持有、使用假币罪的客观方面；运输假币罪[C]

[解析] 以货币碎片为材料，加入其他纸张，制作成假币的，属于伪造货币，而非变造货币。故 A 项错误。

将金属货币熔化使得货币的形态发生改变，丧失货币职能，再制作成较薄的、更多的金属货币的，属于伪造货币。故 B 项错误。

持有、使用假币罪是指明知是伪造的货币而持有、使用，数额较大的行为。使用，是将假币作为真货币而使用。既可以是以外表合法的方式使用货币，如购买商品、兑换另一货币、存入银行、赠与他人或者将假币用于缴纳罚金或者罚款等，也可以是以非法的方式使用，如将假币用于赌博。故 C 项正确。

《关于审理伪造货币等案件具体应用法律若干问题的解释》第 2 条第 2 款规定，行为人出售、运输假币构成犯罪，同时有使用假币行为的，依照《刑法》第 171 条、第 172 条的规定，实行数罪并罚。因此运输假币并使用假币的，应当以运输假币罪与使用假币罪数罪并罚。故 D 项错误。

21. 帮助犯的成立和既遂[D]

[解析] 乙所提供的钥匙，对于甲的盗窃行为虽然起到了一定的促进作用，但该促进作用仅延续至甲着手开门盗窃时。之后，乙所提供的钥匙对盗窃实行行为没有任何帮助，所以，乙的行为与甲的盗窃"既遂结果"之间不存在因果关系，乙不成立盗窃罪既遂的帮助犯。故 A、B 项错误。

帮助犯未遂（未遂的帮助犯）指帮助者一开始就以被帮助者的实行行为未遂而告终来实施帮助的，这种帮助行为本身根本就不可能让被帮助者成功地完成犯罪。例如，张三拿着李四提供的有用的钥匙盗窃王五家，王五家门开着，张三走进去盗窃既遂，李四构成帮助犯未遂。本案中乙提供的钥匙根本就不可能起到作用，故乙的行为成立"未遂的帮助犯"。帮助

未遂,是指帮助者欲提供帮助行为,因意志以外的原因未能提供可能有用的帮助行为。实行犯可以是预备阶段,也可在实行阶段。例如,张三欲杀害王五,让李四提供毒药,李四答应并买到毒药,但送药的途中毒药被偷了,李四属于帮助未遂。本题C项错在用帮助未遂的理由得出帮助犯未遂的结论。故C项错误,D项正确。

22.共同犯罪的成立要件;共同过失犯罪的处理[C]

[解析]《刑法》第25条第2款规定:"二人以上共同过失犯罪,不以共同犯罪论处;应当负刑事责任的,按照他们所犯的罪分别处罚。"甲、乙二人的过失行为结合在一起导致丙死亡,二人的过失行为和丙的死亡之间都有因果关系,分别成立过失致人死亡罪,不需要认定甲、乙成立共同过失犯罪。故A项错误。

甲在与乙没有通谋的情况下,为犯罪后的乙提供隐藏处和财物的,属于窝藏犯罪的人,成立窝藏罪,不可能成立乙实施的故意杀人罪的共犯。当然,如果甲、乙事先通谋,甲在乙杀人后再窝藏的,成立故意杀人的共犯。本案中,乙也不可能成立针对自己为对象的窝藏犯罪,甲、乙二人也不成立窝藏罪的共犯。故B项错误。

交警甲明知他人实施保险诈骗行为而为其提供虚假鉴定意见,成立保险诈骗罪的共犯。该项直接考查《刑法》第198条第4款:"保险事故的鉴定人、证明人、财产评估人故意提供虚假的证明文件,为他人诈骗提供条件的,以保险诈骗的共犯论处。"故C项正确。

根据《刑法》第417条的规定,有查禁犯罪活动职责的国家机关工作人员,向犯罪分子通风报信、提供便利,帮助犯罪分子逃避处罚的,成立帮助犯罪分子逃避处罚罪。一方面,甲的行为单独成立帮助犯罪分子逃避处罚罪,不可能成立乙之前所实施犯罪的共犯;另一方面,甲通风报信帮助乙逃避处罚,乙本身也不可能成立甲帮助犯罪分子逃避处罚罪的共犯。故D项错误。

23.共同犯罪的停止形态[D]

[解析] 在认定共犯的犯罪形态时应注意:(1)共犯的犯罪行为是一个整体,其犯罪阶段都取决于整个犯罪实际到达的阶段。(2)如果只有部分共犯主动停止犯罪的,这些主动停止犯罪的人只有有效阻止了其他共犯人继续犯罪或防止犯罪既遂结果发生,才成立犯罪中止,即采用"部分实行、全部责任"的原则,行为人不仅要对自己的行为及结果负责,还要对其他共同犯罪人的行为及结果负责。(3)共犯的中止只及于自己。(4)不存在部分共犯人中止、部分共犯人既遂的犯罪形态。

甲、乙共谋盗窃汽车,甲表明放弃犯罪之意且向

乙要回钥匙,甲有了中止的意图与行为,但乙在将甲的钥匙还给甲之前配制了一把并且盗窃了汽车,即甲的中止行为并没有有效阻止犯罪结果的发生,故甲与乙构成盗窃罪(既遂)的共犯。故D项正确,当选。

24.罪数[B]

[解析]甲主观上意图盗窃普通财物,客观上却盗窃了枪支,属于抽象的事实认识错误中的对象错误,按照法定符合说,在主客观一致的范围内成立盗窃罪既遂。事后甲又将枪支藏于家中,成立非法持有枪支罪。两罪应数罪并罚。故A项正确。

抢夺罪属于状态犯,即在抢夺行为结束之后,他人财物受到侵犯的不法状态仍在持续。在该不法状态存续期间,行为人乙出卖赃物的行为从形式上看单独成立掩饰、隐瞒犯罪所得罪,但是该行为属于不可罚的事后行为(虽然侵犯了新的法益,但缺乏期待可能性)。故B项错误。

职业犯的特征有:行为人主观上具有反复、多次实施犯罪行为的意思;将犯罪行为作为一种业务、职业而反复多次实施;不要求行为人将犯罪行为作为唯一职业;不要求具有不间断性,只要行为具有反复实施的性质,即使具有间断性,也不影响职业犯的认定。营业犯也具有上述特征,只是营业犯具有营利的目的。非法行医罪不要求营利目的,所以属于职业犯。此外,《刑法》第336条第1款规定,未取得医生执业资格的人非法行医,情节严重的,处3年以下有期徒刑、拘役或者管制,并处或者单处罚金;严重损害就诊人身体健康的,处3年以上10年以下有期徒刑,并处罚金;造成就诊人死亡的,处10年以上有期徒刑,并处罚金。非法行医造成就诊人死亡的,属于本罪的结果加重犯。故C项正确。

《刑法》第239条第2款规定,绑架并杀害被绑架人的,属于绑架罪与故意杀人罪的结合犯,仍然成立绑架罪,只是法定刑提高到"处无期徒刑或者死刑,并处没收财产"。故D项正确。

25.刑期的折抵[B]

[解析]徐某在缓刑考验期限内,违反有关缓刑的监督管理规定,应当撤销缓刑,执行原判刑罚。但其在缓刑考验期限内由于无故殴打傅某致其轻微伤所受的行政拘留不能折抵刑期,因为导致受到行政拘留处罚的事实与受到刑事处罚的事实并非同一事实。所以,行政拘留的15天既不能折抵,也不能与1年有期徒刑按照限制加重原则进行并罚,更不能被有期徒刑吸收,而应该分别执行。故A、C、D项错误,B项正确。

26.交通肇事罪;共同犯罪[C]

[解析]交通肇事罪,是指违反交通运输管理法规,因而发生重大事故,致人重伤、死亡或者使公私财

产遭受重大损失的行为。根据《刑法》第133条的规定，交通肇事后因逃逸而致人死亡的行为是交通肇事罪的情节加重犯，不满16周岁的行为人不必为此负刑事责任，所以乙依法不构成犯罪。《关于审理交通肇事刑事案件具体应用法律若干问题的解释》第5条第2款规定："交通肇事后，单位主管人员、机动车辆所有人、承包人或者乘车人指使肇事人逃逸，致使被害人因得不到救助而死亡的，以交通肇事罪的共犯论处。"本案中甲的行为就属于这一情形。依照该司法解释规定，应当认定甲构成交通肇事罪的共犯。按照刑法理论，交通肇事罪作为一种过失犯罪，不能成立共同犯罪。但这一规定不能成为认定过失犯罪存在共犯的特例。乙开车时因过失造成事故，并非甲指使所致，故甲不是交通肇事罪的间接正犯。故C项正确，A、B、D三项均错误。

27．洗钱罪[D]

[解析] 黑社会性质组织犯罪是洗钱罪的上游犯罪毋庸置疑，这与其实施侵犯财产权的犯罪为常态有很大关系。因此，单纯侵犯财产犯罪不是洗钱罪的上游犯罪，但是黑社会性质组织实施的侵犯财产罪，依然是洗钱罪的上游犯罪。故A项正确，不当选。

《刑法修正案(六)》将贪污贿赂犯罪、破坏金融管理秩序犯罪、金融诈骗犯罪规定为洗钱罪的上游犯罪，明确规定其对象是毒品犯罪、黑社会性质的组织犯罪、恐怖活动犯罪、走私犯罪、贪污贿赂犯罪、破坏金融管理秩序犯罪、金融诈骗犯罪的违法所得，除法律明文规定的上述犯罪所得之外，其他犯罪所得均不能成为洗钱罪的对象，亦不能构成洗钱罪。将上游的毒品犯罪所得误认为是贪污犯罪所得而实施洗钱行为的，属于具体的事实认识错误中的对象错误，不影响洗钱罪的成立。故B项正确，不当选。

在确认洗钱犯罪与其上游犯罪的关系时应当以上游犯罪事实成立为认定前提。如果上游犯罪事实不成立或没有达到构成犯罪的程度，洗钱犯罪也不成立。但是，只要上游犯罪事实可以确认，即使因上游犯罪人死亡，而依法不能追究刑事责任的，也不影响洗钱罪的认定。故C项正确，不当选。

贷款诈骗罪的构成要件要求犯罪主体只能由个人构成，单位不能构成。因此，对于单位贷款诈骗行为按合同诈骗罪定罪处罚。最高人民法院曾下发了《全国法院审理金融犯罪案件工作座谈会纪要》，指出："在司法实践中，对于单位十分明显地以非法占有为目的，利用签订、履行借款合同诈骗银行或其他金融机构贷款，符合刑法第224条规定的合同诈骗罪构成要件的，应当以合同诈骗罪定罪处罚。"《刑法修正案(六)》已将金融诈骗犯罪规定为洗钱罪的上游犯罪，因此，为单位贷款诈骗所得而实施洗钱行为的，应该成立洗钱罪。故D项错误，当选。

28．被害人承诺；自伤行为；不作为犯罪[C]

[解析] 故意伤害罪的对象是他人；自伤行为，原则上不成立犯罪，但当自伤行为侵犯国家法益或社会法益而触犯刑法规范时，可能成立犯罪，如战时自伤罪。故A项正确，不当选。

自伤行为无罪，帮助他人(有责任能力者)自伤的行为更不可能成立故意伤害罪。同理，既然自伤行为无罪，教唆他人(有责任能力者)自伤的行为也不可能成立故意伤害罪。故B项正确，不当选；C项错误，当选。

父母对于未成年子女具有保护的义务，当未成年子女自伤、自残时，父母有义务阻止，以保护其合法利益。如果父母能救助而不予救助，视其对法益的侵犯程度等情形，可能成立故意杀人罪或者遗弃罪。故D项正确，不当选。

29．盗窃罪；诈骗罪；侵占罪的认定[B]

[解析] 盗窃罪只能是盗窃他人占有的财物，而侵占罪只能是侵占自己占有的他人财物。本案中，尽管乙下车游泳，而且甲拿着车钥匙并在车里休息，但该车仍然属于车主乙占有，因为车主乙还在附近，并没有转移车辆占有的行为和意思。故甲不可能构成侵占罪，而应构成盗窃罪。故A项错误，B项正确。

诈骗罪要求行为人实施欺诈行为，对方基于错误认识而错误地处分财产。本案中，甲欺骗乙的行为并不是为了让乙将该车的占有转移给自己，而是为了方便自己更容易地取得乙占有的车辆，其行为属于通过"调虎离山"式的欺骗进而取得他人占有财物的行为，成立盗窃罪，而非诈骗罪。故C、D项错误。

30．侵占罪[A]

[解析] 侵占罪，是指以非法占有为目的，将他人交给自己保管的财物、遗忘物或者埋藏物非法占为己有，数额较大，拒不交还的行为。犯罪对象只限于3种财物：(1)代为保管的他人财物；(2)他人的遗忘物，遗忘物不等于遗失物，也不同于遗弃物；(3)他人的埋藏物。

顾客将衣服送到干洗店干洗，就衣服而言，属于代为保管物；但对于衣服中的钱财，不属于代为保管物，而是属于遗忘物，即甲虽非基于委托关系但却事实上占有了被害人钱财，而且该钱财非基于被害人的本意但却脱离了被害人的占有。本案中甲将他人遗忘物非法占为己有，成立侵占罪。故A项当选。

乙受公司委托外出收取货款，已经合法占有、管理了单位财产。乙以非法占有为目的，利用自己主管、管理、经营、经手单位财物的便利，将单位财物非法据为己有，成立职务侵占罪。职务侵占罪与侵占罪不是对立关系，只要公司、企业等单位人员利用职务之便侵占单位财物的，即可成立职务侵占罪，不再认定为侵占罪。故B项不当选。

虽然飞机属于公共场所,而且乘客离开座位,但该财物仍然属于乘客占有。因为他人短暂遗忘或者短暂离开,只要处于他人支配力所能涉及范围的财物,都属于他人占有的财物。故丙捡起钱包离去的行为成立盗窃罪,而非侵占罪。故 C 项不当选。

客人寄存于前台的财物应当视为宾馆管理中的财物,属于宾馆管理者占有。作为宾馆前台服务员的丁,利用自己管理财物之际,将该财物非法据为己有,成立职务侵占罪而非侵占罪。故 D 项不当选。

31．被害人的诉讼权利［C］

［解析］《刑事诉讼法》第 46 条第 1 款规定:"公诉案件的被害人及其法定代理人或者近亲属,附带民事诉讼的当事人及其法定代理人,自案件移送审查起诉之日起,有权委托诉讼代理人。自诉案件的自诉人及其法定代理人,附带民事诉讼的当事人及其法定代理人,有权随时委托诉讼代理人。"故 A 项正确。

根据《刑事诉讼法》第 29、30 条规定,当事人有申请回避的权利。根据《刑事诉讼法》第 108 条第 2 项规定,当事人是指被害人、自诉人、犯罪嫌疑人、被告人、附带民事诉讼的原告人和被告人,故被害人有权申请回避,故 B 项正确。

《刑诉解释》第 242 条第 1、2 款规定:"在审判长主持下,公诉人可以就起诉书指控的犯罪事实讯问被告人。经审判长准许,被害人及其法定代理人、诉讼代理人可以就公诉人讯问的犯罪事实补充发问;附带民事诉讼原告人及其法定代理人、诉讼代理人可以就附带民事部分的事实向被告人发问;被告人的法定代理人、辩护人,附带民事诉讼被告人及其法定代理人、诉讼代理人可以在控诉方、附带民事诉讼原告就某一问题讯问、发问完毕后向被告人发问。"《刑事诉讼法》第 198 条第 2 款规定:"经审判长许可,公诉人、当事人和辩护人、诉讼代理人可以对证据和案件情况发表意见并且可以互相辩论。"由此可见,被告人既有权参与刑事部分的法庭调查和辩论,也可以参加附带民事诉讼部分的审理活动,故 C 项错误。

《刑事诉讼法》第 229 条规定:"被害人及其法定代理人不服地方各级人民法院第一审的判决的,自收到判决书后五日以内,有权请求人民检察院提出抗诉。……"据此,被害人及其法定代理人对刑事判决部分只有请求检察院抗诉的权利,没有上诉权,故 D 项正确。

32．值班律师的权利与义务［A］

［解析］《法律援助值班律师工作办法》第 6 条第 3 款规定:"值班律师办理案件时,可以应犯罪嫌疑人、被告人的约见进行会见,也可以经办案机关允许主动会见;自人民检察院对案件审查起诉之日起可以查阅案卷材料、了解案情。"故 A 项正确。

《法律援助值班律师工作办法》第 10 条规定:"犯罪嫌疑人签署认罪认罚具结书时,值班律师对犯罪嫌疑人认罪认罚自愿性、人民检察院量刑建议、程序适用等均无异议的,应当在具结书上签名……值班律师对人民检察院量刑建议、程序适用有异议的,在确认犯罪嫌疑人系自愿认罪认罚后,应当在具结书上签字,同时可以向人民检察院提出法律意见。犯罪嫌疑人拒绝值班律师帮助的,值班律师无需在具结书上签字……"据此,只要确认犯罪嫌疑人属于自愿认罪认罚,值班律师就应在具结书上签字;即使值班律师认为量刑建议过重,犯罪嫌疑人仍自愿认罪认罚的,仍应在具结书上签字,同时可向检察院提出法律意见。故 B 项错误。

根据《刑事诉讼法》第 39 条第 4 款规定,辩护律师会见犯罪嫌疑人、被告人时不被监听。彭某作为法律援助值班律师,也适用上述规定。若办案机关在彭某会见秦某时安排人员在场,则涉嫌旁听,违反上述规定。故 C 项错误。

《法律援助值班律师工作办法》第 21 条规定:"侦查阶段,值班律师可以向侦查机关了解犯罪嫌疑人涉嫌的罪名及案件有关情况;案件进入审查起诉阶段后,值班律师可以查阅案卷材料,了解案情,人民检察院、人民法院应当及时安排,并提供便利。已经实现卷宗电子化的地方,人民检察院、人民法院可以安排在线阅卷。"据此,值班律师在审查起诉阶段只享有阅卷权,无摘抄、复制案卷材料的权利,故 D 项错误。【陷阱点拨】根据《刑事诉讼法》第 40 条,辩护律师自人民检察院对案件审查起诉之日起,可以查阅、摘抄、复制本案的案卷材料。

33．补强证据规则［A］

［解析］补强证据,是指用以增强另一个证据证明力的证据,一开始收集到的对证实案情有重要意义的证据,称为"主证据",而用以印证该证据真实性的其他证据,就称之为"补强证据"。其目的是防止误认为事实或发生其他危险性,而在运用某些证明力比较薄弱的证据认定案情时,必须有其他证据补强其证明力,才能被法庭采信为定案根据。

补强证据必须满足以下条件:(1)补强证据必须具有证据能力;(2)补强证据本身必须具有担保补强对象真实的能力,补强证据的作用仅仅在于担保特定补强对象的真实性,而非对整个待证事实或案件事实具有补强作用;(3)补强证据必须具有独立的来源。故 A 项正确,B、C 项错误。

刑事诉讼中补强证据对证据种类无限制,包括被追诉人的供述、证人证言、被害人陈述等,不限于物证或书证。故 D 项错误。

34．证据的审查判断［D］

［解析］《刑诉解释》第 143 条规定:"下列证据应当慎重使用,有其他证据印证的,可以采信:(一)

生理上、精神上有缺陷，对案件事实的认知和表达存在一定困难，但尚未丧失正确认知、表达能力的被害人、证人和被告人所作的陈述、证言和供述；（二）与被告人有亲属关系或者其他密切关系的证人所作的有利于被告人的证言，或者与被告人有利害冲突的证人所作的不利于被告人的证言。"据此，被害人即使有生理缺陷，对案件事实的认知和表达存在一定的困难，但其在自身判断和表达能力范围内对案件作出了准确陈述，并且有其他证据印证，则可以被采信。故 A 项错误。B 项中"与被告人有利害冲突的证人提供的对被告人不利的证言"在有其他证据印证的情形下也可以被采信。故 B 项错误。

《刑诉解释》第 103 条规定："勘验、检查笔录存在明显不符合法律、有关规定的情形，不能作出合理解释的，不得作为定案的根据。"据此，C 项中的情况，应当允许补正或者作出合理解释说明，并非一律不得采信。故 C 项错误。

《刑诉解释》第 86 条第 1 款规定："在勘验、检查、搜查过程中提取、扣押的物证、书证，未附笔录或者清单，不能证明物证、书证来源的，不得作为定案的根据。"D 项中情形符合该法条规定。故 D 项正确。

35．刑事拘留与司法拘留、行政拘留的区别[A]

[解析] 司法拘留是在刑事、民事和行政诉讼过程中，法院对于有严重妨碍诉讼行为的诉讼参与人以及其他人员采取的一种强制措施；行政拘留是指法定的行政机关（专指公安机关）依法对违反行政法律规范的人，在短期内限制人身自由的一种行政处罚；刑事拘留是公安机关、人民检察院对直接受理的案件，在侦查过程中，遇到法定的紧急情况时，对于现行犯或者重大嫌疑分子所采取的临时剥夺其人身自由的强制方法。所以 A 项正确。

刑事拘留在刑事诉讼活动中是一种保障性措施，不具有惩罚性，属于强制措施，B 项中刑事拘留是一种处罚手段表述错误。所以 B 项错误。

行政拘留是行政制裁方法，属于行政处罚，不是强制措施。所以 C 项错误。

司法拘留由人民法院决定，行政拘留由公安机关决定，刑事拘留由公安机关、人民检察院决定。所以 D 项错误。

36．刑期计算[A]

[解析]《刑事诉讼法》第 76 条规定，指定居所监视居住的期限应当折抵刑期。被判处管制的，监视居住 1 日折抵刑期 1 日；被判处拘役、有期徒刑的，监视居住 2 日折抵刑期 1 日。A 项中甲被指定居所监视居住 154 天的期间应是折抵刑期 77 天。故 A 项说法错误。

《刑事诉讼法》第 268 条第 3 款规定，不符合暂予监外执行条件的罪犯通过贿赂等非法手段被暂予监

外执行的，在监外执行的期间不计入执行刑期。罪犯在暂予监外执行期间脱逃的，脱逃的期间不计入执行刑期。B 项中乙通过贿赂手段被暂予监外执行，其在监外执行的 267 天不计入执行刑期。C 项中丙在暂予监外执行期间脱逃，脱逃的 78 天不计入执行刑期。故 B、C 项说法正确。

《刑法》第 41 条规定，管制的刑期，从判决执行之日起计算；判决执行以前先行羁押的，羁押 1 日折抵刑期 2 日。D 项中丁被判处管制，其判决生效前被逮捕羁押 208 天的期间折抵刑期 416 天。故 D 项说法正确。

37．勘验、检查；勘验、检查笔录的排除[B]

[解析]《刑事诉讼法》第 128 条规定，侦查人员对于与犯罪有关的场所、物品、人身、尸体应当进行勘验或者检查。在必要的时候，可以指派或者聘请具有专门知识的人，在侦查人员的主持下进行勘验、检查。故 A 项的错误在于，具有专门知识的人，也可以进行勘验、检查。

《刑事诉讼法》第 130 条规定，侦查人员执行勘验、检查，必须持有人民检察院或者公安机关的证明文件。故 B 项正确。

《刑事诉讼法》第 132 条第 3 款规定，检查妇女的身体，应当由女工作人员或者医师进行。故 C 项的错误在于，不是"女医师"，而是"医师"。

《刑诉解释》第 103 条规定，勘验、检查笔录存在明显不符合法律、有关规定的情形，不能作出合理解释的，不得作为定案的根据。故 D 项错误。

38．对不起诉决定的救济[D]

[解析]《刑事诉讼法》第 180 条规定："对于有被害人的案件，决定不起诉的，人民检察院应当将不起诉决定书送达被害人。被害人如果不服，可以自收到决定书后七日以内向上一级人民检察院申诉，请求提起公诉。人民检察院应当将复查决定告知被害人。对人民检察院维持不起诉决定的，被害人可以向人民法院起诉。被害人也可以不经申诉，直接向人民法院起诉。人民法院受理案件后，人民检察院应当将有关案件材料移送人民法院。"据此，被害人申诉应该向上一级检察院提起，故 A、B 项错误。被害人既可以向检察院申诉，也可以不经申诉直接向人民法院起诉。申诉与自诉之间没有前后顺序问题。故 C 项错误，D 项正确。**【特别提醒】**注意被害人与被酌定不起诉人对不起诉决定不服进行救济的不同：被害人对不起诉决定不服，可在收到不起诉决定书后 7 日内向上一级检察院申诉或者提起自诉；被酌定不起诉人对不起诉决定不服，可在收到不起诉决定书后 7 日内向作出不起诉决定的检察院申诉。

39．交叉管辖[A]

[解析] 人民法院在审理自诉案件过程中，如果

发现被告人还犯有必须由人民检察院提起公诉的罪行时,则应将新发现的罪行另案移送有管辖权的公安机关或者人民检察院处理。本题中,某法院在审理张某自诉伤害案中,发现被告人还实施过抢劫,应移送对此有立案管辖权的公安机关立案侦查,对伤害案应当继续审理。故 A 项正确,B、C 项错误。

《刑事诉讼法》第 204 条规定:"在法庭审判过程中,遇有下列情形之一,影响审判进行的,可以延期审理:(一)需要通知新的证人到庭,调取新的物证,重新鉴定或者勘验的;(二)检察人员发现提起公诉的案件需要补充侦查,提出建议的;(三)由于申请回避而不能进行审判的。"据此,本题不属于延期审理的情形。故 D 项错误。

40.刑事判决与裁定的区别[D]

[解析] 关于判决和裁定的区别,主要表现在以下几个方面:

(1)在涉及内容上,一般而言,判决只解决案件的实体问题,而裁定既解决实体问题(如减刑裁定),也解决程序问题。故 A 项错误。

(2)在法律效力上,在一个案件中,发生法律效力并被执行的判决只有一个,而发生法律效力的裁定可以有若干个。B 项中缺少发生法律效力并被执行的前提,单独表述一案中只能有一个判决,若干个裁定是错误的,而且因可能有二审或再审,判决也可能有多个。故 B 项错误。

(3)在法定形式上,判决必须用书面形式表现出来,而裁定既可以用书面形式,又可以用口头形式。故 C 项错误。

(4)《刑事诉讼法》第 230 条规定,不服第一审判决的上诉、抗诉期限是 10 日,不服第一审裁定的上诉、抗诉期限为 5 日。故 D 项正确。

41.审判监督程序[B]

[解析]《刑事诉讼法》第 254 条第 4 款规定,人民检察院抗诉的案件,接受抗诉的人民法院应当组成合议庭重新审理,对于原判决事实不清楚或者证据不足的,可以指令下级人民法院再审。A 项的错误在于,不是"应当"指令下级法院再审,而是"可以"指令下级法院再审。

《刑事诉讼法》第 255 条规定:"上级人民法院指令下级人民法院再审的,应当指令原审人民法院以外的下级人民法院审理;由原审人民法院审理更为适宜的,也可以指令原审人民法院审理。"故 B 项正确。

《刑事诉讼法》第 257 条规定:"人民法院决定再审的案件,需要对被告人采取强制措施的,由人民法院依法决定;人民检察院提出抗诉的再审案件,需要对被告人采取强制措施的,由人民检察院依法决定。人民法院按照审判监督程序审判的案件,可以决定中止原判决、裁定的执行。"可见,法院也具有决定逮捕

的权力,但如果是检察院启动的再审程序,逮捕决定权在检察院,故 C 项错误。D 项错误在于,不是"应当",而是"可以"决定中止原裁判的执行。

42.减刑、假释案件审理程序[B]

[解析]《最高人民法院关于减刑、假释案件审理程序的规定》第 1 条规定:"对减刑、假释案件,应当按照下列情形分别处理:……(三)对被判处有期徒刑和被减为有期徒刑的罪犯的减刑、假释,由罪犯服刑地的中级人民法院在收到执行机关提出的减刑、假释建议书后一个月内作出裁定,案情复杂或者情况特殊的,可以延长一个月;……"A 项的错误在于,对甲的减刑,应由其服刑地中级法院作出裁定,而不是高级法院作出裁定。故 A 项错误。

《最高人民法院关于减刑、假释案件审理程序的规定》第 7 条第 1 款规定:"人民法院开庭审理减刑、假释案件,应当通知人民检察院、执行机关及被报请减刑、假释罪犯参加庭审。"故 B 项正确。

《最高人民法院关于减刑、假释案件审理程序的规定》第 6 条规定:"人民法院审理减刑、假释案件,可以采取开庭审理或者书面审理的方式。但下列减刑、假释案件,应当开庭审理:(一)因罪犯有重大立功表现报请减刑的;(二)报请减刑的起始时间、间隔时间或者减刑幅度不符合司法解释一般规定的;(三)公示期间收到不同意见的;(四)人民检察院有异议的;(五)被报请减刑、假释罪犯系职务犯罪罪犯,组织(领导、参加、包庇、纵容)黑社会性质组织犯罪罪犯,破坏金融管理秩序和金融诈骗犯罪罪犯及其他在社会上有重大影响或社会关注度高的;(六)人民法院认为其他应当开庭审理的。"C 项丙因受贿罪被判处有期徒刑 5 年,系职务犯罪,其假释应当开庭审理,不能书面审理。故 C 项错误。

律师无论是担任辩护人还是申诉代理人,活动阶段一般在侦查、起诉和审判阶段。减刑、假释案件的审理程序并非真正的审判程序,而是属于执行程序。在这一程序中,由执行机关提出减刑、假释的建议,由法院审理、检察院监督,没有律师存在的空间。故 D 项错误。

43.犯罪嫌疑人、被告人逃匿、死亡案件违法所得的没收程序[B]

[解析]《刑事诉讼法》第 298 条第 1 款规定:"对于贪污贿赂犯罪、恐怖活动犯罪等重大犯罪案件,犯罪嫌疑人、被告人逃匿,在通缉一年后不能到案,或者犯罪嫌疑人、被告人死亡,依照刑法规定应当追缴其违法所得及其他涉案财产的,人民检察院可以向人民法院提出没收违法所得的申请。"故 A 项错误,B 项正确,提出申请的主体是人民检察院而不是公安机关。

《刑事诉讼法》第 299 条第 1 款规定:"没收违法

所得的申请,由犯罪地或者被告人居住地的中级人民法院组成合议庭进行审理。"可知 C 项错误,在级别管辖上,管辖法院是中级法院而不是基层法院;在地域管辖上,C 项表述中缺少了犯罪嫌疑人、被告人居住地法院的情况。

《刑事诉讼法》第 301 条第 1 款规定:"在审理过程中,在逃的犯罪嫌疑人、被告人自动投案或者被抓获的,人民法院应当终止审理。"故 D 项错误,在此情况下,法院应当"终止"审理,而非"中止"审理。

44.行政机构职能设置[C]

[解析]《地方各级人民政府机构设置和编制管理条例》第 10 条规定:"地方各级人民政府行政机构职责相同或者相近的,原则上由一个行政机构承担。行政机构之间对职责划分有异议的,应当主动协商解决。协商一致的,报本级人民政府机构编制管理机关备案;协商不一致的,应当提请本级人民政府机构编制管理机关提出协调意见,由机构编制管理机关报本级人民政府决定。"本案情形属于上条规定的调整对象,C 项即解决这类冲突的唯一合法途径,A、B 项均不符合该条规定。故 A、B 项错误,C 项正确。

《地方各级政府机构设置和编制管理条例》第 9 条规定:"地方各级人民政府行政机构的设立、撤销、合并或者变更规格、名称,由本级人民政府提出方案,经上一级人民政府机构编制管理机关审核后,报上一级人民政府批准;其中,县级以上地方各级人民政府行政机构的设立、撤销或者合并,还应当依法报本级人民代表大会常务委员会备案。"可见,只有在地方政府行政机构的设立、撤销、合并或者变更规格、名称时,才需要由本级政府提出方案,经上一级政府机构编制管理机关审核后,报上一级政府决定。本案属于两个行政机构之间的职责划分争议问题,不适用该规定。故 D 项错误。

45.行政法规的权限;新旧法规的冲突解决[C]

[解析]《行政处罚法》第 10 条规定,法律可以设定各种行政处罚。限制人身自由的行政处罚,只能由法律设定。这就意味着,其他的规范性法律文件(包括行政法规)均不得创设限制人身自由的行政处罚。故 A 项错误。

《行政许可法》第 16 条第 4 款规定,法规、规章对实施上位法设定的行政许可作出的具体规定,不得增设行政许可;对行政许可条件作出的具体规定,不得增设违反上位法的其他条件。故 B 项错误。

《立法法》第 76 条规定,行政法规的决定程序依照《国务院组织法》的有关规定办理。行政法规的性质属于抽象行政行为,也属于行政行为的一种,在该行政行为作出时既需要遵循《立法法》和《行政法规制定程序条例》,也需要遵照《国务院组织法》的决定程序。故 C 项正确。

国务院法制机构是国务院负责法制问题的机构,可以出谋划策,也可以负责具体事务的执行,但对外的决策权在国务院手中。《立法法》第 105 条第 2 款规定,行政法规之间对同一事项的新的一般规定与旧的特别规定不一致,不能确定如何适用时,由国务院裁决。因此,由国务院法制机构裁决的说法是不正确的,D 项错误。

46.行政许可的种类与实施程序;行政诉讼判决[D]

[解析]《行政许可法》第 12 条第 2 项规定,特许事项是指有限自然资源开发利用、公共资源配置以及直接关系公共利益的特定行业的市场准入等,需要赋予特定权利的事项,如采矿许可、国有土地使用许可、无线电频率使用许可、电信业务经营许可等,一般采用招标、拍卖等形式决定是否许可。网约车经营许可属于一般行政许可,不属于特许。故 A 项错误。

《行政许可法》第 29 条第 3 款规定:"行政许可申请可以通过信函、电报、电传、传真、电子数据交换和电子邮件等方式提出。"故 B 项错误。

《行政许可法》第 42 条第 1 款规定:"除可以当场作出行政许可决定的外,行政机关应当自受理行政许可申请之日起二十日内作出行政许可决定。二十日内不能作出决定的,经本行政机关负责人批准,可以延长十日,并应当将延长期限的理由告知申请人。但是,法律、法规另有规定的,依照其规定。"据此,原则上应在 20 日内作出许可决定,故 C 项错误。

《行政诉讼法解释》第 81 条第 3 款规定:"被告改变原违法行政行为,原告仍要求确认原行政行为违法的,人民法院应当依法作出确认判决。"乙区交通运输管理局先前拒绝了齐某的申请,在诉讼期间又为齐某发放了营运许可,属于改变了原违法行政行为,若齐某不撤诉,法院应当对原行政行为作出判决,确认乙区交通运输管理局拒绝发证行为违法。故 D 项正确。

47.行政处罚的调查取证程序[C]

[解析]《行政处罚法》第 56 条规定:"行政机关在收集证据时,可以采取抽样取证的方法;在证据可能灭失或者以后难以取得的情况下,经行政机关负责人批准,可以先行登记保存,并应当在 7 日内及时作出处理决定,在此期间,当事人或者有关人员不得销毁或者转移证据。"

A 项错误,证据先行登记保存行为已经实质影响了王某的权利义务,限制了王某对饼干的使用与处理。

B 项错误,证据先行登记保存必须经行政机关负责人批准,不得直接作出。

C 项正确,证据先行登记保存的前提条件是"证据可能灭失或以后难以取得"。

D 项错误，证据先行登记保存的期间为 7 天，而非 1 个月。

48．治安管理处罚[B]

[解析]《治安管理处罚法》第 49 条规定："盗窃、诈骗、哄抢、抢夺、敲诈勒索或者故意损毁公私财物，处 5 日以上 10 日以下拘留，可以并处 500 元以下罚款；情节较重的，处 10 日以上 15 日以下拘留，可以并处 1000 元以下罚款。"田某等人哄抢财物的行为属于侵犯财产权利的行为，而不属于扰乱公共秩序的行为。可知 A 项错误。

依据《治安管理处罚法》第 89 条第 1 款规定，公安机关办理治安案件，对与案件有关的需要作为证据的物品，可以扣押；对被侵害人或者善意第三人合法占有的财产，不得扣押，应予以登记。对与案件无关的物品，不得扣押。本案中被哄抢的财物属于被侵害人的财产，不得扣押，应予登记。可知 B 项正确。

《治安管理处罚法》第 83 条规定："对违反治安管理行为人，公安机关传唤后应当及时询问查证，询问查证的时间不得超过 8 小时；情况复杂、依照本法规定可能适用行政拘留处罚的，询问查证的时间不得超过 24 小时。公安机关应当及时将传唤的原因和处所通知被传唤人家属。"可知 C 项错误。

根据《行政复议法》第 20 条规定，田某申请复议的期限为 60 日，而直接提起行政诉讼的期限是 6 个月，D 项将二者混淆。可知 D 项错误。

49．行政强制执行的恢复执行[B]

[解析]《行政强制法》第 42 条规定："实施行政强制执行，行政机关可以在不损害公共利益和他人合法权益的情况下，与当事人达成执行协议。执行协议可以约定分阶段履行；当事人采取补救措施的，可以减免加处的罚款或者滞纳金。执行协议应当履行。当事人不履行执行协议的，行政机关应当恢复强制执行。"据此，B 项正确，其他均为干扰项。A 项申请法院强制执行的应当是一个行政决定，不能是一个行政强制执行过程中的和解协议。C 项以甲为被告提起民事诉讼，明显错误，在行政法制度中对行政行为不可能通过民事诉讼予以解决。行政诉讼只能"民告官"，不能"官告民"，D 项以甲为被告提起行政诉讼显然错误。故 B 项正确，A、C、D 项错误。

50．国家赔偿[A]

[解析]《国家赔偿法》第 21 条第 3 款规定："对公民采取逮捕措施后决定撤销案件、不起诉或者判决宣告无罪的，作出逮捕决定的机关为赔偿义务机关。"司法实践中，赔偿义务机关的确定适用"后置原则"，即哪个机关是最后一个作出错误决定的机关，哪个机关即为赔偿义务机关。本题作出错误决定的机关为市检察院，即为赔偿义务机关。故 A 项正确。

《国家赔偿法》第 12 条第 2 款规定："赔偿请求人书写申请书确有困难的，可以委托他人代书；也可以口头申请，由赔偿义务机关记入笔录。"司法赔偿和行政赔偿均适用此条规定。因此，在申请国家赔偿过程中，如果申请人书写有困难，可以口头提出申请。故 B 项错误。

《最高人民法院关于审理国家赔偿案件确定精神损害赔偿责任适用法律若干问题的解释》第 9 条规定："精神损害抚慰金的具体数额，应当在兼顾社会发展整体水平的同时，参考下列因素合理确定：（一）精神受到损害以及造成严重后果的情况；（二）侵权行为的目的、手段、方式等具体情节；（三）侵权机关及其工作人员的违法、过错程度、原因力比例；（四）原错判罪名、刑罚轻重、羁押时间；（五）受害人的职业、影响范围；（六）纠错的事由以及过程；（七）其他应当考虑的因素。"C 说法过于绝对。故 C 项错误。

《国家赔偿法》第 33 条规定："侵犯公民人身自由的，每日赔偿金按照国家上年度职工日平均工资计算。"这里的上年度指的是赔偿义务机关、复议机关或者法院的赔委会作出赔偿决定时的上年度。本题里并没有给出赔偿决定的作出时间，但是从朱某申请国家赔偿的日期 2016 年 3 月 15 日来看，赔偿决定依法应当在 2016 年度作出，故侵犯朱某人身自由的每日赔偿金应按照 2015 年度职工日平均工资计算。故 D 项错误。

二、多项选择题

51．法律解释的适用模式；法律解释方法[ABD]

[解析]本题中，法官审理查明，"自燃"属于"火灾"的一种，这是根据词语的字面意思（日常含义）进行的判断，属于文义解释。其后，法官在解释合同条款中"意外事故（包括火灾）"的含义时，将其置于整个合同和车辆保险体系中进行理解，认为"自燃"不属于保险合同约定的火灾情形，这是运用了体系解释的方法，将被解释的对象放在整部法律中乃至整个法律体系中，联系此法条与其他法条的相互关系来进行综合、系统的判断。故 A、B 项正确。

比较解释是指根据外国的立法判例和判例学说进行法律解释，本案法官显然没有用到此种解释，故 C 项错误。

法律解释的冲突模式是指同一被解释对象，因适用不同解释方法而导致解释结果相互冲突的情形。本题中，法官运用文义解释和体系解释得出的解释结果是相互对立、冲突的，因此属于法律解释的冲突模式。故 D 项正确。

52．法律漏洞的分类与填补方法[BC]

[解析]根据漏洞产生的时间，可以将法律漏洞分为自始漏洞和嗣后漏洞。自始漏洞是指法律制定

时即已存在的法律漏洞。嗣后漏洞是指在法律制定和实施后,因社会客观形势的变化发展而产生了新问题,但这些新问题在法律制定时并未被立法者所预见以致没有被纳入法律的调控范围,由此而构成法律漏洞。故 A 项错误。

目的论扩张,是指法律规范的文义所未能涵盖某类案件,但依据该规范目的应该将相同的法律后果赋予它,因而扩张该规范的适用范围,以将它包含进来。故 B 项正确。

目的论限缩,是指虽然法律规范的文义涵盖了某类案件,但依据该规范目的不应该赋予它与文义所涵盖的其他情形相同的法律后果,因而限缩该规范的适用范围,以将它排除出去。目的论限缩面对的是法律之"过度包含"的情形,也就是法律文义所指的范围宽于规范目的所指的范围,或者说立法者"言过其实"的情形。故 C 项正确。

目的论扩张的意旨在于将原本不为规范文义所涵盖的案件类型包含进该规范的适用范围之内,或者说逾越语义,将该规范的法律后果扩张适用于规范明文规定的案件类型之外。明显漏洞是指法律应当规定,但却没有规定的漏洞。为了弥补明显漏洞,需要目的论扩张。故 D 项前半句错误。目的论限缩的意旨在于将原为法律文义所涵盖的案件类型剔除其不合规范目的的部分,使之不在该法律适用范围之内。隐藏漏洞是指法律应当排除,但却没有排除的漏洞。为了弥补隐藏漏洞,需要目的论限缩。故 D 项后半句也错误。

53．选举制度;罢免[BD]

[解析]《选举法》第 8 条规定,全国人民代表大会和地方各级人民代表大会的选举经费,列入财政预算,由国库开支。也就是说,全国人民代表大会和地方各级人民代表大会因选举而发生的各项费用,均由国家财政开支,并不意味着由中央财政统一开支。故 A 项错误。

香港特别行政区全国人大代表的选举采取选举会议的方式进行。香港特别行政区全国人大代表选举会议第一次会议由全国人大常委会召集,根据全国人大常委会委员长会议的提名,推选选举会议成员组成主席团。主席团从其成员中推选常务主席一人。主席团主持选举会议。主席团常务主席主持主席团会议。故 B 项正确。

《选举法》第 51 条第 1 款规定,县级以上的地方各级人民代表大会举行会议的时候,主席团或者1/10以上代表联名,可以提出对由该级人民代表大会选出的上一级人民代表大会代表的罢免案。在人民代表大会闭会期间,县级以上的地方各级人民代表大会常务委员会主任会议或者常务委员会 1/5 以上组成人员联名,可以向常务委员会提出对由该级人民代表大

会选出的上一级人民代表大会代表的罢免案。罢免案应当写明罢免理由。故 C 项错误。

《选举法》第 30 条第 2 款规定,各政党、各人民团体,可以联合或者单独推荐代表候选人。选民或者代表,10 人以上联名,也可以推荐代表候选人。故 D 项正确。

54．人身权;监督权;受教育权;休息权[AC]

[解析]《宪法》并没有明文规定生命权。故 A 项错误。

《宪法》第 41 条规定:"中华人民共和国公民对于任何国家机关和国家工作人员,有提出批评和建议的权利;对于任何国家机关和国家工作人员的违法失职行为,有向有关国家机关提出申诉、控告或者检举的权利,但是不得捏造或者歪曲事实进行诬告陷害。对于公民的申诉、控告或者检举,有关国家机关必须查清事实,负责处理。任何人不得压制和打击报复。由于国家机关和国家工作人员侵犯公民权利而受到损失的人,有依照法律规定取得赔偿的权利。"故 B 项正确。

《宪法》第 43 条第 1 款规定:"中华人民共和国劳动者有休息的权利。"C 项将休息权的主体"劳动者"表述为"公民",明显扩大了休息权的主体范围。故 C 项错误。

《宪法》第 46 条第 1 款规定:"中华人民共和国公民有受教育的权利和义务。"受教育既是一项权利也是一项义务。故 D 项正确。

55．地方各级人大常委会的职权;宪法监督的内容[ABCD]

[解析]《政府信息公开条例》第 20 条规定:"行政机关应当依照本条例第十九条的规定,主动公开本行政机关的下列政府信息:……(八)行政事业性收费项目及其依据、标准……"故 A 项正确。

《监督法》第 12 条第 2 款规定:"人民政府、监察委员会、人民法院和人民检察院可以向本级人民代表大会常务委员会要求报告专项工作。"故 B 项正确。

《监督法》第 51 条第 1 款规定:"全国人民代表大会常务委员会组成人员十人以上联名,省、自治区、直辖市、自治州、设区的市人民代表大会常务委员会组成人员五人以上联名,县级人民代表大会常务委员会组成人员三人以上联名,可以向常务委员会书面提出对本级人民政府及其部门和监察委员会、人民法院、人民检察院的质询案。"故 C 项正确。

《地方组织法》第 24 条第 1 款规定,地方各级人民代表大会举行会议的时候,代表 10 人以上联名可以书面提出对本级人民政府和它所属各工作部门以及监察委员会、人民法院、人民检察院的质询案。质询案必须写明质询对象、质询的问题和内容。故 D 项正确。

56．永徽律疏［ABD］

［解析］《唐律疏议》（《永徽律疏》）是唐高宗李治在位时期完成的。故 A 项错误。

北齐为维护封建国家根本利益，在《北齐律》中首次规定"重罪十条"，是对危害统治阶级根本利益的十种重罪的总称。隋《开皇律》在"重罪十条"的基础上加以损益，首次确立了十恶制度。唐律承袭此制，将"十恶"列入《名例律》之中。故 B 项错误。

唐高宗安排律学通才和重要幕僚以疏议的形式对《永徽律》全篇律文逐条逐句地做了统一的法律解释，而且尽可能以儒家经典为根据，并将疏议附于律条之后，颁行天下，是为《永徽律疏》。故 C 项正确。

《永徽律》是在《贞观律》基础上修订的法典。唐高宗在永徽三年下令召集律学通才和一些重要臣僚对《永徽律》进行逐句的解释，历时 1 年，撰《律疏》30卷奏上，与《永徽律》全编在一起，于永徽四年十月经高宗批准，将疏议分附于律文之后颁行，计分 12 篇，共 30 卷，称为《永徽律疏》。故认为《永徽律疏》是对《贞观律》解释的说法是错误的。《永徽律疏》是我国历史上迄今保存最完整、最早、最具有社会影响力的古代成文法典，标志着中国古代立法达到最高水平，在中国立法史上占有最为重要的地位。故 D 项错误。

57．国际法院的法官［CD］

［解析］国际法院的法官在联合国大会和安全理事会中分别进行独立选举，只有在这两个机关同时获得绝对多数票方可当选，故 A 项错误。

安理会常任理事国对于国际法院法官的选举没有否决权，故 B 项错误。

国际法院的法官对涉及其国籍的案件不适用回避制度，除非其就任法官前曾参与该案件，故 C 项正确。

在国际法院受理案件中，如果一个当事国有本国籍的法官，他方当事国也可以选派一人作为"专案法官"，参加本案的审理。这种临时的专案法官在案件审理中与正式法官具有完全平等的权利。故 D 项正确。

58．法官职业道德规范［ACD］

［解析］《最高人民法院、司法部关于规范法官和律师相互关系维护司法公正的若干规定》第 6 条第 1 款规定："法官不得为当事人推荐、介绍律师作为其代理人、辩护人，或者暗示更换承办律师，或者为律师介绍代理、辩护等法律服务业务，并且不得违反规定向当事人及其委托的律师提供咨询意见或者法律意见。"A 项中法官提醒高某可另行委托律师的行为违反了法官的中立原则，没有保持中立立场。故 A 项当选。

《最高人民法院、司法部关于规范法官和律师相互关系维护司法公正的若干规定》第 4 条第 1 款规定："法官应当严格执行回避制度，如果与本案当事人委托的律师有亲朋、同学、师生、曾经同事等关系，可能影响案件公正处理的，应当自行申请回避，是否回避由本院院长或者审判委员会决定。"故 B 项符合法官职业道德要求，不当选。

《最高人民法院、司法部关于规范法官和律师相互关系维护司法公正的若干规定》第 5 条第 1 款规定："法官应当严格执行公开审判制度，依法告知当事人及其委托的律师本案审判的相关情况，但是不得泄露审判秘密。"庭审前，向所办案件当事人委托的张律师指出某一证据效力不足的行为违反了相关法律规定。故 C 项当选。

《法官职业道德基本准则》第 3 条规定："法官应当自觉遵守法官职业道德，在本职工作和业外活动中严格要求自己，维护人民法院形象和司法公信力。"法官可以参加有助于法制建设和司法改革的学术研究和其他社会活动。但是，这些活动应当以符合法律规定、不妨碍公正司法和维护司法权威、不影响审判工作为前提。讲座时，法官提出司法腐败主要是当事人行贿所致的言论损害了司法形象和权威，并且会使公众对法官的公正、廉洁产生合理怀疑。故 D 项当选。

59．因果关系［ABCD］

［解析］甲实施两个行为：第一个行为是以杀人故意将刘某打昏；第二个行为是毁尸灭迹，将刘某埋入雪沟导致其死亡，属于事前的故意。通常情况下，应肯定第一个行为与结果之间的因果关系，且所发生的结果与行为人预期实现的结果是一致的，所以应认定为故意杀人罪既遂。故 A 项正确。

乙将李某撞倒在地，对李某制造了重大威胁，二者存在因果关系；后面的车辆扎过去，并非属于异常情形，且后面的车辆扎过去对死亡结果作用的大小无法查明，乙的行为与李某的死亡有因果关系。故 B 项正确。【特别提醒】一句话结论：连环碾轧案中，无法查明死因时，死亡结果算到第一辆车头上。

C 项考查的是被害人自陷风险问题。本项中，王某自己吸食，因此王某作为被害人是危险的实行者，但是王某是未成年人，对毒品的危害性缺乏认识能力，故不能让其对危害结果负责，危害结果应归属于丙的行为。故 C 项正确。

丁开车撞向周某，严重威胁其生命安全，周某为躲避而跳河并不异常，是由先前行为引发的。因此，先前行为（丁的行为）应对介入因素（周某跳河）导致的结果负责，周某的死亡结果应归属于丁的行为。故 D 项正确。

60．既遂的条件［ABC］

［解析］甲将毒牛奶递给丙，属于故意杀人的着

手,进入实行阶段。丙未死亡,甲构成故意杀人罪未遂。故 A 项正确。当实行犯甲对丙构成故意杀人罪未遂,那么教唆犯乙对丙也构成故意杀人罪未遂。故 C 项正确。

甲对丁有救助义务:首先,甲的先行行为(递毒牛奶行为)对丁制造了危险,有消除危险的义务;其次,甲是丁的父亲,有救助义务。甲能够阻止丁喝牛奶却故意不阻止(甲对丁的死亡结果持故意心理,至少是间接故意),构成不作为的故意杀人罪既遂。故 B 项正确。【特别提醒】甲不构成对象错误,因为甲没有误将丁当作丙的错误心理活动。甲也不构成打击错误,因为打击错误要求对实害结果持过失心理。

教唆犯的成立条件是,教唆行为引起正犯的违法行为(法益侵害行为)。教唆犯的既遂条件是,教唆行为引起正犯的违法结果(法益侵害结果),即与正犯的违法结果具有因果性。具体到本题中的逻辑推理过程是:乙教唆甲杀害的是丙,而没有教唆甲杀害丁→丁的死亡是甲的不作为导致的→甲的不作为不是乙教唆的,是甲自己的独立行为→因此,乙的教唆行为与正犯甲的违法结果(丁的死亡)之间不具有因果关系→乙对丁的死亡不承担教唆犯的责任→不能因为丁的死亡而给乙定故意杀人罪既遂。故 D 项错误。【思路拓展】从另一个角度看,甲的不作为导致丁死亡是甲的实行过限,超出了甲、乙共同故意的范围,该违法事实与乙无关。【陷阱点拨】注意传统理论的一个认识误区:"一人既遂,则全部既遂;实行犯既遂,则教唆犯、帮助犯一定既遂。"根据这句话,实行犯甲构成故意杀人罪既遂,因此教唆犯乙也构成故意杀人罪既遂。但这句话过于绝对,具体来说,其他人是否既遂,还需要进一步论证因果关系。

61. 犯罪中止;犯罪对象的转换[ABD]

[解析] 对于害怕处罚的问题,依据社会一般人的看法,害怕当场被捕(以当场必然被捕为前提),此时放弃,是未遂;害怕日后被捕(客观上不会当场被捕),此时放弃,是中止。A 项中,甲害怕受刑罚处罚,不是害怕当场被处罚,而是害怕日后被处罚。甲当场仍然可以继续犯罪,此时自动放弃,属于犯罪中止。故 A 项正确。B 项中,甲正在抢劫时,意识到犯罪要受刑罚处罚,便放弃犯罪,也属于害怕日后被处罚。甲在能够继续犯罪的情况下,自动放弃犯罪,成立犯罪中止。故 B 项正确。

现金和珠宝都属于个人的私有财产,在性质上是一样的。甲入室欲盗窃现金,但由于发现大量珠宝便放弃盗窃现金的意思,甲这种犯罪对象的转化属于同一犯罪构成内的转化,已经成立犯罪既遂,不成立犯罪中止。故 C 项错误。

成立犯罪中止,要求具有有效性,这是指有效地防止实害结果的发生。即使行为人自动放弃或积极努力防止,但结果仍发生了,也不能成立犯罪中止。但是,如果犯罪行为与实害结果之间没有因果关系,则行为人不构成犯罪既遂,而构成犯罪中止。这种情形被称为有效性的例外,其行为模型是:犯罪行为→中止行为(防止措施)→介入因素→实害结果发生。D 项属于阻断救助类案件,这种案件的特点是,正常情况下,救助行为能够防止实害结果发生(医生证明,早半小时送到医院,乙就不会死亡),因为阻断了救助行为(交通事故耽误一小时),所以导致了实害结果发生。结论:实害结果应归属于阻断救助的行为,而不归属于先前犯罪行为。这是因为:第一,当正常情况下救助行为能够防止实害结果发生,能够阻断先前行为的危险流,则表明先前行为已经没有导致结果发生的可能性(医生证明,早半小时送到医院,乙就不会死亡)。第二,阻断救助的行为与实害结果发生之间存在充分且必要条件,即没有阻断救助的行为,实害结果就不会发生;因为出现了阻断救助的行为,所以才导致实害结果发生。因此,本项中,死亡结果应归属于阻断救助的行为(交通事故耽误一小时),而不应归属于甲的先前投毒行为,甲不构成故意杀人罪既遂。由于甲有中止行为(抢救措施),主观上想主动放弃犯罪,所以不能认定为犯罪未遂,只能认定为犯罪中止。故 D 项正确。【特别提醒】阻断救助类案件中有两个介入因素:一是救助行为(甲的抢救行为),二是阻断救助的行为(交通事故耽误一小时)。这与一般介入因素的案件不同。一般介入因素的案件中,介入因素只有一个,而且该介入因素是对法益制造了危险的因素。阻断救助的案件中,第一个介入因素(救助行为)不是对法益制造危险的因素,而是要阻断危险的因素;第二个介入因素(阻断救助的行为)也不是直接侵害法益对象的因素,而是要阻断救助。解决这种案件的关键是判断是犯罪行为还是阻断行为导致实害结果的发生,也即先前的犯罪行为与实害结果之间是否有因果关系。

62. 罪数[BC]

[解析] 根据《刑法》第198条的规定,有下列情形之一,进行保险诈骗活动,数额较大的,成立保险诈骗罪:(1)投保人故意虚构保险标的,骗取保险金的;(2)投保人、被保险人或者受益人对发生的保险事故编造虚假的原因或者夸大损失的程度,骗取保险金的;(3)投保人、被保险人或者受益人编造未曾发生的保险事故,骗取保险金的;(4)投保人、被保险人故意造成财产损失的保险事故,骗取保险金的;(5)投保人、受益人故意造成被保险人死亡、伤残或者疾病,骗取保险金的。其中,有上述(4)(5)项行为,同时构成其他犯罪的,数罪并罚。投保人甲,为了骗取保险金杀害被保险人就属于第(5)项情形,依法应以保险诈骗罪和故意杀人罪并罚。故 A 项不当选。

《关于审理未成年人刑事案件具体应用法律若干问题的解释》第10条第1款规定："已满14周岁不满16周岁的人盗窃、诈骗、抢夺他人财物,为窝藏赃物、抗拒抓捕或者毁灭罪证,当场使用暴力、故意伤害致人重伤或者死亡,或者故意杀人的,应当分别以故意伤害罪或者故意杀人罪定罪处罚。"注意:如果甲已满16周岁,则转化为抢劫罪,而本题15周岁的甲盗窃时拒捕杀死被害人应当以故意杀人罪处罚,不能数罪并罚。故B项当选。

根据《刑法》第247条的规定,司法工作人员对犯罪嫌疑人、被告人实行刑讯逼供的,成立刑讯逼供罪;刑讯逼供中致人伤残、死亡的,依照故意伤害罪、故意杀人罪从重处罚。司法工作人员甲刑讯逼供致被害人死亡,应以故意杀人罪一罪处罚,不能数罪并罚。故C项当选。

根据《刑法》第321条的规定,在运送他人偷越国(边)境中,过失造成被运送人重伤、死亡的,仍成立运送他人偷越国(边)境罪一罪;若在运送过程中故意对被运送人有杀害、伤害、强奸、拐卖等犯罪行为,或者对检查人员有杀害、伤害等犯罪行为的,数罪并罚。D项中,运送他人偷越边境的甲遇到检查将被运送人推进大海溺死,杀害他人的行为另外构成故意杀人罪,应当数罪并罚。故D项不当选。

63.走私普通货物、物品罪[AD]

[解析]《刑法》第151条规定,白银只是被禁止出口,因而将白银从境外走私进入中国境内的,应以走私普通货物、物品罪论处。故A项正确。

《关于办理走私刑事案件适用法律若干问题的解释》第11条第1款第6项规定,走私国家禁止进出口的旧机动车的行为构成走私国家禁止进出口的货物、物品罪。故B项错误。

淫秽物品法律有明确的规定,不属于普通货物、物品。故C项错误。

《关于办理走私刑事案件适用法律若干问题的解释》第4条第2款规定,走私报废或者无法组装并使用的各种弹药的弹头、弹壳,构成犯罪的,以走私普通货物、物品罪定罪处罚。故D项正确。

64.虐待罪;事实婚姻;作为义务;遗弃罪;婚内强奸[ABCD]

[解析]甲和乙已构成事实婚姻,属于共同生活的家庭成员,因此甲虐待乙的行为构成《刑法》第260条规定的虐待罪。故A项正确。

法律上的义务属于作为义务的一种。乙作为丙的母亲,在法律上对其有进行救助的作为义务,其未阻止甲的伤害行为可能构成不作为的故意伤害罪。故B项正确。

遗弃罪,是指对于年老、年幼、患病或者其他没有独立生活能力的人,负有扶养义务而拒绝扶养,情节

恶劣的行为。甲作为丙的父亲,对于年幼的丙有抚养的义务,其拒绝抚养的行为可能构成遗弃罪。故C项正确。

婚内强奸,按照理论上的阐释,是指在夫妻关系存续期间,丈夫以暴力、胁迫或者其他方法,违背妻子意志,强行与妻子发生性关系的行为。我国刑法原则上将在法定婚姻关系存续期间丈夫违背妻子的意愿强行发生性关系的行为排除在强奸之外。但对于先有事实婚姻又与别人登记结婚的情形,事实婚姻的对象不属于法律意义上的妻子,强迫其发生性行为并不属于婚内强奸,应当以强奸罪论处。故D项正确。

65.转化型抢劫罪的成立[ABC]

[解析]《刑法》第269条规定:"犯盗窃、诈骗、抢夺罪,为窝藏赃物、抗拒抓捕或者毁灭罪证而当场使用暴力或者以暴力相威胁的,依照本法第263条的规定定罪处罚。"A项中,甲用菜刀护在自己胸前,并没有对被害人施暴或以此相威胁;B项中,乙打死的是狼狗,而非对被害人造成侵害;C项中,丙在被害人发觉后,追赶其的过程中用短刀扎在自己的手臂上,未对被害人进行侵害;D项中,丁将开水泼在顾某的身上,必对顾某造成一定的人身伤害,属于暴力抗拒抓捕,构成转化型抢劫。故A、B、C项均不属于转化型抢劫的情形,当选。

66.故意杀人罪;寻衅滋事罪[ABC]

[解析]甲单独实施的故意杀死胡某的行为,构成故意杀人罪;甲与乙、丙在公园这一公共场所追逐胡某的行为,构成寻衅滋事罪。故A项正确。乙、丙追逐行为是否构成寻衅滋事罪是定性的问题,是否具有救助义务是追逐行为是否属于先行行为,构成不作为义务犯罪的义务来源问题,是不同的问题。故B项正确。乙、丙并不知道甲想杀死胡某的意图,也无法预见甲会杀害胡某,因此不能对此承担刑事责任。故C项正确。胡某死亡的结果与乙、丙的追逐行为不存在因果关系,因此二人无需对死亡结果负责。故D项错误。

67.帮助犯罪分子逃避处罚罪;徇私枉法罪;滥用职权罪[BCD]

[解析]包庇罪,是指积极作假证明,为犯罪分子掩盖罪行。甲并未作假证明包庇钱某,不构成包庇罪。根据《刑法》第417条的规定,有查禁犯罪活动职责的国家机关工作人员,向犯罪分子通风报信、提供便利,帮助犯罪分子逃避处罚的,构成帮助犯罪分子逃避处罚罪。甲构成此罪。故A项错误。

根据《刑法》第399条规定,司法工作人员徇私枉法、徇情枉法,对明知是无罪的人而使他受追诉、对明知是有罪的人而故意包庇不使他受追诉,或者在刑事审判活动中故意违背事实和法律作枉法裁判的,构成徇私枉法罪。其中,"明知是有罪的人而故意包庇

不使他受追诉",包括不立案、不侦查、不起诉、不审判、裁定无罪。B项中,乙应当立案却不予立案,构成徇私枉法罪。同时,乙收受吴某钱财,也构成受贿罪。根据《刑法》第399条第4款的规定,司法工作人员犯徇私枉法罪和受贿罪,不数罪并罚,而是择一重罪论处。故B项正确。

根据《刑法》第400条的规定,私放在押人员罪,是指司法工作人员私放在押的犯罪嫌疑人、被告人或者罪犯的行为。这里的私放,既包括永久性释放,也包括一定时间的放出。因此,丙私下放孙某回家一段时间,构成私放在押人员罪。故C项正确。

根据《刑法》第397条的规定,滥用职权罪,是指国家机关工作人员滥用职权,致使公共财产、国家和人民利益遭受重大损失的行为。在客观上,这里的"重大损失"(实害结果)不要求与滥用职权行为具有直接的因果关系;在主观上,也不要求行为人对这些实害结果有认识。本题中,警察丁存在滥用职权行为,违规使周某取得驾驶证,最终造成了重大实害结果,构成滥用职权罪。故D项正确。

68. 犯罪嫌疑人、被告人享有的救济权利[BCD]

[解析] 刑事诉讼中犯罪嫌疑人、被告人享有广泛的诉讼权利。这些诉讼权利根据其性质和作用的不同,可分为防御性权利和救济性权利两种。所谓防御性权利,是指犯罪嫌疑人、被告人为对抗追诉方的指控、抵消其控诉效果所享有的诉讼权利。主要有:(1)有权使用本民族的语言文字进行诉讼;(2)辩护权;(3)拒绝回答权;(4)被告人有权在开庭前10日内收到起诉书副本;(5)参加法庭调查权;(6)参加法庭辩论权;(7)最后陈述权。所谓救济性权利,是指犯罪嫌疑人、被告人对国家专门机关所作的对其不利的行为、决定或裁判,要求另一专门机关予以审查并作出改变或撤销的诉讼权利。主要包括:(1)申请复议权;(2)控告权;(3)申请变更、解除强制措施权;(4)申诉权;(5)上诉权。本题A项属于防御性权利,B、C、D项属于救济性权利。故A项错误,B、C、D项正确。

69. 特殊地域管辖[ABD]

[解析]《刑诉解释》第10条规定:"中国公民在中华人民共和国领域外的犯罪,由其登陆地、入境地、离境前居住地或者现居住地的人民法院管辖;被害人是中国公民的,也可以由被害人离境前居住地或者现居住地的人民法院管辖。"本案中,甲、乙在斯里兰卡对国内的丙实施敲诈勒索,A市属于甲、乙离境前的居住地,C市属于甲入境地,E市属于乙入境地,因此这三地法院对本案具有管辖权。故A、B、D项正确,C项错误。【总结提示】(1)中国人在国外犯罪的管辖法院:犯罪嫌疑人登陆地、入境地、离境前居住地;被害人离境前居住地或现居住地(《刑诉解释》第10

条)。(2)外国人在国外对中国人犯罪的管辖法院:犯罪嫌疑人登陆地、入境地、入境后居住地;被害人离境前居住地或现居住地(《刑诉解释》第11条)。

70. 实物证据[ABD]

[解析] 根据证据的表现形式,可以将证据划分为言词证据与实物证据。

凡是以物品的性质或外部形态、存在状况以及其内容表现证据价值的证据(包括书面文件),都是实物证据。勘验、检查笔录之所以列入实物证据,是因为它是办案人员在勘验、检查中对所见情况的客观记载。故A项中的勘验笔录和B项中的书证均属于实物证据,当选。

凡是通过人的陈述来反映,以语言形式表现的证据,是言词证据。鉴定意见虽然具有书面形式,但因其实质是鉴定人就鉴定的专门性问题所表述的个人意见,而且在法庭审理时需要鉴定人对鉴定意见作口头解释,接受控辩双方的质证,所以其属于言词证据。故C项为言词证据,不当选。

此外,对于视听资料属于言词证据还是实物证据,应当具体分析。多数视听资料属于实物证据,但是讯问犯罪嫌疑人、被告人,询问证人、被害人时的录音资料近似于笔录,是对讯问或询问过程和陈述内容的录制,应划归言词证据。故D项中伤害过程的监控录像属于实物证据,当选。

71. 侦查讯问程序;逮捕;指定居所监视居住[BC]

[解析] 我国《刑事诉讼法》没有规定在讯问犯罪嫌疑人时律师有在场的权利,所以侦查人员拒绝律师在场的要求不违反我国《刑事诉讼法》的规定。故A项不当选。

《刑事诉讼法》第96条规定:"人民法院、人民检察院和公安机关如果发现对犯罪嫌疑人、被告人采取强制措施不当的,应当及时撤销或者变更。公安机关释放被逮捕的人或者变更逮捕措施的,应当通知原批准的人民检察院。"故B项当选。

《刑事诉讼法》第92条规定:"公安机关对人民检察院不批准逮捕的决定,认为有错误的时候,可以要求复议,但是必须将被拘留的人立即释放。如果意见不被接受,可以向上一级人民检察院提请复核。上级人民检察院应当立即复核,作出是否变更的决定,通知下级人民检察院和公安机关执行。"据此,公安机关提出复议前继续拘留犯罪嫌疑人的行为违反规定。故C项当选。

《刑事诉讼法》第75条第2款规定:"指定居所监视居住的,除无法通知的以外,应当在执行监视居住后二十四小时以内,通知被监视居住人的家属。"《刑诉解释》第161条第2款规定:"对被告人指定居所监视居住后,人民法院应当在二十四小时以内,将监视居住的原因和处所通知其家属;确实无法通知的,应当记录在案。"可知,通知被监视居住人的家属是有例外情况的。故 D 项不当选。

72．自诉案件的审理特点[ABD]

[解析]《刑诉解释》第 331 条第 2 款规定:"部分自诉人撤诉或者被裁定按撤诉处理的,不影响案件的继续审理。"由此可直接得知,A 项中甲、乙系一起伤害案件的自诉人,案件审理中甲撤回起诉并不影响案件的继续审理,所以法院继续案件审理的做法是正确的。故 A 项正确。

《刑诉解释》第 329 条规定:"判决宣告前,自诉案件的当事人可以自行和解,自诉人可以撤回自诉。人民法院经审查,认为和解、撤回自诉确属自愿的,应当裁定准许;认为系被强迫、威吓等,并非自愿的,不予准许。"由此可直接得知,B 项属于公诉转自诉案件,自诉人与被告人和解而撤回自诉,法院经审查准许其撤诉,这种做法是正确的。故 B 项正确。

《刑诉解释》第 412 条规定:"第二审期间,自诉案件的当事人提出反诉的,应当告知其另行起诉。"由此可直接得知,被告人在第二审程序中提出反诉,法院予以受理并与原自诉合并审理的做法是错误的。故 C 项错误。

《刑诉解释》第 411 条规定:"对第二审自诉案件,必要时可以调解,当事人也可以自行和解。调解结案的,应当制作调解书,第一审判决、裁定视为自动撤销。当事人自行和解的,依照本解释第三百二十九条的规定处理;裁定准许撤回自诉的,应当撤销第一审判决、裁定。"由此可直接得知,第二审中当事人和解,法院裁定准许撤回自诉并撤销一审判决的做法是正确的。故 D 项正确。

73．发回重审的事由;上诉案件审理方式[AD]

[解析]《刑事诉讼法》第 183 条第 4 款规定:"人民法院审判上诉和抗诉案件,由审判员三人或者五人组成合议庭进行。"故 A 项正确。

我国实行二审终审制,法律规定有独立的第二审程序,二审开庭并不是对第一审程序的简单重复,有其自身的特点,二审法院审理案件不应将其作为第一审案件审理。故 B 项错误。

《刑事诉讼法》第 188 条第 1 款规定:"人民法院审判第一审案件应当公开进行。但是有关国家秘密或者个人隐私的案件,不公开审理;涉及商业秘密的案件,当事人申请不公开审理的,可以不公开审理。"由此可知,公开审理是原则,不公开是例外。《刑事诉讼法》第 238 条规定:"第二审人民法院发现第一审法院的审理有下列违反法律规定的诉讼程序的情形之一的,应当裁定撤销原判,发回原审人民法院重新审判:(一)违反本法有关公开审判的规定的;……"本题中,一审法院为防止被害人家属和旁听群

众在法庭上过于激愤影响顺利审判,决定作为特例不公开审理的做法违背了公开审判的要求,第二审法院应根据《刑事诉讼法》第 238 条的规定裁定撤销原判,发回重审。故 C 项错误,D 项正确。

74．附条件不起诉[ABC]

[解析]该立法解释中的《刑事诉讼法》第 271 条现为第 282 条,根据该条规定,人民检察院在作出附条件不起诉的决定以前,应当听取公安机关、被害人的意见。可见,《刑事诉讼法》只规定在作出附条件不起诉前应听取被害人意见。题干中这一立法解释则规定考验期满作出最终的不起诉决定前也要听取被害人意见,无疑增加了听取被害人陈述意见的机会。故 A 项正确。

转向处置通常也简称为"转处",通常是指将涉罪未成年人从正式的国家刑事司法程序中分流出去的理念与制度。转向处置能避免国家正式的刑事司法程序的消极作用,给予未成年人更为实质的保护。附条件不起诉制度的设立毫无疑问增加了未成年人获得转向处置的机会。题干中这一立法解释还明确了附条件不起诉和最终的不起诉决定的效力,被害人不能因此适用"公诉转自诉"的途径向法院提起自诉,有利于保障对未成年人的转向处置。故 B 项正确。同样,附条件不起诉制度和这一立法解释也是实现对未成年人特殊保护的重要手段。故 C 项正确。

刑事公诉独占主义指的是刑事案件的起诉权被国家垄断,排除被害人自诉的公诉制度。题干中这一立法解释只是明确了附条件不起诉的案件被害人不得再向法院自诉,立足点主要是对未成年人的特殊保护,而非排除被害人的自诉权,并非刑事公诉独占主义的一种体现。故 D 项错误。

75．公诉案件和解程序的适用范围[AC]

[解析]《刑事诉讼法》第 288 条规定:"下列公诉案件,犯罪嫌疑人、被告人真诚悔罪,通过向被害人赔偿损失、赔礼道歉等方式获得被害人谅解,被害人自愿和解的,双方当事人可以和解:(一)因民间纠纷引起,涉嫌刑法分则第四章、第五章规定的犯罪案件,可能判处三年有期徒刑以下刑罚的;(二)除渎职犯罪以外的可能判处七年有期徒刑以下刑罚的过失犯罪案件。犯罪嫌疑人、被告人在五年以内曾经故意犯罪的,不适用本章规定的程序。"

总之,适用刑事和解的案件可分为两类:(1)因民间纠纷引起,涉嫌侵犯人身、民主权利以及侵犯财产的犯罪案件,且该犯罪案件可能判处 3 年有期徒刑以下刑罚(宣告刑而非法定刑)。(2)渎职犯罪以外的可能判处 7 年有期徒刑以下刑的过失犯罪案件,渎职犯罪侵犯的客体是国家机关的正常管理活动,直接对象为国家利益,不存在"获得被害人谅解"的情形。A 项交通肇事罪、C 项过失致人死亡罪均属于处 7 年以

下有期徒刑的过失犯罪,符合第二类案件。B项暴力干涉婚姻自由罪侵犯的客体是他人的婚姻自由权,但本罪是亲告罪,只有被害人告诉的才处理,除非发生被害人死亡后果的,才是公诉案件。D项刑讯逼供罪是司法工作人员对犯罪嫌疑人、被告人使用肉刑或者变相肉刑,逼取口供的行为,侵犯的客体是犯罪嫌疑人、被告人的健康权和司法机关的正常活动,其不适用刑事和解在于其不符合第一类案件所要求的"因民间纠纷引起"的条件。

76．行政许可;执法为民[BCD]

[解析]《行政许可法》第58条第2款的规定:"行政机关提供行政许可申请书格式文本,不得收费。"故A项错误。

B项中的主动提供咨询是行政许可机关的法定义务,C项中的缩短工作期限体现了高效便民基本原则的要求,D项则反映了行政许可中的集中办理、联合办理程序,这三项均直接体现了执法为民理念。故B、C、D项正确。

77．聘任制公务员范围[BC]

[解析]《公务员法》第100条规定:"机关根据工作需要,经省级以上公务员主管部门批准,可以对专业性较强的职位和辅助性职位实行聘任制。前款所列职位涉及国家秘密的,不实行聘任制。"由此可见,可以实行聘任制的岗位有两种:一个是专业性较强的岗位,另一个是辅助性职位。故B、C项当选。A项是涉密职位,不当选;D项的急需的职位,不一定是专业性较强的岗位或辅助性岗位,也不当选。

78．具体行政行为的生效、执行、效力、废止[ACD]

[解析]一般来说,具体行政行为一经成立就可以立即生效。但是行政机关也可以安排某一事件发生后或经过一段时间后才能发生效力,这经常出现在附生效条件或附生效时间的具体行政行为中,A项表述过于绝对。故A项当选。

具体行政行为具有执行力,负有义务的当事人应当积极履行该行为为其设定的义务,但并非所有当事人都会自觉履行,必须设置相应的制度加以保障,行政强制执行使用强制措施使当事人履行行政义务,是实现具体行政行为执行力的制度保障。故B项不当选。

具体行政行为首先应当成立,然后才能产生法律效力。送达是具体行政行为成立的必要条件,未经送达的具体行政行为不成立,当然也不会对相对人产生法律约束力。故C项当选。

具体行政行为的废止,是指由于客观情况发生了变化,面向将来使其失去效力。废止针对的是合法的行为。按照法律原理,合法行为造成的损失,国家应当补偿;违法行为造成的损失,国家应当赔偿。故D

项应适用补偿,而非赔偿。故D项当选。

79．治安管理处罚程序[ABD]

[解析]《治安管理处罚法》第94条第1款规定:"公安机关作出治安管理处罚决定前,应当告知违反治安管理行为人作出治安管理处罚的事实、理由及依据,并告知违反治安管理行为人依法享有的权利。"因此,该分局在作出决定前,应告知沈某处罚的事实、理由和依据的说法正确。故A项正确。

《行政复议法》第20条第1款规定,公民、法人或者其他组织认为行政行为侵犯其合法权益的,可以自知道或者应当知道该行政行为之日起60日内提出行政复议申请;但是法律规定的申请期限超过60日的除外。据此,沈某申请复议的期限为60日。故B项正确。

《治安管理处罚法》第98条规定:"公安机关作出吊销许可证以及处2000元以上罚款的治安管理处罚决定前,应当告知违反治安管理行为人有权要求举行听证;违反治安管理行为人要求听证的,公安机关应当及时依法举行听证。"本案中,虽然罚款数额没有达到2000元,但是公安机关在作出行政处罚决定前,已经向沈某告知了听证的权利和期限,那么基于信赖保护原则,在沈某提出听证要求时,公安机关应当组织听证。故C项错误。

公安机关已经告知当事人有要求举行听证的权利,在当事人提出听证请求后,公安机关依法应当组织听证,而某县公安分局却没有理会当事人的听证要求,未经听证直接作出了处罚决定,存在严重的程序违法,因此其作出的罚款决定违法。故D项正确。

80．行政强制措施的判定[BCD]

[解析]行政强制措施,是指行政机关在行政管理过程中,为制止违法行为、防止证据损毁、避免危害发生、控制危险扩大等情形,依法对公民的人身自由实施暂时性限制,或者对公民、法人或者其他组织的财物实施暂时性控制的行为。本题中,B项约束行为的目的在于防止醉酒的乙对自身或者他人造成危险而对其人身自由实施暂时性限制;C项是为了防止未经检验检疫的猪肉流入市场影响民众的身体健康而对其未售出的猪肉采取的暂时性控制措施;D项扣押是典型的行政强制措施,其目的在于防止当事人转移财物而对其财物实施暂时性控制。故B、C、D项均属于行政强制措施。

根据《行政处罚法》第9条,暂扣许可证件属于典型的行政处罚,是确定当事人违法后对当事人的一种制裁。故A项属于行政处罚,不当选。**【特别提醒】**行政处罚有明确的处罚日期,而行政强制措施在作出时往往不会告知行为期限,只要目的实现了,强制措施自然会解除。从这一点上,也可以判定A项不属于行政强制措施。

81．非诉行政案件的强制执行[ABC]

[解析]《行政强制法》第13条第1款规定："行政强制执行由法律设定。"可见，法律之外的规范性文件包括法规(行政法规、地方性法规)是无权赋予行政机关强制执行权的。所以A项中所言"若法律、法规赋予"是错误的。故A项错误。

《行政强制法》第54条规定："行政机关申请人民法院强制执行前，应当催告当事人履行义务。催告书送达10日后当事人仍未履行义务的，行政机关可以向所在地有管辖权的人民法院申请强制执行；执行对象是不动产的，向不动产所在地有管辖权的人民法院申请强制执行。"本题中，某市建设委员会以某公司的房屋作为拆除对象，房屋是不动产，因此其应当向不动产所在地的法院申请强制执行。故B项错误。

《行政诉讼法解释》第160条规定："人民法院受理行政机关申请执行其行政行为的案件后，应当在7日内由行政审判庭对行政行为的合法性进行审查，并作出是否准予执行的裁定。人民法院在作出裁定前发现行政行为明显违法并损害被执行人合法权益的，应当听取被执行人和行政机关的意见，并自受理之日起30日内作出是否准予执行的裁定。需要采取强制执行措施的，由本院负责强制执行非诉行政行为的机构执行。"可知，一般情形7日内作出裁定，特殊情形30日内作出裁定。故C项错误。

根据《行政强制法》第53条规定，没有行政强制执行权的行政机关申请人民法院强制执行的前提条件是，当事人在法定期限内没有申请行政复议或者提起行政诉讼。因此，如果某公司已对限期拆除决定提起诉讼，则某市建设委员会就不能向法院申请强制执行，法院也不能主动执行拆除决定。故D项正确。

82．行政复议与行政诉讼的关系；行政复议机关；复议申请期限；行政诉讼被告与第三人[BC]

[解析]根据《行政复议法》第23条规定，自然资源确权案件适用复议前置有一个前提条件，即已经依法取得自然资源的所有权或使用权。本案属于对宅基地审批面积不服而提起的诉讼，县政府作出审批行为前，肖某尚未取得宅基地使用权，不符合上述前提条件，因此不适用复议前置的规定。故A项错误。

《行政复议法实施条例》第13条规定："下级行政机关依照法律、法规、规章规定，经上级行政机关批准作出具体行政行为的，批准机关为被申请人。"本案中的农村宅基地用地申请在乡政府审核后报县政府审批，因此县政府为复议被申请人。又依据《行政复议法》第24条规定，对地方人民政府作出的行政行为不服的，向上一级地方人民政府申请行政复议。据此，肖某收到县政府的审批文件后不服，应向县政府的上一级政府申请行政复议。故B项正确。

根据《行政复议法》第20条规定，行政复议的申请期限为60日。又根据《行政复议法实施条例》第15条第1款第2项规定，载明具体行政行为的法律文书直接送达的，自受送达人签收之日起计算行政复议申请期限。故C项正确。

《行政诉讼法》第29条第1款规定："公民、法人或者其他组织同被诉行政行为有利害关系但没有提起诉讼，或者同案件处理结果有利害关系的，可以作为第三人申请参加诉讼，或者由人民法院通知参加诉讼。"又依据《行政诉讼法解释》第19条规定："当事人不服经上级行政机关批准的行政行为，向人民法院提起诉讼的，以在对外发生法律效力的文书上署名的机关为被告。"据此，D项错误有二：其一，本题中，批件虽然是由县政府批准的，但批准机关并不一定是被告，只有署名机关才是被告，而题中并未交代署名机关是县政府还是乡政府，因此认为县政府是被告是错误的。其二，乡政府虽然是审核机关，但是与该县政府的批准行为并没有利害关系，县政府的批准行为并没有对乡政府的权益造成影响，因此乡政府不能作为第三人参加诉讼。故D项错误。

83．行政诉讼原告资格[ABCD]

[解析]《行政诉讼法》第25条第1款规定："行政行为的相对人以及其他与行政行为有利害关系的公民、法人或者其他组织，有权提起诉讼。"《行政诉讼法解释》第16条第3款规定："非国有企业被行政机关注销、撤销、合并、强令兼并、出售、分立或者改变企业隶属关系的，该企业或者其法定代表人可以提起诉讼。"本题中，甲厂被行政机关改变隶属关系，乙厂被行政机关强令合并，因此，甲厂、乙厂或者其法定代表人都可以对行政机关的行政行为提起诉讼。故A、B、C、D项正确。

84．行政诉讼判决；复议前置；行政诉讼期限[AD]

[解析]秦某使用伪造材料办理了过户登记，行政机关并未发现材料有假，以虚假的材料为事实依据向吴某发放了房屋所有权证，这属于行政行为所依据的主要证据不足的情形。根据《行政诉讼法》第70条规定："行政行为有下列情形之一的，人民法院判决撤销或者部分撤销，并可以判决被告重新作出行政行为：(一)主要证据不足的；……"据此，被诉具体行政行为主要证据不足的，人民法院应当判决撤销颁发给吴某的房屋所有权证，故A项正确。

对于一项具体行政行为是否合法，是否应当撤销，取决于作出行政行为时的依据是否真实、合法、充分，而是否存在民法上的善意第三人，并不是行政机关作出撤销行为所要考虑的因素。本题中，房屋登记部门对于房屋过户材料有审核的职责，其应当发现材料有假却没有发现，明显存在过错，其依据虚假的材料作出的房屋过户行为不存在合法性。对于违法行政行为,作出机关有权而且理应予以撤销。至于吴某,作为善意第三人,如果要保护自己的权益,其可以向法院提起民事诉讼,主张房屋买卖合同有效。如果法院支持其主张,其可以依据法院判决和合法有效的房屋买卖合同向房屋登记机关重新申请房屋所有权证。故 B 项错误。

颁发房屋产权证书属于行政确认,对产权登记错误的行为不服,不适用复议前置,可直接起诉。故 C 项错误。

《行政诉讼法》第 46 条第 2 款规定:"因不动产提起诉讼的案件自行政行为作出之日起超过二十年,其他案件自行政行为作出之日起超过五年提起诉讼的,人民法院不予受理。"本题中房屋登记部门办理过户登记的行为涉及不动产,故江某提起行政诉讼的最长期限是在该行为作出之日起 20 年,D 项正确。

85.民事、行政诉讼中的司法赔偿[ABD]

[解析]《关于审理民事、行政诉讼中司法赔偿案件适用法律若干问题的解释》第 2 条规定:"违法采取对妨害诉讼的强制措施,包括以下情形:……(四)对同一妨害诉讼的行为重复采取罚款、拘留措施的;……"A 项中的情况属于法条中的第 4 项。故 A 项正确。

该司法解释第 5 条规定:"对判决、裁定及其他生效法律文书执行错误,包括以下情形:(一)执行未生效法律文书的;……"B 项符合第 1 项规定的情形。故 B 项正确。

该司法解释第 9 条规定:"受害人对损害结果的发生或者扩大也有过错的,应当根据其过错对损害结果的发生或者扩大所起的作用等因素,依法减轻国家赔偿责任。"C 项"不承担"说法错误,应是减轻国家赔偿责任。故 C 项错误。

该司法解释第 7 条规定:"具有下列情形之一的,国家不承担赔偿责任:……(五)因不可抗力、正当防卫和紧急避险造成损害后果的;……"D 项符合第 5 项规定的情形。故 D 项正确。

三、不定项选择题

86.法律关系的概念与种类;协议免责;自由裁量权[ABC]

[解析]法律责任的构成要件包括"责任主体、违法行为、危害后果、因果关系以及主观过错"五个方面。其中,"是否违反注意义务"属于"主观过错"的范畴,当然是衡量法律责任轻重的重要标准。故 A 项正确。

按照相关的法律关系作用和地位的不同,可以分为第一性法律关系(主法律关系)和第二性法律关系(从法律关系)。第一性法律关系,是人们之间依法建立的不依赖其他法律关系而独立存在的或在多向

法律关系中居于支配地位的法律关系。由此而产生的、居于从属地位的法律关系,就是第二性法律关系或从法律关系。法律实践中,调整性法律关系是第一性法律关系,保护性法律关系是第二性法律关系;实体性法律关系是第一性法律关系,程序性法律关系是第二性法律关系;买卖法律关系是第一性法律关系,担保法律关系是第二性法律关系。该案的民事诉讼法律关系(程序性法律关系)是基于赵某与地铁公司之间的实体法律关系而产生的。故 B 项正确。

法院调解的前提是自愿,双方签署的调解书,实质上属于双方之间的协议。赵某经调解后放弃索赔,属于协议免责。故 C 项正确。

法官行使自由裁量权必须遵循合法、合理、公正、审慎等原则。故 D 项错误。

87.法适用的步骤;法的证成[ACD]

[解析]法官认为王某未经许可的购买行为适用"非法买卖"罪名,重要的理由在于氰化钠具有极大的毒害性,而刑法规定的目的,正是要通过对行为人的惩罚防止危险物质对人体和环境造成毒害,所以,王某虽然只有购买行为,但也构成该罪。可见,法官对"非法买卖"进行了目的解释。故 A 项正确。

法律人查明和确认案件事实的过程不是一个纯粹的事实归结过程,而是一个在法律规范与事实之间的循环过程,即目光在事实与规范之间来回穿梭。在外部证成的过程中必然涉及内部证成。故 B 项错误。

法律决定是按照一定的推理规则从相关前提中推导出来的,属于内部证成。对法律决定所依赖的前提的证成属于外部证成。前者关涉的只是从前提到结论之间的推论是否是有效的,故 D 项正确。后者关涉的是对内部证成中所使用的前提本身的合理性,即对前提的证成;法院对"非法买卖"的解释是为进一步确认法律适用的大前提,因此属于外部证成,故 C 项正确。

88.自治机关;民族自治地方的自治权[BD]

[解析]民族区域自治制度,是指在国家的统一领导下,以少数民族聚居区为基础,建立相应的自治地方,设立自治机关,行使自治权,使实行区域自治的民族的人民自主地管理本民族地方性事务的制度。民族区域自治制度是民族自治与区域自治的结合,民族自治地方的人大和政府,既是地方国家机关,也是自治机关。故 A 项正确,不当选。

《民族区域自治法》第 15 条第 1 款规定,民族自治地方的自治机关是自治区、自治州、自治县的人民代表大会和人民政府。比如,民族自治地方的司法机关是地方国家机关,但不是自治机关。故 B 项错误,当选。

《民族区域自治法》第 20 条规定,上级国家机关的决议、决定、命令和指示,如有不适合民族自治地方

实际情况的,自治机关可以报经该上级国家机关批准,变通执行或者停止执行;该上级国家机关应当在收到报告之日起 60 日内给予答复。故 C 项正确,不当选。

《民族区域自治法》第 42 条第 2 款规定,自治区、自治州的自治机关依照国家规定,可以和国外进行教育、科学技术、文化艺术、卫生、体育等方面的交流。这里仅指自治区与自治州,不包括自治县。故 D 项错误,当选。

89．全国人大的职权;全国人大常委会的职权;国务院的职权[ABC]

[解析] 我国《预算法》第 4 条第 2 款明确规定:"政府的全部收入和支出都应当纳入预算。"第 13 条规定:"经人民代表大会批准的预算,非经法定程序,不得调整。各级政府、各部门、各单位的支出必须以经批准的预算为依据,未列入预算的不得支出。"故 A、B 项正确。

《宪法》第 89 条规定,国务院编制和执行国民经济和社会发展计划和国家预算;第 62 条规定,全国人大审查和批准国民经济和社会发展计划和计划执行情况的报告,审查和批准国家的预算和预算执行情况的报告;第 67 条规定,全国人大常委会在全国人民代表大会闭会期间,审查和批准国民经济和社会发展计划、国家预算在执行过程中所必须作的部分调整方案。故 C 项正确,D 项错误。

90．我国宪法实施的保障机制[AB]

[解析] 事后审查是指在法律、法规和法律性文件颁布实施以后,由特定机关对其是否合宪所进行的审查。由于地方性法规"报备"的程序并不影响该法规的生效,备案是事后审查的方式。故 A 项正确。

事先审查主要指法律文件的批准。《立法法》规定,自治区人大制定的自治条例报全国人大常委会批准。故 B 项正确。

附带性审查是指司法机关在审理案件过程中,因提出对所适用的法律、法规和法律性文件是否违宪的问题,而对该法律、法规和规范性文件所进行的合宪性审查。附带性审查是以美国为代表的由司法机关进行宪法监督的模式,我国不存在这种模式。故 C 项错误。

《立法法》第 111 条第 1 款规定:"全国人民代表大会专门委员会、常务委员会工作机构可以对报送备案的行政法规、地方性法规、自治条例和单行条例等进行主动审查,并可以根据需要进行专项审查。"据此,全国人大常委会也可对规范性文件进行主动审查,故 D 项错误。

91．假释的适用条件、考验期限与撤销[D]

[解析]《刑法》第 81 条规定,被判处有期徒刑的犯罪分子,执行原判刑期 1/2 以上,被判处无期徒

刑的犯罪分子,实际执行 13 年以上,如果认真遵守监规,接受教育改造,确有悔改表现,没有再犯罪的危险的,可以假释。如果有特殊情况,经最高人民法院核准,可以不受上述执行刑期的限制。对累犯以及因故意杀人、强奸、抢劫、绑架、放火、爆炸、投放危险物质或者有组织的暴力性犯罪被判处 10 年以上有期徒刑、无期徒刑的犯罪分子,不得假释。特殊情况应经最高人民法院核准而非高级人民法院。故 A 项错误。

假释是附条件地提前释放,如果其遵守一定条件,就认为原判刑罚已经执行完毕。注意假释与缓刑的区别:(1)假释是有条件地不执行余刑,缓刑是有条件地不执行原判全部刑罚。(2)假释考验期内遵守法定条件的,认为"剩余刑罚已执行完毕";在缓刑考验期内遵守法定条件的,则"原判刑罚就不再执行"。故 B 项错误。

《刑法》第 86 条第 1 款规定,被假释的犯罪分子,在考验期内犯新罪的,应当撤销假释,按照第 71 条规定的"先减后并"的方法实行数罪并罚。故 C 项错误。

《刑法》第 81 条第 2 款规定,对于被判处 10 年以上有期徒刑、无期徒刑的暴力性犯罪分子,即使减刑后其刑期低于 10 年有期徒刑,也不得假释。故 D 项正确。

92．共同犯罪(承继的共犯)[AC]

[解析] 共同犯罪是指两人以上共同故意犯罪。各共犯人的故意犯罪行为之间相互联系、相互作用的方式不同,其社会危害性就不同。其中,如果先行为人已实施一部分实行行为后,后行为人以共同犯罪的意思参与实行或提供帮助,称为承继的共同犯罪。后行为人就其参与后的行为与先行为人构成共同犯罪。甲对丁实施暴力以完成抢劫行为,在致丁丧失反抗能力时,其朋友乙经过此地,在此情形下即乙明知甲正在实施抢劫,而仍然与甲一起取走丁的财物,乙与甲成立抢劫罪的共犯。故 A 项正确,B 项错误。但对于甲致丁重伤或死亡的情况,这一犯罪结果是在乙参与犯罪之前甲的暴力所致与乙无因果关系,乙不承担丁重伤或死亡的刑事责任。故 C 项正确,D 项错误。

93．贿赂犯罪的数额[ABC]

[解析] 受贿罪的既遂,只要求在事实上建立占有,不要求在民法上取得财物的所有权。甲、乙之间行贿、受贿行为已经完成,虽然 100 万元现金在甲保险箱里,但受贿人(国家工作人员)的职权决定了其对 100 万元现金有实质上的掌握权。至于该 100 万元是放在甲处,还是放在乙处,是由受贿人乙决定的,从这一意义上看,乙实质上已经认可、收受了该 100 万元,甲、乙已经进行了权钱交易。故 A 项正确。

乙利用职务上的便利为他人谋取利益,并非法收受他人财物,成立受贿。虽然乙欺骗甲"需要支付10万元才能开具",进而收受他人财物,但这也是其利用"权力"进行欺骗,符合权钱交易这一受贿罪的本质特征。再者,乙已经为甲谋取了利益,即便虚假承诺为他人谋取利益,而收受他人财物的,也应成立受贿罪,故对乙应以受贿罪论处。故B项正确。

乙接受了支票,即使没有支取现金,也构成受贿罪既遂。关于既遂数额,甲主观上对行贿金额有概括的故意,即999万元以内的金额,无论多少,甲主观上都有让渡的故意。而且甲事实上已经将999万元的支配权(空白支票)交给了乙,乙也事实上知道自己对该999万元有支配权。因此,乙事实上获得了999万元的支配权,甲的行贿金额为999万元,乙的受贿金额为999万元。故C项正确。

行贿、受贿金额的认定,应遵循"犯罪与行为同在",即是说,犯罪故意仅存在于行为当时,故收受贿赂时的数额标准,应认定为受贿、行贿的犯罪数额。乙收下银行卡,即使未使用,也构成受贿罪既遂,既遂数额是收受贿赂时卡里的资金数额,即500万元。至于多了100万元利息,这属于犯罪所得的收益,不属于犯罪所得本身。受贿罪的既遂数额是指犯罪所得的数额。故D项错误。

94．逮捕后的羁押必要性审查[ABCD]

[解析]《刑事诉讼法》第95条规定,犯罪嫌疑人被逮捕后,人民检察院仍应当对羁押的必要性进行审查。可知,羁押必要性审查发生在逮捕之后。A项中10月14日为逮捕之前,尚不存在羁押必要性审查的问题。故A项错误。

向检察院申请羁押必要性审查,没有先向侦查机关申请变更强制措施的前置法律规定,故B项错误。

《高检规则》第575条规定:"负责捕诉的部门依法对侦查和审判阶段的羁押必要性进行审查。经审查认为不需要继续羁押的,应当建议公安机关或者人民法院释放犯罪嫌疑人、被告人或者变更强制措施。审查起诉阶段,负责捕诉的部门经审查认为不需要继续羁押的,应当直接释放犯罪嫌疑人或者变更强制措施。负责刑事执行检察的部门收到有关材料或者发现不需要继续羁押的,应当及时将有关材料和意见移送负责捕诉的部门。"据此,无论侦查、审查起诉还是审判阶段,羁押必要性审查均由检察院负责捕诉的部门负责办理,故C、D项错误。

95．人民陪审员制度[A]

[解析]《人民陪审员法》第2条第2款规定:"人民陪审员依照本法产生,依法参加人民法院的审判活动,除法律另有规定外,同法官有同等权利。"法官和人民陪审员均可以组织自诉人和被告人对告诉才处理的案件和被害人有证据证明的轻微刑事案件进行调解。故A项正确。

《人民陪审员法》第21条规定:"人民陪审员参加三人合议庭审判案件,对事实认定、法律适用,独立发表意见,行使表决权。"故B项错误。【陷阱点拨】注意不要与七人合议庭混淆。根据《人民陪审员法》第22条,七人合议庭中人民陪审员只对事实问题进行表决。

《人民陪审员法》第14条规定:"人民陪审员和法官组成合议庭审判案件,由法官担任审判长,可以组成三人合议庭,也可以由法官三人与人民陪审员四人组成七人合议庭。"故C项错误。

《人民陪审员法》第10、11条规定,人民陪审员是由基层人民法院院长提请同级人大常委会任命。故C项错误。本题的正确答案为A项。

96．未成年人刑事诉讼程序及证据制度[AD]

[解析]《刑事诉讼法》第282条第1款规定:"对于未成年人涉嫌刑法分则第四章、第五章、第六章规定的犯罪,可能判处一年有期徒刑以下刑罚,符合起诉条件,但有悔罪表现的,人民检察院可以作出附条件不起诉的决定。人民检察院在作出附条件不起诉的决定以前,应当听取公安机关、被害人的意见。"据此,附条件不起诉制度适用于未成年犯罪嫌疑人可能被判处1年以下有期徒刑的案件。本案中,小刚强行与小丽发生性关系,涉嫌强奸罪,而强奸罪的最低量刑为3年有期徒刑,因此不适用附条件不起诉,故A项正确。

《高检规则》第272条第2、3款规定:"犯罪嫌疑人具有下列情形之一的,不需要签署认罪认罚具结书:(一)犯罪嫌疑人是盲、聋、哑人,或者是尚未完全丧失辨认或者控制自己行为能力的精神病人的;(二)未成年犯罪嫌疑人的法定代理人、辩护人对未成年人认罪认罚有异议的;(三)其他不需要签署认罪认罚具结书的情形。有前款情形,犯罪嫌疑人未签署认罪认罚具结书的,不影响认罪认罚从宽制度的适用。"本题中,小刚父亲对小刚认罪认罚有异议的,根据上述第2项,小刚不需要签署认罪认罚具结书,因此也谈不上将异议内容在认罪认罚具结书中注明,故B项错误。

《刑诉解释》第90条规定:"证人证言的收集程序、方式有下列瑕疵,经补正或者作出合理解释的,可以采用;不能补正或者作出合理解释的,不得作为定案的根据:……(五)询问未成年人,其法定代理人或者合适成年人不在场的。"据此,询问未成年证人、被害人时,如果没有通知法定代理人或者合适成年人在场,其证言或陈述属于瑕疵证据,但若能被侦查机关补正或作出合理解释,仍可作为定案根据。故C项错误。

《刑诉解释》第 574 条规定："控辩双方提出对未成年被告人判处管制、宣告缓刑等量刑建议的,应当向法庭提供有关未成年被告人能够获得监护、帮教以及对所居住社区无重大不良影响的书面材料。"《刑诉解释》第 575 条第 2 款规定："人民法院可以通知作出调查报告的人员出庭说明情况,接受控辩双方和法庭的询问。"故 D 项正确。

97．行政复议管辖及复议期限;行政诉讼被告的确定;法院的审理范围[AD]

[解析]《行政复议法》第 27 条规定："对海关、金融、外汇管理等实行垂直领导的行政机关、税务和国家安全机关的行政行为不服的,向上一级主管部门申请行政复议。"故 A 项正确。

根据《行政复议法》第 62 条规定,适用普通程序审理的行政复议案件,行政复议机关应当自受理申请之日起 60 日内作出行政复议决定;但是法律规定的行政复议期限少于 60 日的除外。在立法上,2 个月不等于 60 日。故 B 项错误。

《行政诉讼法》第 26 条第 2 款规定："经复议的案件,复议机关决定维持原行政行为的,作出原行政行为的行政机关和复议机关是共同被告;复议机关改变原行政行为的,复议机关是被告。"本题中,复议机关维持县税务局作出的决定,因此县税务局和市税务局或县人民政府为本案共同被告。故 C 项错误。

D 项中所引条文源自《税收征收管理法》第 51 条,该条规定："纳税人超过应纳税额缴纳的税款,税务机关发现后应当立即退还;纳税人自结算缴纳税款之日起 3 年内发现的,可以向税务机关要求退还多缴的税款并加算银行同期存款利息,税务机关及时查实后应当立即退还;涉及从国库中退库的,依照法律、行政法规有关国库管理的规定退还。"本案中,纳税人王某发现多缴纳 2 万元税款从而要求县税务局退还,其是否自结算缴纳税款之日起 3 年内发现这件事情,直接关系到县税务局是否应当退还其多缴纳的税款,也即关系到县税务局不退还税款的具体行政行为是否合法。《行政诉讼法》第 6 条规定："人民法院审理行政案件,对行政行为是否合法进行审查。"可知,本案的审查对象恰恰是县税务局不予退还税款的具体行政行为的合法性,因此县税务局作出不予退税决定是否有法律依据就是案件审理的焦点之一。故 D 项正确。

98．政府信息公开[ACD]

[解析]《政府信息公开条例》第 29 条第 1 款规定："公民、法人或者其他组织申请获取政府信息的,应当向行政机关的政府信息公开工作机构提出,并采用包括信件、数据电文在内的书面形式;采用书面形式确有困难的,申请人可以口头提出,由受理该申请

的政府信息公开工作机构代为填写政府信息公开申请。"政府信息公开的申请方式,原则上采用书面形式,其中包括数据电文形式。故 A 项正确。

2019 修订的《政府信息公开条例》删去了申请获取相关政府信息需"根据自身生产、生活、科研等特殊需要"的规定,申请人获取政府信息,无需再证明该信息与自身生产、生活、科研等特殊需要相关,不需要说明具体的申请理由,只要出于合法、正当目的,遵守法定程序,即可以提出政府信息公开申请。本案中,环保联合会基于诉讼需要,具有提出政府信息公开申请的资格。故 B 项错误。

《政府信息公开条例》第 29 条第 2 款规定："政府信息公开申请应当包括下列内容:(一)申请人的姓名或者名称、身份证明、联系方式;……"据此,县环保局有权要求环保联合会提供身份证明材料。故 C 项正确。

《政府信息公开条例》第 30 条规定："政府信息公开申请内容不明确的,行政机关应当给予指导和释明,并自收到申请之日起 7 个工作日内一次性告知申请人作出补正,说明需要补正的事项和合理的补正期限。……"县环保局认为申请内容不明确的,应告知环保联合会作出更改、补充。故 D 项正确。

99．行政诉讼的立案、管辖、起诉期限[C]

[解析]经复议的案件,原机关所在地法院和复议机关所在地法院均有管辖权。本政府信息公开案件经过复议,应由县环保局所在地法院或县政府所在地法院管辖,原告环保联合会所在地法院无管辖权,故 A 项错误。

根据《行政诉讼法》第 45 条规定,不服复议决定的,可以在收到复议决定书之日起 15 日内提起行政诉讼。故 B 项错误。

《行政诉讼法》第 51 条第 2 款规定："对当场不能判定是否符合本法规定的起诉条件的,应当接收起诉状,出具注明收到日期的书面凭证,并在 7 日内决定是否立案。不符合起诉条件的,作出不予立案的裁定。裁定书应当载明不予立案的理由。原告对裁定不服的,可以提起上诉。"《行政诉讼法解释》第 53 条第 2 款规定："对当事人依法提起的诉讼,人民法院应当根据行政诉讼法第 51 条的规定接收起诉状。能够判断符合起诉条件的,应当当场登记立案;当场不能判断是否符合起诉条件的,应当在接收起诉状后 7 日内决定是否立案;7 日内仍不能作出判断的,应当先予立案。"故 C 项正确;7 日内仍不能作出判断的,应当先予立案,故 D 项错误。

100．简易程序;举证责任[ABC]

[解析]《行政诉讼法》第 82 条第 1、2 款规定:"人民法院审理下列第一审行政案件,认为事实清楚、权利义务关系明确、争议不大的,可以适用简易程序:(一)被诉行政行为是依法当场作出的;(二)案件

涉及款额 2000 元以下的;(三)属于政府信息公开案件的。除前款规定以外的第一审行政案件,当事人各方同意适用简易程序的,可以适用简易程序。"当事人各方同意适用简易程序的,根据本条的规定可以适用简易程序审理。故 A 项正确。

《行政诉讼法解释》第 128 条第 2 款规定:"行政机关负责人出庭应诉的,可以另行委托 1 至 2 名诉讼代理人。行政机关负责人不能出庭的,应当委托行政机关相应的工作人员出庭,不得仅委托律师出庭。"

故 B 项正确。

《政府信息公开案件解释》第 5 条第 1 款规定:"被告对其作出的政府信息公开、不予公开等行为的合法性承担举证责任。"故 C 项正确。

2019 修订的《政府信息公开条例》第 29 条删去了申请获取相关政府信息需"根据自身生产、生活、科研等特殊需要"的规定,申请人获取政府信息,无需再证明该信息与自身生产、生活、科研等特殊需要相关。故 D 项错误。

试 卷 二

解 析

一、单项选择题

1．民事行为能力；民事行为的效力[B]

[解析]《民法典》第18条第2款规定："十六周岁以上的未成年人，以自己的劳动收入为主要生活来源的，视为完全民事行为能力人。"本题中，肖特16岁以演出收入为主要生活来源，可以视为完全民事行为能力人。故A项错误。

《民法典》第20条规定："不满八周岁的未成年人为无民事行为能力人，由其法定代理人代理实施民事法律行为。"该法第144条规定："无民事行为能力人实施的民事法律行为无效。"本题中，7岁时的肖特为无民事行为能力人，应由其法定代理人代理其实施民事法律行为。肖特受赠口琴的行为（即使是纯获利益的行为）未经法定代理人代理，属于无效的民事法律行为。故B项正确。

《民法典》第19条规定："八周岁以上的未成年人为限制民事行为能力人，实施民事法律行为由其法定代理人代理或者经其法定代理人同意、追认；但是，可以独立实施纯获利益的民事法律行为或者与其年龄、智力相适应的民事法律行为。"本题中，肖特9岁受赠钢琴以及15岁时受赠名贵小提琴，属于限制民事行为能力人独立实施的纯获利益的民事法律行为，均有效。故C、D项错误。

2．格式条款的无效；合同的成立；合同的解释[D]

[解析]《民法典》第497条规定："有下列情形之一的，该格式条款无效：（一）具有本法第一编第六章第三节和本法第五百零六条规定的无效情形；（二）提供格式条款一方不合理地免除或者减轻其责任、加重对方责任、限制对方主要权利；（三）提供格式条款一方排除对方主要权利。"《民法典》第一编第六章第三节主要规定了通谋虚伪、恶意串通、违反法律行政法规强制性规定、违背公序良俗等情形无效。而《民法典》第506条规定了两种免责条款无效：（1）造成对方人身伤害的；（2）因故意或者重大过失造成对方财产损失的。本题中，合同由甲公司提供，而且是格式合同，但是并没有上述无效情形，同时也没有加重乙方的责任，只是约定由法定代表人承担连带责任，不是无效的格式条款。故A项错误。

根据《民法典》第490条的规定，当事人采用合同书形式订立合同的，自当事人均签名、盖章或者按指印时合同成立。据此，甲、乙公司在货运合同上盖章时，合同已经成立。而基于合同第四条，在甲公司和乙公司法定代表人李红之间成立保证合同关系，此时，李红的签字系代表其个人，不是代表乙公司，故C项错误。B项的错误十分明显，合同的签字不必签在条款处。

法定代表人只有代表法人的行为才能被后继者所承受，对于个人责任的设定，后来的法定代表人没有约束力。在该保证合同关系中，李红是以其个人身份参与到法律关系中，并以其个人财产承担保证责任的，因此其签字只能代表其个人，对李蓝没有约束力。故D项正确。

3．第三人欺诈；撤销权的行使[B]

[解析]《民法典》第149条规定："第三人实施欺诈行为，使一方在违背真实意思的情况下实施的民事法律行为，对方知道或者应当知道该欺诈行为的，受欺诈方有权请求人民法院或者仲裁机构予以撤销。"据此，如果一方当事人受到第三人欺诈时，通常在另一方当事人对于欺诈知情时，被欺诈人才可以撤销，除非实施欺诈的第三人是通过该法律行为所设立的法律关系中的直接受益人。本题中，乙受到了甲的欺诈与齐某发生了法律行为，且在发生法律行为之时，齐某对于甲的欺诈行为是知情的，故乙可以主张撤销。基于合同的相对性，乙应当向齐某主张撤销。故A项错误，B项正确。

甲因被齐某欺诈以5000元从齐某处购买一尊石雕，根据《民法典》第148条的规定，受欺诈的甲可向相对人齐某主张撤销其购买行为。故C项错误。

《民法典》第152条规定："有下列情形之一的，撤销权消灭：（一）当事人自知道或者应当知道撤销事由之日起一年内、重大误解的当事人自知道或者应当知道撤销事由之日起九十日内没有行使撤销权；……当事人自民事法律行为发生之日起五年内没有行使撤销权的，撤销权消灭。"据此，在欺诈情形下，撤销权的除斥期间，主观起算为1年，客观起算为5年。故D项错误。

4．委托合同；授予代理权的行为；限制行为能力人行为的效力［D］

［解析］委托代理包括两重法律关系：一是委托人与代理人之间的委托合同关系；二是委托人对代理人的单方授权关系。

《民法典》第 145 条第 1 款规定："限制民事行为能力人实施的纯获利益的民事法律行为或者与其年龄、智力、精神健康状况相适应的民事法律行为有效；实施的其他民事法律行为经法定代理人同意或者追认后有效。"本题中的委托合同关系是甲公司委托陈某为甲公司购买价值不超过 50 万元的软件。因为陈某属于限制民事行为能力人，标的价值为 50 万元的合同明显与其年龄不相适应，因此委托合同需要陈某的法定代理人追认，如果不追认，则委托合同归于无效。而作为其法定代理人的陈某的父母知道后，明确表示反对，该委托合同确定无效。故 A、B、C 项错误。

授予代理权的行为是单方行为，仅凭被代理人授权的意思表示即可发生效力，无需追认。甲授权给陈某以甲的名义签订合同，后果直接由甲公司承担，既然甲公司愿意选择 15 岁的陈某作为代理人，而且陈某并不承担购买软件的法律后果（不会使陈某负担义务或遭受不利），因此授权行为有效。故 D 项正确。

5．更正登记；不动产善意取得的构成；无权处分的认定［A］

［解析］"借用他人名义买房"是法律实务中的热点问题。本题中，甲出全资，借用乙的名义购买商品房，登记在乙名下，有两个基础问题需要解决。

第一个问题是房屋的所有权归谁？按照出题人的观点，须分对内和对外关系分别判定。在对外关系（对甲、乙之外的善意第三人而言）上，采"登记名义说"，房屋登记在谁名下，谁就是房屋所有权人（本题中即乙）。在对内关系（就甲、乙间的关系而言）上，采"约定加真实资金关系说"，按约定由出资人享有房屋所有权（本题中即甲）。需要注意的是，甲、乙之间的协议只有债权的效力，对外不具有任何公示性，不能对抗善意第三人。

第二个问题是甲、乙的约定（房屋代购协议）是否有效？有些约定是无效的，如甲借用乙的名义购买（尚不能上市交易的）经济适用房。除此之外，其他多数情形，房屋代购协议是有效的。

《民法典》第 220 条第 1 款规定："权利人、利害关系人认为不动产登记簿记载的事项错误的，可以申请更正登记。不动产登记簿记载的权利人书面同意更正或者有证据证明登记确有错误的，登记机构应当予以更正。"本题中，甲、乙之间的代购协议有效，尽管房屋登记在乙名下，但实际所有权人为甲，甲作为

权利人有权申请更正登记。故 A 项正确。

如前所述，甲、乙的约定有效，甲有权请求乙依照有效的合同办理房屋的过户登记。故 B 项错误。

甲与乙签订的《协议》的内容是明确的，就是房屋代购协议，不是借款购房关系。故 C 项错误。

善意取得须以无权处分为前提条件。如前所述，在对外关系上，因采登记名义说，乙系房屋的所有权人，乙将房屋出卖给丙并办理过户登记，属有权处分，丙继受取得房屋所有权，不属于善意取得。故 D 项错误。

6．所有权的取得［D］

［解析］《民法典》第 230 条规定："因继承取得物权的，自继承开始时发生效力。"据此，蔡永通过遗嘱获得房屋的所有权不需要登记，立遗嘱人一旦死亡，即继承开始之时，蔡永立即获得房屋的所有权。《民法典物权编解释（一）》第 8 条规定，依据继承、房屋建造及法院判决等享有物权，但尚未完成动产交付或者不动产登记的物权人，根据《民法典》物权编的规定，请求保护其物权的，应予支持。据此，尽管没有办理登记，蔡永通过继承获得物权后，当自己的所有权受到侵害之时，可以通过行使物权请求权保护自己的合法权益。《民法典》第 235 条规定："无权占有不动产或者动产的，权利人可以请求返还原物。"本题中，父母去世之前，房屋由蔡花借用，尽管有合法理由，但是继承发生后，相对于遗嘱继承人蔡永而言，蔡花的占有缺少正当理由。蔡花的借用合同没有约定期限，根据《民法典》第 511 条关于履行期限的规定，履行期限不明确的，债务人可以随时履行，债权人也可以随时请求履行，但是应当给对方必要的准备时间。据此，蔡永可以随时请求蔡花返还房屋，但需要给蔡花必要的准备时间。当蔡永主张返还之时，蔡花再占有房屋即为无权占有了。故 A、C 项错误，D 项正确。

根据《民法典》第 196 条的规定，不动产物权和登记的动产物权请求权不适用诉讼时效的规定。故 B 项错误。

7．可撤销法律行为［C］

［解析］《民法典》第 151 条规定："一方利用对方处于危困状态、缺乏判断能力等情形，致使民事法律行为成立时显失公平的，受损害方有权请求人民法院或者仲裁机构予以撤销。"乘人之危是指一方当事人利用另一方处于危困之际，使得另一方当事人在违背真实意思的情况下进行的法律行为，结果显失公平的情形，本题中不存在当事人处于危困状态，故不存在乘人之危，故 A 项错误。同时，钱某与陈某签订合同之时，陈某也没有利用钱某缺乏判断能力的事实，故也不构成上述第 151 条规定的显失公平，故 D 项错误。

《民法典》第 149 条规定："第三人实施欺诈行

为,使一方在违背真实意思的情况下实施的民事法律行为,对方知道或者应当知道该欺诈行为的,受欺诈方有权请求人民法院或者仲裁机构予以撤销。"据此,当第三人欺诈时,只有当被欺诈人与知情的相对人签订合同时,才可撤销。本案中,高某与李某作为第三人,虽然对钱某进行了欺骗,构成欺诈,但是,被欺诈的钱某与陈某签订合同之时,相对人陈某并不知情,故钱某不能以欺诈为由撤销与陈某的买卖合同,故 B 项错误。

《民法典》第 147 条规定:"基于重大误解实施的民事法律行为,行为人有权请求人民法院或者仲裁机构予以撤销。"《民法典总则编解释》第 19 条第 1 款规定,行为人对行为的性质、对方当事人或者标的物的品种、质量、规格、价格、数量等产生错误认识,按照通常理解如果不发生该错误认识行为人就不会作出相应意思表示的,构成重大误解。本案中,钱某由于受到高某与李某的欺骗,对于画的性质理解错误,将真品当作了赝品,在与陈某进行法律行为时存在认识错误,故钱某可基于重大误解,撤销与陈某的买卖合同,故 C 项正确。

8.抵押权的设立;不动产设定抵押未登记时的违约责任[D]

[解析] 不动产抵押以登记为生效要件,未经登记抵押权不能设立,但抵押合同有效。故 A、B、C 项均错误。

《民法典担保制度解释》第 46 条第 3 款规定:"因抵押人转让抵押财产或者其他可归责于抵押人自身的原因导致不能办理抵押登记,债权人请求抵押人在约定的担保范围内承担责任的,人民法院依法予以支持,但是不得超过抵押权能够设立时抵押人应当承担的责任范围。"本题中,抵押人丙经催告后无故不办理抵押登记,显然属于恶意,具有过错,债权人乙可主张丙在抵押合同约定的抵押物价值范围内承担违约责任。故 D 项正确。**【关联记忆】**根据上述司法解释,抵押财产因不可归责于抵押人自身的原因灭失或者被征收等导致不能办理抵押登记,债权人请求抵押人在约定的担保范围内承担责任的,人民法院不予支持;但是抵押人已经获得保险金、赔偿金或者补偿金等,债权人请求抵押人在其所获金额范围内承担赔偿责任的,人民法院依法予以支持。

9.占有[B]

[解析] 为保护交易安全,法律承认占有即所有的推定效力,受权利推定的占有人,免除举证责任,即对其是否具有实体权利有争议时,占有人可以直接援引该推定对抗相对人,无需证明自己是权利人;但是在相对人提出相反证据时,占有人为推翻该相反证据,仍需举证。本题中,争议发生时乙对戒指为现实直接占有,且主张所有权,故可先推定其对戒指有所

有权;在甲无法证明对该戒指拥有所有权,但能够针对乙的主张提出在 2015 年 10 月 1 日前一直合法占有该戒指的情形下,乙应该提供自 2015 年 10 月 1 日后从甲处合法取得戒指的证据,否则,应当认定因甲证明了自己的先前占有,而推定甲对戒指享有合法权利。故 A、D 项错误,B 项正确。

本题中戒指并非埋藏物、遗失物,不存在可能判决归国家所有的情形。故 C 项错误。

10.不安抗辩权;顺序履行抗辩权;预期违约[C]

[解析]《民法典》第 528 条规定:"当事人依据前条规定中止履行的,应当及时通知对方。对方提供适当担保的,应当恢复履行。中止履行后,对方在合理期限内未恢复履行能力且未提供适当担保的,视为以自己的行为表明不履行主要债务,中止履行的一方可以解除合同并可以请求对方承担违约责任。"据此,甲公司行使不安抗辩权后,若在合理的期限内乙公司恢复履行能力或者提供适当的担保,甲公司的不安抗辩权消灭,应恢复履行。本题中,乙公司支付了 1 万元预付款。预付款,是指合同成立后,一方当事人按照约定将部分或者全部合同价款预先支付给对方的款项,合同履行后,预付款成为应付价款的组成部分,如果没有履行合同,则预付款应当予以退还。预付款具有支援性质,为对方当事人履行合同义务起一定的资助作用,但不起担保作用,除非支付的预付款相当充分,确保了义务人的履行能力,否则支付部分预付款并不具有阻止收款方行使不安抗辩权的效力。本题中,甲公司有确切证据证明乙公司在甲公司履行义务 5 日后不能履行合同义务,甲公司有权行使不安抗辩权,中止履行;乙公司支付的预付款比例很少,不足以消除不安抗辩事由。故 A 项错误。

《民法典》第 526 条规定:"当事人互负债务,有先后履行顺序,应当先履行债务一方未履行的,后履行一方有权拒绝其履行请求。先履行一方履行债务不符合约定的,后履行一方有权拒绝其相应的履行请求。"据此,乙公司可以行使顺序履行抗辩权,有权拒绝相应的履行要求,即拒绝支付 100 套服装的货款,但不得拒绝支付任何货款。故 B 项错误。顺序履行抗辩权只能由应当后履行的一方行使。本题中,甲公司为先履行方,其无权主张顺序履行抗辩权。故 D 项错误。

《民法典》第 578 条规定:"当事人一方明确表示或者以自己的行为表明不履行合同义务的,对方可以在履行期限届满前请求其承担违约责任。"这是关于预期违约的规定。本题中,虽然乙公司债务的履行期限于 3 月 15 日届至,但乙公司于 3 月 10 日明确表示将不履行债务,构成明示毁约,自 3 月 10 日起,甲公司有权对乙公司主张预期违约的违约责任。故 C 项正确。

11．保证担保的成立与实现；保证人的追偿权
[D]

[解析] 保证可以和债权人约定保证责任承担的具体方法，只要没有违反法律的强制性规定则约定就是有效的，就可以按照当事人约定的方法来实现责任。李某与甲银行在保证合同中特别约定，如保证人不履行保证责任，债权人有权直接从保证人在甲银行及其支行处开立的任何账户内扣收，该直接扣划款项的约定有效，性质上属于约定抵销，李某要按照约定承担保证责任。故 A、B 项错误。

《民法典》第 700 条规定："保证人承担保证责任后，除当事人另有约定外，有权在其承担保证责任的范围内向债务人追偿，享有债权人对债务人的权利，但是不得损害债权人的利益。"在保证人承担保证责任之后，不管债权人的债权是否全部实现，保证人均可行使向债务人的追偿权。扣划款项之后，保证人李某即获得追偿权。故 C 项错误。

《民事诉讼法》第 51 条第 1 款："公民、法人和其他组织可以作为民事诉讼的当事人。"所谓"其他组织"包括法人依法设立并领取营业执照的分支机构。乙支行是甲银行的分支机构，尽管不是完全独立的民事主体（不具有法人资格，属于非法人组织），但具有民事权利能力，在自己支配的财产范围内具有相对独立的主体地位，可以在甲银行授权的范围内进行民商事活动，能够以自己的名义订立合同，行使权利，履行义务。张某的借款合同是与乙支行签订的，因此乙支行应以自己的名义向张某主张权利。故 D 项正确。

12．第三人代为清偿；免责的债务承担；并存的债务承担；无因管理 [C]

[解析] 第三人代为清偿表现方式：一是第三人单方表示代替债务人清偿债务，二是第三人与债务人达成代为清偿债务的协议。由此可知，第三人代为清偿要求主体独立于债权债务法律关系，以自己的名义进行清偿，债权债务关系主体实施的清偿行为不构成第三人代为清偿。本题中，丙以欠款人的身份出具欠条成为债之关系中的债务人，并非第三人，不构成第三人代为清偿。故 A 项错误。

债务承担分为免责的债务承担和并存的债务承担。免责的债务承担，是指债务人经债权人同意，将其债务部分或全部移转给第三人负担。并存的债务承担，是指债务人不脱离债的关系，第三人加入债的关系，与债务人共同承担债务。本题中，乙公司与丙商议，由乙公司和丙以欠款人的身份向甲出具欠条，原债务人乙公司并未脱离债务关系，由乙公司和丙应共同对债务承担连带责任，因此构成并存的债务承担。故 B 项错误，C 项正确。【知识拓展】掌握债务承担的法律依据和要求。对于免责的债务承担，《民法典》第 551 条规定："债务人将债务的全部或者部分转移给第三人的，应当经债权人同意。债务人或者第三人可以催告债权人在合理期限内予以同意，债权人未作表示的，视为不同意。"据此，免责的债务承担应征得债权人同意；债权人未作表示的，视为不同意。对于并存的债务承担，《民法典》第 552 条规定："第三人与债务人约定加入债务并通知债权人，或者第三人向债权人表示愿意加入债务，债权人未在合理期限内明确拒绝的，债权人可以请求第三人在其愿意承担的债务范围内和债务人承担连带债务。"据此，并存的债务承担也应取得债权人同意；债权人未作表示的，视为同意。

《民法典》第 121 条规定："没有法定的或者约定的义务，为避免他人利益受损失而进行管理的人，有权请求受益人偿还由此支出的必要费用。"无因管理的构成要求当事人之间没有法定的或者约定的义务，本题中，丙经与债务人乙公司"商议"后承担债务，丙承担债务的行为系对其与乙之间"约定义务"的履行，不符合无因管理的构成要件，不构成无因管理。故 D 项错误。

13．房屋租赁合同承租人的优先购买权 [C]

[解析]《民法典》第 726 条规定："出租人出卖租赁房屋的，应当在出卖之前的合理期限内通知承租人，承租人享有以同等条件优先购买的权利；但是，房屋按份共有人行使优先购买权或者出租人将房屋出卖给近亲属的除外。出租人履行通知义务后，承租人在十五日内未明确表示购买的，视为承租人放弃优先购买权。"因此，甲向丙出售租赁房屋时，应当在出卖之前的合理期限内通知承租人乙，但无须经过承租人乙的同意。故 A、D 项错误。

善意取得以让与人实施无权处分为前提条件。本题中，甲系房屋所有权人（且其处分权未受到任何限制），甲将房屋出卖给丙的行为属于有权处分，并不涉及善意取得的问题。故 B 项错误。

《民法典》第 728 条规定："出租人未通知承租人或者有其他妨害承租人行使优先购买权情形的，承租人可以请求出租人承担赔偿责任。但是，出租人与第三人订立的房屋买卖合同的效力不受影响。"因此，甲虽侵害了乙的优先购买权，乙可以请求甲承担赔偿责任，但甲、丙之间的合同并不因此无效，这是为了保护第三人利益与维护交易安全。故 C 项正确。

14．专利申请权转让的生效时间 [C]

[解析]《技术合同解释》第 8 条第 1 款规定："生产产品或者提供服务依法须经有关部门审批或者取得行政许可，而未经审批或者许可的，不影响当事人订立的相关技术合同的效力。"故乙公司尚未依法获得药品生产许可证不影响甲、乙公司订立专利申请权转让合同的效力。故 A 项错误。

《专利法》第10条第3款规定:"转让专利申请权或者专利权的,当事人应当订立书面合同,并向国务院专利行政部门登记,由国务院专利行政部门予以公告。专利申请权或者专利权的转让自登记之日起生效。"据此,转让专利申请权须办理登记;未登记的,不发生专利申请权转让的效果,但不影响转让合同的生效。故C项正确,B项错误。

《技术合同解释》第23条第1款规定:"专利申请权转让合同当事人以专利申请被驳回或者被视为撤回为由请求解除合同,该事实发生在依照专利法第十条第三款的规定办理专利申请权转让登记之前的,人民法院应当予以支持;发生在转让登记之后的,不予支持,但当事人另有约定的除外。"据此,甲、乙公司已经办理完专利申请权转让登记手续,虽然专利申请因缺乏新颖性被驳回,但乙公司无权解除合同。故D项错误。

15.肖像权;著作权[B]

[解析] 李某为丁某拍摄生活照,照片作为摄影作品,李某享有著作权。李某经丁某同意上传到社交媒体,李某不构成对丁某权利的侵犯。蔡某将照片上传至营利性网站并获得报酬的行为,构成双重侵权。一方面,侵犯了丁某的肖像权,因为未经肖像权人丁某许可,蔡某擅自以信息网络传播的方式使用丁某的肖像,又无违法阻却事由,成立对丁某肖像权的侵害。另一方面,蔡某也侵犯了李某的著作权,具体来说,这种通过网络进行的传播,是侵犯了著作财产权中的信息网络传播权。身体权,是指自然人保持其身体组织完整并支配其肢体、器官和其他身体组织并保护自己的身体不受他人违法侵犯的权利。本题中,不存在对身体侵犯的情形。综上,B项正确,A、C、D项错误。

16.机动车道路交通事故责任;帮工侵权责任[B]

[解析]《道路交通安全法》第76条第1款规定:"机动车发生交通事故造成人身伤亡、财产损失的,由保险公司在机动车第三者责任强制保险责任限额范围内予以赔偿;不足的部分,按照下列规定承担赔偿责任:(一)机动车之间发生交通事故的,由有过错的一方承担责任;双方都有过错的,按照各自过错的比例分担责任。……"据此,机动车之间发生的道路交通事故致人损害的,适用过错责任原则,由有过错的一方承担侵权责任。本题中,乙、丙间发生了机动车道路交通事故,应适用过错责任,由有过错的一方承担责任。乙没有过错,不承担责任;过错均在丙,丙应承担全部责任。

《民法典》第1215条第1款规定:"盗窃、抢劫或者抢夺的机动车发生交通事故造成损害的,由盗窃人、抢劫人或者抢夺人承担赔偿责任。盗窃人、抢劫人或者抢夺人与机动车使用人不是同一人,发生交通事故造成损害,属于该机动车一方责任的,由盗窃人、抢劫人或者抢夺人与机动车使用人承担连带责任。"据此,车主丁不承担责任。故C、D项错误。

《人身损害赔偿解释》第5条第2款规定:"帮工人在帮工活动中因第三人的行为遭受人身损害的,有权请求第三人承担赔偿责任,也有权请求被帮工人予以适当补偿。被帮工人补偿后,可以向第三人追偿。"本题中,帮工人乙因第三人丙遭受人身损害,乙可请求丙予以赔偿,也可请求甲进行补偿,甲补偿后可向丙追偿。故A项错误,B项正确。

17.公开审判[C]

[解析] 公开审判制度是指人民法院审理民事案件,除法律规定的情况外,审判过程及结果应当向群众、社会公开。《民事诉讼法》第137条规定:"人民法院审理民事案件,除涉及国家秘密、个人隐私或者法律另有规定的以外,应当公开进行。离婚案件,涉及商业秘密的案件,当事人申请不公开审理的,可以不公开审理。"

本题就属于涉及商业秘密的案件。首先,法律并没有规定要双方当事人共同申请,只需要一方当事人申请即可。故A项错误。其次,本题并不是涉及国家秘密、个人隐私的案件,因此不属于法定不公开的案件,涉及商业秘密的案件属于依申请可以不公开审理的案件,当事人仅有申请权,最终的决定权属于法院。故B项错误。最后,《民事诉讼法》第151条第1款规定:"人民法院对公开审理或者不公开审理的案件,一律公开宣告判决。"因此,无论公开审理的案件,还是不公开审理的案件,宣判时都要一律公开。本题中,法院可以根据当事人的申请不公开审理此案,但应当公开宣判。故C项正确。最后,本案属于可申请不公开审理的案件,"法院应当公开审理"的表述不准确。故D项错误。

18.管辖权异议[D]

[解析]《最高人民法院关于审理民事级别管辖异议案件若干问题的规定》第2条规定:"在管辖权异议裁定作出前,原告申请撤回起诉,受诉人民法院作出准予撤回起诉裁定的,对管辖权异议不再审查,并在裁定书中一并写明。"本案中,案件正在A市B区进行一审,整个案件并没有进入二审,上诉的仅仅是管辖权异议的裁定。因此应当向A市B区法院申请撤诉。故A、B项错误。B区法院裁定准予撤诉后,二审法院不再对管辖权异议的上诉进行审查。故C项错误,D项正确。

19.共同诉讼;第三人[C]

[解析] 必要共同诉讼的重大特征在于,其针对的是一个共同的民事法律关系,只有一个诉讼标的。普通共同诉讼实质上是几个有共同争议或者涉及同一法律问题的几个诉的合并。在本题中,共有两个侵权法律关系:张某与李某间的侵权法律关系,以及张

某与李某父亲间的侵权法律关系。因此本案中的诉讼标的有两个而不是一个，本案为普通共同诉讼，李某的父亲应作为普通共同诉讼的共同原告。故 C 项当选。

20．鉴定制度[A]

[解析]《民事诉讼法》第 80 条第 1 款规定："鉴定人有权了解进行鉴定所需要的案件材料，必要时可以询问当事人、证人。"因此，丙鉴定中心在鉴定过程中可以询问当事人。故 A 项正确。

《民事诉讼法》第 81 条规定："当事人对鉴定意见有异议或者人民法院认为鉴定人有必要出庭的，鉴定人应当出庭作证。经人民法院通知，鉴定人拒不出庭作证的，鉴定意见不得作为认定事实的根据；支付鉴定费用的当事人可以要求返还鉴定费用。"本案中，乙公司已经提出异议，因此丙鉴定中心应当派员出庭。与证人不同，因正当理由不能出庭的除外规定，对鉴定人并不适用。故 B 项错误。【特别提醒】《民诉证据规定》完善了鉴定人出庭的程序，当事人对鉴定意见提出书面异议，法院应当要求鉴定人解释、说明、补充。当事人对鉴定人的书面答复仍有异议的，法院应当通知有异议的当事人预缴费用，并通知鉴定人出庭。即在鉴定人出庭问题上前置了一个书面答复程序，只有当事人对鉴定人的书面答复仍有异议，才通知鉴定人出庭。具体条文是：《民诉证据规定》第 37 条第 2、3 款："当事人对鉴定书的内容有异议的，应当在人民法院指定期间内以书面方式提出。对于当事人的异议，人民法院应当要求鉴定人作出解释、说明或者补充。人民法院认为有必要的，可以要求鉴定人对当事人未提出异议的内容进行解释、说明或者补充。"第 38 条："当事人在收到鉴定人的书面答复后仍有异议的，人民法院应当根据《诉讼费用交纳办法》第十一条的规定，通知有异议的当事人预交鉴定人出庭费用，并通知鉴定人出庭。有异议的当事人不预交鉴定人出庭费用的，视为放弃异议。双方当事人对鉴定意见均有异议的，分摊预交鉴定人出庭费用。"据此，因为本题是根据旧法设计的题目，因此相对于新法，逻辑不是十分严密。更为严谨的案情应当是"乙公司收到鉴定意见书后提出异议，法院要求鉴定人书面补充、说明后，乙公司仍有异议，并申请某大学燕教授出庭说明专业意见"。

《民诉解释》第 122 条规定："当事人可以依照民事诉讼法第八十二条的规定，在举证期限届满前申请一至二名具有专门知识的人出庭，代表当事人对鉴定意见进行质证，或者对案件事实所涉的专业问题提出意见。具有专门知识的人在法庭上就专业问题提出的意见，视为当事人的陈述。人民法院准许当事人申请的，相关费用由提出申请的当事人负担。"因此，燕教授是基于具有专门知识的人的身份出庭，其诉讼

地位不是鉴定人。故 C 项错误。燕教授出庭费用由提出申请的当事人负担。故 D 项错误。

21．举证责任的分配[A]

[解析] 本题考查环境污染案件的证明责任分配。侵权纠纷举证责任的判断步骤分三步走：第一步，根据"谁主张，谁举证"原则，一般应当由原告证明侵权构成要件（行为、结果、过错、因果关系），被告证明免责事由。第二步，《民法典》第 1229 条规定："因污染环境、破坏生态造成他人损害的，侵权人应当承担侵权责任。"据此，环境污染案件适用无过错责任原则，侵权构成要件不含过错，故应由原告证明行为、结果、因果关系三要件，被告证明免责事由。第三步，《民法典》第 1230 条规定："因污染环境、破坏生态发生纠纷，行为人应当就法律规定的不承担责任或者减轻责任的情形及其行为与损害之间不存在因果关系承担举证责任。"据此，环境污染案件存在倒置规定，即将因果关系倒置给被告证明。综上，本案中原告应当证明行为、结果，被告应当证明无因果关系或者具有免责事由。题目所问"化工厂是否向鱼塘排污的事实"属于侵权责任构成要件中的"行为"，应当由原告王某证明。故 A 项正确，B、C、D 项错误。

22．起诉[A]

[解析] 根据《民法典》第 195 条的规定，中断诉讼时效的事由包括提起诉讼或仲裁、当事人一方提出请求或者同意履行义务（承诺）。故 A 项说法正确。

《民事诉讼法》第 128 条规定，人民法院应当在立案之日起 5 日内将起诉状副本发送被告，被告应当在收到之日起 15 日内提出答辩状。因此，被告的答辩期应当始于收到起诉状副本之日。故 B 项说法错误。

《民事诉讼法》第 37 条规定："人民法院发现受理的案件不属于本院管辖的，应当移送有管辖权的人民法院，受移送的人民法院应当受理。受移送的人民法院认为受移送的案件依照规定不属于本院管辖的，应当报请上级人民法院指定管辖，不得再自行移送。"因此，甲县法院受理该案并不意味着其当然地取得了排他的管辖权，若根据法律规定不该由其管辖，则其应将该案进行移送管辖。故 C 项说法错误。

法院受理案件后，田某成为本案形式上的被告，但田某是否为本案的适格被告，则需要法院根据诉讼标的来进行实体审查。因此，法院的受理行为并不能决定被告是否适格，换言之，起诉的条件中仅要求有明确的被告，而并不要求被告适格。故 D 项说法错误。

23．确认婚姻无效案件的裁判；调解的适用[D]

[解析] 根据《民法典婚姻家庭编解释（一）》第 9 条的规定，有权向人民法院就已办理结婚登记的婚姻请求确认婚姻无效的主体，包括婚姻当事人及利害

关系人。其中,利害关系人包括:(1)以重婚为由的,为当事人的近亲属及基层组织;(2)以未到法定婚龄为由的,为未到法定婚龄者的近亲属;(3)以有禁止结婚的亲属关系为由的,为当事人的近亲属。刘某的母亲作为刘某的近亲属,有权作为适格原告起诉请求确认刘某与郝某的婚姻关系无效,故法院不能裁定驳回起诉,B 项错误。

《民法典婚姻家庭编解释(一)》第 11 条第 1、2 款规定:"人民法院受理请求确认婚姻无效案件后,原告申请撤诉的,不予准许。对婚姻效力的审理不适用调解,应当依法作出判决。"据此,A、C 项错误,D 项正确。**【思路拓展】**如果不熟悉司法解释规定,也可以从法理角度进行分析:婚姻效力问题涉及社会公序良俗,故有必要对当事人的处分权进行限制,不允许调解,也不允许撤诉。另外,也可以从调解制度的适用范围来分析,身份关系的确认案件不适用调解,确认婚姻无效即属于此类案件,故不能调解。

24.二审当事人地位[A]

[解析]《民事诉讼法》第 59 条第 2 款规定:"对当事人双方的诉讼标的,第三人虽然没有独立请求权,但案件处理结果同他有法律上的利害关系的,可以申请参加诉讼,或者由人民法院通知他参加诉讼。人民法院判决承担民事责任的第三人,有当事人的诉讼权利义务。"在本题中,原告甲对被告丙提起了代位权诉讼,此时的乙是无独立请求权第三人。本题中,乙、丙均提起上诉。但因为在一审判决中,法院没有判决乙承担民事责任,因此乙不能作上诉人,只有丙能作上诉人。丙的上诉针对了甲,因此甲是被上诉人。故 B、C、D 项错误,A 项正确。

25.二审中的撤诉[B]

[解析]《民诉解释》第 336 条第 1 款规定:"在第二审程序中,原审原告申请撤回起诉,经其他当事人同意,且不损害国家利益、社会公共利益、他人合法权益的,人民法院可以准许。准许撤诉的,应当一并裁定撤销一审裁判。"《民诉解释》第 335 条规定:"在第二审程序中,当事人申请撤回上诉,人民法院经审查认为一审判决确有错误,或者当事人之间恶意串通损害国家利益、社会公共利益、他人合法权益的,不应准许。"由此可知,当事人可以在二审中撤回起诉,准许的,应一并裁定撤销一审裁判。双方当事人均同意撤回上诉且不损害"三益",人民法院可以允许。故 B 项正确,A、C、D 项错误。

26.再审程序中缺席判决的适用[D]

[解析]《民事诉讼法》第 146 条规定,"按撤诉处理"只适用于原告。根据《民诉解释》第 398 条的规定,撤回再审申请只能针对再审申请人。根据《民事诉讼法》第 153 条的规定,一方当事人未说明理由缺席开庭并不属于法院裁定中止诉讼的情形。故 A、

B、C 项错误。本案中,吴某是再审申请人,万某是被申请人,被申请人不到庭不影响法院对案件的审理,法院仍需对吴某的再审请求进行审查并作出相应裁判,因此可对万某作出缺席判决,故 D 项正确。**【总结提示】**在民事程序中一方不到庭如何处理:(1)启动程序一方不到庭,表明其不愿意通过该程序解决问题,视为撤回;(2)被动接受程序一方不到庭,表明其放弃陈述与申辩的权利,应当缺席判决。

27.担保物权的实现[D]

[解析]《民事诉讼法》第 207 条规定:"申请实现担保物权,由担保物权人以及其他有权请求实现担保物权的人依照民法典等法律,向担保财产所在地或者担保物权登记地基层人民法院提出。"故 A 项是不正确的。

由于本案需要实现担保物权,因而被申请人除了债务人,还应当有担保人,否则将导致裁定对担保人没有效力,无法实现担保物权。故 B 项是不正确的。

《民事诉讼法》第 208 条规定:"人民法院受理申请后,经审查,符合法律规定的,裁定拍卖、变卖担保财产,当事人依据该裁定可以向人民法院申请执行;不符合法律规定的,裁定驳回申请,当事人可以向人民法院提起诉讼。"该裁定的执行依赖于当事人的申请。故 C 项是不正确的,而 D 项是正确的。

28.执行行为的异议;案外人执行标的异议[D]

[解析]对执行行为的异议是指当事人、利害关系人对人民法院违反法定程序的执行行为提出质疑,从而要求人民法院变更或停止执行行为的请求。案外人对执行标的的异议指在执行过程中,案外人对被执行的财产的全部或部分主张实体权利并要求负责执行的人民法院停止并变更执行的书面请求。执行行为异议、案外人对执行标的异议都是在执行过程中提出来的,都向执行法院提出。对执行行为异议,由当事人或利害关系人提出,而利害关系人可能为案外人。对执行标的异议,是由案外人提出的,也可能是案件的利害关系人,由此可见,执行行为异议与案外人对执行标的的异议,申请异议当事人有部分相同。故 A、B、C 项正确,不当选。

《民事诉讼法》第 236 条规定:"当事人、利害关系人认为执行行为违反法律规定的,可以向负责执行的人民法院提出书面异议。当事人、利害关系人提出书面异议的,人民法院应当自收到书面异议之日起十五日内审查,理由成立的,裁定撤销或者改正;理由不成立的,裁定驳回。当事人、利害关系人对裁定不服的,可以自裁定送达之日起十日内向上一级人民法院申请复议。"《民事诉讼法》第 238 条规定:"执行过程中,案外人对执行标的提出书面异议的,人民法院应当自收到书面异议之日起十五日内审查,理由成立的,裁定中止对该标的的执行;理由不成立的,

裁定驳回。案外人、当事人对裁定不服,认为原判决、裁定错误的,依照审判监督程序办理;与原判决、裁定无关的,可以自裁定送达之日起十五日内向人民法院提起诉讼。"因此,申请异议人对法院针对异议所作裁定不服,可采取的救济手段不同。故 D 项错误,当选。

29.仲裁的司法监督[D]

[解析]《仲裁法》第 28 条第 2 款规定,当事人申请财产保全的,仲裁委员会应当将当事人的申请依照民事诉讼法的有关规定提交人民法院。故 A 项正确。

《仲裁法解释》第 26 条规定,当事人向人民法院申请撤销仲裁裁决被驳回后,又在执行程序中以相同理由提出不予执行抗辩的,人民法院不予支持。故 B 项正确。

《仲裁法解释》第 27 条第 1 款规定,当事人在仲裁程序中未对仲裁协议的效力提出异议,在仲裁裁决作出后以仲裁协议无效为由主张撤销仲裁裁决或者提出不予执行抗辩的,人民法院不予支持。故 C 项正确。

《仲裁法》第 61 条规定,人民法院受理撤销裁决的申请后,认为可以由仲裁庭重新仲裁的,通知仲裁庭在一定期限内重新仲裁,并裁定中止撤销程序。仲裁庭拒绝重新仲裁的,人民法院应当裁定恢复撤销程序。只有在申请撤销仲裁裁决的程序中,法院才可以通知仲裁机构在一定期限内重新仲裁;而在申请不予执行仲裁裁决的程序中法院不可以通知仲裁庭重新仲裁。故 D 项错误。

30.股东抽逃出资[A]

[解析]《公司法解释(三)》第 12 条规定,公司成立后,公司、股东或者公司债权人以相关股东的行为符合下列情形之一且损害公司权益为由,请求认定该股东抽逃出资的,人民法院应予支持:(1)制作虚假财务会计报表虚增利润进行分配;(2)通过虚构债权债务关系将其出资转出;(3)利用关联交易将出资转出;(4)其他未经法定程序将出资抽回的行为。故 B、C、D 项符合抽逃出资的行为,不当选。"将出资款项转入公司账户验资后又转出去",在现行法中已不再认定为抽逃出资。主要原因是"转出"的表意不清,如果股东通过向公司借款等合法程序或合法关系将出资转出不会认定为抽逃出资,只有"非法转出"才能认定为抽逃出资。故 A 项不符合抽逃出资的行为,当选。

31.董事任期、职责;股东代表诉讼[B]

[解析]《公司法》第 70 条第 2 款规定:"董事任期届满未及时改选,或者董事在任期内辞任导致董事会成员低于法定人数的,在改选出的董事就任前,原董事仍应当依照法律、行政法规和公司章程的规定,

履行董事职务。"本题中,因尚未改选出新一届董事会,原董事会成员(含董事长)仍应依法履行董事职责。故 A 项错误,B 项正确。

《公司法》第 188 条规定:"董事、监事、高级管理人员执行职务违反法律、行政法规或者公司章程的规定,给公司造成损失的,应当承担赔偿责任。"本案中,彭兵"无心公司事务"并不能认定其违反法律法规或公司章程,只能构成未尽到对公司勤勉的义务;公司 100 万元的损失,并非彭兵的侵权行为造成的,不能由其承担赔偿责任。故 C 项错误。

根据《公司法》第 189 条第 1 款规定,董事、高级管理人员有《公司法》第 188 条规定的情形的,股份有限公司连续 180 以上单独或者合计持有公司 1% 以上股份的股东,可以书面请求监事会向人民法院提起诉讼。监事会拒绝提起诉讼,或者自收到请求之日起 30 日内未提起诉讼,或者情况紧急、不立即提起诉讼将会使公司利益受到难以弥补的损害,上述股东有权为公司利益以自己的名义直接向人民法院提起诉讼。据此,提起股东代表诉讼以董事存在违反法律、行政法规或者公司章程的规定为前提,根据 C 项分析,彭兵不存在相关情形,因此不具有可诉性。此外,即使彭兵存在相关情形,股东也应先书面请求监事会提起诉讼,不可直接提起股东代表诉讼。故 D 项错误。

32.合伙事务的执行[A]

[解析]《合伙企业法》第 26 条规定:"合伙人对执行合伙事务享有同等的权利。按照合伙协议的约定或者经全体合伙人决定,可以委托 1 个或者数个合伙人对外代表合伙企业,执行合伙事务。作为合伙人的法人、其他组织执行合伙事务的,由其委派的代表执行。"《合伙企业法》第 27 条规定:"依照本法第 26 条第 2 款规定委托 1 个或者数个合伙人执行合伙事务的,其他合伙人不再执行合伙事务。不执行合伙事务的合伙人有权监督执行事务合伙人执行合伙事务的情况。"本题中,赵、钱已被选作合伙事务的执行人,孙、李便不再享有执行合伙事务的权限,但孙、李有权监督合伙事务执行的情况。故 A 项错误,当选,B 项正确,不当选。

《合伙企业法》第 29 条规定:"合伙人分别执行合伙事务的,执行事务合伙人可以对其他合伙人执行的事务提出异议。提出异议时,应当暂停该项事务的执行。如果发生争议,依照本法第 30 条规定作出决定。受委托执行合伙事务的合伙人不按照合伙协议或者全体合伙人的决定执行事务的,其他合伙人可以决定撤销该委托。"据此,如赵单独执行某一合伙事务,钱可以对赵执行的事务提出异议。受委托执行合伙事务的赵违反合伙协议执行事务,其他合伙人孙、李可以决定撤销委托。故 C、D 项正确,不当选。

33．分支机构人的职权［D］

［解析］《个人独资企业法》第14条第3款规定："分支机构的民事责任由设立该分支机构的个人独资企业承担。"可见，分支机构的民事责任应由个人独资企业承担，故A项错误。

《个人独资企业法》第20条规定："投资人委托或者聘用的管理个人独资企业事务的人员不得有下列行为：……（五）擅自以企业财产提供担保；（六）未经投资人同意，从事与本企业相竞争的业务；（七）未经投资人同意，同本企业订立合同或者进行交易；……"根据上述第6、7项，受托人或被聘用人不是绝对不可以从事竞业和自我交易行为，关键前提是看投资人是否同意。如果投资人同意，则是可以的。由于B项的竞业行为、C项的自我交易行为均没有得到投资人的同意，所以B、C项错误。根据上述第5项，霍火作为分支机构负责人，经过投资人曾水同意之后，可以以分支机构财产担保，故D项正确。

34．票据背书；追索权［C］

［解析］《票据法》第37条规定："背书人以背书转让汇票后，即承担保证其后手所持汇票承兑和付款的责任。背书人在汇票得不到承兑或者付款时，应当向持票人清偿本法第70条、第71条规定的金额和费用。"本题中，乙公司将汇票背书转让给丁公司后，并不退出票据权利义务关系，其向后手负有担保汇票得到承兑和付款的责任。故A项错误。

《票据法》第61条第1款规定："汇票到期被拒绝付款的，持票人可以对背书人、出票人以及汇票的其他债务人行使追索权。"甲公司是汇票的出票人，也是持票人行使追索权的对象，是票据债务人。故B项错误。

《票据法》第33条第1款规定："背书不得附有条件。背书时附有条件的，所附条件不具有汇票上的效力。"故C项正确。

《票据法》第27条第2款规定："出票人在汇票上记载'不得转让'字样的，汇票不得转让。"甲公司作为出票人，在出票时于汇票上记载有"不得转让"字样，则乙公司的背书行为无效。故D项错误。

35．证券交易所［D］

［解析］《证券法》第101条规定："证券交易所可以自行支配的各项费用收入，应当首先用于保证其证券交易场所和设施的正常运行并逐步改善。实行会员制的证券交易所的财产积累归会员所有，其权益由会员共同享有，在其存续期间，不得将其财产积累分配给会员。"据此，实行会员制的证券交易所在存续期间不得将其财产积累分配给会员，故A项错误。

《证券法》第102条规定："实行会员制的证券交易所设理事会、监事会。证券交易所设总经理1人，由国务院证券监督管理机构任免。"据此，证券交易所总经理不经理事会选举，而是直接由国务院证券监督管理机构任免，故B项错误。

《证券法》第99条第2款规定："设立证券交易所必须制定章程。证券交易所章程的制定和修改，必须经国务院证券监督管理机构批准。"据此，是经国务院证券监督管理机构批准，而非备案，故C项错误。

《证券法》第96条第2款规定："证券交易所、国务院批准的其他全国性证券交易场所的设立、变更和解散由国务院决定。"故D项正确。

36．财产保险代位求偿权［A］

［解析］《保险法》第60条第1款规定："因第三者对保险标的的损害而造成保险事故的，保险人自向被保险人赔偿保险金之日起，在赔偿金额范围内代位行使被保险人对第三者请求赔偿的权利。"第62条规定："除被保险人的家庭成员或者其组成人员故意造成本法第60条第1款规定的保险事故外，保险人不得对被保险人的家庭成员或者其组成人员行使代位请求赔偿的权利。"本题中保姆属于潘某家庭的其他组成人员，且保姆对保险事故的发生仅存在过失，而非故意，因此，保险公司不得对保姆行使代位请求赔偿的权利。故A项正确。

潘某向保险公司投保了1年期的家庭财产保险，且在保险期限内发生了保险事故，虽然是第三人引起的，但是保险公司依然负有支付保险金的责任。故B、D项错误。

潘某一家外出，嘱托保姆看家。潘某与保姆之间形成了保管合同关系，标的物是家中的财产。因保姆的过错导致潘某家财产被盗，保姆虽然不用承担保险法上的保险责任，但是应当承担民法中的违约责任。故C项错误。

37．不正当竞争行为；侵犯商业秘密行为；不正当竞争中的"混淆行为"；虚假宣传行为［C］

［解析］《反不正当竞争法》第2条第2款规定，不正当竞争行为是指经营者在经营活动中，违反《反不正当竞争法》的规定，扰乱市场竞争秩序，损害其他经营者或消费者的合法权益的行为。本题中"'牛记酒楼'遂改名为'老社长酒楼'，服装、歌曲、装修、菜名等一应照搬"，显然是模仿"大队长酒楼"的行为，会误导消费者，对"大队长酒楼"的经营将会产生不利影响，损害其合法权益，属于扰乱社会经济秩序的不正当竞争行为。故A项错误。

《反不正当竞争法》第9条第4款规定，商业秘密，是指不为公众所知悉、具有商业价值并经权利人采取相应保密措施的技术信息、经营信息等商业信息。本题中，"大队长酒楼"的装潢、服务等均为大众所知悉且权利人并未采取保密措施，其并不是商业秘密，所以"牛记酒楼"的行为不构成侵犯商业秘密行为。故B项错误。

《反不正当竞争法》第6条规定："经营者不得实施下列混淆行为，引人误认为是他人商品或者与他人存在特定联系：（一）擅自使用与他人有一定影响的商品名称、包装、装潢等相同或者近似的标识；……"本题中，"大队长酒楼"采用具有时代特征的菜名、店面装修等，为大众所熟知，属于知名商品；"牛记酒楼"仿冒"大队长酒楼"的各种特色服务，且名称具有相似性，容易使消费者产生误解，属于擅自使用与知名商品近似的名称、包装、装潢，造成他人的知名商品相混淆的行为。故 C 项正确。

虚假宣传，是指商品宣传的内容与商品的实际情况不相符。《反不正当竞争法》第8条规定："经营者不得对其商品的性能、功能、质量、销售状况、用户评价、曾获荣誉等作虚假或者引人误解的商业宣传，欺骗、误导消费者。经营者不得通过组织虚假交易等方式，帮助其他经营者进行虚假或者引人误解的商业宣传。"本题中虽然"牛记酒楼"模仿照搬"大队长酒楼"的名称、服装、歌曲、装修、菜名等，但并未以任何方式对外虚假宣传其就是"大队长酒楼"，其所宣传的内容与其所提供的商品、服务的实际情况是相符的，因此"牛记酒楼"并没有虚假宣传行为。故 D 项错误。

38．企业所得税的减免[A]

[解析]《企业所得税法》第30条规定："企业的下列支出，可以在计算应纳税所得额时加计扣除：（一）开发新技术、新产品、新工艺发生的研究开发费用；（二）安置残疾人员及国家鼓励安置的其他就业人员所支付的工资。"故 A 项正确，B、C、D 项错误。

39．建设用地规划许可[D]

[解析]《城乡规划法》第38条第1款规定："在城市、镇规划区内以出让方式提供国有土地使用权的，在国有土地使用权出让前，城市、县人民政府城乡规划主管部门应当依据控制性详细规划，提出出让地块的位置、使用性质、开发强度等规划条件，作为国有土地使用权出让合同的组成部分。未确定规划条件的地块，不得出让国有土地使用权。"故 A、B、C 项正确，不当选。

《城乡规划法》第38条第2款规定："以出让方式取得国有土地使用权的建设项目，建设单位在取得建设项目的批准、核准、备案文件和签订国有土地使用权出让合同后，向城市、县人民政府城乡规划主管部门领取建设用地规划许可证。"可知，申领许可证，应在签订出让合同之后，即先有合同再领证。故 D 项错误，当选。

40．森林经营管理[A]

[解析]《森林法》第55条第1款规定："采伐森林、林木应当遵守下列规定：（一）公益林只能进行抚育、更新和低质低效林改造性质的采伐。但是，因科研或者实验、防治林业有害生物、建设护林防火设施、营造生物防火隔离带、遭受自然灾害等需要采伐的除外。（二）商品林应当根据不同情况，采取不同采伐方式，严格控制皆伐面积，伐育同步规划实施。（三）自然保护区的林木，禁止采伐。但是，因防治林业有害生物、森林防火、维护主要保护对象生存环境、遭受自然灾害等特殊情况必须采伐的和实验区的竹林除外。"根据上述第1项规定，对公益林可以进行低质低效林改造性质的采伐，A 项错误，当选。根据第3项规定，B 项正确，不当选。根据第2项规定，C 项正确，不当选。

《森林法》第60条规定："有下列情形之一的，不得核发采伐许可证：（一）采伐封山育林期、封山育林区内的林木；（二）上年度采伐后未按照规定完成更新造林任务；（三）上年度发生重大滥伐案件、森林火灾或者林业有害生物灾害，未采取预防和改进措施；（四）法律法规和国务院林业主管部门规定的禁止采伐的其他情形。"根据上述第2项，D 项正确，不当选。

41．劳动合同的订立与解除；劳动争议仲裁时效[D]

[解析]《劳动合同法实施条例》第7条规定："用人单位自用工之日起满一年未与劳动者订立书面劳动合同的，自用工之日起满一个月的次日至满一年的前一日应当依照劳动合同法第八十二条的规定向劳动者每月支付两倍的工资，并视为自用工之日起满一年的当日已经与劳动者订立无固定期限劳动合同，应当立即与劳动者补订书面劳动合同。"据此，双倍工资的最长期限是自用工之日起满一个月的次日至满一年的前一日，即最多11个月的双倍工资，故 B 项错误。本题中，秦某 2023 年 1 月入职，到 2024 年 6 月，入职已经超过一年，则应视为双方已经订立了无固定期限劳动合同，故 D 项正确。在已订立了无固定期限劳动合同的情况下，由于秦某主动辞职，则公司无需向其支付经济补偿金，故 A 项错误。**【特别提醒】**A 项中经济补偿金的计算方法也是错误的，《劳动合同法》第47条第1款规定："经济补偿按劳动者在本单位工作的年限，每满一年支付一个月工资的标准向劳动者支付。六个月以上不满一年的，按一年计算；不满六个月的，向劳动者支付半个月工资的经济补偿。"

《劳动争议调解仲裁法》第27条第1款规定："劳动争议申请仲裁的时效期间为一年。仲裁时效期间从当事人知道或者应当知道其权利被侵害之日起计算。"该条第4款规定："劳动关系存续期间因拖欠劳动报酬发生争议的，劳动者申请仲裁不受本条第一款规定的仲裁时效期间的限制；但是，劳动关系终止的,应当自劳动关系终止之日起一年内提出。"无论适用第1款还是第4款,均未超过仲裁时效。故C项错误。

42．合作作品的著作权[C]

[解析]《著作权法》第14条第1款规定:"两人以上合作创作的作品,著作权由合作作者共同享有。没有参加创作的人,不能成为合作作者。"甲、乙合作完成一部剧本,说明剧本为合作作品,其著作权应当由甲、乙共同享有。故A项正确。

《著作权法》第10条第3款规定:"著作权人可以全部或者部分转让本条第1款第5项至第17项规定的权利,并依照约定或者本法有关规定获得报酬。"该法第10条第1款第5项至第17项规定的是著作财产权,而第1项至第4项规定的是著作人身权。可见,只有著作财产权能转让,著作人身权不可转让。故B项正确。

《著作权法》第14条第2款规定:"合作作品的著作权由合作作者通过协商一致行使;不能协商一致,又无正当理由的,任何一方不得阻止他方行使除转让、许可他人专有使用、出质以外的其他权利,但是所得收益应当合理分配给所有合作作者。"本题中,乙与丙公司签订合同,是要将该剧本拍摄成电视剧,并非行使转让、许可他人专有使用、出质的权利,甲以丙公司没有名气为由拒绝,不属于正当理由,因此乙有权独自与丙公司签订合同,该许可合同有效,同时乙获得的10万元报酬应当合理分配给甲。故C项错误,D项正确。

43．注册商标侵权行为的认定[D]

[解析] A项中,甲虽在自己提供的服务上使用"佳普"二字,但使用的目的在于描述甲所提供之服务的功能、特点,不属于对佳普公司"佳普"注册商标的商标性使用(即使用的目的不在于表明服务的来源),不会造成相关公众对服务来源的混淆,不构成对佳普公司商标权的侵害。故A项不当选。

B项中,乙在其制造出售的"金兴"牌墨盒上使用"佳普"字样,目的在于说明、描述自己所提供墨盒产品的用途,不属于对"佳普"的商标性使用,不会造成相关公众对产品来源的混淆,不构成对佳普公司商标权的侵害。故B项不当选。

C项中,丙在打印机上使用"佳普"字样的行为属于说明、描述性使用,目的在于介绍自己制造出售的打印机使用的是"佳普公司制造的墨盒",这一行为不属于对"佳普"的商标性使用,不构成对佳普公司商标权的侵害。故C项不当选。

D项中,丁擅自在相同的商品(墨盒)上,使用与佳普公司注册商标"佳普"相同的标记,根据《商标法》第57条第1项,推定相关公众容易发生混淆,构成对佳普公司商标权的侵害。故D项当选。

44．动产物权的法律适用[D]

[解析]《涉外民事关系法律适用法》第37条规定:"当事人可以协议选择动产物权适用的法律。当事人没有选择的,适用法律事实发生时动产所在地法律。"双方当事人可以协议选择适用的法律,故A、B、C项错误。如果无法就法律选择达成一致,应适用"法律事实"发生时动产所在地法。本案中的诉讼是李某意图消灭陈某对该首饰的所有权,因此本题的"法律事实"是陈某取得首饰所有权的事实。陈某是在甲国购得该首饰,所以法律事实发生地是甲国,应适用甲国法。故D项正确。

45．票据当事人能力的法律适用;外国法的查明[C]

[解析]《票据法》第96条:"票据债务人的民事行为能力,适用其本国法律。票据债务人的民事行为能力,依照其本国法律为无民事行为能力或者为限制民事行为能力而依照行为地法律为完全民事行为能力的,适用行为地法律。"本题中,票据行为能力人里斯是甲国人,其行为能力应适用甲国法。故A、B项错误。里斯是甲国居民,但票据行为地发生在中国,若依据中国法里斯有完全行为能力,则应认定其具有完全民事能力。故C项正确。

依据《涉外民事关系法律适用法》第10条第2款规定:"不能查明外国法律或者该国法律没有规定的,适用中华人民共和国法律。"故D项错误。

46．中国关于国际民事案件管辖权以及合同法律适用的规定[B]

[解析]《民事诉讼法》第276条第1款规定:"因涉外民事纠纷,对在中华人民共和国领域内没有住所的被告提起除身份关系以外的诉讼,如果合同签订地、合同履行地、诉讼标的物所在地、可供扣押财产所在地、侵权行为地、代表机构住所地位于中华人民共和国领域内的,可以由合同签订地、合同履行地、诉讼标的物所在地、可供扣押财产所在地、侵权行为地、代表机构住所地人民法院管辖。"本题中,萨沙在中国境内没有可供扣押的财产,亦无居所,设备买卖合同签订地在中国,该套设备位于中国境内。因此韩某可以在合同签订地或诉讼标的物所在地法院起诉。故B项正确,A、C项错误。

《涉外民事关系法律适用法》第41条赋予合同当事人选择法律的权利,且未要求当事人选择与合同纠纷有关的国家的法律,几类特殊合同除外。本题涉及的合同不属于法律规定的几类特殊合同,因而当事人可以选择与纠纷无关的国家的法律。故D项错误。

47．台湾地区民事判决的承认和执行[A]

[解析]《关于认可和执行台湾地区法院民事判决的规定》第4条第1、2款规定:"申请认可台湾地区

法院民事判决的案件,由申请人住所地、经常居住地或者被申请人住所地、经常居住地、财产所在地中级人民法院或者专门人民法院受理。申请人向两个以上有管辖权的人民法院申请认可的,由最先立案的人民法院管辖。"本题中,乙公司在上海和北京都有财产,其中级人民法院均有管辖权,应由最先立案的中级人民法院管辖。故 A 项正确。

该《规定》第 18 条规定:"经人民法院裁定认可的台湾地区法院民事判决,与人民法院作出的生效判决具有同等效力。"故 B 项错误。

《民事诉讼法》第 103 条第 2 款规定:"人民法院采取保全措施,可以责令申请人提供担保,申请人不提供担保的,裁定驳回申请。"C 项"视情况决定是否准予财产保全"说法错误。故 C 项错误。

该《规定》第 24 条第 1 款规定,申请人申请认可和执行台湾地区法院民事判决的期间,适用民事诉讼法第 250 条的规定,但申请认可台湾地区法院有关身份关系的判决除外。《民事诉讼法》第 250 条第 1 款规定:"申请执行的期间为二年。……"故 D 项错误。

48.国际货物运输保险;CIF 术语[A]

[解析] 本案中采用 CIF 术语,由卖方负责办理保险并支付运费,在当事人没有其他约定的情况下,卖方只需为买方办理最低险种即平安险。平安险承保海上风险造成的货物全部和部分损失,但单纯由于自然灾害造成的单独海损不保。运送服装的海轮在海上因雷击失火导致服装全部烧毁,该损失属于自然灾害导致的货物全损,在平安险的承保范围之内,因此,乙公司可向保险公司提出索赔。故 A 项正确。

【关联记忆】注意本术语与 CIP 术语险种的不同。《2020 通则》中 CIP 术语在卖方投保的险别上有所提高,无特殊约定的情况下,卖方应投保"一切险"。

根据 CIF 术语,货物风险自装运港货物装运上船时转移至卖方,因此,对于该批货物的损失应由乙公司承担,向保险公司或承运人的索赔也应由乙公司提出,且乙公司对货损没有向甲公司索赔的权利。故B、C 项错误。

本案货物损失缘于自然灾害,承运人无过失。根据《海牙规则》,承运人对货物损失无过失可免除赔偿责任。故 D 项错误。

49.保障措施的启动方式、实施形式、对象和范围[D]

[解析]《保障措施条例》第 3、4 条规定,启动保障措施的方式包括两种:一是与国内产业有关的自然人、法人或者其他组织,可以向商务部提出保障措施的申请;二是必要时,商务部在没有收到此类申请时,但有充分证据认为国内产业因进口产品数量增加而受到损害的,也可以立案调查。由此可见,保障措施调查既可以由相关国内产业申请启动,也可以由主管

机关主动启动,A 项"应以……申请为条件"说法错误。故 A 项错误。

《保障措施条例》第 22 条规定:"保障措施应当针对正在进口的产品实施,不区分来源国(地区)。"因此,本题中国有关部门应针对任何来源进口的该种化工材料实施保障措施,而不能仅针对甲国材料实施保障措施。故 B 项错误。

《保障措施条例》第 19 条第 2 款规定:"保障措施可以采取提高关税、数量限制等形式。"由此可见,价格承诺不是保障措施实施的形式,而是反倾销、反补贴措施的一种形式。故 C 项错误。

《保障措施条例》第 23 条规定:"采取保障措施应当限于防止、补救严重损害并便利调整国内产业所必要的范围内。"此处的"必要范围"一定不会超过调查范围,所以如果采取保障措施,针对的材料范围应当与调查范围一致。故 D 项正确。

50.国际投资争端的解决;中心管辖权的行使条件[A]

[解析] 根据《解决国家和他国公民间投资争端公约》,解决国际投资争端中心的管辖适用于缔约国和另一缔约国国民之间直接因投资而产生,并经双方书面同意提交给中心的任何法律争端。本题中,甲、乙均为该公约缔约国,甲乙双方的投资争端若要交中心解决,需要双方出具同意中心管辖的书面文件,而不能单方申请。故 A 项错误,B 项正确。

除非另有声明,提交中心仲裁应视为双方同意除其他任何救济方法,但是东道国可以要求投资者用尽当地的各种行政或司法的救济手段,作为它同意提交中心仲裁的条件。故 C 项正确。

中心仲裁庭应依照争端双方同意的法律规则对争端作出裁决,如双方没有对应适用的法律规则达成协议,则适用作为争端一方的缔约国的国内法以及可能适用的国际法规则。故 D 项正确。

二、多项选择题

51.法人设立的责任[BCD]

[解析]《民法典》第 75 条第 1 款规定:"设立人为设立法人从事的民事活动,其法律后果由法人承受;法人未成立的,其法律后果由设立人承受,设立人为二人以上的,享有连带债权,承担连带债务。"本题中,黄逢等 3 人以黄金黄研究会名义与某科技园签订了为期 3 年的商铺租赁协议,若该协会未成立的,某科技园的租赁债权应由设立人黄逢、黄现和金耘 3 人共同承担连带责任。故 A 项错误,B、C 项正确。

《民法典》第 75 条第 2 款规定:"设立人为设立法人以自己的名义从事民事活动产生的民事责任,第三人有权选择请求法人或者设立人承担。"金耘为设立黄金黄研究会以个人名义向某印刷厂租赁了一台

高级印刷机,该研究会成立后,印刷厂有权选择向黄金黄研究会或向金耘主张权利。故 D 项正确。

52．诉讼时效［ABC］

[解析]《诉讼时效规定》第 1 条规定:"当事人可以对债权请求权提出诉讼时效抗辩,但对下列债权请求权提出诉讼时效抗辩的,人民法院不予支持:(一)支付存款本金及利息请求权;(二)兑付国债、金融债券以及向不特定对象发行的企业债券本息请求权;(三)基于投资关系产生的缴付出资请求权;(四)其他依法不适用诉讼时效规定的债权请求权。"因此,当事人可以对债权请求权提出诉讼时效抗辩,但法律规定的有些债权请求权不适用诉讼时效的规定。故 A 项正确。

《民法典》第 197 条规定:"诉讼时效的期间、计算方法以及中止、中断的事由由法律规定,当事人约定无效。当事人对诉讼时效利益的预先放弃无效。"因此,当事人不能约定延长或缩短诉讼时效期间,也不能预先放弃诉讼时效利益。故 B 项正确。

《民法典》第 193 条规定:"人民法院不得主动适用诉讼时效的规定。"同时,《诉讼时效规定》第 2 条规定:"当事人未提出诉讼时效抗辩,人民法院不应对诉讼时效问题进行释明。"据此,法院在诉讼过程中,不能对时效问题进行释明。按照举轻以明重的当然解释方法,更不可直接适用时效进行裁判,故 C 项正确。

《诉讼时效规定》第 3 条第 1 款规定:"当事人在一审期间未提出诉讼时效抗辩,在二审期间提出的,人民法院不予支持,但其基于新的证据能够证明对方当事人的请求权已过诉讼时效期间的情形除外。"据此,原则上,债务人应在一审期间提出诉讼时效抗辩,除非法定的例外情形(基于新证据),未在一审期间提出抗辩的,视为默示放弃诉讼时效利益,不得在二审期间提出。故 D 项错误。【特别提醒】D 项的表述有欠严谨,"当事人在一审、二审期间都可以提出诉讼时效抗辩",一方面可以理解为当事人在一审和二审期间"都有可能"提出时效抗辩;另一方面可以理解为,当事人在一审期间"都可以"提出时效抗辩,二审期间也"都可以"提出时效抗辩。若是按照第一个方面的理解,D 项就是正确的;若是按照第二个方面来理解,D 项就是错误的。

53．按份共有人的优先购买权［BC］

[解析]《民法典》第 305 条规定:"按份共有人可以转让其享有的共有的不动产或者动产份额。其他共有人在同等条件下享有优先购买的权利。"《民法典物权编解释(一)》第 12 条规定:"按份共有人向共有人之外的人转让其份额,其他按份共有人根据法律、司法解释规定,请求按照同等条件优先购买该共有份额的,应予支持。其他按份共有人的请求具有下列情形之一的,不予支持:(一)未在本解释第十一条

规定的期间内主张优先购买,或者虽主张优先购买,但提出减少转让价款、增加转让人负担等实质性变更要求;(二)以其优先购买权受到侵害为由,仅请求撤销共有份额转让合同或者认定该合同无效。"该解释第 13 条规定:"按份共有人之间转让共有份额,其他按份共有人主张依据民法典第三百零五条规定优先购买的,不予支持,但按份共有人之间另有约定的除外。"据此,只有当按份共有人向共有人之外的人转让份额时,在没有特别约定的情况下,其他共有人才享有优先购买权。本题中,甲、丙之间的转让是共有人之间的转让,因此,没有特别约定时,其他共有人不能享有优先购买权,A 项错误。乙将份额转让给戊,是转让给共有人之外的人,故甲、丙、丁对乙的份额享有优先购买的权利,B 项正确。

《民法典》第 306 条第 2 款规定:"两个以上其他共有人主张行使优先购买权的,协商确定各自的购买比例;协商不成的,按照转让时各自的共有份额比例行使优先购买权。"据此,两个以上共有人均主张优先购买,如果能够协商一致,则按照约定行权,如果不能协商一致,则按照比例行使优先购买权。故 C 项正确。

根据上述《民法典物权编解释(一)》第 12 条的规定,其他按份共有人如果自己行使优先购买权,可以否定转让份额的共有人与第三人之间合同的效力;如果仅主张转让合同无效或撤销合同的,则不予支持。故 D 项错误。

54．占有的类型［ABCD］

[解析]直接占有是指直接对物进行事实上的管领和控制,间接占有是指基于一定法律关系,对于事实上占有物的人具有返还请求权,因而间接对物管领的占有。无权占有是指占有人无本权的对物的占有,有权占有是指占有人基于本权而对物的占有。自主占有是指以所有人之意思而对物进行的占有。他主占有是指以非所有之意思而对物进行的占有。

通常而言,间接占有的构成需要具有如下三个要件:(1)间接占有人与直接占有人之间有某种法律关系;(2)间接占有人须享有返还请求权,该请求权不限于基于合同而产生的请求权,基于所有物返还请求权,或者基于侵权、无因管理、不当得利而产生的请求权均包括在内;(3)直接占有人是以他主占有的意思进行占有。本题中,乙的手机在丢失之前,是直接占有,在丢失之后,失去了事实上的占有,但是乙可以请求拾得人返还原物,此时,乙构成间接占有。据此,A 项正确。【思路拓展】值得进一步说明的是,乙要构成间接占有,必须是拾得人以他主占有的心态占有时方可构成。一旦拾得人有了自主占有的心态,乙的间接占有就会消灭。本题中,甲拾得乙的手机后,卖了不知情的丙,显然是以自主占有的心态在处分手

机,此时,乙已经没有间接占有了。不过,就选项设定而言,说乙手机丢失后由直接占有变为间接占有,是有这种可能性的,A选项作为正确选项可以成立。

甲拾得乙的手机并侵占,甲对手机的占有欠缺占有的本权(无占有的权源),为无权占有;从甲将该手机作为己有出卖给丙的行为可以判定,甲对手机系以据为己有的意思而占有,为自主占有。故B项正确。

甲将手机出卖给善意的丙并完成现实交付,因手机系"遗失物",根据《民法典》第312条的规定,原则上,善意的丙不能善意取得遗失物的所有权,手机仍归乙所有。相对于所有权人乙,丙对手机的占有欠缺占有的本权,系无权占有;但丙误以为自己系所有权人,不知其对手机无占有的权源,系善意占有人。故C项正确。

丁基于维修合同,可以行使留置权,为有权占有,但丁无所有人的意思而占有,为他主占有。故D项正确。

55.同时履行抗辩权;买卖合同风险承担[BCD]

[解析]《民法典》第525条规定:"当事人互负债务,没有先后履行顺序的,应当同时履行。一方在对方履行之前有权拒绝其履行请求。一方在对方履行债务不符合约定时,有权拒绝其相应的履行请求。"本题中,甲、乙公司的买卖合同没有约定履行顺序,按照同时履行抗辩权,在乙公司没有按时交付货物时,甲公司可拒绝支付货款。故A项错误,B项正确。

《民法典》第604条规定:"标的物毁损、灭失的风险,在标的物交付之前由出卖人承担,交付之后由买受人承担,但是法律另有规定或者当事人另有约定的除外。"根据《民法典》第603条规定,当事人没有约定交付地点或者约定不明确,依法不能确定的,若标的物需要运输,出卖人将标的物交付给第一承运人视为已交付。本题中,甲、乙公司之间未约定交付地点,则在乙公司将货物交付给承运人丙公司时完成交付,交付之后,货物损毁风险转由买受人甲公司承担。故C项正确。

《民法典》第835条规定:"货物在运输过程中因不可抗力灭失,未收取运费的,承运人不得请求支付运费;已经收取运费的,托运人可以请求返还。法律另有规定的,依照其规定。"故D项正确。

56.建设工程施工合同[ABCD]

[解析]《建设工程施工合同解释(一)》第25条规定:"当事人对垫资和垫资利息有约定,承包人请求按照约定返还垫资及其利息的,人民法院应予支持,但是约定的利息计算标准高于垫资时的同类贷款利率或者同期贷款市场报价利率的部分除外。当事人对垫资没有约定的,按照工程欠款处理。当事人对

垫资利息没有约定,承包人请求支付利息的,人民法院不予支持。"据此,如果发包人与承包人对垫资性质及其利息均有明确约定,则垫资相当于发包人向承包人的借款。反之,如发包人与承包人对于垫资性质无明确约定,承包人的款项视为发包人对承包人的工程欠款。本题中,甲公司、乙公司仅约定乙公司垫资1000万元,但未约定垫资利息,在垫资款正常使用期间,甲公司不用支付利息。但是,在工程完工,应付工程款之日,甲公司应当在向乙公司支付工程款的同时,一并将垫资归还乙公司,否则,即便原来约定的是垫资,从应付工程款之日起也应视为工程欠款,应当支付相应的利息。所以,自7月1日起,乙公司的垫资应按工程欠款处理,并支付自7月1日起的相应利息,故A、B项正确。【思路拓展】区分"垫资"与"工程价款"的意义何在?《建设工程施工合同解释(一)》第26条规定:"当事人对欠付工程价款利息计付标准有约定的,按照约定处理。没有约定的,按照同期同类贷款利率或者同期贷款市场报价利率计息。"可知,若被认定为垫资,对垫资利息的数额有限制,约定的垫资利息不能超过法定的同期同类银行贷款利率或贷款市场报价利率;若被认定为工程欠款,其约定的利息可以超过法定的同期同类银行贷款利率或贷款市场报价利率。

《建设工程施工合同解释(一)》第2条第1款规定:"招标人和中标人另行签订的建设工程施工合同约定的工程范围、建设工期、工程质量、工程价款等实质性内容,与中标合同不一致,一方当事人请求按照中标合同确定权利义务的,人民法院应予支持。"本题中,甲公司、乙公司间应按照1亿元结算工程价款。故C项正确。

《建设工程施工合同解释(一)》第27条规定:"利息从应付工程价款之日开始计付。当事人对付款时间没有约定或者约定不明的,下列时间视为应付款时间:(一)建设工程已实际交付的,为交付之日;(二)建设工程没有交付的,为提交竣工结算文件之日;(三)建设工程未交付,工程价款也未结算的,为当事人起诉之日。"本题中,乙公司于7月1日将经竣工验收合格的建设工程实际交付给甲公司,因此应自7月1日起计算工程价款利息。故D项正确。

57.离婚后对夫妻共同财产的再次分割[AD]

[解析]《民法典》第1092条规定:"夫妻一方隐藏、转移、变卖、毁损、挥霍夫妻共同财产,或者伪造夫妻共同债务企图侵占另一方财产的,在离婚分割夫妻共同财产时,对该方可以少分或者不分。离婚后,另一方发现有上述行为的,可以向人民法院提起诉讼,请求再次分割夫妻共同财产。"据此,甲隐匿夫妻共同财产,乙有权请求法院再次分割共同财产,但无权要求甲承担赔偿责任。故A项正确。乙请求重新分

割时，"可以"不分或者少分给甲，而不是"应当"不分给甲。故 B 项错误。

《民法典婚姻家庭编解释（一）》第 84 条规定："当事人依据民法典第一千零九十二条的规定向人民法院提起诉讼，请求再次分割夫妻共同财产的诉讼时效期间为三年，从当事人发现之日起计算。"据此，是从"发现"之日起计算，不包括"应当发现"。故 C 项错误。

《民法典》第 229 条规定："因人民法院、仲裁机构的法律文书或者人民政府的征收决定等，导致物权设立、变更、转让或者消灭的，自法律文书或者征收决定等生效时发生效力。"因此，若法院判决乙分得房产，则乙在判决生效之日起取得房屋所有权。故 D 项正确。

58．死亡推定；法定继承；代位继承；遗嘱继承

[ACD]

[解析]《民法典》第 1121 条规定："继承从被继承人死亡时开始。相互有继承关系的数人在同一事件中死亡，难以确定死亡时间的，推定没有其他继承人的人先死亡。都有其他继承人，辈份不同的，推定长辈先死亡；辈份相同的，推定同时死亡，相互不发生继承。"本题中，乙、丁遇车祸，死亡先后时间不能确定，二人均有继承人，且是同辈，则应推定为乙、丁同时死亡，彼此不发生继承。乙的第一顺序法定继承人是甲（亲生父亲）、戊（亲生女儿）、己（亲生儿子），故 A 项正确。丁的第一顺序法定继承人是戊（亲生女儿）、己（亲生儿子）、丁母（亲生母亲），故 C 项正确。

丁母是丁的第一顺序法定继承人，有权继承丁的遗产。同时，由于乙和丁死亡先后时间不能确定，推定乙、丁同时死亡，丁不能继承乙的遗产，所以丁母不能转继承乙的遗产。故 B 项错误。

《民法典》第 1154 条规定："有下列情形之一的，遗产中的有关部分按照法定继承办理：……（三）遗嘱继承人、受遗赠人先于遗嘱人死亡或者终止；……"据此，因遗嘱继承人乙先于甲死亡，甲的遗产不适用遗嘱继承，应按照法定继承办理。丙系甲第一顺位法定继承人，故丙有权继承甲的遗产。《民法典》第 1128 条第 1 款规定："被继承人的子女先于被继承人死亡的，由被继承人的子女的直系晚辈血亲代位继承。"乙先于甲死亡，在甲死亡时，乙的子女戊、己有权代位继承甲的遗产。故 D 项正确。

59．饲养动物侵权；建筑物管理人责任[BC]

[解析]《民法典》第 1245 条规定："饲养的动物造成他人损害的，动物饲养人或者管理人应当承担侵权责任；但是，能够证明损害是因被侵权人故意或者重大过失造成的，可以不承担或者减轻责任。"据此，当因饲养动物自身的原因造成他人损害的，由

动物饲养人或者管理人承担无过错责任。本题中，赵某带于某的狗去钱某家玩，狗在阳台不慎掉落，砸伤杨某。此时，赵某是狗的管理人，于某虽然是所有人，但是并没有对狗进行实际上的管理和控制，不应承担责任，钱某不是狗的饲养人、管理人，因此应承担侵权责任的是赵某而不是钱某。故 C 项正确，A、D 项错误。

同时，钱某作为建筑物的管理人，知晓自己阳台的设计，明知狗在其上玩要有掉落的危险，仅仅做了提醒，没有及时阻拦，对于狗的掉落进而砸伤杨某的侵权行为具有过错。《民法典》第 1165 条第 1 款规定："行为人因过错侵害他人民事权益造成损害的，应当承担侵权责任。"故钱某对于自己的过失行为应当承担相应的侵权责任，B 项正确。【特别提醒】由于赵某与钱某承担责任的归责基础不同，故不是连带责任，对于杨某的损害赔偿份额，如果不能达成协议，由法院根据具体情况作出判决。

60．地域管辖；共同管辖；移送管辖[ABCD]

[解析] 本案李某可以侵权或者违约为由起诉。如果以侵权为由起诉，由侵权行为地或者被告住所地法院管辖，则 A 区作为侵权行为地，B 区作为被告住所地，两地法院都有管辖权；如果以违约为由起诉，由被告住所地或者合同履行地法院管辖，则 B 区为被告住所地，A 区为合同履行地，均有管辖权。故本案 A 区和 B 区法院均有管辖权。故 A 项正确。

《民事诉讼法》第 36 条规定："两个以上人民法院都有管辖权的诉讼，原告可以向其中一个人民法院起诉；原告向两个以上有管辖权的人民法院起诉的，由最先立案的人民法院管辖。"故 B 项正确。

《民事诉讼法》第 37 条规定："人民法院发现受理的案件不属于本院管辖的，应当移送有管辖权的人民法院，受移送的人民法院应当受理。受移送的人民法院认为受移送的案件依照规定不属于本院管辖的，应当报请上级人民法院指定管辖，不得再自行移送。"故 C、D 项正确。

61．专家辅助人；回避的适用对象；证据种类

[BC]

[解析] 本题是对知识点"有专门知识的人出庭"的考查。《民事诉讼法》第 82 条规定："当事人可以申请人民法院通知有专门知识的人出庭，就鉴定人作出的鉴定意见或者专业问题提出意见。"

关于回避，《民事诉讼法》第 47 条规定："审判人员有下列情形之一的，应当自行回避……前三款规定，适用于法官助理、书记员、翻译人员、鉴定人、勘验人。"据此，回避适用于审判人员、法官助理、书记员、翻译人员、鉴定人、勘验人。有专门知识的人出庭的作用是帮助一方当事人对鉴定意见进行质证或者对专业问题发表意见，不需要秉持中立、客观立场，所以

其不适用回避制度,故 A 项错误。

《民诉解释》第 122 条第 2、3 款规定:"具有专门知识的人在法庭上就专业问题提出的意见,视为当事人的陈述。人民法院准许当事人申请的,相关费用由提出申请的当事人负担。"当事人陈述属于法定的证据种类。袁某在庭上的陈述被视为当事人的陈述,故 B 项正确。相关费用由提出申请的当事人负担,故 D 项错误。【陷阱点拨】A、D 选项中,命题人运用了"张冠李戴"的命题手法,A 选项是用鉴定人的规定进行干扰,D 选项是用证人出庭的费用作为干扰。有专门知识的人出庭不同于鉴定人和证人出庭,其出庭的作用是帮助当事人对鉴定意见进行质证或者对专业问题发表意见,其作用是帮助一方当事人,所以其费用应当由申请方当事人承担。同时,既然是帮助一方当事人,无需保持中立立场,故不适用回避制度。

《民诉解释》第 123 条规定:"人民法院可以对出庭的具有专门知识的人进行询问。经法庭准许,当事人可以对出庭的具有专门知识的人进行询问,当事人各自申请的具有专门知识的人可以就案件中的有关问题进行对质。具有专门知识的人不得参与专业问题之外的法庭审理活动。"故 C 项正确。

62.诉讼终结;一审判决的生效[BD]

[解析]《民事诉讼法》第 154 条第 3 项规定,离婚案件一方当事人死亡的,终结诉讼。本案中,被告刘女在一审判决后、上诉期限尚未届满前死亡的,应当裁定终结诉讼。故 A 项错误,B 项正确。

一审判决上诉期未满,李某作为刘女的法定代理人拟提起上诉,但尚未提起上诉,因此一审判决尚未生效。故 C 项错误。因判决尚未生效,夫妻关系依然存在。婚姻关系存续期间,夫妻一方死亡,应按照法定继承,张男与李某作为第一顺位法定继承人,对遗产享有继承权。故 D 项正确。

63.对支付令的异议[AC]

[解析]《民诉解释》第 431 条规定:"债务人在收到支付令后,未在法定期间提出书面异议,而向其他人民法院起诉的,不影响支付令的效力。债务人超过法定期间提出异议的,视为未提出异议。"因此,债务人在收到支付令后,如果起诉,是否会影响支付令的效力,要区分不同的情况:(1)如果向发出支付令的法院起诉,会导致支付令失效。本案中,乙公司在收到支付令后,在法定期限内,向发出支付令的 A 法院起诉。故 A 项正确。(2)如果向发出支付令法院之外的其他法院起诉,不会影响支付令的效力。由于向发出支付令的法院起诉,是当事人对支付令提出异议的有效方式,因此对于被告乙公司的起诉,A 县法院有管辖权。乙公司的起诉符合法律规定,法院应予受理。故 C 项正确,D 项错误。

《民事诉讼法》第 227 条第 3 款规定:"债务人在

前款规定的期间不提出异议又不履行支付令的,债权人可以向人民法院申请执行。"可见,债权人可以申请强制执行的前提条件是,债务人没有在法定期间提出异议、没有履行支付令。而本案中,乙公司已经提出了异议,因而,甲方并没有申请强制执行的权利。故 B 项错误。

64.司法协助[ABCD]

[解析]《民事诉讼法》第 293 条规定:"根据中华人民共和国缔结或者参加的国际条约,或者按照互惠原则,人民法院和外国法院可以相互请求,代为送达文书、调查取证以及进行其他诉讼行为。外国法院请求协助的事项有损于中华人民共和国的主权、安全或者社会公共利益的,人民法院不予执行。"故 A、C 项正确。

《民事诉讼法》第 296 条规定:"人民法院提供司法协助,依照中华人民共和国法律规定的程序进行。外国法院请求采用特殊方式的,也可以按照其请求的特殊方式进行,但请求采用的特殊方式不得违反中华人民共和国法律。"因此,人民法院进行司法协助要适用中国法律规定,也即其案件属于我国法院职权范围。故 B 项正确。

《民事诉讼法》第 295 条第 1 款规定:"外国法院请求人民法院提供司法协助的请求书及其所附文件,应当附有中文译本或者国际条约规定的其他文字文本。"故 D 项正确。

65.股东资格;分红权;知情权[CD]

[解析]《公司法解释(四)》第 14 条规定:"股东提交载明具体分配方案的股东会或者股东大会的有效决议,请求公司分配利润,公司拒绝分配利润且其关于无法执行决议的抗辩理由不成立的,人民法院应当判决公司按照决议载明的具体分配方案向股东分配利润。"股东享有分红权的条件是:公司有利润可分配、股东符合分配条件、股东会作出包含具体分配方案的有效决议。如果公司没有执行有效分红决议,股东可据此提起诉讼。本案中,甲公司并没有作出有效的分红决议,虽然甲公司扭亏为盈,但公司也可以因扩大生产等原因不分红,所以股东不能直接起诉要求分红。故 A 项错误。

《公司法》第 75 条规定:"规模较小或者股东人数较少的有限责任公司,可以不设董事会,设一名董事,行使本法规定的董事会的职权。该董事可以兼任公司经理。"甲公司只有赵某和朱某两个股东,因此可以不设董事会,由赵某担任董事,行使董事会的职权。另根据《公司法》第 63 条第 2 款规定,董事会不能履行或者不履行召集股东会会议职责的,由监事会召集和主持;监事会不召集和主持的,代表 1/10 以上表决权的股东可以自行召集和主持。《公司法》第 62 条第 2 款规定,代表 1/10 以上表决权的股东、1/3 以上的董事或者监事会提议召开临时股东会会议的，应当召开临时会议。本案中，朱某的持股比例只有2%，没有达到1/10的法定要求，因此无权自行召集和主持股东会会议，也无权提议召开临时股东会会议。故B项错误。

《公司法解释（四）》第8条规定："有限责任公司有证据证明股东存在下列情形之一的，人民法院应当认定股东有公司法第33条第2款①规定的'不正当目的'：（一）股东自营或者为他人经营与公司主营业务有实质性竞争关系业务的，但公司章程另有规定或者全体股东另有约定的除外；……"本案中朱某作为甲公司股东，又是乙公司的法定代表人，甲公司和乙公司的经营范围高度一致，所以甲公司负责人赵某可以此为由认定朱某查账目的不正当，拒绝其查账请求。故C项正确。

根据《公司法》第57条第3款规定，股东查阅会计账簿、会计凭证的，可以委托会计师事务所、律师事务所等中介机构进行。故D项正确。

66．公司司法解散〔AC〕

[解析]《公司法》第231条规定，公司经营管理发生严重困难，继续存续会使股东利益受到重大损失，通过其他途径不能解决的，持有公司10%以上表决权的股东，可以请求人民法院解散公司。故A项正确。

《公司法》第89条第1款规定："有下列情形之一的，对股东会该项决议投反对票的股东可以请求公司按照合理的价格收购其股权：（一）公司连续五年不向股东分配利润，而公司该五年连续盈利，并且符合本法规定的分配利润条件；（二）公司合并、分立、转让主要财产；（三）公司章程规定的营业期限届满或者章程规定的其他解散事由出现，股东会通过决议修改章程使公司存续。"本题不符合上述请求公司以合理价格收购其股权的条件，故B项错误。

《公司法》第84条第1款规定："有限责任公司的股东之间可以相互转让其全部或者部分股权。"股东可依该规定进行股权转让退出公司。故C项正确。

《公司法》第53条第1款规定："公司成立后，股东不得抽逃出资。"股东的出资属于公司财产，独立于股东个人，不能撤回，只能转让，撤回出资是抽逃出资的行为。故D项错误。

67．合伙企业财产的对外转让与出质；合伙人个人债务清偿〔AC〕

[解析]《合伙企业法》第22条第1款规定："除合伙协议另有约定外，合伙人向合伙人以外的人转让其在合伙企业中的全部或者部分财产额时，须经其他合伙人一致同意。"张某将其财产份额作价转让给陈某，须经李某和王某同意。故A项正确。

《合伙企业法》第25条规定："合伙人以其在合

伙企业中的财产份额出质的，须经其他合伙人一致同意；未经其他合伙人一致同意，其行为无效，由此给善意第三人造成损失的，由行为人依法承担赔偿责任。"普通合伙企业的合伙人以其合伙财产份额出质的，须经其他合伙人一致同意，否则出质绝对无效。故B项错误。

《合伙企业法》第42条第1款规定："合伙人的自有财产不足清偿其与合伙企业无关的债务的，该合伙人可以以其从合伙企业中分取的收益用于清偿；债权人也可以依法请求人民法院强制执行该合伙人在合伙企业中的财产份额用于清偿。"可见，陈某可直接要求法院强制执行张某在合伙企业中的财产以实现自己的债权。故C项正确。

合伙人个人债务不同于合伙企业债务，张某的个人债务与李某、王某无关，陈某要求李某和王某承担连带责任于法无据。故D项错误。

68．破产申请材料；债务人异议权行使的期限〔AC〕

[解析]《企业破产法解释（一）》第6条第1款规定："债权人申请债务人破产的，应当提交债务人不能清偿到期债务的有关证据。债务人对债权人的申请未在法定期限内向人民法院提出异议，或者异议不成立的，人民法院应当依法裁定受理破产申请。"可见，债权人甲公司向法院申请债务人乙公司破产应该提供乙公司不能清偿到期债务的证据，而非不能清偿全部债务的证据。故A项正确，B项错误。

《企业破产法》第10条第1款规定："债权人提出破产申请的，人民法院应当自收到申请之日起5日内通知债务人。债务人对申请有异议的，应当自收到人民法院的通知之日起7日内向人民法院提出。人民法院应当自异议期满之日起10日内裁定是否受理。"由此可知，债务人乙公司如对甲公司的破产申请有异议的，应在收到法院通知的7日内向法院提出。故C项正确。

《企业破产法解释（一）》第1条规定："债务人不能清偿到期债务并且具有下列情形之一的，人民法院应当认定其具备破产原因：（一）资产不足以清偿全部债务；（二）明显缺乏清偿能力。相关当事人以对债务人的债务负有连带责任的人未丧失清偿能力为由，主张债务人不具备破产原因的，人民法院应不予支持。"破产原因是针对企业自身经营能力的判断，与债权人的债权是否有其他担保等保障措施无直接的关系，因此债务人不得以其所负债务有连带责任人且连带责任人具有偿付能力为由，抗辩自己的破产原因。故D项错误。

---

① 现为《公司法》第57条第2款。

69．支票［BC］

［解析］《票据法》第83条第2款规定，现金支票只能用于支取现金，故A项表述错误，不选。

《票据法》第87条第1款规定："支票出票人所签发的支票金额不得超过在付款时在付款人处实有的存款金额。"B项表述符合该规定，为正确选项，当选。

《票据法》第90条规定："支票限于见票即付，不得另行记载付款日期。另行记载付款日期的，该记载无效。"C项符合该规定，也为正确选项，当选。

《票据法》第86条第1款规定："支票上未记载收款人名称的，经出票人授权，可以补记。"因此，支票上未记载收款人名称时，该支票并不当然无效，故D项说法错误，不选。

70．基金财产的投资范围［ABCD］

［解析］《证券投资基金法》第73条第2款规定："运用基金财产买卖基金管理人、基金托管人及其控股股东、实际控制人或者与其有其他重大利害关系的公司发行的证券或承销期内承销的证券，或者从事其他重大关联交易，应当遵循基金份额持有人利益优先的原则，防范利益冲突，符合国务院证券监督管理机构的规定，并履行信息披露义务。"据此，法律允许运用基金财产买卖基金管理人发行的债券，只是限定了一定的条件，故A项正确。

《证券投资基金法》第72条规定："基金财产应当用于下列投资：（一）上市交易的股票、债券；（二）国务院证券监督管理机构规定的其他证券及其衍生品种。"故B项正确。

《证券投资基金法》第73条第1款规定："基金财产不得用于下列投资或者活动：（一）承销证券；（二）违反规定向他人贷款或者提供担保；（三）从事承担无限责任的投资；（四）买卖其他基金份额，但是国务院证券监督管理机构另有规定的除外；（五）向基金管理人、基金托管人出资；（六）从事内幕交易、操纵证券交易价格及其他不正当的证券交易活动；（七）法律、行政法规和国务院证券监督管理机构规定禁止的其他活动。"故C、D项正确。

71．垄断协议的认定和豁免［ACD］

［解析］《反垄断法》第20条第1款规定了垄断协议的豁免情形：（1）为改进技术、研究开发新产品的；（2）为提高产品质量、降低成本、增进效率，统一产品规格、标准或者实行专业化分工的；（3）为提高中小经营者经营效率，增强中小经营者竞争力的；（4）为实现节约能源、保护环境、救灾救助等社会公共利益的；（5）因经济不景气，为缓解销售量严重下降或者生产明显过剩的；（6）为保障对外贸易和对外经济合作中的正当利益的；（7）法律和国务院规定的其他情形。因此，A、C、D项分别属于豁免中的（6）、

（2）、（1）的情形，不构成垄断协议，当选。B项，房地产公司达成锁定价格的协议，是典型的横向垄断协议，不当选。

72．诋毁商誉行为［BD］

［解析］《反不正当竞争法》第11条规定："经营者不得编造、传播虚假信息或者误导性信息，损害竞争对手的商业信誉、商品声誉。"

甲公司的行为不仅损害了乙公司的声誉，还损害了同类软件公司的声誉，所以包括乙公司在内的其他经营者都可以起诉甲公司。故A项错误。

法条用语"编造、传播"说明损害商誉的行为人主观是故意，过失不构成"诋毁"。故B项正确。

损害商誉的行为主体是具有竞争关系的"经营者"，新闻单位仅构成一般侵害名誉权的行为主体，不构成诋毁商誉行为的行为主体。故C项错误。

诋毁商誉应有编造、传播虚假信息或者误导性信息的行为。如果发布的消息是真实的，则不构成诋毁商誉。故D项正确。

73．食用农产品质量安全管理［BCD］

［解析］《食品安全法》第2条第2款规定："供食用的源于农业的初级产品（以下称食用农产品）的质量安全管理，遵守《中华人民共和国农产品质量安全法》的规定。但是，食用农产品的市场销售、有关质量安全标准的制定、有关安全信息的公布和本法对农业投入品作出规定的，应当遵守本法的规定。"根据此规定，大米、米制品属于供食用的源于农业的初级产品，因而其质量安全管理应该遵守《农产品质量安全法》，故A项错误。对于大米、米制品相关的食品安全信息，应当依照《食品安全法》的有关规定进行公布，故B项正确。

《食品安全法》第110条规定："县级以上人民政府食品安全监督管理部门履行食品安全监督管理职责，有权采取下列措施，对生产经营者遵守本法的情况进行监督检查：（一）进入生产经营场所实施现场检查；……"可见，县有关部门可对米粉加工厂进行检查，该厂应对检查进行配合，不得以商业秘密为由予以拒绝，故C项正确。

《食品安全法》第118条第1款规定："国家建立统一的食品安全信息平台，实行食品安全信息统一公布制度。国家食品安全总体情况、食品安全风险警示信息、重大食品安全事故及其调查处理信息和国务院确定需要统一公布的其他信息由国务院食品安全监督管理部门统一公布。食品安全风险警示信息和重大食品安全事故及其调查处理信息的影响限于特定区域的，也可以由有关省、自治区、直辖市人民政府食品安全监督管理部门公布。未经授权不得发布上述信息。"可见，D项中虽已构成重大食品安全事故，但影响仅限于该省，因而可由省食品安全监督管理部

门公布食品安全信息,故 D 项正确。

74．中国人民银行的建议权[CD]

[解析]《商业银行法》第 74 条规定:"商业银行有下列情形之一,由国务院银行业监督管理机构责令改正,……情节特别严重或者逾期不改正的,可以责令停业整顿或者吊销其经营许可证;构成犯罪的,依法追究刑事责任;……(二)未经批准分立、合并或者违反规定对变更事项不报批的;……(六)未经批准买卖政府债券或者发行、买卖金融债券的;……"可知,A、B 项属于银行业监管机构即国家金融监督管理总局的职权,央行对此没有建议权。故 A、B 项错误。

《商业银行法》第 77 条规定:"商业银行有下列情形之一,由中国人民银行责令改正,并处 20 万元以上 50 万元以下罚款;情节特别严重或者逾期不改正的,中国人民银行可以建议国务院银行业监督管理机构责令停业整顿或者吊销其经营许可证……(二)提供虚假的或者隐瞒重要事实的财务会计报告、报表和统计报表的;……"故 C 项正确。

《商业银行法》第 76 条规定:"商业银行有下列情形之一,由中国人民银行责令改正……情节特别严重或者逾期不改正的,中国人民银行可以建议国务院银行业监督管理机构责令停业整顿或者吊销其经营许可证……(三)违反规定同业拆借的。"故 D 项正确。

75．纳税人的权利和税务机关的义务[ABCD]

[解析]《税收征收管理法》第 8 条第 2 款规定:"纳税人、扣缴义务人有权要求税务机关为纳税人、扣缴义务人的情况保密。税务机关应当依法为纳税人、扣缴义务人的情况保密。"A 项张某的丈夫是纳税人,税务机关拒绝张某查询,正是为了保护纳税人秘密。故 A 项正确。

《税收征收管理法》第 8 条第 1 款规定:"纳税人、扣缴义务人有权向税务机关了解国家税收法律、行政法规的规定以及与纳税程序有关的情况。"B 项要求解释有关税收计算方法的疑问,符合规定。故 B 项正确。

《税收征收管理法》第 88 条第 2 款规定:"当事人对税务机关的处罚决定、强制执行措施或者税收保全措施不服的,可以依法申请行政复议,也可以依法向人民法院起诉。"故 C 项正确。

《税收征收管理法》第 8 条第 5 款规定:"纳税人、扣缴义务人有权控告和检举税务机关、税务人员的违法违纪行为。"故 D 项正确。

76．城乡规划的范围[ABC]

[解析]《城乡规划法》第 2 条第 2 款规定:"本法所称城乡规划,包括城镇体系规划、城市规划、镇规划、乡规划和村庄规划。城市规划、镇规划分为总体

规划和详细规划。详细规划分为控制性详细规划和修建性详细规划。"故 A、B、C 项均当选。另外,《城乡规划法》没有对修建性详细规划再作出进一步划分。故 D 项不当选。

77．环境侵权的民事责任和行政责任[ABC]

[解析]《民法典》第 1229 条规定:"因污染环境、破坏生态造成他人损害的,侵权人应当承担侵权责任。"据此,污染环境致害责任适用无过错责任原则,即使排污者未超标排污,只要污染环境造成受害人损害的,受害人均有权要求污染者赔偿。本题中,甲厂的排污行为是造成该村农作物减产的原因,乙厂的排污行为对农作物减产有影响,均应承担赔偿责任。故 A、B 项正确。

《环境保护法》第 60 条规定:"企业事业单位和其他生产经营者超过污染物排放标准或者超过重点污染物排放总量控制指标排放污染物的,县级以上人民政府环境保护主管部门可以责令其采取限制生产、停产整治等措施;情节严重的,报经有批准权的人民政府批准,责令停业、关闭。"污染者承担行政责任以违法为前提,本题中甲厂超标排污的行为系违法行为,环境主管部门有权追究其行政责任;乙厂排污未超标,不存在违法行为,不应承担行政责任。故 C 项正确,D 项错误。

78．劳动关系[ACD]

[解析]劳动关系是指根据法律的相关规定,劳动者与用人单位之间为实现劳动过程而发生的一方向另一方有偿提供劳动力的社会关系,劳动关系的当事人是特定的,一方是劳动者,另一方是用人单位。故 A 项正确。

劳动法的主要调整对象是劳动关系,狭义上是指劳动者与用人单位之间在实现劳动过程中发生的社会关系,广义上的主体还应包括劳动者的团体组织。因此,本题中劳动行政部门与劳动者、用人单位之间的关系属于与劳动关系密切联系的其他社会关系(行政管理关系),并不是劳动关系。故 B 项错误。

劳动关系具有人身属性,用人单位有权依法管理和使用劳动者。劳动关系具有财产关系的属性,劳动者有偿提供劳动力,用人单位向劳动者支付报酬。故 C 项正确。

双方当事人在建立、变更劳动关系时,应按照平等自愿、合法原则进行,因而劳动关系具有平等性。同时,劳动关系具有从属性,劳动关系一经确立,劳动者成为用人单位的职工,与用人单位存在身份、组织和经济上的从属关系,用人单位按照其劳动规章制度管理和使用劳动者,双方形成管理与被管理、支配与被支配的关系。故 D 项正确。

79．广播者权;复制权;著作权侵权[BC]

[解析]《著作权法》第 47 条第 1 款规定:"广播

电台、电视台有权禁止未经其许可的下列行为:(一)将其播放的广播、电视以有线或者无线方式转播;(二)将其播放的广播、电视录制以及复制;(三)将其播放的广播、电视通过信息网络向公众传播。"这是关于播放者权的规定。作为一种邻接权,播放者权的客体是广播电台、电视台播出的广播信号的集成品。广播信号不同于广播的内容(节目),广播的内容有的享有著作权(如电影),但是广播者播出的节目内容在形成广播信号后,就成为播放者权的客体。本题不涉及播放者权,因为甲电视台虽然制作了娱乐节目,但尚未播放,没有形成广播信号,因此甲电视台尚不享有播放者权。故 A 项错误。

甲电视台作为录制娱乐节目的制作主体,对该节目享有著作权。乙闭路电视台擅自复制并广播该节目,又无违法阻却事由,侵犯了甲电视台的复制权、广播权、获得报酬权。故 B 项正确。

《民法典》第 1169 条第 1 款规定:"教唆、帮助他人实施侵权行为的,应当与行为人承担连带责任。"本题中,贺某的行为构成帮助侵权,应与乙电视台承担连带责任。故 C 项正确,D 项错误。

80.开放许可[ACD]

[解析]《专利法》第 51 条第 1 款规定:"任何单位或者个人有意愿实施开放许可的专利的,以书面方式通知专利权人,并依照公告的许可使用费支付方式、标准支付许可使用费后,即获得专利实施许可。"据此,甲、乙双方不需要签订专利许可合同,故 A 项错误。

《专利法》第 51 条第 3 款规定:"实行开放许可的专利权人可以与被许可人就许可使用费进行协商后给予普通许可,但不得就该专利给予独占或者排他许可。"故 B 项正确。

《专利法》第 50 条第 2 款规定:"专利权人撤回开放许可声明的,应当以书面方式提出,并由国务院专利行政部门予以公告。开放许可声明被公告撤回的,不影响在先给予的开放许可的效力。"据此,即使甲撤回开放许可声明,乙先前取得的开放许可也不受影响,因此乙不能要求甲返还使用费,故 C 项错误。

《专利法》第 52 条规定:"当事人就实施开放许可发生纠纷的,由当事人协商解决;不愿协商或者协商不成的,可以请求国务院专利行政部门进行调解,也可以向人民法院起诉。"据此,调解并非必经程序,可直接起诉,故 D 项错误。

81.注册商标的无效宣告[BCD]

[解析]《商标法》第 47 条第 1 款规定,依照本法第 44 条、第 45 条的规定宣告无效的注册商标,由商标局予以公告,该注册商标专用权视为自始即不存在。就"乡巴佬"注册商标专用权的消灭而言,注册商标的无效宣告具有溯及力,因此,"乡巴佬"商标专用权

视为自始不存在。故 A 项正确。

《商标法》第 47 条第 2 款规定:"宣告注册商标无效的决定或者裁定,对宣告无效前人民法院做出并已执行的商标侵权案件的判决、裁定、调解书和工商行政管理部门做出并已执行的商标侵权案件的处理决定以及已经履行的商标转让或者使用许可合同不具有追溯力。但是,因商标注册人的恶意给他人造成的损失,应当给予赔偿。"本题中,甲公司向乙公司转让注册商标专用权的合同已经履行完毕,注册商标的无效宣告对已经履行完毕的转让合同不具有溯及力,除非甲公司恶意给乙公司造成损失,否则甲公司无需退还乙公司 5 万元转让费。故 B 项错误。"乡巴佬"商标被宣告无效时,法院作出侵权认定的判决书刚生效,尚未执行完毕,因此无效宣告对该判决书应有溯及力。故 C 项错误。

《商标法》第 10 条第 1 款第 8 项规定,有害于社会主义道德风尚或者有其他不良影响的标志不得作为商标使用。既然"乡巴佬"注册商标因有"不良影响"被宣告无效,丙公司亦不得将其作为未注册商标使用。故 D 项错误。

82.侵权的法律适用[BCD]

[解析]《涉外民事关系法律适用法》第 46 条规定:"通过网络或者采用其他方式侵害姓名权、肖像权、名誉权、隐私权等人格权的,适用被侵权人经常居所地法律。"本题中,特里通过互联网发布不利于王某的消息,侵犯其人格权,应当适用被侵权人王某的经常居所地法律,即中国法。故 A 项正确,不当选;B、C、D 项错误,当选。

83.国际商事法庭[ACD]

[解析] 根据《民事诉讼法》第 287 条规定,涉外民事案件的审理不受国内案件审理时限的限制。故 A 项错误。

《最高人民法院关于设立国际商事法庭若干问题的规定》第 17 条规定:"国际商事法庭作出的发生法律效力的判决、裁定和调解书,当事人可以向国际商事法庭申请执行。"故 B 项正确。

为方便外方当事人,《最高人民法院关于设立国际商事法庭若干问题的规定》第 9 条第 2 款规定:"当事人提交的证据材料系英文且经对方当事人同意的,可以不提交中文翻译件。"但是,对于判决书,没有用英文制作的相关规定,应当制作中文判决书。故 C 项错误。

《最高人民法院关于设立国际商事法庭若干问题的规定》第 10 条规定:"国际商事法庭调查收集证据以及组织质证,可以采用视听传输技术及其他信息网络方式。"故 D 项错误。

84.反补贴[ACD]

[解析] 根据《反补贴条例》第 4 条规定,政府补

贴必须具有专向性,故 A 项正确。

只有 WTO 成员才有权提起 WTO 争端解决程序,企业和个人无权提起。故 B 项错误。

根据《反补贴条例》第 52 条规定,对终裁决定不服的,对是否征收反补贴税的决定以及追溯征收的决定不服的,或者对复审决定不服的,可以依法申请行政复议,也可以依法向人民法院提起诉讼。故 C 项正确。

根据《最高人民法院关于审理反补贴行政案件应用法律若干问题的规定》第 8 条规定,被告在反补贴行政调查程序中依照法定程序要求原告提供证据,原告无正当理由拒不提供、不如实提供或者以其他方式严重妨碍调查,而在诉讼程序中提供的证据,人民法院不予采纳。故 D 项正确。

85.特别提款权[ACD]

[解析] 特别提款权(Special Drawing Rights,简称 SDRs)是国际货币基金组织于 1968 年在原有的普通贷款权之外,按各国认缴份额的比例分配给会员国的一种使用资金的特别权利。各会员国可以凭特别提款权向基金组织提用资金或偿还贷款。故 A 项正确。

特别提款权只是一种账面资产,并非真实的货币,不能用于实际货物贸易支付。故 B 项错误。

成员国在基金组织开设特别提款权账户,作为一种账面资产或记账货币,可用于办理政府间结算,可偿付政府间结算逆差。故 C 项正确。

特别提款权可与黄金、外汇一起作为国际储备。故 D 项正确。

三、不定项选择题

86.无权处分合同;合同的相对性[C]

[解析] 本题中,乙公司尚未获得药材的所有权,就将药材转卖给丙公司,乙、丙间的买卖合同属于因无权处分订立的买卖合同。《民法典》第 597 条第 1 款规定:"因出卖人未取得处分权致使标的物所有权不能转移的,买受人可以解除合同并请求出卖人承担违约责任。"据此,因无权处分订立的买卖合同,无权处分不影响买卖合同的效力,乙公司、丙公司间的买卖合同有效。故 A、D 项错误,C 项正确。

《民法典》第 523 条规定:"当事人约定由第三人向债权人履行债务,第三人不履行债务或者履行债务不符合约定的,债务人应当向债权人承担违约责任。"根据该条,合同当事人约定由合同以外的第三人向债权人履行债务的,该约定仅对合同债权人与债务人发生效力,对第三人不产生效力;若第三人不对合同债权人履行债务或履行债务不适当,债权人不得对第三人主张违约责任,只能要求债务人承担违约责任。本题中,乙公司和丙公司约定,由甲公司向丙公司交付药材,为甲公司设定了义务,该约定在乙、丙之间是有效的,故 B 项错误。

87.一般保证人的先诉抗辩权;混合担保[D]

[解析]《民法典》第 687 条第 1、2 款规定:"当事人在保证合同中约定,债务人不能履行债务时,由保证人承担保证责任的,为一般保证。一般保证的保证人在主合同纠纷未经审判或者仲裁,并就债务人财产依法强制执行仍不能履行债务前,有权拒绝向债权人承担保证责任,但是有下列情形之一的除外:(一)债务人下落不明,且无财产可供执行;(二)人民法院已经受理债务人破产案件;(三)债权人有证据证明债务人的财产不足以履行全部债务或者丧失履行债务能力;(四)保证人书面表示放弃本款规定的权利。"该条规定了一般保证人的先诉抗辩权。本题中,李某是否属于一般保证人呢?《民法典担保制度解释》第 25 条规定:"当事人在保证合同中约定了保证人在债务人不能履行债务或者无力偿还债务时才承担保证责任等类似内容,具有债务人应当先承担责任的意思表示的,人民法院应当将其认定为一般保证。当事人在保证合同中约定了保证人在债务人不履行债务或者未偿还债务时即承担保证责任、无条件承担保证责任等类似内容,不具有债务人应当先承担责任的意思表示的,人民法院应当将其认定为连带责任保证。"据此,虽然《民法典》第 686 条第 2 款规定:"当事人在保证合同中对保证方式没有约定或者约定不明确的,按照一般保证承担保证责任。"但在认定保证类型时,不能只看有没有"约定连带责任保证"字眼,而应采用实质解释。本题中,约定"在丙公司不付款时,由李某承担保证责任",意为丙公司不付款李某即承担责任,没有债权人先向债务人主张的意思,按照上述《民法典担保制度解释》第 25 条之规定,应认定为连带保证。既然是连带保证,保证人李某不享有先诉抗辩权,故 B 项错误。

无论连带保证还是一般保证,债权人均可将债务人和保证人一并起诉,故 A 项错误。【知识拓展】注意《民法典担保制度解释》第 26 条对一般保证人起诉的规定:(1)不能单独起诉一般保证人;(2)一并起诉债务人和一般保证人的,除有《民法典》第 687 条第 2 款但书规定的情形外,法院应当在判决书主文中明确,保证人仅对债务人财产依法强制执行后仍不能履行的部分承担保证责任。

《民法典》第 392 条规定:"被担保的债权既有物的担保又有人的担保的,债务人不履行到期债务或者发生当事人约定的实现担保物权的情形,债权人应当按照约定实现债权;没有约定或者约定不明确,债务人自己提供物的担保的,债权人应当先就该物的担保实现债权;第三人提供物的担保的,债权人可以就物的担保实现债权,也可以请求保证人承担保证责任。

提供担保的第三人承担担保责任后,有权向债务人追偿。"本题中,为了担保丙公司对乙公司的债务,张某以自有汽车设立抵押权,李某提供保证,构成混合担保,且对债权人乙公司行使权利的顺序与份额没有约定,当债务人丙不履行到期债务时,乙公司既可以就张某的汽车行使抵押权,也可以要求李某承担保证责任。故 C 项错误,D 项正确。

88. 侵权责任的抗辩事由;紧急避险[D]

[解析]《民法典》第 182 条规定:"因紧急避险造成损害的,由引起险情发生的人承担民事责任。危险由自然原因引起的,紧急避险人不承担民事责任,可以给予适当补偿。紧急避险采取措施不当或者超过必要的限度,造成不应有的损害的,紧急避险人应当承担适当的民事责任。"《民法典总则编解释》第 32 条规定:"为了使国家利益、社会公共利益、本人或者他人的人身权利、财产权利以及其他合法权益免受正在发生的急迫危险,不得已而采取紧急措施的,应当认定为民法典第一百八十二条规定的紧急避险。"本题中,丁公司员工方某驾驶该车接送酒店客人时,为躲避一辆逆行摩托车,将行人赵某撞伤,方某的行为构成紧急避险,且无避险不当的情形,应由引起险情发生的摩托车主承担全部侵权责任。故 D 项正确,A、B、C 项错误。

89. 无因管理;无权处分与无权代理的区分;表见代理[AB]

[解析]根据题目中"方某自行决定"之表述,可知丁公司并未授予方某对外订立汽车修理合同的代理权。故方某擅自以丁公司的名义与戊公司订立的维修合同(加工承揽合同)构成无权代理,该汽车修理合同属于效力待定的合同。故 B 项正确。

无权处分,指无处分权人以自己的名义订立的旨在发生权利变动的合同。本题中的维修合同不属于无权处分的合同,原因有二:第一,无权处分合同需要处分人以自己的名义订立,本题中,方某是以丁公司的名义订立的;第二,无权处分合同的目的旨在发生权利变动,维修合同的目的不在于权利变动。故 C 项错误。

正当无因管理的构成要件有四:(1)管理他人事务;(2)有为他人管理的意思;(3)没有法定或约定义务;(4)不违背他人的意思(如果他人的意思违法或者违背社会伦常道德要求的除外)。本题中,方某自行决定以丁公司的名义将该车放在戊公司维修的行为符合正当无因管理的构成要件。**【特别提醒】**本题着重考查的角度是:无权代理不影响无因管理的成立。方某在实施无因管理过程中,实施了无权代理行为(汽车维修合同),该汽车修理合同效力待定,若丁公司拒绝追认,该汽车维修合同无效。但这丝毫不影响无因管理之债的成立与内容,只要方某的行为符合正当无因管理的构成要件。故 A 项正确。

《民法典》第 172 条规定,表见代理的构成要件有四:(1)行为人实施了无权代理行为;(2)具有使相对人相信行为人具有代理权的事实和理由(具有权利外观);(3)相对人主观上系善意且无过失;(4)被代理人的行为与权利外观的形成具有牵连性。本题中,方某以丁公司的名义与戊公司签订维修合同,构成无权代理,但是题干中并没有给出戊公司有理由相信方某有代理权的信息,因此,不构成表见代理。故 D 项错误。

90. 无因管理;效力待定合同;留置权[AC]

[解析]一方面,座垫的购买合同是方某以自己的名义订立的,方某是合同的当事人,根据合同的相对性,应由方某自己承担支付座垫费的义务。同时,当庚公司要求丁公司支付座垫费时,丁公司予以拒绝,故庚公司与丁公司之间也没有达成由丁公司承担方某支付价款义务的协议(无债务承担)。另一方面,方某擅自购买座垫的行为违反了丁公司可得推知的意思,构成不正当无因管理,不能当然发生无因管理之债的效力(这与方某擅自订立汽车维修合同不同,维修合同符合正当无因管理的构成要件),故丁公司亦无依据无因管理之债支付坐垫费的义务。故 A 项正确,B 项错误。

《民法典》第 503 条规定:"无权代理人以被代理人的名义订立合同,被代理人已经开始履行合同义务或者接受相对人履行的,视为对合同的追认。"其规范意旨是,因无权代理的合同为效力待定的合同,被代理人追认的,合同自始生效。被代理人的追认既可以采用明示的方式,亦可采用默示的方式。当戊公司要求丁公司支付维修费时,丁公司回函请宽限 1 周,丁公司已经以推定的方式对维修合同予以了追认,该汽车维修合同已经生效。假设丁公司没有追认,因方某的行为构成无因管理,方某因实施无因管理负担的债务(此时为对戊公司的缔约过失责任)最终也应由丁公司承担。故 C 项正确。

《民法典》第 457 条规定:"留置权人对留置财产丧失占有或者留置权人接受债务人另行提供担保的,留置权消灭。"据此,债权人占有债务人的财产,是留置权成立及存续的前提条件。本题中,戊公司原本可以对汽车行使留置权,但题目交代,汽车修好后,方某将车取走交丁公司投入运营,这表明戊公司已经不再占有汽车,其对汽车的留置权已经消灭,故 D 项错误。

91. 证据规则[ABD]

[解析]《民诉证据规定》第 90 条规定:"下列证据不能单独作为认定案件事实的根据:(一)当事人的陈述;(二)无民事行为能力人或者限制民事行为

能力人所作的与其年龄、智力状况或者精神健康状况不相当的证言;(三)与一方当事人或者其代理人有利害关系的证人陈述的证言;(四)存有疑点的视听资料、电子数据;(五)无法与原件、原物核对的复制件、复制品。"可知 A 项中因于某是被原甲公司开除的员工,因此与甲公司存在一定的利害关系,其提供的证言不能单独作为认定事实的证据。故 A 项正确。B 项因录音比较模糊,属于存有疑点的视听资料,因此不能单独作为认定案件事实的证据。故 B 项正确。C 项属于书证,应当按照法律关于书证的审查规则进行效力审查,不属于上述情形,故并不能排除其单独认定的可能性。故 C 项错误。

《民事诉讼法》第 142 条第 1 款规定:"当事人在法庭上可以提出新的证据。"故 D 项正确。

92.二审法院对原一审判决遗漏诉讼请求的处理[B]

[解析] 解答本题的关键在于准确理解一审中"赔礼道歉"诉讼请求的具体情况,因为二审法院对一审法院遗漏当事人的诉讼请求的处理和对当事人二审中增加诉讼请求的处理是不同的,本题属于遗漏当事人"赔礼道歉"诉讼请求的情形。《民诉解释》第 324 条规定:"对当事人在第一审程序中已经提出的诉讼请求,原审人民法院未作审理、判决的,第二审人民法院可以根据当事人自愿的原则进行调解;调解不成的,发回重审。"故 B 项正确,A、C、D 项错误。

93.公示催告程序[AD]

[解析]《民诉解释》第 449 条规定:"利害关系人申报权利,人民法院应当通知其向法院出示票据,并通知公示催告申请人在指定的期间查看该票据。公示催告申请人申请公示催告的票据与利害关系人出示的票据不一致的,应当裁定驳回利害关系人的申报。"公示催告程序属于非讼程序,不涉及实体权利义务纠纷的解决,故当乙公司申报权利时,法院应当要求乙公司提供票据,并通知甲公司查验票据。此时,只能对乙公司申报的票据与甲公司申请公示催告的票据是否一致进行形式审查,而不能对票据权利义务的归属问题进行实质审查,同时也不需要组织法庭辩论、调解,无需开庭审理。故 A 项正确,B 项错误。

《民诉解释》第 452 条规定:"适用公示催告程序审理案件,可由审判员一人独任审理;判决宣告票据无效的,应当组成合议庭审理。"公示催告程序分为公示催告阶段和除权判决阶段,公示催告阶段适用独任制,除权判决阶段适用合议制。乙公司申报权利时处于公示催告阶段,应当适用独任制。故 C 项错误。

《民事诉讼法》第 232 条第 2 款规定:"人民法院收到利害关系人的申报后,应当裁定终结公示催告程序,并通知申请人和支付人。"若乙公司申报权利的

票据与甲公司申请公示催告的票据一致,则说明申报成立,法院应当裁定终结公示催告程序,甲、乙公司可以通过诉讼等方式解决票据权利义务纠纷。故 D 项正确。

94.小额诉讼程序的适用范围[ABD]

[解析] 根据《民事诉讼法》第 166 条的规定,人身关系案件和涉外案件不适用小额诉讼程序。故 A、B 项当选。

根据《民诉解释》第 273 条的规定,海事法院可以适用小额诉讼的程序审理海事、海商案件。故 C 项不当选。

根据《民事诉讼法》第 165 条规定,小额诉讼程序属于简易程序的一种,应当以能够适用简易程序为前提。而根据《民诉解释》第 257 条的规定,发回重审的案件不适用简易程序,因此也不能适用小额诉讼程序。故 D 项当选。

95.股东知情权[A]

[解析]《公司法》第 57 条规定:"股东有权查阅、复制公司章程、股东名册、股东会会议记录、董事会会议决议、监事会会议决议和财务会计报告。股东可以要求查阅公司会计账簿、会计凭证。……"根据《公司法解释(四)》第 9 条规定,公司章程、股东之间的协议等实质性剥夺股东依据公司法规定查阅或者复制公司文件材料的权利,公司以此为由拒绝股东查阅或者复制的,人民法院不予支持。可知,知情权是股东的固有权利,公司不得通过公司章程、股东协议等对股东知情权作出实质剥夺,因此甲公司章程规定的持股 5%以下的股东无查阅权,因内容违法而无效,股东甲虽然持股只有 1%,仍有查阅权,故 A 项正确。根据上述《公司法》第 57 条,股东有复制财务会计报告的权利,但股东对财务会计账簿只有查阅权,没有复制权,故 D 项错误。

根据《公司法解释(四)》第 7 条规定,股东依据公司法或者公司章程的规定,起诉请求查阅或者复制公司特定文件材料的,人民法院应当依法予以受理。公司有证据证明前款规定的原告在起诉时不具有公司股东资格的,人民法院应当驳回起诉,但原告有初步证据证明在持股期间其合法权益受到损害,请求依法查阅或者复制其持股期间的公司特定文件材料的除外。可知,只有公司的股东才有对财务账簿的查阅权,丙和陆某签署代持股协议,根据协议,丙作为名义股东具备股东资格,享有股东权利,履行股东义务,陆某并非公司股东,没有股东的查阅权,故名义股东丙有查阅权,B 项错误;实际投资人陆某无查阅权,C 项错误。

96.保险合同的成立;人身保险免责事由[ABD]

[解析]《保险法解释(二)》第 3 条第 1 款规定:"投保人或者投保人的代理人订立保险合同时没有

亲自签字或者盖章,而由保险人或者保险人的代理人代为签字或者盖章的,对投保人不生效。但投保人已经交纳保险费的,视为其对代签字或者盖章行为的追认。"本题中,虽然由保险公司业务员代为填写和签字保单,但是甲公司为张某交纳了保费,保险合同成立。故 A 项正确。

《保险法》第 45 条规定:"因被保险人故意犯罪或者抗拒依法采取的刑事强制措施导致其伤残或者死亡的,保险人不承担给付保险金的责任。投保人已交足 2 年以上保险费的,保险人应当按照合同约定退还保险单的现金价值。"由此可知,张某为了催要租金,采取打碎玻璃挡在车前的行为,并不具有严重的社会危害性,不构成犯罪,保险公司应当承担保险责任。故 B 项正确。

自助行为是指,权利人在受到不法侵害时,因"情况紧急来不及请求国家机关救助",依靠自己的力量对他人财产和自由加以扣押或者约束的行为。本题中张某的行为不是在情况紧急的时候实施,不能算作自助行为。故 C 项错误。

导致张某死亡的直接原因是李某开车故意撞击张某的犯罪行为,张某自身的行为与其死亡之间不构成直接因果关系。故 D 项正确。

97.FOB;《联合国国际货物销售合同公约》的风险转移和卖方的义务;平安险的承保范围[ACD]

[解析] 根据《2020 年通则》,FOB 术语下的交货地点为装运港船上交货,即卖方在装运港将货物置于买方指定的船上交货,货物风险也自装运港装上船时转移。据此,FOB 要求卖方将货物装上船从而完成交货,这和货交承运人是不同的,前者要求整个装货工作完成,后者是交给承运人,但装货工作还没有开始。故 A 项错误,B 项正确。

本题中合同卖方有交货后一年质保的约定,这属于卖方的质量担保,因此虽然货物风险已经转移,但不影响合同约定的质量保证义务的履行。故 C 项错误。

本题中货物在海运途中因天气恶劣部分毁损属于自然灾害导致的单独海损,不在平安险的承保范围内,保险公司有权拒赔。故 D 项错误。

98.产品质量责任[ABC]

[解析]《消费者权益保护法》第 18 条第 2 款规定:"宾馆、商场、餐馆、银行、机场、车站、港口、影剧院等经营场所的经营者,应当对消费者尽到安全保障义务。"故王某、栗某作为消费者有权要求商场承担赔偿责任。故 A 项正确。

《产品质量法》第 43 条规定:"因产品存在缺陷造成人身、他人财产损害的,受害人可以向产品的生产者要求赔偿,也可以向产品的销售者要求赔偿。属于产品的生产者的责任,产品的销售者赔偿的,产品的销售者有权向产品的生产者追偿。属于产品的销售者的责任,产品的生产者赔偿的,产品的生产者有权向产品的销售者追偿。"故 B、C 项正确。

《消费者权益保护法》规定,商场有义务保障消费者的安全,但在题述案例并未提到商场在对电梯运营管理过程中存在过错,因而商场赔偿后,可向缺陷产品生产者全部追偿,不可能是按份赔偿责任。故 D 项错误。

99.产品责任;消费者的权利和经营者的义务[ABCD]

[解析]《消费者权益保护法》第 49 条规定:"经营者提供商品或者服务,造成消费者或者其他受害人人身伤害的,应当赔偿医疗费、护理费、交通费等为治疗和康复支出的合理费用,以及因误工减少的收入。造成残疾的,还应当赔偿残疾生活辅助具费和残疾赔偿金。造成死亡的,还应当赔偿丧葬费和死亡赔偿金。"故 A、B 项正确。

《消费者权益保护法》第 51 条规定:"经营者有侮辱诽谤、搜查身体、侵犯人身自由等侵害消费者或者其他受害人人身权益的行为,造成严重精神损害的,受害人可以要求精神损害赔偿。"本题中,栗某半身瘫痪,数次自杀未遂,造成严重精神利益损失的后果,有权主张精神损害赔偿。故 C 项正确。

《消费者权益保护法》第 55 条第 2 款规定:"经营者明知商品或者服务存在缺陷,仍然向消费者提供,造成消费者或者其他受害人死亡或者健康严重损害的,受害人有权要求经营者依照本法第 49 条、第 51 条等法律规定赔偿损失,并有权要求所受损失 2 倍以下的惩罚性赔偿。"故 D 项正确。

100.工伤保险待遇[BC]

[解析]《社会保险法》第 41 条第 1 款规定:"职工所在用人单位未依法缴纳工伤保险费,发生工伤事故的,由用人单位支付工伤保险待遇。用人单位不支付的,从工伤保险基金中先行支付。"因此薛某可以主张工伤保险基金先行垫付。但《社会保险法》并未明确规定职工可以要求支付工伤保险待遇和承担民事人身损害赔偿责任进行选择的权利。故 A 项错误,B 项正确。

《社会保险法》第 39 条规定:"因工伤发生的下列费用,按照国家规定由用人单位支付:(一)治疗工伤期间的工资福利;(二)五级、六级伤残职工按月领取的伤残津贴;(三)终止或者解除劳动合同时,应当享受的一次性伤残就业补助金。"职工薛某已被认定为工伤且被鉴定为六级伤残,伤残津贴应由商场支付。故 C 项正确。

《社会保险法》第 42 条规定:"由于第三人的原因造成工伤,第三人不支付工伤医疗费用或者无法确定第三人的,由工伤保险基金先行支付。工伤保险基金先行支付后,有权向第三人追偿。"《最高人民法院关于审理工伤保险行政案件若干问题的规定》第8条第3款规定:"职工因第三人的原因导致工伤,社会保险经办机构以职工或者其近亲属已经对第三人提起民事诉讼为由,拒绝支付工伤保险待遇的,人民法院不予支持,但第三人已经支付的医疗费用除外。"故,如果电梯厂已支付工伤医疗费,则薛某不能主张工伤保险基金支付的工伤医疗费。故D项错误。

试 卷 一

试 题

一、单项选择题。每题所设选项中只有一个正确答案,多选、错选或不选均不得分。本部分含 1—50 题,每题 1 分,共 50 分。

1. 全兆公司利用提供互联网接入服务的便利,在搜索引擎讯集公司网站的搜索结果页面上强行增加广告,被讯集公司诉至法院。法院认为,全兆公司行为违反诚实信用原则和公认的商业道德,构成不正当竞争。关于该案,下列哪一说法是正确的?

A. 诚实信用原则一般不通过"法律语句"的语句形式表达出来

B. 与法律规则相比,法律原则能最大限度实现法的确定性和可预测性

C. 法律原则的着眼点不仅限于行为及条件的共性,而且关注它们的个别性和特殊性

D. 法律原则是以"全有或全无"的方式适用于个案当中

2. 关于法律概念,下列哪一项说法是错误的?

A. 法律概念具有一定的独立性,特定案件事实符合该法律规范中的法律概念的特征,才能将该法律规范适用于该案件

B. 描述性概念没有真假之分,评价性概念有真假之分,善良属于评价性概念

C. 民法上的推定概念均属于论断性概念,比如"宣告死亡"即属于论断性概念

D. 不确定性法律概念可以区分为描述性不确定性概念和规范性不确定性概念

3. 韩某与刘某婚后购买住房一套,并签订协议:"刘某应忠诚于韩某,如因其婚外情离婚,该住房归韩某所有。"后韩某以刘某与第三者的 QQ 聊天记录为证据,诉其违反忠诚协议。法官认为,该协议系双方自愿签订,不违反法律禁止性规定,故合法有效。经调解,两人离婚,住房归韩某。关于此案,下列哪一说法是不正确的?

A. 该协议仅具有道德上的约束力

B. 当事人的意思表示不能仅被看作是一种内心活动,而应首先被视为可能在法律上产生后果的行为

C. 法律禁止的行为或不禁止的行为,均可导致法律关系的产生

D. 法官对协议的解释符合"法伦理性的原则"

4. 关于法的适用,下列哪一说法是正确的?

A. 在法治社会,获得具有可预测性的法律决定是法的适用的唯一目标

B. 法律人查明和确认案件事实的过程是一个与规范认定无关的过程

C. 法的适用过程是一个为法律决定提供充足理由的法律证成过程

D. 法的适用过程仅仅是运用演绎推理的过程

5. 关于经济制度与宪法关系,下列哪一选项是错误的?

A. 自德国魏玛宪法以来,经济制度便成为现代宪法的重要内容之一

B. 宪法对经济关系特别是生产关系的确认与调整构成一国的基本经济制度

C. 我国宪法修正案第十六条规定,法律范围内的非公有制经济是社会主义市场经济的重要组成部分

D. 私有财产神圣不可侵犯是我国宪法的一项基本原则

6. 关于文化教育权利是公民在教育和文化领域享有的权利和自由的说法,下列哪一选项是错误的?

A. 受教育既是公民的权利,又是公民的义务

B. 宪法规定的文化教育权利是公民的基本权利

C. 我国公民有进行科学研究、文学艺术创作和其他文化活动的自由

D. 同社会经济权利一样,文化教育权利属于公民的积极收益权

7. 南宋时,霍某病故,留下遗产值银 9000 两。霍某妻子早亡,夫妻二人无子,只有一女霍甲,已嫁他乡。为了延续霍某姓氏,霍某之叔霍乙立本族霍丙为霍某继子。下列关于霍某遗产分配的哪一说法是正确的?

A. 霍甲 9000 两

B. 霍甲 6000 两,霍丙 3000 两

C. 霍甲、霍乙、霍丙各 3000 两

D. 霍甲、霍丙各 3000 两,余 3000 两收归官府

8．依据《联合国海洋法公约》，甲国在本国专属经济区的下列哪项行为符合公约？

A．击落上空的乙国无人机

B．击沉海面的丙国军舰

C．在海上修建风力发电站

D．破坏丁国铺设的海底电缆

9．中国人高某在甲国探亲期间加入甲国国籍，回中国后健康不佳，也未申请退出中国国籍。后甲国因高某在该国的犯罪行为，向中国提出了引渡高某的请求，乙国针对高某在乙国实施的伤害乙国公民的行为，也向中国提出了引渡请求。依我国相关法律规定，下列哪一选项是正确的？

A．如依中国法律和甲国法律均构成犯罪，即可准予引渡

B．中国应按照收到引渡请求的先后确定引渡的优先顺序

C．由于高某健康不佳，中国可以拒绝引渡

D．中国应当拒绝引渡

10．关于联合国国际法院的表述，下列哪一选项是正确的？

A．联合国常任理事国对国际法院法官的选举不具有否决权

B．国际法院法官对涉及其国籍国的案件，不适用回避制度，即使其就任法官前曾参与该案件

C．国际法院判决对案件当事国具有法律拘束力，构成国际法的渊源

D．国际法院作出的咨询意见具有法律拘束力

11．关于法律职业道德的理解，下列哪一说法不能成立？

A．法律职业道德与其他职业道德相比，具有更强的公平正义象征和社会感召作用

B．法律职业道德与一般社会道德相比，具有更强的约束性

C．法律职业道德的内容多以纪律规范形式体现，具有更强的操作性

D．法律职业道德通过严格程序实现，具有更强的外在强制性

12．法院、检察院、公安机关、国家安全机关、司法行政机关应当尊重律师，健全律师执业权利保障制度。下列哪一做法是符合有关律师执业权利保障制度的？

A．县公安局仅告知涉嫌罪名，而以有碍侦查为由拒绝告知律师已经查明的该罪的主要事实

B．看守所为律师提供网上预约会见平台服务，并提示律师如未按期会见必须重新预约方可会见

C．国家安全机关在侦查危害国家安全犯罪期间，多次不批准律师会见申请并且说明理由

D．在庭审中，作无罪辩护的律师请求就被告量刑问题发表辩护意见，合议庭经合议后当庭拒绝律师请求

13．甲病危，欲将部分财产留给保姆，咨询如何处理。下列哪一意见是正确的？

A．甲行走不便，可由身为公证员的侄子办理公证遗嘱

B．甲提出申请，可由公证机构到医院办理公证遗嘱

C．公证机构无权办理甲的遗嘱文书及财产保管事务

D．甲如对该财产曾有其他形式遗嘱，以后公证的遗嘱无效

14．关于法律职业人员职业道德，下列哪一说法是不正确的？

A．法官职业道德更强调法官独立性、中立地位

B．检察官职业道德是检察官职业义务、职业责任及职业行为上道德准则的体现

C．律师职业道德只规范律师的执业行为，不规范律师事务所的行为

D．公证员职业道德应得到重视，原因在于公证证明活动最大的特点是公信力

15．"罪刑法定原则的要求是：（1）禁止溯及既往（____的罪刑法定）；（2）排斥习惯法（____的罪刑法定）；（3）禁止类推解释（____的罪刑法定）；（4）刑罚法规的适当（____的罪刑法定）。"下列哪一选项与题干空格内容相匹配？

A．事前——成文——确定——严格

B．事前——确定——成文——严格

C．事前——严格——成文——确定

D．事前——成文——严格——确定

16．关于刑法上的因果关系，下列哪一判断是正确的？

A．甲开枪射击乙，乙迅速躲闪，子弹击中乙身后的丙。甲的行为与丙的死亡之间不具有因果关系

B．甲追赶小偷乙，乙慌忙中撞上疾驶汽车身亡。甲的行为与乙的死亡之间具有因果关系

C．甲、乙没有意思联络，碰巧同时向丙开枪，且均打中了丙的心脏。甲、乙的行为与丙的死亡之间不具有因果关系

D．甲以杀人故意向乙的食物中投放了足以致死的毒药，但在该毒药起作用前，丙开枪杀死了乙。甲的行为与乙的死亡之间不具有因果关系

17．甲在从事生产经营的过程中，不知道某种行为是否违法，于是以书面形式向法院咨询，法院正式书面答复该行为合法。于是，甲实施该行为，但该行

为实际上违反刑法。关于本案,下列哪一选项是正确的?

A. 由于违法性认识不是故意的认识内容,所以,甲仍然构成故意犯罪

B. 甲没有违法性认识的可能性,所以不成立犯罪

C. 甲虽然不成立故意犯罪,但成立过失犯罪

D. 甲既可能成立故意犯罪,也可能成立过失犯罪

18．对于_____,应当立足_____在防卫时所处情境,按照_____的一般认知,依法作出合乎情理的判断,不能苛求防卫人。对于防卫人因为恐慌、紧张等心理,对不法侵害是否已经开始或者结束产生错误认识的,应当根据_____,依法作出妥当处理。关于上述空格内容,下列哪一选项是正确的?

A. 不法侵害是否已经开始或者结束;防卫人;社会公众;主客观相统一原则

B. 不法侵害是否已经开始或者结束;社会公众;防卫人;罪刑相适应原则

C. 是否严重危害人身;防卫人;社会公众;主客观相统一原则

D. 是否严重危害人身;社会公众;防卫人;罪刑相适应原则

19．老板甲春节前转移资产,拒不支付农民工工资。劳动部门下达责令支付通知书后,甲故意失踪。公安机关接到报警后,立即抽调警力,迅速将甲抓获。在侦查期间,甲主动支付了所欠工资。起诉后,法院根据《刑法》拒不支付劳动报酬罪认定甲的行为,甲表示认罪。关于此案,下列哪一说法是错误的?

A.《刑法》增设拒不支付劳动报酬罪,体现了立法服务大局、保护民生的理念

B. 公安机关积极破案解决社会问题,发挥了保障民生的作用

C. 依据《刑法》对欠薪案的审理,体现了惩教并举、引导公民守法、社会向善的作用

D. 甲已支付所欠工资,可不再追究甲的刑事责任,以利于实现良好的社会效果

20．下列哪一行为成立犯罪未遂?

A. 以贩卖为目的,在网上订购毒品,付款后尚未取得毒品即被查获

B. 国家工作人员非法收受他人给予的现金支票后,未到银行提取现金即被查获

C. 为谋取不正当利益,将价值5万元的财物送给国家工作人员,但第二天被退回

D. 发送诈骗短信,受骗人上当后汇出5万元,但因误操作汇到无关第三人的账户

21．甲欲杀丙,假意与乙商议去丙家"盗窃",由乙在室外望风,乙照办。甲进入丙家将丙杀害,出来后骗乙说未窃得财物。乙信以为真,悻然离去。关于本案的分析,下列哪一选项是正确的?

A. 甲欺骗乙望风,构成间接正犯。间接正犯不影响对共同犯罪的认定,甲、乙构成故意杀人罪的共犯

B. 乙企图帮助甲实施盗窃行为,却因意志以外的原因未能得逞,故对乙应以盗窃罪的帮助犯未遂论处

C. 对甲应以故意杀人罪论处,对乙以非法侵入住宅罪论处。两人虽然罪名不同,但仍然构成共同犯罪

D. 乙客观上构成故意杀人罪的帮助犯,但因其仅有盗窃故意,故应在盗窃罪法定刑的范围内对其量刑

22．甲向乙借款50万元注册成立A公司,乙与甲约定在A公司取得营业执照的第二天,乙的B公司向A公司借款50万元。A公司取得营业执照后,由甲经手将A公司50万元借给B公司。关于甲的行为性质,下列哪一选项是正确的?

A. 虚报注册资本罪

B. 虚假出资罪

C. 抽逃出资罪

D. 无罪

23．陈某欲制造火车出轨事故,破坏轨道时将螺栓砸飞,击中在附近玩耍的幼童,致其死亡。陈某的行为被及时发现,未造成火车倾覆、毁坏事故。关于陈某的行为性质,下列哪一选项是正确的?

A. 构成破坏交通设施罪的结果加重犯

B. 构成破坏交通设施罪的基本犯与故意杀人罪的想象竞合犯

C. 构成破坏交通设施罪的基本犯与过失致人死亡罪的想象竞合犯

D. 构成破坏交通设施罪的结果加重犯与过失致人死亡罪的想象竞合犯

24．甲与乙女恋爱。乙因甲伤残提出分手,甲不同意,拉住乙不许离开,遭乙痛骂拒绝。甲绝望大喊:"我得不到你,别人也休想",连捅十几刀,致乙当场惨死。甲逃跑数日后,投案自首,有悔罪表现。关于本案的死刑适用,下列哪一说法符合法律实施中的公平正义理念?

A. 根据《刑法》规定,当甲的杀人行为被评价为"罪行极其严重"时,可判处甲死刑

B. 从维护《刑法》权威考虑,无论甲是否存在从轻情节,均应判处甲死刑

C. 甲轻率杀人,为严防效尤,即使甲自首悔罪,

也应判处死刑立即执行

D. 应当充分考虑并尊重网民呼声,以此决定是否判处甲死刑立即执行

25. 关于假释的撤销,下列哪一选项是错误的?

A. 被假释的犯罪分子,在假释考验期内犯新罪的,应撤销假释,按照先减后并的方法实行并罚

B. 被假释的犯罪分子,在假释考验期内严重违反假释监督管理规定,即使假释考验期满后才被发现,也应撤销假释

C. 在假释考验期内,发现被假释的犯罪分子在判决宣告前还有同种罪未判决的,应撤销假释

D. 在假释考验期满后,发现被假释的犯罪分子在判决宣告前有他罪未判决的,应撤销假释,数罪并罚

26. 甲在建筑工地开翻斗车。某夜,甲开车时未注意路况,当场将工友乙撞死、丙撞伤。甲背丙去医院,想到会坐牢,遂将丙至路沟后逃跑。丙不得救治而亡。关于本案,下列哪一选项是错误的?

A. 甲违反交通运输管理法规,因而发生重大事故,致人死伤,触犯交通肇事罪

B. 甲在作业中违反安全管理规定,发生重大伤亡事故,触犯重大责任事故罪

C. 甲不构成交通肇事罪与重大责任事故罪的想象竞合犯

D. 甲为逃避法律责任,将丙带离事故现场后遗弃,致丙不得救治而亡,还触犯故意杀人罪

27. X 公司系甲、乙二人合伙依法注册成立的公司,以钢材批发零售为营业范围。丙因自己的公司急需资金,便找到甲、乙借款,承诺向 X 公司支付高于银行利息五个百分点的利息,并另给甲、乙个人好处费。甲、乙见有利可图,即以购买钢材为由,以 X 公司的名义向某银行贷款 1000 万元,贷期半年。甲、乙将贷款按约定的利息标准借与丙,丙给甲、乙各 10 万元的好处费。半年后,丙将借款及利息还给 X 公司,甲、乙即向银行归还本息。关于甲、乙、丙行为的定性,下列哪一选项是正确的?

A. 甲、乙构成高利转贷罪,丙无罪

B. 甲、乙构成骗取贷款罪,丙无罪

C. 甲、乙构成高利转贷罪、非国家工作人员受贿罪,丙构成对非国家工作人员行贿罪

D. 甲、乙构成骗取贷款罪、非国家工作人员受贿罪,丙构成对非国家工作人员行贿罪

28. 甲任邮政中心信函分拣组长期间,先后三次将各地退回信函数万封(约 500 公斤),以每公斤 0.4 元的价格卖给废品收购站,所得款项占为己有。关于本案,下列哪一选项是正确的?

A. 退回的信函不属于信件,甲的行为不成立侵犯通信自由罪

B. 退回的信函虽属于信件,但甲没有实施隐匿、毁弃与开拆行为,故不成立侵犯通信自由罪

C. 退回的信函处于邮政中心的管理过程中,属于公共财物,甲的行为成立贪污罪

D. 退回的信函被当作废品出卖也属于毁弃邮件,甲的行为成立私自毁弃邮件罪

29. 某地突发百年未遇的冰雪灾害,乙离开自己的住宅躲避自然灾害。两天后,大雪压垮了乙的房屋,家中财物散落一地。灾后最先返回的邻居甲路过乙家时,将乙垮塌房屋中的 2 万元现金拿走。关于甲行为的定性,下列哪一选项是正确的?

A. 构成盗窃罪

B. 构成侵占罪

C. 构成抢夺罪

D. 仅成立民法上的不当得利,不构成犯罪

30. 甲承租乙的房屋后,伪造身份证与房产证交与中介公司,中介公司不知有假,为其售房给不知情的丙,甲获款 300 万元。关于本案,下列哪一选项是错误的?

A. 甲的行为触犯了伪造居民身份证罪与伪造国家机关证件罪,同时是诈骗罪的教唆犯

B. 甲是诈骗罪、伪造居民身份证罪与伪造国家机关证件罪的正犯

C. 伪造居民身份证罪、伪造国家机关证件罪与诈骗罪之间具有牵连关系

D. 由于存在牵连关系,对甲的行为应以诈骗罪从重处罚

31. 甲涉嫌刑讯逼供罪被立案侦查。甲以该案侦查人员王某与被害人存在近亲属关系为由,提出回避申请。对此,下列哪一选项是错误的?

A. 王某可以口头提出自行回避的申请

B. 作出回避决定以前,王某不能停止案件的侦查工作

C. 王某的回避由公安机关负责人决定

D. 如甲的回避申请被驳回,甲有权申请复议一次

32. 根据《刑事诉讼法》的规定,下列何人有权委托诉讼代理人?

A. 涉嫌强奸罪被告人的父亲

B. 抢劫案被害人的胞妹

C. 伤害案中附带民事被告人的胞弟

D. 虐待案自诉人的胞妹

33. 关于证人证言的收集程序和方式存在瑕疵,经补正或者作出合理解释后,可以作为证据使用的情形,下列哪一选项是正确的?

A．询问证人时没有个别进行的

B．询问笔录反映出在同一时间内,同一询问人员询问不同证人的

C．询问聋哑人时应当提供翻译而未提供的

D．没有经证人核对确认并签名(盖章)、捺指印的

34．下列案件能够作出有罪认定的是哪一选项?

A．甲供认自己强奸了乙,乙否认,该案没有其他证据

B．甲指认乙强奸了自己,乙坚决否认,该案没有其他证据

C．某单位资金30万元去向不明,会计说局长用了,局长说会计用了,该案没有其他证据

D．甲乙二人没有通谋,各自埋伏,几乎同时向丙开枪,后查明丙身中一弹,甲乙对各自犯罪行为供认不讳,但收集到的证据无法查明这一枪到底是谁打中的

35．检察院审查批准逮捕时,遇有下列哪一情形依法应当讯问犯罪嫌疑人?

A．辩护律师提出要求的

B．犯罪嫌疑人要求向检察人员当面陈述的

C．犯罪嫌疑人要求会见律师的

D．共同犯罪的

36．根据《刑事诉讼法》及有关司法解释的规定,下列哪一项办案期限是不能重新计算的?

A．补充侦查完毕后的审查起诉期限

B．发现犯罪嫌疑人另有重要罪行后的侦查羁押期限

C．处理当事人回避申请后的法庭审理期限

D．检察院补充侦查完毕移送法院继续审理的审理期限

37．对侦查所实施的司法控制,包括对某些侦查行为进行事后审查。下列哪一选项是正确的?

A．事后审查的对象主要包括逮捕、羁押、搜查等

B．事后审查主要针对的是强行性侦查措施

C．采取这类侦查行为不可以由侦查机关独立作出决定

D．对于这类行为,公民认为侦查机关侵犯其合法权益的,可以寻求司法途径进行救济

38．某看守所干警甲,因涉嫌虐待被监管人乙被立案侦查。在审查起诉期间,A地基层检察院认为甲情节显著轻微,不构成犯罪,遂作不起诉处理。关于该决定,下列哪一选项是正确的?

A．公安机关有权申请复议复核

B．某甲有权向原决定检察院申诉

C．某乙有权向上一级检察院申诉

D．申诉后,上级检察院维持不起诉决定的,某乙可以向该地的中级法院提起自诉

39．关于自诉案件,下列哪一选项是正确的?

A．法院都可以进行调解

B．当事人在宣告判决前,可以自行和解

C．被告人在诉讼过程中可以提起反诉

D．只能由被害人亲自告诉

40．检察院以涉嫌诈骗罪对某甲提起公诉。经法庭审理,法院认定,某甲的行为属于刑法规定的"将代为保管的他人财物非法占为己有并拒不退还"的侵占行为。对于本案,检察院拒不撤回起诉时,法院的哪种处理方法是正确的?

A．裁定驳回起诉

B．裁定终止审理

C．迳行作出无罪判决

D．以侵占罪作出有罪判决

41．邢某因涉嫌强奸罪被判处有期徒刑。刑罚执行期间,邢某父母找到证人金某,证明案发时邢某正与金某在外开会,邢某父母提出申诉。法院对该案启动再审。关于原判决的执行,下列哪一说法是正确的?

A．继续执行原判决

B．由再审法院裁定中止执行原判决

C．由再审法院决定中止执行原判决

D．报省级法院决定中止原判决

42．关于附条件不起诉,下列哪一说法是错误的?

A．只适用于未成年人案件

B．应当征得公安机关、被害人的同意

C．未成年犯罪嫌疑人及其法定代理人对附条件不起诉有异议的应当起诉

D．有悔罪表现时,才可以附条件不起诉

43．依法不负刑事责任的精神病人的强制医疗程序是一种特别程序。关于其特别之处,下列哪一说法是正确的?

A．不同于普通案件奉行的不告不理原则,法院可未经检察院对案件的起诉或申请而启动这一程序

B．不同于普通案件审理时被告人必须到庭,可在被申请人不到庭的情况下审理并作出强制医疗的决定

C．不同于普通案件中的抗诉或上诉,被决定强制医疗的人可通过向上一级法院申请复议启动二审程序

D．开庭审理时无需区分法庭调查与法庭辩论阶段

44．关于公务员录用的做法,下列哪一选项是正确的?

A. 县公安局经市公安局批准,简化程序录用一名特殊职位的公务员

B. 区财政局录用一名曾被开除过公职但业务和能力优秀的人为公务员

C. 市环保局以新录用的公务员李某试用期满不合格为由,决定取消录用

D. 国务院卫生行政部门规定公务员录用体检项目和标准,报中央公务员主管部门备案

45． 下列哪一选项符合规章制定的要求?

A. 某省政府所在地的市政府将其制定的规章定名为"条例"

B. 某省政府在规章公布后 60 日向省人大常委会备案

C. 基于简化行政管理手续考虑,对涉及国务院甲乙两部委职权范围的事项,甲部单独制定规章加以规范

D. 某省政府制定的规章既规定行政机关必要的职权,又规定行使该职权应承担的责任

46． 2001 年原信息产业部制定的《电信业务经营许可证管理办法》(简称《办法》)规定"经营许可证有效期届满,需要继续经营的,应提前 90 日,向原发证机关提出续办经营许可证的申请"。2003 年 9 月 1 日获得增值电信业务许可证(有效期为五年)的甲公司,于 2008 年拟向原发证机关某省通信管理局提出续办经营许可证的申请。下列哪一选项是正确的?

A. 因《办法》为规章,所规定的延续许可证申请期限无效

B. 因《办法》在《行政许可法》制定前颁布,所规定的延续许可证申请期限无效

C. 如甲公司依法提出申请,某省通信管理局应在甲公司许可证有效期届满前作出是否准予延续的决定

D. 如甲公司依法提出申请,某省通信管理局在 60 日内不予答复的,视为拒绝延续

47． 某国土资源局以陈某违反《土地管理法》为由,向陈某送达决定书,责令其在 10 日内拆除擅自在集体土地上建造的房屋 3 间,恢复土地原状。陈某未履行决定。下列哪一说法是错误的?

A. 国土资源局的决定书应载明,不服该决定申请行政复议或提起行政诉讼的途径和期限

B. 国土资源局的决定为负担性具体行政行为

C. 因《土地管理法》对起诉期限有特别规定,陈某对决定不服提起诉讼的,应依该期限规定

D. 如陈某不履行决定又未在法定期限内申请复议或起诉的,国土资源局可以自行拆除陈某所建房屋

48． 下列哪一行政行为不属于行政强制措施?

A. 审计局封存转移会计凭证的被审计单位的有关资料

B. 公安交通执法大队暂扣酒后驾车的贾某机动车驾驶证 6 个月

C. 税务局扣押某企业价值相当于应纳税款的商品

D. 公安机关对醉酒的王某采取约束性措施至酒醒

49． 2002 年,甲乙两村发生用地争议,某县政府召开协调会并形成会议纪要。2008 年 12 月,甲村一村民向某县政府申请查阅该会议纪要。下列哪一项是正确的?

A. 该村民可以口头提出申请

B. 因会议纪要形成于《政府信息公开条例》实施前,故不受《条例》规范

C. 因会议纪要不属于政府信息,某县政府可以不予公开

D. 如某县政府提供有关信息,可以向该村民收取检索、复制、邮寄等费用

50． 2001 年 5 月李某被某县公安局刑事拘留,后某县检察院以证据不足退回该局补充侦查,2002 年 11 月李某被取保候审。2004 年,县公安局撤销案件。次年 3 月,李某提出国家赔偿申请。县公安局于 2005 年 12 月作出给予李某赔偿的决定书。李某以赔偿数额过低为由,于 2006 年先后向市公安局和市法院赔偿委员会提出复议和申请,二者均作出维持决定。对李某被限制人身自由的赔偿金,应按照下列哪个年度的国家职工日平均工资计算?

A. 2002 年度　　　　B. 2003 年度

C. 2004 年度　　　　D. 2005 年度

二、多项选择题。每题所设选项中至少有两个正确答案,多选、少选、错选或不选均不得分。本部分含 51~85 题,每题 2 分,共 70 分。

51． 关于我国的立法体制,下列哪些说法是正确的?

A. 全国人大及其常委会有权制定基本法律

B. 国务院制定的行政法规由总理发布国务院令公布,向全国人大常委会备案

C. 全国人大常委会公报刊登的行政法规文本为标准文本

D. 全国人大常委会有权撤销国务院制定的不合法的行政法规

52． 某法院在一起疑难案件的判决书中援引了法学教授叶某的学说予以说理。对此,下列哪些说法是正确的?

A. 法学学说在当代中国属于法律原则的一种

B. 在我国,法学学说中对法律条文的解释属于

非正式解释

C. 一般而言,只能在民事案件中援引法学学说

D. 参考法学学说有助于对法律条文作出正确理解

53. 关于民族自治地方的自治权,下列哪些说法是正确的?

A. 民族自治地方有权自主管理地方财政

B. 自治州人大有权制定自治条例和单行条例

C. 自治县政府有权自主安排本县经济建设事业

D. 自治区政府有权保护和整理民族的文化遗产

54. 根据《宪法》和《立法法》规定,关于全国人大常委会委员长会议,下列哪些选项是正确的?

A. 委员长会议可以向常委会提出法律案

B. 列入常委会会议议程的法律案,一般应当经 3 次委员长会议审议后再交付常委会表决

C. 经委员长会议决定,可以将列入常委会会议议程的法律案草案公布,征求意见

D. 专门委员会之间对法律草案的重要问题意见不一致时,应当向委员长会议报告

55. 根据《宪法》和法律的规定,关于国家机构,下列哪些选项是正确的?

A. 全国人民代表大会代表受原选举单位的监督

B. 中央军事委员会实行主席负责制

C. 地方各级审计机关依法独立行使审计监督权,对上一级审计机关负责

D. 市辖区的政府经本级人大批准可设立若干街道办事处,作为派出机关

56. 清乾隆年间,甲在京城天安门附近打伤乙被判笞刑,甲不服判决,要求复审。关于案件的复审,下列哪些选项是正确的?

A. 应由九卿、詹事、科道及军机大臣、内阁大学士等重要官员会同审理

B. 应在霜降后 10 日举行

C. 应由大理寺官员会同各道御史及刑部承办司会同审理

D. 应在小满后 10 日至立秋前 1 日举行

57. 甲乙两国因边境冲突引发战争,甲国军队俘获数十名乙国战俘。依《日内瓦公约》,关于战俘待遇,下列哪些选项是正确的?

A. 乙国战俘应保有其被俘时所享有的民事权利

B. 战事停止后甲国可依乙国战俘的情形决定遣返或关押

C. 甲国不得将乙国战俘扣为人质

D. 甲国为使本国某地区免受乙国军事攻击可在该地区安置乙国战俘

58. 法院领导在本院初任法官任职仪式上,就落

实法官职业道德准则中的"文明司法"和践行执法为民理念的"理性文明执法"提出要求。下列哪些选项属于"文明执法"范围?

A. 提高素质和修养,遵守执法程序,注重执法艺术

B. 仪容整洁、举止得当、言行文明

C. 杜绝与法官职业形象不相称的行为

D. 严守办案时限,禁止拖延办案

59. 存在以下刑法观点和相应的行为:

观点一:基于同情、后悔而放弃犯罪,可以成立犯罪中止

观点二:客观上能继续犯罪,主观上放弃犯罪,即使从伦理角度看不能继续犯罪,也能成立犯罪中止

观点三:犯罪人经过理性判断,认为不能继续犯罪而放弃犯罪,属于犯罪未遂;犯罪人基于感性因素(同情、后悔、恐惧等非理性因素)而放弃犯罪,属于犯罪中止

观点四:若从社会一般人的角度看,当时不能继续犯罪,那么可以认为,犯罪人也是在不能继续犯罪的情况下而放弃犯罪,不构成犯罪中止,而构成犯罪未遂

行为一:甲举刀砍杀乙,乙求饶:"请可怜可怜我!"甲见乙可怜而放弃犯罪

行为二:甲举刀砍杀父亲,刀已经举起,又觉得对方是亲生父亲,难以下手,便放弃犯罪

行为三:甲举刀砍杀妻子,此时年幼的孩子走进来,哀求甲不要杀妈妈。甲不忍心在孩子面前杀妻子,便放弃犯罪

行为四:甲准备朝乙开枪,警察们赶到,举枪朝向甲,要求甲住手。甲见状逃离

下列哪些说法是正确的?

A. 根据观点一,行为一成立犯罪中止

B. 根据观点二,行为二成立犯罪中止

C. 根据观点三,行为三成立犯罪未遂

D. 根据观点四,行为四成立犯罪未遂

60. 甲在乙骑摩托车必经的偏僻路段精心设置路障,欲让乙摔死。丙得知甲的杀人计划后,诱骗仇人丁骑车经过该路段,丁果真摔死。关于本案,下列哪些选项是正确的?

A. 甲的行为和丁死亡之间有因果关系,甲有罪

B. 甲的行为属对象错误,构成故意杀人罪既遂

C. 丙对自己的行为无认识错误,构成故意杀人罪既遂

D. 丙利用甲的行为造成丁死亡,可能成立间接正犯

61. 下列哪些情形可以成立抢劫致人死亡?

A. 甲冬日深夜抢劫王某财物,为压制王某的反

抗将其刺成重伤并取财后离去。三小时后,王某被冻死

B. 乙抢劫妇女高某财物,路人曾某上前制止,乙用自制火药枪将曾某打死

C. 丙和贺某共同抢劫严某财物,严某边呼救边激烈反抗。丙拔刀刺向严某,严某躲闪,丙将同伙贺某刺死

D. 丁盗窃邱某家财物准备驾车离开时被邱某发现,邱某站在车前阻止丁离开,丁开车将邱某撞死后逃跑

62．下列哪些行为构成以危险方法危害公共安全犯罪?

A. 甲把蜂窝煤点燃从高处扔向人群,引发火灾,导致多人伤亡

B. 乘客乙在乘坐公交车时,与司机徐某发生争吵,在车辆行驶过程中,抢夺司机徐某手中的方向盘,导致车辆失控而撞死多人

C. 公交车汽车司机丙与乘客孟某发生争吵,在遭受孟某的辱骂后,丙置行驶中的车辆于不顾,离开方向盘和乘客孟某扭打,导致交通事故,致多人伤亡

D. 丁把机动车道上的窨井盖偷走,路过车辆与其他车辆相撞,发生严重交通事故,导致多人伤亡

63．关于货币犯罪的认定,下列哪些选项是正确的?

A. 以使用为目的,大量印制停止流通的第三版人民币的,不成立伪造货币罪

B. 伪造正在流通但在我国尚无法兑换的境外货币的,成立伪造货币罪

C. 将白纸冒充假币卖给他人的,构成诈骗罪,不成立出售假币罪

D. 将一半真币与一半假币拼接,制造大量半真半假面额 100 元纸币的,成立变造货币罪

64．甲将自己 5000 元购买的新自行车借给乙,并约定"乙如果丢失自行车,须按照三倍的价格赔偿"。几日后丙从乙处偷走该车。甲得知消息后,因能得到三倍赔偿,心中窃喜。丙得知乙需要按照三倍价格赔偿,便向乙提出"按照 5000 元价格将车卖给你"。乙迫于无奈,从丙处购买了该车。下列哪些说法是错误的?

A. 丙构成盗窃罪既遂

B. 丙构成盗窃罪中止

C. 丙同时构成盗窃罪和敲诈勒索罪,想象竞合,择一重罪论处

D. 丙的盗窃行为实际上不违背所有权人甲的意愿,因此不构成盗窃罪

65．某旅游公司法定代表人朱某组织 12 人偷越国(边)境,朱某让下属侯某将 12 人带至国内边境某

城市,然后将人分成两组,由荣某带领其中 7 人,由罗某带领其中 5 人,分别偷越边境。荣某带领这组人顺利偷越了边境,罗某带领的这组人尚未出境便被抓。下列哪些说法是正确的?

A. 荣某构成犯罪既遂

B. 朱某和侯某构成犯罪既遂

C. 罗某构成犯罪既遂

D. 本案应按照单位犯罪处理

66．关于渎职犯罪,下列哪些选项是正确的?

A. 县财政局副局长秦某工作时擅离办公室,其他办公室人员操作电炉不当,触电身亡并引发大火将办公楼烧毁。秦某触犯玩忽职守罪

B. 县卫计局执法监督大队队长武某,未能发现何某在足疗店内非法开诊所行医,该诊所开张三天即造成一患者死亡。武某触犯玩忽职守罪

C. 负责建房审批工作的干部柳某,徇情为拆迁范围内违规修建的房屋补办了建设许可证,房主凭此获得补偿款 90 万元。柳某触犯滥用职权罪

D. 县长郑某擅自允许未经环境评估的水电工程开工,导致该县水域内濒危野生鱼类全部灭绝。郑某触犯滥用职权罪

67．高某系一抢劫案的被害人。关于高某的诉讼权利,下列哪些选项是正确的?

A. 有权要求不公开自己的姓名和报案行为

B. 如公安机关不立案,有权要求告知不立案的原因

C. 作为证据使用的鉴定意见,经申请可以补充或者重新鉴定

D. 如检察院作出不起诉决定,也可以直接向法院提起自诉

68．关于证人出庭作证,下列哪些说法是正确的?

A. 需要出庭作证的警察就其执行职务时目击的犯罪情况出庭作证,适用证人作证的规定

B. 警察就其非执行职务时目击的犯罪情况出庭作证,不适用证人作证的规定

C. 对了解案件情况的人,确有必要时,可以强制到庭作证

D. 证人没有正当理由拒绝出庭作证的,只有情节严重,才可以处以拘留,且拘留不可以超过 10 日

69．检察机关审查批准逮捕,下列哪些情形存在时应当讯问犯罪嫌疑人?

A. 犯罪嫌疑人的供述前后反复且与其他证据矛盾

B. 犯罪嫌疑人要求向检察机关当面陈述

C. 侦查机关拘留犯罪嫌疑人 36 小时以后将其送交看守所羁押

D. 犯罪嫌疑人是聋哑人

70．关于司法鉴定,下列哪些选项是正确的?

A．某鉴定机构的三名鉴定人共同对某杀人案进行法医类鉴定,这三名鉴定人依照诉讼法律规定实行回避

B．某鉴定机构的鉴定人钱某对某盗窃案进行了声像资料鉴定,该司法鉴定应由钱某负责

C．当事人对鉴定人胡某的鉴定意见有异议,经法院通知,胡某应当出庭作证

D．鉴定人刘某、廖某、徐某共同对被告人的精神状况进行了鉴定,刘某和廖某意见一致,但徐某有不同意见,应当按照刘某和廖某的意见作出结论

71．关于量刑程序,下列哪些说法是正确的?

A．检察院可以在公诉意见书中提出量刑建议

B．合议庭在评议前应向到庭旁听的人发放调查问卷了解他们对量刑的意见

C．简易程序审理的案件,被告人自愿承认指控的犯罪事实和罪名且知悉认罪法律后果的,法庭审理可以直接围绕量刑问题进行

D．辩护人无权委托有关方面制作涉及未成年人的社会调查报告

72．关于简易程序,下列哪些选项是正确的?

A．甲涉嫌持枪抢劫,法院决定适用简易程序,并由两名审判员和一名人民陪审员组成合议庭进行审理

B．乙涉嫌盗窃,未满 16 周岁,法院只有在征得乙的法定代理人和辩护人同意后,才能适用简易程序

C．丙涉嫌诈骗并对罪行供认不讳,但辩护人为其做无罪辩护,法院决定适用简易程序

D．丁涉嫌故意伤害,经审理认为可能不构成犯罪,遂转为普通程序审理

73．甲和乙共同实施拐卖妇女、儿童罪,均被判处死刑立即执行。最高法院复核后认为全案判决认定事实正确,甲系主犯应当判处死刑立即执行,但对乙可不立即执行。关于最高法院对此案的处理,下列哪些选项是正确的?

A．将乙改判为死缓,并裁定核准甲死刑

B．对乙作出改判,并判决核准甲死刑

C．对全案裁定不予核准,撤销原判,发回重审

D．裁定核准甲死刑,撤销对乙的判决,发回重审

74．甲、乙系初三学生,因涉嫌抢劫同学丙(三人均不满 16 周岁)被立案侦查。关于该案诉讼程序,下列哪些选项是正确的?

A．审查批捕讯问时,甲拒绝为其提供的合适成年人到场且有正当理由的,应在征求其意见后另行通知其他合适成年人到场

B．讯问乙时,因乙的法定代理人无法到场而通知其伯父到场,其伯父可代行乙的控告权

C．法庭审理询问丙时,应通知丙的法定代理人到场

D．如该案适用简易程序审理,甲的法定代理人不能到场时可不再通知其他合适成年人到场

75．下列关于我国刑事缺席审判程序的表述,哪些是正确的?

A．绿豆涉嫌受贿罪,逃往境外,某市监察委员会移送起诉,某市检察院认为受贿事实已经查清,证据确实、充分,依法应当追究刑事责任的,可以向某市中级法院提起公诉

B．东柱涉嫌间谍罪,逃往境外,某市国家安全机关移送起诉,某市检察院认为间谍事实已经查清,证据确实、充分,依法应当追究刑事责任的,可以向某市中级法院提起公诉

C．白晶涉嫌盗窃罪在某县法院受审,在法庭审理过程中,白晶突然身染重病,法院裁定中止审理。6个月后,白晶仍无法出庭受审,白晶申请某县法院恢复审理,某县法院进行缺席审判

D．南山涉嫌诈骗罪在某县法院受审,在法庭审理过程中,南山突患重病死亡,某县法院认为现有证据能够证明南山无罪,缺席进行审理并作出判决

76．程序正当是行政法的基本原则。下列哪些选项是程序正当要求的体现?

A．实施行政管理活动,注意听取公民、法人或其他组织的意见

B．对因违法行政给当事人造成的损失主动进行赔偿

C．严格在法律授权的范围内实施行政管理活动

D．行政执法中要求与其管理事项有利害关系的公务员回避

77．许某与汤某系夫妻,婚后许某精神失常。二人提出离婚,某县民政局准予离婚。许某之兄认为许某为无民事行为能力人,县民政局准予离婚行为违法,遂提起行政诉讼。县民政局向法院提交了县医院对许某作出的间歇性精神病的鉴定结论。许某之兄申请法院重新进行鉴定。下列哪些选项是正确的?

A．原告需对县民政局准予离婚行为违法承担举证责任

B．鉴定结论应有鉴定人的签名和鉴定部门的盖章

C．当事人申请法院重新鉴定可以口头提出

D．当事人申请法院重新鉴定应当在举证期限内提出

78．关于公告,下列哪些选项是正确的?

A．行政机关认为需要听证的涉及公共利益的重大许可事项应当向社会公告

B．行政许可直接涉及申请人与他人之间重大利

益关系的，申请人、利害关系人提出听证申请的，行政机关应当予以公告

C. 行政机关在其法定权限范围内，依据法律委托其他行政机关实施行政许可，对受委托行政机关和受委托实施许可的内容应予以公告

D. 被许可人以欺骗、贿赂等不正当手段取得行政许可，行政机关予以撤销的，应当向社会公告

79. 公安局认定朱某嫖娼，对其拘留15日并处罚款5000元。关于此案，下列哪些说法是正确的？

A. 对朱某的处罚决定书应载明处罚的执行方式和期限

B. 如朱某要求听证，公安局应当及时依法举行听证

C. 朱某有权陈述和申辩，公安局必须充分听取朱某的意见

D. 如朱某对拘留和罚款处罚不服起诉，该案应由公安局所在地的法院管辖

80. 下列哪些规范无权设定行政强制执行？

A. 法律　　　　　　　B. 行政法规

C. 地方性法规　　　　D. 部门规章

81. 某环保公益组织以一企业造成环境污染为由提起环境公益诉讼，后因诉讼需要，向县环保局申请公开该企业的环境影响评价报告、排污许可证信息。环保局以该组织无申请资格和该企业在该县有若干个基地，申请内容不明确为由拒绝公开。下列哪些说法是正确的？

A. 该组织提出申请时应出示其负责人的有效身份证明

B. 该组织的申请符合根据自身生产、生活、科研等特殊需要要求，环保局认为其无申请资格不成立

C. 对该组织的申请内容是否明确，环保局的认定和处理是正确的

D. 该组织所申请信息属于依法不应当公开的信息

82. 某区工商分局对一公司未取得出版物经营许可证销售电子出版物100套的行为，予以取缔，并罚款6000元。该公司向区政府申请复议。下列哪些说法是正确的？

A. 公司可委托代理人代为参加行政复议

B. 在复议过程中区工商分局不得自行向申请人和其他有关组织或个人收集证据

C. 区政府应采取听取当事人意见的方式审查此案

D. 如区工商分局的决定明显不当，区政府应予以撤销

83. 李某从田某处购得一辆轿车，但未办理过户手续。在一次查验过程中，某市公安局认定该车系走私车，予以没收。李某不服，向市政府申请复议，后者

维持了没收决定。李某提起行政诉讼。下列哪些选项是正确的？

A. 市政府为本案的被告

B. 田某不能成为本案的第三人

C. 市公安局所在地的法院对本案有管辖权

D. 市政府所在地的法院对本案有管辖权

84. 关于行政赔偿诉讼，下列哪些选项是正确的？

A. 两个以上行政机关分别实施违法行政行为造成同一损害，每个行政机关的行为都足以造成全部损害的，根据过错各自承担相应责任

B. 原告在二审程序中提出行政赔偿请求的，人民法院可以组织各方调解，调解不成的，告知其另行起诉

C. 如复议决定加重损害，赔偿请求人只对复议机关提出行政赔偿诉讼的，复议机关为被告

D. 提起行政诉讼时一并提出行政赔偿请求的，可以在提起诉讼后至法院一审判决前提出，人民法院应予受理

85. 2006年9月7日，县法院以销售伪劣产品罪判处杨某有期徒刑8年，并处罚金45万元，没收其推土机一台。杨某不服上诉，12月6日，市中级法院维持原判交付执行。杨某仍不服，向省高级法院提出申诉。2010年9月9日，省高级法院宣告杨某无罪释放。2011年4月，杨某申请国家赔偿。关于本案的赔偿范围和标准，下列哪些说法是正确的？

A. 对杨某被羁押，每日赔偿金按国家上年度职工日平均工资计算

B. 返还45万罚金并支付银行同期存款利息

C. 如被没收推土机已被拍卖的，应给付拍卖所得的价款及相应的赔偿金

D. 本案不存在支付精神损害抚慰金的问题

三、不定项选择题。每题所设选项中至少有一个正确答案，多选、少选、错选或不选均不得分。本部分含86-100题，每题2分，共30分。

86. "一般来说，近代以前的法在内容上与道德的重合程度极高，有时浑然一体。……近现代法在确认和体现道德时大多注意二者重合的限度，倾向于只将最低限度的道德要求转化为法律义务，注意明确法与道德的调整界限。"据此引文及相关法学知识，下列判断正确的是：

A. 在历史上，法与道德之间要么是浑然一体的，要么是绝然分离的

B. 道德义务和法律义务是可以转化的

C. 古代立法者倾向于将法律标准和道德标准分开

D. 近现代立法者均持"恶法亦法"的分析实证

主义法学派立场

87. "近现代法治的实质和精义在于控权,即对权力在形式和实质上的合法性的强调,包括权力制约权力、权利制约权力和法律的制约。法律的制约是一种权限、程序和责任的制约。"关于这段话的理解,下列选项正确的是:

A. 法律既可以强化权力,也可以弱化权力

B. 近现代法治只控制公权,而不限制私权

C. 在法治国家,权力若不加限制,将失去在形式和实质上的合法性

D. 从法理学角度看,权力制约权力、权利制约权力实际上也应当是在法律范围内的制约和法律程序上的制约

88. 我国宪法明确规定:"国家为了公共利益的需要,可以依照法律规定对公民的私有财产实行征收或者征用并给予补偿。"关于公民财产权限制的界限,下列选项正确的是:

A. 对公民私有财产的征收或征用构成对公民财产权的外部限制

B. 对公民私有财产的征收或征用必须具有明确的法律依据

C. 只要满足合目的性原则即可对公民的财产权进行限制

D. 对公民财产权的限制应具有宪法上的正当性

89. 根据《宪法》和《监督法》的规定,关于各级人大常委会依法行使监督权,下列选项正确的是:

A. 各级人大常委会行使监督权的情况,应当向本级人大报告,接受监督

B. 全国人大常委会可以委托下级人大常委会对有关法律、法规在本行政区域内的实施情况进行检查

C. 质询案以书面答复的,由受质询的机关的负责人签署

D. 依法设立的特定问题调查委员会在调查过程中,可以不公布调查的情况和材料

90. 宪法解释是保障宪法实施的一种手段和措施。关于宪法解释,下列选项正确的是:

A. 由司法机关解释宪法的做法源于美国,也以美国为典型代表

B. 德国的宪法解释机关必须结合具体案件对宪法含义进行说明

C. 我国的宪法解释机关对宪法的解释具有最高的、普遍的约束力

D. 我国国务院在制定行政法规时,必然涉及对宪法含义的理解,但无权解释宪法

某小区五楼刘某家的抽油烟机发生故障,王某与李某上门检测后,决定拆下搬回维修站修理。刘某同意。王某与李某搬运抽油烟机至四楼时,王某发现其中藏有一包金饰,遂暗自将之塞入衣兜。(事实一)

王某与李某将抽油烟机搬走后,刘某想起自己此前曾将金饰藏于其中,追赶前来,见王某神情可疑,便要其返还金饰。王某为洗清嫌疑,乘乱将金饰转交李某,李某心领神会,接过金饰藏于裤兜中。刘某确定王某身上没有金饰后,转身再找李某索要。李某突然一拳击倒刘某,致其倒地重伤。李某与王某随即逃走。(事实二)

后王某建议李某将金饰出售,得款二人平分,李某同意。李某明知金饰价值 1 万元,却向亲戚郭某谎称金饰为朋友委托其出售的限量版,售价 5 万元。郭某信以为真,花 5 万元买下金饰。拿到钱后,李某心生贪念,对王某称金饰仅卖得 1 万元,分给王某 5000元。(事实三)

请根据以上事实,回答 91~93 题。

91. 关于事实一的分析,下列选项正确的是:

A. 王某从抽油烟机中窃走金饰,破除刘某对金饰的占有,构成盗窃罪

B. 王某未经李某同意,窃取李某与其共同占有的金饰,应构成盗窃罪

C. 刘某客观上已将抽油烟机及机内金饰交给王某代为保管,王某取走金饰的行为构成侵占罪

D. 刘某将金饰遗忘在抽油烟机内,王某将其据为己有,是非法侵占他人遗忘物,构成侵占罪

92. 关于事实二的分析,下列选项正确的是:

A. 李某接过金饰,协助王某拒不返还他人财物,构成侵占罪的帮助犯

B. 李某帮助王某转移犯罪所得的金饰,构成掩饰、隐瞒犯罪所得罪

C. 李某为窝藏赃物将刘某打伤,属事后抢劫,构成抢劫(致人重伤)罪

D. 王某利用李某打伤刘某的行为顺利逃走,也属事后抢劫,构成抢劫罪

93. 关于事实三的分析,下列选项正确的是:

A. 李某对郭某进行欺骗,导致郭某以高价购买赃物,构成诈骗罪

B. 李某明知金饰是犯罪所得而出售,构成掩饰、隐瞒犯罪所得罪

C. 李某欺骗王某放弃对剩余 2 万元销赃款的返还请求,构成诈骗罪

D. 李某虽将金饰卖得 5 万元,但王某所犯财产犯罪的数额为 1 万元

94. 关于刑讯逼供罪的认定,下列选项错误的是:

A. 甲系机关保卫处长,采用多日不让小偷睡觉的方式,迫其承认偷盗事实。甲构成刑讯逼供罪

B. 乙系教师,受聘为法院人民陪审员,因庭审时被告人刘某气焰嚣张,乙气愤不过,一拳致其轻伤。

乙不构成刑讯逼供罪

C. 丙系检察官，为逼取口供殴打犯罪嫌疑人郭某，致其重伤。对丙应以刑讯逼供罪论处

D. 丁系警察，讯问时佯装要实施酷刑，犯罪嫌疑人因害怕承认犯罪事实。丁构成刑讯逼供罪

95. 林某盗版销售著名作家黄某的小说涉嫌侵犯著作权罪，经一审和二审后，二审法院裁定撤销原判，发回原审法院重新审判。关于该案的回避，下列选项正确的是：

A. 一审法院审判委员会委员甲系林某辩护人妻子的弟弟，黄某的代理律师可申请其回避

B. 一审书记员乙系林某的表弟而未回避，二审法院可以此为由裁定发回原审法院重审

C. 一审合议庭审判长丙系黄某的忠实读者，应当回避

D. 丁系二审合议庭成员，如果林某对一审法院重新审判作出的裁判不服再次上诉至二审法院，丁应当自行回避

96. 刘某在家突发疾病，其丈夫醉酒归来后立即拨打 120，但救护车无法及时赶到。情急之下，刘某丈夫驾车送其去医院。事后刘某丈夫被人民检察院以危险驾驶罪提起公诉。关于本案的审理，下列说法正确的是：

A. 法庭辩论中辩护人提出案发道路人员稀少的新事实，法院应恢复法庭调查

B. 庭审后，辩护人提交 120 接听记录作为紧急避险的证据，该记录经庭外征求意见后可作为定案的根据

C. 法院应对刘某危险驾驶的起因进行审查

D. 若法院适用速裁程序审理本案，则无须对定案证据进行质证

97. 陈某因受贿案发后逃匿，甲市检察院向甲市中院提起违法所得没收申请。陈某妻子赵某申请参加庭审，后开庭时又无故退庭。甲市中院作出没收裁定后，赵某提起上诉。二审期间，利害关系人马某申请参加诉讼，并说明自己因为生病住院没能参加一审。二审过程中，陈某回国投案自首。关于本案的办理，下列说法正确的是：

A. 赵某无故退庭后，法庭可以转为不开庭审理

B. 法院应准许马某参加诉讼

C. 陈某投案后，法院应当裁定中止审理

D. 若甲市检察院对陈某以受贿罪向甲市中院提起公诉，甲市中院应另行组成合议庭审理

98. 某工商局以涉嫌非法销售汽车为由扣押某公司 5 辆汽车。下列说法错误的是：

A. 工商局可以委托城管执法局实施扣押

B. 工商局扣押汽车的最长期限为 90 日

C. 对扣押车辆，工商局可以委托第三人保管

D. 对扣押车辆进行检测的费用，由某公司承担

99. 张某通过房产经纪公司购买王某一套住房并办理了转让登记手续，后王某以房屋买卖合同无效为由，向法院起诉要求撤销登记行为。行政诉讼过程中，王某又以张某为被告就房屋买卖合同的效力提起民事诉讼。下列选项正确的是：

A. 本案行政诉讼中止，等待民事诉讼的判决结果

B. 法院可以决定民事与行政案件合并审理

C. 如法院判决房屋买卖合同无效，应当判决驳回王某的行政诉讼请求

D. 如法院判决房屋买卖合同有效，应当判决确认转让登记行为合法

100. 2006 年 5 月 9 日，县公安局以甲偷开乙的轿车为由，向其送达 1000 元罚款的处罚决定书。甲不服，于同月 19 日向县政府申请行政复议。6 月 8 日，复议机关同意甲撤回复议申请。6 月 20 日，甲就该处罚决定向法院提起行政诉讼。下列说法正确的是：

A. 对甲偷开的轿车县公安局可以扣押

B. 如甲能够证明撤回复议申请违背其真实意思表示，可以同一事实和理由再次对该处罚决定提出复议申请

C. 甲逾期不缴纳 1000 元罚款，县公安局可以每日按罚款数额的 3% 加处罚款

D. 法院不应当受理甲的起诉

试 卷 二

试 题

一、单项选择题。每题所设选项中只有一个正确答案,多选、错选或不选均不得分。本部分含 1-50 题,每题 1 分,共 50 分。

1. 小琴从小天赋异禀,甚得其祖父喜爱。6 岁时,祖父将其珍藏的一幅价值百万元的名画赠与小琴,其母亲表示拒绝。8 岁时,祖父又将其价值 8 万元的名表一块赠与小琴,其母亲知道后也表示拒绝。对此,下列哪一项说法是正确的?

A. 关于画的赠与,因纯获利而有效

B. 关于画的赠与,效力未定,因乙的拒绝而无效

C. 关于表的赠与,有效

D. 关于表的赠与,效力未定,因乙拒绝接受而无效

2. 甲以自己的名义,用家庭共有财产捐资设立以资助治疗麻风病为目的的基金会法人,由乙任理事长。后因对该病的防治工作卓有成效使其几乎绝迹,为实现基金会的公益性,现欲改变宗旨和目的。下列哪一选项是正确的?

A. 甲作出决定即可,因甲是创始人和出资人

B. 乙作出决定即可,因乙是法定代表人

C. 应由甲的家庭成员共同决定,因甲是用家庭共有财产捐资的

D. 应由基金会法人按照程序申请,经过上级主管部门批准

3. 陈老伯考察郊区某新楼盘时,听销售经理介绍周边有轨道交通 19 号线,出行方便,便与开发商订立了商品房预售合同。后经了解,轨道交通 19 号线属市域铁路,并非地铁,无法使用老年卡,出行成本较高;此外,铁路房的升值空间小于地铁房。陈老伯深感懊悔。关于陈老伯可否反悔,下列哪一说法是正确的?

A. 属认识错误,可主张撤销该预售合同

B. 属重大误解,可主张撤销该预售合同

C. 该预售合同显失公平,陈老伯可主张撤销该合同

D. 开发商并未欺诈陈老伯,该预售合同不能被撤销

4. 甲谎称自己是乙,以乙的名义向丙借款,借期

一年,让丙将借款打入其指定的账户。丙觉得既然是借给乙,且自己知道乙的银行卡号,为省事,丙直接将钱款打入乙的账户。乙正好缺钱,收到丙的钱后对甲、丙表示感谢。对此,下列说法正确的是?

A. 甲的行为构成无权代理

B. 甲的行为构成无因管理

C. 甲的行为使乙、丙间成立不当得利

D. 约定的期限届满后,丙有权请求乙偿还借款

5. 庞某有 1 辆名牌自行车,在借给黄某使用期间,达成转让协议,黄某以 8000 元的价格购买该自行车。次日,黄某又将该自行车以 9000 元的价格转卖给了洪某,但约定由黄某继续使用 1 个月。关于该自行车的归属,下列哪一选项是正确的?

A. 庞某未完成交付,该自行车仍归庞某所有

B. 黄某构成无权处分,洪某不能取得自行车所有权

C. 洪某在黄某继续使用 1 个月后,取得该自行车所有权

D. 庞某既不能向黄某,也不能向洪某主张原物返还请求权

6. 潘某路过肖某的菜园时拾取到一小块陨石,肖某知道后向其索取,被潘某拒绝。以下说法哪一项是正确的?

A. 陨石归潘某所有

B. 陨石归肖某所有

C. 潘某拒绝归还肖某陨石的行为不受民法调整

D. 陨石归国家所有

7. 张某与李某共有一台机器,各占 50% 份额。双方共同将机器转卖获得 10 万元,约定张某和李某分别享有 6 万元和 4 万元。同时约定该 10 万元暂存李某账户,由其在 3 个月后返还给张某 6 万元。后该账户全部款项均被李某债权人王某申请法院查封并执行,致李某不能按期返还张某款项。下列哪一表述是正确的?

A. 李某构成违约,张某可请求李某返还 5 万元

B. 李某构成违约,张某可请求李某返还 6 万元

C. 李某构成侵权,张某可请求李某返还 5 万元

D. 李某构成侵权,张某可请求李某返还 6 万元

8. 甲公司为乙公司向银行贷款 100 万元提供保证，乙公司将其基于与丙公司签订的供货合同而对丙公司享有的 100 万元债权出质给甲公司作反担保。下列哪一表述是正确的？

A. 如乙公司依约向银行清偿了贷款，甲公司的债权质权仍未消灭

B. 如甲公司、乙公司将出质债权转让给丁公司但未通知丙公司，则丁公司可向丙公司主张该债权

C. 甲公司在设立债权质权时可与乙公司约定，如乙公司届期不清偿银行贷款，则出质债权归甲公司所有

D. 如乙公司将债权出质的事实通知了丙公司，则丙公司可向甲公司主张其基于供货合同而对乙公司享有的抗辩

9. 某大学学生甲在教室备考复习，把教材放在教室去吃饭，准备吃完饭回来继续复习。乙见甲离开教室，便翻看其教材，感觉非常受益，遂将教材带走占为己有。对于甲对教材的占有，下列哪些说法是正确的？

A. 甲离开教室即失去对教材的占有

B. 乙翻看教材时甲即失去对教材的占有

C. 乙将教材带出教室，甲即失去对教材的占有

D. 甲对教材的占有不因乙受影响，甲不曾失去对教材的占有

10. 2011 年 5 月 6 日，甲公司与乙公司签约，约定甲公司于 6 月 1 日付款，乙公司 6 月 15 日交付"连升"牌自动扶梯。合同签订后 10 日，乙公司销售他人的"连升"牌自动扶梯发生重大安全事故，质监局介入调查。合同签订后 20 日，甲、乙、丙公司三方合意，由丙公司承担付款义务。丙公司 6 月 1 日未付款。下列哪一表述是正确的？

A. 甲公司有权要求乙公司交付自动扶梯

B. 丙公司有权要求乙公司交付自动扶梯

C. 丙公司有权行使不安抗辩权

D. 乙公司有权要求甲公司和丙公司承担连带债务

11. 方某、李某、刘某和张某签订借款合同，约定："方某向李某借款 100 万元，刘某提供房屋抵押，张某提供保证。"除李某外其他人都签了字。刘某先把房本交给了李某，承诺过几天再作抵押登记。李某交付 100 万元后，方某到期未还款。下列哪一选项是正确的？

A. 借款合同不成立

B. 方某应返还不当得利

C. 张某应承担保证责任

D. 刘某无义务办理房屋抵押登记

12. 甲因参加某自行车比赛，在乙处购买自行车，约定由乙运输。乙在运输途中遭遇山洪暴发，道

路完全阻断，抢修数日后才通行。乙运输到目的地时，自行车比赛已经结束。对此，下列哪一说法是正确的？

A. 甲有权以合同目的无法实现为由解除合同

B. 乙应承担迟延履行的违约责任

C. 不可抗力是乙应承担的商业风险

D. 乙无权因不可抗力主张免除违约责任

13. 甲将房屋租给乙，在租赁期内未通知乙就把房屋出卖并过户给不知情的丙。乙得知后劝丙退出该交易，丙拒绝。关于乙可以采取的民事救济措施，下列哪一选项是正确的？

A. 请求解除租赁合同，因甲出卖房屋未通知乙，构成重大违约

B. 请求法院确认买卖合同无效

C. 主张由丙承担侵权责任，因丙侵犯了乙的优先购买权

D. 主张由甲承担赔偿责任，因甲出卖房屋未通知乙而侵犯了乙的优先购买权

14. 甲企业是由自然人安琚与乙企业（个人独资）各出资 50% 设立的普通合伙企业，欠丙企业货款 50 万元，由于经营不善，甲企业全部资产仅剩 20 万元。现所欠货款到期，相关各方因货款清偿发生纠纷。对此，下列哪一表述是正确的？

A. 丙企业只能要求安琚与乙企业各自承担 15 万元的清偿责任

B. 丙企业只能要求甲企业承担清偿责任

C. 欠款应先以甲企业的财产偿还，不足部分由安琚与乙企业承担无限连带责任

D. 就乙企业对丙企业的应偿债务，乙企业投资人不承担责任

15. 大厨刘某擅长烧菜，在直播平台制作发布了视频《老刘油爆大虾》。李某看到后，用 AI 换脸技术制作发布了视频《老李油爆大虾》，视频其他内容均未改动。李某侵犯了刘某的下列哪一权利？

A. 肖像权   B. 姓名权

C. 名誉权   D. 著作权

16. 王某因全家外出旅游，请邻居戴某代为看管其饲养的宠物狗。戴某看管期间，张某偷狗，被狗咬伤。关于张某被咬伤的损害，下列哪一选项是正确的？

A. 王某应对张某所受损害承担全部责任

B. 戴某应对张某所受损害承担全部责任

C. 王某和戴某对张某损害共同承担全部责任

D. 王某或戴某不应对张某损害承担全部责任

17. 关于回避，下列哪一说法是正确的？

A. 当事人申请担任审判长的审判人员回避的，

应由审委会决定

B. 当事人申请陪审员回避的,应由审判长决定

C. 法院驳回当事人的回避申请,当事人不服而申请复议,复议期间被申请回避人不停止参与本案的审理工作

D. 如当事人申请法院翻译人员回避,可由合议庭决定

18. 赵某与刘某将共有商铺出租给陈某。刘某瞒着赵某,与陈某签订房屋买卖合同,将商铺转让给陈某,后因该合同履行发生纠纷,刘某将陈某诉至法院。赵某得知后,坚决不同意刘某将商铺让与陈某。关于本案相关人的诉讼地位,下列哪一说法是正确的?

A. 法院应依职权追加赵某为共同原告

B. 赵某应以刘某侵权起诉,陈某为无独立请求权第三人

C. 赵某应作为无独立请求权第三人

D. 赵某应作为有独立请求权第三人

19. 李某驾车不慎追尾撞坏刘某轿车,刘某向法院起诉要求李某将车修好。在诉讼过程中,刘某变更诉讼请求,要求李某赔偿损失并赔礼道歉。针对本案的诉讼请求变更,下列哪一说法是正确的?

A. 该诉的诉讼标的同时发生变更

B. 法院应依法不允许刘某变更诉讼请求

C. 该诉成为变更之诉

D. 该诉仍属给付之诉

20. 关于证据理论分类的表述,下列哪一选项是正确的?

A. 传来证据有可能是直接证据

B. 诉讼中原告提出的证据都是本证,被告提出的证据都是反证

C. 证人转述他人所见的案件事实都属于间接证据

D. 一个客观与合法的间接证据可以单独作为认定案件事实的依据

21. 根据《民事诉讼法》及相关司法解释,关于法院调解,下列哪一选项是错误的?

A. 法院可以委托与当事人有特定关系的个人进行调解,达成协议,法院应当依法予以确认

B. 当事人在诉讼中自行达成和解协议的,可以申请法院依法确认和解协议并制作调解书

C. 法院制作的调解书生效后都具有执行力

D. 法院调解书确定的担保条款的条件成就时,当事人申请执行的,法院应当依法执行

22. 王某以借款纠纷为由起诉吴某。经审理,法院认为该借款关系不存在,王某交付吴某的款项为应支付的货款,王某与吴某之间存在买卖关系而非借用关系。法院向王某作出说明,但王某坚持己见,不予变更诉讼请求和理由。法院遂作出裁定,驳回王某的诉讼请求。关于本案,下列哪一说法是正确的?

A. 法院违反了不告不理原则

B. 法院适用裁判形式错误

C. 法院违反了辩论原则

D. 法院违反了处分原则

23. 关于民事诉讼的裁定,下列哪一选项是正确的?

A. 裁定可以适用于不予受理、管辖权异议和驳回诉讼请求

B. 当事人有正当理由没有到庭的,法院应当裁定延期审理

C. 裁定的拘束力通常只及于当事人、诉讼参与人和审判人员

D. 当事人不服一审法院作出的裁定,可以向上一级法院提出上诉

24. 吴某被王某打伤后诉至法院,王某败诉。一审判决书送达王某时,其当即向送达人郑某表示上诉,但因其不识字,未提交上诉状。关于王某行为的法律效力,下列哪一选项是正确的?

A. 王某已经表明上诉,产生上诉效力

B. 郑某将王某的上诉要求告知法院后,产生上诉效力

C. 王某未提交上诉状,不产生上诉效力

D. 王某口头上诉经二审法院同意后,产生上诉效力

25. 某死亡赔偿案件,二审法院在将判决书送达当事人签收后,发现其中死亡赔偿金计算错误(数学上的错误),导致总金额少了7万余元。关于二审法院如何纠正,下列哪一选项是正确的?

A. 应当通过审判监督程序,重新制作判决书

B. 直接作出改正原判决的新判决书并送达双方当事人

C. 作出裁定书予以补正

D. 报请上级法院批准后作出裁定予以补正

26. 某品牌手机生产商在手机出厂前预装众多程序,大幅侵占标明内存,某省消费者保护协会以侵害消费者知情权为由提起公益诉讼,法院受理了该案。下列哪一说法是正确的?

A. 本案应当由侵权行为地或者被告住所地中级法院管辖

B. 本案原告没有撤诉权

C. 本案当事人不可以和解,法院也不可以调解

D. 因该案已受理,购买该品牌手机的消费者甲若以前述理由诉请赔偿,法院不予受理

27. 关于《民事诉讼法》规定的特别程序的表述,下列哪一选项是正确的?

　　A. 适用特别程序审理的案件都是非讼案件

　　B. 起诉人或申请人与案件都有直接的利害关系

　　C. 适用特别程序审理的案件都是一审终审

　　D. 陪审员通常不参加适用特别程序案件的审理

28. 甲公司申请强制执行乙公司的财产,法院将乙公司的一处房产列为执行标的。执行中,丙银行向法院主张,乙公司已将该房产抵押贷款,并以自己享有抵押权为由提出异议。乙公司否认将房产抵押给丙银行。经审查,法院驳回丙银行的异议。丙银行拟向法院起诉,关于本案被告的确定,下列哪一选项是正确的?

　　A. 丙银行只能以乙公司为被告起诉

　　B. 丙银行只能以甲公司为被告起诉

　　C. 丙银行可选择甲公司为被告起诉,也可选择乙公司为被告起诉

　　D. 丙银行应当以甲公司和乙公司为共同被告起诉

29. 南沙公司与北极公司因购销合同发生争议,南沙公司向仲裁委员会申请仲裁,在仲裁中双方达成和解协议,南沙公司向仲裁庭申请撤回仲裁申请。之后,北极公司拒不履行和解协议。下列哪一选项是正确的?

　　A. 南沙公司可以根据原仲裁协议申请仲裁

　　B. 南沙公司应与北极公司重新达成仲裁协议后,才可以申请仲裁

　　C. 南沙公司可以直接向法院起诉

　　D. 仲裁庭可以裁定恢复仲裁程序

30. 2012年5月,东湖有限公司股东申请法院对公司进行司法清算,法院为其指定相关人员组成清算组。关于该清算组成员,下列哪一选项是错误的?

　　A. 公司债权人唐某

　　B. 公司董事长程某

　　C. 公司财务总监钱某

　　D. 公司聘请的某律师事务所

31. 兰艺咖啡店是罗飞、王曼设立的普通合伙企业,合伙协议约定罗飞是合伙事务执行人且承担全部亏损。为扭转经营亏损局面,王曼将兰艺咖啡店加盟某知名品牌,并以合伙企业的名义向陈阳借款20万元支付了加盟费。陈阳现在要求还款。关于本案,下列哪一说法是正确的?

　　A. 王曼无权以合伙企业的名义向陈阳借款

　　B. 兰艺咖啡店应以全部财产对陈阳承担还款责任

　　C. 王曼不承担对陈阳的还款责任

　　D. 兰艺咖啡店、王曼和罗飞对陈阳的借款承担

无限连带责任

32. 甲公司于2012年12月申请破产。法院受理后查明:在2012年9月,因甲公司无法清偿欠乙公司100万元的货款,而甲公司董事长汪某却有150万元的出资未缴纳,乙公司要求汪某承担偿还责任,汪某随后确实支付给乙公司100万元。下列哪一表述是正确的?

　　A. 就汪某对乙公司的支付行为,管理人不得主张撤销

　　B. 汪某目前尚未缴纳的出资额应为150万元

　　C. 管理人有义务要求汪某履行出资义务

　　D. 汪某就其未履行的出资义务,可主张诉讼时效抗辩

33. 关于破产案件受理后、破产宣告前的程序转换,下列哪一表述是正确的?

　　A. 如为债务人申请破产清算的案件,债权人可以申请和解

　　B. 如为债权人申请债务人破产清算的案件,债务人可以申请重整

　　C. 如为债权人申请债务人重整的案件,债务人可以申请破产清算

　　D. 如为债权人申请债务人破产清算的案件,债务人的出资人可以申请和解

34. 甲公司向乙公司签发了一张付款人为丙银行的承兑汇票。丁向乙公司出具了一份担保函,承诺甲公司不履行债务时其承担连带保证责任。乙公司持票向丙银行请求付款,银行以出票人甲公司严重丧失商业信誉为由拒绝付款。对此,下列哪一表述是正确的?

　　A. 乙公司只能要求丁承担保证责任

　　B. 丙银行拒绝付款不符合法律规定

　　C. 乙公司应先向甲公司行使追索权,不能得到清偿时方能向丁追偿

　　D. 丁属于票据法律关系的非基本当事人

35. 甲公司将其财产向乙保险公司投保。因甲公司要向银行申请贷款,乙公司依甲公司指示将保险单直接交给银行。下列哪一表述是正确的?

　　A. 因保险单未送达甲公司,保险合同不成立

　　B. 如保险单与投保单内容不一致,则应以投保单为准

　　C. 乙公司同意承保时,保险合同成立

　　D. 如甲公司未缴纳保险费,则保险合同不成立

36. 甲将自己的汽车向某保险公司投保财产损失险,附加盗抢险,保险金额按车辆价值确定为20万元。后该汽车被盗,在保险公司支付了全部保险金额之后,该车辆被公安机关追回。关于保险金和车辆的

处置方法,下列哪一选项是正确的?

A. 甲无需退还受领的保险金,但车辆归保险公司所有

B. 车辆归甲所有,但甲应退还受领的保险金

C. 甲无需退还保险金,车辆应归甲所有

D. 应由甲和保险公司协商处理保险金与车辆的归属

37. 某企业明知其产品不符合食品安全标准,仍予以销售,造成消费者损害。关于该企业应承担的法律责任,下列哪一说法是错误的?

A. 除按消费者请求赔偿实际损失外,并按消费者要求支付所购食品价款十倍的赔偿金

B. 应当承担民事赔偿责任和缴纳罚款、罚金的,优先支付罚款、罚金

C. 可能被采取的强制措施种类有责令改正、警告、停产停业、没收、罚款、吊销许可证

D. 如该企业被吊销食品生产许可证,其直接负责的主管人员五年内不得从事食品生产经营管理工作

38. 关于个人所得税,下列哪一项表述是正确的?

A. 以课税对象为划分标准,个人所得税属于动态财产税

B. 非居民纳税人是指不具有中国国籍但有来源于中国境内所得的个人

C. 居民纳税人从中国境内、境外取得的所得均应依法缴纳个人所得税

D. 劳务报酬所得适用比例税率,对劳务报酬所得一次收入畸高的,可实行加成征收

39. 申请不动产登记时,下列哪一情形应由当事人双方共同申请?

A. 赵某放弃不动产权利,申请注销登记

B. 钱某接受不动产遗赠,申请转移登记

C. 孙某将房屋抵押给银行以获得贷款,申请抵押登记

D. 李某认为登记于周某名下的房屋为自己所有,申请更正登记

40. 乐诚公司依法获得探矿权,但其勘查作业区需要占用某村的林地。对此,下列哪一选项是正确的?

A. 乐诚公司取得该林地使用权,须经该村 2/3 以上村民同意并公示

B. 乐诚公司经县土地管理部门批准,可临时使用该林地

C. 乐诚公司在办理矿业权登记后,经批准可转让探矿权

D. 乐诚公司取得采矿权后被晶龙公司收购,晶龙公司随之取得采矿权

41. 郑某长年在外打工,他和所在企业参加城镇职工基本养老保险并累计缴费满 10 年,现因病完全丧失劳动能力。关于其养老保险待遇,下列哪一说法是错误的?

A. 郑某及其所在企业已缴纳的养老保险费全部转入个人账户,从个人账户支付养老待遇

B. 可转入城镇居民社会养老保险,按照规定享受相应的养老保险待遇

C. 未达到法定退休年龄时,可领取基本养老保险基金支付的病残津贴

D. 达到法定退休年龄时再续缴 5 年,可按月领取基本养老金

42. 李某于 2006 年 8 月 4 日创作完成小说《别来烦我》,2007 年 3 月 5 日发表于某文学刊物后被张某改编成剧本,甲公司根据该剧本拍成同名电视剧,乙电视台将该电视剧进行播放。对此,下列哪一选项是错误的?

A. 李某从 2007 年 3 月 5 日起对小说享有著作权

B. 张某对剧本享有著作权

C. 甲公司将该剧本拍成电视剧应当取得李某和张某的许可并支付报酬

D. 乙电视台播放该电视剧应当取得甲公司许可并支付报酬

43. 如外国企业在我国申请注册商标,下列哪一说法是正确的?

A. 应当委托在我国依法成立的律师事务所代理

B. 所属国必须已加入《保护工业产权巴黎公约》

C. 所属国必须已加入世界贸易组织

D. 如所属国商标注册主管机关曾驳回了其商标注册申请,该申请在我国仍有可能获准注册

44. 甲国公司与乙国航运公司订立海上运输合同,由丙国籍船舶"德洋"号运输一批货物,有关"德洋"号的争议现在中国法院审理。根据我国相关法律规定,下列哪一选项是正确的?

A. 该海上运输合同应适用船旗国法律

B. 有关"德洋"号抵押权的受偿顺序应适用法院地法律

C. 有关"德洋"号船舶优先权的争议应适用丙国法律

D. 除法律另有规定外,甲国公司与乙国航运公司可选择适用于海上运输合同的法律

45. 甲国人罗得向希姆借了一笔款。罗得在乙国给希姆开具一张五万美元的支票,其记载的付款人是罗得开立账户的丙国银行。后丙国银行拒绝向持有支票的希姆付款。因甲国战乱,希姆和罗得移居中

国经商并有了住所,希姆遂在中国某法院起诉罗得,要求其支付五万美元。关于此案的法律适用,下列哪一选项是正确的?

A. 该支票的追索应适用当事人选择的法律

B. 该支票追索权的行使期限应适用甲国法律

C. 该支票的记载事项适用乙国法律

D. 该支票记载的付款人是丙国银行,罗得的行为能力应适用丙国法

46. 某外国公民阮某因合同纠纷在中国法院起诉中国公民张某。关于该民事诉讼,下列哪一选项是正确的?

A. 阮某可以委托本国律师以非律师身份担任诉讼代理人

B. 受阮某委托,某该国驻华使馆官员可以以个人名义担任诉讼代理人,并在诉讼中享有外交特权和豁免权

C. 阮某和张某可用明示方式选择与争议有实际联系的地点的法院管辖

D. 中国法院和外国法院对该案都有管辖权的,如张某向外国法院起诉,阮某向中国法院起诉,中国法院不能受理

47. 关于内地与香港民商事案件判决的认可与执行,根据内地与香港的相关安排,下列哪一选项是正确的?

A. 申请人向内地和香港法院提交的文件没有中文文本的,均应提交证明无误的中文译本

B. 当事人通过协议选择内地或香港法院管辖的,经选择的法院作出的判决均可获得认可与执行

C. 当事人之间的合同无效,其中选择管辖法院的条款亦无效

D. 当事人对认可和执行与否的裁定不服的,在内地可向上一级法院申请复议,在香港可依其法律规定提出上诉

48. 中国某公司进口了一批皮制品,信用证方式支付,以海运方式运输并投保了一切险。中国收货人持正本提单提货时发现货物已被他人提走。依相关司法解释和国际惯例,下列哪一选项是正确的?

A. 承运人应赔偿收货人因其无单放货造成的货物成本加利润损失

B. 因该批货物已投保一切险,故保险人应对货主赔偿无单放货造成的损失

C. 因货物已放予他人,收货人不再需要向卖方支付信用证项下的货款

D. 如交单人提交的单证符合信用证的要求,银行即应付款

49. 甲乙二国均为世贸组织成员国,乙国称甲国实施的保障措施违反非歧视原则,并将争端提交世贸组织争端解决机构。对此,下列哪一选项是正确的?

A. 对于乙国没有提出的主张,专家组仍可因其相关性而作出裁定

B. 甲乙二国在解决争端时必须经过磋商、仲裁和调解程序

C. 争端解决机构在通过争端解决报告上采用的是"反向一致"原则

D. 如甲国拒绝履行上诉机构的裁决,乙国可向争端解决机构上诉

50. 中国某工程公司在甲国承包了一项工程,中国某银行对甲国的发包方出具了见索即付的保函,后甲国发包方以中国公司违约为由向中国某银行要求支付保函上的款项。根据我国相关法律规定,下列哪一选项是正确的?

A. 如果该工程公司是我国政府独资的国有企业,则银行可以以此为由拒绝向受益人付款

B. 中国某银行可以主张保函受益人先向该工程公司求偿,待其拒绝后再履行保函义务

C. 中国某银行应对施工合同进行实质性审查后,方可决定是否履行保函义务

D. 只要保函受益人提交的书面文件之间相符,且与保函要求相符,银行就应当承担付款责任

二、多项选择题。每题所设选项中至少有两个正确答案,多选、少选、错选或不选均不得分。本部分含51~85题,每题2分,共70分。

51. 刘某欠何某100万元货款届期未还且刘某不知所踪。刘某之子小刘为替父还债,与何某签订书面房屋租赁合同,未约定租期,仅约定:"月租金1万元,用租金抵货款,如刘某出现并还清货款,本合同终止,双方再行结算。"下列哪些表述是错误的?

A. 小刘有权随时解除合同

B. 何某有权随时解除合同

C. 房屋租赁合同是附条件的合同

D. 房屋租赁合同是附期限的合同

52. 下列哪些请求不适用诉讼时效?

A. 当事人请求撤销合同

B. 当事人请求确认合同无效

C. 业主大会请求业主缴付公共维修基金

D. 按份共有人请求分割共有物

53. 甲把服装店和库存都转让给了乙。丙不知情,打电话向甲订货,甲未表明服装店转让事宜,答应给丙送货。甲转告乙为丙送货,乙派店员送货到丙公司,丙同事签收。月底,乙将账单寄给丙要求付款,但丙已汇款至甲账户,拒绝再付。针对这一情况,下列说法正确的是?

A. 乙可向丙主张不当得利

B. 丙可拒绝付款给乙

C. 乙可请求甲支付相应货款

D. 丙已取得货品所有权

54. 乙向甲借款 20 万元,借款到期后,乙的下列哪些行为导致无力偿还甲的借款时,甲可申请法院予以撤销?

A. 乙将自己所有的财产用于偿还对他人的未到期债务

B. 乙与其债务人约定放弃对债务人财产的抵押权

C. 乙在离婚协议中放弃对家庭共有财产的分割

D. 乙父去世,乙放弃对父亲遗产的继承权

55. 甲公司聘请乙专职从事汽车发动机节油技术开发。因开发进度没有达到甲公司的要求,甲公司减少了给乙的开发经费。乙于 2007 年 3 月辞职到丙公司,获得了更高的薪酬和更多的开发经费。2008年 1 月,乙成功开发了一种新型汽车节油装置技术。关于该技术专利申请权的归属,下列哪些选项是错误的?

A. 甲公司

B. 乙

C. 丙公司

D. 甲公司和丙公司共有

56. 小强现年 9 周岁,生父谭某已故,生母徐某虽有抚养能力,但因准备再婚决定将其送养。徐某的姐姐要求收养,其系华侨富商,除已育有一子外符合收养人的其他条件;谭某父母为退休教师,也要求抚养。下列哪些选项是正确的?

A. 徐某因有抚养能力不能将小强送其姐姐收养

B. 徐某的姐姐因有子女不能收养小强

C. 谭某父母有优先抚养的权利

D. 收养应征得小强同意

57. 韩某于 2017 年 3 月病故,留有住房 1 套、存款 50 万元、名人字画 10 余幅及某有限责任公司股权等遗产。韩某在 2014 年所立第一份自书遗嘱中表示全部遗产由其长子韩大继承。在 2015 年所立第二份自书遗嘱中,韩某表示其死后公司股权和名人字画留给 7 岁的外孙女婷婷。2017 年 6 月,韩大在未办理韩某遗留房屋所有权变更登记的情况下以自己的名义与陈卫订立了商品房买卖合同。下列哪些选项是错误的?

A. 韩某的第一份遗嘱失效

B. 韩某的第二份遗嘱无效

C. 韩大与陈卫订立的商品房买卖合同无效

D. 婷婷不能取得某有限责任公司股东资格

58. 小牛在从甲小学放学回家的路上,将石块扔

向路上正常行驶的出租车,致使乘客张某受伤,张某经治疗后脸上仍留下一块大伤疤。出租车为乙公司所有。下列哪些选项是错误的?

A. 张某有权要求乙公司赔偿医药费及精神损害

B. 甲小学和乙公司应向张某承担连带赔偿责任

C. 张某有权要求甲小学赔偿医疗费及精神损害

D. 张某有权要求小牛的监护人赔偿医疗费及精神损害

59. 4 名行人正常经过北方牧场时跌入粪坑,1 人获救 3 人死亡。据查,当地牧民为养草放牧,储存牛羊粪便用于施肥,一家牧场往往挖有三四个粪坑,深者达三四米,之前也发生过同类事故。关于牧场的责任,下列哪些选项是正确的?

A. 应当适用无过错责任原则

B. 应当适用过错推定责任原则

C. 本案情形已经构成不可抗力

D. 牧场管理人可通过证明自己尽到管理职责而免责

60. 关于当事人能力与当事人适格的概念,下列哪些表述是正确的?

A. 当事人能力又称当事人诉讼权利能力,当事人适格又称正当当事人

B. 有当事人能力的人一定是适格当事人

C. 适格当事人一定具有当事人能力

D. 当事人能力与当事人适格均由法律明确加以规定

61. 关于证人的表述,下列哪些选项是正确的?

A. 王某是未成年人,因此,王某没有证人资格,不能作为证人

B. 原告如果要在诉讼中申请证人出庭作证,应当在举证期限届满前提出,并经法院许可

C. 甲公司的诉讼代理人乙律师是目击案件情况发生的人,对方当事人丙可以向法院申请乙作为证人出庭作证,如法院准许,则乙不得再作为甲公司的诉讼代理人

D. 李某在法庭上宣读未到庭的证人的书面证言,该书面证言能够代替证人出庭作证

62. 法院开庭审理时一方当事人未到庭,关于可能出现的法律后果,下列哪些选项是正确的?

A. 延期审理

B. 按原告撤诉处理

C. 缺席判决

D. 采取强制措施拘传未到庭的当事人到庭

63. 朱某诉力胜公司商品房买卖合同纠纷案,朱某要求判令被告支付违约金 5 万元;因房屋质量问题,请求被告修缮,费用由被告支付。一审法院判决

被告败诉,认可了原告全部诉讼请求。力胜公司不服令其支付5万元违约金的判决,提起上诉。二审法院发现一审法院关于房屋有质量问题的事实认定,证据不充分。关于二审法院对本案的处理,下列哪些说法是正确的?

　　A. 应针对上诉人不服违约金判决的请求进行审理

　　B. 可对房屋修缮问题在查明事实的情况下依法改判

　　C. 应针对上诉人上诉请求所涉及的事实认定和法律适用进行审理

　　D. 应全面审查一审法院对案件的事实认定和法律适用

　　64. 甲公司财务室被盗,遗失金额为80万元的汇票一张。甲公司向法院申请公示催告,法院受理后即通知支付人A银行停止支付,并发出公告,催促利害关系人申报权利。在公示催告期间,甲公司按原计划与材料供应商乙企业签订购货合同,将该汇票权利转让给乙企业作为付款。公告期满,无人申报,法院即组成合议庭作出判决,宣告该汇票无效。关于本案,下列哪些说法是正确的?

　　A. A银行应当停止支付,直至公示催告程序终结

　　B. 甲公司将该汇票权利转让给乙企业的行为有效

　　C. 甲公司若未提出申请,法院可以作出宣告该汇票无效的判决

　　D. 法院若判决宣告汇票无效,应当组成合议庭

　　65. 甲公司与乙公司签订了一份钢材购销合同,约定因该合同发生纠纷双方可向A仲裁委员会申请仲裁,也可向合同履行地B法院起诉。关于本案,下列哪些选项是正确的?

　　A. 双方达成的仲裁协议无效

　　B. 双方达成的管辖协议有效

　　C. 如甲公司向A仲裁委员会申请仲裁,乙公司在仲裁庭首次开庭前未提出异议,A仲裁委员会可对该案进行仲裁

　　D. 如甲公司向B法院起诉,乙公司在法院首次开庭时对法院管辖提出异议,法院应当驳回甲公司的起诉

　　66. 方圆公司与富春机械厂均为国有企业,合资设立富圆公司,出资比例为30%与70%。关于富圆公司董事会的组成,下列哪些说法是正确的?

　　A. 董事会成员中的职工代表由股东会选举产生

　　B. 董事张某任期内辞职,在新选出董事就任前,张某仍应履行董事职责

　　C. 富圆公司董事长可由小股东方圆公司派人担任

　　D. 方圆公司和富春机械厂可通过公司章程约定不按出资比例分红

　　67. 甲乙等六位股东各出资30万元于2004年2月设立一有限责任公司,五年来公司效益一直不错,但为了扩大再生产一直未向股东分配利润。2009年股东会上,乙提议进行利润分配,但股东会仍然作出不分配利润的决议。对此,下列哪些表述是错误的?

　　A. 该股东会决议无效

　　B. 乙可请求法院撤销该股东会决议

　　C. 乙有权请求公司以合理价格收购其股权

　　D. 乙可不经其他股东同意而将其股份转让给第三人

　　68. 甲、乙、丙于2010年成立一家普通合伙企业,三人均享有合伙事务执行权。2013年3月1日,甲被法院宣告为无民事行为能力人。3月5日,丁因不知情找到甲商谈一笔生意,甲以合伙人身份与丁签订合同。下列哪些选项是错误的?

　　A. 因丁不知情,故该合同有效,对合伙企业具有约束力

　　B. 乙与丙可以甲丧失行为能力为由,一致决议将其除名

　　C. 乙与丙可以甲丧失行为能力为由,一致决议将其转为有限合伙人

　　D. 如甲因丧失行为能力而退伙,其退伙时间为其无行为能力判决的生效时间

　　69. 中南公司不能清偿到期债务,债权人天一公司向法院提出对其进行破产清算的申请,但中南公司以其账面资产大于负债为由表示异议。天一公司遂提出各种事由,以证明中南公司属于明显缺乏清偿能力的情形。下列哪些选项符合法律规定的关于债务人明显缺乏清偿能力、无法清偿债务的情形?

　　A. 因房地产市场萎缩,构成中南公司核心资产的房地产无法变现

　　B. 中南公司陷入管理混乱,法定代表人已潜至海外

　　C. 天一公司已申请法院强制执行中南公司财产,仍无法获得清偿

　　D. 中南公司已出售房屋质量纠纷多,市场信誉差

　　70. 甲向乙开具金额为100万元的汇票以支付货款。乙取得该汇票后背书转让给丙,丙又背书转让给丁,丁再背书转让给戊。现查明,甲、乙之间并无真实交易关系,丙为未成年人,票据金额被丁变造。下列哪些选项是正确的?

　　A. 尽管甲、乙之间没有真实交易,但该汇票仍然有效

　　B. 尽管丙为未成年人,但其在票据上的签章仍然有效

C. 尽管票据金额已被丁变造，但该汇票仍然有效

D. 戊不能向甲、乙行使票据上的追索权

71． 吉达公司是一家上市公司，公告称其已获得某地块的国有土地使用权。嘉豪公司资本雄厚，看中了该地块的潜在市场价值，经过细致财务分析后，拟在证券市场上对吉达公司进行收购。下列哪些说法是正确的？

A. 若收购成功，吉达公司即丧失上市资格

B. 若收购失败，嘉豪公司仍有权继续购买吉达公司的股份

C. 嘉豪公司若采用要约收购则不得再与吉达公司的大股东协议购买其股份

D. 待嘉豪公司持有吉达公司已发行股份 30% 时，应向其全体股东发出不得变更的收购要约

72． 甲公司投保了财产损失险的厂房被烧毁，甲公司伪造证明，夸大此次火灾的损失，向保险公司索赔 100 万元，保险公司为查清此事，花费 5 万元。关于保险公司的权责，下列哪些选项是正确的？

A. 应当向甲公司给付约定的保险金

B. 有权向甲公司主张 5 万元花费损失

C. 有权拒绝向甲公司给付保险金

D. 有权解除与甲公司的保险合同

73． 关于市场支配地位推定制度，下列哪些选项是符合我国《反垄断法》规定的？

A. 经营者在相关市场的市场份额达到二分之一的，推定为具有市场支配地位

B. 两个经营者在相关市场的市场份额合计达到三分之二，其中有的经营者市场份额不足十分之一的，不应当推定该经营者具有市场支配地位

C. 三个经营者在相关市场的市场份额合计达到四分之三，其中有两个经营者市场份额合计不足五分之一的，不应当推定该两个经营者具有市场支配地位

D. 被推定具有市场支配地位的经营者，有证据证明不具有市场支配地位的，不应当认定其具有市场支配地位

74． F 公司是一家专营进口高档家具的企业。媒体曝光该公司有部分家具是在国内生产后，以"先出口，再进口"的方式取得进口报关凭证，在销售时标注为外国原产，以高于出厂价数倍的价格销售。此时，已经在 F 公司购买家具的顾客，可以行使下列哪些权利？

A. 顾客有权要求 F 公司提供所售商品的产地、制造商、采购价格、材料等真实信息并提供充分证明

B. 如 F 公司不能提供所售商品的真实信息和充分证明，顾客有权要求退货

C. 如能够确认 F 公司对所售商品的产地、材质等有虚假陈述，顾客有权要求双倍返还价款

D. 即使 F 公司提供了所售商品的真实信息和充分证明，顾客仍有权以"对公司失去信任"为由要求退货

75． D 市 S 县发生重大食品安全事故。根据《食品安全法》的规定，关于有关部门采取的措施，下列哪些选项是正确的？

A. 接收病人的 S 县医院立即向 S 县食品安全监管、卫生行政部门报告

B. 接到报告的 S 县食品安全监管部门及时向 S 县政府和 D 市食品安全监管部门报告

C. S 县食品安全监管部门立即成立食品安全事故处置指挥部

D. S 县食品安全监管部门在必要时可直接向国务院食品安全监管部门报告事故及其处理信息

76． 某商业银行决定推出一批新型理财产品，但该业务品种在已获批准的业务范围之外。该银行在报批的同时要求下属各分行开展试销。对此，下列哪些选项是正确的？

A. 该业务品种应由国家金融监督管理总局审批

B. 该业务品种应由中国人民银行审批

C. 因该业务品种在批准前即进行试销，有关部门有权对该银行进行处罚

D. 该业务品种在批准前进行的试销交易为效力待定的民事行为

77． 甲公司欠税 40 万元，税务局要查封其相应价值产品。甲公司经理说："乙公司欠我公司 60 万元货款，贵局不如行使代位权直接去乙公司收取现金。"该局遂通知乙公司缴纳甲公司的欠税，乙公司不配合；该局责令其限期缴纳，乙公司逾期未缴纳；该局随即采取了税收强制执行措施。关于税务局的行为，下列哪些选项是错误的？

A. 只要甲公司欠税，乙公司又欠甲公司货款，该局就有权行使代位权

B. 如代位权成立，即使乙公司不配合，该局也有权直接向乙公司行使

C. 本案中，该局有权责令乙公司限期缴纳

D. 本案中，该局有权向乙公司采取税收强制执行措施

78． 关于以划拨方式取得土地使用权的房地产转让时适用的《房地产管理法》特殊规定，下列哪些表述是正确的？

A. 应当按照国务院规定，报有批准权的人民政府审批

B. 有批准权的人民政府准予转让的，可以决定由受让方办理土地使用权出让手续，也可以允许其不办理土地使用权出让手续

C. 办理土地使用权出让手续的,受让方应缴纳土地使用权出让金

D. 不办理土地使用权出让手续的,受让方应缴纳土地使用权转让费,转让方应当按规定将转让房地产所获收益中的土地收益上缴国家

79. 东星公司新建的化工生产线在投入生产过程中,下列哪些行为违反《劳动法》规定?

A. 安排女技术员参加公司技术攻关小组并到位于地下的设备室进行检测

B. 在防止有毒气体泄漏的预警装置调试完成之前,开始生产线的试运行

C. 试运行期间,从事特种作业的操作员已经接受了专门培训,但未取得相应的资格证书

D. 试运行开始前,未对生产线上的员工进行健康检查

80. 甲影视公司将其摄制的电影《愿者上钩》的信息网络传播权转让给乙网站,乙网站采取技术措施防范未经许可免费播放或下载该影片。丙网站开发出专门规避乙网站技术防范软件,供网民在丙网站免费下载使用,学生丁利用该软件免费下载了《愿者上钩》供个人观看。对此,下列哪些说法是正确的?

A. 丙网站的行为侵犯了著作权

B. 丁的行为侵犯了著作权

C. 甲公司已经丧失著作权人主体资格

D. 乙网站可不经甲公司同意以自己名义起诉侵权行为人

81. 甲公司获得一项用于自行车雨伞装置的实用新型专利,发现乙公司生产的自行车使用了该技术,遂向法院起诉,要求乙公司停止侵害并赔偿损失10万元。甲公司的下列哪些做法是正确的?

A. 向乙公司所在地的基层法院起诉

B. 起诉时未向受理法院提交国家知识产权局出具的该专利书面评价报告

C. 将仅在说明书中表述而未在权利要求中记载的技术方案纳入专利权的保护范围

D. 举证期届满后法庭辩论终结前变更其主张的权利要求

82. 德国甲公司与中国乙公司签订许可使用合同,授权乙公司在英国使用甲公司在英国获批的某项专利。后因相关纠纷诉诸中国法院。关于该案的法律适用,下列哪些选项是正确的?

A. 关于本案的定性,应适用中国法

B. 关于专利权归属的争议,应适用德国法

C. 关于专利权内容的争议,应适用英国法

D. 关于专利权侵权的争议,双方可以协议选择法律,不能达成协议,适用与纠纷有最密切联系的法律

83. 澳门甲公司和内地乙公司的合同争议由内地某仲裁机构审理,甲公司最终胜诉,向澳门法院申请认可和执行该仲裁裁决。据悉,乙公司在澳门的分公司拥有一座办公楼。对此,下列哪些说法是正确的?

A. 该仲裁裁决应由澳门初级法院执行

B. 甲公司应向澳门中级法院提出认可仲裁裁决和执行的请求

C. 如果该仲裁裁决被人民法院依法裁定撤销,澳门法院应立即停止执行

D. 甲公司只能向内地和澳门两地法院之一申请认可仲裁裁决

84. 中国甲公司与德国乙公司签订了出口红枣的合同,约定品质为二级,信用证方式支付。后因库存二级红枣缺货,甲公司自行改装一级红枣,虽发票注明品质为一级,货价仍以二级计收。但在银行办理结汇时遭拒付。根据相关公约和惯例,下列哪些选项是正确的?

A. 甲公司应承担交货不符的责任

B. 银行应在审查货物的真实等级后再决定是否收单付款

C. 银行可以发票与信用证不符为由拒绝收单付款

D. 银行应对单据记载的发货人甲公司的诚信负责

85. 针对甲国一系列影响汽车工业的措施,乙、丙、丁等国向甲国提出了磋商请求。四国均为世界贸易组织成员。关于甲国采取的措施,下列哪些是《与贸易有关的投资措施协议》禁止使用的?

A. 要求汽车生产企业在生产过程中必须购买一定比例的当地产品

B. 依国产化率对汽车中使用的进口汽车部件减税

C. 规定汽车生产企业的外资股权比例不应超过60%

D. 要求企业购买进口产品的数量不能大于其出口产品的数量

三、不定项选择题。每题所设选项中至少有一个正确答案,多选、少选、错选或不选均不得分。本部分含86—100题,每题2分,共30分。

86. 2023年1月1日,甲和乙签订《房屋买卖合同》,甲将自有的一套商品房转让给乙,约定乙应于合同签订后1个月内付清全部购房款,之后便可随时向甲要求办理不动产过户登记。2日,为保证乙的物权实现,甲和乙在登记机关办理了预告登记。15日,甲在该商品房上为其母亲设立了居住权,但未办理登

记。16日，乙付清全部购房款。5月5日，甲又在该商品房上为其父亲设立了居住权，并办理登记。而乙直至当年年底，也未要求甲办理不动产过户登记。对此，下列说法正确的是：

A. 甲的母亲取得了居住权

B. 甲的父亲未取得居住权

C. 5月5日，预告登记已失效

D. 乙已经取得了房屋所有权

87. 甲公司因为借款需要提供担保，将现有及将有的生产设备、原材料、成品、半成品抵押给乙银行，办理了抵押登记。后来，甲公司把其中一台生产设备卖给了丙公司，丙公司支付了合理价款，甲公司按约定交付了生产设备。借款到期后，甲公司未向乙银行还款，乙银行欲实现抵押权。对此，下列说法正确的是：

A. 丙公司获得该设备的所有权

B. 由于办理了抵押登记，乙银行可就该生产设备行使优先受偿权

C. 由于丙公司是正常经营活动中的买受人，乙银行不能就该生产设备行使优先受偿权

D. 若乙银行在主债权诉讼时效经过后行使抵押权，不能获得支持

88. 秦某和妻子张某一起居住在单位公租房，后来张某去世，秦某雇佣保姆赵某照顾自己。后二人结婚，婚后秦某领取退休金10万元，购买了此房产并登记在自己名下。下列选项正确的是：

A. 退休金属于秦某个人财产

B. 该房产属于秦某个人财产

C. 该房产属于秦某和赵某的共同房产

D. 该房产属于秦某和张某的共同房产

89. 甲签订了土地承包经营合同，承包了本村集体土地100亩，其中30亩土地与其他土地不相邻。为了便于耕种，甲用这30亩土地与同村乙的土地进行了交换，换取了相邻的25亩土地，但没有进行登记。其后，甲又将50亩土地的经营权出租给丙公司，租期10年，也没有进行登记。下列选项正确的是：

A. 交换土地前，甲对100亩土地享有承包经营权

B. 交换土地后，甲对95亩土地享有经营权

C. 由于未登记，甲对交换来的25亩土地不享有承包经营权

D. 由于未登记，丙公司未取得50亩土地的经营权

90. 王某与钱某系夫妻，因感情不和王某提起离婚诉讼，一审法院经审理判决不准予离婚。王某不服提出上诉，二审法院经审理认为应当判决离婚，并对财产分割与子女抚养一并作出判决。关于二审法院

的判决，下列哪些选项违反了《民事诉讼法》的原则或制度？

A. 处分原则　　　B. 辩论原则

C. 两审终审制度　D. 回避制度

91. 中国公民甲与外国公民乙因合同纠纷诉至某市中级法院，法院判决乙败诉。判决生效后，甲欲请求乙所在国家的法院承认和执行该判决。关于甲可以利用的途径，下列说法正确的是：

A. 可以直接向有管辖权的外国法院申请承认和执行

B. 可以向中国法院申请，由法院根据我国缔结或者参加的国际条约，或者按照互惠原则，请求外国法院承认和执行

C. 可以向司法行政部门申请，由司法行政部门根据我国缔结或者参加的国际条约，或者按照互惠原则，请求外国法院承认和执行

D. 可以向外交部门申请，由外交部门向外国中央司法机关请求协助

92. 庞某是甲公司的股东，持股比例为51%。乙公司起诉甲公司主张对某块土地的使用权，法院判决乙公司胜诉。判决生效后，乙公司申请强制执行。庞某提出第三人撤销之诉，主张拥有这块土地使用权。经查，甲公司在判决生效前已经以市场价格将该土地使用权转让给庞某，庞某已经支付价款，并完成了土地使用权转让登记。下列关于本案的表述正确的是：

A. 本案判决未侵犯庞某合法权益，庞某不能提出第三人撤销之诉

B. 如果庞某因自身原因没有参加原审，则不能提起第三人撤销之诉

C. 乙公司可以另行起诉请求撤销甲公司与庞某之间的土地使用权转让合同

D. 乙公司可以申请法院执行该判决

93. 甲公司因与乙公司合同纠纷申请仲裁，要求解除合同。某仲裁委员会经审理裁决解除双方合同，还裁决乙公司赔偿甲公司损失六万元。关于本案的仲裁裁决，下列表述正确的是：

A. 因仲裁裁决超出了当事人请求范围，乙公司可申请撤销超出甲公司请求部分的裁决

B. 因仲裁裁决超出了当事人请求范围，乙公司可向法院提起诉讼

C. 因仲裁裁决超出了当事人请求范围，乙公司可向法院申请再审

D. 乙公司可申请不予执行超出甲公司请求部分的仲裁裁决

94. 通程公司设立了两家分公司甲分公司和乙分公司。在经营过程中，甲分公司为业务伙伴丙公司向丁公司提供担保，未经通程公司同意，自行以自己

的名义签订了担保协议。在签订担保协议之前,甲分公司如实向丁公司说明了情况,丁公司未提出异议。乙分公司以自己的名义与戊公司签订了货物买卖协议。对此,下列说法正确的是:

A. 甲分公司以自己的名义签订的担保协议无效

B. 丙公司无法偿债时,丁公司可要求通程公司承担担保责任

C. 乙分公司签订的买卖协议对通程公司具有法律效力

D. 戊公司须先向乙分公司主张合同责任才可向通程公司主张责任

95．2017年3月,鸿飞公司申请重整,重整计划经法院批准后,2017年9月变更公司为清风公司。岳某于2017年1月借给鸿飞公司100万元,约定借款期限为20日,后由于岳某忙于个人事务,未主张其债权。2018年8月,岳某在整理其账单时,发现借条,遂向公司主张还款。下列说法正确的是:

A. 因岳某未在重整计划期间申报债权,故其不得向清风公司主张债权

B. 应按照重整计划在同等效力条件下偿还岳某的借款

C. 应由清风公司履行债务

D. 重整计划对岳某不具有法律效力

96．甲为其妻乙投保意外伤害保险,指定其子丙为受益人。对此,下列选项正确的是:

A. 甲指定受益人时须经乙同意

B. 如因第三人导致乙死亡,保险公司承担保险金赔付责任后有权向该第三人代位求偿

C. 如乙变更受益人无须甲同意

D. 如丙先于乙死亡,则出现保险事故时保险金作为乙的遗产由甲继承

97．甲村发现储量可观的油田,乙公司经批准获得了探矿权并对位于甲村的油田进行勘查。后乙公司获得了该油田的采矿权。2020年5月,乙公司被丙公司收购。下列有关说法正确的是:

A. 在甲村发现的油田归甲村集体经济组织所有

B. 要开采在甲村发现的油田需经甲村2/3以上的村民同意

C. 乙公司有权取得勘查作业区内油田的采矿权

D. 丙公司经批准可以获得该油田的采矿权

98．关于当事人订立无固定期限劳动合同,下列哪些选项是符合法律规定的?

A. 赵某到某公司应聘,提议在双方协商一致的基础上订立无固定期限劳动合同

B. 王某在某公司连续工作满十年,要求与该公司签订无固定期限劳动合同

C. 李某在某国有企业连续工作满十年,距法定退休年龄还有十二年,在该企业改制重新订立劳动合同时,主张企业有义务与自己订立无固定期限劳动合同

D. 杨某在与某公司连续订立的第二次固定期限劳动合同到期,公司提出续订时,杨某要求与该公司签订无固定期限劳动合同

99．金丰大学是一所著名农业大学,其"金丰"二字为公众所熟知,该大学注册了"金丰"商标用于农产品,但注册后一直没有使用。该校毕业生陈琳注册成立了一家公司,名为金丰蔬果有限责任公司,主营蔬菜、水果的种植和销售。后陈琳的妹妹陈晓梅申请"金丰"商标用于办公用品,其申请注册的主要目的是转卖获利。对此,下列说法正确的是:

A. 陈晓梅侵犯了金丰大学的"金丰"商标权

B. 陈琳侵犯了金丰大学的"金丰"商标权

C. 金丰大学可向商标局请求确认"金丰"为驰名商标

D. 商标局应驳回陈晓梅的注册申请

100．中国甲公司在承担中东某建筑工程时涉及一系列分包合同和买卖合同,并使用了载明适用《见索即付保函统一规则》的保函。后涉及保函的争议诉至中国某法院。依相关司法解释,下列选项正确的是:

A. 保函内容中与《见索即付保函统一规则》不符的部分无效

B. 因该保函记载了某些对应的基础交易,故该保函争议应适用我国《民法典》有关保证的规定

C. 只要受益人提交的单据与独立保函条款、单据与单据之间表面相符,开立人就须独立承担付款义务

D. 单据与独立保函条款之间表面上不完全一致,但并不导致相互之间产生歧义的,仍应认定构成表面相符

试 卷 一

解 析

一、单项选择题

1. 法律规则与法律原则的适用;法律规则与语言[C]

[解析] 一切法律规范都必须以"法律语句"的语句形式表达出来,法律规范包括法律规则和法律原则,因此,诚实信用原则作为法律原则,必须通过"法律语句"的语句形式表达出来。故 A 项错误。

由于法律原则内涵高度抽象,当法律原则直接作为裁判案件的标准发挥作用时,会赋予法官较大的自由裁量权,从而不能完全保证法律的确定性和可预测性。在内容上,法律规则的规定是具体的,它着眼于主体行为以及各种条件的共性,其目的是削弱法律适用上的"自由裁量",能最大限度实现法的确定性和可预测性。题干中正好说反了。故 B 项错误。

在内容上,法律规则的规定是明确具体的,它着眼于主体行为及各种条件(情况)的共性,其目的是削弱或防止法律适用上的"自由裁量"。与此相比,法律原则的着眼点不仅限于行为及条件的共性,而且关注它们的个别性。其要求比较笼统、模糊,它不预先设定明确的、具体的假定条件,更没有设定明确的法律后果。故 C 项正确。

法律规则是以"全有或全无"的方式适用于个案当中,而法律原则的适用则不同。因为不同的法律原则具有不同的"强度",而且这些不同强度的原则甚至冲突的原则都可能存在于一部法律之中。故 D 项错误。

2. 法律概念的含义与分类[B]

[解析] 虽然法律规范是由法律概念构成的,但是法律概念对法律规范具有一定的独立性。这是因为,法律概念在外部世界中或多或少地必须存在或被相信存在于与之对应的关系和状态中。法律概念的这种独立性,就决定了它在法律推理和法律判断中发挥着特有的功能。这种功能体现在几个方面,其中之一是:特定案件事实符合该规范中的法律概念的特征,才导致将该法律规范所规定的法律后果适用于该案件。故 A 项正确。**【举例说明】**如甲以冰糖冒充冰毒卖给乙,因为冰糖并不符合冰毒的概念,所以本案就不能适用贩卖毒品罪的法律规范。

根据概念的功能不同,将法律概念分为描述性概念、评价性概念和论断性概念。描述性概念是指描述事实的概念。这里的事实包括自然事实、社会事实和制度性事实。描述性概念有真假之分,其核心是"是不是"的问题。评价性概念是指包含有对事实或者事物进行价值判断的概念。评价性概念涉及适用者的主观价值判断,没有真假之分,其核心是"好不好"的问题,如善良、恶意、诚实等均属于评价性概念。故 B 项错误。

论断性概念是指基于对某个事实的确定来认定另一个事实的存在,如民法上的推定概念和刑法上的罪责概念。"宣告死亡"之所以能被认定,并不是该人真的死亡,而是通过"失踪满 4 年或因意外事件,下落不明满 2 年""利害关系人向法院申请"等事实的确认来认定"死亡",所以属于论断性概念。故 C 项正确。

根据概念的定义要素是否清晰,法律概念分为确定性概念和不确定性概念。不确定性概念又可以区分为描述性不确定性概念和规范性不确定性概念。故 D 项正确。

3. 法与道德;意思表示;法律关系的产生[A]

[解析] 该协议属于两人的真实意思表示,且内容并未违反我国法律的强行性规定,故该协议具有法律上的约束效力。注意,协议属于非规范性法律文件,具有法的个别约束力。故 A 项错误,本题为选非题,本项当选。

意思表示,是指向外部表明意欲发生一定私法上法律效果的意思的行为。意思表示由客观要件与主观要件构成。客观要件是指在客观上可识别出其在表示某种法律效果意思。主观要件,是指内心的意思,更可分为行为意思、表示意思与效果意思。意思存于内心,是不能发生法律效果的。当事人要使自己的内心意思产生法律效果,就必须将意思表现于外部,即将意思发表。所以当事人的意思表示并非仅存在于内心,已经外在于行动,属于法律意义上的行为。故 B 项正确。

法律关系的产生有两个前提,其一,法律规范;其二,法律事实。法律事实是法律规范与法律关系联系的中介。法律事实可以分为法律事件与法律行为。法律事件不以当事人的意志为转移,包括社会事件如战争、罢工,以及自然事件如地震、人的生老病死等。法律行为以当事人的意志为转移,分为合法行为与违法行为。两者均可导致法律关系的产生。故 C 项正确。

法伦理原则的解释属于客观目的解释的基本方法之一。客观目的的解释一般从道德的角度,诉诸公序良俗来解释相关的条文。并且,从性质上看法的伦理原则是法律和道德共享原则,夫妻之间的忠诚义务规定就体现了该原则,故 D 项正确。

4.法适用的一般原理[C]

[解析] 法适用的目标是获得合理的法律决定。合理的法律决定应当兼顾可预测性与正当性。故 A 项错误。

法律人查明和确认案件事实的过程就不是一个纯粹的事实归结过程,而是一个在法律规范与事实之间的循环过程,即目光在事实与规范之间来回穿梭。因此法律人查明和确认案件事实的过程与法律规范的选择密不可分。故 B 项错误。

法律人在适用法律的过程中,无论是依据一定的法律解释方法所获得的法律规范即大前提,还是根据法律所确定的案件事实即小前提,都是用来向法律决定提供支持程度不同的理由。在这个意义上,法律适用过程也是一个法律证成的过程。因为"证成"往往被定义为给一个决定提供充足理由的活动或过程。故 C 项正确。

法的适用过程,除了推理过程,还有法律适用者的价值判断存在。另外,法律适用中,除了适用演绎推理,还可能适用归纳推理、类比推理、反向推理、当然推理以及设证推理等。故 D 项错误。

5.宪法中经济制度相关知识[D]

[解析] 1919 年德国魏玛共和国时期,颁布了大量的"社会化"法律,并将经济制度引入宪法,使德国成为经济立法和劳工立法的先导。自此,经济制度成为现代宪法的重要内容之一。故 A 项正确,不当选。

经济制度是经国家确认调整经济关系的制度,它由宪法、法律、政策等构成。宪法是国家根本法,它对经济关系特别是对生产关系的确认与调整构成一个国家的基本经济制度。故 B 项正确,不当选。

1999 年《宪法修正案》第 16 条规定,在法律规定范围内的个体经济、私营经济等非公有制经济,是社会主义市场经济的重要组成部分。故 C 项正确,不当选。

《宪法》第 12 条规定,社会主义公共财产神圣不可侵犯,国家保护社会主义的公共财产。第 13 条规定,公民的合法的私有财产不受侵犯。可见,我国宪法只对合法的私有财产进行保护,没有像对公共财产一样使用"神圣不可侵犯"的表述。故 D 项错误,当选。

6.基本文化制度;公民道德教育[D]

[解析] 文化教育权利包括受教育的权利和进行科学研究、文学艺术创作和其他文化活动的自由,是我国公民享有的基本权利。故 B 项正确。

《宪法》第 46 条第 1 款规定:"中华人民共和国公民有受教育的权利和义务。"据此,受教育既是公民的权利,又是公民的义务。故 A 项正确。

《宪法》第 47 条规定:"中华人民共和国公民有进行科学研究、文学艺术创作和其他文化活动的自由。国家对于从事教育、科学、技术、文学、艺术和其他文化事业的公民的有益于人民的创造性工作,给以鼓励和帮助。"故 C 项正确。

积极受益权与消极防御权相对,积极受益权是指公民可以主动向国家提出请求的权利,包括社会经济权利(但财产权除外)、文化教育权利;消极防御权是指只有在国家没有履行义务的情况下,公民才能向国家提出相关要求。D 项中,"同社会经济权利一样"的表述是错误的,社会经济权利中的"劳动权、劳动者休息权、物质帮助权"属于积极受益权,"财产权"不属于积极受益权,而是消极防御权。另外 D 项中将"收益权"写为"受益权"也是错误的,二者不是一个概念。故 D 项错误。

7.南宋的契约与婚姻法律制度[D]

[解析] 宋代法律在继承关系上,有很大的灵活性。除沿袭以往遗产兄弟均分外,允许在室女(未嫁女)享有部分继承财产权,继子与绝户之女均享有继承权。只有在室女的,在室女享有 3/4 的财产继承权,继子享有 1/4 的财产继承权;只有出嫁女(已婚女)的,出嫁女享有 1/3 的财产继承权,继子享有 1/3,另外的 1/3 收为官府所有。本题属于只有出嫁女的情况,因此霍甲、霍丙、官府各享有 1/3。故 A、B、C 项错误,D 项正确。

8.专属经济区[C]

[解析] 专属经济区并非沿海国领土,其上空不是沿海国的领空,对在专属经济区上空飞行的他国飞机和在专属经济区航行的他国船舶,沿海国无权采取任何武力行动。故 A、B 项错误。

沿海国在专属经济区的权利主要体现为对该区域的自然资源拥有专属勘探开发权以及与此相关的管辖权,修建风力发电站即为自然资源的开发权。故 C 项正确。

沿海国在专属经济区的权利仅及于该区域的自然资源,自然资源以外的权利并非沿海国专属。故 D 项错误。

9.国籍的丧失;引渡的条件[D]

[解析]《国籍法》第 9 条规定,定居外国的中国公民,自愿加入或取得外国国籍的,即自动丧失中国国籍。第 11 条规定,申请退出中国国籍获得批准的,

即丧失中国国籍。第3条规定,中国不承认中国公民具有双重国籍。本案中,高某虽然加入了甲国国籍,但因为其未在甲国定居,且未申请退出中国国籍,事实上属于双重国籍人。由于我国不承认双重国籍,对于高某的甲国国籍不予认可,因此根据我国法律,高某仍为中国公民。《引渡法》第8条规定,根据中国法律,被请求引渡人具有中国国籍,应当拒绝引渡。故D项正确,A、B、C项错误。

10.国际法院法官的选举;回避制度;法官咨询管辖权;国际判决的效力;国际法渊源[A]

[解析] 国际法院的法官由联合国大会和安理会分别选举,均获得绝对多数赞成票才能当选,安理会常任理事国对国际法院法官的选举不具有一票否决权。故A项正确。

国际法院法官对涉及其国籍国的案件,不适用回避制度,除非其就任法官前曾参与该案件。故B项错误。

国际法院判决对案件当事国具有法律拘束力,但不构成国际法的渊源,国际法的渊源包括国际条约、国际习惯和一般法律原则。故C项错误。

国际法院作出的咨询意见没有法律拘束力。故D项错误。

11.法律职业道德的特征;对法律职业道德的理解[D]

[解析] 法律职业道德和其他职业道德相比具有更强的象征意义和感召作用,因为法律在人们的心目中是公平与正义的体现,是规范社会、惩恶扬善的最后手段,也是最强有力的手段。故A项正确。

相对于一般社会道德而言,法律职业道德具有主体的特定性、职业的特殊性和更强的约束性的特征。违反职业道德的法律职业人员要承担更大范围的责任。故B项正确。

法律职业道德本身就是围绕着法律的一套规范体系,因此,在实践中,法律职业道德中的很多内容都以纪律规范形式体现出来。纪律规范的形式,见诸文字,故具有较强的现实操作性。故C项正确。

法律职业道德和一般职业道德相比,尽管具有更强的约束性,但是,毕竟法律职业道德不是法律,还是归属于道德的范畴。因此,法律职业道德并不像法律一样具有严格的程序性,通过严格的程序性来实现。道德最重要的特征就是更强的自律性,法律职业道德也不例外。在实践中,只有选择合适的内化途径和适当的内化方法才能够使法律职业者将法律职业道德融进法律职业精神中。故D项错误。

12.律师的权利和义务[C]

[解析]《最高人民法院、最高人民检察院、公安部、国家安全部、司法部关于依法保障律师执业权利的规定》第6条第1款规定:"辩护律师接受犯罪嫌疑人、被告人委托或者法律援助机构的指派后,应当告知办案机关,并可以依法向办案机关了解犯罪嫌疑人、被告人涉嫌或者被指控的罪名及当时已查明的该罪的主要事实,犯罪嫌疑人、被告人被采取、变更、解除强制措施的情况,侦查机关延长侦查羁押期限等情况,办案机关应当依法及时告知辩护律师。"因此,县公安局的做法是错误的。故A项错误。

《最高人民法院、最高人民检察院、公安部、国家安全部、司法部关于依法保障律师执业权利的规定》第7条第3款规定:"看守所应当设立会见预约平台,采取网上预约、电话预约等方式为辩护律师会见提供便利,但不得以未预约会见为由拒绝安排辩护律师会见。"因此,看守所以预约作为会见的必备条件是错误的。故B项错误。

《最高人民法院、最高人民检察院、公安部、国家安全部、司法部关于依法保障律师执业权利的规定》第9条规定,辩护律师在侦查期间要求会见危害国家安全犯罪、恐怖活动犯罪、特别重大贿赂犯罪案件在押的犯罪嫌疑人的,应当向侦查机关提出申请……因有碍侦查或者可能泄露国家秘密而不许可会见的,应当向辩护律师说明理由。故C项正确。

《最高人民法院、最高人民检察院、公安部、国家安全部、司法部关于依法保障律师执业权利的规定》第35条规定:"辩护律师作无罪辩护的,可以当庭就量刑问题发表辩护意见,也可以庭后提交量刑辩护意见。"故D项错误。

13.公证遗嘱的办理及效力;公证员职责;公证机构事务[B]

[解析] 甲申办的是遗嘱公证,应由其本人亲自申办,不能让其侄子代为申办。另外,其侄子本身是公证员,也不得代理甲在其公证机构申办公证。据《公证法》第26条规定,自然人、法人或者其他组织可以委托他人办理公证,但遗嘱、生存、收养关系等应当由本人办理公证的除外。故A项错误。

从履行职责和职业道德的角度考虑,基于便民服务的原则,根据当事人的申请,公证员可以到公证处以外为其办理公证。故B项正确。

《公证法》第12条规定:"根据自然人、法人或者其他组织的申请,公证机构可以办理下列事务:……(三)保管遗嘱、遗产或者其他与公证事项有关的财产、物品、文书;……"故C项错误。

《民法典》第1142条第3款规定:"立有数份遗嘱,内容相抵触的,以最后的遗嘱为准。"故D项错误。

14.法律职业人员职业道德[C]

[解析] 法官审判案件只有做到独立,才能做到中立;只有中立,才能做到司法公正;只有做到司法公正,当事人才会信服法官的裁判。故A项正确。

检察官职业道德，是指检察官在履行检察职能的活动中，应当遵守的行为准则和规范，是检察官的职业义务、职业责任以及职业行为上的道德准则的体现。故 B 项正确。

《律师执业行为规范（试行）》第 5 条规定，本规范适用于作为中华全国律师协会会员的律师和律师事务所，律师事务所其他从业人员参照本规范执行。律师职业道德不仅规范律师的执业行为，而且规范律师事务所的行为。故 C 项错误。

公证活动证明的内容就是公证对象的真实性与合法性，故公证活动最大的特点就是公信力。故 D 项正确。

15．罪刑法定的基本内容[D]

[解析]《刑法》第 3 条明文规定了罪刑法定原则，其经典表述是："法无明文规定不为罪，法无明文规定不处罚"。罪刑法定原则的具体要求如下：（1）溯及既往的禁止，即事前的罪刑法定。犯罪及其刑罚必须在行为前预先规定，刑法不得对其公布、施行前的行为进行追溯适用。（2）排斥习惯法，即成文的罪刑法定。犯罪与刑罚必须由立法者通过特定程序以文字的形式记载下来，刑事司法应以成文法为准，而不能适用习惯法。（3）合理解释刑法，禁止类推解释，即严格的罪刑法定。类推解释是对事先在法律上没有规定予以处罚的行为进行处罚，属于司法恣意对国民的行为进行压制，这是不被允许的。（4）刑罚法规的适当，即确定的罪刑法定，包括刑罚的明确性、禁止处罚不当罚的行为、禁止不确定刑三方面内容。题干的空格填：事前、成文、严格、确定。故 D 项正确。

16．因果关系；介入因素[D]

[解析] 甲开枪射击乙，乙躲闪而击中乙身后的丙。这是一种客观联系，虽然与甲预期杀害乙的发展过程不相符合，但并不影响甲的行为与丙的死亡之间因果关系的成立，这是由因果关系的客观性决定的。根据法定符合说，甲的行为是打击错误，并且没有超出同一犯罪构成，甲的行为与丙的死亡之间具有因果关系。故 A 项错误。

甲追赶小偷乙的行为被社会允许，乙慌忙中撞上疾驰的汽车身亡，作为介入因素的撞车行为是乙死亡的根本原因，乙的死亡与甲的行为没有因果关系。故 B 项错误。

"条件说"认为，在数个行为共同导致一个结果的情况下，如果除去一个行为结果将发生，除去全部行为结果将不发生，则全部行为都是结果发生的原因。甲、乙没有意思联络，碰巧同时向丙开枪，且均打中了丙的心脏就属于上述情形。因此应认定甲、乙的行为与丙的死亡之间均具有因果关系。故 C 项错误。

尽管甲的投毒行为足以造成乙的死亡，但丙的枪

杀行为的介入中断了甲的行为与乙的死亡结果的因果关系，所以甲的投毒行为与乙的死亡不具有因果关系。故 D 项正确。

17．违法性认识错误对故意成立的影响；违法性认识的可能性[B]

[解析] 故意的认识要素之一是有违法性意识。通常没有违法性意识不是排除故意罪责的理由，但是如果连"违法性认识的可能性"都没有，则认为不具备违法性意识的要素，不成立故意。违法性认识，是指认识到自己的行为是违法的。违法性认识的可能性，是指行为人在实施符合构成要件的行为时，能够认识到自己的行为是违法的，即对刑法的禁止规范或评价规范违反的认识，大体是对形式的违法性的认识。当行为人认识到自己的行为侵犯了某种法益，但合理地相信自己的行为并不被刑法所禁止时，即违法性的错误不可回避时，就不具有非难可能性。例如，行为人遵从最高人民法院的判例产生了违法性的认识错误，或者信赖了主管机关的见解产生了违法性的认识错误，这些错误应属于不可避免的错误，不具有非难可能性。甲在以书面形式向法院咨询后，法院正式书面答复其行为合法，可以认为甲没有违法性认识的可能性，不成立犯罪。故 B 项正确。

18．正当防卫的时间条件[A]

[解析]《关于依法适用正当防卫制度的指导意见》第 6 条中规定，对于不法侵害是否已经开始或者结束，应当立足防卫人在防卫时所处情境，按照社会公众的一般认知，依法作出合乎情理的判断，不能苛求防卫人。对于防卫人因为恐慌、紧张等心理，对不法侵害是否已经开始或者结束产生错误认识的，应当根据主客观相统一原则，依法作出妥当处理。根据该规定，A 项正确。

19．拒不支付劳动报酬罪[D]

[解析] 根据《刑法》第 276 条之一的规定，拒不支付劳动报酬罪，是指以转移财产、逃匿等方法逃避支付劳动者的劳动报酬或者有能力支付而不支付劳动者的劳动报酬，数额较大，经政府有关部门责令支付仍不支付的行为。该条第 2、3 款规定："单位犯前款罪的，对单位判处罚金，并对其直接负责的主管人员和其他直接责任人员，依照前款的规定处罚。有前两款行为，尚未造成严重后果，在提起公诉前支付劳动者的劳动报酬，并依法承担相应赔偿责任的，可以减轻或者免除处罚。"据此，本罪是不作为犯罪，即不履行支付劳动报酬的义务。成立本罪有个前置条件：经政府有关部门责令支付仍不支付。本罪的从宽处罚条件是：尚未造成严重后果，在提起公诉前支付劳动者的劳动报酬，并依法承担相应赔偿责任。

本案中，经劳动部门下达责令支付通知书后，甲仍不支付，构成拒不支付劳动报酬罪。在侦查期间，

也即在提起公诉前,甲主动支付了所欠工资。这种行为属于从宽处罚条件,而不是免除刑事责任的事由。因此,对甲仍应追究刑事责任,只是可以减轻或者免除处罚。故 D 项错误,当选。A、B、C 项的说法均是正确的。

20．犯罪未遂[D]

[解析] 为了贩卖毒品而购买毒品,属于贩卖毒品罪的预备行为。贩卖毒品罪的实行行为是出售行为,开始实施出售毒品的行为才是贩卖毒品行为的"着手",将毒品实际交易给购买者才是"既遂"。因此,以贩卖为目的,在网上订购毒品,付款后尚未取得毒品即被查获的,仅属于贩卖毒品罪预备,而非未遂。故 A 项错误。

国家工作人员非法收受的是请托人给予的现金支票,可以随时支取,属于收受贿赂的行为,构成犯罪既遂。故 B 项错误。

行贿罪既遂与未遂的标志是交付是否完成,交付完成即为犯罪既遂。因此 C 项已经构成行贿罪的既遂,即使第二天钱款被退回,也不能影响犯罪既遂的成立。故 C 项错误。

行为人虽然实施了诈骗行为,受骗人也基于这一信任主动交付财物而造成财产损失,但是由于受害人误操作并未汇入行为人的账户,行为人并未实际控制钱款,构成犯罪未遂。故 D 项正确。

21．帮助犯的故意[C]

[解析]《刑法》第 25 条第 1 款规定,共同犯罪是指二人以上共同故意犯罪。现阶段,刑法理论上及近年来考试对"共同犯罪"的成立采取"部分犯罪共同说",即只要各行为人的犯罪行为存在部分的"共同",客观共同、主观共同,二者之间就成立共同犯罪。客观上的共同是指各行为人客观上"手拉手",共同在客观上推进事情的发展;主观上的共同是指各行为人对于客观上共同推进的事情,各行为人主观上均明知,并且也知道彼此在相互共同努力。

本题中,甲有杀人的故意,"入户"杀人。乙有盗窃的故意,"入户"盗窃。A 项,甲利用不知情的乙,甲的行为成立故意杀人罪的间接正犯。乙无杀人的故意,不可能成立故意杀人罪的共犯。故 A 项错误。B 项,乙虽然有帮助盗窃的故意,但由于甲没有盗窃行为,根据共犯从属性说,乙不构成盗窃罪的帮助犯。故 B 项错误。C 项,甲主观上有"入户"杀人的故意,是非法侵入住宅罪与故意杀人罪的吸收犯,应成立故意杀人罪。乙主观上只有"入户"盗窃的故意,但由于其所谓的"盗窃"行为根本不具有侵犯他人财产法益的可能,故只能认定为非法侵入住宅罪。甲、乙二人至少在"非法侵入住宅罪"(即"入户")的范围内可以成立共同犯罪。故 C 项正确。D 项,由于乙不构成盗窃罪的帮助犯,更不存在根据盗窃罪来量刑的问

题。故 D 项错误。

22．虚报注册资本罪;虚假出资罪;抽逃出资罪[D]

[解析] 虚报注册资本罪,是指申请公司登记的个人或者单位,使用虚假证明文件或者采取其他欺诈手段虚报注册资本,欺骗公司登记主管部门,取得公司登记,虚报注册资本数额巨大、后果严重或者有其他严重情节的行为。虚假出资、抽逃出资罪,是指公司发起人、股东违反公司法的规定未交付货币、实物或者未转移财产权,虚假出资,或者在公司成立后又抽逃其出资,数额巨大、后果严重或者有其他严重情节的行为。本案中,甲向乙借款的行为、B 公司向 A 公司借款的行为,均符合民商法的规定,在民商法上这是合法行为。B 公司向 A 公司借款 50 万元形成了 A 公司对 B 公司的债权,A 公司的资产并未受到损害,不能构成抽逃出资罪,应当认定为无罪。故 D 项正确,当选。

23．破坏交通设施罪;结果加重犯[C]

[解析] 结果加重犯要求加重结果是基本犯罪行为本身的高度危险的直接现实化。破坏交通设施罪的结果加重犯要求加重结果必须是破坏交通设施本身的高度危险导致的结果。陈某的行为虽然造成了死亡结果,但该死亡结果不是由于火车倾覆、毁坏造成的,而是破坏轨道时将螺栓砸飞击中在附近玩耍的幼童造成的,且陈某对幼童的死亡也不存在犯罪故意,不构成故意杀人罪。因此,陈某的行为同时触犯破坏交通设施罪的基本犯与过失致人死亡罪,成立想象竞合犯,对此应以破坏交通设施罪的基本犯论处。故 A、B、D 项错误,C 项正确。

24．死刑的适用[A]

[解析]《刑法》第 48 条第 1 款规定,死刑只适用于罪行极其严重的犯罪分子。A 项中,当甲的杀人行为被评价为"罪行极其严重"时可判处甲死刑,符合《刑法》第 48 条的规定,也符合罪刑相适应原则。故 A 项正确。

"罪行极其严重"是适用死刑的必要条件而非充分条件(更非充要条件)。B、C 项忽视法定量刑情节、酌定量刑情节,失之偏颇。故 B、C 项错误。

具体案件的判决应以事实为根据,以法律为准绳,尊重法律的严肃性,不能因网民呼声而影响定罪量刑。故 D 项错误。

25．假释[D]

[解析]《刑法》第 86 条第 1 款规定,被假释的犯罪分子,在假释考验期限内犯新罪,应当撤销假释,依照《刑法》第 71 条的规定,即先减后并实行并罚。故 A 项正确。

《刑法》第 86 条第 3 款规定,被假释的犯罪分子,在假释考验期内,有违反法律、行政法规或者国务院

有关部门关于假释的监督管理规定的行为,尚未构成新的犯罪的,应当依照法定程序撤销假释,收监执行未执行完毕的刑罚。故 B 项正确。

《刑法》第 86 条第 2 款规定,在假释考验期限内,发现被假释的犯罪分子在判决宣告以前还有其他罪没有判决的,应当撤销假释,依照《刑法》第 70 条的规定,即先并后减实行并罚。故 C 项正确。

《刑法》第 85 条规定,对假释的犯罪分子,在假释考验期限内,如果没有发现新罪、漏罪,也没有违反法律、法规或者国务院有关部门关于假释的监督管理规定的行为,假释考验期满,就认为原判刑罚已经执行完毕。因此,在假释考验期满后发现漏罪的,不能撤销假释,而应对漏罪直接作出判决。故 D 项错误。

26.交通肇事罪和重大责任事故罪的界限;不作为犯罪的认定[A]

[解析] 交通肇事罪要求违反交通运输管理法规,行为人必须在从事交通运输过程中或者与正在进行的交通运输活动有直接关系。如果发生与交通运输工具有关的重大事故,但不是在交通运输活动过程中,则不构成交通肇事罪。本案中,建筑工地并不属于公共交通运输领域,因此,甲开翻斗车不小心将工友撞死、撞伤的行为不成立交通肇事罪,而是成立重大责任事故罪。故 A 项错误,当选;B、C 项正确,不当选。此外,甲为逃避法律责任而将丙带离事故现场后遗弃,这一行为将丙置于更危险的境地,最终丙不得救治而亡。因此,甲的行为还成立不作为的故意杀人罪。故 D 项正确,不当选。

27.高利转贷罪与骗取贷款罪;非国家工作人员受贿罪与对非国家工作人员行贿罪[C]

[解析] 根据《刑法》第 175 条的规定,高利转贷罪是指以转贷牟利为目的,套取金融机构信贷资金高利转贷他人,违法所得数额较大的行为。根据《刑法》第 175 条之一的规定,骗取贷款罪是指以欺骗手段取得银行或其他金融机构贷款,给其造成重大损失的行为。甲、乙以 X 公司名义假借购买钢材为由向银行借款 1000 万元,实际将借款以高于银行利息 5 个百分点借给丙并各收取了 10 万元好处费,半年后,甲、乙即向银行归还本息并未造成银行重大损失,甲、乙构成高利转贷罪。又依据《刑法》第 163、164 条的规定,甲、乙构成非国家工作人员受贿罪,丙构成对非国家工作人员行贿罪。故 C 项正确,A、B、D 项错误。

28.私自毁弃邮件罪的犯罪客体[D]

[解析] 侵犯通信自由罪与私自开拆、隐匿、毁弃邮件、电报罪都是侵犯公民民主权利(隐私权)的犯罪。二者的区别在于行为主体的身份不同,前者是一般主体,后者是邮政工作人员。此外,前者主要是开拆他人信件,获得信件中的内容,后者主要是毁弃他人信件,行为人无获取信件内容的故意。退回的信函本身属于信函,涉及当事人的隐私,甲实施了毁弃行为,构成私自毁弃邮件罪。退回的信函处于邮政中心的管理过程中,属于公共财物,甲将其非法据为己有属于贪污行为,但 500 公斤的信件只能卖 200 元,数额太小,不可能成立贪污罪。故 D 项正确。

29.盗窃罪与侵占罪的区别[A]

[解析] 侵占罪是指将代为保管的他人财物或他人遗忘物、埋藏物非法占为己有,数额较大,拒不退还的行为。

因冰雪灾害,被大雪压垮了的乙的房屋,其里面的财物对于所有人而言具有巨大价值,并且不是所有权不明、埋藏于地下或包藏于他物中的埋藏物。雪灾发生后、灾害结束前,财物所有人或负有救灾义务的组织还未对财物进行清理,这种未清理状态非人为因素,而系不可抗力原因,并且乙家中的财产掩埋地点明显,还处于财物所有人或负有救灾义务的组织的可控范围之内。甲的行为是在财物所有人乙躲避雪灾而暂时离开家园的情况下实施,即是所有人不在场或不知情的前提下实施,具有秘密性。而且其中的财产并不属于遗忘物,乙并未对其丧失占有。甲作为乙的邻居,明知所有人所处受灾状态,还趁机占有他人财产,其主观恶性较大,更非侵占罪可评价范围。故依据主客观相一致原则,对甲定盗窃罪。故 A 项正确,B、C 项错误。

甲侵犯他人数额较大的财物,在民法上属于民事侵权行为。民事违法行为根据具体情形,也可能属于犯罪行为,二者之间不是非此即彼的关系,完全可能一行为具有双重法律属性。故 D 项错误。

30.伪造身份证件罪;伪造国家机关证件罪;教唆犯、间接正犯的认定[A]

[解析] 甲伪造身份证与房产证的行为,已经构成伪造身份证件罪与伪造国家机关证件罪。但是中介公司并没有受到甲的教唆,教唆犯是指以授意、怂恿、劝说、利诱或者其他方法故意唆使他人犯罪的人,要求必须有教唆行为和教唆故意。故该公司与甲不成立共犯关系,甲不成立教唆犯。故 A 项错误,当选。

正犯相当于我国刑法理论中的实行犯,包括直接正犯(直接实行犯)和间接正犯(间接实行犯)。其中直接正犯,是指亲自实施犯罪,实现了犯罪构成要件的行为,并对此承担刑事责任的人。甲亲自实施了伪造身份证与房产证的行为,并利用不知情的中介公司实施了诈骗行为,成立诈骗罪的间接正犯,故甲是诈骗罪、伪造身份证件罪与伪造国家机关证件罪的正犯。故 B 项正确,不当选。

甲伪造居民身份证和房产证的行为是为了实施诈骗行为,二者之间是手段与目的的关系,而且在实践中具有极高的并发性,故属于牵连犯。根据牵连犯择一重罪处罚的原则,对于甲应以诈骗罪一罪处罚。故 C、D 项正确,不当选。

31．提出回避的形式;回避的决定权;对驳回回避申请的复议权[C]

[解析]《刑事诉讼法》第 19 条第 2 款规定:"人民检察院在对诉讼活动实行法律监督中发现的司法工作人员利用职权实施的非法拘禁、刑讯逼供、非法搜查等侵犯公民权利、损害司法公正的犯罪,可以由人民检察院立案侦查。对于公安机关管辖的国家机关工作人员利用职权实施的重大犯罪案件,需要由人民检察院直接受理的时候,经省级以上人民检察院决定,可以由人民检察院立案侦查。"本题中,刑讯逼供是司法工作人员利用职权实施的犯罪,属于人民检察院管辖。《高检规则》第 25 条规定:"检察人员自行回避的,应当书面或者口头提出,并说明理由。口头提出的,应当记录在案。"可知,王某可以口头提出自行回避的申请。故 A 项正确,不当选。

《刑事诉讼法》第 31 条第 2 款规定:"对侦查人员的回避作出决定前,侦查人员不能停止对案件的侦查。"故 B 项正确,不当选。

《刑事诉讼法》第 31 条第 1 款规定:"审判人员、检察人员、侦查人员的回避,应当分别由院长、检察长、公安机关负责人决定;院长的回避,由本院审判委员会决定;检察长和公安机关负责人的回避,由同级人民检察院检察委员会决定。"本题中,刑讯逼供由人民检察院立案侦查。王某是检察院的侦查人员,其回避由检察长决定,而不是公安机关负责人决定。故 C 项错误,当选。

《刑事诉讼法》第 31 条第 3 款规定:"对驳回申请回避的决定,当事人及其法定代理人可以申请复议一次。"故 D 项正确,不当选。

32．有权委托诉讼代理人的主体[B]

[解析]《刑事诉讼法》第 46 条规定,公诉案件的被害人及其法定代理人或者近亲属,附带民事诉讼的当事人及其法定代理人,自案件移送审查起诉之日起,有权委托诉讼代理人。自诉案件的自诉人及其法定代理人,附带民事诉讼的当事人及其法定代理人,有权随时委托诉讼代理人。《刑事诉讼法》第 108 条第 5 项规定,"诉讼代理人"是指公诉案件的被害人及其法定代理人或者近亲属、自诉案件的自诉人及其法定代理人委托代为参加诉讼的人和附带民事诉讼的当事人及其法定代理人委托代为参加诉讼的人;第 6 项规定,"近亲属"是指夫、妻、父、母、子、女、同胞兄弟姊妹。

根据上述法条可知,本题 A 项中,涉嫌强奸罪被告人的父亲,有权委托辩护人,但无权委托诉讼代理人。故 A 项错误。B 项中抢劫案被害人的胞妹,属于

公诉案件被害人的近亲属,有权自案件移送审查起诉之日起委托诉讼代理人。故 B 项正确。而附带民事被告人、自诉人,只有其本人及其法定代理人有权委托诉讼代理人,他们的近亲属无权委托诉讼代理人。故 C、D 项均错误。

33．证人证言的审查判断[B]

[解析]《刑诉解释》第 89 条规定:"证人证言具有下列情形之一的,不得作为定案的根据:(一)询问证人没有个别进行的;(二)书面证言没有经证人核对确认的;(三)询问聋、哑人,应当提供通晓聋、哑手势的人员而未提供的;(四)询问不通晓当地通用语言、文字的证人,应当提供翻译人员而未提供的。"

《刑诉解释》第 90 条规定:"证人证言的收集程序、方式有下列瑕疵,经补正或者作出合理解释的,可以采用;不能补正或者作出合理解释的,不得作为定案的根据:(一)询问笔录没有填写询问人、记录人、法定代理人姓名以及询问的起止时间、地点的;(二)询问地点不符合规定的;(三)询问笔录没有记录告知证人有关权利义务和法律责任的;(四)询问笔录反映出在同一时段,同一询问人员询问不同证人的;(五)询问未成年人,其法定代理人或者合适成年人不在场的。"

由上述法条可知,A、C、D 三项的证人证言,均不能作为定案的根据,B 项的证人证言,经补正或者作出合理解释后,可以作为证据使用。故 B 项当选。

34．证据的证明力[D]

[解析]《刑事诉讼法》第 55 条规定:"对一切案件的判处都要重证据,重调查研究,不轻信口供。只有被告人供述,没有其他证据的,不能认定被告人有罪和处以刑罚;没有被告人供述,证据确实、充分的,可以认定被告人有罪和处以刑罚。证据确实、充分,应当符合以下条件:(一)定罪量刑的事实都有证据证明;(二)据以定案的证据均经法定程序查证属实;(三)综合全案证据,对所认定事实已排除合理怀疑。"

A 项中,只有甲的供述,没有其他证据,不能对甲作出有罪认定。故 A 项错误。

B 项中,在直接证据的运用中应遵循孤证不能定案的原则,只有被害人甲的指认,不能对乙作出有罪认定。故 B 项错误。

C 项中,对于会计而言,只有局长的证言;对于局长而言,只有会计的证言。仅有孤证且相互矛盾,不能对会计和局长作出有罪认定。故 C 项错误。

D 项中,不仅有甲乙的供述,而且甲乙同时开枪,被害人丙身中一弹,也就是说,还有枪作为物证的存在以及丙身中一弹的事实,只是查不清楚这一枪是谁打中的,这种情况下,甲乙属于"同时犯",可以对该案作出有罪认定。故 D 项正确。

35．审查批准逮捕[B]

[解析]《刑事诉讼法》第88条规定："人民检察院审查批准逮捕，可以讯问犯罪嫌疑人；有下列情形之一的，应当讯问犯罪嫌疑人：（一）对是否符合逮捕条件有疑问的；（二）犯罪嫌疑人要求向检察人员当面陈述的；（三）侦查活动可能有重大违法行为的。人民检察院审查批准逮捕，可以询问证人等诉讼参与人，听取辩护律师的意见，辩护律师提出要求的，应当听取辩护律师的意见。"题干所问问题有两点需要注意：（1）时间段：检察院审查批准逮捕时；（2）"应当"而不是"可以"询问情形。依该条第1款第2项，直接选择B项。A、C、D项不属于应当讯问情形，但检察院可以决定是否讯问。

36．办案期限的重新计算[C]

[解析]《刑事诉讼法》第175条第3款规定："对于补充侦查的案件，应当在一个月以内补充侦查完毕。补充侦查以二次为限。补充侦查完毕移送人民检察院后，人民检察院重新计算审查起诉期限。"由此可知，A项中补充侦查完毕后的审查起诉期限需要重新计算。故A项不当选。

《刑事诉讼法》第160条第1款规定："在侦查期间，发现犯罪嫌疑人另有重要罪行的，自发现之日起依照本法第一百五十六条的规定重新计算侦查羁押期限。"由此可知，发现犯罪嫌疑人另有重要罪行后的侦查羁押期限也应当重新计算。故B项不当选。

《刑事诉讼法》第204条规定："在法庭审判过程中，遇有下列情形之一，影响审判进行的，可以延期审理：（一）需要通知新的证人到庭，调取新的物证，重新鉴定或者勘验的；（二）检察人员发现提起公诉的案件需要补充侦查，提出建议的；（三）由于申请回避而不能进行审判的。"C项属于上述第3项规定的情形，原则上是应当计入审限的，因为导致延期审理的原因是诉讼自身出了障碍，其消失依赖于某种诉讼活动的完成，再行开庭的时间可以预见，因此需要计入审限。故C项当选。

《刑事诉讼法》第208条第3款规定："人民检察院补充侦查的案件，补充侦查完毕移送人民法院后，人民法院重新计算审理期限。"由此可知，检察院补充侦查完毕移送法院继续审理的审理期限应当重新计算。故D项不当选。

37．侦查的司法控制[D]

[解析]要接受事前审查的侦查行为主要应包括逮捕、羁押、搜查这样一些比较严厉的措施，有的学者将其称之为强行性侦查措施，而与之相对应的任意性侦查措施的采用则可由侦查机关独立地作出决定。针对侦查过程中违法行为的存在和缺乏制裁的问题，则应对其进行事后审查。具体而言，公民对于侦查机关在侦查过程中对其合法权益的侵害，可以寻求司法途径进行救济。

逮捕、羁押、搜查等行为适用的是事前审查，而不是事后审查，故A项错误。

B项的错误在于，事前审查主要针对的是强行性侦查措施。C项的错误在于，接受事后审查的任意性侦查措施可由侦查机关独立地作出决定。

事后审查主要针对侦查过程中违法行为的存在和缺乏制裁的问题，即公民对于侦查机关在侦查过程中对其合法权益的侵害，可以寻求司法途径进行救济，故D项正确。

38．对不起诉决定的异议[C]

[解析]本案属于在诉讼活动中司法工作人员利用职权实施的犯罪，根据《刑事诉讼法》第19条第2款规定，应由检察院立案侦查，与公安机关无关。故A项错误。

《刑事诉讼法》第181条规定，对于人民检察院依照本法第177条第2款规定作出的不起诉决定，被不起诉人如果不服，可以自收到决定书后7日以内向人民检察院申诉。人民检察院应当作出复查决定，通知被不起诉的人，同时抄送公安机关。由此可知，被不起诉人甲只有对酌定不起诉决定才能提出异议，而本案属于法定不起诉。故B项错误。

《刑事诉讼法》第180条规定："对于有被害人的案件，决定不起诉的，人民检察院应当将不起诉决定书送达被害人。被害人如果不服，可以自收到决定书后七日以内向上一级人民检察院申诉，请求提起公诉。人民检察院应当将复查决定告知被害人。对人民检察院维持不起诉决定的，被害人可以向人民法院起诉。被害人也可以不经申诉，直接向人民法院起诉。人民法院受理案件后，人民检察院应当将有关案件材料移送人民法院。"由此可知，乙作为被害人有权向上一级检察院申诉。故C项正确。对于申诉后，上级检察院维持不起诉决定的，被害人提起自诉时，应遵守人民法院级别管辖的规定。本案由A地基层检察院审查起诉，且本案不属于中级法院管辖，故乙应向原作出不起诉决定的人民检察院的同级人民法院起诉，即应向基层法院提起自诉。故D项错误。

39．自诉案件的审理程序[B]

[解析]自诉案件分为三类：告诉才处理的案件，被害人有证据证明的轻微刑事案件，公诉转自诉案件。

自诉案件有"五个可以"和"两个不行"，即可以调解、和解、撤诉、反诉、适用简易程序；但公诉转自诉的案件不可以调解、不可以反诉。因此，A项说都可以调解，错误；C项说自诉案件可以反诉过于绝对，错误；B项说可以和解，正确。

D项，《刑诉解释》第317条第1款规定，自诉案件中，如果被害人死亡、丧失行为能力或者因受强制、威吓等无法告诉，或者是限制行为能力人以及因年老、患病、盲、聋、哑等不能亲自告诉，其法定代理人、近亲属告诉或者代为告诉的，人民法院应当依法受理。据此，在特殊情况下，被害人的法定代理人、近亲属亦可代为告诉，D 项错误。

40．终止审理[B]

[解析] 根据《刑法》第 270 条第 3 款规定，某甲的行为属于绝对的告诉才处理的案件，必须由被害人向法院提起自诉，而不能由检察院对侵占罪提起公诉，法院对此案不能违反"不告不理"原则而作出有罪判决，因此 D 项错误。

C 项的错误在于，某甲的行为并非不构成犯罪。

A 项的错误在于，法院在处理公诉案件时没有"驳回起诉"这一处理方式。根据《刑事诉讼法》第 16 条规定："有下列情形之一的，不追究刑事责任，已经追究的，应当撤销案件，或者不起诉，或者终止审理，或者宣告无罪：……（四）依照刑法告诉才处理的犯罪，没有告诉或者撤回告诉的；……"本题中，被害人没有告诉，而且处于审判阶段，只可以终止审理或作出宣告无罪的判决。而某甲已被人民法院认定为有罪（侵占罪），所以不能宣告无罪，应当终止审理，故 B 项正确。

41．再审程序中原判决的执行[C]

[解析]《刑事诉讼法》第 257 条第 2 款规定："人民法院按照审判监督程序审判的案件，可以决定中止原判决、裁定的执行。"《刑诉解释》第 464 条规定："对决定依照审判监督程序重新审判的案件，人民法院应当制作再审决定书。再审期间不停止原判决、裁定的执行，但被告人可能经再审改判无罪，或者可能经再审减轻原判刑罚而致刑期届满的，可以决定中止原判决、裁定的执行，必要时，可以对被告人采取取保候审、监视居住措施。"

本题中，原审被告人邢某被判处有期徒刑且处于服刑期间，证人金某能够证明案发时邢某在外开会，无作案可能，再审邢某可能改判无罪。因此，再审法院应当"决定"（而不是"裁定"）中止原判决的执行。故 C 项正确。

42．附条件不起诉适用的条件[B]

[解析]《刑事诉讼法》第 282 条规定："对于未成年人涉嫌刑法分则第四章、第五章、第六章规定的犯罪，可能判处一年有期徒刑以下刑罚，符合起诉条件，但有悔罪表现的，人民检察院可以作出附条件不起诉的决定。人民检察院在作出附条件不起诉的决定以前，应当听取公安机关、被害人的意见。对附条件不起诉的决定，公安机关要求复议、提请复核或者被害人申诉的，适用本法第一百七十九条、第一百八十条的规定。未成年犯罪嫌疑人及其法定代理人对人民检察院决定附条件不起诉有异议的，人民检察院

应当作出起诉的决定。"

根据上述规定，附条件不起诉只适用于未成年人案件，故 A 项正确。

人民检察院作出附条件不起诉决定前，应当"听取"公安机关、被害人的意见，但无需征得其同意，故 B 项错误。

未成年犯罪嫌疑人及其法定代理人对附条件不起诉有异议的，检察院应当起诉，故 C 项正确。

有悔罪表现是附条件不起诉的条件之一，故 D 项正确。

43．强制医疗程序与普通案件诉讼程序的异同点[B]

[解析]《刑事诉讼法》第 303 条第 2 款规定，公安机关发现精神病人符合强制医疗条件的，应当写出强制医疗意见书，移送人民检察院。对于公安机关移送的或者在审查起诉过程中发现的精神病人符合强制医疗条件的，人民检察院应当向人民法院提出强制医疗的申请。人民法院在审理案件过程中发现被告人符合强制医疗条件的，可以作出强制医疗的决定。可知，法院启动强制医疗程序有两种情形：一种是根据检察院的申请启动强制医疗程序；另一种是在审判中发现符合强制医疗条件的直接决定。前者以检察院申请而启动，后者是因为检察院的起诉而发现。故 A 项错误。

《刑诉解释》第 636 条第 2 款规定，被申请人要求出庭，人民法院经审查其身体和精神状态，认为可以出庭的，应当准许。出庭的被申请人，在法庭调查、辩论阶段，可以发表意见。可知，强制医疗程序可在被申请人不到庭的情况下审理并作出强制医疗的决定，但是普通案件审理程序，刑事被告人必须要出庭。故 B 项正确。

《刑事诉讼法》第 305 条第 2 款规定，被决定强制医疗的人、被害人及其法定代理人、近亲属对强制医疗决定不服的，可以向上一级人民法院申请复议。本题 C 项的错误在于，被决定强制医疗的人可通过向上一级法院申请复议，但启动的不是"二审程序"，而是"复议程序"。故 C 项错误。

《刑诉解释》第 636 条第 1 款规定："开庭审理申请强制医疗的案件，按照下列程序进行：（一）审判长宣布法庭调查开始后，先由检察员宣读申请书，后由被申请人的法定代理人、诉讼代理人发表意见；（二）法庭依次就被申请人是否实施了危害公共安全或者严重危害公民人身安全的暴力行为、是否属于依法不负刑事责任的精神病人、是否有继续危害社会的可能进行调查；调查时，先由检察员出示证据，后由被申请人的法定代理人、诉讼代理人出示证据，并进行质证；必要时，可以通知鉴定人出庭对鉴定意见作出说明；（三）法庭辩论阶段，先由检察员发言，后由被申请人

的法定代理人、诉讼代理人发言,并进行辩论。"由此可见,强制医疗案件审理,也要区分法庭调查和法庭辩论阶段。故 D 项错误。

44.公务员的录用制度[C]

[解析]《公务员法》第 33 条规定:"录用特殊职位的公务员,经省级以上公务员主管部门批准,可以简化程序或者采用其他测评办法。"据此,录用特殊职位公务员的程序是可以简化的,但是必须经过"省级以上公务员主管部门"批准,而 A 项中的批准机关市公安局不是省级以上公务员主管部门,故 A 项错误。

《公务员法》第 26 条规定:"下列人员不得录用为公务员:(一)因犯罪受过刑事处罚的;(二)被开除中国共产党党籍的;(三)被开除公职的;(四)被依法列为失信联合惩戒对象的;(五)有法律规定不得录用为公务员的其他情形的。"据此,只要曾被开除过公职,即使业务和能力优秀也不能被录用为公务员,故 B 项错误。

《公务员法》第 34 条规定:"新录用的公务员试用期为 1 年。试用期满合格的,予以任职;不合格的,取消录用。"据此,李某试用期满不合格,市环保局决定对其取消录用的做法符合本条规定,故 C 项正确。

《公务员法》第 31 条规定:"招录机关根据考试成绩确定考察人选,并进行报考资格复审、考察和体检。体检的项目和标准根据职位要求确定。具体办法由中央公务员主管部门会同国务院卫生健康行政部门规定。"由此可知,体检的项目和标准的具体办法应当由中央公务员主管部门会同国务院卫生健康行政部门规定,国务院卫生健康行政部门无权自己规定,更不存在报中央公务员主管部门备案的问题,故 D 项错误。

45.规章的制定、名称、内容及备案程序[D]

[解析]《规章制定程序条例》第 7 条规定:"规章的名称一般称'规定'、'办法',但不得称'条例'。"本题 A 项中某省政府所在地的市政府有权制定规章,但将其制定的规章定名为"条例"是错误的,故 A 项错误。

《规章制定程序条例》第 34 条规定:"规章应当自公布之日起 30 日内,由法制机构依照立法法和《法规规章备案条例》的规定向有关机关备案。"本题 B 项中某省政府应在规章公布后 30 日内向省人大常委会备案,而不是 60 日,故 B 项错误。

《规章制定程序条例》第 9 条规定:"涉及国务院两个以上部门职权范围的事项,制定行政法规条件尚不成熟,需要制定规章的,国务院有关部门应当联合制定规章。有前款规定情形的,国务院有关部门单独制定的规章无效。"由此可知,对涉及国务院甲乙两部委职权范围的事项,须由这些部门联合制定规章,

而非由一个部门单独制定规章,故 C 项错误。

《规章制定程序条例》第 5 条第 2 款规定:"制定规章,应当体现行政机关的职权与责任相统一的原则,在赋予有关行政机关必要的职权的同时,应当规定其行使职权的条件、程序和应承担的责任。"由此可知,规定行政机关职权的同时明确其应承担的责任,这是规章制定的基本原则,故 D 项正确。此外,本题也可直接依据"责任政府"的原理判定 D 项正确。

46.行政许可的延续[C]

[解析]《行政许可法》第 50 条第 1 款规定:"被许可人需要延续依法取得的行政许可的有效期的,应当在该行政许可有效期届满 30 日前向作出行政许可决定的行政机关提出申请。但是,法律、法规、规章另有规定的,依照其规定。"由此可知,规章可以另行规定行政许可延续的申请期限,因此,《办法》作为部门规章,其所规定的延续许可证申请期限有效。故 A 项错误。

《行政许可法》第 50 条第 1 款规定,法律、法规、规章可以规定不同于 30 日的行政许可延续的申请期限。因此,尽管《办法》在《行政许可法》制定前颁布,但是《办法》对于行政许可延续的申请期限的例外规定是有效的,不论规章规定时间的早晚。故 B 项错误。

《行政许可法》第 50 条第 2 款规定:"行政机关应当根据被许可人的申请,在该行政许可有效期届满前作出是否准予延续的决定;逾期未作决定的,视为准予延续。"据此,如甲公司依法提出申请,某省通信管理局应在甲公司许可证有效期届满前作出是否准予延续的决定。故 C 项正确。

根据《办法》规定可知,甲公司应提前 90 日申请延续许可证。D 项中甲公司依法提出申请,而省通信管理局在 60 日内未予答复,此时甲公司的经营许可证尚未到期,省通信管理局完全可以在剩余 30 日内(行政许可有效期届满前)予以答复;即使 90 日期满后未予答复,也应视为准予延续,而非拒绝延续。故 D 项错误。

47.行政处罚决定程序与行政强制执行[D]

[解析]《行政处罚法》第 59 条规定:"行政机关依照本法第五十七条的规定给予行政处罚,应当制作行政处罚决定书。行政处罚决定书应当载明下列事项:……(五)申请行政复议、提起行政诉讼的途径和期限;……"据此,国土资源局的决定书应载明不服该决定申请行政复议或提起行政诉讼的途径和期限。故 A 项说法正确,不当选。

根据具体行政行为与当事人之间的权益关系,可以将具体行政行为分为授益性行政行为和负担性行政行为:为当事人授予权利、利益或者免除负担义务

的,是授益性行政行为,如行政许可;为当事人设定义务或者剥夺其权益的,是负担性行政行为,如行政处罚。国土资源局的决定使陈某负担了拆除房屋并恢复土地原状的义务,当属负担性行政行为,具体来说属于行政处罚。故 B 项说法正确,不当选。

《行政诉讼法》第 46 条第 1 款规定:"公民、法人或者其他组织直接向人民法院提起诉讼的,应当自知道或者应当知道作出行政行为之日起 6 个月内提出。法律另有规定的除外。"若《土地管理法》对起诉期限有特别规定,应适用《土地管理法》的特殊期限。故 C 项说法正确,不当选。

《行政强制法》第 13 条规定:"行政强制执行由法律设定。法律没有规定行政机关强制执行的,作出行政决定的行政机关应当申请人民法院强制执行。"法律没有规定国土资源局有强拆房屋的执行权,国土资源局须申请法院强制执行。对此,《土地管理法》第 83 条的规定,建设单位或者个人对责令限期拆除的行政处罚决定不服的,可以在接到责令限期拆除决定之日起 15 日内,向人民法院起诉;期满不起诉又不自行拆除的,由作出处罚决定的机关依法申请人民法院强制执行,费用由违者承担。因此,国土资源局没有自己执行的权力,只能申请人民法院强制执行。故 D 项说法错误,当选。

48.行政强制措施[B]

[解析] 行政强制措施,是指行政机关在行政管理过程中,为制止违法行为、防止证据损毁、避免危害发生、控制危险扩大等情形,依法对公民的人身自由实施暂时性限制,或者对公民、法人或者其他组织的财物实施暂时性控制的行为。A 项中的封存是为了后续审计的顺利进行,属于行政强制措施。B 项暂扣驾驶证是公安交警对违法驾车的驾驶员的制裁,属于行政处罚。C 项扣押纳税人价值相当于应纳税款的商品,目的是保证后续行政决定的执行,属于行政强制措施。D 项约束至酒醒是为了避免或防止醉酒的人发生危害,属于行政强制措施。故 B 项当选,A、C、D 项不当选。

49.政府信息公开的申请及收费;政府信息的范围;《政府信息公开条例》的适用[A]

[解析]《政府信息公开条例》第 29 条第 1 款规定:"公民、法人或者其他组织申请获取政府信息的,应当向行政机关的政府信息公开工作机构提出,并采用包括信件、数据电文在内的书面形式;采用书面形式确有困难的,申请人可以口头提出,由受理该申请的政府信息公开工作机构代为填写政府信息公开申请。"本题中,甲村一村民向某县政府申请查阅会议纪要,在采用书面形式确有困难的情况下可以口头提出申请。故 A 项正确。

《政府信息公开条例》第 2 条规定:"本条例所称

政府信息,是指行政机关在履行行政管理职能过程中制作或者获取的,以一定形式记录、保存的信息。"本题中,会议纪要是在县政府召开协调会,处理甲乙两村用地争议的过程中作出的,这属于行政机关在履行职责的过程中制作的信息,属于政府信息,应受《政府信息公开条例》规制,并且我国《政府信息公开条例》并未对政府信息生成的时间作限制,因此只要属于政府信息,无论是在《政府信息公开条例》生效前制作,还是之后制作,均受该条例约束。故 B、C 项错误。

《政府信息公开条例》第 42 条规定:"行政机关依申请提供政府信息,不收取费用。但是,申请人申请公开政府信息的数量、频次明显超过合理范围的,行政机关可以收取信息处理费……"故 D 项错误。

50.侵犯人身自由赔偿金的计算[C]

[解析]《国家赔偿法》第 33 条规定:"侵犯公民人身自由的,每日赔偿金按照国家上年度职工日平均工资计算。"同时,《办理刑事赔偿案件适用法律若干问题的解释》第 21 条第 1 款规定:"国家赔偿法第 33 条、第 34 条规定的上年度,是指赔偿义务机关作出赔偿决定时的上一年度;复议机关或者人民法院赔偿委员会改变原赔偿决定,按照新作出决定时的上一年度国家职工平均工资标准计算人身自由赔偿金。"在本案中,县公安局于 2005 年 12 月作出给予李某赔偿的决定书,因此 2005 年为有关机关作出赔偿决定的年度。尽管李某于 2006 年先后向市公安局和市法院赔偿委员会提出复议和申请,但是二者均作出维持决定,这意味着本案的赔偿仍以作出原赔偿决定时(2005 年)的上年度即 2004 年度国家职工日平均工资计算。故 C 项正确。

二、多项选择题

51.立法权限;立法程序;法律监督[BD]

[解析] 根据《立法法》第 10 条规定,全国人民代表大会制定和修改刑事、民事、国家机构的和其他的基本法律。全国人民代表大会常务委员会制定和修改除应当由全国人民代表大会制定的法律以外的其他法律;在全国人民代表大会闭会期间,对全国人民代表大会制定的法律进行部分补充和修改,但是不得同该法律的基本原则相抵触。全国人民代表大会可以授权全国人民代表大会常务委员会制定相关法律。据此,只有全国人大有权制定基本法律,在未得到全国人大授权的情况下,全国人大常委会无权制定基本法律。故 A 项错误。

《立法法》第 77 条第 1 款规定:"行政法规由总理签署国务院令公布。"第 109 条第 1 项规定,行政法规报全国人民代表大会常务委员会备案。故 B 项正确。

《立法法》第78条规定:"行政法规签署公布后,及时在国务院公报和中国政府法制信息网以及在全国范围内发行的报纸上刊载。在国务院公报上刊登的行政法规文本为标准文本。"故C项错误。

《立法法》第108条规定:"改变或者撤销法律、行政法规、地方性法规、自治条例和单行条例、规章的权限是:……(二)全国人民代表大会常务委员会有权撤销同宪法和法律相抵触的行政法规,有权撤销同宪法、法律和行政法规相抵触的地方性法规,有权撤销省、自治区、直辖市的人民代表大会常务委员会批准的违背宪法和本法第八十五条第二款规定的自治条例和单行条例;……"故D项正确。

52.正式的法的渊源与非正式的法的渊源;法律解释的种类[BD]

[解析]法律规则和法律原则均属于法律规范,法律规范由国家制定或认可,属于正式的法的渊源。法学学说属于非正式法律渊源,当然不能作为法律原则。故A项错误。

根据解释主体和解释效力的不同,法律解释可以分为正式解释和非正式解释。正式解释,通常也叫法定解释,是指由特定的国家机关、官员或其他有解释权的人对法律作出的具有法律上约束力的解释。非正式解释,通常也叫学理解释,一般是指由学者或其他个人及组织对法律规定所作的不具有法律约束力的解释。在我国,法律学说只是学者观点,不具有法律约束力。故B项正确。

法学学说在当代中国属于非正式的法的渊源,不具有明文规定的法律效力,但具有法律说服力并能够构成法律人的法律决定的大前提的准则来源,对案件的处理具有参照力、说服力。无论是民事、刑事还是行政案件,均可以引用法学学说作为说理依据。故C项错误。在法律条文需要解释时,参考法学学说有助于作出正确解释。故D项正确。

53.民族自治地方的自治权[ABCD]

[解析]《民族区域自治法》第32条第2款规定:"民族自治地方的自治机关有管理地方财政的自治权。凡是依照国家财政体制属于民族自治地方的财政收入,都应当由民族自治地方的自治机关自主地安排使用。"故A项正确。

《民族区域自治法》第19条规定:"民族自治地方的人民代表大会有权依照当地民族的政治、经济和文化的特点,制定自治条例和单行条例。自治区的自治条例和单行条例,报全国人民代表大会常务委员会批准后生效。自治州、自治县的自治条例和单行条例报省、自治区、直辖市的人民代表大会常务委员会批准后生效,并报全国人民代表大会常务委员会和国务院备案。"故B项正确。

《民族区域自治法》第25条规定:"民族自治地

方的自治机关在国家计划的指导下,根据本地方的特点和需要,制定经济建设的方针、政策和计划,自主地安排和管理地方性的经济建设事业。"故C项正确。

《民族区域自治法》第38条第2款规定:"民族自治地方的自治机关组织、支持有关单位和部门收集、整理、翻译和出版民族历史文化书籍,保护民族的名胜古迹、珍贵文物和其他重要历史文化遗产,继承和发展优秀的民族传统文化。"故D项正确。

54.全国人大常委会委员长会议;法律提案主体[AD]

[解析]《立法法》第29条第1款规定:"委员长会议可以向常务委员会提出法律案,由常务委员会会议审议。"故A项正确。

《立法法》第32条第1款规定:"列入常务委员会会议议程的法律案,一般应当经三次常务委员会会议审议后再交付表决。"据此可知,应当由常委会审议,而非委员长会议审议。故B项错误。

《立法法》第40条规定:"列入常务委员会会议议程的法律案,应当在常务委员会会议后将法律草案及其起草、修改的说明等向社会公布,征求意见,但是经委员长会议决定不公布的除外。向社会公布征求意见的时间一般不少于三十日。征求意见的情况应当向社会通报。"不是"可以公布",而是"应当公布"。故C项错误。

《立法法》第38条规定:"专门委员会之间对法律草案的重要问题意见不一致时,应当向委员长会议报告。"故D项正确。

55.国家机构[AB]

[解析]《选举法》第49条规定,全国和地方各级人民代表大会的代表受选民和原选举单位的监督。故A项正确。

《宪法》第93条第3款规定,中央军事委员会实行主席负责制。故B项正确。

《地方组织法》第79条第2款规定,地方各级审计机关依照法律规定独立行使审计监督权,对本级人民政府和上一级审计机关负责。由此可见,地方审计机关是双重领导体制,既接受本级政府的领导,又接受上一级审计机关的领导。故C项错误。

《地方组织法》第85条规定:"省、自治区的人民政府在必要的时候,经国务院批准,可以设立若干派出机关。县、自治县的人民政府在必要的时候,经省、自治区、直辖市的人民政府批准,可以设立若干区公所,作为它的派出机关。市辖区、不设区的市的人民政府,经上一级人民政府批准,可以设立若干街道办事处,作为它的派出机关。"市辖区的政府设立街道办事处,应该经上一级人民政府批准,而非本级人大的批准。故D项错误。

56．清代的审判制度；清朝的热审制度[CD]

[解析] 在明代会审制度的基础上，清朝进一步完善了重案会审制度，形成了秋审、朝审、热审等比较规范的会审体制。秋审是清朝的国家大典，是最重要的死刑复审制度。每年秋八月，九卿、詹事、科道、军机大臣、内阁大学士等共同审理全国上报的绞斩监候案件。朝审是对刑部判决的重案及京师附近斩、绞监候案件进行的复审，每年霜降后十日举行，其审判组织、方式与秋审大体相同。热审于每年小满后十日至立秋前一日，由大理寺官员会同各道御史及刑部承办京师笞杖刑案件的重审。

题干中京师的甲被判笞刑，属于热审的对象。A项描述的是秋审制度，不当选；B项描述的是朝审的时间，不当选；C项描述的是热审的审判组织，当选；D项描述的是热审的时间，当选。

57．战俘待遇[AC]

[解析] 根据《日内瓦第三公约》，战俘自其被俘起至其丧失战俘身份前应享受规定的合法待遇和相关权利。其中主要包括：(1)交战方应将战俘拘留所设在比较安全的地带。故D项错误。(2)不得将战俘扣为人质，禁止对战俘施以暴力或恫吓及公众好奇的烦扰；不得对战俘实行报复，进行人身残害或肢体残伤，或供任何医学或科学实验；不得侮辱战俘的人格和尊严。故C项正确。(3)战俘应保有其被俘时所享有的民事权利。故A项正确。(4)对战俘的衣、食、住要能维持其健康水平，不得以生活上的苛求作为处罚措施；保障战俘的医疗和医药卫生。(5)尊重战俘的风俗习惯和宗教信仰，允许他们从事宗教、文化和体育活动。(6)准许战俘与其家庭通讯和收寄邮件。(7)战俘享有司法保障，受审时享有辩护权，还享有上诉权。拘留国对战俘的刑罚不得超过对其本国武装部队人员同样行为所规定的刑罚。禁止因个人行为而对战俘实行集体处罚、体刑和酷刑。对战俘判处死刑应特别慎重。(8)讯问战俘应使用其了解的语言。(9)不得歧视。(10)战事停止后，战俘应即予以释放并遣返，不得迟延。故B项错误。

58．执法为民；法官职业道德；文明执法[ABC]

[解析]《法官职业道德基本准则》第25条规定，加强自身修养，培育高尚道德操守和健康生活情趣，杜绝与法官职业形象不相称、与法官职业道德相违背的不良嗜好和行为，遵守社会公德和家庭美德，维护良好的个人声誉。故A、C项正确。

《法官职业道德基本准则》第24条规定："坚持文明执法，遵守司法礼仪，在履行职责过程中行为规范、着装得体、语言文明、态度平和，保持良好的职业修养和司法作风。"故B项正确。

严守办案时限，禁止拖延办案属于法官职业道德"保障司法公正"中的"提高司法效率"内容，与文明

执法无关。故D项错误。

59．犯罪中止与犯罪未遂的观点学说[ABD]

[解析] 犯罪中止，是指犯罪人认为能够继续犯罪而主动放弃犯罪。犯罪未遂，是指犯罪人认为无法继续犯罪而被迫放弃犯罪。其中，犯罪人认为"能够继续犯罪"，属于前提条件(外在条件)。犯罪人认为"自己是主动放弃犯罪"，属于主观条件(内在条件)。做题时，需先判断"继续犯罪的可能性"，再判断"放弃犯罪的主动性与被迫性"。

本题中，根据观点一，基于同情、后悔而放弃犯罪，可以成立犯罪中止。这是限定主观说的看法。基于此，行为一：甲举刀砍杀乙，乙求饶："请可怜可怜我！"甲见乙可怜而放弃犯罪。甲成立犯罪中止。故A项正确。

根据观点二，客观上能继续犯罪，主观上放弃犯罪，即使从伦理角度看不能继续犯罪，也能成立犯罪中止。这是主观说的看法。基于此，行为二：甲举刀砍杀父亲，刀已经举起，又觉得对方是亲生父亲，难以下手，便放弃犯罪。甲成立犯罪中止。故B项正确。

根据观点三，犯罪人经过理性判断，认为不能继续犯罪而放弃犯罪，属于犯罪未遂；犯罪人基于感性因素(同情、后悔、恐惧等非理性因素)而放弃犯罪，属于犯罪中止。这是犯罪人理性说的看法。基于此，行为三：甲举刀砍杀妻子，此时年幼的孩子走进来，哀求甲不要杀妈妈。甲不忍心在孩子面前杀妻子，便放弃犯罪。甲成立犯罪中止。故C项错误。

根据观点四，若从社会一般人的角度看，当时不能继续犯罪，那么可以认为，犯罪人也是在不能继续犯罪的情况下而放弃犯罪，不构成犯罪中止，而构成犯罪未遂。这是客观说的看法。基于此，行为四：甲准备朝乙开枪，警察们赶到，举枪朝向甲，要求甲住手。甲见状逃离。甲成立犯罪未遂，因为从社会一般人角度看，此时无法继续犯罪。故D项正确。

60．因果关系；认识错误；间接正犯[ACD]

[解析] 甲为杀乙，实施了足以导致其死亡的杀人行为，该行为直接导致了丁的死亡，而且没有甲的行为，就不会有丁的死亡，故甲的行为与丁的死亡之间存在因果关系，甲的行为成立犯罪。故A项正确。

对于B项，需要判断甲是否存在认识错误，是对象错误还是打击错误。具体的判断步骤是：第一步，判断行为人对实害对象及结果持何种心理。甲在公共道路设置路障，想摔死骑摩托车的乙，此时甲一定会认识到，在公共道路设置路障，即使是偏僻路段，也有可能将其他骑车的路人摔死。这表明甲对其他路人的死亡持放任的态度，这是一种间接故意。结果路人丁骑车摔死，这种死亡是在甲的间接故意的认识范围内的。由于甲对实害对象及结果不是持过失心理，由此排除了构成打击错误的可能。第二步，判断行为

人在实施行为时对实害对象的身份有无认识错误。甲在设置路障时，对实害对象丁、欲害对象乙的身份并没有认识错误，没有"误将丁当作乙"的心理活动。因此，甲也不构成对象错误。综上分析，甲没有任何事实认识错误。由于甲对实害对象丁的死亡持间接故意，因此甲构成故意杀人罪既遂。故 B 项错误。

【特别提醒】(1)判断是否存在认识错误，首先应判断对实害对象及结果持何种心理，而不能先判断对实害对象的身份有无认识错误。(2)在判断行为人对实害对象的身份有无认识错误时，应以行为实施时的认识为标准，而不能以结果发生时的认识为标准。

丙明知甲设置的障碍有导致骑车人摔死的紧迫现实危险，而利用该障碍致使丁死亡，成立故意杀人罪既遂，而且客观的违法事实与丙之前预想的违法事实完全一致，不存在事实认识错误问题。故 C 项正确。

间接正犯的成立条件是：对实行者具有支配力。一个人对他人能形成支配力，主要源于两种情形：一是强制手段。典型情形是强迫被害人实施自损行为。二是欺骗手段。典型情形是欺骗被害人实施自损行为。本题中，丙的确利用了甲的行为，但要注意，这里的"利用"只是普通的利用，不是间接正犯能形成支配力的"利用"。具体来说，丙能够成为间接正犯，要形成支配力，但不是对甲形成支配力，因为当丙欺骗被害人丁时，甲的行为已经实施完毕，丙对甲的行为并没有支配力。丙能够成为间接正犯，利用的是被害人丁的不知情，欺骗丁自行陷入死亡之地。丙通过这种欺骗对被害人丁形成支配力，构成故意杀人罪的间接正犯。但 D 项说"丙利用甲的行为造成丁死亡"，也是说得通的，因为丙的确"利用"了甲的行为，只是需要知道，这里的"利用"只是普通的利用，不是指间接正犯能形成支配力的"利用"。综上，D 项正确。

【特别提醒】成为间接正犯，要形成支配力，但这里的支配力是对被害人的支配力。

61．抢劫致人死亡的认定［ABCD］

[解析]《关于抢劫过程中故意杀人案件如何定罪问题的批复》规定，行为人为劫取财物而预谋故意杀人，或者在劫取财物过程中，为制服被害人反抗而故意杀人的，以抢劫罪定罪处罚。甲为压制王某反抗将其刺成重伤，3 小时后王某被冻死，死亡的结果与甲抢劫行为具有因果关系，甲属于抢劫致人死亡。故 A 项正确。

乙抢劫妇女高某财物时，路人曾某上前制止，乙用自制火药枪将其打死的行为，属于抢劫致人死亡的情形。因其致第三人死亡的原因仍为使抢劫顺利进行。故 B 项正确。

丙为压制严某的反抗而刺杀他，只是因严某的自保而刺死了其同伙贺某，属于打击错误，并不影响丙

的抢劫致人死亡的认定。故 C 项正确。

丁盗窃时被被害人邱某发现，邱某阻止丁离开，丁开车将邱某撞死，依据《刑法》第 269 条的规定，丁转化为抢劫罪，属于抢劫致人死亡的情形。故 D 项正确。

62．危害公共安全犯罪［ABCD］

[解析]甲把蜂窝煤点燃从高处扔向人群，引发火灾，构成放火罪，属于危害公共安全的犯罪。故 A 项正确。**【特别提醒】**注意：按照司法解释的规定，即使高空抛的是普通物品，只要对楼下人有具体危险，则这种高空抛物行为就构成以危险方法危害公共安全罪。具体见《最高人民法院关于依法妥善审理高空抛物、坠物案件的意见》的规定：故意从高空抛弃物品，尚未造成严重后果，但足以危害公共安全的，依照以危险方法危害公共安全罪定罪处罚；致人重伤、死亡或者使公私财产遭受重大损失的，依照过失以危险方法危害公共安全罪处罚。为伤害、杀害特定人员实施上述行为的，依照故意伤害罪、故意杀人罪定罪处罚。甲把蜂窝煤点燃从高处扔向人群，足以危害公共安全，并且引发火灾，导致多人伤亡的危险，应成立以危险方法危害公共安全罪。

《刑法》第 133 条之二（妨害安全驾驶罪）规定："对行驶中的公共交通工具的驾驶人员使用暴力或者抢控驾驶操纵装置，干扰公共交通工具正常行驶，危及公共安全的，处一年以下有期徒刑、拘役或者管制，并处或者单处罚金。前款规定的驾驶人员在行驶的公共交通工具上擅离职守，与他人互殴或者殴打他人，危及公共安全的，依照前款的规定处罚。有前两款行为，同时构成其他犯罪的，依照处罚较重的规定定罪处罚。"故 B、C 项正确。

《关于办理涉窨井盖相关刑事案件的指导意见》第 1、2 条规定：(1)盗窃、破坏正在使用中的社会机动车通行道路上的窨井盖，足以使汽车、电车发生倾覆、毁坏危险，尚未造成严重后果的，依照《刑法》第 117 条的规定，以破坏交通设施罪定罪处罚；造成严重后果的，依照《刑法》第 119 条第 1 款的规定处罚。过失造成严重后果的，依照《刑法》第 119 条第 2 款的规定，以过失损坏交通设施罪定罪处罚。(2)盗窃、破坏人员密集往来的非机动车道、人行道以及车站、码头、公园、广场、学校、商业中心、厂区、社区、院落等生产生活、人员聚集场所的窨井盖，足以危害公共安全，尚未造成严重后果的，依照《刑法》第 114 条的规定，以以危险方法危害公共安全罪定罪处罚；致人重伤、死亡或者使公私财产遭受重大损失的，依照《刑法》第 115 条第 1 款的规定处罚。过失致人重伤、死亡或者使公私财产遭受重大损失的，依照《刑法》第 115 条第 2 款的规定，以过失以危险方法危害公共安全罪定罪处罚。丁的行为属于盗窃正在使用中的社会机

动车通行道路上的窨井盖,并使车辆发生倾覆,发生严重交通事故,造成严重后果,构成以危险方法危害公共安全犯罪,具体是成立破坏交通设施罪。故 D 项正确。

63．货币犯罪的认定[ABC]

[解析]《关于审理伪造货币等案件具体应用法律若干问题的解释(二)》第 5 条规定,以使用为目的,伪造停止流通的货币,或者使用伪造的停止流通的货币,以诈骗罪定罪处罚。故 A 项正确。

《关于审理伪造货币等案件具体应用法律若干问题的解释(二)》第 3 条规定,以正在流通的境外货币为对象的假币犯罪,依照假币犯罪定罪处罚。伪造正在流通但在我国尚无法兑换的境外货币的,成立伪造货币罪。故 B 项正确。

将白纸冒充假币卖给他人,其本人并没有持有、伪造货币,所谓的"假币"只是其实施诈骗的"工具"而已,因而根本不构成与货币相关的犯罪,但却构成诈骗罪。故 C 项正确。

《关于审理伪造货币等案件具体应用法律若干问题的解释(二)》第 2 条规定,同时采用伪造和变造手段,制造真伪拼凑货币的行为,依照《刑法》第 170 条的规定,以伪造货币罪定罪处罚。故 D 项错误。

64．盗窃罪;犯罪形态;敲诈勒索罪[BCD]

[解析] 丙从乙处偷走自行车,即构成盗窃罪既遂。一旦成立既遂,便不可能成立中止。故 A 项正确,B 项错误。

敲诈勒索罪的实行行为是恐吓行为,即以恶害相通告,使对方产生恐惧心理,对方基于恐惧心理而交付财物。丙向乙提出"按照 5000 元价格将车卖给你",尚未达到使乙恐惧的程度,因此不属于恐吓行为,不构成敲诈勒索罪。故 C 项错误。

成立盗窃罪,要求盗窃行为违背被害人(占有人)的意愿,这里的被害人是指财物的现实占有人。本题中,丙的盗窃行为的被害人是乙,因为乙是财物的占有人。丙的行为显然违背了乙的意愿,所以构成盗窃罪。虽然甲是财物的所有权人,但是甲没有占有财物,所以不是丙的盗窃行为的直接被害人,因此是否违背甲的意愿并不影响盗窃罪的成立。故 D 项错误。

65．组织他人偷越国(边)境罪;共同犯罪的认定;单位犯罪[AB]

[解析] 组织他人偷越国(边)境罪的既遂标准是被组织者非法出境或入境。荣某带领的人员已经成功偷越了边境,因此荣某构成该罪既遂。故 A 项正确。

朱某、侯某与荣某构成共同犯罪,根据"部分实行、全部负责"原则,若荣某构成犯罪既遂,则朱某、侯某也构成犯罪既遂。故 B 项正确。

荣某、罗某相互之间不构成共同犯罪。首先,荣某、罗某不是偷越国(边)境的领导者,而是执行者,二者独立执行任务,对另一方没有提供物理性的贡献。其次,荣某、罗某虽然知道对方也在进行偷越国(边)境的行为,但是这种知道并不会给自己或对方产生实质的心理性贡献。由此可见,荣某、罗某各自独立从事犯罪行为,不构成共同犯罪。此外,如果组织中的某个成员知道其他成员在犯罪,便让其对其他成员的犯罪负责,则与该成员的角色地位明显不符。因此,罗某不用对荣某的既遂结果负责,罗某构成犯罪未遂。故 C 项错误。

组织他人偷越国(边)境罪是自然人犯罪,不是单位犯罪。即使是单位行为,也仅对主管人员和其他直接责任人追究自然人的刑事责任。故 D 项错误。

66．滥用职权罪;玩忽职守罪[CD]

[解析] 造成火灾并非渎职行为本身所引起的,而是介入了"他人电炉操作不当"的因素,这一行为并非秦某的职务行为,秦某的职务行为与此火灾没有因果关系,秦某不成立玩忽职守罪。故 A 项错误。

武某作为县卫计局执法监督大队队长,防止他人非法行医是其职责所在,但何某刚刚开始非法行医 3 天即造成严重后果,无法认定武某严重不负责任,武某不构成玩忽职守罪。故 B 项错误。

柳某的滥用职权行为使得房主获得了 90 万元补偿款,使得国家利益遭受损失,二者之间具有因果关系,柳某成立滥用职权罪。故 C 项正确。

郑某作为县长,擅自允许未经环境评估的水电工程开工,导致该县水域内濒危野生鱼类全部灭绝,该行为符合滥用职权罪的犯罪构成,构成滥用职权罪。故 D 项正确。

67．被害人的诉讼权利[ABCD]

[解析]《刑事诉讼法》第 111 条第 3 款规定,公安机关、人民检察院或者人民法院应当保障报案人、控告人、举报人及其近亲属的安全。报案人、控告人、举报人如果不愿公开自己的姓名和报案、控告、举报的行为,应当为他保密。本题中,高某作为被害人,有权要求不公开自己的姓名和报案行为。故 A 项正确。

《刑事诉讼法》第 112 条规定,人民法院、人民检察院或者公安机关对于报案、控告、举报和自首的材料,应当按照管辖范围,迅速进行审查,认为有犯罪事实需要追究刑事责任的时候,应当立案;认为没有犯罪事实,或者犯罪事实显著轻微,不需要追究刑事责任的时候,不予立案,并且将不立案的原因通知控告人。控告人如果不服,可以申请复议。B 项中,如公安机关不立案,公安机关应将不立案的原因通知高某,高某有权要求其告知不立案的原因。故 B 项正确。

《刑事诉讼法》第148条规定,侦查机关应当将用作证据的鉴定意见告知犯罪嫌疑人、被害人。如果犯罪嫌疑人、被害人提出申请,可以补充鉴定或者重新鉴定。由此可得知,作为证据使用的鉴定意见,经申请可以补充或者重新鉴定。故C项正确。

《刑事诉讼法》第180条规定:"对于有被害人的案件,决定不起诉的,人民检察院应当将不起诉决定书送达被害人。被害人如果不服,可以自收到决定书后七日以内向上一级人民检察院申诉,请求提起公诉。人民检察院应当将复查决定告知被害人。对人民检察院维持不起诉决定的,被害人可以向人民法院起诉。被害人也可以不经申诉,直接向人民法院起诉。人民法院受理案件后,人民检察院应当将有关案件材料移送人民法院。"本案中,若检察院作出不起诉决定,高某可以向上一级人民检察院申诉,也可以直接向法院提起自诉。故D项正确。

68. 证人出庭作证制度[AD]

[解析]《刑事诉讼法》第192条第1、2款规定:"公诉人、当事人或者辩护人、诉讼代理人对证人证言有异议,且该证人证言对案件定罪量刑有重大影响,人民法院认为证人有必要出庭作证的,证人应当出庭作证。人民警察就其执行职务时目击的犯罪情况作为证人出庭作证,适用前款规定。"可知,人民警察就其执行职务时目击的犯罪情况出庭作证,适用证人作证的有关规定,A项正确。警察非执行职务时的身份同于一般普通公民,其所目击的犯罪情况同样适用证人作证的规定,依据当然解释,B项错误。

《刑事诉讼法》第193条第1款规定:"经人民法院通知,证人没有正当理由不出庭作证的,人民法院可以强制其到庭,但是被告人的配偶、父母、子女除外。"可知,采取强制到庭措施的条件是证人没有正当理由拒绝出庭,而且对被告人的配偶、父母、子女不得采取强制到庭措施。C项中的强制到庭理由违背了上述法律规定,同时也没有说明不得强制到庭人员的例外情况,C项错误。

《刑事诉讼法》第193条第2款规定:"证人没有正当理由拒绝出庭或者出庭后拒绝作证的,予以训诫,情节严重的,经院长批准,处以十日以下的拘留。被处罚人对拘留决定不服的,可以向上一级人民法院申请复议。复议期间不停止执行。"可知,对于证人拒绝到庭作证的,应当予以训诫,只有在情节严重时,才可以处以10日以下的拘留,D项正确。

69. 审查批捕阶段讯问犯罪嫌疑人的程序[ABCD]

[解析]《高检规则》第280条规定:"人民检察院办理审查逮捕案件,可以讯问犯罪嫌疑人;具有下列情形之一的,应当讯问犯罪嫌疑人:(一)对是否符合逮捕条件有疑问的;(二)犯罪嫌疑人要求向检察人员当面陈述的;(三)侦查活动可能有重大违法行

为的;(四)案情重大、疑难、复杂的;(五)犯罪嫌疑人认罪认罚的;(六)犯罪嫌疑人系未成年人的;(七)犯罪嫌疑人是盲、聋、哑人或者是尚未完全丧失辨认或者控制自己行为能力的精神病人的。讯问未被拘留的犯罪嫌疑人,讯问前应当听取公安机关的意见。办理审查逮捕案件,对被拘留的犯罪嫌疑人不予讯问的,应当送达听取犯罪嫌疑人意见书,由犯罪嫌疑人填写后及时收回审查并附卷。经审查认为应当讯问犯罪嫌疑人的,应当及时讯问。"

本题中,A项属于上述第1项情形;B项属于上述第2项情形;C项属于上述第3项情形,因为根据《刑事诉讼法》第85条第2款规定,拘留后,应当立即将被拘留人送看守所羁押,至迟不得超过24小时;D项属于上述第7项情形。由此可知,本题正确答案为A、B、C、D四项。

70. 司法鉴定过程中特殊情况的处理[ABC]

[解析]《刑事诉讼法》第32条第1款规定,回避适用于书记员、翻译人员和鉴定人。可知,鉴定人员应当依照有关规定实行回避。故A项正确。

《关于司法鉴定管理问题的决定》第10条规定:"司法鉴定实行鉴定人负责制度。鉴定人应当独立进行鉴定,对鉴定意见负责并在鉴定书上签名或者盖章。多人参加的鉴定,对鉴定意见有不同意见的,应当注明。"据此,某鉴定机构的鉴定人钱某对某盗窃案进行了声像资料鉴定,该司法鉴定应由钱某负责,B项正确。鉴定意见不实行少数服从多数原则,故鉴定人之间意见不一致的,应注明不同意见,故D项错误。

《刑事诉讼法》第192条第3款规定:"公诉人、当事人或者辩护人、诉讼代理人对鉴定意见有异议,人民法院认为鉴定人有必要出庭的,鉴定人应当出庭作证。经人民法院通知,鉴定人拒不出庭作证的,鉴定意见不得作为定案的根据。"C项中当事人对胡某鉴定意见有异议,经法院依法通知,胡某应当出庭作证,C项正确。

71. 量刑程序[AC]

[解析]《关于规范量刑程序若干问题的意见》第3条规定:"对于可能判处管制、缓刑的案件,侦查机关、人民检察院、人民法院可以委托社区矫正机构或者有关社会组织进行调查评估,提出意见,供判处管制、缓刑时参考。社区矫正机构或者有关社会组织收到侦查机关、人民检察院或者人民法院调查评估的委托后,应当根据委托机关的要求依法进行调查,形成评估意见,并及时提交委托机关。对于没有委托进行调查评估或者判决前没有收到调查评估报告的,人民法院经审理认为被告人符合管制、缓刑适用条件的,可以依法判处管制、宣告缓刑。"可见,检察院既可以单独制作量刑建议书,也可以在公诉意见书中提

出量刑建议，故 A 项正确。

《关于规范量刑程序若干问题的意见》第 4 条规定："侦查机关在移送审查起诉时，可以根据犯罪嫌疑人涉嫌犯罪的情况，就宣告禁止令和从业禁止向人民检察院提出意见。人民检察院在提起公诉时，可以提出宣告禁止令和从业禁止的建议。被告人及其辩护人、被害人及其诉讼代理人可以就是否对被告人宣告禁止令和从业禁止提出意见，并说明理由。人民法院宣告禁止令和从业禁止，应当根据被告人的犯罪原因、犯罪性质、犯罪手段、悔罪表现、个人一贯表现等，充分考虑与被告人所犯罪行的关联程度，有针对性地决定禁止从事特定的职业、活动，进入特定区域、场所，接触特定的人等。"可见，当场旁听的人无权提出量刑意见，故 B 项错误。

《关于规范量刑程序若干问题的意见》第 7 条规定："对常见犯罪案件，人民检察院应当按照量刑指导意见提出量刑建议。对新类型、不常见犯罪案件，可以参照相关量刑规范提出量刑建议。提出量刑建议，应当说明理由和依据。"故 C 项正确。

《关于规范量刑程序若干问题的意见》第 18 条规定："人民法院、人民检察院、侦查机关或者辩护人委托有关方面制作涉及未成年人的社会调查报告的，调查报告应当在法庭上宣读，并进行质证。"可见，辩护人有权委托有关方面制作涉及未成年人的社会调查报告，故 D 项错误。

72. 简易程序;简易程序转为普通程序审理的情形[ABD]

[解析] A 项中，甲涉嫌持枪抢劫，根据《刑法》第 263 条，可能被判处 10 年以上有期徒刑、无期徒刑或者死刑，并处罚金或者没收财产。那么，需要判断的问题是:对甲能否适用简易程序? 可否由两名审判员和一名人民陪审员组成合议庭? 首先，法院对甲可以适用简易程序。因为简易程序只能适用于基层法院管辖的案件，若对甲可能判处无期徒刑或者死刑，则基层法院无权审理，中级法院第一审案件自然不可能适用简易程序。但是，若对甲可能判处 10 年以上有期徒刑，则基层法院可以审理，有适用简易程序的可能。其次，法院可以组成三人合议庭。一方面，不能组成七人合议庭。《人民陪审员法》第 16 条规定:"人民法院审判下列第一审案件，由人民陪审员和法官组成七人合议庭进行:(一)可能判处十年以上有期徒刑、无期徒刑、死刑，社会影响重大的刑事案件;……"据此，应当由法官 3 人、陪审员 4 人组成 7 人合议庭，需要满足两个条件:(1)对被告人可能判处 10 年以上有期徒刑、无期徒刑或者死刑;(2)并且属于社会影响重大的案件。本案中，甲持枪抢劫，对甲可能判处 10 年以上有期徒刑、无期徒刑或者死刑，但题中没有明确说明社会影响重大这一条件，因此，法院

由两名审判员和一名人民陪审员组成合议庭不违法。另一方面，不能独任审。甲涉嫌持枪抢劫，量刑显然超过 3 年，应当组成合议庭审理。因此，A 项"由两名审判员和一名人民陪审员组成合议庭进行审理"正确。

《刑诉解释》第 566 条规定，对未成年人刑事案件，人民法院决定适用简易程序审理的，应当征求未成年被告人及其法定代理人、辩护人的意见。上述人员提出异议的，不适用简易程序。故 B 项正确。

《刑诉解释》第 360 条规定:"具有下列情形之一的，不适用简易程序:……(五)辩护人作无罪辩护的;……"C 项中的案件不适用简易程序。故 C 项错误。

《刑诉解释》第 368 条第 1 款规定:"适用简易程序审理案件，在法庭审理过程中，具有下列情形之一的，应当转为普通程序审理:(一)被告人的行为可能不构成犯罪的;……"故 D 项正确。

73. 死刑立即执行案件复核后的处理方式[BC]

[解析]《刑诉解释》第 429 条规定:"最高人民法院复核死刑案件，应当按照下列情形分别处理:(一)原判认定事实和适用法律正确、量刑适当、诉讼程序合法的，应当裁定核准;(二)原判认定的某一具体事实或者引用的法律条款等存在瑕疵，但判处被告人死刑并无不当的，可以在纠正后作出核准的判决、裁定;(三)原判事实不清、证据不足的，应当裁定不予核准，并撤销原判，发回重新审判;(四)复核期间出现新的影响定罪量刑的事实、证据的，应当裁定不予核准，并撤销原判，发回重新审判;(五)原判认定事实正确、证据充分，但依法不应当判处死刑的，应当裁定不予核准，并撤销原判，发回重新审判;根据案件情况，必要时，也可以依法改判;(六)原审违反法定诉讼程序，可能影响公正审判的，应当裁定不予核准，并撤销原判，发回重新审判。"本案中，最高法院复核后认为"全案判决认定事实正确，甲系主犯应当判处死刑立即执行，但对乙可不立即执行"，应当适用上述第 5 项规定:(1)由于甲、乙系共同犯罪，二人的犯罪事实存在关联，因此原则上应当将全案裁定不予核准，撤销原判，发回重审，故 C 项正确。(2)必要时，最高人民法院也可以对乙作出改判。注意，出现改判，法院应当使用判决。既然对甲的判决没有问题，则应同时判决核准甲死刑，故 B 项正确。A、D 项不符合法律规定，错误。

74. 法定代理人和其他合适成年人到场[AC]

[解析]《高检规则》第 465 条第 2 款规定:"讯问未成年犯罪嫌疑人，应当通知其法定代理人到场，告知法定代理人依法享有的诉讼权利和应当履行的义务。到场的法定代理人可以代为行使未成年犯罪嫌疑人的诉讼权利，代为行使权利时不得损害未成年

犯罪嫌疑人的合法权益。"第3款规定："……未成年犯罪嫌疑人明确拒绝法定代理人以外的合适成年人到场，且有正当理由的，人民检察院可以准许，但应当在征求其意见后通知其他合适成年人到场。"据此，A项正确。对于B项，根据上述规定，"法定代理人"可以代为行使未成年犯罪嫌疑人的诉讼权利，而非"合适成年人"。"合适成年人"不能代为行使未成年犯罪嫌疑人的诉讼权利，其只能代行一部分法定代理人的诉讼权利。B项中的"伯父"属于"合适成年人"，不可以代行乙的控告权，故B项错误。

《刑诉解释》第555条规定："人民法院审理未成年人刑事案件，在讯问和开庭时，应当通知未成年被告人的法定代理人到场。法定代理人无法通知、不能到场或者是共犯的，也可以通知合适成年人到场，并将有关情况记录在案。到场的法定代理人或者其他人员，除依法行使刑事诉讼法第二百八十一条第二款规定的权利外，经法庭同意，可以参与对未成年被告人的法庭教育等工作。适用简易程序审理未成年人刑事案件，适用前两款规定。"据此，询问未成年被害人，也适用讯问未成年被告人的规定，应当通知法定代理人到场，故C项正确。适用简易程序审理未成年人刑事案件，也适用普通程序审理未成年人刑事案件的规定，即在法定代理人不能到场时，应当通知其他合适成年人到场，故D项错误。

【特别提醒】解析本题也可以直接适用《刑事诉讼法》第281条："对于未成年人刑事案件，在讯问和审判的时候，应当通知未成年犯罪嫌疑人、被告人的法定代理人到场。无法通知、法定代理人不能到场或者法定代理人是共犯的，也可以通知未成年犯罪嫌疑人、被告人的其他成年亲属，所在学校、单位、居住地基层组织或者未成年人保护组织的代表到场，并将有关情况记录在案。到场的法定代理人可以代为行使未成年犯罪嫌疑人、被告人的诉讼权利。到场的法定代理人或者其他人员认为办案人员在讯问、审判中侵犯未成年人合法权益的，可以提出意见。讯问笔录、法庭笔录应当交给到场的法定代理人或者其他人员阅读或者向他宣读。讯问女性未成年犯罪嫌疑人，应当有女工作人员在场。审判未成年人刑事案件，未成年被告人最后陈述后，其法定代理人可以进行补充陈述。询问未成年被害人、证人，适用第一款、第二款、第三款的规定。"《高检规则》第465条和《刑诉解释》第555条均是对上述规定的细化。

【总结提示】(1)讯问未成年犯罪嫌疑人，必须有成年人在场。这个成年人原则上应当是法定代理人，也可以是合适成年人。若合适成年人被拒绝，就再更换合适成年人。(2)只要涉及未成年人，不论是犯罪嫌疑人还是被害人、证人，无论是普通程序还是简易程序，在讯问或者询问时都应当通知法定代理人到场。

75．缺席审判程序的适用条件［ACD］

［解析］《刑事诉讼法》第291条规定："对于贪污贿赂犯罪案件，以及需要及时进行审判，经最高人民检察院核准的严重危害国家安全犯罪、恐怖活动犯罪案件，犯罪嫌疑人、被告人在境外，监察机关、公安机关移送起诉，人民检察院认为犯罪事实已经查清，证据确实、充分，依法应当追究刑事责任的，可以向人民法院提起公诉。人民法院进行审查后，对于起诉书中有明确的指控犯罪事实，符合缺席审判程序适用条件的，应当决定开庭审判。前款案件，由犯罪地、被告人离境前居住地或者最高人民法院指定的中级人民法院组成合议庭进行审理。"可见，对于贪污贿赂犯罪案件，只要犯罪嫌疑人、被告人逃往境外，法院可以缺席审判。A项正确。但对于危害国家安全犯罪、恐怖活动犯罪案件，不仅需要嫌疑人、被告人逃往境外，还需要案件严重，有及时审理必要，经最高人民检察院核准。B项错误。

《刑事诉讼法》第296条规定："因被告人患有严重疾病无法出庭，中止审理超过六个月，被告人仍无法出庭，被告人及其法定代理人、近亲属申请或者同意恢复审理的，人民法院可以在被告人不出庭的情况下缺席审理，依法作出判决。"C项中，法院裁定中止审理6个月后，白晶仍无法出庭受审，白晶可以申请某县法院恢复审理。C项正确。

《刑事诉讼法》第297条规定："被告人死亡的，人民法院应当裁定终止审理，但有证据证明被告人无罪，人民法院经缺席审理确认无罪的，应当依法作出判决。人民法院按照审判监督程序重新审判的案件，被告人死亡的，人民法院可以缺席审理，依法作出判决。"D项中，南山死亡，某县法院认为现有证据能够证明南山无罪，可以缺席审理并作出判决。D项正确。

76．程序正当原则［AD］

［解析］程序正当原则是指行政机关进行行政行为，应当遵循正当的程序。具体包括以下三个方面的内容：第一，行政公开原则。行政机关实施行政管理，除涉及国家秘密和依法受到保护的商业秘密、个人隐私外，应当公开。第二，公众参与原则。行政机关在行政管理过程中，应当听取公民、法人和其他组织的意见。特别是对行政管理相对人作出不利的规定或者决定时，更要严格遵循法定程序，依法保障行政管理相对人的参与权。第三，回避原则。行政机关工作人员履行职责，与行政管理相对人存在利害关系时，应当回避。

A项体现了程序正当原则中公众参与的要求，D项体现了程序正当原则中回避原则的要求。B项中对因违法行政给当事人造成的损失主动进行赔偿是权责统一原则的体现，C项中严格在法律授权的范围内实施行政管理活动是合法行政原则中法律保留要求的体现。故 A、D 项正确。

77．行政诉讼举证责任分配；鉴定结论的内容；申请重新鉴定的要求[BD]

[解析]《行政诉讼法》第 34 条第 1 款规定："被告对作出的行政行为负有举证责任，应当提供作出该行政行为的证据和所依据的规范性文件。"《行政诉讼证据规定》第 6 条规定："原告可以提供证明被诉具体行政行为违法的证据。原告提供的证据不成立的，不免除被告对被诉具体行政行为合法性的举证责任。"可知，被告对被诉具体行政行为的合法性承担举证责任，而对于具体行政行为的违法性，原告享有举证的权利，但不承担举证不能的后果。故 A 项错误。

《行政诉讼证据规定》第 32 条规定："人民法院对委托或者指定的鉴定部门出具的鉴定书，应当审查是否具有下列内容：……（七）鉴定人及鉴定部门签名盖章。前款内容欠缺或者鉴定结论不明确的，人民法院可以要求鉴定部门予以说明、补充鉴定或者重新鉴定。"故 B 项正确。

《行政诉讼证据规定》第 29 条规定："原告或者第三人有证据或者有正当理由表明被告据以认定案件事实的鉴定结论可能有错误，在举证期限内书面申请重新鉴定的，人民法院应予准许。"据此，当事人申请法院重新鉴定的，应当在举证期限内以书面形式提出。故 C 项错误，D 项正确。

78．行政许可的公告[AC]

[解析]《行政许可法》第 46 条规定："法律、法规、规章规定实施行政许可应当听证的事项，或者行政机关认为需要听证的其他涉及公共利益的重大行政许可事项，行政机关应当向社会公告，并举行听证。"故 A 项正确，当选。

行政许可听证无需公告，《行政许可法》没有相关规定。故 B 项错误，不当选。

《行政许可法》第 24 条第 1 款规定："行政机关在其法定职权范围内，依照法律、法规、规章的规定，可以委托其他行政机关实施行政许可。委托机关应当将受委托行政机关和受委托实施行政许可的内容予以公告。"故 C 项正确，当选。

《行政许可法》第 69 条第 2 款规定："被许可人以欺骗、贿赂等不正当手段取得行政许可的，应当予以撤销。"据此，依法撤销行政许可不属于公告的事项，法律法规没有规定撤销行政许可应予公告。故 D 项错误，不当选。

79．治安管理处罚决定书的内容；治安管理处罚听证的适用条件；治安管理处罚决定的作出；行政诉讼的管辖[ABCD]

[解析]《治安管理处罚法》第 96 条第 1 款规定："公安机关作出治安管理处罚决定的，应当制作治安

管理处罚决定书。决定书应当载明下列内容：……（四）处罚的执行方式和期限；……"故 A 项正确。

《治安管理处罚法》第 98 条规定："公安机关作出吊销许可证以及处 2000 元以上罚款的治安管理处罚决定前，应当告知违反治安管理行为人有权要求举行听证；违反治安管理行为人要求听证的，公安机关应当及时依法举行听证。"本题中，公安局对朱某拘留 15 日并处罚款 5000 元，对于拘留决定，朱某不能申请听证，但对于罚款 5000 元的处罚，如朱某要求听证，公安局应当及时依法举行听证。故 B 项正确。

《治安管理处罚法》第 94 条第 2 款规定："违反治安管理行为人有权陈述和申辩。公安机关必须充分听取违反治安管理行为人的意见，对违反治安管理行为人提出的事实、理由和证据，应当进行复核；违反治安管理行为人提出的事实、理由或者证据成立的，公安机关应当采纳。"故 C 项正确。

修改后的《行政诉讼法》及其司法解释对"限制人身自由案件"的地域管辖规则采用了狭义理解，限制人身自由仅仅包括强制传唤、强制隔离等行政强制措施，拘留等行政处罚不包括在内。《行政诉讼法解释》第 8 条第 2 款规定："对行政机关基于同一事实，既采取限制公民人身自由的行政强制措施，又采取其他行政强制措施或者行政处罚不服的，由被告所在地或者原告所在地的人民法院管辖。"特别注意，必须包括限制人身自由的行政强制措施，才能适用该条规定，由原告所在地或被告所在地法院管辖，拘留类的行政处罚（不管是单纯的拘留，还是拘留加罚款、扣押等财产类行为）只能由被告所在地法院管辖。本案中的拘留为行政处罚，不能适用新司法解释的规定，只能由被告所在地即公安局所在地法院管辖。故 D 项正确。

80．行政强制执行的设定权[BCD]

[解析]《行政强制法》第 13 条规定："行政强制执行由法律设定。法律没有规定行政机关强制执行的，作出行政决定的行政机关应当申请人民法院强制执行。"因此，行政强制执行措施只能由法律设定，其他规范性文件不得设定。故 B、C、D 项当选，A 项不当选。

81．政府信息公开的范围、方式[AB]

[解析]《政府信息公开条例》第 29 条第 2 款规定："政府信息公开申请应当包括下列内容：（一）申请人的姓名或者名称、身份证明、联系方式；……"故 A 项正确。

环保公益组织的业务活动就是保护环境，而公益诉讼是保护环境的有效途径，所以，该组织因公益诉讼需要申请公开该信息，与其自身生产、生活、科研等特殊需要有密切关系。另外，需要特别注意的是，2019 修订的《政府信息公开条例》取消了"根据自身生产、生活、科研等特殊需要申请公开政府信息"的

要求,即便政府信息与生产、生活、科研等特殊需要无关,也可以申请公开。故 B 项正确。

由于该公益组织提起环境公益诉讼维护的是普遍的公共利益,而不是某片单独区域的利益,既然统一提出申请,那么,该企业的若干个基地的环境影响评价报告、排污许可证均应当公开,因此该申请的内容是明确的。此外,《政府信息公开条例》第 30 条规定:"政府信息公开申请内容不明确的,行政机关应当给予指导和释明,并自收到申请之日起 7 个工作日内一次性告知申请人作出补正,说明需要补正的事项和合理的补正期限。答复期限自行政机关收到补正的申请之日起计算。申请人无正当理由逾期不补正的,视为放弃申请,行政机关不再处理该政府信息公开申请。"可知,即使申请内容不明确的,行政机关应当给予指导和释明,并自收到申请之日 7 个工作日内一次性告知申请人作出补正,而不是直接拒绝公开。故 C 项错误。

《政府信息公开条例》第 20 条:"行政机关应当依照本条例第 19 条的规定,主动公开本行政机关的下列政府信息:……(十三)环境保护、公共卫生、安全生产、食品药品、产品质量的监督检查情况;……"本题中,该组织申请的内容属于政府主动公开的信息。故 D 项错误。

82．行政复议参加人;证据收集;行政复议审理和决定[ABC]

[解析]《行政复议法》第 17 条第 1 款规定:"申请人、第三人可以委托一至二名律师、基层法律服务工作者或者其他代理人代为参加行政复议。"公司作为复议申请人,可以委托代理人,故 A 项正确。

《行政复议法》第 46 条第 1 款规定:"行政复议期间,被申请人不得自行向申请人和其他有关单位或者个人收集证据;自行收集的证据不作为认定行政行为合法性、适当性的依据。"故 B 项正确。

《行政复议法》第 49 条规定:"适用普通程序审理的行政复议案件,行政复议机构应当当面或者通过互联网、电话等方式听取当事人的意见,并将听取的意见记录在案。因当事人原因不能听取意见的,可以书面审理。"据此,行政复议的审理方式以灵活听取当事人意见的方式为原则,以书面审理为例外,故 C 项"区政府应采取听取当事人意见的方式审理此案"的说法正确。

《行政复议法》第 63 条规定:"行政行为有下列情形之一的,行政复议机关决定变更该行政行为:(一)事实清楚,证据确凿,适用依据正确,程序合法,但是内容不适当;……"据此,对于行政行为明显不当的,如果满足事实清楚、证据确凿、适用依据正确、程序合法的条件,复议机关可以适用变更决定。故 D 项表述过于绝对,是错误的。

83．行政诉讼被告、第三人;地域管辖[CD]

[解析]《行政诉讼法》第 26 条第 2 款规定:"经复议的案件,复议机关决定维持原行政行为的,作出原行政行为的行政机关和复议机关是共同被告;复议机关改变原行政行为的,复议机关是被告。"本题中,李某不服某市公安局没收决定,向市政府申请复议,而市政府维持了某市公安局的没收决定,因此市政府和某市公安局是本案的共同被告。故 A 项错误。

B 项是本题难点。许多考生认为,根据《民法典》第 225 条规定:"船舶、航空器和机动车等的物权的设立、变更、转让和消灭,未经登记,不得对抗善意第三人。"可知,本案中的轿车已经交付给李某,所有权已经归于李某,所以市公安局对走私车的认定与田某无法律上的利害关系,并由此错误地认定 B 项正确。这种思维逻辑不够合理,对于"是否有法律上的利害关系"应当从更加缜密的角度进行判断。本题中,李某从田某处购得一辆汽车,而某市公安局认定该车是走私车,予以没收。而恰恰是关于"走私车"的认定,与田某有直接的利害关系:一方面,李某从田某处购买了轿车,作为卖方的田某对轿车承担瑕疵担保责任,如果轿车被认定为走私,即轿车的所有权存在瑕疵,田某应当对李某承担违约责任。另一方面,若田某不能作为第三人参加诉讼,将极大妨碍其通过司法途径获得救济。因为一旦被诉具体行政行为被法院维持,"走私车"将被法律所认可而成为既定事实,李某可以据此要求田某承担违约责任。如果李某提起民事诉讼,由于受行政诉讼判决的拘束,田某将不得以该轿车不是走私车作为抗辩理由,因而无法主张自己的权利。如此看来,田某与市公安局作出的没收轿车的具体行政行为有法律上的利害关系,可以成为本案的第三人。故 B 项错误。

《行政诉讼法》第 18 条第 1 款规定:"行政案件由最初作出行政行为的行政机关所在地人民法院管辖。经复议的案件,也可以由复议机关所在地人民法院管辖。"本案经过复议,因此市公安局所在地和市政府所在地的法院都有管辖权。故 C、D 项正确。

84．行政赔偿诉讼的立案、审理期限及被告的确定;行政赔偿请求的提出[BC]

[解析]《最高人民法院关于审理行政赔偿案件若干问题的规定》第 22 条第 1 款规定:"两个以上行政机关分别实施违法行政行为造成同一损害,每个行政机关的违法行为都足以造成全部损害的,各个行政机关承担连带赔偿责任。"故 A 项错误。

该司法解释第 14 条第 3 款规定:"原告在第二审程序或者再审程序中提出行政赔偿请求的,人民法院可以组织各方调解;调解不成的,告知其另行起诉。"故 B 项正确。

该司法解释第9条规定："原行政行为造成赔偿请求人损害，复议决定加重损害的，复议机关与原行政行为机关为共同被告。赔偿请求人坚持对作出原行政行为机关或者复议机关提起行政赔偿诉讼，以被起诉的机关为被告，未被起诉的机关追加为第三人。"故 C 项正确。

该司法解释第14条第2款规定："原告在第一审庭审终结前提起行政赔偿诉讼，符合起诉条件的，人民法院应当依法受理；原告在第一审庭审终结后、宣判前提起行政赔偿诉讼的，是否准许由人民法院决定。"据此，如果原告是在一审庭审终结后、宣判前提起行政赔偿诉讼的，由法院决定是否受理，并非应当受理。故 D 项错误。

85．国家赔偿的方式和计算标准[AB]

[解析]《国家赔偿法》第33条规定："侵犯公民人身自由的，每日赔偿金按照国家上年度职工日平均工资计算。"据此，对杨某被羁押，每日赔偿金按国家上年度职工日平均工资计算，故 A 项正确。

《国家赔偿法》第36条规定："侵犯公民、法人和其他组织的财产权造成损害的，按照下列规定处理：……（五）财产已经拍卖或者变卖的，给付拍卖或者变卖所得的价款；变卖的价款明显低于财产价值的，应当支付相应的赔偿金；……（七）返还执行的罚款或者罚金、追缴或者没收的金钱，解除冻结的存款或者汇款的，应当支付银行同期存款利息；……"根据该条第7项规定，B 项正确。根据该条第5项规定，财产被拍卖的，仅给付拍卖所得的价款，不存在支付赔偿金的问题，只有在财产被变卖且所得价款明显低于财产价值时，才应当支付相应的赔偿金，故 C 项错误。

《国家赔偿法》第17条规定："行使侦查、检察、审判职权的机关以及看守所、监狱管理机关及其工作人员在行使职权时有下列侵犯人身权情形之一的，受害人有取得赔偿的权利：……（三）依照审判监督程序再审改判无罪，原判刑罚已经执行的；……"本案中，杨某于2006年12月6日被交付执行，后依照审判监督程序再审改判无罪，因此杨某有权要求国家赔偿。《国家赔偿法》第35条规定："有本法第三条或者第十七条规定情形之一，致人精神损害的，应当在侵权行为影响的范围内，为受害人消除影响，恢复名誉，赔礼道歉；造成严重后果的，应当支付相应的精神损害抚慰金。"《最高人民法院关于审理国家赔偿案件确定精神损害赔偿责任适用法律若干问题的解释》第7条第1款规定："有下列情形之一的，可以认定为国家赔偿法第三十五条规定的'造成严重后果'：（一）无罪或者终止追究刑事责任的人被羁押六个月以上……"本案中，杨某从2006年12月6日一直被关押到2010年9月9日，应当认定为"造成严

重后果"，故杨某可以要求支付精神损害抚慰金，故 D 项错误。

三、不定项选择题

86．道德与法律的关系[B]

[解析] 法与道德在内容上存在相互渗透的密切关系，而不是要么是浑然一体，要么是绝然分离。故 A 项错误。

题干中表明，立法者"倾向于只将最低限度的道德要求转化为法律义务"，可知二者之间是可以相互转化的。结合现实我们也能得出一致结论，例如通奸行为在中华民国时期属于犯罪，但是，中华人民共和国成立后，通奸行为却属于道德调整的领域。故 B 项正确。

一般来说，近代以前的法在内容上与道德的重合程度极高，有时甚至浑然一体。因此，古代立法者强调法律与道德的融合，而不是分离。故 C 项错误。

近现代以法与道德之间的关系为标准，诞生两大主要法学流派，实证主义法学的典型代表分析实证主义法学强调"恶法亦法"，而非实证主义法学的典型代表自然法学派则强调"恶法非法"。故 D 项错误。

87．法与权力的关系[ACD]

[解析] 近代法治的精义在于控权，控制国家权力的目的不是将国家权力变得弱小，而是要规范国家权力的运行，使之更好地为公民服务。故法律控权实际上主要是弱化权力的不受制约性，当然同时还可以强化规范运行的权力。故 A 项正确。

近代法治理论不仅仅认识到了公权力对个人权利的侵害而控制公权力，也意识到私人权利的滥用会带来的危害后果，因而规定了对私权利的限制，如对所有权的限制。法律控制公权力，目的便是要公权力更好地为公民服务。实际上，公权力存在的目的之一，便是对肆意践踏他人权利的行为进行限制。故 B 项错误。

在最一般的意义上，法与国家权力构成相互依存、相互支撑的关系。法表述和确认国家权力，以赋予国家权力合法性的形式强化和维护国家权力。在近现代法治国家，法律对国家权力的控制方式即是对权力在形式和实质上的合法性的强调。因此说权力不被法律控制，将失去合法性。故 C 项正确。

现代法治国家，控权主要是通过法律的方式，尤其是通过程序规范权力运行的方式与步骤。总之，权力的运行方式、权利的运行方式皆须实现有法可依。因此，权力制约权力、权利制约权力实际就是在法律范围内的制约和法律程序上的制约。故 D 项正确。

88．公民财产权的限制[ABD]

[解析] 限制基本权利的基本形式有基本权利的内在限制，以及宪法和法律的限制（外部限制）。

基本权利内在限制主要指基本权利内部已确定限制的范围,即"规定基本权利的宪法条文"本身对基本权利的范围所作的限定,而不是从外部设定条件。宪法和法律的限制指宪法中"规定基本权利以外的条文",以及法律中对基本权利进行的限制,属于对基本权利的外部限制。本条对作为基本权利的财产权的限制,属于宪法中"规定基本权利以外的条文"对基本权利作出的限制,是外部限制。故 A 项正确。

《宪法》第 13 条第 3 款规定:"国家为了公共利益的需要,可以依照法律规定对公民的私有财产实行征收或者征用并给予补偿。"对公民财产的征收或者征用,必须满足以下条件:第一,必须是为了公共利益;第二,必须有明确的法律(即狭义的法律)依据;第三,必须给予补偿。故 B、D 项正确,C 项错误。

89．各级人大常委会监督权的行使[ACD]

[解析] 《监督法》第 9 条规定,各级人民代表大会常务委员会行使监督职权的情况,应当向本级人民代表大会报告,接受监督。故 A 项正确。

《监督法》第 34 条第 1 款规定,全国人民代表大会常务委员会和省、自治区、直辖市的人民代表大会常务委员会根据需要,可以委托下一级(而非下级)人民代表大会常务委员会对有关法律、法规或者相关法律制度在本行政区域内的实施情况进行检查。受委托的人民代表大会常务委员会应当将检查情况书面报送上一级人民代表大会常务委员会。故 B 项错误。

《监督法》第 54 条规定,质询案以口头答复的,由受质询机关的负责人到会答复。质询案以书面答复的,由受质询机关的负责人签署。故 C 项正确。

《监督法》第 58 条规定,调查委员会进行调查时,有关的国家机关、社会团体、企业事业组织和公民都有义务向其提供必要的材料。提供材料的公民要求对材料来源保密的,调查委员会应当予以保密。调查委员会在调查过程中,可以不公布调查的情况和材料。故 D 项正确。

90．宪法解释[ACD]

[解析] 宪法的解释机制分为三类:(1)司法机关解释。由司法机关解释宪法的做法源于美国的马伯里诉麦迪逊案,以美国为典型代表。故 A 项正确。(2)专门机关解释。这种体制是指由宪法法院、宪法委员会等专门成立的宪法解释机关对宪法作出解释,以法国及德国为代表,德国的宪法解释机关既可以结合具体案件对宪法进行说明,也可以在不存在特定诉讼案件的情况下对法律作出解释。故 B 项错误。(3)代议机关解释。起源于英国,我国采用的是此类体制,全国人大常委会是法定的宪法解释机关,它作出的解释具有最高的和普遍的约束力。故 C 项正确。

国务院作为我国最高国家权力机关的执行机关,其制定行政法规主要目的之一是执行上位法,因此,不可避免会涉及对宪法含义的理解。尽管如此,这并非宪法解释,因为在我国,只有全国人大常委会有权解释宪法。故 D 项正确。

91．侵占罪;盗窃罪的认定[A]

[解析] 侵占罪是指以非法占有为目的,将他人交给自己保管的财物、遗忘物或者埋藏物非法据为己有,数额较大,拒不退还的行为。本案中,刘某将抽油烟机交给王某和李某带回修理,其委托物是抽油烟机,抽油烟机在性质上属于封缄物,同时金饰并非委托保管的财物或遗忘物,且事实一中,由于刘某住在 5 楼,王某窃走金饰时刚刚行至 4 楼,此时刘某对于金饰仍具有紧密的占有状态。王某将金饰取出据为己有,属于将刘某占有的财物通过和平的手段转移为自己占有,因此构成盗窃罪。故 A 项正确,B、C、D 项错误。

92．掩饰、隐瞒犯罪所得罪[B]

[解析] 王某的行为已经构成盗窃罪,不构成侵占罪。故 A 项错误。

《刑法》第 312 条第 1 款规定,掩饰、隐瞒犯罪所得、犯罪所得收益是指明知是犯罪所得及其产生的收益而予以窝藏、转移、收购、代为销售或者以其他方法掩饰、隐瞒的行为。明知包含明知肯定是犯罪所得,也包括明知可能是犯罪所得。本案中,李某"心领神会"表明其明知该金饰可能是王某犯罪所得。王某窃取金饰后,为躲避刘某的追查将赃物转移给李某,李某明知金饰为赃物而窝藏、转移的行为构成掩饰、隐瞒犯罪所得罪。故 B 项正确。

《刑法》第 269 条规定:"犯盗窃、诈骗、抢夺罪,为窝藏赃物、抗拒抓捕或者毁灭罪证而当场使用暴力或者以暴力相威胁的,依照本法第 263 条的规定定罪处罚。"根据该规定,成立抢劫罪要求犯"盗窃、诈骗、抢夺"的"当场"使用暴力。本案并不是当场使用暴力,王某的盗窃与刘某想起后的追赶存在时空上的明显间隔,不成立转化型抢劫(事后抢劫)。李某打伤刘某的行为,应成立故意伤害罪。故 C、D 项错误。

93．诈骗罪[AD]

[解析] 本案中,李某明知金饰价值 1 万元,却向亲戚郭某谎称金饰为朋友委托其出售的限量版,售价 5 万元,将赃物冒充合法财物出售,明显具有欺诈的故意,应成立诈骗罪。须注意,李某构成诈骗罪,不是因为其出卖价格高。故 A 项正确。

王某为躲避刘某追查将赃物转移给李某,李某在明知该金饰为赃物的情形下窝藏、转移的,构成掩饰、隐瞒犯罪所得罪,之后再出售的行为属于不可罚的事后行为。故 B 项错误。

刑法不保护非法的财产性利益。李某销赃所获得的价款具有违法性,王某对该赃款不享有返还请求权,李某的行为也不构成诈骗罪。故 C 项错误。

王某犯盗窃罪所得是金饰,其价格为 1 万元,事后销赃 5 万元的行为王某并不知情,因此其所犯财产犯罪的数额为 1 万元。故 D 项正确。

94.刑讯逼供罪的认定[ACD]

[解析] 刑讯逼供罪,是指司法工作人员对犯罪嫌疑人、被告人使用肉刑或者变相肉刑,逼取口供的行为。

甲是机关保卫处长,不是司法工作人员,主体不属于刑讯逼供罪的构成要件。甲的行为不是刑讯逼供。故 A 项错误,当选。

乙受聘为法院人民陪审员,属于司法工作人员范围。但乙殴打被告人刘某并非为了逼取口供,因此其行为不成立刑讯逼供罪。故 B 项正确,不当选。

丙是检察官,为逼取口供殴打犯罪嫌疑人郭某,致其重伤,这一事实看似符合刑讯逼供罪的构成要件,但是《刑法》第 247 条明文规定:刑讯逼供"致人伤残、死亡的",依照故意伤害罪、故意杀人罪定罪并从重处罚。这里的"伤残"应理解为重伤或者残废,不包括轻伤在内。丙明显致郭某重伤,故丙的行为应定故意伤害罪。故 C 项错误,当选。

丁是警察,询问时佯装要实施酷刑,但并未实施,不存在刑讯逼供的行为。丁的行为并不构成刑讯逼供罪。故 D 项错误,当选。

95.回避程序;回避的法定理由[AB]

[解析]《刑诉解释》第 27 条规定:"审判人员具有下列情形之一的,应当自行回避,当事人及其法定代理人有权申请其回避:(一)是本案的当事人或者是当事人的近亲属的;(二)本人或者其近亲属与本案有利害关系的;(三)担任过本案的证人、鉴定人、辩护人、诉讼代理人、翻译人员的;(四)与本案的辩护人、诉讼代理人有近亲属关系的;(五)与本案当事人有其他利害关系,可能影响公正审判的。"《最高人民法院关于审判人员在诉讼活动中执行回避制度若干问题的规定》第 1 条规定:"审判人员具有下列情形之一的,应当自行回避,当事人及其法定代理人有权以口头或者书面形式申请其回避:(一)是本案的当事人或者与当事人有近亲属关系的;(二)本人或者其近亲属与本案有利害关系的;(三)担任过本案的证人、翻译人员、鉴定人、勘验人、诉讼代理人、辩护人的;(四)与本案的诉讼代理人、辩护人有夫妻、父母、子女或者兄弟姐妹关系的;(五)与本案当事人之间存在其他利害关系,可能影响案件公正审理的。本规定所称近亲属,包括与审判人员有夫妻、直系血亲、三代以内旁系血亲及近姻亲关系的亲属。"

通过以上两个规定可以发现,A 项属于"与本案的辩护人、诉讼代理人有近亲属关系的"情形。故 A

项正确。C 项中审判长丙尽管与当事人黄某有其他利害关系,但是没有达到可能影响公正审判的程度。故 C 项错误。B 项中"一审书记员乙系林某的表弟"属于法定回避理由,乙应当回避,但是其没有回避,依据《刑事诉讼法》第 238 条规定:"第二审人民法院发现第一审人民法院的审理有下列违反法律规定的诉讼程序的情形之一的,应当裁定撤销原判,发回原审人民法院重新审判:(一)违反本法有关公开审判的规定的;(二)违反回避制度的;(三)剥夺或者限制了当事人的法定诉讼权利,可能影响公正审判的;(四)审判组织的组成不合法的;(五)其他违反法律规定的诉讼程序,可能影响公正审判的。"二审法院可以此为由裁定发回原审法院重审。故 B 项正确。

《刑诉解释》第 29 条规定:"参与过本案调查、侦查、审查起诉工作的监察、侦查、检察人员,调至人民法院工作的,不得担任本案的审判人员。在一个审判程序中参与过本案审判工作的合议庭组成人员或者独任审判员,不得再参与本案其他程序的审判。但是,发回重新审判的案件,在第一审人民法院作出裁判后又进入第二审程序、在法定刑以下判处刑罚的复核程序或者死刑复核程序的,原第二审程序、在法定刑以下判处刑罚的复核程序或者死刑复核程序中的合议庭组成人员不受本款规定的限制。"本题中,丁系二审合议庭成员,对再次上诉的案件,丁可以参加审理,无需回避。故 D 项错误。

96.法庭调查;法庭辩论[C]

[解析]《刑诉解释》第 286 条规定:"法庭辩论过程中,合议庭发现与定罪、量刑有关的新的事实,有必要调查的,审判长可以宣布恢复法庭调查,在对新的事实调查后,继续法庭辩论。"据此,法庭辩论阶段发现新的事实,是否恢复法庭调查需根据具体情况而定,并非一定要恢复法庭调查。故 A 项错误。

《刑诉解释》第 271 条第 2 款规定:"对公诉人、当事人及其法定代理人、辩护人、诉讼代理人补充的和审判人员庭外调查核实取得的证据,应当经过当庭质证才能作为定案的根据。但是,对不影响定罪量刑的非关键证据、有利于被告人的量刑证据以及认定被告人有犯罪前科的裁判文书等证据,经庭外征求意见,控辩双方没有异议的除外。"本案中,作为紧急避险的证据显然属于可能影响罪与非罪的证据,是影响定罪量刑的关键证据,应当经过当庭质证才能作为定案的根据。故 B 项错误。

《刑诉解释》第 276 条第 2 款规定:"人民法院除应当审查被告人是否具有法定量刑情节外,还应当根据案件情况审查以下影响量刑的情节:(一)案件起因;……"本案中,刘某丈夫危险驾驶的起因是刘某突发疾病,救护车无法及时赶到,可见刘某丈夫的主观恶性很小。故 C 项正确。

《刑诉解释》第 372 条规定："适用速裁程序审理案件，可以集中开庭，逐案审理。公诉人简要宣读起诉书后，审判人员应当当庭询问被告人对指控事实、证据、量刑建议以及适用速裁程序的意见，核实具结书签署的自愿性、真实性、合法性，并核实附带民事诉讼赔偿等情况。"据此，速裁程序虽无法庭调查和法庭辩论环节，但审判人员仍应当庭询问被告人对指控的证据有无异议，被告人无异议的，即应当视为经过庭审质证程序。所以，速裁程序中作为定案根据的证据，实际上也经过了庭审举证、质证程序。故 D 项错误。

97．违法所得没收程序［AB］

［解析］《刑诉解释》第 619 条第 2 款规定："利害关系人申请参加或者委托诉讼代理人参加诉讼的，应当开庭审理。没有利害关系人申请参加诉讼的，或者利害关系人及其诉讼代理人无正当理由拒不到庭的，可以不开庭审理。"第 620 条第 2 款规定："利害关系人接到通知后无正当理由拒不到庭，或者未经法庭许可中途退庭的，可以转为不开庭审理，但还有其他利害关系人参加诉讼的除外。"赵某作为在逃犯罪嫌疑人陈某的妻子，属于违法所得没收案件的利害关系人，其在一审中无故中途退庭，且一审中没有其他利害关系人参加诉讼，法庭可以转为不开庭审理。故 A 项正确。

《刑诉解释》第 624 条规定："利害关系人非因故意或者重大过失在第一审期间未参加诉讼，在第二审期间申请参加诉讼的，人民法院应当准许，并撤销原裁定，发回原审人民法院重新审判。"马某是因为生病住院没能参加一审，属于非因故意或者重大过失的情形，法庭应当准许其参加二审诉讼。故 B 项正确。

《刑诉解释》第 625 条规定："在审理申请没收违法所得的案件过程中，在逃的犯罪嫌疑人、被告人到案的，人民法院应当裁定终止审理。人民检察院向原受理申请的人民法院提起公诉的，可以由同一审判组织审理。"据此，应是"终止审理"而非"中止审理"，故 C 项错误。若检察院向原受理申请的法院（甲市中院）提起公诉，可以由同一审判组织审理，无须另行组成合议庭，故 D 项错误。

98．行政强制措施的委托；扣押的期限；扣押后行政机关的保管与检测［ABD］

［解析］《行政强制法》第 17 条第 1 款规定："行政强制措施由法律、法规规定的行政机关在法定职权范围内实施。行政强制措施权不得委托。"扣押属于行政强制措施，不得委托，因此工商局不能委托城管执法局实施扣押。故 A 项错误。

《行政强制法》第 25 条规定："查封、扣押的期限不得超过 30 日；情况复杂的，经行政机关负责人批

准，可以延长，但是延长期限不得超过 30 日。法律、行政法规另有规定的除外。延长查封、扣押的决定应当及时书面告知当事人，并说明理由。……"据此，查封、扣押的最长期限是 60 日，B 项中 90 日的期限不符合法律规定。D 项中对扣押车辆进行检测的费用，应当由工商局承担。故 B、D 项错误。

《行政强制法》第 26 条规定："……对查封的场所、设施或者财物，行政机关可以委托第三人保管，第三人不得损毁或者擅自转移、处置。因第三人的原因造成的损失，行政机关先行赔付后，有权向第三人追偿。因查封、扣押发生的保管费用由行政机关承担。"据此，对扣押车辆，工商局可以委托第三人保管。故 C 项正确。

99．行政诉讼与民事诉讼的衔接；行政诉讼的判决种类［A］

［解析］《行政诉讼法》第 61 条第 2 款规定："在行政诉讼中，人民法院认为行政案件的审理需以民事诉讼的裁判为依据的，可以裁定中止行政诉讼。"《行政诉讼法解释》第 87 条第 1 款规定："在诉讼过程中，有下列情形之一的，中止诉讼：……（六）案件的审判须以相关民事、刑事或者其他行政案件的审理结果为依据，而相关案件尚未审结的；……"该解释第 138 条第 3 款规定："人民法院在审理行政案件中发现民事争议为解决行政争议的基础，当事人没有请求人民法院一并审理相关民事争议的，人民法院应当告知当事人依法申请一并解决民事争议。当事人就民事争议另行提起民事诉讼并已立案的，人民法院应当中止行政诉讼的审理。民事争议处理期间不计算在行政诉讼审理期限内。"可见，司法解释将《行政诉讼法》第 61 条第 2 款中的"可以"限缩为"应当"。本案中，房屋买卖合同的效力直接决定了转让登记行为作出的依据是否存在，法院是否应撤销登记行为，而民事诉讼的审理结果将确定买卖合同的效力，因此该行政诉讼案件的审理必须以民事案件的裁判结果为依据，又因民事诉讼尚未审结，因此应中止行政诉讼，等待民事诉讼的判决结果。故 A 项正确。

行政诉讼中民事案件与行政案件合并审理有两种情形：一是《行政诉讼法》第 61 条第 1 款的规定："在涉及行政许可、登记、征收、征用和行政机关对民事争议所作的裁决的行政诉讼中，当事人申请一并解决相关民事争议的，人民法院可以一并审理。"二是《行政许可案件规定》第 13 条第 2 款的规定："在行政许可案件中，当事人请求一并解决有关民事赔偿问题的，人民法院可以合并审理。"可见，行政附带民事诉讼需要同时具备两个条件，一是该行政行为是许可、登记、征收、征用、裁决；二是当事人在行政诉讼中主动申请一并解决相关民事争议。本题中，虽然房屋买卖转让登记行为属于上述情形，但是当事人并没有

在行政诉讼中主动申请法院一并审理民事争议,而是向法院另行提起了民事诉讼,因此法院不可以决定合并审理。故 B 项错误。

《行政诉讼法》第 70 条规定:"行政行为有下列情形之一的,人民法院判决撤销或者部分撤销,并可以判决被告重新作出行政行为:(一)主要证据不足的;……"本案中,如法院判决房屋买卖合同无效,则行政机关的转让登记所依据的主要证据不存在,则行政行为违法,法院应判决撤销登记行为。故 C 项错误。

《行政诉讼法》第 69 条规定:"行政行为证据确凿,适用法律、法规正确,符合法定程序的,或者原告申请被告履行法定职责或者给付义务理由不成立的,人民法院判决驳回原告的诉讼请求。"如果法院判决房屋买卖合同有效,则转让登记合法,法院不应当判决维持,也不应当判决确认合法,而是应当作出驳回原告诉讼请求的判决。故 D 项错误。

100.证据的扣押;行政复议申请;滞纳金;提起行政诉讼的条件[BC]

[解析]《治安管理处罚法》第 89 条第 1 款规定:"公安机关办理治安案件,对与案件有关的需要作为证据的物品,可以扣押;对被侵害人或者善意第三人合法占有的财产,不得扣押,应当予以登记。对与案件无关的物品,不得扣押。"本案中,甲偷开的轿车为被侵害人乙所有,县公安局不得扣押。故 A 项错误。

《行政复议法实施条例》第 38 条第 2 款规定:"申请人撤回行政复议申请的,不得再以同一事实和理由提出行政复议申请。但是,申请人能够证明撤回行政复议申请违背其真实意思表示的除外。"可知,如果甲能够证明撤回复议申请违背其真实意思表示,可以同一事实和理由再次对该处罚决定提出复议申请。故 B 项正确。

《行政处罚法》第 72 条规定:"当事人逾期不履行行政处罚决定的,作出行政处罚决定的行政机关可以采取下列措施:(一)到期不缴纳罚款的,每日按罚款数额的 3% 加处罚款,加处罚款的数额不得超出罚款的数额;……"因此,甲逾期不缴纳 1000 元罚款,县公安局可以每日按罚款数额的 3% 加处罚款。故 C 项正确。

在撤回行政复议申请后,一般不能再次以同一事实理由提起复议,但当事人仍然有权向法院提起行政诉讼。不过起诉的前提有两个:(1)不属于复议前置的情形;(2)未超过起诉期限。需要注意的是,本案不是针对复议行为起诉,而是针对原处罚决定起诉,应适用 6 个月的一般起诉期限,不适用 15 日的对复议决定的起诉期限,这也是许多考生因此丢分的原因。本题中,公安机关向甲送达罚款决定的日期是 2006 年 5 月 9 日,行政诉讼的期间从次日计算,所以,向法院起诉的时间是 2006 年 5 月 10 日至 11 月 10 日,本题中当事人是在 2006 年 6 月 20 日起诉的,仍在法定起诉期限内。故 D 项错误。

试 卷 二

解 析

一、单项选择题

1. 民事行为能力;法律行为的效力[C]

[解析]《民法典》第19条规定:"八周岁以上的未成年人为限制民事行为能力人,实施民事法律行为由其法定代理人代理或者经其法定代理人同意、追认;但是,可以独立实施纯获利益的民事法律行为或者与其年龄、智力相适应的民事法律行为。"第20条规定:"不满八周岁的未成年人为无民事行为能力人,由其法定代理人代理实施民事法律行为。"本题中的两次赠与分别发生在小琴为无行为能力和限制行为能力时。

对于无行为能力人实施的法律行为的效力,《民法典》第144条规定:"无民事行为能力人实施的民事法律行为无效。"故无行为能力人不能单独实施任何法律行为,否则,均为无效。本题中,赠与画的行为,由于小琴为无行为能力人,必须由其法定代理人代为进行,由于其母亲表示拒绝,故赠与无效,A、B项错误。

对于限制行为能力人实施的法律行为的效力,《民法典》第145条第1款规定:"限制民事行为能力人实施的纯获利益的民事法律行为或者与其年龄、智力、精神健康状况相适应的民事法律行为有效;实施的其他民事法律行为经法定代理人同意或者追认后有效。"据此,纯获利益的法律行为有效,本题中关于表的赠与属于纯获利益,不需要法定代理人追认即为有效。故C项正确,D项错误。

2. 法人的分类;财团法人;基金会法人[D]

[解析]基金会法人属于财团法人,是以用于特定公益目的(本题为"资助治疗麻风病")的财产为基础成立的法人。设立人通过捐助或者遗嘱行为设立财团法人后,设立人并不成为财团法人的成员。因此,财团法人无成员,无意思机关(但有执行机关,如理事会)。设立人设立财团法人的初衷就是防止自己或他人事后擅自改变设立人的意志,以维持财团法人的目的或保存其财产。所以,因情势变更导致财团法人之目的不能达到时,由主管机关斟酌设立人的意思,变更其宗旨和目的。由此,《基金会管理条例》第15条规定:"基金会、基金会分支机构、基金会代表机构和境外基金代表机构的登记事项需要变更的,应当向登记管理机关申请变更登记。基金会修改章程,

应当征得其业务主管单位的同意,并报登记管理机关核准。"综上,本题答案为D项。

3. 重大误解;显失公平;意思表示瑕疵[D]

[解析]《民法典》第147条规定:"基于重大误解实施的民事法律行为,行为人有权请求人民法院或者仲裁机构予以撤销。"据此,一旦构成重大误解,误解人可请求撤销合同。对于重大误解的认定,《民法典总则编解释》第19条第1款规定:"行为人对行为的性质、对方当事人或者标的物的品种、质量、规格、价格、数量等产生错误认识,按照通常理解如果不发生该错误认识行为人就不会作出相应意思表示的,人民法院可以认定为民法典第一百四十七条规定的重大误解。"本题中,房屋预售合同中,陈老伯对于合同的标的物(房子)并没有认识错误,只是自己混淆了轨道交通与地铁的差异,这并不是房屋预售合同的内容,故不构成重大误解,无权主张撤销合同。故A、B项错误。

《民法典》第151条规定:"一方利用对方处于危困状态、缺乏判断能力等情形,致使民事法律行为成立时显失公平的,受损害方有权请求人民法院或者仲裁机构予以撤销。"本题中,开发商并未利用陈老伯判断能力的欠缺而使其作出不真实的意思表示,不构成显失公平。故C项错误。

《民法典》第148条规定:"一方以欺诈手段,使对方在违背真实意思的情况下实施的民事法律行为,受欺诈方有权请求人民法院或者仲裁机构予以撤销。"本题中,销售经理介绍"周边有轨道交通19号线,出行方便"等信息均为真实信息,且并未将轨道交通表述为"地铁",不构成欺诈,是陈老伯自己理解错误,因此不能因欺诈而撤销合同。故D项正确。

4. 冒名行为;无权代理;无因管理[D]

[解析]本题中,甲实施的行为不属于无权代理,而是冒名行为。因为,成立无权代理的条件之一,需涉及三方当事人(被代理人、代理人和相对人),形成三方结构(第一,被代理人与代理人间的内部关系;第二,代理人与相对人的外部关系;第三,被代理人与相对人的法律效果归属关系)。本题中,甲谎称自己是乙,向丙借款,只形成了一个双方结构(冒名行为人甲与相对人丙),因此属于冒名行为。故A项错误。被冒名人乙知情后,对甲的冒名行为予以追

认,该借款合同在乙、丙之间成立并自始有效,故 D 项正确。因被冒名人乙追认,借款合同于乙、丙间生效,乙取得借款利益源于有效的借款合同,具有法律上的原因,不成立不当得利,故 C 选项错误。

甲缺乏管理意思,因此甲的行为不成立无因管理。故 B 项错误。

5．动产物权变动;简易交付;占有改定[D]

[解析]《民法典》第 226 条规定:"动产物权设立和转让前,权利人已经依法占有该动产的,物权自法律行为生效时发生效力。"据此,如果买受人已经占有了标的物,自买卖双方达成买卖协议之时视为交付,此为简易交付。本题中,买受人黄某基于借用合同已经合法占有该自行车,自买卖合同生效时即通过简易交付的方式发生物权变动,黄某取得自行车所有权。故 A 项错误。黄某已经取得该自行车的所有权,将自行车卖给洪某的行为属于有权处分。故 B 项错误。

《民法典》第 228 条规定:"动产物权转让时,当事人又约定由出让人继续占有该动产的,物权自该约定生效时发生效力。"这是关于占有改定的规定。本题中,黄某取得自行车所有权后,通过占有改定的方式完成交付,洪某自约定生效时取得自行车所有权。故 C 项错误。

庞某不再是自行车的所有权人,不能向黄某、洪某主张原物返还请求权。故 D 项正确。

6．先占[A]

[解析]陨石,具有重大经济或科研价值的,属于国家所有,但并不意味着所有的陨石均属于国家所有。本题中并没有言明陨石具有重大经济或科研价值,也没有提供这种陨石交易违法之信息。由此,命题者意图明确,陨石当属无主物,即捡到小块陨石者,可以通过先占获得所有权。我国《民法典》虽然没有规定先占获得所有权的方式,但是,实践中认可先占获得所有权的习惯。据上述分析,潘某拾得陨石,应认定可以通过先占获得陨石的所有权。陨石落到肖某的菜地里,作为天外来物,非肖某菜地产生的孳息,肖某既没有占有的意思,也没有占有的行为,不能获得陨石的所有权。同时,肖某与潘某关于陨石所有权之争,属于关于物权归属的争议,是物权法调整的对象。综上,A 项正确,B、C、D 项错误。

7．按份共有;共有物分割[B]

[解析]《民法典》第 304 条第 1 款规定,共有人可以协商确定分割方式。10 万元转卖所得款为共有物的替代物,张某和李某约定分别享有 6 万元和 4 万元,此约定有效。李某有义务按照约定在 3 个月后返还张某 6 万元,故 A、C 项不当选。《民法典》第 593 条规定:"当事人一方因第三人的原因造成违约的,应当依法向对方承担违约责任。当事人一方和第三

人之间的纠纷,依照法律规定或者按照约定处理。"据此,李某因第三人王某的原因不能按期返还张某款项,违反了双方的约定,应当向张某承担违约责任,故 B 项应选。我国民法中,原则上债权不能成为侵权的客体。李某、张某之间是合同关系,因此不存在侵权责任适用的可能,故 D 项不当选。

8．债权质权;担保物权的从属性;流质条款;反担保[D]

[解析]在本题中,甲公司享有的债权质权是为了担保甲在承担保证责任后向乙的追偿权的实现,即反担保。所谓反担保,是指第三人为债务人向债权人提供担保时,由债务人或者债务人以外的其他人向第三人提供的确保第三人对债务人的追偿权得以实现的一种担保。这意味着,甲享有的债权质权,相对于其所担保的追偿权而言,是从权利,追偿权是主权利。当乙公司依约定向银行清偿了贷款之后,银行对于乙享有的债权消灭,此时,银行对甲享有的保证权作为从权利也随之而消灭。既然保证权已经消灭,则甲作为保证人,承担保证责任之后的追偿权自然也就不再存在,这意味着甲的债权质权所担保的主权利消灭。担保物权作为从权利,随着主权利的消灭而消灭,因此,甲的债权质权会随之而消灭。故 A 项错误。

《民法典》第 546 条第 1 款规定:"债权人转让债权,未通知债务人的,该转让对债务人不发生效力。"据此,即使经过甲的同意,乙可将对丙的债权转让给丁,但因未通知债务人丙,故该债权转让对债务人丙不发生效力,丁无权请求丙对自己履行。故 B 项错误。

《民法典》第 428 条规定:"质权人在债务履行期限届满前,与出质人约定债务人不履行到期债务时质押财产归债权人所有的,只能依法就质押财产优先受偿。"第 446 条规定:"权利质权除适用本节规定外,适用本章第一节的有关规定。"因此,不管是权利,还是动产,在设定质权时,都不能约定流质条款,即直接约定如果债务人到期不履行债务,财产直接归质权人所有。故 C 项错误。

债权质权,是准用法律关于债权转让的规定。根据《民法典》第 548 条规定:"债务人接到债权转让通知后,债务人对让与人的抗辩,可以向受让人主张。"因此,若乙公司将债权出质的事实通知了丙公司,丙公司可向甲公司主张其基于供货合同而对乙公司享有的抗辩。故 D 项正确。

9．占有[C]

[解析]甲把教材放在教室,准备吃完饭回来继续复习,依照一般社会观念,甲无抛弃对教材的管领控制地位的意思,仍维持对教材的直接占有。故 A 项错误。

乙起初仅是因为好奇而翻看,在主观上无占有的

意思,故此时乙对教材不成立直接占有,甲未失去对教材的直接占有。故 B 项错误。

乙将教材带出教室时,欲占为己有,具有占有的意思,此时,乙取得对教材的直接占有,甲对教材的直接占有因被侵夺而消灭。故 C 项正确,D 项错误。

10.顺序履行抗辩权;不安抗辩权;债务承担[C]

[解析]《民法典》第 526 条规定:"当事人互负债务,有先后履行顺序,应当先履行债务一方未履行的,后履行一方有权拒绝其履行请求。先履行一方履行债务不符合约定的,后履行一方有权拒绝其相应的履行请求。"按照约定,甲公司先付款,后乙公司交付电梯。甲公司未付款即请求乙公司交付电梯,乙公司可对甲行使顺序履行抗辩。故 A 项错误。

甲、乙、丙公司三方合意的效力在于,甲公司将对乙公司的付款义务移转给丙承担,而未将请求乙公司交付电梯的债权转让给丙,因此丙公司无权请求乙公司交付电梯。故 B 项错误。

根据《民法典》第 527 条的规定,若应当先履行的甲公司确有证据证明应当后履行的乙公司具有丧失履行债务能力的情形,甲公司可对乙公司行使不安抗辩权,中止履行自己对乙公司的合同义务。《民法典》第 553 条规定:"债务人转移债务的,新债务人可以主张原债务人对债权人的抗辩;原债务人对债权人享有债权的,新债务人不得向债权人主张抵销。"据此,6 月 1 日后,若乙公司请求丙公司履行支付电梯价款的义务,新的债务人丙公司可以援用原债务人甲公司对乙公司的不安抗辩权,中止履行。故 C 项正确。

本题中,丙公司承担甲公司对乙公司的付款义务,属于免责的债务承担,甲公司不再是债务人,乙公司不再享有请求甲公司付款的权利。故 D 项错误。

11.合同的成立及效力;抵押合同与抵押权的关系;保证合同的效力[C]

[解析] 自然人之间的借款合同,属于实践合同。《民法典》第 679 条规定:"自然人之间的借款合同,自贷款人提供借款时成立。"在达成借款协议之后,李某向方某交付了借款,借款合同已经成立;依法成立的合同,成立时即生效。故 A 项错误。

方某到期不还款的行为,构成违约,应当承担违约责任,而不是不当得利责任。故 B 项错误。

保证中,虽然保证协议没有李某签字,但是张某单方提交书面保证,李某没有表示反对,则保证合同生效,故张某应承担保证责任。故 C 项正确。

同理,刘某、李某虽未签订书面抵押合同,但刘某把房本交付给李某,李某接受,刘某、李某之间的要约、承诺意思明确,已送达对方,可以认为抵押合同成立并生效,刘某负有为李某办理房屋抵押登记的义

务。故 D 项错误。【特别提醒】房屋属于不动产,不动产设立抵押,签订抵押合同后,必须办理登记,不登记不发生抵押权的设立。但抵押合同有效,刘某若不办理抵押登记,应承担违约责任。

12.合同解除;违约责任的免责事由[A]

[解析] 根据《民法典》第 563 条第 1 款规定,因不可抗力致使不能实现合同目的,当事人可以解除合同。这是当事人享有的法定解除权,故 A 项正确。

根据《民法典》第 590 条第 1 款的规定,不可抗力是法定的免责事由,故 B、D 项错误。

山洪暴发属于不可抗力,而非商业风险,二者存在本质区别,故 C 项错误。

13.房屋承租人的优先购买权;合同的法定解除权[D]

[解析] 出租人出卖房屋未通知承租人的,由于"买卖不破租赁"规则的保护,并不阻碍合同目的的实现,因此不导致合同解除权的产生。《民法典》第 725 条规定:"租赁物在承租人按照租赁合同占有期限内发生所有权变动的,不影响租赁合同的效力。"据此,丙取得房屋所有权之时,适用"所有权变动不破除租赁关系"规则,丙法定承受出租人地位,对乙的承租权不产生影响,并不构成根本违约,乙不享有法定解除权。故 A 项错误。

《民法典》第 728 条规定:"出租人未通知承租人或者有其他妨害承租人行使优先购买权情形的,承租人可以请求出租人承担赔偿责任。但是,出租人与第三人订立的房屋买卖合同的效力不受影响。"据此,甲侵害了乙的优先购买权,乙有权请求甲承担侵权损害赔偿责任,但甲、丙间的房屋买卖合同不因此而受影响。故 B 项错误,D 项正确。

丙系善意受让人,对乙的优先购买权遭受侵害无过错,丙无须对乙承担侵权责任,故 C 项错误。

14.个人独资企业;合伙债务的清偿[C]

[解析]《合伙企业法》第 38 条规定:"合伙企业对其债务,应先以其全部财产进行清偿。"第 39 条规定:"合伙企业不能清偿到期债务的,合伙人承担无限连带责任。" 也就是说,合伙企业清偿企业的对外债务,先以合伙企业的全部财产承担清偿责任,不足部分由各普通合伙人不分份额地承担连带责任。普通合伙企业甲对丙负担的 50 万元债务,先由甲企业的 20 万元财产清偿,剩余的 30 万元,由合伙人安琚与乙企业承担连带责任。故 A、B 项错误,C 项正确。
【特别提醒】如果考查个人合伙,在债务清偿方面与合伙企业原理相同,各合伙人之间也是连带责任,即便内部有约定清偿份额,只要没有经过债权人同意,依然是连带责任。

《个人独资企业法》第 31 条规定:"个人独资企业财产不足以清偿债务的,投资人应当以其个人的其

他财产予以清偿。"由此可知,个人独资企业投资人应对企业债务承担连带责任。故 D 项错误。

15．肖像权;姓名权;名誉权;著作权侵权行为[D]

[解析] 本题中,李某使用 AI 换脸技术将视频中的刘某替换为李某,让一般公众认为该人是李某而非刘某。尽管该行为是在刘某的肖像上实施,但换脸后形成了李某的肖像,并没有丑化、污损或非法使用刘某肖像,因此并未侵害刘某的肖像权,故 A 项错误。

李某发布的视频名称中使用的是"老李"的名字,并未实施侵害刘某姓名权的行为,故 B 项错误。

李某的行为并不存在侮辱、诽谤的情形,也不会导致刘某的社会评价降低,因此并未侵害刘某的名誉权,故 C 项错误。

李某未经允许,擅自对刘某的作品进行换脸修改,并更改了署名,侵犯了刘某对该作品的著作权,故 D 项正确。

16．饲养动物侵权[D]

[解析]《民法典》第 1245 条规定:"饲养的动物造成他人损害的,动物饲养人或者管理人应当承担侵权责任;但是,能够证明损害是因被侵权人故意或者重大过失造成的,可以不承担或者减轻责任。"本题中,因饲养动物侵权造成损害的,应当由动物的饲养人王某或管理人戴某承担无过错责任。但张某偷狗被咬伤,张某对损害的发生具有重大过失,因此王某或戴某可不承担或减轻责任。故 A、B、C 项错误,D 项正确。

17．回避[C]

[解析]《民事诉讼法》第 49 条规定:"院长担任审判长或者独任审判员时的回避,由审判委员会决定;审判人员的回避,由院长决定;其他人员的回避,由审判长或者独任审判员决定。"因此,回避的决定权包括三种情况:院长担任审判长或者独任审判员时的回避,由审判委员会决定;审判人员(含陪审员)的回避,由院长决定;其他人员(包括书记员、翻译人员、鉴定人、勘验人四类)的回避,由审判长或者独任审判员决定。可见,只有在院长担任审判长的情形下,其回避才由审委会决定,若由其他审判人员担任审判长,其回避应由院长决定。故 A 项错误。陪审员属于审判人员,其回避应由院长决定。故 B 项错误。翻译人员的回避应由审判长决定。故 D 项错误。**【特别提醒】**审判人员包括审判长、审判员、代理审判员和人民陪审员。人民陪审员属于审判人员,不属于其他人员。

《民事诉讼法》第 50 条规定:"人民法院对当事人提出的回避申请,应当在申请提出的三日内,以口头或者书面形式作出决定。申请人对决定不服的,可以在接到决定时申请复议一次。复议期间,被申请回避的人员,不停止参与本案的工作。人民法院对复议申请,应当在三日内作出复议决定,并通知复议申请人。"故 C 项正确。

18．必要共同诉讼人;有独立请求权第三人与无独立请求权第三人的确定[D]

[解析] 该题考查考生对必要共同诉讼人、有独立请求权第三人和无独立请求权第三人基本概念的理解。在本案中,商铺系赵某与刘某共同共有,刘某瞒着赵某将商铺卖给承租人陈某的行为损害了赵某的合法权益。在刘某与陈某的诉讼中,赵某既反对原告刘某,也反对被告陈某,其主张独立的实体权利,系有独立请求权的第三人,故 D 项是正确的,A、B、C 项是错误的。**【思路拓展】**本题的分析思路可以分两步走:第一步,本案原告是刘某、被告是陈某,原被告争议的法律关系为商铺转让合同关系。第二步,赵某并非该商铺转让合同一方当事人,而是基于对商铺的所有权(共有)主张权利,显然赵某为有独立请求权第三人。**【总结提示】**要辨别清楚共同原告与有独立请求权的第三人的区别,许多考生在此犯错。结合本案分析,假如赵某是共同原告,则其要么是必要共同诉讼的共同原告,要么是普通共同诉讼的共同原告。如果是必要共同诉讼的共同原告,则要求赵某与被告陈某之间具有商铺买卖合同关系,且与刘某和陈某的买卖合同关系同一;如果是普通共同诉讼的共同原告,则要求赵某与陈某具有商铺买卖合同关系,且与刘某和陈某的买卖合同关系相类似。而本案中赵某与陈某之间并无买卖合同关系,显然赵某不是本案的共同原告。本案中,刘某作为原告,陈某作为被告,诉讼标的为刘某、陈某之间的买卖合同关系,赵某并非该买卖合同关系一方当事人,其仅仅是基于对商铺的共有关系主张自己的独立权利,故为有独立请求权的第三人。

19．诉的要素与诉的种类[D]

[解析] 诉讼标的,是指当事人之间发生争执并要求法院作出裁判的民事权利义务关系。本案中,李某驾车不慎追尾撞坏刘某轿车,刘某向法院起诉要求李某将车修好,诉讼标的是侵权法律关系。在诉讼过程中,刘某变更诉讼请求,诉讼标的仍然是侵权法律关系。该诉的诉讼标的没有发生变更,A 项错误。

《民诉解释》第 232 条规定:"在案件受理后,法庭辩论结束前,原告增加诉讼请求,被告提出反诉,第三人提出与本案有关的诉讼请求,可以合并审理的,人民法院应当合并审理。"在诉讼中,当事人刘某有权变更诉讼请求,B 项错误。

变更之诉,又称形成之诉,是指原告请求法院以判决改变或消灭既存的某种民事法律关系的诉。本案没有变更法律关系,不是变更之诉,C 项错误。

给付之诉,是指原告请求法院判令被告向其履行某种特定给付义务的诉讼。刘某变更诉讼请求,要求李某赔偿损失并赔礼道歉,这属于给付之诉,D 项正确。

20．证据的理论分类[A]

[解析] 传来证据和原始证据是从证据的来源上看的,而直接证据和间接证据是从内容上看的,分类标准不同,当然可能出现交叉。例如,一张借条的复印件,由于是复印件,属于传来证据,但不论是复印件还是原件,从其内容上来说都能完整证明待证事实(借款),是直接证据。故 A 项正确。

关于本证和反证的区分要看跟举证责任的关系,切不可草率地认为原告提出的是本证,被告提出的是反证。在诉讼中,存在有些事实应当由被告承担证明责任,此时,被告提出的恰恰是本证,原告提出的恰恰是反证。故 B 项错误。

证言是否经过转述是其来源问题,与直接证据、间接证据的区分无关。直接证据与间接证据的区分主要看证据的内容,如果该证言在内容上能够完整地证明待证事实,是直接证据;如果该证言在内容上只能证明待证事实的一个部分,则为间接证据。如一份证言是转述的他人所见事实,则属于传来证据,但如果该证言在内容上能够完整陈述案件事实,则又为直接证据。故 C 项错误。

间接证据应当与其他证据结合在一起才能证明案件事实,其不可以单独作为认定案件事实的依据。故 D 项错误。

21．法院调解[C]

[解析]《调解规定》第 1 条规定,根据《民事诉讼法》第 95 条(现为第 98 条)的规定,人民法院可以邀请与当事人有特定关系或者与案件有一定联系的企业事业单位、社会团体或者其他组织,和具有专门知识、特定社会经验、与当事人有特定关系并有利于促成调解的个人协助调解工作。经各方当事人同意,人民法院可以委托前款规定的单位或者个人对案件进行调解,达成调解协议后,人民法院应当依法予以确认。因此,法院可以委托与当事人有特定关系的个人进行调解,达成协议的,法院应当依法予以确认。故 A 项正确,不当选。

《调解规定》第 2 条规定:"当事人在诉讼过程中自行达成和解协议的,人民法院可以根据当事人的申请依法确认和解协议制作调解书……"故 B 项正确,不当选。

要注意区分法律约定力与执行力,两种是完全不同的效力。《民事诉讼法》第 100 条第 3 款规定:"调解书经双方当事人签收后,即具有法律效力。"因此,调解书生效对当事人就有法律约定力。但生效的调解书不一定有执行力。生效的调解书具有执行力是有条件的,例如需要有执行内容。《民诉解释》第 461

条第 1 款规定:"当事人申请人民法院执行的生效法律文书应当具备下列条件:(一)权利义务明确;(二)给付内容明确。"因此,"**法院制作的调解书生效后都具有执行力**"这一说法是不准确的。故 C 项错误,当选。

《调解规定》第 15 条第 1 款规定:"调解书确定的担保条款条件或者承担民事责任的条件成就时,当事人申请执行的,人民法院应当依法执行。"故 D 项正确,不当选。

22．民事诉讼的基本原则和裁判文书[B]

[解析] 不告不理原则体现了民事诉讼中所应当遵循的司法的被动性原则,表现为法院审理民事纠纷的范围由当事人确定,法院无权变更、撤销当事人的诉讼请求。根据这一原则,在民事诉讼中,法院只能按照当事人提出的诉讼事实和主张进行审理,对超过当事人诉讼主张的部分不得主动审理。而本题中法院未对超过王某的诉讼主张的部分进行主动审理,没有违反不告不理原则。故 A 项错误。

判决是指人民法院根据查明和认定的案件事实,正确适用法律,以国家审判机关的名义,对案件中民事实体权利义务争议,作出权威性的判定;而裁定则是指人民法院在审理民事案件的时候,对所发生的程序上应解决的事项,所作的审判职务上的判定。因此,裁定解决的是诉讼过程中的程序性问题,而判决解决的则是当事人双方争执的权利义务问题,即实体法律关系。本案中,法院驳回王某的诉讼请求应当适用判决,而不能适用裁定。故 B 项正确。

辩论原则是民事诉讼法的一项基本原则,指的是双方当事人在人民法院主持下,有权就案件事实和适用法律等有争议的问题,陈述各自的主张和意见,相互进行反驳和答辩,以维护自己的合法民事权益。本题中,法院并没有限制当事人辩论的权利,因此不违反辩论原则。故 C 项错误。

处分原则指民事诉讼当事人在诉讼进行中,在法律许可的范围内,有权处置自己的民事实体权利和民事诉讼权利。判断法院是否违反处分原则,关键看判决是否超出了原告的诉讼请求,超出诉讼请求进行判决即为违反处分原则。本题中,王某以借款纠纷为由起诉吴某,法院认为该借款关系不存在,王某与吴某之间存在的是买卖关系,在王某不予变更诉讼请求和理由的情况下,法院驳回了王某的诉讼请求。法院作出这一判决完全是基于对"借款纠纷"的分析判断,没有超出王某的诉讼请求范围,因此并未违反处分原则,故 D 项错误。

23．民事诉讼的裁定[C]

[解析]《民事诉讼法》第 157 条规定:"裁定适用于下列范围:(一)不予受理;(二)对管辖权有异议的;(三)驳回起诉;……"此处要注意驳回起诉与驳

回诉讼请求不同。《民事诉讼法》第122条规定的起诉条件不满足，裁定驳回起诉。驳回诉讼请求，是在否定原告的实体要求，因此只能用判决书处理，不能用裁定。故A项错误。

《民事诉讼法》第149条规定，必须到庭的当事人和其他诉讼参与人有正当理由没有到庭的，可以延期开庭审理。但延期审理必须用决定书，不能用裁定书。故B项错误。

判决与裁定拘束力作用的范围不同。裁定的拘束力通常只及于当事人、诉讼参与人和审判人员。判决的拘束力除了及于当事人、诉讼参与人和审判人员外，还及于案外人。故C项正确。

根据《民事诉讼法》第157条及《企业破产法》第12条的规定，能够上诉的裁定，只有不予受理、驳回起诉、对管辖权有异议和驳回破产申请的裁定四类。因此，并不是所有的裁定都能上诉。故D项错误。

24．上诉的方式［C］

［解析］《民事诉讼法》第172条规定："上诉应当递交上诉状……"《民诉解释》第318条规定："一审宣判时或判决书、裁定书送达时，当事人口头表示上诉的，人民法院应告知其必须在法定上诉期间内提出上诉状。未在法定上诉期间内递交上诉状的，视为未提出上诉……"

在本题中，"一审判决书送达王某时，其当即向送达人郑某表示上诉，但因其不识字，未提交上诉状"，因此，王某未在法定上诉期间内递交上诉状的，视为未提出上诉，不产生上诉效力。故A、B、D项错误，C项正确。

25．裁定的适用范围［C］

［解析］一审裁判文书错误的纠正，应当区分情形处理：

其一，如果是瑕疵（如笔误、文字错误、计算错误），则下达裁定书予以补正。法律依据为：《民事诉讼法》第157条第1款："裁定适用于下列范围：……（七）补正判决书中的笔误；……"《民诉解释》第245条："民事诉讼法第一百五十七条第一款第七项规定的笔误是指法律文书误写、误算，诉讼费用漏写、误算和其他笔误。"

其二，如果是实质错误（如事实认定错误、适用法律错误），则区分在上诉期满前当事人是否上诉：如果当事人上诉，则报二审法院，由二审法院通过二审程序审理后纠正；如果上诉期满当事人不上诉，判决生效的，通过审判监督程序处理。

同理，在二审程序中也遵循上述规则（二审判决作出即生效，不存在当事人上诉的问题，故无需讨论当事人是否上诉的情形）。

本题中的赔偿金额错误属于"计算错误"，则应当下达裁定予以补正。故C项正确，A、B、D项错误。

26．公益诉讼的地域管辖、撤诉、和解以及与私益诉讼的关系［A］

［解析］关于管辖，《民诉解释》第283条第1款规定，公益诉讼案件由侵权行为地或者被告住所地中级人民法院管辖，但法律、司法解释另有规定的除外。故A项正确。

关于公益诉讼中原告的撤诉权，是考生容易出错的地方。实际上公益诉讼中的原告享有撤诉权。《民诉解释》第288条规定，公益诉讼案件的原告在法庭辩论终结后申请撤诉的，人民法院不予准许，即是行使撤诉权的表现。故B项错误。

民事诉讼的处分原则与调解原则也适用于公益诉讼制度。《民诉解释》第287条第1款规定，对公益诉讼案件，当事人可以和解，人民法院可以调解。故C项错误。

提起公益诉讼后，因侵权行为受到损害的当事人可以提出民事诉讼。《民诉解释》第286条规定，人民法院受理公益诉讼案件，不影响同一侵权行为的受害人根据《民事诉讼法》第122条规定提起诉讼。故D项错误。

27．民事诉讼特别程序［C］

［解析］特别程序是指人民法院审理特定民事非讼案件和选民资格案件所适用的程序。与通常民事诉讼程序相比，特别程序有如下特点：（1）特别程序审理案件的目的特殊，是确认某种法律事实是否存在，权利状态有无或公民是否享有某种资格，行使某种权利。（2）启动特别程序的当事人特殊，起诉人或者申请人不一定与本案有直接利害关系。（3）审判组织特殊。适用特别程序审理案件以独任制为原则，以合议制为补充，特别程序中的合议庭只能由审判员组成，陪审员不能参加。（4）实行一审终审制度。人民法院依特别程序审理案件，判决书一经送达即生效，当事人不得上诉。此外，特别程序还具有审理期限短、免交案件受理费、不适用审判监督程序的特点。结合本题，A项认为特别程序审理的案件都是非讼案件的说法过于绝对，因为选民资格案件也适用特别程序审理，但并不是非讼案件，故A项说法错误。因为特别程序只确认某种事实和权利状态，不必要求起诉人或者申请人与本案有直接的利害关系，故B项说法错误。由于特别程序审理的案件实行一审终审，故C项说法正确。因为特别程序采用合议庭审理时，陪审员不能参加，D项说法认为"通常不能参加"错误，是"绝对不能参加"，故D项说法错误。【特别提醒】关于A项，特别程序中的选民资格案件不是非讼程序，因为诉讼程序和非讼程序的分类是针对民事审判程序的分类，而选民资格案件涉及公民的政治权利，并非民事审判程序，所以既不是诉讼程序，也不是非讼程序。

28．案外人执行异议[D]

[**解析**] 案外人对执行标的的异议，是案外人对执行标的的物主张某种权利。本案中，甲公司申请强制执行乙公司的房产时，丙银行向法院主张该房产自己享有抵押权。这就构成了案外人对执行标的的异议。

案外人对执行标的提出异议后，法院的处理分为两种：异议成立与异议不成立。如果法院认为案外人对执行标的的异议成立，申请执行人会寻求救济；如果法院认为案外人对执行标的的异议不成立，案外人会寻求救济。无论是申请执行人，还是案外人寻求救济的方式，都分为两类：再审和起诉。

起诉时当事人的确定方式，分为两种：（1）案外人提起诉讼，对执行标的的主张实体权利，并请求对执行标的的停止执行的，应当以申请执行人为被告；被执行人反对案外人对执行标的的所主张的实体权利的，应当以申请执行人和被执行人为共同被告。（2）申请执行人提起诉讼，应当以案外人为被告；被执行人反对申请执行人请求的，应当以案外人和被执行人为共同被告。

本题中，甲公司为申请执行人，乙公司为被执行人，丙银行为案外人。在案外人丙银行对执行标的的物房产主张抵押权时，被执行人乙公司否认将房产抵押给案外人丙银行，因此丙银行必须要同时起诉甲公司和乙公司。故 A、B、C 项错误，D 项正确。

29．仲裁和解后反悔的处理[A]

[**解析**] 仲裁中，当事人达成和解协议后有两种结案方式，可以申请仲裁庭根据和解协议制作裁决书，也可以撤回申请。《仲裁法》第 50 条规定："当事人达成和解协议，撤回仲裁申请后反悔的，可以根据仲裁协议申请仲裁。"据此，南沙公司撤回申请后，北极公司拒不履行和解协议的，南沙公司可以根据原仲裁协议重新申请仲裁，故 A 项正确。

如果从理论上分析，因为撤回仲裁申请，该纠纷没有经过实体处理，原仲裁协议有效，既然存在有效仲裁协议，则南沙公司可以依据原仲裁协议申请重新仲裁，而不必重新达成仲裁协议才申请仲裁，故 B 项错误。同时因为存在有效仲裁协议，当事人不能向法院起诉，故 C 项错误。仲裁中从来就没有过恢复仲裁程序的规定，故 D 项错误。

30．清算组成员[A]

[**解析**]《公司法解释（二）》第 8 条规定："人民法院受理公司清算案件，应当及时指定有关人员组成清算组。清算组成员可以从下列人员或者机构中产生：（一）公司股东、董事、监事、高级管理人员；（二）依法设立的律师事务所、会计师事务所、破产清算事务所等社会中介机构；（三）依法设立的律师事务所、会计师事务所、破产清算事务所等社会中介机构中具备相关专业知识并取得执业资格的人员。"由

此可知，公司债权人唐某不能作为清算人，故 A 项错误。公司董事长程某、公司财务总监钱某、某律师事务所符合《公司法解释（二）》第 8 条第 1 款第 1、2 项的规定，故 B、C、D 正确。

31．合伙人对外行为的效力；普通合伙企业的债务清偿[B]

[**解析**]《合伙企业法》第 26 条第 1、2 款规定："合伙人对执行合伙事务享有同等的权利。按照合伙协议的约定或者经全体合伙人决定，可以委托一个或者数个合伙人对外代表合伙企业，执行合伙事务。"第 27 条第 1 款规定："依照本法第 26 条第 2 款规定委托一个或者数个合伙人执行合伙事务的，其他合伙人不再执行合伙事务。"但根据本法第 33 条第 2 款规定："合伙协议不得约定将全部利润分配给部分合伙人或者由部分合伙人承担全部亏损。"本题合伙协议中罗飞执行事务与罗飞承担全部亏损用"且"字连接，成为互为因果的一项整体约定，罗飞承担全部亏损因内容违法导致此项约定整体违法，故罗飞应与王曼一样，同为普通合伙人，二人享有同等的执行合伙事务的权利，王曼有权以合伙企业名义向陈阳借款。故 A 项错误。此外，如果从合同的涉外效力角度分析，A 项也是错误的。根据《合伙企业法》第 37 条规定："合伙企业对合伙人执行合伙事务以及对外代表合伙企业权利的限制，不得对抗善意第三人。"合伙协议已经约定罗飞是合伙事务执行人，王曼就不能代表合伙企业对外签约。但合伙企业关于合伙事务执行人的约定，外人通常难以知晓，第三人有理由相信王曼可以代表合伙企业签约。

《合伙企业法》第 38 条规定："合伙企业对其债务，应先以其全部财产进行清偿。"王曼以合伙企业名义向陈阳借款 20 万元，应当由合伙企业对外承担责任。故 B 项正确。

《合伙企业法》第 39 条规定："合伙企业不能清偿到期债务的，合伙人承担无限连带责任。"《合伙企业法》第 33 条第 2 款规定："合伙协议不得约定将全部利润分配给部分合伙人或者由部分合伙人承担全部亏损。"合伙协议中关于罗飞承担全部亏损的约定违反合伙企业合伙人共享利益、共担风险的原则，因而无效。罗飞、王曼对合伙企业债务都要承担无限连带责任。故 C 项错误。

《合伙企业法》规定的普通合伙人的无限连带责任，是对合伙企业责任的补充，而非合伙企业与普通合伙人之间的无限连带责任，即对债务先以合伙企业的财产清偿，不足部分由普通合伙人连带清偿。故 D 项错误。

32．破产财产的管理；股东出资义务[C]

[**解析**]《企业破产法》第 32 条规定："人民法院受理破产申请前 6 个月内，债务人有本法第 2 条第 1

款规定的情形,仍对个别债权人进行清偿的,管理人有权请求人民法院予以撤销。但是,个别清偿使债务人财产受益的除外。"本题中,甲公司于12月申请破产,甲公司在9月对乙公司清偿100万元,属于在人民法院受理破产申请前6个月内,仍对个别债权人清偿的行为,因此管理人有权请求法院予以撤销。故 A 项错误。

汪某向乙公司偿付100万元的行为意味着汪某已向甲公司履行了100万元的出资义务,因此汪某尚余50万元的出资义务未履行,而不是150万元。故 B 项错误。

《企业破产法》第35条规定:"人民法院受理破产申请后,债务人的出资人尚未完全履行出资义务的,管理人应当要求该出资人缴纳所认缴的出资,而不受出资期限的限制。"故 C 项正确。

《公司法解释(三)》第19条第1款规定:"公司股东未履行或者未全面履行出资义务或者抽逃出资,公司或者其他股东请求其向公司全面履行出资义务或者返还出资,被告股东以诉讼时效为由进行抗辩的,人民法院不予支持。"因此,汪某就其未履行的出资义务不能主张诉讼时效抗辩。故 D 项错误。

33.破产程序转换[B]

[解析]《企业破产法》第7条规定:"债务人有本法第2条规定的情形,可以向人民法院提出重整、和解或者破产清算申请。债务人不能清偿到期债务,债权人可以向人民法院提出对债务人进行重整或者破产清算的申请……"可见,和解的申请人必须是已经具备破产原因的债务人。如债权人希望和解的,可与债务人协商,由债务人提出和解申请。故 A、D 项错误。

《企业破产法》第70条第2款规定:"债权人申请对债务人进行破产清算的,在人民法院受理破产申请后、宣告债务人破产前,债务人或者出资额占债务人注册资本1/10以上的出资人,可以向人民法院申请重整。"故 B 项正确。重整期间不能申请破产清算;若重整失败,法院应当裁定终止重整程序,并宣告债务人破产,进入破产清算程序。故 C 项错误。

34.汇票法律关系当事人;汇票的付款[B]

[解析]《票据法》第61条规定:"汇票到期被拒绝付款的,持票人可以对背书人、出票人以及汇票的其他债务人行使追索权。汇票到期日前,有下列情形之一的,持票人也可以行使追索权:(一)汇票被拒绝承兑的;(二)承兑人或者付款人死亡、逃匿的;(三)承兑人或者付款人被依法宣告破产的或者因违法被责令终止业务活动的。"票据意义上的保证要求必须在票据上有表明"保证"的字样。本题中,丁并未在汇票中记载表明"保证"的字样,所出具的保函不构成汇票保证,而是民法意义上的保证。丁所出具的担保函明确承担的是连带保证责任,持票人乙公司在被

拒绝付款后,可以向出票人甲公司、承兑人丙银行行使追索权,同时可要求丁承担连带责任。故 A、C 项错误。

票据的无因性,是指票据法律关系是一种纯粹的金钱支付关系,票据持有人享有的权利只以符合票据法为必要,至于票据赖以发生的原因关系在所不问。即使原因关系无效或有瑕疵均不影响票据的效力。因此,银行作为付款人与出票人之间的资金法律关系不得对抗持票人的权利。丙银行不能以甲公司的信誉问题为由拒绝付款。故 B 项正确。

票据关系的非基本当事人是相对于基本当事人而言的。票据关系的基本当事人,是指票据一经成立即已存在的当事人,包括出票人、收款人、付款人。非基本当事人,是指票据已经成立,通过各种票据行为而加入票据关系中的当事人,如背书人、保证人、参加付款人、预备付款人等。丁所出具的担保函不构成汇票保证,其不是汇票意义上的保证人而是民法意义上的保证人,因此不能认定丁为票据关系上的非基本当事人。故 D 项错误。

35.保险合同的设立;保险单与投保单冲突的解决[C]

[解析]《保险法》第13条第1款规定:"投保人提出保险要求,经保险人同意承保,保险合同成立。保险人应当及时向投保人签发保险单或者其他保险凭证。"保险合同是诺成合同,只要保险人同意承保,保险合同即成立。送达保单和缴纳保费都不是保险合同成立的要件。故 A、D 项错误,C 项正确。

《保险法解释(二)》第14条规定:"保险合同中记载的内容不一致的,按照下列规则认定:(一)投保单与保险单或者其他保险凭证不一致的,以投保单为准。但不一致的情形系经保险人说明并经投保人同意的,以投保人签收的保险单或者其他保险凭证载明的内容为准;……"故 B 项存在例外情形,不准确。

36.财产保险事故的理赔;保险公司的代位求偿权[A]

[解析]《保险法》第59条规定:"保险事故发生后,保险人已支付了全部保险金额,并且保险金额相等于保险价值的,受损保险标的的全部权利归于保险人;保险金额低于保险价值的,保险人按照保险金额与保险价值的比例取得受损保险标的的部分权利。"《保险法》第60条规定:"因第三者对保险标的的损害而造成保险事故的,保险人自向被保险人赔偿保险金之日起,在赔偿金额范围内代位行使被保险人对第三者请求赔偿的权利。前款规定的保险事故发生后,被保险人已经从第三者取得损害赔偿的,保险人赔偿保险金时,可以相应扣减被保险人从第三者已取得的赔偿金额。保险人依照本条第1款行使代位请求赔偿的权利,不影响被保险人就未取得赔偿的部分向第

三者请求赔偿的权利。"

本题中,保险金额按车辆价值确定为 20 万元,即保险金额等于保险价值。车被盗后,保险公司支付了全部保险金额,此时被盗汽车的全部权利归于保险公司。在保险公司支付了全部保险金额之后,即取得代位行使甲对第三者请求赔偿的权利。汽车被公安机关追回,甲也不能主张对汽车的所有权。故 A 项正确,B、C、D 项错误。

37．惩罚性赔偿;民事责任优先原则;行政责任;职业限制[B]

[解析]《食品安全法》第 148 条第 2 款规定:"生产不符合食品安全标准的食品或者经营明知是不符合食品安全标准的食品,消费者除要求赔偿损失外,还可以向生产者或者经营者要求支付价款 10 倍或者损失 3 倍的赔偿金;增加赔偿的金额不足 1000元的,为 1000 元。但是,食品的标签、说明书存在不影响食品安全且不会对消费者造成误导的瑕疵的除外。"故 A 项正确,不当选。

《食品安全法》第 147 条规定:"违反本法规定,造成人身、财产或者其他损害的,依法承担赔偿责任。生产经营者财产不足以同时承担民事赔偿责任和缴纳罚款、罚金时,先承担民事赔偿责任。"可见,当财产不足以同时支付时,先承担民事责任,而非"优先支付罚款、罚金"。故 B 项错误,当选。

根据《食品安全法》第九章关于法律责任的规定,可能被采取的强制措施种类有:责令改正、警告、停产停业、没收、罚款、吊销许可证。故 C 项正确,不当选。

《食品安全法》第 135 条第 1 款规定:"被吊销许可证的食品生产经营者及其法定代表人、直接负责的主管人员和其他直接责任人员自处罚决定作出之日起 5 年内不得申请食品生产经营许可,或者从事食品生产经营管理工作、担任食品生产经营企业食品安全管理人员。"故 D 项正确,不当选。

38．个人所得税法[C]

[解析] 个人所得税属于所得税,不属于财产税。故 A 项错误。

《个人所得税法》第 1 条第 1、2 款规定,在中国境内有住所,或者无住所而一个纳税年度内在中国境内居住累计满 183 天的个人,为居民个人。居民个人从中国境内和境外取得的所得,依照本法规定缴纳个人所得税。在中国境内无住所又不居住,或者无住所而一个纳税年度内在中国境内居住累计不满 183 天的个人,为非居民个人。非居民个人从中国境内取得的所得,依照本法规定缴纳个人所得税。居民纳税人和非居民纳税人是按照住所或居住时间为标准进行区分的。故 B 项错误。同时,对于居民纳税人境内外所得均要求缴纳个人所得税。故 C 项正确。

《个人所得税法》第 3 条规定,劳务报酬所得适用超额累进税率。故 D 项错误。

39．不动产登记程序[C]

[解析]《不动产登记暂行条例》第 14 条规定:"因买卖、设定抵押权等申请不动产登记的,应当由当事人双方共同申请。属于下列情形之一的,可以由当事人单方申请:(一)尚未登记的不动产首次申请登记的;(二)继承、接受遗赠取得不动产权利的;(三)人民法院、仲裁委员会生效的法律文书或者人民政府生效的决定等设立、变更、转让、消灭不动产权利的;(四)权利人姓名、名称或者自然状况发生变化,申请变更登记的;(五)不动产灭失或者权利人放弃不动产权利,申请注销登记的;(六)申请更正或者异议登记的;(七)法律、行政法规规定可以由当事人单方申请的其他情形。"根据上述第 5、2、6 项可知 A、B、D 项可单方申请,不当选。C 项应由双方共同申请,当选。

40．森林资源使用权、林地保护制度、矿业权 D

[解析]根据《森林法》第 18 条规定:"未实行承包经营的集体林地以及林地上的林木,由农村集体经济组织统一经营。经本集体经济组织成员的村民会议三分之二以上成员或者三分之二以上村民代表同意并公示,可以通过招标、拍卖、公开协商等方式依法流转林地经营权、林木所有权和使用权。"故 A 项错误。

《森林法》第 38 条第 1 款规定:"需要临时使用林地的,应当经县级以上人民政府林业主管部门批准;临时使用林地的期限一般不超过二年,并不得在临时使用用的林地上修建永久性建筑物。"据此,审批部门应是林业主管部门而非土地主管部门,故 B 项错误。

根据《矿产资源法》第 22 条规定,设立矿业权的,应当向矿业权出让部门申请矿业权登记。符合登记条件的,矿业权出让部门应当将相关事项载于矿业权登记簿,并向矿业权人发放矿业权证书。矿业权变更、转让、抵押和消灭的,应当依法办理登记。矿业权的设立、变更、转让、抵押和消灭,经依法登记,发生效力;未经登记,不发生效力,法律另有规定的除外。可知,本题中乐诚公司取得探矿权需依法办理登记(矿业权包括探矿权和采矿权),但是转让探矿权无需经过主管部门批准,只需办理登记,故 C 项错误。需要注意的是,本条明确了矿业权的用益物权属性,与行政许可区分,实行矿业权物权登记与矿产资源勘查开采行为许可相分离的制度,这也是 2024 年《矿产资源法》修改的重要内容之一。矿业权作为一种用益物权,其设立、转让等实行物权登记制度。乐诚公司被晶龙公司收购,其用益物权当然也转归晶龙公司所有,只需办理矿业权变更的物权登记即可。对此,《矿产资源法》第 27 条第 2 款规定:"矿业权转让的,矿业权出让合同和矿业权登记簿所载明的权利、义务随之转移，国家另有规定或者矿业权出让、转让合同另有约定的除外。"综上，D 项正确。

41．基本养老保险[A]

[解析]《社会保险法》第 12 条第 1 款、第 2 款规定："用人单位应当按照国家规定的本单位职工工资总额的比例缴纳基本养老保险费，记入基本养老保险统筹基金。职工应当按照国家规定的本人工资的比例缴纳基本养老保险费，记入个人账户。"因此，记入统筹基金的企业缴费是不能单独计提并转入个人账户的。故 A 项错误。

《社会保险法》第 16 条第 2 款规定："参加基本养老保险的个人，达到法定退休年龄时累计缴费不足十五年的，可以缴费至满十五年，按月领取基本养老金；也可以转入新型农村社会养老保险或者城镇居民社会养老保险，按照国务院规定享受相应的养老保险待遇。"故 B、D 项正确。

《社会保险法》第 17 条规定："参加基本养老保险的个人……在未达到法定退休年龄时因病或者非因工致残完全丧失劳动能力的，可以领取病残津贴。所需资金从基本养老保险基金中支付。"故 C 项正确。

42．著作权的自动保护；演绎作品的著作权归属；对电视台法定许可的限制[A]

[解析]《著作权法》第 2 条第 1 款规定："中国公民、法人或者非法人组织的作品，不论是否发表，依照本法享有著作权。"《著作权法实施条例》第 6 条规定："著作权自作品创作完成之日起产生。"据此，中国人创作的作品，自创作完成之日起自动获得保护，不论是否发表或在何处发表，均受我国著作权法保护，此为"自动保护原则"。本题中，李某的作品自2006 年 8 月 4 日创作完成之日起即享有著作权，而非自 2007 年 3 月 5 日发表之日起才享有。故 A 项错误。

《著作权法》第 13 条规定："改编、翻译、注释、整理已有作品而产生的作品，其著作权由改编、翻译、注释、整理人享有，但行使著作权时不得侵犯原作品的著作权。"本题中张某将李某的小说改编成剧本，故其对剧本享有著作权，只是张某在行使其对剧本的著作权时不得侵犯李某对小说的著作权。故 B 项正确。

《著作权法》第 16 条规定："使用改编、翻译、注释、整理、汇编已有作品而产生的作品进行出版、演出和制作录音录像制品，应当取得该作品的著作权人和原作品的著作权人许可，并支付报酬。"据此，甲公司作为录音录像制作者将该剧本拍成电视剧，应取得改编作品著作权人张某和原作品著作权人李某的许可，并支付报酬。故 C 项正确。

《著作权法》第 46 条第 2 款规定："广播电台、电视台播放他人已发表的作品，可以不经著作权人许可，但应当按照规定支付报酬。"这是对于广播者法定许可的规定。同时，由于视听作品、录像制品具有特殊性，法律又对电视台的法定许可作出限制。《著作权法》第 48 条规定："电视台播放他人的视听作品、录像制品，应当取得视听作品著作权人或者录像制作者许可，并支付报酬；播放他人的录像制品，还应当取得著作权人许可，并支付报酬。"可知，乙电视台播放该电视剧（视听作品）应取得甲公司（视听作品著作权人）许可，并支付报酬。故 D 项正确。

43．商标注册申请；外国人的商标权保护；商标独立保护原则[D]

[解析]《商标法》第 18 条第 2 款规定："外国人或者外国企业在中国申请商标注册和办理其他商标事宜的，应当委托依法设立的商标代理机构办理。"因此，外国企业在我国申请注册商标，不一定非要委托律师事务所，只要是依法设立的商标代理机构即可。故 A 项错误。

《商标法》第 17 条规定："外国人或者外国企业在中国申请商标注册的，应当按其所属国和中华人民共和国签订的协议或者共同参加的国际条约办理，或者按对等原则办理。"据此，外国企业在我国申请注册商标，只要满足下列条件之一即可：（1）其所属国和我国签订了双边协议；（2）共同参加了商标保护的国际条约；（3）对等原则。故是否已加入《保护工业产权巴黎公约》以及世贸组织都不是必要条件。故 B、C 项错误。

知识产权实行独立保护原则，即同一商标在各国的注册互不相关。换言之，某一商标注册在一个国家被宣布无效或因各种原因被撤销，仍有可能在另一个国家获准注册。在我国申请注册商标，能否获得注册，完全依照我国相关法律规定的标准审查。故 D 项正确。

44．海上货物运输合同；船舶抵押权、船舶优先权的法律适用[D]

[解析]《海商法》第 269 条："合同当事人可以选择合同适用的法律，法律另有规定的除外。合同当事人没有选择的，适用与合同有最密切联系的国家的法律。"海上运输合同可以由当事人自由选择法律的适用，没有选择的，适用最密切联系原则。故 A 项错误，D 项正确。

《海商法》第 271 条："船舶抵押权适用船旗国法律。船舶在光船租赁以前或者光船租赁期间，设立船舶抵押权的，适用原船舶登记国的法律。"因此，有关"德洋"号抵押权的受偿顺序应适用船旗国法律，而不是法院地法律。故 B 项错误。

船舶优先权的争议应适用法院地法律。本案法院地在中国。故 C 项错误。

45．票据的法律适用[C]

[解析]《票据法》第 100 条规定："票据的提示期限、有关拒绝证明的方式、出具拒绝证明的期限，适用付款地法律。"本条实际上是对持票人责任的规定。为了行使追索权，持票人必须在规定的期限内提示票据，将拒付情形通知出票人和背书人，并按规定方式取得拒绝证明。因此，票据的追索权适用付款地法律，即丙国法。故 A 项错误。

《票据法》第 99 条规定："票据追索权的行使期限，适用出票地法律。"本案中乙国为出票地，故该支票追索的行使期限应适用乙国法律。故 B 项错误。

《票据法》第 97 条规定："汇票、本票出票时的记载事项，适用出票地法律。支票出票时的记载事项，适用出票地法律，经当事人协议，也可以适用付款地法律。"因此，该本票的记载事项应适用出票地法，即乙国法。故 C 项正确。

《票据法》第 96 条规定："票据债务人的民事行为能力，适用其本国法律。票据债务人的民事行为能力，依照其本国法律为无民事行为能力或者为限制民事行为能力而依照行为地法律为完全民事行为能力的，适用行为地法律。"因此，罗得的行为能力应适用其本国法，即甲国法律。故 D 项错误。

46．外国人民事诉讼中的诉讼代理；国际民事诉讼的协议管辖及平行管辖[A]

[解析]《民诉解释》第 526 条规定："涉外民事诉讼中的外籍当事人，可以委托本国人为诉讼代理人，也可以委托本国律师以非律师身份担任诉讼代理人；外国驻华使领馆官员，受本国公民的委托，可以个人名义担任诉讼代理人，但在诉讼中不享有外交或者领事特权和豁免。"外国人在中国法院参与诉讼时，可以亲自进行，也有权通过一定程序委托我国律师或其他公民代为进行，委托律师的，必须委托我国的律师，也可以委托其本国律师以非律师身份担任诉讼代理人。故 A 项正确。外交人员以个人名义担任诉讼代理人，不享有外交特权和豁免，故 B 项错误。

涉外合同纠纷的当事人可以协议选择与争议有实际联系的地点的法院管辖，但必须以书面的形式。题目中"明示方式"包括书面选择和口头选择，表述不准确，故 C 项错误。

《民诉解释》第 531 条规定，如果中国法院有管辖权的，当事人在国外的起诉并不影响我国法院管辖权的行使。故 D 项错误。

47．涉港法院判决的承认和执行[D]

[解析]《关于内地与香港特别行政区法院相互认可和执行民商事案件判决的安排》第 8 条第 3 款规定："向内地人民法院提交的文件没有中文文本的，应当提交准确的中文译本。"可知，申请人向香港法

院提交的文件并未要求必须要有中文译本。故 A 项错误。

该《安排》第 12 条规定："申请认可和执行的判决，被申请人提供证据证明有下列情形之一的，被请求方法院审查核实后，应当不予认可和执行：（一）原审法院对有关诉讼的管辖不符合本安排第 11 条规定的；（二）依据原审法院地法律，被申请人未经合法传唤，或者虽经合法传唤但未获得合理的陈述、辩论机会的；（三）判决是以欺诈方法取得的；（四）被请求方法院受理相关诉讼后，原审法院又受理就同一争议提起的诉讼并作出判决的；（五）被请求方法院已经就同一争议作出判决，或者已经认可其他国家和地区就同一争议作出的判决的；（六）被请求方已经就同一争议作出仲裁裁决，或者已经认可其他国家和地区就同一争议作出的仲裁裁决的。内地人民法院认为认可和执行香港特别行政区法院判决明显违反内地法律的基本原则或者社会公共利益，香港特别行政区法院认为认可和执行内地人民法院判决明显违反香港特别行政区法律的基本原则或者公共政策的，应当不予认可和执行。"可知，并非所有的判决都可获得承认和执行。故 B 项错误。

该《安排》第 30 条第 2 款规定，本安排生效前，当事人已签署《关于内地与香港特别行政区法院相互认可和执行当事人协议管辖的民商事案件判决的安排》所称的"书面管辖协议"的，仍适用该安排。《关于内地与香港特别行政区法院相互认可和执行当事人协议管辖的民商事案件判决的安排》第 3 条第 5 款规定："除非合同另有规定，合同中的管辖协议条款独立存在，合同的变更、解除、终止或者无效，不影响管辖协议条款的效力。"故 C 项错误。

该《安排》第 26 条规定："被请求方法院就认可和执行的申请作出裁定或者命令后，当事人不服的，在内地可以于裁定送达之日起 10 日内向上一级人民法院申请复议，在香港特别行政区可以依据其法律规定提出上诉。"故 D 项正确。

48．无单放货；信用证；一切险[D]

[解析]《关于审理无正本提单交付货物案件适用法律若干问题的规定》第 6 条规定："承运人因无正本提单交付货物造成正本提单持有人损失的赔偿额，按照货物装船时的价值加运费和保险费计算。"承运人无单放货的赔偿责任的范围为 CIF 价，不包含利润损失。故 A 项错误。

一切险的保险承保海上风险造成的全部和部分损失以及 11 种一般附加险，不包括承运人无单放货造成的损失。故 B 项错误。

《关于审理信用证纠纷案件若干问题的规定》第 5 条规定："开证行在作出付款、承兑或者履行信用证项下其他义务的承诺后，只要单据与信用证条款、单

据与单据之间在表面上相符,开证行应当履行在信用证规定的期限内付款的义务。当事人以开证申请人与受益人之间的基础交易提出抗辩的,人民法院不予支持。具有本规定第八条的情形除外。"除存在信用证欺诈外,单证相符、单单相符的,开证行应当履行付款义务。故 C 项错误,D 项正确。

49.WTO 争端解决机制的基本程序[C]

[解析] 专家小组仅就争端方提出的请求进行裁决,对于乙国没有提出的主张,专家组不可因其相关性而作出裁定。故 A 项错误。

争端解决机制中仲裁和调解机制为非必经程序,只有磋商为必经程序。故 B 项错误。

专家小组提出争端解决报告以供各成员传阅后20 天至 60 天,除非某争端方提出上诉或争端解决机构一致反对采纳此报告,该报告即视为通过,即反向一致原则。故 C 项正确。

上诉机构的裁决为最后裁决,当事方应无条件接受,除非争端解决机构一致反对。因此即使甲国拒绝履行上诉机构的裁决,乙国也不可向争端解决机构上诉,但是乙国可以提起交叉报复的申请。故 D 项错误。

50.见索即付保函[D]

[解析] 见索即付保函具有独立性、连带性和支付无条件性的特点。

"无条件性"意味着只要受益人提交的单据满足"单函、单单表面一致"的条件,保函开立人即须履行付款责任。对此,最高人民法院《关于审理独立保函纠纷案件若干问题的规定》第 6 条第 1 款规定,受益人提交的单据与独立保函条款之间、单据与单据之间表面相符,受益人请求开立人依据独立保函承担付款责任的,人民法院应予支持。故 A 项错误,D 项正确。

"连带性"意味着保函开立人不能对受益人行使先诉抗辩权。故 B 项错误。

"独立性"意味着保函的效力独立于基础合同(本案为施工合同)。《关于审理独立保函纠纷案件若干问题的规定》第 6 条第 2 款规定,开立人以基础交易关系或独立保函申请关系对付款义务提出抗辩的,人民法院不予支持。故 C 项错误。

二、多项选择题

51.附条件合同;附期限合同;不定期租赁的法律效果[ABD]

[解析]《民法典》第 707 条规定:"租赁期限六个月以上的,应当采用书面形式。当事人未采用书面形式,无法确定租赁期限的,视为不定期租赁。"《民法典》第 730 条规定:"当事人对租赁期限没有约定或者约定不明确,依据本法第五百一十条的规定仍不能确定的,视为不定期租赁;当事人可以随时解除合

同,但是应当在合理期限之前通知对方。"本案中,小刘与何某房屋租赁合同目标是以租金抵债,根据双方缔约目的和租金条款,可以通过贷款总额 100 万元除以每月租金 1 万元,核算出具体的租期时间,因此本案不属于不定期租赁,出租人小刘与承租人何某均不享有任意解除权。故 A、B 项表述不正确。

附条件合同和附期限合同的重要区别在于,附条件的无法肯定条件是否会发生,而附期限的则期限一定会届至。本题中"刘某出现并还清货款"是无法确定能否发生的,因此小刘与何某所签订的是一份附解除条件的合同。故 C 项表述正确,D 项表述错误。

52.诉讼时效[ABCD]

[解析]《民法典》第 199 条规定:"法律规定或者当事人约定的撤销权、解除权等权利的存续期间,除法律另有规定外,自权利人知道或者应当知道权利产生之日起计算,不适用有关诉讼时效中止、中断和延长的规定。存续期间届满,撤销权、解除权等权利消灭。"据此,撤销权、解除权等形成权不受时效限制。可撤销合同中的撤销权属于形成权,适用除斥期间,不适用诉讼时效。故 A 项当选。通说观点认为,请求确认合同无效的权利属于形成权,不适用诉讼时效。故 B 项当选。

诉讼时效主要适用于债权请求权,一般不适用于物权性质的权利,也不适用于人身性质的请求权。《民法典》第 196 条规定:"下列请求权不适用诉讼时效的规定:(一)请求停止侵害、排除妨碍、消除危险;(二)不动产物权和登记的动产物权的权利人请求返还财产;(三)请求支付抚养费、赡养费或者扶养费;(四)依法不适用诉讼时效的其他请求权。"据此,物权请求权中,除没有登记的动产物权人请求返还财产外,均不受时效限制;人身性请求权不受时效限制。关于 C 项,业主大会是业主集体行使权利和维护全体业主在物业管理活动中合法权益的组织,代表业主行使管理权,这是建筑物区分所有权的内容之一,涉及维修基金的主张属于物权的相关权利,因此不适用诉讼时效的规定。故 C 项当选。【陷阱点拨】切不可将本项的请求权性质等同于物业公司请求业主交纳物业费,请求交纳物业费属于债权请求权。D 项,共有人请求分割共有物,也属于物权性质的权利,不适用诉讼时效。故 D 项当选。【特别提醒】共有物分割请求权(物权性质)、离婚请求权(人身权性质),不仅不适用诉讼时效,也不适用除斥期间。

53.合同的相对性[BCD]

[解析]《民法典》第 465 条第 2 款规定:"依法成立的合同,仅对当事人具有法律约束力,但是法律另有规定的除外。"甲以自己的名义与丙订立买卖合同,买卖合同的当事人为甲与丙,甲因店铺已经转让而委托乙为丙送货,在法律地位上,乙仅为甲履行出

卖人义务的"履行辅助人"，乙并未因此成为前述买卖合同的当事人。根据合同相对性规则，乙无权请求丙向自己支付货款。故 B 项正确。因甲委托乙向丙送货，双方成立委托合同，乙有权请求甲支付货品的价款以及代为送货所生的必要费用。故 C 项正确。

甲与丙的买卖合同有效，让与人甲经乙已经完成现实交付，根据《民法典》第 224 条的规定，丙已取得货品所有权。故 D 项正确。丙基于有效的买卖合同取得货品所有权，因此获得的利益"具有法律上的原因"，对任何人均不成立不当得利。故 A 项错误。

54．债的保全和担保［ABC］

［解析］根据《民法典》第 538、539 条，债权人撤销权的构成要件有三：（1）债权人对债务的债权合法、有效；（2）债务人对债权人负担债务之后实施了有效法律行为（积极减少责任财产的行为；须为财产行为，不能是身份行为），并且该法律行为损害到债权人的债权；（3）若债务人实施的法律行为系有偿行为，需要债务人与受益人（或者受让人）对债权人遭受的损害具有恶意。【总结提示】债的保全分为两个权利，代位权与撤销权。两者的分工是：面对债务人消极地减少责任财产的行为，行使代位权；面对债务人积极地减少责任财产或消极地增加债务的行为，行使撤销权。

乙对他人的债务尚未到期，不需要清偿，乙放弃期限利益，以全部财产清偿该未到期债务，导致乙责任财产减少，无力清偿乙此前对甲负担的 20 万元债务，符合债权人撤销权的成立要件。故 A 项正确。

乙放弃对他人财产的抵押权，将导致乙责任财产减少，损害甲的债权，符合债权人撤销权的成立要件。故 B 项正确。

对于家庭共有财产，正常情况下，乙拥有一半的份额，如果放弃分割，将直接导致其责任财产的减少，属于典型的积极减少财产的行为。因此，对于这种放弃行为，债权人可以撤销。故 C 项正确。

在债权人撤销权中，债权人可以撤销的行为，必须以财产为标的，即必须是使得债务人财产上受其直接影响的行为才可以撤销；反之，不以财产为标的的行为，与债务人的责任财产无关，债权人不得撤销。通常认为，不以财产为标的的行为主要包括：（1）基于身份关系的行为，如结婚、收养或解除收养、继承的承认或者放弃；（2）以不作为债务的发生为目的的法律行为；（3）以提供劳务为目的的行为；（4）财产上利益的拒绝行为；（5）以不得扣押的财产为标的的行为。D 选项是放弃继承，通常认为非以自己的责任财产减少为直接目的，债权人不能撤销。故 D 项错误。

【思路拓展】本选项从另一个角度也可以排除。债权人撤销权仅具有"恢复债务人责任财产"的功能，而不具有"增加债务人责任财产"的功能。因此，在乙

对甲的 20 万元借款债务到期后，若乙放弃对父亲遗产的继承权，这一行为"并未减少债务人乙的责任财产"，只是"未使债务人乙的责任财产增加"，即使因此致使无力偿还对甲的借款，也不符合债权人撤销权的成立要件，甲无权撤销。

55．职务发明创造的权益归属［BCD］

［解析］《专利法》第 6 条第 1 款规定："执行本单位的任务或者主要是利用本单位的物质技术条件所完成的发明创造为职务发明创造。职务发明创造申请专利的权利属于该单位，申请被批准后，该单位为专利权人。……"《专利法实施细则》第 12 条规定："专利法第六条所称执行本单位的任务所完成的职务发明创造，是指：（一）在本职工作中作出的发明创造；（二）履行本单位交付的本职工作之外的任务所作出的发明创造；（三）退休、调离原单位后或者劳动、人事关系终止后 1 年内作出的，与其在原单位承担的本职工作或者原单位分配的任务有关的发明创造。专利法第六条所称本单位，包括临时工作单位；专利法第六条所称本单位的物质技术条件，是指本单位的资金、设备、零部件、原材料或者不对外公开的技术资料等。"本题中，乙于 2007 年 3 月辞职到丙公司，2008 年 1 月开发出新型汽车节油装置技术，此时并没有超过 1 年，因此乙开发出的新型汽车节油装置技术仍然属于职务发明创造，申请专利的权利属于甲公司，申请被批准后，甲公司为专利权人。故 A 项正确，B、C、D 项错误。

56．收养的成立［CD］

［解析］《民法典》第 1094 条规定："下列个人、组织可以作送养人：……（三）有特殊困难无力抚养子女的生父母。"同时，第 1099 条第 1 款规定："收养三代以内旁系同辈血亲的子女，可以不受本法第一千零九十三条第三项、第一千零九十四条第三项和第一千一百零二条规定的限制。"据此，若将小强送给徐某的姐姐收养，则不受生母徐某无抚养能力这一限制。故 A 项错误。

《民法典》第 1098 条规定："收养人应当同时具备下列条件：（一）无子女或者只有一名子女；（二）有抚养、教育和保护被收养人的能力；（三）未患有在医学上认为不应当收养子女的疾病；（四）无不利于被收养人健康成长的违法犯罪记录；（五）年满三十周岁。"同时，第 1099 条第 2 款规定："华侨收养三代以内旁系同辈血亲的子女，还可以不受本法第一千零九十八条第一项规定的限制。"据此，徐某的姐姐是华侨，收养妹妹的未成年子女，不受收养人"无子女或者只有一名子女"这一条件的限制；况且徐某的姐姐原本只有一名子女，即使不是华侨，也符合第 1098 条规定的收养人条件。故 B 项错误。

《民法典》第 1108 条规定："配偶一方死亡，另一

方送养未成年子女的,死亡一方的父母有优先抚养的权利。"据此,谭某的父母享有优先抚养的权利,C项正确。

《民法典》第1104条规定:"收养人收养与送养人送养,应当双方自愿。收养八周岁以上未成年人的,应当征得被收养人的同意。"小强现年9周岁,故应当征得小强同意,D项正确。

57.遗嘱的效力;股权的继承[ABCD]

[解析]《民法典》第1142条第3款规定:"立有数份遗嘱,内容相抵触的,以最后的遗嘱为准。"本题中,就公司股权和名人字画,韩大立有内容相冲突的两份自书遗嘱,应当认定第二份遗嘱默示变更了第一份遗嘱。婷婷通过受遗赠取得遗产中的公司股权和名人字画,其他遗产由韩大遗嘱继承。故A、B项错误。

《民法典》第230条规定:"因继承取得物权的,自继承开始时发生效力。"据此,韩大无须办理继承登记,自韩某死亡时,韩大取得遗嘱继承之房屋的所有权。《民法典》第232条规定,根据法院判决、继承、房屋建造等享有不动产物权的,处分该物权时,依照法律规定需要办理登记的,未经登记,不发生物权效力。韩大基于遗嘱继承而取得房屋所有权,未经登记而处分的,不发生物权效力,但当事人签订的合同效力不受影响。故C项错误。

《公司法》第90条规定:"自然人股东死亡后,其合法继承人可以继承股东资格;但是,公司章程另有规定的除外。"婷婷作为韩某的继承人可以取得股东资格,故D项错误。

58.未成年人致人损害的责任承担[BC]

[解析]《民法典》第823条规定:"承运人应当对运输过程中旅客的伤亡承担赔偿责任;但是,伤亡是旅客自身健康原因造成的或者承运人证明伤亡是旅客故意、重大过失造成的除外。前款规定适用于按照规定免票、持优待票或者经承运人许可搭乘的无票旅客。"客运合同中,乘客遭受人身伤害的,承运人承担无过错违约责任。本题中,张某有权请求乙公司对自己的人身损害承担违约责任,要求乙公司赔偿医药费。此外,《民法典》第996条规定:"因当事人一方的违约行为,损害对方人格权并造成严重精神损害,受损害方选择请求其承担违约责任的,不影响受损害方请求精神损害赔偿。"据此,在违约责任中也可以主张精神损害赔偿。故A项正确。

未成年人在教育机构学习、生活期间致人人身损害,学校具有过错的,才承担与其过错相应的责任。小牛的侵权行为发生在放学回家的路上,因此甲小学没有过错,不承担责任。故B、C项错误。

《民法典》第1188条第1款规定:"无民事行为能力人、限制民事行为能力人造成他人损害的,由监护人承担侵权责任。监护人尽到监护职责的,可以减轻其侵权责任。"据此,小牛致人损害的,应由其监护人承担无错过的替代责任。脸上留下伤疤的损害后果,对于正常人来说均会造成严重精神损害,因此,张某可主张精神损害赔偿。故D项正确。

59.物件损害责任[BD]

[解析]《民法典》第1258条第2款规定:"窨井等地下设施造成他人损害,管理人不能证明尽到管理职责的,应当承担侵权责任。"由此可知,地下设施侵权适用过错推定归责原则,牧场管理人可通过证明自己尽到管理职责而免责。故A项错误,B、D项正确。

《民法典》第180条第2款规定:"不可抗力是指不能预见、不能避免且不能克服的客观情况。"本题中的情形,显然不是不可抗力,而且题目特别说明之前曾经发生过类似的事故,属于管理人管理不到位所致。故C项错误。

60.当事人能力;当事人适格[AC]

[解析]当事人能力,又称诉讼权利能力或者当事人诉讼权利能力,是指民事诉讼当事人,享有民事诉讼权利和承担民事诉讼义务所必需的诉讼法上的资格。如果起诉的当事人没有诉讼权利能力,法院将驳回起诉。当事人适格,又称正当当事人,是指对于具体的诉讼,有作为本案当事人起诉或者应诉的资格。故A项正确。

当事人适格与当事人能力的主要区别是当事人能力是抽象的诉讼当事人资格,与具体的诉讼无关;当事人适格则是作为具体诉讼的当事人资格,就当事人适格与否的判断只能将当事人与具体诉讼相联系进行判断。由此可见,当事人能力是当事人适格的前提,适格的当事人一定具有当事人能力,但具有当事人能力则不一定是适格的当事人。故B项错误,C项正确。

诉讼权利能力由法律明文规定。而当事人适格的判断标准一般以当事人是否是为所争议的民事法律关系主体作为标准,但在例外情况下,非民事法律关系或民事权利的主体也可以作为当事人。例外情况的判断标准主要可以分为:第一,根据当事人意思或者法律规定,对他人的民事法律关系或民事权利具有管理权的人或组织;第二,在确认之诉中,对诉讼标的有确认利益的人或者组织。由于当事人适格的判断标准多样,并非只有法律规定。故D项错误。

61.证人[BC]

[解析]《民诉证据规定》第67条规定:"不能正确表达意思的人,不能作为证人。待证事实与其年龄、智力状况或者精神健康状况相适应的无民事行为能力人和限制民事行为能力人,可以作为证人。"据此可知,未成年人能作证人。故A项错误。

《民诉解释》第117条第1款规定:"当事人申请

证人出庭作证的,应当在举证期限届满前提出。"故 B 项正确。

《民事诉讼法》第 75 条规定:"凡是知道案件情况的单位和个人,都有义务出庭作证。有关单位的负责人应当支持证人作证。不能正确表达意思的人,不能作证。"据此,证人身份在诉讼参与人各身份中具有优先性。则证人身份与律师身份重合,应优先考虑证人身份,原因在于证人具有不可替代性。所以乙优先作证人,并不得再担任诉讼代理人。故 C 项正确。

《民事诉讼法》第 76 条规定:"经人民法院通知,证人应当出庭作证。有下列情形之一的,经人民法院许可,可以通过书面证言、视听传输技术或者视听资料等方式作证:(一)因健康原因不能出庭的;(二)因路途遥远,交通不便不能出庭的;(三)因自然灾害等不可抗力不能出庭的;(四)其他有正当理由不能出庭的。"D 项中没有提到这 4 种例外情况,因此书面证言不能够代替证人出庭作证。故 D 项错误。

62．当事人缺席庭审的法律后果[ABCD]

[解析]《民事诉讼法》第 149 条规定:"有下列情形之一的,可以延期开庭审理:(一)必须到庭的当事人和其他诉讼参与人有正当理由没有到庭的;(二)当事人临时提出回避申请的;(三)需要通知新的证人到庭,调取新的证据,重新鉴定、勘验,或者需要补充调查的;(四)其他应当延期的情形。"因此,"法院开庭审理时一方当事人未到庭",如果未到庭的当事人有正当理由,法院可以延期审理。故 A 项正确。

《民事诉讼法》第 146 条规定:"原告经传票传唤,无正当理由拒不到庭的,或者未经法庭许可中途退庭的,可以按撤诉处理;被告反诉的,可以缺席判决。""法院开庭审理时一方当事人未到庭",如果未到庭的是原告,可以按原告撤诉处理。故 B 项正确。

《民事诉讼法》第 147 条规定:"被告经传票传唤,无正当理由拒不到庭的,或者未经法庭许可中途退庭的,可以缺席判决。""法院开庭审理时一方当事人未到庭",如果未到庭的是被告,可以缺席判决。故 C 项正确。

《民事诉讼法》第 112 条规定:"人民法院对必须到庭的被告,经两次传票传唤,无正当理由拒不到庭的,可以拘传。""法院开庭审理时一方当事人未到庭",如果未到庭的当事人是必须到庭的被告,法院可以采取强制措施拘传未到庭的当事人到庭。故 D 项正确。

63．二审审理范围[AC]

[解析]《民诉解释》第 321 条规定:"第二审人民法院应当围绕当事人的上诉请求进行审理。当事人没有提出请求的,不予审理,但一审判决违反法律禁止性规定,或者损害国家利益、社会公共利益、他人

合法权益的除外。"二审以当事人的上诉请求为审理范围,既是事实审,又是法律审。本案中,二审法院应当围绕不服违约金判决的请求,对该上诉请求所涉及的事实认定和法律适用进行审理。故 A、C 项正确。房屋有质量问题的认定不在当事人的上诉范围内,不属于违反法律禁止性规定或损害国家利益、社会公共利益等情形,法院不得自行查清事实后改判,故 B 项错误。民事诉讼中二审应围绕当事人上诉请求进行,不适用全面审理,故 D 项错误。

64．公示催告程序的相关规定[AD]

[解析]本题中,根据《民事诉讼法》第 231 条的规定,支付人 A 银行收到人民法院停止支付的通知,应当停止支付,至公示催告程序终结。故 A 项正确。

公示催告期间,转让票据权利的行为无效。甲公司按原计划与材料供应商乙企业签订购货合同,将该汇票权利转让给乙企业作为付款是无效的。故 B 项错误。

《民事诉讼法》第 233 条规定,没有人申报的,人民法院应当根据申请人的申请,作出判决,宣告票据无效。据此,除权判决应当由甲公司提出申请,没有甲公司提出申请,法院不能主动作出除权判决。故 C 项错误。

《民诉解释》第 452 条规定,适用公示催告程序审理案件,可由审判员 1 人独任审理;判决宣告票据无效的,应当组成合议庭审理。故 D 项正确。

65．仲裁协议;管辖协议的效力[ABC]

[解析]《仲裁法解释》第 7 条规定:"当事人约定争议可以向仲裁机构申请仲裁也可以向人民法院起诉的,仲裁协议无效。但一方向仲裁机构申请仲裁,另一方未在仲裁法第二十条第二款规定期间内提出异议的除外。"换言之,一方向仲裁机构申请仲裁,另一方未在法定期间内提出异议的,仲裁机构应继续进行仲裁。故 A、C 项正确。

《民事诉讼法》第 35 条规定,合同或者其他财产权益纠纷的当事人可以书面协议选择被告住所地、合同履行地、合同签订地、原告住所地、标的物所在地等与争议有实际联系的地点的人民法院管辖,但不得违反本法对级别管辖和专属管辖的规定。合同诉讼中双方当事人可以协议选择合同履行地法院管辖。故 B 项正确。

《仲裁法》第 26 条规定,当事人达成仲裁协议,一方向人民法院起诉未声明有仲裁协议,人民法院受理后,另一方在首次开庭前提交仲裁协议的,人民法院应当驳回起诉,但仲裁协议无效的除外。因此,乙公司在首次开庭时才对法院管辖提出异议的,法院应该继续进行审理。此外,该仲裁协议本身无效,法院也不应当驳回甲公司的起诉。故 D 项错误。

66．董事会成员;董事任期;董事长的产生办法[CD]

[解析] 根据《公司法》第68条第1款规定,有限责任公司董事会中的职工代表由公司职工通过职工代表大会、职工大会或者其他形式民主选举产生。故A项错误。

《公司法》第70条第2款规定:"董事任期届满未及时改选,或者董事在任期内辞任导致董事会成员低于法定人数的,在改选出的董事就任前,原董事仍应当依照法律、行政法规和公司章程的规定,履行董事职务。"选项中未说明董事张某辞职是否导致公司董事成员低于法定人数,故B项错误。

《公司法》第68条第2款规定:"董事会设董事长一人,可以设副董事长。董事长、副董事长的产生办法由公司章程规定。"据此,公司章程可以约定公司董事的产生办法。小股东方圆公司的代表根据公司章程的规定,可以担任董事长,法律并没有对于董事长的产生作强制性规定。故C项正确。

《公司法》第210条第4款规定:"公司弥补亏损和提取公积金后所余税后利润,有限责任公司按照股东实缴的出资比例分配利润,全体股东约定不按照出资比例分配利润的除外;股份有限公司按照股东所持有的股份比例分配利润,公司章程另有规定的除外。"据此,由于有限公司制定章程需要全体股东一致通过,因此章程中可以约定不按出资比例分红;股份公司章程也可对分红另行作出约定。我国的公司形式只有有限公司和股份公司两种,国有企业(国家出资公司)仅是出资主体特殊,仍然属有限公司或股份公司(《公司法》第168条),这两种公司均可通过公司章程对分红另行作出约定,故D项正确。【特别提醒】有限公司修改公司章程需经代表2/3以上表决权的股东同意,若达不到全体股东一致同意的程度,则不能对分红比例另行作出约定。

67．有限公司股权回购与转让[AB]

[解析]《公司法》第59条第1款规定:"股东会行使下列职权:……(四)审议批准公司的利润分配方案和弥补亏损方案;……"该法第25条规定:"公司股东会、董事会的决议内容违反法律、行政法规的无效。"股东会有权对利润分配方案作出决议,且该决议内容不存在违反法律、行政法规的规定,决议有效。故A项错误。

根据《公司法》第26条规定,公司股东会、董事会的会议召集程序、表决方式违反法律、行政法规或者公司章程,或者决议内容违反公司章程的,股东自决议作出之日起60日内,可以请求人民法院撤销。本题并未提及股东会会议的召开存在上述情形,故B项错误。

《公司法》第89条规定:"有下列情形之一的,对股东会该项决议投反对票的股东可以请求公司按照合理的价格收购其股权:(一)公司连续五年不向股东分配利润,而公司该五年连续盈利,并且符合本法规定的分配利润条件的;……"本题中,公司已经连续5年盈利且未分配利润,乙是异议股东,符合异议股东回购请求权的要件,乙有权请求公司回购股权。故C项正确。

根据《公司法》第84条第2款规定,股东向股东以外的人转让股权的,应当将股权转让的数量、价格、支付方式和期限等事项书面通知其他股东,其他股东在同等条件下有优先购买权。据此,股东对外转让股权无需取得其他股东同意,故D项正确。

68．合伙事务的执行;除名;退伙[ABD]

[解析]《民法典》第144条规定:"无民事行为能力人实施的民事法律行为无效。"丁所谓的"不知情"不能享有善意第三人的保护。因为甲被法院宣告为无民事行为能力人,法院宣告具有公示公信作用,且根据日常生活逻辑和经验,无行为能力人从外观上与常人不同,丁不能单方主张"不知情",所以丁不能享有善意第三人的保护。故A项错误,当选。

《合伙企业法》第49条第1款规定:"合伙人有下列情形之一的,经其他合伙人一致同意,可以决议将其除名:(一)未履行出资义务;(二)因故意或者重大过失给合伙企业造成损失;(三)执行合伙事务时有不正当行为;(四)发生合伙协议约定的事由。"本题中,甲虽然被法院宣告为无民事行为能力人,但是并不具备上述情形,乙、丙不能将其除名。故B项错误,当选。

《合伙企业法》第48条规定:"……合伙人被依法认定为无民事行为能力人或者限制民事行为能力人的,经其他合伙人一致同意,可以依法转为有限合伙人,普通合伙企业依法转为有限合伙企业。其他合伙人未能一致同意,该无民事行为能力或者限制民事行为能力的合伙人退伙。退伙事由实际发生之日为退伙生效日。"可见,甲丧失民事行为能力,并不必然导致除名,经其他合伙人一致同意,可以转为有限合伙人。故C项正确,不当选。

甲退伙的理由是各合伙人未能一致同意将其转为有限合伙人,并非法院宣告其为无民事行为能力人,故甲退伙理由的实际发生之日是各合伙人未能一致同意将其转为有限合伙人之日,自此甲的退伙生效。故D项错误,当选。

69．破产申请的原因[ABC]

[解析]《企业破产法解释(一)》第4条规定:"债务人账面资产虽然大于负债,但存在下列情形之一的,人民法院应当认定其明显缺乏清偿能力:(一)因资金严重不足或者财产不能变现等原因,无法清偿债务;(二)法定代表人下落不明且无其他人员负责管

理财产,无法清偿债务;(三)经人民法院强制执行,无法清偿债务;(四)长期亏损且经营扭亏困难,无法清偿债务;(五)导致债务人丧失清偿能力的其他情形。"依据该法条规定,A项符合第1项的规定,正确。B项符合第2项的规定,正确。C项符合第3项的规定,正确。

《企业破产法》第2条第1款:"企业法人不能清偿到期债务,并且资产不足以清偿全部债务或者明显缺乏清偿能力的,依照本法规定清理债务。"中南公司虽然纠纷多,市场信誉差,并不意味着构成破产原因。故D项错误。

70.票据的无因性;非完全民事行为能力人签章的效力;伪造或变造票据的效力[AC]

[解析] 根据票据无因性特征,票据行为与作为其发生前提的原因关系相分离,从而使票据行为的效力不受原因关系的效力有无的影响。即使甲、乙之间没有真实交易,但该汇票仍然有效。故A项正确。

《票据法》第6条规定:"无民事行为能力人或者限制民事行为能力人在票据上签章的,其签章无效,但是不影响其他签章的效力。"可见,未成年人丙的签章无效。故B项错误。

《票据法》第14条规定:"票据上的记载事项应当真实,不得伪造、变造。伪造、变造票据上的签章和其他记载事项的,应当承担法律责任。票据上有伪造、变造的签章的,不影响票据上其他真实签章的效力。票据上其他记载事项被变造的,在变造之前签章的人,对原记载事项负责;在变造之后签章的人,对变造之后的记载事项负责;不能辨别是在票据被变造之前或者之后签章的,视同在变造之前签章。"票据被变造并不导致票据无效,在票据金额变造之前签章的人,对原票据记载金额负责;在票据金额变造之后签章的人,对票据变造后的金额负责。故C项正确,D项错误。

71.上市公司收购[BC]

[解析]《证券法》第74条第1款规定:"收购期限届满,被收购公司股权分布不符合证券交易所规定的上市交易要求的,该上市公司的股票应当由证券交易所依法终止上市交易;其余仍持有被收购公司股票的股东,有权向收购人以收购要约的同等条件出售其股票,收购人应当收购。"据此,收购完成后,如果被收购公司股权分布符合上市条件的,可以继续上市交易,并非一律退市。故A项错误。

若收购失败,《证券法》并未禁止收购人继续购买目标公司的股份,也不会影响吉达公司的股票正常交易,嘉豪公司仍可以继续购入吉达公司股份。故B项正确。

收购分为协议收购和要约收购。对于采用要约收购,《证券法》第70条规定:"采取要约收购方式

的,收购人在收购期限内,不得卖出被收购公司的股票,也不得采取要约规定以外的形式和超出要约的条件买入被收购公司的股票。"可见不得在要约收购期间采用协议收购。故C项正确。

《证券法》第65条第1款规定:"通过证券交易所的证券交易,投资者持有或者通过协议、其他安排与他人共同持有一个上市公司已发行的有表决权股份达到30%时,继续进行收购的,应当依法向该上市公司所有股东发出收购上市公司全部或者部分股份的要约。"据此,持股达到30%的股东有强制要约收购的义务。《证券法》第68条规定:"在收购要约确定的承诺期限内,收购人不得撤销其收购要约。收购人需要变更收购要约的,应当及时公告,载明具体变更事项,且不得存在下列情形:(一)降低收购价格;(二)减少预定收购股份数额;(三)缩短收购期限;(四)国务院证券监督管理机构规定的其他情形。"据此,收购要约不得撤销,但并非不可变更,故D项错误。

72.保险欺诈[AB]

[解析]《保险法》第27条第3款规定:"保险事故发生后,投保人、被保险人或者受益人以伪造、变造的有关证明、资料或者其他证据,编造虚假的事故原因或者夸大损失程度的,保险人对其虚报的部分不承担赔偿或者给付保险金的责任。"据此,保险公司仍应按保险合同的约定,按实际损失情况承担保险金给付义务。故A项正确,C项错误。投保人、被保险人等夸大保险损失并非解除保险合同的理由,此种情况下,保险人不享有解除保险合同的权利。故D项错误。

《保险法》第27条第4款规定:"投保人、被保险人或者受益人有前三款规定行为之一,致使保险人支付保险金或者支出费用的,应当退回或者赔偿。"保险公司由于投保人甲公司的夸大损失而为查清事实所花费的5万元,应当由投保人甲公司承担。故B项正确。

73.市场支配地位的推定[ABD]

[解析]《反垄断法》第24条规定:"有下列情形之一的,可以推定经营者具有市场支配地位:(一)一个经营者在相关市场的市场份额达到二分之一的;(二)两个经营者在相关市场的市场份额合计达到三分之二的;(三)三个经营者在相关市场的市场份额合计达到四分之三的。有前款第二项、第三项规定的情形,其中有的经营者市场份额不足十分之一的,不应当推定该经营者具有市场支配地位。被推定具有市场支配地位的经营者,有证据证明不具有市场支配地位的,不应当认定其具有市场支配地位。"故A、B、D项正确。推定具有市场支配地位的最低份额是1/10,两个经营者的合计份额不足1/5,存在两种情

况:一是两个经营者的份额都不足 1/10,则不应当推定该两个经营者具有市场支配地位;二是其中一个经营者的份额不足 1/10,而另一个经营者的份额达到 1/10,对于后者应当推定具有市场支配地位。因此,"不应当推定该两个经营者具有市场支配地位"的说法过于绝对。故 C 项错误。

74. 知情权;赔偿请求权;销售者的责任[AB]

[解析]《消费者权益保护法》第 8 条规定:"消费者享有知悉其购买、使用的商品或者接受的服务的真实情况的权利。消费者有权根据商品或者服务的不同情况,要求经营者提供商品的价格、产地、生产者、用途、性能、规格、等级、主要成份、生产日期、有效期限、检验合格证明、使用方法说明书、售后服务,或者服务的内容、规格、费用等有关情况。"因此,消费者购买商品或接受服务享有知悉真情权。故 A 项正确。

《产品质量法》第 40 条第 1 款第 2 项规定,售出的产品有不符合在产品或者其包装上注明采用的产品标准的,销售者应当负责修理、更换、退货;给购买产品的消费者造成损失的,销售者应当赔偿损失。本题中,F 公司在销售家具时标注的是"外国原产",实际上是"国内生产",且 F 公司不能提供所售商品的真实信息和充分证明,属于所售产品不符合产品或其包装上注明采用的产品标准的情况,顾客有权要求其退货。故 B 项正确。若 F 公司提供了真实信息和充分证据可以证明其所售家具为"外国原产"高档家具,则其不存在违法行为,顾客不能以"对公司失去信任"为由要求退货。故 D 项错误。

《消费者权益保护法》第 55 条规定:"经营者提供商品或者服务有欺诈行为的,应当按照消费者的要求增加赔偿其受到的损失,增加赔偿的金额为消费者购买商品的价款或者接受服务的费用的 3 倍;增加赔偿的金额不足 500 元的,为 500 元。法律另有规定的,依照其规定……"因此,本题中顾客可以要求 4 倍 (1+3)返还价款。故 C 项错误。

75. 食品安全事故报告制度;处理食品安全事故的措施;食品安全信息报告制度[ABD]

[解析]《食品安全法》第 103 条第 1 款规定:"发生食品安全事故的单位应当立即采取措施,防止事故扩大。事故发生单位和接收病人进行治疗的单位应当及时向事故发生地县级人民政府食品安全监督管理、卫生行政部门报告。"本题中,D 市 S 县发生重大食品安全事故,接收病人的 S 县医院应立即向事故发生地县级食品安全监管、卫生行政部门报告。故 A 项正确。

《食品安全法》第 103 条第 3 款规定:"发生食品安全事故,接到报告的县级人民政府食品安全监督管理部门应当按照应急预案的规定向本级人民政府和上级人民政府食品安全监督管理部门报告。县级人民政府和上级人民政府食品安全监督管理部门应当按照应急预案的规定上报。"本题中接到报告的 S 县卫生局应及时向 S 县政府和 D 市食品安全监督管理部门报告。故 B 项正确。

《食品安全法》第 105 条第 2 款规定:"发生食品安全事故需要启动应急预案的,县级以上人民政府应当立即成立事故处置指挥机构,启动应急预案,依照前款和应急预案的规定进行处置。"因此只有 S 县政府以及上级人民政府才有权成立食品安全事故处置指挥部。故 C 项错误。

《食品安全法》第 119 条第 1 款规定:"县级以上地方人民政府食品安全监督管理、卫生行政、农业行政部门获知本法规定需要统一公布的信息,应当向上级主管部门报告,由上级主管部门立即报告国务院食品安全监督管理部门;必要时,可以直接向国务院食品安全监督管理部门报告。"由此可知,本题中 S 县卫生局在必要时可以将重大食品安全事故及处置信息直接向国务院食品安全监督管理部门报告。故 D 项正确。

76. 银行业监督管理机构的职权;商业银行业务范围的变更[AC]

[解析]《银行业监督管理法》第 16 条规定:"国务院银行业监督管理机构依照法律、行政法规规定的条件和程序,审查批准银行业金融机构的设立、变更、终止以及业务范围。"《商业银行法》第 24 条第 1 款规定:"商业银行有下列变更事项之一的,应当经国务院银行业监督管理机构批准:(一)变更名称;(二)变更注册资本;(三)变更总行或者分支行所在地;(四)调整业务范围;(五)变更持有资本总额或者股份总额 5%以上的股东;(六)修改章程;(七)国务院银行业监督管理机构规定的其他变更事项。"该新型理财产品的推出是对银行业业务范围的调整,需经过国家金融监督管理总局批准,在审批之前的试销行为为无效的民事行为。故 A 选项正确,B、D 选项错误。

《银行业监督管理法》第 45 条规定:"银行业金融机构有下列情形之一,由国务院银行业监督管理机构责令改正,有违法所得的,没收违法所得,违法所得 50 万元以上的,并处违法所得 1 倍以上 5 倍以下罚款;没有违法所得或者违法所得不足 50 万元的,处 50 万元以上 200 万元以下罚款;情节特别严重或者逾期不改正的,可以责令停业整顿或者吊销其经营许可证;构成犯罪的,依法追究刑事责任:……(三)违反规定从事未经批准或者未备案的业务活动的;……" C 选项正确,未经国家金融监督管理总局批准开展业务的,总局有权进行罚款、责令停业整顿或者吊销其经营许可证等处罚。

77．税务机关的代位权［ABCD］

［解析］《税收征收管理法》第50条第1款规定，欠缴税款的纳税人因怠于行使到期债权，或者放弃到期债权，或者无偿转让财产，或者以明显不合理的低价转让财产而受让人知道该情形，对国家税收造成损害的，税务机关可以依法行使代位权、撤销权。由此可知，税务机关行使代位权的前提条件是怠于行使到期债权，或者放弃到期债权；税务机关行使代位权必须通过人民法院行使。甲公司没有怠于行使到期债权，或者放弃到期债权的情形。故A项错误。

《民法典》第535条第1款规定："因债务人怠于行使其债权或者与该债权有关的从权利，影响债权人的到期债权实现的，债权人可以向人民法院请求以自己的名义代位行使债务人对相对人的权利，但是该权利专属于债务人自身的除外。"据此，代位权的主张必须通过诉讼的方式行使。本题中，如代位权成立，税务局应请求法院行使，而不能直接向乙公司行使代位权。故B项错误。

《税收征收管理法》第38条规定："税务机关有根据认为从事生产、经营的纳税人有逃避纳税义务行为的，可以在规定的纳税期之前，责令限期缴纳应纳税款；……"税务机关责令纳税人限期缴纳适用于从事生产、经营的纳税人有逃避纳税义务行为的情况，本题中，甲是纳税人，乙不是本案的直接纳税人，故税务局有权责令甲公司限期缴纳，对乙公司无权责令限期缴纳。故C项错误。

依据《税收征收管理法》第40条第1款规定："从事生产、经营的纳税人、扣缴义务人未按照规定的期限缴纳或者解缴税款，纳税担保人未按照规定的期限缴纳所担保的税款，由税务机关责令限期缴纳，逾期仍未缴纳的，经县以上税务局（分局）局长批准，税务机关可以采取下列强制执行措施：……"因此税收强制执行措施的适用对象是从事生产、经营的纳税人、扣缴义务人，所以乙公司也不是采取税收强制执行措施的对象。故D项错误。

78．以划拨方式取得土地使用权的房地产的转让［ABC］

［解析］《城市房地产管理法》第40条规定："以划拨方式取得土地使用权的，转让房地产时，应当按照国务院规定，报有批准权的人民政府审批。有批准权的人民政府准予转让的，应当由受让方办理土地使用权出让手续，并依照国家有关规定缴纳土地使用权出让金。以划拨方式取得土地使用权的，转让房地产报批时，有批准权的人民政府按照国务院规定决定可以不办理土地使用权出让手续的，转让方应当按照国务院规定将转让房地产所获收益中的土地收益上缴国家或者作其他处理。"故A、B、C项均正确。另外，不办理土地使用权出让手续的，转让方应当按照国务

院规定将转让房地产所获收益中的土地收益上缴国家或者作其他处理，而不是由受让方缴纳土地使用权转让费。故D项错误。

79．劳动安全卫生和特殊保护［BC］

［解析］《劳动法》第59条规定："禁止安排女职工从事矿山井下、国家规定的第四级体力劳动强度的劳动和其他禁忌从事的劳动。"女技术员到地下的设备室工作，不是井下，并不违反《劳动法》规定。故A项不当选。

《劳动法》第53条规定："劳动安全卫生设施必须符合国家规定的标准。新建、改建、扩建工程的劳动安全卫生设施必须与主体工程同时设计、同时施工、同时投入生产和使用。"可知，在安全卫生设施未装置调试完成前，不得开始生产。故B项违反规定，当选。

《劳动法》第55条规定："从事特种作业的劳动者必须经过专门培训并取得特种作业资格。"可知，从事特种作业的人员必须取得相应的资格证书。故C项违反规定，当选。

《劳动法》第54条规定："用人单位必须为劳动者提供符合国家规定的劳动安全卫生条件和必要的劳动防护用品，对从事有职业危害作业的劳动者应当定期进行健康检查。"可知，法律只规定了"应当定期进行健康检查"，但未规定健康检查的时间。故D项不当选。

80．避开或者破坏技术措施侵权；合理使用［BD］

［解析］《著作权法》第49条规定："为保护著作权和与著作权有关的权利，权利人可以采取技术措施。未经权利人许可，任何组织或者个人不得故意避开或者破坏技术措施，不得以避开或者破坏技术措施为目的制造、进口或者向公众提供有关装置或者部件，不得故意为他人避开或者破坏技术措施提供技术服务。但是，法律、行政法规规定可以避开的情形除外。本法所称的技术措施，是指用于防止、限制未经权利人许可浏览、欣赏作品、表演、录音录像制品或者通过信息网络向公众提供作品、表演、录音录像制品的有效技术、装置或者部件。"可以看出，著作权人为保护其著作权采取的技术措施是受法律保护的，属于与著作权有关的权利。丙网站开发出专门规避乙网站的技术防范软件，属于"以避开或者破坏技术措施为目的制造、进口或者向公众提供有关装置或者部件"，属于侵权行为；但是，单纯地破坏他人的技术措施而未实施复制、发行、表演、信息网络传播等受著作权控制的行为，并没有直接侵犯著作权。所以，丙网站的行为虽属于侵权行为，但是并未侵犯著作权。故A项错误。

根据《著作权法》第24条规定，为了个人学习、

研究或者欣赏,使用他人已经发表的作品,属于合理使用,不构成侵犯著作权。《著作权法》第50条第1款规定:"下列情形可以避开技术措施,但不得向他人提供避开技术措施的技术、装置或者部件,不得侵犯权利人依法享有的其他权利:(一)为学校课堂教学或者科学研究,提供少量已经发表的作品,供教学或者科研人员使用,而该作品无法通过正常途径获取;(二)不以营利为目的,以阅读障碍者能够感知的无障碍方式向其提供已经发表的作品,而该作品无法通过正常途径获取;(三)国家机关依照行政、监察、司法程序执行公务;(四)对计算机及其系统或者网络的安全性能进行测试;(五)进行加密研究或者计算机软件反向工程研究。"据此,为了个人欣赏,避开技术措施对电影作品进行复制的行为,不构成合理使用。本题中,丁下载《愿者上钩》虽然是为了个人欣赏,但他是以避开技术措施的软件实施的下载,不属于《著作权法》第50条规定的可以避开技术措施的情形,不构成合理使用,属于侵犯著作权之复制权的行为。故B项正确。

著作权包括著作人身权和著作财产权。甲公司是电影作品的著作权人,其仅将信息网络传播权转让给乙网站,甲公司并未丧失著作权人主体资格。故C项错误。

甲公司已经将信息网络传播权转让给乙网站,若有人侵犯《愿者上钩》的信息网络传播权,乙网站无须经过甲公司同意,即可以原告身份起诉。故D项正确。

81.专利侵权诉讼的管辖及证据问题;专利权保护范围[BD]

[解析]《民诉法解释》第2条第1款规定:"专利纠纷案件由知识产权法院、最高人民法院确定的中级人民法院和基层人民法院管辖。"若乙公司所在地的基层法院恰好系最高人民法院指定的有权管辖第一审专利案件的基层法院,则说法正确,反之则不正确。故A项错误。

《专利法》第66条第2款规定:"专利侵权纠纷涉及实用新型专利或者外观设计专利的,人民法院或者管理专利工作的部门可以要求专利权人或者利害关系人出具由国务院专利行政部门对相关实用新型或者外观设计进行检索、分析和评价后作出的专利权评价报告,作为审理、处理专利侵权纠纷的证据;专利权人、利害关系人或者被控侵权人也可以主动出具专利权评价报告。"可知,法律规定的是人民法院"可以"要求专利权人提供由国务院专利行政部门出具的专利权评价报告,而没有强制要求专利权人起诉时必须提供专利权评价报告,甲公司起诉时未向受理法院提交国家知识产权局出具的该专利书面评价报告并无不妥。故B项正确。

关于发明和实用新型专利权的保护范围,《专利法》第64条第1款规定:"发明或者实用新型专利权的保护范围以其权利要求书的内容为准,说明书及附图可以用于解释权利要求的内容。"同时,《关于审理侵犯专利权纠纷案件应用法律若干问题的解释》第5条规定:"对于仅在说明书或者附图中描述而在权利要求中未记载的技术方案,权利人在侵犯专利权纠纷案件中将其纳入专利权保护范围的,人民法院不予支持。"据此,甲公司将仅在说明书中表述而未在权利要求中记载的技术方案纳入专利权的保护范围是无法获得法院支持的。故C项错误。

《关于审理侵犯专利权纠纷案件应用法律若干问题的解释》第1条第1款规定,人民法院应当根据权利人主张的权利要求,依据专利法第59条(现为第64条)第1款的规定确定专利权保护范围。权利人在一审法庭辩论终结前变更其主张的权利要求的,人民法院应当准许。可知,甲公司可以在举证期届满后法庭辩论终结前变更其主张的权利要求。故D项正确。

82.涉外民事关系定性的法律适用;知识产权归属、内容及侵权的法律适用[AC]

[解析]《涉外民事关系法律适用法》第8条规定:"涉外民事关系的定性,适用法院地法律。"本案法院地位于中国,因此,本案定性应适用中国法。故A项正确。

《涉外民事关系法律适用法》第48条规定:"知识产权的归属和内容,适用被请求保护地法律。"即专利权的归属和内容,适用被请求保护地法,即英国法。故C项正确,B项错误。

《涉外民事关系法律适用法》第50条规定:"知识产权的侵权责任,适用被请求保护地法律,当事人也可以在侵权行为发生后协议选择适用法院地法律。"故当事人不能达成协议,应适用被请求保护地法律。故D项错误。

83.涉澳仲裁裁决的认可和执行[AC]

[解析]《最高人民法院关于内地与澳门特别行政区相互认可和执行仲裁裁决的安排》第2条第3款规定:"澳门特别行政区有权受理认可仲裁裁决申请的法院为中级法院,有权执行的法院为初级法院。"据此,澳门特别行政区有权受理认可仲裁裁决申请的法院为中级法院,但无执行权,申请执行应向初级法院提出。故A项正确,B项错误。

根据该《安排》第7条第1款第5项规定,仲裁裁决业经仲裁地法院撤销或拒绝执行的,有关法院裁定不予认可。C项中,如果该仲裁裁决被人民法院裁定撤销,则该裁决在澳门法院不被认可,应立即停止执行。故C项正确。

该《安排》第3条第1款规定:"被申请人的住所

地、经常居住地或者财产所在地分别在内地和澳门特别行政区的,申请人可以向一地法院提出认可和执行申请,也可以分别向两地法院提出申请。"本题中,被申请人乙公司在内地和澳门都拥有财产,甲公司可择一地法院申请,也可以分别向两地法院申请。故 D 项错误。

84. 国际货物买卖合同双方的义务;信用证[AC]

[解析]《联合国国际货物销售合同公约》第 35 条第(1)款规定:"卖方交付的货物必须与合同规定的数量、质量和规格相符,并需按照合同所规定的方式装箱或包装。"否则,卖方应当承担交货不符的责任。故 A 项正确。

《跟单信用证统一惯例》规定,在受益人交付的单据与信用证规定一致(单证一致)、单据与单据之间一致(单单一致)时,银行须根据信用证启用的类型履行相应的义务。当指定银行、保兑行或开证行确定交单不符时,可以拒绝承付或议付。所以,如果发票跟信用证不符,银行可以拒绝收单付款。故 C 项正确。

《跟单信用证统一惯例》第 34 条规定,银行对于单据中表明的货物描述、数量、重量、品质、状况、包装、交货、价值或其存在与否,对于货物的发货人、承运人、运输代理人、收货人、保险人或其他任何人的诚信与否、作为、不作为、清偿能力、履约或资信状况,概不负责。故 B、D 项错误。

85.《与贸易有关的投资措施协议》[ABD]

[解析]《与贸易有关的投资措施协议》禁止与国民待遇原则不符的与贸易有关的投资措施包括:(1)当地成分要求,即要求企业购买或使用国内产品或自任何国内来源的产品;(2)贸易平衡要求,即将企业购买或使用的进口产品限制在与其出口的当地产品的数量或价值相关的水平。禁止与一般性取消数量限制原则不符的与贸易有关的投资措施包括:(1)贸易平衡要求;(2)进口用汇限制,即企业进行生产所需的进口被限制在属于该企业流入的外汇的一定数量内;(3)国内销售要求,即要求企业的产品必须有一部分在国内销售。本题中,A、B 项构成当地成分要求,当选。D 项构成贸易平衡要求,当选。C 项中的外资股权比例限制不在 TRIMs 的禁止之列,故 C 项不当选。

三、不定项选择题

86. 居住权;预告登记[C]

[解析] 根据《民法典》第 221 条规定,预告登记后,未经预告登记的权利人同意,处分该不动产的,不发生物权效力。预告登记后,债权消灭或者自能够进行不动产登记之日起 90 日内未申请登记的,预告登记失效。本题中,根据《房屋买卖合同》的约定,在 1

月 16 日乙付清全部购房款后,就可随时向甲要求办理不动产过户登记,至 5 月 5 日,已经经过 90 日,预告登记已经失效。故 C 项正确。

由于甲没有为乙办理过户登记,因此乙尚未取得房屋所有权,故 D 项错误。因甲仍是房屋所有权人,其有权设立居住权。根据《民法典》第 368 条规定,设立居住权的,应当向登记机构申请居住权登记;居住权自登记时设立。据此,甲母的居住权未登记,因此未能成立;甲父的居住权已经登记,且登记时预告登记已经失效,无需取得乙的同意,因此居住权得以设立。故 A、B 项错误。

87. 浮动抵押;抵押人转让权;动产抵押登记的效力;抵押权期间[ABD]

[解析] 根据《民法典》第 406 条规定,抵押期间,抵押人可以转让抵押财产,但应当及时通知抵押权人。抵押财产转让的,抵押权不受影响。因此,抵押人甲公司可以转让生产设备,由于生产设备是动产,在交付给丙公司后所有权转移,故 A 项正确。

《民法典》第 403 条规定:"以动产抵押的,抵押权自抵押合同生效时设立;未经登记,不得对抗善意第三人。"本题中,乙银行的抵押权办理了登记,可以对抗第三人。《民法典》第 404 条规定:"以动产抵押的,不得对抗正常经营活动中已经支付合理价款并取得抵押财产的买受人。"根据《民法典担保制度解释》第 56 条第 2 款规定,这里的正常经营活动,是指出卖人的经营活动属于其营业执照明确记载的经营范围,且出卖人持续销售同类商品。本题中,生产设备本身不是正常经营活动中抵押人持续销售的商品,故银行的抵押权可以对抗受人丙公司,就该生产设备主张优先受偿权。故 B 项正确,C 项错误。

《民法典》第 419 条规定:"抵押权人应当在主债权诉讼时效期间行使抵押权;未行使的,人民法院不予保护。"据此,主债权诉讼时效经过,行使抵押权不获支持,故 D 项正确。

88. 夫妻财产制[C]

[解析] 秦某与张某一起居住时,此房屋的性质是公租房,所有权属于单位,不是个人财产,房屋是秦某在张某去世后购买,故张某对于房屋不享有所有权,D 项错误。

《民法典》第 1062 条规定:"夫妻在婚姻关系存续期间所得的下列财产,为夫妻的共同财产,归夫妻共同所有:(一)工资、奖金、劳务报酬;(二)生产、经营、投资的收益;(三)知识产权的收益;(四)继承或者受赠的财产,但是本法第一千零六十三条第三项规定的除外;(五)其他应当归共同所有的财产。夫妻对共同财产,有平等的处理权。"《民法典婚姻家庭编解释(一)》第 25 条规定:"婚姻关系存续期间,下列财产属于民法典第一千零六十二条规定的'其他应当归共同所有的财产':(一)一方以个人财产投资取得的收益;(二)男女双方实际取得或者应当取得的住房补贴、住房公积金;(三)男女双方实际取得或者应当取得的基本养老金、破产安置补偿费。"据此,秦某在与赵某结婚后领取的退休金属于夫妻共同财产,购买的房屋虽然登记在秦某一个人名下,仍然属于夫妻共同财产,故 A、B 项错误,C 项正确。

89.土地承包经营权;经营权流转[AB]

[解析]《民法典》第 333 条第 1 款规定:"土地承包经营权自土地承包经营权合同生效时设立。"据此,甲对 100 亩土地的承包经营权自土地承包经营权合同生效时已经设立,故 A 项正确。

《民法典》第 335 条规定:"土地承包经营权互换、转让的,当事人可以向登记机构申请登记;未经登记,不得对抗善意第三人。"据此,同为集体成员的承包人之间互换、转让土地承包经营权的,合同生效时承包经营权即发生转移,登记只是对抗要件。本题中,甲与乙交换土地后虽未办理登记,但是 25 亩土地的承包经营权已经属于甲,甲对于换地后的 95 亩土地均享有承包经营权。故 B 项正确,C 项错误。

《民法典》第 339 条规定:"土地承包经营权人可以自主决定依法采取出租、入股或者其他方式向他人流转土地经营权。"第 341 条规定:"流转期限为五年以上的土地经营权,自流转合同生效时设立。当事人可以向登记机构申请土地经营权登记;未经登记,不得对抗善意第三人。"据此,土地承包经营权人可向他人流转土地经营权,流转期限为 5 年以上的,未登记不能对抗善意第三人,但不影响丙公司取得 50 亩土地的经营权。故 D 项错误。

90.民事诉讼基本原则和制度[ABC]

[解析] 正确解答本题的关键在于准确理解一审和二审处理内容的关系。在一审中,王某提起的离婚诉讼本身包含了解除婚姻关系、共同财产的分割以及子女抚养关系的确定,一审法院判决不准离婚。王某不服提出上诉,只能涉及对判决不准予离婚的不同意见,而不会涉及对一审未予判决内容的财产分割与子女抚养问题的上诉,当事人在二审中也就不会就此问题进行辩论,而二审法院对财产分割与子女抚养一并作出判决,不仅违反了处分原则,不当干预了当事人的私权处分,而且也违反了辩论原则。故 A、B 项正确。

两审终审制度是指某一案件经过两级人民法院审判后即告终结的制度。根据《民诉解释》第 327 条第 1 款的规定,一审判决不准离婚的案件,上诉后,第二审人民法院认为应当判决离婚的,可以根据当事人自愿的原则,与子女抚养、财产问题一并调解,调解不成的,发回重审。司法解释之所以作此规定,其目的就在于保证当事人对财产分割与子女抚养问题的上

诉权。因此,本题中,二审法院的正确做法应当是根据当事人自愿的原则,与子女抚养、财产问题一并调解,调解不成的,发回重审,而不能直接作出二审判决,否则就侵犯了当事人上诉的权利,违反了民事诉讼法两审终审制度。故 C 项正确。

回避制度是指审判人员具有法定情形,必须回避,不参与案件审理的制度。本题没有涉及法定的审判人员应回避事项,因此,二审法院并没有违反回避制度。故 D 项错误。

91.我国法院判决的域外承认和执行[AB]

[解析]《民事诉讼法》第 297 条第 1 款规定:"人民法院作出的发生法律效力的判决、裁定,如果被执行人或者其财产不在中华人民共和国领域内,当事人请求执行的,可以由当事人直接向有管辖权的外国法院申请承认和执行,也可以由人民法院依照中华人民共和国缔结或者参加的国际条约的规定,或者按照互惠原则,请求外国法院承认和执行。"由此可见,我国法院判决在域外承认和执行有两种方式:一是由当事人直接向有管辖权的外国法院申请承认和执行;二是当事人向中国法院申请,由中国法院根据条约或者互惠关系请求外国法院承认和执行。故 A、B 项正确,C、D 项错误。

92.第三人撤销之诉的起诉条件[BD]

[解析] 本题中,庞某拥有该块土地使用权,本案生效判决支持了乙公司的诉讼请求,显然侵犯了庞某的合法权益,庞某有权提起第三人撤销之诉,故 A 项错误。

判决生效前甲公司已经将该土地使用权转让给庞某,且办理了登记,庞某对该土地使用权主张权利,应当作为有独立请求权第三人参加本案诉讼;如果由于不能归责于庞某的原因导致其没能参加本案诉讼,但是发现生效判决侵犯自身合法权益的,庞某可以在知道或者应当知道权利受损之日起 6 个月内向作出该判决的法院提出第三人撤销之诉。可见,庞某提出第三人撤销之诉的前提是由于"不能归责于自身的事由",如果庞某因自身原因没有参加原审,则不能提出第三人撤销之诉,故 B 项正确。

《民法典》第 539 条规定:"债务人以明显不合理的低价转让财产、以明显不合理的高价受让他人财产或者为他人的债务提供担保,影响债权人的债权实现,债务人的相对人知道或者应当知道该情形的,债权人可以请求人民法院撤销债务人的行为。"本案中,债务人甲公司是以市场价格将土地使用权转让给庞某,不存在以不合理的价格转让,故乙公司不能起诉请求撤销甲公司与庞某之间的土地使用权转让合同,C 项错误。

乙公司与甲公司之间的土地使用权纠纷一案判决已经生效,虽然庞某提起了第三人撤销之诉,但在第三人撤销之诉中原生效判决仍然有效,故乙公司可

以申请执行该判决,故 D 项正确。【知识拓展】如果庞某希望中止原判决的执行,可以提供担保或者提出案外人对执行标的的异议。

93.仲裁中的超裁[AD]

[解析]仲裁超裁是指对于当事人没有在仲裁协议或者仲裁条款中约定仲裁的事项,仲裁庭主动进行了仲裁并作出了仲裁裁决。本题中,申请仲裁时,当事人要求解除的是合同,而仲裁委员会经审理裁决解除双方合同,还裁决乙公司赔偿甲公司损失 6 万元。乙公司赔偿甲公司损失 6 万元,是没有约定仲裁的内容,属于超裁。

《仲裁法解释》第 19 条规定:"当事人以仲裁裁决事项超出仲裁协议范围为由申请撤销仲裁裁决,经审查属实的,人民法院应当撤销仲裁裁决中的超裁部分。但超裁部分与其他裁决事项不可分的,人民法院应当撤销仲裁裁决。"因此,救济方式之一为撤销超裁部分。故 A 项正确。《民诉解释》第 475 条规定:"仲裁机构裁决的事项,部分有民事诉讼法第二百四十四条①第二款、第三款规定情形的,人民法院应当裁定对该部分不予执行。应当不予执行部分与其他部分不可分的,人民法院应当裁定不予执行仲裁裁决。"因此,救济方式之二为不予执行超裁部分。故 D 项正确。

《仲裁法》第 9 条规定:"仲裁实行一裁终局的制度。裁决作出后,当事人就同一纠纷再申请仲裁或者向人民法院起诉的,仲裁委员会或者人民法院不予受理。裁决被人民法院依法裁定撤销或者不予执行的,当事人就该纠纷可以根据双方重新达成的仲裁协议申请仲裁,也可以向人民法院起诉。"也就是说,即使对超裁部分也实行一裁终局,只能通过法院依法裁定撤销或者不予执行的方式救济,而不能起诉或者再审。故 B、C 项错误。

94.分公司;公司担保[AC]

[解析]《民法典担保制度解释》第 11 条 1 款规定:"公司的分支机构未经公司股东(大)会或者董事会决议以自己的名义对外提供担保,相对人请求公司或者其分支机构承担担保责任的,人民法院不予支持,但是相对人不知道且不应当知道分支机构对外提供担保未经公司决议程序的除外。"据此,甲分公司以自己的名义签订的担保协议系越权担保,丁公司对此知情,非属善意,因此该担保协议无效。故 A 项正确,B 项错误。

根据《民法典》第 74 条规定,法人分支机构以自己的名义从事民事活动,产生的民事责任由法人承担;也可以先以该分支机构管理的财产承担,不足承担的,由法人承担。据此,本题中,乙分公司有权以自己的名义与戊公司签订货物买卖协议,该协议有效,但产生的民事责任应由通程公司承担,故 C 项正确。

债权人戊公司可以选择直接要求总公司承担合同责任,也可以选择先以分公司管理的财产承担责任再行向总公司追偿,而非必须先向分公司主张责任,故 D 项错误。

95.重整程序中的债权保护[BC]

[解析]《企业破产法》第 92 条规定:"经人民法院裁定批准的重整计划,对债务人和全体债权人均有约束力。债权人未依照本法规定申报债权的,在重整计划执行期间不得行使权利;在重整计划执行完毕后,可以按照重整计划规定的同类债权的清偿条件行使权利。"据此,经人民法院裁定批准的重整计划对全体债权人有效,自然对岳某有效,故 D 项错误。岳某未在重整过程中按期申报债权,只是在重整计划执行期间不得行使权利;在重整计划执行完毕后,可以按照重整计划规定的同类债权的清偿条件行使权利。此外,因重整计划执行完毕后,鸿飞公司已经变更为清风公司,岳某的借款应由清风公司负责清偿。故 A 项错误,B、C 项正确。

96.受益人的确定;向第三者追偿;受益人的变更;保险金的继承[ACD]

[解析]《保险法》第 39 条规定:"人身保险的受益人由被保险人或者投保人指定。投保人指定受益人时须经被保险人同意……"因此,甲指定受益人时须经乙同意。故 A 项正确。

《保险法》第 46 条规定:"被保险人因第三者的行为而发生死亡、伤残或者疾病等保险事故的,保险人向被保险人或者受益人给付保险金后,不享有向第三者追偿的权利,但被保险人或者受益人仍有权向第三者请求赔偿。"代位求偿权只存在于财产保险中,是从损失补偿原则派生出来的,而人身保险合同因其储蓄性质,保险人不得享有代位求偿权。故 B 项错误。

《保险法》第 41 条规定:"被保险人或者投保人可以变更受益人并书面通知保险人。保险人收到变更受益人的书面通知后,应当在保险单或者其他保险凭证上批注或者附贴批单。投保人变更受益人时须经被保险人同意。"投保人变更受益人与指定受益人同理,都要经过被保险人同意,但如果是被保险人变更受益人的,无须经投保人同意,只需书面通知保险人即可。故 C 项正确。

《保险法》第 42 条规定,受益人先于被保险人死亡,且没有其他受益人的,保险金作为被保险人的遗产,由保险人依照《继承法》(现为《民法典》继承编)的规定履行给付保险金的义务。因此,保险金属于被保险人的遗产按照法定继承处理。故 D 项正确。

97.矿产资源权属与开采[C]

[解析]《矿产资源法》第 4 条第 1 款规定:"矿

---

① 现为第 248 条,编者注。

产资源属于国家所有,由国务院行使国家对矿产资源的所有权。地表或者地下的矿产资源的国家所有权,不因其所依附的土地的所有权或者使用权的不同而改变。"据此,矿产资源唯一的权属主体是国家,无论矿产资源的品类、分布、储量如何,其所有权均归国家。所以在甲村发现的油田应归国家所有,A项错误。

既然甲村不属于油田的权利主体,则对油田进行开采也无需经过其同意。根据《矿产资源法》第17条规定,由县级以上人民政府自然资源主管部门按照规定权限组织矿业权的出让工作。故B项错误。

《矿产资源法》第23条第1款规定:"探矿权人在登记的勘查区域内,享有勘查有关矿产资源并依法取得采矿权的权利。"据此,探矿权人可依探矿权而取得相应矿产的采矿权,故C项正确。【特别提醒】根据本条第3款,对于探矿中新发现的其他矿产资源的矿业权,探矿权人享有优先权。

《矿产资源法》第22条第2款规定:"矿业权变更、转让、抵押和消灭的,应当依法办理登记。"随着乙公司被丙公司收购,乙公司的所有资产包括采矿权一并归丙公司所有,原属于乙公司的采矿权也归属于丙公司,但需办理矿业权变更登记,不需经过批准,故D项错误。

98.无固定期限劳动合同[ABD]

[解析]《劳动合同法》第14条规定:"无固定期限劳动合同,是指用人单位与劳动者约定无确定终止时间的劳动合同。用人单位与劳动者协商一致,可以订立无固定期限劳动合同。有下列情形之一,劳动者提出或者同意续订、订立劳动合同的,除劳动者提出订立固定期限劳动合同外,应当订立无固定期限劳动合同:(一)劳动者在该用人单位连续工作满10年的;(二)用人单位初次实行劳动合同制度或者国有企业改制重新订立劳动合同时,劳动者在该用人单位连续工作满10年且距法定退休年龄不足10年的;(三)连续订立二次固定期限劳动合同,且劳动者没有本法第39条和第40条第一项、第二项规定的情形,续订劳动合同的。用人单位自用工之日起满1年不与劳动者订立书面劳动合同的,视为用人单位与劳动者已订立无固定期限劳动合同。"

本题,A项中劳动者赵某与用人单位某公司协商一致,可以订立无固定期限劳动合同,故A项正确。B、D项分别属于第14条第2款第1、3项规定的情形,故B、D项正确。C项中李某因距法定退休年龄还有12年,不符合第14条第2款第2项"距法定退休年龄不足10年"之规定,故C项错误。

99.商标侵权;驰名商标的认定;商标注册[BD]

[解析]金丰大学的"金丰"商标用于农产品,而陈晓梅申请"金丰"商标用于办公用品,二者并非相

同或类似商品,因此陈晓梅并未侵犯金丰大学的商标权。故A项错误。

陈琳注册成立了一家公司,名为金丰蔬果有限责任公司,其将金丰大学的"金丰"商标作为自己的企业名称,并用于相似的商品(蔬果与农产品类似),容易使相关公众产生误认。根据《最高人民法院关于审理商标民事纠纷案件适用法律若干问题的解释》第1条规定,将与他人注册商标相同或者相近似的文字作为企业的字号在相同或者类似商品上突出使用,容易使相关公众产生误认的,构成侵犯商标权。因此,陈琳侵犯了金丰大学的商标权。故B项正确。

对于驰名商标的认定,《商标法》第14条第1款规定,驰名商标应当根据当事人的请求,作为处理涉及商标案件需要认定的事实进行认定。据此,驰名商标认定采取的是个案认定主义,即在具体个案中根据案件审理需要对驰名商标作出认定。因此,金丰大学无权向商标局请求确认"金丰"为驰名商标,C项错误。

根据《商标法》第4条第1款规定,不以使用为目的的恶意商标注册申请,应当予以驳回。本题中,陈晓梅申请"金丰"商标是为了转卖获利,在性质上属于恶意注册,应当予以驳回。故D项正确。

100.见索即付保函[CD]

[解析]《国际商会见索即付保函统一规则》第1条(a)规定,见索即付保函统一规则适用于任何明确表明适用本规则的见索即付保函或反担保函。除非见索即付保函或反担保函对本规则的内容进行了修改或排除,本规则对见索即付保函或反担保函的所有当事人均具有约束力。由此可知,允许见索即付保函对《国际商会见索即付保函统一规则》进行修改或排除,故A项错误。

《关于审理独立保函纠纷案件若干问题的规定》第3条第2、3款规定:"当事人以独立保函记载了对应的基础交易为由,主张该保函性质为一般保证或连带保证的,人民法院不予支持。当事人主张独立保函适用民法典关于一般保证或连带保证规定的,人民法院不予支持。"故B项错误。

《关于审理独立保函纠纷案件若干问题的规定》第6条第1款规定:"受益人提交的单据与独立保函条款之间、单据与单据之间表面相符,受益人请求开立人依据独立保函承担付款责任的,人民法院应予支持。"故C项正确。

《关于审理独立保函纠纷案件若干问题的规定》第7条第2款规定:"单据与独立保函条款之间、单据与单据之间表面上不完全一致,但并不导致相互之间产生歧义的,人民法院应当认定构成表面相符。"故D项正确。